D1752110

SCHÄFFER
POESCHEL

Die Steuerberaterprüfung
Band 1

Michael Preißer (Hrsg.)

Ertragsteuerrecht
Prüfung 2018

17., überarbeitete und aktualisierte Auflage

2018
Schäffer-Poeschel Verlag Stuttgart

Bearbeiterübersicht:

D. Bressler:	Teil A I, II 2–3, IV 1–3
L. Dorn:	Teil A II 1, 4, IV 2, 4, V
A. Ossinger:	Teil C
M. Preißer:	Teil B
J. Schmidt:	Teil D
T.K. Wind:	Teil A III

Gedruckt auf chlorfrei gebleichtem, säurefreiem und alterungsbeständigem Papier.

Bibliografische Information der Deutschen Nationalbibliothek
Die Deutsche Nationalbibliothek verzeichnet diese Publikation in der Deutschen Nationalbibliografie; detaillierte bibliografische Daten sind im Internet über < http://dnb.d-nb.de > abrufbar.

Print	ISBN 978-3-7910-4060-8	Bestell-Nr. 20469-0005
EPDF	ISBN 978-3-7910-4061-5	Bestell-Nr. 20469-0154

Dieses Werk einschließlich seiner Teile ist urheberrechtlich geschützt. Jede Verwertung außerhalb der engen Grenzen des Urheberrechtsgesetzes ist ohne Zustimmung des Verlages unzulässig und strafbar. Das gilt insbesondere für Vervielfältigungen, Übersetzungen, Mikroverfilmungen und die Einspeicherung und Verarbeitung in elektronischen Systemen.

© 2018 Schäffer-Poeschel Verlag für Wirtschaft · Steuern · Recht GmbH
www.schaeffer-poeschel.de
service@schaeffer-poeschel.de
Redaktion: Thomas Stichler | www.conscripto.de
Umschlagentwurf: Goldener Westen, Berlin
Umschlaggestaltung: Kienle gestaltet, Stuttgart
Satz: DTP + TEXT Eva Burri, Stuttgart · www.dtp-text.de

April 2018

Schäffer-Poeschel Verlag Stuttgart
Ein Unternehmen der Haufe Group

Der Herausgeber

Prof. Dr. Dr. h.c. Michael Preißer
ist Rechtsanwalt und Steuerberater, seit 01.01.2012 Partner bei PRS Preißer von Rönn Schultz-Aßberg in Hamburg (vormals Of counsel bei Graf von Westphalen in Hamburg) und Professor für Steuerrecht und Wirtschaftsprivatrecht an der Leuphana Universität Lüneburg. Er war vorher in der bayerischen Finanzverwaltung, dann als Professor an der Beamtenfachhochschule in Hamburg tätig. Gastprofessuren in Paris (2004/2005), in Orel (Russland, 2007/2008) und Pinsk (Weißrussland) runden den Dozenteneinsatz ab. Herr Prof. Preißer war 2008 Mitbegründer des europäischen Steuerrechtsinstituts »2isf« mit Sitz in Paris. Er ist Autor zahlreicher Aufsätze und Monographien sowie Referent des BMF, des DAI und der BFA. Er ist im UN-Sonderauftrag mit der Installierung des Steuerberater-Berufs in Weißrussland befasst und seit Oktober 2015 Leiter des Studiengangs »Tax Master L. L. M.« an der Universität Lüneburg.

Die Autoren

Dominik Bressler, LL. M.
ist selbständiger Steuerberater in Hamburg. Nach Studium in Lüneburg und Winterthur war er langjähriger Assistent am Lehrstuhl von Prof. Dr. Michael Preißer an der Universität Lüneburg und arbeitete in verschiedenen Hamburger Kanzleien. Von 2015 bis 2017 absolvierte er einen Vertiefungsstudiengang im Bereich Unternehmensnachfolge, Erbrecht und Vermögen in Münster. Herr Bressler ist Co-Autor verschiedener fachlicher Publikationen und Dozent in der Steuerberater- und Steuerfachwirtausbildung.

Leonard Dorn, Diplom-Finanzwirt (StAkad)
ist Betriebsprüfer in der Niedersächsischen Finanzverwaltung. 2016 legte er mit Erfolg die Steuerberaterprüfung ab. Als Dozent ist Leonard Dorn für Steuerfachassistenten für Lohn und Gehalt, Steuerfachwirte und Steuerberater im Bereich Ertragsteuern tätig. Als Referent führt er deutschlandweit Einkommensteuerseminare im aktuellen Steuerrecht durch. Außerdem unterrichtet er an der IHK Ostwestfalen Bilanzbuchhalter im Lohnsteuerrecht.

Andre Ossinger, Diplom-Finanzwirt (FH)
ist Richter am Niedersächsischen Finanzgericht und daneben Lehrbeauftragter sowie Referent im Rahmen der steuerrechtlichen Aus- und Fortbildung. Zuvor war er, nach langjährigem Dienst in der niedersächsischen Finanzverwaltung, als Rechtsanwalt und Steuerberater tätig.

Prof. Dr. Dr. h.c. Michael Preißer
s.o.: Der Herausgeber.

Abteilungsdirektor Jürgen Schmidt
war Leiter der Außensteuerfachprüfung der OFD München und Leiter der Abteilung Verfahrensrecht, Betriebsprüfung, Vollstreckung und Steuerfahndung im Bayerischen Landesamt für Steuern. Nach seinem Ausscheiden aus dem aktiven Dienst bei der Steuerverwaltung ließ er

sich im Juni 2016 zum Steuerberater bestellen. Er ist Autor verschiedener Fachzeitschriften und Kommentierungen zum Internationalen Steuerrecht, Referent bei Fortbildungsveranstaltungen im Steuerrecht sowie Mitglied im Prüfungsausschuss für die Steuerberaterprüfung.

Till Kristian Wind, Master of Laws (Lüneburg)
ist Steuerassistent in der Praxisgruppe Steuerrecht bei MHL Möhrle Happ Luther Partnerschaftsgesellschaft mbB, Hamburg und Autor verschiedener Fachpublikationen und -bücher.

Vorwort des Herausgebers zur 17. Auflage (Prüfung 2018)

Die schlechten Ergebnisse der Steuerberaterprüfung in den letzten Jahren sind vordergründig darauf zurückzuführen, dass viele Kandidaten mit der Einkommensteuer-Klausur nichts anzufangen wussten. Dahinter verbirgt sich jedoch die Erfahrung, dass (zu) viele Examenskandidaten mit vorgefertigten Klausurschemata bzw. mit kurzfristig eingepauktem, auf das pure Bestehen des Examens hin ausgerichtetem Wissen in die Prüfung gehen.

So wichtig und richtig es ist, dass man in der Vorbereitung eine größere Anzahl von Klausuren (am besten 10 Arbeiten pro Einzelklausur, also insgesamt 30 Klausuren) schreibt, um ein Gespür für eine sechsstündige Arbeit – und für die Korrektur derselben – zu bekommen, so wenig darf man sich auf die lediglich thematische Wiederholung der einmal gestellten Aufgaben verlassen. Das Problem der »Sachverhaltsquetsche« bezieht sich auf alle drei Klausuren und führt zu einer entsprechenden Abwertung der Arbeiten.

Nur mit dem nötigen Rüstzeug – breitem steuerrechtlichen Grundlagenwissen, Kenntnis fachgebietsübergreifender bzw. interdisziplinärer Zusammenhänge und nicht zuletzt dem notwendigen Klausuren-Know-how – lassen sich die Arbeiten im schriftlichen Teil gut bewältigen. Dazu gehören ferner eine Portion Mut und die Gelassenheit, sich auf jede Aufgabe neu einzustellen. Das erlernte Wissen muss flexibel einsetzbar und frisch abrufbar sein.

Alle Autoren der vorliegenden drei Bände haben sich daher seit der ersten Auflage dem Ziel verschrieben, dem Leser flexibel einsetzbares Fach- und Klausurwissen als sichere Basis für den Prüfungserfolg zu vermitteln.

Neben der langjährigen Zusammenarbeit mit dem Verlag bedanken sich die Autoren insbesondere bei Herrn Jendrik Heinze für die intensive Mitarbeit an Band 1 der vorliegenden Auflage.

Hamburg, im Februar 2018   Michael Preißer

Vorwort der Autoren zur 17. Auflage (Prüfung 2018)

Teil A und B Einkommensteuer

In kaum einer anderen Steuerrechtsdisziplin hat die Reduktion der Komplexität eine größere Bedeutung als in der Einkommensteuer. Komplizierte Sachverhalte aus allen Bereichen des Wirtschafts- und des Privatlebens müssen zunächst auf den Punkt gebracht werden, bevor hierauf ein (häufig kompliziert erscheinendes) Gesetz angewandt wird. Das Know-how zur einkommensteuerrechtlichen Subsumtion sowie die Grundstrukturen des EStG werden in diesem Band vermittelt.

Das Einkommensteuerrecht erfährt hier eine Zweiteilung. In **Teil A** werden die – stark überarbeiteten – sieben Einkunftsarten dargestellt. Zusammen mit den Abzugskomponenten, die das steuerliche Existenzminimum garantieren, wird das (zu versteuernde) Einkommen ermittelt.

Die Darstellung orientiert sich an den Leitbegriffen des objektiven und des subjektiven Nettoprinzips und erlaubt somit eine geschlossene Präsentation des Erwerbsaufwands sowie der privat indisponiblen Aufwendungen (Sonderausgaben und außergewöhnliche Belastungen). Die Steuerthematik der Kinder und der alten Generation (inkl. der Behandlung der Vorsorgeaufwendungen) rundet den Komplex ab. Die Zusammenfassung von Werbungskosten und Betriebsausgaben ermöglicht eine konzentrierte Behandlung des Erwerbsaufwands mit allen Facetten auf der Tatbestandsebene. Gleichzeitig wird die Thematik unterlegt mit der dogmatischen Aufteilung in einen Zustands- und in einen Handlungstatbestand. Vor diesem Hintergrundverständnis werden viele Normen erst verständlich, deren Wesensgehalt sich sonst im bloßen Aufzählen erschließt.

Während bei Teil A die Interpretation der Lebenssachverhalte durch das Steuerrecht im Vordergrund steht und es vornehmlich um das Klausuren-Know-how geht, konfrontiert **Teil B** den Leser mit den ureigenen steuerrechtlichen Fragestellungen. Es wird methodisch ein neuer Weg eingeschlagen, indem **vier übergreifende Komplexe** gebildet werden, die – jeweils ausgelöst durch eine spezifische steuerliche Vorgabe – unterschiedliche Themenfelder beleuchten.

So werden etwa bei der Frage nach dem richtigen **steuerlichen Zurechnungssubjekt** so verschiedenartige Phänomene wie der Drittaufwand, Nießbrauchs- und Treuhandgestaltungen sowie die Angehörigenverträge besprochen. Die weiteren Themengebebiete lauten: Steuerliche **Verluste, Realisationsfragen** (§§ 16 f. EStG u.a.) inkl. **der betrieblichen Umstrukturierung** sowie die **steuerliche Rechtsnachfolge**. Die vier zusammengefassten Problemfelder spielen in den Prüfungen der letzten Jahre eine große Rolle.

Teil C Gewerbesteuer

In immer kürzer werdenden Abständen hat das Bundesverfassungsgericht wiederholt die Gewerbesteuer als solche in ihrer Grundstruktur und herkömmlichen Ausgestaltung als vornehmlich auf den Ertrag des Gewerbebetriebs gerichtete Objektsteuer auch neben der die Einkünfteerzielung erfassenden Einkommensteuer verfassungsrechtlich abgesegnet. Daher bleibt die Gewerbesteuer auch zukünftig ein nicht unerheblicher Bestandteil der ertragsteuerlichen Klausur der Steuerberaterprüfung, sodass die Gewerbesteuer im Teil C mit den konventionellen Themen vertreten ist. Bei den Fällen wurde insbesondere ein Augenmerk auf die Verzahnung mit dem Bilanz- und Unternehmensssteuerrecht in Band 2 gelegt, da auch in der Steuerberaterprüfung zunehmend eine entsprechend kombinierte Aufgabenstellung aufgerufen wird.

Teil D Internationales Steuerrecht

Das Internationale Steuerrecht nimmt nicht nur in der täglichen Praxis des Beraters einen immer größeren Raum ein, sondern auch – bedingt durch diese Entwicklung – in der Steuerberaterprüfung.

Die Autoren haben die umfangreiche Materie traditionell entsprechend den möglichen grenzüberschreitenden Aktivitäten gegliedert. Getrennt nach Inbound- und Outboundaktivitäten wird unter Einbeziehung des Völkerrechts (Doppelbesteuerungsabkommen), des EU-Rechts sowie des nationalen Rechts (insbesondere des Außensteuergesetzes inkl. der Thematik der Funktionsverlagerung) der Komplex von zwei Autoren im »Team-Writing« dargestellt. Die Autoren scheuen sich hier wie in den anderen Bereichen nicht, auf aktuelle Entwicklungen – wie z.B. die »neue« Societas Europaea – hinzuweisen und deren künftige Einsatzfelder aufzuzeigen. Das Kapitel zu den verschiedenen Rechtsetzungsakten der Europäischen Union sowie den Entscheidungsparametern in der EuGH-Rechtsprechung hat sich bewährt.

Hamburg, Lüneburg, München, Osnabrück, Winsen, im Februar 2018

Dominik Bressler
Leonard Dorn
Andre Ossinger
Michael Preißer
Jürgen Schmidt
Till Kristian Wind

Vorwort des Herausgebers zur 1. Auflage

System statt Chaos

Vor gut 20 Jahren hat Ludwig Schmidt das Einkommensteuerrecht von den Fesseln der unzähligen (und sporadischen) Erkenntnisquellen zweiten Ranges befreit, in dem er eine Kommentierung des EStG vorlegte, die nur dem Gesetz verpflichtet war. Eine ähnliche Leistung vollbrachten Tipke und Kruse mit dem Kommentar zum Verfahrensrecht. Damit war das Steuerrecht in diesen Kernbereichen für den Praktiker berechenbar geworden. Spätere Werke folgten.

Der Lernende (und damit Suchende) steht hingegen der Fülle des Stoffes – zumal angesichts des unüberhörbaren Abgesangs auf das »chaotische Steuerrecht« – nach wie vor ratlos gegenüber. Dieses Anliegen haben wir aufgegriffen.

Das vorliegende Werk unternimmt den Versuch, das gesamte Steuerrecht – soweit es für das schriftliche Steuerberaterexamen von Bedeutung ist – in drei Bänden auf faire, d.h. überschaubare Weise aufzubereiten. Das Gliederungskonzept der drei Bände lehnt sich an die Vorgaben der Prüfung an. Während es im dritten Band (Verfahrensrecht, Umsatzsteuerrecht und Erbschaftsteuerrecht) in Reinform verwirklicht werden konnte und den Klausuren des ersten Tages entspricht, haben wir uns bei den ersten zwei Bänden eher von dogmatischen Aspekten leiten lassen. Im ersten Band wird das materielle Ertragsteuerrecht (Einkommen- und Gewerbesteuerrecht sowie das Internationale Steuerrecht) präsentiert, so wie es für jedermann (und jede Frau) gilt. Dem zweiten Band ist das Unternehmenssteuerrecht vorbehalten, das von den drei Unternehmensträgern (Einzelperson, Personengesellschaft und Kapitalgesellschaften) geprägt ist und sich insbesondere mit den Fragen der jeweiligen Gewinnermittlung auseinandersetzt. Das immer wichtigere Umwandlungssteuerrecht wird aus Gründen des Sachzusammenhangs ebenfalls im zweiten Band abgehandelt.

Wir holen den Leser (besser: Mitarbeiter) bei vorhandenen Grundkenntnissen (Buchführung, Erstellen von Steuererklärungen, rechtliche Grundlagen) ab und zeigen die Strukturen der Rechtsgebiete auf. Dabei haben die zahlreichen Beispiele, die sich an der aktuellen BFH-Rechtsprechung, der Gestaltungsberatung und an typischen Klausurproblemen orientieren, weniger illustrierenden, sondern »kooperativen« Charakter. Das Buch ist – getreu einem Motto von Konfuzius, wonach nur das selbst Erstellte (und nicht das Gehörte oder Gelesene) zum Verständnis beiträgt – als aktives Medium konzipiert. Somit ist das Werk für jeden Autodidakten als ausschließliche Grundlage für das StB-Examen geeignet. Es erspart allerdings nicht die notwendige Praxis im Schreiben von sechsstündigen Klausuren. Besonders wichtig war uns die Verzahnung der einzelnen Teildisziplinen. Sowohl in den Beispielen wie im Text wird auf die Interdisziplinarität, auch zu den rechtlichen Disziplinen (Gesellschaftsrecht und Erbrecht), Wert gelegt.

Wir wollen mit dem dreibändigen Lehrwerk auch ein ausbildungspolitisches Ziel verfolgen, nachdem es kein Hochschul-Curriculum für den Beruf des Steuerberaters gibt.

Die Darstellungen erfolgen auf gesicherter dogmatischer Grundlage der jeweiligen Einzeldisziplin, orientieren sich primär am Gesetz, vernachlässigen aber nicht die weiteren

»Quellen« des Steuerrechts, insbesondere die Richtlinien und BMF-Schreiben, soweit sie als Hilfsmittel in der Prüfung zugelassen sind. In einzelnen, meist hochaktuellen Fragen mag uns der Leser nachsehen, dass wir auch bemüht waren, die Diskussion mit zu gestalten.

Da Steuerrecht – ähnlich dem Prozessrecht – auch »Praxisrecht« ist, können alle Autoren auf eine Doppelqualifikation als Theoretiker und Praktiker verweisen, die durch Prüfungserfahrung ergänzt wird. Bei rein theoretischen Ansätzen zur Durchdringung des Steuerrechts treten die vorhandenen Strukturen nur allzu gerne in den Hintergrund, um einem Prinzip den Vortritt zu lassen.

So war es eine glückliche Fügung, dass sich im Autorenkreis die Kraft des Südens (Bähr, Maurer, J. Schmidt, Schuster) und die Klarheit des Nordens (Kölpin, V. Schmidt, Vollgraf) zusammengefunden haben, um mit dem Herausgeber und dem Schäffer-Poeschel Verlag gemeinsam das Erstlingswerk zu erstellen.

Wir möchten an dieser Stelle den wissenschaftlichen Mitarbeitern danken, die maßgeblich am Zustandekommen des Werkes beteiligt waren. Aus der Vielzahl sind insbesondere die Studenten des Fachbereichs Wirtschaftsrecht an der Hochschule Lüneburg, Dominic Reuters und Frank Hülskamp, hervorzuheben, ebenso wie Assessor, Dipl.-Finanzwirt Henning H. Rüth und RA/StB Dr. Thomas Lange, die uns mit ihren kritischen Anmerkungen vorangebracht haben. Herr Holger Köllmann hat das Projekt in technischer Hinsicht von Anfang bis Ende begleitet.

Es würde uns freuen, wenn mit dem vorliegenden Werk das Steuerrecht insgesamt wieder berechenbarer und überschaubarer wird, auch wenn der Weg zu dieser Erkenntnis nicht immer einfach ist (»per aspera ad astra«). Die Leser sind – mit ihrer Kritik – eingeladen, uns auf diesem – gelegentlich steinigen – Weg zu begleiten.

Lüneburg, im Juli 2002   Michael Preißer

Band 1: Ertragsteuerrecht	Band 2: Unternehmensteuerrecht und Steuerbilanzrecht	Band 3: Verfahrensrecht, Umsatzsteuerrecht, Erbschaftsteuerrecht
Teil A Einkommensteuer I – Kernbereiche	**Teil A Besteuerung der Einzelunternehmen**	**Teil A Abgabenordnung/Finanzgerichtsordnung**
Kapitel I Grund- und Strukturfragen bei der Einkommensteuer	Kapitel I Grundfragen der Gewinnermittlung (inklusive § 4 Abs. 3-Rechnung)	Kapitel I Einführung
Kapitel II Der Zustandstatbestand – Überschusseinkünfte	Kapitel II Der Betriebsvermögensvergleich	Kapitel II Allgemeines Steuerschuldrecht
Kapitel III Der Zustandstatbestand – Gewinneinkünfte	Kapitel III Einzelne Aktivposten	Kapitel III Haftung
Kapitel IV Der Erwerbsaufwand (das objektive Nettoprinzip) und § 12 EStG	Kapitel IV Geringwertige Wirtschaftsgüter	Kapitel IV Steuerverwaltungsakte
Kapitel V Das subjektive Nettoprinzip inklusive der Berücksichtigung der Kinder und der Besteuerung der Alterseinkünfte	Kapitel V Einzelne Passivposten	Kapitel V Das steuerliche Verwaltungsverfahren
	Kapitel VI Übertragung von Wirtschaftsgütern auf andere Betriebsvermögen	Kapitel VI Aufhebung, Änderung und Berichtigung von Steuerverwaltungsakten
	Kapitel VII Technische Fragen	Kapitel VII Das außergerichtliche Rechtsbehelfsverfahren
Teil B Einkommensteuer II – Übergreifende Komplexe	**Teil B Besteuerung der Personengesellschaft als Mitunternehmerschaft**	Kapitel VIII Das finanzgerichtliche Verfahren
Kapitel I Personelle Zurechnung (Drittaufwand, Nießbrauch/Treuhand, Angehörigenverträge u.a.)	Kapitel I Grundfragen zur Mitunternehmerschaft inklusive Einkunftsermittlung	Kapitel IX Vorläufiger Rechtsschutz
Kapitel II Realisationstatbestände (Steuerentstrickung im Privatvermögen/Betriebsvermögen versus betriebliche Umstrukturierung)	Kapitel II Das Betriebsvermögen und die Ermittlung des laufenden Gewinns bei der Mitunternehmerschaft	Kapitel X Vollstreckung von Steueransprüchen (§§ 249ff. AO)
Kapitel III Einkommensteuer – Rechtsnachfolge (vorweggenommene Erbfolge, Erbfall und Erbauseinandersetzung)	Kapitel III Die Doppelgesellschaften im Konzept der Mitunternehmer-Besteuerung	Kapitel XI Die Außenprüfung (§§ 193ff. AO)
Kapitel IV Verluste im Ertragsteuerrecht	Kapitel IV Anfang und Ende einer PersG	Kapitel XII Steuerstraftaten und Steuerordnungswidrigkeiten
	Kapitel V Die Beteiligung an einer PersG inklusive Personenstandsänderungen, insb. die Veräußerung	**Teil B Umsatzsteuerrecht**
Teil C Gewerbesteuer	Kapitel VI Sonderfragen	Kapitel I Einführung
Kapitel I Einführung und Berechnungsschema	**Teil C Körperschaftsteuerrecht**	Kapitel II Hinweise für die Bearbeitung von USt-Klausuren
Kapitel II Steuergegenstand und Steuerpflicht	Kapitel I Das Körperschaftsteuersystem vor und nach dem Steuersenkungsgesetz	Kapitel III Unternehmer und Unternehmen als Anknüpfungspunkte des Umsatzsteuerrechts
Kapitel III Die Besteuerungsgrundlage (§§ 6 bis 9 GewStG)	Kapitel II Die persönliche Körperschaftsteuerpflicht	Kapitel IV Leistungen
Kapitel IV Spezifika der Gewerbesteuer	Kapitel III Die sachliche Körperschaftsteuerpflicht	Kapitel V Leistungsaustausch (Leistungen gegen Entgelt)
	Kapitel IV Die steuerliche Behandlung der Ergebnisverwendung bei Kapitalgesellschaften	Kapitel VI Inland/Ausland
Teil D Internationales Steuerrecht	Kapitel V Die Bedeutung der Organschaft	Kapitel VII Geschäftsveräußerung nach § 1 Abs. 1a UStG
Kapitel I Strukturierung der Fallgestaltungen im Internationalen Steuerrecht (inklusive der Grenzpendlerproblematik)	Kapitel VI Die steuerliche Behandlung von Kapitalmaßnahmen	Kapitel VIII Steuerbefreiungen entgeltlicher Inlandsumsätze
Kapitel II Die deutschen Doppelbesteuerungsabkommen (DBA)	**Teil D Umwandlungssteuerrecht**	Kapitel IX Bemessungsgrundlage und Steuersatz bei entgeltlichen Umsätzen
Kapitel III Auslandsbeziehungen eines Steuerinländers (Fälle der unbeschränkten Steuerpflicht)	Kapitel I Allgemeines	Kapitel X Entstehen und Fälligkeit der Steuer
Kapitel IV Regelungsbereiche des Außensteuergesetzes (AStG)	Kapitel II Zivilrechtliche Grundlagen der Umwandlung	Kapitel XI Besteuerung unentgeltlicher Wertabgaben
Kapitel V Besteuerung der Steuerausländer im Inland	Kapitel III Steuerrechtliche Grundlagen der Umwandlung	Kapitel XII Unrichtiger oder unberechtigter Steuerausweis
Kapitel VI Exkurs: Die Bedeutung des Gemeinschaftsrechts	Kapitel IV Umwandlung von der KapG auf die PersG	Kapitel XIII Grenzüberschreitende Warenbewegungen
	Kapitel V Verschmelzung von KapG	Kapitel XIV Vorsteuerabzug
	Kapitel VI Spaltung	Kapitel XV Vorsteuerberichtigung
	Kapitel VII Einbringung in eine KapG	Kapitel XVI Besteuerungsverfahren
	Kapitel VIII Formwechsel	**Teil C Erbschaftsteuerrecht**
		Kapitel I Das Erbschaftsteuerrecht inklusive der erbrechtlichen Grundlagen
		Kapitel II Schenkungsteuerrecht: Vermögensübertragungen zu Lebzeiten im Erbschaftsteuergesetz
		Kapitel III Das Binnenrecht des Erbschaftsteuergesetzes (inklusive Bewertung)

Inhaltsverzeichnis

Vorwort des Herausgebers zur 17. Auflage (Prüfung 2018)		VII
Vorwort der Autoren zur 17. Auflage (Prüfung 2018)		IX
Vorwort des Herausgebers zur 1. Auflage		XI
Inhaltsübersicht »Die Steuerberaterprüfung« Band 1-3		XIII
Abkürzungsverzeichnis		XIX
Inhaltsverzeichnis Teil A		**3**
I	**Grund- und Strukturfragen bei der Einkommensteuer**	**13**
1	Einleitung	13
2	Übersicht Einkommensteuerrecht – Einkommensermittlung nach § 2 EStG	15
3	Überblick über die Tarifnormen des EStG	26
4	Die persönliche Steuerpflicht	29
5	Grundfragen zum Handlungstatbestand, insbesondere zu den Überschusseinkünften (Darstellung der §§ 8, 9 und 11 EStG)	36
II	**Der Zustandstatbestand – Überschusseinkünfte**	**57**
1	Einkünfte aus nichtselbständiger Arbeit (inklusive Grundzüge der Lohnsteuer)	57
2	Einkünfte aus Kapitalvermögen (§ 20 i.V.m. § 2 Abs. 1 S. 1 Nr. 5 EStG)	113
3	Vermietung und Verpachtung (§ 21 i.V.m. § 2 Abs. 1 Nr. 6 EStG)	166
4	Sonstige Einkünfte gemäß §§ 22, 23 EStG	195
III	**Der Zustandstatbestand – Gewinneinkünfte**	**203**
1	Gemeinsamkeiten und Unterschiede	203
2	Einkünfte aus Gewerbebetrieb (§ 2 Abs. 1 S. 1 Nr. 2 i.V.m. § 15 EStG)	204
3	Einkünfte aus selbständiger Arbeit (§ 2 Abs. 1 Nr. 3 i.V.m. § 18 EStG)	234
IV	**Der Erwerbsaufwand (das objektive Nettoprinzip) und § 12 EStG**	**243**
1	Vorbemerkung	243
2	Einzelne unter § 4 Abs. 4 und 5 EStG fallende Erwerbsaufwendungen	248
3	Anteilige Abzüge nach § 3c EStG	312
4	Die zentrale Stellung von § 12 Nr. 1 und Nr. 2 EStG	315
4.1	Die Grundaussagen des § 12 Nr. 1 EStG	315
V	**Das subjektive Nettoprinzip inklusive der Berücksichtigung der Kinder und der Besteuerung der Alterseinkünfte**	**330**
1	Sonderausgaben	330
2	Außergewöhnliche Belastungen	359
3	Kinder im Steuerrecht	381
4	Die Regelung der Alterseinkünfte und der Altersvorsorge durch das Alterseinkünftegesetz	393

Inhaltsverzeichnis Teil B		405
B	**Einkommensteuer II – Übergreifende Komplexe**	**413**
I	**Personelle Zurechnung (Drittaufwand, Nießbrauch/Treuhand, Angehörigenverträge u.a.)**	**413**
1	Einführung	413
2	Die personelle Zurechnung im Bereich der Einnahmen	414
3	Der steuerliche Drittaufwand	425
4	Die Zuordnung bei komplexen Rechtsverhältnissen	440
II	**Realisationstatbestände (Steuerentstrickung im Privatvermögen/ Betriebsvermögen versus betriebliche Umstrukturierung)**	**461**
1	Übersicht (§ 6 Abs. 3 ff. EStG versus §§ 16 ff. EStG u.a.)	461
2	Betriebsveräußerung und Betriebsaufgabe (§ 16 i.V.m. § 34 EStG)	466
3	Das Mitunternehmer- und Realteilungskonzept: § 6 Abs. 5 EStG und § 16 Abs. 3 S. 2 ff. EStG – Mittel zur Umstrukturierung	505
4	Die Veräußerung von Anteilen an Kapitalgesellschaften	511
6	Schicksal der Anteile bei Einbringung in eine GmbH	539
III	**Einkommensteuer – Rechtsnachfolge (vorweggenommene Erbfolge, Erbfall und Erbauseinandersetzung)**	**542**
1	Einleitung	542
2	Rechtsnachfolge in der Rechtsordnung	543
3	Die vorweggenommene Erbfolge	547
4	Der Erbfall (und das Interimsstadium – bis zur Auseinandersetzung)	565
5	Die Erbauseinandersetzung (mehrere Erben)	574
IV	**Verluste im Ertragsteuerrecht**	**599**
1	Einleitung	599
2	Die Verlustverrechnung in der Einkommensteuer	600
3	Spezielle Beschränkungen bei der Verlustverrechnung	611
4	Verluste im Recht der Unternehmenssanierungen sowie in der Gewerbesteuer	645
Inhaltsverzeichnis Teil C		675
I	**Einführung und Berechnungsschema**	677
II	**Steuergegenstand und Steuerpflicht**	679
1	Steuergegenstand der Gewerbesteuer	679
2	Die sachliche Steuerpflicht im eigentlichen Sinne	684
3	Die persönliche Steuerpflicht (Steuerschuldner)	690

III	**Die Besteuerungsgrundlage (§§ 6 bis 9 GewStG)**	694
1	Die Ausgangsgröße: Der Gewerbeertrag (§ 7 GewStG)	694
2	Die Hinzurechnungen des § 8 GewStG	697
3	Die Kürzungen des § 9 GewStG	717
4	Berücksichtigung eines Gewerbeverlustes (§ 10a GewStG)	725
5	Steuermesszahl und Steuermessbetrag	726

IV	**Spezifika der Gewerbesteuer**	728
1	Besteuerung der gewerbesteuerlichen Organschaft	728
2	Festsetzung und Zerlegung des Gewerbesteuermessbetrags	730
3	Die Korrekturvorschrift des § 35b GewStG	733
4	Die Gewerbesteuerrückstellung als Bilanzproblem	734
5	Die Anrechnung der Gewerbesteuer auf die Einkommensteuer	737

	Inhaltsverzeichnis Teil D	747

D	**Internationales Steuerrecht**	753

I	**Strukturierung der Fallgestaltungen im Internationalen Steuerrecht (inklusive der Grenzpendlerproblematik)**	753
1	Grenzüberschreitende Sachverhalte und Internationales Steuerrecht	753
2	Die Grenzpendlerproblematik	755

II	**Die deutschen Doppelbesteuerungsabkommen (DBA)**	761
1	Historie und derzeitiger Stand	761
2	Multinationale Zusammenarbeit	761
3	Wirkungsweise der Doppelbesteuerungsabkommen	762
4	Systematik der Doppelbesteuerungsabkommen	764

III	**Auslandsbeziehungen eines Steuerinländers (Fälle der unbeschränkten Steuerpflicht)**	781
1	Einführung in die Thematik	781
2	Inländisches Unternehmen mit Outbound-Aktivitäten (Internationales Unternehmenssteuerrecht)	782
3	Sonstige grenzüberschreitende Aktivitäten eines Steuerinländers	809

IV	**Regelungsbereiche des Außensteuergesetzes (AStG)**	814
1	Allgemeines	814
2	Gliederung des Außensteuergesetzes	814
3	Einkünfteberichtigung nach § 1 AStG	815
4	Die Wegzugsbesteuerung (§§ 2–6 AStG)	829
5	Die Hinzurechnungsbesteuerung nach dem AStG	842

V	**Besteuerung der Steuerausländer im Inland**	855
1	Sachlicher Umfang der beschränkten Steuerpflicht	855
2	Inlandseinkünfte gemäß § 49 EStG	855
3	Durchführung der Besteuerung sowie Verfahrensfragen	867
4	Treaty Overriding	873
5	Weitere Aktivitäten des Gesetzgebers	878
VI	**Exkurs: Die Bedeutung des Gemeinschaftsrechts**	880
1	Die Rechtsgrundlagen der Europäischen Gemeinschaft	880
2	Ein konkretes EU-Gebilde: Die Societas Europaea	881
3	Die Rechtsprechungspraxis des EuGH	883

Stichwortregister 885

Abkürzungsverzeichnis

A	Abschnitt
a.A.	anderer Ansicht
a.a.O.	am angegebenen Ort
AB	Anfangsbestand
Abs.	Absatz
Abschn.	Abschnitt
AdV	Aussetzung der Vollziehung
a.E.	am Ende
AEAO	Anwendungserlass zur Abgabenordnung
AEUV	Vertrag über die Arbeitsweise dre Europäischen Union
a.F.	alte Fassung
AfA	Absetzung für Abnutzung
AFG	Arbeitsförderungsgesetz
AG	Aktiengesellschaft; Arbeitgeber
agB	außergewöhnliche Belastung
AIG	Gesetz über steuerliche Maßnahmen bei Auslandsinvestitionen der deutschen Wirtschaft (Auslandsinvestitionsgesetz)
AK	Anschaffungskosten
AktG	Aktiengesetz
Alt.	Alternative
AltEinkG	Alterseinkünftegesetz
AmtshilfeRLUmsG	Amtshilferichtlinieumsetzungsgesetz
AN	Arbeitnehmer
AnfG	Gesetz über die Anfechtung von Rechtshandlungen außerhalb des Insolvenzverfahrens vom 05.10.1994 (BGBl I 1994, 2911)
Anm.	Anmerkung
AO	Abgabenordnung
AOA	Authorized OECD Approach
AP	Außenprüfung
arg.	argumentum
Art.	Artikel
AStG	Außensteuergesetz
AV	Anlagevermögen
Az.	Aktenzeichen
BA	Betriebsausgabe
BaföG	Bundesausbildungsförderungsgesetz
BAG	Bundesarbeitsgericht
BauGB	Baugesetzbuch
BayLfSt	Bayerisches Landesamt für Steuern
BayObLG	Bayrisches Oberstes Landesgericht
BB	Betriebs-Berater

BBauG	Bundesbaugesetz
BE	Betriebseinnahmen
BeitRLUmsG	Gesetz zur Umsetzung der Beitreibungsrichtlinie
BEPS	Base Erosion and Profit Shifting
BEPS I-UmsG	Gesetz zur Umsetzung der EU-Amtsrichtlinie und von weiteren Maßnahmen gegen Gewinnverkürzungen und -verlagerungen
BesitzG	Besitzgesellschaft
BetriebsG	Betriebsgesellschaft
BeurkG	Beurkundungsgesetz
BewG	Bewertungsgesetz
BfF	Bundesamt für Finanzen
BFH	Bundesfinanzhof
BFHE	Bundesfinanzhof-Entscheidungen
BFH/NV	Sammlung amtlich nicht veröffentlichter Entscheidungen des Bundesfinanzhofes
BgA	Betrieb gewerblicher Art
BGB	Bürgerliches Gesetzbuch
BGBl	Bundesgesetzblatt
BGH	Bundesgerichtshof
BGHSt	Bundesgerichtshof in Strafsachen
BGHZ	Amtliche Entscheidungssammlung des Bundesgerichthofs
BiRiLiG	Bilanzrichtliniengesetz
BMF	Bundesministerium für Finanzen
BMF-ErbA	Schreiben des Bundesministeriums für Finanzen zur Erbauseinandersetzung
BMF-RE	Schreiben des Bundesministeriums für Finanzen zum Rentenerlass
BMF-vE	Schreiben des Bundesministeriums für Finanzen zur vorweggenommenen Erbfolge
BMG	Bemessungsgrundlage
BP	Betriebsprüfung
BPO	Betriebsprüfungsordnung
BRAGO	Bundesgebührenverordnung für Rechtsanwälte
BRD	Bundesrepublik Deutschland
BR-Drs.	Bundesratsdrucksache
BS	Betriebsstätte, Buchungssatz
BsGaV	Betriebsstättengewinnaufteilungsverordnung
BStBl	Bundessteuerblatt
BT-Drs.	Bundestags-Drucksache
Buchst.	Buchstabe
BV	Betriebsvermögen
BVerfG	Bundesverfassungsgericht
BVerfGE	Bundesverfassungsgericht-Entscheidungen
BVerfGG	Bundesverfassungsgerichtgesetz
BVerwG	Bundesverwaltungsgericht
BVV	Betriebsvermögensvergleich
BW	Buchwert
bzgl.	bezüglich
BZRG	Bundeszentralregistergesetz

BZSt	Bundeszentralamt für Steuern
bzw.	beziehungsweise
CH	Schweiz
DA-FamEStG	Dienstanweisung zur Durchführung des Familienleistungsausgleichs
DB	Der Betrieb (Zeitschrift)
DBA	Doppelbesteuerungsabkommen
DepotG	Depotgesetz
dgl.	dergleichen
d.h.	das heißt
DNotI	Informationsdienst des Deutschen Notarinstituts
DStJG	Deutsche Steuerjuristische Gesellschaft e.V. (Band)
DStR	Deutsches Steuerrecht (Zeitschrift)
DStRE	Deutsches Steuerrecht – Entscheidungsdienst (Zeitschrift)
DStZ	Deutsche Steuer-Zeitung
EFG	Entscheidungen der Finanzgerichte
EFH	Einfamilienhaus
EG	Erdgeschoss; Europäische Gemeinschaft
EGAO	Einführungsgesetz zur Abgabenordnung
EGV	Vertrag zur Neugründung der europäischen Gemeinschaft vom 25.03.1957
EigZulG	Eigenheimzulagengesetz
ELStAM	Elektronische Lohnsteuerabzugsmerkmale
ErbbauVO	Erbbaurechtsverordnung
ErbBstg	Erbfolgebesteuerung (Zeitschrift)
ErbGleichG	Erbrechtsgleichstellungsgesetz vom 16.12.1997, BGBl I 1997, 2968
ErbStG	Erbschaftsteuergesetz
ErbStR	Erbschaftsteuerrecht
Erl.	Erlass
ESt	Einkommensteuer
EStDV	Einkommensteuer-Durchführungsverordnung
EStG	Einkommensteuergesetz
EStR	Einkommensteuer-Richtlinien
ETW	Eigentumswohnung
EU	Europäische Union
EuG	Gericht der Europäischen Union
EuGH	Gerichtshof der Europäischen Gemeinschaften
EURLUmsG	EU-Richtlinien-Umsetzungsgesetz
E-USt	Einfuhrumsatzsteuer
EV	Eigentumsvorbehalt
e.V.	eingetragener Verein
evtl.	eventuell
EW	Einheitswert
EWIV	Europäische Wirtschaftliche Interessenvereinigung
EZ	Erhebungszeitraum

f., ff.	folgende, fortfolgende
FA	Finanzamt
FAGO	Geschäftsordnung für die Finanzämter
FG	Finanzgerichte
FGG	Reichsgesetz über die freiwillige Gerichtsbarkeit vom 17.05.1898
FGO	Finanzgerichtsordnung
FGO-ÄndG	FGO-Änderungsgesetz
FinMin	Finanzministerium
FN	Fußnote
FörderGG	Fördergebietsgesetz
FVerlV	Funktionsverlagerungsverordnung
FVG	Gesetz über die Finanzverwaltung
GA	Gewinnausschüttung
GABl.	Gemeinsames Amtsblatt des Landes Baden-Württemberg
GAufzV	Gewinnabgrenzungsaufzeichnungsverordnung
GbR	Gesellschaft bürgerlichen Rechts
GdE	Gesamtbetrag der Einkünfte
geb.	geboren
gem.	gemäß
GenG	Genossenschaftsgesetz
GewO	Gewerbeordnung
GewSt	Gewerbesteuer
GewStDV	Gewerbesteuer-Durchführungsverordnung
GewStG	Gewerbesteuergesetz
GewStH	Gewerbesteuer-Hinweise
GewStR	Gewerbesteuer-Richtlinien
GF	Geschäftsführer
G'fter	Gesellschafter
GFZ	Geschossflächenzahl
GG	Grundgesetz
ggf.	gegebenenfalls
GmbH	Gesellschaft mit beschränkter Haftung
GmbHG	Gesetz betreffend die Gesellschaft mit beschränkter Haftung
GmbHR	Die GmbH-Rundschau (Zeitschrift)
GrESt	Grunderwerbsteuer
GrEStG	Grunderwerbsteuergesetz
GrS	Großer Senat
GrStG	Grundsteuergesetz
GrStR	Grundsteuer-Richtlinien
GruBo	Grund und Boden
G + V	Gewinn- und Verlustrechnung
GVG	Gerichtsverfassungsgesetz
GWG	Geringwertige Wirtschaftsgüter
H	Hinweis (zu Richtlinien)
h.A.	herrschende Auffassung
HB	Handelsbilanz

HBeglG	Haushaltbegleitgesetz
HFR	Höchstrichterliche Finanzrechtsprechung (Entscheidungssammlung)
HGB	Handelsgesetzbuch
HK	Herstellungskosten
h.L.	herrschende Lehre
h.M.	herrschende Meinung
H/H/R	Hermann/Heuer/Raupach (Kommentar)
HR	Handelsregister
HS	Halbsatz
HV	Handelsvertreter
i.d.F.	in der Fassung
i.d.R.	in der Regel
IdW	Institut der Wirtschaftsprüfer
i.e.S.	im engeren Sinne
i.H.v.	in Höhe von
inkl.	inklusive
insb.	insbesondere
InsO	Insolvenzordnung
InvStG	Investmentsteuergesetz
InvZulG	Investitionszulagengesetz
i.S.d.	im Sinne des/der
i.S.e.	im Sinne eines/einer
IStR	Internationales Steuerrecht (Zeitschrift)
i.S.v.	im Sinne von
i.Ü.	im Übrigen
i.V.m.	in Verbindung mit
i.w.S.	im weiteren Sinne
JStG	Jahressteuergesetz
Kap.	Kapitel
KapESt	Kapitalertragsteuer
KapG	Kapitalgesellschaft
Kfz	Kraftfahrzeug
KG	Kommanditgesellschaft
KGaA	Kommanditgesellschaft auf Aktien
Kj.	Kalenderjahr
Komm.	Kommentar
KraftStG	Kraftfahrzeugsteuergesetz
KroatienAnpG	Gesetz zur Anpassung des nationalen Steuerrechts an den Beitritt Kroatiens zur EU
KSt	Körperschaftsteuer
KStG	Körperschaftsteuergesetz
KStR	Körperschaftsteuer-Richtlinien
KWG	Kreditwesengesetz

LAG	Landesarbeitsgericht
LE	Ländererlass
Lit.	Literatur
LPartG	Lebenspartnerschaftsgesetz
LSG	Landessozialgericht
LSt	Lohnsteuer
LStÄR	Lohnsteueränderungsrichtlinien
LStDV	Lohnsteuer-Durchführungsverordnung
LStR	Lohnsteuer-Richtlinien
lt.	laut
L + F	Land- und Forstwirtschaft
L + L	Lieferungen und Leistungen
m.a.W.	mit anderen Worten
m.E.	meines Erachtens
MEG	Miterbengemeinschaft
MFH	Mehrfamilienhaus
Mio.	Millionen
MoMiG	Gesetz zur Modernisierung des GmbH-Rechts und zur Bekämpfung von Missbräuchen
Mrd.	Milliarden
MU	Mitunternehmer
Mu-To-RL	Mutter-Tochter-Richtlinie
MüKo	Münchener Kommentar
m.w.N.	mit weiteren Nachweisen
MwStSystRL	Mehrwertsteuer-Systemrichtlinie
nat.	natürliche/-r/-s
NATO	Nordatlantischer Verteidigungspakt (»North Atlantic Treaty Organization«)
ND	Nutzungsdauer
n.F.	neue Fassung
NJW	Neue Juristische Wochenschrift
n.n.v.	noch nicht veröffentlicht
Nr.	Nummer
nrkr.	nicht rechtskräftig
n.v.	nicht veröffentlicht
OECD-MA	OECD-Musterabkommen
OFD	Oberfinanzdirektion
o.g.	oben genannte/-r/-s
OG	Obergeschoss
OHG	Offene Handelsgesellschaft
OLG	Oberlandesgericht
OrgG	Organgesellschaft
OrgT	Organträger
OVG	Oberverwaltungsgericht
OWiG	Gesetz über Ordnungswidrigkeiten

PartG	Partnerschaftsgesellschaft (steht auch für Parteiengesetz)
PartGG	Partnerschaftsgesellschaftsgesetz
PassG	Passgesetz
PersG	Personengesellschaft
PersHG	Personenhandelsgesellschaft
PV	Privatvermögen
R	Richtlinie
RA	Rechtsanwalt
RAP	Rechnungsabgrenzungsposten
RennwLottAB	Ausführungsbestimmungen zum Rennwett- und Lotteriegesetz
RfE	Rücklage für Ersatzbeschaffung
RFH	Reichsfinanzhof
RG	Reichsgericht
rkr.	rechtskräftig
Rspr.	Rechtsprechung
RStBl	Reichssteuerblatt
Rz.	Randziffer
S.	Satz
s.	siehe
SA	Sonderausgaben
SB	Schlussbilanz
s.b.	sonstiger betrieblicher
SEStEG	Gesetz über steuerliche Begleitmaßnahmen zur Einführung der Europäischen Gesellschaft und zur Änderung weiterer steuerlicher Maßnahmen
SGB	Sozialgesetzbuch
sog.	so genannte/-r/-s
SolZ	Solidaritätszuschlag
StÄndG	Steueränderungsgesetz
StB	Steuerbilanz; Steuerberater; Der Steuerberater (Zeitschrift)
StBerG	Steuerbereinigungsgesetz
StBG	Steuerberatergesetz
StBGebV	Steuerberatergebührenverordnung
StED	Steuerlicher Eildienst
StEntlG	Steuerentlastungsgesetz vom 24.03.1999, BGBl I 1999, 402
Steufa	Steuerfahndung
StGB	Strafgesetzbuch
StKl.	Steuerklasse
StMBG	Gesetz zur Bekämpfung des Missbrauchs und zur Bereinigung des Steuerrechts
stpfl.	steuerpflichtig
StPfl.	Steuerpflichtige/-r
StPO	Strafprozessordnung
str.	strittig
StRefG	Steuerreformgesetz
StSenkG	Steuersenkungsgesetz vom 23.10.2000, BGBl I 2000, 1428
StuW	Steuern und Wirtschaft

StVBG	Steuerverkürzungsbekämpfungsgesetz
StVereinfG	Steuervereinfachungsgesetz
StVergAbG	Steuervergünstigungsabbaugesetz
TabakStG	Tabaksteuergesetz
TEV	Teileinkünfteverfahren
TW	Teilwert
Tz.	Textziffer
u.a.	unter anderem
UE	Umwandlungssteuererlass
u.E.	unseres Erachtens
UmwG	Umwandlungsgesetz
UmwStG	Umwandlungssteuergesetz
UntStFG	Unternehmenssteuerfortentwicklungsgesetz vom 20.12.2001, BGBl I 2001, 3858
UntStRefG	Unternehmenssteuerreformgesetz
UR	Umsatzsteuer-Rundschau (Zeitschrift)
USt	Umsatzsteuer
UStÄndG	Umsatzsteueränderungsgesetz
UStB	Der Umsatz-Steuer-Berater
UStDV	Umsatzsteuer-Durchführungsverordnung
UStG	Umsatzsteuergesetz
USt-Id-Nr.	Umsatzsteueridentifikationsnummer
USt-VA	Umsatzsteuervoranmeldung
u.U.	unter Umständen
UV	Umlaufvermögen
VA	Voranmeldung, Verwaltungsakt
v.A.w.	von Amts wegen
VAZ	Voranmeldungszeitraum
vE	verdeckte Einlage, vorweggenommene Erbfolge
vEK	verwendbares Eigenkapital
VermBG	Vermögensbildungsgesetz
VerwGrS	Verwaltungsgrundsätze
Vfg.	Verfügung
vGA	verdeckte Gewinnausschüttung
vgl.	vergleiche
VollStrA	Vollsteckungsanweisung
VorSt (VSt)	Vorsteuer
VStG	Vermögensteuergesetz
V + V	Vermietung und Verpachtung
VwGO	Verwaltungsgerichtsordnung
VwVG	Verwaltungsvollstreckungsgesetz
VwZG	Verwaltungszustellungsgesetz
VZ	Veranlagungszeitraum

WachstumsbeschlG	Wachstumsbeschleunigungsgesetz
WE	Wirtschaftseinheit
WertV	Wertermittlungsverordnung
WG	Wirtschaftsgut
wistra	Zeitschrift für Wirtschaft, Steuer, Strafrecht
Wj.	Wirtschaftsjahr
WK	Werbungskosten
WoP	Wohnungsbauprämie
WP	Wirtschaftsprüfer
WPHG	Wertpapierhandelsgesetz
WÜRF	Wiener Übereinkommen über das Recht der Verträge vom 23.05.1969
ZASt	Zinsabschlagsteuer
z.B.	zum Beispiel
ZEV	Zeitschrift für Erbrecht und Vermögensnachfolge
ZFH	Zweifamilienhaus
ZG	Zollgesetz
Ziff.	Ziffer
ZPO	Zivilprozessordnung
z.T.	zum Teil
z.v.E.	zu versteuerndes Einkommen
ZVG	Zwangsversteigerungsgesetz
zzgl.	zuzüglich
zzt.	zurzeit

Teil A Einkommensteuer I – Kernbereiche

Inhaltsverzeichnis Teil A

A	Einkommensteuer I – Kernbereiche	13
I	**Grund- und Strukturfragen bei der Einkommensteuer**	13
1	Einleitung	13
2	Übersicht Einkommensteuerrecht – Einkommensermittlung nach § 2 EStG	15
2.1	Einzelveranlagung	18
2.2	Zusammenveranlagung	21
3	Überblick über die Tarifnormen des EStG	26
3.1	Grundtarif nach § 32a Abs. 1 EStG	26
3.2	Splittingverfahren nach § 32a Abs. 5 EStG	26
3.3	Weitere Fälle der Anwendung des Splittingtarifs (§ 32a Abs. 6 EStG)	27
3.4	Zusammenfassung	28
3.5	Überblick über weitere wichtige Tarifvorschriften	28
4	Die persönliche Steuerpflicht	29
4.1	Der Wohnsitz im Inland (§ 8 AO)	30
4.2	Der gewöhnliche Aufenthalt (§ 9 AO)	31
4.3	Der Inlandsbegriff	33
4.4	Erweiterte unbeschränkte Steuerpflicht des § 1 Abs. 2 EStG	33
4.5	Fiktiv unbeschränkte Steuerpflicht des § 1 Abs. 3 EStG – erster Überblick	34
4.6	Beschränkte Steuerpflicht des § 1 Abs. 4 EStG	36
5	Grundfragen zum Handlungstatbestand, insbesondere zu den Überschusseinkünften (Darstellung der §§ 8, 9 und 11 EStG)	36
5.1	Stellung im Dualismus – System der Einkunftsarten (§ 2 Abs. 2 EStG)	36
5.2	Einnahmen	37
5.2.1	Grundsätze (Einnahmen/keine Einnahmen)	37
5.2.2	Der Sachbezug und die Rabattregelung	40
5.2.2.1	Steuerliche Behandlung der Privatnutzung von Dienstwagen	41
5.2.2.2	Privates Internetsurfen	45
5.2.2.3	Die Jahreswagenregelung nach § 8 Abs. 3 EStG (Personalrabatt)	46
5.2.3	Die Kausalitätsdichte	47
5.2.4	Zufluss	47
5.2.5	Negative Einnahmen	48
5.3	Erwerbsaufwendungen, insbesondere die Werbungskosten	49
5.3.1	Gemeinsamkeit und Unterschied zwischen Werbungskosten und Betriebsausgaben	49
5.3.2	Aufwendungen als Werbungskosten sowie allgemeine Auslegungsfragen zu § 9 EStG	50
5.3.3	Die Pauschalierungsregelung nach § 9a EStG	51
5.4	Der maßgebliche Zeitpunkt beim Handlungstatbestand	52
5.4.1	Systematische Stellung und Tragweite des § 11 EStG	52

5.4.2	Einnahmen und Ausgaben und die wirtschaftliche Verfügungsmacht	52
5.4.2.1	Zufluss und Abfluss bei bargeldloser Zahlung	52
5.4.2.2	Erfüllungssurrogate (sonstige Zahlungsmodalitäten)	53
5.4.2.3	Verfügungsbeschränkungen	54
5.4.2.4	Bank- und bautechnische Besonderheiten	54
5.4.3	Regelmäßig wiederkehrende Einnahmen und Ausgaben	55
II	**Der Zustandstatbestand – Überschusseinkünfte**	57
1	Einkünfte aus nichtselbständiger Arbeit (inklusive Grundzüge der Lohnsteuer)	57
1.1	Aufteilung in materielles und formelles Recht	57
1.2	Materiell-rechtliche Einkünfte nach § 19 EStG	58
1.2.1	Der Arbeitgeberbegriff	58
1.2.2	Der Arbeitnehmerbegriff	58
1.2.2.1	Abgrenzungskriterien	59
1.2.2.2	Misch- und Grenzfälle	60
1.2.3	Das Dienstverhältnis	61
1.2.4	Der Arbeitslohn	62
1.2.4.1	Steuerpflichtige Komponenten	62
1.2.4.2	Steuerbefreite Komponenten (§ 3 EStG)	71
1.2.5	Werbungskosten bei § 19 EStG	73
1.2.5.1	Einführung	73
1.2.5.2	Fortbildungs- und Ausbildungskosten	74
1.2.5.3	Reisekosten des Arbeitnehmers	76
1.2.5.4	Arbeitsmittel des Arbeitnehmers	86
1.2.5.5	Entfernungspauschale	87
1.2.6	Darlehensgewährungen zwischen Arbeitgeber und Arbeitnehmer	91
1.2.6.1	Darlehen des Arbeitgebers an den Arbeitnehmer	91
1.2.6.2	Darlehen des Arbeitnehmers an den Arbeitgeber	92
1.3	Die Erhebung der Steuer – Das Lohnsteuerabzugsverfahren	92
1.3.1	Überblick zum geltenden Recht	92
1.3.1.1	Allgemeiner Überblick über das Lohnsteuerabzugsverfahren	92
1.3.1.2	Das aktuelle Lohnsteuerabzugsverfahren ab 2013/2014 (Überblick über die ELStAM)	96
1.3.2	Die Pauschalierung der Lohnsteuer	99
1.3.3	Das Haftungsverfahren gemäß § 42d EStG	106
1.3.3.1	Grundzüge – Prüfungsreihenfolge	106
1.3.3.2	Die Entleiherhaftung gemäß § 42d Abs. 6 und 7 EStG	108
1.3.3.3	Lohnsteuerpflichten durch Dritte	109
1.4	Lohnsteuer-Nachschau	109
1.5	Besteuerung von Versorgungsbezügen (§ 19 Abs. 2 EStG)	110
2	Einkünfte aus Kapitalvermögen (§ 20 i.V.m. § 2 Abs. 1 S. 1 Nr. 5 EStG)	113
2.1	Einleitung und Überblick zum geltenden Recht	113
2.1.1	Überblick über § 20 und § 32d EStG	114
2.1.2	Vorbemerkung zur weiteren Darstellung	116

2.2	Die Gesetzestechnik bei den Einkünften aus Kapitalvermögen	117
2.2.1	Die Erhebung der Steuer – Die Kapitalertragsteuer	117
2.2.1.1	Grundzüge	117
2.2.1.2	Steuerbescheinigung und Freistellungsauftrag	120
2.2.1.3	Sonderfälle bei der Kapitalertragsteuer	121
2.2.2	Korrekturen beim Kapitalertragsteuerabzug (§ 20 Abs. 3a EStG)	122
2.2.3	Einschränkungen bei der Anrechnung der Kapitalertragsteuer nach § 36a EStG	124
2.2.4	Werbungskosten bei den Einkünften aus Kapitalvermögen (§ 20 Abs. 9 EStG)	125
2.2.4.1	Der Sparerpauschbetrag oder das Werbungskostenabzugsverbot	125
2.2.4.2	Ausnahmen	125
2.2.5	Verlustverrechnung bzw. Verlustausgleich (§ 20 Abs. 6 EStG)	126
2.2.6	Besonderheiten bei der Ermittlung der Einkünfte (§ 20 Abs. 4, 4a EStG)	129
2.2.6.1	Der Gewinn i.S.d. § 20 Abs. 2 EStG (§ 20 Abs. 4 EStG)	129
2.2.6.2	Besonderheiten bei Kapitalmaßnahmen (§ 20 Abs. 4a EStG)	130
2.2.7	Der besondere Steuersatz (§ 32d EStG im Detail)	132
2.2.7.1	Grundsatz	132
2.2.7.2	Ausnahmen von der Abgeltungsteuer	133
2.2.7.3	Günstigerprüfung (§ 32 Abs. 6 EStG)	135
2.2.7.4	Unternehmerische Beteiligungen (§ 32d Abs. 2 Nr. 3 EStG)	136
2.2.7.5	Weitere Verfahrensfragen (§ 32d Abs. 3 und 4 EStG)	140
2.2.7.6	Die Berücksichtigung ausländischer Quellensteuer (§ 32d Abs. 5 EStG)	141
2.3	Die einzelnen Einnahmen aus Kapitalvermögen (§ 20 Abs. 1 bis 3 EStG)	142
2.3.1	Der Haupttatbestand (§ 20 Abs. 1 Nr. 1 und Nr. 2 EStG)	142
2.3.2	Sonstige »Beteiligungserträge«	144
2.3.3	Sonstige Kapitalforderungen; Zinsen aus Lebensversicherungen (§ 20 Abs. 1 Nr. 6 EStG)	146
2.3.3.1	Überblick und rechtliche Entwicklung	146
2.3.3.2	Weitere Einzelheiten zur aktuellen Besteuerung	148
2.3.3.3	Die Behandlung von Vertragsänderungen	149
2.3.3.4	Die Behandlung vom Teilauszahlungen	150
2.3.3.5	Die Veräußerung von Lebensversicherungsverträgen (§ 20 Abs. 2 Nr. 6 EStG)	151
2.3.4	Sonstige Kapitalforderungen, insbesondere gemäß § 20 Abs. 1 Nr. 7 EStG	151
2.3.4.1	Die Grundaussage	151
2.3.4.2	Einzelfälle und Zuflusszeitpunkt	152
2.3.5	Einkünfte aus Stillhalterprämien (§ 20 Abs. 1 Nr. 11 EStG)	155
2.3.6	Die Besteuerung von Veräußerungsgewinnen (§ 20 Abs. 2 EStG)	156
2.3.6.1	Der Veräußerungsbegriff und -inhalt des § 20 Abs. 2 Nr. 1 und 7 EStG	156
2.3.6.2	Die – nur scheinbar klare – Übergangsregelung für Wertpapiere (alle Fälle)	159
2.3.6.3	Zusammenfassendes Beispiel	162
2.4	Spezial- und Abgrenzungsfälle – neue Formen der Kapitaleinkünfte	163
2.5	Ausblick auf die Reform des Investmentsteuergesetzes (InvStG) ab dem VZ 2018	164

3	Vermietung und Verpachtung (§ 21 i.V.m. § 2 Abs. 1 Nr. 6 EStG)	166
3.1	Überblick	166
3.2	Der gesetzliche Grundtatbestand (§ 21 Abs. 1 S. 1 Nr. 1 EStG)	167
3.2.1	Der Haupttatbestand: Die Vermietung einer Immobilie	168
3.2.1.1	Erwerb bzw. Errichtung einer Immobilie (in Vermietungsabsicht)	168
3.2.1.2	Die Vermietungsphase	175
3.2.2	Einnahmen und Werbungskosten	183
3.2.2.1	Einnahmen	183
3.2.2.2	Werbungskosten	184
3.2.3	Das Zusammenspiel von § 21 EStG mit den »eigenen vier Wänden«	193
3.3	Weitere Vermietungs- und Verpachtungstatbestände	195
4	Sonstige Einkünfte gemäß §§ 22, 23 EStG	195
4.1	Der Anwendungsbereich der privaten wiederkehrenden Leistungen	197
4.2	Die privaten wiederkehrenden Leistungen als »Gegenleistungsrente«	198
4.3	Freiwillige wiederkehrende Bezüge	200
4.4	Schadensersatzrenten und Versicherungsrenten	200
4.4.1	Schadensersatzrenten – allgemein	200
4.4.2	(Sozial-)Versicherungsrenten	201
III	**Der Zustandstatbestand – Gewinneinkünfte**	**203**
1	Gemeinsamkeiten und Unterschiede	203
2	Einkünfte aus Gewerbebetrieb (§ 2 Abs. 1 S. 1 Nr. 2 i.V.m. § 15 EStG)	204
2.1	Bedeutung des Gewerbebetriebs für die (Steuer-)Rechtsordnung	204
2.2	Die positiven Tatbestandsmerkmale gemäß § 15 Abs. 2 EStG	204
2.2.1	Die Selbständigkeit	205
2.2.2	Die Nachhaltigkeit	208
2.2.3	Die Marktbeteiligung	210
2.2.4	Die Gewinnerzielungsabsicht	212
2.3	Die negativen Tatbestandsvoraussetzungen	215
2.3.1	Abgrenzung zur privaten Vermögensverwaltung (§ 14 AO)	215
2.3.1.1	Die gewerbliche Vermietung	216
2.3.1.2	Der gewerbliche Wertpapierhandel	217
2.3.1.3	Der gewerbliche Grundstückshandel und die Drei-Objekt-Grenze	217
2.3.1.4	Sonstige (gewerbliche) »Grenzaktivitäten«	226
2.3.2	Abgrenzung zu Land- und Forstwirtschaft (§ 13 EStG)	228
2.3.3	Abgrenzung zur selbständigen Arbeit (§ 18 EStG)	231
2.4	Weitere Zuordnungen	233
2.4.1	Die zeitliche Dimension des Gewerbebetriebes	233
2.4.2	Sachlicher Umfang des Unternehmens	233
2.4.3	Das Unternehmen in personeller Hinsicht	234
3	Einkünfte aus selbständiger Arbeit (§ 2 Abs. 1 Nr. 3 i.V.m. § 18 EStG)	234
3.1	Vorbemerkung	234
3.2	Die einzelnen freiberuflichen Tätigkeiten (§ 18 Abs. 1 Nr. 1 EStG)	235
3.2.1	Die wissenschaftliche Tätigkeit	235
3.2.2	Die künstlerische Tätigkeit	236
3.2.3	Die schriftstellerische Tätigkeit	236

3.2.4	Die unterrichtende und erzieherische Tätigkeit	236
3.3	Die einzelnen freiberuflichen Berufsträger (§ 18 Abs. 1 Nr. 1 EStG)	237
3.3.1	Die Heilberufe	237
3.3.2	Rechts- und wirtschaftsberatende Berufe	237
3.3.3	Technische Berufe (Architekten, Ingenieure, Vermessungsingenieure)	238
3.3.4	Medienberufe	238
3.3.5	Ähnliche Berufe	239
3.4	Die Mithilfe anderer – die sog. Vervielfältigungstheorie	240
3.5	Die sonstige selbständige Arbeit (§ 18 Abs. 1 Nr. 3 EStG)	241
3.6	Die Fallgruppe des § 18 Abs. 1 Nr. 4 EStG	242
IV	**Der Erwerbsaufwand (das objektive Nettoprinzip) und § 12 EStG**	**243**
1	Vorbemerkung	243
1.1	Gang der Darstellung	243
1.2	Rechtssystematische Stellung	244
1.3	Die »kausale« Betrachtungsweise bei den Werbungskosten bzw. der Zusammenhang mit den Einnahmen	244
2	Einzelne unter § 4 Abs. 4 und 5 EStG fallende Erwerbsaufwendungen	248
2.1	Geschäftsfreundegeschenke (§ 4 Abs. 5 S. 1 Nr. 1 EStG)	248
2.1.1	Einführung in § 4 Abs. 5 Nr. 1–7 EStG	248
2.1.2	Materielle Aspekte zu § 4 Abs. 5 Nr. 1 EStG	249
2.2	Bewirtungsaufwendungen (§ 4 Abs. 5 Nr. 2 EStG)	250
2.3	Aufwendungen nach § 4 Abs. 5 Nr. 3 (Gästehäuser) und § 4 Abs. 5 Nr. 4 (Jagd & Jacht) EStG	254
2.4	Verpflegungsmehraufwand (§ 4 Abs. 5 Nr. 5 EStG) und doppelte Haushaltsführung	256
2.4.1	Die Unterscheidung beider Aufwandskategorien	256
2.4.2	Grundaussage und aktuelle Fragen zum Verpflegungsmehraufwand	256
2.4.2.1	Gesetzlicher Grundtatbestand ab dem VZ 2014	256
2.4.2.2	Verpflegungsmehraufwendungen im Inland	258
2.4.2.3	Verpflegungsmehraufwendungen im Ausland	260
2.4.2.4	Flugreisen	262
2.4.2.5	Schiffsreisen	262
2.4.3	Die Drei-Monats-Frist (§ 9 Abs. 4a S. 6 EStG)	262
2.4.3.1	Beginn der Dreimonatsfrist	263
2.4.3.2	Neubeginn der Dreimonatsfrist (Unterbrechungszeitraum)	263
2.4.4	Bewertung und Besteuerungsverzicht bei üblichen Mahlzeiten	263
2.4.4.1	Was ist eine Mahlzeit?	264
2.4.4.2	Lohnsteuerfreiheit der Mahlzeit	265
2.4.4.3	Kürzung der Verpflegungsmehraufwendungen	268
2.4.5	Unübliche Mahlzeitengestellungen	268
2.4.6	Zuzahlungen des Arbeitnehmers zu Mahlzeitengestellungen auf einer Auswärtstätigkeit	269
2.4.7	Neue Pauschalbesteuerungsmöglichkeit üblicher Mahlzeiten	270
2.4.8	Mehrere Auswärtstätigkeiten	271

2.4.9	Grundaussage und aktuelle Fragen zur doppelten Haushaltsführung	271
2.4.9.1	Grundsätzlicher Begriff der doppelten Haushaltsführung (§ 9 Abs. 1 S. 3 Nr. 5 S. 2, 3 EStG)	271
2.4.9.2	Umfang der doppelten Haushaltsführung	273
2.4.10	Spezialfragen (Rechtsprechungsübersicht)	274
2.4.11	Abzugsfähige Aufwendungen im Zusammenhang mit der doppelten Haushaltsführung	276
2.4.12	Fazit	277
2.5	Das häusliche Arbeitszimmer (§ 4 Abs. 5 Nr. 6b EStG)	277
2.5.1	Überblick zum geltenden Recht inklusive der Darstellung des Anwendungsschreibens des BMF	277
2.5.1.1	Mittelpunkt der gesamten betrieblichen/beruflichen Betätigung	279
2.5.1.2	Für die Betätigung steht kein anderer Arbeitsplatz zur Verfügung	279
2.5.2	Abziehbare Aufwendungen	280
2.5.3	Personenbezogener Höchstbetrag	281
2.6	Unangemessene Aufwendungen (§ 4 Abs. 5 Nr. 7 EStG)	282
2.7	Strafen und vergleichbare Sanktionen	283
2.8	Steuern (u.a.) (§ 4 Abs. 5 Nr. 8a und 9 bzw. § 12 Nr. 3 EStG)	288
2.9	Zuwendungen i.S.d. § 4 Abs. 5 S. 1 Nr. 10 EStG	289
2.10	Interne Konkurrenz bei § 4 Abs. 5 EStG und externe Aufwands-Konkurrenz zwischen § 4 EStG und § 9 EStG	291
2.10.1	Der Wettbewerb unter den verschiedenen Einzelfällen des § 4 Abs. 5 EStG	291
2.10.2	Konkurrenz zwischen Betriebsausgaben und Werbungskosten	291
2.11	Weitere Problemfelder bei § 4 Abs. 4 EStG	295
2.11.1	Fragen im Zusammenhang mit der betrieblichen Veranlassung	295
2.11.2	Betriebsausgaben oder Ausgaben für ein Wirtschaftsgut (Anschaffungskosten/Herstellungskosten)	297
2.11.3	Der »umgekehrte« Fall: Aufwendungen vor Eigentumserwerb	298
2.12	Der Schuldzinsenabzug gemäß § 4 Abs. 4a EStG	298
2.12.1	Kurzdarstellung der historischen Entwicklung	298
2.12.1.1	Das gemischte Kontokorrentkonto	298
2.12.1.2	Das Zwei- oder Mehrkontenmodell	299
2.12.2	Die »überlagernde« Regelung des § 4 Abs. 4a EStG	301
2.13	Die Zinsschranke (§ 4h EStG)	305
2.13.1	Begriff der Zinsaufwendungen und -erträge	306
2.13.2	Maßgeblicher Gewinn	306
2.13.3	Ausnahmen von der Zinsschranke	308
2.13.3.1	Freigrenze (§ 4h Abs. 2 Buchst. a EStG)	308
2.13.3.2	Nicht konzernangehörige Betriebe (§ 4h Abs. 2 Buchst. b EStG)	308
2.13.3.3	Escape-Klausel (§ 4h Abs. 2 Buchst. c EStG)	309
2.13.4	Besonderheiten für Kapitalgesellschaften	310
2.14	Die »Lizenzschranke« des § 4j EStG	311
3	Anteilige Abzüge nach § 3c EStG	312
3.1	Einführung und Grundtatbestand	312
3.2	§ 3c EStG und das Teileinkünfteverfahren	313

4	Die zentrale Stellung von § 12 Nr. 1 und Nr. 2 EStG	315
4.1	Die Grundaussagen des § 12 Nr. 1 EStG	315
4.1.1	Eine Bemerkung zur Gesetzestechnik	315
4.1.2	Haushalts- und Unterhaltsaufwendungen (§ 12 Nr. 1 EStG) – Grundsätze	315
4.1.3	Einzelfälle (Fallgruppen), insbesondere Abgrenzung zu § 9 EStG	318
4.1.3.1	Reisen	318
4.1.3.2	Gebühren für persönlichkeitsbildende Kurse	321
4.1.3.3	Umzugskosten	322
4.1.3.4	»Hobbyaufwendungen«	324
4.1.3.5	Weitere Fallgruppen	324
4.2	Die Bedeutung des § 12 Nr. 2 EStG	326
4.2.1	Die generelle Bedeutung	326
4.2.2	Das Zusammenspiel von § 10 Abs. 1a Nr. 2, § 12 Nr. 2 und § 22 Nr. 1, Nr. 1b EStG bei wiederkehrenden Leistungen	327
4.2.3	Schuldzinsen und wiederkehrende Leistungen	328
4.3	Zusammenfassung zu § 12 Nr. 3 und Nr. 4 EStG	329
V	**Das subjektive Nettoprinzip inklusive der Berücksichtigung der Kinder und der Besteuerung der Alterseinkünfte**	**330**
1	Sonderausgaben	330
1.1	Systematische Stellung der Sonderausgaben im Einkommensteuerrecht	330
1.2	Sonderausgaben als Aufwendungen	330
1.3	Wirtschaftliche Belastung	332
1.4	Zeitpunkt des Sonderausgabenabzugs	332
1.5	Persönliche Abzugsberechtigung	333
1.6	Einzelne Sonderausgaben	334
1.6.1	Unterhaltsleistungen	334
1.6.2	Renten und dauernde Lasten	337
1.6.3	Vorsorgeaufwendungen	337
1.6.3.1	Basisversorgung	337
1.6.3.2	Grundförderung	339
1.6.3.3	Gemeinsame Voraussetzungen für den Abzug von Vorsorgeaufwendungen	340
1.6.3.4	Übergangsregelungen	340
1.6.3.5	Von privat Versicherten freiwillig selbst getragene Krankenbehandlungskosten	343
1.6.4	Gezahlte Kirchensteuer	343
1.6.5	Kinderbetreuungskosten	344
1.6.6	Steuerberatungskosten	344
1.6.7	Aufwendungen für die eigene Berufsausbildung	345
1.6.7.1	Kosten der ersten Berufsausbildung	345
1.6.7.2	Studiumskosten	345
1.6.7.3	Aufteilung von Kosten in Betriebsausgaben/Werbungskosten und Sonderausgaben	346
1.6.7.4	Verhältnis zu den außergewöhnlichen Belastungen	346
1.6.8	Schulgeld	347

1.6.9	Verrechnung erstatteter Sonderausgaben	348
1.6.10	Abzug von Altersvorsorgebeiträgen nach § 10a EStG	348
1.6.11	Ausgaben zur Förderung steuerbegünstigter Zwecke	349
1.6.11.1	Mitgliedsbeiträge und Spenden an politische Parteien	349
1.6.11.2	Ausgaben zur Förderung der sonstigen steuerbegünstigten Zwecke	350
1.6.11.3	Sonderausgaben-Pauschbetrag nach § 10c EStG	359
2	Außergewöhnliche Belastungen	359
2.1	Grundtatbestand	359
2.1.1	Struktur und allgemeine Fragen	359
2.1.2	Belastungen	360
2.1.3	Außergewöhnlichkeit der Belastungen	360
2.1.4	Aufwendungen	362
2.1.5	Größere Aufwendungen	364
2.1.6	Dem Grunde und der Höhe nach zwangsläufige Ausgaben	365
2.1.6.1	Rechtliche Gründe	366
2.1.6.2	Tatsächliche Gründe	366
2.1.6.3	Sittliche Gründe	367
2.1.7	Zumutbare Belastung	368
2.1.8	Nachweis der Zwangsläufigkeit der außergewöhnlichen Belastung	368
2.1.9	Diätkosten	369
2.1.10	Prozesskosten	369
2.1.11	Darstellung von Einzelfällen	370
2.2	Aufwendungen für Unterhalt und Berufsausbildung i.S.v. § 33a Abs. 1 EStG	370
2.2.1	Verhältnis zu § 33 EStG	370
2.2.2	Definition von Unterhaltsleistungen	372
2.2.3	Betrag der außergewöhnlichen Belastungen	373
2.2.3.1	Begrenzung der Beträge für Aufwendungen für Unterhalt und Berufsausbildung	374
2.2.3.2	Aufwendungen für die Berufsausbildung i.S.v. § 33a Abs. 1 EStG	377
2.3	Freibetrag für den Sonderbedarf eines sich in der Berufsausbildung befindenden volljährigen Kindes gemäß § 33a Abs. 2 EStG	378
2.4	Pauschbeträge für behinderte Menschen, Hinterbliebene und Pflegepersonen gemäß § 33b EStG	379
2.5	Haushaltsnahe Beschäftigungsverhältnisse und Handwerkerleistungen	380
3	Kinder im Steuerrecht	381
3.1	Bedeutung der Kinder im Einkommensteuerrecht	381
3.2	Der Familienlastenausgleich (bzw. Familienleistungsausgleich)	382
3.2.1	Die Grundzüge	382
3.2.2	Das Kindergeld	383
3.3	Berücksichtigungsfähige Kinder	384
3.3.1	Kind arbeitsuchend	386
3.3.1.1	Arbeitsuchend gemeldet (§ 32 Abs. 4 Nr. 1 EStG)	386
3.3.1.2	Ernsthafte Bemühungen um einen Ausbildungsplatz (§ 32 Abs. 4 Nr. 2c EStG)	386

3.3.2	Kinder zwischen 18 und 25 Jahren	387
3.3.2.1	Prüfschema Kind zwischen 18 und 25 Jahren:	387
3.3.2.2	Erstmalige Berufsausbildung	387
3.3.2.3	Erststudium	388
3.3.2.4	»Berufsausbildung« und »für einen Beruf ausgebildet werden«	389
3.3.2.5	Erwerbstätigkeit	389
3.3.2.6	Mehraktige Berufsausbildung	390
3.4	Die Abzugskomponenten im Einzelnen	391
3.4.1	Freibetrag für Kinder (§ 32 Abs. 6 EStG)	391
3.4.1.1	Das sächliche Existenzminimum (Kinderfreibetrag im engeren Sinne)	391
3.4.1.2	Freibetrag für den persönlichen Bedarf (Betreuungsfreibetrag)	392
3.4.1.3	Die Übertragung des Kinderfreibetrages	392
3.4.2	Der Entlastungsbetrag für Alleinerziehende (§ 24b EStG)	392
4	Die Regelung der Alterseinkünfte und der Altersvorsorge durch das Alterseinkünftegesetz	393
4.1	Vorgeschichte und Grundaussage	393
4.2	Die Besteuerung der Alterseinkünfte im Einzelnen	394
4.2.1	Besteuerung von Leibrenten i.S.d. § 22 Nr. 1 S. 3 Buchst. a Doppelbuchst. aa EStG	394
4.2.2	Leistungen aus Altersvorsorgevertrag (Altvertrag)	396
4.2.3	Leistungen aus einem Altersvorsorgevertrag (Neuvertrag)	396
4.3	Die Entlastung der Vorsorgeaufwendungen	398
4.3.1	Die Abzugsfähigkeit der Basisversorgung	398
4.3.2	Die sogenannten Vorsorgeaufwendungen als Riester-Rente	398
4.4	Zusammenfassung	400

A Einkommensteuer I – Kernbereiche

I Grund- und Strukturfragen bei der Einkommensteuer

1 Einleitung

»Die Einkommensteuer geht alle an.« Sie ist die Steuer mit der größten Breitenwirkung, da von ihr alle natürlichen Personen mit ihren Aktivitäten im In- und Ausland betroffen sind. Sie ist auch die Steuer mit der größten Tiefenwirkung, da sie in persönliche Bereiche (Sonderausgaben und außergewöhnliche Belastungen) eindringt, die den Verkehrs-, Objekt- und Realsteuern verschlossen sind. In ihrer speziellen Erhebungsform als Quellensteuer (Abzugsteuer) begegnet sie in der Grundform jedem AN (Lohnsteuer) und jedem Kapitalanleger (Kapitalertragsteuer). Bezieht man die Körperschaftsteuer als die – von ihr abgeleitete – Einkommensteuer der KapG mit ein, bildet sie gem. § 8 Abs. 1 KStG auch die Basis für die Unternehmensbesteuerung.[1] Sie ist nicht die aufkommensstärkste Steuer, hat aber für die Entwicklung des Steuerrechts die bei weitem größte Bedeutung. An ihr haben alle Steuertheorien ihren Ausgangspunkt genommen und die Erkenntnisse an ihr verprobt. Die wichtigsten – und vor allem »publikumswirksamen« – Entscheidungen des BVerfG zum Steuerrecht ergingen zum Einkommensteuerrecht. Die Einkommensteuer hat allerdings einen gravierenden Geburtsmangel: Sie verdankt ihr heutiges Erscheinungsbild keinem »Wurf des Gesetzgebers«. **Das Einkommensteuerrecht ist nicht (geschlossen) kodifiziert.** Am EStG in der heutigen Fassung wurde seit 1925 »herumgebastelt«, ohne dass ein Parlament die Kraft zur durchgängigen Normierung einer der Hauptsäulen der Rechtsordnung gefunden hat. Dies liegt nicht nur an den zahlreichen Rechtsquellen mit unterschiedlicher Normenqualität (EStG, EStDV und EStR), aus denen sie sich zusammensetzt. Als weitaus gravierender wird das Zusammenprallen **unterschiedlicher** (z.T. konkurrierender) Besteuerungs**konzepte** in einem Corpus, dem EStG, empfunden.

Als Grundsätze verfassungskonformer Besteuerung, die auch bei der praktischen Auseinandersetzung mit dem Einkommensteuerrecht (z.B. bei der Ermittlung des zu versteuernden Einkommens in der Steuererklärung oder in einer Klausur) unabdingbar sind, werden gleichberechtigt nebeneinander zitiert:

- das Leistungsfähigkeitsprinzip,
- der Grundsatz der Individualbesteuerung und
- das Markteinkommensprinzip.

Diese sog. Prinzipien beantworten unterschiedliche Grundfragen des Einkommensteuerrechts, ergänzen sich dabei weitgehend, ohne in allen Details zu gleichen Ergebnissen zu gelangen. Sie haben vor allem bei Regelungslücken eine große Bedeutung, da diese sonst

---

[1] Für PersG ist dies wegen § 15 Abs. 1 Nr. 2 EStG ohnehin der Fall.

für die Rechtsanwender (Gerichte/Finanzverwaltung/Steuerberater) nicht prinzipiengerecht und manchmal auch nicht sinnvoll zu schließen sind.[2] Sie sind zugleich die Richtschnur für den (aktuellen) Gesetzgeber bei der Klärung anstehender Regelungsbereiche. Auch die betroffenen Steuerzahler werden sich als die Normadressaten des EStG bei Streitigkeiten mit dem FA hierauf sowie auf ihre verfassungsmäßigen Rechte berufen.

Unter dem **Leistungsfähigkeitsprinzip** (gemeinhin auch als die Besteuerung nach der persönlichen Leistungsfähigkeit – the ability to pay – bezeichnet) werden drei Subprinzipien erwähnt:

- die gleiche Besteuerung für Bürger eines (nahezu) identischen Einkommens,
- die sog. »Ist-Besteuerung« und
- die Geltung des **objektiven und subjektiven Nettoprinzips**.

Dabei schließt die Ist-Besteuerung aus, dass hypothetische Sachverhalte der Besteuerung unterworfen werden; es gibt danach keine »Soll-Besteuerung«.[3]

Das objektive Nettoprinzip gebietet bei der Ermittlung der Einkünfte (§ 2 Abs. 1 und 2 EStG) den uneingeschränkten Abzug der (aller) Erwerbsaufwendungen, die kausal mit einer Einkunftsquelle zusammenhängen. Die Soll-Bruchstelle mit diesem Prinzip stellen die typisierenden Abzugsbestimmungen dar (Hauptfall: Fahrten zwischen Wohnung und Arbeitsstätte nach § 9 Abs. 1 Nr. 4 EStG). Die Einzelfallgerechtigkeit wird hier zu Gunsten einer Vereinfachungs- und Pauschalierungsregelung für alle betroffenen Steuerbürger durchbrochen.

Das subjektive Nettoprinzip garantiert den Abzug der existenzsichernden Aufwendungen, wie sie in der Sprache des Gesetzgebers mit Sonderausgaben (SA) und außergewöhnlichen Belastungen (agB) umschrieben sind.

Mit der Forderung der gleichen Besteuerung der StPfl. mit wesentlich gleichem Einkommen (sog. horizontale Steuergerechtigkeit[4]) wird Verzerrungen innerhalb der einzelnen sieben Einkunftsarten vorgebeugt.[5] Der Testfall für die Verifizierung dieses Prinzips sind die verschiedenen Steuervergünstigungen, die zurzeit sehr unterschiedlich auf die einzelnen Einkunftsarten verteilt sind.

Von einigen wird der **Grundsatz der Individualbesteuerung** als Unterfall des Postulats von der Leistungsfähigkeit behandelt. In einer (sehr wichtigen) Fallgruppe hat das Prinzip jedoch eine eigenständige Bedeutung. Als wichtigster Anwendungsbereich gilt für Ehegatten der Grundsatz der Einzeleinkunftsermittlung. Verwirklichen **Ehegatten** gleichzeitig und sogar miteinander einen Einkunftstatbestand (z.B. als Gesellschafter einer PersG), so erfolgt für jeden von ihnen eine getrennte und eigenständige Ermittlung der Besteuerungsgrundlagen.[6] Noch allgemeiner bedeutet der Grundsatz der Individualbesteuerung, dass die Besteuerung

---

2 Im Zusammenhang mit den anerkannten juristischen Auslegungsmethoden (grammatikalische, systematische, teleologische und historische Auslegung).
3 Eines der letzten Beispiele für eine Soll-Besteuerung stellte die Nutzungswertbesteuerung gem. § 21 Abs. 2 EStG a.F. (letztmals 1986) – mit zwölfjähriger Übergangsregelung (bis inkl. 1998 für L + F-Einkünfte) – dar.
4 Demgegenüber betrifft die »vertikale Steuergerechtigkeit« diese sog. Tarifgerechtigkeit, die weitgehend in das Ermessen des Gesetzgebers gestellt ist.
5 Eines der weiteren Stichworte hierfür lautet: Prinzip des »synthetischen Einkommens« bzw. der »synthetischen« Einkunftsarten. Mit der Einführung der Abgeltungsteuer ab dem VZ 2009 wird dieses Prinzip für die Einkünfte aus Kapitalvermögen durch den besonderen Steuersatz von 25 % (§ 32d EStG) durchbrochen.
6 Erst danach, d.h. ab dem Gesamtbetrag der Einkünfte (§ 2 Abs. 3 EStG), werden die zusammenveranlagten Ehegatten als ein StPfl. behandelt.

(und damit die Erfassung aller Besteuerungsgrundlagen wie insb. der AfA) nur bei demjenigen erfolgt, der i.S.v. § 2 Abs. 1 EStG die »[...] Einkünfte erzielt«.

Mit dem **Markteinkommensprinzip** umschreibt die heute h.M.[7] die gemeinsame Klammer der sieben Einkunftsarten in dem Sinne, dass nur **marktoffenbare** Einnahmen zu einem steuerbaren Tatbestand führen. Ergebnisse der sog. Privatsphäre und Erträge ohne Markt (Schenkung, Erbschaft) sind nicht einkommensteuerbar. Es handelt sich dabei um ein praktisches Erklärungsmodell für die zulässige Umsetzung von Lebenssachverhalten in einkommensteuerliche Dimensionen.

2 Übersicht Einkommensteuerrecht – Einkommensermittlung nach § 2 EStG

Nach der steuerrechtswissenschaftlichen Einführung definiert § 2 EStG exakt (und technokratisch) die jeweiligen Schritte, die bei der Ermittlung des **zu versteuernden Einkommens** zu durchlaufen sind (§ 2 Abs. 1–5 EStG), bevor hierauf der Steuerbetrag festgesetzt wird (§ 2 Abs. 6 EStG). Die »großen« Abschnitte, so wie sie auch in § 2 EStG verwendet werden, heißen in dieser Reihenfolge:

- Einkünfte (§ 2 Abs. 1 EStG),
- Summe der Einkünfte (§ 2 Abs. 2 EStG),
- Gesamtbetrag der Einkünfte (§ 2 Abs. 3 EStG),
- Einkommen (§ 2 Abs. 4 EStG),
- zu versteuerndes Einkommen (§ 2 Abs. 5 EStG).

Für die schematische Ermittlung der Zielgröße »zu versteuerndes Einkommen« sowie für die Klausurenpraxis ist das Ermittlungsschema in R 2 Abs. 1 EStR zusammengefasst, wobei die hier *kursiv* gedruckten Zeilen die **Standardfälle** repräsentieren.

Für Klausurenzwecke ist anzumerken, dass nur die **einschlägigen** Rechtsprüfungen und Rechenoperationen vorzunehmen sind. Das »schematische« Prüfen aller Einzelschritte ist in der vorgegebenen Zeit nicht zu leisten. Des Weiteren bestände die Gefahr der Annahme unzulässiger Sachverhaltsunterstellungen.[8]

---

7   Grundlegende Ausführungen stammen von *P. Kirchhof* in *Kirchhof/Söhn*, § 2 A 365 ff.
8   Andererseits ist an Stellen, an denen der Sachverhalt offensichtlich nicht umfassend vorgetragen ist, ggf. eine notwendige Unterstellung eines einzelnen Datums (Merkmals) in der Arbeit (ideal: in der Fußnote) zu vermerken. Dies kommt insb. dann in Betracht, wenn der Bearbeiter einen anderen Lösungsweg einschlägt, als dies vom Entwurfsverfasser vorgesehen ist. Eine solche hypothetische Lösung muss in der Klausur deutlich gemacht werden. Bei noch vorhandener Zeit kann auch mit verschiedenen Sachverhaltsalternativen gearbeitet werden.

Berechnungsschema für das zu versteuernde Einkommen

Das zu versteuernde Einkommen ist wie folgt[9] zu ermitteln:

1		*Summen der Einkünfte aus den Einkunftsarten*
2	=	**Summe der Einkünfte** (§ 2 Abs. 2 EStG)
3	./.	Altersentlastungsbetrag (§ 24a EStG)
4	./.	Entlastungsbetrag für Alleinerziehende (§ 24b EStG)
5	./.	Freibetrag für Land- und Forstwirte (§ 13 Abs. 3 EStG)
6	+	Hinzurechnungsbetrag (§ 52 Abs. 3 S. 3 EStG sowie § 8 Abs. 5 S. 2 ALG)
7	=	**Gesamtbetrag der Einkünfte** (§ 2 Abs. 3 EStG)
8	./.	*Verlustabzug nach § 10d EStG*
9	./.	*Sonderausgaben (§ 10, § 10a, § 10b, § 10c EStG)*
10	./.	*Außergewöhnliche Belastungen (§§ 33–33b EStG)*
11	./.	Sonder-AfA (erhöhte Absetzungen) gem. §§ 10e–10i, § 52 Abs. 21 S. 6 EStG, § 7 FörderGG
12	+	Erstattungsüberhänge (bei Sonderausgaben gem. § 10 Abs. 4b S. 3 EStG)
13	+	zuzurechnendes Einkommen gem. § 15 Abs. 1 AStG
14	=	**Einkommen** (§ 2 Abs. 4 EStG)
15	./.	Freibeträge für Kinder (§§ 31, 32 Abs. 6 EStG)
16	./.	Härteausgleich nach § 46 Abs. 3 EStG, § 70 EStDV
17	=	**zu versteuerndes Einkommen (z.v.E., § 2 Abs. 5 EStG)**

Die aufgeführten Schritte zur Ermittlung des z.v.E. sollen nicht darüber hinwegtäuschen, dass sich der bei weitem arbeitsintensivste Schritt auf der ersten Ebene, nämlich der Ermittlung der einzelnen Einkünfte und ggf. horizontalem bzw. vertikalen Verlustausgleich bis hin zur Summe der Einkünfte (Stufe 2) befindet. Die auf das z.v.E. **festzusetzende Einkommensteuer** berechnet sich nach R 2 Abs. 2 EStR wie folgt, wobei hier nur die wichtigsten Komponenten wiedergegeben werden:

1		Steuerbetrag
		a) lt. Grundtabelle/Splittingtabelle (§ 32a Abs. 1, 5, § 50 Abs. 3 EStG) oder
		b) gem. Steuersatz lt. Progressionsvorbehalt (§ 32b EStG) bzw. sich nach der Steuersatzabgrenzung ergebende Steuersatz
2	+	Steuer aufgrund Berechnung nach §§ 34, 34b EStG
3	+	Steuer aufgrund der Berechnung nach § 34a Abs. 1 und 4–6 EStG
4	=	**tarifliche Einkommensteuer** (§ 32a Abs. 1, 5 EStG)
5	./.	Minderungsbetrag lt. Pkt. 11 zu Art. 23 DBA Belgien[10]
6	./.	ausländische Steuer nach § 34c Abs. 1 und 6 EStG, § 12 AStG
7	./.	Steuerermäßigung nach § 35 EStG
8	./.	Steuerermäßigung gem. § 34f Abs. 1 und 2 EStG
9	./.	Steuerermäßigung bei Mitgliedsbeiträgen/Spenden, § 34g EStG
10	./.	Steuerermäßigung nach § 34f Abs. 3 EStG
11	./.	Steuerermäßigung nach § 35a EStG
12	./.	Ermäßigung bei Belastung mit Erbschaftsteuer (§ 35b EStG)
13	+	Steuer aufgrund Berechnung nach § 32d Abs. 3 und 4 EStG
14	+	Steuer nach § 34c Abs. 5 EStG

---

[9] Z.T. werden »Alt-Regelungen« bzw. Übergangsbestimmungen nicht erwähnt, da weder praxis- noch klausurrelevant. Die *kursiv* gesetzten Zeilen sind häufig klausurrelevant.

[10] Zusätzlicher Minderungsbetrag von 8 % (vgl. R 2 Abs. 2 EStR).

...		
17	+	Anspruch auf Zulage für Altersvorsorge nach § 10a Abs. 2 EStG[11]
18	+	Kindergeld, falls Berücksichtigung qua Kinderfreibetrag
19	=	**festzusetzende Einkommensteuer (§ 2 Abs. 6 EStG)**

Hieraus ergibt sich unschwer ein **Aufbauschema für eine ESt-Klausur**, das sich an die Rechenschritte der Verwaltung anlehnt, zusätzlich aber die arbeitsintensiven und problembehafteten Überlegungen zur Ermittlung der Summe der positiven Einkünfte beinhaltet:

1. Steuer**subjekt** (natürliche Person als Steuer-In-/Ausländer?, bei Ehegatten getrennt) unter Einbeziehung von Alter, zu berücksichtigenden Kindern, Veranlagung (Tarif).
2. Steuer**inländer (Wohnsitz, gewöhnlicher Aufenthalt gem. §§ 8, 9 AO)** mit Welteinkünften oder Steuer**ausländer** mit Inlandseinkünften (§ 1 Abs. 4 i.V.m. § 49 EStG)?
3. Prüfung der **Einkünfte je Einkunftsart** (ggf. horizontaler Verlustausgleich[12])
    a) Vorliegen einer (Markt-)Einkunftsquelle (= sog. Zustandstatbestand)
    b) Vorliegen des »Erzielens von Einkünften« (= sog. Handlungstatbestand[13])
    c) Nach Prüfung ggf. aller sieben Einkunftsarten und dem vertikalen Verlustausgleich[14]: **Summe der Einkünfte**, ggf. unter Einbeziehung der Einkünfte des Ehegatten bei Zusammenveranlagung.
4. Von der **Summe der Einkünfte** zum **Gesamtbetrag der Einkünfte** § 2 Abs. 3 EStG (Abzug gem. §§ 24a, 24b, 13 Abs. 3 EStG).
5. Berücksichtigung von § 10d EStG (Verlustabzug) sowie Abzug der Sonderausgaben und außergewöhnlichen Belastungen zur Ermittlung des **Einkommens**.
6. Der Abzug von persönlichen Freibeträgen führt zum **zu versteuernden Einkommen (z.v.E.)**.
7. Berechnung der **Steuer** unter Abzug der Entlastungsbeträge, der Steuerermäßigungen (§§ 34 ff. EStG) und der Anrechnungsbeträge (Vorauszahlungen (§§ 36 Abs. 1 Nr. 1 EStG) und Quellensteuern (§ 36 Abs. 1 Nr. 2 EStG sowie mit Besonderheiten für die Anrechnung von KapESt § 36a EStG[15]).[16]

---

11 Wenn Beiträge als Sonderausgaben abgezogen worden sind (§ 10a Abs. 2 EStG).
12 Verrechnung der Verluste innerhalb einer Einkunftsart.
13 Liegen zuordnungsfähige Einnahmen und Ausgaben vor?
14 Verrechnung der Verluste zwischen allen (erzielten) Einkunftsarten. Dieser ist jedoch nicht unbeschränkt möglich, sondern nur, soweit nicht einzelne Regelungen die vertikale Verlustverrechnung ausschließen (z.B. im Rahmen der privaten Veräußerungsgeschäfte (§ 23 Abs. 3 S. 7 EStG) oder im Fall gewerblicher Tierzucht nach § 15 Abs. 4 S. 1 EStG). Ist der verbleibende horizontale Verlustausgleich nicht/nur teilweise möglich, so sind die Verluste gesondert festzustellen und analog § 10d EStG vor- bzw. rückzutragen. Hier ist jedoch ebenfalls der genaue Wortlaut der jeweiligen Verlustverrechnungsbeschränkungsnorm zu beachten.
15 § 36a EStG wurde mit Wirkung zum 01.01.2016 eingeführt. Vgl. hierzu Kap. II 2.2.3.
16 Zu den formellen Erfordernissen der Anrechnung (Steuerbescheinigung) durch das Gesetz zur Modernisierung des Besteuerungsverfahrens (BGBl I 2016, 1679) vgl. § 36 Abs. 2 Nr. 2 EStG.

2.1 Einzelveranlagung

Die Grundform der Veranlagungsarten befindet sich in § 25 Abs. 3 S. 1 EStG. Demnach hat die stpfl. Person für den Veranlagungszeitraum (Kj. nach § 25 Abs. 1 EStG) eine eigenhändig unterschriebene ESt-Erklärung abzugeben. Die Veranlagung zur ESt setzt dabei als formalisiertes Verfahren eine Steuererklärung (§ 25 Abs. 1 EStG i.V.m. § 56 EStDV) voraus.

Die Einzelveranlagung kommt zur Anwendung bei Einzelpersonen und Ehegatten, die die Voraussetzungen einer Zusammenveranlagung nicht erfüllen.

Von der Einzelveranlagung wird nur Abstand genommen (d.h. keine Steuererklärungspflicht und damit keine Veranlagung, vgl. § 56 EStDV), wenn

- der Gesamtbetrag der – nicht lohnsteuerpflichtigen – Einkünfte unter dem Grundfreibetrag von 8.820 € (im VZ 2017) bzw. 9.000 € (im VZ 2018) liegt,
- keine Amtsveranlagung bei lohnsteuerpflichtigen Einkünften nach § 46 Abs. 2 Nr. 1–7 EStG in Betracht kommt und
- kein Verlustvortrag (§ 10d EStG) festgestellt worden ist.

Beispiel 1: Der einfältige Chirurg mit den vielfältigen Aktivitäten

Der verwitwete, in Leipzig lebende und arbeitende Chirurg Hacklberg (H), geb. am 31.12.1952, gibt beim zuständigen FA für das letzte Jahr seiner aktiven Berufstätigkeit (2017) die ESt-Erklärung ab. Dieser ist zu entnehmen:

		(in €)
a)	Gewinn aus der Waldnutzung in Mecklenburg-Vorpommern (M/V)	+ 5.000
b)	Verlust aus einer in Neuseeland (Alternative: Dänemark) betriebenen Lachszucht	./. 150.000
c)	Beteiligungsverlust aus der H & Co-OHG (der 30-jährige einzige Sohn ist Mitgesellschafter) nach § 15 Abs. 1 S. 1 Nr. 2 EStG	./. 6.500
d)	Beteiligungsgewinn als Kommanditist an der X-KG	+ 8.000
e)	Gewinn als frei praktizierender Chirurg i.H.v. 250 T€ (in den erklärten BE von 450.000 € ist auch der Jahrespreis der deutschen Sterbehilfe für besonders couragierte journalistische Beiträge i.H.v. 5.000 € enthalten); Gewinnermittlung nach § 4 Abs. 3 EStG). H gibt des Weiteren an, bei seinen Fähigkeiten das Doppelte verdienen zu können.	+ 250.000
f)	Arbeitslohn als angestellter Arzt (1. Jahreshälfte 2017): – vom Krankenhaus abgeführte Lohnsteuer: 25.000 € –	+ 80.000
g)	Zinsen aus Spargutaben: (Bankgebühren für die Verwaltung des Sparbuchs: 250 €)	+ 6.180
h)	Einnahmen aus der Vermietung eines Häuserblocks – Ausgaben hierzu 40.000 € –	+ 60.000
i)	(Vollabzugsfähige) Krankheitskosten (§ 33 EStG)	./. 2.500
j)	(Vollabzugsfähige) Sonderausgaben	./. 3.500

Aus diesen Angaben soll die Einkommensteuer des H für 2017 errechnet werden. Auf die Kirchensteuer und den Solidaritätszuschlag soll nicht eingegangen werden.

Lösung:

1. und 2. Ausführungen zur persönlichen Steuerpflicht

H als natürliche Person ist ESt-Subjekt und als Steuerinländer (Wohnsitz gem. § 8 AO) mit seinen Welteinkünften (§ 1 Abs. 1 EStG) unbeschränkt steuerpflichtig; insb. hat er als OHG- und KG-G'fter die Beteiligungsergebnisse der ESt zu unterwerfen.

- H hat am 30.12.2017 das 64. Lebensjahr vollendet (§ 187 Abs. 2 Alt. 2 BGB, § 188 Abs. 2 S. 2 BGB, § 108 Abs. 1 AO).
- 30-jährige Kinder sind grundsätzlich nicht zu berücksichtigen (§ 32 Abs. 4 EStG).
- Für H kommt nur die Einzelveranlagung in Betracht (§ 32a Abs. 1 EStG).

3. Ermittlung der Einkünfte in den verschiedenen Einkunftsarten[17]

a)	**L+F-Einkünfte** für Waldnutzung in M/V (§ 2 Abs. 1 Nr. 1, § 2 Abs. 2 Nr. 1, § 13 EStG)	+	**(in €)** 5.000
b)	Der Verlust aus der Lachszucht in Neuseeland kann nicht berücksichtigt werden, da nach § 2a Abs. 1 Nr. 1 EStG dieser Verlust nur mit künftigen neuseeländischen L+F-Gewinnen verrechenbar ist		0
	In der Alternative (Lachszucht in Dänemark) ist der Verlust hingegen direkt zu berücksichtigen, da § 2a EStG seit dem VZ 2009 nur noch im Verhältnis zu Drittstaaten anwendbar ist.[18]		(./.150.000)
	Gewinn aus L+F (§ 13 EStG)	+	**5.000**
	(Alternative (hier horizontaler Verlustausgleich))		(./.145.000)
c)	**Gewerbliche Einkünfte**; hier KG-Beteiligungsergebnis (§ 2 Abs. 1 Nr. 2, Abs. 2 Nr. 1, § 15 Abs. 1 S. 1 Nr. 2 EStG)	+	8.000
d)	Horizontaler Verlustausgleich mit OHG-Beteiligungsverlusten nach § 15 Abs. 1 S. 1 Nr. 2, § 2 Abs. 3 EStG[19]	./.	6.500
	Gewerbliche Einkünfte (§ 15 EStG)	+	**1.500**
e)	Einkünfte aus **selbständiger Arbeit** (§ 18 Abs. 1 i.V.m. § 2 Abs. 1 Nr. 3, § 2 Abs. 2 Nr. 1, § 4 Abs. 3 EStG):		
	Der Preis der Gesellschaft für Sterbehilfe hat keinen Bezug zur Tätigkeit als Arzt (Katalogberuf i.S.d. § 18 Abs. 1 S. 1 EStG: »Zustandstatbestand«) und ist daher – wegen fehlender Kausalitätsdichte der Einnahmen zur Tätigkeit – aus den BE zu streichen (»Handlungstatbestand«);	+	250.000
	außerdem sind Jahrespreise keine Gegenleistung für marktoffenbare Tätigkeiten.	./.	5.000
	Die Mitteilung zum potenziellen Mehrverdienst ist wegen der Besteuerung des Ist-Einkommens irrelevant.		
	Gewinn aus »selbständiger Arbeit« (§ 18 EStG)	+	**245.000**

---

17 Die Lösung in Reihenfolge der einzelnen Einkünfte gem. der Reihenfolge in § 2 Abs. 1 EStG ist in der Klausur nicht zwingend. Vielmehr ist davon auszugehen, dass im Sachverhalt enthaltene Angaben zu den einzelnen Einkunftsarten nicht dieser Reihenfolge entsprechen.
18 S. § 2 Abs. 2a EStG; vgl. auch Teil B, Kap. IV 3.1 (»Auslandsverluste«).
19 § 15a EStG ist bei OHG-Verlusten grundsätzlich nicht anwendbar.

f) Einkünfte aus **nichtselbständiger Arbeit** (§ 2 Abs. 1 Nr. 4 i.V.m.
§ 2 Abs. 2 Nr. 2, §§ 8 ff., § 19 EStG)

Als Einnahme (§ 8 EStG) gilt der Bruttoarbeitslohn[20]:	+	80.000
Als Erwerbsaufwand (»objektives Nettoprinzip«) ist mangels konkretem Nachweis der Pauschbetrag gem. § 9a S. 1 Nr. 1 Buchst. a EStG abzuziehen	./.	1.000
Überschuss aus »nichtselbständiger Arbeit« (§ 19 EStG)	**+**	**79.000**

g) Einkünfte aus **Kapitalvermögen** (§ 2 Abs. 1 Nr. 5 i.V.m. § 2 Abs. 2 Nr. 2, §§ 8 ff., § 20 EStG) unterfallen nach § 32d EStG einem besonderen Steuertarif (Abgeltungsteuer)[21] und sind deshalb bei der Ermittlung der Summe der Einkünfte hier nicht zu berücksichtigen

h) Einkünfte aus **Vermietung und Verpachtung** (§ 2 Abs. 1 Nr. 6, § 2 Abs. 2 Nr. 2, § 21 EStG)

Einnahmen (§ 8 EStG) gem. § 21 Abs. 1 Nr. 1 EStG	+	60.000
WK (§ 9 EStG) i.H.v.	./.	40.000
Überschuss bei »V+V« (§ 21 EStG):		**20.000**

4. Summe der Einkünfte (hier: kein vertikaler Verlustausgleich)   350.500,00
   (Alternative **(hier: vertikaler Verlustausgleich)**)   (200.500,00)

5. Ermittlung des Gesamtbetrages der Einkünfte:

• Altersentlastungsbetrag (§ 24a S. 5 EStG), da H im Jahr 2017 das 64. Lebensjahr vollendet hat, max.	./.	988,00
• L+F-Freibetrag gem. § 13 Abs. 3 EStG (900 €) kommt nicht zum Tragen, da die Summe der Einkünfte den Betrag von 30.700 € übersteigt (§ 13 Abs. 3 S. 2 EStG)	./.	0,00
Gesamtbetrag der Einkünfte (§ 2 Abs. 3 EStG)		**349.612,00**
(Alternative)		(199.612,00)

6. Ermittlung des Einkommens (§ 2 Abs. 4 EStG)

a) Sonderausgaben (§§ 10 ff. EStG)	./.	3.500,00
b) außergewöhnliche Belastungen (§§ 33 ff. EStG[22])	./.	2.500,00
Einkommen (§ 2 Abs. 4 EStG)		**343.612,00**
(Alternative)		(193.612,00)

7. Ermittlung des zu versteuernden Einkommens (§ 2 Abs. 5 EStG)
Ein Freibetrag nach § 32 Abs. 6 EStG ist nicht ersichtlich,
so dass das z.v.E. dem Einkommen entspricht: **343.612,00**
(Alternative)   (193.612,00)

Hinweis: Ab hier wird nur noch der Hauptfall – kein Verlustausgleich – behandelt.

---

[20] Der Ansatz des Bruttoarbeitslohnes ist kein Verstoß gegen das Ist-Einkommensprinzip, sondern ergibt sich aus § 12 Nr. 3 EStG, wonach Steuern vom Einkommen (hier: die LSt als Quellensteuer) bei der Ermittlung der Einkünfte nicht abgezogen werden dürfen. Die LSt wird auf die letztendlich festzusetzende Steuer angerechnet.

[21] Ein Ausnahmefall i.S.v. § 32d Abs. 2 EStG liegt nicht vor. Auch hat H keinen Antrag nach § 32d Abs. 6 EStG (Günstigerprüfung) gestellt.

[22] Bei dieser Sachverhaltsangabe (»voll abzugsfähig«) ist keine Prüfung der zumutbaren Belastung nach § 33 Abs. 3 EStG erforderlich, zumal es sich um solche nach § 33a EStG handeln könnte.

8. Die **ESt-Schuld (Hauptfall)** ist gem. § 32a Abs. 1 Nr. 5 EStG[23] wie folgt zu berechnen:

0,45 x 343.612 € =	154.625,40 €	
	./. 16.164,53 €	
festzusetzende ESt =	138.470,00 €[24]	**138.470,00**
./. einbehaltene Steuerabzugsbeträge (ggf. ./. Vorauszahlungen)		
./. Lohnsteuer (§ 36 Abs. 2 Nr. 2 EStG)		./. 25.000,00
ESt-Schuld		**113.470,00**

9. Die **Einkünfte aus Kapitalvermögen** unterfallen nach § 32d EStG einem besonderen Steuertarif i.H.v. 25 % (Abgeltungsteuer).

Brutto-Einnahmen (inkl. Kapitalertragsteuer[25]) gem. § 20 Abs. 1 Nr. 7 EStG (»Zustandstatbestand«)	+	6.180,00
Die WK (250 €) können wegen § 20 Abs. 9 S. 1 EStG nicht abgezogen werden[26]	./.	0,00
abzüglich des Sparer-Pauschbetrages (§ 20 Abs. 9 EStG)	./.	801,00
Überschuss bei »Kapitalvermögen« (§ 20 EStG)		**5.379,00**
Die **ESt** für die Einkünfte aus Kapitalvermögen beträgt gem. § 32d Abs. 1 EStG 25 % der Einkünfte[27]		1.344,75
./. einbehaltene Kapitalertragsteuer (§ 36 Abs. 2 Nr. 2, § 43 Abs. 1 S. 1 Nr. 7 Buchst. b EStG)	./.	1.344,75
ESt-Schuld für die Einkünfte aus Kapitalvermögen		**0,00**

Ergebnis:
Die endgültige ESt-Schuld für H im VZ 2017 beträgt: **113.470,00 €**.

2.2 Zusammenveranlagung

Ehegatten bzw. eingetragene Lebenspartner[28] haben nach § 26 Abs. 1 und 2 EStG ein Veranlagungswahlrecht zwischen Einzelveranlagung (§ 26a EStG) und Zusammenveranlagung (§ 26b EStG). Die Voraussetzungen hierfür sind, dass

---

23 Zum ESt-Tarif vgl. im Detail Kap. I 3.
24 Rundung nach § 32a Abs. 1 S. 6 EStG.
25 Wie beim Arbeitslohn ist auch bei den Kapitaleinkünften der Bruttobetrag bei den Einnahmen – wegen § 12 Nr. 3 EStG – anzusetzen.
26 Es ist kein Fall des § 20 Abs. 8 bzw. § 32d Abs. 2 ersichtlich. Ein Antrag nach § 32d Abs. 6 EStG (Günstigerprüfung) scheidet hier aus.
27 Im Beispielsfall sind keine anrechenbaren ausländischen Steuern aus dem Sachverhalt ersichtlich. Kirchensteuer und Solidaritätszuschlag sollten nach Aufgabenstellung nicht betrachtet werden.
28 Die Neuregelung greift rückwirkend bis zum Inkrafttreten des LPartG am 01.08.2001. Für frühere Zeiträume ist eine Zusammenveranlagung für Lebenspartner nicht möglich (BFH vom 26.06.2014, Az.: III R 14/05). Mit dem Gesetz zur Anpassung steuerlicher Regelungen an die Rspr. des BVerfG vom 18.07.2014 (BGBl I 2014, 1042) wurden zwischenzeitlich auch weitere steuerliche Einzelgesetze an die Vorgaben des BVerfG angepasst.

- beide unbeschränkt einkommensteuerpflichtig nach § 1 Abs. 1 oder 2 oder § 1a EStG sind,[29]
- sie nicht dauernd getrennt lebend sind und
- die Voraussetzungen (kumulativ!) zu Beginn des VZ vorgelegen haben *oder* im Laufe des VZ eingetreten sind.

Das Vorliegen dieser Voraussetzungen ist im Einzelfall und für jeden VZ erneut zu prüfen. Ehegatten leben dauernd getrennt, wenn die zum Wesen der Ehe gehörende Lebens- und Wirtschaftsgemeinschaft nach dem Gesamtbild der Verhältnisse nicht mehr besteht. Die bloße Ankündigung, sich trennen zu wollen, ist nicht ausreichend. Die eheliche Lebens- und Wirtschaftsgemeinschaft endet erst mit dem Auszug aus der gemeinsamen Wohnung (vgl. BFH vom 28.04.2010, Az.: III R 71/07). Daraus schlussfolgernd muss das »Zusammenleben« tatsächlich beendet werden.

Die Ausübung des Wahlrechts für den jeweiligen VZ wird ab 2013 durch Angabe in der Steuererklärung getroffen. Einzelveranlagung erfolgt, sobald einer der Ehegatten dies wählt. Zusammenveranlagung erfolgt, wenn beide Ehegatten dies wählen.[30]

Sobald der Steuerbescheid unanfechtbar geworden ist, ist eine Änderung der Veranlagungsart nur noch möglich, sofern eine der folgenden Voraussetzungen erfüllt ist (§ 26 Abs. 2 S. 3 EStG):

- Ein Steuerbescheid, der die Ehegatten betrifft, wird aufgehoben, geändert oder berichtigt.
- Dem FA wird die Änderung der Veranlagungsart bis zum Eintritt der Bestandskraft des Änderungs- bzw. Berichtigungsbescheides mitgeteilt.
- Aufgrund der Änderung der Veranlagungsart fällt die ESt der Ehegatten insgesamt niedriger aus.
- Bei Nichtausübung oder nicht wirksamer Ausübung des Wahlrechts ist eine Zusammenveranlagung durchzuführen (§ 26 Abs. 3 EStG).

Die Folgen einer Zusammenveranlagung sind, dass beide Ehegatten eine gemeinsam unterschriebene Steuererklärung abzugeben haben und einen einheitlichen Steuerbescheid erhalten. Sie haften nach § 44 Abs. 1 AO gemeinsam für die festgesetzte Steuer (Hinweis: Antrag auf Aufteilung der Gesamtschuld nach § 268 AO möglich). Die Einkünfte der Ehegatten werden jeweils getrennt ermittelt und dann zusammengerechnet. Die Ehegatten werden bei der Ermittlung des zu versteuernden Einkommens und der ESt wie ein einziger StPfl. behandelt.

Die Zusammenrechnung der Einkünfte ermöglicht einen Verlustausgleich (vgl. B IV 2.2) im Rahmen der Einkünfte der Ehegatten untereinander.

Entscheiden sich die Ehegatten für die Durchführung einer Einzelveranlagung, gilt Folgendes (vgl. auch OFD Frankfurt vom 20.08.2012, Az.: S 2262 A – 10 – St 216):

- Die wirtschaftliche Zuordnung von Einkünften (§ 26a Abs. 1 EStG) und steuerlich abziehbaren Aufwendungen (Sonderausgaben, außergewöhnliche Belastungen und die

---

[29] Die fiktive unbeschränkte Steuerpflicht (§ 1 Abs. 3 EStG) kommt hierbei (in den dort normierten Konstellationen) über § 1a Abs. 1 Nr. 2 und Abs. 2 EStG zum Tragen.
[30] Der BFH hat hierzu klargestellt, dass das Wahlrecht kein höchstpersönliches Recht der Ehegatten sei (BFH vom 22.03.2011, Az.: III B 114/09 NV). Im Insolvenzfall ist demnach eine Ausübung durch den Insolvenzverwalter möglich (vgl. hierzu auch OFD Frankfurt vom 12.08.2011, Az.: S-2262 A – 9 – St 216).

Steuerermäßigung nach § 35a EStG) werden hälftig zwischen den Ehegatten (auf Antrag) oder von dem Ehegatten, der sie getragen hat, aufgeteilt
- Die zumutbare Eigenbelastung wird bei Einzelveranlagung für jeden Ehegatten einzeln vom jeweiligen Gesamtbetrag der Einkünfte ermittelt.

Exkurs: Durch die Klarstellung der Regelung zur Ausübung des Wahlrechts soll die Durchführung der Veranlagung von Ehegatten erleichtert werden. Ob die (umfangreiche) Rspr. der Finanz- und Zivilgerichte zu den Zweifelsfällen der Veranlagungswahlrechtsausübung auch im neuen Recht Anwendung findet, bleibt abzuwarten. Aus Gründen der Vollständigkeit werden die Eckpunkte dieser Rspr. nachfolgend zusammengefasst:[31]

- Für den Fall, dass der Ehegatte den Antrag verweigert, kann er zur Zustimmung vor dem Zivilgericht verklagt werden (zuletzt OFD Frankfurt vom 24.03.2003, Az.: S 2262 Ag – St II 25, DB 2003, 816). Die Erzwingung der Zustimmung des anderen Ehegatten im Besteuerungsverfahren ist hingegen nicht möglich (FG München vom 18.11.2009, Az.: 1 K 3580/09). Dies gilt insb. dann, wenn die Ehegatten erst seit Kurzem getrennt leben. Für die gemeinsame Zeit des Zusammenlebens darf die Zustimmung zur Zusammenveranlagung nicht verweigert werden (vgl. OLG Nürnberg vom 19.12.2013, Az.: 9 UF 1634/13).
- Besondere Probleme traten auf, wenn einer der Ehegatten im Zuge der Veranlagung sein ursprüngliches Votum (oder das beider Partner) zur getrennten Veranlagung widerrief. Ein Widerruf des Wahlrechts ist im Übrigen nur dann möglich, wenn hierfür nicht willkürliche Gründe ausschlaggebend sind (vgl. BFH vom 08.08.1973, Az.: VI R 305/68; vgl. auch FG Köln vom 26.02.2010, DStR 2010, 1049; rkr.).

Beispiel 2: »Splitting now« – zwei jungvermählte Senioren; zugleich Besteuerung von Altersbezügen
Adam (A) und Eva (E) waren in erster Ehe bis 02.02.17 (Todestag von Eva) verheiratet. Zu Marika (M) fühlte sich der 77-jährige A (Geburtsdatum 01.01.1940) bereits seit mehreren Jahren hingezogen. Niemand war daher überrascht, dass M und A ab 03.02.17 gemeinsam eine Mietwohnung in Hamburg-Harburg bezogen. Am 27.12.17 heirateten M und A standesamtlich, am 06.01.18 erfolgte die kirchliche Trauung.
A bezieht seit 2003 eine Pension als ehemaliger Realschullehrer von 30.000 €. Die 76-jährige M (Geburtsdatum 01.06.1941) war bis Ende 2004 als angestellte Nachhilfelehrerin in einem Paukstudio (»Hoffnung-GmbH«) beschäftigt. Von der GmbH erhielt M ab Januar 2005 ein Ruhegehalt von jährlich 1.200 €. Im Rahmen dieser Tätigkeit zahlte M auch Beiträge an die Bundesversicherungsanstalt für Angestellte. Seit ihrem 64. Lebensjahr (Rentenbeginn im Jahr 2004) erhält M eine Angestelltenversicherungsrente von monatlich 400 €, in dieser sind keine Rentenanpassungsbeträge enthalten. An Sonderausgaben können für A/M zusammen unstreitig 3.545 € abgezogen werden.

Variante: Der neue Partner heißt Markus.

Das z.v.E. der Eheleute (bzw. der Partner) A, M im VZ 2017 ist zu ermitteln.

---

31 Umfassend hierzu vgl. die 13. Auflage des vorliegenden Lehrbuches.

Lösung:

1. Ausführungen zur persönlichen Steuerpflicht (insb. zu §§ 26 ff. EStG)

Eine Zusammenveranlagung von A und M im VZ 2017 setzt nach § 26 Abs. 1 EStG voraus, dass die drei Voraussetzungen (gültige und intakte Ehe von unbeschränkt steuerpflichtigen Partnern) zu irgendeinem beliebigen Zeitpunkt im Jahre 2017 vorliegen.[32] Alle Voraussetzungen liegen spätestens ab 27.12.17 vor, da das maßgebliche Datum die zivilrechtliche Wirksamkeit der Ehe ist (s. BFH vom 17.04.1998, BStBl II 1998, 473[33]).

Fraglich ist allenfalls, ob die ebenfalls in 2017 vorliegenden Voraussetzungen der Zusammenveranlagung zwischen A und der verstorbenen E hieran etwas ändern. Das Konkurrenzproblem mehrerer (gültiger) Ehen in einem VZ wird von § 26 Abs. 1 S. 2 EStG dahingehend gelöst, dass das Ehegattenwahlrecht grundsätzlich nur von den Partnern der jüngsten Ehe wahrgenommen werden kann, die erste Ehe bleibt unberücksichtigt.[34] Das Veranlagungsprivileg wird nur den »neuen« Eheleuten A und M gewährt. Folge für die – ebenfalls zu veranlagende – verstorbene E ist dabei, dass ihr z.v.E. einzeln veranlagt wird, dafür aber das sog. Tränen-Splitting nach § 32a Abs. 6 Nr. 2 EStG in Anspruch genommen werden kann.

Anstelle der Einzelveranlagung nach § 26a EStG werden A und M im VZ 2017 – auch ohne Antrag (§ 26 Abs. 3 EStG) – zusammenveranlagt.

2. A und M erfüllen die persönlichen Voraussetzungen des § 24a EStG (Altersentlastungsbetrag).

3. Einzeleinkunftsermittlung von A und M, insb. Altersbezüge

a) Die Einkünfte von A

- Die Beamtenpension des A i.H.v. 30 T€ stellt einen beamtenrechtlichen Versorgungsbezug i.S.v. § 19 Abs. 1 Nr. 2 i.V.m. § 19 Abs. 2 Nr. 1 Buchst. a EStG dar. Bekanntlich fällt in der Phase des »Erdienens« der Beamtenpension keine Steuer an, so dass die Erfassung des vollen Betrages nach § 11 EStG (Zuflussprinzip) systemgerecht erscheint. Nachdem durch das AltEinkG spätestens ab VZ 2040 die Alterseinkünfte gleich behandelt werden sollen und bis dahin – ab 2005 – Übergangslösungen gelten, bedeutet dies für die Werkspensionen und Beamtenpensionen, dass die entsprechenden Vergünstigungen – hier: der Versorgungsfreibetrag gem. § 19 Abs. 2 EStG – ab VZ 2006 abgebaut werden. Da A seine Beamtenpension bereits seit 2003 und M ihre Werkpension bereits seit 2005 bezieht, sind aber beide von dem Abbau des Versorgungsfreibetrags nicht betroffen.
- Von den steuerbaren Einnahmen i.H.v. 30.000 € werden ein (Versorgungs-)Freibetrag von 40 %, maximal jedoch 3.000 €, und ein Zuschlag zum Versorgungsfreibetrag i.H.v. 900 € abgezogen.
- Nach dem weiteren Abzug des WK-Pauschbetrages von 102 € (§ 9a S. 1 Nr. 1 Buchst. b EStG) belaufen sich die Einkünfte des A gem. **§ 19 EStG** (nichtselbständige Arbeit) auf **25.998 €**.

---

[32] BFH vom 26.01.2002, BFH/NV 02, 645; einhellige Meinung der Literatur (*Seeger* in *Schmidt*, EStG, § 26 Rz. 4, *Seiler* in *Kirchhof-kompakt*, EStG, § 26 Rz. 10, *Heuermann* in *Blümich*, § 26 EStG, Rz. 69).

[33] Dort zur Ehe einer ausländischen Staatsangehörigen, die zwar nach Auslandsrecht, nicht aber nach deutschem Recht wirksam war; bei Beteiligung eines Partners, der auch die deutsche Staatsangehörigkeit besitzt, liegt keine wirksame Ehe vor.

[34] Für den Fall, dass A nicht erneut in 2016 geheiratet hätte, stünde das Wahlrecht der Zusammenveranlagung nach dem Tode von E deren Erben zu. Das Einverständnis der Erben mit der Zusammenveranlagung kann nur dann nach § 26 Abs. 3 EStG unterstellt werden, wenn diese Kenntnis von der Erbenstellung und den steuerlichen Vorgängen des Erblassers haben. Bis zur Ermittlung des Erben ist daher getrennt zu veranlagen (BFH vom 21.06.2007, Az.: III R 59/06, DStRE 2007, 1158)

b) Die Einkünfte der M

- Die sog. Berufsrente der M stellt als privater Versorgungsbezug nach § 19 Abs. 2 Nr. 2 EStG i.H.v. 1.200 € ebenfalls eine steuerbare Einnahme dar, da die Altersvoraussetzung bei M (vollendetes 63. Lebensjahr) erfüllt ist.[35]
- Hiervon werden 40 % Freibetrag (480 €) und 900 € Zuschlag zum Freibetrag abgezogen (§ 19 Abs. 2 S. 1 EStG).
- Da der Zuschlag zum Freibetrag nach § 19 Abs. 2 S. 1 EStG nicht zu negativen Einkünften führen kann, liegen im Ergebnis Null-Einkünfte nach § 19 EStG vor. Gleiches gilt insoweit auch für den WK-Pauschbetrag von 102 € (§ 9a S. 1 Nr. 1 Buchst. b EStG).
- Die Sozialversicherungsrente der M i.H.v. 4.800 € als wiederkehrender Bezug gem. § 22 Nr. 1 S. 3 Buchst. a Doppelbuchst. aa EStG mit **50%** (aufgrund des Rentenbeginns im Jahr 2004)[36]:

  Stpfl. Einnahmen 2.400 €
  ./. WK-Pauschbetrag gem. § 9a S. 1 Nr. 3 EStG ./. 102 €

- Die Einkünfte gem. § 22 EStG betragen demnach 2.298 €

c) Gemeinsame Einkünfte

Gemäß Sachverhalt liegen keine gemeinsamen Einkünfte von M und A vor. Wäre dies der Fall, so wären diese gemeinsamen Einkünfte der Ehegatten, z.B. aus einer Gesamthandsgesellschaft oder Gesamthandsgemeinschaft jedem Ehegatten, falls keine andere Aufteilung in Betracht kommt, zur Hälfte zuzurechnen.

4. und 5. Von der Summe der Einkünfte zum Gesamtbetrag

- Die Summe der einzeln ermittelten Einkünfte beträgt bei A 25.998 € und bei M 2.298 €, zusammengerechnet 28.296 € (§ 26b EStG). Vorbehaltlich von Sonderregelungen werden die Ehegatten ab diesem Zeitpunkt wie ein StPfl. behandelt (»Metamorphose« von zwei natürlichen Personen zu einem Steuersubjekt);
- obwohl beide StPfl. vor dem 01.01.17 das 64. Lebensjahr vollendet haben, wird nach § 24a S. 2 EStG **kein** Altersentlastungsbetrag abgezogen (keine doppelte Privilegierung von Versorgungsbezügen und Leibrenten).

Der Gesamtbetrag der Einkünfte **von A und M beträgt** 28.296 €.

6. Ermittlung des Einkommens (§ 2 Abs. 4 EStG)

Als Sonderausgaben sind abzugsfähig: ./. 3.545 €.
Da Gründe für außergewöhnliche Belastungen nicht vorgetragen sind, beträgt das Einkommen der zusammenveranlagten A und M **24.751 €**.

7. und 8. Zu versteuerndes Einkommen und ESt-Schuld

Für A und M kommt kein Freibetrag (§ 32 Abs. 6 EStG) zur Anwendung; damit beträgt das z.v.E. ebenfalls 24.751 €. Nach § 32a Abs. 5 EStG kommt für zusammenveranlagte Ehegatten das Splittingverfahren zur Anwendung.

---

[35] Bei der betrieblichen Altersversorgung ist ansonsten im Hauptanwendungsfall zwischen der Direktversicherung und der betrieblichen Versorgungszusage zu unterscheiden. Während bei der Direktversicherung die Beiträge grundsätzlich Arbeitslohn darstellen (vgl. § 19 Abs. 1 Nr. 3 EStG) und die späteren Zahlungen mit dem Ertragsanteil nach § 22 Nr. 1 S. 1 EStG zu versteuern sind, führen i.R.d. betrieblichen Versorgungszusage (sog. Direktzusage) nur die Zahlungen zu nachträglichem Arbeitslohn nach § 19 Abs. 1 Nr. 2 EStG.

[36] Dies ist der Einstieg in die (ab VZ 2040) volle Besteuerung der Sozialversicherungsrenten.

Variante (A und Markus):
Seit der Gleichstellung der eingetragenen Lebenspartnerschaft ergeben sich keine steuerlichen Unterschiede zu der Zusammenveranlagung von Ehegatten mehr. Hinsichtlich der Berechnung des z.v.E. kann daher auf die obige Berechnung verwiesen werden.

3 Überblick über die Tarifnormen des EStG

Die Festsetzung der ESt und der Steuertarif sind in den §§ 31 ff. geregelt. Der Steuertarif selbst findet sich in § 32a EStG.

3.1 Grundtarif nach § 32a Abs. 1 EStG

Die tarifliche ESt im VZ 2017 bemisst sich nach dem zu versteuernden Einkommen. Sie beträgt im Grundtarif vorbehaltlich der Besonderheiten (§§ 32b, 32d, 34, 34a, 34b und 34c) jeweils in Euro für zu versteuernde Einkommen

- bis 8.820 € (Grundfreibetrag[37]): 0;
- von 8.821 € bis 13.769 €: $(1.007,27\ y + 1.400) \cdot y$;
- von 13.770 € bis 54.057 €: $(223,76\ z + 2.397) \cdot z + 939,57$;
- von 54.058 € bis 256.303 €: $0,42 \cdot x - 8.475,44$;
- von 256.304 € oder mehr: $0,45 \cdot x - 16.164,53$.[38]

Der sich ergebende Steuerbetrag ist auf den nächsten vollen Euro-Betrag abzurunden. Anhand dieser gesetzlichen Vorgabe leitet sich ein progressiv ausgestalteter Steuertarif ab:

- Der Grundfreibetrag bildet das steuerfrei zu belassende Existenzminimum ab und wird regelmäßig angepasst.
- Hierauf beginnt die Steuerbelastung mit einem Eingangssteuersatz von aktuell 14 %.
- Diese Progression steigt bis zum einem Grenzsteuersatz von 42 %.
- Oberhalb eines zu versteuernden Einkommens von aktuell 250.730 € erfolgt ein weiterer Steuersatzsprung auf 45 % (sog. »Reichensteuer«).

3.2 Splittingverfahren nach § 32a Abs. 5 EStG

Bei Ehegatten, die nach den §§ 26, 26b EStG zusammen zur ESt veranlagt werden, beträgt die tarifliche ESt vorbehaltlich der §§ 32b, 32d, 34, 34a, 34b und 34c EStG das Zweifache des Steuerbetrags, der sich für die Hälfte ihres gemeinsam zu versteuernden Einkommens nach § 32 Abs. 1 EStG ergibt (Splittingverfahren).

---

37 Ab dem VZ 2018 9.000 €.
38 Die Größe »y« ist ein Zehntausendstel des den Grundfreibetrag übersteigenden Teils des auf einen vollen Euro-Betrag abgerundeten zu versteuernden Einkommens. Die Größe »z« ist ein Zehntausendstel des 13.469 Euro übersteigenden Teils des auf einen vollen Euro-Betrag abgerundeten zu versteuernden Einkommens. Die Größe »x« ist das auf einen vollen Euro-Betrag abgerundete zu versteuernde Einkommen.

3.3 Weitere Fälle der Anwendung des Splittingtarifs (§ 32a Abs. 6 EStG)

Neben der Zusammenveranlagung und der Einzelveranlagung bleiben nach der Neufassung der Veranlagungsarten ab dem VZ 2013 noch

- das »Verwitwetensplitting« (§ 32a Abs. 6 S. 1 Nr. 1 EStG) und
- das »Sondersplitting im Trennungsjahr« nach § 32a Abs. 6 S. 1 Nr. 2 EStG

bestehen.

Die Anwendung des sog. »Verwitwetensplittings« nach § 32a Abs. 6 S. 1 Nr. 1 EStG für den überlebenden Ehegatten ist dann ausgeschlossen, wenn dieser erneut heiratet.

Bei zweifacher Verheiratung im VZ bleibt das Wahlrecht auf Zusammenveranlagung für die neue Ehe bestehen. Die zuvor bestehende Ehe bleibt für die Anwendung des § 26 Abs. 1 S. 1 EStG unberücksichtigt (§ 26 Abs. 1 S. 2 EStG). Die Veranlagung des verstorbenen Ehegatten kann nur noch als Einzelveranlagung durchgeführt werden. Der Splittingeffekt bleibt für den verstorbenen Ehegatten im Rahmen der Einzelveranlagung nach § 25 EStG bisher unter den Voraussetzungen des § 32a Abs. 6 S. 1 Nr. 2 EStG erhalten. Nach wie vor besteht die Möglichkeit der Anwendung des § 32a Abs. 6 S. 1 Nr. 2 EStG für den geschiedenen, nicht wiederverheirateten Ehegatten unter den übrigen Voraussetzungen (sog. »Sondersplitting im Trennungsjahr«).

Für den Fall, dass der überlebende Ehegatte im Todesjahr nicht erneut heiratet, steht das Wahlrecht der Zusammenveranlagung den Erben des verstorbenen Ehegatten einheitlich zu. Das Einverständnis der Erben mit der Zusammenveranlagung kann nur dann nach § 26 Abs. 3 EStG unterstellt werden, wenn diese Kenntnis von der Erbenstellung und den steuerlichen Vorgängen des Erblassers haben. Bis zur Ermittlung des Erben ist daher getrennt zu veranlagen.

3.4 Zusammenfassung

Der Grundtarif ist immer dann anzuwenden, wenn der Splittingtarif nicht in Betracht kommt. Die nachstehende Tabelle gibt einen Überblick über die Anwendungsfälle des Splittingtarifs:[39]

Splittingtarif (§ 32a Abs. 5 und 6 EStG)		
bei Zusammenveranlagung § 32a Abs. 5 i.V.m. §§ 26 und 26b EStG	Verwitwetensplitting § 32a Abs. 6 S. 1 Nr. 1 EStG	nach Eheauflösung § 32a Abs. 6 S. 1 Nr. 2 EStG
Anwendungsfall:	**Anwendungsfall:**	**Anwendungsfall:**
• tatsächlich durchgeführte Zusammenveranlagung (ZusV)	• StPfl. ist verwitwet, Zusammenveranlagung mit Verstorbenem war möglich (§ 26 EStG); • mit neuem Ehegatten erfolgt keine Zusammenveranlagung (Splitting); • Einzelveranlagung (Grundtarif)	• Ehe ist aufgelöst; • Zusammenveranlagung mit bisherigem Ehegatten war möglich (§ 26 EStG); • bisheriger Ehegatte hat wieder geheiratet; • Ehegattenbesteuerung beim bisherigen Ehegatten mit dessen neuem Ehegatten (§ 26 EStG), aber keine Einzelveranlagung nach § 26a EStG des StPfl.
	Zeitlich: im VZ nach Tod des Ehegatten[40]	Zeitlich: im VZ der Auflösung der Ehe[41]

Hingegen haben folgende StPfl. **keinen** Anspruch auf Zusammenveranlagung bzw. die Anwendung des Splittingtarifs:

- Alleinerziehende i.S.d. § 24b EStG[42];
- Partner einer nichtehelichen verschiedengeschlechtlichen Lebensgemeinschaft[43].

3.5 Überblick über weitere wichtige Tarifvorschriften

Nach der Ermittlung des zu versteuernden Einkommens als Grundlage für die tarifliche ESt (vgl. § 2 Abs. 5 S. 1 2. HS EStG) kennt das EStG neben der Unterscheidung zwischen dem allgemeinen Tarif des § 32a Abs. 1 EStG und dem Splittingtarif des § 32a Abs. 5 EStG eine Reihe von Tarifbesonderheiten bzw. Tarifermäßigungen, die

- individuelle Besonderheiten einzelner Gruppen von StPfl. berücksichtigen sollen;
- verschiedene Sachverhalte bei der Bemessung der ESt-Belastung berücksichtigen, die im Rahmen der Ermittlung des z.v.E. nicht abgebildet werden können.

---

39 Angelehnt an die Darstellung in den Materialien der Bannas Steuerlehrgänge.
40 Im VZ des Todes besteht ohnehin, unter den weiteren Voraussetzungen der §§ 26 ff. EStG, die Möglichkeit der Zusammenveranlagung.
41 Die Regelung soll dem Umstand Rechnung tragen, dass für die geschiedenen Ehegatten trotz Vorliegen der Voraussetzungen im Hinblick auf § 26 Abs. 1 S. 2 EStG die Zusammenveranlagung ausscheidet. Über die Anwendung des Splittingtarifs soll ein Ausgleich erfolgen.
42 Vgl. BFH vom 29.09.2016 (Az.: III R 62/13), Verfassungsbeschwerde anhängig beim BVerfG (Az.: 2 BvR 221/17).
43 Vgl. BFH vom 26.04.2017 (Az.: III B 100/16).

Aus dem bereits in Kap. 2 dargestellten Berechnungsschema (vgl. auch R 2.1 EStR) wird deutlich, dass nicht nur die Ermittlung der steuerlichen Bemessungsgrundlage, dem zu versteuernden Einkommen, große Bedeutung zukommt, sondern auch der Ermittlung der tariflichen bzw. der festzusetzenden ESt.

Die (auch in der Praxis) wesentlichen Tarifvorschriften sind:

- §§ 31, 32 EStG: Familienleistungsausgleich, Berücksichtigung von Kindern
- § 32b EStG: Progressionsvorbehalt
- § 32d EStG: Gesonderter Steuersatz für Einkünfte aus Kapitalvermögen
- § 33 ff. EStG: Außergewöhnliche Belastungen
- § 34 EStG: Außerordentliche Einkünfte
- § 34a EStG: Thesaurierungsbegünstigung
- § 34c, 34d EStG: Steuerermäßigung bei ausländischen Einkünften
- § 35 EStG: Steuerermäßigung bei Einkünften aus Gewerbebetrieb
- § 35a EStG: Steuerermäßigung bei Aufwendungen für haushaltsnahe Beschäftigungsverhältnisse, haushaltsnahe Dienstleistungen und Handwerkerleistungen

Diese Tarifvorschriften werden in den genannten Kapiteln mit ihrem jeweiligen Kontext vorgestellt.

4 Die persönliche Steuerpflicht

Die Ermittlung der sachlichen Steuerpflicht setzt nach § 1 EStG voraus, dass ein (Steuer-)Inländer Einkünfte erzielt (§ 1 Abs. 1 EStG; sog. **Welteinkommensprinzip**). Der zweite Anwendungsfall, dass ein Steuerausländer inländische Einkünfte (§ 1 Abs. 4 i.V.m. §§ 49 EStG; die sog. beschränkte Steuerpflicht) bezieht, bleibt in den Detailfragen der Darstellung zum Internationalen Steuerrecht vorbehalten.

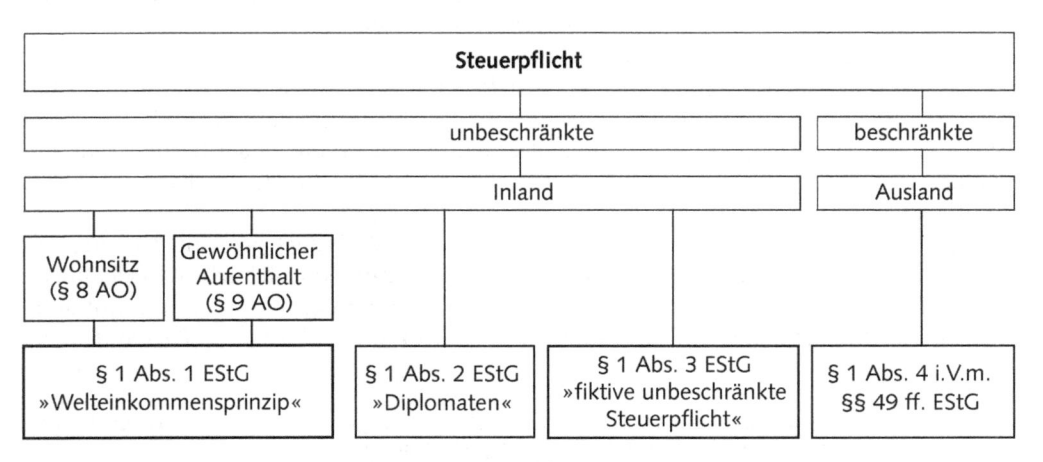

Steuerpflicht			
unbeschränkte			beschränkte
Inland			Ausland
Wohnsitz (§ 8 AO)	Gewöhnlicher Aufenthalt (§ 9 AO)		
§ 1 Abs. 1 EStG »Welteinkommensprinzip«	§ 1 Abs. 2 EStG »Diplomaten«	§ 1 Abs. 3 EStG »fiktive unbeschränkte Steuerpflicht«	§ 1 Abs. 4 i.V.m. §§ 49 ff. EStG

Vorweg sind daher die Voraussetzungen und die verschiedenen Anwendungsfälle der **unbeschränkten Steuerpflicht** zu prüfen. Für die unbeschränkte Steuerpflicht (§ 1 Abs. 1 EStG) genügt eine der beiden Voraussetzungen:

- ein inländischer Wohnsitz (§ 8 AO) oder[44]
- ein gewöhnlicher Aufenthalt (§ 9 AO) im Inland.

Beide Begriffe sind nach deutschem Recht zu prüfen.

4.1 Der Wohnsitz im Inland (§ 8 AO)

Die Tatbestandsvoraussetzungen des § 8 AO (Wohnung/Innehaben/Umstände, die auf ein Beibehalten schließen lassen) bedürfen einer näheren und ergänzenden Interpretation.

> **Beispiel 3: Nomade oder Reisegewerbetreibender**
> Der unstete Handelsvertreter V ist mit seinen Verkaufsartikeln ständig in Norddeutschland unterwegs. Von Montag bis Freitag übernachtet er in Hotels, während er sich am Wochenende in seinen feststehenden Wohnwagen (mit abmontierten Reifen) auf Sylt zurückzieht. Liegt sein Wohnsitz in Deutschland?

Mit dem Begriff der »Wohnung« wird ein abgeschlossener Raum, der objektiv zum Wohnen geeignet ist, verbunden. Eine Wohnung stellt alle Räumlichkeiten dar, die zum Wohnen auf Dauer geeignet sind.
Dies sind zunächst:

- EFH, Eigentums- und Mietwohnungen;
- auf Dauer angemietete möblierte Zimmer, Wohnungsgemeinschaften, Hotel- und Pensionswohnungen, Barackenunterkünfte, Wochenend- und Ferienhäuser[45];
- auch eine »bescheidene Bleibe« oder eine sog. »Stand-by«-Wohnung genügt den Ansprüchen (BFH vom 13.11.2013, BFH/NV 2014, 1046).

Während es beim steuerlichen Wohnsitz grundsätzlich nicht auf melderechtliche Voraussetzungen ankommt, haftet dem Begriff Wohnung nach BFH-Rspr. das Moment der **Dauerhaftigkeit** an.[46] Die Anmeldung eines Wohnsitzes entfaltet allenfalls Indizwirkung im Rahmen einer Gesamtprüfung. Weitaus schwerer als mit dem statischen Wohnungsbegriff hat sich die Rspr. mit dem Merkmal des »Innehabens« getan.

Das gelegentliche Aufsuchen einer Schlafstelle kann keinen Wohnsitz begründen. Ähnlich (kein Wohnsitz) wurde der Fall entschieden, dass bei einem dauernden, langfristigen Auslandsaufenthalt der gelegentliche Inlandsaufenthalt zu Urlaubs- oder Besuchszwecken in einer unentgeltlich überlassenen Wohnung keinen Wohnsitz begründen kann (BFH vom 12.01.2001, BFH/NV 2001, 1231).

Mit dem Innehaben ist grundsätzlich die **Verfügungsbefugnis** gemeint. Die äußeren Umstände des Innehabens müssen bei **objektiver Betrachtung** (tatsächliche wirtschaftliche Verhältnisse) darauf schließen lassen können, dass der Verfügungsberechtigte die Wohnung beibehalten und benutzen wird. Der subjektive Wille bzw. die Absicht der Person ist ohne

---

44 Ganz deutlich AEAO (BMF vom 02.01.2008, BStBl I 2008, 26) vor §§ 8, 9 Tz. 2: »Auch wenn ein StPfl. im Inland keinen Wohnsitz mehr hat, kann er hier noch seinen gewöhnlichen Aufenthalt haben«.
45 Umgekehrt fehlt die **freie Verfügungsmöglichkeit** etwa bei Strafgefangenen oder auch bei einem typischen (nicht Dauer-)Hotelgast, die beide ihre »Zellen« zugewiesen bekommen.
46 So deutlich der BFH vom 19.05.1993 (BStBl II 1993, 655). Hingegen muss es sich nicht um eine abgeschlossene Wohnung i.S.d. Bewertungsrechts handeln (AEAO zu § 8 AO Tz. 3).

Bedeutung. Als weiteres Merkmal kommt die Dauerhaftigkeit und Regelmäßigkeit des Aufsuchens der Wohnung hinzu, ohne dass dabei eine Mindestanzahl an Tagen etc. genannt wird (BFH vom 19.03.1997, BStBl II 1997, 447).

Der Gegenbegriff für die »Umstände, die auf eine Wiederkehr schließen lassen«, ist die Wohnungsaufgabe. Die Unterscheidung wird insb. bei Versetzungen oder längeren beruflichen Auslandsaufenthalten bedeutungsvoll. Solange der **Rückkehrwille** – z.B. durch Leerstehenlassen der angemieteten wie der eigenen Wohnung – dokumentiert ist, behält der StPfl. seinen Wohnsitz bei. In dem Augenblick, wo der Charakter der Vermögensverwaltung überwiegt, etwa durch langfristige Vermietung der einzigen im Inland befindlichen Wohnung, liegt eine Wohnungsaufgabe vor (AEAO zu § 8 AO Tz. 6).

Lösung: V hat mit seinen werktäglich ständig wechselnden Hotelaufenthalten keinen Wohnsitz in der BRD begründet, da er insoweit keine tatsächliche Verfügungsmacht über die konkrete Wohnung hatte. Die Wochenendrückkehr nach Sylt in einen feststehenden Campingwagen (Wohnung) führt jedoch zu einem Wohnsitz. V hat auf Sylt seinen steuerlichen Wohnsitz und ist damit Steuerinländer.

Hinweis:
Zur Frage des **Doppelwohnsitzes** hat der BFH im Urteil von 28.01.2004 (BFH/NV 2004, 917) ganz allgemein entschieden, dass ein Steuerbürger durchaus **mehrere Wohnsitze** i.S.d. § 8 AO haben kann und diese im **Inland und im Ausland** belegen sein können. Danach führt ein inländischer Wohnsitz auch dann zur unbeschränkten Steuerpflicht, wenn er nicht den Mittelpunkt der Lebensinteressen des Steuerbürgers darstellt. Diese Entscheidung ist ein Beleg für die Auslegung der §§ 8, 9 AO nach nationalem Recht und nicht nach DBA-Gesichtspunkten.

4.2 Der gewöhnliche Aufenthalt (§ 9 AO)

Als zweite rechtlich **gleichberechtigte** Alternative kommt ein StPfl. in den Genuss der unbeschränkten Steuerpflicht, wenn er über einen gewöhnlichen Aufenthalt (§ 9 AO) verfügt.

> **Beispiel 4: Wie schnell man (deutscher) Steuerinländer werden kann**
> Der dänische Filmschauspieler Ole Olsen (O.O.) spielt in den Jahren 17/18 an folgenden Drehorten:
> - von Januar 17 bis März 17 in Kiel (tägliche Rückfahrt nach Dänemark),
> - im April 17 in Kopenhagen,
> - von Mai 17 bis September 17 in Hamburg,
> - im Oktober 17 erholt er sich von den anstrengenden Dreharbeiten in Apulien,
> - von November 17 bis Februar 18 gastiert er in München.
>
> Sowohl von München als auch von Hamburg fährt (fliegt) O.O. gelegentlich an den Wochenenden zurück nach Dänemark. O.O. hat in Deutschland keinen Wohnsitz begründet und möchte wissen, ob er mit seinen Welteinkünften in 17 und 18 in Deutschland – vorbehaltlich eines DBA-Dänemark – einkommensteuerpflichtig ist.

Nach § 9 S. 1 AO hat jemand dort einen gewöhnlichen Aufenthalt, wo er sich unter Umständen aufhält, die erkennen lassen, dass er an diesem Ort oder in diesem Gebiet **nicht nur vorübergehend verweilt**. Dies wird durch § 9 S. 2 AO dahingehend präzisiert, dass der gewöhnliche Aufenthalt im Inland (nur) dann begründet wird, wenn sich ein StPfl. im Inland **zusammenhängend länger als sechs Monate** aufhält; kurzfristige Unterbrechungen bleiben unberücksichtigt. Die sechs Monate müssen **nicht innerhalb desselben VZ** liegen. Die Dauer ist nach den Regelungen des § 108 AO i.V.m. §§ 187 ff. BGB zu berechnen. § 9 S. 3 AO enthält eine Rückausnahme, demnach wird kein gewöhnlicher Aufenthalt begründet, wenn der Aufenthalt **ausschließlich** zu Besuchs-, Erholungs-, Kur- oder ähnlichen **privaten Zwecken** genommen wird **und** nicht länger als ein Jahr dauert.

Lösung:
1. Der Zeitraum von **Januar 17 bis März 17** begründet alleine keinen dauernden Aufenthalt, da drei Monate Aufenthalt nur als vorübergehend gelten (Tz. 1 zu § 9 AEAO);
2. unter Einbeziehung der Monate **Mai 17 bis September 17** liegt dann ein dauernder Aufenthalt vor, wenn die Rückkehr im April 17 als kurzfristige Unterbrechung gem. § 9 S. 2, 2. HS AO zu werten ist. Wenn es sich folglich um einen Urlaub in Dänemark gehandelt hat, könnten neun Monate Arbeit in Deutschland grundsätzlich zu einem gewöhnlichen Aufenthalt von **Januar 17 bis September 17** führen.
   Hiergegen bestehen jedoch unter zwei Gesichtspunkten Bedenken:
   - Die Dreharbeiten fanden im maßgeblichen Zeitraum an verschiedenen Orten (Hamburg und Kiel) statt. Lt. Verwaltungsmeinung (Tz. 3 des AEAO zu § 9 AO) kann an mehreren Orten innerhalb des zusammenhängenden Zeitraumes kein gewöhnlicher Aufenthalt begründet werden. Diese Auffassung steht allerdings im Widerspruch zu § 9 AO, wonach es genügt, wenn die sechs Monate an diesem Ort oder »in diesem Gebiet (gemeint: Inland)« verbracht werden.[47] Die Arbeit an **verschiedenen** Drehorten in Deutschland steht daher der Annahme eines gewöhnlichen Aufenthalts nicht entgegen.
   - In den ersten drei Monaten ist O.O. täglich nach der Arbeit nach Dänemark zurückgefahren. Die bloße Tätigkeit im Inland unter Beibehaltung der Wohnung im Ausland begründet für Grenzgänger **keinen gewöhnlichen Aufenthalt** (BFH vom 10.07.1996, BStBl II 1997, 15).[48]
3. Jedoch hat O.O. im Zeitraum **Mai 17 bis Februar 18** einen gewöhnlichen Aufenthalt in Deutschland begründet, da die Urlaubsunterbrechung im Oktober 17 ebenso unschädlich ist wie es die gelegentlichen Wochenendflüge sind, und nach der hier vertretenen Auffassung zwei verschiedene Arbeitsstätten im maßgeblichen Zeitraum – konform mit dem Gesetz – in Deutschland den gewöhnlichen Aufenthalt begründen.

Unbeachtlich ist auch, dass der Sechs-(oder Mehr-)Monatszeitraum nicht in einen, sondern in zwei VZ fällt. Konkret ist O.O. sowohl im Jahre 17 als auch im Jahre 18 in Deutschland unbeschränkt mit seinem Welteinkommen steuerpflichtig. Es wird daher in beiden Jahren jeweils eine Veranlagung nach den Grundsätzen der unbeschränkten Steuerpflicht durchgeführt.

Das DBA-Dänemark wird bei – wie hier unterstellter Doppelansässigkeit (in Dänemark der Wohnsitz und in Deutschland der gewöhnliche Aufenthalt) – die Konkurrenzfrage klären und sie im Kollisionsfall nach dem Kriterium des »Mittelpunkts der Lebensinteressen (= Familienwohnsitz)« bzw. der Staatsangehörigkeit entscheiden.

---

47 Die weiteren Ausführungen zu Tz. 3 (des AEAO zu § 9 AO) lassen erkennen (vermuten), dass die Verwaltung in diesem Zusammenhang die Aufgabe des gewöhnlichen Aufenthalts im Inland durch Aktivitäten an verschiedenen Orten im Ausland regeln wollte.
48 Wiederum anders hätte O.O. bei bloßer Rückkehr am Wochenende nach Dänemark in Deutschland einen gewöhnlichen Aufenthalt von Januar 17 bis September 17 begründet (AEAO zu § 9 AO Tz. 2 S. 4).

Hinweise:
- Im Gegensatz zum Wohnsitz kann ein StPfl. nur einen gewöhnlichen Aufenthalt haben.
- Auch ein Aufenthalt von weniger als sechs Monaten kann einen gewöhnlichen Aufenthalt begründen, wenn tatsächlich ein längerer Aufenthalt **beabsichtigt** war und diese Pläne nach außen sichtbar sind.
- Die Intention des StPfl. bei zeitlich zusammenhängenden – geschäftlich/beruflich veranlassten – Aufenthalten von mehr als sechs Monaten ist unerheblich. In diesem Fall wird der gewöhnliche Aufenthalt, mit Ausnahme des § 9 S. 3 AO **unwiderlegbar vermutet**.[49]

4.3 Der Inlandsbegriff

Ein Wohnsitz bzw. der gewöhnliche Aufenthalt begründen nur dann eine unbeschränkte Steuerpflicht, wenn sie sich im Inland befinden. Der Begriff »Inland« ist im EStG nicht definiert. Eine erste wichtige Eingrenzung ergibt sich aus dem BFH-Urteil vom 13.04.1989 (BStBl II 1989, 614). Demnach gehört zum »Inland« im Sinne des EStG das Gebiet der Bundesrepublik Deutschland. Für die Abgrenzung des Bundesgebiets sind die **hoheitlichen** Grenzen und nicht die Zollgrenzen maßgebend. Zum Inland gehören demnach

- die Zollausschüsse und Zollfreigebiete (z.B. Helgoland, Freihäfen oder 3-Meilen-Zone);
- das sog. Küstenmeer (Meeresstreifen von 12 Seemeilen, der an die Küste der BRD angrenzt);
- in ein inländisches Schiffsregister eingetragene und die deutsche Flagge führende Schiffe sowie deutsche Luftfahrzeuge, solange sie sich in Gebieten befinden, die deutsches Hoheitsgebiet sind oder zu keinem Hoheitsgebiet gehören.[50]

Daneben bestimmt § 1 Abs. 1 S. 2 EStG, dass zum Inland auch der der BRD zustehende Anteil am Festlandsockel bzw. an der ausschließlichen Wirtschaftszone gehört, soweit dort Naturschätze des Meeresgrundes und des Meeresuntergrundes erforscht und ausgebeutet werden bzw. Energieerzeugungsanlagen errichtet und betrieben werden, die erneuerbare Energien nutzen.

4.4 Erweiterte unbeschränkte Steuerpflicht des § 1 Abs. 2 EStG

Die erweitert unbeschränkte Steuerpflicht nach § 1 Abs. 2 S. 1 EStG erstreckt sich auch auf

- deutsche Staatsangehörige ohne Wohnsitz oder gewöhnlichen Aufenthalt im Inland, wenn sie zu einer inländischen juristischen Person des öffentlichen Rechts (im Regelfall: dem Staat) in einem Dienstverhältnis stehen und Arbeitslohn aus einer inländischen öffentlichen Kasse beziehen;
- Angehörige dieser Personen, sofern sie zu ihrem Haushalt gehören und ebenfalls die deutsche Staatsangehörigkeit besitzen **oder** keine Einkünfte **oder** nur Einkünfte beziehen, die **ausschließlich** im Inland einkommensteuerpflichtig sind.

---

49 Auch ein zwangsweiser Aufenthalt von mehr als sechs Monaten (z.B. in einem Krankenhaus oder in einer Strafvollzugsanstalt) kann zur Begründung eines gewöhnlichen Aufenthalts führen.
50 BFH vom 05.10.1977, BStBl II 1978, 50; FG Mecklenburg-Vorpommern, Urteil vom 19.09.2008, DStR 2008, 552.

Weiterhin ist es nach § 1 Abs. 2 S. 2 EStG erforderlich, dass die betreffende natürliche Person im ausländischen Staat lediglich im Rahmen einer beschränkten Steuerpflicht zur Besteuerung herangezogen wird.

Ziel der Regelung ist es,

- bestimmten Personen (z.B. deutschen Diplomaten, Mitarbeitern des konsularischen Dienstes, Auslandslehrern und -korrespondenten; vgl. im Einzelnen H 1a EStH) die Nachteile der beschränkten Steuerpflicht zu nehmen;
- sog. »weiße Einkünfte« (Nichtbesteuerung) zu verhindern.[51]

Der von § 1 Abs. 2 EStG erfasste Personenkreis ist abschließend. Folglich unterliegen folgende Personengruppen nicht der (fingierten) unbeschränkten Steuerpflicht nach § 1 Abs. 2 EStG:

- deutsche Beamte ausländischer bzw. internationaler Organisationen (z.B. EU-Bedienstete);
- ausländische Staatsbedienstete mit inländischem Wohnsitz bzw. gewöhnlichem Aufenthalt in Deutschland.[52]

4.5 Fiktiv unbeschränkte Steuerpflicht des § 1 Abs. 3 EStG – erster Überblick

Nach § 1 Abs. 3 EStG werden natürliche Personen, die im Inland weder einen Wohnsitz noch einen gewöhnlichen Aufenthalt haben, auf Antrag als unbeschränkt einkommensteuerpflichtig behandelt,

- soweit sie inländische Einkünfte i.S.d. § 49 EStG haben, die im Kj. zu mindestens 90 % der deutschen Steuer unterliegen,
- oder, wenn dies nicht der Fall ist (d.h., die der deutschen Besteuerung unterliegenden Einkünfte betragen weniger als 90 % der Gesamteinkünfte), soweit die nicht der deutschen Steuer unterliegenden Einkünfte den Grundfreibetrag nach § 32a Abs. 1 S. 2 Nr. 1 EStG (8.820 € im VZ 2017 bzw. 9.000 € im VZ 2018) nicht übersteigen und
- die Höhe der nicht der deutschen ESt unterliegenden Einkünfte durch eine Bescheinigung der zuständigen ausländischen Steuerbehörde nachgewiesen wird.[53]

Die Voraussetzungen müssen kumulativ vorliegen.

Nach § 1 Abs. 3 S. 3 EStG gelten die Einkünfte als nicht der deutschen ESt unterliegend, wenn diese Einkünfte nach einem DBA von der Besteuerung auszunehmen sind oder die Einkünfte lediglich der Höhe nach beschränkt besteuert werden dürfen (z.B. im Rahmen einer reduzierten Quellensteuer/KapESt). Hingegen sind gem. § 1 Abs. 3 S. 4 EStG bei der Ermittlung der »nicht der deutschen Einkommensteuer unterliegenden Einkünfte« solche Einkünfte nicht zu berücksichtigen, die im Ausland von der Besteuerung freigestellt sind,

---

51 Z.B. durch eine mit § 3 Nr. 29 EStG vergleichbare Regelung oder internationale Vereinbarungen, vgl. BFH vom 22.02.2006, BStBl II 2007, 106.
52 Spiegelbildlich zu § 1 Abs. 2 EStG sind diese entweder nicht unbeschränkt stpfl. (sog. Exterritoriale wie Diplomaten und der konsularische Dienst) oder sie erzielen sachlich steuerbefreite Bezüge (z.B. NATO-Soldaten aufgrund des Truppenstatuts). Dies gilt jedoch nur für Einkünfte aus den hoheitlichen Tätigkeiten. Für andere Einkünfte gelten sie als beschränkt steuerpflichtig.
53 Vgl. jedoch Vereinfachungsregelung des BMF für Einkünfte aus EU/EWR-Staaten, Schreiben vom 30.12.1996, BStBl I 1997, 1506 und vom 25.11.1999, 990).

aber auch steuerfrei wären, wenn sie im Inland bezogen worden wären (insb. steuerfreie Sozialleistungen).

Vom Anwendungsbereich der Norm sind nicht nur EU-/EWR-Bürger[54] und Ansässige, sondern auch Drittstaatenbürger und Ansässige erfasst. Der Hauptanwendungsfall der Regelung sind die sog. Grenzpendler, die als Steuerausländer ihre wesentlichen Einkünfte im Inland erzielen. § 1 Abs. 3 EStG soll diese von den Beschränkungen der §§ 49, 50f. EStG (Nichtberücksichtigung persönlicher Leistungsmerkmale) ausnehmen.

Damit können Grenzpendler auf **Antrag** wie Inländer behandelt werden. Insb. der Objektsteuercharakter der beschränkten Steuerpflicht, wie er in § 50 EStG, insb. in § 50 Abs. 1 EStG, dokumentiert ist, gilt für diesen Personenkreis nicht.[55] Die in § 1 Abs. 3 EStG aufgeführten zusätzlichen Voraussetzungen sind vom EuGH als gemeinschaftskonform bestätigt worden (DStR 1999, 1609). Die Ermittlung der Einkünfte erfolgt für Zwecke des § 1 Abs. 3 EStG nach den Vorschriften des EStG (§ 2 Abs. 1 und 2 EStG). Ausländische Steuerbefreiungen sind ohne Bedeutung. Nach § 1 Abs. 3 S. 6 EStG bleibt es allerdings beim Steuerabzug nach § 50a EStG. Sind die Voraussetzungen des § 1 Abs. 3 EStG erfüllt, kann der StPfl. eine Veranlagung mit den inländischen Einkünften beantragen.

§ 1a EStG mit der Abzugsmöglichkeit des Realsplittings, der Versorgungsleistungen und der eingeräumten Zusammenveranlagung kommt hingegen nur den Staatsangehörigen der EU/EWR zugute. Weitere Voraussetzung ist auch hier, dass sie entweder ihre wesentlichen (zu > 90 %) Einkünfte in Deutschland erzielen oder dass die nicht der deutschen ESt unterliegenden Einkünfte geringer als der für den jeweiligen VZ maßgebenden Grundfreibetrag (bei Ehegatten geringer als der gemeinsame, d.h. zweifache, Grundfreibetrag) sind.

Beispiel 5: Der Benelux-Grenzpendler
Der ledige A, der in den Niederlanden wohnt, bezieht inländische Einkünfte als AN i.H.v. 30.000 €, für die der deutsche Fiskus nach dem DBA-NL das Besteuerungsrecht hat. Außerdem erzielt A aus einem in Luxemburg belegenen Mietwohngrundstück Einkünfte i.H.v. 5.000 € sowie aus einem bei einer belgischen Bank angelegten Sparbuch Einkünfte von 4.000 €. Für diese beiden Einkünfte soll dem holländischen Fiskus nach den DBA NL-Belgien sowie NL-Lux kein Besteuerungsrecht zustehen. Ist für A eine Amtsveranlagung nach § 46 Abs. 2 Nr. 7 Buchst. b EStG als fiktiv unbeschränkt StPfl. durchzuführen[56]?

Lösung:
- Für die Anwendung von § 1 Abs. 3 EStG ist entweder auf die relative 90%-Grenze oder auf die absolute Betragsmarke von im VZ 2017 8.820 € bzgl. der Einkünfte abzustellen, die nicht der deutschen ESt unterliegen.
- Die **Drittstaaten**einkünfte[57] des A i.H.v. insgesamt 9.000 € übersteigen die absolute Grenze von 8.820 €; dabei spielt es keine Rolle, ob diese im Ansässigkeitsstaat des Pendlers oder in einem Drittstaat erzielt werden.

---

54 Europäischer Wirtschaftsraum (Norwegen, Island und Liechtenstein).
55 Nach § 50 Abs. 1 EStG kommt das objektive Nettoprinzip (Abzug aller Erwerbsaufwendungen) nur bei »inländischer Kausalität« in Betracht; das subjektive Nettoprinzip sowie sonstige Steuerprivilegien werden bei der beschränkten Steuerpflicht weitestgehend negiert.
56 Zu beachten ist die mit dem JStG 2010 eingeführte rückwirkende Änderung (mit Wirkung ab VZ 2009), dass trotz Eintragung eines Freibetrages auf eine Veranlagung verzichtet wird, wenn keine ESt-Schuld entsteht.
57 Diese (Auslandseinkünfte) werden nach deutschem Recht ermittelt. So ist z.B. ein negativer Nutzungswert einer eigengenutzten Wohnung (Niederlande) nicht einzubeziehen, da er in D nicht steuerbar ist (BFH vom 01.10.2014, BStBl II 2015, 474).

- Die 90%-Grenze ist nur dann überschritten, wenn die Drittstaateneinkünfte nicht einbezogen werden. Nach h.M. sind die Drittstaateneinkünfte einzubeziehen und A ist daher die Vergünstigung des § 1 Abs. 3 EStG zu versagen[58]; eine Amtsveranlagung nach § 46 Abs. 2 Nr. 7 Buchst. b EStG ist daher nicht durchzuführen.

4.6 Beschränkte Steuerpflicht des § 1 Abs. 4 EStG

Natürliche Personen, die im Inland weder einen Wohnsitz noch einen gewöhnlichen Aufenthalt haben, unterliegen der Besteuerung im Rahmen der beschränkten Steuerpflicht, wenn § 1 Abs. 2 und 3 EStG keine Anwendung finden **und** die Person inländische Einkünfte i.S.d. § 49 EStG erzielt (s. Teil D, Internationales Steuerrecht).

5 Grundfragen zum Handlungstatbestand, insbesondere zu den Überschusseinkünften (Darstellung der §§ 8, 9 und 11 EStG)

5.1 Stellung im Dualismus – System der Einkunftsarten (§ 2 Abs. 2 EStG)

Auslöser für einen **einkommensteuerbaren Sachverhalt** sind ein **Handlungstatbestand** und ein **Zustandstatbestand** (Einkunftsquelle oder Erwerbsgrundlage innerhalb der sieben Einkunftsarten).[59] Der Handlungstatbestand setzt in positiver Hinsicht Einnahmen voraus, denen Erwerbsaufwendungen gegenüberstehen. Letztere werden je nach vorliegendem Zustandstatbestand in WK (Überschusseinkünfte) und in BA (Gewinneinkünfte) unterschieden. Die Einnahmen (§ 8 EStG) scheinen diese systematische Vorwegunterscheidung zu teilen, da sie im 4. Abschnitt der Einkommensermittlung der Überschusseinkünfte platziert sind. Nach heute h.M. und praktizierter BFH-Rspr. lehnt sich der engere Terminus der Betriebseinnahmen (Einnahmen im Bereich der Gewinneinkunftsarten) an die Erkenntnisse zu § 8 EStG an und unterscheidet sich hiervon nur durch die »betriebliche Veranlassung«.[60]

Beispiel 6: Der kleine Unterschied
A nutzt seinen PC (AK: 2.000 €) beruflich als AN. B nutzt seinen PC (AK: 2.000 €) als Freiberufler. Nach drei Jahren (Ablauf der betriebsgewöhnlichen ND) erhalten A und B aus dem Verkauf des PC je 500 €.

---

58 Vgl. *Heinicke* in *Schmidt* (2013), EStG, § 1 Rz. 57, wobei allerdings *Gosch* (in *Kirchhof-kompakt*, § 1 Rz. 6) die derzeit unbeantwortete Frage aufwirft, was bei einem beschränkt StPfl. mit wesentlichen Einkünften aus Drittstaaten gilt.
59 Von *Kirchhof* (vgl. Einl., Rz. 12 zu *Kirchhof-kompakt* sowie ders. im Karlsruher Entwurf) um eine weitere Komponente, den sog. »Erfolgstatbestand« ergänzt. Damit ist der tatsächliche Vermögenszuwachs gemeint, der aufgrund der Marktbetätigung erzielt wird.
Hier wird diese Komponente aus zwei Gründen nicht eingeführt:
- Es werden zu Unrecht die Verluste – im Vorfeld – eliminiert.
- Im Gewinn-(Überschuss-)Fall ist die 3. Komponente wenig hilfreich (Ausnahme: Mehrpersonenverhältnisse).
60 Statt aller *Kirchhof* in *Kirchhof-kompakt*, § 8 Rz. 2 sowie BFH vom 07.06.2000 (BFH/NV 2000, 1462 – dort zur Entnahme).

Lösung: Der Unterschied der ansonsten identischen Fälle liegt darin, dass die **Wertsteigerungen** (allgemein: Wertzuwächse) der beruflich eingesetzten WG bei den Überschusseinkünften nicht einkommensteuerbar sind, während der Veräußerungserlös bei B einen steuerpflichtigen Gewinn i.H.v. 500 € (Erlös 500 € ./. Buchwert 0 €) darstellt. Dies stellt die praktische Seite des Dualismus der Einkunftsarten dar.

5.2 Einnahmen

Nach § 8 Abs. 1 EStG werden Güter in Geld oder in Geldeswert als Einnahmen erfasst, wenn zwischen dem Zufluss und einer Einkunftsart eine Kausalität besteht (vgl. den Gesetzeswortlaut: »bei der Einkunftsart«). Dabei erfolgt in § 8 Abs. 2 EStG eine Quantifizierung der Einnahmen, wenn sie als sog. Sachbezug in Geldeswert bestehen; § 8 Abs. 3 EStG enthält eine Sonderregelung für Personalrabatte des AG.

5.2.1 Grundsätze (Einnahmen/keine Einnahmen)

Die Gemeinsamkeit zwischen zugeflossenem Geld oder sonstigen erhaltenen geldeswerten Gütern als Gegenleistung für eine Vorleistung des StPfl. (Markterfolg) besteht in der **tatsächlichen Vermögensmehrung**. Dies führt bei einer »in Geld« bestehenden Gegenleistung nur dann zu Problemen, wenn es sich um die Begleichung einer in fremder Währung eingegangenen Darlehensschuld handelt. Bei der Erfüllung einer echten Valutaschuld (Zahlung nur in fremder Währung) ist auf den Umrechnungskurs im Zeitpunkt des Zuflusses abzustellen. Ansonsten besteht bei der Erfüllungsvariante »Geld« wegen des Nominalwertgrundsatzes kein Anwendungsproblem.

Durch die Einbeziehung der »Güter« in Abs. 1 wird verdeutlicht, dass Einnahmen i.S.v. § 8 Abs. 1 EStG nicht durch den Begriff des WG (oder Vermögensgegenstandes) festgelegt sind. Deshalb können – anders als bei der Frage der Einlage in ein BV – auch Nutzungen oder Dienstleistungen steuerbare Einnahmen darstellen.

Andererseits scheiden mangels Wertzufuhr von außen (**kein Zufluss**) aus:
- der Einnahmeverzicht (Beispiel: Vermieter verzichtet auf die ihm zustehende Miete),
- ersparte Aufwendungen (Beispiel: Eigene Arbeitsleistung des Vermieters bei Hausreparatur),
- (Entgelte für) die **Wertminderung des Privatvermögens**.

Beispiel 7: Problembehafteter Auszug aus der Mietwohnung
Ein Jahr nach seinem überraschenden Auszug (November 17) wird M zur Zahlung folgender Beträge rechtskräftig verurteilt:
- Zur Zahlung der letzten Monatsmiete (Dezember 17: 1.000 €), da kein Nachmieter gefunden werden konnte.
- Wegen eines nicht gemeldeten Wasserrohrbruches im März 17 wurde ein Teil des Mauerwerks feucht. M ist zur Zahlung der Instandhaltungskosten (2.500 €) verpflichtet.
- Die Zahlungen werden im März 18 geleistet.

Bei den Ersatzleistungen stellt sich regelmäßig die Frage, ob diese Entgelte für Wertminderungen noch als Einnahmen gem. § 8 Abs. 1 EStG zu erfassen oder ob sie im nichtsteuerbaren Bereich der Wertzuwächse von privaten Vermögensgegenständen anzusiedeln sind.

Lösung:
- Der Schadensersatz für die entgangene Miete für Dezember 17 ist ein Ausgleich für einen Nutzungsausfall und von daher als nachträgliche (entgangene) Einnahme im VZ 18 gem. § 8 Abs. 1, § 21 Abs. 1 Nr. 1 i.V.m. § 24 Nr. 1 Buchst. a EStG zu erfassen.
- Die Restitutionsleistung für das feuchte Mauerwerk gleicht einen Substanzschaden aus und führt von daher nicht zu einer Einnahme des Vermieters (so auch der BFH vom 01.12.1992, BStBl II 1994, 11). Etwas anderes würde nur gelten, wenn es sich um die Wiedergutmachung für einen Erhaltungsaufwand (etwa: Durchführung von Schönheitsreparaturen) handeln würde.[61]

Konform mit dieser Wertung (keine Erfassung von **Wertfaktoren des Privatvermögens** als Einnahmen) hat der BFH am 26.02.2002 den Fall entschieden, dass Anleger eines gemeinsamen Bauvorhabens (in Form eines **geschlossenen Immobilienfonds**) von den Initiatoren Provisionsnachlässe erhalten. Diese Nachlasse sind **keine Einnahmen** (bzw. negative WK), sondern mindern die AK des Grundstücks (BFH vom 26.02.2001, BStBl II 2001, 720).

Einen weiteren Grenzfall stellen ideelle Vorteile dar, die ein Steuerbürger im Rahmen seiner Erwerbsquelle (im Regelfall: des Arbeitsverhältnisses) erhält.

Beispiel 8: Der hypersoziale Arbeitgeber[62]
Aufgeschreckt durch Fernsehberichte und angesichts der guten Ertragslage verkündet der Firmeninhaber in der Weihnachtsansprache, dass
- jeder AN den firmeneigenen Tennisplatz kostenlos benutzen darf,
- auf seine Kosten jede Sekretärin Massagen zur Vorbeugung gegen Schäden am PC-Arbeitsplatz erhält und
- außerdem die erste Führungsriege der Firma zusammen mit ihren Familienmitgliedern seine private Sauna benutzen dürfe.

Losgelöst von Vereinfachungsregelungen in den LStR stellt sich in dieser Fallkonstellation die Frage, ob die in Aussicht gestellten **Nutzungsvorteile** Güter in Geldeswert i.S.d. § 8 Abs. 1 EStG i.R.d. Einkünfte aus nicht selbständiger Arbeit (§ 19 EStG) darstellen.

Lösung:
- Bei der privaten Mitbenutzung der Sauna fehlt es bereits an der beruflichen Veranlassung, so dass hier mangels Kausalität zum Arbeitsplatz (vgl. § 8 Abs. 1 EStG: »i.R.d. – hier präzisiert – § 19 EStG«) keine Einnahme vorliegt.
- Des Weiteren sind sog. »Aufmerksamkeiten« (Zuwendungen nach R 19.6 LStR anlässlich eines persönlichen Ereignisses) bis zu einem Wert von 40 € nicht steuerbar.
- Die ältere BFH-Rspr. hat die Abgrenzung anhand des Kriteriums der »Annehmlichkeit« getroffen. Diese im Jahre 1991 vom BFH aufgegebene Formel (BFH vom 27.03.1991, BStBl II 1991, 720) grenzte jene Vorteile als geldwerte Einnahmen aus, die im eigenbetrieblichen Interesse des AG (Ausgestaltung des Arbeitsplatzes) lag und jedem AN gewährt wurde. Danach wäre die kostenlose Tennisplatzbenutzung kein Arbeitslohn gewesen.
- Mit dem Wegfall dieses Kriteriums hat der BFH seit 1991 die Akzente verschoben und Nutzungs- und sonstigen Vorteile, die auch im **Eigeninteresse** der AN liegen, grundsätzlich als steuerbare Einnahme nach § 19 EStG – vorbehaltlich des Befreiungskatalogs von § 3

---

61 Hier müssten aber ggf. die eigenen Werbungskosten gekürzt werden.
62 S. hierzu umfassend Beispiel 1 zu § 19 EStG (Kap. II 1.2.2.2).

EStG[63] – behandelt (vgl. auch § 2 Abs. 2 LStDV). Danach wären sowohl die Vorteile für die Benutzung des Sportplatzes als auch die Kosten für die Massage – vorbehaltlich der **Freigrenze von 60 €**[64] nach § 8 Abs. 2 S. 9 EStG für geringfügige Vorteile – steuerbarer Arbeitslohn gewesen.[65]

In diesem Sinne hat der BFH am 19.08.2004 (BStBl II 2004, 1076) die kostenlose **Überlassung einer Luxuswohnung** bei hinreichender Kausalität (hier: Nutzungsvorteil, um AN an das Unternehmen zu binden) als Arbeitslohn behandelt. Für den Fall einer Luxuswohnung können aber nicht die amtlichen Sachbezugswerte gem. § 8 Abs. 2 S. 6 EStG i.V.m. der Sozialversicherungsentgeltverordnung zugrunde gelegt werden, sondern der ortsübliche Mietwert.

- Gehört die Immobilie einer (wie häufig vorgeschalteten) spanischen KapG und wird sie von deren G'fter verbilligt genutzt, so liegt darin eine vGA der KapG an ihren G'fter (BFH vom 12.06.2013, DB 2013, 2311).
- Diese extensive Rspr. ist jedoch durch das Urteil des BFH vom 30.05.2001 (DB 2001, 2021) in ihren Auswüchsen gestoppt worden. Immer dann, wenn eine Maßnahme des AG einer **spezifisch berufsbedingten** Beeinträchtigung der Gesundheit des AN (im Urteil: Übernommene Kosten für die Massage von PC-AN) **vorbeugt** oder ihr entgegenwirkt, muss kein Arbeitslohn vorliegen. Mittelbare Privatvorteile sind danach kein Indiz mehr für die Annahme von steuerbaren Einnahmen, wenn sie der gesamten betroffenen Belegschaft zukommen und keine einzelpersonenbezogene Maßnahme darstellen. Darüber hinaus stellt der Gesetzgeber nun mit § 3 Nr. 34 EStG zusätzlich zum vertraglich geschuldeten Arbeitslohn erbrachte Leistungen des AG zur Verbesserung des allgemeinen Gesundheitszustandes und der betrieblichen Gesundheitsförderung bis zu 500 € je AN von der Steuer frei, sofern die Leistungen den Anforderungen der §§ 20, 20a SGB V genügen.
- Noch einen Schritt weiter geht der BFH im Urteil vom 28.01.2003 (BStBl II 2003, 724), als er für ein vom AG zu Gunsten eines AN veranstaltetes Geburtstagsfest folgende Grundsätze aufstellt:
  – § 12 Nr. 1 S. 2 EStG (private Lebenshaltungskosten) kommt nur auf der Ausgabenseite und nicht auf der Einnahmenseite zum Tragen;
  – das mögliche BA-Abzugsverbot beim AG (wegen § 12 Nr. 1 EStG, falls private Motivation beim AG überwiegt) muss nicht zwangsläufig zu einem Arbeitslohn beim AN führen.

Diese BFH-Entscheidung (aus 2003), wonach eine vom AG ausgerichtete Geburtstagsfeier keinen Arbeitslohn darstellt, hat die Verwaltung mit R 19.3 Abs. 2 Nr. 4 LStR übernommen (Voraussetzung: AG muss als Gastgeber fungieren und die Einladung aussprechen); nach R 19.3 Abs. 2 Nr. 4 S. 2 LStR gehören aber die AG-Aufwendungen, die dem AN bzw. seinen Familienangehörigen privat gelten, bei einer Freigrenze von 110 €/teilnehmender Person zum steuerpflichtigen Arbeitslohn.

Abgesehen von dieser Fallgruppe liegen dann keine steuerbaren Einnahmen vor, wenn sich der Vorteil für den Empfänger als unnützlich erweist (sog. aufgedrängte Bereicherung).

Mit dem Urteil vom 18.08.2005 (BStBl II 2006, 30) hat der BFH Neuland betreten, als er zum ersten Mal die **Aufteilung** von gemischt veranlassten **Sachzuwendungen** – entgegen bisheriger Rspr. – zuließ. Im Urteilsfall hatte der AG Reisekosten erstattet und der BFH hat

---

63 S. insb. § 3 Nr. 16, 30–33, 45–51 EStG.
64 Die Freigrenze gilt auch für die monatliche Überlassung einer Monatskarte oder eines Job-Tickets (R 8.1 Abs. 3 S. 3 LStR). Überlässt der AG dem AN eine Jahreskarte, so führt dies zum sofortigen Zufluss von Arbeitslohn in Höhe des Werts der Jahreskarte (BFH vom 12.04.2007, BStBl II 2007, 719).
65 Dabei spielt die Unterscheidung nach Sachzuwendungen, für die allein § 8 Abs. 2 S. 9 EStG gilt, und Barlohnzahlungen (kein § 8 Abs. 2 S. 9 EStG) eine wichtige Rolle.

diese **Kostenerstattung** in Arbeitslohn[66] und in eine steuerfreie Zuwendung[67], soweit **betriebliches Eigeninteresse** bestand, aufgeteilt. Insofern gibt es auf der Seite der Einnahmen jetzt eine Parallele zu den WK, bei denen ebenfalls eine Aufteilung zulässig ist, wenn – wie hier – eindeutige Schätzungsannahmen vorhanden sind, aufgrund derer eine Aufteilung vorzunehmen ist. Der AG hat es nun in der Hand, durch entsprechende Planung der zeitlichen Abläufe den Aufteilungsmaßstab zu bestimmen.[68] So gehören nach den Entscheidungsgründen des BFH sog. **Außendienst-Betriebsversammlungen** zum betrieblichen Teil. Allerdings ist zu beachten, dass bei einer **einheitlich zu beurteilenden** Sachzuwendung eine Aufteilung in Arbeitslohn und Zuwendung im betrieblichen Eigeninteresse ausscheidet.[69]

In diesem Zusammenhang sind zwei Äußerungen der Verwaltung zu beachten:

- Zur Behandlung der übernommenen Kosten für **VIP-Logen** in Sportstätten, die neben den Geschäftsfreunden auch AN zur Verfügung gestellt werden, vgl. BMF vom 22.08.2005, BStBl I 2005, 845 (30 % der Gesamtkosten – vorbehaltlich der 44 €-Freigrenze – entfallen auf AN-Geschenke, die mit einem Pauschsteuersatz von 30 % versteuert werden können gem. § 37b EStG). Mit Schreiben vom 11.07.2006 (BStBl I 2006, 447) ermöglicht das BMF die Pauschalbesteuerung auch für Veranstaltungen, die **außerhalb von Sportstätten** stattfinden, sofern der AG Leistungen in einem Gesamtpaket erwirbt, das Eintritt, Werbung und Bewirtung enthält. Werden keine Werbeleistungen erbracht, sollen 50 % der Gesamtkosten auf Geschenke entfallen.

  Seit 2007 können AG generell betrieblich veranlasste Zuwendungen an AN mit einem Pauschsteuersatz von 30 % nach § 37b EStG versteuern, soweit sie nicht in Geld bestehen und zusätzlich zum ohnehin geschuldeten Arbeitslohn gewährt werden. Die Pauschalierung ist ausgeschlossen, soweit die Zuwendungen je Empfänger und Wirtschaftsjahr 10.000 € übersteigen (Freibetrag) oder wenn die einzelne Zuwendung bereits diesen Betrag überschreitet (Freigrenze). Nach dem Anwendungsschreiben zu § 37b EStG sollen in die Bemessungsgrundlage der Pauschalierung alle Zuwendungen einbezogen werden – unabhängig davon, ob sie dem Empfänger im Rahmen einer Einkunftsart zufließen.[70] Folgt man dieser Auslegung, wird § 37b EStG zu einer die Steuerpflicht begründenden Vorschrift.

- Die OFD Düsseldorf und Münster definieren mit Vfg. vom 07.07.2005 (DB 2005, 1490) den Zuflusszeitpunkt beim Bezug von Waren- und Tank**gutscheinen**.

5.2.2 Der Sachbezug und die Rabattregelung

Drei Anwendungsbereiche – wiederum in Zusammenhang mit Einkünften nach § 19 EStG – genießen in der Praxis und in den Klausuren eine große Bedeutung.[71]

1. Private Kfz-Gestellung
2. Privatnutzung von betrieblichen Arbeitsmitteln
3. Erwerb von Betriebsfahrzeugen

---

66 Z.B. Kosten für das touristische Programm, Ausflüge.
67 Z.B. Tagungsräume, Referenten, Tagungsunterlagen.
68 Vgl. den Sachverhalt des BFH-Urteils vom 16.11.2005 (BStBl II 2006, 444).
69 Vgl. den Sachverhalt des BFH-Urteils vom 11.03.2010 (BStBl II 2010, 763).
70 BMF vom 29.04.2008, BStBl I 2008, 566, Rn. 13 ff.
71 Darüber hinaus sind für häufige Sachzuwendungen (wie »Kost und freie Logis«) amtliche Sachbezugswerte gem. § 17 Abs. 1 Nr. 3 SGB IV anzusetzen (§ 8 Abs. 2 S. 6–7 EStG inkl. der Ministerialregelung von S. 8).

Beispiel 9: Der mobile GmbH-Geschäftsführer (vgl. StB-Klausur 2008/Ertragsteuern, aktualisiert und ergänzt)
Der Geschäftsführer Y der X-GmbH, Zulieferbetrieb für die Automobilbranche (IT-Kommunikation), handelt bei seinem Anstellungsvertrag folgende Vergünstigungen aus:
- Y erhält für Privatfahrten sowie für Fahrten zwischen Wohnung und Arbeitsstätte einen BMW 530d, den die X-GmbH zur Verfügung stellt.[72]
- Im BMW ist ein Internetanschluss vorhanden, den Y auch zum »privaten Surfen« benutzen darf.
- Im Fuhrpark der X-GmbH befindet sich je ein EDV-vernetztes Hightech-Auto der Oberklasse (7er BMW, Mercedes S-Klasse bzw. Audi A8). Y erhält die Möglichkeit, jedes Jahr einen Firmen-Pkw als »Jahreswagen« zu erwerben. In 17 erhält Y den lt. Liste 90.000 € teuren BMW 750i. Die AN – und auch Y – erhalten die Betriebs-Pkw um 20 % ermäßigt.
- Y erhält von der X-GmbH zudem für den Abkauf des BMW ein fremdüblich verzinstes Darlehen.
- Spielt es für die Beurteilung eine Rolle, ob Y den BMW im Rahmen einer Wohnungsrufbereitschaft nutzt und dabei bei seinen Fahrten zum Arbeitsplatz gelegentlich technische Probleme der Kunden der X-GmbH »vor Ort« löst?

Die konkreten Vertragsvorteile des Y sind unschwer als die meist diskutierten Beispiele zum Sachbezug bzw. zur Rabattregelung (Kfz-Gestellung, privates Internet-Surfen sowie der Jahreswagenverkauf) zu erkennen. Dabei regelt § 8 Abs. 2 EStG die Steuerbarkeit von Sachbezügen bei jedwedem »Überschuss-Empfänger«, während sich § 8 Abs. 3 EStG ausschließlich mit Belegschaftsrabatten von AN befasst. Die Lösung des Beispiels erfolgt nachstehend in den jeweiligen Rubriken der Sachbezüge.

5.2.2.1 Steuerliche Behandlung der Privatnutzung von Dienstwagen

5.2.2.1.1 Grundsätzliches
Gem. § 8 Abs. 2 S. 1 EStG sind Sachbezüge, zu denen auch Nutzungsvorteile zählen, im Wege einer Einzelbewertung zum üblichen Endpreis am Abgabeort anzusetzen. Dabei wird ein Pauschalabschlag (»übliche Preisnachlässe«) gewährt, der von der Verwaltung – konform mit § 8 Abs. 3 S. 1 EStG – mit 4 % angesetzt wird (R 8.1 Abs. 2 S. 9 LStR).
Bei der Kfz-Gestellung gelten die typisierenden Vereinfachungsregeln von § 8 Abs. 2 S. 2 ff. EStG. In Übereinstimmung mit dem Pauschansatz bei AN und dem Nutzungsentnahme-Ansatz bei »Unternehmern« werden je nach konkretem Einsatz des Werks-Pkw angesetzt:

- für reine Privatfahrten 1 % des inländischen Listenneupreises[73] im Zeitpunkt der Erstzulassung zzgl. der Kosten für Sonderausstattung einschließlich USt;
- für Fahrten zwischen Wohnung und Arbeitsstätte **zusätzlich** 0,03 % des Neupreises für jeden Entfernungskilometer[74], soweit dieser Betrag die Entfernungspauschale nach § 9 Abs. 1 Nr. 4 EStG übersteigt;

---

72 Anders der Fall, wenn der AG dem AN einen (Gebraucht-)Wagen verbilligt verkauft. Hier liegt Arbeitslohn insoweit vor, als der Kaufpreis hinter dem nach § 8 Abs. 2 S. 1 EStG zu bestimmenden Wert zurückbleibt (BFH vom 17.06.2005, DStR 2005, 1437).
73 Kosten für Diebstahlsicherung (FinMin Baden-Württemberg vom 23.01.2003, NWB 2003 Fach I, 138) und ein Navigationsgerät (BFH vom 16.02.2005, BStBl II 2005, 563) sind in den Listenpreis einzubeziehen (vgl. BFH vom 13.10.2010, BStBl II 2011, 361). Demgegenüber erhöhen nach R 8.1 Abs. 9 Nr. 1 S. 6 LStR die Kosten für einen weiteren Satz Reifen mit Felgen nicht den Listenpreis.
74 Zum Ansatz der 0,03 %-Regelung gibt es zwei BFH-Entscheidungen vom 04.04.2008 (BStBl II 2008, 890: »Park & Ride«; BStBl II 2008, 887: »einmal wöchentliche Nutzung«), in denen der BFH die 0,03 %-Regelung

- 0,002 % des Listenpreises/Entfernungskilometer, für Familienheimfahrten, für die der Abzug nach § 9 Abs. 1 Nr. 5 EStG nicht in Betracht kommt (mehr als eine Heimfahrt wöchentlich).

Die o. g. Bemessungsgrundlage gilt sowohl für Neu- als auch für Gebrauchtwagen (BFH vom 22.11.2002, Az.: IV B 134/01, vom 01.03.2001, Az.: IV R 27/00 und vom 24.02.2000, Az.: III R 59/98, bezogen auf die unternehmerische Nutzungsentnahme).

Die private Nutzung kann abweichend mit den auf die Privatfahrten entfallenden Aufwendungen angesetzt werden, wenn die für das Kfz insgesamt entstehenden Aufwendungen durch Belege und das Verhältnis der privaten zu den übrigen Fahrten durch ein ordnungsgemäßes Fahrtenbuch nachgewiesen werden.[75]

Lösung des Beispiels 9:

1. **Kfz-Gestellung Wohnung – Arbeitsstätte**
   An diese grundsätzliche Lösung, die der einzelne AN – etwa bei einem hohen Listenpreis – nur durch das ganzjährige Führen eines **ordnungsgemäßen Fahrtenbuches** vermeiden kann (sog. »Escape-Klausel« gem. S. 4), ist auch Y gebunden[76] (Abweichung auch nach BFH vom 16.09.2004, BFH/NV 2005, 336 nur bei Belegnachweis).
   Allerdings führt die dienstvertragliche Verpflichtung des Y zur »Wohnungsrufbereitschaft« nach dem Urteil des BFH vom 25.05.2000 (BStBl II 2000, 690) dann zu einer anderen Erkenntnis, wenn der Werks-BMW keinen Vorteil »für« die Beschäftigung bei der X-GmbH darstellt. Vielmehr entspricht die Nutzung – auch soweit sie auf Fahrten zwischen Wohnung und Arbeitsstätte entfällt – der betriebsfunktionalen Zielsetzung (Rufbereitschaft) der X-GmbH. Die Überlassung stellt somit keine Einnahme i.S.d. § 8 Abs. 2 EStG und damit keinen zusätzlichen Arbeitslohn dar. Fraglich an dieser BFH-Lösung ist allenfalls, ob die komplette Nichterfassung der privaten Nutzungsvorteile auch dann gilt, wenn – wie im Urlaub – die Rufbereitschaft ausgesetzt ist.[77] In diesem Fall ist daher ein zeitlicher Nutzungswert als sonstige Einnahme i.S.d. §§ 8, 19 EStG zu versteuern.[78]

Im Urteil vom 28.08.2008 sah der BFH zudem eine Besteuerung mit nur 0,002 % des Listenpreises vor, sofern der Dienstwagen an weniger als 15 Tagen für die Fahrt zwischen Wohnung und Arbeitsstätte genutzt wird. Nachdem das BMF zunächst mit Nichtanwendungserlassen reagierte, werden die BFH-Urteile nun (s. Schreiben vom 01.04.2011, BStBl I

---

nicht anwendet, sondern die **tatsächlich** gefahrenen Kilometer zugrunde legt (ggf. mit 0,002 % gerechnet). Dieser Betrachtung widerspricht das BMF im Schreiben vom 23.10.2008 (BStBl I 2008, 961): Es bleibt danach beim Pauschansatz; eine fahrtbezogene Bewertung findet nicht statt.

75 Fahrtenbücher sind nur dann ordnungsgemäß, wenn in ihnen erhebliche Umwegfahrten aufgeführt sind; Namen und Orte sind so anzugeben, dass eine einwandfreie Zuordnung möglich ist. (FG Niedersachsen vom 25.06.2009, Az.: 11 K 72/08; s. auch FG Nürnberg vom 28.02.2008, DStRE 2008, 1116; rkr.).

76 Teilen sich mehrere AN ein Kfz, so ist der nach § 8 Abs. 2 S. 2 EStG ermittelte Vorteil nach der Anzahl der Nutzungsberechtigten aufzuteilen (BFH vom 15.05.2002, BStBl II 2003, 311).
Bei einem Fahrzeugpool ist für jedes Kfz die 1%-Regel/Monat anzuwenden, sodann sind die Monatsbeträge zu addieren und schließlich ist der Gesamtvorteil durch die Anzahl der AN zu teilen.

77 Aufgrund der allgemeinen Lebenserfahrung spricht der Beweis des ersten Anscheins für eine auch private Nutzung des Wagens (BFH vom 07.11.2006, BStBl II 2007, 116). Der AN muss diesen Anscheinsbeweis durch einen Gegenbeweis entkräften, wenn er die Versteuerung eines geldwerten Vorteils vermeiden will.

78 Für den Fall, dass der AG dem AN eine Garage zum Abstellen eines auch privat genutzten Dienst-Pkw überlässt, ist der Nutzungsvorteil von der 1%-Regel erfasst (BFH vom 07.06.2002, BStBl II 2002, 829).

2011, 301) in allen offenen Fällen und ab 2011 auch im LSt-Abzugsverfahren angewendet. Die Einzelbewertung der Fahrten mit 0,002 % des Listenpreises ist demnach anzuwenden. Die weiteren Voraussetzungen und Verfahrensfragen des BMF-Schreibens sind zu beachten. Zu nennen ist insb. eine einheitliche Anwendung bezogen auf das Kj.

Wird im LSt-Abzugsverfahren eine Einzelbewertung der tatsächlichen Fahrten zwischen Wohnung und regelmäßiger Arbeitsstätte vorgenommen, so hat der AG für alle dem AN überlassenen betrieblichen Kfz eine jahresbezogene Begrenzung auf insgesamt 180 Fahrten vorzunehmen. Eine monatliche Begrenzung auf 15 Fahrten ist ausgeschlossen.

Hinweis: Dies gilt nur für Fahrten des AN. Im betrieblichen Bereich ist nach wie vor nur die 0,03 %-Regelung anwendbar (s. hierzu FinMin Schleswig-Holstein vom 26.04.2011, Az.: VI 306 S 2145 119).

5.2.2.1.2 Private Kfz-Nutzung des GmbH-Geschäftsführers (AN)

Wenn nach dem Urteil des BFH vom 23.04.2009 (BFH/NV 2009, 1311) der Anstellungsvertrag die private Nutzung eines betrieblichen Pkw dem Gesellschafter-Geschäftsführer ausdrücklich gestattet, kommt eine vGA (Höhe der Vorteilsgewährung) nicht in Betracht. Nach übereinstimmender Auffassung des I. Senats und des VI. Senats des BFH liegt in einem solchen Fall immer Sachlohn und keine vGA vor. Dies gilt jedoch nur, sofern die Vereinbarung über die Nutzung des Pkw als fremdüblich anzusehen ist, da sonst eine vGA vorliegt (BMF vom 03.04.2012, BStBl I 2012, 478 Nr. 1).

Ebenso ist eine vertragswidrige private Nutzung eines betrieblichen Fahrzeugs durch einen Gesellschafter-Geschäftsführer nicht stets als Arbeitslohn zu qualifizieren. Bei einer nachhaltigen »vertragswidrigen« privaten Nutzung eines betrieblichen Pkw durch den Gesellschafter-Geschäftsführer liegt allerdings der Schluss nahe, dass Nutzungsbeschränkung und -verbot nicht ernstlich gewollt sind, sondern lediglich »auf dem Papier stehen«. Unterbindet die KapG die unbefugte Nutzung durch den Gesellschafter-Geschäftsführer nicht, kann dies sowohl durch das Beteiligungsverhältnis als auch durch das Arbeitsverhältnis veranlasst werden.[79]

5.2.2.1.3 Anforderungen an die Ordnungsmäßigkeit eines Fahrtenbuches

- Es muss nicht zwingend handschriftlich geführt werden: Wird für ein handschriftlich, zeitnah und geschlossen geführtes Fahrtenbuch nachträglich ein Computerausdruck gefertigt, ohne dass Manipulationsmöglichkeiten hinsichtlich der gefahrenen Kilometer bzw. maßgebliche Einschränkungen bei der Überprüfbarkeit der Angaben bestehen, kann mit dem Fahrtenbuch der private Nutzungsanteil eines betrieblichen Fahrzeugs nachgewiesen werden (FG Berlin-Brandenburg vom 14.04.2010, Az.: 12 K 12047/09, n. rkr. (Az. BFH VI R 33/10)). Lose Aufzeichnungen genügen den Anforderungen nicht (BFH vom 10.06.2013, BFH/NV 2013, 1412).
- Soweit ein elektronisches Fahrtenbuch geführt wird, müssen die in R 8.1 Abs. 9 Nr. 2 LStR aufgeführten Anforderungen erfüllt sein. Insb. die nachträgliche Änderung von Datensätzen muss technisch ausgeschlossen sein (vgl. OFD Münster 18.02.2013, Kurzinfo LSt Nr. 02/2013).

---

79 BFH vom 11.02.2010, BeckRS 2010 24003962; dies kann entweder zu Arbeitslohn oder auch zu einer vGA führen. Vgl. zur Ermittlung des geldwerten Vorteils (nach Fremdvergleichsgrundsätzen) auch das Urteil des BFH vom 23.01.2008 (DStR 2008, 865)

- Gemäß Urteil des FG München vom 25.11.2009 (Az.: 10 K 3738/08) darf ein Fahrtenbuch nicht Anzeichen für eine nachträgliche Erstellung beinhalten, die Aufzeichnungen dürfen nicht zum Teil ungenau sein, es darf kein Zweifel an der Richtigkeit der Aufzeichnungen bestehen. Ferner müssen die gemachten Angaben im Rahmen eines vertretbaren Aufwandes nachvollziehbar sein. Ansonsten ist die 1%-Regelung anzuwenden.
- Gemäß Urteil des FG Niedersachsen vom 25.06.2009 (EFG 2010 1185) sind Fahrtenbücher nur dann ordnungsgemäß, wenn in ihnen erhebliche Umwegfahrten aufgeführt sind. Namen und Orte sind in Fahrtenbüchern so anzugeben, dass eine einwandfreie Zuordnung möglich ist.
- Gemäß dem FG Münster (Urteil vom 27.04.2012, Az.: 4 K 3589/09 E) ist der monatliche Wechsel zwischen einem Fahrtenbuch und der 1%-Regelung unzulässig, da dies dem Vereinfachungsgedanken der 1%-Regelung widerspricht und zudem hohes Manipulationsrisiko des Fahrtenbuches mit sich bringt. Gegen dieses Urteil läuft jedoch die Revision vor dem BFH (Az.: VI R 35/12).

5.2.2.1.4 Tatsächliche Nutzung

Nach inzwischen ständiger BFH-Rspr. (BFH vom 22.09.2010, DStR 2010, 2623, DStRE 2011, 135, DStR 2010, 2627 sowie Urteile des BFH vom 04.04.2008, BStBl II 2008, 887, BStBl II 2008, 890 und vom 28.08.2008, BStBl II 2009, 280) ist der Zuschlag nur dann zu erheben, wenn der Pkw hierfür auch tatsächlich genutzt wird. Entwickelt wurde ein Anscheinsbeweis, den der StPfl. entkräften kann.

Im Allgemeinen kann jedoch nicht nur, weil der AG dem AN einen Pkw bereitstellt, aufgrund eines Anscheinsbeweises darauf geschlossen werden, dass der AN den Pkw auch privat nutzt. Vielmehr sei die Anwendung der 1%-Regelung nur dann geboten, wenn der Pkw tatsächlich zur privaten Nutzung überlassen wird (BFH vom 21.04.2010, BStBl II 2010, 848). Ferner existiert auch kein allgemeiner Grundsatz, dass ein Allein-GF oder G'fter-GF ein ausdrückliches Nutzungsverbot für Privatzwecke nicht einhalten wird (vgl. BFH vom 21.03.2013, BFH/NV 2013, 1302 und BFHE 241, 180 vom 18.04.2013, BFH/NV 2013, 1316).

5.2.2.1.5 Kostenbeteiligung des Arbeitnehmers

Trägt der AN (einen Teil der) Kosten für den Dienstwagen selbst, so sind diese Kosten von der Bemessungsgrundlage für den geldwerten Vorteil abzuziehen. Dies gilt auch bei Anwendung der 1%-Regelung (BFH vom 30.11.2016, VI R 2/15 entgegen BMF vom 19.04.2013, BStBl I 2013, 513, Rz. 3).

Übersteigt das Nutzungsentgelt, welches der AN zu zahlen hat, den Betrag des geldwerten Vorteils, kann der überschießende Teil nicht als WK abgesetzt werden (BFH vom 30.11.2016, VI R 49/14). Im »besten Fall« ist demnach ein Ansatz eines geldwerten Vorteils von 0 € möglich. Das BMF hat mit Schreiben vom 21.09.2017 (IV C5-S2334/11/10004-02) reagiert und wendet die Urteile allgemein an. In diesem Schreiben sind auch weitere Details zur Umsetzung der Urteile geregelt.

5.2.2.1.6 Weitere Besonderheiten
Die Darstellung erfolgt zunächst in tabellarischer Form.

Rubrik	Erläuterungen	Rspr./Verwaltung
Nutzung mehrerer Fahrzeuge	Mehrfache Anwendung der 1%-Regelung möglich	BFH vom 09.03.2010 (Az.: VIII R 24/08)
Mehrfache Nutzung	Kann der Dienstwagen vom AN auch im Rahmen anderer Einkunftsarten genutzt werden, ist kein zusätzlicher geldwerter Vorteil zu versteuern	R 8.1 Abs. 9 Nr. 1 LStR
Anwendungsbereich	Grundsätzlich nur auf Pkw; keine Anwendung auf Werkstatt- und sog. Kombinationswagen (zwei Sitze und große Ladefläche)	BFH vom 18.12.2008, BStBl II 2009, 381, H 8.1 LStR);[81] FG Niedersachsen vom 13.03.2013 (Az.: 4 K 302/11; zu Kombinationswagen)

Durch das JStG 2013 ist hinsichtlich der privaten Kfz-Nutzung eine Subvention von Pkw mit **alternativen Antrieben** erfolgt. Umgesetzt wird dies durch eine Neufassung der Entnahmebesteuerung von betrieblichen Pkw im § 6 Abs. 1 Nr. 4 S. 2 EStG, welche gem. § 8 Abs. 2 S. 2 EStG auch analog für die Ermittlung der Sachzuwendungen anzuwenden ist. Konkret bedeutet dies, dass im Falle der Nutzung eines reinen Elektroautos oder eines Wagens mit Hybridantrieb der Listenpreis um die Kosten des Batteriesystems im Zeitpunkt der Anschaffung zu mindern ist. Für Fahrzeuge, die bis zum 31.12.2013 angeschafft werden, **mindert** sich somit der **Listenpreis um 500 €/kWh der Batteriekapazität**. Der Abzugsbetrag ist jedoch auf 10.000 € pro Fahrzeug gedeckelt. In den Folgejahren vermindert sich dann sowohl der Abzugsbetrag um 50 €/kWh als auch der Deckelungsbetrag um 500 € pro Jahr.

Im Übrigen wird bezüglich der Besteuerung der privaten Pkw-Nutzung durch AN auf R 8.1 und H 8.1 LStR 2011 verwiesen.

5.2.2.2 Privates Internetsurfen

Beispiel 9 (Fortsetzung der Lösung):
Abgesehen von der »Geringfügigkeitsregelung« nach § 8 Abs. 2 S. 9 EStG (Freigrenze von 44 €)[81] sind die üblichen Endpreise für das private Surfen im Internet – rückwirkend ab 2000 – nach § 3 Nr. 45 EStG zwar steuerbar, aber nicht steuerpflichtig.
Exkurs: Für die AG-Aufwendungen anlässlich eines **Autotelefons** ist danach zu unterscheiden, ob es sich um ein Kfz des AG handelt (mit der Folge, dass selbst eine 100 %ige Privatnutzung gem. § 3 Nr. 45 EStG nicht zu steuerpflichtigem Arbeitslohn führt). Bei einem Telefon im Kfz des AN sind die Kosten bei überwiegender beruflicher Nutzung (> 90 %) in vollem Umfang steuerfrei gem. § 3 Nr. 50 EStG (OFD Frankfurt a. M. vom 04.03.2003, StuB 2003, 518); ansonsten erfolgt eine Aufteilung.

---

80 Dies gilt nach einem Urteil des BFH vom 02.03.2006 (BeckRS 2006 25009821) auch im Bereich der Gewinneinkünfte bei Verwendung der EÜR, sofern das Fahrzeug wegen des geringen betrieblichen Nutzungsanteils weder zum notwendigen BV noch mangels ausdrücklicher und unmissverständlicher Zuordnung zum gewillkürten BV gehört.
81 Lt. BFH vom 27.10.2004 (BStBl II 2005, 137) findet die Sachbezugsfreigrenze von 44 € für **zweckgebundene** Geldleistungen (im Beispiel: Zuschuss für sportliche Betätigung) **keine** Anwendung. Zur Regelung bei Benzingutscheinen s. OFD Hannover vom 24.04.2008.

In diesem Zusammenhang verdient das BFH-Urteil vom 27.10.2004 (BFH/NV 2005, 290) eine Erwähnung: Lohnzahlungen in einer gängigen Auslandswährung sind keine Sachleistungen, für die § 8 Abs. 2 S. 9 EStG zur Anwendung gelangt.

5.2.2.3 Die Jahreswagenregelung nach § 8 Abs. 3 EStG (Personalrabatt)

Für den lt. Liste 90.000 € teuren 7er BMW, den Y im Jahr 17 erhält, ergibt sich nach Abzug der 4 % als üblicher Preisnachlass (3.600 €) ein geminderter Endpreis von 86.400 €. Der Unterschiedsbetrag zwischen diesem geminderten Endpreis und dem von Y gezahlten Entgelt (86.400 € ./. 72.000 € [Abnahmepreis = 80 % des Listenpreises]) ist als steuerpflichtige zusätzliche Einnahme i.H.v. 14.400 € von Y i.S.d. §§ 8, 19 EStG – abzüglich des Freibetrages von 1.080 € (§ 8 Abs. 3 S. 2 EStG) – zu versteuern.

Für die Anwendung von § 8 Abs. 3 EStG genügt es, dass die angebotenen Güter des AG seine übliche Leistungspalette repräsentieren. Dies wird allerdings für AG der Investitionsgüterindustrie in Abrede gestellt, da deren Produkte nicht am allgemeinen Markt angeboten werden. Letztlich erwirtschaftet die Zulieferindustrie (X-GmbH) ein Verbrauchsgut, für das § 8 Abs. 3 EStG gilt.[82]

I.R.d. § 8 Abs. 3 EStG sind stets die Abgabepreise des AG an Letztverbraucher zugrunde zu legen. Demgegenüber ist nach Auffassung des BFH bei Anwendung des § 8 Abs. 2 S. 1 EStG vom günstigsten Preis der Ware oder Dienstleistung[83] am Markt auszugehen. Händlerrabatte (z.B. auf Pkw) sind deshalb nur bei § 8 Abs. 2 S. 1 EStG, nicht aber bei § 8 Abs. 3 EStG zu berücksichtigen. Somit kann für den AN die Anwendung von § 8 Abs. 2 S. 1 EStG trotz des dann nicht zu gewährenden Rabatt-Freibetrags von 1.080 € günstiger sein als eine Bewertung des Sachbezugs nach § 8 Abs. 3 EStG. Der BFH wendet in derartigen Fällen die für den AN günstigere Vorschrift an.[84]

Bei zinsbegünstigten **AG-Darlehen**, die z.B. eine Bank ihren Mitarbeitern gewährt, gibt der BFH den Rabattfreibetrag nur dann, wenn diese Darlehen auch am Markt Fremden angeboten werden (BFH vom 09.10.2002, BStBl II 2003, 373 und BMF vom 16.05.2013, BStBl I 2013, 729).[85] Die identische Rechtsfolge gilt für den Rabattfreibetrag für Medikamente, die von Beschäftigten eines Krankenhauses bezogen werden. Nur wenn diese auch Patienten angeboten werden, wird der Rabattfreibetrag gewährt (BFH vom 27.08.2002, BStBl II 2003, 95).

Die Rabattgewährung nach § 8 Abs. 3 EStG kommt schließlich nur bei Sachlohngewährung, und nicht bei Barlohn in Betracht. Dies (Barlohn) sei aber bei weiter geleiteten Abschlussprovisionen der Fall (BFH vom 23.08.2007, BStBl II 2008, 52); damit bestehe hier kein Anhaltspunkt für einen Freibetrag. Im gleichen Sinn (kein Freibetrag) entschied der BFH im Urteil vom 06.03.2008 (BStBl II 2008, 530) für einen Fall der – später vereinbarten – Auszahlung des Urlaubsgeldes in Form eines **Warenscheines**. Eine steuerlich anzuerkennende **Gehalts- oder Entgeltumwandlung** (ggf. mit der Rabattgewährung nach § 8 Abs. 3 EStG) kommt danach nur bei einer individualvertraglichen Abrede in Betracht.

---

82 So auch die h.M. (*Drenseck* in *Schmidt*, EStG, § 8, Rz. 66 sowie *Kirchhof* in *Kirchhof-kompakt*, § 8 Rz. 64) mit der Differenzierung nach **betriebstypischen und arbeitnehmerorientierten** Angeboten.
83 Der Preis ist dabei für die **konkret überlassene** Ware oder Dienstleistung zu ermitteln. Ein niedrigerer Preis für funktionsgleiche Waren oder Dienstleistungen anderer Hersteller bzw. Dienstleistender ist nicht zu berücksichtigen (BFH vom 30.05.2001, BStBl II 2002, 230; BFH vom 28.06.2007, BFH/NV 2007, 1871).
84 Vgl. BFH vom 05.09.2006 (BStBl II 2007, 309). Der BMF ist mit Schreiben vom 16.05.2013 (BStBl I 2013, 729) der Auffassung des BFH zur Einbeziehung von Rabatten nach § 8 Abs. 3 EStG gefolgt.
85 Vgl. auch BMF vom 01.10.2008, BStBl I 2008, 892, Rn. 14.

5.2.3 Die Kausalitätsdichte

Mit der »Rahmenregelung« von § 8 Abs. 1 EStG (abgekürzt: »Zufluss im Rahmen einer der Überschusseinkunftsarten«) wird ein direkter Zusammenhang zwischen der Einkunftsquelle (Erwerbsgrundlage) und der Nutzungshandlung für erforderlich gehalten. So gehören z.B. Sonderausschüttungen bei einem Aktionär zur Grundlage der Kapitalbeteiligung und eine Werbeflächenvermietung zur Grundlage eines Mietshauses und werden bei den dortigen Einkunftsarten erfasst.

Wie üblich, kommt es bei § 8 Abs. 1 EStG weder auf die richtige Bezeichnung noch auf eine gültige Causa (Rechtsgrund) zum Behaltendürfen (Beispiel: Wucherzinsen) an.

Andererseits werden von § 8 EStG nicht solche Vorteile erfasst, für die es mangels Vorliegens einer Einkunftsart (bzw. einer marktoffenbaren Erwerbsquelle) keine Zuordnung bei § 2 EStG gibt. Danach unterliegen ausgelobte Preise bei einer Lotterieveranstaltung des AG nicht der Besteuerung nach § 8 Abs. 1 EStG, während »ausdrückliche« Belohnungsgeschenke nach §§ 8 Abs. 1, 19 EStG zu erfassen wären.

5.2.4 Zufluss

Bei der Erfassung der Einnahmen hat der Zufluss eine doppelte Bedeutung. Zum einen ist die Eigengesetzlichkeit des Steuerrechts zu berücksichtigen (vgl. Kap. 4.4); zum anderen ist bei manchen Vermögenstransfers zweifelhaft, ab wann der Begünstigte über den geldwerten Vorteil verfügen kann.

> **Beispiel 10: Die »Stock-Option-Vereinbarung«**
> Y (aus Beispiel 9), der zu einer AG gewechselt ist, übt nunmehr als Vorstand die Funktion des Vertretungsorgans bei der Y-AG aus. Die AG gewährt dem neuen Vorstand ein nicht handelbares Optionsrecht, kraft dessen Y ein Aktienpaket an der ausländischen Muttergesellschaft der Y-AG zu einem jetzt festgelegten Einstandspreis zu einem x-beliebigen Zeitpunkt innerhalb der nächsten fünf Jahre erwerben kann. Der Kurswert beträgt beim Abschluss der Vereinbarung (VZ 15) 100 € je Aktie.
> Im VZ 18 erwirbt Y das Paket (100 Aktien an der Y-AG) zu dem vereinbarten Einstandspreis (damaliger Kurswert), während der notierte Börsenwert im Kaufzeitpunkt 150 € beträgt.

Für die zeitliche Erfassung von Aktienoptionen, die eine AG ihren Mitarbeitern einräumt, liegt eine nunmehr gefestigte Rspr. vor.[86]

Lösung: Grundsätzlich ist bei der Einräumung eines Optionsrechtes der Zuflusszeitpunkt identisch mit der **Erfüllung** des Anspruches. Erst dann, wenn mit der Ausübung des Rechts die Höhe des geldwerten Vorteils bestimmt werden kann (aktueller Kurswert ./. Einstandspreis), fällt im VZ 18 der geldwerte Vorteil bei G an [100 x (150 ./. 100) = 5.000 €]. Im gleichen Sinne hat der BFH am 23.06.2005 (BStBl II 2005, 770) den Fall eines AG-Darlehens entschieden, bei dem dem AN ein Wandlungsrecht zum Bezug von Aktien eingeräumt wurde. Auch hier wird Zufluss (§ 11 EStG) erst mit der Ausübung des Wandlungsrechts angenommen – und nicht bereits mit der Vereinbarung.[87]

---

86 BFH vom 24.01.2001 (BStBl II 2001, 512).
87 Auch Aufwendungen, die der AN im Zusammenhang mit der Einräumung des Optionsrechts tätigt, sind erst in dem VZ zu berücksichtigen, in dem die Option ausgeübt wird oder verfällt (BFH vom 03.05.2007, BStBl II 2007, 647).

An diesen Grundsätzen ändert sich nichts, wenn – wie hier – das Optionsrecht gegenüber einem Dritten (ausländische Muttergesellschaft) ausgeübt wird (BFH vom 24.01.2001, BStBl II 2001, 512). Aus der Beurteilung des Aktienoptionsrechts als zukunftsorientierte Erfolgsmotivation (und nicht als Belohnung für die Vergangenheit) ergeben sich Gestaltungsmöglichkeiten für mobile AN, die längere Zeit im Ausland tätig sein wollen. Durch die Koppelung des geldwerten Vorteils mit Einnahmen nach § 19 EStG sind die geldwerten Vorteile der ausgeübten Option **steuerfrei, soweit** der AN während des Zeitraums zwischen Gewährung und Ausübung der Aktienoption im Ausland tätig ist.[88] Sollte daher Y für zwei Jahre ununterbrochen für die Y-AG im Ausland (z.B. bei der Muttergesellschaft) tätig gewesen sein, so sehen nahezu alle DBA vor, dass diese Auslandstätigkeit in Deutschland steuerfrei ist (Art. 15 OECD-MA i.V.m. Art. 23 OECD-MA). Y hätte sodann statt 5.000 € nur die Hälfte zu versteuern, da der andere Teil auf zwei steuerfreie »Ansparjahre« im Ausland entfällt.

Mit einer spezialgesetzlichen Regelung des Zuflusses ordnet § **24 Nr. 2, 1. Alt. EStG** Einnahmen aus einer vorherigen Einkunftsquelle dem früheren Inhaber des Zustandstatbestandes (der Erwerbsgrundlage) zu. Werden daher nach Ablauf eines Mietvertrages (bzw. Arbeitsvertrages) noch nachträglich Zahlungen – z.B. aufgrund eines späteren rechtskräftigen Urteils – geleistet, werden diese nach § 24 Nr. 2, 1. Alt. EStG beim ehemaligen Inhaber der Einkunftsquelle erfasst. Das **zeitliche Auseinanderfallen** von Handlungs- und Zustandstatbestand ändert nichts an der Steuerpflicht.

5.2.5 Negative Einnahmen

In zweifacher Hinsicht kann es zu Rückzahlungen kommen. Es können sowohl die ursprünglich vereinnahmten Beträge zurückgezahlt als auch WK storniert werden. Als typischer Fall sei angeführt, dass eine vertragliche Mietnebenkostenpauschale[89] in 17 zu hoch angesetzt war und nach durchgeführter Berechnung der Betriebskosten in 18 anteilig zurückbezahlt wird. Nach dem Grundschema der Überschussermittlung – ebenso wie nach dem Dogma des objektiven Nettoprinzips – führt die Rückzahlung als actus contrarius (»Stornogeschäft«) zu einer Erfassung mit umgekehrten Vorzeichen:

- Fall 1: Einnahmen des Jahres 17 werden bei Rückzahlung in 18 als Erwerbsaufwand abgezogen.
- Fall 2: Stornierte (zurückgezahlte) WK werden im Jahr der Erstattung als Einnahme erfasst.

Die Behandlung der ersten Fallgruppe wirft zunächst terminologische und sodann auch praktische Fragen auf. Sind die zurückgezahlten Einnahmen »negative Einnahmen« oder WK?

Beispiel 11: »Früh gefreut – spät gereut«
AN Servus (S) erhält im VZ 17 als 13. Gehalt 1.200 €. Aufgrund einer außerordentlichen Kündigung wird S zum 31.03.18 entlassen und muss gleichzeitig – aufgrund der Rspr. des Bundesarbeitsgerichts (BAG) – das Weihnachtsgeld zurückzahlen. S findet im VZ 18 nur noch Gelegenheitsjobs (Jahresarbeitslohn: 2.000 €), denen keine nachgewiesenen Aufwendungen gegenüberstehen.

---

88 BMF vom 14.09.2006, BStBl I 2006, 532, Rn. 133.
89 Mit zwei Urteilen vom 14.12.1999 hat der BFH entschieden, dass die Mietnebenkostenpauschale eine Einnahme i.S.v. § 8 Abs. 1 EStG und nicht etwa Auslagenersatz (§ 3 Nr. 50 EStG analog) oder negative WK darstellt (BFH vom 14.12.1999, BFH/NV 2000, 831 und 832).

Lösung: Wird in der Veranlagung des S der Rückzahlungsbetrag (1.200 €) als WK behandelt, so kann dieser nicht mehr den WK-Pauschbetrag nach § 9a Nr. 1 Buchst. a EStG i.H.v. 1.000 € geltend machen. 1.200 € »negative Einnahmen« konsumieren (verschlingen) hingegen nicht den AN-Pauschbetrag.
Nach h.M. liegen immer dann **negative Einnahmen** vor, wenn im Zuflusszeitpunkt bereits mit einer Rückzahlung zu rechnen war oder wenn der Grund für die Rückzahlung bereits im Zuflusszeitpunkt vorlag.[90]
Nachdem der Grund für die Kündigung erst im Jahre 18 vorlag, wird die Rückzahlung des Weihnachtsgeldes i.H.v. 1.200 € in der ESt-Veranlagung des S als WK behandelt. S hat darüber hinaus keinen Pauschbetrag.[91]

5.3 Erwerbsaufwendungen, insbesondere die Werbungskosten

5.3.1 Gemeinsamkeit und Unterschied zwischen Werbungskosten und Betriebsausgaben

Den Gegenpol zu den Einnahmen i.R.d. Handlungstatbestandes stellen die Erwerbsaufwendungen dar, die nach BA (§ 4 Abs. 4 EStG) und WK (§ 9 EStG) unterschieden werden. Entgegen der ursprünglichen gesetzlichen Trennung haben sowohl die Rspr. des BFH als auch spätere Akte des Gesetzgebers zu einer Annäherung beider Gruppen von Erwerbsaufwendungen geführt.

Dies bedeutet für die Gruppe der WK zunächst, dass entgegen der Legal-Aussage in § 9 Abs. 1 S. 1 EStG der WK-Begriff grundsätzlich nicht zielgerichtet (final), sondern kausal ausgelegt wird. Es wird nach der Verursachung des Aufwands durch eine Einkunftsquelle gefragt und sodann entsprechend der jeweiligen Einkunftsart zugeordnet. § 9 EStG wird in **Analogie zu § 4 Abs. 4 EStG** ausgelegt.

> **Beispiel 12: Die berufliche Urlaubsunterbrechung eines »Erwerbstätigen«**
> Der Vorstandsvorsitzende V wurde 2017 während seines Urlaubs auf Sylt zu einer überraschenden Vorstandssitzung nach Hamburg »einbeordert«. V flog mit einem Privatjet von Westerland nach Hamburg und machte die Kosten, die das Fünffache einer Linienmaschine und das 20-Fache einer Bahnfahrt ausmachten, bei seiner ESt-Erklärung geltend.
>
> **Lösung:**
> Durch § 9 Abs. 5 EStG ist bereits seit 1992 weitgehend ein Gleichlauf zwischen WK und BA hergestellt, so dass V nur **angemessene** Fahrtkosten von Sylt nach Hamburg geltend machen kann (wohl nur: Kosten des Linienfluges).

Sowohl für WK als auch für BA gilt daher einheitlich die Grundaussage, dass Erwerbsaufwendungen **nicht** abgezogen werden dürfen, wenn:

- § 12 EStG, insb. § 12 Nr. 1 S. 2 EStG (Kosten der Lebensführung), **allein anwendbar** ist (zu Mischaufwendungen s. unten Kap. IV 3.1.1 ff. – geänderte Rechtslage),
- ausnahmsweise § 10 EStG (Sonderausgaben) konstitutiv Ausgaben enthält, die den WK/BA vorgehen (Beispiel: Rentenversicherungsbeiträge[92])[93],

---

90 BFH vom 19.12.1975 (BStBl II 1976, 322); a.A. H/H/R, § 9 Anm. 3e und *Drenseck/Schmidt* (2011), § 9 Rz 61: WK.
91 Eine andere Lösung (negative Einnahmen) ergibt sich etwa bei einer überhöhten Berechnung des »Weihnachtsgeldes«.
92 Vgl. BFH vom 08.11.2006 (BStBl II 2007, 574).
93 Ansonsten gilt bei § 10 EStG bei gleichzeitigem Vorliegen der Vorrang von WK/BA.

- § 4 Abs. 5 EStG (i.V.m. § 9 Abs. 5 EStG) den Abzug – dem Grunde oder der Höhe nach – verbietet,
- es ein allgemeines WK-Abzugsverbot bei einzelnen Einkunftsarten gibt. Dies gilt grundsätzlich etwa bei Kapitaleinkünften gem. § 20 Abs. 9 EStG wegen der Abgeltungsteuer (§ 32d EStG).[94]

Hinsichtlich dieser generellen Abgrenzungsfragen, die bei allen Erwerbsaufwendungen auftreten, wird auf Kap. IV (Objektives Nettoprinzip und Erwerbsaufwand) verwiesen. In dieser Darstellung zum Handlungstatbestand werden auch nicht die Spezialfragen zu den WK, wie sie insb. in § 9 Abs. 1 S. 3 Nr. 1–7 EStG aufgelistet sind, behandelt, da diese konzeptionell zu den einzelnen Einkunftsarten »gehören« (s. Kap. II). Der sog. Drittaufwand wird ebenfalls gesondert unter Teil B, Kap. I (Dritte im Steuerrecht) dargestellt.

5.3.2 Aufwendungen als Werbungskosten sowie allgemeine Auslegungsfragen zu § 9 EStG

Die Verwendung historischer Begriffe wie »Werbungs«-Kosten (S. 1) oder der Abzug in der Einkunftsart, in der sie »erwachsen« sind (S. 2), lässt das gesetzestechnische Alter vermuten: Seit dem preußischen EStG 1906 sind Kosten im Rahmen einer werbenden Einkunftsquelle dort abzuziehen, wo sie »aus etwas hervorgehen« (= erwachsen sind). § 9 Abs. 1 S. 2 EStG und § 9 Abs. 3 EStG unterstreichen heute den untrennbaren Zusammenhang von WK und dem Abzug bei einer konkreten Einkunftsart.

Der zentrale Begriff der Aufwendungen in § 9 Abs. 1 S. 1 EStG ist gesetzlich nicht definiert und erschließt sich spiegelbildlich aus § 8 EStG. **Geld oder Güter in Geldeswert**, die bei einer Überschuss-Einkunftsart **abfließen**, sind demnach als WK abzuziehen.

> **Beispiel 13: Die strittige Fahrt zum Vermietungsobjekt**
> Vermieter (V) mit Wohnsitz in Saarbrücken hat ein neu renoviertes Mietshaus (zwei Mietparteien) am Bodensee geerbt. Er gibt an, einmal wöchentlich »nach dem Rechten« zu sehen und möchte die Fahrtkosten mit dem Pkw als WK geltend machen. Als Autodidakt führt er auch die Hausmeisterarbeiten eigenständig durch (behaupteter Arbeitslohn: 30 €/Stunde).

Analog zu § 8 EStG erfüllen weder ersparte Auslagen noch Wertverluste in der Privatsphäre (Vermögensminderung von WG des PV wie z.B. Kursverluste von privaten Aktien) den Begriff der Aufwendungen i.S.d. § 9 EStG.

Einen ersten Anhaltspunkt zum steuerrelevanten WK-Begriff liefert § 9 Abs. 1 S. 1 EStG, soweit es sich um Kosten

- zum Erwerb von Einnahmen (Beispiel: Finanzierung eines Mietshauses),
- zu deren Sicherung (Beispiel: Versicherungsbeiträge) oder
- zur Erhaltung der Einnahmen (Beispiel: Reparaturkosten bei Mieteinnahmen) handelt.

> **Lösung:**
> 1. Die Fahrtkosten erfüllen dem Grunde nach den Aufwendungsbegriff, wenn sie nicht privaten Zwecken des V (§ 12 Nr. 1 EStG) dienen. Bei einer privaten Mitveranlassung ist u.U. bei objektiven Aufteilungskriterien eine teilweise Berücksichtigung möglich.[95]

---

94 Zu den Ausnahmen vgl. § 20 Abs. 8 EStG und § 32d Abs. 2 EStG (vgl. Kap. II 2.2.6.2).
95 Vgl. den GrS des BFH in einer Grundsatzentscheidung vom 21.09.2009, BStBl II 2010, 672 (Details: vgl. Kap. IV 4.1.2).

Nachdem die wöchentlichen Fahrtkosten i.R.d. § 21 EStG anfallen, ist bei deren Berücksichtigung der Höhe nach gem. § 9 Abs. 3 EStG die Entfernungspauschale nach § 9 Abs. 1 S. 3 Nr. 4 EStG[96] analog zugrunde zu legen, deren Berücksichtigung als WK § 9 Abs. 2 EStG analog entgegenstehen könnte (§ 9 Abs. 3 EStG). Die analoge Anwendung setzt aber voraus, dass es sich um eine regelmäßige »Tätigkeitsstätte« des V handelt. Trifft dies – wie in vorliegendem Fall – nicht zu, sind die tatsächlichen nachgewiesenen Kosten zu berücksichtigen. Diese Annahme stößt jedoch wegen § 9 Abs. 5 EStG i.V.m. § 4 Abs. 5 Nr. 7 EStG auf Bedenken, da die wöchentliche Inspektion des Vermietungsobjektes unangemessen ist. Bei Vermietungseinnahmen bei einem neuen (bzw. neu renovierten) Objekt können allenfalls Kosten für eine Fahrt pro Monat oder Quartal in tatsächlich nachgewiesener Höhe abgezogen werden.

2. Der Abzug des eigenen Arbeitslohnes ist als ersparter Eigenaufwand nicht berücksichtigungsfähig.

Die Rspr. sieht sich immer wieder mit der Frage konfrontiert, ob auch solche Aufwendungen abzugsfähig sind, die der Anschaffung oder Herstellung eines WG dienen.

In diesem Sinne sind etwa die AK für eine »Meistergeige« nur über die AfA als Arbeitsmittel (§ 9 Abs. 1 S. 3 Nr. 7 EStG) eines Konzertmeisters zu berücksichtigen.[97]

5.3.3 Die Pauschalierungsregelung nach § 9a EStG

Die von Amts wegen zu berücksichtigenden Pauschbeträge nach § 9a EStG bereiten in der Anwendung kaum Probleme.

Alle in § 9a EStG vorgesehenen Pauschbeträge kommen jeweils nur einmal in der jeweiligen Einkunftsart zum Tragen, auch wenn mehrere Erwerbsverhältnisse (Dienstverhältnisse, Kapitalanlagen etc.) innerhalb einer Einkunftsart bestehen.[98] Nach § 9a S. 2 EStG darf der Abzug der Pauschbeträge nicht zu Verlusten innerhalb einer Einkunftsart führen.

Es handelt sich um Jahresbeträge, die nicht zu ermäßigen sind, wenn die unbeschränkte Steuerpflicht nicht während des ganzen VZ bestand (R 9a Abs. 2 EStR).

Für den VZ 2017 gelten folgende Pauschbeträge:

- für Einnahmen aus § 19 EStG grundsätzlich
  - ein Arbeitnehmer-Pauschbetrag von 1.000 €;
    soweit es sich um Versorgungsbezüge im Sinne des § 19 Abs. 2 handelt,
  - ein Pauschbetrag von 102 €;
- für Einnahmen i.S.d. § 22 Nr. 1, 1a und 5 (Renteneinkünfte) ein Pauschbetrag von insgesamt 102 €.

---

96 Die Interimsregelung der »Fernpendlerpauschale« (die Pauschale von 30 Cent/km sollte erst ab dem 21. Kilometer abgezogen werden können) wurde vom BVerfG als verfassungswidrig erklärt (Urteil vom 09.12.2008, BGBl I 2008, 2888). Der Gesetzgeber hat deshalb mit dem Gesetz zur Fortführung der Gesetzeslage 2006 bei der Entfernungspauschale vom 20.04.2009 (BGBl I 2009, 774) rückwirkend wieder die alte Rechtslage hergestellt.
97 Im Urteil des BFH vom 26.01.2001 (BStBl II 2001, 194) lehnt der BFH § 4 Abs. 5 Nr. 7 EStG analog (§ 9 Abs. 5 EStG) bei einer über 300 Jahre alten kostspieligen Geige ab und gelangt zu einer Restnutzungsdauer von 100 Jahren.
98 Vgl. auch BFH vom 19.03.2002 (BStBl II 2002, 518) zum Zusammentreffen von § 9a EStG und dem steuerpflichtigen Nutzungswert (§ 21 Abs. 2 S. 1 EStG a.F. – fortgeführt bei L + F).

5.4 Der maßgebliche Zeitpunkt beim Handlungstatbestand

5.4.1 Systematische Stellung und Tragweite des § 11 EStG

In der Systematik des EStG nimmt § 11 EStG eine Sonderstellung ein. Platziert zwischen den SA und der generellen Abzugsverbotsnorm des § 12 EStG, beansprucht § 11 EStG einen nahezu »flächendeckenden« Anwendungsbereich. Im Bereich der Überschusseinkünfte bestimmt sich die zeitliche Zuordnung nach § 11 EStG, ebenso wie sich die Einnahme-Überschussrechnung des § 4 Abs. 3 EStG im Bereich der Gewinneinkünfte danach richtet. SA und agB orientieren sich bei der zeitlichen Erfassung der Abzugsbeträge ebenfalls an § 11 EStG. Letztlich gilt die Norm auch für Tarifermäßigungen (§§ 34g, 35a EStG).

§ 11 Abs. 1 S. 5 EStG sowie § 11 Abs. 2 S. 6 EStG belegen die herausgehobene Position. Es bedarf offensichtlich einer **spezialgesetzlichen Ausnahmeregelung** (dort: für den BVV), um Fragen der zeitlichen Zuordnung im Einkommensteuerrecht **nicht** dem Regime des **§ 11 EStG** zu unterstellen.

Eine weitere Ausnahme sind die zeitliche Erfassung des Arbeitslohnes (§ 11 Abs. 1 S. 4 EStG) sowie §§ 11a, 11b EStG zur Verteilung von Erhaltungsaufwand. Zu beachten sind auch § 11 Abs. 2 S. 3 EStG sowie § 11 Abs. 1 S. 3 EStG. Beiden Regelungen ist gemein, dass bei **langfristigen Nutzungsüberlassungen** (> fünf Jahre) im Voraus geleistete **Ausgaben** (§ 11 Abs. 2 S. 3 EStG) auf den Nutzungszeitraum zu verteilen **sind** sowie – umgekehrt – erhaltene **Einnahmen** verteilt werden **können**. Die Regelung ist insb. gegen Steuerkonstruktionen im Bereich der Immobilien-Sparmodelle gerichtet. Diese Regelungen sind aber nach § 11 Abs. 2 S. 4 EStG nicht auf ein Damnum oder Disagio anzuwenden, soweit es marktüblich ist.

§ 11 EStG gibt die Antwort auf die zeitliche Erfassung von Einnahmen/Ausgaben für den jährlichen Besteuerungszeitraum (§ 2 Abs. 7 i.V.m. § 25 Abs. 1 EStG). Die Kernaussage vom Zuflussprinzip für Einnahmen nach Abs. 1 S. 1 leg. cit. und vom Abflussprinzip für Ausgaben nach § 11 Abs. 2 S. 1 EStG wird nur durch das Sonderrecht für regelmäßig wiederkehrende Einnahmen und Ausgaben durchbrochen.

5.4.2 Einnahmen und Ausgaben und die wirtschaftliche Verfügungsmacht

Zum Grundverständnis von § 11 EStG zählt, dass unter Zufluss die Erlangung der **wirtschaftlichen (nicht rechtlichen!) Verfügungsmacht** und unter Abfluss (oder Leistung) der Verlust derselben über Geld oder geldeswerte Güter zu verstehen ist. Diese bei Barzahlung noch unproblematische Zuordnung bedarf bei bargeldloser Zahlung der Ergänzung. Die zeitliche Zuordnungsfrage stellt sich immer beim Auseinanderfallen von Zustandstatbestand (Arbeits- oder Mietverhältnis im VZ 17) und Handlungstatbestand (Bezahlung des Lohnes/der Miete im VZ 18).

5.4.2.1 Zufluss und Abfluss bei bargeldloser Zahlung

Die banktechnischen Varianten bei § 11 EStG machen noch die geringsten Probleme.

> **Beispiel 14: Varianten der bargeldlosen Zahlung**
> V erhält als Inhaber seines neu errichteten Wohn- und Geschäftshauses (bezugsfertig zum 01.12.17) die Dezembermiete 17 seiner fünf Mieter M 1–M 5 auf folgende Weise:
> - durch Banküberweisung von M 1 (Überweisungsauftrag am 29.12.17/Gutschrift bei V am 03.01.18),

- durch Scheckaushändigung an Silvester 17 seitens M 2,
- durch Begebung eines Drei-Monats-Akzepts (Wechsel) am 28.12.17 von M 3,
- M 4 zahlt mit Kreditkarte (Unterschrift am 31.12.17, Gutschrift am 05.01.18),
- M 5 durch Aushändigung einer Einzugsermächtigung über sein Bankkonto.

In allen Fällen ist davon auszugehen, dass mit der Zuflussfrage bei V für die V+V-Einkünfte gleichzeitig die Abflussfrage bei M 1–M 5 zu beantworten ist (etwa als § 4 Abs. 3 EStG-Rechner, der die Räume geschäftlich nutzt).

Lösung: Nachdem es sich um die jeweils erste Mietzahlung handelt, **liegen noch keine regelmäßig wiederkehrenden Einnahmen/Ausgaben** vor. Die folgende Lösung erfolgt tabellarisch (H 11 EStH):

Art der Zahlung	Zufluss (V)	Abfluss (M)
Überweisung (M 1)	Gutschrift Empfängerbank (hier: 18)	Zugang Überweisungsauftrag bei Bank (hier: 17)
Scheck (M 2)	Erhalt (17)	Hingabe (17)
Wechsel (M 3)	Einlösung (28.03.18) bzw. Diskontierung (Tatfrage)	Zahlung (18) bzw. Diskontierung (Tatfrage)
Kreditkarte (M 4)	Zahlung Kartenausgeber (hier: 18)	str.[100] (Belastung Bankkonto 18 oder Unterschrift)
Einzugsermächtigung[101]	Gutschrift	Aushändigung

Die ggf. unterschiedliche Erfassung ist darauf zurückzuführen, dass beim Zufluss der Leistungserfolg im Vordergrund steht, während der Abfluss schon mit der Leistungshandlung angenommen wird.

5.4.2.2 Erfüllungssurrogate (sonstige Zahlungsmodalitäten)
Drei häufig vorkommende Ersatzhandlungen sind hierbei zu untersuchen:

1. die Aufrechnung,
2. die Schuldumschaffung (Novation) und
3. der Erhalt einer Dividende nach erfolgtem Gesellschafterbeschluss.

Die ebenfalls nicht seltene Abtretung stellt einen Unterfall des steuerlichen Mehrpersonenverhältnisses dar und wird bei der personellen Zurechnung (s. Teil B, Kap. I) dargestellt.

Für die **Aufrechnung** (§§ 387 ff. BGB) ist nach h.M. bei Vorliegen der Aufrechnungslage[101] die Aufrechnungserklärung bzw. das Zustandekommen des Aufrechnungsvertrages Auslöser für Zu- und Abfluss i.S.d. § 11 EStG. Behandelt etwa ein Arzt seinen Vermieter

---

99 Für Belastung des Bankkontos *L/B/P*, § 11 Anh. Nach h.M. ist Unterschrift entscheidend (*H/H/R*, § 11 Rz. 120 sowie *Drenseck* in *Schmidt*, EStG, § 11, Rz. 30 »Kreditkarte«).
100 Ohne dass hierzu eine ausdrückliche Entscheidung des BFH oder der FG vorliegt, ist der Auslegung wie bei einer Überweisung zu folgen.
101 Gem. § 387 BGB müssen (Aktiv-)Forderung und (Passiv- bzw.) Gegenforderung gleichartig und gegenseitig sein, die Aktivforderung (mit der aufgerechnet wird) muss durchsetzbar und die Passivforderung (gegen die aufgerechnet wird) muss zumindest erfüllbar sein.

und verrechnet dieser die ausstehende Miete mit dem Honorar, so liegt bei beiden in diesem Zeitpunkt ein Zufluss vor (und beim Arzt gleichzeitig ein Abfluss hinsichtlich der Mietkosten[102]).

5.4.2.3 Verfügungsbeschränkungen

Aktuelle sowie spätere Verfügungsbeschränkungen – wie etwa eine Einzahlung auf ein Konto mit Sperrvermerk oder ein auf ein Kautionskonto eingezahlter Betrag – ändern nach der BFH-Rspr. grundsätzlich nichts am Zufluss des Betrages. Nachdem diese Konten entweder der Sicherung anderer Ansprüche dienen oder – wie das beim Treuhandkonto der Fall ist – dem wirtschaftlichen Inhaber (§ 39 Abs. 2 AO) zugerechnet werden, genügt es offensichtlich für den Zufluss, dass der Gläubiger die Möglichkeit des Leistungserfolges herbeiführen kann.[103]

5.4.2.4 Bank- und bautechnische Besonderheiten

Nicht selten wurden in den neuen Ländern bauliche Investitionen getätigt, die sich später als wertlos herausgestellt haben. Besonders bitter wurde es für Bauherren im geplanten Erwerbsfall, wenn es nicht zum Anschaffungsvorgang kam, obwohl bereits **Vorauszahlungen** flossen. Dies betrifft steuerlich einmal das Thema »vergeblicher« WK und zum anderen die alleinige Erfassung der Aufwendungen anlässlich des Erwerbs eines WG im Wege der Amortisation kraft AfA. Der BFH hat im Urteil vom 28.06.2002 (BStBl II 2002, 758) die frustrierten Bauherren auch steuerlich im Regen stehen gelassen, da Vorauszahlungen nach den o.g. Grundsätzen nur dann im Jahr der Zahlung sofort absetzbar sind, wenn in diesem Moment der Zahlung feststeht, dass es zu keinem Grunderwerb kommen wird.

Nicht selten werden bei langfristigen Darlehen anlässlich eines Bauvorhabens Disagien vereinbart mit der Folge, dass sie als WK abgezogen werden können. Das so vereinbarte Disagio wird dabei als Vorauszins bzw. als Bestandteil des Effektivzinses angesehen. Kommt es aber zur vorzeitigen Kündigung des Darlehensvertrages, so ist das anteilige erstattete oder – meist mit der **Vorfälligkeitsentschädigung verrechnete** – **Disagio als Einnahme (konkret: als erstattete WK)** zu erfassen. Dies gilt immer, wenn das besicherte Objekt weiterhin für V + V-Zwecke verwendet wird.

Um ein Überborden der Damnumsgestaltung zu verhindern, hat das BMF am 20.10.2003 (BStBl I 2003, 546, Rz. 15) folgende Regeln aufgestellt:

Ist ein Damnum nicht mehr als drei Monate vor Auszahlung der Darlehensvaluta oder einer ins Gewicht fallenden Teilauszahlung des Darlehens (mindestens 30 % der Darlehensvaluta einschließlich Damnum) geleistet worden, so kann davon ausgegangen werden, dass ein wirtschaftlich vernünftiger Grund besteht.

Noch grundlegender sind Vorauszahlungen für einen Zeitraum von > fünf Jahren gem. § 11 Abs. 2 S. 3 EStG auf den Nutzungszeitraum zu verteilen. Dies gilt aber nicht, soweit das **Damnum marktüblich ist (§ 11 Abs. 2 S. 4 EStG)**.

Im Urteilsfall vom 19.02.2002 (BStBl II 2003, 126) lag die Besonderheit darin, dass beide Tatbestände (Vorfälligkeitsentschädigung sowie das Disagio) nicht mehr steuerrelevanten

---

[102] Auch bei V könnte ein Abfluss i.S.d. § 33 EStG gegeben sein.
[103] Vgl. *Puhl* in *Kirchhof-kompakt*, § 11 Rz. 16 (dortige FN 3); s. auch a.a.O. das anderslautende BFH-Urteil zum Notar-Anderkonto (BFH vom 30.01.1986, BStBl II 1986, 404: Zufluss an Verkäufer bei Auszahlungsreife).

Einkunftsquellen zugerechnet werden konnte, weil das betreffende Objekt (bzw. der GbR-Anteil daran) **steuerfrei veräußert worden** war. Damit teilen auch beide Finanzierungskomponenten das Schicksal der **nicht steuerbaren Vermögenssphäre**.[104] Es ist allerdings darauf hinzuweisen, dass mit der Neufassung des § 23 EStG diese Rechtsfolgen nur noch bei Veräußerungen nach zehn Jahren gelten! Das Urteil wird vor allem bei der vorzeitigen Anpassungskündigung eine große Bedeutung haben.

5.4.3 Regelmäßig wiederkehrende Einnahmen und Ausgaben

Als wichtigste Ausnahme folgt bei regelmäßig wiederkehrenden Einnahmen/Ausgaben die zeitliche Zuordnung nicht dem Zuflussaspekt, sondern gehorcht der wirtschaftlichen Zugehörigkeit. Sie werden gem. § 11 Abs. 1 S. 2 EStG bzw. gem. § 11 Abs. 2 S. 2 EStG – unabhängig von ihrem Zu-/Abfluss – dem Zeitraum (dem VZ) zugerechnet, für den sie erbracht wurden.

Beispiel 15: Die Finanzierung der Dividende
Zur Finanzierung des Wohn- und Geschäftshauses (Beispiel 13) nahm V ein Darlehen auf, dessen Zinsen vierteljährlich im Voraus fällig gestellt wurden. Die Zinsen für das 4. Quartal 17 (fällig am 01.10.17) und für das 1. Quartal 18 werden am 05.01.18 überwiesen.

Unter regelmäßig wiederkehrenden Einnahmen/Ausgaben versteht man Leistungen, die von vornherein aufgrund einer feststehenden Rechtsgrundlage in bestimmten Zeitabständen anfallen. Dabei müssen die Beträge nicht der Höhe nach identisch sein, da es auf die **Gleichartigkeit** (und nicht die Gleichmäßigkeit) der jeweiligen Zahlungsvorgänge ankommt. Die klassischen Anwendungsfälle sind die aufgrund eines Dauerschuldverhältnisses (wie etwa Miete, Darlehen, Versicherung) erfolgten Zahlungen.[105]

Das nächste unbestimmte Tatbestandsmerkmal bei § 11 Abs. 1 S. 2 EStG (und damit auch bei § 11 Abs. 2 S. 2 EStG) ist der »kurze Zeitraum«, binnen dessen die Zahlung erfolgen darf. Aufgrund gesicherter Rspr. ist von einem **Zehn-Tages-Zeitraum** auszugehen (H 11 EStH). Da es sich meist um Fragen der zeitlichen Zuordnung zu einem VZ handelt, ist der maßgebliche Stichtag der 31.12./01.01., so dass für Zahlungen im **Zeitkorridor vom 22.12.–10.01.** zu prüfen ist, ob es sich dabei um regelmäßig wiederkehrende Vorgänge handelt. Die Verwaltung (aktuell H 11 EStH »Allgemeines«) und Teile der Literatur[106] fordern neben der Zahlung im Zehn-Tages-Korridor auch die **»Kurzzeitfälligkeit«**, d.h. die Fälligkeit innerhalb des genannten Zeitraumes.

Lösung: Da Zinsen zur Finanzierung des Baues eines vermieteten Wohn- und Geschäftshauses WK nach § 21 EStG sind, werden die Überweisungen am 05.01.18 für das 1. Quartal 18 dem VZ 18 zugeordnet (§ 11 Abs. 2 S. 1 EStG).

---

104 Ein weiteres Argument des BFH lag darin, dass das Disagio bei der konkreten Verrechnung nur ein unselbständiger Rechnungsposten – und kein selbständiger Anspruch der Bank – war.
105 Auch Zahlungen mit öffentlich-rechtlichem Charakter werden erfasst, z.B. Umsatzsteuer-Vorauszahlungen (BFH vom 01.08.2007, BStBl II 2008, 282; vgl. hierzu BMF vom 10.11.2008, BStBl I 2008, 958: Bestätigung des o.g. BFH-Urteils).
106 *Drenseck* in *Schmidt*, EStG, § 11 Rz. 22.

Mit bereits mehrfach[107] erfolgter Zahlung der Zinsen liegen regelmäßig wiederkehrende Ausgaben vor. In der Variante des Falles (Fälligkeit für das 4. Quartal 17 am 31.12.17) sind die am 05.01.18 überwiesenen Zinsen eindeutig dem VZ 17 gem. § 11 Abs. 2 S. 2 EStG zuzuordnen, da sowohl die Fälligkeit als auch die Zahlung innerhalb des Kurzzeitkorridors liegen und die Zinsen wirtschaftlich dem VZ 17 zuzuordnen sind.

---

107 Bereits ab der zweiten Zahlung nimmt die h.M. regelmäßige wiederkehrende Zahlungen an.

II Der Zustandstatbestand – Überschusseinkünfte

Der Dualismus der Einkunftsarten (§ 2 Abs. 2 EStG) und die Subsidiarität der Überschusseinkünfte lässt sich bereits dem Gesetz entnehmen:

Übersicht über die Überschusseinkünfte		
Einkünfte nach	Subsidiaritätsklausel geregelt in	Subsidiarität gegenüber
§ 20 EStG	§ 20 Abs. 8 EStG	§§ 13 f.; 15 ff.; 18; 21 EStG[109]
§ 21 EStG	§ 21 Abs. 3 EStG	soweit sie zu diesen Einkünften gehören
§§ 22 f. EStG	§ 22 Nr. 1 und 3 EStG	(grundsätzlich) allen übrigen Einkunftsarten

Bei den Einkünften aus **nichtselbständiger** Arbeit (§ 19 EStG) erfolgt die Abgrenzung nachfolgend anhand der unter Kap. 1.2 aufgeführten Kriterien.

1 Einkünfte aus nichtselbständiger Arbeit (inklusive Grundzüge der Lohnsteuer)

1.1 Aufteilung in materielles und formelles Recht

Die Einkünfte nach § 19 EStG aus nichtselbständiger Arbeit stellen – als LSt (Abzugsteuer beim AG) – die bei Weitem aufkommensstärkste Komponente der gesamten ESt dar. In der speziellen Erhebungsform als Quellensteuer (§§ 38 ff. EStG) sind von ihr über 90 % aller ESt-Subjekte betroffen.

Dies erklärt vorweg die Unterscheidung in einen materiellen und in einen formellen Teil. Als eine der sieben Einkunftsarten sind zunächst nach § 2 Abs. 1 Nr. 4 i.V.m. § 19 EStG die materiellen Voraussetzungen zu prüfen. Daneben ist in §§ 38 ff. EStG eine Erhebungstechnik angeordnet, die in formeller Hinsicht aus (materiell-rechtlich) nichtselbständigen Einkünften lohnsteuerpflichtige Einkünfte macht.

---

108 Ein Subsidiaritätsverhältnis zwischen § 19 und § 20 EStG ist im Gesetz nicht vorhanden, sodass im jeweiligen Einzelfall abgewogen werden muss, zu welcher Norm die entsprechenden Einkünfte (z.B. Darlehensverhältnisse zwischen AN und AG) gehören. Vgl. u.a. BFH vom 28.06.2007 (Az.: VI B 23/07 (NV)) sowie die Vorinstanz FG Niedersachsen vom 30.11.2006 (Az.: 11 K 50/03).

1.2 Materiell-rechtliche Einkünfte nach § 19 EStG

Anstelle einer gesetzlichen Definition müssen nach §§ 1, 2 LStDV immer vier Voraussetzungen gleichzeitig vorliegen, die zu nichtselbständigen Einkünften führen:

- ein AG,
- ein AN,
- ein Dienstverhältnis und
- ein Arbeitslohn.

1.2.1 Der Arbeitgeberbegriff

Während als AN nur natürliche Personen in Betracht kommen, sind gem. § 1 Abs. 2 LStDV als AG[109] die Vertragspartner der AN, denen diese ihre Arbeitskraft schulden, anzusehen. Als AG können sowohl natürliche Personen, PersG als auch Körperschaften (KapG einschließlich des Vereins als Grundform der juristischen Personen) auftreten. Der AG[110] kann dabei sowohl dem öffentlichen Recht als auch dem privaten Recht zuzuordnen sein. Eine weitere Spezifizierung des AG-Begriffes nimmt H 19.1 LStR vor. Demnach können auch eine GbR oder ein Sportverein (für die vom ihm eingesetzten Amateursportler) AG sein. Kein AG für AN der Tochtergesellschaft ist hingegen der Organträger (die Obergesellschaft eines Konzerns), selbst dann nicht, wenn er diesen AN Arbeitslohn zahlt.

Die weitere Unterscheidung gem. § 38 Abs. 1 EStG nach inländischem AG (Nr. 1 = Regelfall) und ausländischem »Verleiher« (Nr. 2) trägt der Tatsache Rechnung, dass in Ausnahmekonstellationen der AN-Überlassung (s. dazu Kap. 1.3.3.2) auch Ausländer in die o.g. lohnsteuerrechtlichen Pflichten einbezogen werden können.

Für den gesetzlichen Sondertatbestand, aber praktisch häufig vorkommenden Fall der internationalen AN-Entsendung (s. dazu ausführlich Teil D, Kap. III 3), kennt § 38 Abs. 1 S. 2 EStG den Begriff des »wirtschaftlichen AG« (= inländisches Unternehmen, das den Arbeitslohn wirtschaftlich trägt; s. auch R 19.1 S. 4 und R 38.3 Abs. 5 LStR).

1.2.2 Der Arbeitnehmerbegriff

Während der AG-Begriff kaum Probleme aufwirft, gibt es zum Terminus des AN eine umfangreiche Rspr. Bereits das Gesetz kennt überraschende Anwendungsfälle.

§ 1 Abs. 1 S. 1 LStDV umschreibt den AN, ohne Kriterien für die Unterscheidung zur selbständigen Tätigkeit zu liefern. Die Rspr. des BFH[111] hat in dieser Frage weitgehend die Merkmale des BAG übernommen. Eine vollkommene Übereinstimmung der sozialrechtlichen und steuerrechtlichen Merkmale des AG-Begriffes besteht jedoch nicht.[112]

---

[109] Der AG-Begriff ist immer grundsätzlich national zu sehen. Ein AG i.S.d. Abkommensrechts (DBA) muss nicht notwendigerweise AG i.S.d. Lohnsteuerrechts sein (BFH vom 24.03.1999, IStR 2000, 83).

[110] AG ist grundsätzlich auch, wer einem Dritten (Entleiher) einen AN (Leih-AN) zur Arbeitsleistung überlässt (Verleiher). Zum Begriff des AG bei ausgeliehenen AN s. FG Baden-Württemberg vom 08.03.2010 (EFG 2010, 1037). I.R.v. Dreiecksverhältnissen ist AG derjenige, der dem AN den Lohn in eigenem Namen und für eigene Rechnung (unmittelbar) auszahlt.

[111] Z.B. BFH vom 14.06.1985, BStBl II 1985, 661, vom 18.01.1991, BStBl II 1991, 409 sowie H 19.0 LStR.

[112] S. hierzu z.B. FG Rheinland-Pfalz vom 23.01.2014 (Az.: 6 K 2294/11 und 6 K 2295/11); die sozialversicherungsrechtliche und steuerrechtliche Einordnung eines »Arbeitsverhältnisses« kann zu unterschiedlichen Ergebnissen führen.

Demnach ergibt sich aus einer Fülle von Einzelmerkmalen die Zuordnung zum AN. Als solche werden genannt:

- Eingliederung in den Organismus (betrieblichen Ablauf) des AG mit einem festen Arbeitsort und vorgegebenen Arbeitszeiten,
- Vorliegen eines Direktionsrechtes,
- die Arbeit (als Zeiteinheit) und nicht der Erfolg wird geschuldet,
- feste (weitgehend erfolgsunabhängige) Bezahlung mit Abgeltung von Fehlzeiten (Urlaub/ Krankheit),
- Beschäftigung bei (nur) einem AG,
- höchstpersönliche Leistungsverpflichtung (keine Delegation).

Bei der Umkehrung der o.g. Merkmale wird die Eigenschaft als AN abgelehnt.

Von entscheidender Bedeutung ist die **hermetische steuerliche Trennungswirkung**[113]: **Entweder** ist ein StPfl. AN und damit lohnsteuerpflichtig **oder** er unterliegt als Selbständiger der USt und ggf. der GewSt.

Somit schließen sich LSt-Pflicht und Umsatzsteuerpflicht (**einer** Person für **eine** Tätigkeit) gegenseitig aus. Dies ergibt sich auch aus den sich gegenseitig ausschließenden Normen in § 2 UStG, der den umsatzsteuerrechtlichen Unternehmer definiert, und § 1 Abs. 3 LStDV, der bereits durch den Wortlaut klarstellt, dass ein AN für dieselbe Tätigkeit kein Unternehmer sein kann.

1.2.2.1 Abgrenzungskriterien

Die nachfolgende Tabelle stellt weitere Abgrenzungskriterien in einer Übersicht dar:

Abgrenzungskriterien für einen AN			
Fallgruppe	Allgemeine Aussagen	Besonderheiten/ Entscheidungskriterien	Rechtsprechung/ Verwaltungsanweisungen
Grundsatz	Berücksichtigung der jeweiligen besonderen Umstände und des Gesamtbildes (z.B. BFH vom 20.11.2008, BStBl II 2009, 374).	Entscheidend sind Faktoren, die auf das (Nicht-)Vorliegen **unternehmerischen Risikos** hindeuten (z.B. Entgeltfortzahlung im Urlaubs- und Krankheitsfall).	BFH vom 10.10.2006, X B 110/06; BFH vom 05.10.2005, BStBl II 2006, 94, vom 10.07.2012, Az.: VIII R 48/09.
GmbH-GF	Nach § 7 Abs. 1 S. 1 SGB IV sind GmbH-G'fter-GF jedenfalls dann (regelmäßig) Selbständige, wenn sie **mindestens 50 % des Stammkapitals** innehaben.	Hier: Keine Bindung der USt an die ESt.	BFH vom 10.03.2005, BStBl II 2005, 730, im Anschluss hieran BFH vom 14.05.2008, BStBl II 2008, 912.

---

113 Vgl. hierzu auch die Vfg. der OFD Frankfurt am Main zur steuerlichen Behandlung von Schiedsrichtern. Deren Überschusseinkünfte fallen jedoch nicht unter § 19 EStG, sondern unter § 22 Nr. 3 EStG. Sie können allerdings auch gewerblich tätig werden. Dies hängt von der Art der Tätigkeit ab.

	Abgrenzungskriterien für einen AN		
Fallgruppe	Allgemeine Aussagen	Besonderheiten/ Entscheidungskriterien	Rechtsprechung/ Verwaltungsanweisungen
Rolle des SGB	Grundsätzlich folgt das Steuerrecht der Entscheidung des SSV-Trägers.	Abweichende Beurteilung der SV-Pflicht nur dann, wenn diese Einschätzung erkennbar rechtswidrig ist.	BFH vom 21.01.2010, BStBl II 2010, 703.
Scheinselbständige und freie Mitarbeiter	Unabhängig von der arbeitsrechtlichen Einordnung liegen bei einer – meistens vorliegenden – Eingliederung in den Betrieb **nichtselbständige** Einkünfte vor.	Relevante Fallgruppen: Praktikanten, Referendare, Journalisten, Telefoninterviewer.	H 19.0 LStR; BMF vom 05.10.1990 geändert durch BMF vom 09.07.2014 (BStBl I 2014, 1103; vom 31.07.2002, BStBl I 2002, 707. FG Hamburg vom 19.03.2007, DStRE 2007, 1233, rkr., FG Köln vom 14.03.2012, Az.: 2 K 476/06.
Rechtsnachfolger des AN	Gem. § 1 Abs. 1 S. 2 LStDV wird der Rechtsnachfolger des AN als steuerlicher AN fingiert.	Relevant bei Versorgungsbezügen von Witwen und Waisen (ebenfalls unter § 19 EStG zu versteuern).	Witwen und Waisen des AN versteuern die Versorgungsbezüge als nichtselbständige Einkünfte nach § 19 Abs. 1 S. 1 Nr. 2 EStG.

Zu beachten ist schließlich, dass anders als bei KapG in steuerlicher Hinsicht (§ 15 Abs. 1 S. 1 Nr. 2 EStG) Dienstverträge von G'ftern einer PersG nicht zu deren Qualifikation als AN führen; diese werden vielmehr i.R.d. mitunternehmerischen (gesellschaftsrechtlichen) Aufgabe wahrgenommen.[114]

1.2.2.2 Misch- und Grenzfälle

Beispiel 1: AN und AG in einer Person
Der Belegarzt A hat neben seiner Praxis, in der mehrere ärztliche Hilfskräfte beschäftigt sind, einen zusätzlichen Anstellungsvertrag mit dem städtischen Klinikum, in dem er sich zur Durchführung von zehn Herztransplantationen im Jahr verpflichtet. Die OP-Räume kann er ansonsten einmal wöchentlich für die Operation seiner Privatpatienten benutzen. A ist nebenbei Geschäftsführer einer Organverpflanzungs-GmbH und – zusammen mit B und C – an dieser G'fter (alle G'fter zu gleichen Teilen).

Lösung: In der Person des A vereinigen sich mehrere subjektive steuerliche Zuordnungsfunktionen, die vom jeweiligen Vertrag (bzw. vom jeweiligen Rechtsverhältnis) abhängen:
- In der Eigenschaft als Inhaber einer Einzelpraxis ist A gegenüber seinen Angestellten AG und demnach verpflichtet, die LSt seiner AN einzubehalten (§ 38 Abs. 3 EStG), anzumelden (§ 41a Abs. 1 Nr. 1 EStG) und abzuführen (§ 41a Abs. 1 Nr. 2 EStG). In diesem Bereich erzielt A Einkünfte nach § 18 EStG.

---

114 Eine Ausnahme von dieser Umqualifizierung wird lediglich für Tätigkeiten gemacht, da mit der konkreten Dienstleistung kein wirtschaftlicher Beitrag für die Mitunternehmerschaft erbracht wird. Vgl. *Preißer*, Band 2, Teil B, Kap. I (Mitunternehmer-Status) sowie A 2.3 UStAE.

- Der Anstellungsvertrag mit dem Klinikum zur Durchführung von zehn Operationen pro Jahr begründet ein Dienstverhältnis des A zum AG Klinikum (mit Einkünften gem. § 19 EStG).[115]
- Der Belegvertrag mit dem Klinikum allein begründet in keinerlei Richtung ein privates oder öffentliches Dienstverhältnis, sondern stellt einen atypischen Mietvertrag dar, dessen Ausgaben (Miete) als BA bei § 18 EStG erfasst werden.
- Die Eigenschaft als G'fter der GmbH ist für die arbeitsrechtliche und damit für die lohnsteuerliche Beurteilung so lange irrelevant, wie die Beteiligung **unter 50 %** liegt (wie im vorliegenden Fall). In steuerlicher Hinsicht bezieht A als GF der GmbH nichtselbständige Einkünfte nach § 19 EStG, ohne arbeitsrechtlich AN zu sein. Bei den Organen von KapG (GF einer GmbH und Vorstand einer AG) fallen die zivilrechtlichen Kategorien (kein AN) und die steuerlichen Zuordnungen (Einkünfte aus nichtselbständiger Arbeit) nicht selten auseinander.

1.2.3 Das Dienstverhältnis

Der Begriff des Dienstverhältnisses entstammt dem § 611 BGB (Dienstvertrag in der speziellen Ausprägung des Arbeitsvertrags). Zu beachten ist auch, dass die Annahme von Einkünften aus § 19 EStG nicht immer zwingend ein zivilrechtlich wirksames Dienstverhältnis i.S.d. § 611 BGB voraussetzt. Das FG Köln[116] erweiterte hierbei den Einkünftetatbestand des § 19 Abs. 1 Nr. 1 EStG auf **alle auf Leistungsaustausch gerichteten Beziehungen**, die einen gleichgelagerten wirtschaftlichen Erfolg zeitigen wie ein Arbeitsverhältnis.

In zwei Bereichen bereiten Dienstverhältnisse in der steuerlichen Einordnung Schwierigkeiten. Zum einen wurde in den letzten Jahren der Bereich der Nebentätigkeiten immer umfangreicher. Die zweite Fallgruppe der Ehegattenverträge wiederum wird allgemein bei den Angehörigenverträgen[117] erörtert.

Rein begrifflich wurden früher die Nebentätigkeiten von den Hilfstätigkeiten unterschieden. Damit war zum Ausdruck gebracht, dass es sich bei den echten Nebentätigkeiten um solche im Rahmen eines weiteren Arbeitsverhältnisses handelt, während die Hilfstätigkeit nur als Ausfluss (Nebenpflicht) des Hauptamtes (des ersten Arbeitsvertrages) angesehen wurde. An der Rechtsfolge (ein oder zwei Arbeitsverhältnisse) hat sich auch bei der neuen Betrachtungsweise nichts geändert, wonach jede einzelne Tätigkeit gesondert nach den Merkmalen des § 19 EStG geprüft wird. Jedoch gehört immer dann, wenn die **zweite** Tätigkeit bei dem **identischen AG** im Rahmen seines **Organisationsapparates** stattfindet, das Entgelt zum Arbeitslohn.[118] Ausnahmsweise können Einkünfte nach § 18 EStG vorliegen.

Bei Mehrfacharbeitsverhältnissen hat beim zweiten AG die Abrechnung nach der Steuerklasse VI zu erfolgen. Die ELStAM halten hierfür entsprechende Erfassungs- und Abrufmöglichkeiten bereit (s. auch Kap. 1.3.1).

Der gelegentlich von Vertretern der nebenberuflichen Lehre beanspruchte »Ausbilder oder Übungsleiter«-Freibetrag nach § 3 Nr. 26 EStG i.H.v. 2.400 € bleibt ausschließlich der

---

115 Es wird unterstellt, dass A die zehn Operationen ausschließlich an Kassenpatienten ausführt. Erbringt er Privatpatienten wahlärztliche Leistungen, ist anhand der Umstände des Einzelfalls zu prüfen, ob A auch diese Leistungen i.R.d. Anstellungsvertrags erbracht hat (vgl. BFH vom 05.10.2005, BStBl II 2006, 94; OFD Rheinland und Münster vom 28.04.2006, DB 2006, 1083, FG Rheinland-Pfalz vom 22.10.2008, DStRE 2009, 585, rkr.).
116 Urteil vom 13.02.2014 (Az.: 6 K 2745/10).
117 S. Teil B, Kap. I.
118 BFH vom 20.12.2000 (BStBl II 2001, 496); BFH vom 07.11.2006 (BFH/NV 2007, 426).

Tätigkeit bei den in § 3 Nr. 26 EStG genannten Einrichtungen vorbehalten.[119] Dabei spielt es allerdings keine Rolle, ob die nebenberufliche Arbeit (auch die Unterweisung) als AN oder selbständig durchgeführt wird.

1.2.4 Der Arbeitslohn

1.2.4.1 Steuerpflichtige Komponenten

Die Standardfragen zur Steuerbarkeit des Arbeitslohnes[120] sind bereits i.R.d. allgemeinen Einnahmendiskussion nach § 8 EStG abgehandelt worden. Als Spezialthema bei § 19 EStG treten immer wieder Abgrenzungsfragen zu anderen Einkünften auf. Folgendes Grundbeispiel sei gegeben:

> **Beispiel 2: Der lebenslustige Vermieter als AN des freigiebigen AG**[121]
> Der Sizilianer Sylvio (S) ist bei dem Spediteur F (Fernverkehr/Obstimporte), Sitz in Augsburg, als Lkw-Fahrer beschäftigt. Besonders häufig werden Tomaten von Neapel nach München/Augsburg befördert.
> 1. Zu diesem Zweck mietet F von S, der sich in Neapel zum Vermieter einer Immobilie aufgeschwungen hat, einen Raum als Außendienst-Mitarbeiterbüro an, in dem sich S nur zur Erledigung von Transportaufgaben für F aufhält. Genauso verfährt F auch bei anderen Niederlassungen, bei denen die Räume von fremden Dritten angemietet werden.
> 2. Die jährliche Weihnachtsfeier in einem Edel-Kontaktlokal in Augsburg mit seinen zehn Brummi-Piloten kommt F teuer zu stehen (Gesamtbetrag: 2.000 €).
> 3. F stellt S die gesetzlich vorgeschriebene Schutzkleidung für Lkw-Fahrer und lässt ihn regelmäßig an der Fortbildungsveranstaltung »Sicheres Fahren für Kraftfahrer« (inkl. Fahrsicherheitstraining) teilnehmen, um S in Bezug auf technische und gesetzliche Neuerungen weiterbilden zu lassen.
> 4. S erhält im Beisein von F vom Bundesverband der Kraftfahrer anlässlich seines Einsatzes als Ausbilder im Betrieb des F einen Sonderpreis i.H.v. 5.000 €.
> 5. Als S im Jahr 2016 aufgrund seiner »guten Beziehungen« zu O (Mitarbeiter bei der Krankenkasse Y) von der gesetzlichen Sozialversicherung freigestellt wird und die Sozialversicherung S auch als solches einstuft, zahlt F trotzdem weiterhin die entsprechenden Beiträge (inkl. AG-Zuschüsse).
>
> Unterliegen die genannten Punkte als Arbeitslohn dem LSt-Abzug?

Entscheidender Abgrenzungspunkt für das Vorliegen von Arbeitslohn oder LSt-irrelevanter Aufwendungen ist im Rahmen eines Fremdvergleichs das **sog. eigenbetriebliche Interesse** des AG an den getragenen Aufwendungen. Immer dann, wenn ein möglicher Güterzufluss (§ 8 EStG) beim AN hauptsächlich dem betrieblichen Interesse des AG dient bzw. einer betrieblichen Notwendigkeit entspringt, ist dieser steuerbare Vorteil nicht als Lohn, sondern als sonstiges Entgelt zu erfassen.

---

119 Einhellige Ansicht (statt aller von *Beckerath* in *Kirchhof-kompakt*, § 3 Rz. 75). Zu den Details der Anwendung des § 3 Nr. 26 und 26a EStG vgl. BMF vom 21.11.2014 IV C 4 - S 2121/07/0010 :032 und R 3.26 Abs. 9 LStR.
120 Grundsätzlich gehören hierzu alle Einnahmen, die dem AN aus dem Dienstverhältnis zufließen, unabhängig vom Anlass oder von wem die Zahlung erfolgt. Vgl. hierzu auch BFH vom 14.06.2016, IX R 2/16 zu Ausgleichszahlungen für rechtswidrig abgeleistete Überstunden in Abgrenzung zu nicht steuerbarem Schadensersatz.
121 Vgl. hierzu auch teilweise das Beispiel aus der Steuerberaterprüfung 2010 in Kap. 1.3.2.

1.2.4.1.1 Vermietungen des Arbeitnehmers an den Arbeitgeber (Abgrenzung zu § 21 EStG)

Nach dem Urteil des BFH vom 19.10.2001 (BFH/NV 2002, 262) führt die Miete des AG an den AN nur dann nicht zu Einnahmen nach § 19 EStG, sondern zu V + V- Einnahmen (§ 21 EStG), wenn

- der AG gleichlautende Mietverträge auch mit fremden Dritten schließt (aufgeweicht durch BFH vom 08.03.2006, BFH/NV 2006, 1810; entscheidend ist nur noch ein Verfügungsrecht des AG),
- die Anmietung im eigenbetrieblichen Interesse des AG erfolgte und
- der AN über keinen weiteren Arbeitsplatz in einer Betriebsstätte des AG verfügt.

Lösung zu Beispiel 2 (1.):
Nach den vorstehenden Grundsätzen sind die Mietzahlungen des F an S hier bei § 21 EStG zu erfassen.

1.2.4.1.2 Aufmerksamkeiten aus persönlichem Anlass (R 19.6 Abs. 1 LStR)

Die sog. »persönlichen Aufmerksamkeiten« unterliegen nach R 19.6 Abs. 1 LStR nicht der Steuerpflicht. Eine Aufmerksamkeit liegt bei folgenden Tatbestandsmerkmalen vor:

a) Sachleistung
b) Wert der Sachleistung ist kleiner als 60 €
c) Kein Bargeld
d) Besonderes persönliches Ereignis

Rechtsfolge: Es handelt sich um eine nicht steuerbare Aufmerksamkeit i.S.d. R 19.6 Abs. 1 LStR und die Zuwendung unterliegt nicht der LSt-Pflicht.

a) Sachleistung
Ob ein Sachlohn vorliegt, bestimmt sich nach dem Rechtsgrund des Zuflusses. Wenn der Arbeitnehmer z.B. eine Sache verlangen kann, handelt es sich um einen Sachlohn. Sachbezüge liegen auch dann vor, wenn der Arbeitgeber eine Zahlung mit einer Auflage verbindet. Fazit: Fast alles ist Sachlohn, außer die reine Zahlung an sich (H 8.1 (1–4) LStH »Geldleistung oder Sachbezug«).

b) Wert der Sachleistung < 60 €
Hierbei ist zu prüfen, ob der Wert der Sachleistung über 60 € liegt. Die USt ist dabei zu beachten.

c) Kein Bargeld
Dieses Tatbestandsmerkmal ist ähnlich gelagert wie das Tatbestandsmerkmal Sachleistung. Dabei gilt zu beachten, dass es sich um einen Barlohn handelt, wenn der Gutschein gegen Bares umgetauscht werden kann.

d) Besonderes persönliches Ereignis
Es muss ebenfalls ein besonderes persönliches Ereignis des AN vorliegen. Als besondere persönliche Ereignisse sind z.B. anzusehen:

- Geburtstag;
- Hochzeit;
- Geburt eines Kindes.

Es ist zu beachten, dass ein Zeitraum von drei Monaten zwischen der Schenkung und dem persönlichen Ereignis liegen kann. Das besondere Ereignis gilt auch für Angehörige gem. § 15 AO. Kein besonderes persönliches Ereignis stellt Weihnachten dar, da es ein Ereignis für jedermann und nicht speziell für einen AN ist.

Hinweis: Die 44 €-Grenze wird gem. § 8 Abs. 2 S. 11 EStG nicht berührt, da es sich um eine nicht lohnsteuerbare Zuwendung handelt.

Beispiel 3:
Ein AN feiert am 13.12.17 Hochzeitstag. Der AG schenkt dem AN eine Lampe im Wert von 60 € (brutto).

Lösung: Das Geschenk stellt eine Sachzuwendung dar. Es wird aus Anlass eines besonderen persönlichen Ereignisses, des Hochzeitstags, erbracht. Damit liegt eine nicht lohnsteuerbare Aufmerksamkeit gem. R 19.6 LStR vor.

1.2.4.1.3 Betriebsveranstaltung

Bei den Zuwendungen aus einer Betriebsveranstaltung handelt es sich grundsätzlich um Einkünfte aus nichtselbständiger Arbeit gem. § 19 Abs. 1 Nr. 1a EStG.

Bei einer Betriebsveranstaltung müssen gem. § 19 Abs. 1 Nr. 1a EStG folgende Tatbestandsmerkmale gegeben sein:

- Zuwendung an seinen AN und Begleitperson (S. 1);
- Aufwendungen des AG einschließlich USt (S. 2);
- rechnerischer Anteil an Kosten (S. 2) ermittelbar;
- 110 €-Grenze nicht überstiegen (S. 3);
- Betriebsfest muss allen Mitarbeitern offenstehen (S. 3);
- max. zwei Betriebsveranstaltungen pro Jahr (S. 4).

Die Neuregelung der Betriebsveranstaltung war Thema in der Steuerberaterprüfung 2016. Es ist davon auszugehen, dass sie wahrscheinlich ebenfalls in den kommenden Jahren thematisiert wird. Für die Prüfung einer Betriebsveranstaltung empfiehlt sich die im Folgenden dargestellte Vorgehensweise.

Zu den Einkünften aus nichtselbständiger Arbeit gehören auch Zuwendungen des AG an seine AN und dessen Begleitperson § 19 Abs. 1 S. 1 Nr. 1a EStG. Durch die Beantwortung der Fragen des folgenden **Schemas** können Sie schrittweise in der Klausur vorgehen:

1. Liegt ein Teilnehmerkreis i.S.d. § 19 Abs. 1 S. 1 Nr. 1a EStG vor?
2. Handelt es sich um eine Veranstaltung auf betrieblicher Ebene mit geselligem Charakter (§ 19 Abs. 1 S. 1 Nr. 1a S. 1 EStG), z.B. Betriebsausflug, Weihnachtsfeier, Feier des Geschäftsjubiläums?
3. Steht die Veranstaltung allen Mitarbeitern offen (§ 19 Abs. 1 S. 1 Nr. 1a S. 3 EStG)? Der Freibetrag von 110 € ist zu gewähren.
4. Ermittlung der Gesamtkosten § 19 Abs. 1 S. 1 Nr. 1a Satz 2 EStG.
5. Handelt es sich dabei um Bruttokosten? Sind noch Geschenke zu berücksichtigen?
6. Berechnung Gesamtkosten/Teilnehmer (§ 19 Abs. 1 S. 1 Nr. 1a S. 5 EStG):
   – Freibetrag i.H.v. 110 € je Teilnehmer ist abzuziehen (§ 19 Abs. 1 S. 1 Nr. 1a S. 3 EStG)
   – Welcher Betrag ist lohnsteuerpflichtig?

Die **Teilnahme** an einer Betriebsveranstaltung **muss allen Mitarbeitern offenstehen**. Es darf sich nicht um eine Privilegierung einzelner Mitarbeiter handeln. So ist die Ehrung eines einzelnen Jubilars oder eines einzelnen AN bei dessen Ausscheiden aus dem Betrieb, auch unter Beteiligung weiterer AN, keine Betriebsveranstaltung (BMF vom 14.10.2015, BStBl I 2015, 832 Nr. 1). Jedoch können auch einzelne Organisationseinheiten eine Betriebsveranstaltung durchführen.

Alle Aufwendungen einschließlich USt sind als Gesamtkosten zu erfassen (§ 19 Abs. 1 S. 1 Nr. 1a S. 5 EStG). Folgende Kosten können bei einer Betriebsveranstaltung typischerweise anfallen und werden als Gesamtkosten angesehen:

- Speisen und Getränke;
- künstlerische Darbietungen (z.B. Musik und Artisten);
- Aufwendungen für einen Eventmanager.

Unter Gesamtkosten i.S.d. § 19 Abs. 1 Nr. 1a S. 2 EStG sind nur die tatsächlich angefallenen Kosten des AG zu sehen. Rechnerisch angefallene Selbstkosten zählen nicht dazu.

Die **Gesamtkosten** einer Betriebsveranstaltung **verteilen sich nur auf die anwesenden Teilnehmer**.

$$\frac{\text{Gesamtkosten}}{\text{Anzahl der Mitarbeiter}}$$

Reisekosten Einzelner bleiben bei einer Betriebsveranstaltung außen vor.[122] Sie sind nach § 3 Nr. 16 EStG steuerfrei. Ist ein Kern der Betriebsveranstaltung die Übernachtung, wie z.B. bei einem Skiwochenende, so gilt dies nicht.

Allerdings soll dies nach Auffassung der Finanzverwaltung nicht gelten, wenn es sich bei der Übernahme von Reisekosten (z.B. Übernachtungskosten oder Fahrtkosten) um Aufwendungen für eine Fahrt mit Erlebniswert handelt.

In die **Gesamtkosten** sind **sämtliche Kosten**, also auch die der **Geschenke**, mit einzubeziehen (BMF vom 14.10.2015, BStBl I 2015, 832 Tz. 5), denn die Aufwendungen sind nicht mehr persönlich dem einzelnen Mitarbeiter zuzurechnen. Dies gilt unabhängig von der 60 €-Grenze.

Es gilt ein **Freibetrag von 110 €**. Wird der Freibetrag überschritten, so ist der überschreitende Betrag nach § 19 Abs. 1 S. 1 Nr. 1a S. 3 EStG zu versteuern.

Die Kosten einer **Begleitperson** sind dem AN zuzurechnen (§ 19 Abs. 1 S. 1 Nr. 1a S. 3 EStG). Der Freibetrag von 110 € gilt für beide (BMF vom 14.10.2015, BStBl I 2015, 832 Tz. 4a).

Ein AN kann steuerbegünstigt **nur an zwei Veranstaltungen im Jahr teilnehmen** (§ 19 Abs. 1 S. 1 Nr. 1a S. 4 EStG). Nimmt ein AN an mehr als zwei Betriebsveranstaltungen teil, so kann die Besteuerung ausgewählt werden (BMF vom 14.10.2015, BStBl I 2015, 832 Tz. 4c). Die Prüfung erfolgt dabei mitarbeiterbezogen (BMF vom 14.10.2015, BStBl I 2015, 832 Tz. 4c).

Ist der Freibetrag von 110 € überschritten, so kann der Vorteil nach § 40 Abs. 2 S. 1 Nr. 2 EStG mit 25 % **pauschal besteuert** werden. Außerdem ist dies bei Leih-AN und Konzernmitarbeitern möglich.

Lösung zu Beispiel 2 (2.):
Beide Üblichkeitsprüfungen fallen negativ aus, sodass der »Zuschuss« von 200 € für S dem pauschalierten LSt-Abzug (§ 40 Abs. 2 Nr. 2 EStG) mit 25 % unterliegt.

---

[122] BMF vom 14.10.2015, BStBl I 2015, 832 Tz. 6.

1.2.4.1.4 Arbeitslohnzahlungen von Dritten

Stpfl. Arbeitslohn liegt auch dann vor, wenn die Zahlung nicht vom AG, sondern von einem **Dritten** erfolgt (hierzu ausführlich R 38.4 LStR).[123] Insoweit wird kein Unterschied zum Direktbezug gemacht. In den Fällen der unechten Lohnzahlung durch Dritte (Beispiel: AN einer Organgesellschaft erhält den Lohn von der Obergesellschaft, die selbst kein AG ist (H 19 Abs. 1 LStR), ausgezahlt) ist der AG folglich zur Einbehaltung und Abführung der LSt verpflichtet (R 38.4 LStR). Ist der zahlende Dritte nicht lediglich als Leistungsmittler (Zahlstelle) des AG anzusehen, so liegt eine echte Lohnzahlung durch Dritte vor (Beispiele: Entschädigungszahlungen der Urlaubskasse der Bauwirtschaft[124], Rabattgewährung durch andere Konzerngesellschaften[125]). In diesem Fall ist der AG zum LSt-Abzug verpflichtet, wenn er weiß oder erkennen kann, dass Lohn von dritter Seite gewährt wird (§ 38 Abs. 1 S. 3 EStG). Bei Konzerngesellschaften wird dabei unwiderlegbar vermutet, dass derartige Drittlohntatbestände bekannt sind. Außerdem ist der AN verpflichtet, Zuwendungen Dritter seinem AG zu melden (§ 38 Abs. 4 S. 3 EStG).

Lösung zu Beispiel 2 (4.):
Der Preis hat einen konkreten Bezug zur Tätigkeit des S und ist somit Arbeitslohn. Da F bei der Verleihung anwesend war, hat er aufgrund seiner Kenntnis des Vorganges die 5.000 € dem LSt-Abzug zu unterwerfen.

Der »umgekehrte« Fall, wenn der AG dem AN einen üblichen Rabatt auf verkaufte Produkte einräumt, den er auch einem fremden Dritten gewährt, so führt dies nach Auffassung des BFH nicht zu Arbeitslohn (BFH vom 26.07.2012, Az.: VI R 30/09 und VI R 27/11 zum Fall eines Rabattes auf Jahreswagen, vgl. auch § 8 Abs. 3 S. 2 EStG [sog. Rabattfreibetrag][126]). Zur Anwendung dieser Urteile und zum Verhältnis zwischen § 8 Abs. 2 und Abs. 3 EStG bei Sachbezügen vgl. BMF vom 16.05.2013 (BStBl I 2013, 729 mit Zusatz der OFD Frankfurt vom 04.06.2013, Az.: S 2334 A – 25 – St 211). Auch dem AN von Dritten überlassene Preisvorteile oder Rabatte begründen nur in Ausnahmefällen Arbeitslohn, wenn sie im Zusammenhang mit dem Dienstverhältnis stehen (vgl. z.B. BFH vom 18.10.2012, Az.: VI R 64/11). Räumt der ArbG übliche Rabatte sowohl Arbeitnehmern von Geschäftspartnern als auch einem weiteren Personenkreis eingeräumt (Drittvergleich), führt dies nicht zum Zufluss von Arbeitslohn bei ArbN (BFH vom 10.4.2014 – VI R 62/11). Das BMF wendet diese Urteile mit Schreiben vom 20.01.2015 (BStBl I 2015, 143) an und legt hierin weitere Kriterien, wann in diesen Konstellationen Arbeitslohn vorliegt, fest.

---

[123] Vgl. z.B. BFH vom 23.04.2009 (BStBl II 2009, 668) – Verleihung eines Nachwuchsförderpreises. Die Zuwendung eines Dritten kann ausnahmsweise Arbeitslohn sein, wenn sie als Entgelt für eine Leistung beurteilt werden kann, die der Arbeitnehmer im Rahmen seines Dienstverhältnisses für seinen Arbeitgeber erbringt, erbracht hat oder erbringen soll (BFH vom 28.02.2013, Az.: VI R 58/11).
[124] BFH vom 21.02.2003 (BStBl II 2003, 496).
[125] BFH vom 12.04.2007 (BFH/NV 2007, 1851); BFH vom 28.06.2007 (BFH/NV 2007, 1871); s. auch FG Düsseldorf vom 21.06.2011 (Az.: 8 K 2652/09) für den Fall von Zuwendungen im Konzern an AN einer ehemaligen Tochtergesellschaft (Arbeitslohn).
[126] § 8 Abs. 3 EStG ist auch auf Fahrvergünstigungen, die die Deutsche Bahn AG Ruhestandsbeamten des Bundeseisenbahnvermögens gewährt, gemäß § 12 Abs. 8 des Deutsche Bahn Gründungsgesetzes entsprechend anwendbar (BFH vom 26.06.2014, Az.: VI R 41/13).

1.2.4.1.5 Fortbildungsveranstaltungen (allgemein)

Betriebliche Fortbildungsleistungen führen nicht zu Arbeitslohn, wenn die Fortbildungsmaßnahmen im ganz überwiegenden betrieblichen Interesse des AG durchgeführt werden (R 19.7 LStR). Für den Fall, dass der AN Rechnungsempfänger (der Fortbildungskosten) ist, ist dies für ein ganz überwiegend betriebliches Interesse des AG unschädlich, wenn der AG die Übernahme bzw. den Ersatz der Aufwendungen allgemein oder für die besondere Bildungsmaßnahme vor Vertragsabschluss schriftlich zugesagt hat. Dieser Grundsatz gilt auch für die Übernahme von Studienkosten durch den AG. Hierzu hat das BMF mit Schreiben vom 13.04.2012, BStBl I 2012, 531) ausführlich Stellung genommen. Die Übernahme von Rückzahlungsbeträgen durch den neuen ArbG, die der ArbN im Fall des Arbeitgeberwechsel an den bisherigen ArbG leisten muss, können zu Arbeitslohn führen.[127]

Auch wenn die eigentlichen Fort- oder Weiterbildungsleistungen nach den vorstehenden Regelungen nicht zu Arbeitslohn führen, können **weitere Aufwendungen des AG (wie z.B. Reisekosten) neben den Kosten für die eigentliche Fort- oder Weiterbildungsleistung**, die durch die Teilnahme des Arbeitnehmers an der Bildungsveranstaltung veranlasst sind, nach **§ 3 Nr. 13, Nr. 16 EStG** sowie R 9.4 bis R 9.8 und R 9.11) ggf. steuerfrei durch den Arbeitgeber erstattungsfähig sein (R 19.7 Abs. 3 LStR 2015, s. auch die Tabelle in Kap. 1.2.5.3.3).

Lösung zu Beispiel 2 (3.):
Bei der Fortbildungsveranstaltung handelt es sich um ein eigenbetriebliches Interesse des Arbeitgebers, genau wie bei der Schutzkleidung. Daher liegt nach R 19.7 »Berufliche Fort- oder Weiterbildungsleistungen des Arbeitgebers« LStR kein geldwerter Vorteil vor.

1.2.4.1.6 Sozialversicherungsbeträge und weitere Abgrenzungsfälle

Stpfl. Arbeitslohn stellt die Zahlung von Beiträgen zur gesetzlichen Kranken- und Pflegeversicherung dar, die der AG für einen (vom Sozialversicherungsträger als nicht) sozialversicherungspflichtigen (eingestuften) AN zahlt. Die Zahlungen stellen Arbeitslohn dar, denn es besteht in diesem Fall eben keine gesetzliche Verpflichtung zur Beitragserbringung (BFH vom 21.01.2010, BStBl II 2010, 703). Damit korrespondierend sind obligatorische Beiträge eines schweizerischen AG an schweizerische Vorsorgeeinrichtungen mit Zukunftssicherung für einen in Deutschland ansässigen AN kein stpfl. Arbeitslohn. Dies gilt jedoch nicht für überobligatorische Beiträge an die Pensionskasse (FG Baden-Württemberg vom 23.04.2009, LEXinform 5009565). Beiträge für eine vom AG abgeschlossene private Krankenversicherung stellen (sofern nicht nach **§ 3 Nr. 62 EStG** steuerfrei) Arbeitslohn dar (BFH vom 16.04.1999, BStBl II 2000, 408; vom 14.04.2011, BStBl II 2011, 767 (hier ausnahmsweise Sachlohn); vom 02.03.2011, BFH/NV 2011, 1456). Zuschüsse, die eine AG Vorstandsmitgliedern zur freiwilligen Weiterversicherung in der gesetzlichen Rentenversicherung oder einem Versorgungswerk gewährt, sind Arbeitslohn (BFH vom 24.09.2013, Az.: VI R 8/11). Die Frage, ob für »Zukunftssicherungsleistungen« die 44 €-Sachbezugs-Freigrenze des § 8 Abs. 2 S. 9 EStG (ab 2014: § 8 Abs. 2 S. 11 EStG) hat das BMF mit Schreiben vom 10.10.2013 (BStBl I 2013, 1301) verneint. Nach Auffassung des BMF liegt bei Zukunftssicherungsleistungen regelmäßig Barlohn vor.

---

[127] Vgl. Senatsverw. für Fin. Berlin, Kurzinfo LSt Nr. 1/15 vom 16.1.2015, DB 2015. 218.

Lösung zu Beispiel 2 (5.):
Die trotz der nicht bestehenden Versicherungspflicht entrichteten Beiträge des F stellen bei S im Jahr 2016 Arbeitslohn dar.

Beispiel 2a:
(Auszug aus der Steuerberaterprüfung 2011 – verkürzt, aktualisiert, gleichzeitig mit Auswirkungen aus der Abgrenzung zwischen § 15 und 19 EStG vgl. auch Kap. 1.2)
Doris Döring (D) betreibt ein Bauunternehmen unter der Firma »Bauen Döring«. Harry Hallhuber (H) ist seit dem Jahr 2002 als leitender Angestellter für das Bauunternehmen tätig. H steht arbeitsvertraglich ein monatliches Bruttogehalt von 10.000 € zu, was ihm nach Abzug der Arbeitnehmerbeiträge zur Sozialversicherung und der Lohnsteuer jeweils zum 15. eines Monats ausgezahlt wird. Der Arbeitgeberanteil zur Sozialversicherung beträgt im Jahr 2016 monatlich 1.300 €. Im Februar 2016 einigen sich D und H darauf, das Bauunternehmen ab dem 01.03.2016 gemeinsam in einer KG zu betreiben, an der D als geschäftsführende Komplementärin und H als Kommanditist beteiligt sind. Hierfür gründen D und H mit notariellem Vertrag vom 17.02.2016 die »Bauen Döring KG« (KG), die am 15.03.2016 im Handelsregister eingetragen wird. H zahlt seine Kommanditeinlage am 01.03.2016 auf das Bankkonto der KG ein. Der zwischen D und H bestehende Anstellungsvertrag wird von der KG fortgeführt: Der von der KG ab dem 01.03.2016 gezahlte Arbeitslohn unterliegt der Sozialversicherungspflicht. Zu ermitteln sind die Einkünfte des H.

Lösung: H erzielt durch seine Tätigkeit als leitender Angestellter für das Bauunternehmen »Bauen Döring« in der Zeit vom 01.01. bis zum 28.02.2016 Einkünfte aus nichtselbständiger Arbeit nach § 19 Abs. 1 S. 1 Nr. 1 EStG. Die Arbeitgeberanteile zur Sozialversicherung zählen nicht zu den Einnahmen i.S.d. § 19 Abs. 1 S. 1 Nr. 1 EStG[128]:
Es ergeben sich folgende Einkünfte:

Einnahmen	20.000 €
abzgl. Werbungskosten-Pauschbetrag nach § 9a S. 1 Nr. 1 Buchst. a EStG	./. 1.000 €
Summe	19.000 €

Einkünfte nach § 15 Abs. 1 S. 1 Nr. 2 EStG:
H erzielt aufgrund seiner Tätigkeit als leitender Angestellter für die KG ab dem 01.03.2016 Einnahmen aus einer Tätigkeit im Dienste der Gesellschaft i.S.v. § 15 Abs. 1 S. 1 Nr. 2 EStG. Zu den Einnahmen gehören auch die Arbeitgeberanteile zur Sozialversicherung. Anders als bei der Beurteilung i.R.d. § 19 EStG setzt der Ansatz einer Sondervergütung i.S.v. § 15 Abs. 1 S. 1 Nr. 2 EStG nicht deren Zufluss oder bilanzielle Erfassung voraus. Tragend ist allein, dass die Aufwendungen dem Dienstverhältnis zuzuordnen sind und die hiermit verbundene Vergütung als Gegenleistung für die Tätigkeit im Dienste der Gesellschaft zu werten ist. Die Steuerbefreiung nach § 3 Nr. 62 EStG ist mangels nichtselbständiger Tätigkeit des H nicht anwendbar.

Tätigkeitsvergütung 2016:
10 × 10.000 € = 100.000 € (laufende Gehaltszahlungen)
10 × 1.300 € = 13.000 € (Arbeitgeberanteil Sozialversicherung)
Ergibt: 113.000 €

---

128 Die Arbeitgeberanteile zur Sozialversicherung zählen nicht zu den Einnahmen i.S.d. § 19 Abs. 1 S. 1 Nr. 1 EStG, weil sie keinen gegenwärtig zufließenden Arbeitslohn darstellen. § 3 Nr. 62 EStG hat insoweit nur deklaratorische Bedeutung (vgl. BFH vom 06.06.2002, BStBl I 2003, 34).

Nachfolgend werden weitere wichtige Abgrenzungsfälle tabellarisch dargestellt.

Bezeichnung des Vorganges	Eigenbetriebliches Interesse des AG	Arbeitslohn	Weitere Hinweise/ Begründung	Rechtsprechung/ Verwaltungsanweisungen
Mitversicherung in der Berufshaftpflichtversicherung des Arbeitgebers von angestellten Rechtsanwälten/Klinikärzten	Ja	Nein	Unabdingbar für die anwaltliche Tätigkeit	BFH vom 19.11.2015, VI R 47/14 und VI R 74/14 und vom 10.03.2016, VI R 58/14
Übernahme der Prämien der **eigenen** Berufshaftpflichtversicherung einer angestellten Rechtsanwältin	Nein	Ja	Unabdingbar für die anwaltliche Tätigkeit	BFH vom 26.07.2007 (BStBl II 2007, 892)
Beiträge zu den Berufskammern für angestellte Steuerberater, Wirtschaftsprüfer sowie Geschäftsführer	Nein	Ja	Mitgliedschaft ist unabdingbar für Tätigkeit	BFH vom 17.01.2008 (BB 2008, 527)
Verbilligte oder unentgeltliche Überlassung von Parkplätzen	Ja	Nein		OFD Münster vom 25.06.2007 (DStR 2007, 1256)
Verzicht des AG auf Schadenersatzanspruch gegen den AN	Nein	Ja	Ausnahme: gesetzliche Verpflichtung des AG	BFH vom 24.05.2007 (BStBl II 2007, 766)
Übernahme von Geldstrafen/ Verwarngeldern des AN (bei Verkehrsdelikten)	Nein	Ja	Seit der Änderung der Rechtsprechung durch den BFH immer Arbeitslohn, da ein rechtswidriges Tun keine notwendige Begleiterscheinung betriebsfunktionaler Zielsetzung darstellt.	BFH vom 14.11.2013 (Az.: VI R36/12). Die Urteile vom 07.07.2004 (BFH/NV 2005, 596 und vom 22.07.2008, BStBl II 2009, 151) sind damit überholt.
Kostenlose Überlassung einer Luxuswohnung zur Bindung von AN	Nein	Ja		BFH vom 19.08.2004 (BStBl II 2004, 1076)
Verbilligt überlassene Wohnung an AN durch Nichterhebung von Nebenkosten		Ja	Ein Sachbezug liegt nur dann vor, wenn die abgerechnete Miete inkl. NK die ortsübliche Miete unterschreitet.	BFH vom 11.05.2011 (BFH/NV 2011, 1938)
Verbilligte Überlassung eines Jobtickets		Ja	Zahlung eines Pauschalbetrages des AG an die Verkehrsbetriebe, die dem AN dann die Möglichkeit eines verbilligten Tickets einräumen (Sachbezug); übliche Preisnachlässe sind zu berücksichtigen; eine Pauschalierung der Lohnsteuer ist nach § 40 Abs. 2 EStG möglich.	BFH vom 14.11.2012 (Az.: VI R 56/11); zu Abgrenzung und Gestaltungsfragen vgl. Vfg. des Bay. LfSt vom 12.08.2015, S-2334.2.1-98/5 St 32; zur Pauschalierung der Lohnsteuer BFH vom 24.09.2015 (VI R 69/14)

Bezeichnung des Vorganges	Eigen-betrieb-liches Interesse des AG	Arbeits-lohn	Weitere Hinweise/ Begründung	Rechtsprechung/ Verwaltungs-anweisungen
Verbilligte oder unentgeltliche Gewährung von Flügen an AN der Luftfahrt		Ja		Gleichlautender Ländererlass vom 11.09.2015 – 3 – S 233.4/172)
Übernahme von Steuerbera-tungskosten für die Erstellung von ESt-Erklärungen der AN durch den AG bei Vorliegen einer Nettolohnvereinbarung		Ja		BFH vom 21.01.2010 (BStBl II 2010, 639)
Übernahme von Kurkosten		Ja	Eine Aufteilung der Aufwendungen ist nicht möglich.	BFH vom 11.03.2010 (BStBl II 2010, 763), beachte jedoch die Ausnahme von R 3.11 Abs. 2 LStR (Abgren-zung im Einzelfall, ggf. bis zu 600 € steuerfrei)
Gewährung von Mahlzeiten an AN eines Kindergartens	Ja	Nein	S. auch R 8.1 Abs. 7 und 8 LStR.	FG Niedersachsen vom 19.02.2009 (Az.: 11 K 384/07, rkr.)
Tank- und Geschenkgut-scheine, Einkaufsgutscheine		Möglich	Das Vorliegen von (innerhalb der Freigren-ze) steuerbefreitem Sachlohn ist möglich. Entscheidend ist die arbeitsvertragliche Ver-einbarung; R 8.1 Abs. 1 LStR wird mit Wirkung zum 01.01.2015 aufge-hoben.	BFH vom 11.11.2010 (BStBl II 2011, 383; 386; 389) und vom 06.03.2008 (BStBl II 2008, 530), H 8.1 Abs. 1–4 LStH Stich-wort »Warengut-scheine«
Vergünstigte Tarife bei Sach- und Lebensversicherungen (sog. Haustarife)		Ja	I.H.d. Differenz zwi-schen Haus- und (güns-tigstem) Kundentarif (geldwerter Vorteil).	BFH vom 21.04.2010 (Az.: X R 43/08 (NV))
Vom AN ohne Berechtigung auf dessen eigenes Konto überwiesene, ihm nicht zuste-hende Beträge (Veruntreuung)		Nein		BFH vom 13.11.2012 (Az.: VI R 38/11)
Zuschüsse, die eine AG Vorstandsmitgliedern zur frei-willigen Weiterversicherung in der gesetzlichen Rentenversi-cherung oder einem Versor-gungswerk zahlt	Nein	Ja	Überwiegendes Inte-resse des AN, Abgren-zung zu BFH vom 05.09.2006 (Az.: VI R 38/04)	BFH vom 24.09.2013 (Az.: VI R 8/11)

1.2.4.1.7 Umrechnung von in Fremdwährung bezogenen Arbeitslöhnen

Nach dem Urteil des BFH vom 03.12.2009 (BStBl II 2010, 698) sind die in Fremdwährung bezogenen Löhne anhand der von der EZB veröffentlichen monatlichen Durchschnittsrefe-renzkurse für den Euro, die den vom BMF veröffentlichten Umsatzsteuer-Umrechnungskursen entsprechen, umzurechnen.

1.2.4.2 Steuerbefreite Komponenten (§ 3 EStG)

Der Katalog der steuerbefreiten AN-Einnahmen umfasst folgende Hauptbereiche[129]:

Norm	Steuerbefreite Einnahmen
§ 3 Nr. 2, 2a, 2b EStG	Arbeitslosengeld und dgl. nach SGB III, Arbeitslosengeld II nach SGB II
§ 3 Nr. 13 und 16 EStG	Erstattung der Reise- und Umzugskosten (vgl. hierzu auch R 3.13, H 3.13 und R 3.16 LStR 2015)
§ 3 Nr. 30–33 EStG[131]	Werkzeuggeld, Berufskleidung, Betriebskindergärten (teilweise, soweit zusätzlich zum Arbeitslohn geschuldet, vgl. R 3.33 LStR)
§ 3 Nr. 34 EStG	Maßnahmen zur Gesundheitsförderung der AN bis zu 500 € im Kalenderjahr
§ 3 Nr. 34a EStG	zusätzlich zum ohnehin geschuldeten Arbeitslohn gezahlte Leistungen an ein Dienstleistungsunternehmen, das den AN hinsichtlich der Betreuung von Kindern oder pflegebedürftigen Angehörigen berät oder hierfür Betreuungspersonen vermittelt, sowie zur kurzfristigen Betreuung von Kindern unter weiteren Voraussetzungen bis zu 600 € im Jahr
§ 3 Nr. 38 EStG	Sachprämien aus Kundenbindungsprogrammen bis zu 1.080 € im Kalenderjahr
§ 3 Nr. 39 EStG	Beteiligungen von Mitarbeitern am Unternehmen des AG bis zu 360 € im Kalenderjahr
§ 3 Nr. 45 EStG	private Nutzung betrieblicher PC/Internet (mit R 3.45 LStR 2015: Erstreckung auf Pkw-Handys u.a.); durch Gesetz (BT-Drs. 17/8235) rückwirkend ab 01.01.2000 ausgedehnt auf vom AG überlassene Handys und Computer-Software[132]
§ 3 Nr. 46 EStG-NEU[133]	Vorteile für das elektrische Aufladen eines privaten Elektrofahrzeugs oder Hybridelektrofahrzeugs des AN im Betrieb des AG und für die zeitweise zur privaten Nutzung überlassene betriebliche Ladevorrichtung
§ 3 Nr. 50 EStG	Auslagenersatz (durchlaufende Gelder)[134]; s. auch R 3.50 LStR 2015, wonach durchlaufende Gelder immer zusätzlich gezahlt werden und daher keinen anderen Arbeitslohn ersetzen können
§ 3 Nr. 51 EStG	Trinkgelder[135]

---

129 Hierbei sind jeweils die zusätzlichen Hinweise der LStR zu beachten.
130 Teilweise setzt die Steuerbefreiung als Tatbestandsmerkmal voraus, dass die Leistungen »zusätzlich zum ohnehin geschuldeten Arbeitslohn« erbracht werden. In diesem Zusammenhang sind die Urteile des BFH vom 19.09.2012 (Az.: VI R 54/11, VI R 55/11, BStBl II 2013, 395 und 398) sowie BMF vom 22.05.2013 (BStBl I 2013, 728) zu beachten.
131 Zum Umfang der von der Neufassung erfassten Geräte vgl. BT-Drs. 17/9811 vom 23.05.2012. Demnach muss es sich um ein betriebliches Gerät des AG handeln. Die LStR 2015 verwenden den Begriff »**Datenverarbeitungs-** und Telekommunikationsgeräte«.
132 Einführung geplant im Rahmen des Gesetzes zur steuerlichen Förderung der Elektromobilität (Regierungsentwurf vom 18.05.2016) mit Wirkung vom 01.01.2017–31.12.2020.
133 Die Garagennutzung eines Dienst-Pkw durch den AN ist steuerfreier Auslagenersatz (BFH vom 07.06.2002, BStBl II 2002, 829).
134 Dieser Begriff ist eher eng auszulegen, vgl. z.B. BFH vom 10.03.2015 VI R 6/14.

Norm	Steuerbefreite Einnahmen
§ 3 Nr. 55 EStG	geleisteter Übertragungswert (der betrieblichen Altersvorsorge) nach § 4 Abs. 5 des Betriebsrentengesetzes, wenn die betriebliche Altersversorgung beim ehemaligen und neuen AG über einen Pensionsfonds, eine Pensionskasse oder ein Unternehmen der Lebensversicherung durchgeführt wird
§ 3 Nr. 56 EStG	Zuwendungen des AG nach § 19 Abs. 1 S. 1 Nr. 3 S. 1 EStG aus dem ersten Dienstverhältnis an eine Pensionskasse zum Aufbau einer nicht kapitalgedeckten betrieblichen Altersversorgung, sofern die weiteren Voraussetzungen des § 3 Nr. 56 EStG erfüllt sind
§ 3 Nr. 59 EStG	Mietvorteile (mit R 3.59 LStR)
§ 3 Nr. 62 EStG	**AG-Anteile zur Sozialversicherung des AN**[136, 137, 138]
§ 3 Nr. 63 EStG	Beiträge des AG des ersten Dienstverhältnisses zum Aufbau einer kapitalgedeckten betrieblichen Altersvorsorge des AN bis zu 4 % der Beitragsbemessungsgrenze pro Jahr
§ 3 Nr. 64 EStG	Lohnbestandteile bei Auslandstätigkeit, die den vergleichbaren Lohn bei Inlandstätigkeit übersteigt (im Rahmen eines Dienstverhältnisses zu einer inländischen juristischen Person des öffentlichen Rechts bei Zahlung des Lohns aus einer öffentlichen Kasse) sog. Kaufkraftzuschläge[139]
§ 3 Nr. 67 Buchst. d EStG	Zuschläge für Kindererziehungs- und Pflegezeiten (s. auch BMF vom 08.03.2016 IV C 3 – S 2342/07/0007 :005)
§ 8 Abs. 2 S. 9 EStG	Sachbezüge (Warengutscheine) bis zu einer monatlichen Freigrenze von 44 €
R 8.1 Abs. 8 Nr. 2 LStR, H 8.1 Abs. 8 LStH; BMF vom 24.10.2014 (Az.: IV C 5 – S 2353/14/10002, Tz. 62 ff.)	übliche Mahlzeiten (Preis bis 60 €) bei Dienstreisen: Ansatz nur mit dem amtlichen Sachbezugswert, z.B. in 2017 für Frühstück 1,70 € und für Mittag- und Abendessen 3,17 € (§ 2 Sozialversicherungsentgeltverordnung, BMF vom 09.12.2015, BStBl I 2015, 1057), zur Anwendung der Sachbezugswerte bei Kantinenmahlzeiten und Essensmarken bzw. Zuschüssen Auswärtstätigkeiten (vgl. BMF vom 05.01.2015, BStBl I 2015, 119 und vom 24.02.2016, IV C 5 – S 2334/08/10006; OFD Frankfurt/M. vom 11.07.2016 – S 2334 A – 30 – St 211)

Daneben gewährt § 3b EStG eine Steuerfreiheit für Zuschläge des AG, die neben dem Grundlohn für Arbeiten an **Sonn- und Feiertagen** sowie für **Nachtarbeit** gezahlt werden, wobei die Basis (»Grundlohn«) auf 50 € begrenzt ist. In dogmatischer Hinsicht sind vor allem folgende Aspekte von Belang:

---

135 Zur Abgrenzung zwischen steuerbefreiten und steuerpflichtigen Beiträgen s. Kap. I 2.4.1.6 und u.a. die BFH-Urteile vom 06.06.2002 (BStBl II 2003, 34), vom 02.12.2005 (BFH/NV 2006, 544), vom 28.05.2009 (BStBl II 2010, 220), vom 07.05.2009 (BStBl II 2010, 194) und vom 09.12.2010 (Az.: VI R 57/08), Letzteres umgesetzt im BMF-Schreiben vom 25.11.2011 (BStBl I 2011, 1250).
136 Vgl. hierzu auch Beispiel 2a in Kap. 1.2.4.1.6.
137 Zu Zuschüssen eines inländischen AG an einen AN für dessen in einer ausländischen gesetzlichen Krankenversicherung innerhalb der Europäischen Union und des Europäischen Wirtschaftsraums sowie im Verhältnis zur Schweiz vgl. BMF vom 30.01.2014 (BStBl I 2014, 210) und abgrenzend BFH vom 12.01.2011 (BStBl II 2011, 446).
138 Das BMF stellt hierzu eine laufend (meist quartalsweise) aktualisierte, nach Ländern getrennte Übersicht zur Verfügung.

- Aufwendungen, die mit steuerfreien Einnahmen in Zusammenhang stehen, werden nach § 3c Abs. 1 EStG nicht zum WK-Abzug zugelassen. Ebenso sind Vorsorgeaufwendungen, die mit steuerbefreiten Einnahmen zusammenhängen, nach § 10 Abs. 2 Nr. 1 EStG nicht als Sonderausgaben abzugsfähig.
- Die Behandlung des **Auslagenersatzes** in § 3 Nr. 50 EStG einerseits und die Anwendungsfälle der § 3 Nr. 30–32 sowie Nr. 13 und 16 EStG andererseits verdeutlichen den unterschiedlichen Charakter der Befreiungstatbestände.

Während es sich bei § 3 Nr. 50 EStG nach h.M. wegen der fehlenden Bereicherung des AN um eine nicht steuerbare Einnahme handelt (nur deklaratorische Bedeutung), kann die zweite Fallgruppe als **WK-Ersatz** durch den AG bezeichnet werden. Hier liegen steuerbare Einnahmen des AN vor, die durch die konstitutive Wirkung des § 3 EStG befreit werden und damit nicht stpfl. sind.[139]

Weitere Details zur Steuerbefreiung von § 3b EStG finden sich in der nachfolgenden Übersicht:

	Maximale Höhe des steuerfreien Zuschlages bezogen auf den Grundlohn	Weitere Hinweise	Rechtsnorm
Sonntagsarbeit	50 % vorbehaltlich der Regelungen zur Feiertagsarbeit	Maximal wird ein Grundlohn je Std. von 50 € zugrunde gelegt	§ 3b Abs. 1 Nr. 2, 3, 4, Abs. 2 EStG
Feiertagsarbeit	125 % am 31.12. ab 14:00 Uhr bzw. 150 % am 24.12. ab 14:00 Uhr, am 25. und 26.12. sowie am 01.05.	Maximal wird ein Grundlohn je Std. von 50 € zugrunde gelegt	§ 3b Abs. 1 Nr. 3, 4, Abs. 2 EStG
Nachtarbeit	25 %	Maximal wird ein Grundlohn je Std. von 50 € zugrunde gelegt	§ 3b Abs. 1 Nr. 1, Abs. 2 EStG

Die zeitlichen Definitionen der jeweiligen Arbeitsarten sind in § 3b Abs. 2 und 3 EStG normiert. Es muss sich hierbei um konkrete Zuschläge handeln. Pauschale und gleichbleibende Flugzulagen an Piloten sind nicht nach § 3b Abs. 1 EStG begünstigt (BFH vom 16.12.2010, BFH/NV 2011, 683). Pauschale Beträge, die ohne Rücksicht auf die Höhe der tatsächlich erbrachten begünstigten Mehrarbeit geleistet werden, sind allgemein nur unter strengen Voraussetzungen nach § 3b EStG begünstigt (vgl. BFH vom 08.12.2011, Az.: VI R 18/11).

1.2.5 Werbungskosten bei § 19 EStG
1.2.5.1 Einführung
Aus dem klassischen Repertoire der WK bei § 19 EStG ragen neben den bei § 9 EStG grundsätzlich abgehandelten Fragen (z.B. Fahrtkosten) und der bei § 10 EStG anstehenden Abgrenzungsdiskussion (früher: Fortbildungskosten versus Ausbildungskosten[140]) die Themen

---
139 S. hierzu ausführlich *Drenseck* in *Schmidt*, EStG, § 3 Rz. 23.
140 S. Kap. V (Sonderausgaben, § 10 Abs. 1 Nr. 7 EStG).

Reisekosten, Arbeitsmittel und Fahrtkosten zwischen Wohnung und erster Tätigkeitsstätte (sog. Entfernungspauschale) heraus. Diese Komplexe werden nachfolgend dargestellt.

1.2.5.2 Fortbildungs- und Ausbildungskosten

Im Vorgriff auf die Diskussion bei § 10 Abs. 1 Nr. 7 EStG ist aus aktuellem Anlass folgende Darstellung angebracht.

Auslandsreisen (s. auch Kap. IV 4.1.3.1) können – obwohl Gruppenreise – dann beruflich veranlasst sein – und es kann korrespondierend steuerfreier Reisekostenersatz gem. § 3 Nr. 13 bzw. Nr. 16 EStG geleistet werden, wenn es sich dabei um eine angeordnete Dienstreise des AN handelt. Nach der älteren Rspr. hat der BFH streng an der Unterscheidung zwischen (begrenzt abzugsfähigen) Ausbildungskosten und (grundsätzlich unbegrenzt) abzugsfähigen Fortbildungskosten unterschieden. Hiervon hat sich der BFH in mehreren Entscheidungen deutlich distanziert.[141] Für den Bereich der **Auslandssprachkurse** hat sich die Verwaltung mit BMF-Schreiben vom 26.09.2003 (BStBl I 2003, 447) dieser Auffassung angeschlossen. Mit der BFH-Rspr. sind danach Sprachkurse im **EU-Ausland** und – darüber hinaus – in **EWR-Ländern** sowie der **Schweiz** als WK abzugsfähig. Das BMF erweitert die Abzugsfähigkeit allgemein auf Fortbildungsmaßnahmen in diesem Raum. In diesem Sinne (Angleichung an die BFH-Rspr.) wurde auch **R 9.2 LStR** komplett angepasst (s. Kap. V 1.3.7).

Für den Bereich der **Ausbildungskosten** lässt sich allgemein folgende Entwicklung nachvollziehen: In neuerer Rspr. äußerten sich der BFH, FG und (als Reaktion) die Finanzverwaltung hierzu (Beiträge in chronologischer Reihenfolge):

- Beginnend mit drei Urteilen des BFH vom 18.06.2009 (BStBl II 2010, 816, BFH/NV 2009, 1797 und Az.: VI R 79/06) wurde entschieden, dass Aufwendungen für ein Erststudium **nach abgeschlossener Berufsausbildung** als WK abzugsfähig sein können.
- Auch Kosten für ein Erststudium, dem eine nichtakademische Ausbildung vorangegangen ist (umgekehrter Fall), sollen nach einem Urteil des FG Hamburg (vom 13.04.2010, Az.: 3 K 230/09) als WK zu berücksichtigen sein.
- Das BMF hat (in Reaktion auf diese Urteile) ein neues Schreiben zu der Thematik erlassen (BMF vom 22.09.2010, BStBl I 2010, 721) und die vorstehenden BFH-Urteile allgemein angewandt.
- Weiterhin entschied der BFH, dass auch unter der (damals) neuen Regelung Aufwendungen für ein Erststudium **ohne vorherige Ausbildung** als WK zu berücksichtigen sein können.[142] Auch unter der neuen Rechtslage könne aus § 12 Nr. 5 EStG a.F. kein allgemeines Abzugsverbot für diese Aufwendungen abgeleitet werden (Urteile vom 28.07.2011, Az.: VI R 38/10 und VI R 7/10, vom 15.09.2011, Az.: VI R 22/09 und VI R 15/11 und vom 27.10.2011, Az.: VI R 52/10). Dies gilt auch dann, wenn die Berufstätigkeit möglicherweise später im Ausland ausgeübt wird (BFH vom 28.07.2011, Az.: VI R 5/10).
- Mit § 9 Abs. 6 EStG, § 4 Abs. 9 EStG (BeitrRLUmsG) liegt ein »Machtwort« der Legislative vor: **Rückwirkend ab 01.01.2004** (!) werden Aufwendungen für die erstmalige

---

141 Vgl. im Einzelnen Kap. V 1.3.7.
142 In diesem Kontext ist auch das Urteil des BFH vom 13.1.2015 – IX R 22/14 zu den Möglichkeiten einer erstmaligen Verlustfeststellung nach § 10d EStG für den Fall, dass bereits Festsetzungsverjährung für die Einkommensteuerveranlagung eingetreten ist, zu beachten. Zur Dauer der Festsetzungsfrist in diesem Kontext vgl. auch FG Hamburg vom 05.02.2015 (3 K 201/14 rkr.).

Berufsausbildung und für ein Erststudium[143] als nicht abzugsfähige Ausgaben behandelt. Damit korrespondiert, dass ein limitierter Sonderausgabenabzug von 4.000 € bzw. 6.000 € (ab VZ 2012) gem. § 10 Abs. 1 Nr. 7 EStG zugestanden wird.[144] Aufwendungen für die erstmalige Berufsausbildung (Fachliteratur, Schulgeld, Arbeitszimmer etc.) sind von dem Abzugsverbot ausgenommen, wenn sie im Rahmen eines Dienstverhältnisses anfallen[145] (zur Problematik s. auch Kap. V 1.3.7).

Im Jahr 2014 nahm die Entwicklung der steuerlichen Behandlung eine weitere Wendung: Zu beachten ist zunächst, dass der VIII. Senat des BFH (Urteil vom 05.11.2013, Az.: VIII R 22/12) die Regelung des § 4 Abs. 9 EStG für verfassungsgemäß erachtet hat und einen Abzug für (vorweggenommene) Betriebsausgaben bei den Einkünften aus selbständiger Arbeit für Aufwendungen eines Steuerpflichtigen für ein Erststudium, welches zugleich eine Erstausbildung vermittelt und das nicht im Rahmen eines Dienstverhältnisses stattgefunden hat, abgelehnt hat.

In den Revisionsverfahren VI R 2/12 und VI R 8/12 sowie VI R 72/13 rügten die Kläger u.a. die Rückwirkung der Regelung des § 9 Nr. 6 EStG. Während der III. Senat des BFH diese Rückwirkung ausnahmsweise für zulässig erachtet, hält der Senat den generellen Ausschluss des Werbungskostenabzugs für eine erstmalige Berufsausbildung oder für ein Erststudium, das zugleich eine Erstausbildung vermittelt, wenn diese Berufsausbildung oder dieses Erststudium nicht im Rahmen eines Dienstverhältnisses stattfindet, für verfassungsrechtlich bedenklich, da auch keine weiteren einkommensteuerrechtlichen Regelungen bestehen, nach denen die vom Abzugsverbot betroffenen Aufwendungen die einkommensteuerliche Bemessungsgrundlage mindern. Den Verweis auf den Sonderausgabenabzug hält der BFH insoweit nicht für ausreichend. Mit Beschluss vom 17.07.2014 hat der III. Senat des BFH beschlossen, diese Frage dem BVerfG vorzulegen[146].

Einen (vorläufigen) Schlussstrich zog das Zollkodex-AnpG. In § 4 Abs. 9 und § 9 Nr. 6 EStG wurde die Anforderung an eine erstmalige Berufsausbildung[147] oder an ein Erststudium im Rahmen eines Dienstverhältnisses konkretisiert.[148] Dies soll dann der Fall sein, wenn eine geordnete Ausbildung mit einer Mindestdauer von 18 Monaten bei vollzeitiger Ausbildung und mit einer Abschlussprüfung durchgeführt wird. Ist eine Abschlussprüfung nach dem Ausbildungsplan nicht vorgesehen, gilt die Ausbildung mit der tatsächlichen planmäßigen Beendigung als abgeschlossen. Hinsichtlich des Begriffs »geordnete Ausbildung« soll auf die Durchführung auf der Grundlage von Rechts- oder Verwaltungsvorschriften oder internen Vorschriften eines Bildungsträgers abgestellt werden.

Zugleich wurde § 12 Nr. 5 EStG, der keinen eigenständigen Regelungsgehalt mehr hat, aufgehoben.

---

143 Zur Abgrenzung von Erststudium und weiterem Studium (z.B. Master, Promotion) vgl. auch BMF vom 22.09.2010 (BStBl I 2010, 721).
144 Ein Abzug kommt (weder) als WK/BA noch als Sonderausgaben in Betracht, wenn die Aufwendungen im Rahmen eines Stipendiums steuerfrei erstattet werden (vgl. FG Köln vom 20.05.2016, 12 K 562/13).
145 Zur lohnsteuerlichen Behandlung und Abgrenzung s. auch BMF vom 13.04.2012, BStBl I 2012, 531.
146 Az.: 2 BvL 23/14 und 2 BvL 24/15. Entsprechende Steuerfestsetzungen erfolgen nach Maßgabe des BMF-Schreibens vom 20.02.2015 vorläufig nach § 165 Abs. 1 S. 2 Nr. 3 AO.
147 Zum Begriff der Berufsausbildung (i.S.d. § 32 Abs. 4 EStG) s. auch BMF-Schreiben vom 08.02.2016 (BStBl I 2016, 237).
148 Reaktion auf BFH vom 27.10.2011 (Az.: VI R 52/10) und vom vom 28.02.2013 (Az.: VI R 6/12), die den Begriff zuvor sehr weit ausgelegt hatten.

1.2.5.3 Reisekosten des Arbeitnehmers[149]

1.2.5.3.1 Begriffe und Grundsatz

In der Vergangenheit ist aufgrund einer hohen Anzahl von Einzelfallentscheidungen durch die Rspr. des BFH und daran anknüpfende Verwaltungsregelungen mit diversen Sonderregelungen das Reisekostenrecht zu einem nahezu unüberschaubaren Bereich geworden. Der Gesetzgeber hat darauf mit dem neuen Reisekostenrecht reagiert und will dadurch eine grundlegende Vereinfachung schaffen.

1.2.5.3.2 Die »erste Tätigkeitsstätte« im Detail

Erst wenn der StPfl. außerhalb seiner Wohnung und »ersten Tätigkeitsstätte« beruflich veranlasst auswärts tätig wird, können Reisekosten angesetzt bzw. steuerfrei erstattet werden.

Die »erste Tätigkeitsstätte« ist in § 9 Abs. 4 EStG definiert. Die Prüfung findet dabei zweistufig statt:

- Prüfungsstufe 1: Zuordnung durch den AG (§ 9 Abs. 4 S. 1–3 EStG);
- Prüfungsstufe 2: Zuordnung nach quantitativen Kriterien (§ 9 Abs. 4 S. 4 EStG).

1. Prüfschritt:

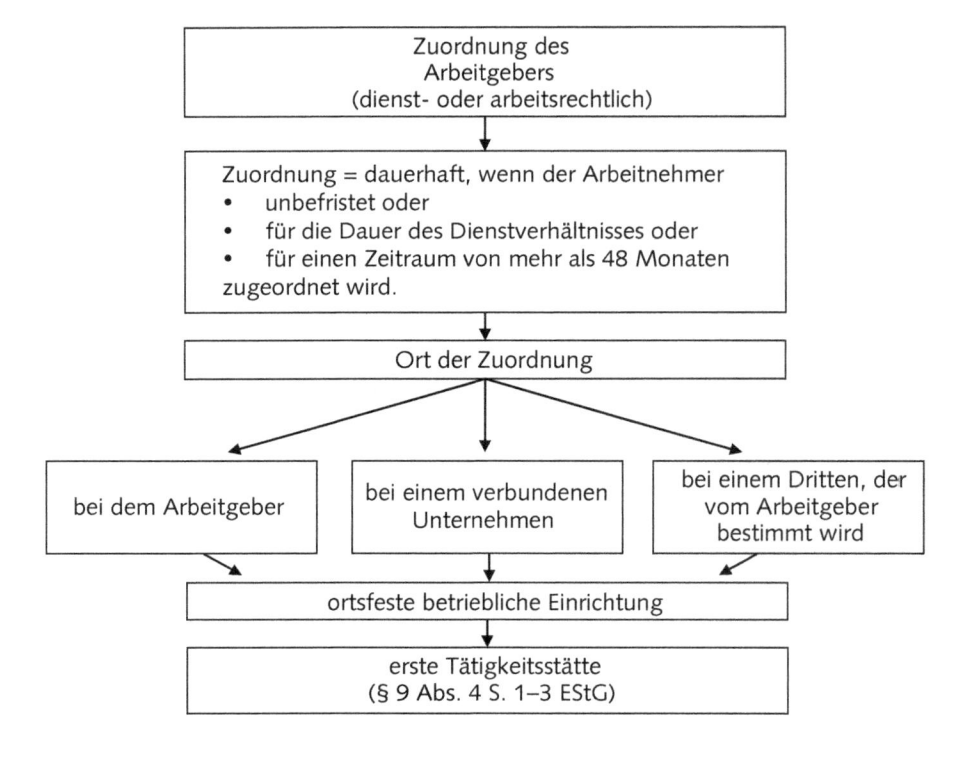

```
         Zuordnung des
         Arbeitgebers
   (dienst- oder arbeitsrechtlich)
                 ↓
   Zuordnung = dauerhaft, wenn der Arbeitnehmer
     • unbefristet oder
     • für die Dauer des Dienstverhältnisses oder
     • für einen Zeitraum von mehr als 48 Monaten
   zugeordnet wird.
                 ↓
          Ort der Zuordnung
        ↙         ↓         ↘
  bei dem    bei einem verbundenen   bei einem Dritten, der
  Arbeitgeber    Unternehmen         vom Arbeitgeber
                                      bestimmt wird
        ↘         ↓         ↙
      ortsfeste betriebliche Einrichtung
                 ↓
         erste Tätigkeitsstätte
         (§ 9 Abs. 4 S. 1–3 EStG)
```

---

149 Entsprechende Anwendung der LStR für Steuerpflichtige mit Gewinneinkünften (vgl. R 4.12 EStR).

1.2.5.3.2.1 Dauerhafte Zuordnung

Beispiel 4:
Der Lohnbuchhalter Karl ist unbefristet beschäftigt. Für einen Zeitraum von 38 Monaten soll er überwiegend in der neuen Filiale in Vechta arbeiten. In der Filiale in Osnabrück soll er nur an Schulungen und Besprechungen teilnehmen, die einmal im Monat stattfinden. Der AG hat ihn der Filiale in Osnabrück zugeordnet.

Lösung: Erste Tätigkeitsstätte ist nach § 9 Abs. 4 S. 1–3 EStG die Filiale in Osnabrück, da Karl dorthin dauerhaft im Sinne des Steuerrechts zugeordnet ist.

1.2.5.3.2.2 Ortsfeste Einrichtung als Tätigkeitsstätte
Als erste Tätigkeitsstätte kommen gem. § 9 Abs. 4 EStG eine ortsfeste betriebliche Einrichtung

- des AG,
- eines verbundenen Unternehmens (§ 15 AktG) oder
- eines vom AG bestimmten Dritten (z.B. Kunde, Entleiher von Personal)

in Betracht.
Keine ortsfesten betrieblichen Einrichtungen sind z.B.

- Tätigkeitsgebiete ohne ortsfeste betriebliche Einrichtung (Montage, Baustellen),
- Fahrzeuge, Flugzeuge, Schiffe,
- öffentliche Haltestellen.

Folgende Berufsgruppen sind davon betroffen:
- Busfahrer,
- Lokführer und Schaffner,
- Piloten und Flugbegleiter,
- Kapitäne und Seemannschaften,
- Taxi- und Lkw-Fahrer.

1.2.5.3.2.3 Großräumiges Tätigkeitsgebiet
Die Tätigkeitsstätte ist eine von der Wohnung getrennte, ortsfeste betriebliche Einrichtung. Nur eine Tätigkeitsstätte soll vorliegen, wenn sich auf einem Betriebs- oder Werksgelände mehrere ortsfeste betriebliche Einrichtungen befinden (großräumige erste Tätigkeitsstätte; BMF vom 24.10.2014, BStBl I 2014, 1412, Rz. 3). Dies ist in der Praxis insb. bei großen Werksgeländen oder z.B. Kasernen gegeben.

Beispiel 5:
Der AN Karl ist unbefristet am Flughafen Münster-Osnabrück beschäftigt und diesem auch arbeitsrechtlich zugeordnet. Karl befördert die Fluggäste im Kleinbus vom Terminal zum Flugzeug und zurück.

Lösung: Karl unterhält am Flughafen Münster-Osnabrück eine erste Tätigkeitsstätte, weil er dem Flughafen dauerhaft zugeordnet ist (BFH vom 29.04.2014, VII R 33/10). Dass Karl lediglich auf einem Fahrzeug tätig wird, steht dem nicht entgegen.

1.2.5.3.2.4 Weiträumiges Tätigkeitsgebiet

Das weiträumige Tätigkeitsgebiet begründet keine erste Tätigkeitsstätte. Bei einem weiträumigen Tätigkeitsgebiet müssen folgende Voraussetzungen – im Gegensatz zur ersten Tätigkeitsstätte – gegeben sein:

- Das Tätigkeitsgebiet muss auf einer festgelegten Fläche sein.
- Es darf nicht innerhalb einer ortsfesten betrieblichen Einrichtung des AG, eines verbundenen Unternehmens (§ 15 AktG) oder bei einem vom AG bestimmten Dritten ausgeübt werden (BMF 24.10.2014; BStBl I 2014, 1412 Rz. 41).

In einem weiträumigen Tätigkeitsgebiet werden i.d.R. z.B. Zusteller, Hafenarbeiter oder Forstarbeiter tätig.

1.2.5.3.2.5 Häusliches Arbeitszimmer

Nach der Verwaltungsauffassung kann ein häusliches Arbeitszimmer nie die erste Tätigkeitsstätte sein (BMF vom 24.10.2014, BStBl I 2014, 1412 Rz. 3). Dies gilt selbst dann, wenn der AG das häusliche Zimmer anmietet.

Eine dienst- oder arbeitsrechtliche Zuordnung des AG zu einem »außerhäuslichen Arbeitszimmer« ist zulässig. Als »außerhäusliches Arbeitszimmer« hat der BFH bereits anerkannt:

- einen nicht zur Wohnung gehörenden, zusätzlich angemieteten Kellerraum (BFH vom 26.02.2003, BStBl II 2003, 515);
- eine Mansardenwohnung im Dachgeschoss eines MFH, die nicht in unmittelbarer räumlicher Nähe zur Wohnung des StPfl. im EG liegt (BFH vom 18.08.2005, BStBl II 2006, 428);
- ein »außerhäusliches« Arbeitszimmer in einem Zweifamilienhaus ohne direkten Zugang vom privaten Wohnbereich in die Büroräume (BFH vom 20.06.2012, BFH/NV 2012, 1772).

1.2.5.3.2.6 Erste Tätigkeitsstätte bei einem verbundenen Unternehmen oder einem vom Arbeitgeber bestimmten Dritten

Die Annahme einer ersten Tätigkeitsstätte beinhaltet nicht, dass es sich um eine ortsfeste betriebliche Einrichtung des AG handelt. So kann die erste Tätigkeitsstätte auch bei einem verbundenen Unternehmen vorliegen, z.B. einem Kunden. Es ist jedoch zu beachten, dass eine wirkliche Tätigkeit dort ausgeübt werden muss und nicht nur eine Dienstleistung in Anspruch genommen werden darf (BMF vom 24.10.2014, BStBl I 2014, 1412 Rz. 4).

> **Beispiel 6:**
> Der Lohnbuchhalter Karl übt seine Tätigkeit am Standort der Kanzlei in Osnabrück aus. Karl ist an einem Tag in der Woche nachweislich in Melle bei einem Mandanten des Steuerbüros, um dort in einem Zimmer die Mitarbeiter des Mandanten abzurechnen. Der AG hat Karl dem Ort des Mandanten in Melle steuerlich dauerhaft zugeordnet.
>
> **Lösung:** Aufgrund der arbeitsrechtlichen Zuordnung unterhält Karl in Melle seine erste Tätigkeitsstätte. Die fast täglichen Fahrten zum Sitz der Kanzlei in Osnabrück sind nach reisekostenrechtlichen Regelungen abrechenbar.
>
> **Abwandlung:**
> Der Lohnbuchhalter Karl wird dauerhaft der Niederlassung der Post zugeordnet, die 2 Kilometer entfernt ist. Er fährt dort jeden Tag hin, um Briefe abzuholen. Der Sitz der Kanzlei ist 40 Kilometer entfernt.

Lösung: Trotz der dauerhaften Zuordnung zur Niederlassung der Post unterhält Karl dort keine erste Tätigkeitsstätte, weil er dort nur eine Leistung eines Dritten in Anspruch nimmt. Da er üblicherweise arbeitstäglich in Osnabrück tätig werden soll, hat er dort aufgrund zeitlicher Kriterien seine erste Tätigkeitsstätte i.S.d § 9 Abs. 4 S. 4 EStG.

1.2.5.3.2.7 Zuordnung mittels dienst- oder arbeitsrechtlicher Festlegung des Arbeitgebers

Das steuerliche Reisekostenrecht folgt dem Direktionsrecht des AG (§ 9 Abs. 4 S. 2 EStG). Daher liegt eine erste Tätigkeitsstätte vor, wenn der AN einer bestimmten Tätigkeitsstätte i.S.d. § 9 Abs. 4 S. 1 EStG zugeordnet ist. Die Wirksamkeit einer steuerlichen Zuordnung gilt unabhängig davon, ob diese schriftlich oder mündlich erteilt worden ist. Aus Nachweisgründen ist eine schriftliche Vereinbarung zu empfehlen.

Im neuen Reisekostenrecht kommt der Zuordnungsentscheidung eine hohe Bedeutung zu. Fehlt es an einer Glaubhaftmachung durch einen entsprechenden Nachweis, beurteilt sich die erste Tätigkeitsstätte nach zeitlichen Kriterien. Eine Dokumentation kann z.B. durch einen Arbeitsvertrag, Tarifvertrag, Protokollnotizen, dienstrechtliche Verfügungen oder Einsatzpläne erfolgen. Eine steuerliche Zuordnung kann unabhängig der arbeitsrechtlichen erfolgen. Auf die Regelmäßigkeit des Aufsuchens und auf die Qualität des Tätigwerdens kommt es dabei nicht an. Es soll vollkommen ausreichend sein, dass ein AN die erste Tätigkeitsstätte einmal im Monat aufsucht.

1.2.5.3.3 Zuordnung der Tätigkeitsstätte

Von einer »dauerhaften Zuordnung« ist auszugehen, wenn der AN

- unbefristet (ohne zeitliche Befristung; BMF vom 24.10.2014, BStBl I 2014, 1412 Rz. 13),
- für die gesamte Dauer (befristet oder unbefristet) des Dienstverhältnisses
- oder über 48 Monate hinaus

einer ortsfesten betrieblichen Einrichtung zugeordnet ist.

Eine »Zuordnung bis auf Weiteres« ist eine Zuordnung ohne Befristung und folglich dauerhaft (*Geserich*, HFR 2016, 446).

Der BFH hat mit Beschluss vom 10.12.2015, VI R 7/15, abgelehnt, dass ein Mitarbeiter während der Probezeit bei einer befristeten Beschäftigung eine steuerfreie Erstattung nach Reisekostengrundsätzen vornehmen kann, selbst wenn der AN der betrieblichen Einrichtung dauerhaft zugeordnet ist.

Beispiel 7:
Der Lohnbuchhalter Karl ist unbefristet beschäftigt. Für einen Zeitraum von 38 Monaten soll er überwiegend in der neuen Filiale in Vechta arbeiten. In der Filiale in Osnabrück soll er nur an Schulungen und Besprechungen teilnehmen, die einmal im Monat stattfinden. Der AG hat ihn der Filiale in Osnabrück zugeordnet.

Lösung: Erste Tätigkeitsstätte ist die Filiale in Osnabrück nach § 9 Abs. 4 S. 1–3 EStG, da Karl dorthin dauerhaft im Sinne des Steuerrechts zugeordnet ist.

Abwandlung:
Es liegt dabei keine Zuordnungsentscheidung vor.

Lösung: Eine erste Tätigkeitsstätte kann nur dort unterhalten werden, wo Karl dauerhaft zugeordnet ist. Da Karl in Vechta nur 38 Monate zeitlich befristet tätig werden soll, ist dies nur ein vorübergehender Einsatz. Eine erste Tätigkeitsstätte i.S.d. § 9 Abs. 4 S. 1–3 EStG liegt dort nicht vor.

Eine dauerhafte Zuordnungsentscheidung richtet sich nach den Vereinbarungen bzw. Festlegungen zu Beginn des Dienstverhältnisses oder zum Zeitpunkt der Änderung. Eine dienst- oder arbeitsrechtliche Zuordnung ist dauerhaft, wenn sie keine Befristung enthält.

Die Beurteilung, ob die Zuordnung dauerhaft ist, ist die auf die Zukunft gerichtete, prognostische (Ex-ante-)Betrachtung maßgebend (BMF vom 24.10.2014, BStBl I 2014, 1412 Rz. 13).

Beispiel 8:
Der unbefristet beschäftigte Lohnbuchhalter Karl wird für eine Dauer von voraussichtlich 20 Monaten der neuen betrieblichen Einrichtung in Vechta zugeordnet. Nach dieser Zeit wird die Dauer um 30 Monate verlängert.

Lösung: Karl wird 50 Monate in Vechta tätig. Er begründet trotzdem keine erste Tätigkeitsstätte. Die prognostische Betrachtung bedeutet, dass Karl weder im Zeitpunkt der erstmaligen Zuordnung noch im Zeitpunkt der Verlängerungsentscheidung für mehr als 48 Monate in Vechta eingesetzt werden soll. Eine Änderung der Zuordnungsentscheidung gilt immer ab der Gültigkeit der dienst- oder arbeitsrechtlichen Maßnahmen und nicht mit der Aushändigung der schriftlichen Verfügung (BMF vom 24.10.2014, BStBl I 2014, 1412 Tz. 14).

Durch eine Änderung der dienst- oder arbeitsrechtlichen Zuordnung des AG oder infolge der Veränderung im Beruf kann ein AN während eines Kj. mehrere Tätigkeitsstätten haben. Dies ist z.B. der Fall, wenn ein AN nach seiner Berufsausbildung an einem anderen Tätigkeitsort eingesetzt wird.

1.2.5.3.3.1 Höchstens eine erste Tätigkeitsstätte je Dienstverhältnis
Ein AN kann pro Dienstverhältnis lediglich eine erste Tätigkeitsstätte unterhalten (§ 9 Abs. 4 S. 5 EStG). Das Wort »höchstens« bedeutet diesbezüglich, dass der AN womöglich auch keine erste Tätigkeitsstätte unterhält (BMF vom 24.10.2014, BStBl I 2014, 1412 Rz. 2). Hat ein Mitarbeiter keine erste Tätigkeitsstätte, ist er außerhalb seiner Wohnung immer auswärts tätig (BMF vom 24.10.2014, a.a.O. Rz. 2).

1.2.5.3.3.2 Mehrere Dienstverhältnisse
Hat ein AN mehrere Tätigkeitsstätten, so hat er je Dienstverhältnis eine erste Tätigkeitsstätte.

1.2.5.3.3.3 Mehrere Tätigkeitsstätten und ihre Zuordnung
Da ein AN nach § 9 Abs. 4 S. 5 EStG nur eine erste Tätigkeitsstätte haben kann, bestimmt sich diese grundsätzlich nach der Zuordnung des AG (§ 9 Abs. 4 S. 7 EStG).

Beispiel 9:
Ein in Osnabrück wohnender Einzelhandelskaufmann ist an drei Tagen in der Woche in einem Supermarkt seines AG in Oldenburg und an zwei Tagen in der Woche in einem Supermarkt seines AG in Vechta tätig. Der AG ordnet den Mitarbeiter der Filiale in Vechta zu.

Lösung: Durch die Zuordnung des AN hat der Einzelhandelskaufmann in der betrieblichen Einrichtung in Vechta seine erste Tätigkeitsstätte. Unerheblich ist, dass er dort lediglich einen

Tag – und damit nicht zeitlich überwiegend – beruflich tätig ist. Eine Haupttätigkeit muss am Ort der Zuordnung nicht vorliegen. Die Fahrten nach Oldenburg stellen eine Auswärtstätigkeit dar und sind daher nach steuerlichen Reisekostengrundsätzen abrechenbar.

1.2.5.3.3.4 Erste Tätigkeitsstätte ohne arbeits-/dienstrechtliche Festlegung (quantitative und zeitliche Zuordnungskriterien)

Liegt keine Zuordnung zu einer ersten Tätigkeitsstätte vor, ist diese nach quantitativen und zeitlichen Voraussetzungen zu bestimmen. Damit ist die erste Tätigkeitsstätte nach § 9 Abs. 4 S. 4 EStG an folgendem Ort gegeben, wo der AN

1. typischerweise arbeitstäglich tätig werden soll oder
2. je Arbeitswoche zwei volle Arbeitstage oder
3. mindestens ein Drittel seiner vereinbarten regelmäßigen Arbeitszeit

dauerhaft tätig werden soll.

2. Prüfschritt:

```
┌─────────────────────────────────────┐
│   Es ist keine Zuordnung des        │
│        Arbeitgebers erfolgt         │
│    (1. Prüfschritt nicht erfüllt)   │
└─────────────────┬───────────────────┘
                  ↓
┌─────────────────────────────────────┐
│ Prüfung nach qualitativen und quantitativen Kriterien │
└─────────────────┬───────────────────┘
                  ↓
┌─────────────────────────────────────┐
│ Ist der Arbeitnehmer                │
│  • typischerweise arbeitstäglich oder│
│  • je Arbeitswoche zwei volle Arbeitstage oder│
│  • mindestens ein Drittel seiner vereinbarten│
│    regelmäßigen Arbeitszeit         │
│ dort tätig?                         │
└─────────────────┬───────────────────┘
                  ↓
┌─────────────────────────────────────┐
│ erste Tätigkeitsstätte (§ 9 Abs. 4 S. 4 EStG) │
└─────────────────┬───────────────────┘
                  ↓
┌─────────────────────────────────────┐
│ Erfüllen mehrere Tätigkeitsstätten diese Kriterien? │
└─────────────────┬───────────────────┘
                  ↓
┌─────────────────────────────────────┐
│ erste Tätigkeitsstätte =            │
│ diejenige, die am nächsten an der Wohnung liegt │
│ (§ 9 Abs. 4 S. 7 EStG)              │
└─────────────────────────────────────┘
```

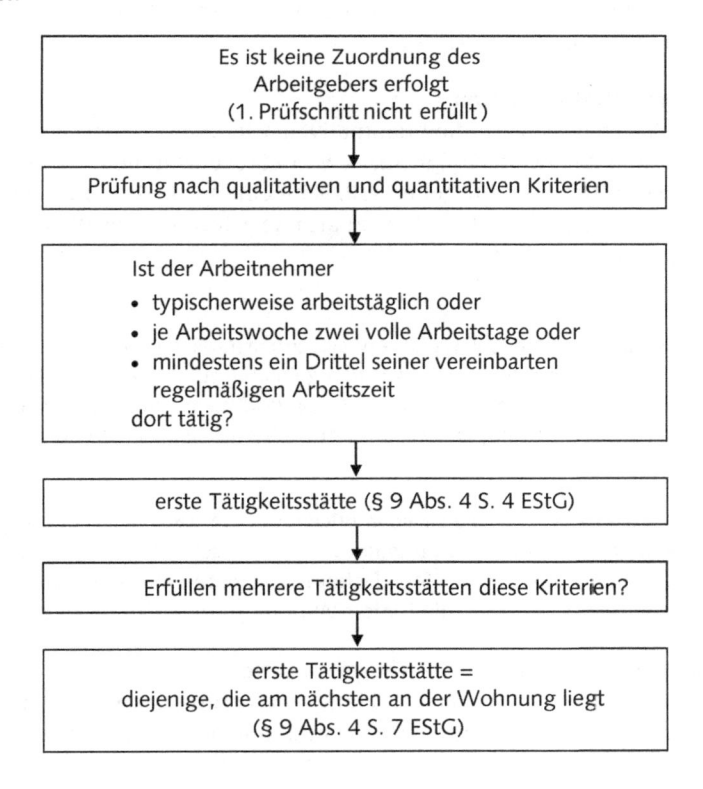

1.2.5.3.4 Zeitliches Kriterium

Der Arbeitseinsatz muss dauerhaft sein. An der betrieblichen Einrichtung muss der AN seine eigentliche Tätigkeit ausüben. Sucht der AN allein die Betriebsstätte auf, um dort Nebentätigkeiten auszuführen, wie z.B. für Urlaubsanträge, Krankmeldungen, Stundenzettel, Abholung von betrieblichen Fahrzeugen, kurze Rüstzeiten, zur Vorbereitung von Zustellrouten, zur Wartung und Pflege des Fahrzeugs, zur Auftragsbestätigung und zur Aufnahme von Material, führt dies nicht zur Qualifizierung der betrieblichen Einrichtung als erste Tätigkeitsstätte. So hat ein Lkw-Fahrer, der lediglich zur Abholung des betrieblichen Lkws zur Betriebsstätte fährt, dort keine erste Tätigkeitsstätte.

Beispiel 10:
Helmut ist Lkw-Fahrer. Ihm wurde keine erste Tätigkeitsstätte zugeordnet. Arbeitstäglich fährt er zum Betriebssitz, um dort den Lkw zu übernehmen. Weiterhin muss er an dem Betriebssitz den Lkw auch be- und entladen.

Lösung: Der Betriebssitz des AG stellt keine erste Tätigkeitsstätte dar. Helmut ist dem Betriebssitz nicht steuerlich zugeordnet. Er erfüllt auch die zeitlichen Kriterien nicht, da das Be- und Entladen des Fahrzeugs als Hilfs- und Nebentätigkeit nicht eine erste Tätigkeitsstätte begründet.

1.2.5.3.5 Zeitliches Kriterium und Zukunftsprognose
Die quantitativen Merkmale des § 9 Abs. 4 S. 4 EStG sind genau wie die Zuordnung zu einer ersten Tätigkeitsstätte anhand einer in die Zukunft gerichteten Prognose zu beurteilen. Es kommt daher allein auf die Prognose an.

1.2.5.3.6 Mehrere Tätigkeitsstätten
Erfüllen mehrere Tätigkeitsstätten die quantitativen Voraussetzungen für eine erste Tätigkeitsstätte, dann kann der AG nach § 9 Abs. 4 S. 6 EStG bestimmen, welche dieser Tätigkeitsstätten als erste Tätigkeitsstätte gelten soll. Fehlt eine solche Bestimmung des AG, wird zugunsten des AN diejenige Tätigkeitsstätte zugrunde gelegt, die der Wohnung des AN am nächsten liegt (§ 9 Abs. 4 S. 7 EStG).

Beispiel 11:
Der Krawattenverkäufer Dieter soll typischerweise arbeitstäglich in drei Filialen seines AG tätig werden. Er fährt morgens mit seinem Motorrad regelmäßig zur Filiale in Vechta, dann zur Filiale in Rinteln, von dort zur Filiale in Bückeburg und von dort nach Hause. Die Filiale in Bückeburg liegt der Wohnung am nächsten. Der AG ordnet Dieter arbeitsrechtlich keine Filiale (als erste Tätigkeitsstätte) zu.

Lösung: Erste Tätigkeitsstätte ist die Filiale in Bückeburg, da diese der Wohnung am nächsten liegt. Alle Tätigkeitsstätten erfüllen die quantitativen und zeitlichen Voraussetzungen einer ersten Tätigkeitsstätte nach § 9 Abs. 4 S. 4 EStG. Daher ist die erste Tätigkeitsstätte nach § 9 Abs. 4 S. 7 EStG diejenige Tätigkeitsstätte, die Dieters Wohnung am nächsten liegt.

1.2.5.3.7 Bildungseinrichtung als erste Tätigkeitsstätte
Als erste Tätigkeitsstätte soll auch eine Bildungseinrichtung gelten, die außerhalb eines Dienstverhältnisses zum Zwecke eines Vollzeitstudiums oder einer vollzeitigen Bildungsmaßnahme aufgesucht wird (BMF vom 24.10.2014, BStBl I 2014, 1412, Rz. 33). Ein Vollzeitstudium oder eine vollzeitige Bildungsmaßnahme liegt insb. dann vor, wenn der StPfl. im Rahmen dieses Studiums oder im Rahmen einer Bildungsmaßnahme für einen Beruf ausgebildet wird und daneben

- entweder keiner Erwerbstätigkeit oder
- nur einer Erwerbstätigkeit mit bis zu 20 Stunden regelmäßiger wöchentlicher Arbeitszeit oder

- einer Erwerbstätigkeit in Form eines geringfügigen Beschäftigungsverhältnisses i.S.d. §§ 8 und 8a SGB IV

nachgeht.

Beispiel 12:
Ein Mitarbeiter wird von seinem AG freigestellt, um an einer Vollzeitausbildung als Erzieher teilzunehmen.

Lösung: Als erste Tätigkeitsstätte gilt auch eine Bildungseinrichtung, die außerhalb eines Dienstverhältnisses zum Zwecke einer vollzeitigen Bildungsmaßnahme aufgesucht wird.

Beispiel 13:
Der Mitarbeiter ist in Vollzeit berufstätig und besucht berufsbegleitend einen Bilanzbuchhalterlehrgang.

Lösung: Es wird keine erste Tätigkeitsstätte am Fortbildungsort fingiert. Es mangelt an einer vollzeitigen Bildungsmaßnahme.

Vergleich zwischen regelmäßiger Arbeitsstätte und erster Tätigkeitsstätte			
Merkmal	Regelmäßige Arbeitsstätte	Erste Tätigkeitsstätte	Verwaltungsanweisungen bezüglich der ersten Tätigkeitsstätte
Bestimmung der regelmäßigen Arbeitsstätte/ersten Tätigkeitsstätte	ortsgebundener Mittelpunkt der dauerhaft angelegten beruflichen Tätigkeit des AN	dauerhaftes Tätigwerden des AN in einer ortsfesten Einrichtung	Rz. 13 ff.
	insb. jede ortsfeste dauerhafte betriebliche Einrichtung des AG, der der AN zugeordnet ist	diese muss sich nicht zwangsläufig beim lohnsteuerlichen AG befinden	Rz. 4
		maximal eine erste Tätigkeitsstätte pro Arbeitsverhältnis	
		ausschließliche Auswärtstätigkeit eines AN ist möglich	Rz. 2
		Fahrzeuge, Flugzeuge, Schiffe oder Tätigkeitsgebiete ohne ortsfeste betriebliche Einrichtung begründen keine erste Tätigkeitsstätte	Rz. 3
dauerhafte Zuordnung	gewisse Nachhaltigkeit des Aufsuchens der regelmäßigen Arbeitsstätte, gekennzeichnet durch örtlichen Bezug zum AG	unbefristete Zuordnung zu einer bestimmten betrieblichen Einrichtung	Rz. 13
		Zuordnung zu einer regelmäßigen Arbeitsstätte über die gesamte befristete Dauer	Rz. 13

Vergleich zwischen regelmäßiger Arbeitsstätte und erster Tätigkeitsstätte			
Merkmal	Regelmäßige Arbeitsstätte	Erste Tätigkeitsstätte	Verwaltungsanweisungen bezüglich der ersten Tätigkeitsstätte
dauerhafte Zuordnung (Forts.)		Zuordnung über 48 Monate begründet ebenfalls eine erste Tätigkeitsstätte	Rz. 13
		Änderung der Zuordnung durch eine Veränderung des Aufgabenportfolios ist möglich	Rz. 15
quantitative Zuordnung	Eine regelmäßige Arbeitsstätte liegt vor, wenn der AN an durchschnittlich einem Arbeitstag/Kalenderwoche diese aufsucht (46-mal sind bei sechs Wochen Jahresurlaub dazu ausreichend). Der zeitliche Umfang ist nicht zu beachten.	Bei fehlender arbeitsvertraglicher Zuordnung wird auf die erste Tätigkeitsstätte abgestellt, an der der AN typischerweise tätig wird.	Rz. 8
		Tätigwerden des AN an zwei Arbeitstagen pro Arbeitswoche bzw. während eines Drittels seiner Arbeitszeit an der ersten Tätigkeitsstätte begründet die erste Tätigkeitsstätte. Wichtig: Art der ausgeübten Tätigkeiten ist zu beachten (gilt nur, wenn erste Tätigkeitsstätte nicht durch AG festgelegt worden ist).	Rz. 30
		Bei mehreren Arbeitsstätten, die als erste Tätigkeitsstätte qualifiziert werden können: Entscheidung durch AG. Bei fehlender Festlegung durch AG entspricht die erste Tätigkeitsstätte derjenigen, die räumlich am nächsten zur Wohnung des AN liegt.	Rz. 31

1.2.5.3.8 Behandlung von Kosten im Zusammenhang mit der Auswärtstätigkeit

Die im Zusammenhang mit der beruflich veranlassten Auswärtstätigkeit stehenden Kosten werden gem. nachfolgender Tabelle als WK erfasst[150]:

---

[150] Vgl. hierzu auch OFD Münster, Kurzinfo ESt vom 04.01.2011, 1/2011.

Kosten für beruflich veranlasste Auswärtstätigkeiten – R 9.4 ff. LStR

sind, soweit sie nicht vom AG steuerfrei (§ 3 Nr. 16 EStG) ersetzt werden, als WK abzugsfähig

Fahrtkosten (§ 9 Abs. 1 Nr. 4a, R 9.5 Abs. 1 LStR)	Verpflegungsmehraufwand (§ 9 Abs. 4a, R 9.6 LStR)	Übernachtungskosten (§ 9 Abs. 1 Nr. 5a EStG, R 9.7 LStR)	Reisenebenkosten (R 9.8 LStR)	Umzugskosten (R 9.9 LStR)
• tatsächliche Aufwendungen bzw. Fahrpreis (bei öffentlichen Verkehrsmitteln) • statt der tatsächlichen Fahrtkosten pauschale Kilometersätze nach dem Bundesreisekostengesetz: – bei Kraftwagen 0,30 € – bei anderen motorgetriebenen Fahrzeugen 0,20 € pro gefahrenem Kilometer • bei Anwendung der Typisierung keine Prüfung der tatsächlichen Kosten (BMF vom 24.10.2014, BStBl I 2014, 1412 Rz 36)	• Berücksichtigung mit den Pauschalen des § 9 Abs. 4a EStG • Einzelnachweis nicht möglich • der Pauschbetrag beträgt bei einer Abwesenheit von – 24 Stunden: 24 € – jeweils 12 € für den An- und Abreisetag – 12 € bei mehr als 8 Stunden Am jeweiligen Kalendertag • bei Auslandstätigkeiten gelten besondere Pauschbeträge (sog. Auslandstagegelder, auch für Übernachtungskosten), s. BMF vom 19.12.2014 (BStBl I 2015, 34) für die ab 01.01.2015 bzw. BMF vom 09.12.2015 (BStBl I 2015, 1058) für die ab 01.01.2016 geltenden Beträge; bei Schifffahrten gelten die in R 9.6 LStR genannten Besonderheiten, s. hierzu auch BMF vom 19.05.2015, DB 2015, 1258	• grundsätzlich nur i.H.d. nachgewiesenen Einzelbelege (Angabe von: Hotelanschrift, Name des Übernachtenden, Datum, § 9 Abs. 1 Nr. 5a S. 1 EStG); kein Abzug der Pauschalen als Werbungskosten (R 9.7 Abs. 2 LStR) • der Gesamtpreis ist zur Ermittlung der Übernachtungskosten wie folgt zu kürzen: – für Frühstück um 20 % (= 4,80 € im Inland) – für Mittag- und Abendessen um jeweils 40 % (= jeweils 9,60 € im Inland) des für den Unterkunftsort maßgebenden Pauschbetrags für Verpflegungsmehraufwendungen (> 24 Stunden, § 9 Abs. 4a S. 3 EStG, vgl. auch Kap. IV 2.4) • Bei gemeinsamer Nutzung mit anderen Personen ist eine Aufteilung der Kosten vorzunehmen. • Nach 48 Monaten Begrenzung auf die im Rahmen der doppelten Haushaltsführung (vgl. Kap. IV 2.4) anzusetzenden Beträge. Eine Unterbrechung liegt erst dann vor, wenn diese mindestens 6 Monate dauert. • bei gesondertem Ausweis des Beherbergungsentgeltes bestehen Besonderheiten • steuerfreie Erstattung durch den AG i.H.d. Pauschbetrages von 20 € möglich (Abs. 3)	• Reisenebenkosten werden unter den Voraussetzungen von R 9.4 tatsächlicher Höhe berücksichtigt und können als Werbungskosten abgezogen werden, soweit sie nicht vom Arbeitgeber steuerfrei erstattet wurden.	• alle Kosten, die dem AN durch einen beruflich veranlassten Wohnungswechsel entstehen • die Höhe richtet sich grundsätzlich nach dem Bundesumzugskostengesetz (BUKG) und der Auslandsumzugskostenverordnung (AUV) S. auch Kap. IV 4.1.3.3

Stellt der AG dem AN Mahlzeiten während seiner Auswärtstätigkeit (oder in anderen Fällen) zur Verfügung, sind diese, soweit sie ihrem Wert nach die Pauschalbeträge übersteigen, als geldwerter Vorteil jenseits der Freigrenze von 44 € zu versteuern.[151] Die Finanzverwaltung räumt dem StPfl. ein Wahlrecht zwischen dem BFH-Urteil und dem Ansatz der amtlichen Sachbezugswerte ein, soweit der Wert der Mahlzeit 60 € nicht übersteigt (übliche Beköstigung). Für die Prüfung der 60 €-Grenze wird auf den Preis inkl. USt abgestellt, die ein Dritter dem AG in Rechnung stellt. Zuzahlungen des AG sind bei der Ermittlung nicht zu berücksichtigen. Erfolgt kein Ausweis des Preises der Mahlzeit, bspw. im Rahmen eines Gesamtpreises für Seminar und Mahlzeitengestellung, ist durch eine sachgerechte Schätzung zu ermitteln, ob eine »übliche« Beköstigung i.S.d. § 8 Abs. 2 S. 8 EStG vorliegt oder ein höherer Wert der Mahlzeit anzunehmen ist.[152]

Wird der Sachbezugswert angesetzt, kommt weder eine Steuerbefreiung nach § 3 Nr. 13 oder 16 EStG noch eine Prüfung der Freigrenze in Betracht. Leistet der AG zusätzlich einen Barzuschuss ist dieser soweit von den Pauschbeträgen gedeckt ebenfalls steuerfrei. Behält der AG den amtlichen Sachbezugswert ein, gilt dies als Zahlung durch den AN und ist auf den geldwerten Vorteil anzurechnen. Erhält der AN einen steuerfreien Zuschuss i.H.d. Pauschbetrags, kann er insoweit keine WK mehr geltend machen.

Nicht eindeutig zuordenbare Kosten (z.B. Beförderung, Unterbringung und Verpflegung) sind dabei im Wege einer sachgerechten Schätzung (z.B. anhand der Verhältnisse der Zeitanteile) aufzuteilen. Bei den Verpflegungskosten (s. hierzu ausführlich Kap. IV) sind die Pauschbeträge für Auswärtstätigkeiten zu berücksichtigen. Schließlich beinhaltet das BMF vom 24.10.2014 (Rz. 117 ff.) auch Ausführungen zu steuerlich zu berücksichtigenden Reisenebenkosten, die durch geeignete Aufzeichnungen glaubhaft zu machen sind.

1.2.5.4 Arbeitsmittel des Arbeitnehmers

Die Kasuistik der BFH-Rspr. (Fallgruppenrechtsprechung) lässt sich beim Arbeitsmittel (R 9.12 LStR) eines AN auch als Rabulistik charakterisieren. Gem. § 9 Abs. 1 S. 3 Nr. 6 EStG können Arbeitsmittel – vorbehaltlich Nr. 7 – sofort abgesetzt werden.

> **Beispiel 14: Den richtigen Beruf müsste man haben**
> Die Eheleute A und B sind berufstätig. Herr A geht seiner Tätigkeit als Hausmeister mit ruhigem Gewissen nach, seitdem er sich einen Kampfhund (Bayerischer Dackel zu einem Einstandspreis von 400 €) zugelegt hat. Frau B ist Musiklehrerin und hat sich zur besseren Vor- und Nachbereitung ihrer pädagogischen Aufgabe ein Klavier (AK: 4.000 € brutto) gekauft. Für entsprechende Fachbücher und Zeitschriften gab sie 2.000 € aus.
> Können A und B die Aufwendungen i.R.d. objektiven Nettoprinzips als Erwerbsaufwand (als WK) abziehen?

Nachdem die in § 9 Abs. 1 S. 3 Nr. 6 EStG ausdrücklich genannten Werkzeuge und die typische Berufskleidung (Beispiel: Lodenmantel eines Försters) nur exemplarischen Charakter haben, steht einem Abzug von Hund/Piano grundsätzlich nichts im Wege. Beide Gegenstände werden sowohl nach der finalen als auch nach der kausalen Auslegung des WK-Begriffes im bzw. für den Beruf eingesetzt. Wegen des Generalvorbehalts von § 12 Nr. 1 S. 2 EStG

---

[151] Vgl. zunächst BFH vom 19.11.2008, BStBl II 2009, 547, BMF von 13.07.2009, BStBl I 2009, 771, nun R 8.1 LStR.
[152] Vgl. BMF vom 24.10.2014, BStBl I 2014, 1412, Rz. 62.

ist es letztlich dem BFH vorbehalten, die Entscheidung im Einzelfall vorzunehmen, wenn die **private Mitbenutzung** von ganz untergeordneter Bedeutung ist.

Seit 2010 kann es auch im Fall einer nicht untergeordneten Bedeutung der beruflich veranlassten Zeitanteile zu einer Aufteilung der Aufwendungen kommen (BFH in einer Grundsatzentscheidung vom 21.09.2009, BStBl II 2010, 672). Die Reisekosten können grundsätzlich in abziehbare WK oder BA und nicht abziehbare Aufwendungen für die private Lebensführung nach Maßgabe der beruflich und privat veranlassten Zeitanteile der Reise aufgeteilt werden, wenn die beruflich veranlassten Zeitanteile feststehen und nicht von untergeordneter Bedeutung sind).

Lösung:
- Für einen Schäferhund als Dienstwachhund eines Schulhausmeisters hat der BFH im Urteil vom 10.09.1990 (BFH/NV 1991, 234) diese Frage verneint, während das FG Hamburg diese Frage im Anschluss an ein BFH-Urteil vom 29.01.1960 (BStBl III 1960, 163) bejaht hat (EFG 1989, 228). Danach kann der Dackel als GWG sofort abgeschrieben werden (§ 9 Abs. 1 S. 3 Nr. 6 und 7 i.V.m. § 6 Abs. 2 EStG). Mit Beschluss vom 30.06.2010 (BStBl II 2011, 45) hat der BFH den vollen WK-Abzug für den Diensthund eines Polizisten bestätigt. Den Veranlassungszusammenhang leitet der BFH v.a. dadurch ab, dass der Hund dem Polizisten für die Erfüllung seiner Dienstpflicht zur Verfügung gestellt wird.
- Musikinstrumente von Lehrern gelten (vor dem Urteil vom 21.09.2009, BStBl II 2010, 672) ebenfalls nicht als Arbeitsmittel, während das Klavier beim Pianisten über die AfA gem. § 7 EStG i.V.m. § 9 Abs. 1 S. 3 Nr. 7 EStG berücksichtigt werden kann.[153]
- Der BFH hat entschieden, dass Aufwendungen für Bücher und Zeitschriften bei Lehrern als WK zugelassen werden können (Urteil vom 20.05.2010, BStBl II 2011, 723). Die Bücher und Zeitschriften müssen jedoch unmittelbar zur Erledigung der dienstlichen Aufgaben dienen sowie ausschließlich oder zumindest weitaus überwiegend beruflich verwendet werden.

In einer viel beachteten Entscheidung vom 19.02.2004 (BStBl II 2004, 958) hat der BFH entschieden, dass der **häusliche Computer ein Arbeitsmittel** sein kann und dass eine private Mitbenutzung – trotz § 12 Nr. 1 EStG – bis zu einer privaten Verwendung von < 10 % unschädlich für den steuerlichen Abzug ist. Die weitere Besonderheit des Urteils liegt in der Annahme eines je 50 %igen Nutzungsanteils für die betriebliche wie für die private Benutzung des PC. Im umgekehrten Fall, d.h. bei einem dem AN zur Verfügung gestellten **betrieblichen PC** (vom AG erworben), ist der private Nutzungsanteil nach § 3 Nr. 45 EStG steuerfrei (vgl. auch R 3.45 LStR s. Kap. 1.2.4.2).

1.2.5.5 Entfernungspauschale[154]

Aufwendungen für Fahrten zwischen Wohnung und erster Tätigkeitsstätte sind **ab dem ersten Kilometer** als WK mit der **Entfernungspauschale** von 0,30 € je vollem Entfernungskilometer absetzbar (§ 9 Abs. 1 Nr. 4 EStG).[155] Das BMF hat hierzu zuletzt mit Schreiben

---
153 BFH vom 30.04.1993 (BFH/NV 1993, 722 – Cembalo eines Gesamtschullehrers).
154 Entsprechende Anwendung für Steuerpflichtige mit Gewinneinkünften für Wege zwischen Wohnung und Betriebsstätte (vgl. R 4.12 EStR). Ein Betriebsausgabenabzug in Höhe der Entfernungspauschale nach § 4 Abs. 5 S. 1 Nr. 6 S. 2 EStG kommt auch dann in Betracht, wenn die nach § 4 Abs. 5 S. 1 Nr. 6 S. 3 EStG ermittelten Werte geringer sind als die Entfernungspauschale.
155 Auch Fahrtkosten im Rahmen eines Zweitstudiums, die als WK in Betracht kommen (nicht von § 12 Nr. 5 EStG erfasst), können nach der Änderung der Rechtsprechung vollumfänglich berücksichtigt werden,

vom 31.10.2013 (BStBl I 2013, 1376, anzuwenden ab dem 01.01.2014) mit diversen Beispielen Stellung bezogen. Weiterhin ist R 9.10 LStR zu beachten. Der maximale Betrag für die Entfernungspauschale ist auf 4.500 € im VZ begrenzt, es sei denn, der Arbeitnehmer benutzt einen eigenen oder ihm zur Nutzung überlassenen Kraftwagen. Die Entfernungspauschale wird grundsätzlich unabhängig vom Verkehrsmittel gewährt, außer bei Flugstrecken und Strecken[156] mit steuerfreier Sammelbeförderung nach § 3 Nr. 32 EStG.[157] Ihrem Wesen als Pauschale entsprechend, kommt es grundsätzlich nicht auf die Höhe der tatsächlichen Aufwendungen an. Aufwendungen für die Benutzung öffentlicher Verkehrsmittel können angesetzt werden, soweit sie den im Kalenderjahr **insgesamt** als Entfernungspauschale anzusetzenden Betrag übersteigen (§ 9 Abs. 2 S. 2 EStG).[158, 159]

Wichtig ist zudem, dass die Entfernungspauschale für Wege zur ersten Tätigkeitsstätte nur einmal pro Tag geltend gemacht werden kann (vgl. auch BMF vom 31.10.2013, BStBl I 2013, 1376, Abschn. 1.7, bei mehreren Dienstverhältnissen vgl. Abschn. 1.8). Dies gilt selbst dann, wenn der AN aus beruflichen Gründen mehrfach am Tag zwischen Wohnung und erster Tätigkeitsstätte verkehrt (BFH vom 11.09.2012, BFH/NV 2012, 2023). Umgekehrt kann, wenn der StPfl. nicht am selben Tag von der ersten Tätigkeitsstätte zur Wohnung zurückkehrt, sondern erst am Folgetag, für beide Tage zusammen nur einmal die Entfernungspauschale (für jeden Tag je zur Hälfte) beansprucht werden (FG Münster vom 14.07.2017, 6 K 3009/15 E, EFG 2017, 1582). Im Fall von sog. Dreiecksfahrten (Vor- oder Nachschaltung einer Dienstreise, bevor die erste Tätigkeitsstätte aufgesucht wird bzw. die Rückkehr zur Wohnung erfolgt) ist nach Auffassung des BFH vom 19.05.2015 (VIII R 12/13, NV) die Entfernungspauschale in vollem Umfang zu gewähren; lediglich der über die Entfernung zwischen Wohnung und Tätigkeits-/Betriebsstätte hinausgehende Mehrweg kann in Höhe der tatsächlich entstandenen Aufwendungen berücksichtigt werden (entgegen der Auffassung des StPfl. (Dienstreisegrundsätze in vollem Umfang) und des Finanzamts (hälftiger Ansatz der Pauschale (!)).

Für Fahrten zwischen Wohnung und einem sog. »Sammelpunkt« oder Wohnung und dem nächstgelegenen Zugang eines »weiträumigen Tätigkeitsgebiets« gelten die Regelungen der Entfernungspauschale entsprechend (vgl. BMF vom 31.10.2013 a.a.O.).

Grundsätzlich ist bei der Berechnung der Entfernungspauschale die kürzeste Straßenverbindung anzusetzen. Diese ist auch dann maßgeblich, wenn diese mautpflichtig ist oder

---

sofern keine regelmäßige Arbeitsstätte vorliegt (BFH vom 22.11.2012, Az.: III R 64/11, zum alten Recht vgl. BFH vom 18.06.2009, BStBl II 2010, 816).

156 Bei der Nutzung von Flugzeugen gilt die Entfernungspauschale nur für die An- und Abfahrten zu und von Flughäfen (vgl. BMF vom 31.10.2013, BStBl I 2013, 1376, Abschn. 1.2). Für Flugreisen selbst können nur die tatsächlichen Aufwendungen geltend gemacht werden (BFH vom 26.03.2009, BStBl II 2009, 724).

157 Für Steuerpflichtige ohne erste Tätigkeitsstätte wird die steuerfreie Sammelbeförderung (kein Arbeitslohn nunmehr von § 3 Nr. 16 EStG sichergestellt (vgl. BMF vom 19.05.2015 IV C 5 – S 2353/15/10002), DStR 2015, 1188. Vgl. hierzu auch R 3.32 LStR).

158 Legt der Arbeitnehmer die Wege zwischen Wohnung und regelmäßiger Arbeitsstätte bzw. erster Tätigkeitsstätte sowohl mit dem eigenen Pkw als auch mit öffentlichen Verkehrsmitteln zurück, ist die insgesamt anzusetzende Entfernungspauschale teilstreckenbezogen zu ermitteln. Teilstrecken, die mit verschiedenen öffentlichen Verkehrsmitteln zurückgelegt werden, sind dabei als eine Teilstrecke anzusehen (FG Münster vom 01.04.2014, Az.: 11 K 2574 /12 E, rkr.).

159 Zur Frage, ob diese unterschiedliche Behandlung von Verkehrsmitteln verfassungsrechtlich gerechtfertigt ist, vgl. das Revisionsverfahren BFH VI R 48/15.

mit dem vom AN tatsächlich verwendeten Verkehrsmittel straßenverkehrsrechtlich nicht benutzt werden darf (BFH vom 24.09.2014, Az.: VI R 20/13).

Auch eine Fährverbindung kann in Betracht kommen (BFH vom 19.04.2012, Az.: VI R 53/11).[160] Bei einer erheblichen Zeitersparnis (»offensichtlich verkehrsgünstiger«, § 9 Abs. 1 S. 3 Nr. 4 S. 4 EStG) kann jedoch auch eine längere Strecke zugrunde gelegt werden, sofern ein entsprechender Nachweis möglich ist und die Strecke vom Arbeitnehmer auch tatsächlich benutzt wird. Eine mögliche, aber vom StPfl. nicht tatsächlich benutzte Straßenverbindung kann der Berechnung der Entfernungspauschale nicht zugrunde gelegt werden (vgl. BMF vom 31.10.2013, BStBl I 2013, 1376, Abschn. 1.4.). Eine verkehrsgünstigere Straßenverbindung liegt vor, wenn der AN seine erste Tätigkeitsstätte – trotz gelegentlicher Verkehrsstörungen – in der Regel schneller und pünktlicher erreicht. Nach der BFH-Rechtsprechung (Az.: VI R 19/11 und VI R 46/10 vom 16.11.2011) sind die Umstände des Einzelfalles maßgebend. Nicht in jedem Fall ist eine Zeitersparnis von mindestens 20 Minuten erforderlich. Diese Zeitspanne hatte zuvor als Anhaltspunkt einer erheblichen Zeitersparnis gedient. Zu vergleichen sind hierbei laut BFH die kürzeste Strecke und die vom AN gewählte.[161] Es können weitere Aspekte, nicht nur die reine Zeitersparnis, in die Betrachtung mit einbezogen werden.[162]

Wird ein Pkw von einer anderen Person als dem AN, dem der Pkw vom AG zur Nutzung überlassen wurde, für Wege zwischen Wohnung und regelmäßiger Arbeitsstätte genutzt, kann die andere Person die Entfernungspauschale geltend machen. Entsprechendes gilt für den AN, dem das Kfz von seinem AG überlassen worden ist, für Wege zwischen Wohnung und regelmäßiger Arbeitsstätte im Rahmen eines anderen Dienstverhältnisses (R 9.10 Abs. 2 S. 2 LStR).

Hinweis: StPfl. mit einer Behinderung (i.S.d. § 9 Abs. 2 S. 3 EStG) können anstelle der Entfernungspauschale die tatsächlichen Aufwendungen (inklusive einer AfA für den angeschafften Pkw[163]) geltend machen. Eine Kombination von Entfernungspauschale und tatsächlichen Aufwendungen scheidet jedoch aus (BFH vom 05.05.2009, BStBl II 2009, 729; BMF vom 03.01.2013, BStBl I 2013, 1376). Der AN, der die Wege zwischen Wohnung und regelmäßiger Arbeitsstätte bzw. erster Tätigkeitsstätte mit verschiedenen Verkehrsmitteln bewältigt, hat hingegen nach der Gesetzeslage die Möglichkeit, die Wegekosten teilstreckenbezogen unterschiedlich in Ansatz zu bringen (FG Münster vom 02.04.2014, Az.: 11 K 2574/12 E).

Ein besonders delikates Problem in der Abgrenzung von § 12 Nr. 1 EStG zum Erwerbsaufwand, insb. zu § 9 EStG, tritt beim **Kfz-Unfall** auf, da keine der diametralen Zuordnungsvermutungen (berufliche kontra private Veranlassung) passt.

---

160 Nach dem BMF vom 31.10.2013 (BStBl I 2013, 1376, Abschn. 1.4). Eine Fährverbindung ist sowohl bei der Ermittlung der kürzesten Straßenverbindung als auch bei der Ermittlung der verkehrsgünstigsten Straßenverbindung einzubeziehen, soweit sie zumutbar erscheint und wirtschaftlich sinnvoll ist. Die Fahrtstrecke der Fähre selbst ist dann jedoch nicht Teil der maßgebenden Entfernung. An ihrer Stelle können die tatsächlichen Fährkosten berücksichtigt werden.
161 Vgl. auch *Hilbert*, BBK 8/2012, 371 ff.
162 So z.B. Besonderheiten einer Fährverbindung (BFH vom 19.04.2012, Az.: VI R 53/11).
163 Wird für die Anschaffung und den Umbau ein Zuschuss gewährt, so ist dieser von der BMG der AfA abzuziehen (BFH vom 14.06.2012, Az.: VI R 89/10).

Beispiel 15: Ende einer Dienstfahrt
Der ob seiner Jovialität beliebte Kumpel K ist auch bei der Weihnachtsfeier 2014 in der Betriebskantine der letzte Gast. Bei der nächtlichen Heimfahrt erleidet er auf einer kurzen Umwegstrecke, die er immer zum Volltanken seines Kfz benutzt, einen selbstverschuldeten Unfall mit seinem Pkw. Wegen der hohen Kosten (2.500 €) lässt K seinen Golf nicht reparieren und trägt den Schaden alleine. Der zwei Jahre alte Pkw kostete 24 T€ (inkl. USt) und war nach dem Unfall noch 15 T€ (Gutachten des Kfz-Sachverständigen) wert.

Variante 1: Spielt es eine Rolle, ob K den Unfall mit 0,3 Promille oder mit 1,0 Promille verursacht hat?

Variante 2: Der Golf erleidet einen Totalschaden, der Zeitwert betrug 20 T€, K verkauft den Golf für 5 T€ an einen Dritten.

Variante 3: Der Totalschaden entstand nicht aufgrund des Alkoholgenusses, sondern aufgrund einer falschen Betankung durch K.

Zu Kfz-Unfällen von AN gibt es eine gesicherte BFH-Rspr. Danach sind nur die Unfallkosten, die sich bei beruflich veranlassten Fahrten bzw. die sich auf dem Weg zwischen Wohnung und regelmäßiger Arbeitsstätte bzw. erster Tätigkeitsstätte ereignet haben, grundsätzlich als WK abzugsfähig. Umwegfahrten werden nur unter der engen Voraussetzung gleichgestellt, dass die Umwegstrecke zum Tanken notwendig war.

Gemäß § 9 Abs. 2 S. 1 EStG sind sämtliche und somit auch außergewöhnliche Aufwendungen mit der Entfernungspauschale abgegolten.[164] Das BMF lässt im Schreiben vom 31.10.2013, BStBl I 2013, 1376, Abschn. 1.1 dennoch Kosten für einen Unfall, der sich auf der direkten Strecke zwischen der Wohnung und dem Arbeitsplatz ereignet hat, ausnahmsweise aus Billigkeitsgründen zum Abzug als außergewöhnliche Aufwendungen (§ 9 Abs. 1 S. 1 EStG) zu.

Während ein (auch grob fahrlässiges) Verschulden den WK-Abzug nicht ausschließt, sieht dies bei einem Unfall im alkoholisierten Zustand anders aus. Der BFH hat für diesen Fall eine primäre private Veranlassung angenommen und pauschal den Abzug als Erwerbsaufwand ausgeschlossen (BFH vom 06.04.1984, BStBl II 1984, 434).

Zusammengefasst ist entscheidend,

- dass der Verkehrsunfall sich auf einer Fahrt zwischen Wohnung und erster Tätigkeitsstätte,
- auf einer Umwegfahrt zum Betanken des Fahrzeugs
- oder zur Abholung der Mitfahrer einer Fahrgemeinschaft ereignet hat
- und nicht unter Alkoholeinfluss geschehen ist.[165]

Ob ein Abzug von Unfallkosten auch dann noch in Betracht kommt, wenn Hinfahrt und Arbeitsbeginn an unterschiedlichen Tagen erfolgen und/oder Arbeitsende und Rückfahrt an verschiedenen Tagen stattfinden und dieser zeitliche Abstand auf privaten Motiven beruht wird der BFH im Revisionsverfahren VI R 76/14 zu entscheiden haben.

---

164 Vgl. hierzu auch das Urteil des BFH vom 22.09.2010 (Az.: VI R 54/09) zur Gestellung eines Fahrers durch den AG im Zusammenhang mit dem geldwerten Vorteil für die Nutzung eines Dienstwagens.
165 Vgl. hierzu auch BT-Drs. 18/8523.

Lösung:
- Dem Grunde nach sind die Unfallkosten als beruflich veranlasste WK abziehbar, da die Umwegstrecke hier nicht als Privatfahrt anzusehen ist.
- Ein Abzug ist jedoch ausgeschlossen, soweit K mit 1,0 Promille unterwegs war, da der BFH einen alkoholverursachten Unfall als Privatfahrt (!) einstuft. Anders muss die Entscheidung ausfallen, wenn K diesseits der strafbewehrten Grenze nur mit 0,3 Promille unterwegs ist.
- Der Höhe nach kann als AfA gem. § 9 Abs. 1 Nr. 7 EStG i.V.m. § 7 Abs. 1 S. 5 EStG die Differenz zwischen dem Zeitwert (15 T€) und dem »Buchwert« des Pkw abgezogen werden (FG München vom 07.12.2001, Az.: 1 K 5272/00). Der »Buchwert« bemisst sich dabei nach den AK abzüglich der fiktiven AfA und beträgt hier – nach einer zweijährigen Nutzung – 16.000 €.[166] Im Ergebnis können 1.000 € als WK abgezogen werden. Hätte K hingegen den Schaden oder einen Teil hiervon von seiner Versicherung erstattet bekommen, so wären die WK entsprechend zu kürzen gewesen (FG Rheinland-Pfalz vom 29.05.2008, Az.: 3 K 1699/05, rkr.).
- In der Variante 2 ist das Urteil des BFH vom 21.08.2012 (Az.: VIII R 33/09) zu beachten, nach dem, wenn ein AN mit seinem privaten Pkw auf einer Fahrt zwischen Wohnung und regelmäßiger Arbeitsstätte einen Unfall erleidet und er das Unfallfahrzeug in nicht repariertem Zustand veräußert, sich der als Werbungskosten abziehbare Betrag nach der Differenz zwischen dem fiktiven Buchwert vor dem Unfall und dem Veräußerungserlös bemisst. Im hier vorliegenden Fall kann A demnach 16.000 € ./. 3.500 € Veräußerungserlös, also 12.500 € als Werbungskosten abziehen. Der (hier höhere) Zeitwert kann nicht als Ausgangsgröße herangezogen werden.
- In der Variante 3 sind die durch die Falschbetankung entstandenen Reparaturkosten nach Auffassung des BFH (Urteil vom 20.03.2014, Az.: VI R 29/13) nicht zum Werbungskostenabzug zuzulassen. Die Entfernungspauschale i.H.v. 30 Cent/km umfasst sämtliche und damit auch »außergewöhnliche« Aufwendungen, die für die Wege zwischen Wohnung des AN und erster Tätigkeitsstätte anfallen. Hierzu gehören auch die Aufwendungen für die Kosten der aus einer Falschbetankung resultierenden Kosten.

Exkurs: Wird der private Pkw zu Dienstreisen eingesetzt, so können vom AG hierfür die o.g. Beträge je gefahrenem Kilometer steuerfrei erstattet werden. Ist der StPfl. der Auffassung, dass der pauschale Kilometersatz (bei Pkw 30 Cent) nicht (mehr) realitätsgerecht ist, sind bei entsprechendem Nachweis die tatsächlichen Kosten in Abzug zu bringen (u.a. BFH vom 15.03.2011, BFH/NV 2011, 983, s. auch R 9.5 Abs. 1 S. 4 LStR mit einem Nachweis über eine Dauer von zwölf Monaten).

1.2.6 Darlehensgewährungen zwischen Arbeitgeber und Arbeitnehmer

1.2.6.1 Darlehen des Arbeitgebers an den Arbeitnehmer

Ein AG-Darlehen liegt vor, wenn durch den AG oder aufgrund des Dienstverhältnisses durch einen Dritten an den AN Geld überlassen wird und diese Geldüberlassung auf einem Darlehensvertrag beruht. Erhält der AN durch solch ein AG-Darlehen Zinsvorteile, stellen diese steuerpflichtigen Arbeitslohn dar, der dem Lohnsteuerabzug unterliegt, sofern keine Pauschalierung der Lohnsteuer nach § 40 Abs. 1 EStG erfolgt oder die Einkommensteuer

---

166 24.000 € ./. 8.000 € (2 x 4.000 €) = 16.000 €.

nicht nach § 37b EStG pauschal erhoben wird. Der AN erlangt keinen steuerpflichtigen Zinsvorteil, wenn der AG ihm ein Darlehen zu einem marktüblichen Zinssatz (Maßstabszinssatz) gewährt. Für weitere Details vgl. BMF vom 19.05.2015 (IV C 5 – S 2334/07/0009, DStR 2015, 1180).

1.2.6.2 Darlehen des Arbeitnehmers an den Arbeitgeber

Der Verlust einer aus einer Gehaltsumwandlung entstandenen Darlehensforderung eines AN gegen seinen AG kann insoweit zu Werbungskosten bei den Einkünften aus nichtselbständiger Arbeit führen, als der AN ansonsten keine Entlohnung für seine Arbeitsleistung erhalten hätte, ohne seinen Arbeitsplatz erheblich zu gefährden (BFH vom 10.04.2014, Az.: VI R 57/13).

1.3 Die Erhebung der Steuer – Das Lohnsteuerabzugsverfahren

1.3.1 Überblick zum geltenden Recht

Mit der Einführung der ELStAM ab dem 01.01.2013 ist das Ende eines mehrjährigen Übergangsstadiums gekommen. Die alte Lohnsteuerkarte auf Papier wurde letztmals im Jahr 2010 verwandt, auf eine Darstellung des alten Rechts wird an dieser Stelle verzichtet. In den Jahren 2011 und 2012 galten Übergangsvorschriften.

Folgende BMF-Schreiben sind für das aktuelle Lohnsteuerabzugsrecht von zentraler Bedeutung:

- BMF vom 19.12.2012 (BStBl I 2012, 1258, ELStAM-Startschreiben),
- BMF vom 25.07.2013 (BStBl I 2013, 943) für den erstmaligen Abruf der ELStAM (Übergangszeitraum),
- BMF vom 07.08.2013 (BStBl I 2013, 951) für den Lohnsteuerabzug ab dem Jahr 2013 und die dauerhafte Anwendung der ELStAM,
- BMF vom 21.05.2015 (BStBl I 2015, 488) zum Starttermin (01.10.2015) für die zweijährige Gültigkeit von Freibeträgen im Lohnsteuerermäßigungsverfahren,
- BMF vom 19.10.2015 (IV C 5 – S 2363/13/10003) zu ELStAM bei verschiedenen Lohnarten.

Zunächst wird ein allgemeiner Überblick über das Lohnsteuerabzugsverfahren gegeben, danach werden die Eckpunkte der ELStAM dargestellt.

1.3.1.1 Allgemeiner Überblick über das Lohnsteuerabzugsverfahren

Bei Einkünften aus nichtselbständiger Arbeit wird die Einkommensteuer durch Abzug vom Arbeitslohn erhoben (Lohnsteuer), soweit der Arbeitslohn von einem inländischen AG/Entleiher i.S.d. § 38 Abs. 1 und 2 EStG gezahlt wird. Die Anmeldung der LSt erfolgt seit dem 01.01.2013 zwingend über das authentifizierte Verfahren mit einem Zertifikat ELStER.

Allgemein gilt, dass für alle Fälle der vom AG einbehaltenen LSt der **AN** beim LSt-Abzug nach § 38 Abs. 2 S. 1 EStG **Steuerschuldner** ist und bleibt. Die Finanzverwaltung hat hierzu in den LStR 2015 (R 39 ff.) ausführlich Stellung genommen. Die einzige Ausnahme hierzu stellt das sogleich unter Kap. 1.3.2 zu besprechende Pauschalierungssystem dar.

Der AG hat die LSt für Rechnung des AN bei jeder Lohnzahlung vom Arbeitslohn einzubehalten. Die AN werden für Zwecke des LSt-Abzugs in sechs verschiedene LSt-Klassen (§ 38b EStG) eingeteilt:

Steuer-klasse	Einordnung	Bedingungen/Ausnahmen
I	Ledige sowie Verheirate/Verwitwete/Geschiedene (Ehegatten und Lebenspartner)	Soweit nicht Zuordnung zur Steuerkasse III oder IV
II	Alleinerziehende	
III	Unbeschränkt steuerpflichtige, nicht dauernd getrennt lebende Ehegatten/Lebenspartner	• Sofern nur einer von beiden Arbeitslohn bezieht • Wenn beide Arbeitslohn beziehen, nur dann, wenn der andere auf gemeinsamen Antrag in die Klasse V eingeordnet wird.
	Verwitwete Arbeitnehmer	• Sofern im Todeszeitpunkt beide der unbeschränkten ESt-Pflicht unterlagen und nicht dauernd getrennt lebten. • Nur für das Kalenderjahr nach dem Tod des Ehegatten
	Nach Auflösung der Ehe	• Sofern im Jahr der Eheauflösung beide der unbeschränkten ESt-Pflicht unterlagen und nicht dauernd getrennt lebten und • Der andere Ehegatte wieder geheiratet hat, von seinem neuen Ehegatten nicht dauernd getrennt lebt und er und sein neuer Ehegatte unbeschränkt einkommensteuerpflichtig sind. • Nur für das Kalenderjahr nach der Auflösung der Ehe
IV	Unbeschränkt steuerpflichtige, nicht dauernd getrennt lebende Ehegatten/Lebenspartner	Wenn beide Arbeitslohn beziehen
V	Derjenige Ehegatte/Lebenspartner, der nicht auf Antrag in die Steuerklasse III eingereiht wird.	
VI	Arbeitnehmer, die nebeneinander von mehreren Arbeitgebern Arbeitslohn beziehen, für die Einbehaltung der Lohnsteuer vom Arbeitslohn aus dem zweiten und weiteren Dienstverhältnis.	

Als unbeschränkt einkommensteuerpflichtig für die Anwendung der Steuerklassen III und IV gelten nur Personen, die die Voraussetzungen des § 1 Abs. 1 oder 2 oder des § 1a EStG erfüllen.

Der Lohnsteuerabzug setzt den Zufluss von Arbeitslohn voraus (§ 38 Abs. 2 EStG, R 38.2 LStR). Im Lohnsteuerrecht greift grundsätzlich das Zuflussprinzip des § 11 EStG: Die Jahreslohnsteuer bemisst sich nach dem Arbeitslohn, den der Arbeitnehmer im Kalenderjahr bezieht (Jahresarbeitslohn). In zeitlicher Hinsicht ist zu beachten, dass der laufende Lohn nach § 38a Abs. 1 S. 2 EStG im Lohnzahlungszeitraum (Kalenderjahr, Monat, vgl. R 39b.5 Abs. 2 LStR) unabhängig von der tatsächlichen Zuwendung als zugeflossen gilt. Für sonstige Bezüge (z.B. Einmalzahlungen) gilt wiederum der Zuflussgrundsatz von § 11 EStG (s. auch R 39b.2 und R 39b.6 LStR).[167]

---

[167] So gilt z.B. bei einer stillen Beteiligung des AN, wenn der AG den AN aufgrund einer Vereinbarung Beteiligungskapital auf Beteiligungskonten gutgeschrieben hat, dass bereits die Gutschrift den Zufluss

Übungsaufgabe: Sonstiger Bezug/Arbeitslohn
Der AN A erhält von seinem AG am 14.01.2017 sowohl den laufenden Lohn für Dezember 2016 als auch das Weihnachtsgeld für das Jahr 2016 ausgezahlt.

Lösung: Da A die Zahlung des Dezemberlohns und des Weihnachtsgelds als Leistung aus dem Dienstverhältnis erhält, handelt es sich um Einkünfte aus nichtselbständiger Arbeit. Die Zahlung des Arbeitslohns stellt Arbeitslohn gem. § 8 Abs. 1 EStG i.V.m. § 2 Abs. 1 LStDV dar. Nach dem Grundsatz des Zuflussprinzips des § 11 Abs. 1 S. 1 EStG wären alle Einnahmen bei Zufluss im Jahr 2017 zu erfassen. Allerdings gilt dieser Grundsatz bei den Einkünften i.S.d. § 19 EStG nach § 11 Abs. 1 S. 4 EStG nicht. Der laufende Arbeitslohn für Dezember gilt trotz Zuflusses in 2017 bereits im Jahr 2016 als bezogen (§ 11 Abs. 1 S. 4 EStG i.V.m. § 38a Abs. 1 S. 2 EStG). Die sonstigen Bezüge, hier in Form des Weihnachtsgeldes, gelten jedoch erst bei Zufluss im Jahr 2017 als bezogen (§ 11 Abs. 1 S. 4 EStG i.V.m. § 38a Abs. 1 S. 3 EStG).

Hierbei besteht bis zu einem gewissen Grad »Gestaltungsmöglichkeit« zwischen AG und AN, denn der Zeitpunkt des Zuflusses des Arbeitslohns ist der maßgebende Faktor für die Höhe der Bemessung der LSt. Der BFH (Urteil vom 14.05.1982, BStBl II 1982, 469) stellt auf die wirtschaftliche Verfügungsmacht des AN (i.d.R. Zufluss auf dessen Konto) ab. Gutschriften beim AG zugunsten des AN aufgrund eines Gewinnbeteiligungs- und Vermögensbildungsmodells sind dem AN dann noch nicht zugeflossen, wenn er über die gutgeschriebenen Beträge wirtschaftlich nicht verfügen kann.

Als Konsequenz der bestehen bleibenden Schuldnerschaft des AN wird dieser nach § 46 EStG auch zur ESt veranlagt, es sei denn, dass eine Amtsveranlagung mangels Gründen (vgl. den Katalog von § 46 Abs. 2 Nr. 1–7 EStG) unterbleibt bzw. dass kein Antrag des AN (§ 46 Abs. 2 Nr. 8 EStG) gestellt wird. Bei unterlassener Veranlagung hat der LSt-Abzug Abgeltungswirkung für den AN (§ 46 Abs. 4 S. 1 EStG).[168]

Die Regelungen des § 38a EStG zur Höhe des LSt-Abzugs sollen in den Arbeitnehmerfällen Veranlagungen entbehrlich machen, dadurch, dass

- die Jahreslohnsteuer wird nach dem Jahresarbeitslohn so bemessen wird, dass sie der ESt entspricht, die der AN schuldet, wenn er ausschließlich Einkünfte aus nichtselbständiger Arbeit erzielt;
- von sonstigen Bezügen die LSt mit dem Betrag erhoben wird, der zusammen mit der LSt für den laufenden Arbeitslohn des Kalenderjahrs und für etwa im Kalenderjahr bereits gezahlte sonstige Bezüge die voraussichtliche Jahreslohnsteuer ergibt;
- bei der Ermittlung der LSt die Besteuerungsgrundlagen des Einzelfalls durch die Einreihung der AN in Steuerklassen (§ 38b EStG), Feststellung von Freibeträgen und Hinzurechnungsbeträgen (§ 39a EStG), Bereitstellung von elektronischen LSt-Abzugsmerkmalen (§ 39e EStG) berücksichtigt werden.

Da jedoch ausschließlich Einkünfte aus nichtselbständiger Arbeit in die Bemessung der Höhe der Jahreslohnsteuer einfließen, bleibt eine Veranlagung auch in Arbeitnehmerfällen oft erforderlich und möglich (vgl. § 46 EStG).

---

von Arbeitslohn bewirkt, wenn das Beteiligungskapital verzinst wird und die Gewinnanteile jeweils bei Fälligkeit mit der Lohnabrechnung an die AN ausbezahlt werden.
168 S. aber Kap. 1.3.2 a.E. – Fall einer fehlgeschlagenen Pauschalierung: keine Abgeltungswirkung (BFH vom 20.02.2006, BFH/NV 2006, 1292).

Anstelle der Veranlagung kann der AN in bestimmten Fällen – z.B. bei überhöhten monatlichen Vorauszahlungen durch sich ändernde persönliche Umstände – auch einen LSt-Jahresausgleich beantragen[169], den der AG durchzuführen hat (§ 42b EStG, vgl. hierzu zur Durchführung ab dem Jahr 2013 BMF vom 07.08.2013, BStBl I 2013, 951, Rz. 123 ff.; in den Fällen des § 42b Abs. 1 S. 3 darf der LSt-Jahresausgleich nicht durchgeführt werden). Im Veranlagungsfall wird die einbehaltene LSt auf die festzusetzende ESt angerechnet (§ 36 Abs. 2 Nr. 2 i.V.m. § 38 Abs. 1 EStG).

Alternativ können die persönlichen Umstände des AN durch Eintragung besonderer Freibeträge bei der Bildung der ELStAM berücksichtigt werden. Allerdings hat in diesen Fällen zwingend die Abgabe einer ESt-Erklärung zu erfolgen.

1.3.1.1.1 Besonderheiten bei Ehegatten und eingetragenen Lebenspartnern[170]

Bei Ehegatten ist Folgendes zu beachten: Falls bei zusammen veranlagten Ehegatten die ESt, die im Wege des Steuerabzugs vom Arbeitslohn oder von den Kapitalerträgen eines der Ehegatten einbehalten worden ist, erstattet wurde und die auf diese Weise geleisteten Vorauszahlungen auf Rechnung des betreffenden AN bzw. Kapitalertragsgläubigers abgeführt worden sind, bestimmt sich die Höhe des Erstattungsanspruchs jedes Ehegatten grundsätzlich nach dem Verhältnis der bei den Ehegatten jeweils einbehaltenen Abzugsbeträge (BFH vom 17.02.2010, BFH/NV 2010, 1078). Bei Wahl der Steuerklassen III/V besteht eine Pflichtveranlagung zur ESt nach § 46 Abs. 2 Nr. 3a EStG.

Durch das JStG 2009 wurde ab dem VZ 2010 ein Faktorverfahren zum LSt-Abzug eingeführt (§ 39f EStG). Danach können Ehegatten auf Antrag an Stelle der Steuerklassenkombination III, V die LSt-Klasse IV erhalten, die um einen Faktor (stets < 1) ergänzt wird. Dies hat zur Folge, dass bei dem jeweiligen Ehegatten die ihm persönlich zustehenden steuerentlastenden Vorschriften zum LSt-Abzug berücksichtigt werden. Bisher ist der Faktor ein Jahr gültig.

1.3.1.1.2 Lohnsteuerabzug durch Dritte

Zu beachten ist, dass durch § 38 Abs. 3a EStG LSt-Obliegenheitspflichten auf Dritte übertragen werden, wenn Auszahlungen aufgrund tarifvertraglicher Regelungen erfolgen (S. 1). S. 2 erlaubt – unter genau bestimmten Voraussetzungen – die Delegation auf Dritte auch in den Fällen studentischer Arbeitsvermittlung oder aufgrund von Mehrarbeitsverhältnissen. Zudem unterliegt gem. § 38 Abs. 1 S. 3 EStG pauschal jeder von einem Dritten dem AN zugewendete Lohn der LSt (Ausnahme: Trinkgelder [s. jedoch Kap. 1.3.2]). Das frühere Unterscheidungsmerkmal der »Üblichkeit« wurde fallen gelassen. Die Bestimmung wendet sich vor allem an Konzerne. Das Verfahren setzt Kenntnis des AG voraus. Deshalb wurde ab 01.01.2004 eine Informationspflicht (§ 38 Abs. 4 S. 3 EStG) für die AN eingeführt, die AG über Vorteile von dritter Seite zu unterrichten.

---

169 Zu beachten ist dazu die Ausnahme gem. § 42b Abs. 1 S. 4 Nr. 1 EStG.
170 Aufgrund der Urteile des BVerfG vom 07.05.2013 (Az.: 2 BvR 909/06, 2 BvR 1981/06, 2 BvR 288/07), welche die Ungleichbehandlung von eingetragenen Lebenspartnerschaften beim Ehegattensplitting für verfassungswidrig erklärt haben, hat der Gesetzgeber mit Gesetz (BGBl I 2013, 2397) die Anwendung der entsprechenden Vorschriften auf diese Gruppe geregelt (§ 2 Abs. 8 EStG). Damit sind die gesetzlichen Rechte und Pflichten von Ehegatten für den Lohnsteuerabzug auch für Lebenspartner einer Lebenspartnerschaft einschlägig. Bis zur technischen Umsetzung dieses Aspektes muss die Bildung entsprechender ELStAM beim Finanzamt beantragt werden (BMF vom 07.08.2013, BStBl I 2013, 951, Rz. 24). Sofern nachfolgend von »Ehegatten« gesprochen wird, ist gleichzeitig auch die eingetragene Lebenspartnerschaft gemeint.

Das Finanzamt muss den LSt-Abzug durch den Dritten gestatten und der Dritte sich gegenüber dem AG zum LSt-Abzug verpflichten. Die Delegation erfolgt zudem nur auf Antrag. Der AN hat dem AG die von einem Dritten gewährten Bezüge (Abs. 1 S. 3) am Ende des jeweiligen Lohnzahlungszeitraums anzugeben; wenn der AN keine Angabe oder eine erkennbar unrichtige Angabe macht, hat der AG dies dem Betriebsstättenfinanzamt anzuzeigen. Das Finanzamt hat die zu wenig erhobene LSt vom AN nachzufordern. Zu den weiteren Details wird auf die LStR verwiesen.

1.3.1.1.3 Sonstiges

Weitere Regelungen finden sich in der nachfolgenden Übersicht:

- Der LSt-Jahresausgleich durch den AG ist auch weiterhin (bis zum Februar des Folgejahres)[171] möglich (vgl. hierzu zur Durchführung ab dem Jahr 2013 BMF vom 07.08.2013, BStBl I 2013, 951, Rz. 123).
- Das Verfahren zur Anmeldung, Abführung, Abschluss und Änderung der Lohnsteuer ist in den §§ 41a ff. EStG geregelt.
- Nach dem BMF-Schreiben vom 22.10.2010 (BStBl I 2010, 1254) werden bei der Ermittlung der abzuziehenden LSt auch die steuermindernden Vorsorgeaufwendungen i.S.v. § 10 EStG in Form einer Vorsorgepauschale berücksichtigt (vgl. hierzu BMF vom 26.11.2013, Az.: IV C 5 – S 2367/13/10001). Die steuerliche Berücksichtigung erfolgt ab dem Jahr 2010 ausschließlich im LSt-Abzugsverfahren. Weitere Vorsorgeaufwendungen[172] werden nicht berücksichtigt. Die Eintragung eines entsprechenden Freibetrages ist daher nicht möglich.
- Durch das BeitrRLUmsG vom 07.12.2011 wurden die Vorschriften über den LSt-Abzug für beschränkt und unbeschränkt steuerpflichtige AN zusammengefasst. Die Regelungen für beschränkt steuerpflichtige AN befanden sich bisher in § 39d EStG und werden nun in die allgemeinen LSt-Abzugsvorschriften (§§ 38–39b EStG) integriert. Entsprechend wurden auch die LStR 2015 angepasst. Die Regelungen für den LSt-Abzug bei beschränkter Steuerpflicht enthält R 39.4 LStR 2015.

1.3.1.2 Das aktuelle Lohnsteuerabzugsverfahren ab 2013/2014 (Überblick über die ELStAM)

Mit Wirkung ab 01.01.2004 ist gem. § 41b EStG die elektronische LSt-Bescheinigung (sog. »**Elster-Lohn**«) eingeführt worden. Damit erfolgt der Abschluss des LSt-Abzugs durch eine Übermittlung der LSt-Daten mittels Datenfernübertragung an das FA. Bis 28.02. des jeweiligen Folgejahres sind die Daten durch den AG zu übermitteln.

Durch das BeitrRLUmsG wurden Ende des Jahres 2011 u.a. die Übergangsvorschriften zum ELStAM neu gefasst und die Vorschriften zum LSt-Abzug an die neue Rechtslage (elektronisches Verfahren) angepasst und in die §§ 38b ff. EStG eingefügt. LSt-Karten (zuletzt für das Jahr 2010) werden nicht mehr ausgestellt. Durch das Gesetz zur Modernisierung des Besteuerungsverfahrens (BGBl I 2016, 1679) wurde das Verfahren mit Wirkung zum 01.01.2017 an die veränderten technischen Rahmenbedingungen angepasst.

---

171 Geändert durch das Gesetz zur Modernisierung des Besteuerungsverfahrens (BGBl I 2016, 1679) mit Wirkung ab 2017, zuvor bis zum März des Folgejahres (vgl. auch R 42b LStR).
172 Zur Ermittlung der Vorsorgepauschale bei Beiträgen an ausländische Sozialversicherungsträger und Versicherungsunternehmen vgl. BayLfSt vom 20.07.2010, Az.: S 2367.2.1-3 St32.

Mit zwei Schreiben vom 25.07.2013 (BStBl I 2013, 943, Einführungsschreiben) und vom 07.08.2013 (BStBl I 2013, 951) hat das BMF die dauerhafte Anwendung der ELStAM ab 2014 ausführlich geregelt. Für die Zwecke dieses Lehrbuches ist es ausreichend, die Eckpunkte des Schreibens darzustellen. Das BMF nimmt Stellung zu:

- Verfahren der ELStAM,
- Bildung und Inhalt der ELStAM:
  - ELStAM-Verfahren ab 2013,
  - Lohnsteuerabzugsmerkmale (Steuerklasse, Kinderfreibeträge, Frei- und Hinzurechnungsbeträge, Beiträge zur privaten Kranken- und Pflegeversicherung, nach DBA freizustellender Arbeitslohn und Kirchensteuerabzugsmerkmale, vgl. Rz. 7),
  - Bildung und Änderung der ELStAM,
  - Zuständigkeit,
  - Besonderheiten bei Ehegatten,
  - Berücksichtigung von Kindern,
- Durchführung des LSt-Abzuges:
  - elektronisches Verfahren (Regelverfahren, Verfahren bei unzutreffenden ELStAM),
  - Arbeitgeberpflichten (insb. zur Anmeldung und zum Abruf der ELStAM, zur Gültigkeit der ELStAM und zu Lohnzahlungen nach Ende des Beschäftigungsverhältnisses),
  - Arbeitgeberwechsel,
  - weiteres Dienstverhältnis,
  - Pflichten und Rechte des Arbeitnehmers,
  - im Inland nicht meldepflichtige Arbeitnehmer,
  - Durchführung des LSt-Abzuges ohne ELStAM,
(...)
- Lohnsteuerjahresausgleich,
- Lohnsteuerermäßigungsverfahren.

Folgende Punkte des Schreibens sind hervorzuheben:

- Allein das Finanzamt ist für die Bildung und Bereitstellung der ELStAM zuständig. Eine Anmeldung des AN beim Finanzamt vor der Aufnahme einer Tätigkeit ist nicht vorgesehen (Rz. 2).
- Der AG ist zur Anmeldung des AN am Verfahren verpflichtet (Rz. 3), es sei denn, dass das Finanzamt die Nichtteilnahme am Verfahren (Härtefallregelung, Rz. 113–118) gestattet hat.
- Im Regelfall erfolgt die Bildung der ELStAM aufgrund der Anmeldung des AN durch den AG. Auch eine Bildung durch Antrag des AN beim Finanzamt (z.B. zur Eintragung eines Freibetrags) ist möglich (Rz. 9, vergleichbar mit im alten Verfahren vorgesehenen Eintragungen auf der Lohnsteuerkarte). Für jedes Dienstverhältnis ist die separate Bildung von ELStAM vorgesehen (Rz. 10).
- Bei Eheschließungen (ab dem Jahr 2012) werden die Verheirateten automatisch in die Steuerklasse IV eingestuft (Rz. 15), eine abweichende Steuerklassekombination muss beim Finanzamt beantragt werden (Rz. 16, § 39 Abs. 6 S. 3 EStG). Bei Scheidungen gilt Entsprechendes (Rz. 18). Für weitere Besonderheiten (Todesfälle und Auslandssachverhalte vgl. Rz. 20 ff.).
- Aufgrund der Urteile des BVerfG vom 07.05.2013 (Az.: 2 BvR 909/06, 2 BvR 1981/06, 2 BvR 288/07), welche die Ungleichbehandlung von eingetragenen Lebenspartnerschaften

beim Ehegattensplitting für verfassungswidrig erklärt haben, hat der Gesetzgeber mit Gesetz (BGBl I 2013, 2397) die Anwendung der entsprechenden Vorschriften auf diese Gruppe geregelt (§ 2 Abs. 8 EStG). Damit sind die gesetzlichen Rechte und Pflichten von Ehegatten für den Lohnsteuerabzug auch für Lebenspartner einer Lebenspartnerschaft einschlägig (Rz. 24, BZSt vom 20.10.2015).
- Zur Berücksichtigung von Kindern vgl. die Rz. 27 f. Die Berücksichtigung soll automatisiert vom Jahr der Geburt bis zum Wegfall der Berücksichtigungsvoraussetzungen erfolgen.
- Ab dem Kalenderjahr 2012 ist auch in den Antragsfällen nach § 38b Abs. 2 S. 2 EStG die mehrjährige Berücksichtigung von Kindern im Lohnsteuerabzugsverfahren möglich, wenn nach den tatsächlichen Verhältnissen zu erwarten ist, dass die Voraussetzungen bestehen bleiben (§ 38b Abs. 2 S. 3 EStG). Hierunter fallen z.B. auch Pflegekinder und weitere vom BMF in Rz. 31 genannte Fälle.

Nachfolgend setzt sich das BMF mit Details zum LSt-Abzug auseinander. Grundlage für die Regelungen sind die durch das BeitrRLUmsG geänderten §§ 38 ff. EStG, die nachfolgend flankiert von den wichtigsten Regelungen im BMF-Schreiben vom 07.08.2013 (BStBl I 2013, 951) dargestellt werden:

- Sämtliche Regelungen zu den Kinderfreibeträgen und zur Einordnung in die Lohnsteuererklärungen wurden in den neuen § 38b EStG (§ 39 Abs. 3 f. EStG a.F.) aufgenommen, mit dem erklärten Ziel der Verbesserung der Übersicht und Steuervereinfachung.
- Die Möglichkeit der Einstufung in eine schlechtere Steuerklasse auf Antrag (§ 38b Abs. 3 EStG) wurde beibehalten.
- § 39 EStG, welcher nun die Bildung der ELStAM regelt (bisher: Ausstellung der Lohnsteuerkarte), wurde vollkommen neu gefasst. Zuständig für die Bildung sind zukünftig ausschließlich die Finanzbehörden. Gleich bleibt, dass die Bildung nur auf Antrag des AN (auf elektronischem Weg) erfolgt. Für die (erstmalige) Bildung stehen zwei Möglichkeiten zur Verfügung: Der AN kann einen konkreten Antrag zur Mitteilung der Merkmale beim Finanzamt stellen, woraufhin diese Merkmale gebildet und mitgeteilt werden, oder der (künftige) AG stellt eine entsprechende Anfrage bei der Finanzverwaltung, welche die ELStAM unentgeltlich zum elektronischen Abruf bereitstellt (Rz. 33), bei fehlerhaften ELStAM kann der AN einen Korrekturantrag beim Finanzamt stellen, das Finanzamt wird zur korrekten Durchführung des Lohnsteuerabzuges eine entsprechende Bescheinigung für den AN (regelmäßige Gültigkeit ein Jahr) ausstellen; hiermit verbunden ist eine Sperrung des elektronischen Abrufes der ELStAM durch den AG (Rz. 34 ff.).
- Die Berücksichtigung von Freibeträgen bleibt möglich. Diese müssen grundsätzlich jedes Jahr beim zuständigen Finanzamt neu beantragt werden (Ausnahme: Pauschbeträge für Behinderte). Im Rahmen des AmtshilfeRLUmsG (BGBl I 2013, 1809) ist beabsichtigt, dass auf Antrag des AN hin ein im Lohnsteuerabzugsverfahren zu berücksichtigender Freibetrag für zwei Kalenderjahre statt für ein Kalenderjahr gilt. Wird von der Neuregelung Gebrauch gemacht, ist der AN jedoch für beide Jahre, in denen der Freibetrag berücksichtigt wurde, verpflichtet, eine Einkommensteuererklärung abzugeben (§ 46 Abs. 2 Nr. 4 EStG). Ändern sich die Verhältnisse des AN zu seinen Ungunsten, ist er gesetzlich verpflichtet, den Freibetrag ändern zu lassen. Das BMF hat mit Schreiben vom 21.05.2015 (IV C 5 – S 2365/15/10001) den Starttermin hierfür auf den 01.10.2015 festgelegt,
- Grundlage für die Bildung der Lohnsteuerabzugsmerkmale sollen die von den Meldebehörden mitgeteilten Daten (§ 39e Abs. 2 S. 1 und 2 EStG) sein.

- Die Lohnsteuerabzugsmerkmale werden erweitert (§ 39 Abs. 4 EStG).
- Bei fehlenden Lohnsteuerabzugsmerkmalen ist (wie bisher bei fehlender Lohnsteuerkarte) gem. § 39c EStG der Abzug nach der Steuerklasse VI durchzuführen (vgl. hierzu im Detail BMF, Rz. 93 bis 103). Neu ist eine in § 39c Abs. 1 S. 2 und 3 EStG geregelte Ausnahme hiervon, wenn den AN am Fehlen der Merkmale keine Schuld trifft (z.B. technische Störungen). Diese Ausnahme ist auf drei Monate begrenzt. Hiermit verbunden sei der Hinweis auf die diversen Pflichten des AG (Rz. 39 ff.) und des AN (Rn. 68) sowohl untereinander als auch gegenüber der Finanzverwaltung im Rahmen des ELStAM-Verfahrens. Insb. die Angabe, ob es sich um ein weiteres Dienstverhältnis des AN handelt, ist immanent, weil das System sonst automatisch eine Einstufung in die Steuerklasse VI vorsieht (Rz. 47). Um mögliche Änderungen der ELStAM berücksichtigen zu können, müssen diese monatlich vom AG abgerufen werden (Rz. 51, § 39e Abs. 5 S. 3 EStG).
- Von den Pflichten des AN (zu den Rechten s. Rz. 75f., insb. besteht eine Auskunftsmöglichkeit über die eigenen ELStAM, Rz. 81) sind die Mitteilungspflicht gegenüber der Finanzbehörde, sofern die Anzahl der Kinderfreibeträge oder die Steuerklasse sich zu seinen Ungunsten ändert, hervorzuheben (Rz. 71 f.), sofern die Mitteilung nicht automatisch erfolgt ist. Zudem besteht eine Mitteilungspflicht, sofern auf den AN versehentlich falsche ELStAM angewendet wurden (Rz. 72) und dem AN dies bekannt wird.
- Zentrale Norm des neuen Verfahrens ist § 39e EStG: Die Vorschrift enthält die Regelung des eigentlichen technischen Verfahrens, das Lohnsteuerabzugsmerkmale automatisiert bildet und aus Lohnsteuerabzugsmerkmalen (§ 39 EStG) elektronische Lohnsteuerabzugsmerkmale macht. Die Vorschrift regelt das Verfahren der Bildung und Bereitstellung elektronischer Lohnsteuerabzugsmerkmale.

Nach der Gesetzesbegründung wird durch die Umstellung auf das Verfahren der elektronischen Lohnsteuerabzugsmerkmale insgesamt das strikte Jahresprinzip, das aus der jährlichen Ausstellung der Lohnsteuerkarte folgte, aufgehoben. Abzugsmerkmale können durchaus unverändert jahrelang gelten. Dies erspart jährliche Behördengänge und Anträge und dient der Verwaltungsvereinfachung (z.B. soll die Bildung der Kinderfreibeträge durchaus für mehrere Jahre ermöglicht werden). In einigen Fällen bleibt jedoch die jahrgangsbezogene Betrachtungsweise beibehalten. Persönliche Freibeträge sind künftig zwei Jahre gültig (s. oben).

Durch das Gesetz zur Modernisierung des Besteuerungsverfahrens (BGBl I 2016, 1679) wurden die §§ 39b, 39e EStG mit Wirkung ab dem VZ 2017 um eine Regelung für den Bezug von verschiedenen Bezügen eines AN beim selben AG ergänzt. Der AG kann zukünftig für den zweiten und weitere Bezüge die Lohnsteuer ohne erneute Abfrage der ELStAM nach der Steuerklasse VI erheben (vgl. auch BMF vom 19.10.2015 IV C 5 – S 2363/13/10003). In solchen Fällen besteht für den AN künftig eine Pflicht zur Abgabe einer Steuererklärung (§ 39e Abs. 5a am Ende EStG neu).

1.3.2 Die Pauschalierung der Lohnsteuer

Die Pauschalierung der LSt ist in den §§ 40 ff. EStG geregelt.[173] Sie wird meist aus Gründen der Praktikabilität vorgenommen. In den nachfolgend aufgelisteten Fällen der Pauschalierung (§§ 40, 40a und 40b EStG) liegt immer ein Wechsel der Steuerschuldnerschaft vor: Nunmehr

---

173 Zur Behandlung der Kirchensteuer im Rahmen der Pauschalierung der Lohn- und Einkommensteuer vgl. den gleichlautenden Erlass der obersten Finanzbehörden der Länder vom 08.08.2016 – S 2447.

ist gem. § 40 Abs. 3 S. 2, 1. HS EStG der AG Steuerschuldner (sog. Unternehmenssteuer sui generis).

Drei weitere Rechtsfolgen werden von der Pauschalierung ausgelöst:

1. Der pauschal besteuerte Arbeitslohn wird weder bei der Veranlagung noch beim LSt-Jahresausgleich berücksichtigt (§ 40 Abs. 3 S. 3 EStG).
2. Es erfolgt keine Anrechnung auf die Jahres-ESt bzw. auf die Jahres-LSt (§ 40 Abs. 3 S. 4 EStG).
3. Nach § 40 Abs. 1 S. 2 und § 40 Abs. 3 S. 2 EStG ist die übernommene pauschalierte Steuer wiederum ein geldwerter Vorteil und damit zugeflossener Lohn; aus diesem Grunde ist der sog. Nettosteuersatz bei der Ermittlung des Pauschsteuersatzes mit der folgenden Formel[174] zu errechnen:

$$\frac{1 \times \text{Durchschnittssteuersatz}}{1 ./. \text{Durchschnittssteuersatz}}$$

Hinweise:
- Aus diesem Grunde ist auch bei der Überwälzung der pauschalen LSt auf den AN die LSt aus dem vollen Arbeitslohn zu berechnen.[175] Den (Interessens-)Gegensatz dazu stellen die Fälle dar, da der AG im Vorhinein bereit ist, die auf den Arbeitslohn entfallende LSt selbst zu tragen (sog. Nettolohnvereinbarung). Auch in diesem Fall wird systemgerecht die LSt aus dem Bruttoarbeitslohn (inkl. der übernommenen Abzugsbeträge) berechnet (R 39b.9 LStR).
- Für den Fall einer **fehlgeschlagenen** LSt-Pauschalierung (im entschiedenen Fall wegen Überschreiten der Pauschalierungsgrenzen) entschied der BFH am 20.03.2006 (BFH/NV 2006, 1292), dass damit die LSt/ESt nicht abgegolten sei; vielmehr ist dieser Arbeitslohn in die **ESt-Veranlagung** des AN einzubeziehen (!).
- Im Fall der Rückzahlung von pauschalversteuerten Arbeitslohnkomponenten (im Urteilsfall von Direktversicherungsbeiträgen in der Insolvenz) ist die Festsetzung einer negativen pauschalen Lohnsteuer gesetzlich nicht vorgesehen (BFH vom 28.04.2016, VI R 18/15).
- Die pauschale LSt ist nach dem BFH-Urteil vom 01.03.2002 (BStBl II 2002, 440) schließlich auch die Bemessungsgrundlage für den Solidaritätszuschlag.
- Für die Berücksichtigung von Vorsorgeaufwendungen i.R.d. Pauschalierung ist R 40.1 Abs. 3 LStR zu beachten. Die individuellen Verhältnisse aufgrund des Faktorverfahrens nach § 39f EStG bleiben unberücksichtigt.
- Von der Möglichkeit der Pauschalierung wird insb. bei einer umfassenden Beanstandung bei einer LSt-Außenprüfung Gebrauch gemacht.
  - Bei mehr als 20 AN war (ist) die Pauschalierung gem. § 40 Abs. 1 Nr. 2 EStG zulässig. Wird ein Antrag auf LSt-Pauschalierung für weniger als 20 AN gestellt, so kann unter Berücksichtigung der besonderen Verhältnisse des AG und der mit der Pauschalbesteuerung angestrebten Vereinfachung eine größere Zahl von Fällen auch bei weniger als 20 AN angenommen werden (R 40.1 Abs. 1 LStR). Für die Nachforderung von LSt aufgrund einer LSt-Außenprüfung bestanden (bestehen nach wie vor) grundsätzlich zwei Möglichkeiten: das **Haftungsverfahren** nach § 42d EStG (s. Kap. 1.3.3) oder

---

174 Im Einzelnen sehr ausführlich in R 40.1 Abs. 3 LStR dargestellt.
175 Hierzu auch *Eisgruber* in *Kirchhof-kompakt*, § 40 Rz. 29.

die **Nacherhebung** gem. § 40 Abs. 1 Nr. 2 EStG. Im Verhältnis beider Vorschriften zueinander genießt das Pauschalierungsverfahren den Vorrang, wenn der Antrag zugelassen wird.[176] Zu beachten ist jedoch ein Urteil des BFH vom 20.11.2008 (BStBl II 2009, 374). Demnach setzt die Nachforderung pauschaler LSt beim AG voraus, dass der AG der Pauschalierung zustimmt.

- Eine Pauschalierung (im Urteilsfall nach § 40 Abs. 2 S. 1 Nr. 2 EStG) kommt nicht in Betracht, wenn AN als Ersatz für eine entgangene Verzehrmöglichkeit bei einer Betriebsveranstaltung, an der sie aus betrieblichen Gründen nicht teilnehmen konnten, einen Gutschein erhalten. Ein anstelle der Teilnahme an einer Betriebsveranstaltung gezahlter Arbeitslohn ist nicht begünstigt (FG München vom 24.09.2010, EFG 2011, 138).

Nachfolgend sind die Hauptanwendungsfälle der Pauschalierung synoptisch dargestellt.[177]

---

176 So der BFH vom 16.03.1990 (BFH/NV 1990, 639).
177 Beachte hierzu auch das grundlegende Urteil des BFH vom 01.10.2009 (DStR 2010, 156) in Bezug auf die Pauschalierung von Fahrtkostenzuschüssen. Im konkreten Fall zahlte der AG diese Zuschüsse unter Anrechnung auf das Weihnachtsgeld. Der BFH entschied nun gegen die Auffassung der Verwaltung, dass ein Zuschuss zum ohnehin geschuldeten Arbeitslohn i.S.d. § 40 Abs. 2 S. 2 EStG auch unter Anrechnung auf andere freiwillige Sonderzahlungen geleistet werden kann (entgegen R 3.33 Abs. 5 S. 6 LStR). Auch in dieser Konstellation ist somit eine Pauschalierung der LSt möglich. Die LStR berücksichtigen das genannte Urteil.

Fälle zur Pauschalierung der Lohnsteuer

§ 40 Abs. 1 Nr. 1, 2 EStG	§ 40 Abs. 2 EStG	§ 40a Abs. 1 EStG	§ 40a Abs. 2 bis 3 EStG	§ 40b EStG
Nr. 1: Sonstige Bezüge in größerer Anzahl Grenze: 1.000 € pro AN pro Jahr **Nr. 2: Nacherhebung von LSt in größerer Anzahl** (i.d.R. > 20 AN) Antrag: AG-Antrag an FA auf Zulassung der Pauschalierung nötig LSt-Höhe: Orientierung an durchschnittlichen Jahresarbeitslöhnen, wobei AN je nach der Steuerklasse in drei Gruppen eingeteilt sind: 1. StKl. I, II und IV 2. StKl. III 3. StKl. V und VI Vorsorgepauschalen werden teilweise berücksichtigt. (R 40.1 Abs. 3 LStR)	**Satz 1:** Arbeitstägliche **Mahlzeiten** (vgl. auch BMF vom 24.10.2014, Tz. 58 f.), Mahlzeitengestellung durch Dritte nach Nr. 1a (BMF vom 24.10.2014, Tz. 93 ff.), **Betriebsveranstaltungen**, Erholungsbeihilfen, Verpflegungsmehraufwendungen (Grenze: Übersteigen der zulässigen Pauschbeträge um 100%), Datenverarbeitungsgeräte inkl. Zubehör und Internetzugang sowie geldwerte Vorteile aus der Übereignung der Ladevorrichtung und Zuschüsse für Elektroautos* LSt-Höhe: 25 % Pauschsteuersatz **Satz 2:** Unentgeltliche oder verbilligte Beförderung eines AN zur Arbeit Fahrtkostenzuschüsse (R 40.2 Abs. 6 LStR 2011). S. auch BFH vom 01.10.2009, BStBl II 2010, 487; BMF vom 03.01.2013, BStBl I 2013, 215, Abschn. 5. Die pauschal besteuerten Bezüge mindern die nach R 9.10 abziehbaren Werbungskosten. Antrag: Nicht erforderlich LSt-Höhe: 15 % Pauschsteuersatz Voraussetzung für die Pauschalierung ist z. T., dass die Leistungen zusätzlich zum ohnehin pauschalen Arbeitslohn erfolgen. Vgl. hierzu den Hinweis am Ende dieses Abschnitts.	**Kurzfristig Beschäftigte** Voraussetzungen: - Gelegentliche, nicht wiederkehrende Beschäftigung des AN, nicht mehr als 18 zusammenhängende Arbeitstage - Arbeitslohn = 62 € bzw. (ab 2015) 68 € pro Tag oder unvorhergesehener Zeitpunkt Antrag: Nicht erforderlich LSt-Höhe: 25 % Pauschsteuersatz Nach Abs. 4 nicht möglich, wenn der durchschnittliche Lohn 12 € übersteigt oder daneben ein reguläres Beschäftigungsverhältnis besteht.	**Geringfügig Beschäftigte** Voraussetzung: Beschäftigung in geringem Umfang, gegen geringen Arbeitslohn, d.h. nicht mehr als 400 € im Monat bzw. 450 € im Monat für nach dem 31.12.2012 begonnene Dienstverhältnisse Die BMG ist nach R 40a.2 LStR das sozialversicherungsrechtliche Entgelt Antrag: Nicht erforderlich LSt-Höhe: 20 % Pauschsteuersatz bzw. 2 % Pauschsteuersatz, falls AG einen pauschalen Beitrag zur Rentenversicherung i.H.v. 15 bzw. 5 % abführt (hierzu R 40a.2 LStR) Bei in der Land- und Forstwirtschaft Beschäftigten Ausnahmen nach Maßgabe des Abs. 3 und 4 auch 5%.	**Zukunftssicherungsleistungen** Beispiele: - Direktversicherung: nur noch für Versorgungszusagen vor dem 01.01.2005 (R 40b.1 LStR) – vgl. AltEinkG unter Kap. V 4. - Pensionskasse (nur noch bei »Altzusagen« bzw. bei einer umlage- und nicht kapitalgedeckten Altersversorgung vgl. R 40b.2 LStR) - Sonderzahlungen des AG an Umlageanteile von VBL-Umlagen (vgl. auch OFD Münster vom 20.11.2006, DB 2006, 2604) sodann: Pauschalierungsgrenze: 1.752 € pro Jahr; 62 € anteiliger Beitrag bei Unfallversicherung nach § 40b Abs. 3 EStG Antrag: Nicht erforderlich, da zwingende Anwendung des Pauschalsteuersatzes. (Verfassungsrechtlich umstritten, vgl. Vorlage des BFH vom 14.11.2013, Az.: VI R 49/12; VI R 50/12). LSt-Höhe: 15 % Pauschsteuersatz für Sonderzahlungen an Vorsorgeeinrichtungen durch den Arbeitgeber nebenden laufenden Beiträgen und Zuwendungen nach § 19 Abs. 1 Nr. 3 S. 2 EStG (vgl. § 40b Abs. 4 EStG); im Fall des § 40b Abs. 3 EStG 20 % der Beiträge **Anmerkung:** s. zum Ganzen AltEinkG Kap. V 4

---

* § 40 Abs. 2 Nr. 6 EStG-NEU, Einführung geplant im Rahmen des Gesetzes zur steuerlichen Förderung der Elektromobilität (Regierungsentwurf vom 18.05.2016) mit Wirkung vom 01.01.2017–31.12.2020.

Durch die Reform des steuerlichen Reisekostenrechts ab dem VZ 2014 wurden zusätzlich neue Möglichkeiten der Pauschalierung der Lohnsteuer bei Mahlzeitengestellung während einer Auswärtstätigkeit sowie eine allgemeine Vereinfachung der Behandlung dieser Mahlzeiten geschaffen (vgl. BMF vom 24.10.2014, Rz. 60 ff. sowie § 8 Abs. 2 S. 8 und 9, § 9 Abs. 4a S. 8 bis 10, § 40 Abs. 2 Nr. 1a EStG n.F.). U.a. wird die Grenze, bis zu der eine »übliche Mahlzeit« angenommen wird, erhöht. Als »üblich« gilt ab dem VZ 2014 eine Mahlzeit, deren Preis 60 € nicht übersteigt (§ 8 Abs. 2 S. 8 EStG n.F.). Hierbei sind auch die zur Mahlzeit eingenommenen Getränke einzubeziehen (vgl. auch Kap. A IV 2.4.2.2).

Daneben kann der AG für betrieblich veranlasste Sachzuwendungen an AN, soweit sie zusätzlich zum ohnehin geschuldeten Arbeitslohn erbracht werden, die LSt pauschal mit 30 % erheben (§ 37b Abs. 2 EStG). Nach dem BMF-Schreiben vom 19.05.2015 (BStBl I 2015, 468) zu § 37b EStG bleiben bei der Prüfung, ob die Freigrenze des § 8 Abs. 2 S. 9 EStG von 44 € überschritten wird, die nach § 37b (und § 40 EStG) pauschal versteuerten Zuwendungen außer Ansatz (Rn. 17). Hierzu zählt beispielsweise auch die Gestellung von Mahlzeiten, deren Wert 60 € übersteigt und die deshalb nicht mehr pauschal mit den amtlichen Sachbezugswerten angesetzt werden können (Nr. 18 des zitierten Schreibens).

Zu beachten sind folgende Besonderheiten:
- Zuwendungen an nicht im Inland stpfl. AN werden mangels Steuerpflicht hingegen nicht von der Pauschalierung des § 37b EStG erfasst (BFH vom 16.10.2013, Az.: VI R 57/11, entgegen BMF vom 29.04.2008, dem alten Anwendungsschreiben zu § 37b EStG).
- Auch Geschenke mit einem Wert unter 35 € an Nicht-AN können pauschal nach § 37b EStG versteuert werden (BFH vom 16.10.2013, Az.: VI R 52/11), sofern diese beim Empfänger steuerpflichtig sind.
- Nicht steuerpflichtige Zuwendungen an AN werden nicht von § 37b EStG erfasst (BFH vom 16.10.2013, Az.: VI R 78/12); § 37b EStG erweitert nicht den einkommensteuerrechtlichen Lohnbegriff.
- Die neue Rechtsprechung des BFH zur Abgrenzung zwischen Bar- und Sachlohn greift auch im Kontext des § 37b EStG (OFD Münster, Kurz-Info ESt vom 06.07.2011).
- Die Abziehbarkeit der Pauschalsteuer als Betriebsausgabe richtet sich danach, ob die Aufwendungen für die Zuwendung als Betriebsausgabe abziehbar sind (BMF vom 19.05.2015 a.a.O. Tz. 26). Vgl. hierzu auch FG Niedersachsen vom 16.01.2014 (Az.: 10 K 326/13, nrkr. BFH – IV R 13/14).
- Betrieblich veranlasste Zuwendungen i.S.d. § 37b Abs. 1 S. 1 Nr. 1 und § 37b Abs. 2 EStG sind nur solche Zuwendungen, die durch einen Betrieb des Steuerpflichtigen veranlasst sind (BFH vom 12.12.2013, Az.: VI R 47/12). Als Reaktion auf diese Urteile hat das BMF das Anwendungsschreiben zu § 37b EStG unter Berücksichtigung der fortentwickelten Rechtsprechung überarbeitet. Für weitere Details zur Anwendung des § 37b EStG wird auf dieses Schreiben vom 19.05.2015 verwiesen.

Die vorstehenden Ausführungen werden nachfolgend anhand eines umfassenden Beispiels verdeutlicht.

Beispiel 16: (Auszug aus der StB-Prüfung 2010, verkürzte Darstellung)
Die Geschenkidee-GmbH (nachfolgend: GmbH) betreibt den Einzelhandel mit Geschenkartikeln und Wohnaccessoires. Sie unterhält Filialen in Köln, Düsseldorf und Essen. Die Geschäftsleitung befindet sich in Köln. Geschäftsführer der GmbH ist Peter Peters, der nicht an der GmbH beteiligt

ist. Die GmbH beschäftigt – einschließlich Peter Peters – insgesamt 16 Vollzeit-AN, die alle ihren Wohnsitz in Nordrhein-Westfalen haben und alle der Sozialversicherungspflicht unterliegen. Bei der Erstellung der LSt-Anmeldung für den Dezember 2009 hat der Steuerberater der GmbH folgende Sachverhalte zu beurteilen:

a) Die GmbH hat für Peter Peters erstmals ab dem 01.12.2009 eine Direktversicherung abgeschlossen und hierfür noch im Dezember 2009 4.000 € Beiträge gezahlt. Nach den vertraglichen Bedingungen hat Peter Peters bei Beginn der Auszahlungsphase der Versicherung ein Wahlrecht zwischen einer lebenslangen Rente und einer Kapitalauszahlung. Der Abschluss der Direktversicherung ist in Bezug auf die Gesamtvergütung sowohl dem Grunde als auch der Höhe nach steuerlich anzuerkennen.

b) Am 12.12.2009 veranstaltete die GmbH ihre alljährliche Weihnachtsfeier in einem Restaurant in Köln, an der alle 16 AN teilnahmen. Anwesend waren ferner die Ehefrauen der drei Filialleiter. Die Gesamtkosten der Veranstaltung (für Verzehr und Unterhaltungsprogramm) beliefen sich auf 1.425 € einschließlich Umsatzsteuer. Im Rahmen dieser Veranstaltung überreichte Peter Peters dem Leiter der Filiale in Köln eine Armbanduhr, die die GmbH zuvor in einem nahegelegenen Uhrengeschäft zum Preis von 950 € einschließlich Umsatzsteuer erworben hat. Dieses Geschenk beruht auf einer rechtlich nicht verbindlichen Handhabung der GmbH, nach der der Filialleiter, der im Vorjahr den höchsten Umsatz erzielt hat, sich ein Geschenk im Wert bis zu 1.000 € aussuchen kann. Armbanduhren gehören nicht zum Warensortiment der GmbH. Andere Sachzuwendungen hat die GmbH ihren AN in 2009 nicht gewährt.

c) Im Rahmen seiner Mitgliederversammlung am 14.12.2009 verlieh der Geschenkartikel-Einzelhandelsverband, dem auch die GmbH angehört, dem Leiter der Filiale in Essen, Tobias Pfiffig, einen zuvor ausgeschriebenen Preis für besondere Ausgestaltung des Warensortiments. Im Beisein von Peter Peters erhielt Tobias Pfiffig einen Scheck über 2.000 €.

d) Die GmbH hat für alle 16 AN eine Gruppenunfallversicherung abgeschlossen, die nur private Unfälle abdeckt. Nach den Versicherungsbedingungen steht den AN im Versicherungsfall ein unentziehbarer Anspruch auf die Versicherungsleistung gegenüber dem Versicherer zu. Die GmbH zahlt den Jahresbeitrag i.H.v. 1.061,44 € (darin enthaltene Versicherungssteuer: 69,44 €) am 15.12.2009.

Prüfen Sie, ob und ggf. in welcher Höhe sich bei den Sachverhalten a) bis d) Arbeitslohn im Dezember 2009 ergibt, den die GmbH dem individuellen LSt-Abzug nach Maßgabe der vorliegenden LSt-Karten unterwerfen muss. Bei bestehenden Wahlrechten ist die Alternative mit der geringstmöglichen LSt-Belastung für die AN zu wählen.

Lösung (Kurzdarstellung, aktualisiert mit dem Recht des Jahres 2016):

Zu a): Arbeitslohn als sog. Zukunftssicherungsleistung (§ 2 Abs. 2 Nr. 3 S. 1 LStDV). Die Beiträge des AG aus dem ersten Dienstverhältnis sind nach § 3 Nr. 63 S. 1 EStG bis zur Höhe von 2.592 € steuerfrei (vgl. BMF vom 25.07.2013 (Az.: IV C 3 – S 2015/11/10002, Rz. 302). Der verbleibende Betrag ist von der Steuerfreiheit des § 3 Nr. 63 S. 3 EStG erfasst, da die getroffene Versorgungszusage der GmbH an ihren G'fter-GF nach dem 31.12.2004 erteilt hat.

Zu b): Die Weihnachtsfeier ist als Betriebsveranstaltung zu sehen (R 19.5 Abs. 2 und 3 LStR). Die Aufwendungen betragen je Teilnehmer (16 und 3 Ehefrauen (nachfolgend EF)) 75 €, demzufolge grundsätzlich innerhalb der Freigrenze (110 € je Teilnehmer). Zuwendungen an die EF sind jedoch dem AN zuzurechnen (R 19.5 Abs. 5 Nr. 1 LStR), sodass insoweit die Freigrenze überschritten wird (Arbeitslohn). Nach § 40 Abs. 2 S. 1 Nr. 2 EStG ist eine Pauschalierung i.H.v. 25 % des Arbeitslohnes möglich.

Die Überreichung von Geschenken von mehr als 60 € (bis 2014 40 €) führt zu Arbeitslohn in Form eines Sachbezuges. Aus Vereinfachungsgründen kann der Sachbezug mit 96 % des Endpreises bewertet werden (R 19.5 Abs. 6 S. 3 und R 8.1 Abs. 2 S. 3 LÄSR 2015), sofern der Endpreis nicht der günstigste am Markt ist, ein Sachbezug durch eine (zweckgebundene) Geldleistung des AG verwirklicht oder ein Warengutschein mit Betragsangabe hingegeben wird. Nach BFH-Urteil vom 07.11.2006 (BStBl II 2007, 128) scheidet § 40 Abs. 2 S. 2 Nr. 2 EStG hier aus. Jedoch kommt § 37b Abs. 2 EStG mit einer pauschalen LSt i.H.v. 30 % in Betracht. Die Voraussetzungen liegen hier vor, das Wahlrecht muss einheitlich für alle Zuwendungen im Wj. angewendet werden.

Zu c): Der verliehene Preis durch einen Dritten gehört zum Arbeitslohn, da hier die Zuwendung im Zusammenhang mit dem Dienstverhältnis steht. Da die GmbH Kenntnis hiervon hat, muss gem. § 38 Abs. 1 S. 3 EStG hier ein LSt-Abzug erfolgen.

Zu d): Hier liegt eine sog. Zukunftssicherungsleistung vor, die zum Arbeitslohn gehört (§ 2 Abs. 2 Nr. 3 S. 1 LStDV). Zur Ermittlung des auf den einzelnen AN entfallenden Arbeitslohnes ist der Gesamtbetrag (1.061,44 €) auf die Zahl der AN aufzuteilen (§ 2 Abs. 2 Nr. 3 S. 3 LStDV). Eine Pauschalierung ist nach § 40b Abs. 3 EStG möglich (20 %), wenn mehrere AN gemeinsam in einer Unfallversicherung versichert sind und der Teilbetrag, der sich durch die Aufteilung nach Abzug der Versicherungssteuer durch die Zahl der begünstigten AN ergibt, im Kalenderjahr nicht 62 € (ab 2015 68 €)[178] übersteigt. Nach Abzug der Versicherungssteuer (19 %) beträgt der anteilige Betrag je AN (992/16 =) 62 €. Die Pauschalierung ist daher möglich.

Hinweis: Der BFH mit Urteilen vom 19.09.2012 (Az.: VI R 54/11 und VI R 55/11, BStBl II 2013, 395 und 398) das für bestimmte Fälle der Pauschalierung und Steuerbefreiungen notwendige Kriterium »zusätzlich zum ohnehin geschuldeten Arbeitslohn« dahingehend eingeschränkt, dass dieses nur bei freiwilligen Arbeitgeberleistungen erfüllt sei. Aus der Sicht des BFH ist der »ohnehin geschuldete Arbeitslohn« der arbeitsrechtlich geschuldete. »Zusätzlich« zum ohnehin geschuldeten Arbeitslohn werden nur freiwillige Leistungen erbracht. Die Urteile sind ergangen zu den Vorschriften des § 3 Nr. 33 EStG (Kinderbetreuungsleistungen des Arbeitgebers für nicht schulpflichtige bzw. noch nicht eingeschulte Kinder, vgl. auch R 3.33 LStR), § 40 Abs. 2 S. 1 Nr. 5 EStG (IT-Leistungen des Arbeitgebers) und § 40 Abs. 2 S. 2 EStG (Fahrtkostenzuschüsse).

Im Ergebnis erschwert der BFH hiermit den Zugang zu den lohnsteuerlichen Vergünstigungen der Pauschalierungsnormen sowie der Steuerbefreiungen.

Das BMF zeigt mit Schreiben vom 22.05.2013 (BStBl I 2013, 728) eine für den StPfl. günstigere Auffassung auf, wenn die zweckbestimmte Leistung zu dem Arbeitslohn hinzukommt, den der Arbeitgeber arbeitsrechtlich schuldet (vgl. R 3.33 Abs. 5 S. 1 LStR). Nur Gehaltsumwandlungen sind danach schädlich. Zudem sieht die Finanzverwaltung das Tatbestandsmerkmal »zusätzlich zum ohnehin geschuldeten Arbeitslohn« auch dann erfüllt, wenn die zweckbestimmte Leistung zu dem Arbeitslohn hinzukommt, den der Arbeitgeber schuldet, wenn der Arbeitnehmer arbeitsvertraglich oder aufgrund einer anderen arbeits- oder dienstrechtlichen Rechtsgrundlage einen Anspruch auf die zweckbestimmte Leistung hat.

---

178 Vgl. § 40a Abs. 1 S. 2 Nr. 1 EStG-NEU geändert durch das Bürokratieentlastungsgesetz (BT-Drs. 18/5418).

1.3.3 Das Haftungsverfahren gemäß § 42d EStG

1.3.3.1 Grundzüge – Prüfungsreihenfolge

Es empfiehlt sich folgende Prüfungsreihenfolge:

1. Die steuerliche Haftung setzt immer eine Steuerschuld voraus (Gebot der Akzessorietät). Demnach kann der AG nur für die Steuerschuld des AN haften.[179] Hierbei handelt es sich um die in § 38 Abs. 1 EStG genannten Fälle. Neben dem Grundtatbestand begründet auch die Lohnzahlung durch Dritte gem. § 38 Abs. 1 S. 3 EStG – ebenso wie eine Nettolohnvereinbarung – die Steuerschuld des AN und damit die potenzielle Haftungsschuld des AG. Die Tragweite der **Akzessorietät** ist in Rspr. und Schrifttum umstritten. Ist die Haftung des AG auf die durch LSt-Karte vorgegebene (Monats- oder Jahres-)Vorauszahlungsschuld limitiert oder bildet die endgültige (ESt-)Veranlagung des AN die Obergrenze? In letzterem Fall stehen dem AG die Einwendungen des AN zu, die dieser i.R.d. Veranlagung vortragen kann. Während die h.M. im Schrifttum dieser Auffassung folgt[180], bezieht die Mindermeinung eine Haftung des AG auf die vorläufige Abzugssteuerschuld.[181] Nach einem Urteil des FG Düsseldorf vom 21.10.2009 (Az.: 7 K 3109/07 HL) ist die vorgenannte Frage beantwortet: Nach Auffassung des FG ist die Haftungsschuld nach § 42d EStG ausschließlich von der LSt-Schuld und damit auch von der Jahres-LSt abhängig und nicht von der letztendlich entstandenen ESt-Schuld.

2. Für den Erlass des Haftungsbescheides gem. § 191 AO[182] ist zusätzlich zu berücksichtigen, dass neben dem AG noch andere Haftungsschuldner für den AN in Betracht kommen können (§§ 69 ff. AO). Sodann sind der AG und die anderen Haftungsschuldner gleichartige Gesamtschuldner i.S.d. § 44 AO.
Geht dem Haftungsbescheid **eine LSt-Außenprüfung** voraus, so kann nach dem BFH-Urteil vom 07.02.2008 (BStBl II 2009, 703) ein neuer Haftungsbescheid nur bei Vorliegen der Voraussetzungen des § 173 Abs. 2 AO (Steuerhinterziehung bzw. -verkürzung) ergehen.

3. Bei Vorliegen der Grundtatbestände von § 42d Abs. 1 Nr. 1–4 EStG (Hauptfall: Fehler bei LSt-Einbehaltung und -abführung) kommt es gem. § 42d Abs. 2 EStG in den dort genannten seltenen Fällen zu einem Haftungsausschluss. Von praktischer Bedeutung ist allenfalls § 41c Abs. 4 EStG, wenn der AG einen vorschriftswidrigen LSt-Einbehalt errechnet und anzeigt (§ 42d Abs. 2 Nr. 1 und Abs. 4 EStG).[183] Dies ist jedoch nicht möglich, wenn eine LSt-Anmeldung vorsätzlich fehlerhaft abgegeben worden war und dies dem AG zuzurechnen ist (BFH vom 21.04.2010, BStBl II 2010, 833). Im letztgenannten Urteil stellte der BFH zudem klar, dass sich der AG nicht auf mangelnde eigene Kenntnis der Unrichtigkeit der LSt-Anmeldung berufen kann, wenn er diese Pflicht durch einen Dritten (im Streitfall einen AN) erbringen lässt und dieser AN die LSt vorsätzlich falsch berechnet und abführt. Nach diesem Urteil des BFH vom 21.04.2010 ist zudem ein Haftungsausschluss des AG für den Fall, dass der AN LSt hinterzieht, nicht gegeben.

---

179 Bei der pauschalierten LSt ist der AG der Steuerschuldner (§ 40 Abs. 3 EStG). Gegen ihn kann in diesen Fällen nur ein Nachforderungsbescheid ergehen.
180 *Drenseck* in *Schmidt*, EStG, § 42d, Rz. 2 sowie *ders.*, StuW 2000, 455; H/H/R, § 42d Rz. 115 ff., *Blümich*, § 42d Rz. 37.
181 *Eisgruber* in *Kirchhof-kompakt*, § 42d Rz. 10.
182 S. hierzu ausführlich *Bähr*, Band 3, Teil A, Kap. III.
183 Die Wichtigkeit (und Chance (!)) der haftungsbefreienden Selbstanzeige nach § 38 Abs. 4 S. 2 EStG war Gegenstand des BFH-Urteils vom 09.10.2002 (BStBl II 2002, 884). Bei unterlassener Anzeige haftet der AG.

In diesem Zusammenhang ist das BFH-Urteil vom 07.07.2004 (BStBl II 2004, 1087) von Bedeutung. Der BFH hat die Verwaltungsauffassung (R 41a.1 Abs. 4 S. 3 LStR) bestätigt, dass auch bei (theoretischem) Vorliegen der Haftungsvoraussetzungen gem. § 42d Abs. 1 EStG (im Fall: Nichteinreichen der LSt-Anmeldung durch eine ausländische KapG) auch ein **Schätzungsbescheid** gegenüber dem AG möglich sei. Diese Art der Steuerfestsetzung entbindet die Verwaltung von Ermessensüberlegungen, wie sie im Haftungsverfahren erforderlich sind. Der Nachteil dieser Vorgehensweise ist offenkundig: Gegen die Höhe des Schätzungsbescheides können beliebig viele materiell-rechtliche Einwendungen vorgetragen werden. Vgl. zum Umfang der Haftung bei G'fter-GF als AG sowie bei durch den StB des AG verspätetet abgegebene LSt-Anmeldungen auch FG Berlin-Brandenburg vom 11.08.2010 (Az.: 9 K 9059/08) sowie FG Rheinland-Pfalz vom 10.12.2013 (Az.: 3 K 1632/12), wonach eine Begrenzung der Haftung auf einen (von mehreren) Geschäftsführern nur bei einer schriftlich fixierten Geschäftsaufteilung in Betracht kommt.

4. Gem. § 42d Abs. 3 EStG sind neben der materiellen Erkenntnis der Gesamtschuld zwischen AG und AN die Ermessensgrundsätze gem. § 5 AO zu berücksichtigen. Hieraus ergibt sich folgende Prüfungsfolge für die ermessensgerechte Inanspruchnahme des AG:
   a) Als Frage des **Entschließungsermessens** ist zu prüfen, ob der AG überhaupt in Anspruch genommen werden kann. Diese Ermessensausübung ist nicht erforderlich, wenn nur der AG wegen § 42d Abs. 3 S. 4 EStG e contrario belangt werden kann.[184] Hier liegt eine »Ermessensreduzierung auf Null« beim Vorgehen gegen den AG vor.
   b) Kommen sowohl AG als AN in Betracht, ist auf der Ebene des **Auswahlermessens** zu prüfen, ob nicht vorrangig der AN belangt werden muss.
   c) Hierbei ist zu berücksichtigen, dass der AN immer der primäre Steuerschuldner und der AG der sekundäre Haftungsschuldner ist. In diesem Sinne wird auch von einer ungleichartigen Gesamtschuld gesprochen. Hieraus folgt, dass
      aa) ein entschuldbarer Fehler beim AG bzw. ein nicht in seiner Sphäre liegender Irrtum zu einem Haftungsausschluss führt[185];
      bb) der AN dann vorrangig (mit einem Nachforderungsbescheid) zu belangen ist, wenn die LSt ebenso schnell bei ihm erhoben werden kann.[186]
5. Die **Festsetzungsfrist** für den LSt-Haftungsbescheid endet gem. § 191 Abs. 3 S. 4 AO nicht vor Ablauf der Frist für die LSt. Der BFH hat mit Urteil vom 06.03.2008 (BStBl II 2008, 597) entschieden, dass diese Frist mit der LSt-Anmeldung zu laufen beginnt.

Hinweise:
- Als **Fazit** dieser Überlegungen ist eine vorrangige Inanspruchnahme des AG bei groben Verstößen gegen das formale LSt-Recht immer zulässig. Ebenso kann der AG vorweg bei einer Nettolohnvereinbarung beansprucht werden.[187] Gem. § 42d Abs. 3 S. 3 EStG kann der AG auch dann in Anspruch genommen werden, wenn der AN zur ESt veranlagt

---

184 Nr. 1: Korrekter Einbehalt der LSt des AN; hier erlischt die LSt-Schuld des AN.
    Nr. 2: Fehlende Kenntnis des AN von der fehlerhaften Anmeldung der LSt durch den AG.
185 Beispiel: Fehlerhafte Auskünfte der Finanzverwaltung, insb. bei einer LSt-Außenprüfung gem. § 42f EStG oder nach einem Auskunftsersuchen gem. § 42e EStG.
186 Beispiel: Veranlagung bzw. Ausscheiden des AN, da der Regressanspruch des AG ins Leere geht.
187 Problematisch ist daher die Rspr. des BFH, die den AG bereits bei einer Vielzahl von AN (ab 40) haften lässt (BFH vom 24.01.1992, BStBl II 1992, 696). Nur dann, wenn aus der Masse ein Rückschluss auf die Obliegenheitsverletzung des AG möglich ist (erhöhte Fahrlässigkeit), erscheint dies gerechtfertigt.

wird. Das sich anschließende Haftungsverfahren nach § 42d Abs. 4 EStG trägt aufgrund umfangreicher BFH-Rspr. dem Rechtsstaatsgrundsatz Rechnung, wonach – vorbehaltlich der Befreiungstatbestände in § 42d Abs. 4 EStG – beim Erlass und bei der Begründung des Haftungsbescheides die üblichen Standards von § 191 AO einzuhalten sind.[188] Die Haftungsschuld kann hierbei nach LSt-Klasse VI geschätzt werden, wenn eine individuelle Ermittlung der LSt ausgeschlossen ist (FG München vom 01.04.2010, Az.: 8 V 3819/09).

- Der Begriff des AG ist hierbei weitläufig zu verstehen. So kommt z.B. auch eine Haftung des Vorstandsmitgliedes einer AG für nicht abgeführte LSt in Betracht (FG Hamburg vom 21.10.2010, Az.: 6 K 228/08, rkr.). Nach R 41.3 LStR kann auch ein ständiger Vertreter eines ausländischen AG als inländischer AG gesehen werden.
- Stellt der AG nachträglich fest, dass der LSt-Abzug fehlerhaft war und korrigiert dieses, so dürfen bei dieser nachträglichen Einbehaltung auch die Pfändungsfreigrenzen unterschritten werden. Im Unterschied zu vorher enthalten die LStR nunmehr folgende Regelungen: Übersteigt die nachträglich einzufordernde LSt den Auszahlungsbetrag, so ist die Einbehaltung zunächst auf den auszuzahlenden Betrag vorzunehmen. Lediglich für den übersteigenden Betrag ist eine Anzeige nach § 41c Abs. 4 EStG beim zuständigen Finanzamt zu machen (R 41c.1 Abs. 4 S. 3 LStR). Zur Abgrenzung, inwieweit für den »gleichen« Sachverhalt zwei Haftungsbescheide erlassen werden dürfen oder ob es sich um verschiedene, d.h. eigenständige, Haftungsfälle handelt, s. BFH vom 25.05.2004 (BStBl II 2005, 3) und vom 15.02.2011 (BStBl II 2011, 534).
- In Liquiditätsengpässen darf der AG Löhne nur entsprechend gekürzt auszahlen und muss die Verwendung der einbehaltenen Mittel zur Abführung der LSt sicherstellen (FG München vom 11.03.2011, Az.: 8 V 3757/10).
- Hat der AG zum Verfahren des LSt-Abzugs eine sog. Anrufungsauskunft (§ 42e EStG) beim zuständigen Finanzamt eingeholt und nach dieser verfahren, so scheidet eine Haftung des AG, sofern die Anrufungsauskunft fehlerhaft war, aus. Gleiches gilt im LSt-Abzugsverfahren nach neuester Rechtsprechung auch gegenüber dem AN. Das Finanzamt kann die vom AG aufgrund einer (unrichtigen) Anrufungsauskunft nicht einbehaltene und abgeführte LSt vom AN nicht nach § 42d Abs. 3 S. 4 Nr. 1 EStG nachfordern (BFH vom 17.10.2013, Az.: VI R 44/12). Dem Finanzamt steht es aber frei, die Anrufungsauskunft zu widerrufen (vgl. z.B. BFH vom 15.01.2015 – VI B 103/14).

1.3.3.2 Die Entleiherhaftung gemäß § 42d Abs. 6 und 7 EStG

Bei erlaubter wie auch bei unerlaubter AN-Überlassung ist grundsätzlich der Verleiher der AG i.S.d. LSt-Rechts. Um einer damit verbundenen Regelungslücke vorzubeugen, erklärt § 42d Abs. 6 EStG den Entleiher zum Haftungsschuldner. Voraussetzung ist allerdings, dass eine gewerbsmäßige AN-Überlassung vorliegt (Einzelheiten bei R 42d.2 LStR).[189]

Geriert sich der Entleiher als AG, indem er im Rahmen einer illegalen AN-Überlassung den Lohn im eigenen Namen auszahlt, bestimmt § 42d Abs. 7 EStG die Haftungsschuld

---

188 Hierzu ausführlich *Bähr*, Band 3, Teil A, Kap. III. Bei der Begründung ist insb. auf das Thema der »vorformulierten/vorgeprägten« Ermessensgründe zu achten sowie auf das Erfordernis der Aufgliederung der einzelnen Lohnsteuerschulden für jeden AN.
189 Hinweis: Im Rahmen des AmtshilfeRLUmsG wird § 42d Abs. 6 S. 1 EStG hinsichtlich des Begriffes der »gewerbsmäßigen« Überlassung durch einen Verweis auf § 1 Abs. 1 des AN-Überlassungsgesetzes (AÜG) ersetzt werden. Hiermit soll nach der Gesetzesbegründung der erfolgten Ausweitung des Verleiherkreises Rechnung getragen werden. Entsprechend wird die Definition »gewerbsmäßig« in den LÄStR 2015 aufgehoben.

für den Verleiher, um auch in diesem Falle eine nahtlose Inanspruchnahme aller Beteiligten (Verleiher/Entleiher/AN) zu ermöglichen.

Für einen häufig vorkommenden Fall der grenzüberschreitenden AN-Überlassung im Konzern (die ausländische Mutter-KapG hat ihre AN der inländischen Tochter überlassen) kommt der BFH zu dem Ergebnis, dass die inländische Tochter nicht AG i.S.d. LSt-Rechts ist, sondern allenfalls wie ein Entleiher nach § 42d Abs. 6 EStG haftet (BFH vom 24.03.1999, BStBl II 2000, 41). Als Reaktion hierauf hat der Gesetzgeber nunmehr § 38 Abs. 1 S. 2 EStG eingefügt.

Schließlich ist zu beachten, dass bei der Nachforderung von LSt die Beträge nicht zugerechnet werden dürfen, die der AG bei einer Auswärtstätigkeit steuerfrei hätte ersetzen dürfen (BFH vom 21.01.2010, BStBl II 2010, 700).

1.3.3.3 Lohnsteuerpflichten durch Dritte

Thematisch eingebunden wird nochmals auf die Pflicht und Möglichkeit hingewiesen, dass in bestimmten Konstellationen (§ 38 Abs. 3a EStG) LSt-Pflichten auf Dritte übertragen werden (s. auch R 42d.3 LStR, die klarstellt, dass sodann eine Gesamtschuldnerschaft zwischen AG, Dritten und AN besteht). Dies gilt jedoch nicht für einen Insolvenzverwalter bei Freigabe des Geschäftsbetriebs.

Der **Insolvenzverwalter** ist nicht zum Einbehalt und zur Abführung der LSt verpflichtet, wenn er dem Insolvenzschuldner die Fortführung des Betriebs und den Abschluss neuer, zuvor von ihm gekündigter Arbeitsverträge gestattet (FG Niedersachsen vom 08.03.2007, DStR 2007, 1445).

Zur Haftung des AG bei **LSt-Abzugspflicht durch Dritte** vgl. BFH vom 20.03.2014 (Az.: VI R 43/13). Demnach kommt eine Haftung des AG in Fällen des § 38a Abs. 3 EStG nach § 42d Abs. 9 S. 4 EStG i.V.m. § 42d Abs. 3 S. 4 Nr. 1 EStG nur in Betracht, wenn der Dritte die LSt für den AG nicht vorschriftsmäßig vom Arbeitslohn einbehalten hat. An einem derartigen Fehlverhalten fehlt es, wenn beim LSt-Abzug entsprechend einer LSt-Anrufungsauskunft oder in Übereinstimmung mit den Vorgaben der zuständigen Finanzbehörden der Länder oder des Bundes verfahren wird.

1.4 Lohnsteuer-Nachschau

Durch das AmtshilfeRLUmsG (BGBl I 2013, 1809) wurde ein neuer § 42g EStG eingeführt, der das Haftungsverfahren und die LSt-Außenprüfung flankiert. Er beinhaltet eine sog. LSt-Nachschau, die der Sicherstellung einer ordnungsgemäßen Einbehaltung und Abführung der LSt dient und ein besonderes Verfahren zur zeitnahen Aufklärung steuererheblicher Sachverhalte ist. Sie kann ohne vorherige Ankündigung erfolgen (§ 42g Abs. 2 EStG) und auch zu einer LSt-Außenprüfung übergeleitet werden (§ 42g Abs. 4 EStG). Die allgemeine Nachschau ist keine Prüfung i.S.d. § 193 ff. AO. Sie dient der zeitnahen kursorischen Kontrolle, die die Außenprüfung nicht verdrängen soll. Vertiefte Ermittlungen sind weiterhin einer Außenprüfung vorbehalten. Zu verfahrensrechtlichen Fragen der LSt-Nachschau hat das BMF mit Schreiben vom 16.10.2014 (BStBl I 2014, 1408) Stellung genommen.

1.5 Besteuerung von Versorgungsbezügen (§ 19 Abs. 2 EStG)

Neben der in § 19 Abs. 1 EStG geregelten Besteuerung von Einnahmen aus laufender nichtselbständiger Tätigkeit werden auch Ausflüsse von früheren Arbeitsverhältnissen von § 19 Abs. 1 EStG erfasst. Diese sog. Versorgungsbezüge sind gem. § 19 Abs. 2 EStG zu versteuern. Sie unterliegen ebenfalls dem LSt-Abzug.[190] Werden mehrere Versorgungsbezüge von unterschiedlichen AG gezahlt, ist die Begrenzung der Freibeträge für Versorgungsbezüge im LSt-Abzugsverfahren nicht anzuwenden; die Gesamtbetrachtung und ggf. die Begrenzung erfolgt im Veranlagungsverfahren. Treffen mehrere Versorgungsbezüge bei demselben AG zusammen, ist die Begrenzung auch im LSt-Abzugsverfahren zu beachten (BMF vom 19.08.2013, BStBl I 2013, 1087, zuletzt ergänzt durch BMF vom 01.06.2015, BStBl I 2015, 475).

Gem. § 19 Abs. 2 EStG sind bei der Ermittlung der Einkünfte aus Versorgungsbezügen ein nach einem Prozentsatz ermittelter, auf einen Höchstbetrag begrenzter Betrag (Versorgungsfreibetrag) und ein Zuschlag zum Versorgungsfreibetrag steuerfrei zu belassen, sofern die genannten Altersgrenzen erreicht werden.[191] Für die Höhe des steuerfreien Teils der Versorgungsbezüge und des Zuschlages ist das Jahr des Beginns des Bezuges der Versorgungsbezüge maßgebend (§ 19 Abs. 2 S. 3 EStG). Gem. § 9a Abs. 1 Buchst. b EStG ist von den Einkünften ein Pauschbetrag von 102 € abzuziehen. Werden Versorgungsbezüge an Rechtsnachfolger weitergezahlt (z.B. Witwen- und Waisenrenten), so sind für die Rechtsnachfolger die steuerlichen Grundlagen des ursprünglichen Beziehers der Versorgungsbezüge maßgebend.

Beispiel 17: (Auszug aus der StB-Prüfung 2008, verkürzte Darstellung)
Im Jahr 2007 befand sich S1 in Berufsausbildung. Er bezog im Jahr 2007 Versorgungsbezüge (Bezüge aus einer betrieblichen Zusatzversicherung des verstorbenen Vaters, Versorgungsbeginn 1999) i.H.v. 5.475 €.

Lösung: Zu den Einkünften aus § 19 EStG gehören auch Versorgungsbezüge; von diesen bleiben 40 %, höchstens jedoch ein Betrag von insgesamt 3.000 €, im VZ steuerfrei (§ 19 Abs. 2 EStG). Außerdem sind der Zuschlag zum Versorgungsfreibetrag und der WK-Pauschbetrag zu berücksichtigen.

Berechnung:
Einnahmen	5.475,00 €
Versorgungsfreibetrag	2.190,00 €
Zuschlag zum Versorgungsfreibetrag	900,00 €
WK-Pauschbetrag	102,00 €
Einkünfte	2.283,00 €

Treffen Versorgungsbezüge (§ 19 EStG) und Rentenleistungen (§ 22 EStG) zusammen, so sind die Frei- und Pauschbeträge für jede Einkunftsart gesondert zu berechnen. Der LSt-Abzug ist weiterhin nur für die Versorgungsbezüge vorzunehmen (BMF Tz. 188).

---

190 BMF vom 19.08.2013, BStBl I 2013, 1087, Tz. 188. Im Folgenden werden die Grundzüge der Besteuerung anhand dieses Schreibens dargestellt. Für weitere Details wird auf das zitierte BMF-Schreiben, Tz. 168–189 verwiesen.
191 Vgl. hierzu auch FG Münster vom 11.02.2011 (LSK 2011, 220747).

Beispiel 18: (Auszug aus der StB-Prüfung 2009, verkürzte Darstellung)
AM (57 Jahre alt) ist nach einem beruflich veranlassten Verkehrsunfall berufsunfähig. Ab dem 01.10.2008 erhält er ein Verletztengeld von der Berufsgenossenschaft von 1.500 € pro Monat und eine lebenslange Rente von 1.000 € aus einer vom Anstellungsverhältnis unabhängigen Berufsunfähigkeitsversicherung. Welche Einkünfte liegen bei AM vor und in welcher Höhe sind diese zu versteuern?

Lösung: Die Einnahmen aus der privaten Berufsunfähigkeitsrente sind keine Einnahmen aus nichtselbständiger Arbeit. Es handelt sich um eine vom Anstellungsverhältnis unabhängige Personenversicherung, die das Risiko unabhängig von der Ursache im beruflichen oder privaten Bereich absichert.
Es liegen somit sonstige Einkünfte vor, die nach § 22 Nr. 1 S. 3 Buchst. a Doppelbuchst. bb EStG mit dem Ertragsanteil stpfl. sind.

Berechnung:
Einnahmen	3.000 €
Ertragsanteil nach Tabelle zu § 22 Nr. 1 S. 3 Buchst. a Doppelbuchst. bb EStG = 25 %	750 €
WK-Pauschbetrag	102 €
Einkünfte	648 €

Das Verletztengeld der Berufsgenossenschaft ist nach § 3 Nr. 1 Buchst. a EStG steuerfrei. Es ist jedoch beim Progressionsvorbehalt des § 32b EStG zu berücksichtigen.

§ 19 Abs. 2 EStG definiert abschließend[192] die möglichen Versorgungsbezüge.[193] Das BMF hat im zitierten Schreiben vom 19.08.2013 die wichtigsten Eckpfeiler für die Besteuerung festgelegt. Diese sind in der nachfolgenden Tabelle zusammengefasst:

Schlagwort/Thema	Rechtsnorm	Erläuterungen	BMF vom 19.08.2013 Tz.
Berechnung des Versorgungsfreibetrags und des Zuschlags zum Versorgungsfreibetrag	§ 19 Abs. 2 S. 4 ff. EStG	Der Bezug des Teilmonats (z.B. in Todesfällen) ist auf einen Monatsbetrag hochzurechnen	171
Beginn und Entstehung des Anspruchs auf den Versorgungsbeginn	§ 19 Abs. 2 S. 2 und 3 EStG	Das Jahr des Versorgungsbeginns ist grundsätzlich das Jahr, in dem der Anspruch auf die Versorgungsbezüge entstanden ist.	171a mit Sonderfällen 185 Bsp. 2–4

---

192 Während für die in § 19 Abs. 2 S. 2 Nr. 1 EStG genannten Versorgungsbezüge (z.B. Ruhegehälter von Beamten) keine Altersgrenze als Voraussetzung gegeben ist, ist dies bei den in § 19 Abs. 2 S. 2 Nr. 2 EStG genannten Fällen gegeben. Der BFH hat mit Urteil vom 07.02.2013 (Az.: VI R 12/11) hierin eine verfassungsrechtliche Ungleichbehandlung verneint.
193 Hierzu gehören auch sog. Beihilfeleistungen, die aufgrund einer Betriebsvereinbarung sowohl aktiven als auch ehemaligen Betriebsangehörigen gezahlt wird. Zumindest ist dies der Fall, wenn ausdrücklich zwischen aktiven AN und Versorgungsempfängern unterschieden wird (BFH vom 06.02.2013, Az.: VI R 28/11). Im Rahmen der Freistellungsphase der Altersteilzeit (Blockmodell) bezogene Bezüge stellen regelmäßig keine Versorgungsbezüge dar (BFH vom 21.03.2013, Az.: VI R 5/12).

Schlagwort/Thema	Rechtsnorm	Erläuterungen	BMF vom 19.08.2013 Tz.
Festschreibung	§ 19 Abs. 2 S. 8 EStG	Der ermittelte Versorgungsfreibetrag und der Zuschlag zum Versorgungsfreibetrag gelten grundsätzlich für die gesamte Laufzeit des Versorgungsbezugs	172
Neuberechnung des Versorgungsfreibetrags und des Zuschlags zum Versorgungsfreibetrag	§ 19 Abs. 2 S. 9 ff. EStG	Erläuterungen der Neuberechnungen in besonderen Fällen	173–175
Zeitanteilige Berücksichtigung	§ 19 Abs. 2 S. 11 f. EStG; R 39b 3. LStR	---	176
Behandlung mehrerer Versorgungsbezüge	§ 19 Abs. 2 S. 6 EStG	Darstellung mitsamt Beispielen	177–179
Hinterbliebenenversorgung	§ 19 Abs. 2 S. 7 EStG	Darstellung mitsamt Beispielen	180–183
Behandlung im Falle einer Kapitalauszahlung/Abfindung	---	Darstellung mitsamt Beispielen	184–187

Beispiel 19:
AN A hat Zeit seines Lebens im Betrieb von B gearbeitet. Zum 01.10.2016 geht A im Alter von 67 Jahren in den wohlverdienten Ruhestand. Er erhält vom Betrieb des B einen monatlichen Versorgungsbezug i.H.v. 2.500 €. Zudem erhält er schon seit Dezember 2004 eine monatliche Witwerente von C, dem ehemaligen AG seiner Frau D i.H.v. 500 € je Monat. Aus einem früheren Nebenjob bei E erhielt A bis zum 30.09.2015 jeweils 1.000 € monatlich als weiteren Versorgungsbezug (Beginn ebenfalls 2004).
Zu ermitteln sind die Einkünfte des A gem. § 19 Abs. 2 EStG in 2016. Weitere Einkünfte liegen nicht vor.

Lösung (nach BMF vom 19.08.2013):
Bei mehreren Versorgungsbezügen bestimmen sich der maßgebende Prozentsatz für den steuerfreien Teil der Versorgungsbezüge und der Höchstbetrag des Versorgungsfreibetrags sowie der Zuschlag zum Versorgungsfreibetrag nach dem Beginn des jeweiligen Versorgungsbezugs. Die Summe aus den jeweiligen Freibeträgen für Versorgungsbezüge wird nach § 19 Abs. 2 S. 6 EStG auf den Höchstbetrag des Versorgungsfreibetrags und den Zuschlag zum Versorgungsfreibetrag nach dem Beginn des ersten Versorgungsbezugs begrenzt. Fällt der maßgebende Beginn mehrerer laufender Versorgungsbezüge in dasselbe Kalenderjahr, können die Bemessungsgrundlagen aller Versorgungsbezüge zusammengerechnet werden, da in diesen Fällen für sie jeweils dieselben Höchstbeträge gelten (Tz. 177).
Zudem sind die Besonderheiten der zeitanteiligen Bezüge (Tz. 176) zu beachten.

Dies bedeutet im Beispiel:

Versorgungs-bezug	maßgebendes Jahr	Freibetrag gem. § 19 Abs. 2 EStG	Zuschlag zum Versorgungsfreibetrag
Witwerrente	2005	40 % von 6.000 € (500 € x 12), maximal 3.000 € 2.400 €	900 €
Nebenjob bei E	2005	40 % von 12.000 € (1.000 € x 12), maximal 3.000 € 2.400 €	900 €
Tätigkeit bei B	2016	22,4 % von 30.000 € (2.500 € x 12), maximal 1.680 € 1.680 €	504 €
Jedoch maximal gem. § 19 Abs. 2 S. 6 EStG	2005	3.000 €	900

Nun sind die Einnahmen des A zu ermitteln[194]:

Bezug ab 01.10.2016	3 x 2.500 €
Witwerrente	12 x 1.000 €
Nebenjob E bis 30.09.2016	9 x 500 €
Summe	25.500 €

hiervon sind abzuziehen:

Versorgungsfreibetrag	./. 3.000 €
Zuschlag zum Versorgungsfreibetrag	./. 900 €
Pauschbetrag nach § 9a Nr. 1 Buchst. b EStG	./. 102 €
Einkünfte gem. § 19 Abs. 2 EStG 2016	21.498 €

Die Einkünfte des A aus § 19 Abs. 2 EStG im Jahr 2016 betragen somit 21.498 €.

2 Einkünfte aus Kapitalvermögen (§ 20 i.V.m. § 2 Abs. 1 S. 1 Nr. 5 EStG)

2.1 Einleitung und Überblick zum geltenden Recht

Kaum eine Einkunftsart hat in den vergangenen Jahren so viele Änderungen erfahren wie die Einkünfte aus Kapitalvermögen. Durch die Unternehmenssteuerreform 2008 wurde die Besteuerung von Kapitalerträgen grundlegend geändert. Im Privatvermögen erzielte Kapitalerträge werden seit dem VZ 2009 (im Regelfall) einer 25 %igen Abgeltungsteuer zzgl. SolZG

---

194 Eine Kürzung ist hier nicht notwendig. Zwar beginnt der dritte Versorgungsbezug erst im September 2016 und der Versorgungsbezug aus dem früheren Nebenjob bei E endet. Es ist jedoch kein Monat vorhanden, in dem kein Versorgungsbezug gezahlt wird (vgl. BMF vom 19.08.2013, Tz. 176).

und Kirchensteuer unterworfen und bleiben bei der Ermittlung des zu versteuernden Einkommens außer Ansatz (§ 32d EStG, § 43 Abs. 5 S. 1 EStG). Diese Steuer wird an der Quelle (in Form der KapESt) erhoben und hat grundsätzlich abgeltende Wirkung. Dies gilt auch für Erträge aus im Privatvermögen gehaltenen Beteiligungen. Für bestimmte Erträge aus im Betriebsvermögen gehaltenen Beteiligungen wird das sog. Teileinkünfteverfahren (= TEV) gem. § 3 Nr. 40 EStG angewendet. Durch das Subsidiaritätsprinzip des § 20 Abs. 8 EStG sind im Bereich der Gewinneinkünfte erzielte Kapitalerträge diesen Einkunftsarten zuzuordnen.

In diesem Kapitel wird im Folgenden die Besteuerung der im Privatvermögen erzielten Kapitaleinkünfte (Regime der Abgeltungsteuer) dargestellt. Das Besteuerungskonzept von § 20 EStG beinhaltet einen Verstoß gegen das Synthesegebot (Gleichbehandlung aller sieben Einkunftsarten; vgl. hierzu z.B. BFH vom 20.04.2000, BFH/NV 2000, 1095).

Zum Verständnis der Ausführungen zu privaten Kapitaleinkünften wird ein Überblick über die im BV gehaltenen Kapitaleinkünfte gegeben (zugleich Vorgriff auf die Darstellung des TEV; s. Teil B, Kap. II):

Exkurs: Anteile im Betriebsvermögen

Sobald sich Anteile an einer KapG im Betriebsvermögen befinden, sind hieraus erzielte Einkünfte gem. § 20 Abs. 8 EStG den Einkünften aus Gewerbebetrieb zuzuordnen. Dividenden im BV eines Einzelunternehmers oder einer Mitunternehmerschaft unterliegen somit dem Teileinkünfteverfahren und sind nur zu 60 % steuerbar (§ 3 Nr. 40 Buchst. a EStG). Die Veräußerung der Beteiligung (unabhängig davon, ob mehr oder weniger als 1 % der Anteile gehalten wird) ist ebenfalls nach dem Teileinkünfteverfahren zu besteuern. Dies hat zur Folge, dass hiermit zusammenhängende BA nur zu 60 % zu berücksichtigen sind (§ 3c Abs. 2 S. 1 EStG). Befinden sich die Anteile im Betriebsvermögen einer KapG, so sind sowohl der Dividendenbezug als auch die Substanzverwertung steuerfrei gem. § 8b Abs. 1 bzw. Abs. 2 KStG. Jedoch gelten hierbei jeweils 5 % der Dividenden bzw. Veräußerungsgewinne als nicht abzugsfähige Betriebsausgaben (§ 8b Abs. 5 bzw. 3 KStG).

2.1.1 Überblick über § 20 und § 32d EStG

Durch die Einführung der Abgeltungsteuer wurde § 20 EStG massiv erweitert und ist so zu einer der komplexesten Vorschriften im Kanon der Einkunftsarten geworden. Die eigentliche Besteuerungstechnik findet sich jedoch nur teilweise in § 20 EStG, sondern erst im Kanon der Tarifvorschriften (!). Aufgrund der Komplexität beider Normen soll im Folgenden zunächst ein Überblick über diese gegeben werden:

Überblick über den Regelungsinhalt der §§ 20 und 32d EStG		
Norm	Regelungsinhalt	Hinweise/behandelt in
§ 20 Abs. 1 S. 1		
Nr. 1, 2, 4, 9 und Nr. 10	Besteuerungsgegenstände von Beteiligungen an Unternehmen, insb. KapG[197] – sog. Beteiligungserträge	Kap. 2.3

---

195 Gleichgestellt sind die Erwerbs- und Wirtschaftsgenossenschaften.

Überblick über den Regelungsinhalt der §§ 20 und 32d EStG		
Norm	Regelungsinhalt	Hinweise/behandelt in
Nr. 5–8	Besteuerungsgegenstand von sonstigen Kapitalforderungen	Von besonderer Bedeutung ist insb. § 20 Abs. 1 S. 1 Nr. 7 EStG; Kap. 2.3.4
Nr. 11	Besteuerung von sog. Stillhalteprämien	Besonderheiten bei der Verlustverrechnung; Kap. 2.2.4
§ 20 Abs. 2 S. 1		
Nr. 1	Definition des Gewinnes i.S.d. § 20 Abs. 4 EStG aus der Veräußerung von Anteilen bzw. Genussrechten an Körperschaften	Dies gilt gem. § 20 Abs. 2 Nr. 7 EStG ebenso für die Veräußerung von sonstigen Kapitalforderungen (insb. festverzinsliche Wertpapiere); Kap. 2.2.5.1
Nr. 2	Besteuerung der **Übertragung von Kapitalanlagen** (oder einzelner Komponenten) in bestimmten Fällen	Die Darstellung erfolgt grds. in Teil B, Kap. I; § 20 Abs. 2 Nr. 4, 6 und 7 finden sich auch in Kap. 2.3.
Nr. 3	Steuerpflicht von Gewinnen aus Termingeschäften	
Nr. 4 bis 8	Veräußerung bzw. Übertragung der in § 20 Abs. 1 EStG bezeichneten Rechte und Wirtschaftsgüter	
S. 2 und 3	Gleichstellung der Einlösung, Rückzahlung, Abtretung oder verdeckten Einlage, bei § 20 Abs. 2 S. 1 Nr. 4 EStG auch der Vereinnahmung eines Auseinandersetzungsguthabens als Veräußerung; Fiktion der Anschaffung und Veräußerung einer unmittelbaren oder mittelbaren Beteiligung an einer PersG als Anschaffung oder Veräußerung der anteiligen Wirtschaftsgüter.	–
S. 4	Zudem wird der steuerliche Veräußerungstatbestand des § 20 Abs. 2 EStG um einen Satz 4 ergänzt. Wird ein Zinsschein oder eine Zinsforderung vom Stammrecht abgetrennt (Bond-Stripping), gilt dies als Veräußerung der Schuldverschreibung und als Anschaffung der durch die Trennung entstandenen Wirtschaftsgüter.	Eingeführt durch das InvStRefG; zur Anwendung vgl. BMF vom 11.11.2016, IV C 1 – S 2283-c/11/10001 :015
§ 20 Abs. 3	Erfassung von besonderen Entgelten oder Vorteilen, die **neben** den in den Absätzen 1 und 2 bezeichneten Einnahmen oder an deren Stelle gewährt werden.	Überblick in Kap. 2.3
§ 20 Abs. 3a	Zeitpunkt der Korrektur des KapESt-Abzuges	Kap. 2.2.2
§ 20 Abs. 4	Definition des Veräußerungsgewinnes i.S.d. § 20 Abs. 2 EStG	Kap. 2.2.5.1

| Überblick über den Regelungsinhalt der §§ 20 und 32d EStG |||
Norm	Regelungsinhalt	Hinweise/behandelt in
§ 20 Abs. 4a	Behandlung von Kapitalmaßnahmen und Anteilstausch	Teilweise in Kap. 2.2.5.2; s. hierzu BMF vom 18.01.2016 (BStBl I 2016, 85) Rn. 99 ff.
§ 20 Abs. 5	Die persönliche Zurechnung der Kapitaleinkünfte	Verweis auf § 39 AO (wirtschaftlicher Eigentümer)
§ 20 Abs. 6	Verlustverrechnung bei Einkünften aus Kapitalvermögen	Kap. 2.2.4
§ 20 Abs. 7	Analoge Anwendung des § 15b EStG (Beschränkung der Verlustverrechnung bei Steuerstundungsmodellen)	Teil B, Kap. IV 3; s. auch BMF vom 17.07.2007, BStBl I 2007, 542 ff. und BMF vom 29.01.2008, DStR 2008, 561
§ 20 Abs. 8	Subsidiaritätsklausel der Kapitaleinkünfte	–
§ 20 Abs. 9	Sparerpauschbetrag; Hinweis: Die Darstellung der WK erfolgt im Detail bei Kap. 2.2.3 und 2.2.5	Keine Gewährung bei Körperschaften; Kap. 2.2.3
§ 32d Abs. 1	Grundsatz der Abgeltungsteuer; Berücksichtigung der Kirchensteuer	Kap. 2.2.6
§ 32d Abs. 2	Ausnahmen von der abgeltenden Steuer	Kap. 2.2.6.2; Nichtanwendung der § 20 Abs. 6 und 9 EStG
§ 32d Abs. 3	Grundsatz der Erklärungspflicht von Kapitalerträgen, die nicht der Abgeltungsteuer unterlegen haben	Kap. 2.2.6.5; Anwendung des Steuersatzes des § 32 Abs. 1 EStG
§ 32d Abs. 4	Antrag auf Überprüfung des Steuereinbehaltes im Rahmen der Einkommensteuererklärung	Kap. 2.2.6.5
§ 32d Abs. 5	Anrechnung ausländischer Quellensteuer im Falle der Abs. 3 und 4	Kap. 2.2.6.6; Nichtanwendung der sog. »Per country limitation« des § 34c Abs. 1 EStG
§ 32d Abs. 6	Antragsgünstigerprüfung für sämtliche Kapitalerträge	Kap. 2.2.6.3

2.1.2 Vorbemerkung zur weiteren Darstellung

In Kap. 2.2 wird die Gesetzestechnik und das Zusammenspiel von § 20 und § 32d EStG sowie die Durchführung der Besteuerung der Kapitalerträge an der Quelle im Wege der KapESt im Detail dargestellt. Kap. 2.3 enthält die Erläuterung der einzelnen Einkunftstatbestände des § 20 Abs. 1 und (soweit hier dargestellt) des § 20 Abs. 2 EStG. Spezialfragen zu § 20 EStG werden in Kap. 2.4 in einem Überblick erläutert. In Kap. 2.5 wird schließlich ein Überblick über die ab dem VZ 2018 geltende Investmentsteuerreform gegeben.

2.2 Die Gesetzestechnik bei den Einkünften aus Kapitalvermögen

Die Einnahmentatbestände sind in § 20 EStG im Wesentlichen in den Abs. 1 bis 3 geregelt. Die weiteren Absätze des § 20 und des § 32d EStG enthalten die Ermittlung der Höhe der Einnahmen in speziellen Fällen sowie die Durchführung der Besteuerung. Die Erhebung der Steuer (im Wege der Abgeltung) in Form der KapESt ist den §§ 43 ff. EStG geregelt.

Zunächst soll die nachstehende Tabelle einen Überblick über die wichtigsten Verwaltungsanweisungen der Abgeltungsteuer geben:

Wichtige Verwaltungsanweisungen im Rahmen der Abgeltungsteuer			
Datum	Fundstelle	Beck'sche Steuererlasse	Thema
18.01.2016	BStBl I 2016, 85	Nr. 1, § 43/1	Anwendungsschreiben des BMF, zuletzt ergänzt am 03.05.2017 (im Bereich des InvStRefG)
01.10.2009	BStBl I 2009, 1172	Nr. 1, § 20/12	Besteuerung von Versicherungsverträgen i.S.v. § 20 Abs. 1 Nr. 6 EStG (s. Kap. 2.3.3)
06.03.2012	BStBl I 2012, 238	Nr. 1, § 20/15	Ergänzung zum Schreiben vom 01.10.2009
03.12.2014	BStBl I 2014, 1586	Nr. 1, § 45a/1	Muster für die Steuerbescheinigungen; ergänzt durch BMF vom 11.11.2016, IV C 1 – S 2401/08/10001 :015

2.2.1 Die Erhebung der Steuer – Die Kapitalertragsteuer

2.2.1.1 Grundzüge

Die KapESt verfolgt – vergleichbar der LSt – das Ziel, an der Quelle die Einkünfte aus Kapitalanlagen zu erfassen. Nach Auffassung des BMF vom 18.01.2016 (Rn. 151a), nunmehr gesetzlich verankert in § 44 Abs. 1 S. 3 EStG, haben die Kreditinstitute aufgrund der Systematik der Abgeltungsteuer als Organe der Steuererhebung die Rechtsauffassung der Finanzverwaltung hinsichtlich des Kapitalertragsteuereinbehaltes anzuwenden (vgl. BT-Drs. 17/3549 S. 6 und auch FG Köln vom 05.08.2015, 3 K 1040/15, nrkr. BFH VIII R45/15). Nur so kann verhindert werden, dass der Umfang der Steuererhebung davon abhängig ist, bei welchem Institut der Steuerpflichtige sein Kapital anlegt.

Die Berechnungs- und Zahlstellenfunktion für die Beteiligungserträge übernimmt die in § 44 Abs. 1 S. 3 EStG bezeichnete Stelle (im Hauptanwendungsfall je nach anwendbarer Norm innerhalb des § 43 EStG die KapG oder die auszahlende bzw. die Wertpapiere verwahrende Bank[196]). Die Bescheinigung wird bei Auszahlungen durch ein Kreditinstitut aus Praktikabilitätsgründen durch die Bank erstellt.

---

196 Vgl. § 43 Abs. 1 Nr. 1a EStG, neu eingefügt durch das OGAW-IV-Umsetzungsgesetz (BGBl I 2011, 1126 ff.) mit Wirkung für alle Kapitalerträge, die nach dem 31.12.2011 zufließen. Zu den Auswirkungen hierzu vgl. auch BMF vom 08.07.2011, FR 2011, 779 und vom 23.06.2011 (BStBl I 2011, 625 zur Verlustverrechnung). Im Rahmen des AmtshilfeRLUmsG (BGBl I 2013, 1809) wurde der KapESt-Einbehalt nach § 43 Abs. 1 S. 1

Der Anwendungsbereich der Kapitaleinkünfte, die dem KapESt-Abzug unterliegen, orientiert sich gem. § 43 Abs. 1 EStG an den Kapitaleinkünften des § 20 EStG, ohne mit diesem deckungsgleich zu sein. So sind z.B. die Tatbestände von § 20 Abs. 1 Nr. 5 und 8 EStG nicht erfasst, während umgekehrt die eigentlich gem. § 8b Abs. 1 KStG steuerbefreite Dividende, die eine KapG von einer anderen KapG erhält, trotzdem der KapESt unterliegt (§ 43 Abs. 1 Nr. 1 und 1a EStG). Erfasst sind insb. alle inländischen und ausländischen Dividendeneinkünfte, die von einem inländischen Kreditinstitut oder Finanzdienstleister abgewickelt werden.

Der Steuersatz für private Kapitalerträge beträgt einheitlich 25 % (§ 43a Abs. 1 S. 1 Nr. 1 EStG; Ausnahme: 15 % bei Kapitalerträgen i.S.v. § 20 Abs. 1 Nr. 10 Buchst. a und b EStG). Der Umfang der Kapitaleinkünfte ist in § 20 EStG deutlich erweitert worden. Zu den steuerpflichtigen Kapitalerträgen gehören gem. § 20 Abs. 2 Nr. 1 EStG auch Gewinne aus der Veräußerung von (nach dem 31.12.2008 angeschafften[197]) Wertpapieren, Investmentanteilen, Beteiligungen an KapG u.Ä. Durch die Umschichtung dieser Einkünfte von § 23 EStG in § 20 EStG entfällt die bisherige Spekulationsfrist von einem Jahr gem. § 23 Abs. 1 Nr. 2 S. 1 EStG sowie die Freigrenze für Veräußerungsgewinne von 512 €. Der KapESt unterliegen seit 2009 auch Erträge, die bisher aufgrund ihrer Geringfügigkeit von der Zinsabschlagsteuer befreit waren.

Zudem wurden die Tatbestände für die Erhebung der KapESt erweitert auf:
- ausländische Dividenden (§ 43 Abs. 1 Nr. 6 EStG),
- Stillhalterprämien (Nr. 8),
- Gewinne aus der Veräußerung von Aktien (Nr. 9),
- Gewinne aus der Veräußerung von sonstigen Kapitalforderungen (Nr. 10),
- Gewinne aus Termingeschäften (Nr. 11),
- Gewinne aus der Veräußerung von Anteilen an Investmentfonds (§ 8 Abs. 6 InvStG).

Bemessen (§ 43a EStG) wird die KapESt anhand der nach § 20 EStG ermittelten Kapitalerträge (Zinsertrag, Dividende, Veräußerungsgewinn) oder, sofern eine Ermittlung bei Veräußerungsgewinnen oder Einlösungen nicht möglich ist, anhand einer 30 %igen Ersatzbemessungsgrundlage der Einnahmen (§ 43a Abs. 2 S. 6 EStG). Vereinnahmte Stückzinsen gelten hierbei als Bestandteil des Veräußerungsgewinnes, sodass nur einmal KapESt bemessen werden muss. Gezahlte ausländische Steuern sind (im Rahmen der zulässigen Anrechnung) bei der Bemessung der KapESt zu berücksichtigen (§ 43a Abs. 3 S. 1 EStG).[198] Negative Kapitalerträge und gezahlte Stückzinsen sind bis zur Höhe der positiven Kapitalerträge auszugleichen. Daher kann es zu einer Rückerstattung bereits gezahlter KapESt kommen.

Mit der Abgeltungsteuer zuzüglich Solidaritätszuschlag und ggf. Kirchensteuer ist die Einkommensteuer auf Kapitalerträge gem. § 43 Abs. 5 EStG (grundsätzlich) abgegolten. Die Abgeltungswirkung tritt nur dann ein, wenn die Kapitalerträge tatsächlich der KapESt

---

Nr. 1a EStG für nach dem 31.12.2012 zufließende Kapitalerträge erweitert und umfasst neben Erträgen aus Aktien zukünftig auch Genussscheine sowie neben Dividendenscheine auch sonstige Erträgnisscheine.
197 Dies ist der Grundsatz. Beachte jedoch die in Kap. 2.3.6.2 dargestellte Übergangsregelung.
198 Ausnahme: Quellensteuer aus Spanien und Norwegen, da die DBA unter Umständen einen vollständigen Erstattungsanspruch enthalten. Zur Anrechnung spanischer Quellensteuer s. auch BMF vom 08.09.2011, BStBl I 2011, 854. Eine Anrechnung der Quellensteuer im Veranlagungsverfahren nach § 32d Abs. 5 EStG ist hingegen möglich. Für Details der Steueranrechnung bei Vorliegen eines Ermäßigungsanspruches auf die ausländische Quellensteuer und in DBA-Fällen s. BMF vom 09.10.2012, BStBl I 2012, 953, BStBl I 2012, 953, Rn. 207a ff. sowie (ab 2015) für Quellensteuer aus Spanien BMF vom 18.03.2015, BStBl I 2015, 253.

unterlegen haben. Diese Klarstellung durch das JStG 2010 ist aufgrund der nicht vorhandenen Deckungsgleichheit zwischen § 20 und § 43 EStG nötig.

Diese grds. abgeltende Wirkung des Ertragsteuerabzuges tritt nicht ein, wenn die Kapitalerträge den Einkünften aus L + F, aus Gewerbebetrieb, aus selbständiger Arbeit oder aus V + V zuzuordnen sind (§ 43 Abs. 5 S. 2 EStG). Ferner tritt die Abgeltungswirkung für die Kapitalerträge nicht ein, die dem regulären Steuertarif unterliegen (§ 43 Abs. 5 S. 2 i.V.m. § 32d Abs. 2 EStG). Demzufolge hat der StPfl. auch solche Kapitalerträge, die nicht der KapESt unterliegen, in seiner Einkommensteuererklärung anzugeben (§ 32d Abs. 3 EStG). Ist der persönliche Steuersatz eines StPfl. niedriger als 25 %, können die Kapitalerträge auf Antrag des StPfl. auch den Vorschriften über die Ermittlung der tariflichen ESt unterworfen werden (sog. Günstigerprüfung[199] gem. § 32d Abs. 6 EStG), so dass die Besteuerung nach dem individuellen Steuersatz erfolgt.

Ein KapESt-Abzug findet ferner nicht statt, soweit

- die Kapitalerträge im Ergebnis den Sparer-Pauschbetrag nach § 20 Abs. 9 EStG nicht übersteigen,
- wenn anzunehmen ist, dass auch für Fälle der Günstigerprüfung nach § 32d Abs. 6 EStG keine Steuer entsteht.

Voraussetzung ist, dass dem Schuldner oder der die Kapitalerträge auszahlenden Stelle eine Nichtveranlagungsbescheinigung vorliegt nach § 44a Abs. 2 S. 1 Nr. 2 i.V.m. Abs. 1 Nr. 2 EStG oder ein Freistellungsauftrag erteilt wird (§ 44a Abs. 2 S. 1 Nr. 1 i.V.m. Abs. 1 Nr. 1 EStG).

Sofern es sich um Zinsen handelt, die im Rahmen eines Darlehensvertrages mit einer Privatperson oder einem Unternehmen gezahlt werden, die gem. § 44 EStG nicht zum Quellensteuerabzug verpflichtet sind, oder die Depotbank des StPfl. eine ausländische Bank oder ein ausländisches Tochterunternehmen einer inländischen Bank ist, besteht ebenfalls keine Pflicht zum Quellensteuerabzug (§ 44 Abs. 1 EStG).

Sofern die abgeltende Wirkung nicht eintritt, hat die erhobene KapESt (wie früher) den Charakter einer Vorauszahlung auf die zu zahlende Einkommensteuer. Kommt es aufgrund der durchgeführten Veranlagung jedoch zu keiner Einkommensteuerschuld des Anteilseigners, so wird die KapESt gem. § 44b EStG erstattet.[200] Die Abstandnahme vom KapESt-Abzug im Vorfeld aufgrund einer Nichtveranlagungsbescheinigung[201] bzw. eines Freistellungsauftrages nach § 44a EStG gelten nur für unbeschränkt StPfl.

Für weitere Details zum KapESt-Abzug wird auch auf die einschlägigen BMF-Schreiben (vom 03.12.2014, BStBl I 2014, 1586 sowie BMF vom 18.01.2016, BStBl I 2016, 85, Rz. 151a ff.) verwiesen. Für Rückerstattungen im Fall nachträglicher bekanntgewordener Steuerbefreiungstatbestände vgl. BMF vom 18.01.2016, BStBl I 2016, 85, Rz. 307a.

Bei **Steuerausländern** (§ 1 Abs. 4 EStG) hat die KapESt grundsätzlich[202] eine sog. **Abgeltungswirkung** (§ 50 Abs. 5 S. 1 EStG) für Kapitaleinkünfte nach § 49 Abs. 1 Nr. 5 EStG, da allein für Kapitalerträge beschränkt StPfl. nicht veranlagt werden. Kapitalerträge von Steuerausländern sind nur stpfl., wenn inländische Einkünfte nach § 49 Abs. 1 Nr. 5 EStG vorliegen.

---

199 S. hierzu BMF vom 18.01.2016, BStBl I 2016, 85; BStBl I 2012, 953, Rn. 149 ff.
200 Dies gilt nur für bestimmte Kapitalerträge (Dividenden, Zinsen).
201 NV-Bescheinigung = amtliche Abstandnahme vom Steuerabzug (§ 44a Abs. 6 EStG).
202 Ausnahmen: vgl. § 50 Abs. 2 S. 2 EStG (inländische Betriebsstätte, Grenzpendler etc.) bzw. § 2 AStG.

Nach § 44 Abs. 1 S. 2 EStG entsteht die KapESt grundsätzlich in dem Zeitpunkt, in dem die Kapitalerträge dem Gläubiger zufließen. Für den Zeitpunkt der KapESt ist bei Dividenden § 11 EStG (Zufluss) durch § 44 Abs. 2 EStG abbedungen. Wenn der Ausschüttungsbeschluss den Tag der Auszahlung nicht festlegt, gilt der Tag nach der Beschlussfassung als »Zuflusstag«; ist durch Gesetz eine abweichende Fälligkeit des Auszahlungsanspruchs bestimmt oder lässt das Gesetz eine abweichende Bestimmung der Fälligkeit durch Satzungsregelung zu, gilt als Zeitpunkt des Zufließens der Tag der Fälligkeit.

2.2.1.2 Steuerbescheinigung und Freistellungsauftrag

Dem Charakter einer Vorauszahlung auf die ESt des Anteilseigners bzw. Papierinhabers entspricht es auch, dass Einbehalt und Abführung von KapESt gem. § 45a EStG **bescheinigt** werden müssen, sollen sie nach § 36 Abs. 2 und § 36a EStG angerechnet werden.[203] Dies erfolgt durch eine Bescheinigung nach amtlich vorgeschriebenem Muster, die alle Angaben für die Besteuerung von Kapitalerträgen enthält. Die aktuell gültigen Muster zur Ausstellung dieser Steuerbescheinigungen enthält das BMF-Schreiben vom 03.12.2014 (BStBl I 2014, 1586, ergänzt durch BMF vom 11.11.2016, IV C 1 – S 2401/08/10001 :015) für Kapitalerträge mit Zufluss nach dem 31.12.2013. Die KapESt-Anmeldung ist dem FA auf elektronischem Wege nach Maßgabe der Steuerdaten-Übermittlungsverordnung zu übermitteln (§ 45a Abs. 1 EStG). Die Ausstellung der Steuerbescheinigung regelt § 45a Abs. 2 EStG. Zum Ausstellen von Bescheinigungen sind demnach bei Vorliegen der Voraussetzungen verpflichtet:

- der Schuldner der Kapitalerträge in den Fällen des § 43 Abs. 1 S. 1 Nr. 1, 2 bis 4, 7a und 7b EStG,
- die die Kapitalerträge auszahlende Stelle (vorbehaltlich § 45a Abs. 3 EStG) in den Fällen des § 43 Abs. 1 S. 1 Nr. 1a, 6, 7 und 8 bis 12 sowie S. 2 EStG,
- die zur Abführung der Steuer verpflichtete Stelle im Falle des § 44 Abs. 1a EStG.

Durch das Gesetz zur Modernisierung des Besteuerungsverfahrens (BGBl I 2016, 1679) wurde in § 45a EStG mit Wirkung ab dem 23.07.2016 die Möglichkeit einer elektronischen Übermittlung der Steuerbescheinigung geschaffen. Auf Verlangen des StPfl. muss jedoch ein Ausdruck auf Papier erfolgen.

Die Grundsätze zur Entrichtung, Abstandnahme und Erstattung[204] der KapESt gem. §§ 44–44b EStG hat das BMF im Schreiben vom 18.01.2016, BStBl I 2016, 85 in den Rz. 244 ff. zusammengefasst.

Durch die Erteilung eines sog. Freistellungsauftrages nach amtlich vorgeschriebenem Formular (BMF vom 18.01.2016, BStBl I 2016, 85) ist es für unbeschränkt StPfl. möglich, dass von der Erhebung der KapESt bis zu einer Höhe von 801 € (1.602 € bei Ehegatten bzw.

---

203 Dies gilt auch für Zinsen aus einem Sparbuch. Die Vorlage eines Sparbuches, aus der sich die Höhe der Steuer ergibt, ist nicht ausreichend (OFD Frankfurt vom 26.06.2012, Az.: S 2401 A – 2 – St 54).
204 Ergänzend wird darauf hingewiesen, dass bei beschränkt StPfl. in DBA-Fällen die Möglichkeit bleibt, einen Antrag nach § 50d EStG beim BMF auf Erstattung der – jeweils zulässigen – KapESt zu stellen (vgl. auch das Schreiben des BMF vom 01.10.2009, BStBl I 2009, 1172, Rz. 87). Dies ist notwendig, da der Einbehalt von KapESt durch § 50d Abs. 1 EStG unabhängig davon erfolgt, ob Deutschland das Besteuerungsrecht an diesen Kapitalerträgen überhaupt zusteht. Gem. § 50d Abs. 2 EStG ist es dem Schuldner der KapESt auf Antrag (und Bewilligung durch das BZSt) in den dort genannten Fällen unter gewissen Voraussetzungen möglich, den Steuerabzug ganz oder teilweise zu unterlassen (sog. Freistellung im Steuerabzugsverfahren).

bei eingetragenen Lebenspartnerschaften; vgl. BMF vom 18.01.2016, BStBl I 2016, 85, Rz. 261, sofern ein gemeinsamer Freistellungsauftrag erteilt wird) abgesehen wird.

Dies ist in der Praxis von großer Bedeutung. Mit mehreren Schreiben[205] hat das BMF den amtlichen Vordruck für den Freistellungsauftrag von der KapESt an den neuen Sparer-Pauschbetrag angepasst. Folgende Grundzüge sind von Bedeutung:

- Eine Beschränkung neuer Freistellungsaufträge auf einzelne Konten und/oder Depots desselben Kreditinstituts ist nicht mehr möglich. Eine Verteilung des Freistellungsauftrages auf mehrere Kreditinstitute ist hingegen möglich.
- Wird ein Freistellungsauftrag aufgeteilt, jedoch nicht vollständig ausgeschöpft, beim anderen Kreditinstitut hingegen überschritten, so ist zur Ausschöpfung des verbliebenen Betrages der Weg über die (Antrags-)Veranlagung (Erklärung der Kapitaleinkünfte) gegeben. Sofern ein Freistellungsauftrag im laufenden Jahr noch nicht genutzt wurde, kann er auch zum 01.01. des laufenden Jahres widerrufen werden (BMF vom 18.01.2016, BStBl I 2016, 85, Rn. 259).
- Die Aufbewahrungsfrist für die Erklärung zur Freistellung vom Steuerabzug nach § 43 Abs. 2 S. 3 Nr. 2 EStG ist von zehn Jahren auf sechs Jahre gekürzt worden. Dies entspricht den Aufbewahrungsmodalitäten für den Freistellungsauftrag (§ 43 Abs. 2 S. 6 EStG).
- Für die Erteilung eines Freistellungsauftrages ist es seit dem Jahr 2011 notwendig, dass der StPfl. seine Identifikationsnummer angibt (§ 44a Abs. 2a EStG). Für zuvor gestellte Freistellungsaufträge galt eine Übergangsfrist bis zum 31.12.2015; vgl. auch BMF vom 18.01.2016 a.a.O., Rn. 259a.
- Das Kontrollverfahren für Freistellungsaufträge (§ 45d Abs. 1 EStG) erfordert, dass die Steueridentifikationsnummer des Gläubigers der Kapitalerträge zwingend mitzuteilen ist. Im Rahmen des KroatienAnpG (BGBl I 2014, 1266) wurde § 45d EStG dahingehend erweitert, dass die Meldestelle i.S.d. § 45d Abs. 1 S. 1 die Identifikationsnummer, sofern ihr diese nicht bereits bekannt ist, beim Bundeszentralamt für Steuern anfragen kann. Ein Widerspruchsrecht der betroffenen Steuerpflichtigen besteht nach der Gesetzesbegründung nicht.

2.2.1.3 Sonderfälle bei der Kapitalertragsteuer

Folgende zusätzlichen Regelungen gibt es:

a) Auch bei der KapESt gibt es ein Haftungsverfahren. Es ist in § 44 Abs. 5 EStG (bzw. in § 45a Abs. 7 EStG) der Lohnsteuerhaftung des § 42d EStG nachgebildet. Voraussetzung für die Haftung ist eine vorsätzliche bzw. grob fahrlässige Pflichtverletzung, wobei das Gesetz dem Schuldner der Kapitalerträge hier die Beweislast dafür, dass keine solche Pflichtverletzung erfolgte, auflegt. Der BFH stellte mit Urteil vom 03.11.2010 (DStR 2011, 403) fest, dass bei Nichtabführung der KapESt regelmäßig von grober Fahrlässigkeit auszugehen ist.

b) Gem. § 7 InvStG werden auch die ausgeschütteten Erträge aus Investmentanteilen der KapESt unterworfen (25 % seit VZ 2009). Inländische und ausländische Investmentanteile werden dabei gleich behandelt.

c) Wie weit der Arm der EU im Steuerrecht reicht, hat das EURLUmsG vom 09.12.2004 gezeigt. Danach sind nicht mehr nur die indirekten Steuern betroffen, sondern auch

---

[205] BMF vom 02.07.2008 (BStBl I 2008, 687), vom 18.01.2016 (BStBl I 2016, 85) und vom 31.07.2013 (BStBl I 2013, 940).

maßgeblich die Quellensteuern. Danach wird gem. § 43b EStG die **KapESt-Befreiung** für Gewinnausschüttungen (GA) einer deutschen Tochter an ihre EU-Muttergesellschaft erweitert auf folgende Anwendungsbereiche:
- auf GA, die einer in einem anderen EU-Staat belegenen Betriebsstätte der ausländischen Muttergesellschaft zufließen (§ 43b Abs. 1 S. 1 EStG),
- auf GA, die einer in einem anderen EU-Staat belegenen Betriebsstätte einer deutschen Muttergesellschaft (§ 43b Abs. 1 S. 2 EStG) zufließen.
- Gleichzeitig wurde die **Mindestbeteiligungsquote** der Muttergesellschaft an der deutschen Tochter von zuletzt auf 10 % (für GA ab 01.01.2009) herabgesetzt (§ 43b Abs. 2 EStG i.V.m. §§ 52 Abs. 55c EStG).
- In Anlage 2 zu § 43b EStG wurde schließlich der Kreis der EU-Muttergesellschaften um die mittel- und osteuropäischen KapG sowie um die Societas Europaea und die SCE (Europäische Genossenschaft) erweitert.

d) Einen anderen Auslöser hat die Neufassung von § 44 Abs. 7 EStG. Aufgrund geänderter BFH-Rspr. zu **Mehrabführungen aus vororganschaftlicher Zeit**, die nunmehr als GA angesehen werden (vgl. § 14 Abs. 3 KStG), ergibt sich ein neuer KapESt-Tatbestand: Die Quellensteuer entsteht spätestens acht Monate (!) nach dem Bilanzstichtag der Organgesellschaft.

e) Zur Bekämpfung von Steuerhinterziehung und Sicherung des deutschen Steueraufkommens wurden die Bestimmungen zur Reduktion des Quellensteuerabzuges unabhängig von § 50d Abs. 3 EStG verschärft.[206] Per Gesetz vom 01.08.2009 (BGBl I 2009, 2302, Steuerhinterziehungsbekämpfungsgesetz) und im Zuge der flankierenden SteuerHBekV vom 18.09.2009 (BGBl I 2009, 3046) wird einer ausländischen KapG unter den weiteren Voraussetzungen (§ 51 Abs. 1 Nr. 1 Buchst. f EStG Doppelbuchst. bb EStG i.V.m. § 2 der Verordnung) demnach die Entlastung von der deutschen Quellensteuer auf Kapitalerträge nach § 50d Abs. 1 und 2 EStG oder § 44a Abs. 9 EStG versagt, wenn sie nicht einen Nachweis über die Ansässigkeit der an ihr zu mehr als 10 % (mittelbar) beteiligten natürlichen Personen erbringt. Zusätzlich wird der deutschen Finanzbehörde die Möglichkeit eröffnet, die von der Gesellschaft gemachten Angaben durch Ausstellen einer Bescheinigung nach § 50d Abs. 4 EStG durch die zuständige ausländische Finanzbehörde zu überprüfen.

2.2.2 Korrekturen beim Kapitalertragsteuerabzug (§ 20 Abs. 3a EStG)

§ 20 Abs. 3a EStG regelt, dass materielle Korrekturen i.S.d. § 43a Abs. 3 S. 7 EStG erst zu dem dort genannten Zeitpunkt zu berücksichtigen sind. § 43a Abs. 3 S. 7 EStG selbst regelt, dass die auszahlende Stelle Korrekturen materieller Fehler beim KapESt-Einbehalt nicht rückwirkend, sondern erst zum Zeitpunkt ihrer Kenntniserlangung mit Wirkung für die Zukunft vornehmen muss (hierzu auch BMF vom 18.01.2016, BStBl I 2016, 85, Rz. 241).[207] Dies soll der Steuervereinfachung dienen.

Weist der StPfl. durch eine Bescheinigung der auszahlenden Stelle nach, dass sie die **Korrektur nicht vorgenommen hat und auch nicht vornehmen wird**, kann der StPfl. die Korrektur nach § 32d Abs. 4 und 6 EStG geltend machen.

---

206 Zu § 50d Abs. 3 s. Teil D, Kap. V 4.
207 Vgl. zur Änderung der Festsetzung der Steuer bei nachträglich bekannt gewordener KapESt-Pflicht nach alter Rechtslage auch OFD Nds. vom 04.10.2010 (LEXinform 5232937).

Beispiel 19a:
Der risikofreudige Anleger A – ledig, keine Kirchensteuerpflicht, sonstige Einkünfte 200.00 € – erzielt im Jahr 17 eine Dividende der X-AG i.H.v. 4.000 €. Ein Freistellungsauftrag ist nicht erteilt worden. Im Jahr 18 stellt sich heraus, dass in den 4.000 € Ertrag 2.000 € steuerfreie Ausschüttungen aus dem steuerlichen Einlagekonto enthalten sind. Weitere Kapitalerträge bestehen nicht. Die Bank will die Korrektur nach § 43a Abs. 3 S. 7 EStG aufgrund technischer Probleme nicht vornehmen.

Lösung: Die Bank muss im Jahr 17 1.000 € KapESt auf die Ausschüttung (25 % zzgl. SolZG, der hier außer Ansatz bleibt) einbehalten und für die Rechnung des A abführen. Da die Bank die Korrektur im Jahr 2017 nicht vornehmen will, muss sie A dies entsprechend bescheinigen (§ 45a Abs. 2, § 36 Abs. 2 Nr. 2 EStG), sodass dieser im Rahmen der Einkommensteuererklärung 17 zwei Bescheinigungen einreichen muss:
- die Steuerbescheinigung der Bank und
- die Bescheinigung über die Nichtvornahme der Korrektur (BMF vom 18.01.2016 a.a.O., Rz. 241b).

Im Rahmen der Überprüfung des Steuereinbehaltes (§ 32d Abs. 4 EStG) – die Günstigerprüfung führt hier zu keinem anderen Ergebnis – werden die Kapitaleinkünfte des A ermittelt:

Gesamtausschüttung:	4.000,00 €
davon steuerfrei (Einlagekonto)[208]	2.000,00 €
verbleiben:	2.000,00 €
abzgl. Sparerpauschbetrag:	801,00 €
Einkünfte:	1.199,00 €
Steuersatz: 25 %:	299,75 €
Anrechnung der KapESt:	1.000,00 €
Erstattung für das Jahr 17:	700,25 €

Hiervon abweichend können die auszahlenden Stellen einheitlich für alle Anleger bis zum 31.01. Korrekturen für das vorangegangene Kalenderjahr vornehmen (BMF vom 18.01.2016, BStBl I 2016, 85, Rn. 241). Hat die auszahlende Stelle den Fehler offensichtlich selbst zu vertreten, kann sie abweichend nach § 44b Abs. 5 S. 1 EStG die Korrektur für die Vergangenheit durchführen. In diesen Fällen ist es zulässig, die Korrektur des Steuerabzugs erst im Rahmen der nächsten Steueranmeldung zu berücksichtigen; eine Änderung der ursprünglichen Anmeldung ist nicht erforderlich.

Dies gilt nicht bei (BMF vom 18.01.2016, BStBl I 2016, 85, Rn. 241a)

- Anlegern, deren Kapitalerträge Betriebseinnahmen sind,
- Steuerausländern,
- der Korrektur der Ersatzbemessungsgrundlage (§ 43a Abs. 2 S. 6 EStG),
- Korrekturen bei Erträgen aus Anteilen an ausländischen Investmentvermögen, soweit bei der Veräußerung oder Rückgabe von Anteilen an ausländischen thesaurierenden Investmentfonds KapESt einbehalten wurde (§ 7 Abs. 1 S. 1 Nr. 3 InvStG),
- Korrekturen bei der Anrechnung ausländischer Quellensteuer, wenn der StPfl. die Quellensteuer aufgrund einer Entscheidung des EuGH vom ausländischen Staat erstattet

---

[208] Zu den Auswirkungen auf die Anschaffungskosten der Beteiligung s. BMF vom 09.10.2012, BStBl I 2012, 953, Rn. 92.

bekommt, sowie bei Änderung oder Wegfall der Bemessungsgrundlage aufgrund einer Entscheidung des EuGH, des BVerfG oder des BFH oder
- wenn ein StPfl. die Geschäftsbeziehung mit einer auszahlenden Stelle beendet, ohne seine Wertpapiere auf ein anderes Institut zu übertragen.

Die zutreffende Festsetzung der Einkommensteuer erfolgt in diesen Fällen bei unbeschränkt StPfl. im Rahmen der Veranlagung. Eine Veranlagung von beschränkt StPfl. kommt nur in Ausnahmefällen in Betracht.

2.2.3 Einschränkungen bei der Anrechnung der Kapitalertragsteuer nach § 36a EStG

Mit Wirkung zum 01.01.2016 wird die volle Anrechnung der KapESt auf die ESt bei Verkäufen rund um den Dividendenstichtag von einer Mindestvor- bzw. -nachbesitzdauer abhängig gemacht (§ 36a EStG). Dies soll bestimmte Steuergestaltungen verhindern. Mit diesen als Cum/Ex- bzw. Cum/Cum-Geschäften bezeichneten Wertpapierverschiebungen können Steuerausländer oder inländische Körperschaften durch Verkauf von Aktien kurz vor dem Dividendenstichtag die Besteuerung vermeiden. Der Käufer muss KapESt für die Dividenden bezahlen. Nachdem sich der Kurs durch Ausschüttung der Dividende entsprechend reduziert hat, verkauft der Käufer die Aktien wieder an den ursprünglichen Eigentümer. Der Verlust aus dem Verkauf kann mit der erzielten Dividende verrechnet werden, sodass die einbehaltene Kapitalertragsteuer an den Käufer erstattet werden muss. Die Steuerersparnis teilen sich Verkäufer und Käufer. Ein Mindesthaltezeitraum soll diese Gestaltungsmöglichkeiten beenden.

Konkret erforderlich ist für die Anrechnung nach § 36a Abs. 1 bis 3 EStG (kumulativ)

- die Einhaltung einer Mindesthaltedauer von 45 Tagen binnen 45 Tagen vor und nach der Fälligkeit der Kapitalerträge mit ununterbrochener Zurechnung des wirtschaftlichen Eigentums,
- die Tragung eines Mindestwertänderungsrisikos nach § 36a Abs. 3 EStG ununterbrochen während der Mindesthaltedauer und
- dass keine Verpflichtung besteht, die Kapitalerträge ganz oder überwiegend, unmittelbar oder mittelbar anderen Personen zu vergüten.

Weitere Einzelheiten zur Anwendung des § 36a EStG hat das BMF im Anwendungsschreiben vom 03.04.2017 (BStBl I 2017, 726) geregelt. Erfasst sind von der Neuregelung insb. Cum/Cum-Geschäfte auf Basis von

- Wertpapierleihen und in bestimmten Fällen deren Weiterreichung mit gleichzeitigem Rückgeschäft,
- Wertpapierpensionsgeschäften,
- Gestaltungen mit Investmentfonds sowie
- bestimmte Kassageschäfte.

Nach Auffassung des BMF handelt es sich hierbei um eine nicht abschließende Darstellung. Flankiert wird die Neuregelung durch das BMF-Schreiben vom 17.07.2017 (BStBl I 2017, 986), welches ebenfalls die steuerliche Aufarbeitung von Cum/Cum-Fällen zum Gegenstand hat. Vorrangig bleibt jedoch die Anwendung von § 36a EStG.

2.2.4 Werbungskosten bei den Einkünften aus Kapitalvermögen (§ 20 Abs. 9 EStG)

2.2.4.1 Der Sparerpauschbetrag oder das Werbungskostenabzugsverbot

Durch die Einführung der Abgeltungsteuer und den neuen § 20 Abs. 9 EStG ist die Geltendmachung der tatsächlichen WK über den sog. Sparer-Pauschbetrag (801 €; 1602 € bei zusammenveranlagten Ehegatten bzw. eingetragenen Lebenspartnerschaften) hinaus ausgeschlossen.[209] Dies ist systematisch bereits in § 2 Abs. 2 S. 2 EStG mit dem Vorrang des § 20 Abs. 9 EStG vor den §§ 9, 9a EStG geregelt (vgl. auch R. 20.1 (3) EStR). Der Sparer-Pauschbetrag ist auch i.R.d. Abgeltungsteuer abzugsfähig. Damit soll im Wege einer Typisierung in den unteren Einkommensgruppen ein (pauschalierter) WK-Abzug möglich sein. Im Ergebnis wird damit erreicht, dass die Abgeltungsteuer und der auf den Sparer-Pauschbetrag begrenzte WK-Abzug im Wesentlichen auf private Kapitaleinkünfte beschränkt bleibt. Ein weiterer WK-Abzug ist nicht mehr möglich, sondern vielmehr kraft Gesetzes ausgeschlossen.

Der Sparer-Pauschbetrag erfasst Zinsen und Dividenden in voller Höhe sowie Gewinne aus der Veräußerung und Einlösung von Kapitalanlagen und aus Termingeschäften (§ 20 Abs. 2 EStG). Ein nicht ausgenutzter Sparer-Pauschbetrag des einen Ehegatten geht auf den anderen Ehegatten über (§ 20 Abs. 9 S. 3 EStG). Kann ein Sparer-Pauschbetrag nicht vollständig ausgeschöpft werden, so wird dem StPfl. gem. § 32d Abs. 4 EStG ein Wahlrecht eingeräumt, die Kapitaleinkünfte bei seiner Veranlagung geltend zu machen, um sodann den Sparer-Pauschbetrag darüber hinaus bzw. vollständig zu nutzen. Der Sparer-Pauschbetrag wird sowohl beschränkt als auch unbeschränkt StPfl. gewährt. Bei beschränkter Steuerpflicht kann jedoch jeder Ehegatte nur seinen eigenen Sparer-Pauschbetrag bei der Ermittlung der Einkünfte berücksichtigen, da nach wie vor eine Zusammenveranlagung bei beschränkter Steuerpflicht nicht möglich ist.

Aufgrund der Urteile des BVerfG vom 07.05.2013 (Az.: 2 BvR 909/06, 2 BvR 1981/06, 2 BvR 288/07), welche die Ungleichbehandlung von eingetragenen Lebenspartnerschaften beim Ehegattensplitting rückwirkend ab 2001 für verfassungswidrig erklärt haben, hat der Gesetzgeber mit Gesetz (BGBl I 2013, 2397) die Anwendung der entsprechenden Vorschriften auf diese Gruppe geregelt (§ 2 Abs. 8 EStG). Nach § 52 Abs. 2a EStG ist dies in allen Fällen anzuwenden, in denen die Einkommensteuer noch nicht bestandskräftig festgesetzt ist. Demnach können nunmehr auch eingetragene Lebenspartnerschaften einen gemeinsamen Sparerpauschbetrag nach den zuvor dargestellten Maßgaben in Anspruch nehmen.

2.2.4.2 Ausnahmen

Das vom Gesetzgeber in §§ 2 Abs. 2 S. 2, 20 Abs. 9 EStG normierte WK-Abzugsverbot greift nicht in allen Fällen:

- bei der Ermittlung des Veräußerungsgewinnes i.S.d. § 20 Abs. 2 EStG können zunächst gem. § 20 Abs. 4 S. 1 EStG die Aufwendungen, die im unmittelbaren sachlichen Zusammenhang mit dem Veräußerungsgeschäft stehen, abgezogen werden. Der Hauptanwendungsfall hiervon sind Transaktionskosten (s. auch Kap. 2.2.5);

---

209 Zu Fragen der zeitlichen Anwendung und Auslegung des § 20 Abs. 9 EStG vgl. (exemplarisch) die BFH-Urteile in den Verfahren VIII R 12/14, VII R 34/13 und VIII R 53/12 und BVerfG 2 BvR 878/15 (Kosten einer Selbstanzeige bzw. nachträgliche Schuldzinsen). Zu den Grenzfällen der erstmaligen Anwendung des § 20 Abs. 9 EStG vgl. auch BFH vom 24.02.2015, VIII R 44/12 (Zahlung einer Vorabverwaltergebühr in 2008) und BFH vom 27.08.2014, VIII R 60/13.

- in den Fällen des § 20 Abs. 8 EStG (Subsidiaritätsklausel), wenn die Kapitalerträge anderen Einkunftsarten zuzuordnen sind; sofern es sich um im Betriebsvermögen gehaltene Anteile handelt und das TEV anzuwenden ist, werden 60 % der WK zum Abzug zugelassen (§ 3c Abs. 2 S. 1 EStG);
- in den Fällen des § 32d Abs. 2 Nr. 1 und 3 EStG (Ausnahmen von der Abgeltungsteuer);
- bei Aufwendungen, die auf der Ebene von Investmentfonds anfallen (§ 3 Abs. 3 InvStG);

Im Rahmen der Überprüfung des Steuereinbehaltes (§ 32d Abs. 4 EStG) oder der Günstigerprüfung (§ 32d Abs. 6 EStG) ist eine Geltendmachung der tatsächlichen WK ebenfalls nicht möglich. Der BFH hat mit Urteil vom 28.01.2015 (VIII R 13/13) den Ausschluss des WK-Abzuges im Rahmen der Günstigerprüfung bestätigt (vgl. ähnlich auch das Urteil vom 02.12.2014 VIII R 34/13 sowie die zurückgenommene Revision BFH VIII R 18/14 gegen das Urteil des FG Thüringen vom 09.10.2013 – 3 K 1035/11 und BMF vom 18.01.2016 a.a.O., Rn. 150). Der Abzug der tatsächlichen WK scheidet nach Auffassung des BFH unabhängig von der Höhe des individuellen Steuersatzes aus. In Betracht kann aber nach Auffassung des BFH im Einzelfall der Erlass der Steuer aus Billigkeitsgründen kommen.

2.2.5 Verlustverrechnung bzw. Verlustausgleich (§ 20 Abs. 6 EStG)

Bei der Berücksichtigung von Verlusten ist zwischen Verlusten aus privaten Veräußerungsgeschäften von vor dem 01.01.2009 angeschafften Wertpapieren einschließlich des zum 31.12.2008 gesondert festgestellten Verlustvortrages für private Veräußerungsgeschäfte einerseits und dem Verlust aus der Veräußerung von nach dem 31.12.2008 angeschafften Kapitalanlagen andererseits zu unterscheiden. Gem. § 23 Abs. 3 S. 9, 10 EStG a.F. konnten Verluste aus privaten Veräußerungsgeschäften i.S.d. § 23 EStG in der bis zum 31.12.2008 anzuwendenden Fassung bis zum 31.12.2013 auch mit Einkünften aus Kapitalvermögen i.S.d. § 20 Abs. 2 EStG in der Fassung des Art. 1 des Gesetzes vom 14.08.2007 (BGBl I 2007, 1912) ausgeglichen werden. Sie mindern abweichend von S. 8 nach Maßgabe des § 10d EStG auch die Einkünfte, die der StPfl. in den folgenden Veranlagungszeiträumen aus § 20 Abs. 2 EStG n.F. erzielt.

Dies bedeutet Folgendes für die Verlustverrechnung: Verluste aus Kapitalvermögen (und damit auch solche aus der Veräußerung von Kapitalanlagen) sind zunächst nicht mehr mit Einkünften aus anderen Einkunftsarten ausgleichsfähig und nicht nach § 10d EStG verrechenbar (§ 20 Abs. 6 EStG). Eine Verrechnung mit Verlusten aus Kapitalvermögen, die zum einschließlich dem Veranlagungszeitraum 2008 entstanden sind mit späteren positiven Kapitaleinkünften ist ebenfalls nicht uneingeschränkt möglich (vgl. FG Münster vom 25.11.2014 – 2 K 3941/11 E; nrkr. BFH VIII R 5/15).[210] Für den verbleibenden horizontalen Verlustausgleich und -vortrag (ein Rücktrag von Verlusten ist in § 20 Abs. 6 EStG nicht vorgesehen) ist zunächst ein Verlustausgleich innerhalb des »allgemeinen« Verlustverrechnungstopfes, d.h. mit positiven Kapitalerträgen des laufenden Jahres (bei der Bank oder dem Kreditinstitut) gem. § 43a Abs. 3 EStG i.R.d. KapESt-Abzugs vorzunehmen. Hierdurch sollen viele zusätzliche Veranlagungsfälle vermieden werden.

---

210 Beachte jedoch die Ausnahmen bei den Einkünften des § 32d Abs. 2 EStG (s. Kap. 2.2.6). In Betracht kommt zudem eine Verrechnung von positiven Kapitaleinkünften mit Verlusten aus anderen Einkunftsarten im Rahmen der Günstigerprüfung des § 32d Abs. 6 EStG; vgl. BMF vom 18.01.2016, BStBl I 2016, 85, Rn. 146 (zur Günstigerprüfung selbst vgl. Kap. 2.2.6.3).

Der »allgemeine« Verlustverrechnungstopf umfasst:

- Zinserträge,
- Dividenden,
- Gewinne aus Beteiligungsverkäufen (positiver Saldo des besonderen Verlustverrechnungstopfes),
- negative Stückzinsen,
- negative Zwischengewinne,
- Veräußerungsverluste (ohne Aktien) sowie
- ausländische Quellensteuer.

Ein nach erfolgter Saldierung verbleibender Verlust kann entweder auf das Folgejahr vorgetragen werden oder dem StPfl. wird auf Antrag bis zum 15.12. des jeweiligen Verlustjahres durch die auszahlende Stellung unter Nullstellung des allgemeinen Verlustverrechnungstopfes eine Verlustbescheinigung ausgestellt. Dieser kann dann die Verluste im Wege der Veranlagung geltend machen.

Hiervon sind allerdings Veräußerungsverluste aus Aktien ausgeschlossen. Diese können nur mit Veräußerungsgewinnen aus Aktien (Anschaffung nach dem 31.12.2008) verrechnet werden. Sie werden in einem besonderen Verlustverrechnungstopf geführt. Verluste aus der Veräußerung von ADRs und GDRs sind in diesen Verlusttopf einzustellen, während Verluste aus Veräußerungen von Teilrechten und von Bezugsrechten auf Aktien nicht in diesen Verlusttopf einzustellen und ohne Einschränkung verrechenbar sind. Gewinne aus der Veräußerung von Teilrechten und Bezugsrechten können nicht mit Aktienverlusten verrechnet werden (BMF vom 18.01.2016, BStBl I 2016, 85, Rn. 228). Ergibt sich hierin ein positiver Saldo, so kann dieser in den allgemeinen Verlustverrechnungstopf übertragen und dort mit etwaigen verbleibenden Verlusten verrechnet werden. Alternativ hat der StPfl. die Möglichkeit, sich eine Verlustbescheinigung ausstellen zu lassen und diese Verluste im Veranlagungsverfahren geltend zu machen. Wird hiervon kein Gebrauch gemacht, so ist der verbleibende Verlust gesondert festzustellen und auf die Folgejahre vorzutragen. Ist eine Verrechnung im Veranlagungsverfahren ebenfalls nicht möglich, wird die zuständige Finanzbehörde die Verluste ebenfalls gesondert feststellen und vortragen.

Bei Ehegatten/Lebenspartnern ist für eine gemeinsame Verlustverrechnung auf Ebene der Kreditinstitute ein gemeinsamer Freistellungsauftrag erforderlich. Die Verrechnung erfolgt zudem nur am Jahresende (zu den Details vgl. BMF vom 18.01.2016 a.a.O., Rn. 266f.).

Alle anderen Veräußerungsgewinne waren (nach dem Verlustausgleich des § 43a Abs. 3 EStG = i.R.d. KapESt-Abzugsverfahrens) vorrangig mit Altverlusten aus privaten Veräußerungsgeschäften, die bis zum 31.12.2008 (egal aus welchen Anlagen) entstanden sind, zu verrechnen. Dabei ist es unerheblich, woraus diese Altverluste entstanden sind. Diese vorrangige Verrechnung war erforderlich, da diese nur bis zum 31.12.2013 möglich war (§ 52a Abs. 10a EStG a.F.).[211] Für die Verrechnung mit Altverlusten, die nur i.R.d. Veranlagung erfolgt[212], muss der

---

[211] Diese zeitlich begrenzte Verlustverrechnungsmöglichkeit sieht der BFH mit Urteil vom 06.12.2016, IX R 48/15, als verfassungsgemäß an.
[212] Die Ausübung des Wahlrechts erfolgte durch Geltendmachung in der Steuererklärung des jeweiligen Veranlagungszeitraums. Die Frage, ob die Geltendmachung eines (Veranlagungs-)Wahlrechts nach § 32d Abs. 4 EStG zwingend mit der Einkommensteuererklärung für denselben Veranlagungszeitraum zu erfolgen hat oder auch eine Änderung der bestandskräftig gewordenen Steuerfestsetzung aufgrund einer späteren Wahlrechtsausübung möglich ist, ist zurzeit vor dem BFH (Az.: VIII R 27/14) anhängig.

StPfl. eine Steuerbescheinigung nach § 45a Abs. 2 EStG (BMF vom 03.12.2014, BStBl I 2014, 1586, ergänzt durch BMF vom 11.11.2016, IV C 1 – S 2401/08/10001 :015) einreichen, in der die insgesamt erzielten Gewinne i.S.d. § 20 Abs. 2 EStG und die darin enthaltenen Gewinne aus Aktienveräußerungen angeführt werden. Die Altverluste aus privaten Veräußerungsgeschäften können wahlweise auch mit Gewinnen aus § 23 EStG n.F. verrechnet werden. Diese Form der Verrechnungsmöglichkeit für die Altverluste bleibt auch über den 31.12.2013 hinaus bestehen (§ 23 Abs. 3 S. 7 bis 9 EStG), sodass diese Verluste nicht »verloren« sind, jedoch nur noch wesentlich eingeschränkter berücksichtigt werden können.

Danach erfolgt eine Verlustverrechnung mit Verlustvorträgen aus Vorjahren, die bereits der Abgeltungsteuer unterlegen haben. Etwaige dann noch verbleibende Verluste sind gesondert festzustellen und auf die Folgejahre vorzutragen.

Beispiel 19b:
X (konfessionslos, sonstige Einkünfte: 200.000 €) erzielt im Jahr 2017 folgende Kapitaleinkünfte:
- Zinsen aus festverzinslichen Wertpapieren i.H.v. 50.000 €,
- Verluste aus Veräußerungen von Aktien i.H.v. 25.000 €,
- Gewinne aus Veräußerungen anderer Wertpapiere i.H.v. 50.000 €.

In 16 wurde ein verbleibender Verlustvortrag von 50.000 € festgestellt, von denen 10.000 € auf Aktienveräußerungen entfallen. Der verbleibende gesondert festgestellte Verlust aus privaten Veräußerungsgeschäften beträgt per 31.12.16 10.000 €.

Wie hoch sind die in 17 zu versteuernden Kapitaleinkünfte? Zusätzlich sind etwaige Verluste gesondert festzustellen.

Lösung: Die Verluste aus Aktienveräußerungen sind nur mit entsprechenden Gewinnen verrechenbar und daher in 17 nicht zu berücksichtigen. Der neue vortragsfähige Verlust aus Aktienveräußerungen ist per 31.12.17 i.H.v. 35.000 € gesondert festzustellen.
Die verbleibenden positiven Kapitaleinkünfte betragen demzufolge 100.000 €. Eine Verrechnung mit sogenannten Altverlusten aus privaten Veräußerungsgeschäften nach § 23 a.F. EStG ist seit dem VZ 2014 nicht mehr möglich. Es verbleiben somit (weiterhin) 10.000 €. Der vortragsfähige Verlust aus privaten Veräußerungsgeschäften ist per 31.12.17 weiterhin i.H.v. 10.000 € gesondert festzustellen.
Die 100.000 € können schließlich mit dem Verlust aus 16 (40.000 €) verrechnet werden, so dass dieser Verlustvortrag vollkommen verbraucht wird und mit 0 € gesondert festzustellen ist.
Von den verbleibenden 60.000 € ist schließlich noch der Sparer-Pauschbetrag i.H.v. 801 € (§ 20 Abs. 9 EStG) abzuziehen, so dass X im Ergebnis 59.199 € der Abgeltungsteuer zu unterwerfen hat. Die Steuer beträgt demzufolge 14.799,75 €, der SolZ 813,99 €. Die Günstigerprüfung nach § 32d Abs. 6 EStG führt an dieser Stelle zu keinem günstigeren Ergebnis, da X aufgrund seiner sonstigen Einkünfte (200.000 €) bereits ohne die Kapitaleinkünfte einem höheren Steuersatz als 25 % unterliegt.

Zu beachten ist weiterhin (BMF vom 18.01.2016, BStBl I 2016, 85, Rn. 119a und b), dass

- eine Verlustverrechnung zwischen abgeltend besteuerten negativen Kapitalerträgen nach § 32d Abs. 1 EStG mit positiven tariflich besteuerten Kapitalerträgen (§ 32d Abs. 2 EStG) nicht möglich ist (so auch R 32d Abs. 1 EStR); dieser Auffassung hat der BFH im Urteil vom 30.11.2016, VIII R11/14 widersprochen und eine »Saldierung« für zulässig erachtet;

- die Verlustverrechnung vorrangig vor dem Abzug des Sparerpauschbetrages erfolgt. Seit dem VZ 2010 ist bei gemeinsamer Freistellungsauftragserteilung eine ehegatten- bzw. lebenspartnerübergreifende Verlustverrechnung am Jahresende vorzunehmen (vgl. hierzu auch BMF vom 18.01.2016, BStBl I 2016, 85, Rn. 266 ff.; BMF vom 03.12.2014, BStBl I 2014, 1586; BMF vom 31.07.2013, BStBl I 2013, 940).

2.2.6 Besonderheiten bei der Ermittlung der Einkünfte (§ 20 Abs. 4, 4a EStG)

2.2.6.1 Der Gewinn i.S.d. § 20 Abs. 2 EStG (§ 20 Abs. 4 EStG)

Die nachfolgende Darstellung orientiert sich am Anwendungsschreiben des BMF vom 18.01.2016 (BStBl I 2016, 85).

§ 20 Abs. 4 EStG definiert den Gewinn bei der Anwendung des § 20 Abs. 2 S. 1 EStG als »Unterschied zwischen den Einnahmen aus der Veräußerung nach Abzug der Aufwendungen, die im unmittelbaren sachlichen Zusammenhang mit dem Veräußerungsgeschäft stehen, und den Anschaffungskosten.«

Folgende Sonderfälle des Veräußerungsgewinnes sind in den nachfolgenden Sätzen geregelt:

§ 20 Abs. 4…

- Satz 2: Verdeckte Einlage (gemeiner Wert als Einnahmen);
- Satz 3: Überführung in das PV (angesetzter Wert);
- Satz 4: Veräußerung von Ansprüchen auf eine Versicherungsleistung (als AK gelten die entrichteten Beiträge unter Rückgriff auf § 20 Abs. 1 Nr. 6 EStG);
- Satz 5: Termingeschäfte[213] – Gewinn ist der Differenzausgleich[214] oder der durch den Wert einer veränderlichen Bezugsgröße bestimmte Geldbetrag oder Vorteil abzüglich der Aufwendungen, die im unmittelbaren sachlichen Zusammenhang mit dem Termingeschäft stehen.[215]

§ 20 Abs. 4 S. 6 EStG bestimmt, dass auch für die Gewinne i.S.d. § 20 Abs. 2 EStG die sog. »Fußstapfentheorie« gilt. Bei einem unentgeltlichen Erwerb sind dem Einzelrechtsnachfolger die jeweils maßgeblichen Werte des Rechtsvorgängers zuzurechnen.

Maßgeblicher Zeitpunkt für die Gewinnermittlung/Verlustverrechnung ist der Zeitpunkt, in dem das jeweils zugrunde liegende obligatorische Rechtsgeschäft abgeschlossen wird (BMF Rn. 85). Besonderheiten bei der Ermittlung der AK können sich ergeben bei:

- Vorschusszinsen bei vorzeitiger Rückzahlung einer Spareinlage (BMF Rn. 85a),
- Optionsanleihen (BMF Rn. 86),
- AN-Optionen (BMF Rn. 87[216]),

---

213 Zur Definition des Termingeschäftes vgl. u.a. BFH vom 04.12.2014, IV R 53/11.
214 Der BFH hatte mit Urteil vom 26.09.2012 (Az.: IX R 50/09) entschieden, dass das Recht auf einen Differenzausgleich, Geldbetrag oder Vorteil auch dann i.S.v. § 23 Abs. 1 S. 1 Nr. 4 EStG a.F. beendet wird, wenn ein durch das Basisgeschäft indizierter negativer Differenzausgleich durch Nichtausüben der (wertlosen) Forderung aus dem Termingeschäft vermieden wird. Das BMF hat hierzu, bezogen auf unter die Abgeltungsteuer fallende Termingeschäfte, einen Nichtanwendungserlass (BMF vom 27.03.2013, BStBl I 2013, 403) erlassen.
215 Zum Verhältnis von Termingeschäften im Rahmen der Kapitaleinkünfte und zu solchen im Rahmen der Gewinneinkünfte unter Einbezug der (nach Auffassung des BFH verfassungsrechtlich nicht zu beanstandenen) Verlustverrechnungsbeschränkung des § 15 Abs. 4 S. 3 EStG vgl. BFH vom 28.04.2016 (IV R 20/13, insb. Rz. 23).
216 Zum Zufluss (als Arbeitslohn) bei Arbeitnehmeroptionen vgl. auch BFH vom 18.09.2012 (Az.: VI R 90/10).

- Aktiensplit und Reverse-Split (BMF Rn. 88–89a),
- Veräußerung und Ausübung von Teilrechten bei einer Kapitalerhöhung (BMF Rn. 90–91),
- Kapitalherabsetzung/Ausschüttung aus dem Einlagekonto (BMF Rn. 92).

Mit der Veräußerung zusammenhängende Kosten können bei der Gewinnermittlung abgezogen werden. Gleiches gilt für die Anschaffungsnebenkosten. Auch der Transaktionskostenanteil einer all-in-fee (= pauschales Entgelt bei den Kreditinstituten, das auch die Transaktionskosten mit abdeckt) ist abzugsfähig. Dies gilt jedenfalls dann, wenn im Vermögensverwaltungsvertrag festgehalten ist, wie hoch der Transaktionskostenanteil der all-in-fee ist (BMF Rn. 93 ff.). Da die pauschale Jahresgebühr keinem Geschäft konkret zugeordnet werden kann, ist die in der all-in-fee enthaltene Transaktionskostenpauschale im Zeitpunkt der Verausgabung als abziehbarer Aufwand anzuerkennen. Sofern die Pauschale einen Betrag von 50 % der gesamten Gebühr nicht überschreitet, ist sie im Rahmen des KapESt-Abzugs in den Verlustverrechnungstopf einzustellen. Voraussetzung hierfür ist jedoch, dass die in der all-in-fee enthaltene Transaktionskostenpauschale auf einer sachgerechten und nachprüfbaren Berechnung beruht. Bei Anwendung dieser Pauschale dürfen Einzelveräußerungskosten nicht zusätzlich berücksichtigt werden, es sei denn, es handelt sich um weiterberechnete Spesen von dritter Seite.

Die auch im Bereich der privaten Veräußerungsgeschäfte praktizierte FiFo-Methode ist weiterhin anwendbar (§ 20 Abs. 4 S. 7 EStG; BMF Rn. 97 ff.).

2.2.6.2 Besonderheiten bei Kapitalmaßnahmen (§ 20 Abs. 4a EStG)

§ 20 Abs. 4a EStG beinhaltet Sonderregelungen für die Gewinnermittlung bei Kapitalmaßnahmen. Diese sehr komplexe Vorschrift wird im Folgenden nur in tabellarischer Form dargestellt:

§ 20 Abs. 4a	Betroffene Maßnahme	Erläuterungen
Satz 1 und 2	Anteilstausch (BMF Rn. 100 bis 102)	Bei Tausch von Anteilen aufgrund gesellschaftsrechtlicher Maßnahmen (von den beteiligten Unternehmen ausgehend) ist ein steuerneutraler Anteilstausch möglich (Übernahme der bisherigen AK für die neue Beteiligung), wenn das deutsche Besteuerungsrecht nicht ausgeschlossen oder beschränkt wird. Durch das JStG 2010 wurde dies auf inländische Kapitalmaßnahmen ausgeweitet. Erhält der StPfl. zusätzlich zu den Anteilen eine Gegenleistung, gilt diese als (laufender) Beteiligungsertrag nach § 20 Abs. 1 Nr. 1 EStG. Nach Auffassung des BFH (Urteil vom 20.10.2016, VIII R 10/13) gilt dies jedoch nicht, wenn die Aktien selbst bereits steuerentstrickt waren (Altaktien).
Satz 3	Umtausch von Kapitalforderungen in Wertpapiere (BMF Rn. 103–107)	Die Anleihe gilt als zu AK veräußert. Zugleich ist das Entgelt für den Forderungserwerb als AK der erhaltenen Wertpapiere anzusetzen. Wird eine zusätzliche Gegenleistung erbracht (z.B. Ausgleich von Bruchstücken), so sind dies laufende Kapitaleinkünfte. Durch das JStG 2010 werden nun auch sog. Vollrisikozertifikate mit Aktienandienungswahlrecht erfasst. Dies gilt jedoch nur für nach dem 31.12.2009 gelieferte (angediente) Wertpapiere (vgl. § 52a Abs. 10 S. 11 EStG a.F.).

§ 20 Abs. 4a	Betroffene Maßnahme	Erläuterungen
Satz 4	Kapitalerhöhung gegen Einlage (BMF Rn. 108–110)	AK zugeteilter Bezugsrechte werden mit 0 € eingebucht. Die Bezugsrechte gelten im Zeitpunkt des Erwerbes der Altanteile als angeschafft (Übergang). Ein steuerlich relevanter Vorgang entsteht nur noch, wenn bei Veräußerung von Altanteilen die alte Frist des § 23 EStG a.F. noch gegriffen hat. Die Ausübung des Bezugsrechts ist nicht als Veräußerung des Bezugsrechts anzusehen. Übt der StPfl. das Bezugsrecht aus, wird die junge Aktie zu diesem Zeitpunkt angeschafft. Der Wert des Bezugsrechts ist als Anschaffungskosten der jungen Aktien mit 0 € anzusetzen und daher nicht von Bedeutung. Nach Auffassung des BMF greift diese Regelung unabhängig davon, ob die Altanteile vor oder nach dem 31.12.2008 angeschafft wurden. Dem hat der BFH mit Urteil vom 09.05.2017, VIII R 54/14 widersprochen.
Satz 5	Zuteilen von Anteilen ohne Gegenleistung (BMF Rn. 111 ff.)	Relevante Bereiche sind: • Bonus-Aktien, • Anteilsübertragung/Spin-off[219]. Sofern die Ermittlung der Erträge nicht möglich ist, sind die Einkünfte aus dem Bezug und die AK mit 0 € anzusetzen. Von dieser Vermutung ist bei ausländischen Sachverhalten in der Regel auszugehen, es sei denn dem Anleger steht nach ausländischem Recht (z.B. Niederlande) ein Wahlrecht zwischen Dividende und Freianteilen. Bei inländischen Sachverhalten ist davon auszugehen, dass die Erträge durch entsprechende Angaben des Emittenten zu ermitteln sein werden. Bei unklaren Sachverhalten ist § 20 Abs. 4a S. 5 EStG ebenfalls anwendbar (BMF Rn. 116).
Satz 6	Maßgeblicher Zeitpunkt	Für die steuerliche Wirksamkeit der Kapitalmaßnahme kommt es auf den Zeitpunkt der Einbuchung in das Depot des StPfl. an.
Satz 7		Erweiterung des Anwendungsbereiches auf Abspaltungen (s. auch BMF vom 18.01.2016, BStBl I 2016, 85, Rz. 101, 113–115a)

Der für die Anwendung des § 20 Abs. 4a EStG maßgebliche Zeitpunkt ist nach Satz 6, soweit es auf die steuerliche Wirksamkeit einer Kapitalmaßnahme ankommt, der Zeitpunkt der Einbuchung in das Depot des StPfl.

---

217 Vgl. hierzu auch das BFH-Urteil vom 20.10.2010, Az.: I R 117/08. Demnach ist ein Spin-off einer ausländischen Gesellschaft nur dann ein stpfl. Kapitalertrag, wenn sich die Zuteilung der Aktien nach dem Recht des ausländischen Staates nach US-amerikanischem Handelsrecht und Gesellschaftsrecht als Gewinnverteilung und nicht als Kapitalrückzahlung darstellt.

2.2.7 Der besondere Steuersatz (§ 32d EStG im Detail)[218]

Die Tarifvorschrift des § 32d EStG ist neben der Regelung zur Versagung des WK-Abzugs des § 20 Abs. 9 EStG eines der Kernstücke der Abgeltungsteuer. Die Regelung wird flankiert von § 2 Abs. 5b EStG, der den Ausschluss der der Abgeltungsteuer unterliegenden Einkünfte vom Veranlagungsverfahren vorsieht, sowie von § 43 Abs. 5 EStG, der die durch den Steuereinbehalt an der Quelle abgeltende Wirkung festlegt.

2.2.7.1 Grundsatz

Gem. § 32d Abs. 1 S. 1 EStG beträgt der **einheitliche Steuersatz** für Einkünfte aus Kapitalvermögen, die nicht § 20 Abs. 8 EStG unterliegen, **25 %**. Damit werden Kapitaleinkünfte i.S.d. § 20 Abs. 1 Nr. 1 und 2 EStG im Grundsatz von der Abgeltungsteuer erfasst. Der Hinweis auf die Subsidiaritätsregel des § 20 Abs. 8 EStG macht deutlich, dass **Gewinneinkünfte** und Einkünfte aus V + V nicht von der **Abgeltungsteuer** erfasst werden.

Sind die Kapitaleinkünfte auch **kirchensteuerpflichtig**, ermäßigt sich die ESt um 25 % der auf diese Einkünfte fallenden Kirchensteuer (§ 32d Abs. 1 S. 3 EStG). Anrechenbare ausländische Steuern werden auf die Abgeltungsteuer angerechnet (§ 32d Abs. 1 S. 2 EStG). Auf den einheitlichen Steuersatz von 25 % wird zusätzlich der SolZ i.H.v. 5,5 % erhoben, so dass eine effektive Belastung von 26,38 % entsteht. Die KapESt hat, wie der Begriff »Abgeltungsteuer« schon vermuten lässt, gem. § 43 Abs. 5 S. 1 EStG abgeltende Wirkung. Auch die Minderung der KapESt im Fall der Kirchensteuerpflicht wird bereits an der Quelle berücksichtigt, sofern die auszahlende Stelle auch die Kirchensteuer einbehält.

Mit dem Einbehalt der KapESt ist daher im Regelfall die Besteuerung durchgeführt. Ist der StPfl. kirchensteuerpflichtig und wurde keine Kirchensteuer einbehalten, sind die Kapitalerträge i.R.d. Veranlagung anzugeben (Wahlrecht des StPfl. zum Einbehalt i.R.d. Abgeltungsteuer oder im Veranlagungsverfahren, vgl. § 51a Abs. 2b, c und d EStG).

Hinweis: Seit dem 01.01.2016 erfolgt an der Quelle ein automatischer Kirchensteuereinbehalt durch die Banken (§§ 51a Abs. 2c und 2e EStG, BT-Drs. 17/7469). Dieser enthält aus datenschutzrechtlichen Gründen einen sog. Sperrvermerk, den die StPfl. setzen lassen können. Im Rahmen des AmtshilfeRLUmsG (BGBl I 2013, 1809) wurde dieser Abzug gesetzlich modifiziert, um die tatsächliche Erhebung der Kirchensteuer auf Kapitalerträge trotz des Sperrvermerkes sicherzustellen. Zu Detailfragen vgl. den Ländererlass in BStBl II 2016, 813.

Beispiel 20:
Der unbeschränkt stpfl. A ist römisch-katholisch (9 % Kirchensteuer) und hat Brutto-Dividendeneinkünfte aus Streubesitz (< 1 %) i.H.v 20.000 €. Die anrechenbare ausländische Steuer beträgt 2.000 €.

Lösung:
Nach § 32d Abs. 1 S. 4 EStG ist folgende Formel anzuwenden:

$$\text{Einkommen- bzw. Abgeltungsteuer} = e - 4 \times q / 4 + k$$

Dabei sind »e« die nach den Vorschriften des § 20 ermittelten Einkünfte, »q« die nach Maßgabe des § 32d Abs. 5 EStG anrechenbare ausländische Steuer und »k« der für die Kirchensteuer erhebende Religionsgesellschaft (Religionsgemeinschaft) geltende Kirchensteuersatz.

---

[218] Teilweise deckungsgleich mit der Kommentierung von *Seltenreich* in *Preißer/Pung*, Besteuerung der Personen- und Kapitalgesellschaften, 2. A. 2012, Anhang C. S. Auch BMF vom 9.10.2012, BStBl I 2012, 953. Rn. 132 ff.

Die Steuer ermittelt sich wie folgt:

$$20.000 \text{ €} - 4 \times 2.000 \text{ €} / 4 + 0{,}09$$

gekürzt:

$$12.000 \text{ €} / 4{,}09 = 2933{,}99 \text{ €, gerundet } 2.934 \text{ €}$$

	%	Ertragsteuern (in €)
Dividenden		20.000
ESt/KapESt nach Kirchensteuer und anrechenbaren ausländischen Steuern		2.934
Kirchensteuer	9	264
SolZ	5,5	161
Inländische Steuern insgesamt		3.356
Ausländische Steuern		2.000
Gesamtsteuerbelastung		5.356
Netto-Ertrag nach inländischer Besteuerung		**14.644**

2.2.7.2 Ausnahmen von der Abgeltungsteuer

Im Hauptfall kommt die Abgeltungsteuer nicht zur Anwendung, wenn die Dividendeneinkünfte aus einer Beteiligung resultieren, die **im BV gehalten** wird (§ 32d Abs. 1 S. 1 i.V.m. § 20 Abs. 8 EStG). Des Weiteren sieht § 32d Abs. 6 EStG eine Besteuerung der Brutto-Einnahmen zum individuellen Steuersatz vor, wenn dieser unter 25 % liegt (**Günstigerregelung**).[219]

§ 32d Abs. 2 EStG beinhaltet zudem Ausschlussregelungen von der Abgeltungsteuer. Unter dem Blickwinkel der Besteuerung der Anteilseigner ist insb. die Ausnahmeregelung von Belang, wonach der StPfl. auf Antrag vom System der Abgeltungsteuer in das Veranlagungsverfahren wechselt und die **tatsächlichen WK** geltend machen kann[220]: Dies gilt jedoch nur für die Ausnahmen der § 32d Abs. 2 Nr. 1 und 3 EStG.

Vom Anwendungsbereich der Abgeltungsteuer ausgenommen sind zunächst Erträge aus stillen Beteiligungen sowie Einkünfte im Zusammenhang mit Darlehensvereinbarungen (§ 32d Abs. 2 Nr. 1 EStG),

- (Buchst. a) wenn Gläubiger und Schuldner einander nahestehende Personen sind. Dies gilt nur für Fälle, in denen eine Steuersatzspreizung (Abzug als WK/Betriebsausgaben mit Wirkung des individuellen Steuersatzes, Besteuerung der Zinseinnahmen mit dem Abgeltungsteuersatz) gestaltet werden könnte, vgl. BMF vom 18.01.2016 (BStBl I 2016, 8, Rn. 134–136), oder
- (Buchst. b) wenn der Gläubiger der Kapitalerträge zu mindestens 10 % an der zahlenden KapG beteiligt ist. Dies gilt auch, wenn der Gläubiger der Kapitalerträge eine dem Anteilseigner nahestehende Person ist. Bei der Berechnung der 10 %igen Beteiligungsgrenze sind nach BMF vom 18.01.2016 (BStBl I 2016, 8 Rn. 137) sowohl unmittelbare als auch mittelbare Beteiligungen einzubeziehen. Der BFH hat mit Urteil vom 20.10.2016 (VIII R 27/15) entgegen dem BMF-Schreiben vom 18.01.2016 (a.a.O.) den Ausschluss der Ab-

---

219 Auf Antrag des StPfl. kann die Günstigerprüfung, bereits i.R.d. Festsetzung von Vorauszahlungen berücksichtigt werden (FinMin Schleswig-Holstein vom 05.05.2010, Az.: VI 305 - S 2297 -109).
220 Vgl. für diesen Fall auch eine Übersicht der OFD (OFD Münster vom 09.11.2010, Az.: S 2128 - 30 - St 22 - 33) zu den Voraussetzungen des Ansatzes von Vermögensverwaltungsgebühren als WK für die Zeiträume vor und nach Einführung der Abgeltungsteuer.

geltungsteuer allein aufgrund einer mittelbaren Beteiligung hingegen verneint und stellt für die Anwendung der Ausnahme zentral auf den Begriff der nahestehenden Person sowie die Beherrschungsmöglichkeit des mittelbar Beteiligten ab; oder
- (Buchst. c) soweit ein Dritter (z.B. die Bank) die Kapitalerträge schuldet, zugleich aber Kapital an einen Betrieb des Gläubigers überlassen hat – sog. Back-to-back-Finanzierungen.

Exkurs: Begriff der nahestehenden Person:
Der Begriff der nahestehenden Person i.S.d. § 32d EStG war seit der Einführung der Abgeltungsteuer umstritten, das BMF sprach in der älteren Fassung der Rn. 136 des Schreibens vom 09.10.2012 von einem »beherrschenden Einfluss« bzw. »wirtschaftlichen Interesse« zwischen den beteiligten Personen. Inzwischen liegen mehrere Urteile des BFH hierzu vor:

Urteil/Fallgruppe	Präzision des Begriffes
VIII R 9/13 und VIII R 44/13 (Urteile vom 29.04.2014: Darlehen zwischen Angehörigen	Nicht jedes Näheverhältnis die Versagung der günstigeren Abgeltungsbesteuerung
	Hält der Darlehensvertrag dem Fremdvergleich statt und ist der Besteuerung zugrunde zu legen, kann nicht bereits aufgrund des Fehlens einer Besicherung oder der Regelung über eine Vorfälligkeitsentschädigung auf eine missbräuchliche Gestaltung zur Ausnutzung des Abgeltungsteuersatzes geschlossen werden. Dies gilt auch dann, wenn aufgrund des Steuersatzgefälles bei dem Gläubiger und Schuldner der Kapitalerträge ein sog. Gesamtbelastungsvorteil entsteht, wie im Urteilsfall durch die Weitervermietung der finanzierten Immobilie.
VIII R 35/13 (Urteil vom 29.04.2014) Stundungsvereinbarung	Die Anwendung der Abgeltungsteuer, die aus der Stundung einer Kaufpreisforderung erzielt wird, ist nicht ausgeschlossen, wenn Gläubiger und Schuldner der Kapitalerträge zwar Angehörige i.S.d. § 15 AO sind, für eine missbräuchliche Gestaltung jedoch keine Anhaltspunkte vorliegen.
VIII R 31/11 (Urteil vom 14.05.2014	Anwendung der Abgeltungsteuer bei einer Darlehensgewährung an eine GmbH, wobei der Gläubiger der Kapitalerträge ein Angehöriger (nahestehende Person) der zu mehr als 10 % an der Schuldnerin beteiligten Anteilseigner ist

Grundsätzlich müssen nach Auffassung des BFH weitere Umstände hinzutreten, die den Ausschluss der Abgeltungsteuer rechtfertigen. Solche weiteren Umstände sind nach Auffassung des BFH dann gegeben, wenn der StPfl. auf den von ihm finanziell abhängigen Ehegatten bei der Gewährung des Darlehens einen beherrschenden Einfluss ausüben kann (BFH vom 28.01.2015 – VIII R 8/14). In diesem Fall ist der tarifliche Steuersatz anzuwenden.

Aus den vorstehenden Urteilen des BFH lässt sich eine Tendenz ableiten, auch im Rahmen der Abgeltungsteuer beim Vorliegen eines Näheverhältnisses die Möglichkeit eines »Gegenbeweises« (vgl. auch z.B. im Rahmen des § 1 AStG oder bei der verdeckten Gewinnausschüttung) in Form eines Drittvergleichs zuzulassen, der sich zumindest aus dem Wortlaut des Gesetzes nicht entnehmen lässt, nach Auffassung des BFH jedoch verfassungsrechtlich geboten erscheint. Nicht jedes Näheverhältnis löst die Rückausnahme des § 32d Abs. 2 Nr. 1 EStG aus, es sind stattdessen die Umstände des Einzelfalles maßgebend.

Das BMF wendet die vorstehend genannten Urteile vom 29.04.2014 an (BMF vom 18.01.2016, BStBl I 2016, 85, Rn. 136). Von einem solchen Beherrschungsverhältnis, d.h. dem

Vorliegen eines Näheverhältnisses, ist auszugehen, wenn der beherrschten Person aufgrund eines absoluten Abhängigkeitsverhältnisses im Wesentlichen kein eigener Entscheidungsspielraum verbleibt. Das Abhängigkeitsverhältnis kann wirtschaftlicher oder persönlicher Natur sein (BFH vom 28.01.2015, VIII R 8/14, BStBl II 2015, 397).

Ist die Anwendung der Abgeltungsteuer in den vorstehend genannten Fällen ausgeschlossen, ist neben dem Abzug der tatsächlichen WK auch eine uneingeschränkte Verlustverrechnung möglich, da § 20 Abs. 6 EStG keine Anwendung findet.

Ebenso nicht in den Anwendungsbereich der Abgeltungsteuer fallen Leistungen aus begünstigten Lebensversicherungen i.S.v. § 20 Abs. 1 Nr. 6 S. 2 EStG (§ 32d Abs. 2 Nr. 2 EStG). Hier ist ebenfalls eine uneingeschränkte Verlustverrechnung möglich.

Nach § 32d Abs. 2 Nr. 3 EStG sind auch die sog. unternehmerischen Beteiligungen auf Antrag von der Abgeltungsteuer ausgenommen.

Nach § 32d Abs. 2 N r. 4 EStG tritt die Abgeltungswirkung für sonstige Bezüge i.S.d. § 20 Abs. 1 Nr. 1 S. 2 EStG (insb. vGA) und für Einnahmen i.S.d. § 20 Abs. 1 Nr. 9 S. 1, 2. HS EStG nicht ein, soweit sie das Einkommen der leistenden Körperschaft gemindert haben.

Hierdurch soll i.R.d. Abgeltungsteuer eine materielle Korrespondenz zwischen der Abgeltungsteuer und der steuerlichen Behandlung bei der leistenden Körperschaft im Bereich der vGA hergestellt werden. Sofern die vGA das Einkommen einer dem StPfl. nahestehenden Person erhöht hat und § 32a KStG auf die Veranlagung dieser nahestehenden Person keine Anwendung findet, findet die Ausnahmeregelung keine Anwendung (Rückausnahme). Denn hier besteht bereits die vom Gesetzgeber beabsichtigte Korrespondenz der Besteuerung.

2.2.7.3 Günstigerprüfung (§ 32 Abs. 6 EStG)

Die Günstigerregelung des § 32d Abs. 6 EStG (BMF vom 18.01.2016, BStBl I 2016, 85, Rn. 149 ff.) sieht vor, dass dann, wenn der Steuersatz i.R.d. individuellen Veranlagungsverfahrens unter fiktiver Einbeziehung der Kapitaleinkünfte **niedriger als 25%** ist, die Kapitaleinkünfte im **Veranlagungsverfahren** besteuert werden. Ein über den Sparer-Pauschbetrag hinausgehender WK-Abzug ist nicht möglich (§ 32d Abs. 6 S. 1 i.V.m. § 20 Abs. 9 EStG).

Verfahrensrechtlich ist erforderlich, dass der StPfl. für den Wechsel von der Abgeltungsteuer zum Veranlagungsverfahren einen Antrag stellt. Die Finanzbehörde hat dann von Amts wegen die Günstigerprüfung vorzunehmen. Kommt sie zum Ergebnis, dass eine Veranlagung für den StPfl. ungünstiger ist, so gilt der Antrag als nicht gestellt. I.R.d. JStG 2010 wurde klargestellt, dass bei der Günstigerprüfung nicht auf die festgesetzte Einkommensteuer, sondern auf die gesamte Steuerbelastung einschließlich Zuschlagsteuern (z.B. Solidaritätszuschlag) abzustellen ist.

Die Wahlmöglichkeit besteht nur für sämtliche Kapitalerträge in einem VZ, die allesamt in der Steuererklärung angegeben werden müssen. Hierzu sind sämtliche Steuerbescheinigungen einzureichen. Ehegatten können den Antrag zudem nur einheitlich stellen (BMF vom 18.01.2016, BStBl I 2016, 85, Rn. 149). Nach Auffassung der Finanzverwaltung kann der Antrag als fristgebundenes Wahlrecht nur bis zur Bestandskraft des Einkommensteuerbescheides gestellt werden, bzw. solange eine Änderung nach den Vorschriften der Abgabenordnung (z.B. § 164 Abs. 2 AO) oder den Einzelsteuergesetzen möglich ist. §§ 177 und 351 Abs. 1 AO sind zu beachten (BMF vom 18.01.2016, BStBl I 2016, 85, Rn. 149, zustimmend auch BFH vom 12.05.2015, VIII R 14/13, BStBl II 2015, 806). Dies gilt auch für den Antrag nach § 32d Abs. 4 EStG.[221] Eine Anrechnung der KapESt im Rahmen dieser Anträge ist daher ebenfalls spätestens bis zum Eintritt der Bestandskraft möglich (LfSt Bayern vom 16.02.2012, S 0351.2.1 – 17/1 St 42).

Der (Abgeltungs-)Steuersatz von 25 % wird nach augenblicklichem Einkommensteuertarif bei einem Einkommen von rund 15.000 € (30.000 € bei Zusammenveranlagung) erreicht. Entsprechend ist nur bei zu versteuernden Einkommen, die unter dieser Grenze liegen, eine Antragsveranlagung sinnvoll.

Verfahrenstechnisch wird im Falle einer Günstigerstellung durch das Veranlagungsverfahren die einbehaltene KapESt auf die festzusetzende ESt angerechnet, so dass letztendlich eine Einkommensteuererstattung eintritt. Die Verrechnung von Verlusten aus anderen Einkunftsarten mit **positiven** Kapitalerträgen ist hier möglich (vgl. auch BMF vom 18.01.2016, BStBl I 2016, 85 Rn. 146). Der Altersentlastungsbetrag wird im Rahmen der Veranlagung ebenfalls gewährt.[222] Ausländische Quellensteuer wird hierbei maximal bis zur Höhe der auf die Kapitalerträge entfallenden tariflichen Einkommensteuer angerechnet. Bei Ansatz der tariflichen Einkommensteuer ist die Kirchensteuer auf Kapitalerträge als Sonderausgabe abzugsfähig (§ 10 Abs. 1 Nr. 4 EStG).

2.2.7.4 Unternehmerische Beteiligungen (§ 32d Abs. 2 Nr. 3 EStG)

Die Ausnahmeregelung des § 32d Abs. 2 Nr. 3 EStG ist im Unterschied zur Günstigerregelung des § 32d Abs. 6 EStG für die Besteuerung der Anteilseigner wesentlich interessanter. So besteht hier neben der Möglichkeit, auf Antrag vom System der Abgeltungsteuer in das Veranlagungsverfahren zu wechseln, auch die Möglichkeit, die **tatsächlichen WK** geltend zu machen (§ 20 Abs. 6 und 9 EStG finden keine Anwendung) und Verluste nach den allgemeinen Regelungen zu verrechnen bzw. vor- und rückzutragen.[223]

Voraussetzung für die Geltendmachung des Wahlrechts ist allerdings, dass der StPfl. im VZ der Antragstellung unmittelbar oder mittelbar zu mindestens 25 % an der KapG beteiligt ist oder zumindest zu 1 % beteiligt ist und durch eine berufliche Tätigkeit für diese maßgeblichen unternehmerischen Einfluss auf deren wirtschaftliche Tätigkeit nehmen kann.[224]

Rechtsfolge ist sodann, dass die Kapitaleinkünfte nach § 20 Abs. 1 Nr. 1 und 2 EStG (nur solche sind von der Ausnahmeregelung erfasst) im Veranlagungsverfahren besteuert werden. Zur Anwendung kommt daher das **Teileinkünfteverfahren** (TEV) mit der Folge, dass die Dividenden/sonstigen Bezüge lediglich zu 60 % der Besteuerung unterliegen, allerdings auch nur 60 % der tatsächlichen WK in Abzug gebracht werden können (§ 3c

---

221 BMF Rn. 145.
222 Hinweis: Bezieht ein StPfl. neben Versorgungsbezügen lediglich abgeltend besteuerte Kapitalerträge und wird keine Antragsveranlagung durchgeführt, kommt eine Gewährung des Altersentlastungsbetrages nicht in Betracht (FG Münster vom 24.03.2012, Az.: 11 K 3383/11 E). So auch R 24a Abs. 1 S. 2 EStR 2012, nach der Kapitalerträge, die nach § 32d Abs. 1 und § 43 Abs. 5 EStG dem gesonderten Steuertarif für Einkünfte aus Kapitalvermögen unterliegen, in die Berechnung des Altersentlastungsbetrags nicht einzubeziehen sind.
223 Diese Optionsmöglichkeit gilt nach Auffassung der OFD Münster vom 23.08.2012 (Kurzinfo ESt 07/2012) jedoch nur bis zu dem VZ, in dem die Beteiligung verkauft wird. Für nachfolgende VZ ist somit eine Geltendmachung von nachträglichen WK nicht möglich. Hintergrund ist, dass der BFH mit Urteil vom 16.03.2010 (BStBl II 2010, 787) die nachträgliche Berücksichtigung von Darlehenszinsen im Zusammenhang mit Beteiligungen in bestimmten Fällen zugelassen hatte (s. auch Kap. 2.4.2).
224 Gesetzliche Festschreibung der Verwaltungsauffassung (vgl. BMF vom 09.10.2012, Rz. 138) als Reaktion auf anderslautende Rspr. des BFH (vgl. Urteil vom 25.08.2015, VIII R 3/14).

Abs. 2 EStG). Gerade die Möglichkeit, die tatsächlichen WK (teilweise) geltend zu machen, macht die Ausnahmeregelung besonders attraktiv.

Beispiel 21[225]:
A (alleinstehend, konfessionslos) ist an der inländischen B-GmbH zu 5 % beteiligt und dort als Abteilungsleiter beschäftigt. Aus einer Gewinnausschüttung der B-GmbH hat er Dividendeneinkünfte von 50.000 €. Den Erwerb der Beteiligung hat A fremdfinanziert. Im Jahr der Dividendenausschüttung fallen Darlehenszinsen von 15.000 € an. Der individuelle Einkommensteuersatz bei Veranlagung beträgt (angenommen) 35 %.

Lösung:

	Abgeltungsteuer	Veranlagungsverfahren
Dividendeneinnahmen	50.000 €	
(TEV: 50.000 € x 60 %)		30.000 €
./. WK/Sparer-Pauschbetrag	801 €	
(15.000 € x 60 %)		9.000 €
Dividendeneinkünfte	49.199 €	21.000 €
Abgeltungsteuer + SolZ (26,38 %)	12.979 €	–
individueller Steuersatz + SolZ (36,925 %)	–	7.754 €

Der Antrag ist für die jeweilige Beteiligung separat zu stellen und kann für jede Beteiligung nur einheitlich ausgeübt werden. Spätestens mit dem Einreichen der Einkommensteuererklärung ist der Antrag beim FA zu stellen (§ 32d Abs. 2 S. 1 Nr. 3 S. 4 EStG, im Detail BMF vom 18.01.2016, BStBl I 2016, 85, Rn. 141). Eine Verlängerung der Antragsfrist ist nicht möglich. Eine Nachholung ist nur unter den Voraussetzungen des § 110 AO möglich.[226]

Es besteht allerdings evtl. die Möglichkeit gem. § 109 AO, die Abgabefrist für die Einkommensteuererklärung zu verlängern. In Schätzungsfällen kann der Antrag noch bis zur Einreichung der Einkommensteuererklärung, was ggf. auch erst im Einspruchs- oder Klageverfahren geschehen kann, gestellt werden. Eine bestimmte Antragsform ist im Gesetz nicht vorgesehen, so dass ein formloser Antrag ausreichend sein sollte.

Ein Widerruf des Antrags kann auch für das Erstjahr bis zur Bestandskraft erklärt werden. Nach Eintritt der Bestandskraft kommt ein wirksamer Widerruf allenfalls in Betracht, soweit die Steuerfestsetzung verfahrensrechtlich geändert werden kann.

Ist der Antrag auf den Wechsel zum Veranlagungsverfahren gestellt, so gilt dieser für fünf Veranlagungszeiträume.[227] In den Folgejahren muss daher kein neuer Antrag mehr

---

225 Entnommen von *Seltenreich*, a.a.O.
226 Bestätigt durch BFH vom 28.07.2015 (VIII R 50/14). Eine entsprechende konkludente Antragstellung aufgrund des rechtzeitig gestellten Antrags auf Günstigerprüfung nach § 32d Abs. 6 EStG scheidet bei einem fachkundig beratenen StPfl. in der Regel aus. Hiergegen wurde Verfassungsbeschwerde eingelegt (Az. 2 BvR 2167/15). Zu dem Fall eines konkludenten Antrages auf Tarifbesteuerung bei einem unberatenen Steuerpflichtigen vgl. das Revisionsverfahren BFH VIII R 33/15. Zur Nachholung des Antrages nach einer Betriebsprüfung bei Aufdeckung von verdeckten Gewinnausschüttungen vgl. FG Münster vom 15.06.2016 (9 K 190/16, nrkr. BFH VI R 29/16).
227 Hinweis: Nach dem BMF-Schreiben vom 18.01.2016, BStBl I 2016, 85, Rn. 139 stellt dies lediglich eine **Beweiserleichterung** dar. Wird die notwendige Beteiligungshöhe im nachfolgenden VZ nicht mehr erreicht, entfaltet die vorher ausgeübte Option keine Wirkung mehr, sodass ein WK-Abzug unzulässig wird (so auch R 32d Abs. 3 EStR).

gestellt werden. Er kann widerrufen werden, allerdings lediglich bis zur Abgabe der Einkommensteuererklärung für den betreffenden VZ. Hat ein Antragswiderruf stattgefunden, so ist eine erneute Ausübung des Wahlrechts zum Veranlagungsverfahren (für dieselbe Beteiligung) nicht mehr möglich.

Eine interessante Konstellation ergibt sich, wenn eine Beteiligung teilweise im BV und teilweise im PV gehalten wird. Hiervon handelte folgender Sachverhalt in der Steuerberaterprüfung 2012:

Beispiel 21a:
(Auszug aus der Steuerberaterprüfung 2012, verkürzt, aktualisiert, abgeändert)
Der ledige StPfl. R (wohnhaft in Düsseldorf) ist seit mehreren Jahren in Köln gewerblich tätig. Seinen Gewinn ermittelt R zulässigerweise durch Einnahme-Überschussrechnung gem. § 4 Abs. 3 EStG. R ist zu 10 % am Kapital der X-GmbH (Sitz und Geschäftsleitung in Hamburg) beteiligt. Die Hälfte der Anteile des R ist unstreitig seinem Betriebsvermögen zuzuordnen. Zur Finanzierung der Anteile hat R einen Kredit aufgenommen, für den er im Jahre 2017 1.000 € Zinsen an seine Bank gezahlt hat. Im Jahre 2017 schüttet die X-GmbH Gewinne an ihre Anteilseigner aus. Nach Abzug der Kapitalertragsteuer i.H.v. 25 % (SolZ soll außer Betracht bleiben, R ist nicht in der Kirche) seitens der GmbH erhält R hiervon einen Betrag i.H.v. 4.500 € auf seinem Konto gutgeschrieben. Der (steuerrechtliche) Gewinn des R aus seiner gewerblichen Tätigkeit (ohne Berücksichtigung der Gewinnausschüttung und der Finanzierungsaufwendungen) beträgt im Jahre 2017 aufgrund hoher Betriebsausgaben ./. 5.000 €. Andere Einkünfte hat R im Jahre 2017 nicht erzielt.
Zu ermitteln sind die sich für den Veranlagungszeitraum 2017 ergebenden (in Deutschland steuerpflichtigen) Einkünfte des R. Sofern Anträge zu einem günstigeren steuerrechtlichen Ergebnis für den StPfl. führen, gelten diese als gestellt. Auswirkungen auf andere Veranlagungszeiträume sind nicht zu berücksichtigen.

Lösung: (Bannas – Fallrepetitorium (2012), gekürzt, aktualisiert, angepasst)
Einkünfte aus Gewerbebetrieb gem. § 15 EStG:
R erzielt Einkünfte gem. § 15 Abs. 1 S. 1 Nr. 1 EStG. Die Einkünfte betragen vor Berücksichtigung der Gewinnausschüttung ./. 5.000 €. Die Gewinnausschüttung stellt zu 50 % eine Betriebseinnahme dar. Es ist gem. § 12 Nr. 3 EStG der Bruttobetrag i.H.v. 3.000 € anzusetzen. Aufgrund der 50 %igen Zuordnung der Ausschüttung zu den Betriebseinnahmen sind auch die Finanzierungsaufwendungen zu 50 % als Betriebsausgaben i.S.d. § 4 Abs. 3 und 4 EStG zu berücksichtigen. Die Gewinnausschüttung und die Finanzierungsaufwendungen sind lediglich zu 60 % zu berücksichtigen, weil das Teileinkünfteverfahren Anwendung findet. Die zu berücksichtigende Gewinnausschüttung beträgt demnach 1.800 €, die anzusetzenden Aufwendungen betragen 300 € (vgl. § 3 Nr. 40 S. 1 Buchst. d, S. 2, § 20 Abs. 8 EStG und § 3c Abs. 2 S. 1 EStG). Die erhobene KapESt wird auf die zu entrichtende Einkommensteuer angerechnet bzw. in diesem Fall erstattet werden (vgl. § 36 Abs. 2 Nr. 2 EStG, § 36a EStG steht offensichtlich nicht entgegen).

Einkünfte vor Berücksichtigung der Gewinnausschüttung	./. 5.000 €
zu berücksichtigende Gewinnausschüttung	1.800 €
zu berücksichtigender Finanzierungsaufwand	./. 300 €
Einkünfte aus Gewerbebetrieb	./. 3.550 €

Einkünfte aus Kapitalvermögen gem. § 20 EStG:
Die Gewinnausschüttung gehört zu 50 % zu den Einkünften aus Kapitalvermögen i. S. d. § 20 Abs. 1 Nr. 1 EStG, weil die Anteile hälftig im Privatvermögen gehalten wurden. Es ist wiederrum der Bruttobetrag
der Dividende gem. § 12 Nr. 3 EStG anzusetzen. Gem. § 32d Abs. 1 EStG ist die Abgeltungssteuer anzuwenden. Aus der Aufgabenstellung ergibt sich, dass R einen Antrag nach § 32d Abs. 6 EStG gestellt hat, weil im vorliegenden Fall die Günstigerprüfung zu einem besseren Ergebnis führt als die Anwendung der Abgeltungssteuer. Gem. § 32d Abs. 6 EStG, § 2 Abs. 5b S. 2 Nr. 2 EStG hat eine Zurechnung zu den Einkünften i.S.d. § 2 EStG zu erfolgen. Ein Abzug der Werbungskosten ist gem. § 20 Abs. 9 EStG nicht möglich. Der Sparer-Pauschbetrag i.H.v. 801 € ist gem. § 20 Abs. 9 S. 1 EStG aber abzuziehen.

Gewinnausschüttung	3.000 €
Sparer-Pauschbetrag	./. 801 €
Summe	2.199 €
Einkünfte aus Kapitalvermögen	2.199 €

Unter Berücksichtigung des Verlustes aus Gewerbebetrieb von ./. 3.550 € ergibt sich ein zu versteuerndes Einkommen von ./. 1.351 € und eine Steuer von 0 €. Die einbehaltene KapESt wird gem. § 36 Abs. 2 Nr. 2 EStG angerechnet und hier erstattet werden.

Fazit: Bei einer Zuordnung einer Beteiligung zu verschiedenen Vermögensebenen desselben StPfl. ist, dem steuerlichen Veranlassungszusammenhang folgend, eine getrennte Beurteilung der »anteiligen« Beteiligungen mit ggf. voneinander abweichenden Rechtsfolgen vorzunehmen.

Exkurs: Abziehbarkeit von Schuldzinsen als Werbungskosten bei unternehmerischen Beteiligungen
Für den G'fter-GF einer GmbH, der »seiner« GmbH i.L. ein Darlehen (eine Bürgschaft) gibt, stellt sich die Frage, ob er und ggf. in welcher Einkunftsart WK geltend machen kann, wenn er dafür Refinanzierungskosten trägt.

Der BFH hat sich am 05.10.2004 (BFH/NV 2005, 54) dazu entschieden, diese Finanzierungskosten nur insoweit bei § 20 EStG als WK zuzulassen, soweit die Zinsen auf eine Zeit vor Beendigung der GmbH entfallen. Bei einem Darlehen nach Beendigung der GmbH können etwaige Aufwendungen weder bei § 20 EStG noch bei § 17 EStG geltend gemacht werden.

Umgekehrt können Schuldzinsen in Zusammenhang mit der Einkunftsquelle des § 17 EStG nur bis zur Veräußerung der Beteiligung bzw. bis zur Vermögenslosigkeit der GmbH geltend gemacht werden (BFH vom 27.03.2007, BStBl II 2007, 639). Bringt der StPfl. seine Beteiligung in eine andere KapG ein, besteht zwar die Einkunftsquelle wirtschaftlich mittelbar fort. Steuerlich stellt die Einbringung im Wege einer offenen Einlage aber einen tauschähnlichen Vorgang dar, der beim einbringenden Gesellschafter zu einer entgeltlichen Veräußerung i.S.v. § 17 EStG führt. Die Schuldzinsen können deshalb nach der Einbringung nur aufgrund einer Surrogationsbetrachtung als WK für die neue Beteiligung berücksichtigt werden (BFH vom 27.03.2007, BStBl II 2007, 699).

Hinweis: In Abkehr von seiner bisherigen Rechtsprechung hat der BFH mit Urteil vom 16.03.2010 (BStBl II 2010, 787) entschieden, dass in bestimmten Fällen Schuldzinsen für die Anschaffung einer im Privatvermögen gehaltenen Beteiligung i.S.v. § 17 EStG, die auf Zeiträume nach Veräußerung der Beteiligung oder Auflösung der Gesellschaft entfallen, ab dem VZ 1999 wie nachträgliche Betriebsausgaben als WK bei den Einkünften aus Kapitalvermögen abgezogen werden können. Für VZ ab 2009 ist diese Entscheidung jedoch mit Ausnahme des § 32d Abs. 2 EStG obsolet. Vgl. hierzu auch die Vfg. der OFD Münster vom 23.08.2012, Kurzinfo ESt 07/2012 und der OFD Magdeburg vom 01.03.2012, Az.: S 2252 – 101 – St 214 V). Nach Auffassung der Finanzverwaltung ist Voraussetzung der Veranlagungsoption das Bestehen einer Beteiligung i.S.d. § 32d Abs. 2 Nr. 3 EStG, mit der Folge, dass eine Berücksichtigung von Schuldzinsen als nachträgliche Werbungskosten damit bei Veräußerungen/Auflösungen vor 2009 für VZ ab 2009 ausscheidet. Bei einer Veräußerung/Auflösung nach dem VZ 2008 ist ein Schuldzinsenabzug bei Vorliegen der Voraussetzungen des § 32d Abs. 2 Nr. 3 S. 1 EStG nur noch für das Jahr der Veräußerung/Auflösung möglich. Diese Auffassung wurde durch die BFH-Urteile vom 21.10.2014, VIII R 48/12 und vom 01.07.2014 (Az.: VIII R 53/12) bestätigt.

2.2.7.5 Weitere Verfahrensfragen (§ 32d Abs. 3 und 4 EStG)

Die Darstellung basiert im Wesentlichen auf dem BMF vom 18.01.2016, BStBl I 2016, 85, Rn. 144 ff. Nach § 32d Abs. 3 EStG sind stpfl. Kapitalerträge, die aus rechtlichen oder tatsächlichen Gründen nicht dem KapESt-Abzug unterlegen haben (z.B. Veräußerungsgewinne aus GmbH-Anteilen, verdeckte Gewinnausschüttungen sowie Erträge aus ausländischen thesaurierenden Investmentvermögen) in der persönlichen Steuererklärung anzugeben (dies sind z.B. Erstattungszinsen des Finanzamtes, Erträge ausländischer Kreditinstitute oder Privatdarlehen).

§ 32d Abs. 4 EStG räumt dem StPfl. für Kapitaleinkünfte, die der KapESt unterlegen haben, ein Wahlrecht ein, diese im Rahmen seiner Veranlagung geltend zu machen, um die gesetzlich geregelten Tatbestände, die beim KapESt-Abzug nicht berücksichtigt werden können, steuermindernd gelten zu machen. Dies sind z.B.

- ein Verlustvortrag nach § 20 Abs. 6 EStG;
- die Möglichkeit, den Steuereinbehalt des Kreditinstituts dem Grund und der Höhe nach überprüfen zu lassen;
- Korrektur der Ersatzbemessungsgrundlage (§ 43a Abs. 2 S. 6 EStG)[228];
- noch nicht ausgeschöpfter Sparer-Pauschbetrag;
- Berücksichtigung von der Bank nicht berücksichtigter AK in Veräußerungsfällen;
- noch nicht berücksichtigte ausländische/fiktive Quellensteuern;
- Nachholung des Kirchensteuerabzuges (Grund einer Pflichtveranlagung).

Werden die Einkünfte in der Veranlagung geltend gemacht, erfolgt entsprechend der Regelung in § 32d Abs. 3 S. 2 EStG eine Erhöhung der tariflichen Einkommensteuer um 25 % der – durch die entsprechenden Tatbestände geminderten – Einkünfte. Die vom Kreditinstitut bereits einbehaltene und bescheinigte KapESt wird nach § 36 Abs. 2 Nr. 2 EStG im Rahmen der Veranlagung auf die für die Einkünfte aus Kapitalvermögen festgesetzte Einkommensteuer

---

228 Dies hat auch zu erfolgen, wenn die Ersatzbemessungsgrundlage kleiner als die tatsächlichen Erträge ist. Die Abgeltungswirkung nach § 43 Abs. 5 EStG tritt nur insoweit ein, als die Erträge der Höhe nach dem Steuerabzug unterliegen. Für den darüber hinausgehenden Betrag besteht eine Veranlagungspflicht nach § 32 d Abs. 3 EStG. Aus Billigkeitsgründen kann hiervon abgesehen werden, wenn die Differenz je Veranlagungszeitraum nicht mehr als 500 € beträgt und keine weiteren Gründe für eine Veranlagung nach § 32d Abs. 3 EStG vorliegen.

angerechnet.[229] Dies kann zu einer Einkommensteuererstattung führen. Der Antrag nach § 32d Abs. 4 EStG kann bis zur Unanfechtbarkeit des Einkommensteuerbescheides gestellt werden bzw. solange eine Änderung nach den Vorschriften der AO (z.B. § 164 Abs. 2 AO) oder den Einzelsteuergesetzen möglich ist. §§ 177 und 351 Abs. 1 AO sind zu beachten (BMF vom 18.01.2016, BStBl I 2016, 85, Rn. 145).

2.2.7.6 Die Berücksichtigung ausländischer Quellensteuer (§ 32d Abs. 5 EStG)

Bis einschließlich VZ 2008 war die (unilaterale) Anrechnung ausländischer Quellensteuern auf die deutsche Steuer ausschließlich in § 34c EStG geregelt. Durch das JStG 2009 ist in § 32d Abs. 5 EStG die Berücksichtigung ausländischer Quellensteuer auf ausländische Kapitalerträge, die der Abgeltungsteuer unterliegen, neu geregelt worden. Bei unbeschränkt StPfl. ist die auf ausländische Kapitalerträge entrichtete ausländische Quellensteuer auf die deutsche Einkommensteuer mit max. 25 % auf den einzelnen Kapitalertrag anzurechnen, höchstens aber bis auf 0 €. Folglich ist § 34c EStG ab 2009 dahingehend geändert worden ist, dass ausländische Kapitalerträge, die der Abgeltungsteuer unterliegen, aus dem Anrechnungs- und Abzugsverfahren des § 34c EStG herausgenommen worden sind. Die Anrechnung ist hierbei nicht mit i.S.d. Per-Country-Limitation begrenzt.[230] Demzufolge können ausländische Quellensteuern unabhängig vom Ursprungsland der Kapitalerträge berücksichtigt werden. Grundsätzlich hat die Berücksichtigung nach § 43a Abs. 3 S. 1 EStG bereits bei der Bemessung der KapESt zu erfolgen. Für die Fälle, dass ausländische Quellensteuer bei einem Kreditinstitut mangels KapESt nicht berücksichtigt werden konnte, jedoch dies bei einem anderen Kreditinstitut der Fall gewesen wäre, steht dem StPfl. offen, dies im Wege der Antragsveranlagung nachzuholen. Vgl. hierzu auch BMF vom 18.01.2016, BStBl I 2016, 85, Rn. 148 ff. und Rn. 201 ff. Fiktive Quellensteuer wird demnach im Rahmen der KapESt nur angerechnet, wenn die Anrechnung nach dem DBA nicht von weiteren Voraussetzungen abhängig ist. Ansonsten wird die fiktive Quellensteuer nur im Veranlagungsverfahren berücksichtigt. Zur Anrechnung ausländischer Quellensteuern unter Berücksichtigung von Stückzinsen vgl. BMF vom 06.12.2011, BStBl I 2011, 1222.

---

229 Durch das InvStRefG (BT-Drs. 18/8045) wurde durch den neu eingeführten § 36a EStG die Anrechnung von KapESt bei Verkäufen rund um den Dividendenstichtag von einer Mindestvor- bzw. Nachbesitzdauer abhängig gemacht.

230 Hinweis: Der EuGH hat mit Urteil vom 28.02.2013, Rs. C-168/11 auf Vorlage des BFH (Az.: I R 71/10) entschieden, dass die Berechnungsweise des § 34c EStG (Anrechnungshöchstbetrag) in bestimmten Fällen nicht europarechtskonform ist. Zur Anwendung des EuGH-Urteils vgl. auch BMF vom 30.09.2013 (Az.: IV B 3 – S 2293/09/10005-04, DStR 2013, 2176).

2.3 Die einzelnen Einnahmen aus Kapitalvermögen (§ 20 Abs. 1 bis 3 EStG)

2.3.1 Der Haupttatbestand (§ 20 Abs. 1 Nr. 1 und Nr. 2 EStG)

Der Ertrag aus Beteiligungen an KapG gem. § 20 Abs. 1 Nr. 1 S. 1 EStG umfasst »Gewinnanteile (Dividenden), Ausbeuten und sonstige Bezüge«.[231] Neben den Dividenden bei Aktien und den Gewinnanteilen bei GmbH-Geschäftsanteilen werden auch sämtliche Bezüge aus Körperschaften, bei denen die juristische Person selbst Steuersubjekt für die von ihr erwirtschafteten Erträge ist, erfasst. Damit gelten auch Zuwendungen von Vorgesellschaften (KapG vor Eintragung in das HR, vgl. § 11 Abs. 1 und § 13 Abs. 1 GmbHG) und Zuwendungen von ausländischen Rechtssubjekten mit dem Charakter einer KapG als Bezüge in diesem Sinne.

Mit Satz 2 werden ausdrücklich die **vGA**[232] einbezogen. Im Unterschied zu den offenen Ausschüttungen entspricht es der Veranlagungsrealität, dass die verdeckten Zuwendungen auf der Vorstufe nicht durch KapSt vorbelastet sind, da es wegen der Aufdeckung durch die Finanzverwaltung keiner Abzugsbesteuerung bedarf.[233] Bezieht ein nicht beherrschender Gesellschafter, der aber zugleich leitender Angestellter der GmbH ist, neben einem hohen Festgehalt, Sonderzahlungen und einer Gewinntantieme zusätzlich Zuschläge für Sonntags-, Feiertags-, Mehr- und Nachtarbeit, so können diese in Anlehnung an die ständige Rechtsprechung des BFH zur Qualifizierung derartiger Zuschläge an Gesellschafter-Geschäftsführer aufgrund einer Gesamtwürdigung als vGA bei seinen Einkünften aus Kapitalvermögen und nicht als steuerfreie Einnahmen bei den Einkünften aus nichtselbständiger Arbeit zu erfassen sein (BFH vom 13.12.2006, BStBl II 2007, 393). In diesem Zusammenhang ist auch das Urteil des BFH vom 11.02.2010 (BFH/NV 2010, 1016) zu beachten. Demnach kann die vertragswidrige Nutzung des Firmen-Pkw durch den GmbH-Geschäftsführer Arbeitslohn anstatt einer vGA darstellen, sofern die KapG dies nicht unterbindet. Nach § 20 Abs. 1 Nr. 1 S. 3 EStG zählen Ausschüttungen, die auf zurückgewährten Einlagen aus dem gezeichneten Kapital bzw. aus der Kapitalrücklage herrühren, zu nicht steuerbaren Vermögensmehrungen.

Mit dem Hinweis auf § 27 KStG[234] sind die früher im EK 04 erfassten Kapitalrücklagen gemeint, die jetzt in das steuerliche Einlagenkonto umgegliedert sind. Die steuerliche Ausgrenzung dieser Gewinnausschüttungen beruht auf einer Gesamtvorstellung für das Verhältnis zwischen KapG und ihren Gesellschaftern: Danach sind **Einlagen** der Gesellschafter bei der KapG ebenso **steuerneutral** zu erfassen wie umgekehrt die **Ausschüttung** (= **Rückgewähr**) der Einlagen bei den Gesellschaftern nicht besteuert wird.[235]

In diesem Sinne ist § 20 Abs. 1 Nr. 1 S. 3 EStG die Korrespondenzregelung zu § 4 Abs. 1 EStG i.V.m. § 8 Abs. 1 KStG.[236]

---

231 Der Begriff des »sonstigen Bezuges« ist weit auszulegen. Vgl. hierzu aktuell FG Münster vom 02.07.2013 (Az.: 11-K-4508/11-E), wonach die Nutzungsüberlassung von Ferienwohnungen einer AG an Aktionäre hierzu zählt. Vgl. grundsätzlich hierzu BFH vom 16.12.1992 (Az.: I R 32/92). Das FG Münster hat zudem entschieden, dass die von den Aktionären geleisteten »Beiträge« an die AG nicht die Höhe des geldwerten Vorteils mindern, sondern zu den (seit 2009 nicht mehr abziehbaren) Werbungskosten zählen.
232 Vgl. zum Anwendungsbereich und zur umfangreichen Rspr. *Maurer*, Band 2, Teil C, Kap. III 4.
233 Andeutungsweise *von Beckerath* in *Kirchhof-kompakt*, § 43 Rz. 10 gesehen.
234 Zum steuerlichen Einlagekonto vgl. ausführlich *Maurer*, Band 2, Teil C, Kap. IV 1 und 2.
235 Steuerliche Konsequenz der Rückzahlung von Einlagen: Minderung der AK (im BV wie im PV – dort bei § 17 EStG von Bedeutung). Zur Qualifikation von Nennkapitalrückzahlungen ausländischer Kapitalgesellschaften nach § 27 Abs. 8 KStG vgl. BMF-Schreiben vom 04.04.2016 (IV C 2 – S 2836/08/10002).
236 Mit dem Urteil des BFH vom 01.02.2001 wurde die Regelung des § 20 Abs. 1 Nr. 1 S. 3 EStG auch auf Beteiligungen im BV übertragen (BStBl II 2001, 520) – dort in Abgrenzung zu einer wertlosen Forderung gegen die GmbH.

Diese Rechtsfolge (Vorgang auf der steuerneutralen Vermögensebene) gilt auch ohne ausdrückliche Anordnung (»erst recht«) für die Rückzahlung des gezeichneten Nennkapitals, wie dies bei einer Kapitalherabsetzung oder bei einer Liquidation der Fall ist.

Nach § 20 Abs. 1 Nr. 2 EStG wird von diesem Grundsatz nur insoweit eine Ausnahme gemacht, wenn der Zahlung eine Umwandlung von Rücklagen in Nennkapital vorausging. In den Fällen einer Kapitalherabsetzung bei der KapG sind sowohl Gewinnrücklagen als auch Kapitalrücklagen und gezeichnetes Kapital betroffen. Nach § 29 Abs. 3, § 28 Abs. 3, § 30 KStG a.F. gelten die Gewinnrücklagen als vorrangig verwendet und werden nach S. 5 als Gewinnausschüttungen behandelt. Demzufolge führt die Rückzahlung (Ausschüttung) von **Gewinnrücklagen**, die bei einer Kapitalherabsetzung oder einer Liquidation bei thesauriertem Einkommen der KapG zwangsläufig erfolgt, zu **steuerbaren Einnahmen** beim Anteilseigner.[237] Die Rückzahlung des Nennkapitals ist hingegen steuerfrei.

§ 20 Abs. 1 Nr. 1 S. 4 EStG unterwirft schließlich als sonstige Bezüge auch Dividendenkompensationszahlungen der Steuerpflicht. Erfasst werden damit Kompensationszahlungen aus tatsächlichen **Leerverkäufen**.[238] Leerverkäufe, bei denen die Aktien cum dividende veräußert werden oder Wertpapierleihen[239], bei denen cum dividende geliefert wird, fallen nicht unter § 20 Abs. 1 Nr. 1 S. 4 EStG. Erfasst werden daher lediglich Fälle, in denen (unmittelbar) vor dem Gewinnverwendungsbeschluss Aktien cum dividende veräußert werden und ex dividende erfüllt (geliefert) wird. Eine Kompensationszahlung (für die entgangene Dividende) an den Erwerber ist sodann gem. § 20 Abs. 1 Nr. 1 S. 4 EStG stpfl.[240]

Als Vorgriff auf die Darstellung von § 20 Abs. 3 EStG (besondere Entgelte und Vorteile) seien hier zwei Fälle erwähnt, die nach dem BMF-Schreiben vom 18.01.2016, BStBl I 2016, 85 hervorzuheben sind:
- Nach Rz. 83 sind Schadensersatz- oder Kulanzleistungen hierzu zu zählen. Erhalten Anleger Entschädigungszahlungen für Verluste, die aufgrund von Beratungsfehlern im Zusammenhang mit einer Kapitalanlage geleistet werden, sind diese Zahlungen besondere Entgelte und Vorteile, wenn ein unmittelbarer Zusammenhang zu einer konkreten einzelnen Transaktion besteht, bei der ein konkreter Verlust entstanden ist oder ein stpfl. Gewinn vermindert wird. Dies gilt auch dann, wenn die Zahlung ohne eine rechtliche

---

[237] Das Halbeinkünfteverfahren bzw. Teileinkünfteverfahren wird/wurde (bei privaten Kapitalanlagen) durch R 3.40 EStR auf einbringungsgeborene Anteile erstreckt.

[238] S. hierzu (für nach dem 31.12.2011 zufließende Kapitalerträge) auch das (inzwischen aufgehobene) BMF-Schreiben vom 29.11.2011 (Az.: IV C 1 – S 2252/09/10003: 006) mit Übergangsregelung und § 43 Abs. 1 Nr. 1a EStG und 44 Abs. 1a EStG (neu eingefügt durch das JStG 2013). Zudem ist das weitgehende Verbot von Leerverkäufen auf Aktien und andere Wertpapiere in Deutschland durch § 30h WpHG zu beachten. Weitere Besteuerungslücken zur Frage des wirtschaftlichen Eigentums wurden zum VZ 2012 und zum »Dividenden-Stripping« durch das KroatienAnpG (BGBl I 2014, 1266) durch Klarstellung des Konkurrenzverhältnisses zwischen § 20 Abs. 2 S. 1 Nr. 2 Buchst. a und § 20 Abs. 1 Nr. 1 EStG bei der Veräußerung von Dividendenansprüchen geschlossen (vgl. hierzu ausführlicher die 15. Auflage des vorliegenden Lehrbuches Bd. 1 A II Kap. 2.3.1 sowie eine Pressemitteilung der BReg vom 19.01.2016). Zudem wurde durch das InvStRefG (BT-Drs. 18/8045) eine Neuregelung in § 36a EStG aufgenommen, wonach die Anrechnung der KapESt bei Verkäufen rund um den Dividendenstichtag von einer Mindestvor- bzw. Nachbesitzdauer abhängig gemacht wird.

[239] Zur Frage der Zurechnung des wirtschaftlichen Eigentums bei der Wertpapierleihe vgl. z.B. BFH vom 18.08.2015, I R 88/13.

[240] Für den Fall der (alleinigen) Veräußerung des Dividendenanspruches durch Steuerausländer an Dritte vgl. BMF vom 26.07.2013 (Az.: IV C 1 – S 2410/11/10001: 003).

Verpflichtung erfolgt und im Übrigen auch bei Entschädigungszahlungen für künftig zu erwartende Schäden.[241]

- Nach Rz. 84 sind von Kreditinstituten erstattete Bestandsprovisionen für den Kunden wirtschaftlich betrachtet ein teilweiser Rückfluss früherer Aufwendungen. Es handelt sich daher um Kapitalerträge i.S.d. § 20 Abs. 1 Nr. 1 EStG, bei denen die KapESt gemäß § 7 Abs. 1 InvStG einbehalten wird.

Für den **Zeitpunkt** der Erfassung der Kapitalerträge gilt § 11 EStG.[242] Von diesem Grundsatz, der besagt, dass i.d.R. erst mit Gutschrift auf dem Konto des Anteilseigners die Dividende zugeflossen ist, wird nach der Rspr. nur beim beherrschenden Gesellschafter der GmbH eine Ausnahme gemacht. Mit dem Urteil des BFH vom 17.11.1998 (BStBl II 1999, 223, vgl. auch FG München, Beschluss vom 02.06.2008, DStRE 2009, 281, rkr.) datiert dieser den Zuflusszeitpunkt beim beherrschenden Gesellschafter auf den Tag des Beschlusses über die Gewinnverwendung. Als Ausnahme von diesem Zuflussindiz, an dem sich auch nichts durch eine spätere Fälligkeitsregelung ändert, wird nur der Fall der Zahlungsunfähigkeit der Gesellschaft zugelassen.

2.3.2 Sonstige »Beteiligungserträge«

Für die weiteren Fälle des § 20 EStG im Zusammenhang mit Beteiligungserträgen können wiederum zwei Gruppen gebildet werden:

1. die Fälle von § 20 Abs. 1 Nr. 9 und 10 EStG sowie
2. die Behandlung des stillen Gesellschafters (Nr. 4).

Die erste Fallgruppe trägt dem Körperschaftsteuerrecht Rechnung. Nachdem es nicht bei allen Körperschaften zu Ausschüttungen an die Anteilseigner kommt (z.B. nicht bei Vereinen, Stiftungen[243] – allgemein siehe § 1 Abs. 1 Nr. 3–5 KStG), werden nach Nr. 9 die vergleichbaren Vermögensvorteile von diesen – nicht steuerbefreiten – Körperschaften bei den Mitgliedern erfasst.[244] Durch das JStG 2010 ist § 20 Abs. 1 Nr. 9 EStG auf sonstige Leistungen von ausländischen Schuldnern ausgeweitet worden.

§ 20 Abs. 1 Nr. 10 EStG bezieht die Empfänger von Betrieben gewerblicher Art (und von wirtschaftlichen Geschäftsbetrieben) mit ein.[245]

Der bei weitem wichtigste Fall hieraus ist jedoch die **(typisch) stille Gesellschaft**. Zu den Einkünften aus Kapitalvermögen aufgrund einer Beteiligung an einem Handelsgewerbe

---

241 Zur Abgrenzung zwischen der Behandlung des Veräußerungsverlustes und der (zeitlichen) Erfassung des Schadensersatzes vgl. BFH vom 04.10.2016, IX R 8/15.
242 VGA sind mit Erlangung des Vermögensvorteils zugeflossen.
243 Vgl. BMF vom 27.06.2006, BStBl I 2006, 417. Zudem hat der BFH mit Urteil vom 03.11.2010 (Az.: I R 89/09) entschieden, dass Zahlungen einer Stiftung an die Destinatäre dann zu Einkünften aus Kapitalvermögen führen können, wenn die Destinatäre auf das Zahlungsverhalten der Stiftung Einfluss nehmen können. Vgl. zum KapESt-Abzug weiter auch BMF vom 18.01.2016, BStBl I 2016, 85, Rn. 301 ff.
244 Damit ist auch hier – wie bei den Ausschüttungen – die Nachbelastung mit der Hälfte der Einnahmen garantiert. Ab VZ 2009 trifft dies jedoch nur noch für im Betriebsvermögen gehaltene Beteiligungen zu. 60 % der Einnahmen werden besteuert (Teileinkünfteverfahren).
245 S. hierzu die Parallelbehandlung bei den Vereinen bei *Maurer*, Band 2, Teil C, Kap. II 1.2, in dem auch auf die Besteuerung der Mitglieder eingegangen wird.
Vgl. auch BMF vom 09.01.2015 zu »Betrieben gewerblicher Art« (BStBl I 2015, 111), s. auch OFD München/Nürnberg vom 08.07.2005 (DB 2005, 1659).

als stiller Gesellschafter gehört der dem stillen Gesellschafter zugewiesene Gewinn oder der unter Berücksichtigung der §§ 15a, 15b EStG zuzurechnende Verlust. Wird dem stillen Gesellschafter im Rahmen der Auseinandersetzung sein Guthaben zugewiesen, werden bei der Ermittlung des Gewinns i.S.d. § 20 Abs. 4 EStG die als laufende Einkünfte berücksichtigten Gewinn- oder Verlustanteile, die das Auseinandersetzungsguthaben erhöht oder gemindert haben, vom Gewinn abgerechnet oder dem Gewinn hinzugerechnet.

Beispiel 22: Der stille Teilhaber (teilweise angelehnt am BMF vom 18.01.2016, BStBl I 2016, 85, Tz. 4)
Als Beamter (bzw. Professor, Richter, Freiberufler) darf B1 sich nicht gewerblich betätigen. Anstatt das ererbte Geld bei einer Bank anzulegen, lässt B1 sein Nachlassvermögen im Einzelunternehmen seines Schulfreundes B2 »arbeiten«. Mit dem eingelegten Betrag (Beginn 01.01.17) von 100 T€ ist B1 zu 10 % am Gewinn und am Verlust von B1 beteiligt, ohne nach außen in Erscheinung zu treten. Die Einlage geht in das Vermögen von B2 über.
In den ersten Jahren werden ihm – nach einbehaltener KapESt – Gewinnanteile i.H.v. 16 T€ (17) sowie 3 T€ (18) überwiesen. In 19 wird der auf ihn entfallende Verlust von 5 T€ gegen die Einlage verrechnet. In 20 wird der Gewinnanteil von 12 T€ nur i.H.v. 7 T€ (abzüglich 25 % KapSt) überwiesen, da die Differenz zum Ausgleich des Vorjahresverlustes verwendet wird. Im Jahr 21 wird die Beteiligung aufgelöst. B erhält ein Auseinandersetzungsguthaben von 100 T€.

Im Unterschied zum – ebenfalls in Nr. 4 erwähnten – partiarischen Darlehen[246] kann bei einer typisch stillen Beteiligung eine Verlustbeteiligung vereinbart werden. Der Hauptunterschied liegt im Gesellschaftsrechtsverhältnis bei der stillen Gesellschaft gem. §§ 230 ff. HGB, wonach hier eine gemeinsame Zweckverfolgung stattfindet. Kennzeichen dieser Innengesellschaft ist allerdings, dass kein gemeinsames Gesamthandsvermögen gebildet wird und die Einlage somit als Rückzahlungsverpflichtung Fremdkapital beim Inhaber des Handelsgewerbes darstellt. Die Gemeinsamkeit mit dem partiarischen Darlehen besteht wiederum in der **erfolgsabhängigen** Verzinsung für das überlassene Kapital.

Die steuerlich als Mitunternehmerschaft »erhöhte« atypische stille Beteiligung wird bei § 15 Abs. 1 Nr. 2 EStG behandelt (s. Band 2, Teil B, Kap. I).[247]

Lösung:
- In den Jahren 17 und 18 entfalten die einbehaltenen KapESt-Beträge von 25 % grds. abgeltende Wirkung. B1 stehen die oben genannten Möglichkeiten des § 32d Abs. 4 und 6 offen, sofern die Voraussetzungen auf ihn zutreffen. Der Zufluss i.S.d. § 11 EStG ist mit Zahlung oder mit Gutschrift auf dem Konto gegeben.
- Problematisch ist die Erfassung des Verlustes. Nach absolut h.M. ist der Verlustanteil bei § 20 Abs. 1 Nr. 4 EStG zu berücksichtigen.[248] Dem folgt auch das BMF im Schreiben vom 18.01.2016

---

246 Zur Abgrenzung der beiden Begriffe s. auch *Preißer/Missal* in *Preißer/Pung*, Die Besteuerung der Personen- und Kapitalgesellschaften, Kommentar, 2. A. 2012, 723 ff. S. auch das Urteil des BFH vom 19.10.2005, DStRE 2006, 239.
247 Aus der (Abgrenzungs-)Rspr. zuletzt BFH vom 09.12.2002 (BFH/NV 2003, 601) sowie FG München vom 21.01.2003 (Az: 13 K 4478/98): Für eine atypisch stille Beteiligung sind bei fehlender Vermögenszuwachsbeteiligung starke Zusatzmerkmale (MU-Initiative und MU-Risiko) erforderlich.
248 Dabei geht die Rspr. zu Recht von WK und nicht von negativen Einnahmen aus (vgl. *Heinicke* in *Schmidt*, EStG, § 20 Rz. 143 m.w.N.).

(BStBl I 2016, 85, Rn. 4). Der Verlustanteil ist im Jahr 19 als negativer Kapitalertrag zu berücksichtigen (Höhe 5 T€). Die Einlage mindert sich um diesen Betrag auf 95 T€.
- Uneingeschränkt gilt jedoch (altes und [somit möglich] neues Recht), dass nur »**laufende Verluste**« (Verluste aus dem laufenden Geschäftsbetrieb) im Rahmen der laufenden Besteuerung berücksichtigt werden können.
- **Vermögensverluste** durch Insolvenz des Betreibers des Handelsgewerbes u.Ä. sind **nicht berücksichtigungsfähig**.[249] Wird die Beteiligung nach dem 31.12.2008 begründet, ist der Verlust hingegen dann steuerlich zu berücksichtigen, sofern noch ein Auseinandersetzungsguthaben gezahlt wird. Hingegen ist der Forderungsausfall keine Veräußerung i.S.d. § 20 Abs. 2 S. 2 EStG (BMF vom 18.01.2016, BStBl I 2016, 85, Rn. 60) und somit steuerlich ohne Bedeutung.
- Im Jahr 20 erzielt B1 einen laufenden Gewinn i.H.v. 12 T€. Die Einlage erhöht sich um 5 T€ auf 100 T€.
- Im Jahr 21 wird die Beteiligung aufgelöst. B1 erzielt einen Veräußerungsgewinn nach § 20 Abs. 2 Nr. 4 EStG i.H.v. 0 € (Auseinandersetzungsguthaben 100.000 € ./. Einlage 100.000 € (100.000 € ./. Verlustanteil in 19 + Gewinnanteil in 20)).
- Die analoge Anwendung des § 15a EStG schließlich, die auch bei einer typisch stillen Beteiligung greift, setzt voraus, dass der stille G'fter **über seine Einlage hinaus am Verlust** teilnimmt, da nur bei dieser Konstellation der Rechtsfolgenverweis in § 20 Abs. 1 Nr. 4 S. 2 EStG einen Sinn ergibt. Die Ausführungen zu § 15a EStG gelten – mit Ausnahme der überschießenden Außenhaftung des § 15a Abs. 1 S. 2 und 3 EStG – analog.

2.3.3 Sonstige Kapitalforderungen; Zinsen aus Lebensversicherungen (§ 20 Abs. 1 Nr. 6 EStG)

Während es sich bei den Tatbeständen von § 20 Abs. 1 Nr. 5 und Nr. 8 EStG um Sonderfälle der lex generalis von § 20 Abs. 1 Nr. 7 EStG handelt, kommt den Zinsen aus Lebensversicherungen gem. § 20 Abs. 1 Nr. 6 EStG eine – vorab darzustellende – Sonderrolle zu.

2.3.3.1 Überblick und rechtliche Entwicklung

Vorab ist festzuhalten, dass auch im Regime der Abgeltungsteuer für die Anwendung des § 20 Abs. 1 Nr. 6 EStG der Zeitpunkt des Vertragsabschlusses maßgebend ist (vgl. auch BMF vom 18.01.2016, BStBl I 2016, 85, Rn. 5 mit Verweis auf die älteren BMF-Schreiben vom 01.10.2009 und vom 22.12.2005). In der nachfolgenden Tabelle sind daher die wichtigsten »Eckpfeiler« des historischen Rechts und seiner Entwicklung zusammengefasst.[250]

---

249 Im Ergebnis genauso (d.h. keine steuerliche Berücksichtigung bei Verlusten des Kapitalgebers) das BMF-Schreiben vom 14.07.2004, BStBl I 2004, 611 bei der Abtretung einer Kapitalanlage gem. § 20 Abs. 2 Nr. 4 EStG, wenn der Emittent in Zahlungsschwierigkeiten gerät (Berücksichtigung allenfalls bei § 23 EStG-Tatbeständen).
250 Ausführlich vgl. zuletzt die 16. Auflage (Steuerberaterprüfung 2017) des vorliegenden Lehrbuches.

Vertrags-abschluss	Grundsätzliche steuerliche Behandlung	Ausnahmen	Verwaltungsanweisungen/wichtige Rspr.
bis 31.12.2004	Nur Zinsen aus den in den Beiträgen enthaltenen **Sparanteilen** sind nach § 20 Abs. 1 Nr. 6 EStG steuerbar; andere Komponenten sind nicht steuerbar Nach § 20 Abs. 1 Nr. 6 S. 2 EStG sind solche Versicherungsleistungen unter bestimmten Voraussetzungen von der Steuerpflicht weitgehend befreit, bei denen die Beitragsleistungen zum SA-Abzug nach § 10 Abs. 1 Nr. 2 Buchst. b EStG a.F. berechtigten. Die Befreiung gilt jedoch nur bei Verrechnung der Beiträge sowie bei Auszahlung oder bei Rückkauf nach zwölf Jahren. Für fondsgebundene Lebensversicherungen gelten die o.g. Ausführungen entsprechend (§ 20 Abs. 1 Nr. 6 S. 5 EStG a.F.).	§ 20 Abs. 1 Nr. 6 S. 3 EStG a.F. Steuerpflicht für sog. »gebrauchte« Lebensversicherungen § 20 Abs. 1 Nr. 6 S. 4 EStG a.F. für Fälle der **steuerschädlichen Finanzierungsversicherung** mit Rückausnahmen; zu dieser Thematik sind zahlreiche Urteile ergangen.[253]	R 154 Abs. 1 EStR 2003 a.F. BMF vom 15.06.2000 (BStBl I 2000, 1118) BMF vom 16.07.2012 (BStBl I 2012, 686 FG Hessen vom 16.06.2011 (Az.: 11 K 2096/09) BFH vom 24.11.2009 (BStBl II 2011, 251) Zu § 20 Abs. 1 Nr. 6 S. 4 EStG a.F. BFH vom 13.07.2004, BStBl II 2004, 1060, BFH/NV 2005, 181, BFH/NV 2005, 184 BFH vom 19.01.2010, BFH/NV 2010, 980

---

251 Exemplarisch vgl. BFH vom 12.10.2011 (Az.: VIII R 30/09) zur Umschuldung eines zuvor aufgenommenen Darlehens bei unterschiedlichen Valuten, vom 09.02.2010 (DStR 2010, 1423) zu trotz Vorfinanzierung durch Eigenmittel unmittelbar und ausschließlich der Finanzierung von AK dienenden Darlehen, vom 23.01.2009 (FG Baden-Württemberg, DStRE 2010, 400) zur Darlehensauszahlung auf Girokonto und Überschreiten der 30-Tage-Frist auch bei Erwerb einer ausländischen Immobilie, vom 12.09.2007 (DStRE 2008, 565) zur Bezugsgröße bei Beurteilung der steuerschädlichen Verwendung einer Lebensversicherung bei Übersicherung, vom 04.07.2007 (DStRE 2007, 1557) bei nicht nur vorübergehender Anlage der besicherten Darlehensmittel auf einem niedrig verzinslichen Girokonto, vom 27.03.2007 (DStR 2007, 940) zur steuerunschädlichen Besicherung eines Avalkredits und vom 07.11.2006 (DStRE 2007, 282) zur – teilweisen – Besicherung eines Darlehens zum Erwerb von Anteilen an offenem Aktienfonds.

Vertrags-abschluss	Grundsätzliche steuerliche Behandlung	Ausnahmen	Verwaltungsanweisungen/wichtige Rspr.
nach dem 31.12.2004	Grundsätzliche Steuerpflicht des Ertrages	Bei mehr als zwölfjähriger Laufzeit (und Fälligkeit nach dem 60. Lebensjahr) sind die Erträge zur **Hälfte** steuerfrei. Bei fondsgebundenen Lebensversicherungen sind nach § 20 Abs. 1 Nr. 6 S. 9 EStG 15 % des Unterschiedsbetrages steuerfrei oder dürfen nicht bei der Ermittlung der Einkünfte abgezogen werden, soweit der Unterschiedsbetrag aus Investmenterträgen stammt.	BMF vom 25.11.2004 (BStBl I 2004, 1096) und vom 22.12.2005 (BStBl I 2006, 92) BMF vom 01.10.2009 (BStBl I 2009, 1172 BMF vom 06.03.2012 (BStBl I 2012, 238) BMF vom 11.11.2016, IV C 1 – S 2252/15/10008 :009 Zu fondsgebundenen Lebensversicherungen: BMF vom 29.09.2017, IV C 1 – S 2252/15/10008 :011
nach dem 31.12.2011		Gewährung des hälftigen Unterschiedsbetrages nur, wenn die Versicherungsleistung frühestens nach Vollendung des 62. Lebensjahres des StPfl. ausgezahlt wird (Anhebung des Mindestrentenalters).	

2.3.3.2 Weitere Einzelheiten zur aktuellen Besteuerung

Unter Ertrag aus einer Lebensversicherung versteht man die Differenz zwischen dem Auszahlungsbetrag und der Summe der während der Vertragslaufzeit entrichteten Beiträge. In diesem Zusammenhang hat der BFH mit Beschluss vom 28.10.2010 (Az.: VII B 44/10, NV) entschieden, dass die Abschlusskosten auch bei Verträgen, die nach dem 31.12.2004 abgeschlossen wurden, als Anschaffungsnebenkosten zu behandeln sind (vgl. auch BMF vom 01.10.2009, BStBl I 2009, 1172, Rz. 56, 79).

Grundsätzlich sind auch Verluste aus der Differenz zwischen dem Auszahlungsbetrag und der Summe der während der Vertragslaufzeit entrichteten Beiträge von § 20 Abs. 1 Nr. 6 S. 1 EStG erfasst.[252]

Kleinere Änderungen, jedoch keine Systemumstellung erfolgten aufgrund des UntStRefG 2008 und des StRefG 2009:

---

252 Vgl. BFH vom 14.3.2017, VIII R 38/15 (fondsgebundene Lebensversicherung) und VIII R 25/14 (Rückkauf einer Sterbegeldversicherung).

- Mit rückwirkender Geltung ab 01.01.2008 sind bei der Ertragsermittlung von Lebensversicherungen anstelle der Beiträge nunmehr die Anschaffungskosten anzusetzen (§ 20 Abs. 1 Nr. 6 S. 3 EStG).
- Für Versicherungsverträge ab 31.03.2009 hat das JStG 2009 in § 20 Abs. 1 Nr. 6a EStG sog. Mindeststandards für Kapitallebensversicherungen (mit laufender Beitragszahlung) eingeführt, deren Einhaltung für die 50%-Besteuerung relevant ist.

Mit dem KroatienAnpG (BGBl I 2014, 1266) wurde § 20 Abs. 1 Nr. 6 EStG dahingehend erweitert, dass auch der Unterschiedsbetrag zwischen der Versicherungsleistung bei Eintritt eines versicherten Risikos und den Aufwendungen für den Erwerb und Erhalt des Versicherungsanspruches, wenn der StPfl. Ansprüche aus einem von einer anderen Person abgeschlossenen Vertrag entgeltlich erworben hat, stpfl. wird. Hiermit will der Gesetzgeber den Fall verhindern, dass Lebensversicherungen geschäftsmäßig aufgekauft werden und im Eintritt des Versicherungsfalls die Versicherungsleistung durch den Käufer, für den nicht das versicherte Risiko, sondern seine Renditeerwartung im Vordergrund steht, in den Genuss einer Steuervergünstigung kommt, die für eben die Absicherung der Risiken durch eine Lebensversicherung vorgesehen ist; insoweit wird folgerichtig auch der hälftige Unterschiedsbetrag des § 20 Abs. 1 Nr. 6 S. 2 EStG (s. oben) nicht gewährt.

Eine Rückausnahme sieht § 20 Abs. 1 Nr. 6 S. 8 vor, wenn die versicherte Person den Versicherungsanspruch von einem Dritten erwirbt oder aus anderen Rechtsverhältnissen entstandene Abfindungs- und Ausgleichsansprüche arbeitsrechtlicher, erbrechtlicher oder familienrechtlicher Art durch Übertragung von Ansprüchen aus Versicherungsverträgen erfüllt werden. Dies lässt sich daraus erklären, dass für die versicherte Person wiederum die Absicherung des versicherten Risikos im Vordergrund steht und somit ein Missbrauch der Steuerbegünstigung oder Steuerbefreiung bei Altverträgen (s. oben) nicht vorliegt.

Diese Neuerungen sind erstmals auf Versicherungsleistungen anzuwenden, die aufgrund eines nach dem 31.12.2014 eingetretenen Versicherungsfalles ausgezahlt werden.

2.3.3.3 Die Behandlung von Vertragsänderungen

Für **Vertragsänderungen** bei Lebensversicherungen hat das BMF im Schreiben vom 22.08.2002 (BStBl I 2002, 827, anzuwenden nur für Altfälle, geändert durch BMF vom 01.10.2009, BStBl I 2009, 1188) bzgl. des SA-Abzugs nach § 10 Abs. 1 Nr. 2 Buchst. b Doppelbuchst. cc und dd oder/und der Steuerpflicht nach § 20 Abs. 1 Nr. 6 EStG umfangreiche Anwendungsfälle aufgelistet. Als Fazit kann festgehalten werden, dass nur wesentliche Vertragsänderungen[253] dazu führen, dass hinsichtlich dieser Änderungen von einem neuen Vertrag auszugehen ist (Rz. 39 ff. a.a.O.); der alte Vertrag gilt fort. Im BMF-Schreiben vom 22.12.2005 (BStBl I 2006, 92) nennt das BMF Kriterien, die bestimmen sollen, wann ein Gestaltungsmissbrauch bei Vorratsverträgen und Änderungen von Altverträgen vorliegen soll. Dieses Schreiben wurde am 01.10.2009 durch Schreiben des BMF (BStBl I 2009, 1172) neu gefasst. Für vor dem 01.01.2005 abgeschlossene Altverträge ist das BMF-Schreiben vom 15.06.2000 (BStBl I 2000, 1118) weiterhin anzuwenden.

---

253 Unter wesentlichen Vertragsbestandteilen werden aufgelistet:
- Laufzeit (Änderung bei Verkürzung bzw. Verlängerung),
- Beitragszahlungsdauer,
- Beitragszahlungen,
- Versicherungssumme.

Im Zusammenhang mit der Anhebung der Altersgrenze für die Anwendung der hälftigen Besteuerung für Vertragsschlüsse ab 01.01.2012 sind zudem die BMF-Schreiben vom 06.03.2012 (BStBl I 2012, 238) und vom 01.10.2009 (a.a.O.) zu beachten. Hervorzuheben ist:

- Bei Änderung wesentlicher Vertragsmerkmale einer Altversicherung, wodurch gem. Rz. 67 des BMF-Schreibens vom 01.10.2009 ein Neubeginn der Mindestvertragsdauer erfolgt, gilt ebenfalls die Altersmaßgabe von 62 Jahren, wenn die Vertragsänderung nach dem 31.12.2011 erfolgt.
- Soweit nachträglich vereinbarte Beitragserhöhungen oder Erhöhungen der Versicherungssumme im Umfang der Erhöhung steuerlich zu einem gesonderten neuen Vertrag führen, gelten die erhöhten Altersgrenzen nur für diesen neuen Vertrag.
- Wenn die Vertragsänderung bei vor dem 01.01.2012 abgeschlossenen Versicherungsverträgen nicht zu einem Neubeginn der Mindestvertragsdauer führt, kommt es für die Anwendung des § 20 Abs. 1 Nr. 6 S. 2 EStG nicht zu einer Anhebung der Altersgrenze auf das 62. Lebensjahr. Der Zeitpunkt der Vertragsänderung ist insoweit ohne Bedeutung.

Bei zertifizierten Altersvorsorgeverträgen gelten entsprechende Regelungen.

2.3.3.4 Die Behandlung vom Teilauszahlungen

Sofern keine Kapitalauszahlung, sondern eine Rentenzahlung gewählt wird, ist der Anwendungsbereich des § 20 Abs. 1 Nr. 6 EStG nicht eröffnet. Anders verhält es sich jedoch in Fällen, in denen es nach Beginn der Rentenzahlung doch (noch) zu einer Kapitalzahlung kommt. Dies gilt insb., wenn ein laufender Rentenzahlungsanspruch nach einer Kündigung oder Teilkündigung des Versicherungsvertrages durch Auszahlung des Zeitwertes der Versicherung abgegolten wird.

Hierzu hat das BMF mit Schreiben vom 18.06.2013 (BStBl I 2013, 768) Stellung genommen:

- Für die Berechnung des Unterschiedsbetrags nach § 20 Abs. 1 Nr. 6 EStG im Falle einer Teilkapitalauszahlung einer Rentenversicherung zum Ende der Ansparphase wird auf Rz. 64 des Schreibens vom 01.01.2009 (BStBl I 2009, 1172) verwiesen.
- Erfolgt die Kapitalauszahlung nach Beginn der Auszahlungsphase der Rentenversicherung, ist bei der Ermittlung des Unterschiedsbetrages zu berücksichtigen, dass in den bis zum Zeitpunkt der Auszahlung geleisteten Rentenzahlungen anteilige Versicherungsbeiträge enthalten sind. Diese ergeben sich in pauschalierender Form aus der Differenz zwischen dem bisher ausgezahlten Rentenbetrag und dem für diese Rentenzahlung anzusetzenden Ertragsanteil. Der so ermittelte Betrag ist bei der Berechnung des Unterschiedsbetrages nach § 20 Abs. 1 Nr. 6 EStG als bereits verbrauchte Beiträge zu berücksichtigen.

Nach Auffassung des BMF ergibt sich für die anteilig entrichteten Beiträge folgende Formel:

$$\frac{\text{Versicherungsleistung} \times (\text{Summe der auf die Versicherung entrichteten Beiträge}./. \text{Differenz aus Rentenzahlungen bis zum Auszahlungszeitpunkt und kumuliertem Ertragsanteil auf die Rentenzahlungen})}{\text{Zeitwert der Versicherung zum Auszahlungszeitpunkt}}$$

2.3.3.5 Die Veräußerung von Lebensversicherungsverträgen (§ 20 Abs. 2 Nr. 6 EStG)

Grundlagen für die nachfolgenden Ausführungen sind das BMF-Schreiben vom 01.10.2009 und v.a. die Kurzinfo ESt 42/2010 der OFD Rheinland vom 20.08.2010:

Wie bei der laufenden Besteuerung ist auch hier das Abschlussdatum der Versicherung entscheidend:

- **Abschluss bis 31.12.2004:** Liegt der Rückkaufswert unter den geleisteten Beiträgen, ist der hieraus entstandene Verlust als Vorgang auf der privaten Vermögensebene nicht abzugsfähig. Im Regelfall sind Veräußerungen, die nach dem 31.12.2008 vollzogen werden, steuerlich nicht zu berücksichtigen. Veräußerungsvorgänge einer vor dem 01.01.2005 abgeschlossenen Lebensversicherung sind nur stpfl. (§ 20 Abs. 2 Nr. 6 EStG), sofern bei einem Rückkauf zum Veräußerungszeitpunkt die Erträge nach § 20 Abs. 1 Nr. 6 EStG a.F. stpfl. wären (insb. Verkauf vor Ablauf von 12 Jahren).
- **Abschluss ab 01.01.2005:** Veräußerungen von Ansprüchen auf eine Versicherungsleistung i.S.d. § 20 Abs. 1 Nr. 6 EStG, die nach dem 31.12.2008 erfolgen, sind stpfl., wenn der Vertrag nach dem 31.12.2004 abgeschlossen wurde. Der Gewinn ermittelt sich durch den Unterschiedsbetrag zwischen dem Veräußerungspreis und den Veräußerungskosten sowie den Anschaffungskosten. Als Anschaffungskosten gelten die entrichteten Beiträge. Zu beachten ist, dass für Verluste, die laufend sowie aus der Veräußerung erzielt werden, das allgemeine Verlustverrechnungsverbot des § 20 Abs. 6 S. 2 EStG gilt, so dass lediglich eine Verrechnung mit positiven Einkünften aus Kapitalvermögen in den folgenden VZ in Betracht kommt.

Hinweis: Beim Erwerber der »Gebraucht«-Police ist der Ertrag nur insoweit steuerbar, wie er auf die besitzanteilige Zeit entfällt. Zur Ermittlung des Betrages werden die Summe der AK für die Versicherung und die geleisteten Beiträge der Versicherungsleistung gegenübergestellt. Der Kaufpreis der »gebrauchten« Kapitallebensversicherung stellt AK i.S.d. § 255 Abs. 1 HGB dar. Die bis zum Erwerbszeitpunkt aufgelaufenen außerrechnungsmäßigen und rechnungsmäßigen Zinsen sind weder negative Einnahmen aus Kapitalvermögen noch vorweggenommene Werbungskosten bei den Einkünften aus Kapitalvermögen (BFH vom 24.05.2011, Az.: VIII R 46/09).

2.3.4 Sonstige Kapitalforderungen, insbesondere gemäß § 20 Abs. 1 Nr. 7 EStG

2.3.4.1 Die Grundaussage

Zwei Spezialtatbestände (Zinsen für grundpfandrechtlich gesicherte Forderungen nach Nr. 5 und Diskontbeträge für Wechsel nach Nr. 8) bilden den gesetzlichen Rahmen für die Generalklausel von § 20 Abs. 1 Nr. 7 EStG. Mit einem zurückhaltenden Wortlaut wird die Mannigfaltigkeit der Banken- und Kapitalanlagewelt steuerlich widergespiegelt, aber nur teilweise »eingefangen«. Nur die **Erträge** (Zinsen) und nicht etwaige Vermögensveränderungen für **überlassenes Kapital** bilden den Zustandstatbestand. Die Trennung zwischen unbeachtlicher Vermögenssphäre und dem steuerrelevanten Aufwands- und Ertragsbereich ist Auslöser für zahlreiche Finanzinnovationen, die letztlich nur die Verlagerung des Zuflusszeitpunktes hinsichtlich des Entgelts für das überlassene Kapital zum Gegenstand haben. Der BFH hat gut daran getan, in sämtlichen Entscheidungen diese zeitliche Verschiebung nicht mit dem Vorwurf des Gestaltungsmissbrauchs (§ 42 AO) zu belegen (BFH vom 12.12.2000, BFH/NV 2001, 789).

2.3.4.2 Einzelfälle und Zuflusszeitpunkt

Mittels Kurzkommentierung werden die wichtigsten Kapitalanlagen mit ihren Zuflusszeitpunkten erläutert.

Beispiel 23: Dagoberts Welt

Dagoberts (D) Erfindungsreichtum kennt keine (Kapital-)Grenzen:
1. Für ein »klassisches« Sparbuch mit dreimonatiger Kündigungsfrist wird der Jahreszins am Ende des Jahres 17 gutgeschrieben,
2. Festgelder (Termineinlagen) mit sechsmonatiger Laufzeit. D verlängert am 11.11.17 um ein weiteres halbes Jahr; aufgrund des sinkenden Zinsniveaus erhält Dagobert im Jahr 17 keine Guthabenverzinsung mehr, sondern muss der Bank einen »Strafzins« für die Einlage des Geldes zahlen,
3. Kommunalobligationen im Nennwert von 50 €/Stück zum Kurswert von 97 % (17). Ein Jahr später erfolgt die Rückzahlung zu 100 % bei 4 %iger Verzinsung,
4. Bundesschatzbrief vom Typ A (Nennbetrag: 100.000 €) und vom Typ B,
5. eine Index-Anleihe,
6. eine Optionsanleihe,
7. eine in einem Optionsschein verbriefte Kapitalforderung,
8. ein Vollrisikozertifikat (Risiko des Totalausfalls der Forderung, sog. Knock-out-Zertifikat).

Lösung:

	Papier (ggf. Kurzcharakterisierung)	Zufluss
1.	Sparbuch	Unabhängig von der Gutschrift in 17 oder in 18 (wiederkehrende Einnahmen) in 17 zu erfassen, sofern innerhalb der Frist des § 11 Abs. 1 S. 2 EStG.
2.	Festgelder	Grundsätzlich mit Ablauf des Zinsfestschreibungstermins (11.11.17).[256] Die in 16 abgeflossenen »Strafzinsen« (negative Einlagezinsen) stellen nach Auffassung des BMF vom 18.01.2016 (BStBl I 2016, 85, Rn. 129a) keine Zinsen i.S.v. § 20 Abs. 1 Nr. 7 EStG dar, sondern unterfallen dem Werbungskostenabzugsverbot des § 20 Abs. 9 EStG.
3.	Kommunalobligationen (Wertpapiere, bei denen Aussteller – hier die Gemeinde – dem Inhaber die Rückzahlung in Geld und laufender Verzinsung verspricht)	Die Differenz zwischen dem Ausgabe- und dem Rückzahlungskurs (3 %)[257] und der versprochene Zins von 4 % ist als Einnahme in 17 zu erfassen.

---

254 Ist vertraglich bei längerfristigen Festgeldern sowie Nichtkündigung die Auszahlung ausgeschlossen und wird stattdessen der Zinsbetrag dem Konto gutgeschrieben, liegt in der unterlassenen Kündigung eine Vorausverfügung, die den Zufluss in diesem Zeitpunkt auslöst.
255 S. zusätzlich § 22 Nr. 2 EStG i.V.m. § 23 Abs. 1 Nr. 2 EStG a.F. Außerdem war auf ein Emissionsdisagio zu achten.

	Papier (ggf. Kurzcharakterisierung)	Zufluss
4a.	Bundesschatzbrief Typ A (Sparanlagen mit laufender, gleichmäßiger Verzinsung)	Nachträgliche jährliche Gutschrift oder Auszahlung ist als Zufluss zu erfassen.
4b.	Bundesschatzbrief Typ B Ähnlich den Zerobonds (Nullkupon-Anleihen) enthalten Auf- oder Abzinsungspapiere keinen laufenden Zins. Die Einmalverzinsung liegt im Differenzbetrag zwischen dem Einzahlungs- und dem Einlösungsbetrag.	Der Zins wird am Ende der Laufzeit (bzw. bei vorzeitiger Rückgabe nach Ablauf der Sperrfrist) nunmehr in einem Betrag zusammengefasst und ist für mehrere Jahre zu erfassen (vgl. auch BMF vom 18.01.2016, BStBl I 2016, 85).
5.	Indexanleihe (Anleihen mit begrenzter Laufzeit, die sich auf einen Wertpapierindex beziehen)	Nur bei garantierter Rückzahlung des Kapitals oder bei zugesagtem Entgelt liegt ein steuerbarer Ertrag nach § 20 Abs. 1 Nr. 7 EStG a.F. vor.[258]
6.	Optionsanleihe	Anleihe und Optionsschein sind selbständige WG. Erträge sind bei § 20 Abs. 1 Nr. 7, Veräußerungsgewinne bei § 20 Abs. 2 S. 1 Nr. 7 EStG zu versteuern.
7.	Verbriefte Kapitalforderung	Bei Erwerb vor dem 01.01.2009 fallen die Erträge unter § 20 Abs. 1 Nr. 7 EStG. Bei Erwerb nach dem 31.12.2008 finden die Grundsätze über die Optionsgeschäfte Anwendung (vgl. Teil B, Kap. I und BMF vom 18.01.2016, BStBl I 2015, 85, Rn. 6–8 f.).
8.	Vollrisikozertifikat	Die laufenden Erträge fallen unter § 20 Abs. 1 Nr. 7 EStG. Erfolgt bei Endfälligkeit keine Zahlung mehr, liegt keine Veräußerung i.S.d. § 20 Abs. 2 EStG vor (BMF vom 18.01.2016, BStBl I 2016, 85, Rn. 8a). Gleiches gilt, wenn keine Zahlungen für den Fall vorgesehen sind, weil der Basiswert eine vorgesehene Bandbreite verlassen hat oder es infolge dessen zu einer vorzeitigen Beendigung des Zertifikats ohne weitere Kapitalrückzahlungen kommt (vgl. jedoch Kap. 2.3.6.1 mit Darstellung der neuesten BFH-Rspr.).

---

256 Nach Ansicht der Finanzverwaltung muss die Kapitalgarantie nicht ausdrücklich zugesagt worden sein. Es genügt, wenn aufgrund der Ausgestaltung der Anleihe die Rückzahlung des Kapitals sicher ist (OFD Rheinland vom 05.03.2007, DB 2007, 716 zu Zertifikat auf den REX-Performanceindex). S. auch *von Beckerath* in *Kirchhof-kompakt*, § 20 Rz. 322 zu weiteren Formen (Optionsanleihen, Wandelanleihen und »capped warrants«). Bei Aktienanleihen handelt es sich hingegen um eine echte Finanzinnovation, bei der Veräußerungsverluste auch bei vor dem 01.01.2009 angeschafften Wertpapieren unabhängig von der Haltedauer berücksichtigt werden (OFD Münster vom 08.04.2010, Kurzinformation ESt 005/2010; aktualisiert am 02.08.2010).

Darüber hinaus kommt (exemplarisch) § 20 Abs. 1 Nr. 7 EStG noch zur Anwendung bei

- verzinslichen privaten Darlehen,
- Erstattungszinsen i.S.d. § 233 AO[257]:
  - Zinsen auf rückerstattete Kreditbearbeitungsgebühren, Prozess- und Verzugszinsen, Nutzungsersatz in anderen Fällen, z.B. Zinsen auf erstattete Kontogebühren (BMF vom 18.01.2016, BStBl I 2016, 85, Rn. 8b),
  - Zinsen für die Verzinsung eines Vermächtnisanspruchs (BFH vom 20.10.2015 VIII R40/13),
  - Zinsen auf Rentennachzahlungen (BFH vom 09.06.2015, VIII R 18/12, BMF vom 04.07.2016, IV C 3 – S 2255/15/10001),
- Bausparzinsen, soweit sie nicht – wegen § 20 Abs. 8 EStG – zu Einkünften nach § 21 EStG gehören (z.B. bei engem zeitlichem Zusammenhang mit dem Kauf eines Mietwohnhauses),
- Währungskursschwankungen seit VZ 2009, zuvor waren diese, sofern der Tatbestand eines privaten Veräußerungsgeschäftes nicht erfüllt war, nicht zu berücksichtigen (BFH vom 30.11.2010, BStBl II 2011, 491)[258], Zinsen aus Fremdwährungsguthaben werden ebenfalls erfasst[259],
- Erträgen aus **gestundeten** Kaufpreisforderungen, wie dies bei einer späteren Fälligkeit des Kaufpreises oder bei einer Ratenzahlung der Fall ist. Diese Fallgruppe kommt häufig bei dem Verkauf von Betrieben oder von sonstigen funktionellen Einheiten oder auch beim Immobilienverkauf vor. Der Kapitalertrag ist durch die Abzinsung der Raten zu ermitteln.

Beispiel 24: Unternehmenskauf auf Raten
U veräußert sein Unternehmen (Buchwert des Betriebes: 150 T€; Kaufpreis: 200 T€) an K mit folgender Zahlungsvereinbarung:
- Sofortzahlung am 01.01.17 i.H.v. 100 T€
- Der Rest ist in zwei Raten zu je 50 T€ zum 31.12.17 sowie 31.12.18 fällig.

---

257 Das BMF verzichtet im Schreiben vom 05.10.2000 (BStBl I 2000, 1508) im Billigkeitsweg auf die Erfassung von Erstattungszinsen, soweit ihnen nichtabzugsfähige Nachforderungszinsen gegenüberstehen, die auf demselben Ereignis beruhen. Als Reaktion auf das BFH-Urteil vom 15.06.2010 (BStBl II 2011, 503) wurde i.R.d. JStG 2010 § 20 Abs. 1 Nr. 7 EStG entsprechend »klargestellt«. Mit Urteil vom 12.11.2013 (Az.: VIII R 1/11) hat der BFH entschieden, dass die Regelung in § 20 Abs. 1 Nr. 7 S. 3 EStG i.d.F. des JStG 2010 – auch im Hinblick auf ihre rückwirkende Geltung – nicht gegen Verfassungsrecht verstößt und zugleich entschieden, dass Erstattungszinsen keine außerordentlichen Einkünfte i.S.d. § 34 EStG darstellen. Gegen dieses Urteil wurde Verfassungsbeschwerde eingereicht (BVerfG, Az.: 2 BvR 482/14).
258 Kursschwankungen von in Fremdwährung gehandelten Wertpapieren werden durch § 20 Abs. 4 S. 1 letzter HS EStG durch eine Umrechnung zum Anschaffungs- und Veräußerungszeitpunkt zusätzlich zur Wertentwicklung des Wertpapieres erfasst.
259 Ebenfalls den Tatbestand eines privaten Veräußerungsgeschäftes erfüllen kann die Anschaffung und die Veräußerung von Fremdwährungsgutgaben (vgl. hierzu BMF vom 18.01.2016, BStBl I 2016, 85, Rn. 131 und BMF vom 25.10.2004, BStBl I 2004, 1034, Rn. 42). Zur Anschaffung von Fremdwährungsguthaben durch den Verkauf von Wertpapieren vgl. auch BFH vom 21.01.2014 (Az.: IX R 11/13). Die Aufnahme eines Fremdwährungsdarlehens stellt keine Anschaffung und die Tilgung eines solchen Darlehens stellt keine Veräußerung eines Wirtschaftsguts i.S.v. § 23 Abs. 1 S. 1 Nr. 2 EStG dar. Gleiches gilt für die aufgrund des Darlehens gewährte Valuta in Fremdwährung (BFH vom 30.11.2010, Az.: VIII R 58/07).

Lösung:
1. Der Veräußerungsgewinn nach § 16 EStG ist wie folgt zu ermitteln:

Sofortzahlung zum 01.01.17 mit	100.000 €
zzgl. nach § 12 Abs. 3 BewG (Anlage 9a) abgezinste Restforderung von 50.000 € x 1,897	+ 94.850 €
Veräußerungspreis	194.850 €
./. Buchwert	./. 150.000 €
Veräußerungsgewinn	**44.850 €**

2. Die Differenz zwischen der Nominalrestforderung von 100.000 € und dem abgezinsten Betrag von 94.850 € ist als **Kapitaleinnahme** gem. § 20 Abs. 1 Nr. 7 EStG in den Jahren 17 und 18 zu erfassen. Dabei wird die Restforderung von 50.000 € zum 31.12.17/01.01.18 neu mit 0,974 (Anlage 9a BewG) bewertet und beträgt somit 48.700 €. Dies hat für die Zinseinkünfte des Jahres 16 folgende Konsequenz:
Im Zahlungsbetrag von 50.000 € im Jahre 17 ist ein Tilgungsanteil von 46.150 € (94.850 € ./. 48.700 €) enthalten und ein steuerbarer Zinsanteil von **3.850 €**. In 18 wird der Rest i.H.v. 1.300 € (5.150 € ./. 3.850 €) als Zinseinnahme versteuert.

2.3.5 Einkünfte aus Stillhalterprämien (§ 20 Abs. 1 Nr. 11 EStG)

Dieser Tatbestand ist im BMF-Schreiben vom 18.01.2016, BStBl I 2016, 85 in den Rn. 25 ff. geregelt. Zu unterscheiden ist zwischen einer Kauf- und einer Verkaufsoption:

- **Kaufoption:** Die Veräußerung einer Kaufoption führt zu Kapitaleinkünften nach § 20 Abs. 2. S. 1 Nr. 3 Buchst. b EStG. Gewinn oder Verlust gem. § 20 Abs. 4 S. 1 EStG ist in diesem Fall der Unterschiedsbetrag zwischen den Anschaffungs- und Anschaffungsnebenkosten der Kaufoption und der aus dem glattstellenden Abschluss des Stillhaltergeschäfts erzielten Optionsprämie. Der Stillhalter erhält die Optionsprämie für seine Bindung und die Risiken, die er durch die Einräumung des Optionsrechts während der Optionsfrist eingeht. Die Optionsprämie stellt bei ihm ein Entgelt i.S.d. § 20 Abs. 1 Nr. 11 EStG dar. Nach § 43 Abs. 1 S. 1 Nr. 8 EStG unterliegen diese dem KapESt-Abzug. Schließt der Stillhalter ein Glattstellungsgeschäft ab, sind die gezahlten Prämien und die damit im Zusammenhang angefallenen Nebenkosten zum Zeitpunkt der Zahlung als negativer Kapitalertrag in den sog. Verlustverrechnungstopf einzustellen. Gleiches gilt, wenn die im Zusammenhang mit erhaltenen Prämien angefallenen Nebenkosten die vereinnahmten Stillhalterprämien mindern, da es insoweit unerheblich ist, ob die Nebenkosten im Zeitpunkt der Glattstellung oder der Vereinnahmung angefallen sind. Diese Regelung gilt auch, wenn die Stillhalterprämie bereits vor dem 01.01.2009 zugeflossen und daher noch nach § 22 Nr. 3 EStG a.F. zu versteuern ist. Übt der Inhaber die Kaufoption aus und liefert der Stillhalter den Basiswert, liegt beim Stillhalter ein Veräußerungsgeschäft nach § 20 Abs. 2 EStG hinsichtlich des Basiswerts vor, wenn der Basiswert ein Wirtschaftsgut i.S.d. § 20 Abs. 2 EStG (z.B. Aktie) ist. Die vereinnahmte Optionsprämie, die nach Abs. 1 Nr. 11 EStG zu versteuern ist, wird bei der Ermittlung des Veräußerungsgewinns nicht berücksichtigt. Hat der Stillhalter einen Barausgleich zu leisten, bleibt dieser einkommensteuerrechtlich unbeachtlich.
- **Verkaufsoption:** Übt der Inhaber die Verkaufsoption aus und liefert er den Basiswert, liegt beim Stillhalter ein Anschaffungsgeschäft nach § 20 Abs. 2 EStG hinsichtlich des

Basiswerts vor, wenn es sich dabei um ein Wirtschaftsgut i.S.v. § 20 Abs. 2 EStG handelt. Bei einer späteren Veräußerung wird die vereinnahmte Optionsprämie, die nach § 20 Abs. 1 Nr. 11 EStG zu versteuern ist, bei der Ermittlung des Veräußerungsgewinns nicht berücksichtigt. Hat der Stillhalter aufgrund des Optionsgeschäfts einen Barausgleich zu leisten, mindern die Zahlungen nicht die Einnahmen aus den Stillhalterprämien. Sie stellen einen einkommensteuerrechtlich unbeachtlichen Vermögensschaden dar.

Erst durch anderslautende BFH-Rechtsprechung (BFH vom 12.01.2016, IX R 48/14, IX R 49/14, IX R 50/14) hat das BMF mit Schreiben vom 16.06.2016 die Aufwendungen für den Erwerb der Option im Fall des Verfalls der Kauf-/Verkaufsoption am Ende der Laufzeit zur Berücksichtigung bei der Ermittlung des Gewinns (oder Verlusts) i.S.v. § 20 Abs. 4 S. 5 EStG zugelassen.[260] In der Fortsetzung dieser Rspr. hat der BFH mit Urteil vom 20.10.2016 (VIII R 55/13) entgegen der Rn. 26 und 34 des BMF-Schreibens vom 18.01.2016 (a.a.O.) auch einen Barausgleich, den der Stillhalter am Ende des Optionsgeschäftes zu leisten hat, aus Verlust aus einem Termingeschäft zum steuerlichen Abzug zugelassen.

2.3.6 Die Besteuerung von Veräußerungsgewinnen (§ 20 Abs. 2 EStG)

Die Besonderheiten bei der Veräußerung von Lebensversicherungen (§ 20 Abs. 2 S. 1 Nr. 6) und einer stillen Beteiligung (Nr. 4) wurden bereits erläutert.

Die Darstellung von § 20 Abs. 2 S. 1 Nr. 2 ff. (insb. Nr. 2 und 3) erfolgt in Teil B, Kap. I. An dieser Stelle wird im Folgenden die Besteuerung der Veräußerung von Anteilen an einer Körperschaft und sonstiger Kapitalforderungen (§ 20 Abs. 2 S. 1 Nr. 1 und 7 EStG) dargestellt. Nach Rn. 48 des BMF-Schreibens vom 18.01.2016 (BStBl I 2016, 85) fallen unter § 20 Abs. 2 S. 1 Nr. 7 EStG auch sonstige Kapitalforderungen, bei denen sowohl die Höhe des Entgelts als auch die Höhe der Rückzahlung von einem ungewissen Ereignis abhängen. Erfasst werden Kapitalforderungen, deren volle oder teilweise Rückzahlung weder rechtlich noch faktisch garantiert wird. Erträge, die bei Rückzahlung, Einlösung oder Veräußerung realisiert werden, unterliegen ebenfalls dieser Norm. Kursschwankungen von in Fremdwährung gehandelten Wertpapieren werden durch § 20 Abs. 4 S. 1 letzter HS EStG durch eine Umrechnung zum Anschaffungs- und Veräußerungszeitpunkt zusätzlich zur Wertentwicklung des Wertpapieres erfasst. Das BMF regelt darüber hinaus **Besonderheiten bei den folgenden Wertpapieren**:

- Stückzinsen (Rn. 49 bis 51);
- Bundesschatzbrief Typ B/Wertpapiere des Bundes und der Länder (Rn. 52 bis 54);
- Zero-Bonds (Rn. 55);
- Besonderheiten bei Alt-Finanzinnovationen (Rn. 56);
- Zertifikate, insb. mit Gold oder anderen Rohstoffen als Basiswert (Rn. 57).

2.3.6.1 Der Veräußerungsbegriff und -inhalt des § 20 Abs. 2 Nr. 1 und 7 EStG

Durch die Neufassung des § 20 Abs. 2 EStG hat sich die Besteuerung von Veräußerungsgewinnen bei Wertpapieren grundlegend geändert. Der 01.01.2009 stellt in diesem Zusammenhang eine deutliche Zäsur dar. Vor dem 01.01.2009 angeschaffte Wertpapiere bzw. Anteile an

---

260 Vgl. hierzu auch das noch anhängige Revisionsverfahren BFH VIII R 40/15 zu einer ähnlichen Problematik.

Körperschaften sind wie zuvor grundsätzlich (beachte jedoch Kap. 2.3.6.2) lediglich i.R.d. § 23 Abs. 1 Nr. 2 EStG a. F. steuerlich zu erfassen. Ist die einjährige Spekulationsfrist für diese »alten« Wertpapiere abgelaufen, so bleibt ihre Veräußerung steuerrechtlich unbeachtlich. Weder ein Gewinn noch ein etwaiger Verlust werden berücksichtigt.

Aufgrund des Subsidiaritätsprinzips des § 20 Abs. 8 EStG werden nur unwesentliche Beteiligungen an Körperschaften durch § 20 Abs. 2 Nr. 1 EStG erfasst, die nicht bereits durch § 17 EStG erfasst sind. § 17 EStG ist demnach vorrangig anzuwenden.[261] Somit ist die Norm nur für Streubesitzanteile von weniger als 1 % einschlägig, die im Privatvermögen gehalten werden. Im Betriebsvermögen gehaltene Beteiligungen sind im Fall der Veräußerung ebenfalls wegen § 20 Abs. 8 EStG nach § 16 EStG zu besteuern. Von § 20 Abs. 2 Nr. 1 EStG erfasste Veräußerungsobjekte sind zunächst die Anteile an in- und ausländischen Körperschaften (Letztere, die im Rahmen eines Rechtsformvergleiches den inländischen KapG strukturell gleichen). Des Weiteren fallen hierunter die Veräußerung von Genussrechten an diesen Körperschaften, ähnliche Beteiligungen und Anwartschaften. Durch diese sehr weitreichende Norm wird letztendlich ein Gleichlauf mit § 20 Abs. 1 Nr. 1 EStG hergestellt.[262] Von § 20 Abs. 2 Nr. 7 sind (vergleichbar der Generalnorm der sonstigen Kapitalerträge des § 20 Abs. 1 Nr. 7 EStG) insb. die Veräußerung von (festverzinslichen) Wertpapieren, Obligationen und sog. »Finanzinnovationen« u.Ä. erfasst.

Zu verbleibenden Zweifelsfragen, auch i.R.d. Veräußerungen i.S.d. neuen § 20 Abs. 2 EStG hat das BMF inzwischen durch mehrere Schreiben (umfassend vom 18.01.2016, BStBl I 2016, 85 sowie in den älteren Schreiben vom 15.06.2009, DB 2009, 1506 sowie vom 13.06.2008, DStR 2008, 1236) Stellung genommen. Nicht allein schon aufgrund der Komplexität dieser Schreiben wird die zentrale Stellung und die ebenfalls bestehende Komplexität des neuen § 20 Abs. 2 EStG verdeutlicht. Für das vorliegende Lehrwerk kommt es daher in erster Linie darauf an, dem geneigten Leser einen Überblick über die wichtigsten Aspekte der neuen Vorschrift zu verschaffen.

Der Veräußerungsgewinn ermittelt sich nach § 20 Abs. 4 EStG n.F (s. Kap. 2.2.5) und bemisst sich anhand einer Gegenüberstellung von Veräußerungserlösen sowie den Anschaffungskosten der veräußerten Beteiligung/des Wertpapiers und den mit der Veräußerung im Zusammenhang stehenden Kosten. Insoweit ist eine Anknüpfung an § 17 EStG und an die alte Fassung des § 23 EStG zu erkennen. Demzufolge kann es nach wie vor zu einem steuerlich zu berücksichtigenden Verlust kommen. An dieser Stelle wird auch der Grundsatz der Bruttobesteuerung der Abgeltungsteuer durchbrochen, da WK im tatsächlichen Umfang geltend gemacht werden können.

Als Veräußerungseinnahmen sind hierbei alle Positionen zu verstehen, die der Veräußerer als Gegenleistung für die Hingabe erhält. Stundungszinsen für eine Stundung der Kaufpreisforderung gehören nicht hierzu. Diese sind vielmehr § 20 Abs. 1 Nr. 7 EStG zuzuordnen.

Die AK entsprechen begrifflich den §§ 255 Abs. 1 HGB und § 6 EStG. Demnach sind die AK diejenigen Kosten, die erforderlich sind, um die einzelne Kapitalanlage aus fremder in die eigene wirtschaftliche Verfügungsbefugnis zu übertragen. Neben dem Kaufpreis können

---

[261] Zu den Folgen der »Umqualifizierung« von Einkünften i.S.d. § 20 Abs. 2 S. 1 Nr. 1 EStG in Einkünfte i.S.d. § 17 EStG auch im Rahmen des KapESt-Abzugs vgl. BMF vom 16.12.2014, Az.: IV C 1 – S 2252/14/10001 :001.
[262] Vgl. hierzu auch *Seltenreich* in *Preißer/Pung*, Die Besteuerung der Personen- und Kapitalgesellschaften, 2. A. 2012, Anhang C Tz. 64 ff.

hierunter Maklergebühren, Notargebühren, Beratungskosten und Zeitungsanzeigen fallen, soweit sie für den Erwerb der Kapitalanlage nötig waren.

I.R.d. gesetzlich gewollten Bruttobesteuerung ist der Begriff der im Zusammenhang mit dem Veräußerungsgeschäft abziehbaren Aufwendungen eng auszulegen. Abziehbar sind nur solche Aufwendungen, ohne die das Geschäft nicht zustande gekommen wäre. Hierfür kommen z.b. Maklerprovisionen und Notargebühren in Betracht, sofern sie vom Veräußerer getragen werden.

Der Begriff der Veräußerung ist nach § 20 Abs. 2 und 3 EStG hingegen weit auszulegen. Als Veräußerung gilt demnach auch die Einlösung, Rückzahlung, Abtretung oder verdeckte Einlage in eine KapG. Die Sicherungsabtretung ist keine Veräußerung im Sinne dieser Vorschrift. In den Fällen der Veräußerung einer stillen Beteiligung (§ 20 Abs. 1 Nr. 4 EStG s.o.) gilt auch die Vereinnahmung eines Auseinandersetzungsguthabens als Veräußerung. Die Anschaffung oder Veräußerung einer unmittelbaren oder mittelbaren Beteiligung an einer PersG gilt als Anschaffung oder Veräußerung der anteiligen Wirtschaftsgüter (vgl. hierzu ausführlich BMF vom 18.01.2016, BStBl I 2016, 85, Rn. 72 ff.). Keine Veräußerung liegt hingegen vor, wenn der Veräußerungspreis die tatsächlichen Transaktionskosten nicht übersteigt (BMF vom 18.01.2016, a.a.O., Rn. 59). Auch Begrenzungen der Transaktionskosten in diesen Konstellationen, die zu einem Veräußerungsverlust führen, sind nach Auffassung des BMF nicht zu berücksichtigen.

Auch der Tausch von Anteilen, der nach ständiger Rechtsprechung als Veräußerung anzusehen ist (vgl. BFH vom 07.07.1992, BStBl II 1993, 331), fällt demzufolge hierunter. Allerdings sind hierbei die Ausnahmen des § 20 Abs. 4a EStG zu beachten.

Das BMF hat hierzu im Schreiben vom 18.01.2016 (BStBl I 2016, 85) in den Rn. 59 ff.[263] ausführlich Stellung genommen, erste Tendenzen aus der Rechtsprechung werden ebenfalls dargestellt:

- Laut BMF stellen der Forderungsverzicht (soweit keine verdeckte Einlage gegeben ist) und der Forderungsausfall keine Veräußerungen dar. Für den insolvenzbedingten Ausfall einer privaten Kapitalforderung hat der BFH mit Urteil vom 24.10.2017 (VIII R 13/15) dieser Auffassung widersprochen. Bei einem Forderungsverzicht gegen Besserungsschein sollen nach BMF-Auffassung die Grundsätze des Forderungsverzichts Anwendung finden.
- Zu beachten ist auch die (sehr fiskalische) Auslegung der Rn. 60a für den Fall, dass eine Kapitalforderung in der Insolvenz zum Nennwert erworben wurde. Teilkapitalauszahlungen stellen nach BMF-Auffassung eine Veräußerung mit dem Ergebnis von 0 € dar, während der nicht ausbezahlte Teil des Nennwertes als Forderungsausfall zu sehen ist.[264] Entsprechendes gilt nach dem BMF-Schreiben vom 10.05.2017 auch für Restrukturierungsmaßnahmen von Anleihen bei Kombination von Teilverzicht, Nennwertreduktion und Teilrückzahlung.
- Die Liquidation einer KapG ist ebenfalls keine Veräußerung der Anteile an dieser KapG. § 17 Abs. 4 EStG bleibt unberührt.

---

263 Vgl. hierzu (insb. in Bezug auf § 17 EStG) auch das BMF-Schreiben vom 21.10.2010, BStBl I 2010, 832.
264 Vgl. die anderslautende Ansicht das FG Niedersachsen vom 21.05.2014, 2 K 309/13 (Lehman Brothers). Die unterlegene Finanzverwaltung hat die zwischenzeitlich eingelegte Revision (BFH VIII R 28/14) zurückgenommen.

- Beim Tausch von Wertpapieren (Rn. 64 ff.) werden die bisherigen Aktien veräußert und die erlangten erworben, soweit nicht § 20 Abs. 4a S. 1 EStG Anwendung findet. Zum Begriff des Veräußerungspreises und der Anschaffungskosten in diesen Fällen vgl. Rn. 65 ff.
- Im Rahmen von Wertpapiertauschen in Umschuldungsmaßnahmen stellt das BMF hinsichtlich des Veräußerungserlöses der hingegebenen Wertpapiere und der Anschaffungskosten der erlangten Wertpapiere auf den Börsenkurs der erlangten Wertpapiere ab (Rn. 66a).
- Der Sonderfall des Umtausches von ADR[265], GDR und IDR (American, Global bzw. International Depositary Receipts) in Aktien stellt keine Veräußerung dar.
- Die Einlage in eine KapG ist grundsätzlich keine Veräußerung i.S.d. § 20 Abs. 2 S. 2 EStG, es sei denn, es handelt sich um eine verdeckte Einlage. Bei verdeckten Einlagen gilt § 20 Abs. 2 S. 2 EStG (Veräußerungsfiktion). Er geht § 6 Abs. 1 Nr. 5 Buchst. c EStG vor.
- Gewinne aus der Einlösung von XETRA-Gold Inhaberschuldverschreibungen sind nach den BFH-Urteilen vom 12.05.2015: VIII R 35/14 und VIII R 4/15) weder eine Veräußerung bzw. Einlösung i.S.d. § 20 Abs. 2 S. 1 Nr. 7 EStG noch eine sonstige Kapitalforderung i.S.d. Norm, so dass für diese Wertpapiere (weiterhin) die alte Frist des § 23 EStG maßgebend für die Prüfung der Steuerpflicht ist. Entscheidend ist nach Auffassung der Vorinstanz, dass ausschließlich ein Anspruch auf Lieferung von Gold und nicht auf die Rückzahlung von Kapital besteht; der Anspruch auf die Lieferung von Gold wird nicht dadurch zu einem Anspruch auf Geld, dass der Steuerpflichtige die Möglichkeit hat, die Wertpapiere am Sekundärmarkt zu veräußern. Das BMF wendet diese Urteile durch eine Anpassung der Rn. 57 des BMF-Schreibens vom 18.01.2016 (a.a.O.) an. Es wird nicht beanstandet (vgl. Rn. 324), wenn die geänderte Rechtsauffassung erst ab dem 01.01.2016 angewandt wird.

Ohne Bedeutung ist, ob die Veräußerung freiwillig oder unter wirtschaftlichem Zwang erfolgt. Werden oder sind bei einer Gesellschaftsübernahme die verbliebenen Minderheitsgesellschafter rechtlich oder wirtschaftlich gezwungen, ihre Anteile an den Übernehmenden zu übertragen, liegt vorbehaltlich des § 20 Abs. 4a S. 1 EStG eine Veräußerung der Anteile an den Übernehmenden vor. Wird die Gegenleistung nicht in Geld geleistet (z.B. Lieferung eigener Aktien des Übernehmenden), ist als Veräußerungspreis der gemeine Wert der erhaltenen Wirtschaftsgüter anzusetzen.

2.3.6.2 Die – nur scheinbar klare – Übergangsregelung für Wertpapiere (alle Fälle)

Die Abgeltungsteuer wurde mit Wirkung zum 01.01.2009 eingeführt. Dieses Datum kennzeichnet demnach den Wechsel zweier »Besteuerungszeitalter«. Hinsichtlich der Erfassung der Veräußerungsgewinne ist die Übergangsregelung hingegen nicht allein anhand dieses Datums festzumachen.

Zwar besteht der Grundsatz, dass für vor dem 01.01.2009 angeschaffte Wertpapiere weiterhin das alte Recht anzuwenden ist. Dies gilt auch für private Kapitalforderungen (z.B. eine private Darlehensforderung, Gesellschafterforderung, vgl. Rn. 58 des BMF-Schreibens vom 18.01.2016, BStBl I 2016, 85). Hiervon gibt es jedoch eine Reihe von Ausnahmen.

Die besondere Stellung der sog. Finanzinnovationen in diesem Zusammenhang gebietet es, zunächst in einem Exkurs die Grundstruktur dieser Wertpapiere darzustellen.

---

265 Zur Besteuerung von ADR (American Depository Receipts) auf inländische Aktien vgl. auch BMF vom 24.05.2013, BStBl I 2013, 718.

Exkurs: Mit mehreren Urteilen hat der BFH zu Fragen der Besteuerung von **Finanzinnovationen** (§ 20 Abs. 2 S. 1 Nr. 4 EStG a.F., nun § 20 Abs. 2 S. 1 Nr. 7 EStG) Stellung bezogen. In seinen Urteilen vom 20.11.2006[266] und 13.12.2006[267] hat er den Anwendungsbereich der Vorschrift im Wege der teleologischen Reduktion eingegrenzt. Danach kommt es nicht zu einer Besteuerung nach der Emissions- oder Marktrendite eines Wertpapiers, wenn bei dem Wertpapier keine Vermengung zwischen Ertrags- und Vermögensebene besteht und eine Unterscheidung zwischen steuerpflichtigem Nutzungsentgelt und steuerfreiem Kursgewinn ohne großen Aufwand möglich ist. Zur ausführlichen Diskussion und Abgrenzung in welchen Fällen Null-Kupon-Wandelschuldverschreibungen über eine Emissionsrendite verfügen vgl. BFH vom 29.09.2015, VIII R 49/13.

Außerdem hat der BFH am 11.07.2006[268] entschieden, dass Gleitzins-Schuldverschreibungen grundsätzlich eine Emissionsrendite haben und dass § 20 Abs. 2 S. 1 Nr. 4 S. 2 EStG dem StPfl. kein Wahlrecht zum Ansatz der Marktrendite gibt. Nach dem BMF-Schreiben vom 18.07.2007[269] soll die BFH-Rspr. aus Vereinfachungsgründen bei der Erhebung der KapESt grundsätzlich keine Anwendung finden. Die BFH-Urteile seien vielmehr erst i.R.d. Veranlagung des StPfl. zu beachten. Aus demselben Schreiben ist ersichtlich, dass aus verwaltungsökonomischen Gründen den Angaben des StPfl. zur Höhe der Erträge aus den Finanzinnovationen gefolgt werden kann, obwohl kein Wahlrecht mehr zwischen Emissionsrendite und Marktrendite besteht. In geeigneten Fällen (erhebliche steuerliche Auswirkungen oder Erklärung eines Verlustes unter Anwendung der Marktrendite) kann der StPfl. aufgefordert werden, die Emissionsrendite nachzuweisen bzw. – bei mit den BFH-Urteilen vergleichbaren Sachverhalten – die Berücksichtigung des Verlustes versagt werden.

Im BFH-Urteil vom 04.12.2007 (BStBl II 2008, 563: Verkauf von Euro-Zertifikaten) hat der BFH erstmalig die Marktrendite in einen steuerpflichtigen und in einen nicht steuerbaren Teil (= Überschuss, soweit der StPfl. das eindeutig definierbare Risiko eines Kapitalausfalls eingegangen ist) aufgespalten. Das BMF hat am 17.06.2008 (BStBl I 2008, 715) klargestellt, dass das Urteil bei der KapESt und im Investmentsteuerrecht keine Anwendung findet.

Mit Urteil vom 20.08.2013 (Az.: IX R 38/11) hat der BFH den Ansatz der Marktrendite dahingehend konkretisiert, dass diese nicht anzusetzen ist, wenn der sicher zugesagte Zinsertrag einer Inhaberschuldverschreibung zweifelsfrei von der ungewissen Höhe des Rückzahlungsbetrags getrennt werden kann. Gleiches (kein Ansatz der Marktrendite) gilt dann, wenn bei einer Inhaberschuldverschreibung die Marktrendite eindeutig abgegrenzt werden kann. Inwieweit die zugesagte Mindestrendite dem Kapitalmarkt im Zeitpunkt der Emission entspricht, ist für das Vorliegen einer Emissionsrendite i.S.d. § 20 Abs. 2 S. 1 Nr. 4 S. 2 EStG a.F. unerheblich (BFH vom 5.11.2014 VIII R28/11).

Da Finanzinnovationen bereits vor der Einführung der Abgeltungsteuer unabhängig von der Haltedauer im Fall der Veräußerung bzw. Rückzahlung steuerverstrickt waren, gibt es hier keine Übergangsregelung, d.h. vor dem 01.01.2009 erworbene Finanzinnovationen lösen immer eine Ermittlung des Veräußerungsgewinnes aus. Neu ist jedoch, dass der Gewinn auch hier nach § 20 Abs. 4 EStG ermittelt wird.

---

266 BStBl II 2007, 555 zu Reverse Floatern.
267 BStBl II 2007, 560 zu Fremdwährungsanleihen, BStBl II 2007, 568 zu Argentinien-Anleihen und BStBl II 2007, 562 zu DAX-Zertifikat mit Rückzahlungsgarantie.
268 BStBl II 2007, 553.
269 BStBl I 2007, 548.

Bereits bei der Frage der Definition der Finanzinnovationen ergeben sich jedoch Probleme. Nach § 20 Abs. 2 S. 1 Nr. 4, S. 5 EStG a.F. stellten rentenähnliche Genussscheine und Gewinnobligationen bisher ausdrücklich keine Finanzinnovationen dar. Nach Rn. 319 des älteren BMF-Schreibens vom 09.10.2012 (BStBl I 2012, 53) wurden diese Wertpapiere jedoch von der Neuregelung erfasst. Dies hatte zur Folge, dass die Wertpapiere im Ergebnis wie Finanzinnovationen zu behandeln sind, mit der Folge, dass auch vor dem 01.01.2009 angeschaffte Papiere dieser Kategorien steuerverstrickt sind. Nachdem der BFH mit Urteil vom 12.12.2012 (Az.: I R 27/12) der Auffassung des BMF widersprochen hat und obligationsähnliche Genussscheine, die vor dem 01.01.2009 erworben wurden, vom KapESt-Abzug ausgenommen hat, hat das BMF im Schreiben vom 18.01.2016 (BStBl I 2016, 85) seine Auffassung geändert und wendet die Rechtsprechung des BFH im Besteuerungsverfahren an (Gewährung des Bestandsschutzes für obligationsähnliche Genussrechte und Gewinnobligationen).

Bei Zertifikaten sind nach Rn. 320f. folgende Kategorien zu bilden:

- Erwerb vor dem 15.03.2007: Nur steuerbar, sofern innerhalb der alten Spekulationsfrist des § 23 EStG veräußert wird.
- Erwerb nach dem 14.03.2007 und vor dem 01.01.2009:
  - Bei Veräußerung oder Einlösung vor dem 01.07.2009: Nur steuerbar, sofern innerhalb der alten Spekulationsfrist des § 23 EStG veräußert wird.
  - Bei Veräußerung oder Einlösung nach dem 30.06.2009: steuerpflichtig als privates Veräußerungsgeschäft (innerhalb der Jahresfrist), ansonsten Fall des § 20 Abs. 2 EStG (Abgeltungsteuer)
- Erwerb nach dem 31.12.2008: Fall des § 20 Abs. 2 EStG (Abgeltungsteuer).

Auch bei der Besteuerung von gehaltenen Beteiligungen an Investmentfonds ergeben sich Besonderheiten: Zunächst ist das sog. Fondprivileg zum 01.01.2009 weggefallen. Von den Fonds aus Wertpapierverkäufen von ab dem 01.01.2009 gekauften Kapitalanlagen erzielte Gewinne können nicht mehr steuerfrei an die Anteilseigner ausgeschüttet werden. Gewinne aus bis zum 31.12.2008 angeschafften Papieren können hingegen weiterhin steuerfrei ausgeschüttet werden.

Zudem gilt auch bei Fonds teilweise ein eingeschränkter Bestandsschutz (vgl. § 18 Abs. 2a und b InvStG). Hierbei sind zwei Fälle zu unterscheiden:

1. Werden Anteile an inländischen Spezial-Sondervermögen, inländischen Spezial-Investment-Aktiengesellschaften oder ausländischen Spezial-Investmentvermögen oder Anteile an anderen Investmentvermögen gehalten, bei denen durch Gesetz, Satzung, Gesellschaftsvertrag oder Vertragsbedingungen die Beteiligung natürlicher Personen von der Sachkunde des Anlegers abhängig oder für die Beteiligung eine Mindestanlagesumme von 100.000 € oder mehr vorgeschrieben ist, ist der Bestandsschutz eingeschränkt, wenn die Anteile nach dem 09.11.2007 erworben worden. Dies hat zur Folge, dass Gewinne aus der Veräußerung dieser Anteile auch nach Ablauf der Jahresfrist des § 23 EStG a.F. stpfl. sind. Der Veräußerungsgewinn ist jedoch nach Maßgabe des § 18 Abs. 2a InvStG beschränkt.

2. Werden Anteile an Publikums-Investmentvermögen, deren Anlagepolitik auf die Erzielung einer Geldmarktrendite ausgerichtet ist und deren Termingeschäfts- und Wertpapierveräußerungsgewinne die ordentlichen Erträge übersteigen, gehalten, gilt folgende Regelung: Werden die Fondsanteile vor dem 19.09.2008 erworben, gilt ein temporärer

Bestandsschutz bis zum 10.01.2011. Alle Wertzuwächse nach diesem Datum sind stpfl. (unabhängig von der Haltedauer). Werden die Anteile nach dem 18.09.2008 erworben, unterliegen alle Wertzuwächse ab dem Kaufdatum der Steuerpflicht.

Abschließend sei noch auf die Bestimmung hinsichtlich des Anschaffungszeitpunkts angedienter Wertpapiere in der Übergangszeit hingewiesen. Nach bisheriger Rechtslage gelten bei Umtausch- oder Aktienanleihen die Aktien zu dem Zeitpunkt als angeschafft, in dem die entsprechenden Ausübungsrechte (Umtauschanleihe) ausgeübt werden oder nach den Emissionsbedingungen der Anleihe feststeht, dass es zur Lieferung kommt (Aktienanleihe; hierzu auch Rn. 318 des BMF-Schreibens vom 18.01.2016, BStBl I 2016, 85). Damit ist für die erhaltenen Aktien weiterhin § 23 EStG a.F. anzuwenden, auch wenn die Aktien, die als noch in 2008 angeschafft gelten, dem StPfl. erst in 2009 zugehen. Der StPfl. erzielt aus der Anleihe – durch den Bezug der Aktien – Einkünfte i.S.d. § 20 Abs. 2 S. 1 Nr. 7 EStG. In diesen Fällen findet § 20 Abs. 4a S. 3 EStG keine Anwendung.

Hinweis: Durch eine beabsichtigte Reform der Investmentbesteuerung ab dem VZ 2018 wird die Besteuerung von Investmentfonds und deren Anleger in vielen Aspekten umgestellt. Vgl. hierzu den Ausblick in Kapitel 2.5.

2.3.6.3 Zusammenfassendes Beispiel

Beispiel 25:
X tätigt in 17 folgende Veräußerungen:
1. Veräußerung seiner 0,9 %-Beteiligung an der Y-AG am 01.01.17 an Z. Die Anschaffungskosten betrugen am 01.01.2009 (Alternative 31.12.2008) unstreitige 100.000 €. Der Veräußerungserlös beträgt 125.000 €, jedoch fielen für X unstreitige Aufwendungen im Zusammenhang mit der Veräußerung i.H.v. 15.000 € an.
2. Eine Gewinnobligation für 100.000 €. Die AK in 2008 betrugen 95.000 €.
3. Ein Knock-out-Zertifikat (Erwerb 01.01.2009) wird am 30.06.17 mit einem Gewinn von 10.000 € eingelöst.
4. Ein ausländischer Investmentfond (Erwerb 01.01.2009): VP 100.000 €, Zwischengewinn 1.000 €, AK 75.000 €. Die Thesaurierungserträge in 2009 betrugen 4.000 € und in 2010–2017 10.000 €. Diese wurden in den jeweiligen Steuererklärungen von X versteuert.

Lösung:
1. Der Gewinn ermittelt sich wie folgt:

Veräußerungserlös	125.000 €
./. Veräußerungskosten	./. 15.000 €
./. Anschaffungskosten	./. 100.000 €
	10.000 €

Da die Beteiligung nach dem 31.12.2008 erworben wurde, hat X den vereinnahmten Gewinn i.H.v. 10.000 € gem. § 20 Abs. 2 Nr. 1 EStG zu versteuern. Der Steuersatz beträgt gem. § 32d EStG 25 % = 2.500 €.

In der Alternative ist der Gewinn hingegen nicht steuerbar, da § 20 Abs. 2 EStG keine Anwendung findet (Anteilskauf vor dem 01.01.2009) und die einjährige Spekulationsfrist des § 23 Abs. 1 Nr. 2 EStG, der insoweit weiter anwendbar ist, abgelaufen ist.

2. Der Gewinn i.H.v. 5.000 € unterliegt der Abgeltungsteuer (BMF vom 18.01.2016, BStBl I 2016, 85, Rn. 319).

3. Der Gewinn unterliegt ebenfalls der Abgeltungsteuer, da die Einlösung nach dem 30.06.2009 erfolgte.
4. Der Gewinn unterliegt ebenfalls der Abgeltungsteuer. Er beträgt 24.000 € (VP ./. AK ./. Zwischengewinn). Der Zwischengewinn stellt laufende Kapitalerträge dar. Zusätzlich sind im Zeitpunkt des Verkaufes die noch nicht mit KapESt belasteten Thesaurierungserträge der KapESt zu unterziehen (§ 7 Abs. 1 S. 1 Nr. 3 InvStG). Dies kann im Rahmen der Veranlagung korrigiert werden, sofern die Erträge bereits in den Vorjahren in der Steuererklärung erklärt worden sind.

Grundsätzlich ist der stpfl. Gewinn bereits an der Quelle mit KapESt zu belasten und demzufolge nicht in die Veranlagung mit einzubeziehen. Für den Fall, dass keine KapESt einbehalten wurde (wenn keine Veräußerung über ein inländisches Kreditinstitut erfolgte), ist gem. § 32d Abs. 3 EStG dies in der Einkommensteuererklärung anzugeben. Dies ändert jedoch nichts an dem Steuersatz von 25 %. Ist der persönliche Steuersatz niedriger als 25 %, so besteht gem. § 32d Abs. 6 EStG die Möglichkeit, die Veräußerungsgewinne i.R.d. Veranlagungsverfahrens dem persönlichen Steuersatz zu unterwerfen (Günstigerprüfung). Dies ist jedoch nur insoweit möglich, wie dem § 32d Abs. 2 EStG nichts entgegensteht.

2.4 Spezial- und Abgrenzungsfälle – neue Formen der Kapitaleinkünfte

Als weitere neben den Finanzinnovationen innovative Form der Kapitalanlage werden im Gesellschaftsrecht die »Tracking Stocks« (**Spartenaktien**) diskutiert.[270] Danach erhält der einzelne Aktionär zwar eine Beteiligung an der Gesamtgesellschaft, ist wirtschaftlich – qua eingeschränktem Dividendenbezug – aber nur an einem Teilbereich der AG beteiligt. Ein Beispiel dafür ist die Hamburger Hafen und Logistik AG (HHLA). Die an der Börse gehandelten A-Aktien repräsentieren lediglich den Hafenumschlagbetrieb, die S-Aktien die Immobilien. Alleiniger Inhaber der S-Aktien ist die Stadt Hamburg. Trotz bilanzrechtlicher[271] und gesellschaftsrechtlicher[272] Bedenken ist eine getrennte Gewinnbezugsberechtigung steuerrechtlich vorstellbar, wenn man dem Grunde nach eine **inkongruente Gewinnausschüttung** zulässt.

Während die inkongruente Gewinnausschüttung (der Dividendenbezug mehrerer GmbH-G'fter weicht von dem konkreten GmbH-Geschäftsanteil ab) von der Rspr. toleriert wird (BFH vom 19.08.1999, BStBl II 2001, 43), verweigert die Verwaltung deren Anerkennung (Nichtanwendungserlass vom 02.11.2000, BStBl I 2001, 47: § 42 AO; ergänzt durch OFD Koblenz vom 10.01.2001, DB 2001, 175). M.E. sind die Gründe, die möglicherweise gegen eine inkongruente Gewinnausschüttung wegen des Missverhältnisses Gesellschaftsanteil zu Dividendenanteil sprechen, nicht auf die vorliegende Thematik übertragbar. Von daher spricht aus der ESt-Sicht nichts gegen diese Beteiligungsform.

Mit einem umfangreichen BMF-Schreiben vom 25.10.2004 (BStBl I 2004, 1034) sowie vom 20.12.2005 (BStBl I 2006, 8) wird – allerdings unter dem Aspekt der privaten Veräußerungsgeschäfte nach § 23 Abs. 1 Nr. 2 EStG – auf neue Kapitalanlageformen und vor allem auf die Übertragungs-(= Anschaffungs-)Problematik Bezug genommen. Auf die Diskussion bei § 23 EStG wird verwiesen (Teil B, Kap. II 5). Auch im Zeitalter der Abgeltungsteuer haben diese Finanzanlagen ihre Bedeutung behalten. Die entsprechenden Regelungen inkl.

---
270 Statt aller *Tonner*, IStR 2002, 317 und *Friedl*, BB 2002, 1157; s. aber *Groh*, DB 2000, 1433.
271 Das deutsche Bilanzrecht kennt grundsätzlich keine getrennten Jahresabschlüsse.
272 Probleme mit dem Stimmrecht.

einer detaillierten Übersicht zu den neuen Formen der Kapitaleinkünfte finden sich nun ebenfalls im bereits angesprochenen Schreiben des BMF vom 18.01.2016, BStBl I 2016, 85.

Weitere schwierige Spezialfragen zu § 20 EStG (Trennung von Einkunftsquelle und Dividendenberechtigung sowie Aufteilung der Einkunftsquelle) werden geschlossen – für alle Einkunftsarten – in Teil B, Kap. I 2 abgehandelt.

2.5 Ausblick auf die Reform des Investmentsteuergesetzes (InvStG) ab dem VZ 2018

Durch das Gesetz zur Reform der Investmentbesteuerung (Investmentsteuerreformgesetz – InvStRefG) BT-Drs. 18/8045 wird die Besteuerung von Investments, insb. der Publikums-Investmentfonds mit Wirkung zum 01.01.2018 grundlegend umgestellt werden. Da das vorliegende Lehrbuch die Steuerberaterprüfung des Jahres 2018 (mit dem Rechtsstand des Jahres 2017) zum Gegenstand hat, soll an dieser Stelle nur ein Überblick über die Eckpunkte der Reform gegeben werden[273]:

Zunächst ist das InvStRefG eine Reaktion des Gesetzgebers auf die jüngste Rspr. des EuGH und soll mögliche Unvereinbarkeiten des InvStG mit europäischem Recht vermeiden.

Weiterhin wird, wie bereits in Kap. II 2.2.3 erläutert, mit Einführung des § 36a EStG die Anrechnung von KapESt bei Verkäufen rund um den Dividendenstichtag von einer Mindestvor- bzw. -nachbesitzdauer abhängig gemacht.

Das Herzstück der Reform, die Novellierung des InvStG (Art. 1 des Gesetzes) greift mit Wirkung zum Jahr 2018.

Bereits im Kj. 2016 und 2017 hat das BMF mit diversen Schreiben die Einführung der Reform vorbereitet:

- BMF vom 21.09.2017, IV C1 – S 1980-1/16/10010 :009 zu Detailfragen der Selbstdeklaration von Investmentfonds nach § 10 InvStG n. F.;
- BMF vom 14.06.2017, IV C1 – S 1980-1/16/10010 :009 zur Bestimmung der Teilfreistellungen;
- BMF vom 08.11.2017, IV C 1 – S 1980-1/16/10010 :010 mit Antworten auf diverse Anwendungsfragen der Kreditwirtschaft;
- BMF vom 11.11.2016, IV C 1 – S 2283-c/11/10001 :015 zur Verhinderung von Gestaltungen mit Bond-Stripping im Privatvermögen;
- BMF vom 03.05.2017, IV C 1 – S 2252/08/10004 :020, Ergänzung des zentralen BMF-Schreibens zur Abgeltungsteuer vom 18.01.2016 (BStBl I 2016, 85) durch das InvStRefG.

Nach Inkrafttreten der Reform müssen inländische Publikumsfonds Steuern auf aus deutschen Einkunftsquellen stammenden Dividenden, Mieterträgen und Gewinnen aus dem Verkauf von Immobilien in Höhe von jeweils 15 % (KSt) abführen. Steuerfrei vereinnahmt werden können von den Fonds weiterhin Zinsen, Veräußerungsgewinne aus Wertpapieren, Gewinne aus Termingeschäften, ausländische Dividenden und ausländische Immobilienerträge. Dies stellt eine (teilweise) Abschaffung des Fondsprivilegs dar.

Die Anleger wiederum brauchen für ihre Steuererklärung nur noch wenige Angaben zu machen. Bisher gab es 33 verschiedene Besteuerungsgrundlagen (vgl. § 5 InvStG in der aktuell geltenden Fassung). Künftig müssen angegeben werden: Höhe der Ausschüttung,

---

273 Entnommen *hib – heute im bundestag* Nr. 198, z.T. gekürzt und ergänzt.

Wert des Fondsanteils am Jahresanfang und am Jahresende, Art des Fonds (Aktienfonds, Mischfonds, Immobilienfonds, sonstiger Fonds). Nicht mit KSt belastet werden Fondsanlagen gemeinnütziger Einrichtungen (etwa Kirchen) und Investmentanteile im Rahmen von zertifizierten Altersvorsorgeverträgen (Riester- und Rürup-Renten). Bei Altersvorsorgeverträgen findet eine Besteuerung in der Auszahlungsphase statt.

Um die Vorausbelastung der Fonds mit KSt und die Nichtanrechenbarkeit ausländischer Steuern zu kompensieren, müssen Anleger die Erträge der Fonds nicht mehr vollständig versteuern, sondern es erfolgt eine **Teilfreistellung**[274]:

- Bei der Kapitalanlage in Aktienfonds bleiben beim Privatanleger[275] in Zukunft 30 % steuerfrei,
- bei Mischfonds sind es 15 %.
- Bei Immobilienfonds bleiben 60 % steuerfrei (Auslandsimmobilien: 80 %).
- In allen anderen Fällen gilt, dass Ausschüttungen von Publikums-Investmentfonds in voller Höhe zu versteuern sind.

Wenn Fonds nicht ausschütten (thesaurieren), wird eine jährlich neu festzulegende steuerliche Vorabpauschale erhoben (Mindestbesteuerung). Die Regelung gilt der »Vermeidung einer zeitlich unbeschränkten Steuerstundungsmöglichkeit und damit zur Verhinderung von Gestaltungen sowie zur Verstetigung des Steueraufkommens«, wie es in der Begründung heißt. Damit soll auch verhindert werden, »dass sich vermögende Anleger einen eigenen Investmentfonds zulegen, um fortan eine von der Besteuerung abgeschirmte Kapitalanlage zu betreiben«. Für Spezial-Investmentfonds, in die grundsätzlich nur institutionelle Anleger investieren dürfen, gelten die alten semitransparenten Besteuerungsvorschriften weiter.

Neben dem InvStG wird durch das InvStRefG auch das EStG in § 20 (neue Normen § 20 Abs. 1 Nr. 3a und b sowie Nr. 6 EStG-E) und insb. im Bereich der KapESt an die neue Besteuerung der Publikumsfonds angepasst. Zudem wird der steuerliche Veräußerungstatbestand des § 20 Abs. 2 EStG um einen Satz 4 ergänzt. Wird demnach ein Zinsschein oder eine Zinsforderung vom Stammrecht abgetrennt (Bond-Stripping), gilt dies als Veräußerung der Schuldverschreibung und als Anschaffung der durch die Trennung entstandenen Wirtschaftsgüter.

Die Begrifflichkeiten der Fondstypen sind im Gesetzentwurf näher definiert und im Wesentlichen von der Erfüllung bestimmter Anlagequoten in die jeweiligen Wirtschaftsgüter abhängig.

Während die laufende Besteuerung (zumindest planmäßig) vereinfacht werden soll[276], wird die Besteuerung der Veräußerung zumindest z.T. komplex bleiben, da die während der Besitzzeit versteuerten (fiktiven) Vorabpauschalen vom Veräußerungsergebnis abzuziehen sind. Die angesetzten Vorabpauschalen sind ungeachtet einer möglichen Teilfreistellung nach in voller Höhe zu berücksichtigen. Hierzu kann es zu steuerlich wirksamen Verlusten kommen. Der Teilfreistellungsquote kommt auch während der Haltedauer des Fonds wesent-

---

274 Diese gilt für sämtliche Erträge das Fonds: Ausschüttungen, Vorabpauschale und Veräußerungsgewinne.
275 Für betriebliche Anleger und Körperschaften gelten andere (höhere) Freistellungsquoten, dafür scheidet die Anwendung des § 3 Nr. 40 (TEV) bzw. § 8b KStG aus. Da der KapESt-Abzug nur die (niedrigeren) Freistellungsquoten für Privatanleger berücksichtigen soll, besteht bei anderen Anlegern Korrekturbedarf im Veranlagungsverfahren. Für die Gewerbesteuer sollen die Teilfreistellungen zur Hälfte (!) berücksichtigt werden (§ 20 Abs. 5 InvStG).
276 Auch dies ist fraglich, da im Rahmen der Mindestbesteuerung durch die Vorabpauschale die Höhe der Ausschüttungen sowie die aktuelle Zinslage (!) als sog. Basisertrag zu berücksichtigen sind (vgl. § 18 InvStG).

liche Bedeutung zu, da bei einer Änderung dieser Quote eine Veräußerung (Besteuerung) fingiert wird (§ 22 Abs. 1 InvStG).

Besondere Beachtung verdienen innerhalb der Übergangvorschriften (§ 56 InvStG) die Regelung zur »Überführung« der Investmentanteile in das neue Recht: Zur vollständigen Erfassung sämtlicher Anteile an Publikumsfonds wird zum Jahreswechsel 2017/2018 eine Veräußerung und Neuanschaffung sämtlicher (!) Fondsanteile, unabhängig vom Kauf fingiert. Als Veräußerungserlös und Anschaffungskosten ist der letzte im Kalenderjahr 2017 festgesetzte Rücknahmepreis anzusetzen. Wird kein Rücknahmepreis festgesetzt, tritt der Börsen- oder Marktpreis an die Stelle des Rücknahmepreises.

Der nach den am 31.12.2017 geltenden Vorschriften ermittelte Gewinn aus der fiktiven Veräußerung nach § 56 Abs. 2 S. 1 InvStG ist zu dem Zeitpunkt zu berücksichtigen, zu dem der Alt-Anteil tatsächlich veräußert wird. In diesem Zeitpunkt soll auch der KapESt-Abzug greifen.

Bei Alt-Anteilen, die vor dem 01.01.2009 erworben wurden und seit der Anschaffung nicht im Betriebsvermögen gehalten wurden (bestandsgeschützte Alt-Anteile), sind

1. Wertveränderungen, die zwischen dem Anschaffungszeitpunkt und dem 31.12.2017 eingetreten sind, steuerfrei und
2. Wertveränderungen, die ab dem 01.01.2018 eingetreten sind, steuerpflichtig, soweit der Gewinn aus der Veräußerung von bestandsgeschützten Alt-Anteilen 100.000 € übersteigt.

Die Reform führt demzufolge zu einer teilweisen Durchbrechung des Bestandsschutzes für vor der Einführung der Abgeltungsteuer angeschaffte Anteile an Publikumsfonds.

3 Vermietung und Verpachtung (§ 21 i.V.m. § 2 Abs. 1 Nr. 6 EStG)

3.1 Überblick

Trotz der gesetzlichen Überschrift liegt nur in den ersten beiden von § 21 EStG aufgeführten Erscheinungsformen eine Vermietungs- bzw. Verpachtungstätigkeit[277] vor. Allenfalls das Moment der Nutzungsüberlassung verbindet § 21 Abs. 1 S. 1 Nr. 3 EStG (Überlassung von Urheberrechten) mit dem Haupttatbestand. In § 21 Abs. 1 S. 1 Nr. 4 EStG ist schließlich der (seltene) Fall einer Surrogation geregelt, bei der die steuerliche »Zielgröße Mietzins« durch den Verkaufspreis ersetzt wird.

> **Beispiel 26: Die etwas andere Form der Kaufpreiszahlung**
> V verkauft sein Mietwohnhaus an K lt. Vertrag zu einem zunächst beurkundeten Preis von 400 T€, Übergang zum Jahreswechsel 17/18. Die häufig mit den Mieten im Rückstand liegende Mietpartei M hat vor zwei Jahren mit V einen auf fünf Jahre befristeten Mietvertrag geschlossen. Wegen § 566 BGB (»Kauf bricht nicht Miete«) bleibt M auch dem K als Mieter erhalten. K und V vereinbaren deshalb, dass K noch im Dezember 17 den Betrag von 402 T€ dem V überweisen muss und die

---

277 Zu dem Sonderfall der Vermietung einer Miteigentümergemeinschaft an einzelne Miteigentümer (§ 21 EStG nur insoweit, als die entgeltliche Überlassung den ideellen Miteigentumsanteil des Eigentümers übersteigt) s. BFH vom 18.05.2004 (BStBl II 2004, 929) und OFD Karlsruhe vom 06.09.2006 (Az.: S 2253/10-St 122), Ergänzung durch OFD Karlsruhe vom 13.02.2007 (Az.: S 225.3/10-St 122, S 710.4-A-St 23A). S. auch BayLfSt vom 31.10.2006, Az.: S 2253 – 26 St 32/St 33.

Differenz (Kaufpreis 400 T€ zur Überweisung 402 T€) durch die ausstehenden zwei Monatsmieten (je 1.000 €) des M ausgeglichen wird. Am 02.01.18 gehen auf dem Konto des K 3.000 € (für die Monate November und Dezember 17 sowie Januar 18 ein, der Beleg weist M als Einzahler aus.

Lösung:
- Ein Betrag i.H.v. 1.000 € (Januarmiete 18) ist nach § 21 Abs. 1 S. 1 Nr. 1, § 11 Abs. 1 S. 1 EStG als Einnahme aus V+V des K, erhalten von M, im VZ 17 zu erfassen.
- Bereits mit der Bezahlung des Bruttokaufpreises von 402 T€ im Dezember 17 liegen i.H.v. 2.000 € bei V Einnahmen aus V+V gem. § 21 Abs. 1 S. 1 Nr. 4 EStG (»Veräußerung von Mietforderungen«) vor. Die Ergänzungsnorm stellt dabei klar, dass der spätere Eingang der ausstehenden Miete weder bei V noch bei K zu einer steuerbaren Mieteinnahme führt.

Exkurs: In der Praxis kommt es nicht selten vor, dass **Ehegatten** voneinander **Immobilien-Eigentum** erwerben, meist, nachdem der erste Ehegatte die Abschreibung aufgebraucht hat und dann der Partner »am Zuge« sein soll. Die Verwaltung beäugt derartige Transaktionen sehr kritisch, insb. unter dem Blickwinkel des Gestaltungsmissbrauchs (§ 42 AO) bzw. des Scheingeschäfts (§ 41 AO). Mindestvoraussetzung ist dabei die einem Drittvergleich standzuhaltende Kaufpreisvereinbarung und deren tatsächlicher Vollzug. Für einen Fall, da der Kaufpreis in Fonds-Anteile angelegt wurde und diese beiden Ehegatten zustanden, aufgrund einer internen Treuhand-Vereinbarung aber dem Verkäufer-Ehegatte alleine zuzurechnen waren, entschied der BFH am 21.09.2004 (BFH/NV 2005, 498), dass kein Scheingeschäft vorliege und die Besteuerungsgrundlagen aus § 21 EStG demzufolge wirksam dem Käufer-Ehegatten zuzurechnen sind. Über den entschiedenen Fall hinaus enthält der Sachverhalt einen indirekten Gestaltungshinweis, wie solche Ehegattengeschäfte steuerwirksam abzuwickeln sind.

3.2 Der gesetzliche Grundtatbestand (§ 21 Abs. 1 S. 1 Nr. 1 EStG)

Die Begriffe der Vermietung und Verpachtung sind aus dem BGB entliehen. Während die Vermietung nur die entgeltliche Gebrauchsüberlassung (§ 535 BGB) regelt, kommt bei der Verpachtung (§ 581 BGB) die Überlassung zum Zwecke der Fruchtziehung hinzu. Stärker noch als im Zivilrecht dominiert das Merkmal der **Gebrauchsüberlassung** die steuerliche Einordnung zu den Einkunftsarten.

Beispiel 27: Kauf oder Pacht?
Privatmann P veräußert sein Lehm-(Kies-/Erdöl-)Grundstück gegen
- einen Einmal-Kaufpreis,
- eine laufende Jahrespacht,
- einen Stückpreis je Tonne (bzw. je Barrel) ausgebeuteter Menge

und vereinbart mit dem Erwerber einen Rückkauf nach Abschluss der Mineralausbeute.

Substanzausbeuteverträge werden häufig als Kaufverträge bezeichnet. Für die steuerliche Beurteilung ist der wirtschaftliche Gehalt entscheidend. Überwiegt das zeitliche Moment der Gebrauchsüberlassung von Grund und Boden und steht nicht die einmalige Lieferung von genau umgrenzten Bodenschätzen im Vordergrund, so liegt steuerlich eine Grundstücksverpachtung vor.

Lösung: In allen drei Varianten der Bezahlung liegt eine Grundstücksverpachtung vor. Nach ständiger Rspr. ist in den Fällen einer Rückkaufsvereinbarung oder einer aufgrund sonstiger Umstände zu erkennenden zeitlichen Begrenzung der Substanzausbeute von einer Grundstücksverpachtung auszugehen[278] (H 21.7 EStH). Gem. § 21 Abs. 1 S. 1 Nr. 1 EStG unterliegt das jeweilige Entgelt der V+V-Besteuerung. Wegen der **Subsidiaritätsklausel** von § 21 Abs. 3 EStG, nach der Einkünfte aus V+V anderen Einkunftsarten zuzurechnen sind, wenn sie zu diesen gehören, ist darauf zu achten, dass es sich um private V+V-Einkünfte handelt, solange P nicht die Schwelle zur (ausnahmsweise) gewerbsmäßigen Verpachtung überschreitet.

3.2.1 Der Haupttatbestand: Die Vermietung einer Immobilie

Nach § 21 Abs. 1 S. 1 Nr. 1 EStG werden neben der Vermietung eines Wohnhauses (»Gebäude«) bzw. eines Zimmers (»Gebäudeteil«) und der Verpachtung einer freien Ackerfläche (»Grundstück«) auch Einnahmen aus der Vermietung grundstücksgleicher Rechte[279] erfasst.

Beispiel 28: Das (nur scheinbar) komplizierte Erbbaurecht
E räumt auf seinem Grundstück dem F ein 99-jähriges Erbbaurecht ein und erhält dafür einen jährlichen Erbbauzins von 10 T€. F errichtet kraft Erbbaurechtes ein zweigeschossiges Gebäude und vermietet eine Wohnung an M. E verpachtet einige Jahre später das Grundstück inkl. des Erbbaurechts an Q. Kurze Zeit später wird das Erbbaurecht gegen eine Zahlung von 50.000 € abgelöst. E räumt der A umgehend ein neues (unabhängiges) Erbbaurecht für einen jährlichen Erbbauzins von 12 T€ ein.

Lösung: Die Bestellung des Erbbaurechts löst keinen steuerbaren Tatbestand im EStG aus. Die jährlichen Erbbauzinsen i.H.v. 10 T€ stellen für E zunächst Einnahmen aus der Verpachtung des **Grundstücks** dar.
Erst die späteren – von Q erhaltenen – Pachtzinsen für das überlassene Grundstück inkl. des Erbbaurechts stellen für E Einnahmen aus der Verpachtung des **Erbbaurechts** dar.
Durch die Vermietung an M erzielt F Einnahmen aus der Vermietung eines **Gebäudeteils** (Wohnung); die an E gezahlten Erbbauzinsen sind hierbei anteilig WK.
Die Einmalzahlung anlässlich der Ablösung des Erbbaurechtes ist nach BFH-Urteil vom 26.01.2011 (BFH/NV 2011, 1480 (NV)) dann sofort als WK abzugsfähig, wenn die Abstandszahlungen dem Abschluss eines neuen Erbbauvertrags mit höheren Erbbauzinsen dienen. Insoweit begründet die Grundstücksnutzung nach der Ablösung des Erbbaurechts den wirtschaftlichen Zusammenhang der Ablöseaufwendungen mit den Einkünften aus Vermietung und Verpachtung und überlagert den dinglichen Bezug. Dies ist im Beispiel der Fall.

3.2.1.1 Erwerb bzw. Errichtung einer Immobilie (in Vermietungsabsicht)

3.2.1.1.1 Die Anschaffung bzw. Herstellung und die Abschreibung

Die Anschaffung bzw. die Herstellung eines Mietwohnhauses haben wegen der Ermittlung der AfA-BMG eine gravierende Bedeutung für die spätere Mietphase. Hierbei ist zunächst der Grundsatzbeschluss des BFH vom 04.07.1990 (GrS 1/89) zu zitieren, nach dem die Begrifflichkeiten der AK und HK auch bei § 21 EStG nach § 255 HGB zu bestimmen sind

---

[278] U.a. BFH vom 04.12.2006 (BStBl II 2007, 508).
[279] Auch die Vermietung von Wohnungen, die nach WEG gebildet sind, zählt zur Vermietung grundstücksgleicher Rechte.

(s. hierzu umfassend auch R 6.3 ff. EStR und BMF vom 18.07.2003, BStBl I 2003, 386 zur Abgrenzung zwischen AK, HK und Erhaltungsaufwand; nachfolgend werden die wichtigsten Grundsätze dieses Schreibens dargestellt). Die steuerrechtlichen Bewertungsspezifika nach § 6 Abs. 1 Nr. 1, 1a und 1b[280] EStG sind zu beachten. Für die Höhe der AfA, insb. für die Vornahme einer degressiven AfA ist der Zeitpunkt der Anschaffung bzw. Herstellung für die Anwendung der §§ 7 Abs. 4 und Abs. 5 EStG maßgeblich.[281] Erhöhte AfA sind unter jeweils zusätzlich zu prüfenden Voraussetzungen möglich (vgl. §§ 7 ff. EStG).

Beim Kauf von gebrauchten Immobilien steht die Aufteilung der AK des (im Regelfall) einheitlichen Kaufpreises im Vordergrund. Nur auf diese Weise kann die zutreffende BMG für die Abschreibung (anteilige Gebäude-AK) gem. § 7 Abs. 4 EStG ermittelt werden.

Zur Verdeutlichung des Unterschiedes im Bereich der AfA wird das nachfolgende Beispiel einmal »steuerhistorisch« im Jahr 2004 und im Jahr 2015 dargestellt.

Beispiel 29: Das klassische Finanzierungsmodell
Das Ehepaar W(üst) und R(ot) verwirklicht im VZ 04 seine Baupläne. Am 01.02.04 wird ein im Bau befindliches ZFH auf der Alb für 250 T€ erworben (GruBo-Anteil: 50 T€[282] 20 %); Nutzen- und Gefahrübergang: 01.04.04). Das gesamte Gebäude soll später vermietet werden.
Die Fertigstellung erfolgt zum 30.11.04; die fremdfinanzierten Baukosten betragen 200 T€. Im Dezember 04 wird bereits die erste Wohnung für 500 € vermietet. Das Baukostenbuch von WR weist folgende Eintragungen auf:

Bezahlte Ausgaben bis 30.11.04:
- Schuldzinsen für ein Darlehen (zzgl. Bearbeitungsgebühr)   3.250 € (+ 600 €)
- Grunderwerbsteuer (§ 11 Abs. 1 GrEStG mit 3,5 %)   8.750 €
- Notargebühr für die Beurkundung des Kaufvertrages   1.250 €
- Notargebühr für die Beurkundung der Grundschuld   500 €

Bezahlte Ausgaben im Dezember 04:
- Schuldzinsen für das Darlehen (nachträglich belastet)   4.250 €
- Bauversicherung   150 €
- Grundsteuer   60 €
- Erstmalige Heizöllieferung   3.600 €

Wie hoch sind die Einkünfte von WR aus V+V in 04?
Alternative: Die Vorgänge finden in 17 statt.

---

280 Gleichlauf der Berücksichtigung von Aufwendungen i.S.d. § 255 Abs. 2 S. 3 HGB im Rahmen der HK in Handels- und Steuerbilanz durch Vorgabe einer einheitlichen Wahlrechtsausübung. Eingeführt durch das Gesetz zur Modernisierung des Besteuerungsverfahrens (BGBl I 2016, 1679) mit Wirkung ab 23.07.2016, eine Anwendung für frühere Zeiträume ist möglich (§ 52 Abs. 12 S. 1 EStG).
281 Wird zu Unrecht eine zu hohe (degressive) AfA in Anspruch genommen, ist die Berichtigung zu hoch vorgenommener und verfahrensrechtlich nicht mehr änderbarer AfA bei Gebäuden im Privatvermögen in der Weise vorzunehmen, dass die gesetzlich vorgeschriebenen Abschreibungssätze auf die bisherige Bemessungsgrundlage bis zur vollen Absetzung des noch vorhandenen Restbuchwerts angewendet werden. Hierdurch kann es zu einer Verkürzung der Abschreibungsdauer kommen (BFH vom 21.11.2013, Az.: IX R 12/13). Zur Nachholung unterlassener AfA s. H 7.4 EStH Stichwort »Unterlassene oder überhöhte AfA«.
282 Ist die Aufteilung des Kaufpreises nicht mitgeteilt, wird in der Praxis entweder der GruBo-Wert durch die Bodenrichtwerte der Finanzverwaltung ermittelt oder es lässt sich durch die Gebäudeversicherung der isolierte Wert für das Gebäude feststellen.

Lösung:
WR erzielen durch die Vermietung einer Wohnung Einkünfte gem. § 21 Abs. 1 S. 1 Nr. 1 EStG. Es werden an **Einnahmen** (§§ 8, 11 EStG) erzielt: 500 €

An laufenden **abzugsfähigen WK** fallen im VZ 04 zunächst an:
- Grundsteuer (§ 9 Abs. 1 S. 3 Nr. 2 EStG) ./. 60 €
- Schuldzinsen inkl. Bearbeitungsgebühr (§ 9 Abs. 1 S. 3 Nr. 1 EStG) ./. 8.100 €
- Bestellung der Grundschuld (§ 9 Abs. 1 S. 3 Nr. 1 EStG) ./. 500 €
- Heizöltankfüllung (§ 9 Abs. 1 S. 1 EStG) ./. 3.600 €

Zwischensumme (abzugsfähige WK): ./. 12.260 €

Die AfA (§ 9 Abs. 1 Nr. 7 i.V.m. § 7 Abs. 5 Nr. 3 Buchst. c EStG) von 4 % bemisst sich nach der AfA-BMG für das Gebäude, die sich wie folgt zusammensetzt:

Anteilige Gebäude-AK	200.000 €
Anteilige Anschaffungsnebenkosten • (GrESt und Notargebühren für Kaufvertrag) 80 % von 10.000 €	8.000 €
• Gebäude-HK	200.000 €
AfA-BMG	408.000 €

Die Voraussetzungen des § 7 Abs. 5 Nr. 3 Buchst. c EStG (WR als Bauherren bzw. Erwerber im Jahr der Fertigstellung) sind gegeben; auch kann bei einer Nutzung nur im Dezember die volle Jahres-AfA mit 4 % angesetzt werden (§ 7 Abs. 5 S. 3 EStG).[283]

Dies ergibt einen AfA-Abzug von 16.320 € ./. 16.320 €

WR erzielen V+V-Verluste i.H.v.: ./. **28.580 €**

Nachdem für die Ermittlung der Einkünfte der Grundsatz der Individualeinkunftsermittlung gilt, bemisst sich der individuelle Anteil von W und R nach ihren Eigentumsanteilen am ZFH auf der Alb. Mangels genauer Sachverhaltsangaben ist bei einem Ehepaar vom hälftigen Eigentum auszugehen, so dass W und R jeweils Verluste aus V+V i.H.v. 14.290 € erzielen.

Die dargestellte AfA ist in den **folgenden Jahren** nach Maßgabe des § 7 Abs. 5 S. 3 EStG fortzuführen.

In der **Alternative (VZ 17)** ergeben sich nur auf Ebene der AfA Unterschiede. Da das Gebäude nach dem 31.12.05 fertiggestellt wird und zu Wohnzwecken genutzt wird, kommt hier nur die »Regel-AfA« gem. § 7 Abs. 4 S. 1 Nr. 2 Buchst. b EStG von 2 % in Betracht. Anders als bei der erhöhten Absetzung nach § 7 Abs. 5 EStG[284] ist hier die AfA im Jahr der Herstellung bzw. Anschaffung zeitanteilig (pro rata temporis gem. § 7 Abs. 1 S. 4 EStG) zu berechnen, da diese i.R.v. § 7 Abs. 4 EStG Anwendung findet:

---

283 Ein Wahlrecht im Jahr der Herstellung oder Anschaffung ein Wahlrecht zum Abzug lediglich zeitanteiliger AfA besteht hingegen nicht (BFH vom 13.12.2005, BFH/NV 2006, 1452 (NV)).
284 Das Wahlrecht zum Ansatz der degressiven AfA nach § 7 Abs. 5 EStG besteht im Fall der Einlage nur dann, wenn deren Ursprungsvoraussetzungen auch im Einlagejahr vorliegen (BFH vom 18.05.2010, BStBl II 2011, 429).

AfA-BMG		408.000 €
Die Fertigstellung des Gebäudes erfolgt im November 17		
Somit beträgt die AfA:		
2 % von 408.000 € x 2/12 =	1.360 €	./. 1.360 €
WR erzielen V+V-Verluste i.H.v.:		**./. 13.620 €**

Hiervon wird beiden jeweils 50% zugerechnet. Somit erzielen beide Verluste aus V+V von je 6.810 €.

3.2.1.1.2 Sonderfragen bei der Abschreibung

An Sonderfragen wegen der AfA-Berechnung sind beim Erwerb/der Errichtung einer Immobilie zu berücksichtigen:
- Aufwendungen für Straßenanliegerbeiträge,
- sog. anschaffungsnahe Aufwendungen und nachträgliche AK/HK (vgl. § 6 Abs. 1 Nr. 1a EStG, s. Kap. II 3.2.1.1.3),
- ergebnislose (vergebliche) Planungsaufwendungen.

Beispiel 30: Der komplizierte Erwerb eines Zweifamilienhauses (ZFH)
Beim Erwerb eines § 21 EStG-Objektes (zunächst EFH) geht es munter zu:
1. Zunächst wird der Erwerber E seitens der Stadt aufgefordert, Erschließungsbeiträge für einen neu errichteten Abwasserkanal zu entrichten (Anschlusskosten), nachdem die Benutzung der noch funktionsfähigen Sickergrube untersagt wird.
2. Im Jahr des Erwerbs (17) wird das EFH Opfer eines Orkans, so dass das beschädigte Dach ersetzt werden muss.
3. Im VZ 18 tauscht E die alte Ölheizung gegen eine neue Gasheizung aus.
4. Gleichzeitig wird auf Wunsch der Mietpartei eine Heimsauna (3.500 €) errichtet und eine neue Küche (5.000 €) eingebaut.
5. Im Jahr 19 wird das Dachgeschoss ausgebaut, um hierin eine weitere Mietwohnung einzurichten.

Bei der gegenständlichen Zuordnung von »Zusatzaufwendungen« bei einem Vermietungsobjekt geht es wegen der Abschreibung in erster Linie um die Aufteilung in GruBo-AK und Gebäude-AK/HK, in zweiter Linie um die Frage der sofortigen Berücksichtigung dieser Aufwendungen (WK) oder der steuerlichen Verteilung kraft AfA.

Lösung (schematische Darstellung):

Rubrik	Ausführungen	Fundstellen
Grundsätzlicher AK-/HK-Begriff	BMF: Diese werden getätigt, um das Gebäude zu erwerben und es in einen (erstmalig) betriebsbereiten Zustand zu versetzen, soweit sie dem Gebäude einzeln zugeordnet werden können. Ferner zählen zu den AK die Nebenkosten und die nachträglichen AK (§ 255 Abs. 1 HGB).[287] Die Betriebsbereitschaft setzt die Herstellung der objektiven und subjektiven Funktionstüchtigkeit des Gebäudes voraus (Rz. 1 ff.). Bei den Anliegerbeiträgen ist in umfangreicher Fallgruppen-Rspr. vom BFH entschieden worden, dass Beiträge für den **erstmaligen** Hausanschluss an kommunale Einrichtungen zu den AK des GruBo zählen (H 6.4 EStH).	BMF vom 18.07.2003, BStBl I 2003, 386
Anschluss- und Erschließungsbeiträge zur Modernisierung bzw. zum Ersatz bereits vorhandener Einrichtungen	Diese werden als sofort abzugsfähiger Erhaltungsaufwand behandelt. Die Erschließungsbeiträge sind als WK gem. § 9 Abs. 1 S. 1 i.V.m. § 21 EStG sofort abziehbar.[288]	BFH vom 23.02.1999, BFH/NV 1999, 1079, vom 11.12.2003, BStBl II 2004, 282 sowie H 6.4 EStH)[289]
Instandhaltungskosten	• Die Reparaturkosten (anlässlich des Orkans) sind im Jahr des Abflusses abzugsfähige WK gem. § 9 Abs. 1 S. 1 EStG (»zur Erhaltung des ZFH«). • Der Austausch alter Vorrichtungen (Ölheizung) durch neue Anlagen (Gasheizung) ist grundsätzlich nach R 21.1 EStR von sofort abzugsfähigem Erhaltungsaufwand auszugehen. • Die Sauna stellt Erhaltungsaufwand dar (R 21.1 Abs. 2 S. 2 EStR).	---

---

285 Hierzu können auch Anschaffungsnebenkosten bei einer unentgeltlichen Erbauseinandersetzung zählen (vgl. BFH vom 09.07.2013, Az.: IX R 43/11).

286 Demgegenüber gehören die Gebühren für die Zuleitung der Abwässer von dem Territorium des Grundstückseigentümers zu den kommunalen Versorgungsanlagen, inkl. des unmittelbaren Anschlusses (z.B. Kanalanstichgebühr), zu den HK des Gebäudes (s. H 6.4 EStH m.w.N.).

287 Vgl. zur Abgrenzung zwischen Erhaltungsaufwand und AK/HK auch ein Urteil des FG Rheinland-Pfalz vom 13.10.2009 (bestätigt durch BFH vom 07.12.2010, BFH/NV 2011, 1302 (NV)). HK liegen demnach vor, wenn verbrauchte Teile ersetzt werden, die für die Nutzungsdauer des Gebäudes bestimmend sind. Das ist z.B. dann der Fall, wenn Fundamente (teilweise) erneuert werden, tragende Wände (hier: Giebelwand) abgerissen und wiederaufgebaut werden, Geschossdecken ausgetauscht werden und das Dach unter Einfügung einer Dachgaube erneuert wird.

Rubrik	Ausführungen	Fundstellen
Abgrenzung zwischen Bestandteilen des Gebäudes und selbständig abzuschreibenden WG	Nach neuester Rspr. des BFH, die das BMF ab dem VZ 2017 anwendet, ist der Austausch einer Einbauküche in vollem Umfang nicht als sofort abziehbarer Erhaltungsaufwand zu behandeln, sondern die Küche ist über eine »neue« Nutzungsdauer von 10 Jahren abzuschreiben.	BFH vom 03.08.2016, IX R 14/15, BMF vom 16.05.2017, BStBl I 2017, 775 mit Übergangsregelung bis zum VZ 2016
Verbesserungen/ Standardhebung	Ausnahmsweise kommt jedoch der »Erneuerungs«-Gedanke des § 255 Abs. 2 S. 1 HGB zum Tragen, wonach bei einer wesentlichen Verbesserung der bestehenden Anlagen von nachträglichen HK auszugehen ist. Grundsätzlich ist von einer Hebung des Standards auszugehen, wenn drei der vier zentralen Ausstattungsmerkmale (Heizungs-, Sanitär- und Elektroinstallationen und Fenster) verbessert werden. Die Hebung des Standards ist jeweils individuell zu prüfen (Rz. 9ff. des BMF-Schreibens).	BMF vom 18.07.2003, BStBl I 2003, 386, insb. Rz. 9 und 24 ff.
Erweiterung	Nach den Erkenntnissen der Verwaltung liegen jedenfalls bei einer Vergrößerung der nutzbaren Flächen bzw. bei einer Vermehrung der Substanz eine Erweiterung i.S.d. § 255 Abs. 2 S. 1 HGB und damit HK vor. Auch durch einen Umbau des Gebäudes kann eine Erweiterung gegeben sein.	BMF vom 18.07.2003, BStBl I 2003, 386 BFH vom 15.05.2013, IX R 36/12
Behandlung unterschiedlicher Gebäudeteile	Die Qualifizierung als AK/HK oder als Erhaltungsaufwand ist für jede Nutzungseinheit bzw. jeden Gebäudeteil (= selbständige WG) getrennt vorzunehmen. Dies gilt grundsätzlich auch für die Sanierung der Fassade und des Kellergeschosses. Gleichzeitig kann ein Mietshaus mit mehreren Parteien aus unterschiedlichen Gebäudeteilen bestehen. Dies gilt auch im Bereich des anschaffungsnahen Herstellungsaufwands, wenn das Gesamtgebäude in unterschiedlicher Weise genutzt wird. Maßgeblich ist insoweit, ob die einzelnen Gebäudeteile in verschiedenen Nutzungs- und Funktionszusammenhängen stehen. Der hier dargestellte Ausbau des Dachgeschosses ist die Erschließung eines neuen Gebäudeteiles, sodass die AK/HK über die AfA zu berücksichtigen sind.	Rz. 17ff. des BMF-Schreibens vom 18.07.2003; BFH vom 18.08.2010 (Az.: X R 30/07; NV BMF vom 20.10.2017 (BStBl I 2017, 144 mit Verweis auf drei BFH-Urteile vom 14.06.2017

3.2.1.1.3 Der anschaffungsnahe Herstellungsaufwand nach § 6 Abs. 1 Nr. 1a EStG

Der bereits genannte Begriff des anschaffungsnahen Herstellungsaufwandes ist gemäß § 6 Abs. 1 Nr. 1a EStG (bzw. gem. § 9 Abs. 5 S. 2 EStG für V + V) für sämtliche Einkunftsarten anwendbar und wie folgt zu verstehen: Anschaffungsnahe HK liegen vor (= AfA-BMG), wenn

- Aufwendungen für Instandsetzungs- und Modernisierungsaufwendungen vorliegen,
- die innerhalb von drei Jahren durchgeführt (d.h. innerhalb der drei Jahre beendet) werden[288] und
- die ohne USt 15 % der Netto-AK übersteigen.

Ansonsten handelt es sich um sofort abzugsfähigen Erwerbsaufwand.

Wird die 15 %-Grenze überschritten, liegt hierdurch ein rückwirkendes Ereignis i.S.v. § 175 Abs. 1 Nr. 2 AO vor, sodass die Veranlagungen der Vorjahre ggf. zu korrigieren sind.

Seitens der Verwaltung wird bis zu einer Aufgriffsgrenze von 4.000 € (Rechnung ohne USt) immer von Erhaltungsaufwand ausgegangen (R 21.1 Abs. 2 S. 2 EStR = Wahlrecht des StPfl.). Zur Vermeidung der Erfassung dieses Aufwands bei der Prüfung von § 6 Abs. 1 Nr. 1a EStG enthält Satz 2 der zitierten Norm eine Ausnahmeregelung für jährlich üblichen (laufenden) Erhaltungsaufwand. Hierunter wird auch die Billigkeitsregelung in R 21.1 Abs. 2 S. 2 EStR gefasst.

Zwei OFD-Verfügungen (München und Nürnberg) – jeweils vom 11.06.2004 (DStR 2004, 1338) – regeln weitere Details:

- Aufwendungen zur Beseitigung der **Funktionsuntüchtigkeit**, die an sich bereits zu AK führen, sind bei der Prüfung der 15%-Grenze mit in den Gesamtbetrag der Aufwendungen einzubeziehen;
- Aufwendungen, die nach **allgemeinen** Kriterien AK/HK sind, bleiben auch solche – unabhängig vom 15 %-Korridor.

Nach der neuesten BFH-Rspr. zählen zu den anschaffungsnahen HK sämtliche Aufwendungen für bauliche Maßnahmen, die im Rahmen einer Instandsetzung und Modernisierung im Zusammenhang mit der Anschaffung des Gebäudes anfallen, auch

- Aufwendungen zur Herstellung der Betriebsbereitschaft durch Wiederherstellung funktionsuntüchtiger Gebäudeteile (nach Auffassung des BFH – Urteil vom 14.06.2016, IX R 15/15 – gilt dies unabhängig davon, dass diese Kosten bereits nach § 255 Abs. 1 S. 1 HGB zu aktivieren sind, da § 6 Abs. 1 Nr. 1a EStG als Spezialvorschrift vorrangig anzuwenden sei);
- Aufwendungen für eine über den ursprünglichen Zustand hinausgehende, wesentliche Verbesserung des Gebäudes i. S. d. § 255 Abs. 2 S. 1 HGB als auch Schönheitsreparaturen (BFH vom 14.06.2016, IX R 22/15 und IX R 25/14);
- Aufwendungen für die Beseitigung verdeckter, beim Kauf bereits vorhandener Schäden/ Mängel.

---

288 Nach der Verfügung des BayLfSt vom 06.08.2010 (Az.: S 2211.1.1-4/2 St32) ist für den Einbezug einzelner Baumaßnahmen der Leistungszeitpunkt der Maßnahme entscheidend. Die Baumaßnahmen müssen zum Ende des Dreijahreszeitraums weder abgeschlossen, abgerechnet noch bezahlt sein. Nach dem Ablauf der Dreijahresfrist getätigte Leistungen dieser Baumaßnahme stellen keinen anschaffungsnahen Herstellungsaufwand dar.

Nicht erfasst sind hingegen Aufwendungen für die Beseitigung von nach dem Kauf (vom Mieter verursachte) entstandene Schäden (BFH vom 09.05.2017 IX R 6/16).

Das BMF wendet die neue Rspr. des BFH vom 14.06.2016 mit Schreiben vom 20.10.2017 (BStBl I 2017, 144) in allen offenen Fällen mit einer Übergangsregelung für Fälle, bei denen der Kaufvertrag bzw. ein ihm gleichstehender Rechtsakt vor dem 01.01.2017 abgeschlossen wurde, an.

Weiterhin zu beachten ist die Regelung, dass bei einer sog. **Sanierung auf Raten** zur Hebung des Standards auch HK vorliegen, wenn sie die 15%-Grenze erst nach drei Jahren übersteigen. Eine Sanierung auf Raten liegt als Teil einer Gesamtmaßnahme binnen fünf Jahren vor, vgl. Rz. 31 des BMF-Schreibens vom 18.07.2003. Ist dies gegeben, liegt ein rückwirkendes Ereignis i.S.v. § 175 Abs. 1 Nr. 2 AO vor, sodass die Veranlagungen der Vorjahre ggf. zu korrigieren sind.

3.2.1.1.4 Verteilung von Erhaltungsaufwendungen auf mehrere Jahre

Grundsätzlich ist Erhaltungsaufwand im Jahr des Abflusses als Werbungskosten zu berücksichtigen (§ 11 Abs. 2 S. 1 EStG). Von diesem Grundsatz gibt es folgende Ausnahmen:

- im Rahmen der §§ 11a, 11b EStG (Erhaltungsaufwand in Sanierungsgebieten sowie bei Baudenkmälern) – von besonderem Gewicht sind auch ergebnislose Planungsaufwendungen;
- Verteilung des Erhaltungsaufwands auf zwei bis fünf Jahre gem. § 82b EStDV, sofern das Gebäude nicht zu einem Betriebsvermögen gehört und überwiegend Wohnzwecken (mehr als 50 % der gesamten Nutzfläche) dient. Besonderheiten sind hierbei bei Garagen (§ 82b Abs. 1 S. 3 EStG) zu beachten. Wird das Gebäude während des Verteilungszeitraums veräußert, ist der noch nicht berücksichtigte Teil des Erhaltungsaufwands im Jahr der Veräußerung als Werbungskosten abzusetzen. Das Gleiche gilt, wenn ein Gebäude in ein Betriebsvermögen eingebracht oder nicht mehr zur Einkunftserzielung genutzt wird.

3.2.1.2 Die Vermietungsphase

Bei vermieteten Objekten sind sowohl auf der Einnahmen-Seite als auch bei den WK phänotypische Besonderheiten zu beachten.

3.2.1.2.1 Die Einnahmenerzielungsabsicht und § 15a EStG analog

Auch (gerade) bei § 21 EStG wird die Diskussion zu den Themen Liebhaberei[289] und Verlustgesellschaften[290] geführt. Die Annahme der Liebhaberei führt zur generellen Aberkennung von V + V-Verlusten, während im zweiten Punkt bei der gemeinschaftlichen Erzielung von V + V-Einkünften die Beschränkungen des § 15a EStG zu beachten sind. Die durch umfangreiche Rspr. in den Jahren 2000–2003 aufgetretene Unsicherheit ist durch das BMF-Schreiben vom 08.10.2004 (BStBl I 2004, 933; siehe hierzu auch FSen Berlin vom 12.01.2005, Az.: III A 2 – S 2253 – 1/93) beseitigt, wobei in weiten Teilen die BFH-Rspr. übernommen wurde.

Ähnlich wie bei § 15 Abs. 2 EStG wird bei Vermietungseinkünften – in Abgrenzung zur **Liebhaberei** – die **Überschusserzielungsabsicht** (das BMF spricht von Einkünfteerzielungsabsicht) gefordert. Dabei ist dieses subjektive Merkmal nach ständiger Rspr. dann erfüllt, wenn ein **Totalüberschuss der Einnahmen** über die WK während der Gesamtnutzungsdauer

---

289 S. dazu umfassend Kap. III (fehlende Gewinnerzielungsabsicht).
290 Hierzu ausführlich Teil B, Kap. IV.

des Objekts angestrebt wird. Anders als bei der Abgrenzung der Liebhaberei zur Gewinnerzielungsabsicht (§ 15 Abs. 2 EStG) werden bei der Überschussprognose grundsätzlich keine Veräußerungsergebnisse einbezogen (unbeachtliche private Wertsteigerungen). An dieser Auffassung will die Finanzverwaltung auch nach Einführung der zehnjährigen »privaten Steuerverstrickung« gem. § 23 Abs. 1 Nr. 1 EStG ab 1999 – entgegen der h. Lit. – festhalten (OFD Rostock vom 02.05.2000, DStR 2000, 927). Unter Einbeziehung der Erben wird nunmehr ein **Nutzungszeitraum von 30 Jahren** angenommen, in dem sich ein **Überschusssaldo** ergeben muss, wobei erhöhte AfA und Sonderabschreibungen, die erfahrungsgemäß in den ersten Jahren der Nutzung zu Verlusten führen, nicht gegen die Einkünfteerzielung sprechen. Zugrunde gelegt wird dabei eine lineare AfA, Einnahmen und Ausgaben sind ggf. zu schätzen, wobei bei den Einnahmen ein Sicherheitszuschlag von 10 % und bei den geschätzten WK ein Abschlag von 10 % anzubringen sind. Bei kürzerer Vermietungsdauer ist Tz. 36 des Schreibens vom 08.10.2004 zu beachten. Hier ist der Zeitraum der abgekürzten Vermögensnutzung maßgebend für die Totalüberschussprognose, d.h., nur die während des befristeten Vermietungszeitraums zufließenden Einnahmen und abfließenden WK sind gegenüber zu stellen.

Negative Einkünfte aufgrund von steuerrechtlichen Subventions- und Lenkungsnormen (d.h. erhöhte Absetzungen und degressive AfA nach § 7 Abs. 5 EStG) sind in die befristete Totalüberschussprognose einzubeziehen, wenn der jeweilige Zweck der Subventions- und Lenkungsnorm sowie die Art der Förderung dies gebieten.

Bei einer auf **Dauer angelegten Vermietungstätigkeit**[291] ist ohne weitere Prüfung grundsätzlich und typisierend davon auszugehen, dass der StPfl. beabsichtigt, letztlich einen Einnahmeüberschuss zu erwirtschaften, auch wenn sich über längere Zeiträume WK-Überschüsse ergeben (BFH vom 09.07.2002, BStBl II 2003, 580). Nach dem BFH-Urteil vom 10.05.2007 (BStBl II 2007, 873) ist auch bei einer langfristigen Vermietung ausnahmsweise die Überschusserzielungsabsicht zu prüfen, wenn der StPfl. die AK/HK des Vermietungsobjekts sowie anfallende Schuldzinsen fremdfinanziert und somit Zinsen auflaufen lässt, **ohne** das Darlehen zu **tilgen**.

Bei befristeten Mietverhältnissen ist sodann die Totalüberschussprognose nur für den verkürzten Zeitraum zu erstellen. Vgl. hierzu BFH vom 09.10.2008 (BFH/NV 2009, 150–152 mit Verweis auf das Urteil vom 09.07.2002). Demnach ist eine Sachverhaltswürdigung (hinsichtlich der Einkünfteerzielungsabsicht) dann widersprüchlich und rechtsfehlerhaft, wenn einerseits von dem Grundsatz ausgegangen wird, die Absicht, auf Dauer zu vermieten, fehle, wenn für den StPfl. trotz Abschlusses eines unbefristeten Mietvertrags bereits bei Abschluss dieses Vertrags feststehe, dass er das bebaute Grundstück langfristig wegen Eigenbedarfs für eigene Wohnzwecke nutzen werde oder wenn er sich noch nicht entschieden habe, ob er das Grundstück langfristig wegen Eigenbedarfs für eigene Wohnzwecke nutzen wolle, aber andererseits zu Gunsten des StPfl. unterstellt wird, dem Mietvertrag liege der Entschluss zu einer dauerhaften Vermietung zugrunde.

Darüber hinaus ist die Prüfung der Einkünfteerzielungsabsicht nach dem BFH-Urteil vom 01.04.2009 (BStBl II 2009, 776, s. auch das Urteil vom 26.11.2008, BStBl II 2009, 370) nicht grundstücksbezogen, sondern für jede einzelne vermietete Immobilie gesondert zu prüfen, wenn sich die Vermietungstätigkeit nicht auf das gesamte Grundstück bezieht, sondern auf darauf befindliche Gebäude oder Gebäudeteile. Ist die Vermietung eines Gebäudes oder

---

291 Allein der Abschluss eines Mietvertrages auf eine bestimmte Zeit rechtfertigt noch nicht den Schluss, auch die Vermietungstätigkeit sei nicht auf Dauer ausgerichtet (BFH vom 14.12.2004, BStBl II 2005, 211).

Gebäudeteils auf Dauer angelegt, so ist auch dann grundsätzlich und typisierend davon auszugehen, dass der StPfl. beabsichtigt, letztlich einen Einnahmeüberschuss zu erwirtschaften, wenn der Mieter oder Pächter das Objekt nicht zu Wohnzwecken nutzt.

Im Bereich der Vermietung von Gewerbeobjekten legt der BFH nach neuer Rechtsprechung auch bei langjähriger Vermietung einen strengeren Maßstab an die Prüfung der Einkünfteerzielungsabsicht. Demnach kann – anders als bei Wohnobjekten – die Einkünfteerzielungsabsicht nicht vermutet werden, sie muss hingegen **stets** im Einzelfall konkret festgestellt werden (BFH vom 20.07.2010, BStBl II 2010, 1038), und BFH vom 19.02.2013, Az.: IX R 7/10 DStRE 2013, 778).

Hinweis zur Vereinbarung einer verbilligten Miete (§ 21 Abs. 2 EStG): Die Grenze für die Annahme einer entgeltlichen Miete beträgt seit dem VZ 2012 66 % der ortsüblichen Miete. Beträgt das Entgelt bei auf Dauer angelegter Wohnungsvermietung mindestens 66 % der ortsüblichen Miete, gilt die Wohnungsvermietung als entgeltlich.

Das Vorliegen einer verbilligten Miete i.S.d. § 21 Abs. 2 EStG (hier Überlassung an AN) ist nach BFH-Urteil vom 11.05.2011 (BFH/NV 2011, 1938) nur dann zu bejahen, wenn die tatsächlich erhobene Miete zusammen mit den tatsächlich abgerechneten Nebenkosten die ortsübliche Miete (Kaltmiete plus umlagefähige Nebenkosten = »Warmmiete«[292]) unterschreitet. Zur Ermittlung der ortsüblichen Miete hat die OFD Frankfurt mit Verfügung vom 22.01.2015, Az.: S 2253 A – 85 – St 227 ausführlich Stellung genommen.

Die maßgebliche ortsübliche Miete (für Wohnungen vergleichbarer Art, Lage und Ausstattung) ist vom FG als Tatsacheninstanz im Wege der Schätzung zu ermitteln. Sie ergibt sich grundsätzlich aus dem örtlichen Mietspiegel. Dabei ist denkgesetzlich jeder der Mietwerte – nicht nur der Mittelwert – als ortsüblich anzusehen, den der Mietspiegel im Rahmen einer Spanne zwischen mehreren Mietwerten für vergleichbare Wohnungen ausweist (BFH vom 27.12.2010, Az.: IX B 107/10 m.w.N.).

3.2.1.2.2 Abgrenzung zur Liebhaberei

Im Folgenden werden anhand einer Auswahl der Rechtsprechung des BFH Abgrenzungsfälle zur Liebhaberei (Indizwirkung) dargestellt.

Rechtsprechung des BFH zur Abgrenzung von Liebhaberei		
Fallgruppe	**Urteile/Literatur**	**Anmerkung**
Kurzfristige Vermietung	Auf weniger als fünf Jahre wegen anschließender Selbstnutzung (BFH vom 09.07.2002, BStBl II 2003, 695) befristete Vermietung und anschließender Verkauf (BFH vom 02.07.2008, BStBl II 2008, 815); sowie eine von vornherein nur auf elf Jahre ausgerichtete Vermietungsdauer einer GbR, BFH vom 20.01.2009 (BFH/NV 2009, 757); vom 02.07.2008 (BStBl II 2008, 815) für den Fall einer auf 20 Jahre ausgelegten Vermietungstätigkeit eines geschlossenen Immobilienfonds	Eine Einzelfallprüfung ist erforderlich.

---

292 Der Ansatz der Warmmiete wurde durch den BFH vom 10.05.2016 (IX R 44/15) bestätigt.

Rechtsprechung des BFH zur Abgrenzung von Liebhaberei		
Fallgruppe	**Urteile/Literatur**	**Anmerkung**
Lange Renovierung	BFH vom 11.08.2010, BStBl II 2011, 166	Es besteht keine Vermutung für Vermietungsabsicht durch vorangegangene Vermietung.
Eingeräumte Garantien wie Rückkaufsangebote oder Verkaufsgarantien	Aus der Lit. *Mellinghoff* in *Kirchhof-kompakt*, § 21 Rz. 18	Die dauerhafte Vermietungsabsicht ist zu verneinen.
Mietkaufmodelle	*Drenseck* in *Schmidt*, EStG, § 21 Rz. 108 sowie BFH vom 05.09.2000 (BStBl II 2000, 676)	Unterform befristeter Vermietung mit Verkaufsabsicht
Langfristige, unterpreisige Vermietung an Dritte oder Angehörige	BFH vom 23.08.2000 (BFH/NV 2001, 160) sowie vom 20.01.2003 (BFH/NV 2003, 617). Vgl. auch das rkr. Urteil des FG München vom 22.04.2009 (Az.: 9 K 162/07) sowie das ebenfalls rkr. Urteil des FG Baden-Württemberg vom 21.06.2005 (DStRE 2006, 408); BFH vom 09.10.2013 (Az.: IX R 2/13).	–
Dauerhafte Vermietung von unbebautem Grundbesitz	BFH vom 25.03.2003 (BStBl II 2003, 479); BFH vom 28.11.2007 (BStBl II 2008, 515)	Es besteht hierbei keine Vermutung für eine Überschussabsicht.
(Langjähriger) Leerstand der Immobilie	Exemplarisch FG München vom 29.06.2015 (Az.: 7 K 2102/13); FG Hessen vom 25.01.2010 (Az.: 5 V 2138/09, rkr.); FG Niedersachsen vom 06.05.2010 (Az.: 11 K 12069/08); FG München vom 19.05.2010 (Az.: 10 K 288/09); FG Nürnberg vom 08.07.2010 (Az.: 7 K 292/08) und FG Baden-Württemberg vom 16.05.2011 (Az.: 10 K 4499/08); BFH vom 11.12.2012 (Az.: IX R 15/12).	Für eine Einkünfteerzielungsabsicht müssen ernsthafte und nachhaltige Vermietungsbemühungen des StPfl. vorliegen. Alleine eine gelegentliche Anzeigenschaltung ohne Maklerbeauftragung reicht auch bei vorheriger Vermietung nicht aus.

Hinsichtlich des letzten in der vorstehenden Tabelle genannten Punktes (Leerstand) hat der BFH mit Urteil vom 11.12.2012 (Az.: IX R 14/12 DStR 2013, 247) in einer ausdrücklich bezeichneten Leitentscheidung zwei Fallgruppen getroffen, an denen die Einkunftserzielungsabsicht zu prüfen ist:

1. Aufwendungen für eine nach Herstellung, Anschaffung oder Selbstnutzung leerstehende Wohnung können als vorab entstandene Werbungskosten abziehbar sein, wenn der StPfl. die Einkünfteerzielungsabsicht hinsichtlich dieses Objekts erkennbar aufgenommen und sie später nicht aufgegeben hat.[293]
2. Aufwendungen für eine Wohnung, die nach vorheriger, auf Dauer angelegter Vermietung leersteht, sind auch während der Zeit des Leerstands als Werbungskosten abziehbar, solange der StPfl. den ursprünglichen Entschluss zur Einkünfteerzielung im Zusammenhang mit dem Leerstand der Wohnung nicht endgültig aufgegeben hat.

Der BFH legt hierbei die Feststellungslast für die Ernsthaftigkeit und Nachhaltigkeit von Vermietungsbemühungen als Voraussetzung einer (fort-)bestehenden Einkünfteerzielungsabsicht dem StPfl. auf und betont, dass im Einzelfall ein besonders lang andauernder Leerstand – auch nach vorheriger, auf Dauer angelegter Vermietung – dazu führen kann, dass eine vom StPfl. aufgenommene Einkünfteerzielungsabsicht ohne sein Zutun oder Verschulden wegfällt. Dies kann (auch) bei einem besonders lang andauernden, strukturell bedingten Leerstand einer Wohnimmobilie der Fall sein (BFH vom 09.07.2013, Az.: IX R 48/12, DStR 2013, 1656).

Weitere wichtige Urteile des BFH zu dieser Thematik sind:

- Az. IX R 68/10, DStRE 2013, 503 zu den Anforderungen an den Nachweis der Vermietungsbemühungen: Die Frage, welche Vermarktungsschritte als erfolgversprechend anzusehen sind, bestimmt sich nach den Umständen des Einzelfalles. Der BFH billigt dem StPfl. insoweit einen inhaltlich angemessenen, zeitlich begrenzten Beurteilungsspielraum zu;
- Az. IX R 19/11 vom 22.01.2013, DStRE 2013 567: Anwendung der vorstehend genannten Grundsätze auf die Untervermietung von selbst gemieteten Räumen;
- Az. IX R 46/13 (NV) vom 13.01.2015 zur Aufgabe der Einkünfteerzielungsabsicht bei fehlender Betriebsbereitschaft der Immobilie und langjährigen fehlenden Bemühungen, die Wohnungen zu sanieren und zu vermieten, und fehlender Absehbarkeit, wann bzw. ob eine Vermietung erfolgen wird;
- Az. IX R 17/16 vom 31.01.2017 zur Aufgabe der Einkünfteerzielungsabsicht bei beabsichtigter, aber tatsächlich nicht durchführbarer Sanierung der Immobilie;
- Az. IX R 38/12 vom 12.06.2013 zur Teilaufgabe der Vermietungsabsicht. Von einer (»teilweisen«) Aufgabe der Vermietungsabsicht ist auch dann auszugehen, wenn der StPfl. einzelne Räume der Wohnung nicht mehr zur Vermietung bereithält, sondern in einen neuen Nutzungs- und Funktionszusammenhang stellt, selbst wenn es sich dabei um einen steuerrechtlich bedeutsamen Zusammenhang handelt.

---

293 Dies gilt auch für Aufwendungen für ein nach Anmietung als Zwischenmieter leerstehendes Gewerbeobjekt, sofern die hier zu treffende Überschussprognose (vgl. Kap. 3.2.1.2.1) positiv verläuft (BFH vom 19.02.2013, DStRE 2013, 778). Ist dem StPfl. von Anfang an bekannt oder zeigt sich später aufgrund bislang vergeblicher Vermietungsbemühungen, dass für ein seit Jahren leer stehendes Objekt, so wie es baulich gestaltet ist, kein Markt besteht und es deshalb nicht vermietbar ist, muss der StPfl. – will er die Aufnahme oder Fortdauer seiner Vermietungsabsicht belegen – zielgerichtet darauf hinwirken, u.U. auch durch bauliche Umgestaltungen einen vermietbaren Zustand des Objekts zu erreichen.

3.2.1.2.3 Besonderheiten bei Ferienwohnungen[294]

Eine besonders wichtige Fallgruppe bildet die Vermietung von **Ferienwohnungen**.[295] Nach zwei BFH-Urteilen, insb. nach der Grundsatzentscheidung vom 06.11.2001 (BStBl II 2002, 726)[296], hat die Verwaltung diesen Anwendungsfall zum Anlass einer Konkretisierung der Überschusserzielungsabsicht (nachfolgend – und nur hier – ÜEA) genommen (BMF vom 08.10.2004, BStBl I 2004, 933):

1. Bei **dauernder Vermietung** (an wechselnde Gäste) wird ÜEA unterstellt[297];
Gegenanzeichen:
   - abwechselnde längere Selbstnutzung und Vermietung,
   - mehrere VZ mit Unterschussergebnissen (positiver WK-Saldo),
   - längere Leerstandszeiten.

Dem StPfl. obliegt die Feststellungslast, dass ausschließlich eine Vermietung der Ferienwohnung vorliegt. Davon kann ausgegangen werden, wenn der StPfl. einen der folgenden Umstände glaubhaft macht (Zusammenfassung des BMF-Schreibens, Tz. 17 ff.):

- Durchführung der Vermietung durch einen nicht nahestehenden Vermittler unter Ausschluss der Eigennutzung.
- Die Ferienwohnung befindet sich im ansonsten selbst genutzten Zwei- oder Mehrfamilienhaus des StPfl. oder in unmittelbarer Nähe zu seiner selbst genutzten Wohnung. Hierbei muss der StPfl. jedoch nachweisen, dass die eigene Wohnung seinen Wohnbedürfnissen entspricht und dass die vermietete Wohnung zur Gastunterbringung geeignet ist.
- Es bestehen am selben Ort mehr als eine Ferienwohnung des StPfl., von denen er nur eine selbst nutzt.
- Die Dauer der Vermietung der Ferienwohnung entspricht zumindest dem Durchschnitt der Vermietungen in der am Ferienort üblichen Saison.

Sprechen Beweisanzeichen gegen die ÜEA, so ist diese anhand von Tz. 33 ff. des zitierten BMF-Schreibens zu prüfen. In den übrigen Fällen muss der StPfl. das Fehlen der Selbstnutzung schlüssig darlegen und ggf. nachweisen. Bei einer zu geringen Zahl der Vermietungstage muss der StPfl. die Absicht einer auf Dauer angelegten Vermietungstätigkeit durch entsprechend gesteigerte Werbemaßnahmen – z.B. durch häufige Zeitungsanzeigen – nachweisen.

2. Bei **zeitweiser Vermietung**;
ansonsten zeitweise Selbstnutzung: ÜEA ist zu prüfen.[298]
Dabei ist – wie folgt – vorzugehen (Tz. 36):

---

294 S. hierzu auch den Betrag von *Kracht* in Haufe Top Thema vom 26.05.2011 mit ausführlichen Beispielen.
295 Zur Abgrenzung, wann auch die kurzfristige Vermietung einer Wohnung als gewerblich anzusehen ist, s. BFH vom 28.09.2010, BFH/NV 2011, 37 (NV)).
296 S. auch BFH vom 21.11.2000 (BStBl II 2001, 705; Selbstnutzung als Indiz für private Veranlassung).
297 Vgl. hierzu auch die Rspr. des BFH vom 24.08.2006 – IX R 15/06, vom 19.08.2008 – IX R 39/07 und vom 14.01.2010 – IX B 146/09. Ist die ÜEA gegeben, können auch (zunächst anfallende) Verluste aus der Ferienwohnung berücksichtigt werden. Vgl. hierzu u.a. FG Köln vom 17.12.2015 – 10 K 2322/13, nrkr.
298 S. hierzu BFH vom 29.08.2007 (Az.: IX R 48/06 (NV)) und vom 28.10.2009 (BFH/NV 2010, 850). Nach jüngster BFH-Rechtsprechung (Urteil vom 16.04.2013, Az.: IX R 26/11, DStR 2013, 1534) ist die Überprüfung der Einkünfteerzielungsabsicht des StPfl. schon dann erforderlich, wenn er sich eine Zeit

a) Ermittlung des Totalüberschusses mit Zuordnung der Leerstandszeiten. Lässt sich der Umfang der Selbstnutzung nicht aufklären, ist davon auszugehen, dass die Leerstandszeiten der Ferienwohnung zu gleichen Teilen durch das Vorhalten zur Selbstnutzung und das Bereithalten zur Vermietung entstanden sind und damit die hierauf entfallenden Aufwendungen zu je 50 % der Selbstnutzung und der Vermietung zuzuordnen sind (Tz. 23 des Schreibens des BMF vom 08.10.2004).
b) Bei einem abgekürzten Zeitraum der Vermögensnutzung ist dieser als Prognosezeitraum zu betrachten.
c) Nur die während des befristeten Vermietungszeitraumes anfallenden Einnahmen und WK sind gegenüberzustellen.
d) Negative Einkünfte aufgrund von steuerrechtlichen Subventions- und Lenkungsnormen sind zu berücksichtigen, sofern deren Zweck dies gebietet, folglich sind auch die jeweils in Anspruch genommenen AfA-Beträge anzusetzen (auch AfA nach § 7 Abs. 5 EStG, erhöhte AfA und Sonder-AfA).

Generell schlussfolgert der BFH jedoch in ständiger Rechtsprechung (zuletzt vom 24.08.2006, BStBl II 2007, 256), dass bei einer ausschließlich an wechselnde Feriengäste vermieteten und in der übrigen Zeit hierfür bereitgehaltenen Ferienwohnung die Einkünfteerzielungsabsicht der StPfl. nicht allein wegen hoher WK-Überschüsse zu überprüfen ist. Ausnahmsweise ist dies geboten, wenn das Vermieten die ortsübliche Vermietungszeit von Ferienwohnungen – ohne dass Vermietungshindernisse gegeben sind – erheblich unterschreitet; hiervon ist bei einem Unterschreiten von mindestens 25 % auszugehen (BFH vom 26.10.2004, BStBl II 2005 388). Die Finanzverwaltung hat das Urteil mit zwei OFD-Verfügungen vom 25.07.2005 (München und Nürnberg, Az.: S 2253 – 86 St 41; S 2253 – 467/St 32) allgemein angewandt. Der BFH hat das Urteil vom 26.10.2004 im Urteil vom 19.08.2008 (BStBl II 2009, 138) fortentwickelt. Wird demnach eine Ferienwohnung nicht durchweg im ganzen Jahr an wechselnde Feriengäste vermietet und können ortsübliche Vermietungszeiten nicht festgestellt werden, ist ihr Vermieten mit einer auf Dauer ausgerichteten Vermietungstätigkeit nicht vergleichbar, so dass die Einkünfteerzielungsabsicht durch eine Prognose überprüft werden muss. Von einer Überschusserzielungsabsicht kann bei Ferienwohnungen daher nur dann ausgegangen werden, wenn sie ausschließlich an Feriengäste vermietet und in der übrigen Zeit hierfür bereitgehalten werden und das Vermieten die ortsübliche Vermietungszeit von Ferienwohnungen – abgesehen von Vermietungshindernissen – nicht erheblich (d.h. um mindestens 25 %) unterschreitet.[299]

Hierbei sind gem. der Tz. 39 und 40 des zitierten Schreibens nur die Aufwendungen einzubeziehen, die (ausschließlich oder anteilig) auf Zeiträume entfallen, in denen die Ferienwohnung an Feriengäste tatsächlich vermietet oder zur Vermietung angeboten und bereitgehalten worden ist (der Vermietung zuzurechnende Leerstandszeiten), dagegen nicht die auf die Zeit der nicht steuerbaren Selbstnutzung entfallenden Aufwendungen.

---

der Selbstnutzung vorbehalten hat. Unerheblich ist, ob sich der Vorbehalt der Selbstnutzung aus einer einzelvertraglich vereinbarten Vertragsbedingung oder aus einem formularmäßigen Mustervertrag ergibt.
299 Vgl. hierzu BFH vom 14.01.2010 (BFH/NV 2010, 869 (NV)) und grundlegend BFH vom 06.11.2001 (BStBl II 2002, 726)

Ergänzend zum vorstehenden BMF-Schreiben hat die OFD Niedersachsen am 16.06.2010 eine Verfügung bzgl. der Prüfung der Überschusserzielungsabsicht von Vermietern einer Ferienwohnung herausgegeben (LEXinform 5232774).

Die Prüfung erfolgt hierbei in zwei Stufen:

- **Erste Prüfungsstufe:** Unterscheidung zwischen ausschließlich fremd vermieteten und zum Teil selbst genutzten Ferienwohnungen. Die OFD nennt im Unterpunkt a) eine Reihe von Nachweismöglichkeiten, die zur Annahme führen, dass der StPfl. die Wohnung tatsächlich nicht selbst genutzt hat. Unterpunkt b) stellt klar, dass bei mehrtägigen Aufenthalten des StPfl. der Anlass dieser Aufenthalte belegt werden muss. Unterpunkt c) nimmt Bezug auf die Vermietungsdauer. Bei einem Unterschreiten um mehr als 25 % im Vergleich zur ortsüblichen Dauer ist eine Überschussprognose zu erstellen. Die ausschließliche Vermietung muss auf Dauer (mehrere VZ) angelegt sein (Unterpunkt d)).
- **Zweite Prüfungsstufe:** zeitweise Vermietung und zeitweise Selbstnutzung. In Punkt a) verweist die OFD zunächst auf die Rz. 39 ff. des zitierten BMF-Schreibens. In Punkt b) wird die Zuordnung der Leerstandzeiten und Renovierungstage geregelt. Der Prognosezeitraum von 30 Jahren (Punkt c)) ist hierbei zu verkürzen, wenn sich aus objektiven Umständen eine Befristung der Nutzung ergibt. Punkt d) regelt schließlich, wie die Einnahmen und WK i.R.d. Totalüberschussprognose zu schätzen sind.[300]

Aufwendungen, die sowohl durch die Selbstnutzung als auch durch die Vermietung veranlasst sind (z.B. Schuldzinsen, Grundbesitzabgaben, Erhaltungsaufwendungen, Gebäudeabschreibungen oder Versicherungsbeiträge), sind im Verhältnis der Zeiträume der jeweiligen Nutzung zueinander aufzuteilen.

3.2.1.2.4 Besonderheiten bei geschlossenen Immobilienfonds

Häufig werden Immobilien (Gewerbeparks) nicht von Einzelpersonen, sondern von **geschlossenen Immobilienfonds** in der Rechtsform einer **KG** errichtet. Wegen § 21 Abs. 1 S. 2 EStG stellt sich sogleich die Frage der sinngemäßen Anwendung von § 15a EStG. Bei einer analogen Anwendung des § 15a EStG auf vermögensverwaltende PersG ist erste »Soll-Bruchstelle« die unterschiedliche Erfassung der Einkünfte. Bei der unmittelbaren Geltung von § 15a EStG wird das Ergebnis der KG (als Gewinnermittlungssubjekt) durch Betriebsvermögensvergleich gem. der §§ 4 Abs. 1, 5 Abs. 1 EStG ermittelt, während vermögensverwaltende PersG – auch als Kommanditgesellschaften – Überschusseinkünfte erzielen. Es heißt also, das dortige Ausgleichsvolumen (negatives Kapitalkonto) in analoger Form zu ermitteln. Dies kann nur durch eine »Nachentwicklung« eines fiktiven Kapitalkontos der jeweiligen Kommanditisten des Immobilienfonds geleistet werden. Dies bedeutet, bei der Rekonstruktion des Kapitalkontos ist zunächst von den geleisteten Einlagen auszugehen, vermehrt um die späteren Einlagen und die positiven Ergebnisse der KG. Davon werden die Entnahmen und evtl. Verluste der KG abgezogen. Dieser Saldo stellt die Ausgangsbasis für die Folgebeurteilung dar. Übersteigen die neuen WK-Überschüsse diesen Saldo, so sind

---

300 Ergänzend hingewiesen sei auch auf ein Urteil des FG Niedersachsen vom 25.02.2010 (Az.: 11 K 100/08, rkr.). Demnach hat das FG nach seiner aus dem Gesamtergebnis des Verfahrens gebotenen Überzeugung zu entscheiden, ob eine Ferienwohnung auch selbst genutzt wird oder die Wohnung ohne jegliche Selbstnutzung dauernd zur Vermietung angeboten und bereitgehalten wird. Insoweit hätten die StPfl. die Feststellungslast zu tragen.

diese nur verrechenbar; bis zur Höhe dieses Saldos können sie in der Periode ausgeglichen werden. Der BFH hat für einen **Fonds mit einer Mischanlage** (positive Kapitaleinkünfte und negative Vermietungseinkünfte) entschieden, dass ein einheitlicher Saldo unter Einbeziehung der positiven Kapitaleinkünfte zu bilden ist (BFH vom 15.10.1996, BStBl II 1997, 250).

Für die Fallgruppe der geschlossenen Immobilienfonds bzw. der »Gesamtobjekte« ist mit BMF-Schreiben vom 20.10.2003 (BStBl I 2003, 546) ein sog. (neuer) Bauherrenerlass ergangen, der – im Unterschied zu den sonstigen vorherigen BMF-Schreiben – nicht aufgehoben wurde und somit in den wesentlichen Inhalten wiedergegeben wird:

- Es wird nach Gesamtobjekten (erster Teil) und nach geschlossenen Fonds getrennt (zweiter Teil).
- Im ersten Teil (Gesamtobjekt) wird ein Disagio nur bei einem Prozentsatz von (bis zu) 5 % der Darlehenssumme anerkannt (statt 10 %), Tz. 15.
- Baubetreuungskosten sind HK, falls sie die technische Baubetreuung betreffen; bei den wirtschaftlichen Baubetreuungskosten werden nur 1/8 der Kosten als WK, jedoch nicht mehr als 0,5 % der Gesamtaufwendungen als WK angesetzt, Tz. 23.
- Die Regeln für geschlossene Fonds gelten über den Immobilienbereich hinaus für alle geschlossenen Fonds. Bei einer wesentlichen Einflussmöglichkeit des Fondsgesellschafters ist dieser als »Hersteller« zu qualifizieren.
- Eigenkapitalvermittlungsprovisionen können – nur bei »Herstellerqualität« – bis zu 6 % des Eigenkapitals den WK/BA zugerechnet werden, der nicht anzuerkennende Teil ist anteilig den AK/HK des Objekts zuzuordnen, Tz. 43.

Während der Bauherrenerlass zur Problematik der Provisionsflüsse nicht Stellung genommen hat, greift die OFD Berlin mit Vfg. vom 28.03.2003 (DStR 2003, 1298) die Thematik auf. Danach können unter Umständen Provisionsrückflüsse als WK-Minderung angesehen werden.

Insgesamt liegt mit dem BMF-Schreiben eine deutliche Verschärfung [30-jähriger Prognosezeitraum; grundsätzliche Prüfung jedes einzelnen Mietverhältnisses (Ausnahme: Ferienwohnung); schädliche unbefristete Mietverträge] gegenüber der bisherigen Verwaltungsauffassung vor. Soll nach dem Konzept eines geschlossenen Immobilienfonds in der Rechtsform einer PersG die Vermietungstätigkeit des Fonds nur 20 Jahre umfassen, ist sie nicht auf Dauer ausgerichtet und die Einkünfteerzielungsabsicht muss auf beiden Ebenen (auf der Ebene der PersG wie auf der Ebene des Gesellschafters) überprüft werden (BFH vom 02.07.2008, BStBl II 2008, 815). Die Vermutung einer Einnahmeüberschusserzielungsabsicht nach § 21 Abs. 1 EStG ist aber grundsätzlich auch bei einer Investition in einem geschlossenen Immobilienfonds zugrunde zu legen (FG Hamburg vom 15.12.2009, LSK 2010, 250205, EFG 2010, 842). Im Übrigen ist in Bezug auf die einzelnen Gesellschafter (und ihr Ausscheiden) noch auf die Vfg. der OFD Düsseldorf vom 23.09.2004 (BeckVerw 161135) sowie auf das darin Bezug genommene Urteil des BFH vom 09.07.2002 (BStBl II 2003, 580) hinzuweisen.

3.2.2 Einnahmen und Werbungskosten

3.2.2.1 Einnahmen

Zu den Mieteinnahmen nach § 8 Abs. 1 EStG zählen neben der Haupt-(Netto-)Miete auch die Umlagen, insgesamt also die Bruttomiete im Zeitpunkt der Vereinnahmung. Nicht selten werden beim Abschluss eines Mietvertrages Kautionen einbehalten bzw. leisten Mieter bei einem neu errichteten Objekt eine Vorauszahlung in Form eines Baukostenzuschusses, der mit der späteren Miete verrechnet wird.[301]

Beispiel 31: Doppelte Sicherung
In dem zwischen V und M geschlossenen Mietvertrag ist u.a. geregelt:
§ 12: M leistet zu Beginn des Mietverhältnisses eine zu 5 % verzinsliche Kaution von 3.000 €. Die Zinsen werden jährlich einem von V aufbewahrten Sparbuch gutgeschrieben.
§ 13: Der beim Bau der Wohnung bezahlte »Baukostenzuschuss«[302] i.H.v. 10.000 € wird gleichmäßig auf die Mietlaufzeit (geplant: zehn Jahre) verteilt.

Lösung:
- Die Kaution stellt eine Sicherheitsleistung des M zu Gunsten des V dar. Es handelt sich dabei um eine Form der Sicherungstreuhand. Gem. § 39 Abs. 2 Nr. 1 S. 2 AO ist der Betrag dem Treugeber M zuzurechnen. Etwaige Erträge aus der Anlage der Kautionssumme sind Einnahmen des M gem. § 20 Abs. 1 Nr. 7 EStG.[303]
- Mieterzuschüsse sind grundsätzlich im Jahr der Vereinnahmung als Einnahmen nach V+V zu erfassen. Nach § 11 Abs. 1 S. 3 EStG können sie von V gleichmäßig auf die Laufzeit des Mietverhältnisses verteilt werden, wenn der Mietvertrag länger als fünf Jahre laufen soll (vgl. R 21.5 Abs. 3 EStR). Umgekehrt stellt die Rückzahlung nicht verbrauchter Zuschüsse (etwa bei vorzeitigem Auszug) bei V eine negative Einnahme dar.[304]

3.2.2.2 Werbungskosten

Die Regelung in § 21 Abs. 2 EStG trägt dem Umstand Rechnung, dass Wohnungen häufig Angehörigen oder AN des Vermieters zu einem nicht marktüblichen Entgelt überlassen werden. Hält sich der Vermieter an den gesetzlichen Orientierungsrahmen von **66 %** der ortsüblichen Miete, so werden, bei auf Dauer angelegter Vermietung, hieraus steuerlich keine Konsequenzen gezogen. Es kann der volle WK-Abzug geltend gemacht werden, da die Vermietung dann als (voll) entgeltlich fingiert wird. Beim Unterschreiten der 66 %-Grenze (Beispiel: Miete von 250 € bei einer ortsüblichen Miete[305] von 1.000 €) erfolgt die Aufteilung in einen entgeltlichen (im Beispiel: 25 %) und einen unentgeltlichen Teil (im Beispiel: 75 %). Damit sind wegen des Grundsatzes der Besteuerung des Ist-Einkommens keine Folgen für die Einnahmenseite zu befürchten. Für die WK bedeutet dies jedoch eine Kap-

---

[301] Die Frage, ob ein von einem privaten Dritten gewährtes Mietzuschussdarlehen als Einnahme aus Vermietung und Verpachtung anzusehen ist, welches erst dann zurückzuzahlen ist, wenn qualifizierte Vermietungsüberschüsse erzielt werden, ist zurzeit vor dem BFH anhängig (Az.: IX R 56/13).
[302] Der Mieterzuschuss ist nicht mit einem sonstigen Baukostenzuschuss (z.B. von der öffentlichen Hand) zu verwechseln. Diese stellen gem. R 21.5 EStR Minderungen der AK/HK des Gebäudes dar. Dies gilt auch dann, wenn zunächst ein Darlehen für die Anschaffung bzw. Herstellung eines Gebäudes gewährt wird und dieses Darlehen später (in einem anderen Veranlagungszeitraum) in einen Zuschuss umgewandelt wird. Die AK/HK sind erst in diesem Veranlagungszeitraum zu mindern. Der verbleibende Rest des Zuschusses führt nicht zu Einnahmen (BFH vom 07.12.2010, Az.: IX R 46/09).
[303] Das BFH-Urteil vom 11.07.2000 (BStBl II 2001, 784) brachte in diese gesicherte Rechtsansicht Bewegung, als dort ausgeführt wurde, dass die einbehaltene Kaution zu V+V-Einnahmen führt und die damit durchgeführten Reparaturen WK seien. Es ging dabei aber um die Verwendung der Kautionssumme für Erhaltungsaufwendungen. Ansonsten, bei verzinslicher Anlage bleibt es bei der Zuordnung zu M.
[304] Eine andere Lösung (WK) gilt dann, wenn der Grund für die Rückzahlung erst nach dem Zufluss des Baukostenzuschusses erfolgte (z.B. ursprünglich nicht vorgesehene Rückabwicklung).
[305] Die ortsübliche Marktmiete umfasst die ortsübliche Kaltmiete zuzüglich der nach der Zweiten Berechnungsverordnung umlagefähigen Kosten. So R 21.3 EStR und BFH vom 25.07.2000 (BFH/NV 2001, 305) sowie vom 10.05.2016 (IX R 44/15).

pung der abzugsfähigen WK (im Kurz-Beispiel kann nur ein Viertel der tatsächlichen WK abgezogen werden). Zur genauen Berechnung s. auch FG Niedersachsen vom 07.12.2010 (Az.: 3 K 251/08).

Hervorzuheben ist, dass die Fiktion der Entgeltlichkeit nur für die Vermietung von Wohnungen gilt. In allen übrigen Fällen (z.B. Vermietung von Gewerbeflächen) greift § 21 Abs. 2 EStG nicht, mit der Folge, dass in diesen Fällen auch bei einer vereinbarten Miete von über 66 % bei wesentlicher Abweichung von der ortsüblichen Miete eine Aufteilung der Werbungskosten notwendig sein kann.

Beispiel 31a:
(Auszug aus der Steuerberaterprüfung 2012, verkürzt)
Peter Panther (P) mit Wohnsitz in Gießen ist seit dem 01.01.1998 (Übergang Nutzen und Lasten) Eigentümer eines Grundstücks in Marburg, Rabenstr. II. Die Anschaffungskosten des seinerzeit noch unbebauten Grundstücks betrugen umgerechnet 150.000 €. P hat das Grundstück im Jahr 2007 aufgrund eines am 15.05.2006 gestellten Bauantrags mit einem Zweifamilienhaus bebaut. Die Herstellungskosten betrugen 300.000 €. Die beiden Wohnungen sind seit der Fertigstellung des Gebäudes am 01.09.2007 vermietet. Am 15.02.2011 ließ P an der Wohnung im Obergeschoss einen zusätzlichen Balkon anbringen. Die Rechnungen der beauftragen Handwerker i.H.v. zusammen 3.500 € beglich P im März 2011. Bereits im Januar 2011 hatte Tanja Tiger (T) P mitgeteilt, dass sie Interesse habe, das Grundstück Rabenstr. II dauerhaft aufgrund eines ihr einzuräumenden Erbbaurechts zu nutzen. P hatte dies zunächst abgelehnt, kam aber im Juni 2011 auf das Angebot der T zurück. Grund hierfür war, dass P im Mai 2011 einen Nervenzusammenbruch erlitten hatte und daraufhin auf Rat seines Arztes die nervenaufreibende Vermietungstätigkeit aufgeben wollte. Mit notariellem Vertrag vom 15.06.2011 und Wirkung zum 01.09.2011 bestellte P zu Gunsten der T ein Erbbaurecht an dem Grundstück für die Dauer von 99 Jahren. Als Gegenleistung wurde ein in einem Einmalbetrag zu zahlender Erbbauzins i.H.v. 200.000 € zuzüglich eines Betrages i.H.v. 400.000 € für die Übertragung des Gebäudes vereinbart. Einen laufenden Erbbauzins hat T nicht zu entrichten. Der Entschädigungsanspruch für die auf dem Grundstück befindlichen Bauwerke im Falle des Erlöschens des Erbbaurechts bemisst sich nach deren Verkehrswert im Zeitpunkt des Erlöschens. In dem Erbbaurechtsvertrag verpflichtete sich P, die Fassade des Zweifamilienhauses noch bis zum 01.09.2011 neu streichen zu lassen. Außerdem wurde vereinbart, dass T die bisherigen Mietverträge unverändert fortführt. Die Vertrags- und Gerichtskosten i.H.v. 7.500 € für die Einräumung des Erbbaurechts trug vereinbarungsgemäß T. P ließ den im Erbbaurechtsvertrag vorgesehenen Fassadenanstrich im August 2011 durchführen. Die Rechnung des Anstreichers vom 20.08.2011 i.H.v. 6.000 € beglich P am 26.08.2011. T hat den Erbbauzins sowie das Entgelt für die Übertragung des Gebäudes i.H.v. insgesamt 600.000 € pünktlich am 01.09.2011 auf das Bankkonto von P überwiesen.
Die bis einschließlich August 2011 jeweils pünktlich am Ersten eines Monats an P gezahlte Miete betrug für die beiden vermieteten Wohnungen zusammen monatlich 1.800 €.
Die laufenden, jeweils pünktlich zum Monatsende von P gezahlten Grundstückskosten beliefen sich bis einschließlich August 2011 auf monatlich 400 €. Im Zusammenhang mit der Verwaltung des erbbaurechtsbelasteten Grundstücks sind in der Zeit vom 01.09. bis zum 31.12.2011 Kosten i.H.v. insgesamt 300 € angefallen und von P in 2011 bezahlt worden.
Zu ermitteln sind (hier lediglich) die Einnahmen und Werbungskosten aus Vermietung und Verpachtung des P.

Lösung: (Bannas-Fallrepetitorium, gekürzt, angepasst)
Aus der Vermietung der beiden Wohnungen des Zweifamilienhauses erzielt P Einkünfte aus Vermietung und Verpachtung gem. § 21 Abs. 1 S. 1 Nr. 1 EStG. Auch die Überlassung eines Grundstücks über ein Erbbaurecht stellt eine Nutzungsüberlassung gem. § 21 Abs. 1 S. 1 Nr. 1 EStG dar. Es handelt sich nicht um eine Veräußerung. Dies gilt nicht für das auf dem Grundstück vorhandene Gebäude. Das Eigentum am Gebäude ist am 01.09.2011 auf T übergegangen. P hat das Gebäude demnach veräußert, weshalb diese 400.000 € nicht den Einkünften aus Vermietung und Verpachtung zuzurechnen sind.

Einnahmen:
Miete:
Mieteinnahmen Januar bis August 2011: 8 x 1.800 € = 14.400 €
Erbbauzins:
P will lt. Aufgabe das für 2011 steuerlich günstigste Ergebnis erzielen. Der Erbbauzins wird für eine Nutzungsüberlassung i.S.d. § 11 Abs. 2 S. 3 EStG gezahlt, da T den Betrag für die 99 Jahre dauernde Nutzung des Grundstücks zahlt. Für P ergibt sich gem. § 11 Abs. 1 S. 3 EStG ein Wahlrecht, die Einnahmen abweichend von § 11 Abs. 1 S. 1 EStG auf den Zeitraum gleichmäßig zu verteilen, für den die Vorauszahlung geleistet wird.
In 2011 zu erfassende Einnahmen: 200.000 € / 99 Jahre x 4 / 12 = 673 €
Summe Einnahmen: 15.073 €

Werbungskosten:
Die laufenden Grundstücks- und Verwaltungskosten stellen Werbungskosten i.S.d. § 9 EStG dar. Dies gilt sowohl für die im Zusammenhang mit der Vermietung der Wohnungen bis zum 31.08.2011 gezahlten Beträge als auch für die in der Zeit vom 01.09. bis zum 31.12.2011 bei der Verwaltung des Erbbaurechts angefallenen Aufwendungen. Grundstückskosten 01.01. bis 31.08.2011: 8 x 400 € = 3.200 €; Verwaltungskosten Erbbaurecht: 300 €; ergibt in Summe lfd. Grundstücks-/Verwaltungskosten: 3.500 €.
Da sich die nutzbare Fläche des Gebäudes durch den Balkonanbau vergrößert (vgl. BMF vom 18.07.2003, BStBl I 2003, 386, Rn. 21), stellen diese Aufwendungen nachträgliche Herstellungskosten des Gebäudes i.S.d. § 255 Abs. 2 S. 1 HGB dar. Ein sofortiger Abzug als Werbungskosten ist daher nicht möglich.
Für P ergibt sich jedoch gem. R 21.1 Abs. 2 S. 2 EStR ein Wahlrecht, die Kosten nach Fertigstellung eines Gebäudes als Erhaltungsaufwand zu behandeln, wenn die Aufwendungen für die einzelne Baumaßnahme nicht mehr als 4.000 € betragen. Diese Aufwendungen sind eindeutig durch die Vermietungstätigkeit veranlasst. Die Baumaßnahme wurde im März 2011 durchgeführt. P hat die Entscheidung zur Veräußerung erst im Mai/Juni 2011 getroffen. Da der Fassadenanstrich im August durchgeführt wurde, kommt ein Werbungskostenabzug hierfür nicht in Betracht. P hatte sich vertraglich zur Durchführung der Baumaßnahme verpflichtet. P kann bis zur Veräußerung AfA gem. § 9 Abs. 1 S. 3 Nr. 7 S. 1, § 7 Abs. 4 S. 1 Nr. 2 Buchst. a EStG als Werbungskosten geltend machen. 2 % x 300.000 € x 8/12 = 4.000 € Werbungskosten gem. § 9 EStG: 11.000 €.

Einnahmen gem. § 8 EStG	15.073 €
Werbungskosten gem. § 9 EStG	./. 11.000 €
Einkünfte aus Vermietung und Verpachtung	4.073 €

3.2.2.2.1 Schuldzinsen

Eine umfangreiche Rspr. gibt es zur Behandlung von Finanzierungsaufwendungen, insb. von **Schuldzinsen**, im Zusammenhang mit der Vermietungstätigkeit. Die Fragen konzentrieren sich auf zwei Problemfelder:

- Die Zuordnung der Aufwendungen für unterschiedlich genutzte Gebäudeteile.
- Die Verwendung der Darlehenssumme für andere Zwecke.

Beispiel 32: Das »Allround-Darlehen«

V beleiht im Januar 17 das Betriebsgrundstück (A) mit einer Grundschuld zur Finanzierung eines Zweifamilienhauses (1 Mio. € zu 5 %), in welchem er das EG zunächst betrieblich an einen AN vermietet und das gleich große 1. OG fremdvermietet.

V nimmt ebenfalls im Januar 17 einen zweiten Kredit (0,5 Mio. € zu 8 %) zur Finanzierung einer Computeranlage auf, die in der Verwaltung eingesetzt wird. Auch das neue EDV-System kann das Unternehmen nicht mehr aus den roten Zahlen führen.

Nach Verkauf des Unternehmens (ohne das Betriebsgrundstück (A)[306]) in 13 könnte V zwar das zweite Darlehen aus dem Verkaufspreis zurückzahlen, unterlässt dies aber und hält sich den Verwendungszweck für eine spätere Vermögensanlage (evtl. Aktien) offen. In 19 erwirbt er mit Hilfe dieses Kredits ein neues Mietobjekt (Eigentumswohnung).

Bei den Schuldzinsen (§ 9 Abs. 1 S. 3 Nr. 1 EStG) hat die Rspr. die **kausale Betrachtungsweise** bei den WK entwickelt und in nahezu[307] allen Urteilen in den Vordergrund ihrer Entscheidungen gestellt. Damit ist eine wirtschaftliche Zuordnung der jeweiligen Schuld(zinsen) zu der Einkunftsart vorzunehmen, für die die erstmalige oder spätere Darlehensverwendung das »auslösende Moment« war. Dabei ist auf äußere Beweisanzeichen abzustellen, damit es nicht zu einem willkürlichen Austausch von Finanzierungsgrundlagen kommt.

Lösung:

1. Das betriebliche Beleihungsobjekt (Grundstück A) allein macht aus dem ersten Grundschulddarlehen noch keine Betriebsschuld. Vielmehr besteht ein eindeutiger Veranlassungszusammenhang zu dem ZFH, das zur Hälfte eigenbetrieblich genutzt (R 4.2 Abs. 4 S. 2 EStR) und zur anderen Hälfte privat vermietet ist. Gem. § 21 Abs. 3 EStG ist aufgrund der Subsidiaritätsklausel der Teil des Grundschulddarlehens, der auf das »betriebliche EG« entfällt, als Betriebsschuld zu behandeln; die hierauf entfallenden Zinsen sind gem. § 4 Abs. 4 EStG i.H.v. 25 T€ BA. Umgekehrt zählt der auf das 1. OG entfallende Teil der Zinsen zu den WK gem. § 9 Abs. 1 S. 3 Nr. 1 EStG.[308]
2. Komplizierter stellt sich die Rechtslage bzgl. des zweiten Darlehens dar. Im Zeitpunkt der Darlehensaufnahme in 17 liegt eindeutig eine Betriebsschuld vor, die i.H.v. 40 T€ zu einem BA-Abzug im VZ 17 führt. Nach der Veräußerung des Unternehmens in 13 können die Zinsen solange nachträgliche BA gem. § 24 Nr. 2 i.V.m. § 15 EStG sein, bis ein etwaiges

---

306 Das Grundstück (A) ist dann keine wesentliche Betriebsgrundlage, wenn es keine hohen stillen Reserven enthält und für das Unternehmen auch in funktioneller Hinsicht nicht betriebsnotwendig ist. Nur unter diesen Voraussetzungen steht es einer Betriebsveräußerung nach § 16 EStG nicht im Wege.
307 Abgesehen von einer kurzfristigen – zwischenzeitlich wieder berichtigten – Unterbrechung durch zwei BFH-Urteile vom 30.10.1990 (BFH/NV 1991, 303) sowie vom 27.11.1990 (Az.: IX R 158/89) – nicht amtlich veröffentlicht.
308 S. hierzu bereits BFH vom 15.01.1980 (BStBl II 1980, 348) sowie zur Aufteilung einer Schuld auf vier Eigentumswohnungen der BFH vom 29.08.2001 (BFH/NV 2002, 25).

Verwertungshindernis entfällt. Solange V jedoch die Darlehensvaluta aus dem Verkaufspreis für das Unternehmen begleichen kann, entfällt nach Ansicht des BFH (BFH vom 19.08.1999, BStBl II 1999, 353) sowie der Verwaltung (H 21.2 EStH »Finanzierungskosten« sowie BMF vom 14.01.2014 (BStBl I 2006, 108) der Abzug der Zinsen als nachträgliche BA, da diese der Finanzierung von Anschaffungskosten gedient hatten.[309] In 18 sind die gezahlten Zinsen daher weder nach § 15 EStG als BA noch als WK abzuziehen, da V sich die Verwendung offen hält. Mit der ausdrücklichen Umwidmung in 19 (Verwendung zur Finanzierung eines Mietobjekts) entsteht eine Privatschuld, die gem. §§ 9, 21 EStG einen WK-Abzug i.H.v. 40 T€ zulässt.

Die hier zugrunde gelegte Argumentation **(wirtschaftliche Erst- und Folgeveranlassung der Schuld als Indikator für die jeweilige Einkunftsart)** lässt sich für alle Streitfälle der gemischten und problematischen Finanzierungsaufwendungen nutzbar machen.[310, 311] Im Urteil vom 01.03.2005 (BStBl II 2005, 597) änderte auch ein Darlehen, das mit einem deutlich höheren Betrag aufgenommen wurde, als es für die Anschaffungskosten erforderlich war, nichts an dieser Beurteilung. Die Zinsen wurden allerdings nur in dem Maße berücksichtigt, als sie auf die für die AK abberufenen Kredite anfielen.

Beispiel 33:
(Auszug aus der Klausur Ertragsteuern der Steuerberaterprüfung 2008, verkürzte Darstellung)
Frau B hatte in 1997 ein unbebautes Grundstück erworben [...]. Entgegen der ursprünglichen Planung [...] vermietete Frau B das Grundstück zu Wohnzwecken. Am 30.06.2007 verkaufte Frau B das Grundstück (Zahlungseingang 01.07.2007).
Die AK/HK hatte Frau B durch ein Hypothekendarlehen finanziert. Da die Bank auf einer nicht unerheblichen Vorfälligkeitsentschädigung bestand, entschloss sich Frau B, das Darlehen beizubehalten und den gesamten Veräußerungserlös sofort bis zum Ablauf der Darlehenszeit festverzinslich anzulegen (Zinsertrag 2007, 21.000 €). Die Bank verlangte jedoch die Absicherung des Darlehens durch Eintragung einer Hypothek zu Lasten des eigengenutzten Einfamilienhauses. In 2007 betrugen die Schuldzinsen 40.000 €.

Lösung (nach der amtlichen Lösungstabelle, Punkte 19 bis 23, verkürzte Darstellung):
Aus der Anlage des Verkaufserlöses werden Einkünfte gem. § 20 Abs. 1 Nr. 7 EStG (a.F.) erzielt. Die Einkunftserzielungsabsicht liegt vor. Die auf die Zeit nach Übergabe des Grundstückes (01.07.2007) bis zum 31.12.2007 entstandenen und gezahlten Schuldzinsen sind WK bei den Einkünften aus Kapitalvermögen (altes Recht!). Der wirtschaftliche Veranlassungszusammenhang ist immer dann anzunehmen, wenn ein objektiver Zusammenhang der Aufwendungen mit der Überlassung von Kapital zur Nutzung besteht und subjektiv die Aufwendungen zur Förderung der Nutzungsüberlassung gemacht werden (BFH vom 27.06.1989, BStBl II 1989, 934). Für

---

309 Für die Behandlung von nachträglichen Schuldzinsen zur Finanzierung von Instandhaltungsaufwand und von nachträglichen Schuldzinsen allgemein vgl. auch BFH vom 27.07.2015, BStBl I 2015, 581 und die Darstellung in Kap. 3.2.2.2.3.
310 S. im Einzelnen die zahlreichen Beispiele in H 21.2 EStH »Finanzierungskosten«. Können die Bauzeitzinsen während der Herstellungsphase nicht als solche vorweggenommenen Werbungskosten abgezogen werden, können sie bei anschließender Vermietung nach § 255 Abs. 3 S. 2 HGB in die Herstellungskosten des Gebäudes einbezogen werden (BFH vom 23.05.2012, Az.: IX R 2/12).
311 Der Drittaufwand wird in Teil B, Kap. I zusammenfassend dargestellt. Vgl. hierzu auch BFH vom 15.11.2005 (BStBl II 2006, 623) und vom 15.01.2008 (DStR 2008, 495) sowie BMF vom 07.07.2008 (BStBl I 2008, 717).

diese Beurteilung ist auf den Zweck der Schuldaufnahme abzustellen. Die Voraussetzungen liegen hier vor.

Berechnung:

Einnahmen	21.000 €
WK (Schuldzinsen: 6/12 von 40.000 € = sechs Monate)	./. 20.000 €
Sparerfreibetrag (Ehegatten)	./. 1.000 €
Einkünfte (§ 20 EStG)	0 €

Aus der Vermietung bis zum 30.06.2011 werden Einkünfte aus Vermietung und Verpachtung erzielt. Die Einkunftserzielungsabsicht ist zu bejahen. Die Einnahmen betragen 6 x 2.500 € = 15.000 €. Der wirtschaftliche Zusammenhang der Schuldzinsen vom 01.01.2007 bis zum 30.06.2007 ist auch hier gegeben. Nach dem 30.06.2007 angefallene Schuldzinsen gehören zu den Einkünften aus Kapitalvermögen (s. oben).

Berechnung:

Einnahmen	15.000 €
WK (Schuldzinsen: 6/12 von 40.000 € = sechs Monate)	./. 20.000 €
Weitere WK lt. SV (nicht dargestellt)	./. 20.000 €
Einkünfte (§ 21 EStG)	./. 25.000 €

Ein kausaler Zusammenhang zwischen aufgenommenem Darlehen und finanzierten Aufwendungen ist demzufolge das entscheidende Kriterium für den Schuldzinsenabzug. Sofern eine Kapitallebensversicherung der Rückzahlung von Darlehen, die zum Erwerb von Mietgrundstücken aufgenommen worden sind, dient, sind die Zinsen für ein zur Finanzierung der Versicherungsbeiträge aufgenommenes Darlehen als WK bei den Einkünften aus Vermietung und Verpachtung abziehbar (BFH vom 25.02.2009, BStBl II 2009, 459). Ebenso kann der sachliche Zusammenhang zwischen Darlehen und finanzierten Aufwendungen auch nachträglich (teilweise) entfallen. Veräußert der StPfl. einen Hälfteanteil an einer vermieteten Eigentumswohnung, so stehen ab der Entstehung der Bruchteilsgemeinschaft die zur Finanzierung der Immobilie aufgenommenen Darlehen nur noch zur Hälfte in wirtschaftlichem Zusammenhang mit seiner Beteiligung an der Bruchteilsgemeinschaft. Die Zinsen stellen nur noch zur Hälfte abzugsfähige WK dar (FG München vom 11.07.2007, DStRE 2008, 550, bestätigt durch BFH vom 25.02.2009, BFH/NV 2009, 1255 (NV)). S. zur steuerlichen Anerkennung von Angehörigenverträgen (Darlehen) auch BMF vom 23.12.2010, BStBl I 2011, 37, geändert durch BMF vom 29.04.2014, BStBl I 2014, 809 und FG Berlin-Brandenburg (Mietvertrag) vom 08.03.2012 (Az.: 9 K 9009/08, rkr.).

Auch in Bezug auf Darlehen ist unter Ehegattenverhältnissen ein strenger Prüfungsmaßstab heranzuziehen: Nach einem Urteil des FG Düsseldorf vom 07.05.2010 (BeckRS 2010 26029344) sind Schuldzinsen beim Eigentümer eines Mietobjekts als WK dann zu berücksichtigen, wenn er im Rahmen eines Treuhandvertrages seinen Ehegatten als Kreditnehmer eingeschaltet hat, diesem im Innenverhältnis ein Rechtsanspruch auf Aufwendungsersatz zusteht und die Mieteinnahmen auf dessen Konto mit der Maßgabe weitergeleitet werden, dass der Ehegatte daraus die Zinszahlungen entrichtet. U.E. ist aus dem Urteil zu schlussfolgern, dass der Vertrag tatsächlich durchgeführt werden muss. Letztendlich entscheidend für die Frage, bei wem der Abzug durchzuführen ist, ist nach Auffassung des Gerichtes, von wem die wirtschaftliche Belastung getragen wird.

Der BFH bekräftigt auch im Urteil vom 22.10.2013 (Az.: X R 26/11), dass die steuerliche Anerkennung der Darlehensverträge anlassbezogen zu prüfen ist. Demnach ist die Intensität der Prüfung des Fremdvergleichs bei Darlehensverträgen zwischen nahen Angehörigen vom Anlass der Darlehensaufnahme abhängig:

- Der Fremdvergleich ist strikt vorzunehmen, wenn die Darlehensmittel dem Darlehensgeber zuvor vom Darlehensnehmer geschenkt worden sind. Gleiches gilt, wenn in einem Rechtsverhältnis, für das die laufende Auszahlung der geschuldeten Vergütung charakteristisch ist, die tatsächliche Auszahlung durch eine Darlehensvereinbarung ersetzt wird.
- Dient das Angehörigendarlehen hingegen der Finanzierung der Anschaffungs- oder Herstellungskosten von Wirtschaftsgütern und ist die Darlehensaufnahme daher unmittelbar durch die Einkunftserzielung veranlasst, tritt die Bedeutung der Unüblichkeit einzelner Klauseln des Darlehensvertrags zurück. Entscheidend sind in diesen Fällen vielmehr die tatsächliche Durchführung der Zinsvereinbarung und die fremdübliche Verteilung der Vertragschancen und -risiken.

Maßstab für den Fremdvergleich sind jedenfalls bei solchen Darlehensverträgen zwischen Angehörigen, die nicht nur dem Interesse des Schuldners an der Erlangung zusätzlicher Mittel außerhalb einer Bankfinanzierung dienen, sondern auch das Interesse des Gläubigers an einer gut verzinslichen Geldanlage berücksichtigen, nicht allein die Vertragsgestaltungen, die zwischen Darlehensnehmern und Kreditinstituten üblich sind, sondern ergänzend auch Vereinbarungen aus dem Bereich der Geldanlage (gegen BMF vom 23.12.2010, BStBl I 2011, 37, Rn. 4 S. 3). Das BMF hat mit Schreiben vom 29.04.2014 (BStBl I 2014, 809) auf das Urteil des BFH reagiert und die beanstandete Regelung aus dem Schreiben vom 23.12.2010 geändert.

Beispiel 34[312]:
Franz Klein und Martha Klein sind verheiratet. Im Juli 17 eröffnete Franz Klein eine eigene Praxis in einem neu erstellten Gebäude. Die Herstellungskosten für das Gebäude finanzierte er durch ein jederzeit kündbares Fälligkeitsdarlehen seiner Ehefrau, die über den Geldbetrag aufgrund einer Erbschaft verfügte. Das Darlehen ist nicht durch eine Grundschuld oder Hypothek gesichert. Franz Klein hat nach dem schriftlichen Darlehensvertrag für das Darlehen einen angemessenen Zinssatz von 5 % zu zahlen und ist den vereinbarten monatlichen Zinszahlungen i.H.v. 1.250 € zum 15. eines jeden Monats auf ein Konto, für das Martha Klein die alleinige Verfügungsbefugnis besitzt, fristgerecht nachgekommen.

Lösung: Die Zinszahlungen sind betrieblich veranlasst. Das Darlehen wurde zwar durch eine nahe Angehörige und ohne Absicherung im Grundbuch gewährt. Dies allein steht jedoch einer steuerlichen Anerkennung nicht entgegen. Der Vertrag wurde wirksam geschlossen und durchgeführt (siehe SV). Die Darlehensmittel stammen aus dem eigenen Vermögen der Martha Klein und hätten sonst von Franz Klein bei einem fremden Dritten aufgenommen werden müssen. Anhaltspunkte für ein Anerkennungsverbot nach § 42 AO bestehen nicht. Demnach sind die in 17 gezahlten Zinsen als Betriebsausgaben zu berücksichtigen. Martha Klein erzielt folglich in entsprechender Höhe Einkünfte aus Kapitalvermögen.

---

312 Auszug aus der StB-Prüfung 2010, verkürzte Darstellung

3.2.2.2.2 Fahrtkosten bei Vermietungseinkünften

Auch im Rahmen des § 21 EStG kann der Abzug von Kosten für Fahrten zu einem Vermietungsobjekt auf die Entfernungspauschale (vgl. Kap. 1.2.5.5) beschränkt sein, wenn sich an dem Objekt der ortsgebundene Mittelpunkt der dauerhaft und auf Überschusserzielung angelegten Vermietungstätigkeit befindet (BFH vom 01.12.2015 – IX R 18/15). Der BFH grenzt in dem genannten Urteil ausführlich die Kriterien einer Tätigkeitsstätte ab, die für die Frage der Höhe des WK-Abzuges maßgebend sind. Diese Abgrenzung ist demzufolge analog zu den bei § 19 EStG genannten Kriterien vorzunehmen (vgl. hierzu Kapitel 1.2.5.3 ff.).

3.2.2.2.3 Vorab- und nachträgliche Werbungskosten[313]

Vorab entstandene WK können als vergeblicher Aufwand selbst dann abziehbar sein, wenn es entgegen den Planungen des Steuerpflichtigen nicht zu Einnahmen kommt, sofern nur eine **erkennbare Beziehung zu den angestrebten Einkünften** besteht (BFH vom 16.02.2016 – IX R 1/15, NV). Entscheidend ist demzufolge die (Darlegung der) ernsthaften Einkunftserzielungsabsicht.

Bezüglich der nachträglichen WK hat das BFH-Urteil vom 17.07.2007 (BStBl II 2007, 941) für gewisses Aufsehen gesorgt. Im Urteilsfall wurde ein Grundstück an verschiedene gewerbliche Mieter überlassen (Bauunternehmer, Kfz-Werkstätte), die für eine entsprechende Verunreinigung des Bodens und für eine spätere Nichtvermietbarkeit sorgten. Die Kosten, die der Vermieter für die Schadstoff-Gutachten nach Ablauf der Mietverhältnisse aufbrachte, sind nach dem BFH-Urteil als **nachträgliche WK** abziehbar. Eine besondere Hervorhebung verdient die Entscheidung insb. deshalb, da der BFH den Bezug zum (abgelaufenen) Mietverhältnis höher einstufte als die (mögliche) Zuordnung der Gutachtenkosten zu Grund und Boden, der Jahre später veräußert wurde.

Für den in der Praxis wohl wichtigsten Fall der nachträglichen Schuldzinsen sind zwischenzeitlich Grundsätze durch Verwaltungsanweisungen und Rechtsprechung aufgestellt:

- Mit Urteil vom 20.06.2012 (Az.: IX R 67/10) wird der Abzug für den Fall zugelassen, dass der **Veräußerungserlös** des Gebäudes **nicht zur Tilgung des Darlehens** ausreicht, sofern die Veräußerung der Immobilie noch nach § 23 Abs. 1 Nr. 1 EStG steuerverstrickt war (privates Veräußerungsgeschäft). Entscheidend ist jedoch, dass der Veräußerungserlös zur Tilgung des Darlehens eingesetzt wird, sofern nicht Tilgungshemmnisse entstehen.
- Mit Urteil vom 11.02.2014 – IX R 42/13 hat der BFH entschieden, dass ein Steuerpflichtiger die für die vorzeitige Ablösung seiner Darlehensschuld zwecks lastenfreier Veräußerung seines Mietobjekts zu entrichtende **Vorfälligkeitsentschädigung** auch dann nicht »ersatzweise« als WK aus Vermietung und Verpachtung abziehen kann, wenn der Veräußerungsvorgang nicht nach § 23 Abs. 1 Nr. 1 EStG steuerbar ist. Seine bisherige Rechtsprechung, wonach in Veräußerungsfällen wegen Beurteilung der Vorfälligkeitsentschädigung als Finanzierungskosten eines neu erworbenen Mietobjekts ausnahmsweise ein WK-Abzug für zulässig erachtet wurde, gab der BFH mit dieser Entscheidung ausdrücklich auf. Mit Urteil vom 08.04.2014 (Az.: IX R 45/13, vgl. auch das Urteil vom

---

313 S. auch Kap. A IV 1.3.

01.12.2015 (IX R 42/14)) ist der BFH der Auffassung des BMF (Schreiben vom 28.03.2013, BStBl I 2013, 508) entgegengetreten und hat den Schuldzinsenabzug auch für den Fall einer nicht steuerbaren Immobilienveräußerung zugelassen. Auch in dieser Konstellation lässt der BFH den Ansatz nachträglicher WK zu, wenn soweit die Darlehensverbindlichkeiten durch den Veräußerungserlös nicht getilgt werden können.

- Entfällt der Veranlassungszusammenhang zwischen Schuldzinsen und Vermietungstätigkeit bereits vor der Veräußerung (im Urteilsfall Liebhaberei), scheidet ein Schuldzinsenabzug (auch nach Veräußerung) aus (BFH vom 21.01.2014, Az.: IX R 37/12).
- Mit Schreiben vom 27.07.2015 wendet das BMF (BStBl I 2015, 581) die Grundsätze der vorstehenden Urteile unter dem Vorliegen der jeweils weiteren im Schreiben genannten Voraussetzungen an.
- Wird der Veräußerungserlös nicht zur Tilgung der Darlehensverbindlichkeit eingesetzt, scheidet ein Ansatz nachträglicher WK-Abzug regelmäßig aus. Dies ist unabhängig davon der Fall, ob durch die Tilgung eine hohe Vorfälligkeitsentschädigung anfällt oder nicht; auch eine anderweitige Nutzung des Veräußerungserlöses als Einnahmequelle ist unerheblich (vgl. FG Münster vom 11.03.2016, 4 K 173/13 E). Hiervon abzugrenzen ist der Fall des BFH-Urteils vom 16.09.2015 (IX R 40/14).
- Der StPfl. muss den aus der Veräußerung einer bislang vermieteten Immobilie erzielten Erlös – soweit nicht Tilgungshindernisse entgegenstehen – stets und in vollem Umfang zur Ablösung eines im Zusammenhang mit der Einkünfteerzielung aufgenommenen Darlehens verwenden (sog Grundsatz des Vorrangs der Schuldentilgung). Zu dem aus einer Veräußerung erzielten »Erlös« zählt grundsätzlich auch eine vom Steuerpflichtigen vereinnahmte Versicherungssumme aus einer Kapitallebensversicherung, wenn diese in die Finanzierung der Anschaffungskosten einer fremdvermieteten Immobilie einbezogen und damit wesentlicher Bestandteil der Darlehensvereinbarung geworden ist. Der Grundsatz des Vorrangs der Schuldentilgung verpflichtet den Steuerpflichtigen allerdings nicht, die Beendigung des Versicherungsvertrages von sich aus herbeizuführen, wenn die Versicherung weiterhin die Rückführung des verbliebenen Darlehensrestbetrages absichert.
- Zur Abzugsfähigkeit von nachträglichen Schuldzinsen, die zur Finanzierung von sofort abziehbaren WK (Erhaltungsaufwand) aufgewendet werden, vgl. BMF vom 27.07.2015 (BStBl I 2015, 581).

Eine Übersicht über weitere von der Rechtsprechung entschiedene Fälle bietet die nachfolgende Tabelle:

Fälle nachträglicher Werbungskosten bei Vermietung und Verpachtung		
Fallgruppe	Anmerkung	Rechtsprechung/ Verwaltungsanweisungen
Maklerkosten für die Veräußerung eines Objektes	Im Fall, dass beabsichtigt und von vornherein vertraglich festgehalten ist, dass der Veräußerungserlös zur Tilgung der Finanzierung weiterer vermieteter Objekte verwendet werden soll, kann ein WK-Abzug (bei den verbleibenden Objekten als Geldbeschaffungskosten) möglich sein.	BFH vom 11.02.2014, Az. BFH: IX R 22/13
Ausbau (eines alten Öltanks)	Keine nachträglichen WK	BFH vom 24.01.2012, Az.: IX R 16/11

3.2.2.2.4 Vergebliche Werbungskosten

Vergebliche WK können grundsätzlich nur solche Aufwendungen sein, bei denen der unmittelbare Zusammenhang mit einer bestimmten Einkunftsart feststeht. Vorgelagerte Tatbestände bewegen sich im Bereich der Vermögenssphäre, die steuerlich irrelevant ist (FG Baden-Württemberg vom 29.07.2009, StE 2010, 67, bestätigt durch BFH vom 28.09.2010 – IX R 37/09 (NV):

Eine Auswahl von BFH-Rechtsprechung und Literatur zur Abgrenzung vergeblicher WK im Bereich der Vermietungseinkünfte findet sich in der nachfolgenden Übersicht.

Rechtsprechung des BFH zur Abziehbarkeit von vergeblichen Werbungskosten		
Urteile/Literatur	Rechtsfrage	Abzug als Werbungskosten bzw. Herstellungskosten
BFH vom 02.11.2000 (BFH/NV 2001, 592), vgl. auch H 6.4 EStH 2008 »Bauplanungskosten« sowie BFH vom 03.11.2005 (BFH/NV 2006, 295)	Behandlung von erfolglosen Planungsaufwendungen für ein erstes Gebäude bei einem später errichteten Gebäude	a) HK wenn sie als Negativerfahrung wertmäßig in das neue (in etwa gleich große und gleichen Zwecken dienende) Gebäude eingeflossen sind b) Abzug als WK nur dann, wenn es sich bei beiden Objekten nach Zweck und Bauart um völlig verschiedene Bauwerke handelt und wenn die Planungsarbeit beim Erstobjekt in keiner Weise der Errichtung des neuen Gebäudes dient. In diesem Fall können WK gem. § 9 Abs. 1 S. 3 Nr. 7 EStG ab dem Zeitpunkt geltend gemacht werden, da es mit Sicherheit nicht mehr zu einer regulären, planmäßigen Verteilung des Aufwands kommen konnte[316]
BFH vom 28.09.2010 (BFH/NV 2011, 36 (n.v.))	Vergebliche Aufwendungen für die Anschaffung von Grund und Boden	Nach der h.M. der Literatur Zuordnung zum privaten Vermögensbereich (kein WK-Abzug), so auch der BFH (für den Fall einer Anzahlung)
BFH vom 09.05.2017 (IX R 24/16)	Maklerkosten zum Erwerb einer vermieteten Immobilie, die vom Makler veruntreut werden	Als WK abziehbar, wenn die Vermietungsabsicht (wirtschaftlicher Zusammenhang) belegbar vorhanden ist

3.2.3 Das Zusammenspiel von § 21 EStG mit den »eigenen vier Wänden«

Beispiel 35: »Das (steuerliche) Multifunktionshaus«
F ist Freiberufler und nutzt jede Geschossfläche seines eigenen MFH (Baukosten im VZ 2017: 200.000 €; Grunderwerb: 50.000 €) unterschiedlich:
EG: 150 qm für die Praxis;
1. OG: 150 qm an M vermietete Wohnung (1.000 € Monatsmiete);
2. OG: je 75 qm an die unterhaltsberechtigten Kinder K 1 (200 € Miete) und an K 2 (300 € Miete) vermietet;
3. OG: abwechselnde Eigennutzung mit seiner Ehefrau/Freundin.
Wie sind Einnahmen und Ausgaben der Immobilie anzusetzen?

---

314 Nach *von Bornhaupt* in K/S/M, § 9b Rz. 811 ff., sollen AfA bei vergeblichen HK vorliegen; a.A. *Drenseck* in *Schmidt*, EStG, § 9 Rz. 49, der § 9 Abs. 1 S. 3 Nr. 7 EStG direkt zur Anwendung kommen lässt.

Neben der Aufteilungsproblematik der unterschiedlich genutzten Gebäudeteile stellt sich bei entgeltlicher Unterbringung der Angehörigen immer die Frage nach der Anerkennung der **Angehörigenmietverträge**. Nach der Rspr. des BFH werden – in Abkehr von früherer BFH-Rspr. und in Verdrängung von § 12 Nr. 1 EStG[315] – Mietverträge mit Angehörigen selbst dann anerkannt, wenn sie mit unterhaltsberechtigten Kindern geschlossen werden und die Miete durch Verrechnung mit dem Barunterhalt (!) bzw. aus geschenkten Mitteln der Eltern beglichen wird (BFH vom 19.10.1999, BStBl II 2000, 223 und 224).[316] Auch eine fehlende Nebenkostenvereinbarung und -abrechnung ist – für sich genommen – unschädlich (BFH vom 17.02.1998, BStBl II 1998, 349).

Es liegt auch kein Gestaltungsmissbrauch vor, wenn ein Ehegatte dem anderen Ehegatten seine an dessen Beschäftigungsort belegene Wohnung im Rahmen einer doppelten Haushaltsführung zu fremdüblichen Konditionen vermietet (BFH vom 11.03.2003, BStBl II 2003, 627).

Anzuerkennen ist das Mietverhältnis hingegen dann nicht, wenn es – im Rahmen eines Fremdvergleichs – in zahlreichen Punkten von den zwischen fremden Dritten üblichen Vertragsinhalten abweicht.[317]

Lösung:
- Die Aufwendungen für die Praxis im EG (insb. die AfA) können zu einem Viertel bei § 18 EStG als BA abgezogen werden (§ 21 Abs. 3 EStG). Ein (fiktiver) betrieblicher Nutzungswert ist nicht anzusetzen.
- Die Vermietung des 1. OG führt zu Einnahmen nach § 21 EStG (12 T€) sowie zum anteiligen (1/4) Abzug der Aufwendungen als WK.
- Bei der – dem Grunde nach – anzuerkennenden Vermietung an die Kinder ist beim WK-Abzug nach den Mietern zu differenzieren. Bei K 1 unterschreitet die Miete mit 200 € die 66 %-Grenze des ortsüblichen Ansatzes (500 €), so dass etwaige WK nur zu 40 % (200 €/500 €) für diese Wohnung berücksichtigt werden können (§ 21 Abs. 2 EStG). Umgekehrt führt der Mietansatz von 300 € (80 %) bei K 2 zum vollen WK-Abzug, soweit die WK auf diese Wohnung entfallen.
- Die Eigennutzung der Wohnung im 3. OG führt nicht zu Einnahmen. Im Gegenzug können die Aufwendungen, die auf das 3. OG entfallen, nicht als WK geltend gemacht werden.

Ein Problem bei den »Mischobjekten« (Gebäude, das sowohl selbst genutzt wie auch vermietet wird) sind die Schuldzinsen. Diese sind nach dem BFH-Urteil vom 09.07.2002 (BStBl II 2003, 389, vgl. auch den Beschluss des BFH vom 15.11.2007 (BFH/NV 2008, 370) nur anteilig bei V + V anzusetzen. Etwas anderes (voller Abzug) gilt dann, wenn das Darlehen gezielt dem V + V-Gebäudeteil zugeordnet wird. Dies setzt voraus, dass mit dem Darlehen tatsächlich die Aufwendungen beglichen werden, die dem V + V-Trakt zuzuordnen sind. Eine entsprechende Vorkehrung kann z.B. schon mittels der notariellen Auflassungsverträge erfolgen. So kann z.B. ausschließlich der vermietete Teil des Gebäudes mit Fremdmitteln

---

315 Zur Bedeutung von § 12 Nr. 1 EStG bei Angehörigenverträgen allgemein s. Teil B, Kap. I.
316 Voraussetzung ist aber, dass die Kinder keine Haushaltsgemeinschaft mit den Eltern bilden (BFH vom 19.10.1999, a.a.O. sowie Finanzverwaltung H 21.4 EStH »Vermietung an Unterhaltsberechtigte«). Der Mietvertrag muss außerdem einem Fremdvergleich standhalten, d.h. er muss zivilrechtlich wirksam geschlossen sein, das Mietverhältnis muss ernsthaft vereinbart und die Vereinbarung tatsächlich durchgeführt werden (OFD Frankfurt a.M. vom 25.07.2007, St 214). Vgl. hierzu auch H 21.4 EStH sowie umfangreiche finanzgerichtliche Rspr. (z.B. BFH vom 17.03.1992, BStBl II 1992, 1009 und FG Düsseldorf vom 20.05.2015, 7 K 1077/14 E, nrkr.).
317 Vgl. hierzu exemplarisch BFH vom 04.10.2016, IX R 8/16.

erworben werden, während der selbstgenutzte aus Eigenmitteln angeschafft wird. Bei einer entsprechenden Dokumentation wird die Finanzverwaltung den vollen Zinsenabzug akzeptieren (BMF vom 16.04.2004, BStBl I 2004, 464, wobei die Dokumentation der zugewendeten Darlehensmittel von entscheidender Bedeutung ist).[318]

Hinweis: Für den Fall, dass es dem Vermieter (Eigentümer) nur gelingt, seinen **Eigenbedarf** durchzusetzen, indem er dem Mieter für dessen vorzeitigen Auszug **Entschädigungszahlungen** leistet, entschied der BFH am 07.07.2005 (BStBl II 2005, 760) folgerichtig[319], dass diese nicht als WK abzugsfähig sind. Ebenfalls keine WK, sondern (bereits) der privaten Sphäre zuzurechnen sind Aufwendungen für Schönheitsreparaturen und zur Beseitigung kleinerer Schäden und Abnutzungserscheinungen, die der StPfl. an einer bisher vermieteten Wohnung vor deren eigenen Nutzung durchführt (BFH vom 11.07.2000, BStBl II 2001, 784).

3.3 Weitere Vermietungs- und Verpachtungstatbestände

Die Vermietung von Sachinbegriffen bzw. beweglichem BV nach § 21 Abs. 1 S. 1 Nr. 2 EStG setzt entweder eine wirtschaftliche Einheit (Sachinbegriff wie z.B. eine Wohnungseinrichtung) oder **ehemaliges** bewegliches BV voraus, da bei einer aktuellen BV-Qualität § 21 Abs. 3 EStG einschlägig ist und damit § 15 EStG gilt. In diesem Zusammenhang darf nicht § 22 Nr. 3 EStG außer Acht gelassen werden, der die Vermietung privater beweglicher Gegenstände (z.B. eines Strandkorbs an der Ostsee) zu Leistungen und damit zu sonstigen Einkünften nach § 22 EStG deklariert.

In allen Fällen muss es sich allerdings um eine Nutzungsüberlassung (Mietvertrag) handeln, was der BFH z.B. bei einem Vertrag zwischen einem Fernsehveranstalter und einem Satellitenbetreiber bzgl. des Satellitentransponders verneint hat (lt. BFH vom 17.02.2000, IStR 2000, 438 soll ein Werkvertrag vorliegen).

Nach § 21 Abs. 1 S. 1 Nr. 3 EStG werden nur die Überlassungsentgelte (Hauptfall: Lizenzgebühren für die Überlassung von Patenten) – und nicht die Verwertungsentgelte – als Vermietungseinkünfte besteuert.

§ 21 Abs. 1 S. 1 Nr. 4 EStG schließt letztendlich die Einkünfte aus der Veräußerung von Miet- und Pachtzinsforderungen in den Tatbestand des § 21 EStG mit ein. Dies gilt auch dann, wenn die Einkünfte im Veräußerungspreis von Grundstücken enthalten sind und die Miet- oder Pachtzinsen sich auf einen Zeitraum beziehen, in dem der Veräußerer noch Besitzer war.

4 Sonstige Einkünfte gemäß §§ 22, 23 EStG

Die sonstigen Einkünfte i.S.d. § 2 Abs. 1 S. 1 Nr. 7 EStG werden im vorliegenden Lehrwerk nicht geschlossen bei den Überschusseinkünften erfasst, sondern im jeweiligen Sachzusammenhang dargestellt. So werden die »privaten Veräußerungsgeschäfte« des § 23 EStG

---

318 Die Grundsätze des BMF-Schreibens vom 16.04.2004 sind auch auf Schuldzinsen anzuwenden, die in Zusammenhang mit der Finanzierung von Renovierungsmaßnahmen (Erhaltungsaufwand) für ein gemischt genutztes Gebäude entstehen (OFD Frankfurt a.M. vom 30.08.2006, DB 2006, 2260).
319 Abzustellen ist auf die künftige Nutzungsart!

im Kapitel der Steuerentstrickung und bei der Verlustdiskussion (ebenso wie § 22 Nr. 3 EStG[320]; s. aber BFH vom 24.08.2006, DB 2006, 2498[321]) behandelt, während die Versorgungsrenten der Darstellung bei der vorweggenommenen Erbfolge vorbehalten sind.[322] Da auch Parlamentarierbezüge nach § 22 Nr. 4 EStG i.V.m. R 22.9 EStR keine großen Probleme bereiten, verbleibt abschließend der Bereich der **allgemeinen (Gegenleistungs-)Renten**, unter Einbeziehung der Sozialversicherungsrenten und des Ehegattenversorgungsausgleichs. **Betriebliche Renten**, wie sie bei der Übergabe von Einzel-WG oder von Funktionseinheiten vereinbart werden, werden ebenfalls an den einschlägigen Stellen[323] behandelt. Die seit VZ 2005 auf neues Fundament gestellten gesetzlichen Renten werden ebenfalls im Kontext zu den Alterseinkünften dargestellt.

Damit werden im Lehrbuch nachfolgende Komplexe mit Bezug zu den §§ 22, 23 EStG an den aufgeführten nachfolgenden Stellen abgehandelt. Auch dies ist ein Beitrag zur (richtigen) Steuersystematik.

Gegenstand (Sachverhalt) EStG		Darstellung bei Rechtsinstitut	unter Kap.
§ 22 Nr. 2	Private Veräußerungsgeschäfte (§ 23 EStG)	Steuerentstrickung (PV)	Teil B, Kap. II 5
§ 22 Nr. 2	Verluste aus privaten Veräußerungsgeschäften[326]	Verluste im Ertragsteuerrecht (Verlustentstehung/Veräußerung)	Teil B, Kap. IV 3.4
§ 22 Nr. 1	Private Versorgungsrenten	Rechtsnachfolge/ vorweggenommene Erbfolge	Teil B, Kap. III 3 ff.
§ 22 Nr. 1	Betriebliche Renten (BV)	Steuerentstrickung (BV)	Teil B, Kap. II 2.2.1.5.2 und 4.3.2

---

320 Bei den Leistungen gem. § 22 Nr. 3 EStG erfassen Rspr. und Verwaltung (H 22.8 EStH) jedes Tun, Dulden oder Unterlassen, das Gegenstand eines Vertrages sein kann und das um des Entgelts willen erbracht wird, als steuerbaren Gegenstand. Ausgeschlossen sind demgegenüber Veräußerungsvorgänge im privaten Bereich (vgl. auch die von der Verwaltung angeführten, hinreichend illustrativen Beispiele a.a.O. sowie das Urteil des FG Köln vom 20.04.2010, EFG 2010, 1216; hier stellt das FG am Beispiel eines Domainverkaufs illustrativ fest, dass § 22 Nr. 3 EStG keine Veräußerungen erfasse). Allgemein unterliegen solche Austauschentgelte dem § 22 Nr. 3 EStG, bei denen eines der gewerblich-qualifizierenden Merkmale fehlt. Beachte jedoch, dass Stillhaltegeschäfte, die bis 2008 von § 22 Nr. 3 EStG erfasst wurden, nun gem. § 20 Abs. 1 Nr. 11 EStG den Kapitaleinkünften zuzurechnen sind.
321 Danach ist die Vereinnahmung eines **Reugelds** (»Vertragstrafe« bei einseitigem Vertragsrücktritt) für den Rücktritt vom Kaufvertrag (Grundstück des Privatvermögens) beim Empfänger (Verkäufer) nicht steuerbar! Der BFH führte aus, dass es sich dabei um einen nicht steuerbaren Vorgang auf **Vermögensebene** handelt.
322 Das Realsplitting (§ 22 Nr. 1a EStG) wiederum wird aus Gründen der Sachnähe bei den SA (§ 10 Abs. 1a Nr. 1 EStG) gewürdigt.
323 Z.B. im Bilanzrecht (*Kölpin*, Band 2, Teil A, Kap. III) oder s. Teil B, Kap. II (Steuerverstrickung).
324 Zur teilweisen Verfassungswidrigkeit der Verlängerung der Spekulationsfrist bei Grundstücksveräußerungen vgl. den Beschluss des BVerfG von 07.07.2010 (Az.: 2 BvL 14/02; 2 BvL 2/04; 2 BvL 13/05).

Gegenstand (Sachverhalt) EStG		Darstellung bei Rechtsinstitut	unter Kap.
§ 22 Nr. 1 S. 3 Buchst. a Doppelbuchst. aa[327]	Renten aus der gesetzlichen Rentenversicherung[328]	subjektives Nettoprinzip/Alterseinkünfte	Teil A, Kap. V 4

4.1 Der Anwendungsbereich der privaten wiederkehrenden Leistungen

Nach heute vorherrschendem Verständnis ist im Bereich der **privaten** wiederkehrenden Bezüge bzw. Leistungen nur noch die Unterscheidung zwischen den wiederkehrenden mit **Gegenleistung** und den wiederkehrenden Bezügen anlässlich der privaten Vermögensübergabe i.R.d. vorweggenommenen Erbfolge von grundsätzlicher Bedeutung.[327] Dabei gehen die private Versorgungsrente und die private Unterhaltsrente als Unterfall des Sonderrechts der privaten Generationennachfolge in dieser auf (s. Teil B, Kap. III).

Es verbleiben damit zur Unterscheidung nur noch die privaten wiederkehrenden Bezüge **mit Gegenleistung** gegenüber solchen **ohne Gegenleistung**, wie dies bei einer privaten Versicherungsrente oder einer **Schadensersatz**rente der Fall ist.

Das Realsplitting nach § 22 Abs. 1 Nr. 1a EStG ist bei den SA (§ 10 Abs. 1a Nr. 1 EStG) abgehandelt. Für das **Rentensplitting** (Versorgungsausgleich unter Ehegatten durch Übertragung der gesetzlichen Rentenanwartschaft gem. § 1587b Abs. 1 BGB) gilt die Aussage, dass der spätere Zufluss bei beiden geschiedenen Ehegatten mit dem Ertragsanteil besteuert wird.[328] Beim »Quasi-Splitting« gem. § 1587b Abs. 2 BGB hat nur der »fiktiv nachversicherte« Ehegatte beim Zufluss Einkünfte nach § 22 Nr. 1 EStG.[329]

---

325 S. auch das zentrale BMF-Schreiben vom 19.08.2013 (BStBl I 2013, 1087).
326 Vorweggenommen sei, dass der BFH zwischenzeitlich in mehreren Urteilen die Anwendbarkeit des AltEinkG bestätigt hat. Entschieden wurden die Fälle der Besteuerung von Rentennachzahlungen nach dem 31.04.2004 für einen früheren Zeitraum (Besteuerung mit dem Besteuerungsanteil, nicht mehr mit dem Ertragsanteil, BFH vom 13.04.2011, Az.: X R 1/10, X R 54/09, X R 17/10); von Erwerbsminderungsrenten (Besteuerungsanteil, BFH vom 13.04.2010, Az.: X R 54/09, X R 19/09, X R 33/09), zur grundsätzlichen Anwendbarkeit (BFH vom 19.01.2010, BFH/NV 2010, 986, eine hiergegen gerichtete Verfassungsbeschwerde (Az.: 2 BvR 844/10) wurde vom BVerfG mit Beschluss vom 08.04.2011 nicht zur Entscheidung angenommen) und zur Abziehbarkeit von Vorsorgeaufwendungen (BFH vom 18.11.2009, Az.: X R 34/07). Siehe hierzu auch *Schindler* in LEXinform aktuell, Rechtsprechung des BFH zu Alterseinkünften und Altersvorsorgeaufwendungen (Ausgabe 1 bis 5, 2011). Umgekehrt hat der BFH auch die (volle) Besteuerung von beamtlichen Ruhegehältern (Urteil vom 07.02.2013, Az.: VI R 83/10) und die Nichtgewährung von Versorgungsfreibeträgen nach § 19 Abs. 2 EStG bei Erreichung der Altersgrenze bei betrieblichen Altersrenten (Urteil vom 07.02.2013, Az.: VI R 12/11) für verfassungsgemäß erklärt. Vgl. zur weiteren Diskussuion zur (gerichtlich bestätigen) Verfassungsmäßigkeit des AltEinkG auch BFH vom 06.04.2016 (X R 2/15) und BVerfG vom 29.09.2015 (2 BvR 2683/11), vom 30.09.2015 (2 BvR 1066/10 und 2 BvR 1961/10) und vom 14.06.2016 (BvR 290/10 und BvR 323/10).
327 Vgl. *Fischer* in *Kirchhof-kompakt*, § 22 Rz. 2.
328 Diese sog. »Öffnungsklausel« ist jedoch an die weiteren Voraussetzungen des § 22 Abs. 1 Nr. 1 S. 3 Buchst. a Doppelbuchst. bb EStG geknüpft. U.A. muss eine entsprechende Bescheinigung durch den Versorgungsträger erfolgen. Durch eine Änderung durch das JStG 2010 wird ein entsprechendes Auskunftsrecht der Beteiligten gesichert. Die Öffnungsklausel ist nicht auf Beamten-Versorgungsanwartschaften übertragbar (BFH vom 18.05.2010, BeckRS 2010, 25016353).
329 S. *Fischer*, a.a.O. § 22 Rz. 29. Beim schuldrechtlichen Versorgungsausgleich nach §§ 1587f–n BGB ist die Zahlung einer lebenslänglichen Geldrente voll abziehbar und beim Empfänger voll steuerbar. Ein Abzug der Aufwendungen für den Ausschluss des schuldrechtlichen Versorgungsausgleichs als WK, Sonderausgaben oder außergewöhnliche Belastungen scheidet hingegen aus (BFH vom 15.06.2010, BeckRS 2010, 25016416).

4.2 Die privaten wiederkehrenden Leistungen als »Gegenleistungsrente«

Bereits in Kap. I wurde die Diskussion der wiederkehrenden Leistungen/Bezüge mit dem **Rentenbegriff** geführt (s. auch R 22.3 EStR). Renten sind gleichbleibend wiederkehrende Bezüge in Geld (oder vertretbaren Sachen) als geschuldete Gegenleistung für einen privaten Gegenstand (exakt: für steuerliches PV). Als (häufig synonym verwendete) **Leibrenten** sind die periodischen Bezüge bis zum Ableben des Bezugsberechtigten zu zahlen. Die wichtigste Rechtsfolge bei einer Gegenleistungsleibrente ist die Aufteilung der periodischen Zahlungen in einen **Zinsanteil und einen Tilgungsbetrag**.

Die Rente wird steuerlich in eine unbeachtliche Vermögensumschichtung (Tilgungsanteil) und einen **steuerrelevanten Zinsanteil** aufgespalten. Insoweit (von den Rechtsfolgen) sind die Renten mit Kaufpreisraten (der Höhe nach abänderbare und zeitlich befristete Gegenleistungen als gestundeter Kaufpreis) vergleichbar, wo die Gegenleistung auch in einen steuerrelevanten Zinsanteil (§ 20 Abs. 1 Nr. 7 EStG) und einen Tilgungsanteil aufgeteilt wird. Unmittelbar mit der Kaufpreisrate vergleichbar ist die sog. **Zeitrente**[330], bei der das Zeitmoment (z.B. 15 Jahre) das einzige Merkmal für die Bemessung der Gegenleistung ist. Bei dieser wird ebenfalls der Zinsanteil (abgezinster Barwert) nach § 20 Abs. 1 Nr. 7 EStG besteuert und abgezogen.[331]

Der **Zinsanteil der Leibrente** wird nach der gesetzlichen Fiktion des § 22 Nr. 1 S. 3 Buchst. a Doppelbuchst. bb EStG mit dem sog. Ertragsanteil erfasst. Die dabei zugrunde gelegte Tabelle basiert auf der Annahme einer fiktiven durchschnittlichen Lebenserwartung der männlichen Bevölkerung.[332] Der Ertragsanteil wird dabei für die **ganze Laufzeit** zu Beginn der Rente festgelegt und bleibt unverändert.

> **Beispiel 36: Die verschiedenen privaten Rentenvarianten (inkl. Kaufpreisrate)**
> V (70-jährig) veräußert sein Mietshaus gegen
>
> a) einen Kaufpreis i.H.v. 500 T€, der in zehn Jahresraten i.H.v. 50 T€ fällig gestellt wird;
> b) eine zehn Jahre anhaltende Verpflichtung des K zur monatlichen Rente i.H.v. 4.000 €;
> c) eine Rente auf Lebenszeit in monatlicher Höhe von 800 €;
> d) eine Monatsrente von 4.200 € bis zu seinem Ableben, maximal 15 Jahre;
> e) eine Monatsrente von 4.100 € bis zum Tode, mindestens 15 Jahre.
>
> Wie wirken sich die Vereinbarungen für V und K aus?

Neben den »klassischen (oder echten)« Leibrenten werden auch Höchstzeitrenten und Mindestzeitrenten vereinbart, die nicht mit den eigentlichen Zeitrenten zu verwechseln sind, sondern ein Unterfall der Leibrenten darstellten. Bei der Höchstzeitrente (oder abgekürzte Leibrente = Vereinbarung d)) ist für die Berechnung nach § 55 Abs. 2 EStDV der ggf. niedrigere Ertragsanteil maßgebend. Für die Mindestzeitrente (Vereinbarung e)), die u.U. dem Rechtsnachfolger zufließt, ist der höhere Ertragsanteil anzusetzen.

---

330 Vgl. hierzu auch *Blümich*, EStG, § 6 Rn. 285 f. sowie § 22 Rn. 130 ff.
331 Dies ist die sog. entgeltliche Zeitrente (vgl. *Blümich* § 22 Rn. 131 f.). Die unentgeltliche Zeitrente ist hingegen § 22 EStG zuzurechnen und (im Ergebnis der Rechtsprechung) voll, nicht nur mit dem Ertragsanteil zu versteuern (vgl. auch zu weiteren Details *Blümich*, § 22 Rn. 133 f.).
332 Die fehlende Geschlechterdifferenzierung ist nicht angreifbar, da insoweit den Frauen das Rechtsschutzbedürfnis fehlt, da das Ergebnis aufgrund der höheren Lebenserwartung ein höherer Ertragsanteil für Frauen wäre.

Lösung:

a) **Kaufpreisrate:**
Bei der Kaufpreisrate wird als Rentenbarwert der abgezinste Betrag gem. Anlage 9a (BewG) gebildet, hier mit 50 T€ x 7,745 = 387.250 € (10 Jahresraten).
Je nachdem, ob durch den Veräußerungsvorgang bei V Steuerfolgen gem. § 23 EStG ausgelöst werden, handelt es sich bei V um einen steuerbaren oder steuerirrelevanten Veräußerungsvorgang.
In der Folgezeit wird der jeweilige Rentenbarwert am Ende und zu Beginn des Jahres miteinander verglichen. Der Unterschiedsbetrag (im Beispiel: 30.100 € = 387.250 € ./. 357.150 € [50.000 € x 7,143] gem. Anlage 9a (BewG)) ist eine steuerlich unbeachtliche Tilgungsleistung; der sich in der Differenz zu der tatsächlichen jährlichen Rentenzahlung (50.000 €) ergebende Betrag stellt den steuerpflichtigen Zinsanteil i.S.d. § 20 Abs. 1 Nr. 7 EStG dar.
Beim Erwerber K repräsentiert der Rentenbarwert die AK des erworbenen Gegenstandes. Nutzt K das Objekt als Mietwohnhaus gem. § 21 EStG, dann wird sodann der Rentenbarwert für Zwecke der Abschreibung entsprechend dem Aufteilungsverhältnis in einen GruBo-Anteil und in einen Gebäudeanteil (= AfA-BMG) aufgeteilt.

b) **Zeitrenten:**
Eine (entgeltliche) Zeitrente (im Beispiel: 48.000 €/Jahr für 10 Jahre = 480.000 €) wird im Ergebnis wie eine Kaufpreisrate behandelt. Wie bei einer Kaufpreisrate ist auch hier die jährliche Barwertminderung als steuerirrelevanter Tilgungsanteil und die Differenz als stpfl. Zinsanteil zu erfassen (s. H 167 EStH »Zeitrente«[333]).

c) **Leibrente:**
Der Berechtigte einer Leibrente hat den Ertragsanteil gem. § 22 Nr. 1 S. 3 Buchst. a Doppelbuchst. bb EStG zu versteuern. Der stpfl. Ertragsanteil wird bei einem 70-Jährigen, der erstmals eine Rente erhält (V), mit nunmehr 15 % der Jahresrente angesetzt. Für V ergeben sich im 1. Jahr der Rentenzahlung stpfl. Einkünfte gem. § 22 Nr. 1 EStG n.F. i.H.v. 1.338 € (1.440 € [9.600 € x 15 %] ./. 102 € [§ 9a EStG]).
Für den Fall wiederum, dass eine **Wertsicherungsklausel** vereinbart wurde, erhöht sich zwar die BMG (Jahresrente), der einmal festgelegte Ertragsanteilprozentsatz bleibt aber bestehen (R 22.4 Abs 1 S. 2, 3 EStR).
Hinweis: Der Zusammenhang (**Korrespondenzprinzip**) zwischen § 10 Abs. 1 Nr. 1a EStG, § 12 Nr. 2 EStG und § 22 EStG wird geschlossen in Kap. IV 4.2.2 dargestellt.

d) **Höchstzeitrente:**
Bei einer Höchstzeitrente wird der Ertragsanteil gem. § 55 Abs. 2 EStDV nach der Lebenserwartung unter Berücksichtigung der zeitlichen Begrenzung ermittelt. Im vorliegenden Fall ergibt die Berechnung nach § 55 Abs. 2 EStDV allerdings, dass der sich aus § 22 Nr. 1 S. 3 Buchst. a Doppelbuchst. bb EStG ergebende Ertragsanteil von 15 % immer noch etwas günstiger ist als der nach § 55 Abs. 2 EStDV lt. Vorspalte errechnete Anteil von 16 %. Es bleibt daher beim niedrigeren Ertragsanteil.

e) **Mindestzeitrente:**
Bei einer Mindestzeitrente, die im Zweifel (Tod des Berechtigten) auch dem Rechtsnachfolger zusteht, ist wieder der höhere Ertragsanteil anzusetzen.

---

[333] Vgl. auch *Nacke* in Blümich, § 22 EStG Rz. 125 f.

Hinweis: Die Vervielfältiger zur Berechnung des Kapitalwertes der lebenslang wiederkehrenden Bezüge werden regelmäßig vom BMF bekanntgegeben (vgl. BMF vom 02.12.2015 (BStBl I 2015, 954) und vom 21.11.2014 (BStBl I 2014, 1576)).

4.3 Freiwillige wiederkehrende Bezüge

Bei freiwilligen Rentenzahlungen (Unterhalts-, Schul- und Studiengelder) ohne gesetzliche Pflicht »streiten« § 12 Nr. 2 i.V.m. § 22 Nr. 1 S. 2 EStG für die Steuerfreiheit der Rente (und umgekehrt für die fehlende Abzugsmöglichkeit). Dies gilt auch für die bereits erwähnte unentgeltliche Zeitrente.[334]

Es ist jedoch zu beachten, dass bei einer freiwilligen Rentenunterstützung des deutschen Studenten durch seine im **Ausland** lebenden Eltern, **diese selbst** schlagartig stpfl. werden (§ 22 Nr. 1 S. 2 EStG). Die konkrete Steuerpflicht hängt sodann wieder von den Modalitäten der Rente (Zeitrente, Leibrente etc.) ab.

4.4 Schadensersatzrenten und Versicherungsrenten

4.4.1 Schadensersatzrenten – allgemein

Beim Empfänger von **Schadensersatzrenten** ist zunächst danach zu fragen, ob sie der Empfänger aufgrund eines Unfallereignisses erhält, das mit den Einkunftsarten des § 2 Abs. 1 Nr. 1 bis Nr. 6 EStG zusammenhängen.[335] In diesem Fall liegen nachträgliche Einnahmen gem. § 24 Nr. 1 Buchst. a EStG vor.

Bis vor kurzem waren sonstige Schadensrenten (z.B. als Folge eines Privatunfalls) grundsätzlich mit dem vollen Betrag als wiederkehrende Leistungen zu erfassen. Eine Ausnahme (keine Steuerpflicht) wurde seitens der Rspr. und der Verwaltung zunächst (BMF vom 08.11.1995, BStBl I 1995, 705) nur für Schadensrenten gemacht, die persönliche Schäden ausgleichen (z.B. Schmerzensgeld nach § 253 Abs. 2 BGB). Mit Urteil vom 26.11.2008 (BStBl II 2009, 651) hat der BFH entschieden, dass die Unterhaltsrente nach § 844 Abs. 2 BGB nicht steuerbar ist, da sie lediglich den durch das schädigende Ereignis entfallenden, nicht steuerbaren Unterhaltsanspruch ausgleicht und nicht Ersatz für entgangene oder entgehende Einnahmen gewährt. Das BMF hat sich dieser Auffassung mit Schreiben vom 15.07.2009 (BStBl I 2009, 836, H 22.1 EStH) angeschlossen. Über das Urteil des BFH hinausgehend sind dessen Grundsätze auch auf Schadenersatzrenten zum Ausgleich vermehrter Bedürfnisse; sog. Mehrbedarfsrenten nach § 843 Abs. 1, 2. Alt. BGB und Ersatzansprüche wegen entgangener Dienste nach § 845 BGB anwendbar. Die Schadensersatzrente nach § 845 BGB erhöht ebenso wie die Unterhaltsrente nach § 844 Abs. 2 BGB **nicht** die wirtschaftliche Leistungsfähigkeit des Empfängers. Abzugrenzen sind die (nunmehr) nicht steuerbaren Schadenersatz- und Unterhaltsrenten von den sog. **Erziehungsrenten**. Hierbei handelt es sich um Beträge, die eine geschiedene Frau für den Unterhalt ihrer Kinder nach dem Tod des geschiedenen Mannes (ersatzweise) von

---

334 Vgl. *Blümich*, § 22 Rn. 135.
335 Vgl. zu dieser Abgrenzung auch das Beispiel 7 in diesem Kapitel (bei § 19 Abs. 2 EStG) aus der Steuerberaterprüfung 2010.

der gesetzlichen Rentenversicherung erhält und die mit Erreichen der Volljährigkeit der Kinder entfallen. Der BFH (Urteil vom 19.08.2013, Az.: X R 35/11) unterwirft diese Bezüge mit dem Besteuerungsanteil gem. § 22 Nr. 1 S. 3 Buchst. a Doppelbuchst. aa EStG der Besteuerung. Sie unterscheiden sich nach Auffassung des BFH von den nicht steuerbaren Schadensersatz- oder Unterhaltsrenten gem. § 844 Abs. 2 BGB, weil sie auf steuerlich abziehbaren Beiträgen in die gesetzliche Rentenversicherung beruhen.

4.4.2 (Sozial-)Versicherungsrenten

Versicherungsvertragsrenten (Erwerbs- und Berufsunfähigkeitsrenten, große und kleine Witwenrente) sind entweder als Leibrenten oder als abgekürzte Leibrenten mit dem Ertragsanteil nach § 22 Nr. 1 S. 3 Buchst. a Doppelbuchst. bb EStG stpfl. Diese Grundsätze gelten sowohl für Sozialversicherungsvertragsrenten als auch für sonstige Versicherungsvertragsrenten. Für den Fall, dass der Rentenbegünstigte aufgrund eines Rentenversicherungsvertrages sowohl eine garantierte Grundrente als auch eine nicht garantierte »**Bonusrente aus Überschussbeteiligung**« bezieht, sind nach BFH vom 20.06.2006 (BStBl II 2006, 870) beide Bestandteile der wiederkehrenden Bezüge als Einheit zu beurteilen. Trotz **fehlender Gleichmäßigkeit** sind sie nur mit dem Ertragsanteil zu versteuern. Dies gilt auch, wenn die Rentenleistungen aufgrund einer Überschussbeteiligung erhöht werden. Nach Auffassung des BFH (Urteil vom 22.08.2012, Az.: IX R 47/09) sind die der Überschussbeteiligung dienenden Erhöhungsbeträge keine eigenständigen Renten, sondern unterliegen insgesamt mit dem Ertragsanteil der Besteuerung, der dem Alter des StPfl. bei Beginn der Rentenzahlung entspricht.

Allgemein zu **Sozialversicherungsrenten** hat der BFH mit Urteil vom vom 05.06.2002 (BFH/NV 2002, 1438) für sog. Altersrenten aus gesetzlichen Sozialversicherungen zunächst deklaratorisch festgestellt, dass der (für Renten aus gesetzlichen Sozialversicherungen damals geltende) Ertragsanteil nach § 22 Nr. 1 S. 3a EStG a.F. nach biometrischen Durchschnittswerten berechnet wird. Dabei werden anderweitige Berechnungen, die von einer niedrigeren individuellen Lebenserwartung ausgehen aus **Praktikabilitätsgründen** nicht zugelassen. Diese Begründung des BFH ist auf die auch nach heutiger Rechtslage mit dem Ertragsanteil zu besteuernden Bezüge übertragbar.

In einer zweiten, sehr anspruchsvollen Entscheidung vom 10.07.2002 (BStBl II 2003, 391, vgl. auch FG Berlin Brandenburg vom 04.11.2008, Az.: 15 K 15099/08) setzt sich der X. Senat mit dem Austausch des Rechtsgrundes auseinander. Der Entscheidung lag der Fall zugrunde, dass eine Krankenkasse zunächst an den Steuerbürger Krankengeld gezahlt hat. Später erkannte die BfA auf eine Erwerbsunfähigkeitsrente mit der Folge, dass die BfA der Kasse einen Teil des zuvor ausbezahlten Krankengeldes zu erstatten hatte. Der BFH hat in letzter Konsequenz diesen Teil des Krankengeldes als eine Leibrente behandelt, die mit dem Ertragsanteil zu versteuern ist, während das Krankengeld als solches steuerfrei war. Insoweit hatte das Krankengeld **Erfüllungsfunktion** für die eigentlich zu gewährende Erwerbsunfähigkeitsrente. Befremdlich an der Entscheidung ist allerdings, dass der spätere »richtige« Rechtsgrund für die Steuerpflicht verantwortlich gemacht wird, ohne dass auf die Erwartungshaltung des Empfängers (und ggf. auf dessen Vermögensdispositionen) eingegangen wird. Bereits bestandskräftige Steuerbescheide sollen nach § 175 Abs. 1 S. 1 Nr. 2 AO geändert werden (OFD Frankfurt a.M. vom 04.08.2006, DB 2006, 1925, sowie R 32b Abs. 4 EStR).

Der Ertragsanteil einer Rente aus einer privaten Berufsunfähigkeits-Zusatzversicherung[336] bemisst sich grundsätzlich nach der Zeitspanne zwischen dem Eintritt des Versicherungsfalles (Begründung der Berufsunfähigkeit) und dem voraussichtlichen Ablauf der Hauptversicherung (Lebensversicherung). Das gilt auch für den (regelmäßig vorliegenden) Fall, dass die Fortzahlung der Rente unter der auflösenden Bedingung des Wegfalls der Berufsunfähigkeit steht und der Versicherer das Fortbestehen der Berufsunfähigkeit in mehr oder minder regelmäßigen Abständen ärztlich überprüfen lässt (BFH vom 09.02.2005, HFR 2005, 659 sowie ebenfalls vom 09.02.2005, HFR 2005, 539).

Schließlich ist festzuhalten, dass sich der Rentenbeginn nicht nachträglich ändert, wenn eine Erwerbsunfähigkeitsrente zunächst zeitlich befristet bewilligt war. Vielmehr verlängert sich die mit Eintritt des Versicherungsfalles beginnende Laufzeit bis zum mutmaßlichen Zeitpunkt des Bezugs von Altersruhegeld (BFH vom 29.11.2005, Az.: X B 74/05).

Als **typische WK** bei Empfängern von Sozialversicherungsrenten werden erfasst

- Rechtsberatungskosten (in Zusammenhang mit Versicherungsansprüchen);
- Schuldzinsen für einen Kredit (z.B. zur Nachentrichtung von Beiträgen);
- nach interessanter Auffassung der OFD Frankfurt (vom 18.09.2002, Az.: S 2212 A – 2 – St II 27) auch Gewerkschaftsbeiträge.

Prozesskosten werden hingegen selten anerkannt. Dies gilt auch bei einem Bezug zu erhöhten Rentenbezügen. Stehen Gerichts- und Rechtsanwaltskosten, die zu erhöhten Rentenbezügen führen, ausschließlich in unmittelbarem tatsächlichen und wirtschaftlichen Zusammenhang mit dem abgeänderten und neugefassten Versorgungsausgleich i.R.d. Ehescheidungsverfahrens, kommt ein WK-Abzug bei den Einkünften aus § 22 EStG nicht in Betracht. Werden die Prozesskosten nicht aufgewendet, um insgesamt einen höheren Rentenanspruch zu begründen, sondern um die Verteilung der Rentenanwartschaft im Innenverhältnis (§ 12 EStG) zum ehemaligen Ehegatten neu zu regeln, sind die Kosten der privaten Lebensführung zuzuordnen (FG Hessen vom 10.09.2007, Az.: 11 K 3563/06, rkr.).

Werden keine oder keine höheren tatsächlichen WK nachgewiesen, so wird bei sämtlichen Einkünften gem. § 22 Nr. 1, 1a und 5 gem. § 9a Abs. 1 Nr. 3 EStG ein Pauschbetrag i.H.v. insgesamt 102 € abgezogen. Durch das JStG 2010 ist klargestellt worden, dass der Pauschbetrag auch in den Einkunftsfällen des § 22 Nr. 1b und 1c EStG gewährt wird.

---

336 Zu den Voraussetzungen der Einkunftserzielungsabsicht bei privaten Rentenversicherungen vgl. auch BFH vom 17.04.2013 (Az.: X R 18/11).

III Der Zustandstatbestand – Gewinneinkünfte

1 Gemeinsamkeiten und Unterschiede

Die Gewinneinkünfte verbindet das Bekenntnis zur Reinvermögenszugangstheorie, bei der auch die Einkünfte aus der Veräußerung der »betrieblich«[337] bzw. unternehmerisch eingesetzten WG zum Gesamtergebnis der unternehmerischen Betätigung gehören. Technisch formuliert sind alle betrieblich eingesetzten WG **steuerverstrickt**. Nur für Gewinneinkünfte gibt es die Möglichkeit der Bilanzierung (§ 4 Abs. 1 EStG), für die gewerblichen Einkünfte verdichtet sich dies meistens zu einer Verpflichtung zur doppelten Buchführung.[338] Jedoch wird auch bei der Alternative, d.h. bei der § 4 Abs. 3-Rechnung, die als »Kassenrechnung« mehr Ähnlichkeit zur Einkunftsermittlung der Überschusseinkünfte aufweist, das Prinzip der Steuerverstrickung konsequent beachtet.[339]

Auf diesem Hauptunterschied zu den Überschusseinkünften beruht der **Dualismus der Einkunftsarten**. Als Folgewirkung gibt es weitere technisch bedingte Belastungsunterschiede der Gewinneinkünfte zu den Überschusseinkünften, vor allem:

- die zeitliche (meist vorgezogene) Erfassung der Ergebnisse,
- keine Geltung des Subsidiaritätsprinzips (anders bei § 20 Abs. 8, § 21 Abs. 3, § 23 Abs. 2 EStG),
- Querverweis auf die Regelung zur gewerblichen Mitunternehmerschaft sowohl bei § 13 Abs. 7 EStG als auch bei § 18 Abs. 4 S. 2 EStG.

Innerhalb der Gewinneinkünfte stehen die einzelnen Einkunftsarten (§§ 13, 15 und 18 EStG) in Realkonkurrenz zueinander; es gibt nur ein **ausschließliches** entweder/oder der Gewinn-Einkunftsarten (Erster Hauptunterschied).

Zwangsläufig werden auf der Ebene der einzelnen Gewinneinkunftsarten die Konturen schärfer gezogen. Dies belegt auch das umfangreiche Bemühen der BFH-Rspr. um eine klare Abgrenzung insb. zwischen den Einkünften nach § 18 EStG und denen nach § 15 EStG.

Dies hat seinen weiteren Grund darin, dass nur gewerbliche Einkünfte zu einer weiteren Steuerbelastung, nämlich der Gewerbesteuer, führen (der praxisrelevante Unterschied).[340] Im Folgenden wird allerdings auf die L + F-Einkunftsart nur i.R.d. Abgrenzung zu § 15 EStG eingegangen.

---

337 »Betrieblich« i.w.S. meint hier den Gegensatz zu privat. Betrieblich i.w.S. gilt demnach für alle i.R.d. Gewinneinkünfte eingesetzten WG, während »betrieblich« i.e.S. nur die gewerblich genutzten WG meint.
338 Nicht alle gewerblichen Tätigkeiten sind kaufmännischer Art. Dies setzt ein Handelsgewerbe i.S.d. § 1 Abs. 2 HGB voraus.
339 Auch bei der in der L + F möglichen Gewinnermittlung nach Durchschnittssätzen (§ 13a EStG), auf die hier nicht näher eingegangen wird, wird die Veräußerung forstwirtschaftlich genutzter WG berücksichtigt.
340 Hieran ändert auch § 35 EStG nichts, da die wenigsten Gemeinden einen Hebesatz von weniger als 380 % haben.

2 Einkünfte aus Gewerbebetrieb (§ 2 Abs. 1 S. 1 Nr. 2 i.V.m. § 15 EStG)

2.1 Bedeutung des Gewerbebetriebs für die (Steuer-)Rechtsordnung

Einer der zentralen Rechtsbegriffe in der deutschen Rechtsordnung ist der Gewerbebetrieb. Er findet sich ausdrücklich in der GewO und wird vorausgesetzt im HGB beim kaufmannsdefinierenden »Handelsgewerbe«. Als identischer Rechtsbegriff (»Recht am eingerichteten und ausgeübten Gewerbebetrieb«) genießt er nach Art. 14 GG Verfassungsrang.[341]

Geringfügige Detailunterschiede[342] in den verschiedenen Rechtsordnungen können nicht darüber hinwegtäuschen, dass der Kernbegriff des Gewerbebetriebes einheitlich verwendet wird. Im Steuerrecht kommt ihm eine erhöhte Ordnungsfunktion zu, da er mehrere steuerliche Teilrechtsordnungen »dominiert«. Die ihm oftmals zugeschriebene Teilungswirkung für das Steuerrecht in zwei Hemisphären kommt ihm aber nicht zu. Dies ist dem Unternehmerbegriff des UStG vorbehalten, in dem er aber teilweise aufgeht.[343]

Beispiel 1: Der »Aussteiger«
A nimmt sich nach einem beruflich bewegten Leben als neue berufliche Herausforderung der Sanierung einer baufälligen Windmühle an. Nach getätigten Kosten in Höhe von 200.000 € zzgl. USt möchte er die Windmühle zu einem Restaurant umgestalten. Nach erfolgreichem Umbau will A wissen, mit welchen Steuern er rechnen muss, ob er für den Umbau etwas vom Staat bekommt und welche Pflichten er als Vermieter/Restaurantbetreiber erfüllen muss.

Lösung: Der Fragenkatalog des A beinhaltet zwei konkrete Fragen (Welche Steuerpflicht? Welche Steuererstattung bzw. welcher sonstige »parasteuerliche« Vorteil?) und eine eher unbestimmte Frage (nach der Buchführungspflicht), deren Antworten um den Gewerbebetriebsbegriff fokussieren. Das Vorliegen eines Gewerbebetriebes (gewerblicher Unternehmer) entscheidet über die Anwendung der einschlägigen Gesetzesvorschriften. Zur Diskussion steht der **gewerbliche Einzelbetrieb** (§ 15 Abs. 1 Nr. 1 EStG).

Die gewerbliche PersG (§ 15 Abs. 1 Nr. 2, § 15 Abs. 3 EStG) wird geschlossen im Band 2, Teil B i.V.m. den Bilanzfragen der Mitunternehmerschaft aufbereitet.

2.2 Die positiven Tatbestandsmerkmale gemäß § 15 Abs. 2 EStG

Anders als bei einem Typusbegriff müssen bei dem Rechtsbegriff »Gewerbebetrieb« alle gesetzlich vorgeschriebenen Merkmale erfüllt sein. Vier positive Merkmale stehen gleichberechtigt neben drei negativen Merkmalen. In einer Klausur ist nur bei Problemsachverhalten eine Diskussion erforderlich und möglich.

In der folgenden Darstellung wird der Ausgangsfall der sanierten Windmühle benutzt, um hieran die Grenzziehung bei den zentralen Aussagen durch die BFH-Rspr. aufzuzeigen.

---

341 BGHZ 92, 34.
342 Vgl. die Beispiele bei *Wacker* in *Schmidt*, EStG (2013), § 15 Rz. 9.
343 Hierzu ausführlich *V. Schmidt*, Band 3, Teil B, Kap. III.

Die Rspr. des BFH ist z.T. nahezu wortlautgetreu von der Finanzverwaltung in den R 15.1ff. EStR (inkl. H 15.1ff. EStH) übernommen worden. Bei den positiven Merkmalen wird in der Diskussion die einschlägige Formulierung des BFH jeweils im Balkenformat vorangestellt, die für das Vorliegen (+) bzw. für das Nicht-Vorliegen (–) des jeweiligen Merkmals verantwortlich sind. In der Negativspalte ist der typische Gegenbegriff enthalten.

2.2.1 Die Selbständigkeit

(+)	Die selbständige Betätigung (R 15.1 EStR und H 15.1 EStH)	(–)
Der Gewerbetreibende muss auf eigene Rechnung und eigenes Risiko tätig werden (Unternehmerrisiko und -initiative, BFH vom 27.09.1988, BStBl II 1989, 414).		Unselbständiger AN, der weisungsgebunden bei fester Arbeitszeit gegen erfolgsunabhängige Bezahlung arbeitet und im Krankheits-/Urlaubsfall weiter vergütet wird.

Für die Frage, ob ein StPfl. selbständig oder nichtselbständig tätig ist, kommt es nicht allein auf die vertragliche Bezeichnung, die Art der Tätigkeit oder die Form der Entlohnung an. Entscheidend ist das Gesamtbild der Verhältnisse. Es müssen die für und gegen die Selbständigkeit sprechenden Umstände gegeneinander abgewogen werden; die gewichtigeren Merkmale sind dann für die Gesamtbeurteilung maßgebend (BFH vom 12.10.1989, BStBl II 1990, 64 und vom 18.01.1991, BStBl II 1991, 409; H 15.1 »Gesamtbeurteilung« EStH 2012).

An dieser Stelle erfolgt die Abgrenzung zur Einkunftsart des § 19 EStG. Im Unterschied zu der bei § 19 EStG geführten Einordnungsdiskussion der nichtselbständigen Arbeit werden hier die Unterschiede herausgestellt.

Die Trennlinie zwischen selbständiger und nichtselbständiger Arbeit verläuft nicht bei der wirtschaftlichen Abhängigkeit, die ein Kennzeichen der selbständigen Tätigkeit darstellt. Wenn sich A (Beispiel 1) darauf einlassen sollte, die Zeit- und Erfolgsabhängigkeit eines Restaurantbetreibers von seinen Gästen als Argument für die unselbständige Arbeit zu verwenden, so kann damit nur die jeder unternehmerischen Tätigkeit immanente wirtschaftliche Abhängigkeit gemeint sein. Entscheidendes Kriterium ist indessen die Bezahlung während einer **Krankheit** und während des **Urlaubs**. Lautet das Urteil »keine Vergütung während Krankheit und Urlaub«, hat man es im Regelfall mit selbständiger Tätigkeit zu tun (vice versa).

Beispiel 2: RR auf ELStAM?
Literaturpapst RR untersucht wöchentlich im ZDF die steuerlichen Neuerscheinungen auf ihren literarischen Wert. Hierzu hat er einen Vertrag als freier Mitarbeiter des ZDF unterschrieben, der ihm eine wöchentliche Prämie i.H.v. 10.000 € einbringt. Sollte er verhindert sein oder im Urlaub verweilen (unter Fortzahlung seiner Bezüge), benennt das ZDF einen Reserverezensenten, der ihm die Präsentation abnimmt.
RR und das ZDF streiten, ob die jährliche Vergütung von 520 T€ dem LSt-Abzug oder ggf. der USt zu unterwerfen ist.

Die Gegensätzlichkeiten in der Steuerfolge (LSt-Abzugsverfahren oder USt-Verfahren[344]) unterstreichen die Bedeutung des Kriteriums der (Un-)Selbständigkeit. In den meisten Fällen

---
344 Ausnahme: Die aktuelle BFH-Rspr. zum GmbH-Geschäftsführer (s. Kap. II 1.2.2).

(wie z.B. bei den Vertretern und den Heimarbeitern) können die Rechtsfolgen von griffigen Kriterien (H 15.1 EStH 2012) abhängig gemacht werden:

- So ist ein (Reise-)Vertreter selbständig tätig, wenn er für mehrere Unternehmer arbeitet; der dabei zugrunde gelegte § 84 Abs. 1 HGB (freie Zeiteinteilung) ist auch für das ESt-Recht herangezogen worden. Umgekehrt unterstellt § 84 Abs. 2 HGB die ständige Vermittlungstätigkeit für einen Prinzipal der nicht selbständigen Tätigkeit.
- Bei Versicherungsvertretern, die Versicherungsverträge als Spezialagenten selbst vermitteln, unterstellt R 15 Abs. 1 EStR – auch bei (geringem) Zusatzlohn – die Selbständigkeit.
- Von größerer Bedeutung ist immer wieder das Maß der Bewegungsfreiheit und der Organisationsgrad. Diese Merkmale unterscheiden selbständige Hausgewerbetreibende von nicht selbständigen Heimarbeitern, die lediglich ihre Arbeitsstätte selbst gewählt haben. Wer über die Verwertung der Arbeitsergebnisse disponieren kann, gilt als Selbständiger (Hausgewerbetreibender, R 15 Abs. 2 EStR).
- Provisionen, die ein Vermittler für die eigene Zeichnung von (Fonds-)Anteilen an einer Publikums-KG (sog. Eigenprovisionen) erhält, sind ebenso wie die Fremdprovisionen (Vermittlung der Beteiligungen an Dritte), Betriebseinnahmen im Gewerbebetrieb des Vermittlers (BFH vom 14.03.2012, BStBl II 2012, 498).
- Nachdem weder die sozialversicherungsrechtliche Beurteilung noch die gewählte Bezeichnung (z.B. als »freier Mitarbeiter«) einen Anhaltspunkt für die Einordnung liefern können, haben Spitzensportler als Werbeträger einen steuerrechtlichen Beitrag zur Einkunftsartendiskussion geleistet. Solange sie nicht in eine Werborganisation eingegliedert sind, aber wiederholt bei Werbeveranstaltungen mitwirken oder sich als Werbeträger vermarkten lassen, erzielen sie hieraus gewerbliche Einkünfte (BFH vom 19.11.1985, BStBl II 1986, 424 und vorher BFH vom 03.11.1982, BStBl II 1983, 182). Ähnliches gilt für kurzfristig beschäftigte Werbedamen, die sich bei Sonderveranstaltungen um den Ausschank bemühen (BFH vom 14.06.1985, BStBl II 1985, 661).
- So erzielt ein Fußball-Nationalspieler, dem der DFB Marktanteile an Werbeeinnahmen überlässt, bei aktiver Marktbeteiligung gewerbliche Einkünfte (BFH vom 22.02.2012, BStBl II 2012, 511).

Für den schwierigen Bereich der bei Funk- und Fernsehanstalten beschäftigten Journalisten, Reporter und Künstler hat die Verwaltung in einem umfangreichen Schreiben des BMF vom 05.10.1990 (BStBl I 1990, 638, Änderung der Anlage durch BMF vom 09.07.2014, BStBl I 2014, 1103) anhand von speziellen Berufsträgern[345] und speziellen Fertigkeiten Stellung bezogen. Je höher der künstlerische bzw. eigenschöpferische Gestaltungsgrad (Beispiel: Moderator) ist und je weniger reproduzierend (Beispiel: Nachrichtensprecher) die Tätigkeit erscheint, umso eher müssen sich die betroffenen Personen als Unternehmer um eine USt-Erklärung bemühen.[346]

---

345 So wird z.B. a.a.O. zwischen »Lippen-Synchronsprechern« und sonstigen Synchronsprechern unterschieden. Einige ansonsten eher unübliche Berufsbezeichnungen wie »Realisatoren« finden Eingang in das Steuerrecht.
346 S. aber die aktuelle BFH-Rspr. zum GmbH-Geschäftsführer.

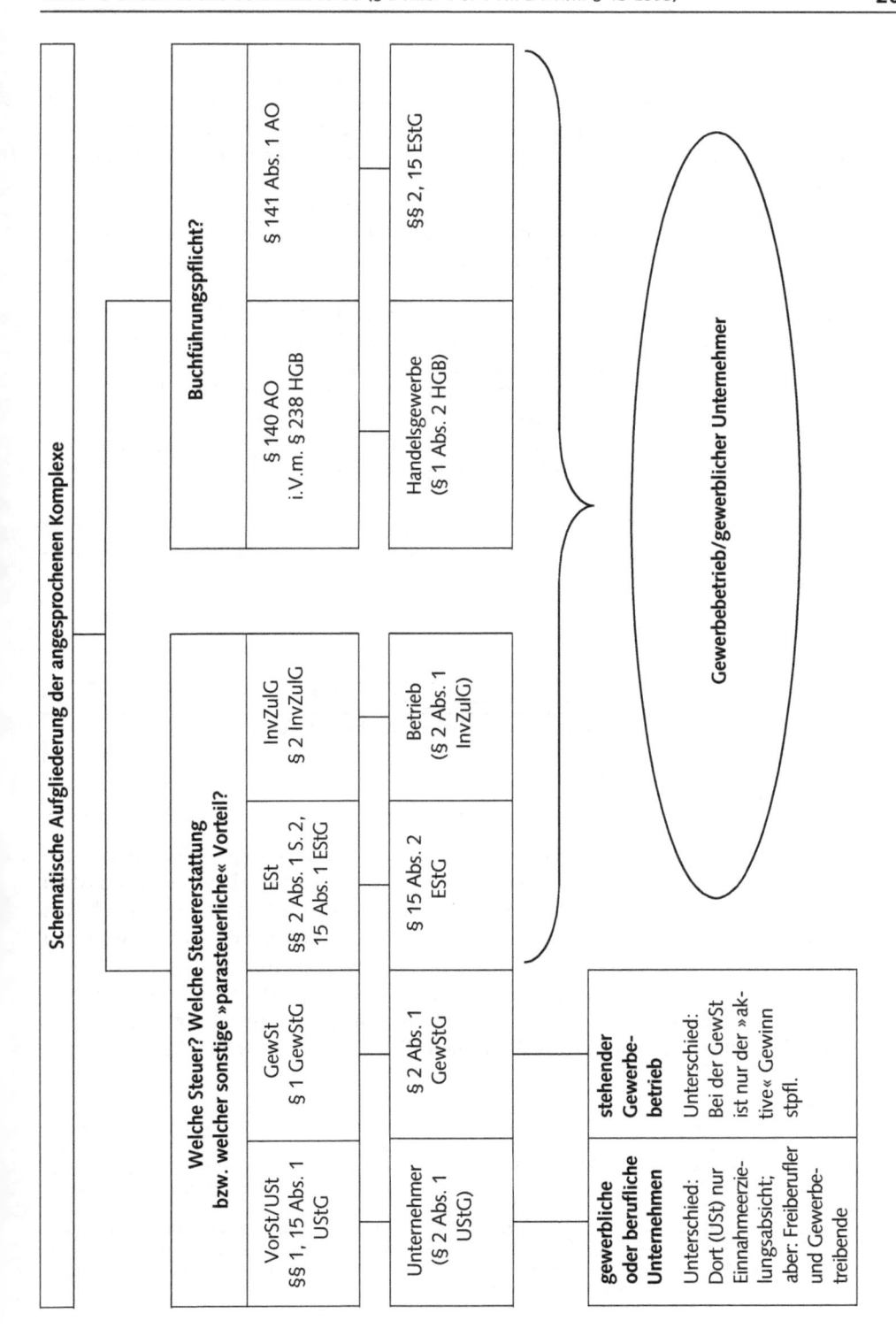

2 Einkünfte aus Gewerbebetrieb (§ 2 Abs. 1 S. 1 Nr. 2 i.V.m. § 15 EStG)

Schematische Aufgliederung der angesprochenen Komplexe

Welche Steuer? Welche Steuererstattung bzw. welcher sonstige »parasteuerliche« Vorteil?

VorSt/USt	GewSt	ESt	InvZulG
§§ 1, 15 Abs. 1 UStG	§ 1 GewStG	§§ 2 Abs. 1 S. 2, 15 Abs. 1 EStG	§ 2 InvZulG

Unternehmer (§ 2 Abs. 1 UStG)	§ 2 Abs. 1 GewStG	§ 15 Abs. 2 EStG	Betrieb (§ 2 Abs. 1 InvZulG)

gewerbliche oder berufliche Unternehmen	stehender Gewerbebetrieb
Unterschied: Dort (USt) nur Einnahmeerzielungsabsicht; aber: Freiberufler und Gewerbetreibende	Unterschied: Bei der GewSt ist nur der »aktive« Gewinn stpfl.

Buchführungspflicht?

§ 140 AO i.V.m. § 238 HGB	§ 141 Abs. 1 AO
Handelsgewerbe (§ 1 Abs. 2 HGB)	§§ 2, 15 EStG

Gewerbebetrieb/gewerblicher Unternehmer

Lösung:
- Nachdem die Bezeichnung als »freier Mitarbeiter« nicht weiterhilft (BFH vom 24.07.1992, BStBl II 1993, 155), ist die Einordnung von RR als lohnsteuerpflichtiger Angestellter des ZDF oder als freier Unternehmer des USt-Rechts anhand der **Gesamtumstände** zu treffen.
- Für die Selbständigkeit spricht vor allem die originäre (eigengestalterische) intellektuelle Leistung einer Rezension.
- Dieser Aspekt wird jedoch durch drei andere Faktoren überlagert:
  - Es handelt sich hierbei nur um einen Teilausschnitt in der Beurteilung der vorgelegten Bücher. Anders als bei der sonstigen Rezensionsarbeit kann RR hier kein Gesamturteil über das komplette Werk ablegen.
  - Die Möglichkeit der Assistenz oder sogar der Vertretung zeigt die Bedeutung des Beitrags als Serienleistung für das ZDF. Die Person des Rezensenten tritt daher in den Hintergrund. Das unternehmerische Risiko liegt daher beim Sender.
  - Vor allem aber ist die Fortzahlung der Vergütung im Urlaub für die Einordnung als Angestelltenverhältnis ausschlaggebend.

RR rezensiert und präsentiert die literarischen Aspekte der neuen steuerlichen Fachliteratur als Angestellter des ZDF und erzielt lohnsteuerpflichtige Einkünfte gem. § 19 EStG.

Auf eine selbständige Tätigkeit hat der BFH allerdings im Urteil vom 02.12.1998 (BStBl II 1999, 534) beim Rundfunkermittler entschieden und dabei auf das Merkmal der Eigeninitiative abgestellt.[347]

2.2.2 Die Nachhaltigkeit

(+)	Die nachhaltige Betätigung (H 15.2 EStH)	(–)
Auf Wiederholung und auf eine ständige Erwerbsquelle angelegt; gelegentliche Unterbrechung schadet nicht (BFH vom 12.07.1991, BStBl II 1992, 143).	Gelegentliche Tätigkeit.	

Dieses Abgrenzungsmerkmal dient hauptsächlich dazu, Zufallserfolge oder -aktivitäten ohne die dahinterstehende Absicht, eine andauernde Erwerbsquelle zu begründen, aus dem Kreis der gewerblichen Tätigkeiten auszuschließen. Dies setzt allerdings als subjektives Merkmal (**Wiederholungsabsicht**) eine »innere Tatsache« voraus, bei deren Nachweis den tatsächlichen Begleitumständen eine besondere Bedeutung beigemessen wird.

Auf der anderen Seite stehen gelegentliche Tätigkeiten (Hauptfall: Flohmarktgeschäfte[348]), die ausnahmsweise gem. § 22 Nr. 3 EStG als sonstige (Vermittlungs-)Leistung[349] Gegenstand der siebten Einkunftsart sein können. Der steuerliche Nachteil, dass wegen

---

347 Letzte Entscheidung hierzu das ausländische Fotomodell (BFH vom 14.06.2007, BStBl II 2009, 931).
348 Sehr unterschiedlich hierzu ist aber die Spruchpraxis der Finanzgerichte. Während vom FG Bdbg der Verkauf von sechs Pkw in sechs Jahren noch mit dem Attribut »gelegentlich« versehen war (EFG 1997, 675), wird dies vom FG Niedersachsen vom 26.06.1996 (EFG 1997, 802) bei Schiffsmodellen anders gesehen.
349 Ganz allgemein setzt der **Leistungsbegriff in § 22 Nr. 3 EStG ein Tun, Dulden oder Unterlassen** voraus, das Gegenstand eines entgeltlichen Vertrags sein kann und gegen Entgelt erbracht wird, ohne dass private Veräußerungsgeschäfte vorliegen (BFH vom 28.11.1984, BStBl II 1985, 264). Beispiele dafür s. bei H 22.8 EStH (Bestechungsgelder an AN: ja; BFH vom 26.01.2000, BStBl II 2000, 396).

des Zuflussprinzips bei § 22 EStG der Fiskus einmalig die Hälfte vereinnahmen wird, mag dabei in Kauf genommen werden. Unter dem Gesichtspunkt einer periodenübergreifenden Leistungsfähigkeit ist die Überbesteuerung aufgrund eines »Einmal-Zuflusses« verfassungsrechtlich bedenklich.

Beispiel 3: Schwankende Öffnungszeiten
Der Jungunternehmer A (aus Beispiel 1) stellt sich und sein Publikum auf folgende Öffnungszeiten ein:
1. Das Restaurant ist am 01.05. und am 17.10. eines jeden Jahres geöffnet.
2. Das Restaurant steht den Pensionsgästen nur in den Sommermonaten Mai und Juli eines jeden Jahres zur Verfügung.

Nachdem einmalige Handlungen grundsätzlich nicht zur Nachhaltigkeit führen, müssen die mehreren Handlungen von einem »Gesamtvorsatz«, zumindest von einer Wiederholungsabsicht getragen sein. Größere Zeitabstände sind nicht hinderlich. Auch Einzeltätigkeiten, die in einer nachträglichen (rückblickenden) Gesamtschau eine geschlossene Gesamttätigkeit erkennen lassen, führen zur Nachhaltigkeit (BFH vom 21.08.1985, BStBl II 1986, 88).

Lösung: Die Zuordnung der Restaurantleistung (unter 2.) zu den nachhaltigen Tätigkeiten bereitet allein deshalb keine Probleme, da widrigenfalls sämtlichen **Saisonbeschäftigungen** die dauernde Gewerblichkeit abzusprechen wäre[350] (argumentum ad absurdum).
Anders verhält es sich dagegen bei den sehr punktuellen Öffnungszeiten im Restaurant (unter 1.). Trotz berechtigter Zweifel bzgl. der »dauernden Erwerbsquelle« hat der BFH bei einem jeweils nur an einem Tag des Jahres geöffneten Restaurationsbetrieb eines Sportvereins (»Verköstigung anlässlich einer Flugshow«) entschieden, dass eine Wiederholungstätigkeit aufgrund eines einmal gefassten Entschlusses vorläge. Dies führte im konkreten Fall (BFH vom 21.08.1985, BStBl II 1986, 88) dazu, dass für diese verköstigende Tätigkeit des Vereins ein wirtschaftlicher Geschäftsbetrieb angenommen wurde.

Einen Sondertatbestand bildet in diesem Zusammenhang der gewerbliche **Grundstückshandel**. Hier wurde schon mehrfach vom BFH entschieden, dass ein einziger Notartermin mit einem Übertragungsgeschäft (uno actu) durchaus auf Nachhaltigkeit schließen lasse, nämlich dann, wenn

- dem einzigen Notartermin mehrere umfangreiche Vorbereitungshandlungen vorausgingen und dabei von Einzelveräußerungen ausgegangen, letztlich aber an einen Erwerber veräußert wurde (BFH vom 12.07.1991, BStBl II 1992, 143),
- in einem Notartermin mehrere Miteigentumsanteile an einem Grundstück an verschiedene Erwerber übertragen werden (BFH vom 07.12.1995, BStBl II 1996, 367) oder
- dem »einzigen« Geschäft (Vertrag) eine Vielzahl von unterschiedlichen Einzeltätigkeiten vorausgeht, die in ihrer Gesamtheit die Annahme der Nachhaltigkeit rechtfertigen (BFH vom 09.12.2002, BStBl II 2003, 294). Hierzu reichen aber solche Maßnahmen nicht aus, die Eigentümer in Vermietungsabsicht vorgenommen haben (BFH vom 15.04.2004, BStBl II 2004, 868).

---

350 Dies hätte z.B. bei einem Wintersaisonbetrieb zur Folge, dass in jedem Frühjahr eine Betriebsaufgabe stattfände und in jedem Spätherbst eine Betriebseröffnung – und das jedes Jahr!

Bezogen auf die Drei-Objekt-Grenze hat der BFH im Urteil vom 07.10.2004 (BFH/NV 2005, 288), zuletzt im Urteil vom 22.07.2010 (BFH/NV 2010, 2261), festgestellt, dass selbst bei der Veräußerung von mehr als drei Objekten (in einem einzigen Verkaufsgeschäft) die Nachhaltigkeit erst dann vorläge, wenn noch andere Grundstücksgeschäfte geplant waren.

Man wird als **Fazit** zur Nachhaltigkeit in dieser Fallgruppe festhalten können, dass ein Verkaufsgeschäft mit Wiederholungsabsicht dann vorliegt, wenn sich der Verkäufer im Interesse einer möglichst hohen Gewinnerzielung nicht nur um dieses eine Verkaufsgeschäft, sondern – im Vorfeld – um Einzelverkäufe der verschiedenen Objekte bemüht hat.

Tendenziell neigt die Rspr. in den letzten Jahren eher zur Annahme der Nachhaltigkeit[351] als zur Ablehnung. Für einen interessanten Abgrenzungsaspekt zu § 18 EStG sorgte der BFH am 28.06.2001 (BStBl II 2002, 338), als er die Nachhaltigkeit bei einer unternehmerischen Stundenbuchhalterin als Indiz für § 15 EStG und gegen § 18 Abs. 1 Nr. 3 EStG (sonstige selbständige Tätigkeit) wertete.

2.2.3 Die Marktbeteiligung

(+)	Die Beteiligung am allgemeinen wirtschaftlichen Verkehr (H 15.4 EStH)	(–)
Angebot der Dienstleistungen/Wirtschaftsgüter am allgemeinen Markt (BFH vom 09.07.1986, BStBl II 1986, 851 und vom 13.12.1995, BStBl II 1996, 232).		Tätigkeit ohne nach außen in Erscheinung tretenden Güter- und Leistungsaustausch.

Die Teilnahme am allgemeinen Wirtschaftsverkehr erfordert, dass die Tätigkeit des StPfl. nach außen hin in Erscheinung tritt, er sich mit ihr an eine – wenn auch begrenzte – Allgemeinheit wendet und damit seinen Willen zu erkennen gibt, ein Gewerbe zu betreiben. Auch wenn die Verwaltung mit diesem Merkmal vorrangig – und möglicherweise zu Unrecht – die Bettelei ausklammert (s. H 15.4 EStH »Allgemeines« S. 2), kommt dem Kriterium als dem prägenden Merkmal gewerblicher Betätigung eine weit größere Bedeutung zu. Vorgreiflich ist darauf hinzuweisen, dass die vom Gewerbetreibenden erwartete »Zurschaustellung« dem **Absatzmarkt** und natürlich nicht dem Einkaufsmarkt gilt, sodass der Einkauf bei nur einem Lieferanten nicht geeignet ist, die Selbständigkeit abzuerkennen

Der StPfl. muss nicht in eigener Person am allgemeinen Wirtschaftsverkehr teilnehmen. Es reicht aus, dass eine derartige Teilnahme für seine Rechnung ausgeübt wird (BFH vom 31.07.1990, BStBl II 1991, 66).

Zwischenzeitlich ist gesichert, dass eine Marktteilnahme auch gegenüber einer **begrenzten Allgemeinheit** vorliegt (BFH vom 09.07.1986, BStBl II 1986, 851). Dies wurde später auf den Fall erweitert, dass der Unternehmer aufgrund von Wettbewerbsvereinbarungen oder dgl. verhindert ist, Geschäftsbeziehungen zu anderen Marktteilnehmern einzugehen (BFH vom 15.12.1999, BStBl II 2000, 404). Sehr problematisch erstreckt der BFH im Urteil vom 13.12.2001, BStBl II 2002, 80 den Begriff der »Allgemeinheit« auch auf die entgeltliche Leistungserbringung gegenüber Angehörigen. Eine Beteiligung am allgemeinen wirtschaft-

---

351 So der allgemein kritisch aufgenommene Fall der Zufallserfindung und der Folgetätigkeiten (BFH vom 18.06.1998, BStBl II 1998, 567); s. *Reiß* in *Kirchhof-kompakt*, § 15 Rz. 25 und *Wacker* in *Schmidt*, EStG, § 15 Rz. 17).

lichen Verkehr kann auch dann gegeben sein, wenn der StPfl. nur ein Geschäft mit einem Dritten tätigt, sich dieser aber in Wirklichkeit und nach außen erkennbar nach Bestimmung des StPfl. an den allgemeinen Markt wendet (BFH vom 13.12.1995, BStBl II 1996, 232).

Beispiel 4: Der »gebremste« Marktteilnehmer
Jungunternehmer A (Beispiel 1) geht seine neue Karriere dosiert an und vergibt Tische in seinem Restaurant ausschließlich an als »VIPS« betitelte »Freunde des Hauses«). Kann A hierdurch eine Marktteilnahme i.S.d. § 15 Abs. 2 EStG bewirken?

Lösung:
Durch die restriktive Auslegung des Kundenkreises aufgrund der BFH-Rspr. genügt das Gaumenangebot für VIP jedenfalls dem Marktkriterium. Nachdem bereits ein einziger Abnehmer das Kriterium zu erfüllen hilft (s. oben), müsste dies erst recht von den »Freunden des Hauses« zu erwarten sein. Zweifel sind hier jedoch weniger wegen der Anzahl der Teilnehmer angebracht als wegen der Nachhaltigkeit und der Gewinnerzielungsabsicht. Ob damit eine dauernde Erwerbsquelle oder lediglich eine bestimmte Form der Wohngemeinschaft geschaffen wird, hängt in diesem Fall vom Vorhandensein einer (entsprechenden) Speisekarte ab.

In diesem Sinne (Gewerblichkeit kraft Marktteilhabe) hat der BFH auch am 22.01.2003 (BStBl II 2003, 164) entschieden, als er die Rückvermietung von 29 Wohnmobilen an eine GmbH (ein Vertragspartner) zu beurteilen hatte, die vorher von der GmbH angeschafft und nach der Vermietung an diese zurück veräußert wurden. Dies – so der BFH – lässt auf ein einheitliches Geschäftskonzept schließen, in dem An- und Verkauf der Wohnmobile verklammert sind. Aufgrund des Unternehmer-Typusbegriffes muss die Gesamttätigkeit als gewerbliche Betätigung beurteilt werden. Für den Bereich des gewerblichen Wertpapierhandels bestätigt der BFH im Urteil vom 07.09.2004 (BFH/NV 2005, 51) diese Erkenntnis, stellt aber zugleich auf das Kriterium ab, ob der betreffende Steuerbürger auf eigene Rechnung (keine Marktteilnahme) oder auf fremde Rechnung (Indiz für Marktbeteiligung) tätig wird.[352]

Etwas unverständlich reiht die Verwaltung die BFH-Entscheidung über den Telefon-Sex (BFH vom 23.02.2000, BStBl II 2000, 610) in diesen Bereich (s. H 15.4 EStH) ein, da es insoweit nur um die allgemeine Geltung des § 40 AO im Bereich der gewerblichen Einkünfte geht. Dessen uneingeschränkte Geltung (steuerbar sind auch nichtige Rechtsgeschäfte) ist vom BFH für gewerbliche Einkünfte nie in Abrede gestellt worden (so bereits der BFH vom 04.06.1987, BStBl II 1987, 653). Paradoxerweise wird in diesem Zusammenhang jedoch immer noch die gewerbliche Prostitution nicht als Gewerbebetrieb behandelt (BFH vom 28.11.1969, BStBl II 1970, 185). Vielmehr sollen Einkünfte nach § 19 EStG bzw. nach § 22 Nr. 3 EStG vorliegen.

Von dieser Auffassung ist der Große Senat nach Vorlage des III. Senats vom 15.03.2012 (BStBl II 2012, 661) im Beschluss vom 20.02.2013 (BStBl II 2013, 441) abgewichen: Selbständig tätige Prostituierte erzielen gewerbliche Einkünfte.

---

352 Nebenbei spricht sich der BFH a.a.O. bei Optionsgeschäften im Zweifel für private Vermögensverwaltung aus (m.E. schwer nachvollziehbar). Weiteres Unterscheidungsmerkmal war für den BFH, ob der StPfl. bei seinen Börsenspekulationen eine Bank einschaltet oder direkt mit den Marktteilnehmern handelt.

2.2.4 Die Gewinnerzielungsabsicht

(+)	Die Gewinnerzielungsabsicht (H 15.3 EStH)	(−)
Betriebsvermögensmehrung in Form des sog. Totalgewinns (positives Gesamtergebnis von der Gründung bis zur Beendigung – sog. Totalperiode; wirtschaftlich bedeutsamer Gewinn). Die Absicht ist entscheidend (BFH vom 25.06.1984, BStBl II 1984, 751).	Einkommensteuerersparnis.	

Aus dem Urteil des BFH vom 25.06.1984 (BStBl II 1984, 751) zur gewerblich geprägten Personengesellschaft lässt sich die Definition der Gewinnerzielungsabsicht entnehmen. Sie wurde in § 15 Abs. 2 S. 2 EStG in einem Teilbereich festgeschrieben. Gleichzeitig wirken die Erkenntnisse des BFH nunmehr als eine verlässliche Abgrenzung gegenüber der **Liebhaberei**.

Damit ist die Negativaussage getroffen bzw. die Sanktion bezeichnet, wenn die Gewinnerzielungsabsicht verneint wird. Kann der beabsichtigte Totalgewinn in der Totalperiode nicht substantiiert nachgewiesen werden, sind die behaupteten Verluste aus dem konkreten Engagement steuerlich nicht anzuerkennen. Für jedes unternehmerische Einzelengagement ist – soweit möglich – der o.g. Nachweis **getrennt** zu führen (sog. **Segmentierung**).

Von zusätzlicher Bedeutung ist die Erstreckung dieser Prüfungsstation auf alle Einkunftsarten. Dabei wird der Begriff »Gewinnerzielungsabsicht« bei den Überschusseinkünften durch den Begriff »Einkünfteerzielungsabsicht« ersetzt. Wichtiger ist jedoch, dass beim dortigen Totalergebnis (z.B. bei Kapitaleinkünften und bei V + V-Einkünften) wegen der fehlenden Steuerverstrickung steuerfreie Veräußerungsgewinne nicht zu berücksichtigen[353] sind.

In dogmatischer Hinsicht ist die Prüfung der Gewinnerzielungsabsicht deshalb von herausragender Bedeutung, da die Annahme der Liebhaberei als erste materielle Prüfungsstation (nach der Einkunftsartenklassifikation) sofort zu **steuerirrelevanten Verlusten** führt. Sie werden weder in den horizontalen noch in den vertikalen Verlustausgleich einbezogen. Auf dieser vorgezogenen Prüfungsstation zu § 12 Nr. 1 EStG werden die Liebhabereiverluste – als Angelegenheit der Privatsphäre – ausgeklammert und keiner weiteren Betrachtung unterzogen. So werden auch die speziellen Verlustbeschränkungsnormen der §§ 2a, 15 Abs. 4, 15a EStG etc. und sogar § 15b EStG nach festgestellter Liebhaberei nicht mehr benötigt. Hieraus folgt zugleich, dass bei der Subsumtion problematischer Tatbestandsmerkmale bei den o.g. speziellen Verlustbeschränkungsnormen immer eine Vorwegprüfung der Liebhaberei stattfindet.[354]

Beispiel 5: Mühle mit Spezialitätenrestaurant
A belässt es nicht nur bei der Sanierung des alten Gemäuers, sondern entdeckt gleichzeitig seine Liebe zur gehobenen Gastronomie. So kommt es, dass die Speisekarte auf sechs von sieben Seiten Hammelhodengerichte in jeder nur erdenklichen Form und Zubereitung aufweist. Letzteres, die Zubereitung, ist auch für den stolzen Preis eines durchschnittlichen Hammelhodens i.H.v. 85 € verantwortlich. In den ersten zwei Jahren erzielt A trotz guten Zulaufs aus dem Restaurant durchschnittliche Verluste lt. G+V von 25.000 €, da die meisten Gäste über ein

---
353 Neuerdings wird dies z.T. in der Lit. wegen der Neufassung von § 23 EStG in Abrede gestellt.
354 S. hierzu auch die folgenden Ausführungen, insb. zu § 15b EStG, im Teil B, Kap. IV.

Hammel-Hors d'œuvre nicht hinauskommen. Der umsatzstarke Spirituosenverkauf kann die Zahlen nicht mehr retten.
Ab dem dritten Jahr stehen die einschlägigen Gerichte nur noch auf einer der sieben Speisekartenseiten, worauf zum ersten Mal der Verlust auf 250 € zurückgeführt wurde. Mit gleichzeitiger tageweiser Vermietung des Restaurants als Tagungsort gelingt es A, Überschüsse zu erzielen. Diese gleichen die Zinsen für den anlässlich des Umbaus aufgenommenen Kredit aus.

Von den verschiedenen Fallgruppen zur Liebhaberei nehmen die **Anlaufverluste** einen besonderen Stellenwert ein. Verluste der Anlaufzeit sind steuerlich nicht zu berücksichtigen, wenn die Tätigkeit von Anfang an erkennbar ungeeignet ist, auf Dauer einen Gewinn zu erzielen (BFH vom 28.08.1987, BStBl II 1988, 10). Für die zweigliedrige Prognosefeststellung sind objektive Beweisanzeichen wie die Betriebsführung und die Kalkulation von ebenso entscheidender Bedeutung wie die subjektiven (inneren) Tatsachen, die im Bereich der Lebensführung des Unternehmers liegen. Bei diesen Überlegungen, die zunächst das **laufende Geschäftsergebnis** betreffen, darf nicht vergessen werden, dass durch die BFH-Definition des Totalgewinns auch solche Faktoren mit einfließen, die das Schlussergebnis der Unternehmensbetätigung (§ 16 EStG) beeinflussen (BFH vom 13.04.2011 BFH/NV 2011, 1137). Können geschäftswertbildende Faktoren ausgemacht werden oder ist von hohen stillen Reserven auszugehen, sind diese beim Veräußerungs- bzw. beim Aufgabegewinn zu berücksichtigen. Das Ergebnis dieser Überlegungen ist eine Schätzung (BFH vom 09.05.2000, BStBl II 2000, 660). Feststehen dürfte aufgrund zwischenzeitlicher Rspr., dass der Schätzungs-Zeitraum **subjektbezogen** auszulegen ist, wobei es für einen Generationenbetrieb keine Besonderheit gibt (BFH vom 24.08.2000, BStBl II 2000, 674). Umstritten ist derzeit, ob eine unterstellte (unentgeltliche) Rechtsnachfolge einzubeziehen ist.[355] Für Künstler und Schriftsteller hat der BFH ein Sonderrecht entwickelt, wonach für diese Personengruppe eine längere Anlaufzeit zugrunde gelegt wird (zuletzt BFH vom 06.03.2004, BStBl II 2004, 602).

Bei der Prognoseentscheidung, die sich des »Prima-facie«-Beweises (Beweis des ersten Anscheins) bedienen darf, sind folgende weitere Überlegungen zu berücksichtigen:

- Bei der **Betriebsergebnisprognose** sind nur die tatsächlichen Aufwendungen und Erlöse, die sich aus der G + V der letzten Jahre ergeben haben, zu berücksichtigen; kalkulatorische Kosten scheiden aus. Reine Selbstkostendeckung reicht – schon begrifflich – nicht aus (BFH vom 22.08.1984, BStBl II 1985, 61). Wegen des »nicht unbedeutenden« Gewinnes spielen inflationsbedingte Auflösungsgewinne keine Rolle. Verbindlichkeiten machen sich sowohl beim Anfangs- als auch beim geschätzten Endvermögen nur mit absoluten Zahlen bemerkbar, da sie keine stillen Reserven enthalten (BFH vom 17.06.1998, BStBl II 1998, 727). Bei neu gegründeten Betrieben spricht eine Vermutung trotz Anlaufverluste für die Gewinnerzielungsabsicht; umgekehrt spricht bei Verlustzuweisungsgesellschaften eine Vermutung gegen die Gewinnerzielungsabsicht (BFH vom 12.12.1995, BStBl II 1996, 219). Bei bereits bestehenden Betrieben sind für die Gewinnprognose die in der Vergangenheit erzielten Gewinne ohne Bedeutung. Daher umfasst am **Ende einer Berufstätigkeit** die Totalgewinnprognose nur die **verbleibenden Jahre** (verschärfendes BFH-Urteil vom 26.02.2004, BStBl II 2004, 455). Bei einer hauptberuflich ausgeübten Tätigkeit sind selbst langjährige »Zwischenverluste« nicht schädlich, wenn der Beruf gewinngeeignet ist (so der BFH vom 22.04.1998, BStBl II 1998, 663 bei einem RA); anders sieht die Situation

---

355 Für die Berücksichtigung die überwiegende Lit. (statt aller *H/H/R*, § 2 Rz. 386).

bei einem Zweitberuf aus (BFH vom 14.12.2004, BStBl II 2005, 392; wiederum zu einer RA'in). Daneben gibt es eine – nicht ausgesprochene – »Branchenvermutung« für oder gegen Gewinnerzielungsabsicht (s. im Anschluss die Rspr.-Übersicht).
Ähnlich auch der BFH im Beschluss vom 16.06.2010 (BFH/NV 2010, 1811), wo die fehlende Gewinnerzielungsabsicht u.a. damit begründet wurde, dass die Tierzucht im konkreten Fall mit zu wenigen Zuchttieren erfolgt sei.

- Im **persönlichen Bereich** beeinflussen die beabsichtigte Einkommensteuerersparnis sowie rein private Umstände (»Hobbyberuf«) das Ergebnis. Besonders beliebt sind in diesem Zusammenhang die Charterbetriebe, bei denen »Spaßgegenstände« wie Motor- oder Segelyachten, Flugzeuge, Wohnmobile und dgl. gewerblich vermietet werden. Nur aus diesem persönlichen Grund wurde einem StB mit Verlusten die – auch bei Freiberuflern geforderte – Gewinnerzielungsabsicht vom BFH im Urteil vom 31.05.2001, BStBl II 2002, 276 abgesprochen, da er die Praxis nur wegen der späteren Übernahme durch seinen Sohn weiterbetrieben hat.[356] Ähnlich (schädliche persönliche Gründe) entschied der BFH am 26.02.2004 für den Fall, dass die Fortführung der verlustbringenden Tätigkeit nur die Gehaltszahlung an nahe Angehörige ermöglichte (BStBl II 2004, 455).

Die Verwaltung verhilft sich in den (häufigen) Fällen einer unsicheren Prognosegrundlage mit der vorläufigen Steuerfestsetzung gem. § 165 AO.

Anders als bei der Erstentscheidung über die Liebhaberei bleibt eine »**spätere Liebhaberei**« (aus einem Gewinnunternehmen wird ein Verlustbetrieb) steuerlich unbeachtlich, da die Grundsätze des Strukturwandels eine an sich gebotene Aufdeckung der Reserven gem. § 16 Abs. 3 EStG verhindern.

Lösung:
- Aufgrund der Segmentierung sind beide Bereiche getrennt zu prüfen.
- Für die Vermietung als Tagungsort wird zweifelsfrei die Gewinnerzielungsabsicht konstatiert.
- Hinderlich könnte hier nur sein, wenn A dieser Beschäftigung nur unter dem Gesichtspunkt der Einkommensteuerersparnis nachginge (unterstellter Sachverhalt). Dies wäre etwa dann der Fall, wenn der Ausbau nur aus Gründen der erhöhten Abschreibung (oder der Investitionszulage) vorgenommen worden wäre. Wiederum anders verhält es sich, wenn A den Umbau ausschließlich wegen des Vorsteuerabzugs vorgenommen hätte. Diese Steuervergünstigung spielt bei der Prüfung der Gewinnerzielungsabsicht keine Rolle.
- Beim betriebenen Restaurant sprechen die ersten Zahlen gegen eine Gewinnerzielungsabsicht. Dabei ist jedoch auch zu berücksichtigen, dass Spezialitätenrestaurants per se nicht als verlustträchtig gelten und vor allem, dass A das Restaurant bereits nach zwei Jahren einseitiger Gaumenbefriedigung erfolgreich umgestellt hat. Vor allem aber dürfte eine negative Prognoseentscheidung immer dann schwierig sein, wenn das konkrete Engagement in nicht unbeträchtlichem Ausmaß in eigenen Geschäftslokalitäten betrieben wird. Erfahrungsgemäß ist zumindest in nicht ganz ungünstigen Lagen immer noch von einer Wertsteigerung bei Immobilien auszugehen, die sich bei der Schlussbesteuerung bemerkbar machen wird.

Als Ergebnis kann eine positive Gewinnerzielungsabsicht für beide Bereiche und damit also auch für das Gesamtengagement des A ausgesprochen werden. Die Anlaufverluste werden i.R.d. Verlustausgleichs bei A berücksichtigt.

---

[356] Andererseits hat der BFH im Urteil vom 22.04.1998, BStBl II 1998, 663 einen RA mit zwei jahrzehntelangen Verlusten (!) nicht der »Liebhaberei« bezichtigt (bei Freiberuflern besteht ein Prima-facie-Beweis für Gewinnerzielungsabsicht).

(ja)	(Auszugsweise) Rspr. Übersicht zur Gewinnerzielungsabsicht	(nein)
Reitschule und Pferdeverleih (BFH vom 15.11.1984, BStBl II 1985, 205 und vom 28.11.1985, BStBl II 1986, 293)		Pferdezucht und Gestüt (BFH vom 21.03.1985, BStBl II 1985, 399 und vom 27.01.2000, BStBl II 2000, 227)
Zucht und Handel mit Wellensittichen (BFH vom 07.08.1991, BFH/NV 1992, 108)		Vercharterung Motorboot (BFH vom 24.02.1999, BFH/NV 1999, 1081), Segelyacht (BFH vom 14.04.2000, BFH/NV 2000, 1333)
Gästehaus (BFH vom 13.12.1985, BStBl II 1985, 455) und Spezialitätenrestaurant		Getränkegroßhandel mit langjährigen Verlusten (BFH vom 19.11.1985, BStBl II 1986, 289)
Nebenberuflicher Kunstmaler (BFH vom 26.04.1989, BFH/NV 1989, 696)		Schriftstellerische Nebenbeschäftigung (RA) (BFH vom 23.05.1985, BStBl II 1985, 515) und Nebentätigkeit eines Lehrers (EFG 1993, 514); fehlgeschlagene Vermarktung eines Manuskripts (BFH vom 28.02.2003, Az.: IV B 200/02)
Erfinder (BFH vom 14.03.1985, BStBl II 1985, 424)		Galerie (BFH vom 19.05.2000, BFH/NV 2000, 1458)
Künstler (BFH vom 06.03.2003, BStBl II 2003, 602)		ein Architekt (!) (BFH vom 12.09.2002, BStBl II 2003, 85)

2.3 Die negativen Tatbestandsvoraussetzungen

Gleichberechtigt mit dem kumulativen Vorliegen der positiven Tatbestandsmerkmale müssen ebenso kumulativ die drei negativen Ausschlussmerkmale gegeben sein. In den (+)/(-)-Spalten werden auch hier die entscheidenden Aussagen für das Vorliegen eines Gewerbebetriebs mitgeteilt.

2.3.1 Abgrenzung zur privaten Vermögensverwaltung (§ 14 AO)

(+)	Keine private Vermögensverwaltung	(-)
Über Nutzung und Vermögensverwaltung hinausgehende Tätigkeit.		Nutzung im Sinne einer Fruchtziehung aus zu erhaltendem Substanzwert (R 15.7 Abs. 1 EStR).

Die private Vermögensverwaltung ist als negatives Tatbestandsmerkmal gem. § 14 S. 3 AO zu prüfen, das die Gewerblichkeit ausschließt. Wie so häufig, bemüht der BFH auch hier das Gesamtbild der Verhältnisse und hält die Verkehrsanschauung für maßgeblich (BFH vom 25.06.1984, BStBl II 1984, 751). In der Praxis spielen eine Rolle:

- die (möglicherweise) gewerbliche Vermietung,
- der (möglicherweise) gewerbliche Wertpapierhandel und vor allem
- der (möglicherweise) gewerbliche Grundstückshandel.

2.3.1.1 Die gewerbliche Vermietung

Grundsätzlich ist die Vermietung privater, vermögensverwaltender Natur. Daran ändern weder Anzahl der Mietobjekte (so der BFH vom 21.08.1990, BStBl II 1991, 126) noch der Charakter etwas (Vermietung zu Wohn- oder zu gewerblichen Zwecken).

> **Beispiel 6: Harzer Roller**
> Der Hamburger Finanzbeamte Hein (HH) investiert seinen Verdienst in eine Harzer Ferienanlage. Alle zehn Jahre kommt somit eine neue ETW hinzu, die er in den Sommer- und Wintermonaten an Kurgäste vermietet. Kurz vor der Pensionierung erhält HH ein routinemäßiges Schreiben seines Dienstherrn, in dem er über seine Nebentätigkeiten Auskunft geben muss. In einer Spalte findet sich »gewerbliche Tätigkeit« (Hinweis auf Drei-Objekt-Grenze!). HH weiß, dass die Pension bei gewerblicher Tätigkeit gekürzt wird.
> War das investive Sparen umsonst?

Mit dem formularmäßigen Hinweis auf die Drei-Objekt-Grenze wird nicht die Vermietung, sondern der gewerbliche Grundstückshandel gemeint sein. Für die Abgrenzung einer gewerblichen Vermietung kann der Rspr.-Katalog des H 15.7 Abs. 2 EStH herangezogen werden:

Immer dann, wenn sich der Vermieter zu Zusatz- bzw. Sonderleistungen verpflichtet, die den Charakter einer hotelmäßigen Nutzung annehmen, liegt wegen des vorgehaltenen Organisationsapparats – unabhängig von der Anzahl der vermieteten Objekte – eine gewerbliche Vermietung vor (BFH vom 17.03.2009, BFH/NV 2009, 1114: bei Vorhandensein der Totalgewinnerzielung und der Übertragung der Verwaltung auf eine Feriendienstorganisation). Hieraus folgt, dass die Beherbergung in Gaststätten und Fremdenpensionen immer als gewerblich qualifiziert wird (BFH vom 11.07.1984, BStBl II 1984, 722). Generell hat der BFH **kurzfristige** Nutzungsüberlassungen, wie dies bei Tennisplätzen und Parkhäusern der Fall ist, und solche, die mit zusätzlichen Serviceleistungen verbunden sind (Campingplatzvermietung) als gewerblich angesehen.[357] Der BFH hat dies (Urteil vom 09.04.2003, BStBl II 2003, 520) auch so für Parkplatzvermietung (Kurzparker) entschieden.

> **Lösung:** Zusätzlich zu den aufgelisteten Kriterien kommt für die Beurteilung der Harzer Wohnungen noch hinzu, dass sie sich in einer Ferienanlage befinden. Unter – kumulativ – drei Voraussetzungen sind die Bedenken von HH berechtigt:
> - möblierte Wohnung,
> - Vorliegen einer einheitlichen Feriendienstorganisation (Werbung etc.),
> - hotelmäßiges, jederzeitiges Vermietungsangebot.
> Bei diesen Zusatzvoraussetzungen sind die Sorgen von HH angebracht.

Auch wenn der StPfl. über die bloße Gebrauchsüberlassung hinaus keine Zusatzleistungen erbringt, ist die Vermietung von Flugzeugen eine gewerbliche Tätigkeit, sofern die Vermietung mit dem An- und Verkauf **der Flugzeuge** aufgrund eines einheitlichen Geschäftskonzepts verklammert ist (BFH vom 26.06.2007, BStBl II 2009, 289; s. auch BMF vom 01.04.2009, BStBl I 2009, 515 zur Vermietung inkl. An- und Verkauf nur eines (1) bewegl. WG (= Vermögensverwaltung, wenn sonst keine Indizien für eine nachhaltige Tätigkeit vorliegen; entscheidend ist aber, dass keine Verklammerung mit einem einheitlichen Geschäftskonzept

---

357 Hiermit korrespondiert § 4 Nr. 12 S. 2 UStG, der die kurzfristige Vermietung ebenfalls für umsatzsteuerpflichtig erklärt.

vorliegen dürfe). Denn die Tätigkeit ist nicht auf die bloße Fruchtziehung aus zu erhaltenden Substanzwerten beschränkt, wenn nach dem Konzept des StPfl. erst durch die Erzielung eines Veräußerungserlöses beim Verkauf der Flugzeuge der angestrebte Totalgewinn zu erzielen ist. Die Finanzverwaltung folgt in ihrem Schreiben vom 01.04.2009 (BStBl I 2009, 515) der Auffassung des BFH und bejaht bei Vorliegen der Voraussetzungen auch bei sog. Ein-Objekt-Gesellschaften eine gewerbliche Tätigkeit.

2.3.1.2 Der gewerbliche Wertpapierhandel
Rechtzeitig zur Börsenhausse Ende der 90er Jahre beruhigte der BFH mit zwei Urteilen aufkommende Gewerbe-Bedenken der privaten Kleinanleger. Auch der wiederholt fortgesetzte An- und Verkauf von Wertpapieren, selbst bei erheblichem Umfang, spielt sich noch in der Schutzzone der privaten Vermögensverwaltung ab (BFH vom 19.02.1997, BStBl II 1997, 399 und vom 29.10.1998, BStBl II 1999, 448).

Dies gilt zumindest solange, als diese Geschäfte auf eigenem Namen abgeschlossen werden und sich in Form der Auftragserteilung an eine Bank abwickeln. Dies gilt – mit Ausnahme der Pfandbriefe[358] – für alle Arten von Wertpapiergeschäften, auch für Devisentermin- und Optionsgeschäfte (BFH a.a.O.).[359]

Die Grenze ist jedoch überschritten, wenn die Geschäfte auch auf fremde Rechnung unter Einschaltung mehrerer Banken und Mitnahme von Provisionen abgewickelt werden (H 15.7 Abs. 9 EStH). Ähnlich verhält es sich mit Wertpapiergeschäften eines Bankiers. Mit einer argumentativen Anleihe an das Berufsbild des professionellen Wertpapierhändlers bzw. eines Finanzunternehmens i.S.d. § 1 Abs. 3 KWG hat der BFH im letzten Urteil vom 30.07.2003 (BStBl II 2004, 408) die Unterscheidung vorgenommen: Wird auf »fremde Rechnung« gehandelt oder wird der Handel mit »institutionellen Partnern« betrieben, so liegt gewerblicher Wertpapierhandel vor.[360]

2.3.1.3 Der gewerbliche Grundstückshandel und die Drei-Objekt-Grenze
Der praxisrelevante Bereich des gewerblichen Grundstückshandels erhielt nach langjähriger Rechtsunsicherheit mit dem BMF-Schreiben vom 20.12.1990 (BStBl I 1990, 884) ein erstes[361] Fundament. Einen (zeitlich) ersten Überblick verschafft dabei eine Übersicht, die das Verwaltungsschreiben in den wichtigsten Aussagen wiedergibt.[362]

2.3.1.3.1 Der Grundtatbestand: Der Steuerpflichtige als Alleineigentümer (bzw. als Bruchteilseigentümer)
Die nachfolgende Übersicht verdeutlicht die ursprüngliche (und beibehaltene) Trennung im Anwendungsbereich, wonach zwei Grundsachverhalte in der steuerlichen Beurteilung zu separieren sind:

- die Veräußerung von unbebauten Grundstücken,
- die Veräußerung von bebauten Grundstücken bzw. errichteten Gebäuden.

---

358 Für Pfandbriefe hat der BFH im Urteil vom 02.04.1971 (BStBl II 1971, 620) dann eine Ausnahme gemacht, wenn die Geschäfte am »grauen Markt« getätigt wurden.
359 Hiergegen *Reiß* in *Kirchhof-kompakt*, § 15 Rz. 129 (immer Gewerbebetrieb).
360 Zur überraschenden Nichtberücksichtigung von Optionskontrakten s. bereits BFH vom 20.12.2000, BStBl II 2001, 706.
361 Die zweite Säule (BMF vom 26.03.2004, BStBl I 2004, 434) wird sogleich besprochen.
362 Gefertigt von StB und Dipl.-Wirtschaftsjurist (FH) *G. Denning*.

In der ersten Kategorie (unbebaute Grundstücke) verbleibt es bei der ursprünglichen Aussage des ersten BMF-Schreibens, die nachfolgend aufgeführt ist. Insoweit ergab sich keine Änderung. Die Änderungen betreffen daher nur die Fallgruppe der bebauten Grundstücke. Neben der Integration der BFH-Rspr. wurden im zweiten BMF-Schreiben (2004) vor allem die strittigen Anwendungsbereiche (teil-)unentgeltlicher Erwerbsvorgänge geklärt, die Objektdefinition neu beurteilt und die starren Rechtsfolgen aufgelockert.

Es folgt eine schematische Darstellung des ersten BMF-Schreibens (1990):

Abgrenzung zwischen privater Vermögensverwaltung und gewerblichem Grundstückshandel
(nach dem BMF-Schreiben vom 20.12.1990, BStBl I 1990, 884 ff.)

I. Veräußerung von unbebauten Grundstücken (Rz. 4, 5, 16 des o.g. BMF-Schreibens)

	Zeitraum	Anzahl verkaufter Grundstücke	Steuerliche Behandlung
a) Veräußerung	weniger als fünf Jahre	mehr als drei Grundstücke (erworben mit Veräußerungsabsicht)	Gewerbebetrieb
b) Veräußerung	weniger als fünf Jahre	mehr als drei Grundstücke (erworben ohne Veräußerungsabsicht)	• private Vermögensverwaltung, falls lediglich Parzellierung und Veräußerung erfolgt • Gewerbebetrieb, falls der Steuerpflichtige sich wie ein Erschließungsunternehmer »geriert« (= verhält)
c) Veräußerung	weniger als fünf Jahre	bis zu drei Grundstücke	private Vermögensverwaltung

II. Veräußerung von bebauten Grundstücken (Rz. 2, 3, 21–24 des o.g. BMF-Schreibens)

	Zeitraum	Anzahl verkaufter Grundstücke	Steuerliche Behandlung
Veräußerung	weniger als fünf Jahre	mehr als drei »privilegierte Objekte«[365] (erworben mit Veräußerungsabsicht)	Gewerbebetrieb (Ausnahme: über zehn Jahre vorherige Eigennutzung bzw. V+V)

III. Gebäudeerrichtung (Rz. 2, 3, 21–24 des o.g. BMF-Schreibens)

	Zeitraum	Anzahl verkaufter Grundstücke	Steuerliche Behandlung
Veräußerung von Eigentumswohnungen, die auf eigenem Grund und Boden errichtet wurden	weniger als fünf Jahre nach Fertigstellung	mehr als drei Objekte an verschiedene Personen (Grund: Erfordernis der Beteiligung am allgemeinen Wirtschaftsverkehr gem. § 15 Abs. 2 EStG)	Gewerbebetrieb

---

363 »Privilegierte Objekte« in der Terminologie des BMF-Schreibens sind Eigentumswohnungen sowie Ein- und Zweifamilienhäuser.

Die wichtigste Aussage – und damit ein Stück Planungssicherheit – bestand in der Schaffung einer »Freigrenze« von drei bebauten privilegierten Objekten, die innerhalb von fünf Jahren gewerbesteuerfrei mobilisiert werden können. So hatte z.b. der Eigentümer von zehn ETW einen Schutzkorridor (einen »Immobilien-safe-haven«) von fünf Jahren, in dem gefahrlos der Verkauf von drei Einzel-Objekten erfolgen durfte.

Ergänzend zur Übersicht ist für den wichtigsten Bereich (II und III: Veräußerung von bebauten Grundstücken bzw. Veräußerung nach Gebäudeerrichtung) und damit für die eigentliche Drei-Objekt-Grenze anzufügen, dass es sich bei den drei Objekten in **zweifacher** Hinsicht um »Kurzzeit«-Objekte (enger zeitlicher Zusammenhang) handeln muss:

- zum einen darf der Zeitraum der Einzelveräußerungen aller Objekte fünf Jahre nicht überschreiten und
- zum anderen werden nur solche Objekte in die Beurteilung einbezogen, bei denen selbst der Zeitraum zwischen Anschaffung (Herstellung) und Weiterverkauf nicht die Fünfjahresgrenze überschritten hat. M.a.W. müssen sie die Eigenschaft als »privates Umlaufvermögen« haben.

Beispiel 7: Aus Vermietung wird Veräußerung
A erwirbt im Jahr 02 zwei Eigentumswohnungen, die er zunächst vermietet, aber bei günstiger Gelegenheit mit Gewinn weiter veräußern will. In 04 errichtet er ein Einfamilienhaus, das er selbst bewohnt. In 06 veräußert er eine der beiden ETW, in 08 sein EFH und im Jahr 10 die andere ETW.

- Unter den **privilegierten (drei) Objekten** waren lt. Rz. 9 des BMF-Schreibens ursprünglich nur Zweifamilienhäuser, Einfamilienhäuser und ETW erfasst, während für andere Objekte (Mehrfamilienhäuser, Lagergrundstücke etc.) die allgemeinen Grundsätze galten und demnach schon der Verkauf des zweiten oder dritten »Kurzzeit«-MFH den gewerblichen Grundstückshandel begründen konnte. Ebenso ist der Miteigentumsanteil an einem der genannten Objekte bereits ein Objekt (BFH vom 24.01.1996, BFH/NV 1996, 608). Mit mehreren Entscheidungen (vgl. nur BFH vom 15.03.2000, BStBl II 2001, 530) hat die Rspr. auch Mehrfamilienhäuser (im Beispiel des BFH: ein Sechsfamilienhaus) und andere Großobjekte (Gewerbebauten) in die Beurteilung des gewerblichen Grundstückshandels einbezogen. Nunmehr ist als Objekt i.S.d. »Drei-Objekt-Grenze« ein Grundstück jeglicher Art zu verstehen, bei dem es auf die Größe, den Wert oder die Nutzungsart des einzelnen Objekts nicht ankommt (BFH vom 15.03.2000, BStBl II 2001, 530). Jedes zivilrechtliche Wohneigentum zählt hierzu (BFH vom 18.09.2002, BStBl II 2002, 571). Selbst Garagenstellplätze – so sie kein Zubehör sind – erfüllen die Voraussetzung als selbständiges Objekt (BFH vom 18.09.2002, BStBl II 2003, 238).
Nach jüngstem Verständnis (BFH vom 22.07.2010, BFH/NV 2010, 2261) wird unter Objekt jedes selbständig veräußerbare und nutzbare Immobilienobjekt verstanden, unabhängig von jedweder individuellen Beschaffenheit (Größe etc. unbeachtlich).
Andererseits führt nach BFH vom 12.07.2007 (BStBl II 2007, 885) die **Bestellung eines Erbbaurechts** für sich betrachtet noch **nicht** zu einem Objekt i.S.d. Drei-Objekt-Grenze.
- Bei den **unbebauten Grundstücken** kann schon eine Flur-Nr. ein Objekt ausmachen. Bei umfangreichem Grundbesitz, der als ein Grundstück erworben wurde, tritt bei einer Parzellierung des Areals in mehrere Flur-Nummern bereits die mathematische Frage auf, ob hier ein Objekt (beim Ankauf) oder mehrere Objekte (beim Verkauf) vorliegen. Die Rspr. behilft sich hier mit einer Umschreibung der Aktivitäten. Solange der Voreigentümer das

Grundstück nur »aufschließt« und anschließend mehrere Parzellen veräußert, bleibt er sogar bei einer Auflassungszahl von mehr als drei Objekten im privaten Schutzkorridor. Ab dem Augenblick, da er sich wie ein Erschließungsunternehmer verhält (aktives Mitwirken am »Baureifmachen«), wird der Schutzbereich verlassen, und dies kann schon ab der ersten veräußerten Parzelle (BFH vom 13.12.1995, BStBl II 1996, 232) der Fall sein.

- Der (schädliche) spätere Veräußerungsbegriff selbst wird – konform mit seiner sonstigen Verwendung – als entgeltlicher Übertragungsakt interpretiert; teilentgeltliche Objektübertragungen erfüllen dann nicht den Begriff der Veräußerung, wenn die Objekte ohne Gewinnerzielungsabsicht veräußert werden. Schenkungen sind daher unbeachtlich. Bei Einbringungen von Grundstücken in das Vermögen von Gesellschaften liegt nach der Rspr. dann eine Veräußerung vor, wenn die Einlage mit der Gewährung von Gesellschaftsanteilen (oder vergleichbaren Vorteilen) verbunden ist (BFH vom 19.09.2002, BStBl II 2003, 394).
- Umgekehrt werden bei der (vorherigen) Anschaffung solche Objekte berücksichtigt, die durch Schenkung oder vorweggenommene Erbfolge auf den Steuerbürger übergegangen sind. Nicht einbezogen werden grundsätzlich Objekte, die von Todes wegen auf den Steuerbürger übergingen, es sei denn, dass bereits der Erblasser den gewerblichen Grundstückshandel begonnen hat und der Erbe diesen fortführt (BFH vom 15.03.2000, BStBl II 2001, 530).
- Da der gewerbliche Grundstückshandel bereits beim Erwerb ansetzt, hat sich daraus die Schlussfolgerung entwickelt, dass bereits der Erwerb der Immobilie in bedingter Verkaufsabsicht stattgefunden haben muss.[364] Hiermit stimmt überein, dass immer dann, wenn der (spätere) Veräußerer die fraglichen Objekte möglichst lange nutzt (lt. Rz. 2 des ersten BMF-Schreibens: > zehn Jahre), sich der spätere Verkauf als private Vermögensverwaltung darstellt.

Lösung:
- Der »kurze Zeitraum«, für den die Zahl der veräußerten Objekte geprüft wird, beginnt mit dem Jahr 06 und umfasst daher noch das Jahr 10.
- Handelt es sich bei den drei Objekten um »Kurzzeit«-Objekte?
  – Die erste ETW (erworben im VZ 02 und veräußert im VZ 06) erfüllt die Voraussetzung.
  – Ebenfalls ist das EFH (Erwerb 04, Verkauf 08) ein Kurzzeit-Objekt.
  – Bei der zweiten ETW liegen allerdings acht Jahre zwischen dem Erwerb (02) und dem Verkauf (10).

A hält sich mit seinen bisherigen Grundstücksaktivitäten im »safe haven« auf. Er hätte sogar noch ein Objekt »gut« gehabt.

Weitere **gravierende** Änderungen in der Beurteilung des gewerblichen Grundstückshandels brachten mehrere BFH-Entscheidungen in den Jahren 2001–2003 mit sich.[365] Danach kommt dem »Drei-Objekte«-Kriterium lediglich Indizwirkung zu. Besondere Umstände können es nahelegen, dass auch bei der Veräußerung von weniger als drei Objekten eine **unbedingte Veräußerungsabsicht** bestanden habe (s. hierzu auch – und bestätigend – BFH-Beschluss vom 27.04.2010, BFH/NV 2010, 1441). Damit wird diesem Kriterium eine größere Bedeutung beigemessen als dem nominellen Ausschluss-Kriterium der »Drei-Objekte«.

---

364 Die Lit. (*Reiß* in *Kirchhopf-kompakt*, § 15 Rz. 115 sowie *Wacker* in *Schmidt*, EStG, § 15 Rz. 55) distanziert sich von dem als nichtssagend empfundenen Merkmal.
365 BFH-Urteile vom 18.09.2002 (BStBl II 2003, 286; BStBl II 2003, 238; BFH/NV 2003, 455); vom 14.10.2002 (BFH/NV 2003, 742); vom 12.12.2002 (BStBl II 2003, 297) und zuvor schon BFH-Beschluss vom 10.12.2001 (BStBl II 2002, 291).

Das BMF hat sich im zweiten BMF-Schreiben (BMF vom 26.03.2004, BStBl I 2004, 434) in Rz. 28 dieser Auffassung angeschlossen. Danach kann – auch bei einer Veräußerung von weniger als vier Objekten – dann ein gewerblicher Grundstückshandel vorliegen, wenn

- das Grundstück bereits vor seiner Bebauung veräußert wird,
- die Bebauung von vornherein auf Rechnung und nach Wünschen des Erwerbers erfolgt,
- das Bauunternehmen erhebliche Leistungen erbringt, die nicht wie unter fremden Dritten abgerechnet werden,
- der Steuerbürger bereits während der Bauzeit einen Makler beauftragt oder
- vor Fertigstellung ein Vorvertrag mit dem künftigen Erwerber geschlossen wird.

Hierzu (gewerblicher Grundstückshandel bei **Nicht-Überschreiten der Drei-Objekt-Grenze**) liegen zwei weitere BFH-Urteile aus 2008 und 2009 vor:

- Nach den Erkenntnissen des BFH vom 17.12.2008 (BStBl II 2009, 791) liegt gewerblicher Grundstückshandel dann vor, wenn der unbedingte Entschluss zur Grundstücksveräußerung spätestens im **Zeitpunkt** des Vertragsabschlusses der **Bebauungsverträge** vorliegt.
- Nach dem Urteil vom 24.06.2009 (BStBl II 2010, 171) ist die unbedingte Veräußerungsabsicht dann gegeben, wenn vor **Fertigstellung des Gebäudes** das **Grundstück** in eine vom StPfl. beherrschte **GmbH eingebracht** wurde.[366]

Umgekehrt kann auch bei Überschreiten der »Drei-Objekt-«Grenze ein gewerblicher Grundstückshandel verneint werden, wenn aufgrund besonderer Umstände (Erkrankung, schlechte Vermietbarkeit etc.) eindeutige Anhaltspunkte gegen eine von Anfang an bestehende Veräußerungsabsicht sprechen. Dieses BFH-Urteil vom 20.02.2003 (BStBl II 2003, 510) ist ebenfalls von der Verwaltung (in Rz. 30 des zweiten BMF-Schreibens) übernommen worden. Dabei hat die Verwaltung auch den Zeitrahmen festgelegt.

Obwohl es sich bei der Frage der Veräußerungsabsicht, die evtl. bei einer wirtschaftlichen Zwangslage nicht gegeben ist, um eine **innere (subjektive) Tatsache** handelt, kommt der BFH im Urteil vom 17.12.2009 (BStBl II 2010, 541) zur Erkenntnis, dass persönliche Beweggründe keine Rolle spielen. Die Veräußerungsabsicht ist immer nach objektiven Kriterien zu beurteilen (Motivunbeachtlichkeit).

Damit ist zwischenzeitlich das »Drei-Objekt«-Kriterium von der Rspr. deutlich aufgeweicht worden.

Hinweis: Nach der Entscheidung des BFH vom 22.07.2010 (BFH/NV 2010, 2261) wird unter **Objekt jedes selbständig veräußerbare und nutzbare Immobilienobjekt** verstanden, unabhängig von jedweder individuellen Beschaffenheit (Größe etc. unbeachtlich).

Die jüngeren Entscheidungen des BFH zum gewerblichen Grundstückshandel nehmen sich folgender Fragen an:

- Die »Drei-Objekt-Grenze« ist keine »Drei-Erwerber-Grenze«.[367]
- Auch der »Fünfjahreszeitraum« ist keine absolute Grenze.[368]

Vor diesem Hintergrund ist nunmehr (zweites BMF-Schreiben) folgendes Schema für die (nach wie vor gültige) »Drei-Objekt-Grenze« zu berücksichtigen:

---

366 S. hierzu *Weber-Grellet*, NWB 44 (2009), 3404.
367 Nach BFH vom 23.01.2004 (BFH/NV 2004, 781) setzt die Nachhaltigkeit nicht den Verkauf an vier Erwerber voraus. Ähnliche Überlegungen liegen dem BFH-Urteil vom 15.07.2004 (BStBl II 2004, 950) zugrunde: Aufteilung von MFH in ETW an zwei Erwerber.
368 BFH vom 14.01.2004 (BFH/NV 2004, 1089) und BFH vom 05.05.2004 (BFH/NV 2004, 1399).

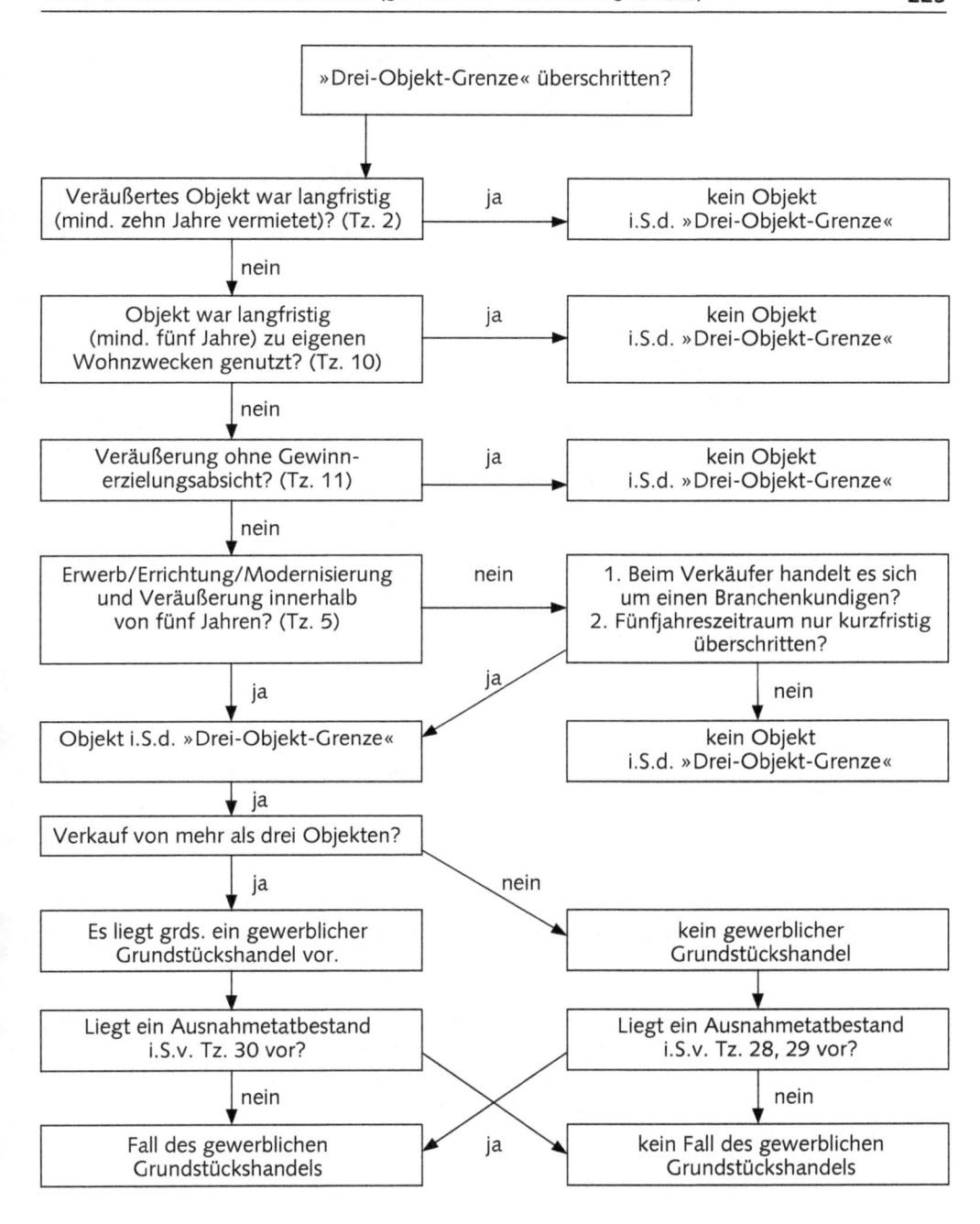

```
                    »Drei-Objekt-Grenze« überschritten?
                                    │
                                    ▼
Veräußertes Objekt war langfristig    ja      kein Objekt
(mind. zehn Jahre vermietet)? (Tz. 2) ────▶   i.S.d. »Drei-Objekt-Grenze«
            │ nein
            ▼
Objekt war langfristig                ja      kein Objekt
(mind. fünf Jahre) zu eigenen         ────▶   i.S.d. »Drei-Objekt-Grenze«
Wohnzwecken genutzt? (Tz. 10)
            │ nein
            ▼
Veräußerung ohne Gewinn-              ja      kein Objekt
erzielungsabsicht? (Tz. 11)           ────▶   i.S.d. »Drei-Objekt-Grenze«
            │ nein
            ▼
Erwerb/Errichtung/Modernisierung      nein    1. Beim Verkäufer handelt es sich
und Veräußerung innerhalb             ────▶      um einen Branchenkundigen?
von fünf Jahren? (Tz. 5)                       2. Fünfjahreszeitraum nur kurzfristig
                                                  überschritten?
         ja      ja                                      │
                                                    ja ◀─┴─▶ nein
                                                              │
Objekt i.S.d. »Drei-Objekt-Grenze« ◀──────                    ▼
            │ ja                                       kein Objekt
            ▼                                          i.S.d. »Drei-Objekt-Grenze«
Verkauf von mehr als drei Objekten?
       ja   │   nein
            ▼
Es liegt grds. ein gewerblicher               kein gewerblicher
Grundstückshandel vor.                        Grundstückshandel

Liegt ein Ausnahmetatbestand                  Liegt ein Ausnahmetatbestand
i.S.v. Tz. 30 vor?                            i.S.v. Tz. 28, 29 vor?
       │ nein                                         │ nein
       ▼                  ja                          ▼
Fall des gewerblichen    ◀────                kein Fall des gewerblichen
Grundstückshandels                            Grundstückshandels
```

Es wird festgehalten, dass die Neufassung des Drei-Objekt-Schreibens im Ausgangssachverhalt mit der ausnahmslos einbezogenen BFH-Rspr. für den Bereich der geschenkten und im Wege der vorweggenommenen Erbfolge (Rz. 9) erworbenen Objekte eine Verschärfung mit sich brachte. Die Grundstücksaktivitäten des (Einzel-)Rechtsvorgängers werden in diesen

Fällen dem Rechtsnachfolger zugerechnet.[369] Andererseits wird klargestellt, dass zumindest Altobjekte, die sich länger als zehn Jahre im Eigentum befanden und vermietet wurden oder langfristig zu eigenen Wohnzwecken genutzt wurden, nicht in den gewerblichen Grundstückshandel einbezogen werden.

Allgemein gilt auch (BFH vom 18.08.2009, BStBl II 2009, 965 sowie BFH vom 17.12.2009, BStBl II 2010, 541[370]), dass es bei der Beurteilung der Gewerblichkeit nicht auf die subjektive Anschauung des StPfl. ankommt, sondern dass alleine objektive Indizien heranzuziehen sind.

So sind nach BFH vom 27.09.2012 (BStBl II 2013, 433) wirtschaftliche Zwänge wie eine drohende Zwangsversteigerung unerheblich für die Zuordnung zum gewerblichen Grundstückshandel.

2.3.1.3.2 Der Steuerbürger als Beteiligter einer Grundstücksgemeinschaft

Die aufgezeigten Grundsätze ändern sich schlagartig, wenn es um die Beurteilung der Beteiligung an **Grundstücksgesellschaften** geht. Auch hier wird zunächst die Auffassung nach dem ersten BMF-Schreiben vorgetragen; das zweite BMF-Schreiben hat nur eine wesentliche Änderung (Verschärfung) gebracht, auf die a.E. der Darstellung hingewiesen wird.

> **Beispiel 8: Die Doppelfunktion des A als Immobilienhändler**
> Um sich möglichst viele Grundstücksoptionen offen zu halten, geht A weiteren Immobilienaktivitäten zusammen mit seiner Frau in verschiedenen BGB-Gesellschaften nach. Es werden vier GbR gegründet, die sich jede um die Vermarktung diverser Objekte bemüht:
> - GbR 1 (A und EF zu je 50 %) mit ZFH,
> - GbR 2 (A zu 10 %, EF zu 90 %) mit zehn verschiedenen Einzelobjekten,
> - GbR 3 (A zu 9 %, EF zu 91 %) mit einer Eigentumswohnanlage (12 ETW),
> - GbR 4 (A zu 75 %, EF zu 25 %) mit einem MFH.
>
> Welche der Beteiligungen bzw. welche Aktivitäten könnten für A »gefährlich« werden? Ausgangspunkt ist dabei, dass A in den Jahren 06–10 (Beispiel 7) bereits zwei »Kurzzeit«-Objekte veräußert hat.

Im BMF-Schreiben vom 20.12.1990 (BStBl I 1990, 884) hat man für den Fall, dass die Drei-Objekt-/Fünf-Jahres-Grenze durch die Gründung von PersG, insb. GbR, umgangen werden könnte, einen Zusatztatbestand eingeführt. Danach (Rz. 8 a.a.O.) werden Beteiligungen ab einer Höhe von **mindestens 10 % an PersG mit Grundstückshandel** unter bestimmten Voraussetzungen bei der Ermittlung der Schädlichkeitsgrenze hinzugezählt.

Vorweg (1. Schritt) muss jedoch auf der Ebene der PersG differenziert werden (Rz. 12), ob bereits eine PersG mit gewerblichem Grundstückshandel vorliegt oder ob es sich um eine vermögensverwaltende PersG handelt. Bei dieser Vorwegdifferenzierung wird wiederum die Drei-Objekt-Grenze angewendet. Befinden sich mehr als drei »Kurzzeit«-Objekte im BV der PersG, so liegt demnach eine gewerbliche Immobilien-PersG vor (ansonsten bei drei oder weniger Objekten: vermögensverwaltende PersG).

---

369 Bsp. in Rz. 9 a.a.O.: V(ater) hat seit 01 vier ETW und veräußert, davon drei in 03. Die vierte ETW überträgt V im Wege der vorweggenommenen Erbfolge an S(ohn), der bereits in 02 drei Objekte erworben hat. S veräußert in 04 alle vier ihm gehörenden Objekte.
Rechtsfolge: Bei V werden die ersten drei Veräußerungen steuerpflichtig (!) und auch bei S unterliegen die vier veräußerten Objekte dem gewerblichen Grundstückshandel.

370 Der Vortrag der Kl. (sechs errichtete und veräußerte ETW innerhalb von 5 Jahren und 2 Monaten), »auf Druck der Banken« verkaufen zu müssen, hat den BFH nicht überzeugt.

Die Beteiligung an danach **gewerblichen PersG** führt außerdem dazu, dass dem G'fter im (bedenklichen) **Durchgriff** die Anzahl der von der PersG veräußerten Objekten zugerechnet wird (Schritt 1a). Nach h.M., die den Umrechnungsschlüssel (Durchgriff und Zurechnung aufgrund § 39 Abs. 2 Nr. 2 AO) unkritisch übernimmt, führt allein die Veräußerung von einem Objekt, die von der gewerblichen PersG vorgenommen wird, zur Hinzurechnung von einem **Objekt bei jedem** G'fter, der an dieser PersG beteiligt ist.[371] In der (überspitzten) Konsequenz kann dies dazu führen, dass bei einer zehngliedrigen PersG mit gleichen Beteiligungsverhältnissen ein veräußertes Objekt zehnmal berücksichtigt wird. § 39 Abs. 2 Nr. 2 AO kann zwar der Durchgriff entnommen werden, aber dieser nur entsprechend dem Beteiligungsverhältnis. M.E. kann in dem Beispiel der zehngliedrigen PersG das veräußerte Objekt bei allen G'ftern nur mit dem Faktor 1/10 berücksichtigt werden.

Im 2. Schritt werden aber auch die Beteiligungen der **vermögensverwaltenden PersG** berücksichtigt. Dabei ist wiederum zu differenzieren, ob die Beteiligung im BV oder im PV des G'fters gehalten wird. Im ersten Fall (BV) liegen ohnehin gewerbliche Einkünfte vor. Wird – Regelfall – die Beteiligung im PV des G'fter gehalten, wird das Beteiligungsengagement in doppelter Hinsicht bei der Drei-Objekt-Berechnung des G'fters gewürdigt. Wiederum werden dem G'fter die Objektveräußerungen der PersG im problematischen Verhältnis 1:1 zugerechnet (Rz. 14 und 15 des ersten BMF-Schreibens). Dies kann zusammen mit den Veräußerungen als Einzelperson zu einem Überschreiten der Drei-Objekt-Grenze führen, obwohl eine rechtsträgerbezogene Betrachtungsweise zu unschädlichen Einzelergebnissen kommt.

Die Beteiligungs- und Durchgriffs-Rspr. ist vom BFH im Urteil vom 28.11.2002 (BStBl II 2003, 250) anlässlich der Veräußerung eines Kommanditanteils an einer KapG & Co. KG auch auf die **gewerblich geprägte PersG** übertragen worden. Der BFH stellt dabei die Veräußerung von Anteilen an gewerblich geprägten Grundstücksgesellschaften der Veräußerung von Grundstücken gleich. Dies hat zur Folge, dass der Veräußerungsgewinn nicht tarifbegünstigt i.S.d. §§ 16, 34 EStG ist und der Gewerbesteuer unterliegt (BFH vom 05.06.2008, BFH/NV 2008, 1751).

In dem BFH-Urteil vom 18.03.2004 (BStBl II 2004, 787) spricht sich der III. Senat bei einer Beteiligung an einer **GmbH** zwar apodiktisch (ohne nähere Begründung) gegen einen Durchgriff bei einer KapG aus. Im konkreten Fall (Zwischenschaltung einer GmbH, die ein zuvor – von der Einzelperson (= Allein-G'fter der GmbH) – erworbenes Miethaus in ETW aufteilt und sodann vier ETW an vier verschiedene Erwerber veräußert) gelangt der III. Senat mit ausführlicher Begründung[372] über den Gestaltungsmissbrauch (§ 42 AO) im Ergebnis jedoch zu einer Zurechnung der Aktivitäten auf die natürliche Person (= Allein-G'fter der GmbH). Diese Tendenz (keine missbräuchliche Zwischenschaltung durch eine – nicht funktionslose – GmbH) hat der BFH im Urteil vom 17.03.2010 (BStBl II 2010, 622) nochmals bestätigt.

Lösung: Neben der Objektveräußerung löst auch die **Anteilsveräußerung** des G'fters an einer vermögensverwaltenden PersG (Rz. 16) die Hinzurechnung aus (hierzu BFH vom 07.03.1996, BStBl II 1996, 369).

---

371 Statt aller *Wacker* in *Schmidt*, EStG, § 15, Rz. 73 Beispiel bb).
372 Es erfolgte eine formale Auslagerung auf die GmbH; so wurde der Kaufpreis seitens der GmbH für den Erwerb des Hauses ihrerseits aus den späteren Kaufpreiserlösen der vier ETW erbracht usw.

- GbR 2 und GbR 3 gelten bei entsprechenden Grundstücksaktivitäten aufgrund der Objektüberschreitung als gewerbliche PersG. Wegen des Unterschreitens der 10 %-Beteiligungsquote bei GbR 3 sind für A aber nur Veräußerungen der GbR 2 problematisch. Kommt es hierzu, wird jedes von der GbR 2 veräußerte Einzelobjekt dem G'fter A im Verhältnis 1:1 hinzugerechnet; m.a.W. ist A dann gewerblicher Grundstückshändler, wenn die GbR 2 im Zeitraum 06–10 zwei Immobilien verkauft.
- GbR 1 und GbR 4 können als vermögensverwaltende PersG bezeichnet werden. Bei diesen führen wiederum entweder Objektveräußerungen oder Anteilsveräußerungen zu einer Hinzurechnung bei A.

Generell ist darauf zu achten, dass ein festgestellter gewerblicher Grundstückshandel die Rechtsfolgen **ex tunc** nach sich zieht, so dass bereits ab der Fertigstellung (bzw. ab dem Erwerb) des ersten Objekts die Gewinnermittlung einsetzt (Rz. 27). Die zu erfassenden Objekte bilden Umlaufvermögen des Geschäftsbetriebs und lassen demnach nicht nur keine AfA zu, sondern führen bei der Veräußerung zu laufenden Gewinnen.[373]

Im zweiten BMF-Schreiben (2004) erfolgt mit Rz. 14 (2. Absatz) eine deutliche Verschärfung gegenüber der bisherigen Praxis. Danach wird dem 10 %-Beteiligungskriterium der Fall des **Beteiligungswertes von > 250.000 €** gleichgestellt. M.a.W. wird nach der Neufassung die Beteiligung bereits dann berücksichtigt (»mitgezählt«), wenn der Anteil an der Grundstücksgesellschaft weniger als 10 % beträgt, aber im Wert über 250.000 € liegt.[374] Bestimmt ein Gesellschafter über eine Generalvollmacht oder aus anderen Gründen maßgeblich die Geschäfte einer Grundstücks-PersG, können ihm die Grundstücksverkäufe der PersG auch dann zugerechnet werden, wenn seine Beteiligung weniger als 10 % beträgt und weniger als 250.000 € wert ist (BFH vom 12.07.2007, BStBl II 2007, 885).[375]

Selbst bei »absoluten« **Schwester-PersG** (ausschließlich dieselben G'fter sind an den beiden PersG beteiligt) erfolgt nach dem BFH-Urteil vom 17.12.2008 (BStBl II 2009, 795) keine Zusammenrechnung der von beiden Gesellschaften verkauften Grundstücke. (**Hinweis:** Die Verkäufe der Gesellschaft sind natürlich bei der Veranlagung des G'fters zu addieren.)

Selbst dann, wenn ein StPfl. **kein einziges eigenes** Objekt veräußert, kann er allein durch die Zurechnung der Verkäufe von PersG gewerblicher Grundstückshändler werden (BFH vom 22.08.2012, BStBl II 2012, 865).

2.3.1.4 Sonstige (gewerbliche) »Grenzaktivitäten«

Auch zu zwei weiteren Bereichen, dem Handel mit »gebrauchten« Lebensversicherungen sowie den Aktivitäten von sog. »Venture Capital/Private Equity Fonds« liegt eine Verwaltungsauffassung vor.

---

373 S. hierzu aber § 4 Abs. 3 S. 4 EStG (Einbeziehung des Immobilien-UV).
374 Beispiel: Eine 5%-Beteiligung des Kommanditisten K an einer vermögensverwaltenden KG (Gesellschaftsvermögen: 10 Mio. €) führt danach zu einem Zählobjekt bei K.
375 Diesem Urteil ist aber auch zu entnehmen, dass die Bestellung eines Erbbaurechts allein noch nicht zu einem Objekt i.S.d. Drei-Objekt-Grenze führt.

2.3.1.4.1 Anlagemodelle mit gebrauchten Risikolebensversicherungen

Das FinMin Bremen hat im Schreiben vom 17.06.2004 (gleichlautend mit den Verfügungen der OFD Frankfurt vom 28.05.2004, DStR 2004, 1386 und der OFD Hannover vom 09.06.2004, DStR 2004, 1386) den Ankauf gebrauchter Lebensversicherungen mit einem Betrag, der über dem Rückkaufswert, aber deutlich unter der Versicherungssumme liegt[376], als gewerbliche Aktivität der jeweiligen Fondsgesellschaft qualifiziert. Diese, in den USA wegen der besonderen Ausgestaltung von Risikolebensversicherungen übliche Marktaktivität, soll demnach bei nicht gewerblich geprägten KG zu gewerblichen Einkünften führen. Eine – prospektmäßig – versprochene vermögensverwaltende Tätigkeit liegt trotz der zwischengeschalteten settlement companies (policenerwerbende und -verwaltende Gesellschaft) nach dieser Verwaltungsauffassung nicht vor.[377]

Nach Auffassung des BFH vom 11.10.2012 (BStBl II 2013, 538) stellt der so skizzierte Erwerb »**gebrauchter Lebensversicherungen**«, die bei späterer Fälligkeit eingezogen werden, auch bei hohem Anlagevolumen **keine gewerbliche** Betätigung dar.[378]

2.3.1.4.2 Venture Capital und Private Equity Fonds

Mit Schreiben vom 16.12.2003 (BStBl I 2004, 40) hat das BMF zur Frage der gewerblichen Einkunftserzielung von KG mit Venture Capital bzw. zu Private Equity Fonds Stellung genommen und die Grundsätze zum gewerblichen Wertpapierhandel auf diese Fondsgesellschaften übertragen. Die Verwaltung geht von folgender Konstellation aus: Der Fonds wird als Mittler zwischen Kapitalanlegern einerseits und den zu finanzierenden Unternehmen (sog. Portfolio-Gesellschaften) andererseits tätig. Dabei werden von den Fonds Beteiligungen an den Portfolio-Gesellschaften (d.h. Eigenkapital) erworben und so lange gehalten, bis die Zielsetzung (Börsengang) erreicht ist, um sodann diese Anteile – kurspflegend – zu veräußern. Der Fonds ist im Regelfall als GmbH & Co. KG mit einer nicht am Vermögen beteiligten Komplementärin aufgestellt, während sich private wie institutionelle Anleger als Kommanditisten beteiligen. Die Anlageentscheidungen werden von einer weiteren GmbH & Co. KG (sog. Initiator-KG) getroffen.[379] Diese (bzw. die G'fter der Initiator-KG) erhält neben ihren Gewinnanteilen für die Anlageentscheidung eine zusätzliche Vergütung vom Fonds (meist 20 %), die jedoch erst nach Ausschüttung der Gewinne an die übrigen G'fter ausgezahlt werden (sog. Carried Interest). Der Fonds verwaltet die – meist zwischen drei und fünf Jahren gehaltenen und mit Eigenkapital erworbenen – Beteiligungen an den Portfolio-Gesellschaften, kümmert sich um das Weiterreichen der Dividenden aus den Portfolio-KapG an die Anleger und hat selbst eine durchschnittliche Laufzeit von ca. zehn Jahren.

Nach der BMF-Auffassung liegen nur unter folgenden Voraussetzungen vermögensverwaltende Fondsaktivitäten vor:

---

376 Die Zielsetzung ist offensichtlich: Der ursprüngliche Versicherungsnehmer »steht« die Laufzeit wirtschaftlich nicht durch und erhält durch den Kaufpreis einen – verglichen mit dem Rückkaufswert – höheren Betrag. Er bleibt auch weiterhin die versicherte Person, während die Anlagegesellschaft (meist als – nicht gewerblich geprägte – GmbH & Co. KG) neuer Versicherungsnehmer ist.
377 Vgl. aber in der Literatur *Biagosch/Greiner*, DStR 2004, 1365.
378 S. dazu aber § 20 Abs. 1 Nr. 6 EStG sowie die Vfg. der OFD Frankfurt/Main vom 23.08.2013 (DB 2013, 2119).
379 Daneben übt die Komplementärin die Geschäftsführung aus.

- die Finanzierung muss im Wesentlichen aus Eigenmitteln erfolgen; Bankkredite und übernommene Sicherheiten (für Verbindlichkeiten der Portfolio-Gesellschaften) sind demnach schädlich, d.h. sie führen zu gewerblichen Einkünften (Tz. 9);
- der Fonds darf für die Verwaltung des Fonds-Vermögens keine umfangreiche eigene Organisation unterhalten (nicht mehr als bei einem privaten Großvermögen Tz. 11);
- der Fonds darf sich nicht eines Marktes bedienen und dabei auf fremde Rechnung unter Einsatz beruflichen Know-hows tätig werden (Tz. 12);
- die Anteile an den Portfolio-Gesellschaften dürfen keiner breiten Öffentlichkeit angeboten werden (Tz. 13[380]);
- nach Tz. 14 müssen die Beteiligungen am Fonds mindestens mittelfristig (drei bis fünf Jahre) gehalten werden, da ansonsten – rein begrifflich – keine Fruchtziehung aus zu erhaltendem Substanzwert anzunehmen ist;
- Veräußerungserlöse sind auszuschütten und nicht zu reinvestieren (Tz. 15);
- der Fonds darf nicht im Bereich des aktiven Managements der Portfolio-Gesellschaften tätig werden (Tz. 16);
- natürlich darf der Fonds nicht gewerblich geprägt oder infiziert sein (Tz. 17).

Je nach Einstufung erzielen der Fonds und seine G'fter Einkünfte nach § 20 EStG (und ggf. gem. § 17 EStG) bzw. bei gewerblicher Qualifikation Einkünfte gem. § 15 Abs. 1 Nr. 2 EStG.[381]

Die OFD Magdeburg hat mit Vfg. vom 05.04.2006 (DStR 2006, 1505) zu Wagniskapitalgesellschaften[382] Stellung genommen, und die OFD Frankfurt hat sich am 27.07.2007 (StB 2007, 448) mit verfahrensrechtlichen Fragen[383] befasst.

2.3.2 Abgrenzung zu Land- und Forstwirtschaft (§ 13 EStG)

(+)	Keine Land- und Forstwirtschaft (R 15.5 EStR)	(–)
Eine dauerhafte Umstrukturierung des land- und forstwirtschaftlichen Betriebes führt zum Gewerbebetrieb.		Planmäßige Nutzung der Naturkräfte des Bodens und die Verwertung der dadurch gewonnenen Erzeugnisse (§ 13 EStG).

Drei Probleme stehen bei der Abgrenzungsdiskussion von § 13 EStG zu § 15 EStG im Vordergrund:

1. die Frage der Tierhaltung und Tierzucht,
2. die Mischbetriebe (R 15.5 EStR) und
3. die sog. Urproduktion.

---

380 Unschädlich sind aber die Tätigkeiten der Fonds-Gesellschaft bei der Verwertung ihrer auf eigene Rechnung eingegangenen Beteiligungen, z.B. bei der Veräußerung der Beteiligung beim Börsengang einer Portfolio-Gesellschaft.
381 Auf § 3 Nr. 40d und § 3c EStG wird bei natürlichen Personen als Beteiligte ebenso hingewiesen wie auf § 8b KStG bei KapG im G'fterkreis der Fonds-Gesellschaft. S. auch die Regelung von § 18 Abs. 1 Nr. 4, § 3 Nr. 40a EStG, wonach der Carried Interest bei vermögensverwaltenden Fonds als Tätigkeitsvergütung zu 60 % stpfl. ist.
382 Hauptthemen: Unschädliche Wahrnehmung von Aufsichtsratsfunktionen und unschädliche Zustimmungsvorbehalte.
383 Wertvolle ertragsteuerliche Hinweise: Tabellarische Gegenüberstellung von Privatanlegern/PersG/KapG.

Zu 1.: Tierhaltung

Landwirtschaftliche Tierhaltung setzt neben der Tiergattung voraus, dass der Bestand der Tiere und die L + F-Nutzfläche gem. § 13 EStG übereinstimmen. Können die Tiere nicht mehr artgerecht gehalten und ernährt werden, so liegt gewerbliche Tierhaltung vor. Dafür sind in § 13 EStG und genauer in R 13.2 EStR **Vieheinheiten** (VE) als Parameter für die Beantwortung dieser Frage gebildet worden. So müssen z.B. einer Schafherde von 100 Schafen (ein Jahr und älter) mindestens ein Hektar eigenbewirtschaftete Fläche zur Verfügung stehen, damit noch von L + F-Tierhaltung gesprochen werden kann.[384] Der Auflistung in R 13.2 EStR kann sodann unschwer entnommen werden, bei welcher Tiergattung die Verwaltung typischerweise von landwirtschaftlicher Tierhaltung ausgeht. Pferde (inkl. Rennpferde) und Hühner zählen dazu, während dies bei Hunden und Katzen nicht der Fall ist.

Der Zukauf von Pferden alleine, die später – d.h. nach einer entsprechenden Ausbildung – als Reitpferde verkauft werden, führt nach dem BFH-Urteil vom 17.12.2008 (BStBl II 2009, 453) noch nicht zu einem Gewerbebetrieb.

Zu 2.: Mischbetriebe

Zu den schwierigen Abgrenzungsfragen zählen die Mischbetriebe bzw. die gemischten Tätigkeiten. Rein denklogisch gibt es folgende Kombinationen:

a) zwei selbständige Betriebe;
b) einen L + F-Hauptbetrieb mit einem gewerblichen Nebenbetrieb;
c) einen gewerblichen Hauptbetrieb mit einem L + F-Nebenbetrieb.

Dabei ist von besonderer Bedeutung, dass der jeweilige Hauptbetrieb (b und c) den Nebenbetrieb hinsichtlich der Einkunftsart absorbiert.

Die Vorfrage (zwei getrennte Betriebe mit je eigener Einkunftsermittlung oder ein Hauptbetrieb) hängt davon ab, ob zwischen beiden Betrieben eine zufällige oder eine planmäßige Verbindung besteht. Eine planmäßige Verbindung ist anzunehmen, wenn der eine Betrieb (z.B. Hofladen) nicht ohne den anderen (L + F) gedacht werden kann. In diesem Fall wird sodann wieder nach der Geprägeformel über die dominierende Einkunftsart entschieden.

Die Zuordnungsdiskussion wird überlagert durch die verschiedenartigen Betriebsformen, die von der Verwaltung wiederum mit unterschiedlichen Kriterien versehen werden. Dabei werden unterschieden:

- Absatzbetriebe (Handelsbetriebe); s. BMF vom 19.11.2011 (BStBl I 2011, 1249),
- Be- und Verarbeitungsbetriebe (Beispiel: Sägewerk),
- Substanzbetriebe (Kiesgrube),
- Vermietungs- und Dienstleistungsbetriebe.

Beispiel 9: Waldbesitz und Sägewerk

Dem Holzbauer Rosegger (R) gehören 15 ha Wald und ein Sägewerk mit einer Jahresschnittleistung von 2.000 cbm. In Sägebetrieben wird mit einer durchschnittlichen Abfallquote von 50 % (Bretter, Seitenware etc.) gerechnet. Von den benötigten 4.000 cbm Rundholz wird 1/10 aus den eigenen geschlagenen Beständen verwendet. Beim jährlichen Durchforsten des Waldbesitzes

---

[384] 100 »erwachsene« Schafe ergeben 10 VE (R 13.2 EStR), wofür mindestens ein Hektar Fläche gem. § 13 Abs. 1 Nr. 1 S. 2 EStG zur Verfügung stehen müssen.

fallen ca. 400 Festmeter (fm) Schnittholzware und die gleiche Menge minderwertige Qualität (Papierholz) an. Wie werden die Betriebe steuerlich zugeordnet?

Ohne auf quantitative Vorgaben einzugehen, könnte die Ausgangsfrage des einheitlichen Betriebes oder zweier getrennter Betriebe zu dogmatischen Streitigkeiten führen (rechtlicher oder wirtschaftlicher Zusammenhang zwischen den Einzelbetrieben?). Um diesem Streit vorzubeugen, hat die Verwaltung Vereinfachungsberechnungen in R 15.5 EStR angestellt, mittels derer zweifelsfrei die Gegenseitigkeit der Betriebe festgelegt werden kann.

Lösung (zu den Bearbeitungsbetrieben):
- Nach R 15.5 Abs. 3 EStR ordnet sich das Sägewerk[385] als Nebenbetrieb dem forstwirtschaftlichen Hauptbetrieb unter, wenn dieser in funktionaler Hinsicht vom Hauptbetrieb abhängig ist. Ein Nebenbetrieb liegt entsprechend vor, wenn in ihm die eigenen Hölzer nur geringfügig bearbeitet werden und die dabei gewonnenen Erzeugnisse überwiegend für den Verkauf bestimmt sind (Nr. 1). Dies ist bei dem Zuschnitt von Bäumen für Schnittware nicht der Fall.
- Ein einheitlicher Gewerbebetrieb läge vor, wenn die L+F-Hölzer überwiegend im Sägewerk bearbeitet würden. Dies ist bei einer Quote von nur 10 % (400 cbm eigener Bestand/4.000 cbm insgesamt) ebenfalls nicht gegeben.
- Als Ergebnis kann demnach festgehalten werden, dass zwei getrennte Betriebe vorliegen. Beide Betriebe bedingen sich bei den genannten Zahlen nicht gegenseitig.

Hinweis: Nach dem BFH-Urteil vom 25.03.2009 (BFH/NV 2009, 1496) wird bei der Frage »Hofladen vs. Gewerbebetrieb« primär auf das »händlertypische« Verhalten abgestellt. In Folge dieser Entscheidung wurde R 15.5 Abs. 6 EStR am 19.11.2011 (BStBl I 2011, 1249) daraufhin geändert:

»**2. Abgrenzungsregelungen (s. auch R 15.5 Abs. 11 EStR 2014)**
2.1 Grundsatz
Werden ausschließlich eigene Erzeugnisse abgesetzt, stellt dies eine Vermarktung land- und forstwirtschaftlicher Urprodukte dar, selbst wenn sie über ein eigenständiges Handelsgeschäft oder eine Verkaufsstelle (z.B. Großhandelsbetrieb, Einzelhandelsbetrieb, Ladengeschäft, Marktstand oder Verkaufswagen) erfolgt. Unerheblich ist die Anzahl der Verkaufsstellen oder ob die Vermarktung in räumlicher Nähe zum Betrieb erfolgt. Werden dagegen ausschließlich zugekaufte Waren abgesetzt, ist die Veräußerung der Zukaufsware von Anfang an eine gewerbliche Tätigkeit. Auf die Art und den Umfang der Veräußerung kommt es dabei nicht an.

2.2 Mischfälle
Werden neben eigenen Erzeugnissen auch zugekaufte Waren abgesetzt, kann neben einem Betrieb der Land- und Forstwirtschaft auch ein selbständiger Gewerbebetrieb entstehen. Dies ist dann der Fall, wenn die Betriebseinnahmen (ohne Umsatzsteuer) aus den zugekauften Waren **ein Drittel** des Gesamtumsatzes des Betriebs (Summe der Betriebseinnahmen ohne Umsatzsteuer) oder **51.500 €** (ohne Umsatzsteuer) im Wirtschaftsjahr nachhaltig übersteigen. Liegen diese Voraussetzungen vor, entsteht unabhängig von der Art des Absatzes ein Gewerbebetrieb. Die Erzeugung und die Vermarktung der landwirtschaftlichen Urproduktion

---

385 Speziell zur Forstwirtschaft s. BMF vom 16.05.2012, BStBl I 2012, 595: Klärung des WG »Baumbestand«.

durch den daneben bestehenden Betrieb der Land- und Forstwirtschaft bleiben hiervon unberührt.«

Von großer aktueller Bedeutung sind die BMF-Schreiben zur ertragsteuerlichen Behandlung von **Biogas**-Anlagen vom 06.03.2006 (BStBl I 2006, 248) sowie vom 29.06.2006 (BStBl I 2006, 417).

In beiden Schreiben wird unter Bezugnahme auf die oben wiedergegebenen Kriterien (Prozentzahlen der eigenen Bio-Masse im Verhältnis zur zugekauften Fremdmasse etc.) die Zuordnung zu den jeweiligen Einkunftsarten L + F bzw. Gewerbebetrieb vorgenommen. Das Bestreben der Betreiber gilt naturgemäß der Einordnung der Biogasanlagen im Bereich eines L + F-Hauptbetriebs. Zusätzlich werden die körperschaftsteuerlichen Konsequenzen für die Genossenschaften[386] (§§ 22, 25 KStG) aufgezeigt.

Zu 3.: Die Urproduktion

Dem Charakter der L + F-Urproduktion entspricht die Zuordnung der reinen **bodenabhängigen** Produktion zu § 13 EStG. Soweit es bei der Veräußerung der so gewonnenen tierischen und pflanzlichen Produkte verbleibt, wird der Bereich des § 13 EStG nicht verlassen. Mit diesem allgemeinsten Zuordnungskriterium ist im Zweifel – jenseits der o.g. Prozentzahlen – immer eine zutreffende Entscheidung zu erzielen.

2.3.3 Abgrenzung zur selbständigen Arbeit (§ 18 EStG)

Vorgreiflich der Abgrenzungsdiskussion bei den »neuen Berufen« innerhalb von § 18 EStG (s. Kap. 3.3), die von der Verwaltung unsystematisch mit H 15.6 EStH bei § 15 EStG vorgenommen wird, stehen hier nur die **Mischtätigkeiten** zur Diskussion. Dabei gelten für beide Gewinneinkunftsarten die schon vorweg geprüften Merkmale der Selbständigkeit, Nachhaltigkeit, Marktbeteiligung und der Gewinnerzielungsabsicht.

(+)	Keine selbständige Arbeit (H 15.6 EStH)	(–)
Keine § 18 EStG vorbehaltene Berufsbetätigung (BFH vom 01.10.1986, BStBl II 1987, 116).	Tätigkeit i.S.d. § 18 EStG.	

Der Kundenwunsch und die Mehrfachtalente bringen es mit sich, dass sich Träger von freien Berufen i.S.d. § 18 EStG auch im gewerblichen Milieu bewegen. Dies ist solange steuerlich unproblematisch, als sich die Aktivitäten in irgendeiner Form (betriebswirtschaftlich, Buchführung, zeitlich etc.) unschwer trennen lassen und sich nicht gegenseitig bedingen (BFH vom 11.05.1976, BStBl II 1976, 641).

Schon schwieriger wird es, wenn sog. gemischte Tätigkeiten vorliegen (vgl. auch H 15.6 EStH »Gemischte Tätigkeiten«). Dort greifen die Merkmale ineinander oder es besteht ganz allgemein ein enger sachlicher und wirtschaftlicher Zusammenhang zwischen den Tätigkeitsfeldern. Jedoch war der BFH auch in diesen Fällen immer um eine Trennung bemüht, solange die gewerblichen und freiberuflichen Bereiche nicht unlösbar miteinander verflochten waren (BFH vom 03.10.1985, BStBl II 1986, 213, BFH vom 02.10.2003, BStBl II 2004, 363 und vom 22.01.2009, BFH/NV 2009, 758).

---

[386] Betroffen sind Biogaserzeugungsgenossenschaften ebenso wie Generatorengenossenschaften.

Beispiel 10: Der Politprofi A als Multitalent
A (Beispiel 1) ging zwischendurch bei Bocuse in die Schule und versteht sich seither als »Speiseschöpfer«. Ist er damit künstlerisch i.S.d. § 18 EStG tätig? Zu den Kreationen zählt auch ein »Gaumen-/Augen-/Ohrenschmaus«, womit gemeint ist, dass an jedem Wochenende im Restaurant eine Theaterinszenierung stattfindet, zu der besondere Cheeseburger präsentiert werden.

Vorweg wird bei der gemischten Tätigkeit geprüft, ob überhaupt eine freiberufliche Tätigkeit, insb. ein behauptetes künstlerisches Engagement vorliegt. Falls dies bejaht werden kann (beispielsweise eine sog. künstlerische Gestaltungshöhe vorliegt), so ist die nächste Frage die nach der Trennbarkeit beider Aktivitäten. Dies wird z.B. verneint, wenn ein einheitlicher Erfolg geschuldet wird (BFH vom 18.10.2006, BStBl II 2008, 54) oder wenn sich eine Tätigkeit lediglich als Ausfluss der anderen Betätigung begreifen lässt. Falls eine untrennbar gemischte Tätigkeit vorliegt, folgt eine einheitliche Subsumtion nach der **Geprägetheorie**.

Symptomatisch für diese Auslegungsarbeit ist die Beurteilung des BFH in zwei Urteilen zu Steuerberatern, die gleichzeitig gewerblichen Aufgaben nachgingen. In der ersten Entscheidung vom 09.08.1983 (BStBl II 1984, 129) war der StB gleichzeitig im Marketingbereich tätig und führte einem Vertriebsunternehmen Interessenten für ETW zu, um gleichzeitig mittels **Pauschalhonorar** steuerliche Beratungsleistungen mit abzurechnen. In diesem Fall, da die Vermittlungsprovision und das Beratungshonorar untrennbar in einem Pauschalhonorar abgerechnet werden, kam der BFH nicht umhin, auf eine einheitliche gewerbliche Betätigung des StB zu entscheiden, da der Kundenfang eindeutig im Vordergrund stand.

Anders hat der BFH elf Jahre später einen Fall entschieden (BFH vom 21.04.1994, BStBl II 1994, 650), in dem ein als (gewerblicher) Treuhänder an einer Bauherrengemeinschaft beteiligter StB zusätzlich freiberufliche Leistungen für die Treugeber erbrachte, die unschwer von den Treuhandleistungen zu trennen waren.

Die Rspr. war bei Einzelpersonen immer um eine Trennung bemüht, auch wenn die beteiligten StPfl. keine entsprechende Vorkehrung (getrennte Abrechnung und getrennte Buchführung) getroffen haben. Bei der profiskalischen Vorgehensweise seitens der Verwaltung ist diese Zurückhaltung nicht immer geboten.

Von daher sollten bei Aktivitäten im Bereich der Werbung[387], der Vermittlung[388] und des Verkaufs[389], die per se zu gewerblichen Einkünften führen, die betroffenen Berufsträger im Vorfeld auf die Möglichkeit der organisatorischen Trennung beider Bereiche hingewiesen werden, um späteren Schwierigkeiten vorzubeugen.

Lösung: Es liegen zwei getrennt zu beurteilende Sachverhalte vor:
1. einmal die Frage nach der künstlerischen Tätigkeit an sich (Speiseschöpfer?) und
2. sodann die Frage nach der Beurteilung des Kombi-Angebots.

Ob die »Küchenleistungen« des A das Prädikat »künstlerische Betätigung« (1. Fall) nach sich ziehen, hängt davon ab, ob der (behauptete) Kunstwert höher als der Gebrauchswert der präsentierten Speisenfolge ist. Diese Entscheidung wird man letztlich von einem Preisvergleich abhängig machen. Sollte der vereinbarte (und bezahlte) Preis im Mühlenrestaurant des A deutlich (um mehr als 100 %) über dem vergleichbar zubereiteter Speisen anderswo liegen, überwiegt

---

387 Beispiel: Fahrschulwagen mit Werbeaufschrift.
388 Von Architektenverträgen getrennte Grundstückskaufverträge (BFH vom 23.10.1975, BStBl II 1976, 152).
389 Zum Verkauf von Medikamenten, Ärztepräparaten etc. durch Ärzte vgl. BMF vom 14.05.1997 (BStBl I 1997, 566): Trennung; ggf. im Schätzungsweg (s. auch BFH vom 05.05.1999, BFH/NV 1999, 1328).

der »Event«-Charakter. Man sollte sich in diesem Fall nicht scheuen, die Ergebnisse aus dem Restaurant komplett bei § 18 EStG zu erfassen.

Das Kombi-Angebot (2. Fall) durchläuft drei Prüfungsstationen:
a) Sind Theaterinszenierungen »eigenschöpferische« Leistungen, die künstlerische »Gestaltungshöhe« erreichen? Die Antwort kann nur »ja« lauten.
b) Getrennte oder gemischte Beurteilung? Falls beide Leistungen untrennbar miteinander verbunden sind (Beispiel: einheitlicher und einziger Preis), liegen untrennbare gemischte Tätigkeiten vor.
c) Die Entscheidung nach der sich anschließenden Gepräge-Theorie wird wiederum von einem Preisvergleich abhängig sein.

2.4 Weitere Zuordnungen

Nach der grundsätzlichen Feststellung der gewerblichen Tätigkeit und damit eines gewerblichen Unternehmens sind weitere Zuordnungen vorzunehmen.[390]

2.4.1 Die zeitliche Dimension des Gewerbebetriebes

Wie bereits im Vorgriff (Übersicht unter Kap. 2.1) gezeigt wurde, beschränkt sich die GewSt auf die »werbenden Tätigkeiten« des Unternehmers und ignoriert sowohl die vorbereitenden Maßnahmen als auch vor allem die Abwicklungshandlungen. Diese weitgehend dem § 16 EStG vorbehaltenen einkommensteuerbaren Schlusshandlungen des Unternehmers bleiben von der GewSt ausgespart.

2.4.2 Sachlicher Umfang des Unternehmens

Die häufig gestellte Fangfrage (eine natürliche Person: ein Unternehmen?) lässt sich leicht dahingehend beantworten, dass eine natürliche Person so viele Gewerbebetriebe unterhalten kann, wie es seiner Organisationskraft entspricht. Das theoretische Spektrum einer Einzelperson umfasst folgende Möglichkeiten:

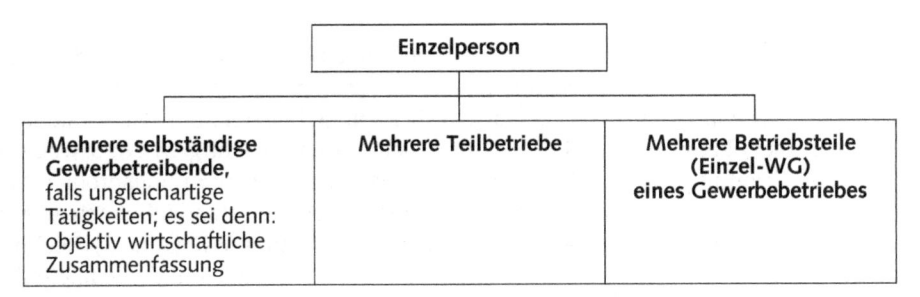

	Einzelperson	
Mehrere selbständige Gewerbetreibende, falls ungleichartige Tätigkeiten; es sei denn: objektiv wirtschaftliche Zusammenfassung	Mehrere Teilbetriebe	Mehrere Betriebsteile (Einzel-WG) eines Gewerbebetriebes

Diese Unterscheidung hat vor allem Bedeutung im Hinblick auf §§ 16, 34 EStG sowie auf §§ 20, 24 UmwStG. Dessen ungeachtet sollte vor betrieblichen Umstrukturierungsmaßnah-

---

390 Ähnlich *Wacker* in *Schmidt*, EStG, § 15 Rz. 125 ff.

men nicht nur ein betriebswirtschaftliches Organigramm, sondern auch ein steuerliches Organigramm für eine ggf. erforderliche »due diligence« erstellt werden.

Hinzuzufügen bleibt, dass die Beliebigkeit der Gründung und Unterhaltung von mehreren selbständigen Betrieben steuerlich ihre Grenze in der Zusammenfassung solcher Betriebe hat, die in räumlicher Nähe gleichartigen Tätigkeiten nachgehen (BFH vom 09.08.1989, BStBl II 1989, 901). Der früher zu beobachtende steuerliche Konzentrationswunsch der Finanzverwaltung hat heute nur noch wegen der GewSt-Freibeträge eine gewisse Bedeutung. Die Anrechnung der GewSt nach § 35 EStG hat auch hier den Erfindungsreichtum der StPfl. sowie den Jagd- und Konzentrationseifer der Verwaltung erlahmen lassen.

2.4.3 Das Unternehmen in personeller Hinsicht

Hingegen unvermindert aktuell bleibt das Thema nach der unternehmerischen Steuersubjektivität. Damit ist die Frage der persönlichen steuerlichen Zurechnung von Unternehmensaktivitäten angesprochen. Ohne der Diskussion zur persönlichen Zurechnung (s. Teil B, Kap. I) vorzugreifen, ist auf folgende Besonderheiten hinzuweisen:

- Gewerbliche Einkünfte erzielt derjenige, der als Unternehmensträger gewerbliche Einkünfte i.S.d. § 2 Abs. 1 EStG erwirtschaftet. Dies wird bei einer Betriebsverpachtung der Pächter und nicht der rechtliche Eigentümer (Verpächter[391]) sein.
- Bei Ehegatten als gemeinsame Betreiber eines Unternehmens ist nicht ipso iure zu unterstellen, dass sie auch Mitunternehmer des Betriebs sind.[392]
- Die eigentlichen Zurechnungsfragen des Unternehmensnießbrauchs und der Aufnahme von Familienangehörigen bleibt dem Zurechnungskapitel (s. Teil B, Kap. I) vorbehalten.

3 Einkünfte aus selbständiger Arbeit (§ 2 Abs. 1 Nr. 3 i.V.m. § 18 EStG)

3.1 Vorbemerkung

Der Gesetzgeber und – vor allem – die Rspr. sind bei § 18 EStG bemüht, mit der stürmischen Entwicklung neuer Berufe Schritt zu halten. Die Vierteilung in § 18 Abs. 1 EStG wird der vom Gesetz abzubildenden Lebenswirklichkeit nicht gerecht, da Nr. 2 (Staatlicher Lotterieeinnehmer) kaum eine Rolle spielt und sich bei der (wichtigen) Nr. 3 wegen der redaktionellen Trennung von § 18 Nr. 1 EStG das vorhandene Abstimmungsproblem umso unversöhnlicher stellt. § 18 Abs. 2 und 3 EStG tragen Selbstverständlichkeiten wie dem Grundsatz der **Steuerverstrickung** aller beruflich eingesetzten WG (Abs. 3) Rechnung. § 18 Abs. 4 EStG enthält den Querverweis auf § 15 Abs. 1 Nr. 2 EStG und erschließt damit die **steuerliche Mitunternehmerschaft für die Freiberufler**.

Gemeinsames Kennzeichen aller in § 18 EStG genannten (bzw. durch die Rspr. erschlossener) Personen ist der Verzicht auf die Buchführungspflicht (bei vorhandener Möglichkeit)

---

[391] Zur Besteuerung seiner Pachtzinsen s. Teil B, Kap. II (Verpächterwahlrecht).
[392] MU-Qualität setzt MU-Initiative und MU-Risiko voraus; dazu Band 2, Teil B (Mitunternehmerschaft).

und auf die Gewerbesteuer. Die zusätzliche Prämierung (Freibetrag) der »vornehmen« Einkunftsart des § 18 EStG, bei der die **persönliche Arbeitsleistung** im Vordergrund steht (ständige BFH-Formel, vgl. nur BFH vom 18.05.2000, BStBl II 2000, 625), ist 1990 dem Rotstift des Gesetzgebers zum Opfer gefallen.

Die Einkunftsermittlung aus selbständiger Arbeit ist in Band 2, Teil A, Kap. I ebenso ausführlich dargestellt wie der Zusammenschluss zu einer Freiberufler-Sozietät in Band 2, Teil B (Mitunternehmerschaft). Veräußerung/Aufgabe sind der Darstellung zur Steuerentstrickung in diesem Band (s. Teil B, Kap. II) vorbehalten.

Die Erfassung als selbständige Einkünfte gem. § 18 EStG setzt – konform mit den gewerblichen Einkünften – die **Selbständigkeit**, die Nachhaltigkeit, die Marktteilnahme, die Gewinnerzielungsabsicht und negativ das Fehlen gewerblicher bzw. land- und forstwirtschaftlicher Betätigung voraus. Auch insoweit kann voll inhaltlich auf die obigen Darstellungen zu § 15 EStG verwiesen werden.

3.2 Die einzelnen freiberuflichen Tätigkeiten (§ 18 Abs. 1 Nr. 1 EStG)

Aus dem Anwendungsbereich des § 18 EStG ragt die erste Gruppe der **selbständigen Arbeit**[393], nämlich die **freiberufliche Tätigkeit** gem. § 18 Abs. 1 Nr. 1 EStG bei weitem heraus. Der Gesetzgeber hat den einheitlichen Block freiberuflicher Tätigkeit durch zwei Norminhalte präzisiert:

- Im ersten Bereich erfüllen spezielle Tätigkeitsbereiche den Terminus.
- Im zweiten Bereich genügt bereits eine typische Berufstätigkeit (s. Kap. 3.3).

3.2.1 Die wissenschaftliche Tätigkeit

Der Begriff der wissenschaftlichen Betätigung umfasst neben der »reinen« Wissenschaft (Forschung) auch die »angewandte« Wissenschaft, bei der die Theorie auf konkrete Abläufe angewandt wird. Den Grenzfall dazu stellt nach dem Urteil des BFH vom 27.02.1992 (BStBl II 1992, 826) eine Tätigkeit dar, die im Wesentlichen in einer praxisorientierten Beratung besteht. Entscheidendes Abgrenzungsmerkmal war für den BFH (Gutachterfälle) immer, ob die Marktkenntnisse bzw. die kommerziellen Aspekte im Vordergrund stehen (gewerbliche Tätigkeit) oder ob es um die Übertragung objektiv qualifizierter Grundlagenkenntnisse geht (sodann freiberufliche Tätigkeit).

Eine Sonderstellung nehmen die **Erfinder** ein (R 18.1 Abs. 2 EStR). Während die Erfinderleistung immer als wissenschaftlich zu qualifizieren ist und dort noch keine steuerlichen Einordnungsprobleme verursacht, verlässt der Erfinder mit der **Verwertung** seiner Idee (Lizenzvergabe) den steuerirrelevanten Bereich. Die Erfassung der Lizenzgebühren hängt sodann davon ab, ob die Erfindung(-sarbeit) im Rahmen eines Betriebs, Arbeitsverhältnisses oder dgl. erfolgte. In diesem Fall (Erfindung im Rahmen eines Gewerbebetriebes) werden die Lizenzgebühren bereits über die betriebliche Erfassung zu gewerblichen Einkünften

---

393 Dabei ist zu berücksichtigen, dass auch Nebentätigkeiten selbständig ausgeübt werden können (Beispiel: die Lehr- und Vortragstätigkeit von Beamten, Rechtsanwälten und dgl. an Hochschulen, s. H 18.1 EStH).

führen. Dies ist auch der Fall bei der (nicht seltenen) Überlassung eines Patents im Rahmen einer Betriebsaufspaltung.[394]

3.2.2 Die künstlerische Tätigkeit

Über die Zuordnung zu einer künstlerischen Tätigkeit halten sich alle Fachgerichte wegen des durch Art. 5 GG gebotenen Schutzzweckes mit Werturteilen zurück. Die Erkenntnisformel des BFH belässt es bei den Vokabeln »eigenschöpferische« Arbeit und »künstlerische Gestaltungshöhe« (BFH vom 11.02.1991, BStBl II 1992, 353), um Serienproduzenten auszugrenzen. Nur mittels Gutachten lassen sich reproduzierende Tätigkeiten oder die Herstellung von Gebrauchskunst auf ihren künstlerischen Wert hin überprüfen. Die Grenze zur Gewerblichkeit war für den BFH jedoch überschritten, als sich ein Schauspieler für Produktwerbung verdingte (BFH vom 21.04.1999, BFH/NV 1999, 1280).

3.2.3 Die schriftstellerische Tätigkeit

Die Umschreibung der schriftstellerischen Tätigkeit hat der BFH mit der »für die Öffentlichkeit bestimmten schriftlichen Fixierung eigener Gedanken« versucht (BFH vom 14.05.1958, BStBl III 1958, 316). Da dies bei Journalisten zum Tagesgeschäft zählt, und diese schon als Katalogberufler erfasst sind, stellen ihre Elaborate keine zusätzliche schriftstellerische Leistung dar.

Ebenso wie bei den künstlerischen Tätigkeiten, ist bei der Schriftstellerei auf die Abgrenzung zur **Liebhaberei** zu achten. Spätestens an dieser Stelle (Ergebnisprognose) betritt man gefährlichen Boden aufgrund der Begutachtung des Werks.

3.2.4 Die unterrichtende und erzieherische Tätigkeit

Während bei der unterrichtenden Tätigkeit die Person des Unterrichtenden im Vordergrund steht, orientiert sich der Begriff der erzieherischen Tätigkeit stärker an den Adressaten der Schulungsmaßnahme. Mit erzieherischen Aktivitäten soll primär die Charakterbildung junger Menschen erreicht werden, während bei unterrichtender Tätigkeit eine eigenverantwortliche Lehrpersönlichkeit Auslöser für die Zuordnung ist. Bei der unterrichtenden Tätigkeit steht häufig einer Einordnung nach § 18 Abs. 1 Nr. 1 EStG die Eingliederung der betreffenden Person in einen Lehrapparat (Lehrplan/Curriculum) im Wege, da die Tätigkeit neben den Qualitätsanforderungen auch selbständig ausgeübt sein muss.

Während der BFH bei Fahrlehrern, Tanzlehrern[395], Repetitoren, Lehranalytikern, Moderatoren und Bergführern grundsätzlich keine Probleme sieht, gehen ihm bloße Geräteeinweisungen trotz vereinzelter Trainingsüberwachung nicht weit genug, um eine unterrichtende Tätigkeit anzunehmen: Fitnesscenter und Bodybuildingstudios sind demnach gewerblich (BFH vom 13.01.1994, BStBl II 1994, 362 und vom 18.04.1996, BStBl II 1996, 573).

---

394 So auch *Wacker* in *Schmidt*, EStG, § 18 Rz. 64.
395 S. zu Tanzlehrern, insb. zum Thema »Mischkosten«, FG Rheinland-Pfalz vom 22.08.2006, Az.: 2 K 1930/04 (konkret: Private Aspekte treten in den Hintergrund …!).
Wiederum anders, d.h. gewerblich, falls die Tanzschule einen Getränkeverkauf mit Gewinnerzielungsabsicht betreibt, vgl. BFH vom 18.05.1995 (BStBl II 1995, 718).

Bei der Prüfung der erzieherischen Tätigkeit versagt der BFH dann die Anerkennung, wenn sich eine Beratungstätigkeit nur auf einzelne zwischenmenschliche Bereiche und nicht auf die ganze Persönlichkeit bezieht (BFH vom 11.06.1997, BStBl II 1997, 687 zu Managementtrainern).

3.3 Die einzelnen freiberuflichen Berufsträger (§ 18 Abs. 1 Nr. 1 EStG)

Nachfolgend werden nur die im Zusammenhang mit den einschlägigen Berufsgruppen auftretenden Spezialprobleme dargestellt. Auf ein lexikalisches Berufs-Gotha wird verzichtet. Von entscheidender Bedeutung für alle in § 18 Abs. 1 Nr. 1 EStG genannten Berufsträger (sog. Katalogberufe) ist jedoch, dass für sie die Vermutung selbständiger Arbeit gilt.

3.3.1 Die Heilberufe

Bei den Heilberufen steht der Zusammenschluss von mehreren Ärzten zu einer Gemeinschaftspraxis mit den sich aus § 15 Abs. 3 Nr. 1 EStG (gewerbliche Infektionswirkung) Problemen[396] sowie die Mitarbeit anderer Personen (s. Kap. 3.4) im Vordergrund.

Soweit es um die »Gesundheitsberufe« der Krankengymnasten, Dentisten und vor allem der Heilpraktiker geht, ist darauf hinzuweisen, dass nicht jeder nach dem HeilpraktikerG zuzulassender Berufsträger (Beispiel Psychologe) automatisch zu den Katalogberufen zählt. Insoweit liegt auch hier ein ähnlicher Beruf mit den speziellen Anerkennungsvoraussetzungen vor. Die Entscheidung im Einzelnen ist unter Kap. 3.3.5 aufgelistet (s. auch BMF vom 22.10.2004, BStBl I 2004, 1030).

3.3.2 Rechts- und wirtschaftsberatende Berufe

Bei den Rechtsanwälten stellt sich häufig das Abgrenzungsproblem zu § 18 Abs. 1 Nr. 3 EStG, wenn sie nebenher (oder hauptsächlich) als Vermögensverwalter, insb. als Insolvenzverwalter auftreten. Hierbei ist auf die unterschiedliche Handhabung der »Vervielfältigungstheorie«[397] hinzuweisen.

Ebenfalls tritt bei RA/StB/WP häufig das Problem der gemischten Tätigkeiten auf. Sämtliche vom Mandat nicht erfassten Geldgeschäfte dieser Berufsträger (wie Vermittlungsprovisionen oder Treuhandtätigkeiten[398]) werden – ebenso wie standeswidrige Geschäfte – als gewerbliche Einkünfte behandelt.

Durch den Wegfall des Buchführungsprivilegs für StB können diese Buchführungsaufgaben von Berufsfremden wahrgenommen werden und sind sodann gewerblich. Solange sie weiterhin von StB oder von den genannten Berufsträgern (vereidigter Buchprüfer) erfüllt werden, sind sie selbständiger Art.

Anders als bei den klassischen Berufsträgern ist bei beratenden Volks- und Betriebswirten das Berufsrecht nicht geregelt. Eine Unternehmensberatung führt nur dann zu Einkünften

---

396 Ausführliche Darstellung s. Band 2, Teil B.
397 S. Kap. 3.4.
398 BFH vom 18.10.2006 (BStBl II 2007, 266) zu einer Wirtschaftsprüfer-GbR, die im Rahmen eines Immobilienfonds als Treuhänderin für die Treuhandkommanditisten tätig war.

nach § 18 EStG, wenn sich die Beratung auf eines oder mehrere Hauptgebiete der BWL bezieht; bei zu starker Spezialisierung (Versicherungsberatung, Werbeberatung, Marktforschungsberatung, Mietpreis- und Grundstücksgutachter etc.[399]) liegen gewerbliche Einkünfte vor. (Dazu auch BFH vom 30.06.2008, BFH/NV 2008, 1669: Den Beruf eines **beratenden Betriebswirts** i.S.v. § 18 Abs. 1 Nr. 1 EStG übt derjenige aus, der nach einem entsprechenden Studium, verbunden mit praktischer Erfahrung, mit den hauptsächlichen Bereichen der Betriebswirtschaft – nicht dagegen nur mit einzelnen Sachgebieten – vertraut ist und diese fachliche Breite seines Wissens auch bei seinen praktischen Tätigkeiten einsetzen kann und tatsächlich einsetzt. Dementsprechend übt ein StPfl. mit seiner beratenden Tätigkeit nicht die Tätigkeit eines (beratenden) Betriebswirts oder eines ähnlichen Berufs aus, wenn er über keine berufliche Bildung verfügt, die einem betriebswirtschaftlichem Studium vergleichbar ist; so jüngst der BFH vom 05.04.2011, BFH/NV 2011, 1133.)

Der BFH hat allerdings entschieden, dass ein selbständiger RA, der **zusätzliche arbeitnehmerähnliche** Beratungsleistungen erbringt, für etwaige ihm zukommende Entschädigungen die Grundsätze des **§ 24 Nr. 1a** EStG zugebilligt werden (BFH vom 10.07.2012, BStBl II 2013, 155).

3.3.3 Technische Berufe (Architekten, Ingenieure, Vermessungsingenieure)

Auch hier weist der BFH in mehreren Entscheidungen darauf hin, dass die Fachkenntnisse hierzu auf Hoch- oder Fachhochschulen erworben werden. Gerade bei Architekten kommt häufig das Thema der gemischten Tätigkeiten vor. Besonders gefährlich sind Verträge, denen zufolge sich der Architekt zur Erstellung eines »schlüsselfertigen« Hauses (einheitlicher Preis) verpflichtet, weil damit das gesamte Entgelt aus diesem Vertrag der Gewerbesteuer unterliegt, da eine Abschottung der freiberuflichen Leistungen nicht möglich ist.[400] Wiederum anders (getrennte Tätigkeit), wenn der Architekt neben seiner freiberuflichen Planungs- und Aufsichtstätigkeit Grundstückshandel betreibt.

Im Urteil vom 04.05.2004 (BStBl II 2004, 989) hat der BFH für den EDV-Berater entschieden, dass dieser im Bereich der Systemsoftware regelmäßig eine ingenieurähnliche Tätigkeit ausübt. Wird er im Bereich der Anwendersoftware tätig, so gilt dies (selbständige Tätigkeit i.S.d. § 18 EStG) nur, wenn diese Arbeit durch eine klassische ingenieurmäßige Vorgehensweise (Planung, Konstruktion, Überwachung) gekennzeichnet ist und die Ausbildung der eines Ingenieurs vergleichbar ist.

Mit drei Urteilen vom 22.09.2009 (BStBl II 2010, 466, 467 und 404) ist der Kreis der freiberuflichen Einkunftserzieler nach § 18 EStG um Systemadministratoren (Dipl.-Ing. für techn. Informatik) sowie Dipl.-Informatiker als IT-Projektleiter erweitert worden.

3.3.4 Medienberufe

Bei Journalisten, Bildberichterstattern, Dolmetschern und Übersetzern entfällt die zusätzliche oder Vorwegprüfung nach schriftstellerischer oder einer vergleichbaren Tätigkeit, da mit der Berufserfassung eine pauschale Einbeziehung in die selbständigen Einkünfte erfolgt.

---

399 Nach den Urteilen des BFH vom 16.01.1974 (BStBl II 1974, 293) und vom 16.10.1997 (BStBl II 1998, 139 bzw. BFH/NV 1998, 1206).
400 Sehr früh der BFH im Urteil vom 15.12.1971 (BStBl II 1972, 291).

Die Selbständigkeit soll immer dann gegeben sein, wenn Urheberrechte gegen Entgelt übertragen werden.

3.3.5 Ähnliche Berufe

Ein großes Betätigungsfeld stellt(e) für den BFH die Eingruppierung »junger Berufe« zu den Katalogberufen dar. In dogmatischer Hinsicht ist vorweg zu berücksichtigen, dass eine pauschale Ähnlichkeit oder eine sog. »Gruppenähnlichkeit« (zu einer Auswahl von Katalogberufen) dem BFH für die Zuordnung zu § 18 Abs. 1 Nr. 1 EStG nicht genügt (vgl. BFH vom 31.05.2000, BFH/NV 2000, 1460). Vielmehr muss der Vergleich mit einem bestimmten Katalogberuf erfolgreich geführt werden, wobei Ähnlichkeiten zu anderen Katalogberufen nicht hinderlich sind.

> **Beispiel 11: Die Dipl.-Wirtschaftsjuristin (FH)**
> Die frisch absolvierte Dipl.-Wirtschaftsjuristin (FH), Evelyn Zack (23 Jahre), schlägt die lukrativen Angebote der Wirtschaft in den Wind und macht sich als Wirtschaftsberaterin selbständig. Innerhalb von zwei Jahren floriert das Geschäft (»Anfertigung von finanziellen Machbarkeitsstudien bei Hedge-Konzepten unter Einbeziehung aller rechtlichen Aspekte – In- und Ausland«). Sie staunt nicht schlecht, als ihr seitens des Betriebsstätten-FA die Formulare für die Gewerbesteuererklärung zugeschickt werden. Liegt ein postalisches Versehen vor?

In den beiden Punkten der **Ausbildung** und der **Tätigkeit** müssen der »ähnliche Beruf« und der Katalogberuf vergleichbar sein (BFH vom 12.10.1989, BStBl II 1990, 64).

- **Zur Ausbildung:** Wird als Vergleichsberuf ein akademischer Beruf ausgewählt, so ist der Ausbildungsnachweis durch ein vergleichbares Studium (mit Curriculum) erbracht. Ist dies bei dem Vergleichsberuf nicht der Fall (Beispiel: Medienberufe), so wird nur der Ähnlichkeitsvergleich hinsichtlich der Tätigkeiten angestellt. Die Rspr. hatte sich verstärkt mit der **Autodidakten**-Thematik auseinanderzusetzen. Nachdem dem Autodidakten der direkte Ausbildungsvergleich schwerlich gelingen wird[401], erlaubt der BFH einen »retrograden« Nachweis. Bei besonders anspruchsvoller Tätigkeit kann durch praktische Arbeiten der Nachweis erbracht werden, dass Fähigkeiten (Kenntnisse) vorliegen, die ansonsten nur durch den Kernbereich eines Fachstudiums vermittelt werden können (BFH vom 11.08.1999, BStBl II 2000, 31).
- **Zur Tätigkeit:** (Erschwerend) kommt hinzu, dass auch die konkrete Tätigkeit auf wissenschaftlicher (oder künstlerischer) Grundlage **durchgeführt** werden muss (Tätigkeitsvergleich). Rein schematische oder Routine-Vorgänge führen somit – selbst bei vergleichbarer Ausbildung – nicht zur Aufnahme nach § 18 EStG.

> **Lösung:**
> - Der Vergleichsberuf ist für diplomierte Wirtschaftsjuristen grundsätzlich der Anwaltsberuf (Ausnahme: Schwerpunkt Steuern und Prüfungswesen; dort ist es der StB).

---

401 Auf alle Fälle kann mittels eines abgebrochenen Studiums der Ausbildungsnachweis nicht erbracht werden (BFH vom 04.05.2000, BStBl II 2000, 616).

- Das Curriculum der Wirtschaftsjuristen weist 60 % Recht, 30 % Wirtschaft und 10 % Schlüsselqualifikation auf. Der Nachweis (Kleingruppenarbeit auf wissenschaftlicher Basis) dürfte unschwer zu führen sein, zumal dieses Studium ohne Repetitor auskommt.
- Der Tätigkeitsnachweis gelingt nur, wenn Zack nachweisen kann, dass sie ihre Arbeiten nicht als Serienprodukte erstellt, sondern in jedem Einzelfall auf die Belange des konkreten neuen Mandats eingeht und auf fachwissenschaftlicher Grundlage ihre Arbeit erledigt.

Gelingt vor allem der zuletzt genannte Nachweis, dann handelte es sich bei dem GewSt-Anliegen des FA zwar nicht um ein postalisches, aber um ein steuerjuristisches Versehen. Zack erzielt selbständige Einkünfte nach § 18 Abs. 1 Nr. 1 EStG.

Die Verwaltung (BMF vom 22.10.2004, BStBl I 2004, 1030) hat im Jahre 2004 für die Fallgruppe »vergleichbarer Heilberufe« eine strikte Unterscheidung vorgenommen, wobei generell drei Voraussetzungen (berufsrechtliche Regelung, staatliche Erlaubnis der Berufsausbildung und staatliche Überwachung) bei der Vergleichbarkeit gegeben sein müssen:

Beispiele für **selbständige Arbeit** (Auszug)	Beispiele für **Gewerbebetrieb** (Auszug)
• Alten-(Kranken-)Pfleger ohne zusätzliche hauswirtschaftliche Versorgung	• Alten-(Kranken-)Pfleger mit hauswirtschaftlicher Versorgung
• Diätassistent	• Apothekerassistent
• Ergotherapeut • Psychologischer Psychotherapeut • Kinder- und Jugendlichentherapeut	• Heileurhythmist • Fußreflexzonenmasseur • grundsätzlich Sprachheilpädagoge
• (staatlich geprüfter) Masseur ohne überwiegend kosmetische Massagen	• (staatlich geprüfter) Masseur mit überwiegend kosmetischen Massagen
• Orthoptist • Podologe/Medizinischer Fußpfleger	• Fußpraktiker
• Zahnpraktiker	• Krankenpflegehelfer

Ein »Promotionsberater« ist nach dem BFH-Urteil vom 08.10.2008 (BStBl II 2009, 238) Gewerbetreibender, hingegen wurden (Änderung der Rspr.) ein berufsmäßiger Betreuer und ein Verfahrenspfleger mit zwei Urteilen vom 15.06.2010 (BStBl II 2010, 906 und 909) wieder aus dem Kreis der Gewerbetreibenden herausgenommen; sie erzielen nunmehr freiberufliche Einkünfte.

3.4 Die Mithilfe anderer – die sog. Vervielfältigungstheorie

Die Beschäftigung von fachlich vorgebildeten Mitarbeitern steht der Annahme einer freiberuflichen Tätigkeit gem. § 18 Abs. 1 Nr. 1 S. 3 EStG nicht entgegen, wenn der Berufsträger aufgrund eigener Fachkenntnisse leitend tätig ist und eigenverantwortlich mitwirkt (BFH vom 01.02.1990, BStBl II 1990, 507).

Mit dieser Formel will der BFH sicherstellen, dass der Freiberufler der konkreten Tätigkeit – auch bei Unterstützung durch Mitarbeiter – den »Stempel seiner Persönlichkeit« gibt. Diese Formel hat sich aus der ursprünglichen Rspr. des BFH vom 05.12.1968 (BStBl II 1969,

165), derzufolge die Beschäftigung von mehr als einem qualifizierten Mitarbeiter bereits zu gewerblichen Einkünften führt, in die heutige Zeit »hinübergerettet«.

Beispiel 12: Der »Wirtschaftsanwalt«
RA R beschäftigt den Wirtschaftsprüfer W und den StB S im Angestelltenverhältnis. Auf diese Weise will er als Wirtschaftsanwalt seinen Mandanten ein umfassendes Beratungsangebot unterbreiten, zu dem auch die Prüfung und das Testat der Jahresabschlüsse von KapG zählen.

Steuerlich unschädlich ist die Mitarbeit fachlich vorgebildeter Kräfte nur dann, wenn die Ausführung jedes einzelnen Auftrags dem Berufsträger in dem Sinne zuzurechnen ist, dass sie Ausfluss seiner Gesamttätigkeit ist. Hierzu gehört, dass der Freiberufler überhaupt in der Lage ist, die einzelne delegierte Arbeit zu kontrollieren. An dieser Fähigkeit fehlt es bereits dann, wenn – rein rechnerisch – dem AG bei der Vielzahl seiner Mitarbeiter keine Zeit zur Überwachung der Arbeit eines jeden einzelnen Angestellten verbleibt (Laborärzte[402]).

Lösung: Mindestvoraussetzung für die eigenverantwortliche Mitwirkung des Berufsträgers ist die berufsrechtliche Legitimation für die Ausführung der angebotenen und vermarkteten Leistung. Einem RA ist zwar die geschäftsmäßige Wahrnehmung aller steuerlichen Angelegenheiten erlaubt, hingegen nicht die Prüfung und Testierung von Jahresabschlüssen. Dies ist den Wirtschaftsprüfern vorbehalten.
R ist gewerblich tätig, wenn er einen WP als Angestellten beschäftigt und ihn mit der Wahrnehmung von Aufgaben betraut, die seinem Berufsstand vorenthalten ist.
Wiederum anders darf ein RA als AG so viele angestellte Rechtsanwälte und StB beschäftigen, dass ihm nicht die eigenverantwortliche Leitung der Gesamttätigkeit abgesprochen wird.[403]

Ein besonderes Problem stellt die Mitarbeit von Angestellten bei Tätigkeiten nach § 18 Abs. 1 Nr. 3 EStG dar, weil dort § 18 Abs. 1 Nr. 1 S. 3 EStG **nicht** gilt. Während eine dauernde Vertretung zu Einkünften nach § 15 EStG führt, kann bei einer vorübergehenden Vertretung gem. § 18 Abs. 1 Nr. 1 S. 4 EStG die freiberufliche Tätigkeit erhalten bleiben.

3.5 Die sonstige selbständige Arbeit (§ 18 Abs. 1 Nr. 3 EStG)

Anders als beim staatlichen Lotterieeinnehmer (§ 18 Abs. 1 Nr. 2 EStG) umschreibt der Gesetzgeber bei § 18 Abs. 1 Nr. 3 EStG sonstige selbständige Arbeiten, deren gemeinsamer Nenner die **Verwaltung fremden Vermögens** bzw. eine Überwachungstätigkeit darstellt.

---

402 Aufgrund der BFH-Rspr. (Urteil vom 21.03.1995, BStBl II 1995, 732) ist dies dann nicht mehr der Fall, wenn dem Laborarzt nur noch eine Zeit von 36,5 Sekunden für die durchschnittliche Untersuchung verbleibt. Im Schreiben vom 12.02.2009 (BStBl I 2009, 398) betont das BMF, dass es bei der Beurteilung von ärztlichen Laborleistungen von Laborgemeinschaften in erster Linie darauf ankommt, ob die Laborleistungen für Mitglieder erbracht werden (keine Gewerblichkeit mangels Gewinnerzielungsabsicht) oder ob dies für Nicht-Mitglieder der Fall ist (sodann Prüfung).
Für die Leistungen eines Laborarztes hingegen gelten die herkömmlichen Kriterien: Bei leitender und eigenverantwortlicher Tätigkeit aufgrund eigener Fachkenntnisse liegen Einkünfte gem. § 18 EStG vor.
403 Freiberufliche Einkunft für einen StB mit 25 Mitarbeitern bejaht; bei einem StB mit 53 Mitarbeitern in einer Buchstelle verneint (vgl. *Wacker* in *Schmidt*, EStG, § 18 Rz. 29).

Von entscheidender Bedeutung ist aber, dass bei den sonstigen selbständigen Arbeiten der Vermögensverwalter, Testaments- und Insolvenzverwalter sowie der Aufsichtsräte (zuletzt BFH vom 28.08.2003, BStBl II 2004, 103) der Gesetzgeber auf einen Querverweis zu § 18 Abs. 1 Nr. 1 S. 3 EStG (unschädliche Mitarbeit) verzichtet hat. Von daher entsprach es der h.M., die vom BFH bestätigt wurde (Urteil vom 12.12.2001, BStBl II 2002, 202), dass in diesem Tätigkeitsfeld die (alte) Vervielfältigungstheorie mit der Konsequenz gewerblicher Einkünfte fortgilt. Immer dann, wenn in diesem Bereich (§ 18 Abs. 1 Nr. 3 EStG) mehrere Angestellte ständig beschäftigt waren oder Subunternehmer eingeschaltet wurden, lag eine gewerbliche Tätigkeit vor. Dies kann sogar bei der Beschäftigung mehrerer Hilfskräfte (etwa bei Haus- oder Zwangsverwaltern) der Fall sein.

In seiner aktuellen Rechtsprechung hat der BFH bei Tätigkeiten nach § 18 Abs. 1 Nr. 3 EStG die steuerschädliche **Vervielfältigungstheorie ausdrücklich aufgegeben**. Die Beurteilung, ob die Tätigkeit als Insolvenz-(Vermögens-)Verwalter (oder eines Testamentsvollstreckers) unter § 18 EStG zu fassen ist, ist **analog § 18 Abs. 1 Nr. 1 S. 3 und 4 EStG** zu prüfen (BFH vom 15.12.2010, BFH/NV 2011, 1306).

Hinweis: Zum Zuflusszeitpunkt bei Aktienoptionen für einen Aufsichtsrat vgl. BFH vom 09.04.2013 (BStBl II 2013, 689 – **bei Rückgabe** innerhalb einer gesetzten Frist).

3.6 Die Fallgruppe des § 18 Abs. 1 Nr. 4 EStG

Der Tatbestand des § 18 Abs. 1 Nr. 4 EStG ist dadurch umschrieben, dass bestimmten Personen einer Fonds-KG (z.B. eines Venture Capital- oder Private Equity-Fonds) für ihre Anlageentscheidung als Initiator (Investor) eine gegenüber ihrer Beteiligungsquote erhöhte und zusätzliche Erfolgsbeteiligung gewährt wird. Diese wird Gewinnvorzug oder Carried Interest genannt. Beteiligte Nutznießer an einer vermögensverwaltenden Beteiligungsgesellschaft versteuern demnach den Gewinnvorzug (Übergewinn, Carried Interest) als Tätigkeitsvergütung nach § 18 Abs. 1 Nr. 4 EStG, die zu 40 % nach § 3 Nr. 40a EStG steuerbefreit ist.

Umstritten ist die Behandlung des Carried Interest außerhalb des Anwendungsbereiches des § 18 Abs. 1 Nr. 4 EStG. Dies sind die Fälle des Übergewinnes der anderen Fonds-G'fter (a) sowie der Carried Interest des Nutznießers bei der Beteiligung an einem gewerblichen Fonds (b).

a) Für die anderen Fonds-G'fter eines vermögensverwaltenden Fonds liegen nach der h.M. Einkünfte nach § 20 EStG oder – mit Geltung des Teileinkünfteverfahrens – § 17 EStG vor, die allerdings um den Gewinnvorzug (str.) gemindert sind.[404]
b) Nach der Berichtigung des BMF-Schreibens vom 16.12.2003 (BStBl I 2004, 40) durch BStBl I 2006, 632 lässt sich u.E. aus Rz. 24 im Umkehrschluss schließen, dass der Gewinnvorzug für die Initiatoren eines gewerblichen Fonds dem Teileinkünfteverfahren unterfällt.

---

404 Vgl. statt aller *Wacker-Schmidt*, § 18 Rz. 287.

IV Der Erwerbsaufwand (das objektive Nettoprinzip) und § 12 EStG

1 Vorbemerkung

1.1 Gang der Darstellung

Mit der Kapitelüberschrift »Erwerbsaufwand« werden die WK und die Betriebsausgaben (BA) zusammengefasst. Vom normativen Regelungsgehalt her sind betroffen:

- § 4 Abs. 4, Abs. 4a, Abs. 5, Abs. 5b und Abs. 7, § 4h EStG für die BA[405] und
- § 9 EStG für die WK.

Beiden »Positivregelungen« zum Erwerbsaufwand steht das generelle Abzugsverbot des § 12 EStG gegenüber, dem allerdings nur in der Theorie der Vorrang vor den Spezialregelungen zum Erwerbsaufwand gebührt.[406]

Die Diskussion im steuerlichen »Aufwand-Dreieck« der §§ 4, 9, 12 EStG darf nicht darüber hinwegtäuschen, dass § 12 EStG einen weit umfassenderen Ausschlusstatbestand beansprucht, nämlich die zusätzliche Abgrenzung zu §§ 10, 33 EStG.

Die Zusammenfassung von WK und BA zum Begriff »Erwerbsaufwand« (oder: erwerbssichernder Aufwand) ist lediglich eine redaktionelle Klammer für Aufwendungen, die im Einzelfall entweder bei Gewinneinkünften (BA) oder bei Überschusseinkünften (WK) anfallen. Die **phänomenologische** (und nicht an der gesetzlichen Reihenfolge orientierte) Betrachtungsweise wird auch dieser Darstellung zugrunde gelegt.

Eine komprimierte Behandlung beider gesetzlicher Aufwandsgruppen ist allein deshalb gerechtfertigt, weil über die **jeweiligen Querverweise** (vgl. § 9 Abs. 5 und § 4 Abs. 5 Nr. 6 EStG) fast ausnahmslos für einen gesetzestechnischen Gleichlauf gesorgt ist.[407] Außerdem werden nach der Rspr. des BFH beide Aufwandsgruppen grundsätzlich mit dem identischen Erkenntnisinhalt ausgelegt.[408]

Mit dem »**objektiven Nettoprinzip**« wird demgegenüber ein systematisierender und wertender Begriff der Rechtslehre[409] als Synonym verwendet, demzufolge der geleistete Erwerbsaufwand – von Typisierungen und Pauschalierungen abgesehen – immer zum **steuerlichen Ausgabenabzug** berechtigt. Dieser Aspekt des Besteuerungsdogmas der individuellen Leistungsfähigkeit wird bei Auslegungsfragen von Bedeutung sein.

In der vorausgehenden Darstellung wurde bei den Grundfragen zum Handlungstatbestand (vgl. Kap. I)[410] bereits auf die grundsätzliche Bedeutung und auf fundamentale Auslegungsfragen zu BA und insb. zu WK eingegangen. Ebenso sind vorgreiflich einige einkunftsar-

---

405 Die Kinderbetreuungskosten werden in Teil A, Kap. V behandelt.
406 Statt aller *Fischer* in *Kirchhof-kompakt*, § 12 Rz. 1.
407 Ausnahme: § 4 Abs. 5 Nr. 9 EStG.
408 Zur kausalen Auslegung des WK-Begriffs trotz § 9 Abs. 1 S. 2 EStG s. Kap. II.
409 Vgl. *Kirchhof* in *Kirchhof-kompakt*, § 2 Rz. 6.
410 S. auch zur Parallelthematik bei der Gewinnermittlung *Preißer*, Band 2, Teil A, Kap. I.

tenspezifische[411] Erwerbsaufwendungen (vor allem § 9 Abs. 1 S. 3 Nr. 2–7 EStG) behandelt worden. Nachfolgend werden besonders praxisrelevante – und gleichzeitig häufig der Rspr. unterliegende – Anwendungsfälle des Erwerbsaufwands dargestellt. Vor allem aber wird hier eine Systematisierung nicht nur der Fallgruppen, sondern vor allem der Konkurrenzfragen innerhalb des steuerlichen »Aufwand-Dreiecks« unternommen.

Nach dem »tatbestandsfesten« Erwerbsaufwand gem. § 4 Abs. 5 (§ 9 Abs. 5) EStG (inkl. § 12 Nr. 3 und Nr. 4 EStG, die an den passenden Stellen integriert werden) erfolgt eine Darstellung zu § 3c EStG sowie eine Generaldebatte zu § 12 Nr. 1 und Nr. 2 EStG.

1.2 Rechtssystematische Stellung

Bei einer rein grammatikalischen Interpretation sowie bei einem bloßen Wortlautvergleich von §§ 4, 9[412], 3c und 12 EStG kommt man zu folgendem vorläufigen Ergebnis:

- § 4 Abs. 4 EStG setzt das objektive Nettoprinzip in »Reinform« um (vgl. Kap. 2.11).
- Entgegen der Präambel zu § 4 Abs. 5 EStG handelt es sich bei dem **Katalog des § 4 Abs. 5 EStG** bei näherer Betrachtung nicht um »nicht abzugsfähige BA«[413], sondern – bei Vorliegen der Voraussetzungen – um »**Dennoch-BA**« (bzw. begrenzt abzugsfähige BA).
- **§ 9 Abs. 1 S. 3 EStG** entbindet den Rechtsanwender bei Vorliegen der tatbestandlichen Voraussetzungen (Nr. 1–7) von einer u.U. schwierigen Prüfung dem Grunde nach (§ 9 Abs. 1 S. 1 EStG oder § 4 Abs. 4 EStG analog). Tatsächlich kommt es aber auch hier zu einer ausdrücklichen oder gem. § 4 Abs. 5 Nr. 7 (i.V.m. § 9 Abs. 5 EStG) analog anzuwendenden Verhältnismäßigkeitsprüfung. Dies kann häufig zu einem **Abzugslimit** der Höhe nach führen.
- § 3c EStG normiert ein **(anteiliges) Abzugsverbot** für Aufwendungen, die mit (teilweise) steuerfreien Einnahmen (§ 3 EStG insb. des TEV) im Zusammenhang stehen.
- § 12 EStG proklamiert ein **generelles Abzugsverbot**, das sich bei näherer Kenntnis der BFH-Rspr. gelegentlich in ein – begrenztes und beschränktes – Anerkennungsgebot umwandelt.

Interessant – und gleichzeitig die Legitimation für die Folgedarstellung – ist hierbei die bei den meisten BFH-Urteilen vorliegende doppelte Paragrafenverweisung sowohl auf § 4 EStG als auch auf § 9 EStG.

1.3 Die »kausale« Betrachtungsweise bei den Werbungskosten bzw. der Zusammenhang mit den Einnahmen

Über den enumerativen Katalog des § 9 Abs. 1 S. 3 Nr. 1 ff. EStG hinaus hat die Rspr. aufgrund eines weit gefassten Zusammenhangs der Aufwendungen mit den Einnahmen nachfolgende Fallgruppen für den WK-Bereich erschlossen:

---

411 Typische WK bei V + V und bei § 19 EStG.
412 In den Fällen des § 9a EStG sind die dort genannten Pauschbeträge für WK abzuziehen, sofern die geltend gemachten WK niedriger sind.
413 So aber die meisten Kontenbezeichnungen in den führenden EDV-Buchführungsprogrammen.

- vorab entstandene WK (Beispiel: Reisekosten für ein Vorstellungsgespräch, vgl. H 9.1 LStH)[414];
- nachträgliche WK (Beispiel: Inanspruchnahme des GmbH-GF als Haftungsschuldner nach dessen Entlassung, vgl. H 9.1 LStH)[415];
- vergebliche Aufwendungen (Beispiel: Umzugskosten eines AN bei widerrufener Versetzung)[416], auch wenn es nicht zum Abschluss eines Arbeitsvertrages kommt (WK ohne Zustandstatbestand).[417]

Umstritten sind – wegen der kausalen Betrachtungsweise – Aufwendungen, die zur Beendigung einer Erwerbsgrundlage führen. Dieser Fallgruppe begegnet man häufiger bei Abrisskosten für ein vermietetes Wohnhaus, wenn der frei gewordene (der »geräumte«) Grundbesitz entweder verkauft oder auf ihm ein neues Gebäude zur Eigennutzung errichtet wird.

Nachfolgende Fälle lassen sich aus der Rechtsprechung des BFH und aus der Verwaltungsauffassung ableiten:
- Liegt kein Erwerb zum Zweck des Abbruchs vor, zählen die Abrisskosten zu den HK des neuen Gebäudes (H 6.4 EStH 2008).
- Bei einem **Abriss binnen Dreijahresfrist nach Anschaffung** hat der BFH einen Anscheinsbeweis für den Erwerb in Abbruchabsicht entwickelt (BFH vom 04.02.2003, BFH/NV 2004, 787).
- Der Anscheinsbeweis gilt auch, wenn der Erwerber beim Erwerb für den Fall der Undurchführbarkeit des geplanten Umbaus den Abbruch des Gebäudes billigend in Kauf genommen hat (BFH vom 13.04.2010, BFH/NV 2010, 1799).
- Nachträgliche WK sind zu verneinen.[418]
- Entsteht der Grund für den Abriss **während** der Vermietung, sind die Abrisskosten und die AfA hingegen auch dann als WK zu berücksichtigen, wenn an gleicher Stelle ein zu eigenen Wohnzwecken benutzter Neubau errichtet wird (BFH vom 31.07.2007, BFH/NV 2008, 933).

---

414 Beachte hierzu auch das Urteil des BFH vom 20.09.2006 (BStBl II 2007, 756), welches den Kausalzusammenhang zwischen WK und Erwerbsaufwand verdeutlicht. Grundlegend zum Zusammenwirken von BA und WK s. BFH vom 04.03.1986, BStBl II 1986, 373.

415 In einem Grenzfall (Reparaturarbeiten am Ende der Vermietungszeit – vor unmittelbarer Eigennutzung des Objekts) hat der BFH in einem problematischen Urteil vom 20.02.2001 (BFH/NV 2001, 1022) ebenfalls auf den Abzug als WK erkannt. Beachte aber hierzu auch einen vergleichbaren Fall (Aufwendungen für Schönheitsreparaturen und zur Beseitigung kleinerer Schäden und Abnutzungserscheinungen vor der Eigennutzung einer bisher vermieteten Wohnung) gem. Urteil des BFH vom 11.07.2000 (BStBl II 2001, 784). Hier versagte der BFH den WK-Abzug. Es kommt demnach auf eine Einzelfallprüfung an.

416 Im Urteil des BFH vom 24.05.2000 (BStBl II 2000, 584) wird dies soweit bejaht, als es sich um echte Vermögensverluste in der Privatsphäre (Maklerkosten, Kosten für die Baureifmachung eines Grundstücks) handelt. Für die Beurteilung spielt es dabei keine Rolle, ob diese Aufwendungen vom AN getragen werden und insoweit WK sind oder ob sie bei Ersatz durch den AG als Arbeitslohn anzusetzen sind. Hiervon sind jedoch Schadensersatzleistungen des AG abzugrenzen. Ein WK-Abzug ist auch bei einem geplanten Umzug ins Ausland möglich (Kosten für den – rückabgewickelten – Erwerb eines Eigenheims; BFH vom 23.03.2001, BFH/NV 2001, 1379). Nach dem Urteil des BFH vom 21.09.2000 (BStBl II 2001, 70) sind allerdings Möbeleinlagerungskosten keine berücksichtigungsfähigen WK.

417 Zu der in der Praxis wichtigen Fallgruppe der ergebnislosen Aufwendungen für den Erwerb von Grundstücken vgl. die Darstellung in Band 2, Teil A, Kap. II, § 21 EStG.

418 Nach dem Urteil des BFH vom 26.06.2001 (BFH/NV 2002, 16); noch anders der BFH im Urteil vom 31.03.1998 (BFH/NV 1998, 1212 sowie BFH/NV 1990, 94). Vgl. in diesem Zusammenhang die ausführliche Darstellung bei *Kölpin*, Band 2, Teil A, Kap. II 5.1.2.15.

- Standen Abbruchkosten in wirtschaftlichem Zusammenhang mit der vorherigen Überlassung an die Voreigentümer und waren die Altlasten durch deren gewerbliche Nutzung veranlasst, so sind die Abbruchkosten als nachträgliche WK (»letzter Akt der Vermietungstätigkeit«) anzusehen (BFH vom 10.04.2008, BFH/NV 2008, 1332).

Zusammenfassend können Aufwendungen, die nach Aufgabe der mit der Einkünfteerzielungsabsicht verbundenen Vermietungstätigkeit entstanden sind, soweit ein **Veranlassungszusammenhang mit der Vermietungstätigkeit** besteht, als nachträgliche WK abgezogen werden (BFH vom 17.08.2008, BStBl II 2009, 301 unter Bestätigung der Vorinstanz).

Für den Fall aber, dass der Käufer eines Mietobjekts an den Verkäufer infolge einer Vertragsaufhebung **Schadenersatz** leistet, um sich von der geplanten, aber gescheiterten Investition zu lösen, hat der BFH im Urteil vom 07.06.2006 (BStBl II 2006, 803)[419] entschieden, dass es sich hierbei um **vergebliche Vorab-WK** handelt. Vor einer Verallgemeinerung des Urteils i.S. einer Steuergestaltung muss aber gewarnt werden, da im Einzelfall immer der **Kausalzusammenhang** mit der V + V-Einkunftserzielungsabsicht nachgewiesen werden muss.

Beispiel 1: Die unglückliche Heimfahrt
Auf einer der steuerlich anerkannten Fahrten des V (im Beispiel 13, Kap. I 5.3.2) verunglückt dieser auf der Rückfahrt vom Bodensee nach Saarbrücken durch Eigenverschulden. Die Reparaturkosten belaufen sich auf 3.000 €, wobei V, der vollkaskoversichert ist, auf Ersatzansprüche gegen die Versicherung verzichtet, um die günstige Tarifeinstufung zu behalten.

In vorliegender Fallkonstellation, die noch um die Variante einer Trunkenheitsfahrt mit Unfallfolge (Beispiel: Heimfahrt eines AN nach Betriebsfeier) ergänzt werden kann, erschließt sich die Tragweite des WK-Abzugs.
Angesprochen sind die Thematiken:
- der unfreiwilligen Aufwendungen,
- der schuldhaft verursachten Aufwendungen und
- des Verzichts auf Ersatzleistungen.

Nachdem – wie gesehen – die WK-Auslegung den Steuerbürger nicht zu notwendigen, üblichen oder zweckmäßigen Aufwendungen zwingt, sondern den Abzug nur von der Angemessenheit abhängig macht, stellt sich die weitere Frage, wie exzessiv motivierte Aufwendungen, die sich ansonsten im Anwendungsbereich von § 9 EStG bewegen, steuerlich zu behandeln sind.

Lösung:
1. Für den Anwendungsbereich der unfreiwilligen Aufwendungen, z.B. anlässlich der Beschädigung oder des Diebstahls des auf Dienstfahrten eingesetzten Pkw des AN, hat der BFH in ständiger Rspr. entschieden, dass es – trotz der finalen Legaldefinition in § 9 Abs. 1 S. 1 EStG – nicht auf eine gesteigerte subjektive Voraussetzung (etwa als Motiv) ankäme. Entscheidend ist lediglich, dass objektiv ein wirtschaftlicher Zusammenhang der Aufwendungen mit der

---
419 Vgl. hierzu auch das (grundlegende) Urteil vom 15.11.2005 (BStBl II 2006, 258) für den Fall einer Vergleichszahlung wegen des Rücktritts vom Vertrag und Prozesskosten als vorab entstandene vergebliche WK. Dieses Urteil wurde durch das Urteil vom 07.06.2006 ausdrücklich ergänzt.

Einnahmenerzielung besteht und dass diese subjektiv zur Förderung der Einnahmeerzielung getätigt werden müssen.[420]

Die Kosten für Schadensbeseitigung des eigenverursachten Unfalls des V sind dem Grunde nach als WK abzugsfähig. Ein Reparaturaufwand i.H.v. 3.000 € ist als angemessen anzusehen, solange der Zeitwert des beschädigten Pkw nicht überschritten wird.

2. Selbst bei einer gesteigerten Negativveranlassung – wie hier bei einem schuldhaft verursachten Unfall – bleibt es beim WK-Abzug, wenn der Unfall nicht Folge gesteigerten Alkoholkonsums war (BFH vom 27.02.1992, BStBl II 1992, 837). Mit einer abenteuerlichen Begründung wird dabei der Verkehrsunfall durch Alkoholgenuss der privaten Lebensführung zugeordnet und damit dem Abzugsverbot von § 12 Nr. 1 S. 2 EStG unterstellt. Dieses Urteil wird durch die Rechtsprechung des BFH (vom 24.05.2007, BStBl II 2007, 766) bestätigt.

3. Der Verzicht auf Ersatzansprüche soll dem WK-Abzug ebenfalls nicht entgegenstehen. Eine Ausnahme wird nach den gleichen Überlegungen wie zuvor (§ 12 Nr. 1 EStG) nur für den Fall gemacht, dass aus rein privaten Gründen verzichtet wurde.[421]

In einer wirtschaftlich bedeutsamen Fallgruppe (Finanzierungskosten eines Bauherrn für ein Gebäude, das teilweise selbstgenutzt wird und **teilweise vermietet** wird) überträgt der BFH am 09.07.2002 (BFH/NV 2002, 1646) seine Rspr. zur **Finanzierungsfreiheit** im HK-Bereich auf den Anschaffungsbereich.[422] Danach hängt es von der tatsächlichen Verwendung des Darlehens ab, welchem der beiden Bereiche es zuzuordnen ist. Für die WK-Option – i.R.d. § 21 EStG – muss der Bauherr die Finanzierungsmittel einem eigens zu bildenden WG »fremdvermieteten Gebäudeteil« zuordnen; sodann muss das Auszahlungsverhalten mit der Gebäudezuordnung übereinstimmen.

Der eingangs erwähnte kausale Zusammenhang mit den Einnahmen wird auch anhand des Falles deutlich, dass sich der AN in Form einer Bürgschaft an seinem AG (KapG) beteiligt. Grundsätzlich geschieht dies i.d.R., um in wirtschaftlich schlechten Zeiten zur Erhaltung des eigenen Arbeitsplatzes beizutragen. Demzufolge können grundsätzlich etwaige Zahlungen aus der Bürgschaftsverpflichtung als WK steuerlich geltend gemacht werden. Ist jedoch der AN durch die geleistete Zahlung wesentlich i.S.d. § 17 EStG beteiligt, oder ist eine solche Beteiligung geplant, sind die geleisteten Zahlung keine WK mehr, sondern als AK der Beteiligung i.S.d. § 17 EStG zu sehen (FG Berlin-Brandenburg vom 16.03.2010, EFG 2010, 1423). Dem ist zumindest insoweit zuzustimmen, als dass der Dualismus der Einkunftsarten (Vorrang der Gewinneinkünfte) und die kausale Betrachtungsweise bei den WK diese Vorgehensweise billigen.

---

420 Ständige Rspr., grundlegend u.a. BFH vom 01.10.1996 (BStBl II 1997, 454), s. auch BFH vom 25.02.2009 (BFH/NV 2009, 1255).
421 *Drenseck* in *Schmidt*, EStG, § 9 Rz. 75.
422 Zur Parallelsituation im BV (Mehrkontenmodell und § 4 Abs. 4a EStG) s. ausführlich Kap. 2.12. Diese Rechtsprechung ist nunmehr als ständig zu bezeichnen (zuletzt BFH vom 01.04.2009, BStBl II 2009, 663).

2 Einzelne unter § 4 Abs. 4 und 5 EStG fallende Erwerbsaufwendungen

2.1 Geschäftsfreundegeschenke (§ 4 Abs. 5 S. 1 Nr. 1 EStG)

2.1.1 Einführung in § 4 Abs. 5 Nr. 1–7 EStG[423]

Stellvertretend für die ersten sieben Nummern sind Geschäftsfreundegeschenke Aufwendungen, die sowohl betrieblich (dienstlich[424]) veranlasst sind als auch die private Lebensführung einer beteiligten Person betreffen. Als wenig hilfreich erweist sich dabei R 4.10 Abs. 1 S. 2 EStR, wonach vorweg gem. § 12 Nr. 1 EStG geprüft werden müsse, ob nicht das generelle Abzugsverbot greift. Sämtliche in § 4 Abs. 4 Nr. 1–7 EStG geregelten Fälle berühren direkt oder indirekt die private Lebensführung zumindest einer beteiligten Person, i.d.R. die des StPfl. Vielmehr liegen hier typisierte BA (WK) vor, bei denen der Gesetzgeber – wegen des Mischcharakters – eine Abzugsbeschränkung vorgenommen hat.

Die wichtigste technische Regelung enthält **R 4.10 Abs. 1 S. 3 EStR**, wonach sämtliche dem Katalog des § 4 Abs. 5 (i.V.m. Abs. 7) EStG unterliegenden BA keine Entnahmen sind. Sie sind daher bei StPfl. mit bilanzieller Gewinnermittlung (§ 4 Abs. 1, § 5 Abs. 1 EStG) **außerbilanziell hinzuzurechnen**.[425]

Die zweite wichtige Aussage besteht in dem Hinweis auf § 4 Abs. 7 EStG. Die meisten der »Dennoch-BA« von § 4 Abs. 5 EStG (Nr. 1–4, Nr. 6b und Nr. 7) stehen unter einer gesonderten **materiell-rechtlichen Aufzeichnungspflicht** (R 4.11 EStR).[426] Diese Aufwendungen dürfen nur dann abgezogen werden, wenn sie alle (oder in Gruppen) auf einem **gesonderten Konto**[427] in der Buchführung[428] erfasst werden. Als Grund dafür hat der BFH im Urteil vom 19.08.1980 (BStBl II 1980, 745) u.a. angegeben, dass sich allein dadurch für einen außenstehenden Dritten eine erleichterte Überprüfbarkeit dieser Aufwendungen ergibt. Diese schwer nachvollziehbare Begründung[429] wurde vom BFH später (BFH vom 19.08.1999, BStBl II 2000, 203) dahingehend relativiert, dass die harte Sanktion nur dann nicht greift, wenn es sich um eine Fehlbuchung i.S.d. § 129 AO (offenbare Unrichtigkeit) gehandelt hat. Zu den USt-Auswirkungen bei Verstoß gegen die Aufzeichnungspflicht nach § 4 Abs. 7 EStG vgl. das BFH-Urteil vom 12.08.2004 (BStBl II 2004, 1090; alte Rechtslage: vor 01.04.1999). Hingegen lässt ein Urteil des FG München vom 06.05.2003 (Az.: 6 K 3451/00, Juris) eine Tendenz zur restriktiven Auslegung von § 4 Abs. 7 EStG erkennen. Der Aufzeichnungspflicht nach § 4 Abs. 7 EStG wird jedenfalls dann nicht Rechnung getragen, wenn die Verbuchung erstmals nach Ablauf des Geschäftsjahres vorgenommen wird.

---

423 Nachfolgend unterbleibt die gesonderte Erwähnung von – jeweils – Satz 1 bei den einzelnen Nummern.
424 Vgl. § 9 Abs. 5 EStG. Dies ist insb. bei Organen von KapG (Vorstand, Geschäftsführer) von Bedeutung, wenn die KapG nicht für die Bewirtung aufkommt. Für KapG selbst gilt § 4 Abs. 5 EStG über § 8 Abs. 1 KStG.
425 Zu den technischen Auswirkungen s. *Preißer*, Band 2, Teil A, Kap. I.
426 Anderweitig (Belegnachweis, Zeugen etc.) kann der Nachweis nicht erbracht werden.
427 So wäre z.B. das Konto »Repräsentationsaufwand« falsch bezeichnet.
428 Nach neuerer Rspr. ist eine gesonderte Aufzeichnung innerhalb des Controlling-Systems nicht ausreichend (vgl. FG Baden-Württemberg vom 12.04.2016, 6 K 2005/11, nrkr.).
429 Nach R 4.11 Abs. 1 S. 2 EStR genügt es, dass alle davon betroffenen Aufwendungen des § 4 Abs. 5 EStG auf einem Konto erfasst sind, beim Belegnachweis sind sogar Sammelbuchungen (R 4.11 Abs. 2 EStR) zugelassen. Andererseits soll die Verbuchung eines Geschäftsvorfalles, der materiell nicht von § 4 Abs. 5 EStG erfasst ist, auf diesem Konto »nichtabzugsfähige BA« schädlich sein!?

2.1.2 Materielle Aspekte zu § 4 Abs. 5 Nr. 1 EStG

Die meisten Auslegungsfragen können mit der reinen Wortlautauslegung befriedigend gelöst werden.

Beispiel 2: Der multiple Schenker
Der vorsteuerabzugsberechtigte Unternehmer V bedankt sich auf folgende Weise bei seinen Partnern:
1. Sein StB erhält aus Freude über eine hohe Vorsteuererstattung neben der Gebühr eine Herrenuhr mit dem Einkaufswert von 39 €.
2. Die Ehefrau des StB wird zu ihrem Geburtstag mit einer Damenuhr (Einkaufswert 40 €) beglückt.
3. Der Mitarbeiter des StB erhält ebenso wie sein eigener Buchhalter kostenlos eine Einladung zu einem Champions-League-Spiel.

Bei dem 35 €-Limit handelt es sich um eine Freigrenze je Empfänger. Mit einem Cent, der die AK über diese Grenze »drückt«, entfällt der komplette BA-Abzug. Für die Errechnung der AK ist ggf. H 9b EStH 2010 von Bedeutung, wonach § 9b EStG (aber ohne § 15 Abs. 1a Nr. 1 UStG) berücksichtigt wird (bei einem nichtvorsteuerabzugsberechtigten Schenker sind die Vorsteuern in die AK einzubeziehen). Außerdem setzt der Begriff »Geschenk« eine voll unentgeltliche Zuwendung[430] ohne zeitlichen und ohne rechtlichen Zusammenhang mit einer Gegenleistung (besser: Vorleistung) des Beschenkten voraus (R 4.10 Abs. 4 EStR).

Lösung:
1. Zwar liegt – wegen der Honorarzahlung – kein rechtlicher Zusammenhang mit der Arbeit des StB vor, der zeitliche Zusammenhang schließt jedoch die Anerkennung als Geschenk aus (BFH vom 23.06.1993, BStBl II 1993, 806: kein Geschenk, wenn auch nur eine Seite von einer entgeltlichen Zuwendung ausgeht).
2. Die Damenuhr anlässlich des Geburtstags lässt keinen rechtlichen Zusammenhang erkennen. Nach H 9b EStH ist bei V die Vorsteuer von 5,52 € herauszurechnen; die Freigrenze von 35 € ist nicht überschritten. Solange es das einzige Geschenk für die Ehefrau des StB ist, kann V 34,48 € bei gesonderter Verbuchung abziehen.
3. Bei dem eigenen Mitarbeiter scheidet ohnehin die Anwendung des Abzugsverbots von § 4 Abs. 5 Nr. 1 EStG aus. Unabhängig davon muss das Geschenk einen objektiven Wert haben, um entweder zum BA-Abzug nach § 4 Abs. 5 Nr. 1 EStG (Mitarbeiter des StB) oder zu einem lohnsteuerpflichtigen Sachbezug (eigener Mitarbeiter) zu führen. Daher treten vorliegend keine Steuerfolgen ein.[431]

---

430 S. auch H 4.10 Abs. 2–4 EStH 2010 zur Unterscheidung der Geschenke von den Zugaben.
431 S. aber BMF vom 22.08.2005, BStBl I 2005, 845, ergänzt durch Schreiben vom 30.03.2006 (BStBl I 2007, 306) und vom 29.04.2008 (BStBl I 2008, 566), Rz. 4, wonach die Einladung des AN in eine VIP-Loge als Geschenk angesehen wird, die als lohnsteuerpflichtiger geldwerter Sachbezug ab einer Freigrenze von 44 € (§ 8 Abs. 2 EStG) zu versteuern ist; so auch Bayerisches Landesamt für Steuern vom 16.06.2006 (DB 2006, 1463) für die Zuwendung von bloßen Eintrittskarten. Zu beachten ist auch der Fall, wenn die Eintrittskarte an Kunden oder potenzielle Neukunden verteilt wird. In diesem Fall kann nichtabziehbarer Betriebsaufwand vorliegen (BFH vom 17.02.2010, BFH/NV 2010, 1307).

2.2 Bewirtungsaufwendungen (§ 4 Abs. 5 Nr. 2 EStG)

Bei kaum einem der aufgelisteten Anwendungsfälle wird der Mischcharakter so deutlich wie bei Bewirtungsaufwendungen, da mit dem pauschalen Nichtabzugsbetrag von 30 % nur die private Haushaltsersparnis gemeint ist. Dies führt nach R 4.10 Abs. 6 EStR – vor Anwendung der 70 %-Regel – zur **Vorabeliminierung** nachfolgender Kosten:

- rein privat veranlasste Bewirtungskosten[432],
- allgemeine Angemessenheitsprüfung der Aufwendungen (§ 4 Abs. 5 Nr. 7 EStG),
- fehlender Nachweis der Aufwendungen,
- fehlende Dokumentation der Bewirtungsaufwendungen (§ 4 Abs. 7 EStG),
- keine echten Bewirtungsaufwendungen (vgl. R 4.10 Abs. 5 EStR[433]).

Der verbleibende Rest wird zu 70 % zum BA-Abzug zugelassen.[434]

Beispiel 3: Der typische Geschäftsabschluss in Hamburg
Der im Chinahandel erfolgreiche Hamburger Geschäftsmann Fu-Cheng bewirtet – wie jede Woche – eine Delegation aus Shanghai in einem der teuersten Clubs auf dem Kiez. Nach dem Fünf-Gänge-Menü jeweils à 120 € (netto) werden den vier Herren und einer Dame aus Fernost, die ihren Geburtstag feiert, weitere Kostbarkeiten vorgeführt. Solche Abende kosten Fu-Cheng 6.000 € (netto) inkl. 10 % Trinkgeld.
Sein StB sieht – wie immer in diesen Fällen – nur Fragen im Zusammenhang mit der Aufzeichnungspflicht nach § 4 Abs. 5 Nr. 2 S. 3 EStG.

Eines der größeren Probleme war die Dokumentation der Bewirtungsaufwendungen. Mit exakten gesetzlichen Vorgaben und mit einer Verwaltungsregelung für die allein praxisrelevante »Gaststättenbewirtung« (seit 1995 nur noch mittels maschineller Belege, BMF vom 21.11.1994, BStBl I 1994, 855, R 4.10 Abs. 8 EStR) sind heute die Probleme mit der Dokumentation, die der StPfl. unterschreiben muss (BFH vom 15.01.1998, BStBl II 1998, 263) behoben.[435]

---

432 Umgekehrt unterliegen rein betrieblich veranlasste Bewirtungsaufwendungen § 4 Abs. 5 Nr. 2 EStG (so auch BFH vom 15.01.2003, BFH/NV 2003, 754).
433 Unter Bewirtungsaufwendungen versteht R 4.10 Abs. 5 S. 3 EStR nur Aufwendungen für den Verzehr von Speisen, Getränken und sonstigen Genussmitteln inkl. Trinkgelder. Vergleichbare Aufwendungen wie Aufmerksamkeiten in geringem Umfang (Kaffee etc.) oder Produkt- und Warenverkostungen können in vollem Umfang abgezogen werden.
434 Für den WK-Abzug gilt § 9 Abs. 5 S. 1 i.V.m. § 4 Abs. 5 S. 1 Nr. 2 EStG.
Hinweis: Das FG Baden-Württemberg hat im Hinblick auf formellrechtliche Bedenken dem BVerfG die Frage vorgelegt, ob das HBeglG 2004 vom 29.12.2003, in welchem die Kürzung des Betriebsausgabenabzuges vom 80 % auf 70 % vorgenommen wurde, verfassungsrechtlich in zutreffender Weise zustande gekommen ist (verfahrensrechtliche Bedenken, vgl. BVerfG Az.: 2 BvL 4/13). Von der materiellrechtlichen Verfassungsmäßigkeit der Regelung ist das FG hingegen überzeugt.
435 Pflichtangaben zur beigefügten Rechnung bei der – maschinellen – Gaststättenbewirtung nach § 4 Abs. 5 Nr. 2 EStG:
  - Name und Anschrift der Gaststätte,
  - Tag der Bewirtung,
  - Art und Umfang der Leistung (Menü 1: ja; Speisen und Getränke: nein),
  - Rechnungsbetrag (ohne Trinkgelder; hierfür allgemeine Beweispflicht!),
  - Name des Bewirtenden (nur, falls über 100 €).
Darüber hinaus müssen der Anlass und die Teilnehmer (grundsätzlich alle, vgl. BFH vom 25.02.1998, NJW 1998, 1934) angegeben werden. Einfache Bezeichnungen wie »Geschäftsessen«, »Geschäftsbesprechung« oder »Besprechung« auf den Bewirtungsbelegen sind zu allgemein, um die betriebliche Veranlassung von Bewirtungsaufwendungen hinreichend nachprüfen zu können (FG München vom

Lösung:

- Der geschäftliche Anlass ist zumindest bei den vier Herren unbestritten; andererseits ist ein Geburtstag regelmäßig ein privates Ereignis, das wegen § 12 Nr. 1 EStG, sofern keine berufliche Mitveranlassung gegeben ist und eine Aufteilungsmöglichkeit besteht, generell vom BA-Abzug ausgenommen wird (1.000 € anteiliger Aufwand für die Dame sind überhaupt nicht zu berücksichtigen).
- Bei den restlichen Aufwendungen i.H.v. 5.000 € fallen nur die Menü-Kosten für die verbleibenden fünf Personen (vier Gäste und Fu-Cheng) i.H.v. 600 € unter § 4 Abs. 5 Nr. 2 EStG. Die Differenz von 4.400 € für das sonstige Programm ist gem. BFH vom 16.02.1990 (BStBl II 1990, 575) aus dem Anwendungsbereich der Bewirtungsaufwendungen auszuscheiden und nur nach § 4 Abs. 5 Nr. 7 (und ggf. Nr. 10) EStG zu beurteilen.[436] Dabei handelt es sich immer um eine Einzelfallprüfung unter dem Gesichtspunkt der Kosten-Nutzen-Relation.
- 120 €/Menü (pro Person) können als angemessen angesehen werden (»Branchenbeurteilung«).
- Von den verbleibenden 600 €, die durch die Rechnung der Gaststätte maschinell belegt und in der Buchhaltung gesondert erfasst sein müssen (§ 4 Abs. 7 EStG), können nur 70 % (420 €) als Bewirtungsaufwand definitiv abgezogen werden.
- Der Trinkgeldnachweis i.H.v. 600 € kann nur durch Zeugenaussage belegt werden.

Die Darstellung weiterer Abgrenzungsfälle erfolgt in tabellarischer Form:

Abgrenzungsfälle bei Bewirtungsaufwendungen			
Fall/Tatbestand	**Einordnung**	**Anmerkung**	**Verweise**
(Mögliche) Kollision von Steuerrecht und Berufsrecht	Entscheidung zu Gunsten des Steuerrechts	Ein Rechtsanwalt berief sich auf seine Schweigepflicht (aus dem verfassungsrechtlichen Gebot der informellen Selbstbestimmung resultiert das Verbot der Mandantenangabe) und machte dennoch den Abzug nach § 4 Abs. 5 Nr. 2 EStG geltend. In einer ausführlich begründeten Entscheidung untersucht und verneint der BFH einen möglichen Straftatbestand des RA (bei Namensnennung) und gelangt mittels des Gebots des gleichmäßigen Verwaltungsvollzugs zur Notwendigkeit der Namensangabe auch in diesem Fall.	BFH vom 26.02.2004, BStBl II 2004, 502

28.11.2007, Az.: 1 K 3118/07). Die ausgestellte Rechnung der Gaststätte muss dabei, sofern es sich nicht um Rechnungen über Kleinbeträge (unter 100 €) handelt, den Namen des bewirtenden StPfl. enthalten. Vom StPfl. ausgestellte Eigenbelege oder vorgelegte Kreditkartenabrechnungen sind insoweit nicht ausreichend (BFH vom 18.04.2012, Az.: X R 57/09).

436 S. Kap. 2.6 (Ausschluss bei § 4 Abs. 5 Nr. 7 EStG dem Grunde nach).

Abgrenzungsfälle bei Bewirtungsaufwendungen			
Fall/Tatbestand	Einordnung	Anmerkung	Verweise
Private (Mit-) Veranlassung der Bewirtung (z.B. Geburtstag)	Einzelfallprüfung, im Regelfall jedoch – wie oben beschrieben – kein Abzug	Im Rahmen einer Gesamtwürdigung (Ort der Bewirtung, Gästekreis, Erfolgsabhängigkeit der Bezüge des StPfl.) können aber im Einzelfall Bewirtungsaufwendungen aus Anlass eines persönlichen Ereignisses (z.B. Verabschiedung in den Ruhestand, Dienstjubiläum) abzugsfähig sein. Ggf. ist eine Aufteilung der Kosten erforderlich (vgl. Grundsatzbeschluss des GrS vom 21.09.2009 (BStBl II 2010, 672), sofern dies möglich ist (Aufteilungskriterium).	BFH vom 11.01.2007, BStBl II 2007, 317; BFH vom 01.02.2007, BStBl II 2007, 459; BFH vom 24.05.2007, BStBl II 2007, 721; BFH vom 20.01.2016, VI R 24/15
Schulungsveranstaltungen für selbständige Vertriebsleute des Betriebsinhabers	Entscheidung hier zu Gunsten des § 4 Abs. 5 Nr. 2 EStG	Ein unbegrenzter BA-Abzug bei der kulinarischen Verpflegung anlässlich von Schulungsveranstaltungen ist nur bei der Bewirtung eigener AN möglich.	BFH vom 18.09.2007, BStBl II 2008, 116
AN (leitende Angestellte) als Gastgeber für Veranstaltungen im Namen des AG	Keine Beschränkung des Bewirtungsaufwands (voller WK-Abzug mit Wortlautargumenten)	Der AG (= Dienstherr) und nicht dessen AN seien »Bewirtende« gewesen.	Zwei BFH-Urteile vom 19.06.2008, DB 2008, 1839 und 2404
Bewirtung von Geschäftsfreunden in VIP-Logen		Pauschale Aufteilung: der Werbeanteil kann i.H.v. 40 % als BA abgezogen werden, 30 % entfallen auf Geschenke und 30 % sind als Bewirtungsaufwendungen (beschränkt) abziehbar.	BMF vom 22.08.2005, BStBl I 2005, 845), Rz. 14 mit Ergänzungen durch BMF vom 30.03.2006, BStBl I 2006, 307

Hinweis:
1. Der Anlass darf nicht das allein entscheidende Kriterium für die Beurteilung der beruflichen oder privaten Veranlassung von Bewirtungsaufwendungen sein. Trotz eines herausgehobenen persönlichen Ereignisses kann sich aus den übrigen Umständen des Einzelfalls ergeben, dass die Aufwendungen für die Feier beruflich veranlasst sind (u.a. BFH vom 10.07.2008, BFH/NV 2008, 1831 und vom 26.01.2010, BFH/NV 2010, 875).
2. Auch die Kombination von privaten und geschäftlichen Anlässen kann schädlich für den Betriebsausgabenabzug sein. Das FG Berlin-Brandenburg hat mit Urteil vom 16.02.2011 (Az.: 12 K 1208/07, rkr.) für die gemeinsame Veranstaltung eines Firmenjubiläums einer GmbH und des Geburtstages des Gesellschafter-Geschäftsführers die Anerkennung als Betriebsausgaben in ganzer Höhe versagt bzw. als vGA behandelt.

Beispiel 3a: Die geschäftlich-private Feier:
A hat bereits vor etlichen Jahren erfolgreich die Rechtsanwaltsprüfung abgelegt und ist als ebensolcher tätig. Im Rahmen seiner 10-jährigen Jubiläumsfeier, die er mit seinem 50. Geburtstag, seiner erfolgreichen Steuerberaterprüfung und der Feier zu seiner Habilitation verband, entstanden Bewirtungsaufwendungen von 2.000 €.

Lösung:
- A konnte nach **alter Rechtslage** weiterhin die Jubiläumsfeier, die Steuerberaterprüfung bzw. der Habilitation nicht steuerlich geltend machen, da die Aufwendungen zur Durchführung der Jubiläumsfeier gemischte Aufwendungen darstellen und so ist keine Aufteilung der Kosten nach Köpfen vorzunehmen ist. Die gesamten Aufwendungen sind stattdessen der privaten Lebensführung zuzuordnen, wenn der Zusammenhang weder mit der privaten Lebensführung noch mit der Einkünfteerzielung von untergeordneter Bedeutung ist (FG Rheinland-Pfalz vom 16.09.2008, DStRE 2009, 457).
- Nach dem Grundsatzurteil des BFH vom 21.09.2009 ist hingegen eine Aufteilung zumindest denkbar. Dies bestätigt der BFH mit Urteil vom 08.07.2015 (VI R 46/14), wonach Aufwendungen eines Arbeitnehmers für eine Feier aus beruflichem und privatem Anlass hinsichtlich der Gäste aus dem beruflichen Umfeld als Werbungskosten abziehbar sein können.
- Zur Frage hinsichtlich der Kosten für die Habilitation vgl. des Revisionsverfahren BFH VI R 52/15.
- **Hinweis:** Hätte A die beiden Ereignisse getrennt, wäre eine Berücksichtigung der anteiligen Kosten evtl. einfacher gewesen:
  - Wenn der Arbeitnehmer die Gäste nach abstrakten berufsbezogenen Kriterien einlädt, steht ihm für die Aufwendungen, für das Dienstjubiläum (vgl. BFH vom 20.01.2016, VI R 24/15) der volle WK-Abzug (hier zu 70 %) zu.
  - Auch für den (reinen) Geburtstag kennt die Rechtsprechung eine »Hintertür«: Hätte A zu seinem Geburtstag lediglich Mitarbeiter eingeladen, stünde ihm nach Auffassung des FG Rheinland-Pfalz (vom 12.11.2015, 6 K 1868/13, nrkr., BFH VI R 7/16) ebenfalls ein WK-Abzug zu. Die Finanzverwaltung (s. Internetauftritt der OFD Koblenz) will die Geburtstagskosten hingegen vorläufig nicht anerkennen, sondern die Entscheidung des BFH zu dieser Thematik abwarten.

Nach § 4 Abs. 5 S. 2 EStG **gilt die Abzugsbeschränkung für Bewirtungsaufwendungen nicht**, wenn die Bewirtungsaufwendungen Gegenstand einer mit Gewinnabsicht ausgeübten Betätigung des StPfl. sind. Dies gilt somit insb. für Gastwirte. Nach einem Urteil des BFH vom 07.09.2011 (DStRE 2011, 1183) gilt dies jedoch nicht uneingeschränkt für alle Restaurantbetreiber für jegliche Art von Bewirtungsaufwendungen. Die Regelung sei einschränkend dahingehend auszulegen, dass nur Bewirtungsaufwendungen erfasst sind, die als Werbe- oder Probeessen anzusehen sind. Die Bewirtung von Geschäftsfreunden oder potentiellen Kunden anlässlich geschäftlicher Besprechungen, die auch ohne die Einnahme einer Mahlzeit vorstellbar sind, fallen hingegen nicht unter die Ausnahmeregelung. Auch die Bewirtungsaufwendungen anlässlich der Jubiläumsfeier waren im Streitfall nur teilweise als Betriebsausgaben anzuerkennen, weil sie nicht der Werbung für die Leistungen des Restaurants dienten. Die in § 4 Abs. 5 S. 2 EStG eingeräumte Ausnahme betrifft nur Bewirtungen, welche unmittelbar Gegenstand der erwerbsbezogenen bewirtenden Tätigkeit sind.

2.3 Aufwendungen nach § 4 Abs. 5 Nr. 3 (Gästehäuser) und § 4 Abs. 5 Nr. 4 (Jagd & Jacht) EStG

Das BA-Abzugsverbot für Gästehäuser außerhalb des Ortes[437] der Niederlassung und für die in § 4 Abs. 5 Nr. 4 EStG aufgelisteten »sportlichen Bewirtungen« betrifft nur Aufwendungen. Damit wird verdeutlicht, dass nur die Aufwendungen ausgeschlossen sind. Dem widerspricht nicht, dass es sich um WG des (gewillkürten) BV handeln kann (Beispiel: Gästehaus). Problematisch ist, ob in Zusammenhang mit den genannten sportlichen Bewirtungen vereinnahmte BE (Mieten/Gebühren) steuerbar oder sogar stpfl. sind. Nach h.A. sind diese BE zwar steuerbar, aber in umgekehrter (reziproker) Analogie zu § 3c EStG nicht stpfl.[438]

Beispiel 4: Der Golfplatz des Konzerns
Der Großkonzern S unterhält in der Nähe von Düsseldorf einen Golfplatz, damit sich Gäste und Gastgeber beim Putten näherkommen. Die interne G+V für die »Außenstelle« weist in 16 folgende Positionen aus:
- Personal (Gärtner, Trainer etc.):   100.000 €,
- AfA für das Golfrestaurant: 10.000 €,
- Raseninstandhaltung (Material):   20.000 €.

In 17 wird das Restaurant, das nicht mehr benötigt wird, verkauft (200 T€ Erlös ./. 120 T€ Buchwert). Wo und auf welcher Stufe der Gewinnermittlung des Großkonzerns werden die Tatbestände in 16 und 17 berücksichtigt?

Auf die Tatbestandsfragen bei § 4 Abs. 5 Nr. 3 und Nr. 4 EStG muss nicht näher eingegangen werden[439], mit der einzigen Ausnahme, dass bei § 4 Abs. 5 Nr. 4 EStG auch »**ähnliche Zwecke**« wie Jagen und Segeln und dgl. erfasst sind. Die Rechtsprechung, die Verwaltung und die Literatur fassen folgende Thematiken unter den Begriff des ähnlichen Zweckes:

- Reitpferde einer KapG (BFH vom 11.08.1994, BFH/NV 1995, 205 und vom 02.07.2008, BStBl II 2009, 206, BMF vom 14.07.2000, DStR 2000, 1264); abzugrenzen vom (nicht erfassten) Fall des Betriebs einer Pferdezucht in größerem Umfang mit erheblichen Umsätzen (vgl. BFH vom 12.02.2009, BStBl II 2009, 828);
- Golfturniere[440], Golfplätze, Schwimmbecken und dgl.[441];
- Unterhalten von Rennwagen (BFH vom 22.12.2008, BFH/NV 2009, 579);
- Im zitierten Urteil vom 02.07.2008 hat der BFH den Begriff präzisiert: Ähnlich sind Zwecke, die in vergleichbarer Weise wie die ausdrücklich in § 4 Abs. 5 S. 1 Nr. 4 EStG genannten Gegenstände (Jagd, Fischerei, Segel- oder Motorjacht) bei typisierender Betrachtung einer überdurchschnittlichen Repräsentation, der Unterhaltung von Geschäftsfreunden, der

---

[437] Damit ist die politische Gemeindegrenze gemeint, BFH vom 09.04.1968 (BStBl II 1968, 603), H 4.10 (11) EStH. Unter Betrieb wiederum werden auch die Filialen subsumiert.
[438] Statt aller *Wolff-Diepenbrock* in *L/B/P*, §§ 4, 5 Rz. 1702.
[439] Einschränkend ist jedoch zu beachten, dass nach dem BFH-Urteil vom 03.02.1993 (Az.: I R 18/92) nach § 4 Abs. 5 S. 1 Nr. 4 EStG nur solche Aufwendungen dem Abzugsverbot unterworfen sind, die einer entsprechenden sportlichen Betätigung oder Unterhaltung von Geschäftsfreunden dienen. Lässt sich eine solche nicht ausschließen, findet das Abzugsverbot Anwendung (vgl. hierzu auch FG Düsseldorf vom 19.11.2013, Az.: 10 K 2356/11 F).
[440] Auch dann, wenn das Golfturnier anlässlich einer Benefizveranstaltung erfolgt (BFH vom 16.12.2015, IV R 24/13). S. auch OFD Frankfurt/M. vom 30.06.2016 – S 2145 A-11 – St 210).
[441] Vgl. *Heinicke* in *Schmidt*, EStG, § 4 Rz. 567 sowie *Crezelius* in *Kirchhof-kompakt*, § 4 Rz. 135. Vgl. für die Nennung der Golfplätze in der BFH-Rechtsprechung auch BFH vom 29.12.2008, BFH/NV 2009, 752.

Freizeitgestaltung oder der sportlichen Betätigung dienen. Aufwendungen, die ersichtlich nicht derartige Zwecke verfolgen, können vom Abzugsverbot ausgenommen sein.
- Aufwendungen für ein Sportflugzeug (FG München vom 08.03.2010, EFG 2010, 1345);
- Oldtimer (BFH vom 07.02.2007, DB 2007, 1118, FG Baden-Württemberg vom 28.02.2011, Az.: 6 K 2473/09);
- Regatta-Begleitfahrt anlässlich der »Kieler Woche«, an der Kunden und Geschäftsfreunde sowie Vertriebsmitarbeiter teilgenommen haben (FG Schleswig-Holstein vom 27.05.2009, DStRE 2009, 1097, bestätigt durch BFH vom 02.08.2012, Az.: IV R 25/09).

Im Rahmen von § 4 Abs. 5 Nr. 2 bis 4 EStG ist zudem immer § 4 Abs. 5 S. 2 EStG zu beachten. Demnach greift das Abzugsverbot nämlich insofern nicht, soweit die in den Nr. 2 bis 4 bezeichneten Zwecke Gegenstand einer mit **Gewinnabsicht ausgeübten Betätigung** des StPfl. sind.[442] Darüber hinaus kann die einkommensteuerrechtliche Beurteilung der Aufwendungen nicht zwingend auf andere Steuern übertragen werden (BFH im zitierten Urteil vom 02.07.2008 für die USt, BMF vom 14.07.2000, a.a.O. für den Fall der Reitpferde). Das Abzugsverbot greift auch dann, wenn die genannten WG (Segeljachten etc.) nicht (nur) der Unterhaltung der Geschäftsfreunde dienen, sondern auch anderweitig eingesetzt werden (BFH vom 07.02.2007 a.a.O., hier für Oldtimer eines Maschinenbau-Unternehmers für Werbezwecke).

Hinweis: Nach dem Urteil des FG Hessen vom 19.09.2013 (Az.: 6 K 38/12) unterstellt § 4 Abs. 5 S. 1 Nr. 4 EStG die Unangemessenheit der Aufwendungen nach der Art einer **unwiderlegbaren Vermutung**. Deshalb kann von ihrer Höhe nicht auf die Abziehbarkeit bzw. die Nichtabziehbarkeit geschlossen werden.

Lösung:
- Typische vom BA-Abzug abgeschlossene Aufwendungen sind die Personalkosten (100 T€) und die AfA (10 T€). Beim Rasen hängt es davon ab, ob dieser zu AK/HK führt oder ob es sich um eine Aufwandsposition handelt. Wegen der Instandhaltung ist hier ein Aufwandsposten angesprochen (20 T€) und daher einzubeziehen.
- Alle Positionen werden regulär in der G+V sowie über den Gewinn in der Schlussbilanz erfasst. Erst danach erfolgt nur für das jeweilige Jahr (16) eine außerbilanzielle Hinzurechnung (R 4.10 Abs. 1 S. 3 EStR) als steuerliches Additiv zum Bilanzergebnis.
- Nachdem auf diese Weise sichergestellt ist, dass die Bilanzwerte – unter Einbeziehung der AfA – fortgeführt werden, sind die Erlöse aus etwaigen Anlageverkäufen der von § 4 Abs. 5 Nr. 3 und 4 EStG betroffenen WG als BE zu erfassen. Damit wird der Veräußerungsgewinn aus dem Anlageabgang in 17 – wie sonst auch – aus der Differenz zwischen dem Erlös und dem Buchwert i.H.v. 80 T€ erfasst.[443]

---

442 Vgl. hierzu abgrenzend BFH vom 14.10.2015 (IV R 74/13) zum (bewilligten) Betriebsausgabenabzug einer Brauerei für die Durchführung von Golfturnieren zur Steigerung des Warenabsatzes.
443 Man kann hier diskutieren, ob es nicht in umgekehrter Anwendung von § 3c EStG zu einer außerbilanziellen Kürzung kommen müsse, da sich die AfA steuerlich nicht ausgewirkt hat.

2.4 Verpflegungsmehraufwand (§ 4 Abs. 5 Nr. 5 EStG) und doppelte Haushaltsführung

Seit 1996 bestehen aufgrund eines Regelungsauftrages des BFH an den Gesetzgeber gesetzliche Grundlagen für den Verpflegungsmehraufwand und für die doppelte Haushaltsführung. Sie gelten inhaltsgleich für beruflich begründete BA wie für dienstlich begründete WK.

Konform mit der allgemeinen Regelungstechnik bei § 4 Abs. 5 EStG wird der Verpflegungsmehraufwand grundsätzlich als Teil der nicht abzugsfähigen privaten Lebenshaltungskosten angesehen, um sodann gem. S. 2 i.V.m. § 9 Abs. 4a EStG nur gestaffelte Pauschbeträge – je nach Einsatzdauer und -ort – zum BA-Abzug zuzulassen.[444]

Nach der Reform des steuerlichen Reisekostenrechts ab dem VZ 2014 sind die zentralen BMF-Schreiben in diesem Bereich vom 24.10.2014 (Arbeitnehmer), BStBl I 2014, 1412, und vom 23.12.2014 (Selbständige), BStBl I 2015, 26. Durch entsprechende Verweise innerhalb der Schreiben hat die Finanzverwaltung für beide Tätigkeitsbereiche Stellung genommen. Die nachfolgende Darstellung erfolgt u.a. auf der Grundlage dieser Schreiben.

2.4.1 Die Unterscheidung beider Aufwandskategorien

Der **Verpflegungsmehraufwand** greift bei **vorübergehender beruflicher** Tätigkeit außerhalb des Lebensmittelpunktes (Wohnung) **und** außerhalb des beruflichen Mittelpunktes des StPfl. Für den Verpflegungsmehraufwand gilt eine Dreimonatsgrenze. Diese wurde vom BFH grundsätzlich für verfassungskonform erachtet (Urteil vom 08.07.2010, BStBl II 2011, 32, s. aber BFH vom 24.02.2011 unter Kap. 2.4.2.2).

Demgegenüber setzt die doppelte Haushaltsführung eine **(weitere) Wohnung** am (dauerhaft) auswärtigen Beschäftigungsort voraus.

2.4.2 Grundaussage und aktuelle Fragen zum Verpflegungsmehraufwand

2.4.2.1 Gesetzlicher Grundtatbestand ab dem VZ 2014

In § 4 Abs. 5 Nr. 5 S. 2 i.V.m. § 9 Abs. 4a S. 3 EStG sind kalendertagsbezogene Pauschbeträge (mit abgeltender Wirkung) für auswärtige berufliche Tätigkeiten zum BA-Abzug zugelassen. Die ab dem VZ 2014 geltenden zwei Pauschbeträge sind abhängig von der täglichen Abwesenheitsdauer und betragen maximal 24 €/Tag. Für eine eintägige Abwesenheit (ohne Übernachtung) von Wohnung und erster Tätigkeitsstätte kann ein Pauschbetrag i.H.v. 12 € für den Verpflegungsmehraufwand erst ab einer Mindestabwesenheitsdauer von acht Stunden berücksichtigt werden.

Für beruflich veranlasste Tätigkeiten im Ausland werden gem. § 9 Abs. 4a S. 5 ff. EStG die Pauschbeträge auf der Grundlage der Auslandstagegelder nach dem Bundesreisekostengesetz festgesetzt (vgl. BMF vom 19.12.2014 (BStBl I 2015, 34) für die ab 01.01.2015 bzw. BMF vom 09.12.2015 (BStBl I 2015, 1058) für die ab 01.01.2016 geltenden Beträge).

Für Schiffsreisen ist das für Luxemburg geltende Tagesgeld maßgebend. Für Personal von deutschen Staatsschiffen und Schiffen der Handelsmarine unter deutscher Flagge ist auf hoher

---

[444] Hinweis: Das Gesetz und die LStR sprechen nach der Reisekostenreform 2014 nunmehr begrifflich von »Mehraufwendungen für Verpflegung«. Aufgrund der nachfolgenden parallelen Darstellung des neuen und des bis zum VZ 2013 geltenden Rechts wird der Begriff Verpflegungsmehraufwand fortgeführt.

See das Inlandstagegeld maßgebend. Nach R 9.6 Abs. 3 S. 4 Nr. 2 S. 3 LStR ist an den Tagen der Ein- und Ausschiffung in allen Fällen das für den Hafenort geltende Tagegeld maßgebend
Ist der StPfl. an mehreren Tagen auswärts für seinen AG tätig, bspw. über einen Zeitraum von fünf Tagen, können folgende Pauschbeträge für den Verpflegungsmehraufwand geltend gemacht werden:

- Montag (Anreisetag): 12 €
- Dienstag (Arbeitstag): 24 €
- Mittwoch (Arbeitstag): 24 €
- Donnerstag (Arbeitstag): 24 €
- Freitag (Abreisetag): 12 €

Kürzungsbeträge: Die vorstehenden Pauschbeträge können nur vom StPfl. in Anspruch genommen werden, wenn es nicht zur Gestellung von Frühstück, Mittagessen oder Abendessen kommt. Werden solche Mahlzeiten dem AN kostenlos gestellt, vermindert sich der Verpflegungsmehraufwand wie folgt:

- 20 %ige Kürzung für die Gestellung eines Frühstücks (= 4,80 €)
- 40 %ige Kürzung für die Gestellung eines Mittagessens (= 9,60 €)
- 40 %ige Kürzung für die Gestellung eines Abendessens (= 9,60 €)

Damit die Kürzungsvorschrift angewendet werden kann, ist festzustellen, welchen Umfang der Begriff »Mahlzeit« tatsächlich besitzt. Diesbezüglich lässt sich feststellen, dass Mahlzeiten alle kalten und warmen Speisen und Lebensmittel sind, die der Nahrungsaufnahme dienen und während der Arbeitszeit oder kurz danach verzehrt werden können. Getränke, Kleingebäck und Kekse, die während einer Besprechung gereicht werden, sollten daher keine Mahlzeit darstellen und lösen nicht die Anwendung o.g. Kürzungsvorschriften aus. Problematisch stellt sich die Bereitstellung belegter Brötchenhälften dar: Werden diese während der Vormittagszeit gereicht, sind sie durchaus geeignet, eine Kürzung des Verpflegungsmehraufwandes auszulösen, da sie zu einem Frühstück gerechnet werden können. Anders sieht die Beurteilung bei Bereitstellung der Brötchenhälften um die Nachmittagszeit aus: Zu diesem Zeitpunkt können sie nicht mehr als Frühstück qualifiziert werden; gleichzeitig stellen sie tendenziell einen Snack und keine Mahlzeit dar.[445] Eine Einzelfallerörterung erscheint dennoch angebracht und ratsam.

Wird eine Kürzung bejaht, kann diese seit der Reisekostenreform 2014 nicht mehr anhand des Sachbezugswertes vorgenommen werden. Damit ein Anreise- bzw. Abreisetag vorliegt, ist es ausreichend, wenn der AN unmittelbar nach Anreise oder vor der Abreise auswärts übernachtet. Die übrigen Besonderheiten zum Verpflegungsmehraufwand im Ausland gelten fort (s. R 9.6 Abs. 3 LStR13).

---

445 Hierzu im Detail vgl. auch BMF vom 19.05.2015, Az.: IV C 5 – S 2353/15/10002, DStR 2015, 1188 und Tz. 74 des BMF-Schreibens vom 24.10.2014.

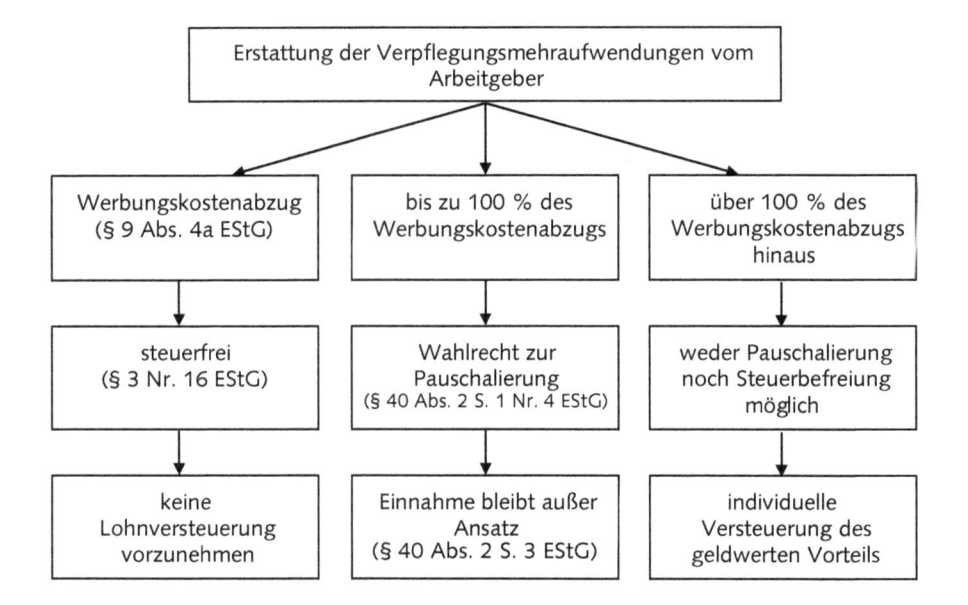

```
┌─────────────────────────────────────────┐
│ Erstattung der Verpflegungsmehraufwendungen vom │
│              Arbeitgeber                │
└─────────────────────────────────────────┘
        │              │              │
        ▼              ▼              ▼
┌──────────────┐ ┌──────────────┐ ┌──────────────┐
│Werbungskosten│ │ bis zu 100 % │ │ über 100 %   │
│  abzug       │ │     des      │ │     des      │
│(§ 9 Abs.     │ │Werbungskosten│ │Werbungskosten│
│  4a EStG)    │ │   abzugs     │ │abzugs hinaus │
└──────────────┘ └──────────────┘ └──────────────┘
        │              │              │
        ▼              ▼              ▼
┌──────────────┐ ┌──────────────┐ ┌──────────────┐
│  steuerfrei  │ │ Wahlrecht zur│ │weder Pauscha-│
│ (§ 3 Nr. 16  │ │Pauschalierung│ │lierung noch  │
│    EStG)     │ │(§ 40 Abs. 2  │ │Steuerbefrei- │
│              │ │S. 1 Nr. 4 EStG)│ │ung möglich  │
└──────────────┘ └──────────────┘ └──────────────┘
        │              │              │
        ▼              ▼              ▼
┌──────────────┐ ┌──────────────┐ ┌──────────────┐
│    keine     │ │Einnahme      │ │ individuelle │
│Lohnversteue- │ │bleibt außer  │ │Versteuerung  │
│rung          │ │Ansatz        │ │des geldwerten│
│vorzunehmen   │ │(§ 40 Abs. 2  │ │   Vorteils   │
│              │ │S. 3 EStG)    │ │              │
└──────────────┘ └──────────────┘ └──────────────┘
```

2.4.2.2 Verpflegungsmehraufwendungen im Inland

Die Pauschalen für Verpflegungsmehraufwendungen richten sich danach, ob eine Übernachtung stattgefunden hat.

Gemäß § 9 Abs. 4a EStG beträgt die Verpflegungspauschale für beruflich veranlasste Mehraufwendungen 12 € für den Kalendertag, an dem der Arbeitnehmer ohne Übernachtung außerhalb seiner Wohnung mehr als acht Stunden von seiner Wohnung und der ersten Tätigkeitsstätte abwesend ist. Beginnt die auswärtige berufliche Tätigkeit an einem Kalendertag und endet am nachfolgenden Kalendertag ohne Übernachtung, werden 12 € für den Kalendertag gewährt, an dem der Arbeitnehmer den überwiegenden Teil der insgesamt mehr als acht Stunden von seiner Wohnung und der ersten Tätigkeitsstätte abwesend ist.

Die Abzugsfähigkeit der Verpflegungsmehraufwendungen gliedert sich wie folgt:

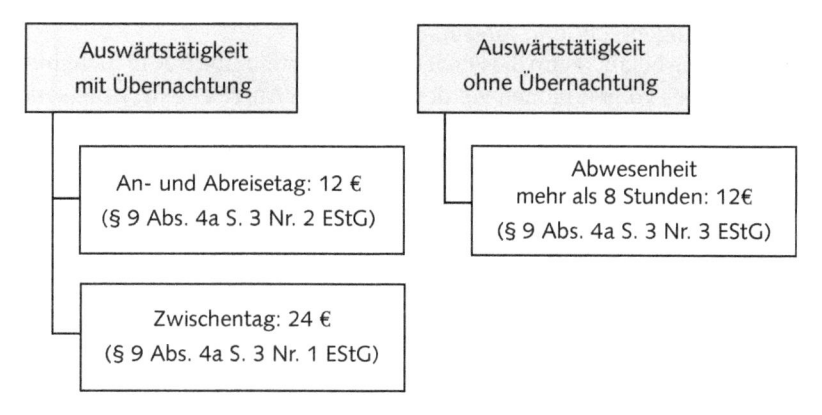

```
┌─────────────────────┐           ┌─────────────────────┐
│  Auswärtstätigkeit  │           │  Auswärtstätigkeit  │
│   mit Übernachtung  │           │  ohne Übernachtung  │
└─────────────────────┘           └─────────────────────┘
          │                                 │
          ├──────────────────┐              │
          │                  │              │
          ▼                  │              ▼
┌─────────────────────┐      │    ┌─────────────────────┐
│An- und Abreisetag:  │      │    │    Abwesenheit      │
│       12 €          │      │    │ mehr als 8 Stunden: │
│(§ 9 Abs. 4a S. 3    │      │    │        12€          │
│    Nr. 2 EStG)      │      │    │(§ 9 Abs. 4a S. 3    │
│                     │      │    │    Nr. 3 EStG)      │
└─────────────────────┘      │    └─────────────────────┘
                             │
                             ▼
                   ┌─────────────────────┐
                   │  Zwischentag: 24 €  │
                   │(§ 9 Abs. 4a S. 3    │
                   │    Nr. 1 EStG)      │
                   └─────────────────────┘
```

Um Verpflegungsmehraufwendungen geltend machen zu können, muss der Arbeitgeber von seiner ersten Tätigkeitsstätte und von seiner Wohnung abwesend sein.

Hinweis: Die Definition einer Wohnung findet sich im BMF-Schreiben vom 24.10.2014, IV C 5 – S 2353/14/10002, BStBl I 2014, 1412.[446] Eine Wohnung ist

- der Hausstand, der den Mittelpunkt der Lebensinteresse des Arbeitnehmers bildet und nicht nur gelegentlich aufgesucht wird, oder
- die Zweitwohnung vor Ort einer steuerlich anzuerkennenden doppelten Haushaltsführung.

Beispiel 5a (ohne Übernachtung):
Ludwig Lustig (L) ist LKW-Fahrer und beginnt seine Tour (Auswärtstätigkeit) am 28.12.2017 um 6:00 Uhr. Er ist um 14:30 Uhr wieder zu Hause. Um diese Uhrzeit endet auch seine Auswärtstätigkeit.

Lösung: Hierbei handelt es sich um eine Auswärtstätigkeit im Inland ohne Übernachtung. Für den Abzug der Verpflegungsmehraufwendungen ist einzig die Abwesenheit von der Wohnung und erster Tätigkeitsstätte entscheidend. Da L hier über 8 Stunden von beiden abwesend ist, hat er nach § 9 Abs. 4a S. 3 Nr. 3 EStG einen Anspruch auf Verpflegungsmehraufwendungen i.H.v. 12 €.

Abwandlung:
L ist um 14:00 Uhr wieder zu Hause.

Lösung: Da die Abwesenheit von **nicht mehr als acht Stunden** nicht erfüllt ist, scheidet ein Abzug der Verpflegungsmehraufwendungen aus.

Beispiel 5b (mit Übernachtung):
L verlässt seine Wohnung am Montag um 23:50 Uhr in Bad Zwischenahn, um dienstlich nach Nürnberg zu reisen. L übernachtet eine Nacht in Nürnberg. Er kommt am Dienstag um 0:10 Uhr wieder in Bad Zwischenahn an.

Lösung: Es handelt sich um eine beruflich veranlasste Auswärtstätigkeit. Daher hat Ludwig einen Anspruch auf Verpflegungsmehraufwendungen nach § 9 Abs. 1 Nr. 4a EStG. Für eine mehrtägige Auswärtstätigkeit richtet sich der Anspruch alleine danach, dass L seine Wohnung verlassen hat. Die Abwesenheitszeiten sind dabei irrelevant. Er hat deshalb einen Anspruch auf Verpflegungsmehraufwendungen i.H.v.:

Anreisetag (Montag)	12 €
Zwischenreisetag (Dienstag)	24 €
Rückreisetag (Mittwoch)	12 €
Summe	48 €

Ein Anspruch für den Abzug von Verpflegungsmehraufwendungen besteht auch, wenn der Arbeitnehmer seine auswärtige berufliche Tätigkeit über Nacht (also an zwei Kalendertagen) ausübt – somit nicht übernachtet – und dadurch ebenfalls insgesamt mehr als acht Stunden von der Wohnung und der ersten Tätigkeitsstätte abwesend ist. Ist der Arbeitnehmer an einem Kalendertag mehrfach oder über Nacht (an zwei Kalendertagen ohne Übernachtung) auswärts tätig, **können** die Abwesenheitszeiten dieser Tätigkeiten zusammengerechnet und

---

[446] Vgl. Rz. 49 des BMF-Schreibens.

im Fall der Tätigkeit über Nacht für den Kalendertag berücksichtigt werden, an dem der Arbeitnehmer den überwiegenden Teil der insgesamt mehr als acht Stunden abwesend ist (**Mitternachtsregelung**).[447]

Hinweis: Diese Regelung betrifft insb. Mitarbeiter, die im Nachtdienst tätig sind.

Beispiel 6:
Der Kurierfahrer K ist typischerweise von 20:00 Uhr bis 5:30 Uhr des Folgetags beruflich unterwegs. In dieser Zeit legt er regelmäßig auch eine Lenkpause von 45 Minuten ein. Seine Wohnung verlässt K um 19:30 Uhr und kehrt um 6:00 Uhr dorthin zurück. Eine erste Tätigkeitsstätte liegt nicht vor.

Lösung: K ist im Rahmen seiner beruflichen Auswärtstätigkeit (Fahrtätigkeit) über Nacht von seiner Wohnung abwesend. Bei der Lenkpause handelt es sich nicht um eine Übernachtung. Die Abwesenheitszeiten über Nacht können somit zusammengerechnet werden. Sie werden für den zweiten Kalendertag berücksichtigt, an dem A den überwiegenden Teil der Zeit abwesend ist. A erfüllt die Voraussetzungen der Verpflegungspauschale für eine eintägige Auswärtstätigkeit (12 €).

Ein AN hat die Möglichkeit, zwischen folgenden Varianten zu wählen:[448]

1. Zusammenrechnung der Abwesenheit über Nacht oder
2. Zusammenrechnung der am jeweiligen Tag geleisteten Abwesenheitszeiten.

Der AN kann dabei die für ihn günstigste Variante wählen.

2.4.2.3 Verpflegungsmehraufwendungen im Ausland

Die Verpflegungsmehraufwendungen im Ausland hängen, genau wie die Verpflegungsmehraufwendungen im Inland, davon ab, ob eine Auswärtstätigkeit mit oder ohne Übernachtung vorliegt.

Die entsprechende Regelung findet sich in § 9 Abs. 1 Nr. 4a S. 5 EStG.

Die Abzugsfähigkeit der Verpflegungsmehraufwendungen gliedert sich wie folgt:[449]

---

447 BMF vom 24.10.2014, IV C 5 – S 2353/14/10002, BStBl I 2014, 1412, Rz. 46.
448 BMF vom 24.10.2014, IV C 5 – S 2353/14/10002, BStBl I 2014, 1412, Rz. 46.
449 BMF vom 24.10.2014, IV C 5 – S 2353/14/10002, BStBl I 2014, 1412, Rz. 51.

```
┌─────────────────────────┐           ┌─────────────────────────┐
│   Auswärtstätigkeit     │           │   Auswärtstätigkeit     │
│   mit Übernachtung      │           │   ohne Übernachtung     │
└─────────────────────────┘           └─────────────────────────┘
            │                                     │
            │   ┌────────────────────────────┐    │   ┌────────────────────────────┐
            ├───│ Anreise:                   │    └───│ An- und Abreise            │
            │   │ Pauschbetrag des Staates   │        │ während eines Tages:       │
            │   │ ist maßgebend, der vor 24 Uhr│      │ der letzte Tätigkeitsort   │
            │   │ erreicht wird              │        │ im Ausland                 │
            │   └────────────────────────────┘        └────────────────────────────┘
            │   ┌────────────────────────────┐
            ├───│ Zwischentag:               │
            │   │ Pauschbetrag des jeweiligen│
            │   │ Staates für 24 Stunden     │
            │   └────────────────────────────┘
            │   ┌────────────────────────────┐
            └───│ Zwischentag:               │
                │ Pauschbetrag des jeweiligen│
                │ Staates für 24 Stunden     │
                └────────────────────────────┘
```

Beispiel 7:
Der Arbeitnehmer A reist am Montag um 20:00 Uhr zu einer beruflichen Auswärtstätigkeit von seiner Wohnung in Berlin nach Brüssel. Er erreicht Belgien um 2:00 Uhr. Dienstag ist er den ganzen Tag in Brüssel tätig. Am Mittwoch reist er zu einem weiteren Geschäftstermin um 8:00 Uhr nach Amsterdam. Er erreicht Amsterdam um 14:00 Uhr. Dort ist er bis Donnerstag um 13:00 Uhr tätig und reist anschließend zurück nach Berlin. Er erreicht seine Wohnung am Donnerstag um 22:30 Uhr.

Lösung: Für Montag ist die inländische Verpflegungspauschale für den Anreisetag maßgebend, da A sich um 24:00 Uhr noch im Inland befindet. Für Dienstag ist die Verpflegungspauschale für Belgien anzuwenden. Für Mittwoch ist die Verpflegungspauschale für die Niederlande zugrunde zu legen, da sich der Ort, den A vor 24:00 Uhr Ortszeit zuletzt erreicht hat, in den Niederlanden befindet (§ 9 Abs. 4a S. 5 EStG). Für Donnerstag ist die Verpflegungspauschale der Niederlande für den Abreisetag maßgeblich, da A noch bis 13:00 Uhr in Amsterdam beruflich tätig war.

Hinweis: Auch wenn der Rückreisetag im Ausland ein anderer als der Ankunftstag im Inland ist, ist der Pauschbetrag des ausländischen Landes maßgebend.[450]

Beispiel 8:
Der Arbeitnehmer A reist für ein berufliches Projekt am Sonntag um 21:00 Uhr von Paris nach Mannheim. Am Sonntag um 24:00 Uhr befindet sich A noch in Frankreich. A ist in Mannheim von Montag bis Freitag beruflich tätig und verlässt Mannheim am Freitag um 11:00 Uhr. Er erreicht Paris am Freitag um 21:00 Uhr.

Lösung: Für Sonntag (Anreisetag) ist die Verpflegungspauschale für Frankreich maßgebend. Für Montag bis Freitag ist die jeweils maßgebliche inländische Verpflegungspauschale anzuwenden.

---

450 BMF vom 24.10.2014, IV C 5 – S 2353/14/10002, BStBl I 2014, 1412, Rz. 51.

Die Pauschbeträge sind länderspezifisch. Sie sind in dem BMF-Schreiben vom 09.12.2015 (BStBl I 2015, 1058) geregelt. Dort werden jedoch nicht alle Staaten mit individuellen Pauschbeträgen erfasst. Bei diesen Staaten ist der Pauschbetrag des Staates Luxemburg maßgebend.[451]

2.4.2.4 Flugreisen

Bei Flugreisen gilt ein Staat in dem Zeitpunkt als erreicht, in dem das Flugzeug dort landet; Zwischenlandungen bleiben unberücksichtigt, es sei denn, dass durch sie Übernachtungen notwendig werden. Erstreckt sich eine Flugreise über mehr als zwei Kalendertage, ist für die Tage, die zwischen dem Tag des Abflugs und dem Tag der Landung liegen, das für Österreich geltende Tagegeld maßgebend.[452]

> **Beispiel 9:**
> Alex Allwissend (A) muss beruflich nach Kabul. Er fliegt um 1:00 Uhr vom Flughafen Hamburg los. Die Zwischenlandung findet um 13:00 Uhr in Moskau statt. Um 22:00 Uhr landet er in Kabul.
>
> **Lösung:** Am Anreisetag ist lediglich das Auslandstagegeld von Afghanistan in Höhe von 20 € maßgebend. Die Zwischenlandung in Moskau ändert daran nichts, denn diese ist nach R 9.6 Abs. 3 S. 4 Nr. 1 LStR unbeachtlich.

2.4.2.5 Schiffsreisen

Bei Schiffsreisen ist das für Luxemburg geltende Tagegeld maßgebend. Für das Personal auf deutschen Staatsschiffen sowie für das Personal auf Schiffen der Handelsmarine unter deutscher Flagge auf Hoher See gilt das Inlandstagegeld. Für die Tage der Einschiffung und Ausschiffung ist das für den Hafenort geltende Tagegeld maßgebend.[453]

2.4.3 Die Drei-Monats-Frist (§ 9 Abs. 4a S. 6 EStG)

Der Abzug der Verpflegungsmehraufwendungen nach § 9 Abs. 4a S. 6 EStG ist auf die ersten drei Monate einer längerfristigen beruflichen Tätigkeit an derselben Tätigkeitsstätte beschränkt.

Hinweis: Handelt es sich um einzelne ortsfeste betriebliche Einrichtungen verschiedener Auftraggeber oder Kunden, liegen mehrere Tätigkeitsstätten vor. Dies gilt auch dann, wenn sich die Tätigkeitsstätten in unmittelbarer räumlicher Nähe zueinander befinden (BMF vom 24.10.2014, IV C 5 – S 2353/14/10002, BStBl I 2014, 1412, Rz. 52).

> **Beispiel 10:**
> Florian Fleißig (F) ist Arbeiter eines Bauunternehmens. Für drei Monate ist er für den Berliner Flughafen tätig. Danach arbeitet er weiterhin am Berliner Flughafen, der Auftraggeber für das Bauunternehmen ist diesmal der Baukonzern Tief/Hoch.

---

451 R 9.6 Abs. 3 S. 2 LStR.
452 R 9.6 Abs. 3 S. 4 Nr. 1 LStR.
453 R 9.6 Abs. 3 S. 4 Nr. 2 LStR.

Lösung: Die Dreimonatsfrist gilt ab der Tätigkeit für den Berliner Flughafen. Sie wird jedoch nicht fortgesetzt, wenn F weiterhin dort tätig wird. Da es sich um einen anderen Auftraggeber handelt (Baukonzern Tief/Hoch) beginnt die Dreimonatsfrist dann erneut.

2.4.3.1 Beginn der Dreimonatsfrist

Von einer **längerfristigen** beruflichen Tätigkeit an derselben Tätigkeitsstätte **ist erst dann auszugehen, sobald** der Arbeitnehmer an dieser mindestens an drei Tagen **in der Woche** tätig wird. Die Dreimonatsfrist beginnt daher nicht, solange die auswärtige Tätigkeitsstätte an nicht mehr als zwei Tagen **in der Woche** aufgesucht wird. Die Prüfung des Unterbrechungszeitraums und des Ablaufs der Dreimonatsfrist erfolgt stets im Nachhinein mit Blick auf die zurückliegende Zeit (Ex-post-Betrachtung) (BMF vom 24.10.2014, IV C 5 – S 2353/14/10002, BStBl I 2014, 1412, Rz. 55).

Beispiel 11:
Der Bauarbeiter A soll ab März 2017 arbeitstäglich an der Baustelle in H für fünf Monate tätig werden. Am 01.04.2017 nimmt er dort seine Tätigkeit auf. Ab 20.05.2017 wird er nicht nur in H, sondern für vier Tage wöchentlich auch an der Baustelle in B tätig, da dort ein Kollege ausgefallen ist.

Lösung: Für die Tätigkeit an der Baustelle in H beginnt die Dreimonatsfrist am 01.04.2017 und endet am 30.06.2017. Eine vierwöchige Unterbrechung liegt nicht vor (immer nur viertägige Unterbrechung).
Für die Tätigkeit an der Baustelle in B greift die Dreimonatsfrist auch, da A dort vier Tage die Woche tätig wird.

2.4.3.2 Neubeginn der Dreimonatsfrist (Unterbrechungszeitraum)

Eine Unterbrechung der beruflichen Tätigkeit an derselben Tätigkeitsstätte führt zu einem Neubeginn der Dreimonatsfrist, wenn sie mindestens vier Wochen dauert (§ 9 Abs. 4a S. 7 EStG). Der Grund der Unterbrechung ist unerheblich; es zählt nur die Unterbrechungsdauer.[454]

Beispiel 12:
Der Arbeitnehmer A musste seine Tätigkeit in B wegen einer Krankheit ab dem 15.12.2016 unterbrechen. Er nimmt seine Tätigkeit in B am 20.01.2017 wieder auf.

Lösung: Die berufliche Tätigkeit des A in B wurde für mehr als vier Wochen unterbrochen. A kann somit für weitere drei Monate seiner Tätigkeit in B Verpflegungspauschalen als Werbungskosten geltend machen oder steuerfrei durch den Arbeitgeber ersetzt bekommen.

Hinweis: Dabei ist zu beachten, dass es sich um eine Wochenfrist nach § 9 Abs. 4a S. 7 EStG handelt und keine Tagesfrist. Da die Wochenfrist in der Regel geringer als die Tagesfrist ist, könnte dies insb. bei der Berechnung des Unterbrechungszeitraumes den Ausschlag geben.

2.4.4 Bewertung und Besteuerungsverzicht bei üblichen Mahlzeiten

Eine vom Arbeitgeber während einer beruflich veranlassten Auswärtstätigkeit zur Verfügung gestellte »übliche« Mahlzeit wird mit dem amtlichen Sachbezugswert nach § 2 Sozialversi-

---

454 BMF vom 24.10.2014, IV C 5 – S 2353/14/10002, BStBl I 2014, 1412, Rz. 53.

cherungsentgeltverordnung (SvEV) bewertet. Entsprechendes gilt für die im Rahmen einer beruflich veranlassten doppelten Haushaltsführung vom Arbeitgeber zur Verfügung gestellten »üblichen« Mahlzeiten. Welche Mahlzeiten der Gesetzgeber als üblich erachtet, wird im Kapital »Bewirtungsaufwendungen« beschrieben. Was alles Mahlzeiten i.S.d. steuerlichen Reisekostenrechtes sind, wird im Folgenden erläutert.

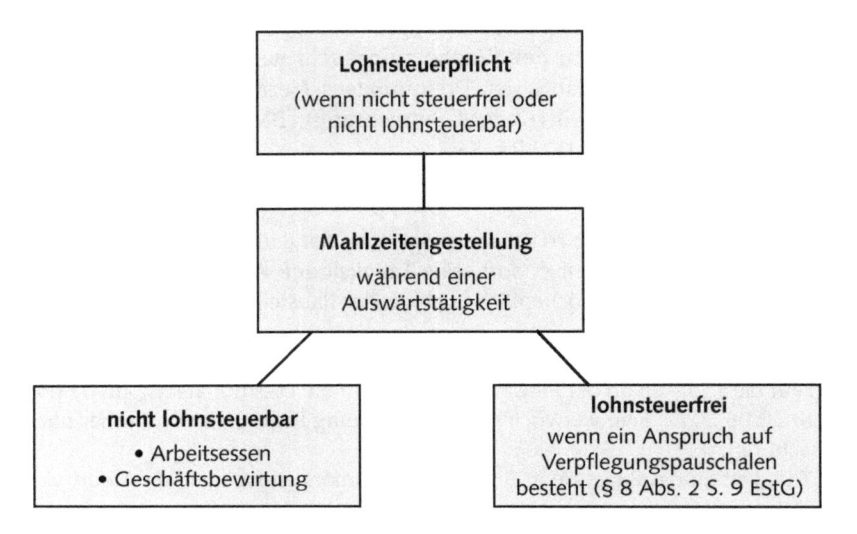

```
                    Lohnsteuerpflicht
                (wenn nicht steuerfrei oder
                   nicht lohnsteuerbar)
                            |
                  Mahlzeitengestellung
                      während einer
                     Auswärtstätigkeit
                    /                \
         nicht lohnsteuerbar        lohnsteuerfrei
         • Arbeitsessen          wenn ein Anspruch auf
         • Geschäftsbewirtung    Verpflegungspauschalen
                                 besteht (§ 8 Abs. 2 S. 9 EStG)
```

Hinweis: Kommen die Sachbezugswerte zum Ansatz, so fallen diese Sachbezüge nach § 8 Abs. 2 S. 6 EStG nicht unter die 44 €-Grenze.

Für das Jahr 2018 gelten folgende amtliche Sachbezugswerte:[455]

Mahlzeit (Tageszeit)	Sachbezugswert (je Mahlzeit)
Frühstück	1,73 €
Mittagessen	3,23 €
Abendessen	3,23 €

2.4.4.1 Was ist eine Mahlzeit?

Damit die Kürzungsvorschrift angewendet werden kann, ist festzustellen, welchen Umfang der Begriff »Mahlzeit« tatsächlich besitzt. Diesbezüglich lässt sich feststellen, dass Mahlzeiten alle kalten und warmen Speisen und Lebensmittel sind, die der Nahrungsaufnahme dienen und während der Arbeitszeit oder kurz danach verzehrt werden können. Getränke, Kleingebäck und Kekse, die während einer Besprechung gereicht werden, sollten daher keine Mahlzeit darstellen und lösen nicht die Anwendung o.g. Kürzungsvorschriften aus. Problematisch stellt sich die Bereitstellung belegter Brötchenhälften dar: Werden diese während der Vormittagszeit gereicht, sind sie durchaus geeignet, eine Kürzung des Verpflegungsmehraufwandes auszulösen, da sie zu einem Frühstück gerechnet werden können. Anders sieht die Beurteilung bei Bereitstellung der Brötchenhälften um die Nachmittagszeit aus:

---

455 BMF vom 21.12.2017, BGBl I 2017, 3906.

Zu diesem Zeitpunkt können sie nicht mehr als Frühstück qualifiziert werden; gleichzeitig stellen sie tendenziell einen Snack und keine Mahlzeit dar.[456] Eine Einzelfallerörterung erscheint dennoch angebracht und ratsam.

2.4.4.2 Lohnsteuerfreiheit der Mahlzeit

Grundsätzlich sind die Mahlzeitengestellungen während einer Auswärtstätigkeit nach § 8 Abs. 2 S. 8 EStG mit dem amtlichen Sachbezugswert zu versteuern.

Diese Lohnsteuerpflicht scheidet jedoch aus, wenn der Arbeitnehmer für den betreffenden Zeitpunkt Verpflegungsmehraufwendungen hätte geltend machen können gem. § 8 Abs. 2 S. 9 EStG.

Beispiel 13:
Ein Mitarbeiter (M) hat seine erste Tätigkeitsstätte nach § 9 Abs. 4 S. 1, 2 EStG in der Filiale seines Arbeitgebers in Georgsmarienhütte.
Er muss einmal in der Woche zum Hauptverwaltungssitz des Unternehmens nach Osnabrück fahren. Dort kann er jeden Mittag auf Rechnung seines Arbeitgebers in der Kantine essen, da die Büroarbeiten im Verwaltungsstandort um 9:00 Uhr beginnen und M erst um 17:30 Uhr zu Hause ist.

Lösung: Bei dem Essen des Arbeitnehmers in der Kantine handelt es sich um eine Mahlzeitengestellung. Diese ist mit dem amtlichen Sachbezugswert nach § 8 Abs. 2 S. 8 EStG anzusetzen. Dieser liegt bei 3,23 € je Mittagessen nach § 2 SvEV.
Da M jedoch mehr als acht Stunden von seiner Wohnung und der ersten Tätigkeitsstätte entfernt ist, hat er einen Anspruch auf Verpflegungsmehraufwendungen nach § 9 Abs. 4a S. 3 Nr. 3 EStG. Daher unterbleibt der Ansatz des lohnsteuerlichen Vorteils gem. § 8 Abs. 2 S. 9 EStG.

Hinweis: In diesem Fall muss M sein Mittagessen zwar nicht versteuern, aber der Anspruch auf Verpflegungsmehraufwendungen mindert sich um 9,60 € gem. § 9 Abs. 4a S. 8 ESG aufgrund des Mittagessens. Unserem Arbeitnehmer verbleibt daher lediglich ein Anspruch auf steuerfreie Verpflegungsmehraufwendungen von 2,40 €.

Die **nicht lohnsteuerbaren Mahlzeitengestellungen** bleiben als geldwerter Vorteil bei dem Arbeitnehmer außer Ansatz.[457] Dazu gehören:
- die Geschäftsfreunde-Bewirtung,
- das Arbeitsessen gem. R 19.6 Abs. 2 S. 2 LStR.

2.4.4.2.1 Geschäftsfreunde-Bewirtung

Die Bewirtung von Arbeitnehmern im Rahmen einer sog. »Geschäftsfreundebewirtung« bleibt beim Arbeitnehmer als geldwerter Vorteil außer Ansatz.[458]

Dies gilt selbst in Fällen, in denen es sich um eine unübliche Mahlzeit handelt und der Wert der Mahlzeit von 60 € überschritten wird.[459]

---

456 Hierzu im Detail vgl. auch BMF vom 19.05.2015, Az.: IV C 5 – S 2353/15/10002, DStR 2015, 1188 und Tz. 74 des BMF-Schreibens vom 24.10.2014, BStBl I 2014, 1412.
457 R 8.1 (8) Nr. 1 S. 2 LStR.
458 BMF vom 24.10.2014, BStBl I 2014, 1412, Rz. 97.
459 R 19.6 Abs. 2 S. 2 LStR.

In einer Vielzahl von Fällen stellt sich die Frage, wann überhaupt eine Geschäftsfreunde-Bewirtung vorliegt. So kann es vorkommen, dass bei einem Treffen von Arbeitnehmern ja auch Geschäftsfreunde anwesend sind. Da eine Arbeitnehmerbewirtung nach R 4.10 (7) S. 1 EStR erst vorliegt, wenn ausschließlich Arbeitnehmer an ihr teilnehmen, liegt eine Geschäftsfreunde-Bewirtung vor, sobald ein Geschäftsfreund anwesend ist. Insofern tritt keine Lohnsteuerpflicht ein, sobald ein Geschäftsfreund an dem Essen teilnimmt.

Hinweis: In diesem Fall sind aber auch die Bewirtungsaufwendungen nach § 4 Abs. 5 S. 1 Nr. 2 EStG beschränkt abzugsfähig.

Die **Kürzung der Verpflegungsmehraufwendungen** gilt daher auch für die Teilnahme des Arbeitnehmers an einer geschäftlich veranlassten Bewirtung i. S. d. § 4 Abs. 5 S. 1 Nr. 2 EStG oder an einem außerhalb der ersten Tätigkeitsstätte gewährten Arbeitsessen (R 19.6 Abs. 2 S. 2 LStR 2013), wenn der Arbeitgeber oder auf dessen Veranlassung ein Dritter die Mahlzeit zur Verfügung stellt. Es kommt nicht darauf an, ob Vorteile aus der Gestellung derartiger Mahlzeiten zum Arbeitslohn zählen (BMF vom 24.10.2014, BStBl I 2014, 1412, Rz. 82).

Beispiel 14:
Der Unternehmer Udo Untriebig (U) trifft sich am Samstagabend mit einigen Vertretern der Zulieferfirma Ziemlich Zügig (Z) in einem Restaurant zum Essen, um mit diesen eine geschäftliche Kooperation zu erörtern.
An dem Essen nehmen auch der Vertriebsleiter und der Leiter der Konstruktionsabteilung des U teil. Das Essen findet in einem Nobelrestaurant in Bad Eilsen statt. Da U seinen Sitz in München hat, sind seine Arbeitnehmer mehr als acht Stunden von ihrer Wohnung und ersten Tätigkeitsstätte abwesend.
Jeder Teilnehmer erhält ein Menü zum Preis von 55 € einschließlich Getränke.
Welche lohnsteuerlichen Folgen hat diese Mahlzeitengestellung für die Arbeitnehmer des U?

Lösung:
Geldwerter Vorteil der Mahlzeitengestellung
Die Mahlzeit am Samstagabend erhalten die Arbeitnehmer des U im Rahmen einer geschäftlich veranlassten Bewirtung; sie gehört nicht zum Arbeitslohn.

Betriebsausgabenabzug
Der Betriebsausgabenabzug ist nur zu 70 % nach § 4 Abs. 5 S. 1 Nr. 2 EStG gegeben.

Auswirkung auf die Verpflegungsmehraufwendungen
Da bei den Arbeitnehmern des U die Voraussetzungen für eine Verpflegungspauschale erfüllt sind (da sie mehr als acht Stunden abwesend waren), sind diese nach § 9 Abs. 4a S. 8 EStG um 9,60 € zu kürzen.

Nimmt der Arbeitnehmer hingegen an der geschäftlich veranlassten Bewirtung durch einen Dritten oder einem Arbeitsessen eines Dritten teil, fehlt es in aller Regel an einer durch den Arbeitgeber zur Verfügung gestellten Mahlzeit; in diesem Fall sind die Verpflegungspauschalen nicht zu kürzen (BMF vom 24.10.2014, BStBl I 2014, 1412, Rz. 83).

Abwandlung zu Beispiel 14:
Wie sehen die lohnsteuerlichen Folgen für die Arbeitnehmer der Zulieferfirma aus?

Lösung:
Geldwerter Vorteil der Mahlzeitengestellung
Für die Arbeitnehmer der Zulieferfirma Z handelt es sich ebenfalls um die Teilnahme an einer geschäftlich veranlassten Bewirtung, die auch für die Arbeitnehmer des Z keinen Arbeitslohn darstellt.

Auswirkung auf die Verpflegungsmehraufwendungen
Sofern die Arbeitnehmer des Z die Voraussetzungen für eine Verpflegungspauschale erfüllen, ist bei diesen keine Kürzung wegen der gestellten Mahlzeit vorzunehmen. Z selbst hat seinen Arbeitnehmern keine Mahlzeit gestellt. Da U das Essen gestellt hat, um Geschäftsbeziehungen zu Z zu knüpfen, ist das Merkmal »ein Dritter auf Veranlassung des Arbeitgebers« nicht gegeben.

2.4.4.2.2 Arbeitsessen
Findet die Bewirtung im Rahmen eines sog. Arbeitsessens i.S.d. R 19.6 Abs. 2 S. 2 LStR statt, so hat der Arbeitnehmer keinen geldwerten Vorteil aus der Mahlzeitengestellung zu versteuern, da es sich um eine sog. Aufmerksamkeit handelt.

Für ein Arbeitsessen müssen folgende Bedingungen erfüllt sein:
1. Es muss ein außergewöhnlicher Arbeitseinsatz vorliegen.
2. Der Wert der Speisen muss dabei unter 60 € liegen.

Ein außergewöhnlicher Arbeitseinsatz kann viele Ursachen haben, etwa eine betriebliche Besprechung, die Inventur oder eine außergewöhnliche Sitzung.

Bei der Grenze von 60 € handelt es sich um einen Bruttowert nach R 19.6 Abs. 2 S. 2 LStR. Der Wert des Arbeitsessens versteht sich daher inklusive der Umsatzsteuer. Da es sich bei dem Arbeitsessen um eine nicht lohnsteuerbare Aufmerksamkeit i.S.d. R 19.6 LStR handelt, wird die 44 €-Grenze nicht verbraucht.

Beispiel 15:
Der Hausmeister Ewald Emsig (E) hat die neue Telefonanlage im Betrieb zu installieren und zu schulen. Die Installierung nimmt sehr viel Zeit in Anspruch, sodass E bis 23:00 Uhr im Betrieb arbeiten muss. Durch die viele Arbeit hat E großen Hunger und geht gegen 18:30 Uhr zu einem griechischen Restaurant. Dabei verzehrt er Speisen in einem Wert von 35 €. Der Arbeitgeber übernimmt dabei die Kosten. Welche steuerlichen Konsequenzen ergeben sich aus dem Sachverhalt?

Lösung:
Geldwerter Vorteil der Mahlzeitengestellung
Da das Essen zu einem außergewöhnlichen Arbeitseinsatz gehört (hier der Umstellung der Telefonanlage) und der Wert des Essens mit 35 € die 60 €-Grenze nicht übersteigt, handelt es sich um eine nicht steuerbare lohnsteuerliche Aufmerksamkeit i.S.d. R 19.6 Abs. 2 S. 2 LStR. Daher ergeben sich keinerlei lohnsteuerliche Konsequenzen.

Betriebsausgabenabzug
Da die Aufwendungen nur auf die Bewirtung von Arbeitnehmern entfallen, ist der 100 %ige Betriebsausgabenabzug nach R 4.10 Abs. 7 S. 1 EStR zugelassen. Die Beschränkung des § 4 Abs. 5 S. 1 Nr. 2 EStG kommt hier nicht zum Tragen.

Werden ausschließlich Arbeitnehmer bewirtet, so gilt nach R 4.10 Abs. 7 S. 1 EStR die Abzugsbeschränkung des § 4 Abs. 5 S. 1 Nr. 2 EStG nicht. Daher sind diese Aufwendungen zu 100 % abzugsfähig.

2.4.4.3 Kürzung der Verpflegungsmehraufwendungen

Die Kürzung der Verpflegungsmehraufwendungen gilt auch für die Teilnahme des Arbeitnehmers an einem außerhalb der ersten Tätigkeitsstätte gewährten Arbeitsessen (R 19.6 Abs. 2 S. 2 LStR 2013), wenn der Arbeitgeber oder auf dessen Veranlassung ein Dritter die Mahlzeit zur Verfügung stellt. Es kommt nicht darauf an, ob Vorteile aus der Gestellung derartiger Mahlzeiten zum Arbeitslohn zählen (BMF vom 24.10.2014, BStBl I 2014, 1412, Rz. 82).

> **Beispiel 16:**
> Der Hausmeister Ewald Emsig (E) hat die neue Telefonanlage in einem der Tochterunternehmen zu installieren. Das Tochterunternehmen hat keinen Hausmeister. Der Betrieb befindet sich nicht am Stammsitz in Osnabrück, sondern in der Filiale in München. Durch die Installation der Telefonanlage hat E einen Anspruch auf die Verpflegungspauschale.
> Die Installierung nimmt sehr viel Zeit in Anspruch, sodass E bis 23:00 Uhr im Betrieb arbeiten muss. Durch die viele Arbeit hat E großen Hunger und geht gegen 18:30 Uhr zu einem griechischen Restaurant. Dabei verzehrt er Speisen in einem Wert von 35 €. Der Arbeitgeber übernimmt dabei die Kosten.
> Welche steuerlichen Konsequenzen ergeben sich aus dem Sachverhalt?
>
> **Lösung:**
> **Geldwerter Vorteil der Mahlzeitengestellung**
> Da das Essen zu einem außergewöhnlichen Arbeitseinsatz, hier der Umstellung der Telefonanlage, und der Wert des Essens mit 35 € die 60 €-Grenze nicht übersteigt, handelt es sich um eine nicht steuerbare lohnsteuerliche Aufmerksamkeit i.S.d. R 19.6 Abs. 2 S. 2 LStR. Daher ergeben sich keinerlei lohnsteuerliche Konsequenzen.
>
> **Alternative**
> Da E jedoch mehr als acht Stunden von seiner Wohnung und ersten Tätigkeitsstätte entfernt ist, hat er einen Anspruch auf Verpflegungsmehraufwendungen § 9 Abs. 4a S. 3 Nr. 3 EStG. Daher unterbleibt der Ansatz des lohnsteuerlichen Vorteils gem. § 8 Abs. 2 S. 9 EStG.
>
> **Auswirkung auf die Verpflegungsmehraufwendungen**
> Da bei E die Voraussetzungen für eine Verpflegungspauschale erfüllt sind (da sie mehr als acht Stunden abwesend waren), sind diese nach § 9 Abs. 4a S. 8 EStG um 9,60 € zu kürzen.
>
> **Betriebsausgabenabzug**
> Da die Aufwendungen nur auf die Bewirtung von Arbeitnehmern entfallen, ist der 100%ige Betriebsausgabenabzug nach R 4.10 Abs. 7 S. 1 EStR zugelassen. Die Beschränkung des § 4 Abs. 5 S. 1 Nr. 2 EStG kommt hier nicht zum Tragen.

2.4.5 Unübliche Mahlzeitengestellungen

Eine vom Arbeitgeber oder auf dessen Veranlassung von einem Dritten abgegebene Mahlzeit mit einem höheren Preis als 60 € ist stets als Arbeitslohn zu erfassen (§ 8 Abs. 2 S. 8 EStG). Eine unübliche Mahlzeit ist als Arbeitslohn zu erfassen, unabhängig davon, ob der Arbeitnehmer für die betreffende Auswärtstätigkeit eine Verpflegungspauschale als Werbungskosten geltend machen kann (BMF vom 24.10.2014, BStBl I 2014, 1412, Rz. 68).

Daher unterbleibt eine Kürzung der Verpflegungspauschale in diesen Fällen.

Beispiel 17:
Der Arbeitnehmer Arnold Amreisen (A) nimmt im Auftrag seines Arbeitgebers an einer eintägigen Podiumsdiskussion mit anschließender Abendveranstaltung teil. Die auf den Arbeitgeber ausgestellte Rechnung des Veranstalters hat der Arbeitgeber unmittelbar bezahlt. Darin enthalten sind die Kosten für ein Galadinner, das mit 80 € separat ausgewiesen ist. Der Arbeitnehmer ist mehr als acht Stunden von seiner Wohnung und seiner ersten Tätigkeitsstätte abwesend. Der Arbeitnehmer erhält das Galadinner vom Veranstalter der Podiumsdiskussion auf Veranlassung seines Arbeitgebers.

Lösung:
Geldwerter Vorteil der Mahlzeitengestellung
Angesichts der Kosten von mehr als 60 € ist von einem Belohnungsessen auszugehen (unübliche Beköstigung gem. § 8 Abs. 2 S. 8 EStG), sodass die dafür berechneten 80 € als Arbeitslohn anzusetzen sind.

Auswirkung auf die Verpflegungsmehraufwendungen
Der Arbeitnehmer kann als Werbungskosten eine ungekürzte Verpflegungspauschale i. H. v. 12 € geltend machen.

Hinweis: Im Fall der Gewährung von Mahlzeiten, die keinen Arbeitslohn darstellen oder deren Preis 60 € übersteigt und die daher nicht mit dem amtlichen Sachbezugswert zu bewerten sind, besteht keine Pflicht im Lohnkonto den Großbuchstaben »M« aufzuzeichnen und zu bescheinigen (BMF vom 24.10.2014, BStBl I 2014, 1412, Rz. 91).
Die Pauschalbesteuerung nach § 40 Abs. 2 S. 1 Nr. 1a EStG greift nicht bei den Belohnungsessen mit einem Preis von mehr als 60 € (BMF vom 24.10.2014, BStBl I 2014, 1412, Rz. 96).

2.4.6 Zuzahlungen des Arbeitnehmers zu Mahlzeitengestellungen auf einer Auswärtstätigkeit

Zuzahlungen des Arbeitnehmers sind jeweils vom Kürzungsbetrag derjenigen Mahlzeit abzuziehen, für die der Arbeitnehmer das Entgelt zahlt. Übersteigt das vom Arbeitnehmer für die Mahlzeit gezahlte Entgelt den Kürzungsbetrag, entfällt für diese Mahlzeit die Kürzung des Werbungskostenabzugs (BMF vom 24.10.2014, BStBl I 2014, 1412, Rz. 78).

Beispiel 18:
Der Arbeitnehmer Roland Reiselustig ist auf einer dreitägigen Auswärtstätigkeit. Der Arbeitgeber hat für den Arbeitnehmer in einem Hotel zwei Übernachtungen jeweils mit Frühstück sowie am Zwischentag ein Mittag- und ein Abendessen gebucht und bezahlt. Der Arbeitnehmer A zahlt für das Mittag- und Abendessen je 10 €.

Lösung:

Anreisetag	12,00 €
Zwischentag	24,00 €
Kürzung: Frühstück	./. 4,80 €
Mittagessen	0,00 € (9,60 ./. 10,00 €)
Abendessen	0,00 € (9,60 ./. 10,00 €)
verbleiben für den Zwischentag	19,20 €

Abreisetag	12,00 €
Kürzung: Frühstück	./. 4,80 €
verbleiben für den Abreisetag	7,20 €
Insgesamt Verpflegungspauschalen	38,40 €

Gleiches gilt, wenn der Arbeitgeber das Entgelt im Wege der Verrechnung aus der dem Arbeitnehmer dienst- oder arbeitsrechtlich zustehenden Reisekostenerstattung entnimmt (BMF vom 24.10.2014, BStBl I 2014, 1412, Rz. 77).

Hinweis: Eine Verrechnung etwaiger Überzahlungen des Arbeitnehmers mit Kürzungsbeträgen für andere Mahlzeiten ist nicht zulässig (BMF vom 24.10.2014, BStBl I 2014, 1412, Rz. 78).

2.4.7 Neue Pauschalbesteuerungsmöglichkeit üblicher Mahlzeiten

Nach § 40 Abs. 2 S. 1 Nr. 1a EStG besteht bei Mahlzeiten die Möglichkeit der pauschalen Besteuerung mit 25 Prozent, wenn

- diese dem Arbeitnehmer von seinem Arbeitgeber oder auf dessen Veranlassung von einem Dritten während einer auswärtigen Tätigkeit unentgeltlich oder verbilligt zur Verfügung gestellt werden und
- deren Besteuerung nicht nach § 8 Abs. 2 S. 9 EStG unterbleibt (Anspruch auf Verpflegungsmehraufwendungen).

Die Pauschalbesteuerung kommt demnach in Betracht, wenn

- der Arbeitnehmer ohne Übernachtung nicht mehr als acht Stunden auswärts tätig ist,
- der Arbeitgeber die Abwesenheitszeit nicht überwacht, nicht kennt oder
- die Dreimonatsfrist nach § 9 Abs. 4a S. 6 EStG abgelaufen ist.

Beispiel 19:
Der Arbeitnehmer Arvid Arnautovic (A) nimmt an einer halbtägigen auswärtigen Seminarveranstaltung teil. Der Arbeitgeber hat für die teilnehmenden Arbeitnehmer neben dem Seminar auch ein Mittagessen gebucht und bezahlt.

Lösung: Bei dem Essen des Arbeitnehmers handelt es sich um eine Mahlzeitengestellung. Diese ist mit dem amtlichen Sachbezugswert nach § 8 Abs. 2 S. 8 EStG anzusetzen. Dieser liegt bei 3,23 € je Mittagessen nach § 2 SvEV.
Da A jedoch nicht mehr als acht Stunden von seiner Wohnung und ersten Tätigkeitsstätte entfernt ist, hat er keinen Anspruch auf Verpflegungsmehraufwendungen § 9 Abs. 4a S. 3 Nr. 3 EStG. Daher kommt gem. § 8 Abs. 2 S. 9 EStG nicht zum Ansatz. Es ist daher der Arbeitslohn zu besteuern.
Der Arbeitgeber besteuert das Mittagessen nach § 40 Abs. 2 S. 1 Nr. 1a EStG pauschal mit 25 %.

Hinweis: Bei einer Pauschalierung lockt nicht nur der günstige Steuersatz, sondern insb. die Sozialversicherungsfreiheit nach § 1 Abs. 1 S. 2 SvEV. Doch hier ist Vorsicht angebracht. Durch das 5. SGB IV-Änderungsgesetz wurde § 1 Abs. 1 S. 2 SvEv geändert. Eine Pauschalversteuerung von Betriebsveranstaltungen führt nun nur bis zum Ende des Abrechnungszeitraums am 28.02. des Folgejahres zur Beitragsfreiheit in der Sozialversicherung.

Werden diese Bezüge jedoch erst nach dem 28.02. des Folgejahres, also nach dem Verstreichen des Abrechnungszeitraums und der Erstellung der elektronischen Lohnsteuerbescheinigung, pauschal versteuert, etwa weil der Arbeitgeber eine Rechnung für eine Betriebsveranstaltung, z.B. für die Weihnachtsfeier, erst im März des Folgejahres erhält, so ist dieser Bezug beitragspflichtig in der Sozialversicherung.

Bei der Mahlzeit muss es sich um eine übliche Mahlzeiten handeln, die nach § 8 Abs. 2 Satz 8 EStG mit dem Sachbezugswert anzusetzen ist (BMF vom 24.10.2014, BStBl I 2014, 1412, Rz. 95).

Die Pauschalierungsmöglichkeit greift auch nicht für Mahlzeiten, die im überwiegend eigenbetrieblichen Interesse des Arbeitgebers abgegeben werden (z.B. sog. Arbeitsessen oder bei Beteiligung von Arbeitnehmern an einer geschäftlich veranlassten Bewirtung), da insoweit kein steuerpflichtiger Arbeitslohn vorliegt (BMF vom 24.10.2014, BStBl I 2014, 1412, Rz. 97).

Die Pauschalierungsmöglichkeit nach § 40 Abs. 2 S. 1 Nr. 1a EStG gilt zudem nicht für die Gestellung von Mahlzeiten am Ort der ersten Tätigkeitsstätte im Rahmen einer doppelten Haushaltsführung; hier kommt allerdings eine Pauschalierung nach § 40 Abs. 2 S. 1 Nr. 1 EStG in Betracht (BMF vom 24.10.2014, BStBl I 2014, 1412, Rz. 98).

2.4.8 Mehrere Auswärtstätigkeiten

Denkbar ist außerdem der Fall, dass ein StPfl. mehrfach am Tag bzw. über zwei Tage verteilt auswärts tätig wird. In einem solchen Fall können die Pauschalen für den Verpflegungsmehraufwand addiert werden und sind an dem Tag berücksichtigungsfähig, an dem die Abwesenheit des StPfl. acht Stunden überstiegen hat. Kehrt der StPfl. kurz nach Mitternacht in seine Wohnung zurück, kann für diesen Tag der Abwesenheit ein Verpflegungsmehraufwand von 12 € berücksichtigt werden.

Ab VZ 2014	Abwesenheitsdauer von erster Tätigkeitsstätte	Pauschbetrag
	Anreise-/Abreisetag	12 €
	ab 8 bis 24 Stunden	12 €
	ab 24 Stunden	24 €
	Übernachtungspauschale	20 €

2.4.9 Grundaussage und aktuelle Fragen zur doppelten Haushaltsführung

2.4.9.1 Grundsätzlicher Begriff der doppelten Haushaltsführung (§ 9 Abs. 1 S. 3 Nr. 5 S. 2, 3 EStG)

Im Gegensatz zum Verpflegungsmehraufwand ist für die Anwendung der doppelten Haushaltsführung die beruflich veranlasste Begründung (und die dortige tatsächliche Übernachtung) eines zweiten Wohnsitzes am Beschäftigungsort immanent. Unter drei Voraussetzungen können als Mehraufwand die pauschalen Verpflegungs-[460], die tatsächlichen Fahrt- (inkl.

---

460 Diese allerdings nur für die ersten drei Monate nach Beginn der doppelten Haushaltsführung; dabei ist für jeden Kalendertag innerhalb der Dreimonatsfrist, an dem gleichzeitig eine beruflich veranlasste

der pauschalen Familienheimfahrtkosten)[461] und die (tatsächlichen) Aufwendungen (§ 9 Abs. 1 Nr. 5a EStG) abgezogen werden (nach § 9 Abs. 1 S. 3 Nr. 5 EStG). Folgende Merkmale müssen erfüllt sein:

1. Das Unterhalten eines eigenen Hausstands am Wohnort (Lebensmittelpunkt).
2. Die Wohnung muss außerhalb des Ortes der ersten Tätigkeitsstätte sein.
3. Die doppelte Haushaltsführung muss beruflich veranlasst[462] sein.

Für die Entfernungspauschale für Familienheimfahrten bei doppelter Haushaltsführung gelten dieselben Grundsätze wie bei der Entfernungspauschale für Fahrten zwischen Wohnung und erster Tätigkeitsstätte. Somit sind die 30 Cent für jeden vollen Kilometer der Entfernung zwischen dem Ort des eigenen Hausstands und dem Beschäftigungsort anzusetzen. Anerkannt wird nur eine Fahrt je Woche.[463] Die Begrenzung auf den Höchstbetrag von 4.500 € gilt bei Familienheimfahrten nicht. Für Flugstrecken und bei entgeltlicher Sammelbeförderung durch den AG sind die tatsächlichen Aufwendungen des AN anzusetzen. Arbeitgeberleistungen für Familienheimfahrten, die nach § 3 Nr. 13 oder 16 EStG steuerfrei sind, sind nach § 3c Abs. 1 EStG auf die für die Familienheimfahrten anzusetzende Entfernungspauschale anzurechnen (BMF vom 31.10.2013, BStBl I 2013, 1376). Zu beachten ist ebenso, dass die notwendigen Mehraufwendungen nur soweit als Werbungskosten abgezogen werden können, als sie nicht vom Arbeitgeber nach § 3 Nr. 16 EStG erstattet wurden. Nach dem Urteil des BFH vom 18.04.2013 (Az.: VI R 29/12) kann die Entfernungspauschale für eine wöchentliche Familienheimfahrt im Rahmen einer doppelten Haushaltsführung aufwandsunabhängig in Anspruch genommen werden.[464] Steuerfrei geleistete Reisekostenvergütungen und steuerfrei gewährte Freifahrten sind jedoch mindernd auf die Entfernungspauschale anzurechnen.

Auswärtstätigkeit vorliegt, oder wenn der Arbeitnehmer keine erste Tätigkeitsstätte hat, nur der jeweils höchste in Betracht kommende Pauschbetrag abziehbar (vgl. § 9 Abs. 4a S. 12 EStG).

461 Flug- und Fahrtkosten, die ein Ehegatte aufwendet, um den anderen Ehegatten an dessen Beschäftigungsort aufzusuchen, sind hierbei keine Aufwendungen für Familienheimfahrten (BFH vom 02.02.2011, BStBl II 2011, 456).

462 Die Anerkennung der doppelten Haushaltsführung wird aber nicht dadurch ausgeschlossen, dass neben der auswärtigen Beschäftigung auch eine Beschäftigung am Hauptwohnsitz ausgeübt wird (BFH vom 24.05.2007, BStBl II 2007, 609). Mit diesem Urteil ist diese Rechtsfrage als geklärt anzusehen (BFH vom 06.11.2007, BFH/NV 2008, 216).

463 **Hinweis:** Für Arbeitnehmer, die mehrfach pro Woche an den Familiensitz zurückkehren, sieht R 9.11 Abs. 5. S. 2 LStR ein Wahlrecht zwischen dem Abzug der im Rahmen der doppelten Haushaltsführung abziehbaren Kosten mit einer Familienheimfahrt pro Woche oder die volle Berücksichtigung der Fahrtkosten wählen. Der Arbeitnehmer kann das Wahlrecht bei derselben doppelten Haushaltsführung für jedes Kalenderjahr nur einmal ausüben. Bei Selbständigen dürfen Aufwendungen für Familienheimfahrten bei Nutzung eines Pkw gem. § 4 Abs. 5 Nr. 6 S. 3 EStG den Gewinn nicht mindern. Der BFH hat verfassungsrechtliche Bedenken gegen diese unterschiedliche Behandlung von Arbeitnehmern und Selbständigen mit Urteil vom 19.06.2013 (Az.: VIII R 24/09) zurückgewiesen.
Wird die Familienheimfahrt mit einem vom ArbG überlassenen Pkw durchgeführt, scheidet ein WK-Abzug nach § 9 Abs. 1 Nr. 5 S. 6 EStG hingegen aus (vgl. auch BFH vom 28.02.2013, Az.: VI R 33/11). Im Gegenzug wird insoweit (wenn ein WK-Abzug grundsätzlich in Betracht käme, d.h. für die erste wöchentliche Familienheimfahrt) auch auf die Erfassung eines geldwerten Vorteils für die private Pkw-Nutzung im Rahmen der doppelten Haushaltsführung verzichtet (vgl. § 8 Abs. 2 S. 5 2. HS EStG), sodass im Ergebnis ein »Nullsummenspiel« entsteht.

464 Wird die Familienheimfahrt mit einem vom ArbG überlassenen Pkw durchgeführt, scheidet ein Werbungskostenabzug nach § 9 Abs. 1 Nr. 5 S. 6 EStG hingegen aus (vgl. auch BFH vom 28.02.2013, Az.: VI R 33/11). Im Gegenzug wird insoweit (wenn ein Werbungskostenabzug grundsätzlich in Betracht käme, d.h. für die erste wöchentliche Familienheimfahrt) auch auf die Erfassung eines geldwerten Vorteils für die private Pkw-Nutzung im Rahmen der doppelten Haushaltsführung verzichtet (vgl. § 8 Abs. 2 S. 5 2. HS EStG), sodass im Ergebnis ein »Nullsummenspiel« entsteht.

Seit dem BVerfG-Beschluss vom 04.12.2002 (DStR 2003, 633) können Erwerbstätige Reisekosten (inkl. Miete) für eine beruflich veranlasste Zweitwohnung im Rahmen der doppelten Haushaltsführung unbefristet geltend machen.

2.4.9.2 Umfang der doppelten Haushaltsführung

2.4.9.2.1 Anforderungen an den Haushalt des Steuerpflichtigen

Für die Begründung einer doppelten Haushaltsführung muss vom StPfl. außerhalb seiner ersten Tätigkeitsstätte ein eigener Haushalt am Zweitwohnsitz – neben der Unterhaltung eines Erstwohnsitzes – unterhalten werden. Hierzu muss eine Beteiligung an den regelmäßigen monatlichen Kosten vorliegen; eine unentgeltliche Mitnutzung ist unzureichend. Eine finanzielle Beteiligung an den Kosten der Haushaltsführung mit Bagatellbeträgen ist nicht ausreichend.

»Innehaben einer Wohnung« bedeutet, dass der Arbeitnehmer diese aus eigenem Recht, also als Eigentümer oder Mieter, oder aus abgeleitetem Recht als Ehegatte, Lebenspartner, Lebensgefährte oder Mitbewohner nutzt, BMF-Schreiben vom 24.10.2014, Rz. 100, sog. Reisekostenerlass.

Betragen die Barleistungen des Arbeitnehmers mehr als 10 % der monatlich regelmäßig anfallenden laufenden Kosten der Haushaltsführung (z.B. Miete, Mietnebenkosten, Kosten für Lebensmittel und andere Dinge des täglichen Bedarfs), ist von einer finanziellen Beteiligung oberhalb der Bagatellgrenze auszugehen. Liegen die Barleistungen darunter, kann der Arbeitnehmer eine hinreichende finanzielle Beteiligung auch auf andere Art und Weise darlegen. Bei Ehegatten wird die finanzielle Beteiligung am gemeinsamen Haushalt unterstellt; andere StPfl. müssen diese Beteiligung nachweisen. Die tatsächliche Anzahl an Übernachtungen ist irrelevant.[465]

2.4.9.2.2 Berufliche Veranlassung

Die Begründung eines Zweitwohnsitzes muss beruflich motiviert sein, um als doppelte Haushaltsführung akzeptiert zu werden. Eine berufliche Veranlassung ist insb. gegeben bei

- einem Wechsel der Beschäftigung oder Versetzung;
- einer Verlegung des Hausstandes aus privaten Gründen, wodurch ein Zweithaushalt begründet wird (R 9.11 Abs. 2 LStR).

Dieses Merkmal gilt als erfüllt, wenn eine Zweitwohnung am Ort der ersten Tätigkeitsstätte unterhalten wird oder der Weg zwischen Zweitwohnung und erster Tätigkeitsstätte weniger als 50 % der Entfernung zwischen Erstwohnung und erster Tätigkeitsstätte beträgt.[466]

2.4.9.2.3 Höhe der Unterkunftskosten

Ab dem VZ 2014 entfallen Prüfungen bezüglich der Notwendigkeit und Angemessenheit der Kosten für die Begründung der doppelten Haushaltsführung. Der StPfl.[467] kann die tatsächlich angefallenen Kosten bis zu einem Maximalbetrag von 1.000 € im Monat als WK geltend machen.[468] Dies gilt auch, wenn die Zweitunterkunft im Eigentum des StPfl. steht

---

465 BMF vom 24.10.2014, BStBl I 2014, 1412, Rz. 93–94.
466 BMF vom 24.10.2014, BStBl I 2014, 1412, Rz. 95.
467 Bei zusammenveranlagten Ehegatten/Lebenspartner jeder von beiden, bei dem die Voraussetzungen einer doppelten Haushaltsführung vorliegen.
468 BMF vom 24.10.2014, BStBl I 2014, 1412, Rz. 96.

und dieser Aufwendungen für Abschreibungen, Refinanzierung, Reparaturen und Nebenkosten geltend macht. Der Höchstbetrag umfasst sämtliche entstehenden Aufwendungen.[469] Sofern der monatliche Höchstbetrag von 1.000 € nicht vollumfänglich beansprucht wird, kann der StPfl. die Differenz zwischen den angefallenen Kosten und dem Maximalbetrag von 1.000 € in andere Monate transferieren.[470] Der Höchstbetrag nach § 9 Abs. 1 S. 3 Nr. 5 S. 4 EStG i.H.v. 1.000 € ist ein Monatsbetrag, der nicht auf einen Kalendertag umzurechnen ist und grundsätzlich für jede doppelte Haushaltsführung des Arbeitnehmers gesondert gilt. Findet die doppelte Haushaltsführung im Ausland statt, sind die bisherigen Grundsätze bezüglich der angemessenen Aufwendungen weiterhin anwendbar. Die Verwaltung stellt an dieser Stelle auf eine Maximalgröße von 60 qm der Wohnung ab. Ein häusliches Arbeitszimmer in der Zweitwohnung am Ort der ersten Tätigkeitsstätte ist bei der Ermittlung der anzuerkennenden Unterkunftskosten wie bisher nicht einzubeziehen; der Abzug der hierauf entfallenden Aufwendungen richtet sich weiterhin nach § 4 Abs. 5 S. 1 Nr. 6b EStG.

2.4.10 Spezialfragen (Rechtsprechungsübersicht)

Nachfolgend wird (zunächst tabellarisch) eine Übersicht über wichtige Finanzrechtsprechung sowie Verwaltungsanweisungen zur doppelten Haushaltsführung gegeben.

Rechtsprechungsübersicht zur doppelten Haushaltsführung			
Fallgruppe	**Erläuterung/ ggf. Unterfall**	**Besonderheiten**	**Rechtsprechung**
Berufliche Begründung	Zusammenhang zwischen Begründung des Wohnsitzes und der Annahme einer Arbeitsstelle Einsparung von Fahrtkosten Mitbenutzung durch Angehörige	Entscheidend ist ein »kurzer zeitlicher Zusammenhang«. Im konkreten Fall: acht Monate zwischen beiden Zeitpunkten waren zu weit auseinanderliegend. U.E. ist hierbei immer eine Einzelfallprüfung erforderlich. Wird die Wohnung durch unterhaltspflichtige Personen mitbenutzt, ist keine berufliche Veranlassung gegeben.	BFH vom 10.07.2001, BFH/NV 2002, 17 unter Verweis auf die »Kontokorrententscheidung« vom 08.12.1997, BStBl II 1998, 193 FG Münster vom 15.11.2013, Az.: 14 K 1196/10 E
Berufliche Begründung (Forts.)	Lage der Wohnung	Entscheidend ist nach BFH-Rechtsprechung, dass die Wohnung dem StPfl. ermöglicht, die Arbeitsstätte täglich aufzusuchen. Die Wohnung kann daher auch näher am Familienwohnsitz als an der Arbeitsstätte/Tätigkeitsstätte liegen.	BFH vom 26.06.2014, Az.: VI R 59/13 (NV)

---

[469] BMF vom 24.10.2014, BStBl I 2014, 1412, Rz. 97.
[470] BMF vom 24.10.2014, BStBl I 2014, 1412, Rz. 98.

Rechtsprechungsübersicht zur doppelten Haushaltsführung			
Fallgruppe	Erläuterung/ ggf. Unterfall	Besonderheiten	Rechtsprechung
Tatsächliches Vorhandensein	Eine doppelte Haushaltsführung setzt nicht voraus, dass ein einheitlicher Haushalt in zwei Haushalte »aufgespalten« wird. Es muss lediglich zum ohnehin vorhandenen Haupthaushalt ein Zweithaushalt hinzukommen.	Die Motive zur »Aufspaltung« der Haushaltsführung oder für die Wahl des Ortes des Haupthausstands spielen für die berufliche Veranlassung der doppelten Haushaltsführung keine Rolle. Auch ein weiter entfernt liegender Heimatort kann der Mittelpunkt der Lebensinteressen sein, sofern eine gewisse Bindung (persönliche Beziehungen, nicht nur gelegentliches Aufsuchen) nachweisbar ist.	FG Saarland vom 05.05.2011, Az.: 1 K 1112/07; FG Nürnberg vom 25.07.2012, Az.: 5 K 1354/ 2009, rkr.
	Wohngemeinschaft	Begründung der zweiten Wohnung in einer Wohngemeinschaft ist ausreichend, solange der Lebensmittelpunkt nicht am Beschäftigungsort ist.	BFH vom 28.03.2012, Az.: VI R 25/11
Erneute Begründung	Dies ist nach Beendigung der doppelten Haushaltsführung in derselben Wohnung aus beruflichem Anlass möglich.	Verpflegungsmehraufwendungen sind (für drei Monate) ebenfalls zu gewähren.	BFH vom 08.07.2010, BStBl II 2011, 47
»Umgekehrte« Familienheimfahrten	Der Ehegatte, der am Familienwohnsitz lebt, besucht den am Berufsort lebenden Ehegatten.	Kein WK-Abzug, wenn die Besuchsreisen privat veranlasst waren. Offengelassen hat der BFH die Frage der Abziehbarkeit für den Fall, dass der berufstätige Ehegatte die Familienheimfahrt aus beruflichen Gründen nicht antreten kann.	BFH vom 02.02.2011, BStBl II 2011, 456; grundsätzlich auch BFH vom 28.01.1983, BStBl II 1983, 313; mit möglicher Tendenz zur Änderung der Rechtsprechung (kein WK-Abzug) BFH vom 22.10.2015, VI R 22/14

Rechtsprechungsübersicht zur doppelten Haushaltsführung			
Fallgruppe	Erläuterung/ ggf. Unterfall	Besonderheiten	Rechtsprechung
Wegverlegungsfälle	Wird die Hauptwohnung aus privaten Gründen vom Arbeitsplatz wegverlegt und am Beschäftigungsort dann eine zweite Wohnung zwecks Ausübung der Tätigkeit begründet, wird die doppelte Haushaltsführung nicht mehr (allein) hierdurch ausgeschlossen.	Änderung der Rechtsprechung. Zudem kommt es nicht mehr darauf an, ob noch ein enger Zusammenhang zwischen der Wegverlegung des Familienwohnsitzes vom Beschäftigungsort und der Neubegründung des zweiten Haushalts am Beschäftigungsort besteht. Die Pauschbeträge für Verpflegungsmehraufwand werden auch in diesen Fällen gewährt. Die Frist beginnt hier mit der Umwidmung der Wohnung am Beschäftigungsort in eine Zweitwohnung.	BFH vom 05.03.2009, BFH/NV 2009, 1176 und 1173; BFH vom 17.10.2014, Az.: VI R 7/13
	Dies gilt auch für kinderlose, nichteheliche Lebensgemeinschaften.	Fall des Zusammenziehens mit der Lebensgefährtin, Begründung eines Zweitwohnsitzes am Beschäftigungsort.	BFH vom 06.05.2010, BFH/NV 2010, 2046

2.4.11 Abzugsfähige Aufwendungen im Zusammenhang mit der doppelten Haushaltsführung

Folgende Aufwendungen sind im Zusammenhang mit der doppelten Haushaltsführung abzugsfähig:
- Fahrtkosten,
  - tatsächliche Aufwendungen für den Wohnungswechsel zu Beginn und am Ende der doppelten Haushaltsführung,
  - Entfernungspauschale für Familienheimfahrten § 9 Abs. 1 S. 3 Nr. 5 S. 6 EStG,
- Verpflegungsmehraufwendungen,
  - innerhalb der ersten 3 Monate § 9 Abs. 4a S. 12 i.V.m. S. 3 und 5 EStG,
- Aufwendungen für die Zweitwohnung,
  - tatsächliche Aufwendungen, höchstens 1.000 € im Monat, § 9 Abs. 1 S. 3 Nr. 5 S. 4 EStG,
- Umzugskosten.

Beispiel 20 (Zusammenfassung):
Der Arbeitnehmer Peping beginnt nach seiner Versetzung eine doppelte Haushaltsführung im Januar 2017 und beendet diese im November 2017. Der neue Beschäftigungsort liegt 180 Kilometer von seinem bisherigen Hausstand entfernt. Die Umzüge hat Peping jeweils an einem Tag gemacht, an dem er nicht arbeiten musste.

Lösung: Peping kann im Rahmen des § 9 Abs. 1 S. 3 Nr. 5 EStG sowohl für den Hinumzug als auch den Rückumzug (Beginn und Ende des Wohnungswechsels) die tatsächlichen Aufwendungen als Werbungskosten geltend machen. Anstelle der tatsächlichen Aufwendungen kann dabei ein Kilometersatz i.H.v. 0,30 € je gefahrenem Kilometer angesetzt werden.

Rechnung:
Hinumzug im Januar 2017:
180 Kilometer x 2 x 0,3 € = 108 €
Rückumzug im November 2017:
180 Kilometer x 2 x 0,3 € = 108 €

In der Zeit vom Januar bis November 2017 kann Peping je Woche eine Fahrt als Familienheimfahrt in folgender Höhe geltend machen:
180 Kilometer x 0,3 € = 54 €
Werbungskosten je Woche.

Auf die tatsächlichen Aufwendungen kommt es nicht an. Ein häufigeres Aufsuchen des Heimathausstandes ist daher unbeachtlich. In der Zeit vom Januar bis November 2017 kann Peping die ihm entstandenen Unterkunftskosten als Werbungskosten berücksichtigen, die auf 1.000 € im Monat begrenzt sind.

2.4.12 Fazit

Folgende Aufwendungen sind bei der doppelten Haushaltsführung abzugsfähig:

- Fahrtkosten für den Wohnungswechsel zu Beginn und am Ende der doppelten Haushaltsführung sowie R 9.11 Abs. 6 S. 1 Nr. 1 LStR,
- Fahrtkosten für Familienheimfahrten (§ 9 Abs. 1 S. 3 Nr. 5 S. 4 EStG),
- Verpflegungsmehraufwendungen für einen Zeitraum von 3 Monaten (§ 9 Abs. 4a S. 12 i.V.m. S. 3 und 5 EStG),
- Aufwendungen für die Zweitwohnung bis höchstens 1.000 € im Monat (§ 9 Abs. 1 S. 3 Nr. 5 S. 5–7 EStG),
- Umzugskosten (R 9.11 Abs. 9 LStR).

2.5 Das häusliche Arbeitszimmer (§ 4 Abs. 5 Nr. 6b EStG)

2.5.1 Überblick zum geltenden Recht inklusive der Darstellung des Anwendungsschreibens des BMF

Die gesetzliche Regelung zum häuslichen Arbeitszimmer findet sich in § 4 Abs. 5 Nr. 6b EStG. Die Abzugsbeschränkungen gilt jedoch nicht nur für Unternehmer, sondern auch über § 9 Abs. 5 EStG und § 10 Abs. 1 Nr. 7 EStG für AN und den Sonderausgabenabzug.

Das häusliche Arbeitszimmer ist nur voll abzugsfähig, wenn es den Mittelpunkt der gesamten betrieblichen und beruflichen Betätigung bildet. Wenn für die betriebliche oder berufliche Betätigung kein anderer Arbeitsplatz zur Verfügung steht, gilt ein Höchstbetrag von 1.250 € (§ 4 Abs. 5 S. 1 Nr. 6b S. 3 EStG).

Ein häusliches Arbeitszimmer ist ein Raum, der seiner **Lage, Funktion und Ausstattung** nach in die **häusliche Sphäre des Steuerpflichtigen eingebunden** ist. Er dient der Erledigung gedanklicher, schriftlicher oder verwaltungstechnischer sowie organisatorischer Arbeiten. Der Raum muss nahezu ausschließlich (> 90 %) zu betrieblichen/beruflichen Zwecken genutzt werden. Nicht dazu gehören Räume, die ihrer Ausstattung und Funktion nach (Betriebsräume, Lagerräume, Ausstellungsräume) nicht einem Büro entsprechen.

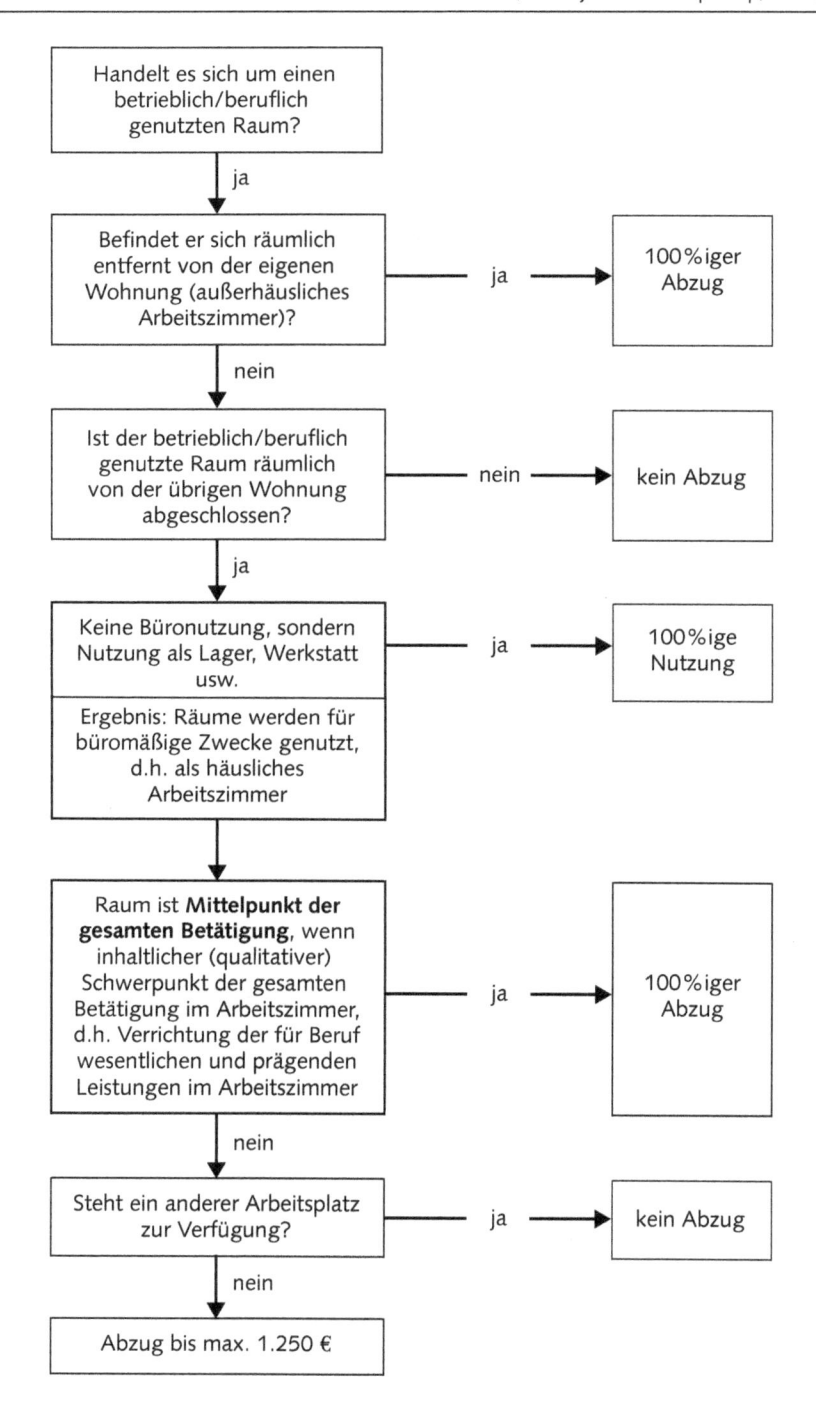

```
┌─────────────────────────┐
│ Handelt es sich um einen│
│ betrieblich/beruflich   │
│ genutzten Raum?         │
└───────────┬─────────────┘
            │ ja
            ▼
┌─────────────────────────┐                    ┌──────────────┐
│ Befindet er sich räumlich│                   │              │
│ entfernt von der eigenen │──── ja ──────────▶│ 100%iger     │
│ Wohnung (außerhäusliches │                   │ Abzug        │
│ Arbeitszimmer)?          │                   │              │
└───────────┬─────────────┘                    └──────────────┘
            │ nein
            ▼
┌─────────────────────────┐                    ┌──────────────┐
│ Ist der betrieblich/    │                    │              │
│ beruflich genutzte Raum │──── nein ─────────▶│ kein Abzug   │
│ räumlich von der übrigen│                    │              │
│ Wohnung abgeschlossen?  │                    └──────────────┘
└───────────┬─────────────┘
            │ ja
            ▼
┌─────────────────────────┐                    ┌──────────────┐
│ Keine Büronutzung,      │                    │              │
│ sondern Nutzung als     │──── ja ───────────▶│ 100%ige      │
│ Lager, Werkstatt usw.   │                    │ Nutzung      │
├─────────────────────────┤                    └──────────────┘
│ Ergebnis: Räume werden  │
│ für büromäßige Zwecke   │
│ genutzt, d.h. als       │
│ häusliches Arbeitszimmer│
└───────────┬─────────────┘
            ▼
┌─────────────────────────┐                    ┌──────────────┐
│ Raum ist **Mittelpunkt  │                    │              │
│ der gesamten Betätigung**,│                  │              │
│ wenn inhaltlicher       │                    │              │
│ (qualitativer) Schwerpunkt│── ja ───────────▶│ 100%iger     │
│ der gesamten Betätigung │                    │ Abzug        │
│ im Arbeitszimmer, d.h.  │                    │              │
│ Verrichtung der für Beruf│                   │              │
│ wesentlichen und prägenden│                  │              │
│ Leistungen im Arbeitszimmer│                 └──────────────┘
└───────────┬─────────────┘
            │ nein
            ▼
┌─────────────────────────┐                    ┌──────────────┐
│ Steht ein anderer       │──── ja ───────────▶│ kein Abzug   │
│ Arbeitsplatz zur Verfügung?│                 │              │
└───────────┬─────────────┘                    └──────────────┘
            │ nein
            ▼
┌─────────────────────────┐
│ Abzug bis max. 1.250 €  │
└─────────────────────────┘
```

Aufwendungen für diese Räume sind, wenn ein betrieblicher/beruflicher Zusammenhang besteht, in voller Höhe abziehbar.

2.5.1.1 Mittelpunkt der gesamten betrieblichen/beruflichen Betätigung

Die Abzugsbeschränkung des § 5 Abs. 5 Nr. 6b EStG in Höhe von 1.250 € gilt nur dann nicht, wenn das häusliche Arbeitszimmer nach § 4 Abs. 5 Nr. 6b S. 3 2. HS EStG den Mittelpunkt der gesamten betrieblichen und beruflichen Betätigung bildet. Die Aufwendungen sind in diesem Fall voll abzugsfähig.

Das häusliche Arbeitszimmer bildet dann den Mittelpunkt der gesamten betrieblichen/beruflichen Betätigung, wenn nach Würdigung des Gesamtbildes der Verhältnisse und der Tätigkeitsmerkmale dort diejenigen Handlungen vorgenommen und Leistungen erbracht werden, die für die konkret ausgeübte betriebliche/berufliche Tätigkeit wesentlich und prägend sind. Dabei spielt der qualitative Schwerpunkt und nicht der quantitative Umfang eine wesentliche Rolle. Wird eine Tätigkeit sowohl im häuslichen Arbeitszimmer, als auch am außerhäuslichen Arbeitsort ausgeübt, stellt das häusliche Arbeitszimmer nur dann den Mittepunkt im oben genannten Sinne dar, wenn mehr als die Hälfte der Arbeitszeit im häuslichen Arbeitszimmer verbracht wird.

2.5.1.2 Für die Betätigung steht kein anderer Arbeitsplatz zur Verfügung

Sobald ein anderer Arbeitsplatz zur Verfügung steht, sind die Aufwendungen für das häusliche Arbeitszimmer in vollem Umfang nicht abzugsfähig § 4 Abs. 5 Nr. 6b S. 2 EStG.

Anderer Arbeitsplatz i.S.d. § 4 Abs. 5 S. 1 Nr. 6b S. 2 EStG ist grundsätzlich jeder Arbeitsplatz, der zur Erledigung büromäßiger Arbeiten geeignet ist (BFH vom 07.08.2003, BStBl II 2004, 78). Weitere Anforderungen an die Beschaffenheit des Arbeitsplatzes werden dabei nicht gestellt.

Hierbei kommt es nicht darauf an, ob dem StPfl. ein abgeschlossener Raum, in dem er z.B. vor Lärmbelästigung oder Publikumsverkehr geschützt ist, zur Verfügung steht (Großraumbüro, Schalterhalle einer Bank). Konkrete Arbeitsbedingungen und Umstände sind unbeachtlich. Allerdings muss der Arbeitsplatz so beschaffen sein, dass der StPfl. auf das häusliche Arbeitszimmer nicht angewiesen ist.

Geht ein StPfl. nur einer betrieblichen oder beruflichen Tätigkeit nach, muss ein vorhandener anderer Arbeitsplatz auch tatsächlich für alle Aufgabenbereiche dieser Erwerbstätigkeit genutzt werden können. Ist ein StPfl. auf sein häusliches Arbeitszimmer angewiesen, weil er dort einen nicht unerheblichen Teil seiner betrieblichen oder beruflichen Tätigkeit verrichten muss, ist der andere Arbeitsplatz unschädlich (BMF vom 06.10.2017, BStBl I 2017, 1320 Rz. 17).

So stellt ein Schreibtisch in der Praxis eines Selbständigen einen anderen Arbeitsplatz dar, wenn dieser Schreibtisch nur außerhalb der Praxisöffnungszeiten, also abends und am Wochenende genutzt werden kann (BFH vom 22.02.2017, BStBl II 2017, 698).

2.5.2 Abziehbare Aufwendungen

Zu den begünstigten Aufwendungen gehören nach dem BMF-Schreiben vom 06.10.2017, IV C 6 – S 2145/07/10002:019, Tz. 6

- die Miete,
- das Gebäude-AfA, Absetzung für außergewöhnliche technische oder wirtschaftliche Abnutzung, Sonderabschreibungen,
- die Schuldzinsen für Kredite, die zur Anschaffung, Herstellung oder Reparatur des Gebäudes oder der Eigentumswohnung verwendet worden sind,
- Wasser- und Energiekosten,
- Reinigungskosten,
- Grundsteuer, Müllabfallgebühren, Schornsteinfegergebühren, Gebäudeversicherungen,
- Renovierungskosten.

Die Kosten einer Gartenerneuerung können anteilig den Kosten des häuslichen Arbeitszimmers zuzurechnen sein, wenn bei einer Reparatur des Gebäudes Schäden am Garten verursacht worden sind. Den Kosten des Arbeitszimmers zuzurechnen sind allerdings nur diejenigen Aufwendungen, die der Wiederherstellung des ursprünglichen Zustands dienen (BFH vom 06.10.2004, BStBl II 2004, 1071).

Eine Aufteilung der anteilig entfallenden Aufwendungen sind grundsätzlich nach dem Verhältnis der Fläche des Arbeitszimmers zu ermitteln (BMF vom 06.10.2017, IV C 6 – S 2145/07/10002:019, Tz. 6a).

Keine Aufwendungen i.S.d. § 4 Abs. 5 Nr. 6b EStG sind die Aufwendungen für Arbeitsmittel. Für diese gilt eine separate Abzugsfähigkeit.

Hinweis: Arbeitsmittel

Die Beschränkung beim Abzug gilt aber nicht für Aufwendungen von Arbeitsmitteln (Schreibtisch, Schreibtischstuhl, Bücherregal, Computer etc.). Diese sind als Arbeitsmittel neben dem evtl. nur begrenzten Ansatz der Kosten für das Arbeitszimmer zu berücksichtigen. Werden die Aufwendungen für das Arbeitszimmer steuerlich nicht anerkannt, sind die Kosten für Arbeitsmittel aber trotzdem in die BA oder WK einzubeziehen.

Beispiel 21:

Die Grundschullehrerin Frau Müller, die in der Schule unterrichtet, hat keinen Schreibtisch zur Verfügung gestellt bekommen. Um ihre Unterrichtsvor- und -nachbereitung durchzuführen, hat sie in ihrer Wohnung ein Arbeitszimmer eingerichtet. Die Wohnung bewohnt Frau Müller mit ihrem Ehemann. Sie hat eine Wohnfläche von 100 qm, von denen auf das Arbeitszimmer 10 qm entfallen. Die anteilige Miete, einschließlich Nebenkosten, beträgt jährlich 6.000 €. Für Renovierungen sind im Jahr 2017 Kosten in Höhe von 1.000 € entstanden. Aufwendungen für AfA und Arbeitsmittel, die beruflich veranlasst sind, betragen in 2017 1.500 €. Frau Müller nutzt das Arbeitszimmer täglich drei Stunden für berufliche Zwecke. Ansonsten wird es nur zweimal im Jahr zu Erstellung der Einkommensteuererklärung und Kündigung von Versicherungen privat genutzt.

In welcher Höhe liegen in 2017 Werbungskosten bei den Einkünften aus nichtselbständiger Arbeit vor?

Lösung: Das Arbeitszimmer bildet für Frau Müller zwar nicht den Mittelpunkt ihrer beruflichen Tätigkeit, jedoch wird ihr von ihrem Arbeitgeber kein anderer Arbeitsplatz zur Verfügung gestellt. Der Abzug der Aufwendungen für das Arbeitszimmer ist daher der Höhe nach auf max. 1.250 € beschränkt, § 9 Abs. 5 S. 1 i.V.m. § 4 Abs. 5 S. 1 Nr. 6b S. 2 und 3 EStG.

Die Aufwendungen (hier AfA) für Arbeitsmittel gehören weder zu den Aufwendungen für das Arbeitszimmer noch zu den Kosten der Ausstattung und unterliegen somit nicht dem beschränkten Abzug des § 9 Abs. 5 S. 1 i.V.m. § 4 Abs. 5 S. 1 Nr. 6b S. 3 EStG, vgl. BMF vom 06.10.2017, – IV C 6 – S 2145/07/10002:019, Tz. 8. Die Aufwendungen für AfA und Arbeitsmittel stellen Werbungskosten i.S.d. § 9 Abs. 1 S. 3 Nr. 6 und 7 EStG i.H.v. 1.500 € dar.

Die gesamten Werbungskosten bei den Einkünften aus nichtselbständiger Arbeit 2017 betragen daher:

Häusliches Arbeitszimmer:	
10 qm/100 qm x 7.000 €	700 €
Arbeitsmittel	1.500 €
insgesamt	2.200 €

2.5.3 Personenbezogener Höchstbetrag

Wird ein häusliches Arbeitszimmer durch mehrere Personen genutzt, so ist der Höchstbetrag von 1.250 € personenbezogen zu verstehen (BFH vom 15.12.2016, BStBl II 2017, 938 und BMF vom 06.10.2017, BStBl I 2017, 1320).

Beispiel 22:
A und B nutzen gemeinsam ein häusliches Arbeitszimmer jeweils zu 50 % (zeitlicher Nutzungsanteil). Die Gesamtaufwendungen betragen 4.000 € und werden entsprechend dem Nutzungsanteil getragen. Für A bildet das häusliche Arbeitszimmer den Mittelpunkt der gesamten betrieblichen und beruflichen Betätigung; A kann 2.000 € als Betriebsausgaben oder Werbungskosten abziehen. B steht für die im häuslichen Arbeitszimmer ausgeübte betriebliche oder berufliche Tätigkeit kein anderer Arbeitsplatz zur Verfügung, er kann daher 1.250 € als Betriebsausgaben oder Werbungskosten abziehen.

Nutzt ein Steuerpflichtiger verschiedene Arbeitszimmer, so kann der Höchstbetrag nach dem BFH-Urteil vom 09.05.2017, BStBl II 2017, 956 nicht mehrfach in Anspruch genommen werden.

Beispiel 23:
A wendet für das Arbeitszimmer in Berlin 2.000 € und für das Arbeitszimmer in Hannover 3.000 € auf. Der Abzug ist trotz Nutzung von zwei Arbeitszimmern auf 1.250 € begrenzt.

Bei mehreren Einkunftsarten ist der Höchstbetrag entsprechend der tatsächlichen Nutzungsanteile aufzuteilen. Dabei ist unbeachtlich, ob das häusliche Arbeitszimmer in der jeweiligen Einkunftsart abzugsfähig ist (BFH vom 25.04.2017, aufgenommen in Rz. 20 des Anwendungsschreibens vom 06.10.2017).

Beispiel 24:
Nutzung des Arbeitszimmers durch einen kaufmännischen Angestellten zu 40 % für seine Einkünfte aus nichtselbständiger Arbeit – insoweit kein Abzug möglich, da ein anderer Arbeitsplatz zur Verfügung steht – zu 60 % Nutzung für seine selbständige Tätigkeit als Dozent. Die Aufwendungen betragen insgesamt 2.500 €.
- 40 % von 2.500 € = 1.000 € entfallen auf § 19 EStG, kein Abzug möglich.
- 60 % von 2.500 € = 1.500 € entfallen auf § 18 EStG, hier steht kein anderer Arbeitsplatz zur Verfügung, höchstmöglicher Abzug **1.250 €**.

Der Höchstbetrag von 1.250 € ist auch bei nicht ganzjähriger Nutzung eines häuslichen Arbeitszimmers in voller Höhe, also nicht zeitanteilig, zum Abzug zuzulassen (BMF vom 06.10.2017, BStBl I 2017, 1320, Rz. 22).

2.6 Unangemessene Aufwendungen (§ 4 Abs. 5 Nr. 7 EStG)

Die steuerpolitische Norm des § 4 Abs. 5 Nr. 7 EStG (i.V.m. § 9 Abs. 5 EStG) entscheidet nicht über die Kausalitätsfrage, sondern nur über die **Höhe** der Repräsentationsaufwendungen. Lediglich in der bereits angesprochenen »Nachtbar«-Entscheidung hat der BFH im Urteil vom 16.02.1990 (BStBl II 1990, 575) Aufwendungen für den Besuch von Nachtbars und Striptease-Lokalen auch dem Grunde nach gem. § 4 Abs. 5 Nr. 7 EStG für nicht abzugsfähig gehalten (Ausnahme-Entscheidung).[471]

Soweit es sich um Gewinneinkünfte handelt, wird gleichfalls nicht die Frage gestellt, ob das – Bedenken auslösende – WG zum BV gehört oder nicht. Vielmehr setzt die systematische Stellung der Vorschrift ein BV voraus, bevor es zu Korrekturen im Bereich der BA kommen kann.

Das Fehlen »großer« BFH-Entscheidungen zu § 4 Abs. 5 Nr. 7 EStG hängt weitgehend mit dem Charakter einer Tatsachenentscheidung zusammen, die spätestens auf FG-Ebene verbindlich getroffen wird. Grundsätzlich ist die Prüfung nach § 4 Abs. 5 Nr. 7 EStG nach den Umständen des Einzelfalls (Höhe von Umsatz und Gewinn, Bedeutung der Repräsentation für den Geschäftserfolg, Grad der Berührung der privaten Lebensführung) zu treffen (FG Thüringen vom 07.12.2005, EFG 2006, 713).

> **Beispiel 25: Der Kurzwarenverkäufer mit dem Lamborghini Murcielago[472] und dem platinbesetzten Mobiltelefon**
> Der selbständige Kurzwarenkommissionsverkäufer K ist auf seinen Werbefahrten in ganz Deutschland mit dem neuen Lamborghini Murcielago (AK von netto 240 T€) unterwegs. Seine Erlöse (155 T€) liegen Jahr für Jahr knapp über den Pkw-Kosten lt. G+V (AfA i.H.v. 40 T€, sonstige Fixkosten i.H.v. 15 T€, Benzin 25 T€); als sonstiger Aufwand fallen Übernachtungskosten und Reisekosten i.H.v. 50 T€ an.
> Um für seine »noblen« Kunden immer angemessen erreichbar zu sein, schafft sich K im November 2011 noch ein Luxushandy für 6.200 € an, die geltend gemachte AfA beträgt 400 €.

Die Verwaltung nennt in R 4.10 Abs. 12 EStR folgende (nicht abschließende) Aufgriffstatbestände für eine Verhältnismäßigkeitsprüfung:

- Kosten der Übernachtung bei einer Geschäftsreise,
- Aufwendungen für Unterhaltung und Beherbergung von Geschäftsfreunden,
- Aufwendungen für die Unterhaltung von Pkw und Nutzung von Flugzeugen sowie
- Aufwendungen für die Ausstattung von Geschäftsräumen.

---

471 Die Lit. stimmt zwar im Ergebnis der Entscheidung weitgehend zu (vgl. *Stapperfend* in *H/H/R*, § 4 Rz. 1639), will aber dogmatisch lieber eine Begrenzung der Höhe nach vornehmen. M.E. gehört der Fall zu § 4 Abs. 4 EStG bzw. zu § 12 Nr. 1 EStG, in denen keinerlei Bedenken gegen einen grundsätzlichen Ausschluss angebracht sind.

472 Lesenswert BFH vom 19.03.2002, BFH/NV 2002, 1145, in dem ein Freiberufler gleichzeitig sechs Oberklasse-Pkw im BV hielt. Ebenso BFH vom 30.08.2006 (Az.: XI B 25/06), zur unverhältnismäßigen Anschaffung eines Mercedes 420 CL mit Netto-AK von 139.990 €). Hinzuweisen ist auch auf FG Nürnberg vom 28.02.2008 (DStRE 2008, 1116, rkr.) für den Fall eines Porsche, bei dem das FG ausdrücklich den BA-Abzug (auch) für die unverhältnismäßigen Zinsaufwendungen für den zum Kauf des Porsche aufgenommenen Kredit insoweit verneinte, wie die AK unverhältnismäßig waren.

In der Vorbereitung auf das JStG 1996 war geplant, für Pkw allgemein eine AK-Höchstgrenze von 100.000 DM festzuschreiben. Entscheidend ist aber, dass durch die Festlegung eines maximalen AK-Betrages nur die amortisierte AfA betroffen ist. In der Buchführung (Anlagespiegel, Bilanzen) werden die historischen AK zugrunde gelegt.

Lösung: Die Angemessenheitsprüfung ist eine Einzelfallprüfung, bei der auf Branchen-Erfahrungswerte zurückgegriffen wird. Aufgrund der vorliegenden Judikatur, insb. der FG, wird man heute erst bei AK von > 75 T€ ernsthaft in eine Prüfung einsteigen. Ob ein unangemessener betrieblicher Repräsentationsaufwand bei Beschaffung und Unterhaltung eines Sportwagens (im Urteilsfall durch einen Freiberufler) vorliegt, ist danach zu beurteilen, ob ein ordentlicher und gewissenhafter Unternehmer – ungeachtet seiner Freiheit, den Umfang seiner Erwerbsaufwendungen selbst bestimmen zu dürfen – angesichts der erwarteten Vorteile und Kosten die Aufwendungen ebenfalls auf sich genommen haben würde. Ist der Aufwand unangemessen, ist Maßstab für die dem Gericht obliegende Feststellung des angemessenen Teils der Betriebsausgaben die Sicht eines ordentlichen und gewissenhaften Unternehmers in derselben Situation des StPfl. (vgl. BFH vom 29.04.2014, Az.: VIII R 20/12). Nachfolgend wird bei einem Kurzwarenverkäufer eine AK-Höchstgrenze von 90 T€ sowie ein Pkw-BA-Jahreshöchstlimit von 50 T€ als angemessen unterstellt. Dies führt zu folgenden Konsequenzen:

- In der Buchführung und in den Bilanzen bleibt es bei den tatsächlichen AK von 240 T€ als AfA-BMG.
- Statt der jährlich errechneten 40 T€ AfA werden jedoch nur noch 15 T€ Jahres-AfA (90 T€/6 Jahre) zum BA-Abzug zugelassen. Die Differenz von 25 T€ wird außerbilanziell hinzugerechnet.
- Ebenso wird ein Teil der restlichen Pkw-Kosten (5 T€) vom Abzug ausgeschlossen.

Per Saldo ergibt sich eine Differenz von 30 T€, die als unangemessener Repräsentationsaufwand dem Gewinn außerhalb der Bilanz hinzugerechnet wird.

Hinsichtlich des Luxushandys verneinte das FG Rheinland-Pfalz mit Urteil vom 14.07.2011 (für den Fall eines Zahnarztes) die steuerliche Anerkennung auch nur eines Teiles der AK als BA. Zwar lässt sich die berufliche Veranlassung eines Handys für sich genommen nicht bestreiten, das von K angeschaffte Gerät ist jedoch für seine Belange weder notwendig noch angemessen. Lediglich der Vergleichspreis eines gewöhnlichen Handys hätte zum BA-Abzug zugelassen werden können (so auch das beklagte Finanzamt im Urteilsfall).

2.7 Strafen und vergleichbare Sanktionen

In der Zusammenschau der § 4 Abs. 5 Nr. 8 (§ 9 Abs. 5) EStG und § 12 Nr. 4 EStG ergibt sich für Strafen (und vergleichbare Geldsanktionen) aus der nachfolgenden Tabellenübersicht die (grundsätzliche) genaue tatbestandliche Zuordnung. Beiden Bestimmungen ist gemein, dass das Steuerrecht i.S.d. Einheit der Rechtsordnung keine (Abzugs-)Vergünstigung für kriminelles Verhalten gewähren darf.

Bezeichnung	§ 4 Abs. 5 Nr. 8 EStG	§ 12 Nr. 4 EStG
Gegenstand	Geldbußen, Ordnungsgelder, Verwarnungsgelder[475, 476]	Geldstrafen und vermögensrechtliche Nachteile mit Strafcharakter[477]
Ergänzungen	Leistungsauflagen ohne Wiedergutmachung[478]	Leistungsauflagen ohne Wiedergutmachung
Ausnahmen	Bei Geldbußen: Bei Abschöpfung des Vermögensvorteils **ohne** ertragsteuerliche Berücksichtigung	–
Straforgan	Deutsche Gerichte und Behörden, Organe der EG	Weltweit, falls gleichzeitig Verstoß gegen wesentliche deutsche Rechtsgrundsätze (ordre public)
Folge	Nicht abzugfähige BA mit außerbilanzieller Hinzurechnung	Keine BA

Bei Nachweis, dass bei der Abschöpfung des Vermögensvorteils die Ertragsteuer nicht berücksichtigt wurde, kann der auf die Abschöpfung entfallende Teil der Geldbuße abgezogen werden (§ 4 Abs. 5 Nr. 8 S. 4 EStG).

Beispiel 25a: Auszug aus der Steuerberaterprüfung 2011 (verkürzt):
a) Bei der in 2008 gegründeten Mayer GmbH & Co. KG (KG) mit Sitz in Aachen ist die Herstellung und der Vertrieb von Armaturen der Hauptzweck.
b) Gegen die KG wurden in den Jahren 2009 und 2010 von der Bezirksregierung Köln Geldbußen i.H.v. jeweils 2.000 € wegen Verstoßes gegen Arbeitsschutzvorschriften festgesetzt. Ein wirtschaftlicher Vorteil ist mit den Geldbußen, die auch jeweils in 2009 und 2010 gezahlt und von der KG als Aufwand verbucht worden sind, nicht abgeschöpft worden.

Lösung: Die von der KG getragenen Geldbußen stellen gem. § 4 Abs. 5 S. 1 Nr. 8 EStG nicht abziehbare Betriebsausgaben dar, die den Gewinn nicht mindern dürfen und außerbilanziell bei der Ermittlung der Einkünfte wieder hinzugerechnet werden müssen. Die Geldbußen sind mangels Gewinnabschöpfungsanteils in voller Höhe hinzuzurechnen. Der Gewinn 2010 (auch 2009) ist außerbilanziell um 2.000 € zu erhöhen.

Weitere Hinweise finden sich in der nachfolgenden Übersicht über Rechtsprechung und Verwaltungsanweisungen:

---

473 In R 4.13 Abs. 2, 4 und 5 EStR näher definierte Sanktionen aufgrund des OWiG (und anderer strafrechtlicher Nebengesetze).
474 Dies könnte nach dem Urteil des BFH vom 14.11.2013, Az.: VI R 36/12 auch für vom Arbeitgeber übernommene Verwarngelder (für Verkehrsverstöße) durch Arbeitnehmer gelten (vgl. hierzu Haufe Thema vom 27.05.2014).
475 Beispiel gem. H 12.3 EStH: Einziehung von Gegenständen (Nachteil mit Strafcharakter). Gegenbeispiel (kein Strafcharakter): Verfall von Gegenständen und von Tatentgelten.
476 Diese werden verhängt bei:
- Strafaussetzung zur Bewährung,
- Verwarnung mit Strafvorbehalt, einen Geldbetrag zu Gunsten einer Einrichtung zu erbringen,
- Einstellung des Verfahrens gem. § 15 Abs. 1 StPO.

Übersicht über die steuerliche Berücksichtigung von Geldbußen und ähnlicher Aufwendungen		
Fallgruppe	Anmerkung	Literaturhinweise
Abschöpfung des Vermögensvorteils	Schätzung des abschöpfenden Anteils ist möglich	BFH vom 09.06.1999 (BStBl II 1999, 658), FinMin Saarland vom 19.09.2000, Az.: B/3 – 268/2000 – S 2145); konkretisierend u.a. FG Münster vom 05.10.2010 (Az.: 13 K 3807/06 F)
Verfahrenskosten	fallen nicht unter das Abzugsverbot des § 4 Abs. 5 S. 1 Nr. 8 EStG.	BFH vom 23.03.2011, Az.: X R 59/09, n.v.
Abziehbarkeit von EG-Kartellbußen	Die EU-Kommission teilte mit Schreiben vom 20.05.2010 mit, dass ihre Geldbußen im Zuge von Verstößen gegen das EG-Wettbewerbsrecht rein bestrafender Natur sind und nicht als vorteilsabschöpfend angesehen werden können. In R 4.13 S. 4 EStR 2012 wurde hieraus schlussfolgernd ein vollkommenes Abzugsverbot für diese Geldbußen aufgenommen. Dem folgt der BFH: Der zur Bemessung von Geldbußen nach Art. 23 Abs. 3 EGV 1/2003 zu errechnende Grundbetrag enthält keinen Abschöpfungsteil. Eine auf dieser Grundlage ermittelte Geldbuße ist mangels Vorteilsabschöpfung nicht (teilweise) als BA abziehbar.	S. auch BayLfSt vom 05.11.2010, DStR 2011, 221; BFH vom 07.11.2013 (Az.: IV R 4/12)
Zeitpunkt des Abzugsverbotes	Bereits die Bildung einer entsprechenden Rückstellung ist vom Abzugsverbot erfasst	FG Münster vom 18.11.2011, Az.: 14 K 1535/09

Wird der aus einem Gesetzesverstoß resultierende wirtschaftliche Vorteil durch Festsetzung eines Bußgeldes vollständig abgeschöpft, kommt aus verfassungsrechtlichen Gründen ein Anspruch auf Erlass derjenigen Ertragsteuerbelastung in Betracht, die durch das für Geldbußen geltende Abzugsverbot entsteht.

Wird der wirtschaftliche Vorteil nur teilweise abgeschöpft, führt eine hinzutretende Steuerbelastung dann nicht zu einem Verstoß gegen das Leistungsfähigkeitsprinzip, wenn die Summe aus Geldbuße und Steuerbelastung den aus dem Gesetzesverstoß erlangten wirtschaftlichen (Netto-)Vorteil nicht übersteigt. Ein Erlass aus Billigkeitsgründen scheidet aus, soweit eine Geldbuße nicht der Abschöpfung eines wirtschaftlichen Vorteils, sondern der Ahndung des Gesetzesverstoßes dient (BFH vom 23.03.2011, Az.: X R 59/09, n.v.).

Beispiel 26: Alles wegen der Steuer
Gegen den Unternehmer U wurde seitens der BuStrA ein Ermittlungsverfahren wegen Hinterziehung von ESt und GewSt eingeleitet (hinterzogene Steuer für drei Jahre: 150 T€). Im Verfahren ließ er sich von dem erfahrenen Steuerstrafrechtler C vertreten. Diesem verdankte es

U, dass das Verfahren – mit Zustimmung des Gerichts – von der StA gegen Zahlung von 20 T€ eingestellt wurde. Zudem musste U einen Zuschlag nach § 398a AO in Höhe von ingsesamt 5 T€ zahlen. C erhielt ein Honorar von 15 T€, das gleichmäßig seinen Verteidigungsbemühungen im Bereich der ESt wie der GewSt zugerechnet wird. Bei einer der Besprechungen im FA parkte U im Parkverbot und musste dafür 20 € zahlen. U möchte sichergehen, nicht noch einmal wegen Steuerhinterziehung beschuldigt zu werden, und möchte wissen, ob er die Leistungsauflage von 20 T€ bzw. die Verteidigerkosten von 15 T€, den Zuschlag von 5 T€ oder wenigstens das Verwarnungsgeld absetzen kann.

Lösung:
- Leistungsauflagen zur Wiedergutmachung werden bei einer Einstellung nach § 153a StPO den Strafen gleichgestellt. Die Auflage i.H.v. 20 T€ kann gem. § 12 Nr. 4 EStG nicht als BA berücksichtigt werden.
  - Die Frage der steuerlichen Abzugsfähigkeit des Zuschlages nach § 398a AO ist bisher nicht richterlich geklärt. Die h.M. der Literatur[477] tendiert jedoch zu einem Abzugsverbot (Subsumierung unter § 12 Nr. 4 EStG), mit der Folge, dass die 5 T€ (wahrscheinlich) nicht als BA abziehbar sind. Ein Abzug käme im Übrigen, wenn nur für den Bereich der Gewerbesteuer in Betracht, da es sich bei der Einkommensteuer um eine nicht abziehbare Personensteuer nach § 12 Nr. 3 EStG handelt. Insoweit fehlt bereits ein Veranlassungszusammenhang zur beruflichen Tätigkeit.
- Bei den Strafverteidigerkosten[478] kann keine Differenzierung nach der Art der Steuer erfolgen. Selbst wenn die Steuer eindeutig dem Privatbereich (ESt) oder dem Betriebsbereich (GewSt[479]) zugeordnet werden kann, ist die Steuerhinterziehung nicht betrieblich veranlasst (§ 4 Abs. 4 EStG). Folglich kommt es auch zu keiner Berücksichtigung der Kosten des C (s. unten).
- Die Verwarnung i.H.v. 20 € stellt eine nach § 4 Abs. 5 Nr. 8 EStG nicht abziehbare BA dar.

Prozesskosten und ähnliche Aufwendungen können wie folgt berücksichtigt werden:

---

[477] Statt aller vgl. *Rüping* in: *Hübschmann/Hepp/Spitaler*, AO/FGO, 238. Lieferung 05.2016, § 398a AO Rn. 15 m.w.N.
[478] Wieder anders der Abzug der StB-Kosten anlässlich eines Steuerstrafverfahrens.
[479] Für die GewSt-Hinterziehung hat der BFH vom 20.09.1989, BStBl II 1990, 20, eine Ausnahme zugelassen, wenn dem Betrieb keine Mittel entzogen wurden.

Übersicht über die Berücksichtigung von Prozess-, Verteidiger- und sonstigen Kosten als Betriebsausgaben und Werbungskosten		
Fallgruppe	Anmerkung	Literaturhinweise
Prozess ohne Erfolgsaussicht	Es bestehen Zweifel an der betrieblichen Veranlassung, wenn private Motive gegeben sind.	BFH vom 30.08.2001, Az.: IV E 7/11
Kosten eines Strafverfahrens	• Wurde die Straftat in unmittelbarem und ausschließlichem Zusammenhang oder bei Ausübung der betrieblichen oder beruflichen Aktivität oder Aufgabenerfüllung begangen, sind die Kosten als WK/BA abziehbar, da sie keinen Strafcharakter haben. • Beruht die Straftat auf privaten Gründen (bzw. auf gemischt privaten/betrieblichen Gründen), unterliegen die Kosten § 12 Nr. 1 EStG (Kosten der Lebensführung) und sind nicht abziehbar (z.B. wenn zu eigenen Gunsten (Minderung der privaten Einkommensteuer oder Betriebssteuern) Einnahmen vorsätzlich verschwiegen oder Ausgaben zu Unrecht angesetzt werden).[482]	H 12.3 EStH 2012; BFH vom 18.10.2007, BStBl II 2008, 223; FG Hamburg vom 17.12.2010, Az.: 6 K 126/10, rkr.; FG Münster vom 19.08.2011, Az.: 14 K 2610/10 E; BFH vom 17.08.2011, Az.: VI R 75/10 NV; BFH vom 16.04.2013, Az.: IX R 5/12
	Beim Steuerstrafverfahren: StB-Kosten für Angaben des StPfl. zur Selbstanzeige (§ 371 AO) = Erwerbsaufwand, während die Kosten zur Durchsetzung der strafbefreienden Wirkung nicht berücksichtigungsfähig sind.	OFD Münster vom 14.09.2006, DB 2006, 2091
	Bei Vorwürfen, die eine Schädigung des AG zum Gegenstand haben ist kein Abzug möglich (hier: Strafverfahren wegen des Vorwurfs der Untreue zum Nachteil des AG).	FG Saarland vom 06.12.2006, Az.: 1 K 262/03

Beispiel 26a (Auszug aus der StB-Prüfung 2009 (verkürzte Darstellung)):
AM ist (u.a.) Geschäftsführer der M&N Maschinenbau OHG. Hierfür erhält er ein Gehalt von 3.000 € im Monat. Im Juli 2009 übersieht AM auf der Fahrt zu einem Kunden ein Stoppschild und verursacht dadurch einen schweren Verkehrsunfall. Infolge von Verletzungen des AM hieraus, endet die Geschäftsführertätigkeit zum 30.09.2009. Im Dezember 2009 erhält AM einen Strafbefehl des Amtsgerichts über insgesamt 4.500 € sowie eine Rechnung seines Verteidigers über 1.500 €. Zu ermitteln sind die Einkünfte nach § 19 EStG.

Lösung: Die Einnahmen von Januar bis September 2009 betragen in Summe 24.000 €. Die Geldstrafe ist nach § 12 Nr. 4 EStG nicht abziehbar, die berufliche Veranlassung ist hier irrelevant. Hingegen sind die Verteidigerkosten als WK abziehbar, da sie im Zusammenhang mit der beruflichen Tätigkeit stehen. Eine fahrlässige Straftat fällt nicht aus dem Rahmen der beruflichen Tätigkeit heraus. Die Einkünfte betragen somit 25.500 €.

---

480 Die Vermeidung beruflicher bzw. berufsrechtlicher Konsequenzen und eines damit verbundenen (zukünftigen) Einnahmeverlustes durch die Strafverteidigung ändert daran nichts. FG Hessen vom 12.02.2014, Az.: 4 K 1757/11.

Abschließend ist noch ein aktuelles BFH-Urteil vom 13.04.2010 (BFH/NV 2010, 2038) heranzuziehen, in dem der BFH die **Kausalität** von Prozesskosten und dem jeweiligen steuerlichen Zusammenhang unterstreicht. Sind Aufwendungen, die Gegenstand eines finanzgerichtlichen Verfahrens waren, als WK zu beurteilen, gilt das gleichermaßen für die damit in Zusammenhang stehenden Prozesskosten. Ein BA- oder WK-Abzug kommt hingegen nicht in Betracht, wenn die Prozesskosten lediglich mit Sonderausgaben, Veranlagungs- oder Tariffragen oder mit der bloßen Übertragung in Steuererklärungsvordrucke in Zusammenhang stehen. Diese Entscheidung wird (in Zukunft) eine differenziertere Aufteilung von Prozesskosten notwendig machen.

Losgelöst davon ist für die **Kosten** anlässlich eines Strafverfahrens eine differenzierte Beurteilung erforderlich (vgl. H 12.3 EStH).

2.8 Steuern (u.a.) (§ 4 Abs. 5 Nr. 8a und 9 bzw. § 12 Nr. 3 EStG)

In unsystematischer Weise wird in § 12 Nr. 3 EStG ein generelles Abzugsverbot für Personensteuern und hierauf entfallende Nebenleistungen[481] ausgesprochen, während Hinterziehungszinsen (§ 235 AO) gem. § 4 Abs. 5 Nr. 8a (ggf. gem. § 9 Abs. 5) EStG und organschaftliche Ausgleichszahlungen gem. § 4 Abs. 5 Nr. 9 EStG nicht abzugsfähige BA sind. § 4 Abs. 5b EStG bestimmt, dass Gewerbesteuern für Erhebungszeiträume nach 2007 nicht mehr als Betriebsausgabe abzugsfähig sind.[482] Im Gegenzug wurde aber der Faktor für die Anrechnung der Gewerbesteuer auf die Einkommensteuer von 1,8 auf nunmehr 3,8 erhöht (§ 35 EStG).

> **Beispiel 27: Verrechnung mit Folgen**
> Unternehmer U erhält von der Finanzkasse den Abrechnungsbescheid für das Jahr 16. Die rückständige ESt von 3.000 € samt eines Verspätungszuschlages von 300 € sowie Zinsen für hinterzogene Erbschaftsteuer i.H.v. 1.000 € werden mit einer USt-Erstattung i.H.v. 1.500 € verrechnet. In der Jahres-USt war i.H.v. 500 € USt für unentgeltliche Wertabgaben gem. § 3 Abs. 1b Nr. 1 UStG und gem. § 3 Abs. 9a UStG enthalten. Die Differenz von 2.800 € überweist U von seinem Betriebskonto.

Zu den nicht berücksichtigungsfähigen Personensteuern nach § 12 Nr. 3 EStG zählen:

- ESt,
- Erbschaftsteuer,
- ESt-Quellensteuern (Lohn- und KapESt) sowie die Annexsteuern[483],
- SolZ und
- (die frühere) Vermögensteuer.

---

481 Im Einzelnen (H 12.4 EStH): Aussetzungszinsen, Gebühren für verbindliche Auskünfte, Hinterziehungszinsen, Kosten bei Inanspruchnahme von Finanzbehörden Nachforderungszinsen, Säumniszuschläge, Stundungszinsen, Verspätungszuschläge, Zuschläge wegen der Nichtvorlage oder Unbrauchbarkeit von Aufzeichnungen Zwangsgelder.
482 Das Abzugsverbot der Gewerbesteuer wurde vom BFH mit Urteilen vom 16.01.2014 (Az.: I R 21/12), vom 04.06.2014 (Az.: I R 70/72) und vom 15.09.2015 (Az.: IV R 8/13) bestätigt. Eine gegen die Entscheidung vom 04.06.2014 eingelegte Verfassungsbeschwerde blieb erfolglos (BVerfG vom 26.02.2016, 1 BvR 2836/14, wohingegen die gegen das Urteil vom 16.01.2014 noch anhängig ist (2 BvR 1559/14). Trotz des Abzugsverbotes ist in der Steuerbilanz weiterhin eine Position »Gewerbesteuerrückstellung« zu bilden (R 5.7 Abs. 1 S. 2 EStR), die Korrektur erfolgt außerbilanziell.
483 Für die Kirchensteuer ist § 10 Abs. 1 Nr. 4 EStG einschlägig.

Lösung:
- Sowohl die ESt als auch der Verspätungszuschlag hierauf (3.300 €) sind gem. § 12 Nr. 3 EStG nicht als BA zu berücksichtigen.
- Die Hinterziehungszinsen für die ErbSt unterliegen ebenfalls dem Abzugsverbot nach § 12 Nr. 3 EStG (lex specialis gegenüber § 4 Abs. 5 Nr. 8a EStG), da es sich um Hinterziehungszinsen (Nebenleistungen) für eine Personensteuer handelt, daher sind insgesamt 4.300 € vom Abzugsverbot des § 12 Nr. 3 EStG betroffen.
- Als actus contrarius ist die Erstattung einer Betriebssteuer (wie die USt) als stpfl. BE zu erfassen (§ 12 Nr. 3 im Umkehrschluss). Die USt wird allerdings nicht berücksichtigt, soweit in ihr USt auf den (früheren) Eigenverbrauch oder Vorsteuer auf nicht abzugsfähige BA enthalten ist. Damit erhöht sich die BE des U von 1.500 € um 500 € (USt-Eigenverbrauch), so dass U trotz der Überweisung von 2.800 € eine BE von 2.000 € verzeichnet.

Umgekehrt lässt der BFH (Urteil vom 09.12.2003, BStBl II 2004, 641) bestimmte Zahlungen (im Urteilsfall: Zahlungen eines GmbH-G'fter-GF aufgrund einer Beihilfe zu Steuerhinterziehung Dritter nach § 71 AO, u.a. wegen eines Verstoßes gegen Aufzeichnungspflichten) als Erwerbsaufwand zu (hier: bei den Überschusseinkunftsarten der §§ 19, 20 EStG). Im Unterschied zur Strafe selbst können **Schadensersatzleistungen** auch bei vorsätzlich begangenen Straftaten und auch bei einer Verurteilung ausnahmsweise als Erwerbsaufwendungen abzugsfähig sein, wenn der strafrechtliche Vorwurf durch das betriebliche oder berufliche Verhalten des StPfl. veranlasst gewesen ist. Dies ist dann der Fall, wenn die dem StPfl. zur Last gelegte Tat in Ausübung der beruflichen bzw. unternehmerischen Tätigkeit begangen worden und damit ausschließlich und unmittelbar aus seiner betrieblichen oder beruflichen Tätigkeit heraus erklärbar ist (FG Rheinland-Pfalz vom 27.06.2008, EFG 2009, 31, rkr.). Es spricht laut BFH regelmäßig eine Vermutung dafür, dass Aufwendungen für aus dem Arbeitsverhältnis folgende zivil- und arbeitsgerichtliche Streitigkeiten einen den Werbungskostenabzug rechtfertigenden hinreichend konkreten Veranlassungszusammenhang zu den Lohneinkünften aufweisen. Dies gilt grundsätzlich auch, wenn sich AG und AN über solche streitigen Ansprüche im Rahmen eines arbeitsgerichtlichen Vergleichs einigen (BFH vom 09.02.2012, Az.: VI R 23/10).

2.9 Zuwendungen i.S.d. § 4 Abs. 5 S. 1 Nr. 10 EStG

Lt. H 4.14 EStH fallen Zuwendungen aufgrund folgender Tatbestände unter ein generelles Abzugsverbot:

- Wählerbestechung (§ 108b StGB),
- Abgeordnetenbestechung (§ 108e StGB),
- Bestechung im geschäftlichen Verkehr (§ 299 Abs. 2 StGB),
- Vorteilsgewährung (§ 333 StGB),
- Bestechung (§ 334 StGB),
- Bestechung ausländischer Abgeordneter – internationaler Zahlungsverkehr,
- Vorteilsgewährung in Bezug auf Betriebsratswahlen (§ 119 Abs. 1 BetrVG),
- Vorteilsgewährung für wettbewerbsbeschränkendes Verhalten (§ 21 Abs. 2 GWB),
- Vorteilsgewährung in Bezug auf das Stimmverhalten in der Hauptversammlung bzw. Generalversammlung (§ 405 Abs. 3 Nr. 7 AktG und § 152 Abs. 1 Nr. 2 GenG),

- Vorteilsgewährung in Bezug auf die Abstimmung in der Gläubigerversammlung,
- Vorteilsgewährung an Amtsträger (Art. 2 § 1 EU-Bestechungsgesetz).

Des Weiteren kommen noch Verstöße gegen das GeldwäscheG hinzu. Der im BMF-Schreiben[484] aufgelistete Kanon bezieht vor allem Auslandsstraftaten (EU-BestG) mit ein.

Beispiel 28: Grundstücksbesitzer B/Bauunternehmer U und die Gemeinde
B und U haben das gleiche Ziel: In der Vorortgemeinde einer süddeutschen Großstadt will der Bauer B möglichst viele Grundstücke im Bebauungsplan als Baugebiet ausgewiesen bekommen, während U möglichst viele Bauaufträge der Kommune erhalten möchte. Zu diesem Zweck wird die Fraktion der Unabhängigen & Grünen seit Jahren mit Geschenken versorgt.

Maßgeblich ist die abstrakte Strafbarkeit (»rechtswidrige Tat«[485]) der begangenen Tat. R 4.14 EStR stellt nunmehr klar, dass es bei der Auslegung von § 4 Abs. 5 Nr. 10 EStG nur auf den objektiven Tatbestand ankommt. Subjektive Momente bleiben ebenso außer Betracht wie die tatsächliche Ahndung des Vergehens. Rechtspolitisch nicht unbedenklich ist auch die angeordnete gegenseitige Amtshilfe zwischen den Verfolgungs- und Finanzbehörden, die steuerrechtlich eine Durchbrechung des Steuergeheimnisses darstellt.

Lösung: Nachdem die fraglichen Zuwendungen an Gemeindeabgeordnete – und nicht an Beamte – gezahlt werden, kommt der abstrakte Straftatbestand des § 108e StGB (Abgeordnetenbestechung) in Betracht. Nach h.A.[486] unterliegen jedoch nur solche Zuwendungen gegenüber Gemeinderäten dem objektiven Tatbestand des § 108e StGB, bei denen auf **Legislativ**entscheidungen der Gemeinde eingewirkt wird. Dies ist bei der Aufstellung eines Bebauungsplanes, hingegen nicht bei der Abstimmung über die Vergabe von Bauaufträgen der Fall. U darf die Zuwendungen in voller Höhe abziehen, B kann die Unterstützungshilfe für die gemeindliche Willensbildung nicht als BA abziehen.

Hinweis: Nach dem Urteil des BFH vom 14.05.2014 (Az.: X R 23/12) umfasst das Abzugsverbot nicht nur die Bestechungsgelder als solche, sondern auch die Kosten eines nachfolgenden Strafverfahrens sowie Aufwendungen, die aufgrund einer im Strafurteil ausgesprochenen Verfallsanordnung entstehen. Zur Vermeidung einer verfassungswidrigen Doppelbelastung gilt das Abzugsverbot für verfallene Beträge nicht, bei denen das Strafgericht die Ertragsteuerbelastung bei der Bemessung des Verfallsbetrags nicht mindernd berücksichtigt hat.

---

484 Zur Thematik erging ein sehr ausführliches (und sehr theoretisches) BMF-Schreiben vom 10.10.2002, BStBl I 2002, 1031, in dem – auszugsweise – die zahlreichen Gesetzestexte wiedergegeben werden.
485 Nach Tz. 9 des o.g. BMF-Schreibens ist dies sogar der Fall, wenn die Tat verjährt ist.
486 S. *Eser* in *Schönke/Schröder*, StGB-Komm., § 108e StGB Rz. 6.

2.10 Interne Konkurrenz bei § 4 Abs. 5 EStG und externe Aufwands-Konkurrenz zwischen § 4 EStG und § 9 EStG

2.10.1 Der Wettbewerb unter den verschiedenen Einzelfällen des § 4 Abs. 5 EStG

In einigen Fällen hat das Gesetz selbst die Konkurrenzfrage geregelt. Fälle der normierten Konkurrenz sind die Fahrtkosten und der Verpflegungsmehraufwand bei doppelter Haushaltsführung. Auch die unangemessenen Repräsentationsaufwendungen nach Nr. 7 leg. cit. setzen eine negative Vorwegprüfung der vorherigen Nr. 1–6b EStG voraus. Nicht immer hat das Gesetz das gleichzeitige Vorliegen gesehen.

> **Beispiel 29: Die Berufsfahrt zur Hallig**
> Der auf dem Festland wohnende Kinderarzt K hat seine Praxis auf einer Hallig. Zu diesem Zweck benutzt er ein eigenes »gedecktes« Motorboot (AK: 80.000 €), um möglichst schnell und unabhängig zwischen dem Festland (Whg.) und der Hallig (Betriebsstätte) unterwegs zu sein (Entfernung: ca. 10 km Luft-(Wasser-)Linie). Dies führt im Jahr 11 in seiner Gewinnermittlung zu einem Aufwand von 20 T€, wobei der Privatanteil von 30 % schon eliminiert ist.
>
> **Lösung:** Vor den zwei nächstliegenden Auslegungsmöglichkeiten (gedecktes Motorboot als Jacht i.S.d. § 4 Abs. 5 Nr. 4 EStG und damit nichtabzugsfähige BA oder Verweigerung des Pauschalansatzes nach § 9 Abs. 1 Nr. 4 i.V.m. § 4 Abs. 5 Nr. 6 EStG a.F.) hat der BFH eine dritte Auslegung favorisiert (BFH vom 10.05.2001, BStBl II 2001, 575). Der Begriff der Motorjacht wird teleologisch ausgelegt, sodass nur solche Wasserfahrzeuge darunterfallen, mit denen eine »sportliche Bewirtung« der Geschäftsfreunde möglich ist. Einem gedeckten Motorboot spricht der BFH diese ausschließliche Eignung ab.[487]
> Trotz der damit eröffneten Berücksichtigung der vollen BA für das Motorboot lässt der BFH im Zweifel die limitierende Regelung von § 4 Abs. 5 Nr. 6 EStG a.F. vorgehen, obwohl diese Norm offensichtlich auf landgebundene Fahrzeuge abstellt. Der Methode nach liegt eine Auslegung praeter legem (neben dem Gesetz, aber nicht gegen das Gesetz) vor, die aber im Ergebnis überzeugt. Die Kombination zweier verwandter Normen ist überzeugender als eine Alles-oder-Nichts-Entscheidung, zumal mit § 4 Abs. 5 EStG zwar ein Enumerationskatalog vorliegt, die einzelnen Nummern aber keinen ausschließlichen (exklusiven) Anwendungsbereich haben.

2.10.2 Konkurrenz zwischen Betriebsausgaben und Werbungskosten

Die am häufigsten vorkommende Zuordnungsfrage stellt sich bei **Verbindlichkeiten** und den dazu gehörenden Zinsen. Während das Abstimmungsproblem zwischen betrieblichen/beruflichen Schulden und **privaten** Verbindlichkeiten mit § 4 Abs. 4a EStG einer positiv-rechtlichen Lösung zugeführt wurde, hat sich die Rspr. mehrfach mit der Zuordnung einer Verbindlichkeit (d.h. der Schuldzinsen) zu den Gewinn- **oder** Überschusseinkünften befasst. Die Gründe dafür liegen auf der Hand:

- Umwidmung eines fremdfinanzierten WG durch Einlage bzw. Entnahme (Fall a)),
- Steuerliche Schuldumwandlung (Novation – Fall b)).

Im **Fall a)** verliert das WG eindeutig die bisherige Eigenschaft (aus PV wird BV und umgekehrt), so dass sich die Frage stellt, ob damit automatisch die zweckbestimmte Schuld die

---

[487] Anders wäre dies bei (auch eingedeckten) Segelbooten. Wohl ungeeignet für ein Arbeitsgerät.

neue Qualität annimmt (Frage der Akzessorietät). In diesem Fall wird allgemein anerkannt, dass bei einer objektiv eindeutig nachvollziehbaren Verwendungsänderung auch die finanzierende Verbindlichkeit ihre rechtliche Zuordnung verändert.[488] Dies hat nichts mit der **unzulässigen** Annahme einer **gewillkürten Betriebsschuld** zu tun.

Jüngst hat der BFH dies anschaulich auch für den Fall der Umwidmung eines dem AG gewährten Darlehen (Überschusseinkünfte) dargestellt (BFH vom 25.11.2010, BFH/NV 2011, 680). **Grenzen der Umwidmung** setzt auch hier § 42 AO.[489]

Schwieriger ist die Zuordnung im zweiten **Fall b)**, da eine ursprüngliche Betriebsschuld vorlag, und nunmehr durch ein Verhalten des StPfl. eine **Schuldumschaffung (Novation)** behauptet wird. Hierzu wird aufgrund mehrerer BFH-Urteile eine Fallgruppenbildung unternommen.

1. Betriebsaufgabe/-veräußerung und die neue dokumentierte Verwendung der »hängenden« Betriebsschuld (ehemaliges »Rest-BV«) als Privatverbindlichkeit

Bei der Betriebsaufgabe und bei der Betriebsveräußerung besteht die Möglichkeit, nicht übernommene Betriebsschulden als »Rest-BV« zu behandeln, mit der weiteren Folge, dass später anfallende Zinsen nachträgliche BA gem. § 24 Nr. 2, § 15 EStG sind.

Voraussetzungen:

- Dies (»Rest-BV«) setzt nach ständiger BFH-Rspr. (u.a. BFH vom 28.03.2007, BStBl II 2007, 642, s. auch OFD Rheinland-Pfalz vom 16.10.2007, Az.: S 2230-St 157) voraus, dass der bei der Veräußerung erzielte Erlös nicht ausreicht, um die Betriebsschulden zu tilgen. Hätte der Erlös ausgereicht, um die betrieblichen Verbindlichkeiten zu tilgen, so liegt keine betriebliche Restschuld mehr vor.
- Neue BFH-Rspr. auch für die Überschusseinkünfte (BFH vom 16.03.2010, BStBl II 2010, 787): Die Darlehenszinsen sind in diesem Fall wie nachträgliche BA als nachträgliche WK behandelt worden.
- Schuldzinsen, die für die Finanzierung (nachträglicher) Anschaffungskosten auf nicht mehr bestehende Beteiligungen i.S.d. § 17 EStG (hier GmbH) anfallen, können zu nachträglichen WK bei den Einkünften aus Kapitalvermögen führen, wenn die Veräußerung der Beteiligung oder die Auflösung der Kapitalgesellschaft vor dem VZ 1999 erfolgt ist (BFH vom 05.02.2014, Az.: X R 5/11).[490]

Umwidmung der Einkunftsart (Weiterfinanzierung von WG im V + V Bereich)
Entschiedene Fälle sind:

- Nach der Betriebsaufgabe beanspruchte der StPfl. einen weiteren Darlehensbetrag – noch i.R.d. betrieblichen Schuldkorridors –, ohne dass vorher die alten Betriebsschulden getilgt wurden, was möglich gewesen wäre. Das korrespondierende Bankguthaben buchte er zeitgleich und in identischer Höhe auf ein Festgeldkonto um, mit dessen Hilfe ein (ursprüngliches Betriebs-)Grundstück im Bereich der V + V finanziert wurde. Der BFH (Urteil vom 25.01.2001, BStBl II 2001, 573) sah in der zeitgleichen Überweisung auf das Festgeldkonto eine hinreichende Dokumentation, dass diese Mittel nunmehr im Bereich V + V verwendet werden. Gem. § 9 Abs. 1 S. 3 Nr. 1 EStG waren die Zinsen anteilig als WK bei § 21 EStG abzuziehen.

---

488 Vgl. *Heinicke* in *Schmidt*, EStG, § 4 Rz. 229.
489 Vgl. hierzu aktuell BFH vom 18.10.2011, Az.: IX R 15/11.
490 Zur Berücksichtigung nachträglicher Schuldzinsen auch BFH vom 16.03.2010, Az.: VIII R 20/08, und (bei den Einkünften aus § 21 EStG) Kap. II 3.2.2.2.3.

- Betriebsaufgabe des Besitzunternehmens im Rahmen einer Betriebsaufspaltung: Wiederum wurden die alten betrieblichen Bürgschaftsverbindlichkeiten nicht durch den möglichen Verkauf des Betriebsgrundstücks getilgt. Vielmehr wurden die Grundstücke aus der alten »Betriebsmasse« privat weitervermietet und zu diesem Zweck Umschuldungsdarlehen aufgenommen. Auch hier beurteilte der BFH die Zinsen für das Umschuldungsdarlehen als WK gem. §§ 9, 21 EStG (BFH vom 19.06.2001, BFH/NV 2002, 163).

  Entscheidend für die Um-(oder besser: Neu-)Qualifikation der Darlehenszinsen war in beiden Fällen – neben der neuen Verwendung der betroffenen Grundstücke im Bereich von § 21 EStG –, dass die StPfl. durch eine Umschuldung bzw. durch eine Festgeldanlage den neuen Verwendungszweck hinreichend dokumentierten.

- Im dritten hierzu ergangenen Urteil vom 22.01.2003 (BFH/NV 2003, 900) schließt sich der BFH – für einen Fall des vormaligen passiven Sonderbetriebsvermögens (Bürgschaftsverpflichtungen bei einer Betriebsaufspaltung) – der oben skizzierten Rspr. an. Dabei spielt es keine Rolle, welche Funktion das zurückbehaltene Aktivvermögen (Grundstück) nun habe; allein entscheidend für die Umqualifizierung sei, dass eine **neue (wieder kreditgestützte) Anlageentscheidung** getroffen werde. Damit kann nunmehr von einer ständigen Rechtsprechung gesprochen werden.

2. Schuldumschaffung ohne objektive Loslösung des Veranlassungszusammenhangs

Den Gegenpart zur 1. Fallgruppe bilden die Fälle, in denen der StPfl. die ursprüngliche Verwendungsabsicht des Darlehens (z.B. für betriebliche Zwecke) durch einen willkürlichen Austausch des Finanzierungsobjekts verändert. Für eine Novation des Darlehens mit dem Wechsel der Einkunftsart ist eine eindeutige objektive Beendigung der ersten Einkunftsart, für die das Darlehen aufgenommen wurde, erforderlich (BFH vom 27.03.2001, BFH/NV 2001, 907 und vom 12.11.1998, BStBl II 1998, 144). Dies ist aber bei einem beliebigen Austausch des Beleihungsobjektes ohne hinreichende Dokumentation der neu verwendeten Darlehensmittel nicht der Fall. Mit einer Reihe von Urteilen und Beschlüssen bestätigte der BFH diese sog. Surrogationsbetrachtung (ständige Rechtsprechung u.a. im Urteil vom 25.02.2009, BFH/NV 2009, 1255 und vom 27.03.2007, BStBl II 2007, 699 mit Verweis auf weitere Urteile).

3. Der Veranlassungszusammenhang bei Auszahlung der Darlehensvaluta

Die ursprüngliche Zweckbestimmung eines Darlehens (z.B. für betriebliche Zwecke) ist allein ausschlaggebend für die Beurteilung des Veranlassungszusammenhangs.[491] Der BFH hatte im Urteil vom 29.08.2001 (BFH/NV 2002, 188) einen Fall zu entscheiden, da der StPfl. zwar ein betriebliches Darlehen beanspruchte und erhielt, im Zeitpunkt der Auszahlung der Valuta die betrieblichen Aufwendungen aber schon mit liquiden Mitteln bezahlt waren. Gleichzeitig buchte der StPfl. die erhaltenen Mittel auf ein Festgeldkonto um, mit dessen Hilfe ein privates Vermietungsobjekt finanziert wurde. Wegen der hinreichenden Dokumentation bzgl. der Neuverwendung der Darlehensmittel und wegen der fehlenden betrieblichen Kausalität im Zeitpunkt der Auszahlung, beurteilte der BFH auch in diesem Fall die Zinsen als WK gem. §§ 9, 21 EStG. Die grundsätzliche Bedeutung des Veranlassungszusammenhanges zwischen der jeweiligen Aufwendung

---

[491] Grundlegende Urteile des BFH vom 08.12.1997 (BStBl II 1998, 193) und vom 29.07.1998 (BStBl II 1999, 81).

und dem Betrieb als Voraussetzung für den BA-Abzug ist vom BFH mit Beschluss vom 29.07.2003 (BFH/NV 2003, 1576) bestätigt worden. Besonders deutlich wird dies auch im Beschluss des BFH vom 05.04.2004 (BFH/NV 2004, 1251). Zu den WK aus Vermietung und Verpachtung gehören Darlehensaufwendungen demnach nur, wenn mit der Darlehensvaluta tatsächlich Aufwendungen für das Vermietungsobjekt gezahlt worden sind; eine gewillkürte Umwidmung einer Darlehensverbindlichkeit durch gedankliche Zuordnung zu einem Vermietungsobjekt stellt diesen erforderlichen Zusammenhang zwischen Verbindlichkeit und Objekt nicht her.

Beispiel 29a:
(Auszug aus der Steuerberaterprüfung 2011, verkürzte Darstellung)
Abel (A) ist Eigentümer eines Einfamilienhauses, welches er ursprünglich vollständig aus Eigenmitteln finanziert hat. Das Einfamilienhaus ist seit dem Erwerb im Jahr 2004 durchgehend an die Witwe Walburga Wirte (W) vermietet, die das Haus ausschließlich für eigene Wohnzwecke nutzt. A und W kommen am 24.06.2010 überein, das Einfamilienhaus zukünftig auf gemeinsame Rechnung zu bewirtschaften. Aus diesem Grund gründen sie die Abel & Witte GbR (AW GbR). Die notarielle Beurkundung des Gesellschaftsvertrages erfolgt am 25.06.2010.
Mit notariell beurkundetem Kaufvertrag vom 28.06.2010 erwirbt die AW GbR das Grundstück Luxemburger Str. 290d zu einem Kaufpreis von 700.000 € von A. Nutzen und Lasten gehen vereinbarungsgemäß nach Zahlung des Kaufpreises am 01.07.2010 auf die AW GbR über. Die Eintragung des Eigentümerwechsels im Grundbuch erfolgt am 25.09.2010. Die AW-GbR tritt mit Wirkung zum 01.07.2010 in den zwischen A und W geschlossenen Mietvertrag ein (vgl. § 1 des Gesellschaftsvertrages). Die monatliche Miete i.H.v. 2.500 € überweist W ab dem 01.07.2010 auf das Konto der AW GbR. Die AW GbR finanziert den gesamten Kaufpreis für das Einfamilienhaus mit einem Darlehen der Volksbank Köln (Zinsaufwand 2010: 28.000 €).
Zu ermitteln waren die gesamten Einkünfte, es wird hier nur die Frage geprüft, ob die Schuldzinsen als WK abzugsfähig sind.

Lösung (verkürzte Darstellung): A kann die für das Darlehen bei der Volksbank Köln von der AW GbR gezahlten Schuldzinsen nicht entsprechend seiner Beteiligung an der AW GbR als Werbungskosten bei den Einkünften aus Vermietung und Verpachtung abziehen. Das Grundstück ist A nach der Veräußerung an die AW GbR nach § 39 Abs. 2 Nr. 2 AO zu 50 % zuzurechnen (sog. Bruchteilsbetrachtung). Das Veräußerungsgeschäft zwischen A und der AW-GbR ist, soweit A an der GbR beteiligt ist, steuerlich nicht anzuerkennen; die bei gewerblichen Mitunternehmerschaften geltenden Grundsätze zur Berücksichtigung von Rechtsgeschäften zwischen einer Mitunternehmerschaft und ihren Mitunternehmern sind auf vermögensverwaltend tätige Gesellschaften nicht entsprechend anzuwenden (vgl. BFH vom 02.04.2008, BStBl II 2008, 679).
Für A liegt damit kein Anschaffungsgeschäft vor; eine Berücksichtigung der mit dem Erwerb durch die AW GbR zusammenhängenden Finanzierungskosten kommt nicht in Betracht. Die im Jahr 2004 getroffene Finanzierungsentscheidung – Erwerb des Grundstücks Luxemburger Str. 290d mit Eigenkapital – kann nicht im Nachhinein geändert werden.

Fazit: Bei der erstmaligen Zuweisung der Darlehensmittel ist für die Einkunftsartenzuordnung (Veranlassungszusammenhang) die Verwendung des Darlehensbetrages entscheidend (Hauptfall). Ist der ursprüngliche Zweck entfallen und werden die Darlehensmittel durch eine hinreichende Dokumentation anderweitig verwendet, sind die Zinsen i.R.d. neuen Einkunftsart abziehbar (3. Fallgruppe). Bei gemischter Verwendung der Darlehensvaluta für betriebliche wie für private Verbindlichkeiten (§ 21 EStG) sind die jeweigen Zinsen entsprechend dem Verhältnis der Zahlungen zu ermitteln und entsprechend abzuziehen (BFH vom 01.02.2001, BFH/NV 2001, 902). Bei einer (vertragswidrigen) Nutzung für private Zwecke scheidet ein Abzug in Gänze aus (BFH vom 15.05.2008, BStBl II 2008, 715).

Bei einer später geänderten Verwendungsabsicht liegt zwar ein neuer Veranlassungszusammenhang vor (Novation, Schuldumschaffung). Dies führt aber nur bei einer ausdrücklichen Dokumentation der geänderten Einkunftsart sowie der entsprechenden Darstellung des Darlehensschicksals (z.B. Umbuchung von betrieblichen Konten auf private Festgeldkonten und umgekehrt) zu einer Neuzuordnung des Erwerbsaufwands. Bei einem willkürlichen Austausch des Beleihungsobjekts verweigert der BFH den »Umstieg« in eine andere Einkunftsart (2. Fallgruppe).

Für die verbleibenden betrieblichen Verbindlichkeiten bei einer Betriebsaufgabe bzw. -veräußerung gelten ebenfalls die Grundsätze über die Novation, werden aber gekoppelt mit den Erkenntnissen bei § 16 EStG über das sog. Rest-BV (1. Fallgruppe) behandelt.

2.11 Weitere Problemfelder bei § 4 Abs. 4 EStG

2.11.1 Fragen im Zusammenhang mit der betrieblichen Veranlassung

Unter zwei konträren Gesichtspunkten setzte sich der BFH mit der Grundidee des § 4 Abs. 4 EStG, i.e. die betriebliche Veranlassung, auseinander. Im ersten Themenbereich geht es um das speziell bei Freiberuflern wegen § 4 Abs. 3 EStG umstrittene Thema **Geld(-geschäfte)**. Im zweiten Bereich geht es wieder einmal um die **Abgrenzung** zu privat veranlassten Lebensführungskosten.

> **Beispiel 30: Geld regiert die § 4 Abs. 3-Welt (oder nicht?)**
> Der freiberufliche Ingenieur I (Statik- und Planungsbüro, § 4 Abs. 3-Rechner) zeichnet eine Beteiligung an der X-AG über 100 T€. Die X-AG beabsichtigt – in Zusammenarbeit mit dem Büro des I – den Erwerb und Umbau eines Hotelkomplexes. In diesem Zusammenhang ist I zusätzlich für Verbindlichkeiten der X-AG eine Bürgschaftsverpflichtung i.H.v. 50 T€ eingegangen. Die Einzahlung des Aktiennennkapitals (100 T€) erfolgte vereinbarungsgemäß durch Überweisung vom Geschäftskonto. Das zusätzlich eingeforderte Agio von 10 % (10.000 €) wollte I persönlich in Scheinen aus dem Tresor seines Büros holen und übergeben. Der Zufall wollte es, dass der Tresor aufgebrochen wurde und der komplette Inhalt entleert wurde. I zeichnet seine Bargeschäfte vierteljährlich auf. Die AG meldete Insolvenz an, I ist aus der Bürgschaft in Anspruch genommen worden.

Der Fall betrifft zwei Problembereiche von § 4 Abs. 4 EStG:

- Können **Geldverluste durch Diebstahl** anders als durch eine »geschlossene Kassenführung« als BA berücksichtigt werden?
- Unabhängig von der Problematik des gewillkürten BV bei einem § 4 Abs. 3-Rechner stellt sich generell bei einem **Freiberufler** die Frage, inwieweit **Geldgeschäfte** i.w.S. zum (notwendigen) BV gehören können und somit ggf. über eine Teilwertabschreibung oder allgemein über eine Aufwandsbuchung als BA berücksichtigt werden können.

Lösung:

1. **Gelddiebstahl**
Nachdem Geld zu den neutralen WG schlechthin gehört, denen man die Zuordnung zu PV oder BV nicht ansehen kann, hatte der BFH ursprünglich einen Geldverlust nur dann als Betriebsaufwand zugelassen, wenn durch eine geschlossene Kassenführung (mit Tageslosung) der substantiierte Verwendungsnachweis erbracht werden konnte.
Mit Urteil vom 28.11.1991 (BStBl II 1992, 343) wurde diese Amtsskepsis zunächst im Bereich des § 4 Abs. 3 Rechners durchbrochen, indem auch mittels anderer Nachweise der Bargeldbestand dem betrieblichen Bereich zugeordnet werden konnte. Mit Beschluss vom 12.12.2001 (Az.: X R 65/98, StuB 2002, 508, s. auch FG Düsseldorf vom 16.02.2001, DStRE 2001, 618, rkr.) erstreckte der BFH nunmehr diese Grundsätze auch auf einen bilanzierenden Freiberufler.
Fraglich ist indessen, ob im vorliegenden Fall (Quartalsaufzeichnung/Tresor im Büro) der Nachweis erbracht werden kann. Aufgrund der aufgezeichneten Barzahlungen und mittels einer Geldverkehrsrechnung, die über die Privatentnahmen und -einlagen Aufschluss gibt, kann möglicherweise der Nachweis erbracht werden, der umso schwieriger ausfällt, je weiter das Quartal verstrichen ist.
Bei **Geldeinnahmen**, die aus laufenden Geschäftsvorfällen stammen, ist die Zuordnung beim BV relativ einfach, da sie regelmäßig zum BV gehören. Der Diebstahl dieser Beträge führt zu BA (FG Düsseldorf vom 16.02.2001, DStRE 2001, 618, rkr.). Andere Geldbeträge sind nur dann Betriebsvermögen, wenn sie diesem zugeführt werden; dies setzt eine an Hand objektiver Umstände zu konkretisierende Zuordnungsentscheidung voraus. Die nicht nach außen erkennbar werdende Absicht, die Beträge dem Betriebsvermögen zuzuführen, reicht nicht aus.

2. **Geldgeschäfte eines Freiberuflers als BV (mit der Folge BA)**
Der persönlichkeitsbezogenen Tätigkeit eines Freiberuflers ist es zu verdanken, dass der BFH **betrieblichen Geldgeschäften** (wie Darlehensgewährung, Beteiligungserwerben und dgl.) sehr reserviert gegenübersteht. I.d.R. überantwortet der BFH das spätere Schicksal dieser Geschäfte § 20 EStG. Unter der präzisierenden Voraussetzung, dass bei einem »eigenen wirtschaftlichen« Gewicht der Geldgeschäfte eine Zuordnung zum BV nie in Betracht kommt (BFH vom 26.03.1985, BStBl II 1985, 519), sind der betrieblichen Aufnahme enge Grenzen gesetzt. In der Entscheidung vom 31.05.2001 (BStBl II 2001, 828) erkennt der BFH nur für den Fall eine betriebliche Veranlassung an, dass mit dem konkreten Geldgeschäft die Aussicht auf **neue Aufträge** verbunden war und dies nicht nur ein Nebeneffekt der Kapitalanlage gewesen ist, sondern das Hauptmotiv. Dieser nach wie vor gültige Grundsatz (s. BFH vom 23.09.2009, BFH/NV 2010, 612) diente in der Folge auch für eine analoge Anwendung auf weitere Tätigkeitsfelder (im zitierten Urteil die Anerkennung von Genossenschaftsanteilen als gewillkürtes BV eines L+F-Betriebes).
Konkret kann der Nachweis im vorliegenden Beispiel u.E. durch einen Vergleich des Business-Planes der AG mit den Kalkulationszahlen des I einerseits und den G+V-Zahlen in den letzten beiden Jahren andererseits erbracht werden. Nur wenn dieser Vergleich positiv ausfällt, können die »in den Sand gesetzten« 150 T€ Kapitalverluste als BA berücksichtigt werden.

2.11.2 Betriebsausgaben oder Ausgaben für ein Wirtschaftsgut (Anschaffungskosten/Herstellungskosten)

BA (und WK) können nur anfallen, wenn es sich um einen **Erwerbsaufwand** handelt. Gerade in der Gestaltungsbranche wird die Unterscheidung zwischen Aufwand und AK für ein WG gerne zu Gunsten des Aufwands vorgenommen.

Beispiel 31: Der typische Fehler beim geschlossenen Immobilienfonds
Eine GmbH & Co. KG (mit einer Komplementär-GmbH und 70 Kommanditisten) erwirbt in Berlin-Marzahn ein Grundstück, um dort 100 Wohnungen zu errichten. Die einer Vermittlungsgesellschaft geschuldete Provision von 25 % des vermittelten Kommanditkapitals will die KG als BA abziehen.

Der BFH hat bereits früh für eine (reguläre) KG entschieden[492], dass Provisionen für die Vermittlung des Eintritts von Kommanditisten sofort abzugsfähige BA seien.

Lösung: Die Grundsätze aus den beiden vorgreifenden Urteilen werden vom BFH vom 28.06.2001 (BStBl II 2001, 717) nicht auf den Fall eines (in der Form einer GmbH & Co. KG firmierenden) geschlossenen Immobilienfonds übertragen. Vielmehr führt die Anwendung von § 42 AO hier zu dem Ergebnis, dass Eigenkapitalvermittlungsprovisionen wegen ihres wirtschaftlichen Gehalts als AK/HK des errichteten Gebäudes zu behandeln sind, bei dem auch aus diesem Grunde keine sofortige Teilwertabschreibung möglich sei.
Das BMF nahm hierzu in einem Schreiben vom 20.10.2003 (BStBl I 2003, 546) Stellung und verlieh den Grundsätzen des zitierten BFH-Urteils somit Allgemeingültigkeit für alle Formen von geschlossenen Immobilienfonds (Rz. 38 ff.). Hierzu sind noch zwei FG-Entscheidungen zu nennen: Das FG Hamburg sieht mit Urteil vom 15.10.2008 (EFG 2009, 582) das zitierte BFH-Urteil (für den Fall eines Schiffsfonds) als einen nicht zu verallgemeinernden Einzelfall an und sieht im zitierten BMF-Schreiben eine Verletzung geltenden Rechts. Vielmehr müsse jeweils anhand einer Einzelfallprüfung die Zuordnung der Aufwendungen zu HK bzw. AK oder als sofort abzugsfähige BA erfolgen. Der BFH hob das Urteil am 14.04.2011 (BFH/NV 2011, 1334) auf. Das FG Münster bestätigte in einem eindeutig als Anschlussurteil bezeichneten Urteil vom 18.12.2009 (StE 2010, 147) die Rechtsauffassung des BFH auch für den Fall eines Schifffahrtsfonds. Auch im Fall IV R 36/08 (ebenfalls Urteil vom 14.04.2011, BFH/NV 2011, 1361, zuvor FG Hamburg vom 23.05.2008, EFG 2008, 1864) bestätigte der BFH diese Rechtsprechung. Als Fazit bleibt festzuhalten, dass der BFH im Fall IV R 36/08 lediglich die Kosten für die vorbereitende Bereederung zum BA-Abzug zulässt. Kosten für die Platzierungsgarantie, für die Koordinierung der Finanzierung, für die Haftungsübernahme und für die Eigenkapitalbeschaffung sind hingegen als AK/HK zu behandeln.

Fazit: Ob HK/AK oder Erwerbsaufwand vorliegen, ist im Einzelfall zu prüfen. Hierbei sind H 6.4 EStH und R 21.1 EStR zu beachten.

---

492 BFH vom 13.10.1983 (BStBl II 1984, 101) und vom 23.10.1986 (BStBl II 1988, 128).

2.11.3 Der »umgekehrte« Fall: Aufwendungen vor Eigentumserwerb

Für den (zeitlich) umgekehrten Fall, dass Aufwendungen nicht kurz nach dem Eigentumserwerb, sondern (als Noch-Mieter) **vor** der Auflassung getätigt werden, hat der BFH am 13.05.2004 (BFH/NV 2004, 780) entschieden, dass es sich auch dann um sofort abzugsfähige BA handeln kann, wenn die (Dach-)Reparaturaufwendungen des Mieters zu einer Wertverbesserung des Gebäudes führen. Das objektive Nettoprinzip gebietet die Berücksichtigung der – beruflich (hier: aus L + F) veranlassten – Aufwendungen, auch wenn sie zunächst dem Vermieter (im Urteilsfall: dem Vater des Landwirts) zukommen. Diese zusätzlich in Nähe zum Drittaufwand angesiedelte Problematik müsste wohl anders entschieden werden, wenn der Sohn auf einen ihm zustehenden Aufwendungsersatzanspruch gem. §§ 851, 812 BGB aus familiären Gründen verzichtet hätte (vgl. auch BFH vom 18.07.2001, BStBl II 2002, 281).

2.12 Der Schuldzinsenabzug gemäß § 4 Abs. 4a EStG[493]

Das Thema des betrieblichen Schuldzinsenabzugs genießt in der Praxis eine große Bedeutung. Es entwickelten sich – im Zusammenspiel zwischen Wirtschaft, Rspr. und Verwaltung – mehrere Modelle, mit denen der (**auch**) **betriebliche** Verkehr mit den Geldinstituten und das objektive Nettoprinzip (Abzug des Erwerbsaufwands) miteinander versöhnt wurden. Der Gesetzgeber hat eine »überlagernde« Lösung (§ 4 Abs. 4a EStG) präsentiert, neben der die entwickelten Konzepte – dem Grunde nach – weiter Bestand haben.

Zwei der häufigsten Modelle (gekürzt, siehe ausführlich hierzu die 10. Auflage des vorliegenden Lehrbuches) und die gesetzliche Lösung, die **zusätzlich** zur Anwendung gelangt, werden – in der zeitlichen Reihenfolge der steuerrechtlichen Entwicklung – vorgestellt. Das Thema wird in einem weiteren steuerlichen Anwendungsbereich (Schuldumschaffung/Novation) nochmals bei § 12 Nr. 1 EStG diskutiert.

2.12.1 Kurzdarstellung der historischen Entwicklung

2.12.1.1 Das gemischte Kontokorrentkonto

Die ersten (einfachen) Fälle waren dadurch gekennzeichnet, dass ein Gewinnerzieler Schulden aus der Privatsphäre über **ein Betriebskonto** abgewickelt hat und sich dabei ein negativer Kontenstand ergab.[494] Die betriebliche Veranlassung wurde weitgehend ausgelegt. Der Rspr. ging in der Argumentation von folgenden wichtigen – und auch heute noch gültigen – Bausteinen aus:

- Es gibt keine **gewillkürte Betriebsschuld** (oder anders formuliert: Es gibt nur Betriebs- oder Privatschulden).
- Die **Entstehung** der Verbindlichkeit ist maßgebend für die Qualifizierung als alleinige Betriebs- **oder** Privatschuld (Frage nach dem Finanzierungsgegenstand).

---

493 Die korrespondierende Regelung bei den Überschusseinkünften findet sich in § 9 Abs. 1 S. 3 Nr. 1 EStG. Hierbei muss ein Zusammenhang zur jeweiligen Einkunftsart bestehen.
494 Es bleibt dem StPfl. natürlich unbenommen, seinen Zahlungsverkehr über getrennte Kontokorrentkonten (betrieblich/private) abzuwickeln. Bei dortigen Überschneidungen (»Fehlbuchungen«) werden sodann Unterkonten gebildet, die nach Maßgabe der Aufteilung eines gemischten Kontos fiktiv aufgeteilt werden (BMF vom 10.11.1993, BStBl I 1993, 930, Rz. 6, teilweise ersetzt durch BMF vom 17.11.2005, BStBl I 2005, 1019, für VZ ab 1999 ist § 4 Abs. 4a EStG zu beachten).

Die Unterscheidung zwischen außergewöhnlichen und regulären Privatschulden wurde in der Folgezeit fallengelassen. In den Vordergrund trat (tritt) der Veranlassungsgedanke.

In der entscheidenden Frage, wie der **betriebliche** Anteil bei einem **gemischten Kontokorrentkonto** (KKK) zu ermitteln ist, haben der BFH[495] – und ihm folgend das BMF – statt der Umschuldungsidee das Veranlassungsdogma aufgegriffen. Im Vordergrund steht die betriebliche Veranlassung (§ 4 Abs. 4 EStG) des Schuldsaldos.[496] Bei einem **gemischten KKK** wird der Debetsaldo sodann trotz § 12 Nr. 1 EStG in einen betrieblichen und in einen privaten Anteil **aufgeteilt** und dabei wird nur der **betriebliche Anteil** weiter berücksichtigt. Der ideale Aufteilungsmaßstab ist dabei die Zinsstaffelmethode. Dabei wird auf die jeweiligen Zwischensalden abgestellt und nur bei negativem Zwischensaldo werden die Zinsen berechnet. Ausgehend von dem (negativen) Zwischensaldo wird die Zinszahl für den Zeitraum seit der Wertstellung berechnet. Formelmäßig lautet die Berechnung: Zinszahl = Kapital x Tage/100. Am Ende der Periode wird ein Sammelbetrag ermittelt und durch einen Zinsdivisor (360/Zinsfuß) geteilt. Für den Fall des unzumutbaren Ermittlungsaufwands erlauben der BFH und die Verwaltung, die generell der Entscheidung folgte (BMF vom 10.11.1993, BStBl I 1993, 930, Rz. 17), auch die Schätzung. Das zitierte BMF-Schreiben wurde zwar teilweise (Rz. 8 bis 10), durch das BMF-Schreiben vom 17.11.2005 (BStBl I 2005, 1019)[497] aufgrund von Rspr. (GrS des BFH vom 08.12.1997, s. sogleich unten und BFH vom 19.03.1998, BStBl II 1998, 513) aufgehoben, ist jedoch im zitierten Bereich noch anzuwenden.

2.12.1.2 Das Zwei- oder Mehrkontenmodell

In der Praxis findet sich das Zweikontenmodell in den verschiedensten Gestaltungen. Es sind mindestens zwei Konten vorhanden. In der Reinform werden auf dem ersten Konto sämtliche betriebliche Aufwendungen gebucht (betriebliches Aufwandskonto). Dieses weist regelmäßig einen Schuldsaldo aus. Wegen des betrieblichen Charakters sind die hier entstandenen Schuldzinsen BA. Auf einem zweiten Konto, das strikt von dem Aufwandskonto zu trennen ist, werden die BE und der Privataufwand abgewickelt (Einnahmenkonto). Dabei wird auf diesem Konto ein Schuldsaldo stets vermieden, weil Schuldzinsen für private Zwecke grundsätzlich nicht abzugsfähig sind.

Für diese Fallgruppe führte 1985 der I. Senat (Urteil vom 17.04.1985, BStBl II 1985, 510 sowie Urteil vom 05.06.1985, BStBl II 1985, 619[498]) den zukunftsweisenden Gedanken aus, dass Eigenkapital **jederzeit** durch Fremdkapital ersetzt werden könne (sog. **Finanzierungsfreiheit** und Grundsatz der steuergünstigsten Gestaltung). Der Weg zur steuerlichen Anerkennung der anfallenden Zinsen als BA wurde durch die Überlegung freigemacht, dass der aufgenommene Kredit ohnehin nur der **vorübergehenden Finanzierung** der Privatschuld diene, im Übrigen jedoch dem Betrieb die durch künftige Entnahmen fehlenden Barmittel ersetzen sollte. Wenn der Betrieb über »entnahmefähige« Barmittel (= vorhandenes BV inkl.

---

[495] BFH vom 04.07.1990 (BStBl II 1990, 817).
[496] Diesbezüglich ist jedoch auch noch auf ein BFH-Urteil vom 01.02.2001 (DStRE 2001, 841) hinzuweisen. Unter Verweis u.a. auf die Entscheidung des GrS vom 18.12.1997 stellte der BFH fest, dass der Schlusssaldo des gemischt genutzten Kontos nicht alleine entscheidend für die betriebliche Veranlassung ist, wenn diesem Konto die Darlehensvaluta gutgeschrieben wird.
[497] Beachte in diesem Zusammenhang auch BMF vom 07.05.2008 (BStBl I 2008, 588).
[498] Die Fälle unterschieden sich dadurch, dass im ersten Fall vor Darlehensaufnahme noch ein positives Kapitalkonto vorlag, nicht hingegen im 2. Fall.

stiller Reserven) verfüge, war die Schuld betrieblich veranlasst.[499] Die Änderung des – nunmehr betrieblichen – Verwendungszecks wurde durch eine **Umschuldung** (auch Novation genannt) herbeigeführt. Voraussetzung dafür war aber, dass die Umschuldung dokumentiert wurde. Danach ergab sich für die Dauer der Umschuldung eine ständig zunehmende Betriebsschuld (mit entsprechender Zinsaufteilung). Nach abgeschlossener Umschuldung lag – nach damaliger BFH-Rspr. – eine eindeutige Betriebsschuld mit vollem BA-Abzug vor. Diese Rechtsauffassung sollte sich zunächst als kurzlebig erweisen[500], um zehn Jahre später im Kleide neuer Erkenntnissätze doch zur Anwendung zu gelangen.

Die Verwaltung hatte – trotz weiterführender BFH-Urteile[501] – die Anwendung dieser (für sie überraschenden) Entwicklung durch einen koordinierten Ländererlass 1987 vom 27.07.1987 wie folgt relativiert (BStBl I 1987, 508):

a) **Das steuerschädliche Zweikontenmodell:**
Wird einem Betrieb **ein Darlehen zugeführt und werden die Barmittel daraus innerhalb kurzer Zeit wieder entnommen**, so findet keine zulässige Ersetzung von EK durch FK statt. In diesen Fällen liegt von Anfang an eine Privatverbindlichkeit vor.

b) **Das anerkannte Zweikontenmodell:**
Werden hingegen im Betrieb **erzielte Einnahmen** zur Tilgung eines privaten Darlehens **entnommen** und wird deshalb ein neues Darlehen zur Finanzierung von betrieblichen Aufwendungen aufgenommen, so sind die Verwendung der betrieblichen Mittel zur Tilgung der Privatschuld und die Neuaufnahme der Betriebsschuld steuerlich anzuerkennen. Voraussetzung ist die **Aufnahme zweier Darlehen**, von denen das eine bis zur vollständigen Tilgung PV bleibt und das andere von Anfang an zum BV gehört. Dies war die **amtliche** Geburtsstunde des Zweikontenmodells.

Wiederum nach einer längeren Pause von zehn Jahren folgte die letzte Erkenntnis des GrS des BFH am 08.12.1997 (BStBl II 1998, 193). Ausgelöst durch die Vorlagebeschlüsse des X. und XI. Senats aus dem Jahre 1995 sind drei Folgefragen zu den Grenzen der Finanzierungsfreiheit (und vice versa zum Auslöser von § 42 AO) beantwortet worden:

1. Auch dann, wenn ein **enger zeitlicher** Zusammenhang zwischen der Privatinvestition und der Bildung des Zwei-Kontenmodells besteht (im konkreten Fall: drei Monate), steht dies dem BA-Abzug der betrieblich veranlassten und berechneten Zinsen nicht entgegen.
2. Wenn planmäßig bei zwei Konten die BE auf ein gesondertes Konto überwiesen und die BA ausschließlich von einem **gemischten** Kontokorrentkonto beglichen werden, und wenn sodann der erforderliche Privataufwand von beiden Konten bedient wird, so gilt: Die auf dem Kontokorrentkredit entstandenen Zinsen sind – nach der Zinsstaffelmethode berechnet – als BA abziehbar.
3. Auch eine Umschuldung kann zum BA-Abzug führen, wenn sie in der korrekten Form des Zwei-Kontenmodells erfolgt.

---

499 Genaue Argumentation des BFH a.a.O.: Der (bilanzierende) Steuerbürger hätte laufend Barmittel zur Tilgung des Privatdarlehens entnehmen und jeweils eine betriebliche Schuld neu aufnehmen können.
500 Haupteinwand: Der Novationsgedanke beruht auf einer Fiktion. Eine hypothetische Besteuerung findet aber nicht statt.
501 BFH vom 28.01.1987 (BStBl II 1987, 616), vom 02.04.1987 (BStBl II 1987, 621) und vom 21.05.1987 (BStBl II 1987, 628).

Das BMF folgte dieser Rechtsprechung durch entsprechende Änderung des BMF-Schreibens vom 10.11.1993 (BStBl I 1993, 930), zuletzt durch das BMF-Schreiben vom 17.11.2005 (BStBl I 2005, 1019) und vom 18.02.2013 (BStBl I 2013, 197). Für Mitunternehmerschaften ist zusätzlich aufgrund des BFH-Urteils vom 29.03.2007 (BStBl II 2008, 420) das Schreiben vom 07.05.2008 (BStBl I 2008, 588) zu beachten.

2.12.2 Die »überlagernde« Regelung des § 4 Abs. 4a EStG

Die vorstehend genannten Grundsätze für die Anerkennung betrieblicher Zinsen greifen weiterhin. Damit ergibt sich eine **zweistufige Prüfung** nach privater oder betrieblicher Veranlassung mit den o.g. Lösungen. **Private Schuldzinsen werden weder dem Grunde noch der Höhe nach anerkannt.**[502] Für betrieblich veranlasste Zinsen sieht § 4 Abs. 4a EStG neben der nachfolgend erläuterten Zinsschranke (§ 4h EStG) eine Begrenzung des Betriebsausgabenabzuges vor. Maßgebendes BMF-Schreiben ist das vom 17.11.2005 (BStBl I 2005, 1019).[503] Der Grundgedanke der Regelung lässt sich in folgenden drei Aspekten zusammenfassen:

1. Nach § 4 Abs. 4a S. 1 HS 2 EStG (im Folgenden: jeweils von § 4 Abs. 4a EStG) sowie S. 2 ist der Abzug betrieblicher Schuldzinsen eingeschränkt, wenn sog. **Überentnahmen** vorliegen.[504] Dies ist grundsätzlich dann der Fall, wenn die **Entnahmen größer sind als der Gewinn und die Einlagen** des Jahres. Nach Tz. 8, a.a.O., sind bei der Gewinnermittlung die außerbilanziellen Hinzurechnungen zu addieren, ebenso wie (z.T. steuerbefreite) Veräußerungsgewinne nach Tz. 8 zu erfassen sind. In Verlustjahren liegen Überentnahmen nur in der Höhe vor, in der die Entnahmen die Einlagen übersteigen (sog. Entnahmenüberschuss nach Tz. 11 mit Beispiel). Der Verlust ist dabei zu verrechnen und formlos festzuhalten.
2. Nach S. 3 und S. 4 gelten betrieblich veranlasste Schuldzinsen **pauschal i.H.v. 6 % der Überentnahmen** eines Jahres (zzgl. der Überentnahmen der Vorjahre[505]) als steuerlich **nicht abzugsfähige BA**. Die so errechneten betrieblichen Schuldzinsen, die noch um 2.050 € (Sockelbetrag) gekürzt werden, stellen den Höchstbetrag der Hinzurechnung, d.h. der nicht abzugsfähigen BA, dar.
3. Eine Rückausnahme gilt nach S. 5 für Zinsen, die der Finanzierung von **Anlagegütern** (sog. Investitionsdarlehen) dienen. Diese sind vorrangig und voll abzugsfähig.[506] Auf-

---

502 S. auch BFH vom 21.09.2005, BStBl II 2006, 125.
503 Zu beachten sind auch die Änderungen durch BMF vom 07.05.2008 (BStBl I 2008, 588) sowie die Vereinfachungsregelung durch BMF vom 04.11.2008 (BStBl I 2008, 957).
504 Zur inzwischen historischen Ermittlung des Anfangsbestandes der Unterentnahmen vgl. Tz. 36 des zitierten BMF-Schreibens sowie die BFH-Rechtsprechung vom 21.09.2005 (BStBl II 2006, 504) und BFH vom 18.10.2006 (BFH/NV 2007, 418).
505 Umgekehrt werden Unterentnahmen der Vorjahre abgezogen.
506 Dies gilt laut BFH vom 23.02.2012 (Az.: IV R 19/08) – entgegen BMF vom 17.11.2005 (BStBl I 2005, 1019, Tz. 27 a.F.) – auch dann, wenn die Aufwendungen über ein Kontokorrentkonto finanziert werden und dadurch auf diesem ein negativer Saldo entsteht oder sich erhöht. Das BMF wendet das Urteil grundsätzlich in allen offenen Fällen an (BMF vom 18.02.2013, BStBl I 2013, 197), mit einer Ergänzung des Schreibens vom 17.11.2005 (BStBl I 2005, 1019, Rz. 27, 41), sofern die weiteren Voraussetzungen der Rn. 27, vor allem ein enger zeitlicher und betragsmäßiger Zusammenhang zwischen der Belastung auf dem Kontokorrentkonto und der Darlehensaufnahme, vorliegen. Der volle Schuldzinsenabzug wird auch für die Zinsen eines Darlehens gewährt, welches zur Finanzierung der Zinszahlungen für ein Investitionsdarlehen aufgenommen wird (BFH vom 07.07.2016, III R 26/15).

grund Tz. 27 (jeweils) des BMF-Schreibens vom 17.11.2005 (BStBl I 2005, 1019)[507] wird allerdings bei einer vorherigen Finanzierung von Anlagegütern durch ein KKK und einer späteren Umschuldung (in ein langfristiges Darlehen) kein Finanzierungszusammenhang hergestellt.[508]

Für die sonstigen, betrieblich veranlassten Schuldzinsen gilt (Darstellung wichtiger Begriffe der Regelung)[509]:

Rubrik/Regelung	Erläuterung/Ausnahmen	Rechtsprechung/Anmerkungen
§ 4 Abs. 4a S. 6 EStG: Anwendungsbereich	Anwendbar in der betrieblichen Überschussrechnung (§ 4 Abs. 3 EStG), nicht bei den Gewinnmethoden von § 13a EStG und § 5a EStG.	BMF, Tz. 35; Keine Anwendung findet die Regelung im Bereich der Überschusseinkünfte (vgl. § 9 Abs. 5 EStG). Andererseits betont der BFH in ständiger Rspr., dass die Aufteilungsgrundsätze bei gemischten Konten für alle Einkunftsarten gelten (zuletzt BFH vom 08.12.1997, BStBl II 1998, 193).
Gewinnbegriff	Maßgebend ist der einkommensteuerliche Gewinn.	BFH vom 21.09.2005, vom 18.10.2006 und vom 07.03.2006, BStBl II 2006, 588 und vom 22.02.2012, Az.: X R 27/10 n.v.; BMF a.a.O.
Begriff der Überentnahme	Betrag, um den die Entnahmen die Summe des Gewinns und der Einlagen des Wirtschaftsjahrs übersteigen.	
Umwandlungen und Auswirkungen auf § 4 Abs. 4a EStG		Vgl. BMF vom 17.12.2005 (a.a.O.) und die Vfg. der OFD Rheinland vom 29.06.2011 (Kurzinformation ESt 31/2011).
Betrachtungszeitraum	§ 4 Abs. 4a EStG ist VZ-übergreifend auszulegen.	BFH vom 17.08.2010 (BStBl II 2010, 1041)[512]

---

507 Zu beachten sind auch die Änderungen durch BMF vom 07.05.2008 (BStBl I 2008, 588) sowie die Vereinfachungsregelung durch BMF vom 04.11.2008 (BStBl I 2008, 957).
508 Zur **Abgrenzung der Ausnahmeregelung** für Anlagegüter vgl. auch BFH vom 23.03.2011, BStBl II 2011, 753 (Fall eines Warenlagers).
509 S. hierzu auch Kracht in Haufe aktuell vom 26.03.2011.
510 Demnach ist eine Hinzurechnung aufgrund von Überentnahmen auch dann vorzunehmen, wenn im VZ zwar keine Überentnahme entsteht, aber sich ein Saldo aufgrund von solchen aus den Vorjahren ergibt. Ergibt sich in einem Jahr per Saldo eine Unterentnahme bei gleichzeitigem Verlust des Betriebes, so ist diese Unterentnahme vorrangig mit dem betrieblichen Verlust zu verrechnen, so dass sich das »Verrechnungspotenzial« der Unterentnahme für Folgejahre mindert bzw. sogar aufgebraucht werden kann (vgl. BFH vom 22.02.2012, Az.: X R 27/10). Tilgt der StPfl. beim sog. »umgekehrten Zwei-Konten-Modell« mit eingehenden Betriebseinnahmen einen Sollsaldo, der durch Entnahmen entstanden ist oder sich erhöht hat, so liegt im Zeitpunkt der Gutschrift eine Entnahme vor, die bei der Ermittlung der Überentnahmen zu berücksichtigen ist (BFH vom 03.03.2011, BStBl II 2011, 688).

§ 4 Abs. 4a EStG findet auf alle Gewinneinkünfte Anwendung. Aufgrund der unterschiedlichen Rechtsformen der Gewinnerzielungsobjekte bzw. der StPfl. gelten folgende Besonderheiten:

1. Die **Betrachtungsweise** ist grundsätzlich betriebsbezogen (BFH vom 22.09.2011, Az.: IV R 33/08, BStBl II 2012, 10 zum Fall einer Betriebsaufspaltung). Aufgrund der betriebsbezogenen Betrachtung ist der in einem weiteren Betrieb des Klägers erwirtschaftete Gewinn ohne Bedeutung (BFH vom 22.02.2012, DB 2012, 1958). Demnach stellt grundsätzlich jede Überführung oder Übertragung eines Wirtschaftsguts aus dem betrieblichen Bereich des StPfl. in einen anderen betrieblichen Bereich desselben oder eines anderen StPfl. eine Entnahme beim abgebenden und eine Einlage beim aufnehmenden Betrieb i.S.d. § 4 Abs. 4a EStG dar. Bei bestehender mitunternehmerischer Betriebsaufspaltung ist dies hingegen bei einer geänderten betriebsvermögensmäßigen Zuordnung eines Wirtschaftsguts dann nicht der Fall, wenn der Vorgang zum Buchwert stattgefunden hat. Das BMF wendet diesen Grundsatz mit Schreiben vom 18.02.2013 (BStBl I 2013, 197), in einer Ergänzung des Schreibens vom 17.11.2005 (BStBl I 2005, 1019, Rz. 10b, 41) in allen offenen Fällen an. Neben dem vom BFH entschiedenen Fall wendet das BMF die genannten Grundsätze auch für den Fall an, dass ein Wirtschaftsgut nach Verschmelzung einem anderen Betriebsvermögen zuzuordnen ist.
2. Bei Personengesellschaften ist die Betrachtungsweise **gesellschafterbezogen** (BFH vom 29.03.2007, BFH/NV 2007, 1960). In die Berechnung sind auch Ergänzungs- und Sonderbilanzen des jeweiligen Gesellschafters einzubeziehen. Die einer Personengesellschaft entstandenen Schuldzinsen für ein Darlehen des Gesellschafters sind im Rahmen der Hinzurechnung gem. § 4 Abs. 4a EStG nicht zu berücksichtigen, soweit sie zugleich als Sondervergütung behandelt worden sind (vgl. BFH vom 12.02.2014, Az.: IV R 22/10). Der Sockelbetrag von 2.050 € wird nicht jedem Gesellschafter, sondern der Gesellschaft insgesamt für alle Gesellschafter nur einmal gewährt. Der Sockelbetrag ist daher unter allen Gesellschaftern nach deren Anteil an den Schuldzinsen aufzuteilen.
3. Mit zwei Schreiben vom 07.05.2008 (BStBl I 2008, 588) und – vor allem – vom 04.11.2008 (BStBl I 2008, 957) akzeptiert das BMF die individuelle (d.h. gesellschafterbezogene) Betrachtungsweise beim Begriff der Überentnahme (sowie der dazu gehörenden Rechen-Komponenten der Einlagen etc.). Es lässt aber wegen der technischen Schwierigkeiten, alle Altfälle ab 1999 aufzurollen, eine **Vereinfachung** dergestalt zu, dass der Saldo der Über-/Unterentnahmen bei einem übereinstimmenden Antrag aller MU nach dem **Beteiligungsschlüssel** vorgenommen wird. Nach dem Bekenntnis des BFH zur individuellen Betrachtungsweise stellt diese Praktikabilitätslösung trotz des gemeinsamen Antrags jetzt einen Verstoß gegen den Grundsatz der individuellen Leistungsfähigkeit dar.[511]
4. Bei **Freiberuflern** (im Urteilsfall Arzt) können Wertpapiere in das BV eingelegt werden, wenn ihre Anschaffung, das Halten und ihr Verkauf ein Hilfsgeschäft der freiberuflichen Tätigkeit darstellen, z.B. in Form eines verbindlich vereinbarten Finanzierungskonzepts für den (ärztlichen) Betrieb. Ihre Einlage mindert den Betrag der Überentnahmen (BFH vom 17.05.2011, BFH/NV 2011, 1940).

Fazit: Mit der »Bestrafung« von Überentnahmen wird letztlich die Kapitalaufnahme für private Überhänge als nicht betrieblich veranlasst angesehen. Eine Umgehung des Abzugsverbotes mittels kurzfristiger Geldeinlagen hat der BFH mit Urteil vom 21.08.2012 (Az.: VIII R 32/09)

---

511 Vgl. zu technischen Fragen *Pitzke*, NWB 17, 2247.

als Gestaltungsmissbrauch i.S.d. § 42 AO angesehen, wenn die Einlage allein dazu dient, die Hinzurechnung nach § 4 Abs. 4a EStG nicht abziehbarer Schuldzinsen zu umgehen.

Beispiel 31a:
(Auszug aus der Steuerberaterprüfung 2012, verkürzte Darstellung)
Susi Schön (S) betreibt seit dem 01.06.2010 in Essen, Gerda Str. II, einen Großhandel mit Kosmetikprodukten als Einzelunternehmen. Der Gewinn wird nach § 4 Abs. 1, § 5 EStG ermittelt. Wirtschaftsjahr ist das Kalenderjahr. Nach den von S erstellten Steuerbilanzen entwickelt sich das Eigenkapital des Kosmetikhandels in den Jahren 2010 und 2011 wie folgt:

01.06.2010	0 €	01.01.2011	100.000 €
Einlagen	300.000 €	Einlagen	0 €
Entnahmen	./. 400.000 €	Entnahmen	./. 600.000 €
Gewinn	200.000 €	Gewinn	100.000 €
31.12.2010	100.000 €	31.12.2011	./. 400.000 €

Der Gewinn laut Gewinn- und Verlustrechnung für das Jahr 2010 i.H.v. 200.000 € entspricht mangels außerbilanzieller Hinzurechnungen und Kürzungen zugleich dem steuerlich maßgebenden Gewinn. In der Gewinn- und Verlustrechnung für das Jahr 2011 sind u.a. folgende Aufwendungen berücksichtigt:

Mietaufwendungen Gerda Str. II. Essen	204.000 €
Zinsaufwendungen Darlehen Mindener Str. 10. Bielefeld	40.000 €
Zinsaufwendungen laufender Geschäftsverkehr	20.000 €

Zusätzliche Angaben (Auszug):

Warenlager Bielefeld, Mindener Str. 10:
Zur Erweiterung der Lagerkapazität erwarb S mit notariellem Vertrag vom 03.08.2011 das Grundstück Mindener Str. 10 in Bielefeld mit aufstehendem Lagergebäude, das sie seit dem 01.09.2011 (Übergang Nutzen und Lasten) als zusätzliches Warenlager für ihren Kosmetikhandel nutzt. Die hierfür in 2011 angefallenen Zinsen belaufen sich auf 40.000 €.

Kontokorrentkonto:
Die in 2011 gezahlten Zinsen für den laufenden Geschäftsverkehr beruhen auf einem von S bei der C-Bank unterhaltenen Kontokorrentkonto, über das S den Kauf und Verkauf der Kosmetikprodukte abwickelt.
Als Fallfrage soll hier der im Rahmen des § 4 Abs. 4a EStG abziehbare Zinsaufwand ermittelt werden.

Lösung (nach dem Lösungsvorschlag Bannas-Fallrepetitorium): Sofern Überentnahmen getätigt wurden, sind die von S gewinnmindernd berücksichtigten Schuldzinsen gem. § 4 Abs. 4a EStG nicht abziehbar. Überentnahmen sind der Betrag, um den die Entnahmen die Summe des Gewinns und der Einlagen des Wirtschaftsjahres übersteigen (§ 4 Abs. 4a S. 2 EStG). Dabei bleiben die gem. § 4 Abs. 4a S. 3, 2. HS EStG nicht abziehbaren Schuldzinsen außer Ansatz.
Aus den Entnahmen von 600.000 € und dem Gewinn von 100.000 € ergeben sich Überentnahmen im Jahr 2011 von 500.000 € Die gem. § 4 Abs. 4a S. 3 EStG nicht abziehbaren Schuldzinsen ergeben sich aus dem Überentnahmebetrag des Jahres 2011, der um die Über- bzw. Unterentnahmen der vorherigen Wirtschaftsjahre zu korrigieren ist. Da der Kosmetikhandel erst in 2010 begonnen wurde, ist lediglich das Jahr 2010 zu betrachten.

Aus den Entnahmen von 400.000 €, den Einlagen von 300.000 € und dem Gewinn von 200.000 € ergeben sich Unterentnahmen im Jahr 2010 von 100.000 €
Somit ergibt sich zum 31.12.2011 ein Überentnahmebetrag von 500.000 € ./. 100.000 € = 400.000 €. Die nicht abziehbaren Schuldzinsen betragen somit gem. § 4 Abs. 4a S. 3 EStG 6 % von 400.000 €, also 24.000 €
Allerdings ist die Höchstgrenze des § 4 Abs. 4a S. 4 EStG zu beachten, wonach der Betrag der nicht abziehbaren Schuldzinsen durch den um 2.050 € geminderten Betrag der im Wirtschaftsjahr angefallenen Schuldzinsen begrenzt wird. Gem. § 4 Abs. 4a S. 5 EStG sind die Schuldzinsen aus Darlehen zur Finanzierung von Anschaffungs- und Herstellungskosten des Anlagevermögens nicht zu berücksichtigen. Das gilt für das zur Finanzierung des Grundstückserwerbs in Bielefeld aufgenommene Darlehen, weil das Grundstück notwendiges Betriebsvermögen des Kosmetikhandels darstellt. Es sind gem. § 4 Abs. 4a S. 4 EStG nur die Schuldzinsen für das Kontokorrentkonto zu berücksichtigen. Schuldzinsen Kontokorrentkonto: 20.000 € ./. Freibetrag ./. 2.050 € ergibt einen Betrag von nicht abziehbaren Schuldzinsen von 17.950 €.

2.13 Die Zinsschranke (§ 4h EStG)[512]

Mit der Zinsschranke des § 4h EStG wird der BA-Abzug für Schuldzinsen allgemein beschränkt.[513] Die Vorschrift erfasst **alle Schuldzinsen**, also neben Zinsen auf Gesellschafterdarlehen auch Zinsen, die der StPfl. für Bankdarlehen leistet. Das BMF hat mit Schreiben vom 04.07.2008 (BStBl I 2008, 718)[514] zu § 4h EStG Stellung bezogen.

Nach § 4h Abs. 1 EStG sind Zinsaufwendungen eines Betriebs abzugsfähig

- bis zur Höhe der Zinserträge und
- darüber hinaus bis zu 30 % des um die Zinsaufwendungen und die Abschreibungen erhöhten und um die Zinserträge verminderten maßgeblichen Gewinns (= steuerliches EBITDA[515]).

Überschreitet der Zinsüberhang 30 % des steuerlichen EBITDA nicht, sind demnach alle Schuldzinsen abzugsfähig. Zinsaufwendungen, die nicht abgezogen werden dürfen, sind in die folgenden Wirtschaftsjahre vorzutragen (Zinsvortrag). Die Zinsschranke kann dazu führen, dass Betriebe, die tatsächlich Verluste erzielen, Gewinne versteuern müssen.

Beispiel 32: Der Verlust-Betrieb
Der Betrieb des V erzielt einen Gewinn vor Zinsergebnis und Abschreibungen (EBITDA) i.H.v. 2 Mio. €. Es sind jedoch Zinsaufwendungen i.H.v. 2,5 Mio. € und Abschreibungen i.H.v. 500.000 € angefallen. Die G+V weist deshalb einen Verlust von 1 Mio. € aus. Wie hoch ist der steuerliche Gewinn des Betriebs?
Lösung:

---

512 Vertiefend hierzu *Schultz/Aßberg* in *Preißer/von Rönn/Schultz/Aßberg*, UntStReform 2008 (2007), 55 ff.
513 Hinweis: Zu den bestehenden verfassungsrechtlichen Bedenken gegen die Abzugsbeschränkung s. BFH (Beschluss vom 18.12.2013, Az.: I B 85/13). Mit Schreiben vom 13.11.2014 (Az.: IV C 2 – S 2742-a/07/10001 :009) hat das BMF eine Anwendung des BFH-Beschlusses über den entschiedenen Einzelfall hinaus abgelehnt und die vom BFH geäußerten verfassungsrechtlichen Bedenken zurückgewiesen. Der BFH wiederum hat mit Beschluss vom 14.10.2015 (I R 20/15) die Frage der Verfassungsmäßigkeit des § 4h EStG dem BVerfG zur Entscheidung vorgelegt.
514 Vgl. auch OFD Nordrhein-Westfalen vom 11.07.2013, DStR 2013, 1947.
515 EBITDA steht für Earnings before interests, taxes, depreciation and amortisation.

Gewinn vor Zinsergebnis und Abschreibungen (EBITDA)	./. 2.000.000 €
./. Zinsaufwendungen	./. 2.500.000 €
./. Abschreibungen	./. 500.000 €
Gewinn lt. G+V	./. 1.000.000 €

Aufgrund der Zinsschranke des § 4h EStG sind die Zinsaufwendungen allerdings nur i.H.v. 30 % des EBITDA abzugsfähig (2 Mio. € x 30 % = 600.000 €). Damit ergibt sich ein **steuerlicher Gewinn von 900.000 €** (= 2.000.000 € ./. 600.000 € ./. 500.000 €), obwohl der Betrieb des V tatsächlich einen Verlust erzielt hat. Die übersteigenden Zinsaufwendungen von 1,9 Mio. € werden gesondert festgestellt und in die Folgejahre vorgetragen.

Wird der Betrieb aufgegeben oder übertragen, geht ein nicht verbrauchter Zinsvortrag unter (§ 4h Abs. 5 S. 1 EStG). Scheidet ein Mitunternehmer aus einer PersG aus, geht der Zinsvortrag anteilig unter (§ 4h Abs. 5 S. 2 EStG). Bei KapG führen Anteilsübertragungen i.S.d. § 8c KStG zum (ggf. anteiligen) Untergang des Zinsvortrags (§ 8a Abs. 1 S. 3 KStG).

2.13.1 Begriff der Zinsaufwendungen und -erträge

Zinsaufwendungen sind Vergütungen für Fremdkapital, die den maßgeblichen Gewinn gemindert haben.[516] **Zinserträge** sind Erträge aus Kapitalforderungen jeder Art, die den maßgeblichen Gewinn erhöht haben. Auch die Auf- und Abzinsung unverzinslicher oder niedrig verzinslicher Verbindlichkeiten oder Kapitalforderungen führt zu Zinserträgen oder Zinsaufwendungen in diesem Sinne (§ 4h Abs. 3 EStG).

Zinsaufwendungen und -erträge sind vor der Prüfung der 30%-Grenze zunächst **miteinander zu verrechnen**. Sind die Zinserträge höher als die Zinsaufwendungen, ist § 4h EStG im Ergebnis nicht anzuwenden.

Beispiel 33: Der zinsbringende Betrieb
Der Betrieb des A erzielt Zinserträge von 4 Mio. € und hat Zinsaufwendungen von 3 Mio. €. Das EBITDA beträgt 5 Mio. €.

Lösung: Die Zinsaufwendungen (3 Mio. €) sind nach § 4h Abs. 1 S. 1 EStG bis zur Höhe der Zinserträge (4 Mio. €) abzugsfähig. Somit greift keine Abzugsbeschränkung ein. Dies gilt unabhängig davon, dass die Zinsaufwendungen für sich betrachtet mehr als 30 % des EBITDA (5 Mio. €) betragen.

2.13.2 Maßgeblicher Gewinn

Maßgeblicher Gewinn ist der nach dem EStG ermittelte Gewinn, also der steuerliche, nicht der handelsrechtliche Gewinn (§ 4h Abs. 3 S. 1 EStG) vor Zinsergebnis und Abschreibungen. Die Korrektur um **Abschreibungen** betrifft

---

516 Nach dem BMF vom 04.07.2008 (BStBl I 2008, 718) werden auch zinsähnliche Komponenten wie Damnum, Provisionen usw. in den Zinsbegriff aufgenommen. Zu beachten ist allerdings die Rückausnahme (insoweit voller Schuldzinsenabzug) der Rz. 94 (u.a. Förderdarlehen der Förderinstitute (z.B. KfW) und öffentliche und nicht öffentliche Baudarlehen). Vgl. hierzu auch den Erlass des FinMin Schleswig-Holstein vom 10.08.2012 (Az.: VI 301 – S 2741 – 109).

- die AfA nach § 7 EStG (egal ob linear oder degressiv, ob für Gebäude oder für andere materielle oder immaterielle Wirtschaftsgüter),
- den Aufwand für GWG nach § 6 Abs. 2 EStG sowie
- die Abschreibung des Sammelpostens nach § 6 Abs. 2a EStG für Wirtschaftsgüter mit AK/HK zwischen 150 € und 1.000 €.

Bei **PersG** sind Sonderbetriebsausgaben und -einnahmen der Gesellschafter ebenfalls dem Betrieb der PersG zuzuordnen. Hohe Fremdfinanzierungen der Beteiligungen an der PersG durch einzelne Gesellschafter können demnach zur Anwendbarkeit der Zinsschranke für die gesamte PersG führen.

Durch das sog. »Wachstumsbeschleunigungsgesetz« vom 30.12.2009 (BGBl I 2009, 3950) wurde § 4h Abs. 1 EStG neu gefasst. Vor der Neufassung waren nicht abziehbare Zinsaufwendungen gesondert festzustellen und in zukünftige Wirtschaftsjahre vorzutragen. Nun wurde ein sog. **EBITDA-Vortrag** eingeführt. Ein solcher entsteht, wenn das verrechenbare EBITDA die um die Zinserträge geminderten Zinsaufwendungen des Betriebs übersteigt. Technisch ist demnach weiterhin zunächst eine Verrechnung von Zinserträgen und Zinsaufwendungen vorzunehmen. Ist der Saldo der Zinsaufwendungen dann positiv, erfolgt eine Verrechnung mit 30 % des EBITDA (= verrechenbares EBITDA). Ist dieses höher als die verbleibenden Zinsaufwendungen, so ist der verbleibende Betrag nach der Verrechnung gesondert festzustellen (§ 4h Abs. 4 EStG) und in die folgenden fünf Wirtschaftsjahre vorzutragen.[517] Ein EBITDA-Vortrag entsteht nicht in den Wirtschaftsjahren, in denen § 4h Abs. 2 EStG die Anwendbarkeit der Zinsschrankenregelung ausschließt (§ 4h Abs. 1 S. 3 letzter HS EStG). Verbleiben nun in den folgenden Wirtschaftsjahren nach der Verrechnung von Zinsaufwendungen und Zinserträgen und dem Abzug von 30 % des EBITDA des aktuellen Wirtschaftsjahres noch Zinsaufwendungen, so ist danach eine Verrechnung mit den EBITDA-Vorträgen möglich. Die Zinsaufwendungen mindern die EBITDA-Vorträge in ihrer zeitlichen Reihenfolge.[518] Dies ergibt sich aus der zeitlich begrenzten Nutzbarkeit der EBITDA-Vorträge. Erst nach dieser Verrechnungsebene verbleibende nicht abziehbare Zinsaufwendungen sind in die folgenden Wirtschaftsjahre vorzutragen (Zinsvortrag). Vorgetragene Zinsüberschüsse der Vorjahre erhöhen im Vortragsjahr den maßgeblichen Gewinn nicht, da sie diesen im Vortragsjahr auch nicht gemindert haben (§ 4h Abs. 1 S. 6 EStG). Die Neuregelung ist für alle Wirtschaftsjahre, die nach dem 31.12.2009 beginnen, anzuwenden. Nach den Grundsätzen des § 4h Abs. 1 S. 1 bis 3 n. F. zu ermittelnde EBITDA-Vorträge für Wirtschaftsjahre, die nach dem 31.12.2006 beginnen und vor dem 01.01.2010 enden, erhöhen auf Antrag das verrechenbare EBITDA des ersten Wirtschaftsjahres, das nach dem 31.12.2009 endet (sog. »fiktiver EBITDA-Vortrag«).

Beispiel 34: Das (zinsliche) Auf und Ab der Z(ins)-AG[519]
Die auf hochspekulative Anlagen in ominöse Wertpapiere spezialisierte Z-AG erlebte in den Jahren 07 bis 10 das Auf und Ab der Finanzkrise. Im Jahr 2007 wurden Zinsaufwendungen

---

517 Zu den verfahrensrechtlichen Details der Feststellung vgl. die Verfügung der OFD Frankfurt vom 10.08.2012 (Az.: S 2742 a A – 4 – St 51), in der u.a. festgehalten wird, dass, sofern in mehreren Jahren EBITDA-Vorträge entstanden sind, diese nur in ihrer Summe, nicht jedoch nach den einzelnen Jahren entstandenen Beträgen angefochten werden können.
518 Dies folgt dem Prinzip der FiFo-Methode (first in, first out), s. auch *Schultz-Aßberg* in »Internationales Steuer- und Gesellschaftsrecht aktuell«.
519 Angelehnt an *Blümich*, § 4h EStG, Rz. 45–48. S. für weitere Beispiele auch dort.

von insgesamt 0,8 Mio. € zur Refinanzierung der Anlagen aufgebracht. Im Jahr 08 nahm die Z-AG hingegen alle »Chancen und Risiken des Marktes« mit und erzielte Zinseinnahmen i.H.v. 4 Mio. € gegenüber einem EBITDA von 10 Mio. € und Zinsaufwendungen von 4,5 Mio. €. Im Jahr 09 sanken die Zinsaufwendungen auf 2,9 Mio. €.
Im Jahr 10 schließlich beträgt das EBITDA lediglich noch 1 Mio. €, die Zinsaufwendungen betragen hingegen (nach einer Umstellung auf weniger riskante Hedgefonds) »nur« 10 Mio. €. Zinseinnahmen erzielte die Z-AG in 10 nicht.
Zu ermitteln sind die festzustellenden Beträge für einen möglichen EBITDA- und Zinsvortrag im VZ 2010, das Wj. entspricht dem Kj. Aufgrund eines »brillanten« Managements stellt die Z-AG den Antrag auf Einbeziehung des fiktiven EBITDA-Vortrages.

Lösung: Der fiktive EBITDA-Vortrag ist nach den Grundsätzen des § 4h Abs. 1 S. 1 bis 3 EStG zu ermitteln.
Im Jahr 07 kommt die Zinsschrankenregelung aufgrund der (damaligen) Freigrenze der Zinsaufwendungen von 1 Mio. € nicht zur Anwendung, ein EBITDA-Vortrag entsteht demzufolge nicht. Gleiches gilt für das Jahr 2009 (Freigrenze nunmehr 3 Mio. €).
Für das Jahr 08 ist die Zinsschranke hingegen anwendbar (sonstige Ausnahmetatbestände greifen nicht ein). Das verrechenbare EBITDA beträgt 3 Mio. € (30 % von 10 Mio. €). Die Saldierung von Zinsaufwand ./. Zinsertrag ergibt einen verbleibenden Zinsaufwand von 500.000 €. Diese sind niedriger als das verrechenbare EBITDA und somit vollständig in 08 abziehbar. Die verbleibenden 2,5 Mio. € des EBITDA sind die Größe des fiktiven EBITDA-Vortrages.
Diese erhöhen nun im VZ 10 das verrechenbare EBITDA. Dieses beträgt 300.000 € und erhöht sich nunmehr auf 2,8 Mio. € durch die Hinzurechnung des fiktiven EBITDA-Vortrages. Aufgrund fehlender Zinseinnahmen können die Zinsaufwendungen i.H.v. 10 Mio. € nur in Höhe dieser 2,8 Mio. € abgezogen werden. Der fiktive EBITDA-Vortag wird somit vollständig aufgebraucht, sodass im Jahr 10 kein EBITDA-Vortrag mehr erfolgt. Die verbleibenden nicht abziehbaren Zinsaufwendungen i.H.v. 7,2 Mio. € sind hingegen als Zinsvortrag gesondert festzustellen und in die Folgejahre fortzutragen.

2.13.3 Ausnahmen von der Zinsschranke

2.13.3.1 Freigrenze (§ 4h Abs. 2 Buchst. a EStG)
Liegen die Zinsaufwendungen nach Saldierung mit den Zinserträgen unter **3 Mio. €**, ist § 4h Abs. 1 EStG nicht anwendbar. Bei einer angenommenen Verzinsung von 5 % sind also Darlehen ab 60 Mio. € betroffen. Die Ausgestaltung als Freigrenze kann bei geringer Überschreitung der Grenze von 3 Mio. € zu gravierenden Einschnitten bei der Abzugsfähigkeit von Zinsaufwendungen führen.

2.13.3.2 Nicht konzernangehörige Betriebe (§ 4h Abs. 2 Buchst. b EStG)
§ 4h Abs. 1 EStG ist auch nicht anwendbar, wenn der Betrieb nicht oder nur anteilsmäßig zu einem Konzern gehört. Es gilt allerdings ein **erweiterter Konzernbegriff**. Ein Konzernunternehmen liegt vor, wenn der Betrieb mit anderen Betrieben konsolidiert wird oder auch nur konsolidiert werden könnte.[520] Im Regelfall muss das Mutterunternehmen dazu über die Mehrheit der Stimmrechte an dem Tochterunternehmen verfügen. Außerdem gehört ein Betrieb auch dann zu einem Konzern, wenn seine Finanz- und Geschäftspolitik mit einem oder mehreren anderen Betrieben einheitlich bestimmt werden kann (§ 4h Abs. 3 S. 5 und

---

520 Das BMF a.a.O. (BStBl I 2008, 718) verwendet nicht den Terminus der Konsolidierung!

6 EStG). Nicht konzerngebunden sind z.B. Einzelunternehmer, die keine weitere Beteiligung halten, und KapG, deren Anteile sich in Streubesitz befinden und die ebenfalls keine weitere Beteiligung halten. Nach der Gesetzesbegründung soll auch bei einer Betriebsaufspaltung kein Konzern i.S.d. § 4h EStG vorliegen.

2.13.3.3 Escape-Klausel (§ 4h Abs. 2 Buchst. c EStG)

Konzernangehörige Betriebe, deren Zinsaufwendungen die Freigrenze überschreiten, haben die Möglichkeit nachzuweisen, dass die Eigenkapitalquote des Betriebs am Ende des vorangegangenen Abschlussstichtags gleich hoch oder höher ist als die des Konzerns (**Eigenkapitalquotenvergleich**). Auch ein Unterschreiten bis zu einem Prozentpunkt ist unschädlich. Für Wirtschaftsjahre, die nach dem 31.12.2009 beginnen, ist ein Unterschreiten bis zu 2 Prozentpunkten unschädlich.

§ 4h Abs. 2 Buchst. c EStG enthält umfangreiche Ausführungen zu den Anforderungen an den Eigenkapitalquotenvergleich. Für die Frage, welche Rechnungslegungsvorschriften maßgeblich sind, wird folgende abgestufte Reihenfolge festgelegt:

- Vorrangig soll der Eigenkapitalvergleich nach den International Financial Reporting Standards (IFRS) erfolgen.
- Alternativ (wenn kein IFRS-Abschluss erstellt wird) nach dem Handelsrecht eines Mitgliedstaats der EU (z.B. nach dem deutschen HGB).
- Alternativ (wenn weder ein IFRS-Abschluss noch ein Abschluss nach einem Mitgliedstaat der EU erstellt wird) nach US-GAAP (Generally Accepted Accounting Principles der USA).

Wurde der Abschluss des Betriebs nicht nach denselben Standards wie der Konzernabschluss aufgestellt, muss die Eigenkapitalquote des Betriebs in einer Überleitungsrechnung nach dem für den Konzernabschluss geltenden Standard ermittelt werden. Das Finanzamt kann verlangen, dass der Abschluss oder die Überleitungsrechnung des Betriebs von einem Abschlussprüfer testiert wird, der die Voraussetzungen des § 319 HGB erfüllt.

Eigenkapitalquote ist das Verhältnis des Eigenkapitals zur Bilanzsumme. Sie ist für den Konzern nach dem Konzernabschluss, für den jeweiligen Betrieb nach dem Einzelabschluss zu ermitteln (§ 4h Abs. 2 S. 1 Buchst. c S. 3 EStG). Wahlrechte müssen im Konzern- und im Einzelabschluss einheitlich ausgeübt werden.

Folgende **Korrekturen** und Zuordnungen sind bei der Ermittlung des Eigenkapitals bzw. der Bilanzsumme vorzunehmen:

- Erhöhung des Eigenkapitals des Betriebs um einen im Konzernabschluss enthaltenen Firmenwert, soweit er auf den Betrieb entfällt.
- Kürzung des Eigenkapitals um Eigenkapital, das keine Stimmrechte verleiht. Damit soll Mezzanine-Eigenkapital (z.B. Genussrechte oder ewige Anleihen), das bilanzrechtlich als Eigenkapital gilt, für Zwecke des Eigenkapitalvergleichs dem Fremdkapital zugerechnet werden. Vorzugsaktien führen nach ausdrücklichem Gesetzeswortlaut nicht zur Kürzung (obwohl auch sie keine Stimmrechte verleihen).
- Sonderposten mit Rücklageanteil (z.B. § 6b-Rücklagen) werden zur Hälfte angesetzt.
- Kürzung des Eigenkapitals um Anteile an anderen Konzerngesellschaften. Damit soll ein Kaskadeneffekt vermieden werden, bei dem sich Eigenkapital im Konzern mehrfach auswirken könnte. Eine Holdinggesellschaft ohne andere Vermögenswerte hat damit eine Eigenkapitalquote von Null, bei Fremdfinanzierung der Beteiligungen sogar eine negative Eigenkapitalquote.

- Einlagen innerhalb der letzten sechs Monate vor dem Abschluss werden gekürzt, soweit ihnen Entnahmen innerhalb von sechs Monaten nach Abschluss gegenüberstehen. Diese Regelung zielt vor allem auf Leg-ein-Hol-zurück-Gestaltungen bei PersG ab.
- Gekürzt wird die Bilanzsumme des Betriebs um Kapitalforderungen, die gegenüber anderen Konzerngesellschaften bestehen und deshalb nicht im konsolidierten Konzernabschluss ausgewiesen sind, und denen Verbindlichkeiten in mindestens gleicher Höhe gegenüberstehen. Somit belastet Fremdkapital eines Betriebs, das einem anderen Konzernunternehmen als Darlehen überlassen wird, nicht die Eigenkapitalquote des Betriebs.
- Bei gesellschaftsrechtlichen Kündigungsrechten ist mindestens das Eigenkapital anzusetzen, das sich nach HGB ergeben würde. Damit soll dem Umstand Rechnung getragen werden, dass PersG nach IFRS bislang i.d.R. kein Eigenkapital haben.
- Sonderbetriebsvermögen ist dem Betrieb der Mitunternehmerschaft zuzuordnen, soweit es im Konzernabschluss enthalten ist.

2.13.4 Besonderheiten für Kapitalgesellschaften

Die in § 8a KStG geregelten Besonderheiten bei der Anwendung der Zinsschranke auf KapG und ihnen nachgeschaltete PersG werden in Band 2, Teil C, Kap. III 4 dargestellt.

Das folgende Schaubild zeigt zusammenfassend das Schema für die Prüfung der Zinsschranke:

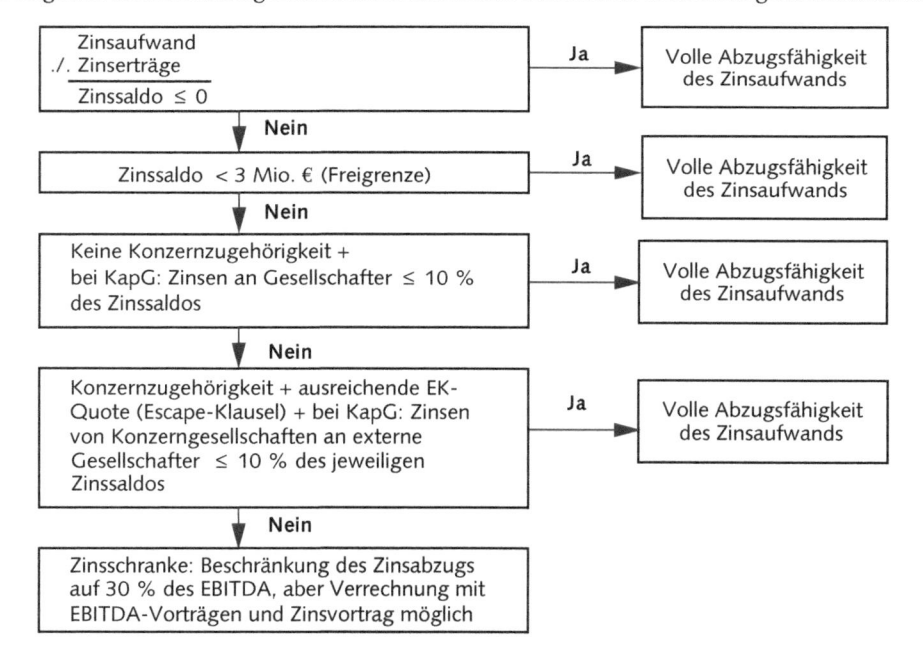

```
┌─────────────────────────────┐
│ Zinsaufwand                 │
│ ./. Zinserträge             │──── Ja ──▶ ┌────────────────────────┐
│ ─────────────────           │            │ Volle Abzugsfähigkeit  │
│ Zinssaldo ≤ 0               │            │ des Zinsaufwands       │
└─────────────────────────────┘            └────────────────────────┘
              │ Nein
              ▼
┌─────────────────────────────┐
│ Zinssaldo < 3 Mio. €        │──── Ja ──▶ ┌────────────────────────┐
│ (Freigrenze)                │            │ Volle Abzugsfähigkeit  │
└─────────────────────────────┘            │ des Zinsaufwands       │
              │ Nein                        └────────────────────────┘
              ▼
┌─────────────────────────────┐
│ Keine Konzernzugehörigkeit +│──── Ja ──▶ ┌────────────────────────┐
│ bei KapG: Zinsen an         │            │ Volle Abzugsfähigkeit  │
│ Gesellschafter ≤ 10 %       │            │ des Zinsaufwands       │
│ des Zinssaldos              │            └────────────────────────┘
└─────────────────────────────┘
              │ Nein
              ▼
┌─────────────────────────────┐
│ Konzernzugehörigkeit +      │
│ ausreichende EK-Quote       │──── Ja ──▶ ┌────────────────────────┐
│ (Escape-Klausel) + bei KapG:│            │ Volle Abzugsfähigkeit  │
│ Zinsen von Konzerngesell-   │            │ des Zinsaufwands       │
│ schaften an externe         │            └────────────────────────┘
│ Gesellschafter ≤ 10 % des   │
│ jeweiligen Zinssaldos       │
└─────────────────────────────┘
              │ Nein
              ▼
┌─────────────────────────────┐
│ Zinsschranke: Beschränkung  │
│ des Zinsabzugs auf 30 %     │
│ des EBITDA, aber Verrechnung│
│ mit EBITDA-Vorträgen und    │
│ Zinsvortrag möglich         │
└─────────────────────────────┘
```

2.14 Die »Lizenzschranke« des § 4j EStG

Erstmalig anzuwenden für Aufwendungen, die nach dem 31.12.2017 anfallen, beschränkt § 4j EStG den Betriebsausgabenabzug von Aufwendungen für die Überlassung der Nutzung oder des Rechts auf Nutzung von Rechten, insb. von Urheberrechten und gewerblichen Schutzrechten, von gewerblichen, technischen, wissenschaftlichen und ähnlichen Erfahrungen, Kenntnissen und Fertigkeiten, z.B. Plänen, Mustern und Verfahren (§ 4 Abs. 1 S. 1 EStG). Über einen Verweis in § 9 Abs. 5 S. 2 EStG ist die Regelung im Bereich der Werbungskosten entsprechend anzuwenden.

§ 4j EStG greift, wenn

- die Einnahmen des Gläubigers einer von der Regelbesteuerung abweichenden, niedrigen Besteuerung unterliegen (Präferenzregelung) und
- der Gläubiger eine dem Schuldner nahestehende Person im Sinne des § 1 Abs. 2 AStG ist.

Durch § 4j Abs. 1 S. 2 EStG werden zudem ebenfalls Zahlungsstromketten zwischen mehreren Gläubigern (»Zwischenschaltungsfälle«) erfasst; dies gilt nicht, wenn die Abziehbarkeit der Aufwendungen beim Gläubiger oder der anderen dem Schuldner nahestehenden Person bereits nach § 4j EStG beschränkt ist (Vermeidung von Kaskadeneffekten). Als Schuldner und Gläubiger gelten auch Betriebsstätten, die ertragsteuerlich als Nutzungsberechtigter oder Nutzungsverpflichteter der Rechte für die Überlassung der Nutzung oder des Rechts auf Nutzung von Rechten behandelt werden.

Nicht erfasst sind nach der Gesetzesbegründung

- steuerliche Vergünstigungen, die weder (unmittelbar oder mittelbar) an den Steuersatz noch die Einnahmen beim Empfänger anknüpfen, sondern an dessen tatsächliche Aufwendungen (z.B. steuerliche Forschungsprämien);
- Zahlungen, die beim Empfänger aufgrund eines auch für die übrigen Einkünfte anzuwendenden Regelsteuersatzes niedrig besteuert werden;
- Lizenzzahlungen an fremde Dritte.

Nach der Gesetzesbegründung soll § 4j EStG dem Umstand entgegenwirken, dass immaterielle WG wie Patente, Lizenzen, Konzessionen oder Markenrechte sich besonders einfach auf andere Rechtsträger bzw. über Staatsgrenzen hinweg übertragen lassen. Der hiermit in der Vergangenheit aufgetretene Steuerwettbewerb durch Präferenzregelungen (sog. »IP-Boxen«, »Lizenzboxen« oder »Patentboxen«) in anderen Staaten soll durch die Neuregelung unterbunden werden. Hervorzuheben ist zudem, dass § 4j EStG einen ausdrücklichen DBA-Treaty-Override enthält und demzufolge ungeachtet etwaiger DBA-Regelungen greift.

§ 4j Abs 1 S. 4 und 5 EStG sehen folgende Rückausnahmen vor (keine Beschränkung des steuerlichen Abzuges):

- S. 4: soweit sich die niedrige Besteuerung daraus ergibt, dass die Einnahmen des Gläubigers oder des weiteren Gläubigers einer Präferenzregelung unterliegen, die dem OECD-Nexus-Ansatz genügt (Abstellen auf die sog. »substanzielle Geschäftstätigkeit«);
- S. 5: soweit aufgrund der aus den Aufwendungen resultierenden Einnahmen ein Hinzurechnungsbetrag im Sinne des § 10 Abs. 1 S. 1 AStG anzusetzen ist (Anwendungsvorrang des AStG).

Nach § 4j Abs. 2 EStG liegt eine niedrige Besteuerung vor, wenn die von der Regelbesteuerung abweichende Besteuerung der Einnahmen des Gläubigers oder des weiteren Gläubigers zu einer Belastung durch Ertragsteuern von weniger als 25 % führt; maßgeblich ist bei mehreren Gläubigern die niedrigste Belastung. Hieraus folgt, dass lediglich grenzüberschreitende Zahlungen erfasst sind.

Liegen die Voraussetzungen des § 4j Abs. 1 EStG vor, ist der Anteil des nichtabziehbaren Betrags nach § 4j Abs. 3 EStG mittels der folgenden Verhältnisrechnung zu bestimmen:

$$(25\% \;./.\; \text{Belastung durch Ertragsteuern in \%}) \;/\; (25\%)$$

Dies bedeutet, dass der abziehbare Anteil der Lizenzausgaben beim deutschen Schuldner umso niedriger ist, je niedriger die steuerliche Belastung beim Gläubiger ausfällt.

3 Anteilige Abzüge nach § 3c EStG

3.1 Einführung und Grundtatbestand

Gesetzestechnisch vorgelagert, systematisch betrachtet zwischen den voll abzugsfähigen BA/WK und den (grundsätzlich) nicht abzugsfähigen Aufwendungen des § 12 EStG befindet sich die Regelung des § 3c EStG.

§ 3c Abs. 1 besagt als Grundaussage, dass Ausgaben, soweit sie mit steuerfreien Einnahmen in unmittelbarem wirtschaftlichen Zusammenhang stehen, nicht als Betriebsausgaben oder Werbungskosten abgezogen werden dürfen. Demzufolge sind vor allem die mit den Einnahmen des § 3 EStG zusammenhängenden Aufwendungen nicht abzugsfähig.

§ 3c Abs. 3 EStG bezieht sich auf Einnahmen im Zusammenhang mit § 3 Nr. 70 EStG und legt hierfür ein generelles Abziehverbot von 50 % fest.

Der weitaus bedeutsamere Fall ist in § 3c Abs. 2 EStG geregelt. Demnach sind Aufwendungen, die mit teilweise steuerfreien Einnahmen im Zusammenhang stehen nur insoweit abziehbar. Seit dem VZ 2009 betrifft dies die Fälle des sog. Teileinkünfteverfahrens (TEV), § 3 Nr. 40a EStG, die unabhängig davon, in welchem Veranlagungszeitraum die Betriebsvermögensmehrungen oder Einnahmen anfallen, bei der Ermittlung der Einkünfte nur zu 60 % abgezogen werden dürfen.

Beispiel 35:
(Auszug aus der Steuerberaterprüfung 2009, verkürzte Darstellung, aktualisiert)[521]
In 1998 gründeten A und B (natürliche Personen) die inländische A-B-GmbH. Das Stammkapital beträgt 200.000 € (je 50 %). Zum September 2017 beträgt der Teilwert der gesamten Anteile 500.000 €. Am 27.09.17 veräußerte A die im PV gehaltene Beteiligung für 100.000 € an seinen Sohn C. Die Notarkosten betrugen 2.000 € und wurden von A getragen. Zu ermitteln ist der Veräußerungsgewinn des A (ohne Freibeträge).

Lösung: Die vorliegende Übertragung im Wege der gemischten Schenkung ist als Veräußerung einer wesentlichen Beteiligung i.S.d. § 17 EStG zu sehen. Nach der Trennungstheorie des

---

521 Diese Thematik erfreut sich in der Steuerberaterprüfung großer Beliebtheit. In den Klausuren der Jahre 2008 bis 2010 wurde § 3c EStG mehrfach thematisiert.

BFH (BFH vom 17.07.1980, BStBl II 1981, 11; BMF vom 13.01.1993, BStBl I 1993, 80) ist der Vorgang in eine vollentgeltliche Veräußerung und eine voll unentgeltliche Anteilsübertragung aufzuteilen. Der entgeltliche Teil beträgt 40 %.

Berechnung:

Veräußerungserlös	100.000 €	
davon steuerfrei nach § 3 Nr. 40 S. 1 Buchst. c EStG (TEV)	40.000 €	60.000 €
Veräußerungskosten	2.000 €	
Anschaffungskosten	100.000 €	
	102.000 €	
davon 40 % (entgeltlicher Teil)	40.800 €	
davon nicht abziehbar nach § 3c Abs. 2 EStG (40 %)	16.320 €	./. 24.480 €
Veräußerungsgewinn nach § 17 EStG		35.520 €

Verfassungsrechtliche Bedenken gegen das Abzugsverbot des § 3c Abs. 2 EStG hat der BFH in ständiger Rechtsprechung (vgl. z.B. Urteil vom 18.07.2012, Az.: X R 28/10, Rn. 26 m.w.N.) verneint.

3.2 § 3c EStG und das Teileinkünfteverfahren

Bis zum Inkrafttreten des JStG 2010 war in § 3c Abs. 2 EStG nicht ausdrücklich geregelt, ob das Teilabzugsverbot auch in den Fällen greift, in denen aus der relevanten (Beteiligung) Einkunftsquelle keine (laufenden) Einnahmen erzielt wurden. Der BFH hatte hierzu in mehreren Urteilen zu verschiedenen Konstellationen die Anwendbarkeit des § 3c Abs. 2 EStG verneint.[522]

Nachdem das BMF auf das Grundsatzurteil vom 25.06.2009 zunächst mit einem Nichtanwendungserlass (BMF vom 15.02.2010, BStBl I 2010, 181) reagierte, wurde dieser aufgrund der sich entwickelnden ständigen BFH-Rspr. aufgehoben. Die Grundsätze des BFH-Urteils vom 25.06.2009 sind gem. BMF vom 23.10.2013, DStR 2013, 2394 bis einschließlich VZ 2010 anzuwenden (vgl. hierzu aber auch BMF vom 28.06.2010, BStBl I 2010, 599 mit Zusatz der OFD Frankfurt (einschränkend)). Durch das JStG 2010 wurde in § 3c Abs. 2 S. 2 EStG (**heute § 3c Abs. 2 S. 7 EStG**) klargestellt, dass bereits die Absicht zur Erzielung von BV-Mehrungen oder Einnahmen zur Anwendung des Teilabzugsverbotes ausreichend ist. Dies erkannte der BFH mit Urteil vom 02.09.2014 (Az.: IX R 43/13) als verfassungskonform an. Aus den allgemeinen Grundsätzen ist zu schlussfolgern, dass bei (nachgewiesener) fehlender Einnahmeerzielungsabsicht der Tatbestand der Liebhaberei erfüllt sein dürfte (vollkommene Nichtberücksichtigung des Veräußerungsverlustes).

---

[522] Vgl. BFH vom 25.06.2009 (BStBl II 2010, 220), vom 14.07.2009 (BFH/NV 2010, 399), Beschluss vom 18.03.2010 (BStBl II 2010, 627), vom 28.02.2012 (Az.: IV R 49/11), vom 17.07.2013 (Az.: IV R 17/11), vom 06.04.2011 (BFH/NV 2011, 1575), vom 06.04.2011 (BStBl II 2011, 814), vom 28.02.2013 (Az.: IV R 49/11) und vom 02.09.2014 (Az.: IX R 43/13). Bejaht wurde die Anwendung des § 3c Abs. 2 EStG hingegen in den Fällen der Urteile vom 06.04.2011 (BStBl II 2011, 785), vom 20.04.2011 (BStBl II 2011, 815) und vom 06.05.2014 (Az.: IX R 19/13). Für eine ausführliche Darstellung der einzelnen BFH-Urteile vgl. die 16. Auflage des vorliegenden Lehrbuches.

Mit Schreiben vom 08.11.2010 (BStBl I 2010, 1292), ersetzt durch das vom 23.10.2013 (DStR 2013, 2394), hat das BMF ausführlich zur Anwendung des § 3c EStG im Rahmen des TEV (ab VZ 2009) Stellung genommen.

Hintergrund waren die Urteile des BFH vom 18.04.2012 (Az.: X R 5/10 und X R 7/10) und vom 28.02.2013 (Az.: IV R 49/11), in denen der BFH zu verschiedenen Konstellationen auch nach der Einführung des § 3c Abs. 2 S. 2 EStG die Anwendbarkeit des Teilabzugsverbotes verneint hat. Das BMF hat diese Urteile unter Einbezug weiterer Voraussetzungen angewandt. Diese Rechtslage gilt bis zum VZ 2014.

Die zunächst günstig wirkende Anwendung der Urteile des BFH durch die Finanzverwaltung wurde (mit Wirkung ab dem VZ 2015) in Form einer gesetzlichen Nichtanwendung ausgehebelt. Hiermit wurde die Verwaltungsauffassung des BMF-Schreibens vom 08.11.2010 gesetzlich fixiert. Für Altjahre bleibt die günstigere BFH-Rspr. anwendbar.

Konkret umfasst § 3c Abs. 2 in den Sätzen 2ff. nun auch folgende Konstellationen:

- für BV-Minderungen oder Betriebsausgaben im Zusammenhang mit einer Darlehensforderung oder aus der Inanspruchnahme von Sicherheiten anzuwenden, die für ein Darlehen hingegeben wurden, wenn das Darlehen oder die Sicherheit von einem StPfl. gewährt wird, der zu mehr als einem Viertel unmittelbar oder mittelbar am Grund- oder Stammkapital der Körperschaft, der das Darlehen gewährt wurde, beteiligt ist oder war (S. 2);
- Rückausnahme zu S. 2, wenn der StPfl. nachweist, dass auch ein fremder Dritter das Darlehen bei sonst gleichen Umständen gewährt oder noch nicht zurückgefordert hätte; dabei sind nur die eigenen Sicherungsmittel der Körperschaft zu berücksichtigen (S. 3);
- entsprechende Anwendung der Sätze 2 und 3 auf Forderungen aus Rechtshandlungen, die einer Darlehensgewährung wirtschaftlich vergleichbar sind;
- nach S. 5 bleiben Teilwertaufholungen steuerfrei, soweit auf die vorangegangene Teilwertabschreibung das Teilabzugsverbot angewendet worden ist;
- ungeachtet eines wirtschaftlichen Zusammenhangs mit den dem TEV unterliegenden Einnahmen auf BV-Minderungen, Betriebsausgaben oder Veräußerungskosten eines Gesellschafters einer Körperschaft, soweit diese
  - mit einer im Gesellschaftsverhältnis veranlassten unentgeltlichen Überlassung von WG an diese Körperschaft
  - oder bei einer teilentgeltlichen Überlassung von WG mit dem unentgeltlichen Teil in Zusammenhang stehen
  - und der StPfl. zu mehr als einem Viertel unmittelbar oder mittelbar am Grund-oder Stammkapital dieser Körperschaft beteiligt ist oder war (S. 6).

Der durch das JStG 2010 eingeführte § 3c Abs. 2 S. 2 EStG (a.F.), wonach § 3c bereits bei der Absicht zur Erzielung von BV-Mehrungen oder Einnahmen greift, findet sich nunmehr in § 3c Abs. 2 S. 7 EStG. Überspitzt formuliert kommt § 3c Abs. 2 EStG nur noch bei fehlender Absicht zur Erzielung von BV-Mehrungen oder Einnahmen nicht zur Anwendung. Mithin dürfte die Finanzverwaltung dann regelmäßig von Liebhaberei ausgehen und die Anerkennung der Aufwendungen vollumfänglich verneinen.

Als Fazit bleibt festzuhalten, dass aufgrund jahrelanger Auseinandersetzungen zwischen Rspr. und Verwaltung der einst »übersichtliche« § 3c Abs. 2 EStG zu einer sehr komplexen Vorschrift geworden ist.

4 Die zentrale Stellung von § 12 Nr. 1 und Nr. 2 EStG

Die Bedeutung von § 12 Nr. 1 EStG ist bereits evident geworden. In nahezu jeder Abgrenzungsfrage zum Erwerbsaufwand ist in Form von *Platons* Höhlengleichnis das Schattenbild des § 12 Nr. 1 EStG aufgetaucht. § 12 Nr. 2 EStG hat einen gänzlich anderen Stellenwert.

4.1 Die Grundaussagen des § 12 Nr. 1 EStG

4.1.1 Eine Bemerkung zur Gesetzestechnik

In doppelter Hinsicht überrascht § 12 Nr. 1 EStG:

- Der bekannten Regelungstechnik zum Trotz, werden bei § 12 EStG die Rechtsfolgen antizipiert (Einleitungssatz) und der Tatbestand (Nr. 1–5) wird nachgeschoben.
- Das generelle Abzugsverbot des § 12 Nr. 1 EStG für jedwede private Lebensführungskosten betrifft tatbestandlich nahezu alle von § 4 Abs. 5 EStG (und einige von § 9 Abs. 1 S. 3 Nr. 1–7 EStG) normierten Einzelfälle. Während dort meistens eine Beschränkung der Höhe nach vorgesehen ist, will »der spätere« § 12 Nr. 1 EStG ein generelles Abzugsverbot **dem Grunde nach** vornehmen.

Dieser unorthodoxen Anordnung ist es auch zu verdanken, dass zunächst die gesetzliche Radikalaussage des § 12 Nr. 1 EStG von der Rspr. des BFH »relativiert« wird, zumindest soweit § 12 Nr. 1 S. 2 EStG davon betroffen ist. Zweitens wird beim tatbestandlichen (phänomenologischen) Vorliegen einer der Fälle aus dem Enumerationskatalog des § 4 Abs. 5 EStG die Diskussion ausschließlich dort geführt. Diese Lex-specialis-Urteilspraxis (Spezialregelung) ist allerdings nirgendwo festgeschrieben, wird aber dennoch dieser Gliederung zugrunde gelegt.

Das Haupteinsatzgebiet von § 12 Nr. 1 EStG liegt daher in der allgemeinen Abgrenzung des privat zum beruflich/betrieblich veranlassten Aufwands nach § 4 Abs. 4 EStG bzw. zu § 9 Abs. 1 S. 1 EStG. Allerdings wird die Abgrenzungsdiskussion auch in einzelne Nummern von § 9 Abs. 1 S. 3 EStG hineingetragen. Insoweit liegt ein unstrukturiertes »case-law« (Fallgruppenrecht) vor.

Rechtskonstitutiv ist die Abgrenzung von § 12 (insb. Nr. 1 und 2) EStG gegenüber den existentiellen Aufwendungen der §§ 10, 33 ff. EStG. Mit dem Konkurrenzvorbehalt zu Gunsten der meisten SA und agB gehen diese eindeutig vor. Allenfalls bei dem ausgesparten Fall des § 10 Abs. 1 Nr. 1a EStG treten echte Konkurrenzfragen auf.[523]

4.1.2 Haushalts- und Unterhaltsaufwendungen (§ 12 Nr. 1 EStG) – Grundsätze

§ 12 Nr. 1 S. 1 EStG schließt Aufwendungen für den Haushalt (für die Wohnung) und für den Unterhalt (für Ernährung, aber auch für das »kulturelle Existenzminimum«) allgemein vom Abzug aus. Solche Aufwendungen gelten durch den Grundfreibetrag für

---

[523] S. in diesem Zusammenhang die einleitende Formulierung des § 12 EStG: »Soweit in §§ 4f, 10 Abs. 1 Nr. 1, 2 bis 5, 7 bis 9 […] nichts anderes bestimmt ist, dürfen weder […].«!

den StPfl. und durch den Familienleistungsausgleich für die Angehörigen als abgegolten. Problematisch sind indessen die **gemischten Aufwendungen** gem. § 12 Nr. 1 S. 2 EStG.

Im häufig vorkommenden Grauzonenbereich der Mischaufwendungen, die sowohl beruflichen/betrieblichen Zwecken dienen als auch der privaten Lebensführung zu Gute kommen (§ 12 Nr. 1 EStG: »auch wenn sie zur Förderung [...]«), spricht § 12 EStG eine gesetzliche Vermutung für den privaten Lebensbereich und damit für die Nichtabziehbarkeit aus (§ 12 Nr. 1 EStG: »gehören auch die«). Das Ergebnis lautet sodann: **Aufteilungs- und Abzugsverbot**. Mit der doppelten gesetzestechnischen Verwendung von »auch«/»auch« liegt eine unverhältnismäßige Regelung vor, die gegen das Übermaßverbot – und damit gegen die steuerliche Belastungsgleichheit – verstößt.

So haben der BFH schon recht früh (BFH vom 19.10.1970, BStBl II 1971, 17) und inzwischen auch die Verwaltung (R 12.1 S. 1 EStR) eine **Ausnahme** vom Aufteilungs- und Abzugsverbot für die Fälle zugelassen, bei denen eine **Trennung** beider Sphären anhand objektiver Merkmale (früher: realphysikalisch) leicht und einwandfrei möglich ist. Schließlich wird eine weitere Einschränkung für den Fall gemacht, dass einer der beiden Bereiche von »untergeordneter Bedeutung« ist. Eine private Mitbenutzung ist nach h.A. bei einem Anteil von **weniger als 10 %** unbeachtlich.[524] Diese Aufgriffsgrenze hat der BFH im Urteil vom 19.02.2004 (BStBl II 2004, 958) übernommen, als er den privaten Nutzungsanteil von < 10 % bei einem PC als unschädlich bezeichnet.

> **Beispiel 36: Der Geschäftsführer mit Trachtenanzug und Handy**
> In einem Rostocker Lokal der Franchising-Kette »Wienerwald« trägt der GF Josef (genannt Sepp) einen Trachtenanzug der Marke Loden-Frey (Kosten: 750 €). Sepp verhält sich allerdings in einem anderen Punkt zeitgenössisch und klagt über hohe monatliche Gebühren für die Handy-Benutzung (300 €). Zudem fühlt er sich – bei gehobenen Anlässen – verpflichtet, immer den neuesten Anzug der Marke »Schicko« zu tragen (Kosten pro Anzug 1.000 €).
> Können Sepps Aufwendungen i.R.d. steuerlichen Belastungsgleichheit berücksichtigt werden?

Die Feststellungs- und Nachweispflicht für den behaupteten betrieblichen/beruflichen Part trifft den Steuerbürger, da er eine steuerbegünstigende Tatsache behauptet. Zwei Punkte sind dabei zusätzlich zu berücksichtigen:
- Die Verwaltung erlaubt in bestimmten, restriktiv gehandhabten Fällen sogar eine Schätzung der Aufwendungen, falls eine überprüfbare Aufteilungsgrundlage vorliegt (z.B. verneint bei den Frisurkosten einer Fernsehansagerin), R 12.1 S. 2 EStR.
- Tendenziell wird eine Aufteilung befürwortet (so H 12.2 EStR mit umfassenden Abgrenzungsmerkmalen, s. auch BMF vom 18.11.2009, BStBl I 2009, 1326[525] zum Fahrtenbuch; das Problem löst sich aber durch Einzelaufzeichnung).

Lösung:
- Während für Kleidung generell ein Aufteilungsverbot besteht (BFH vom 18.04.1991, BStBl II 1991, 751), wird hiervon für sog. »typische Berufskleidung« eine Ausnahme (§ 9 Abs. 1 Nr. 6

---

524 Vgl. *Schuster* in *L/B/P*, § 12 Rz. 10, wo auch 15 % aufgrund eines BFH-Urteils vom 21.11.1986 (BStBl II 1987, 262) diskutiert werden. Wichtiger aber ist, dass die »Quantité négligeable« für beide Bereiche gilt (dazu *Fischer* in *Kirchhof-kompakt*, § 12 Rz. 5). Die Lit. und abweichende Lösungsvorschläge sind bei *Drenseck* in *Schmidt*, EStG, § 12 Rz. 14 aufgelistet.
525 Geändert durch BMF vom 15.11.2012 (BStBl I, 2012, 1099).

EStG) gemacht. Dies kann nicht immer an einzelnen Kleidungsstücken dingfest gemacht werden[526], sondern beruht auf einer Einzelfallprüfung. Nachdem die private Benutzung eines Trachtenanzugs in Rostock (anders als z.B. in Bayern/Thüringen) ausgeschlossen erscheint, wird man dieses Kleidungsstück als typische Berufskleidung zum WK-Abzug zulassen.[527]
- Aufgrund der Einzelverbindungsnachweise können Handykosten als prototypische Mischaufwendungen angesehen werden, die eine Aufteilung zulassen.
- Der Anzug wird hingegen, da eine private Mitbenutzung möglich ist, nicht zum WK-Abzug berechtigen. Das FG Hamburg hat jüngst für den Fall eines Anwalts den Abzug bereits deswegen versagt, weil eine private Mitbenutzung nicht nahezu ausgeschlossen werden kann (Urteil vom 26.03.2014, Az.: 6 K 231/12). Nach Auffassung des Gerichts kommt das Abzugsverbot (in Abgrenzung zur typischen Berufskleidung) bereits dann zum Tragen, wenn die private Nutzung möglich und üblich ist.

Mit Beschluss des Großen Senats vom 21.09.2009 (BStBl II 2010, 672) hat der BFH die grundsätzliche Möglichkeit der Aufteilung der Aufwendungen (im Urteilsfall für Reisen) nun geklärt. Aufwendungen für die **Hin- und Rückreise** bei **gemischt beruflich** (betrieblich) und privat veranlassten Reisen können grundsätzlich in abziehbare WK oder BA und nicht abziehbare Aufwendungen für die private Lebensführung nach Maßgabe der beruflich und privat veranlassten Zeitanteile der Reise **aufgeteilt** werden, wenn die beruflich veranlassten Zeitanteile feststehen und nicht von untergeordneter Bedeutung sind. Das unterschiedliche Gewicht der verschiedenen Veranlassungsbeiträge kann es jedoch im Einzelfall erfordern, einen anderen Aufteilungsmaßstab heranzuziehen oder ganz von einer Aufteilung abzusehen (Rn. 92 des o.g. Beschlusses). Hervorzuheben ist, dass sich nach dem zitierten Beschluss des BFH **kein allgemeines Aufteilungs- und Abzugsverbot aus § 12 Nr. 1 S. 2 EStG** ableiten lässt. Jedoch kommt eine Aufteilung nur dann in Betracht, wenn die beruflichen und privaten Veranlassungsbeiträge objektiv voneinander abgegrenzt werden können. Insb. das Verhältnis der beruflich und privat veranlassten Zeitanteile kommt dafür als Aufteilungsmaßstab in Betracht (BFH vom 21.04.2010, BStBl II 2010, 687, konkreter Fall; Teilnahme einer Gymnasiallehrerin an einer Auslandsgruppenreise, s. auch FG Münster vom 27.08.2010, Az.: 4 K 3175/08 E). Ist hingegen eine Aufteilung wegen fehlender Trennbarkeit der Reise in einen beruflichen und einen privaten Teil nicht möglich (z.B. bei Ferienaufenthalten), so ist auch nach neuer Rechtslage kein BA/WK-Abzug möglich (vgl. BFH vom 07.05.2013, Az.: VIII R 51/10). Die vom BFH in vorheriger Rechtsprechung entwickelten Aufteilungsgrundsätze gelten demnach auch nach dem Beschluss des GrS zur Klärung der Veranlassungsfrage weiter. Zudem muss vor einer (etwaigen) Schätzung jedoch anhand objektiver Umstände festgestellt werden, dass die Reise zumindest zum Teil beruflich veranlasst war (BFH vom 01.06.2010, BFH/NV 2010, 1805).

---

526 Zu beachten ist aber R 3.31 LStR zur Steuerfreiheit der Stellung der Berufskleidung durch den Arbeitnehmer, wonach Aufwendungen für die Reinigung regelmäßig nicht zu den Instandhaltungs- und Instandsetzungskosten der typischen Berufsbekleidung gehören sowie H 9.12 LStH.
527 A.A. FG Schleswig-Holstein vom 13.07.1977 (EFG 1977, 533). Vgl. die Auflistung und Unterscheidung zwischen typischer Berufskleidung einerseits (Uniform, Amtstracht, Talar, schwarzer Anzug von Leichenbestatter und Kellner) gegenüber der bürgerlichen Kleidung andererseits (weiße Kleidung eines Arztes, Masseurs etc., Ballkleid einer Tanzlehrerin!) bei *Schuster* in *L/B/P*, § 12 Rz. 113/114 sowie die Kritik a.a.O. (Rz. 115 ff.). S. auch BFH vom 20.11.1979 (BStBl II 1980, 73): ebenfalls für den Trachtenanzug des Geschäftsführers eines im bayerischen Stil gehaltenen Nürnberger Lokals?

Ob und inwieweit Aufwendungen für eine Reise in wirtschaftlichem Zusammenhang mit einer Einkunftsart stehen, hängt von den Gründen ab, aus denen der StPfl. die Reise oder verschiedene Teile einer Reise unternimmt. Die Gründe bilden das »auslösende Moment«, das den StPfl. bewogen hat, die Reisekosten zu tragen.

U.E. wird damit für die vom BFH normierte Einzelfallprüfung auf die vorab dargestellten Grundsätze und H 12.2 EStH verwiesen. Das BMF hat auf die Entscheidung des GrS des BFH mit einem Schreiben vom 06.07.2010 (BStBl I 2010, 614) reagiert. Dieses für **alle Einkunftsarten (und Aufwendungen)** anzuwendende Schreiben normiert, dass (weiterhin) bei einer Aufteilbarkeit ab 10 % betrieblicher Veranlassung ein Abzug der anteiligen Aufwendungen möglich ist. Dem StPfl. wird hierbei eine weitreichende Mitwirkungs- und Darlegungspflicht auferlegt.

Hinweis: Auch nach der Rechtsprechungsänderung sind **nicht alle Kosten**, die (unter Umständen) beruflich mitveranlasst sind, abziehbar. So hat der BFH mit Beschluss vom 18.05.2011 (BFH/NV 2011, 1838) entschieden, dass sich die Grundsätze für die Abziehbarkeit von Steuerberatungskosten auch nach dem Beschluss des GrS vom 21.09.2009 nicht geändert haben. Die Kosten für die Erklärung der Steuererklärung (ohne die einzelnen Einkünfte) sind nicht aufzuteilen.

4.1.3 Einzelfälle (Fallgruppen), insbesondere Abgrenzung zu § 9 EStG

Anstelle eines unsystematischen »ABC« der Problemfälle werden nachfolgend fünf Fallgruppen gebildet, die die wichtigsten Einzelentscheidungen fokussieren sollen. In den meisten Fällen geht (ging) es um eine Abgrenzung gegenüber WK. Abschließend werden weitere Abgrenzungsfälle und -gruppen tabellarisch dargestellt.

4.1.3.1 Reisen

In ständiger Rspr. des BFH zum Thema »Reisen« haben sich zwei Formulierungen »eingeschliffen«, die einmal für die Anerkennung als Erwerbsaufwand (»so gut wie ausschließlich betrieblich/beruflich veranlasst«) stehen und ein anderes Mal gegen die Anerkennung (»die Befriedigung privater Interessen ist nicht nahezu ausgeschlossen«) sprechen.[528] Trotz der verschiedenen Untergruppen (Studienreisen, Kongressreisen, Auslandsreisen etc.) gibt es unabdingbare Parameter für die Anerkennung als »Berufsreise/Betriebsreise«:

- Je enger das (auch durchgeführte) Programm auf die einschlägigen beruflichen Bedürfnisse/Vorkenntnisse des Teilnehmerkreises zugeschnitten ist, desto eher (bzw. nun wohl mit einem höheren Anteil) wird die Reise »anerkannt«.
- Eine aktive Teilnahme ist ein deutliches Indiz für die berufliche Veranlassung, obwohl ein gehaltener Vortrag für sich alleine nicht geeignet sein soll, den Nachweis zu führen (BFH vom 23.01.1997, BStBl II 1997, 357 – unverständlich).
- Die Teilnahme, auch bei den Einzelveranstaltungen, muss nachgewiesen werden.

---

528 Vgl. zuletzt BFH vom 11.01.2007 (BStBl II 2007, 457) zu Arztkongressen sowie zwei Beschlüsse des BFH vom 09.06.2010 (Az.: VI R 38/08) zur Aufteilung, wenn die Reise in einen Abschnitt mit ausschließlich beruflichen Tätigkeiten und in einen Abschnitt mit gemischt beruflichen und privaten Tätigkeiten aufgeteilt werden kann, und Az.: VI R 94/01 zur Frage des Ausschlusses einer privaten Mitveranlassung bei fehlenden Nachweisen, keinem Sonderurlaub und ohne Bezuschussung des AG sowie zur Frage einer Aufteilungsmöglichkeit von Flugkosten.

Beispiel 37: Marketing-Chefs trainieren in Luxor
Ein Vertriebsunternehmen honoriert die erbrachte Leistung seiner Mitarbeiter durch eine einwöchige Reise nach Unterägypten. In einem Hotel in der Nähe von Luxor sollen die neuesten Techniken von H. Hubbard den Mitarbeitern beigebracht werden. Der Verkaufsleiter Ron fungiert bei einigen Sitzungen als »Teamer«, um die Kollegen auf Vordermann zu bringen.

Variante a: Das Vertriebsunternehmen kommt für die Kosten auf.
Variante b: Ron bezahlt die Reise aus eigener Tasche.

In der Gesamtschau der vom BFH entschiedenen Fälle lässt sich anhand einer Tabelle ein Wahrscheinlichkeitsprofil für die – beruflich/privat veranlasste – Anerkennung einer Studienreise entwickeln. Umgekehrt liegt ein Negativtestat vor. Natürlich ist eine Einzelfallentscheidung herbeizuführen.

Kriterien (s. auch H 12.2 EStH m.w.N. – Rspr.)	für die berufliche Veranlassung (so gut wie ausschließlich betrieblich/beruflich veranlasst)	für die private Veranlassung (Befriedigung privater Interessen ist nicht auszuschließen)
Organisationsgrad	Homogener Teilnehmerkreis mit straffer Organisation	Mitnahme von Angehörigen mit privater Ausrichtung[531]
Gegenstand der Reise	Fachkongress	allgemeinbildende Reise
Veranstaltungsort	Inland	touristisch interessantes Gebiet im Ausland; Schiffsreise (»schwimmende Kongresse«)
Intensität	aktive Teilnahme	Sprachkurs/Studienreise
Zuschuss bei AN	Dienstbefreiung/Sonderurlaub	kein Zuschuss seitens des AG
Bildungsreisen	Reisen im fortgeschrittenen Ausbildungsstadium	Fortbildungsveranstaltungen im Ausland[532]

Wird anhand der vorstehenden Übersicht die berufliche Mitveranlassung bejaht, ist der geeignete Aufteilungsmaßstab zu ermitteln. Lediglich wenn die berufliche Mitveranlassung weniger als 10 % beträgt, sind die Aufwendungen (wie zuvor) nicht abzugsfähig.

Lösung:
- Beide Varianten sind dem Grunde nach gleich zu behandeln. Entweder geht es um die Lohnsteuerpflicht der bezahlten Reise (Variante a) oder um den Abzug als WK bei dem Selbstzahler (Variante b). In diesem Zusammenhang ist das BFH-Urteil vom 18.08.2005 (BStBl II 2006, 30) zu beachten, das zwischen der Einnahmen- und der Ausgabenseite trennt und – **Änderung der Rspr.** – die vom AG übernommenen Kosten **anteilig**[531] dann als Arbeitslohn erfasst, der auf die Incentive-Bestandteile entfällt.

---

529 Beispiele:
- wochenendübergreifende Veranstaltung,
- Tagungsort in touristisch interessanten Gebieten.

530 Siehe jedoch ein Urteil des BFH vom 21.04.2010 (BStBl II 2010, 685, Änderung der Rechtsprechung) zur Fortbildungsreise eines Arztes, um die Zusatzqualifikation »Sportmedizin« durch Fortbildungskurse aufrechtzuerhalten. Der BFH bejahte hier, trotz Möglichkeiten privater Sportnutzung, eine Aufteilbarkeit der entstandenen Aufwendungen.

531 Ggf. im Wege der Schätzung ermittelt; s. Kap. II 1.2.4.

- In der Sache liegen viele Indizien vor, die gegen die Anerkennung als beruflich veranlasste Reise sprechen. Der privat veranlasste Teil der Reise ist demzufolge als sehr hoch einzustufen. Daran vermag auch die aktive Einbeziehung eines Marketing-Chefs als Mitveranstalter nichts zu ändern. Nach der Entscheidung des GrS vom 21.09.2009 sind die auf den beruflich veranlassten Teil der Reise entfallenden Aufwendungen abziehbar. Nach vorheriger Rechtsprechung wäre die Reise nicht zum BA-/WK-Abzug zugelassen worden.
- Bei Auslandsreisen ist die Anforderung an die berufliche (Mit-)Veranlassung höher. Bereits mit der Entscheidung vom 27.08.2002 (BStBl II 2003, 369) hat sich eine **Trendwende** des BFH in der Beurteilung von Auslandsreisen vollzogen. Bei einem kompakten touristischen Programm hat der BFH eine dreiwöchige Lehrreise in die USA einer wissenschaftlichen Hilfskraft nicht sofort »verworfen«, sondern lässt das FG nochmals prüfen, ob die Reise wegen der besonderen beruflichen (Hochschul-)Belange als Erwerbsaufwand abzugsfähig ist, wenn die StPfl. dazu **beauftragt** worden ist. Dieser Ansicht hat sich H 12.2 EStH inzwischen angeschlossen. Dies gilt ebenso für die bereits diskutierten Fälle der Fachkongresse und Sprachkurse, soweit sie im **EU-/EWR**-Raum (und in der Schweiz!) stattfinden (BMF vom 26.09.2003, BStBl I 2003, 447). Für eine Auslandsgruppenreise gelten auch nach der Entscheidung des GrS des BFH vom 21.09.2009 (GrS 1/06, BStBl II 2010, 672) die in seinem Beschluss vom 27.11.1978 (GrS 8/77, BStBl II 1979, 213) entwickelten Abgrenzungsmerkmale grds. fort. Für eine berufliche Veranlassung ist daher neben einer fachlichen Organisation vor allem maßgebend, dass das Programm auf die besonderen beruflichen Bedürfnisse der Teilnehmer zugeschnitten und der Teilnehmerkreis im Wesentlichen gleichartig (homogen) ist. Von maßgeblicher Bedeutung ist auch, ob die Teilnahme freiwillig oder verpflichtend ist. Kommt der StPfl. mit seiner Teilnahme einer Dienstpflicht nach, indiziert dies in besonderer Weise den beruflichen Veranlassungszusammenhang (BFH vom 09.12.2010, BStBl II 2011, 522). Auch wenn der auswärtige Sprachkurs nur Grundkenntnisse oder allgemeine Kenntnisse in einer Fremdsprache vermittelt, diese aber für die berufliche Tätigkeit ausreichen, kann der Kurs beruflich veranlasst sein (BFH vom 24.02.2011, Az.: VI R 12/1). Der BFH unterstellt bei auswärtiger Absolvierung aber regelmäßig eine private Mitveranlassung, sodass die Kosten aufzuteilen sind.
- Ebenfalls aufteilungs- und abzugsfähig sind nach neuer BFH-Rechtsprechung (Urteil vom 09.03.2010, BFH/NV 2010, 1330) Reisekosten eines Unternehmers für die Teilnahme an offiziellen Reisen von Regierungsmitgliedern. Im konkreten Fall verneinte der BFH jedoch eine Aufteilbarkeit. Demzufolge müsse die betriebliche Veranlassung anhand einer Abwägung aller Umstände getroffen werden. Grundsätzlich schlussfolgert der BFH im zitierten Urteil jedoch, dass aufgrund der gezielten Auswahl der Teilnehmer durch das zuständige Ministerium eine Aussicht dieser Teilnehmer auf sich anbahnende Geschäftskontakte aus hinreichendes betriebliches Interesse anzusehen sei.

Ebenso unmissverständlich hat der BFH am 17.03.2004 (BFH/NV 2004, 958) entschieden, dass es keinen Fahrkostenabzug bei einer privaten Lerngemeinschaft gibt. Das grundsätzliche Aufteilungs- und Abzugsverbot bei gemischt veranlassten Reisen wurde durch den BFH wie zuvor erläutert mit Beschluss vom 21.09.2009 aufgehoben (s. nun auch H 12.2 EStH). Ist die Reise hingegen von allgemeinbildendem und touristischem Charakter, scheidet eine Aufteilung aus (Privatveranlassung, s. FG Mecklenburg-Vorpommern vom 06.05.2010, Az.: 2 K 215/07).

Mit Urteil vom 19.01.2012 (Az.: VI R 3/11) präzisiert der BFH den Beschluss des GrS vom 21.09.2009 (GrS 1/06, BStBl II 2010, 672). Zur Klärung der beruflichen Veranlassung – und damit zur Frage, ob die Kosten für die Reise vollkommen oder nur anteilig abziehbar sind – sind weiterhin die früher entwickelten Abgrenzungsmerkmale (vgl. Beschluss des Großen

Senats des BFH vom 27.11.1978, GrS 8/77) anzuwenden. Dies gilt auch, wenn der StPfl. mit der Teilnahme an der Reise eine allgemeine Verpflichtung zur beruflichen Fortbildung erfüllt oder die Reise von einem Fachverband angeboten wird. Sind die beruflich und privat veranlassten Teile der Reise objektiv aufteilbar, kommt es für die Höhe der Berücksichtigung der Kosten nicht darauf an, ob der Ehemann/der Lebenspartner des StPfl. an der Reise teilgenommen hat (BFH vom 24.08.2012, Az.: III B 21/12).

4.1.3.2 Gebühren für persönlichkeitsbildende Kurse

Losgelöst von der schwierigen Unterscheidung zwischen Ausbildungskosten, Fortbildungskosten und Weiterbildungskosten[532] entspricht es einem Zeittrend, Kurse zur Persönlichkeitsentfaltung zu besuchen. Die Grenze zwischen beruflicher Veranlassung (§§ 4, 9 EStG), privater Motivation (§ 12 EStG) und ggf. krankheitsbedingter Regeneration (§ 33 EStG) ist naturgemäß fließend. Dennoch verstand es der BFH, auch hier verlässliche Indikatoren für die Entscheidungspraxis zu entwickeln.

Beispiel 38: Die Pädagogen mit dem Psycho-Selbsterfahrungskurs
Im Kollegium der XY-Grundschule nehmen 90 % des Lehrkörpers an den unterschiedlichsten Persönlichkeitserfahrungs- und -entwicklungskursen (kurz: Psycho-Kurs) teil.
A (Beratungslehrer) nimmt an Kursen für Gesprächstherapie teil, die mit Supervisionsstunden verbunden sind. Der auf zwei Jahre angelegte Kurs war ursprünglich initiiert vom Institut für Lehrerfortbildung und musste von A im zweiten Jahr selbst bezahlt werden.
B (Fachlehrerin) nimmt auf Empfehlung ihres Therapeuten an einer von ihm geleiteten Selbsterfahrungsveranstaltung (Frauen zwischen 30 und 50 im Berufsleben) teil, die ebenfalls über zwei Jahre angelegt ist.
In beiden Fällen lehnen die Wohnsitz-FÄ den Abzug als WK ab, da nach »allgemeiner Lebenserfahrung« die Selbsterkenntnis und damit ein persönlicher Beweggrund i.S.d. § 12 Nr. 1 EStG im Vordergrund stünde.

Lösung:
- Bei einem homogenen Teilnehmerkreis und einer auf die Belange des konkreten Berufs zugeschnittenen Veranstaltung (Ablauf des Lehrgangs, Lehrinhalte und ihre konkrete Anwendung in der beruflichen Tätigkeit (Multiplikatoreneffekt)) bestehen lt. BFH (inzwischen ständige Rechtsprechung, u.a. vom 28.08.2008, BStBl II 2009, 108, grundlegend BFH vom 24.08.2001 (HFR 2002, 16) keine Zweifel an der beruflichen Veranlassung. Dies gilt auch bei der Vermittlung psychologischer Informationen, selbst wenn diese z.T. im EU-Ausland stattfindet. A kann die Aufwendungen als WK abziehen. Nach der Entscheidung des GrS vom 21.09.2009 wäre auch eine private Mitveranlassung für den beruflich veranlassten Teil der Aufwendungen unschädlich (Ausnahme: beruflicher Anteil unter 10 % der Aufwendungen).
- Bei B hingegen liegt eine Krankheitsbehandlung vor. Dabei kommt es nach den Erkenntnissen des in ständiger Rechtsprechung (vom 15.03.2007, BFH/NV 2007, 1841, dort zur Behandlung von Allergien, vom 21.06.2007, NJW 2007, 3598 (Diätverpflegung) und FG Rheinland-Pfalz vom 12.11.2008, DStRE 2009, 980, rkr. (Toupet)) entscheidend darauf an, ob die Behandlung nach den Erkenntnissen der Heilkunde objektiv indiziert ist. Die medizinische Notwendigkeit ist grundsätzlich durch ein vorher ausgestelltes amtsärztliches Attest nachzuweisen. Ein

---

532 S. dazu ausführlich die in Kap. V 1.3.7 dargestellte neue Rspr.

nachträgliches Attest kann ausnahmsweise ausreichen. Bei **alternativen** Behandlungsformen fehlt es bereits an der Zwangsläufigkeit gem. § 33 EStG; für die verbleibende weitere Berücksichtigung als WK versperrt sodann § 12 Nr. 1 EStG den Weg.

Die Abgrenzung zwischen Krankheitsbehandlung (§ 33, 33a EStG, außergewöhnliche Belastungen) und Berufskrankheiten (ggf. Ansatz bei den BA bzw. WK) kann im Einzelfall schwierig sein. Der BFH hatte jüngst den Fall einer angestellten Geigerin zu entscheiden, die an einem Kurs für Dispokinese (Bewegungsschulung zur Veränderung der Haltungs-, Erfahrungs- und Bewusstseinsdenkprozesse) teilnahm. Während FA und FG den WK-Abzug ausgeschlossen haben, kam für den BFH sowohl eine Berücksichtigung als Berufskrankheit als auch als Fortbildungskosten in Betracht. Maßgebend sind die Umstände des Einzelfalles, weshalb der BFH die Sache an das FG zur Feststellung der hierzu maßgebenden Umstände zurückverwiesen hat (Urteil vom 11.07.2013, Az.: VI R 37/12). Nach dem BFH-Urteil vom 09.11.2015, VI R 36/13 NV) ist für den WK-/BA-Abzug entscheidend, dass diese zur Behandlung einer typischen Berufskrankheit aufgewendet werden oder der Zusammenhang zwischen der Erkrankung und dem Beruf eindeutig feststeht.

4.1.3.3 Umzugskosten

Für den Bereich der Umzugskosten ist mit vier Entscheidungen des BFH aus den Jahren 2000 bis 2002 für Planungssicherheit bei betroffenen AN gesorgt:

- Der Anwendungsbereich der abzugsberechtigenden **vergeblichen** WK ist gefestigt worden um Aufwendungen für einen Umzug (Beispiel: Kauf eines Eigenheims im Ausland), auch wenn die in Aussicht gestellte Versetzung – und damit der Umzug – rückgängig gemacht wird. Die private Mitveranlassung wird in diesem Fall von der beruflichen Veranlassung verdrängt, auch wenn die Kosten sich als vergeblich erwiesen haben.[533]
- Noch weitergehend treten nach den Erkenntnissen des BFH vom 23.03.2001 (BStBl II 2002, 56) private Begleitumstände (im Urteilsfall: durch die Heirat und die Geburt eines Kindes gestiegener Wohnbedarf) in den Hintergrund, wenn die berufliche Veranlassung für den Umzug im Vordergrund steht. Dies nahm der BFH für den Fall an, dass mit dem Umzug eine Verkürzung der täglichen Fahrzeit von mindestens einer Stunde verbunden ist (bestätigt durch BFH vom 26.05.2003, BFH/NV 2003, 1183). Das FG Niedersachsen hat diese »Regel« jedoch mit Urteil vom 28.08.2013 (Az.: 4 K 44/13, bestätigt durch BFH vom 07.05.2015, Az.: VI R 73/13) dahingehend eingeschränkt, dass die nach dem Umzug verbleibende Fahrzeit der im Berufsverkehr als normal anzusehenden entspricht. Im Streitfall verblieb nach dem Umzug eine Entfernung zum Arbeitsplatz von 255 Kilometern, so dass das FG die (nahezu ausschließliche) berufliche Veranlassung des Umzuges verneinte.

Ein wesentlicher Punkt für die berufliche Veranlassung eines Umzuges ist demzufolge die hiermit verbundene zeitliche Ersparnis für die Fahrt zwischen Wohnung und (neuer) erster Tätigkeitsstätte. Diese Grenze von einer Stunde (s. oben) ist jedoch nicht stringent, sondern bildet lediglich einen Anhaltspunkt. So hat das FG Köln (vom 24.02.2016, 3 K 3502/13, nrkr.) als weiteres Entscheidungskriterium berücksichtigt, dass die Tätigkeitsstätte nach dem Umzug ohne Verkehrsmittel fußläufig erreichbar ist und den begehrten (WK-)Abzug zugelassen.

---

533 BFH vom 24.05.2000 (BStBl II 2000, 584) sowie vom 23.03.2001 (BFH/NV 2001, 1379).

Anerkannt wurden weiterhin (vor dem Beschluss des GrS vom 21.09.2009):

- Umzugskosten für einen vergeblichen Umzug,
- Kosten für den beruflichen Wegzug ins Ausland (BFH vom 20.09.2006, BStBl II 2007, 756),
- Kosten für notwendige doppelte Mietzahlungen (BFH vom 23.05.2006, BFH/NV 2006, 1650).

Nicht anerkannt wurden:

- Kosten für die Ausstattung der neuen Wohnung (BFH vom 17.12.2002 (BStBl II 2003, 314, teilweise bestätigt durch BFH vom 20.09.2006),
- Umzugskosten (besser: Herzugskosten) der Ehefrau des Steuerbürgers aus der Türkei (BFH vom 07.01.2004, BFH/NV 2004, 637),
- Transportkosten für anerkannte Arbeitsmittel (u.a. BFH vom 22.03.2001, BFH/NV 2001, 1025).

Während mit dem Beschluss des GrS vom 21.09.2009 das grundsätzliche Aufteilungs- und Abzugsverbot aufgehoben wurde, stellt sich bei den vorab genannten Fällen nun die Frage nach der Höhe der jeweiligen privat und beruflich veranlassten Aufwendungen. Dies ist Gegenstand der Prüfung des jeweiligen Einzelfalles. Die vorab vom BFH als privat veranlasst entschiedenen Fälle dürften m. E. jedoch auch weiterhin i. E. nicht abzugsfähig sein, weil die private Veranlassung als ganz überwiegend anzusehen ist (vgl. auch BMF vom 06.07.2010, BStBl I 2010, 614). Verneint wird die berufliche Veranlassung auch bei einem Umzug im Scheidungsfall unter Auflösung einer doppelten Haushaltsführung (FG Köln vom 14.07.2011, Az.: 6 K 4781/07, rkr.).

Hinweis: Hinsichtlich der Höhe der umzugsbedingt veranlassten doppelten Mietaufwendungen hat der BFH mit Urteil vom 13.07.2011 (BFH/NV 2011, 1956) seine Rechtsprechung präzisiert. Demnach

- können wegen eines Umzugs geleistete doppelte Mietzahlungen beruflich veranlasst und deshalb in voller Höhe als Werbungskosten abziehbar sein.
- stehen die Vorschriften über den Abzug notwendiger Mehraufwendungen wegen einer aus beruflichem Anlass begründeten doppelten Haushaltsführung dem allgemeinen Werbungskostenabzug umzugsbedingt geleisteter Mietzahlungen nicht entgegen (d.h. unbeschränkter Werbungskostenabzug). Dies gilt jedoch nur in der Übergangsphase (maximal Umzugstag bis Ablauf Kündigungsfrist für die alte Wohnung).

Auch die Kosten für einen Rückumzug zum früheren Arbeitsort nach privat veranlasstem Wegzug ins Ausland sollen nach neuester FG-Rechtsprechung abziehbar sein (FG Niedersachsen vom 30.04.2012, Az.: 4 K 6/12). Die berufliche Veranlassung endet mit dem Einzug in die erste Wohnung am neuen Arbeitsort. Kosten eines weiteren Umzuges sind demnach nicht abziehbar (FG Köln vom 14.07.2011, Az.: 6 K 4781/07).

Gem. den Schreiben des BMF (zuletzt vom 06.10.2014, BStBl I 2015, 13) können bei beruflich veranlassten Umzügen bei nicht höheren tatsächlichen Aufwendungen folgende Pauschbeträge (Fahrtkosten bleiben hiervon unberührt) nach R 9.9 EStR (Verweis auf das Bundesumzugskostengesetz) bei Beendigung des Umzuges geltend gemacht werden:

Pauschbeträge für Umzugskosten			
Datum des Umzuges	Ab 01.08.2013	Ab 01.03.2014	Ab 01.03.2015
Ledige	695 €	715 €	730 €
Verheiratete	1.390 €	1.429 €	1.460 €
Jede weitere Person (ohne Ehegatten)	306 €	315 €	322 €
Umzugsbedingte Unterrichtskosten des Kindes	1.752 €	1.802 €	1.841 €

Hinweis: Im zuvor zitierten Urteil vom 13.07.2011 hat der BFH festgestellt, dass sich der Abzug von Mietaufwendungen als Umzugskosten allein nach dem allgemeinen Werbungskostenbegriff und nicht nach den Regelungen des Bundesumzugskostengesetzes richtet. In diesen Kontext tritt das Urteil des BFH vom 19.04.2012 (Az.: VI R 25/10). Demnach setzt der Werbungskostenabzug eine Belastung mit Aufwendungen voraus. Das ist bei einem in Anlehnung an § 8 Abs. 3 BUKG ermittelten Mietausfall nicht der Fall. Als entgangene Einnahme erfüllt er nicht den Aufwendungsbegriff.

4.1.3.4 »Hobbyaufwendungen«

Aus der umfangreichen Entscheidungspraxis der Finanzgerichtsbarkeit, insb. der ersten Instanz, zur Abgrenzung des Erwerbsaufwands gegenüber Hobbyaufwendungen (§ 12 Nr. 1 EStG) seien zwei Fälle hervorgehoben:

Im **ersten Fall** beantragte eine Reitlehrerin die Kosten für ein Reitpferd als Erwerbsaufwand (BFH vom 26.01.2001, BFH/NV 2001, 809), während im **zweiten Fall** ein Speditionskaufmann die Aufwendungen zum Erwerb eines Berufsflugzeugführerscheines als BA (konkret: als Fortbildungskosten) absetzen wollte (BFH vom 22.08.2001, BFH/NV 2002, 326, sowie BFH vom 25.02.2004, Az.: VI B 93/03).

In allen Fällen stützte der BFH die Tatsachenfeststellung der ersten Instanz und verneinte den Abzug als Erwerbsaufwand. Hierin liegt die verallgemeinerungsfähige Aussage, dass in diesem allgemeinen Bereich – anders als bei den Spezialaufwendungen – nicht einmal ein sehr konkreter Bezug zu einem speziellen Beruf (Reitpferd/Reitlehrerin) genügt, um den Kausalnexus zwischen beruflicher/betrieblicher Veranlassung und dem einzelnen Beruf herzustellen. Nach dem Beschluss des GrS vom 21.09.2009 dürfte dies zumindest dann jedoch zu überprüfen sein, wenn das Reitpferd zur Erzielung von Einnahmen (Reitstunden) eingesetzt wird (berufliche Mitveranlassung). Gleiches gilt für übrige »Hobbyaufwendungen«, die im Zusammenhang mit beruflicher Betätigung stehen (können).

4.1.3.5 Weitere Fallgruppen

In der nachstehenden Tabelle werden weitere Fallgruppen bzgl. ihrer grundsätzlichen Aufteilbarkeit in privat und beruflich veranlasste Aufwendungen dargestellt.[534]

---

[534] Basierend auf BFH vom 21.09.2009, DStR 2010, 101 Rn. 50 ff., wo sich eine chronologische Übersicht über die wichtigsten Fallgruppen findet.

Rechtsprechungsübersicht über gemischt veranlasste Aufwendungen		
Aufwendungsart/Fallgruppe	Aufteilung möglich	Rechtsprechung
Telefongrundgebühren und zusätzliche Internetkosten	ja	BFH vom 21.11.1980, BStBl II 1981, 131, anders noch BFH vom 19.12.1977, BFHE 124, 428, BStBl II 1978, 287; vom 09.11.1997, BStBl II 1979, 149; vom 16.06.2010, BFH/NV 2010, 1810
Aufwendungen für Kleidung, Friseur und Kosmetika einer selbständigen Sängerin	ja	BFH vom 11.11.1976, Az.: IV R 3/73 (BB 1978, 1293), eingeschränkt durch BFH-Urteile vom 06.07.1989, BStBl II 1990, 49; vom 18.04.1991, BStBl II 1991, 751
Aufwendungen für ein Privatflugzeug oder einen Hubschrauber	ja	BFH vom 04.08.1977, BStBl II 1978, 93; vom 27.02.1985, BStBl II 1985, 458
Im Betrieb eingesetzte Hausgehilfin	ja	BFH vom 08.11.1979, BStBl II 1980, 117
Reinigung typischer Berufskleidung in der privaten Waschmaschine	ja	BFH vom 29.06.1993, BStBl II 1993, 837; vom 29.06.1993, BStBl II 1993, 838; zur Abgrenzung s. auch FG Rheinland-Pfalz vom 28.09.2010, Az.: 2 K 1638/09; zum Umfang der abziehbaren Kosten s. auch FG Nürnberg vom 24.10.2014, Az.: 7 K 1704/13
Versicherungsprämien	ja	BFH vom 19.02.1993, BStBl II 1993, 519; vom 31.01.1997, BFH/NV 1997, 346; vom 20.05.2009, BFH/NV 2009, 1519; Besonderheiten gelten bei (gegenseitigen) Risikolebensversicherungen (BFH vom 23.04.2013, Az.: VIII R 4/10 und vom 13.10.2015, Az.: IX R 35/14 (Absicherung eines Immobiliendarlehens))
Beiträge für eine Berufsunfähigkeitsversicherung	nein	BFH vom 15.10.2013, Az.: VI B 20/13, NV
Kontoführungsgebühren	ja	BFH vom 09.05.1984, BStBl II 1984, 560
Zinsen für eine durch betriebliche und private Auszahlungen entstandene Kontokorrentverbindlichkeit	ja	BFH, Beschluss des GrS vom 04.07.1990, BStBl II 1990, 817
Aufwendungen für die Leerstandszeiten einer Ferienwohnung	ja	BFH vom 06.11.2001, BStBl II 2002, 726
Aufwendungen für einen privat angeschafften und in der privaten Wohnung aufgestellten PC	ja	BFH vom 19.02.2004, BStBl II 2004, 958
Telefongebühren für ein wöchentliches Telefonat mit den Angehörigen bei (einer mindestens einwöchigen) Auswärtstätigkeit	vollkommen abziehbar	BFH vom 05.07.2012, Az.: VI R 50/10

Rechtsprechungsübersicht über gemischt veranlasste Aufwendungen		
Aufwendungsart/Fallgruppe	Aufteilung möglich	Rechtsprechung
Private und berufliche Beratungstätigkeiten	nur bei zweifelsfreiem Nachweis	FG München vom 21.01.2010, Az.: 5 K 2356/07, bestätigt durch BFH vom 02.09.2010, Az.: VI B 42/10
Koffer eines Piloten	ja	FG Hamburg vom 23.05.2011, Az.: 6 K 77/10
Sportkleidung, Premiere/Sky-Abo und Personal Trainer eines Profi-Fußballspielers	nein	FG Rheinland-Pfalz vom 18.07.2014, Az.: 1 K 1490/12 (rkr.) sowie FG Münster vom 24.03.2015, Az.: 2 K 3027/12 E

4.2 Die Bedeutung des § 12 Nr. 2 EStG

4.2.1 Die generelle Bedeutung

In der Lit. wird die Bedeutung von § 12 Nr. 2 EStG zwar unterschiedlich intensiv diskutiert, im Ergebnis aber auf einen kleinen Nenner »heruntergefahren«. Demgegenüber zitiert der BFH § 12 Nr. 2 EStG immer noch in den Entscheidungen zur Anerkennung von Angehörigenverträgen[535] sowie zur Frage der Vermögensübergabe gegen Versorgungsleistungen.[536]

Einigkeit besteht jedoch – trotz der Zitierpraxis des BFH – darüber, dass § 12 Nr. 2 EStG für die Frage der Anerkennung von Angehörigenverträgen in der Sache ebenso wenig hergibt wie für die generelle Frage der persönlichen Zurechnung von Zustandstatbeständen (Erwerbsgrundlagen).[537] Neben der sogleich unter Kap. 4.2.2 zu klärenden Frage des Zusammenspiels von drei Bestimmungen zur Frage des Ansatzes und der Abzugsfähigkeit von wiederkehrenden Bezügen hat § 12 Nr. 2 EStG eigentlich nur **deklaratorische** Bedeutung. So werden auch in diesem Buch die o.g. Komplexe an anderer Stelle und isoliert von § 12 Nr. 2 EStG besprochen.[538]

Alle drei Varianten von § 12 Nr. 2 EStG (freiwillige Zuwendungen und solche aufgrund freiwillig begründeter Rechtspflicht sowie Zuwendungen gegenüber unterhaltsberechtigten Personen) stellen eine **nicht steuerbare Vermögensumschichtung** (Einkommensverwendung) dar.

Für die Unterscheidung zwischen betrieblicher/beruflicher Veranlassung und privater Motivation gibt § 12 Nr. 2 EStG nichts her, da sämtliche betroffenen Anwendungsfälle die **Privatsphäre** betreffen. Für die Beurteilung der dritten Variante (Unterhaltsleistungen) ist § 33 EStG einschlägig, so dass auf die dortigen Ausführungen verwiesen wird.[539] § 12 Nr. 2,

---

535 Vgl. u.a. BFH vom 10.05.2005 (BFH/NV 2005, 1551) zur Nutzungsüberlassung im Rahmen einer familiären Haushaltsgemeinschaft und BFH vom 16.11.2001 (BFH/NV 2002, 345) zur Frage der persönlichen Beziehung von Partnern einer nichtehelichen Lebensgemeinschaft. S. zur steuerlichen Anerkennung von Angehörigenverträgen (Darlehen) auch BMF vom 23.12.2010, DStR 2011, 75.
536 Vgl. u.a. BFH vom 06.11.2007 (BFH/NV 2008, 243).
537 Übereinstimmend von Fischer in Kirchhof-kompakt, § 12 Rz. 27 sowie von Drenseck in Schmidt, EStG, § 12 Rz. 26 ff. festgestellt.
538 S. Kap. II und Teil B, Kap. I 4.
539 S. Kap. V 2.2.

2. Variante EStG (Zuwendungen aufgrund einer freiwillig begründeten Rechtspflicht), der 1974 eingefügt wurde, erweiterte das Abzugsverbot von wiederkehrenden Leistungen um diejenigen, die aufgrund einer freiwillig eingegangenen Rechtspflicht erbracht wurden.[540] Auch hier hängt demnach die Antwort von der grundsätzlichen Abzugsfähigkeit wiederkehrender Leistungen ab.

4.2.2 Das Zusammenspiel von § 10 Abs. 1a Nr. 2, § 12 Nr. 2 und § 22 Nr. 1, Nr. 1b EStG bei wiederkehrenden Leistungen

Nach dem Wortlaut von § 10 Abs. 1a Nr. 2 EStG sind – auf einem **besonderen Verpflichtungsgrund** beruhende – **wiederkehrende** Versorgungsleistungen (Renten/dauernde Lasten) als SA abziehbar, soweit sie mit der Übertragung bestimmter Wirtschaftseinheiten in Zusammenhang stehen, nicht als Erwerbsaufwand (WK/BA) zu berücksichtigen sind und nicht mit steuerfreien Einkünften zusammenhängen.

Gem. § 12 Nr. 2 EStG wiederum sind auf einem **freiwilligen** Rechtsgrund beruhende Zuwendungen generell nicht abzugsfähig. Nach § 22 Nr. 1 EStG sind wiederkehrende Bezüge – außerhalb der vorgehenden sechs Einkunftsarten – beim **Empfänger steuerbar**. Dies gilt nach S. 2 allerdings **nicht** (steuerfreie Bezüge), wenn die Bezüge aufgrund einer freiwillig begründeten Rechtspflicht oder gegenüber Unterhaltsberechtigten erbracht wird.

Aus dem Zusammenwirken der drei Bestimmungen (Korrespondenzprinzip) haben sich folgende Eingruppierungen ergeben:

- **Gruppe I:** Soweit der Rechtsgrund für die Begründung wiederkehrender Bezüge unmittelbar mit einer Einkunftsart zusammenhängt (Rente als kaufmännisch abgewogene Gegenleistung) und dabei **Gegenleistungs-»Renten«**[541] vereinbart werden (Betriebliche Veräußerungsleib- und -zeitrenten), bleibt der Zusammenhang mit einer Einkunftsart bestehen. Dies bedeutet, dass bei dieser gestreckten langfristigen Zahlung des Kapitals die Gegenleistung immer in einen Zinsanteil und in einen steuerirrelevanten Anteil der Vermögensumschichtung umgedeutet wird. Der Zinsanteil führt dabei beim Empfänger[542] zu Kapitaleinkünften (§ 20 Abs. 1 Nr. 7 EStG) und beim Verpflichteten zu Erwerbsaufwand (BA/WK). Handelt es sich dabei um Renten, so besteht der Zinsanteil im sog. Ertragsanteil, ansonsten (dauernde Last) ist der bezahlte Betrag zu erfassen.
- **Gruppe II:** Für den Bereich der sog. **privaten Versorgungsrente** (Vermögensübergabe gegen Versorgungsleistungen = Generationennachfolgevertrag) wird erstens als Sonderrecht der **unentgeltliche Übergang** der betroffenen Wirtschaftseinheit nach § 6 Abs. 3 EStG zugelassen. Anderseits werden die laufenden Vorgänge bei dieser Betrachtung (Gleichsetzung der Rentenzahlungen als zurückbehaltene Vermögenserträge) der Erfassung innerhalb einer Einkunftsart entzogen. Sie führen beim Verpflichteten zum Abzug als SA (§ 10 Abs. 1a Nr. 2 EStG) sowie beim Empfänger zur Erfassung als Einkünfte aus

---

540 Die Freiwilligkeit wird bei gesetzlichen Verpflichtungen (Schadensrenten) und bei Anordnungen Dritter ausgeschlossen (testamentarische Anordnungen), vgl. *Drenseck/Schmidt*, § 12 Rz. 43.
541 Exakter ist die Bezeichnung: »Wiederkehrende Bezüge auf der Basis einer Gegenleistung«.
542 Bei Veräußerungsleibrenten anlässlich einer Betriebsveräußerung besteht allerdings ein Wahlrecht des Veräußerers (R 16 Abs. 11 EStR, s. auch BMF vom 16.09.2004, BStBl I 2004, 922 und vom 11.03.2010, BStBl I 2010, 227).

Versorgungsleistungen gem. § 22 Nr. 1b EStG.[543] Dazu müssen die Versorgungsleistungen aber im Zusammenhang stehen mit der Übertragung eines Mitunternehmeranteils an einer PersG, mit der Übertragung eines Betriebs oder Teilbetriebs oder mit der Übertragung eines mindestens 50 % betragenden Anteils an einer GmbH, wenn der Übergeber als Geschäftsführer tätig war und der Übernehmende diese Tätigkeit übernimmt (§ 10 Abs. 1a Nr. 2 S. 2 Buchst. c EStG). Außerdem muss es sich nach dem Beschluss des Großen Senats vom 12.05.2003 (BStBl II 2004, 100, bestätigt durch BFH vom 26.07.2006, BFH/NV 2007, 19, s. auch BFH vom 17.03.2010, ZEV 2010, 427) um einen Betrieb mit positivem Substanzwert oder Ertragswert handeln. Sind diese Voraussetzungen nicht gegeben, handelt es sich um Unterhaltsleistungen i.S.v. § 12 Nr. 2 EStG (Fallgruppe III).[544]

- **Gruppe III:** Bei **Unterhaltsrenten** schließlich wirkt § 12 Nr. 2 EStG (i.V.m. § 12 Nr. 1 EStG) rechtskonstitutiv. Liegen die **Voraussetzungen** hierfür vor[545], so kommt es weder zum SA-Abzug noch zum Ansatz als steuerbare Einnahme. Vgl. hierzu auch die Rechtslage zur vorweggenommenen Erbfolge unter Teil B, Kap. III 3.4.

Nach der **Ablösung einer Rentenverbindlichkeit** erlischt das Sonderrecht der privaten Versorgungsleistung und es gilt allgemeines Steuerrecht. Für diesen Fall hat der BFH im Urteil vom 31.03.2004 (BStBl II 2004, 881, so nun auch das BMF im zitierten Schreiben vom 16.09.2004, Tz. 28 bzw. Tz. 37 ff. für Neufälle im Schreiben vom 11.03.2010) darauf erkannt, dass die Ablösezahlung noch als privater Vorgang weiterwirke und demnach weder zu Veräußerungskosten noch zu einem Anschaffungsvorgang führt und dass die Ablösesumme auch nicht als dauernde Last abziehbar sei.[546]

4.2.3 Schuldzinsen und wiederkehrende Leistungen

Im Zusammenhang mit der Verpflichtung zur Zahlung wiederkehrender Bezüge nach Kap. 4.2.2 kommt es häufig zur Inanspruchnahme von Krediten. Damit stellt sich die Frage, wie – und ob – die Schuldzinsen abzugsfähig sind.

Mit zwei grundsätzlichen Entscheidungen vom 14.11.2001 hat der X. Senat des BFH diese Frage und dabei eine noch weitergehende Frage zum Abzug des Ertragsanteils bei einer Leibrentenvereinbarung anlässlich einer Gegenleistungsrente beantwortet. Danach gilt:

- **Schuldzinsen**, die in wirtschaftlichem Zusammenhang mit der Finanzierung einer als SA (§ 10 Abs. 1 Nr. 1a EStG) abziehbaren **privaten Versorgungsrente** (Gruppe II) gezahlt werden, sind ihrerseits nicht zusätzlich als Sonderausgabe abziehbar. Dies hängt damit zusammen, dass der Katalog des § 10 Abs. 1 EStG – anders als die Öffnungsklauseln

---

543 S. hierzu umfassend Teil B, Kap. III 3.4. Zu beachten ist das BMF-Schreiben vom 07.10.2010 (BStBl I 2010, 588) für den Abzug von Unterhaltswendungen (hier jedoch primär gem. § 33a EStG) an im Ausland lebende Empfänger.
544 Diese und weitere wichtige BFH-Entscheidungen zu dieser Fallgruppe (u.a. BFH vom 31.03.2004, DB 2004, 857) werden ausführlich in Teil B, Kap. III 3.4 behandelt.
545 Nach der h.M. anhand der 50 %-Regelung von Tz. 50 des BMF-Schreibens vom 16.09.2004, BStBl I 2004, 922. Für Neufälle (d.h. nach dem 31.12.2007 geschlossene Verträge), die nicht die Voraussetzungen von § 10 Abs. 1 Nr. 1a S. 1 EStG erfüllen, siehe nun BMF vom 11.03.2010, BStBl I 2010, 227 Tz. 65 f.), geändert durch BMF vom 06.05.2016, BStBl I, 2016, 476.
546 Zu einem Fall der »gleitenden Vermögensübergabe« vgl. BFH vom 16.06.2004 (BStBl II 2005, 130): Anstelle des abgelösten Vorbehaltsnießbrauchs tritt die Versorgungsrente.

bei § 4 Abs. 4 EStG und bei § 9 EStG – eine abschließende Aufzählung enthält, in dem Finanzierungsaufwendungen keinen Platz haben (BFH vom 14.11.2001, BFH/NV 2002, 277).[547]

- Wird eine Leibrente in Form einer **privaten Gegenleistungsleibrente** (Gruppe I) vereinbart, so ist deren Ertragsanteil (Zinsanteil) nicht als SA abziehbar (BFH vom 14.11.2001, BFH/NV 2002, 424). Mit diesem weitreichenden Urteil schließt der X. Senat an die Rspr. des BFH vom 25.11.1992 (BStBl II 1996, 666) an und widerlegt Teile des Schrifttums, die bei jedweder Leibrentenvereinbarung über den Wortlaut des § 10 Abs. 1 Nr. 1a S. 2 EStG a.F. den Abzug des Ertragsanteils als SA reklamieren. Vielmehr werden die weiteren Rechtsfolgen aufgrund der vorherigen Einteilung in eine der drei (oben skizzierten) Gruppen der Übergabevereinbarungen bestimmt. Das Sonderrecht des Abzugs der wiederkehrenden Leistungen als SA hängt allein mit dem nur in der Fallgruppe II (private Versorgungsrente) vorliegenden unbeachtlichen Transfer der Einkünfte bzw. dem »– ausnahmsweise zulässigen – Transfer der steuerlichen Leistungsfähigkeit[548]« zusammen. Dies sei bei einer Gegenleistungsrente nicht gegeben. Handelt es sich bei den übertragenen Gegenständen (wie im Urteilsfall) um steuerirrelevantes PV (selbstgenutzte Wohnungen), so läuft auch der mögliche WK-Abzug ins Leere.

4.3 Zusammenfassung zu § 12 Nr. 3 und Nr. 4 EStG

Das Abzugsverbot für Personensteuern (§ 12 Nr. 3 EStG) und für Geldstrafen (§ 12 Nr. 4 EStG) wurde bereits bei dem einschlägigen § 4 Abs. 5 Nr. 8 ff. EStG erörtert.

---

547 Die Sonderausgaben werden ausführlich sogleich in Kap. V dargestellt.
548 So das BVerfG im Beschluss vom 17.12.1992 (DStR 1993, 315).

V Das subjektive Nettoprinzip inklusive der Berücksichtigung der Kinder und der Besteuerung der Alterseinkünfte

1 Sonderausgaben

1.1 Systematische Stellung der Sonderausgaben im Einkommensteuerrecht

Sonderausgaben (SA) sind private Ausgaben, die nicht in wirtschaftlichem Zusammenhang mit einer der sieben Einkunftsarten stehen. Anders als die BA und die WK dienen sie kraft Definition nicht der Einkünfteerzielung und sind Erstgenannten subsidiär abzugsfähig (»Sonderausgaben sind die folgenden Aufwendungen, wenn sie weder Betriebsausgaben noch Werbungskosten sind [...]«; vgl. § 10 Abs. 1 S. 1 EStG). Von den sonstigen privaten Ausgaben unterscheiden sich die SA wiederum dadurch, dass sie bei der Ermittlung des zu versteuernden Einkommens (wegen der Minderung der wirtschaftlichen Leistungsfähigkeit des StPfl.) berücksichtigt werden. In § 12 EStG sind sie bei den nicht abzugsfähigen Ausgaben deshalb ausdrücklich ausgenommen (»Soweit in den §§ [...] 10 Abs. 1 Nr. 1, 2 bis 5, 7 und 9, §§ 10a, 10b [...] nichts anderes bestimmt ist, dürfen weder bei den einzelnen Einkunftsarten noch vom Gesamtbetrag der Einkünfte abgezogen werden [...]«). SA mindern die steuerliche Belastung, da sie gem. § 2 Abs. 4 EStG zur Ermittlung des Einkommens zusammen mit den außergewöhnlichen Belastungen (agB) von dem Gesamtbetrag der Einkünfte abgezogen werden dürfen.

Neben den SA stellen die in den §§ 32, 32a EStG geregelten Kinder- und Grundfreibeträge sowie die im Anschluss an dieses Kapitel geregelten außergewöhnlichen Belastungen das **indisponible Einkommen** von der Besteuerung durch den Abzug vom Gesamtbetrag der Einkünfte frei.

Weitere Abzugsbeträge, die systemwidrig als SA ausgestaltet worden sind, aber nicht notwendig das indisponible Einkommen betreffen, stellen die Abzugsbeträge der §§ 10f und 10g EStG dar. Sie sind im Abschnitt SA geregelt, aber nur »wie SA« abziehbar. Die Abzugsbeträge betreffen nicht das indisponible Einkommen, sondern stellen der Sache nach eine Steuersubvention dar. Sie werden daher in diesem Kapitel nicht behandelt.

1.2 Sonderausgaben als Aufwendungen

SA sind gem. § 10 Abs. 1 EStG »Aufwendungen«. Unter Aufwendungen wird die tatsächliche Zahlung verstanden; außerdem muss mit der Zahlung im Ergebnis eine tatsächliche und endgültige wirtschaftliche Belastung für den StPfl. verbunden sein.

Das Einkommensteuergesetz enthält keine allgemeine Definition der SA. Sie sind abschließend im Gesetz aufgezählt (Enumerationsprinzip, BFH vom 04.02.2010, BStBl II 2010, 617). Somit stellen folgende in § 10 EStG kodifizierte Aufwendungen SA dar:

- Beiträge zur Rentenversicherung (§ 10 Abs. 1 Nr. 2 Buchst. a EStG),
- Beiträge zum Aufbau einer kapitalgedeckten Altersversorgung (§ 10 Abs. 1 Nr. 2 Buchst. b, Doppelbuchst. aa) sowie Beiträge zur Berufsunfähigkeitsversicherung (Doppelbuchst. bb),
- Beiträge zur Krankenversicherung (§ 10 Abs. 1 Nr. 3 Buchst. a EStG) zur Abdeckung der Basisversorgung,
- Beiträge zur gesetzlichen Pflegeversicherung (§ 10 Abs. 1 Nr. 3 Buchst. b EStG),
- Beiträge zur Krankenversicherung (§ 10 Abs. 1 Nr. 3a EStG) zur Abdeckung über die Basisversorgung hinausgehender Leistungen,
- gezahlte Kirchensteuer, sofern diese nicht als Zuschlag zur Kapitalertragsteuer einbehalten worden ist (§ 10 Abs. 1 Nr. 4 EStG),
- zwei Drittel der anfallenden Kinderbetreuungskosten bis maximal 4.000 €/Jahr (§ 10 Abs. 1 Nr. 5 EStG),
- Aufwendungen für die eigene Berufsausbildung bis 6.000 €/Jahr (§ 10 Abs. 1 Nr. 7 EStG),
- 30 % des aufgewendeten Schulgeldes bis maximal 5.000 €/Jahr (§ 10 Abs. 1 Nr. 9 EStG).

Die tatsächliche Zahlung ist Voraussetzung für den SA-Abzug (vgl. H 10.1 EStH »Abzugshöhe/Abzugszeitpunkt«) und bereitet im Regelfall keine Probleme, beispielsweise beim Abzug gezahlter KiSt gem. § 10 Abs. 1 Nr. 4 EStG. Problematisch ist der Abzug von SA für den Einsatz von WG, deren Nutzung sich auf einen Zeitraum von mehr als einem Jahr erstreckt. Die Anschaffung des WG führt nicht zu Ausgaben, da der StPfl. für den Kaufpreis eine Gegenleistung erhält. Bei der Ermittlung der **Einkünfte** wird der anschließende Werteverzehr durch die Absetzungen für Abnutzung (AfA) berücksichtigt (BA gem. §§ 6 Abs. 1 Nr. 1 und § 7 EStG oder WK gem. § 9 Abs. 1 S. 3 Nr. 7 EStG). Für die SA fehlt eine entsprechende Vorschrift. Der BFH hat deshalb festgestellt, dass ein anteiliger Abzug nicht möglich sei.[549] Von diesem Grundsatz hat er in einer Entscheidung des BFH vom 07.05.1993 (BStBl II 1993, 676) eine Ausnahme gemacht.

Beispiel 1: Das teure Notebook
Die StPfl., die für den Erwerb eines berufsqualifizierenden Abschlusses ein Erststudium absolviert, schaffte am 01.12. des VZ 14 ein Notebook mit AK i.H.v. 3.000 € an. Im ESt-Bescheid für den VZ 14 berücksichtigte das FA erklärungsgemäß andere SA i.S.v. § 10 Abs. 1 Nr. 7 EStG i.H.v. 4.000 €. Bei der Veranlagung für 15 lehnte das FA den jetzt i.H.v. 1.000 € für das Notebook geltend gemachten SA-Abzug ab.

Bei den Kosten für die Berufsausbildung i.S.v. § 10 Abs. 1 Nr. 7 EStG können die Absetzungen für Abnutzung verteilt über die Nutzungsdauer geltend gemacht werden. Dieses Ergebnis begründet der BFH mit einem Vergleich zu Fortbildungskosten in einem ausgeübten Beruf. Dort werden die Absetzungen als BA oder WK berücksichtigt. Da die Aufwendungen bei den Aus- und Fortbildungskosten wesensgleich seien und eine Gleichbehandlung hier dem Zweck des SA-Abzugs entspreche, seien die Vorschriften über die AfA sinngemäß anzuwenden.

Lösung: Der Werteverzehr beim Notebook führt nicht zu (vorweggenommenen) WK. Insofern kommt nur die Berücksichtigung als SA gem. § 10 Abs. 1 Nr. 7 EStG in Betracht. Grundsätzlich können Absetzungen für Abnutzung nicht als SA geltend gemacht werden. Da das Notebook

---

[549] BFH vom 07.12.1983 (BStBl II 1983, 660) und vom 30.10.1984 (BStBl II 1985, 610).

aber für die Berufsausbildung eingesetzt wird und die daraus resultierenden Aufwendungen den als WK zu berücksichtigenden Fortbildungskosten in einem ausgeübten Beruf wesensverwandt sind, müssen die Absetzungen für Abnutzung auch im zweiten Nutzungsjahr als SA anerkannt werden, allerdings nur bis zum Höchstbetrag von 6.000 €.

1.3 Wirtschaftliche Belastung

Zahlungen sind nicht abziehbar, wenn der StPfl. durch sie nicht wirtschaftlich belastet ist, beispielsweise, weil er eine Gegenleistung erhält.

Beispiel 2: Grabpflegeaufwendungen
Die Klägerin hatte von ihrer Mutter zwei Einfamilienhäuser geerbt, mit denen sie Einkünfte aus Vermietung und Verpachtung erzielte. Gleichzeitig begehrte sie den Abzug von Grabpflegeaufwendungen als dauernde Last bei den SA.

Lösung: Der BFH lehnte den Abzug nach § 10 Abs. 1 Nr. 1a EStG als dauernde Last ab, weil wirtschaftlich keine Belastung vorliege, solange die Aufwendungen aus einer hierfür empfangenen Gegenleistung erbracht werden können. Etwas anderes gelte nur für Vermögensübertragungen im Wege der vorweggenommenen Erbfolge, wo nach dem Willen des Gesetzgebers keine Verrechnung stattfinde (BFH vom 04.04.1989, BStBl II 1989, 779; s. auch FG Berlin-Brandenburg vom 09.04.2008 zu Steuerberatungskosten für die ErbSt-Erklärung m.w.N., EFG 2008, 1952).

An der wirtschaftlichen Belastung fehlt es auch bei willkürlichen Zahlungen oder Zahlungen, für die offensichtlich keine Rechtspflicht besteht.

Beispiel 3: Versehentliche Festsetzung
Der Kläger war aus der Kirche ausgetreten. Das FA setzte die KiSt-Vorauszahlungen für den VZ 01 auf null herab. Für das II. bis IV. Quartal des folgenden VZ 02 wurden versehentlich wieder Vorauszahlungen für die KiSt festgesetzt. Die von dem Kläger gezahlten Beträge wurden in 03 erstattet.

Lösung: Das FA berücksichtigte die Zahlungen nicht als gezahlte KiSt i.S.d. § 10 Abs. 1 Nr. 4 EStG im VZ 02. Die hiergegen erhobene Klage beim Finanzgericht war ohne Erfolg. Der Kläger war durch die Zahlung im Jahr 02 nicht wirtschaftlich belastet, da im Zeitpunkt der Zahlung offensichtlich war, dass die Zahlung zurückgefordert werden kann. Der BFH bestätigte die Entscheidung des FG (BFH vom 22.11.1974, BStBl II 1975, 350).

1.4 Zeitpunkt des Sonderausgabenabzugs

SA sind gem. **§ 11 Abs. 2 EStG** in dem Jahr abzuziehen, in dem sie geleistet worden sind.[550]

Nicht gesetzlich geregelt ist die Frage, wie Erstattungen von SA zu behandeln sind, die insb. bei den Versicherungsbeiträgen i.S.v. § 10 Abs. 1 Nr. 2 und 3 EStG und der KiSt (§ 10 Abs. 1 Nr. 4 EStG) vorkommen. Entsprechend dem Grundsatz, dass SA nur bei einer wirtschaftlichen Belastung des StPfl. vorliegen, müssen diese Erstattungen die abzugsfähigen

---

550 H 10.1 EStH »Abzugshöhe/Abzugszeitpunkt«.

SA mindern. Zur Verrechnung siehe 1.6.9 (Verrechnung erstatteter Sonderausgaben) und § 10 Abs. 4b S. 3 EStG.

Zeitlich gilt Folgendes:

Ist bereits im Zeitpunkt der Zahlung offensichtlich, dass es zu einer Erstattung kommt, insb. bei willkürlichen Zahlungen, ist der Abzug von vornherein im VZ der Zahlung mangels wirtschaftlicher Belastung zu versagen (s. Kap. 1.3). In allen anderen Fällen werden Erstattungen von der Finanzverwaltung zunächst mit SA verrechnet, die in den VZ der Erstattung fallen.[551]

Die Finanzrechtsprechung billigt dies aus Gründen der Praktikabilität, allerdings nur soweit es sich um gleichartige SA handelt.[552] Erst wenn eine Kompensation mangels verrechenbarer gleichartiger SA nicht oder nicht vollständig möglich ist, ist der SA-Abzug rückwirkend im Jahr der Zahlung zu kürzen. Der Bescheid für das Abzugsjahr ist insoweit nach § 175 Abs. 1 S. 1 Nr. 2 AO zu ändern, da die spätere Erstattung der zunächst als SA abgezogenen Beträge ein rückwirkendes Ereignis darstellt.[553]

1.5 Persönliche Abzugsberechtigung

SA setzen eine wirtschaftliche Belastung voraus. Persönlich abzugsberechtigt ist dementsprechend, wer durch die Ausgabe **wirtschaftlich** belastet ist.[554] Probleme bereitet dies dann, wenn *Dritte* die Zahlung übernehmen, beispielsweise die Ausbildungskosten nicht von dem Auszubildenden, sondern von dessen Eltern getragen werden. Der Begünstigte kann sie als eigene SA abziehen, wenn ihm die Zahlungen als eigene Belastung zugerechnet werden können. Ob dies der Fall ist, wird sich wohl inzwischen im Bereich der SA nach der Rspr. des BFH zum **Drittaufwand** richten, auch wenn die Rspr. den Drittaufwand bisher nur im Zusammenhang mit der Einkünfteerzielung behandelt hat.[555] Häufig wird eine Zuwendung der Mittel durch den Dritten an den Begünstigten anzunehmen sein, der daraus dann eigene SA bestreitet. Selbst direkte Zahlungen des Dritten können SA des Begünstigten sein, wenn es sich lediglich um einen abgekürzten Zahlungsweg handelt.[556]

Ein Problem bleiben die SA, die aufgrund eines schuldrechtlichen Vertrages gezahlt werden, insb. die Versicherungsbeiträge i.S.v. § 10 Abs. 1 Nr. 2 und 3 EStG. Die Finanzverwaltung erkennt den SA-Abzug hier nur an, wenn der StPfl. auch der Vertragspartner des Versicherers ist.

---

551 H 10.1 EStH »Abzugshöhe/Abzugszeitpunkt«.
552 Vgl. BFH vom 26.06.1996 (BStBl II 1996, 648) und vom 21.07.2009 (BFH/NV 2009, 2031).
553 Vgl. BFH vom 02.09.2008 (BStBl II 2009, 229); H 10.1 EStH »Abzugshöhe/Abzugszeitpunkt«; vgl. auch *Heinicke* in *Schmidt*, EStG, § 10 Rz. 7f., der zwischen der Erstattung und dem nachträglich rückwirkenden Wegfall der Abzugsvoraussetzungen unterscheidet.
554 *Heinicke* in *Schmidt*, EStG, § 10 Rz. 15.
555 Nach *Hutter* in *Blümich*, EStG, § 10 Rz. 44, folgt der Drittaufwand bei den SA den gleichen Regeln, die von der Rspr. für WK und BA entwickelt worden sind, vgl. *Preißer*, Teil B, Kap. I 3.
556 Vgl. *Heinicke* in *Schmidt*, EStG, § 10 Rz. 23, die deshalb auch die anderslautende Rspr. des BFH zum abgekürzten Zahlungsweg bei SA im Urteil vom 19.04.1989 (BStBl II 1989, 683) für überholt halten; H 4.7 EStH »Drittaufwand«.

Beispiel 4: Kfz-Haftpflicht
Wegen des günstigeren Schadensfreiheitsrabattes schließen die Eltern für ihr Kind eine Kfz-Haftpflichtversicherung für das von ihm mitbenutzte Auto ab. Die Versicherungsprämien zahlt das Kind aber selbst an den Versicherer.

Nach der Verwaltungsauffassung können nur die Eltern die Versicherungsbeiträge als SA geltend machen, weil sie Versicherungsnehmer sind. Sie sind aber nicht wirtschaftlich belastet, da ihr Kind die Prämien trägt. Das Kind erbringt die Versicherungsbeiträge im eigenen Interesse. Es will den Eltern die Mittel für die Prämien deshalb auch nicht mittels abgekürzten Zahlungsweges zuwenden. Der SA-Abzug durch die Eltern scheidet damit in jedem Fall aus.

Fraglich ist, ob das Kind die Versicherungsprämien geltend machen kann. Das wäre der Fall, wenn neben dem »abgekürzten Zahlungsweg« auch ein »**abgekürzter Vertragsweg**« anzuerkennen wäre und die Zahlungen deshalb dem Kind zugerechnet werden könnten. Die Rspr. des BFH zum Drittaufwand sieht allerdings bei Dauerschuldverhältnissen keinen Raum für einen abgekürzten Vertragsweg.[557] Die Finanzverwaltung lehnt den abgekürzten Vertragsweg als Grundlage für die Zurechnung von SA oder agB ausdrücklich ab (vgl. BMF vom 07.07.2008, BStBl I 2008, 717).

Lösung: Nach Auffassung der Finanzverwaltung handelt es sich nicht um SA des Kindes, weil es eben nicht Vertragspartner des Versicherers ist.

Kein Problem mit Drittaufwand besteht zwischen Ehegatten, die nach § 26b EStG zusammen veranlagt werden. Da die Ehegatten gemeinsam als StPfl. behandelt werden, kommt es nicht darauf an, wer von ihnen die Ausgaben tatsächlich getragen hat (R 10.1 EStR).
Klausurtipp: Bei beschränkt StPfl. ist zu beachten, dass der Abzug von SA eingeschränkt oder für bestimmte SA ganz ausgeschlossen ist (§ 50 Abs. 1 S. 3 ff. EStG). Die Ausnahme des § 50 Abs. 1 S. 4 EStG ist zu beachten. Diese Einschränkung gilt allerdings für StPfl. aus der Europäischen Union wegen Verstoßes gegen die europäischen Grundfreiheiten regelmäßig nicht (vgl. BFH vom 20.09.2006, BFH/NV 2007, 220). Aus dem Ausland geleistete SA sind absetzbar, wenn die persönlichen Voraussetzungen vorliegen. Ebenso können SA in das Ausland geleistet werden, wenn das Gesetz keine Einschränkungen vorsieht.

1.6 Einzelne Sonderausgaben

1.6.1 Unterhaltsleistungen

Bei dauernd getrennt lebenden oder geschiedenen Ehegatten besteht regelmäßig eine Unterhaltsverpflichtung des einen sowie eine Unterhaltsberechtigung des anderen Ehegatten nach bürgerlichem Recht, wenn die Unterhaltsverpflichtung nicht aufgrund eines Ehevertrages oder wegen fehlender Bedürftigkeit ausgeschlossen ist. Der Abzug von Unterhaltsleistungen gem. § 10 Abs. 1a Nr. 1 EStG soll u.a. einen Ausgleich dafür schaffen, dass durch die dauerhafte Trennung oder Scheidung die Vorteile des Splittingtarifs entfallen. Es hat sich daher der Begriff des sog. »begrenzten Realsplitting« eingebürgert. Da der Abzug gegenwärtig auf 13.805 € im Kalenderjahr beschränkt ist, wird von **begrenztem Realsplitting** gesprochen.

---
557 BFH vom 15.11.2005 (BStBl II 2006, 623); vgl. *Heinicke* in *Schmidt*, EStG, § 4 Rz. 504.

Über diesen Höchstbetrag hinaus als Sonderausgaben abziehbar sind die vom Unterhaltsverpflichteten tatsächlich geleisteten Beträge für die Kranken- und Pflegepflichtversicherung des Unterhaltsempfängers, sofern diese tatsächlich für eine entsprechende Absicherung des geschiedenen oder dauernd getrennt lebenden Ehegatten aufgewandt werden.[558]

Unterhaltsleistungen sind nicht automatisch abzugsfähig. Voraussetzungen sind gem. § 10 Abs. 1a Nr. 1 EStG ein Antrag des Verpflichteten und die Zustimmung des Empfängers. Durch das Zustimmungserfordernis soll der Empfänger vor wirtschaftlichen Nachteilen geschützt werden, da die Zahlungen bei ihm zu Einkünften gem. § 22 Nr. 1a EStG führen. Allerdings hat der Unterhaltsverpflichtete einen **zivilrechtlichen (nicht steuerrechtlichen!) Anspruch** auf Zustimmung, wenn dem Berechtigten keine Nachteile aus der Zustimmung erwachsen oder diese ausgeglichen werden (BGH vom 23.03.1983, NJW 1983, 1545). Der Anspruch auf die Zustimmung kann bei den Zivilgerichten eingeklagt werden. Die Erteilung der Zustimmung selbst durch den Zahlungsempfänger ist dagegen eine **öffentlich-rechtliche Willenserklärung** (vgl. BFH vom 25.10.1988, BStBl II 1989, 192).

Beispiel 4a: Die bulgarische Traumfrau I (Auszug aus der Steuerberaterprüfung 2009):
D ist seit dem 20.09.2006 rechtskräftig von seiner deutschen Ehefrau E geschieden. Seine gerichtlich festgesetzten Unterhaltsleistungen betragen im VZ 2008 monatlich 1.100 €. Seinen Verpflichtungen ist D immer fristgerecht nachgekommen. Herr D beantragt für den VZ 2008 den Abzug der Unterhaltsaufwendungen als Sonderausgaben oder außergewöhnliche Belastung. Für Frau E liegt keine »Anlage U« vor.

Lösung: Die Unterhaltsleistungen an seine geschiedene Frau könnten als SA nach § 10 Abs. 1a Nr. 1 EStG abgezogen werden, wenn D dies mit Zustimmung seiner Ex-Frau beantragt. Für den Abzug der Unterhaltsleistungen liegt zwar ein Antrag von D, aber keine Zustimmung von E vor. Somit können diese nicht als SA abgezogen werden.

Weitere gesetzliche Voraussetzung ist, dass der Empfänger grundsätzlich **unbeschränkt stpfl.** ist, er die Zahlungen mithin auch im Inland versteuert (Ausnahmen für Staatsangehörige von EU- und EWR-Staaten schafft in diesem Punkt § 1a Abs. 1 EStG). Die Anforderung entspricht dem Verständnis von einem Realsplitting als Ausgleich für den Wegfall des Splittingtarifs. Aus Sicht des Unterhaltsverpflichteten ist die Anforderung verfehlt, da seine Aufwendungen unabhängig von der steuerlichen Behandlung beim Empfänger zu indisponiblen Privatausgaben führen und schon deshalb SA sein müssten.

Beispiel 4b: Die bulgarische Traumfrau II (Fall angelehnt an Steuerberaterprüfung 2009)
Auch die zweite Ehe von Herrn D hielt erwartungsgemäß nicht lange: D wurde am 30.09.2012 rechtskräftig von seiner deutschen Frau F geschieden, um eine bulgarische Schönheit zu heiraten. Die Unterhaltsverpflichtung beträgt im VZ 2013 monatlich 1.200 €. F ist in 2012 nach Liechtenstein verzogen. Der Einkommensteuererklärung des D liegt eine von Frau F unterschriebene »Anlage U« bei, ebenso wie eine Bescheinigung des Finanzamtes von Vaduz (Liechtenstein), aus der hervorgeht, dass Frau F die erhaltenen Zahlungen dort versteuert.

Lösung: Da Frau F auf der »Anlage U« unterschrieben und ihre Zustimmung erteilt hat, ist die erste Voraussetzung des § 10 Abs. 1a Nr. 1 EStG erfüllt. Weitere Voraussetzung für den Abzug

---
558 Bürgerentlastungsgesetz vom 16.07.2009.

ist, dass Frau F unbeschränkt einkommensteuerpflichtig ist. Frau F lebt aber nicht im Inland, sondern in Liechtenstein. Jedoch können nach § 1a Abs. 1 Nr. 1 EStG Unterhaltsleistungen an Ehegatten in der EU/EWR abgezogen werden, sofern wie hier eine Bescheinigung der zuständigen ausländischen Steuerbehörde über die Besteuerung vorliegt. Allerdings kann D nicht die gesamten 14.400 € (12 × 1.200 €) Unterhaltsleistungen als Sonderausgaben abziehen, sondern nur bis zu dem Höchstbetrag von 13.805 € pro Jahr (§ 10 Abs. 1a Nr. 1 EStG). Der übersteigende Betrag kann auch nicht als außergewöhnliche Belastung abgezogen werden (vgl. § 33 Abs. 2 S. 2 EStG).

»Unterhaltsleistungen« i.S.v. § 10 Abs. 1a Nr. 1 EStG können Geldzahlungen aber auch Sachleistungen sein. Sachleistungen sind für den SA-Abzug entsprechend § 8 Abs. 2 S. 1 EStG zu bewerten.[559] Häufig wird der Unterhalt ganz oder zum Teil durch die Überlassung einer Wohnung erbracht. Dieser Fall ist steuerlich auf zwei Weisen gestaltbar. Die Wohnung kann außerhalb der Einkünfteerzielung unmittelbar als Unterhaltsleistung zur Verfügung gestellt werden. Die Überlassung ist dann als SA mit dem ortsüblichen Mietwert anzusetzen.[560] Die Wohnung kann aber auch an den Unterhaltsberechtigten aufgrund eines schuldrechtlichen Vertrages vermietet und die Miete mit dem geschuldeten Barunterhalt verrechnet werden (vgl. H 21.4 EStH »Vermietung an Unterhaltsberechtigte«). Welche Variante für den StPfl. günstiger ist, hängt von den steuerlichen Folgen der Vermietung ab.

Beispiel 5: Barunterhalt oder Wohnungsüberlassung
Die ortsübliche/gezahlte Miete für die überlassene Wohnung beträgt 9.000 € im Jahr. Finanzierungsaufwand, AfA und sonstige Kosten fallen jährlich i.H.v. 15.000 €, 10.000 € und 1.000 € an. Bei einer reinen Überlassung der Wohnung sind Unterhaltsleistungen i.H.v. 9.000 € als SA abzugsfähig. Bei einem Mietverhältnis entsteht zusätzlich ein WK-Überschuss i.H.v. 17.000 €.

Abwandlung 1:
Die ortsübliche Miete beträgt 12.000 €. Die Wohnung ist für 6.720 € vermietet (§ 21 Abs. 2 EStG). Die Absicht, einen Totalüberschuss zu erzielen, ist nachgewiesen. WK entstehen i.H.v. 8.000 €. Wird in Anbetracht der ortsüblichen Miete lediglich ein Unterhalt i.H.v. 6.720 € vereinbart, der mit der Miete zu verrechnen ist, entstehen SA i.H.v. 6.720 € und negative Einkünfte i.H.v. 1.280 €.

Abwandlung 2:
Die Miete wird auf das ortsübliche Niveau angehoben, um SA i.H.v. 12.000 € zu erzielen. Dies führt jetzt aber zusätzlich auch zu einem Einnahmeüberschuss aus der Vermietung i.H.v. 4.000 €. In beiden Varianten ist die mit 12.000 € bewertete direkte Überlassung für den StPfl. günstiger.

Abwandlung 3:
In Ergänzung zu Abwandlung 2 wird ein Barunterhalt von 20.000 € vereinbart und die vertraglich geschuldete Miete von 12.000 € verrechnet. Da der Höchstbetrag für den SA-Abzug überschritten wird, entstehen hier durch das Mietverhältnis zusätzliche positive Einkünfte, denen zudem kein Liquiditätszufluss gegenübersteht. Durch eine unmittelbare Überlassung als Unterhalt ohne Mietverhältnis könnte dies vermieden werden. Wird die Miete stattdessen auf 66 % reduziert (§ 21 Abs. 2 EStG), entsteht jetzt zusätzlich ein WK-Überschuss von 1.280 € ohne schädlichen Einfluss auf den SA-Abzug, da dort weiter der Höchstbetrag ausgeschöpft wird.

---

559 Söhn in Kirchhof/Söhn/Mellinghoff, EStG, § 10 Rz. C 29.
560 Vgl. BFH vom 12.04.2000 (BStBl II 2002, 130).

Im weiteren Sinne zum Bereich der Unterhaltsleistungen gehört auch der Abzugsbetrag in § 10 Abs. 1a Nr. 3/4 EStG. Er erfasst Sachverhalte, in denen im Rahmen einer Ehescheidung ein **Versorgungsausgleich** durchzuführen war. Der Versorgungsausgleich betrifft Anwartschaften oder Aussichten auf eine Versorgung wegen Alters oder verminderter Erwerbsfähigkeit, die während der Ehe erworben worden sind. Im Regelfall kommt es beim Versorgungsausgleich zu einer direkten (anteiligen) Übertragung der Anwartschaft auf den geschiedenen Ehepartner (sog. öffentlich-rechtlicher Versorgungsausgleich, s. *Risthaus*, NWB Fach 3, 14831). Der **schuldrechtliche Versorgungsausgleich** – nur diesen erfasst § 10 Abs. 1a Nr. 3 EStG – kommt zum Einsatz, wenn ein direkter Ausgleich nicht möglich ist oder die Eheleute ihn ausdrücklich vereinbaren. In diesem Fall sind die laufenden Zahlungen, die aus dem schuldrechtlichen Versorgungsausgleich resultieren, gem. § 10 Abs. 1a Nr. 3 EStG abziehbar, soweit die zugrunde liegenden Einnahmen (insb. Renteneinkünfte) beim Ausgleichverpflichteten (nicht beim Zahlungsempfänger) der Besteuerung unterliegen. Die Vorschrift stellt auf diese Weise indisponible Ausgaben steuerlich frei.[561]

1.6.2 Renten und dauernde Lasten

Die SA erfassen in § 10 Abs. 1a Nr. 2 EStG mit den sog. **Versorgungsleistungen** einen Teil der wiederkehrenden Leistungen. Die als SA zu qualifizierenden Versorgungsleistungen müssen von den **Unterhaltsleistungen** und den **wiederkehrenden Leistungen im Austausch mit einer Gegenleistung** abgegrenzt werden. Sie werden damit Teil einer Thematik mit eigenständiger Bedeutung, die über den SA-Abzug hinausgeht. Aus diesem Grund werden sie im Zusammenhang mit den anderen wiederkehrenden Leistungen in Teil B, Kap. III (Rechtsnachfolge) dargestellt.

1.6.3 Vorsorgeaufwendungen

Der SA-Abzug von sog. Vorsorgeaufwendungen ist durch das Alterseinkünftegesetz zum 01.01.2005 umfassend neu geregelt worden. Vorschriften, die aufgrund der Übergangsregelung in § 10 Abs. 4a EStG weiter anwendbar bleiben, werden in Kap. 1.6.3.4 erörtert.

Der schrittweise Übergang zur nachgelagerten Besteuerung bildet sich auch beim SA-Abzug ab: Die Höhe der abziehbaren Beträge steigt an mehreren Stellen im Zeitraum von 2005 bis 2025 von Jahr zu Jahr bis auf die Höchstbeträge. Das BMF hat am 19.08.2013 (BStBl I 2013, 1087) zum SA-Abzug bei Vorsorgeaufwendungen Stellung genommen. Ab dem VZ 2010 sind Einkommensteuerveranlagungen betreffs der beschränkten Abzugsfähigkeit von Vorsorgeaufwendungen i.S.d. § 10 Abs. 1 Nr. 2 EStG vorläufig vorzunehmen (BMF vom 17.08.2015, BStBl I 2015, 577).

1.6.3.1 Basisversorgung

In § 10 Abs. 1 Nr. 2 EStG werden die Vorsorgeaufwendungen der sogenannten Basisversorgung definiert. Dazu gehören gem. § 10 Abs. 1 Nr. 2 Buchst. a EStG die Beiträge zur gesetzlichen **Rentenversicherung**, zu berufsständischen Versorgungseinrichtungen sowie

---

561 Weitere Erläuterungen finden sich im BMF vom 09.04.2010, BStBl I 2010, 323.

zu landwirtschaftlichen Alterskassen. Außerdem umfasst die Basisversorgung gem. § 10 Abs. 1 Nr. 2 Buchst. b Doppelbuchst. aa EStG Beiträge zu einer privaten kapitalgedeckten Altersversorgung, wenn der Vertrag

- nur die Zahlung einer jeweils monatlichen auf das Leben des StPfl. bezogenen lebenslangen Leibrente nicht vor Vollendung des 62. Lebensjahres, einer Berufsunfähigkeitsrente, einer Erwerbsminderungsrente oder einer Hinterbliebenenrente vorsieht, und
- die Ansprüche aus dem Vertrag nicht vererblich, nicht übertragbar, nicht beleihbar, nicht veräußerbar und nicht kapitalisierbar sind und auch kein Anspruch auf Auszahlung besteht.[562]

Beiträge zur Basisversorgung sind in folgender Höhe abziehbar: Unter Bezugnahme auf den Höchstbetrag zur knappschaftlichen Rentenversicherung ergibt sich ein Höchstbetrag von 23.362 € bei Einzelveranlagung (entsprechend Verdoppelung des Betrages bei Zusammenveranlagung). Die Aufwendungen zur Basisversorgung ergeben sich aus der Addition der Beiträge des StPfl. sowie der Beiträge seines AG, die gem. § 3 Nr. 62 EStG hinzuzurechnen sind.

Von diesem Betrag waren in 2017 gem. § 10 Abs. 3 S. 1 und 4 EStG 84 %, höchstens aber 23.362 € abziehbar. Beide Beträge, tatsächliche Aufwendungen und Höchstbetrag, steigen bis zum Jahr 2025 um je 2 Prozentpunkte p.a. bis auf 100 % bzw. bis zu einem Höchstbetrag von 23.362 € (46.724 € bei zusammenveranlagten Ehegatten). In 2017 beträgt der Betrag somit 84 %. Bei StPfl., die nicht in der gesetzlichen Rentenversicherung versichert sind oder aber Einkünfte i.S.d. § 22 Nr. 4 EStG erzielen und ganz oder teilweise einen Anspruch auf Altersversorgung ohne eigene Beitragsleistung erwerben, wird der Höchstbetrag gem. § 10 Abs. 3 S. 3 EStG zusätzlich um einen fiktiven Gesamtbeitrag (AG- und AN-Anteil) zur allgemeinen Rentenversicherung gekürzt.

Der verbleibende Betrag ist als SA abziehbar. Die folgenden zwei Beispiele sollen die Berechnung des als SA abziehbaren Betrages verdeutlichen:

Beispiel 6: Vorsorgeaufwendungen der sog. Basisversorgung I
Die ledige, als Angestellte tätige Rechtsanwältin R hat in 2015 einen AN-Anteil von 6.500 € in das berufsständische Versorgungswerk eingezahlt und in gleicher Höhe einen AG-Anteil erhalten.

Lösung: Sie kann folgende Altersvorsorgeaufwendungen als SA abziehen:

AN-Beitrag	6.500 €
AG-Beitrag	6.500 €
Summe	13.000 €
Höchstbetrag	23.362 €
Ansatz des niedrigeren Beitrags	13.000 €
davon in 2017: 84 %[563]	10.920 €
abzüglich steuerfreier AG-Anteil	./. 6.500 €
verbleibender Betrag	4.420 €

R kann in 2017 4.420 € als SA bei der Basisversorgung abziehen.

---

562 BMF vom 10.01.2014, BStBl I 2014, 70.
563 In 2016 sind es 82 %.

Beispiel 7: Vorsorgeaufwendungen der sog. Basisversorgung II
Der ledige Finanzbeamte F hat in 2015 13.000 € in eine private Leibrentenversicherung i.S.d. § 10 Abs. 1 Nr. 2 Buchst. b EStG eingezahlt. Aus dem Beamtenverhältnis hatte er Bezüge i.H.v. 52.000 €.

Lösung:

Arbeitnehmerbeitrag	0 €
Arbeitgeberbeitrag	0 €
Private Leibrente	13.000 €
Summe	13.000 €
Höchstbetrag	23.362 €
abzüglich fiktiver Rentenversicherungsbeitrag 18,70 %	./. 4.147 €
gekürzter Höchstbetrag	19.215 €
Ansatz des niedrigeren Betrages	13.000 €
davon in 2017: 84 %	10.920 €
abzüglich steuerfreier AG-Anteil	0 €
verbleibender Betrag	10.920 €

F kann in 2017 10.920 € als SA bei der Basisversorgung abziehen.

Zur Frage, ob die Vorsorgeaufwendungen vorweggenommene Werbungskosten zu den später stpfl. Einkünften gem. § 22 Nr. 1 S. 3 Buchst. a Doppelbuchst. aa EStG darstellen, s. BFH vom 18.11.2009, BStBl II 2010, 282 und 414; BFH vom 09.12.2009, BStBl II 2010, 348.

1.6.3.2 Grundförderung

In § 10 Abs. 1 Nr. 3 und Nr. 3a EStG werden die sonstigen Vorsorgeaufwendungen aufgezählt. Unter § 10 Abs. 1 Nr. 3 Buchst. a EStG sind hier zunächst Beiträge zu einer gesetzlichen oder privaten Krankenversicherung erfasst, die zur Erlangung eines sozialhilfegleichen Versorgungsniveaus erforderlich sind; außerdem sind an dieser Stelle unter Buchst. b die Beiträge zur gesetzlichen Pflegeversicherung genannt. Etwaige Bonuszahlungen von Krankenkassen an deren Mitglieder, die ohne konkreten Nachweis der Ausgaben erfolgen, mindern den SoA-Abzug der Vorsorgeaufwendungen betreffs der Basisversorgung. Aus diesem Grund sollten gezahlte Boni möglichst Ausgaben betreffen, die originär in den Zusatzleistungen angesiedelt sind (Umkehrschluss aus FG Rheinland-Pfalz vom 28.04.2015, Az.: 3 K 1387/14).

Der § 10 Abs. 1 Nr. 3a EStG erfasst weitere Vorsorgeaufwendungen, beispielsweise Beiträge zur:
- Arbeitslosenversicherung,
- Kranken-und Pflegeversicherung, soweit nicht § 10 Abs. 1 Nr. 3 EStG einschlägig ist (Zusatzleistungen),
- Unfallversicherung,
- Haftpflichtversicherung,
- Risikolebensversicherung bei Leistung im Todesfall und
- Berufsunfähigkeitsversicherung, soweit nicht § 10 Abs. 1 Nr. 2 Buchst. a EStG einschlägig ist.

Des Weiteren wird der Kreis der sonstigen Vorsorgeaufwendungen auf Beiträge zu alten Kapitallebens- und Rentenversicherungen erweitert, die nach der bis Ende 2004 geltenden Rechtslage zum Abzug zugelassen waren (s. § 10 Abs. 1 Nr. 2 Buchst. b Doppelbuchst. bb bis dd EStG a.F.).

Die sonstigen Vorsorgeaufwendungen sind gem. § 10 Abs. 4 S. 1 EStG bis zur Höhe von 2.800 € abziehbar. Bei StPfl., die ganz oder teilweise ohne eigene Aufwendungen einen Anspruch auf vollständige oder teilweise Erstattung oder Übernahme von Krankheitskosten haben (insb. Beamte, § 3 Nr. 11 EStG und i.R.d. Familienversicherung mitversicherte Ehegatten und Kinder) oder für deren Krankenversicherung Leistungen i.S.d. § 3 Nr. 9, Nr. 14, Nr. 57 oder Nr. 62 EStG erbracht werden (insb. sozialversicherungspflichtige AN), **vermindert** sich der Betrag gem. § 10 Abs. 4 S. 2 EStG auf **1.900 €**. Bei zusammenveranlagten Ehegatten kommt ein gemeinsamer Höchstbetrag zur Anwendung, der sich gem. § 10 Abs. 4 S. 3 EStG aus der Summe der den Ehegatten nach den S. 1 und 2 zustehenden Höchstbeträge ergibt. Übersteigen die Beiträge gem. § 10 Abs. 1 Nr. 3 EStG zur Erlangung eines Mindestversicherungsschutzes in der Krankenversicherung und Pflegeversicherung die vorgenannten Höchstbeträge, können gem. § 10 Abs. 4 S. 4 EStG diese höheren Beiträge angesetzt werden.

1.6.3.3 Gemeinsame Voraussetzungen für den Abzug von Vorsorgeaufwendungen

Voraussetzung für den Abzug von Vorsorgeaufwendungen der Basisversorgung (§ 10 Abs. 1 Nr. 2 EStG) und der Grundförderung (§ 10 Abs. 1 Nr. 3 EStG) ist gem. § 10 Abs. 2 EStG,

- dass die Beiträge **nicht** in unmittelbarem wirtschaftlichem Zusammenhang mit steuerfreien Einnahmen stehen (Nr. 1) und
- an bestimmte Empfänger geleistet werden (Nr. 2). Hierzu zählen u.a.:
  - Versicherungsunternehmen mit Sitz oder Geschäftsleitung in einem Mitgliedstaat der Europäischen Gemeinschaft oder aber der Erlaubnis zum Versicherungsgeschäft im Inland (Buchst. a),
  - berufsständische Versorgungseinrichtungen (Buchst. b),
  - Sozialversicherungsträger (Buchst. c) und
  - Anbieter von Altersvorsorgeverträgen sowie Versorgungseinrichtungen i.S.v. § 80 EStG (Buchst. d).

Daneben legt § 10 Abs. 2 S. 3 ff. und Abs. 2a EStG umfangreiche Anforderungen zum verfassungsrechtlich problematischen Datenaustausch mit den Versorgungsanbietern fest.

1.6.3.4 Übergangsregelungen

Für die Berechnung des Höchstbetrages sind Übergangsregelungen geschaffen worden, die gem. § 10 Abs. 4a EStG bis zum VZ 2019 noch nach dem bis zum VZ 2004 geltenden Verfahren berechnet werden können. Dabei sinkt der anzusetzende Vorwegabzug allerdings ab dem Jahr 2011 kontinuierlich ab, vgl. § 10 Abs. 4a EStG. Das Finanzamt hat eine entsprechende **Günstigerprüfung** vorzunehmen. Die bestehende Regelung ist durch das Jahressteuergesetz 2007 zusätzlich modifiziert worden (ausführlich dazu *Myßen/Bering*, NWB Fach 3, 14293). Hintergrund war die Beseitigung von sog. Verpuffungseffekten, die bisher teilweise bei Beiträgen zu einer privaten kapitalgedeckten Altersversorgung i.S.v. § 10 Abs. 1 Nr. 2 Buchst. b EStG eintraten.

Bereits die Berechnung des Höchstbetrages gem. § 10 Abs. 3 EStG a.F. folgt einem relativ komplizierten Schema. Dies liegt u.a. daran, dass mit dem sog. **Vorwegabzug** individuelle Belastungsunterschiede bei der Aufbringung der Vorsorgeaufwendungen ausgeglichen werden sollen. Der Vorwegabzug beträgt grundsätzlich 3.068 €; dieser wird durch § 10 Abs. 4a EStG kontinuierlich abgeschmolzen. Bei StPfl. mit Einkünften aus nichtselbständiger Arbeit wird dieser Betrag um 16 % der Einnahmen gekürzt, wenn Arbeitgeberanteile zur Sozialversicherung entrichtet worden sind (Leistungen i.S.d. § 3 Nr. 62 EStG) oder der StPfl. als sozialversicherungsfrei Beschäftigter, insb. als Beamter oder beherrschender Gesellschafter-GF, Anspruch auf eine Altersversorgung hat (Personenkreis des § 10 Abs. 3 Nr. 1 oder 2 EStG). In welcher Höhe der Arbeitgeber tatsächlich Zukunftssicherungsleistungen erbracht hat, ist dabei für die Kürzung des Vorwegabzugs ohne Bedeutung (BFH vom 16.10.2002, BStBl II 2003, 183). Insb. Selbständigen bleibt der Vorwegabzug damit ungeschmälert erhalten, während den vorgenannten Personen dieser Vorwegabzug mit einem i.H.v. 16 % der Einnahmen pauschal ermittelten Vorteil gekürzt wird.

Zusammen veranlagte Ehegatten werden als eine steuerliche Einheit behandelt. Eine individuelle Kürzung des Vorwegabzuges findet deshalb nicht statt. Das (hohe) Gehalt eines der Ehegatten vermindert deshalb gegebenenfalls aufgrund der Zusammenrechnung der Gehälter auch den Vorwegabzug des anderen Ehegatten. **Unzulässig** ist es aber, in die Kürzung auch das Gehalt eines Ehegatten einzubeziehen, für den überhaupt keine Leistungen zur Zukunftssicherung i.S.v. § 3 Nr. 62 EStG erbracht worden sind und der auch nicht zum Personenkreis des § 10 Abs. 3 Nr. 1 oder 2 EStG gehört (vgl. BFH vom 03.12.2003, BStBl II 2004, 709). Das Gleiche gilt bei Einnahmen aus mehreren Arbeitsverhältnissen desselben StPfl. (BFH vom 26.02.2004, BStBl II 2004, 720).

Zu dem nach § 10 Abs. 3 EStG a.F. ermittelten Betrag ist gegebenenfalls der Erhöhungsbetrag gem. § 10 Abs. 4a S. 3 EStG zu addieren. Dieser Erhöhungsbetrag bildet Beiträge zu einer eigenen Altersvorsorge i.S.d. § 10 Abs. 1 Nr. 2 Buchst. b EStG ab, soweit dafür i.R.d. geltenden Höchstbeträge noch Raum ist. Des Weiteren ist gem. § 10 Abs. 4a S. 2 EStG zu prüfen, ob sich eventuell ein höherer Abzugsbetrag ergibt, wenn ohne Berücksichtigung des Erhöhungsbetrages die Beiträge i.S.d. § 10 Abs. 1 Nr. 2 Buchst. b EStG direkt in die Berechnung des Höchstbetrages nach altem Recht einbezogen werden.

Nach folgendem Schema kann die Berechnung der Günstigerprüfung gem. § 10 Abs. 4 EStG a.F. vorgenommen werden:

- 1.334 € Grundhöchstbetrag i.S.d. § 10 Abs. 3 Nr. 1 EStG a.F.,
- 1.500 € Vorwegabzug für Versicherungen i.S.d. § 10 Abs. 2 Nr. 3 EStG a.F. (für VZ 2014; gem. § 10 Abs. 4a EStG),
- max. 50 %iger Grundhöchstbetrag gem. § 10 Abs. 3 Nr. 4 EStG a.F.,
- 184 € zusätzlicher Höchstbetrag gem. § 10 Abs. 3 Nr. 3 a.F.

Die Anwendung der Günstigerprüfung i.S.d. § 10 Abs. 4a EStG i.V.m. § 10 Abs. 3 EStG a.F. verdeutlicht folgendes Beispiel:

Beispiel 8: Abgeordneter und Vorsorgeaufwendungen
Der ledige Abgeordnete A erhält im VZ 2015 Bezüge gem. § 22 Nr. 4 EStG (Kürzung gem. § 10 Abs. 3 Nr. 2b EStG a.F.) i.H.v. 17.000 € und tätigt Vorsorgeaufwendungen i.H.v.13.000 € an eine landwirtschaftliche Alterskasse (§ 10 Abs. 1 Nr. 2 Buchst. a EStG), i.H.v. 3.000 € für eine private Krankenversicherung zur Mindestversorgung (§ 10 Abs. 1 Nr. 3 Buchst. a EStG)

und i.H.v. 3.500 € für eine private kapitalgedeckte Altersversorgung i.S.v. § 10 Abs. 1 Nr. 2 Buchst. b EStG.

Lösung:
Ohne Anwendung der Übergangsregelung kann A ansetzen:

Beitrag landwirtschaftliche Alterskasse	13.000 €
private kapitalgedeckte Altersversorgung	3.500 €
Summe	16.500 €
Höchstbetrag	22.174 €
abzüglich fiktiver Rentenversicherungsbeitrag 18,70 %	./. 4.147 €
gekürzter Höchstbetrag	18.027 €
Ansatz des niedrigeren Betrags	16.500 €
davon in 2015: 80 %	13.200 €
abzüglich steuerfreier AG-Anteil	0 €
verbleibender Betrag	3.300 €
Beitrag Grundversorgung (Höchstbetrag gem. § 10 Abs. 4 S. 4 EStG)	1.900 €
Summe	5.200 €

In der ersten Stufe der Günstigerprüfung gem. § 10 Abs. 4a S. 1 EStG ergibt sich zunächst folgender Abzugsbetrag:

Vorsorgeaufwendungen		**16.000 €**	
Vorwegabzug 2015	1.500 €		
Minderung Vorwegabzug lt. § 10 Abs. 2 Nr. 2b EStG a.F.	./. 1.500 €		
verbleibender Vorwegabzug	0 €	./. 0 €	0 €
verbleibende Vorsorgeaufwendungen		**16.000 €**	
Grundhöchstbetrag lt. § 10 Abs. 3 Nr. 1 EStG a.F.		1.334 €	1.334 €
verbleibende Vorsorgeaufwendungen		**14.666 €**	
davon 50 % lt. § 10 Abs. 3 Nr. 4 EStG a.F.	7.333 €		
maximal hälftiger Höchstbetrag	667 €		667 €
nach § 10 Abs. 3 EStG a.F. abziehbar			**2.001 €**
Erhöhungsbetrag			
gekürzter Höchstbetrag			18.027 €
davon bereits verbraucht			16.000 €
verbleiben			2.027 €
angesetzt werden können in 2015: 80 % von 1.500 € gem. § 10 Abs. 4a S. 4 EStG n.F.			1.200 €
Vorsorgeaufwendungen insgesamt			**3.201 €**

Mindestens ist gem. § 10 Abs. 4a S. 2 EStG anzusetzen:

Vorsorgeaufwendungen gesamt		19.500 €	
Vorwegabzug 2015	1.500 €		
Minderung Vorwegabzug	./. 1.500 €		
verbleibender Vorwegabzug	0 €	./. 0 €	0 €
verbleibende Vorsorgeaufwendungen		19.500 €	
Grundhöchstbetrag		1.334 €	1.334 €
verbleibende Vorsorgeaufwendungen		18.166 €	
davon 50 %	9.083 €		
maximal hälftiger Höchstbetrag	667 €		667 €
nach § 10 Abs. 3 EStG a.F. abziehbar			2.001 €

A erzielt damit durch die Anwendung von § 10 Abs. 3 EStG n.F. den höchsten Abzugsbetrag. Die Anwendung der Übergangsregelung in § 10 Abs. 4a EStG ist für ihn nicht vorteilhaft.

Aktueller Rspr.-Hinweis: Als Maßnahme der Gesundheitsvorsorge zahlen einige Kassen Boni an die Versicherten. Entgegen der Verwaltungsauffassung (BMF vom 19.08.2013, BStBl I 2013, 1087, Tz. 72) führen diese Bonuszahlungen **nicht** zu einer Kürzung der Sonderausgaben.[564]

1.6.3.5 Von privat Versicherten freiwillig selbst getragene Krankenbehandlungskosten

Die von privat Versicherten freiwillig selbst getragenen Krankenbehandlungskosten, die sogenannten Beitragsrückerstattungen, sind steuerlich nicht absetzbar. Eine Berücksichtigung als Vorsorgeaufwand scheidet nach § 10 Abs. 1 Nr. 3 S. 1 Buchst. a und § 10 Abs. 1 Nr. 3a EStG aus, da es sich um keine Beiträge zu einer Versicherung handelt (BFH vom 18.07.2012, X R 41/11, BStBl II 2012, 821). Bei den selbst getragenen Aufwendungen handelt es sich um keine Erlangung eines Versicherungsschutzes. Es dient lediglich dem Bestreben, eine Beitragsrückerstattung zu bekommen.

1.6.4 Gezahlte Kirchensteuer

Kirchensteuer i.S.v. § 10 Abs. 1 Nr. 4 EStG sind nur die Geldleistungen, die von Religionsgemeinschaften erhoben werden, die als Körperschaften des **öffentlichen** Rechts anerkannt sind. Daher sind die privatrechtlichen religiösen Körperschaften, insb. eingetragene Vereine, nicht in der Lage, Kirchensteuer i.S.v. § 10 Abs. 1 Nr. 4 EStG zu erheben. Die Kirchensteuer muss außerdem aufgrund gesetzlicher Vorschriften erhoben werden (vgl. H 10.7 EStH). Die Einzelheiten ergeben sich aus den Kirchensteuergesetzen der Bundesländer. Der Kirchensteuer gleichgestellt ist das sog. »Kirchgeld« gem. § 10 Abs. 1 Nr. 4 EStG. Dieses wird bei Zusammenveranlagung von Ehepartnern gem. § 26b EStG erhoben, wenn der gutverdienende Ehepartner nicht Mitglied einer Religionsgemeinschaft ist und der andere Ehepartner über kein Einkommen verfügt. **Freiwillig geleistete Zahlungen** sind keine Kirchensteuern. Nur wenn sie als **Beiträge** an eine **Körperschaft des öffentlichen Rechts**

---

564 Nach den Urteilsgründen liegt ggf. eine Kürzung der außergewöhnlichen Belastung vor, falls es zu einem Anwendungsfall des § 33 EStG kommt.

geleistet werden, sind sie gem. R 10.7 Abs. 1 EStR *wie Kirchensteuern* abziehbar.[565] Wird Kirchensteuer an Religionsgemeinschaften gezahlt, die in einem anderen EU- oder EWR-Staat belegen sind und die bei Ansässigkeit im Inland als Körperschaften des öffentlichen Rechts anzuerkennen wären, ist diese als Sonderausgabe abziehbar (s. BMF vom 16.11.2010, BStBl I 2010, 1311). Alle anderen freiwilligen Zahlungen sind ggf. nach § 10b EStG abziehbar (s. dazu Kap. 1.3.11.2). Kirchensteuer, die im Wege der Abgeltungsteuer auf Kapitaleinkünfte erhoben wird, darf gem. § 10 Abs. 1 Nr. 4, 2. HS EStG nicht abgezogen werden. I.R.d. JStG 2010 wurde diese Ausnahmeregelung dahingehend klargestellt, dass die Kirchensteuer auch in Bezug auf nach dem gesonderten Tarif des § 32d Abs. 1 EStG ermittelte ESt nicht mehr als Sonderausgabe abzugsfähig ist. Bei Anwendung der Günstigerprüfung oder für den Fall, dass die Einkünfte aus Kapitalvermögen anderen Einkunftsarten zugerechnet werden können (bspw. Einkünften aus Gewerbebetrieb, selbständiger Arbeit oder Vermietung und Verpachtung), gilt § 10 Abs. 1 Nr. 4 HS 2 EStG nicht.

Nach einem Urteil des BFH vom 21.07.2016 (n.n.v., Az.: X R 43/13) sind **Nachzahlungen der Erben auf offene Kirchensteuern des Erblassers** beim Erben im Jahr der Zahlung als **Sonderausgaben** abziehbar. Diese Entscheidung hat Bedeutung für alle Erbfälle, da der Erblasser kirchenstpfl. war.

1.6.5 Kinderbetreuungskosten

I.R.d. Steuervereinfachungsgesetzes 2011 wird der Abzug der Kinderbetreuungskosten ab 2012 vereinheitlicht, der § 9c EStG aufgehoben und die Kinderbetreuungskosten werden in den neuen § 10 Abs. 1 Nr. 5 EStG überführt. Sie sind sodann nicht mehr als WK/BA abziehbar. Die Höhe des Abzugs bleibt indes gleich und beträgt zwei Drittel der Aufwendungen, maximal 4.000 € je Kind, das das 14. Lebensjahr noch nicht vollendet hat. Die schädlichen Aufwendungen des Satzes 2 (Unterricht, Vermittlung besonderer Fähigkeiten und sportliche sowie andere Freizeitbetätigungen) sind zu beachten. Zum Nachweis der Aufwendungen muss eine Rechnung vorgelegt werden, die die Zahlung auf das Konto des Leistungserbringers belegt.

1.6.6 Steuerberatungskosten

Steuerberatungskosten waren bis zum VZ 2005 gem. § 10 Abs. 1 Nr. 6 EStG a.F. als Sonderausgabe abziehbar, wenn es sich nicht um BA oder WK handelte. Die Vorschrift ist mit Wirkung zum VZ 2006 abgeschafft worden. Aufwendungen, die das Ausfüllen der Steuererklärung oder die Beratung in Tarif- und Veranlagungsfragen betreffen, sind seitdem nicht mehr als SA abziehbar. Die Neuregelung ist nach Auffassung des BFH verfassungsgemäß, da Steuerberatungskosten nicht zu den indisponiblen Aufwendungen zählen sollen (BFH vom 04.02.2010, BStBl II 2010, 617). Steuerberatungskosten, die sich auf die Ermittlung der Einkünfte beziehen, können dagegen weiter als BA oder WK berücksichtigt werden (s. BMF vom 21.12.2007, BStBl I 2008, 256). Nicht als BA/WK abzugsfähig sind die Steuerberatungskosten, die auf die Erstellung der gesonderten und einheitlichen Feststellung von Einkünften entfallen (vgl. BFH vom 28.10.1998, XI B 34/98, BFH/NV 1999, 610).

---

565 Es handelt sich um eine abweichende Steuerfestsetzung aus Billigkeitsgründen gem. § 163 S. 1, 1. Alt. AO; das Ermessen der Finanzverwaltung bei der Entscheidung über die Billigkeitsmaßnahme ist wegen der Selbstbindung der Verwaltung durch R 10.7 Abs. 1 EStR auf Null reduziert, BFH vom 10.10.2001 (BStBl II 2002, 201).

1.6.7 Aufwendungen für die eigene Berufsausbildung

1.6.7.1 Kosten der ersten Berufsausbildung

Die Berufsausbildung beginnt bereits mit dem Besuch allgemeinbildender Schulen. Sie endet, wenn ein Abschluss erzielt wird, der eine angestrebte Berufsausübung auf der Grundlage der erworbenen Fertigkeiten erlaubt[566], also nicht unbedingt erst dann, wenn das endgültige Berufsziel erreicht ist. Zu beachten ist, dass bei sog. **Ausbildungsdienstverhältnissen** wie einer Lehre, die im wesentlichen Maße durch die Ausbildung geprägt sind und gegen Arbeitslohn ausgeübt werden, die entstehenden Aufwendungen WK i.S.v. § 9 EStG und keine Berufsausbildungskosten i.S.v. § 10 Abs. 1 Nr. 7 sind (vgl. H 9.2 LStH mit einzelnen Nachweisen und FG Düsseldorf vom 03.12.2008, EFG 2009, 1201). Der Berufsbegriff ist weit auszulegen. Kosten der Allgemeinbildung, die sich der StPfl. aneignet, ohne dass objektive Anzeichen die spätere Verwendung für eine Erwerbstätigkeit erkennen lassen, sind ebenfalls **keine Ausbildungskosten** i.S.v. § 10 Abs. 1 Nr. 7 EStG.[567] Schwierig ist die Abgrenzung, ab wann bereits ein ausreichender Veranlassungszusammenhang mit der Einkünfteerzielung vorliegt, sodass vorrangig WK oder BA anzunehmen sind. Gemäß der ab 2015 geltenden Neuregelung muss zum einen eine Berufsausbildung als Erstausbildung, sofern in Vollzeit durchgeführt, einen Zeitraum von mindestens zwölf Monaten umfassen. »Vollzeit« bedeutet in diesem Kontext eine Dauer von durchschnittlich mindestens 20 Stunden wöchentlich. Der Abschluss erfolgt regelmäßig durch eine bestandene Abschlussprüfung. Soweit eine solche Prüfung nicht vorgesehen ist, gilt die Ausbildung mit der tatsächlichen planmäßigen Beendigung als abgeschlossen. Keine erste Berufsausbildung sind beispielsweise Kurse zur Berufsorientierung oder -vorbereitung, Kurse zur Erlangung von Fahrerlaubnissen, Betriebspraktika, Anlerntätigkeiten oder die Grundausbildung bei der Bundeswehr.

Für die erste Berufsausbildung anfallende Aufwendungen stellen lediglich **beschränkt abzugsfähige Sonderausgaben** dar.

1.6.7.2 Studiumskosten

Voraussetzung für den Sonderausgabenabzug von Kosten des eigenen Studiums ist der Beginn eines Studiums, welches dem Studierenden objektiv ermöglicht, nach Abschluss des Studiums Leistungen gegen Entgelt erbringen zu können. Dies umfasst neben Vollzeitmaßnahmen auch Teilzeitmaßnahmen. Analog zur ersten Berufsausbildung sind die Kosten für ein Erststudium nicht als WK, sondern als beschränkt abzugsfähige Sonderausgaben abzugsfähig.

Beispiel 9: Studium der Kunstgeschichte
Die Klägerin arbeitete bis zu ihrem 45. Lebensjahr in ihrem erlernten Beruf als medizinisch-technische Assistentin. Nachdem sie arbeitslos geworden war, nahm sie mit 50 Jahren ein Studium der Kunstgeschichte auf. Die Kosten des Studiums machte sie als WK bei den Einkünften aus nichtselbständiger Arbeit geltend. Sie trägt vor, nach Abschluss des Studiums und einer anschließenden Promotion (Dauer insgesamt sechs Jahre) strebe sie eine Tätigkeit in einem Museum an. Das Finanzamt berücksichtigte lediglich SA bis zu der gem. § 10 Abs. 1 Nr. 7 EStG zulässigen Höhe. Nach erfolglosem Einspruch verfolgt die StPfl. ihr Begehren mit einer Klage

---

566 BMF vom 22.09.2010, BStBl I 2010, 721, Rz. 4.
567 Vgl. *Heinicke* in *Schmidt*, EStG, § 10 Rz. 123.

weiter (abgewandelter Sachverhalt nach FG Rheinland-Pfalz vom 15.10.2003, EFG 2004, 247 und BFH vom 26.01.2005, BStBl II 2005, 349).

Nach traditionellem Verständnis der Vorschrift war die Bewertung durch das Finanzamt kaum infrage zu stellen. Das Studium der Kunstgeschichte stellt eine Berufsausbildung i.S.v. § 10 Abs. 1 Nr. 7 EStG dar. Fraglich ist aber, ob der Tatbestand subsidiär ist, weil es sich um WK handelt. Nach Wegfall des § 12 Nr. 5 EStG könnten die Ausgaben, die durch das Studium der Kunstgeschichte veranlasst waren, als WK berücksichtigt werden, da eine Erstausbildung im o.g. Sinn bereits durch die Klägerin absolviert worden war und das Studium entsprechend eine **Zweitausbildung** darstellt (s. auch 1.6.7.5).

1.6.7.3 Aufteilung von Kosten in Betriebsausgaben/Werbungskosten und Sonderausgaben

Fortbildungskosten, also Kosten für die Weiterbildung in einem erlernten und gegenwärtig ausgeübten Beruf, können auch dann als BA/WK abgezogen werden, wenn dafür eine Aufteilung der Kosten erforderlich wird, um sie von SA i.S.v. § 10 Abs. 1 Nr. 7 EStG abzugrenzen.

Beispiel 10: Mischnutzung
Der StPfl. nutzte sein Arbeitszimmer sowohl für die Berufsausbildung als auch für seine Tätigkeit als angestellter wissenschaftlicher Mitarbeiter. Das FA hat die Kosten des Arbeitszimmers lediglich als SA berücksichtigt. Den anteiligen Ansatz von WK hat es abgelehnt.

Die Veranlagung durch das FA erweist sich nur dann als richtig, wenn der Berücksichtigung anteiliger WK das Aufteilungsverbot gem. § 12 Nr. 1 S. 2 EStG entgegensteht.

Lösung: Die Sichtweise des FA ist insoweit folgerichtig, als der Gesetzgeber die Ausbildungskosten als SA und damit als Kosten der Lebensführung behandelt, für die das Aufteilungsverbot gilt. Bei einer isoliert systematischen Gesetzesauslegung erweist sich die Bewertung durch das FA daher als richtig. Der BFH kam dennoch zu dem Ergebnis, dass eine Aufteilung vorzunehmen und der auf die Tätigkeit als angestellter wissenschaftlicher Mitarbeiter entfallende Aufwand als WK abziehbar sei. Aufgrund einer Auslegung des § 12 Abs. 1 S. 2 EStG nach dem Normzweck bestätigte er die Entscheidung des Finanzgerichtes. Mit der Vorschrift solle nur verhindert werden, dass private Ausgaben in einen einkommensteuerrechtlich relevanten Bereich verlagert werden können, weil der StPfl. einen entsprechenden Beruf habe. Der Gesichtspunkt der Vermischung von beruflich veranlassten Kosten mit solchen der Lebensführung könne aber nur insoweit beachtet werden, als steuerlich nicht abziehbare Lebenshaltungskosten mit WK/BA zusammentreffen. Dies sei aber dann nicht mehr der Fall, wenn die privaten Ausgaben, wie hier die Berufsausbildungskosten, als SA steuerlich (zumindest begrenzt) abziehbar sind (vgl. BFH vom 22.06.1990, BStBl II 1990, 901).

1.6.7.4 Verhältnis zu den außergewöhnlichen Belastungen

Für Aufwendungen, die wegen der Begrenzung des SA-Abzugs nicht abgezogen werden dürfen, ist gem. § 33 Abs. 2 S. 2, 2. HS EStG grundsätzlich der Abzug als außergewöhnliche Belastung eröffnet. Er wird jedoch zumeist an der fehlenden Zwangsläufigkeit der Aufwendungen scheitern.

1.6.8 Schulgeld

Der Abzug von Schulgeld ist durch das Jahressteuergesetz 2009 neu geregelt worden (vgl. BMF vom 09.03.2009, BStBl I 2009, 487). Auslöser war eine Entscheidung des EuGH vom 11.09.2007.

Der SA-Abzug für Schulgeld i.S.v. § 10 Abs. 1 Nr. 9 EStG ist mehrfach eingeschränkt. Die Abzugsfähigkeit ist wie folgt beschränkt:

- kein SA-Abzug für Beherbergung, Betreuung und Verpflegung,
- maximal 30 % der Aufwendungen, begrenzt auf
- maximal 5.000 € pro Kind des Elternpaars,
- Anspruch auf Kindergeld bzw. Kinderfreibetrag der Eltern,
- Belegenheit der Schule in der EU/im EWR,
- Anerkennung der Schule vom zuständigen inländischen Ministerium des Landes oder der Kultusministerkonferenz und Vermittlung eines als äquivalent anerkannten allgemeinbildenden oder berufsbildenden Schul-, Jahrgangs- oder Berufsabschlusses.

Andere Einrichtungen stehen den Schulen gleich, wenn sie auf einen vergleichbaren Abschluss vorbereiten (§ 10 Abs. 1 Nr. 9 S. 3 EStG). Zahlungen an deutsche Schulen im Ausland können i.R.d. Höchstbeträge abgezogen werden, ohne dass es auf die Belegenheit in der EU oder dem EWR ankommt (§ 10 Abs. 1 Nr. 9 S. 4 EStG).

Beispiel 11: Auslandsaufenthalt
Der Sohn der Kläger besuchte im Streitjahr die »C-School« mit Internatsunterbringung in Großbritannien. Das FA lehnte die Berücksichtigung von gezahltem Schulgeld i.H.v. insgesamt rund 9.574 € (ohne Internatskosten) ab.

Beispiel 11a: Auslandsaufenthalt II
Nanette Erdel, die Tochter der Kläger, besuchte im Streitjahr 2009 die »W-School« in den Vereinigten Staaten von Amerika. Der Kläger begehrt die Berücksichtigung von Schulgeldzahlungen i.H.v. 16.000 € als Sonderausgaben.

Lösung (Beispiel 11): Die vom Sohn der Kläger besuchte Schule in Großbritannien fiel bis 2007 in keine der in § 10 Abs. 1 Nr. 9 EStG a.F. genannten Schulkategorien. Durch die europarechtskonforme Neuausgestaltung der Norm musste das Finanzamt ab dem VZ 2007 30 % des gezahlten Schulgeldes als SA berücksichtigen. Zur vollständigen Darstellung des Verfahrens siehe Vorauflage.

Lösung (Beispiel 11a): Da § 10 Abs. 1 Nr. 9 S. 2 EStG voraussetze, dass die Schule in einem Mitgliedstaat der EU oder im EWR-Raum liege, entschied der BFH mit Beschluss vom 13.06.2013, Az.: X B 232/12, BFH/NV 2013, 1416, dass die Schulgeldzahlung im vorliegenden Fall nicht als abzugsfähig gelten könne.

Außerhalb der von § 10 Abs. 1 Nr. 9 EStG gezogenen Grenzen für das Schulgeld können Zahlungen als **Spende** an den Schulträger unter den weiteren qualifizierten Anforderungen nach § 10b EStG als **freigiebige Zuwendung** abziehbar sein. Sie dürfen dann aber offensichtlich **keine Gegenleistung** für den Schulbesuch darstellen.[568] Eine Berücksichtigung

---
568 Einzelheiten im BMF-Schreiben vom 04.01.1991 (DB 1991, 256).

der nicht als SA abziehbaren Schulgelder als **außergewöhnliche Belastung** scheint darüber hinaus § 33 Abs. 2 S. 2 EStG zu ermöglichen. Die Vorschrift soll nach Auffassung des BFH aber nur die Sachverhalte erfassen, bei denen der Schulbesuch nicht wesentlich durch schulische Zwecke veranlasst ist, sondern anlässlich der Behandlung oder Linderung einer Krankheit erfolgt, und die dadurch verursachten Aufwendungen daher als unmittelbare Krankheitskosten anzusehen sind.[569]

1.6.9 Verrechnung erstatteter Sonderausgaben

I.R.d. Steuervereinfachungsgesetzes 2011 wird ab 2012 die Verrechnung von erstatteten Sonderausgaben im neu geschaffenen § 10 Abs. 4b EStG geregelt. Demnach sind im Veranlagungszeitraum erstattete Vorsorgeaufwendungen nach § 10 Abs. 1 Nr. 2–3a EStG mit gleichartigen geleisteten Aufwendungen i.R.d. jeweiligen Nummer zu verrechnen (§ 10 Abs. 4b S. 2 EStG). Steuerfreie Zuschüsse zu Kranken- und gesetzlichen Pflegeversicherungen stehen den erstatteten Aufwendungen dabei gleich (§ 10 Abs. 4b S. 1 EStG). Ein verbleibender Erstattungsüberhang von Aufwendungen nach § 10 Abs. 1 Nr. 3 (Kranken- und Pflegeversicherung) und Nr. 4 EStG (Kirchensteuer) ist gem. § 10 Abs. 4b S. 3 EStG dem Gesamtbetrag hinzuzurechnen.

1.6.10 Abzug von Altersvorsorgebeiträgen nach § 10a EStG

§ 10a EStG ermöglicht einen zusätzlichen SA-Abzug für Altersvorsorgebeiträge. Die Vorschrift ist Teil eines Instrumentariums, mit dem auch Beziehern kleinerer Einkommen und kinderreichen Familien die Möglichkeit eröffnet werden soll, eine staatlich geförderte private Altersvorsorge aufzubauen. Die Finanzverwaltung hat mit BMF-Schreiben vom 24.07.2013, BStBl I 2015, 1022 und BMF vom 13.01.2014, BStBl I 2015, 97 eingehend zu der steuerlichen Förderung der privaten Altersvorsorge und betrieblichen Altersversorgung Stellung genommen.

Der SA-Abzug führt im Zusammenwirken mit § 22 Nr. 5 EStG zu einer erst nachgelagerten Besteuerung, die grundsätzlich erst dann eingreift, wenn die Versorgungsleistungen später zufließen.

Zur ausführlichen Darstellung der Regelung des § 10a EStG siehe die Vorauflage dieses Buches.

Zusammengefasst regelt § 10a EStG Folgendes:

Günstigerprüfung
Bereits von Amts wegen muss eine Günstigerprüfung zwischen dem SA-Abzug der Aufwendungen für Altersvorsorgebeiträge und Gewährung der Zulage gem. § 10a Abs. 2 EStG vorgenommen werden. Sofern die Gewährung der Zulagen an den Steuerpflichtigen günstiger als der SA-Abzug der gezahlten Beiträge ist, sind die Zulagen zu gewähren. Bewirkt der SA-A jedoch eine höhere Steuerentlastung für den Steuerpflichtigen, sind die gezahlten Beiträge als SA zu berücksichtigen. Die gezahlten Zulagen erhöhen die tarifliche Einkommensteuer.

---

569 BFH vom 17.04.1997 (BStBl II 1997, 752) und vom 23.11.2000 (BStBl II 2001, 132f.).

Gesonderte Feststellung der über den Zulageanspruch hinausgehenden Steuermäßigung gem. § 10a Abs. 4 EStG

Bei Anwendung des Abs. 2 S. 1 EStG ist das Finanzamt zur gesonderten Feststellung der über den Zulageanspruch hinausgehenden Steuerermäßigung und zur Meldung an die zentrale Stelle i.S.d. § 81 EStG verpflichtet. Bei mehreren Verträgen erfolgt die Zurechnung anteilig anhand der berücksichtigen Altersvorsorgebeiträge.

Bei Ehegatten ist die Anspruchsberechtigung auf Anwendung des § 10a EStG – unabhängig der gewählten Veranlagungsart – individuell zu prüfen, vgl. § 10a Abs. 3 S. 2 EStG. Sofern die Voraussetzungen des § 10a EStG von beiden Ehegatten erfüllt werden, können die entsprechenden Freibeträge doppelt gewährt werden. Im Gegensatz zum Sparerpauschbetrag kann der nicht ausgenutzte Teil des Freibetrags nicht auf den anderen Ehepartner übertragen werden. Für den Fall, dass nur einer der Ehegatten zur Anwendung des § 10a EStG berechtigt ist, ist bei der Günstigerprüfung und beim ggf. anzuwendenden SA-Abzug nur die einfache Zulage des berechtigten Ehegatten zu berücksichtigen.

1.6.11 Ausgaben zur Förderung steuerbegünstigter Zwecke

1.6.11.1 Mitgliedsbeiträge und Spenden an politische Parteien

Von den in § 10b EStG erfassten Ausgaben nehmen die Mitgliedsbeiträge und Spenden an politische Parteien gem. Abs. 2 eine Sonderrolle ein. Die steuerliche Förderung von Spenden an politische Parteien wird **zunächst** über eine Verminderung der ESt gem. **§ 34g EStG** i.H.v. 50 % der Ausgaben durchgeführt, maximal aber mit Beträgen von 825 € bzw. 1.650 € bei Zusammenveranlagung von Ehegatten. Darüber hinausgehende Mitgliedsbeiträge und Spenden können gem. § 10b Abs. 2 EStG bis zur Höhe von 1.650/3.300 € als SA abgezogen werden.

Zur Feststellung der Spendenempfangsberechtigung nimmt der Gesetzgeber Bezug auf die **Legaldefinition** der **politischen Parteien** in § 2 des Parteiengesetzes. Dort werden Parteien als Vereinigungen von Bürgern definiert, die dauernd oder für längere Zeit für den Bereich des Bundes oder eines Landes auf die politische Willensbildung Einfluss nehmen und an der Vertretung des Volkes im deutschen Bundestag oder einem Landtag mitwirken wollen, wenn sie nach dem Gesamtbild der tatsächlichen Verhältnisse, insb. nach Umfang und Festigkeit ihrer Organisation, nach der Zahl ihrer Mitglieder und nach ihrem Hervortreten in der Öffentlichkeit eine ausreichende Gewähr für die Ernsthaftigkeit dieser Zielsetzung bieten.[570]

Somit können Mitgliedsbeiträge und Spenden an lediglich kommunal tätige Vereinigungen nicht nach § 10b Abs. 2 EStG abgezogen werden.

Der SA-Abzug ist gem. § 50 Abs. 1 EStDV davon abhängig, dass die Zuwendung (Spende oder Mitgliedsbeitrag, § 10 Abs. 1 S. 1 EStG) von der Partei durch eine Zuwendungsbestätigung nach amtlich vorgeschriebenem Vordruck bescheinigt wird (s. hierzu die aktualisierten Muster für Zuwendungsbestätigungen nach § 10b EStG; vgl. BMF vom 07.11.2013, BStBl I 2013, 1333, s. dazu auch BMF vom 26.03.2015, BStBl I 2014, 791). Lediglich für **Mitglieds-**

---

[570] Gem. § 2 Abs. 3 ParteiG sind politische Vereinigungen keine Partei, wenn ihre Mitglieder oder die Mitglieder ihres Vorstandes in der Mehrheit Ausländer sind oder der Sitz oder die Geschäftsleitung der Vereinigung sich außerhalb des Geltungsbereiches des Parteiengesetzes befinden. Gem. § 2 Abs. 2 ParteiG verliert eine Vereinigung ihre Rechtsstellung als Partei, wenn sie sechs Jahre lang weder an einer Bundestagswahl noch an einer Landtagswahl mit eigenen Wahlvorschlägen teilgenommen hat.

beiträge ist gem. § 50 Abs. 3 EStDV der Nachweis durch Vorlage von Bareinzahlungsbelegen, Buchungsbestätigungen oder Beitragsquittungen ausreichend.

Beispiel 12: Regenerative Energien
Der ledige, besser verdienende StPfl. S ist ein ausgesprochener Befürworter von regenerativen Energien. Aufgrund seiner Beteiligungen an mehreren Windkraftanlagen konnte er im VZ 14 sein zu versteuerndes Einkommen so vermindern, dass er am Ende des VZ mit einer Einkommensteuerbelastung von nur noch 6.000 € rechnet. S möchte zum Jahresende noch etwas für die Förderung erneuerbarer Energien tun und denkt an Spenden im Gesamtbetrag von 5.000 €. Primär möchte er eine kommunale Wählerinitiative unterstützen, die bei den kurz bevorstehenden Kommunalwahlen antritt und die Errichtung von Windkraftanlagen in seinem Heimatort fördern will. Er wäre aber auch bereit, an eine bundespolitisch aktive Partei mit ökologischen Zielsetzungen zu spenden. S fragt nach einem steueroptimierten Spendenverhalten.

Lösung: S befindet sich tariflich im unteren Progressionsbereich. Er sollte daher zunächst die Steuerermäßigungen nach § 34g EStG ausschöpfen, bei denen sich die Ausgaben zu 50 % in gesparter ESt auswirken. Zur Ausnutzung der Höchstbeträge sollte er jeweils 1.650 € an die kommunale Wählerinitiative und die Bundespartei spenden. Hinsichtlich des verbleibenden Betrages kann S nur durch eine Spende an die Bundespartei den SA-Abzug nach § 10b Abs. 2 EStG erreichen, da die kommunale Wählerinitiative keine Partei i.S.d. Parteiengesetzes und damit anders als bei § 34g EStG kein tauglicher Empfänger im Sinne dieser Vorschrift ist. Aus steuerlicher Sicht sollte S seine Spende auf weitere 1.650 € beschränken, da der darüber hinausgehende Betrag den für § 10b Abs. 2 EStG geltenden Höchstbetrag überschreiten und sich daher steuerlich nicht auswirken würde.

1.6.11.2 Ausgaben zur Förderung der sonstigen steuerbegünstigten Zwecke

1.6.11.2.1 Einführung

Neben den in 1.3.11.1 genannten Spenden an politische Parteien und unabhängige Wählervereinigungen gewährt der Gesetzgeber den SA-Abzug für Spenden, die zur Verwirklichung steuerbegünstigter Zwecke i.S.d. §§ 52–54 AO geleistet werden. § 52 AO enthält eine abschließende Aufzählung steuerbegünstigter Zwecke, die in ihrer Bedeutung gleichbedeutend sind. Erfasst sind damit gemeinnützige, mildtätige und kirchliche Zwecke (vgl. AEAO zu §§ 52 ff.).

Die Ausgaben für steuerbegünstigte Zwecke müssen gem. § 10b Abs. 1 S. 2 ff. EStG außerdem an Empfänger mit bestimmten **Rechtsformen** geleistet werden. Zuwendungen i.S.d. § 10b Abs. 1 EStG sind abziehbar, wenn

- der Empfänger eine juristische Person des öffentlichen Rechts,
- eine öffentliche Dienststelle oder
- eine in § 5 Abs. 1 Nr. 9 KStG bezeichnete Körperschaft, Personenvereinigung oder Vermögensmasse ist
- und diese im Inland ansässig ist.

Vergleichbare ausländische Einrichtungen, die in der EU oder dem EWR ansässig sein müssen, sind lediglich unter den erweiterten Voraussetzungen des § 10b Abs. 1 S. 3 ff. EStG taugliche Zuwendungsempfänger. Festzuhalten bleibt, dass natürliche Personen und diejenigen Privatrechtssubjekte, die nicht potenziell körperschaftsteuerpflichtig sind, beispielsweise die OHG, die KG und die BGB-Gesellschaft, keine tauglichen Empfänger von Ausgaben i.S.v. § 10b EStG sind.

Betragsmäßig abzugsfähig sind gem. § 10b Abs. 1 S. 1 EStG 20% des Gesamtbetrags der Einkünfte oder 4 Promille der Summe aller im Kalenderjahr aufgewendeten Löhne und Gehälter sowie der vereinnahmten Umsätze. Nicht abzugsfähige Spendenbeträge sind gesondert festzustellen und können als sog. »Spendenvortrag« unbegrenzt vorgetragen und entsprechend o.g. Regelungen verrechnet werden, vgl. § 10b Abs. 1 S. 9 EStG.

Eine Übersicht der begünstigten Spendenempfänger enthält § 10b Abs. 1 S. 2 EStG. Entsprechend **nicht** als Zuwendung i.S.d. § 10b EStG abzugsfähige Ausgaben sind gem. § 10b Abs. 1 S. 8 Nr. 1 bis Nr. 4 EStG folgende Mitgliedsbeiträge an Körperschaften, die

1. den Sport (§ 52 Abs. 2 S. 1 Nr. 21 AO),
2. kulturelle Betätigungen, die in erster Linie der Freizeitgestaltung dienen,
3. die Heimatpflege und Heimatkunde (§ 52 Abs. 2 S. 1 Nr. 22 AO) oder
4. Zwecke i.S.d. § 52 Abs. 2 S. 1 Nr. 23 AO.

fördern.

Die nachfolgenden Erläuterungen sind nach den Bereichen Ausgaben, Höhe der Ausgaben, Bescheinigungsverfahren sowie Vertrauens- und Haftungstatbestand gegliedert.

1.6.11.2.2 Ausgaben

Die Ausgaben müssen der Förderung steuerbegünstigter Zwecke (beim Empfänger) dienen. Sie können gem. § 10b Abs. 1 S. 1 EStG **Spende** oder **Mitgliedsbeitrag** sein, die unter dem Begriff »Zuwendungen« zusammengefasst werden. Die Ausgabe muss beim Zuwenden **freiwillig** an den Zuwendungsempfänger geleistet werden, um den Abzug gem. § 10b Abs. 1 EStG zu gewährleisten. Des Weiteren ist die tatsächliche wirtschaftliche Belastung des Zuwendenden Voraussetzung, um den Spendenabzug zu ermöglichen.

Beispiel 13: Schädliche Gegenleistungen
Gegen den Kläger wurde ein strafrechtliches Ermittlungsverfahren nach § 153a StPO gegen Zahlung eines Geldbetrages von 5.000 € zu Gunsten einer gemeinnützigen Einrichtung eingestellt. Das FA lehnte den vom Kläger geltend gemachten Abzug der Spende nach § 10b EStG ab.

Aus der erkennbaren Ausrichtung der Förderungsleistungen auf einen der steuerbegünstigten Zwecke schließt die herrschende Meinung, dass für den SA-Abzug nur Aufwendungen in Betracht kommen, die der StPfl. sowohl **unentgeltlich** als auch **freiwillig** geleistet hat. Die Einstellung des Ermittlungsverfahrens nach § 153a StPO war nur mit Zustimmung des Beschuldigten möglich, sodass man insoweit vielleicht noch Freiwilligkeit annehmen könnte. Nach Auffassung des BFH (Urteil vom 19.12.1990, BStBl II 1991, 234) war die Leistung aber nicht unentgeltlich. Maßgeblich soll nicht der bürgerlich-rechtliche Begriff von Leistung und Gegenleistung sein. Die Spende müsse um der Sache willen und ohne die Erwartung eines besonderen Vorteils gegeben werden; die Spendenmotivation muss im Vordergrund stehen. Daher sei der Spendenabzug auch schon dann ausgeschlossen, wenn die Zuwendungen an den Empfänger unmittelbar und ursächlich mit einem auch von einem Dritten gewährten Vorteil zusammenhängen, ohne dass der Vorteil unmittelbar wirtschaftlicher Natur sein müsse.

Lösung: Der den SA-Abzug ausschließende Vorteil lag hier in der Einstellung des Ermittlungsverfahrens. Der Abzug nach § 10b Abs. 1 EStG ist zu Recht versagt worden.

Die Frage nach einer möglichen Gegenleistung und der Freiwilligkeit der Ausgaben stellt sich daneben bei Mitgliedsbeiträgen. Während Spenden immer abziehbar sind, schließt § 10b Abs. 1 S. 8 EStG bestimmte Mitgliedsbeiträge vom Abzug aus.

Beispiel 14: Golfclub und FA
Der StPfl. S war durch Vorstandsbeschluss in den Golfclub G aufgenommen worden. Im Zusammenhang damit entrichtete er einen Aufnahmebeitrag i.H.v. 1.500 € sowie einen Jahresbeitrag i.H.v. 1.150 €. Im gleichen Jahr wendete er dem Verein außerdem einen als Spende bezeichneten Betrag i.H.v. 15.000 € zu. Für die Aufnahme in den Golfclub war erforderlich, dass zwei sog. Paten als Fürsprecher benannt werden konnten. Diese Paten hatten den StPfl. bereits i.R.d. Aufnahmegespräche darauf hingewiesen, dass von dem neuen Mitglied eine Sonderspende zur Vereinsfinanzierung erwartet wird. Dabei war dem StPfl. auch die übliche Spendenhöhe mitgeteilt worden. Der Club sah es zwar äußerst ungern, wenn nicht gespendet wurde, es wurden aber in diesem Fall auch keine Konsequenzen gezogen, insb. wurde das nichtspendende Mitglied nicht ausgeschlossen. Der weit überwiegende Teil der neuen Mitglieder, die nicht unter die Sonderregelung für Jugendliche und Junioren fielen, leistete die zusätzliche Zahlung. Die üblichen Mitgliedsbeiträge des Vereins wurden weitgehend schon durch Personalkosten aufgebraucht. Kann S seine Spende nach § 10b Abs. 1 EStG als SA abziehen?[571]

Lösung: Bei der zusätzlichen Zahlung i.H.v. 15.000 € fehlt es an der für eine Ausgabe i.S.d. § 10b EStG erforderlichen Freiwilligkeit. Dafür ist es letztendlich nicht entscheidend, dass den StPfl. keine echte Rechtspflicht zur Zahlung traf. Ausreichend ist, dass ein faktischer Zwang bestand. Nach Auffassung der Finanzverwaltung ist eine **faktische Verpflichtung** regelmäßig schon dann anzunehmen, wenn mehr als 75 % der neu eingetretenen Mitglieder neben der Aufnahmegebühr eine gleich oder ähnlich hohe Sonderzahlung leisten. Die 75 %-Grenze wird als **widerlegbare Vermutung** für das Vorliegen von Pflichtzahlungen angesehen. Dem StPfl. bleibt also die Möglichkeit, aufgrund der tatsächlichen Verhältnisse des Einzelfalles nachzuweisen, dass doch eine Spende vorliegt. Auf der anderen Seite können die Umstände des Einzelfalls auch ergeben, dass eine Zahlungsverpflichtung bestand, obwohl weniger als 75 % der neu eingetretenen Mitglieder die Zahlung geleistet haben.[572] Die Zahlung war im vorliegenden Fall auch nicht unentgeltlich. Der Golfclub wäre ohne die Sonderzahlung nicht zu finanzieren gewesen. Die geleisteten Sonderzahlungen standen damit in einem unmittelbaren Zusammenhang zu der Nutzung der Anlagen durch die Mitglieder.

Unter Umständen kann es im ausdrücklichen Interesse des Leistenden liegen, dass es an der Unentgeltlichkeit fehlt und daher keine Ausgabe i.S.v. § 10b EStG vorliegt. Dies ist namentlich beim sog. **Sponsoring** der Fall.

Unter Sponsoring wird üblicherweise die Gewährung von Geld oder geldwerten Vorteilen durch Unternehmen zur Förderung von Personen, Gruppen und/oder Organisationen in sportlichen, kulturellen, kirchlichen, wissenschaftlichen, sozialen, ökologischen oder ähnlich

---

571 Vereinfachtes Beispiel nach dem Urteil des FG Rheinland-Pfalz vom 10.01.2000 (DStRE 2000, 399), bestätigt durch BFH vom 02.08.2006 (BStBl II 2007, 8).
572 Vgl. im Einzelnen das BMF-Schreiben vom 20.10.1998 (BStBl I 1998, 1424 ff.).

bedeutsamen gesellschaftspolitischen Bereichen verstanden, mit der regelmäßig auch eigene unternehmensbezogene Ziele der Werbung oder Öffentlichkeitsarbeit verfolgt werden. Beim Sponsor können die gemachten Aufwendungen nicht abziehbare Kosten der Lebensführung (§ 12 Nr. 1 EStG), Spenden i.S.v. § 10b EStG oder auch BA i.S.d. § 4 Abs. 4 EStG sein.[573]

Aufwendungen des Sponsors sind BA, wenn der Sponsor wirtschaftliche Vorteile, die insb. in der Sicherung oder Erhöhung seines unternehmerischen Ansehens liegen können, für sein Unternehmen erstrebt oder für Produkte seines Unternehmens werben will. Da der Betriebsausgabenabzug nicht an Höchstbeträge gebunden ist, wie dies für den Spendenabzug bei natürlichen Personen und Personenzusammenschlüssen nach § 10b Abs. 1 EStG und bei Körperschaften nach § 9 Abs. 1 Nr. 2 KStG der Fall ist, wird der StPfl. häufig ausdrücklich verlangen, dass auf das Unternehmen oder die Produkte des Sponsors vom Empfänger werbewirksam hingewiesen wird.

Sollen vom StPfl. nicht Barzuwendungen, sondern für die Körperschaft getätigte **Aufwendungen** als Spende geltend gemacht werden, so ist dies darüber hinaus nur unter Beachtung der strengen Anforderungen nach § 10b Abs. 3 S. 5 f. EStG durch Verzicht auf einen gegenüber der Körperschaft bestehenden Aufwendungsersatzanspruch möglich.[574]

Werden **Wirtschaftsgüter** unmittelbar nach einer Entnahme aus dem BV zugewendet, so ist der Betrag der Ausgabe gem. § 10b Abs. 3 S. 2 EStG an die **Bewertung bei der Entnahme** gebunden. Die Entnahme zzgl. Umsatzsteuer (vgl. § 3 Abs. 1b UStG) kann gem. § 6 Abs. 1 Nr. 4 S. 5 EStG mit dem Buchwert (»Buchwertprivileg bei Sachspenden«) erfolgen.[575]

Bei Sachspenden aus dem Privatvermögen ist die Zuwendung des WG gem. § 10b Abs. 3 S. 3 EStG nur dann mit dem gemeinen Wert (§ 9 BewG) anzusetzen, wenn dessen Veräußerung im Zeitpunkt der Zuwendung keinen Besteuerungstatbestand erfüllen würde. Wirtschaftsgüter, die der StPfl. im Zeitpunkt der Zuwendung nur stpfl. veräußern könnte, dürfen gem. § 10b Abs. 3 S. 4 EStG höchstens mit den fortgeführten Anschaffungs- oder Herstellungskosten bewertet werden, wenn keine Gewinnrealisierung stattgefunden hat. So wird verhindert, dass sich nicht realisierte stpfl. Gewinne über den SA-Abzug steuermindernd auswirken.

1.6.11.2.3 Höhe des Spendenabzugs

Wie in der Einleitung bereits dargestellt wurde, beträgt der Spendenabzug 20 % des Gesamtbetrages der Einkünfte oder 4 ‰ der Summe der gesamten Umsätze und der im Kalenderjahr aufgewendeten Löhne und Gehälter. Dieser Grundbetrag gilt für alle von § 10b Abs. 1 S. 1 EStG erfassten steuerbegünstigten Zwecke.

Einen zusätzlichen Abzugsbetrag für die Förderung von Stiftungen schafft § 10b Abs. 1a S. 1 EStG. Er beträgt auf Antrag 1.000.000 € und gilt nur für Zuwendungen i.S.d. § 10b Abs. 1 EStG, die an eine Stiftung in deren **Vermögensstock** geleistet werden. Mit dem Begriff Vermögensstock soll das Grundstockvermögen einer Stiftung gemeint sein, das gem. § 58 Nr. 11 AO a.F. nicht einer zeitnahen Mittelverwendung für steuerbegünstigte Zwecke unterliegt.[576] Der Betrag kann gem. § 10b Abs. 1a S. 1 EStG hinsichtlich der Höhe nur ein-

---

573 Vgl. BMF vom 18.02.1998 (BStBl I 1998, 212).
574 Vgl. BMF vom 07.06.1999 (BStBl I 1999, 591).
575 Durch die Entnahme zum Buchwert ergeben sich Vorteile, wenn der Entnahmegewinn durch die Begrenzung des Sonderausgabenabzugs nicht vollständig kompensiert werden würde oder sich der Sonderausgabenabzug bei einem negativen Gesamtbetrag der Einkünfte nicht auswirkt, gleichzeitig der realisierte Entnahmegewinn aber den Verlustausgleich nach § 10d EStG vermindert.
576 Vgl. *Heinicke* in *Schmidt*, EStG, § 10b Rz. 71.

mal innerhalb eines Zehn-Jahres-Zeitraumes in Anspruch genommen werden. Zusammen veranlagten Ehegatten dürfte dieser Abzugsbetrag jeweils einzeln zustehen.[577]

Die Höchstbeträge für den einzelnen VZ können größere Spenden steuerlich teilweise ins Leere laufen lassen. Abhilfe schafft zumindest teilweise der Spendenvortrag gem. § 10b Abs. 1 S. 9 EStG. Danach können Zuwendungen, die im Veranlagungszeitraum den Höchstbetrag gem. § 10b Abs. 1 S. 1 EStG oder den um die SA i.S.v. § 10 Abs. 3 und 4, § 10c und § 10d EStG verminderten Gesamtbetrag der Einkünfte übersteigen, entsprechend § 10d EStG jeweils i.R.d. Höchstsätze zeitlich unbegrenzt in den folgenden Veranlagungszeiträumen abgezogen werden.

Für die Verteilung von Spenden in den Vermögensstock einer neugegründeten Stiftung schafft § 10b Abs. 1a S. 1 EStG eine gesonderte Regelung. Sie können über einen Zeitraum von bis zu neun Jahren nach Antrag des StPfl. vorgetragen und verteilt werden. Die besonderen Anforderungen nach § 10d EStG gelten hier nicht entsprechend. Der verbleibende zu verteilende Betrag wird gem. § 10b Abs. 1a S. 3 EStG lediglich entsprechend § 10d Abs. 4 EStG gesondert festgestellt (vgl. zu den Einzelheiten BMF-Anwendungsschreiben zu § 10b EStG vom 18.12.2008, BStBl I 2009, 16).

1.6.11.2.4 Bescheinigungsverfahren

Gem. § 50 Abs. 1 EStDV dürfen Zuwendungen i.S.d. § 10b EStG nur abgezogen werden, wenn sie vom Empfänger auf amtlich vorgeschriebenem Vordruck bestätigt werden. Nur für Zuwendungen, die 200 € nicht übersteigen oder zur Linderung der Not in Katastrophenfällen geleistet werden, lässt § 50 Abs. 2[578] EStDV unter bestimmten weiteren Voraussetzungen den Bareinzahlungsbeleg oder die Buchungsbestätigung eines Kreditinstitutes als Nachweis ausreichen. Nach R 10b.1 Abs. 2 EStR besteht außerdem trotz Abschaffung des sog. Durchlaufspendenverfahrens immer noch die Möglichkeit, Spenden über inländische Personen des öffentlichen Rechts, die Gebietskörperschaften sind (Bund, Länder, Landkreise, Gemeinden), und ihre Dienststellen sowie inländische kirchliche juristische Personen des öffentlichen Rechts an die Zahlungsempfänger zu leiten; in diesen Fällen darf die Zuwendungsbestätigung gem. R 10b.1 Abs. 2 S. 7 EStR nur von der Durchlaufstelle ausgestellt werden. Die Bescheinigung ist kein ersetzbares Beweismittel für die Zuwendung und ihre Verwendung, sondern echte **materielle Abzugsvoraussetzung**. Die Zuwendungsbestätigung muss dem Finanzamt außerdem vorliegen, bevor der Steuerbescheid, in dem der Spendenabzug veranlagt werden muss, materiell bestandskräftig ist. Die nachträgliche Erteilung der Bescheinigung gilt gem. § 175 Abs. 2 S. 2 AO nicht mehr als rückwirkendes Ereignis (entgegen BFH vom 06.03.2003, BStBl II 2003, 554; H 10b.1 EStH »Rückwirkendes Ereignis«; zur zeitlichen Anwendung s. Art. 97 § 9 Abs. 3 EGAO).

Dies darf nicht darüber hinwegtäuschen, dass primäre Voraussetzung für den Spendenabzug die tatsächliche Verwendung der Zuwendung für steuerbegünstigte Zwecke bleibt und die subjektive Absicht der Förderung beim StPfl. nicht ausreichend ist. So wäre die **Haftung** des Empfängers für die entgangene Steuer bei zweckwidriger Verwendung der Zuwendung nach § 10b Abs. 4 S. 2 EStG ohne einen Hauptanspruch gegen den (erfolglosen) Spender nicht denkbar.[579]

---

577 *Geserich* in *Kirchhof/Söhn/Mellinghoff*, EStG, § 10b Rz. Ba 60 f.
578 Vereinfachung bei Zuwendungen in Katastrophenfällen i.R.d. Steuervereinfachungsgesetzes 2011 (BR-Drs. 360/11).
579 *Brandt* in *H/H/R*, EStG, § 10b Anm. 34.

Der BFH hat deshalb die tatsächliche Verwendung für steuerbegünstigte Zwecke immer für erforderlich gehalten. Er geht davon aus, dass es im Regelfall einer Prüfung in der Veranlagung nicht bedarf, wenn der Nachweis durch eine ordnungsgemäße Spendenbescheinigung erfolgt. Zusätzlich greift der in § 10b Abs. 4 S. 1 EStG normierte Vertrauensschutz, wonach der StPfl. auf die Richtigkeit der Bestätigung vertrauen darf, wenn er sie nicht durch unlautere Mittel oder falsche Angaben erwirkt hat, deren Unrichtigkeit nicht kannte und seine Unkenntnis auch nicht auf grober Fahrlässigkeit beruhte.[580] Damit erübrigen sich in der **Klausurlösung** umfangreiche Erwägungen zur Verwendung der Mittel durch den Empfänger, wenn eine ordnungsgemäße Spendenbescheinigung vorgelegt wird und keine Anhaltspunkt für eine zweckwidrige Verwendung bestehen.

Wesentlich schwieriger ist die Situation für den Spendenempfänger, der nach amtlichem Vordruck die Bestätigung über die erhaltene Spende ausstellen muss, um dem Zuwendenden den Abzug nach § 10b EStG zu ermöglichen. Er muss dabei praktisch eine Aussage über die Verwendung für steuerbegünstigte Zwecke i.S.d. §§ 51 ff. AO treffen (alte Rechtslage). Es gab kein gesondertes Verfahren, durch das festgestellt wird, ob eine Körperschaft steuerbegünstigte Zwecke verfolgt. Dies wird nachträglich i.R.d. Veranlagung entschieden. Bei neu gegründeten Körperschaften wird auf Antrag eine vorläufige Bescheinigung über die Gemeinnützigkeit erteilt, wenn die Satzung den Gemeinnützigkeitsvoraussetzungen entspricht. Diese Bescheinigung ist aber kein Verwaltungsakt und frei widerruflich.

Exkurs: Gesetz zur Modernisierung des Besteuerungsverfahrens (Erteilung von Zuwendungsbestätigungen nach amtlich vorgeschriebenen Mustern in Form von schreibgeschützten Dateien)
Im Einvernehmen mit den obersten Finanzbehörden der Länder gilt ab 01.01.2017, dass Zuwendungsempfänger, die dem zuständigen Finanzamt die Nutzung eines Verfahrens zur maschinellen Erstellung von Zuwendungsbestätigungen gem. R 10b.1 Abs. 4 EStR angezeigt haben, die maschinell erstellten Zuwendungsbescheinigungen auf elektronischem Weg in Form schreibgeschützter Dokumente an die Zuwendenden übermitteln können. Es ist unschädlich, dass der Zuwendende den Ausdruck des entsprechenden Dokuments selbst ausdruckt. Wichtig ist, dass die maschinell erstellte Zuwendungsbestätigung schreibgeschützt ist.[581]

1.6.11.2.5 Haftungstatbestand
Der Vertrauensschutz für den Spender nach § 10b Abs. 4 S. 1 EStG soll durch die Haftung bei der empfangenden Körperschaft und den dort handelnden Personen nach § 10b Abs. 4 S. 2 und 3 EStG kompensiert werden.[582] Die bei der Veranlagung des Spenders entgangene Steuer wird aus Vereinfachungsgründen pauschal mit 30 % des zugewendeten Betrages veranschlagt. Da nur für eine entgangene Steuer gehaftet wird, kann gegen die Inanspruch-

---

580 Für den Zeitpunkt der Kenntnis soll es nach Auffassung der Finanzverwaltung gem. § 150 Abs. 2 AO auf die Abgabe der Steuererklärung und nicht auf den Zeitpunkt der Ausstellung der Bescheinigung ankommen; andererseits soll keine Berichtigungspflicht nach § 153 AO gelten, da § 10b Abs. 4 S. 1 EStG dann in den meisten Fällen leer laufen würde, vgl. *Heinicke* in *Schmidt*, EStG, § 10b Rz. 50 und 46 zu den formellen Änderungsvoraussetzungen und *Geserich* in Kirchhof/Söhn/Mellinghoff, EStG, § 10b Rz. E 22; a.A. *Brandt* in *H/H/R*, EStG, § 10b Anm. 172, der auf die Ausstellung der Bestätigung abstellt, da diese Gegenstand des Vertrauenstatbestandes sei.
581 BMF-Schreiben vom 06.02.2017, IV C 4 – S 2223/07/0012, BStBl I 2017, 287.
582 *Brandt* in *H/H/R*, EStG, § 10b Anm. 181.

nahme erfolgreich eingewendet werden, dass der Spender aufgrund eigener Bösgläubigkeit keinen Vertrauensschutz nach § 10b Abs. 4 S. 1 EStG in Anspruch nehmen kann.[583]

Das Steuerrechtsverhältnis mit dem Spender wird durch den Vertrauensschutz modifiziert; der zutreffende Steueranspruch gegen ihn erlischt nicht; er kann lediglich gegenüber dem Spender nicht geltend gemacht werden.[584] Die Haftung nach § 10b Abs. 4 S. 2 EStG bedeutet deshalb das Einstehen-Müssen für eine fremde Schuld. Sie muss von der Finanzverwaltung dementsprechend durch einen Haftungsbescheid nach § 191 AO und nicht mittels eines Steuerbescheides nach § 155 AO geltend gemacht werden. Die Haftung knüpft an zwei unterschiedliche Haftungsgründe an, das Ausstellen unrichtiger Zuwendungsbestätigungen und die Verwendung der Zuwendung für andere als den in der Bestätigung angegebenen steuerbegünstigten Zweck.

1.6.11.2.5.1 Ausstellen unrichtiger Bestätigungen

Die Zuwendungsbestätigung ist unrichtig, wenn ihr Inhalt nicht der objektiven Rechtslage entspricht, beispielsweise der Spendenbetrag zu hoch angegeben ist, der bescheinigte Zweck kein satzungsmäßiger Zweck ist, der Aussteller zum Spendenempfang nicht berechtigt ist oder die Zuwendung keinen unentgeltlichen Charakter besitzt.[585] Der Aussteller muss bei der Ausstellung der unrichtigen Bestätigung schuldhaft i.S.v. Vorsatz oder grober Fahrlässigkeit gehandelt haben. Vorsätzlich handelt, wer die Unrichtigkeit kennt oder zumindest billigend in Kauf nimmt. Grob fahrlässig wird eine unrichtige Bestätigung dann erteilt, wenn der Aussteller die Unrichtigkeit zwar nicht kennt, die gebotene und zumutbare Sorgfalt aber in ungewöhnlichem und nicht entschuldbarem Maße verletzt.[586] Die Prüfung auf schuldhaftes Handeln soll nach individuellen Maßstäben vorgenommen werden, also gemessen an den individuellen Kenntnissen und Fähigkeiten des Ausstellers. Einfache Fahrlässigkeit reicht nicht aus, um die Haftung des Ausstellers auszulösen. Der Gesetzgeber berücksichtigt so zu Gunsten des Ausstellers, dass er zum Zeitpunkt der Bestätigung häufig kaum beurteilen kann, ob die Empfängerin steuerbegünstigt ist oder bleibt und für welche Zwecke die Spende tatsächlich verwendet wird.[587]

Seitdem der Gesetzgeber in § 10b Abs. 4 S. 4 EStG die Reihenfolge der Haftung für den anderen Haftungsfall, die Verwendung der Zuwendung für andere als den in der Bestätigung angegebenen steuerbegünstigten Zweck, gesondert geregelt hat, dürfte geklärt sein, dass sowohl der Aussteller als auch die Körperschaft haften.

1.6.11.2.5.2 Veranlassen der zweckwidrigen Verwendung

Die Haftung für die Fehlverwendung von Spendengeldern knüpft daran an, dass die zugewendeten Mittel nicht zu den in der Bestätigung angegebenen steuerbegünstigten Zwecken verwendet werden. Sie greift deshalb bereits ein, wenn die Mittel zwar für steuerbegünstigte Zwecke, aber für andere als die bescheinigten steuerbegünstigen Zwecke verwendet werden. Häufig wird der Haftungstatbestand dadurch ausgelöst werden, dass Zuwendungen bei der steuerbegünstigten Körperschaft nicht im ideellen Bereich, sondern in der Vermögensverwaltung oder in einem wirtschaftlichen Geschäftsbetrieb Verwendung finden. Die

---

583 *Heinicke* in *Schmidt*, EStG, § 10b Rz. 56; *Brandt* in *H/H/R*, EStG, § 10b Anm. 181.
584 *Geserich* in *Kirchhof/Söhn/Mellinghoff*, EStG, § 10b Rz. E 26.
585 *Geserich* in *Kirchhof/Söhn/Mellinghoff*, EStG, § 10b Rz. E 16.
586 Vgl. *Heinicke* in *Schmidt*, EStG, § 10b Rz. 50.
587 *Thiel/Eversberg*, DB 1990, 395 (399).

Zuordnung der fehlverwendeten Mittel zu bestimmten Spendern oder Zuwendungen ist für die Feststellung des Haftungstatbestandes nicht erforderlich.[588]

Die Haftung für die Fehlverwendung ist – anders als die für das Ausstellen unrichtiger Zuwendungsbestätigungen – als **Gefährdungshaftung** ausgestaltet und setzt ein schuldhaftes Handeln nicht voraus. Als Haftungsschuldner ist gem. § 10b Abs. 4 S. 4 EStG primär der Zuwendungsempfänger in Anspruch zu nehmen.

1.6.11.2.6 Zusammenfassendes Beispiel

Die ganze Thematik bildet nachfolgendes Beispiel ab.

Beispiel 15: Richtig spenden
Der verwitwete Mäzen M erzielt Einkünfte aus nichtselbständiger Arbeit und verfügt über ein kleineres Einzelunternehmen, das er aber lediglich mit zwei geringfügig Beschäftigten führt (Gehalt 12 x 450 €). Im VZ 14 hat das Einzelunternehmen ein ausgeglichenes Ergebnis bei einem Umsatz von 60.000 € (ohne USt) erzielt. Der Gesamtbetrag der Einkünfte beträgt 110.000 €. SA i.S.v. § 10 EStG sind in abziehbarer Höhe von 4.000 € angefallen. Außergewöhnliche Belastungen bestanden im VZ 14 nicht. Außerdem hat M folgende Ausgaben getätigt:
An die katholische Kirche wurde eine Spende von 10.000 € und eine weitere Spende i.H.v. 5.555 € geleistet. M kann für die Spende i.H.v. 5.555 € zwar den Überweisungsbeleg, nicht aber eine Spendenbestätigung der katholischen Kirche vorlegen. Für die Förderung einer kirchlichen Schule hat M außerdem einen Betrag von 2.000 € an eine katholische Kirchengemeinde in Ecuador überwiesen.
Für die Finanzierung eines größeren Turniers steuerte M dem örtlichen Sportverein S einen Betrag von 15.000 € bei. S wird in dem begleitenden Veranstaltungsheft auf die Unterstützung durch M und sein Unternehmen in einer ganzseitigen Anzeige hinweisen und stellt über die Zuwendung eine ordnungsgemäße Zuwendungsbestätigung aus. Außerdem hat M seinen jährlichen Mitgliedsbeitrag i.H.v. 200 € überwiesen. Diesen Überweisungsbeleg hat M aufbewahrt. Eine in 14 neu gegründete, wissenschaftlich tätige private Stiftung hat M mit einem Betrag von 25.000 € bedacht. Diesen Betrag verwendete die Stiftung zur Unterstützung eines engagierten Nachwuchswissenschaftlers mit einem Vollstipendium. Der Tierschutzverein erhielt eine Spende von 800 €. Der örtliche Heimatverein erhielt eine Spende i.H.v. 2.000 €. M hat allerdings inzwischen erfahren, dass der Heimatverein wegen der Fehlverwendung von Mitteln ab dem VZ 14 vom FA nicht mehr als gemeinnützige Körperschaft anerkannt wird.
M möchte die **Höhe seines steuerlichen Einkommens** wissen. Alle erforderlichen Bestätigungen können, sofern nicht anders erwähnt, von M ordnungsgemäß vorgelegt werden.

Lösung: Das steuerliche Einkommen des M ergibt sich gem. § 2 Abs. 4 EStG aus dem um die SA und die agB verminderten Gesamtbetrag der Einkünfte. Neben dem Abzug der SA i.S.v. § 10 EStG kommt der Abzug von Ausgaben zur Förderung steuerbegünstigter Zwecke i.S.v. § 10b EStG in Betracht.
Die Inanspruchnahme des besonderen Abzugsbetrages nach § 10b Abs. 1a EStG für die Zuwendung an die wissenschaftlich tätige Stiftung ist allerdings nicht möglich. Die allgemeine Zuwendung wurde nicht in den Vermögensstock der Stiftung geleistet und unterliegt deshalb bei der Stiftung dem Gebot der zeitnahen Verwendung gem. § 55 Abs. 1 Nr. 5 AO. Dies ist durch die Stiftung unstreitig vorgenommen worden.

---

588 *Geserich* in *Kirchhof/Söhn/Mellinghoff*, EStG, § 10b Rz. E 54.

Bei der Anwendung des § 10b Abs. 1 EStG ist folgende **Vergleichsrechnung** zu erstellen:

§ 10b Abs. 1 S. 1 Nr. 1 EStG:
20 % x 110.000 € = 22.000 € abzugsfähiges Spendenvolumen

§ 10b Abs. 1 S. 1 Nr. 2 EStG:
4‰ x (60.000 € Umsatz + 10.800 Löhne) = 283,20 € abzugsfähiges Spendenvolumen

Dem M verbleibt somit der Grundbetrag i.H.v. 20 % des Gesamtbetrages der Einkünfte gem. § 10b Abs. 1 S. 1 Nr. 1 EStG zum SA-Abzug. Eine kritische Betrachtung ergibt jedoch, dass ein wesentlicher Teil der Zuwendungen nicht abzugsfähig ist.

Die Spende an die katholische Kirche i.H.v. 5.555 € kann nicht gem. § 10b Abs. 1 S. 1 EStG als SA abgezogen werden, weil mit der Zuwendungsbestätigung nach amtlichem Vordruck gem. § 50 Abs. 1 EStDV eine echte materielle Abzugsvoraussetzung fehlt. Ein anderer Nachweis für die Zuwendung und deren tatsächliche Verwendung reicht generell nicht aus. Der vereinfachte Nachweis nach § 50 Abs. 2 EStDV ist vorliegend nicht möglich, da die Voraussetzungen dafür nicht gegeben sind. Die Überweisung vom 2.000 € an die katholische Gemeinde in Ecuador kann ebenfalls nicht berücksichtigt werden. Dabei kann dahinstehen, ob die katholische Kirche dort wie in Deutschland den Status einer Körperschaft des öffentlichen Rechts hat oder aber eine privatrechtliche Körperschaft ist. Eine Körperschaft des öffentlichen Rechts aus dem Inland oder dem EU-/EWR-Ausland (zur Zulässigkeit der Spenden an gemeinnützige Organisationen im Gemeinschaftsgebiet vgl. EuGH vom 27.01.2009, Rs. C-318/07, »Hein Persche«, BStBl II 2010, 440) ist die ausländische Kirchengemeinde zumindest nicht. Sie kann aber auch nicht nach § 5 Abs. 1 Nr. 9 KStG steuerbefreit sein, da diese Befreiung für beschränkt Körperschaftsteuerpflichtige aus Nicht-EU-/EWR-Staaten gem. § 5 Abs. 2 Nr. 2 KStG nicht gilt.[589]

Die »Spende« an den Sportverein S für die Ausrichtung des Turniers ist keine freigiebige Ausgabe, sondern BA im Einzelunternehmen des M, da der Verein nicht lediglich auf den Spender als Sponsor hinweist, sondern mit der Anzeige eine echte werbliche Gegenleistung erbringt.[590] I.Ü. verfolgen der Sportverein und auch der Tierschutzverein gemeinnützige Zwecke. Der an den Sportverein entrichtete Mitgliedsbeitrag ist allerdings gem. § 10b Abs. 1 S. 8 Nr. 1 EStG nicht abziehbar. Der aufbewahrte Überweisungsbeleg beeinflusst diese rechtliche Würdigung nicht.

Die »Spende« an den Heimatverein ist grundsätzlich nach § 10b Abs. 1 S. 1 EStG i.V.m. § 52 Abs. 2 S. 1 Nr. 22 AO abziehbar. Voraussetzung für den Spendenabzug ist neben der Zuwendungsbestätigung nach amtlichem Vordruck aber, dass die Zuwendung auch tatsächlich für steuerbegünstigte Zwecke verwendet wird. Dies ist bei dem von M bedachten Heimatverein aktuell nicht der Fall. Auf einen Vertrauensschutz nach § 10b Abs. 4 S. 1 EStG kann M sich nicht berufen, da er inzwischen von der Fehlverwendung Kenntnis hat. Nach h.M. kommt es für die Gutgläubigkeit nicht auf den Zeitpunkt an, in dem die Zuwendungsbestätigung ausgestellt wird, sondern in dem die ESt-Erklärung abgegeben wird.

Abziehbar nach § 10b Abs. 1 S. 1 EStG bleibt die ordnungsgemäß bescheinigte Zuwendung i.H.v. 10.000 € an die katholische Kirche in Deutschland. Da die katholische Kirche Körperschaft des öffentlichen Rechts ist, verfolgt sie kirchliche und nicht religiöse Zwecke i.S.v. § 52 Abs. 2 S. 1

---

589 Körperschaftsteuerpflichtige aus Mitgliedstaaten der EU dürfen infolge der gemeinschaftsrechtlichen Grundfreiheiten nicht allein aufgrund ihrer beschränkten Steuerpflicht von der Anwendung des § 5 Abs. 1 Nr. 9 EStG ausgeschlossen werden (vgl. BFH vom 20.12.2006, BFH/NV 2007, 805). Seit der Entscheidung des EuGH vom 29.01.2009 in der Rechtssache Persche ist außerdem geklärt, dass diese grundsätzlich auch taugliche Spendenempfänger i.S.v. § 10b EStG sind (s. EuGH vom 27.01.2009, BStBl II 2010, 440 und BFH vom 27.05.2009, BFH/NV 2009, 1633).

590 Buchung dort per Aufwand an Einlage.

Nr. 2 AO. Abziehbar ist ebenfalls die Spende von 800 € an den Tierschutzverein gem. § 10b Abs. 1 EStG i.V.m. § 52 Abs. 2 S. 1 Nr. 14 AO.
Damit sind Zuwendungen i.h.v. 35.800 € dem Grunde nach abziehbar. Der Höchstbetrag beträgt gem. § 10b Abs. 1 S. 1 EStG 22.000 €, sodass M einen Betrag von 3.800 € nur gem. § 10b Abs. 1 S. 9 EStG vortragen kann.

Das steuerliche Einkommen des M beträgt also:

Gesamtbetrag der Einkünfte:		110.000 €
./. SA i.S.v. § 10 EStG	./.	4.000 €
./. Abzug nach § 10b Abs. 1 S. 1 EStG	./.	22.000 €
Einkommen		**84.000 €**

1.6.11.3 Sonderausgaben-Pauschbetrag nach § 10c EStG

Für die SA nach §§ 10 und 10b EStG – mit Ausnahme der Vorsorgeaufwendungen nach § 10 Abs. 1 Nr. 2 und 3 EStG – kann der StPfl. einen Pauschbetrag nach § 10c EStG i.H.v. 36 € in Anspruch nehmen, wenn er keine höheren Aufwendungen nachweisen kann. Bei zusammenveranlagten Ehegatten verdoppelt sich der Betrag entsprechend auf 72 €.

2 Außergewöhnliche Belastungen

2.1 Grundtatbestand

2.1.1 Struktur und allgemeine Fragen

Der Grundtatbestand der außergewöhnlichen Belastungen (agB) ist im IV. Abschnitt des EStG bei den Tarifvorschriften unter § 33 EStG gesetzlich geregelt. Dies setzt voraus, dass es sich bei den agB weder um Betriebsausgaben bzw. Werbungskosten noch um Sonderausgaben handeln darf, da diese vorrangig zu berücksichtigen sind.

Da die agB gem. § 2 Abs. 4 EStG von dem Gesamtbetrag der Einkünfte abgezogen werden und damit bereits die BMG vermindern, gilt die Einordnung bei den Tarifvorschriften als verfehlt.[591]

Grundsätzlich lassen sich die agB in zwei Arten unterteilen: Allgemeine agB, die gem. des in Abs. 3 normierten Schemas zum Abzug zugelassen werden, und typisierte Einzelfälle, deren steuerliche Berücksichtigung über Freibeträge geregelt ist.

§ 33 EStG enthält eine Legaldefinition der agB. Diese liegen vor, wenn »[...] einem Steuerpflichtigen **zwangsläufig** größere Aufwendungen als der überwiegenden Mehrzahl der Steuerpflichtigen gleicher Einkommensverhältnisse, gleicher Vermögensverhältnisse und gleichen Familienstands [erwachsen]«. Als Rechtsfolge regelt § 33 EStG, dass auf Antrag die Einkommensteuer dadurch ermäßigt wird, dass der Teil der Aufwendungen, der die dem Steuerpflichtigen zumutbare Belastung (Abs. 3) übersteigt, vom Gesamtbetrag der Einkünfte abgezogen wird.

---

591 Vgl. *Kanzler* in *H/H/R*, EStG, § 33 Anm. 8 und *Loschelder* in *Schmidt*, EStG, § 33 Rz. 1.

Die in Abs. 1 normierte Voraussetzung »Zwangsläufigkeit« wird in Abs. 2 definiert. Hiernach erwachsen »Aufwendungen dem Steuerpflichtigen zwangsläufig, wenn er sich ihnen aus rechtlichen, tatsächlichen oder sittlichen Gründen nicht entziehen kann und soweit die Aufwendungen den Umständen nach notwendig sind und einen angemessenen Betrag nicht übersteigen«.

Die Berechnung der zumutbaren Belastung ist in komplexer Form in Abs. 3 ausgestaltet und bezieht die Anzahl der Kinder sowie die gem. § 32a Abs. 1 bzw. Abs. 5 EStG berechnete Einkommensteuer ein. In den folgenden Unterkapiteln erfolgt die Darstellung der einzelnen Tatbestandsvoraussetzungen.

2.1.2 Belastungen

Damit agB i.S.d. § 33 EStG vorliegen, müssen Belastungen, die das Einkommen des StPfl. belasten, erwachsen, d.h. sich für den StPfl. ergeben. Diese müssen so anfallen, dass sich der StPfl. nicht entziehen kann. Entsprechend stellen freiwillig durch den StPfl. übernommene Aufwendungen keine Belastungen i.S.d. § 33 EStG dar.

2.1.3 Außergewöhnlichkeit der Belastungen

Das Merkmal »Außergewöhnlichkeit« als Abzugsvoraussetzung[592] setzt voraus, dass die Aufwendungen nur einer **Minderheit** von StPfl. entstehen und von ihrer Höhe nach das übliche Maß überschreiten (BFH vom 22.10.1996, BStBl II 1997, 558). Zur Beurteilung der Außergewöhnlichkeit werden StPfl. mit gleichem Einkommen, gleichen Vermögensverhältnissen und gleichem Familienstand zu einer Vergleichsgruppe zusammengefasst. Sobald innerhalb der Vergleichsgruppe Aufwendungen häufig anfallen, stellen diese keine abzugsfähigen agB dar. Aus diesem Grund stellen etwa Aufwendungen für eine Hochzeit (BFH vom 15.04.1992, BStBl II 1992, 821), Reisekosten zu einer Beerdigung (BFH vom 17.06.1994, BStBl II 1994, 754) und die Bestellung eines Ergänzungspflegers für einen Minderjährigen (BFH vom 14.09.1999, BStBl II 2000, 69) keine agB dar. Zur weiteren (Nicht-) Abzugsfähigkeit dienen folgende Beispiele:

> **Beispiel 16: Fahrerlaubnis**
> Der gehbehinderte StPfl. ist auf die Benutzung eines Pkw angewiesen. Er begehrt die Berücksichtigung der Kosten für die Erlangung der Fahrerlaubnis als außergewöhnliche Belastung.

Der Abzug außergewöhnlicher Belastungen soll bei richtigem Verständnis der Vorschrift sicherstellen, dass indisponible Einkünfte nicht der Besteuerung unterworfen werden. Soweit diese Funktion von den SA wahrgenommen wird, kann es sich begrifflich schon nicht um außergewöhnliche Belastungen handeln. Da die SA tatbestandlich recht genau präzisiert sind, lässt sich hier zumindest negativ bestimmen, bei welchen Aufwendungen es sich **nicht** um außergewöhnliche Belastungen handelt.

Schwieriger wird die Bestimmung, wenn es darum geht, welche Aufwendungen durch die tariflichen Freibeträge, insb. durch den Grundfreibetrag, abgedeckt sind. Vereinfacht

---

592 *Heger* in *Blümich*, EStG, § 33 Rn. 80–84.

lässt sich sagen, dass die **üblichen Aufwendungen der Lebensführung** aus dem Anwendungsbereich des § 33 EStG ausgeschlossen sein müssen.[593]

Dabei wird rein auf die Außergewöhnlichkeit der Aufwendungen abgestellt. Dies stellt insb. körperliche und psychische Beeinträchtigungen dar.

Auch unübliche Aufwendungen werden davon nicht erfasst. So hat das FG Rheinland mit Urteil vom 06.01.2017 2 K 2360/14 entschieden, dass Aufwendungen für Reisekosten zu einem im Ausland untergebrachen Kind keine außergewöhnlichen Belastungen darstellen. Auch Kosten zu Angehörigen seien nicht abzugsfähig. Daher seien die Merkmale von außergewöhnlichen Belastungen auch in diesem Fall nicht erfüllt.

Umstritten ist, ob für die Außergewöhnlichkeit der Aufwendungen nur auf die konkreten Aufwendungen selbst abzustellen ist, oder ob auch das **auslösende Ereignis** zu betrachten ist. Teilweise wird die Auffassung vertreten, mit der Formulierung in § 33 Abs. 1 EStG sollte der Aufwand vom auslösenden Ereignis abstrahiert werden.[594] Die überwiegende Ansicht betrachtet auch das auslösende Ereignis.[595] Aus dem Wortlaut, der die Grenzen der Auslegung festlegt, ergibt sich offensichtlich keine Isolierung der Aufwendungen von den sie auslösenden Ursachen. Die den Sinn und Zweck der Norm betrachtende (sog. teleologische) Auslegung der Vorschrift erlaubt es, die Ursachen mit in die Prüfung der Atypik einzubeziehen. Häufig wird sich die Streitfrage nicht auswirken, da atypische Lebenssachverhalte überwiegend zu atypischen Aufwendungen führen werden. Zwingend ist diese Korrespondenz zwischen Lebenssachverhalt und Aufwendung aber nicht. Daher wird man auch bei Aufwendungen, die für sich genommen nicht das Merkmal der Außergewöhnlichkeit tragen, prüfen müssen, ob sie aufgrund atypischer Ursachen außergewöhnlich i.S.v. § 33 EStG sind.

Lösung: Bei Personen, die aufgrund einer körperlichen Behinderung auf die Benutzung eines Kfz angewiesen sind, ist die Zwangsläufigkeit der Aufwendungen aufgrund tatsächlicher Gründe zu bejahen, da sich die Person den Kfz-Kosten praktisch nicht entziehen kann. Es fehlt aber hinsichtlich eines Betrages, der üblicherweise für den Erwerb der Fahrerlaubnis aufgewendet wird, an dem Erfordernis, dass der StPfl. »größere Aufwendungen« als die überwiegende Mehrzahl der StPfl. tragen muss. Kosten für den Erwerb der Fahrerlaubnis stellen heute typische Ausgaben dar. Atypisch sind nur diejenigen Kosten, die u.U. aufgrund der Körperbehinderung zusätzlich entstehen.[596]

Dass bei der Beurteilung der Lebenssachverhalte auf ihren atypischen Charakter eine gewisse Pauschalisierung nicht vermeidbar ist, zeigt das nachfolgende Beispiel.

Beispiel 17: »Über XXL hinaus«
Der StPfl. hat aufgrund seiner ungewöhnlichen Körpergröße nicht die Möglichkeit, sich mit Konfektionsware einzukleiden. Er möchte die Mehrkosten, die ihm durch die Anfertigung von Maßkleidung entstehen, als außergewöhnliche Belastung vom Gesamtbetrag der Einkünfte abziehen.

---

593 Vgl. *Loschelder* in *Schmidt*, EStG, § 33 Rz. 14.
594 Diese Auffassung vertritt *Kanzler* in *H/H/R*, EStG, § 33 Anm. 31.
595 Vgl. *Loschelder* in *Schmidt*, EStG, § 33 Rz. 15.
596 Vgl. *Loschelder* in *Schmidt*, EStG, § 33 Rz. 15; entgegen BFH vom 26.03.1993 (BStBl II 1993, 749).

Lösung: Die Bekleidungskosten gehören i.H.d. üblichen Bedarfs zu den indisponiblen (zwangsläufigen) Aufwendungen. Fraglich ist, ob der Mehrbedarf des StPfl. atypisch und damit außergewöhnlich i.S.v. § 33 EStG ist. Entscheidend ist, ob der Mehraufwand, der dem StPfl. zweifellos entsteht, in der Sache nach durch den Grundfreibetrag und die damit bezweckte Freistellung des Existenzminimums erfasst ist. Nicht entscheidend ist, ob der dafür vom Gesetzgeber vorgesehene Betrag der Höhe nach ausreichend ist.[597] Allein die Tatsache, dass die überwiegende Anzahl der StPfl. auf Konfektionsgrößen zurückgreifen kann und deshalb auf maßgefertigte Kleidung nicht angewiesen ist, führt noch nicht automatisch dazu, dass atypischer Aufwand gegeben ist. Der Gesetzgeber kommt nicht umhin, für bestimmte Bereiche typisierende Vorschriften zu schaffen. Der tarifliche Grundfreibetrag zur Sicherung des Existenzminimums kann nicht in jedem Fall auf die Bedürfnisse des in jeder Hinsicht durchschnittlichen Normalbürgers reduziert werden. Der BFH hat es deshalb grundsätzlich bei Kosten der Bekleidung und Ernährung abgelehnt, einen Normalbedarf zu ermitteln und darüber hinausgehende Aufwendungen als außergewöhnliche Belastungen anzuerkennen.[598] Daher können die zusätzlichen Bekleidungskosten nicht als außergewöhnliche Belastung anerkannt werden.

2.1.4 Aufwendungen

Als Aufwendungen i.S.v. § 33 EStG werden nur **Ausgaben**, d.h. bewusste und gewollte Vermögensverwendungen, angesehen.[599] Damit können **ungewollte Vermögensverluste** und **entgangene Einnahmen** von vornherein nicht zu den agB zählen. Dagegen ist es für eine agB unerheblich, ob die Ausgaben aus dem Einkommen des betroffenen VZ bestritten werden müssen oder aus dem Vermögen des StPfl. bestritten werden.

Für die zeitliche Erfassung gilt § 11 Abs. 2 EStG (BFH vom 30.07.1982, BStBl II 1982, 744). Dieser Grundsatz erhält Korrekturen durch das § 33 EStG immanente **Belastungsprinzip**.[600] Daher mindern Ersatzleistungen, die in einem anderen VZ als dem der Verausgabung zufließen, unmittelbar schon die agB. Eine Saldierung dieser späteren Ersatzleistungen mit anderen agB im Jahr ihres Zuflusses wird von der Finanz-Rspr. offenbar nicht durchgeführt.[601] Ist die Höhe der zu erwartenden Ersatzleistungen noch ungewiss, ist für die Veranlagung deren Schätzung zulässig.[602]

Eine Verteilung der außergewöhnlichen Belastungen aus Billigkeitsgründen hat der BFH mit Beschluss vom 12.07.2017, VI R 36/15 abgelehnt. Daher bleibt es auch bei den kreditfinanzierten außergewöhnlichen Belastungen beim Abzug im Zeitpunkt der Verausgabung.

Sofern die Veranlagung dann nicht nach § 164 AO oder nach § 165 AO vorgenommen wird, soll eine spätere Korrektur aufgrund eines rückwirkenden Ereignisses nach § 175 Abs. 1 S. 1 Nr. 2 AO möglich sein.[603] Einen Grenzfall bilden Ausgaben, die durch Darlehen finanziert werden. Die Rspr. geht davon aus, dass die Belastung bereits zum Zeitpunkt der Verausgabung eintritt (vgl. H 33.1–33.4 EStH »Darlehen«, »Ersatz von dritter Seite«, »Verausgabung«).

---

597 *Loschelder* in *Schmidt*, EStG, § 33, Rz. 14.
598 BFH vom 21.06.1963 (BStBl III 1963, 381); zu beachten ist aber, dass diese Rspr. nicht auf krankheitsbedingte Mehrkosten für Bekleidung übertragbar ist.
599 Vgl. R 33.1 S. 3 EStR und *Loschelder* in *Schmidt*, EStG, § 33 Rz. 6.
600 Vgl. *Loschelder* in *Schmidt*, EStG, § 33 Rz. 5.
601 *Trzaskalik* in *Kirchhof/Söhn/Mellinghoff*, EStG, § 11 Rz. C 41.
602 *Arndt* in *Kirchhof/Söhn/Mellinghoff*, EStG, § 33 Rz. B 23.
603 *Loschelder* in *Schmidt*, EStG, § 33 Rz. 13.

Bei Ehegatten sind agB – unabhängig vom betroffenen und wirtschaftlich belasteten Ehegatten – als einheitlich zu betrachten (Einheitsgedanke).[604]
Weitere als agB abzugsfähige Ausgaben stellen folgende Sachverhalte dar[605]:

- erzwungene Ausgaben, bspw. Lösegeldzahlungen,
- Forderungsabtretung und Forderungsverzicht, wenn die Voraussetzungen des § 397 BGB erfüllt waren,
- »größere« Aufwendungen (siehe 2.1.5).

Nicht als agB abzugsfähige Ausgaben sind folgende Aufwendungen:

- Verdienstausfall durch Streik, Kurzarbeitergeld, Krankheit oder Arbeitslosigkeit,
- Rücklagenbildung für in Zukunft anfallende agB,
- Diebstahl, Brand und Unfall, da die Willensbildung des StPfl. nicht vorliegt,
- Vermögensumschichtungen.

Bestattungskosten eines nahen Angehörigen sind regelmäßig als außergewöhnliche Belastung zu berücksichtigen, soweit sie nicht aus dem Nachlass bestritten werden können und auch nicht durch Ersatzleistungen gedeckt sind (BFH vom 08.09.1961, BStBl III 1962, 31, vom 19.10.1990, BStBl II 1991, 140, vom 17.06.1994, BStBl II 1994, 754 und vom 22.02.1996, BStBl II 1996, 413). Leistungen aus einer Sterbegeldversicherung oder aus einer Lebensversicherung, die dem StPfl. anlässlich des Todes eines nahen Angehörigen außerhalb des Nachlasses zufließen, sind auf die als außergewöhnliche Belastung anzuerkennenden Kosten anzurechnen (BFH vom 19.10.1990, BStBl II 1991, 140 und vom 22.02.1996, BStBl II 1996, 413), siehe »Bestattungskosten« EStH H 33.1–33.4 (Zu § 33 EStG).

Bei anderen Personen als nahe Angehörige ist die Zwangsläufigkeit aus sittlichen Gründen nachzuweisen. Bei den Aufwendungen einer Bestattung ist zu unterscheiden in Aufwendungen, die unmittelbar mit der Beerdigung verbunden sind und Aufwendungen, die mittelbar damit verbunden sind.

Art	Unmittelbare Aufwendungen	Mittelbare Aufwendungen
Abzugsfähigkeit	abzugsfähig	nicht abzugsfähig
Beispiele	• Sarg, Totenwäsche, • Trauerdrucksachen, • amtliche Gebühren, Überführung, • Aufbahrung, • Blumenschmuck, • Erwerb einer Grabstätte, • eines Grabsteins und • Überführung der Urne	• Bewirtung von Trauergästen, • für Trauerkleidung • oder Fahrtkosten zur Beerdigung

Bei den Aufwendungen ist auch stets die Angemessenheit zu prüfen. Übersteigen die Aufwendungen für eine Beerdigung 7.500 €, sind diese nach Urteil des FG Köln vom 29.09.2010, EFG 2011, 242 nicht mehr abzugsfähig. Bei der Kürzung um Ersatzleistungen ist zu beachten, dass der Ersatzbetrag auf unmittelbare und mittelbare Kosten zu verteilen ist.

---

604 *Loschelder* in *Schmidt*, EStG, § 33 Rz. 2; *Arndt* in *Kirchhof/Söhn/Mellinghoff*, EStG, § 33 Rz. B 5.
605 *Kanzler* in *H/H/R*, EStG, §33, Rn. 34.

Beispiel 18:
Britta hat Aufwendungen für die Beerdigung ihres Ehemannes Thorben in Höhe von 8.000 €. Diese setzten sich aus 6.000 € unmittelbaren Beerdigungskosten und 2.000 € mittelbaren Beerdigungskosten zusammen. Britta erhält eine Erbschaft von Thorben (kein Zugewinn) in Höhe von 4.000 €.

Lösung: Grundsätzlich sind nur die unmittelbaren Beerdigungskosten in Höhe von 6.000 € abzugsfähig. Das Erbe (Ersatzleistung) entfällt damit anteilig zu 75 % auf die unmittelbaren Aufwendungen und zu 25 % auf die mittelbaren Aufwendungen. Daher sind die Ersatzleistungen nur in Höhe von 3.000 € gegenzurechnen.
Die gekürzten außergewöhnlichen Belastungen nach § 33 Abs. 3 EStG betragen damit 3.000 €.

2.1.5 Größere Aufwendungen

Neben der Indisponibilität der Aufwendungen sind die agB durch ihre Atypik gekennzeichnet. In § 33 Abs. 1 EStG ist dieses Tatbestandsmerkmal dadurch ausgedrückt, dass es sich um »größere Aufwendungen als der überwiegenden Mehrzahl der StPfl. gleicher Einkommensverhältnisse, gleicher Vermögensverhältnisse und gleichen Familienstands« handeln muss. Die Legaldefinition ist missglückt. Ihr zufolge müssten beispielsweise auch Ausgaben für ein, gemessen an den Vermögensverhältnissen des StPfl., teures Hobby außergewöhnlich sein.[606] Bei richtiger Auslegung ist auch nicht auf die absolute Höhe der Aufwendungen abzustellen, um zu entscheiden, ob es sich um »größere« Aufwendungen handelt. Es kommt darauf an, ob die überwiegende Mehrzahl der StPfl. derartige Ausgaben nicht zu tätigen braucht.[607] Die am Wortlaut orientierte Auslegung der Vorschrift führt damit nicht wesentlich weiter. In der Kommentierung wird davon ausgegangen, dass sich die Rspr. und die Literatur ohnehin weniger mit der verunglückten Legaldefinition als vielmehr direkt mit dem unbestimmten Rechtsbegriff der Außergewöhnlichkeit selbst befassen.[608] Dies sollte dann aber auch dem »Klausurlöser« erlaubt sein. Es kommt demnach allein darauf an, ob Sonderaufwendungen vorliegen, die der überwiegenden Mehrzahl der StPfl. nicht entstehen.[609]

Exkurs: Gegenwerttheorie
Ausgaben des StPfl., für die er einen Gegenwert oder einen nicht nur vorübergehenden Vorteil erhält, können nicht zu agB führen. Dies entspricht heute der herrschenden Meinung und der ständigen Rspr. des BFH. Ein Gegenwert oder ein nicht nur vorübergehender Vorteil wird erlangt, wenn Teile des Einkommens für die Anschaffung von Gegenständen verwendet werden, die von bleibendem oder doch mindestens länger andauerndem Wert und Nutzen sind und zumindest eine gewisse Marktgängigkeit besitzen.[610] Für die Entscheidung des BVerG bezüglich der Aussteuer siehe die Vorauflage.

---

606 *Arndt* in *Kirchhof/Söhn/Mellinghoff*, EStG, § 33 Rz. B 40.
607 *Arndt* in *Kirchhof/Söhn/Mellinghoff*, EStG, § 33 Rz. B 40.
608 *Arndt* in *Kirchhof/Söhn/Mellinghoff*, EStG, § 33 Rz. B 41. Die Finanzverwaltung scheint dem zu folgen. Sie stellt in R 33.1 S. 1 EStR auf die Außergewöhnlichkeit der Aufwendungen ab und erläutert den Begriff in H 33.1 EStH unter »Außergewöhnlich« dahingehend, dass Aufwendungen außergewöhnlich sind, wenn sie der Höhe, der Art und dem Grunde nach außerhalb des Üblichen liegen und nur einer Minderheit entstehen; typische Aufwendungen der Lebensführung seien ungeachtet ihrer Höhe ausgeschlossen.
609 Vgl. *Loschelder* in *Schmidt*, EStG, § 33 Rz. 14.
610 Vgl. *Loschelder* in *Schmidt*, EStG, § 33 Rz. 9; einschränkend BFH vom 22.10.2009 (BStBl II 2010, 280).

Die undifferenzierte Anwendung der Gegenwerttheorie kann zu unbilligen Ergebnissen führen, wenn Ersatzbeschaffungen für verlorene oder beschädigte Gegenstände erforderlich werden. Der Verlust oder die Beschädigung stellt noch keine Aufwendung im Sinne einer bewussten und gewollten Vermögensverwendung dar und kann deshalb nicht agB sein. Die Ausgaben für die Wiederbeschaffung könnten dagegen bei einer unkritischen Anwendung der Gegenwerttheorie nicht zu agB führen, da der StPfl. für die Ausgabe einen Gegenwert erhält.

Derart unbillige Ergebnisse werden durch eine Einschränkung der Gegenwerttheorie bei »verlorenem Aufwand« vermieden: Sie unterscheidet sich von den Anwendungsfällen der Gegenwerttheorie dadurch, dass keine reine Vermögensumschichtung vorliegt. Entsprechend den allgemeinen Merkmalen einer agB i.S.v. § 33 EStG müssen auch die verlorenen Aufwendungen zum einen indisponibel sein und zum anderen atypischen Charakter haben. Aufwendungen zur Wiederbeschaffung oder Schadensbeseitigung können daher nur bei existenziell notwendigen Gegenständen zur agB führen. Außerdem müssen der Verlust oder die Beschädigung durch ein unabwendbares Ereignis verursacht sein und es darf den StPfl. kein Verschulden am Schadenseintritt treffen. Vgl. dazu R 33.2 EStR zusammen.

2.1.6 Dem Grunde und der Höhe nach zwangsläufige Ausgaben

Der Gesetzgeber gibt mit dem legal definierten Begriff der Zwangsläufigkeit zumindest eine Hilfestellung. Es soll darauf ankommen, dass sich der StPfl. den Aufwendungen nicht entziehen kann. Dies ist nach Auffassung der Rechtsprechung dann der Fall, wenn die Gründe von außen auf die Entschließung des StPfl. so einwirken, dass er ihnen nicht ausweichen kann (BFH vom 26.04.1991, BStBl II 1991, 755). Dabei soll es nach überwiegender Ansicht nicht darauf ankommen, ob sich der StPfl. den konkreten Aufwendungen entziehen konnte. Entscheidend sei vielmehr, ob der StPfl. dem die Aufwendungen verursachenden Ereignis hätte ausweichen können.[611]

Die Ausgaben sind nicht mehr zwangsläufig, wenn der StPfl. die Möglichkeit gehabt hat, die Aufwendungen durch eine übliche **Versicherung** auf ein Versicherungsunternehmen **abzuwälzen**.[612]

Der Versicherungsnehmer könnte die Beiträge der Versicherungsgesellschaft in Rechnung stellen. Da der Versicherungsnehmer eine Beitragsrückerstattung haben möchte, fehlt es dagegen an einer Zwangsläufigkeit der Beiträge (s. FG Berlin-Brandenburg vom 19.04.2017, 11 K 11327/16).

Der BFH vertritt die Auffassung, Aufwendungen für die Beseitigung von Schäden an Vermögensgegenständen seien nicht zwangsläufig, wenn allgemein zugängliche und übliche Versicherungsmöglichkeiten nicht wahrgenommen worden seien, da es in diesen Fällen nicht gerechtfertigt sei, den Schaden auf die Allgemeinheit abzuwälzen (BFH vom 26.06.2003, BStBl II 2004, 47). Dem folgt die Finanzverwaltung (H 33.1-33.4 EStH »Versicherung«).

Der Abzug der agB setzt weiter voraus, dass diese einen **angemessenen Betrag** nicht übersteigen. Dieses Merkmal kann im Ergebnis nur deklaratorische Bedeutung haben, da für nicht notwendige oder unangemessene Aufwendungen keine rechtlichen, tatsächlichen oder sittlichen Pflichten bestehen können.[613] Aus diesem Grund sollte geprüft werden, ob der bezweckte Erfolg mit geringeren Aufwendungen zu erreichen gewesen wäre und ob

---

611 Vgl. *Loschelder* in *Schmidt*, EStG, § 33 Rz. 17.
612 Vgl. *Loschelder* in *Schmidt*, EStG, § 33 Rz. 21.
613 *Arndt* in *Kirchhof/Söhn/Mellinghoff*, EStG, § 33 Rz. C 32.

hinsichtlich der Angemessenheit die Aufwendungen nicht in einem Missverhältnis zum erzielten Ergebnis stehen.

Die im Folgenden aufgezählten Gründe führen zu einer Zwangsläufigkeit der Aufwendungen:

- rechtliche Gründe,
- tatsächliche Gründe sowie
- sittliche Gründe.

2.1.6.1 Rechtliche Gründe

Rechtliche Gründe lösen nur eine Zwangsläufigkeit der Aufwendungen aus, wenn diese nicht durch den StPfl. selbst verschuldet sind. Entsprechend können Kosten für die Strafverteidigung (Rechtsanwaltskosten), die einem wegen einer vorsätzlichen Tat verurteilten StPfl. entstehen und nicht durch ein berufliches Verhalten veranlasst worden sind, nicht als agB abgezogen werden (BFH vom 13.12.2016, Az.: VIII R 43/14). Nach Auffassung des BFH dürfen die rechtlichen Verpflichtungen nicht durch den StPfl. begründet worden sein (BFH vom 18.07.1986, BFH/NV 2005, 1287).

> **Beispiel 19: Leichteste Fahrlässigkeit**
> Der StPfl. beschädigt aufgrund eines sog. »Bedienungsfehlers« den von einem Dritten geliehenen Pkw und muss daher Schadenersatz leisten. Er begehrt die Anerkennung der Zahlung als agB.

Der BFH hat bereits vor längerer Zeit entschieden, dass nicht jeder Grad von Verschulden die Zwangsläufigkeit i.S.v. § 33 EStG ausschließen könne (vgl. BFH vom 03.06.1982, BStBl II 1982, 749). Die moderne Industriegesellschaft bediene sich in immer stärkerem Maße komplizierter und damit gefährlicher Techniken. Menschliches Versagen könne hier Schadensfolgen auslösen, die in keinem Verhältnis zum teilweise sehr geringen Maß des Versagens bestünden. Dies müsse auch bei der Auslegung der Zwangsläufigkeit berücksichtigt werden.

Lösung: Der Bedienungsfehler beruhte auf einfacher Fahrlässigkeit im Sinne eines auch bei gewissenhaften Menschen vorkommenden, nicht ins Gewicht fallenden Außerachtlassens der im Verkehr erforderlichen Sorgfalt. Der StPfl. ist trotz seines Bemühens um verkehrsgerechtes Verhalten letztlich nur an einer ihn überfordernden Situation gescheitert. Er handelte nicht vorsätzlich und auch nicht grob fahrlässig, d.h. nicht in einer die im Verkehr erforderliche Sorgfalt im besonders schweren Maße verletzenden Art und Weise. Obwohl er im zivilrechtlichen Sinne schuldhaft gehandelt hat, da der Fehler vermeidbar war, ist nicht von vornherein ausgeschlossen, dass ihm agB entstanden sind.

2.1.6.2 Tatsächliche Gründe

Tatsächliche Gründe müssen für den StPfl. unausweichlich sein und diesen in eine Zwangssituation versetzen. Hierzu zählen insb. die folgenden Gründe[614]:

- Katastrophen,
- Krankheit,
- Tod,
- Unfall und sonstige Gesundheits- und Lebensbedrohungen.

---

614 *Kanzler* in *H/H/R*, EStG, § 33 Rz. 189.

Der Abzug als agB setzt außerdem voraus, dass die o.g. Gründe zu einer existenzgefährdenden Zwangslage führen und der StPfl. diesen nicht ausweichen kann. Sind o.g. Gründe teilweise dem Verhalten des StPfl. zuzurechnen, führt dies nur zum Ausschluss der agB, wenn dieser klar rechtsmissbräuchlich wäre.

Beispiel 20: Ungesunde Lebensweise
Dem StPfl. erwachsen Krankheitskosten. Zur Entstehung der Krankheit hat seine ungesunde Lebensweise wesentlich beigetragen.

Stellt man lediglich auf den konkreten Auslöser der Krankheitskosten ab, nämlich die Krankheit selbst, wird man die Zwangsläufigkeit schwerlich verneinen können. Bezieht man die krankheitsauslösenden Faktoren in die Betrachtung mit ein, so entstehen Zweifel, ob die Zwangsläufigkeit noch bejaht werden kann.

Lösung: Die Rspr. nimmt bei Krankheitskosten immer an, dass die Kosten zwangsläufig sind, da auf die Wiederherstellung der Gesundheit nicht verzichtet werden könne.[615]

In der Mehrzahl der Fälle wird dies richtig sein, da zumeist nicht sicher feststellbar ist, dass die Krankheit auf einer Kausalkette beruht, die vorwerfbar in Gang gesetzt wurde. Dies sollte aber auf der anderen Seite nicht dazu führen, dass auch solche Krankheitskosten als agB anerkannt werden, die vorsätzlich oder grob fahrlässig herbeigeführt worden sind.[616]

Dass allein die theoretische Möglichkeit, Aufwendungen zu vermeiden, die Zwangsläufigkeit und die Entstehung außergewöhnlicher Belastungen nicht generell ausschließt, zeigen auch die Fälle von leichter Fahrlässigkeit.

2.1.6.3 Sittliche Gründe
Sittliche Gründe sind entsprechend dem Normzweck eng auszulegen und können nur vorliegen, wenn die sittliche Pflicht derart unabdingbar auftritt, dass sie ähnlich einer Rechtspflicht von außen her als eine Forderung oder zumindest Erwartung der Gesellschaft so auf den StPfl. einwirkt, dass ihre Erfüllung als eine selbstverständliche Handlung erwartet und ihre Missachtung als moralisch anstößig empfunden wird und Sanktionen im sittlichen Bereich oder auf gesellschaftlicher Ebene haben kann (vgl. H 33.1–33.4 EStH »Sittliche Pflicht«). Voraussetzung für den Abzug von agB aufgrund sittlicher Gründe ist, dass die Nichterfüllung durch den StPfl. dessen Ruf erheblich verschlechtern und gesellschaftliche Konsequenzen auslösen würde.

---

615 Vgl. *Loschelder* in *Schmidt*, EStG, § 33 Rz. 19; da allerdings Aufwendungen, die durch **Diätverpflegung** entstehen, gem. § 33 Abs. 2 S. 3 EStG generell vom Abzug als agB **ausgeschlossen** sind, kommt deren Abzug nach Auffassung des BFH vom 27.09.1991 (BStBl II 1992, 110) auch dann nicht in Betracht, wenn sie krankheitsbedingt sind; auch Urteil vom 21.06.2007, BStBl II 2007, 880 (Sonderdiäten, die eine medikamentöse Behandlung ersetzen).
616 Vgl. *Arndt* in *Kirchhof/Söhn/Mellinghoff*, EStG, § 33 Rz. C 19f.

2.1.7 Zumutbare Belastung

Gem. § 33 Abs. 1 i.V.m. Abs. 3 EStG können nur die agB abgezogen werden, die eine zumutbare Belastung übersteigen. Die zumutbare Belastung beträgt gestaffelt nach den persönlichen Lebensverhältnissen 1–7 % des **Gesamtbetrages der Einkünfte**.

Die zumutbare Belastung wird dabei in 3 Stufen (bis 15.340 €, bis 51.350 € und über 51.130 €) nach einem bestimmten Prozentsatz des Gesamtbetrages der Einkünfte und abhängig von Familienstand und Kinderzahl bemessen.

Abweichend von der bisherigen (durch die Rechtsprechung gebilligten) Verwaltungsauffassung, wonach sich die Höhe der zumutbaren Belastung ausschließlich nach dem höheren Prozentsatz richtet, sobald der Gesamtbetrag der Einkünfte eine der in § 33 Abs. 3 S. 1 EStG genannten Grenzen überschreitet, ist die Regelung so zu verstehen, dass nur der Teil des Gesamtbetrags der Einkünfte, der den im Gesetz genannten Grenzbetrag übersteigt, mit dem jeweils höheren Prozentsatz belastet wird (BFH vom 19.01.2017, BStBl II 2017, 684).

Der BFH hat in seinem obigen Urteil festgelegt, dass die Berechnung der außergewöhnlichen Belastung staffelweise zu erfolgen hat. Die Finanzverwaltung schließt sich dieser Meinung an.

Beispiel 21:
Der Arbeitnehmer Ewald Lienen (E) ist ledig und hat laut Steuerbescheid einen Gesamtbetrag der Einkünfte in Höhe von 70.000 €. E macht in seiner Einkommensteuererklärung außergewöhnliche Belastungen in Höhe von 6.000 € geltend.

Lösung: Nach Meinung des BFH und der Finanzverwaltung ist nur der Teil des Gesamtbetrages, der den jeweiligen im Gesetz genannten Gesamtbetrag übersteigt, mit dem jeweils höheren Prozentsatz belastet. Daher ist § 33 Abs. 3 EStG als Staffelung der zumutbaren Belastung zu verstehen.

Staffelung	Betrag
Bis 15.340 € x 5 % (0 € – 15.340 €)	767 €
bis 51.300 € x 6 % (15.430 € – 51.130 €)	2.142 €
über 52.500 € x 7 % (52.500 € – 70.000 €)	1.225 €

Insgesamt beträgt die zumutbare Belastung daher: **4.134 €**
Daher sind von den 6.000 € nach der zumutbaren Belastung
von 4.134 € abzugsfähig: **1.866 €**

2.1.8 Nachweis der Zwangsläufigkeit der außergewöhnlichen Belastung

I.R.d. Steuervereinfachungsgesetzes 2011 werden die strengen Verwaltungsregeln in R 33.4 EStR 2008 zum Nachweis der Zwangsläufigkeit von Krankheitskosten in dem neuen Art. 64 EStDV gesetzlich normiert. So muss der Nachweis einer Krankheit und deren medizinische Behandlung weiterhin zwingend durch ein vor Beginn der Behandlung eingeholtes amtsärztliches Gutachten erbracht werden. Damit reagiert der Gesetzgeber auf die Rechtsprechung des BFH, wonach der jeweilige Nachweis auch später erbracht werden kann (BFH vom 11.11.2010, BFH/NV 2011, 501, 503, 599). Zudem wird ein neuer § 33 Abs. 4 EStG eingeführt, der die Bundesregierung dazu ermächtigt, durch Rechtsverordnung mit Zustimmung des Bundesrates die Einzelheiten der Nachweise von agB nach § 33 Abs. 1 EStG zu bestimmen.

Die Rechtsprechung folgt dem § 64 EStDV.

Beispiel 22:
Dem FG Düsseldorf lag ein Fall vor, bei dem die Kläger für ihr Kind 30.000 € Schulgeld zahlten. Das Kind ist nachweislich an ADHS erkrankt.
Die Eltern wollen zusätzlich zu dem Sonderausgabenabzug nach § 10 Abs. 1 Nr. 9 EStG von 5.000 €, den übersteigenden Betrag als außergewöhnliche Belastungen absetzten, da an der Privatschule eine besondere Therapie der Kinder stattfindet.

Lösung: Das FG Düsseldorf hat mit Urteil vom 14.03.2017, 13 K 4009/15 E, entschieden, dass es sich bei dem Sonderausgabenabzug übersteigenden Betrag nicht um außergewöhnliche Belastungen nach § 33 Abs. 1 EStG handelt, wenn es an einem Gutachten vor Beginn der Heilbehandlung fehlt. Dieses Gutachten hätte nachweisen müssen. dass die Privatschule eine Heilbehandlung für das ADHS-Kind darstellt. Dies war in der Klage nicht der Fall.
Da die Zwangsläufigkeit nicht gegeben ist, handelt es sich um nicht abzugsfähige Kosten der Lebensführung. Die Nachweispflicht vor Beginn des Gutachtens ist in § 64 Abs. 1 Nr. 2 S. 1 Buchst. c EStDV festgelegt.

Als Ausnahme gelten die Aufwendungen im Rahmen der Behandlung einer Legasthenieerkrankung. Bei Legasthenifällen reicht die normale Bestätigung eines Arztes aus. Dies hat der BFH in mehreren Urteilen bestätigt.

Nach Meinung der Finanzverwaltung soll dies jedoch insb. in folgenden Fällen nicht gelten (BayLfSt, Verfügung vom 10.10.2016 S 2284 1.1 – 18/1 St32):

- Bei psychotherapeutischen Behandlungen,
- Unterbringung zur Behandlung der Lese- und Rechtschreibstörungen und
- bei wissenschaftlich nicht anerkannten Behandlungsmethoden

muss ein Gutachten oder amtsärztliches Attest vorliegen.

2.1.9 Diätkosten

Der Gesetzgeber hat in dem § 33 EStG mit dem § 33 Abs. 2 S. 3 EStG die Kosten für Diätverpflegung vom Abzug ausgeschlossen.

2.1.10 Prozesskosten

Die Aufwendungen für die Führung eines Rechtsstreits (Prozesskosten) sind nach § 33 Abs. 2 S. 4 EStG vom Abzug ausgeschlossen.

Das Abzugsverbot greift nach § 33 Abs. 2 S. 4 2. HS EStG nur nicht, wenn der Steuerpflichtige ohne die Aufwendungen Gefahr liefe, seine Existenzgrundlage zu verlieren und seine lebensnotwendigen Bedürfnisse in dem üblichen Rahmen nicht mehr befriedigen zu können.

Das Abzugsverbot ist ebenfalls auch auf Scheidungskosten anzuwenden (BFH vom 18.05.2017, 14 K 1861/15). Im Falle einer Scheidung ist gleichsam keine Existenzbedrohung und damit die Rückausnahme des § 33 Abs. 2 S. 4 2. HS EStG gegeben (siehe Urteil ebenda).

2.1.11 Darstellung von Einzelfällen

In der neueren BFH-Rechtsprechung sind zu den agB die folgenden Urteile ergangen (Auswahl):

- Wissenschaftliche Anerkennung einer Behandlungsmethode ist der Zeitpunkt der Behandlung (BFH vom 18.06.2015, BStBl II 2015, 803),
- keine Anerkennung von agB bei wissenschaftlich nicht anerkannten Behandlungsmethoden (BFH vom 26.06.2014, BStBl II 2015, 9),
- keine Anerkennung von Zivilprozesskosten als agB (BHF vom 18.06.2015, BStBl II 2015, 800),
- Erwerbsobliegenheit einer im Ausland ansässigen Person führt zur Schätzung fiktiver Einkünfte bei fehlendem Nachweis der Bemühungen um eine Erwerbstelle (BFH vom 15.04.2015, BFH/NV 2015, 1614),
- keine agB für die Adoption eines Kindes (BFH vom 10.03.2015, BStBl II 2015, 695),
- Anerkennung psychotherapeutischer Leistungen und medizinisch erforderlicher Unterbringung eines behinderten Kindes lediglich durch in § 64 EStDV normierte Nachweise möglich (BFH vom 15.01.2015, BStBl II 2015, 114).

2.2 Aufwendungen für Unterhalt und Berufsausbildung i.S.v. § 33a Abs. 1 EStG

2.2.1 Verhältnis zu § 33 EStG

In § 33a Abs. 1 EStG hat der Gesetzgeber abschließende Sonderregelungen für außergewöhnliche Belastungen in besonderen Fällen geschaffen. Diese müssen dem StPfl., da es sich um indisponible Aufwendungen handelt, zwangsläufig entstehen. Seit dem VZ 1996 ist die Zwangsläufigkeit bei den Aufwendungen für den Unterhalt oder die Berufsausbildung i.S.v. § 33a Abs. 1 EStG allein durch das Bestehen einer **gesetzlichen Unterhaltspflicht** gekennzeichnet, also durch rechtliche Gründe. Sittliche oder tatsächliche Gründe sind für die Anwendung von § 33a EStG ohne Bedeutung. Ob eine gesetzliche Unterhaltspflicht besteht, beurteilt sich gem. § 33a Abs. 1 S. 6 HS 2 EStG ausschließlich nach inländischen Maßstäben, soweit die unterhaltene Person nicht unbeschränkt stpfl. ist, vgl. § 33a Abs. 1 S. 6 HS 1 EStG. Dies gilt auch, wenn die unterhaltsberechtigte Person beschränkt stpfl. ist und sich die Unterhaltspflicht zivilrechtlich nach ausländischem Recht richtet.[617]

Es kommen vor allem folgende **gesetzliche Unterhaltsverpflichtungen** in Betracht.

Eine gesetzliche Unterhaltspflicht besteht zwischen **Verwandten in gerader Linie** gem. §§ 1589 und 1601 BGB.[618] Der Vater ist der Mutter seines unehelichen Kindes nach § 1615 Buchst. l Abs. 1 BGB zum Unterhalt verpflichtet.[619] Ehegatten sind nach § 1360 BGB wechselseitig unterhaltsberechtigt bzw. -verpflichtet.

---

617 Ist auch der Unterhaltsverpflichtete nur beschränkt einkommensteuerpflichtig, entfällt der Abzug von agB gem. § 50 Abs. 1 S. 3 EStG ganz, sofern nicht ein Antrag gem. § 1 Abs. 3 EStG in Betracht kommt.
618 Geschwister sind nur in Seitenlinie und nicht in gerader Linie verwandt und deshalb nicht gesetzlich unterhaltsberechtigt bzw. -verpflichtet.
619 Die Vorschrift ist unter H 33a.1 EStH wiedergegeben.

Vergleichbares gilt für **Kinder**, für die der StPfl. oder auch irgendeine andere Person einen **Kinderfreibetrag** oder **Kindergeld** erhält. Da hier die aus dem Unterhalt resultierenden indisponiblen Aufwendungen durch das Kindergeld oder den Kinderfreibetrag steuerlich berücksichtigt werden, kommen agB grundsätzlich nicht mehr in Betracht, vgl. § 33a Abs. 1 S. 4 HS 1 EStG.

Bei der Berechnung der betragsmäßigen Begrenzung der abziehbaren Unterhaltsleistungen im Rahmen der sog. »Opfergrenze« ist die Unterhaltsverpflichtung ebenfalls zu prüfen (s.u.). Vgl. dazu BMF vom 07.06.2010, BStBl I 2010, 582, Tz. 9 »[…] es ist zu prüfen, inwieweit der StPfl. zur Unterhaltsleistung« verpflichtet ist. Ausreichend ist es gem. § 33a Abs. 1 S. 1 EStG, wenn die Unterhaltspflicht den Ehegatten des StPfl. trifft.[620] Der Steuergesetzgeber hat gem. § 33a Abs. 1 S. 3 EStG die Zwangsläufigkeit zusätzlich auf Unterhaltszahlungen erweitert, zu denen der StPfl. zwar nicht i.S.v. § 33a Abs. 1 S. 1 EStG gesetzlich verpflichtet ist, die aber beim Empfänger zur **Kürzung** von inländischen **öffentlichen Unterhaltsleistungen** führen. Dies betrifft konkret die Kürzung von Sozialhilfe sowie Arbeitslosengeld II, die von den Behörden bei Partnern von nichtehelichen Lebensgemeinschaften vorgenommen wird (vgl. BMF vom 07.06.2010, BStBl I 2010, 582). In diesen Fällen ist es sachgerecht, wenn die Unterhaltsleistungen steuerlich als agB angesetzt werden können, auch wenn keine gesetzliche Unterhaltspflicht bestand.[621]

Ergänzt hat der Steuergesetzgeber den Verweis auf die gesetzlichen Vorschriften zum Unterhalt insgesamt durch § 33a Abs. 1 S. 4 HS 2 EStG. Demzufolge ist für die Anwendung von § 33a Abs. 1 EStG generelle Voraussetzung, dass die unterhaltene Person **kein oder nur ein geringes Vermögen** besitzt. Die Finanzverwaltung interpretiert Vermögen im Wert bis zu 15.500 € noch als geringes Vermögen i.S.v. § 33a Abs. 1 S. 4 HS 2 EStG.[622]

Nach R 33a.1 Abs. 1 S. 3 f. EStR reichte es bisher im Regelfall für den Abzug der tatsächlich geleisteten Unterhaltsaufwendungen aus, dass die unterhaltene Person dem Grunde nach gesetzlich unterhaltsberechtigt und bedürftig war; ob im Einzelfall tatsächlich ein Unterhaltsanspruch bestand, brauchte nicht geprüft zu werden. Lediglich für im Ausland unterstützte Personen galt diese Vermutung gem. H 33a.1 EStH »Unterhaltsberechtigung« nicht. Der BFH hält an dieser Auffassung nicht mehr fest und verlangt generell eine **konkrete Bedürftigkeit** der unterhaltenen Person auf der Grundlage des gesetzlichen Unterhaltsrechts (BFH vom 05.05.2010, BStBl II 2011, 116).

---

620 *Loschelder* in *Schmidt*, EStG, § 33a Rz. 21 stellt zu Recht infrage, ob dies bei Ehegatten, die keine Option zur Zusammenveranlagung haben, richtig sein kann; da das Gesetz nicht differenziert, gewährt die Finanzverwaltung (BMF vom 07.06.2010, BStBl I 2010, 588, Tz. 1) selbst dann die Berücksichtigung als agB.
621 Vgl. BFH vom 20.04.2006 (BStBl II 2007, 41) für den Fall, dass dem Lebenspartner ohne die Unterstützung des StPfl. die Ausweisung droht.
622 R 33a.1 Abs. 2 EStR; außerdem werden Gegenstände, die schwer veräußerbar sind oder für den Eigentümer mit einem Affektionsinteresse versehen sind, von der Bewertung ausgenommen. Die Ausnahme für ein angemessenes Hausgrundstück in R 33a.1 Abs. 2 Nr. 2 EStR lehnt der BFH allerdings ab (Urteil vom 12.12.2002, BStBl II 2003, 655 und vom 30.06.2010, BStBl II 2011, 267); zur Bewertung des Vermögens s. BFH vom 11.02.2010 (BStBl II 2010, 628).

2.2.2 Definition von Unterhaltsleistungen

Der **Unterhalt** i.S.v. § 33a Abs. 1 EStG umfasst nur die **typischen Unterhaltsaufwendungen**. Dazu zählen bspw. Ernährung, Kleidung, Wohnung, Krankenversicherung und auch die Kosten für die altersbedingte Unterbringung in einem normalen Altersheim. Keine typischen Unterhaltsaufwendungen sind solche infolge von Krankheit, Unfall und für die Anschaffung von Haushaltsgegenständen von nicht unerheblichem Wert.[623]

Beispiel 23: Pflegeheim
Die Eltern des StPfl. mussten in einem Pflegeheim untergebracht werden, nachdem der Vater einen Schlaganfall erlitten hatte und die Mutter schon längere Zeit auf die Benutzung eines Rollstuhls angewiesen war. Die von dem Pflegeheim in Rechnung gestellten Beträge trugen die Eltern zu einem Teil aus ihren eigenen Renteneinkünften. Den Restbetrag bezahlte der StPfl. Das FA teilte seine Zahlungen in nach § 33 EStG abziehbare Kosten der krankheitsbedingten Pflege und nach § 33a Abs. 1 EStG abziehbare Unterhaltskosten auf. Nach Anrechnung der eigenen Einkünfte der Eltern verblieb bei den Unterhaltskosten nur noch ein geringer nach § 33a Abs. 1 EStG abziehbarer Betrag.

Lösung: Nach Auffassung des BFH gehören bei der durch Krankheit veranlassten Unterbringung in einem Pflegeheim zu den nach § 33 EStG zu berücksichtigenden Mehraufwendungen nicht nur die Kosten für die medizinischen Leistungen, sondern auch die Pflegekosten einschließlich der Kosten der Unterbringung und damit grundsätzlich alle vom Pflegeheim in Rechnung gestellten Beträge. Keine Mehrkosten i.S. einer agB liegen lediglich i.H.d. Haushaltsersparnis (ersparte Verpflegungs- und Unterbringungskosten[624]) vor, wenn der eigene Haushalt anlässlich der Unterbringung im Pflegeheim aufgelöst wird. Da die der Haushaltsersparnis entsprechenden Kosten der Unterbringung von den Eltern des StPfl. aus eigenen Einkünften selbst bestritten werden, sind die verbleibenden Ausgaben des StPfl. entgegen der Aufteilung durch das FA in voller Höhe als agB i.S.v. § 33 EStG zu berücksichtigen.[625] Der BFH hat im Urteil vom 10.05.2007 (BStBl II 2007, 764) die Abziehbarkeit der Kosten für Pflegeleistungen auch dann bejaht, wenn sie (nur) Personen der Pflegestufe »0« betreffen.

Die Aufwendungen müssen außerdem dazu geeignet sein, den Lebensbedarf für eine gewisse Zeit zu decken. Unterhaltsaufwendungen werden deshalb normalerweise **laufend** erbracht. Gelegentliche Zahlungen können unter Umständen Aufwendungen i.S.v. § 33a Abs. 1 EStG sein. Bei ihnen ist aber besonders sorgfältig zu prüfen, ob der Empfänger unterstützungsbedürftig ist und ob die Leistungen geeignet sind, den laufenden Lebensbedarf des Empfängers zu decken (BFH vom 13.02.1987, BStBl II 1987, 341). Üblicherweise richtet der Unterhaltsverpflichtete seine Leistungen so ein, dass sie zur Deckung des zukünftigen Lebensbedarfs des Empfängers bis zum Erhalt der nächsten Leistung dienen.[626] Dies führt dazu, dass gelegentliche Unterhaltsleistungen im Regelfall nicht auf Monate vor dem Zah-

---

623 Vgl. *Loschelder* in *Schmidt*, EStG, § 33a Rz.13 m.w.N.; BFH vom 19.06.2008, DStR 2008, 1961 und vom 19.06.2008, BStBl II 2009, 365.
624 Vgl. R 33.3 Abs. 2 S. 2 f. EStR und H 33.1–33.4 EStH »Haushaltsersparnis«.
625 Vereinfachtes Beispiel nach BFH vom 24.02.2000 (BStBl II 2000, 294). Ausführlich zur krankheits- oder behinderungsbedingten Unterbringung BMF vom 02.12.2002, BStBl I 2002, 1389.
626 Hierbei handelt es sich nach Auffassung des BFH um eine aus der Lebenserfahrung abgeleitete tatsächliche Vermutung, die aber widerlegbar sein soll, beispielsweise wenn erstmalig Unterhalt geleistet wird oder der zurückliegende Unterhalt fremdfinanziert war, vgl. *Loschelder* in *Schmidt*, EStG, § 33a Rz. 14.

lungsmonat zurück bezogen werden können. Einmalzahlungen, die nicht für vergangene Zeiträume, sondern für den zukünftigen Unterhaltsbedarf geleistet werden, sind dagegen im Hinblick auf das Prinzip der Abschnittsbesteuerung problematisch. Soweit sie auch bereits den notwendigen Unterhalt für den folgenden VZ umfassen, sollen sie weder im VZ der Zahlung noch im Folgejahr abziehbar sein.[627]

2.2.3 Betrag der außergewöhnlichen Belastungen

Die Höhe des abziehbaren Betrages folgt nicht den zivilrechtlichen Regeln, die über die Unterhaltspflicht dem Grunde nach entscheiden. Während im EStG hinsichtlich der Zwangsläufigkeit dem Grunde nach auf die in anderen Gesetzen geregelten Unterhaltspflichten verwiesen wird, bestimmt sich die Zwangsläufigkeit nach den Maßgaben des Steuerrechts, soweit die Höhe der Aufwendungen betroffen ist.[628]

Der nach § 33a Abs. 1 EStG abziehbare Betrag ist grundsätzlich auf 8.820 € beschränkt. Er orientiert sich am Existenzminimum der unterstützten Person.[629] Seit VZ 2010 werden dem Höchstbetrag noch die Aufwendungen für tatsächlich geleistete Aufwendungen zur Kranken- und Pflegepflichtversicherung hinzugerechnet. Hat die unterhaltene Person andere Einkünfte oder aber Bezüge i.S.d. § 33 Abs. 1 S. 5 EStG[630], vermindern diese den abziehbaren Höchstbetrag, wenn sie im Kalenderjahr den Betrag von 624 € übersteigen (**anrechnungsfreier Betrag**).

Hierzu zählen insb. Einkünfte aus Kapitalvermögen gem. § 32 Abs. 1 EStG, steuerfreie Ausschüttungen gem. § 3 Nr. 40 EStG und Leibrenten sowie pauschal besteuerte Einnahmen aus nicht selbständiger Arbeit (insb. 450-€-Jobs). Von diesen Einkünften kann der sog. »Unkosten-Pauschbetrag« i.H.v. 180 € abgezogen werden.

Bezieht die unterhaltene Person als **Ausbildungshilfe** Zuschüsse aus öffentlichen Mitteln oder von Förderungseinrichtungen, die mit öffentlichen Mitteln finanziert werden, so mindern diese ebenfalls den Höchstbetrag, allerdings ohne Berücksichtigung des anrechnungsfreien Betrags. Die Anrechnung von Ausbildungshilfen ist nach der Rspr. des BFH allerdings nur zulässig, wenn die Ausbildungsbeihilfe Leistungen abdeckt, zu denen die Eltern gesetzlich verpflichtet waren, da nur dann ihre Unterhaltspflicht gemindert und eine Kürzung daher gerechtfertigt ist (BFH vom 04.12.2001, BStBl II 2002, 195 und H 33a.1 EStH »Ausbildungshilfen«). Die Finanzverwaltung gewährt gem. R 33a. 1 Abs. 3 S. 5 EStR bei den Bezügen aus Vereinfachungsgründen einen Abzug von 180 €, wenn nicht höhere Aufwendungen im Zusammenhang mit diesen Einnahmen nachgewiesen oder glaubhaft gemacht werden.

---

627 Der III. Senat des BFH räumt in seiner Entscheidung vom 13.02.1987 (BStBl II 1987, 341) ein, dass dies zu unbefriedigenden Ergebnissen führen kann, die aber von den StPfl. durch entsprechende Wahl des Zahlungszeitpunktes vermieden werden könnten.
628 Vgl. *Loschelder* in *Schmidt*, EStG, § 33a Rz. 26 ff.
629 *Loschelder* in *Schmidt*, EStG, § 33a Rz. 26.
630 Vgl. die Zusammenstellung in H 32.10 EStH; i.R.d. Steuervereinfachungsgesetzes 2011 wird **ab 2012** der Verweis in § 33a Abs. 1 S. 5 EStG auf § 32 Abs. 4 S. 4 EStG durch den bisherigen Regelungsinhalt **ersetzt**. Dies geschieht im Zuge der Abschaffung der Einkünfte- und Bezügegrenze für volljährige Kinder beim Familienleistungsausgleich.

2.2.3.1 Begrenzung der Beträge für Aufwendungen für Unterhalt und Berufsausbildung

Die Höhe der in einem VZ abziehbaren Beträge bedarf der Modifikation, wenn die Voraussetzungen des § 33a Abs. 1 EStG nicht während des **gesamten** Kalenderjahres gegeben waren und die Anwendung des Jahreshöchstbetrages deshalb zu einer sachlich nicht gerechtfertigten Besserstellung des StPfl. führen würde. Für alle vollen Kalendermonate, in denen keine Unterhaltsverpflichtung bestand, vermindert sich der Betrag der abziehbaren Unterhaltsleistungen dementsprechend gem. § 33a Abs. 3 S. 1 EStG um ein Zwölftel.[631] In gleichem Umfang reduziert sich der anrechnungsfreie Betrag von 624 € bei den Einkünften und Bezügen des Unterhaltenen. Auf der anderen Seite wäre es unbillig, sämtliche Einkünfte und Bezüge des Unterstützten auf den Betrag der abziehbaren Unterhaltsleistungen anzurechnen. Entfallen die Einkünfte oder Bezüge auf Kalendermonate, in denen durchgehend kein Unterhaltsanspruch bestand, so mindern sie den abziehbaren Höchstbetrag gem. § 33a Abs. 3 S. 2 EStG nicht[632]; bei den Ausbildungshilfen kommt es gem. § 33a Abs. 3 S. 3 EStG darauf an, ob sie für den Zeitraum mit Unterhaltspflicht bestimmt waren.

Eine weitere Begrenzung der abziehbaren Unterhaltsleistungen nimmt die Finanzverwaltung (H 33a.1 EStH) anhand der sog. **Opfergrenze** vor, wonach die Aufwendungen in einem angemessenen Verhältnis zum Nettoeinkommen des Leistenden stehen müssen.[633] Die Opfergrenze beträgt grundsätzlich 1 % je volle 500 € des Nettoeinkommens, höchstens 50 %. Für den Ehegatten und für jedes Kind, für das der StPfl. einen Kinderfreibetrag, Kindergeld oder eine andere Leistung für Kinder erhält, ist der Prozentsatz um je 5 Prozentpunkte, höchstens aber um 25 Prozentpunkte, zu kürzen.

Die Opfergrenze ist ein spezifisch steuerrechtlicher Maßstab für die Bestimmung des angemessenen Unterhalts. Sie hat im Gesetzeswortlaut – anders als die absolute Höhe der Unterhaltsaufwendungen nach § 33a Abs. 1 S. 1 EStG und die Kürzung bei beschränkt StPfl. nach § 33a Abs. 1 S. 6 EStG – keine Grundlage mehr, seitdem für die Zwangsläufigkeit allein auf das Bestehen einer gesetzlichen Unterhaltspflicht abgestellt wird. Die Finanzverwaltung wendet die Opfergrenze mit Billigung des BFH weiter an (BMF vom 07.06.2010, BStBl I 2010, 582 Rz. 11 f.; BFH vom 17.12.2009, BStBl II 2010, 343).

Gehört die unterhaltene Person zum Haushalt des StPfl., so geht die Finanzverwaltung zu Gunsten des StPfl. davon aus, dass ihm i.R.d. maßgeblichen Höchstbeträge im Regelfall auch tatsächlich Unterhaltsaufwendungen erwachsen (R 33a.1 Abs. 1 S. 5 EStR).

Die abziehbaren Unterhaltsaufwendungen können schließlich nicht dadurch erhöht werden, dass mehrere Personen Unterhalt leisten. Gem. § 33a Abs. 1 S. 7 EStG wird in diesem

---

[631] Die Vorschrift hat allerdings nicht den Zweck, in Abkehr von der Abschnittsbesteuerung für jeden Monat gesondert zu prüfen, ob der Unterhaltsbetrag unter Berücksichtigung der eigenen Einkünfte und Bezüge gewährt werden kann, vgl. *Kanzler* in H/H/R, EStG, § 33a Anm. 380. Es ergeben sich lediglich gekürzte Beträge für den gesamten VZ. Eine monatliche Betrachtung ist allerdings für die Prüfung nach § 33a Abs. 4 S. 2 und 3 EStG erforderlich, ob eigene Einkünfte und Bezüge dem Zeitraum mit gesetzlichem Unterhaltsanspruch zuzurechnen sind.

[632] Die Aufteilung der Einkünfte und Bezüge der unterhaltenen Person auf die Kalendermonate soll bei den Einkünften aus nichtselbständiger Arbeit, den sonstigen Einkünften und den Bezügen entsprechend § 11 EStG, ansonsten durch Zwölfteilung des Jahresbetrages erfolgen; der StPfl. hat die Option, eine andere wirtschaftliche Zurechnung nachzuweisen, vgl. R 33a.4 Abs. 2 EStR.

[633] R 33a.1 Abs. 3 EStR und H 33a.1 EStH »Opfergrenze«, Berechnungsbeispiele im BMF-Schreiben vom 07.06.2010, BStBl I 2010, 588, Rz. 34. Die Opfergrenze gilt nicht gegenüber Ehegatten und gegenüber der Person, mit der der StPfl. in einer sozialrechtlichen Bedarfsgemeinschaft lebt (BFH vom 29.05.2008, BStBl II 2009, 363 und vom 17.12.2009, BStBl II 2010, 343).

Fall der abziehbare Betrag nach Maßgabe der individuellen Anteile am Gesamtbetrag der Leistungen auf alle Unterhalt leistenden Personen aufgeteilt.

Eine Kürzung der abziehbaren Beträge sieht auch die Regelung in § 33a Abs. 1 S. 6 HS 1 EStG bei Sachverhalten mit Auslandsberührung vor, wenn Personen unterstützt werden, die im Inland nur beschränkt stpfl. sind; die sich aus § 1 Abs. 4 EStG ergebende beschränkte Steuerpflicht ist zu beachten. Demzufolge dürfen dann nur die Beträge abgezogen werden, die nach den Verhältnissen des **Wohnsitzstaates der unterhaltenen Person** notwendig und angemessen sind. Die Finanzverwaltung legt diese unbestimmten Rechtsbegriffe anhand einer Ländergruppeneinteilung aus[634]; in vier Kategorien werden die Beträge demnach ungekürzt gewährt oder auf 3/4, 1/2 bzw. 1/4 reduziert. An den Nachweis von Unterhaltsleistungen an im Ausland lebende Personen und deren tatsächliche Unterhaltsbedürftigkeit stellt die Finanzverwaltung unter Hinweis auf § 90 Abs. 2 AO gesteigerte Anforderungen (vgl. BMF vom 07.06.2010, BStBl I 2010, 588; BFH vom 19.05.2004, BStBl II 2005, 24).

Beispiel 24: Verspätete Rentenzahlungen und Unterhalt
Der im Inland unbeschränkt StPfl. S musste ab Juni 17 seinen in Ecuador lebenden Vater V finanziell mit einem Betrag von 600 € monatlich unterstützen. Dieser war noch bis Ende April 17 berufstätig gewesen (Einkünfte monatlich umgerechnet 800 €). Die von ihm rechtzeitig beantragte Rente ließ aber auf sich warten und wurde verspätet ab Oktober 17 bewilligt und ausgezahlt. S zahlte seinem Vater trotzdem bis Ende des Jahres 17 den monatlichen Unterhalt weiter, weil V von Mai bis Juni 17 schon seine Ersparnisse für den Lebensunterhalt aufgebraucht hatte. V konnte lediglich im August durch eine Arbeit als Erntehelfer umgerechnet netto 400 € dazuverdienen. S will wissen, ob er seine Zahlungen steuerlich geltend machen kann. Er ist verheiratet, hat drei Kinder, für die er Kindergeld erhält, und ein Jahresnettoeinkommen (einschließlich Kindergeld) von 35.000 €.

Lösung: Die von S geleisteten Unterhaltsaufwendungen können gem. § 33a Abs. 1 i.V.m. Abs. 4 EStG ausschließlich nach dieser Vorschrift als agB abziehbar sein. Entsprechend § 33a Abs. 1 S. 6 HS 2 EStG besteht nach inländischen Maßstäben eine gesetzliche Unterhaltspflicht gegenüber dem Vater in Ecuador (§§ 1589 und 1601 BGB). V hat entsprechend § 33a Abs. 1 S. 4, 2. Alt. EStG auch kein oder nur ein geringes Vermögen. Der Höhe nach ist der Betrag der als agB abziehbaren Aufwendungen gem. § 33a Abs. 1 S. 1 EStG auf 8.820 € beschränkt. Hiervon ist der Verdienst als Erntehelfer i.H.v. 400 € abzuziehen, sodass sich ein Betrag von 8.420 € ergibt. Da V in Deutschland nicht unbeschränkt stpfl. ist, muss dieser Betrag anhand der Ländergruppeneinteilung gem. § 33a Abs. 1 S. 6 HS 1 EStG auf 1/4, also 2.105 €, gekürzt werden. Unterhaltsbedürftig war der Vater des S nur von Juni bis September 17, also vier Monate. Damit ist dieser Betrag gem. § 33a Abs. 3 S. 1 EStG zusätzlich um 8/12 auf 702 € zu kürzen. S hat vier Monate von Juni bis September Unterhalt geleistet. Die Zahlungen im Zeitraum Oktober bis Dezember waren keine echten Unterhaltszahlungen, da sie nicht mehr dazu bestimmt waren, den Lebensbedarf des V zu decken. Der in den vier Monaten geleistete Unterhalt von 2.400 € ist damit nur bis zum Höchstbetrag von 702 € abziehbar. Zusätzlich muss S sich auf diesen Betrag eigene Einkünfte und Bezüge des V gem. § 33a Abs. 1 S. 5 EStG anrechnen lassen. Die Anrechnung erfasst allerdings gem. § 33a Abs. 3 S. 2 EStG nicht die Gehalts- und Rentenzahlungen, da diese auf die Kürzungsmonate entfallen. Es verbleiben aber die Einkünfte aus der Tätigkeit als Erntehelfer i.H.v. 400 €. Von diesem Betrag ist der anrechnungsfreie Betrag

---

[634] BMF vom 18.11.2013, BStBl I 2013, 1462.

abzuziehen. Er beträgt grundsätzlich 624 €, ist aber vorliegend gem. § 33a Abs. 1 S. 6 HS 1 EStG nach der Ländergruppeneinteilung ebenfalls auf 1/4 zu reduzieren und sodann wegen der Kalendermonate ohne Unterhaltsbedarf gem. § 33a Abs. 3 S. 1 EStG zusätzlich um 8/12 zu kürzen. Damit ergibt sich ein anrechnungsfreier Betrag von 39 € und ein anrechenbarer Betrag von 361 €. Der als agB abziehbare Betrag beträgt damit 341 €. Grundsätzlich ist der Betrag nach Auffassung der Finanzverwaltung durch die Opfergrenze gedeckt. Die Opfergrenze beträgt bei einem Jahresnettoeinkommen von 35.000 € rechnerisch 70 %, höchstens aber 50 % dieses Einkommens. Aufgrund der vier Familienmitglieder wird dieser Satz um 20 Prozentpzunkte auf 30 % gekürzt. Die Opfergrenze beträgt damit 35.000 € x 30 % = 9.000 € und ist durch den Unterhalt nicht überschritten.

Die Berücksichtigung von Unterhaltsleistungen an Ehegatten bei verschiedenen Konstellationen kann der folgenden Synopse entnommen werden:

Konstellation	Steuerpflicht des Ehegatten	Berücksichtigung von Unterhaltsleistungen	Begründung
dauernd getrennt lebend	unbeschränkt/ beschränkt steuerpflichtig	ja/nein	Eine Berücksichtigung kann nur erfolgen, wenn das Realsplitting gem. § 10 Abs. 1 Nr. 1 EStG nicht in Anspruch genommen wird.
dauernd zusammenlebend	unbeschränkt steuerpflichtig	nein	Steuerliche Privilegierung erfolgt bereits durch Zusammenveranlagung gem. §§ 26, 26b EStG und Anwendung des Splittingtarifs (§§ 32a Abs. 5, 6 EStG). Eine Ausnahme wird allerdings als agB anerkannt, wenn der unterstützte Ehegatte aufgrund außergewöhnlicher Umstände (Krankheit, Behinderung) zwangsläufig einen höheren Grundbedarf aufweist als im Grundfreibetrag berücksichtigt (vgl. BFH vom 24.05.2012, BFH/NV 2012, 1438).
dauernd zusammenlebend	beschränkt steuerpflichtig	ja	Zusammenveranlagung und Ehegattensplitting können nicht angewendet werden, daher zulässiger Abzug von Unterhaltsleistungen an den Ehepartner gem. § 33a EStG, beachte BMF vom 18.11.2013, BStBl I 2013, 1462 zur Bemessung der abzugsfähigen Beiträge.

Zur steuerlichen Berücksichtigung von Unterhaltsleistungen an den geschiedenen Ehepartner siehe das folgende Beispiel:

Beispiel 25: Die bulgarische Traumfrau III (nachgebildet einem Fall aus der Steuerberaterprüfung 2009)
D ist seit dem 01.10.14 rechtskräftig von seiner deutschen Ehefrau E geschieden, um mit seiner Traumfrau aus Bulgarien glücklich zu werden. Seine gerichtlich festgesetzten Unterhaltsleistungen an E betragen im VZ 17 monatlich 1.250 €. Seinen Verpflichtungen ist D immer fristgerecht nachgekommen. Da für Frau E, die nur geringes Vermögen (nach R 33a Abs. 2 EStR) besitzt und 2015 über einen Jahresbruttoarbeitslohn von 6.400 € und eine monatliche gesetzliche Unfallrente von 280 € verfügt, keine »Anlage U« vorliegt, kann D die Unterhaltszahlungen in 17 nicht als Sonderausgaben abziehen (s.o.).

Lösung: Die Zahlungen könnten bei D aber gem. § 33a Abs. 1 S. 1, 4 und 5 EStG nach Anrechnung der eigenen Einkünfte und Bezüge von E wie folgt als außergewöhnliche Belastungen abgezogen werden:

Einkünfte der E aus nichtselbständiger Arbeit	6.400 €
abzgl. Werbungskosten 2017	./. 1.000 €
Bezüge (12 × 280 €)	3.360 €
abzgl. Kostenpauschale (H 33a Abs. 1 EStH)	./. 180 €
anrechnungsfreier Betrag (§ 33a Abs. 1 S. 5 EStG)	./. 624 €
Summe	7.556 €
Höchstbetrag (2017)	8.820 €
Summe	7.556 €
Abzugsfähige Unterhaltsleistungen	1.264 €

D kann somit anstelle der tatsächlichen Aufwendungen von 15.000 € (12 × 1.250 €) den Betrag von 1.264 € als außergewöhnliche Belastung abziehen.

2.2.3.2 Aufwendungen für die Berufsausbildung i.S.v. § 33a Abs. 1 EStG

Der Abzug von Aufwendungen für die Berufsausbildung setzt – analog zu den Aufwendungen für Unterhalt – eine bestehende Unterhaltspflicht voraus. Der Begriff der **Berufsausbildung** in § 33a Abs. 1 EStG umfasst wie bei § 32 Abs. 4 Nr. 2 Buchst. a EStG jede ernstlich betriebene Vorbereitung auf ein künftiges Berufsziel und damit alle Maßnahmen, die zum Erwerb von Kenntnissen, Fähigkeiten und Erfahrungen als Grundlage für die Ausübung des angestrebten Berufs geeignet sind.[635] Sie beginnt nach h.M. bereits mit dem Besuch allgemeinbildender Schulen und dauert an, solange das Berufsziel noch nicht erreicht ist, aber die Vorbereitung darauf ernstlich betrieben wird. Sie endet grundsätzlich mit der Erreichung des gesteckten Berufsziels. Zu den Berufsausbildungskosten zählen zunächst alle typischen Aufwendungen wie beispielsweise Studien- und sonstige Lehrgangsgebühren, Prüfungsgebühren, Lernmaterial, Fahrtkosten zur Ausbildungsstelle und Kosten der auswärtigen Unterbringung. Umstritten ist, ob auch atypische Kosten der Berufsausbildung unter § 33a Abs. 1 EStG fallen.

---

635 Vgl. *Loschelder* in *Schmidt*, EStG, § 33a Rz. 18 und § 32 Rz. 26 m.w.N.; bei den Aufwendungen für eine Berufsausbildung soll die Zahlung nach einer Entscheidung des FG BaWü vom 29.04.1993 (EFG 1993, 658) anders als bei den Unterhaltsleistungen auf Monate vor der Zahlung zurückbezogen werden können.

Beispiel 26: Studium mit Hindernissen
Der Kläger erhob verwaltungsgerichtliche Klagen, um die Aufnahme seiner beiden Söhne zum Studium der Medizin bzw. der Zahnmedizin zu erreichen. Die dadurch verursachten Anwalts- und Gerichtskosten möchte er nach § 33 EStG als allgemeine agB berücksichtigt wissen.

Der BFH hat offen gelassen, ob im Bereich der Berufsausbildungskosten eine Anwendung von § 33 EStG bei atypischen Aufwendungen überhaupt in Betracht kommen kann. Er vertritt aber einen weiten Begriff der Berufsausbildung, da der Gesetzgeber bei diesen Aufwendungen eine Pauschalierung und Typisierung gewollt hat.[636]

Lösung: Die vom StPfl. geltend gemachten Aufwendungen sind für ein zulassungsreglementiertes Studium nicht derart ungewöhnlich, dass sie nicht mehr als Berufsausbildungskosten i.S.v. § 33a Abs. 1 EStG anzusehen wären. Sie können deshalb gem. § 33a Abs. 4 EStG nicht unter § 33 EStG fallen.

Zur betragsmäßigen Begrenzung der Aufwendungen für die Berufsausbildung als agB siehe 2.2.3.1.

2.3 Freibetrag für den Sonderbedarf eines sich in der Berufsausbildung befindenden volljährigen Kindes gemäß § 33a Abs. 2 EStG

Der StPfl. kann grundsätzlich einen Freibetrag von 924 € je Kalenderjahr für den Sonderbedarf eines sich **in Berufsausbildung befindenden, auswärtig untergebrachten, volljährigen Kindes** abziehen.
Voraussetzung ist, dass der StPfl.

- einen Anspruch auf einen **Kinderfreibetrag** oder auf **Kindergeld** hat,
- das Kind auswärtig untergebracht ist und
- es sich in einer Berufsausbildung befindet.

Der Anspruch auf Kindergeld und die Berufsausbildung werden in den nachfolgenden Kapiteln zu den Kindern erklärt.
Eine auswärtige Unterbringung i.S.d. **§ 33a Abs. 2 Satz 1 EStG** liegt vor, wenn ein Kind außerhalb des Haushalts der Eltern wohnt. Dies ist nur anzunehmen, wenn für das Kind außerhalb des Haushalts der Eltern eine Wohnung ständig bereitgehalten und das Kind auch außerhalb des elterlichen Haushalts verpflegt wird. Seine Unterbringung muss darauf angelegt sein, die räumliche Selbständigkeit des Kindes während seiner ganzen Ausbildung, z.B. eines Studiums, oder eines bestimmten Ausbildungsabschnitts, z.B. eines Studiensemesters oder -trimesters, zu gewährleisten. Voraussetzung ist, dass die auswärtige Unterbringung auf eine gewisse Dauer angelegt ist. Auf die Gründe für die auswärtige Unterbringung kommt es nicht an (siehe auch R 33a Abs. 2 EStR).
Dabei ist unschädlich, dass die Wohnung sich im Eigentum der Eltern befindet (H 33a.2 »Haushalt des Kindes in Eigentumswohnung des StPfl.« EStG).

---
636 BFH vom 09.11.1984 (BStBl II 1985, 135) und vom 17.12.2009 (BStBl II 2010, 341); a.A. *Arndt* in *Kirchhof/Söhn/Mellinghoff*, EStG, § 33 Rz. B 66 und *Kanzler* in *H/H/R*, EStG, § 33a Anm. 50, die eine Differenzierung zwischen typischen und atypischen Berufsausbildungskosten für möglich erachten.

Bei einem sich im Ausland befindlichen Kind ermäßigt sich der Betrag entsprechend der Ländergruppeneinteilung § 33a Abs. 2 S. 2 i.V.m. § 33a Abs. 1 S. 6 EStG. Eltern haben jeweils den Anspruch auf den hälftigen Freibetrag § 33a Abs. 2 S. 4 EStG. Dabei ist unschädlich, dass die Wohnung sich im Eigentum der Eltern befindet (H 33a.2 »Haushalt des Kindes in Eigentumswohnung des StPfl.« EStG).

Bei einem sich im Ausland befindlichen Kind ermäßigt sich der Betrag entsprechend der Ländergruppeneinteilung § 33a Abs. 2 S. 2 i.V.m. § 33a Abs. 1 S. 6 EStG. Eltern haben jeweils den Anspruch auf den hälftigen Freibetrag § 33a Abs. 2 S. 4 EStG.

2.4 Pauschbeträge für behinderte Menschen, Hinterbliebene und Pflegepersonen gemäß § 33b EStG

Die Vorschrift gewährt Pauschbeträge für Behinderte, Hinterbliebene und Pflegepersonen anstelle der Steuerermäßigung nach § 33 EStG, ohne dessen Anwendung auszuschließen. Der StPfl. kann deshalb auf die Geltendmachung der Pauschbeträge verzichten und für die durch den Pauschbetrag abgedeckten typischen agB höhere Aufwendungen nach § 33 EStG geltend machen. Eine zumutbare Belastung wird auf die Pauschbeträge nicht angerechnet.

Der nach dem Grad der Behinderung gestaffelte **Behinderten-Pauschbetrag** soll alle mit einer Körperbehinderung unmittelbar und typisch zusammenhängenden Belastungen abgelten. Der Einzelnachweis von Aufwendungen und ihre Prüfung auf Zwangsläufigkeit und Atypik wie bei § 33 EStG entfällt für diese daher ganz. Die Darlegungspflicht beschränkt sich auf den Nachweis der Behinderung nach Maßgabe von § 33b Abs. 7 EStG, § 65 EStDV. Bescheide, die nach § 65 EStDV den Grad der Körperbehinderung festlegen, sind **Grundlagenbescheid** i.S.v. § 171 Abs. 10 AO für den ESt-Bescheid[637] mit den Folgewirkungen nach § 175 Abs. 1 S. 1 Nr. 1 AO.[638]

Die Eltern eines behinderten Kindes haben nach § 33b Abs. 5 EStG die Möglichkeit, den Behinderten-Pauschbetrag ihres Kindes auf sich zu übertragen, wenn das Kind ihn nicht selbst in Anspruch nimmt; sie verlieren dadurch allerdings die Möglichkeit, für die vom übertragenen Behinderten-Pauschbetrag erfassten Aufwendungen einen Abzug nach § 33 EStG geltend zu machen.

Neben den durch den Behinderten-Pauschbetrag abgegoltenen typischen Aufwendungen können andere außergewöhnliche Belastungen, auch wenn sie mit der Behinderung in einem gewissen Zusammenhang stehen, nach § 33 EStG geltend gemacht werden. Der Abzug von pflegebedingten Aufwendungen nach § 33 EStG soll allerdings ausgeschlossen sein, wenn bereits der erhöhte Pauschbetrag von 3.700 € für Hilflose nach § 33b Abs. 3 S. 3 EStG geltend gemacht werde, da dieser derartige Kosten mit abdecke.[639]

Der **Hinterbliebenen-Pauschbetrag** gem. § 33b Abs. 4 EStG von 370 € knüpft an die Gewährung laufender Hinterbliebenenbezüge nach bestimmten Gesetzen an.[640] Hier ist

---
637 BFH vom 05.02.1988 (BStBl II 1988, 436) und vom 22.02.1991 (BStBl II 1991, 717); vgl. H 33b EStH »Allgemeines und Nachweis«.
638 S. hierzu die Ausführungen von *Bähr*, Band 3, Teil A, Kap. VI 10.
639 BFH vom 10.05.1968 (BStBl II 1968, 647).
640 Zu den Gesetzen i.S.v. § 33b Abs. 4 S. 1 Nr. 1 EStG, die die Vorschriften des Bundesversorgungsgesetzes für entsprechend anwendbar erklären, vgl. H 33b EStH »Hinterbliebenen-Pauschbetrag«.

nach § 33b Abs. 5 EStG ebenfalls eine Übertragung des Hinterbliebenen-Pauschbetrages auf die Eltern möglich.

Der **Pflege-Pauschbetrag** nach § 33b Abs. 6 EStG sollte nach der Vorstellung des Gesetzgebers Anreize für die Pflege im Angehörigenkreis schaffen. Die Bedeutung der Vorschrift kann aber nicht auf die einer reinen Lenkungsnorm reduziert werden.[641] Gegenstand der Regelung bleibt eine agB. Deshalb müssen die durch den Pflege-Pauschbetrag abgegoltenen Aufwendungen für den StPfl. zwangsläufig entstanden sein. Die Zwangsläufigkeit ist allerdings nach weniger strengen Kriterien als bei § 33 EStG zu beurteilen; eine sittliche Verpflichtung zur Pflege ist bereits bei einer engen persönlichen Beziehung zwischen dem StPfl. und der gepflegten Person gegeben.[642] Der Pauschbetrag wird für die Pflege einer nicht nur vorübergehend hilflosen Person gewährt; in § 33b Abs. 6 S. 3 f. EStG ist näher definiert, wann eine Person hilflos i.S.d. Vorschrift ist. Weitere Voraussetzungen für die Gewährung des Pflege-Pauschbetrages sind:

- Der StPfl. darf aus der Pflege keine Einnahmen erzielen. Der Begriff soll neben echten Vergütungen auch reinen Aufwendungsersatz und die gem. § 3 Nr. 36 EStG steuerfrei an den StPfl. weitergeleiteten Gelder aus der Pflegeversicherung als schädliche Einnahmen erfassen[643]; unschädlich ist aber gem. § 33b Abs. 6 S. 2 EStG das Pflegegeld, das Eltern eines behinderten Kindes für das Kind erhalten.
- Die Pflege muss gem. § 33b Abs. 6 S. 5 EStG vom StPfl. persönlich durchgeführt werden. Die zeitweise Unterstützung durch eine ambulante Pflegekraft ist aber unschädlich (R 33b Abs. 4 EStR).
- Die Pflege muss im Inland bzw. im EU-/EWR-Raum und in der Wohnung des StPfl. oder des Pflegebedürftigen erfolgen. Gefördert wird nur die häusliche Pflege. Der Begriff der Wohnung soll dem Gesetzeszweck entsprechend weit ausgelegt werden und sich daran orientieren, dass die pflegebedürftige Person in ihrer vertrauten Umgebung verbleiben kann.[644]

Wird die pflegebedürftige Person im VZ von mehreren Personen gepflegt, so kommt es gem. § 33b Abs. 6 S. 6 EStG zu einer Aufteilung des Pflege-Pauschbetrages. Diese Aufteilung ist unabhängig davon vorzunehmen, ob der anteilige Pauschbetrag von allen Personen tatsächlich steuerlich geltend gemacht wird, sodass ein nicht geltend gemachter Pauschbetrag nicht den anderen Pflegepersonen zugeschlagen werden kann.

2.5 Haushaltsnahe Beschäftigungsverhältnisse und Handwerkerleistungen

§ 35a EStG ist eine **Lenkungs- und Subventionsnorm**. Die Vorschrift soll die so genannte »Schwarzarbeit« eindämmen und einen Anreiz für offizielle Beschäftigungsverhältnisse im Privathaushalt geben. Nur wenn man diesen Hintergrund kennt, wird die Vorschrift verständlich, da sie – ansonsten – im Widerspruch zum Abzugsverbot für Aufwendungen der privaten Lebensführung gemäß § 12 S. 1 Nr. 1 EStG steht.

---

641 Vgl. *Loschelder* in *Schmidt*, EStG, § 33b Rz. 35 und *Kanzler* in *H/H/R*, EStG, § 33b Anm. 115.
642 BFH vom 29.08.1996 (BStBl II 1997, 199); H 33b EStH »Pflege-Pauschbetrag«.
643 *Loschelder* in *Schmidt*, EStG, § 33b Rz. 36.
644 *Loschelder* in *Schmidt*, EStG, § 33b Rz. 37; *Kanzler* in *H/H/R*, EStG, § 33b Anm. 139: ausreichend sei es deshalb, wenn die Wohnung auch vom Pflegebedürftigen bewohnt werde.

Die Vorschrift begünstigt Aufwendungen

- für haushaltsnahe Beschäftigungsverhältnisse als geringfügige Beschäftigung (Abs. 1),
- für andere haushaltsnahe Beschäftigungsverhältnisse oder für die Inanspruchnahme von haushaltsnahen Dienstleistungen (Abs. 2),
- für die Inanspruchnahme von Handwerkerleistungen (Abs. 3).

Die ESt-Ermäßigung beträgt 20% der Aufwendungen. Sie ist bei geringfügigen haushaltsnahen Beschäftigungsverhältnissen auf einen absoluten Betrag von 510 € und bei den sonstigen haushaltsnahen Beschäftigungsverhältnissen oder für die Inanspruchnahme von haushaltsnahen Dienstleistungen auf den absoluten Betrag von 4.000 € beschränkt. Für Handwerkerleistungen gemäß Abs. 3 beträgt der Höchstbetrag 1.200 € der Aufwendungen.[645] Begünstigt sind immer nur die **Arbeitskosten** (§ 35a Abs. 5 S. 2 EStG und BMF vom 15.02.2010, BStBl I 2010, 140 Rz. 35). Der Abzug ist gemäß § 35a Abs. 5 S. 1 EStG (i.d.F. des JStG 2010) ausgeschlossen, soweit die Aufwendungen Betriebsausgabe oder WK sind oder als SA oder als außergewöhnliche Belastung berücksichtigt werden. Haushaltsnah sind Beschäftigungsverhältnisse dann, wenn sie einen engen Bezug zum Haushalt haben; die Erteilung von Unterricht, die Vermittlung besonderer Fähigkeiten sowie sportliche und andere Freizeitbetätigungen fallen nicht darunter (BMF vom 15.02.2010, Rz. 4 und 10). Die Tätigkeit muss gemäß § 35a Abs. 4 EStG im Haushalt des StPfl. ausgeübt werden.

Drei aktuelle BFH-Urteile präzisieren den Anwendungsbereich von § 35a EStG:

1. Nur eine bankmäßige Darstellung der Handwerkerleistungen nach § 35a Abs. 2 EStG genügt den Anforderungen nach BFH-Urteil vom 20.11.2008, BStBl II 2009, 307 (dies ist anders bei Barzahlungen, hier erfolgt keine Ermäßigung nach § 35a EStG).
2. Zu den formalen Anforderungen an die Rechnung i.S.d. § 35a Abs. 5 S. 3 EStG s. BFH vom 29.01.2009 (Pressemitteilung Nr. 30 des BFH vom 01.04.2009): Art, Inhalt und Zeitpunkt der Dienstleistung müssen hieraus ersichtlich sein.
3. Der Verfall eines nicht ausgenutzten Ermäßigungsbetrages nach § 35a EStG ist nicht verfassungswidrig (BFH vom 29.01.2009, BStBl II 2009, 411).

3 Kinder im Steuerrecht

3.1 Bedeutung der Kinder im Einkommensteuerrecht

Mehrere Beispiele im Text der indisponiblen Privataufwendungen (§ 10 Abs. 1 Nr. 9, § 33a Abs. 2 EStG) offenbaren bereits die Bedeutung der Kinder im ESt-Recht. Über diese Einzelfälle hinaus werden Kinder und die mit ihnen einhergehende Beeinträchtigung der steuerlichen Leistungsfähigkeit der Eltern gem. § 31 EStG nach Maßgabe des sog. **Optionsmodells** (s. Kap. 3.2) berücksichtigt. Während auf eine Säule des Optionsmodells (Kindergeld als Steuervergütung[646]) nur im Überblick eingegangen wird, wird die tarifliche Entlastung des

---

645 Nicht begünstigt sind (in der Fassung des JStG 2010) hierbei jedoch öffentlich geförderte Maßnahmen, für die zinsverbilligte Darlehen oder steuerfreie Zuschüsse in Anspruch genommen werden.
646 Von *Jachmann* in *Kirchhof-kompakt*, § 31 Rz. 1, als Vorausleistung auf die Entlastung durch die Freibeträge nach § 32 Abs. 6 EStG bezeichnet.

§ 32 Abs. 6 EStG (Kinderfreibetrag) ausführlich dargestellt. Der Haushaltsfreibetrag wurde 2004 durch den Entlastungsbetrag gem. § 24b EStG ersetzt.

In allen Fällen ist der Kinderbegriff i.S.d. § 32 EStG maßgeblich für die Gewährung von Kindergeld bzw. für die Entlastung i.R.d. Veranlagung.

3.2 Der Familienlastenausgleich (bzw. Familienleistungsausgleich)

3.2.1 Die Grundzüge

Seit dem VZ 1996 werden beim Familienlastenausgleich die Kinder nach Maßgabe des **dualen** Konzepts berücksichtigt (§ 31 EStG). Bereits früher gab es eine pauschale **kumulative** Berücksichtigung durch das Kindergeld einerseits und durch einen Kinderfreibetrag andererseits. Dieses rein-duale Modell ist ab 1996 durch das Optionsmodell verfeinert worden. Das neu kreierte **Optionsmodell** bedeutet in diesem Zusammenhang, dass aufgrund einer Vergleichsrechnung bei der Veranlagung die günstigste Entlastung für den Steuerbürger berechnet wird.

Die Steuerfreistellung des Existenzminimums des Kindes wird entweder durch Kindergeldzahlung oder die Gewährung eines Kinderfreibetrages i.R.d. ESt-Veranlagung des/der Berechtigten erzielt. Im laufenden Kj. wird das Kindergeld als steuerfreie Vergütung monatlich ausbezahlt (§§ 61 ff. EStG). Bei der ESt-Veranlagung wird sodann von Amts wegen die sog. »Günstigerprüfung« für jedes Kind durchgeführt. Ist danach die gebotene Freistellung durch das Kindergeld nicht voll bewirkt, sind in der ESt-Veranlagung gem. § 32 Abs. 6 EStG der Kinderfreibetrag und ab VZ 2000 der Betreuungsfreibetrag abzuziehen. Letzterer wurde ab VZ 2002 um einen Erziehungs- und Ausbildungsbetrag erweitert.

Bei der Vergleichsrechnung werden zwei Rechenergebnisse miteinander verglichen: Es wird die tarifliche ESt nach Abzug der Freibeträge (ESt I) mit derjenigen ohne Berücksichtigung der Freibeträge (ESt II) verglichen.

Diese Rechnung	**ESt II – ohne** Freibeträge
	./. **ESt I – mit** Freibeträgen
führt zwangsläufig zu einer	**Differenz**

Im nächsten Schritt wird diese Differenz mit dem gezahlten Kindergeld[647] verglichen. Dabei sind nur zwei Ergebnisse denkbar:

1. Entweder ist die Steuer-Differenz größer als das Kindergeld oder
2. das bezahlte Kindergeld größer als die Steuer-Differenz.

Im 1. Fall ist die (progressive) Entlastungswirkung der Freibeträge offensichtlich höher als die aktive Förderung mit Kindergeld. Hier wird infolgedessen die tarifliche ESt (unter Berücksichtigung der Freibeträge gem. § 32 Abs. 6 EStG) angesetzt; das erhaltene Kindergeld wird daraufhin gem. § 31 S. 4 EStG i.V.m. § 36 Abs. 2 EStG mit der tariflichen ESt verrechnet; dies ergibt die festzusetzende ESt.

Im 2. Fall wurde mehr Kindergeld ausgezahlt, als dies nach einer rein tariflichen Berechnung der Fall gewesen wäre. Hier bleibt es bei der Auszahlung; ein evtl. überschießender

---

[647] Kindergeld ist auch dann zu verrechnen, wenn es dem StPfl. kraft zivilrechtlichen Ausgleichsanspruchs (§ 1612b Abs. 1 BGB) zusteht.

Betrag muss nicht zurückgezahlt werden. Das »Mehr« an staatlicher Familienleistung dient der Förderung der Familie (§ 31 S. 2 EStG).

Zum Kinderfreibetrag hat das BVerfG aktuell auf Anfragen des FG Niedersachsen zu klären, ob seine Höhe verfassungsgemäß ist. Das Urteil bleibt abzuwarten.

Der BFH hat im Urteil vom 16.12.2002 (BFH/NV 2003, 408) generell für die Günstiger-Rechnung das Monatsprinzip festgeschrieben. Damit wird bei der Frage, ob das einheitliche Kindergeld günstiger ist als der progressive Kinderfreibetrag, immer auf den Kalendermonat abgestellt.

Durch das StÄndG 2003 hat das steuerliche »Kinder-Recht« geringfügige Änderungen im Bereich der Günstigerprüfung beim Familienleistungsausgleich und bei der Anerkennung der Aufwendungen für Pflegekinder erfahren, auf die an den entsprechenden Stellen eingegangen wird. Mit R 31 EStR ist die gesetzliche Regelung (§ 31 EStG) zum Familienleistungsausgleich aus Verwaltungssicht konkretisiert worden; Zuständigkeitsfragen wurden geklärt.

3.2.2 Das Kindergeld[648]

Einen Überblick zum Thema Kindergeld vermitteln die nachfolgenden Ausführungen:

- **Berücksichtigt** werden gem. § 63 EStG Kinder i.S.d. § 32 EStG (s. Kap. 3.3), daneben Stief- und Enkelkinder, so sie vom Berechtigten im Haushalt aufgenommen worden sind; nach BFH vom 04.07.2001, BStBl II 2001, 675, werden Kinder im Grundwehrdienst – anders als Studenten bei bestehen bleibender Haushaltszugehörigkeit – nicht berücksichtigt; Für **Auslandskinder** gilt:
    - Es werden nur diejenigen berücksichtigt, die im Inland oder im EU-/EWR-Raum einen Wohnsitz (gewöhnlichen Aufenthalt) haben, bzw.
    - es findet eine Berücksichtigung für Auslands-Kinder auf (wesentlich) niedrigerem Niveau aufgrund zwischenstaatlicher Abkommen statt (Schweiz, Türkei, Tunesien, Marokko, ehemaliges Jugoslawien (vgl. H 63 EStH sowie die Massenklageverfahren zu einzelnen Tatbestandsvoraussetzungen[649]).
- Kindergeld**berechtigt** sind nur (erweitert und fiktiv) unbeschränkt StPfl. gem. § 1 Abs. 1, 2 und 3 EStG; **Ausländer** (mit Ausnahme der EU-/EWR-Ausländer, vgl. DA-FamEStG 62.4.3, BStBl I 2008, 642) benötigen gem. § 62 Abs. 2 EStG i.d.F. des ZuwanderungsG vom 30.07.2004 eine Niederlassungserlaubnis, eine Aufenthaltserlaubnis (zum Zwecke der Erwerbstätigkeit bzw. nach §§ 25, 31, 37, 38 des AufenthaltsG oder zum Zwecke des Familiennachzugs). Saison-AN, Werkvertrags-AN und AN zur vorübergehenden Dienstleistung erhalten kein Kindergeld.
- Das Kindergeld ist bei der örtlich zuständigen **Familienkasse** gem. §§ 67, 70 EStG zu beantragen (Ausnahme: bei einem öffentlich-rechtlichen Anstellungs- oder Dienstver-

---

648 S. hierzu die überarbeiteten Schreiben zum Familienlastenausgleich des BZSt im Jahre 2009 (BStBl I 2009, 18, 363, 399, 488, 541, 926 und 1030) sowie BStBl I 2010, 182.
649 Zur Anwendbarkeit der zwischenstaatlichen Abkommen im Einzelfall (Jugoslawien) s. BFH vom 19.06.2002 (BFH/NV 2002, 1555: nur bei AN) und vom 22.07.2002 (nicht bei Arbeitslosen).
- Dazu, dass im »Entführungsfall« (Väter nehmen die Kinder in ihre Heimatländer mit) kein Wohnsitz im Inland vorliegt, vgl. BFH vom 19.03.2002 (BFH/NV 2002, 1148 (Türkei) sowie BFH/NV 2002, 1146 (Pakistan)).
- Zur Verfassungskonformität der Regelung s. BFH vom 26.02.2002 (BFH/NV 2002, 912).

hältnis inkl. Postbeschäftigten zahlt die Anstellungskörperschaft das Kindergeld gem. § 72 EStG); dort wird die monatliche Auszahlung verfügt.
- Das Kindergeld beträgt (ab 2017)
  - für das erste und zweite Kind: je 192 €/Monat,
  - für das dritte Kind: 198 €/Monat und
  - ab dem vierten Kind für jedes weitere Kind: 223 €/Monat.
- In Konkurrenzfällen (mehrere Berechtigte) gilt bei getrennt lebenden Eltern der Elternteil als berechtigt, in dessen Haushalt das Kind lebt (§ 64 Abs. 2 S. 1 EStG). Speziell zu dieser Regelung wie allgemein zur Konkurrenzproblematik sind Massenklageverfahren zu verzeichnen. Die wichtigsten höchstrichterlichen Entscheidungen hierzu lassen abweichende zivilrechtliche Vereinbarungen ins Leere laufen (BFH vom 14.05.2002, BFH/NV 2002, 1425, nimmt Stellung zur fehlenden Bindungswirkung im häufigen Prozesskostenhilfeverfahren (s. auch BFH vom 11.12.2001, BFH/NV 2002, 484); oder man setzt sich mit der Frage des Wechsels der Haushaltszugehörigkeit auseinander (BFH vom 20.06.2002, BStBl II 2001, 1487).

3.3 Berücksichtigungsfähige Kinder

Vorbemerkung: In einer Klausur ist es am zweckmäßigsten, die Frage nach den berücksichtigungsfähigen Kindern an **den Anfang der Ausführungen zu stellen**, da einem die Rechtsfolgen an mehreren Stellen eines ESt-Falles begegnen können.[650]

Beispiel 27: Kinder, Kinder ...
Aus der Steuererklärung für den VZ 28 des in zweiter Ehe mit E verheirateten H ergibt sich, dass sich sein erstgeborener Sohn Primus P, geb. am 03.03.02, nach dem Abitur (VZ 21) zunächst für vier Jahre bei der Bundeswehr verpflichtete, um anschließend mit dem auswärtigen Studium zu beginnen. H kam im VZ 28 für alle Kosten des P (Lebensunterhalt, Miete für das Studentenappartement sowie Studienkosten) i.H.v. 5.000 € auf.
Die zehn Jahre später am 01.07.10 geborene Tochter Ultima U besuchte während des ganzen Jahres (VZ 28) das Gymnasium und wohnte im gemeinsamen Haushalt von H und E. Die Mutter von U und P ist verstorben.
Spielt es eine Rolle, ob H für seine Kinder Kindergeld erhalten hat?

Lösung s. Kap. 3.3.2.6 und 3.4.1.2.

Kinder können im Steuerrecht nur **berücksichtigt** werden, wenn sie zum StPfl. in einem Verhältnis i.S.v. § 32 Abs. 1 EStG stehen. Danach werden erfasst:
- leibliche Kinder (Nr. 1),
- Adoptivkinder (Nr. 1[651]) und
- Pflegekinder (Nr. 2) i.V.m. R 32.2 EStR[652], wobei diese nach der Neufassung (StÄndG 2003) nicht zu Erwerbszwecken im Haushalt aufgenommen sein dürfen.

---
650 Z.B. schon bei § 1a Abs. 1 Nr. 3 EStG oder erst bei § 46 Abs. 2 Nr. 4a EStG.
651 Bei der Adoption Minderjähriger wird das Kind in der ESt (anders: § 15 Abs. 1a ErbStG) nur noch beim Annehmenden berücksichtigt. Bei der Adoption Volljähriger s. § 1770 Abs. 2 BGB: keine Auswirkung.
652 Von entscheidender Bedeutung ist, dass das Obhut- und Pflegeverhältnis zu den leiblichen Eltern nicht mehr besteht (R 32.2 Abs. 2 EStR).

Umgekehrt werden Stiefkindschaftsverhältnisse seit 1986 steuerlich nicht mehr anerkannt.[653] § 32 Abs. 2 EStG regelt Konkurrenzfragen bei mehrfachen Kindschaftsverhältnissen (z.B. geht die Adoption der leiblichen Abstammung voraus).

Wesentlich umfassender hat der Gesetzgeber die steuerliche Berücksichtigung der Kinder in Abhängigkeit von ihrem jeweiligen **Lebensalter** geregelt (§ 32 Abs. 3-5 EStG). Bis zum vollendeten 18. Lebensjahr (Monatsrechnung gem. § 32 Abs. 3 EStG!) werden Kinder grundsätzlich berücksichtigt.

Gem. § 32 Abs. 4 EStG werden Kinder auch **über das 18. Lebensjahr** hinaus berücksichtigt (erweiterte Berücksichtigung). Die nachfolgende Tabelle erlaubt eine schnelle erste Orientierung. Dabei ist davon auszugehen, dass die Altersgrenze für berücksichtigungsfähige Kinder aufgrund des **StÄndG 2007** allgemein auf das **25. Lebensjahr** abgesenkt wurde.

Bis zu welchem Alter? (Monatsberechnung)	Unter welchen Voraussetzungen?	Gesetzesgrundlage?[656]
Bis zur Vollendung des 21. Lebensjahres	Arbeitslos[657]	§ 32 Abs. 4 Nr. 1
Bis zur Vollendung des 25. Lebensjahres	• Bei Berufsausbildung (R 32.5 EStR)[658]	§ 32 Abs. 4 Nr. 2a
	• Bei maximal viermonatiger Übergangszeit[659]	§ 32 Abs. 4 Nr. 2b
Bis zur Vollendung des 25. Lebensjahres	• ein Ausbildungsplatz[660]	§ 32 Abs. 4 Nr. 2c
	• Freiwilliges Soziales Jahr[661]	§ 32 Abs. 4 Nr. 2d
Über das 21./25. Lebensjahr hinaus (limitiert)	Kinder i.S.v. Nr. 1, Nr. 2a und 2b mit Wehr- oder Zivildienst[662]	§ 32 Abs. 5
Über das 25. Lebensjahr hinaus (unbegrenzt)	Behinderte Kinder (R 32.9 EStR)	§ 32 Abs. 4 Nr. 3

---

653 Somit werden P und U im Verhältnis zur Stiefmutter E nicht berücksichtigt, es sei denn als Pflegekinder.
654 Die Paragrafen in dieser Spalte sind solche des EStG.
655 Gem. DA-FamEStG 63.3.1 steht eine geringfügige Beschäftigung i.S.v. § 8 SGB IV einer Berücksichtigung nach § 32 Abs. 4 S. 1 Nr. 1 EStG nicht entgegen.
656 Sehr großzügige Regelung (H 32.5 EStH 2008); so zählen darunter:
 • der Besuch von Schulen, die Allgemeinwissen (!?) vermitteln (Gymnasium, Realschule etc.),
 • Studium und ggf. Referendarzeit (BFH vom 10.02.2000, BStBl II 2000, 398); Zweitstudium (BFH vom 20.07.2000, BStBl II 2001, 107); Promotion (BFH vom 09.06.1999, BStBl II 1999, 708); ebenso der Offiziersanwärter (BFH vom 16.04.2002, BStBl II 2002, 523),
 • Sprachaufenthalt im Ausland (vgl. H 32.5 EStH 2008), falls Unterricht > 10 Stunden/Woche (bestätigt vom BFH vom 19.02.2002 in drei Entscheidungen, BFH/NV 2002; 979, 1022 und 1023). S. aber – Gegenfall – BFH vom 15.07.2003 (BStBl II 2003, 843), bei dem der ausländische Sprachaufenthalt für das angestrebte Studium nicht erforderlich war.
 S. aber das BFH-Urteil vom 13.07.2004 (BStBl II 2004, 999): Keine Berufsausbildung während der Beurlaubung vom Studium.
657 Nach H 32.2 EStH sind damit Zwangspausen zwischen Ausbildungsabschnitten gemeint.
658 Nach R 32.7 EStR wird die Wartezeit auf einen Ausbildungsplatz nur bei ernsthaftem Bemühen berücksichtigt.
659 S. hierzu DA-FamEStG 63.3.
660 Die jeweiligen Verlängerungstatbestände, die über das maßgebliche Datum (21. oder 27. Lebensjahr) hinaus limitiert berücksichtigt werden, sind in H 32.11 EStH abschließend aufgelistet, z.B. nach dem EntwicklungshelferG vom 20.12.2000 (BGBl I 2000, 1827).

Zu beachten ist weiterhin die Neufassung von R 32.3 EStR, wonach eine Berücksichtigung außerhalb des Zeitraumes der unbeschränkten Steuerpflicht der Eltern nicht möglich ist und – weiterhin – dass ein vermisstes Kind bis zur Vollendung des 18. Lebensjahres zu berücksichtigen ist. Die Absenkung der Altersgrenze (von 27 Jahre auf 25 Jahre) durch das StÄndG 2007 wurde vom BFH im Urteil vom 17.06.2010 (Pressemitteilung Nr. 100/2010 vom 24.11.2010, BStBl II 2011, 176) für verfassungsgemäß gehalten.

3.3.1 Kind arbeitsuchend

3.3.1.1 Arbeitsuchend gemeldet (§ 32 Abs. 4 Nr. 1 EStG)

Die **Meldung** eines volljährigen, aber noch nicht 21 Jahre alten Kindes als **arbeitsuchend** bei der Arbeitsvermittlung der Agentur für Arbeit **wirkt nur drei Monate** fort. Nach Ablauf dieser Frist muss sich das Kind erneut als Arbeitsuchender melden, da sonst der Kindergeldanspruch entfällt (BFH vom 19.06.2008, BStBl II 2009, 1008).

3.3.1.2 Ernsthafte Bemühungen um einen Ausbildungsplatz (§ 32 Abs. 4 Nr. 2c EStG)

Nach ständiger Rechtsprechung erfordert die Berücksichtigung eines Kindes gem. § 32 Abs. 4 S. 1 Nr. 2c EStG, dass sich dieses **ernsthaft um einen Ausbildungsplatz bemüht** hat (BFH vom 15.07.2003, BFH/NV 2004, 473). Das **Bemühen** um einen Ausbildungsplatz ist **glaubhaft zu machen** (BFH vom 19.06.2008, BStBl II 2009, 1005).

Beispiele:
- Nachgewiesen werden kann das ernsthafte Bemühen um einen Ausbildungsplatz z.B. durch eine **Bescheinigung der Agentur für Arbeit**, dass das **Kind als Bewerber um eine berufliche Ausbildungsstelle registriert** ist. Die Registrierung beim Arbeitsamt gilt jedoch nicht zeitlich unbeschränkt als Nachweis, sondern ist in ihrer **Wirkung auf drei Monate beschränkt**. Das ausbildungssuchende Kind muss daher zumindest alle drei Monate gegenüber der Ausbildungsvermittlung sein Interesse an einer weiteren Vermittlung von Ausbildungsstellen kundtun.
- **Suchanzeigen** in der Zeitung,
- **direkte schriftliche Bewerbungen** an Ausbildungsstätten (ggf. Zwischennachrichten, Absagen als Dokumentation),
- Bewerbungen Absagen per **E-Mail**,
- evtl. genügen auch telefonische Anfragen, wenn sie schlüssig und detailliert glaubhaft gemacht werden.

Zusammenfassung:

§ 32 Abs. 4 Nr. 1 EStG	§ 32 Abs. 4 Nr. 2c EStG
• **arbeitsuchend** gemeldet (alle 3 Monate) • Eigenbemühungen und Verfügbarkeit müssen **nicht** nachgewiesen werden	• **arbeitsuchend, Nachweis durch:** – **Meldung Agentur für Arbeit** – sonstige Eigeninitiativen (s.o.)

3.3.2 Kinder zwischen 18 und 25 Jahren

Nach der neuen Rechtslage spielen die Einkünfte und Bezüge eines Kindes bei der steuerlichen Berücksichtigung keine Rolle mehr. Bis zum Abschluss einer erstmaligen Berufsausbildung oder eines Erststudiums wird ein Kind ohne Prüfung der Erwerbstätigkeit berücksichtigt. Daher ist nicht entscheidend, wie viel ein Kind verdient, sondern ob es sich in einer Erstausbildung/Erststudium befindet.

Die schädliche Erwerbstätigkeit ist erst nach einer erstmaligen Berufsausbildung oder eines Erststudiums zu prüfen.

Ein Kind findet nach der neuen Rechtslage nach § 32 Abs. 4 S. 3 EStG keine Berücksichtigung, wenn

- es sich um ein Zweitstudium handelt
- und eine Erwerbstätigkeit von mehr als 20 Wochenstunden ausgeübt wird.

3.3.2.1 Prüfschema Kind zwischen 18 und 25 Jahren:

Prüfschritt	Frage	Antwort/Kindergeldanspruch
1	Ist § 32 Abs. 4 S. 1 Nr. 1 EStG gegeben? (*Kind unter 21 Jahren und als arbeitslos gemeldet*)	Ja/Ja
2	Ist das Kind nach § 32 Abs. 4 S. 1 Nr. 2 EStG zwischen 18 und 25 Jahren und befindet es sich in einer Erstausbildung?	Ja/Ja
3	Befindet sich das Kind in einem Zweitstudium nach § 32 Abs. 4 S. 1 Nr. 2 EStG und geht keiner Erwerbstätigkeit mit mehr als 20 Wochenstunden nach?	Ja/Ja
4	Hat das Kind seine erste Berufsausbildung abgeschlossen und geht einer Erwerbstätigkeit mit mehr als 20 Wochenstunden nach?	Ja/Nein

3.3.2.2 Erstmalige Berufsausbildung

Eine Berufsausbildung (ohne ein Studium) i.S.d. § 32 Abs. 4 S. 2 EStG liegt vor, wenn das Kind durch eine berufliche Ausbildungsmaßnahme die notwendigen fachlichen Fertigkeiten und Kenntnisse erwirbt, die zur Aufnahme eines Berufes befähigen. Dabei muss der Beruf durch eine Ausbildung in einem öffentlich-rechtlich geordneten Ausbildungsgang erlernt werden (BFH vom 06.03.1992, BStBl II 1992, 661) und der Ausbildungsgang durch eine Prüfung abgeschlossen sein. Hierzu zählen insb.

- Berufsausbildungsverhältnisse nach dem Berufsbildungsgesetz (BBiG),
- vergleichbare betriebliche Ausbildungsgänge (z.B. Schiffsmechaniker-Ausbildungsverordnung),
- Ausbildungen aufgrund der bundes- oder landesrechtlichen Ausbildungsregelungen für Berufe im Gesundheits- und Sozialwesen,
- landesrechtlich geregelte Berufsabschlüsse an Berufsfachschulen,
- Berufsausbildung behinderter Menschen in anerkannten Berufsausbildungsberufen oder aufgrund von Regelungen der zuständigen Stellen in besonderen »Behinderten-Ausbildungsberufen«,

- Berufsausbildung in einem öffentlich-rechtlichen Dienstverhältnis,
- Berufsausbildung auf Kauffahrtschiffen nach dem Flaggenrechtsgesetz.

Die Berufsausbildung ist nur dann als erstmalige Berufsausbildung anzusehen, wenn ihr keine andere abgeschlossene Berufsausbildung bzw. kein abgeschlossenes berufsqualifizierendes Hochschulstudium vorausgegangen ist. Das gilt auch für ausländische Berufsausbildungsabschlüsse, die inländischen Abschlüssen gleichgestellt sind. Dabei wird in Staaten der EU bzw. den EWR-Staaten wie auch in der Schweiz die Gleichartigkeit unterstellt.

3.3.2.3 Erststudium

Ein Studium im Sinne des § 32 Abs. 4 S. 2 EStG liegt vor, wenn es sich um ein Studium an einer Hochschule i.S.d § 1 Hochschulrahmengesetzes (HRG) handelt (z.B. Universitäten, Pädagogische Hochschulen, Kunsthochschulen, Fachhochschulen und sonstige Einrichtungen des Bildungswesens, die nach Landesrecht staatliche Hochschulen sind). Diesen gleichgestellt sind private und kirchliche Bildungseinrichtungen sowie Hochschulen des Bundes, die nach Landesrecht als Hochschule anerkannt sind (§ 70 HRG), BMF vom 22.09.2010 (BStBl I 2010, 721).

Ein Studium ist dann ein Erststudium, wenn es sich dabei um eine Erstausbildung handelt. Es darf ihm kein anderes durch einen berufsqualifizierenden Abschluss beendetes Studium bzw. keine andere abgeschlossene nichtakademische Berufsausbildung (erstmalige Berufsausbildung – vgl. oben) vorangegangen sein.

Erststudium:
- Wechsel/Unterbrechung eines Studiums: Es liegt kein abgeschlossenes Erststudium vor.
- Mehrere Studiengänge: Werden zwei oder mehrere Studiengänge gleichzeitig studiert, liegt nach dem Abschluss eines Studienganges für die anderen Studiengänge kein Erststudium mehr vor.
- Bachelor- und Masterstudiengänge: Der Abschluss eines Bachelorstudiengangs stellt den Abschluss eines Erststudiums dar.
- Berufsakademien und andere Ausbildungseinrichtungen: Soweit nach Landesrecht bestimmte Berufsakademien oder anderen Ausbildungseinrichtungen einer Fachhochschule gleichwertig sind, gilt der Abschluss an diesen Einrichtungen als Erststudium, wenn ihnen kein anderes Studium oder keine andere abgeschlossene Berufsausbildung vorausgegangen ist.

Kein Erststudium:
- Fachschulen: der Besuch einer Fachschule stellt i.d.R. keine Erstausbildung dar, weil der Besuch grundsätzlich eine Erstausbildung voraussetzt.
- Aufeinanderfolgende Abschlüsse unterschiedlicher Hochschultypen: Werden Studiengänge an verschiedenen Hochschultypen (z.B. Universität, pädagogische Hochschule, Kunsthochschule, Fachhochschule) durchgeführt, stellt ein Studium an einer dieser Einrichtungen nach einem abgeschlossenen Studium an einer anderen dieser Einrichtung kein Erststudium dar.
- Ergänzungs- und Aufbaustudium: Postgraduale Zusatz-, Ergänzungs- und Aufbaustudien setzen den Abschluss eines Erststudium voraus und stellen daher kein Erststudium mehr dar.
- Ein Masterstudium, das auf dem Bachelorstudium aufbaut, stellt kein Erststudium mehr dar.

- Es ist regelmäßig davon auszugehen, dass dem Promotionsstudium und der Promotion durch die Hochschule selbst der Abschluss eines Studiums vorangeht. Daher ist eine Promotion kein Erststudium.

3.3.2.4 »Berufsausbildung« und »für einen Beruf ausgebildet werden«

In § 32 Abs. 4 EStG wird zum einen das Tatbestandsmerkmal »Berufsausbildung« (§ 32 Abs. 4 S. 2 EStG) genannt und zum anderen »für einen Beruf ausgebildet werden« (§ 32 Abs. 4 S. 1 Nr. 2 Buchst. a EStG. Die eng gefasste Auslegung in § 32 Abs. 4 S. 2 EStG, nämlich die Berufsausbildung i.S.e. öffentlich-rechtlich geordneten Ausbildungsganges, schränkt dabei aber nicht den Berücksichtigungstatbestand des § 32 Abs. 4 S. 1 Nr. 2 Buchst. a EStG ein.

Das Tatbestandsmerkmal »für einen Beruf ausgebildet werden« ist weiterhin nach dem BFH-Urteil vom 09.06.1999 (BStBl II 1999, 701) auszulegen. Hiernach wird für einen Beruf ausgebildet, wer sein Berufsziel noch nicht erreicht hat, sich aber ernstlich darauf vorbereitet (z.B. Allgemeinbildende Schule, Volontariat, freiwillige Berufspraktika). Der Besuch einer allgemein bildenden Schule führt danach regelmäßig zu einer Berücksichtigung nach § 32 Abs. 4 S. 1 Nr. 2 Buchst. a EStG, der Erwerb eines Schulabschlusses jedoch nicht zum »Verbrauch« der erstmaligen Berufsausbildung nach § 32 Abs. 4 S. 2 EStG.

Der Abschluss einer erstmaligen Berufsausbildung oder eines Erststudiums führt dazu, dass ein volljähriges Kind danach nur berücksichtigt wird, wenn es keiner Erwerbstätigkeit i.S.d. § 32 Abs. 4 S. 2 und 3 EStG nachgeht. Dies gilt auch dann, wenn die erstmalige Berufsausbildung vor Vollendung des 18. Lebensjahres abgeschlossen worden ist.

Eine Berufsausbildung wird i.S.d. § 32 Abs. 4 S. 1 Nr. 2 Buchst. a EStG nach ständiger Rechtsprechung durchgeführt, wenn die auf die Ausbildung gerichtete Maßnahme tatsächlich ausgeführt wird.

Von diesem Grundsatz gibt es nur wenige Ausnahmen. So sind die Zeiten von Mutterschaft oder Erkrankung dabei als unschädlich zu erachten.

Auch unschädlich ist ein in U-Haft befindliches Kind, dass freigesprochen wurde (FG Thüringen vom 05.04.2017, 1 K 276/15).

3.3.2.5 Erwerbstätigkeit

Eine Erwerbstätigkeit liegt immer dann vor, wenn diese Tätigkeit eine auf die Erzielung von Einkünften gerichtete Beschäftigung darstellt, die den Einsatz der persönlichen Arbeitskraft erfordert (z.B. auch durch eine land- und forstwirtschaftliche, eine gewerbliche oder selbständige Tätigkeit, nicht aber durch eine vermögensverwaltende Tätigkeit).

Eine solche Tätigkeit ist jedoch unschädlich, wenn

- die regelmäßige Arbeitszeit wöchentlich insgesamt nicht mehr als 20 Stunden beträgt.
- Maßgebend ist die individuell vertraglich vereinbarte Arbeitszeit, wobei eine vorübergehende (höchstens zwei Monate andauernde) Ausweitung der Beschäftigung von mehr als 20 Stunden unbeachtlich ist, wenn innerhalb eines Kalenderjahres, in dem einer der Grundtatbestände des § 32 Abs. 4 S. 1 Nr. 2 EStG erfüllt ist, die durchschnittliche wöchentliche Arbeitszeit nicht mehr als 20 Stunden beträgt (vgl. Bsp. in H 32.10 A 19.3.1 DA-KG),
- ein (weiteres) Ausbildungsdienstverhältnis vorliegt,
- ein geringfügiges Beschäftigungsverhältnis i.S.d. §§ 8 und 8a SGB IV besteht.

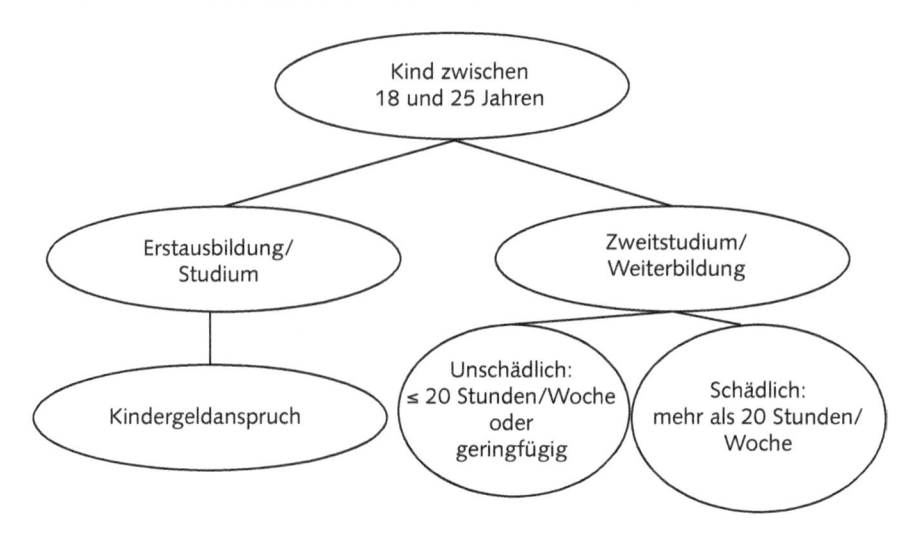

```
           ┌─────────────────┐
           │  Kind zwischen  │
           │ 18 und 25 Jahren│
           └─────────────────┘
           /                 \
┌──────────────┐         ┌──────────────┐
│Erstausbildung/│         │ Zweitstudium/│
│   Studium    │         │ Weiterbildung│
└──────────────┘         └──────────────┘
       |              /              \
┌──────────────┐  ┌──────────────┐  ┌──────────────┐
│Kindergeld-   │  │ Unschädlich: │  │  Schädlich:  │
│  anspruch    │  │≤ 20 Stunden/ │  │mehr als 20   │
│              │  │Woche oder    │  │Stunden/Woche │
│              │  │ geringfügig  │  │              │
└──────────────┘  └──────────────┘  └──────────────┘
```

3.3.2.6 Mehraktige Berufsausbildung

Ist aufgrund objektiver Beweisanzeichen erkennbar, dass das Kind sein angestrebtes Berufsziel noch nicht erreicht hat, kann auch eine weiterführende Ausbildung noch als Teil der Erstausbildung zu qualifizieren sein (BFH vom 03.07.2014, BStBl II 2015, 152, sog. mehraktige Ausbildung). Abzustellen ist dabei darauf, ob die weiterführende Ausbildung in einem engen sachlichen Zusammenhang mit der nichtakademischen Ausbildung oder dem Erststudium steht und im engen zeitlichen Zusammenhang durchgeführt wird (BFH vom 15.04.2015, BStBl II 2015, 152). Ein enger **sachlicher** Zusammenhang liegt vor, wenn die nachfolgende Ausbildung z.B. dieselbe Berufssparte oder denselben fachlichen Bereich betrifft. Ein enger **zeitlicher** Zusammenhang liegt vor, wenn das Kind die weitere Ausbildung zum nächstmöglichen Zeitpunkt aufnimmt oder sich bei mangelndem Ausbildungsplatz zeitnah zum nächstmöglichen Zeitpunkt für die weiterführende Ausbildung bewirbt. Unschädlich sind Verzögerungen, die z.B. aus einem zunächst fehlenden oder einem aus schul-, studien- oder betriebsorganisatorischen Gründen erst zu einem späteren Zeitpunkt verfügbaren Ausbildungsplatz resultieren. Unschädlich ist es auch, wenn das Kind infolge Erkrankung oder wegen eines Beschäftigungsverbots nach den §§ 3 und 6 Mutterschutzgesetz daran gehindert ist, die weitere Ausbildung aufzunehmen. Erst wenn die für das von Kind und Eltern bestimmte Berufsziel geeigneten Grundlagen erreicht sind, stellt eine weitere Ausbildung eine Weiterbildung oder eine Zweitausbildung dar (siehe auch BMF vom 08.02.2016, BStBl II 2016, 226).

Für eine mehraktige Ausbildung bedarf es daher zweier Komponenten:

- enger sachlicher Zusammenhang,
- enger zeitlicher Zusammenhang.

In einem aktuellen Urteil hat das FG Saarland am 15.02.2017, 2 K 1290/16, entschieden, dass eine Ausbildung vom Steuerfachangestellten über den Steuerfachwirt zum Steuerberater keine mehraktige Ausbildung darstellt. Sowohl der sachliche als auch der zeitlich enge Zusammenhang sei nicht gegeben. Das Gericht ist der Meinung, dass ein sachlicher Zusammenhang nicht gegeben sei, da die Ausbildung eine praktische Erfahrung voraussetzt und es sich somit um eine Weiterbildungsmaßnahme handele.

Auch einen zeitlichen Zusammenhang sieht das Gericht als nicht gegeben an. Die Zeit von der Ablegung der Steuerfachangestelltenprüfung bis hin zur Ablegung des Steuerberaterexamens in Höhe von sieben Jahren sei deutlich zu lange. Gegen das Urteil wurde unter dem Az. BFH V R 13/17 Revision eingelegt.

Lösung zu Beispiel 27:

1. Berücksichtigung der 18-jährigen U
Ein Kind wird bis zu dem Kalendermonat[661] berücksichtigt, zu dessen Beginn es das 18. Lebensjahr noch nicht vollendet hat (§ 32 Abs. 3 EStG). U hat am 30.06.28 das 18. Lebensjahr vollendet (§ 187 Abs. 2 S. 2 i.V.m. § 188 Abs. 2, 2. HS BGB) und wird daher zunächst nur für die ersten sechs Monate im VZ 28 berücksichtigt. U wird jedoch ab 07/28 gem. § 32 Abs. 4 Nr. 2a EStG weiter berücksichtigt (Besuch des Gymnasiums). Zur Höhe des Kinderfreibetrages s. sogleich die Fortführung der Lösung (s. Kap. 3.4.1.2).

2. Berücksichtigung des P
P hat zu Beginn des VZ 28 bereits das 25. Lebensjahr vollendet (exakt: am 02.03.27, 24 Uhr). Er kann daher nicht mehr als Kind berücksichtigt werden. Daran ändert auch die Tatsache nichts, dass er seinen Wehrdienst abgeleistet hat. Nachdem sich P für vier Jahre verpflichtet hat, ist der vom Gesetz maximal gezogene Rahmen von drei Jahren (§ 32 Abs. 5 Nr. 2 EStG) überschritten, sodass P nicht berücksichtigt werden kann.
Für P bekommt H weder Kindergeld noch kann er ggf. Freibeträge gem. § 32 Abs. 6 EStG geltend machen.

3.4 Die Abzugskomponenten im Einzelnen

3.4.1 Freibetrag für Kinder (§ 32 Abs. 6 EStG)

Als die wichtigste Reaktion auf die BVerfG-Beschlüsse vom 10.11.1998 gewährt § 32 Abs. 6 EStG nunmehr einen erhöhten Kinderfreibetrag sowie einen neuen Freibetrag für den Betreuungs-, Erziehungs- sowie Ausbildungsbedarf, der den bisherigen Betreuungsfreibetrag ersetzt. Hierin liegt das zweite Novum der BVerfG-Rspr., wonach nunmehr **erwerbstätige verheiratete Eltern** sowohl den Betreuungsbedarf als auch den Erziehungsbedarf steuerlich berücksichtigen können, was zuvor (§ 33c EStG a.F.) weitestgehend unmöglich war.

3.4.1.1 Das sächliche Existenzminimum (Kinderfreibetrag im engeren Sinne)
Für den existenziellen Sachbedarf wird bei jedem berücksichtigungsfähigen Kind bei jedem Elternteil ab VZ 2017 ein **halber Kinderfreibetrag** von 2.358 € abgezogen (§ 32 Abs. 6 S. 1, 1. Tatbestand EStG). Bei zusammenveranlagten Ehegatten wird ab VZ 2017 der **volle Kinderfreibetrag** von 4.716 € abgezogen (S. 2).
Der halbe Kinderfreibetrag ist demnach unbeschränkt steuerpflichtigen Eltern vorbehalten, die die Voraussetzungen der Zusammenveranlagung (§§ 26 und 26a EStG) nicht erfüllen

---

661 Das »Monatsprinzip« (auch zu Beginn der Kinderberücksichtigung, vgl. § 32 Abs. 3, 1. HS EStG) ist durchgehend im steuerlichen Kinderrecht verwirklicht (s. auch § 32 Abs. 6 S. 5 EStG sowie § 66 Abs. 2 EStG; s. hierzu auch BFH vom 08.03.2002, BFH/NV 2002, 1289: Kindergeld auch in dem Monat des Übergangs von der Ausbildung in den Beruf, selbst wenn in den vorherigen Monaten wegen Überschreitens der Einkommensgrenzen kein Kindergeld gewährt werden konnte).

(z.B. getrennt veranlagte Ehegatten, wo die Kinder bei jedem Elternteil zu berücksichtigen sind). Gleiches (halber Kinderfreibetrag) gilt, wenn die Ehegatten dauernd getrennt leben bzw. geschieden sind.

3.4.1.2 Freibetrag für den persönlichen Bedarf (Betreuungsfreibetrag)

Für den Aufwand für Betreuung, Erziehung und Ausbildung kann neben dem Kinderfreibetrag ein zusätzlicher halber Pauschbetrag von 1.320 € abgezogen werden (§ 32 Abs. 6 S. 1, 2. Tatbestand EStG). Der Betrag verdoppelt sich bei zusammenveranlagten Ehegatten auf 2.640 €. Entscheidend ist auch hier, dass der Betreuungsfreibetrag unabhängig vom Vorliegen eines tatsächlichen Fremdbetreuungsaufwandes gewährt wird. Hierin liegt der konzeptionelle Unterschied zu den tatsächlichen Betreuungskosten, die gem. § 33c EStG ab VZ 2006 gem. §§ 4f, 9 Abs. 5, § 10 Abs. 1 Nr. 5, 8 EStG als BA/WK oder SA abzugsfähig sind (s. Kap. 3.5).

> **Fortführung der Lösung zu Beispiel 27:**
> Nachdem U das ganze Jahr (VZ 28) als leibliches Kind bei H berücksichtigt wird, kann H den halben Kinderfreibetrag i.H.v. 2.640 € und den halben »Betreuungsbetrag« i.H.v. 1.320 € abziehen.
> Weiterhin besteht zu E kein berücksichtigungsfähiges Verhältnis i.S.v. § 32 Abs. 1 EStG, da sie weder leibliches Kind noch Pflegekind ist. Der Status von U als Stieftochter findet seit 1986 keine Berücksichtigung mehr.
> Nach § 32 Abs. 6 S. 3 Nr. 1 EStG erhält H jedoch die vollen Beträge von 4.716 € (Kinderfreibetrag) und 2.640 € (Betreuungsfreibetrag), da die leibliche Mutter von U verstorben ist.
> Weitere Voraussetzung für die Gewährung der Freibeträge bei E für das Kind U ist allerdings, dass nicht das vorrangige Kindergeld einen Abzug als Freibetrag erübrigt.

3.4.1.3 Die Übertragung des Kinderfreibetrages

Gem. § 32 Abs. 6 S. 6 EStG kann auf Antrag des unterhaltsleistenden Elternteils der halbe Kinderfreibetrag und bei minderjährigen Kindern der halbe Betreuungsbedarf des anderen Ehegatten auf ihn übertragen werden.[662] Voraussetzung dafür ist allerdings, dass der Elternteil, der den Betrag erhält, im Wesentlichen der Unterhaltspflicht nachkommt.[663] Bei der Übertragung des Betreuungsbetrages muss noch hinzukommen, dass das minderjährige Kind nicht bei dem Elternteil wohnt (genauer: nicht gemeldet ist), der den halben Freibetrag verliert.

Für den Fall, dass sich die Stiefeltern oder Großeltern des Unterhalts und der Erziehung des Kindes annehmen, kann der den Eltern zustehende Freibetrag gem. § 32 Abs. 6 S. 7 EStG auf Antrag auch auf diese Personen übertragen werden.

3.4.2 Der Entlastungsbetrag für Alleinerziehende (§ 24b EStG)

Durch das HBeglG (2004) wurde der Haushaltsfreibetrag (§ 32 Abs. 7 EStG a.F.) abgeschafft. An seine Stelle tritt der Entlastungsbetrag für Alleinerziehende nach § 24b EStG.

---

662 Voraussetzungen und Verfahren sind in R 32.13 EStR, insb. Abs. 4 näher geregelt (Wichtig: der – bis zur Bestandskraft widerrufliche – Antrag ist formlos bei dem Wohnsitz-FA zu stellen).
663 Darunter versteht man bei der Barunterhaltsverpflichtung eine Quote von 75 % (R 32.13 Abs. 2 EStR; so auch das FG München vom 04.06.2002, Az.: 13 K 4841/98); die Unterhaltsverpflichtung kann aber auch durch die Pflege und Erziehung des Kindes erfüllt werden (§ 1606 Abs. 3 BGB).

Der Entlastungsbetrag wird gem. § 2 Abs. 3 S. 1 EStG von der Summe der Einkünfte abgezogen. Daneben kommen die sonstigen Kindervergünstigungen (wie z.B. Kindergeld oder § 32 EStG) zum Tragen. Der Begriff der (echten) Alleinstehenden ist in § 24b Abs. 2 EStG definiert und knüpft **negativ** an die Ehegattenveranlagung des § 26 Abs. 1 EStG an. Nur wenn danach keine Ehegattenveranlagung nach § 26 Abs. 1 EStG möglich ist – und keine Haushaltgemeinschaft mit anderen erwachsenen Personen vorliegt –, können diese Alleinerziehenden einen Entlastungsbetrag von 1.908 € geltend machen. Eine – steuerschädliche – Haushaltsgemeinschaft soll nach dem BMF-Schreiben vom 29.10.2004, BStBl I 2004, 1042 vorliegen, wenn der StPfl. und die anderen Personen in der gemeinsamen Wohnung gemeinsam wirtschaften (»Wirtschaften aus einem Topf«). Im Schreiben (a.a.O.) wird auch »geregelt«, wie sich eheähnliche Lebensgemeinschaften (bzw. eingetragene Lebenspartnerschaften) und Haushaltsgemeinschaften miteinander »vertragen«. Das Schreiben gewährt einen feuilletonistischen Einblick in heutige Lebens- und Wirtschaftsgewohnheiten und den Umgang der Verwaltung mit diesen soziologischen Erscheinungsformen.

Zwei Verfassungsbeschwerden gegen die Exklusiv-Berechtigung von Alleinerziehenden gem. § 24b EStG wurden am 22.05.2009 vom BVerfG nicht zur Entscheidung angenommen (arg.: kein hinreichend substantiierter Vortrag zum Prüfungsmaßstab des Art. 6 GG). Auch bei annähernd gleich häufigem Aufenthalt – bzw. wechselseitigem Aufenthalt – steht der Entlastungsbetrag nur einem (1) Elternteil zu (BFH vom 28.04.2010, BStBl II 2011, 30).

4 Die Regelung der Alterseinkünfte und der Altersvorsorge durch das Alterseinkünftegesetz[664]

4.1 Vorgeschichte und Grundaussage

Nach längerem parlamentarischen Tauziehen haben Bundestag und Bundesrat im Juni 2004 das AltEinkG beschlossen. Hintergrund war die Aufforderung des BVerfG aus dem Jahre 2002, Rentenbezieher und Pensionäre ab 01.01.2005 gleich zu besteuern. Das AltEinkG hat aber nicht nur diesen Appell umgesetzt, sondern es hat gleichzeitig und konsequent den Weg in Richtung nachgelagerte Besteuerung der Alterseinkünfte eingeschlagen.

Damit ist gemeint, dass die Vorsorgeaufwendungen für das Alter in den aktiven Erwerbsjahren weitgehend steuerentlastet sind, wohingegen die eigentlichen Alterseinkünfte (Renten/Pensionen) voll der Besteuerung unterworfen werden.

Zwischenzeitlich hat die Verwaltung mit mehreren und sehr umfangreichen Schreiben (zuletzt BMF vom 20.01.2009, BStBl I 2009, 273 – die vorherigen Schreiben wurden aufgehoben; s. auch BMF-Schreiben zu Zeitwertkonten vom 17.06.2009, DB 2009, 1430) für Klarheit in der Anwendung des AltEinkG gesorgt.

---

664 Vgl. zum Ganzen *Preißer/Sieben*, Das Alterseinkünftegesetz, 2005, 3. Aufl. 2006.

4.2 Die Besteuerung der Alterseinkünfte im Einzelnen

Für die erste Fallgruppe (**Sozialversicherungsrenten als Leibrenten**) beginnt ab dem VZ 2005 die Phase der **nachgelagerten** Besteuerung aller **Leibrenten**, die auf **Altersvorsorgebeiträgen** beruhen. Danach wird bei all denjenigen Steuerbürgern, bei denen das Renteneintrittsalter im Kalenderjahr 2005 oder davor liegt (»Rentenkohorte 2005«), die Leibrente pauschal zu 50 % besteuert. In der Endphase (Rentenbeginn ab 2040) unterliegen die Sozialversicherungsrenten der vollen Besteuerung.

Die zweite Fallgruppe (**AG-Versorgungsbezug; sog. Werkspension**) ebenso wie die dritte Fallgruppe (**beamtenrechtliche Pension**) werden nach Ablauf der Übergangsphase (VZ 2040) mit den Leibrenten steuerrechtlich **gleich behandelt**. Bis dahin gilt eine Übergangsregelung, die eine schrittweise Anpassung an die volle Gleichstellung vorsieht. Im Zuge dieser Maßnahme wird der Versorgungsfreibetrag nach § 19 Abs. 2 EStG für jeden **ab dem VZ 2006 neu** in den Ruhestand tretenden »**Pensionsjahrgang**« abgebaut.[665] Ebenso wird der Altersentlastungsbetrag (§ 24a EStG[666]) für die übrigen Einkünfte schrittweise reduziert, bis auch dieser im Jahre 2040 abgeschafft ist. Daneben wird bei Beziehern von Beamten- und Werkspensionen der AN-Pauschbetrag i.H.v. 1.000 € an den WK-Pauschbetrag der Rentenbezieher von derzeit 102 € angepasst. Zur Vermeidung eines dadurch ausgelösten spontanen Besteuerungsanstiegs wird dem Versorgungsfreibetrag ein Zuschlag (besser: »gegenläufiger Abschlag«) von erstmalig 900 € hinzugerechnet, der ebenfalls bis 2040 abgeschmolzen wird.

Die Umstellung der Alterseinkunftsbesteuerung auf die nachgelagerte Besteuerung zum 01.01.2005 wurde zwischenzeitlich vom BFH als verfassungskonform erachtet (BFH vom 26.11.2008, BStBl II 2009, 1077).

Die Auswirkungen werden am häufigsten Beispiel (wiederkehrender Bezug aus der gesetzlichen Rentenversicherung) **im Übergangszeitraum** erläutert.

4.2.1 Besteuerung von Leibrenten i.S.d. § 22 Nr. 1 S. 3 Buchst. a Doppelbuchst. aa EStG

Bei den sonstigen Einkünften nach § 22 Nr. 1 S. 3 Buchst. a Doppelbuchst. aa EStG handelt es sich um die Leistungen aus der sog. Basisversorgung.

Darunter fallen insb. Leistungen folgender Versicherungen:

- gesetzliche Rentenversicherung,
- landwirtschaftliche Alterskasse,
- berufsständische Versorgungseinrichtung und
- die sog, »Rürup-Rente« i.S.d. § 10 Abs. 1 Nr. 2 Buchst. b EStG.

---

[665] Dies erfolgt in dem Maße, wie die Besteuerungsanteile für die neuen »Leibrentenjahrgänge« bis 2040 erhöht werden.
[666] Vgl. hierzu BMF vom 23.05.2007, BStBl I 2007, 486 (anzuwenden bis VZ 2008): Klärung des Begriffs der Versorgungsbezüge (u.a. Einkünfte nach § 22 Nr. 5 S. 1 EStG, die nach § 24a S. 2 EStG außer Betracht bleiben.

I.R.d. Besteuerung der Renten ist jedoch bis 2040 nicht die gesamte Rente stpfl., da auch die Beiträge zur Rentenversicherung nicht zu 100 % als Sonderausgabe angesetzt werden können.

Daher gibt es bis 2040 einen bestimmten Prozentsatz, der nach § 22 Nr. 1 S. 3 Buchst. a Doppelbuchst. aa EStG steuerfrei bleibt. Dieser findet sich in der Tabelle zu § 22 Nr. 1 S. 3 Buchst. a Doppelbuchst. aa S. 3 EStG.

Dieser Prozentsatz wird ab dem Zeitpunkt des Renteneintritts festgeschrieben nach § 22 Nr. 1 S. 3 Buchst. a Doppelbuchst. aa S. 3 EStG.

Kommen bei der Rente noch Erhöhungen dazu, sind diese folglich zu 100 % stpfl., da nur der festgeschriebene Prozentsatz zum Zeitpunkt des Renteneintritts steuerfrei bleibt.

Die Rente berechnet sich daher nach folgendem Schema:

1. Festschreibung des Prozentsatzes
   Prozentsatz der Tabelle nach § 22 Nr. 1 S. 3 Buchst. a Doppelbuchst. aa S. 3 EStG im Renteneintrittsjahr
2. Steuerfreier Teil der Rente § 22 Nr. 1 S. 3 Buchst. a Doppelbuchst. aa S. 4 EStG
   Jahresbetrag der Rente minus Besteuerung unterliegendem Anteil
3. Ermittlung des Freibetrages § 22 Nr. 1 S. 3 Buchst. a Doppelbuchst. aa S. 5 EStG
   Dauerhafte Festschreibung des Freibetrages im Folgejahr des Renteneintritts
4. Nachträgliche Erhöhungen
   Die nachträglichen Erhöhungen beeinflussen den Freibetrag nicht (§ 22 Nr. 1 S. 3 Buchst. a Doppelbuchst. aa S. 7 EStG).

Beispiel 28: Rentenbesteuerung
Der 65-jährige Rentner R erhält seine erste Rente aus der gesetzlichen Rentenversicherung im September 2008 i.H.v. zunächst monatlich 500 €. Die Rente wird zum 01.07.2009 auf monatlich 550 € erhöht.
Wie hoch sind die sonstigen Einkünfte des R in den Jahren 2008, 2009 und 2010 ff.?

Lösung:

VZ 2008	Sonstige Einkünfte gem. § 22 Nr. 1 S. 3 Buchst. a Doppelbuchst. aa EStG		
	4 x 500 € =		2.000 €
	Besteuerungsanteil 56 %		1.120 €
	./. WK-Pauschbetrag		
	(§ 9a S. 1 Nr. 3 EStG)	./.	102 €
	Stpfl. sonstige Einkünfte		1.018 €
VZ 2009	Sonstige Einkünfte gem. § 22 Nr. 1 S. 3 Buchst. a Doppelbuchst. aa EStG		
	6 x 500 € =		3.000 €
	6 x 550 € =		3.300 €
	steuerbar: 6.300 €		
	Besteuerungsanteil 56 %		3.528 €
	./. WK-Pauschbetrag	./.	102 €
	Stpfl. sonstige Einkünfte		3.426 €

Nachrichtlich
Festschreibung des steuerfreien Betrags nach Satz 5:   2.772 €

VZ 2010   Sonstige Einkünfte gem. § 22 Nr. 1 S. 3 Buchst. a
            Doppelbuchst. aa EStG
            12 x 550 € =   6.600 €
            steuerfreier Betrag (2009)   ./. 2.772 €
            ./. WK-Pauschbetrag   ./. 102 €
            Stpfl. sonstige Einkünfte   3.726 €

4.2.2 Leistungen aus Altersvorsorgevertrag (Altvertrag)

Leistungen aus einem Altersvorsorgevertrag gehören gem. § 22 Nr. 5 S. 2 Buchst. a EStG zu den sonstigen Einkünften. Sie sind dem Ertragsanteil gem. § 22 Nr. 1 S. 3 Buchst. a Doppelbuchst. bb EStG steuerpflichtig.

Dies ist nur der Fall, sofern es sich um einen Altvertrag handelt, der mit 20 % gem. § 40b Abs. 1 EStG pauschal versteuert wurde.

Altvertrag bedeutet, dass der Vertragsabschluss vor dem 01.01.2005 lag.

Der Ertragsanteil hängt dabei vom Rentenbeginn des Steuerpflichtigen ab.

4.2.3 Leistungen aus einem Altersvorsorgevertrag (Neuvertrag)

Für den Bereich der zusätzlichen **betrieblichen Altersversorgung** (z.B. über eine Direktversicherung oder über eine Pensionskasse des AG) kommt für die **kapitalgedeckte** Variante ergänzend hinzu, dass die Beiträge nicht mehr der vorgezogenen Pauschalbesteuerung gem. § 40b EStG unterliegen, sondern umgekehrt in die Steuerfreiheit des § 3 Nr. 63 EStG (AG-Anteil) einbezogen sind.

Beispiel 29: Die Entgeltumwandlung[667]
Zum 01.01.2013 wird zwischen AG und AN eine Direktversicherung vereinbart, die zur Hälfte vom AN und zur anderen Hälfte vom AG finanziert wird. Der Anteil des AG entspricht dem bisherigen 13. Monatsgehalt.

Lösung:
1. Für die Löhne ab 2013 liegt eine gültige Gehaltsumwandlung vor; eine evtl. Rückwirkung für 2012 wäre unzulässig.
2. Soweit eine Barlohnumwandlung des 13. Monatsgehalts in eine Direktversicherung erfolgt, liegt eine betriebliche Altersversorgung vor, die bereits ab dem Veranlagungszeitraum 2005 zur Steuerfreiheit der Arbeitgeberanteile i.H.v. 4 % der dann maßgeblichen Beitragsbemessungsgrenze zzgl. 1.800 € führte.

Nach § 3 Nr. 63 S. 1 EStG bleiben Beiträge aus dem ersten Dienstverhältnis zum Aufbau einer betrieblichen Altersvorsorge steuerfrei, soweit die Beiträge im Kalenderjahr 4 % der Beitrags-bemessungsgrenze in der allgemeinen Rentenversicherung nicht übersteigen.

---

667 Die Sozialabgaben- und Steuerfreiheit für Entgeltumwandlungen über 2008 hinaus ist durch das am 28.09.2007 verabschiedete Gesetz zur Förderung der zusätzlichen Altersvorsorge (BGBl I 2007, 2838) fortgeschrieben worden.

Im Kj. 2017:
4 % von 76.200 €:
= jährlich 3.048 €
= monatlich 254 €

Hinzu kommt ein zusätzlicher Erhöhungsbetrag nach § 3 Nr. 63 S. 3 EStG i.H.v. 1.800 € je Kalenderjahr und Dienstverhältnis, wenn es sich um eine sogenannte Neuzusage (Vertragsabschluss nach dem 31.12.2004) handelt.

Beispiel 30:
In 2017 zahlt ein AG für seinen AN einen steuerfreien Betrag an einen Pensionsfond nach § 3 Nr. 63 S. 1 EStG in Höhe von 3.048 €.
Zusätzlich liegt eine neue Versorgungszusage aus 2016 vor, für die ein Betrag von 1.200 € an eine Pensionskasse gezahlt wird.
In welcher Höhe sind die Beiträge steuerfrei nach § 3 Nr. 63 EStG?

Lösung: Der Beitrag zu Gunsten des Pensionsfonds ist lohnsteuerfrei nach § 3 Nr. 63 S. 1 EStG, da der Höchstbetrag von 3.048 € nicht überschritten wird.
Die 1.200 € sind nach § 3 Nr. 63 S. 3 EStG steuerfrei, da der Ermäßigungsbetrag von 1.800 € nicht überschritten wird.

Aufseiten des AN zählen sie zu den abzugsfähigen Vorsorgeaufwendungen gem. §§ 10, 10a EStG. Dabei ist wiederum Voraussetzung, dass es sich in der Auszahlungsphase um eine **lebenslange Altersversorgung** handeln muss.

Der typische Fall zur betrieblichen Altersversorgung ist die Gehaltsumwandlung.

Diese Leistungen aus der privaten und aus der betrieblichen Altersvorsorge, die ausschließlich auf geförderten Beiträgen beruhen, unterliegen als sonstige Einkünfte nach § 22 Nr. 5 S. 1 EStG in vollem Umfang der Besteuerung, vgl. Rz. 124 des BMF-Schreibens vom 24.07.2013, IV C 3 – S 2015/11/10002/IV C 5 – S 2333/09/10005 (BStBl I 2013, 1022).

Neuer Versorgungsvertrag (Versorgungszusage vor dem 01.01.2005)	
Ansparphase	Auszahlungsphase
Steuerliche Begünstigung durch:	Die Leistungen aus Altersvorsorgeverträgen werden in der Auszahlungsphase nach § 22 Nr. 5 EStG voll besteuert.
a) Steuerfreiheit der Beiträge vom Arbeitslohn § 3 Nr. 63 S. 1 EStG 4 % BBG gRV und einen Erhöhungsbetrag von 1.800 € nach § 3 Nr. 63 S. 3 EStG	
b) Sonderausgabenabzug nach § 10a EStG von 2.100 €	

4.3 Die Entlastung der Vorsorgeaufwendungen

4.3.1 Die Abzugsfähigkeit der Basisversorgung

Durch die Kohortenbesteuerung soll es 2040 zu einer vollständigen Abzugsfähigkeit der Basisversorgung als Sonderausgaben nach § 10 Abs. 1 Nr. 2 EStG kommen. Der Abzug (steuerliche Freistellung) beginnt in 2005 zunächst mit einem Betrag von 12.000 €. Im Jahre 2017 ist er auf 23.362 € je Steuerpflichtigen angestiegen. Demgegenüber kann es bei Pensionen natürlich nicht zu steuerlichen Entlastungen kommen, da hier keine »Einzahlungen« erfolgen.

Abzugsfähig sind dabei die Beiträge zu den gesetzlichen Rentenversicherungen oder zur landwirtschaftlichen Alterskasse sowie zur berufsständischen Versorgungseinrichtung, die den gesetzlichen Rentenversicherungen vergleichbare Leistungen erbringen.

Im VZ 2017 sind gem. § 10 Abs. 3 S. 4 und 6 EStG 84 % der Vorsorgeaufwendungen anzusetzen. Diese sind gem. § 10 Abs. 3 S. 5 EStG um den steuerfreien Arbeitgeberanteil zu kürzen.

Durch das JStG 2007 wurde rückwirkend zum 01.01.2006 die **Günstigerprüfung** gem. § 10 Abs. 4a EStG angepasst. Bei der Günstigerprüfung werden Alt- und Neu-Rechtslage in ihrer steuerlichen Abzugswirkung miteinander verglichen und es wird der höhere Betrag berücksichtigt. Da sich in bestimmten Fällen (ledige Selbständige) die Neuregelung negativ bemerkbar macht, indem kein Anreiz für den Neuabschluss von kapitalgedeckten Altersabsicherungen geschaffen wird, ist § 10 Abs. 4a EStG entsprechend angepasst worden: Die sog. »**Rürup-Rente**« wird aus der Günstigerprüfung herausgenommen.

4.3.2 Die sogenannten Vorsorgeaufwendungen als Riester-Rente

In das neue Gesamtsystem fügen sich Vereinfachungen und steuerliche Erleichterungen für die staatlich geförderte **private kapitalgedeckte Altersvorsorge** (sog. Riester-Rente) ein. Gleichzeitig werden die Steuerprivilegien für die (nicht mehr passend befundene) Kapitallebensversicherung reduziert (Abschaffung des SA-Abzugs und Besteuerung des Unterschiedsbetrages zwischen der Versicherungsleistung und den Versicherungsbeiträgen zur **Hälfte**).

Wegen der wirtschaftlichen und politischen Bedeutung werden die Grundzüge der steuerlichen Förderung der **Riester-Rente** zusammengefasst:

Durch das Gesetz zur Reform der gesetzlichen Rentenversicherung und zur Förderung eines kapitalgedeckten Altersvorsorgevermögens (AVmG) vom 26.06.2001 ist mit § 10a EStG ein zusätzlicher **SA-Abzug** für Altersvorsorgebeträge eingeführt worden. Der Abzug ist Teil eines Instrumentariums, mit dem Beziehern kleinerer Einkommen und kinderreichen Familien die Möglichkeit eröffnet werden sollte, eine staatlich geförderte Altersvorsorge aufzubauen. Sie stellte eine erste Reaktion auf die Absenkung des Leistungsniveaus in der gesetzlichen Rentenversicherung dar. Unter den Begriff der privaten Altersvorsorge fallen in diesem Gesetzeskontext (§ 82 EStG) Zahlungen des **AN** aus seinem individuell versteuerten Lohn, die er **selbst** in einen zertifizierten Vertrag einzahlt oder die durch den **AN** i.R.d. betrieblichen Altersversorgung in eine Direktversicherung, eine Pensionskasse oder einen Pensionsfonds geleistet werden. Parallel dazu ist die Zulagenförderung nach dem XI. Abschnitt (§§ 79 ff. EStG) eingeführt worden.

§ 10a EStG führt – und dies ist die Hauptzielrichtung – im Zusammenwirken mit § 22 Nr. 5 EStG zu einer nachgelagerten Besteuerung, die erst dann greift, wenn später in der

Auszahlungsphase die Versorgungsleistungen zufließen. Erste Schritte in diese Richtung (private Altersvorsorge mit einer nachgelagerten Besteuerung) waren bereits 1995 durch koordinierte Ländererlasse zu einer arbeitgeberfinanzierten betrieblichen Altersvorsorge gemacht worden (»deferred compensation«).

Die nachfolgende Darstellung definiert zunächst den Kreis der Berechtigten für die private Altersvorsorge, um sodann auf die einzelnen Fördermechanismen (SA-Abzug bzw. Zulage) näher einzugehen. Abschließend werden die Sanktionen bei schädlicher Verwendung sowie allgemein die nachgelagerte Besteuerung des § 22 Nr. 5 EStG aufgezeigt. Spezifika wie der Altersvorsorge-Eigenheimbetrag und der Pfändungsschutz runden diese Darstellung ab.

Die **persönliche Abzugsberechtigung** knüpft – neben der unbeschränkten Steuerpflicht gem. § 1 Abs. 1 bis 3 EStG – in erster Linie an die **Pflichtversicherteneigenschaft** in der gesetzlichen Rentenversicherung an.[668] Hierzu gehören auch die pflichtversicherten **Landwirte**.[669] Der von § 10a Abs. 1 S. 1 EStG begünstigte Personenkreis ist nachträglich auf die Empfänger von Bezügen nach dem **BundesbesoldungsG** wie Beamte, Richter, Soldaten und weitere Personen in einem öffentlich-rechtlichen Dienstverhältnis erweitert worden, nachdem auch dort eine Absenkung des Leistungsniveaus bei der Versorgung vorgenommen wurde.

In den Kreis der Abzugsberechtigten werden klarstellend beurlaubte Beamte sowie Kindererziehende, die während der Kindererziehungszeiten einem vergleichbaren Alterssicherungssystem angehören, aufgenommen (§ 10a Abs. 1 Nr. 3 EStG). Außerdem werden Geistliche mit dem sozialversicherungsrechtlichen Status von § 5 Abs. 1 S. 1 SGB VI mit konstitutiver Wirkung gem. § 10a Abs. 1 Nr. 3 EStG zu Abzugsberechtigten.[670]

Neben den »vermögenden« Arbeitsuchenden, die zwar bei der Agentur für Arbeit gemeldet sind, aber keine Leistung nach den SGB beziehen (Rz. 6 des BMF-Schreibens vom 31.03.2010, BStBl I, 270), hat das BMF zusätzlich noch die deutschen Grenzgänger im Ausland auch für deren Fall der Arbeitslosigkeit miteinbezogen (Rz. 7), wenn die Pflichtversicherung in der ausländischen Rentenversicherung fortbesteht.

Nachdem eine positive Fallgruppenbildung nahezu unmöglich ist, kann es als »Service« des BMF angesehen werden, wenn in Rz. 17 (inkl. Anlage 1, Buchst. C) klarstellend der Kreis der Nichtbegünstigten aufgeführt wird. **Nicht abzugsberechtigt** sind demnach:

- AN und Selbständige in ihrer Eigenschaft als Mitglieder einer berufsständischen Versorgungseinrichtung, sofern sie von der gesetzlichen Versicherungspflicht befreit sind (§ 6 Abs. 1 Nr. 1 SGB VI),
- freiwillig Versicherte in der gesetzlichen Rentenversicherung (§ 7 SGB VI),

---

668 In Anlage 1, Buchst. A des BMF-Schreibens vom 31.03.2010 (BStBl I 2010, 270) sind **alle Pflichtversicherten** aufgeführt. Die sozialversicherungsrechtliche Realität bringt es mit sich, dass hierunter 40 namentlich aufgezählte Statusgruppen erfasst sind. Neben den nach §§ 1, 2 und 3 SGB VI aufgezählten Personengruppen (Hauptfälle: Personen, die gegen Arbeitsentgelt oder zur Berufsausbildung beschäftigt sind; DRK-Schwestern; Helfer im freiwilligen Jahr; Heimarbeiter und Hausgewerbetreibende; Hebammen; erwerbsmäßige Künstler/Publizisten; behinderte Menschen usw.) fallen darunter auch Personen, die ab 2005 Arbeitslosengeld II beziehen (Nr. 27) sowie **auf Antrag** nach § 229 Abs. 6, 7 und 8 SGB VI versicherungspflichtige Personen (Nr. 35–40, z.B. Nr. 39: Bezieher von Arbeitslosenhilfe, Bezieher von Unterhaltsgeld).
669 Vgl. Anlage 1, Buchst. B: Zum Kreis der nach dem Gesetz über die Alterssicherung der Landwirte Begünstigten gehören neben den Landwirten auch deren Ehegatten und die mitarbeitenden Familienangehörigen.
670 Vgl. hierzu Anlage 2 des BMF-Schreibens vom 31.03.2010, a.a.O.

- von der Versicherungspflicht in der gesetzlichen Rentenversicherung Befreite für die Zeit der Befreiung[671],
- in der gesetzlichen Versicherungspflicht versicherungsfreie Personen[672] und – ganz allgemein –
- selbständig Tätige und Handwerker ohne gesetzliche Rentenversicherungspflicht.

Weder einen Zulagenanspruch noch einen Anspruch auf SA-Abzug nach § 10a EStG haben gem. § 79 S. 1 i.V.m. § 10a Abs. 1 S. 4 EStG die Personen, die zwar pflichtversichert sind, aber zusätzlich bereits einen Anspruch auf eine beamtenähnliche Zusatzversorgung haben.[673]

Die Beiträge zur Riester-Rente sind als Sonderausgaben nach § 10a Abs. 1 S. 1 EStG von 2.100 € abzugsfähig.

4.4 Zusammenfassung

Eine Wertung der Materie ergibt folgende Kernaussagen:

- Das Petitum des BVerfG vom 06.03.2002 (BVerfGE 105, 73) – die steuerliche **Gleichbehandlung** der Beamtenpensionen nach § 19 EStG und der Renten aus der gesetzlichen Rentenversicherung nach § 22 Nr. 1 S. 3 Buchst. a EStG – wird umgesetzt.
- Die volle Gleichbehandlung erfolgt im Jahre 2040. Bis dahin gibt es (weiche) Übergangsregelungen für die Neufälle (neue Pensionsjahrgänge und neue »Rentenkohorten«).
- Bei der Gleichstellung der beiden Grundversorgungssysteme befolgt das AltEinkG das Gebot der **intertemporalen** Leistungsfähigkeit, wonach das Lebenseinkommen nur einmal besteuert werden darf.[674] Dabei wird die (weitgehende) Steuerfreistellung in den frühen Besteuerungsperioden der Anspar- und Durchführungsphase (mittels SA-Abzug bzw. Steuerfreiheit) in der späteren Auszahlungsphase nachgeholt. Damit ist das Prinzip der **nachgelagerten** Besteuerung endgültig festgeschrieben, das bereits im Jahre 2001 mit §§ 10a, 22 Nr. 5 EStG eingeführt wurde (mit Wirkung ab VZ 2002).
- Die »spätere« Besteuerung erfolgt ab/mit dem Leistungsbezug (**Auszahlungsphase**). Im VZ 2005 wird bereits die Rente der ersten Kohorte (Rentenerstbezug im Jahre 2005 oder davor) zu 50 % besteuert. Pro Jahr wird der Besteuerungsanteil zunächst um 2 % gesteigert, ab dem VZ 2020 um 1 % (Endphase: VZ 2040 mit 100 %).
- Die Steuerfreistellung wird mit einem SA-Höchstbetrag in der Endstufe von 20.000 € für Vorsorgeaufwendungen zur Bildung einer Anwartschaft auf eine Altersleibrente erreicht (**Ansparphase**). Beginnend ab dem VZ 2005 beträgt der Prozentsatz der abzugsfähigen Altersvorsorgeaufwendungen 60 % (= 12.000 €). Der Satz erhöht sich jährlich um 2 %, um im VZ 2025 den Höchstbetrag von 20.000 € zu erreichen.
- Das System der nachgelagerten Besteuerung der Altersbezüge führt in Teilbereichen zu einer Änderung der **betrieblichen Altersversorgung**. Während bislang bei den beiden Hauptformen, der Direktversicherung und der Pensionskasse, die Möglichkeit der Pau-

---

671 Es sind dies die Fälle des § 6 SGB VI sowie des § 231 Abs. 1, 5, 6, 7 SGB V sowie des § 231a SGB VI.
672 Hierzu gehören z.B. geringfügig Beschäftigte, die den Arbeitgeberbeitrag von 12 % nicht durch eigene Beiträge aufstocken.
673 Dies betraf vor allem Angestellte im öffentlichen Dienst (s. im Einzelnen Rz. 1 ff. des BMF-Schreibens vom 31.03.2010, BStBl I 2010, 270).
674 Hierzu bereits grundlegend P. Kirchhof, Die steuerliche Behandlung der verschiedenen Leistungen zur Altersversorgung, 1978, Deutscher Sozialgerichtsverband, 1978, Band XVII, 127 ff.

schalbesteuerung des AG-Anteils gem. § 40b EStG bestand[675], hat sich der Gesetzgeber nunmehr für die Steuerfreiheit des AG-Anteils nach § 3 Nr. 63 EStG entschlossen. Umgekehrt werden Leibrenten hieraus in der Auszahlungsphase voll besteuert (und nicht mehr nur mit dem Ertragsanteil). Dies erfordert eine Einbeziehung der AG-Beiträge zur Direktversicherung in den Katalog des § 3 Nr. 63 EStG.

- Für die (**insb. Alt-)Renten**[676], die ausschließlich durch den Einsatz von versteuertem Einkommen erworben wurden (d.h. deren Vorleistung nicht abzugsbegünstigt war), gilt weiterhin die Ertragsanteilsbesteuerung gem. § 22 EStG. Bereits nach dem bisherigen Verständnis enthalten diese Renten – neben dem steuerbaren Ertrag – die nicht steuerbare **Rückzahlung** des eingesetzten (und versteuerten) Kapitals.
  Aufgrund veränderter Rahmenbedingungen wurden die **Ertragsanteile** gem. § 22 EStG auf ein niedrigeres Niveau herabgesetzt.
- Die Änderungen zur steuerlichen Behandlung der Altersvorsorge führen auch zu Änderungen bzgl. der **sonstigen Vorsorgeaufwendungen** i.R.d. § 10 EStG, ohne dass sich diese Änderungen zwangsläufig aus dem neuen Steuerkonzept ableiten lassen.
- Die steuerliche Attraktivität einer der gebräuchlichsten Versorgungsmodelle, der **Kapitallebensversicherung** ist beschnitten worden.
- Demgegenüber erfährt die private kapitalgedeckte **Riester-Rente** eine Aufwertung durch das AltEinkG (vereinfachtes Antragsverfahren, Reduzierung der Zertifizierungskriterien, Transparenz der Renditeberechnung). Die entstandene Versicherungslücke durch das Absenken der gesetzlichen Rente auf ein Niveau von 43 % kann mit dem Beitrag des AltEinkG geschlossen werden.

Demgegenüber halten sich die Nachteile (umfangreiche, bürokratische Regelung; kein Quellensteuerverfahren; nur ansatzweise Verbesserung der sog. Riester-Rente) in Grenzen.

---

675 Daneben wurde und wird (auch in Zukunft) der AN-Anteil über § 10 EStG (Sonderausgabenabzug) bzw. über § 10a EStG (Zulagenförderung) steuerlich berücksichtigt.
676 Bzw. für solche Neurenten, bei denen die Voraussetzungen für das neu geschaffene Konzept nicht erfüllt sind.

Teil B Einkommensteuer II – Übergreifende Komplexe

Inhaltsverzeichnis Teil B

B	Einkommensteuer II – Übergreifende Komplexe	413
I	**Personelle Zurechnung (Drittaufwand, Nießbrauch/Treuhand, Angehörigenverträge u.a.)**	413
1	Einführung	413
2	Die personelle Zurechnung im Bereich der Einnahmen	414
2.1	Das gesetzliche »Leitbild« (§ 20 Abs. 2 S. 1 Nr. 2 ff. EStG sowie § 20 Abs. 5 EStG)	414
2.1.1	Die Übertragung der Beteiligung (an einer Kapitalgesellschaft) und § 20 Abs. 5 EStG	414
2.1.2	Die Abtretung von Gewinnansprüchen nach § 20 Abs. 2 Nr. 2 Buchst. a EStG	415
2.1.3	Sonstige Fälle des § 20 Abs. 2 Nr. 2 Buchst. b und § 20 Abs. 2 Nr. 3 EStG	416
2.1.3.1	Die isolierte Abtretung von Zinsscheinen (§ 20 Abs. 2 S. 1 Nr. 2 Buchst. b EStG)	416
2.1.3.2	Kursdifferenzpapiere nach § 20 Abs. 2 Nr. 3 EStG	416
2.1.3.3	Erträge (u.a. Zwischengewinne) bei Investmentanlagen	417
2.1.3.4	REITs	418
2.1.4	Zusammenfassung	418
2.2	Der (gesetzlich nicht geregelte) Fall der (allgemeinen) Abtretung und vergleichbare Fallgestaltungen	419
2.3	Die Besteuerung nachträglicher Einkünfte gemäß § 24 Nr. 2 EStG	420
2.3.1	Handlungstatbestand ohne (aktuellen) Zustandstatbestand: § 24 Nr. 2 EStG	420
2.3.2	Die sonstigen Fälle des § 24 EStG (insb. Entlassungsentschädigungen, § 24 Nr. 1 EStG)	422
3	Der steuerliche Drittaufwand	425
3.1	Der »Dritte« im Steuerrecht – Anwendungsbereich, Hintergrund und Historie	426
3.2	Die Beschlüsse in den Grundzügen – Drittaufwand heute	428
3.2.1	Allgemeiner Anwendungsbereich (= H 4.7 EStH »Drittaufwand« und »Eigenaufwand für ein fremdes Wirtschaftsgut«)	428
3.2.2	Erster Spezialfall: Objektfinanzierung bei Ehegatten (= H 4.7 EStH »Drittaufwand«)	429
3.2.3	Zweiter Spezialfall: Unentgeltliche Nutzung eines Arbeitszimmers im »Ehegattenhaus« (= H 4.7 EStH 4. Spiegelstrich zu »Eigenaufwand für ein fremdes WG«)	431
3.2.4	Dritter Spezialfall: Arbeitszimmer im Miteigentum beider Ehegatten (= H 4.7 EStH 3. Spiegelstrich zu »Eigenaufwand für ein fremdes WG«)	432
3.2.5	Vierter Spezialfall: Gleichzeitig angeschaffte Eigentumswohnungen	433

3.3	Bilanztechnische Behandlung des »Quasi-Wirtschaftsguts« (= H 4.7 EStH 1. und 2. Spiegelstrich zu »Eigenaufwand für ein fremdes WG«)	433
3.3.1	Aufteilung in selbständige Wirtschaftsgüter	433
3.3.2	Bilanztechnische Behandlung »wie ein materielles Wirtschaftsgut«	434
3.3.3	Höhe der AfA-Beträge	434
3.3.4	Beendigung der Nutzung	435
3.3.5	Drittaufwand – Fazit	435
3.3.5.1	Die Grundkonstellation	435
3.3.5.2	Das »Quasi-WG«	436
3.3.5.3	Die Beendigung der Nutzungsbefugnis	437
3.3.5.4	Drittaufwand – allgemein	437
3.4	Folgefragen, insbesondere zum eigenkapitalersetzenden Angehörigendarlehen	437
3.4.1	Weitere Problemfälle	437
3.4.2	Drittaufwand bei »eigenkapitalersetzenden Darlehen«	438
4	Die Zuordnung bei komplexen Rechtsverhältnissen	440
4.1	Überblick	440
4.2	Der Nießbrauch (und vergleichbare Nutzungsrechte)	441
4.2.1	Zivilrechtliche Vorgaben	441
4.2.2	Der Nießbrauch bei Vermietung und Verpachtung – die Verwaltungslösung	442
4.2.2.1	Rechtslage beim Zuwendungsnießbrauch	443
4.2.2.2	Rechtslage beim Vorbehaltsnießbrauch	444
4.2.2.3	Rechtslage beim Vermächtnisnießbrauch	445
4.2.2.4	Erstreckung auf vergleichbare Rechte (Wohnrecht u.a.)	445
4.2.2.5	Die Ablösung des Nießbrauchs	445
4.2.3	Der Nießbrauch bei Kapitalvermögen	446
4.2.3.1	Einführung in die Problemstellung	446
4.2.3.2	Ausblick: Nießbrauch an Personengesellschafts-Beteiligungen	447
4.3	Exkurs: Die Treuhand, insbesondere an Gesellschaftsbeteiligungen	448
4.4	(Mögliche?) Übertragung der Einkunftsquelle bei Angehörigen	450
4.4.1	Einführung in die Problematik	450
4.4.2	Der Ehegattenarbeitsvertrag	451
4.4.3	Die Familienpersonengesellschaften, insbesondere die Beteiligung der Kinder	453
4.4.3.1	Die zivilrechtliche Wirksamkeit	454
4.4.3.2	Der tatsächliche Vollzug der Familien-Personengesellschaft	455
4.4.3.3	Der Fremdvergleich	456
4.4.3.4	Die Mitunternehmerqualität	456
4.4.3.5	Die Prüfung der Höhe nach (Quantifizierungsmaßstab)	457
4.4.4	Sonstige Angehörigenverträge	458
4.4.4.1	Darlehensverträge	458
4.4.4.2	Angehörigen-Mietverträge	460
4.4.4.3	Sonstiges	460

Inhaltsverzeichnis Teil B

II	**Realisationstatbestände (Steuerentstrickung im Privatvermögen/ Betriebsvermögen versus betriebliche Umstrukturierung)**	461
1	Übersicht (§ 6 Abs. 3 ff. EStG versus §§ 16 ff. EStG u.a.)	461
1.1	Überblick über den gesetzlichen Regelungsbereich	461
1.2	§ 6 Abs. 3 EStG: Regelfall oder Ausnahme?	462
1.2.1	Grundzüge	462
1.2.2	Die unentgeltliche Übertragung von (Teilen von) Mitunternehmeranteilen	464
1.2.3	Gestaltungshinweis	465
1.2.4	Nießbrauchsgestaltung, vorweggenommene Erbfolge und § 6 Abs. 3 EStG	465
1.3	Unentgeltliche Übertragung von Einzel-Wirtschaftsgütern (§ 6 Abs. 4 EStG)	465
2	Betriebsveräußerung und Betriebsaufgabe (§ 16 i.V.m. § 34 EStG)	466
2.1	Einführung	466
2.2	Die Betriebsveräußerung (§ 16 Abs. 1 und 2 EStG)	469
2.2.1	Der Grundtatbestand: Der ganze Betrieb wird veräußert	469
2.2.1.1	Das Übertragungsobjekt (»alle wesentlichen Betriebsgrundlagen«)	469
2.2.1.2	Übertragungshandlung und Übertragungszeitpunkt	471
2.2.1.3	Zurückbehaltene Wirtschaftsgüter	473
2.2.1.4	Ermittlung des begünstigten Veräußerungsgewinnes	474
2.2.1.5	Besondere Kaufpreis-Modalitäten	481
2.2.2	Die sonstigen Realisationstatbestände bei § 16 Abs. 1 EStG	485
2.2.2.1	(Redaktionelle) Zusammenfassung von § 16 Abs. 1 S. 1 Nr. 2 und Nr. 3 EStG	485
2.2.2.2	Die Veräußerung eines Teilbetriebs (§ 16 Abs. 1 S. 1 Nr. 1, 2. Alt. EStG)	486
2.3	Die Betriebsaufgabe (§ 16 Abs. 3 EStG)	490
2.3.1	Grundsätzliche Feststellung	490
2.3.2	Abgrenzungsfragen	492
2.3.2.1	Betriebsaufgabe und Betriebsverlegung	492
2.3.2.2	Betriebsaufgabe und Betriebsunterbrechung	493
2.3.2.3	Betriebsaufgabe und Strukturwandel (bzw. Beurteilungswandel)	494
2.3.2.4	Betriebsaufgabe und Entstrickung im engeren Sinne	495
2.3.2.5	Zusammenfassung	496
2.3.3	Sonstiges	496
2.3.3.1	Räumungsverkauf und Sanierungsfälle	496
2.3.3.2	Bedeutung der Aufgabeerklärung	497
2.3.3.3	Der gemeine Wert bei der Entnahme (zugleich Aufgabegewinn)	498
2.3.3.4	Die Teilbetriebsaufgabe	499
2.3.3.5	Aufgabe bei selbständiger Arbeit	499
2.3.4	Die Regelung aufgrund des JStG 2010 (»finale Entnahme«)	500
2.4	Betriebsverpachtung	500
2.4.1	Standortbestimmung	500
2.4.2	Voraussetzungen des Verpächterwahlrechts	501
2.4.3	Folgen des Verpächterwahlrechts, insbesondere die Aufgabeerklärung	503
2.4.4	Weitere Problemfelder	504

3	Das Mitunternehmer- und Realteilungskonzept: § 6 Abs. 5 EStG und § 16 Abs. 3 S. 2 ff. EStG – Mittel zur Umstrukturierung	505
3.1	§ 6 Abs. 5 EStG i.d.F. UntStFG (2001)	505
3.1.1	Historischer Rückblick und gesetzliche Wertung	505
3.1.2	Die geltende Regelung	507
3.1.3	Übersicht zu den Umstrukturierungsnormen im EStG	508
3.2	Die Realteilung gemäß § 16 Abs. 3 S. 2 ff. EStG	510
3.2.1	Rückblick	510
3.2.2	Die Realteilung in den späteren Änderungsgesetzen	510
4	Die Veräußerung von Anteilen an Kapitalgesellschaften	511
4.1	Stellung des § 17 EStG im System des Einkünftedualismus	512
4.1.1	Historie und Gegenwart des § 17 EStG	512
4.1.2	Der eigentliche »Stellenwert« des § 17 EStG – systematische Auslegung	513
4.1.3	Verwandte Bereiche	514
4.1.4	Subsidiarität (oder Vorrang) von § 17 EStG gegenüber anderen Bestimmungen	514
4.2	Der Zustandstatbestand bei § 17 Abs. 1 EStG	515
4.2.1	Der persönliche Anwendungsbereich	515
4.2.2	Die Beteiligungsvoraussetzungen	515
4.2.2.1	Anteile an Kapitalgesellschaften	515
4.2.2.2	Die 1%-Grenze	517
4.2.2.3	Die Fünfjahresfrist	518
4.2.2.4	Die Nachfolger-Regelung des § 17 Abs. 1 S. 4 und Abs. 2 S. 5 EStG	519
4.2.2.5	Mittelbare Beteiligung/unmittelbare Beteiligung	520
4.2.3	Die verdeckte Einlage	522
4.3	Der Handlungstatbestand	522
4.3.1	Die Veräußerung gegen Einmalzahlung	522
4.3.1.1	Der Grundtatbestand	522
4.3.1.2	Spezifika	522
4.3.2	Veräußerung gegen wiederkehrende Zahlungen	524
4.4	Veräußerungsgewinn und Freibetrag	525
4.4.1	Berechnungsformel für den Veräußerungsgewinn	525
4.4.2	Die Abzugsgröße »Anschaffungskosten«	526
4.4.3	Nachträgliche Anschaffungskosten, insbesondere bei eigenkapitalersetzenden Maßnahmen	527
4.4.3.1	(Offene und verdeckte) Einlagen	527
4.4.3.2	Eigenkapitalersetzende Maßnahmen (§ 32a GmbHG a.F.)	528
4.4.4	Die Freibetragsregelung (§ 17 Abs. 3 EStG)	531
4.4.5	Einlage einer wertgeminderten Beteiligung	531
4.5	Der Ergänzungstatbestand des § 17 Abs. 4 EStG	532
4.5.1	Überblick über den Regelungsbereich des § 17 Abs. 4 EStG	532
4.5.2	Konkurrenz zwischen § 17 Abs. 4 EStG und § 20 Abs. 1 Nr. 1 bzw. 2 EStG	532
4.5.3	Auflösungsverluste (und Betriebsausgaben bei § 17 EStG)	533
4.6	§ 17 Abs. 5 EStG nach dem SEStEG	533
4.7	Zusammenfassung des Regelungsgehalts von § 17 Abs. 6 EStG	534

5	Private Veräußerungsgeschäfte (§ 23 EStG)	534
5.1	Steuerentstrickung bei Immobilien (Privatvermögen)	535
5.1.1	Der Grundtatbestand	535
5.1.2	Erstreckung auf errichtete Gebäude	535
5.1.3	Die Ausnahme: Selbstnutzung	537
5.2	Der Handlungstatbestand bei § 23 EStG	537
5.3	Freigrenze	538
6	Schicksal der Anteile bei Einbringung in eine GmbH	539
6.1	Die einbringungsgeborenen Anteile des § 21 UmwStG a.F. (historische Kurzfassung)	539
6.2	Das Schicksal der Anteile bei Einbringung nach dem SEStEG (Überblick)	539
III	**Einkommensteuer – Rechtsnachfolge (vorweggenommene Erbfolge, Erbfall und Erbauseinandersetzung)**	**542**
1	Einleitung	542
2	Rechtsnachfolge in der Rechtsordnung	543
2.1	Überblick und Eingrenzung	543
2.2	Die Rechtsnachfolge im Zivilrecht	543
2.2.1	Die Einzelrechtsnachfolge (Singularsukzession)	543
2.2.2	Die Gesamtrechtsnachfolge (Universalsukzession)	544
2.2.2.1	Einschränkungen vom Grundsatz der erbrechtlichen Gesamtrechtsnachfolge	545
2.2.2.2	Erweiterter Anwendungsbereich der Universalsukzession	545
2.3	Zivilrechtliches Fazit und Bedeutung für das Steuerrecht	546
2.4	Rechtsnachfolge im öffentlichen Recht	547
3	Die vorweggenommene Erbfolge	547
3.1	Die Entwicklung zum »Sonderrechtsinstitut« (historische Darstellung) und Grundaussagen	547
3.2	Die Grundfälle zur vorweggenommenen Erbfolge	550
3.2.1	Die Übertragung von betrieblichen Einheiten	550
3.2.2	Die Übertragung von Privatvermögen	551
3.2.3	Die Übertragung von Mischvermögen bei mehreren Nachfolgern	553
3.3	Einzelfragen im Anwendungsbereich der vorweggenommenen Erbfolge – allgemein –	555
3.3.1	Die »geeigneten« Nachfolger bei der vorweggenommenen Erbfolge	555
3.3.2	Die ertragbringende »Familien«-Grundlage (bzw. Wirtschaftseinheit)	556
3.4	Das Sonderrechtsinstitut: Die wiederkehrenden Versorgungszusagen anlässlich der vorweggenommenen Erbfolge	556
3.4.1	Generell: Vermögensübergang gegen wiederkehrende Bezüge	557
3.4.2	Gültiges Schema (ab VZ 2008, vgl. BMF-wL II)	557
3.4.3	Vermögensübertragung gegen Versorgungsleistungen ab dem VZ 2008	558
3.4.3.1	Übertragungsobjekte	558
3.4.3.2	Art und Umfang der (begünstigten) wiederkehrenden Leistungen	561
3.4.3.3	Der Übertragungsvorgang	562
3.4.3.4	Subjektive Voraussetzungen	563

3.4.4	Die (nachträgliche) Umschichtung sowie weitere Änderungen in Bezug auf das übertragene Vermögen	563
3.4.5	Das »Nebeneinander« von alter und neuer Rechtslage	565
4	Der Erbfall (und das Interimsstadium – bis zur Auseinandersetzung)	565
4.1	Trennung zwischen Erbfall und Erbauseinandersetzung	565
4.2	Erbfall, übergehende Steuerpositionen und steuerliche Konsequenzen	566
4.2.1	Steuerobjekte	566
4.2.2	Dem Steuerobjekt anhängende Steuerpositionen	568
4.2.3	Unabhängige Steuerpositionen	569
4.2.4	Zurechnung laufender Einkünfte zwischen Erbfall und Erbauseinandersetzung, insbesondere bei einer (Mit-)Erbengemeinschaft	569
4.2.4.1	Der zivilrechtliche Status der Miterben(gemeinschaft)	570
4.2.4.2	Die steuerliche Dimension der Miterbengemeinschaft	570
4.3	Zurechnung von Einkünften	572
4.3.1	Zurechnung von laufenden Gewinneinkünften	572
4.3.2	Zurechnung von laufenden Überschusseinkünften	573
4.3.3	Rückwirkend abweichende Zurechnung laufender Einkünfte	573
4.3.4	Ermittlung und Abgrenzung	574
5	Die Erbauseinandersetzung (mehrere Erben)	574
5.1	Grundzüge zur Erbauseinandersetzung	574
5.1.1	Einführung in die erbrechtliche und steuerrechtliche Problematik	575
5.1.2	Der Meinungswandel in der Rechtsprechung des Bundesfinanzhofs (Reichsfinanzhofs)	576
5.1.3	Die (steuerliche) Rechtsstellung der einzelnen Miterben	578
5.2	Miterben und übergehendes Kompetenzobjekt	578
5.2.1	Allgemeine Überlegungen	578
5.2.2	Miterbengemeinschaft und das (reine) Privatvermögen	578
5.2.3	Die »wesentlichen« Beteiligungen an Kapitalgesellschaften	579
5.2.4	Das Einzelunternehmen und die Miterbengemeinschaft	579
5.2.5	Beteiligung an Personengesellschaften (Mitunternehmerschaft) im Nachlass (Tod des Mitunternehmers)	581
5.3	Die Abwicklung der Miterbengemeinschaft	587
5.3.1	Einführung	587
5.3.2	Personenbestandsveränderungen bei bestehender Miterbengemeinschaft	588
5.3.2.1	Die Übertragung des Anteils	588
5.3.2.2	Das Ausscheiden des Miterben, insbesondere gegen Sachwertabfindung	588
5.3.3	Die Beendigung der Miterbengemeinschaft in Form der »Naturalteilung«	591
5.3.4	Die (eigentliche) Realteilung der Miterbengemeinschaft	591
5.3.4.1	Dogmatische Grundzüge	591
5.3.4.2	Realteilung (Betriebsvermögen) ohne Abfindungszahlung	592
5.3.4.3	Realteilung (Betriebsvermögen) mit Abfindungszahlung (= Teilung mit Spitzenausgleich)	593
5.3.4.4	Realteilung (Privatvermögen) ohne Abfindungszahlung	595
5.3.4.5	Realteilung (Privatvermögen) mit Abfindungszahlung	595
5.3.4.6	Realteilung eines Mischnachlasses	596
5.3.4.7	Die (insbesondere gegenständliche) Teilauseinandersetzung	597

IV	**Verluste im Ertragsteuerrecht**	599
1	Einleitung	599
2	Die Verlustverrechnung in der Einkommensteuer	600
2.1	System und Terminologie der Verlustverrechnung – Einführung	601
2.2	Der Verlustausgleich	602
2.2.1	Der horizontale Verlustausgleich	602
2.2.2	Der vertikale Verlustausgleich	603
2.3	Der Verlustabzug gemäß § 10d EStG	603
2.4	Sonderfragen bei der Verlustentstehung (Veräußerungsverluste)	606
2.4.1	Verlustermittlung und Verlustberücksichtigung bei § 23 EStG	606
2.4.2	Verlustermittlung und Verlustberücksichtigung bei § 17 EStG	607
2.4.3	Gewerbliche Verluste	610
2.4.4	Verluste bei Kapitaleinkünften (§ 20 Abs. 6 EStG)	610
3	Spezielle Beschränkungen bei der Verlustverrechnung	611
3.1	Negative Einkünfte mit Auslandsbezug gemäß § 2a EStG	611
3.1.1	Änderungen durch das JStG 2009	612
3.1.2	Die relevanten Fallgruppen nach § 2a EStG n.F.	614
3.1.3	Internationalrechtliche Stellung und dogmatischer »Stellenwert« von § 2a EStG	615
3.1.4	Der Hauptanwendungsbereich: Betriebsstättenverluste	615
3.2	Verluste bei Verlustzuweisungsgesellschaften (§ 15b EStG)	617
3.2.1	Die Nachfolgeregelung des § 15b EStG	617
3.2.2	Begriff der modellhaften Gestaltung	618
3.2.3	Die ersten Rechtsprechungskonturen	619
3.2.4	Anwendungsbereich	620
3.3	Verluste gemäß § 15 Abs. 4 EStG (gewerbliche Tierzucht/Termingeschäfte/stille Beteiligungen u.Ä.)	620
3.3.1	Verluste aus gewerblicher Tierzucht	620
3.3.2	Verluste aus betrieblichen Termingeschäften	621
3.3.3	Verluste aus stillen Gesellschaften u.a. (§ 15 Abs. 4 S. 6ff. EStG)	622
3.4	Verluste gemäß §§ 22, 23 EStG	622
3.5	Das negative Kapitalkonto des Kommanditisten gemäß § 15a EStG	623
3.5.1	Der Grundtatbestand von § 15a Abs. 1 und Abs. 2 EStG	624
3.5.1.1	Der Begriff »Anteil am Verlust« der Kommanditgesellschaft	625
3.5.1.2	Der Begriff »Kapitalkonto des Kommanditisten«	626
3.5.1.3	Wirkungsweise des § 15a EStG (§ 15a Abs. 2 EStG) und klausurtechnischer Bearbeitungshinweis	631
3.5.2	Die überschießende Außenhaftung von § 15a Abs. 1 S. 2 und 3 EStG	633
3.5.3	Einlage- und Haftungsminderung nach § 15a Abs. 3 EStG	634
3.5.3.1	Sinn und Zweck der Ausnahmeregelung	634
3.5.3.2	Die Einlageminderung	634
3.5.3.3	Die Haftungsminderung	637
3.5.3.4	Die gesonderte Feststellung des verrechenbaren Verlustes	638
3.5.4	Die Ausweitung des Anwendungsbereiches von § 15a EStG	639
3.5.4.1	Vergleichbare Unternehmer im Sinne des § 15a Abs. 5 EStG	640
3.5.4.2	§ 15a EStG bei anderen Einkunftsarten	641

3.5.5	Konkurrenzfragen	641
3.5.6	Ausscheiden des Kommanditisten und die Beendigung der Kommanditgesellschaft	642
3.5.6.1	Behandlung der verrechenbaren Verluste	642
3.5.6.2	Behandlung des negativen Kapitalkontos	642
3.5.6.3	Behandlung beim Erwerber	643
3.6	Besonderheiten	643
3.6.1	Doppelstöckige Personengesellschaften	643
3.6.2	§ 15a EStG bei der GmbH & Co. KG	645
4	Verluste im Recht der Unternehmenssanierungen sowie in der Gewerbesteuer	645
4.1	Verluste beim »Mantelkauf« (§ 8 Abs. 4 KStG a.F. bzw. die allgemeine Verlustbeschränkung bei Körperschaften (§ 8c KStG)	645
4.2	Die Altregelung (§ 8 Abs. 4 KStG) im Überblick	646
4.3	Die Neuregelung (§ 8c KStG i.d.F. des WachstumsBeschlG 2009) inkl. BMF-Schreiben vom 04.07.2008, BStBl I 2008, 736	646
4.3.1	Schädlicher Beteiligungserwerb	647
4.3.1.1	Begriff der »Anteile« i.S.d. § 8c KStG	647
4.3.1.2	Die Stimmrechtsübertragung	647
4.3.1.3	Die betroffenen Körperschaften	648
4.3.1.4	Umfang und Form der Anteilsübertragung	648
4.3.1.5	Nachträgliche Aufnahme eines Sanierungstatbestandes (§ 8c Abs. 1a KStG)	649
4.3.2	Der Übertragungsmodus (entgeltlich/unentgeltlich)	650
4.3.3	Mittelbare Anteilsübertragungen	651
4.3.4	Die Konzernklausel	653
4.3.5	Der Erwerber der Anteile	654
4.3.6	Kapitalerhöhungen	655
4.3.7	Sukzessive Anteilsübertragungen	657
4.3.8	Die »Stille-Reserven«-Klausel (§ 8c Abs. 1 S. 6 KStG)	657
4.3.9	Rechtsfolgen des § 8c KStG	659
4.3.9.1	Anteiliger (quotaler) Verlustuntergang	659
4.3.9.2	Vollständiger Verlustuntergang	660
4.3.10	Die von § 8c KStG betroffenen Verluste	662
4.3.11	Die Übergangsregelung	663
4.3.12	Weiterentwicklung der steuerlichen Verlustverrechnung bei Körperschaften	663
4.4	Verluste im Umwandlungssteuerrecht	664
4.4.1	Verluste des übertragenden Rechtsträgers	664
4.4.2	Verluste des übernehmenden Rechtsträgers	665
4.4.3	Verlustvortrag bei der Verschmelzung einer Gewinngesellschaft auf eine Verlustgesellschaft	666
4.5	Der Verlustvortrag gemäß § 10a GewStG	666
4.5.1	Unternehmensidentität und Unternehmeridentität	667
4.5.2	Gewerbeverlust bei Mantelkauf	669
4.5.3	Verfassungsrechtliche Bedenken (§ 10a S. 2 GewStG)	670

B Einkommensteuer II – Übergreifende Komplexe

I Personelle Zurechnung (Drittaufwand, Nießbrauch/ Treuhand, Angehörigenverträge u.a.)

1 Einführung

In der gesamten deutschen Rechtsordnung wird die Beteiligung **Dritter** an Rechtsverhältnissen stiefmütterlich behandelt. Die knappe »Ressource Gesetz« steht im krassen Gegensatz zu den verwirklichten Lebenssachverhalten, da i.d.R. mehrere Personen bei der Realisierung eines Rechtsverhältnisses mitwirken. Das Steuerverfahrensrecht kennt immerhin mit der Gesamtschuld – § 44 AO i.V.m. §§ 421 ff. BGB – ein Institut, mittels dessen Zwei- oder Mehrpersonenverhältnisse bewältigt werden können.

Im materiellen Steuerrecht begegnet das Phänomen der mehrpersonalen Beteiligung sowohl im geschlossenen Kreis der Besteuerung der Gesellschaften als auch im Anwendungsbereich sonstiger mehrheitlicher Beteiligungen an Einkunftsquellen. Bei der Lösung des personellen Zuordnungskonfliktes kommt nach der Rspr. des BFH dem Tatbestandsmerkmal »**Erzielen von Einkünften**« i.S.d. § 2 Abs. 1 S. 1 EStG die Hauptaufgabe zu. Insoweit sind die Einkünfte aus einem landwirtschaftlichen oder gewerblichen Betrieb demjenigen zuzuordnen, der diese Einkünfte mit eigener (Mit-)Unternehmerinitiative und eigenem (Mit-)Unternehmerrisiko erwirtschaftet (BFH vom 06.12.1995, BStBl II 1997, 118). Die Einkünfte aus selbständiger Arbeit und nichtselbständiger Arbeit sind demjenigen zuzuordnen, der sie durch seine eigene Arbeit erwirtschaftet, und die Einkünfte aus Kapitalvermögen und V + V sind demjenigen zuzurechnen, der sie durch die Überlassung des Vermögens zur Nutzung erwirtschaftet.[1]

Besonders argwöhnisch verfolgen Rspr. und Verwaltung unter dem Gesichtspunkt der (unzulässigen) Übertragung von Einkünften die Angehörigenverträge, wie sie etwa im Bereich von Ehegattenarbeitsverträgen oder bei den sog. Familiengesellschaften vorkommen.

In dogmatischer Hinsicht werden neben den allgemeinen Zuordnungsregeln steuerliche Dreiecksverhältnisse auf verschiedenen Ebenen diskutiert:

- auf der Einnahmenebene,
- auf der Aufwandsebene und
- bei komplexen Rechtsverhältnissen.

Diese Einteilung wird für die Gliederung übernommen, wobei hier eine geschlossene Darstellung angestrebt wird.

---

1   Vgl. *Lang* in *Tipke/Lang*, Steuerrecht, § 9 Rz. 150 ff.

2 Die personelle Zurechnung im Bereich der Einnahmen

2.1 Das gesetzliche »Leitbild« (§ 20 Abs. 2 S. 1 Nr. 2 ff. EStG sowie § 20 Abs. 5 EStG)

Abgesehen von der Sonderregelung in § 21 Abs. 1 S. 1 Nr. 4 EStG (Besteuerung aufgrund der gesetzlichen Surrogation[2] im V + V-Bereich) enthalten allein § 20 Abs. 2 Nr. 2 ff. EStG gesetzliche Antworten für die Beteiligung mehrerer Personen an einer Einkunftsquelle. Diese im Jahre 1994 durch das StMBG als Klarstellung eingeführten Anwendungsfälle sind durch das (mögliche) **Auseinanderfallen** von **Stammrecht** (Wertpapier bzw. Beteiligung) und dem eigentlichen **Ertragsanspruch** (auch Gewinn-, Zins- oder Dividendenanspruch genannt) gekennzeichnet. Als weitere Begleiterscheinung ist bei der Gesamtschau des § 20 Abs. 2 Nr. 2 ff. EStG zusätzlich zu berücksichtigen, dass die vom Stammrecht isolierten **Ertragsansprüche** zusätzlich **verbrieft** sein können (als Dividendenscheine oder als Zinskupons). Die Fälle der nicht verbrieften Inhaberschaft des Stammrechts werden gem. § 20 Abs. 2 Nr. 2 S. 2 EStG pauschal den verbrieften Wertpapieren gleichgestellt.

2.1.1 Die Übertragung der Beteiligung (an einer Kapitalgesellschaft[3]) und § 20 Abs. 5 EStG

Der Gesellschafterwechsel bei einer KapG ist weder an den Jahreswechsel noch an das Vorliegen eines Gewinnverteilungsbeschlusses gebunden. Wird inmitten eines Jahres die Beteiligung verkauft (abgetreten), erfolgt i.d.R. auch eine zivilrechtliche Absprache über den Gewinn des laufenden Jahres.

> **Beispiel 1: Der unterjährige Gesellschafterwechsel bei einer GmbH**
> Bei der X-GmbH (Wj. = Kj.) veräußert A am 30.06.17 seinen GmbH-Geschäftsanteil von 10 T€ an B, während C den Restanteil von 15 T€ behält. Bei den Verhandlungen über den Kaufpreis (insgesamt 100 T€) wird vereinbart, dass hiervon 5 T€ auf den zu erwartenden Gewinnanspruch des Jahres 17 entfallen. Der am 01.04.18 beschlossene auszuschüttende Gewinn ist so hoch wie das Stammkapital der X-GmbH (25 T€) und wird entsprechend der Beteiligungsverhältnisse an B und C überwiesen.

In der Praxis wird unterstellt, dass die Parteien von dem gesellschaftsrechtlichen Grundsatz ausgehen, dass der Gewinnanspruch dem jeweiligen (d.h. derzeitigen) Inhaber des Mitgliedschaftsrechtes zusteht (vgl. § 29 Abs. 1 GmbHG). Die Absprache über den laufenden Gewinn im Jahr des Gesellschafterwechsels wird – wie hier – häufig entgeltlich erfolgen. Die Gewinnabsprache kann auch unentgeltlich oder teilentgeltlich geregelt werden.

> **Lösung:**
> - Das Stammrecht steht im Zeitpunkt des Verteilungsbeschlusses (01.04.18) dem Neugesellschafter zu (gesellschaftsrechtliche Ausgangslage).

---

[2] S. Teil A, Kap. II 3.3: Wenn beim Verkauf eines Grundstücks ausstehende Mietforderungen des Veräußerers mit übertragen werden, führt der auf die Veräußerung dieser Ansprüche entfallende Teil des Kaufpreises beim Veräußerer zu Einnahmen aus V + V. Die spätere Einziehung der Miete durch den Erwerber führt weder bei diesem noch bei dem Veräußerer zu Einnahmen aus V + V.
[3] Vgl. § 20 Abs. 5 EStG: »Einkünfte i.S.d. [...] § 20 Abs. 1 Nr. 1 und Nr. 2 [...] EStG«.

- Weiter ist durch **§ 20 Abs. 5 EStG** klarstellend geregelt, dass – entgegen zivilrechtlicher Absprachen über die Früchteverteilung nach § 101 BGB[4] – der Gewinn i.H.v. 10 T€ (die Dividende) – immer vom Neugesellschafter versteuert wird.
- Der Kaufpreis von 5 T€ bezieht sich auf den hiervon losgelösten Ertragsanspruch für das Jahr 17. Anders als bei § 21 Abs. 1 Nr. 4 EStG tritt hier der anteilige Kaufpreis von 5 T€ nicht an die Stelle des künftigen Gewinnes (als vorgezogener Gewinnanteil), sondern geht im Gesamtkaufpreis von 100 T€ auf und wird steuerlich nur bei Vorliegen der Voraussetzungen des § 17 EStG bzw. des § 20 Abs. 2 Nr. 1 EStG (oder § 6 AStG) als Veräußerungsgewinn berücksichtigt.

Zur Klarstellung wird darauf verwiesen, dass **zwei weitere** Fälle in der Beurteilung unproblematisch sind:

- Alt. (1): Der Gesellschafterwechsel erfolgt in 17 nach dem Verteilungsbeschluss für 16: Der Gewinn steht dem Altgesellschafter zu, BFH vom 09.03.1982 (BStBl II 1982, 540).
- Alt. (2): Der Gesellschafterwechsel erfolgt in 17 und zur Diskussion stehen die zukünftigen Gewinne der Jahre 18 ff.: Nach BFH vom 12.10.1982 (BStBl II 1983, 128) stehen die zukünftigen Gewinne dem Neugesellschafter zu.

In einem Schenkungsfall (Vater schenkt den GmbH-Geschäftsanteil seinen Kindern) hat der BFH am 14.10.2002 (BFH/NV 2003, 307) allerdings entschieden, dass dann der Vater die Dividenden weiterhin zu versteuern hat, wenn diese weiterhin auf das Konto des Vaters überwiesen werden. Diese Entscheidung berührt aber nicht die grundsätzliche Zuordnung, sondern klärt nur für die Fallgruppe der »Angehörigenschenkung«, dass es vorliegend am »tatsächlichen Vollzug« der Schenkung fehlte (s. Kap. 4.4).

2.1.2 Die Abtretung von Gewinnansprüchen nach § 20 Abs. 2 Nr. 2 Buchst. a EStG

Anders als bei § 20 Abs. 5 EStG wird hier nicht die Beteiligung übertragen, sondern – wegen der Abspaltungstheorie zulässigerweise – **nur** der Gewinn- oder **Dividendenanspruch**.

Beispiel 2: Die isolierte Abtretung des Dividendenscheines
Der Aktionär A verkauft in 17 seinen Gewinnanteilsschein auf die Jahresdividende 17 an B zu 2.000 €. In 18 erhält B für den Dividendenschein eine Ausschüttung von 1.850 €.

Lösung: Der Dividendenschein gilt – ebenso wie die Aktie – als Wertpapier. Gem. § 20 Abs. 2 S. 1 Nr. 2 Buchst. a EStG erzielt A in 17 2 T€ als vorgezogene Kapitaleinkünfte; KapESt fällt dabei nicht an[5], so dass A diese gem. § 32d Abs. 3 EStG in seiner Einkommensteuererklärung anzugeben hat. Der spätere Zufluss der Dividende bei B ist für beide Personen steuerlich unbeachtlich (vgl. § 20 Abs. 2 S. 1 Nr. 2 Buchst. a S. 2 EStG). Nach h.A. ist es auch unbeachtlich, ob die spätere Dividende dem Kaufpreis entspricht.

Diese mit § 21 Abs. 1 Nr. 4 EStG identische Lösung (**gesetzliche Surrogation:** der Kaufpreis ersetzt den späteren Dividendenzufluss) lässt sich unschwer für Übertragungsmöglichkeiten, vor allem im Familienkreis, nutzen. Um der Gefahr der Einkünfteverlagerung vorzubeugen,

---

4 S. hierzu die grundlegenden und »historischen« Ausführungen – zur alten Rechtslage – von *Heinicke*, DStJG 1987, 99 (123 ff., 126, 130) einerseits sowie *Weber-Grellet* in *Schmidt*, EStG, § 20 Rz. 200 m.w.N.
5 Vgl. § 43 Abs. 1 S. 1 Nr. 10 EStG: Der Fall ist nicht erfasst.

bleibt es daher bei einer **unentgeltlichen** Übertragung des isolierten Gewinnanspruches bei der Regelung des § 20 Abs. 5 EStG, wonach der Aktionär (Inhaber des Stammrechts) Einkunftssubjekt bleibt.

Der BFH hat im Urteil vom 02.03.2010 (BFH/NV 2010, 1622) § 20 Abs. 2 Nr. 2a EStG auf einen Fall des echten **Forfaitierungs-Vertrages**[6] angewandt.

Hinweis: Zu den Folgen der Veräußerung von Dividendenansprüchen durch **Steuerausländer** an Dritte s. BMF vom 26.07.2013, BStBl I 2013, 939.

2.1.3 Sonstige Fälle des § 20 Abs. 2 Nr. 2 Buchst. b und § 20 Abs. 2 Nr. 3 EStG

2.1.3.1 Die isolierte Abtretung von Zinsscheinen (§ 20 Abs. 2 S. 1 Nr. 2 Buchst. b EStG)

In der Vorschrift sind zwei – zeitlich – unterschiedliche Anwendungsfälle angesprochen. Nach S. 1 veräußert der Inhaber (oder ehemalige Inhaber) der Schuldverschreibung den – verbrieften – Ertragsanspruch (Zinsschein) bzw. den – nicht verbrieften – Ertragsanspruch (Zinsforderung) **vor der Fälligkeit** der Erträge. Im Fall des § 20 Abs. 2 S. 1 Nr. 2 Buchst. b S. 2 EStG hat der ehemalige Inhaber die Schuldverschreibung verkauft, sich aber die Zinsscheine oder Zinsforderungen zurückbehalten, um sie selbst einzulösen.

> **Beispiel 3: »Stripped-Bonds«**
> S besitzt seit 13 eine Schuldverschreibung mit einem Ausgabewert von 90 € und einem Einlösungswert in fünf Jahren von 100 €. Gleichzeitig sind die Zinsansprüche während dieser Zeit getrennt als Zinskupons verbrieft. S veräußert in 17 den Zinskupon für den Ertragsanspruch des Jahres 18.
>
> **Lösung:** Der Veräußerungspreis für den Kupon ist in 17 gem. § 20 Abs. 2 S. 1 Nr. 2 Buchst. b S. 1 EStG zu erfassen. Bei der Einlösung oder Weiterveräußerung dieses Kupons durch den Erwerber bemisst sich der Ertrag nach § 20 Abs. 2 S. 1 Nr. 7 EStG.[7]
> Hiervon unberührt bleibt die Erfassung des Differenzbetrages von 10 € gem. § 20 Abs. 2 S. 1 Nr. 7 EStG in der Person des S.[8]

2.1.3.2 Kursdifferenzpapiere nach § 20 Abs. 2 Nr. 3 EStG[9]

Ab VZ 2009 werden alle Wertzuwächse aus Termingeschäften besteuert (§ 20 Abs. 2 Nr. 3 EStG). Im Unterschied zur Regelung bis VZ 2008 spielt dabei der Zeitraum zwischen Erwerb und Beendigung des Rechts keine Rolle (nach Altfassung; < 12 Monate).

---

6 **Leitsatz und Sachverhalt des BFH-Falles:** Der Beurteilung eines Forderungsverkaufs als »echte« Forfaitierung steht nicht entgegen, dass der Veräußerer in dem Kaufvertrag verpflichtet wird,
 – die mit der Übertragung der Forderung ggf. anfallenden Steuern, Abgaben und Gebühren zu tragen,
 – den Kaufpreis »auf erste Anforderung« zurückzuzahlen, falls der Schuldner der Forderung deren Erfüllung unter Berufung auf Gründe verweigert, die in Zusammenhang mit der »Verität« der Forderung stehen,
 – bei verspäteter Zahlung des Schuldners Zinsen nach Maßgabe des für die Bemessung des Kaufpreises maßgeblichen Abzinsungssatzes an den Erwerber zu zahlen.
7 Zur Behandlung von Gewinnen aus der Veräußerung von vor 2009 erworbenen obligationsähnlichen Genussrechten s. BMF vom 12.09.2013, BStBl I 2013, 1167.
8 Vgl. BMF vom 09.10.2012, BStBl I 2012, Tz. 55.
9 In der Altfassung (bis VZ 2008): § 20 Abs. 2 S. 1 Nr. 4 EStG a.F.

Die Tatbestände unterliegen nunmehr der pauschalen Abgeltungsteuer (§ 32d Abs. 1 EStG) und werden daher in Klausuren der StB-Prüfung allenfalls eine »Platzhalter«-Rolle spielen (Abgrenzung Veranlagungsteuer zur Abgeltungsteuer).[10]

Besteuerungsgrund für § 20 Abs. 2 Nr. 3 EStG ist die Abschöpfung des Spekluationsgewinnes; ein etwaiger Verlust kann beschränkt (vgl. § 20 Abs. 6 EStG) geltend gemacht werden. Unter den Begriff der Termingeschäfte subsumiert § 2 Abs. 2 Nr. 1 WPHG Fest- oder Optionsgeschäfte, die zeitlich verzögert zu erfüllen sind und deren Wert sich unmittelbar vom Preis (Maß) eines Basiswertes ableiten lässt.

Nach Buchst. 3a sind die Wertzuwächse bei einem Termingeschäft unabhängig vom Zeitpunkt der Beendigung des Rechts steuerbar.

Das gilt nach Buchst. 3b auch für die Veräußerung eines als Termingeschäft ausgestalteten Finanzinstruments.

Der Anwendungsbereich bezieht neben klassischen Termingeschäften auch die Zertifikate und die Optionen mit ein. Es sind Kaufoptionen (sog. Call-Optionen) und Verkaufsoptionen (sog. Put-Optionen) zu unterscheiden.

In der steuerlichen Behandlung sind Optionsinhaber und sog. Stillhalter zu unterscheiden.[11] Zur Behandlung im Einzelnen s. BMF, BStBl I 2016, 85, Rz. 9-47 sowie *Weber-Grellet* in *Schmidt*, EStG, § 20 Rz. 136.

2.1.3.3 Erträge (u.a. Zwischengewinne) bei Investmentanlagen

Im Unterschied zu den bei § 20 EStG behandelten Kapitalanlagen (Wertpapiere, Beteiligungen, kurz: Kapitalforderungen als Stammrecht) führt der Erwerb von Investmentanteilen nur zu einer **Mitberechtigung an einem gesonderten Fondsvermögen**. Im Fonds werden die Gelder vieler Anleger gebündelt, um sie in verschiedenen Vermögenswerten (Wertpapiere, Grundstücke, stillen Beteiligungen oder – neuerdings bei Dachfonds – andere Fonds) anzulegen. Für die steuerliche Beurteilung ist es von besonderer Bedeutung, dass der Anleger mit seinen Investmentfonds **nicht Mitgesellschafter** der Kapitalanlagegesellschaft wird. Die Einzahlungen der Anleger werden getrennt vom Eigenvermögen der Anlagegesellschaft, die mit dem Status eines Kreditinstitutes versehen ist, einem Sondervermögen zugeführt, das von der Gesellschaft verwaltet wird. Die Anteilsscheine (Zertifikate) werden nicht an der Börse gehandelt, so dass die Rücknahmepreise nicht »amtlich«, sondern nur in den Tageszeitungen veröffentlicht werden.[12]

Je nach der Zielsetzung werden offene und geschlossene Fonds unterschieden. Letztere, bei denen die Anzahl der Anteile und die Anlagesumme fest begrenzt sind (Closed-end-Prinzip), werden meist in der Form einer KG betrieben.

Der offene Investmentfonds ist in der »Vertragsform« ausgestaltet. Dabei kommt es zu direkten vertraglichen Beziehungen zwischen der Anlagegesellschaft und den Anteilsinhabern einerseits und zwischen der Anlagegesellschaft und der Depotbank andererseits. Eine direkte vertragliche Beziehung zwischen der Bank und den Anteilseignern besteht demnach nicht.[13]

---

10 Weiterführende Hinweise: BMF vom 09.10.2012, Tz. 9-47.
11 Z.B. realisiert bei einer Verkaufsoption der Optionsinhaber § 20 Abs. 2 Nr. 3a EStG (BMF, BStBl I 2016, 85, Rz. 29), während beim Stillhalter ein Erwerbstatbestand vorliegt.
12 Inzwischen können auch Investmentfonds-Anteile an der Börse gehandelt werden.
13 In diesem Verhältnis »Depotbank zu Anteilsinhabern« wird aber von einem gesetzlichen Schuldverhältnis ausgegangen.

Bedingt durch diese Vertragsform sind zunächst drei Besteuerungsebenen zu unterscheiden:

- die Anlagegesellschaft (Geltung des KStG),
- das Sondervermögen und
- der Anteilsinhaber.

Die ausgeschütteten wie auch die thesaurierten Erträge werden beim Anteilseigner gem. § 2 Abs. 1 S. 1 InvStG als Kapitaleinkünfte i.S.d. § 20 Abs. 1 Nr. 1 EStG behandelt.

Ab 01.01.2018 ist für Publikums-Investmentfonds durch das InvStG eine neue, vereinfachte Besteuerung eingeführt worden. Danach sind inländische Investmentfonds körperschaftstpfl., während die Erträge auf Anlegerebene erst bei Ausschüttung gem. § 20 Abs. 1 Nr. 3 (3a) EStG erfasst werden.

2.1.3.4 REITs

REITs – befreit von der GewSt und KSt – haben die Funktion, den Immobilienbesitz auszulagern: Immobilieneigentum und Verwaltung werden getrennt. Die Ausschüttungen gehören zu den Kapitaleinkünften nach § 20 Abs. 1 Nr. 1 EStG und auf Veräußerungen der REIT-Anteile sind §§ 17, 23 EStG anzuwenden, soweit sie nicht Betriebsvermögen darstellen.

2.1.4 Zusammenfassung

Als Fazit zur steuerlichen Erfassung von **Kapitalerträgen bei mehrheitlicher** Beteiligung lassen sich folgende Grundsätze aufstellen:

- In der Fallgruppe »Auseinanderfallen von Stammrecht und Ertrags-(Dividenden)Anspruch« sind **entgeltliche Abtretungen** des Ertragsanspruchs allein bei der gleichzeitigen **Veräußerung** der Beteiligung an der KapG (GmbH-Geschäftsanteil, Aktie) steuerlich **unbeachtlich**. Der Ertrag (die Dividende) hängt akzessorisch am Vollrecht (Aktie).
- Ansonsten gelten bei **isolierter Abtretung** des Ertragsrechtes (abgetretene Dividendenansprüche) die Grundsätze der gesetzlichen Surrogation: Der Kaufpreis ersetzt den zugeflossenen Ertrag.
- Unentgeltliche Abtretungen führen in keinem Fall zu einer Einkünfteverlagerung, sondern stellen lediglich unbeachtliche Einkommensverwendungen dar.
- Bei Investmentfonds behandelte das Steuerrecht das gesellschaftsrechtlich getrennte Sondervermögen früher nach dem Transparenzgrundsatz und weist die dortigen Ergebnisse unmittelbar den Investoren zu. Ab 01.01.2018 gibt es eine intransparente Besteuerung, die bei den Anlegern erst bei Ausschüttungen zur Besteuerung führt.

Eine ähnliche Besteuerungsform verfolgt das REITG (2007): Dort bleiben die KapG (Kapitalsammelstellen für Immobiliengeschäfte) grundsätzlich von der Besteuerung befreit, während die Ausschüttungen zu den Kapitaleinkünften i.S.d. § 20 Abs. 1 Nr. 1 EStG zählen.

2.2 Der (gesetzlich nicht geregelte) Fall der (allgemeinen) Abtretung und vergleichbare Fallgestaltungen

Daneben nehmen im Bereich der **Einnahmen** die Abtretung und vergleichbare Fallgestaltungen – unter dem Stichwort der Dritteinnahmen – den größten Raum ein.

Beispiel 4: Die altruistische Mutter?
Unternehmerin U tritt eine Werkforderung (3 T€) gegen Kunde K
- unentgeltlich,
- gegen Bezahlung von 300 €

an ihre Tochter T ab. K zahlt an T.

Variante: U vereinbart mit K, dass dieser – im Wege eines Vertrages zu Gunsten Dritter (§ 328 BGB) – an T zu leisten habe.

Die zivilrechtliche Unterscheidung nach Abtretung einer entstandenen Forderung im Unterschied zur Begründung einer Forderung in der Person des Dritten durch einen Vertrag zu Gunsten Dritter spielt für die steuerliche Zuordnung eine untergeordnete Rolle. Während nach älterer BFH-Rspr. entscheidend war, wer zivilrechtlich als wirksamer Inhaber der Einkunftsquelle galt, fand seit Mitte der 80er Jahre ein Umdenken statt. Die eigene steuerliche Betrachtungsweise stellt sowohl § 38 AO (gesetzliche Tatbestandsverwirklichung) als auch § 2 Abs. 1 EStG (Person des Einkünfteerzielers) in den Vordergrund der Überlegungen. Damit kommt es darauf an, wer die Einkünfte **erwirtschaftet**, anders formuliert: »Welche Person verwirklicht auf eigenes Risiko den Markterfolg?«. Gleichzeitig ist die These zu befolgen, dass es keine private Disposition über einzelne Steuergrößen gibt. Diese These findet ihren Niederschlag in den Worten der **unbeachtlichen Einkommensverwendung**.

Lösung:
1. Bei der unentgeltlichen Abtretung hat U den Markterfolg herbeigeführt und hat ihn als bilanzierende StPfl. auch erfolgswirksam auszuweisen; sonst erfolgt bei der Gewinnermittlung durch Einnahme-Überschussrechnung der steuerwirksame Zufluss in dem Zeitpunkt, zu dem bei der Abtretungsempfängerin T die Zahlung eingeht. Die Abtretung an T stellt insoweit eine unbeachtliche Einkommensverwendung dar (BFH vom 23.01.1985, BStBl II 1985, 330).
2. Bei der entgeltlichen Abtretung wird die generelle Frage von den beiden o.g. gesetzlich geregelten Fällen der Surrogation überlagert:
   a) Einnahmen aus der entgeltlichen Abtretung von Dividenden- und Zinsscheinen ohne Mitveräußerung der dazugehörigen Stammrechte sind beim Abtretenden zu versteuern und der Abtretungsempfänger hat keine steuerbaren Einnahmen, da er nur eine Forderung im Vermögensbereich einzieht (§ 20 Abs. 2 S. 1 EStG).
   b) Die identische Rechtsfolge tritt nach § 21 Abs. 1 S. 1 Nr. 4 EStG beim Verkauf eines Miethauses und ausstehenden Mietzinsforderungen ein. Diese ausstehenden Mieten werden beim Kaufpreis i.d.R. mitberücksichtigt; das dafür vereinbarte Entgelt wird auch hier beim Zedenten als Mieteinnahme besteuert. Die Einziehung der Forderung durch den Erwerber ist letztlich ein unbeachtlicher Vorgang in der Privatsphäre; die Bezahlung der Miete ist sodann steuerunerheblich.

c) **Verallgemeinert** man diese Grundsätze für alle Formen der entgeltlichen Abtretung, so hat U 300 € zusätzlich im Zeitpunkt der Abtretung zu versteuern.[14] Der Einzug der Forderung findet für T sodann in der steuerirrelevanten Privatsphäre statt.[15]

Variante:
Bei einem Vertrag zu Gunsten Dritter zu Lebzeiten wird der Markterfolg weiterhin bei U besteuert.

Weitgehend unproblematisch ist der zusätzliche Anwendungsbereich der »Dritteinnahmen«, wenn **ohne Beeinflussung** des Einkünfteerzielers die Zahlung (bzw. die Zuwendung des Vermögensvorteils) nicht bei ihm erfolgt, sondern bei einem **Angehörigen**.

Beispiel 5: Der Zufallsfund als Betriebseinnahme
Bauunternehmer U hat einen Werklohnanspruch gegen den Bauherrn B über 300 T€, der i.H.v. 295 T€ sofort beglichen wird. Die Zahlungsaufforderung bzgl. des Restbetrages bleibt ohne Folgen. Als U seinen Buchhalter anweisen möchte, die Forderung wegen Uneinbringlichkeit abzuschreiben, entdeckt er in der Garderobe seiner Ehefrau einen wertvollen Pelzmantel. Auf Nachfrage erklärt sie, den Pelz von B als »Ausgleich« für die hervorragende Bauleistung ihres Ehemannes erhalten zu haben.

Lösung: Die Kausalitätsdichte zu der betrieblichen Sphäre des U liegt vor. Der Adressat des geldwerten Vorteils ist insoweit von untergeordneter Bedeutung. Das »Geschenk« an die Ehefrau ist als BE (sog. Dritteinnahme) bei U gem. §§ 8 Abs. 1, 15 EStG zu erfassen. Ein weiterer Verbleib des Pelzes in der Garderobe der Ehefrau stellt ab diesem Zeitpunkt eine Entnahme dar. Damit wird deutlich, dass der Pelzmantel für eine juristische Sekunde BV war.

2.3 Die Besteuerung nachträglicher Einkünfte gemäß § 24 Nr. 2 EStG

2.3.1 Handlungstatbestand ohne (aktuellen) Zustandstatbestand: § 24 Nr. 2 EStG

Nach § 24 Nr. 2, 1. Alt. EStG liegt ein Auseinanderfallen von Zustands- und Handlungstatbestand vor: Die ursprüngliche Einkunftsquelle ist versiegt (z.B. durch die Beendigung des Arbeitsverhältnisses) und es kommt zu nachträglichen Zahlungen (Handlungstatbestand ohne aktuellen Zustandstatbestand; z.B. durch einen gewonnenen Arbeitsgerichtsprozess).[16]

Bei § 24 Nr. 2, 2. Alt. EStG kommt es nicht nur zu einem Auseinanderfallen zwischen den beiden erforderlichen Ebenen; vielmehr sind auch die Inhaber der Einkunftsquelle und

---

14 Vertreter des allgemeinen Surrogationsprinzips (vgl. *Krüger* in *Schmidt*, EStG, § 8 Rz. 11) kommen bei U nur zu einer Besteuerung ihres Veräußerungserlöses i.H.v. 300 €; die Empfängerin T zieht die übertragene Forderung i.H.v. 3 T€ im unbeachtlichen Vermögensbereich ein. Im vorliegenden Fall könnte die entgeltliche Übertragung jedoch am Fremdvergleich des Angehörigen-Vertrages zwischen U und T scheitern (dazu Kap. 4.4).
15 Gegen diese Lösung, soweit davon der Zeitpunkt betroffen ist, wendet ein Teil der Lit. (*Heinicke*, DStJG 10, 120) ein, dass es auf die Zahlung durch K ankäme. Gegen die Lösung der h.M. ist allerdings grundsätzlich vorzubringen, dass bei der Behandlung gem. § 20 und § 21 EStG Erwerbsgrundlagen auf den Erwerber übergehen und von daher die Erfassung der ausstehenden Beträge in der Person des Veräußerers wirtschaftlich Sinn macht. In den Fällen der isolierten entgeltlichen Forderungsabtretung ohne übergehendes Kompetenzobjekt (Betrieb) ist die Lösung der h.M. »weltfremd« und nicht zwingend.
16 Hier kommt es häufig zur Frage, ob der später korrigierte Veräußerungspreis noch zu § 16 bzw. § 17 EStG gehört oder Bestandteil von § 24 Nr. 2 EStG ist (vgl. unter Kap. II 2.2.1.4.3).

des Handlungstatbestandes (Zahlung) **verschiedene Personen**. Nach der rechtsbegründenden Wertentscheidung des Gesetzgebers hat der (Gesamt- wie Einzelrechts) Nachfolger die nachträglichen und personenverschiedenen Einnahmen zu versteuern.

Beispiel 6: Erbfall bricht – steuerlich – Miete[17]
V hat mit M einen Mietvertrag auf fünf Jahre (17–21) abgeschlossen und erhält dafür monatlich 1 T€. Im ersten Jahr kommt M mit der Mietzahlung für die letzten drei Monate in Verzug. Gram über die Verweigerungshaltung des M kündigt V dem M fristlos zum 31.12.17 und verstirbt am 24.12.17 ob des Ärgernisses. Im Januar 18 überweist M, der zwischenzeitlich ausgezogen ist, 3 T€ auf das Konto des Alleinerben E.

Lösung: Gäbe es keinen § 24 Nr. 2, 2. Alt. EStG, läge eine Besteuerungslücke vor, da der verstorbene V als ehemaliger Inhaber der Einkunftsquelle (Mietverhältnis) nach dessen Tod keinen Besteuerungstatbestand nach § 38 AO verwirklichen kann. Da der Zufluss bei den Überschusseinkünften zu dem (kompletten) gesetzlichen Tatbestand nach § 21 Abs. 1 Nr. 1 EStG gehört, wird diese Lücke mit (in) der Person des Rechtsnachfolgers geschlossen. Die nachträglichen Einkünfte werden von dem **Nachfolger als dessen eigene Einkünfte**[18] versteuert. Zur Klarstellung wird darauf verwiesen, dass es sich dabei nicht um die nach § 1922 BGB, § 45 AO übergegangene Steuerschuld des Erblassers auf den Erben handelt. Vielmehr werden auf die zugeflossenen Einnahmen die persönlichen Verhältnisse des Rechtsnachfolgers – wie z.B. sein Steuersatz – angewendet. Sie werden Besteuerungsgrundlagen des Nachfolgers.

Demgegenüber betont die BFH-Rspr. immer wieder, dass der Nachfolger die **Einkunftsart des Vorgängers fortführt**. Damit werden bei § 24 Nr. 2, 2. Alt. EStG (höchst-)persönliche Merkmale (wie z.B. die Freiberufler-Eigenschaft gem. § 18 EStG) »eingefroren«, dass die Einnahmen von den Erben in **derselben** Einkunftsart versteuert werden (Beispiel: Nach dem Tode des Freiberuflers eingehende Honorareinnahmen als Einkünfte nach § 18 EStG).[19]

Einen Schritt weiter geht der BFH im Urteil vom 20.04.1993 (BStBl II 1993, 716), als er bei Bildern, die die Witwe eines Malers veräußerte, die künstlerische Tätigkeit i.S.d. § 18 Abs. 1 S. 1 Nr. 1 EStG auf die Witwe übergehen ließ. In einem solchen Augenblick, da der Rechtsnachfolger alleine die erforderlichen Marktbeiträge (Veräußerung) erbringt, sind allerdings dessen persönliche Merkmale für die Beurteilung zugrunde zu legen.

Hinweise:
(1) Mit BFH-Urteil vom 19.01.2010 (BFH/NV 2010, 996) ist der Anwendungsfall von § 24 Nr. 2 EStG auf Beerdigungskosten erstreckt worden, die bei einem Vermögensübergabevertrag zugunsten der Eltern (Übergeber) übernommen wurden und als dauernde Last der Vermögensübernehmer abgezogen werden können.
(2) Die Ausübung einer sog. Besserungsoption hingegen ist nach BFH-Urteil. vom 23.05.2012 (BStBl II 2012, 675) kein rückwirkendes Ereignis i.S.d. § 175 Abs. 1 Nr. 2 AO, das zu nachträglichen Einkünften führen könnte.

---

17 In Anspielung auf den zivilrechtlichen Grundsatz »Kauf bricht nicht Miete« (§ 566 BGB).
18 Nach richtigem Verständnis zur materiellen Steuerrechtsnachfolge verwirklicht der Nachfolger einen eigenen Steuertatbestand i.S.v. § 38 AO, vgl. *Mellinghoff*, DStJG 1999, 127 ff. sowie *Trzaskalik* in StuW, 1979, 97.
19 BFH vom 24.01.1996 (BStBl II 1996, 287) zu nachträglichen Rentenzahlungen.

2.3.2 Die sonstigen Fälle des § 24 EStG (insb. Entlassungsentschädigungen, § 24 Nr. 1 EStG)

§ 24 Nr. 1 und Nr. 3 EStG haben eine andere Zielsetzung als § 24 Nr. 2 EStG. Dies ergibt sich bereits aus ihrer Sonderbehandlung als »außerordentliche Einkünfte« i.S.d. § 34 Abs. 2 EStG. Dabei kommt § 24 Nr. 3 EStG (Nutzungsvergütung für öffentlich beanspruchten Grundbesitz) in der Praxis – wegen der Vorrangigkeit der ggf. einschlägigen §§ 15, 21 EStG – keine große Bedeutung zu. Umgekehrt verhält es sich mit § 24 Nr. 1 EStG, der bei allen **Abfindungszahlungen** anlässlich der Auflösung von Dienstverhältnissen sowie allgemein bei **Entschädigungen** zu berücksichtigen ist. Der BFH hat mit Urteil. vom 10.07.2012 (BStBl II 2013, 155) den Anwendungsbereich des § 24 Nr. 1a EStG deutlich erweitert, als er einem Rechtsanwalt, der eine Entschädigung im Rahmen eines »arbeitnehmerähnlichen« Beratervertrages erhielt, die Vergünstigungen des § 24 EStG i.V.m. § 34 Abs. 2 EStG gewährte.

Den unter § 24 Nr. 1 Buchst. b EStG (zukunftsorientierte Entschädigung für den Verzicht auf eine mögliche Einkünfteerzielung[20]) und unter Nr. 1 Buchst. c (Ausgleichszahlung an Handelsvertreter nach § 89b HGB[21]) genannten Fällen kommt dabei eine Konkretisierungswirkung zu, die auf den offenen Tatbestand des – wichtigen – § 24 Nr. 1 Buchst. a EStG ausstrahlt. Literatur und Verwaltung haben dazu umfangreich Stellung genommen. Zuletzt hat sich das BMF mit Schreiben vom 24.05.2004 (BStBl I 2004, 505 und 633) hierzu geäußert.

Unter drei Voraussetzungen werden arbeitsrechtliche Abfindungszahlungen (bzw. sonstige Entschädigungsleistungen) als Einnahmen nach § 24 Nr. 1 Buchst. a EStG behandelt, ohne dass hiermit eine neue Einkunftsart geschaffen wird[22]:

1. Der »Entschädigungsbegriff«[23] setzt den Ausgleich eines vom StPfl. erlittenen Schadens voraus (R 24.1 EStR und Rz. 4 des o.g. BMF-Schreibens). Während damit nach älterer Rspr. bereits bei einer schadenstiftenden Mitwirkung des StPfl. die Anwendung des § 24 Nr. 1 Buchst. a EStG ausgeschlossen war, ist dies heute nur noch dann der Fall, wenn dieser das Ereignis allein und aus eigenem Antrieb herbeigeführt hat. Deshalb muss z.B. die Kündigung vom Vertragspartner (vom AG) veranlasst sein. Die Mitwirkung des AN ist dabei unschädlich, wenn sie unter erheblichem wirtschaftlichen, rechtlichen oder tatsächlichen Druck erfolgte (BFH vom 09.07.1992, BStBl II 1993, 27). In einer viel beachteten Entscheidung vom 04.09.2002 (BStBl II 2003, 177) hat der BFH den wirtschaftlichen Zwang zur (künftigen) Liquidation einer GmbH genügen lassen, um die Abfindung für den Verzicht des Allein-GF-G'fters einer GmbH auf Versorgungsansprüche der Tarifbegünstigung des § 24 Nr. 1 Buchst. a EStG zu unterstellen. Noch einen Schritt weiter ging der BFH im Urteil vom 10.04.2003 (BStBl II 2003, 748), als er die Abfindung eines GmbH-GF-G'fters für den Verzicht auf seine Pensionsansprüche § 24 Nr. 1 Buchst. a EStG unterstellte, weil sich ansonsten kein Käufer gefunden hätte.[24] Kommt es hingegen trotz Verzicht nicht zur Veräußerung der Anteile, so liegt kein Zwang – und damit kein

---

20 Auf § 24 Nr. 1b EStG stützt der BFH im Urteil vom 23.01.2001 (BStBl II 2001, 541) die Abfindungszahlung einer Versicherung an ihren Bezirksdirektor für Substanzverluste anlässlich der Gebietsverkleinerung.
21 Vom BFH im Urteil vom 12.10.1999 (BStBl II 2000, 220) wegen eines »rechtspolitischen Fehlers« auf vergleichbare Ausgleichszahlungen an Kfz-Vertragshändler übertragen.
22 Dies hat zur Folge, dass bei fehlender Zuordnung zu einer Einkunftsart § 24 EStG nicht angewandt wird.
23 Kein Ausgleich liegt nach BFH vom 06.03.2002 (BStBl II 2002, 516) bei der Abfindungsleistung für den Vorstand einer AG, das ein Regierungsamt übernimmt, für den Teil vor, mit dem ein künftiger Pensionsanspruch abgegolten wird.
24 Man wird dieses Urteil als Einladung für eine entsprechende Kaufpreisvereinbarung bezeichnen dürfen.

§ 24 Nr. 1 Buchst. a EStG – vor (BFH vom 03.12.2003, DStRE 2004, 811; 812). Leistungen des Versicherers wegen einer Körperverletzung (im Urteil: Querschnittslähmung) sind Entschädigungen i.S.d. Nr. 1 Buchst. a nur insoweit, als damit ein Verdienstausfall entschädigt wird (BFH vom 21.01.2004, BStBl II 2004, 716).
Lebenslängliche betriebliche Versorgungszusagen des AG sind demgegenüber **keine** Entschädigungen i.S.d. § 24 Nr. 1 EStG, sondern (bloße) nachträgliche Einkünfte i.S.d. § 24 Nr. 2 EStG (ohne Tarifbegünstigung; vgl. Rz. 5 des o.g. BMF-Schreibens). Ebenfalls stellen Abfindungen für den Verlust späterer Pensions- oder Tantiemeansprüche keine Entschädigung nach § 24 Nr. 1 Buchst. a EStG dar (vgl. H 24.1 EStH »Entschädigungen«).
2. Die stellvertretende Ersatzleistung muss auf einer **neuen** Rechts- oder Billigkeitsgrundlage basieren (BFH vom 25.08.1993, BStBl II 1994, 167; vgl. H 24.1 EStH 2014 »Entschädigungen«). Die Entschädigung darf nicht auf dem gleichen Vertrag beruhen, der aufgelöst wurde. Die neue Rechtsgrundlage (Beispiel: Prozessvergleich, tarifliche Regelung) tritt an die Stelle des nicht mehr gültigen Vertrages.
3. Die Entschädigungszahlung muss durch ein außergewöhnliches Ereignis (Kündigung bei einem Arbeitsverhältnis oder Standortverlegung im Gewinnerzielungsbereich) veranlasst sein und darf von daher nicht zu den laufenden Einkünften zählen.

Aus diesem Grunde ist eine Vergleichszahlung, die als Erfüllungsleistung des bestehenden Vertrages anzusehen ist (etwa durch eine Entgeltsvereinbarung wegen geduldeter Fortführung des Rechtsverhältnisses im Anschluss an eine unwirksame Kündigung), keine Entschädigung auf Basis einer neuen Rechtsgrundlage.[25]

> **Beispiel 7: Die Abfindungszahlung (Sturzlandung nach Steilflug)**
> Bei einem Unternehmen der Luftfahrtindustrie werden ein 40-jähriger Pilot (in 2016 deutlich angehobener Jahresverdienst: 200 T€; vorher 120 T€) und eine 51-jährige Stewardess (Jahresgehalt: 55 T€) betriebsbedingt im November 2016 entlassen. Der Pilot akzeptiert die Kündigung und erhält 220 T€ Abfindung, die zur Hälfte in 2016 und zur anderen Hälfte in 2017 ausbezahlt wird. Die Abfindungshöhe wurde einem Tarifvertrag entnommen. Die Stewardess wehrt sich gegen die Entlassung und erwirkt einen von der Gewerkschaft im Jahre 2017 rechtskräftig ausgehandelten Prozessvergleich, der mit der Zahlung von 75 T€, sofort zur Zahlung fällig gestellt, endet. Wer hat die besseren Karten im Abfindungspoker? Dabei wird unterstellt, dass die einzeln veranlagten P und S in den jeweiligen Jahren nach den Entlassungen ohne die Abfindungszahlungen ein z.v.E. von jeweils 50 T€ erzielen.

Bei Abfindungszahlungen anlässlich der Auflösung eines Dienstverhältnisses können zwei Rechtsgrundlagen mit unterschiedlichen Voraussetzungen einschlägig sein (vgl. Rz. 1 des o.g. BMF-Schreibens):
- die Erfassung als Entschädigungsleistung nach § 24 Nr. 1 Buchst. a EStG und
- die Behandlung als außerordentliche Einkünfte nach § 34 Abs. 2 Nr. 2 EStG, wobei ggf. noch § 34 Abs. 2 Nr. 4 EStG zu prüfen ist.

---

25 So der BFH im Urteil vom 12.01.2000 (BFH/NV 2000, 712): Der Anteil der »Abfindung« ist, soweit er zeitlich auf das fortbestehende Arbeitsverhältnis entfällt, »laufender Arbeitslohn«!

Lösung:
1. **Abfindungsleistung nach § 24 Nr. 1 Buchst. a EStG?**
   Die Entschädigungsleistung erfüllt in beiden Fällen die drei Voraussetzungen von § 24 Nr. 1 Buchst. a EStG (Entschädigung auf der Basis einer neuen Rechtsgrundlage – hier: Tarifvertrag bzw. Prozessvergleich – vom AG ausgesprochene Kündigung, die nicht zu den laufenden Einnahmen der betroffenen AN führt).
   Da § 24 EStG keine neue Einkunftsart begründet, gilt für die zeitliche Erfassung § 11 EStG, soweit – wie hier – Überschusseinkünfte nach § 19 EStG betroffen sind.
   P hat die Entschädigungsleistung i.H.v. 220 T€ – vorbehaltlich § 34 EStG – je zur Hälfte in 2016 und in 2017 zu erfassen, während S im VZ 2017 Einkünfte nach § 24 EStG i.H.v. 75 T€ erzielt.

2. **Außerordentliche Einkünfte nach § 34 Abs. 2 Nr. 2 EStG**
   Für die Gewährung der Tarifbegünstigung nach § 34 Abs.1 i.V.m. Abs. 2 Nr. 2 EStG verlangen Rspr. und Verwaltung als ungeschriebene Tatbestandsvoraussetzung eine **Zusammenballung** der Einkünfte (BFH vom 14.08.2001, BStBl II 2002, 180; vgl. auch Rz. 9ff. des o.g. BMF-Schreibens).
   Diese für S unproblematische Voraussetzung (einmalige Zahlung in 2017) könnte bei P unter zwei Gesichtspunkten verneint werden. Zum einen muss nach älterer Verwaltungsauffassung (BMF-Schreiben vom 18.11.1997, BStBl I 1997, 973) der Entschädigungsbetrag deutlich über den entgangenen Einnahmen eines Kj. liegen und zum anderen müssen die Entschädigungsleistungen grundsätzlich in **einem VZ** geleistet werden (so auch zuletzt BFH vom 25.07.2003, BFH/NV 2003, 1573).
   Das erste Hemmnis (den Jahreslohn übersteigende Entschädigung) wurde durch das BFH-Urteil vom 04.03.1998 (BStBl II 1998, 787) beseitigt, zumal im konkreten Fall die Vorjahreszahlungen des P, die deutlich unter dem Jahresgehalt für 2016 liegen, mit zu berücksichtigen sind.
   Wesentlich gravierender ist die **ratenweise Zahlung** der Entschädigung des P in 2016 und in 2017. Während die Verwaltung (H 34.3 EStH »Entschädigung in zwei VZ«) in Ausnahmefällen – etwa bei Vorwegzahlungen zur Überbrückung von existentiellen Engpässen – zu Zugeständnissen bereit ist, verneint der BFH zu Recht im Beschluss vom 02.02.2001 (BFH/NV 2001, 1020) apodiktisch die Tarifvergünstigung nach § 34 Abs. 1 und 2 EStG, wenn die Entschädigungsleistung nicht in einem VZ erfolgt. Eine Ausnahme wird nur für geringfügige Beträge (sog. **ergänzende Entschädigungsleistungen**) zugelassen, die die Tariffunktion nicht beeinträchtigen (s. Rz. 9 und 15 des o.g. BMF-Schreibens).[26]
   Nachdem auch eine Umdeutung der Abfindungszahlung in eine Vergütung für mehrjährige Tätigkeit[27] gem. § 34 Abs. 2 Nr. 4 EStG wenig hilfreich ist, ist die Tarifermäßigung für P für beide Jahre zu versagen.
   S kommt indessen im VZ 2017 in den tariflichen Genuss der »Fünftelungsregelung« von § 34 Abs. 1 EStG. Die einzelnen Rechenschritte gem. § 34 Abs. 1 S. 2 EStG lauten[28]:
   1. ESt nach der Grundtabelle für das ohne Berücksichtigung der Einkünfte i.S.d. § 34 EStG verbleibende z.v.E. (50 T€)

---

26 Gleicher Ansicht *Mellinghof* in *Kirchhof-kompakt*, § 34 Rz. 18; *Wacker* in *Schmidt*, EStG, § 34 Rz. 17 sowie *Weber-Grellet*, DStR 1996, 1993 verweisen auf die Billigkeitsregelung; ähnlich BMF vom 18.12.1998 (BStBl I 1998, 1512, Rz. 10).
27 Hierzu R 34.4 EStR; § 34 Abs. 2 Nr. 4 EStG gilt für alle Einkunftsarten, kommt aber hauptsächlich für Einkünfte aus nichtselbständiger Arbeit zur Anwendung und umfasst alle Vergütungen, die für einen Zeitraum von mehr als zwölf Monaten gezahlt werden (H 34.4 EStH).
28 S. hierzu auch die ausführlichen Berechnungsbeispiele in H 34.2 EStH.

2. ESt nach der Grundtabelle für das verbleibende z.v.E. zzgl. 1/5 der außerordentlichen Einkünfte (insgesamt 65 T€)
3. Differenz (2. abzgl. 1.) x 5
4. Ergebnis: ESt nach 1. zzgl. 3.

Mit mehreren Urteilen aus den Jahren 2002–2004 hat der BFH inzwischen zur Frage der Tarifbegünstigung von **Zusatzleistungen** Stellung genommen, die anlässlich einer Abfindung vereinbart wurden. **Unschädlich** sind danach **ergänzende Zusatzleistungen**, die aus Gründen sozialer Fürsorge geleistet werden (Übernahme der Leasingraten für einen Pkw, BFH vom 03.07.2002, BFH/NV 2002, 1645), auch wenn sie über mehrere Jahre gezahlt werden. In einem anderen hierzu ergangenen BFH-Urteil vom 21.01.2004 (BStBl II 2004, 704) sind Aufstockungen aus einem Sozialplan als ergänzende Zusatzleistungen behandelt worden, obwohl sie 42,3 % der Hauptentschädigung betragen haben (Gegenfall: BFH vom 21.01.2004, BFH/NV 2004, 1227: »Das umfassende Versorgungspaket«[29]).

Umgekehrt hat der XI. Senat am 06.03.2002 (BFH/NV 2002, 1379) für die in späteren VZ geleistete Zusatzleistung nicht die Tarifmäßigung gewährt, da offensichtlich für die Zusatzleistung selbst die Tarifermäßigung nicht gilt.

Eine eigene Fallgruppe ist – aus technischen Gründen – im BMF-Schreiben 2004 für den »**Planwidrigen Zufluss in mehreren VZ sowie die Rückzahlung**« gebildet worden (vgl. Rz. 17–20 des o.g. BMF-Schreibens): Sind danach die Abfindungszahlungen vertraglich auf einen VZ gerichtet, aber planwidrig auf zwei VZ verteilt, so wird ein Korrekturbetrag im späteren VZ (z.B. im VZ 12) gebildet und auf Antrag des StPfl. auf den VZ (im Beispiel VZ 11) zurückbezogen, in dem die Hauptentschädigung zugeflossen ist.

Die Rückzahlung wiederum ist als Korrektur der Einmalzahlung zu behandeln und § 175 Abs. 1 S. 1 Nr. 2 AO zu unterwerfen (Rz. 18 a.a.O.).

3 Der steuerliche Drittaufwand

Beim steuerlichen Drittaufwand stoßen mehrere Grundaussagen der Rechtsordnung aufeinander:

- die »stiefmütterliche« Behandlung der Dritten in der deutschen Rechtsordnung (allgemein)[30],
- die sachen- (insb. immobilien-)rechtliche Trennung von Eigentum und Besitz (insb. bei der Nutzung),
- das steuerrechtliche Nettoprinzip, das Erwerbsaufwendungen zum Abzug zulässt, sowie
- der Steuergrundsatz der individuellen Leistungsfähigkeit.

Der gestiegene »Stellenwert« Dritter lässt sich mittlerweile mehreren Verwaltungsanweisungen zum Lohnsteuerrecht durch ausdrückliche Bezüge auf den Spezialfall der Dritten entnehmen.

---

29 Ebenfalls lehnt der BFH im Urteil vom 01.07.2004 (BStBl II 2004, 876) die Anwendung des § 34 EStG ab, wenn aufgrund von Anschlussverträgen ein Drehbuchautor auf der Grundlage von sog. »**Buy out**«-**Vergütungen** nach und nach bezahlt wird. So auch der BFH vom 27.01.2010, BStBl II 2011, 28.

30 Selbst im Zivilrecht blieb es der Rspr. überlassen, kreativ die gesetzlichen Regelungslücken zu füllen (Drittschadensliquidation, vertragliche Schutzwirkung zu Gunsten Dritter etc.), da die ausdrücklichen Rechtsgrundlagen (§§ 328 ff. BGB, §§ 421 ff. BGB und einige verstreute sachenrechtliche Normen) viel zu dürftig sind.

- Im BMF-Schreiben zur lohn- und einkommensteuerlichen Behandlung von Zeitwertkonten vom 17.06.2009 (BStBl I 2009, 1286) wird unter »Modellinhalte« die Frage diskutiert, was in dem Falle gilt, in dem der AN beim Aufbau eines Wertguthabens einen direkten Anspruch gegen einen Dritten (Bank etc.) hat (grundsätzlich Lohnsteuerpflicht);
- Die LStR nehmen sich unter R 9.4 Abs. 3 LStR 2008 der Thematik »Regelmäßige Arbeitsstätte bei einem Dritten« und der damit zusammenhängenden Fahrtkostenregelung an.
- Schließlich behandelt das BMF-Schreiben vom 08.12.2009 (BStBl I 2009, 1513) zur Überlassung von Vermögensbeteiligungen (§ 3 Nr. 39 EStG) ausführlich das Thema »Überlassung der Vermögensbeteiligung durch Dritte«.

Diese drei Beispiele erhellen schlaglichtartig die aktuelle Bedeutung der Dritten im Steuerrecht.

Die Lösung des eigentlichen Kollisionsfalles setzt das Wissen um den »Dritten« im Steuerrecht sowie die Kenntnis der Hauptanwendungsfälle voraus.

3.1 Der »Dritte« im Steuerrecht – Anwendungsbereich, Hintergrund und Historie

Etwas plakativ wurde die Entscheidung des Großen Senats vom 23.08.1999 als die »Fünf Arbeitszimmer«-Beschlüsse bezeichnet (BFH vom 23.08.1999, BStBl II 1999, 774, 778, 782, 785). Damit ist der Anwendungsbereich zumindest angedeutet. Es geht um die Fälle, in denen Ehemann (im Folgenden EM) und Ehefrau (im Folgenden EF) gemeinsam Eigentümer eines Hauses sind, das in einem Bereich beruflich (Stichwort: Arbeitszimmer[31]) genutzt wird. Als **Dritter** ist dabei immer derjenige Ehepartner gemeint, der zwar die Kosten für die Errichtung des Gebäudes (mit)getragen hat – zumindest (Mit-)Eigentümer ist –, aber den streitgegenständlichen Gebäudeteil **nicht beruflich** bzw. **nicht betrieblich** nutzt, da er keine entsprechende Einkunftsquelle hat.

Die Thematik betrifft sämtliche Einkunftsarten, die mit dem beruflich genutzten Raum (Gebäude) verwirklicht werden können (§§ 15, 18, 19 EStG), so dass das Arbeitszimmer schnell durch einen Praxisraum oder eine Fabrikationshalle ersetzt werden kann. An einer Fabrikationshalle soll denn auch das grundsätzliche Problem aufgezeigt werden.

Beispiel 8: Grundfall »Drittaufwand« – Hauptproblem
EM und EF sind zu je 50 % Miteigentümer einer Grundstücksfläche. EF ist Gewerbetreibende und errichtet – zusammen mit EM – eine Fabrikationshalle auf dem gemeinsamen Grundstück (HK: 1 Mio. €). Es stellt sich die Frage, in welcher Höhe EF nach Errichtung der Halle AfA vornehmen kann.[32]

---

[31] Damit ist folglich nicht die isolierte »Arbeitszimmer«-Problematik von § 4 Abs. 5 Nr. 6 Buchst. b EStG gemeint, wenngleich die Entscheidung(en) auch hierauf – der Höhe nach – Einfluss haben.
[32] So auch die ersten vom BFH entschiedenen Fälle (z.B. BFH vom 07.03.1989, BStBl II 1989, 768).

Lösung:

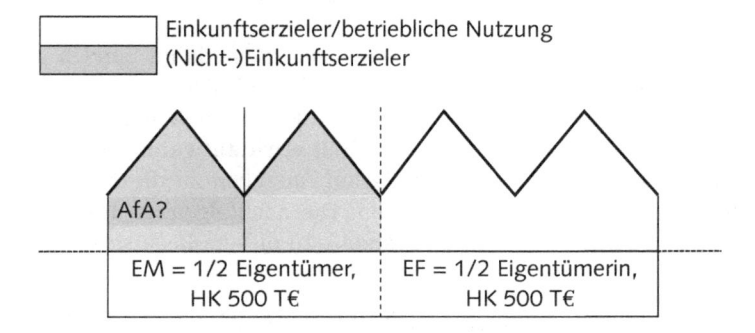

```
☐ Einkunftserzieler/betriebliche Nutzung
▨ (Nicht-)Einkunftserzieler
```

AfA?

EM = 1/2 Eigentümer, HK 500 T€   EF = 1/2 Eigentümerin, HK 500 T€

Losgelöst von allen Konstruktionen der Rspr. und der Lit. ist die einfachgesetzliche Ausgangslage eindeutig. Nur der Inhaber einer Einkunftsquelle (»Zustandstatbestand«) kann nach § 2 Abs. 1 S. 1 EStG Einkünfte **erzielen** und dabei den Erwerbsaufwand als WK/BA berücksichtigen. WG wiederum werden grundsätzlich nur dem rechtlichen Eigentümer (hier: zwei Miteigentümer zu je 50 %) zugewiesen. Sodann kann nur der Einkunftserzieler (= Eigentümer, hier: EF) die auf das WG entfallenden Kosten absetzen (0,5 Mio. €). Bei Gebäuden werden die HK bekanntlich über die AfA gem. § 7 Abs. 4 EStG berücksichtigt. Damit geht im Beispiel 8 die AfA i.H.v. insgesamt 500 T€ verloren, soweit sie die anteiligen AK/HK des EM betreffen. Man war immer schon bemüht, den Ausfall der »Dritt«-AfA (EM als Nicht-Einkunftserzieler ist »Dritter«) zu beheben. Bereits an dieser Stelle darf darauf hingewiesen werden, dass der drohende AfA-Ausfall dann nicht gegeben ist, wenn EM seine bebaute Grundstückshälfte an EF vermieten würde. EM hätte sodann V + V-Einkünfte nach § 21 EStG, in deren Rahmen er gem. § 7 Abs. 4 i.V.m. § 9 Abs. 1 Nr. 7 EStG als Vermieter die AfA berücksichtigen kann (und muss). Nur: Rechtzeitig (!) abgeschlossene Mietverträge sind unter Ehegatten die Ausnahme.

Andere Diskussionsfelder zum steuerlichen Drittaufwand betreffen

- den steuerlichen Abzug des »Sofortaufwands« eines Dritten (Beispiel: Eltern begleichen den Kaufpreis für Arbeitsmittel ihrer Kinder), der unter dem Gesichtspunkt des abgekürzten Zahlungsweges (statt der Geldschenkung) allgemein anerkannt ist[33];
- die Unzulässigkeit des Drittaufwands im Bereich des subjektiven Nettoprinzips (bei SA und agB).[34]

Bereits oben wurde verdeutlicht, dass die Fallgruppe des **periodisierten Drittaufwands** nicht auf die Fabrikationshalle des bilanzierenden Gewerbetreibenden oder die Arztpraxis des Überschussrechners beschränkt ist, sondern allgemein – also auch beim AN und dessen (echtem) Arbeitszimmer – gilt.

---

33 *Loschelder* in *Schmidt*, EStG, § 9 Rz. 25 als sog. eigener Aufwand des StPfl. durch richtige Zurechnung.
34 S. auch Teil A, Kap. V.

3.2 Die Beschlüsse in den Grundzügen – Drittaufwand heute

In Kap. 3.2 wird zunächst die Fallgruppe des Drittaufwands im Bereich der Überschuss-Einkünfte angesprochen. Die Behandlung deckt sich mit der bei den Gewinneinkünften, wird dort (s. Kap. 3.3) jedoch von der bilanzrechtlichen Problematik überlagert.

In Kap. **3.3.5** wird seit der 9. Auflage ein **Fazit** »Drittaufwand« eingefügt, in dem konzentriert und **klausurorientiert** die wichtigsten Aussagen zu dieser – im Detail schwierigen – Fallgruppe zusammengefasst werden. Die nachfolgenden Darstellungen (s. Kap. 3.2.1–3.3.4) dienen dem Hintergrundverständnis zu diesem Rechtsinstitut.

3.2.1 Allgemeiner Anwendungsbereich (= H 4.7 EStH »Drittaufwand« und »Eigenaufwand für ein fremdes Wirtschaftsgut«)

Zunächst wird betont, dass der **echte Drittaufwand**, wonach ein Dritter, zu dem auch der Ehegatte zählt, Aufwand tätigt, der steuerlich einer anderen Person als Erwerbsaufwand dient, **nicht** zum Abzug berechtigt (BFH (GrS) vom 23.08.1999, BStBl II 1999, 782; in Bestätigung durch BFH vom 30.01.1995, BStBl II 1995, 281). Als Begründung wird auf die individuelle Leistungsfähigkeit i.V.m. dem objektiven Nettoprinzip verwiesen, die in § 2 Abs. 1 und Abs. 2 EStG verankert sind.

Nur unter der Voraussetzung des **abgekürzten Zahlungsweges** liegt unter Berücksichtigung des steuerunbeachtlichen Zuwendungsgedanken kein Drittaufwand vor, sondern **Eigenaufwand** des Einkommens, dem die Zahlung des Dritten als eigene zugerechnet wird.[35]

> **Beispiel 9: Der altruistische Vater**
> Vater tilgt – in Absprache – die Reparaturkosten des Sohnes für dessen Miethaus.
>
> **Lösung:** Es liegt ein Eigenaufwand des Sohnes vor, der nach §§ 9, 21 EStG zum WK-Abzug berechtigt. Dies soll auch gelten, wenn es sich dabei um Aufwand handelt, der über die AfA auf mehrere Perioden zu verteilen ist. (Beispiel: V trägt zu Gunsten des Sohnes Vertragskosten anlässlich eines Ausbaus, die steuerlich als nachträgliche HK zu werten sind.)

In der Fallgruppe des **abgekürzten Vertragsweges** liegt zwar eine ablehnende Entscheidung des BFH aus dem Jahre 1996 vor (BFH vom 13.03.1996, BStBl II 1996, 375), der Große Senat hat diese Fallgruppe aber nicht generell abgelehnt (BFH vom 23.08.1999, BStBl II 1999, 782). Zwischenzeitlich hat der IV. Senat die Anerkennung des abgekürzten Vertragsweges auf **Bargeschäfte des täglichen Lebens** präzisiert (BFH vom 24.02.2000 (BStBl II 2000, 314). Wiederum anders die Auffassung des IX. Senat, nach der es eben nicht darauf ankommen soll, dass es sich um Bargeschäfte des täglichen Lebens handelt (BFH vom 15.11.2005, BStBl II 2006, 623)

> **Beispiel 10: Der verkürzte Kontrakt**
> Mutter schließt im Beispiel 9 den Reparaturvertrag mit dem Bauhandwerker selbst und bezahlt als Vertragspartner die Schuld, die dem Sohn zugute kommt.
>
> **Lösung:** Vorbehaltlich der Verwaltungsauffassung kann S auch in diesem Fall die von M als Vertragspartner bezahlten Reparaturkosten als WK abziehen (= BFH vom 15.11.2005, BStBl II

---

35 So schon der BFH vom 13.03.1996 (BStBl II 1996, 375).

2006, 623). Die entgegenstehende Verwaltungsauffassung (Nichtanwendungserlass vom 09.08.2006, BStBl I 2006, 492) akzeptierte den »abgekürzten Vertragsweg« mit der Konsequenz eines Aufwandsabzug nur für Bargeschäfte des täglichen Lebens, da allein die beiden Urteile aus den Jahren 1996 und 2000, nicht hingegen das Urteil aus 2005, für anwendbar erklärt wurden.

Hinweis: Für die Fallgruppe des **abgekürzten Vertragswegs** (Sachverhalt des BFH-Urteils ist identisch mit Beispiel 10) hat der IX. Senat im Urteil vom 15.01.2008 (BStBl II 2008, 572) seine Rspr. aus dem Jahre 2005 beibehalten und nach dem sog. Zuwendungsgedanken den Fall so behandelt, als ob die Mutter dem Sohn vorher das Geld geschenkt hätte. Das BMF hat sich danach dieser Auffassung unter Aufhebung des o.g. Nichtanwendungserlasses angeschlossen (BMF vom 07.07.2008, BStBl I 2008, 717) und erstreckt die Fallgruppe des abgekürzten Vertragsweges (= anzuerkennender Erwerbsaufwand des Einkunftserzielers) ausdrücklich auf den BA-Abzug sowie – erstmalig – auch auf den Bereich des **subjektiven Nettoprinzips** (Sonderausgaben und außergewöhnliche Belastungen). Dementsprechend wurde auch im H 4.7 EStH »Drittaufwand« die Einschränkung auf die Bargeschäfte des täglichen Lebens aufgegeben und hat man sich der bestätigenden Entscheidung des IX. Senats (BFH vom 28.09.2010, BStBl II 2010, 271) angeschlossen.

Ausgenommen bleiben aber nach dem BMF-Schreiben **Kreditverbindlichkeiten** und **andere Dauerschuldverhältnisse** (so auch H 4.7 EStH »Drittaufwand«).

Zur Fallgruppe des Drittaufwands im Bereich des **subjektiven Nettoprinzips** hat sich der Große Senat nicht geäußert, so dass das dortige Abzugsverbot (noch) bestehen bleibt.[36]

3.2.2 Erster Spezialfall: Objektfinanzierung bei Ehegatten (= H 4.7 EStH »Drittaufwand«)

Um Abzugsbeschränkungen nach den o.g. Grundsätzen zu vermeiden, hat der BFH in der Hauptfallgruppe des **Erwerbs einer Immobilie durch den Ehegatten**, mit der anschließend Einkünfte erzielt werden, folgende Überlegungen entwickelt (BFH vom 23.08.1999, BStBl II 1999, 782):

- Zunächst wird eine **Zuwendungsvermutung** aufgestellt. Danach wird bei Ehegatten unterstellt, dass diese die Aufwendungen (HK oder AK) in dem Verhältnis getragen haben, wie sie der **Eigentumssituation** an dem Objekt entspricht. Diese Hypothese gilt unabhängig von der tatsächlichen Zahlung. Diese Überlegung geht zunächst von der Irrelevanz der Mittelherkunft aus und spricht sich für eine eigentums- (besser: grundbuch-)orientierte Betrachtungsweise aus.
- Dies gilt auch, wenn die jeweiligen Mittel aus »**einem Topf**« (d.h. von einem gemeinsamen Konto) beglichen werden.[37]
- Diese Überlegungen sollen auch im Falle des Alleineigentums eines Ehegatten gelten.

---

36 Vgl. Teil A, Kap. V 1.2.4.
37 S. hierzu BFH, anhängiges Verfahren; ausgelöst von FG Düsseldorf vom 12.02.2014; Az.: 7 K 407/13 E. Es geht um die Frage, ob der Nichteigentümer-Ehegatte (= Einkunftserzieler, § 18 EStG) AfA und Zinsen als BA auf einem Objekt des Eigentümer-Ehegatten geltend machen kann, wenn die Zahlungen von einem Oder-Konto erfolgen, dem nahezu ausschließlich Mittel vom N-Eigentümer-Ehegatten zufließen.

Beispiel 11: Vermietete Ehegattenimmobilie mit unterschiedlicher Startfinanzierung
EM ist zu 1/4 und EF zu 3/4 Eigentümer der Immobilie mit HK von 0,4 Mio. €.
a) Jeder der Ehegatten hat entsprechend seiner Eigentumsquote finanziert (= Vermutung des BFH).
b) Der »Topf« der 400 T€ (vgl. unten a)) ist ausschließlich aus Mitteln der EF gespeist worden.
c) EF ist zu 100 % Eigentümerin; EM trägt mit Eigenmitteln oder mit Kreditmitteln 100 T€ bei.

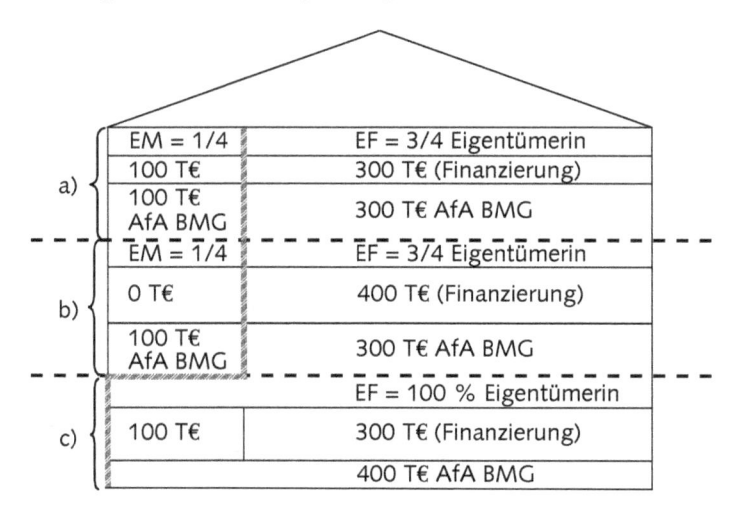

	EM	EF
a)	EM = 1/4 100 T€ 100 T€ AfA BMG	EF = 3/4 Eigentümerin 300 T€ (Finanzierung) 300 T€ AfA BMG
b)	EM = 1/4 0 T€ 100 T€ AfA BMG	EF = 3/4 Eigentümerin 400 T€ (Finanzierung) 300 T€ AfA BMG
c)	100 T€	EF = 100 % Eigentümerin 300 T€ (Finanzierung) 400 T€ AfA BMG

Lösung:
a) EM hat steuerlich 100 T€ aufgewendet, während EF 300 T€ steuerlich aufgewendet hat.
b) Es ändert sich nichts an der Lösung gegenüber a).
c) EF kann steuerlich zu 100 % das Abschreibungspotenzial ausnutzen.

Zur letzten Fallgruppe (Alleineigentum eines Ehegatten unter Darlehensverwendung des Nicht-Eink-Ehegatten) hat der IX. Senat des BFH in zwei **Folgeentscheidungen** vom 02.12.1999 (BStBl II 2000, 310 und 312) entschieden, dass die Schuldzinsen für ein vom Nicht-Eink-Ehegatten aufgenommenes Darlehen nur dann voll abzugsfähig sind, wenn sie der Eink-Ehegatte aus **eigenen Mitteln** gezahlt hat.[38]

Dieser Fallkonstellation hat der BFH mit Urteil vom 20.06.2012 (BFH/NV 2012, 1952) den Sachverhalt gleichgestellt, da der Eink-Ehegatte die gesamtschuldnerische persönliche Mithaftung für den Anteil des Nicht-Eink-Ehegatten übernommen hat (s. hierzu auch Jachmann, Rezension juris-PR- 3/2013).

Die Frage der Mittelherkunft (banktechnischer Schuldner des Darlehens?) wird überlagert durch die tatsächliche Bezahlung. Für den Fall allerdings, dass sich der **Eink-Ehegatte nicht** am Zahlungsvorgang beteiligt (und nur der Nicht-Eink-Ehegatte die Zahlungen aufbringt), können die Schuldzinsen des Nicht-Eink-Ehegatten nicht als WK abgezogen werden. Hierin liegt nach dem Urteil des BFH vom 05.07.2000 (BFH/NV 2000, 1344) auch kein Verstoß gegen Art. 6 GG. Diese Entscheidung deckt sich mit der o.g. Erkenntnis des BFH, dass der »abgekürzte Vertragsweg« (Darlehensschuldner = Nicht-Eink-Ehegatte) bei Kreditverbindlichkeiten keine Berücksichtigung findet.

---

38 Dies hat der BFH im Urteilsfall dann angenommen, wenn der Eink-Ehegatte die Mieten auf ein Konto des Nicht-Eink-Ehegatten überweist, von dem aus die Schuldzinsen bezahlt werden.

In allen anzuerkennenden Fällen richtet sich die **AfA** nach den derjenigen für **Gebäude** (§ 7 Abs. 4 EStG).[39]

In wertender Hinsicht decken sich die Erkenntnisse zur Ertragsteuer mit der Wertung im Zivilrecht und im Schenkungsteuerrecht, wonach die Finanzierung des Ehegattenimmobilienerwerbs untereinander eine sog. »unbenannte Zuwendung« unter Ehegatten darstellt. Diese spielt sich weitgehend im »sanktions- oder rechtsfreien« Raum (keine Schenkung, keine Schenkungsteuerpflicht) ab.[40]

3.2.3 Zweiter Spezialfall: Unentgeltliche Nutzung eines Arbeitszimmers im »Ehegattenhaus« (= H 4.7 EStH 4. Spiegelstrich zu »Eigenaufwand für ein fremdes WG«)

Die o.g. Zuwendungsvermutung wird bei Nutzung eines Arbeitszimmers (Praxisraumes etc.) durch eine **Zuordnungsfiktion** ersetzt. Hat der das Arbeitszimmer nutzende Ehegatte einen **höheren** Beitrag geleistet, als dies seinem Eigentumsanteil entspricht, so zählt für die AfA **nicht die Eigentumsquote**. Vielmehr wird der überschießende Betrag dem Eink-Ehegatten als **eigener Aufwand** zugeordnet. Vereinfacht ausgedrückt: Der Einkunftstatbestand hat – bei Ehegatten – Vorrang vor dem Eigentum.

Dabei wurde die Rspr. (BFH vom 30.01.1995, BStBl II 1995, 281: **Miteigentum** beider Ehegatten und Arbeitszimmer eines Ehegatten) fortentwickelt. Der Große Senat hat sie mit Urteil vom 23.08.1999, BStBl II 1999, 778 auf den Fall des **Alleineigentums** übertragen. In diesem Fall qualifizierte der BFH die Aufwendungen des EM, soweit sie auf das Arbeitszimmer entfielen, als dessen Eigenaufwand für ein eigenes WG, ohne dass er Eigentümer des anteiligen Grundstückes war. Diese Aufwendungen sind demnach steuerlich keine Aufwendungen (AK/HK) für ein fremdes WG, sondern für ein **eigenes WG**, auch »Quasi-WG« genannt. In bilanztechnischer Hinsicht ist es **wie ein materielles WG** zu behandeln.

Beispiel 12: Eigentumsverhältnisse und Einkunftsart stehen »überkreuz«
Im Grundbuch ist die EF zu 100 % eingetragen, ohne eine Einkunftsart zu verwirklichen. Allein der EM realisiert Einkünfte und nutzt dabei ein Arbeitszimmer. Hierfür fallen Aufwendungen an.

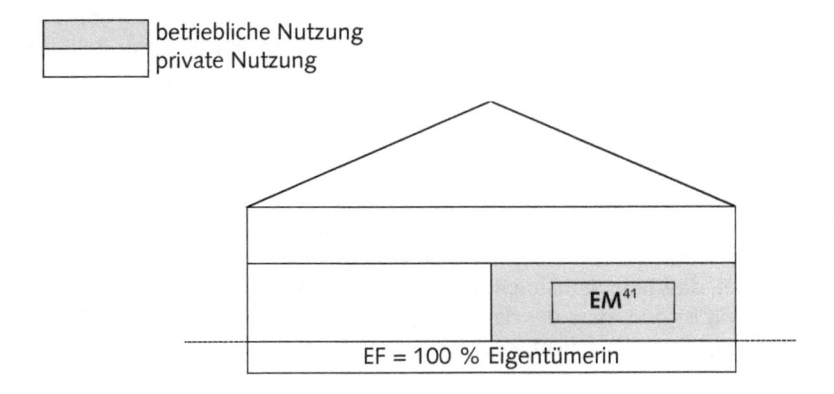

betriebliche Nutzung
private Nutzung

EM[41]

EF = 100 % Eigentümerin

---

39 S. hierzu H 4.7 EStH »Eigenaufwand für ein fremdes Wirtschaftsgut«.
40 Zivilrechtlich vgl. *Weidenkaff* in *Palandt*, BGB, § 516 Rz. 10; sowie BFH vom 28.11.1984 (BStBl II 1985, 159).
41 Aufwendungen des EM als »Quasi-WG« (= eigenes WG).

Lösung: Die vom EM getätigten Aufwendungen für das Arbeitszimmer werden steuerlich nicht als fremde Aufwendungen für ein fremdes WG angesehen, sondern als **eigene** Aufwendungen für ein fremdes WG (»Quasi-WG« – Einzelheiten s. Kap. 3.3). AfA fällt auch hier nach Gebäudegrundsätzen an.

3.2.4 Dritter Spezialfall: Arbeitszimmer im Miteigentum beider Ehegatten (= H 4.7 EStH 3. Spiegelstrich zu »Eigenaufwand für ein fremdes WG«)

Zumindest steuerlich wird es nicht einfacher, wenn beide Ehegatten ein Arbeitszimmer haben.

Beispiel 13: Gemeinsames Haus; zwei Arbeitszimmer
EM und EF haben gemeinsam ein bebautes Haus zu je 50 % erworben; die Gebäude-AK betragen 500 T€. Jeder nutzt ein Arbeitszimmer (anteilige AK: je 30 T€) alleine.

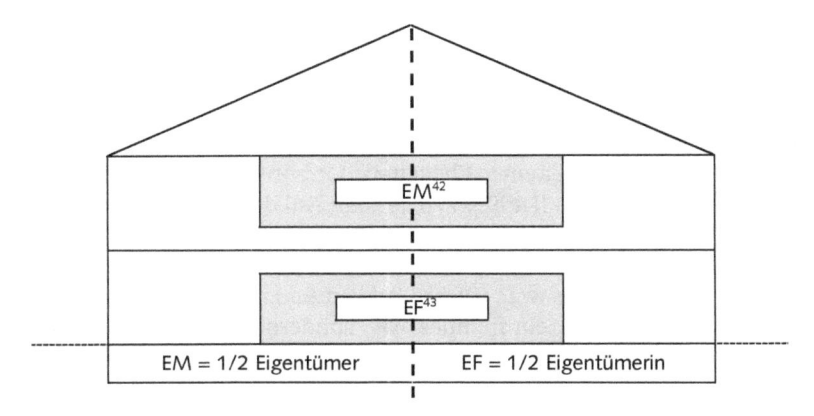

[Abbildung: Haus mit zwei Arbeitszimmern, EM[42] oben und EF[43] unten; EM = 1/2 Eigentümer, EF = 1/2 Eigentümerin]

Lösung: Nach BFH vom 23.08.1999 (BStBl II 1999, 774) gelten folgende Grundsätze:
- Nutzen die Miteigentümer-Ehegatten das Gebäude bzw. einen Raum gemeinsam zur Erzielung von Einkünften, so kann jeder der Ehegatten die seinem Eigentumsanteil entsprechende AfA in Anspruch nehmen. Im ersten Schritt können danach EM und EF – ohne Zahlungsprüfung – je 15 T€ als AfA-BMG geltend machen, da ihnen auch das jeweilige Arbeitszimmer zu 50 % gehört.
- Nutzt ein Miteigentümer das Arbeitszimmer **allein**, ist davon auszugehen, dass er AK/HK aufgewendet hat, um diesen Raum insgesamt zu nutzen. Danach kann hier jeder der Ehepartner grundsätzlich 30 T€ als AfA-BMG geltend machen (so im Beispielsfall).
- Tragen die Ehegatten unterschiedlich hohe Beiträge (bei gleichen Miteigentumsanteilen), dann hat der Ehegatte, der das »Mehr« leistet, dieses seinem Ehepartner mit der Folge zugewendet, dass jeder von ihnen so anzusehen ist, als habe er den Anteil selbst getragen.
- Entscheidend ist nun, dass der dem anderen Miteigentümer gehörende Anteil – zur Geltendmachung der AfA – **nicht wechselseitig vermietet** (und angemietet) werden muss.[44]

---

42 Volle AfA, obwohl nur zu 1/2 Eigentümer.
43 Volle AfA, obwohl nur zu 1/2 Eigentümer.
44 Man verzichtet in dieser Fallkonstellation auf einen ausdrücklichen Erwerbstatbestand nach § 21 EStG. Nach einer Entscheidung des FG München vom 08.10.2008 (EFG 2009, 153) stellt die Vermietung von in der Ehewohnung befindlichen Arbeitszimmern durch die Ehegattengrundstücksgemeinschaft an

Anders als das Miteigentumsrecht bezieht sich das **Nutzungsrecht** auf den **ganzen** Raum. Dies gilt gerade in der Konstellation, wenn das Gebäude (mit den zwei Arbeitszimmern) von den Ehegatten gemeinsam bewohnt wird.
- Auch hier wird die AfA nach Gebäudegrundsätzen gewährt.

3.2.5 Vierter Spezialfall: Gleichzeitig angeschaffte Eigentumswohnungen[45]

Für den Fall, dass die Ehegatten **gleichzeitig** aus gemeinsamen Mitteln **zwei** ETW (Alleineigentum des jeweiligen Ehegatten) erworben haben und **eine** davon zu **gemeinsamen Wohnzwecken** dient, in der ein Ehegatte allein ein Arbeitszimmer zu betrieblichen Zwecken nutzt und die andere ETW vermietet wird, gelten besondere Regeln. Danach kann vom Eink-Ehegatten die darauf entfallenden AK nicht als eigene WK (BA) in Form der AfA geltend gemacht werden. Der Grund liegt darin, dass die oben aufgestellte Zuordnungsfiktion hier nicht gilt, da die jeweiligen ETW jeweils auf alleinige Rechnung der Ehegatten angeschafft und eben nicht aus einem Topf finanziert wurden. Mit anderen Worten: der Eink-Ehegatte hat hier kein »Quasi-WG« erworben. In diesem Fall können alleine die sog. nutzungsorientierten Aufwendungen (z.B. die anteiligen Energiekosten) als BA/WK abgezogen werden.

Darüber hinaus werden nach den Entscheidungsgründen des BFH-Beschlusses noch **zwei** weitere **(Rück-)Ausnahmen** von der **Zuordnungsfiktion** des Eigentums (Irrelevanz der Mittelherkunft bei Ehegatten) gemacht:

- Nur einer der Ehegatte erzielt Einkünfte bzw. ein Ehegatte erzielt wesentlich höhere Einkünfte als sein Partner.
- Die Wohnungen sind zu unterschiedlichen Zeitpunkten erworben worden.

3.3 Bilanztechnische Behandlung des »Quasi-Wirtschaftsguts« (= H 4.7 EStH 1. und 2. Spiegelstrich zu »Eigenaufwand für ein fremdes WG«)

Immer dann, wenn der Eink-Ehegatte seinen Gewinn durch BVV nach § 4 Abs. 1 EStG ermittelt, stellt sich die weitere Frage nach der bilanziellen Behandlung des »Quasi-WG«. Der BFH hatte bis Mai 2002 nur die grundsätzliche Behandlung vorgegeben, Einzelheiten aber offengelassen. Im Urteil vom 14.05.2002 (BStBl II 2002, 741) werden Details mitgeteilt.

3.3.1 Aufteilung in selbständige Wirtschaftsgüter

Zunächst ist bei Vorliegen eines Arbeitszimmers (einer Praxis, einer Fabrikhalle) auf dem gemeinsamen Grundstück der Ehegatten die Aufteilungsregel von R 4.2 Abs. 3 und 4 EStR zu beachten, wonach ein bebautes Grundstück entsprechend seines Nutzungs- und Funktionszusammenhangs **aufgeteilt** wird.

---

einzelne Ehegatten zudem einen Gestaltungsmissbrauch zur Umgehung der Abzugsbeschränkung des § 4 Abs. 5 S. 1 Nr. 6b EStG dar.
45 BFH vom 23.08.1999 (BStBl II 1999, 782).

Beispiel 14: Eine Wohnung und vier Wirtschaftsgüter
EM und EF sind zu je 50 % Miteigentümer einer ETW, die beruflich und privat genutzt werden. Eines der drei gleich großen Zimmer nutzt EM für berufliche Zwecke als selbständiger bilanzierender[46] Architekt (Praxisraum).

Mit der Aufteilung nach dem Funktionszusammenhang entstehen – steuerlich – isolierte (besser: atomisierte) WG einer – zivilrechtlich – einheitlichen Sache. Die zweite Aufteilung folgt der Eigentumssituation, so dass so viele selbständige WG geschaffen werden, wie Gebäudeeigentümer vorhanden sind.[47]

Lösung: Es existieren vier selbständige WG. EM hat einen hälftigen Miteigentumsanteil am Praxisraum und an der Wohnung, ebenso wie EF über zwei inhaltsgleiche WG verfügt. Als weitere Konsequenz kann nur der hälftige Anteil des EM am Praxisraum (allgemein: am betrieblich genutzten Gebäudeteil) zu seinem BV gem. § 5 Abs. 1 S. 1 EStG gezählt werden.

3.3.2 Bilanztechnische Behandlung »wie ein materielles Wirtschaftsgut«

Der hälftige Anteil der EF (Beispiel 14) an dem betrieblich von EM genutzten Gebäudeteil ist bei EM »wie ein materielles WG« zu behandeln. EM erwirbt durch seinen Eigenaufwand zunächst kein selbständiges bilanzierungsfähiges WG, da er nicht dessen zivilrechtlicher Eigentümer wird. Diese als »Quasi-WG« zu bilanzierende **Nutzungsbefugnis** ist mit ihren AK/HK zu aktivieren und gem. BMF vom 05.11.1996 (BStBl I 1996, 1257) nach den für **Gebäude** geltenden Grundsätzen **abzuschreiben**. Die Verwaltung bezeichnet a.a.O. diesen Fall als »wirtschaftliches Eigentum« (m.E. zu Unrecht).

Als Vorbild für die bilanzielle Behandlung der Nutzungsbefugnis dient dabei die Behandlung von »Bauten auf fremden Grund und Boden«. In diesen Fällen hat der Nutzende bei Beendigung der Nutzung einen zivilrechtlichen Anspruch gegen den Grundstückseigentümer nach §§ 951, 946, 812 ff. BGB auf Wertausgleich (sog. Verwendungskondiktion). Dabei findet in der quantifizierbaren Beurteilung durch den BFH vom 14.05.2002 eine Abkehr von den Gedanken der Nutzungsbefugnis und des Nutzungsrechts statt. Der Paradigmenwechsel vollzieht sich mit der Hinwendung zur Bilanzfigur der »Bauten auf fremden Grund und Boden«.

Danach findet eine wertbezogene (und keine gegenstandsbezogene) Betrachtung statt, die sich an § 39 Abs. 2 Nr. 1 AO orientiert. Solange der Anspruch **kraft Gesetz** besteht, liegen mit den Baukosten eigene Aufwendungen auf ein eigenes WG vor. Problematisch ist allerdings der Wegfall der Anspruchsgrundlage, etwa wegen Wegfalls der Bereicherung seitens des Ehegatten (§ 818 Abs. 3 BGB – s. Kap. 3.3.4).

3.3.3 Höhe der AfA-Beträge

Bis zur BFH-Entscheidung aus dem Jahre 1995 (BFH vom 30.01.1995, BStBl II 1995, 281) hat sich die Höhe der AfA-Beträge an der Dauer des Nutzungsrechtes i.S.d. § 7 Abs. 1 EStG orientiert. Wenn nun aber in der Entscheidung des Jahres 1999 von der Nutzungsbefugnis »wie ein materielles WG« die Rede ist und die Aufwendungen »ihrer Natur nach HK/AK

---

[46] Für den § 4 Abs. 3-Rechner stellt sich wegen der AfA und des Anlageverzeichnisses im Ergebnis das gleiche Problem.
[47] So der BFH im Beschluss des GrS 1/97 vom 23.08.1999 (BStBl II 1999, 778).

eine Gebäudes bzw. mit ihnen vergleichbar sind« (s. BFH a.a.O.), dann sind – konsequenterweise – die für die Gebäude-AfA geltenden typisierenden AfA-Sätze von § 7 Abs. 4 EStG anwendbar.

3.3.4 Beendigung der Nutzung

Nicht weniger kompliziert ist es, wenn die Ehe oder das berufliche Engagement zu Ende geht.

Beispiel 15: Gemeinsames Haus mit Arbeitszimmer; Schluss und vorbei?
EM erwirbt ein Gebäude im Alleineigentum. EF zahlt 1/3 der AK dazu und nutzt ein Gebäudeteil zu beruflichen Zwecken und schreibt die Nutzungsbefugnis »wie ein materielles WG« ab. Nach zehn Jahren endet die berufliche Nutzung (bzw. erfolgt die Scheidung). Der beruflich genutzte und »wie ein materielles WG« abgeschriebene Teil soll einen Rest-BW von 100 T€ haben. Diesen Betrag wendet EF durch die Aufgabe der Nutzung nunmehr EM zu.

Über die **Zuwendungsvermutung** bei dem Erwerb des gemeinsamen Objekts hinaus (der AK-Beitrag des Nicht-Eig-Ehegatten wird dem Eig-Ehegatten zugerechnet) lässt der BFH diesen Gedanken auch bei **Beendigung** der Nutzungsbefugnis gelten. Danach wird der steuerlich noch nicht verbrauchte Teil des auf die Nutzungsbefugnis entfallenden »Quasi-WG« dem anderen Ehegatten zugewendet.

Lösung: I.H.d. Rest-BW von 100 T€ liegt eine Entnahme aus dem BV der EF vor. Die AK des EM erhöhen sich bei Beendigung der Nutzungsbefugnis um eben diese 100 T€.
Fraglich ist bis zum heutigen Tag, ob die Entnahme bei EF erfolgsneutral oder gem. § 6 Abs. 1 Nr. 4 EStG mit dem TW erfolgt. Die h.M. entnimmt aus der Formulierung des BFH (sinngemäß): »Der Mehrbetrag bei Beendigung [...] ist dem Eigentümer [...] zuzurechnen. Dies gilt auch [...], wenn die berufliche Nutzung endet«[48], dass der BFH die **Entnahme** der Berufsträgerin EF **erfolgsneutral** (AK bzw. HK ./. AfA) behandeln wollte (s. hierzu schon BFH vom 29.04.2008, BStBl II 2008, 749).
In diesem Sinne hat schließlich auch der BFH am 19.12.2012 (BStBl II 2013, 387) entschieden. Anders formuliert: Die AfA-Befugnis stellt lediglich ein Instrument zur Umsetzung des objektiven Nettoprinzips dar und ändert nichts daran, dass der Anteil des beruflich genutzten Gebäudeteils, der auf den anderen Ehegatten entfällt, der keine Einkünfte erzielt, als WG in dessen einkommensteuerlich unbeachtliche Privatsphäre verbleibt und es insoweit an einem Gewinnrealisationstatbestand trotz Entnahme fehlt.

3.3.5 Drittaufwand – Fazit

3.3.5.1 Die Grundkonstellation

Drittaufwand liegt begrifflich immer dann vor, wenn **eine Person** Aufwendungen **ohne eigene** Einkunftsquelle tätigt, die einem anderen Einkünfteerzieler zugutekommen. Diese Fallgruppe kommt in der Praxis nur bei Ehegatten- bzw. Angehörigen-Mitfinanzierung vor.

---

48 BFH vom 23.08.1999 (BStBl II 1999, 778 – zweite Rechtsfrage).

Beispiel 15a:
EM und EF sind zu je 50 % Miteigentümer einer Grundstücksfläche. (Nur) **EF ist Gewerbetreibende** und errichtet – zusammen mit EM bei paritätischer Finanzierung – eine Fabrikationshalle auf dem gemeinsamen Grundstück (HK: 1 Mio. €). Es stellt sich die Frage, ob EF nach Errichtung der Halle AfA in voller Höhe vornehmen kann. In Höhe ihrer Eigentumshälfte (50 %) bestehen keine Bedenken, da Eigentum und Einkunftserzielung zusammenfallen.

Lösung: Gem. H 4.7 EStH »Drittaufwand« und »Eigenaufwand für ein fremdes Wirtschaftsgut« wird klargestellt, dass der echte Drittaufwand, wonach ein Dritter, zu dem auch der Ehegatte zählt, einen Aufwand tätigt (hier: EM), der steuerlich **einer anderen Person als Erwerbsaufwand** dient (hier: EF), **nicht** zum Abzug berechtigt.
Nur unter der Voraussetzung des **abgekürzten Zahlungsweges** liegt unter Berücksichtigung des steuerunbeachtlichen Zuwendungsgedanken kein Drittaufwand vor, sondern Eigenaufwand des Ehegatten (EF), dem die Zahlung des Dritten (EM) als eigene zugerechnet wird. Voraussetzung ist hierbei jedoch, dass die Zuwendung des EM eine Schuld der EF tilgt. Dies ist hier augenscheinlich nicht der Fall, da EM hier für seine eigene Schuld = hälftiger Hallenbau eintritt.
Auch in der Fallgruppe des **abgekürzten Vertragsweges**, d.h. Abschluss eines Vertrages im eigenen Namen, aber im Interesse der EF (EM schließt Bauvertrag alleine), kommt es nur zur ausnahmsweisen Berücksichtigung als Eigenaufwand (hier nicht ersichtlich).
Ein Fall des **Quasi-WG** (und damit der AfA-Befugnis der EF) liegt ebenfalls hier nicht vor. Diese Rechtsfigur greift nur, wenn – umgekehrt – EF Aufwendungen für ein ihr nicht gehörendes Grundstück (bzw. einen Grundstücksteil) getätigt hätte und dies betrieblich nutzt.
Losgelöst hiervon können die Darlehnszinsen nur hälftig abgezogen werden, da die Ausnahmen bei Kreditverbindlichkeiten keine Anwendung finden.

3.3.5.2 Das »Quasi-WG«

Beispiel 15b:
EF errichtet auf dem ganzen Grundstück, das ihr und EM je zur Hälfte gehört, die Halle alleine mit eigenem Geld.

Lösung: Der hälftige Anteil des EM (Alternative) an dem betrieblich von EF genutzten Gebäudeteil ist bei EF »wie ein materielles WG« zu behandeln. EF erwirbt durch ihren Eigenaufwand zunächst kein selbständiges bilanzierungsfähiges WG, da sie nicht die zivilrechtliche Eigentümerin ist. Diese als »Quasi-WG« zu bilanzierende **Nutzungsbefugnis** ist mit ihren AK/HK zu aktivieren und gem. BMF vom 05.11.1996 (BStBl I 1996, 1257) nach den für **Gebäude** geltenden Grundsätzen **abzuschreiben** (§ 7 Abs. 4 EStG). Die Verwaltung bezeichnet a.a.O. diesen Fall als »wirtschaftliches Eigentum«. Als Vorbild für die bilanzielle Behandlung der Nutzungsbefugnis dient dabei die Behandlung von »Bauten auf fremdem Grund und Boden«.

Bis zur BFH-Entscheidung aus dem Jahre 1995 (BFH vom 30.01.1995, BStBl II 1995, 281) hat sich die Höhe der AfA-Beträge an der Dauer des Nutzungsrechtes i.S.d. § 7 Abs. 1 EStG orientiert. Wenn nun aber in der Entscheidung des Jahres 1999 von der Nutzungsbefugnis »wie ein materielles WG« die Rede ist und die Aufwendungen »ihrer Natur nach HK/AK eines Gebäudes bzw. mit ihnen vergleichbar sind« (s. BFH a.a.O.), dann sind – konsequenterweise – die für die Gebäude-AfA geltenden typisierenden AfA-Sätze von § 7 Abs. 4 EStG anwendbar.

3.3.5.3 Die Beendigung der Nutzungsbefugnis

Beispiel 15c:
EM erwirbt ein Gebäude im Alleineigentum. EF zahlt 1/3 der AK dazu und nutzt ein Gebäudeteil zu beruflichen Zwecken und schreibt die Nutzungsbefugnis »wie ein materielles WG« ab. Nach zehn Jahren endet die berufliche Nutzung (bzw. erfolgt die Scheidung). Der beruflich genutzte und »wie ein materielles WG« abgeschriebene Teil soll einen Rest-BW von 100 T€ haben. Diesen Betrag wendet EF durch die Aufgabe der Nutzung nunmehr EM zu.

Über die **Zuwendungsvermutung** bei dem Erwerb des gemeinsamen Objekts hinaus (der AK-Beitrag des Nicht-Eigentümer-Ehegatten wird dem Eig-Ehegatten zugerechnet) lässt der BFH diesen Gedanken auch bei **Beendigung** der Nutzungsbefugnis gelten. Danach wird der steuerlich noch nicht verbrauchte Teil des auf die Nutzungsbefugnis entfallenden »Quasi-WG« dem anderen Ehegatten zugewendet.

Lösung: I.H.d. Rest-BW von 100 T€ liegt eine Entnahme aus dem BV der EF vor. Die AK des EM erhöhen sich bei Beendigung der Nutzungsbefugnis um eben diese 100 T€.
Fraglich ist bis zum heutigen Tag, ob die Entnahme bei EF erfolgsneutral oder gem. § 6 Abs. 1 Nr. 4 EStG mit dem TW erfolgt. Die h.M. entnimmt aus der Formulierung des BFH (sinngemäß) »Der Mehrbetrag bei Beendigung [...] ist dem Eigentümer [...] zuzurechnen. Dies gilt auch [...], wenn die berufliche Nutzung endet«, dass der BFH die **Entnahme** der Berufsträgerin EF **erfolgsneutral** (AK bzw. HK ./. AfA) behandeln wollte.

3.3.5.4 Drittaufwand – allgemein
Nach BFH (Urteil vom 15.01.2008, BStBl II 2008, 572) und BMF-Schreiben vom 07.07.2008 (BStBl I 2008, 717) sind Erhaltungsaufwendungen (der Mutter) als WK (des Sohnes: § 21 EStG) auch bei **abgekürztem Vertragsweg** anzuerkennen.

Aber: Keine Berücksichtigung bei Kreditverbindlichkeiten und anderen Dauerschuldverhältnissen!

3.4 Folgefragen, insbesondere zum eigenkapitalersetzenden Angehörigendarlehen

3.4.1 Weitere Problemfälle

Eine geringfügige Variante bei allen oben diskutierten Fällen zeigt die Singularität der BFH-Erkenntnis. Sollte es sich bei dem Arbeitszimmer um ein »**Studierzimmer**« eines noch in Ausbildung befindlichen Ehepartners handeln, stellt sich die Frage der Übertragung der Grundsätze auf den Bereich der Sonderausgaben (§ 10 Abs. 1 Nr. 7 EStG).

Für diesen Fall ist nach dem o.g. BMF-Schreiben (BStBl I 2008, 717) zwar die grundsätzliche Erstreckung auf die Sonderausgaben möglich; das Verbot der Fallgruppe (»abgekürzter Vertragsweg«) für Dauerschuldverhältnisse steht – noch – einer umfassenden Analogie im Wege.

Natürlich wird die Verwaltung die BFH-Grundsätze nicht auf eheähnliche Beziehungen übertragen. Was hat aber zu geschehen, wenn **Miteigentümer-Verlobte** steuerlich in die Ehe »hineinwachsen«. Man wird hier wohl auf die Einlageregelung des § 6 Abs. 1 Nr. 5 EStG und die dortigen Fallalternativen zurückgreifen.

3.4.2 Drittaufwand bei »eigenkapitalersetzenden Darlehen«

Mit vier Entscheidungen vom 12.12.2000 hat der VIII. Senat das steuerliche Rechtsinstitut des Drittaufwands auf ein neues Feld übertragen.[49] Es geht um die Beurteilung von **Finanzhilfen** seitens der **Angehörigen** (Ehegatten) von **GmbH**-G'ftern, die in der Krise der GmbH gegeben werden. Rein gesellschaftsrechtlich sind finanzielle Unterstützungen (Darlehen, Bürgschaften, Sicherheiten) bei einer unterkapitalisierten GmbH als sog. **eigenkapitalersetzendes Darlehen** (§ 32a GmbHG a.F. = §§ 39, 135, 44a InsO n.F.[50]) zu behandeln. Über § 32a Abs. 3 GmbHG a.F. (»ähnliche Rechtshandlungen«) hat der BGH auch die Unterstützung von Angehörigen hierunter subsumiert. Da die neue Rechtslage (InsO) noch nicht steuerlich rezipiert ist, wird nachfolgend die Auffassung des BFH und der Verwaltung zugrunde gelegt (auch die EStR verwenden noch die alte Begrifflichkeit).

Kommt es nun zur Insolvenz der GmbH, stellt sich für den »wesentlich beteiligten« G'fter die Frage nach der Höhe seiner Verluste (Gewinne) gem. § 17 EStG. Wegen der auch für § 17 EStG geltenden Berechnungsformel (Veräußerungspreis bzw. gemeiner Wert ./. AK) ist es von entscheidender Bedeutung, ob die eigenkapitalersetzende Maßnahme seitens des Ehegatten als nachträgliche AK auf die Beteiligung beurteilt werden. Nachdem die Vorfrage der Einlagefähigkeit von Finanzmitteln mit der Annahme von bilanzierungsfähigen Vorteilen geklärt ist[51], stellt sich die Kernfrage, ob die Zuwendung von Dritten (Ehegatten, Geschäftspartnern) einen unzulässigen (oder ausnahmsweise zulässigen) Drittaufwand darstellt. Unter Übernahme der o.g. allgemeinen Erkenntnisse zum Drittaufwand kommt der BFH in dieser Fallgruppe **»Drittaufwand bei eigenkapitalersetzenden Darlehen (bzw. allgemein: finanziellen Sicherheiten«)** zu folgenden Ergebnissen[52]:

- Darlehen von Angehörigen (Ehegatten) zu Gunsten der notleidenden GmbH des G'fters sind grundsätzlich nicht als Drittaufwand und damit nicht als nachträgliche AK des G'fters zu berücksichtigen (BFH vom 12.12.2000, BStBl II 2001, 286). Aufwendungen können nur dann einkünftemindernd geltend gemacht werden, wenn sie dem StPfl. als eigene zugerechnet werden können. Dies ist auch hier – abgesehen von den Ausnahmen grundsätzlich nur bei selbst getätigten Aufwendungen der Fall.
- Hiervon kann dann eine **Ausnahme** gemacht werden (»abgekürzter Vertragsweg«), wenn die Finanzierungshilfe wirtschaftlich für Rechnung des G'fters gewährt wird, weil dieser

---

49 Zur Situation vor den BFH-Entscheidungen vgl. *Gosch* in *Kirchhof-kompakt*, § 17 Rz. 212 ff. (231). Zur Rezension nach den BFH-Entscheidungen s. ausführlich *Weber-Grellet* in *Schmidt*, EStG, § 17 Rz. 163, 171, 177.
50 Die Regelungen zum **Eigenkapitalersatzrecht** sind – rechtsformübergreifend – aus dem GmbHG genommen und durch das MoMiG vom 01.11.2008 in die Insolvenzordnung aufgenommen worden. Es kommt künftig nicht mehr auf die Unterscheidung nach Eigen- und Fremdkapital an. Die Darlehen werden in der Insolvenz grundsätzlich als nachrangig behandelt, ggf. sind einschlägige Rechtshandlungen anfechtbar. Die Neuregelung des MoMiG führt nach h.M. (*Weber-Grellet*, a.a.O. Rz. 174 m.w.N.) bei § 17 EStG im Falle des Ausfalls dazu, dass nachträgliche AK (mit dem Nennwert) vorliegen. Dem hat sich das BMF mit Schreiben vom 21.10.2010 (BStBl I 2010, 832) zu den Auswirkungen des MoMiG auf die nachträglichen Anschaffungskosten gem. § 17 Abs. 2 EStG im Wesentlichen angeschlossen.
51 Anders ist es bekanntlich, wenn es sich nur um Nutzungen oder Dienstleistungen als Vermögensvorteile handelt (BFH vom 26.10.1987, BStBl II 1988, 348). Hier liegen keine (verdeckte) Einlage und damit keine (nachträglichen) AK vor.
52 Gleicher Ansicht, H.17 Abs. 5 EStH 2014 »Drittaufwand«.

dem **Dritten zum Ausgleich verpflichtet** ist (a.a.O.). Hierfür kann auch der Begriff der »Leistung im Innenverhältnis für Rechnung des StPfl.« gebraucht werden.
- Bei der Inanspruchnahme aus einer Bürgschaft, die der Ehegatte zu Gunsten der notleidenden GmbH seines G'fter-Ehepartners geleistet hat, liegt dann ein berücksichtigungsfähiger Drittaufwand (»Leistung im Innenverhältnis für den StPfl.«) vor, wenn der Ehegatte einen Aufwendungsersatzanspruch (gem. BFH nach § 426 BGB) gegen den G'fter hat (BFH vom 12.12.2000, BStBl II 2001, 385 sowie BFH/NV 2001, 761).
- Über die Grundsätze der mittelbar verdeckten Einlage (als vGA zu beurteilende Darlehen einer EM-GmbH an die EF-GmbH) sind die Darlehen als Nachschüsse bei der GmbH und damit als nachträgliche AK zu werten (BFH vom 12.12.2000, BStBl II 2001, 234).
- Zur generellen Frage der Verlustberücksichtigung bei § 17 EStG i.V.m. der Thematik »Drittaufwand wegen aus einem Topf wirtschaftender Ehegatten« liegt ein Grundsatzbeschluss des IX. Senats vom 30.05.2012 (BFH/NV 2012, 1783). Danach soll es jeweils auf die (nicht revisiblen) Umstände des Einzelfalles ankommen. Im konkreten Einzelfall kam der BFH zur Nichtberücksichtigung der im Innenverhältnis vorliegenden Freistellungsverpflichtung und verneinte somit »nachträgliche AK« auf die Beteiligung.

Beispiel 16: Der Schmuck der Ehefrau als eigenkapitalersetzender Drittaufwand
G ist seit 07 Alleingesellschafter der G-GmbH (eingezahltes Stammkapital: 12.500 €). Die GmbH gerät Mitte 18 in eine Krise; im Dezember 18 wird der Antrag auf Eröffnung des Insolvenzverfahrens abgelehnt.
G und seine Ehefrau (EF) haben sich im September 18 bei der B-Bank verbürgt und werden in 18 aus der Bürgschaft in Anspruch genommen. Bei G wird das private Girokonto i.H.v. 50 T€ verwertet, der Schmuck von EF im Wert von 100 T€ wird versteigert.
Kann G bei der ESt des Jahres 18 den Auflösungsverlust gem. § 17 Abs. 4 EStG auch insoweit berücksichtigen, als hiervon der versteigerte Schmuck betroffen ist?

Lösung:
- Die (nicht in das Stammkapital der GmbH geleisteten) Zahlungen des G sind nur dann als nachträgliche AK (verdeckte Einlage) zu berücksichtigen, wenn sie eigenkapitalersetzenden Charakter haben. Die in Anlehnung an § 32a GmbHG entwickelten Grundsätze gelten auch im Steuerrecht. Die Einziehung des Girokontos von G erfüllt die Voraussetzungen, vgl. auch H 17.5 EStH »Bürgschaft«.
- Fraglich sind die Vermögensopfer der EF. Über den unmittelbaren persönlichen Anwendungsbereich des G'fters hinaus werden die Aufwendungen der Angehörigen steuerlich nur dann berücksichtigt, wenn sie tatsächlich vorliegen und als abgekürzter Zahlungsweg bzw. Vertragsweg auszulegen sind (hier nicht ersichtlich, da EF auf eine eigene Verbindlichkeit leistet). Dem steht aber der Fall gleich, dass sie im Innenverhältnis für Rechnung des StPfl. G erfolgte. Durch die aufgrund der gemeinsamen Bürgschaftsverpflichtung geduldete Versteigerung des Schmuckes hat EF im Innenverhältnis gegenüber G einen Ausgleichsanspruch von 25 T€.

$$\left[\frac{100\ T€\ ./.\ 50\ T€}{2} = 25\ T€ \right]$$

- Der Auflösungsverlust des G errechnet sich wie folgt:

Veräußerungspreis (bzw. gemeiner Wert):		0 €
./. (historische) AK	./.	12.500 €
./. nachträgliche (eigene) AK	./.	50.000 €
./. nachträgliche AK (quasi Drittaufwand)	./.	25.000 €
Auflösungsverlust	./.	87.500 €

Als Ergebnis dieser neuen Rechtsentwicklung kommt es für die (ausnahmsweise) Anerkennung des Drittaufwands in dieser praxisrelevanten Fallgruppe darauf an, ob eine tatsächliche Inanspruchnahme mit konkretisierter Ausgleichsverpflichtung[53] des GmbH-G'fters schon erfolgt ist (Berücksichtigung) oder noch nicht erfolgt ist (keine Berücksichtigung).

4 Die Zuordnung bei komplexen Rechtsverhältnissen

4.1 Überblick

In den bisherigen Gliederungspunkten zur personellen Zurechnung der Einkünfte wurden Gestaltungen untersucht, bei denen für einen vorübergehenden Zeitraum bestimmte Teilbefugnisse aus dem Vollrecht (Eigentum) einer dritten Person übertragen werden. Gleichzeitig waren nur einzelne Besteuerungsgrundlagen (Einnahmen in Kap. 2 und Erwerbsaufwand in Kap. 3) von der Übertragung betroffen.

Die nachfolgende Darstellung bezieht sich zunächst auf die **langfristige** (dauernde?) Aufspaltung des steuerlichen Zustandstatbestandes und auf **alle** Komponenten des Handlungstatbestandes (Einnahmen- wie Aufwandsseite). Das dafür probate Rechtsinstitut ist der Nießbrauch. Hierzu liegt für den V + V-Bereich eine aktuelle und umfassende Verwaltungsregelung vor, während im (spannenderen) Bereich des § 20 EStG der redaktionelle Hinweis auf einen (Kombi[54]-)Erlass aus dem Jahre 1983 kaum als verlässliche Rechtsquelle angesehen werden kann.

Im zweiten Anwendungsbereich erfolgt die Aufteilung nicht nur bei einzelnen Einkunftsquellen wie bei Beteiligungen an KapG oder wie bei Immobilien. Vielmehr steht die Disposition von umfangreichen (komplexen) Rechtsverhältnissen, wie dies etwa bei der Begründung und Übertragung von Beteiligungen an PersG der Fall ist, im Vordergrund. Den Fallgestaltungen ist zu eigen, dass sie sich meistens im Kreis der Angehörigen vollziehen, so dass § 12 Nr. 2 EStG mit in die Überlegungen einbezogen werden muss. Generell großzügig beurteilt der BFH die (zumeist zivilrechtlichen) Vorfragen beim »Angehörigen-Nießbrauch«, zuletzt Urteil vom 30.04.2004 (BFH/NV 2004, 1396).

Die nachfolgenden Ausführungen enthalten z.T. neue Überlegungen (Denkanstöße), soweit keine Rspr. und keine (aktualisierte) Verwaltungsauffassung vorliegt. Dies gilt insb. für den Nießbrauch an Kapitalvermögen (s. Kap. 4.2.3).

---

53 Zur Bedeutung einer gesamtschuldnerischen Verpflichtung und des internen Ausgleichsanspruchs s. auch BFH vom 03.12.2002 (BFH/NV 2003, 468).
54 Dieser 1. Nießbraucherlass vom 23.11.1983 (BStBl I 1983, 508) bezog sich in erster Linie auf V + V; erst in Tz. 55 ff. erfolgte eine Übernahme auf § 20 EStG.

4.2 Der Nießbrauch (und vergleichbare Nutzungsrechte)

4.2.1 Zivilrechtliche Vorgaben

Schon längst hat sich der Rechtsverkehr die funktionale Teilung des Vollrechts in seine drei Hauptkomponenten zu eigen gemacht. Das Eigentum kann aufgeteilt werden in:
- die Herrschaftsbefugnis (Besitz und Nutzungsbefugnis),
- die Abwehrbefugnis (Herausgabe- und Unterlassungsanspruch) und
- die Verfügungsbefugnis (Übertragung und Vererbung).

Der funktionalen Trennung folgt im Wirtschaftsleben die Begründung und ggf. die Übertragung der einzelnen Teilbefugnisse aus dem Eigentumsrecht. Wirtschaftlich gesehen werden »Minus-Rechte« geschaffen. Das wichtigste dieser Teilrechte ist der Nießbrauch.

Gem. § 1030 BGB ist der **dingliche Nießbraucher** zur Nutzung einer Sache berechtigt.[55] Bei wirksamer Bestellung des Nießbrauches, wofür dieselben Formvorschriften wie für die Übertragung des belasteten Gegenstandes gelten (häufig – wie bei Immobilien – notarielle Beurkundung), kann der Nießbraucher kraft eigener Rechtsposition die Früchte (Mieten) ziehen oder den Gegenstand sonst nutzen. Der Nießbrauch kann auch an Rechten gem. § 1068 BGB (z.B. GmbH-Geschäftsanteile) bzw. am Vermögen (§ 1085 BGB) bestellt werden.

Der Nießbrauch ist als höchstpersönliches (d.h. nicht übertragbares) Recht konzipiert und von daher auch nicht vererblich. Die vollen Dispositionsbefugnisse, die z.B. die Vererbung einschließen, bleiben dem Eigentümer als dem Inhaber des Substanzrechtes vorbehalten. Von einem dinglichen Nießbrauch wird gesprochen, wenn er – wie oben skizziert – durch seine sachenrechtliche Begründung (z.B. durch die Eintragung im Grundbuch) gegenüber jedem Inhaber des Eigentums gilt. Ansonsten (bei nicht wirksamer oder unterlassener Bestellung des Nießbrauchs gem. § 1030 BGB) kann ein lediglich schuldrechtliches (**obligatorisches**) **Nutzungsrecht** vorliegen. Dieses (etwa in der Form einer Leihe oder eines Pachtvertrages vereinbart) wirkt nur gegenüber dem jeweiligen Vertragspartner und muss, soll es beständig sein, jeweils neu begründet werden. Unter steuerlichen Gesichtspunkten, aber immer noch als zivilrechtliche Vorfrage, werden drei Hauptformen des Nießbrauchs unterschieden.

Beispiel 17: Die verschiedenen Nießbrauchsformen
G, 80-jährig, gehören drei Mietwohnhäuser (I, II und III).
G überschreibt das Haus I seinem Sohn S und behält sich dabei den lebenslänglichen Nießbrauch vor.
Am Haus II lässt G zur finanziellen Absicherung seiner Ehefrau zu deren Gunsten einen Nießbrauch eintragen.
Beim Haus III verfügt G testamentarisch, dass seiner Tochter T ein Nießbrauch eingeräumt wird.

Lösung: Als mehrfacher Immobilien-Eigentümer ist G in der glücklichen Lage, von den drei Hauptformen des Nießbrauches Gebrauch machen zu können.
- Am Haus I hat der neue Eigentümer S den **Vorbehaltsnießbrauch** zu Gunsten des G zu berücksichtigen. Die Mieterträge bleiben G vorbehalten. Über die Instandhaltung können G und S abweichend vom Gesetz (§§ 1041, 1047 BGB) vereinbaren, dass der neue Eigentümer

---

55 Daneben besteht noch ein obligatorischer Nießbrauch gem. § 577 BGB, wo der Nießbraucher in die Rechtsstellung des Eigentümers als Vermieter eintritt.

S die Instandhaltungsmaßnahmen durchzuführen hat und die öffentlichen Lasten tragen muss (sog. Bruttonießbrauch). Von dieser Möglichkeit wird gerne i.R.d. vorweggenommenen Erbfolge Gebrauch gemacht.
- Demgegenüber trägt der am Grundstück II eingetragene **Zuwendungsnießbrauch** der Altersversorgung der Ehefrau Rechnung. G bleibt Eigentümer, der Ehefrau gebühren die Mieterträge. Der Sachverhalt legt nahe, dass hier ein unentgeltlicher (kostenloser) Nießbrauch bestellt wurde. Beim Zuwendungsnießbrauch kann jedoch auch ein Preis für die Nutzungsüberlassung vereinbart werden (teilentgeltlicher oder entgeltlicher Nießbrauch).
- Wenn die Erben des G verpflichtet sind, der Tochter T den Nießbrauch am Haus III einzuräumen, spricht man von einem **Vermächtnisnießbrauch**.

Neben den o.g. Grundformen ist noch zu berücksichtigen, dass ein Nießbrauch hinsichtlich des belasteten Gegenstandes (Bruchteilsnießbrauch) oder hinsichtlich der Einkünfte (Quotennießbrauch) **beschränkt** werden kann.

4.2.2 Der Nießbrauch bei Vermietung und Verpachtung – die Verwaltungslösung

Mit mehreren Verwaltungserlassen hat sich die Finanzverwaltung der Thematik bemächtigt. Mit dem letzten[56] Nießbrauchserlass vom 24.07.1998 (BStBl I 1998, 914[57]) hat die Verwaltung eine umfassende Lösung für den V + V-Bereich vorgelegt. Die ausführliche mit 74 Rz. präzisierte Darstellung kommt einer Zusammenfassung sowie einem Kurzkommentar der umfangreichen BFH-Rspr. gleich und wird nachfolgend in den Grundzügen dargestellt. Das BMF-Schreiben macht sich ebenfalls die obige Unterscheidung in die drei Arten des Nießbrauches zu Eigen (s. auch BMF vom 27.03.2013, BStBl I 2013, 403).

Mit den drei Mai-Urteilen aus dem Jahre 1980 hatte der BFH in der Beurteilung des Nießbrauchs eine Kehrtwendung vollzogen, indem nunmehr darauf abzustellen ist, wer von den beteiligten Personen mit dem jeweiligen Zustandstatbestand (hier: Mietwohnhaus) Einkünfte i.S.d. § 2 Abs. 1 S. 1 EStG »erzielt« (BFH vom 13.05.1980, BStBl II 1981, 295; 297 und 299). Damit wurde das frühere Kriterium der (un-) zulässigen Übertragung von Einkunftsquellen ersetzt.

In der Beurteilung der Nießbrauchsfälle wurden daraufhin die Akzente verschoben, so dass in den Folgejahren (bis heute) bei allen Fallkonstellationen die Prüfung im Vordergrund steht, ob der Nießbraucher als tatsächlicher Einkunftserzieler betrachtet werden kann. So müssen (Minimalvoraussetzung) bei einem vermieteten Objekt die Mietparteien davon in Kenntnis gesetzt werden, dass die Mieten nunmehr auf das Konto des Nießbrauchers einzuzahlen sind. Unter dieser Prüfungsstation werden auch die Fälle des Brutto- oder Quotennießbrauches abgehandelt, die als zulässig angesehen werden (Rz. 14, 16[58]). Bei einem Zuwendungsnießbrauch zu Gunsten der Angehörigen behandeln Rspr. und Verwaltung die Rückvermietung an den Nießbrauchsbesteller (= Eigentümer) als einen Fall des Gestaltungsmissbrauches i.S.d. § 42 AO und erkennen die Nießbrauchsbestellung nicht an (Rz. 17). Vor dem Hintergrund der Mai-Urteile aus dem Jahre 1980 erübrigt sich ein

---

56 Zu den ersten Nießbrauchserlassen (BStBl I 1983, 508 sowie BStBl I 1984, 561) gibt es eine gute (historische) Übersicht bei *Kirchhof* in *Kirchhof/Söhn*, § 2 B 263 ff.
57 Zuletzt geringfügig ergänzt in Rz. 4 und 5, BStBl I 2001, 171, und geändert in Rz. 33, BStBl I 2006, 392.
58 Nachfolgende Rz. ohne genaue Angaben sind in Kap. 4.2.2 ausschließlich solche des BMF-Schreibens vom 24.07.1998 (BStBl I 1998, 914).

Rekurs auf § 42 AO. Einfacher wäre es, im Falle der Rückvermietung oder bei sonstigen »Papiergestaltungen« wegen § 2 Abs. 1 EStG »alles beim alten« Rechtszustand zu belassen.

Für die nachgelagerten Fälle ist – trotz der Mai-Urteile 1980 – eine weitere Voraussetzung, dass zumindest bei Nießbrauchsbestellungen zu Gunsten von Kindern diesen eine gesicherte Rechtsposition eingeräumt ist. Die Grundsätze der zulässigen Angehörigenverträge (s. Kap. 4.3) sind folglich auch hier anzuwenden, wenngleich auch dort bei Zweifelsfragen (z.B. bei der Frage der Mitwirkung eines Ergänzungspflegers, Rz. 4) eine Auflockerung festzustellen ist.[59]

Es soll schließlich darauf hingewiesen werden, dass die Rspr. des BFH den Nießbraucher grundsätzlich (noch) nicht als wirtschaftlichen Eigentümer des Gegenstandes ansieht. Dieses am 24.09.2003 (BFH/NV 2004, 44) zum betrieblichen Nießbrauch – und dort speziell zur Frage der (im Ergebnis verneinten) Sonderabschreibungsberechtigung – ergangene Urteil gilt auch für den privaten Bereich. Die nachfolgenden Ausführungen lassen jedoch erkennen, dass in einigen Fallkonstellationen der Nießbrauch/-er nicht mehr weit vom wirtschaftlichen Eigentum/Eigentümer entfernt ist.

4.2.2.1 Rechtslage beim Zuwendungsnießbrauch

Den größten Raum nimmt der Zuwendungsnießbrauch ein. Dies hängt weitgehend mit den Modalitäten der Bestellung zusammen. Wie bereits angedeutet, kann der Zuwendungsnießbrauch unentgeltlich (Beispiel 17: G bleibt Eigentümer und wendet seiner Ehefrau den lebenslangen Nießbrauch an einem Mietswohnhaus zu) oder aber entgeltlich bestellt werden.

Für die jeweilige Charakterisierung greift die Verwaltung auf die üblichen Kriterien zurück (Rz. 10 ff.):

a) Bei einer abgewogenen (kaufmännischen) Gegenüberstellung vom Wert des Nießbrauchs (damit kann nur der nach §§ 13 f. BewG i.V.m. Anlage 9 (bzw. der ab 2009 an ihre Stelle tretenden VO[60]) und Anlage 9a BewG kapitalisierte Wert gemeint sein) und Gegenleistung (= steuerliches Synallagma) liegt ein entgeltlicher Nießbrauch vor.
b) Stehen sich Eigentümer und Nießbraucher nicht als Angehörige gegenüber, so wird für den Regelfall eine entgeltliche Bestellung unterstellt.
c) Ist kein Entgelt vereinbart oder beträgt die Gegenleistung **weniger als 10 %** des Nießbrauchs, so liegt ein unentgeltlicher Nießbrauch vor.
d) Ansonsten (Gegenleistung > 10 % und kein Synallagma) liegt ein teilentgeltlicher Nießbrauch vor, für den die Trennungstheorie gilt: Aufteilung – anhand der Gegenleistung – in einen entgeltlichen und einen unentgeltlichen Nießbrauch.

Beispiel 18: Der teilentgeltliche Nießbrauch
G bestellt seinem Sohn S für zehn Jahre an einem ZFH den Nießbrauch. Eine Jahresmiete von 10 T€ ist erzielbar. Als Gegenleistung hat S 40 T€ zu zahlen.
Eine Wohnung wird vermietet; die zweite Wohnung nutzt S selbst.

---

59 Nach ergänzter Rz. 5 (BStBl I 2001, 171) erübrigt sich ein Ergänzungspfleger bei der Bestellung eines Nießbrauchs zu Gunsten minderjähriger Kinder, wenn – im Einzelfall – das Vormundschaftsgericht dessen Mitwirkung als entbehrlich angesehen hat.
60 Aktuell BMF vom 29.09.2011 (BStBl I 2011, 834) für Bewertungsstichtage ab 01.01.2012.

Lösung:
- Es liegt ein Zuwendungsnießbrauch des G zu Gunsten des S vor.
- Bei einer erzielbaren Jahresmiete von 10 T€ beträgt der auf zehn Jahre kapitalisierte Wert des Nießbrauchs gem. Anlage 9a zu § 13 BewG 77.450 € (Faktor 7,745 x 10.000 €).
- Der Nießbrauch ist damit i.H.v. 40 T€ entgeltlich und i.Ü. unentgeltlich bestellt worden.
- Bei den Rechtsfolgen (s. sogleich) sind beide Bereiche getrennt zu behandeln; § 21 Abs. 2 EStG ist zu beachten.

Zu a): Beim **entgeltlichen Zuwendungsnießbrauch** hat der Nießbraucher die gegenüber dem Eigentümer aufgewendete Gegenleistung über die AfA nach § 7 Abs. 1 EStG zu berücksichtigen. Der Abschreibungsplan hängt von der Laufzeit des Nießbrauchs ab. Die Verwaltung lässt dabei eine Ausnahme zu: Erfolgt die Gegenleistung nicht als Einmalzahlung, sondern in laufenden gleichmäßigen Beiträgen, so können diese Zahlungen als WK (statt der AfA nach § 7 Abs. 1 EStG) abgezogen werden (Rz. 26). Der sonstige Abzug von WK gem. § 9 EStG hängt allein davon ab, wer im Innenverhältnis die Instandhaltungskosten etc. zu tragen hat. Für den Fall, dass der Nießbraucher das Gebäude selbst nutzt, soll nach h.M. der Nutzungsberechtigte einem Mieter gleichstehen und dies zu keinen steuerlichen Auswirkungen beim Nießbraucher führen.[61]

Umgekehrt erzielt der Eigentümer **(Besteller des Nießbrauches)** mit der Gegenleistung Einnahmen nach § 21 EStG, die er über zehn Jahre verteilen darf (Rz. 29), und ist somit weiter berechtigt, AfA (auf die AK/HK des Gebäudes) und sonstige bei ihm anfallende Aufwendungen in Abzug zu bringen.

Zu b): Beim **unentgeltlichen Zuwendungsnießbrauch** ändert sich bei wirksamer Bestellung und tatsächlicher Durchführung beim **Nießbraucher** mit Ausnahme der fehlenden AfA auf das Nutzungsrecht zunächst nichts. Gem. Rz. 19 soll der unentgeltlich Nutzende auch nicht die AfA auf die Gebäude-AK/HK des Eigentümers geltend machen können. In der Lit. wird gelegentlich[62] darauf hingewiesen, dass für die Gebäude-AfA die Grundsätze zum Drittaufwand (s. Kap. 3) anzuwenden sind.

Der **Eigentümer** erzielt beim unentgeltlichen Zuwendungsnießbrauch keine Einkünfte und ist daher **nicht mehr** berechtigt, AfA auf das Gebäude vorzunehmen (Rz. 24).

Alleine wegen der damit verbundenen Gefahr des kompletten Verlustes der AfA ist der unentgeltliche Zuwendungsnießbrauch in steuerlicher Hinsicht nur bei einem voll abgeschriebenen Gebäude sinnvoll.

4.2.2.2 Rechtslage beim Vorbehaltsnießbrauch
Besonders häufig wird auch ein Vorbehaltsnießbrauch vereinbart.

Beispiel 19: Die nur scheinbar komplizierte Regelung
G hat in 07 ein ZFH mit HK i.H.v. 400 T€ errichtet, das an zwei Mietparteien vermietet ist (jährliche Miete: je 10 T€).
G schenkt in 18 das Grundstück seiner volljährigen Tochter T, behält sich aber den lebenslangen Nießbrauch vor.

---
61 Vgl. Rz. 73 bei *Kulosa* in *Schmidt*, EStG, § 21.
62 *Kulosa* in *Schmidt*, EStG, § 7 Rz. 71 ff. (74).

Bei dieser aus schenkungsteuerlichen Gründen[63] gern praktizierten Variante bleibt wirtschaftlich »alles beim Alten«. Beim Vorbehaltsnießbrauch wird die Bestellung des Nießbrauches **nicht als Gegenleistung** des neuen Eigentümers angesehen (Rz. 40). Diese in ständiger Rspr. gefestigte Ansicht gilt unabhängig davon, ob die Bestellung des Vorbehaltsnießbrauchs ansonsten entgeltlich (selten vorkommend) oder unentgeltlich erfolgte.

Lösung:
- Der Vorbehaltsnießbraucher G erzielt weiterhin Einkünfte gem. § 21 EStG; dabei kann er als ursprünglicher Bauherr die Gebäude-AfA gem. § 7 Abs. 4 bzw. Abs. 5 EStG (und sonstige WK) geltend machen.
- Die neue Eigentümerin T erzielt – mangels Einnahmen aus dem vermieteten Objekt – keine Einkünfte gem. § 21 EStG und ist demnach nicht AfA-berechtigt.[64] Auch sonstige Aufwendungen, die sie ggf. vertraglich zu leisten hat, kann sie nicht abziehen.

4.2.2.3 Rechtslage beim Vermächtnisnießbrauch
Nach Rz. 32 kommen beim Vermächtnisnießbrauch die Grundsätze zum unentgeltlichen Zuwendungsnießbrauch zur Anwendung. Dies ist wegen der identischen Ausgangslage (unentgeltliche Begründung des Nießbrauchs) sachgerecht. Eine Differenzierung nach den verschiedenen Personen, von denen der unentgeltliche Erwerb abgeleitet wird (beim Vermächtnisnießbrauch bekanntlich von den Erben; beim Zuwendungsnießbrauch direkt vom Eigentümer), wird auch ansonsten im Steuerrecht (vgl. § 6 Abs. 3 EStG) nicht vorgenommen.

4.2.2.4 Erstreckung auf vergleichbare Rechte (Wohnrecht u.a.)
Einen neuen Weg geht die Verwaltung in der Gleichstellung von dinglichen Nießbrauchsrechten mit sonstigen dinglichen Rechten (wie z.B. einem im Grundbuch eingetragenen Wohnrecht, Rz. 33) und vor allem mit (nur) schuldrechtlichen Nutzungsüberlassungen. Nachdem gescheiterte (d.h. unwirksam bestellte) dingliche Bestellungen als obligatorische Nutzungsrechte umgedeutet werden (Rz. 8), wird die Gleichstellung in den Rechtsfolgen (Rz. 35 ff. und Rz. 51 ff.) davon abhängig gemacht, ob er durch eine Vertragsübernahme in den Mietvertrag mit den Mietern »einsteigt«.

4.2.2.5 Die Ablösung des Nießbrauchs
Für den Fall, dass der Nießbraucher erkennt, dass er nicht mehr auf die existentielle Sicherungsfunktion[65] der garantierten Mieterträge angewiesen ist – wie dies häufig beim Vorbehaltsnießbrauch der Fall ist –, kann der Nießbrauch abgelöst werden.

Beispiel 20: Ablösung des Vorbehaltsnießbrauchs
Tochter T löst im VZ 18 den dem G eingeräumten Vorbehaltsnießbrauch ab, nachdem G erkannt hat, dass er nicht mehr auf die Miete angewiesen ist.

---

63 S. dazu Band 3, Teil C, Kap. II 2, insb. die Verzichts- und Ausschlagungsvarianten.
64 Nach Ablauf des Nießbrauchs kann der Eigentümer gem. § 11d EStDV die AfA als Rechtsnachfolger fortführen (Rz. 48). Nur ausnahmsweise liegt ein entgeltlich bestellter Vorbehaltsnießbrauch vor. In diesem Fall kann der Eigentümer, wenn ihm Einnahmen zuzurechnen sind, AfA für den kapitalisierten Nutzungswert ansetzen (Rz. 47).
65 Dies ist nicht mit dem sog. »Sicherungsnießbrauch« (Rz. 9) zu verwechseln, der lediglich zum Schein dinglich vereinbart wird und in Wirklichkeit dem Nießbraucher keinen tatsächlichen Einfluss auf den belasteten Gegenstand ermöglicht. Dieser wird nicht akzeptiert, da er wirtschaftlich gerade nicht vollzogen wird.

Lösung: Nach Rz. 57 führt die Ablösung des Vorbehaltsnießbrauchs zu AK, die – bei einem ausnahmsweise entgeltlich bestellten Vorbehaltsnießbrauch[66] – die BMG für die AfA des Eigentümers erhöhen können.
Umgekehrt führt die Zahlung beim Nießbraucher zu einer nicht steuerbaren Vermögensumschichtung (Rz. 58); s. aber BMF vom 16.09.2004 (BStBl I 2004, 922) und vom 11.03.2010 (BStBl I 2010, 227).

Bei der Ablösung eines **unentgeltlichen Zuwendungsnießbrauchs** liegt die Vermutung der Verwaltung nahe (Rz. 61), dass es sich bei den Aufwendungen des Eigentümers um Zuwendungen i.S.d. § 12 Nr. 2 EStG handelt (im Beispiel 18 »kauft« der bestellende G seiner Ehefrau den Nießbrauch, für den sie nichts bezahlen musste, ab). Hiervon wird nur dann eine Ausnahme gemacht (nachträgliche AK auf das Grundstück), wenn der ablösende Eigentümer das Grundstück mit der Belastung des Nießbrauchs erworben hat (Rz. 62).

> **Beispiel 21: Die Ablösung des Kombi-Nießbrauchs**
> G übereignet seinem Sohn ein Objekt und bestellt dabei gleichzeitig – und zu gleichen Teilen – für sich (Vorbehaltsnießbrauch) und für seine Ehefrau (Zuwendungsnießbrauch) einen lebenslangen Nießbrauch. Nach dem Ableben des G bedrängt S die Witwe, in die Löschung des Nießbrauches im Grundbuch einzuwilligen.
>
> **Lösung:** Nach dem Tode des G nutzt S das Grundstück, belastet mit einem Zuwendungsnießbrauch. Das Anliegen des S ist allein deshalb berechtigt, weil er sonst keine AfA für die Immobilie geltend machen kann.
> Bereits zu Lebzeiten des G kann in der vorliegenden Konstellation nur die hälftige AfA – und zwar in der Person des G – genutzt werden, da der hälftige Zuwendungsnießbrauch zu Gunsten der EF zum Wegfall der AfA führt.
> Nach dem Tode des G kommt es zum vollen Leerlauf der AfA, da mit dem Wegfall des Vorbehaltsnießbrauchs (als höchstpersönliches Recht) auch diese AfA-Befugnis verloren geht.
> Während die Ablösesumme für EF eine unbeachtliche Vermögensumschichtung darstellt, kann S auf diese Weise AfA-Potenzial generieren.

4.2.3 Der Nießbrauch bei Kapitalvermögen
4.2.3.1 Einführung in die Problemstellung
Wie bereits ausgeführt, bereitet zivilrechtlich die Bestellung eines Nießbrauchs an einem Gesellschaftsanteil, nachfolgend an einem **GmbH-Geschäftsanteil**, keine Probleme. Die allgemeine Zulässigkeit ergibt sich aus § 1068 BGB (Nießbrauch an Rechten), wonach wegen des Grundsatzes von § 1069 Abs. 2 BGB (keine Bestellung an unübertragbaren Rechten) nur noch darauf zu achten ist, dass im Falle der Vinkulierungsklausel nach § 15 Abs. 5 GmbHG die übrigen G'fter zustimmen.[67] Nach der wirksamen Bestellung (mit notarieller Beurkundung) ist der Nießbraucher zur Nutzung berechtigt.[68] Nach h.M. kann bei der inhaltlichen Ausformulierung des Nießbrauchs nur ein »Ertragsnießbrauch« und kein »Vollrechtsnieß-

---

66 Folgerichtig führt auch die entgeltliche Ablösung eines unentgeltlich bestellten Nießbrauches zu AK.
67 Vgl. *K. Schmidt*, GesR, § 35 II 1b sowie allgemein *Priester*, Festschrift zum 50-jährigen Bestehen FAfStR, 1999, 153 (dort unter Einbeziehung der Treuhandfälle).
68 Die Besitzfrage bereitet allein deshalb Probleme, weil oftmals nur GmbH-Gesellschafterlisten beim HR geführt werden und ein Anteilsschein oder dgl. nicht existiert. M.E. muss der Nießbraucher zumindest vom GF der GmbH mindestens eine Abschrift erhalten.

brauch« vereinbart werden, da ansonsten das Vollrecht ausgehöhlt werden könnte. Wegen des erforderlichen Ausschlusses von Mitverwaltungsrechten, die beim Inhaber des GmbH-Geschäftsanteils verbleiben, wird praxisgerecht der Ertragsnießbrauch mit einer **Stimmrechtsbevollmächtigung** versehen sein. Diese wird – im Auszug – folgenden Wortlaut haben:

»Rechte und Pflichten der Beteiligten:
- Der Inhaber des GmbH-Geschäftsanteils (Vater V) bevollmächtigt den Nießbraucher (Sohn S) unwiderruflich zur Ausübung des Stimmrechts.
- V verpflichtet sich, von seinem Stimmrecht keinen Gebrauch zu machen, ersatzweise auf Wunsch des S abzustimmen.
- Das Gewinnbezugsrecht steht uneingeschränkt dem S zu. Er kann i.R.d. GmbH-Satzung für größtmögliche Gewinnausschüttung stimmen.«[69]

Im Unterschied zu den überarbeiteten Regelungen beim Immobiliennießbrauch (s. oben mit dem überarbeiteten 3. Nießbrauchserlass) sind den ursprünglichen (1983) Aussagen im Bereich des Nießbrauchs bei Kapitalbeteiligungen keine Ergänzungen hinzugefügt worden. Im Gegenteil: Als vorläufige Ergebnisse schreiben daher Verwaltung und noch h.M. die Gewinnanteile nach § 20 Abs. 1 Nr. 1 EStG nur im Falle des Vorbehalts-[70] und des Vermächtnisnießbrauches[71] dem Nießbraucher zu.

Beim Zuwendungsnießbrauch scheint der Bestellmodus (entgeltlich/unentgeltlich) zu unterschiedlichen Ergebnissen zu führen. Beim **unentgeltlichen Zuwendungsnießbrauch** verbleiben die Einkünfte beim Besteller (Inhaber des GmbH-Geschäftsanteils). Gem. § 20 Abs. 5 S. 3 EStG gilt der Nießbraucher nur dann als Anteilseigner, wenn ihm die Einnahmen i.S.d. § 20 Abs. 1 Nr. 1 EStG zuzurechnen sind. Der Nießbraucher hat also nach den allgemeinen Zuordnungsregeln den Tatbestand der Einkünfteerzielung verwirklicht, dazu genügt jedoch nicht, dass er die Erträge einzieht.

Zum **entgeltlichen Zuwendungsnießbrauch** wird ausgeführt, dass das Entgelt für die Bestellung des Nießbrauches zu Einkünften nach § 20 Abs. 2 Nr. 2 EStG a.F. (heute: § 20 Abs. 2 Nr. 2 Buchst. a EStG) führe und die Einziehung des Gewinnanteils durch den Nießbraucher nur eine unbeachtliche Forderungsabtretung sei und demzufolge der Nießbrauchsbesteller nach wie vor Zurechnungssubjekt für die Kapitaleinkünfte sei (s. auch Kap. 2.1.2 – Beispiel 2).[72]

4.2.3.2 Ausblick: Nießbrauch an Personengesellschafts-Beteiligungen
Mit den identischen Argumenten und **teilidentischen Ergebnissen** kann ein Nießbrauch auch an Beteiligungen an PersG, insb. an Kommanditanteilen, begründet werden.[73] Diese Alternative wird allerdings durch die zusätzliche Prüfung der Mitunternehmereigenschaft nach § 15 Abs. 1 Nr. 2 EStG erschwert. Wegen des erforderlichen Qualitätsnachweises (Unternehmerrisiko und -initiative) kann nur derjenige Nießbraucher an PersG-Beteiligungen

---

69 Vgl. *Hopt*-Formularhandbuch zum Handels- und Gesellschaftsrecht (a.a.O. *Vollhard/Tischbirek*).
70 Hierzu zuletzt BFH vom 29.05.2001 (BFH/NV 2001, 1393; wegen der ertragsteuerlichen Zurechnung beim Nießbraucher kann der Besteller – hier eines Quotennießbrauches – nicht alle Zinsen anlässlich des Erwerbs des Wertpapiers ansetzen). So auch im Ergebnis *Weber-Grellet* in *Schmidt*, EStG, § 20 Rz. 174 ff.
71 Auch hier fehlt die neue Erkenntnis aus dem Immobiliennießbrauch, dass der Vermächtnisnießbrauch dem Zuwendungsnießbrauch gleichkommt, da bei ihm die Ableitung von den Erben und nicht vom Erblasser erfolgt.
72 Ebenso aus der Literatur *Wassermeyer* in *Kirchhof/Söhn*, § 20 B 48 (50 f.), der unterschiedslos (radikal) die Einnahmen immer dem Inhaber des GmbH-Geschäftsanteils zurechnet.
73 Hierzu ausführlich *Wälzholz*, DStR 2010, 1786 und 1930.

gewerbliche Einkünfte erzielen, auf den (Mit-)Verwaltungsrechte in der PersG übergehen.[74] Dies stellt nach den Erkenntnissen des BGH zu § 717 BGB kein Problem mehr dar, nachdem der BGH nunmehr von einer gemeinschaftlichen Ausübung der Verwaltungsbefugnis nach § 717 BGB ausgeht.[75] Danach können G'fter (= Besteller des Nießbrauchs) und Nießbrauchsberechtigter gemeinsam die Mitverwaltungsrechte an einer PersG ausüben. Damit geht die steuerliche Lösung einher, dass beim Nießbrauch an PersG-Beteiligungen der Besteller im Regelfall MU bleibt.[76] Bei dieser »Doppellösung« liegt der Unterschied zum vorherigen Nießbrauch an GmbH-Anteilen in der **Aufteilung** der Gewinnanteile gem. § 15 Abs. 1 Nr. 2 EStG und in der getrennten Zuweisung an beide Partner der Nießbrauchsbestellung entsprechend ihrer zivilrechtlichen Absprache. Diese Lösung wird aber ihre Grenze spätestens bei OHG-Beteiligungen finden, wo man sich wegen der persönlichen Haftung gem. § 128 HGB[77] und wegen der absoluten Mitwirkungsbefugnis des persönlich haftenden G'fters (§§ 114, 125 HGB) keine Aufteilung i.S.d. BGH-Rspr. vorstellen kann.

Eine Ausnahme von der Mitunternehmereigenschaft des Bestellers des Nießbrauchs ist jedoch dann anzunehmen, wenn die mit der Beteiligung verbundenen Stimm- und Verwaltungsrechte aufgrund einer über den gesetzlich ausgestalteten Nießbrauch hinausgehenden Vereinbarung nur vom Nießbraucher wahrgenommen werden sollen (BFH vom 23.02.2010, BStBl II 2010, 555).

Hinweise: Mit zwei Urteilen aus 2013 (BFH vom 11.06.2013, BStBl II 2013, 742 zu Beteiligungen an KapG und BFH vom 16.05.2013, BStBl II 2013, 635 zu Beteiligungen an PersG) – allerdings beide Male zu **§ 13a ErbStG** – hat der BFH (hier: der II. Senat) seine reservierte Rspr. zur Rechtsstellung des Nießbrauchsberechtigten bekräftigt. In beiden Fällen wurde ihm wegen fehlender unmittelbarer Beteiligung das Privileg der Steuerverschonung verweigert.

Ein großes Echo im Fachschrifttum nahm das **praxisrelevante** Urteil des BFH vom 06.05.2015 (ZEV 2015, 543: **Nießbrauchsvorbehalt bei einem geschenkten Kommanditanteil**) ein. Danach setzt die (alte) Befreiungsvorschrift des § 13a Abs. 4 Nr. ErbStG a.F. voraus, dass **auch der bedachte Mitunternehmer** i.S.d. § 15 Abs.1 Nr. 2 EStG wird. Im dortigen Sachverhalt hat sich der Schenker die **Ausübung des Stimmrechts für Grundlagengeschäfte vorbehalten**. Dies genügte dem BFH, um in der Person des Beschenkten die MU-Stellung abzulehnen (s. auch ErbBstg 2015, 219 und BFH/NV 2015, 1315).

4.3 Exkurs: Die Treuhand, insbesondere an Gesellschaftsbeteiligungen

Die Diskussion zum Nießbrauch zeigt die Nähe zur Treuhandschaft. Rein begrifflich unterscheiden sich beide Institute dadurch, dass bei der Treuhand das **komplette WG** (das »Treugut« wie z.B. eine gesellschaftsrechtliche Beteiligung) im Außenverhältnis vom Treu-

---

74 Erhält der Nießbraucher hingegen nur einen Anspruch auf den laufenden Gewinnanteil, liegt mangels weiterer (Mit-)Verwaltungsrechte keine Mitunternehmerstellung vor, sodass lediglich der Besteller des Nießbrauchs weiterhin MU bleibt und die an den Nießbraucher zu entrichtenden Gewinnanteile im Zweifel nur eine unbeachtliche Einkommensverwendung darstellen (BFH vom 06.05.2010, BStBl II 2011, 261).
75 BGH vom 09.11.1998 (DStR 1999, 246) sowie OLG Koblenz vom 16.01.1992 (NJW 1992, 2163).
76 Statt aller *Wacker* in *Schmidt*, EStG, § 15 Rz. 314.
77 Diese gilt aufgrund der Rspr. des BGH analog auch bei der unternehmerischen Außen-GbR.

händer wahrgenommen wird. Demgegenüber gehen auf den Nießbraucher nur Teilbefugnisse (das Nutzungsrecht) über, die dieser aber als originärer (Teil-)Rechtsinhaber wahrnimmt.

Im Hintergrund bleibt der Treugeber – bei erfolgtem Nachweis (§ 159 AO) – steuerlicher Inhaber des WG (vgl. § 39 Abs. 2 Nr. 1 S. 2 AO). Bezogen auf gesellschaftsrechtliche Mitgliedschaftsrechte ist der Treuhänder zwar der (im Register eingetragene) G'fter, während der Treugeber steuerliches Zurechnungssubjekt ist (und bleibt).[78]

Rein bildlich sieht die Treuhandkonstellation bei einer ABC-OHG mit D als Treuhänder für C wie folgt aus:

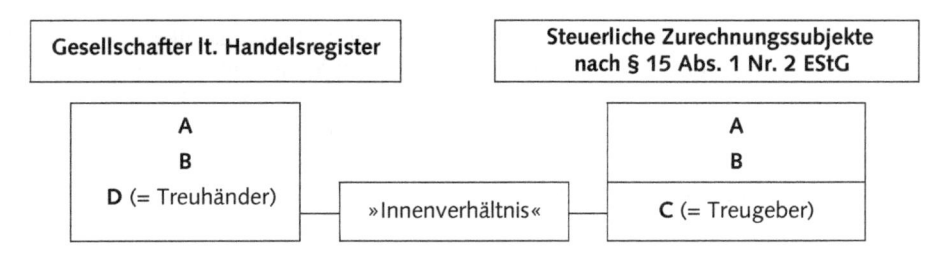

Gesellschafter lt. Handelsregister	Steuerliche Zurechnungssubjekte nach § 15 Abs. 1 Nr. 2 EStG
A B D (= Treuhänder)	A B C (= Treugeber)

»Innenverhältnis«

Losgelöst von den vielfältigen Erscheinungsformen der Treuhandschaft (fiduziarische und Ermächtigungstreuhand[79]; eigennützige und fremdnützige Treuhand[80]; Übertragungs-, Vereinbarungs- oder Erwerbstreuhand[81]; offene oder verdeckte Treuhand[82]) sind trotz der grundsätzlichen Aussage von § 39 Abs. 2 Nr. 1 S. 2 AO auch hier Fallkonstellationen denkbar, wo der **Treuhänder** zum **zusätzlichen** steuerlichen Zurechnungssubjekt wird. Dies kann aber nur dann der Fall sein, wenn der Treuhänder nicht nur die Interessen des Treugebers wahrnimmt, folglich eine eigennützige Treuhand vorliegt, und wenn der G'fter (= Treuhänder) im Außenverhältnis uneingeschränkt haftet (Umkehrschluss zu BFH vom 12.10.1999, BFH/NV 2000, 427). M.E. müsste in diesem Fall (doppelte Mitunternehmerschaft) noch hinzukommen, dass die Vertretungs- und Geschäftsführungsbefugnis dem Treuhänder nicht aufgrund von Satzungsklauseln beliebig entzogen werden kann. Als Folge sind die Vergütungen, die der Treuhänder für die Geschäftsbesorgung vom Treugeber erhält, Einkünfte nach § 15 Abs. 1 Nr. 2 EStG, während der Gewinnanteil vom Treugeber leg. cit.

---

78 Für den Treugeber müssen aber alle Merkmale der MU-schaft(-Risiko und -Initiative) vorliegen (vgl. BFH vom 28.11.2002, BStBl II 2003, 250 zu einem Fall der »Drei-Objekt-Grenze«). Dies ist insb. beim Treuhandverhältnis eines Kommanditisten ein Problem: Wann ist die Einlage i.S.d. § 15a EStG – und von wem – geleistet? S. auch BFH vom 03.12.2002 (BFH/NV 2003, 894).

79 Bei der fiduziarischen Treuhand wird das Treugut (PersG- oder KapG-Beteiligung) dem Treuhänder dinglich zum Volleigentum übertragen, während bei der Ermächtigungstreuhand dieser nur ermächtigt wird, das – immer noch – fremde Treugut im eigenen Namen gem. § 185 BGB zu verwalten.

80 Die eigennützige Sicherungstreuhand wird im überwiegenden Interesse des Treuhänders (Sicherung eines Anspruchs) begründet, während bei der fremdnützigen Verwaltungstreuhand der Treugeber seine Rechte nicht selbst ausüben will.

81 Diese Unterscheidung trägt der Entstehung der Treuhand Rechnung:
  • bei der Übertragungs-Treuhand überträgt der Treugeber das WG (z.B. die Beteiligung) an den Treuhänder;
  • bei der Vereinbarungs-Treuhand hat der Treuhänder bereits das WG, und sodann wird das Treuhandverhältnis vereinbart;
  • bei der Erwerbs-Treuhand erwirbt der Treuhänder das WG von einem Dritten für den Treugeber.
  (hierzu BFH vom 14.10.2003, BFH/NV 2004, 620 zur Frage der Begründung einer wesentlichen Beteiligung durch eine mittelbare Beteiligung in Form einer Erwerbstreuhand).

82 Bei der verdeckten Treuhand (»Strohmann«) wird sie ausschließlich aus Geheimhaltungsgründen gewählt.

versteuert wird.[83] In diesem Sinne hat auch der BFH entschieden (BFH vom 10.12.2009, BFH/NV 2010, 601; BFH vom 04.11.2004, BStBl II 2005, 168): Der Treuhänder ist dann als MU anzusehen und zu behandeln, wenn er im Außenverhältnis unbeschränkt haftet und wenn das Treuhandverhältnis nicht gegenüber den Geschäftspartnern offengelegt wurde.

Eine Ausnahme der direkten steuerlichen Zurechnung bei einem persönlich haftenden Treuhänder kommt nur bei Handelsvertretungen mit geringem Risiko in Betracht.

Interpretiert man das Vollrecht »Eigentum« wirtschaftlich als Drei-Komponenten-Recht (mit Herrschafts-,[84] Abwehr-[85] und Verfügungsbefugnis[86]), so ergibt dies im Vergleich von Treuhand und Nießbrauch ein interessantes **dogmatisches Fazit:**

- Die Übertragung des Abwehrrechts und der Verfügungsbefugnis allein, wie dies bei der Treuhand (und beim Sicherungseigentum) der Fall ist, genügt noch nicht für einen Wechsel in der subjektiven Zurechnung des WG (§ 39 Abs. 2 Nr. 1 S. 2 AO).
- Konform mit der Marktbeteiligungstheorie kann erst die Übertragung von aktiven Dispositionsbefugnissen (Stimmrechtsbevollmächtigung u.a.) beim Nießbrauch zu einem Wechsel in der steuerlichen Zuordnung führen.

4.4 (Mögliche?) Übertragung der Einkunftsquelle bei Angehörigen

4.4.1 Einführung in die Problematik

Der 2. Senat des BVerfG hielt es am 07.11.1995 (BStBl II 1996, 34) für erforderlich, grundsätzliche Ausführungen zur steuerlichen Anerkennung von Angehörigenverträgen zu machen. Angehörigenverträge werden bekanntlich auch zur faktischen Umverteilung einer Erwerbsquelle eingesetzt, um auf diese Weise Angehörige (Kinder) an der erdienten Marktposition (der Eltern) teilhaben zu lassen. Das plakative Stichwort hierfür heißt: »Faktisches Familiensplitting«, wenn damit gleichzeitig die Progressionskappung und die mehrfache Nutzung der Grundfreibeträge (Mehrfachveranlagung!) verbunden ist.[87] Andererseits unterstreicht das BVerfG in der genannten Entscheidung einmal mehr die Bedeutung von Art. 6 GG (Schutz von Ehe und Familie), die nicht dazu führen darf, Angehörigenverträgen per se die steuerliche Anerkennung zu versagen. Die Rspr. des BFH und die Verwaltung haben in der Vergangenheit versucht, zwischen Skylla (wegen § 12 Nr. 1 bzw. 2 EStG keine Anerkennung) und Charybdis (generelle Berücksichtigung der Verträge aufgrund des – betrieblichen – Veranlassungsprinzips) einen Weg zu finden. Dabei ist die ursprünglich (sehr) restriktive Erkenntnispraxis heute einer interessensgerechten Betrachtungsweise gewichen. Trotz dieses Wandels in der Rspr. des BFH sind die Prüfungsstationen – auch für die Verwaltung – für die Anerkennung

---

83 Gl. Ansicht s. *Wacker* in *Schmidt*, EStG, § 15 Rz. 295 ff. sowie allgemein *Weber-Grellet* in *Schmidt*, EStG, § 2, Rz. 22.
84 Damit sind Nutzungs- und Besitzbefugnisse gemeint.
85 Damit ist der Besitzstörung der Herausgabeanspruch (§ 985 BGB) und der Unterlassungsanspruch (§ 1004 BGB) gemeint.
86 Veräußerbarkeit und Vererbbarkeit.
87 Vgl. *Tipke/Lang*, 20. Aufl., § 9 Rz. 103 sowie BFH vom 22.08.1951 (BStBl III 1951, 181), wonach der beabsichtigte steuerliche Vorteil allein nicht zur Ablehnung der gewählten Gestaltung führen darf.

immer identisch geblieben. In den beiden Hauptgruppen der Angehörigenverträge (Ehegattenarbeitsverträge und Familien-PersG[88]) sind dies:

1. zivilrechtliche Wirksamkeit des Vertrages (eindeutige und ernsthafte Vereinbarung) – nachträgliche Vereinbarungen sind steuerschädlich;
2. tatsächlicher Vollzug;
3. (erfolgreicher) Fremdvergleich;
4. (ggf. zusätzliche) steuerliche Qualifikationsmerkmale, die mit der beabsichtigten Rechtsstellung verknüpft sind.

Diese Prüfungsreihenfolge ist ständiger »Wegbegleiter« in der Beurteilung von Angehörigenverträgen (beispielhaft: BFH vom 27.06.2002, BFH/NV 2002, 1443 sowie BFH vom 25.10.2004, BFH/NV 2005, 339 für nachträgliche Mehrarbeitsvergütung mitarbeitender Angehöriger).

4.4.2 Der Ehegattenarbeitsvertrag

Die Problemkonzentration auf Ehegattenarbeitsverträge – und das Außerachtlassen der Arbeitsverhältnisse mit Kindern[89] – entspricht heute weitgehend der wirtschaftlichen Realität. Im Unterschied zu der Interessenlage bei den Familien-PersG werden bei dem angestellten Ehegatten im Betrieb des Unternehmer-Ehegatten auch sozialversicherungsrechtliche Gründe eine Rolle spielen.

> **Beispiel 22: Der Orthopäde und die mitarbeitende Ehefrau (Masseurin)**
> Nachdem sich Single O, ein selbständiger Orthopäde, unsterblich in die 21-jährige »gelernte« Masseurin M verliebt hat, kommt es nach der Eheschließung auch zu einem personellen Revirement in seiner gut gehenden Praxis. O schließt mit M einen »Unterstützungsvertrag« ab, kraft dessen M für die Mitarbeit als Sprechstundenhilfe (wahlweise als Krankengymnastin) 100 € brutto/Stunde erhält. Vereinbart und in der Buchhaltung des O abgerechnet werden 60 Stunden/Woche. Monatlich werden somit nach Abzug der LSt und der Sozialversicherungsbeiträge (insgesamt 50 %) 12 T€ auf ein sog. »Oder-Konto« der Ehegatten überwiesen.

Der Abzug der Lohnzahlungen als BA gem. § 4 Abs. 4 EStG hängt von der Anerkennung des Ehegattenarbeitsverhältnisses O-M ab. Die früher unübersichtliche Rspr.-Kasuistik kann nach der grundlegenden BVerfG-Entscheidung nunmehr als gesichert gelten.

Lösung:

1. **Zivilrechtliche Wirksamkeit (bzw. ernsthafte und eindeutige Vereinbarung)[90]:**
   Entgegen § 41 AO und in Widerspruch zu dem grundsätzlichen Konkurrenzverständnis zwischen Zivilrecht und Steuerrecht[91] wird immer noch für Ehegattenarbeitsverträge die zivilrechtliche Wirksamkeit (»Ernsthaftigkeit«) postuliert.

---

88 Auf die Problematik der mittelbaren vGA wird hier nicht eingegangen: S. dazu *Maurer*, Band 2, Teil C, Kap. III.
89 Nach H 4.8 EStH »Arbeitsverhältnisse mit Kindern« gelten hierfür die gleichen Voraussetzungen wie für die Ehegattenarbeitsverhältnisse. In der Gesamtschau ist bei der Mitarbeit minderjähriger Kinder immer auf § 32 Abs. 4 S. 2 EStG zu achten.
90 S. dazu Kap. 4.4.3.1 (neue Tendenzen in der Rspr.).
91 Das BVerfG geht nur von der zeitlichen Vorherigkeit (Präzedenz) und nicht von dem Vorrang des Zivilrechts aus (keine Prävalenz!).

Einem rechtlichen Missverständnis entsprang dabei die frühere Praxis der Verwaltung, nur schriftliche Vereinbarungen anzuerkennen. Unabhängig von der Nachweispflicht für den StPfl. sieht die einfachgesetzliche Ausgangslage des BGB für Dienst- und Arbeitsverträge keine Schriftform vor, so dass heute an dieser Stelle nur noch Fragen der Geschäftsfähigkeit diskutiert werden können. Vorliegend sind keine Hinderungsgründe ersichtlich.

2. **Tatsächlicher Vollzug:**
Unter diesem Stichwort haben nach früherer Rspr. alle jene **Zahlungsvorgänge** hiergegen verstoßen, bei denen keine strenge Trennung der Vermögenssphären des Unternehmer-Ehegatten und des AN-Ehegatten ersichtlich war. Noch heute werden in der Verwaltungsanweisung (H 4.8 EStH) hierunter Fälle als steuerschädlich subsumiert (wie z.B. die Überweisung auf ein »Und-Konto« der Ehegatten = Mitverfügungsrecht beider Ehegatten[92]), die nach der neueren BVerfG-Erkenntnis zum »Oder-Konto« (alleiniges Verfügungsrecht beider Ehegatten) nicht mehr haltbar erscheinen. Das BVerfG – und ihm folgend die Verwaltung (ebenda) – war gegen eine Verselbständigung der »Kontoführung« als eigenes Tatbestandsmerkmal. Den anderen Faktoren (ernsthafte Vereinbarung und Durchführung bei angemessenem Entgelt) kommt eine vorrangige Bedeutung zu. Es sind demnach an dieser Stelle nur noch die Fälle auszugrenzen, bei denen der AN-Ehegatte gar kein Mitverfügungsrecht über das Konto hat (BFH vom 04.10.1996, BFH/NV 1997, 347) oder eine tatsächliche Zahlung nicht stattfindet. Selbstredend muss eine Überprüfung des Arbeitsverhältnisses ergeben, dass der AN-Ehegatte tatsächlich im Betrieb des Unternehmer-Ehegatten **gearbeitet** hat. Hierzu zählt auch, dass die vereinbarte Tätigkeitsbeschreibung und das tatsächliche Arbeitsgebiet übereinstimmen (BFH vom 10.10.1997, BFH/NV 1998, 448). Vorliegend führen beide Tätigkeitsbereiche (Sprechstundenhilfe und Krankengymnastin) zur Aberkennung des Arbeitsverhältnisses, da M nicht über die erforderlichen Vorbildungsvoraussetzungen verfügt.

3. **Fremdvergleich:**
Das heute bei weitem wichtigste (Ablehnungs-)Kriterium ist die unübliche Entlohnung oder eine atypische Vertragsgestaltung, die den Rückschluss auf einen simulierten Arbeitslohn erlaubt, hinter dem sich eine Unterhaltsleistung nach § 12 Nr. 2 EStG verbirgt. Selbst, wenn man im vorliegenden Fall noch eine Eingruppierung der Massagetätigkeit unter die Arbeit als Krankengymnastin begründen könnte, sprechen der überhöhte Lohn (in beiden Fällen) und die Alternativvereinbarung gegen das konkrete Ehegattenarbeitsverhältnis.
Im umgekehrten Fall (zu niedrige Entlohnung) ist die Arbeit in einen entgeltlichen und unentgeltlichen Teil aufzuteilen und nur der bezahlte Lohn als BA abzugsfähig, da bekanntlich eine Aufwandseinlage von unentgeltlichen Dienstleistungen nicht in Betracht kommt.

4. **Steuerliche Qualifikationsmerkmale:**
Bei einem behaupteten Arbeitsverhältnis werden wegen der eher geringen Anforderungen zu § 19 EStG kaum Probleme auftreten, so dass dieses Merkmal meist der Überprüfung bei den Familien-PersG vorbehalten bleibt.

Als **Fazit** und **Folge der Nichtanerkennung** ist – entsprechend der Wertung des § 12 EStG – der Lohn nicht als BA abzugsfähig; der Gewinn des O erhöht sich dementsprechend.

Als Nachtrag ist anzufügen, dass die aufgezeigten Grundsätze auch gegenüber einem AG-Ehegatten gelten, der eine **beherrschende** Stellung in einer Ehegatten-PersG innehat (R 4.8 Abs. 2 EStR). Umgekehrt würde bei einer Gemeinschaftspraxis von zwei Orthopäden das

---

92 So noch das zitierte Urteil des BFH vom 24.03.1983 (BStBl II 1983, 663).

Gehalt der M (im Beispiel) anzuerkennen sein, wenn es dem Ehegatten O gelingt, seinen gleichberechtigten Partner von der Notwendigkeit der Mitarbeit der M zu überzeugen.

Von einer gewissen Schematik und »Lebensfremdheit« zeugt indessen das Urteil des BFH vom 14.04.1988 (BStBl II 1988, 670), wenn die o.g. Grundsätze zur Überprüfung von Ehegattenverträgen nicht auf die Partner von nichtehelichen Lebensgemeinschaften anwendbar sein sollen: Hätte O im Ausgangsbeispiel nicht übereilt die Ehe geschlossen, wären danach nicht die skizzierten atypischen Prüfungsstationen zu erfüllen gewesen und das Gehalt der Verlobten M – vorbehaltlich § 4 Abs. 4 und § 4 Abs. 5 Nr. 7 EStG – anzuerkennen gewesen.

4.4.3 Die Familienpersonengesellschaften, insbesondere die Beteiligung der Kinder

Von größerer wirtschaftlicher Bedeutung sind die Familien-PersG. Ungeachtet der Motive der Eltern (»Heranführen an den Betrieb« bzw. steuerliche Verlagerung der Einkunftsquelle) werden vor allem gegen die Beteiligung minderjähriger Kinder Argumente ins Feld geführt, die vom Gestaltungsmissbrauch (§ 42 AO) inspiriert sind. Rein formal sind die identischen Prüfungsstationen zu durchlaufen. Wird die Beteiligung der Kinder dem Grunde nach für gut geheißen, erfolgt/e eine zusätzliche quantitative Prüfung, mit der in freier Rechtsfindung ein Übermaß an Gewinn abgeschöpft wird/wurde.

Beispiel 23: Die propere Familien-KG
Nach bestandener Gesellenprüfung nimmt der Vater ab 01.01.18 den 19-jährigen Sohn S in seine Schreinerei (KG) als weiteren Kommanditisten auf. Es wird vereinbart, dass der Sohn ein Jahr gegen Gewinnbeteiligung arbeitet, dafür die Hälfte seines für die Mitarbeit zugewiesenen festen Gewinnanteils ausbezahlt bekommt und die andere Hälfte (10 T€) durch Verrechnung mit seinem Kapitalkonto als Einlage erbringt. S ist für den technischen Bereich mitverantwortlich und erhält eine – seinem Anteil entsprechende – Gewinn- und Verlustbeteiligung.

Fälle wie das vorliegende Beispiel 23 bereiten weder gesellschaftsrechtliche noch steuerrechtliche Probleme und können insoweit als idealtypisch bezeichnet werden.

Lösung: In **gesellschaftsrechtlicher** Hinsicht bestehen gegen die Aufnahme eines Familienangehörigen in eine KG nach §§ 161, 105 HGB keine Bedenken. Es ist unproblematisch, wenn der Neugesellschafter seine Einlageverpflichtung durch »Stehenlassen« des ihm zustehenden Gehalts erfüllt.[93] Wichtig ist, dass aufgrund der Haftungsregelungen der §§ 171 f. HGB der Wert der Dienstleistung korrekt ermittelt ist. 20 T€ Jahresgehalt (und davon die Hälfte als Einlage) erscheinen angemessen. Am Ende des Jahres hat S gem. § 171 Abs. 1 i.V.m. § 172 Abs. 1 HGB die Einlage geleistet, so dass ab 31.12.18 keine persönliche Haftung des S besteht. Das Kapitalkonto weist eine Einlage von 10 T€ auf; dies wird – in Relation zu den Kapitalkonten der anderen G'fter – die Beteiligungsquote des S am Ergebnis der KG und an den stillen Reserven darstellen.
In **steuerrechtlicher Hinsicht** bestehen gegen die Aufnahme des S keine Bedenken, soweit nicht durch atypische Klauseln die Merkmale der unternehmerischen Initiative (hier: mitverantwortlich für den technischen Bereich) und des Risikos (hier: anteilige Ergebnisbeteiligung) infrage gestellt werden.

---

93 Demgegenüber kann eine Einlage nicht durch eine unentgeltliche Dienstleistung erbracht werden (vgl. K. *Schmidt*, GesR, 3. Aufl., 574 und 1557 ff.).

S ist auch steuerlich als MU zu qualifizieren, der gewerbliche Einkünfte nach § 15 Abs. 1 S. 1 Nr. 2 EStG erzielt.

Die nächsten (und eigentlichen) Prüfungsstationen markieren gleichzeitig die neuralgischen Punkte.

4.4.3.1 Die zivilrechtliche Wirksamkeit

Wie schon erwähnt, wird von Rspr. und Verwaltung der Auslegungsbefehl von § 41 AO in der Fallgruppe der Angehörigenverträge, wonach zunächst von der steuerlichen Unbeachtlichkeit der zivilrechtlichen Wirksamkeit auszugehen ist (S. 1), in das Gegenteil (S. 2) verkehrt. So bezeichnete etwa *Tipke* die BFH-Rspr. zu den Familien-PersG als »Stachel im Fleisch des § 12 Nr. 2 EStG«.[94]

Beispiel 24: Die spät besorgten Eltern
Die aus dem StPfl. (V) und seiner Ehefrau (M) bestehende KG nimmt die 16-jährige Tochter (T) als Kommanditistin auf. Die von der Tochter zu erbringende Einlage i.H.v. 25 T€ wird ihr vom Vater geschenkt, indem dieser den Betrag am 24.12.17 von seinem Kapitalkonto abbucht. Am 27.12.17 wird T im HR als Kommanditistin eingetragen. V sucht zur Beurkundung einen Notar (N) auf, der ihm mitteilt, dass eine Beurkundung wegen Vollzuges der Schenkung nicht erforderlich sei. N weist V allerdings auf die Notwendigkeit einer familiengerichtlichen Genehmigung sowie auf die Beteiligung eines Abschluss-(Ergänzungs-)Pflegers hin. Beides wird Ende Februar 18 nachgeholt. Können der T anteilige Gewinne der Jahre 17 und 18 zugewiesen werden?

Die Vorprüfung des Zivilrechts hat sich für den BFH schon in mehrfacher Hinsicht als wenig ergiebig erwiesen. Mit zivilistischen Vorfragen sind die Senate in nahezu allen Steuerdisziplinen befasst. Nur zu selten wird von der Möglichkeit Gebrauch gemacht, den Gemeinsamen Senat der obersten Gerichtshöfe des Bundes bei Streitfragen anzurufen. Von entscheidender Bedeutung bei der Auslegung ist allerdings, dass den einschlägigen Normen im jeweiligen Zusammenhang eine andere Bedeutung (»Teleos«) beikommt.

Lösung: Im Beispiel 24 entscheiden drei (Standard-)Formfragen über die Wirksamkeit des Grundgeschäfts, i.e. die Aufnahme der T in die KG in dieser Reihenfolge:

a) **Wirksame Schenkung?**
- Nach §§ 516, 518 Abs. 1 BGB benötigen vertragliche Schenkungsversprechen der notariellen Beurkundung, sollen sie einen gültigen Rechtsgrund (causa) darstellen. Nach § 518 Abs. 2 BGB wird der Mangel durch den Vollzug geheilt.
- Konkret stellt sich die Frage, ob mit der Abbuchung vom Kapitalkonto des V und der gleichzeitigen Einbuchung des Betrages von 25 T€ auf dem neu errichteten Kapitalkonto der T die Schenkung **vollzogen** ist. In ständiger Rspr. geht der BFH bei Außengesellschaften (KG, OHG u.a.) bei dieser Form der Übertragung von einem Vollzug aus, während dies bei Innengesellschaften (Unterbeteiligung, stille Gesellschaft) und bei bloßen Kapitalbeteiligungen nicht der Fall sein soll (BGH vom 24.09.1952, BGHZ 7, 174 sowie BFH vom 27.01.1994, BStBl II 1964, 635). Der eigentliche Grund für diese unterschiedliche Rechtsprechungspraxis liegt wohl in der Publikationswirkung, die nur bei Außengesellschaften durch die Eintragung im HR erzeugt wird. Vorliegend ist der Mangel der Form spätestens durch die Eintragung im HR geheilt.

---

94 *Tipke* in *Tipke/Kruse*, AO/FGO (Voraufl.), § 41 Rz. 14.

b) Beteiligung des Familiengerichts

- Gem. § 1643 i.V.m. § 1822 Nr. 3 BGB benötigen die Eltern für die Beteiligung der Kinder an einer »Erwerbs«-Gesellschaft die Genehmigung des Familiengerichts.
- Wird, wie im vorliegenden Fall, die Genehmigung später beigeholt, so gehen die Meinungen über die Rechtsfolgen auseinander:
  - Nach **älterer Rspr.** (BFH vom 05.03.1981, BStBl II 1981, 435, zitiert in H 15.9 (2) EStH »Familiengerichtliche Genehmigung«) ist allenfalls bei »unverzüglich« eingeholter Genehmigung eine (nach § 184 BGB vorgesehene) heilende Rückwirkung für das schwebend unwirksame Rechtsgeschäft möglich.
  - Nach **neuerer Rspr.** (BFH vom 13.07.1999, BStBl II 2000, 386 und vom 07.06.2006, BStBl II 2007, 294) soll ein zivilrechtlicher Formfehler dann unbeachtlich sein, wenn den Beteiligten die Unkenntnis nicht angelastet werden kann und eine evtl. fehlende Genehmigung »**zeitnah**« beigebracht wird. Das BMF hatte einen Nichtanwendungserlass zu diesem Urteil herausgegeben, da nach Ansicht der Finanzverwaltung ernstliche Zweifel am Bindungswillen der Vertragspartner bestehen, wenn den Vertragspartnern die Nichtbeachtung der Formvorschriften zuzurechnen ist, weil sich deren Erfordernis unmittelbar aus dem Gesetz ergibt (BMF vom 02.04.2007, BStBl I 2007, 441).[95] Mittlerweile hat sich die Verwaltung jedoch dem BFH-Urteil vom 22.02.2007 (BStBl II 2011, 20) angeschlossen, demzufolge der Nichtbeachtung von Formvorschriften (im Urteilsfall fehlte bei Darlehensverträgen mit minderjährigen Kindern der Ergänzungspfleger) lediglich **Indizwirkung** für die steuerliche Unbeachtlichkeit beigemessen werden kann (BMF vom 23.10.2010, BStBl I 2011, 37).[96]
- Somit wirkt die im Februar 18 erwirkte familiengerichtliche Genehmigung auf den **24.12.17** zurück.

c) Beteiligung des Ergänzungspflegers

Mit den Argumenten des BFH vom 07.06.2006 (BStBl II 2007, 294; keine Verletzung des Schutzzweckes: Verbot des Insichgeschäfts) ist u.E. sogar die spätere Einschaltung des Ergänzungspflegers unschädlich, wenn dadurch kein unzumutbarer Dauerzustand erzeugt wird.[97]

Fazit: T sind ab 24.12.17 etwaige Gewinnanteile aus der KG für das Jahr 2017 zuzurechnen. Weiter zurück (01.01.17) kann das Steuerrecht nicht gehen, auch wenn es zivilrechtlich vereinbart worden wäre.

4.4.3.2 Der tatsächliche Vollzug der Familien-Personengesellschaft

Vom zivilrechtlichen Vollzugsproblem nach § 518 BGB zu unterscheiden ist der Fall, dass die deklarierten Gewinnanteile der Kinder von den Eltern in Eigenregie verwaltet werden. Bei minderjährigen Kindern ist dabei zu berücksichtigen, dass die Eltern die Vermögensfürsorge für die Kinder haben (§ 1626 Abs. 1 BGB), worunter auch die Gewinnanteile

---

95 M.E. kann der Entscheidung vom 13.07.1999, der an einer anderen Stelle (H 4.8 EStH) auch die Verwaltung folgt, in Übereinstimmung mit der Rspr. anderer Senate des BFH zur Einhaltung von Formvorschriften nur gefolgt werden. Entscheidend ist dabei, dass die zivilrechtlichen Formvorschriften keinen (vor allem keinen steuerlichen) Selbstzweck verfolgen. Wird aber der Schutzzweck (hier: umfangreiche Fremdprüfung der Kindesinteressen) durch die Verspätung nicht verletzt, kann das Steuerrecht nicht weiter gehen als das Zivilrecht.
96 Lesenswerte Rezension von *Heuermann*, DB 2007, 1267.
97 Nach BFH vom 07.06.2006 (BStBl II 2007, 294) können allein aus der zivilrechtlichen Nichtigkeit (im Urteilsfall keine Beteiligung des Ergänzungspflegers bei Darlehnsverträgen) Rückschlüsse auf die fehlende Ernsthaftigkeit gezogen werden. Gleicher Ansicht *Reiß* in *Kirchhof-kompakt*, § 15 Rz. 257, worin nochmals darauf hingewiesen wird, dass eine Dauerpflegschaft nicht erforderlich ist.

aus der Familien-PersG gehören. Ein Vollzug ist jedenfalls dann zu bejahen, wenn diese Gewinnanteile **getrennt** vom übrigen Elternvermögen (z.B. auf eigenen Konten der Kinder) **aufbewahrt** werden und mit ihnen nicht ausschließlich die sonst anfallenden Unterhaltsaufwendungen beglichen werden.

4.4.3.3 Der Fremdvergleich

Unter dem Aspekt des Fremdvergleichs werden vor allem Klauseln im Gesellschaftsvertrag diskutiert, bei denen die Rspr. annimmt, dass sie unter Dritten nicht vereinbart worden wären. Z.T. wird diese Prüfung vermengt mit der nächsten Prüfungsstation, bei der es um die steuerliche Qualität des aufgenommenen Familienmitgliedes als MU geht.

Aus der umfangreichen Rspr. des BFH wird vor allem auf diejenigen Problemklauseln hingewiesen, zu denen aus nahe liegenden Gründen des Fortbestandes des Unternehmens gern gegriffen wird.

Einen ersten Bereich der fragwürdigen Entrechtung der Angehörigen-Kommanditisten bilden die **Buchwertklauseln**. Darunter fallen Vereinbarungen, die beim Ausscheiden einen Abfindungsanspruch zu Buchwerten vorsehen und somit dem Ex-G'fter die Beteiligung an den stillen Reserven und am Firmenwert während seiner Mitgliedschaft verwehren. Nachdem diese Klauseln zwischenzeitlich auch von der BGH-Rspr.[98] bei fremden G'ftern toleriert werden (Argument: notwendige Unternehmenskontinuität), können nicht mehr alle Buchwertklauseln bei Angehörigen als steuerschädlich angesehen werden (so noch H 15.9 Abs. 1 EStH »Buchwertabfindung«). Die Schädlichkeit der Buchwertklausel ist auf die Fälle zu beschränken, in denen diese nur bei Ausscheiden des Angehörigen greift oder etwa auch in dem Fall zum Tragen kommt, in dem der Angehörige ohne Weiteres ausgeschlossen werden kann. Andererseits kann die Buchwertklausel bei eigener Kündigung des Angehörigen oder bei dessen Ausschluss aus wichtigem Grunde nicht per se zur Aberkennung des Mitunternehmerstatus führen.[99]

Ähnlich werden in der Literatur sog. **Rückfallklauseln** (bzw. bedingte **Weiterleitungsklauseln**) diskutiert, bei denen die Beteiligung bei Vorliegen bestimmter Gründe den Altgesellschaftern anwächst oder auf neue G'fter übertragen wird. Während die generelle Vereinbarung (»freier Widerruf«) sicher keinem Drittvergleich standhält, bestehen bestimmte auslösende Gründe wie z.B. Notfall des Schenkers oder grober Undank (§§ 528, 530 BGB) die Drittvergleichsprüfung.

4.4.3.4 Die Mitunternehmerqualität

Jedes in eine PersG aufgenommene Familienmitglied muss die persönliche Voraussetzung der Mitunternehmerschaft (§ 15 Abs. 1 S. 1 Nr. 2 EStG) erfüllen. Als »Faustformel« der Rspr. dient dabei die Formulierung, dass die Rechtsposition des aufgenommenen Kindes mindestens mit dem Regelstatut des HGB für einen Kommanditisten vergleichbar sein muss (BFH vom 24.07.1986, BStBl II 1987, 54). Darunter zählen ein begrenztes Widerspruchsrecht (§ 164 HGB) und ein Einsichtsrecht in die Bücher (§ 166 HGB).

---

[98] So etwa BGH vom 24.05.1993, DB 1993, 1614.
[99] Besonders schwierig ist der Fall der »Unfähigkeit«. Bei einer GmbH & Co. KG kann dies – unschädlich – dadurch erreicht werden, dass ein »Unfähigkeitsgrund«, der bei der GmbH zur Abberufung des Geschäftsführers führt, beim personenidentischen Kommanditisten gleichzeitig zum Ausscheiden gegen Buchwertabfindung führt.

In den folgenden Fällen war für den BFH/das BMF nicht einmal dieser Mindeststatus gewahrt[100]:

- Bei einer im Vorhinein (auf das Alter der Volljährigkeit) befristeten Gesellschafterstellung (BFH vom 29.01.1976, BStBl II 1976, 324).
- Einseitiges Kündigungsrecht des elterlichen Komplementärs bei Erreichen der Volljährigkeit des aufgenommenen Kindes (BMF vom 05.10.1989, BStBl I 1989, 378).

Zusätzlich wird – als Überleitung zur letzten Prüfungsstation – eine angemessene Gewinnverteilung für erforderlich gehalten.

4.4.3.5 Die Prüfung der Höhe nach (Quantifizierungsmaßstab)
In der Praxis steht die Überprüfung der Gewinnanteile im Vordergrund.

Beispiel 25: Angemessene Gewinnverteilung
Die schenkweise aufgenommene minderjährige Tochter T ist mit 25 T€ an der Familien-KG beteiligt. Sie hat die »Mitunternehmerprüfung« bestanden und erhält vereinbarungsgemäß 5 % vom Gewinn und Verlust, da sich das Kapitalkonto I des Vaters auf 400 T€ und das der Mutter auf 75 T€ beläuft (Gesamtkapital: 500 T€). V und M sind im Betrieb tätig.
Im Jahr 2014 erzielt die KG einen HB-Gewinn von 200 T€. Danach entfällt auf T ein Gewinnanteil von 10 T€. Hat T diesen Betrag zu versteuern?

Bei schenkweiser Übertragung einer Mitunternehmerstellung (KG-Beteiligung, atypisch stille Beteiligung etc.) wird nach der Rspr. von einer angemessenen **Durchschnittsrendite von 15 %**[101] ausgegangen (BFH vom 24.07.1986, BStBl II 1987, 54). Der Prozentsatz wird auf den **tatsächlichen Wert der Beteiligung** bezogen, ein nicht mitarbeitendes Kind wird dabei unterstellt. Genauer wird ausgeführt, dass sich die Angemessenheit der Gewinnverteilungsabrede nach den Verhältnissen bei Vertragsschluss orientiert und dabei auf einen Zeitraum von **fünf Jahren** abzustellen ist (H 15.9 Abs. 3 EStH »Allgemeines«).

Der tatsächliche Wert der Beteiligung ist aus dem gesamten Unternehmenswert abzuleiten und berücksichtigt somit auch den Geschäftswert im Zeitpunkt des Vertragsabschlusses sowie entsprechende (günstige wie unvorteilhafte) Abfindungsregelungen. Bei der Prüfung, ob der 15%ige Anteil überschritten wird, ist auf den künftig zu erwartenden Restgewinnanteil (d.h. nach Abzug von Sondervergütungen für die Geschäftsführung) abzustellen. Der errechnete Wert bleibt grundsätzlich so lange maßgeblich, bis eine Veränderung eintritt, die auch unter Dritten zu einer geänderten Gewinnverteilung führen würde. Durch den ursprünglichen Prognosezeitraum von fünf Jahren ist indirekt auch ein Zeitrahmen für die Überprüfung der getroffenen Verteilung mitgeteilt.

Lösung: Aufgrund der getroffenen 5%-Regelung erhält T 10 T€ Gewinnanteil. Unterstellt, ihr Kapitalkonto entspricht dem wahren Beteiligungswert, so ergibt der Gewinn eine 40%ige Rendite (10 T€ von 25 T€). Angemessen sind hingegen 3.750 € (15 % von 25 T€). Der übersteigende Mehrbetrag von 6.250 € ist dem an der KG als MU beteiligten Schenker als verkappte Einkommensverwendung hinzuzurechnen.

---

100 So auch die in H 15.9 Abs. 2 EStH aufgezählten Einzelfälle.
101 Bei Verlustausschluss wird die Rendite auf 12 % gesenkt (vgl. *Reiß* in *Kirchhof-kompakt*, § 15 Rz. 263 m.w.N.).

Diese immer schon von der Lit. und von den FG angegriffene Grenze von 15 %, die bei einem entgeltlichen Erwerb der Beteiligung nicht anzuwenden sind, ist **erstmalig** im Urteil vom 09.10.2001 auch vom **BFH nicht** mehr als allein-verbindliche Größe akzeptiert worden (BStBl II 2002, 460). Im dortigen Fall schenkte der Vater seinem Kind eine atypische Unterbeteiligung von 10 % an seinem Kommanditanteil, wobei sich für das Kind aufgrund der quotalen Gewinnbeteiligung von 10 % ein Gewinn ergab, der über der Grenze von 15 % des Wertes der Unterbeteiligung lag. Zu einer Korrektur der Gewinnverteilung sah sich der BFH außerstande, soweit mit dem Gewinnanteil des Hauptgesellschafters nur dessen Haftungskapital abgegolten werden sollte (s. auch – dem BFH folgend – H 15.9 Abs. 3 EStH »Unterbeteiligung«).

Es bleibt abzuwarten, ob die Verwaltung bereit ist, den Automatismus von R 15.9 Abs. 3 EStR zu lockern. Zu ergänzen ist noch, dass die Renditemerkmale bei allen gesellschaftsrechtlichen Beteiligungsformen gelten. Für Beteiligungen als typisch stiller G'fter differenziert die Verwaltung danach, ob der Angehörige die Einlagen geschenkt bekam (Maßstab s. oben, vgl. H 15.9 Abs. 5 EStH »Eigene Mittel« und »Schenkweise eingeräumte stille Beteiligung«) oder ob die Beteiligung aus eigenen Mitteln des stillen G'fters stammt. In diesem Fall legt die Verwaltung die Messlatte der angemessenen Rendite auf 25 %, wenn der stille Angehörige nur gewinnbeteiligt ist, und auf 35 %, wenn er auch verlustbeteiligt ist. Die Wiedergabe der älteren BFH-Urteilen, denen diese differenzierende Erkenntnis zu entnehmen ist, stößt auf doppelte Skepsis und – im Ergebnis – auf Ablehnung. Bei wirklich[102] eigenen Einlagemitteln z.B. volljähriger Angehöriger ist es dem Interessensausgleich der Beteiligten zu überlassen, die Quote festzulegen. Woher stammt die Erkenntnis über die jeweiligen Prozentsätze?

Die speziellen Probleme der Familien-GmbH & Co. KG schließlich werden im Anschluss an die Doppelgesellschaft besprochen.[103]

4.4.4 Sonstige Angehörigenverträge

4.4.4.1 Darlehensverträge

Mit einer besonders häufig vorkommenden Fallgruppe wird man in diesem Zusammenhang bei der Kombination aus **Darlehen und Schenkung** konfrontiert.

Beispiel 26: »Privates Schütt aus – Betriebliches Hol zurück«
V lässt aus Privatmitteln seinem Sohn S einen Beitrag von 100 T€ zukommen, den dieser alsbald dem Betrieb des V als verzinsliches Darlehen zur Verfügung stellt. Zwischen der (nicht notariell beurkundeten) Übertragung des Betrages und der betrieblichen Wiederverwendung der Valuta liegt ein Zeitraum von einem Tag (Variante: 100 Tage). V macht die Zinsen i.H.v. 6 T€/Jahr als BA gem. § 4 Abs. 4 EStG geltend.

Die Skepsis der Verwaltung gegen schenkweise begründete Darlehensforderungen ist im BMF-Schreiben vom 23.10.2010 (BStBl I 2011, 37) dokumentiert und stimmt mit der zurückhaltenden Aufnahme durch die BFH-Rspr. überein (BFH vom 09.10.2001, BFH/NV 2002, 334: dort allerdings für § 20 EStG; Zinsen als WK).

---

102 Etwas anderes mag gelten bei minderjährigen Kindern, denen die Beiträge einige Zeit vorher geschenkt wurden.
103 S. *Preißer*, Band 2, Teil B, Kap. III.

Lösung:
1. Für die Verwaltung besteht bei einer gegenseitigen Abhängigkeit von Schenkung und Wiederverwendung des Betrages als betriebliches Darlehen dann eine unwiderlegbare Vermutung für eine nicht anzuerkennende Aufteilung einer Einkunftsquelle, wenn
   - beide Verträge in einer Urkunde abgeschlossen werden oder wenn
   - die spätere Darlehensverwendung zur Bedingung (Auflage) der Schenkung gemacht wurde (Rz. 11 des BMF-Schreibens vom 23.10.2010, BStBl I 2011, 37).

   Rein begrifflich liegt in diesen Fällen ein **befristetes Schenkungsversprechen** vor, dem die betriebliche Veranlassung abgesprochen wird.
2. Eine Abhängigkeit zwischen Schenkung und Darlehen ist hingegen nicht allein deshalb zu vermuten, weil die Vereinbarung von Schenkung und Darlehen zwar in mehreren Urkunden, aber innerhalb kurzer Zeit erfolgt ist (BFH vom 18.01.2001, BStBl II 2001, 393). Ob eine gegenseitige Abhängigkeit vorliegt, ist insoweit anhand der gesamten Umstände des Einzelfalles zu beurteilen (a.a.O., Rz. 12).
3. Demgegenüber begründen Absprachen hinsichtlich der Modalitäten der Darlehensverwendung (wie z.B. der Kündigungsvorbehalt des Schenkers) nur eine widerlegbare Vermutung für die schädliche Abhängigkeit (a.a.O. Rz. 13).
4. Steuerunschädlich sind danach nur diejenigen Geschäfte, bei denen durch eine Trennung der Vermögenssphären von Eltern und Kindern in zeitlicher und sachlicher Hinsicht der Schenker entreichert und der Beschenkte tatsächlich bereichert erscheint (a.a.O. Rz. 14).

Als **vorläufiges Fazit** führt allenfalls die Variante (100 Tage Unterbrechung) bei unterstelltem Vollzug der Schenkung (§ 518 Abs. 1 BGB) zum BA-Abzug der Zinsen. Ansonsten liegen nicht abzugsfähige Unterhaltszahlungen gem. § 12 Nr. 2 EStG vor. Der Gewinnanteil des Schenkers erhöht sich um diesen Betrag.

Noch weitergehend lässt der BFH im Urteil vom 15.04.1999 (BStBl II 1999, 524) erkennen, dass für ihn die **Mittelherkunft** der wiederverwendeten Darlehensbeträge von entscheidender Bedeutung ist. Stammen somit die Beträge nicht aus (vorherigem) BV oder stammen sie von dem Elternteil, der über keine betriebliche Einkunftsquelle verfügt, so ist danach der Anfangsverdacht über eine unzulässige Abhängigkeit beider Verträge widerlegt.

In diese vermeintliche Auflockerung der starren Grundsätze zu Gunsten einer einzelfallorientierten Rspr. ist aber mit dem Urteil vom 22.02.2002 (BStBl II 2002, 685) eine formalistische Renaissance eingekehrt. Immer dann, wenn – auch bei längerem Abstand zwischen Schenkung und späterer Darlehensverwendung – ein **Gesamtplan** ersichtlich ist, der bei beiden Verträgen (Darlehen und Schenkung) auf eine sachliche Verknüpfung schließen lässt, können die Zinsen nicht als BA anerkannt werden.

Ähnlich rigide urteilte das FG München am 27.01.2006 (LEXinform 5001951) zu einem **Geschwisterdarlehen**, als es die bilanzielle Passivierung der »Geschwisterschuld« unter Vollzugsgesichtspunkten nicht genügen ließ, sondern auf die **(hier fehlende) Ausbezahlung der Zinsen** abstellte. Dem klägerischen Argument, dass in der auflaufenden Zinsverbindlichkeit eine Schuldumwandlung zu sehen sei, folgte das Gericht aber zu Recht nicht, da es sich offensichtlich um eine Schutzbehauptung im vorliegenden Fall handelte. In der Sache selbst vermögen die Argumente des FG hingegen nicht zu überzeugen, da es vorher die subjektive Bilanzrichtigkeit widerlegen hätte müssen.

4.4.4.2 Angehörigen-Mietverträge

Konträr zu der rigiden Praxis bei den Angehörigenverträgen im betrieblichen Bereich sind – wie schon mehrfach aufgezeigt – Rspr. und Verwaltung sehr großzügig bei Vertragsgestaltungen unter Angehörigen im Bereich der V + V-Einkünfte. Kennzeichnend dafür sind allein Diktion und Gegenstand von H 21.4 EStH. In einer Art »Beweislastumkehr« werden die vergleichbaren Themen zu den Gesellschafts- und Darlehensverträgen unter Angehörigen abgehandelt (Einbeziehung der Partner einer nichtehelichen Lebensgemeinschaft; Mängel des Mietvertrages; Mittelherkunft der Miete etc.).

Besonders weit ging die Rspr., als sie bei der Vermietung an unterhaltsberechtigte Angehörige selbst dann keinen Gestaltungsmissbrauch diagnostizierte, da die Miete mit dem geschuldeten Barunterhalt verrechnet wurde (BFH vom 16.01.1996, BStBl II 1996, 214; bei getrennt lebenden Ehegatten; und BFH vom 19.10.1999, BStBl II 2000, 224; im Verhältnis der Eltern zu ihren unterhaltsberechtigten Kindern).

Ein sachlicher Differenzierungsgrund für die unterschiedliche Behandlung der Fallgruppen ist nicht ersichtlich.

In den letzten Jahren hat der BFH mit verschiedenen Urteilen zu erkennen gegeben, wie die künftige Rspr. in der Beurteilung von Angehörigen-Mietverträgen aussehen könnte. Danach ist ein Mietverhältnis steuerlich dann nicht mehr anzuerkennen, wenn nicht abgeschlossene Wohnräume im Elternhaus an volljährige unterhaltsberechtigte Kinder vermietet werden (BFH vom 16.01.2003, BStBl II 2003, 301). Eine verbilligte Vermietung an sich und die fehlende Schriftform des Mietvertrags stehen der Anerkennung jedoch nicht im Wege (BFH vom 31.07.2007, BFH/NV 2008, 350; vom 22.07.2003, BStBl II 2003, 806). Nichtsdestoweniger müssen aber die Hauptleistungspflichten eindeutig bestimmt sein. Hieran fehlt es, wenn man dem Mietvertrag zwischen nahen Angehörigen nicht entnehmen kann, ob eine Kalt- oder Warmmiete vereinbart wurde (BFH vom 28.07.2004, BFH/NV 2004, 1531).

4.4.4.3 Sonstiges

Im BMF-Schreiben vom 16.09.2004 (BStBl I 2004, 922) und vom 11.03.2010 (BStBl I 2010, 227) für ab dem 01.01.2008 geschlossene Verträge sind die o.g. Grundsätze der Angehörigenverträge auf die Wirtschaftsüberlassungsverträge (wiederkehrende Leistungen gegen Übertragung von PV/BV) übertragen worden. S. hierzu aber § 10 Abs. 1 Nr. 1a EStG sowie Kap. III 3.

II Realisationstatbestände (Steuerentstrickung im Privatvermögen/Betriebsvermögen versus betriebliche Umstrukturierung)

1 Übersicht (§ 6 Abs. 3 ff. EStG versus §§ 16 ff. EStG u.a.)

1.1 Überblick über den gesetzlichen Regelungsbereich

Mit der ab 01.01.1999 greifenden Neuregelung in § 6 Abs. 3–6 EStG werden **betriebliche Umstrukturierungen und Übertragungen** erstmalig zusammengefasst und gleichzeitig auf eine gesetzliche Grundlage gestellt. Entsprechend der steuersubjektiven Vorgabe des EStG gelten die Bestimmungen unmittelbar nur für Einzelpersonen und PersG.[104]

Innerhalb des ersten Regelungskomplex (§ 6 Abs. 3 ff. EStG) nehmen wiederum die ersten beiden Absätze (Abs. 3 und Abs. 4) eine vorgezogene Sonderstellung ein. § 6 Abs. 5 EStG setzt sich hingegen mit der individualsteuerlichen Frage der Übertragung von **Einzel-WG** in verschiedene BV **desselben** Unternehmers bzw. mit Einzelübertragungen innerhalb einer **MU-schaft** auseinander. § 6 Abs. 6 EStG hat einen engeren Anwendungsbereich und widmet sich dem bilanzsteuerlichen Thema der Ermittlung der AK bei einem Tausch (und der vergleichbaren verdeckten Einlage). § 6 Abs. 6 EStG wird deshalb im systematischen Zusammenhang mit den AK bzw. mit der Einlage behandelt.

Den thematischen Gegenpart nehmen die immer schon kodifizierten **Realisationstatbestände** des (betrieblichen) § 16 EStG und der (privaten) Ausnahmetatbestände **§ 17**, **§ 23** und **§ 20 Abs. 2**[105] EStG ein. Die sog. Realteilung nach § 16 Abs. 3 S. 2 EStG gehört von der Systematik, zumindest von der Zielsetzung her zu der ersten Regelungsgruppe. Zusätzlich sind im EStG und darüber hinaus zahlreiche Regelungen verstreut, die sich der gleichen Thematik annehmen: steuerliche Realisation (Aufdeckung der stillen Reserven) und deren Vermeidung.

Dieser dogmatischen Unterscheidung folgend, beginnt die nachfolgende Diskussion mit § 6 Abs. 3 f. EStG; hieran schließt sich eine umfassende Darstellung der »betrieblichen Realisation« des § 16 EStG an, der das neue Konzept der betrieblichen Umstrukturierung in § 6 Abs. 5 sowie die Realteilung gegenübergestellt wird. Den Schluss bilden die »privaten Realisationstatbestände« der §§ 17, 23 EStG sowie des § 21 UmwStG a.F.

---

104 Im Unternehmensbereich ergänzt das UmwStG die Thematik der Umstrukturierung, soweit es um Fälle der Gesamtrechtsnachfolge bzw. um die Einbringung (§§ 20 ff. UmwStG) geht. Das Ende (die Liquidation) einer KapG ist § 11 KStG vorbehalten.
105 Zu § 20 Abs. 2 siehe Teil A II 2.

1.2 § 6 Abs. 3 EStG: Regelfall oder Ausnahme?

1.2.1 Grundzüge

Aufgrund zahlreicher Anregungen aus dem Schrifttum hat der Gesetzgeber die bis 1998 in **§ 7 Abs. 1 EStDV** beheimatete Regelung in den Corpus des EStG aufgenommen. Die Forderungen aus der Literatur hatten ihren berechtigten Grund (Gesetzesvorbehalt!) und führten zu § 6 Abs. 3 S. 2 EStG, wonach bei einer **unentgeltlichen** Übertragung von Betrieben u.ä. der Rechtsnachfolger an die Werte der Schlussbilanz gebunden ist. Damit findet bei jedweder unentgeltlichen Übertragung von betrieblichen (wirtschaftlichen, steuerfunktionellen) Einheiten eine **Buchwertverknüpfung** von Rechtsvorgänger und Nachfolger statt. Diese im Interesse der Unternehmenskontinuität[106] angeordnete gesetzliche Pflichtentscheidung bedeutet eine Ausnahme von dem Individualsteuer-Grundsatz, dass Steuergrößen (Steuerbelastungen aufgrund stiller Reserven) grundsätzlich nicht übertragen werden dürfen.

Diese ausnahmsweise zulässige intersubjektive Übertragung stiller Reserven greift aber nur bei **steuerlichen Funktionseinheiten** wie Betrieben, Teilbetrieben und – ihnen gleichgestellten – MU-Anteilen. Die Konzentration auf diese drei Kompetenzobjekte hat ihr bilanzsteuerliches Pendant in der Größe »Kapital«[107] bzw. »Kapitalkonto«, die ihrerseits die **Bündelung** der vom Einzel- bzw. Mit-Unternehmer erfassten einzelnen WG dokumentiert. Diese Korrelation (Betrieb/Kapital bzw. MU-Anteil/Kapitalkonto) als verselbständigte steuerliche Größe kehrt im Steuerrecht wieder bei § 16 EStG und bei den Einbringungstatbeständen der §§ 20, 24 UmwStG. Während die Auslegung der Einzelmerkmale in § 6 Abs. 3 EStG und § 16 EStG weitgehend identisch ist, kann die umwandlungssteuerliche Auslegung in Detailfragen hiervon abweichen.[108] In allen Fällen des geschlossenen Übergangs (oder der geschlossenen Beendigung) von steuerfunktionalen Einheiten müssen **alle (funktional) wesentlichen Betriebsgrundlagen** übergehen. Dieser Vorgang muss – wie bei § 16 EStG – in einem Akt[109] erfolgen und ebenso muss der Übergeber damit sein bisheriges unternehmerisches Engagement aufgeben (BFH vom 12.06.1996, BStBl II 1996, 527 sowie sehr instruktiv BFH vom 19.02.2004, BFH/NV 2004, 1231).

Die (subjektive) Steuerverschonung des Rechtsvorgängers bei § 6 Abs. 3 EStG knüpft an **unentgeltliche** Übertragungsakte an. Der prototypische Fall ist der Erbfall nach § 1922 BGB. Nachdem der Gesetzgeber auf eine weitere Spezifikation der unentgeltlichen Übertragung verzichtet, unterliegen alle Fälle der unentgeltlichen Übertragung, also auch die der Einzelrechtsnachfolge (Hauptfall: Schenkung), dem Zwang der Buchwertfortführung. Damit kommen neben dem Erben auch der Beschenkte und der Vermächtnisnehmer in den Genuss des § 6 Abs. 3 EStG. Auf drei wichtige Aspekte aus der Praxis ist vorgreiflich der Einzeldarstellung schon jetzt hinzuweisen:

1. Reine unentgeltliche Übertragungen (sog. voll-unentgeltliche) Übertragungen sind die Ausnahme, da sich der Vorgänger (der Übergeber) häufig Gegenleistungen (bzw. Kom-

---

[106] Sehr instruktiv zur geschichtlichen Entwicklung des § 7 EStDV Reiß in Kirchhof/Söhn, § 16 Rz. B 79 f. Zur steuerpolitischen Bedeutung s. BFH vom 12.09.2002, BStBl II 2002, 813 (für L+F; Einheit des landwirtschaftlichen Betriebes).
[107] Bei Teilbetrieben muss diese Größe u.U. erst herausgebildet werden.
[108] S. Missal, Band 2, Teil D, Kap. VII.
[109] Zu Ausnahmen (schrittweise Übertragung nur, wenn sie auf einem einheitlichen Willensentschluss beruhen) s. BFH vom 12.04.1989 (BStBl II 1989, 653).

pensationszahlungen) ausbedingt, ohne dass dies einem vollwertigen Kaufpreis entspricht. In diesen Fällen spricht man von **teilentgeltlichen** Übertragungen, die grundsätzlich § 16 EStG (und nicht § 6 Abs. 3 EStG) unterstehen. Teilentgeltlich meint dabei immer, dass die Gegenleistung nicht dem Verkehrswert entspricht. Für diese Rechtsgeschäfte gilt sodann bei § 16 EStG die **Einheitstheorie**, wonach die Gegenleistung dem einheitlichen (nicht aufgeteilten) Buchkapital des Übergebers gegenübergestellt wird. Die (wiederum aus dem Bilanzrecht abgeleitete) Begründung für die Einheitstheorie lautet, dass die Einheitsgröße »Kapital«, die bekanntlich auch die Betriebsschulden beinhaltet, nicht aufgespalten werden kann, ohne gegen elementares Bilanzrecht zu verstoßen.

Beispiel 1: Der halb-altruistische Schenker
Der frustrierte Witwer W übergibt seinen Betrieb (Kapital: 100 T€; Verkehrswert 1 Mio. €) an den Prokuristen P gegen Übernahme einer Privatschuld (200 T€).

Lösung: Zivilrechtlich liegt eine gemischte Schenkung vor. Der Betrieb wird zu 4/5 verschenkt und zu 1/5 »verkauft«. Ertragsteuerlich wird dies als eine teilentgeltliche Übertragung angesehen, die nach § 16 EStG von W zu versteuern ist. Vorbehaltlich § 16 Abs. 4 EStG beträgt der begünstigte Veräußerungsgewinn des W 100 T€, da der Gegenleistung (200 T€) das einheitliche Buchkapital von 100 T€ (Einheitstheorie) und eben nicht ein aufgeteiltes Kapitalkonto (etwa: 1/5 von 100 T€)[110] gegenübergestellt wird.

2. Die am häufigsten vorkommende Fallgruppe ist – neben dem Erbfall – die vorweggenommene Erbfolge. Hier erlaubt die Verwaltung bei bestimmten Übergabemodalitäten die Eingruppierung des Übergabevorganges nach § 6 Abs. 3 EStG. Die fingierte Unentgeltlichkeit betrifft dort aber nur den Übertragungsvorgang als solchen.[111] Wegen der Komplexität und aus Gründen des Sachzusammenhangs werden diese (teil-)unentgeltlichen Übertragungsvorgänge hier in einem geschlossenen Kap. III 3 »ESt-Rechtsnachfolge« behandelt.

3. Aufgrund des UntStFG (2001) ist eine klarstellende Ergänzung vorgenommen worden. Nach § 6 Abs. 3 S. 1, 2. HS EStG wird bei der **unentgeltlichen** Aufnahme eines neuen Partners in ein Einzelunternehmen ebenso wie bei der unentgeltlichen Übertragung eines Teils eines MU-Anteils die Buchwertverknüpfung ohne Gewinnrealisation festgeschrieben. Damit ist lediglich die bisherige Besteuerungspraxis, die beide Tatbestände in dem jetzt geklärten Sinne behandelt hat, auf eine gesetzliche Grundlage gestellt worden.[112]

Den **Gegenbegriff** zu den betrieblichen Einheiten bilden die **Einzel-WG** mit konträren Rechtsfolgen. Bei der unentgeltlichen Übertragung ist dies der Ansatz des gemeinen Werts (§ 6 Abs. 4 EStG) und damit der Aufdeckungszwang. Bei der entgeltlichen Übertragung von Einzel-WG wird ein evtl. Gewinn (Veräußerungspreis ./. Buchwert) nicht als begünstigter Gewinn nach § 16 EStG, sondern als laufender Gewinn gem. § 15 EStG erfasst.[113] Auslegungsfragen hierzu werden nachfolgend unter § 16 EStG behandelt.

---

110 So aber die Trennungstheorie, die beim Übergang von PV angewandt wird.
111 Für die Folgefragen (z.B. Abzug und Erfassung laufender Zahlungen anlässlich des Generationennachfolgevertrages) hat dies keine entscheidende Bedeutung.
112 So auch die amtliche Begründung in BR-Drs. 638/01.
113 Wiederum anders die Regelung bei einer Einlage nach § 4 Abs. 1 S. 8 EStG, wo mit § 6 Abs. 1 Nr. 5 EStG eine spezielle Bewertungsvorschrift den Wert der (grundsätzlich erfolgsneutralen) Einlage festlegt (TW bzw. niedrigere AK/HK).

1.2.2 Die unentgeltliche Übertragung von (Teilen von) Mitunternehmeranteilen

Während es sich bei den funktionellen Einheiten des Betriebes und Teilbetriebes um weitgehend gesicherte Rechtsbegriffe handelt, bereitet die unentgeltliche Übertragung von MU-Anteilen bereits im Anwendungsbereich größere Probleme, die im 2. Band im Gesamtzusammenhang dargestellt werden (Teil B, Kap. IV 2 sowie Teil B, Kap. B V 3). Zum besseren Verständnis des unentgeltlichen Übertragungs-Parts steuerfunktioneller Einheiten (hier: der MU-Anteile) werden an dieser Stelle nur die Gliederungspunkte des einschlägigen BMF-Schreibens vom 03.03.2005 (BStBl I 2005, 458) sowie in Stichworten die Rechtsfolgen wiedergegeben:

a) Unter dem Stichwort »A.) Persönlicher Anwendungsbereich« wird danach unterschieden, ob die unentgeltliche Übertragung eines MU-Anteils auf einen x-beliebigen anderen Rechtsträger oder auf eine KapG entfällt, an der der Übertragende wieder selbst beteiligt ist. Im letzteren Fall überlagern die Grundsätze der (verdeckten) Einlage § 6 Abs. 3 EStG: Aufdeckung der Reserven gem. §§ 16, 34 EStG.

b) In der Rubrik »Sachlicher Anwendungsbereich« werden drei Hauptgruppen gebildet:
   (I)   Übertragung des gesamten MU-Anteils (§ 6 Abs. 3 S. 1 1. HS EStG);
   (II) Übertragung eines Teils eines MU-Anteils;
   (III) Isolierte Übertragung von Sonder-BV.

Zwanglos ist ersichtlich, dass dem Sonder-BV eine wesentliche Rolle zukommt. So erfolgt in der ersten Fallgruppe (I = »Gesamter MU-Anteil«) eine Vorwegunterscheidung danach, ob

- funktional wesentliches Sonder-BV[114] (= **fw Sonder-BV**) übertragen wird oder
- funktional unwesentliches Sonder-BV (= **unw Sonder-BV**) übertragen wird.

In den folgenden drei wichtigen Fällen bei vorhandenem wesentlichen Sonder-BV = Fallgruppe I.1. läuft § 6 Abs. 3 EStG leer und wird von anderen Rechtsfolgen verdrängt; eine Buchwertfortführung des MU-Anteils gem. § 6 Abs. 3 EStG findet nicht statt:

- fw Sonder-BV wird zurückbehalten (→ Aufgabe des MU-Anteils, § 16 Abs. 3 EStG),
- fw Sonder-BV wird i.R.d. § 6 Abs. 5 EStG in ein anderes BV übertragen[115],
- fw Sonder-BV wird i.R. eines Gesamtplanes entnommen (→ laufender Gewinn).

Demgegenüber ist die Fallgruppe I.2. (unw Sonder-BV) unproblematisch (→ § 6 Abs. 3 EStG kommt in den o.g. SV-Konstellationen zur Anwendung).

Die komplizierteste Regelung betrifft die Fallgruppe II (Übertragung eines Teils eines MU-Anteils[116]). Auch diese – hier nicht näher zu diskutierende – Fallgruppe kommt nicht ohne Vorwegdifferenzierung des zusätzlichen fwSonder-BV bzw. unwSonder-BV aus. In der ersten Konstellation erfolgt die weitere Beurteilung danach, ob die identische Quote an Sonder-BV, verglichen mit den übertragenen Anteilen am MU-Anteil, mit übertragen wird.

---

114 WG des G'fters, die für die Funktion des Betriebes (PersG) von Bedeutung sind; auf das quantitative Moment alleine (stille Reserven) kommt es nicht an (vgl. Rz. 3 des o.g. BMF-Schreibens).
115 Davon abweichend scheidet nach Auffassung des BFH vom 02.08.2012 (DStR 2012, 2118) eine Aufdeckung der stillen Reserven im unentgeltlich übertragenen MU-Anteil auch dann aus, wenn ein fwSonder-BV vorher bzw. zeitgleich zum Buchwert nach § 6 Abs. 5 EStG übertragen worden ist.
116 Beispiel: G'fter (Kommanditist) ist mit 50 % an der KG beteiligt, verfügt über Sonder-BV (Grundstück, das der KG überlassen ist) und überträgt die Hälfte seines Anteils an den Sohn.

Einzig unproblematisch ist dabei der Fall (d.h. volle Geltung des § 6 Abs. 3 EStG), dass das unwSonder-BV in demselben Verhältnis übergeht, wie der übertragene MU-Anteil.[117]

In der Fallgruppe III (isolierte Übertragung des Sonder-BV) liegt kein Anwendungsfall des § 6 Abs. 3 EStG vor (→ § 6 Abs. 5 EStG oder Entnahme).

1.2.3 Gestaltungshinweis

In den Fällen, da eine betriebliche **steuerneutrale Um- bzw. Neustrukturierung** an der Voraussetzung eines Teilbetriebs scheitert (vgl. §§ 20, 24 UmwStG bzw. § 16 EStG) und da auch eine Realteilung (§ 16 Abs. 3 S. 2 ff. EStG) nicht in Betracht zu ziehen ist (ggf. Teilwertansatz), kann das Angebot des § 6 Abs. 3 EStG (unentgeltliche Übertragung von – Teilen an – MU-Anteilen) der »Rettungsanker« sein. Dies ist z.B. auch bei einer gewünschten Umstrukturierung aus einer GmbH – nach einem Formwechsel – möglich.

1.2.4 Nießbrauchsgestaltung, vorweggenommene Erbfolge und § 6 Abs. 3 EStG

Häufig ist eine Betriebsübertragung im Wege der vorweggenommenen Erbfolge mit einer Altersabsicherung verbunden. Für den Fall, dass dies mit der Einräumung eines Nießbrauchs am übertragenen Betrieb (bzw. MU-Anteil) verbunden ist, hat der BFH für den Fall eines übertragenen **Verpachtungsbetriebs** am 25.01.2017 (DStR 2017, 1308) entschieden, dass § 6 Abs. 3 EStG hier nicht anwendbar sei, sondern eine **Entnahme** vorliege, da eine Tätigkeitseinstellung durch den früheren Betriebsinhaber nicht geschehen sei.

Hinweis: Um solchen Unbilligkeiten zu entgehen, wird empfohlen, vergleichbare Übertragungen nach § 10 Abs. 1a Nr. 2 S. 2 EStG gegen **Versorgungsleistungen** (Leibrenten) vorzunehmen.

1.3 Unentgeltliche Übertragung von Einzel-Wirtschaftsgütern (§ 6 Abs. 4 EStG)

Die Nachfolgerbestimmung zu § 7 Abs. 2 EStDV, § 6 Abs. 4 EStG, schreibt bei einer betrieblichen, unentgeltlichen Einzelübertragung den Ansatz des gemeinen Werts (§ 9 Abs. 2 BewG) als AK für den Empfänger vor.

Der (enge) Anwendungsbereich von § 6 Abs. 4 EStG erschöpft sich in Werbegeschenke und dgl., die den Schenker-Betrieb erfolgswirksam verlassen und die im Empfänger-Betrieb mit dem gemeinen Wert als AK anzusetzen sind und als BE zu erfassen sind.

> **Beispiel 2: Wie kommt ein originäres Patent zum Bilanzausweis?**
> Der schwäbische Tüftler D erfindet in seinem Zuliefererbetrieb für Nutzfahrzeuge einen Motor, der eine Direkteinspritzung bei gleichzeitiger Verwendung von Raps- und Dieselöl erlaubt (das sog. Kombi-Einspritzverfahren). Um sich für die Geschäftskontakte zu bedanken, überlässt er dieses Verfahren kostenlos dem Tuner B. Die neu getunten Hochleistungs-Traktoren sind ab diesem Zeitpunkt nur noch mit dem Kombi-Einspritzverfahren unterwegs.

---

117 Im Beispiel oben ist dies dann der Fall, wenn V neben dem 50 %igen Anteil an seinem MU-Anteil (= insg. 25 % Anteil an der KG) zusätzlich 50 % des Grundstücks auf den Sohn überträgt.

Lösung: D konnte die Idee (das Patent) bis zur Überlassung an B nicht aktivieren (§ 5 Abs. 2 EStG; s. aber § 248 Abs. 2 für die HB). Mit der Überlassung an B liegt eine betrieblich bedingte unentgeltliche Übertragung eines Einzel-WG in ein anderes BV vor. Gem. § 6 Abs. 4 EStG ist der gemeine Wert des Patents in der Bilanz des B anzusetzen[118]; § 5 Abs. 2 EStG steht in diesem Fall nicht entgegen. Dies führt umgekehrt (und anders als bei § 6 Abs. 3 EStG) auch zu Steuerfolgen für D.

§ 6 Abs. 4 EStG geht (ebenso wie die Lösung zu Beispiel 2) von einem betrieblich veranlassten Ausscheiden des Einzel-WG aus dem Betrieb des Übergebers aus. Sollte der Anlass privater Natur sein, so liegt beim Schenker-Betrieb eine Entnahme vor, die zum TW (§ 6 Abs. 1 Nr. 4 EStG) beim Schenker anzusetzen ist und spiegelbildlich beim Empfänger zum TW einzulegen ist.

In der Zusammenschau beider Regelungsmaterien kommt gleichzeitig zum Ausdruck, dass es neben dem **1. Dualismusgrundsatz** im deutschen ESt-Recht, dem zufolge die sieben Einkunftsarten nach der Steuerrealisation der eingesetzten Vermögenssubstanz (Gewinneinkünfte: ja; Überschusseinkünfte: nein) unterschieden werden, noch einen **2. Dualismusgrundsatz** gibt. Innerhalb der Gewinneinkünfte werden **steuerfunktionale Einheiten** – im Vergleich zu Einzel-WG – entweder komplett verschont (unentgeltliche Übertragung gem. § 6 Abs. 3 EStG) oder begünstigt behandelt (§§ 16, 34 EStG).

2 Betriebsveräußerung und Betriebsaufgabe (§ 16 i.V.m. § 34 EStG)

2.1 Einführung

Die Hauptfragen zur Gewinnrealisation und gleichzeitig den wichtigsten Anwendungsbereich behandelt § 16 EStG, der in seiner Grundform nahezu unverändert seit dem preußischen EStG fortbesteht.

> **Beispiel 3: Eine erste »Annäherung« an § 16 EStG**
> Zu erklären ist die zweimalige Verwendung des Wortes »auch« bei § 16 EStG (§ 16 Abs. 1 S. 1 EStG und § 16 Abs. 3 S. 1 EStG).

§ 16 EStG definiert Einkünfte, die bei der Veräußerung (Abs. 1) und bei der Aufgabe (Abs. 3) von betrieblichen (steuerfunktionalen) Einheiten erzielt werden, als **gewerbliche Einkünfte**, ohne dass sie gewerbesteuerpflichtig sind.[119] § 14 (§ 14a) EStG und § 18 Abs. 3 EStG erstrecken den Anwendungsbereich auf die gleichen Realisationstatbestände bei L + F sowie bei den selbständigen Einkünften nach § 18 EStG. Damit gilt für alle Gewinneinkunftsarten das gleiche Konzept der **betrieblichen Schlussbesteuerung** des jeweiligen unternehmerischen Engagements.

---

118 Gegenbuchung: BE.
119 S. dazu bereits *Preißer*, Kap. III sowie Teil C, Kap. III.

Lösung:
- Die Einbeziehung der Veräußerungseinkünfte in § 16 Abs. 1 EStG unter die gewerblichen Einkünfte wird von der h.M. als deklaratorische (rechtsbestätigende) Aussage verstanden.[120] Diese Rechtsfolge ergibt sich bereits aus dem Dualismusgrundsatz, wonach alle betrieblich eingesetzten WG steuerverstrickt sind. Dies müsse erst recht gelten, wenn nicht nur einzelne WG veräußert werden, sondern die Gesamtheit der WG. So wie im laufenden Geschäftsbetrieb über § 4 Abs. 1 EStG (Betriebsvermögensvergleich) die Erfassung der stillen Reserven erfolgt[121], geschieht dies beim Schlussakt nach § 16 Abs. 2 EStG.
- Ebenfalls als deklaratorisch wird § 16 Abs. 3 EStG empfunden.[122] Auch dort entspricht die Betriebsaufgabe der Summe aller Entnahmevorgänge der Einzel-WG (»Totalentnahme«). Dies gilt zumindest für einen der beiden Anwendungsfälle der Betriebsaufgabe, da alle wesentlichen Betriebsgrundlagen in das PV des Unternehmers überführt werden. Für den zweiten Fall – Übertragung der WG an verschiedene Erwerber – kann auf die obige Erklärung zurückgegriffen werden. Anders als bei der singulären Entnahmeregelung (§ 6 Abs. 1 Nr. 4 EStG) schreibt § 16 Abs. 3 S. 7 EStG für die Betriebsaufgabe allerdings den Ansatz des gemeinen Werts vor. Insoweit wird diese Regelung als konstitutiv (rechtsbegründend) verstanden.

Demgegenüber kommt beiden Regelungen insoweit eine (eher steuerpolitische) Eigenständigkeit zu, als mit der Freibetragsregelung nach § 16 Abs. 4 EStG und der Tarifbegünstigung nach § 34 EStG die (ab 2001 wieder[123]) eindeutige Steuervergünstigung des unternehmerischen Schlussaktes einhergeht. Die »schlagartige Aufdeckung zusammengeballter stiller Reserven soll zumindest dann – als außerordentliche Einkünfte (§ 34 Abs. 2 Nr. 1 EStG) – steuerbegünstigt (ermäßigter Steuersatz) sein, wenn sie mit den biographischen Daten des Unternehmers (> 55 Jahre, nur einmalige Gewährung, Gewinn < 5 Mio. €) übereinstimmt (BFH vom 16.07.1999, BStBl II 2000, 123).

Beide »Vergünstigungen« – die Freibetragsregelung des § 16 Abs. 4 EStG sowie die Tarifermäßigung des § 34 EStG[124] – sind durch das HBeglG 2004 ab VZ 2004 modifiziert worden:

- Der Freibetrag bei § 16 EStG ist auf 45 T€ und der Abschmelzungsbetrag auf 136 T€ gesenkt worden.
- Statt des halben Steuersatzes bei § 34 Abs. 3 EStG beträgt seit VZ 2004 der ermäßigte Steuersatz für die außerordentlichen Einkünfte des § 16 EStG **56 %** des normalen Steuersatzes.

Allein wegen dieser unterschiedlichen Steuerbelastung gehört die Trennung zwischen laufendem Gewinn (§ 15 EStG) und Veräußerungs-/Aufgabegewinn im letzten Jahr des

---

120 Statt aller *Wacker* in *Schmidt*, EStG § 16 Rz. 5 ff. m.w.N.; a.A. *Reiß* in *Kirchhof-kompakt*, § 16 Rz. 8 (eigene Tatbestandsmäßigkeit des § 16 EStG).
121 Buchungssatz z.B. für ein WG des AV: Anlageabgang an WG (AV) und sonstiger betrieblicher Ertrag. Entsprechendes gilt beim UV (Erlös versus Wareneinsatz).
122 S. *Geissler* in *Herrmann/Heuer/Raupach*, EStG/KStG, § 16 Rz. 4.
123 Die Fünftelungsregelung gilt weiterhin bei fehlendem Antrag nach § 34 Abs. 3 EStG sowie bei den Veräußerungs-/Aufgabegewinnen, die 5 Mio. € überschreiten, oder wenn der Unternehmer < 55 Jahre und nicht dauernd berufsunfähig ist. M.a.W.: im Zweifel Fünftelung, nur im Ausnahmefall nach Abs. 3 halber Steuersatz (bzw. seit 2004 56 % des normalen Steuersatzes).
Die Klagen gegen die Fünftelungsregelung in den VZ 1999/2000 (mit dem Antrag, rückwirkend die Tarifermäßigung des § 34 EStG gelten zu lassen) liefen ins Leere (BFH vom 10.07.2002, BStBl II 2003, 341; vom 09.12.2002, BFH/NV 2003, 471 und vom 21.11.2003, BFH/NV 2003, 618).
124 Zum Kriterium »Zusammenballung von Einkünften« bei § 34 EStG s. zuletzt BFH vom 25.08.2009 (BStBl II 2011, 27), allerdings zu einem Fall zu § 24 EStG.

unternehmerischen Handelns zu den **wichtigsten Aufgaben** eines StB (wie auch eines Klausurbearbeiters).

Einen systematischen Fremdkörper bildet dabei § 16 Abs. 2 S. 3 EStG, der den Teil des Veräußerungsgewinns, der auf **personenidentische** Veräußerer/Erwerber entfällt, als **laufenden** Gewinn behandelt. Dies kann nur bei PersG der Fall sein.

Beispiel 4: »Weltkind in der Mitten«
An der X-OHG sind A, B und C zu gleichen Teilen beteiligt. Die X-OHG veräußert ihren Betrieb an die Y-OHG, an der C, D und E zu gleichen Teilen beteiligt sind.

Die frühere rein unternehmensbezogene Betrachtungsweise führte bei der Betriebsveräußerung einer PersG dazu, dass alle G'fter gleichmäßig von den Steuervorteilen (§ 16 Abs. 4 EStG) profitierten. Es kam folglich zu Betriebsübertragungen zwischen (nahezu) personenidentischen PersG (Schwester-PersG), um nach der steuerbegünstigten Liquidation der Alt-PersG mit der neuen PersG einen »Steuerschnitt« zu machen. Dem hat § 16 Abs. 2 S. 3 EStG einen Riegel vorgeschoben.

Lösung: Der Veräußerungsgewinn der X-OHG ist zu 2/3 ein begünstigter Veräußerungsgewinn (§ 16 Abs. 1 Nr. 1 EStG) und wird zu 1/3 als laufender Gewinn des G'fters C behandelt (§ 15 Abs. 1 Nr. 2 EStG).

Eine Betriebsveräußerung im Ganzen (§16 Abs. 1 Nr. 1 EStG) hat der BFH auch im Urteil vom 20.02.2003 (BStBl II 2003, 700) angenommen, als die PersG I ihren Betrieb an einen ihrer G'fter veräußerte und im Gegenzug der andere G'fter einen weiteren Betrieb von der personenidentischen (Schwester-)PersG II erhielt. Der Fall wurde vom BFH weder als steuerneutrale Realteilung behandelt (keine Zuweisung des MU-Anteils bei Untergang der PersG[125]) noch als Veräußerung (Aufgabe) des MU-Anteils der jeweiligen G'fter (§ 16 Abs. 1 Nr. 2 EStG) angesehen.

Hinweis: Der BFH hat am 14.07.2010 (BStBl II 2010, 1011) – entgegen der damaligen Verwaltungsauffassung (BMF vom 20.12.2005, BStBl I 2006, 7, Abschn. II) – entschieden, dass ein evtl. Freibetrag gem. § 16 Abs. 4 EStG **vorrangig** mit nicht tarifbegünstigten (= laufenden) Einkünften verrechnet wird (Grundsatz der Meistbegünstigung)[126]; vgl. H 16 Abs. 13 EStH »Teileinkünfteverfahren«.

---

125 Theoretisch ist dieser Ansatz möglich, wenn man als Abfindung des ausscheidenden G'fters die Zuwendung des anderen Betriebs von der 2. PersG interpretiert.
126 Im Urteilsfall wurden Veräußerungsgewinne erzielt, die **sowohl dem HEV (TEV)** unterlagen als **auch voll stpfl.** waren (vorrangige Verrechnung des Freibetrages mit den HEV-Einkünften (Vorinstanz FG Niedersachsen vom 12.11.2008, EFG 2009, 470).

2.2 Die Betriebsveräußerung (§ 16 Abs. 1 und 2 EStG)

2.2.1 Der Grundtatbestand: Der ganze Betrieb wird veräußert[127]

2.2.1.1 Das Übertragungsobjekt (»alle wesentlichen Betriebsgrundlagen«)

Gem. § 16 Abs. 1 Nr. 1 S. 1, 1. Alt. EStG muss eine entgeltliche Übertragung eines **ganzen Gewerbebetriebes** vorliegen. Wegen der Korrespondenznorm des § 18 Abs. 3 EStG und des § 14 EStG sind auch Freiberufler-Praxen und L + F-Betriebe mit einbezogen.[128]

Es entspricht der langjährigen Spruchpraxis des BFH, das gesetzliche Tatbestandsmerkmal mit der Veräußerung **aller wesentlichen Betriebsgrundlagen** zu umschreiben. Gelegentlich wird diese Formulierung substituiert durch die Aussage, dass der Betrieb als geschäftlicher Organismus fortgeführt werden kann. Wichtiger ist dabei die Zusatzaussage, dass der Betrieb auf **einen (1) Erwerber** entgeltlich übertragen wird und dieser den Betrieb weiter betreiben kann.

Im Sinne einer teleologischen Ergänzung muss gleichzeitig hinzukommen, dass der **Veräußerer** seine mit dem Betrieb verbundene unternehmerische **Tätigkeit aufgibt** (BFH vom 12.06.1996, BStBl II 1996, 527).

Die Rspr. zu den wesentlichen Betriebsgrundlagen war in den 90er Jahren durch ein Hin und Her zwischen der funktionalen und der quantitativen Betrachtungsweise geprägt. Unter **funktionalen** Aspekten ist ein WG dann wesentlich, wenn es für die Fortführung dieses Betriebes unentbehrlich ist. Ob ein WG eine wesentliche Betriebsgrundlage nach **quantitativen** Kriterien darstellt, hängt allein von seinen stillen Reserven (Hauptfall: betriebliche Grundstücke) ab.

> **Beispiel 5: Praxisverkauf trotz einiger zurückbehaltener Mandanten**
> StB X veräußert seine Praxis an Y, in dem er Forderungen und Verbindlichkeiten, das gesamte Mobiliar, die Bibliothek sowie nahezu alle Mandanten überträgt. Lediglich die Mandanten A, B und C, die ihm in den letzten drei Jahren einen Umsatzanteil von 9,78 % eingebracht haben, behält er zurück. Darüber hinaus ist er als Angestellter bei Y für besonders schwierige Fälle im Umfang von fünf Stunden/Woche beschäftigt.

Es besteht wenigstens in dem Punkt Einigkeit, dass funktional wesentliche Betriebsgrundlagen immer mit übertragen werden müssen, um eine Begünstigung nach § 16 EStG zu erzielen. Dies soll bereits dann vorliegen, wenn die Ersatzbeschaffung des streitigen WG nicht sofort erfolgen kann. Somit gehören – in pauschaler Beurteilung – Maschinen, Betriebsvorrichtungen sowie allgemein das AV inkl. immaterieller WG wie der (hauptsächliche) Kundenstamm, Fertigungstechniken und dgl.[129] hierzu, während das Umlaufvermögen eher nicht zu den wesentlichen Betriebsgrundlagen zählt.[130]

---

127 **Veräußern = entgeltliche Übertragung.** Für einen Fall, dass die Übergabe des (schuldenfreien) Betriebs Gegenstand einer Vermögensvereinbarung im Rahmen des Zugewinnausgleichs ist, hat der BFH am 31.07.2002 (BStBl II 2003, 282) erkannt, dass eine entgeltliche Betriebsveräußerung vorliegt. Das Entgelt liegt hier u.a. im Vermögenswert der Verpflichtung zur schuldenfreien Übertragung des Betriebs.
128 Wegen der Zielsetzung des Buches wird auf L + F-Betriebe nicht näher eingegangen.
129 Im Urteil des BFH vom 26.04.2001 – allerdings zur Betriebsaufgabe – (BStBl II 2001, 798), werden GmbH-Anteile eines Freiberuflers (notwendiges BV) alleine wegen ihrer hohen stillen Reserven zu den wesentlichen Betriebsgrundlagen gezählt.
130 So auch der BFH vom 29.10.1992 (BFH/NV 1993, 233) und H 16 Abs. 8 EStH »Umlaufvermögen«. Anders allerdings BFH vom 24.06.1976 (BStBl II 1976, 672) – bei bestimmten Betrieben sind Waren wesentliche Betriebsgrundlagen – und *Reiß* in *Kirchhof-kompakt*, § 16 Rz. 57. Differenzierend *Wacker*

Lösung: Eine Veräußerung der **ganzen Praxis** (§ 18 Abs. 3 i.V.m. § 16 Abs. 1 Nr. 1 EStG) setzt nicht voraus, dass (alle) Forderungen abgetreten werden und dass die Verbindlichkeiten – mit Genehmigung der Gläubiger – übernommen werden. Auch das Mobiliar wird in funktionaler Hinsicht nicht ausschlaggebend sein.[131] Für die Bibliothek trifft dies dann zu, wenn in ihr schwer beschaffbare Spezialliteratur vorhanden ist, zumal wenn diese für die laufende Betreuung benötigt wird. Zweifel an einer begünstigten Übertragung bestehen jedoch aus anderen Gründen:

1. Zum einen kann das zurückbehaltene Kontingent von knapp 10 % - Mandanten-Umsatzträgern der Annahme einer Praxisveräußerung im Ganzen entgegenstehen.
2. Zum anderen kann die Weiterarbeit als schädlich angesehen werden.

Zu 1.: Der ganze Betrieb

Der BFH bedient sich bei Zweifelsfragen bzgl. der wesentlichen Betriebsgrundlagen im Bereich der Veräußerung der kombiniert **funktional-quantitativen** Betrachtungsweise. Mit zwischenzeitlich mehreren Entscheidungen[132] (vgl. auch H 18.3 EStH »Veräußerung«) zum **zurückbehaltenen Kontingent** von Mandanten, auf die in den letzten drei Jahren **weniger als 10 %** der Einnahmen entfielen, hat der BFH dennoch eine tarifbegünstigte Veräußerung bejaht.[133] Zurückbehaltene 10 %-Umsatzträger gelten dabei unter quantitativen Gesichtspunkten als vernachlässigenswert. Dies gilt zumindest für die Veräußerung von Freiberufler-Praxen.

Diese Kehrtwendung hin zur kombiniert funktional-quantitativen Beurteilung brachte das Urteil vom 02.10.1997 (BStBl II 1998, 104), wo der rein funktionalen Rspr. der Vorjahre (besonders deutlich im Urteil vom 26.05.1993, BStBl II 1993, 718) eine Absage erteilt wurde (vgl. auch H 16 Abs. 8 EStH »Begriff der wesentlichen Betriebsgrundlage«). Diese neuere Rspr. ist aber nicht nur mit Vorteilen – wie im Beispiel 5 – verbunden, sondern kann dazu führen, dass ansonsten nicht unbedingt betriebsnotwendige WG (z.B. des gewillkürten BV oder auch Grundstücke) übertragen werden müssen, um den Steuervorteil der §§ 16, 34 EStG erfolgreich zu reklamieren. Die Änderung der Rspr. ist darauf zurückzuführen, dass dem Merkmal der Aufdeckung aller zusammengeballter Reserven – in Hinblick auf § 34 EStG – verstärkte Bedeutung beigemessen wird. In jüngster Zeit (BFH vom 11.10.2007, BStBl II 2008, 220: Verkauf eines Autohauses [Pkw-Handel mit Werkstatt]) betonte der BFH zwar die Vorrangigkeit der funktionalen Betrachtungsweise, hat dann aber das Betriebsgrundstück (inkl. Betriebsvorrichtungen) als wesentliche Betriebsgrundlagen genügen lassen. Die beweglichen WG (insb. die umfangreichen Werkzeuge) zählten nicht dazu.

---

in *Schmidt*, EStG, § 16 Rz. 106, der nur **schwer wiederbeschaffbare Waren** eines Einzelhändlers zu den wesentlichen Betriebsgrundlagen zählt.

131 Mit Urteil vom 14.02.2007 (BStBl II 2007, 524) hat der BFH allerdings entschieden, dass die Dachgeschoss-Räume einer Steuerberaterkanzlei eine funktional wesentliche Betriebsgrundlage darstellten. Das Gebäude (und damit auch das mitgenutzte Dachgeschoss) ist eine wesentliche Betriebsgrundlage im funktionalen Sinne, wenn es für die Betriebsführung von nicht nur geringer Bedeutung ist. Dies war der Fall, weil das Gebäude die räumliche und funktionale Grundlage für die Geschäftstätigkeit der Steuerberaterkanzlei bildete.

132 Wie wichtig im Einzelfall die steuerliche Argumentation vor dem BFH ist, zeigt der am 17.02.2003 entschiedene Fall (BFH/NV 2003, 773). Das dortige Argument, einen bestimmten Mandantenstamm wegen der Rspr. des BGH zum Geheimhaltungsschutz des Mandantenstammes nicht zu übertragen (dort: nicht einzubringen), überzeugte den BFH nicht.

133 Erstes Urteil vom 07.11.1991 (BStBl II 1992, 457); letztes Urteil vom 06.08.2001 (BFH/NV 2001, 1561).

Zu 2.: Einstellung der Tätigkeit
Grundsätzlich ist es erforderlich, dass der Veräußerer seine bisherige gewerbliche (bzw. freiberufliche) Tätigkeit einstellt (BFH vom 12.06.1996, BStBl II 1997, 527). Danach muss die **freiberufliche** Tätigkeit im bisherigen örtlichen Wirkungskreis wenigstens für eine gewisse Zeit eingestellt sein. Dabei ist es unschädlich, wenn der Veräußerer nunmehr eine nichtselbständige Tätigkeit im Büro des Erwerbers oder als dessen Subunternehmer ausführt (vgl. H 16 Abs. 1 EStH »Aufgabe der bisherigen Tätigkeit«). Die Fünfstundenbeschäftigung/Woche steht §§ 16 (§ 18), 34 EStG nicht entgegen. Mit den oben ausgeführten »quantitativen Argumenten« dürfte der Veräußerer auch bis zu 10 % seiner Altmandanten weiterhin selbständig betreuen.

Ergebnis: X hat wirksam und begünstigt gem. §§ 16, 34 EStG veräußert.[134]

Für den **gewerblichen** Bereich fehlt ein ausdrückliches (quantifizierendes) BFH-Urteil, das entsprechend der Zehn-Prozent-Vorgabe zur Praxisveräußerung eine (Un-)Schädlichkeitsgrenze für das weitere Engagement festlegt.[135] Es wird jedoch allgemein als unschädlich angesehen, wenn der Veräußerer sodann einen andersartigen Gewerbebetrieb (andere Kundschaft, anderer örtlicher Wirkungskreis) unterhält (BFH vom 11.03.1982, BStBl II 1982, 707). So setzt die weitere Aktivität eines Bäckers, Gastwirts, Tankstellenpächter und dgl. – nach vorheriger Veräußerung des Einzelbetriebs – einen Ortswechsel voraus, sollte nicht die Begünstigung nach §§ 16, 34 EStG verloren gehen. Besonders problematisch (und eigentlich immer steuerschädlich) ist die Rechtslage, wenn eine gleichartige Tätigkeit mit zulässigerweise zurückbehaltenem alten BV (keine wesentliche Betriebsgrundlage des alten Betriebs) unternommen wird (BFH vom 09.10.1996, BStBl II 1997, 236: sog. Betriebsverlegung bei einem Bezirkshändler, wo alte Geschäftsbeziehungen aufrechterhalten wurden).

Hinweise:
1. Die Bedeutung der »**wesentlichen Betriebsgrundlagen**« für die steuerliche Realisationsthematik hat der BFH nochmals im Urteil vom 19.12.2012 (BStBl II 2013, 387) für einen Fall unterstrichen, wonach die Ausgliederung wesentlicher Betriebsgrundlagen einer Buchwertfortführung nach § 20 UmwStG entgegensteht. In diesem Urteil ist gleichzeitig im 2. Leitsatz entschieden worden, dass die **Nutzungsbeendigung eines Quasi-WG** (s. Kap. I 3.3.4) erfolgsneutral erfolgt (Bestätigung der a.a.O. vertretenen Auffassung).
2. Im **Umwandlungsrecht** gilt seit dem UmwStErl 2011 der europarechtliche (Teil-)Betriebsbegriff vgl. Rz. 20.06 i.V.m. Rz. 15.2 ff. UmwStErl.

2.2.1.2 Übertragungshandlung und Übertragungszeitpunkt
Für die Veräußerung wird ebenso wie für den Zeitpunkt der Übertragung ausgeführt, dass es auf das **wirtschaftliche Eigentum** ankommt.

---

134 Nachdem sich der BFH vorbehält, immer eine Einzelfallprüfung vorzunehmen, ist zu dem Ergebnis im Beispiel 5 noch eine kleine Einschränkung anzubringen. Sollte es sich bei den < 10 %-Umsatzträgern um sog. »Edelmandanten« mit Sogwirkung auf den weiteren (90 %igen) Mandantenkreis handeln, wird man die Vergünstigung der §§ 16 Abs. 4, 34 EStG nicht gewähren.
135 Nach dem Urteil des FG Münster vom 18.06.1998 (EFG 1998, 1465) sind zurückbehaltene Wirtschaftsgüter dann unwesentliche Betriebsgrundlagen, wenn sie zu weniger als 10 % der gesamten betrieblichen Umsätze beigetragen haben.

Beispiel 6: Die komplizierte Übergabe
Zum BV des gewerblichen Immobilienhändlers Immo (I) gehört ein wertvolles Vorzeigegrundstück im Zentrum von Dresden (1a-Lage). Der berufsmüde I, dessen Umsatz- und Gewinnzahlen immer stärker rückläufig sind (15 und 16: Gewinne i.H.v. ca. 10 T€; 17 erstmalig Verluste), entschließt sich in 18, mit der Stadt Dresden einen Erbbaurechtsvertrag über sein letztes freies Grundstück mit folgendem Inhalt abzuschließen:

§ 1: Die Stadtwerke-GmbH der Stadt Dresden ist berechtigt, auf dem Grundstück ein Verwaltungsgebäude zu errichten bzw. es in den freien Verkauf zu bringen.

§ 7: Der Erbbauzins beträgt jährlich 30 T€. Der Betrag wird jährlich neu angepasst (BMG: Gehalt eines Regierungsdirektors, A 15).

§ 12: Der Erbbauvertrag gilt für 30 Jahre. Nach Ablauf dieser Zeit ist die Stadt Dresden berechtigt und verpflichtet, das Grundstück zu erwerben. Gleichzeitig ist ein etwaiger Heimfallanspruch des I ausgeschlossen.

Immo (ohne Nachfolger) betrachtet das Geschäft – nach einer internen Aktennotiz – als seine letzte Berufshandlung.

Gewöhnlich beruht der Veräußerungsvorgang bei § 16 Abs. 1 Nr. 1 EStG auf einem Unternehmenskaufvertrag. Statt eines Kaufvertrages kann auch ein Tauschvertrag oder ein sonstiger Austauschvertrag vorliegen, der den entgeltlichen Betriebsübergang zum Gegenstand hat. Maßgeblicher Übergabezeitpunkt, der wegen des »Soll-Prinzips« bei § 16 EStG von besonderer Bedeutung ist, ist der Tag, an dem das wirtschaftliche Eigentum (Übergang von Nutzen und Lasten = Gefahrübergang) an dem veräußerten WG übergeht. Das Erfordernis des **einheitlichen Vorgangs** ist immer dann gewahrt, wenn die Übergabe der einzelnen WG auf einem einheitlichen (schuldrechtlichen) Vertrag beruht. Da sich bei Einzelunternehmern die Übergabe im Regelfall i.R.d. Einzelrechtsnachfolge vollzieht, können die verschiedenen Übertragungsakte in verschiedene VZ fallen. In diesem Fall ist es zulässig, wenn der Zeitrahmen der Einzelübertragungen **nicht mehr als zwei Jahre**[136] umfasst (ansonsten und der »Gegenfall«: sukzessive Einzelveräußerung nach § 15 EStG), die einzelnen Gewinnanteile in den jeweiligen VZ als Veräußerungsgewinn zu erfassen. § 16 Abs. 4 EStG und § 34 EStG können allerdings insgesamt nur einmal in Anspruch genommen werden.

Lösung: Der Erbbauvertrag über das letzte Grundstück des Immo ist bei wirtschaftlicher Betrachtungsweise als die Einräumung des wirtschaftlichen Eigentums (§ 39 Abs. 2 Nr. 1 AO) an der Immobilie zu werten. Hier führen die in § 1 (Erwerbsberechtigung) und gleichzeitig in § 12 (Erwerbsverpflichtung) eingeräumten Rechtspositionen dazu, dass die Stadt Dresden den Eigentümer I von der tatsächlichen Einwirkung auf das Grundstück ausschließen kann.
Mit der Einräumung des wirtschaftlichen Eigentums an dem letzten Betriebsgrundstück und der dreißigjährigen Zahlungsvereinbarung liegt steuerlich ein »verkappter« Kaufvertrag auf Raten vor. Nachdem es für § 16 EStG entscheidend darauf ankommt, dass die übertragene/n wesentliche/n Betriebsgrundlage/n aus Sicht des Veräußerers (I) dem Erwerber (Stadt Dresden) die Fortführung des Geschäfts als lebensfähiger Organismus ermöglichen, spielt es keine Rolle, ob der Erwerber tatsächlich mit der Vermarktung fortfährt oder auf dem Grundstück ein Gebäude errichtet. Damit liegt in 18 (und nicht erst in 30 Jahren) eine begünstigte Betriebsveräußerung vor.[137]

---

136 H.M. (kritisch *Wacker* in *Schmidt*, EStG, § 16 Rz. 121).
137 Der Lösung steht auch nicht das Urteil des BFH vom 25.01.1995 (BStBl II 1995, 388) entgegen, wonach der Verkauf von Grundstücken bei gewerblichen Grundstückshändlern immer zum laufenden Gewinn

2.2.1.3 Zurückbehaltene Wirtschaftsgüter

WG, die **nicht** zu den wesentlichen Betriebsgrundlagen zählen, können **steuerunschädlich zurückbehalten** werden. Die Folgebehandlung hängt von der weiteren Verwendung ab. Dabei spielt die Qualität der zurückbehaltenen WG eine Rolle, je nachdem ob sie nur betrieblich verwendet werden (»Zwangsrest-BV«), ob sie sowohl betrieblich als auch privat eingesetzt (»Wahlrest-BV«) oder nur privat verwendet werden können (PV).

Beispiel 7: Der eitle Übernehmer
Der Werkzeughersteller W veräußert seinen Betrieb zum 31.12.2016 und erhält vom Erwerber 300 T€ (steuerliches Kapitalkonto: 250 T€). Der Erwerber wollte eine Stanzmaschine mit den dazugehörenden Werkzeugen nicht übernehmen (keine wesentliche Betriebsgrundlage). W beabsichtigt, dieses WG bei der nächstbesten Gelegenheit im Geschäftsverkehr zu verkaufen (Buchwert: 20 T€, gemeiner Wert: 25 T€ und TW: 22 T€).

Variante a): Macht es einen Unterschied, ob die Stanzmaschine zum AV oder zum UV gehört?
Variante b): W schenkt die WG seinem Sohn, die er für Bastelarbeiten in der Schule einsetzt.

Für die Beurteilung im Einzelnen sind folgende Fälle zu unterscheiden:

- WG, die ihrer Art nach nur betrieblich genutzt werden können (insb. UV), bleiben BV ohne Betrieb (sog. »Zwangsrest-BV«). Ihre spätere Verwertung (Veräußerung/Entnahme) führt zu nachträglichen gewerblichen Einkünften nach § 24 Nr. 2 EStG.[138]
- WG, die auch privat genutzt werden können (insb. gewillkürtes BV; sog. »Wahlrest-BV«) kann der Veräußerer zum gemeinen Wert in das PV überführen.[139]
- Unbestrittene Forderungen können in das PV mit dem gemeinen Wert überführt werden.[140] Folgerichtig ist ein späterer Forderungsausfall als privater Vermögensverlust steuerlich ebenso unbeachtlich[141] wie ein Zahlungseingang. Demgegenüber bleiben **ungewisse Forderungen immer BV** (ohne Betrieb) (BFH vom 10.02.1994, BStBl II 1994, 564).
- Nicht übernommene Verbindlichkeiten, die nicht aus dem Veräußerungserlös und aus der Verwertung zurückbehaltener WG getilgt werden können, bleiben BV (ohne Betrieb; BFH vom 27.11.1984, BStBl II 1985, 323); vgl. H 4.2 Abs. 15 EStH »Betriebsaufgabe oder -veräußerung im Ganzen«.
- Wiederum anders ist es denkbar, dass in Zusammenhang mit zurückbehaltenen WG (z.B. einem ehemaligen Betriebsgrundstück) stehende Schulden (betriebliche Grundschuld) durch die zulässige Entnahme des Betriebsgrundstücks nunmehr zu Privatverbindlich-

---

zählt, da I im vorliegenden Beispiel seinen ganzen Betrieb mit der Einräumung des wirtschaftlichen Eigentums einstellt.
138 Noch nicht abschließend geklärt ist die Frage nach der Gewinnermittlung dieser nachträglichen Einkünfte (vgl. *Kobor* in *Herrmann/Heuer/Raupach*, EStG/KStG, § 16 Rz. 328 m.w.N.). M.E. geht mit der Betriebsaufgabe eine etwaige Buchführungspflicht unter, sodass insoweit nach den allgemeinen Grundsätzen wahlweise nach § 4 Abs. 3 EStG oder § 4 Abs. 1 EStG der Gewinn zu ermitteln ist.
139 Daneben kann er das Wahlrest-BV auch in ein anderes BV überführen. Er muss dann aber gem. § 6 Abs. 5 S. 1 EStG den Buchwert ansetzen. Im Urteil vom 01.10.1986 (BStBl II 1987, 113), hat der BFH die Frage offengelassen, ob er dieses WG (im Urteil: zurückbehaltenes fremdvermietetes Grundstück) auch als BV ohne Betrieb behandeln kann.
140 H.M. vgl. auch *Kobor* in *Herrmann/Heuer/Raupach*, EStG/KStG, § 16 Rz. 328 m.w.N.
141 *Wacker* in *Schmidt*, EStG, § 16 Rz. 125 lässt die Frage dahingestellt, ob sich hierdurch nicht rückwirkend der Veräußerungsgewinn mindert (§ 175 Abs. 1 Nr. 2 AO). M.E. unzutreffend, wenn vorher die Forderung in das PV überführt wurde.

keiten werden (entsprechend R 4.2 Abs. 15 S. 1 EStR). In diesem Sinne hat der BFH schon mehrfach die Zinsen für das nunmehr i.R.v. V + V genutzte Privatgrundstück als WK gem. §§ 9, 21 EStG zugelassen (BFH vom 19.08.1998, BStBl II 1999, 353 und zuletzt BFH vom 21.01.2001, BFH/NV 2001, 849).

Zulässigerweise in das PV überführte WG werden gem. § 16 Abs. 3 S. 7 EStG analog bei der Ermittlung des begünstigten Veräußerungsgewinnes (§ 16 Abs. 2 EStG) mit dem gemeinen Wert angesetzt. Bei der Überführung in das PV ist darauf zu achten, dass diese ebenfalls in engem zeitlichen Zusammenhang mit der Veräußerung des Betriebes erfolgt (nach BFH vom 12.04.1989, BStBl II 1989, 653 sollen 25 Monate die obere Grenze sein).

Für den Fall der **problematischen Zuordnung** eines Einzel-WG (im Urteilsfall eines Grundstücks) zum veräußerten Alt-Betrieb oder zum Neu-Betrieb hat sich der BFH am 06.03.2003 (BFH/NV 2003, 1545) zu der diplomatischen Lösung durchgerungen, dass das WG von vornherein dem Neu-Betrieb zugeordnet war.

Lösung:

Variante a):
- Soweit es sich bei der Maschine um UV handelt, liegt (unschädliches) Zwangsrest-BV vor. Bei einer späteren Veräußerung werden nachträgliche, laufende gewerbliche Gewinne gem. §§ 15, 24 Nr. 2 EStG erzielt. I.Ü. beträgt der Veräußerungsgewinn gem. § 16 Abs. 2 EStG 70 T€ [300 T€ ./. 230 T€ (250 T€ ./. 20 T€)].
- Soweit es sich um AV gehandelt hat und die Maschine auch privat nutzungsfähig ist, kann die Maschine in das PV überführt werden (Wahlrest-BV). Der Veräußerungsgewinn beträgt sodann 75 T€ [325 T€ (300 T€ + 25 T€[142]) ./. 250 T€].

Variante b):
- In der Variante AV ändert sich nichts zu Variante a).
- In der Variante UV liegt eine laufende Entnahme zum TW vor (§ 15, § 6 Abs. 1 Nr. 4 EStG).

2.2.1.4 Ermittlung des begünstigten Veräußerungsgewinnes

2.2.1.4.1 Der Veräußerungsgewinn gemäß § 16 Abs. 2 EStG

Der Veräußerungsgewinn ergibt sich aus der Differenz zwischen dem um die Veräußerungskosten geminderten Veräußerungspreis und dem Buchwert des übertragenen BV (§ 16 Abs. 2 EStG).[143] Soweit – zulässigerweise – WG zurückbehalten werden, müsste das Kapitalkonto der Schlussbilanz/Veräußerungsbilanz (Buchwert des BV) entsprechend bereinigt werden. Wie unter Kap. 2.2.1.3 aufgezeigt, können die zurückbehaltenen WG unter bestimmten Voraussetzungen (Wahlrest-BV) tarifbegünstigt in das PV überführt werden. Es empfiehlt sich daher folgende Berechnungsmethode für den begünstigten **Veräußerungsgewinn** nach § 16 Abs. 2 EStG:

---

142 § 16 Abs. 3 S. 7 EStG analog.
143 Auf die Eliminierung des laufenden personenidentischen Übertragungsgewinnes bei PersG nach § 16 Abs. 2 S. 3 EStG wurde schon einleitend hingewiesen.

Veräußerungspreis
+ gemeiner Wert der zulässigerweise in das PV überführten WG
  (passive WG mit umgekehrten Vorzeichen)
./. Veräußerungskosten
./. Kapitalkonto im Veräußerungszeitpunkt
  (inkl. des BW der zulässigerweise zurückbehaltenen WG; jedoch abzüglich der BW der WG, die BV bleiben oder in ein anderes BV zum BW überführt werden)

= Veräußerungsgewinn gem. § 16 Abs. 2 EStG
./. Freibetrag gem. § 16 Abs. 4 EStG

= **Begünstigter Veräußerungsgewinn**
(= außerordentliche Einkünfte gem. § 34 Abs. 2 EStG)

Wegen der Geltung des »Soll-Prinzips« wird der Veräußerungsgewinn grundsätzlich in dem VZ erfasst, in dem das wirtschaftliche Eigentum an dem übertragenen WG übergeht und damit der Kaufpreis einredefrei entsteht (§ 252 Nr. 4 HGB).

Der Veräußerungspreis umfasst sämtliche Gegenleistungen für die Übertragung des BV ohne Rücksicht auf die Bezeichnung. Insb. zählen übernommene **Privatschulden** mit zum Veräußerungspreis (H 16 Abs. 10 EStH »Schuldübernahme durch Erwerber«), während die übernommenen Betriebsschulden nach h.M. als (bilanztechnischer) Bestandteil des BV i.S.d. § 16 Abs. 2 S. 1 EStG nicht zum Veräußerungspreis gehören. Zugrunde gelegt wird der **Nettobuchwert**, d.h. die Saldogröße zwischen Aktiva und Fremdkapital.[144]

Beispiel 8: Der Schuldenübernehmer
Z veräußert seinen Gewerbebetrieb an den Optimisten A zum 31.12.17 gegen Übernahme der Betriebsschulden und einer Privatschuld des Z i.H.v. 250 T€.

Aktiva	Schlussbilanz Z per 31.12.17		Passiva
Diverse Aktiva	200 T€	Kapital	140 T€
		Verbindlichkeiten	60 T€
	200 T€		200 T€

Lösung:
- Bei der Ermittlung des Veräußerungsgewinnes von Z wird als Veräußerungspreis nur die übernommene Privatschuld i.H.v. 250 T€ angesetzt.
- Nach Abzug des Kapitals (Wert des BV) i.H.v. 140 T€ hat Z vorbehaltlich § 16 Abs. 4 EStG einen begünstigten Veräußerungsgewinn von 110 T€ (250 T€ ./. 140 T€) zu versteuern.

Spiegelbildlich zum erfassten Veräußerungspreis werden die AK für den Erwerber und damit die maßgeblichen Werte für dessen Eröffnungsbilanz festgelegt.

Etwas kompliziert errechnet sich der (mögliche) Veräußerungsgewinn eines echt überschuldeten Betriebs.

---

144 M.E. wird an dieser Stelle ein unverständlicher rein literarischer Meinungsstreit geführt, ob die Nettomethode zugrunde gelegt wird oder – bei gleichem Ergebnis – die übernommenen Betriebsschulden zunächst als Teil des Veräußerungspreis behandelt werden und sodann wieder vom BV abgezogen werden. Mit dieser Mindermeinung wird überflüssigerweise der gesetzliche Parallellauf zwischen § 16 Abs. 2 EStG und § 4 Abs. 1 S. 1 EStG ignoriert.

Beispiel 9: Der Alles-Übernehmer (Maximalist)
Der Gewerbetreibende X veräußert seinen Betrieb zum 31.12.17 an Y.

Aktiva	Schlussbilanz X per 31.12.17		Passiva
Diverse Aktiva	200 T€	Kapital	230 T€
Überschuldeter Konkurrenzbetrieb	50 T€	Verbindlichkeiten	10 T€
		§ 6b-Rücklage	10 T€
	250 T€		250 T€

Y übernimmt alle Schulden und bezahlt zusätzlich 260 T€ per Scheck.

Lösung:
- Die Übernahme der Betriebsschulden stellt keinen zusätzlichen Veräußerungspreis dar.[145]
- Entsprechend stellt die Übernahme des negativen Kapitalkontos (Übernahme eines überschuldeten Betriebes) kein Entgelt dar.[146]
- Als erster Bestandteil des Veräußerungspreises ist der Scheckbetrag von 260 T€ zu erfassen.
- Die § 6b-Rücklage ist bei einer entgeltlichen Betriebsübertragung Gewinn erhöhend aufzulösen.

Der Veräußerungsgewinn des X beträgt:

	260 T€	(eigentlicher Kaufpreis)
+	10 T€	(§ 6b-Rücklage; Teil des Veräußerungsgewinnes, R 6b.2 Abs. 10 S. 5 EStR[147])
+	50 T€	Kapitalkonto (Berücksichtigung des Buchkapitals mit umgekehrten Vorzeichen)
./.	230 T€	Kapitalkonto
=	90 T€	**Veräußerungsgewinn**

Ähnlich umfangreiche Rechnungen sind anzustellen, wenn – wie gesehen – zulässigerweise WG zurückbehalten werden. Unzulässigerweise zurückbehaltene WG (wesentliche Betriebsgrundlagen) führen hingegen zur Versagung der begünstigten Veräußerung nach §§ 16, 34 EStG und zur allmählichen Betriebsabwicklung (§ 15 EStG).

Beispiel 10: Der nachdenkliche Erwerber
H, 60-jährig, veräußert an K seinen einzigen (Handwerks-)Betrieb zum 30.06.17 und gibt für das Rumpfwirtschaftsjahr einen laufenden Gewinn von 20 T€ an.

Aktiva	Schlussbilanz H per 30.06.17		Passiva
Diverse Aktiva	500 T€	Kapital	200 T€
		Fremdkapital	300 T€
	500 T€		500 T€

Folgende Übergabemodalitäten werden vereinbart:
- K übernimmt sämtliche Betriebsschulden mit Ausnahme der Kosten des Übergabevertrages (5 T€).

---

145 Werden die betrieblichen Verbindlichkeiten nicht übernommen, so wird dies nur bei der Abzugsgröße »Kapitalkonto« berücksichtigt. Das sodann höhere Kapitalkonto sorgt für einen niedrigeren Veräußerungsgewinn.

146 Dies führt dann zu einem Anwendungsfall des § 6 Abs. 3 EStG (unentgeltliche Betriebsübertragung), wenn keine sonstigen Gegenleistungen erbracht werden.

147 Allerdings hat X die Möglichkeit, die Rücklage fortzuführen, wenn er über hinreichendes Rest-BV verfügt (R 6b.2 Abs. 10 S. 2 EStR).
Nachrichtlich: Zu beachten sind die Ergänzungen in R 6b.2 Abs. 12 und 13 EStR, wonach Gewinne aus der Veräußerung von Anteilen an KapG ebenfalls rücklagenfähig sind.

- H behält sich liquide Mittel i.H.v. 20 T€ zurück.
- Den nagelneuen Firmen-Pkw (Buchwert/TW: 30 T€; gemeiner Wert: 35.700 €) möchte H weiterhin privat nutzen.
- Die in der Schlussbilanz mit 50 T€ angesetzten Forderungen werden von K übernommen, aber – wegen drohenden Ausfall eines Kunden – nur mit 40 T€ bei der Kaufpreisermittlung angesetzt.
- Eine Sofortzahlung von 200 T€ wird vereinbart.
Wie hoch sind die gewerblichen Einkünfte des H im VZ 17?

Wie so häufig bei Klausuraufgaben zur Ermittlung des Veräußerungsgewinnes enthalten diese Angaben indirekte Hinweise zur Überprüfung und ggf. zur **Korrektur des laufenden Gewinnes**.

Lösung:

1. **Ermittlung des laufenden Gewinnes (§ 15 EStG):**
   Der bislang ermittelte Gewinn für das Rumpfwirtschaftsjahr 17 (vgl. § 4a Abs. 1 EStG i.V.m. § 8b S. 2 Nr. 1 EStDV) beträgt 20 T€. Die berechtigte Reduzierung des Forderungsbestandes um 10 T€ auf nunmehr 40 T€ muss auch bei der Ermittlung des laufenden Gewinnes berücksichtigt werden (§ 6 Abs. 1 Nr. 2 EStG i.V.m. § 5 Abs. 1 EStG i.V.m. § 253 Abs. 4 HGB). Der laufende Gewinn für das Rumpfwirtschaftsjahr beträgt demnach **10 T€**.

2. **Veräußerungsgewinn des H (§ 16 EStG):**
   Weder die zurückbehaltenen liquiden Mittel noch der Firmen-Pkw zählen nach der kombiniert funktional-quantitativen Methode[148] zu den wesentlichen Betriebsgrundlagen. Eine begünstigte Veräußerung nach § 16 EStG liegt vor.

Veräußerungspreis	+	200.000 €
+ gemeiner Wert der zurückbehaltenen WG (Pkw i.H.v. 35.700 € und liquide Mittel i.H.v. 20.000 €) – § 16 Abs. 3 S. 7 EStG analog –	+	55.700 €
Zwischensumme	+	255.700 €
./. Kapitalkonto (§ 16 Abs. 2 EStG) (200 T€ ./. 10 T€ Forderungskorrektur)	./.	190.000 €
./. Veräußerungskosten (§ 16 Abs. 2 EStG)	./.	5.000 €
Veräußerungsgewinn	+	60.700 €
./. Freibetrag gem. § 16 Abs. 4 EStG	./.	45.000 €
stpfl. Veräußerungsgewinn (§§ 16, 34 EStG)	+	15.700 €

Die gewerblichen Einkünfte des H im VZ 17 belaufen sich auf 25.700 €, von denen 15.700 € als außerordentliche Einkünfte auf Antrag ermäßigt nach § 34 Abs. 3 EStG besteuert werden.

2.2.1.4.2 Die Begünstigung nach §§ 16 Abs. 4, 34 Abs. 3 EStG

Die **Freibetragsregelung** des § 16 Abs. 4 EStG hat als Subventionsnorm viele Spielarten gesehen. Die heutige, seit 2001 gültige Version gehört zu den am einfachsten zu handhabenden Varianten:

---

148 Ein Pkw ist nach funktionalen Gesichtspunkten keine wesentliche Betriebsgrundlage eines Handwerksbetriebs; bei den vorliegenden Zahlen (Buchwert = TW) kommen auch keine quantitativen Momente ins Spiel.

Auf Antrag wird der Veräußerungs-/Aufgabegewinn i.H.v. nunmehr 45 T€ freigestellt, soweit er nicht den Betrag von 136 T€ überschreitet. Der Freibetrag wird bei Überschreiten dieser Grenze abgeschmolzen, bis er bei einem Veräußerungsgewinn von 181 T€ (Freibetragsgrenze) vollends aufgezehrt ist. Bei einem Gewinn nach § 16 EStG über 181 T€ gibt es folglich keinen Freibetrag mehr. Im Unterschied zu früheren Fassungen des § 16 Abs. 4 EStG wird der Freibetrag nur einmal im Leben eines Unternehmers gewährt. Dabei spielt es – dem Grunde und der Höhe nach[149] – keine Rolle, um welche steuerfunktionelle Einheit (Betrieb, Teilbetrieb, MU-Anteil[150]) es sich handelt. Ein nicht voll verbrauchter Freibetrag kann bei späteren Veräußerungen nicht mehr beansprucht werden (R 16 Abs. 13 S. 4 EStR).[151]

Die Voraussetzungen, die an die Gewährung des Freibetrages geknüpft sind (Alter oder dauernde Berufsunfähigkeit[152]) sind höchstpersönlicher Natur, und können nicht von einem Rechtsnachfolger (Erben) stellvertretend geltend gemacht werden (BFH vom 29.04.1982, BStBl II 1985, 204), sondern müssen in der Person des Erben erfüllt sein (BFH vom 03.07.1991, BFH/NV 1991, 813). Der Freibetrag selbst ist aber eine sachliche Steuerbefreiung und keine tarifliche Regelung. Nach dem BFH-Urteil vom 21.07.2009, BStBl II 2009, 963 ist der Freibetrag nach § 16 Abs. 4 EStG personenbezogen auszulegen; er kann somit **einem Steuerbürger für alle Gewinneinkunftsarten nur einmal** gewährt werden.

Letztere, die **tarifliche Begünstigung** gem. § 34 Abs. 3 EStG (ab VZ 2004 mit **56 %** ermäßigter Tarif) ist das eigentliche **Kernstück** der Steuerbegünstigung des Realisationstatbestandes nach § 16 EStG, der – ebenfalls ab 2001 – an die gleichen Tatbestandsvoraussetzungen wie § 16 Abs. 4 EStG anknüpft.[153]

Verfahrensrechtlicher Hinweis: Wird in einem Grundlagenbescheid ein Veräußerungsgewinn festgestellt, so sind dessen Höhe und Zurechnung für das Folgeverfahren bindend. Über die persönlichen Voraussetzungen des Freibetrags ist im ESt-Verfahren zu befinden (BFH vom 09.06.2015, BFH/NV 2015, 1373).

2.2.1.4.3 Die Trennung zwischen laufendem Gewinn und Veräußerungsgewinn

Beide Vergünstigungen machen eine strikte **Trennung** zwischen laufendem Gewinn und Veräußerungsgewinn erforderlich. Für die Abgrenzung ist noch immer die Lösung des BFH vom 25.06.1970 (BStBl II 1970, 719) entscheidend, wonach die Gewinne aus »normalen« Geschäften, auch wenn sie im zeitlichen Zusammenhang mit der Veräußerung anfallen, nicht zu § 16 EStG gehören.

> **Beispiel 11: Die Zweikomponenten-Übergabe**
> Ein Handelsvertreter (HV) überträgt seine Vertretungen (wesentliche Betriebsgrundlage seines Betriebs) auf seinen Sohn gegen eine angemessene Prämie von 200 T€. Von seinem Prinzipal

---

149 Früher wurde der Freibetrag bei einem Teilbetrieb und einem MU-Anteil nur anteilig gegeben.
150 Bei der Veräußerung eines MU-Anteils wird i.R.d. einheitlichen und gesonderten Gewinnfeststellung nur der Veräußerungsgewinn des einzelnen MU festgehalten.
151 Mit der Ergänzung in R 16 Abs. 13 S. 10 EStR wird zunächst der Tatsache Rechnung getragen, dass auch bei der Veräußerung von Beteiligungen an KapG ein Freibetrag zu gewähren ist. Dabei ist der nach § 3 Nr. 40 EStG (i.V.m. § 3c EStG) steuerfreie Anteil beim Freibetrag nicht zu berücksichtigen.
152 Gem. R 16 Abs. 14 EStR und H 16 Abs. 14 EStH reichen wahlweise der Bescheid des Versicherungsträgers oder eine amtsärztliche Bescheinigung. Die Berufsunfähigkeit liegt vor, wenn die Erwerbsfähigkeit im Vergleich zu gesunden Versicherten auf weniger als sechs Stunden am Tag gesunken ist.
153 Zur Berechnung beider Methoden des § 34 EStG (Fünftelungsregelung nach § 34 Abs. 1 EStG und der halbe Steuersatz gem. § 34 Abs. 3 EStG) vgl. die zahlreichen Beispiele insb. zu § 16 Abs. 1 S. 1 Nr. 2 EStG (*Preißer*, Band 2, Teil B, Kap. V) sowie zu § 24 EStG (Teil B, Kap. I).

(Unternehmer, für den er auch tätig wird) erhält er eine Abfindung nach § 89b HGB als Ausgleich für die Auflösung des Vertragsverhältnisses (1 Mio. €).[154]

Lösung: Der BFH behandelt in ständiger Rspr. die Ausgleichszahlungen an den Handelsvertreter nach § 89b HGB, die der Unternehmer für die Auflösung des Vertragsverhältnisses mit ihm als Ausgleich für die bestehen bleibenden Kontrakte leistet, als laufenden Gewinn des HV (BFH vom 05.12.1968, BStBl II 1969, 196).[155] Während die angemessene Abfindung, die der HV von seinem Sohn erhält (200 T€), als begünstigter Veräußerungsgewinn nach §§ 16, 34 EStG erfasst wird, ist die Abfindungszahlung i.H.v. 1 Mio. € laufender Gewinn nach § 15 EStG. Allerdings genießt diese Zahlung, wenn sie als Einmalleistung erfolgt, den Tarifvorteil des § 34 EStG, da sie zu den außerordentlichen Einkünften nach §§ 34 Abs. 2 Nr. 2 i.V.m. § 24 Nr. 1 Buchst. c EStG zählt.

2.2.1.4.4 Nachträgliche Ereignisse

Einige Jahre nach Inkrafttreten der AO 1977 entdeckte der BFH auch die neue Möglichkeit, spätere materielle Änderungen der BMG für den Unternehmenskaufpreis auch verfahrensrechtlich zu berücksichtigen. § 175 Abs. 1 S. 1 Nr. 2 AO ermöglicht bei nachträglichen zivilrechtlichen Korrekturen von steuerlichen Tatbeständen (z.B. bei Anfechtung sowie allgemein bei Ex-tunc-Ereignissen) eine rückwirkende Korrektur des Steuerbescheides.[156]

Es wäre jedoch verfehlt, jedes spätere Ereignis nach einer Betriebsveräußerung als einen Anwendungsfall des § 175 Abs. 1 S. 1 Nr. 2 AO anzusehen. Vielmehr achtet der BFH in seiner Rspr. zu diesem Korrekturkomplex auf den unmittelbaren rechtlichen (Rück-)Bezug des späteren Vorfalls auf das frühere Grundgeschäft. In diesem Sinne **bejaht** der BFH (und ihm folgend die Verwaltung, H 16 Abs. 10 EStH »Nachträgliche Änderungen des Veräußerungspreises oder des gemeinen Werts«) die Korrekturmöglichkeit in folgenden Fällen – in chronologischer Folge:

1. Eintritt einer auflösenden Bedingung oder einer im Vergleichswege herbeigeführten späteren Festlegung des Kaufpreises (BFH vom 26.07.1984, BStBl II 1984, 786 und neuerdings für § 17 EStG BFH vom 19.08.2003, BStBl II 2004, 107).
2. Die spätere Herabsetzung des Kaufpreises aufgrund von berechtigten Mängeleinreden des Käufers (BFH vom 23.06.1988, BStBl II 1989, 41).
3. In zwei problematischen Grenzfällen hat der BFH am 19.07.1993 dies auch für die Uneinbringlichkeit der gestundeten Kaufpreisforderung (BStBl II 1993, 897) sowie für die Nichteinhaltung einer Haftungsfreistellung (BStBl II 1993, 894) gelten lassen.
4. Schadenersatzleistungen für betriebliche Schäden waren nach dem Urteil des BFH vom 10.02.1994 ebenfalls rückwirkend zu berücksichtigen (BStBl II 1994, 564).[157]

Während von diesen Ereignissen nur die Höhe des Veräußerungsgewinnes betroffen ist, stellt sich die m.E. noch nicht zu § 16 EStG entschiedene Frage, was bei der **kompletten Rückabwicklung** des Kaufvertrages selbst zu gelten hat:

---

154 Bei einer Übertragung der Vertretungen entfällt aber der Ausgleichsanspruch (§ 89b Abs. 3 Nr. 3 HGB).
155 Später auf Zahlungen an Kommissionsagenten ausgedehnt (BFH vom 19.01.1987, BStBl II 1987, 570); schließlich auch auf vergleichbare Zahlungen des Nachfolgers erstreckt (BFH vom 25.07.1990, BStBl II 1991, 218).
156 Zum allgemeinen Anwendungsbereich des § 175 Abs. 1 S. 1 Nr. 2 AO vgl. *Bähr*, Band 3, Teil A, Kap. VI.
157 In den Fällen 3. und 4. hätte man besser mit § 24 Nr. 2 EStG argumentiert.

- Entweder man gelangt mit einer »a minore ad maius«-Überlegung (das Größere beinhaltet das Kleinere) zu dem Schluss, dass § 175 Abs. 1 S. 1 Nr. 2 AO hier erst recht gelten müsse[158] oder
- man akzeptiert das unternehmerische Zwischenstadium des Erwerbers und sieht in der Rückabwicklung des Kaufvertrages eine erneute Veräußerung (diesmal in der Person des Erwerbers).[159]

Die Entscheidung hängt von der Wertung des § 16 EStG ab. In den Fällen, da der Erwerber mit eigenem Engagement zur Schaffung **neuer wesentlicher Betriebsgrundlagen** beiträgt, ist die Rückabwicklung des ursprünglichen Übergabevertrages als zweiter Veräußerungstatbestand zwischen Erwerber und Rückerwerber (Verkäufer) auszulegen. Ist dies nicht der Fall, kann man § 175 Abs. 1 S. 1 Nr. 2 AO anwenden, wobei die zwischenzeitlichen Einkünfte dem Erwerber als laufende Gewinne erhalten bleiben.

Den erwarteten **Gegenpol** zu den obigen »Rückwirkungs«-Entscheidungen des BFH nehmen jüngere Urteile ein, wonach z.B. ein späterer (Altlasten-)Verdacht nicht nachträglich den Wert des Übertragungsgegenstandes beeinflussen kann (BFH vom 01.04.1998, BStBl II 1998, 569). Ebenso (kein rückwirkendes Ereignis) hat der BFH im Urteil vom 19.08.1999 (BStBl II 2000, 179) den Fall des Todes des Rentenberechtigten bei gewählter »Sofortversteuerung« (s. Kap. 2.2.1.5.2) entschieden.

2.2.1.4.5 Veräußerungsgewinn und Teileinkünfteverfahren

Für den Fall, dass sich im BV des veräußerten Betriebes eine GmbH-Beteiligung befindet, wird auf § 3 Nr. 40 S. 1 Buchst. b EStG (i.V.m. § 3c EStG) verwiesen. Danach sind bei der Berechnung des Veräußerungsgewinnes, soweit er auf den GmbH-Anteil entfällt, vorweg die Besteuerungsgrundlagen um 40 % zu mindern.

> **Beispiel 12: nach H 16 Abs. 13 EStH »Teileinkünfteverfahren«**
> X veräußert sein Einzelunternehmen. Der Veräußerungspreis beträgt 200 T€, sein Kapitalkonto 80 T€. Im BV befindet sich auch eine GmbH-Beteiligung, deren Buchwert 40 T€ beträgt. Der auf die GmbH-Beteiligung entfallende Veräußerungserlös beträgt 100 T€.
>
> **Lösung:** Der anteilige aus der Veräußerung der GmbH-Beteiligung erzielte stpfl. Veräußerungsgewinn beträgt gem. § 3 Nr. 40 S. 1 Buchst. b i.V.m. § 3c Abs. 2 EStG 36 T€ (60 T€ ./. 24 T€), und der übrige Veräußerungsgewinn wird getrennt hiervon ermittelt und beträgt 60 T€ (100 T€ ./. 40 T€).
> Der Freibetrag gem. § 16 Abs. 4 EStG ist vorrangig mit dem Veräußerungsgewinn zu verrechnen, auf den das Teileinkünfteverfahren (TEV) anzuwenden ist. Für die Berechnung des Freibetrags ist jedoch der nach § 3 Nr. 40 S. 1 Buchst. b i.V.m. § 3c Abs. 2 EStG steuerfrei bleibende Teil nicht zu berücksichtigen (R 16 Abs. 13 S. 10 EStR). Der Freibetrag beträgt insgesamt 45 T€ und entfällt mit 36 T€ auf den Veräußerungsgewinn, auf den das TEV anzuwenden ist. Die verbliebenen 9 T€ mindern den übrigen Veräußerungsgewinn von 60 T€ = 51 T€. Somit sind 51 T€ nach § 34 EStG ermäßigt zu besteuern.[160]

---

158 So offensichtlich *Littmann/Hörger*, § 16 Rz. 114 u.a.
159 Wiederum anders differenzieren *H/H/R*, § 16 Rz. 194 nach dem Grund der Rückabwicklung.
160 Die Verwaltung hatte vor dem Urteil des BFH vom 14.07.2010 (BStBl II 2010, 1011) noch den Freibetrag des § 16 Abs. 4 EStG anteilig im Verhältnis der beiden ermittelten Gewinne aufgeteilt (vgl. H 16 Abs. 13 EStH 2009 »Teileinkünfteverfahren«).

2.2.1.4.6 Übernommene, nicht in der Steuerbilanz passivierte Betriebsschulden
Für den Fall, dass der Erwerber Betriebsschulden übernimmt, die in der HB passiviert sind, in der StBil aber nicht ausgewiesen werden dürfen (z.B. Drohverlustrückstellungen), hat der BFH mit Urteil vom 17.10.2007 (BStBl II 2008, 555) entschieden, dass diese nicht gewinnerhöhend zum Veräußerungspreis hinzuzurechnen sind. Maßgebend ist für die Ermittlung des Veräußerungsgewinns der Wert des Betriebsvermögens nach steuerbilanziellen Grundsätzen! Zur Anwendung der bilanzsteuerrechtlichen Ansatz- und Bewertungsvorbehalte beim Übernehmer von schuldrechtlichen Verpflichtungen wird an dieser Stelle auf das BMF-Schreiben vom 24.06.2011 (BStBl II 2011, 627) verwiesen.

2.2.1.5 Besondere Kaufpreis-Modalitäten
Im Regelfall wird der Kaufpreis nicht sofort bezahlt. Statt der Einmalzahlung gibt es die probaten Mittel der Ratenzahlung sowie der Rentenzahlungen. Letztere hängen von der Person des Berechtigten (= Übergeber des Betriebs) ab, während die Raten nur eine Stundung des nach objektiven Kriterien festgelegten Kaufpreises darstellen.

2.2.1.5.1 Betriebsveräußerung gegen Ratenzahlung
Bei der Bezahlung des Kaufpreises in Raten gibt es zwei Möglichkeiten:

1. Verzinsung des Kaufpreises;
2. keine Verzinsung des Kaufpreises.

Losgelöst von beiden Alternativen ist der Veräußerungsgewinn wegen des bei § 16 EStG geltenden Soll-Prinzips im Jahr des (wirtschaftlichen) Übergangs des Betriebs zu erfassen. Der Veräußerungsgewinn ist nicht zu strecken.[161]

Im erstgenannten Fall 1. bildet die Summe der Raten den Kaufpreis (§ 16 Abs. 2 EStG) und die künftig gezahlten Zinsen gehören zu den Kapitaleinkünften des Verkäufers gem. § 20 Abs. 1 Nr. 7 EStG.[162]

Etwas komplexer ist die Behandlung des häufiger vorkommenden 2. Falles – keine ausdrückliche Verzinsung.

Beispiel 13: Zeitlich gestreckter Kaufpreis
Veräußerungszeitpunkt ist der 01.01.17. Der Kaufpreis beträgt 200 T€ und ist in fünf gleichen Jahresraten i.H.v. 30 T€, beginnend ab 01.01.18, zu entrichten. 50 T€ werden bereits zum Übergabezeitpunkt angezahlt. Eine Verzinsung ist nicht vereinbart worden. Das Kapitalkonto beträgt 100 T€. Kosten bei der Übergabe sind nicht entstanden; WG sind nicht zurückbehalten worden.

Abgesehen von besonders langfristigen (> zehn Jahre) Ratenvereinbarungen, die nach ständiger Verwaltungsauffassung wie Renten behandelt werden können (H 16 Abs. 11 EStH »Ratenzahlungen«), folgt die steuerliche Beurteilung der Kaufpreisraten dem Grundsatz, dass der nach § 12 Abs. 3, § 13 BewG zu ermittelnde **abgezinste Barwert**[163] den Veräußerungspreis bildet. Die Zinsanteile werden auch hier in der Folgezeit nach § 20 Abs. 1 Nr. 7 EStG besteuert.

---
161 Dies hat nichts mit der zulässigen Verteilung des Veräußerungsgewinnes auf mehrere Jahre zu tun, wenn die WG in verschiedene VZ übertragen werden.
162 Umgekehrt hat der Erwerber des Betriebes in seiner Eröffnungsbilanz die Kaufpreisverpflichtung zu passivieren und die Zinszahlungen als BA zu erfassen, während die Tilgungsleistungen neutral gegen die Verpflichtung verrechnet werden.
163 Dies gilt nach dem BFH vom 25.06.1974 (BStBl II 1974, 431), auch dann, wenn die Parteien die Verzinsung ausdrücklich ausgeschlossen haben.

Lösung: Der Veräußerungsgewinn ist zum 01.01.17 zu ermitteln.

Einmalzahlung i.H.v.	50.000 €
+ abgezinster Barwert[164]	131.640 €
Veräußerungspreis	**181.640 €**
./. Kapitalkonto (Wert des BV)	./. 100.000 €
Begünstigter Veräußerungsgewinn[165]	**81.640 €**

Die Differenz zwischen der Restforderung von 150 T€ und der abgezinsten Forderung i.H.v. 131.640 € wird in der Folgezeit als Zinseinnahme nach § 20 Abs. 1 Nr. 7 EStG versteuert und zwar auf folgende Weise:

Die jährliche Zahlung von 30 T€ wird aufgeteilt in einen Zins- und einen (steuerneutralen) Tilgungsanteil, in dem der jeweilige Barwert der Forderung zu Beginn und am Ende des Jahres verglichen werden.

- Im ersten Jahr beträgt die Restforderung zum 01.01.: **131.640 €**.
- Am Ende des ersten Jahres (31.12.) beträgt die Forderung: 30 T€ x 3,602 €: **108.060 €**.

Folglich liegt in der Differenz beider Barwerte der Tilgungsanteil (23.580 €), während die verbleibende Summe zu den tatsächlich bezahlten 30 T€ der nach § 20 Abs. 1 Nr. 7 EStG zu versteuernde Zinsanteil von **6.420 €** ist. In den Folgejahren wird entsprechend verfahren.

2.2.1.5.2 Betriebsveräußerung gegen wiederkehrende Bezüge

Bei der vollentgeltlichen Veräußerung des Gewerbebetriebs (der Praxis) gegen wiederkehrende Bezüge (Hauptfall: gegen eine Leibrente[166]) gewährt die Verwaltung dem Veräußerer ein **Wahlrecht** zwischen der Sofortversteuerung und der sog. Nach-und-nach-Versteuerung (oder Zuflussbesteuerung), R 16 Abs. 11 EStR. Er kann entweder den Rentenbarwert (§ 14 BewG i.V.m. dem Vervielfältiger aufgrund der jährlich neu ermittelten Werte nach Sterbetafel [BMF vom 02.12.2015, BStBl I 2015, 954] sofort versteuern oder die Rentenzahlungen als nachträgliche, laufende Einkünfte gem. §§ 15, 24 Nr. 2 EStG ab dem Zeitpunkt versteuern, da sie das Kapitalkonto zzgl. der Veräußerungskosten übersteigen. Dabei wird zusätzlich der in den wiederkehrenden Leistungen enthaltene Zinsanteil bereits im Zeitpunkt des Zuflusses als nachträgliche Betriebseinnahme erfasst (R 16 Abs. 11 S. 7 EStR). Er wird im Ergebnis folglich so besteuert wie im Beispiel 13 (zeitlich gestreckter Kaufpreis).[167]

Bei der **Sofortversteuerung** werden die laufenden Rentenzahlungen nach der Entstrickung mit dem **Ertragsanteil gem. § 22 Nr. 1 S. 3 Buchst. a Doppelbuchst. bb EStG** als sonstige Einkünfte versteuert.

Das Wahlrecht hat nach der BFH-Rspr. seine Berechtigung im Wagnischarakter der Vereinbarung [lebenslanger(!) Lauf der Rentenzahlung] (BFH vom 07.11.1991, BStBl II 1992, 457[168]). Dieses Wahlrecht kann aber **nicht** eingeräumt werden, wenn bei einer Veräußerungsleibrente zusätzlich die Höhe der Rente **gewinn- oder umsatzabhängig** vereinbart

---

164 Gem. Anlage 9a BewG wird die Restforderung von 150 T€ wie folgt berechnet: 30 T€ x 4,388 (fünf Jahre!) = 131.640 €.
165 Vorbehaltlich des Freibetrages gem. § 16 Abs. 4 EStG (Tatfrage).
166 Einige (z.B. *Wacker* in *Schmidt*, EStG, § 16 Rz. 224 f.) sehen im Wortlaut-Unterschied zwischen R 16 Abs. 11 EStR (Begrenzung auf Leibrente) und H 16 Abs. 11 EStH »Ratenzahlungen« (Erstreckung sogar auf langfristige Kaufpreisraten) einen Hinweis der Verwaltung, die Tragweite des Wahlrechts einer gerichtlichen Klärung zuführen zu wollen.
167 Der Unterschied besteht nur noch darin, dass in Beispiel 13 die Steuer trotz fehlenden Zuflusses sofort gezahlt werden muss (dafür gibt es aber die §§ 16, 34 EStG). Bei wiederkehrenden Bezügen wird der Tilgungsanteil erst versteuert, wenn der zugeflossene Teil das Kapitalkonto übersteigt (ohne die §§ 16, 34 EStG!).
168 Im dortigen Sachverhalt wurde die Rente sogar von einem Dritten bezahlt.

wird. Da bei dieser Vereinbarung zu viele Unsicherheitsfaktoren (Laufzeit und Höhe) zusammenkommen, hat der BFH mit Urteil vom 14.05.2002 (BStBl II 2002, 532) hier nur die Zuflussbesteuerung zugelassen.

Beispiel 14: Wer die Wahl hat, ...
Die 62-jährige Parkinson (P) veräußert ihre Secondhand-Boutique zum 01.01.17 gegen eine monatliche Leibrente i.H.v. 1.400 € (16.800 € jährlich). Der Rentenbarwert im Zeitpunkt der Veräußerung beträgt 170 T€, zum Jahresende (31.12.17) ist er auf 160 T€ gesunken.
Das Kapitalkonto der P beträgt alternativ
1. 120 T€,
2. 10 T€.
Die Erwerberin E hat alle WG (nunmehr: »Thirdhand«-Artikel) übernommen.

Lösung:

Entscheidungsraster	
Sofortversteuerung	Nach-und-nach-Versteuerung
Lösung der **1. Variante** (Kapitalkonto: 120 T€)	
Variante 1, a): Entstrickung	**aa): Keine Entstrickung**
Barwert 170.000 € ./. Kapitalkonto ./. 120.000 € 50.000 € ./. Freibetrag ./. 45.000 € tarifbegünstigt 5.000 €	0
Variante 1, b): Laufende Erfassung 17 (§ 22 Nr. 1 S. 3 Buchst. a Doppelbuchst. bb EStG)	**bb): Laufende Besteuerung** (§§ 15, 24 Nr. 2 EStG)
21 % von 16.800 € 3.528 € ./. WK-PB (§ 9a Nr. 3 EStG) ./. 102 € 3.426 €	12 x 1.400 € = 16.800 € Aufteilung in Tilgungsanteil i.H.v. 10 T€ (Rentenbarwerte: 170 T€ ./. 160 T€) und Zinsanteil i.H.v. 6.800 € Verrechnung mit Kapitalkonto 120 T€: somit nur Versteuerung des Zinsanteils in 17
Lösung der **2. Variante** (Kapitalkonto: 10 T€)	
Variante 2, a): Entstrickung	**aa): Keine Entstrickung**
Barwert 170.000 € ./. Kapitalkonto ./. 10.000 € 160.000 € ./. Freibetrag ./. 21.000 € tarifbegünstigt 139.000 €	0
Variante 2, b): Laufende Erfassung	**bb): Laufende Besteuerung**
(s. oben): 3.426 €	16.800 € ./. 10.000 € = 6.800 € bereits in 17 (§§ 15, 24 Nr. 2 EStG); ab 18: 16.800 € (§§ 15, 24 Nr. 2 EStG)

Wenn ein fester Barpreis und eine Rente zusammenfallen, dann räumt die Verwaltung (R 16 Abs. 11 S. 9 EStR) trotzdem ein Wahlrecht ein. Das Wahlrecht bezieht sich jedoch nicht auf den durch den festen Barpreis realisierten Teil des Veräußerungsgewinnes.

Beispiel 15: Eine schwierige Überlegung
Der 64-jährige Alzheim (A) veräußert seinen Betrieb gegen eine Barzahlung von 250 T€ und gegen eine lebenslängliche Rente mit einem – versicherungsmathematisch ermittelten – Barwert von 180 T€. Die Vereinbarung gilt angesichts des Buchwerts (200 T€) und der berechneten stillen Reserven als ausgewogen. Die Rente soll monatlich 1.200 € betragen. Unterbreiten Sie als StB Herrn A eine Empfehlung, welche Form der Besteuerung er wählen soll.

Lösung: Die Empfehlung setzt zunächst die Kenntnis der Alternativberechnung voraus.

1. Sofortbesteuerung
a) Ermittlung des Veräußerungsgewinnes:

Barpreis	250.000 €
+ Rentenbarwert	180.000 €
Veräußerungspreis	430.000 €
./. Kapitalkonto	./. 200.000 €
begünstigter Gewinn	230.000 €
(Freibetragsgrenze überschritten = kein Freibetrag)	0 €
tarifbegünstigt (§ 34 EStG)	**230.000 €**[169]

b) Folgebesteuerung (nunmehr laufende private Einkünfte)[170]:
Die monatliche Rente von 1.200 € wird sodann mit 19 % gem. § 22 Nr. 1 S. 3 Buchst. a Doppelbuchst. bb EStG besteuert (jährlicher Ertragsanteil: 2.736 €).

2. Zuflussbesteuerung
a) Ermittlung des Veräußerungsgewinnes (wegen des Barpreises):

Barpreis	250.000 €
./. Kapitalkonto	./. 200.000 €
begünstigter Gewinn	50.000 €
./. Freibetrag	./. 0 €[171]
tarifbegünstigt (§ 34 EStG)	**50.000 €**

b) Nach-und-nach-Besteuerung:
Diese setzt als laufender Gewinn grundsätzlich[172] erst ab dem Zeitpunkt ein, da das durch den Veräußerungsgewinn verbleibende Kapitalkonto noch nicht aufgebraucht ist. Dies ist jedoch sofort der Fall, so dass nachträgliche BE nach §§ 15, 24 Nr. 2 EStG (laufender Gewinn) i.H.v. 14.400 € versteuert werden.

3. Empfehlung
Die psychologisch sehr schwierige Empfehlung hängt allein von der persönlichen Lebenserwartung und der sonstigen Steuerlandschaft des A ab. Bei hoher Lebenserwartung ist die Sofortversteuerung (1.) zu empfehlen.

---

169 Tarifbegünstigt nach § 34 Abs. 2 Nr. 1 EStG, obwohl noch nicht alle stillen Reserven realisiert wurden (BFH vom 10.07.1991, BFHE 165, 75).
170 Mit der Besteuerung nach § 16 EStG (Steuerentstrickung) liegt nunmehr eine private Rente vor.
171 Wird ein Betrieb gegen festen Kaufpreis und Leibrente veräußert, ist für die Ermittlung des Freibetrags nach § 16 Abs. 4 EStG nicht allein auf den durch den festen Barpreis realisierten Veräußerungsgewinn abzustellen, sondern auch der Kapitalwert der Rente als Teils des Veräußerungspreises zu berücksichtigen (= selber Freibetrag wie bei Sofortbesteuerung), siehe BFH, Urteil vom 17.08.1967, BStBl II 1968, 75 und H 16 (11) »Freibetrag« EStH.
172 Beachte die Ausnahme für den Zinsanteil (R 16 Abs. 11 S. 7 a.E. EStR).

Noch schwieriger ist die Empfehlung bei einer **Abweichung** im Sachverhalt dergestalt, dass bei ansonsten identischen Zahlungen nur ein fester Barpreis von 100 T€ bezahlt wird. In diesem Fall würde die Nach- und Nachversteuerung (ohne Veräußerungsgewinn) erst dann einsetzen, wenn das relevante Kapitalkonto von 100 T€[173] (100 T€ ./. 200 T€) verbraucht ist.

Exkurs: Erwerberbilanz bei einem Betriebserwerb gegen Leibrente

Der Barwert der Rente muss nach versicherungsmathematischen Grundsätzen[174] berechnet und passiviert werden. Die erworbenen WG sind gem. § 6 Abs. 1 Nr. 7 EStG mit dem TW, höchstens mit den AK anzusetzen. Der versicherungsmathematische Barwert ist jährlich neu zu berechnen. Die einzelnen Rentenzahlungen sind um die Differenz zwischen dem Barwert zu Beginn und am Ende des Wj. zu kürzen. Der verbleibende Betrag ist als Zinsanteil eine abzugsfähige BA. Etwaig greifende Indexklauseln erhöhen zwar die laufenden Rentenbeträge, ändern aber nichts am zugrunde gelegten Prozentsatz des Zinsanteils. Dabei hat der Erwerber den höheren Barwert zu passivieren und die abzugsfähige BA (Zinsanteil) erhöhen sich entsprechend.

2.2.2 Die sonstigen Realisationstatbestände bei § 16 Abs. 1 EStG

2.2.2.1 (Redaktionelle) Zusammenfassung von § 16 Abs. 1 S. 1 Nr. 2 und Nr. 3 EStG

Gem. § 16 Abs. 1 S. 1 Nr. 2 EStG unterliegt die **Anteilsveräußerung eines MU** (G'fter einer PersG bzw. eines wirtschaftlich vergleichbaren Gemeinschaftsgebildes) als weiterer Realisationstatbestand ebenfalls der begünstigten Veräußerungsbesteuerung. Gesellschaftsrechtlich unterschiedliche Vorgänge (z.B. eine entgeltliche Übertragung an Dritte oder die An-/Abwachsung bei Ausscheiden aus einer PersG) lösen die Rechtsfolgen der §§ 16, 34 EStG aus. Mit der Neufassung durch das UntStFG (2001) – Anfügung von S. 2 in § 16 Abs. 1 EStG sowie der Tatbestandspräzisierung in § 16 Abs. 1 S. 1 Nr. 2 und Nr. 3 EStG (der »gesamte« Anteil) – führt die Veräußerung eines **Bruchteils** eines MU-Anteils nunmehr zu einem **laufenden** Gewinn.

Mit § 16 Abs. 1 S. 1 Nr. 3 EStG wird die Veräußerung des nicht in Aktien bestehenden Komplementäranteils, des sog. Geschäftsanteils, an einer KGaA in den privilegierten Anwendungsbereich einbezogen.

Sämtliche hiermit zusammenhängende Zweifelsfragen werden aus Gründen der Sachgesetzlichkeit im Kapitel der **Besteuerung der MU-schaft (Band 2, Teil B, Kap. IV)** behandelt.

Hinweis: Für einen praxisrelevanten Fall – Ausscheiden eines Kommanditisten mit negativem Kapitalkonto gegen Entgelt – hat der BFH am 09.07.2015 (BFH/NV 2015, 1485 = DStR 2015, 1859) entschieden, dass das negative Kapitalkonto bei der Berechnung des Veräußerungsgewinnes immer einzubeziehen ist. Dabei spielt es keine Rolle, wie es zu dem negativen Kapitalkonto kam (im Urteilsfall: nicht ausgeglichene Entnahmen und § 15a Abs. 3 EStG!).

---

173 Ohne, dass es hier zu einem stpfl. Veräußerungsgewinn kommt, muss man das theoretisch mit dem Festpreis (100 T€) anteilig verrechnete Buchkapital für die Berechnung nach R 16 Abs. 11 EStR als verbraucht ansehen.

174 Der Hauptunterschied zum Rentenbarwert nach BewG liegt im unterschiedlichen Zinssatz, da das Steuerrecht immer von 5,5 % ausgeht (vgl. § 14 BewG und R 16 Abs. 11 S. 10 EStR).

2.2.2.2 Die Veräußerung eines Teilbetriebs (§ 16 Abs. 1 S. 1 Nr. 1, 2. Alt. EStG)

2.2.2.2.1 Einführung

Der steuergesetzlichen Zugehörigkeit des Teilbetriebes zu den betrieblichen Einheiten i.S.d. § 16 EStG einerseits und einer fehlenden handelsrechtlichen Regelung andererseits ist es zu verdanken, dass eine umfangreiche Rspr. mit gesicherter Terminologie, aber mit z.T. überraschenden Einzelerkenntnissen vorliegt. Wie bei der Veräußerung des ganzen Gewerbebetriebs müssen auch beim Teilbetrieb dessen **gesamte wesentlichen Betriebsgrundlagen** übertragen werden, will der Veräußerer die Vorteile der § 16 Abs. 4, § 34 EStG beanspruchen. Wie dort werden auch beim Teilbetrieb die Kerninhalte (wesentliche Betriebsgrundlagen) sowohl nach der **funktionalen** als auch nach der **quantitativen** Methode bestimmt. Anders der europarechtliche Teilbegriff, der nur im Umwandlungssteuerrecht gilt. Dort wird nur auf die **funktionale** Betrachtung, nicht aber auf eine **quantitative** Betrachtung abgestellt. Auch die Schulden sind miteinzubeziehen.

Allein hieraus erhellt bereits die enorme Praxisbedeutung des Teilbetriebs. Nachdem die meisten Gewerbetreibenden (Freiberufler) nur einen Betrieb unterhalten, ergibt sich bei geplanten Umstrukturierungen oder Einstellungen im Voraus die Diskussion, ob es sich bei den »Abspalt«-Produkten um einen Teilbetrieb oder nur um unselbständige Teile eines geschlossenen Gesamtbetriebs handelt. Ggf. sind im Vorfeld Maßnahmen zu treffen, die dem Betriebsinhaber rechtzeitig den Weg für eine privilegierte Loslösung aufzeigen, zumal der Teilbetrieb die gleiche »Tarif-Wertigkeit« (§ 16 Abs. 4 und § 34 EStG) genießt wie der gesamte Betrieb.

Wegen des Gleichlaufs der Realisationstatbestände von § 18 EStG und von §§ 15 f. EStG werden die Ausführungen zu freiberuflichen Teilbetrieben nahtlos mit einbezogen. Dabei spielt es nach der Rspr. des BFH – überraschenderweise – keine Rolle, dass § 18 Abs. 3 EStG für die selbständige Arbeit mit einem eigenständigen Terminus (»selbständiger Teil des Vermögens« bzw. »Anteil am Vermögen«) aufwartet (BFH vom 18.10.1999, BStBl II 2000, 123).

Der Teilbetrieb ist kein spezifischer Begriff des EStG; er kehrt wieder bei den Einbringungstatbeständen der §§ 20, 24 UmwStG und wird auch als privilegierter Gegenstand der unentgeltlichen Übertragung nach §§ 13a, 19a ErbStG behandelt. Trotz des gleichen Terminus gibt es bei den Auslegungsfragen, insb. bei der Frage nach den betriebsnotwendigen WG, normspezifische Unterschiede.

Bedeutsamer als diese Negativabgrenzung ist jedoch die **gesetzliche Fiktion** eines Teilbetriebes bei einer betrieblich gehaltenen **100%**-Beteiligung an einer **KapG** (§ 16 Abs. 1 S. 1 Nr. 1 S. 2 EStG). Während dies für die Altregelung (inkl. VZ 2001) zur Besteuerung der Veräußerungserlöse an einer allumfassenden KapG-Beteiligung uneingeschränkt zu den Tarifvorteilen des § 34 EStG führte, ist dieses Tarifprivileg bei dem Halb- bzw. Teileinkünfteverfahren nach § 34 Abs. 2 Nr. 1 EStG systemgerecht wegen § 3 Nr. 40 Buchst. b EStG entfallen. »Gestaltungserwerbe« zum Vollbesitz der 100 %-Beteiligung an einer KapG gehören damit der Vergangenheit an.[175] Dies gilt auch für die der Veräußerung gleichgestellte Teilbetriebsaufgabe.

---

175 Für den einzigen Anreiz könnte noch die unterschiedliche Freibetragsregelung (§ 16 Abs. 4 EStG versus § 17 Abs. 3 EStG) sorgen.

2.2.2.2.2 Einzelfälle zum Teilbetrieb/Versuch einer Systematisierung

In ständiger Rspr. (BFH vom 10.10.2001, BFH/NV 2002, 336 sowie vom 21.06.2001, BFH/NV 2001, 1641) ist nach dem BFH ein Teilbetrieb ein »**organisch geschlossener**, mit einer **gewissen Selbständigkeit** ausgestatteter Teil eines Gesamtbetriebes, der **für sich betrachtet** alle Merkmale eines **Betriebes** i.S.d. EStG aufweist und als solcher **lebensfähig** ist« (zur Thematik der Teilbetriebsveräußerung s. R 16 Abs. 3 EStR).

Von ebenso entscheidender Bedeutung wie die positiven Voraussetzungen eines Teilbetriebes ist seit der BFH-Entscheidung vom 03.10.1984 (BStBl II 1985, 245) die zusätzliche Prüfung und Bejahung der Frage, ob der Unternehmer seine **spezifische Tätigkeit aufgibt**.

Beispiel 16: Ein und dasselbe?
Spediteur S (eigener Frachtführer) betreibt unter einer Fa. ein Güternah- und ein Güterfernverkehrsunternehmen. Für beide Bereiche besteht eine getrennte Buchhaltung und eine eigene Betriebsleitung; ebenso wird beim Fuhrpark auf eine Trennung geachtet. Beim Personal kommt es gelegentlich vor, dass dieses in beiden Bereichen eingesetzt wird.
Wegen bürokratischer Hemmnisse und aufgrund der stärker werdenden Konkurrenz verkauft S an eine holländische Firma den Güterfernverkehrsbereich einschließlich des Fuhrparks und etwaiger Konzessionen.[176] Einige Fahrer bleiben bei ihm; der Kundenstamm wird zu 80 % mitverkauft. Liegt eine Teilbetriebsveräußerung vor?

Einleitend wurde bereits ersichtlich, dass nur eine **zweigleisige** Prüfung weiterführt. Neben der tätigkeitsbezogenen Überprüfung muss der konkret veräußerte Betriebsteil die o.g. definitorischen Voraussetzungen erfüllen, wobei hierbei auf die Person des Veräußerers(!) abzustellen ist (ständige Rspr., so der BFH vom 18.10.1999, BStBl II 2000, 123). (Wiederum anders entscheidet der XI. Senat (vom 29.08.2012, BStBl II 2013, 221) diese Frage für die nicht umsatzsteuerbare Teil-Geschäftsveräußerung nach § 1 Abs. 1a UStG: In der Umsatzsteuer sei bei der Frage der Fortführungsmöglichkeit auf die Sicht des Erwerbers abzustellen.)

Als Indizien für einen eigenständigen, lebensfähigen Teilorganismus werden von der Rspr. genannt[177]:

- räumliche Trennung,
- verschiedenes Personal (insb. getrennte Betriebsleitung),
- getrenntes Anlagevermögen[178],
- eigener Kundenstamm,
- selbständige Preisgestaltung.

Dabei wird in allen Entscheidungen betont, dass es sich hierbei um einen »Indizienstrauß« handelt und nicht alle Einzelfaktoren zusammen vorliegen müssen.

---

176 Dabei ist darauf hinzuweisen, dass der Güterfernverkehr selbst inzwischen nicht mehr kontingentiert ist.
177 BFH vom 12.09.1979 (BStBl II 1980, 51); vom 27.10.1994 (BStBl II 1995, 403); vom 02.04.1997 (BFH/NV 1997, 481); vom 18.06.1998 (BStBl II 1998, 735); vom 21.06.2001 (BFH/NV 2001, 1641).
178 S. aber BFH vom 05.06.2003, BStBl II 2003, 838, wo das Fehlen eines eigenen Schulungsfahrzeugs (Pkw oder Motorrad) alleine der Annahme eines »Fahrschul«-Teilbetriebs nicht entgegensteht (bedenklich!).

Lösung:

1. **Prüfung der Teilbetriebseigenschaft**
   - Aus Sicht des S sind die meisten der Kriterien (Trennung von Buchhaltung, Anlagevermögen und Management) gegeben; demgegenüber tritt der gelegentliche Austausch von Mitarbeitern in den Hintergrund.
   - Nach dem gesamten Erscheinungsbild basieren beide Teilbereiche auf unterschiedlichen organisatorischen Voraussetzungen, wie sie sich auch bei der Veräußerung niederschlagen. Unbeachtlich sind die nicht in die Veräußerung einbezogenen 20 % des Kundenstamms, solange sich nicht S selbst um die Betreuung dieser Kunden durch Einschaltung von Subunternehmern bemüht (BFH vom 22.11.1988, BStBl II 1989, 357). Ebenfalls müssen die übernommenen 80 % der Kunden ein betriebswirtschaftliches Überleben des Teilbereichs »Güterfernverkehr« garantieren.
   - Bei Vermeidung der aufgezeichneten Problemstellen liegt ein Teilbetrieb vor.

2. **Einstellung der spezifischen Tätigkeit des S**
   In der Beurteilung dieser Frage ist in der Rspr. eine Akzentverlagerung eingetreten. Für einen Fall der Veräußerung einer Offset-Druckerei bei Überführung von Forderungen und Kunden in den verbleibenden Bereich der Tief-Druckerei hat der BFH in der Entscheidung vom 03.10.1984 (BStBl II 1985, 245) noch entschieden, dass mit dem Auswechseln der Produktionsmittel alleine keine Teilbetriebsveräußerung vorläge. Fünf Jahre später (BFH vom 09.08.1989, BStBl II 1989, 973: Tankstellenpächter in zwei Orten betreibt nur noch eine Tankstelle) präzisierte der BFH seine erste Äußerung dahingehend, dass eine Teilbetriebsveräußerung bereits dann vorliegt, wenn die Tätigkeit nicht mit dem sachlich weitergeführten Restbetrieb fortgeführt wird. Entscheidend ist daher die Aufgabe der spezifischen Tätigkeit, die in keiner Form im Restbetrieb fortgeführt werden dürfe. Im Tankstellenpächter-Fall hat der BFH den Kundenstamm am jeweiligen Ort als eine eigene sachliche Betriebsgrundlage angesehen, so dass mit der Veräußerung der Tankstelle an einem Ort diese spezifische Tätigkeit als eingestellt angesehen wurde. Bezogen auf das Beispiel 16 muss S es unterlassen, die nicht übertragenen 20 % des Fernverkehr-Kundenstammes zu betreuen (z.B. mit eigenen Subunternehmern). Dann stehen ihm die Vorteile der §§ 16, 34 EStG zu.[179]

Die **Teilbetriebseigenschaft** ist vom BFH in folgenden Konstellationen nach dem grundsätzlichen Erscheinungsbild **bejaht** worden:

- Bei einer Brauerei ist die von ihr betriebene Gastwirtschaft ein Teilbetrieb (BFH vom 03.08.1966, BStBl II 1967, 47; auch bei Verpachtung: BFH vom 20.06.1989, BFH/NV 1990, 102).
- Zweigniederlassungen gem. § 13 HGB erfüllen i.d.R. die Teilbetriebseignung (räumliche Selbständigkeit; auf Dauer angelegt; Leiter hat die Befugnis zum selbständigen Handeln) (BFH vom 16.12.1992, BStBl II 1993, 677).
- Bei Einzelhandelsfilialen muss hinzukommen, dass das leitende Personal eine Mitwirkung beim Wareneinkauf und bei der Preisgestaltung hat (BFH vom 12.09.1979, BStBl II 1980, 51; vom 12.02.1992 (BFH/NV 1992, 516).
- Eine Spielhalle kann bei einem Automatenaufsteller ein selbständiger Teilbetrieb sein (BFH vom 10.10.2001, BFH/NV 2002).

---

179 Vgl. im Allgemeinen H 16 Abs. 3 EStH »Beendigung der betrieblichen Tätigkeit« und im Besonderen H 16 Abs. 3 EStH »Spediteur«.

- Verkauf einer Fahrschulniederlassung, obwohl dem entsprechenden Betriebsteil kein eigenes Schulungsfahrzeug (Pkw oder Motorrad) zugeordnet ist (BFH vom 05.06.2003, BStBl II 2003, 838 – bedenklich).

Die **Teilbetriebseigenschaft** wurde grundsätzlich **abgelehnt** bei:

- dem Dentallabor eines Zahnarztes (BFH vom 22.12.1993, BStBl II 1994, 352).
- einem Fertigungsbetrieb mit mehreren Produktionszweigen. Es liegen dann keine Teilbetriebe vor, wenn wesentliche Maschinen für alle Produktionsabteilungen eingesetzt werden (BFH vom 08.09.1971, BStBl II 1972, 118).

In die gleiche Richtung (einheitliches Anlagevermögen, das im Restbetrieb weiter genutzt wird, als Hinderungsgrund für einen Teilbetrieb) zielen mehrere BFH-Urteile, die beim **zurückbehaltenen Grundstück** die Teilbetriebseigenschaft verneinen (vgl. BFH vom 13.02.1996, BStBl II 1996, 409).[180] Dies gilt unabhängig davon, ob das zum Teilbetrieb gehörende Grundstück überwiegend vom Restbetrieb genutzt wird oder in das PV überführt wurde (so auch BFH vom 19.04.2004, Az.: X B 123/03, für einen Tabakwarenbereich). Bei **mehreren Teilbetrieben** müssen folglich die **anteiligen** Grundstücksflächen, auf denen den operativen Geschäften nachgegangen wird, mit übertragen werden.

Weitaus **restriktiver** bei der Annahme eines Teilbetriebes ist die Rspr. bei der Veräußerung von selbständigen Teilen eines »Freiberufler-Vermögens« i.S.d. § 18 Abs. 3 EStG.

> **Beispiel 17: Der Rückzug mit Privatpatienten**
> Der 66-jährige Urologe U hat sich erfolgreich auf die Durchführung der Prostata-Krebsvorsorge spezialisiert. Nach seiner § 4 Abs. 3-Rechnung ist das Verhältnis der Einnahmen aus der Behandlung von Kassenpatienten und Privatpatienten in etwa ausgeglichen, in der Patientenkartei machen die Privatpatienten nur 15 % der Klienten aus. U überträgt die Kassenpatienten an den Jungarzt J.

Allein wegen der Personenbezogenheit der selbständigen Arbeit differenziert der BFH in der Beurteilung einer Teilpraxis (Teilkanzlei) vorweg danach,

a) ob es sich um verschiedenartige Tätigkeiten mit verschiedenen Patienten-(Mandanten-)Kreisen handelt (BFH vom 14.05.1970, BStBl II 1970, 566) oder
b) ob es bei gleichartiger Tätigkeit wenigstens eine organisatorische und räumliche Trennung der infrage stehenden Teilbereiche gibt (BFH vom 27.04.1978, BStBl II 1978, 562).

Für die Fallgruppe b) hat der BFH die Voraussetzungen für einen Teilbetrieb bei mehreren über die Stadt verteilten Büros eines StB nur dann angenommen, wenn von diesen verschiedenen Büros aus jeweils die Gesamttätigkeit für die verschiedenen Mandanten (einschließlich der Buchführungsarbeiten) durchgeführt wurde. Es bleibt abzuwarten, ob diese Rspr. auf die absehbare Spaltung nach den erfolgten Großfusionen (»Elefantenhochzeiten«) von RA-Kanzleien übertragen wird, bei denen die einzelnen scheidungswilligen Partner nicht den Status eines MU haben.

---

180 Darüber hinaus ist diese Rspr. ein Beleg für die (auch) quantitative Betrachtungsweise bei den wesentlichen Betriebsgrundlagen eines Teilbetriebs.

Lösung: Weder erfüllt bei einem Tierarzt die Veräußerung der »Großtierpraxis« bei zurückbehaltener Kleintierpraxis die Voraussetzung eines Teilbetriebs (BFH vom 29.10.1992, BStBl II 1993, 182) noch ist dies bei der Veräußerung der Kassenpatienten unter Rückbehalt der Privatpatienten der Fall (BFH vom 06.03.1997, BFH/NV 1997, 746).

Als einzige Möglichkeit – de lege lata (nach geltendem Recht) – bleibt die rechtzeitige Trennung und Aufteilung i.S.d. Komplettversorgung beider »Patientenkreise« aus zwei örtlich getrennten Praxen (inkl. einer getrennten verwaltungsmäßigen Nachbehandlung).

Die skizzierte Rspr. steht allerdings im Widerspruch zum (seit 2001 wieder uneingeschränkt geltenden) Ziel der steuerlichen Verschonung der Altersversorgung, wie sie §§ 16, 34 EStG immanent ist.

Ähnlich restriktiv beantwortet die Verwaltung (und ihr folgend der BFH im Urteil vom 22.01.2004, BStBl II 2004, 515) die Frage, ob der OrgT bei der Veräußerung eines Teilbetriebs seitens der OrgG auch tarifbegünstigte Veräußerungsgewinne erzielt. Selbst wenn es sich beim OrgT um eine natürliche Person oder um eine PersG handelt, sind die Gewinne bei diesem nicht steuerbegünstigt (sog. »gebrochene Einheitstheorie« bei Organgesellschaften).

Hinweise:
- Der BFH verzichtet im Urteil vom 09.05.2012 (BStBl II 2012, 725) bei der Ermittlung des Veräußerungsgewinnes bei Teilbetriebsveräußerung auf das Erfordernis einer Schlussbilanz und lässt eine Schätzung genügen.
- Der **europarechtliche Teilbetriebsbegriff**, der für § 15 UmwStG aufgrund des UmwStEA 2011 gilt (s. Band 2, Teil D, Kap. VI) findet bei § 16 EStG keine Anwendung.

2.3 Die Betriebsaufgabe (§ 16 Abs. 3 EStG)

2.3.1 Grundsätzliche Feststellung

Dem Verkehrsgeschäft der Betriebsveräußerung in § 16 Abs. 1 EStG stellt § 16 Abs. 3 EStG als zweiten Realisationstatbestand die Betriebsaufgabe zur Seite. Die Betriebsaufgabe basiert auf einem (ggf. erzwungenem[181]) Entschluss[182] des Unternehmers, den Betrieb nicht mehr fortzuführen. Vielfach wird als Charakteristikum der Betriebsaufgabe die »Zerschlagung der wirtschaftlichen Einheit« angegeben, womit zum Ausdruck gebracht wird, dass der Betrieb – anders als bei der Veräußerung gem. § 16 Abs. 1 EStG – in seiner bisherigen Form nicht mehr am Marktgeschehen teilnimmt.

Die früher geschlossene Regelung der Betriebsaufgabe in § 16 Abs. 3 EStG mit der für alle[183] steuerfunktionalen Einheiten gleichermaßen geltenden Rechtsfolge ist durch die Aufnahme der Realteilung in § 16 Abs. 3 S. 2 EStG gesetzestechnisch unnötig aufgebrochen worden.[184] § 16 Abs. 3 S. 5 EStG, der bei Personenidentität zwischen Veräußerer und Erwerber wiederum den anteiligen Gewinn dem laufenden Gewinn »zuschreibt«, ist ein weiterer Fremdkörper in der Gesetzestechnik.[185]

---

[181] Nach dem Urteil des BFH vom 03.07.1991 (BStBl II 1991, 802) können auch von außen einwirkende Ereignisse zum Entschluss der Betriebsaufgabe führen; diese muss nicht immer freiwillig sein.

[182] So auch *Knobbe-Keuk*, Bil-UStR, § 22 IV 1a stattdessen R 16 Abs. 2 S. 1 EStR (Willensentscheidung oder Handlung des StPfl., den Betrieb aufzugeben).

[183] Die Aufgabe des MU-Anteils ist erst ab 01.01.1999 ausdrücklich der Veräußerung des MU-Anteils gleichgestellt worden.

[184] Man hätte die Realteilung besser einem § 16 Abs. 3a EStG (bzw. einem § 6 Abs. 5a EStG) »überantwortet«.

[185] S. hierzu bereits die inhaltsgleichen Ausführungen zu § 16 Abs. 2 S. 3 EStG unter Kap. 1.2.

Eine Betriebsaufgabe liegt danach vor (H 16 Abs. 2 EStH »Allgemeines«), wenn die wesentlichen Betriebsgrundlagen des Betriebs (Teilbetriebs, MU-Anteils) innerhalb kurzer Zeit (in einem einheitlichen Vorgang)

- entweder in das PV überführt bzw. betriebsfremden Zwecken zugeführt werden (1. Alt.) oder
- an verschiedene Erwerber veräußert werden (2. Alt.) oder
- wenn beide Alternativen (1. und 2.) kombiniert werden.[186]

Eher selbstverständlich ist die Erkenntnis des BFH (Urteil vom 30.08.2007, BStBl II 2008, 113), dass es nicht genügt, wenn der Betriebsinhaber den Entschluss (zur Betriebsaufgabe) lediglich dokumentiert hat. Der Entschluss muss vielmehr durch Entnahme oder Einzelveräußerungen umgesetzt werden.

Beispiel 18: Resignation oder Rezession?
Emma (E), Betreiberin eines der letzten Feinkost-Einzelhandelsgeschäfte in ihrem Stadtviertel, ist des »Aufschwunggeredes« überdrüssig und schließt zum 31.12.16 endgültig ihr in eigenen Räumen ausgeübtes Geschäft. Dabei verzehrt sie mit ihren Freunden an Silvester 16 den mit 1 T€ inventarisierten Warenbestand (gemeiner Wert: 2 T€). Die Betriebs- und Geschäftsausstattung (neue Computerkasse, Tresen etc.) verkauft sie im März 17 an den härtesten Konkurrenten, die Firma »Wall-Mart« für 137 € (Buchwert: 1.137 €). Im Februar 18 erhält sie schließlich – nach langen Verhandlungen – für ihr dreigeschossiges Haus, in dessen EG der Feinkostladen (in den Bilanzen mit 10 T€ geführt) betrieben wurde, den Kaufpreis von 300 T€. Muss E in 18 die Differenz von 90 T€ (100 T€ anteiliger Kaufpreis) zum vollen Steuersatz versteuern?

Wegen der Eingruppierung auch der Betriebsaufgabe unter die außerordentlichen Einkünfte des § 34 Abs. 2 EStG war die Rspr. immer gehalten, beim Abwicklungszeitraum **rechtsfolgenorientiert** (schlagartige Aufdeckung der stillen Reserven) vorzugehen. Wie auch bei der Veräußerung nach § 16 Abs. 1 EStG, ist es auch bei der Betriebsaufgabe nicht zu beanstanden, wenn sich der Vorgang über einen mehrmonatigen Zeitraum hinzieht. Die Abgrenzung zur **allmählichen (»schleichenden«) Liquidation**, die nicht steuerbegünstigt ist (laufende Gewinne), ist schwierig. Einigkeit besteht nur darüber, dass die Betriebsaufgabe mit dem Aufgabeentschluss und seinen darauf fußenden ersten Handlungen beginnt und mit der Veräußerung (Überführung) der letzten wesentlichen Betriebsgrundlage endet (H 16 Abs. 2 EStH »Zeitraum für die Betriebsaufgabe«). Während die Verwaltung a.a.O. einen zahlenmäßigen Schematismus scheut, sind der Rspr. des BFH folgende Eckdaten für den steuerbegünstigten Abwicklungszeitraum zu entnehmen:

- 6 Monate sind zulässig (BFH vom 25.06.1970, BStBl II 1970, 719)
- 14 Monate sind zulässig (BFH vom 16.09.1966, BStBl II 1967, 70)
- 18 Monate sind an der oberen Grenze (BFH vom 21.10.1993, BStBl II 1994, 385)
- mehr 36 Monate können nicht mehr akzeptiert werden (BFH vom 26.04.2001, BStBl II 2001, 798)

Hinweis: 36 Monate Abwicklungszeitraum stellen den Grenzwert dar.

---

186 Vgl. auch BFH vom 26.04.2001 (BStBl II 2001, 798) in ständiger Rspr.; sowie BFH vom 16.12.2009 (BStBl II 2010, 431) für einen Fall von L+F, wenn sämtliche L+F-Flächen an Dritte veräußert werden und wenn das Hofgrundstück in das PV überführt wird.

Lösung: Bei E kommt es zu einer Betriebsaufgabe gem. § 16 Abs. 3 S. 1 EStG. Als Aufgabetatbestände liegen kombiniert eine Überführung in das PV (Warenbestand) und Einzelveräußerungen der wesentlichen Betriebsgrundlagen an zwei verschiedene Erwerber vor.

Problematisch kann nur der Zeitraum sein. Zwar ist die Höchstgrenze offensichtlich nicht überschritten, ein ggf. festgestellter Aufgabegewinn würde sich steuerlich in drei aufeinander folgenden VZ (16, 17 und 18) auswirken. Dies kann jedoch unter folgenden Gesichtspunkten obsolet sein:

- Im SV war vom Erhalt des Kaufpreises im Februar 18 die Rede; für die Erfassung des Aufgabegewinnes bei der Einzelveräußerung des betrieblich genutzten EG ist aber nach dem »Soll-Prinzip« des § 16 EStG auf den Übergang des wirtschaftlichen Eigentums i.V.m. dem Realisationsgrundsatz des § 252 Abs. 1 Nr. 4 HGB abzustellen. Sollte eine genauere Überprüfung ergeben, dass dies – unabhängig von der Zahlung – im VZ 16 der Fall war, steht der spätere Eingang der Kaufpreissumme (18) der Erfassung des Gewinnes in 17 nicht entgegen.
- Außerdem warnt auch der BFH vor einer schematischen Betrachtungsweise insb. bei schwierigen Verkaufsverhandlungen, wozu nahezu immer Immobiliengeschäfte zählen.
- Ein weiteres Argument wäre, den Beginn des Abwicklungszeitraumes mit teleologischen Argumenten in den VZ 17 zu legen. Die Entnahme des Warenbestandes am 31.12.16 erfordert jedenfalls – zumindest aus quantitativen Gesichtspunkten – keine Vordatierung der Betriebsaufgabe auf den 31.12.16.

Nach allen Einzelargumenten liegt eine begünstigte Betriebsaufgabe im VZ 17 vor, die insgesamt zu einem Aufgabegewinn von 90 T€ (1 T€ Warenentnahme, 1 T€ Verlust aus dem Verkauf der BGA und 90 T€ Gewinn aus dem Verkauf des EG) führen.

Schließlich sollte nach der Rspr. des BFH zu § 16 Abs. 3 EStG immer berücksichtigt werden, dass eine Betriebsaufgabe – trotz des geforderten Willensentschlusses des bisherigen Betriebsinhabers zur Beendigung seiner konkreten unternehmerischen Betätigung – immer auch ein tatsächlicher Vorgang ist. Damit ist gemeint, dass eine bloße Aufgabeerklärung gegenüber dem FA nicht die Aufgabehandlung ersetzen kann (BFH vom 29.07.2003, BFH/NV 2003, 1575).

Hinweis: **Kein** Fall der Betriebsaufgabe, sondern **laufende**r Gewinn liegt nach BFH vom 01.08.2013 (BFH/NV 2013, 1859) vor, wenn die (konkrete) Geschäftstätigkeit in der Vermietung eines WG (z.B. eines Flugzeugs) liegt und der Veräußerungsgewinn Bestandteil des (für § 15 Abs. 2 EStG erforderlichen) Totalgewinnes ist. Dieses Urteil stellt die folgerichtige Subsumtion des Veräußerungsgewinnes als Bestandteil der Gewinnerzielungsabsicht dar.

2.3.2 Abgrenzungsfragen

2.3.2.1 Betriebsaufgabe und Betriebsverlegung

Nicht selten kommt es vor, dass ein Betrieb an einem Ort eingestellt wird und der Unternehmer nicht weit entfernt eine neue Tätigkeit beginnt. Zumindest einmal im Leben eines »Unternehmer-Migranten« würde sich diese Art von Wechselspiel steuerlich bezahlt machen.[187]

> **Beispiel 19: Derselbe Unternehmer, aber ein anderer Betrieb**
> Gastwirt G schließt seine Traditions-Kneipe auf Gelsenkirchen (Name: Schalke 04) durch »Totalentnahme« aller wesentlichen Betriebsgrundlagen. Er eröffnet einen Monat später in einiger

---

187 Der Realisationsgewinn wird mit ermäßigtem Steuersatz, wenn überhaupt besteuert. Die Neueröffnung könnte sodann mit dem TW (§ 6 Abs. 1 Nr. 6 EStG) erfolgen, womit die »Messlatte« für künftige stille Reserven höher gelegt wäre.

Entfernung mit dem Know-how eines Fußballer-Gastwirts in der Nähe des Dortmunder Stadions ein neues Lokal.

Grundsätzlich liegt keine begünstigte Betriebsaufgabe, sondern lediglich eine Betriebsverlegung vor, wenn alter und neuer Betrieb als wirtschaftlich identisch anzusehen sind (BFH vom 03.10.1984, BStBl II 1985, 131; s. auch BFH vom 28.06.2001, BStBl II 2003, 124). Dies wird vom BFH dann unterstellt, wenn der Unternehmer die wesentlichen Betriebsgrundlagen in den neuen Betrieb überführt. Der Gegenfall (und damit eine vorherige Betriebsaufgabe) ist gegeben, wenn sich der neue Betrieb in finanzieller, wirtschaftlicher und organisatorischer Hinsicht vom bisherigen Betrieb unterscheidet (BFH vom 18.12.1996, BStBl II 1997, 573).

Lösung: Eine wirtschaftliche Identität zweier Fan-Lokale an verschiedenen Sportstätten ist schwer vorstellbar. Dies wäre nur dann der Fall, wenn die Stammkundschaft des G (sachlich wesentliche Betriebsgrundlage) von der alten Gaststätte in den neuen Betrieb mitziehen würde. Dies wäre allenfalls bei einer Neueröffnung eines Lokals im örtlichen Umfeld der gleichen Sportstätte denkbar. Mangels Betriebs-Identität(!) liegen hier eine umfassende Entnahmehandlung im Gastronomiebetrieb in Gelsenkirchen sowie eine Neueröffnung in Dortmund vor (§ 6 Abs. 1 Nr. 6 i.V.m. § 6 Abs. 1 Nr. 5 EStG).

2.3.2.2 Betriebsaufgabe und Betriebsunterbrechung

Anstelle einer örtlichen Verlagerung der identischen unternehmerischen Fähigkeiten (Betriebsverlegung, s. Kap. 2.3.2.1) sind auch »Auszeiten« vorstellbar, während dessen der Unternehmer seine Aktivitäten einstellt (Beispiel: Saisonbetriebe).

Beispiel 20: Der »Eisdielen-Fall«
Gastunternehmer Giuseppe G verfährt jedes Jahr auf die gleiche Weise:
- Von April bis Oktober bietet er in Bitterfeld seine Eiswaren feil;
- November bis März verbringt er in seiner Heimatstadt Catania, um sich von dem Stress in Deutschland zu erholen.

In 2015 wickelt G seine Geschäfte in einem Handkarren ab, in 2016 hat er einen kleinen Laden gemietet, in 2017 ist der Laden größer geworden; das Angebot wird um Cappuccino und Caffè Latte erweitert. In 2018 ist er stolzer Eigentümer einer Eisdiele in eigenen vier Wänden (eine gewerbliche Einheit, ca. 30 qm). In 2019 gehört ihm das ganze Haus; das sich über das EG (120 qm) erstreckende Geschäft heißt jetzt: Ristorante d'alle Giuseppe con Gelateria. In den fünf Jahren bleibt er seinen Ein- und Ausreisegewohnheiten treu.

Es ist anerkannt, dass das »Ruhen lassen« der gewerblichen Tätigkeit nicht zu einer Betriebsaufgabe führt (BFH vom 17.04.1997, BStBl II 1998, 388), wenn die Absicht besteht, den Betrieb in gleicher oder ähnlicher Weise wieder aufzunehmen. Insoweit ist auch die Betriebsverpachtung (s. Kap. 2.4) ein Unterfall der Betriebsunterbrechung (BFH vom 28.08.2003, BStBl II 2004, 10). Dies setzt in objektiver Hinsicht eine **Identität der Betriebe** nach der Verkehrsanschauung voraus. Diese ist nicht gegeben, wenn nach der Einstellung der werbenden Tätigkeit wesentliche Betriebsgrundlagen nicht mehr vorhanden sind, die in dem fortzuführenden Betrieb benötigt werden (BFH vom 26.02.1997, BStBl II 1997, 561).

Lösung: Die wesentlichen Betriebsgrundlagen einer Eisdiele sind das Rezept, die Einkaufskontakte, Betriebs- und Geschäftsausstattung sowie die Kundschaft. Danach handelt es sich – unabhängig, ob die Ware aus einem mobilen Handkarren (2015) oder von einem festen Lokal (2016) verkauft wird – um den identischen Betrieb. Dies gilt auch noch bei der geringfügigen Erweiterung des Angebots in 2017.

Fraglich ist, ob die alte Mieterfunktion (2017) und die neue Eigentümerrolle (2018) zu einer anderen Beurteilung zwingen. Dies muss allein deshalb bejaht werden, da mit dem eigenen Betriebsgrundstück nunmehr zwangsläufig eine neue (und die bei weitem wichtigste) wesentliche Betriebsgrundlage vorliegt. Spätestens von 2018 auf 2019 kann daher nicht mehr von einer Betriebsunterbrechung gesprochen werden.

Problematisch ist dennoch, ob die vorliegende saisonale **Betriebserweiterung** zur Aufgabe des alten Betriebs in 2017 und zur Eröffnung eines neuen Betriebs in 2018 zwingt. Dabei muss berücksichtigt werden, dass eine allmähliche Betriebserweiterung **ohne Unterbrechung** nicht zu einer Zäsur mittels Aufgabe und Neueröffnung führt. Dafür gibt es auch keine fiskalische Notwendigkeit, da die neuen WG automatisch steuerverstrickt sind.

Vorliegend wird man die Annahme einer identitätswahrenden Fortsetzung von VZ 2018 auf VZ 2019 jedoch verneinen müssen. Erstens sind eine Gelateria und ein Speiserestaurant bereits nach der Verkehrsanschauung[188] zwei verschiedene Betriebe; das Anhängsel (con Gelateria) vermag daran nichts zu ändern. Zweitens zwingt die halbjährige Abwesenheit als Unterbrechungsphase zwischen einem angemieteten Lokal und einem eigenen Betriebsgebäude zumindest dann zu dieser Annahme, wenn mit dem Ausbau des neuen Lokals in architektonischer Hinsicht die alten Vorrichtungen (BGA) nicht mehr zu gebrauchen sind.[189]

Für einen vergleichbaren Fall der baulichen Umgestaltung (Bauaufwand: ca. 238 T€) eines Hotels »garni« zu einer Ferienwohnanlage hat der BFH am 03.04.2001 (BFH/NV 2001, 1383) die Tatsachenentscheidung des FG Ba-Wü von 24.05.2000 (EFG 2000, 1069) bestätigt. Nach dieser lag trotz des Umbaus eine **identitätswahrende Fortsetzung** wirtschaftlich vergleichbarer Aktivitäten und damit keine Betriebsaufgabe vor. In diesem Zusammenhang liefert der BFH im Urteil vom 19.02.2004 (BFH/NV 2004, 1231) einen praktikablen Anhaltspunkt für die Unterscheidung zwischen Betriebsaufgabe und Fortführung bei einem **komplexen Unternehmensgebilde** (im Beispiel: Hotel mit Ferienwohnungen), das abgewickelt wird. Immer dann, wenn bei mehreren Betriebsteilen die zurückbehaltenen WG (im Beispiel: eine Ferienwohnung) keinen selbständigen Teilbetrieb darstellen, sei von einer Betriebsaufgabe auszugehen.

2.3.2.3 Betriebsaufgabe und Strukturwandel (bzw. Beurteilungswandel)

Ändert sich lediglich die rechtliche Bewertung der unternehmerischen Betätigung (»Subsumtionswandel«), so liegt nach gefestigter Rspr. des BFH dann keine Betriebsaufgabe vor, wenn garantiert ist, dass die (nationale) Erfassung der stillen Reserven gewährleistet ist. Fälle des sog. Strukturwandels sind:

- Aus einem gewerblichen Betrieb wird infolge Einschränkung des Zukaufs ein L + F-Betrieb (BFH vom 26.04.1979, BStBl II 1979, 732).
- Dies gilt auch umgekehrt (aus einem L + F-Betrieb wird ein gewerblicher Betrieb).[190]

---

188 Hierauf sowie auf die Umstände des Einzelfalles stellt der BFH immer ab (s. BFH vom 18.03.1999, BStBl II 1999, 398).
189 A.A. (keine Betriebsaufgabe und keine neue Betriebseröffnung, sondern Betriebsunterbrechung) ist jedoch aus teleologischen Gesichtspunkten vertretbar, da auch so die Erfassung der stillen Reserven gewährleistet ist.
190 So auch *Wacker* in *Schmidt*, EStG, § 16 Rz. 176.

Der BFH hat diese Rspr. erweitert auf den Beurteilungswandel, wenn aus einem Gewinneinkunftsbetrieb Liebhaberei wird (BFH vom 29.10.1981, BStBl II 1982, 381). In diesen Fällen bleiben die betroffenen WG »eingefrorenes BV«, bis es zur Gewinnrealisierung nach allgemeinen Grundsätzen (z.B. Entnahme) kommt. Diese sehr großzügige Rspr. geht zurück auf die Anregungen von *Knobbe-Keuk*[191], die mit einer teleologischen Reduktion § 16 Abs. 3 EStG als ultima ratio nur für den Fall anwenden will, dass ansonsten die Erfassung der stillen Reserven nicht mehr gesichert ist. Durch den Hinweis der Verwaltung (H 16 Abs. 2 EStH »Liebhaberei«) auf § 8 der VO zu § 180 Abs. 2 AO werden materiell die stillen Reserven (gemeiner Wert ./. Buchwert) im Zeitpunkt des Übergangs zur Liebhaberei festgehalten. Aus praktischen Erwägungen ist dieser ineffektiven Rspr. im Falle des Beurteilungswandels nicht zu folgen, da m.E. ein gleichmäßiger Verwaltungsvollzug nicht gewährleistet ist. Wozu diese Rspr. führt, zeigt ein Urteil des BFH vom 15.05.2002 (BStBl II 2002, 809). Im dortigen Fall ließ der BFH nach einem Wechsel des aktiven Betriebs zur Liebhaberei zu, dass danach anfallende Schuldzinsen für – trotz jetziger Liebhaberei – bestehen bleibende Betriebsschulden als nachträgliche BA abziehbar sind. Einzige Voraussetzung ist dabei – und diese ist immer erfüllt bei bestehen bleibenden Betriebsschulden –, dass die ausschlaggebenden Schulden nicht durch die Verwertung des restlichen Aktivvermögens beglichen werden können.

Hinweis: Für einen Sondertatbestand des Strukturwandels (Ausscheiden des Komplementärs einer KGaA unter Begründung einer atypisch stillen Beteiligung) hat der BFH mit Beschluss vom 16.04.2010 (BFH/NV 2010, 1272) Folgendes entschieden:

1. Das Ausscheiden eines persönlich haftenden G'fters einer KGaA mit negativem Kapitalkonto führt grundsätzlich nur dann zu einem Veräußerungs- oder Aufgabegewinn, wenn der Ausscheidende ein Entgelt erhält oder von der Haftung für Gesellschaftsschulden freigestellt wird.
2. Bei summarischer Prüfung erscheint es denkbar, den Wechsel aus der Stellung als persönlich haftender G'fter einer KGaA in die Stellung eines atypisch stillen G'fters als »formwechselnde Umwandlung« zu behandeln, durch die stille Reserven nicht aufgedeckt werden.

2.3.2.4 Betriebsaufgabe und Entstrickung im engeren Sinne[192]

Von der Zielsetzung des § 16 EStG (Erfassung der stillen Reserven bei Aufgabeentschluss) her gibt es eine **Ausnahme** von dem Grundsatz, dass die Betriebsaufgabe immer mit der **Zerschlagung** (dem Ende) des Betriebs »als selbständigem Organismus des Wirtschaftslebens« verbunden sein müsse.

Immer dann, wenn – ausgelöst durch ein **Handeln** des StPfl. – die WG nicht mehr steuerverhaftet (steuerverstrickt) sind, kommt es über die **Entstrickung** i.e.S. zur Aufdeckung der stillen Reserven. Als Anwendungsfälle der Entstrickung mit den Rechtsfolgen der Betriebsaufgabe werden somit auch diskutiert:

- eine handlungsbedingte Beendigung der Betriebsaufspaltung[193] sowie
- der Wegfall der Voraussetzungen für eine gewerblich geprägte PersG (R 16 Abs. 2 S. 6 EStR).

---

191 *Knobbe-Keuk*, Bilanz und Unt-StR, § 7 V 3 und § 7 III 2c.
192 Der Begriff »Entstrickung« ist hier nicht zu verwechseln mit dem neuen Entstrickungsbegriff des SEStEG (§ 4 Abs. 1 S. 3 EStG), der sich nur auf grenzüberschreitende Aktivitäten bezieht.
193 S. dazu genauer *Preißer*, Band 2, Teil B, Kap. III 4.

Demgegenüber hat der BFH – anders als der RFH vom 20.11.1940 (RStBl 1941, 225) – die Eröffnung des Insolvenz-(Konkurs-)Verfahrens nicht als Betriebsaufgabe behandelt (BFH vom 19.01.1993, BStBl II 1993, 594).

In einem interessanten Urteil zur **Betriebsaufgabe** bei einer Betriebsaufspaltung (BesitzG = vermögenslose A-GmbH & Co KG und B-GmbH als BetriebsG; die Anteile an beiden GmbHs gehören alleine dem Co; die GmbH-Anteile wurden zu Buchwerten in ein anderes BV des Co überführt; sodann wurden die Besitz-KG-Anteile in das PV überführt) entschied der BFH am 28.05.2015 (BStBl II 2015, 797), dass der Aufgabegewinn auch dann der Tarifbegünstigung des § 34 EStG unterliegt, wenn vorher die GmbH-Anteile zu Buchwerten in ein anderes BV überführt wurden.

Den **Gegenfall** dazu (keine Tarifermäßigung nach § 34 EStG) hat der BFH am 09.12.2014 (BStBl II 2015, 529) für den Sachverhalt entschieden, da ein MU-Anteil aufgrund einheitlicher Planung und in engem zeitliche Zusammenhang mit der vorherigen Übertragung von Teilen des MU-Anteils ohne Aufdeckung der stillen Reserven übertrage wurden (arg.: Umfasst ein »Veräußerungsplan« mehrere Teilakte, so gebietet der Zweck der Tarifbegünstigung, sämtliche Teilakte (hier die Übertragung und die Veräußerung) miteinander zu verklammern und als einen einheitlichen Vorgang im Hinblick auf die Zusammenballung der Einkünfte zu betrachten).

2.3.2.5 Zusammenfassung

Die Betriebsaufgabe unterscheidet sich[194]:

1. von der (gleichwertigen) Betriebsveräußerung dadurch, dass bei dieser alle wesentlichen Betriebsgrundlagen in einem Akt an einen Erwerber veräußert werden,
2. von einer (nicht gleichwertigen) Betriebsverlegung oder Betriebsänderung dadurch, dass bei dieser der Betrieb als selbständiger Organismus des Wirtschaftslebens bestehen bleibt,
3. von einer allmählichen (nicht begünstigten) Abwicklung dadurch, dass alle wesentlichen Betriebsgrundlagen in einem einheitlichen Vorgang veräußert oder in das PV überführt werden,
4. von einer (nicht gleichwertigen) Betriebsunterbrechung dadurch, dass die gewerbliche Tätigkeit endgültig eingestellt wird,
5. von der Entstrickung[195] dadurch, dass dort der Betrieb am Leben bleibt, aber dennoch durch Handeln des StPfl. die gleichen Rechtsfolgen wie bei der Betriebsaufgabe gelten,
6. vom (nicht gleichwertigen) Beurteilungs- bzw. Strukturwandel dadurch, dass trotz fehlender Identität der Betriebe vorher/nachher die Rechtsfolgen der Zwangsrealisation vermieden werden.

2.3.3 Sonstiges

2.3.3.1 Räumungsverkauf und Sanierungsfälle

Nach dem Urteil des BFH vom 29.11.1988 (BStBl II 1989, 602) führt der verbilligte Verkauf der Restbestände im Rahmen eines **Räumungsverkaufs** dann zu laufendem Gewinn, wenn sie im Rahmen eines normalen Geschäfts (Regelfall) an die Kundschaft abgegeben werden.

---

194 Die Übersicht ergänzt hier die Zusammenfassung von *Wacker* in *Schmidt*, EStG, § 16 Rz. 176.
195 Nach neuer Definition ist der Begriff der »Entstrickung« für grenzüberschreitende Übertragungen und Überlassungen von WG i.S.d. § 4 Abs. 1 S. 3 EStG reserviert.

Davon wird nur für den Fall eine Ausnahme gemacht, dass die Ware an den Lieferanten zurückgegeben wird.

Bei überschuldeten Betrieben sprechen häufig die Gläubiger im Rahmen eines Moratoriums einen (Teil-)Erlass ihrer Forderungen aus. Dies führt rein buchtechnisch zu Gewinnen beim sanierungsbedürftigen Unternehmen. Während diese außerordentlichen Erträge bis 1997 nach § 3 Nr. 66 EStG steuerbefreit waren, entfällt diese Befreiungsregelung ab 1998. Führt die **Sanierungsmaßnahme** nicht zum erwünschten Erfolg und kommt es zur Betriebsaufgabe, gehört dieser Gewinn systematisch zum laufenden Gewinn, da er vor dem Einstellungsentschluss zustande kam. Dennoch ist der Fall m.E. – im Billigkeitsweg – als **sachlicher Teil-Erlass** (§§ 163, 222 AO) zu behandeln, soweit davon der volle Steuersatz ausgelöst wird.[196]

2.3.3.2 Bedeutung der Aufgabeerklärung

In vielen Fällen besteht Unklarheit über das Vorliegen einer Betriebsaufgabe oder verwandter Rechtsinstitute (s. Kap. 2.3.1). Man sollte meinen, dass in diesen Fällen eine Aufgabeerklärung des StPfl. (oder deren Unterlassen) für die nötige Klärung sorgt. Zu Recht hat der BFH in dieser Konstellation der Erklärung des Unternehmers (bzw. dem Fehlen einer solchen) nicht die rechtsentscheidende Bedeutung beigemessen (BFH vom 03.06.1997, BStBl II 1998, 373; vom 30.08.2007, BStBl II 2008, 113). Die Rechtsfrage der Abgrenzung der verschiedenen Institute kann nicht in das Belieben der StPfl. gestellt werden, wenn es sich dabei um **externe Tatsachen** handelt (wie z.B. die Beurteilung betriebsnotwendiger WG). Zu Recht hat der BFH im Urteil vom 22.09.2004 (BFH/NV 2005, 126) den Einwand des Steuerbürgers, er sei sich über die Bedeutung der Aufgabeerklärung nicht im Klaren gewesen (»Rechtsirrtum«), dann nicht gelten lassen, wenn sich aus anderen tatsächlichen Umständen eine Betriebsaufgabe ergibt.

Andererseits hat der Unternehmer eine **echte Wahlmöglichkeit**, bei Vorliegen der Voraussetzungen einer Betriebsaufgabe (beabsichtigte Überführung/Übertragung innerhalb kurzer Zeit) eine begünstigte Aufgabe gem. § 16 Abs. 3 EStG zu erklären oder in eine allmähliche Abwicklung nach § 15 EStG »einzusteigen«. Die h.M. koppelt die Option an die Tatbestandsvoraussetzungen des § 16 Abs. 3 EStG und betrachtet es nach Ablauf des Kurzzeit-Zeitraumes von **max. 14 Monaten** (ausnahmsweise 25 Monaten) als verwirkt.[197] Eine beachtliche Mindermeinung nimmt das Wahlrecht ernst und kommt in kritischen Fällen, insb. bei der Betriebsunterbrechung, zu der Figur des **erklärten »fortbestehenden BV ohne Betrieb«**.[198]

M.E. kann das »Wahlrecht« bei der Abgrenzung der begünstigten Betriebsaufgabe zur allmählichen Abwicklung im Ergebnis nicht zu einer »schleichenden begünstigten Betriebsaufgabe« führen. Etwaige Zweifelsfragen im Zusammenhang mit dem Aufgabezeitraum sollten hier – gerade bei schwer veräußerbaren WG – durch verbindliche Auskunft mit dem FA geklärt werden.

Andererseits sind bei der Unterscheidung zwischen Aufgabe und Unterbrechung, insb. im Erbfall, Erklärungen des Unternehmers (Nachfolgers) zu respektieren. Bei **inneren Tat-**

---

196 S. auch BMF-Schreiben zur ertragsteuerlichen Behandlung von Sanierungsgewinnen und dem Steuererlass aus sachlichen Billigkeitsgründen (vom 27.03.2003, BStBl I 2003, 240); *Nosky/Hörner*, FR 2012, 694.
197 Statt aller *Wacker* in *Schmidt*, EStG, § 16 Rz. 185 f.; sowie BFH vom 26.07.2001 (BFH/NV 2002, 180).
198 Befürworter: *Dötsch*, Einkünfte aus Gewerbebetrieb, 48 ff. und später *Reiß* in *Kirchhof-kompakt*, § 16 Rz. 320 f. sowie *ders.* in *K/S*, § 16 F 30 ff.

sachen, auf die es hier ankommt (Beispiel: Fortführungswille oder Aufgabeentschluss), ist die Verwaltung sogar gut beraten, auf einen entsprechenden Willensakt des Bürgers hinzuwirken. Meistens wird es um die Frage der **ausdrücklichen Entnahmehandlung** gehen.[199]

Ergänzung: § 16 Abs. 3b EStG i.d.F. des StVerG:
Um die praktischen Probleme in Zusammenhang mit der Aufgabeerklärung, insb. bei dem Wahlrecht der Betriebsverpachtung (s. Kap. 2.4) in den »Griff zu bekommen«, sieht § 16 Abs. 3b EStG ab dem 05.11.2011 vor, dass eine Aufgabeerklärung (auch bei MU-Anteilen) gegenüber dem FA **ausdrücklich** erfolgen muss (Nr. 1) oder dass dem FA die **Tatsachen bekannt** sind (Nr. 2), aufgrund derer im konkreten Fall eine Betriebsaufgabe vorliegt.

Als (sehr knapper Kulanz-)Zeitraum für die Wirksamkeit einer Aufgabeerklärung – und damit dem Eintritt der Rechtsfolgen der Betriebsaufgabe – bei einem vom StPfl. selbst **bestimmten Aufgabezeitpunkt** geht § 16 Abs. 3b S. 2 EStG von **drei Monaten** aus; ansonsten (konkludente Erklärung) ist der Zeitpunkt entscheidend, in dem die Aufgabeerklärung beim FA eingeht.

2.3.3.3 Der gemeine Wert bei der Entnahme (zugleich Aufgabegewinn)
Zu den Rätseln des Steuerrechts gehört die Ermittlung des gemeinen Werts. Nachdem dieser bei der Überführung in das **PV** (Entnahme) anlässlich der Betriebsaufgabe nach § 16 Abs. 3 S. 7 EStG anzusetzen ist,[200] muss an dieser Stelle das Geheimnis um den gemeinen Wert »gelöst« werden. Daneben wird § 16 Abs. 3 S. 7 EStG bei der Betriebsveräußerung analog angewandt, wenn anlässlich der Veräußerung nicht notwendige WG in das PV überführt werden.

Nach § 9 Abs. 2 BewG wird der gemeine Wert durch den Preis bestimmt, der im gewöhnlichen Geschäftsverkehr nach der Beschaffenheit der einzelnen WG bei einer Veräußerung zu erzielen wäre. Dieser entspricht i.d.R. dem **Verkehrswert**. Dies gilt grundsätzlich auch für **Grundstücke** (BFH vom 02.02.1990, BStBl II 1990, 497).

> **Beispiel 21: Vive la différence – Der (kleine) Unterschied macht's**
> In einem viergeschossigen Wohn- und Geschäftshaus ist im EG eine Apotheke untergebracht. Die anderen drei annähernd gleich großen Geschossflächen werden zu Wohnzwecken vermietet bzw. selbst bewohnt. Zum 01.01.18 stellt der Apotheker seinen Betrieb ein und vermietet nunmehr das EG an einen Buchhändler. Der Verkehrswert für das ganze Haus ist einvernehmlich auf 1 Mio. € anhand des Ertragswertverfahrens[201] ermittelt worden. Auf das gewerbliche EG entfällt die Hälfte (0,5 Mio. €), wenn auch bei der Aufteilung die Ertragswerte zugrunde gelegt werden. Werden die Nutzungsflächen zugrunde gelegt, ist der Verkehrswert nur 1/4 (250 T€).

Die Aufteilungsnotwendigkeit entspricht zum einen der Tatsache, dass das Gebäude zivilrechtlich eine Einheit darstellt, und zum anderen der bilanzrechtlichen Trennung von bebauten Grundstücken nach ihrem Nutzungs- und Funktionszusammenhang (R 4.2 Abs. 4 EStR). Fraglich kann nur der Aufteilungsmaßstab sein.

---

199 *Reiß* a.a.O. gelangt sodann bei nicht ausdrücklich entnommenen WG zu nachträglichen gewerblichen Einkünften ohne Betrieb (§§ 21, 24 Nr. 2 EStG).
200 Bei der Einzelveräußerung von WG an verschiedene Erwerber sind gem. § 16 Abs. 3 S. 6 EStG die Veräußerungspreise den Buchwerten gegenüberzustellen.
201 Im Urteilsfall des BFH basierte die Schätzung auf der Wertermittlungs-VO vom 06.12.1988 (BStBl I 1998, 2209).

Lösung: Der BFH hat in einer viel beachteten Entscheidung vom 15.02.2001 (BFH/NV 2001, 849), konform mit der h.M. entschieden, dass die Aufteilung des Verkehrswertes für ein Grundstück – und damit die Ermittlung des gemeinen Werts für den betrieblichen Grundstücksteil Apotheke – nach dem **Nutzflächenverhältnis** zu erfolgen hat.
Aus der Tatsache, dass das Gesamtobjekt nach dem Ertragswertverfahren bewertet wurde, lässt sich nach dem BFH nicht der Zwang ableiten, dies auch beim Aufteilungsmaßstab anzuwenden. Als entscheidendes Argument wird die gleiche Methode (Nutzflächenverhältnis) bei der Ermittlung des anteiligen TW nach § 6 Abs. 1 Nr. 4 EStG bzw. bei der Ermittlung des eigenbetrieblichen Anteils von untergeordneter Bedeutung (R 4.2 Abs. 8 EStR) in das Feld geführt.
Im Ergebnis wird der gemeine Wert der Apothekenfläche mit 250 T€ angesetzt.

Die methodische Zufälligkeit dieser Erkenntnis lässt erahnen, warum der BFH im Beschluss vom 03.08.2001 (BFH/NV 2002, 181) keine Verpflichtung seitens der Finanzverwaltung im Rahmen einer verbindlichen Auskunft erkennen mag, eine Sachverhaltsermittlung in Bezug auf den gemeinen Wert von Grundstücken vorzunehmen.

Ansonsten ergeben sich bei der allgemeinen Ermittlung des Aufgabegewinnes keine Besonderheiten gegenüber der Ermittlung des Veräußerungsgewinnes gem. § 16 Abs. 2 EStG. Hier wie dort wird als Subtraktionsgröße der Buchwert genommen; ebenso führt beim **Aufgabegewinn einer PersG** die Personenidentität auf beiden Seiten des Übertragungsvorgangs zu laufendem Gewinn (§ 16 Abs. 3 S. 5 EStG). Eine ähnliche **Individualbetrachtung** findet nach § 16 Abs. 3 S. 8 EStG bei der Naturalteilung einer PersG statt.

2.3.3.4 Die Teilbetriebsaufgabe

Aufgrund gesicherter Rspr., die von der Verwaltung übernommen wurde (H 16 Abs. 3 EStH »Teilbetriebsaufgabe«) gelten die Grundsätze der Veräußerung eines Teilbetriebs für die Aufgabe eines Teilbetriebs entsprechend (BFH vom 15.07.1986, BStBl II 1986, 896).

Während dabei die objektive Prüfung (Teilbetrieb) mit derjenigen bei der Veräußerung identisch ist, muss bei der Aufgabehandlung (Zerschlagung des selbständigen Teils) darauf geachtet werden, dass nur die im Teilbetrieb entfalteten Aktivitäten eingestellt werden.

2.3.3.5 Aufgabe bei selbständiger Arbeit

Auch hier sind wegen der Personenbezogenheit der selbständigen Arbeit Besonderheiten bei der Praxis-(Kanzlei-)Aufgabe zu beachten. So führt der **Tod eines Praxisinhabers** nicht ohne weiteres zur Betriebsaufgabe (BFH vom 12.03.1992, BStBl II 1993, 36). Je nachdem, ob und von wem die Praxis fortgeführt wird, werden unterschiedliche Ergebnisse erzielt:

- Führt der Erbe (Vermächtnisnehmer) die Praxis (Kanzlei) aufgrund eigener Berufsqualifikation fort, so tritt er nach § 6 Abs. 3 EStG unmittelbar in die Rechtsstellung des Vorgängers und führt dessen Buchwerte (Steuerwerte) fort.
- Bei einer Verpachtung an einen fremden Berufsträger erzielt der Rechtsnachfolger gewerbliche Einkünfte, ohne dass eine Betriebsaufgabe vorliegt (Unterfall des Strukturwandels; BFH vom 12.03.1992, BStBl II 1993, 36).
- Noch nicht entschieden ist die Frage, ob die »unterdrückte« Betriebsaufgabe auch bei einer längerfristigen Verpachtung gilt.[202] M.E. ist eine vernünftige Zeitgrenze im Ablauf des richterlich fixierten Praxiswerts von fünf Jahren zu setzen.

---

202 Zum Meinungsstand vgl. *Wacker* in *Schmidt*, EStG, § 18 Rz. 215.

- Für eine Übergangszeit nimmt die Verwaltung auch bei Leerstehen der Praxis keine Aufgabe an, solange sich der Rechtsnachfolger noch um ausstehende Berufsqualifikationen bemüht, mittels derer er die Praxis übernehmen kann (H 18.3 EStH »Verpachtung«).

Auch hier ist fraglich, ob diese großzügige Rspr. – zumindest bei Heilberufen – noch in das Zeitalter der zentralen und kontingentierten Praxisvergabe nach der sog. Gesundheitsreform passt.

Ergänzend ist nachzutragen, dass die Senkung des Freibetrages sowie des Abschmelzungsbetrages bei § 16 Abs. 4 EStG gem. § 18 Abs. 3 S. 4 EStG genauso für die Veräußerung oder Aufgabe einer freiberuflichen Praxis gilt.

2.3.4 Die Regelung aufgrund des JStG 2010 (»finale Entnahme«)

Mit Urteil vom 17.07.2008 (BStBl II 2009, 464) hat der BFH aufgrund der Neuregelung des SEStEG keine Grundlage für das Fortbestehen der sog. »**Theorie der finalen Entnahme**« gesehen. Diese ging bei der Überführung eines Einzel-WG aus einem inländischen Stammhaus auf eine ausländische Betriebsstätte – auch bei Vorliegen einer DBA-Freistellung – von einer Gewinnrealisierung aus. Nachdem dieser Erkenntnisprozess (Weitergeltung oder Abschaffung der finalen Entnahmetheorie) aber derzeit als (noch) nicht abgeschlossen beurteilt wird, sind mit **§ 4 Abs. 1 S. 3, § 16 Abs. 3a und § 52 Abs. 8b EStG i.d.F. JStG 2010** Regelungen eingeführt worden, die diesen Erkenntnisprozess nicht beenden, sondern – im Gegenteil – die alten Grundsätze für Wirtschaftsjahre, die vor dem 01.01.2006 enden, festschreiben.[203] Damit soll in Altfällen auch die Verteilungsmöglichkeit des Überführungsgewinnes nach Tz. 2.6. des Betriebsstätten-Erlasses (BMF vom 24.12.1999, BStBl I 1999, 1076) erhalten bleiben.[204]

2.4 Betriebsverpachtung

2.4.1 Standortbestimmung

Als eine besondere Form der Betriebsunterbrechung wird die sog. Betriebsverpachtung angesehen.

> **Beispiel 22: Der Kurzzeit-Aussteiger**
> Der 30-jährige Soziologe und Sorgenmann S möchte nach fünfjähriger Berufstätigkeit als Kommunikationstrainer für einige Zeit wieder sein Image als Sonnyboy aufpolieren und überlegt sich den Ausstieg für ca. zwei Jahre. Geplant ist danach ein Wiedereinstieg in das harte Berufsleben. Damit die Geschäftskontakte nicht ganz verloren gehen, verpachtet er seinen »Interaktions-Betrieb« an den 22-jährigen Junior J. Er überlässt ihm als Basisausstattung drei Leitz-Ordner mit je 50 Folien, die S für seine Kurse erstellt hat sowie seinen kompletten Kundenstamm (Vorstandsetagen der deutschen Chemie) und vereinbart einen Überlassungspreis von 5 T€/Monat.

Es ist offensichtlich, dass die entgeltliche Überlassung der wesentlichen Betriebsgrundlagen ohne eine Sonderregelung zu V + V-Einkünften nach § 21 Abs. 1 S. 1 Nr. 2 EStG führt. Dies setzt wiederum voraus, dass den nunmehrigen »Privateinkünften« eine steuerliche

---

203 Vgl. hierzu und zum steuerlichen Ausgleichsposten i.S.d. § 4g EStG: *Kölpin*, Band 2, Teil A, Kap. VI. 4.
204 So die Begründung in der Gegenäußerung des Bundesrats zum JStG 2010 vom. 27.08.2010 (BR-Drs. 17/2823, S. 6).

Entstrickung des bisherigen BV vorausgeht, da weder ein unbeachtlicher Strukturwandel (Fortdauer einer Gewinneinkunftsart) noch ein irrelevanter Beurteilungswandel (keine Liebhaberei) vorliegen.

Vom tatsächlichen Erscheinungsbild her liegt im weitesten Sinne eine Betriebsunterbrechung vor, wenn der Altinhaber nach Ablauf der vereinbarten Überlassungszeit wieder den Betrieb aufnehmen möchte. Im Unterschied zur eigentlichen Betriebsunterbrechung erzielt jetzt eine andere Person, der Pächter, Einkünfte mit den überlassenen WG.

Nach einer bewegten Geschichte hat der Große Senat des BFH den Königsweg für das Beurteilungsdilemma gefunden, ob die Verpachtung noch als gewerbliche Tätigkeit angesehen werden kann oder ob bereits zwingend eine Betriebsaufgabe kraft nunmehriger Vermögensverwaltung vorliegt. Er räumte in der grundlegenden Entscheidung (BFH vom 13.11.1963, BStBl III 1964, 124) dem Verpächter ein **Wahlrecht** ein, sich für den Fortbestand des Gewerbebetriebs (der Praxis) oder für dessen Aufgabe zu entscheiden. Das Wahlrecht ist von der Verwaltung akzeptiert worden und hat sich bis zum heutigen Tag als **konstitutive** Verwaltungsregelung gehalten (**R 16 Abs. 5 EStR**).

Lösung: S steht – bei Vorliegen der tatbestandlichen Voraussetzungen – das Verpächterwahlrecht zu, die Aufgabe zu erklären (oder es zu unterlassen).

2.4.2 Voraussetzungen des Verpächterwahlrechts

Im Einzelnen **setzt** das Verpächterwahlrecht während der ganzen Pachtzeit **voraus**, dass

1. die Verpachtung (bzw. Leihe) eines »lebenden« Betriebes mit
   a) der Überlassung aller wesentlichen Betriebsgrundlagen und
   b) der Betriebsfortführung durch den Pächter ohne grundlegende Umgestaltung vorliegt, wobei
   c) für den Verpächter (oder sein unentgeltlicher Nachfolger) objektiv die Möglichkeit besteht, den (vorübergehend eingestellten) Betrieb wieder aufzunehmen[205] und
2. der Verpächter eine natürliche Person (bzw. eine PersG) sein muss, die unbeschränkt stpfl. ist.
3. Schließlich darf kein Fall der
   a) Betriebsaufspaltung,
   b) der mitunternehmerischen Verpachtung nach § 15 Abs. 1 Nr. 2 EStG oder
   c) der »gewerbsmäßigen« Verpachtung vorliegen.

Das Verpächterwahlrecht wird auf **Teilbetriebe** und von der h.M. auch auf **freiberufliche Betriebe** erstreckt, soweit die Tätigkeit nicht höchstpersönlicher Art ist (wie z.B. bei Künstlern und bei Notaren[206]).

Zu 1.: Verpachtung eines lebenden Betriebs
Parallel mit den sonstigen Realisationstatbeständen erfordert auch das Verpächterwahlrecht die Überlassung sämtlicher wesentlicher Betriebsgrundlagen (BFH vom 17.04.1997, BStBl II

---

205 Eine sog. Fortführungsabsicht, d.h. die Absicht, die unterbrochene Tätigkeit nach Pachtende wiederaufzunehmen, und deren objektiv wahrscheinliche Verwirklichung werden nicht mehr für erforderlich gehalten (BFH vom 19.03.2009, BStBl II 2009, 902).
206 Grund: öffentliches Amt, das hoheitlich verliehen wird.

1998, 388, vom 18.08.2009, BStBl II 2010, 222[207]). Wird z.b. bei einem Produktionsunternehmen der Maschinenpark veräußert, so liegt trotz kurzfristiger Wiederbeschaffbarkeit eine definitive Betriebsaufgabe vor. Der Begriff der wesentlichen Betriebsgrundlagen wird beim **Verpächterwahlrecht** nur **funktional** ausgelegt (»besonderes wirtschaftliches Gewicht für die Betriebsführung«); zuletzt betont vom BFH im Urteil vom 19.02.2004 (BFH/NV 2004, 1231) Rechtsgrund für die Überlassung kann sowohl ein entgeltlicher Pachtvertrag als auch ein unentgeltlicher Betriebsüberlassungsvertrag sein (BFH vom 07.08.1979, BStBl II 1980, 181). Auf zwei Aspekte der jüngeren Rspr. ist hinzuweisen:

- Wird nur das Betriebsgrundstück, ggf. in Verbindung mit Betriebsvorrichtungen verpachtet, liegt nur dann eine Betriebsverpachtung vor, wenn das Grundstück die alleinige wesentliche Betriebsgrundlage darstellt. Dies sei regelmäßig bei Groß- und Einzelhandelsunternehmen sowie bei Hotel- und Gaststättenbetrieben der Fall (BFH vom 28.08.2003, BStBl II 2004, 10).
- Auch bei einer branchenfremden Verpachtung muss es nicht zu einer Zwangsbetriebsaufgabe kommen, wenn der Verpächter nach Ablauf der Pachtzeit den Betrieb ohne wesentliche Änderung fortführen kann (ebenfalls BFH vom 28.08.2003, BStBl II 2004, 10).

Ein besonderes Problem stellt die **Umgestaltung** durch den Pächter dar. Dabei werden die Fälle der Anpassung an wirtschaftliche Veränderungen, wie dies bei der Modernisierung der Maschinen und sogar bei einer geringfügigen betriebswirtschaftlichen Umorientierung der Fall ist, von schädlichen Umgestaltungen ausgeklammert. Die Grenze der unschädlichen Umstrukturierung wird dann verlassen, wenn Produktionsanlagen veräußert werden. Andererseits hat der BFH bei fünf verpachteten Gaststättenbetrieben, von denen drei vom Pächter veräußert wurden, das Verpächterwahlrecht für die verbleibenden zwei Gaststätten aufrechterhalten (BFH vom 18.06.1998, BStBl II 1998, 735). Ein »Gesundschrumpfen« stellt demnach noch keine schädliche Umgestaltung dar, wenn mit dem Restbetrieb der ursprünglichen Tätigkeit nachgegangen werden kann. Die Verwaltung bürdet dem Verpächter als steuerliche Obliegenheitspflicht eine Überwachung während der Pachtzeit auf (BMF vom 01.12.2000, BStBl I 2000, 1556). Die Folge einer schädlichen Umgestaltung ist der Wegfall des Verpächterwahlrechts und die zwangsläufige Betriebsaufgabe. Gegen schädliche Umgestaltungen kann sich der Verpächter nur zivilrechtlich schützen[208], ohne dass etwaige Vereinbarungen im Außenverhältnis (gegenüber dem FA) wirksam wären. Aufgrund der gesetzlichen Fiktion der Betriebsfortführung bei einer Betriebsverpachtung, erfolgt eine Betriebsaufgabe erst bei ausdrücklicher Erklärung gegenüber dem Finanzamt gem. § 16 Abs. 3b S. 1 Nr. 1 EStG oder wenn z.B. die objektive Möglichkeit zur Wiederaufnahme des Betriebs nicht mehr besteht, dies dem Finanzamt bekannt wird und damit der Betrieb auch ohne ausdrückliche Aufgabeerklärung aufgegeben ist gem. § 16 Abs. 3b S. 1 Nr. 2 EStG.

Zu 2.: Verpächter als natürliche Person
Eine der Rechtsfolgen des Verpächterwahlrechts, die Möglichkeit privater V + V-Einkünfte setzt voraus, dass der Verpächter überhaupt über sieben Einkunftsarten disponieren kann. Dies ist nur bei natürlichen Personen und PersG der Fall, während KapG nach § 8 Abs. 2

---
207 Bei einem Handwerksbetrieb gehört das jederzeit wiederbeschaffbare Werkstattinventar nicht dazu.
208 Vertragsstrafe für den Fall der schädlichen Umgestaltung in der Höhe der Steuerbelastung.

KStG nur gewerbliche Einkünfte erzielen und von daher subjektiv als Inhaber des Verpächterwahlrechts ausscheiden.

Bei PersG hat der BFH entschieden (BFH vom 17.04.1997, BStBl II 1998, 388), dass das Wahlrecht nur einheitlich ausgeübt werden kann.

In personeller Hinsicht hat der BFH des Weiteren entschieden, dass der Verpächter (oder sein unentgeltlicher Rechtsvorgänger) den streitgegenständlichen Betrieb selbst betrieben haben muss. M.a.W. kann man sich das Verpächterwahlrecht nicht durch den Erwerb eines verpachteten Betriebs erkaufen (BFH vom 20.04.1989, BStBl II 1989, 863; vom 19.10.1995, BStBl II 1996, 188).

Zu 3.: Ausschlusstatbestände

Die Auflistung der einzelnen Ausschlusstatbestände dient lediglich dem Zweck, für bereits **gewerblich vorqualifizierte** Überlassungstatbestände (z.B. wegen § 15 Abs. 3 Nr. 2 EStG) kein Wahlrecht mit der möglichen Folge des PV zu kreieren. Dieses Verbot folgt bereits aus dem Gesetzesvorbehalt. Andererseits lässt die Verwaltung bei Wegfall einer Voraussetzung für die gewerblich vorqualifizierte Verpachtung[209] das Verpächterwahlrecht **wiederaufleben**, wenn nach wie vor die allgemeinen Voraussetzungen gegeben sind (BMF vom 17.10.1994, BStBl I 1994, 771).

In diesem Zusammenhang ist darauf hinzuweisen, dass die Rspr. dem Betriebsinhaber **nach Beendigung** einer Betriebsaufspaltung die Möglichkeit einräumt, dann von dem Verpächterwahlrecht Gebrauch zu machen, wenn – ausnahmsweise – alle wesentlichen Betriebsgrundlagen verpachtet sind (BFH vom 17.04.2002, BStBl II 2002, 527).

2.4.3 Folgen des Verpächterwahlrechts, insbesondere die Aufgabeerklärung

Wegen der Bedeutung der Aufgabeerklärung für die weiteren Rechtsfolgen sind die Verwaltungsvorschriften der R 16 Abs. 5 S. 5ff. EStR zu den Voraussetzungen an die Abgabe der Erklärung mittlerweile mit § 16 Abs. 3b EStG gesetzlich normiert. Die im Wesentlichen identischen Voraussetzungen der EStR sind für Betriebsaufgaben bis zum 04.11.2011 anzuwenden. Für Betriebsaufgaben nach diesem Stichtag sind die gesetzlichen Voraussetzungen des § 16 Abs. 3b EStG zu erfüllen:

- Bei der Aufgabeerklärung handelt es sich um eine formfrei empfangsbedürftige Willenserklärung, die unmissverständlich den Willen des Verpächters zum Ausdruck bringen muss (§ 16 Abs. 3b S. 1 Nr. 1 EStG »ausdrücklich«). So genügt eine konkludente Aufgabeerklärung etwa durch eine Erfassung der Pachteinnahmen bei V+V oder eine entsprechende Berufsangabe in der Steuererklärung nicht für die Eindeutigkeit der abgegebenen Willenserklärung aus.[210]
- Die Bindungswirkung der Aufgabeerklärung ist an eine **Drei-Monats-Frist** geknüpft (§ 16 Abs. 3b S. 2 EStG), der VZ kann übersprungen werden.[211] Innerhalb dieses Zeitraumes

---

209 Beispiel: Durch die Aufnahme einer natürlichen Person in die Geschäftsführung bei einer GmbH & Co. KG kommt es wieder auf die tatsächlichen Aktivitäten der KG an.
210 Nach R 16 Abs. 5 S. 10 und 11 EStR sollte das FA in diesen Situationen durch Rückfrage beim StPfl. dessen Willen in Erfahrung bringen und bei weiterem Schweigen des StPfl. zu dessen Gunsten (?) vom Fortbestand des Gewerbebetriebs ausgehen. Dies ist nunmehr durch die gesetzliche Normierung einer Betriebsfortführungsfiktion obsolet.
211 So kann im Februar 02 eine Aufgabeerklärung für Dezember 01 abgegeben werden.

kann der StPfl. über den genauen **Zeitpunkt** der Aufgabe bestimmen. Dabei kommt es auf den Zeitpunkt des Zugangs der Aufgabeerklärung beim zuständigen FA an; die Frist ist gem. § 108 AO zu berechnen. Nach dieser Frist gilt der Betrieb erst mit dem Eingang der verspäteten Aufgabeerklärung als aufgegeben (§ 16 Abs. 3b S. 3 EStG).

Eine Ausnahme für die freie Wahl des Aufgabezeitpunkts innerhalb der Drei-Monats-Frist hat der BFH bisher für den Fall angenommen, dass **erhebliche Wertsteigerungen** in der Zeit zwischen dem erklärten Aufgabezeitpunkt und der eingegangenen Erklärung erfolgten (BFH vom 27.02.1985, BStBl II 1985, 456 und BFH vom 18.08.2005, BStBl II 2006, 581). Es bleibt abzuwarten, ob die Rechtsprechung auch nach der Normierung des § 16 Abs. 3b S. 2 EStG an dieser Auffassung festhalten wird.

- Bei **erklärter** Aufgabe treten zunächst die Rechtsfolgen des § 16 EStG ein (Ermittlung des Aufgabegewinnes, § 16 Abs. 4 EStG und antragsgemäße Erfassung mit dem ermäßigten Steuersatz). Sowohl der originäre als auch ein etwaiger derivativer Geschäftswert bleiben bei der Ermittlung des Aufgabegewinnes außer Ansatz, obwohl §§ 16, 34 EStG gewährt werden.[212] In der Folgezeit stellen die Pachteinnahmen V + V-Einkünfte gem. § 21 Abs. 1 S. 1 Nr. 2 EStG dar.
- Bei **nicht erklärter** Aufgabe erzielt der Verpächter weiterhin gewerbliche Einkünfte, die allerdings nicht der GewSt unterliegen (R 2.2 S. 1 GewStR). Nach Ablauf des Pachtvertrages kann er den Betrieb wieder selbst fortführen oder ihn endgültig gem. § 16 Abs. 3 EStG einstellen oder gem. § 16 Abs. 1 EStG veräußern.
- Ist die Verpachtung des Betriebs mit der Aufgabeerklärung verbunden, sind nachträgliche (noch mögliche) Veräußerungen, wie etwa die des Geschäftswerts, nicht gem. §§ 16, 34 EStG steuerbegünstigt, sondern sie führen zu nachträglichen (laufenden) gewerblichen Einkünften gem. § 24 Nr. 2 i.V.m. § 15 Abs. 1 S. 1 Nr. 1 EStG (BFH vom 30.01.2002, BStBl II 2002 387).

2.4.4 Weitere Problemfelder

Personelle Veränderungen beim Verpächter und beim Pächter wirken sich auf das Rechtsinstitut des verpachteten Gewerbebetriebs aus.

- Kommt es auf Seiten des Verpächters zu einem unentgeltlichen Übergang des verpachteten, nicht aufgegebenen Betriebs gem. § 6 Abs. 3 EStG, so tritt der Erbe (Vermächtnisnehmer, Beschenkte) in die Rechtsstellung des Verpächters (BFH vom 17.10.1991, BStBl II 1992, 392). Dabei kann der Rechtsnachfolger selbst innerhalb der Drei-Monats-Frist als Aufgabezeitpunkt – frühestens jedoch den Zeitpunkt des Betriebsübergangs – bestimmen (H 16 (5) EStH »Rechtsnachfolger«).
- Wird ein im Ganzen verpachteter Betrieb **teilentgeltlich** veräußert, setzt sich das Verpächterwahlrecht beim Erwerber fort (BFH, Urteil vom 06.04.2016, BStBl II 2016, 710).
- Beerbt der Pächter den Verpächter, soll nach h.M. gleichfalls ein unentgeltlicher Betriebsübergang gem. § 6 Abs. 3 EStG vorliegen.[213] Richtigerweise wird man diesen Fall

---

[212] BFH vom 14.02.1978 (BStBl II 1979, 99) zum originären Geschäftswert sowie BFH vom 04.04.1989 (BStBl II 1989, 606) zum derivativen Geschäftswert. Letzterer bleibt BV ohne Betrieb mit AfA gem. § 7 Abs. 1 S. 3 EStG, falls nicht verbraucht.
[213] Statt aller *Wacker* in *Schmidt*, EStG, § 16 Rz. 716.

der Konsolidation (erbfallbedingte Vereinigung von Gläubiger und Schuldner) nicht als unentgeltliche »Übertragung« i.S.d. § 6 Abs. 3 EStG ansehen können, sondern generell als nicht steuerbaren ESt-Tatbestand. Die Rechtsfolge der Buchwertverknüpfung ergibt sich m.E. aus § 1922 BGB bzw. § 45 AO.
- Zur Veräußerung des ruhenden Betriebs seitens des Verpächters s. Kap. 2.2: Betriebsveräußerung nach § 16 Abs. 1 EStG.

3 Das Mitunternehmer- und Realteilungskonzept: § 6 Abs. 5 EStG und § 16 Abs. 3 S. 2 ff. EStG – Mittel zur Umstrukturierung

Im letzten Jahrzehnt sind im Kernbereich der Vorschriften über die Gewinnermittlung (§ 6 und § 16 EStG) vom Gesetzgeber steuerpolitische Normen (sog. Sozialzwecknormen) eingefügt worden, die flankierende Regelungen zu **betrieblichen Umstrukturierungen** darstellen.

Die klassischen Realisationstatbestände sind durch § 6 Abs. 5 EStG und § 16 Abs. 3 S. 2 ff. EStG etwas in den Hintergrund gerückt.

Hinweis (StB-Klausuren): Den gesetzgeberischen Aktivitäten sind die Aufgaben in den Prüfungsterminen 2008 und 2009 gefolgt, als dort erstmals **Gestaltungsaufgaben** gestellt wurden, denen die Kandidaten nur bei **offensivem Umgang** mit § 6 Abs. 3, Abs. 5 und § 16 Abs. 3 EStG (sowie §§ 20 ff. UmwStG) gerecht wurden. Ob derartige Aufgabenstellungen auch nach der Teilaufgabe »Zwei ungleiche Brüder« der Bilanzklausur 2010 in Zukunft noch von den Prüflingen verlangt werden, bleibt fraglich.

3.1 § 6 Abs. 5 EStG i.d.F. UntStFG (2001)

3.1.1 Historischer Rückblick und gesetzliche Wertung

Umstrukturierungen sind eher selten mit der Übertragung von (Einzel-)WG verbunden, die in den meisten Fällen mit Aufdeckungszwang verbunden ist. Die identische (und vollkommen) überraschende Rechtsfolge (Realisationszwang) sah 1999 das StEntlG vor, wonach die Übertragung von **WG zwischen MU und MU-schaft** zur Aufdeckung der Reserven führen sollte. Seit dem MU-Erlass aus 1977 gab es für diesen Binnentransfer innerhalb einer MU-schaft ein **Wahlrecht** (Ansatz mit dem Buchwert, TW oder Zwischenwert). Die energische Reaktion im Schrifttum auf die Abschaffung der möglichen Buchwertüberführung führte zu Spontanaktivitäten des Gesetzgebers i.R.d. StSenkG 2000 und des UntStFG 2001.

Beide zukunftsweisenden Vorschriften werden im synoptischen Wortlaut-Vergleich vorangestellt.

§ 6 Abs. 5 (StSenkG 2000)	§ 6 Abs. 5 (UntStFG 2001)
S. 1: Wird ein **einzelnes** WG von einem BV in ein anderes BV **desselben** StPfl. überführt, ist bei der Überführung der *Buchwert* anzusetzen, sofern die Besteuerung der stillen Reserven sichergestellt ist.	S. 1: (dito)
S. 2: Satz 1 gilt auch für die Überführung aus einem **eigenen** BV des StPfl. in dessen **Sonder-BV** bei einer MU-schaft und umgekehrt sowie für die Überführung zwischen **verschiedenen Sonder-BV desselben StPfl.** bei verschiedenen MU-schaften.	S. 2: (dito)
S. 3: Satz 1 *(neutrale Buchwertverknüpfung)* gilt auch 1. bei der Übertragung eines WG aus einem **BV des MU** in das **Gesamthandsvermögen einer MU-schaft** und umgekehrt, 2. bei der Übertragung eines WG aus dem **Gesamthandsvermögen** einer MU-schaft in das **Sonder-BV bei derselben MU-schaft** und umgekehrt sowie 3. bei der Übertragung zwischen den jeweiligen **Sonder-BV verschiedener MU** derselben MU-schaft.	S. 3: Satz 1 *(neutrale Buchwertverknüpfung)* gilt entsprechend, soweit ein WG 1. **unentgeltlich** oder gegen Gewährung oder Minderung von **Gesellschaftsrechten** aus einem BV des MU in das Gesamthandsvermögen einer MU-schaft und umgekehrt 2. **unentgeltlich** oder gegen Gewährung oder Minderung von **Gesellschaftsrechten** aus dem Sonder-BV eines MU in das Gesamthandsvermögen derselben MU-schaft oder einer **anderen MU-schaft**, an der er beteiligt ist, und umgekehrt oder 3. **unentgeltlich** zwischen den jeweiligen Sonder-BV verschiedener MU derselben MU-schaft übertragen wird.

Durch das StSenkG (2000) wurde § 6 Abs. 5 S. 3 EStG geändert (s. oben: linke Spalte) und der Gedanke der Zwangsrealisation bei jedem Rechtsträgerwechsel wieder aufgegeben. Damit war ab 2001 für jede Übertragung von Einzel-WG innerhalb einer MU-schaft und zwischen MU und MU-schaft und zwischen den MU einer MU-schaft, somit für **alle Übertragungen im MU-schaftskreis** zwingend die Buchwertfortführung vorgesehen.

Der Wortlaut des § 6 Abs. 5 EStG i.d.F. des StSenkG lässt allerdings keine Differenzierung zwischen teil-unentgeltlicher und voll-unentgeltlicher Übertragung erkennen, ebenso wenig wie er die Sacheinlage in eine PersG (Einzel-WG gegen Gesellschaftsrecht) ausdrücklich erfasst (die sog. **gesellschaftsrechtliche Sacheinlage**).

3.1.2 Die geltende Regelung

Mit der Fassung des § 6 Abs. 5 S. 3 EStG (UntStFG 2001) wird klargestellt, dass die gesellschaftsrechtliche Sacheinlage (aus dem BV[214]) zu **Buchwerten** erfolgt. Dies gilt auch für den umgekehrten Fall (Sachentnahme gegen Minderung der Gesellschaftsrechte). Die gesetzliche Beilegung des Meinungsstreits zog eine zusätzliche redaktionelle Ergänzung in § 6 Abs. 6 S. 4 EStG nach sich.

Des Weiteren – und auch dies ist konform mit dem MU-Erlass 1977 – sind **unentgeltliche Übertragungen** zwischen (den Sonder-BV der) MU **derselben** MU-schaft zu Buchwerten durchzuführen, § 6 Abs. 5 S. 3 Nr. 3 EStG. Das BMF hat mit Schreiben vom 08.12.2011 (BStBl I 2011, 1279) umfassend zur Überführung und Übertragung von einzelnen WG nach § 6 Abs. 5 EStG Stellung genommen.

Von § 6 Abs. 5 S. 1 und 2 EStG werden nur Überführungen zwischen verschiedenen Betrieben (oder bei S. 2 auch unter Beteiligung des Sonder-BV) desselben StPfl. erfasst, soweit die Besteuerung der stillen Reserven des überführten WG sichergestellt ist. Darüber hinaus fordert die Verwaltung auch die Sicherstellung der Besteuerung der stillen Reserven, die zeitlich nach der Überführung bis zur späteren Veräußerung (Realisierung der stillen Reserven) sichergestellt ist (BMF a.a.O., Rz. 7).

Vorrangig vor der Buchwertverknüpfung des § 6 Abs. 5 EStG sind jedoch die Vorschriften des § 6 Abs. 3 EStG[215] oder § 24 UmwStG[216] anzuwenden, wenn die dortigen Voraussetzungen erfüllt sind (a.a.O., Rz. 12).

Die Vorschriften des § 6 Abs. 5 S. 3 ff. EStG erfassen die MU-schaften. Zur Darstellung s. *Kölpin*, Band 2, Teil A, Kap. VI.

Daneben ist in § 6 Abs. 5 S. 3 Nr. 2 EStG geregelt, dass auch die Buchwert-Übertragung von einzelnen WG aus einer MU-schaft auf eine andere MU-schaft (sog. Schwester-PersG) möglich ist. Diese Übertragung ist jedoch nach wie vor nicht direkt (d.h. von Gesamthandsvermögen der Schwester I auf das Gesamthandsvermögen der Schwester II) möglich, sondern nur als Dreiecksgeschäft über das Sonder-BV (vgl. Kap. III 4).

Mit dem eingefügten **Satz 4** legt der Gesetzgeber des UntStFG eine authentische Gesetzesinterpretation vor. Nur für Zwecke der **betrieblichen Umstrukturierung** ist die Buchwertverknüpfung von Einzel-WG zulässig und zwangsläufig. Dies wird durch eine dreijährige[217] Sperrfrist der übertragenen Einzel-WG erreicht, deren Lauf mit der Abgabe der Steuererklärung für das »Übertragungsjahr« beginnt (a.a.O., Rz. 22). Werden innerhalb dieser Sperrfrist die WG entnommen oder veräußert, so wird rückwirkend (mit Hilfe von § 175 Abs. 1 S. 1 Nr. 2 AO) der TW im Übertragungszeitpunkt angesetzt. Aus bilanztechnischen Gründen ist die rückwirkende Strafbesteuerung dann nicht durchzuführen, wenn die stillen Reserven anlässlich der Übertragung bereits in einer Ergänzungsbilanz erfasst und somit beim übertragenden G'fter steuerverhaftet sind (a.a.O., Rz. 26). Daneben liegt keine Verletzung der Sperrfrist vor, wenn der Buchwertübertragung nach § 6 Abs. 5 S. 3 EStG wieder eine Buchwertübertragung nach § 6 Abs. 5 S. 3 EStG folgt (dabei wird jedoch eine neue Sperrfrist ausgelöst), bei einer Realteilung oder wenn das WG infolge höherer Gewalt

---
214 Erfolgt die Sacheinlage aus dem PV, so geht § 6 Abs. 6 EStG vor. Vgl. hierzu auch BMF-Schreiben zur Einbringung von zum PV gehörenden WG in das betriebliche Gesamthandsvermögen einer PersG vom 11.07.2011 (BStBl I 2011, 713).
215 Zum Anwendungsbereich vgl. Kap. II 1.2.
216 Zum Anwendungsbereich vgl. *Preißer*, Band 2, Teil B, Kap. IV 2.
217 Im UntStFG-Entwurf war noch von einer Verbleibensfrist von sieben Jahre die Rede.

untergeht. Bei einer ebenfalls unschädlichen Überführung i.S.d. § 6 Abs. 5 S. 1 oder 2 EStG läuft jedoch die ursprüngliche Sperrfrist weiter und löst keine neue aus (a.a.O., Rz. 23).

Mit den Missbrauchsklauseln (auch Körperschaftsklauseln genannt) von § 6 Abs. 5 S. 5 und 6 EStG wird das Überspringen stiller Reserven auf eine Zielgesellschaft, an der eine KapG beteiligt ist, verhindert. Die Buchwertüberführung eines WG in das Gesamthandsvermögen einer GmbH & Co. KG mit anschließender Veräußerung der GmbH-Anteile unter Nutzung des (damaligen) Halbeinkünfteverfahrens war der eigentliche Stein des Anstoßes. In den Fällen, in denen bei der Übertragung von Einzel-WG auf eine KG automatisch der **GmbH-Anteil begründet wird oder sich erhöht**, schreibt § 6 Abs. 5 S. 5 EStG nunmehr die Teilwertrealisation vor.

Für den Fall der Beteiligung einer **KapG als MU** an einer PersG (häufiger Fall in Konzernen bei der Übertragung von Einzel-WG auf Tochtergesellschaften) hat das BMF (a.a.O.) zu § 6 Abs. 5 S. 5 EStG klarstellend folgende Aussagen getroffen:

- Bei der Übertragung eines Einzel-WG von einer KapG (bzw. von einer gewerblich geprägten PersG) in das Gesamthandsvermögen einer PersG, an der sie zu 100 % vermögensmäßig beteiligt ist, ist der Buchwert anzusetzen, da ihr vermögensmäßiger Anteil an dem WG weder begründet wird noch sich erhöht (a.a.O., Rz. 29).
- § 6 Abs. 5 S. 5 EStG findet auch dann keine Anwendung, wenn sich durch die Übertragung der ideelle Anteil der KapG am WG verringert (a.a.O., Rz. 30).
- Bei einer vermögensmäßigen Beteiligungsquote von weniger als 100 % ist die Buchwertübertragung auf den Anteil beschränkt, an dem die KapG nach der Übertragung (mittelbar) an dem zuzurechnenden Anteil am WG beteiligt ist (a.a.O., Rz. 31).
- Im Übrigen ist der Teilwertansatz gem. § 6 Abs. 5 S. 5 EStG zwingend.

In Umkehrung der o.g. Zentralaussagen gilt es daher als Selbstverständlichkeit nachzutragen, dass bei **vollentgeltlichen Veräußerungsgeschäften** zwischen MU bzw. zwischen MU und MU-schaft die Einzel-WG mit den AK anzusetzen sind und somit i.d.R. zu einem laufenden Gewinn (Erlös ./. Buchwert) führen (vgl. a.a.O., Rz. 38).

§ 6 Abs. 5 S. 6 EStG bestimmt, dass auch eine nachträgliche Anteilsbegründung oder -erhöhung bei einer KapG an dem übertragenen WG ein rückwirkendes Ereignis i.S.d. § 175 Abs. 1 S. 1 Nr. 2 AO mit der Folge ist, dass rückwirkend auf den Übertragungszeitpunkt der TW anzusetzen ist. Aus Gründen der Praktikabilität ist für den rückwirkenden Teilwertansatz eine zeitliche Beschränkung von sieben Jahren eingeführt worden.[218]

3.1.3 Übersicht zu den Umstrukturierungsnormen im EStG

Einen Gesamtüberblick über die Regelungen nach dem EStG, die sich mit Umstrukturierungen befassen, vermittelt die nachfolgende Übersicht (nach *Patt* in *Preißer/Pung*, Besteuerung der PersG und KapG, 2012, D. 1.2.2.1).

---

218 Man darf nur vermuten, dass dem Gesetzgeber des UntStFG an dieser Stelle ein Unterlassungsfehler unterlaufen ist. Nachdem in S. 4 von § 6 Abs. 5 EStG die dreijährige Sperrfristregelung gegenüber dem Entwurf des UntStFG (sieben Jahre) durchgesetzt wurde, hat man offensichtlich die Parallelkorrektur bei S. 6 vergessen.

Norm	Regelungsgegenstand
§ 4 Abs. 1 S. 3 ff. EStG	Fiktive Entnahme in den Fällen der Vermögensverschiebungen, bei denen das inländische Besteuerungsrecht verloren geht oder eingeschränkt wird (z.B. durch Verbringen eines Einzel-WG aus dem inländischen Betrieb in eine ausländische Betriebstätte (BS) oder der Verlagerung einer inländischen BS (bzw. Teilbetrieb) in das Ausland)
§ 6 Abs. 1 Nr. 4 S. 4 EStG	Übertragung eines Einzel-WG des BV, das einer gemeinnützigen Körperschaft für steuerbegünstigte Zwecke unentgeltlich zugewendet wird, auf Antrag zum Buchwert
§ 6 Abs. 3 S. 1 1. HS EStG	Besondere Bewertung (BW-Fortführung) der unentgeltlichen Übertragung eines Betriebs, Teilbetriebs oder (ganzen) MU-Anteils (ggf auch unter Zurückbehaltung wesentlicher WG, s. § 6 Abs. 3 S. 2 EStG)
§ 6 Abs. 3 S. 1 2. HS EStG	Besondere Bewertung (BW-Fortführung) der unentgeltlichen Übertragung des Bruchteils eines MU-Anteils auf eine natürliche Person sowie die unentgeltliche Aufnahme einer natürlichen Person in ein bestehendes Einzelunternehmen (ggf. auch unter Zurückbehaltung wesentlicher WG, s. § 6 Abs. 3 S. 2 EStG)
§ 6 Abs. 4 EStG	Unentgeltlicher betrieblicher Erwerb eines Einzel-WG außerhalb von Einlagen
§ 6 Abs. 5 S. 1 EStG	Überführung von Einzel-WG aus dem Betrieb einer natürlichen Person in einen anderen Betrieb des StPfl.
§ 6 Abs. 5 S. 2 EStG	Überführung von Einzel-WG aus einem Betrieb einer natürlichen Person in deren Sonder-BV bei einer MU-schaft und umgekehrt sowie zwischen den Sonder-BV bei verschiedenen MU-schaften
§ 6 Abs. 5 S. 3 ff. EStG	Überführung von Einzel-WG durch MU (natürliche Personen, Kö oder PersG) im mitunternehmerischen BV (Gesamthandsvermögen, Sonder-BV) ohne Entgelt oder gegen Gewährung/Minderung von Gesellschaftsrechten; nach BFH vom 15.04.2010, BStBl II 2010, 971 und den Folgeurteilen bleibt es allerdings ernstlich zweifelhaft, ob es bei der Übertragung eines WG einer PersG auf eine beteiligungsidentische **Schwester-PersG** zur Aufdeckung der stillen Reserven kommt.[219]
§ 6 Abs. 6 S. 1 EStG	AK für ein Einzel-WG im BV, das im Tauschwege gegen Hingabe eines eigenen betrieblichen WG erworben worden ist (Ausnahme: für den Tausch von Anteilen an KapG gilt § 21 UmwStG vorrangig)
§ 6 Abs. 6 S. 2 ff. EStG	Bewertung der verdeckten Einlage eines Einzel-WG des BV in eine Tochter-KapG
§§ 6b, 6c EStG	Übertragung stiller Reserven bei Veräußerung bestimmter Anlagegüter
§ 16 Abs. 3 S. 2 bis 4 und Abs. 5 EStG	Besondere Vorschriften für die Zuteilung von Einzel-WG oder Sachgesamtheiten im Zuge der Beendigung einer MU-schaft (Realteilung) an die ehemaligen MU

---

219 Die Verwaltung gewährt jedoch Aussetzung der Vollziehung (BMF vom 29.10.2010, BStBl I 2010, 1206).

3.2 Die Realteilung gemäß § 16 Abs. 3 S. 2 ff. EStG

Hinweis: Auch hier erfolgt die Diskussion der einzelnen Tatbestandsmerkmale gesondert in Kap. III 5.3.4. Der Überblick dient nur der Einordnung der Realteilung in das Gesamtkonzept der Steuerfolgen bei einer betrieblichen Umstrukturierung.

3.2.1 Rückblick

Nach älterer BFH-Rspr. galt bis 1998 bei der Realteilung einer PersG ein Wahlrecht zwischen der Buchwertfortführung und der Behandlung als steuerbegünstigte Betriebsaufgabe einer PersG gem. § 16 Abs. 3 EStG. In die Realteilung (und damit in das Wahlrecht) wurden später durch das Urteil des BFH vom 10.12.1991 (BStBl II 1992, 385) auch Einzel-WG als Teilungsmassen einbezogen.

Nach § 16 Abs. 3 S. 2 EStG i.d.F. des StEntlG 1999/2000/2002 galt die Realteilung für Übertragungsvorgänge ab 01.01.1999 als **Aufgabe eines MU-Anteils**, wenn die einzelnen MU i.R.d. Realteilung **Einzel-WG** erhalten haben. Eine Buchwertfortführung und -verknüpfung war danach mit Einzel-WG nicht möglich.

Der Rechtsträgergedanke (oder allgemein der Individualsteuergrundsatz), der für die Gesetzesänderung ab 1999 verantwortlich zeichnet, musste sich jedoch der Gestaltungskraft der Realteilung beugen. Als neu definierte **betriebliche Umstrukturierungs-Maßnahme** kehrt sie in der Fassung des § 16 Abs. 3 S. 2 ff. EStG wieder.

3.2.2 Die Realteilung in den späteren Änderungsgesetzen

Nach § 16 Abs. 3 S. 2 EStG i.V.m. § 52 Abs. 34 S. 4 EStG (UntStFG) ist die Realteilung seit 01.01.2001 auch mit **Einzel-WG** wieder zu **Buchwerten** durchzuführen (kein Wahlrecht), solange das unternehmerische Engagement in anderer Form fortgeführt wird.

Als gesetzestechnisches Merkmal des Umstrukturierungsgedankens ist wiederum eine dreijährige[220] Behaltefrist für die einzeln bezeichneten Einzel-WG (GruBo, Gebäude bzw. andere wesentliche Betriebsgrundlagen) vorgesehen, die wiederum an die Abgabe der Steuererklärung für das Realteilungsjahr gekoppelt ist. Veräußerungen/Entnahmen innerhalb dieser Frist lösen für Einzel-WG rückwirkend den Realisationstatbestand aus (hierzu ausführlich die Fälle unter Kap. III 5); vgl. § 16 Abs. 3 S. 3 EStG.

Die Einschränkungen der Steuerneutralität durch (un-)mittelbare Übertragungen auf KapG sind gem. § 16 Abs. 3 S. 4 EStG auch bei der Realteilung mit Einzel-WG zu beachten.

Mit dem SEStEG hat der Gesetzgeber § 16 EStG um einen weiteren Absatz ergänzt. Der neue Abs. 5 enthält eine Missbrauchsklausel für Realteilungen, an denen KapG beteiligt sind (sog. Köst-Klausel). Zeitlich ist sie anwendbar, wenn die Realteilung nach dem 12.12.2006 erfolgte. Sachlich erfordert sie, dass eine KapG bei einer Realteilung, bei der Teilbetriebe übertragen werden, Anteile an einer KapG erhält und diese Anteile innerhalb von sieben Jahren veräußert. Wird dieser Tatbestand verwirklicht, ist bei der Realteilung rückwirkend der gemeine Wert anzusetzen. Der dadurch entstehende Gewinn wird jedoch analog § 22

---

220 Etwas problematisch erscheint die Verkürzung der Behaltefrist auf drei Jahre, da ansonsten mit längeren Fristen als Indikator für das fortbestehende Unternehmensengagement (vgl. § 13a Abs. 5 ErbStG: fünf Jahre). Andererseits liegt durch die Koppelung mit der Abgabe der Steuererklärung de facto nur eine Verkürzung um ca. ein Jahr vor.

Abs. 2 S. 3 UmwStG für jedes seit der Realteilung abgelaufene Zeitjahr um jeweils ein Siebtel verringert. Mit dieser neuen Missbrauchsklausel soll verhindert werden, dass natürliche Personen als MU einer PersG die Versteuerung des Gewinns bei einer Veräußerung von KapG-Anteilen umgehen, indem sie die Anteile zuvor im Rahmen einer Realteilung auf eine KapG übertragen und anschließend die KapG die Anteile zu 95 % steuerfrei veräußert (§ 8b Abs. 2 KStG).

Am 28.02.2006 wurde das von Beraterseite lang erwartete BMF-Schreiben zur Realteilung veröffentlicht, das für Planungssicherheit sorgt (BStBl I 2006, 228).[221]

4 Die Veräußerung von Anteilen an Kapitalgesellschaften

Vorbemerkung:
Die Substanzverwertung von **Anteilen an KapG** lässt sich – wie folgt[222] – zusammenfassen:

Veräußerung von Beteiligungen (**PV**)		Veräußerung von Beteiligungen (im **BV**)[223]	
Beteiligung von <1%	Beteiligung von ≥1% (relevante Beteiligung)	eines **Personenunternehmens** (Einzel-/MU)	einer KapG
§ 20 Abs. 2 S. 1 Nr. 1 i.V.m. § 32d Abs. 1 EStG (**Abgeltungsteuer**)	»gewerbliche« Einkünfte nach § 17 Abs. 1 S. 1 EStG (Teileinkünfteverfahren, § 3 Nr. 40 Buchst. c i.V.m. § 3c Abs. 2 EStG)	gewerbliche Einkünfte (Teileinkünfteverfahren gem. § 3 Nr. 40 Buchst. a i.V.m. § 3c Abs. 2 EStG)	steuerfreie gewerbliche Einkünfte (§ 8b Abs. 2 i.V.m. § 8b Abs. 3 KStG (5 % nichtabziehbare BA)

Beispiel 23: Veräußerung von Mehrfachbeteiligungen
C veräußert folgende Beteiligungen an KapG in seinem PV und in seinem BV:
1. 25%ige Beteiligung im PV,
2. 25%ige Beteiligung im BV,
3. 0,5% Beteiligung im PV,
4. 100% aller Anteile (PV),
5. 100% aller Anteile (BV).

Welche Einkunftsart ist jeweils betroffen?

Die für die Besteuerungspraxis entscheidende Frage ist die nach der Zuordnung zu PV oder BV.[224]

---

221 S. Kap. III 5.3.4.
222 In Anlehnung an *Seltenreich* in *Preißer/Pung*, Besteuerung der Gesellschaften (2009), 1109.
223 Gem. § 43 Abs. 1 S. 1 S. 3 EStG wird die KapESt jedoch ungeachtet des TEV einbehalten und entsprechend im Veranlagungsverfahren angerechnet.
224 S. dazu *Kölpin*, Band 2, Teil A, Kap. III »Beteiligungen« sowie »gewillkürtes BV«.

Lösung:

	Voraussetzung	Rechtsfolge
1.	25 % – KapG-Beteiligung im PV	§ 17 EStG
2.	25 % – KapG-Beteiligung im BV	§ 15 EStG
3.	0,5 % – KapG-Beteiligung im PV	§ 20 EStG
4.	100 % – KapG-Beteiligung im PV	§ 17 EStG
5.	100 % – KapG-Beteiligung im BV	§ 16 (§ 16 Abs. 1 Nr. 1 S. 2 EStG)

4.1 Stellung des § 17 EStG im System des Einkünftedualismus

4.1.1 Historie und Gegenwart des § 17 EStG

§ 17 EStG kann auf eine bewegte Vergangenheit zurückblicken. Für kritische Rechtsanwender ist die Besteuerung der Veräußerungsgewinne von KapG-Beteiligungen die Eintrittspforte zur Überwindung des Dualismusprinzips im deutschen Einkommensteuerrecht und – zusammen mit § 23 EStG – der Einstieg zur Abschaffung von § 2 Abs. 1 EStG (»sieben Einkunftsarten«).[225] Das – aus dem Grundsatz der subjektiven Leistungsfähigkeit geborene – Petitum lautet: Nur noch zwei (max. drei) Einkunftsarten bzw. Verbreiterung der BMG.

Es ging und geht bei der Besteuerung der **privat** gehaltenen Anteile an KapG um die Frage und vor allem um den Anwendungsbereich der (ausnahmsweisen) Erfassung von **Wertsteigerungen des Privatvermögens**. Das Steuerdogma der steuerfrei gehaltenen privaten Vermögenszuwächse wird bei §§ 17, 23 EStG am empfindlichsten durchbrochen.

In zwei kurz aufeinander folgenden Schritten wurde der Anwendungsbereich des § 17 EStG drastisch erweitert. Die Gesetzeshektik wurde begleitet von einer Entwicklung am Kapitalmarkt, die viele Bürger in die neu geöffnete Falle der §§ 17, 23 EStG laufen ließ.

> **Beispiel 24: Die Schlagzeile**
> In der Wirtschaftswoche (Handelsblatt) zu Anfang März 2002 war zu lesen, dass sich die Finanzverwaltung demnächst mit verstärktem Personaleinsatz der Überprüfung der Anlagenverkäufe in den Jahren 1998–2000 annehmen werde.

Bis 1998 stimmten die damalige Überschrift des § 17 EStG (»Veräußerung von wesentlichen Beteiligungen«) und der Gesetzestext noch überein, als die Wesentlichkeitsgrenze bei > **25 %** lag. Diese heute noch im ErbStG gültige Wesentlichkeitsschwelle[226] wurde ab 01.01.1999 für die ESt auf **mindestens 10 %** Anteilsbesitz herabgedrückt.

Mit der Einführung des Halbeinkünfteverfahrens ist § 17 EStG ab **01.01.2002**[227] bereits bei einer Beteiligung von **1 %** anwendbar.

Mit dieser Änderung ist der sachliche Anwendungsbereich erheblich erweitert worden, wobei – parallel zum **Teileinkünfteverfahren – ab VZ 2009** nur noch 60 % der **Veräu-**

---

225 Statt aller *Tipke/Lang*, § 9 F 2.
226 Die Privilegien der §§ 13a, 19a ErbStG werden nur bei der Übertragung von »wesentlichen Beteiligungen« eingeräumt (§ 13b Abs. 1 Nr. 3 und § 19a Abs. 1 ErbStG).
227 Für KapG mit abweichendem Wj. trifft die 1%-Regelung ein Jahr später (ab 2003) zu.

ßerungsgewinne gem. § 3 Nr. 40 Buchst. c EStG besteuert werden, ebenso wie 60 % Erwerbsaufwand gem. § 3c Abs. 2 EStG als Abzug zugelassen ist.

Lösung: Veranlasst durch die Börsenhausse und ausgelöst durch das Versprechen der Politik, dass jeder Staatsbürger durch die Öffnung der Börse für den Neuen Markt leicht »Unternehmer« werden könne (soll), investierten plötzlich breite Bevölkerungsschichten in Kapitalbeteiligungen. Die Eigengesetzlichkeit der Börse (schnelle Rotation des Wertpapierbesitzes) trug dazu bei, dass viele Bürger ihre Aktien innerhalb und außerhalb der Spekulationsfrist des damals anwendbaren § 23 EStG (vor 1999: sechs Monate, danach ein Jahr) mit Gewinn verkauften, um neu anzulegen. Zumindest bei Beteiligungen an KapG mit geringem Grundkapital war damit plötzlich ein aktueller Steuertatbestand (nach § 17 EStG bzw. nach § 23 EStG) geschaffen.
Außerhalb des Börsenparketts tat sich das gleiche Problem für gehandelte GmbH-Geschäftsanteile auf.

Mit dem SEStEG sind ab 12.12.2006 die Folgen für den Privatanleger bei **grenzüberschreitender Sitzverlegung** der jeweiligen KapG erstmalig geregelt worden (s. Kap. 4.6).

4.1.2 Der eigentliche »Stellenwert« des § 17 EStG – systematische Auslegung

Während die laufenden Einkünfte aus Kapitalbesitz (Dividenden) zu den Überschusseinkünften zählen, werden die Veräußerungseinkünfte aus der identischen Erwerbsgrundlage unter bestimmten Voraussetzungen als gewerbliche Einkünfte behandelt (fingiert). Die ursprünglich hierfür abgegebene Rechtfertigung lag in der Vergleichbarkeit mit der MU-schaft nach § 15 Abs. 1 Nr. 2 EStG.[228] Nachdem es bei keiner deutschen KapG eine »Sperrminorität« von 1 %[229] gibt, sollte man diesen Vergleich in der Zukunft fallen lassen.

Trotz des Wegfalles der »gewerblichen Berechtigung« bei § 17 EStG ist die gesetzestechnische Folge zu berücksichtigen. Mit der Erfassung als **gewerbliche Einkunft** gilt:

- das »Soll«-Prinzip und nicht das Zuflussprinzip (wie z.B. bei § 23 EStG) und damit
- die zeitliche Erfassung des Veräußerungsvorganges in dem Jahr der realisierten Übertragung bei zeitlich gestreckter Bezahlung (Ratenvereinbarung und dgl.) sowie
- generell die vorgezogene Besteuerung, vgl. mit der »verlangsamten« Erfassung bei Geltung des Zuflussprinzips.

Mit der einkommensteuerlichen Fiktion der gewerblichen Einkunftsart steht weder die fehlende Gewerbesteuerpflicht der Veräußerungseinkünfte nach § 17 EStG[230] noch die Unzulässigkeit einer TW-AfA[231] im Widerspruch.

---

228 Die Brüchigkeit dieser Logik wird ganz deutlich bei § 2 Abs. 3 Nr. 1 AStG (zu den dortigen wesentlichen wirtschaftlichen Interessen).
229 Für die »alte« wesentliche Beteiligung (> 25 %) hatte diese Überlegung eine gewisse Berechtigung.
230 Der GewSt unterliegen nur die laufenden Einkünfte eines Gewerbebetriebs (zur ausdrücklichen Nichterfassung s. R 7.1 Abs. 3 S. 1 Nr. 2 GewStR).
231 Eine TW-AfA setzt BV voraus.

4.1.3 Verwandte Bereiche

Neben § 23 EStG werden private Vermögenszuwächse ebenfalls bei § 20 Abs. 2 Nr. 1 EStG, § 22 UmwStG, § 6 AStG und bei § 13 Abs. 6 KStG besteuert. Letztere Tatbestände gehen als lex specialis § 17 EStG vor. Allerdings ist bei der Auslegung auf die Erkenntnisse bei § 17 EStG zu rekurrieren, da der dortige Gesetzestext sich z.T. direkt an § 17 EStG anlehnt.[232]

4.1.4 Subsidiarität (oder Vorrang) von § 17 EStG gegenüber anderen Bestimmungen

Als Ergebnis der systematischen Stellung von § 17 EStG kann auch die Frage der Subsidiarität angesehen werden. Dabei war das Konkurrenzproblem von § 23 EStG und § 17 EStG ab dem VZ 1994 ausdrücklich zu Gunsten von § 23 EStG geregelt (§ 23 Abs. 2 S. 2 EStG a.F.). Seit VZ 2009 gilt gem. § 23 Abs. 2 EStG **Vorrang des § 17 EStG**.
Der BFH entschied am 13.01.2015 (BFH/NV 2015, 670 = DStZ 2015, 354), dass die Übergangsregel des § 52a XI S. 4 EStG – Anwendung des § 17 EStG für angeschaffte WG vor dem 01.10.2009 – auch für § 23 EStG (i.d.F. 2007) gilt.

Beispiel 25: Mehrfachveräußerung einer Beteiligung – historischer Exkurs
Von dem am 01.01.00 erworbenen privaten 30 %igen GmbH-Geschäftsanteil veräußert der Inhaber I am 10.07.00 die erste Tranche (10 %) und am 03.01.01 die zweite Tranche (20 %) – jeweils gegen Gewinn.

Variante: Am 01.07.00 werden 29,5 % der GmbH-Beteiligung verkauft, am 03.01.01 wird der Rest (0,5 %) veräußert.

Lösung:
- Bei der Veräußerung am 10.07.00 liegen tatbestandlich die Voraussetzungen beider Normen (§ 17 EStG wie § 23 EStG) vor; gem. § 23 Abs. 2 EStG unterliegt ab VZ 09 auch der erste Verkauf § 17 EStG (§ 23 Abs. 2 EStG i.d.F. des UntStRefG).
- Bei der zweiten Veräußerung am 03.01.01 ist nur noch § 17 EStG einschlägig, da die »Spekulationsfrist« des § 23 EStG am 01.01.01, 24 Uhr abgelaufen ist. Gem. § 108 AO i.V.m. §§ 187 f. BGB begann der Lauf der Einjahresfrist am 02.01.00, 0 Uhr, um am 01.01.01, 24 Uhr zu enden.[233]

In der **Variante** ist anzumerken, dass auch der Verkauf der Restbeteiligung von 0,5 % am 03.01.01 der Besteuerung nach § 17 Abs. 1 S. 1 EStG unterliegt, da die Beteiligungsqualität von 1 % nur an irgendeinem Tag im Fünfjahreszeitraum vorliegen muss. Die Tatsache, dass im letzten halben Jahr vor der Veräußerung eine »abgespeckte« Beteiligung von < 1 % vorlag, ist steuerlich obsolet.

Eine weitere Ausgrenzung des § 17 EStG liegt für im BV gehaltenen Beteiligungen vor, da für diese ausschließlich die Gewinnermittlungsvorschriften der §§ 4, 5 EStG und die Einkunftsart des § 15 EStG gelten.

---

[232] Zur generellen Bedeutung des § 17 EStG in Zusammenhang mit einem Unternehmenskauf (Asset-Deal oder Share-Deal) vgl. *Schaumburg*, Unternehmenskauf im Steuerrecht 2004, sowie *Altfelder* in *Altfelder, Helmer* et al., Die Besteuerung der GmbH (2006), 362 ff.
[233] Zu beachten ist aber die Rspr. des BFH vom 17.09.2002 (BStBl II 2003, 2 und BStBl II 2003, 875), der nicht mehr zwischen eigentlichen (Handlungs-)Fristen und uneigentlichen Fristen unterscheidet.

4.2 Der Zustandstatbestand bei § 17 Abs. 1 EStG

4.2.1 Der persönliche Anwendungsbereich

Die persönliche Steuerpflicht begegnet zweimal als Thema bei § 17 EStG. Zum ersten ergibt sich bereits aus dem Charakter der im PV gehaltenen Beteiligung, dass § 17 EStG nur für natürliche Personen und (vermögensverwaltende) PersG gelten kann. Bei der Veräußerung von KapG-Anteilen durch PersG erfolgt die 1%-Prüfung nicht für die PersG, sondern gem. § 39 Abs. 2 Nr. 2 AO entsprechend der Beteiligungsquote der G'fter (s. Kap. 4.2.2.4).

Bei KapG als Träger (Veräußerer der Anteile) liegt zwangsläufig BV vor (§ 8 Abs. 2 KStG), so dass hier § 17 EStG nicht zum Zuge kommt, sondern § 8b KStG (bei inländischen KapG[234]). Eine Ausnahme bilden hier nur die Körperschaftsteuersubjekte des § 1 Abs. 1 Nr. 4 KStG (Körperschaften, keine KapG), für die § 8 Abs. 2 KStG nicht gilt.

Zum zweiten gilt § 17 EStG wegen § 49 Abs. 1 Nr. 2 Buchst. e EStG sowohl für Steuerinländer als auch für Steuerausländer als Veräußerer, für letztere vorbehaltlich der DBA-Regelung. Bei den Zielgesellschaften wiederum, deren Anteile durch einen Steuerinländer veräußert werden, spielt es nach der bilateralen Abkommenspraxis keine Rolle, ob es inländische KapG oder ausländische KapG sind, da die meisten DBA das Besteuerungsrecht für § 17 EStG-Tatbestände dem Ansässigkeitsstaat zuweisen.[235] Voraussetzung ist dabei aber die Vergleichbarkeit der ausländischen KapG mit einer deutschen KapG (BFH vom 21.10.1999, BStBl II 2000, 424).

4.2.2 Die Beteiligungsvoraussetzungen

§ 17 Abs. 1 S. 1 EStG setzt voraus, dass der Veräußerer in den letzten fünf Jahren eine Beteiligung von mindestens 1% an einer KapG gehalten hat, bevor er diese oder Anteile davon verkauft. Dabei spielt es keine Rolle, ob die Beteiligung unmittelbar oder nur mittelbar gehalten wird. Die verdeckte Einlage wird gem. § 17 Abs. 1 S. 2 EStG der Veräußerung gleichgestellt.

4.2.2.1 Anteile an Kapitalgesellschaften

Nach § 17 Abs. 1 S. 3 EStG gelten Aktien, GmbH-Geschäftsanteile, Genussscheine und ähnliche Beteiligungen sowie die Anwartschaften hierauf als taugliche Erwerbsgrundlage, deren Veräußerung die Steuerbarkeit nach sich zieht. Seit der Einführung des § 17 Abs. 7 EStG i.d.F. des SEStEG werden auch Genossenschaftsanteile von § 17 EStG erfasst. Darunter sind Geschäftsanteile an einer Genossenschaft zu verstehen, die den Erwerb oder die Wirtschaft ihrer Mitglieder oder deren soziale oder kulturelle Belange durch gemeinschaftlichen Geschäftsbetrieb fördern (§ 1 GenG). Die Gesetzeserweiterung wurde notwendig, da Anteile an nicht nach deutschem Recht gegründeten Genossenschaften und der europäischen Genossenschaft (SCE) veräußerbar sind und ohne die Erweiterung des Abs. 7 eine Besteuerungslücke entstanden wäre.

---

234 Bei ausländischen KapG kann § 17 EStG i.V.m. § 49 EStG sehr wohl zum Tragen kommen.
235 Anders sieht es aus, wenn ein konkretes DBA mit der Quellenmethode arbeitet. Die von der h.M. (z.B. *Weber-Grellet* in *Schmidt*, EStG, § 17 Rz. 8) in diesem Zusammenhang häufig angeführte isolierende Betrachtungsweise des § 49 Abs. 2 EStG (für einen Fall, das sich die Beteiligung im BV einer ausländischen Betriebsstätte befindet) hilft m.E. nicht weiter und macht nur dann einen Sinn, wenn sie bei der inländischen PersG als PV zu werten wäre.

Beispiel 26: Gesellschaftsrechtliche = nicht steuerrechtliche Wertigkeit
Bei der X-AG (gesetzliches Grundkapital) wird bei der Emission von Aktien von einigen gesellschaftsrechtlichen Möglichkeiten Gebrauch gemacht. Im Zuge dessen werden Portfolio-(Streubesitz-)Aktien ausgegeben an:
- Y und zwar stimmrechtslose Vorzugsaktien von insgesamt 1,6 % des gezeichneten Haftkapitals sowie an
- Z, der ein Aktienpaket von 0,8 % des Nennkapitals erwirbt, die aber mit einem doppelten Stimmrecht versehen sind.

Der Aktienerwerb kommt beide Anleger gleich teuer zu stehen.

Zur terminologischen Klarstellung wird darauf hingewiesen, dass die Begriffe Nennkapital, Haftkapital und Grundkapital bei einer AG ein und dasselbe meinen: die finanzielle Erstausstattung (ursprüngliches Eigenkapital) einer AG, mit der – wenn sie erbracht ist – die Haftung der G'fter ausgeschlossen ist. Bei einer GmbH tritt anstelle des »Grundkapitals« der Terminus »Stammkapital«. Ein anderer Begriff dafür wäre »Anfangshaftkapital« der einzelnen KapG.[236]

Die unterschiedliche Terminologie hängt mit den jeweiligen Einzelgesetzen (HGB bzw. AktG oder GmbHG) zusammen, wo die Begriffe beheimatet sind und ihre unterschiedliche Begrifflichkeit dem spezifischen Regelungszusammenhang verdanken. Der inhaltlich identische Kapitalbegriff wird auch bei § 17 EStG als sog. **Nominalkapital** (oder **nominelle Beteiligung**) zugrunde gelegt (BFH vom 25.11.1997, BStBl II 1998, 257).

Lösung: Der nahezu gleiche Marktpreis bei einer nominellen 1/2-Relation hängt mit den Einwirkungsmöglichkeiten auf den Vorstand der AG zusammen. Während die Beteiligung für Y eine reine Kapitalanlage ohne Mitspracherechte ist, stehen Z immerhin 1,6 % der Stimmrechte zu. Für die Beurteilung nach **§ 17 EStG** stellt der BFH (vgl. Urteil vom 28.06.1978, BStBl II 1978, 590) jedoch in ständiger Rspr. alleine auf die **nominelle Beteiligung** ab.
Ys Aktien sind daher steuerverhaftet; Z wird mit seinem Aktienpaket nur Einkünfte nach § 20 EStG erzielen. Verkäufe sind nicht steuerbar.

Nach der Spruchpraxis des BFH kommen als ähnliche KapG bzw. als ähnliche Beteiligungen nur **Vor-KapG** (Vor-GmbH) und ausländische KapG in Betracht. Unter einer Vor-KapG wird eine GmbH (eine AG) im Stadium nach Errichtung der Satzung und vor der Eintragung in das HR verstanden. Die hauptsächliche Bedeutung sowie der Klärungsbedarf bei der Vor-KapG liegt bei allen **nicht zur Eintragung** gelangenden Vor-KapG.

Nach einem Urteil des BFH Anfang der 90er Jahre sind **eigenkapitalersetzende Darlehen** nach § 32a GmbH a.F. (seit 2009 InSO) für sich betrachtet **nicht geeignet**, eine ähnliche Beteiligung i.S.d. § 17 Abs. 1 S. 3 EStG zu begründen und damit den Anteil festzulegen (BFH vom 19.05.1992, BStBl II 1992, 902). An dieser Stelle muss sogleich betont werden, dass nach jüngster BFH-Rspr. (BFH vom 07.12.2010, BFH/NV 2011, 778; vom 22.04.2008, BFH/NV 2008, 1994) eigenkapitalersetzende Maßnahmen aufgrund normativer Betrachtungsweise allerdings zu **nachträglichen AK** führen können und somit den Veräußerungsgewinn einer relevanten Beteiligung beeinflussen (mindern). Es bleibt festzuhalten, dass sie jedoch dem **Grunde nach nicht** die relevante Beteiligungsquote i.S.d. § 17 Abs. 1 EStG definieren kön-

---

[236] Damit ist gleichzeitig zum Ausdruck gebracht, dass die spätere Haftung einer KapG nie mehr mit dieser Größe identisch sein wird. Vielmehr muss eine KapG später mit dem jeweils aktuellen Gesellschaftsvermögen einstehen (haften), das höher oder niedriger sein wird.

nen.[237] So stellt z.B. die Einlage eines stillen G'fters keine ähnliche Beteiligung dar, wenn sie kapitalersetzenden Charakter hat (BFH vom 28.05.1997, BStBl II 1997, 724).

Schließlich sind mit **Anwartschaften** Bezugs- oder Umtauschrechte gemeint, die – nach Verwaltungsauffassung – den Beteiligungen gleichgestellt sind (R 17 Abs. 3 EStR und Beispiel in H 17 Abs. 3 EStH »unentgeltlicher Anwartschaftserwerb«). Nach dem BFH-Urteil vom 19.12.2007 (BStBl II 2008, 475) kann auch eine schuldrechtliche Option eine Anwartschaft sein, wenn die Verwertung der wirtschaftlichen Substanz möglich ist.

Anders (Anwartschaften sind keine Beteiligungen) hat der BFH im Urteil vom 19.02.2013 (BStBl II 2013, 578) entschieden (s. auch die Rezension von *Bode*, FR 2013, 953 und *Jachmann*, jurisPR 31/2013, Anm. 4).

4.2.2.2 Die 1%-Grenze

Für die Ermittlung des relevanten Schwellenwerts von 1 % ist auf das Nennkapital der KapG abzustellen.

Ein gesellschaftsrechtlich zulässiges Mittel zum Ausschluss (untechnisch »Kündigung«) des G'fters ist die Einziehung der Anteile (sog. Amortisation gem. § 34 GmbHG; gleiche Rechtsfolge bei der Kaduzierung im Gründungsstadium nach § 21 GmbHG). Sieht die Satzung in diesem Fall nicht den Freiverkauf der Anteile vor und kommt es auch nicht zum Erwerb der eigenen Anteile durch die KapG nach § 33 GmbHG, so entspricht die Summe der GmbH-Geschäftsanteile nicht mehr dem Stammkapital. In diesem Fall, aber auch im Fall des Eigenerwerbs der Anteile durch die GmbH ist die Bemessungsgrundlage für die Beteiligungsquote um den eingezogenen Anteil bzw. um den Eigenanteil zu verringern (BFH vom 24.09.1970, BStBl II 1971, 89; vgl. auch H 17 Abs. 2 EStH »Eigene Anteile«).

> **Beispiel 27: Der säumige Gründungsgesellschafter**
> Die A-GmbH hat ein Stammkapital von 101 T€ und 101 G'fter mit einem GmbH-Geschäftsanteil (§ 5 Abs. 2 GmbHG) von je 1 T€. Nach mehrfacher erfolgloser Aufforderung gegen X, einem der Gründungsgesellschafter, seine Einlage zu erbringen, macht der Geschäftsführer der GmbH von seinem Recht Gebrauch, den Anteil des X einzuziehen. Folge für die verbleibenden G'fter?
>
> **Lösung:** Der GmbH-Geschäftsanteil wird für »verlustig« erklärt (Kaduzierung), ohne dass ein Nachfolger gefunden wurde. Damit entspricht die Summe der Stammeinlagen (100 T€) nicht mehr dem Stammkapital von 101 T€.
> Bis zur Einziehung waren alle G'fter mit 0,99 % an der GmbH beteiligt (1 T€ Stammeinlage/101 T€ Stammkapital), womit keiner der GmbH-Geschäftsanteile steuerverhaftet war.
> Nach der Einziehung wird die BMG für die Berechnung der nominellen Beteiligung des Einzel-G'fters auf 100 T€ herabgesetzt. Nunmehr hat jeder G'fter eine 1%ige Beteiligung an der GmbH; alle G'fter sind in die Relevanzgröße hineingewachsen. Die GmbH-Geschäftsanteile sind steuerverhaftet i.S.d. § 17 EStG.

---

237 In der Praxis spielt das Urteil des BFH aus dem Jahre 1992 allein deshalb keine Rolle, weil eigenkapitalersetzende Maßnahmen fast ausschließlich bei der GmbH vorkommen und dort von G'ftern getätigt werden, die eindeutig die relevante 1%-Größe überschreiten. Für die spätere Frage eines Veräußerungsgewinnes (bzw. -verlustes) sind sie allerdings von großer Bedeutung. Zum Ganzen (Eigenkapitalersetzendes Darlehen) vgl. *Gosch* in *Kirchhof-kompakt*, § 17 Rz. 51 einerseits (keine Begründung von G'fts-R) und Rz. 230 ff. andererseits (Einfluss auf die Höhe der AK).

Beispiel 27 leitet über zu der verfassungsrechtlichen Diskussion bei § 17 EStG. Bei der zweifachen Herabsetzung der »Relevanzschwelle« (früher Wesentlichkeitsgrenze) bei § 17 EStG und durch das Fehlen einer Übergangsregelung sind – wegen der rückbezüglichen Wirkung des § 17 EStG (»in den letzten fünf Jahren«) – schlagartig alte Beteiligungen in die Steuerverhaftung hineingewachsen.

Das BVerfG hat mit drei Entscheidungen die Vorschriften zur Absenkung der Relevanzschwelle (von 25 % auf 10 %) ab VZ 1999 wegen »unechter« Rückwirkung für **verfassungswidrig** erklärt (BVerfG vom 07.07.2010, BStBl II 2011, 86). Das BMF hat zunächst mit Schreiben vom 20.12.2010 (BStBl I 2011, 16) die Rspr. mit Vereinfachungsregeln umgesetzt und **verdeutlicht**, diese Grundsätze auch auf die Herabsenkung von 10 % auf 1 % durch das StSenkG 2002 anzuwenden. Danach ist das TB-Merkmal der fünfjährigen Behaltefrist für jeden abgeschlossenen VZ nach der in diesem VZ geltenden Rechtslage auszulegen.[238] Am 24.10.2012 (BStBl II 2013, 164) hat der BFH die Verfassungskonformität auch auf die Absenkung von 10 % auf 1 % erstreckt. Gegen dieses Urteil ist unter Az.: 2 BvR 364/13 Verfassungsbeschwerde eingelegt worden. Mit Urteil vom 11.12.2012 (BStBl II 2013, 372) präzisierte der BFH den Beteiligungsbegriff bei § 17 EStG und führte aus, dass die **»(wesentliche) Beteiligungs-Grenze innerhalb von fünf Jahren« für jeden abgeschlossenen VZ nach der in diesem VZ jeweils geltenden Fassung** zu bestimmen sei.[239]

Danach ist der Gewinn (nicht bei Veräußerungsverlusten) aus der Veräußerung von Beteiligungen i.H.v mindestens 10 %, aber höchstens 25 % nur insoweit nicht steuerbar, als er auf den Wertzuwachs bis zum 31.03.1999 entfällt. Zur Ermittlung des Veräußerungsgewinns tritt insoweit abweichend von § 17 Abs. 2 EStG der gemeine Wert der veräußerten Anteile zum 31.03.1999 an die Stelle der ursprünglichen Anschaffungskosten (vgl. o.g. BMF-Schreiben, Tz. C II 1). Aus Vereinfachungsgründen kann jedoch eine Aufteilung entsprechend dem Verhältnis der Besitzzeit nach dem 31.03.1999 im Vergleich zur Gesamthaltedauer zeitanteilig monatsweise ermittelt werden (vgl. o.g. BMF-Schreiben, Tz. C II 1 a). Das Gleiche gilt bei der Absenkung der Beteiligungsgrenze auf mindestens 1 % zum 26.10.2000 (vgl. o.g. BMF-Schreiben, Tz. D).

4.2.2.3 Die Fünfjahresfrist

Der Veräußerer muss zu irgendeinem Zeitpunkt innerhalb von fünf Jahren vor der Veräußerung zu mindestens 1 % am Nennkapital dieser KapG beteiligt gewesen sein. Dabei ist eine **taggenaue** Berechnung vorzunehmen.

Beispiel 28: Rechnen muss man können
- C hält vom 28.06.13 bis zum 07.07.13 eine 3%-Beteiligung an einer C-AG.
- Am 08.07.13 veräußert C 2,5 % der C-AG-Beteiligung, wovon er fünf Jahre gut leben kann.
- Nachdem es finanziell wieder »eng« wird, trennt sich C am 08.07.18 von seiner restlichen Beteiligung (0,5 %). Er verprasst den Veräußerungserlös, ohne an die Post vom FA zu denken.

Erhält C in dieser Angelegenheit einen Brief vom FA?

---

238 S. auch *Weber-Grellet* in *Schmidt*, EStG § 17 Rz. 35.
239 S. dazu das BMF-Schreiben vom 27.05.2013 (BStBl I 2013, 721), wonach das BMF das Urteil nur auf die Absenkung der Beteiligungsgrenze von 25 % auf 10 % anwenden will, nicht hingegen auf die Absenkung von 10 % auf 1 %. Arg.: In der Fassung des StSenkG (2001/2002) fehlt der Begriff der »Wesentlichkeit« (anders die Fassung des StEntlG 1999/2000)!

Ein echtes Überraschungsmoment hält § 17 EStG für manchen Streubesitzer parat, da im Wortlaut von § 17 Abs. 1 S. 1 EStG **nicht** vorausgesetzt wird, dass die relevante Beteiligungsquote im Zeitpunkt der Veräußerung vorliegen müsse.

> **Lösung:** Die Berechnungsgrundlagen liefert wieder § 108 AO i.V.m. §§ 187, 188 BGB. Danach beginnt die »Fünfjahresberechnung« mit dem 08.07.13 und endet am 08.07.18, 24 Uhr. Hätte sich C einen Tag mehr Zeit genommen, wäre in dieser Angelegenheit kein Brief vom FA gekommen.

Die Veräußerung löst die rückwirkende Berechnung des Fünfjahreszeitraumes aus. Dabei genügt im Zweifel die Übertragung des wirtschaftlichen Eigentums für die auslösende Berechnung (BFH vom 10.03.1988, BStBl II 1988, 832). Dabei kann »wirtschaftliches Eigentum« in diesem Zusammenhang nur den Zeitpunkt meinen, ab welchem dem Erwerber die gesellschaftsrechtlichen Mitwirkungsbefugnisse im eigenen Namen zustehen.

Schließlich werden nacheinander erworbene Beteiligungen, die erst in der Summe die Relevanzgrenze überschreiten, als Einheit betrachtet. Für § 17 Abs. 1 S. 1 EStG findet keine Segmentierung statt.

4.2.2.4 Die Nachfolger-Regelung des § 17 Abs. 1 S. 4 und Abs. 2 S. 5 EStG

§ 17 Abs. 1 S. 4 EStG ist zu entnehmen, dass die 1 %-Beteiligungsquote/fünf Jahre nicht höchstpersönlich erfüllt sein muss, um die Folgen des § 17 EStG herbeizuführen.

> **Beispiel 29: Das geschenkte Aktien-Portefeuille**
> V hat sein ganzes Geld in Aktien angelegt und sein privates Interesse gilt alleine seinen vier Kindern K 1–K 4. Kurz vor der feindlichen Übernahme bei der L-AG, von der er vom VZ 13 (Startanlage: 1 %) bis zum VZ 16 ein Aktienpaket von 3 % gehortet hat, besinnt er sich eines Besseren und verschenkt (vererbt) seine L-Aktien seinen Kindern zu gleichen Teilen. Die historischen AK betrugen im Schnitt 100 €/Aktie. Der Schlussbestand (3 %) repräsentiert 1.000 Aktien.
> Führt der komplette Verkauf der L-AG-Aktien von K 1 im VZ 18 zu steuerbaren Veräußerungsgewinnen nach § 17 EStG, nachdem der Kurs im VZ 17 um 100 % angestiegen ist?

Gem. § 17 Abs. 1 S. 4 EStG i.V.m. § 17 Abs. 2 S. 5 EStG werden vom Rechtsvorgänger erzielte Tatbestandsmerkmale dem Nachfolger zugerechnet, wenn es sich um eine **unentgeltliche** Nachfolgeregelung handelt. Dies wird zweifelsfrei für die Schenkung, den Erbfall und das Vermächtnis angenommen. Dabei gilt die »Fortführungstheorie« nur bei bereits steuerverstrickten Anteilen (BFH vom 24.01.2012, BStBl II 2012, 1172).

Bei **teilentgeltlichen** Erwerbsvorgängen, wie sie bei der vorweggenommenen Erbfolge (ohne wiederkehrende Bezüge) und der gemischten Schenkung typisch sind, erfolgt bei privaten WG eine Aufteilung des Erwerbsvorganges nach der **Trennungstheorie** in einen vollentgeltlichen und einen voll-unentgeltlichen Teil. § 17 Abs. 1 S. 4 EStG (und § 17 Abs. 2 S. 5 EStG) gelten nur für den unentgeltlichen Part.[240] Ähnliches gilt für die Erbauseinandersetzung mit Spitzenausgleich.[241]

---

240 Beispiel: Ein Aktienpaket mit AK von 100 € und einem Verkehrswert von 200 € wird i.R.d. vorweggenommenen Erbfolge gegen eine Ausgleichszahlung von 50 € auf S übertragen. Die Schwester T erhält die 50 T€. Hier liegt zu 25 % eine entgeltliche und zu 75 % eine unentgeltliche Übertragung vor. Nur hinsichtlich 3/4 des Aktienpakets greift § 17 Abs. 1 S. 4 und Abs. 2 S. 3 EStG.
241 S. zum Ganzen Kap. III.

Lösung: K 1 hat – wie seine Geschwister K 2, K 3 und K 4 – 0,75 % des Nominalkapitals an der L-AG unentgeltlich erworben. Keiner der jetzigen Inhaber erfüllt in seiner Person die 1 %-Schwelle. Nach dem Wortlaut von § 17 Abs. 1 S. 4 EStG wird aber zu Lasten von K 1 auf die Person des V abgestellt, der die Beteiligungsqualität erfüllt hatte.
Fraglich kann allenfalls sein, ob der Anteil des Vorgängers V bei mehreren Schenkungen aufgesplittet werden muss oder ob er seine Steuermerkmale auf jedes der beschenkten Kinder unaufgeteilt überträgt.
Richtigerweise überträgt V bei § 17 Abs. 1 S. 4 EStG seine steuerrelevante Beteiligungsquote auf alle Beschenkten (Erben), während für die Ermittlung der historischen AK nach § 17 Abs. 2 S. 3 EStG nur auf den Anteil der Schenkung abzustellen ist.
Im **Ergebnis** hat K 1 die Veräußerung von 0,75 % gem. § 17 Abs. 1 S. 4 EStG zu versteuern. Gem. § 17 Abs. 2 S. 5 EStG wird den übernommenen anteiligen historischen AK, die nach § 3c Abs. 2 EStG nur zu 60 % berücksichtigt werden, 60 % des Erlöses (§ 3 Nr. 40 Buchst. c EStG) von 25 T€ gegenübergestellt.

In diesem Sinne führt der BFH vom 23.01.2003 (BFH/NV 2003, 767) aus, dass beim unentgeltlichen Erwerb einer nicht wesentlichen Beteiligung i.S.d. § 17 EStG durch einen wiederum nicht wesentlich Beteiligten die AK beider Beteiligungen zusammengerechnet werden.

Der vorherige Eigentümer und jetzige (im Wege der vorweggenommenen Erbfolge) Vorbehaltsnießbraucher erwirbt die Anteile nicht nach § 17 Abs. 2 S. 5 EStG, da sie jetzt eine andere rechtliche Qualität haben (BFH vom 24.01.2012, BStBl II 2012, 308).

4.2.2.5 Mittelbare Beteiligung/unmittelbare Beteiligung

KapG sowie Beteiligungen an KapG werden nicht selten wegen ihrer Abschirmwirkung ausgewählt. Das Steuerrecht durchbricht bei § 17 Abs. 1 EStG – wie bei anderen Regelungen auch – die Abschottungswirkung der KapG, in dem auch **mittelbare** Beteiligungen die Besteuerungsfolgen auslösen, H 17 Abs. 2 EStH »Mittelbare Beteiligung«.

Beispiel 30: Die »Billard«-Beteiligung (übers Eck)
B ist zu 0,5 % an der A-AG beteiligt (PV) und hält eine 0,9 %ige Beteiligung an der Medium (M1)-GmbH, der M2-GmbH und der M3-GmbH, die ihrerseits jeweils zu 30 % an der A-AG beteiligt sind.

Mittelbare Beteiligungen können alleine oder zusammen mit unmittelbaren Beteiligungen die Besteuerungsrelevanz nach § 17 EStG auslösen (BFH vom 01.08.2001, BFH/NV 2002, 180; vom 14.10.2003, BFH/NV 2004, 620; dort für die Erwerbstreuhand). Dabei bereitet es keine Probleme, wenn die **vermittelnde** Gesellschaft wiederum eine **KapG** ist (Regelfall). Bei einer PersG als beteiligungsvermittelnder Gesellschaft nimmt die h.M. auch hier eine mittelbare Beteiligung an (BFH vom 10.02.1982, BStBl II 1982, 392).[242]

Lösung: B ist unmittelbar mit 0,5 % und mittelbar zu 0,81 % (0,9 % x 30 % x 3) an der A-AG beteiligt. Nur bei der Zusammenrechnung von unmittelbarer und mittelbarer Beteiligung erreicht B die 1 %-Grenze des § 17 EStG.

---

242 Nach *Weber-Grellet* in *Schmidt*, EStG, § 17 Rz. 69 soll jedoch über § 39 Abs. 2 Nr. 2 AO eine anteilige unmittelbare Beteiligung vorliegen.

Nach der Rspr. des BFH spielt es keine Rolle, ob es sich um eine mehrfache Verschachtelung handelt (BFH vom 28.06.1978, BStBl II 1978, 590) und welche Qualität die vermittelnde Gesellschaft hat (BFH vom 12.06.1980, BStBl II 1980, 646).

Fraglich kann nur sein, ob bei der Veräußerung von allen Beteiligungen, des 0,5 %-Anteils an der A-AG sowie der 0,9 %-Anteile an den M-GmbHs die Voraussetzungen des § 17 EStG erfüllt sind. Richtigerweise bezieht sich der Wortlaut des § 17 Abs. 1 EStG nur auf die Zielgesellschaft, hier die A-AG, so dass ausschließlich die Veräußerung der Aktien an der A-AG steuerbar ist.

Schwieriger gestaltet sich die Rechtslage bei der Beteiligung an einer **vermögensverwaltenden PersG**, die ihrerseits an einer KapG beteiligt ist. Bei gewerblichen PersG stellt sich die Frage nicht, da bei dieser Gewinne aus der Veräußerung von Beteiligungen ohnehin nach § 15 EStG stpfl. sind.

Beispiel 31: Billard-Beteiligung über eine private PersG
A ist zu 1/3 an einer vermögensverwaltenden GbR (bzw. an einer Immobilien-KG) beteiligt, die 1,5 % des Aktienbesitzes von der X-AG hält. Die GbR veräußert auf ein Börsengerücht hin die komplette Beteiligung. Zusätzlich hält A noch selbst 0,5 % der Anteile an der X-AG.

Wegen § 39 Abs. 2 Nr. 2 EStG wendet der BFH bei vermögensverwaltenden PersG, die dem G'fter die Beteiligung an der KapG vermitteln, das Transparenzkonzept in voller Konsequenz an (BFH vom 09.05.2000, BStBl II 2000, 686).

Lösung: A wird die Veräußerung seitens der GbR zu 1/3 wie eine eigene (Bruchteils-)Veräußerung zugerechnet. Dies ergibt jedoch nur eine Beteiligungsquote von 0,5 %. Zusammen mit der Eigenbeteiligung von ebenfalls 0,5 % wächst A in die persönliche Steuerpflicht nach § 17 EStG (BFH vom 13.07.1999, BStBl II 1999, 820). Damit löst die Veräußerung seitens der PersG bei A § 17 EStG aus.

In der Fallgruppe der mittelbaren Beteiligungen ist durch das Herabsenken der Beteiligungsgrenze auf 1 % ein neues tatsächliches und rechtliches Problem entstanden. Hält z.B. eine Privatperson bewusst einen GmbH-Geschäftsanteil (oder eine Aktienbeteiligung) knapp unter 1 % und verfügt sie in ihrem Depot über weitere börsennotierte Kapitalanlagen, kann es sehr schnell (und möglicherweise unbewusst) zu einem Überschreiten der 1 %-Hürde kommen, wenn es sich dabei wieder um vermittelnde KapG-Beteiligungen handelt. Erschwerend für den Steuerbürger ist eine Entscheidung des BFH vom 14.10.2003 (BFH/NV 2004, 620) zu berücksichtigen, der zufolge auch »vermittelnde Zwerganteile« in die Berechnung der Beteiligungsquote einzubeziehen sind.

Fazit: Zur Feststellung des Umfangs der mittelbaren Beteiligung, die sodann zu der unmittelbaren Beteiligung für die Feststellung der Relevanzschwelle addiert wird, sind die Beteiligungsverhältnisse »**durchzurechnen**«. Die wirtschaftliche Beherrschung der zwischengeschalteten Gesellschaft ist nicht von Bedeutung.

4.2.3 Die verdeckte Einlage

Nachdem der BFH die vE (Übertragung eines WG bzw. eines geldwerten Vorteils auf die KapG **ohne** unmittelbare gesellschaftsrechtliche Gegenleistung) als einen unentgeltlichen Vorgang behandelt und die indirekte Werterhöhung der Beteiligung (Reflex) nicht als Gegenleistung versteht, ist eine Regelungslücke entstanden. § 17 Abs. 1 S. 2 EStG schließt für **verdeckt eingelegte KapG-Beteiligungen**[243] in die Ziel-KapG diese Regelungslücke und fingiert eine Veräußerung. Als Veräußerungspreis wird dabei gem. § 17 Abs. 2 S. 2 EStG der gemeine Wert angesetzt.

4.3 Der Handlungstatbestand

4.3.1 Die Veräußerung gegen Einmalzahlung

4.3.1.1 Der Grundtatbestand

Als Handlungstatbestand gilt bei § 17 EStG die Veräußerung der Beteiligung (bzw. die vE in eine KapG). Wie bereits zum Erwerbstatbestand ausgeführt wurde, wird unter Veräußerung die voll-entgeltliche Übertragung der Beteiligung an einen neuen Rechtsträger verstanden. Dabei gebührt im (seltenen) Zweifelsfall der Übertragung des **wirtschaftlichen Eigentums** der Vorrang vor der Übertragung des rechtlichen Eigentums (vgl. auch H 17 Abs. 4 EStH »Wirtschaftliches Eigentum«).[244] Dies muss zumindest bei der Übertragung von GmbH-Geschäftsanteilen beachtet werden. Den Zeitpunkt dafür hat der BFH im Urteil vom 17.02.2004 (BStBl II 2004, 651) definiert: Übergang des Gewinnbezugsrechts bzw. des Stimmrechts oder der Zeitpunkt, ab dem der Veräußerer bei der Ausübung des Stimmrechts verpflichtet ist, die Interessen des Erwerbers wahrzunehmen. Der BFH hatte allerdings mit Urteil vom 18.11.2014 (BFH/NV 2015, 489 = HFR 2015, 332) präzisiert, dass sich die Frage des wirtschaftlichen Eigentums dann nicht mehr stellt, wenn vorher das zivilrechtliche Eigentum auf den Erwerber überging.

Bei **teilentgeltlichen** Übertragungen muss hier die **Trennungstheorie** beachtet werden (BFH vom 17.07.1980, BStBl II 1981, 11)[245]: Der Kaufpreis (im Beispiel: 80) wird in Relation zum Verkehrswert (z.B. 120) gesetzt und die ermittelte Quote (80/120 = 2/3) definiert als Entgelts-Quote die AK (im Beispiel: historische AK von 60). Vom Erlös von 80 werden nun die aufgeteilten AK von 40 (2/3 von 60) abgezogen, so dass der Veräußerungsgewinn aus diesem (Kurz-)Beispiel 40 betragen würde. Bei einer Erbauseinandersetzung wird nur die Realteilung mit Spitzenausgleich als teilentgeltliches Veräußerungs- und Anschaffungsgeschäft behandelt.

4.3.1.2 Spezifika

Auf nachfolgende Einzelprobleme wird hingewiesen:

- Aufgrund der Einbeziehung der **Anwartschaften** in den Regelungsbereich des § 17 Abs. 1 S. 3 EStG können auch Bezugsrechte veräußert werden, da für Anwartschaftsrechte die zivilrechtliche Aussage gilt, dass diese wie das Vollrecht (die Beteiligung an der KapG)

---

243 Zur (verdeckten) Einlage ausführlich *Maurer*, Band 2, Teil C, Kap. III.
244 Das Problem kann bei GmbH-Geschäftsanteilen – wegen des Erfordernisses der notariellen Beurkundung (§ 15 GmbHG) – eher eine Rolle spielen als beim Aktienerwerb, der zumindest bei Inhaberaktien formlos erfolgt.
245 S. auch das Beispiel von Rz. 23 beim BMF-Schreiben zur vorweggenommenen Erbfolge (BStBl I 1993, 80).

übertragen werden. Der BFH stellt die Übertragung des Bezugsrechts der Vollrechtsübertragung gleich, auch für einen Fall der Einräumung eines Bezugsrechts an einen Nicht-G'fter anlässlich der Kapitalerhöhung einer GmbH (BFH vom 13.10.1992, BStBl II 1993, 477).
- Die Veräußerung wird i.d.R. auf einem Kaufvertrag basieren. Ist der schuldrechtliche Verpflichtungsgrund für das Erfüllungsgeschäft (Veräußerung) ein **Tausch** (PV-Beteiligung gegen PV-Beteiligung), so greift ebenfalls § 17 Abs. 1 EStG (BFH vom 07.07.1992, BStBl II 1993, 331[246]).
- Vergleichbar der Problematik bei der Betriebsveräußerung können auch bei der Anteilsübertragung nach § 17 EStG spätere Ereignisse den Ausgangstatbestand noch beeinflussen (H 17 Abs. 4 EStH »Rückübertragung«). In der ersten Entscheidung hierzu hat der BFH – auch hier vergleichbar mit der Rspr. zu § 16 EStG – die **Rückübertragung** eines KapG-Anteils aufgrund einer **Rücktrittsvereinbarung** als nachträgliches Ereignis i.S.d. § 175 Abs. 1 Nr. 2 AO gewürdigt (BFH vom 21.12.1993, BStBl II 1994, 648). Zu Recht wurde die »Rückwirkungseuphorie« durch eine spätere Entscheidung gedämpft, wonach die Rückübertragung **ohne Rücktrittsvereinbarung** nicht als Fall des § 175 AO betrachtet wird, sondern eine erneute Veräußerung – mit umgekehrten Rollen – i.S.d. § 17 EStG darstellt (BFH vom 21.10.1999, BStBl II 2000, 424).
- Für Überraschung in der Fachöffentlichkeit sorgte die – im Ergebnis – richtige Entscheidung des BFH vom 18.08.1992 (BStBl II 1993, 34), die Übertragung wertloser GmbH-Anteile ohne Gegenleistung als Veräußerung zu behandeln. Diesem Fall ist vom Ergebnis her der Eigenerwerb der Anteile einer KapG vergleichbar, da die eigenen Anteile im Eigentum der KapG eigentlich wertlos sind.
- Es kann – in Hinblick auf § 20 Abs. 5 EStG – auch vereinbart werden, dass künftige Gewinnausschüttungen als Teil des Veräußerungserlöses angesehen werden. In diesen Fällen werden die künftigen Dividenden vom Erwerber nach § 20 EStG versteuert, die zusätzliche AK für die Beteiligung bilden. In der Praxis trifft man häufig auf folgende Konstellation, die exemplarisch Gegenstand des BFH-Urteil vom 08.05.2003 (BStBl II 2003, 854) war. Diese **Anteilsrotation** liegt vor, wenn:
  – eine (wesentliche) Beteiligung gem. § 17 EStG durch Übertragung der (z.B.) Aktien auf die Kinder vermieden wird,
  – die Haupt-G'fter längere Zeit keine Dividendenausschüttung beschließen und ihre freien Mittel der KapG als Darlehen zukommen lassen,
  – die Aktien sodann an eine vom Haupt-G'fter (= Vater) beherrschte PersG gegen Übernahme der Darlehensverpflichtung veräußert werden und
  – die KapG nach der Veräußerung eine »Superdividende« i.H.d. gewährten Darlehen beschließt, die nach Verrechnung mit den Darlehensansprüchen der Erwerberin (PersG) zur Wertlosigkeit der Aktien und infolgedessen zur ausschüttungsbedingten Teilwertabschreibung führt.
- Die **Einbringung** einer KapG-Beteiligung in eine andere KapG ist vom BFH (Urteil vom 25.06.2004, BFH/NV 2004, 1530) unmissverständlich als Anwendungsfall des § 17 Abs. 1 EStG subsumiert worden. Hieran ändert auch die Bilanzierungspraxis der aufnehmenden KapG nichts: Der Gegenwert der Einbringung bemisst sich nach dem Wert der neuen Anteile und zwar unabhängig davon, ob die aufnehmende KapG den (Mehr-) Wert in

---

246 Zur Frage des Veräußerungserlös und allgemein zur bilanziellen Behandlung des Tausches s. *Kölpin*, Band 2, Teil A, Kap. II.

der Kapitalrücklage ausgewiesen hat oder nichts passiviert hat. Nach R 17 Abs. 2 S. 2 EStR führt in den Fällen des **§ 17 Abs. 6 EStG** (Erwerb durch Sacheinlage i.S.d. § 17 Abs. 1 S.1 EStG) auch eine Beteiligung von < 1 % am Nennkapital zur Anwendung des § 17 Abs. 1 S. 1 EStG.

- Bei der Verschmelzung von KapG nach den §§ 2 ff. UmwG oder bei der Spaltung einer KapG nach § 123 ff. UmwG werden als Entgelt für die untergehenden Anteile an der übertragenden KapG Anteile der übernehmenden KapG oder Mitgliedschaften an der übernehmenden PersG gewährt. Hierbei handelt es sich um einen tauschähnlichen Vorgang, der einer entgeltlichen Veräußerung gleichsteht (s. BFH vom 15.10.1997, BStBl II 1998, 168). Zu beachten ist allerdings, dass grds. anstelle des § 17 EStG die vorrangigen Vorschriften des UmwG, beim Wechsel zur PersG insb. § 5 Abs. 2 UmwG und beim Wechsel zur KapG insb. § 13 als lex specialis der Regelung des § 17 EStG vorgehen.
- Beruhen Veräußerungsgewinne auf Währungskursänderungen (zwischen Erwerb und Verkauf), so sind wegen des Normzwecks des § 17 EStG (Zuwachs an finanzieller Leistungsfähigkeit) die bei Verkauf realisierten Wertsteigerungen beim Gewinn nach § 17 Abs. 2 EStG zu berücksichtigen (BFH, Urteil vom 18.11.2014; BFH/NV 2015, 489 = HFR 2015, 332).

4.3.2 Veräußerung gegen wiederkehrende Zahlungen

Auch hier gibt es die Parallele zu § 16 EStG:

1. Bei **Ratenvereinbarung** gilt das »Soll-Prinzip« und nicht das Zuflussprinzip.[247]

   Beispiel 32: Bezahlung auf Raten[248]
   A verkauft am 01.11.16 einen GmbH-Anteil mit eigenen AK von 400 T€ zu einem Kaufpreis von 700 T€. Dabei ist eine zweimalige Ratenzahlung zu je 350 T€ vereinbart, wovon die erste Rate mit Abschluss des Kaufvertrages und die zweite Rate am 01.01.18 (Tag des Übergangs der Beteiligung) fällig ist.
   Entsprechend den Ausführungen zu § 16 EStG wird bei Ratenzahlungen die Übertragung einmal –, und zwar am Tage des Erfüllungsgeschäftes, frühestens bei der Einräumung des wirtschaftlichen Eigentums – besteuert. Sodann wird der Zinsanteil erfasst und als private Kapitaleinkunft gem. § 20 Abs. 1 Nr. 7 EStG versteuert.

   Lösung:
   - Die Anzahlung am 01.11.16 löst keine Steuerpflicht aus; der Kaufvertrag ist nicht der maßgebliche Zeitpunkt für die Steuerfolgen bei der Realisation.
   - Erst mit der Übertragung am 01.01.18 – und damit im VZ 18 – ist der Tatbestand des § 17 EStG erfüllt. An diesem Tag gehen gleichzeitig (wie in den meisten Fällen) das rechtliche Eigentum und das wirtschaftliche Eigentum (Übergang von Nutzen und Lasten) auf den Erwerber über. Im VZ 2016 hat A gem. § 17 EStG – vorbehaltlich § 17 Abs. 4 EStG – 150 T€ (700 T€ : 2 ./. 400 T€) zu versteuern.
   - Eine Erfassung eines späteren Zinsanteils ist bei der vorliegenden Konstellation (Anzahlung) obsolet.

---

247 Hinweis: Das Realisationsprinzip wird nur für den Zeitpunkt der Entstehung des Veräußerungsgewinns angewandt. Für die Höhe des tatsächlich erzielten Erlöses kommt es dagegen auf den Zeitpunkt der Erfüllung (Zufluss) an, BFH, Urteil vom 13.10.2015, BStBl II 2016, 212.
248 Nachgebildet dem Beispiel von *Zenthöfer*, ESt, K 3.12.1 (S. 684).

2. Bei **wiederkehrenden Leistungen** i.e.S. (Leibrente/dauernde Last) gibt es gem. R 17 Abs. 7 S. 2 EStR i.V.m. R 16 Abs. 11 EStR das Wahlrecht zwischen der Sofortversteuerung (mit anschließender Erfassung des Ertragsanteils nach § 22 Nr. 1 S. 3 Buchst. a Doppelbuchst. bb EStG) und der Nachversteuerung (§ 24 Nr. 2, § 17 EStG).
3. Auch nach R 17 Abs. 7 S. 2 EStR wird das Wahlrecht nicht nur bei Leibrenten und einer dauernden Last (s. 2.), sondern zusätzlich bei Ratenzahlung eingeräumt. Dies kann verständlicherweise nur bei einer Ratenzahlung mit Versorgungscharakter der Fall sein, die erst bei einer Laufzeit von über zehn Jahren angenommen wird. Eine andere Auslegung (Wahlrecht bei jeder Form von Ratenzahlung) ist mit der Rechtsnatur des Wahlrechts (Wagnismoment!) nicht vereinbar, wie das Beispiel 32 belegt.
4. Wurde eine § 17 EStG-Beteiligung noch in der Zeit des Anrechnungsverfahrens gegen eine Leibrente veräußert und die nachträgliche Besteuerung gewählt, so findet auch auf die ab dem Jahr 2002 zufließenden Leistungen das Halb-(bzw. Teil-)Einkünfteverfahren keine Anwendung; es gilt weiter das bisherige Recht mit der Folge der Versteuerung in voller Höhe (OFD Frankfurt vom 28.05.2003, DStR 2003, 1396).
5. Bei einem bestehenden Wahlrecht (im Urteilsfall: Veräußerung gegen Leibrente) richtet sich die Besteuerung nach dem im Zeitpunkt des Zuflusses geltenden Recht (BFH-Urteil vom 18.11.2014, BStBl II 2015, 526 mit Übernahme durch BMF vom 12.05.2015 a.a.O. – entgegen BMF vom 03.08.2004, BStBl I 2004, 1187).

4.4 Veräußerungsgewinn und Freibetrag

Das realisierte Veräußerungsergebnis kann sowohl zu Gewinnen als auch zu Verlusten führen. Die enorm praxisrelevanten Veräußerungsverluste (KapG in der Insolvenz) gem. § 17 Abs. 2 S. 4 EStG werden im Teil B, Kap. IV zusammenfassend dargestellt. Nachfolgend wird nur der Veräußerungsgewinn (Hauptfall) behandelt. Die meisten technischen Ausführungen können mit umgekehrten Vorzeichen auf die Veräußerungsverluste übertragen werden, nur eben nicht die rechtlichen Aspekte.

4.4.1 Berechnungsformel für den Veräußerungsgewinn

Der Veräußerungsgewinn wird gem. § 17 Abs. 2 S. 1 EStG nach dem bekannten Schema ermittelt:

Veräußerungspreis (abzgl. 40 % gem. § 3 Nr. 40 Buchst. c EStG)[249]
./. Anschaffungskosten (abzgl. 40 % gem. § 3c Abs. 2 EStG)
./. Veräußerungskosten (abzgl. 40 % gem. § 3c Abs. 2 EStG)[250]

= **Veräußerungsgewinn**

---

249 S. hierzu BFH vom 22.01.2003 (BFH/NV 2003, 755) zum Fall, dass das »Entgelt« für den ersten Verkauf einer wesentlichen Beteiligung wiederum in börsengängigen Aktien liegt: Trotz einer vereinbarten Veräußerungssperrfrist für die später erlangten Aktien bestimmt sich auch hier das Entgelt nach dem Kurswert im Zeitpunkt der zweiten Veräußerung.
250 Nur soweit sie vom Veräußerer bezahlt wurden (Maklercourtagen, Provisionen). Ist der Erwerber zur Zahlung verpflichtet, so liegen bei ihm Anschaffungsnebenkosten für den Anteil vor. Beratungskosten für ein Verständigungsverfahren (nach DBA) sind gem. BFH-Urteil vom 09.10.2013 (DB 2013, 2774) keine Veräußerungskosten i.S.d. § 17 Abs. 2 EStG.

Aktuell kommt das **Teileinkünfteverfahren (60 % stpfl.)** zur Anwendung. Vorher (bis 2001) wurden die Veräußerungseinkünfte nach § 17 EStG als außerordentliche Einkünfte behandelt, auf die zuletzt (1999–2001) die Fünftelungsregelung des § 34 Abs. 1 EStG anzuwenden war. Die Versagung des § 34 Abs. 3 EStG auf Veräußerungsgewinne gem. § 17 EStG ab VZ 1999 ist zwischenzeitlich vom BFH als verfassungskonform abgesegnet worden (BFH vom 01.09.2004, BFH/NV 2004, 1650).

Ein besonderes Problem bei § 17 EStG stellen Inhalt und Ermittlung der AK dar.

S. – allerdings zum Halbeinkünfteverfahren – hierzu die Urteile des BFH vom 18.04.2012, BStBl II 2013, 785 und 791 – jeweils zum Begriff des »wirtschaftlichen Zusammenhangs«.

4.4.2 Die Abzugsgröße »Anschaffungskosten«

Die AK-Definition des § 255 HGB wird im Ergebnis auch für den AK-Begriff bei § 17 EStG zugrunde gelegt. Danach erhöhen die Anschaffungsnebenkosten ebenso wie nachträgliche AK den Ausgangswert. Umgekehrt reduzieren Anschaffungspreisminderungen den Betrag.

Vor dem Hintergrund dieser Überlegungen sind beim Gründungserwerb von Anteilen alle Komponenten zu berücksichtigen, die materialisierte Aufwendungen für das verkehrsfähige WG »Beteiligung an einer KapG« sind.

- Unter dem Gesichtspunkt der finalen AK-Lehre (Aufwendungen **zum** Erwerb der Beteiligung) ist die Rspr. einleuchtend, die beim Erwerb von Anteilen anlässlich einer Kapitalerhöhung danach differenziert, ob die Mittel für die Kapitalerhöhung von der KapG selbst oder von den G'ftern geleistet werden. Danach münden – wie beim Ersterwerb – nur diejenigen Beträge in die **AK**, die aus **Mitteln der G'fter** stammen (R 17 Abs. 5 S. 1 EStR sowie BFH vom 21.01.1999, BStBl II 1999, 638). Es werden bei einer Kapitalerhöhung aus G'fter-Mittel neue Relationen zwischen den Altanteilen und den neuen (jungen) Anteilen geschaffen, die im Wege der Gesamtwertmethode aufgeteilt werden.
- Bei der Kapitalerhöhung aus **Mitteln der KapG** sind die AK nach dem Verhältnis der Nennbeträge auf die Altanteile und die neuen Frei-Anteile zu verteilen (R 17 Abs. 5 S. 2 EStR).
- Als **Anschaffungsnebenkosten** kommen diejenigen Aufwendungen in Betracht, die zwangsläufig beim Erwerb anfallen und vom Erwerber zu zahlen sind. Bei derivativen GmbH-Geschäftsanteilen sind dies z.B. die Notarkosten für die Beurkundung, ansonsten – bei gründungsgeborenen Anteilen – kommen evtl. Prüfkosten oder Beratungskosten hinzu.
- In diesem Zusammenhang hat der BFH am 20.04.2004 (BStBl II 2004, 597) **vergeblich aufgewendete Beratungskosten** zu den AK der Beteiligung gerechnet. Ebenso hat der BFH in seinem Urteil vom 27.03.2007 (BFH/NV 2007, 1407) Gutachtenkosten, die im Zusammenhang mit der Anschaffung von GmbH-Geschäftsanteilen angefallen waren (»due diligence« durch Unternehmensberatung als objektive Grundlage für die Kaufpreisverhandlungen), den Anschaffungsnebenkosten zugeordnet, weil sie nach der grundsätzlich gefassten Erwerbsentscheidung entstanden.
- Anschaffungspreisminderungen sind Rückzahlungen auf den ursprünglichen Verkaufspreis, wenn sie aufgrund gesetzlicher oder vertraglicher Verpflichtung zu leisten sind. Die Rspr. nimmt diesen Fall auch bei der Rückzahlung im Rahmen einer Kapitalherabsetzung an (BFH vom 26.09.1995, BStBl II 1995, 725).

Hinweis: Für den Fall einer **Anteilsentnahme** entschied der BFH am 13.04.2010 (BStBl II 2010, 790), dass der **Teilwert** oder der gemeine Wert dieser (zuvor aus dem BV entnommenen) Anteile nur dann **an die Stelle der (historischen) Anschaffungskosten tritt,** wenn durch die Entnahme die stillen Reserven **tatsächlich aufgedeckt** und bis zur Höhe des Teilwerts oder gemeinen Werts steuerrechtlich erfasst sind oder noch erfasst werden können.

4.4.3 Nachträgliche Anschaffungskosten, insbesondere bei eigenkapitalersetzenden Maßnahmen

Mit der Ermittlung der historischen AK – egal ob sie bei der Gründung der KapG angefallen sind oder sie im Kaufpreis beim Erwerb der Anteile ausgewiesen sind – sind die AK an KapG nicht auf ewige Zeit festgelegt. Vielmehr kann es zu späteren Werterhöhungen durch Nachschusszahlungen und dgl. kommen. Die häufigste Form sind jedoch die späteren (verdeckten) Einlagen sowie die eigenkapitalersetzenden Maßnahmen (vgl. hierzu BMF vom 21.10.2010, BStBl I 2010, 832!).

4.4.3.1 (Offene und verdeckte) Einlagen

Als offene Einlagen werden die Übertragungen von WG in das Vermögen der KapG bezeichnet, die mit einer unmittelbaren gesellschaftsrechtlichen Gegenleistung verbunden sind. Auf der Ebene der KapG werden diese Vorgänge durch eine Einstellung in das gezeichnete Kapital (Kapitalerhöhung aus Gesellschaftermittel) oder in die Kapitalrücklage (§ 272 Abs. 2 HGB, wie z.B. das Agio) erfasst.[251]

Ebenso erhöhen verdeckte Einlagen, die mit keiner unmittelbaren Gegenleistung für den G'fter verbunden sind, sondern als Reflex nur mittelbar seinen Beteiligungswert zugutekommen, die AK des Anteilsinhabers. Sie werden bei der KapG ebenfalls in die Kapitalrücklage eingestellt.

Beispiel 33: Die zinsverbilligte Darlehensüberlassung
M ist zu 80 % an der M-GmbH beteiligt. Aufgrund guter Beziehungen zu seiner Hausbank steht ihm aus einer privaten zinsgünstigen Hypothek (5 %) noch ein Restdarlehensbetrag von 100 T€ zur Verfügung, der nicht aufgebraucht wurde. Er überlässt den Geldbetrag der GmbH gegen 6 %, obwohl die GmbH für diesen Kredit mangels grundpfandrechtlicher Absicherung mind. 10 % Zinsen hätte zahlen müssen.
Als M ein Jahr später 10 % seine Beteiligung gegen ein hohes Entgelt überträgt, möchte er einen möglichst niedrigen Veräußerungsgewinn versteuern.

Bei der Diskussion zur Einlage (dem Grunde wie der Höhe nach) muss man sich vergegenwärtigen, dass jede (erfolgreiche) Einlage – als werterhöhender Subtrahend – den späteren Veräußerungsgewinn verringert. Der jeweilige Vermögensvorteil muss allerdings einlagefähig sein.

Lösung: Aufgrund des epochalen Beschlusses des Großen Senats vom 26.10.1987 (BStBl II 1988, 348) können nur WG – und damit z.B. auch Nutzungsrechte – einlagefähig sein. Eine einfache **Nutzungsüberlassung** – wie sie auch hier bei der Kapitalüberlassung des M an die M-GmbH vorliegt – ist nach diesem richtigen Judikat **nicht einlagefähig.**

---

251 S. zum Ganzen *Maurer*, Band 2, Teil C, Kap. III.

Weder M noch die M-GmbH können den Nutzungsvorteil [= 4 % (10 % ./. 6 %)] als Einlage behandeln. M muss die volle Differenz zwischen Kaufpreis und anteiligen historischen AK versteuern.

4.4.3.2 Eigenkapitalersetzende Maßnahmen (§ 32a GmbHG a.F.)

Inwieweit die nachfolgend aufgeführte Rspr. nach der Aufhebung der §§ 32a und 32b GmbH durch das MoMiG vom 01.11.2008 und der entsprechenden Neuregelung des § 39 Abs. 1 Nr. 5 InsO (alle Gesellschafterdarlehen sind nunmehr nachrangig zu behandeln) gehalten wird, scheint fraglich. Hierzu kommt, dass mit Einführung der Abgeltungsteuer zum 01.01.2009 in § 20 Abs. 1 und 2 EStG die Unterscheidung von laufenden Erträgen und Veräußerungserträgen aufgegeben wurde und nunmehr **auch die Vermögensebene erfasst** wird.[252] Der BFH hatte bisher noch keine Gelegenheit, über die Frage zu entscheiden.

Andererseits rezipieren die EStR noch die BFH-Rspr., und das BMF vertritt daneben mit Schreiben vom 21.10.2010 (BStBl I 2010, 832, Tz. 2) nunmehr die Auffassung, für die Frage nachträglicher Anschaffungskosten im Rahmen des § 17 Abs. 2 EStG auf die gesellschaftsrechtliche Veranlassung abzustellen. **Unbeschadet** der Aufgabe des Eigenkapitalersatzrechts durch das MoMiG (d.h. unter steuerlicher Fortgeltung der alten Rechtslage) orientiert sich deshalb die Auslegung einer gesellschaftsrechtlichen Veranlassung nach wie vor an der herangezogenen Figur des ordentlichen und gewissenhaften Geschäftsführers, so dass bei gesellschaftsrechtlicher Veranlassung auch zukünftig nachträgliche Anschaffungskosten bei uneinbringlichen Rückzahlungsansprüchen des G'fters anzunehmen sind. Allein deshalb wird die Thematik vollumfänglich dargestellt, es bleibt jedoch abzuwarten, ob der BFH in Anbetracht der neuen Rechtsgrundlagen des MoMiG die Auffassung der Finanzverwaltung bestätigen wird.

Mit mehreren grundlegenden Entscheidungen aus den Jahren 1997 bis 1999 hat der BFH – ursprünglich gegen die Verwaltungsauffassung – seine Rspr. zu eigenkapitalersetzenden Maßnahmen, insb. zu **Darlehen und Bürgschaften in der Krise** der GmbH, der gesellschaftsrechtlichen Beurteilung angepasst (BFH vom 24.04.1997, BStBl II 1999, 339; vom 04.11.1997, BStBl II 1999, 344; vom 10.11.1998, BStBl II 1999, 348). Liegen die Voraussetzungen der §§ 32a, 32b GmbHG a.F.[253] vor, so sind diese gesellschaftsrechtlichen Leistungen nunmehr auch steuerlich bei Inanspruchnahme als **nachträgliche AK** (bei Bürgschaften nur i.H.d. Tilgungsanteils; s. BFH vom 20.11.2012, BStBl II 2013, 378) auf die Beteiligung zu beurteilen. In dem zuletzt hierzu ergangenen Urteil vom 20.04.2004 (BStBl II 2004, 556) hat der BFH einer ausufernden Behandlung wegfallender Gesellschafterdarlehen als nachträgliche AK eine Absage erteilt. Das **Zeitmoment** spielt nunmehr die entscheidende Rolle. Nur dann, wenn die Wertminderung **nach Begründung** der KapG-Beteiligung eingetreten ist, führt der Wertverfall zu nachträglichen AK. Somit sind Wertminderungen aus kapitalersetzenden Darlehen, die erst nach der Begründung der Beteiligung gewährt wurden, in vollem Umfang als nachträgliche AK zu behandeln.

Die zweifelsfreie Wertminderung des Rückzahlungsanspruches könne nur auf diese Weise hinreichend das objektive Nettoprinzip (zu erwartende Erträge ./. Aufwand) wirksam werden lassen. Die §§ 32a ff. GmbHG a.F. werden auf andere KapG, insb. auf die AG, analog angewandt, aber nicht auf die »englische« Limited.

---

252 Zum Meinungsstand: *Eilers/R. Schmidt* in *Herrmann/Heuer/Raupach*, EStG/KStG, § 17 EStG Rz. 201b.
253 § 32b GmbHG a.F. regelt die Rückzahlungspflicht.

Beispiel 34: Die steuerliche Insolvenzverschleppung
A und B sind Gründungsgesellschafter der I-GmbH. B (zugleich Allein-GF) hält 92 % der Anteile, A den Rest. Seit einigen Wochen gerät die I-GmbH in immer größere Zahlungsschwierigkeiten. Den Gang zum Insolvenzgericht vermeidet A, da er von erheblichen stillen Reserven der GmbH ausgeht. Um das schlimmste zu verhindern, geben A und B der I-GmbH in diesem Zeitpunkt ein Überbrückungsdarlehen.

Der BFH und in der Folge die Verwaltung (BMF vom 21.10.2010, BStBl I 2010, 832, Tz. 3) haben vier Fallgruppen entwickelt, bei denen grundsätzlich steuerlich berücksichtigungsfähige nachträgliche AK i.S.d. § 17 Abs. 2 EStG vorliegen:

1. Nachdem die **Krise** der GmbH bereits **eingetreten** ist – und ein ordentlicher Kaufmann der GmbH zu den konkreten Bedingungen keine Fremdmittel mehr gegeben hätte –, geben die G'fter der GmbH ein Darlehen (BFH vom 10.11.1998, BStBl II 1999, 348).
2. Das Darlehen wurde vor der Krise gegeben, es wird aber in der Krise nicht gekündigt (»**Stehenlassen des Darlehens**«; s. hierzu BFH vom 26.01.1999, BFH/NV 1999, 924).
3. Unabhängig vom Zeitpunkt der Darlehensvergabe ist ein Darlehen im Vorhinein in der Absicht gegeben worden, es in der Krise stehen zu lassen (»**krisenbestimmtes Darlehen**«; s. hierzu BFH vom 25.05.2011, BFH/NV 2011, 2029; vom 10.11.1998, BStBl II 1999, 348).
4. Hinzu kommen sog. **Finanzplankredite**. Damit sind nach der Rspr. des BFH (und des BGH) solche Kredite der G'fter gemeint, die – unabhängig von der »Krisenprüfung« – im Vorhinein auf eine Kombination von Eigen- und Fremdfinanzierung der KapG angelegt waren. Auch diese sind den Einlagen gleichgestellt und führen zu nachträglichen AK (BFH vom 04.11.1997, BStBl II 1999, 344).

Bei den Fallgruppen (3) und (4) ist jedoch das o.g. BFH-Urteil vom 20.04.2004 (BStBl II 2004, 556) zu berücksichtigen. Nur dann, wenn die Wertminderung nach der Begründung der KapG-Beteiligung eingetreten ist, ist von nachträglichen AK auszugehen.
Die genannten vier Formen des »Einlage-Ersatzes« unterscheiden sich in der Bewertung:

Art des Einlage-Ersatzes	Höhe der nachträglichen AK (Zeitpunkt)
1. Darlehen in der Krise	Nennwert der Darlehensforderung (Hingabe)
2. Stehen gelassenes Darlehen	Gemeiner Wert im Zeitpunkt, in dem der G'fter das Darlehen mit Rücksicht auf das Gesellschaftsverhältnis nicht abzieht: »Erheblich unter Nennwert«, ggf. 0 (unterlassene Kündigung)
3. Krisenbestimmtes Darlehen	Nennwert der Darlehensforderung (Ausfall der Forderung); s. aber BFH vom 20.04.2004 (BStBl II 2004, 556!)
4. Finanzplankredit	Nennwert (Gründung der KapG); s. aber BFH vom 20.04.2004 (BStBl II 2004, 556!)

Lösung:
- Bei der Anwendung der eigenkapitalersetzenden Kapital- und Sicherheitsüberlassungen sind die gesellschaftsrechtlichen Vorgaben strikt zu beachten. § 32a Abs. 3 S. 2 GmbHG a.F. wendet die o.g. Grundsätze nicht für den nichtbeherrschenden G'fter an. Darunter versteht § 32a Abs. 3 GmbHG a.F. eine Person, die nur mit 10 % (oder weniger) am Stammkapital beteiligt ist und gleichzeitig nicht Geschäftsführer der I-GmbH (nicht Vorstand der AG) ist. Auf A (8 %-G'fter und Nicht-Geschäftsführer) findet § 32a GmbHG a.F. keine Anwendung. Sein Darlehen führt

danach nicht zu nachträglichen AK. Ob diese Beurteilung nach Abschaffung des Eigenkapitalersatzrechts noch Bestand haben wird, ist strittig[254]; das o.g. BMF-Schreiben nimmt hierzu jedenfalls nicht ausdrücklich Stellung. Wegen der Gleichbehandlung aller G'fter-Darlehen in der Insolvenz **nach dem MoMiG** (2008) geht die h.M. davon aus, dass die Fallgruppe der eigenkapitalersetzenden Darlehen ihre Sonderstellung verliert und dass **bei Ausfall (Insolvenz) aller G'fter-Darlehen** der **Nennwert** zu nachträglichen AK führt.[255]

- Anders gestaltet sich die rechtliche Beurteilung für B. Als geschäftsführender Mehrheitsgesellschafter bestimmt er die Geschicke der I-GmbH. Er gibt in der Krise der GmbH (einer der Insolvenzgründe gem. § 64 Abs. 1 GmbHG – Zahlungsunfähigkeit oder Überschuldung – genügt) ein Darlehen. Damit sind für ihn im Zeitpunkt der Vergabe des Kredits i.H.d. Valuta nachträgliche AK auf seine Beteiligung entstanden. Dies erhöht im Falle der Insolvenz der I-GmbH seinen Veräußerungsverlust gem. § 17 Abs. 2 S. 4 EStG [Wert der Beteiligung im Zeitpunkt der vorhersehbaren Insolvenz ./. AK (inkl. nachträgliche AK)]. Der bei Unterschreiten der maßgeblichen Beteiligungsquote bestehende Meinungsstreit (s. oben) ist hier irrelevant.

Während die Rspr. des BFH die neueste Form der eigenkapitalersetzenden Maßnahmen, i.e. die eigenkapitalersetzende **Nutzungsüberlassung** noch nicht entdeckt hat[256], spielen **Bürgschaften** in der **Krise** eine wichtige Rolle. Auch bei den Bürgschaften gelten die zu den o.g. Fallgruppen entwickelten Grundsätze.

Danach liegen **nachträgliche AK** wiederum in folgenden Konstellationen vor (H 17 Abs. 5 EStH »Bürgschaft«):

- Bürgschaften, die erst in der Krise übernommen werden,
- krisenbestimmte Bürgschaften,
- Verzicht auf Aufwendungsersatzanspruch aus der Bürgschaft (BFH vom 04.03.2008, BStBl II 2008, 577) und
- Finanzplanbürgschaften.

In mehreren Ausnahmekonstellationen verhelfen diese Maßnahmen dem G'fter-Bürgen jedoch **nicht zu nachträglichen AK**:

- Bürgschaft, die vor der Krise übernommen wurde und nicht krisenbestimmt war, BFH vom 06.07.1999 (BStBl II 1999, 817),
- Bürgschaft eines zahlungsunfähigen G'fters, BFH vom 08.04.1998 (BStBl II 1998, 660),
- Bürgschaft durch einen Aktionär, der an der AG nicht unternehmerisch beteiligt ist (BFH vom 02.04.2008, BStBl II 2008, 706),
- Bürgschaft für eine Enkelgesellschaft (BFH vom 04.03.2008, BStBl II 2008, 575).[257]

---

254 Vgl. *Eilers/R. Schmidt* in *Herrmann/Heuer/Raupach*, EStG/KStG, § 17 EStG, Rz. 201a.
255 Statt aller *Weber-Grellet* in *Schmidt*, EStG, § 17, Rz. 174 a.E. m.w.N.
256 Die Grundsätze der §§ 32a ff. GmbHG a.F. werden sinngemäß auf die eigenkapitalersetzende Nutzungsüberlassung (Beispiel: GmbH-G'fter überlässt weiterhin als Verpächter seiner GmbH in der Krise ein Grundstück, anstatt das Pachtverhältnis zu kündigen – BGH vom 11.07.1994, BGHZ 127, 17) erstreckt, wobei das beim Verpächter bestehen bleibende Eigentum respektiert wird (das Grundstück kann nicht zur Masse gezogen werden). Lediglich das Nutzungsrecht steht dem Insolvenzverwalter für Zwecke des Gemeinschuldners zur Verfügung (kostenlose Weiternutzung).
257 S. hierzu auch *Weber-Grellet*, NWB, Fach 3, 15229.

4.4.4 Die Freibetragsregelung (§ 17 Abs. 3 EStG)

§ 17 Abs. 3 EStG hat eine mit § 16 Abs. 4 EStG vergleichbare Konzeption. Der Sockel-Freibetrag von 9.060 € wird bis zu einer Gewinngrenze von 36.100 € immer gewährt, ohne dass dies allerdings zu negativen Einkünften führen kann. Der Freibetrag schmilzt allerdings (»ermäßigt sich«), soweit der Gewinn 36.100 € übersteigt. Als Folge dieser Arithmetik wird ab 45.160 € Veräußerungsgewinn keine sachliche Steuerbefreiung in Form eines Freibetrages gewährt. Im Unterschied zu § 16 Abs. 4 EStG ist der Freibetrag bei § 17 Abs. 3 EStG an keine persönlichen Voraussetzungen geknüpft.

Die Grundaussage mit diesen Zahlen gilt jedoch nur für die **Einmann-KapG**. Für alle anderen Beteiligungen werden die mitgeteilten Referenzbeträge entsprechend der Beteiligungsquote **aufgeteilt**.

Beispiel 35: Jedem das Seine (suum cuique)
- B veräußert seinen 40%igen GmbH-Anteil mit stpfl. Gewinn von 10 T€,
- C veräußert seinen 60%igen GmbH-Anteil mit stpfl. Gewinn von 30 T€.

Lösung (in €):

Anteiliger Freibetrag	Teil-Ermäßigungsbetrag	Ergebnis
B: 40 % von 9.060 = 3.624	40 % von 36.100 = 14.440 → 0	10.000 ./. 3.624 = 6.376
C: 60 % von 9.060 = 5.436	60 % von 36.100 = **21.660** 30.000 ./. 21.660 = **8.340**	Kein Freibetrag 30.000

Die Beispiele verdeutlichen, dass bei einer 40%igen Beteiligung (B) ein anteiliger Freibetrag von 3.624 € gewährt wird, der bis zu einem anteiligen Gewinn von 14.440 € gegeben wird und bis zu einem Gewinn von 18.064 € abgeschmolzen wird. Bei 10 T€ Veräußerungsgewinn kommt B in den vollen Genuss des Freibetrages. Umgekehrt lauten die Zahlen bei C (60 %): Der Freibetrag von 5.436 € wird bis zu einem Gewinn von 21.660 € ungeschmälert gegeben; ab einem Gewinn von 27.096 € (= 60 % von 45.160 €) gibt es keinen Freibetrag.

Bei **teilentgeltlichen Veräußerungen** bildet die ermittelte Entgeltquote den Faktor, mit dem die gesetzlichen Frei- und Ermäßigungsbeträge multipliziert werden (BMF vom 13.01.1993, BStBl I 1993, 80 – Rz. 23). Sollte es sich im Beispiel 35 (C) um einen teilentgeltlichen Vorgang mit der Entgeltquote von 50 % gehandelt haben, so werden sowohl der anteilige Freibetrag (5.436 € : 2 = 2.718 €) als auch der anteilige Ermäßigungsbetrag (21.660 € : 2 = 10.830 €) nochmals halbiert.

4.4.5 Einlage einer wertgeminderten Beteiligung

Für den Grundfall der Einlage einer wertgeminderten Beteiligung an einer KapG aus dem PV in ein BV (gem. § 6 Abs. 1 Nr. 5 S. 1 2. HS Buchst. b EStG höchstens mit den AK) ordnet H 17 Abs. 8 EStH »Einlage einer wertgeminderten Beteiligung« an, dass bei einer Beteiligung, die bereits im Einlagezeitpunkt unter die AK gesunken ist, die **Differenz** erfasst wird und beim **Ausscheiden** der Beteiligung aus dem BV **Gewinn mindernd** zu berücksichtigen ist. Einzige Voraussetzung[258] ist, dass § 17 Abs. 2 S. 6 EStG einer Verlustberücksichtigung nicht im Wege steht.

Nach dem Urteil des BFH vom 19.02.1998 (BStBl II 2000, 230), das zwischenzeitlich von der Verwaltung umgesetzt wurde (BMF vom 29.03.2000, BStBl I 2000, 462, Tz. III) wird die Einbringung **wertgeminderter Beteiligungen** differenzierend behandelt:

- Bei Einbringung in eine PersG gegen Gesellschaftsrechte entsteht wegen des tauschähnlichen Vorgangs bereits im Zeitpunkt der **Einbringung** ein Veräußerungsverlust.
- Bei Einbringung in eine PersG ohne Gewährung von Gesellschaftsrechten bzw. bei einer Einbringung in ein Einzelunternehmen gilt weiterhin H 17 Abs. 8 EStH.

4.5 Der Ergänzungstatbestand des § 17 Abs. 4 EStG[259]

Die nur in Zusammenhang mit der körperschaftsteuerlichen Behandlung der Kapitalherabsetzung[260] und Liquidation sinnvoll nachvollziehbare Erfassung der Auswirkungen beim Anteilseigner gem. § 17 Abs. 4 EStG wird in diesem Buch exemplarisch und im Detail im KSt-Recht präsentiert.[261]

Nachfolgend wird nur eine abrundende Einführung zu § 17 Abs. 4 EStG gegeben sowie die Konkurrenz zwischen § 17 Abs. 4 EStG und § 20 Abs. 1 Nr. 1 bzw. 2 EStG beleuchtet.

Nach dem BFH-Urteil vom 19.02.2013 (BStBl II 2013, 484) erzielt der wesentlich beteiligte G'fter (des § 17 Abs. 1 EStG) durch Zurückzahlung seines steuerlichen Einlagekontos nur insoweit steuerbare Einnahmen i.S.v. § 17 Abs. 4 S. 1 und S. 2 EStG, als die zurückgezahlten Einlagen die AK übersteigen.

4.5.1 Überblick über den Regelungsbereich des § 17 Abs. 4 EStG

§ 17 Abs. 4 EStG soll einerseits als Realisationstatbestand die zurückgezahlten stillen Reserven von Anteilen an KapG bei deren Auflösung und bei der Herabsetzung des Nennkapitals erfassen und insoweit § 17 Abs. 1 EStG ergänzen.

Andererseits wird die Zurückzahlung der nicht in das Nennkapital geleisteten Einlagen gem. § 27 KStG nach § 17 Abs. 4 S. 1 EStG erfasst. Dabei handelt es sich u.a. um **verdeckte Einlagen**, die zurückgezahlt werden.

In beiden Fällen löst die Rückzahlung bei einer mindestens 1 %igen Beteiligung an einer KapG (fingiert) gewerbliche Einkünfte des § 17 EStG aus. Statt eines Veräußerungspreises wird hier der gemeine Wert angesetzt.

4.5.2 Konkurrenz zwischen § 17 Abs. 4 EStG und § 20 Abs. 1 Nr. 1 bzw. 2 EStG

Die Subsidiaritätsregelung in § 17 Abs.4 S. 3 EStG (Vorrang des § 20 Abs. 1 Nr. 1 bzw. 2 EStG) besagt, dass die Bestimmungen über die Gewinnausschüttung Vorrang vor der gewerblichen(!) Einkunftsart des § 17 EStG haben.

---

[258] Früher (bis 2001) durfte auch § 50c EStG (Sperrbetragsregelung) nicht im Wege stehen.
[259] S. allgemein *Jünger*, BB 2002, 1178.
[260] Speziell zur Kapitalherabsetzung *Lüdicke/Rieger/Häuselmann*, Unternehmenssteuerrecht, (2004), § 10 Rz. 26 ff.
[261] S. *Maurer*, Band 2, Teil C, Kap. VI 3.3.

Damit wird klarstellend zum Ausdruck gebracht, dass unter § 17 EStG nur echte Nennkapitalrückzahlungen inkl. der Kapitalrücklagen (§ 272 Abs. 4 HGB – Hauptfall: Agio und vE) fallen.

Umgekehrt werden von § 20 Abs. 1 Nr. 1 bzw. 2 EStG die Auskehrungen aus dem sonstigen Eigenkapital sowie aus dem Teil des Nennkapitals erfasst, das aus Kapitalerhöhungen mit Hilfe von sonstigen Rücklagen (Sonderausweis nach § 28 KStG) stammte.

4.5.3 Auflösungsverluste[262] (und Betriebsausgaben bei § 17 EStG)

Bei einer fremdfinanzierten Beteiligung an einer KapG, die später liquidiert wird, stellen sich mindestens zwei Fragen:

- die nach dem Zeitpunkt der steuerlichen Berücksichtigung des Auflösungsverlustes und
- die Frage, ob die Berücksichtigung des Aufwands eine Vor-GmbH voraussetzt?

Der BFH hat mit Urteil vom 21.01.2004 (BStBl II 2004, 551) die Diskussion um den Zeitpunkt des Auflösungsverlustes (Überschuldung, Einstellung der werbenden Tätigkeit oder Löschung der KapG) unmissverständlich geklärt: Im Regelfall[263] entsteht der Auflösungsverlust erst mit der **Löschung** der KapG im Handelsregister. Ergänzend hierzu führt der BFH am 20.04.2004 (BStBl II 2004, 597) aus, dass Erwerbsaufwand, der im Zusammenhang mit einer fehlgeschlagenen Gründung angefallen ist, nur dann als Liquidationsverlust nach § 17 Abs. 4 EStG berücksichtigt werden kann, wenn wenigstens eine **Vor-GmbH** (Gründungsgesellschaft[264], die nach der notariellen Beurkundung der Satzung entsteht) bestanden hat.

Hinweis: Mit Urteil vom 01.04.2009 (BStBl II 2009, 810) hat der BFH entschieden, dass ein Auflösungsverlust nach § 17 Abs. 2 und 4 EStG auch dann vorliegt, wenn eine vom StPfl. erworbene wesentliche Beteiligung innerhalb der letzten Jahre vor Auflösung auf einen Prozentsatz unterhalb der Wesentlichkeitsgrenze abgesenkt wurde. Mit Beschluss vom 11.06.2010 (BFH/NV 2010, 1806) hat der BFH ein weiteres Mal bestätigt, dass sich die Verlustberücksichtigung bei Auflösung einer KapG im Anwendungsbereich des § 17 EStG abspielt und dass hierfür die oben mitgeteilten Grundsätze gelten.

4.6 § 17 Abs. 5 EStG nach dem SEStEG[265]

Nach § 17 Abs. 5 S. 1 EStG gilt die Rechtsfolge (Ansatz der KapG-Anteile mit dem gemeinen Wert) nunmehr auch bei identitätswahrender Sitzverlegung der KapG, an der der StPfl. beteiligt ist, in einen Drittstaat.

Bei einer Sitzverlegung einer KapG oder einer SE in das EU-Ausland kommt es nach S. 2 zu keiner Sofortbesteuerung.

Vielmehr tritt die Wirkung der Aufdeckung der stillen Reserven in diesen Fällen erst mit einer späteren tatsächlichen Veräußerung ein. Dies gilt unabhängig von der Zuweisung des Besteuerungsrechts nach dem jeweiligen DBA.[266]

---

262 S. zur allgemeinen Verlustdiskussion bei § 17 EStG Kap. IV 2.4.2.
263 Andere verbleibende Möglichkeit: Auflösungsbeschluss der G'fter bei eindeutiger Vermögenslosigkeit.
264 Auch GmbH i.G. genannt.
265 S. dazu auch *Rödder/Schumacher*, DStR 2006, 1481 und DStR 2007, 371.
266 Der Treaty Override des § 17 Abs. 5 S. 2 EStG a.E. ist in der Literatur scharf kritisiert worden (*Körner*, IStR 2006, 469).

Trotz (oder wegen) der Neuregelung bleiben einige Ungereimtheiten (Asymmetrien):

- Es erfolgt nach § 17 Abs. 5 EStG bei späterem Hinzuerwerb (und einer erst damit verbundenen Begründung einer wesentlichen Beteiligung) eine Ausdehnung der Steuerhaftung auf die »Alt-Anteile«, die – isoliert gesehen – nicht steuerverhaftet waren.
- Im umgekehrten Fall, d.h. bei »Zuzug« der KapG nach Deutschland, wird nunmehr gem. § 17 Abs. 2 S. 3 EStG statt der AK der gemeine Wert angesetzt.
  Die Regelung soll für Zuzugsfälle (EU- oder Drittausland) eine evtl. Doppelbesteuerung vermeiden, die – ohne S. 3 – dadurch eintreten könnte, dass der Wegzugstaat den Wertzuwachs der Beteiligung bis zum Zeitpunkt des Wegzugs erfasst und die Beteiligung bei einer Veräußerung nach dem Zuzug nach Deutschland mit dem Veräußerungspreis abzgl. der Veräußerungskosten und der AK besteuert wird. Damit würde hinsichtlich des Wertzuwachses bis zum Zuzug nach Deutschland eine Besteuerung derselben Substanz im Wegzugstaat und im Zuzugsstaat stattfinden. Dies soll § 17 Abs. 2 S. 3 EStG vermeiden, indem er bestimmt, dass anstelle der AK der Wert, höchstens der gemeine Wert angesetzt wird, den der Wegzugstaat bei der Berechnung der § 6 AStG vergleichbaren Steuer angesetzt hat (Wertverknüpfung). Erforderlich ist allerdings, dass der Wegzugstaat beim Wegzug des StPfl. eine § 6 AStG vergleichbare Steuer erhoben hat.

4.7 Zusammenfassung des Regelungsgehalts von § 17 Abs. 6 EStG

§ 17 Abs. 6 EStG erfasst die Veräußerung von Anteilen, die der Veräußerer durch einen Anteilstausch nach § 21 UmwStG oder eine Sacheinlage gem. § 20 Abs. 1 UmwStG erworben hat. Die Veräußerung wird auch dann nach § 17 EStG besteuert, wenn es sich bei den veräußerten Anteilen **nicht** um eine relevante Beteiligung handelt. Erforderlich ist, dass bei den vorgenannten Einbringungsvorgängen nicht der gemeine Wert zum Ansatz kam und im Falle des Anteilstauschs die eingebrachten Anteile die Relevanzgrenze überschritten sowie die sonstigen Voraussetzungen des § 17 Abs. 1 S. 1 EStG vorliegen oder die veräußerten Anteile durch eine Sacheinlage i.S.d. § 20 Abs. 1 UmwG erworben wurden. Der Veräußerungsgewinn ermittelt sich wie in § 17 Abs. 2 EStG beschrieben. Zu beachten ist allerdings, dass der Einbringungsgewinn (Einbringungsgewinn I bei Sacheinlage und Einbringungsgewinn II bei Anteilstausch) zu nachträglichen AK der veräußerten Anteile führt.

5 Private Veräußerungsgeschäfte (§ 23 EStG)

Schon die Neu-Etikettierung von § 23 EStG (statt »Spekulationsgeschäfte« jetzt »private Veräußerungsgeschäfte«) kennzeichnet den Wandel in der Besteuerung von realisierten Wertzuwächsen im PV.

Zusammen mit der Tatbestandserweiterung bei § 17 EStG sind seit 1999 Wertzuwächse bei den wichtigsten WG des PV (Immobilien, Wertpapiere, Anteile an KapG) steuerlich erfasst. Auch ohne buchhalterische Dokumentation sind diese PV-WG nunmehr steuerverstrickt.

Durch das UntStRefG 2008 sind im Anwendungsbereich des § 23 EStG nur **Immobilien** und **Wertpapiere**[267] übrig geblieben, die ursprünglich miterfassten Termingeschäfte sind unter Kap. I 2.1.3.2 (Kursdifferenzpapiere) dort erläutert, wo sie nunmehr (VZ 2009) auch dogmatisch richtig platziert sind. Die durch den Transfer BV–PV und umgekehrt ausgelösten Folgen[268] sowie die Verlustthematik[269]) sind in anderem Zusammenhang dargestellt.

Als Veräußerungsgewinne werden Veräußerungen und ihnen gleichgestellte Tatbestände erfasst, die innerhalb der maßgeblichen, steuerschädlichen Frist des § 23 Abs. 1 EStG getätigt werden.

5.1 Steuerentstrickung bei Immobilien (Privatvermögen)

Nachdem auf der Grundlage des Urteils des BFH vom 19.07.1983 (BStBl II 1984, 26) die Steuerbarkeit nach § 23 EStG von der **Identität** (Nämlichkeit) der zunächst angeschafften und später veräußerten Objekte abhängt, ist im tatbestandlichen Vorfeld der Gegenstand so exakt wie möglich zu definieren. Der BFH (Urteil vom 12.06.2013, BFH/NV 2013, 1701) hat eine »partielle« Nämlichkeit bei § 23 EStG für den Fall genügen lassen, dass ein – mit einem Erbbaurecht belastetes – Grundstück angeschafft und nach Löschung des Erbbaurechts lastenfrei weiter veräußert wurde.

5.1.1 Der Grundtatbestand

Nach § 23 Abs. 1 S. 1 Nr. 1 S. 1 EStG unterliegen in- und ausländische[270] Grundstücke sowie Rechte, die den zivilrechtlichen Vorschriften über Grundstücke gleichgestellt sind (Wohnungs-, Teileigentum sowie Erbbaurechte), der virtuellen Besteuerung. Sonstige dingliche Rechte wie Nießbrauch und Vorkaufsrecht lösen hingegen nicht die Steuerfolgen des § 23 EStG aus.

Bereits wegen des Ausschlusstatbestandes von § 23 Abs. 1 S. 1 Nr. 1 S. 3 EStG (vorherige Selbstnutzung) ist die steuerliche Selbständigkeit von GruBo einerseits und Gebäude andererseits zu beachten.[271] Dies kann nicht darüber hinwegtäuschen, dass die Ermittlung des Veräußerungsgewinnes beide Komponenten (GruBo und Gebäude – Wertsteigerungen) beinhaltet.

5.1.2 Erstreckung auf errichtete Gebäude

Eine (wirtschaftliche) Ausnahme vom Identitätsgebot stellt § 23 Abs. 1 S. 1 Nr. 1 S. 2 EStG dar. Danach werden Gebäude (und selbständige Gebäudeteile), die innerhalb der zehnjährigen Veräußerungsfrist (statt der früheren zweijährigen Spekulationsfrist) errichtet wurden, in die Besteuerung einbezogen.

---

267 Für die Erfassung der Veräußerungsgewinne von Wertpapieren s. aber die Entscheidung des BVerfG zur Verfassungswidrigkeit (§ 23 Abs. 1 Nr. 1b EStG 1997) wegen eines strukturellen Erhebungsdefizits vom 09.03.2004 (BStBl II 2005, 56), aber kein strukturelles Erhebungsdefizit mehr seit VZ 1999 (BVerfG vom 10.01.2008, DB 2008, 273).
268 Rein steuertechnisch stellt die Entnahme aus dem BV eine Anschaffung i.S.d. § 23 Abs. 1 S. 2 EStG dar, während die Einlage einer Veräußerung gem. § 23 Abs. 1 S. 5 EStG gleichgestellt wird. Während die betroffenen WG steuerverstrickt bleiben, löst die Zäsur jeweils eine Neubewertung aus.
269 S. Kap. IV 3.4.
270 Die tatsächliche Besteuerung hängt in diesem Fall vom DBA ab; in den meisten DBA wird sie allerdings vom Belegenheitsstaat vorgenommen.
271 Dies ist allein deshalb von Bedeutung, da sich das Besteuerungsgut des § 23 EStG hauptsächlich aus den gestiegenen Bodenpreisen ergibt.

Beispiel 36: Die problematische Wertsteigerung
Schwabe S erwirbt am 01.04.08 eine grüne Wiese zu 100 T€. Wie bei allen seinen Landsleuten steht spätestens nach drei Jahren auf seinem Grundstück ein MFH (HK i.H.v. 1 Mio. €), mit dem V+V-Einkünfte ab April 11 erzielt werden. Aufgrund persönlicher Umstände sieht sich S gezwungen, das MFH noch im 1. Quartal 18 zu verkaufen.
Steuerpflicht, falls der Kaufpreis 2 Mio. € betragen soll?

Variante: Macht es einen Unterschied, wenn S das Objekt von seinem Vater V geschenkt bekam (bzw. ihm vererbt wurde) und V die AK im Jahre 08 getragen hat?

Lösung: Trotz fehlender Identität des erworbenen Objekts (»grüne Wiese«) und des veräußerten Objekts (MFH) liegt gem. § 23 Abs. 1 S. 1 Nr. 1 S. 2 EStG dann ein privates Veräußerungsgeschäft vor, wenn die maßgebliche Veräußerung (s. Kap. 5.1.2) vor dem 02.04.18 stattfindet.

Variante: Wegen § 23 Abs. 1 S. 3 EStG kommt es zur identischen Rechtsfolge, wenn S unentgeltlicher Einzel-Rechtsnachfolger des V ist, ihm folglich die Wiese geschenkt wurde.
Bei Gesamtrechtsnachfolge (Erbfall) ging man früher – wie selbstverständlich – (»Fußstapfentheorie«) von dem Einrücken des Erben in die latente Steuerposition des Erblassers aus. Die h.M. hält denn auch die Neueinführung der »Einzelrechtsnachfolge« im Text des § 23 EStG nur für eine Bestätigung der ohnehin bestehenden Steuerkontinuität im Erbfall.[272] Hiergegen kann aber eingewandt werden, dass durch die BFH-Rspr. die steuerliche Nachfolgeeuphorie ins Wanken geraten ist und es von daher einer konstitutiven Gesetzesregelung bedarf, sofern Fälle der Gesamtrechtsnachfolge hierunter subsumierbar sein sollen.[273]

Hinweis: Das BVerfG hat mit seinem Beschluss vom 07.07.2010 (BStBl II 2011, 76) die Verlängerung der Spekulationsfrist bei Grundstücksveräußerungsgeschäften für teilweise verfassungswidrig erklärt. § 23 Abs. 1 S. 1 Nr. 1 i.V.m. § 52 Abs. 39 S. 1 EStG i.d.F. des StEntlG 1999/2000/2002 verstößt gegen die verfassungsrechtlichen Grundsätze des Vertrauensschutzes und ist nichtig, soweit in einem Veräußerungsgewinn Wertsteigerungen steuerlich erfasst werden, die bis zur Verkündung des StEntlG 1999/2000/2002 am 31.03.1999 entstanden sind und nach der zuvor geltenden Rechtslage bis zum Zeitpunkt der Verkündung steuerfrei realisiert worden sind oder steuerfrei hätten realisiert werden können.

Des Weiteren hat das BVerfG aber festgestellt, dass die mit dem StEntlG 1999/2000/2002 gesetzlich normierte Verlängerung der Frist von zwei auf zehn Jahre für die Veräußerung von Wirtschaftsgütern i.S.d. § 23 Abs. 1 S. 1 Nr. 1 EStG i.V.m. § 52 Abs. 39 S. 1 EStG i.d.F. des StEntlG 1999/2000/2002 als solche grundsätzlich nicht zu beanstanden ist.

Auch soweit die früher geltende zweijährige Veräußerungsfrist im Zeitpunkt der Verkündung des StEntlG 1999/2000/2002 am 31.03.1999 noch nicht abgelaufen war, birgt ihre Verlängerung nach Ansicht des BVerfG keine verfassungsrechtlichen Bedenken, da die bloße Möglichkeit, Gewinne später steuerfrei zu vereinnahmen, keine vertrauensrechtlich geschützte Position begründet.

Wie bereits im Fall der rückwirkenden Absenkung der Beteiligungsgrenze in § 17 Abs. 1 S. 4 EStG hat das BMF entsprechend reagiert und mit Schreiben vom 20.12.2010 (BStBl I 2011, 14) zur Umsetzung der Rechtsprechung des BVerfG zur rückwirkenden Verlängerung der Veräußerungsfrist bei Spekulationsgeschäften von zwei auf zehn Jahre Stellung bezogen. Danach ist der Umfang des steuerbaren Wertzuwachses regelmäßig dem Verhältnis der Be-

---

272 Vgl. etwa *Fischer* in *Kirchhof-kompakt*, § 23 Rz. 15.
273 S. die Darstellung unter Kap. IV sowie *Kupfer*, KÖSDI 2000, 12276.

sitzzeit nach dem 31.03.1999 im Vergleich zur Gesamtbesitzzeit monatsweise zu ermitteln (o.g. BMF-Schreiben, Tz. II 1). Auf Antrag kann der StPfl. die tatsächlichen Wertverhältnisse nachweisen (o.g. BMF-Schreiben, Tz. II 2 a).

5.1.3 Die Ausnahme: Selbstnutzung

Gem. § 23 Abs. 1 S. 1 Nr. 1 S. 3 EStG sind **ausschließlich** zu **eigenen Wohnzwecken** genutzte WG (Gebäudeteile inkl. des zugehörigen GruBo-Anteils (BMF vom 05.10.2000, BStBl I 2000, 1383, Rz. 18) von der Besteuerung ausgeschlossen. Dabei werden aber weder Ferienwohnungen noch ein häusliches Arbeitszimmer dem »Ausschließlichkeitsanspruch« gerecht (Rz. 21 des o.g. BMF-Schreibens).

Beispiel 37: Ein weiterer Vorteil der »eigenen vier Wände«
Bauherr B erwirbt in 10 ein unbebautes Grundstück, auf dem in 14 ein EFH errichtet wird, das zunächst vermietet wird. In 16 zieht B mit seiner Familie in das EFH ein und bewohnt es selbst. In 18 wird das EFH verkauft.
Löst der Verkauf die Steuerfolgen des § 23 EStG aus?

Von der Besteuerung nach § 23 EStG ist auch der GruBo-Anteil ausgenommen, der dem zu eigenen Wohnzecken ermittelten Gebäude(-teil) zuzurechnen ist. Dieser umfasst aber nur die für die entsprechende Gebäudenutzung erforderlichen und üblichen Flächen (Rz. 17 des o.g. BMF-Schreibens). Entscheidend ist jedoch, ob die zeitliche Frist von drei Kj. Eigennutzung eingehalten ist.

Lösung: Der gesetzliche Begriff von der zusammenhängenden Nutzung innerhalb der letzten drei Kj. in § 23 Abs. 1 S. 1 Nr. 1 S. 3 EStG wird von der Verwaltung (Rz. 25 des o.g. BMF-Schreibens) so interpretiert, dass es sich nicht um volle Kj. Eigennutzung handeln müsse. Es genügt demnach, wenn die Voraussetzung der Eigennutzung zusammenhängend in drei Kj. vorliege, demzufolge – im Extremfall – auch eine Eigennutzung vom 31.12.16 bis 01.01.18 genügen würde, um die Steuerfreiheit des Verkaufes des EFH zu garantieren.[274]

5.2 Der Handlungstatbestand bei § 23 EStG

Nach der Anschaffung[275] (bzw. seit VZ 1999 auch der Entnahme[276], § 23 Abs. 1 S. 2 EStG[277]) ist eine Veräußerung (bzw. Einlage[278]) innerhalb des Zehnjahreszeitraumes steuerschädlich.
Die Begriffe »Anschaffung« und »Veräußerung« werden dabei einheitlich i.d.S. interpretiert, dass es sich um entgeltliche Übertragungsvorgänge handeln muss. Bei **teilentgeltlichen** Übertragungen, wie dies insb. bei der vorweggenommenen Erbfolge (z.B. bei vereinbarten

---

274 Der Fall ist im o.g. BMF-Schreiben nicht so gebildet worden, muss aber nach dem Wortlaut so gelöst werden.
275 Der entgeltliche Erwerb eines Erbteils ist nach BFH vom 20.04.2004 (BStBl II 2004, 987) ebenfalls ein Anschaffungsvorgang bei § 23 EStG.
276 **Hinweis** auf die ausführlichen Regelungen (Rz. 33 f. des o.g. BMF-Schreibens) zur Ermittlung des stpfl. Gewinns bei Entnahme.
277 Mit Urteil vom 18.10.2006 (BStBl II 2007, 179) hat es der BFH abgelehnt, die Vorschrift auch auf vor dem 01.01.1999 getätigte Entnahmen aus dem BV ins PV anzuwenden; daraufhin fasste das BMF im Schreiben vom 07.02.2007 (BStBl I 2007, 262) die Rz. 1 des BMF-Schreibens vom 05.10.2000 neu.
278 Hinweis auf die Ermittlung des Veräußerungsgewinnes bei Einlage auf Rz. 35 ff. des o.g. BMF-Schreibens.

»Gleichstellungsgeldern«) der Fall ist, erfolgt eine Aufteilung des Kaufpreises nach der **Trennungstheorie**.[279] Bei unentgeltlichen Erwerben wird auf § 23 Abs. 1 S. 3 EStG verwiesen.

Des Weiteren ist bei der Berechnung des Zehnjahreszeitraumes darauf zu achten, dass sowohl für die Anschaffung als auch für die Veräußerung die **schuldrechtlichen** Rechtsgeschäfte (i.d.R. der Kaufvertrag) und nicht die dingliche Auflassung zugrunde gelegt wird (ständige Rspr. BFH vom 15.12.1993, BStBl II 1994, 687).

Nach § 23 Abs. 3 S. 4 EStG ist schließlich bei Objekten, die nach dem 31.07.1995 (§ 52 Abs. 31 S. 4 EStG) erworben wurden, bei der Abzugsgröße der AK noch die (Sonder-)AfA abzuziehen, soweit diese vorher bei der Einkünfteermittlung berücksichtigt wurde. Auf diese Weise erhöht sich für »neue Objekte« der private Veräußerungsgewinn (Veräußerungspreis ./. reduzierte AK gem. § 23 Abs. 3 S. 1 und 4 EStG).

Hinweise:
(1) Zu den Anschaffungsvorgängen kann auch ein **Grundstückstausch** zählen (BFH vom 13.04.2010, BStBl II 2010, 792). Im Urteilsfall überträgt der Eigentümer bei der Veräußerung eines nicht parzellierten Grundstücks eine Teilfläche ohne Ansatz eines Kaufpreises und erhält dafür gegenüber der erwerbenden Gemeinde einen Rückerstattungsanspruch auf ein entsprechendes, parzelliertes und beplantes Grundstück. So gilt das entsprechende, parzellierte und beplante Grundstück als im Wege des Tausches i.S.v. § 23 Abs. 1 S. 1 Nr. 1 EStG angeschafft. Unter Anschaffung oder Veräußerung i.S.d. § 23 EStG ist zwar die entgeltliche Übertragung eines WG zu verstehen, jedoch ist ein entgeltlicher Erwerb auch im Wege des Tausches möglich. Die Anschaffungskosten entsprechen dabei dem gemeinen Wert des hingegebenen WG (s. auch BFH vom 02.04.2008, BStBl II 2008, 679). Im Fall war das Entgelt für das nicht parzellierte Grundstück nicht die Zahlung des Preises für das Bauerwartungsland, sondern die Einräumung eines Anspruchs des Klägers auf Übertragung des entsprechenden Grundstücks nach Erreichen der Baulandqualität. Der Erwerb des Übertragungsanspruchs des Klägers und der Erwerb des beplanten Grundstücks sind als wirtschaftlich identisch zu erachten. Dieser Erwerb erfolgte entgeltlich, nämlich in Gegenzug zur Übertragung des nicht parzellierten Grundstücks ohne Bezahlung in Geld. Obwohl die Gemeinde keine Gegenleistung in Geld zu entrichten hatte, bedeutet das nicht, dass sie das Grundstück unentgeltlich erworben und entsprechend unentgeltlich an den Kläger weitergegeben hätte.
(2) Ein **aufschiebend bedingter Verkauf eines Grundstücks** innerhalb der Zehnjahresfrist unterliegt § 23 EStG, wenn der Zeitpunkt des Bedingungseintritts außerhalb der Frist liegt (BFH vom 10.02.2015, BStBl II 2015, 487).

5.3 Freigrenze

Bei der Besteuerung der privaten Veräußerungsgeschäfte ist gem. § 23 Abs. 3 S. 5 EStG eine Freigrenze von 600 € zu berücksichtigen, d.h. bei Gesamtgewinnen ab 600 € ist der volle Betrag zu versteuern.

---

279 Hierzu ausführlich Kap. III.

6 Schicksal der Anteile bei Einbringung in eine GmbH

6.1 Die einbringungsgeborenen Anteile des § 21 UmwStG a.F. (historische Kurzfassung)

Wurde eine steuerfunktionelle Einheit (Betrieb, Teilbetrieb, MU-Anteil) oder ein Anteil an einer KapG i.S.d. § 20 Abs. 1 S. 2 UmwStG a.F. (vor Inkrafttreten des SEStEG) zu **Buch-(oder Zwischen-)Werten** in eine unbeschränkt körperschaftpfl. KapG gegen Gewährung von **neuen Anteilen** an der KapG eingebracht, so gingen die in dem eingebrachten BV enthaltenen stillen Reserven auch auf die empfangenen Anteile über (bei Buchwerten: doppelte Erfassung der stillen Reserven).[280] Diese wurden **einbringungsgeborene Anteile** i.S.d. § 21 UmwStG a.F. genannt. Dabei galten als AK der einbringungsgeborenen Anteile nach § 20 Abs. 4 UmwStG a.F. der Wert, mit dem die KapG das eingebrachte BV angesetzt hat.

Die künftige Besteuerung der einbringungsgeborenen Anteile richtete sich damit – unabhängig von der Beteiligungshöhe – nach § 21 UmwStG a.F. und nicht nach § 17 EStG[281] (vgl. auch § 27 Abs. 3 UmwStG n.F.).[282] Wesentliches Steuermerkmal für die künftige Besteuerung sind die AK der einbringungsgeborenen Anteile, entweder im Falle der Veräußerung nach § 21 Abs. 1 UmwStG a.F. oder im Falle der Entstrickung gem. § 21 Abs. 2 UmwStG a.F.[283]

Wie bei § 17 EStG können sich die historischen AK der einbringungsgeborenen Anteile durch spätere Kapitalbewegungen, eigenkapitalersetzende Darlehen und ähnliche Kapitalsurrogate erhöhen (sog. nachträgliche AK; vgl. BFH vom 29.03.2000, BStBl II 2000, 508) oder durch Kapitalrückzahlungen vermindern. Damit wird sichergestellt, dass auch spätere Wertveränderungen zwischen Einbringung und Besteuerung erfasst werden.

Mit Urteil vom 15.04.2015 (BFH/NV 2015, 1446) hat der BFH die Steuerpflicht der Veräußerung einbringungsgeborener Anteile für eine GmbH (§ 21 UmwStG a.F. i.V.m. § 8b KStG) vor Ablauf der Sperrfrist für verfassungskonform gehalten.

6.2 Das Schicksal der Anteile bei Einbringung nach dem SEStEG (Überblick)[284]

Für das UmwStG in der Neufassung durch das SEStEG (anwendbar auf Einbringungen nach dem 12.12.2006) gilt folgende Systematik: Wird eine steuerfunktionelle Einheit (Betrieb, Teilbetrieb, MU-Anteil) oder ein Anteil an einer KapG i.S.d. § 21 Abs. 1 S. 2 UmwStG **zu Buch-(oder Zwischen-)Werten** in eine KapG gegen Gewährung von **neuen Anteilen** an der KapG eingebracht, so gehen die in dem eingebrachten BV enthaltenen stillen Reserven weiterhin auch auf die empfangenen Anteile über (bei Buchwerten: doppelte Erfassung der stillen Reserven). Nunmehr richtet sich aber die künftige Besteuerung der erhaltenen Anteile – abhängig von der Beteiligungshöhe – nach § 17 EStG oder § 23 EStG.

Eine Veräußerung der erhaltenen Anteile führt aber zu einer nachträglichen Besteuerung der Einbringung, wenn die eingebrachten Betriebsteile von der übernehmenden KapG

---
280 S. zum Einbringungsvorgang umfassend *Vollgraf*, Band 2, Teil D, Kap. VII.
281 Wurden die stillen Reserven anlässlich der Einbringung bereits aufgedeckt, so gilt für diese Anteile § 17 EStG.
282 Zur Frage der Weitergeltung: UmwSt-Erlass vom 11.11.2011 (BStBl I 2011, 1314) Rz. 27.01–27.13.
283 Vgl. auch mit ausführlichem Beispiel: UmwSt-Erlass (a.a.O.) Rz. 20.38–20.41.
284 Vgl. *Vollgraf*, Band 2, Teil D, Kap. X sowie *Carlé*, KÖSDI 2007, 15401 und *Förster*, DB 2007, 72.

unter dem gemeinen Wert angesetzt wurden und der Einbringende die erhaltenen Anteile innerhalb von sieben Jahren nach dem Einbringungsvorgang veräußert (§ 22 Abs. 1 S. 1 UmwStG). Sodann ist der Einbringungsgewinn I zu ermitteln. Er ist definiert als Differenz zwischen dem gemeinen Wert des eingebrachten Betriebsvermögens im Zeitpunkt der Einbringung und dem Wert, mit dem die übernehmende KapG das eingebrachte Betriebsvermögen angesetzt hat. Dieser Einbringungsgewinn I reduziert sich linear um ein Siebtel für jedes seit dem Einbringungszeitpunkt abgelaufene Zeitjahr (§ 22 Abs. 1 S. 3 UmwStG). Der Einbringungsgewinn I erhöht zugleich die Anschaffungskosten der erhaltenen Anteile (§ 22 Abs. 1 S. 4 UmwStG).

Exkurs (Auszug aus *Patt* in *Preißer/Pung*, Besteuerung der PersG und KapG, 2012, D. 5 zu den einzelnen **Tatbestandsvoraussetzungen bei § 21 UmwStG;** eine ausführliche Darstellung erfolgt in Band 2, Teil D, Kap. VII):

Bei § 21 UmwStG wird die steuerliche Bewertung des Anteilstauschs von Beteiligungen an KapG im Wege einer offenen Sacheinlage, d.h. gegen Erwerb von (Geschäfts-)Anteilen an der übernehmenden Gesellschaft (KapG) geregelt. Wie auch im Anwendungsbereich des § 20 UmwStG müssen als Gegenleistung (auch) neue Anteile an der Übernehmerin ausgegeben werden; die Gewährung ausschließlich eigener Anteile der Übernehmerin ist nicht begünstigt.

In **sachlicher Hinsicht** muss ein »Austausch von Anteilen« erfolgen (s. § 1 Abs. 3 Nr. 5 UmwStG). Auf welche Weise dieser Austausch zu erfolgen hat, wird in der Anwendungsbestimmung nicht definiert und damit auch nicht auf besondere Vorgänge eingegrenzt. Folglich sind alle Sachverhalte betroffen, die zu einer anderen steuerlichen Zurechnung der Anteile beim jeweiligen Rechtsträger (einbringender und übernehmende Gesellschaft) führen (z.B. Einzelübertragung des Eigentums, Umwandlungen oder Verschaffung des wirtschaftlichen Eigentums; hierzu s. BFH vom 17.02.2004, BStBl II 2004, 651).

Für die **Person des Einbringenden** bestehen keine besonderen Anwendungsvoraussetzungen.

Die Einbringung von Anteilen an einer KapG in eine aufnehmende KapG gem. § 21 Abs. 1 UmwStG gegen Gewährung von neuen Gesellschaftsanteilen ist ebenso wie die Betriebseinbringung nach § 20 Abs. 1 UmwStG dem Grunde nach eine Veräußerung der Anteile durch einen tauschähnlichen Vorgang. An dem Entgeltcharakter für die Einbringung/Übertragung der KapG-Beteiligung ändert sich nichts dadurch, dass die dem Einbringenden gewährte Gegenleistung vollen Umfangs in der Gewährung von Gesellschaftsrechten besteht. Dies gilt auch, wenn beim Anteilstausch kein steuerlicher Gewinn entsteht, weil die BW/AK der Anteile fortgeführt werden bzw. auf Antrag als steuerlicher Veräußerungspreis für die hingegebene Beteiligung gelten (s. BFH vom 25.06.2004, BFH/NV 2004, 1530).

Der nicht qualifizierte (»**einfache**«) **Anteilstausch** ist in § 21 Abs. 1 S. 1 UmwStG geregelt. Im Gegensatz hierzu steht der sog. qualifizierte Anteilstausch i.S.d. § 21 Abs. 1 S. 2 UmwStG, der anders als der einfache Anteilstausch nicht in jedem Fall zu einer Gewinnrealisierung führt. Der Anteilstausch gem. § 21 Abs. 1 S. 1 UmwStG ist die Sacheinlage der Beteiligung an einer KapG (auch aus Drittstaaten) durch den Einbringenden in eine EU-/EWR-KapG gegen Gewährung neuer Anteile an der Übernehmerin, wenn die Übernehmerin keine Stimmrechtsmehrheit an der Gesellschaft, deren Anteile eingebracht worden sind, erlangt.

In § 21 Abs. 1 S. 2 UmwStG wird als »**qualifizierter Anteilstausch**« die offene Sacheinlage von Anteilen an einer KapG bezeichnet, **wenn** diese in eine KapG erfolgt, die eingebrachten

Anteile der Übernehmerin eine nominale (einfache) Stimmenmehrheit vermitteln **und** als Gegenleistung neue Anteile an der Übernehmerin gewährt werden.

Die mehrheitsvermittelnde Beteiligung stimmt mit der inhaltsgleichen Vorgängerregelung des § 20 Abs. 1 S. 2 UmwStG 1995 überein, sodass auf die dortigen Auslegungskriterien zurückgegriffen werden kann. Für den TB des Anteilstauschs ist irrelevant, wie lange die eingebrachte Beteiligung im BV der Übernehmerin verbleibt und ob die vermittelte Stimmenmehrheit bei der übernehmenden Gesellschaft nach der Einbringung erhalten bleibt (vorbehaltlich eines Gestaltungsmissbrauchs). Allerdings kann die Veräußerung der eingebrachten Anteile durch die Übernehmerin innerhalb von sieben Jahren nach dem Anteilstausch unter den Voraussetzungen des § 22 Abs. 2 UmwStG zu einem nachträglichen Gewinn beim Einbringenden führen.

Gegenstand des Anteilstauschs i.S.d. § 21 Abs. 1 UmwStG ist – im Gegensatz zu den Sacheinlagen gem. §§ 20 und 24 UmwStG – **stets ein Einzel-WG**. Dies gilt auch für die 100 %ige Beteiligung an einer KapG.

III Einkommensteuer – Rechtsnachfolge (vorweggenommene Erbfolge, Erbfall und Erbauseinandersetzung)

1 Einleitung

Das »Thema« der Rechtsnachfolge durchzieht die ganze Rechtsordnung. Im Steuerrecht kehrt es wieder im Ertragsteuerrecht, in der Erbschaftsteuer und im Verfahrensrecht. Die Berührungspunkte mit der Umsatzsteuer werden in diesem Kapitel nicht weiter verfolgt.[285]

Beide Säulen des ErbStG, das Schenkung- und das Erbschaftsteuerrecht, sind durch die Zweipoligkeit von Einzelrechtsnachfolge (Schenkung) und Gesamtrechtsnachfolge (Erbfall) für das vorliegende Thema prädestiniert. Dort gibt es mit dem erbrechtlichen Grundsatz der Universalsukzession (Gesamtrechtsnachfolge gem. § 1922 BGB) und seinen praxisrelevanten Ausnahmen wichtige Anknüpfungspunkte. Im Erbschaftsteuerrecht ist die gegenseitige Durchdringung am weitesten entwickelt. Das Verfahrensrecht schließlich gebraucht gelegentlich den Terminus der Gesamtrechtsnachfolge (§ 45 AO[286]), um damit die Kontinuität des Steuerschuldverhältnisses zu begründen.

Vor allem aber sind das Einkommensteuer-, das Körperschaftsteuer- und das Umwandlungssteuerrecht sowie in Randbereichen auch das Gewerbesteuerrecht von der Rechtsnachfolge betroffen. Besonders deutlich wird dies im UmwStG, wenn dessen Hauptanwendungsbereich (Ausnahme: die Einbringungstatbestände) von der unternehmensrechtlichen Gesamtrechtsnachfolge des UmwG abhängt.[287] Die ESt hält sich mit exakten gesetzlichen Festlegungen zurück, verwendet aber in wichtigen Regelungsbereichen zumindest die **neutralen** Begriffe der »Rechtsnachfolge« (vgl. § 24 Nr. 2 EStG), des »Rechtsvorgängers« (z.B. § 17 EStG) oder des »unentgeltlichen Erwerbs« (§ 6 Abs. 3 EStG), um daran Rechtsfolgen zu knüpfen (Stichwort: »Generationennachfolge«). Die Rspr. des BFH war für diese Fallgruppe immer um die Ableitung seiner Steuererkenntnisse aus dem Zivilrecht bemüht.

Besondere Bedeutung erfuhr das Thema durch den Beschluss des Großen Senats des BFH vom 17.12.2007 (BStBl II 2008, 608), in dem die bisherige Rspr. zur **Vererblichkeit des Verlustabzugs** nach § 10d EStG **aufgegeben** wurde.

---

[285] S. dazu *V. Schmidt*, Band 3, Teil B, Kap. VIII.
[286] Zu den Details bei §§ 45, 155 Abs. 3, 166 (u.a.) AO s. *Bähr*, Band 3, Teil A, Kap. II und III.
[287] Zu Aspekten der unternehmensrechtlichen Gesamtrechtsnachfolge im Bereich der Umstrukturierung s. *Vollgraf*, Band 3, Teil D, Kap. II.

2 Rechtsnachfolge in der Rechtsordnung

2.1 Überblick und Eingrenzung

Der nachfolgende zivilrechtliche Abriss folgt dem »natürlichen« Zeittableau der Übertragungsvorgänge. Beginnend mit der vorweggenommenen Erbfolge wird der Erbfall und sodann die Erbauseinandersetzung dargestellt. Konform mit dem von der Rspr. entwickelten Übergabekonzept handelt es sich um »kompakte« Übertragungen in dem Sinne, dass die Generationennachfolge von Familienvermögen im Vordergrund steht. Mit Rechtsübergang ist der »Wechsel des Subjekts bei Identität des Rechtsinhalts« und mit Rechtsnachfolge der »von der Berechtigung des Vorgängers abgeleitete Erwerb« gemeint.

Auf die Berechtigung der Ableitung vom Vorgänger, d.h. auf die Rechtmäßigkeit der Eigentumsübertragung, kommt es im Steuerrecht nicht an. Dort werden die mit dem Übergang einhergehende gesteigerte Leistungsfähigkeit und vor allem der dafür gezahlte »Preis« die Indikatoren für die Steuerfolgen sein. Gerade in steuerlicher Hinsicht kommt jedoch einer anderen Unterscheidung aus dem Zivilrecht eine große Bedeutung zu, nämlich die Trennung von **abgeleiteter und neu begründeter** Rechtsnachfolge.[288] So begegnet einem die steuerliche Rechtsnachfolge auch dort, wo aus einem einheitlichen WG (Beispiel: eine gesellschaftsrechtliche Beteiligung) ein hierin enthaltener Teilbereich »herausgeschnitten« wird und in der Person des Nachfolgers neu begründet wird (Beispiel Unterbeteiligung).

2.2 Die Rechtsnachfolge im Zivilrecht

Wegen der grundlegenden – und vor allem wegen der exklusiven (ausschließlichen) – Bedeutung stehen Begriffe, Anwendungsbereich und Folgen der »Einzelrechtsnachfolge« und der »Gesamtrechtsnachfolge« im Zentrum der Betrachtung.

2.2.1 Die Einzelrechtsnachfolge (Singularsukzession)

Mit Nachfolge ist immer der dingliche (sachenrechtliche) Übergang von Sachen oder Rechten gemeint. Das BGB nennt die Vorgänge im Einzelnen:

- Übereignung von beweglichen Sachen gem. § 929 BGB,
- Auflassung von Grundstücken gem. §§ 925, 873 BGB,
- Abtretung von Forderungen nach § 398 BGB[289] und
- Schuldübernahme (§ 414 ff. BGB).[290]

---

288 Zur allgemeinen Unterscheidung s. *Larenz/Wolf*, Allgem. Teil des Bürgerlichen Rechts (9. Aufl.), § 13 V a.
289 Die Abtretung wird hier aufgenommen, da mit ihr der definitive Übergang der Gläubigerstellung verbunden ist.
290 Es kommt also nicht auf das schuldrechtliche Grundgeschäft (Kauf, Schenkung etc.) an. Dies wird gelegentlich im Steuerrecht anders gesehen (entweder allgemein bei § 39 Abs. 2 AO – wirtschaftliches Eigentum – oder speziell bei § 23 EStG, wenn der Kaufvertrag als Auslöser für die »Spekulationsfrist« dient).

Aufgrund des **Spezialitätsgrundsatzes** (jedes WG wird gesondert übertragen) dürfen die erforderlichen Willensakte immer nur jeweils ein **einzelnes WG** (Aktivum wie Passivum) erfassen, von daher auch Einzelrechtsnachfolge genannt.[291]

Dabei handelt es sich bei der Einzelrechtsnachfolge um die prototypische Übertragungsform **unter Lebenden**, die grundsätzlich immer möglich ist.[292] Wird demnach ein Unternehmen (ein Betrieb) verkauft, so kann dies immer in der Form der Einzelrechtsnachfolge erfolgen. Für alle davon betroffenen WG müssen die vom BGB vorgehaltenen Übertragungsschritte eingehalten werden; allerdings können auch einzelne WG ausgenommen werden.

2.2.2 Die Gesamtrechtsnachfolge (Universalsukzession)

Demgegenüber ist das gesetzliche Leitbild für die Gesamtrechtsnachfolge der Erbfall, ausgelöst durch den Tod des Erblassers (§ 1922 BGB). Auch wenn den bedachten Übernehmern einzelne Gegenstände aus dem Nachlass zugewiesen werden können (Beispiel: Vermächtnis), geht dies nie ohne (einen) Erben und Erbe kann man nur im Wege der Gesamtrechtnachfolge werden. Mehrere Aspekte sind gesetzliche Voraussetzung und Folge zugleich:

- **Alle** dem Übergeber (Erblasser) gehörenden Vermögenspositionen sind vom Übergang betroffen.[293]
- Der Übergang erfolgt in **einem Rechtsakt** (»uno actu«) ohne Einzelübertragungen (sog. »Vonselbst-Erwerb«).
- Mit den aktiven Vermögenswerten gehen auch die **Schulden** über (§§ 1967 ff. BGB).[294]
- Als erbrechtliche Besonderheit, aber tatsächlicher Regelfall kommt hinzu, dass **mehrere Erben** zunächst immer als **Erbengemeinschaft** in die Fußstapfen des Erblassers treten (§§ 2032 ff. BGB).

Der Rechtskomfort der Gesamtrechtsnachfolge (ein Vorgang löst den Übergang aller WG des Übergebers aus) wurde erkannt und blieb nicht dem Übergang von Todes wegen vorbehalten. So ist durch § 2 UmwG – mit Wirkung ab 1995 – ein Instrument geschaffen worden, Unternehmen im Wege der Gesamtrechtsnachfolge umzustrukturieren. Der Auslöser ist dabei nicht mehr der Tod des Übergebers, sondern ein **registerpflichtiger Beschluss**, durch den Fusionen, Spaltungen und sog. Vermögensübertragungen vorgenommen werden können.[295]

Zivilrechtlich unerlässliche Voraussetzung für die Anwendung der Gesamtrechtsnachfolge ist eine **gesetzliche Regelung (sog. Numerus-clausus-Prinzip)**. Mangels einer ausdrücklichen Gesetzesgrundlage (oder bei Fehlen mindestens einer der gesetzlichen Voraussetzungen) ist eine Übertragung nur im Wege der Einzelrechtsnachfolge möglich.

---

291 Wobei natürlich auch mehrere WG zusammengefasst werden können.
292 Zivilrechtliche Voraussetzung ist nur das Vorliegen der Wirksamkeitsvoraussetzungen für die Abgabe der einschlägigen Willenserklärungen.
293 Höchstpersönliche Rechtsgüter (z.B. Gestaltungsrechte; Persönlichkeitsrechte) sind ausgeschlossen.
294 Damit ist eine Vereinigung des Nachlassvermögens mit dem Eigenvermögen verbunden. Die Verbindung kann jedoch wieder aufgehoben werden (Nachlassverwaltung, -insolvenz u.a.).
295 Hierzu ausführlich *Missal*, Band 2, Teil D, Kap. II. Der Formwechsel zählt nicht dazu.

2.2.2.1 Einschränkungen vom Grundsatz der erbrechtlichen Gesamtrechtsnachfolge
Die erste »Ausnahme« begegnet einem bereits bei der **Testamentserrichtung**. Die meisten Erblasser ignorieren bei mehreren bedachten Erben die gesetzliche »Vorgabe« der Gesamtrechtsnachfolge. Es wird gegenstandsbezogen testiert (Beispiel: Erbe A erhält den Betrieb, Erbe B das Geld). Diese dem Grundsatz der ganzheitlichen Vererbung widersprechende Erbeinsetzung wird durch die Auslegungsregel des § 2087 Abs. 2 BGB relativiert. Danach wird das Objekt (im Beispiel der Betrieb) nach seinem Gegenstandswert berechnet und man geht somit von einer Erbeinsetzung auf den **Bruchteil** aus.

Eine zweite – dogmatisch bedeutsame – Variante liegt bei der Vererbung von **Beteiligungen an PersG** vor. Aufgrund jahrzehntelanger Entwicklung in der Literatur und in der Rspr.[296] wird die Beteiligung an einer PersG nicht nur als eine vermögensrechtliche Position angesehen (es gibt umfangreiche Mitwirkungsrechte!), und dies führt zu einer **Sonderrechtsnachfolge**. Als Folge der Sondererbfolge geht die Beteiligung **direkt** auf den (oder die) **G'fter-Erben** über. Anders formuliert: Man spart sich den Umweg über die Miterbengemeinschaft[297], die ansonsten bei mehreren Erben die direkte Rechtsnachfolgerin des Erblasser-G'fters ist.

Während es noch einige wenige Fälle der Sonder(berechtigten)nachfolge gibt[298], erfreut sich eine andere Variante einer weitaus größeren Beliebtheit. Die **Lebensversicherung** erlaubt – bei unwiderruflicher Bezugsberechtigung des (fremden) Berechtigten – eine formfreie (§§ 330 f. BGB) Übertragung eines wesentlichen Vermögensstockes am **Nachlass vorbei**.

2.2.2.2 Erweiterter Anwendungsbereich der Universalsukzession
Ein gesetzlicher Anwendungsfall einer Universalsukzession liegt bei der **Anwachsung/Abwachsung** gem. § 738 BGB vor. Die Bedeutung der Regelung, wonach beim Ausscheiden eines G'fters einer PersG (GbR, OHG, KG) dessen Anteil den verbleibenden G'ftern von Gesetzes wegen zuwächst, kann gerade für Unternehmensumstrukturierungen nicht hoch genug eingeschätzt werden. Bei entsprechendem »Zuschnitt« der G'fter wird auch vom »**Anwachsungsmodell**« gesprochen. Scheidet z.B. bei einer GmbH & Co. KG der »Co.« (natürliche Person) aus, findet auf diese Weise – ohne Beteiligung weiterer Stellen (HR, Notar) – eine Umwandlung von einer PersG (KG) in eine KapG (GmbH) statt.

Auch bei dieser Erscheinungsform (Ausscheiden des vorletzten G'fters) wird der einschränkende Zusatz der »**beschränkten Gesamtrechtsnachfolge**« deutlich. Nicht alle Gegenstände des G'fters wechseln bei der Anwachsung den Rechtsträger: nur die gesellschaftsrechtlich (d.h. gesamthänderisch) gebundenen Gegenstände gehen auf die verbleibenden G'fter über. Der »Rechtskomfort« dieser Lösung wird besonders dann deutlich, wenn zum Gesamthandsvermögen Immobilienvermögen gehört. Ohne Auflassung kann – auch bei umfangreichem Grundbesitz der PersG – ein Rechtsträgerwechsel stattfinden.[299]

---
296 S. grundlegend BGH vom 10.02.1977 (BGHZ 68, 225).
297 Im Folgenden: MEG für Miterbengemeinschaft.
298 So z.B. nach §§ 4 und 15 HöfeO bei der Vererbung landwirtschaftlicher Anwesen oder nach §§ 563a und 563b BGB beim Tode des (Wohnungs-)Mieters. Für die Nachlassgläubiger bzw. die Pflichtteilsberechtigten wird ein Ausgleichsanspruch nach § 2325 Abs. 3 BGB (gegen den Erben) nur i.H.d. während der letzten zehn Jahre eingezahlten Prämien gegeben.
299 Die spätere Grundbuchmitteilung (geänderter Gesellschafterbestand) ist kein konstitutives Merkmal für den Übergang. Diese Möglichkeit hat vor allem für die (Ersparnis von) Grunderwerbsteuer eine große Bedeutung bekommen. S. aber die Neuregelung von § 1 Abs. 2a GrEStG, wonach bei einem Wechsel im Gesellschafterbestand von mehr als 95 % innerhalb von fünf Jahren ein GrESt-Tatbestand fingiert wird.

In zwei weiteren Bereichen wurde durch die Rspr. des BGH zusätzlicher Boden für das Rechtsinstitut der Gesamtrechtsnachfolge gewonnen.

- Nachdem die rechtsgeschäftliche Übertragung einer **Beteiligung an einer PersG** unter **Lebenden** heute als Verkehrsgeschäft zugelassen ist, fügt sich auch die weitere Vorstellung einer beschränkten Gesamtrechtsnachfolge – als Prozess und Gegenstand der Übertragung – nahtlos in das Konzept.[300]
- Von einer vergleichbaren Tragweite war auch das Urteil des BGH aus dem Jahre 1981, als mit der Identitätstheorie der nahtlose **Übergang einer Vor-KapG** auf die mit HR-Eintragung entstandene juristische Person (KapG) begründet wurde (BGH vom 09.03.1981, BGHZ 80, 129). Es gehen nunmehr mit der HR-Eintragung alle Aktiva und Passiva trotz §§ 11 und 13 GmbHG von der Vor-GmbH auf die GmbH über. Auch wenn der BGH in der Entscheidung nicht die Formulierung »Gesamtrechtsnachfolge« gebrauchte, war (und ist) sich die Rezensionsliteratur über den Vorgang der ganzheitlichen Uno-actu-Übertragung im Klaren.[301]

Hinweis: Besonders wichtig ist die Erweiterung der Gesamtrechtsnachfolge für den Bereich der betrieblichen Umstrukturierungen nach dem **UmwG**.

2.3 Zivilrechtliches Fazit und Bedeutung für das Steuerrecht

Den ausschließlichen Anwendungsbereich der Einzelrechtsnachfolge für Übertragungen unter Lebenden und den der Gesamtrechtsnachfolge für den Übergang von Todes wegen hat man heute verlassen. Die Begriffe können nicht mehr synonym verwendet werden.

Das neue Verständnis wurde mit der Auslegung der Rechtsnachfolge als »funktionsbestimmter Rechtsbegriff«[302] herbeigeführt; dies gilt vor allem für die Universalsukzession. Nur, wenn der einheitliche, einzige und sofortige Übergang der Aktiva mit einer **geschlossenen Haftungsmasse** verbunden ist, kann das »komfortable« Rechtsinstitut der Gesamtrechtsnachfolge greifen.

Die Übertragung der zivilistischen Erkenntnisse auf das Steuerrecht ergibt jedoch nur dann einen Sinn, wenn die dortige Auslegung mit den steuerrechtlichen Grundparametern übereinstimmt. In diesem Sinne erscheint es folgerichtig, die »Rechtsnachfolge« nur dann als steuerliche »Vergünstigung« zu behandeln, wenn bei einem zu diskutierenden Rechtsträgerwechsel auch das Korrelat, d.h. die **Haftung**, auf den Übernehmer übergeht. Nur dann sind zivilistische Vorstellungen (Rechtskomfort, Identität des Rechtsobjekts) mit den Wertungen des Steuerrechts (insb. der Leistungsfähigkeit) deckungsgleich. Im Ertragsteuerbereich kann danach für Auslegungsstreitigkeiten bei der »bloßen« (und häufigen) gesetzestechnischen Verwendung der Begriffe »unentgeltlich«, »Übertragung« oder eben »Rechtsnachfolge« ein Differenzierungsraster zugrunde gelegt werden.

---

300 Im Detail ist hier allerdings noch vieles umstritten (Übergang nach § 398 BGB i.V.m. § 414 BGB, nach § 413 BGB oder nach § 241 BGB).
301 Statt aller K. *Schmidt* (NJW 1981, 1345) und *Flume* (NJW 1981, 1373 und 1756). Mindestens gleichbedeutend war die anlässlich des Gesamtübergangs zur Sicherung der Gläubiger erforderliche neue »Differenzhaftung« der Gründungsgesellschafter einer GmbH (KapG), wonach diese – über § 11 Abs. 2 GmbHG hinaus – für die Differenz des tatsächlichen Vermögens zum Stammkapital im Eintragungszeitpunkt haften.
302 Der Gegensatz wäre: phänomenologisches Erscheinungsbild.

2.4 Rechtsnachfolge im öffentlichen Recht

Im allgemeinen Verwaltungsrecht wird die Diskussion um die Rechtsnachfolge unter zwei Aspekten geführt, der Nachfolgefähigkeit und des sog. Nachfolgetatbestandes. Mit letzterem ist die Frage angesprochen, ob sich der Übergang von öffentlich-rechtlichen Ansprüchen und Pflichten (daher auch Pflichtennachfolge) im Sinne und in der Art des BGB, analog zum Zivilrecht oder möglicherweise ganz anders vollzieht. Der öffentlich-rechtliche Nachfolgetatbestand regelt das »Wie« des Übergangs.

Unter der Nachfolgefähigkeit wird die Diskussion der einzelnen öffentlich-rechtlichen Rechte und Pflichten und deren Übergang zusammengefasst (das »Ob« der öffentlich-rechtlichen Nachfolge).

3 Die vorweggenommene Erbfolge

Als zeitlich erste Übertragungsform kommt neben der klassischen Schenkung[303] die sog. vorweggenommene Erbfolge (nachfolgend auch vE) in Betracht. Die Entwicklung des Rechtsinstituts durch Rspr. und Literatur – vor allem unter einkommensteuerlichen Gesichtspunkten[304] – soll kurz nachgezeichnet werden, bevor auf die Einzelheiten eingegangen wird.

3.1 Die Entwicklung zum »Sonderrechtsinstitut« (historische Darstellung) und Grundaussagen

Unter vE sind Vermögensübertragungen unter Lebenden mit Rücksicht auf die künftige Erbfolge zu verstehen. An weiteren Umschreibungen (BFH vom 05.07.1990, BStBl II 1990, 847; BMF-Schreiben zur vE vom 13.01.1993, BStBl I 1993, 80; berichtigt BStBl I 1993, 464 sowie Rentenerlass IV, BStBl I 2010, 227) ist zu lesen:

- Bei der Vermögensübertragung soll der Übernehmer wenigstens teilweise eine unentgeltliche Zuwendung erhalten.
- Die Übertragung erfolgt nicht kraft Gesetzes, sondern aufgrund einzelvertraglicher Regelungen.
- In der Literatur wird auch der Begriff »Generationennachfolgevertrag« verwendet.

Bis zum heutigen Tage gibt es weder eine Legaldefinition[305] noch ein einheitliches steuerrechtliches Begriffsverständnis[306], aber doch einen »Begriffskern« bzw. einen hinreichend konturierten **Typusbegriff**. Zu diesen »Sollens-Voraussetzungen« gehören neben den bereits genannten Unterpunkten:

---

303 S. dazu die Abgrenzung zum Erbfall und die weitgehende ESt-Gleichbehandlung in Kap. 4.
304 Zur vE in der ErbSt s. *Preißer*, Band 3, Teil C, Kap. II 3.1.
305 So setzte § 13a Abs. 1 Nr. 2 ErbStG a.F. bis 2001 den Begriff voraus, ohne ihn zu definieren. Mit der Neufassung des § 13a Abs. 1 Nr. 2 ErbStG (»Schenkungen«) hat sich dieser begriffsjuristische Punkt erübrigt.
306 Nur so sind die »Absetzungsversuche« des II. Senats des BFH zu verstehen (hierzu umfassend *Preißer*, Band 3, Teil C, Kap. II 3.1).

- Die Gegenstände der vE sind wesentlicher Teil der Existenzgrundlage der übergebenden Generation oder der übernehmenden Generation.
- Die Versorgungsinteressen des Übergebers und ggf. weichender Angehöriger, insb. der Geschwister, sollen angemessen berücksichtigt werden und
- die Gegenleistung bei der vE sind »vorbehaltene Vermögenserträge« des Übergebers sowie
- die Art der »Gegenleistung« (besser: der »Austauschleistung«) soll charakteristisch für das Vorliegen der vE sein.

In **dogmatischer** Hinsicht stehen seit der Entscheidung des GrS (des BFH) vom 05.07.1990 (BStBl II 1990, 847) zwei andere Aspekte im Vordergrund. So lautet das einkommensteuerliche Gegensatzpaar heute: Liegt ein **unentgeltliches oder ein (teil-)entgeltliches** Übertragungsgeschäft vor? Bei jeder Erscheinungsform der vE wird es nie eine voll-entgeltliche, d.h. nie eine klassische »Veräußerung« geben. Gelangt man zur Annahme eines Teilentgelts, so wird dieser Vorgang begrifflich »wie eine Veräußerung« behandelt, folglich den **entgeltlichen** Geschäften zugeschlagen.[307] Davon wird aber bei den »Versorgungsleistungen« eine wichtige Ausnahme gemacht.

Der zweite wichtige Anhaltspunkt liegt in der Anwendung und Fortschreibung der Einheitstheorie (besser: **Einheitsprinzip) bei ganzheitlichen betrieblichen** Übertragungen (von sog. steuerfunktionellen Einheiten) und in der Trennungstheorie (besser: **Trennungsprinzip**) bei der Übertragung von **PV**.

> **Beispiel 1: Trennungsprinzip versus Einheitsprinzip**
> Angenommen, der Verkehrswert eines Betriebs oder einer Privatimmobilie beträgt 100 und die vereinbarte Gegenleistung anlässlich einer vE wird mit 80 angesetzt. Der Buchwert (bzw. der Steuerwert) wird mit 50 angesetzt.

Vorgreiflich wird darauf hingewiesen, dass die beiden hier angesprochenen »Theorien« nicht zu verwechseln sind mit der bei der Erbauseinandersetzung ebenfalls kursierenden Problematik um die »Einheitstheorie«. Dort handelt es sich um einen echten Theorienstreit, der die Frage klärt, ob Erbfall und Erbauseinandersetzung ein steuerrechtlicher Vorgang (sog. Einheitstheorie) sind oder zwei Vorgänge (Trennungstheorie) repräsentieren.

Bei der vE hingegen geht es um zwei **Prinzipien**, die beide unterschiedlich angewandt werden:

1. Bei der Übertragung von PV greift die Trennungstheorie (begrifflich besser: das **Trennungsprinzip**),
2. bei der Übertragung von steuerlichen betrieblichen Funktionseinheiten die Einheitstheorie (begrifflich besser: das **Einheitsprinzip**).

In diesem Sinne werden beide Begriffe auch in dieser Darstellung zur Nachfolge verwendet. Für die Erbauseinandersetzung verbleibt sodann nur die »Einheitstheorie«.

> **Lösung:**
> **1. Der übertragene Gegenstand ist PV**
> Nach dem Trennungsprinzip liegt zu 4/5 (80/100) ein entgeltlicher Vorgang und zu 1/5 eine unentgeltliche Übertragung vor. An zweiter Stelle wird der steuerliche Wert (historische

---

307 Wiederum anders an dieser Stelle das ErbStG, das das »teilentgeltliche« Geschäft der vE dem Steuertatbestand der (teil-)unentgeltlichen Rechtsgeschäfte zuschlagen muss.

AK von 50) **aufgeteilt** in einen unentgeltlichen (1/5) Teil (= 10) und in einen entgeltlichen (4/5) Teil (= 40). Bei der Berechnung eines etwaigen Veräußerungsgewinnes nimmt man die Differenz zwischen der Gegenleistung 80 und den anteiligen AK[308] von 40 und erzielt einen **Veräußerungsgewinn von 40**.

2. **Der übertragene Gegenstand ist eine betriebliche Funktionseinheit (Betrieb).**
Nach dem hier geltenden Einheitsprinzip wird der Gegenleistung von 80 der komplette Buchwert von 50 gegenübergestellt und somit ein **Veräußerungsgewinn von nur 30** erzielt.

Bis zum Beschluss des GrS aus dem Jahre 1990 wurden alle Vermögensübertragungen an die voraussichtlichen Erben als private, unentgeltliche Vorgänge behandelt.[309] Die Entscheidung des GrS vom 05.07.1990 (BStBl II 1990, 847) führte für BV und PV zu einschneidenden Änderungen. In den Kernaussagen haben sie durch das BMF-Schreiben vom 13.01.1993 (BStBl I 1993, 80; nachfolgend zitiert als **BMF-vE** [»vorweggenommene Erbfolge«]) allgemeinverbindlichen Charakter erhalten.

Danach liegen heute **(teil-)entgeltliche** Übertragungen (Veräußerung beim Übergeber und Anschaffungsgeschäft beim Erwerber) bei folgenden Gegenleistungen vor:

- bei der Verpflichtung zu Abstandszahlungen an den Übergeber,
- bei der Zahlung von sog. »Gleichstellungsgeldern« an Angehörige, insb. Geschwister und
- bei der Übernahme privater Schulden des Übergebers.

Umgekehrt bleibt es bei einem insgesamt **voll-unentgeltlichen** Rechtsgeschäft (§ 6 Abs. 3 EStG bzw. § 11 d EStDV), wenn **Versorgungsleistungen** anlässlich der Generationennachfolge ausgehandelt werden. In diesem Zusammenhang wird – wegen des steuerneutralen Einkünftetransfers von einer Generation auf die andere – auch von einem **Sonderrechtsinstitut** gesprochen.[310] Der innere Rechtfertigungsgrund für das Sonderrecht eines unentgeltlichen Übertragungsvorganges liegt, wie der Grundsatz in den Beschlüssen vom 12.05.2003 (BStBl II 2004, 95; 100) deutlich hervorhebt, in den zurückbehaltenen Vermögenserträgen des Übergebers, aus denen die wiederkehrenden Leistungen gespeist werden.

Mit dieser – von der Exekutive abgesegneten – Rspr. hat sich der BFH im Jahre 1990 vom Zivilrecht losgelöst. Bis dahin wurden alle vergleichbaren Übergabeverträge nach der »Herkunft« der Gegenleistung behandelt. Kam die Gegenleistung aus dem übertragenen Vermögen, so lag eine voll-unentgeltliche Auflagenschenkung vor. War dies nicht der Fall – und hat der Erwerber eigene Aufwendungen getätigt – so kam es zu einer teilentgeltlichen gemischten Schenkung.

Nach einem »Machtkampf« um die Erkenntnishoheit zum Sonderrechtsinstitut der vE zwischen Verwaltung und BFH liegen mit dem letzten BMF-Schreiben vom 26.02.2007 (BStBl I 2007, 269; vorher schon BMF-Schreiben vom 16.09.2004 (BStBl I 2004, 922)) nunmehr weitgehend identische Rechtsansichten vor. Die Verwaltung hat das zuletzt genannte BMF-Schreiben, in dem sie sich im entscheidenden Punkt (zur ertragbringenden Wirtschaftseinheit) der Rechtsansicht des BFH beugt, zum Anlass genommen, die bisherigen Äußerungen zu dem Thema zusammenzufassen. Wegen dieser Bedeutung des BMF-Schreibens (einheitliches Fundament) werden nachfolgend die entsprechenden Textstellen **fett** hervorgehoben;

---

308 Dies ist der verbleibende entgeltliche Part der Übertragung.
309 Zuletzt BFH vom 30.10.1984 (BStBl II 1985, 610) und BFH vom 31.03.1987 (BFH/NV 1987, 645). Allenfalls lag eine gemischte Schenkung vor.
310 Unabhängig von den entwickelten BFH-Rechtsgrundsätzen greifen ansonsten das Abzugsverbot des § 12 Nr. 2 EStG sowie die spezialgesetzlichen §§ 10, 22 EStG.

das Schreiben wird in dem Kontext als **BMF-wL I** (»**wiederkehrende Leistungen**«) zitiert. Für den ersten Teil der vE-Problematik (Anwendungsbereich u.a.) wird man weitgehend auf das BMF-wL I zurückgreifen.

Durch das **JStG 2008** ist das Rechtsinstitut der **Vermögensübergabe gegen Versorgungsleistungen** mit Einkünften des Übergebers gem. § 22 Nr. 1b EStG und dem Sonderausgabenabzug des Erwerbers nach § 10 Abs. 1 Nr. 1a EStG im Anwendungsbereich **eingeschränkt** und auf Unternehmenseinheiten **konzentriert** worden. Man spricht in diesem Zusammenhang auch vom materiell-rechtlichen Korrespondenzprinzip.[311] Ab VZ 2008 kommt das Sonderrechtsinstitut nur noch für Versorgungsleistungen auf, die im Rahmen von Übertragungen eines Anteils an einer gewerblich tätigen Mitunternehmerschaft, eines (Teil-)Betriebs, eines Wohnteils, eines L+F-Betriebs sowie eines mindestens 50 % betragenden Anteils an einer GmbH vereinbart werden. Gleichzeitig wurde die Unterscheidung zwischen Renten und dauernde Lasten fallen gelassen.

Zur neuen Rechtslage hat das BMF mit Schreiben vom 11.03.2010 (BStBl I 2010, 227) Stellung genommen (im Folgenden: **BMF-wL II**). Für die Fallgruppe der vE gegen Versorgungsleistungen im betrieblichen Bereich wird weitgehend auf das BMF-wL II rekuriert (auch **Rentenerlass IV** genannt).

Spezialfragen zur Übergangslösung werden am Ende dieses Komplexes in Kap. 3.4.5 erläutert.

3.2 Die Grundfälle zur vorweggenommenen Erbfolge

3.2.1 Die Übertragung von betrieblichen Einheiten

Obwohl das BMF-vE zunächst die Übergabe des PV regelt, stehen in der Praxis eindeutig die Übergabe steuerfunktioneller Einheiten wie Betrieb, Teilbetrieb oder MU-Anteil im Vordergrund.

Beispiel 2: Der zögernde Übergeber
Der verwitwete V will zu Lebzeiten den Betrieb (Verkehrswert 1 Mio. €; Buchwert 100 T€) an seine einzige Tochter T übergeben. Als Gegenleistung schwebt ihm vor:
1. eine wiederkehrende Versorgungszusage,
2. eine Abstandszahlung an V i.H.v. 400 T€ bzw. 50 T€,
3. die Übernahme einer Privatschuld von 200 T€ sowie
4. die Übernahme der Betriebsschuld von 300 T€.

Die Lösung wird alternativ zu den Fallgestaltungen entwickelt:

Lösung:
1. **Wiederkehrende Versorgungszusagen** stellen kein (Teil-)Entgelt dar. Der Vorgang ist als eine **voll unentgeltliche** Übertragung nach § 6 Abs. 3 EStG zu werten, bei der T das Buchkapital des V in ihrer Eröffnungsbilanz übernimmt und V keinen Veräußerungsgewinn zu versteuern hat (vgl. Rz. 5 des Rentenerlasses IV, BStBl I 2010, 227). Die frühere Unterscheidung (Vollabzug und Vollversteuerung bei sog. dauernder Last oder Erfassung nur mit dem Ertragsanteil (Rente) ist für Vermögensübertragungen **nach dem 31.12.2007** überholt.

---

[311] S. hierzu auch den Beschluss des BFH vom 18.10.2013 (Az.: X B 135/12, n.n.v.) zur kostenfreien Überlassung einer Wohnung.

2. Wird an den Übergeber V eine **Abstandszahlung** geleistet, liegt eine teilentgeltliche Veräußerung vor. Im Ausgangsfall (400 T€) entsteht bei V ein Veräußerungsgewinn nach § 16 Abs. 1 Nr. 1 EStG von 300 T€, da nach der Einheitstheorie (Einheitsprinzip) dem Teilentgelt (400 T€) der komplette Buchwert (100 T€) nach § 16 Abs. 2 EStG gegenübergestellt wird. In der Eröffnungsbilanz der T werden die Buchwerte der aktivierten WG, so sie stille Reserven enthalten, aufgestockt.[312] Sind die stillen Reserven aufgebraucht, kann auch ein bislang nicht erfasster Geschäftswert (§ 5 Abs. 2 EStG) aktiviert werden (Rz. 35 des BMF-vE).
Von der Verwaltung wird dabei unterstellt, dass der Übernehmer hinsichtlich der internen Steuermerkmale (AfA-Berechnung, Vorbesitzzeiten etc.) nur hinsichtlich des **unentgeltlichen Teils** in die Rechtsstellung des Übergebers eintritt (Rz. 39 zur AfA sowie Rz. 41 zu den Vorbesitzzeiten (InvZulG u.a.) des BMF-vE). M.a.W. greift insoweit das Trennungsprinzip beim Übernehmer. Nur in der Zahlungs**variante** (50 T€) entstünde – nach der »Rechen-Logik« von § 16 Abs. 2 EStG – ein Veräußerungsverlust. Die Verwaltung subsumiert diesen Fall jedoch unter § 6 Abs. 3 EStG und kommt zur Buchwertfortführung (Tz. 38 des BMF-vE), da Privatmotive i.S.d. § 12 EStG unterstellt werden; bei fremden Übernehmern – soweit diese unter die vE fallen können – bleibt es aber beim Verlust.
3. Bei Übernahme einer **Privatschuld** des Übergebers wird das gleiche Ergebnis wie bei der Abstandszahlung erzielt. Danach liegt bei V ein Veräußerungsgewinn von 100 T€ (200 T€ ./. 100 T€) vor, während T in ihrer Eröffnungsbilanz die Aktiva um 100 T€ aufstockt (Gegenbuchung: an Kapital) und die Verbindlichkeiten i.H.v. 200 T€ passiviert (hier: Sollbuchung auf dem Kapitalkonto i.H.v. 200 T€).
4. Die übernommene Betriebsschuld ist im rechnerischen Saldo des Buchwertes (des Kapitals von V) bereits enthalten. Ihre Übernahme wird daher unterstellt, ohne dass dieser Vorgang Anschaffungs- (bzw. Veräußerungs-)Charakter hat. Auch dies ist eine Auswirkung der bei betrieblichen Einheiten geltenden »Einheitstheorie« (des Einheitsprinzips).

3.2.2 Die Übertragung von Privatvermögen

Zur Übertragung von Privatvermögen siehe folgendes Beispiel:

Beispiel 3: Kinder als Vermieter
V hat als Resultat seiner unternehmerischen Tätigkeit ein privates Mietwohngrundstück erworben. Der Verkehrswert beträgt 1 Mio. €, der Steuerwert nach § 11d EStDV (AK ./. AfA des V) hingegen 100 T€. Die Übergabe erfolgt gegen Zahlung von 400 T€.

Der Vergleich beider Grundfälle macht den Unterschied zwischen der Einheitstheorie und der Trennungstheorie deutlich. Die »innere« Begründung ist darin zu sehen, dass bei der Übergabe einer betrieblichen Funktionseinheit die steuerrelevante Größe »Buchwert« bzw. »Buchkapital« alle damit zusammenhängenden Wirtschaftsfaktoren wie den Finanzierungsaufwand (Fremdkapital) mit umfasst. Dies ist bekanntlich beim PV nicht der Fall.

Lösung: In diesem Fall (PV) hat T zu 40 % entgeltlich (400 T€ zu 1 Mio. €) und zu 60 % unentgeltlich erworben. Nach diesem Aufteilungsverhältnis bestimmt sich auch die Folgebehandlung.

---

312 Der BS lautet: »WG (300 T€) bzw. Geschäftswert an Kapital (T) 300 T€«.

Hinsichtlich des unentgeltlichen Teils übernimmt T die AfA-Reihe des V nach § 11d EStDV i.H.v. 60 T€ (60 % des maßgeblichen Werts). Dieser Betrag ist unter Verwendung der AfA-Methode und des AfA-Satzes des Vorgängers V fortzuführen. Bzgl. des entgeltlichen Erwerbstatbestandes wird eine neue AfA-Reihe gebildet mit 400 T€ BMG und einer Abschreibung nach § 7 Abs. 4 EStG (2 %).[313]

V realisiert nur unter den Voraussetzungen des § 23 EStG einen stpfl. Veräußerungsgewinn, wenn also zwischen dem Erwerb (der Anschaffung) des Objekts und der Weitergabe an die Angehörigen nicht mehr als zehn Jahre vergangen sind.[314] Auch dieser evtl. Gewinn aus privaten Veräußerungsgeschäften ist nach der Trennungstheorie zu ermitteln.

Hinweis: Nach der Neufassung (ab VZ 2008) fällt die Übertragung von **PV gegen Versorgungsleistungen** – grundsätzlich – **nicht mehr** in den Anwendungsbereich der §§ 10 Abs. 1a, 22 Nr. 1b EStG (**Ausnahme: mindestens 50 %iger GmbH-GA**, § 10 Abs. 1a S. 2 Buchst. c EStG). Die gesetzliche Neuregelung hat nach Auffassung der (wohl) h.M. in der Literatur[315] zur Folge, dass **PV nur noch (teil-)entgeltlich** (oder voll unentgeltlich) i.R.d. vE übertragen werden kann.

Rechtslage nach dem BMF-Schreiben vom 11.03.2010 (BStBl I 2010, 227):

Das **BMF-wL II** nimmt nun in den Tz. 65 ff. zur Übertragung von Privatvermögen Stellung. Vorrangig ist zu prüfen, ob die Voraussetzungen für eine begünstigte Übertragung (= 50 %iger GmbH-Anteil, s. Kap. 3.4.3) vorliegen. Das BMF nimmt hierbei nur eine Unterscheidung zwischen Vollentgeltlichkeit und Teilentgeltlichkeit vor. Der Begriff der Unentgeltlichkeit wird im Bereich des (nicht begünstigten) Privatvermögens vermieden.[316]

Zunächst muss die wiederkehrende Leistung (Übertragung von **PV gegen »Leibrente«**) in einen **Tilgungs- und einen Zinsanteil aufgespalten** werden.

1. Ist der Barwert (Tilgungsanteil) der wiederkehrenden Leistungen höher als der Wert des übertragenen Vermögens, ist (Voll-)Entgeltlichkeit i.H.d. angemessenen Kaufpreises anzunehmen. Den übersteigenden Betrag rechnet das BMF § 12 Nr. 2 EStG (Privatbereich) zu.

2. Ist der Barwert der wiederkehrenden Leistungen **mehr als doppelt so hoch** wie der Wert des übertragenen Vermögens, liegt insgesamt eine **Zuwendung i.S.d. § 12 Nr. 2 EStG** vor (kein Sonderausgabenabzug, keine stpfl. Einnahme, vgl. auch Teil A, Kap. IV 4.2.2). Wiederkehrende Leistungen werden gem. BMF-wL II teilentgeltlich erbracht, wenn

---

313 S. hierzu auch das umfassende Beispiel in Tz. 16 des BMF-vE.
314 Diese in Rz. 23 des BMF vertretene Ansicht gilt nach BMF vom 15.10.2000 (BStBl I 2000, 1383, Rz. 30) auch für die Neuregelung ab 1999.
315 *Heinicke* in *Schmidt*, EStG, § 10 Rn. 58; *Drenseck* in *Schmidt*, EStG, § 12 Rn. 39; *Wälzholz*, DStR 2008, 273 (277) m.w.N.; *Röder*, DB 2008, 146 (151) m.w.N.
316 Im Kanon der nach der Neuregelung begünstigten Vermögensübertragungen (s. hierzu Kap. 3.4.3) spricht das BMF-wL II hingegen (Rz. 3) ausdrücklich von einer möglichen (teilweisen) Unentgeltlichkeit. Eine explizite Unterscheidung von BV und PV wird hierbei nicht vorgenommen, obwohl die begünstigte Übertragung eines GmbH-Anteiles mangels einer ersichtlichen Einschränkung durch den Gesetzgeber auch im PV gehaltene Beteiligungen umfasst. U. E. sind die dort dargestellten Grundsätze daher sowohl auf im BV als auch im PV gehaltene Beteiligungen anwendbar.

der Wert des übertragenen Vermögens höher ist als der Barwert der wiederkehrenden Leistungen. Das BMF wendet diese Grundsätze durch entsprechende Verweise (Rz. 21; Rz. 57 ff.) sowohl auf begünstigte Übertragungen, die die zusätzlichen Voraussetzungen nicht erfüllen, als auch auf prinzipiell nicht begünstigte Übertragungen (z.B. den Nießbrauch) an.

Beim **Verpflichteten** (bei lebenslänglicher Verpflichtung, Rz. 69 ff.) entstehen durch den Erwerb AK, die sich nach dem Barwert der wiederkehrenden Leistungen, ggf. nach dem anteiligen Barwert (unter Beachtung von §§ 12 ff. 14 Abs. 1 BewG, R 6.2 S. 1 EStR) bemessen. Ein Abzug des enthaltenen **Tilgungsanteiles** als WK ist im Zahlungszeitpunkt nicht möglich. Abschreibungen hingegen sind möglich, sofern das erworbene PV der Einkünfteerzielung dient. Der **Zinsanteil** bemisst sich nach § 22 Nr. 1 S. 3 Buchst. a Doppelbuchst. bb EStG (Rz. 71). Bei vorhandener Einkunftserzielungsabsicht durch das übernommene PV kann der Zinsanteil ebenfalls als WK geltend gemacht werden, sofern kein Abzugsverbot (z.B. § 20 Abs. 9 EStG) eingreift. Bei Veräußerungsleibrenten sind auch die Erhöhungs- und Mehrbeträge aufgrund einer Wertsicherungsklausel nur mit dem Ertragsanteil als Werbungskosten zu berücksichtigen (BFH vom 19.08.2008, BStBl II 2010, 24).

Beim **Berechtigten** (Rz. 73 ff.) entsteht ein Veräußerungspreis i.H.d. Barwertes nach Rz. 69, der je nach der Art des übertragenen PV der Besteuerung nach § 22 Nr. 2 EStG (privates Veräußerungsgeschäft gegen wiederkehrende Bezüge), § 17 Abs. 2 EStG oder § 20 Abs. 2 EStG unterliegen kann. Der in den wiederkehrenden Leistungen enthaltene Zinsanteil ist Entgelt für die Stundung des Veräußerungspreises, das auf die Laufzeit der wiederkehrenden Leistungen zu verteilen ist. Der Zinsanteil wird gemäß den in Rz. 71 dargelegten Grundsätzen ermittelt. Bei dauernden Lasten ist der zu ermittelnde Zinsanteil nach § 20 Abs. 1 Nr. 7 EStG zu versteuern. Der in Veräußerungsleibrenten enthaltene Ertragsanteil ist nach § 22 Nr. 1 S. 3 Buchst. a Doppelbuchst. bb EStG mit dem Ertragsanteil zu versteuern (Rz. 75).

Bei Übertragung von **PV gegen wiederkehrende Leistungen auf bestimmte Zeit** gelten die Rz. 77 bis 79 des BMF-wL II. Zusammenfassend ist hierbei zu sagen, dass sich der zu ermittelnde Barwert ändert, wohingegen die steuerliche Behandlung der einzelnen Komponenten (s. zuvor) durch entsprechende Verweise unverändert bleibt.

3.2.3 Die Übertragung von Mischvermögen bei mehreren Nachfolgern

I.R.d. Entstehungsgeschichte der »neuen« vE ist die Versorgung der Dynastie gegen entsprechende Absicherung realistischer als die eindimensionale Übertragung eines Gegenstandes an ein Kind.

> **Beispiel 4: Der vermögende Vater, glückliche Kinder**
> V hat zwei Kinder S und T und überträgt zu Lebzeiten an S den Betrieb (100 T€ Buchwert; 1 Mio. € Verkehrswert) gegen
> 1. Zahlung von 500 T€ an T,
> 2. Übertragung eines Privatgrundstücks (Wert: 500 T€) an T,
> 3. (spätere) Übertragung eines Betriebsgrundstücks (Wert: 500 T€) an T,
> 4. **Variante:** Statt des Betriebes wird ein Betriebsgrundstück (Buchwert: 100 T€; Verkehrswert: 1 Mio. €) gegen Übernahme einer Privatschuld von 200 T€ an S übertragen.

Vorweg ist auf eine aktuelle – und begrüßenswerte – Klarstellung seitens der Finanzverwaltung (**BMF-wL I**) hinzuweisen: Bei Mischvermögen sind vertraglich vereinbarte Einzelpreise für das gesamte BV einerseits und für das jeweilige WG des PV **andererseits bis zur Höhe des Verkehrswerts** nicht zu beanstanden.[317]

Lösung:
1. Eine der Neuerungen in der Rspr. liegt in der steuerlichen Zuordnung der **Ausgleichszahlung**, die der Übernehmer S aufzubringen hat, zur Person des Übergebers V. Dieser (V) wird als **fingierter Durchgangserwerber** der Ausgleichszahlung angesehen, so dass V einen begünstigten Veräußerungsgewinn nach § 16 EStG von 400 T€ (500 T€ ./. 100 T€) nach dem Einheitsprinzip zu versteuern hat. Für diesen Zahlungsvorgang ist auch der Ausdruck »abgekürzter Zahlungsweg« verwendet worden. Die Direktzahlung S an T wird steuerlich umgeleitet in zwei Zahlungsströme S an V und sodann V an T, da V auch gegenüber seiner Tochter eine (vermeintliche) Zahlungsverpflichtung haben soll.[318] Spiegelbildlich muss S in der Eröffnungsbilanz die Buchwerte aufstocken, ggf. einen Firmenwert ansetzen.
2. Bei der Übertragung eines Privatgrundstücks des S zur Abgeltung der Gleichstellungsverpflichtung liegt eine sog. **private Sachleistungsverpflichtung** vor, wofür die gleichen Grundsätze wie bei der unmittelbaren Bezahlung gelten, d.h. ein teilentgeltlicher Anschaffungs- bzw. Veräußerungsvorgang.
3. Die **betriebliche Sachleistungsverpflichtung** gehört zu den umstrittenen Regelungen im BMF-Schreiben. Nach Rz. 32 **BMF-vE** ist diese Verpflichtung für S – in Übereinstimmung mit dem BFH-Beschluss[319] – (noch) **kein Entgelt** für den Erwerb des väterlichen Betriebes. Wird jedoch die Verpflichtung durch Auflassung des Grundstücks erfüllt, wertet die h.M. den Vorgang als Entnahme des Übernehmers S[320], die dieser als laufender nichtbegünstigter Gewinn zu versteuern hat. Die Verwaltung (a.a.O.) hingegen differenziert nach zeitlichen Aspekten. Bei einer im **unmittelbaren Anschluss** an den Betriebsübergang stattfindenden Auflassung des Betriebsgrundstücks soll der Vorgang noch dem Übergeber V als dessen Entnahmegewinn zuzurechnen sein, eine **spätere** Übertragung führt zu einer Gewinnrealisation seitens des Übernehmers. Allein positiv an dieser »Steueroption« ist die den Beteiligten eingeräumte Möglichkeit, über die Steuerfolgen zu disponieren. Nachdem aber die angebotenen Kriterien (unmittelbar[321]) sowie die Vergleichsfälle zu unbestimmt sind, muss die Regelung rechtsstaatlich präzisiert und m.E. teilweise auch teleologisch reduziert, d.h. in den Rechtsfolgen zurückgenommen, werden.

Als Anhaltspunkt für die zeitliche Fixierung bietet sich – wie in den vergleichbaren Fällen der Erbauseinandersetzung – der »Sechs-Monats-Zeitraum« ab dem Übergang des wirtschaftlichen Eigentums am Betrieb an. Für den Fall, dass die Übergabe zeitnah innerhalb der Sechsmonatsfrist stattfindet, und der Vorgang daher dem Übergeber V »anzulasten« ist, bietet sich – wie in anderen Fällen der Veräußerung auch – § 16 Abs. 3 S. 7 EStG (Ansatz des gemeinen Wertes des Einzel-WG) als Lösung an. Danach ist der Vorgang als Teil der **tarifbegünstigten**

---

317 So auch *Wacker* in *Schmidt*, EStG, § 16 Rz. 75.
318 Eine aus dem BGB abzuleitende Verpflichtung des V, beide Kinder gleichmäßig zu beschenken, gibt es nicht. Die Figur des »abgekürzten Zahlungsweges« ist nur von dem erbrechtlichen Hintergrund nachvollziehbar, wonach die Übertragung in Hinblick auf die künftige Pflichtteilsberechtigung erfolgen soll.
319 So auch BFH vom 05.07.1990 (BStBl II 1990, 847).
320 Aus der Literatur statt aller *Reiß* in *K/S*, § 16 B 142; neutral in der Schilderung *Wacker* in *Schmidt*, EStG, § 16 Rz. 70.
321 Es wurde nicht mit dem justiziablen Begriff »unverzüglich« (= ohne schuldhaftes Zögern) operiert.

Veräußerung bei V zu erfassen. Einzig in der Fallalternative, dass V noch vor der Übertragung des Betriebes an S das Grundstück an T überträgt, liegt m.E. ein laufender Entnahmegewinn von V vor (so auch für diesen Fall der BFH vom 27.08.1992, BStBl II 1993, 225).

4. In der **Variante (Beispiel 4)** wird ein betriebliches **Einzel-WG** i.R.d. vE übertragen. Unterstellt, dass dieses die Existenzgrundlage darstellt, wendet die Verwaltung in Tz. **34 BMF-vE** zu Recht[322] nicht die Einheitstheorie (das Einheitsprinzip), sondern das Trennungsprinzip an. Danach liegt mit 200 T€ Erlös bei einem Verkehrswert von 1 Mio. € zu 1/5 ein Veräußerungserlös (gegen Buchwertabgang) und zu 4/5 eine Entnahme vor. Beide Tatbestände erhöhen den laufenden (!) Gewinn.

Für alle diskutierten Anwendungsfälle der vE wird in den nachfolgenden »Ausgleichsmodalitäten« – zusätzlich zur Alternative der Versorgungsleistungen – **keine entgeltliche** Übertragung angenommen:

- Beteiligungsangebote an die weichenden Angehörigen[323],
- die Bestellung eines Nießbrauchs (oder allgemein: eines Nutzungsrechtes) an dem übertragenen Vermögen zu Gunsten des Übergebers oder einer dritten Person (z.B. Ehegatte des Übergebers)[324],
- erbrechtliche Abfindungen aufgrund eines Erb- oder Pflichtteilsverzichts.[325]

3.3 Einzelfragen im Anwendungsbereich der vorweggenommenen Erbfolge – allgemein –

Zwei Voraussetzungen des Typusbegriffes der vE sind seit jeher umstritten. Zum einen ist unsicher, wie und ob der »Kreis der Nachfolgebeteiligten« in der ESt zu schließen ist. In objektiver Hinsicht hat die Verwaltung in BMF-wL II den »Gegenstand der Vermögensübergabe« präzisiert.

3.3.1 Die »geeigneten« Nachfolger bei der vorweggenommenen Erbfolge

Als taugliche Beteiligte der Generationennachfolge und damit als Nutznießer des Sonderrechtsinstituts sind als Empfänger des übertragenen Vermögens anzusehen:
- Erbanwärter der ersten Ordnung i.S.d. §§ 1924 und 1931 BGB (Ehegatten und Abkömmlinge);
- sollten diese vorverstorben sein, so kommen – mit Ausnahme der Eltern[326] des Übergebers – die nächstgenannten Verwandten (Geschwister) in Betracht;

---

322 Wie oben ausgeführt, liegt die Berechtigung für das Einheitsprinzip in der geschlossenen Steuergröße »Buchkapital«. Dies ist auch bei einem betrieblichen Einzel-WG nicht der Fall (s. auch bilanzrechtliches Saldierungsverbot).
323 Es kommen hierbei gesellschaftsrechtliche (Unter-)Beteiligungen am übernommenen Gewerbebetrieb ebenso in Betracht wie Nutzungsrechte an Teilen des übernommenen Vermögens.
324 S. Tz. 10 des BMF-vE. Allerdings führt die spätere Ablösung des Nutzungsrechtes zu nachträglichen AK des Übernehmers (so auch BFH vom 21.07.1992, BStBl II 1993, 486).
325 Vgl. *Wacker* in *Schmidt*, EStG, § 16 Rz. 73 m.w.N.
326 Der Generationennachfolgevertrag ist keine Vermögensrückabwicklung. Unter einer anderen rechtlichen Wertung lässt es allerdings der BFH vom 23.01.1997 (BStBl II 1997, 458) zu, dass die Großeltern des Übernehmers (!) Nachfolgekandidaten für das Familienvermögen sind. Voraussetzung ist aber, dass bereits der Übergeber zu Leistungen an diese verpflichtet war.

- nicht erbberechtigte Fremde (wie die Verlobten und Lebensabschnittspartner) kommen nach neuerer Auffassung auch, aber nur ausnahmsweise, als Übernehmer in Betracht[327];
- »**nahestehende Dritte**« (z.B. Neffen, Nichten, Schwiegerkinder) (Rz. **4 BMF-wL II**).

Umgekehrt (d.h. als Empfänger der Gegenleistung, insb. der wiederkehrenden Leistungen) kommen nach Rz. 50 **BMF-wL II** nur Familienmitglieder des Übergebers infrage (ebenso der Lebenspartner). Nicht zum Generationen-Nachfolgeverbund gehörende Personen (z.B. Lebensgefährte, Haushälterin, Mitarbeiter) können nicht Empfänger von Versorgungsleistungen sein.

Ein besonderes Problem tritt bei wiederkehrenden Bezügen zu Gunsten der **Geschwister** (zulässige Versorgungsbezüge zu Gunsten Dritter) dann auf, wenn sich der errechnete Rentenbarwert als »verkapptes Gleichstellungsgeld« herausstellen sollte. In diesem Fall wechselt die Rechtsfolge: Aus der unentgeltlichen Übergabe gegen Versorgungsleistungen (zu Gunsten Dritter) wird eine entgeltliche Übertragung gegen »verrentetes« Gleichstellungsgeld.[328] Rz. 50 **BMF-wL II** stellt hierbei eine widerlegbare Vermutung für die Gleichstellung (und gegen die Versorgung) auf.

Die Übergabeverträge sind nach den allgemeinen Grundsätzen der Angehörigenverträge (s. Kap. I 4.4) zu beurteilen (Rz. 59 ff. **BMF-wL II**). Klargestellt wurde, dass bei Erstellen eines **neuen Versorgungskonzepts** (als Anpassung an gestiegene Versorgungsbedürfnisse) die Zahlungen, die nicht aus den Erträgen des übertragenen Vermögens erbracht werden können, **freiwillige Zahlungen** i.S.d. § 12 Nr. 2 EStG sind (Rz. 61 **BMF-wL II**). Bei Ertragseinbußen des übernommenen Vermögens teilen die Zahlungen, die den Ertrag übersteigen, das gleiche steuerliche (d.h. steuerirrelevante) Schicksal des § 12 Nr. 2 EStG (Rz. 62 a.a.O.).[329]

3.3.2 Die ertragbringende »Familien«-Grundlage (bzw. Wirtschaftseinheit)

Die noch 2004 vorgenommene Unterscheidung (s. Rz. 6 **BMF-wL I**) nach existenzsichernder Wirtschaftseinheit (Rz. 9–18 BMF-wL I) und **ertragbringenden** Einheiten hat einer praktikableren Lösung Platz gemacht, indem der Kreis der übertragungsfähigen Einheiten vom Gesetzgeber streng festgelegt wurde (s. Kap. 3.4.1).

3.4 Das Sonderrechtsinstitut: Die wiederkehrenden Versorgungszusagen anlässlich der vorweggenommenen Erbfolge

Wie bereits gesehen, erfreut sich die Modalität der wiederkehrenden Versorgungszusage wegen der fehlenden Beeinflussung des Zustandstatbestands (unentgeltlicher Übergang der WE) besonders großer Beliebtheit. Die Diskussion und Eingruppierung kann nur bei einer Gesamtschau der Übertragungsvorgänge gegen periodisch wiederkehrende Leistungen geführt werden.

---

327 So schon immer *Fischer* in *K/S*, § 22 B 305 (und neuerdings *ders.* in *Kirchhof-kompakt*, § 22 Rz. 12) und zwischenzeitlich wohl auch die Verwaltung (Tz. 23 im BMF-Rentenerlass vom 30.10.1998 BStBl I 1998, 1417 m.w.N.).
328 S. hierzu aus der Literatur *Fischer* in *Kirchhof-kompakt*, § 22 Rz. 13, aus der Rspr. BFH vom 20.10.1991 (BStBl II 2000, 602) sowie 1. Rentenerlass vom 23.12.1996 (BStBl I 1996, 1508, Tz. 29).
329 Zu den Anforderungen an den Übertragungsvertrag s.a. Kap 3.4.3.3.

3.4.1 Generell: Vermögensübergang gegen wiederkehrende Bezüge

Für Übertragungen ab 01.01.2008 wird auf die frühere Unterscheidung zwischen gleichmäßigen Versorgungsbezügen (Renten) und ungleichmäßigen Zahlungen (dauernde Lasten) verzichtet. Versorgungsleistungen sind somit in Zukunft beim Zahlungsverpflichteten (= Erwerber) in **voller Höhe** als Sonderausgaben abzugsfähig und beim Übergeber (= Empfänger der Versorgungsbezüge) komplett als sonstige Einkünfte zu versteuern.

Dies erlaubt eine Gruppenbildung in drei Bereiche, von denen der erste als »**vollentgeltliche**« Übertragung, der zweite als »**teilunentgeltliche**« und der dritte als »**unentgeltliche**« Übertragung bezeichnet werden kann.[330]

3.4.2 Gültiges Schema (ab VZ 2008, vgl. BMF-wL II)[331]

Das nachfolgende Schema soll anhand typischer Fallgestaltungen einen Überblick über den Anwendungsbereich eines Versorgungsvertrages und angrenzender Institute liefern. Dabei handelt es sich um eine erste Orientierung, für die vorweg die Abkürzungen für die anschließende Übersicht erläutert werden:

AK: Anschaffungskosten
BA: Betriebsausgaben
E: Eltern als Übergeber der WE (= rentenberechtigt)
K: Kinder als Übernehmer der WE (= rentenverpflichtet)
KR: Bezeichnung für den kapitalisierten Rentenbarwert (gem. § 14 BewG)
LR: laufende Rentenzahlung, hier noch ohne Abgrenzung zur dauernden Last
SA: Sonderausgaben
V: (Verkehrs-)Wert der übertragenen WE (des Vermögensgegenstandes)
VG: Veräußerungsgewinn
WK: Werbungskosten

---

[330] So besteht Einigkeit darüber, dass bei der »privaten Versorgungsrente«, hier als »teilentgeltlicher« Vorgang eingruppiert, nicht der Wert der Gegenleistung, sondern das Versorgungsbedürfnis im Vordergrund steht (statt aller *Fischer* in *Kirchhof-kompakt*, § 22 Rz. 9). Für ein »quantifizierendes Steuerrecht« bietet sich die obige Differenzierung jedoch idealtypisch an.
[331] Das bis inkl. VZ 2007 gültige Schema hat auf der 2. Stufe nach Rente (Ertragsanteil) und Dauernde Last (Vollerfassung) unterschieden (vgl. Vorauflagen).

Die Übersicht (inkl. Fallgruppenbildung) lässt sich somit – wie folgt – darstellen:

Vorgang	(Übertragung)	Rechtliche Bezeichnung	Rechtsfolgen
1. V = KR	voll entgeltlich	»private« Veräußerungsleibrente (Rz. 67f. für BV; Rz. 69ff. für PV)	bei K (Verpflichtete): KR = AK LR = WK/BA/Zins gem. § 22 Nr. 1 Abs. 3 Buchst. a Doppelbuchst. bb EStG **bei E (Berechtigte):** KR = u.U. VG[332] LR = Zinsanteil: § 20 Abs. 1 Nr. 7 EStG
2. V ≥ 1/2 KR[333]	teilunentgeltlich (hier – vE –: **wie unentgeltlich**)	Versorgungsvertrag	**bei K:** Fortführung AK **bei E:** kein VG
			bei K: LR = voll abzugsfähige SA (§ 10 Abs. 1a EStG) **bei E:** LR = voll steuerbar, § 22 Nr. 1b EStG
3. V < 1/2 KR	unentgeltlich	Unterhaltsrente	**bei E:** keine Besteuerung **bei K:** kein Abzug

Hinweis: Die frühere Unterscheidung anhand des 50 %-Kriteriums (V < 1/2 KR; sodann »unentgeltliche Unterhaltsrente« ohne Steuerfolgen, § 12 Nr. 2 EStG) ist 2008 nicht übernommen worden.

3.4.3 Vermögensübertragung gegen Versorgungsleistungen ab dem VZ 2008

3.4.3.1 Übertragungsobjekte

Für das Sonderrecht kommen nach § 10 Abs. 1 Nr. 1a S. 2 EStG folgende begünstigte Wirtschaftseinheiten in Betracht (**unter Einbeziehung des BMF-wL II**).

Die nachfolgende Tabelle gibt zunächst eine Übersicht über die drei in Betracht kommenden Übertragungen und ihre Variationen (**Rz. 7 ff. des BMF-wL II**):

---

332 Ein Veräußerungsgewinn ergibt sich rechnerisch nur bei Verrechnung von Leistung und Gegenleistung und führt im PV allenfalls bei §§ 17 und 23 EStG zu einem steuerbaren VG.
333 Ab dem VZ 2008 unterschiedslos; gleich ob Rente oder Dauernde Last.

a) Übertragung von MU-Anteilen (Buchst. a)	Nicht begünstigt	Begünstigt
Übertragung von MU-Anteilen (Buchst. a)	• gewerblich geprägte PersG (§ 15 Abs. 3 Nr. 2 EStG – bestätigt durch BFH vom 23.01.2015, BFH/NV 2015, 676) • Aufnahme eines weiteren G'fters (nach § 24 UmwStG • Beteiligung einer vermögensverwaltenden Gesellschaft an einer gewerblich tätigen Gesellschaft	• gewerblich infizierte PersG (§ 15 Abs. 3 Nr. 1 EStG) • atypisch stille Beteiligungen • wirtschaftlich einer PersG vergleichbare Gemeinschaften (z.B. Beteiligte einer Erbengemeinschaft) • Übertragung des gesamten MU-Anteils
Die Begünstigung kann in Anspruch genommen werden bei der Übertragung des gesamten MU-Anteils (einschließlich SBV) auf einen oder mehrere Übernehmer, bei der Übertragung eines Teils eines MU-Anteils (einschließlich der quotalen Übertragung der wesentlichen Betriebsgrundlagen des SBV) und bei der unentgeltlichen Aufnahme des Übernehmers in ein bestehendes Einzelunternehmen. Ein MU-Anteil an einer Besitzgesellschaft im Rahmen einer Betriebsaufspaltung kann begünstigt im Zusammenhang mit Versorgungsleistungen übertragen werden, soweit ihr die gewerbliche Tätigkeit der Betriebsgesellschaft auch nach der Übertragung zugerechnet wird.		
b) Betrieb oder Teilbetrieb (Buchst. b)		
Das BMF-wL II begünstigt neben der Übertragung eines laufenden Betriebs auch die Übertragung einer verpachteten Einheit, sofern diese mangels Betriebsaufgabeerklärung als fortgeführt gilt. Bzgl. der Definition des Teilbetriebs knüpft das BMF an die aus § 16 EStG heraus entwickelte Definition an, wobei eine völlig selbständige Organisation mit eigener Buchführung nicht erforderlich ist (R 16 Abs. 3 EStR). Der Teilbetrieb muss jedoch bereits vor der Vermögensübertragung als solcher existiert haben. Die Teilbetriebsfiktion des § 16 Abs. 1 S. 1 Nr. 1 S. 2 EStG ist nicht anzuwenden, sodass für eine das gesamte Nennkapital umfassende Beteiligung an einer KapG nur unter den Voraussetzungen von § 10 Abs. 1a S. 2 Buchst. c EStG (GmbH-Anteil) eine Begünstigung greifen kann.		
c) GmbH-Anteil (Buchst. c)		
Der problematische Tatbestand (Buchst. c = mindestens 50 %iger GmbH-Geschäftsanteil) ist spät im Gesetzgebungsverfahren eingeführt worden und soll **personengeprägte GmbHs** in den Anwendungsbereich mit aufnehmen. Entgegen dem Gesetzeswortlaut ist auch die Unternehmergesellschaft (haftungsbeschränkt) mit einzubeziehen, Rz. 15 a.a.O.). Gleiches gilt für eine einer GmbH vergleichbare Gesellschaftsform im EU-/EWR-Raum. Andere Körperschaften sind nicht begünstigt. Es ist nicht erforderlich, dass der Übergeber seinen gesamten Anteil überträgt, sofern der übertragene Anteil mindestens 50 % beträgt. Dabei sind Teilübertragungen jeweils isoliert zu betrachten (keine Zusammenrechnung von Streubesitzanteilen, Rz. 17 a.a.O.).		

> Zu der Frage, in welcher Form die vorherige und spätere **Geschäftsführung** beibehalten werden muss, hat das BMF im Detail Stellung bezogen (Rz. 15–20 a.a.O.):
> Demnach ist **unschädlich**,
>
> - wenn der Übernehmer bereits vor der Übertragung Geschäftsführer der Gesellschaft war, solange er es auch nach der Übertragung bleibt; Voraussetzung ist jedoch, dass der Übergeber seine Geschäftsführertätigkeit insgesamt aufgibt.
> - wenn der Vermögensübernehmer bereits die Funktion des Geschäftsführers für die finanziellen Aufgaben innehatte und der Vermögensübergeber Geschäftsführer für den technischen Bereich war und der Übergeber die Geschäftsführertätigkeit mit der Vermögensübertragung aufgibt;
> - wenn der Übernehmer nicht dieselbe Funktion im Rahmen der Geschäftsführung ausübt wie vormals der Übergeber;
> - wenn der Vermögensübergeber für die GmbH in anderer Weise als der eines Geschäftsführers tätig (im Rahmen einer selbständigen oder nichtselbständigen Tätigkeit) wird.
>
> Überträgt der Vermögensübergeber seine GmbH-Beteiligung auf mehrere Vermögensübernehmer, liegt eine **begünstigte Vermögensübertragung** nur bezogen auf den **Vermögensübernehmer vor, der mindestens einen 50 % betragenden Anteil erhalten und die Geschäftsführertätigkeit übernommen** hat. Überträgt der Vermögensübergeber seine 100 %-GmbH-Beteiligung zu jeweils 50 % auf zwei Vermögensübernehmer, wird aber nur einer der Vermögensübernehmer Geschäftsführer, führt nur die Anteilsübertragung auf diesen zu einer begünstigten Vermögensübertragung i.S.d. § 10 Abs. 1a EStG. Sind oder werden beide Übernehmer Geschäftsführer der Gesellschaft, dann sind beide Fälle begünstigt.
> Die aufgeworfene Frage des Zusammentreffens mit der Betriebsaufspaltung wird hingegen nicht thematisiert.

Anderes Vermögen als das vorab beschriebene Vermögen ist **nicht begünstigt**. Hiervon ist (beispielhaft) auch die Einräumung eines **Nießbrauchsrechts**, unabhängig davon, ob es am begünstigten Vermögen besteht, erfasst. Es sind sodann die (bereits oben dargestellten) Grundsätze der Rz. 65 ff. (sowohl für BV als auch für PV) anzuwenden. Eine Ausnahme hiervon lässt das BMF-wL II im Fall des Nießbrauches nur in den Fällen zu, in denen der Nießbrauch lediglich Sicherungszwecken dient und der Vermögensübergeber gleichzeitig mit der Bestellung des Nießbrauchs dessen Ausübung nach § 1059 BGB dem Vermögensübernehmer überlässt, sowie in den Fällen der sog. zeitlich gestreckten »gleitenden« Vermögensübertragung (vgl. BFH vom 03.06.1992, BStBl II 1993, 23 und Rz. 24 f. a.a.O.).

Entsprechendes (Rz. 65 ff.) gilt für land- und forstwirtschaftliche Betriebe, wenn sie aufgrund von **Wirtschaftsüberlassungsverträgen**, die Vorstufe zur Hof- und Betriebsübertragung sind, überlassen werden. Eine begünstigte Vermögensübertragung im Zusammenhang mit Versorgungsleistungen kann in diesen Fällen erst bei der späteren tatsächlichen Übertragung des Hofs und Betriebs im Zusammenhang mit wiederkehrenden Leistungen vorliegen. Dies gilt auch für Pachtverträge, die steuerrechtlich als Wirtschaftsüberlassungsverträge gewürdigt werden.

Die vorstehend genannten Grundsätze werden von einer Missbrauchsregelung (Rz. 23) flankiert, die in Fällen einer zeitnahen Einlegung (= 1 Jahr) eines GmbH-Anteils in begünstigtes BV oder der Entstehung von begünstigtem BV durch Umwandlung einer Körperschaft und anschließender Übertragung des begünstigten BV die (widerlegbare?)

Vermutung aufstellt, dass hierdurch § 10 Abs. 1a S. 2 Buchst. c EStG umgangen werden soll, indem eigentlich nicht begünstigtes Vermögen im Wege der Übertragung begünstigten BV mitübertragen wird. In diesem Fällen sind § 2 Abs. 1 und 2 UmwStG nicht anzuwenden.

Auch die Neuregelung ab VZ 2008 führt nur dann zu einer begünstigten steuerlichen Behandlung, wenn ausreichend **Ertrag bringendes Vermögen** übertragen wird, um den Übergeber zumindest zu einem Teil zu versorgen (Rz. 26 ff. a.a.O.). Von ausreichend Ertrag bringendem Vermögen ist auszugehen, wenn nach überschlägiger Berechnung die wiederkehrenden Leistungen nicht höher sind als der langfristig erzielbare Ertrag des übergebenen Vermögens. Dieser Begriff wird vom BMF hierbei an § 2 EStG angelehnt. Hierbei gilt bei Übertragungen im Zusammenhang mit wiederkehrenden Leistungen im Wege der vE **eine widerlegbare Vermutung, dass die Erträge ausreichen**, um die wiederkehrenden Leistungen in der vereinbarten Höhe zu erbringen (Rz. 29 a.a.O.). Wird jedoch im Rahmen einer einheitlichen Übertragung neben begünstigten Vermögen weiteres nicht begünstigtes Vermögen übertragen, greift die Beweiserleichterung nicht.

3.4.3.2 Art und Umfang der (begünstigten) wiederkehrenden Leistungen

Die Darstellung erfolgt als kursorische Zusammenfassung des **BMF-wL II Rz. 44 ff.** in tabellarischer Darstellung.

Begünstigte wiederkehrende Leistung	Keine begünstigte wiederkehrende Leistung
zunächst alle vereinbarten Leistungen in Geld oder Geldeswert, hierzu gehören insb. Geldleistungen, Aufwendungsersatz, sowie Sachleistungen (vgl. § 8 Abs. 2 EStG)	Verpflichtung zur Erbringung wiederkehrender persönlicher Dienstleistungen durch persönliche Arbeit
Stellung einer fremden Arbeitskraft i.H.d. Lohnaufwands	Versorgungsleistungen, die mit steuerbefreiten Einkünften des Übernehmers, z.B. aufgrund eines DBA, in wirtschaftlichem Zusammenhang stehen
Die mit der Nutzungsüberlassung einer Wohnung tatsächlich zusammenhängenden Aufwendungen (z.B. Strom, Wasser, Instandhaltung, soweit sie zum Erhalt des vertragsmäßigen Zustandes der Wohnung dienen)	Abzug von AfA sowie Schuldzinsen und vom Übernehmer als Eigentümer geschuldeter Lasten des Grundstückes
Der auf den Wohnteil des Betriebes entfallende Teil der Versorgungsleistungen bei Übertragung eines L+F Betriebes	
Die Steuerbefreiung des § 3 Nr. 4, Nr. 40a EStG sowie der Sondertarif für Kapitaleinkünfte (§ 32d EStG) haben keine Auswirkungen auf den möglichen Sonderausgabenabzug	

In Fällen von Mischübertragungen (d.h. hier sowohl begünstigtes als auch nicht begünstigtes Vermögen) ist für die Zuordnung der Versorgungsleistungen die konkrete Vereinbarung im Übertragungsvertrag maßgebend. Dabei wird es grundsätzlich nicht beanstandet, wenn die wiederkehrenden Leistungen in vollem Umfang der Übertragung des begünstigten Vermögens zugeordnet werden.

> In Fällen, in denen keine oder nur geringe Erträge erzielt werden, bzw. eine konkrete Vereinbarung fehlt, sind die wiederkehrenden Leistungen anhand eines angemessenen Maßstabs (z.B. Verhältnis der Erträge der einzelnen Vermögenswerte) aufzuteilen.

Der Sonderausgabenabzug auf Seiten des Verpflichteten ist zudem immer an eine Besteuerung auf Seiten des Berechtigten geknüpft (Korrespondenzprinzip vgl. BMF-wL II Rz. 51 ff.). Es kommt nicht darauf an, dass sich die wiederkehrenden Leistungen auch tatsächlich steuermindernd ausgewirkt haben.

3.4.3.3 Der Übertragungsvorgang

Der Mindestvertragsinhalt sollte Art und Umfang der Wirtschaftseinheit beinhalten sowie die Hauptmodalitäten der Versorgungsleistung (Höhe, Fälligkeit etc.). Die wiederkehrenden Versorgungsleistungen selbst müssen ab 2008 eine **lebenslange** Laufzeit haben (vgl. hierzu auch Rz. 56 BMF-wL II). Ist diese Voraussetzung nicht erfüllt, scheidet eine begünstigte Übertragung aus (Rz. 57) und es gelten die unter Rz. 65 des BMF-wL II dargestellten Übertragungsgrundsätze.

Weitere Anforderungen an den Übertragungsvertrag regelt das BMF-wL II in den Rz. 59 ff. Demnach setzt die steuerliche Anerkennung grundsätzlich voraus, dass die gegenseitigen Rechte und Pflichten klar und eindeutig sowie rechtswirksam vereinbart und ernsthaft gewollt sind. Zudem muss der Vertrag tatsächlich durchgeführt werden.

Weitere wichtige Inhalte/Voraussetzungen sind:

- der Umfang des übertragenen Vermögens, die Höhe der Versorgungsleistungen und die Art und Weise der Zahlung;
- Rechtsbindungswille;
- Abschluss der Vereinbarungen zu Beginn des begründeten Rechtsverhältnisses oder bei Änderung dieses Verhältnisses für die Zukunft;
- Änderungen werden nur bei einem in der Regel langfristig veränderten Versorgungsbedürfnis des Berechtigten und/oder die veränderte wirtschaftliche Leistungsfähigkeit des Verpflichteten anerkannt. Rückwirkende Vereinbarungen werden nur in Ausnahmen anerkannt.

Umstritten ist bis heute, ob die **zivilrechtlichen Formvorschriften** eingehalten werden müssen.[334] Aufgrund der Änderung der Rspr. in dieser Frage (s. Kap. I 4.4.3.1) wird u.E. nur noch die Nichteinhaltung der Schriftform gem. § 761 BGB bei Leibrentenvereinbarung im engen Generationenverbund (Eltern – Kinder) zur steuerlichen Aberkennung führen. Hierzu nimmt auch das BMF-wL II keine Stellung. Dieser Auffassung hat sich jedoch jüngst der BFH angeschlossen und hält es für geboten, dass künftig auch nachträgliche Einschränkungen der Rentenverpflichtung schriftlich belegt werden müssen, es also hierbei nicht ausreicht, das die Verträge lediglich bürgerlich-rechtlich wirksam vereinbart sind (BFH vom 15.09.2010, BStBl II 2011, 641).

---

334 Vgl. die Zitate bei *Heinicke* in *Schmidt*, EStG, § 10 Rz. 60. Gegen die Notwendigkeit der Formvorschrift (u.a. wegen § 41 Abs. 1 AO) sprechen sich *Fischer* (KSM, § 2 B 27) und *Wälzholz*, DStR 2008, 273 aus.

3.4.3.4 Subjektive Voraussetzungen

Auf Seiten des Übernehmers der Wirtschaftseinheit (= Versorger) ist das enge erbrechtliche Band nicht mehr erforderlich (es kann auch der Prokurist sein); Empfänger der wiederkehrenden Leistung können neben dem Übergeber nur dessen Ehepartner und gesetzlich Berechtigte sein (BMF-wL II). Bei einem Verzicht auf dieses Kriterium würde sich das Rechtsinstitut vollends vom Ausgangspunkt entfernen.

Wegen des Zusammenhangs zwischen § 10 Abs. 1a EStG und § 22 Nr. 1b EStG (enges Korrespondenzverhältnis) und wegen dem bei § 22 EStG geltenden Erfordernis, dass der Empfänger der Versorgungsleistungen unbeschränkt stpfl. ist, setzt der Sonderausgabenabzug grundsätzlich die **unbeschränkte ESt-Pflicht** des Empfängers voraus. Die Regelung ist aber gem. § 1a Abs. 1 Nr. 1a EStG **europarechtskonform** ausgestaltet worden, so dass die Versorgungsleistungen steuerunschädlich auch an Empfänger im EU-/EWR-Raum geleistet werden können. Einzige Voraussetzung dabei ist, dass die Besteuerung im Ausland **nachgewiesen** wird (§ 1a Abs. 1a S. 2 i.V.m. Nr. 1 S. 3 EStG, Rz. 51 ff. BMF-wL II). Ist der Vermögensübernehmer in Deutschland nicht unbeschränkt einkommensteuerpflichtig (mit Ausnahme der dargestellten Fälle) und kann er daher die wiederkehrenden Leistungen nicht als Sonderausgaben abziehen, hat der Empfänger der Versorgungsleistungen die wiederkehrenden Leistungen nicht zu versteuern.

3.4.4 Die (nachträgliche) Umschichtung sowie weitere Änderungen in Bezug auf das übertragene Vermögen

Nach Rz. 28 ff. des BMF-wL I endet mit der nachträglichen Umschichtung der sachliche Zusammenhang der Versorgungsleistungen mit der Vermögensübergabe. Die vereinbarten Leistungen gelten sodann als steuerirrelevante Unterhaltsleistungen gem. § 12 Nr. 2 EStG. Eine Ausnahme gilt nur für den Fall, dass der Übernehmer das Objekt auf einen Dritten überträgt und mit dem Erlös eine neue existenzsichernde ertragbringende WE erwirbt.

Nach Rz. 32 des BMF-wL I wird die Einbringung der WE in eine PersG/KapG gegen Gewährung von Gesellschaftsrechten nicht als Anwendungsfall der nachträglichen Umschichtung behandelt.

Die Rechtslage nach dem BMF-Schreiben-wL II (2010):
Anhand des BMF-wL II Rz. 36 ff. ist zu differenzieren:

- Eine Umschichtungsverpflichtung im Übertragungsvertrag schließt die begünstigte Vermögensübertragung **ex tunc** aus.
- Ansonsten **endet der sachliche Zusammenhang** grundsätzlich, wenn der Übernehmer den Betrieb aufgibt oder das übernommene Vermögen ihm nicht mehr zuzurechnen ist. Ab diesem Zeitpunkt ist der Anwendungsbereich von § 12 Nr. 2 EStG eröffnet (vgl. BFH vom 31.03.2004, BStBl II 2004, 830).
- Bei einer **Weiterübertragung des Übernehmers** im Rahmen der vorweggenommenen Erbfolge (s. auch Rz. 50 a.a.O.) endet der sachliche Zusammenhang nicht, wenn der Übernehmer diese aus ihm im Rahmen der weiteren Vermögensübertragung seinerseits eingeräumten Versorgungsleistungen oder aus einem an dem weiter übertragenen Vermögen vorbehaltenen Nießbrauchsrecht bewirken kann (Rz. 38 a.a.O.).
- Bei einer **Teilweiterübertragung** auf Dritte können die nach der Übertragung entrichteten wiederkehrenden Leistungen an den Übergeber weiterhin als Versorgungsleistungen zu

beurteilen sein. Voraussetzung ist, dass der nicht übertragene Teil des übernommenen Vermögens nach der Übertragung auf den Dritten ausreichende Erträge abwirft, um die Versorgungsleistungen zu finanzieren, und weiterhin begünstigtes Vermögen vorliegt. Maßgebend für die Beurteilung sind die Erträge ab dem Zeitpunkt, ab dem der übertragene Vermögensteil dem Übernehmer steuerrechtlich nicht mehr zuzurechnen ist (Rz. 40 a.a.O.).

- Im Fall der **Drittübertragung** und einem anschließenden (zeitnahen) erneuten Erwerb von begünstigtem Vermögen durch den Erlös sind die nach der Übertragung an den Übergeber entrichteten wiederkehrenden Leistungen weiterhin Versorgungsleistungen. Dies gilt auch, wenn nicht der gesamte Erlös aus der Veräußerung zur Anschaffung verwendet wird, die wiederkehrenden Leistungen aber durch die Erträge aus dem neu angeschafften Vermögen abgedeckt werden oder der gesamte Erlös aus der Veräußerung zur Anschaffung dieses Vermögens nicht ausreicht, der Übernehmer bei der Umschichtung zusätzlich eigene Mittel zur Anschaffung aufwendet und der auf den reinvestierten Veräußerungserlös entfallende Anteil an den Erträgen ausreicht, um die vereinbarten wiederkehrenden Leistungen zu erbringen (Rz. 41 a.a.O.).
- **Die Einbringung/der Anteilstausch** begünstigt übernommenen Vermögens gem. §§ 20, 21 oder 24 UmwStG stellen – unabhängig davon, mit welchem Wert das eingebrachte Vermögen bei der übernehmenden Gesellschaft angesetzt wird – keine nachträgliche Umschichtung i.S.d. Rz. 41 dar, wenn auch nach der Einbringung die übrigen Voraussetzungen der Rz. 7 bis 11 und 15 bis 20 bzw. nach dem Anteilstausch die übrigen Voraussetzungen der Rz. 15 bis 20 erfüllt sind. Der sachliche Zusammenhang der wiederkehrenden Leistungen mit der begünstigten Vermögensübertragung endet in diesen Fällen nicht (Rz. 42 a.a.O.).
- Dies gilt auch für die **formwechselnde Umwandlung oder Verschmelzung** von PersG. Der sachliche Zusammenhang endet hingegen, soweit dem Vermögensübernehmer die erhaltenen GmbH-Anteile oder MU-Anteile steuerrechtlich nicht mehr zuzurechnen sind; Rz. 38 bleibt unberührt.
- Im Fall der **Realteilung** (§ 16 Abs. 3 S. 2 bis 4 EStG) wird der sachliche Zusammenhang der wiederkehrenden Leistungen mit der begünstigten Vermögensübertragung nur dann nicht beendet, wenn der Vermögensübernehmer einen Teilbetrieb oder MU-Anteil erhält und nach der Realteilung die übrigen Voraussetzungen der Rz. 7 bis 11 oder der Rz. 13 und 14 erfüllt sind (Rz. 43 a.a.O.).
- Im Falle der **Realteilung eines land- und forstwirtschaftlichen Betriebs** gilt dies auch, wenn der Vermögensübernehmer einzelne WG erhält, die bei ihm nach der Realteilung einen selbständigen landwirtschaftlichen Betrieb darstellen (vgl. BMF vom 28.02.2006, BStBl I 2006, 228).

Auch in Bezug auf den Übergang von der alten auf die neue Rechtslage sind **nachträgliche Änderungen des übertragenen Vermögens** zu beachten:

- Im Fall der Ablösung eines Nießbrauchsrechtes, welches in einem Altvertrag vereinbart wurde, aber nach dem Systemwechsel im Zusammenhang mit wiederkehrenden Leistungen abgelöst wird, ist zu differenzieren (Rz. 85 BMF-wL II):
  – Sofern die Ablösung bereits im Übertragungsvertrag verbindlich festgelegt wurde, bleibt das alte Recht (weitere Begünstigung) anwendbar.
  – Erfolgte die Ablösung erst nach dem 31.12.2007, ist das neue Recht anwendbar (weitere Begünstigung nur noch in den dargestellten Fällen).

- Wird das Nießbrauchsrecht **im Wege des Vermächtnisses** eingeräumt, gilt das Vorgenannte entsprechend.
- Wurde eine **Umschichtungsverpflichtung im Übertragungsvertrag** vor dem 01.01.2008 begründet, die vorsieht, dass ertragloses oder nicht ausreichend Ertrag bringendes Vermögen in eine ihrer Art nach bestimmte, ausreichend Ertrag bringende Vermögensanlage umgeschichtet wird, so ist das neue Recht anwendbar, wenn die Umschichtung des Vermögens nicht vor dem Systemwechsel (01.01.2008) vollzogen wurde (vgl. auch Rz. 36, 87 a.a.O.).
- Im Fall einer **nachträglichen Umschichtung** einer vor dem 01.01.2008 geschlossenen Vermögensübertragung bleibt hingegen die Möglichkeit der Anwendung des BMF-wL erhalten. Zudem ist nicht erforderlich, dass das Vermögen in auch nach der Neufassung begünstigtes Vermögen umgeschichtet wird (Rz. 88 a.a.O.).
- Wird die **Versorgungsleistung** selbst umgewandelt (Leibrente wird zu einer dauernden Last), so bleibt für Altverträge insofern das BMF-wL I (Rz. 48) auch bei Umwandlung erst nach dem 31.12.2007 anwendbar, auch wenn (s. oben) in der Neufassung des § 10 Abs. 1 Nr. 1a EStG auf diese Unterscheidung verzichtet wird.

3.4.5 Das »Nebeneinander« von alter und neuer Rechtslage

Die Neuregelung und auch das BMF-wL II sind grundsätzlich auf nach dem 31.12.2007 abgeschlossene Übertragungsvorgänge anzuwenden, wohingegen das BMF-wL I für Altverträge, ebenso wie die alte Fassung von § 10 Abs. 1a EStG weiter anzuwenden sind (Rz. 80 BMF-wL II). Dies gilt auch für vor dem 01.01.2008 geschlossene Wirtschaftsüberlassungsverträge und Pachtverträge, die als Wirtschaftsüberlassungsverträge anzusehen sind (Rz. 81 a.a.O.). Auch bezogen auf den dem Berechtigten zustehenden Ertrag ist zu differenzieren. Reicht dieser Ertrag nur aus, weil ersparte Aufwendungen zu den Erträgen des Vermögens gerechnet werden, so wird der Bestandsschutz für Altverträge durchbrochen und die neue Rechtslage ist anzuwenden (Rz. 82 a.a.O.). Liegt der ausreichende Ertrag hingegen in Form eines Nutzungsvorteils eines zu eigenen Zwecken genutzten Grundstücks vor, so bleibt der Bestandsschutz bestehen. Auch im Übrigen ist die umfassende Anwendungsregelung des BMF-wL II zu beachten, um die einzelne Vermögensübertragung der richtigen besser zutreffenden steuerlichen Behandlung zuzuführen (siehe i.d.S. auch den Umfang der Besteuerung nach § 22 Nr. 1b EStG in Rz. 89 a.a.O.).

4 Der Erbfall (und das Interimsstadium – bis zur Auseinandersetzung)

4.1 Trennung zwischen Erbfall und Erbauseinandersetzung

Im Erbfall geht gem. § 1922 BGB das gesamte Vermögen des Erblassers entweder direkt auf den Erben über oder wird, sofern mehrere Miterben vorhanden sind, Gesamthandsvermögen der Erbengemeinschaft. Als gesetzliche Zufallsgemeinschaft ist diese ihrem Zweck nach gefordert, das Vermögen entweder freiwillig oder unter Beachtung etwaiger Teilungsanordnungen, Vorausvermächtnissen oder anderen letztwilligen Verfügungen des Erblassers zu verteilen. Die Erben begründen erst nach der Erbauseinandersetzung **Allein-**

eigentum an den Vermögensgegenständen des Nachlasses. Der GrS hat diesbezüglich mit Beschluss vom 05.07.1990 (BStBl II 1990, 837) – in Abweichung zu der vorangegangenen Rspr. – entschieden, dass Erbfall und Erbauseinandersetzung im ESt-Recht **selbständige Rechtsvorgänge** sind und keine rechtliche Einheit bilden (Trennungstheorie). Dies gelte sowohl für PV als auch für BV. Die Fin-Verw hat sich dem angeschlossen (s. BMF vom 11.01.1993, BStBl I 1993, 62).

Vor 1990 wurden Erbfall und Erbauseinandersetzung, also die Verteilung des Nachlassvermögens auf die Erben, über Jahrzehnte als einheitliche, private und ertragsteuerlich unbeachtliche Vorgänge zur Beendigung des Erbvorgangs betrachtet (so genannte Einheitsthese; s. RFH vom 08.11.1933, RStBl 1934, 253). Der Erbe wurde – zumindest bei der Übertragung von BV – in jedem Fall als unmittelbarer Nachfolger des Erblassers betrachtet (s. BFH vom 19.05.1983, BStBl II 1983, 380).

Beispiel 5:
A und B sind zu gleichen Teilen Erben des E. Zum Nachlassvermögen gehört ausschließlich ein Einzelunternehmen. A und B einigen sich darauf, dass A den Betrieb alleine fortführt und dass B im Gegenzug eine Ausgleichszahlung von A erhält.

Lösung: A und B sind zunächst zu MU in Bezug auf das Einzelunternehmen geworden. Durch die Übertragung des MU-Anteils an A gegen eine Ausgleichszahlung hat B einen stpfl. VG, wenn die Ausgleichszahlung die hälftigen BW des EinzelU übersteigt. Für A entstehen entsprechende AK (i.H.d. das Kapitalkonto übersteigenden Zahlungen).

Zumindest systematisch ist der einstige Grundfall einer »einkommensteuerneutralen Auseinandersetzung« somit zur Ausnahme geworden.

4.2 Erbfall, übergehende Steuerpositionen und steuerliche Konsequenzen

Durch den Tod des Erblassers geht zivilrechtlich gem. § 1922 BGB dessen Vermögen im Wege der Gesamtrechtsnachfolge auf den oder die Erben über. Steuerrechtlich bestimmt hierfür § 45 AO, dass die Forderungen und Schulden aus dem **Steuerschuldverhältnis** auf den Rechtsnachfolger übergehen. Der BFH hat hieraus in ständiger Rechtsprechung abgeleitet, dass der Erbe demnach sowohl in materieller als auch in verfahrensrechtlicher Hinsicht in die abgabenrechtliche Stellung des Erblassers eintritt (s. BFH vom 17.12.2007, BStBl II 2008, 608). Für die Frage, welche Steuerpositionen der Erbe oder die Erbengemeinschaft daher übernimmt und welche Konsequenzen für die ESt zu ziehen sind, ist zu unterscheiden zwischen:

- den Steuerobjekten (z.B. Betrieb, MU-Anteil, Mietwohngrundstück oder Wertpapiere)
- dem Steuerobjekt anhängende Steuerpositionen (z.B. Besitzzeiten oder AfA-Volumen) und
- unabhängigen Steuerpositionen (z.B. nicht verbrauchter Verlustausgleich).

4.2.1 Steuerobjekte

Der Vermögensübergang im Erbfall auf den oder die Erben ist nicht einkommensteuerpflichtig. Bw (betriebliche Einheiten) sind im Erbfall – als Prototyp einer **unentgeltlichen Übertragung** – nach § 6 Abs. 3 EStG fortzuführen. Steuerwerte (PV) sind gem. § 11d EStDV zu übernehmen. Der Erblasser erzielt dementsprechend im Todeszeitpunkt weder einen Veräußerungs- oder Aufgabegewinn, noch tätigt der Erbe eine Anschaffung. Als (Gesamt-) Rechtsnachfolger sind aber die übernommen Buch- oder Steuerwerte bei der Berechnung eines etwaigen, späteren VG zu berücksichtigen.

Diese ausnahmsweise zulässige intersubjektive Übertragung stiller Reserven greift aber nur bei **steuerlichen Funktionseinheiten** wie Betrieben, Teilbetrieben und – ihnen gleichgestellten – MU-Anteilen. Die Konzentration auf diese drei Kompetenzobjekte hat ihr bilanzsteuerliches Pendant in der Größe »Kapital« bzw. »Kapitalkonto«, die ihrerseits die **Bündelung** der vom Einzel- bzw. Mit-Unternehmer erfassten einzelnen WG dokumentiert. Diese Korrelation (Betrieb/Kapital bzw. MU-Anteil/Kapitalkonto) als verselbständigte steuerliche Größe kehrt im Steuerrecht wieder bei § 16 EStG und bei den Einbringungstatbeständen der §§ 20, 24 UmwStG.

Den **Gegenbegriff** zu den betrieblichen Einheiten bilden die **Einzel-WG** mit konträren Rechtsfolgen. Bei der unentgeltlichen Übertragung ist dies der Ansatz des gemeinen Werts (§ 6 Abs. 4 EStG) und damit der Aufdeckungszwang. Bei der entgeltlichen Übertragung von Einzel-WG wird ein evtl. Gewinn (Veräußerungspreis ./. Buchwert) nicht als begünstigter Gewinn nach § 16 EStG, sondern als laufender Gewinn gem. § 15 EStG erfasst. Auslegungsfragen hierzu werden nachfolgend unter § 16 EStG behandelt.

Die für den betrieblichen Bereich weitergehende Unterscheidung in § 6 Abs. 3 EStG (»Buchwertübergang« bei steuerfunktionellen Einheiten) und die divergierende Anordnung in § 6 Abs. 4 EStG (»Realisationszwang« bei Einzel-WG) ist nur ein scheinbarer Widerspruch. Konform mit dem erbrechtlichen Moment der **Gesamt**rechtsnachfolge gehen auch nur die steuerlichen geschlossenen **Funktionseinheiten** auf den Erben über. Die gegen diese Behandlung gerichteten Auffassungen in der Literatur wurden nicht weiter verfolgt. Das Konzept der mit § 6 Abs. 3 EStG einhergehenden »sachlichen Verschonungssubvention« (interpersonaler Übergang der stillen Reserven) wird zu Recht als Grundsatz der Rechtseinheit von der Rspr. und der h.L geduldet.

Erbe bzw. Erbengemeinschaft haben – bedingt durch die Trennungstheorie – kein Wahlrecht dahingehend, eine Betriebsaufgabe auf den Todeszeitpunkt zu bestimmen. Ein (späterer) Veräußerungs- oder Aufgabegewinn entsteht ausschließlich bei dem oder den Erben. Dies gilt selbst dann, wenn der Erbe den Betrieb nicht fortführt, die Veräußerung oder die Aufgabe durch den Erblasser testamentarisch angeordnet wurde oder der Erblasser vor seinem Ableben bereits rechtsverbindlich und unumkehrbar die Veräußerung oder die Aufgabe eingeleitet hat. Insofern ist für die Frage, in welcher Person der Tatbestand des § 16 EStG erfüllt wird, der Übergang des wirtschaftlichen Eigentums an den wesentlichen Betriebsgrundlagen maßgebend. Zumeist wird dies der Zeitpunkt des dinglichen Rechtsgeschäftes sein (s. BFH vom 11.08.1998, BStBl II 1998, 705). Dass in vielen Fällen somit der Erbe den Veräußerungs- oder Aufgabegewinn erzielt, hat allerdings nicht zwingend zur Folge, dass er die Steuerschuld mit eigenem Vermögen begleichen muss.

Hinweis: Bei einer derart gesetzlich aufoktroyierten Steuerschuld ist nach Auffassung des BFH der Erbe berechtigt, das FA als Gläubiger der Forderung auf den Nachlass zu verweisen, da es sich dann um eine Erbfallschuld handelt. Ggf. kann sich der Erbe sogar auf die beschränkte Erbenhaftung nach § 1975 BGB beziehen, so dass bei einem nicht ausreichenden Nachlass die Forderung des FA unerfüllt bliebe (s. BFH vom 11.08.1998, BStBl II 1998, 705).

4.2.2 Dem Steuerobjekt anhängende Steuerpositionen

Unter dem Steuerobjekt anhängende Steuerpositionen sind solche Positionen zu verstehen, die **akzessorisch** mit dem Objekt verbunden sind.

Als solche kommen in Betracht:

- Bilanzierungswahlrechte,
- Besitzzeiten,
- Verpächterwahlrecht,
- Abschreibungsoptionen,
- Fortführung der Einkunftsart (insb. bei § 24 Nr. 2 EStG).

Eine klare Regelung, inwiefern der Erbe hier zur Kontinuität verpflichtet ist, besteht nicht. Eine Gesamtschau auf die in dieser Sache vorliegenden Entscheidungen und Verwaltungsanweisungen zeigt allerdings, dass regelmäßig von einer **Übernahme** der Steuermerkmale durch den Erben auszugehen ist. So ist der Erbe z.B. an die Entscheidung des Erblassers, die steuerwirksame Betriebsaufgabe bei Verpachtung des Betriebes durch Fortführung als gewerbliche Verpachtung zu verhindern, zunächst gebunden (s. BFH vom 28.11.1991, BStBl II 1992, 521 und R 16 Abs. 5 S. 8 EStR). Gleiches gilt bei der Übertragung von stillen Reserven durch Bildung einer Reinvestitionsrücklage nach § 6b EStG. Der Erbe kann die Rücklage unter Berücksichtigung der Laufzeiten des Rechtsvorgängers fortführen und Besitzzeiten werden angerechnet.[335]

Die Argumentation im Detail wird anhand des **Verpächterwahlrechts** exemplarisch nachgezeichnet.

Bekanntlich hat der Verpächter eines Betriebes nach R 16 Abs. 5 EStR ein Wahlrecht zwischen der steuerwirksamen Betriebsaufgabe (§ 16 Abs. 3 EStG) und der Fortführung durch »gewerbliche Verpachtung« ohne Gewerbebetrieb.

Um es zu verdeutlichen: **Anders** als bei einem vom Erblasser noch aktiv bewirtschafteten Betrieb (dort entsteht das Verpächterwahlrecht in der Person des zunächst aktiv bewirtschaftenden Erben neu – vgl. BFH vom 20.04.1989, BStBl II 1989, 863 sowie BMF vom 23.11.1990, BStBl I 1990, 770) soll in dieser Fallgruppe ein bereits **verpachteter Betrieb** vom Erblasser auf den Erben übergehen.

Ist der Erbe an die Option des Erblassers gebunden?

- Das Zivilrecht liefert mit §§ 566, 581 BGB (»Kauf bricht nicht Miete bzw. Pacht«) einen ersten Anhaltspunkt und Beleg für den dinglich-akzessorischen Charakter der Verpachtung.
- Ähnlich deutlich unterscheidet das GewSt-Recht; der Verpächter unterliegt nicht der GewSt, nur der Pächter ist gewerbesteuerpflichtig.
- Das Bewertungsrecht folgt schließlich in der Frage des verpachteten Gewerbebetriebes der einkommensteuerlichen Beurteilung und belässt es bei der BV-Zuordnung zum Verpächter (BFH vom 13.11.1963, BStBl III 1964, 124).

Die Belege aus den verschiedenen Teilrechtsordnungen legen die unterschiedliche Bedeutung des Merkmals »verpachteter Betrieb« vs. »nicht verpachteter Betrieb« nahe. In diesem Sinne kann das Merkmal der Verpachtung – und damit das »Verpächterwahlrecht« – nicht wegge-

---

[335] S. *Loschelder* in *Schmidt*, EStG, § 6b Rz. 3.

dacht werden, ohne dass damit nicht eine andere Steuereinheit (ein aliud) entstünde. Das Verpächterwahlrecht geht als »quasi-dingliche« Eigenschaft auf den Erben über. Dieser tritt in die Rechtsstellung des bisherigen Verpächters ein (gleicher Ansicht R 16 Abs. 5 S. 8 EStR).

4.2.3 Unabhängige Steuerpositionen

Unabhängige Steuerpositionen sind solche, die nicht einen direkten Bezug zu einem Steuerobjekt vorweisen, sondern vielmehr dem Steuersubjekt zuzurechnen sind. Es besteht Einigkeit darüber, dass zumindest **höchstpersönliche** Verhältnisse und unlösbar mit der Person des Rechtsvorgängers verknüpfte Umstände **nicht** von § 45 AO erfasst werden und daher nicht auf den Gesamtrechtsnachfolger übergehen (s. BFH vom 17.12.2007, BStBl II 2008, 608).

Vor allem aber gehört zu den **nicht vererbbaren Rechtspositionen** seit der Grundsatzentscheidung des GrS vom 17.12.2007 (BStBl II 2008, 608) der **nicht ausgenutzte Verlustabzug** nach § 10d EStG. In Abweichung zur vorherigen Rechtslage (s. BFH vom 16.05.2001, BStBl II 2002, 438 sowie H 10d EStH 2007 [vgl. auch H 10d EStH »Verlustabzug im Erbfall«]) hat der GrS die Vererblichkeit des Verlustausgleiches eindeutig verneint. Unabhängig von den Prinzipien der Gesamtrechtsnachfolge nach § 1922 BGB bzw. § 45 AO sei ein interpersoneller Verlustausgleich nicht mit den Prinzipien des Einkommensteuerrechtes vereinbar, zumal § 10d EStG eine Regelung zur interpersonellen Wirkung nicht vorgibt. Der GrS beruft sich also darauf, dass die Einkommensteuer als Personensteuer vom Grundsatz der Individualbesteuerung und vom Prinzip der Besteuerung nach der individuellen Leistungsfähigkeit beherrscht wird. Demnach erstreckt sich die persönliche Steuerpflicht einer Person auf die Lebenszeit und endet mit dem Tod. Zugleich wird das bis zum Tod des StPfl. erzielte Einkommen der Veranlagung zugrunde gelegt. Erblasser und Erbe sind außerdem verschiedene Rechtssubjekte, deren erzielte Einkünfte nach Maßgabe des objektiven und subjektiven Nettoprinzips jeweils getrennt ermittelt und dem jeweiligen Einkommensteuerrechtssubjekt zugerechnet werden. Ein interpersoneller Verlustausgleich, gleichbedeutend mit dem Abzug von Drittaufwand, sei hiermit nicht vereinbar. Daran vermögen auch die wirtschaftliche Belastung des Erblassers oder § 24 Nr. 2 EStG nach Auffassung des BFH nichts zu ändern. Aus Gründen des Vertrauensschutzes ist die neue Rechtsprechung allerdings nicht auf Erbfälle anzuwenden, die bis zum Ablauf des Tages der Veröffentlichung des Beschlusses im BStBl eingetreten sind. Laut dem entsprechenden Erlass ist dies der 18.08.2008 (s. BMF vom 24.07.2008, BStBl I 2008, 809).

4.2.4 Zurechnung laufender Einkünfte zwischen Erbfall und Erbauseinandersetzung, insbesondere bei einer (Mit-)Erbengemeinschaft

Der Erblasser erzielt bis zu seinem Tode laufende Einkünfte. Ein Veräußerungs- oder Aufgabegewinn entsteht durch den Todesfall bei ihm nicht. Insofern es nur einen Erben gibt, sind das Nachlassvermögen und die damit verbundenen Einkünfte nach dem Tod unmittelbar dem Erben als Gesamtrechtsnachfolger zuzurechnen.

Sind hingegen mehrere Personen erbberechtigt, so finden die WG den Weg in die Vermögenssphäre des Einzelnen i.d.R. (also z.B. vorbehaltlich etwaiger Vorausvermächtnisse) nur über den Umweg der **Erbengemeinschaft**. Für die Zeit bis zur Erbauseinandersetzung stellt sich daher die Frage, wem die Einkünfte in dieser Phase zugerechnet werden und um welche Einkunftsart es sich handelt.

Bei **mehreren Miterben** liegt nach §§ 2032 ff. BGB eine **Gesamthandsgemeinschaft** vor. Der entscheidende Unterschied zum sonstigen Recht der Gesamthandsgemeinschaft liegt in der erbrechtlichen »Geburtsstunde« der Miterbengemeinschaft durch den Tod des Erblassers, die insoweit als Zufallsgemeinschaft charakterisiert werden kann. Wiederum anders als bei den PersG (inkl. der OHG und KG) besteht ihre Hauptaufgabe darin, den **ungeteilten Nachlass** nur bis zu seiner **Abwicklung** am Rechtsverkehr teilhaben zu lassen. Mit der Auseinandersetzung, auf deren sofortige Durchführung jeder Erbe einen Anspruch hat (§ 2042 BGB), ist ihre Aufgabe erfüllt.

Es handelt sich bei der MEG um eine Zwischenherrschaft – bezogen auf den Nachlass –, die sich allerdings in der Praxis nicht selten einer (unerwünscht) langen Lebensdauer erfreut.

4.2.4.1 Der zivilrechtliche Status der Miterben(gemeinschaft)

Nachfolgende Stichworte charakterisieren zivilrechtlich die Miterbengemeinschaft (nachfolgende Paragrafen in der Zusammenstellung sind solche des BGB):

Stichworte	Rechtsgrundlage	Bedeutung
Gesamthandsgemeinschaft (Sonderform wegen der speziellen Zielsetzung)	§§ 717 ff. (allgemein) und § 2032 (lex specialis)	keine Direktbeteiligung an einzelnen Wirtschaftsgütern (§ 719 Abs. 1 und § 2033 Abs. 2 sowie § 2040 Abs. 1) **anders** als im Regelfall der Gesamthand **alleiniges Verfügungsrecht** über Anteil (§ 2033 Abs. 1)
Mehrpersonale Fußstapfentheorie mit späterer Einzelübertragung	§ 1922 Abs. 2 und § 2042 Abs. 1	Die MEG wird (zunächst) unmittelbarer Rechtsnachfolger des Erblassers. Erst mit der Auseinandersetzung werden die Nachlassbestandteile gesondertes Eigentum des einzelnen Miterben.
Auseinandersetzungsanspruch jedes einzelnen Miterben	§ 2042	Ende der MEG mit geltend gemachtem Auseinandersetzungsanspruch
Teilungsanordnung	§ 2048	Testamentarische Anordnung des Erblassers; Abgrenzung zum Vorausvermächtnis (s. 2.2.5.3)
Gesamtschuldnerische Haftung (bis zur Teilung)	§ 2058, § 2059 Abs. 2	Persönliche Gesamtschuldhaftung Haftung der Gesamthand (MEG)
Haftung nach der Teilung	§§ 2060 ff.	»Einzelhaftung«

4.2.4.2 Die steuerliche Dimension der Miterbengemeinschaft

Ausgehend von der Trennungstheorie des Großen Senats (s. oben) ist das aktuelle Steuerrecht bemüht, die Vorgaben des Zivilrechts (Gesamthandsgemeinschaft) praktikabel umzusetzen.

Hierzu gehören folgende Überlegungen:

1. In den meisten Fällen (Erbschaftsteuerrecht und z.T. im ESt-Recht) rekurriert das Steuerrecht (die Finanzverwaltung) vorschnell auf den 2. HS von § 39 Abs. 2 Nr. 2 AO und behandelt die Erbengemeinschaft als Bruchteilsgemeinschaft, ohne die gesetzlichen

Voraussetzungen (»soweit eine getrennte Zurechnung für die Besteuerung erforderlich ist«) näher zu untersuchen, geschweige denn zu subsumieren.
2. Die Trennungstheorie wird durch die Rspr. des BFH »zurückgedrängt«. Mit zwei Entscheidungen aus den Jahren 1998 (BFH vom 04.11.1998, BStBl II 1999, 291 und vom 04.05.2000, BStBl II 2002, 850) schien der IV. Senat des BFH das Rad wieder zurückdrehen zu wollen und deutet zumindest bei einer aufgrund einer Teilungsanordnung (ohne Ausgleichsverpflichtung) beruhenden Erbauseinandersetzung eine Rückbeziehung auf den Erbfall an. Von Bedeutung ist dabei, dass der BFH den von der Verwaltung für eine zulässige Rückwirkung geöffneten Zeitkorridor von sechs Monaten (Tz. 8 des BMF-Schreibens zur Erbauseinandersetzung vom 11.10.1993, BStBl I 1993, 62) deutlich überzieht; im Urteil betrug der Zeitraum zwischen Erbfall und Auseinandersetzung zwei Jahre und drei Monate. Hierauf hat die Verwaltung zwischenzeitlich reagiert (BMF vom 05.12.2002, BStBl I 2002, 1392) und akzeptiert inzwischen auch einen längeren Zeitraum, dessen Dauer je nach den Umständen des Einzelfalles zu beurteilen ist (vgl. nun auch BMF vom 14.03.2006, BStBl I 2006, 253, Tz. 8 und 9).
3. Die (steuerliche) Rechtsstellung **der einzelnen Miterben**:
In zivilrechtlicher Hinsicht haften die einzelnen Miterben für die gemeinschaftlichen Nachlassverbindlichkeiten bis zur Teilung als Gesamtschuldner (§ 2058 BGB). Daneben besteht für den Gläubiger der MEG die Möglichkeit der Inanspruchnahme der Miterben in ihrer gesamthänderischen Verbundenheit (§ 2059 Abs. 2 BGB). Nach § 45 Abs. 2 AO gelten diese Haftungsgrundsätze in gleicher Weise für Steueransprüche.
Unter verfahrensrechtlichen Gesichtspunkten geht nach § 45 Abs. 1 AO nur das Schuldverhältnis mit dem Tod des Erblassers auf die Erben über. Die weitere Frage, wie davon der einzelne Miterbe betroffen ist, richtet sich nach §§ 2032 ff. BGB.
Die dogmatisch schwierige Frage, inwieweit der einzelne Miterbe auch die **materielle Steuerschuld** des Erblassers übernimmt, wird dogmatisch mit dem Stichwort »Doppeltatbestandstheorie« umschrieben. Danach verwirklichen Erblasser und (der/die) Erben jeweils eigene Steuertatbestände. Dieser für laufende Steuern (ESt) geltende Grundsatz bedeutet, dass vom Erblasser überlassene »unfertige Steuerrechtslagen« (Beispiel: AfA bei einem noch nicht abgeschriebenen Objekt) in der Person des/der Erben neu **realisiert** werden (§ 11d EStDV ist nur die Brücke zwischen den beiden Rechtsleben und legt die Bemessungsgrundlage fest). Für bereits vom Erblasser realisierte Steuerschulden gilt das bereits dargestellte Haftungsszenario nach § 45 Abs. 2 AO. Bei der Erbschaftsteuerschuld nach § 20 Abs. 3 ErbStG, die die h.M. im Steuerrecht als Erbfall- und Eigenschuld und nicht als Nachlassverbindlichkeit einordnet, handelt es sich um die Schuld des einzelnen Miterben. Der spätere interne Ausgleich ändert nichts an dieser Charakterisierung.

Fazit: Die Erbengemeinschaft wird einkunftsartentechnisch bis zu ihrer vollständigen Auseinandersetzung in Bezug auf die Überschusseinkünfte wie eine **Bruchteilsgemeinschaft** i.S.d. § 39 Abs. 2 Nr. 2 AO behandelt. In Bezug auf die Gewinneinkünfte stellt sie i.d.R. eine **MU** i.S.d. § 15 Abs. 1 S. 1 Nr. 2 EStG dar (BMF vom 14.03.2006, BStBl I 2006, 253, Tz. 1). Die Aufteilung der Einkünfte erfolgt entsprechend § 2038 Abs. 2 BGB i.V.m. § 743 Abs. 1 BGB nach den Erbquoten (BMF a.a.O., Tz. 3).

4.3 Zurechnung von Einkünften

4.3.1 Zurechnung von laufenden Gewinneinkünften

Durch die Gesamtrechtsnachfolge wird eine zum Nachlass gehörende **steuerfunktionale Einheit** (Gewerbebetrieb, freiberufliches oder land- und forstwirtschaftliches Unternehmen, MU-Anteil) Gesamthandsvermögen der Erbengemeinschaft. Handelt es sich bei dem Unternehmen um einen Gewerbebetrieb i.S.d. § 15 Abs. 2 oder 3 EStG, werden die Erben unmittelbar im Todeszeitpunkt zu MU i.S.d. § 15 Abs. 1 S. 1 Nr. 2 EStG (**sog. aufoktroyierte MU-schaft**). Als Gesamtrechtsnachfolger treten sie gemeinsam in die Rechtsstellung des Erblassers ein und übernehmen seine Risiken und Pflichten. Dies gilt unabhängig davon, wie lange die Erbengemeinschaft besteht, da sie – entsprechend der Trennungstheorie – die MU-Eigenschaft ab dem Zeitpunkt des Erbanfalls erfüllen (BMF a.a.O., Tz. 3). Eine rückwirkende und einer Erbauseinandersetzungsvereinbarung entsprechende Abweichung von der vorgesehenen Zurechnung der laufenden Einkünfte ist allerdings in bestimmten Grenzen möglich.

Erzielte der Erblasser Einkünfte aus einer **selbständigen Tätigkeit** i.S.d. § 18 Abs. 1 Nr. 1 EStG, so sind diese bei den Erben nur dann als solche zu qualifizieren, wenn sämtliche Erben die persönlichen Anforderungen dieser freiberuflichen Tätigkeit erfüllen. Wie bei der freiberuflichen MU-schaft erzielen die Erben dann, verteilt nach den Erbquoten, Einkünfte i.S.d. § 18 EStG. Regelmäßig wird aber mindestens ein Erbe die noch vom Erblasser erfüllten persönlichen Voraussetzungen des § 18 EStG nicht besitzen (**sog. berufsfremde Person**). Die Erben sind sodann »geborene« MU und die Einkünfte werden insgesamt als gewerblich qualifiziert (s. BMF a.a.O., Tz. 5). Die durch den Erbfall bedingte Umqualifizierung der Einkünfte führt aber nicht zu einer Betriebsaufgabe im steuerlichen Sinne (s. BFH vom 12.03.1992, BStBl II 1993, 36).

> **Beispiel 5a:**
> Erblasser E ist Arzt und hinterlässt seinen beiden Kindern K1 und K2 die eigene Praxis. K1 ist ebenfalls Arzt, K2 ist Rechtsanwalt.
>
> **Lösung:** Durch den Erbfall werden K1 und K2 zu MU in Bezug auf die Praxis. Auch wenn K1 die Praxis leitend fortführen würde, ist durch K2 eine berufsfremde Person nur kapitalmäßig beteiligt, so dass sämtliche G'fter fortan Einkünfte aus Gewerbebetrieb erzielen.[336]
>
> **Beispiel 5b:**
> Erblasser E ist Rechtsanwalt und hinterlässt seinen Kindern K1 und K2 die eigene Anwaltskanzlei. K1 ist ebenfalls Rechtsanwalt, K2 ist Steuerberater.
>
> **Lösung:** Hier ist fraglich, ob durch K2 eine berufsfremde Person in die Kanzlei eingetreten ist. Berufsfremd i.S.d. § 18 EStG ist z.B. in einer Steuerberatungsgesellschaft jemand, der nach dem StBerG nicht befugt ist, den Beruf des StB auszuüben (s. FG Düsseldorf vom 13.01.2005, EFG 2005, 1350). Demnach wäre K2 als Steuerberater in Bezug auf die Anwaltskanzlei berufsfremd. Im umgekehrten Fall – ein Rechtsanwalt tritt in eine Steuerberatersozietät ein – bestände keine Schwierigkeit, da der Anwalt bereits berufsrechtlich zur steuerlichen Beratung befugt ist. U.E.

---

336 S. *Hutter* in *Blümich*, EStG/KStG/GewStG, § 18 EStG Rn. 76 und 81.

ist in solchen Fällen regelmäßig eine Einzelfallentscheidung geboten, bei der auch zu betrachten ist, ob nur eine kapitalmäßige Beteiligung vorliegt oder von Beginn an auch einen Großteil der persönlichen Arbeitsleistung für die Unternehmung eingesetzt wird.

Die Grundsätze zu § 18 EStG gelten im Übrigen für den Fall, dass es nur einen Erben gibt, entsprechend. Die Abfärbe- und Infektionstheorie findet zudem innerhalb der Erbengemeinschaft keine Anwendung (BMF a.a.O., Tz. 4).

4.3.2 Zurechnung von laufenden Überschusseinkünften

Kapital- oder vermietetes und verpachtetes Vermögen wird ebenfalls im Erbfall Gesamthandsvermögen der Erbengemeinschaft. Die Erben erfüllen gemeinsam den Tatbestand der Einkunftserzielung und die Zurechnung erfolgt nach Erbquote (BMF a.a.O., Tz. 6).

4.3.3 Rückwirkend abweichende Zurechnung laufender Einkünfte

Entsprechend der Einordnung der Erbengemeinschaft als gesetzliche Zufallsgemeinschaft, deren Zweck nach § 2032 Abs. 2 BGB die Auseinandersetzung ist, wird eine rückwirkende Zurechnung der Einkünfte in bestimmten Grenzen – entgegen den Grundsätzen der Trennungstheorie – anerkannt. Die Fin-Verw lässt eine Rückwirkung zu, sofern die Auseinandersetzungsvereinbarung **innerhalb von sechs Monaten** ab dem Tage des Erbfalls getroffen wird (BMF a.a.O., Tz. 8). Allerdings muss die Vereinbarung zum einen eindeutig und rechtlich bindend sein, zum anderen muss sie auch tatsächlich durchgeführt werden. Lediglich eine Wertfindung darf nach Auffassung der Fin-Verw. auch außerhalb der sechs Monate erfolgen (BMF a.a.O., Tz. 9). Im Ergebnis führt dies – zum Vorteil der Praxisarbeit und vor allem ohne Verlust von Steuersubstanz für den Fiskus – zu einer **Renaissance der Einheitstheorie**.

Eine **über die sechsmonatige** Frist hinausgehende rückwirkende Zurechnung ist möglich, wenn im Unterschied zu einer freiwilligen Erbauseinandersetzung der Erblasser z.B. eine testamentarische **Teilungsanordnung** i.S.d. § 2048 BGB formuliert hat. Sieht die Anordnung vor, dass der Gewinn des einem der Erben zugeteilten Unternehmens vom Todeszeitpunkt ausgehend nur diesem zustehen soll, so ist dies auch steuerlich anzuerkennen, wenn die Anordnung tatsächlich durchgeführt wird (BFH vom 04.05.2000, BStBl II 2002, 850; s. auch Schreiben des BMF vom 14.03.2006, BStBl I 2006, 253, Tz. 8). Letzteres ist insofern von Bedeutung, als dass die Erben gemeinsam eine Abweichung von der Teilungsanordnung bestimmen. Nach der Auffassung des Senats hat jedenfalls kein StPfl. ein Einkommen zu versteuern, dass nicht ihm, sondern einem anderen zugeflossen ist (BFH vom 04.05.2000, BStBl II 2002, 850).

Beispiel 5c:
Erblasser und Freiberufler EF vererbt seinen Kindern T und S sein gesamtes Vermögen. Er ordnet an, dass T die Praxis übernehmen soll, da nur diese die persönlichen Anforderungen der freiberuflichen Tätigkeit erfüllt. S erhält dafür das gesamte Bar- und Wertpapiervermögen. Sieben Monate nach dem Tod des EF setzen sich S und T derart auseinander, dass sie die Teilungsanordnung des EF uneingeschränkt annehmen.

Lösung: Durch den Tod des EF sind S und T per Gesamtrechtsnachfolge zu MU der Praxis geworden. Sie sind außerdem Bruchteilseigentümer des Bar- und Wertpapiervermögens. Ohne die

Teilungsanordnung wären sämtliche Einkünfte aus den vererbten WG S und T nach Erbquote zuzurechnen. Die freiberuflichen Einkünfte aus der Praxis müssten zudem in gewerbliche Einkünfte umqualifiziert werden, da S nicht die persönlichen Voraussetzungen für die selbständige Tätigkeit nach § 18 EStG mitbringt, ohne dass es hierbei zu einer Betriebsaufgabe kommt. Durch Teilungsanordnung entstehen in diesem Fall aber ex tunc andere Rechtsfolgen. T sind vom Zeitpunkt des Erbfalles an sämtliche Einkünfte aus der freiberuflichen Praxis zuzurechnen, die auch als EK i.S.d. § 18 zu qualifizieren sind.[337] Steuersubjekt der Kapitaleinkünfte hingegen ist ausschließlich S. Sollte mithin eine Ausgleichszahlung von T an S gezahlt worden sein, erzielt S aber noch einen VG i.S.d. § 16 Abs. 1 Nr. 2 EStG i.V.m. § 18 Abs. 4 EStG.

Ein weiterer Fall, bei dem die sechsmonatige Frist unbeachtlich ist, liegt vor, **wenn ein Erbe die Erbschaft ausschlägt**. Bei der Ausschlagung nach § 1942 ff. BGB handelt es sich um ein rückwirkendes Ereignis i.S.d. § 175 Abs. 1 S. 1 Nr. 2 AO, durch die die Unternehmereigenschaft des ausschlagenden Erben rückwirkend (ex tunc) entfällt.[338]

4.3.4 Ermittlung und Abgrenzung

Die laufenden Einkünfte des Erblassers in Abgrenzung zu den Einkünften der Erben sind in Bezug auf die Gewinneinkünfte durch eine Zwischenbilanz oder durch Schätzung zu ermitteln. Für die Überschusseinkünfte gilt auch im Erbfall das Zuflussprinzip.

5 Die Erbauseinandersetzung (mehrere Erben)

Der letzte Akt der Zuteilung von Nachlassvermögen ist die Erbauseinandersetzung unter den **Miterben**. Oftmals ist sie auch die ultima ratio, wenn es der Erblasser nicht verstanden hat, zu Lebzeiten eine psychologisch befriedigende, rechtlich klare und steuerlich optimale Aufteilung vorzunehmen. Dann obliegt es den Miterben, sich der angebotenen Lösungen zu bedienen. Schwierigkeiten treten immer dann auf, wenn von der Auseinandersetzung steuerliche »Funktionseinheiten« wie der (Teil-)Betrieb oder der MU-Anteil betroffen sind.

5.1 Grundzüge zur Erbauseinandersetzung

Wie der »epochale« Beschluss des GrS des BFH vom 05.07.1990 (BStBl II 1990, 837) zeigt, kann die steuerliche Diskussion bereits in den Grundzügen nur dann nachvollzogen werden, wenn auch die erbrechtlichen Aspekte miteinbezogen werden. Die bis dahin festzustellende (Fehl-)Entwicklung in der Rspr. des BFH (und davor in der des RFH) war nur auf eine Ignoranz des Erbrechts zurückzuführen. In die Rspr.-Hektik der 90er Jahre ist zwischenzeitlich etwas Ruhe gekehrt. Das BMF hat mit Schreiben vom 14.03.2006 (BStBl I 2006, 253; nachfolgend zitiert als **BMF-ErbA**) das ursprüngliche erste BMF-Schreiben vom 13.01.1993 (BStBl I 1993, 62) neu gefasst und in einigen Punkten modifiziert.

---

337 S. *Wacker* in *Schmidt*, EStG, § 16 Rz. 607.
338 S. *Wacker* in *Schmidt*, EStG, § 16 Rz. 591.

5.1.1 Einführung in die erbrechtliche und steuerrechtliche Problematik

Bei mehreren Miterben liegt nach §§ 2032 ff. BGB eine Gesamthandsgemeinschaft vor.[339] Der entscheidende Unterschied zum sonstigen Recht der Gesamthandsgemeinschaft liegt in der erbrechtlichen »**Geburtsstunde« der Miterbengemeinschaft (im Folgenden: MEG) durch den Tod des Erblassers**, die insoweit als Zufallsgemeinschaft charakterisiert werden kann. Wiederum anders als bei den PersG (inkl. der OHG und KG) besteht ihre Hauptaufgabe darin, den ungeteilten Nachlass nur bis zu seiner Abwicklung am Rechtsverkehr teilhaben zu lassen. Mit der Auseinandersetzung, auf deren sofortige Durchführung jeder Erbe einen Anspruch hat (§ 2040 BGB), ist ihre Aufgabe erfüllt.

Es handelt sich bei der MEG um eine Zwischenherrschaft – bezogen auf den Nachlass –, die sich allerdings in der Praxis nicht selten einer (unerwünscht) langen Lebensdauer erfreut. An dieser Stelle (Interregnum) beginnen die steuerrechtlichen Probleme der MEG und ihrer Auseinandersetzung. Das Hauptproblem lag bis zum Jahre 1990 in der Beurteilung der Auseinandersetzung der MEG. Je nachdem, ob man in der Schlusszuordnung der einzelnen Nachlassgegenstände noch eine letzte private Ableitung vom Erblasser annahm oder dies schon als rechtsgeschäftlichen Übertragungsakt der Erben begriff, lag ein unentgeltliches Rechtsgeschäft (erste Vorstellung) oder ein entgeltlicher Erwerb vor. Dies hing (hängt) mit der Stellung der MEG und der einzelnen Erben im steuerlichen Gesamtkontext der Personenmehrheiten zusammen.

Zusätzlich spielt die erbrechtliche Subsumtion in der Beurteilung des Erbanfalles des einzelnen Miterben eine wichtige Rolle. In der Einzelzuwendung seitens des Erblassers kann einmal ein Vorausvermächtnis und ein anderes Mal eine Teilungsanordnung angenommen werden.[340]

Beispiel 6: Vorausvermächtnis oder Teilungsanordnung
A und B sind Miterben zu je 50 %. Zum Nachlass gehören zwei gleichwertige Betriebe (je 1 Mio. € Verkehrswert) und ein Aktienpaket im Wert von 100 T€. Das Testament sieht vor, dass jeder der Erben einen Betrieb erhalten soll und A zusätzlich das Aktienpaket, wofür er an B 50 T€ zu zahlen hat.

Lösung:
a) Rein gesetzestechnisch ist der Unterschied einfach:
   – Beim Vorausvermächtnis (§ 2150 BGB) erhält der Erbe zusätzlich zu seinem Erbteil einen Vermögensvorteil vom Erblasser;
   – Bei der Teilungsanordnung (§ 2048 BGB) nimmt der Erblasser Einfluss auf die Aufteilung des Nachlassvermögens.
b) In der Auslegung hat sich nachfolgendes Kriterium als nützlich erwiesen:
   Nur, wenn einer der Erben einen zusätzlichen Zuwendungsgegenstand (Aktienpaket) **ohne Anrechnung auf die Quote** erhält, liegt ein Vorausvermächtnis (§ 2150 BGB) vor. Andererseits, bei interner Ausgleichverpflichtung (vorliegender Fall), wird nur eine Teilungsanordnung angenommen.[341]

---

[339] Die zivilrechtlichen Fragen werden nicht abschließend von §§ 2032 ff. BGB geregelt.
[340] S. auch die identische Problematik im Erbschaftsteuerrecht *Preißer*, Band 3, Teil C, Kap. I 3.1.2.2.
[341] S. auch Tz. 68 des BMF-Schreibens zur Erbauseinandersetzung vom 14.03.2006 (BStBl I 2006, 253); im Folgenden: **BMF-ErbA**.

Heute bereiten vor allem die Fragen der Auseinandersetzung von Steuerfunktionseinheiten Schwierigkeiten, wenn sie in Übereinstimmung mit den allgemeinen Regelungen gelöst werden (müssen).

Hinweis: Erbauseinandersetzungskosten werden bilanzrechtlich als **Anschaffungsnebenkosten** behandelt (BFH vom 09.07.2013, BFH/NV 2013, 1853), wenn sie – bei einem unentgeltlichen Erwerb – der Überführung von der fremden in die eigene Verfügungsmacht dienen.

5.1.2 Der Meinungswandel in der Rechtsprechung des Bundesfinanzhofs (Reichsfinanzhofs)

Der RFH hat in ständiger Rspr., beginnend mit einem Urteil von 1933 (RStBl 1934, 295) die Erbauseinandersetzung als letzten Bestandteil eines einheitlichen **privaten** (und damit unentgeltlichen) Erbvorgangs betrachtet.

Historischer Exkurs: Seit dem Jahre 1957 hat der BFH vorübergehend – zur Auseinandersetzung von PV – die Einzelübertragung als entgeltlichen Vorgang behandelt, wobei dieser Entgeltstatbestand sogar über die Abfindungen hinaus ausgedehnt wurde.[342]

Für den **betrieblichen** Teil kehrte der BFH 1963 für weitere zweieinhalb Jahrzehnte zur Einheitsbetrachtung des RFH zurück und der einzelne Miterbe wurde nach der Auseinandersetzung als unmittelbarer Nachfolger des Erblassers angesehen.[343] Für den Regelfall der »schlichten« MEG[344] wurden die Miterben nicht als MU behandelt. Erst 1976 hat der BFH diese Rspr. auf das **PV** übertragen (BFH vom 02.12.1976, BStBl II 1977, 209).

Widersprüchlich wurde das Konzept mit einem BFH-Urteil vom 24.04.1974 (BStBl II 1975, 580), als dem Miterben einer »schlichten« MEG zwar **laufende** gewerbliche Einkünfte nach § 15 Abs. 1 Nr. 2 EStG zugewiesen wurden (kein Regelfall), dieser aber als weichender Erbe bei Abfindungszahlungen **keinen Veräußerungsgewinn** nach § 16 EStG zu versteuern hatte.

Eine erste – von den Auswirkungen noch unproblematische – Kehrtwendung trat mit einem Urteil aus dem Jahre 1985 (BFH vom 09.07.1985, BStBl II 1985, 722) ein, als der IX. Senat für das **PV** die These von der Unentgeltlichkeit der Abfindungszahlungen aufgab und diese als Aufwendungen für den Erwerb des Alleineigentums deklarierte. Diese – als »Abfindungs-Rspr.« in der Literatur bezeichnete – neue Betrachtungsweise brachte allenfalls für den Erwerber erhöhtes AfA-Potenzial mit sich, ohne für den weichenden Erben zu Steuerfolgen (PV) zu führen.

Damit war jedoch der Boden bereitet für den Beschluss des GrS am 05.07.1990 (BStBl II 1990, 837), wo in Fällen von **übertragenem BV** eine Gleichbehandlung von PV und BV eingefordert wurde und vor allem – konform mit dem Erbrecht – zukünftig von zwei verschiedenen Vorgängen ausgegangen werden sollte.

---

[342] Nach BFH vom 06.12.1957 (BStBl III 1958, 33) wurde bereits der Verzicht des einzelnen Miterben auf den Gesamthandsanteil an den aufgegebenen WG als dessen Erwerbsaufwendung (= AK) für die im Gegenzug erhaltenen WG behandelt.
[343] BFH vom 16.08.1962 (BStBl III 1963, 480). Diese Auffassung wurde in 16 (!) weiteren BFH-Urteilen bis zum Urteil vom 19.05.1983 (BStBl II 1983, 380) durchgehalten. Folge: Weder AK beim zahlenden Erben noch Veräußerungsgewinn beim weichenden Erben. Zusätzlich wurde eine Zwei-Klassen-Gesellschaft geschaffen, je nachdem, ob der Miterbe als MU anzusehen war. Dies (MU) war aber der absolute (und nur theoretische) Ausnahmefall.
[344] Im Unterschied zur fortgesetzten MEG.

Diese vom vorlegenden VIII. Senat (BFH vom 18.10.1988, BStBl II 1989, 549) formulierte **Trennungstheorie** wurde vom GrS übernommen: Erbfall und Erbauseinandersetzung sind danach zwei getrennte Vorgänge und stellen **keine rechtliche Einheit** dar (1. Petitum). Weitere Folge ist, dass die Miterben in ihrer gesamthänderischen Verbundenheit selbständig je einen Einkünftetatbestand erfüllen. Gehört folglich zum Nachlass ein Betrieb, so sind die Miterben als »geborene MU« nach § 15 Abs. 1 Nr. 2 EStG anzusehen. Es gibt danach keinen Unterschied mehr zwischen »schlichter« und fortgesetzter MEG.

Im zweiten, schwierigeren Teil der Entscheidung hat der GrS die **Erbauseinandersetzung** aus dem Rechtsinstitut der **Realteilung** entwickelt. Dabei sind zwei Phasen zu unterscheiden:

1. Die Trennung des einzelnen Miterben von der MEG mit Vermögensübertragung wird als **rechtsgeschäftliche** Loslösung behandelt (mit den Folgen der § 16 Abs. 1 Nr. 2 bzw. § 6 Abs. 3 EStG im betrieblichen Bereich und § 11d EStDV bei PV).
2. Für die im Fall unterschiedlicher Teilungsmassen anfallende Ausgleichszahlung (sog. »**Spitzenausgleich**«) sieht der BFH nur in dem »Mehr-Betrag«, der geleistet wird, einen **Anschaffungstatbestand**. Für den »Sockel-Tatbestand« der getrennt zugewiesenen WG ohne Ausgleichszahlung wird nach BFH-Auffassung nur der gesetzliche Auseinandersetzungsanspruch nach § 2140 BGB »konkretisiert« und es liegt insoweit keine Veräußerung/Anschaffung vor.

Von besonderer Bedeutung war nun, dass es der BFH zuließ, dass in den gespaltenen Abrechnungsvorgang **Verbindlichkeiten** einbezogen werden konnten, **ohne** dass daraus ein **Entgelt**statbestand wurde (anders als bei der vE[345]).

Mit zwei Entscheidungen aus den Jahren 1998 und 2000 scheint der IV. Senat des BFH das Rad wieder zurückdrehen zu wollen und deutet zumindest bei einer aufgrund einer Teilungsanordnung (ohne Ausgleichsverpflichtung) beruhenden Erbauseinandersetzung eine Rückbeziehung auf den Erbfall an (BFH vom 04.11.1998, BStBl II 1999, 291; BFH vom 04.05.2000, BStBl II 2002, 850). Von Bedeutung ist dabei, dass der BFH den von der Verwaltung für eine zulässige Rückwirkung geöffneten Zeitkorridor von sechs Monaten (Tz. 8 des **BMF-ErbA**) deutlich überzieht; im Urteil betrug der Zeitraum zwischen Erbfall und Auseinandersetzung zwei Jahre und drei Monate. Hierauf hat die Verwaltung zwischenzeitlich reagiert (s. Kap. 5.2.3).

Der Sachverhalt des IV. Senats (Erbauseinandersetzung bei einfacher Nachfolgeklausel **ohne Veräußerungsgewinn**) wie die Entscheidungsgründe (bei materieller Prüfung lag beim »verzichtenden« Miterben keine MU-Stellung mangels Gewinnbeteiligung vor) ergeben m.E. nicht die Substanz für eine Missachtung der Trennungstheorie. Allenfalls der amtliche Zeitrahmen einer zulässigen Rückbeziehung der einvernehmlichen Auseinandersetzung auf den Erbfall, die (ohnehin nur) hinsichtlich der laufenden Einkünfte möglich ist, wird als zu eng empfunden. Während die Trennungstheorie nicht angegriffen wird, hat das Urteil die Fallgruppe der **einfachen Nachfolgeklausel** mit (unentgeltlicher) **Teilungsanordnung** in die Nähe der »qualifizierten Nachfolgeklausel« gerückt, wo auch nur der qualifizierte Erbe alleiniger G'fter (und damit MU) wird.[346] Man könnte für diesen Anwendungsfall

---
345 Übernimmt folglich einer der Miterben mehr Verbindlichkeiten, als ihm nach der Quote zustehen, so ist dies kein Entgeltstatbestand.
346 Zur Übersicht der Sonderrechtsnachfolge bei der Erbfolge im Zusammenhang mit einer PersG vgl. Tz. 69 ff. des BMF-ErbA und Kap. 5.2.5.

auch die Figur der »Scheingeburt einer MU-schaft«[347] kreieren, wenn sich im Nachlass eine MU-schaft befindet.

Ein ähnlicher methodischer Vorwurf (mangelnde Kristallisationsmasse des vorgelegten Sachverhalts für die Entscheidungssätze) bleibt auch der Leitentscheidung des GrS aus 1990 nicht erspart. Die dortige Erkenntnis der rein **rechtsgeschäftlichen** Erbauseinandersetzung – verglichen mit dem unentgeltlichen Erbfall – wurde gewonnen bei einem Lebenssachverhalt, wo ein Erwerb unter Miterben aufgrund des gesetzlichen Vorkaufsrechts nach § 2034 ff. BGB vorlag.

5.1.3 Die (steuerliche) Rechtsstellung der einzelnen Miterben

S. hierzu Kap. 4.2.4.

5.2 Miterben und übergehendes Kompetenzobjekt

5.2.1 Allgemeine Überlegungen

In der Zwischenherrschaft der MEG sind die einzelnen Nachlass-(= Kompetenz-)Objekte getrennt zu behandeln.

5.2.2 Miterbengemeinschaft und das (reine) Privatvermögen

Bei **gemeinschaftlich eingesetztem PV** verzichtet das Ertragsteuerrecht auf eine Zusatzqualifikation, wie dies beim BV mit dem Typusmerkmal der MU der Fall ist. Die Ergebnisse aus der gemeinschaftlichen Vermietung bzw. Kapitalanlage werden einheitlich ermittelt und erbquotal aufgeteilt (§ 39 Abs. 2 Nr. 2 AO bzw. Tz. 6 des BMF-ErbA). Eine individuelle Einnahmeerzielungsabsicht wird nicht gefordert, eine gemeinschaftliche Betätigung wird unterstellt.

> **Beispiel 7: Die kurze Freude**
> EL erwirbt in 15 eine Immobilie. Nach seinem Tode in 16 veräußern die Kinder K1 und K2 im Jahre 18 die Immobilie. Liegt ein Fall des § 23 EStG vor?

Mit der Verlängerung der »Spekulationsfrist« auf zehn Jahre droht auch den Erben die Steuererfassung i.R.d. § 23 EStG.

> **Lösung:** Während nach alter Auffassung (BFH vom 12.07.1988, BStBl II 1988, 942) ein Erbe (Gesamtrechtsnachfolger) unstreitig die Spekulationsfrist »fortführte«, regelt sich die Besteuerung für Veräußerungen ab 1999 nach § 23 Abs. 1 S. 3 EStG. Nach dem ausdrücklichen Wortlaut ist nur dem unentgeltlichen **Einzelrechtsnachfolger** (Beschenkter, Vermächtnisnehmer) die Anschaffung durch den Vorgänger zuzurechnen; er setzt die vom Schenker in Gang gesetzte Spekulationsfrist fort. Strittig ist derzeit, ob § 23 Abs. 1 S. 3 EStG eine Gleichstellung[348] mit der

---

347 Zivilrechtlich werden bekanntlich die Erben bei einer einfachen Nachfolgeklausel ohne Umweg über die MEG sofort und erbquotalanteilig Neugesellschafter.
348 So *Fischer* in *Kirchhof-kompakt*, § 23 Rz. 15.

Gesamtrechtsnachfolge oder eine Klarstellung verfolgt, wonach nur noch die unentgeltliche Einzelnachfolge erfasst ist.[349]

Wegen des krassen **Wertungswiderspruchs** zu sonstigen Fortführungstatbeständen des Erben (der MEG) ist mit der h.M.[350] § 23 Abs. 1 S. 3 EStG auch (erst recht) für die Gesamtrechtsnachfolge anwendbar.[351]

Ebenso sicher ist, dass weder der Erbfall noch die »einfache« Erbauseinandersetzung eine Anschaffung i.S.d. § 23 Abs. 1 S. 1 EStG darstellen. Etwas anderes gilt nur, wenn einer der Erben das »Spekulationsobjekt« entgeltlich (Spitzenausgleich) erworben hat.

5.2.3 Die »wesentlichen« Beteiligungen an Kapitalgesellschaften

Auch im Anwendungsbereich von § 17 EStG können Erben (bzw. die MEG) vermehrt in die Steuerpflicht »hineinwachsen«.

Beispiel 8: Der fruchtbare Kapitalanleger
EL (16 Kinder) war im Jahr 14 mit 15 % an der X-GmbH beteiligt. Nach dessen Tod (17) veräußert K16 seine Beteiligung in 18, die er in 17 i.R.d. Erbauseinandersetzung zugestanden bekam.

Befindet sich im Nachlass eine (wesentliche) Beteiligung und übernimmt ein Erbe diese i.R.d. Realteilung, so liegt hierin keine Anschaffung. Dieselbe Folge gilt in der Zuwendung der Beteiligung ohne Ausgleichszahlung. Fraglich ist nur, inwieweit Erben (die MEG?) die Besitzzeiten des Vorgängers fortführen.

Lösung: Mit einem Schlussanteil von 0,9375 am Stammkapital der X-GmbH erfüllt K16 in seiner Person nicht die subjektiven Merkmale des § 17 EStG. Ein entgeltlicher Ausgleichserwerb ist ebenfalls nicht ersichtlich. Nach § 17 Abs. 1 S. 4 i.V.m. Abs. 2 S. 3 EStG liegt allerdings ein erweiterter Besteuerungstatbestand vor. Danach hat die MEG (K1–K16) unentgeltlich von EL und K16 wiederum unentgeltlich von der MEG erworben. Damit kann K16 erst ab 24 steuerfrei veräußern.

Eine identische Lösung (Kontinuität zwischen Erblasser, MEG und Schlusserbe) ergibt sich für einbringungsgeborene Anteile i.S.d. § 21 UmwStG a.F.

5.2.4 Das Einzelunternehmen und die Miterbengemeinschaft

Für den Nachlassbetrieb, der von Miterben übernommen wird, stellen sich die Fragen, ob wirklich jeder Miterbe MU geworden ist, wie Erbfallschulden zu behandeln sind und schließlich, ob es einen Unterschied zwischen der Betriebsübernahme und der Praxisübernahme gibt.

Die erbrechtliche Qualität ist – entgegen der amtlichen Darstellung im BMF-ErbA – bei der grundsätzlichen Gleichstellung »Miterbe eines Nachlassbetriebes = MU« zu berücksichtigen.

---

349 So aber StEntlG (1999) und *Schulze zur Wiesche*, BB 1999, 2223 (2227).
350 Vgl. *Fischer* in *Kirchhof-kompakt*, § 23 Rz. 15. Der Verfasser ist sich der Tatsache bewusst, dass dieses Ergebnis mit der grammatikalischen Methode nicht erzielt werden kann, da die Gesamtrechtsnachfolge nicht in der Einzelrechtsnachfolge »aufgeht«. Dies ist aber die Voraussetzung der Auslegung nach dem Analogie-Grundsatz des »Maius minus continet« (wörtlich: Das Größere nimmt das Kleinere aus.).
351 Im Ergebnis gleicher Ansicht (ohne Begründung): s. *Weber-Grellet* in *Schmidt*, EStG, § 23 Rz. 40ff. (auch für die anderen Fälle der Weiterübertragungen).

- So sind nach der h.M. im Falle der Vor-/Nacherbschaft (§§ 2100 ff. BGB) beide Miterben als MU anzusehen.
- Anders gelagert ist die Problematik, wenn einer der Miterben von seinem Ausschlagungsrecht (§ 1942 BGB) oder von der Haftungsbeschränkung nach § 27 Abs. 2 HGB Gebrauch macht. Hier wird gem. § 175 Abs. 1 Nr. 2 AO rückwirkend die Zuweisung laufender gewerblicher Einkünfte aufgehoben. Allerdings soll nach Tz. 37 des BMF-ErbA der ausschlagende Miterbe ggf. erhaltene Abfindungen als Veräußerungserlös nach § 16 Abs. 1 Nr. 2 EStG versteuern müssen (»Durchgangsunternehmer«). Das rechtsfolgeninkonsequente Ergebnis (keine laufenden Einkünfte, aber Veräußerungseinkünfte) ist schwer nachzuvollziehen und wäre besser über § 12 Nr. 2 EStG (unzulässige Steuerfreiheit der freiwilligen Abfindungszahlungen) zu erzielen.
- Ist der Betrieb qua **Sachvermächtnis** weitergegeben worden, so liegt ein unentgeltlicher Erwerb des Vermächtnisnehmers von der MEG und nicht – wie früher – vom Erblasser vor. Während dies bei einzelnen WG des BV zu einer Entnahme durch die MEG führt, ist der ganzheitliche Betriebserwerb eine doppelt unentgeltliche Übertragung (Erblasser – MEG – Vermächtnisnehmer) gem. § 6 Abs. 3 EStG. Der Grundsatz der Durchgangsunternehmereigenschaft der einzelnen Miterben (laufende gewerbliche Einkünfte bis zur Erfüllung des Vermächtnisses) wird »amtlich« durchbrochen (Tz. 61 des BMF-ErbA), wenn sich allein der Vermächtnisnehmer ab dem Erbfall unternehmerisch geriert hat. In der Sonderkonstellation des **Vorausvermächtnisnehmers** gelten die identischen Rechtsfolgen (Tz. 64 des BMF-ErbA).
- Beim **Unternehmensnießbrauch** liegt bei der MEG als Bestellerin des Nießbrauchs ein ruhender Gewerbebetrieb vor, während der Nießbrauchsberechtigte laufende gewerbliche Einkünfte erzielt, ohne allerdings AfA-berechtigt zu sein (BFH vom 28.09.1995, BStBl II 1996, 440).

Sämtliche **Erbfallschulden** (Vermächtnisse, Pflichtteilsansprüche, Abfindungen etc.) stellen **keine AK** für die MEG dar (BFH vom 17.10.1991 BStBl II 1992, 392; vom 02.03.1993, BStBl II 1994, 619). Unabhängig von der Mittelherkunft handelt es sich um Privatschulden. Eine damit verbundene Kreditaufnahme – d.h. die hierfür aufgewendeten Zinsen – kann nicht mehr zur Schaffung von BA/WK führen (Aufgabe der früheren »Sekundärfolge«-Rspr.[352]).

Eingangs wurde bereits auf das Thema der Rückbeziehung der laufenden gewerblichen Einkünfte durch eine **befolgte Teilungsanordnung** und das extensive BFH-Urteil vom 04.05.2000 (BStBl II 2002, 850) eingegangen. Beim Betrieb als Nachlassgegenstand kann aus den BFH-Erkenntnissen nur die Schlussfolgerung gezogen werden, dass auch nach Ablauf der sechs Monate ab dem Erbfall eine Zuordnung möglich ist. Dieser erweiterten Auslegung (längerer Zeitraum zwischen Erbfall und Auseinandersetzung) ist nun auch die Verwaltung in den Rz. 8, 9 und 67 des BMF-ErbA gefolgt. Während für die (zeitliche) Randfrage eine Regelung gefunden wurde, bleibt das Hauptproblem unangetastet. Die rückwirkende Zuweisung laufender Einkünfte an den einen (wahren) Unternehmensnachfolger ändert grundsätzlich nichts an der Erfassung aller Miterben als MU für die Auseinandersetzung (§ 16 Abs. 1 Nr. 2 EStG) selbst. Wenn nun Rz. 8 vorletzter Satz des BMF-ErbA vorsieht, dass in diesem Fall der Durchgangserwerb der MEG auf den Erbfall zurückdatiert wird, ändert dies

---

[352] Die frühere BFH-Rspr. wurde aufgegeben durch den VIII. Senat vom 14.04.1992 (BStBl II 1993, 275) und vom 02.03.1993 (BStBl II 1994, 619). Dem hat sich auch die Verwaltung angeschlossen: Tz. 35 und 63 des BMF-ErbA.

nichts an der Steuerpflicht der (sofort) weichenden Erben, ohne dass diese aktiv mit dem Zustandstatbestand verbunden waren. Die Änderung der Verwaltungsauffassung lässt die weichenden Miterben nur nicht an den zwischenzeitlich (seit dem Erbfall) erwirtschafteten Reserven teilhaben. Die vom Erblasser angesammelten stillen Reserven haben sie dennoch zu versteuern. Übereinstimmend mit *Reiß*[353] sollte diese Paradoxie abgeschafft werden.

Für die **Nachlasspraxis** gelten die erhöhten steuersubjektiven Anforderungen nach § 18 EStG auch für die MEG (schädliche Beteiligung eines Berufsfremden für die ganze MEG sowie unbeachtlicher Strukturwandel, Tz. 5 des BMF-ErbA).

Beispiel 8a:
Erblasser E ist Arzt und hinterlässt seinen beiden Kindern K1 und K2 die eigene Praxis. K1 ist ebenfalls Arzt, K2 ist Rechtsanwalt.

Lösung: Durch den Erbfall werden K1 und K2 zu MU in Bezug auf die Praxis. Auch wenn K1 die Praxis leitend fortführen würde, ist durch K2 eine berufsfremde Person nur kapitalmäßig beteiligt, so dass sämtliche G'fter fortan EK aus Gewerbebetrieb erzielen.

5.2.5 Beteiligung an Personengesellschaften (Mitunternehmerschaft) im Nachlass (Tod des Mitunternehmers)

Die Beteiligung an einer PersG (steuererhöht: MU-schaft) stellt ebenso wie der (Teil-)Betrieb eine steuerliche Funktionseinheit dar. Im Unterschied zu diesem gilt bei der erbrechtlichen Nachfolge nicht der geschlossene Übergang auf die MEG, sondern – wie aufgezeigt – die **Sonderrechtsnachfolge**. Danach ist die Nachfolgefrage heute eine Diskussion über den Anwendungsbereich und die Folgen der jeweiligen **Klauseln** geworden, mit denen stellvertretend die Modalitäten der Sonderrechtsnachfolge umschrieben werden.[354]

Beispiel 9: »Schweigen« im Gesellschaftsvertrag und im Testament
Der Gesellschaftsvertrag einer dreigliedrigen GbR (OHG, KG, PartG) mit A, B und C als G'fter enthält keinen Nachfolgepassus. Was gilt, wenn A verstirbt und zwei Kinder (K1 und K2) sowie eine Witwe W ohne testamentarische Anordnung hinterlässt? Die Nachkommen sollen zu gleichen Teilen erben.

Nachdem sich der Gesetzgeber des HRefG 1998 der gängigen Vertragspraxis für die Personenhandelsgesellschaften (PersHG) angeschlossen hat, gilt heute folgende Regelung.

Lösung: Die PersHG (OHG, KG) sowie die PartG bleiben gem. § 131 Abs. 3 Nr. 1 HGB (bzw. § 9 Abs. 1 PartGG) bestehen. Der Tod des OHG-G'fters, Komplementärs oder Partners löst die gleichen Rechtsfolgen aus wie sein Ausscheiden.[355] Dies wird mit dem Begriff der »Fortsetzungsklausel« umschrieben. Nur beim Tode des BGB-G'fters kommt es – nach wie vor – zur Auflösung der Gesellschaft (§ 727 BGB). Bei vertraglicher Vereinbarung wird dieser Fall als »Auflösungsklausel« bezeichnet und hier bei der Frage der MEG und ihrer Auseinandersetzung nicht weiter behandelt, da dieses Kapitel von der Unternehmenskontinuität ausgeht.

---
353 Vgl. *Reiß* in *Kirchhof-kompakt*, § 16, Rz. 111 und *Preißer*, DStZ 1990, 330.
354 S. auch *Preißer*, Band 3, Teil C, Kap. I 4.2.1.
355 Beim Tode des Kommanditisten galt immer schon diese Rechtsfolge (§ 170 HGB).

Die weiteren – und praxisrelevanten – Varianten der vertraglich vereinbarten »Nachfolgeklausel« spielen ebenso wie die »Eintrittsklausel« zu Gunsten eines Nicht-Erben im Recht der Erbauseinandersetzung eine große Rolle.

Beispiel 10: Die Fortsetzungsklausel
In der A-B-C-OHG verstirbt C, ohne ein Testament zu hinterlassen. A und B führen die OHG fort. Wie ist die steuerliche Behandlung des Abfindungsanspruchs der Erben E1 und E2?

Im gesetzlichen Regelfall haben die Erben der Beteiligung an einer PersHG einen Abfindungsanspruch nach § 738 BGB gegen die verbleibenden G'fter. Dieser Anspruch fällt in den Nachlass und stellt nunmehr eine private Forderung dar.

Lösung:
- Der Abfindungsanspruch führt in der Person des Alt-G'fters C zu einer Veräußerung des MU-Anteils nach § 16 Abs. 1 Nr. 2 EStG.
- Übersteigt der Abfindungsanspruch den Buchwert seines (Eigen-)Kapitalkontos in der OHG, realisiert C einen Veräußerungsgewinn, der – bei gegebenen persönlichen Voraussetzungen – dem ermäßigten Steuersatz nach § 34 Abs. 3 EStG unterliegt.
- Liegt der Abfindungsanspruch unter dem Buchkapital, kommt es – bei einer betrieblich veranlassten Vereinbarung – zu einem Veräußerungsverlust für C. In der Fortführungsbilanz der OHG sind die Aktiva abzustocken. (Die Gegenbuchung ist die Bildung eines passiven Ausgleichspostens in der Gesamthandsbilanz.) Sind allerdings private, d.h. familiäre, Gründe für das Unterschreiten des Buchkapitals verantwortlich, so verneinen Verwaltung und Rspr. einen steuerrelevanten (mathematisch aber vorliegenden – vgl. § 16 Abs. 2 EStG) Verlust. Hier kommt es sodann zur Anwendung von § 6 Abs. 3 EStG (Buchwertfortführung).
- Im Falle von **Sonder-BV** (Beispiel: C hat der OHG ein Grundstück verpachtet) wird dieses noch vom Erblasser entnommen (jetzt: notwendiges PV) und i.R.d. § 16 Abs. 3 S. 7 EStG[356] mit dem gemeinen Wert angesetzt.[357]
- Zu den erbschaftssteuerlichen Folgen der Fortsetzungsklausel s. *Preißer*, Band 3, Teil C, Kap. I 4.2.

Im nachfolgenden Teil der Darstellung rücken die Miterben in die Gesellschafterstellung des Erblassers ein, zuerst alle und in der Variante des Falles nur ein privilegierter G'fter-Erbe.

Beispiel 11: Die einfache Nachfolgeklausel
Bei der A-KG verstirbt der Kommanditist X (mit Sonder-BV) und wird von seinen Kindern K1 und K2 beerbt, die auch zunächst zu zweit die Kommanditistenstellung übernehmen. Sind K1 und K2 immer als MU anzusehen? Wie wird bei der Auseinandersetzung die Abfindung behandelt?

---
356 Gleichzeitig muss das BFH vom 15.03.2000 (BStBl II 2000, 316) zur fehlenden GewSt-Pflicht beim entnommenen Sonder-BV (dort allerdings zu einem Fall der qualifizierten Nachfolgeklausel) auch auf diesen Fall übertragen werden. Evtl. vorhandene GewSt-Vorträge des C gehen wegen § 10a GewStG verloren
357 Eine Gewinnrealisierung unterbleibt aber u.a. wegen § 6 Abs. 5 S. 2 EStG, wenn es sich beim Sonder-BV nur um ein aufgrund der Zuordnungsnorm des § 15 Abs. 1 Nr. 2 EStG gebildetes Sonder-BV handelt, das – für sich betrachtet – ein (zumindest) handelsrechtliches Gewerbe darstellt (vgl. auch § 105 Abs. 2 HGB).

Dieser gesellschaftsrechtliche Grundfall zur Vererbung der Kommanditistenstellung wirft ertragsteuerlich zwei Fragenkomplexe auf, die weitgehend durch die Gestaltungsoption für die Miterben ausgelöst werden. Durch den im Wege der Sonderrechtsnachfolge gesplitteten Gesellschaftsanteil des X (K1 und K2 übernehmen jeweils die Hälfte des MU-Anteils von X) bieten sich diese gesplitteten Geschäftsanteile evtl. mit vorhandenem Sonder-BV sowie ggf. zusätzliche Einzel-WG als Abfindungsmasse an. Die Lösung wird seit 2001 von der Neuregelung der § 6 Abs. 3 ff. EStG überlagert.

Lösung:

1. **Die aufgespaltene MU-Stellung der G'fter-Erben**
   Bei einer – auch rückwirkend möglichen – Einigung der Miterben K1 und K2 können die laufenden gewerblichen Einkünfte nach § 15 Abs. 1 Nr. 2 EStG auf einen der beiden Erben übertragen werden, der sodann als der alleinige Unternehmer anzusehen ist. Dies kann unter der Voraussetzung von Rz. 7–9 des BMF-ErbA mit verbindlicher Erklärung binnen sechs Monate ab dem Erbfall geschehen, nach dem BFH vom 04.05.2000 (BStBl II 2002, 850) und nach der neuen Verwaltungsauffassung bei vorliegender und befolgter Teilungsanordnung auch noch einige Zeit später.
   Dies ändert – auch nach Auffassung des IV. Senats – nichts am **Durchgangserwerb beider Erben**. Sodann ergibt sich bei einer vereinbarten und durchgeführten Wertausgleichsverpflichtung beim weichenden Miterben ein Veräußerungsgewinn nach § 16 Abs. 1 Nr. 2 EStG, dem umgekehrt AK des zahlenden Miterben gegenüberstehen.[358] Bei fehlender Wertausgleichsverpflichtung[359] kommen weder ein Veräußerungstatbestand beim weichenden Miterben noch ein Anschaffungsvorgang beim zahlenden Miterben in Betracht. Das zwischenzeitlich gespaltene Buchkapital des Erblassers »wiedervereinigt« sich in der Person des Alleinübernehmers. Das Sonder-BV geht ebenfalls unentgeltlich auf die beiden Miterben K1 und K2 über, ohne dass beim Erblasser X eine Realisation vorliegt.

2. **Auseinandersetzung unter den Miterben mit Nachlassgegenständen**
   Das Problem ist seit 2001 durch das Wechselspiel von § 6 Abs. 3 ff. EStG und § 16 Abs. 3 S. 2 EStG (Realteilung) überlagert worden und ist mit dem UntStFG (vom 20.12.2001) gelöst worden.

   Folgende Abfindungsalternativen (K1 = weichender Erbe) sind zu unterscheiden:

   a) **Übertragung des hälftigen Anteils von K1 auf K2 gegen Nachlass-PV**
      Es gab kein Abstimmungsproblem mit § 16 Abs. 3 S. 2 EStG. Wegen fehlender Regelungsnähe zu § 16 EStG tritt die Aufgabe zurück. Nachdem auch § 6 Abs. 5 S. 3 EStG nicht einschlägig ist, liegt eine unentgeltliche Übertragung nach § 6 Abs. 3 EStG vor. Für das PV gilt § 11d EStDV.

   b) **Übertragung gegen Einzel-WG (BV aus KG-Vermögen)**
      Der von den Voraussetzungen und den Rechtsfolgen einschlägige § 16 Abs. 3 S. 2 EStG legte die Annahme einer MU-Anteils-Aufgabe nahe. Bei Überführung der Einzel-WG in das PV des K1 entsteht zwischen dem gemeinen Wert und dem Buchwert des WG ein Aufgabegewinn.

---

358 Bei konsequenter Befolgung des Durchgangserwerbs müssen die nachträglichen AK in einer positiven Ergänzungsbilanz des zahlenden Miterben erfasst werden.
359 Zivilrechtlich unwahrscheinlich, da der BGH erkannt hat, dass trotz Sondererbfolge die Beteiligung nicht am Nachlass vorbei vererbt werden darf (BGH vom 14.05.1986, BGHZ 98, 48 sowie vom 03.07.1989, BGHZ 108, 187), so dass sich im Zweifel immer ein Ausgleichsanspruch ergeben wird.

Werden allerdings die Einzel-WG in ein anderes **BV von K1** überführt, so gilt seit UntStFG 2001 (§ 16 Abs. 3 S. 2 EStG) der **Buchwertzwang**.[360]

c) **Übertragung gegen Sonder-BV**
Erhält der ausscheidende K1 das Sonder-BV (exakt: den zusätzlichen hälftigen Anteil des K2) als Abfindung, hängt die weitere Behandlung wiederum davon ab, ob das Sonder-BV in ein anderes BV des K1 überführt wird oder PV bei K1 wird.
- Für den Fall der Überführung in ein **eigenes BV** des K1 ist seit 2001 gem. § 6 Abs. 5 S. 2 EStG zwingend die Buchwertfortführung vorgesehen.
- Für den Fall der Überführung in das **PV** erhöht sich der Aufgabegewinn um den Unterschied zwischen dem gemeinen Wert und dem Buchwert.

d) **Übertragung gegen überquotale Nachlassverbindlichkeit**
In diesem Fall machen die Miterben K1 und K2 von der Möglichkeit der erfolgsneutralen Erbauseinandersetzung Gebrauch.

Zu weitergehenden erbschaftsteuerlichen Konsequenzen sowie zu der häufig vorkommenden Weitergabeverpflichtung und § 13a ErbStG wird auf *Preißer*, Band 3, Teil C, Kap. I (erbschaftsteuerliche Konsequenzen) und Kap. III 3.4.1 (Weitergabeverpflichtung) verwiesen.

Beispiel 12: Die qualifizierte Nachfolgeklausel
An der B-KG ist B als Komplementär beteiligt. Sonder-BV ist vorhanden. Von seinen beiden Kindern S und T bestimmt B die Tochter T zur alleinigen Nachfolgerin in der KG. B fragt noch zu Lebzeiten, mit welchen einkommensteuerlichen Vor- und Nachteilen die Lösung verbunden ist[361] und ggf. welche Gestaltungsmaßnahmen bei seinem erklärten Nachfolgewillen zu treffen sind.

Bei der qualifizierten Nachfolgeklausel erfolgt zivil- und steuerrechtlich unentgeltlich ein unmittelbarer Übergang auf den privilegierten G'fter-Erben (§ 6 Abs. 3 EStG). Hiervon ist auch das **anteilige Sonder-BV** des Nachfolgers betroffen, das seine Eigenschaft beibehält. Bezüglich des anteiligen Sonder-BV des Nicht-Berufenen S liegt ein **laufender – nicht gewerbestpfl.**[362] – **Entnahmegewinn** vor, der noch dem Erblasser zugerechnet wird.[363] Ein Wertausgleich wiederum, den T an S zu leisten hat, ist privat veranlasst und führt nicht zu AK des alleinigen G'fter-Nachfolgers.

Lösung: Als Gestaltungsmöglichkeiten[364] zur **Vermeidung der Zwangsentnahme** werden diskutiert:
a) Übertragung des Sonder-BV auf gewerblich geprägte SchwesterG;
b) Alleinerbeneinsetzung der T;
c) Einfache Nachfolgeklausel mit Teilungsanordnung;
d) Vorweggenommene Erbfolge bzw. Schenkung auf den Todesfall.

---

360 Dies wurde mit dem neu erkannten Gesetzeszweck der **steuerneutralen Umstrukturierung** erreicht.
361 Zur erbschaftsteuerlichen Behandlung s. *Preißer*, Band 3, Teil C, Kap. I.
362 S. hierzu bereits BFH vom 15.03.2000 (BStBl II 2000, 316).
363 Bei späterer Veräußerung des MU-Anteils (ohne »wesentliches« Sonder-BV) wird dies (zurückbehaltenes Sonder-BV) als tarifbegünstigte Aufgabe des MU-Anteils (besser: als aufgabeähnlicher Vorgang) besteuert (so der BFH vom 05.02.2002, BStBl II 2003, 237).
364 In anderem Zusammenhang ist auf die gesellschaftsrechtliche Umwandlungsmöglichkeit nach § 139 HGB (aus Komplementär wird Kommanditist) hinzuweisen. Dabei ändert sich nichts an den einkommensteuerlichen Folgen.

Zu a): Die Ausgliederung **des Sonder-BV auf eine GmbH & Co. KG** noch zu Lebzeiten des Erblassers B und deren anschließende Vermietung an die B-KG bereitet gesellschaftsrechtlich wegen der Neufassung von § 105 Abs. 2 HGB ab 01.07.1998 keine Probleme. Unter zwei Gesichtspunkten könnten sich steuerliche Schwierigkeiten ergeben:

- Wegen der Zuordnungsfunktion von § 15 Abs. 1 Nr. 2 EStG könnte das von der Schwester-GmbH & Co. KG gehaltene WG steuerrechtlich trotzdem der B-KG zugewiesen werden;
- Ab 01.01.2001 war völlig ungeklärt, ob die Buchwertübertragung zwischen **Schwestergesellschaften** wegen § 6 Abs. 5 S. 3 EStG n.F. zwingende Buchwertüberführung oder zwingende Aufdeckung geboten ist. Ein Teil der Lit. nahm Erfolgsneutralität nur bei beteiligungsidentischen SchwesterG an. Eine andere Auffassung ging wegen des o.g. BFH-Urteils und wegen der Zielsetzung des StEntlG von der direkten erfolgsneutralen Übertragung aus.[365] Wegen der ablehnenden Äußerung der Finanzverwaltung[366] war man gut beraten, der herrschenden Literatur-Auffassung den Vorzug zu geben, wonach das Wunschergebnis in einem mehrstufigen Verfahren erreicht wird.[367] Trotz der Neufassung von § 6 Abs. 5 S. 3 EStG sind die nachfolgend aufgeführten Zwischenschritte auch nach Inkrafttreten des UntStFG nach wie vor erforderlich; eine direkte neutrale Übertragung von Einzel-WG unter Schwester-PersG ist immer noch nicht möglich.
- Das »**Übertragungs-Dreieck**« sieht wie folgt aus:
  1. Zunächst überträgt B das WG unentgeltlich aus dem KG-Vermögen in das Sonder-BV bei derselben KG (§ 6 Abs. 5 S. 3 Nr. 2 EStG);
  2. Anschließend wird das WG gem. § 6 Abs. 5 S. 1 EStG in das Sonder-BV bei der SchwesterG (GmbH & Co. KG) übertragen (mit Änderung des Mietvertrages);
  3. Schließlich wird das WG aus dem dortigen Sonder-BV in das Gesamthandsvermögen der GmbH & Co. KG übertragen.

  Das BMF steht jedoch auch dieser Kettenübertragung unter Berücksichtigung der Gesamtplanrechtsprechung bzw. anderer missbräuchlicher Gestaltungen i.S.d. § 42 AO ablehnend gegenüber (BMF vom 08.12.2011, BStBl I 2011, 1279, Tz. 19).
  Z.T. wird auch mit dem »Zweistufenmodell«[368] gearbeitet, bei dem die o.g. Schritte (2) und (3) zusammengefasst werden (Direktübertragung von Sonder-BV bei KG I in das Gesamthandsvermögen der KG II). Es wird a.a.O. auf die Bedenken wegen der Gesamtplan-Rspr. hingewiesen.

Hinweis: Nach Auffassung der OFD Koblenz vom 23.12.2003 haben § 6 Abs. 5 und § 6b EStG einen unterschiedlichen Regelungsgehalt, so dass § 6b EStG auch bei einer Veräußerung zwischen SchwesterpersG anwendbar ist. Das veräußerte WG und das angeschafften WG, auf das die stillen Reserven übertragen werden sollen, kann demnach identisch sein mit der Folge, dass über eine Veräußerung mit Übertragung der stillen Reserven auf die SchwesterpersG im Ergebnis eine Realisierung der stillen Reserven vermieden wird und eine steuerneutrale Übertragung zwischen SchwesterpersG ermöglicht wird.[369]

Zu b): Die **Alleinerbeneinsetzung von T**, so sie im testamentarischen Gesamtzusammenhang gewollt ist, lässt das Sonder-BV neutral auf die Alleinerbin übergehen. Etwaige Vermächtnis-

---
365 *Kulosa* in *Schmidt*, EStG, § 6 Rz. 702 (sehr str.); dort wird das Meinungsbild wiedergegeben.
366 BMF vom 08.12.2011, BStBl I 2011, 1279, Tz. 18.
367 Vgl. *Kloster/Kloster*, GmbHR 2000, 1133; *Kemper/Konold*, DStR 2000, 2120; *Cattelaens* in *L/B/P*, vor § 6 Rz. 132.
368 Vgl. *Kulosa* in *Schmidt*, EStG, § 6 Rz. 705.
369 Zu § 6b EStG s. auch *Kölpin*, Band 2, Teil A, Kap. V 1.1.

schulden zu Gunsten des S sind private Verbindlichkeiten, die weder zu AK noch zu einem Veräußerungsgewinn führen.

Zu c): Bei der einfachen **Nachfolgeklausel mit Teilungsanordnung** bestehen die gleichen Probleme der Realisation, nur dass sie jetzt zu Lasten der Alleinübernehmerin T erfolgt, während sie bei der vorliegenden qualifizierten Nachfolgeklausel noch in der Person des Erblassers erfasst wird und als Nachlassverbindlichkeit gem. § 45 Abs. 2 AO (bzw. § 1922 BGB) auf beide Erben übergeht.

Zu d): Die vorherige Übertragung i.R.d. **vorweggenommenen Erbfolge an T** führt nicht zu einem Durchgangseigentum der späteren MEG. Die weiteren Steuerfolgen hängen von den Vereinbarungen der drei beteiligten Personen ab.[370]

Beispiel 13: Die Eintrittsklausel
Dem Prokuristen P und der Tochter T wird seitens B das Recht eingeräumt, durch einseitige Willensentscheidung in die Stellung des B nach dessen Ableben einzurücken.

In dieser Variante erfolgt kein Einrücken ipso iure, sondern durch die Ausübung des **Gestaltungsrechts** eines Dritten oder eines Erben (Tz. 70 des BMF-ErbA).

Lösung:
- Wird die Option innerhalb des sechsmonatigen Korridors ausgeübt, wird ein Direktübergang unterstellt, bei dem die verbleibenden G'fter als Treuhänder die Beteiligung »bereithalten«. Die weiteren Folgen richten sich sodann nach der einfachen Nachfolgeklausel (Option durch alle Miterben) oder nach der qualifizierten Nachfolgeklausel.
- Wird die Option nicht oder erst nach sechs Monaten ausgeübt, so gelten die Rechtsfolgen der Fortsetzungsklausel.

Exkurs: In verfahrensrechtlicher Hinsicht stellt sich die Frage, wie viele Grundlagenbescheide zu erlassen sind und mit welchem Inhalt diese bei der MEG zu versehen sind. Dabei muss berücksichtigt werden, dass die Infektionstheorie von § 15 Abs. 3 Nr. 1 EStG bei der MEG gerade nicht gilt (Tz. 4 des BMF-ErbA). Dies lässt die Annahme zu, dass je nach gemeinsam verwirklichtem Einkunftstatbestand eine eigene einheitliche und gesonderte Feststellung der Einkünfte nach §§ 179, 180 Abs. 1 Nr. 2 Buchst. a AO zu erfolgen hat. Sollte allerdings für die Grundlagenfeststellung das jeweils gleiche FA nach §§ 18, 20 AO zuständig sein, spricht aus Gründen der Verfahrensökonomie nichts gegen einen einzigen Grundlagenbescheid.[371] Wie üblich, ist dabei nach den gemeinsamen und den individuellen Besteuerungsmerkmalen bei diesem »Nachlass-Feststellungsbescheid« zu unterscheiden.

---

370 S. Kap. 3: Falls z.B. ein Gleichstellungsgeld vereinbart wird, liegt ein Anschaffungsvorgang bei T vor.
371 In diesem Sinne: *Brandis* in *Tipke/Kruse*, AO/FGO, § 180, Rz. 18 und 26.

5.3 Die Abwicklung der Miterbengemeinschaft

5.3.1 Einführung

Im gesellschaftsrechtlichen Idealfall folgt der rechtlichen Auflösung die faktische Abwicklung (Liquidation) der Gesellschaft. Danach ist die Gesellschaft handelsrechtlich beendigt.[372]

Allein für **KapG** ist die Liquidation ausdrücklich in § 11 KStG geregelt. Danach wird zunächst auf der Ebene der KapG der Abwicklungsgewinn, der alle bislang gebildeten stillen Reserven umfasst, bei dieser erfasst. In einem zweiten Schritt werden auf der Ebene der G'fter die Liquidationserlöse – je nach Beteiligungshöhe – als Einnahmen nach § 20 Abs. 1 Nr. 2 bzw. § 17 Abs. 4 EStG erfasst.[373] Mit Ausnahme der nur hälftigen Erfassung der Einkünfte (§ 3 Nr. 40 Buchst. c, e EStG) hat sich an der Systematik durch das StSenkG ab 2001 nichts geändert. Bekanntlich können die Steuerfolgen durch eine steuerfreie **Spaltung** vermieden werden.

Für die **PersG** hingegen gibt es keine explizite Regelung, so dass auf § 16 Abs. 3 EStG rekurriert wird. In seltenen Fällen kann es anlässlich der Abwicklung zu einem Unternehmensverkauf nach § 16 Abs. 1 Nr. 1 EStG kommen. Wegen des Transparenzgrundsatzes bei PersG lassen sich die Steuerfolgen auf einer (d.h. der G'fter-)Ebene darstellen. Der ermäßigte Steuersatz nach § 34 Abs. 3 EStG wird – entsprechend den allgemeinen Rechtsgrundsätzen zu § 16 Abs. 3 EStG – nur dann gewährt, wenn die Abwicklung **uno actu** erfolgt. Ähnlich wie bei der Spaltung können die Steuerfolgen durch eine erfolgsneutrale **Realteilung** gem. § 16 Abs. 3 S. 2 i.V.m. § 6 Abs. 3 EStG vermieden werden.

Die MEG nimmt im herkömmlichen Abwicklungssystem der PersG allein deshalb eine Sonderstellung ein, weil es dort während der noch **bestehenden MEG** zu personellen Veränderungen kommen kann, die entweder zum Ausscheiden oder zum Verkauf des Anteils führen. Bei der Beurteilung der Abwicklung sind drei Grundüberlegungen vorweg und in der laufenden Diskussion zu berücksichtigen:

1. Die eigentliche Auseinandersetzung der MEG ist vom BFH im Jahre 1990 am (damals noch nicht kodifizierten) Rechtsinstitut der Realteilung entwickelt worden.
2. Zwischenzeitlich hat die Realteilung nicht nur ihren gesetzlichen »Niederschlag« (§ 16 Abs. 3 S. 2 EStG) gefunden, sondern auch mehrere Änderungen erfahren.
3. Der sich mit der Einführung von § 6 Abs. 5 S. 3 EStG (ab 2001) ergebende offene **normative Widerspruch** zu § 16 Abs. 3 S. 2 EStG (»Buchwertzwang nur bei Binnentransfers zwischen MU und in der MU-schaft«) ist durch das UntStFG (2001) rückwirkend beigelegt.

---

[372] Eine Personenvereinigung wird auch ohne Abwicklung ihr Ende finden, wenn die Auskehrung des restlichen Gesellschaftsvermögens mangels Masse unterbleibt.
[373] Wird die Beteiligung im BV gehalten, so ist auf die Umqualifikation von § 20 Abs. 8 EStG ebenso wie auf die Möglichkeit von § 16 Abs. 1 Nr. 1 2. HS EStG zu achten, dass eine 100%-Beteiligung als Teilbetrieb fingiert wird.

5.3.2 Personenbestandsveränderungen bei bestehender Miterbengemeinschaft

Die Verwaltung erwähnt zwei Formen der personellen Veränderung bei bestehen bleibender MEG:

1. Die Übertragung des Anteils (Tz. 37 ff. des BMF-ErbA);
2. das Ausscheiden, insb. gegen Sachwertabfindung (Tz. 48 ff., insb. 51 f. des BMF-ErbA).

5.3.2.1 Die Übertragung des Anteils

Nachdem im Regelfall jeder Erbe eines Nachlassbetriebes »geborener MU« und der Miterbe von PV »gemeinschaftlicher Einkunftserzieler« wird, kann er sich auch rechtsgeschäftlich durch Schenkung oder durch Verkauf von diesem Erbanteil trennen.

- Für den Fall der **Schenkung** des Erbanteils gelten dabei die allgemeinen Grundsätze, denen zufolge der Übernehmer gem. § 6 Abs. 3 EStG das Kapitalkonto des Übergebers (beim Nachlassbetrieb) bzw. nach § 11d EStDV die anteiligen Steuerwerte (bei einem Mietshaus) fortführt. Ansonsten ist auf die Kontinuitätslösung bei §§ 17, 23 EStG zu achten, wonach der Beschenkte in **doppelt unentgeltlicher Nachfolge** die Vorbesitzzeiten des Erblassers (EL → MEG → Beschenkter) fortführt.
- Im Fall des **Verkaufs** des Erbanteils kommt der »Einkünftedualismus« zum Tragen. Beim Verkauf des **MU-Anteils** liegt eine Anteilsveräußerung nach § 16 Abs. 1 Nr. 2 EStG vor. Selbst beim Erwerb durch einen anderen Miterben (so auch der Originalsachverhalt des GrS vom 05.07.1990, BStBl II 1990, 837) gelten die bekannten Grundsätze für den entgeltlichen Erwerb eines MU-Anteils, nach denen die AK, soweit sie das Buchkapital übersteigen, in eine positive Ergänzungsbilanz des Erwerbers einzustellen sind.[374]
- Beim Verkauf von **PV** liegt ein Anschaffungstatbestand mit allen Konsequenzen vor. Hierzu gehören zum einen beim Veräußerer die »Aufdeckungsfolgen« der §§ 17, 23 EStG und des § 22 UmwStG bzw. § 21 UmwStG a.F., wenn die zusätzlichen Voraussetzungen erfüllt sind. Zum anderen löst die entgeltliche Anschaffung beim Erwerber den »Neueintritt« in die o.g. Bestimmungen aus. Bei einem Mietshaus etwa wird die historische AfA des Erblassers, die bislang erbquotal gem. § 11d EStDV aufgeteilt wurde, aufgebrochen und nur noch anteilig von den verbleibenden Miterben fortgeführt. Der neue Miteigentümer begründet mit seinen AK nach § 7 Abs. 4 EStG eine neue AfA-BMG und neues AfA-Volumen.[375]

Wegen der unterschiedlichen Steuerfolgen geht Tz. 46 des BMF-ErbA bei einem verkauften **Mischnachlass** von der Notwendigkeit der Aufteilung des Kaufpreises aus.

5.3.2.2 Das Ausscheiden des Miterben, insbesondere gegen Sachwertabfindung

Das Ausscheiden aus der MEG wird allgemein auch als Anwendungsfall der »personellen Teilauseinandersetzung« angesehen. Im zivilrechtlichen Teil wurde darauf hingewiesen, dass mit der einhergehenden **Anwachsung** nach § 738 BGB ein Unterfall der (beschränkten) Gesamtrechtsnachfolge vorliegt. Anders als bei der »klassischen« Gesamtrechtsnachfolge wird beim Ausscheiden aus einer Gesamthandsgemeinschaft eine Abfindung fällig, die häufig in Form von Gegenständen der Gemeinschaft (Sachwertabfindung) statt in Geld (Barabfindung) gezahlt wird.

---

374 Vgl. das Beispiel 19 im BMF-ErbA.
375 Vgl. das Beispiel 20 im BMF-ErbA.

Beispiel 14: Das Ausscheiden gegen Sachwerte
E1 will aus der E1-E2-E3-MEG (Betrieb) ausscheiden. Dazu soll er ein zukünftig nicht mehr benötigtes Betriebsgrundstück erhalten. Offen ist für E1 noch, ob er das Grundstück in sein PV oder in das eigene Einzelunternehmen überführt. Die Bilanz der MEG sieht vor dem Ausscheiden wie folgt aus:

Aktiva	(Buchwert)	Teilwert	Buchwert	(Teilwert)	Passiva
Grundstück	300 T€	(400 T€)	Kapital E1	300 T€	(400 T€)
Übrige Aktiva	600 T€	(800 T€)	Kapital E2	300 T€	(400 T€)
			Kapital E3	300 T€	(400 T€)
	900 T€	(1.200 T€)		900 T€	(1.200 T€)

Mit welchem Wert ist das Grundstück anzusetzen, je nachdem ob es E1 in das PV oder in das eigene BV überführt?

Lösung:
1. **Überführung in das PV**
   Nach den allgemeinen Grundsätzen beim Ausscheiden eines Pers-G'fters gegen Sachwertabfindung und einer Überführung in das **PV** des Ausscheidenden wird der Teilwert des Abfindungs-WG ermittelt (hier: 400 T€) und dieses entnommen. Dabei erzielt der Ausscheidende (E1) einen Aufgabe-(bzw. Veräußerungs-)gewinn nach § 16 Abs. 1 Nr. 2 EStG i.H.d. auf ihn entfallenden stillen Reserven (hier: 100 T€ : 3 = 33.333 T€[376]). Bei den verbleibenden Partnern (E2 und E3) wird die Differenz von 66.666 T€ als **laufender** Gewinn nach § 15 Abs. 1 Nr. 2 EStG i.R.d. Kapitalkontenentwicklung erfasst.[377]

2. **Überführung in das BV (1. Teil)**
   Für den Fall der Überführung in das **BV des E1** sieht Tz. 52 des BMF-ErbA die Buchwertfortführung vor, da die stillen Reserven im inländischen BV des E1 verhaftet bleiben (»finale Entnahmelehre«).

Auch an dieser Stelle (Sachwertabfindung gegen Überführung eines Einzel-WG in das BV) wird die Diskussion der Jahre 1998–2002 in Grundzügen nachgezeichnet.

Bis 1998 war diese Lösung konform mit den allgemeinen Auslegungsregeln zu § 16 Abs. 1 Nr. 2 EStG, wonach dem Ausscheidenden ein Wahlrecht für den Buch-, Teil- oder Zwischenwert eingeräumt wurde. Bei der Buchwertfortführung fiel weder ein Veräußerungsgewinn (E1) noch ein laufender Gewinn (E2 und E3) an.

---

376 A.A. *Wacker* in *Schmidt*, EStG, § 16 Rz. 521, der den Vorgang in eine Veräußerung des MU-Anteils zu 400 T€ (stpfl. Gewinn: 100 T€ und eine anschließende Tilgung der Kaufpreisschuld durch Übereignung des Grundstücks (Laufender Gewinn der MEG: 66 T€) zerlegt.
377 Die bilanztechnische Behandlung sieht wie folgt aus:
- In einem ersten Schritt werden die anteiligen stillen Reserven des E1 (1/3 von 300 T€ = 100 T€) bei den WG anteilig aktiviert: Grundstück 333.334 € und übrige Aktiva 666.666 € gegen Kapital (E1) i.H.v. 100 T€.
- In einem zweiten Schritt erfolgt die Ausbuchung des Kapitals durch: per Kapital 400 T€ an Grundstück 333.334 € und sonstiger betrieblicher Ertrag 66.666 € (Kapital von E2 und E3!).

Aktiva	Bilanz nach Ausscheiden des E1 <	Passiva	
Aktiva	666.666 €	Kapital E2	333.333 €
		Kapital E3	333.333 €
	666.666 €		666.666 €

In den Jahren **1999 und 2000** ist durch die Einfügung von § 6 Abs. 5 S. 3 EStG a.F. der Aufdeckungszwang für die Überführung von Einzel-WG von einem Rechtsträger (MEG) auf einen anderen Rechtsträger (E1) eingeführt worden. Nach h.A. hatte § 6 Abs. 5 S. 3 a.F. EStG Vorrang vor den Grundsätzen zum Sachwertausscheiden.[378] Vorhandene stille Reserven mussten in diesem gesetzgeberischen »Intermezzo« von zwei Jahren aufgedeckt werden.

Ab 2001 stellte sich erneut die Abstimmungsfrage, wenn einerseits nach § 16 Abs. 3 S. 2 EStG im Anwendungsbereich der Realteilung die Überführung von Einzel-WG mit Aufdeckungszwang (§ 16 Abs. 1 Nr. 2 EStG) vorgesehen war. Anderseits führte § 6 Abs. 5 S. 3 EStG einen **Buchwertzwang** für die Überführung von Einzel-WG aus der MU-schaft in das BV des einzelnen MU ein.

Rein begrifflich kann die Abstimmungsfrage dahinstehen, wenn man im **Ausscheiden des MU keinen** Anwendungsfall der **Realteilung** sieht. Realteilung und Ausscheiden wurden nach bislang h.M. trotz des wirtschaftlich vergleichbaren Vorganges als rechtlich unterschiedlich behandelt, da einmal die PersG (die MEG) bestehen bleibt (Sachwertabfindung) und dies bei der Realteilung nicht der Fall ist.[379]

Mit der Gesetzesbegründung zu § 16 Abs. 3 S. 1 und S. 2 EStG i.d.F. des StEntlG liegt aber eine authentische Äußerung des Gesetzgebers vor, dass er die Unterscheidung zwischen Realteilung und Sachwertabfindung nicht teilt und stattdessen die Realteilung als **Oberbegriff** für beide versteht. Das Abstimmungsproblem ist evident und wurde von der h.M. zu Gunsten § 6 Abs. 5 S. 3 EStG entschieden.[380]

Diese von der h.M. für 2001 favorisierte Auffassung ist durch das UntStFG mit der Neufassung der §§ 6 Abs. 5, 16 Abs. 3 S. 2ff. EStG schließlich Gesetz geworden.[381]

Lösung:

2. Überführung in das BV (2. Teil)

Mit dem sich nunmehr aus § 6 Abs. 5 S. 3 i.V.m. § 16 Abs. 3 S. 2 EStG (i.d.F. des UntStFG) ergebenden Buchwertzwang muss E1 den Buchwert des Grundstücks in seinem Einzelunternehmen fortführen. Dazu wird das Kapitalkonto des E1 in der MEG erfolgsneutral angepasst, wenn es über dem Buchwert liegt. Betrüge im vorliegenden Fall der Buchwert des Grundstücks z.B. 350 T€ und das Kapital des E1 nach wie vor 300 T€, so würde das Kapital des E1 auf 350 T€ gesetzt. Gleichzeitig führte dies zu einer betragsmäßigen Minderung der Kapitalkonten von E2 und E3 (im Beispiel auf je 275 T€). Im vorliegenden Fall ändert sich wegen der identischen Buchwerte des Grundstücks und des Eigenkapitals nichts an dem Bilanzausweis der betroffenen Posten.

Aktiva			Passiva
Sonstige Aktiva	600 T€	Kapital E2	300 T€
		Kapital E3	300 T€
	600 T€		600 T€

---

378 Vgl. *Reiß* in *Kirchhof-kompakt*, § 16 Rz. 335.
379 S. *Wacker* in *Schmidt*, EStG, § 16 Rz. 530ff. und *Bogenschütz*, StbJb 1999/2000, 122.
380 *Wacker* in *Schmidt*, EStG, § 16 Rz. 636ff.; ähnlich *Reiß* in *K/S*, § 16 Rz. 336.
381 Im Einzelnen s. dazu die Darstellung im Band 2, Teil B, Kap. V.

Bei einer **Barabfindung mit liquiden Mitteln** finden zu Recht die Grundsätze des (verdeckten) Verkaufs Anwendung (Tz. 50 des BMF-ErbA), da liquide Mittel i.S.d. Beendigung von funktionellen Einheiten nicht als reserventrächtige WG behandelt werden können.

Weder mit der Sachwertabfindung noch mit der Realteilung darf die Auflösungsvariante verwechselt werden, bei **zwei** personenidentischen PersG (sog. SchwesterG) mit zwei Betrieben von denen jeder der G'fter je einen Betrieb als Einzelunternehmer fortführt (BFH vom 20.02.2003, BStBl II 2003, 700). Der beschriebene Vorgang unterliegt zweimal § 16 Abs. 1 Nr. 1 EStG.

5.3.3 Die Beendigung der Miterbengemeinschaft in Form der »Naturalteilung«

In der einfachsten Form der Beendigung kann die MEG durch Veräußerung der Aktiva und anschließender Erfüllung der restlichen (hier: Nachlass-)Verbindlichkeiten beendet werden. Der verbleibende Resterlös wird sodann unter den Miterben verteilt. Dieser der gesetzlichen Liquidation der §§ 145 ff. HGB nachempfundene Naturalteilung folgt den allgemeinen Grundsätzen. Bei einem Nachlassbetrieb hängt dabei die Vergünstigung gem. §§ 16, 34 EStG vom Zeitmoment ab. Geschieht die Beendigung des unternehmerischen Engagements nicht in »einem Akt« oder unterliegen die einzelnen Vorgänge nicht dem Veräußerungsvorgang, so droht die Versteuerung als laufender Gewinn nach § 15 Abs. 1 Nr. 2 EStG (s. Tz. 53 ff. des BMF-ErbA).[382]

5.3.4 Die (eigentliche) Realteilung der Miterbengemeinschaft

In diesem Konnex werden die Spezialprobleme der Realteilung unter Miterben dargestellt, während die allgemeine Entwicklung des Rechtsinstituts im Band 2, Teil B, Kap. IV 5 erläutert wird.

5.3.4.1 Dogmatische Grundzüge

Der Gesetzgeber des StSenkG und StSenkErgG (2001) präsentierte eine geschlossene Regelung zur Übertragung von steuerfunktionellen Einheiten (Sachgesamtheiten) mit § 6 Abs. 5 S. 3 EStG. Unter dem Gesichtspunkt der Abschaffung von Wahlrechten führen nunmehr Transaktionen von **Einzel-WG** im (weitesten) Rechtskreis von § 15 Abs. 1 Nr. 2 EStG, zu der auch die MEG gehört, zum **Buchwertzwang**.

Eine neutrale Realteilung mit Einzel-WG ist seit 2001 bedenkenfrei möglich, wobei aber die neu eingeführte Sperrfrist zu beachten ist.

Darüber hinaus hat man sich bei den Folgefragen der Erbauseinandersetzung immer wieder die axiomatischen Grundsätze der BFH-Leitentscheidung zu vergegenwärtigen, denen zufolge

- die Auseinandersetzung i.H.d. **Erbquote** nur den gesetzlichen Auseinandersetzungsanspruch nach § 2042 BGB konkretisiert und insoweit **unentgeltlich** erfolgt (Tz. 10 des BMF-ErbA; sowie BFH vom 05.07.1990, BStBl II 1990, 837);

---

382 Bei PV hängt die Steuerbarkeit von den Voraussetzungen der §§ 17, 23 EStG bzw. des § 22 UmwStG oder § 21 UmwStG a.F. ab.

- Abfindungszahlungen nur dann (und insoweit) als **entgeltliche** Anschaffung (Veräußerung) zu werten sind, als sie das »Mehr« ausgleichen, das der einzelne Miterbe an gegenständlicher Zuwendung erhalten hat (Tz. 14 des BMF-ErbA);
- in die Entgeltsberechnung die Übernahme von **Nachlassverbindlichkeiten nicht** einzubeziehen ist (Tz. 17 und 25 ff. des BMF-ErbA).

Von diesen »ehernen« Grundsätzen scheint der BFH (IX. Senat) im Urteil vom 14.12.2004 (BStBl II 2006, 296)[383] abweichen zu wollen. Im Streitfall übernahm der Kläger (Mitglied der Erbengemeinschaft) ein zusätzliches Grundstück gegen ausschließliche Übernahme von Verbindlichkeiten, die auf dem Grundstück lasteten. Sein Bruder (der zweite Partner der MEG) wurde von den Schulden freigestellt. Bezüglich der anderen Nachlassobjekte erfolgte eine adäquate erbquotale Aufteilung zu je 1/2. Der IX. Senat bezog die Schulden in die AfA-Bemessungsgrundlage nach § 7 Abs. 4 EStG mit ein und bezog sich dabei u.a. auf § 255 HGB. Den Unterschied zur bisherigen o.g. Rechtsauffassung begründete der IX. Senat damit, dass mit einer **überquotalen** Schuldübernahme eine **überquotale** Vorteilszuwendung verbunden sei und dies ausnahmsweise zu AK führt.

M.E. kann der Entscheidung gefolgt werden, aber unter einem anderen rechtlichen Blickwinkel. Im vorliegenden Fall scheinen sich die Erben über die Teilungsanordnung einvernehmlich hinweggesetzt zu haben. Insoweit kann von einem entgeltlichen Anschaffungsvorgang beim Objekterwerber gesprochen werden, der in der Person des weichenden Miterben, der von der Schuld freigestellt wurde, wegen § 2 Abs. 2 EStG (Dualismus der Einkunftsarten – keine Realisation bei PV; Ausnahme: § 23 EStG) zu keiner Steuer führt.

5.3.4.2 Realteilung (Betriebsvermögen) ohne Abfindungszahlung
Den Grundfall bildet die Auseinandersetzung ohne Abfindungszahlung.

> **Beispiel 15: Die undramatische Auseinandersetzung**
> a) Die Miterben E1/E2 teilen unter sich zwei Betriebe (Teilbetriebe) ohne Ausgleich auf.
> b) E1 und E2 weisen sich aus dem Nachlass (Einzelunternehmen) je ein Einzel-WG zu, das beide in das PV überführen.
> c) E1 nutzt im Beispiel b) das Einzel-WG in seinem Einzelunternehmen bzw. als Sonder-BV bei »seiner« PersG.
> d) E1 erhält einen Teilbetrieb; E2 bekommt das Betriebsgrundstück.

Die Grundtatbestände einer betrieblichen Nachlasstrennung führen seit 2001 zu nachfolgenden Lösungen.

> **Lösung:**
> a) Gem. § 16 Abs. 3 S. 2 2. HS EStG i.V.m. § 6 Abs. 3 EStG sind die Buchwerte fortzuführen. Eine Aufgabe kommt hier bereits begrifflich wegen des fortgesetzten Unternehmensengagements nicht in Betracht. Rein technisch erfolgt dies im Wege der Kapitalkontenanpassung.
> b) Bei beiden Miterben liegt die Aufgabe eines MU-Anteils gem. §§ 16 Abs. 1 Nr. 2 und Abs. 2 EStG vor. Die Einzel-WG sind mit dem gemeinen Wert nach § 16 Abs. 3 S. 7 EStG anzusetzen.[384]

---
383 Dazu Nichtanwendungserlass des BMF vom 30.03.2006 (BStBl I 2006, 306).
384 S. Tz. 11 des BMF-ErbA mit dem ergänzenden Hinweis, dass sich die künftige AfA gem. R 7.3 Abs. 6 S. 4 EStR nach den Entnahmewerten (besser: Aufgabewerten) richtet.

c) Im VZ 2001 war dies ein weiterer Anwendungsfall des normativen Widerspruchs zwischen den eingangs erwähnten einschlägigen Normen. Heute besteht auch hier Buchwertzwang gem. § 16 Abs. 3 S. 2 und § 6 Abs. 5 S. 3 EStG.
d) Es liegt der Fall der asynchronen Realteilung vor. Dies bedeutet für E1 den Zwang zur Buchwertfortführung und für E2 die Aufgabe eines MU-Anteils. Diese personenbezogene Interpretation führt allein zu sachgerechten Lösungen.

5.3.4.3 Realteilung (Betriebsvermögen) mit Abfindungszahlung (= Teilung mit Spitzenausgleich)

Beispiel 16: Ungleiche Betriebe[385]
S und T sind Miterben zu je 1/2. Zum Nachlass gehören zwei gewerbliche Betriebe. BV1 hat einen Wert von 2 Mio. € und einen Buchwert von 200 T€. Das BV2 hat einen Wert von 1,6 Mio. € (Buchwert: 160 T€). Im Wege der Erbauseinandersetzung erhält S das BV1 und T das BV2. Außerdem zahlt S an T einen Ausgleich von 200 T€.[386]

Variante: Statt der aktiven Zahlung stellt S die T von Betriebsschulden i.H.v. 200 T€ frei, übernimmt folglich Nachlassverbindlichkeiten i.H.v. 200 T€.

Lösung:
- In der **Variante** machen die Miterben von der Gestaltungsmöglichkeit Gebrauch, die ihnen der BFH eingeräumt hat. Durch die steuerunschädliche Einbeziehung der betrieblichen Nachlassverbindlichkeiten in die Auseinandersetzung kann der Nachlass neutral geteilt werden. Es liegt sodann eine **unentgeltliche Realteilung** nach § 16 Abs. 3 S. 2, 2. HS EStG vor (s. auch Tz. 18 des BMF-ErbA).
- Im **Ausgangsfall** liegt ein Nachlass im Gesamtwert von 3,6 Mio. € vor. S und T hätten erbquotal je 1,8 Mio. € erhalten sollen. Der von S aufgewendete Ausgleichsbetrag von 200 T€ führt – aufgrund der Einheitstheorie – zu einem entgeltlichen Erwerbsanteil von 1/10. Zu 9/10 erwirbt S unentgeltlich. Auf die Zahlen des Falles bezogen, hat S den Buchwert (200 T€) zu 9/10 unentgeltlich (180 T€) und zu 1/10 entgeltlich übernommen (200 T€ AK zu 20 T€ Buchwert = 180 T€ Aufstockungsbetrag). Die Aktiva sind um 180 T€ aufzustocken. Umgekehrt erzielt T einen Veräußerungsgewinn nach § 16 Abs. 1 Nr. 2 EStG aus der Veräußerung eines MU-Anteils i.H.v. 180 T€. Der Veräußerungsgewinn ist hier nicht nach §§ 16, 34 EStG begünstigt (vgl. Tz. 14 BMF-ErbA).

Führt die Erbauseinandersetzung dazu, dass ein Erbe wertmäßig mehr erhält, als ihm nach der Erbquote zusteht, und findet er die Miterben ab, liegt eine **Realteilung mit Ausgleichszahlung** vor. Die Abfindungszahlungen stellen für den übernehmenden Miterben AK und für die Zahlungsempfänger einen Veräußerungserlös dar (Beschluss des GrS BFH vom 05.07.1990, BStBl II 1990, 837 sowie Tz. 12 des BMF-ErbA). Hierbei ist es irrelevant, ob die Ausgleichszahlung auf einer Vereinbarung der Miterben oder auf ein Testament des Erblassers basiert (Tz. 16 des BMF-ErbA). Diese Grundsätze sind auch dann anzuwenden,

---

[385] Nochmals wird darauf hingewiesen, dass der BFH am 20.02.2003 (BStBl II 2003, 700) den Fall der Aufteilung und Zuweisung von zwei Betrieben von zwei Schwester-PersG nicht dem Institut der Realteilung unterstellt.
[386] S. hierzu auch *Wacker* in *Schmidt*, EStG, § 16 Rz. 619.

wenn die Erben einzelne WG im Rahmen einer **Zwangsversteigerung** über den Nachlass erwerben (s. BFH vom 29.04.1992, BStBl II 1992, 727).

I.H.d. Differenz zwischen der Abfindungszahlung und dem Buchwert des hierfür anteilig erworbenen Vermögens sind die stillen Reserven aufzudecken. Im Falle der Übertragung von **(Teil-)Betrieben** wird der Veräußerungsgewinn ermittelt, indem die Abfindungszahlung dem **Teil des Kapitalkontos gegenübergestellt** wird, der dem Verhältnis der Abfindungszahlung zum hierdurch erworbenen BV entspricht (Tz. 17 des BMF-ErbA). Das hier vorgestellte Vorgehen ist auch für den Fall anzuwenden, dass der Nachlass zwei eigenständige Betriebe zum Gegenstand hat, die aus Sicht der Erbengemeinschaft lediglich **zwei Teilbetriebe** der Mitunternehmerschaft entsprechen (a.a.O.).

Der Veräußerungsgewinn ist nach **§§ 16 Abs. 4, 34 EStG** begünstigt, sofern die WG anschließend im Rahmen eines einheitlichen Aktes in das **PV der Miterben** übergehen (Tz. 14 des BMF-ErbA).

Gehen die WG aber in das BV der Miterben über, so ist der Veräußerungsgewinn hingegen nicht nach §§ 16 Abs. 4, 34 EStG begünstigt. Gleichwohl unterliegt der Gewinn unter den Voraussetzungen des § 7 S. 2 GewStG nicht der GewSt, sofern dieser nur auf natürliche Personen entfällt (Tz. 19 des BMF-ErbA).

Übernehmen lediglich ein oder einige Miterben den Gewerbebetrieb und finden die anderen Miterben ab, so entsprechen die einkommensteuerlichen Folgen der entgeltlichen Veräußerung von MU-Anteilen (BFH vom 14.03.1996, BStBl II 1996, 310). Auch die Abfindung, die ein Miterbe für die **Ausschlagung seines Erbteils** nach § 1942 BGB erhält, ist als Veräußerungserlös i.S.v. § 16 Abs. 1 Nr. 2 EStG zu qualifizieren (BFH vom 20.04.2004, BStBl II 2004, 987 sowie Tz. 37 des BMF-ErbA), obgleich ihm keine laufenden Einkünfte aus dem Gewerbebetrieb zuzurechnen sind.

Sind einem Erben aufgrund von Abfindungszahlungen AK für einen Betrieb, Teilbetrieb oder betrieblich genutzte WG entstanden, so liegen **zwei rechtlich selbständig zu beurteilende Sachverhalte** vor. I.H.d. dem Erben zustehenden Erbanteils liegt ein **unentgeltliches Rechtsgeschäft** vor und es greift die »Fußstapfentheorie«. In der Folge sind vorbehaltlich der Ausnahmeregelungen des § 16 Abs. 3 S. 3 und 4 die Buchwerte fortzuschreiben, soweit die WG im BV verbleiben (Tz. 20f. des BMF-ErbA). Überdies werden die Besitzzeiten der Rechtsvorgänger zugerechnet. Dieses ist insb. für die Möglichkeit der Bildung einer Rücklage nach § 6b EStG relevant. Wird das unentgeltlich erworbene WG zu einem späteren Zeitpunkt durch den Erben veräußert, so sind ihm die Besitzzeiten sowohl des Erblassers als auch der Erbengemeinschaft zuzurechnen (Tz. 21 des BMF-ErbA).

I.H.d. Verhältnisses der Abfindungszahlung zum Verkehrswert des durch den die Abfindung zahlenden Erben übernommenen BV liegt ein **entgeltliches Rechtsgeschäft** vor. Die AK sind auf die erworbenen WG im Verhältnis ihrer Verkehrswerte zu verteilen[387] und stellen in der Folge die AfA-Bemessungsgrundlage dar (Tz. 17 des BMF-ErbA). Die AfA-Methode ist neu zu bestimmen. Es folgen insoweit keine Besitzzeitanrechnung und keine Buchwertfortführung. Auf die durch Abfindungszahlungen entstandenen AK kann eine vom Erben bereits gebildete § 6b EStG-Rücklage übertragen werden (Tz. 21 des BMF-ErbA).

Für das **Gebäude eines im BV** befindlichen bebauten Grundstücks ergeben sich also u.U. zwei **AfA-Reihen**. Hinsichtlich des unentgeltlich erworbenen Teils werden die Buchwerte der Erbengemeinschaft fortgeführt. Die AK stellen die Bemessungsgrundlage für die AfA des

---

387 S. auch *Wacker* in *Schmidt*, EStG, § 16 Rz. 620.

entgeltlich erworbenen Teils dar. Im Falle beweglicher WG kann aufgrund der einheitlichen Restnutzungsdauer sowohl für den entgeltlich als auch für den unentgeltlich erworbenen Teil eine Aufspaltung der AfA unterbleiben. Die AK werden dem Buchwert hinzugeschrieben und gehen so in die einheitliche AfA-Bemessungsgrundlage ein (Tz. 20 des BMF-ErbA).

Erhält ein Erbe im Rahmen einer Realteilung einen **Anteil an einer KapG** i.S.d. § 17 EStG oder erhält er diesen ohne Verpflichtung zur Leistung einer Abfindungszahlung, so stellt dies keinen Veräußerungsvorgang dar. Führt die Erbauseinandersetzung zu einer Aufteilung des Anteils derart, dass danach keine wesentlichen Anteile mehr vorliegen, so ist den Erben eine steuerfreie Veräußerung nach § 17 Abs. 1 S. 4 EStG nur möglich, wenn weder der Erbe noch die Erbengemeinschaft innerhalb der letzten fünf Jahre wesentlich an der KapG beteiligt war.[388]

5.3.4.4 Realteilung (Privatvermögen) ohne Abfindungszahlung

Obwohl rein terminologisch der aus dem Recht der PersG entlehnte Begriff der Realteilung auf die Erbauseinandersetzung mit ausschließlichem PV nicht passt, wird er auch hier als funktionstechnischer Begriff verwendet.

Beispiel 17: Auseinandersetzung über privates Vermögen
- E1 und E 2 erhalten i.R.d. Auseinandersetzung je ein Mietshaus;
- E1 bekommt den privaten Grundbesitz und E2 einen 20%igen GmbH-Geschäftsanteil.

Beiden Fällen ist gemein, dass kein steuerverhaftetes BV zugeteilt wird.

Lösung: E1 und E2 führen jeweils die Steuerwerte der MEG bzw. des Erblassers (doppelt unentgeltlicher Erwerb) nach § 11d EStDV fort. Dabei sind auch die GmbH-Anteile nach **§ 11d EStDV** »steuerverhaftet«[389] i.S.d. § 17 EStG, da § 16 Abs. 3 S. 2 EStG nur das BV erfasst. Es liegen mit der Übernahme auch keine Anschaffungsvorgänge i.S.d. vorgenannten Bestimmungen vor, die eine spätere potenzielle Steuer auslösen können.

5.3.4.5 Realteilung (Privatvermögen) mit Abfindungszahlung

Auch im PV werden die Teilungsobjekte nur selten den identischen Wert haben oder immer mit der Erbquote übereinstimmen.

Beispiel 18: Die Zinshäuser kosten Geld[390]
E1 und E2 mit der Erbquote von je 1/2 teilen das Nachlassvermögen Mietshaus (Verkehrswert 2 Mio. €; davon GruBo 0,5 Mio. €) und Bargeld (1 Mio. €) wie folgt auf: E1 erhält das Grundstück und zahlt an E2 0,5 Mio. €, E2 erhält den Rest. Es ist davon auszugehen, dass der Erblasser zwölf Jahre nach der Anschaffung des Objekts verstorben ist und der heutige Verkehrswert mit den ursprünglichen AK/HK identisch ist.

Lösung: E1 hat das Mietshaus zu 1/4 entgeltlich erworben, da der Spitzenausgleich für den erhaltenen Nachlassüberschuss (das »Mehr«) bezahlt wurde. Nur i.H.d. Abfindungszahlungen

---

388 S. auch Beispiel in Kap. 5.2.3.
389 Streng genommen ordnet § 11d EStDV nur die Fortführung der AfA an.
390 S. auch zusammenfassendes Beispiel 15 des BMF-ErbA (Tz. 26 ff., 31).

entstehen AK.[391] Beim vorliegenden Anschaffungsdatum ergibt sich für E2 keine Steuerpflicht nach § 23 Abs. 1 S. 3 EStG.

Hinsichtlich der AfA des E1 wird zwischen dem unentgeltlichen und dem entgeltlichen Teil unterschieden, so dass sich **zwei AfA-Reihen** mit unterschiedlicher Dauer gegenüberstehen (anders formuliert: es gibt zwei verschiedene Abschreibungszeiträume). Für E1 bemisst sich die künftige AfA wie folgt:

- Nach dem Verhältnis der Verkehrswerte entfallen von der Abfindungszahlung (0,5 Mio. €) auf das Gebäude 375 T€ und auf den GruBo 125 T€).
- Die ursprüngliche AfA des Erblassers von 1,5 Mio. € wird gem. § 11d EStDV zu 3/4 fortgeführt, wobei für das AfA-Volumen die vom Erblasser bereits verbrauchte AfA nicht mehr zur Verfügung steht. Mit der neuen AfA-BMG von 1,125 Mio. € errechnet sich für E1 eine »unentgeltliche« jährliche AfA von 2 %, folglich 22.500 €/Jahr.
- Gleichzeitig ergibt sich eine neue »entgeltliche« AfA-Reihe mit einer BMG von 375 T€, die über 50 Jahre mit jährlich 7.500 € gem. § 7 Abs. 4 EStG abgeschrieben wird.

Mit zwei Gestaltungsmöglichkeiten kann dieser Weg (ggf. § 23 EStG beim weichenden Miterben und eine doppelte AfA-Reihe beim zahlenden Miterben von privaten V+V-Objekten) vermieden werden:

- Entweder räumt E1 dem Miterben E2 ein **Nutzungsrecht** an dem Miethaus ein; dieses gilt nicht als entgeltlicher Teilungsvorgang (Tz. 22 des BMF-ErbA),
- oder es werden **Nachlassschulden** in die Auseinandersetzung miteinbezogen, wobei sich diese Maßnahme bei mehreren Miethäusern mit unterschiedlich hohen Hypothekenbelastungen anbietet.[392]

5.3.4.6 Realteilung eines Mischnachlasses

Auch bei der Realteilung sind seit dem Jahre 2001 die Akzente neu gesetzt. Bei einem Mischnachlass (der Nachlass umfasst sowohl BV als auch PV) sind zunächst nach Auffassung des BFH vom 14.03.1996 (BStBl II 1996, 310) die verschiedenen Nachlassteile nach den o.g. Grundsätzen für die jeweiligen Vermögensteile (BV/PV) aufzuteilen[393] und getrennt zu behandeln.

1. Fallgruppe: Nach Tz. 32f. BMF-ErbA liegt bei einer Auseinandersetzung über einen Mischnachlass **ohne Abfindungszahlung** nie ein entgeltlicher Veräußerungs-/Anschaffungstatbestand vor, da die Miterben keinen Spitzenausgleich erbrachten.

- Soweit die Teilungsmassen die beiden **Haupt-Vermögenskategorien** (**Betrieb oder PV**) repräsentieren, erfolgt die Zuordnung aufgesplittet nach den hierfür geltenden Regeln. Der Betriebsnachfolger übernimmt hier gem. § 6 Abs. 3 die Buchwerte des EL[394] und der PV-Nachfolger übernimmt die Steuerwerte nach § 11d EStDV.
- Werden hingegen aus dem Mischnachlass **Teilbetriebe** zugewiesen (an E1 und E2) und zusätzlich **PV** zu Gunsten eines Teilbetriebsnachfolgers (E1), so liegt nun ein Anwendungsfall von § 16 Abs. 3 S. 2 EStG vor, da nach dessen 2. HS die Auseinandersetzung (Realteilung) auf die Übertragung von Teilbetrieben gerichtet ist. E1 und E2 müssen in

---

[391] Werden von einem Erben mehrere WG des PV übernommen, so wird die Abfindungszahlung entsprechend dem Verkehrswert der einzelnen Gegenstände aufgeteilt und zugeordnet: Beispiel 12 und 13 des BMF-ErbA (Tz. 28f.).
[392] Vgl. dazu die Beispiele 8 und 9 des BMF-ErbA (Tz. 23 ff.).
[393] Wiederum ist das Verhältnis der Verkehrswerte entscheidend.
[394] Nach h.M. (*Wacker* in *Schmidt*, EStG, § 16 Rz. 653 (Fall 1)) ist § 16 Abs. 3 S. 2 EStG n.F. nicht einschlägig.

den Teilbetrieben die Buchwerte fortführen. Der Ausgleich mit PV (Miethaus) ändert daran nichts.

Beispiel 19: Das Betriebsgrundstück als Joker
EL hinterlässt einen Betrieb (Verkehrswert: 1 Mio. €; Buchwert 700 T€) und PV im Wert von 0,5 Mio. €. Die drei Erben A, B und C einigen sich darauf, dass A den Betrieb mit Ausnahme des Betriebsgrundstücks (Buchwert: 350 T€ und Teilwert 0,5 Mio. €) erhält, das B in seinen eigenen Betrieb übernimmt. C erhält das PV.

Lösung:
- **Bis 1998** war die Abfindung mit WG des Nachlasses i.R.d. Gesamtauseinandersetzung nach den alten Realteilungsgrundsätzen zu behandeln, die auch die buchwertmögliche Überführung von Einzel-WG als Teilungsmasse erlaubte.
- **Ab 1999** (und – zunächst – auch nach dem 31.12.2000) führte die Erbauseinandersetzung über einen Mischnachlass ohne Wertausgleich durch Zerschlagung des **Nachlassbetriebes** in **Einzel-WG** wegen § 16 Abs. 3 S. 2 1. HS EStG a.F. zur Aufgabe der MU-Anteile. Nur C hatte unentgeltlich erworben. Da **A weder einen Teilbetrieb noch einen MU-Anteil** erhält, waren die WG des Betriebes, auch das Betriebsgrundstück mit dem gemeinen Wert zu übernehmen, wobei ein Aufgabegewinn von A und B von je 150 T€ nach § 16 Abs. 3 S. 2 1. HS EStG entstand.[395]
- **Ab 2002** (bzw. rückwirkend ab 2001) gilt wiederum die Lösung aus 1998 (und davor) mit dem Unterschied, dass bei Überführung eines Einzel-WG in ein BV nunmehr **Buchwertzwang** (mit nachfolgenden Sanktionen) gilt.

2. Fallgruppe: Bei **Abfindungszahlungen** wurden (und werden) die jeweiligen Abfindungsbeträge den beiden Vermögensteilen zugeordnet und lösen dort – je nach dem Zuordnungscharakter – eine Steuerpflicht (bei BV) oder eben keine bei PV (Ausnahme: §§ 17 und 23 EStG) aus.[396]

Bei der Aufteilung eines Mischnachlasses gegen Abfindungszahlungen und der Aufteilung des Nachlassbetriebes in Einzel-WG[397] entsteht ein Aufgabegewinn, der um den betrieblichen Teil der Ausgleichszahlung zu kürzen ist.

5.3.4.7 Die (insbesondere gegenständliche) Teilauseinandersetzung
Unter Teilauseinandersetzungen versteht man sowohl personelle als auch gegenständliche Auseinandersetzungen, bei denen nicht der ganze Nachlass in einem Akt aufgeteilt wird.

---

395 Dieses Ergebnis mag, wie im vorliegenden Fall, dann zu überzeugen, wenn dem Betrieb eine wesentliche Betriebsgrundlage (hier: das Grundstück) entzogen wird. Es ist aber teleologisch zu reduzieren, wenn unwesentliche WG Gegenstand der Nachlassteilung sind.
396 E1 und E2 sind die einzigen Erben des EL (E1 soll den Betrieb und E2 das Mietshaus erhalten).
- Sollte der Betrieb einen Verkehrswert von 2 Mio. € und das Mietwohngrundstück einen von 4 Mio. € haben, so wird E2 dem E1 zum Ausgleich 1 Mio. € zahlen. Hier liegt bei E1 eine – abgesehen von § 23 EStG – steuerfreie Veräußerung der V + V-Bruchteilsgemeinschaft vor. E2 hat AK und zwei AfA-Reihen.
- Sollte umgekehrt der Betrieb einen Verkehrswert von 4 Mio. € haben und das Mietwohngrundstück nur 2 Mio. € wert sein, so führt der Spitzenausgleich von E1 an E2, bei E2 zu einer Veräußerung des MU-Anteils gem. § 16 Abs. 1 Nr. 2 EStG i.H.v. 1 Mio. € ./. 1/2 Buchkapital des EL.
397 Unterstellt, dass im Beispiel 19 das Grundstück nur 200 T€ Wert hätte und B die Differenz von A 150 T€ durch Barausgleich von A erhalten hätte, ist der Aufgabegewinn von A sodann um diese Ausgleichszahlung zu kürzen.

Die personellen Teilauseinandersetzungen bedeuten das Ausscheiden eines Miterben aus der (fortbestehenden) MEG und sind hier bereits unter dem Gesichtspunkt der Personenbestandsveränderung während der MEG behandelt worden.

Bei den verbleibenden **gegenständlichen Teilauseinandersetzungen** ist – in Abweichung von den bisher behandelten Grundsätzen (vgl. die Behandlung zur Abfindung mit WG des Nachlasses) – auf eine Besonderheit hinzuweisen. Bei den Abfindungen in **umgekehrter Richtung**, wenn also der Nachlass sukzessive aufgeteilt wird und einer ersten Abfindungszahlung (im Beispiel: A zahlt an den Miterben B im ersten Zug 1 Mio. € gegen die Betriebsübernahme) eine in umgekehrter Richtung laufende Zahlung folgt (B zahlt bei der Schlussauseinandersetzung an A gegen die Übernahme des Grundstücks 0,5 Mio. €), gilt folgender Grundsatz: Beide (mehrere) Akte der Auseinandersetzung sind dann als **Einheit** anzusehen, wenn die verschiedenen Teilauseinandersetzungen binnen **fünf Jahren** abgewickelt werden (Tz. 58 des BMF-ErbA). Die späteren Zahlungsströme, die in umgekehrter Richtung fließen, mindern nachträglich die AK (und umgekehrt den Veräußerungsgewinn), der in der ersten Zahlungsrunde ermittelt wurde[398] (im obigen Beispiel reduziert sich der ursprüngliche Veräußerungserlös des B um die Hälfte auf 0,5 Mio. €).

Hinweis: Nach neuer Erkenntnis aufgrund des BFH-Urteils vom 17.09.2015 (GmbHR 2016, 370) und aufgrund des BMF-Schreibens vom 20.12.2016, BStBl I 2017, 36 wird jedoch eine gewinnneutrale Realteilung auch dann bejaht, wenn die Realteilungsgesellschaft **fortbesteht**.

Rspr. und Verwaltung gehen zwischenzeitlich auch bei **Fortbestand der PersG** (der MEG) von den Grundsätzen der Realteilung aus (s. oben Rn. 176). Der Unterschied liegt noch darin, dass die Rspr. diese Grundsätze auch gelten lässt, wenn dabei **Einzel-WG** übertragen werden (zuletzt BFH vom 16.03.2017, DStR 2017, 1424), während die Verwaltung (Abschn. II des BMF-Schreibens vom 20.12.2016, BStBl I 2017, 36) dies nur annimmt, wenn der ausscheidende G'fter (Miterbe) Teilbetriebe oder MU-Anteile erhält.

---

398 Verfahrensrechtlich wird dies bei abgeschlossenen Jahren durch die ausdrückliche Anwendung des § 175 Abs. 1 Nr. 2 AO erreicht (Tz. 59 des BMF-ErbA).

IV Verluste im Ertragsteuerrecht

1 Einleitung

»**Die wichtigste steuerliche Größe sind die Verluste.**« An dieser nur scheinbar paradoxen Aussage, die unter StB kursiert, ist zumindest ein Aspekt richtig. Anders als in der sonstigen Rechtsordnung sind Verluste im Steuerrecht kein »Negativposten« in der Rechnung der Steuerbürger, sondern eine erstrebenswerte Größe. Die psychologisch nachvollziehbare Interpretation der Verluste als Abzugsposten bei der Steuererklärung zur Minimierung (Nullsetzung) der individuellen Steuerlast führt zu einer Gestaltungsphantasie, die es in dem Ausmaß wohl nur in dieser Disziplin der gesamten Rechtsordnung gibt. Im Unternehmensbereich ist bei Sanierungen – allgemein bei Umstrukturierungsmaßnahmen – der Erhalt der »Alt«-Verluste für die neuen Rechtssubjekte eine der beiden Zielgrößen[399] schlechthin.

Dem gegenüber steht das Interesse des Staates an einer rechtzeitigen Besteuerung der individuellen Leistungsfähigkeit des Bürgers bzw. des Unternehmenssubjektes als Marktteilnehmer. Für die ESt hatte das StEntlG 1999/2000/2002 eine gravierende – und hochtechnisierte[400] – Neuerung für die Verlustverrechnung gebracht, die mit dem Stichwort der **Mindestbesteuerung** umschrieben war. Sie wurde ersatzlos mit Wirkung ab 01.01.2004 gestrichen. An ihre Stelle tritt die bis 1998 geltende Verlustregelung, die u.a. den **uneingeschränkten horizontalen und vertikalen Verlustausgleich** vorsah (und jetzt wieder vorsieht). Das Thema des (nunmehr nicht mehr möglichen) Verlustübergangs vom Erblasser auf den (die) Erben ist im Kap. III 4.3 zur Rechtsnachfolge erläutert.

An deren Darstellung schließt sich ein vergleichender Exkurs zur speziellen Verlustentstehungssituation bei §§ 16, 17, 23 EStG an. Den nächsten Hauptkomplex bildet das Thema der besonderen Verlustbeschränkungen im ESt-Recht, bei denen die Verluste – als Ausnahme von der generellen Verrechenbarkeit mit anderen Einkünften – in der jeweiligen Einkunftsart »eingesperrt« bleiben. Hierzu zählen Bestimmungen wie §§ 2a, 15a und 15b EStG. Die Darstellung der Verlustbehandlung im Unternehmensbereich (u.a. mit der alten und neuen »Mantelkauf«-Problematik bei KapG) rundet zusammen mit der gewerbesteuerlichen Behandlung das Thema ab.

In der nachfolgenden Darstellung geht es nur um **steuerlich zu berücksichtigende Verluste**, so dass steuerirrelevante Negativergebnisse z.B. aus Liebhaberei[401] im Vorfeld ausscheiden. Die in der Lit. häufig vorgenommene Differenzierung zwischen echten (sog. »erlittenen«) und nur erzielten (»Buch«-)Verlusten spielt im ersten (technischen) Bereich keine Rolle, da damit allenfalls Gerechtigkeitsdiskussionen geführt werden können. Konsens besteht jedoch darüber, dass echte Verluste verrechnet werden müssen, da hiervon die Leistungsfähigkeit des Steuerbürgers unmittelbar betroffen ist.

---

399 Daneben steht die Behandlung der Umstrukturierung als neutraler Vorgang (keine Gewinnrealisation) im Vordergrund.
400 Stichwort: »Computervorbehalt«.
401 Zur Liebhaberei vgl. *Preißer*, Teil A, Kap. III.

Die Vielzahl der Vorschriften, die im EStG die Verlustverrechnung einschränken bzw. verbieten, kann man – wie folgt – zusammenfassen (»ideologische« Übersicht):

Verlustverrechnungsverbote			
I. »Systematisch« bedingte Beschränkungen	II. Nicht systematisch (steuerpolitisch) bedingte Beschränkungen		
• Liebhaberei • § 3c EStG	1. Einkunftsquellenbezogene Verluste • § 2a EStG • § 15b EStG • § 15 Abs. 4 EStG • § 17 Abs. 2 S. 6 EStG • § 20 Abs. 6 S. 2 EStG • § 22 Nr. 3 S. 3 ff. EStG • § 23 Abs. 3 S. 8 EStG Selbständige Verrechnungskreise	2. Einkunftsartenbezogene Verluste • § 50 Abs. 2 S. 1 EStG • § 15 Abs. 4 EStG	3. »Personenbezogene« Verluste • (§ 8 Abs. 4 KStG a.F.) • § 8c KStG • § 12 UmwStG a.F. • § 4 Abs. 2 S. 2 UmwStG

Besteuerung gem. § 2 Abs. 3 i.V.m. § 10d EStG

2 Die Verlustverrechnung in der Einkommensteuer

Kaum ein Einzelkomplex hat die Steuerrechtswissenschaft so herausgefordert wie die Zulässigkeit und Art der Verlustverrechnung in der ESt-Veranlagung natürlicher Personen (und von Ehegatten/Lebenspartnern). Getreu dem Motto dieses Buches werden die theoretischen Prinzipien nicht vorangestellt, sondern aus (mit) der geltenden Rechtslage erklärt.

2.1 System und Terminologie der Verlustverrechnung – Einführung

Das derzeitige System der Verlustberücksichtigung lässt sich – wie folgt – darstellen (»**praktische Verlust-Übersicht**«):

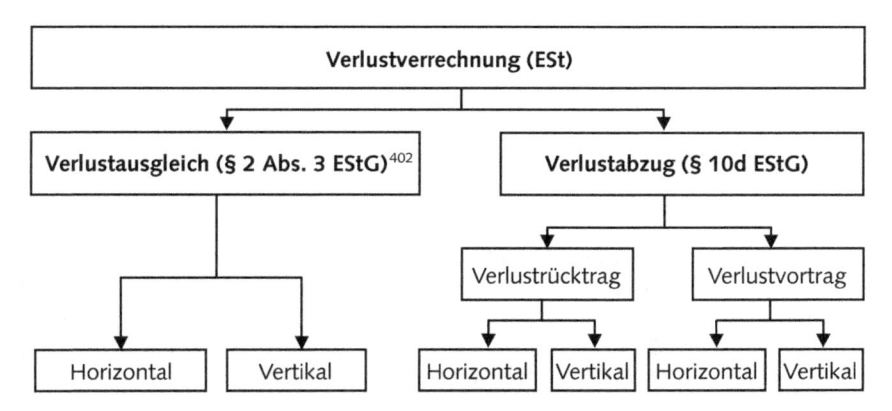

```
                    Verlustverrechnung (ESt)
                   /                        \
     Verlustausgleich (§ 2 Abs. 3 EStG)[402]    Verlustabzug (§ 10d EStG)
              /        \                        /              \
                                         Verlustrücktrag    Verlustvortrag
                                          /       \          /        \
       Horizontal   Vertikal      Horizontal  Vertikal  Horizontal  Vertikal
```

In der Veranlagung eines Jahres wird zunächst innerhalb **einer Einkunftsart** das positive und negative Ergebnis mehrerer Einkunftsquellen (Zustandstatbestände) saldiert. Dieser Vorgang wird **horizontaler Verlustausgleich** genannt, da er auf der Ebene **einer** Einkunftsart erfolgt. So wird etwa der Gewinn des Betriebes A mit dem Verlust des Betriebes B ein und desselben Gewerbetreibenden zu einer Größe (»gewerbliche Einkünfte«) verrechnet. Die Legitimation ergibt sich u.a. aus dem objektiven Nettoprinzip, wonach nur der »Netto-Erwerb« aus einer Einkunftsart (Einnahmen unter Abzug aller Erwerbsaufwendungen dieser Einkunftsart) der Besteuerung unterliegt.[403]

Einen Schritt weiter, aber immer noch innerhalb desselben VZ, kommt es zum sog. **vertikalen Verlustausgleich**, wenn positive und negative Ergebnisse der **sieben Einkunftsarten** miteinander saldiert werden. Im ergänzten Kurz-Beispiel wird der Verlust aus V + V in 01 mit dem gewerblichen Gewinn 01 verrechnet. Rein begrifflich lässt sich dies mit der alleinigen Erfassung des **kumulierten Nettoerwerbserfolges** umschreiben.

Wichtig ist, dass der vertikale Verlustausgleich in der Ermittlung des Einkommens immer dem horizontalen Ausgleich folgt. Der vertikale Verlustausgleich wird aus dem Grundsatz des »synthetischen Steuerrechts« (oder der synthetischen Einkünfte; auch »Einheitssteuer« genannt) abgeleitet. Danach münden grundsätzlich alle Einkunftsarten mit der gleichen Wertigkeit in die BMG für das zu versteuernde Einkommen.[404]

Als Ausfluss der interperiodischen Leistungsfähigkeit, die die ganze Lebensschaffenskraft des Steuerbürgers – und nicht nur den temporären Ausschnitt eines VZ – gleichmäßig erfassen will, schließt sich die periodenübergreifende Verlustverrechnung, der sog. **Verlustabzug** an den Verlustausgleich an. Danach können nicht ausgeglichene Verluste eines Jahres in die Vergangenheit transportiert (**Verlustrücktrag**) oder in der Zukunft (**Verlustvortrag**)

---

402 Wegen des horizontalen Verlustausgleiches kann zusätzlich § 2 Abs. 1 EStG (»Einkünfte«) zitiert werden.
403 Als Rechtsgrundlage für den horizontalen Verlustausgleich wird § 2 Abs. 1 EStG (»Einkünfte« [...]; also die Zusammenfassung) genannt.
404 Der wissenschaftliche Gegenbegriff ist das »Schedulensystem«, bei dem es für jede Einkunftsart einen eigenen Steuertarif gibt.

berücksichtigt werden. Der erstmals im Jahre 1929 zugelassene Verlustabzug[405] ist in § 10d EStG beheimatet und im Zuge der Neufassung des § 2 Abs. 3 EStG mit reformiert worden.

Die spezialgesetzlichen Verlustverrechnungsbeschränkungen (s. Kap. 3) lassen für »ihre« Einkunftsart (oder sogar für die Einkunftsquelle) grundsätzlich nicht den vertikalen Verlustausgleich zu und verbieten gleichzeitig den Verlustabzug.

2.2 Der Verlustausgleich

2.2.1 Der horizontale Verlustausgleich

Auf der ersten Stufe erfolgt der **horizontale Verlustausgleich**.

> **Beispiel 1: Veräußerungsgewinn und laufender Verlust in einem VZ**
> Der Steuerbürger G erzielt in 2016 einen Veräußerungsgewinn durch Verkauf des Betriebes A i.H.v. 150 T€ und einen laufenden Verlust aus dem Betrieb B i.H.v. 50 T€. Zusätzlich hat er einen L+F-Gewinn von 50 T€ sowie einen anzuerkennenden Verlust aus der Vermietung einer Wohnanlage i.H.v. 200 T€. Ermitteln Sie die Summe der Einkünfte.

Das Beispiel ist nicht nur für die Reihenfolge der Verlustverrechnung bedeutsam, sondern auch für die Zusatzfrage, ob und ggf. wie außerordentliche tarifbegünstigte Einkünfte (hier nach §§ 16, 34 EStG) mit zu berücksichtigen sind.

> **Lösung – 1. Teil:**
> Die Einkünfte des G betragen in 2016:
> - gem. § 15 EStG: + 100 T€ (150 T€ gem. § 16 EStG ./. 50 T€ gem. § 15 EStG),
> - gem. § 13 EStG: + 50 T€,
> - gem. § 21 EStG: ./. 200 T€.
>
> Als erster Schritt findet der horizontale Ausgleich innerhalb von § 15 EStG statt. Nach R 34.1 Abs. 3 EStR nehmen auch die **außerordentlichen**[406] Einkünfte des § 16 EStG am horizontalen wie am vertikalen Verlustausgleich teil. Demgegenüber werden sachliche Steuerbefreiungen (etwa die Freibeträge bei den Aufgabe-/Veräußerungsgewinnen nach § 16 Abs. 4 EStG u.a. und die steuerfreien Einnahmen nach § 3 EStG) nicht bei der Verlustverrechnung berücksichtigt (BFH vom 29.07.1966, BStBl III 1966, 544). Danach belaufen sich die gewerblichen Einkünfte des G auf **+ 100 T€ (§ 15 EStG)**.

Hinweis: Zu den technischen Fragen, die sich bei der Berechnung der ESt nach § 34 Abs. 1 EStG bei **negativem verbleibenden z.v.E. und den Einkünften mit Progressionsvorbehalt** ergeben, s. BFH vom 17.01.2008, BStBl II 2011, 21 und vom 11.12.2012, BStBl II 2013, 370; vgl. das **Beispiel 4** in H 34.2 EStH »Berechnungsbeispiele«.

---

405 Damals § 15 EStG 1935.
406 Zur Reihenfolge für die Berechnung der Tarifbegünstigung gem. § 34 EStG vgl. BFH vom 07.07.2004, BFH/NV 2005, 180: Vorrangig werden die laufenden negativen mit den laufenden positiven Einkünften verrechnet; erst danach erfolgt die Verrechnung mit den begünstigten Einkünften.

2.2.2 Der vertikale Verlustausgleich

Im Beispiel 1 werden die positiven und negativen Ergebnisse miteinander saldiert. Dies ergibt die Summe der Einkünfte.

Lösung – 2. Teil: Bei G (Beispiel 1) beträgt die Summe der Einkünfte: ./. 50 T€.

Ebenso ergibt sich bei der Zusammenveranlagung (§ 26b EStG) ein Verlustausgleich der (Summe der) Einkünfte beider Ehegatten/Lebenspartner.

2.3 Der Verlustabzug gemäß § 10d EStG

Negative Einkünfte, die nicht gem. § 2 Abs. 3 EStG ausgeglichen werden können, sind entweder vom Gesamtbetrag der Einkünfte des Vorjahres (Verlustrücktrag) oder der folgenden VZ (Verlustvortrag) gem. § 10d EStG abzuziehen. Gesetzestechnisch ist der **Rücktrag (Abs. 1) vor dem Vortrag (Abs. 2)** durchzuführen; diese Auslegung bezieht sich auf die Reihenfolge der Absätze und die Vorgehensweise.

Auf **Antrag** kann auf den Rücktrag verzichtet werden (§ 10d Abs. 1 S. 5, 6 EStG); dabei ist die Höhe des Rücktrags anzugeben.

Der Verlustrücktrag ist ab VZ 2013 wieder einkünfteübergreifend möglich. Verluste können aber nunmehr bis zu **1 Mio. €** (bzw. **bis zu 2 Mio. €** bei **zusammenveranlagten Ehegatten/Lebenspartnern**) zurückgetragen werden. Der Rücktrag ist nur auf den unmittelbar vorausgehenden VZ möglich.

Der **Verlustvortrag** ist **uneingeschränkt** bis zu einem Gesamtbetrag der Einkünfte i.H.v. **1 Mio. €** (bzw. 2 Mio. € bei Zusammenveranlagung) möglich. Ein über diesen Sockelbetrag hinausgehender Verlustvortrag ist nur bis zu **60 %** des übersteigenden Betrages der Einkünfte möglich. Insofern kann von einer neuen »Mindestbesteuerung« von 40 % gesprochen werden.[407]

§ 10d Abs. 4 EStG schreibt ein gesondertes Feststellungsverfahren für den verbleibenden Verlustvortrag vor. Ein Verlustvortrag kann grundsätzlich nur geltend gemacht werden, wenn er im Entstehungsjahr **festgestellt** wurde. Mit Urteil vom 13.01.2015 (BStBl II 2015, 829) hat sich der BFH mit dem Fall befasst, dass eine Veranlagung im Entstehungsjahr nicht erfolgte und wegen Verjährung nicht mehr nachgeholt werden konnte.

Der BFH sprach sich für eine erleichterte Verlustberücksichtigung dann aus, wenn der ESt-Bescheid aus den o.g. Gründen nicht mehr erlassen werden kann. Dies hat vor allem für Steuerbürger eine Bedeutung, die sich **in Ausbildung** befanden und für diese Zeit keine ESt-Erklärung abgaben. Der frühere, d.h. in veranlagungsfreien Jahren erfolgte, Erwerbsaufwand (SA/WK/BA), kann in späteren »Veranlagungsjahren« **nachgeholt** werden!

Hinweis: Gem. § 181 Abs. 5 AO kann eine Verlustfeststellung grundsätzlich unbegrenzt nachgeholt werden. § 10d Abs. 4 S. 6 EStG präzisiert und bringt eine Regelung zur Feststellungsverjährung: Ein Verlustfeststellungsbescheid kann daher nur noch bis zum Ende

---

407 Im internationalen Vergleich ist der (wenngleich begrenzte) Verlustrücktrag nahezu ein deutsches Specificum (nur Großbritannien und Niederlande kennen einen auf ein Jahr begrenzten Rücktrag); der **Verlustvortrag** hingegen ist in den meisten Ländern der Höhe nach – und häufig auch zeitlich (F, GB, B, Lux, D, Irl) – **unbegrenzt** möglich.

des Jahres erlassen werden, in dem auch die Festsetzungsverjährung für den zugrunde liegenden ESt-Bescheid abläuft. Eine Ausnahme (und damit wieder eine unbegrenzte Verlustfeststellung) ist nur möglich, wenn dem FA die Verluste bekannt waren.[408]

Ein besonderes Problem stellt sich beim Zusammentreffen von § 10d EStG mit speziellen Verlustverrechnungskreisen (z.B. aus § 2b, § 15 Abs. 4, § 15b, § 22 Nr. 3 sowie § 23 EStG; s. im Einzelnen dazu unter Kap. 3). Dazu hat das BMF am 29.11.2004 (BStBl I 2004, 1097) entschieden, dass die Abzugsbeschränkung des § 10d Abs. 2 EStG sowohl beim Verlustvortrag (§ 10d Abs. 2 EStG) wie auch innerhalb der besonderen Verrechnungskreise in Ansatz zu bringen ist.

Folgendes Beispiel wurde gebildet:

Einkünfte (§ 21 EStG)		5.000.000 €
Einkünfte (§ 22 Nr. 2, § 23 EStG)		2.500.000 €
Verlustvortrag (§ 22 Nr. 2, 23 EStG)		2.000.000 €
Verlustvortrag nach § 10d Abs. 2 EStG		4.000.000 €
Besonderer Verrechnungskreis		
Einkünfte (§§ 22 Nr. 2, 23 EStG)	2.500.000 €	2.500.000 €
Abziehbarer Betrag (§ 10d Abs. 2 EStG):		
Sockelbetrag	1.000.000 €	
Zzgl. 60 % des verbleibenden Betrages von 1.500.000 €	900.000 €	
Maximal abziehbar	1.900.000 €	
Vorhandener Verlustvortrag (§§ 22, 23 EStG)	2.000.000 €	
Abziehbarer Betrag		1.900.000 €
In den GdE eingehender Gewinn		600.000 €
GdE:		
Einkünfte (§ 21 EStG)		5.000.000 €
Einkünfte (§§ 22, 23 EStG)		600.000 €
GdE		5.600.000 €
Verlustvortrag nach § 10d Abs. 2 EStG		
GdE		5.600.000 €
Abziehbarer Betrag (§ 10 Abs. 2 EStG), Berechnung:		
Sockelbetrag	1.000.000 €	
Zzgl. 60 % von 4.600.000 € (verbleibender Betrag)	2.760.000 €	
Maximal abziehbar	3.760.000 €	
Vorhandener Verlustvortrag (§ 10d EStG)	4.000.000 €	
Abziehbarer Betrag		3.760.000 €
Ergebnis (GdE nach Verlustabzug)		1.840.000 €

---

408 Mit den Worten des Gesetzgebers (»bei pflichtwidrigem Unterlassen der Verlustfeststellung«).

Zum Vergleich ein Überblick zur »Verlustsituation« in den wichtigsten EU-Nachbarstaaten – bezogen auf lfd. gewerbliche Einkünfte –:

Einzelstaaten	Verlustrücktrag	Verlustvortrag
Deutschland[409]	1 Jahr (bis 1 Mio. €[410])	– bis 1 Mio. € unbegrenzt – darüber bis zu 60 % des GdE
Frankreich	1 Jahr (bis 1 Mio. €, nur für Körperschaften)	– bis 1 Mio. € unbegrenzt – darüber bis zu 50 % des stpfl. Gewinns
Großbritannien	1 Jahr	Unbegrenzt
Italien	Nein	5 Jahre (für Anlaufverluste der ersten 3 Jahre keine Begrenzung)
Österreich	Nein	Bis 75 % des GdE unbegrenzt
Polen	Nein	5 Jahre (höchstens 50 % Verrechnung im Folgejahr)
Schweden	Nein	Unbegrenzt
Spanien	Nein	18 Jahre (bei Mindestbesteuerung von 50 % bzw. 25 %)

Hinweise: Mit dem JStG 2010 wurde § 10d Abs. 4 S. 4 f. EStG insoweit geändert, als dass ein Verlustfeststellungsbescheid wegen nachträglich bekannt gewordener Tatsachen dann nicht mehr erlassen oder korrigiert werden kann, wenn das Finanzamt bei ursprünglicher Kenntnis nicht anders entschieden hätte. Durch ein umfassendes Analogiegebot (§ 171 Abs. 10, § 175 Abs. 1 S. 1, § 351 Abs. 2 AO sowie § 42 FGO) wird die Wirkung des ESt-Bescheids als Grundlagenbescheid festgeschrieben.

Der **BFH** äußerte sich in 2015 in drei Urteilen zu wichtigen **verfahrensrechtlichen Fragen** bei § 10d Abs. 4 EStG:

(1) Im Urteil vom 13.01.2015 (BFH/NV 2015, 891) wurde die bereits oben angesprochene Entscheidung getroffen, dass ein Verlustvortrag noch möglich ist, wenn ein Bescheid für das Verlustentstehungsjahr nicht mehr erlassen werden kann (vom BMF am 13.10.2015 übernommen; *Hildebrand*, BB 2015, 1382).

(2) Ein verbleibender Verlustabzug ist gem. § 10d Abs. 4 S. 6 2. HS EStG, § 181 Abs. 5 AO für bereits festsetzungsverjährte Jahre nur dann festzustellen, wenn die zuständige Finanzbehörde Kenntnis von dem negativen Gesamtbetrag der Einkünfte hatte und die Feststellung des Verlustvortrags pflichtwidrig unterlassen hat (BFH vom 14.04.2015, BFH/NV 2015, 1089).

---

409 Nach BFH-Beschluss vom 17.12.2007 (BStBl II 2008, 608) ist die Vererblichkeit des Verlustabzugs beseitigt worden. Der Beschluss wird (mit Todestag) nach dem 18.08.2008 von der Verwaltung erstmalig angewandt (BMF vom 24.07.2008, BStBl I 2008, 809).
410 Verdoppelung bei Zusammenveranlagung.

(3) Die Feststellungsfrist für die Feststellung des vortragsfähigen Gewerbeverlustes (§ 10a S. 6 GewStG 2002 n.F.) endet nicht vor der Festsetzungsfrist für den Erhebungszeitraum, auf dessen Schluss der vortragsfähige Gewerbeverlust festzustellen ist (§ 35b Abs. 2 S. 4 1. HS GewStG 2002 n.F.). Eine Feststellung nach dem Ablauf der Feststellungsfrist ist rechtswidrig. Abweichendes gilt (unter Anwendung von § 181 Abs. 5 AO), wenn die zuständige Finanzbehörde die Feststellung pflichtwidrig unterlassen hat (§ 35b Abs. 2 S. 4 2. HS GewStG 2002 n.F.). Diese Voraussetzung ist nur dann erfüllt, wenn eine Verlustfeststellung bisher gänzlich fehlt; die Änderung einer bereits fristgerecht ergangenen Feststellung fällt nicht darunter (BFH vom 11.02.2015, BStBl II 2016, 353).

2.4 Sonderfragen bei der Verlustentstehung (Veräußerungsverluste)

Einen immer größeren Anwendungsbereich in der Grundlagendiskussion zur Verlustentstehung nimmt die Behandlung von Veräußerungsverlusten ein. Aus Gründen der thematischen Nähe zur Technik der Verlustverrechnung werden anhand einer Fallstudie die – aufgrund des Systemwechsels – divergierenden Ergebnisse bei »Veräußerungsverlusten« bei nur minimaler Sachverhaltsänderung aufgezeigt.

Die Fallstudie ist auch zum (tatbestandlichen) Vorverständnis für die folgende Diskussion der speziellen Verlustverrechnungsbestimmungen gedacht.

2.4.1 Verlustermittlung und Verlustberücksichtigung bei § 23 EStG

Die Wertentwicklung auf dem Immobilienmarkt muss nicht immer nach oben gehen.

Beispiel 2: Der Veräußerungsverlustvergleich (VVV – Grundfall)
Dem ledigen Angestellten A (Einkünfte nach § 19 EStG: 100 T€) gehört ein unbebautes Grundstück, das er im VZ 2011 i.H.v. 400 T€ erworben hat. Aufgrund von Emissionen entschließt er sich in 2016 zum Verkauf und erzielt einen Erlös von 300 T€.[411]

Die Verwaltung geht im Schreiben des BMF vom 05.10.2000, BStBl I 2000, 1383, Tz. 42 davon aus, dass die Verluste in den Vor- und Rücktragsjahren unmittelbar in der Einkunftsart des § 23 EStG gegenzurechnen sind. Nach der Änderung von § 23 Abs. 3 S. 9 EStG durch das JStG 2007 (jetzt: § 23 Abs. 3 S. 8 2. HS EStG) sind diese Verluste jedoch nunmehr **gesondert festzustellen**.[412]

Die Streckung der Nutzung von Verlusten durch die Verlustausgleichsbeschränkung nach § 23 Abs. 3 S. 8 EStG a.F. ist verfassungsrechtlich nicht zu beanstanden (BFH vom 28.05.2015, BFH/NV 2015, 1243).

Lösung: Der Verkauf ist ein steuerbares privates Veräußerungsgeschäft nach § 23 Abs. 1 Nr. 1 EStG. Gem. § 23 Abs. 3 S. 1 EStG lautet das Ergebnis (Verlust):

---

411 Da es sich nur um einen Vergleich zwischen den Einkunftsarten handelt, werden aus Vereinfachungsgründen identische Erwerbsaufwendungen wie AfA etc. ebenso wenig berücksichtigt wie in die vergleichende Darstellung individuelle existenzsichernde Aufwendungen einfließen.
412 S. hierzu *Melchior*, DStR 2006, 2233 und BMF vom 29.11.2004, BStBl I 2004, 1097, vorletzter Absatz.

Veräußerungspreis	+ 300.000 €
./. AK	./. 400.000 €
Veräußerungsverlust	./. 100.000 €

Der Verlust ist gem. § 23 Abs. 3 S. 7 und 8 EStG nur mit privaten Veräußerungsgewinnen ausgleichbar, nicht mit positiven Einkünften des Angestellten A aus § 19 EStG.
Als Ergebnis wird festgehalten, dass, obwohl die persönliche Leistungsfähigkeit des A in 2016 gleich Null (100 T€ ./. 100 T€) ist, das zu versteuernde Einkommen hingegen 100 T€ beträgt (inkl. eines zusätzlichen – gesondert festgestellten – Verlustvortrags für private Veräußerungsgeschäfte i.H.v. 100 T€).

2.4.2 Verlustermittlung und Verlustberücksichtigung bei § 17 EStG

Eine geringfügige Abweichung im Sachverhalt zeigt die Besteuerungsunterschiede zwischen §§ 17 und 23 EStG auf.

Beispiel 3: Veräußerungsverluste (§ 17 EStG)
A legt das Grundstück in eine von ihm gegründete GmbH (Sachgründung) ein. Bei gleichem Sachverhalt veräußert A nun die ihm gehörenden und privat gehaltenen 100 % an der GmbH und erzielt dafür ebenfalls nur 300 T€.

Wie üblich, wird das Ergebnis bei Veräußerungsgeschäften auch bei § 17 EStG nach Abzug der Veräußerungskosten und der AK vom Veräußerungserlös bestimmt (§ 17 Abs. 2 S. 1 EStG). Bei der Ermittlung der Veräußerungsverluste sind folgende Aspekte zu beachten:
1. Wegen der mathematischen Berechnungsformel des Veräußerungsergebnisses spielt insb. die Auslegung des steuerlichen AK-Begriffes eine wichtige Rolle. Der BFH geht dabei aufgrund einer nunmehr abgesicherten Rspr. vom »**normspezifischen**« **Nettoprinzip** aus (BFH vom 20.04.1999, BStBl II 1999, 650; vom 12.12.2000, BStBl II 2001, 385). In Anlehnung an die AK-Thematik beim MU (§ 15 Abs. 1 Nr. 2 EStG) wird ein weiter AK-Begriff zugrunde gelegt, der vor allem **nachträgliche** AK berücksichtigt, wie sie etwa bei späteren Einlagen, sowie bei Darlehen, Bürgschaften und dergleichen in Betracht kommen. Voraussetzung für diese bürgerfreundliche Auslegung soll nur noch sein, dass der konkrete Beitrag durch das Gesellschaftsverhältnis veranlasst ist und nicht den Charakter von sofort abzugsfähigem Aufwand (WK/BA) hat.
2. Die Rückwirkungsdiskussion spielt auch bei den **persönlichen Verlustvoraussetzungen** des § 17 Abs. 2 S. 6 EStG eine Rolle.
Der Hauptunterschied zwischen Veräußerungsgewinnen und Veräußerungsverlusten nach § 17 EStG besteht darin, dass es beim Gewinn ausreicht, wenn der Veräußerer innerhalb des Fünfjahres-Zeitraumes überhaupt (zu irgendeinem Zeitpunkt) qualifiziert (d.h. früher »wesentlich«) beteiligt war.
Ein Veräußerungsverlust hingegen wird gem. § 17 Abs. 2 S. 6 Buchst. b EStG bei erworbenen Beteiligungen nur bei einer ununterbrochenen qualifizierten Beteiligung während der letzten fünf Jahre berücksichtigt.
Das heute geltende Konzept der Berücksichtigung von Verlusten i.R.d. § 17 EStG geht von zwei Fallgruppen aus, die sich allerdings nicht deutlich aus dem Gesetz ableiten lassen:
a) Die erste Gruppe umfasst die **unentgeltlich erworbenen** Anteile (§ 17 Abs. 2 S. 6 Buchst. a EStG). Hier werden Verluste beim unentgeltlichen Erwerb erst **nach einer**

höchstpersönlichen Haltedauer von fünf Jahren berücksichtigt. Eine Ausnahme davon macht S. 2 für den Fall, wenn der Rechtsvorgänger den Verlust in seiner Person hätte geltend machen können.[413]

b) Die zweite Gruppe gilt den **entgeltlich erworbenen Beteiligungen**.
Gem. S. 6 Buchst. b dem Grundsatz nach ebenfalls die ununterbrochene Fünfjahres**halte**frist.[414] Hiervon gibt es zwei Ausnahmen:
- Nach § 17 Abs. 2 S. 6 Buchst. b S. 2, 1. HS EStG gilt die Frist nicht für Anteile, die zur Begründung einer § 17-Beteiligung geführt haben.
- Der 2. HS erstreckt die Ausnahme auf die Anteile, die nach der Begründung einer § 17-Beteiligung erworben wurden.

Bei der Beurteilung beider Ausnahmen stellt sich die Frage, ob für die »Begründung« der Beteiligung auf den Halter (Gesamtberücksichtigung der Verluste) abzustellen ist oder nur auf den hinzuerworbenen Anteil (**anteilsbezogener Verlust**).[415] Nach absolut h.A.[416] wird eine anteilsbezogene Betrachtung vorgenommen, so dass nur der Verlust berücksichtigt wird, der auf den eigentlichen Begründungsakt für die (wesentliche) Beteiligung entfällt.[417]

Mit der Zuordnung der Veräußerungseinkünfte (hier: Verluste) des § 17 EStG zu den gewerblichen Einkünften können die anzuerkennenden Verluste i.R.d. §§ 2 Abs. 3 und 10d EStG unbeschränkt ausgeglichen und abgezogen werden. Wegen der häufigen Aktivitäten des Gesetzgebers auf dem Gebiet des § 17 EStG ist in diesem Zusammenhang die Frage des Entstehens des Veräußerungsverlustes von weit größerer Bedeutung. Wegen der Zuordnung zu den gewerblichen Einkünften kommt für den Zeitpunkt der Besteuerung und für die Frage nach der Höhe der Verluste (Gewinne) – konform mit § 4 Abs. 1 EStG – das »**Soll-Prinzip**« und nicht das Zuflussprinzip des § 11 EStG zum Tragen. Im Falle der Anteilsveräußerung ist danach der Zeitpunkt ausschlaggebend, in dem das wirtschaftliche Eigentum auf den Erwerber übergeht.[418]

Verluste gem. § 17 EStG werden nicht nur bei der Anteilsveräußerung erzielt, sondern gem. § 17 Abs. 4 EStG auch bei der **Auflösung der KapG**. Für Auflösungsverluste nach § 17 Abs. 4 EStG hat der BFH mit zwei Urteilen aus dem Jahr 2000 klarstellend entschieden, dass es auf den **Zeitpunkt** ankäme, da bei der KapG mit einer wesentlichen Änderung der Verhältnisse nicht mehr zu rechnen ist (BFH vom 25.01.2000, BStBl II 2000, 1003; vom 12.12.2000, BStBl II 2001, 385).[419] Dabei werden verschiedene Zeitpunkte diskutiert, wobei die (auch spätere) Auflösung der KapG immer die Grundvoraussetzung ist. Abgesehen von

---

413 Wegen der fehlenden gesetzlichen Unterscheidung gilt die Anordnung in § 17 Abs. 2 S. 5, 6 EStG für alle Fälle des unentgeltlichen Erwerbs (Schenkung, Erbfall etc.). Bei teilentgeltlichen Erwerbsvorgängen (Beispiel: vE) erfolgt eine Aufteilung nach der Trennungstheorie (vgl. *Maurer*, Band 2, Teil C, Kap. III).
414 Das Absinken der Beteiligung unter die § 17-Grenze führt zu einer neuen fünfjährigen Haltefrist (vgl. auch *Weber-Grellet* in *Schmidt*, EStG, § 17 Rz. 199 m.w.N.).
415 Beispiel: A erwirbt am 01.06.2014 zuerst 0,9 % einer GmbH-Beteiligung, einen Monat später weitere 0,7 % und wiederum einen Monat später 0,4 %. Am 01.06.2016 veräußert er die gesamte Beteiligung von 2 %.
416 Statt aller *Frotscher*, § 17 Rz. 306.
417 Im obigen Beispiel führt erst der spätere Erwerb der 0,7 % zu einer relevanten Beteiligung, die durch den letzten Erwerb von 0,4 % noch bestätigt wird, sodass nur der Anteil des Veräußerungsverlustes, der auf diese 1,1 % entfällt, berücksichtigt wird. Der auf die ersten 0,9 % entfallende Verlust wird nicht berücksichtigt.
418 Absolut h.M. (*Gosch* in *Kirchhof-kompakt*, § 17 Rz. 163 und *Weber-Grellet* in *Schmidt*, EStG, § 17 Rz. 131).
419 Im Urteil vom 28.01.2002 (BFH/NV 2002, 646) hat der BFH zum Auflösungsverlust nach § 17 Abs. 4 EStG bei einer konkursfreien Liquidation Stellung bezogen und will diese nicht denselben Grundsätzen wie bei den Insolvenz-Verlusten unterziehen.

einer einzigen Ausnahme sind die insolvenzrechtlichen Regelungen nur mit Vorbehalt auf das Steuerrecht zu übertragen. Nur die Ablehnung des Insolvenzverfahrens mangels Masse nach § 26 Abs. 1 InsO löst unstreitig beim G'fter § 17 Abs. 4 EStG und dessen Abs. 2 aus: in diesem Augenblick anteilig zu berücksichtigender Auflösungsverlust. M.E. dürfen auf keinen Fall die Aktivitäten der mit der Insolvenz befassten Personen (Verwalter/Gericht) allein den Ausschlag für die zeitliche Erfassung des Auflösungsverlustes bilden; die abstrakten gesetzlichen Voraussetzungen für die Eröffnung eines Insolvenzverfahrens bzw. §§ 62 ff. GmbHG sind der bessere Anhaltspunkt.[420] In diesem Sinn hat der BFH im Urteil vom 21.01.2004 (BStBl II 2004, 551) auch entschieden, dass Auflösungsverluste erst zum Zeitpunkt der **Löschung der KapG** berücksichtigt werden können.

Jedoch hat der BFH mit Urteil vom 13.10.2015 (BFH/NV 2016, 385) klargestellt, dass der Auflösungsverlust nicht erst zum Zeitpunkt der Löschung der Kapitalgesellschaft berücksichtigt wird, sondern bereits zu einem früheren Zeitpunkt, wenn zu diesem bereits sicher ist, dass eine Zuteilung oder Zurückzahlung von Gesellschaftsvermögen an die Gesellschafter ausscheidet und wenn die durch die Beteiligung veranlassten Aufwendungen feststehen. Die Frage ist aus der Sicht ex ante zu beurteilen; nachträgliche Ereignisse wie der tatsächliche Ausgang eines Insolvenzverfahrens sind nicht zu berücksichtigen.

Im Urteil vom 22.07.2008 (BStBl II 2008, 927) führt der BFH aus, dass bei der Einziehung eines GmbH-Geschäftsanteils die zivilrechtliche Wirksamkeit der Einziehung (Zugang der Einziehungserklärung) der frühestmögliche Zeitpunkt für den Auflösungsverlust ist.

Nach dem BFH-Urteil vom 29.05.2008 (BStBl II 2008, 856) ist bei Verlusten die Frage der wesentlichen Beteiligung **VZ-bezogen** zu interpretieren (Unterschied zum »Gewinnfall«: dort taggenaue Prüfung gem. § 17 Abs. 1 EStG!).

Lösung: Bei der Sacheinlage des Grundstücks in die 100 %-GmbH wird eine vollwertige Sacheinlage nach § 5 Abs. 4 GmbHG unterstellt. Der Wert der GmbH-Anteile entspricht dabei dem Wert des Grundstücks.

Exkurs: M.E. stellt die Einlage des Grundstücks (Sachgründung) eine Veräußerung i.S.d § 23 EStG dar[421], unabhängig von der Fiktion bei der verdeckten Einlage i.R.d. § 23 Abs. 1 S. 5 Nr. 2 EStG. Mithin ist die Einlage des Grundstücks steuerbar, der Gewinn nach § 23 EStG liegt aber bei Null, da das Stammkapital (= AK der Beteiligung) den AK des Grundstückes entspricht.
Der Veräußerungsverlust selbst (§ 17 EStG) unterliegt dem Teileinkünfteverfahren und ist aufgrund der Rückausnahme gem. § 17 Abs. 2 S. 6 Buchst. b S. 2 EStG auch berücksichtigungsfähig.

Lösung (Fortsetzung):

Gem. § 3 Nr. 40 Buchst. c EStG Veräußerungserlös (60 %)	+ 180.000 €
./. AK der Anteile (§ 3c Abs. 2 EStG: 60 %)	./. 240.000 €
Veräußerungsverlust (§ 17 Abs. 2 EStG)	./. 60.000 €

Durch die Qualifizierung dieses Veräußerungsverlustes als gewerbliche Einkünfte ist ein horizontaler und vertikaler Verlustausgleich nach Maßgabe des § 2 Abs. 3 EStG möglich. Ebenso kommt § 10d EStG zur Anwendung.

---

420 S. oben *Gosch* a.a.O. Rz. 284 und *Weber-Grellet* in *Schmidt*, EStG, § 17 Rz. 223.
421 Vgl. auch *Blümich*, Rz. 121 zu § 23 EStG: wohl ein tauschähnliches Rechtsgeschäft.

2.4.3 Gewerbliche Verluste

Als dritte Möglichkeit bietet sich im Ausgangssachverhalt die gewerbliche Nutzung, z.B. in der Form des gewerblichen Grundstückshandels, an. Anders als bei §§ 17, 23 EStG bereitet die steuerliche Technik der gewerblichen Verlusterzielung – ausgenommen die Anpassungsarbeiten an das auch hier greifende Teileinkünfteverfahren – kaum Probleme.

Während für die Technik der Verlustentstehung wegen § 16 Abs. 2 EStG die gleichen Methoden wie bei §§ 17, 23 EStG angewandt werden, muss auch bei § 16 EStG das Teileinkünfteverfahren berücksichtigt werden. Betroffen sind davon KapG-Beteiligungen, die sich im BV befinden. Konkret findet das Teileinkünfteverfahren in zwei Konstellationen Anwendung:

- Die Beteiligung gehört zum BV und wirft Dividenden ab (1. Fall) und
- der Betrieb, zu dem eine Beteiligung an einer KapG gehört, wird verkauft (2. Fall).

Während der 1. Fall die allgemeine Thematik des Teileinkünfteverfahrens, hier in der Variante gewerblicher Einkünfte (§ 20 Abs. 8 EStG) zum Gegenstand hat, stellt sich das Thema in der 2. Konstellation neu:

Nach **§ 3 Nr. 40 Buchst. b** EStG bleiben ab VZ 2009 **40 %** (TEV) des Veräußerungspreises für eine KapG-Beteiligung steuerfrei, auch wenn mit ihr gewerbliche Einkünfte erzielt werden (S. 2). Damit wird neben der Teileinkünfteerfassung des Beteiligungsverkaufes in einem »fortbestehenden« Betrieb (Nr. 40) auch der Anteil dieses WG am Gesamt-BV anlässlich einer kompletten Betriebsveräußerung/-aufgabe erfasst.[422]

Das damit einhergehende Problem des Herausfilterns des anteiligen Kaufpreises auf die Beteiligung an der KapG soll nach der h.M. aufgrund der »Stufentheorie« erfolgen.[423] Die Stufentheorie, der zufolge in der Grundkonstellation des Unternehmensverkaufes der Aufpreis zum Kapital auf die einzelnen WG verteilt wird, führt hier nicht weiter. Im vorliegenden Komplex geht es um die gedankliche Aufteilungsarbeit, die ansonsten der **Teilwertbegriff** leistet. Die gesetzliche Wertung von § 6 Abs. 1 Nr. 1 S. 2 EStG wird daher auch hier für das Herauslösen aus dem Paketpreis vorgeschlagen.

Bei einer 100%-Beteiligung an einer KapG liegt eine Tatbestandsüberschneidung vor, da der Vorgang sowohl von § 3 Nr. 40 Buchst. a EStG als auch nach § 3 Nr. 40 Buchst. b EStG[424] erfasst wird.[425]

2.4.4 Verluste bei Kapitaleinkünften (§ 20 Abs. 6 EStG)

Nach dem UntStRefG (2008) unterliegen ab 2009 Verluste aus Kapitaleinkünften dem vertikalen Verlustverrechnungsverbot (§ 20 Abs. 6 S. 1 EStG): kein Ausgleich mit anderen positiven Einkünften. Außerdem sind sie nur noch vortragsfähig und nicht rücktragsfähig. Es besteht eine ausschließliche Verrechenbarkeit von Verlusten mit Aktiengeschäften mit eben solchen Aktiengewinnen.

---

422 Eine rechtssystematische Ausnahme! Einzel-WG spielen ansonsten bei § 16 Abs. 1 Nr. 1 EStG keine Rolle, es sei denn für den Erwerber, der für die EB eine Aufteilung des Gesamtkaufpreises auf die Einzel-WG wegen der unterschiedlichen AfA-Sätze benötigt.
423 Zur Stufentheorie allgemein s. B II 6 (Stufentheorie). Für § 3 Nr. 40b EStG s. *Hötzel* a.a.O., 223 sowie *Heinicke* in *Schmidt*, EStG, § 3 ABC zu Nr. 40b.
424 Die 100%-Beteiligung wird nach § 16 Abs. 1 Nr. 1 S. 2 EStG einem Teilbetrieb gleichgestellt.
425 Das Konkurrenzproblem muss nur bei einer vorangegangenen erfolgswirksamen TW-AfA gelöst werden, da Buchst. b die Vergünstigung – i.U. zu Buchst. a – nicht ausschließt.

3 Spezielle Beschränkungen bei der Verlustverrechnung

Zusätzlich zu den Einschränkungen nach § 10d EStG gibt es seit längerem **tätigkeitsbezogene** Einschränkungen der Verlustverrechnung im EStG. In den meisten Fällen (§ 15 Abs. 4, §§ 15a, 15b EStG) stehen ordnungspolitische Überlegungen im Vordergrund (Sozialzwecknormen). Sonst haben die Beschränkungsnormen fiskalischen Charakter, um Fremdeinflüsse oder systemwidrige Elemente bei der gewerblichen Gewinnermittlung auszuschließen (§§ 22, 23 EStG). Als Rechtsfolge bleiben in allen Fällen die Verluste in der Einkunfts-(= Verlust-)Quelle eingesperrt (geparkt), um mit späteren Gewinnen verrechnet zu werden. Sie nehmen i.d.R. nicht am Verlustausgleich und Verlustabzug nach § 10d EStG teil. Wie noch aufzuzeigen sein wird, regt der Gesetzgeber mit dem System der Einzelregelungen die Phantasie der Gestaltungsbranche an; er lädt zu Konstruktionen ein.

Die meisten Gesetzesregelungen in diesem Zusammenhang, die als sog. Sozialzweck- (oder Lenkungs-)normen steuerpolitischen Charakter haben, tragen aufgrund der technischen Kasuistik den Bauplan für deren »Umgehung« mit sich. Anders formuliert: Bei einem offensiven Umgang mit dem Gesetzeswortlaut kann ein hektisch zusammengeschusterter Gesetzestext mühelos in das Gegenteil des Gesetzeszweckes gewendet werden. Hier hilft auch nicht § 42 Abs. 2 AO.

3.1 Negative Einkünfte mit Auslandsbezug gemäß § 2a EStG

Der Normencharakter als Verrechnungsbeschränkung ist bei § 2a EStG doppelt vertreten. Zum einen werden seit 1983 Auslandsverluste, die aus den im ersten Absatz aufgelisteten[426] Tätigkeiten resultieren, aus fiskalischen Gründen nicht zur pauschalen Verlustverrechnung mit Inlandseinkünften zugelassen. Demgegenüber wirk(t)en die Abs. 3 und 4 von § 2a EStG als Subventionsbestimmung.

Dort wurden (bis 1998) Verluste aus einer ausländischen gewerblichen Betriebsstätte zur unmittelbaren Verlustverrechnung mit Inlandsgewinnen zugelassen, wenn die Betriebsstätte ihren Sitz in einem DBA-Ausland hatte. Nach allgemeinen (OECD-)DBA-Grundsätzen unterliegen gewerbliche Ergebnisse dem Zugriff des Quellenstaates, der im Regelfall mit einer Freistellung der Einkünfte im Inland – meist unter Einbeziehung in den Progressionsvorbehalt – verbunden ist.

Danach werden **gewerbliche Auslandsverluste in DBA-Ländern nicht berücksichtigt.**[427] Um der drohenden Resignation bei gewerblichen Auslandsengagements in DBA-Ländern vorzubeugen, sollte § 2a Abs. 3 EStG die steuerlichen Nachteile – verglichen mit »abkommenslosen« Ländern[428] – beseitigen. Anfangsverluste wurden bei DBA-Engagements unmittelbar berücksichtigt. Der somit ermöglichte allgemeine Verlustabzug war mit einer Hinzurechnung (§ 2a Abs. 3 S. 3–6 und Abs. 4 EStG) für den Fall der späteren Gewinnerzielung verbunden. Mit der Streichung dieser Subventionsvorschrift ab VZ 1999 ist die internationale Öffnung der deutschen Steuerpolitik zurückgenommen worden.

---

426 Die letzte Ergänzung durch das StBerG 1999 (§ 2a Abs. 1 S. 1 Nr. 6b EStG) führte ein Verlustausgleichsverbot für die »Bare-boat«-Vercharterung von Freizeitschiffen im Ausland ein.
427 Allerdings legt die Rspr. in Österreich den Freistellungsartikel im DBA neuerdings dahingehend aus, dass nur positive Einkünfte, nicht aber Verluste (!) freigestellt werden.
428 Dort werden die Auslandsergebnisse unter dem Gesichtspunkt des Welteinkommensprinzips berücksichtigt.

Bis zum Jahre **2008** bleibt es jedoch bei der Hinzurechnung bei früheren Verlustverrechnungen.[429]

3.1.1 Änderungen durch das JStG 2009[430]

§ 2a EStG wurde durch **das JStG 2009** (europarechtskonform) umgestaltet. Die Neuregelung sieht vor, dass die Verlustausgleichsbeschränkung sich auf Tatbestände **beschränkt**, die außerhalb von EU- bzw. EWR-Mitgliedstaaten verwirklich werden (**Drittstaaten** = Nicht-EU-Mitgliedstaaten bzw. EWR-Mitgliedstaaten, die keine umfassende Rechtshilfe zugesagt haben[431]).

Damit greift die Verlustausgleichsbeschränkung nur noch ein, wenn die Verluste oder die den Verlusten gem. § 2a Abs. 1 S. 2 EStG gleichstehenden Gewinnminderungen in einem **Drittstaat** entstanden sind.

Im Vorgriff auf die anstehende Gesetzesänderung wurde bereits durch ein BMF-Schreiben (vom 30.07.2008, BStBl I 2008, 810) § 2a EStG für **EU-/EWR-Fälle** in allen offenen Fällen faktisch aufgehoben. Zu den **EWR-Staaten** gehören **Island, Norwegen und Liechtenstein**. Bei Drittstaatenfällen ist § 2a EStG in der bisherigen Fassung damit weiterhin anzuwenden.

Nach der Neuregelung ist jetzt z.B. für **Verluste** aus Vermietung und Verpachtung aus EU-/EWR-Staaten mit Freistellung, z.B. aus Österreich, die **noch nicht bestandskräftig** gesondert festgestellt sind, der negative Progressionsvorbehalt anzuwenden. Verluste aus Vermietung und Verpachtung aus EU-/EWR-Staaten mit Anrechnungsmethode (nur Finnland und Spanien) können jetzt mit anderen stpfl. Einkünften ausgeglichen werden.

Für Verluste, die nach § 2a EStG bereits bestandskräftig gesondert festgestellt und noch nicht verrechnet wurden, findet § 2a Abs. 1 S. 3 bis 5 EStG in der derzeitigen Fassung weiterhin Anwendung, d.h. diese Verluste können wie bisher in den Folgejahren nur mit positiven Einkünften der jeweils selben Art und aus demselben Staat ausgeglichen werden (s. auch § 52 Abs. 2 S. 2 EStG).

Parallel zur Aufhebung des § 2a EStG in EU-/EWR-Fällen wurde auch **§ 32b Abs. 1 Nr. 3 EStG** angepasst. Nachdem die Regelung bisher vorsah, dass bei allen nach DBA steuerfreien Einkünften der **Progressionsvorbehalt** zu berücksichtigen war (vorbehaltlich § 2a EStG), wird dieser für **Drittstaatenfälle** durch **§ 32b Abs. 1 S. 2 EStG** nunmehr eingeschränkt. Dies gilt sowohl für den **positiven** als auch den **negativen** Progressionsvorbehalt.

Für nach DBA steuerbefreite positive und negative Einkünfte aus einem EU-/EWR-Staat gibt es demnach keinen Progressionsvorbehalt mehr, sofern sie unter den Katalog der in § 32b Abs. 1 S. 2 Nr. 1 bis 5 EStG genannten Einkünfte fallen. Allerdings sind der Wortlaut des § 2a EStG und § 32b EStG bisher nicht deckungsgleich, so dass durchaus noch Fälle denkbar sind, in denen auch in einem EU-Staat der positive Progressionsvorbehalt zum Tragen kommt.

---

429 Obwohl Abs. 3 S. 1 und S. 2 ab VZ 1999 nicht mehr zur Anwendung kommen, bilden sie weiterhin die Grundlage der noch geltenden Hinzurechnung.
430 Die nachfolgende Darstellung zu § 2a EStG n.F. fußt auf Rupp in *Preißer/Pung*, Besteuerung der Personen- und KapG, 2012, E II.
431 § 2a Abs. 2a EStG.

Aus der Gesetzesbegründung ist abzuleiten, dass nicht mehr unter den positiven und negativen Progressionsvorbehalt damit folgende »**passiven**« Einkünfte aus EU-/EWR-Staaten fallen sollen:

- Einkünfte aus Land- und Forstwirtschaft,
- Einkünfte aus passiven gewerblichen Betriebsstätten,
- Vermietungserträge aus unbeweglichem Vermögen oder Sachinbegriffen,
- Erträge aus der Überlassung von Schiffen,
- Einkünfte aus dem niedrigeren Teilwertansatz von unbeweglichem Vermögen oder Schiffen etc.

Nach der aktuell gültigen Rechtslage lässt sich die Systematik des § 2a EStG wie folgt abbilden:

Absatz	Verlustherkunft	Absatz	Verlustbehandlung
Abs. 1 Nr. 1	Land- und Forstwirtschaftliche Betriebsstätten im Drittland	Abs. 1 S. 1	Verlustausgleich innerhalb derselben Art und Nummer und demselben Staat
		Abs. 1 S. 3–5	Verlustvortrag
Abs. 1 Nr. 2	Gewerbliche Betriebsstätten im Drittland	Abs. 1 S. 1	Verlustausgleich innerhalb derselben Art und Nummer und demselben Staat
		Abs. 1 S. 3–5	Verlustvortrag
		Abs. 2 S. 1	**Rückausnahme** für aktive gewerbliche Betriebsstätten
Abs. 1 Nr. 3a	Teilwertabschreibung auf Beteiligungen an Drittstaaten-Körperschaften	Abs. 1 S. 1	Verlustausgleich innerhalb derselben Art und Nummer und demselben Staat Verlustvortrag
Abs. 1 Nr. 3b	Veräußerung oder Entnahme der Beteiligung oder Auflösung oder Kapitalherabsetzung der Drittstaaten-Körperschaft	Abs. 1 S. 3–5 Abs. 2 S. 2	**Rückausnahme** bei Anteilen an aktiven gewerblichen Drittstaaten-Körperschaften
Abs. 1 Nr. 4	Veräußerung von Anteilen an einer Drittstaaten-KapG (gilt nicht allgemein für Drittstaaten-Körperschaften, vgl. aber Nr. 7a)	Abs. 1 S. 1	Verlustausgleich innerhalb derselben Art und Nummer und demselben Staat Verlustvortrag
		Abs. 1 S. 3–5 Abs. 2 S. 2	**Rückausnahme** bei Anteilen an aktiven gewerblichen Drittstaaten-Körperschaften

Absatz	Verlustherkunft	Absatz	Verlustbehandlung
Abs. 1 Nr. 5	Beteiligungen an stillen Gesellschaften und partiarische Darlehen mit Schuldnern im Drittland		
Abs. 1 Nr. 6a	Vermietung und Verpachtung von unbeweglichem Vermögen und Sachinbegriffen im Drittland		
Abs. 1 Nr. 6b	Vermietung und Verpachtung von Schiffen im Drittland (ausgenommen Handelsschiffe)		
Abs. 1 Nr. 6c	Teilwertabschreibungen von unbeweglichem Vermögen oder Sachinbegriffen oder Schiffen (außer Handelsschiffen) im Drittland		
Abs. 1 Nr. 7a	Teilwertabschreibung, Veräußerung oder Entnahme von Beteiligungen an Drittstaaten-Körperschaften mit Zusammenhang zu Tätigkeiten i.S.d. Abs. 1 Nr. 1–6	Abs. 1 S. 1 Abs. 1 S. 3–5	Verlustausgleich innerhalb derselben Art und Nummer und desselben Staats Verlustvortrag
Abs. 1 Nr. 7b	Auflösung oder Kapitalherabsetzung einer Drittstaaten-Körperschaft mit Zusammenhang zu Tätigkeiten i.S.d. Abs. 1 Nr. 1–6		
Abs. 1 Nr. 7c	Verluste aus § 17 EStG aus Beteiligungen an Drittstaaten-Körperschaften mit Zusammenhang zu Tätigkeiten i.S.d. Abs. 1 Nr. 1–6		

Die Aufzählung des Abs. 1 S. 1 von § 2a ist **abschließender** Natur. Nicht erwähnt und demgemäß nicht von der Verlustverrechnungsbeschränkung des § 2a EStG erfasst sind z.B. Verluste mit Drittstaatenbezug aus selbstständiger Tätigkeit (§ 18 EStG), aus nichtselbständiger Tätigkeit (§ 19 EStG) oder aus Kapitalvermögen (§ 20 EStG, mit Ausnahme von stillen Beteiligungen und partiarischen Darlehen, wenn Drittlandschuldner).

3.1.2 Die relevanten Fallgruppen nach § 2a EStG n.F.

Nach *Rupp* (s. Teil E, Kap. II in *Preißer/Pung*, 2012) gibt es drei relevante Fallgruppen:

Fallgruppe 1:
Mit dem **Drittstaat** besteht ein DBA und die Einkünfte sind in Deutschland nach dem DBA voll stpfl. (ggf. Anrechnungsmethode) oder es besteht kein DBA. Die Verluste fallen unter den Katalog des § 2a EStG (kein Fall des § 2a Abs. 2 EStG).
Die negativen Einkünfte sind nicht ausgleichsfähig bzw. dürfen erst mit positiven Einkünften in den folgenden Jahren aus diesem Staat ausgeglichen werden.

Fallgruppe 2:
Mit dem **Drittstaat** besteht ein DBA. Danach sind die maßgebenden Einkünfte unter Progressionsvorbehalt in Deutschland steuerbefreit. Die Einkünfte fallen unter den Katalog des § 2a EStG.

Die negativen Progressionseinkünfte sind ebenfalls nicht zu berücksichtigen. Hier besteht nach wie vor eine Ungleichbehandlung, da die positiven Progressionseinkünfte aus einem Drittstaat nach wie vor anzusetzen sind.

Fallgruppe 3:
Die negativen Einkünfte stammen aus einem **EU-/EWR-Staat**.
In Fällen, in denen mit diesem Staat nach dem DBA die **Anrechnungsmethode** vereinbart ist, können Verluste mit inländischem Einkommen ausgeglichen werden. Dadurch wird eine Gleichbehandlung mit Inlandssachverhalten hergestellt. Bei vereinbarter **Freistellungsmethode** ist durch die Anpassung des § 32b EStG nunmehr für gewisse Tatbestände innerhalb der EU/ des EWR sowohl der negative als auch der positive Progressionsvorbehalt ausgeschlossen. Nach deutscher Auffassung ist die Nichtberücksichtigung der Verluste lediglich Folge der Aufteilung der Besteuerungsrechte zwischen Deutschland und dem betroffenen Mitgliedstaat und daher gemeinschaftsrechtlich nicht relevant.

3.1.3 Internationalrechtliche Stellung und dogmatischer »Stellenwert« von § 2a EStG

Der **dogmatische** Stellenwert von § 2a EStG liegt auch in der Einzelauflistung begründet. Dies kann am besten anhand des Beispiels der Nichtberücksichtigung einer **Teilwertabschreibung** (insb. bei einer Beteiligung an einer KapG) verdeutlicht werden. Die Nichtberücksichtigung einer TW-AfA auf ein »ausländisches« WG wird bei § 2a Abs. 1 EStG an drei Stellen[432] erwähnt. Vor dem Hintergrund der allgemein gültigen Aussage, dass eine TW-AfA bei PV wegen des Dualismus der Einkunftsarten (keine Berücksichtigung von Vermögensänderungen im PV) nicht steuerrelevant ist, hat es mit den explizit aufgeführten Fällen weitgehend eine andere Bewandtnis.

3.1.4 Der Hauptanwendungsbereich: Betriebsstättenverluste

§ 2a Abs. 1 S. 1 Nr. 2 EStG erfasst Verluste aus einer in einem Drittstaat (s. dazu § 2a Abs. 2a EStG) belegenen gewerblichen Betriebsstätte. Der Anwendungsbereich ist durch die Aktivitätsklausel von Abs. 2 auf eine sog. passive Betriebsstätte beschränkt.

> **Beispiel 4: Verluste in der neuen Welt**
> Billy G (B) möchte mit dem im Studium neu entwickelten Intranet-Kommunikationssystem BSCW (Basic Support Corporate Work) auch die Finanzkreise in den USA beglücken. Er errichtet noch im August 2016 eine »Filiale« seiner deutschen Firma in New York. Aufgrund der wirtschaftlichen Entwicklung (internationale Finanzkrise) belaufen sich die Anlaufverluste seiner US-amerikanischen Betriebsstätte im VZ 2016 auf ./. 100 T€.
> Kann er seine inländischen gewerblichen Gewinne (120 T€) mit den Verlusten verrechnen?

Bei der Einordnung ausländischer gewerblicher Betriebsstätten-Verluste ist nicht nur auf das Vorliegen einer Betriebsstätte einzugehen.[433] Bei mehreren Betriebsstätten ist für jede Betriebsstätte gesondert das Ergebnis zu ermitteln. Wie die Gesamtschau belegt, folgt § 2a EStG nicht dem Einkunftsartenschema des § 2 Abs. 1 EStG, sondern formuliert eher **Tä-**

---
[432] § 2a Abs. 1 Nr. 3 Buchst. a, Nr. 6 Buchst. c und Nr. 7 Buchst. a EStG.
[433] Nach h.A. (*Blümich*, EStG-Kommentar § 2a Rz. 57 sowie *L/B/P*, § 2a Rz. 73) ist im Zweifel vom inländischen BSt-Begriff des § 12 AO auszugehen.

tigkeitsumschreibungen, in denen unerwünschte Verlustzuweisungen eine Rolle spielen (besonders deutlich: § 2a Abs. 1 Nr. 3, 6 Buchst. b, 6 Buchst. c und 7 EStG). Für die praxisrelevante Auslegung gewerblicher Auslandsverluste ist daher zu berücksichtigen, dass die speziellen Umqualifizierungen des nationalen Rechts (z.B. das sog. Subsidiaritätsprinzip der § 20 Abs. 8 EStG und § 21 Abs. 3 EStG[434]) hier nicht einschlägig sind. Für diese phänomenologische Betrachtungsweise hat sich in der Lit. der Begriff von der »umgekehrten isolierenden Betrachtungsweise« gem. § 49 Abs. 2 EStG eingebürgert.[435]

Von größerer Bedeutung ist allerdings die **Aktivitätsprüfung** nach § 2a Abs. 2 EStG. Danach greift die Verlustbeschränkung von Abs. 1 nicht, wenn aktive gewerbliche Tätigkeiten[436] im Ausland unternommen[437] werden. Darunter versteht das Gesetz die Herstellung und Lieferung von Waren (ausgenommen Waffen; nach BFH vom 30.04.2003, BStBl II 2003, 918 ist eine Munition keine Waffe), Gewinnung von Bodenschätzen, sowie sonstige gewerbliche Leistungen, soweit sie nicht touristischen Zwecken[438] dienen oder in der Vermietung von WG einschließlich der gewerblichen Überlassung von Rechten, Plänen und dgl. liegen. Im letzten Halbsatz (sog. Holdingprivileg) wird das unmittelbare Halten eines mindestens 25%igen Anteils an einer ausländischen KapG mit entsprechenden Aktivtätigkeiten selbst als aktive gewerbliche(!) Betätigung fingiert.

Für die Auslegung der einschlägigen Tatbestandsmerkmale gelten mit Ausnahme der isolierenden Betrachtungsweise (§ 49 Abs. 2 EStG) und der Interpretation des »Waren«-Begriffes keine Besonderheiten. Nachdem es im Steuerrecht keine Legaldefinition für »Waren« gibt, greift die heute h.A. auf den Warenbegriff des § 1 Abs. 2 Nr. 1 HGB a.F. (= körperliche, bewegliche Gegenstände) zurück.[439] Danach sollen immaterielle WG (Software, Spielfilme) ebenso wenig Waren sein wie Grundstücke. Zumindest bei Immobilien sollte § 2a EStG seiner Zielsetzung nach – und nicht mit einer überholten Analogie zum alten HGB – ausgelegt werden.[440]

Lösung: Die Ausnutzung und das Zurverfügungstellen eines neuen Kommunikationsmediums ist eine gewerbliche Tätigkeit. Ebenso wird die Filiale als Betriebsstätte subsumiert, zumindest wenn sie die Merkmale einer Zweigniederlassung aufweist (§ 12 Nr. 2 AO).
Als Folge dieser Auslegung zu § 2a Abs. 1 Nr. 2 EStG sieht S. 1 eine eingeschränkte Verlustverrechnung mit zukünftigen Einkünften **derselben Art**[441] **in demselben Staat** vor. Weder § 2 Abs. 3 EStG (horizontaler Verlustausgleich mit inländischen gewerblichen Gewinnen von 120 T€) noch der Verlustabzug nach § 10d EStG sind danach möglich.
Nach § 2a Abs. 2 EStG gilt dies allerdings nicht, wenn die Tätigkeit des B dem Aktivitätsvorbehalt genügt. Wegen des Ausnahmetatbestandes der gewerblichen Überlassung von Rechten etc. ist die Tätigkeit in der US-Filiale jedenfalls dann als schädlich anzusehen, wenn B seinen Kunden Benutzungsrechte zu deren eigener Verwertung überlasst.[442] Soweit B mit seinem Intranet-

---
434 Ähnliches gilt für §§ 13 ff. EStG, § 8 Abs. 2 KStG (gewerbliche Einkünfte).
435 Vgl. *Blümich*, EStG-Kommentar § 2a Rz. 45 bzw. s. *Preißer/J. Schmidt*, Teil D, Kap. V 2.2.
436 Nach S. 2 von § 2a Abs. 2 EStG wird dies auf Anteile an ausländischen KapG mit entsprechenden Tätigkeiten erstreckt (Anwendungsfälle von Nr. 3, Nr. 4 und Nr. 7).
437 Einschlägige Aktivitäten von mindestens 90 % sind wegen des Kriteriums »fast ausschließlich« erforderlich.
438 S. dazu das Urteil des EuGH i.S. »Rewe-Zentralfinanz« vom 29.03.2007 (BStBl II 2007, 492): Die Fremdenverkehrsbranche gilt als »aktiv«, allerdings nur bei Beteiligungen im EU-/EWR-Raum.
439 Vgl. *Heinicke* in *Schmidt*, EStG, § 2a Rz. 16; *Mössner* in *K/S/M*, § 2a C 9 u.v.a.
440 Gleicher Ansicht L/B/P, § 2a Rz. 149.
441 Es besteht Einigkeit darüber, dass es sich um Einkünfte derselben Ziffer handelt.
442 So gehört z.B. der Filmverleih nicht zu den begünstigten Tätigkeiten (*Blümich*, § 2a Rz. 120).

Angebot die Kunden jedoch nur an der Kommunikationsplattform teilhaben lässt (»Bewirkung gewerblicher Leistungen«), spräche dies nicht gegen eine aktive gewerbliche Tätigkeit.

Nach Abschaffung des § 2a Abs. 3 EStG i.d.F. von 1998 gibt es für Gewerbebetriebe mit Sitz im Inland **keine gesetzliche Möglichkeit** mehr, Verluste einer in einem DBA-Staat gelegenen Betriebsstätte bei der Ermittlung des Gesamtbetrags der Einkünfte zum Abzug zu bringen.

Infolge der Abschaffung des § 2a Abs. 3 und 4 EStG 1999 erstreckt sich nach h.M. die Freistellungsmethode auch auf negative Einkünfte, sofern durch ein DBA vereinbart wurde, die Betriebsstätteneinkünfte von der inländischen Besteuerung auszunehmen (ggf. unter Progressionsvorbehalt) und nur im Betriebsstättenstaat zu versteuern, denn dann kann es auch nur dort zu einer Berücksichtigung von Verlusten aus dieser Betriebsstätte kommen (sog. Symmetriethese). Andernfalls ließen sich Verluste berücksichtigen, obwohl die gegenläufigen Erträge nach DBA steuerfrei wären. Von der Symmetriemethode abzugrenzen sind jedoch jene Fälle, in denen DBA die Anrechnungsmethode vorsehen.[443]

Damit ist nur eine Berücksichtigung i.R.d. negativen ESt-Progressionsvorbehaltes in den Fällen des § 2a Abs. 2 EStG möglich.

3.2 Verluste bei Verlustzuweisungsgesellschaften (§ 15b EStG)

In eine andere Richtung als § 2a EStG zielte § 2b EStG a.F.

Vom 05.03.1999[444] bis 10.11.2005 wurden Verluste aus Beteiligungen an Verlustzuweisungsgesellschaften steuerlich einem Verrechnungsverbot unterzogen (S. 1 und S. 2). Dies bedeutete, dass negative Einkünfte nach § 2b EStG a.F. nicht in die horizontale, vertikale und periodenübergreifende Verlustverrechnung mit anderen Einkünften einbezogen wurden. M.a.W. bildeten alle unter § 2b EStG a.F. fallenden Einkünfte einen eigenständigen Verrechnungskreis.

3.2.1 Die Nachfolgeregelung des § 15b EStG[445]

Inzwischen wurde § 2b EStG a.F. durch § 15b EStG ersetzt. Für Verluste von Steuerbürgern, die **nach dem 10.11.2005** sog. Steuerstundungsmodellen beigetreten sind, gilt § 15b EStG.[446] Die wichtigsten Regelungen lauten:

- Es gibt nach § 15b Abs. 1 EStG ein generelles Verlustausgleichs- und Abzugsverbot (mit gewerblichen ebenso wie mit anderen Einkünften). Diese Verluste mindern die Einkünfte, die der Steuerbürger in den folgenden Jahren aus **derselben Einkunftsquelle** (!) erzielt.
- Ein Steuerstundungsmodell liegt nach § 15b Abs. 2 EStG vor, wenn aufgrund einer modellhaften Gestaltung steuerliche Vorteile in Form negativer Einkünfte erzielt werden sollen. Dies ist der Fall, wenn dem Steuerbürger aufgrund eines **vorgefertigten Konzepts**

---

443 Vgl. dazu *Herkenroth/Striegel* in H/H/R, § 2a Rz. 19.
444 Dies ist der maßgebliche Stichtag für die Neuregelung durch das StEntlG 1999/2000/2002 gem. § 52 Abs. 3 EStG.
445 S. auch *Kalligin*, WPg 2006, 372; *E. Schmidt*, WPg 2006, 197; *Stuhrmann*, NJW 2006, 465.
446 Gem. § 52 Abs. 25 S. 3 EStG gilt die neue Verlustverrechnungsbeschränkung auch im Falle der nach diesem Datum beschlossenen Kapitalerhöhungen bzw. danach vorgenommenen Neuinvestitionen. Zur zeitlichen Anwendung des § 15b EStG s. auch BFH, Urteil vom 01.09.2016, IV R 17/13.

die Möglichkeit geboten werden soll, zumindest in der Anfangsphase der Investition Verluste mit übrigen Einkünften zu verrechnen.
- Gem. § 15b Abs. 4 EStG sind nicht ausgleichsfähige Verluste jährlich gesondert festzustellen.

Neben gewerblich geschlossenen Fonds[447] sind auch modellhafte Gestaltungen einzelner StPfl. betroffen, die sich außerhalb einer Gesellschaft (Gemeinschaft) betätigen.

3.2.2 Begriff der modellhaften Gestaltung

Für die Modellhaftigkeit spricht das Vorhandensein eines vorgefertigten Konzepts, das die Erzielung steuerlicher Vorteile aufgrund negativer Einkünfte ermöglicht. Typischerweise wird das Konzept mittels eines Anlegerprospekts vermarktet. Ein Modell liegt aber auch vor, wenn gleichartige Verträge mit mehreren identischen Vertragsparteien abgeschlossen werden, z.B. mit demselben Treuhänder und derselben Finanzierungsbank.

Nach dem BMF-Schreiben vom 17.07.2007 (BStBl I 2007, 542) liegen phänotypisch in folgenden Fällen modellhafte Gestaltungen vor:

- bereits der Zusammenschluss mehrerer Kapitalanleger (Vertragspartner) mit gleicher Zielrichtung (Rz. 8, 11 a.a.O.),
- eine anlegerbezogene Konzeption,
- Fondskonzeptionen, die dem Anleger keinen entscheidenden Einfluss auf die Geschäftsführung einräumen (Rz. 8, 10 a.a.O.).

In exemplarischer Aufzählung fallen nach Rz. 7 a.a.O. unter § 15b EStG:

- Medienfonds,
- Schiffsbeteiligungen,
- Windpark- und Solar-Fonds (sog. New Energy-Fonds),
- Wertpapierhandels-Fonds,
  - Leasingfonds,
  - Lebensversicherungsverwertungs-(zweitmarkt-)Fonds,
  - geschlossene Immobilienfonds.

Gem. § 15b Abs. 3 EStG liegt eine modellhafte Gestaltung vor, wenn innerhalb der Anfangsphase auch folgende Gleichung aufgestellt werden kann (Rz. 14ff. a.a.O.):

Summe der prognostizierten Verluste	> 10 %	der Höhe des gezeichneten und aufzubringenden Kapitals[448]

Aufwendungen, die im Zeitpunkt der Prognose nicht vorhersehbar waren, sind nicht in die Berechnung einzubeziehen. Sind modellhaft Sonderbetriebsausgaben oder -werbungskosten (z.B. bei modellhafter Finanzierung der Einlage[449]) vorgesehen, ist das Sondervermögen

---

447 Als geschlossener Fonds ist ein Fonds anzusehen, der mit einem festen Anlegerkreis begründet wird. Ein Außenvertrieb ist nicht notwendiger Bestandteil geschlossener Fonds. Siehe hierzu auch BFH, Urteil vom 01.09.2016, IV R 17/13.
448 Bei Einzelinvestoren hängt die Relationsgleichung vom eingesetzten Kapital ab.
449 Der Kredit für die Beteiligung ist passives Sonder-BV II; die Zinsen sind folglich Sonder-BA.

Bestandteil des Steuerstundungsmodells. Die Verluste des Sonderbereichs sind somit Bestandteil der prognostizierten Verluste (Rz. 18 a.a.O.).

Bei mehrstöckigen PersG soll nach Ansicht der Finanzverwaltung bereits auf Ebene der Untergesellschaft zu prüfen sein, ob § 15b EStG anzuwenden ist. Wird die Anwendung des § 15b EStG auf Ebene der Untergesellschaft bejaht, ist ein Verlustausgleich mit anderen Einkünften auf Ebene der Obergesellschaft nicht möglich (Rz. 21 a.a.O.).

Für den Fall des **fremdfinanzierten Wertpapiererwerbs** vertreten die OFD Münster (vom 13.07.2010, DStR 2010, 1625, Tz. 1) und die (sich anschließende) OFD Rheinland die Auffassung, dass das Verlustverrechnungsverbot des § 15b EStG anzuwenden ist, wenn die negativen Einkünfte höher sind als 10 % des eingesetzten Eigenkapitals. Daher können Verluste aus gezahlten Stückzinsen im Falle einer entsprechend hohen Fremdfinanzierung erst mit den später zufließenden Kapitaleinnahmen verrechnet werden.

Diese Auffassung ist auch auf Zwischengewinne beim Erwerb von Investmentanteilen anzuwenden (OFD Münster a.a.O., Tz. 2).

3.2.3 Die ersten Rechtsprechungskonturen

Die Vorschrift des § 15b EStG wurde – wie aufgezeigt – mit Wirkung zum 11.11.2005 im EStG verankert. Von den bisherigen FG-Entscheidungen sind drei hervorzuheben, die sich mit dem Begriff des **vorgefertigten Konzepts** i.S.d. § 15b Abs. 2 S. 2 EStG befassen.

Im Urteil des FG Hessen vom 17.10.2012 (EFG 2013, 510[450]) wurde das vorgefertigte Konzept definiert als Gesamtplan,

1. durch den die Entwicklung einzelner oder einer Vielzahl aufeinander abgestimmter Leistungen und Maßnahmen die Erreichung des angestrebten Ziels – hier das **Generieren hoher verrechenbarer Verluste** in der Anfangsphase einer Investition – ermöglichen werden soll und
2. der in seinen wesentlichen Grundzügen vom Interessenten verwendet werden kann und
3. auch in einer **Vielzahl anderer Fälle** unabhängig von der äußeren Gestaltung im Einzelnen **verwendbar** ist.

Kurz darauf äußerte sich das FG Hessen mit Urteil vom 15.11.2012 (EFG 2013, 503[451]) abermals zum Begriff des vorgefertigten Konzepts. Nach Auffassung des erkennenden Senats setzt ein vorgefertigtes Konzept insb. voraus, dass dem StPfl. von dritter Seite ein bereits vorhandenes Vertragskonzept zur Verfügung gestellt wird. Letztendlich reicht es demnach nicht aus, wenn der StPfl. von dritter Seite **steuerlich und/oder rechtlich beraten** und zur verlustgenerierenden Kapitalanlage bewegt wird. Vielmehr muss die Investition nach den Gesamtumständen als bloße Entscheidung zur Kapitalanlage zu werten sein.

Schließlich ist noch das Urteil des FG Rheinland-Pfalz vom 30.01.2013 (EFG 2013, 1213) zu nennen, welches von der »**Passivität des Investors**« spricht. Demnach gebietet der Wortlaut der Vorschrift, dass das vorgefertigte Konzept an den StPfl. herangetragen, ihm angeboten werden muss.

---

450 Revision beim BFH unter Az.: VIII R 7/13.
451 Der BFH äußerte sich im Revisionsverfahren (Urteil vom 10.12.2014, BFH/NV 2015, 667) nicht mehr zum Begriff des vorgefertigten Konzepts.

3.2.4 Anwendungsbereich

Während die Vorgängervorschrift des § 2b EStG noch unter dem Titel »Sachliche Voraussetzungen der Besteuerung« im Abschnitt »Einkommen« eingeordnet war, ist § 15b EStG systematisch den Einkünften aus Gewerbebetrieb zugeordnet. Von der Verlustverrechnungsbeschränkung des § 15b EStG werden durch entsprechende Verweise (in Ergänzungsnormen) neben den gewerblichen Steuerstundungsmodellen folgende Verluste erfasst:

- Verluste aus L + F (§ 13 Abs. 7 EStG),
- Verluste aus selbständiger Tätigkeit (§ 18 Abs. 4 S. 2 EStG),
- Verluste aus Einkünften aus Kapitalvermögen (§ 20 Abs. 7 S. 1 EStG)[452],
- Verluste aus V + V (§ 21 Abs. 1 S. 2 EStG),
- Verluste aus sonstigen Einkünften (§ 22 Nr. 1 S. 1 letzter HS EStG).

3.3 Verluste gemäß § 15 Abs. 4 EStG (gewerbliche Tierzucht/Termingeschäfte/stille Beteiligungen u.Ä.)

Das ursprüngliche Ziel des § 15 Abs. 4 EStG war (ist) es, die traditionelle Tierhaltung i.R.d. § 13 EStG vor der gewerblichen Tierhaltung zu schützen.[453] Für Verlustzuweisungsgesellschaften in diesem Bereich sollte durch das Ausgleichs- und Abzugsverbot jeglicher steuerlicher Anreiz unterbunden werden.

Mit der gleichen Sanktion (Verlustausgleichs- und -abzugsverbot) werden durch das StEntlG 1999/2000/2002 Verluste aus betrieblichen Termingeschäften belegt.

3.3.1 Verluste aus gewerblicher Tierzucht

Nach § 15 Abs. 4 EStG a.F. durften Verluste aus gewerblicher Tierzucht und Tierhaltung[454] weder mit anderen Einkünften aus Gewerbebetrieb noch mit Einkünften aus anderen Einkunftsarten verrechnet werden. Ebenso war ein Verlustabzug (§ 10d EStG) nur mit gleichartigen Gewinnen zulässig.

Durch das StEntlG 1999/2000/2002 sind Terminologie und Höhe des Verlustabzugs in Anpassung an die Modifikation des § 10d EStG (Rücktrag nur auf das unmittelbar vorangegangene Jahr mit der Beschränkung auf 1.000.000 €) geändert worden. Für Zwecke der Verlustverrechnung fingiert § 15 Abs. 4 EStG mit gewerblichen Tierverlusten eine eigene Einkunftsart, die nach § 10d Abs. 4 EStG gesondert festzustellen ist.

Drei Entscheidungen zu § 15 Abs. 4 EStG verdeutlichen die Zielsetzung:

- So will der IV. Senat am 19.12.2002 (BStBl II 2003, 507) – in Abkehr von einer älteren BFH-Entscheidung (BFH vom 29.10.1987, BStBl II 1988, 264) – erkannt haben, dass Verluste aus einer Nerzzucht nicht unter § 15 Abs. 4 EStG fallen.

---

452 Hier liegt gem. § 20 Abs. 7 S. 2 EStG ein vorgefertigtes Konzept i.S.d. § 15b Abs. 2 S. 2 EStG auch vor, wenn die positiven Einkünfte nicht der tariflichen ESt unterliegen.
453 § 15 Abs. 4 EStG wurde für verfassungskonform befunden (BFH vom 06.07.1989, BStBl II 1989, 787).
454 Wegen der fehlenden Wettbewerbssituation gilt das Verbot nicht für die Tierhaltung im Zoo/Zirkus oder auch bei industriell betriebener Fischzucht/-mästerei (*Reiß* in *Kirchhof-kompakt*, § 15 Rz. 604 m.w.N.).

- Der Sachverhalt vom 26.06.2002, BStBl II 2003, 13 (Fortführung eines L + F-Betriebes trotz Tierhaltung auf gepachteten Flächen), macht deutlich, welche Steuervorteile (kein § 15 Abs. 4 EStG) eine geschickte Gestaltung und – gelegentlich noch wichtiger – eine geschickte Argumentation mit sich bringt.
- Für den Organkreis hat der BFH am 01.07.2004 (BStBl II 2010, 157) entschieden, dass laufende Verluste aus gewerblicher Tierzucht einer Untergesellschaft mit dem Gewinn aus der Veräußerung einer Beteiligung an der Obergesellschaft zu verrechnen sind, soweit dieser Gewinn anteilig mittelbar auf WG der Untergesellschaft entfällt.

3.3.2 Verluste aus betrieblichen Termingeschäften

Mit der Erweiterung des § 15 Abs. 4 EStG um drei Sätze (S. 3–5) ist seit 1999 (bzw. 2002[455]) das Ausgleichs- und Abzugsverbot auf Verluste aus betrieblichen Termingeschäften erstreckt worden. Die Bestimmung versteht sich als Komplement zu § 23 Abs. 1 S. 1 Nr. 4 EStG a.F. bzw. § 20 Abs. 2 Nr. 3 EStG, der für den gleichen Tatbestand im PV die Steuerbarkeit anordnet.

Betroffen sind objektiv Verluste, die der StPfl. aus Termingeschäften erleidet, mittels derer er einen Differenzausgleich oder einen durch den Wert einer veränderlichen Bezugsgröße bestimmten Geldbetrag oder Vorteil erlangt. Erfasst sind Geschäfte i.S.v. § 2 Abs. 2 WPHG und i.S.d. § 1 Abs. 11 KWG sowie alle Geschäfte, die in Abhängigkeit der Entwicklung einer anderen Bezugsgröße einen Anspruch auf Geldzahlung begründen.[456] Als Verlust gilt bei allen Geschäften der Überhang der BA über die BE aus Geschäften in Zusammenhang mit § 15 Abs. 4 S. 3 EStG.

Die Verrechnungsbeschränkung gilt nach S. 4 nicht für die Fälle, da die Termingeschäfte zum gewöhnlichen Geschäftsbetrieb eines Kreditinstituts oder eines ähnlichen Finanzdienstleistungsinstituts gehören. Ebenso werden Geschäfte zur Absicherung des gewöhnlichen Geschäftsbetriebs von der Verrechnungsbeschränkung ausgenommen. Damit sind sog. Hedge- oder Hedging-Geschäfte gemeint, mit denen Preis-, Kurs- oder Zinsrisiken verringert werden sollen.

Vom Verrechnungsverbot nach § 15 Abs. 4 S. 5 EStG erfasst sind allerdings Verluste aus Anschaffungs- und Veräußerungsgeschäften für betriebliche Anteile i.S.v. § 20 Abs. 1 Nr. 1 EStG, sofern diese nicht zum gewöhnlichen Geschäftsbetrieb der Banken etc. gehören (§ 8b Abs. 7 KStG). Ausgenommen sind danach Verluste aus sog. Derivatgeschäften der Banken, die dem kurzfristigen Eigenhandel dienen.[457]

Als Rechtsfolge kann ein Ausgleich von Verlusten nur mit gewerblichen Termingeschäften in diesem VZ erfolgen oder qua Verlustabzug nach § 10d EStG in anderen VZ. Auch hier bilden betriebliche Termingeschäfte für die Zwecke der Verlustverrechnung eine eigene Einkunftsart. Hingegen können Terminverluste aus Betrieb 1 mit Termingewinnen aus Betrieb 2 desselben Steuerbürgers ausgeglichen werden.

Mit Urteil vom 06.07.2016 hat der BFH nochmals seine Rechtsauffassung bestätigt, dass die Verlustausgleichs- und Abzugsbeschränkung für Termingeschäfte nach § 15 Abs. 4 S. 3 EStG verfassungsgemäß ist.[458]

---

455 Die sog. »Hedging«-Geschäfte werden erst ab 2002 erfasst.
456 Darunter fallen Waren- und Devisentermingeschäfte mit Differenzausgleich ebenso wie sog. Swaps Futures und Indexoptionsscheine (Verbrieftes Recht, eine Ausgleichszahlung bei Überschreiten bzw. Unterschreiten eines bestimmten Indexstandes zu erhalten).
457 Dies ergibt sich aus der Querverweisung in S. 5.
458 BFH, Urteil vom 06.07.2016, I R 25/14.

3.3.3 Verluste aus stillen Gesellschaften u.a. (§ 15 Abs. 4 S. 6ff. EStG)

Mit einer anderen Zielsetzung als bei den o.g. Bestimmungen des § 15 Abs. 4 EStG will der Gesetzgeber eine flankierende Maßnahme treffen, die er aufgrund der Streichung der Mehrmütterorganschaft für erforderlich hielt. Um Umgehungsgestaltungen zu unterbinden, wird ein generelles Verlustausgleichsverbot für **G'fter in der Rechtsform einer KapG** angeordnet, die sich – als **atypisch** stille, Unterbeteiligte oder als sonstige **Innen-G'fter** – an **einer KapG** mitunternehmerisch beteiligen und auf diese Weise Verluste aus der KapG in die persönliche ESt bringen.[459] Durch den offenen Tatbestand, der auf innere (subjektive) Merkmale verzichtet, sind auch gesellschaftsrechtliche Konstellationen betroffen, die ansonsten nicht im Anwendungsbereich der Mehrmütterorganschaft liegen (lagen). Das allgemeine Verlustausgleichsverbot galt ursprünglich nur für MU-Beteiligungen, ist durch eine entsprechende Ergänzung in § 20 Abs. 1 Nr. 4 S. 2 (Korb II-Gesetz 2003) auf **typisch stille** G'fter ausgedehnt worden. Das Ausgleichsverbot gilt auch dann, wenn als stille G'fterin eine PersG an einer KapG beteiligt ist.[460] Mit dem – ab VZ 2004 neu eingefügten – § 15 Abs. 4 S. 8 EStG wird aber durch eine PersG »durchgegriffen«, um zu erkunden, ob sich dahinter eine natürliche Person befindet.[461]

3.4 Verluste gemäß §§ 22, 23 EStG

Für negative Einkünfte aus sonstigen Leistungen (§ 22 Nr. 3 EStG)[462] gab es ursprünglich ebenso ein allgemeines Verrechnungsverbot (bzw. ein isoliertes Ausgleichsgebot mit Gewinnen nach Nr. 3 leg. cit.). Nach dem Beschluss des BVerfG vom 30.09.1998 (BGBl I 1998, 3430), der auf eine Ungleichbehandlung mit den anderen Einkunftsarten erkannte, wurde § 22 Nr. 3 EStG ab VZ 1999 dahingehend geändert, dass zumindest ein Verlustabzug (§ 10d EStG) mit (auch anderen) Einkunftsquellen i.S.v. § 22 Nr. 3 EStG möglich ist.

Eine Verrechnung mit anderen Einkünften des § 22 EStG oder mit positiven Einkünften aus anderen Einkunftsarten ist weiterhin nicht gestattet.[463]

Beispiel 5: Ein verregneter Sommer an der Ostsee
Strandkorbbesitzer S vermietet gelegentlich Strandkörbe in Timmendorfer Strand. Im VZ 2016 war die AfA für die Strandkörbe um 250 € höher als die erhaltenen »Leihgebühren«. Im VZ 2015 und im VZ 2016 erzielte S als Europaabgeordneter jährlich einen Überschuss von 250 T€. Sonstige steuerbare Vorfälle zu § 22 EStG sind nicht ersichtlich.

Lösung: S erzielt im VZ 2016 Negativeinkünfte aus § 22 Nr. 3 EStG durch die Vermietung beweglicher Gegenstände[464] i.H.v. ./. 250 €. Die falsche Bezeichnung »Leihgebühr« (statt Mietzins) ändert nichts am Vorliegen eines Mietvertrages.
Gleichzeitig erzielt er einen Überschuss nach § 22 Nr. 4 EStG i.H.v. 250 T€.

---

459 Dies ist neben der Organschaft die einzige Möglichkeit für eine natürliche Person (G'fter), Verluste aus der KapG für die pers. Steuer zu »aktivieren«.
460 S. *Wacker* in *Schmidt* EStG, § 15 Rz. 906 sowie – allgemein – *Förster*, DB 2003, 899.
461 S. auch BMF vom 19.11.2008, BStBl I 2008, 970.
462 Hierbei handelt es sich um einen Auffangtatbestand für Leistungen, die weder einer anderen Einkunftsart noch einer der Nr. 1, 1a, 2 oder 4 des § 22 EStG zuzurechnen sind.
463 Hierzu *Risthaus/Plenker*, DB 1999, 605.
464 Demgegenüber hat der BFH am 22.01.2003, BStBl II 2003, 464 die Vermietung und Veräußerung von Wohnmobilen für grundsätzlich gewerblich erklärt.

S kann den Abgeordnetenüberschuss nicht in 2016 mit dem Verlust ausgleichen. Ein Rücktrag der ./. 250 € auf den VZ 2015 ist jedoch gem. § 22 Nr. 3 S. 4 EStG möglich.

Beispiel 6: Ausgleichende Spekulations-»Gerechtigkeit«
X erzielt in 2016 einen Überschuss aus der Veräußerung eines Grundstücks innerhalb der »Spekulationsfrist« von zehn Jahren i.H.v. 200 T€. Im gleichen VZ erleidet er einen Spekulationsverlust aus einem Goldgeschäft (An- und Verkauf innerhalb eines Jahres) i.H.v. 150 T€.

Nach § 23 Abs. 3 S. 7 EStG sind Überschüsse und Verluste aus allen privaten Veräußerungsgeschäften nach § 23 Abs. 1 EStG bis zur Höhe der Überschüsse[465] ausgleichsfähig.

Lösung: Innerhalb von § 23 Abs. 1 EStG erfolgt zwischen der Nr. 1 (+ 200 T€) und der Nr. 2 (./. 150 T€) ein horizontaler Ausgleich nach § 23 Abs. 3 S. 7 EStG. Es verbleiben steuerbare Einkünfte aus privaten Veräußerungsgeschäften i.H.v. 50 T€.

3.5 Das negative Kapitalkonto des Kommanditisten gemäß § 15a EStG

Zu den gravierendsten gesetzlichen Einschränkungen im Bereich der Verlustverrechnung gehört der am 20.08.1980 mit Wirkung zum 01.01.1980 eingeführte § 15a EStG.[466] Zahlreiche BFH-Urteile gaben die Richtung vor, die der Gesetzgeber mit fünf Absätzen umgesetzt hat. Wie in anderen Fällen zur Verlustverrechnung auch, wird in diesem Buch der steuertechnischen Ausgestaltung die Zielsetzung des § 15a EStG vorangestellt, da die verwendeten Gesetzesbegriffe gelegentlich den Blick auf die Kernaussage verstellen. § 15a EStG beschneidet die freie (reguläre) Verlustverrechnung eines Kommanditisten mit negativem Kapitalkonto, wie sie sich ansonsten nach §§ 2, 10d EStG ergeben würde. Der Kommanditist mit negativem Kapitalkonto stellt nach den ersten vier Absätzen die gesetzliche Leitfigur für einen Investor im Rahmen einer **Verlustzuweisungsgesellschaft** dar. Da diese nicht nur in der Rechtsform einer KG betrieben werden, beschränkt § 15a Abs. 5 EStG den unerwünschten Effekt der sofortigen oder alsbaldigen Verlustverrechnung auch für andere vergleichbare mitunternehmerische Beteiligungen. Der BFH hat allerdings am 18.12.2003 (BStBl II 2004, 231) § 15a EStG direkt auf doppelstöckige PersG erstreckt. § 15a EStG begrenzt für den beschränkt haftenden MU die reguläre Verlustverrechnung auf den Haftungsbetrag. Darüber hinausgehende Verluste können erst dann berücksichtigt werden, wenn der MU wieder Gewinne aus seiner Gesellschaft zugewiesen bekommt, da er vorher weder rechtlich noch wirtschaftlich belastet ist (BR-Drs. 511/79).

Im Falle des **unterjährigen** Statuswechsels (Kommanditist wird während des Wj. Komplementär und umgekehrt) liegen zwei BFH-Entscheidungen zur zeitlichen Geltung des § 15a EStG vor (vgl. auch H 15a EStH »Wechsel der Rechtsstellung eines G'fters«):

- Beim unterjährigen Wechsel des Komplementär in den Status eines Kommanditisten kommt die Verlustverwertungsbeschränkung des § 15a EStG für das gesamte Wj. zum Tragen (BFH vom 14.10.2003, BStBl II 2004, 118).

---
465 Fälschlicherweise (§ 2 Abs. 2 Nr. 2 EStG!) verwendet § 23 EStG den Terminus »Gewinn«.
466 Für sog. Altfälle (d.h. vor dem 11.10.1979 eröffnete Betriebe) wurde § 15a EStG erstmalig im VZ 1985 angewandt; für Seeschiffe war § 15a EStG erstmalig im VZ 1995 bzw. im VZ 2000 anwendbar (§ 52 Abs. 24 EStG).

- Beim umgekehrten Statuswechsel inmitten des Wj. (Kommanditist wird Komplementär) findet § 15a EStG im Jahr der Beteiligungsumwandlung keine Anwendung (BFH vom 12.02.2004, BStBl II 2004, 423). Die Umwandlung selbst führt nicht bereits dazu, dass der bisher verrechenbare Verlust (§ 15a Abs. 4 EStG) in einen ausgleichsfähigen Verlust umqualifiziert wird. Erfolgt der Wechsel unterjährig, so sind sämtliche Anteile am Verlust des Wirtschaftsjahres, in dem der Beteiligungswechsel stattgefunden hat, ausgleichsfähig. Der Wechsel ist bereits mit dem Gesellschafterbeschluss wirksam.

Beide Urteile führen zu erheblicher Rechtssicherheit. Es kommt auf die Verhältnisse am Bilanzstichtag an; außerdem ist der G'fterbeschluss als solcher und nicht der Registereintrag maßgeblich.

Nach der aktuell geltenden Rechtslage besteht § 15a EStG aus insgesamt sechs Absätzen, die wie folgt aufgebaut sind:

Absatz	Bezeichnung	Satz	Erläuterung
Abs. 1 S. 1	Verlustausgleichs- und -abzugsverbot	S. 1:	Grundfall
Abs. 1 S. 2 und 3	Erweiterter Verlustausgleich	S. 2 und 3:	Überschießende Außenhaftung
Abs. 1a	Nachträgliche Einlagen		Weder Ausgleich noch Abzug bei vorhandenem Verlust
Abs. 2	Ausgleich mit zukünftigen Gewinnen und nachträglichen Einlagen	S. 2:	Ausgleich der Verluste i.S.d. Abs. 1a bei Veräußerung oder Aufgabe
Abs. 3	Einlage- und Haftungsminderungen	S. 1 und 2: S. 3: S. 4:	Einlagenminderungen Haftungsminderungen Rechtsfolgen
Abs. 4	Verfahrensvorschriften		
Abs. 5	Sinngemäße Anwendung auf dem Kommanditisten vergleichbare G'fter		

3.5.1 Der Grundtatbestand von § 15a Abs. 1 und Abs. 2 EStG

Nach § 15a Abs. 1 S. 1 EStG können Verlustanteile des Kommanditisten, die zu einem negativen Kapitalkonto führen oder dieses erhöhen, weder mit anderen Einkünften ausgeglichen noch abgezogen werden. Diese nicht ausgleichs- und abzugsfähigen Verlustanteile werden nach Abs. 2 in den folgenden Jahren mit den Gewinnanteilen aus der identischen KG verrechnet. Demzufolge bewirken § 15a Abs. 1 und Abs. 2 EStG einen **innerbetrieblichen Verlustvortrag**.

Diese Rechtsfolge gilt nicht, wenn gem. § 15a Abs. 1 S. 2 EStG der Kommanditist am Bilanzstichtag für die strittigen Beträge (d.h. für die Verlustanteile nach S. 1) haftet. In diesen Fällen kommt es wegen der persönlichen Belastungssituation zur sog. »überschießenden Außenhaftung«.

Beispiel 7: Die Grundsituation
K ist seit 02.01.2010 Kommanditist der K-KG mit einer Hafteinlage von 100 T€, die voll erbracht ist.[467] K verfügt über kein Sonder-BV. Das Kapitalkonto des K beträgt am 31.12.2015 vor der Verlustverrechnung 50 T€.
Für 2015 wird K ein Verlust i.H.v. 150 T€ zugewiesen.
In 2016 erwirtschaftet die KG Gewinne, von denen 50 T€ auf K entfallen.
In 2014 erzielt K ein sonstiges Einkommen von 10 T€, in 2015 sonstige gewerbliche Einkünfte von 80 T€, in 2016 hingegen keine anderen Einkünfte.[468]

§ 15a EStG ist in das allgemeine Verlustsystem – wie es bereits aufgezeigt wurde – eingebunden, so dass es zu einer Konkurrenzsituation mit den anderen »Verlustnormen« kommen kann.

Lösung: Im Jahr **2015** werden von 150 T€ KG-Verluste, die auf K nach § 15 Abs. 1 S. 2 EStG entfallen, i.R.d. § 15 EStG nur ./. 100 T€ anerkannt, die mit anderen Einkünften des Jahres 2015 (hier: + 80 T€) ausgleichsfähig sind. Die gewerblichen Einkünfte des K in 2015 betragen nach dem horizontalen Ausgleich ./. 20 T€ und werden nach § 10d EStG berücksichtigt.
Mangels Antrag führt der Verlustrücktrag i.H.v. ./. 20 T€ gem. § 10d Abs. 1 EStG in 2014 – bei einem sonstigen Einkommen von + 10 T€ – zu einem »Null-Fall«, die verbleibenden ./. 10 T€ werden auf die VZ 2016 ff. vorgetragen.
Die – wegen des entstandenen negativen Kapitalkontos – **nicht ausgleichsfähigen ./. 50 T€** des Jahres 2015 können nur i.R.d. § 15a Abs. 2 EStG in den Folgejahren berücksichtigt werden. Es steht ihnen im VZ **2016** ein KG-Gewinnanteil von + 50 T€ gegenüber.
An dieser Stelle (Verlustberücksichtigung in 2016) tritt ein Konkurrenzproblem auf, da sowohl § 10d-Verluste (./. 10 T€) als auch § 15a-Verluste (./. 50 T€) vorhanden sind. Bei verrechenbaren KG-Gewinnen hat die Verrechnung nach § 15a EStG Vorrang vor dem allgemeinen Verlustvortrag nach § 10d EStG.
Im Ergebnis werden die KG-(Alt-)Verluste mit den KG-Gewinnen des Jahres 2016 komplett verrechnet (0- Einkünfte) und ./. 10 T€ Verluste nach § 10d EStG auf die **VZ 2017** ff. vorgetragen.

3.5.1.1 Der Begriff »Anteil am Verlust« der Kommanditgesellschaft

Das Besteuerungskonzept bei PersG bringt es gem. § 15 Abs. 1 S. 1 Nr. 2 EStG mit sich, dass neben den Gewinnanteilen auch die individuellen Entgelte des G'fters für Dienste und WG-Überlassungen zu Gunsten der PersG besteuert werden.[469] Diese individuellen Komponenten der gewerblichen Einkünfte eines MU finden (Sonderergebnisse) seit der Übernahme des Urteils des BFH vom 14.05.1991 (BStBl II 1992, 167) durch die Verwaltung vom 15.12.1993 (BStBl I 1993, 976) bei § 15a EStG keine Berücksichtigung. **Sonder-BE werden ebenso wie Tätigkeitsvergütungen isoliert nach § 15 Abs. 1 Nr. 2 EStG behandelt und sind grundsätzlich von § 15a EStG freizustellen.** Dies gilt allerdings nicht für die Ergebnisse aus etwaigen Ergänzungsbilanzen der Kommanditisten!
Besonderheiten bei der Ermittlung eines nach § 15a Abs. 4 EStG festzustellenden Anteils am Verlust der KG können sich auch durch nicht abziehbare Betriebsausgaben, Veräußerungsergebnisse, beim Betrieb von ausländischen Betriebsstätten der KG und durch dem

---
467 Hafteinlage ist die im HR stehende Einlage; unter Pflichteinlage versteht man die Einlageverpflichtung lt. Gesellschaftsvertrag, die von der Hafteinlage abweichen kann.
468 Im Beispiel wie in der Lösung finden sonstige Abzugsgrößen (Erwerbsaufwand, existenzsichernder Aufwand und Freibeträge) keine Berücksichtigung.
469 S. hierzu ausführlich *Preißer*, Band 2, Teil B, Kap. II.

Teil- bzw. (bis einschließlich VZ 2008) dem Halbeinkünfteverfahren unterliegende Einkünfte der KG ergeben (vgl. *Preißer/Pung*, B VIII, Tz. 9 ff.).

Nicht abziehbare Betriebsausgaben mindern durch ihre außerbilanzielle Hinzurechnung den laufenden Verlust. Nach dem BFH (vom 26.01.1995, BStBl II 1995, 467) erfolgt eine Verrechnung der laufenden Verluste mit dem Veräußerungsgewinn und nur der Saldo ist tarifbegünstigt. Sind zum Zeitpunkt der Veräußerung der Kommanditbeteiligung verrechenbare Verluste noch mit Gewinnen aus der Beteiligung (einschließlich solcher aus dem Jahr der Veräußerung = Vorrang der Verrechnung mit laufenden Gewinnen) verrechnet worden, mindern die verrechenbaren Verluste den Veräußerungsgewinn (R 15a Abs. 4 EStR).

Hat eine inländische KG eine ausländische Betriebsstätte, so ist für die Anwendung des § 15a EStG von einem einheitlichen Kapitalkonto auszugehen. Die Aufteilung des Verlustanteils nach Betriebsstätten-Ergebnissen ist erst in einem zweiten Schritt vorzunehmen (vgl. R 15a Abs. 5 EStR). Es sind in diesem Fall zwei getrennte verrechenbare Verluste (stpfl./ steuerfrei) festzustellen.

Im Gewinn aus Gewerbebetrieb einer KG können auch Einkünfte aus der Beteiligung an einer KapG oder deren Veräußerung enthalten sein, die bei den MU dem Teileinkünfteverfahren unterliegen (s. §§ 3 Nr. 40, 3c EStG) oder nach § 8b KStG steuerfrei sind. Im Ergebnis entsteht durch die hierdurch steuerfreien Einkunftsteile Verlustausgleichsvolumen für § 15a EStG, ohne dass diese selbst der Besteuerung unterliegen.

Hinweis: Für die Fälle einer körperschaftsteuerlichen Organschaft (§§ 14–19 KStG) hat der BFH mit Urteil vom 29.08.2012 (BStBl II 2013, 555) entschieden, dass Beteiligungsverluste aus KG-Anteilen, die beim Organträger gem. § 8 Abs. 1 KStG i.V.m. § 15a EStG außerbilanziell hinzugerechnet werden und keine Auswirkungen auf das stpfl. Einkommen haben, beim Organträger – trotz unterschiedlicher Behandlung in Handels- und Steuerbilanz – nicht zur Bildung eines passiven Ausgleichsposten für Mehrabführungen (§ 14 Abs. 4 S. 6 KStG) führen. Der Organträgerin war der Verlustanteil im Urteilsfall außerbilanziell nach § 15a EStG wieder hinzuzurechnen, da er lediglich mit künftigen Gewinnanteilen verrechenbar war. Die Finanzverwaltung will diese Grundsätze nach einem BMF-Schreiben (vom 15.07.2013, BStBl I 2013, 921) über diesen Einzelfall hinaus nur auf die Fallkonstellationen des Urteils anwenden (handelsrechtliche Verlustübernahme nach Anwendung des § 15a EStG = steuerlicher Verlustanteil nach Anwendung des § 15a EStG). In allen anderen Fällen (handelsrechtliche Verlustübernahme nach Anwendung des § 15a EStG ≠ steuerlicher Verlustanteil nach Anwendung des § 15a EStG) ist nach dem BMF ein Ausgleichsposten für Mehrabführungen entsprechend § 14 Abs. 4 S. 6 KStG zu bilden.

3.5.1.2 Der Begriff »Kapitalkonto des Kommanditisten«

In Übereinstimmung mit den obigen Ausführungen sind bei der Definition des »negativen Kapitalkontos« nach § 15a Abs. 1 EStG die Komponenten des **Sonder-BV nicht** zu berücksichtigen. Andererseits sind die Kapitalien aus etwaigen Ergänzungsbilanzen einzubeziehen (BMF vom 30.05.1997, BStBl I 1997, 627[470]).

---

[470] Sehr irritierend ist in diesem Zusammenhang R 15a Abs. 2 EStR, wenn dort für das Sonder-BV auf die Geltung des § 15a EStG verwiesen wird. Dies gilt nur in dem Ausnahmefall, da sich das Sonder-BV seinerseits im Eigentum einer § 15a-Gesellschaft befindet, m.a.W. wenn eine KG G'fterin in einer anderen KG ist.

Beispiel 8: Die fremdfinanzierte Beteiligung mit negativem Kapitalkonto
An der X-GmbH & Co. KG sind als Kommanditisten A und B mit einer Einlage von je 10 T€ beteiligt. Beide haben ihre Einlage voll eingezahlt. A hat der KG ein WG vermietet, das in der Sonderbilanz mit 6 T€ ausgewiesen ist. B hat seine Einlage i.h.v. 8 T€ mit Hilfe eines Kredits finanziert. Der Verlust der KG beläuft sich in 2016 auf 30 T€.
- Welche Verluste sind ausgleichs- und abzugsfähig?
- In welcher Höhe sind die Verluste nur intern verrechenbar?
- Was geschieht bei A mit Sonder-BE (Mietzinsen) i.H.v. 1 T€?
- Wie kann B seine Kreditzinsen i.H.v. 800 € (Sonder-BA) berücksichtigen?
- Macht es bei A einen Unterschied, ob er ursprünglich G'fter der KG war (Ausgangsfall) oder den Anteil von C erworben hat und hieraus noch ein Mehrkapital in der Ergänzungsbilanz i.H.v. 2 T€ im Jahre 2016 stehen hat (**Variante**)?

Der Vielzahl der Fragen zum Trotz ist die Antwort seit dem übernommenen Urteil des BFH vom 14.05.1991 (BStBl II 1992, 167) einfach geworden, da die Ergebnisse aus dem Sonder-BV weder bei den »Verlustanteilen« i.S.d. § 15a Abs. 1 EStG noch beim »negativen Kapitalkonto« eine Rolle spielen. Das Sonder-BV führt unter Verlustgesichtspunkten ein Eigenleben.

Lösung: A und B haben im **Ausgangsfall** als Gründungsgesellschafter der KG Verluste aus der KG i.H.v. je 15 T€. Bei einem Anfangskapital von 10 T€ bei beiden G'ftern bleiben die Ergebnisse aus der jeweiligen Sonderbilanz unberücksichtigt, so dass beide i.H.v. je 10 T€ ausgleichs- und abzugsfähige Verlustanteile nach § 15 Abs. 1 S. 1 Nr. 2 EStG haben. Die verbleibenden 5 T€ sind bei jedem G'fter nach § 15a Abs. 2 EStG intern verrechenbare X-KG-Verluste, da nach 10 T€ Verlustzuweisung ein negatives Kapitalkonto entsteht.
A kann sein Ausgleichsvolumen nicht durch das positive Sonderkapital vermehren; ebenso wenig beginnt das negative Kapitalkonto des B bereits ab einem Zuweisungsbetrag von 2 T€, da das negative Sonderkapital von ./. 8 T€ bei § 15a Abs. 1 EStG nicht mit zu berücksichtigen ist. Die Ergebnisse aus den Sonderbilanzen stellen bei A zusätzliche gewerbliche Einkünfte (+ 1 T€) nach § 15 Abs. 1 S. 1 Nr. 2 EStG dar, während sie bei B das gewerbliche Ergebnis i.H.v. 800 € ebenfalls nach § 15 Abs. 1 S. 1 Nr. 2 EStG mindern. Sie sind als ausgleichsfähige Verluste in 2016 nach § 2 Abs. 3 EStG in den horizontalen und vertikalen Verlustausgleich des B einzubeziehen.

In der **Variante** ist die Ausgangsgröße für das Kapitalkonto bei A unter Einbeziehung des positiven Ergänzungskapitals zu ermitteln. Danach »entsteht« ein negatives Kapital erst ab einer Verlustzuweisung von 12 T€ (10 T€ Kapital lt. Gesamthandsbilanz + 2 T€ Ergänzungsbilanz), womit sich die ausgleichs-/abzugsfähigen KG-Verluste des A auf 12 T€ erhöhen. Lediglich 3 T€ Verlustanteile sind intern nach § 15a Abs. 2 EStG verrechenbar.

Für die Anwendung und für die Steuerfolgen des § 15a EStG ist der Stand des Kapitalkontos zum 31.12. des Kj. maßgeblich. Gerade im Hinblick auf das Gestaltungspotenzial der Einlagen bei § 15a EStG spielt die Rspr. (s. BFH vom 11.12.1990, BStBl II 1992, 232) eine wichtige Rolle, wonach der **Buchungstag** entscheidend ist.
Außerdem werden Entnahmen und Einlagen saldiert.

Hinweis: Mit einer **rechtzeitigen** Einlage im Jahr des sich abzeichnenden Verlustes konnte der Verlust **ausgleichsfähig** gestellt werden. Durch die Einführung des § 15 Abs. 1a EStG durch das JStG 2009 gilt dies jedoch nur noch für Einlagen, die vor dem 25.12.2008 geleistet wurden (H 15a »Einlagen« EStH).

Während die Abschichtung des Sonder-BV im Anwendungsbereich des § 15a EStG keine Probleme mehr verursacht, muss die verbleibende Zielgröße »Kapital(-konto)« als **Eigenkapital** definiert und vom (hier) unmaßgeblichen Fremdkapital abgegrenzt werden. Dies hängt zum einen mit der in den meisten Gesellschaftsverträgen[471] üblichen Aufteilung der Kapitalkonten in drei (bzw. vier) Unterkapitalkonten zusammen; zum anderen werden aus dem Recht der KapG bestimmte Kapitalgrößen in die Vertragspraxis der PersG hineingetragen, denen dort eine andere Wertigkeit als im Herkunftsbereich (GmbHG, AktG) zukommt. Entscheidend ist dabei nach ständiger BFH-Rspr. die Funktion des Guthabens auf dem jeweiligen Kapitalkonto (vgl. BFH vom 03.02.1988, BStBl II 1998, 551; vom 14.05.1991, BStBl II 1992, 167; vom 30.03.1993, BStBl II 1993, 706; vom 23.01.2001, BStBl II 2001, 621; vom 16.10.2008, BStBl II 2009, 272). Für das Vorliegen von Eigenkapital spricht danach:

- die Buchung von Verlusten auf dem Konto,
- eine ermäßigte Verzinsung des Kontos, bzw. die Zinsvariabilität entsprechend dem Geschäftsverlauf,
- der zeitliche Gleichlauf zwischen Konto und Beteiligungsdauer,
- die Verbuchung von Entnahmen und Einlagen und vor allem
- die fehlende Möglichkeit, das Konto im Insolvenzfall als Forderung geltend zu machen.

Demgegenüber legt die Buchung des laufenden Zahlungsverkehrs in der Form eines **Verrechnungskontos**, wie es zwischen KapG und deren G'ftern üblich ist, die Annahme von **Fremdkapital** nahe.

In der Art eines Kurzkommentars sind im Schreiben des BMF vom 30.05.1997 (BStBl I 1997, 627) die wichtigsten Indikatoren und deren Zuordnung aufgelistet worden, ohne die Chance zu nutzen, sich um eine gleichzeitige Praxisintegration der gebräuchlichen Kapitalkontenbezeichnungen zu bemühen:

1. **Geleistete Pflicht- und Hafteinlagen** gehören immer zum **Eigenkapital** (in der Praxis: Kapitalkonto I); aufgrund von zwei klarstellenden BFH-Urteilen vom 18.12.2003 (BStBl II 2004, 231) und vom 12.02.2004 (Az.: VIII B 51/03) gehören weder die Einlageverpflichtung noch die Verlustübernahmeerklärung zu den relevanten Einlagen i.S.d. § 15a Abs. 1 EStG.
2. Werden – atypisch für die KG – Kapitalrücklagen zur kurzfristigen Stärkung des Bilanzergebnisses (aus Gesellschaftermitteln) oder Gewinnrücklagen (durch »Stehenlassen« der nicht entnommenen Gewinne) gebildet, so hat dies ebenfalls Eigenkapitalcharakter (häufig unter Kapitalkonto II dargestellt).
3. Bei den **variablen Kapitalkonten**, auf denen die laufenden Entnahmen und Einlagen verzeichnet sind (in der Praxis Kapitalkonto III bzw. II, wenn kein gesondertes Kapitalkonto II für die Rücklagen gebildet wird), erfolgt die Zuordnung aufgrund der o.g. allgemeinen Kriterien. **Getrennt geführte Verlustvortragskonten** (häufig unter Kapitalkonto III aufgelistet) mindern regelmäßig das Kapitalkonto und stellen daher **Eigenkapital** dar. Das gilt auch, wenn die Kommanditisten lt. Vertrag entgegen § 167 Abs. 3 HGB eine Nachschusspflicht trifft.
4. **Darlehen** und **Bürgschaften** hingegen stellen **Fremdkapital** dar (häufig auf Kapitalkonto IV verbucht). § 15a Abs. 1 S. 2 EStG (überschießende Außenhaftung nur bei § 171 Abs. 1 HGB) verdeutlicht diese Auslegung. In der BFH-Rspr. wurden diese Grundsätze auch auf

---

471 S. Formularhandbuch »Münchner Handbuch GesR I« *von Falkenhausen*, §§ 55, 56.

die Fälle erstreckt, da gesellschaftsrechtlich Eigenkapital vorliegt (Darlehen mit vereinbartem Rangrücktritt; eigenkapitalersetzende Darlehen). Es bleibt steuerlich Fremdkapital (BFH vom 28.03.2000, BStBl II 2000, 347 und BFH vom 01.10.2002, BFH/NV 2003, 304), woran sich auch nach Abschaffung des Eigenkapitalersatzrechts durch das MoMiG nichts geändert hat.[472]

In diesem Zusammenhang wird auch diskutiert, ob sog. »Finanzplandarlehen« (vertraglich vorgesehene Kapitalzuflüsse seitens der G'fter) oder »Darlehen mit gesplitterter Einlage« (vertraglich ist neben der Bareinlageleistung ein weiterer Finanzierungsbeitrag als Darlehen vorgesehen) zum Eigenkapital oder zum Fremdkapital i.S.d. § 15a EStG gehören. Entgegen der h.M. im Schrifttum[473], die sich der gesellschaftsrechtlichen Wertung als Eigenkapital auch für das Steuerrecht anschließt, wird hier die Meinung vertreten, dass der BFH bei § 15a EStG bereits eine eigenständige steuerliche Sichtweise eingeschlagen hat und diese konsequent fortzusetzen hat.

5. Ebenso bleiben stille Reserven beim Kapitalkontenbegriff des § 15a EStG unberücksichtigt. Die eigentlich überraschende Erkenntnis liegt darin, dass es dazu einer BFH-Entscheidung (BFH vom 14.12.1995, BStBl II 1996, 226) bedurfte, da doch die Nichtberücksichtigung stiller Reserven jedem bilanziellen Kapitalbegriff zu eigen ist, ja sogar sein Wesen ausmacht. Das Kapitalkonto mit dem Kapitalausweis ist eben nur eine Rechen- oder Hilfsgröße, die den buchhalterischen Beteiligungswert des einzelnen G'fters ausweist. Demgegenüber repräsentiert die Nichtbilanzgröße »Vermögensanteil« bekanntlich den wahren Beteiligungswert unter Einschluss der stillen Reserven.

Beispiel 9: Kapitalkonten I–IV und § 15a EStG
X ist zu 25 % an der X-KG beteiligt. Seine (im HR) eingetragene Haftsumme beträgt 50 T€, die erbracht wurde. Die (vertraglich vereinbarte) Pflichteinlage beläuft sich auf 70 T€. Die StB weist für X folgende relevante Bestände aus:

Kapitalkonto I (Festkapital):	+ 70 T€	bei ausstehenden Einlagen i.H.v. 20 T€
Kapitalkonto II	+ 20 T€	
Kapitalkonto III (Verlustvortrag):	./. 10 T€	
Kapitalkonto IV (Darlehen):	+ 200 T€	

Als Tätigkeitsvergütung (lt. Dienstvertrag) erhält X angemessene 48 T€/Jahr. Der Verlust lt. StB der X-KG beträgt ./. 400 T€.

Bei **Tätigkeitsvergütungen**, die immer nach § 15 Abs. 1 S. 1 Nr. 2 S. 1 2. HS EStG steuerbar sind, wird für Zwecke der Kapitalkontendarstellung danach differenziert, ob sie auf einem **Dienstvertrag** beruhen oder ob sie (unangemessen hoch) einen **sog. Vorab-Gewinn** darstellen und als solche in das Kapitalkonto integriert werden. Eine angemessene, dem Fremdvergleich standhaltende Tätigkeitsvergütung, die auf einem Dienstvertrag beruht, berührt nicht das Kapitalkonto. Ein Gewinnvorab liegt hingegen vor, wenn die Tätigkeitsvergütungen handelsrechtlich nicht als Kosten zu behandeln sind und nur bei Erwirtschaftung eines ausreichenden Gewinnes gezahlt werden.

---

472 Vgl. allgemein Kap. II 4.4.3.2.
473 Vgl. *Wacker* in *Schmidt*, EStG, § 15a Rz. 91 m.w.N. und BMF vom 21.10.2010, BStBl I 2010, 832, Tz. 3c.

Lösung:
- Von dem Verlust der X-KG entfällt auf X ein Anteil von ./. 100. T€.
- Das maßgebliche Kapitalkonto i.S.d. § 15a Abs. 1 EStG beträgt 60 T€, das sich zusammensetzt aus:

    Kapitalkonto I (bezahlte Einlage):   + 50 T€
    Kapitalkonto II (Rücklage):   + 20 T€
    Kapitalkonto III (Verlustvortrag):   ./. 10 T€

    Summe für § 15a EStG: + 60 T€

- Die Tätigkeitsvergütungen beeinflussen bei dieser Gestaltung nicht die Entwicklung des Kapitalkontos.
- Für § 15a Abs. 1 EStG ist danach bei zugewiesenen Verlusten von 100 T€ ein Differenzbetrag von 40 T€ erfasst.

Es entsteht ein negatives Kapitalkonto, so dass ./. 40 T€ Verluste nur intern gem. § 15a Abs. 1 und 2 EStG verrechenbar sind. I.H.v. ./. 60 T€ sind ausgleichsfähige Verluste nach § 15 Abs. 1 S. 1 Nr. 2 EStG gegeben, die vorliegend mit den Tätigkeitsvergütungen i.H.v. 48 T€ verrechnet werden. Der verbleibende Verlust des X aus der Beteiligung an der X-KG i.H.v. ./. 12 T€ ist horizontal mit anderen gewerblichen Einkünften oder vertikal mit ggf. anderen Einkünften ausgleichbar.

Exkurs: »Nachträgliche Einlagen« (§ 15a Abs. 1a EStG)
Nachträgliche Einlagen ab dem 25.12.2008 führen gem. § 15a Abs. 1a EStG weder zu einer Ausgleichs- oder Abzugsfähigkeit eines vorhandenen verrechenbaren Verlustes in diesem Verlustjahr noch im künftigen Wj., soweit durch den Verlust ein negatives Kapitalkonto entsteht oder sich erhöht.

Definition der »nachträglichen Einlagen« = diejenigen Einlagen, die **nach Ablauf** eines Wj. geleistet werden, in dem ein nicht ausgleichs- oder abzugsfähiger Verlust entstanden oder ein Gewinn nach § 15a Abs. 3 S. 1 EStG zugerechnet worden ist.

Die nachträgliche Einlage führt außer im Jahr der Einlage selbst nur noch im Falle der Veräußerung des MU-Anteils bzw. der Betriebsaufgabe zu einer Umpolung von verrechenbaren in **ausgleichs- bzw. abzugsfähige Verluste**.

Beispiel 10:
Einem Kommanditisten (K) mit einer voll eingezahlten Einlage von 10 T€ wird im Jahr 2015 ein laufender Verlust i.H.v. 50 T€ zugewiesen. Ausgleichsfähig sind 10 T€, ein verrechenbarer Verlust von 40 T€ wird zum 31.12.2015 festgestellt.
Zum Ende des Jahres 2016 zeichnet sich ein weiterer Verlust i.H.v. 40 T€ ab, den K mit einer Einlage von 50 T€ zum Verlustausgleich (40 T€) verhelfen kann.

Lösung: Somit hätte K (nach BFH vom 14.10.2003, BStBl II 2004, 359; vom 13.09.2007, BFH/NV 2008, 39) im folgenden Jahr 2017 noch 10 T€ ausgleichsfähigen Verlust gut gehabt. Dem Nichtanwendungserlass (BMF vom 19.11.2007, BStBl I 2007, 823) folgte nun der Gesetzgeber: Die 10 T€ sind im Verlustjahr 2017 nur verrechenbare Verluste.[474]

---

[474] S. hierzu *Wacker*, DStR 2009, 403.

3.5.1.3 Wirkungsweise des § 15a EStG (§ 15a Abs. 2 EStG) und klausurtechnischer Bearbeitungshinweis

§ 15a Abs. 2 EStG sieht eine zeitlich unbefristete Verrechnung von nicht ausgleichs- und abzugsfähigen KG-Verlusten gegen zukünftige Gewinne »aus« der (nämlichen) Beteiligung vor. Die Verlustverrechnung gem. § 15a Abs. 2 EStG geht als verfahrensrechtliche Spezialvorschrift (s. § 15a Abs. 4 EStG) dem § 10d EStG vor. Danach hat die Verlustverrechnung gegen Gewinne aus dem Gesellschaftsvermögen zum frühestmöglichen Zeitpunkt stattzufinden.

Entsprechend der Grundkonzeption des § 15a EStG (die aufgedeckten stillen Reserven haben mitgehaftet) erstreckt sich die Verrechnung gem. § 15a Abs. 2 EStG nicht nur auf später anfallende laufende Gewinnanteile aus der KG, sondern auch auf etwaige Gewinne aus der Veräußerung des Anteils durch den Kommanditisten, soweit er auf der Veräußerung des Anteils selbst beruht. Veräußerungsgewinne im Sonderbetriebsvermögen (und ggf. steuerfreie Veräußerungsgewinne) sind nicht einzubeziehen (BMF vom 15.12.1993, BStBl I 1993, 976).

Abgesehen von der Stellung des § 15a EStG innerhalb des EStG-Verlustkonzepts bieten sich die Begriffe des § 15a Abs. 1 EStG **in einem Klausurfall** für eine getrennte Darstellung an:

Kapitalkonto	Ausgleichsfähiger Verlust	Verrechenbarer Verlust
(Entwicklung 31.12.)	(i.S.v. § 15 Abs. 1 S. 1 Nr. 2 EStG)	(i.S.v. § 15a Abs. 2 EStG)

Beispiel 11: Häufige Verluste zehren trotzdem auf
Y ist seit 01.01.02 als Kommanditist an der Y-KG beteiligt. Die geleistete und in das HR eingetragene Einlage betrug 100.000 €. Der auf Y entfallende Verlustanteil 02 belief sich auf ./. 110.000 €. Im Jahre 03 leistete Y eine freiwillige Einlage von 30.000 € bei einem Verlustanteil von ./. 65.000 € in 03. In 04 erhält Y einen Gewinnanteil aus der KG i.H.v. 25.000 €. In den Jahren 00–04 betragen die anderen Einkünfte des Y jeweils + 80.000 €.

Lösung (technisch-rechnerische):

Kapitalkonto (in €)	Ausgleichsfähiger Verlust (in €)		Verrechenbares Volumen (in €)
VZ 02			
100.000		./. 100.000	
./. 110.000	(sonstige Einkünfte)	80.000	
	(§§ 2, 10d EStG)	./. 20.000	
./. 10.000		⟶	10.000
VZ 03			
./. 10.000			10.000
30.000		./. 30.000	
./. 65.000		80.000	
	(§ 2 Abs. 3 EStG)	50.000	
./. 45.000		⟶	35.000
			45.000

VZ 04

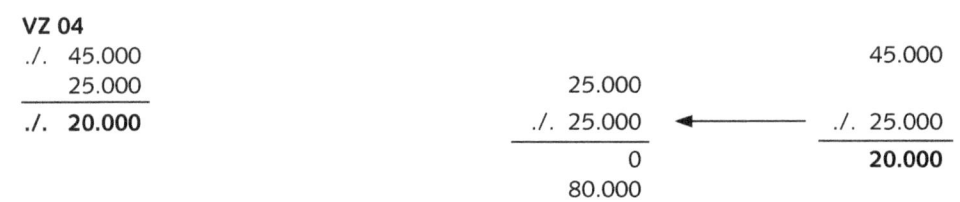

./. 45.000		45.000
25.000	25.000	
./. 20.000	./. 25.000 ⟵	./. 25.000
	0	**20.000**
	80.000	

Lösung (in Worten):

- Im VZ 02 entsteht ab der Verlustgröße von 100 T€ ein negatives Kapitalkonto; somit sind ./. 100 T€ Verluste (§ 15 Abs. 1 S. 1 Nr. 2 EStG) nach § 2 Abs. 3 EStG mit 80 T€ sonstigen Einkünften ausgleichsfähig, der Rest (./. 20 T€) wird nach § 10d EStG auf 01 zurückgetragen. Die verbleibenden ./. 10 T€ Verluste sind gem. § 15a Abs. 2 EStG intern verrechenbar mit künftigen Beteiligungsgewinnen des Y aus der Y-KG, wozu auch Veräußerungsgewinne nach § 16 Abs. 1 S. 1 Nr. 2 EStG zählen.
- Im VZ 03 stellt sich als erstes die Frage der Entwicklung des Kapitalkontos des Y. Einer chronologischen Darstellung [in dem Sinne, dass von einem Zwischenstand von + 20 T€ (./. 10 T€ + 30 T€) nach Verlustverrechnung (./. 65 T€) i.H.v. ./. 45 T€ negatives Kapitalkonto entsteht[475]] ist früh eine Absage erteilt worden. Stattdessen findet eine reine Saldoberechnung auf den 31.12.[476] statt, wonach Anfangskapital (./. 10 T€) und Schlusskapital (./. 45 T€) verglichen werden und diese Differenz (»soweit ein [...] sich erhöht«) den Neuzugang zum verrechenbaren Verlustvolumen (35 T€) nach § 15a Abs. 2 EStG bestimmt. Der Betrag von insgesamt ./. 45 T€ im VZ 03 wird sodann gem. § 15a Abs. 4 S. 1 EStG gesondert festgestellt.
- Umgekehrt stellen – wegen der Saldo-Betrachtungsweise – geleistete Einlagen (30 T€) immer das Mindestausgleichspotenzial gem. § 2 Abs. 3 EStG dar. Der Grund ist auch darin zu sehen, dass die geleisteten Einlagen den Kommanditisten im Verlustentstehungsjahr (03) wirtschaftlich belasten und somit ausgleichs-/abzugsfähig sind.[477]
- Im VZ 04 findet erstmalig eine innerbetriebliche Verrechnung der festgestellten Verluste i.H.v. ./. 25 T€ mit dem in 04 erzielten Gewinnanteil von + 25 T€ statt. Die Umqualifikation aus den Vorjahren in verrechenbare Verluste wird nunmehr erstmalig »eingelöst«. Gleichzeitig reduziert sich das gesondert nach § 15a Abs. 4 EStG[478] festzustellende Verrechnungsvolumen auf ./. 20 T€.
- Die Gesamtdarstellung belegt in der Momentaufnahme zum 31.12.04 die Richtigkeit der einzelnen Rechenschritte, da dem negativen Kapitalkonto von ./. 20 T€ in gleicher Höhe künftig verrechenbare Verluste gegenüberstehen.

Eine dogmatisch nicht unbedenkliche Korrektur am Wortlaut des § 15a Abs. 1 S. 1 EStG hat zunächst der BFH im Urteil vom 14.10.2003 (BStBl I 2004, 359) vorgenommen. Leistet danach ein Kommanditist – im Urteilsfall auf Druck seiner Hausbank – zum Ausgleich seines negativen Kapitalkontos eine Einlage und wird diese nicht durch ausgleichsfähige Verluste verbraucht, so führt dies nach Ansicht des BFH zu einem **Korrekturposten** mit der Folge, dass spätere Verluste bis zum Verbrauch dieses Postens unabhängig vom Kapitalkontostand ausgleichsfähig sind. Nach einem Nichtanwendungserlass (BMF vom 14.04.2004, BStBl I

---

475 Hierzu ausführlich *von Beckerath* in *K/S/M*, § 15a D 46 ff.
476 Unterstellt wird: Wj. = Kj.
477 S. *Wacker* in *Schmidt*, EStG, § 15a Rz. 82, 181.
478 Den Fall der Umqualifizierung verrechenbarer in ausgleichsfähige Verluste nach einer Sanierung behandelt der BFH im Urteil vom 16.05.2002 (BStBl II 2002, 748).

2004, 463) hat sich das BMF aufgrund der Folgeentscheidung (BFH vom 26.06.2007, BStBl II 2007, 934) nunmehr dieser Beurteilung (neues Verlustausgleichspotenzial) angeschlossen (BMF vom 19.11.2007, BStBl I 2007, 823).

Hinweis: Bei einer formwechselnden Umwandlung einer GmbH in eine KG mit **Rückwirkung** hat der BFH am 03.02.2010 (BStBl II 2010, 942) entschieden, dass auch die **Haftungsverfassung (§ 15a-Komponenten)** auf den steuerlichen Übertragungsstichtag **zurückzubeziehen** ist.

3.5.2 Die überschießende Außenhaftung von § 15a Abs. 1 S. 2 und 3 EStG

Bei zwei gesellschaftsrechtlichen Konstellationen wird ein entstehendes bzw. sich erhöhendes negatives Kapitalkonto steuerlich nicht »bestraft«:

- Nach § 171 Abs. 1 HGB bleibt die geleistete Einlage hinter dem Betrag der **Hafteinlage**[479] zurück (§ 15a Abs. 1 S. 2 EStG) und der gleichgestellte Fall, dass
- durch Gewinnentnahmen in der Situation der Verlustzuweisung das Kapitalkonto gemindert wird (§ 172 Abs. 4 S. 2 HGB; R 15a Abs. 3 S. 9 EStR) bzw. – allgemein – die **Rückgewähr der Einlage**.

In beiden Fällen kommt es nach §§ 171 f. HGB zu einer **persönlichen Haftung** des Kommanditisten, die der Höhe nach auf die Hafteinlage bzw. den Differenzbetrag zwischen Hafteinlage und geleisteter Einlage begrenzt ist. Auch hier kommt der Grundsatz der rechtlichen Belastung des Kommanditisten zum Tragen, der einen Ausgleich/Abzug des Verlustanteils rechtfertigen soll.

Hinweis: Diese Ausnahmeregelung gilt nicht in der Situation des § 176 HGB (Komplementärhaftung i.S.d. § 128 HGB des Kommanditisten vor Eintragung der KG bzw. seiner Beteiligung in das Handelsregister).

Aus diesen Überlegungen erschließt sich sogleich die restriktive Auslegung von § 15a Abs. 1 S. 2 EStG, wonach an der Ausnahmeregelung **nicht** teilhaben (R 15a Abs. 3 EStR):

- nicht namentlich im HR eingetragene Kommanditisten,
- nicht zum maßgeblichen Bilanzstichtag eingetragene Kommanditisten,
- Treugeber bzw. Unterbeteiligte, da sie nicht im HR eingetragen sind,
- Haftung aufgrund § 176 HGB (Haftung vor Eintragung).

Keine die Außenhaftung i.S.d. § 171 HGB berührenden Haftungstatbestände sind weiterhin:

- Außenhaftung aufgrund einer Bürgschaft des beschränkt haftenden Kommanditisten gegenüber einzelnen Gläubigern der Gesellschaft (BT-Drs. 8/3648, 17);
- Nachschusspflicht im Innenverhältnis entgegen § 167 Abs. 3 HGB (BFH vom 14.12.1995, BStBl II 1996, 226);
- Persönliche Haftung aus § 172 Abs. 2 HGB wegen fehlender Handelsregistereintragung;
- Schuldrechtliche Verpflichtung zur Verlustübernahme (BFH vom 07.10.2004, BFH/NV 2005, 533);
- Haftung aus § 174 HGB gegenüber sog. »Altgläubigern« nach Herabsetzung der Haftsumme.

---

479 Entscheidend ist immer die im HR eingetragene Hafteinlage und nicht die (vertraglich vereinbarte) Pflichteinlage.

Aus diesen Gründen kann das Haftungsprivileg auch nur **einmal** in Anspruch genommen werden (R 15a Abs. 3 S. 7 und 8 EStR).

Schließlich trägt nach § 15 Abs. 1 S. 3 EStG der Kommanditist die Feststellungslast für das Vorliegen der o.g. Voraussetzungen. Die weitere Negativvoraussetzung, dass die Haftung nicht vertraglich – z.B. durch eine interne Freistellung – ausgeschlossen ist oder die Vermögensminderung des Haftungs-Kommanditisten unwahrscheinlich (z.B. durch den Abschluss eines Versicherungsvertrages) ist, trägt dem Umstand des konkreten persönlichen Risikos Rechnung.

3.5.3 Einlage- und Haftungsminderung nach § 15a Abs. 3 EStG

Zum Haftungsrecht der §§ 171 f. HGB kommt noch eine weitere gesellschaftsrechtliche »Störgröße« hinzu: die Manipulation des Kapitalkontos i.S.d. § 15a Abs. 1 EStG durch eine **kurzfristige** Erhöhung zum Bilanzstichtag. Vor dem Hintergrund dieser Gestaltungsmöglichkeit zur Erweiterung des Ausgleichs-/Abzugsvolumens ist in § 15a Abs. 3 EStG eine dynamische Regelung für die zehn folgenden Jahre geschaffen worden, wenn die Erhöhung innerhalb dieses Zeitraums wieder zurückgenommen wird.

3.5.3.1 Sinn und Zweck der Ausnahmeregelung

Spätere Entnahmen, die zur Entstehung oder Erhöhung eines negativen Kapitalkontos führen (Einlagenminderung) werden dem Kommanditisten als **fiktiver Gewinn** zugerechnet, soweit ein negatives Kapitalkonto des Kommanditisten durch Entnahmen entsteht oder sich erhöht (Einlagenminderung) und soweit nicht aufgrund der Entnahmen eine nach § 15a Abs. 1 S. 2 EStG zu berücksichtigende Haftung besteht oder entsteht. Der danach zuzurechnende Betrag darf den Betrag der Anteile am Verlust der Kommanditgesellschaft nicht übersteigen, der im Wj. der Einlagenminderung und in den zehn vorangegangenen Wj. ausgleichs- oder abzugsfähig gewesen ist.

Gleiches gilt für die spätere Herabsetzung der im HR eingetragenen Haftungseinlage (Haftungsminderung). Die Hinzurechnung eines fiktiven Gewinnes erfolgt aber nur, wenn und soweit im Jahr der Einlage- und Haftungsminderung oder in den vorangegangenen zehn Jahren Verlustanteile ausgleichs- oder abzugsfähig gewesen sind. Die fiktiven Gewinne werden gleichzeitig in **verrechenbare Verluste** umgepolt, die im laufenden Jahr und in den Folgejahren mit Gewinnanteilen aus dieser KG verrechnet werden können (§ 15a Abs. 3 S. 4 EStG).

§ 15a Abs. 3 EStG soll daher verhindern, dass wegen der Maßgeblichkeit des Kapitalkontos bzw. wegen des Umfangs der Außenhaftung zum Bilanzstichtag durch eine vorübergehende Einlagenerhöhung der Verlustausgleich reaktiviert wird. Statt einer rückwirkenden Annullierung im Jahr der »Beeinflussung« wird im Jahr der Einlagenminderung der identische Effekt zeitversetzt erzielt.[480]

3.5.3.2 Die Einlageminderung

Nach § 15a Abs. 3 S. 1 EStG liegt eine Einlagenminderung vor, **soweit** durch Entnahmen ein negatives Kapitalkonto entsteht oder sich erhöht. Der Höhe nach wird die Einlagenminderung durch die Entnahmen (i.S.d. § 4 Abs. 1 S. 2 EStG) begrenzt.

---

[480] Allgemeine Auffassung (statt aller *von Beckerath* in *Kirchhof-kompakt*, § 15a Rz. 190 f. sowie *Wacker* in *Schmidt*, EStG, § 15a Rz. 150).

Wiederum tritt das Problem des Zusammentreffens der verschiedenen Komponenten des Kapitalkontos in einem Jahr und ihr Einfluss auf § 15a Abs. 3 S. 1 EStG auf.

- Treffen Einlagen und Entnahmen zusammen, wird nur auf die Anfangs- und Schlussbestände abgestellt.
- Beim Zusammentreffen von Gewinnanteilen und Entnahmen vertritt auch die Finanzverwaltung die Auffassung, dass es nur auf die Schlussbestände der Kapitalkonten ankäme und ein Zwischensaldo nicht zu bilden ist.[481] Dies spiegelt auch die gewollte Rechtsfolge wieder, da sich auf diese Weise die Verlusthaftung der Vorjahre mit den Gewinnen zukünftiger Jahre bei Wiederauffüllung des Kapitalkontos realisiert.
- Auch Einlagen und Verlustanteile werden saldiert und als eine maßgebliche Größe in das Kapitalkonto i.S.d. § 15a Abs. 3 S. 1 EStG aufgenommen.
- Beim Zusammentreffen von Entnahmen und Verlustanteilen erfolgt ebenfalls nur ein einheitlicher Vergleich der Kapitalkontenstände in den jeweiligen Schlussbilanzen. Die Reihenfolge der Verrechnung ist dabei unerheblich, da in den Fällen nach Verbuchung der Entnahmen und Verlustanteile das (negative) Kapital so weit gemindert ist, dass ein Ausgleich nicht mehr gerechtfertigt ist. Somit ist das Kapitalkonto primär als durch den Verlustanteil gemindert anzusehen.[482]

Hieraus ergibt sich in umgekehrter Richtung die Ermittlung und Höhe des (fiktiven) Gewinnzuschlags, der gedanklich überhaupt ausgleichs- und abzugsfähige Verluste voraussetzt. Es sind drei Konstellationen denkbar[483], bei denen jeweils die Kompensationswirkung der überschießenden Außenhaftung (§ 15a Abs. 3 S. 1 i.V.m. Abs. 1 S. 2 EStG) zu berücksichtigen ist.

1. Grundfall: Die Entnahme lässt die Haftung wieder aufleben:

       Betrag der Entnahme
   ./. Betrag der wieder aufgelebten Haftung
   = vorläufiger Gewinnzuschlag

2. Entnahme ohne vorherige Einlage bzw. ohne Hafteinlage (kein Wiederaufleben der Haftung):

       Betrag der Entnahme
   ./. Betrag der **bestehenden**[484] Außenhaftung
   = vorläufiger Gewinnzuschlag

3. Geleistete Einlage ohne voll ausgeschöpfte Außenhaftung:

       Betrag der Entnahme
   ./. bestehende Haftung
   ./. wieder auflebende Haftung
   = vorläufiger Gewinnzuschlag

---

481 OFD Frankfurt vom 09.06.1998, ESt-Kartei, § 15a Karte 6; ebenso OFD Berlin vom 09.11.1998 Nr. 1008 sowie das mehrheitliche Schrifttum (Bitz a.a.O. Rz. 37).
482 Gleicher Ansicht *von Beckerath* in K/S/M, § 15a D 54–D 60.
483 Nach *Walzer*, BB 1981, 1680.
484 Ein Gewinnzuschlag bis zur wiederauflebenden Haftung ist ungerechtfertigt.

Hier kann es zu einem Gewinnzuschlag nur kommen, soweit die Entnahmen den Betrag der Haftsumme übersteigen. Werden nämlich Beträge bis zur Höhe der Haftsumme entnommen, so liegt eine Einlagerückgewähr oder eine unzulässige Gewinnentnahme nach § 172 Abs. 4 HGB vor, die § 15a Abs. 3 EStG ins Leere laufen lässt.

Die Beschränkung auf den Elf-Jahres-Zeitraum (Jahr der Einlageminderung zzgl. der zehn vorhergehenden Jahre) verfolgt den Zweck, den Kommanditisten so zu stellen, als habe die geminderte Einlage bereits von Anfang an bestanden. Aus praktischen Gründen wird dabei die Grenze am Beginn eines Elf-Jahres-Zeitraumes gezogen. Darüber hinaus ist eine Saldierung der Verluste mit den Gewinnen innerhalb dieses Zeitraumes geboten (BFH vom 20.03.2003, BStBl II 2003, 798).

Beispiel 12: Der pfiffige Kommanditist Z
Z ist mit einer in 01 erbrachten und im HR eingetragenen Einlage von 20 T€ an der Z-KG als Kommanditist beteiligt. Für 01 entfällt auf Z ein Verlustanteil von ./. 50 T€. Da sich das Ergebnis abzeichnete, erbrachte Z noch im Dezember 01 eine Einlage von 30 T€, die nicht im HR eingetragen wurde. Diese Einlage entnimmt Z im Januar 02. In diesem Jahr (02) entfällt auf Z ein Verlust von ./. 10 T€ (Alternative: Gewinnanteil 02 für Z von + 10 T€).

Lösung (in €):

Kapitalkonto (in €)	Ausgleichs- /Abzugsfähige Verluste	Verrechenbare Verluste
VZ 01		
+ 20.000		
+ 30.000		
./. 50.000	50.000	0
0		
VZ 02		
0		
./. 30.000		
./. 10.000		./. 10.000
./. 40.000		
	(ab hier § 15a Abs. 3 EStG)	
	+ 30.000 (S. 1)	
	0 (§ 15a Abs. 1 S. 2 EStG)	./. 30.000
		./. **40.000**

Im VZ 01 ist der komplette Verlustanteil von ./. 50 T€ gem. § 15 Abs. 1 Nr. 2 EStG ausgleichs- und abzugsfähig gem. § 2 Abs. 3, § 10d EStG. Die vorübergehende Einlageerhöhung wird nicht rückwirkend beseitigt oder nach § 42 AO negiert.

Im VZ 02 stellt der Verlustanteil nur einen verrechenbaren Verlust nach § 15a Abs. 2 EStG dar, da insoweit ein negatives Kapitalkonto vorliegt. Die Reihenfolge der Verrechnung ist hier obsolet. Gem. § 15a Abs. 3 S. 1 EStG wird die Entnahme in 02 als Einlageminderung behandelt und führt zu einem (fiktiven) steuerbaren Gewinn nach § 15 Abs. 1 Nr. 2 EStG. Die Einschränkung der überschießenden Außenhaftung nach § 15a Abs. 1 S. 2 EStG liegt nicht vor, da die Einlagenerhöhung in 01 nicht in das HR eingetragen wurde. Keine der in § 172 Abs. 4 HGB genannten

Varianten (Einlagerückgewähr[485] bzw. Gewinnentnahme in Verlustzeiten) ist einschlägig. Gleichzeitig werden – zeitversetzt – nach § 15a Abs. 3 S. 4 EStG die fiktiven Gewinne in verrechenbare Verluste umgepolt. Zusammen mit dem Anfangsbestand von ./. 10 T€ wird zum 31.12.02 gem. § 15a Abs. 4 EStG für Z ein verrechenbarer Verlust aus der Z-KG i.H.v. ./. 40 T€ festgestellt. In der **Alternative (Gewinnanteil 02: + 10 T€)** verändert sich das Schlusskapital. Statt ./. 40 T€ bewirkt der Gewinnanteil einen Schlussbestand von ./. 20 T€.

Nach der h.A. wird beim Zusammentreffen von Gewinn und Entnahmen kein Zwischensaldo gebildet. Für den Begriff des »entstehenden negativen Kapitalkontos« wird – wie in den anderen Fällen auch – nur der Vergleich der jeweiligen Schlussbestände 01 und 02 vorgenommen und i.H.v. **20 T€** ein fiktiver Gewinn nach § 15a Abs. 3 EStG angenommen. Die nach S. 4 umgepolten verrechenbaren Verluste von ./. 20 T€ können bereits in 02 i.H.v. 10 T€ mit dem Gewinnanteil des Z verrechnet werden.

3.5.3.3 Die Haftungsminderung

Gem. § 15a Abs. 3 S. 3 EStG liegt eine Haftungsminderung vor, wenn der Haftungsbetrag i.S.d. § 15a Abs. 1 S. 2 EStG (»überschießende Außenhaftung«) reduziert wird. Er ermittelt sich, indem von der Haftsumme die Einlage, soweit diese nicht zurückgezahlt ist, und auf die Haftung geleistete Zahlungen abgezogen werden.[486] Der BFH entschied am 20.11.2014 (BStBl II 2015, 730), dass die Frage der Gewinnhinzurechnung nach § 15a Abs. 3 S. 3 EStG im Rahmen der gesonderten und einheitlichen Gewinnhinzurechnung entschieden werden müsse.

Beispiel 13: »Das Spiel mit der Haftsumme«
Die Pflichteinlage beträgt 90 T€, die Haftsumme 100 T€. Ausgehend von einem Kapitalkonto zum 01.01.01 von 50 T€[487] wird in 02 ein Verlust i.H.v. 100 T€ zugewiesen, in 02 erfolgt – ohne Ergebniszuweisung – eine Einlage i.H.v. 40 T€ und in 03 wird die Haftsumme auf 95 T€ herabgesetzt.

Lösung (in €):

Kapitalkonto	Ausgleichs- /Abzugsfähige Verluste		Haftungsbetrag
	§ 15a Abs. 1 S. 1 EStG	§ 15a Abs. 1 S. 2 EStG	§ 171 Abs. 1 HGB
VZ 01			
+ 50.000			
./. 100.000 →	./. 50.000 →	./. 50.000	+ 50.000
./. 50.000			
VZ 02			
./. 50.000			
+ 40.000 ───→			./. 40.000
./. 10.000			+ 10.000
VZ 03			
			./. 5.000
	Gewinnzuschlag		+ 5.000

---

485 Die Rückzahlung der 30 T€ bezieht sich eindeutig auf die in 01 erbrachte spätere Einlage.
486 S. *von Beckerath* in *K/S/M*, § 15a D 124.
487 Von den 90 T€ sind nur 50 T€ eingezahlt worden.

Lösung (in Worten): Im Jahr 01 betrug der Haftungsbetrag gem. §§ 171, 172 HGB 50 T€ (100 T€ ./. 50 T€). Im Jahre 02 reduziert er sich auf 10 T€, da eine zusätzliche Einlage von der Haftung nach § 171 Abs. 1 HGB befreit. Durch die Herabsetzung der Haftsumme in 03 kommt es zu einer Reduktion des Haftungsbetrages i.S.d. § 15a Abs. 1 S. 2 EStG. Die Haftungsminderung beträgt somit 5 T€.

Eine Haftungsminderung führt durch Nachversteuerung nur zu einer Rückgängigmachung des Verlustausgleichs solcher Verluste, die im Elf-Jahres-Zeitraum[488] zu einem negativen Kapitalkonto geführt haben und nur wegen § 15a Abs. 1 S. 2 EStG ausgleichsfähig waren.[489]

Es ist daher ein **Gewinnzuschlag** i.H.v. **5 T€** vorzunehmen, da im Jahre 01 immerhin 50 T€ gem. § 15a Abs. 1 S. 2 EStG ausgleichsfähig waren und zu einem negativen Kapitalkonto geführt haben. Eine Haftungsminderung führt nur dann zu einer Rückgängigmachung des Verlustausgleichs durch Nachversteuerung solcher Verluste, die im Elf-Jahres-Zeitraum zu einem negativen Kapitalkonto geführt haben und nur wegen § 15a Abs. 1 S. 2 EStG ausgleichsfähig waren.

Ebenso führt eine zusätzlich über die im Handelsregister eingetragene Haftsumme geleistete Pflichteinlage bei negativem Kapitalkonto des Kommanditisten nicht zu einer Gewinnhinzurechnung nach § 15a Abs. 3 EStG. Dieses »Agio« steht als »Polster« für haftungsunschädliche Entnahmen nicht zur Verfügung, wenn es durch Verluste verbraucht ist. Das hat für die Gewinnzurechnung wegen Einlageminderung nach § 15a Abs. 3 EStG zur Folge, dass bei Bestehen eines negativen Kapitalkontos eine Entnahme auch insoweit, als sie die Differenz zwischen Haftsumme und überschießender Pflichteinlage nicht überschreitet, zum Wiederaufleben der nach § 15a Abs. 1 S. 2 EStG zu berücksichtigenden Haftung führt und mithin eine Zurechnung nach § 15a Abs. 3 EStG zu unterbleiben hat (BFH vom 06.03.2008, BFH/NV 2008, 1142).

Allerdings konnte eine zusätzliche Bareinlage des Kommanditisten die Entstehung oder Erhöhung eines negativen Kapitalkontos verhindern. Leistet der Kommanditist zusätzlich zu der im Handelsregister eingetragenen, nicht voll eingezahlten Hafteinlage eine weitere Bareinlage, so kann er im Wege einer negativen Tilgungsbestimmung die Rechtsfolge herbeiführen, dass die Einlage nicht mit der eingetragenen Haftsumme zu verrechnen ist, sondern im Umfang ihres Wertes die Entstehung oder Erhöhung eines negativen Kapitalkontos verhindert und auf diese Weise nach § 15a Abs. 1 S. 1 EStG zur Ausgleichs- und Abzugsfähigkeit von Verlusten führt (BFH vom 16.10.2008, BStBl II 2009, 272).

Diese Rechtsprechung ist allerdings nur auf Einlagen, die bis zum 24.12.2008 geleistet wurden, anwendbar. Denn durch die Einfügung von § 15a Abs. 1a EStG durch das JStG 2009 vom 19.12.2008 wird die Ausgleichs- und Abzugsfähigkeit von Verlusten aufgrund nachträglicher Einlagen ausgeschlossen.[490]

3.5.3.4 Die gesonderte Feststellung des verrechenbaren Verlustes

Aus Gründen der Rechtssicherheit schreibt § 15a Abs. 4 EStG eine gesonderte Feststellung des verrechenbaren Verlustes für jedes Jahr vor.

Der verrechenbare Verlust des (Wirtschafts-)Jahres ermittelt sich wie folgt:

---

488 Jahr der Haftungsminderung zzgl. der zehn vorhergehenden Jahre.
489 S. auch *Wacker* in *Schmidt*, EStG, § 15a Rz. 165.
490 Vgl. *Burwitz*, DStR 2009, 212.

Gesondert festgestellter »verrechenbarer Verlust« des Vor-(Wirtschafts-)Jahres
+ nicht ausgleichs-/abzugsfähiger Verlustanteil des laufenden Jahres
 (§ 15a Abs. 1 EStG)
./. verrechnete Verluste mit dem Gewinn des laufenden Jahres
 (§ 15a Abs. 2, Abs. 3 S. 4 EStG)
+ Gewinnzurechnung wegen Einlage-/Haftungsminderung (§ 15a Abs. 3 EStG)
./. verrechnete Verluste mit dem Gewinn des laufenden Jahres (§ 15a Abs. 3 S. 4 EStG)
= **verrechenbarer Verlust zum Schluss des Wirtschaftsjahres**

Der nur verrechenbare Verlust gehört nicht mehr zum Gegenstand der einheitlichen und gesonderten Feststellung der Einkünfte der G'fter nach § 180 Abs. 1 Nr. 2a AO, in dem über die Verlustzurechnung entschieden wird. Vielmehr wird er nach § 15a Abs. 4 EStG unter Anwendung der allgemein für Feststellungsbescheide maßgeblichen Vorschriften (vgl. § 179 Abs. 1 AO) eigenständig gesondert festgestellt. Für den Erlass ist das Betriebsstättenfinanzamt der KG zuständig (vgl. § 15a Abs. 4 S. 3 EStG i.V.m. § 18 Abs. 1 Nr. 2 AO).

Grundsätzlich hat eine gesonderte Feststellung des nur verrechenbaren Verlustes mit **Feststellungsbescheid für jeden einzelnen Kommanditisten** zu erfolgen, da die Höhe des verrechenbaren Verlustes bei jedem Kommanditisten unterschiedlich sein kann. Die gesonderte Feststellung des nur verrechenbaren Verlustes für die Kommanditisten kann jedoch mit der einheitlichen und gesonderten Feststellung der Einkünfte für die Gesellschaft, unabhängig davon, ob die Beteiligten zustimmen, verbunden werden (s. § 15a Abs. 4 S. 5 EStG). In diesem Fall sind die gesonderten Feststellungen des verrechenbaren Verlustes einheitlich durchzuführen (s. § 15a Abs. 4 S. 6 EStG). Die für die einzelnen Kommanditisten festgestellten verrechenbaren Verluste bleiben aber selbständig anfechtbar.

Der Feststellungsbescheid gem. § 15a Abs. 4 EStG ist selbständig, aber nur beschränkt anfechtbar (s. § 15a Abs. 4 S. 4 EStG), und zwar nur insoweit, als der festgestellte verrechenbare Verlust sich gegenüber dem vorangegangenen Wj. verändert hat. Die Befugnis zur Einlegung des Einspruchs gem. § 348 Abs. 1 Nr. 2 AO steht sowohl der KG als auch dem einzelnen betroffenen Kommanditisten zu.

Hinweis: Eine Verrechnung der im Sonderbetriebsvermögen entstandenen Gewinne mit den laufenden Verlusten im Gesamthandsvermögen vor Anwendung des § 15a EStG ist nicht zuzulassen (sog. Saldierungsverbot). Die Frage, ob das Saldierungsverbot zwischen Gewinnen im Sonderbetriebsvermögen und Verlusten im Gesamthandsvermögen gem. § 15a Abs. 1 S. 1 EStG auch auf Sonderbetriebseinnahmen anzuwenden ist, die aus anrechenbaren Körperschaftsteuern für im Gesamthandsvermögen gehaltene Anteile an KapG bestehen, ist offen (FG Münster vom 22.01.2009, EFG 2009, 1024).[491]

3.5.4 Die Ausweitung des Anwendungsbereiches von § 15a EStG

In zwei Richtungen kommt es zu einer entsprechenden Anwendung des § 15a EStG:
- Zum einen ordnet § 15a Abs. 5 EStG eine entsprechende Anwendung auf andere PersG an.
- Zum anderen sehen einige Einkunftsarten die entsprechende Anwendung des § 15a EStG vor.

---
491 Bejahend: *Lüdemann* in *Herrmann/Heuer/Raupach*, EStG, KStG, § 15a EStG, Rz. 76 a.E.

3.5.4.1 Vergleichbare Unternehmer im Sinne des § 15a Abs. 5 EStG

Mit Ausnahme der überschießenden HGB-Außenhaftung (erweiterter Verlustausgleich) sind die Ausgleichs- und Abzugsbeschränkungen des § 15a EStG auf vergleichbare Unternehmer mit beschränkter Haftung anzuwenden.[492] Nach der Rspr. des BFH fallen nicht nur die enumerativ aufgeführten fünf Unternehmer von § 15a Abs. 5 EStG darunter. Vielmehr ist § 15a Abs. 5 EStG generalisierbar, so dass alle G'fter von PersG (d.h. alle MU) und wohl auch der Einzelkaufmann darunter fallen, wenn sie eine dem Kommanditisten vergleichbare begrenzte Außenhaftung bei ihrem gewerblichen Engagement aufweisen.[493]

Genannt werden in der Aufzählung des § 15a Abs. 5 EStG (vgl. ausführlich hierzu *Preißer/Pung*, B VIII Tz. 51 ff.):

- der stille G'fter (Nr. 1),
- G'fter der BGB-Gesellschaft (Nr. 2),
- beschränkt haftende G'fter (MU) ausländischer PersG (Nr. 3),
- Unternehmer mit haftungslosen Verbindlichkeiten (sog. haftungslose Darlehen) (Nr. 4),
- beschränkt haftende Mitreeder einer Partenreederei (Nr. 5).

Insb. bei atypisch stillen G'ftern (Nr. 1) und gewerblichen BGB-G'ftern (Nr. 2) finden sich Anwendungsfälle für einen begrenzten Verlustausgleich. Beim atypisch Stillen muss – entgegen § 232 Abs. 2 HGB – noch hinzukommen, dass der Verlustanteil seinem Kapitalkonto auch dann zu belasten ist, wenn dieses dadurch negativ wird. Bei G'ftern einer GbR wird dies schließlich nur angenommen, wenn es ihnen gelungen ist, durch einzelvertragliche Absprachen mit allen Gläubigern die Haftung auf das Gesellschaftsvermögen (also unter Ausschluss des grundsätzlich haftenden PV) zu beschränken (BGH vom 27.09.1999, BGHZ 142, 315). Reine interne Verpflichtungen begründen keinen erweiterten Verlustausgleich. Dies gilt auch bei einer nur schuldrechtlichen Außenhaftung eines BGB-Innen-G'fters (BFH vom 05.02.2002, BStBl II 2002, 464).

Mit einer weiteren Entscheidung vom 11.03.2003 (BStBl II 2003, 705) untermauert der BFH diese Rspr.: Auch die Übernahme einer Außenverpflichtung des atypisch stillen G'fters begründet keinen erweiterten Verlustausgleich i.S.d. § 15a EStG.

Entspricht eine **ausländische Gesellschaft** (Nr. 3) von der Struktur und Stellung eher einer PersG nach dem HGB als einer KapG (Rechtsformvergleich), sind die G'fter nach deutschem Steuerrecht als MU anzusehen und entspricht die Haftung des G'fters der eines Kommanditisten bzw. ist eine Haftungsinanspruchnahme unwahrscheinlich, ist § 15a EStG anzuwenden. Die Anwendung des § 15a EStG hat Auswirkungen auf die tatsächlich anzusetzenden ausländischen Einkünfte inklusive § 34c EStG, die dem Progressionsvorbehalt (§ 32b EStG) unterliegenden steuerfreien ausländischen Einkünfte sowie die unter die Abzugsbeschränkung des § 2a EStG fallenden Einkünfte. § 15a EStG hat hier Vorrang vor den übrigen Vorschriften.

Folgende Unternehmen kommen beispielhaft hierfür in Betracht:

- K/S = Kommanditselskap/Dänemark,
- commanditaire vennootschap/Niederlande,
- Ltd Partnership/USA,

---

492 S. auch OFD Frankfurt vom 21.05.2015, S 2241a A – 10 – St 213.
493 Das bedeutet bei einem OHG-G'fter oder einem Komplementär, dass sie dann unter das »Verlust-Regime« des § 15a EStG (Ausgleich bis zur Höhe der Einlage) fallen, wenn es ihnen gelungen ist, im Außenverhältnis gegenüber Geschäftspartnern die Haftung auf die Einlage zu begrenzen.

- KG = Kommanditgesellschaft/Österreich,
- Société en commandite simple/Frankreich.

3.5.4.2 § 15a EStG bei anderen Einkunftsarten[494]

In den anderen Gewinneinkunftsarten (§ 13 Abs. 7 und § 18 Abs. 4 EStG) führt ein Pauschalverweis auf § 15a EStG zu dessen – wohl nur theoretischen[495] – Anwendbarkeit.

Von größerer Bedeutung ist hingegen die in § 20 Abs. 1 Nr. 4[496] EStG und in § 21 Abs. 1 S. 2 EStG angeordnete Geltung des § 15a EStG. Stellvertretend wird die Bedeutung für gemeinschaftliche **Vermietungseinkünfte** aufgezeigt. Eine rein vermögensverwaltende KG erzielt z.B. als Bauherrengemeinschaft bzw. als geschlossener Immobilienfonds Vermietungseinkünfte. Die traditionell hohe Fremdkapitalquote führt bereits häufig in der Investitionsphase zu negativen Beteiligungsanteilen (Kapitalkonten). Die – in der Rechtsform einer KG, verbunden mit den Haftungsprivilegien – erzielten V+V-Einkünfte der G'fter unterliegen in der Verlustbeurteilung der sinngemäßen Anwendung des § 15a EStG. Die zahlenmäßige Auswirkungen werden im Teil A, Kap. II (V+V) dargestellt.

Für die Anwendung des § 15a EStG bei einer vermögensverwaltenden KG kann nicht einfach auf das Kapitalkonto der Handels- und/oder Steuerbilanz zurückgegriffen werden, da sie nicht in die Einnahme-Überschuss-Rechnung, die nach § 2 Abs. 2 Nr. 2 i.V.m. §§ 8, 9 EStG für die Einkünfte aus Vermietung und Verpachtung durchzuführen ist, eingehen.

Vielmehr ist nach den Zufluss- und Abflussgrundsätzen des § 11 EStG ein fiktives Kapitalkonto zu ermitteln. Die tatsächlich geleistete Vermögenseinlage ist dabei um die Zu- und Abgänge zu erhöhen bzw. zu mindern.

Bei der Ermittlung des Ausgleichsvolumens gem. § 15a EStG bei Übernahme des negativen Kapitalkontos ist von der tatsächlich gezahlten Vermögenseinlage auszugehen. Die noch nicht ausgeglichenen negativen Einkünfte aus Vermietung und Verpachtung des Rechtsvorgängers gehören hierzu nicht und können deshalb in das Ausgleichsvolumen des neuen G'fters nicht einbezogen werden. Sie gehen verloren.

Für einen typisch stillen G'fter, der auch am Verlust beteiligt ist, kann der Verlustanteil nicht nur bis zum Verbrauch der Einlage angerechnet werden, sondern ist ihm auch in Höhe seines negativen Kapitalkontos zuzurechnen (BFH vom 23.07.2002, BStBl II 2002, 858).

3.5.5 Konkurrenzfragen

Wie indirekt aus § 15a Abs. 5 Nr. 3 EStG ersichtlich wird, hat der Gesetzgeber das Konkurrenzproblem zu § 2a EStG (negative ausländische Einkünfte) gesehen. Innerhalb ihrer jeweiligen Regelungsbereiche sind beide Normen getrennt anzuwenden. Bei einem **überlappenden** Sachverhalt, d.h. im Kollisionsfall (nach beiden Vorschriften liegen nur verrechenbare Verluste vor), geht § 15a EStG vor (R 15a Abs. 5 EStR).

Gegenüber § 15b EStG tritt § 15a EStG hingegen zurück (§ 15b Abs. 1 S. 3 EStG).

---

494 S. auch OFD Frankfurt vom 21.05.2015, S 2241a A – 10 – St 213.
495 Wegen des »Auffangcharakters« gewerblicher Einkünfte hat § 15 EStG grundsätzlich Vorrang.
496 § 15a EStG kann demnach in beiden steuerlichen Fällen der stillen Gesellschaft anwendbar sein; bei der typisch stillen und bei der atypisch stillen Gesellschaft.

3.5.6 Ausscheiden des Kommanditisten und die Beendigung der Kommanditgesellschaft

Sowohl die Liquidation der KG (Regelfall der Beendigung einer PersG gem. § 145 HGB) als auch das Ausscheiden des Kommanditisten (entweder durch An-/Abwachsung oder durch rechtsgeschäftliche Übertragung auf einen Dritten) hinterlassen ein negatives Kapitalkonto mit z.T. ungeklärten Rechtsfolgen.

3.5.6.1 Behandlung der verrechenbaren Verluste

Die nach § 15a Abs. 2 EStG geparkten Verluste sind auch mit Veräußerungsgewinnen des ausscheidenden Kommanditisten nach § 16 Abs. 1 Nr. 2 EStG verrechenbar.

Während bei der unentgeltlichen Übertragung der Beschenkte (Erbe, Vermächtnisnehmer) nicht nur das Kapitalkonto des Alt-Kommanditisten, sondern nach § 6 Abs. 3 EStG auch dessen verrechenbare Verluste übernimmt (BFH vom 10.03.1998, BStBl II 1999, 269), treten bei der entgeltlichen Übertragung Probleme auf.

Verbleiben nach der grundsätzlich zulässigen Aufrechnung der nach § 15a Abs. 2 EStG verrechenbaren Verluste mit dem Veräußerungsgewinn des Alt-Kommanditisten noch Restbestände, so lässt die h.M. eine Umwandlung dieser eigentlich nur verrechenbaren Verluste in ausgleichsfähige Verluste zu (R 15a Abs. 6 EStR). Von dieser Meistbegünstigung macht der BFH (vom 16.05.2002, BStBl II 2002, 748) jedoch eine berechtigte Ausnahme für den Fall der Sanierung (§ 3 Nr. 66 EStG a.F.), da eine Doppelvergünstigung nicht vorgesehen ist.

3.5.6.2 Behandlung des negativen Kapitalkontos

Grundsätzlich zählt die Übernahme des negativen Kapitalkontos durch den Erwerber zum Veräußerungserlös bzw. zum Aufgabegewinn nach § 16 Abs. 1 S. 1 Nr. 2 bzw. Abs. 3 EStG, obwohl der Alt-Kommanditist nach HGB nicht zum Auffüllen des negativen Kontos verpflichtet ist (keine Nachschusspflicht).[497] Bei der näheren Ausgestaltung der Rechtsfolgen wurden bisher zwei Szenarien unterschieden:

1. **Das negative Kapitalkonto beruht auf ausgleichsfähigen Verlusten**
   Bei einer entgeltlichen Übertragung wird das negative Kapitalkonto (mit ausgleichsfähigen Verlusten) als Teil des Veräußerungsgewinns nach § 16 Abs. 1 bzw. 2 EStG behandelt. Dieses Ergebnis wird mit allgemeinen Gerechtigkeitsüberlegungen begründet, wonach der Alt-Kommanditist, der früher die steuerlichen Verlustvorteile geltend machte, nunmehr auch den Nachteil eines Veräußerungsgewinnes in Kauf nehmen müsse (§ 52 Abs. 24 S. 3 EStG!). Eine Ausnahme (kein Veräußerungsgewinn) wird nur für den Fall zugelassen, dass der ausscheidende Kommanditist aufgrund einer Bürgschaft oder dgl. noch in Anspruch genommen werden kann (H 15a EStH »Bürgschaft«).
2. **Das negative Kapitalkonto beruht auf verrechenbaren Verlusten**
   Die Rechtsfolge für diesen Fall war längere Zeit strittig und führte im Wesentlichen zu den folgenden unterschiedlichen Auffassungen:
   - Nach der wohl h.M. führte das Schweigen des Gesetzgebers in § 52 Abs. 24 S. 3 EStG in dieser Variante zu keinem steuerbaren Veräußerungstatbestand. Dies wurde vor

---

497 Absolut h.M. (statt aller *Reiß* in *K/S/M*, § 16 C 84 ff.) bzw. s. § 52 Abs. 24 S. 3 EStG.

allem damit begründet, dass die Befreiung von der (ggf. vertraglich vereinbarten) Verlustausgleichspflicht keine zu besteuernde Vermögensmehrung sei.[498]
- Einige FG vertraten mit der Gegenmeinung in der Lit. die Auffassung, dass auch hier ein Gewinn nach § 16 EStG anfalle, der mit ggf. noch bestehenden Verlusten des § 15a Abs. 2 EStG zu verrechnen sei.[499]
- Eine vermittelnde Meinung kam nur für den Fall zu einem Veräußerungsgewinn, da der Erwerber ein zusätzliches Entgelt zahle, ansonsten führten beide divergierenden Ansichten zum gleichen Ergebnis.[500]

Mit BFH-Erkenntnissen in vergleichbaren Fallkonstellationen (keine Besteuerung des negativen Kapitalkontos, wenn sie aus Verlusten resultieren, die einem Abzugsverbot unterliegen[501]) ist aus Billigkeitsgründen der Teil des negativen Kapitalkontos, der aus **verrechenbaren** Verlusten entstanden ist, **nicht** zu versteuern.

Nunmehr hat der BFH mit Urteil vom 03.09.2009 (BStBl II 2010, 631) und mit Urteil vom 09.07.2015 (Az.: IV 19/12) diese Fallkonstellation der Fallkonstellation eines negativen Kapitalkontos, das auf **ausgleichsfähigen Verlusten** beruht, **gleichgestellt** (s. oben).

Das negative Kapitalkonto ist bei der Ermittlung des Veräußerungsgewinns in jedem Fall in **vollem** Umfang zu berücksichtigen.

3.5.6.3 Behandlung beim Erwerber

Bei Ausscheiden des Kommanditisten ordnet § 52 Abs. 24 S. 4 EStG an, dass bei Vorliegen eines negativen Kapitalkontos der hieraus resultierende Gewinn bei den verbleibenden vollhaftenden G'ftern als Verlust(-anteil) anzusetzen ist. Dies gilt jedoch nicht bei einem Gesellschafterwechsel.

Diese nur für den Fall der Anwachsung vorgesehene Rechtsfolge wird von der h.M. nur dann angewandt, soweit dem negativen Kapitalkonto keine stillen Reserven entsprechen (R 15a Abs. 6 S. 3–5 EStR).

3.6 Besonderheiten

3.6.1 Doppelstöckige Personengesellschaften

§ 15a EStG findet auch bei PersG oder KapG als Kommanditisten einer anderen KG Anwendung. Ist die Obergesellschaft selbst eine KG (II), stellt sich die technische Frage, wie sich der aus der Untergesellschaft (KG I) stammende Verlust auswirkt, nachdem grundsätzlich § 15a EStG auf doppelstöckige PersG Anwendung findet (BFH vom 18.12.2003, BStBl II 2004, 231).

Zunächst sind – vor § 15a EStG – zur Ermittlung des steuerlichen Kapitalkontos die aus der KG I zugewiesenen Verlustanteile bei der KG II nach der Spiegelbildtheorie zu bilanzieren.

Um nun eine Doppelberücksichtigung des Verlustes – auch bei der KG II – zu vermeiden, muss das in der Hauptbilanz bereits geminderte Kapitalkonto und damit das zur Verfügung stehende Verlustausgleichspotenzial entsprechend berichtigt werden. Hierzu ist nach

---

498 Statt aller von *Beckerath* in *K/S/M*, § 15a B 363.
499 FG Köln vom 22.08.1995 (EFG 1995, 1045) sowie aus der Lit. *Wacker* in *Schmidt*, EStG, § 15a Rz. 224 und *L/B/P*, § 15a Rz. 50.
500 S. *Reiß* in *K/S/M*, § 16 C 89.
501 BFH vom 26.10.1994 (BStBl II 1995, 297) und vom 25.01.1996 (BStBl II 1996, 289).

der Verfügung der OFD Chemnitz vom 05.02.1998 (DB 1998, 903) und der Verfügung der OFD Frankfurt a.M. vom 23.07.2013 (StEd 2013, 558) ein außerbilanzieller Merkposten zu bilden. Für den Fall der Veräußerung des Anteils an der Obergesellschaft ist nach der OFD Frankfurt a.M. zu beachten, dass ein verrechenbarer Verlust aus der Untergesellschaft mit dem Gewinn aus der Veräußerung des Anteils an der Obergesellschaft nur insoweit verrechnet werden kann, als diesem entsprechende stille Reserven im Betriebsvermögen der Untergesellschaft gegenüberstehen oder der verrechenbare Verlust auf der Auflösung eines negativen Kapitalkontos der Obergesellschaft bei der Untergesellschaft beruht.

Beispiel 14 (vgl. *Preißer/Pung*, B VIII Tz. 26):
Die KG II (= Obergesellschaft) ist zu 100 % an einer KG I (= Untergesellschaft) als Kommanditist beteiligt.
Im VZ 2016 ergeben sich nachfolgende Kapitalkontenentwicklungen:

1. Bei der KG I:

Kapital der KG II 01.01.2016	200.000 €
Verlustanteil der KG II in 2016	./. 250.000 €
Kapital der KG II 31.12.2016	./. 50.000 €

Folge:
Der Verlustanteil der KG II ist nach § 15a Abs. 1 S. 1 EStG nur zu 200.000 € ausgleichsfähig und i.H.v. 50.000 € nur mit künftigen Gewinnen verrechenbar.

2. Bei der KG II:

Kapital des Kommanditisten 01.01.2016	550.000 €
Verlust 2016 aus dem eigenen Betrieb der KG II	./. 325.000 €
Verlustanteil 2016 aus der KG I	./. 250.000 €
Kapitalkonto 31.12.2016 (lt. Steuerbilanz)	./. 25.000 €

Lösung: Zur Anwendung des § 15a EStG bei der KG II ist in einer Nebenrechnung ein gesondertes Kapitalkonto zu finden:

Kapital des Kommanditisten 01.01.2016	550.000 €
Verlust 2016 aus dem eigenen Betrieb der KG II	./. 325.000 €
Verlustanteil 2016 aus der KG I	./. 250.000 €
vorläufiges Kapitalkonto 31.12.2014	./. 25.000 €
Außerbilanzieller Merkposten für § 15a EStG (= verrechenbare Verluste aus der KG I)	**50.000 €**
fiktives Kapitalkonto 31.12.2016	25.000 €

Folge:
Da das Kapitalkonto nicht negativ geworden ist, ist § 15a EStG bei der KG II (noch) nicht anwendbar.

3.6.2 § 15a EStG bei der GmbH & Co. KG

Aus der großen Anzahl von neueren BFH-Entscheidungen zu § 15a EStG, die im Anwendungsbereich einer GmbH & Co. KG spielen, sind zwei hervorzuheben:

- Im Urteil vom 12.02.2004 (BStBl II 2004, 423) wird der Statuswechsel beleuchtet. Der BFH bestätigt die Verwaltungsauffassung, der zufolge mit dem unterjährigen Wechsel eines Kommanditisten in die Stellung eines Komplementärs nur die Ausgleichsfähigkeit der Verluste im Wirtschaftsjahr des Wechsels erreicht werden kann. Eine Umpolung der verrechenbaren Verluste des Vorjahres in ausgleichsfähige Verluste findet nicht statt.
- Für den Fall einer doppelstöckigen GmbH & Co. KG hat der BFH am 07.10.2004 (BFH/NV 2005, 533) zunächst entschieden, dass § 15a EStG auch für Doppelgesellschaften gilt und gleichzeitig bestätigt, dass eine bloße Verlustübernahmeerklärung zu Gunsten der KG (abgegeben im entschiedenen Fall kurz vor Jahresende) nicht das Kapitalkonto des Kommanditisten i.S.d. § 15a EStG erhöht.

4 Verluste im Recht der Unternehmenssanierungen sowie in der Gewerbesteuer

4.1 Verluste beim »Mantelkauf« (§ 8 Abs. 4 KStG a.F. bzw. die allgemeine Verlustbeschränkung bei Körperschaften (§ 8c KStG)

Vorweg erfolgt eine synoptische Gegenüberstellung von Alt- und Neuregelung.

Merkmal/Gesetz	§ 8 Abs. 4 KStG	§ 8c KStG (ab 2008)
I. Tatbestand		
1. Anteilsübertragung (s. unten Aufzählungspunkt 6)	• Übertragung von > 50 % • (Nur) mittelbar	• Übertragung von > 50 % • Übertragung von > 25 % • Unmittelbar und mittelbar
2. Erwerber		• Ein Erwerber oder • eine diesem nahestehende Person oder • eine Gruppe mit gleichgerichteten Interessen
	Alte oder neue G'fter	Alte oder neue G'fter
3. Erwerb	Entgeltlich und unentgeltlich	Entgeltlich/unentgeltlich
4. Betriebsvermögen	Schädliche Zuführung von überwiegend neuem BV	Betriebsvermögen bleibt unberücksichtigt
5. Zeitraum	Fünf Jahre lt. Finanzverwaltung	Fünf Jahre nach Gesetz
6. Analogie?	Ja; § 8 Abs. 4 S. 1 KStG	Ausdrücklich nur: Kapitalerhöhung mit veränderter Quote

Merkmal/Gesetz	§ 8 Abs. 4 KStG	§ 8c KStG (ab 2008)
II. Rechtsfolge		
1. Verlustuntergang	Vollständiger Untergang bei Anteilsübertragung > 50 %	Vollständiger Untergang bei Anteilsübertragung > 50 %
		Quotaler Verlustuntergang bei Anteilsübertragung von >25 %
2. Verlustabzug	Gem. § 10d EStG	Gem. § 10d EStG
3. Konzernklausel	Nein	Nein
4. Sanierungsklausel	§ 8 Abs. 4 S. 3 KStG	Nein
III. Anwendungsbereich		
1. Personell	Alle Körperschaften, wobei § 8 Abs. 4 S. 2 KStG nur für KapG gilt	Alle Körperschaften
2. Zeitlich	Letztmals für VZ 2007	Grundsätzlich ab VZ 2008 für Übertragungen nach dem 31.12.2007
3. Übergangsregelung	Bei Übertragungen von > 50 % bis 31.12.2007: Voller Verlustuntergang, falls bis 31.12.2009 überwiegend neues BV zugeführt wird	Nein

4.2 Die Altregelung (§ 8 Abs. 4 KStG) im Überblick

Hinweis: Auf die textliche Wiedergabe der alten Problemfälle wird verzichtet (für Altfälle: nachzulesen in der 8. Aufl.).

4.3 Die Neuregelung (§ 8c KStG i.d.F. des WachstumsBeschlG 2009)[502] inkl. BMF-Schreiben vom 04.07.2008, BStBl I 2008, 736

Der Gesetzgeber hat die alte Regelung über die Verlustnutzung (§ 8 Abs. 4 KStG) mit dem Unternehmenssteuerreformgesetz 2008 gestrichen und durch den neu eingefügten § 8c KStG ersetzt. § 8c KStG stellt gesetzessystematisch eine neue, eigenständige Vorschrift dar. Die Paragraphenüberschrift »Verlustabzug bei Körperschaften« weist dabei auf das Zusammenspiel mit § 8 Abs.1 KStG i.V.m. § 10d EStG hin.

Dem § 8c KStG liegt vor allem der Gedanke zugrunde, dass sich die wirtschaftliche Identität einer Körperschaft durch das wirtschaftliche Engagement eines anderen Anteilseigners verändert.

---

[502] Die nachfolgende Darstellung ist weitgehend identisch mit *Preißer* in *Preißer/von Rönn/Schultz-Aßberg*, Unternehmensteuerreform 2008, 100 ff., inhaltlich aktualisiert durch das BMF-Schreiben vom 04.07.2008. S. auch zum aktuellen BMF-Schreiben *Dötsch/Pung*, DB 2008, 1703.

Für Beteiligungserwerbe nach dem 31.12.2015 ist § 8d KStG auf Antrag nicht anzuwenden – mit der Folge, dass der Verlustvortrag erhalten bleibt (sog. **fortführungsgebundener Verlustvortrag**) unter der Voraussetzung, dass der Geschäftsbetrieb fortgeführt wird (im Einzelnen s. dazu Kap. 4.3.12).

4.3.1 Schädlicher Beteiligungserwerb

Gemäß § 8c Abs. 1 S. 1 1. HS KStG liegt ein schädlicher Beteiligungserwerb vor, soweit

- innerhalb von fünf Jahren
- mittelbar oder unmittelbar mehr als 25 % (§ 8c Abs. 1 S. 1 KStG) bzw. mehr als 50 % (§ 8c Abs. 1 S. 2 KStG) des gezeichneten Kapitals, der Mitgliedschaftsrechte, Beteiligungsrechte oder der Stimmrechte an einer Körperschaft
- an einen Erwerber oder diesem nahestehende Personen übertragen werden oder ein vergleichbarer Sachverhalt vorliegt.

Dem früheren § 8 Abs. 4 KStG und das damit einhergehenden Untergang des Verlustabzuges strittigen Tatbestandsmerkmal »Zuführung von überwiegend neuem Betriebsvermögen« wurde vollständig aufgegeben. Maßgebliches Kriterium für die Anwendung der Verlustabzugsbeschränkung ist nunmehr ausschließlich der qualifizierte Anteilseignerwechsel.

4.3.1.1 Begriff der »Anteile« i.S.d. § 8c KStG

Die schädliche Anteilsübertragung bezieht sich gem. § 8c Abs. 1 S. 1 1. HS KStG nunmehr explizit auf das **gezeichnete Kapital** der Gesellschaft. Genussscheine, verdecktes Eigenkapital, eigenkapitalersetzende Gesellschafterdarlehen, Bezugsrechte, stimmrechtslose Vorzugsaktien etc. dürften auch weiterhin nicht in die Berechnung der schädlichen Übertragungsgrenze mit einbezogen werden.[503] Damit sind auch atypische stille Beteiligungen nicht von dem Anwendungsbereich des § 8c KStG erfasst.[504]

4.3.1.2 Die Stimmrechtsübertragung

Von der Regelung betroffen ist nunmehr ausdrücklich auch die Übertragung von Stimmrechten an einer Körperschaft. Während i.R.d. § 8 Abs. 4 KStG diesbezüglich noch Auslegungsdifferenzen herrschten und hinsichtlich der Einbeziehung von Stimmrechten unterschiedliche Ansichten vertreten wurden, ist dieses nunmehr ausdrücklich geregelt worden. Obwohl die Übertragung von Stimmrechten keinen der Anteilsübertragung vergleichbaren Fall darstellt, da der Erwerber keine vermögensmäßige Position an der Körperschaft erhält, ist die Einbeziehung der Stimmrechtsübertragung nicht nur aufgrund wirtschaftlicher Betrachtungsweise gerechtfertigt. Die Stimmrechte vermitteln dem Anteilseigner zwar keine unmittelbare Teilhabe am Gewinn und Verlust der Körperschaft, da diese nur durch die Beteiligung am Nennkapital der Gesellschaft definiert sind. Würde man die Stimmrechtsübertragung jedoch ausklammern, wäre der Umgehung Tür und Tor geöffnet, da bekanntlich die Trennung von

---

503 So auch *Schaumburg*, in Arbeitsbuch, Fachanwälte für Steuerrecht (2007, 36 und 87; AA *Suchanek*, GmbHR 2008, 292.
504 Auch eine Kürzung des Nennkapitals um eigene Anteile der Gesellschaft erscheint weiterhin systemimmanent.

Vermögens- und Verwaltungsrechten hinsichtlich einer Kapitalbeteiligung trotz § 717 BGB kautelarjuristisch (vertragsgestaltend) jederzeit herbeigeführt werden kann.[505]

4.3.1.3 Die betroffenen Körperschaften

Der sachliche Anwendungsbereich bezieht sich ausdrücklich auf Anteile an **Körperschaften**, sodass die nur im Rahmen eines Erlasses (BMF vom 16.04.1999, BStBl I 1999, 455, Tz. 24) in § 8 Abs. 4 KStG einbezogenen Körperschaften identisch mit denen sind, die von der Regelung des § 8c KStG betroffen sind. Darüber hinaus soll die Vorschrift jedoch nach Auffassung der Verwaltung (BMF vom 04.07.2008, BStBl I 2008, 736, Tz. 1) auf alle in § 1 Abs. 1 KStG genannten Körperschaften anzuwenden sein.

4.3.1.4 Umfang und Form der Anteilsübertragung

Ein schädlicher Beteiligungserwerb wird gem. § 8c Abs. 1 S. 1 1. HS KStG bereits bei Überschreitung einer Grenze von **25%** angenommen. Zur Begründung des alleinigen Abstellens auf Veränderungen der Anteilseignerebene wird u.a. ausgeführt, dass es maßgeblich sei, dass der neue Anteilseigner auf die Geschicke der KapG einwirken kann und so grundsätzlich die Möglichkeit der Steuerung der Verluste der KapG hat.[506] Zudem ändere sich durch einen Anteilseignerwechsel das wirtschaftliche Engagement und mithin auch die wirtschaftliche Identität der Gesellschaft.[507] Die hiergegen in der Lit.[508] vorgetragenen Argumente, wonach eine 26%-Beteiligung nicht in der Lage sei, die wirtschaftliche Identität der GmbH infrage zu stellen, sind bekannt (systemwidrige Besteuerung), da ein missbräuchlicher Handel mit Verlusten nicht unterstellt werden kann. Diesen Bedenken kann auch im Fall einer Sperrminorität, bei der einige Argumente an Bedeutung verlieren, jedoch nur durch entsprechende Gestaltungen (s. Teil C) begegnet werden.

Auch in der Rechtsprechung gibt es Zweifel an der Rechtmäßigkeit der Regelungen des § 8c KStG. So hat das FG Hamburg (Beschluss vom 04.04.2011, Az.: 2 K 33/10) das BVerfG angerufen, weil es die Beschränkung des Verlustabzugs für Körperschaften durch § 8c KStG für verfassungswidrig hält. In dem zu entscheidenden Streitfall hatte die klagende Gesellschaft erst im dritten Jahr ihrer Tätigkeit einen Gewinn erwirtschaftet. Dieser Gewinn bliebe steuerfrei, wenn die Verluste aus den ersten beiden Geschäftsjahren gegengerechnet werden würden. Weil aber einer der beiden Gesellschafter im Rahmen eines Gesellschafterwechsels aus der Verlustgesellschaft ausgeschieden war, gingen die auf seinen Anteil (48%) entfallenden Verluste nach § 8c S. 1 KStG unter – mit der Folge, dass die Klägerin Steuerbescheide über insgesamt ca. 100 000 € erhielt. Der 2. Senat des FG Hamburg ist der Auffassung, dass die in § 8c KStG vorgesehene Versagung der Verlustverrechnung im Falle eines Gesellschafterwechsels gegen den im Grundgesetz verankerten Gleichheitssatz und das in ihm begründete Prinzip der Besteuerung nach der wirtschaftlichen Leistungsfähigkeit verstoße. Da jedoch dem Bundesverfassungsgericht die alleinige Entscheidungsbefugnis über die Verfassungsmäßigkeit zusteht, hat das FG Hamburg den Richtern des BVerfG die Prüfung des § 8c KStG zur Entscheidung vorgelegt.[509]

---

505 Gleicher Ansicht *Wiese*, DStR 2007, 741.
506 Vgl. Begründung des Regierungsentwurfs eines UntStRefG 2008, 63.
507 Vgl. a.a.O., 129.
508 Ähnlich auch *Centrale für GmbH Dr. Otto Schmidt*, GmbHR 2007, 421, 430; *Lenz/Ribbrock*, BB 2007, 587, 589f.; *Wiese*, DStR 2007, 741, 744.
509 BVerfG – 2 BvL 6/11 (anhängig).

4.3.1.5 Nachträgliche Aufnahme eines Sanierungstatbestandes (§ 8c Abs. 1a KStG)

Rückwirkend ist für Anteilsübertragungen der Jahre 2008 und 2009 (wieder) das Sanierungsprivileg eingeführt worden.[510] Von einem Untergang des Verlustvortrags wird nach § 8c Abs. 1a KStG bei einem Beteiligungserwerb zum Zwecke der Sanierung abgesehen, wenn damit die Zahlungsunfähigkeit (Überschuldung) abgewendet wird und gleichzeitig die wesentlichen Betriebsstrukturen erhalten bleiben. Dies ist der Fall, wenn

1. entweder eine Betriebsvereinbarung mit Arbeitsplatzregelung befolgt wird oder
2. die Lohnsumme (< 5 Jahren) 400 % der Ausgangslohnsumme nicht unterschreitet oder
3. der Körperschaft innerhalb von 12 Monaten durch Einlagen neues BV zugeführt wird.

Nach der Gesetzesbegründung (BT-Drs. 16/12674) soll der alte Sanierungserlass vom 27.03.2003 (BStBl I 2003, 240), der eine Steuerbefreiung im Billigkeitswege vorsah (vorsieht), erhalten bleiben.

Hinweis: Die EU-Kommission hat mit Beschluss vom 26.01.2011 (K (2011) 275) die Sanierungsklausel der Regelung zur Verlustverrechnungsbeschränkung bei Körperschaften (§ 8c Abs. 1a KStG) im Art. 108 Abs. 2 AEUV (förmliches Prüfverfahren einer staatlichen Beihilfe; Zweifel an der Vereinbarkeit der Regelung zur Sanierungsklausel des § 8c Abs. 1a KStG mit dem Gemeinsamen Markt) unter dem Az. C 7/2010 für eine europarechtswidrige staatliche Beihilfe erklärt. Gem. § 34 Abs. 6 S. 2 KStG ist § 8c Abs. 1a KStG hiernach nur anzuwenden, wenn der EuGH durch rechtskräftige Entscheidung den o.g. Beschluss der Kommission oder die Kommission den Beschluss für nichtig erklärt. Das gilt auch in Fällen, in denen bereits eine verbindliche Auskunft erteilt worden ist. Die betroffenen Bescheide sind unter dem Vorbehalt der Nachprüfung (§ 164 AO) zu erlassen. Die Voraussetzungen für vorläufige Steuerfestsetzung nach § 165 Abs. 1 AO liegen nicht vor (BMF vom 30.04.2010, BStBl I 2010, 488).

Bereits unter Anwendung der Sanierungsklausel durchgeführte Veranlagungen bleiben einschließlich den entsprechenden Verlustfeststellungen bis auf Weiteres bestehen. Potenzielle Beihilfeempfänger sind darauf hinzuweisen, dass im Falle einer Negativentscheidung alle rechtswidrigen Beihilfen von den Empfängern zurückgefordert werden müssten.

Das Gericht der Europäischen Union (EuG) hat mit Beschluss vom 18.12.2012 (Rs. T-205/11) die Klage Deutschlands gegen den o.g. Sanierungsklauselbeschluss der Kommission vom 26.01.2011 wegen Überschreitens der Klagefrist um einen Tag als unzulässig abgewiesen. Die Kommission hatte im Verfahren die Überschreitung der Klagefrist gerügt und ein Empfangsbekenntnis der Ständigen Vertretung Deutschlands bei der EU in Brüssel über die Zustellung des angefochtenen Beschlusses vorgelegt, dass einen Tag früher datiert war, als der Eingangsstempel auf dem Exemplar der Bundesregierung. Die Bundesregierung hatte die Klagefrist mittels des Eingangsstempels berechnet und die Klage innerhalb dieser errechneten Frist eingereicht. Gegen den o.g. Beschluss hat die Bundesregierung nunmehr Rechtsmittel eingelegt.[511] Die finanziellen und steuerlichen Auswirkungen des klageabweisenden EuG-Beschlusses vom 18.12.2012 (a.a.O.) lassen sich erst beziffern, wenn feststeht, ob **das EuG oder der EuGH** die Entscheidung materiell rechtskräftig bestätigen wird.[512] Die eigentliche Frage, ob die Sanierungsklausel eine unzulässige »staatliche Beihilfe« darstellt, ist durch den o.g. Beschluss des EuG allerdings noch nicht entschieden. Gegen

---

510 Aus der Lit. *Fey/Neyer*, DB 2009, 1368 sowie *Oenings*, FR 2009, 606.
511 S. dazu Rs. C-102/13 P.
512 Vgl. *Sydow* in DB vom. 29.03.2913, S. 8.

die Entscheidung der Kommission zur Sanierungsklausel haben zahlreiche Unternehmen neben der Bundesregierung Klage erhoben, die auch von der Bundesregierung im Wege der Streithilfe unterstützt wird.[513]

Über die Klagen zweier Unternehmen, die die Klagefrist eingehalten haben, hat nun das EuG in der Sache selbst entschieden.[514] Das EuG hat dabei allerdings die Auffassung der EU-Kommission bestätigt, dass die Sanierungsklausel gegen europäisches Subventionsrecht verstoßen soll, weil sie eine Ausnahme vom grundsätzlichen Verlustuntergang bei Anteilsübertragungen enthält. Ausreichende Rechtfertigungsgründe für diese Ausnahme sieht das EuG nicht.[515] Seitens der betroffenen Unternehmen wurde inzwischen Rechtsmittel beim EuGH eingelegt.[516] Entsprechende Fälle sind weiterhin offen zu halten.

4.3.2 Der Übertragungsmodus (entgeltlich/unentgeltlich)

Von der Regelung des § 8c KStG wird, ebenso wie bei § 8 Abs. 4 KStG, auch weiterhin sowohl der entgeltliche als auch der unentgeltliche Anteilserwerb erfasst sein. Auch die Fälle der **(vorweggenommenen) Erbfolge** sind somit weiterhin schädlich.[517] Bislang führte zumindest der Erbfall durch eine Regelung im Erlassweg (BMF vom 16.04.1999, BStBl I 1999, 455, Tz. 4) nicht zum Untergang eines bestehenden Verlustvortrags. Ausweislich des Berichts des Finanzausschusses vom 24.05.2007 sollen Erbfälle sowie **Erbauseinandersetzungen**[518] zukünftig im Verwaltungsweg geregelt werden.[519] So sind mit BMF-Schreiben vom 04.07.2008 (BStBl I 2008, 736, Rz. 4) die Ausnahmen vom schädlichen Beteiligungserwerb auf die Todesfälle sowie die **voll unentgeltlichen** Fälle der Erbauseinandersetzung und der vorweggenommenen Erbfolge begrenzt worden.[520]

Hinweis: Da auch unentgeltliche Übertragungen in den Anwendungsbereich des § 8c KStG fallen, ist dieser insb. bei Unternehmensübertragungen auf die nachfolgende Generation zu berücksichtigen. Übertragungen solcher Art dürften dadurch erschwert werden und erhöhten Handlungsbedarf in Bezug auf die Gestaltung von Gesellschaftsverträgen verursachen.[521] Als Gestaltungsmöglichkeit bietet sich hier an, **Verfügungsbeschränkungen** aufzunehmen (sog. **Vinkulierungsklauseln** z.B. nach § 15 Abs. 5 GmbHG), um steuerschädliche Übertragungen i.S.v. § 8c KStG zu vermeiden und die Interessen der Mitgesellschafter zu wahren. Dies ist

---

513 Rs. T-287/11, T-585/11, T-586/11, T-610/11, T-612/11, T-613/11, T-614/11, T-619/11, T-620/11, T-621/11, T-626/11, T-627/11, T-628/11, T-629/11.
514 EuG-Urteile vom 04.02.2016 – T-287/11 »Heitkamp Bauholding« und T-620/11 »GFKL Financial Services AG«.
515 Vgl. dazu auch *Hinder/Hentschel*, GmbHR 2016, 345.
516 Das Verfahren T-620/11 »GFKL Financial Services AG« ist nunmehr unter C-209/16 P beim EuGH anhängig; das Rechtsmittel T-287/11 »Heitkamp BauHolding« wird unter dem Az. C-203/16 P und C-208/16 P (Deutschland/Kommission) beim EuGH geführt.
517 So auch *Schaumburg*, in Arbeitsbuch, Fachanwälte für Steuerrecht, S. 36; *Centrale für GmbH Dr. Otto Schmidt*, GmbHR 2007, 421, 431.
518 Nach Ansicht von *Grützner* ist bei einer Erbauseinandersetzung eine Übertragung gem. § 8c KStG zu bejahen, soweit die zur Erbmasse gehörenden Anteile an einer KapG von den Miterben verkauft werden, vgl. *Grützner*, StuB 2007, 339, 340.
519 Vgl. BT-Drs. 16/5491 (elektronische Vorabfassung), 6.
520 BMF vom 04.07.2008, BStBl I 2008, 736, Tz. 4; a.A. bei Schenkungen ohne Anrechnungspflicht auf die spätere Erbschaft: FG Münster, Urteil vom 04.11.2015, Az.: 9 K 3478/13 F, EFG 2016, 412; Revision beim BFH anhängig, Az.: I R 6/16.
521 Vgl. a.a.O., StuB 2007, 339 (342).

vor allem dann sinnvoll, wenn die G'fter einer KapG jederzeit ihre Anteile ohne Zahlung eines Entgelts auf Familienangehörige übertragen können.[522]

Fraglich ist zudem, was in diesem Zusammenhang unter den Wortlaut der »**vergleichbaren Sachverhalte**« zu subsumieren sein könnte. Nach Auffassung des BMF (a.a.O. Rz. 7) sind dies insb. der Erwerb von Genussscheinen i.S.d. § 8 Abs. 3 S. 2 KStG, die Umwandlung auf eine Verlustgesellschaft, wenn durch die Umwandlung ein Beteiligungserwerb durch einen Erwerberkreis stattfindet, der Erwerb eigener Anteile, wenn sich hierdurch die Beteiligungsquoten ändern, oder die Kapitalherabsetzung, mit der eine Änderung der Beteiligungsquoten einhergeht.

4.3.3 Mittelbare Anteilsübertragungen

Als schädliche Beteiligungserwerbe i.S.d. § 8c KStG werden nunmehr auch ausdrücklich mittelbare Anteilsübertragungen erfasst. Insoweit ist die auf die Verlustgesellschaft durchgerechnete Beteiligungsquote zugrunde zu legen.[523] Bereits i.R.d. Auslegung des § 8 Abs. 4 KStG a.F. war eine Anwendung der Norm auch auf mittelbare Anteilsübertragungen fraglich. Während die Finanzverwaltung eine solche anfangs als schädlich betrachtete[524], erklärte der BFH dieser Auffassung mit Urteil vom 20.08.2003 (BStBl II 2004, 614) eine Absage, indem er mittelbare Anteilsübertragungen ausdrücklich von dem Anwendungsbereich des § 8 Abs. 4 KStG a.F. ausschloss (s. oben die Übersicht).

Die gegen die mittelbaren Anteilsübertragungen vorgetragenen Bedenken sind Legende und werden nochmals kurz zusammengefasst:

Eine Änderung mittelbarer Beteiligungsverhältnisse vermag das wirtschaftliche Engagement einer Körperschaft nicht in dem Maße zu verändern, dass man einen wirtschaftlichen Identitätsverlust bejahen könnte.

Insb. innerhalb komplexer Unternehmensstrukturen haben Verschiebungen der mittelbaren Beteiligungsstufe keine Änderung der Einflussnahmemöglichkeiten innerhalb des Unternehmens zur Folge.[525]

Auch aus Praktikabilitätsgründen ist eine Einbeziehung mittelbarer Anteilsübertragungen abzulehnen. Hier kann sich insb. die Zusammenrechnung mehrerer Veränderungen auf verschiedenen Beteiligungsstufen als äußerst schwierig gestalten.[526]

Zudem wäre innerhalb eines mehrstufigen Unternehmens die Kenntnis der jeweiligen Verlustgesellschaft von jeglichen mittelbaren und unmittelbaren Anteilsübertragungen innerhalb von fünf Jahren erforderlich. Dies ist angesichts der heutigen komplexen Unternehmensstrukturen nahezu unmöglich.

---

522 Vgl. a.a.O., StuB 2007, 339 (343).
523 Vgl. Begründung des Regierungsentwurfs eines UntStRefG 2008, 129.
524 Vgl. BMF vom 16.04.1999, BStBl I 1999, 455, Tz. 28.
525 Vgl. auch *Centrale für GmbH Dr. Otto Schmidt*, GmbHR 2007, 421, 430; *Lenz/Ribbrock*, BB 2007, 587, 590.
526 Vgl. a.a.O. So lautete u.a. auch die Begründung des BFH zur Nichteinbeziehung der mittelbaren Anteilsübertragungen in den Anwendungsbereich des § 8 Abs. 4 KStG, vgl. BFH vom 20.08.2003, BStBl II 2004, 614.

Beispiel 15: Mittelbare Anteilsübertragungen[527]
Die A-GmbH wurde im Jahr 2015 errichtet und erzielt bei einem Stammkapital von 120 T€ in 2015 und 2016 Verluste. Die B-GmbH & Co. KG ist alleinige G'fterin der A-GmbH. Im Jahr 2016 veräußert B als alleiniger Kommanditist 30 % seiner Beteiligung.

Lösung: Hier kommt es zu einer mittelbaren Anteilsübertragung von mehr als 25 %.

Beispiel 16: Kombiniert mittelbar/unmittelbare Anteilsübertragung[528]
An der H-GmbH ist die D-GmbH zu 100 % beteiligt. An der D-GmbH ist zum einen die C-GmbH mit 70 % und zum anderen die B-GmbH mit den restlichen 30 % beteiligt. C ist alleiniger G'fter an der C-GmbH. Im Jahr 2016 überträgt er 50 % dieser Anteile unentgeltlich auf S, seinen Sohn. Durch diese Übertragung ist es bei der C-GmbH zu einer unmittelbaren Beteiligungstransaktion von 50 % gekommen.

Lösung: Bei der D-GmbH und bei der H-GmbH ist es jeweils zu einer mittelbaren Beteiligungstransaktion von 35 % gekommen.
In beiden Fällen sind die Tatbestandsmerkmale des § 8c KStG dem Grunde nach gegeben. Lediglich vor dem Hintergrund der Umgehung von Gestaltungsmöglichkeiten scheint eine Einbeziehung mittelbarer Anteilsübertragungen in gewissem Maße gerechtfertigt. So wurde bereits bei der Interpretation des § 8 Abs. 4 KStG a.F. vereinzelt darauf hingewiesen, dass der Ausschluss mittelbarer Beteiligungen ein gewisses Gestaltungspotenzial eröffnet.[529] Die Anwendung des § 8 Abs. 4 KStG a.F. konnte beispielsweise umgangen werden, indem eine KapG oder PersG[530] zwischen den bisherigen Anteilseigner und die Verlustgesellschaft **zwischengeschaltet** wird[531] und anschließend die Anteile an der zwischengeschalteten Gesellschaft veräußert werden.[532] Diese grundsätzliche Gestaltungsmöglichkeit wird durch § 8c KStG nunmehr ausgeschlossen. Auch die Stellungnahme des Bundesrats zu dem Gesetzentwurf der Bundesregierung beinhaltet hinsichtlich der Einbeziehung mittelbarer Anteilsübertragungen die **Empfehlung**, die Neuregelung dahingehend **zielsicherer** zu beschränken, sodass wirtschaftlich sinnvolle Transaktionen, bei welchen ein Handel mit Verlusten nicht vordergründig ist, von dem Anwendungsbereich des § 8c KStG ausgeschlossen werden. Der Vorschlag des Bundesrats, insoweit nicht alle mittelbaren Beteiligungserwerbe in die Prüfung der schädlichen Übertragungsgrenze einzubeziehen, sondern lediglich diejenigen Anteilsübertragungen, bei denen der Wert der übertragenen Anteile deutlich höher ist als der gemeine Wert der Körperschaft[533], wurde jedoch vom Finanzausschuss des Bundestags abgelehnt.[534] Die Einbeziehung mittelbarer Anteilsübertragungen in den Anwendungsbereich des § 8c KStG diene der Rechtsvereinfachung und der Missbrauchsvermeidung, weshalb der Vorschlag des Bundesrats wegen der dann durchzuführenden Unternehmensbewertungen einen hohen Verwaltungsaufwand verursachen würde, verworfen wurde.[535]

---

527 Vgl. *Grützner*, StuB 2007, 339 (341). S auch das o.g. BMF-Schreiben (2008): schädlicher mittelbarer Erwerb auch dann, wenn er, z.B. im Konzern, zu keiner Änderung der Beteiligungsquote führt.
528 Vgl. *Grützner*, a.a.O.
529 Vgl. statt aller *Dötsch*, FS Wassermeyer, 113, 117.
530 Der BFH geht hinsichtlich einer PersG von einer zivilrechtlichen Betrachtungsweise aus. Er betrachtet die PersG und nicht die hinter der PersG stehenden G'fter als Anteilseigner der Verlust-KapG; vgl. BFH vom 20.08.2003, BStBl II 2004, 614.
531 Dem hat der BFH jedoch zwischenzeitlich mit Urteil vom 27.08.2008 (BFH/NV 2009, 497) eine Absage erteilt und auch eine derartige Zwischenschaltung als schädlich angesehen.
532 Vgl. auch BR-Drs. 220/1/07 (Empfehlungen der Ausschüsse an den BR zum Entwurf eines UntStRefG 2008), 32.
533 Vgl. BR-Drs. 220/1/07, 32; BT-Drs. 16/5377, 29.
534 Vgl. BT-Drs. 16/5377, 49.
535 Vgl. a.a.O.

4.3.4 Die Konzernklausel

Durch das Wachstumsbeschleunigungsgesetz (WachstumsbeschlG vom 22.12.2009) wurde § 8c Abs. 1 KStG um die Sätze 5 bis 8 erweitert.[536] Mit § 8c Abs. 1 S. 5 KStG wurde die sog. Konzernklausel eingefügt, mit der ein Verlustabzug bei lediglich konzerninternen Umstrukturierungen zugelassen werden soll. Bei Einführung des § 8c KStG nahm der Gesetzgeber konzerninterne Umstrukturierungen nicht von den sanktionierten schädlichen Tatbeständen aus. Auch die Finanzverwaltung sah bei konzerninternen Umstrukturierungen den Tatbestand des § 8c KStG als erfüllt an, selbst wenn es mittelbar nicht zu einer veränderten Beteiligungsquote bei der übertragenden verlustführenden Konzerngesellschaft gekommen ist.[537] Aufgrund dessen hatten Konzerne nicht die Möglichkeit, betriebswirtschaftlich sinnvolle oder ggf. notwendige Maßnahmen konzerninterner Umstrukturierungen durchzuführen, da ansonsten im Konzern nutzbare Verluste weggefallen wären. Zur Beseitigung dieser Lähmung wurde § 8c Abs. 1 KStG durch das WachstumsbeschlG ergänzt. Hiernach lag ein schädlicher Beteiligungserwerb gem. § 8c Abs. 1 S. 5 KStG dann nicht vor, wenn am übertragenden Rechtsträger und am übernehmenden Rechtsträger dieselbe Person zu jeweils 100 % beteiligt war. Dabei spielte es keine Rolle, ob die 100 %-Beteiligungen unmittelbar oder mittelbar gehalten werden. Nach der Gesetzesbegründung ist die Konzernklausel auf die Fälle beschränkt, in denen die Verschiebung von Verlusten auf Dritte ausgeschlossen ist.[538] Während in der Gesetzesbegründung der Begriff »Konzern« verwendet worden ist, fehlt dieser im Gesetzestext. Der Wortlaut verdeutlicht ferner, dass der Gesetzgeber lediglich das schlichte Umhängen von Beteiligungen innerhalb eines Konzerns vor Augen hatte.[539]

Da dieser Gesetzeswortlaut allerdings nicht alle Fälle der Übertragung von Anteilen an einer Verlust-GmbH innerhalb einer Unternehmensgruppe oder eines Konzerns begünstigte, besserte der Gesetzesgeber im Rahmen des StÄndG 2015 die Konzernklausel nach und entschärfte diese rückwirkend ab dem VZ 2010.[540] Ein schädlicher Beteiligungserwerb liegt danach nicht vor, wenn

1. an dem übertragenden Rechtsträger der Erwerber zu 100 Prozent mittelbar oder unmittelbar beteiligt ist und der Erwerber eine natürliche oder juristische Person oder eine Personenhandelsgesellschaft ist,
2. an dem übernehmenden Rechtsträger der Veräußerer zu 100 Prozent mittelbar oder unmittelbar beteiligt ist und der Veräußerer eine natürliche oder juristische Person oder eine Personenhandelsgesellschaft ist oder
3. an dem übertragenden und an dem übernehmenden Rechtsträger dieselbe natürliche oder juristische Person oder dieselbe Personenhandelsgesellschaft zu jeweils 100 Prozent mittelbar oder unmittelbar beteiligt ist.

Nr. 1 betrifft dabei die Fälle, in denen die Muttergesellschaft die Anteile von einer nachgeordneten Gesellschaft erwirbt. Von Nr. 2 werden Veräußerungen der Muttergesellschaft an nachgeordnete Gesellschaften erfasst, an denen sie mittelbar oder unmittelbar zu 100 % beteiligt ist und Nr. 3 regelt die bisherigen Fallkonstellationen und erweitert die möglichen Konzernspitzen auf Personenhandelsgesellschaften.

---
536 BGBl I 2009, 3950.
537 BMF vom 04.07.2008, Az.: IV C 7 – S 2745 – a/0810001, Rn. 11.
538 Vgl. BT-Drs. 17/15 S. 19.
539 Vgl. dazu *Haßa/Gosmann* in DB vom 04.06.2010, 1198–1205.
540 Vgl. § 34 Abs. 6 S. 5 KStG.

Beispiel 17: Ausgangsfall
Die T1-GmbH veräußert ihre unmittelbare Beteiligung an der V-GmbH an die T2-GmbH. Anteilseigner der T1-GmbH und der T2-GmbH ist die M-AG.

Lösung: Die Konzernklausel (hier Nr. 3) ist erfüllt, da mit der M-AG dieselbe Person zu 100 % sowohl am übertragenden (T1-GmbH) als auch am übernehmenden Rechtsträger (T2-GmbH) beteiligt ist. Die Verluste der V-GmbH bleiben erhalten.

Anmerkung: Würde die M-AG ihre Beteiligung an der T1-GmbH an die T2-GmbH veräußern, wodurch die von der T1-GmbH mittelbar gehaltenen Anteile an der V-GmbH mittelbar übertragen werden würden, wäre die Konzernklausel ebenso erfüllt (hier Nr. 2), da die M-AG an der erwerbenden nachgeordneten Gesellschaft (T2-GmbH) zu 100 % beteiligt ist.

Beispiel 18: Verlängerung der Beteiligungskette
Die M-AG ist zu 100 % an der T1-GmbH beteiligt, die wiederum zu 100 % an der V-GmbH beteiligt ist. Zwischen der T1-GmbH und der V-GmbH wird nun eine neu gegründete Neu-GmbH zwischengeschaltet.

Lösung: Auch bei Zwischenschaltung einer weiteren Gesellschaft ist die Konzernklausel erfüllt (hier Nr. 3), denn die M-AG ist unmittelbar zu 100 % am übertragenden Rechtsträger (T1-GmbH) und mittelbar zu 100 % am übernehmenden Rechtsträger (Neu-GmbH) beteiligt.

Beispiel 19: Downstream-Merger/Upstream-Merger
Die M-AG ist an der T1-GmbH zu 100 % beteiligt. Die T1-GmbH ist wiederum 100 %ige Anteilseignerin der E1-GmbH, die 100 % der Anteile an der V-GmbH hält.

Lösung: Eine unschädliche Verkürzung dieser Beteiligungskette liegt u.a. vor, wenn z.B. die E1-GmbH abwärts auf die V-GmbH verschmolzen würde, so dass die V-GmbH unmittelbar von der T1-GmbH gehalten würde. Ferner sind auch Upstream-Merger sowie Side-stream-Merger unschädlich. Ebenso liegt eine der Konzernklausel nicht entgegenstehende Umstrukturierung auch in den Fällen vor, in denen die Obergesellschaft als aufnehmender oder übertragender Rechtsträger fungiert (im obigen Beispiel läge eine unschädliche Umstrukturierung vor, wenn z.B. die T1-GmbH auf die M-AG verschmolzen wird).

4.3.5 Der Erwerber der Anteile

Gemäß § 8c Abs. 1 S. 1 1. HS KStG muss die schädliche Anteilsübertragung auf **einen** Erwerber oder auf diesem **nahestehende Personen** erfolgen.

Fraglich ist insoweit, wie der Begriff der »nahestehenden Personen« auszulegen ist. Während § 8a Abs. 3 S. 1 KStG hinsichtlich des Begriffs der nahestehenden Personen ausdrücklich auf die Definition in § 1 Abs. 2 AStG verweist, findet sich ein solcher Verweis in § 8c KStG – ebenso wenig im BMF-Schreiben (2008) – gerade nicht.

Mithin sind künftig, im Unterschied zu § 8 Abs. 4 KStG a.F., Anteilsübertragungen an fremde Dritte irrelevant und nicht zusammenzuzählen. Es ist künftig eine **personenbezogene** und keine übertragungsbezogene Betrachtungsweise mehr geboten.[541] Ein alleiniges Abstellen auf einen Erwerber oder eine Erwerbergruppe birgt jedoch hohes Gestaltungs-

---
541 So auch *Wiese*, DStR 2007, 741, 742; BR-Drs. 220/1/07, 30.

potenzial, denn bei einer Übertragung von jeweils 25 % des gezeichneten Kapitals der KapG an vier einander nicht nahestehende, unabhängige Erwerber[542] würde § 8c Abs. 1 S. 1 KStG beispielsweise nicht greifen. Auf Anraten des Bundesrats[543] wurde deshalb im Verlauf des Gesetzgebungsverfahrens § 8c Abs. 1 S. 3 KStG eingefügt, wonach als ein Erwerber auch eine **Gruppe von Erwerbern mit gleichgerichteten Interessen** gilt.[544] Der Finanzausschuss hat die Anregung mit folgender – hier nicht weiter kommentierten Begründung – übernommen:
»Zur Vermeidung von Gestaltungen, in denen z.B. vier einander nicht nahestehende Erwerber zu gleichen Anteilen von je 25 % strukturiert eine Verlustgesellschaft erwerben, um eine Anwendung des § 8c KStG zu vermeiden, werden diese Erwerbe zusammengefasst. Voraussetzung ist, dass der Erwerb der Anteile aufgrund gleichgerichteter Interessen erfolgt. Ein Indiz für gleichgerichtete Interessen ist es z.B., wenn die KapG von den Erwerbern gemeinsam beherrscht wird.« Vgl. hierzu H 8.5 III KStH »Beherrschender G'fter – gleichgerichtete Interessen«.

Nach dem BMF-Schreiben (2008), Rz. 27 ist von einer Erwerbergruppe mit gleichgerichteten Interessen regelmäßig auszugehen, wenn eine Abstimmung zwischen den Erwerbern stattgefunden hat. Die gleichgerichteten Interessen müssen sich dabei nicht auf den Erhalt des Verlustvortrags der Körperschaft richten, sie liegen aber z.B. vor, wenn mehrere Erwerber einer Körperschaft zur einheitlichen Willensbildung zusammenwirken.

Beispiel 20:
Der G'fter G ist zu 100 % an der G-GmbH beteiligt. Im Jahr 10 erwirbt die A-GmbH 15 % der G-GmbH. Zwei Jahre später veräußert G erneut 10 % an A (= Alleingesellschafter der A-GmbH). Im Jahr 14 erwirbt die B-GmbH 8 % der Anteile an der G-GmbH. Die B-GmbH ist eine 100 %ige Tochtergesellschaft der A-GmbH.

Lösung: Bei den Erwerbern handelt es sich um nahestehende Personen, an welche innerhalb von fünf Jahren insgesamt mehr als 25 % der Anteile an der G-GmbH übertragen wurden. § 8c Abs. 1 S. 1 KStG liegt vor.

Fazit: Als nahestehende Personen kommen nach dem BMF-Schreiben (2008), Rz. 25 ff. schließlich in Betracht: Ehegatten, Angehörige, enge persönliche Freunde, ein Verein sowie Schwester-KapG.[545] Das Schreiben verweist schließlich auf H 8.5 III KStH »Kreis der nahestehenden Personen«.

4.3.6 Kapitalerhöhungen

Gemäß § 8c Abs. 1 S. 4 KStG steht eine Kapitalerhöhung der Übertragung des gezeichneten Kapitals gleich, soweit sie zu einer **Veränderung der Beteiligungsquoten** am Kapital der Körperschaft führt. Angesprochen sind mithin die Fälle **disquotaler** Kapitalerhöhungen.[546]

Die Schädlichkeit von Kapitalerhöhungen, welche von der h.M. bereits bisher bei § 8 Abs. 4 KStG a.F. angenommen wurde, soweit sich durch die Kapitalerhöhung die Be-

---
542 Sog. Quartettmodelle; hierzu *Endres/Spengel/Reister*, WPg 2007, 47 (8.).
543 BR-Drs. 220/1/07, S. 30.
544 Vgl. BT-Drs. 16/5491 (elektronische Vorabfassung), 53; BT-Drs. 16/5452 (elektronische Vorabfassung), 45.
545 Kritisch dazu *Meisel/Bokeloh*, BB 2008, 808.
546 Vgl. auch *Schaumburg*, in Arbeitsbuch, Fachanwälte für Steuerrecht, 38 f. Zu dem Thema »Anteilsübergang und folgende Kapitalerhöhung« vgl. auch *Lang*, DStZ 2007, 652: u.U. Addition beider Vorgänge mit den Konsequenzen für die Rechtsfolge (u.U. bei entsprechenden Zahlen vollständiger Untergang der Verluste).

teiligungsverhältnisse zu mehr als 50 % ändern, wird nunmehr ausdrücklich im Gesetz festgeschrieben. Auch nach der Rspr. des BFH spricht viel dafür, dass eine Kapitalerhöhung nicht anders behandelt werden darf als eine unmittelbare Anteilsübertragung (vgl. Beitrittsaufforderung an das BMF: BFH vom 04.09.2002, BFH/NV 2003, 348).

Beispiel 21:
Die im Jahr 2014 errichtete L-GmbH erzielt in den beiden Folgejahren hohe Verluste. G'fter sind L und M zu je 50 %. Das Stammkapital beträgt 150 T€. Im Jahr 2015 wird dieses auf 250 T€ erhöht. Die neuen Anteile werden von D übernommen. Dadurch entsteht eine Beteiligungsquote von L und M von je 30 %. D ist nun neuer Inhaber von 40 %.

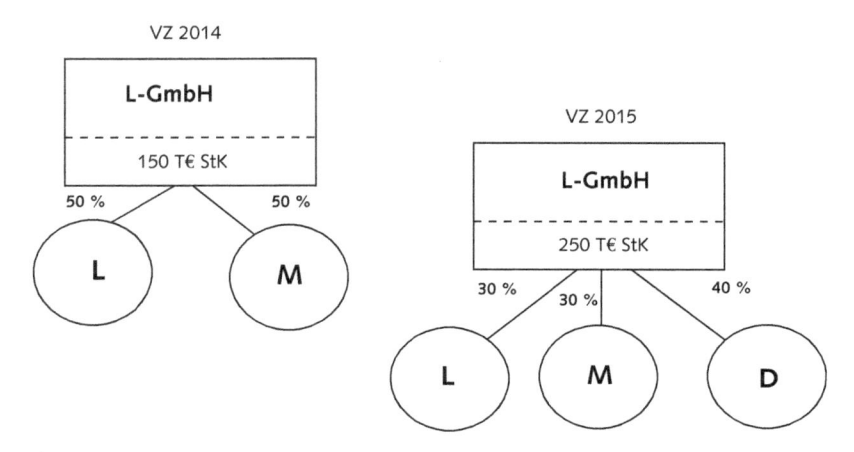

Lösung: Durch diesen Vorgang kommt es zu einer Beschränkung des Verlustabzugs.
Fraglich ist, ob auch **mittelbare Kapitalerhöhungen** schädlich sind. Nachdem mittelbare Anteilsübertragungen schädlich sind und Kapitalerhöhungen Anteilsübertragungen grundsätzlich gleichstehen, werden nach derzeit h.M. auch mittelbare Kapitalerhöhungen unter den Anwendungsbereich des § 8c Abs. 1 S. 4 KStG fallen.[547]
Bei den gleichen (wirtschaftlichen) Bedenken, die auch gegen die Einbeziehung mittelbarer Anteilsübertragungen in den Anwendungsbereich des Grundtatbestands von § 8c KStG erhoben werden, hängt die (rechtliche) Beantwortung von der Frage ab, ob § 8c Abs. 1 S. 4 KStG eine **Rechtsgrund- oder eine Rechtsfolgenverweisung** auf die ersten beiden Sätze enthält.
Durch die pauschale Bezugnahme auf beide Fälle des § 8c Abs. 1 KStG ist die Erstreckung in S. 4 als pauschale Rechtsgrundanalogie zu deuten und beinhaltet demnach auch die mittelbare Kapitalerhöhung.
Auch wirtschaftlich lässt sich dieses Ergebnis rechtfertigen, da sich die Beteiligungsverhältnisse und mithin das wirtschaftliche Engagement der Körperschaft in dem gleichen Maße ändern, wie dies bei einer unmittelbaren Anteilsübertragung der Fall ist. Folglich kann auch durch eine mittelbare Kapitalerhöhung die Einflussnahmemöglichkeit und die Teilhabe am Gewinn oder Verlust der Körperschaft maßgeblich verändert werden.

---

547 So auch *Schaumburg*, in Arbeitsbuch, Fachanwälte für Steuerrecht, 38 f.

4.3.7 Sukzessive Anteilsübertragungen

Gemäß § 8c Abs. 1 S. 1 und S. 2 KStG sind Anteilsübertragungen an einen Erwerber oder diesem nahestehenden Personen innerhalb von (pers. Anm.: sehr langen[548]) fünf Jahren zu berücksichtigen.

Aus der Notwendigkeit der Zusammenrechnung gestufter Anteilsübertragungen innerhalb von fünf Jahren werden sich administrative Probleme ergeben. Insoweit kann es zu sich überlappenden Fünfjahreszeiträumen kommen, die jeweils zur Überprüfung der Überschreitung der 25 %-Grenze bzw. der 50 %-Grenze fortgeschrieben werden müssen. Zur Darstellung des Verhältnisses der ersten beiden Sätze des § 8c KStG **zueinander** dient folgendes Beispiel:

Beispiel 22[549]**:**
B ist im Jahr 10 noch einziger G'fter der B-(Einmann-)GmbH. Im Januar der Jahre 11, 12 und 13 erwirbt A je 20 % der Anteile an der B-GmbH. Ende 10 beträgt ihr Verlustvortrag aus den vorangegangenen Jahren 60 T€. Es werden weiterhin Verluste erzielt.
Zu Beginn des VZ 12 hat A eine B-GmbH-Beteiligungsquote von 40 % erreicht, mit der Folge einer quotalen Verlustversagung von 40 % (§ 8c Abs. 1 S. 1 KStG).
Wie wirkt sich die Erhöhung der A-Beteiligung auf 60 % im VZ 13 aus?

Lösung: Nach § 8c Abs. 1 S. 2 KStG kommt es im VZ 13 zur kompletten Verlustversagung der B-GmbH (vgl. BMF vom 04.07.2008, BStBl I 2008, 736, Rz. 20).

Hinweis: Bei der Prüfung, ob die jeweiligen Grenzen von 1/4 bzw. 1/2 überschritten sind, sind nach h.A. eigene Anteile – wie bei § 8 Abs. 4 KStG – nicht zu berücksichtigen.[550]

4.3.8 Die »Stille-Reserven«-Klausel (§ 8c Abs. 1 S. 6 KStG)

Die zweite Ausnahme vom schädlichen Beteiligungserwerb (= Rückausnahme zum unschädlichen Beteiligungserwerb) neben der Konzernklausel stellt die zum VZ 2011 geänderte Vorschrift des § 8c Abs.1 S. 6 KStG dar. Danach bleiben Verluste i.H.d. vorhandenen stillen Reserven erhalten. Übersteigt der nicht genutzte Verlust die stillen Reserven, geht er insoweit unter. Im Gegensatz zur Konzernklausel gilt hier nicht die »Alles- oder- Nichts-Regelung«.[551]

Beispiel 22a:
Die A-GmbH erwirbt 40 % der Anteile an der B-GmbH. Die B-GmbH verfügt über Verlustvorträge i.H.v. 50 Mio. €. Die stillen Reserven von 30 Mio. € entfallen in vollem Umfang auf Wirtschaftsgüter, deren Veräußerung in Deutschland steuerpflichtig wäre.

Lösung: Nach § 8c Abs. 1 S. 1 KStG würden grundsätzlich die Verlustvorträge i.H.v. 40 % – also i.H.v. 20 Mio. € – untergehen. Durch die Verschonungsregelung des § 8c Abs. 1 S. 6 KStG bleiben die Verluste erhalten, soweit sie auf die anteiligen stillen Reserven entfallen. Von den stillen Reserven i.H.v. 30 Mio. € wirken sich insgesamt 12 Mio. € verlustvortragserhaltend aus. In der Summe geht infolge des Beteiligungserwerbs ein Verlustvortrag i.H.v. 8 Mio. € unter.

---

548 So auch *Centrale für GmbH Dr. Otto Schmidt*, GmbHR 2007, 421, 430, welche einen Beobachtungszeitraum von einem Jahr für angemessen hält.
549 In Anlehnung an *Wiese/Klass/Möhrle*, GmbHR 2007, 405.
550 So bereits BMF vom 16.04.1999, BStBl I 1999, 455, Tz. 3 zu § 8 Abs. 4 KStG und *Hans*, FR 2007, 775 sowie *Suchanek/Herbst*, FR 2007, 863 zur Neuregelung.
551 So auch *Eisgruber/Schaden*, Ubg 2/2010, 73.

Hintergrund für die Einführung der Verschonungsregelung dürfte die Überlegung sein, dass die Verlustgesellschaft in der Höhe, in der sie über stille Reserven verfügt, einen bestehenden Verlustvortrag selbst hätte nutzen können.[552] Die Stille-Reserven-Klausel sollte u.a. dazu führen, dass die in der Praxis zu beobachtende Hebung stiller Reserven vor einem schädlichen Anteilserwerb in Zukunft nicht mehr erforderlich ist.

Voraussetzung für die Anwendung der Stille-Reserven-Klausel ist zunächst, dass ein nicht genutzter Verlust vorliegt. Dabei kann es sich um Verlustvorträge oder nach Auffassung der Finanzverwaltung auch um laufende Verluste bis zum Zeitpunkt der schädlichen Anteilsübertragung handeln. Die Anwendung setzt ferner voraus, dass der Tatbestand des § 8c Abs. 1 S. 1 bzw. S. 2 KStG erfüllt ist. Ein schädlicher Beteiligungserwerb muss folglich vorliegen, bei dem auch die Konzernklausel des § 8c Abs. 1 S. 5 KStG nicht zur Anwendung kommt.

Es gilt zunächst, die – mit (Rück-)Wirkung ab VZ 2010 – geänderte Definition der zu berücksichtigenden stillen Reserven mit der Version (bis einschließlich VZ 2009) zu vergleichen.

Nach der **Altfassung** waren davon »stille Reserven des inländischen Betriebsvermögens« betroffen.

Die **aktuelle Fassung** definiert: »**im Inland stpfl. stille Reserven des Betriebsvermögens**«.

Damit wird auch ausländisches BV berücksichtigt, für das Deutschland das Besteuerungsrecht zusteht, etwa in dem Fall, da sich eine **Betriebsstätte** in einem **Nicht-DBA-Staat** befindet.

Der **Grundsatz** für die Berechnung der stillen Reserven lautet:

	Gemeiner Wert der erworbenen Anteile	(ggf. anteilig)
./.	auf die Anteile entfallendes steuerliches EK	(ggf. anteilig)
=	stille Reserven	
./.	nicht im Inland stpfl. stille Reserven	
=	**inländische stpfl. stille Reserven**	

In diesem Zusammenhang ist auf die Einschränkung bei der Berechnung der stillen Reserven bei **negativem** Eigenkapital der KapG nach § 8c Abs.1 S. 8 KStG hinzuweisen.

Danach lautet die Formel:

	Gemeiner Wert des **Betriebsvermögens**	(ggf. anteilig)
./.	auf die Anteile entfallendes steuerliches EK	(ggf. anteilig)
=	stille Reserven	
./.	nicht im Inland stpfl. stille Reserven	
=	**inländische stpfl. stille Reserven**	

Es ist offensichtlich, dass ein **negativer gemeiner Wert des BV** den Verlusterhalt verhindert.[553] Mittels einer Synopse wird der Unterschied zwischen altem und neuem Recht verdeutlicht:

	Altes Recht	Neues Recht
Nicht genutzter Verlust	150	150
Gemeiner Wert des Anteils/des BV	0	./. 100
Steuerliches EK	./. 100	./. 100
Stille Reserven (= nutzbarer Verlust)	**100**	**0**
Untergehender Verlust	50	150

---

552 Vgl. BT-Drs. 17/15 vom 09.11.2009, 31.
553 Es besteht bei der Unternehmensbewertung eine Nachweispflicht der KapG.

Hinweis: Um den drohenden Untergang des Verlustes (nach neuem Recht) zu vermeiden, kann z.B. das steuerliche EK durch eine – rechtzeitige – Einlage (im obigen Beispiel 100) vermieden werden.

4.3.9 Rechtsfolgen des § 8c KStG

4.3.9.1 Anteiliger (quotaler) Verlustuntergang

Nach der ersten Maßgeblichkeitsgrenze, die durch die Unternehmenssteuerreform 2008 aufgestellt wird, führt bereits eine Anteilstransaktion von **mehr als 25 %** zu einer anteiligen Versagung des Verlustabzugs.

Gemäß § 8c Abs. 1 S. 1 KStG ist der Verlustabzug anteilig zu versagen (»insoweit«), wenn innerhalb von fünf Jahren mittelbar oder unmittelbar mehr als 25 % des gezeichneten Kapitals, der Mitgliedschaftsrechte, der Beteiligungsrechte oder der Stimmrechte an einer Körperschaft an einen Erwerber oder eine diesem nahestehende Person übertragen werden oder ein vergleichbarer Sachverhalt vorliegt (**schädlicher Beteiligungserwerb**).

Bei einer Beteiligungstransaktion von mehr als 25 %, aber weniger als 50 %, tritt als Rechtsfolge ein quotaler Verlustuntergang ein. Die **Höhe des Verlustuntergangs** bemisst sich nach der **schädlichen Anteilsübertragung**.[554]

Der Wortlaut des § 8c KStG (»**innerhalb von fünf Jahren**«) sieht einen Zeitraum von fünf Jahren hinsichtlich der schädlichen Anteilsübertragungen vor. Mehrere aufeinander folgende Anteilsübertragungen in diesem Zeitraum sind zu addieren.

Beispiel 23:
Der G'fter G ist zu 100 % an der G-GmbH beteiligt. Im Jahr 2012 veräußert er 15 %, im Jahr 2014 5 % und im Jahr 2016 10 % seiner Beteiligung an die H-AG. Mit der letzten Veräußerung sind insgesamt mehr als 25 % der Anteile innerhalb von fünf Jahren an einen Erwerber übergegangen.

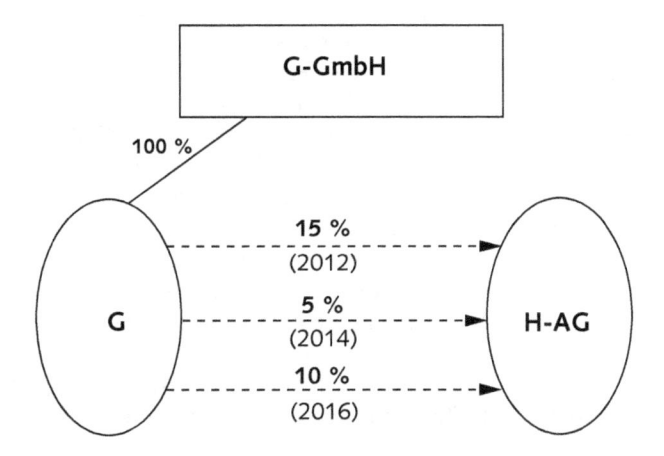

---

554 Vgl. *Wiese/Klass/Möhrle*, GmbHR 2007, 405 (409).

Lösung: Ab VZ 2016 gehen 30 % des Verlustvortrags der G-GmbH verloren. Die quotale Verlustversagung tritt in dem Jahr ein, in welchem es zu einem schädlichen Beteiligungserwerb kam. Ist der Verlust untergegangen, so beginnt bezüglich des quotalen Verlustuntergangs ein neuer Fünfjahreszeitraum.[555]

Beispiel 24:
Erfolgt beispielsweise im VZ 2015 ein Anteilserwerb von 26 % des gezeichneten Kapitals, so geht ein Verlustvortrag von 26 % verloren. Ein Jahr später werden weitere 15 % der Anteile verkauft.

Lösung: Es erfolgt keine weitere Kürzung des Verlustvortrags um 15 %, da die schädliche 25 %-Grenze bereits im VZ 2015 und nicht erst durch den Anteilsverkauf im VZ 2016 erreicht wurde. Nach der erstmaligen Überschreitung der 25 % Grenze beginnt insoweit ein neuer Fünfjahreszeitraum.[556] Diese bereits berücksichtigten Anteilserwerbe sind **dann lediglich für Zwecke des § 8c Abs. 1 S. 2 KStG** einzubeziehen.

4.3.9.2 Vollständiger Verlustuntergang

Bis zum schädlichen Beteiligungserwerb nicht genutzte Verluste sind – unabhängig von § 8c Abs. 1 S. 1 KStG – vollständig nicht mehr abziehbar, wenn ein schädlicher Anteilseignerwechsel von **mehr als 50 %** vorliegt (§ 8c Abs. 1 S. 2 KStG). Soweit keine Anteilsübertragung von mehr als 25 % und weniger als 50 % vorliegt, tritt an die Stelle des anteiligen Verlustuntergangs gem. § 8c Abs. 1 S. 1 KStG ein vollständiger Verlustuntergang.

Würde somit beispielsweise in Fortführung des Beispiels 23 im VZ 2013 eine weitere Anteilsübertragung von 40 % stattfinden, wäre diese mit der 15 %igen Anteilsübertragung aus dem VZ 2012 zusammenzuzählen, wodurch sich eine schädliche Anteilsübertragung von mehr als 50 % ergeben würde. Folge wäre die gänzliche Versagung bislang nicht genutzter Verluste.

Gemäß § 8c Abs. 1 S. 2 KStG ist eine Verlustnutzung vollständig zu versagen, wenn unabhängig von S. 1 innerhalb von fünf Jahren mittelbar oder unmittelbar mehr als 50 % des gezeichneten Kapitals, der Mitgliedschaftsrechte, der Beteiligungsrechte oder der Stimmrechte an einer Körperschaft an einen Erwerber oder diesem nahestehende Person übertragen werden oder dem ein vergleichbarer Sachverhalt vorliegt. Die Rechtsfolge bei Überschreiten der 50 %-Grenze ist, dass eine Verlustnutzung **vollständig versagt** wird.

Es wird davon ausgegangen, dass eine Anteilsübertragung von mehr als 50 % ein vollständig neues wirtschaftliches Engagement der KapG bewirkt. Erwirtschaftete Verluste aus früherer Zeit sollen daher auch vollständig untergehen.[557]

Anteilsübertragungen, welche zunächst nur zu einer quotalen Verlustversagung geführt haben, müssen weiterhin für einen Zeitraum von fünf Jahren berücksichtigt werden, da es noch zu einem vollständigen Verlustuntergang in späteren Jahren kommen kann, wenn insgesamt mehr als 50 % der Anteile übertragen wurden.[558]

Von der Regelung des quotalen oder vollständigen Verlustuntergangs sind nicht nur KapG, sondern **alle Körperschaften** betroffen (so der Wortlaut des § 8c KStG). Der Begriff

---
555 Vgl. *Merker*, StuB 2007, 247 (251) und *Busch*, in: Arbeitsbuch, Fachanwälte für Steuerrecht, 46 f.
556 *Busch*, in Arbeitsbuch, Fachanwälte für Steuerrecht, 46 f.
557 Vgl. *Lenz/Ribbrock*, Versagung des Verlustabzugs beim Anteilseignerwechsel, BB 2007, 587 (589).
558 Vgl. *Wiese/Klass/Möhrle*, GmbHR 2007, 405 (409).

»Körperschaft« umfasst sowohl die unbeschränkt stpfl. Körperschaften i.S.v. § 1 Abs. 1 KStG als auch die beschränkt stpfl. Körperschaften i.S.v. § 2 KStG.

§ 8c KStG wird bei **beschränkt stpfl.** Körperschaften jedoch nur dann einschlägig sein, wenn die Körperschaftsteuer für die inländischen Einkünfte gemäß § 32 KStG nicht mit dem Steuerabzug abgegolten wird und insoweit eine Veranlagung durchzuführen ist.[559]

Als weiterer Unterschied zum alten Recht ist hier aufzuführen, dass es nach der neuen Verlustnutzungsregelung auf eine **personenbezogene Betrachtungsweise** i.S.v. »Anteilserwerb in einer Hand« ankommt und nicht – wie nach alter Rechtslage – auf eine übertragungsbezogene Sichtweise i.S.v. »Anteilsübertragung auf neue G'fter«.[560]

Das nachfolgende zusammenfassende Beispiel zeigt die Wirkung und die Wechselbezüglichkeit der beiden ersten Sätze des § 8c KStG deutlich auf.

Beispiel 25[561]**:**
An der Gesellschaft Mantel-GmbH sind die G'fter (und Geschwister) Felix (F) und Max (M) ursprünglich paritätisch zu je 50 % beteiligt gewesen. Im Zuge einer Neuordnung der Beteiligungsverhältnisse innerhalb der Familie überträgt zunächst M unentgeltlich 10 % seiner Anteile auf F (steuerunschädlich; z.B. im Rahmen einer Erbauseinandersetzung ohne Spitzenausgleich). Die Schwester Anne-C (AC) wird nunmehr entgeltlich in die Mantel-GmbH aufgenommen. Für die Anwendung des § 8c KStG ergibt sich folgendes Tableau.

	Jahr 11 T€	Jahr 12 T€
Gezeichnetes Kapital	200	200
Beteiligung F (unentgeltlich aufgestockt)	60 %	60 %
Beteiligung M (unentgeltlich abgetreten)	40 %	10 %
Beteiligung AC (entgeltlich erworben)	0 %	30 %
Übertragene Anteile im Fünfjahreszeitraum		30 %
Schädliche Anteilsübertragung		ja
Ergebnis lfd. VZ		./. 2.000
davon Verlust bis zur jeweiligen Anteilsübertragung		./. 1.400
Verlustabzug zum Ende des vorangegangenen VZ		2.000
Verlustabzugsverbot § 8c Abs. 1 S. 1 KStG		600
Verlustabzugsverbot § 8c Abs. 1 S. 2 KStG		–
Verlustausgleichsverbot § 8c Abs. 1 S. 1 KStG		420
Verlustabzug		
Verlustabzug zum Ende des VZ	2.000	2.980

---

559 Vgl. *Grützner*, Verschärfung der bisherigen Einschränkungen beim Verlustabzug nach § 8 Abs. 4 KStG durch § 8c KStG-E, StuB 2007, 339 (340).
560 Vgl. *Wiese*, DStR 2007, 741 (742).
561 Ähnliches Beispiel bei *Wiese*, DStR 2007, 741.

Lösung: Die Übertragung der Anteile i.H.v. G'fter M auf den neuen G'fter AC im **VZ 12** führt zu einem schädlichen Beteiligungserwerb durch AC. Die Höhe des Verlustuntergangs bemisst sich an der Höhe der Anteilsübertragung. Folglich kommt es zu einem quotalen Verlustuntergang von 30 %.

Von dem Verlustvortrag aus dem **VZ 11** von 2 Mio. € gehen somit 0,6 Mio. € gemäß § 8c Abs. 1 S. 1 KStG unter. Die im Jahr 12 aufgelaufenen Verluste fallen ebenfalls i.H.v. 30 % unter das Verlustausgleichsverbot gemäß § 8c Abs. 1 S. 1 KStG, sodass von den aus dem Jahr 12 vorhandenen Verlusten i.H.v. 1,4 Mio. € 0,42 Mio. € untergehen. Folglich kann die Mantel-GmbH von den in den Jahren 11 und 12 erwirtschaften Verlusten für steuerliche Zwecke lediglich 2,98 Mio. € (4 Mio. € ./. 0,6 Mio. € ./. 0,42 Mio. €) nutzen.

4.3.10 Die von § 8c KStG betroffenen Verluste

Dem Abzugsverbot des § 8c Abs. 1 S. 1 KStG unterliegen die **bis zum** schädlichen Beteiligungserwerb nicht ausgeglichenen oder abgezogenen negativen Einkünfte der Körperschaft (die nicht genutzten Verluste). Ohne dass sich in § 8c KStG ein eindeutiger Verweis auf einen Verlustabzug gemäß § 10d EStG findet, findet nach h.M. das **Verlustabzugsrecht des § 10d EStG** i.R.d. § 8c KStG Anwendung.[562]

§ 8c KStG definiert nicht den Begriff der nicht abgezogenen bzw. nicht ausgeglichenen **negativen Einkünfte**. Es kann dabei sowohl auf den Verlustrücktrag, wie auf den Verlustvortrag wie auch auf beides abgestellt werden. Nach der Begründung des Entwurfs des Unternehmenssteuerreformgesetzes 2008 der Bundesregierung sind die zum Ende des Veranlagungszeitraums vor dem schädlichen Anteilseignerwechsel festgestellten Verlustvorträge (Verlustabzugsverbot) sowie die laufenden Verluste (Verlustausgleichsverbot) des Veranlagungszeitraums bis zum Zeitpunkt des schädlichen Beteiligungserwerbs nicht mehr abziehbar.[563] Insoweit kann auch hier ein **unterjähriger schädlicher Anteilseignerwechsel** zur Versagung des Ausgleichs eines bis dahin aufgelaufenen Verlusts führen.[564] Es kommt mithin auf den genauen Zeitpunkt der schädlichen Anteilsübertragung an und nicht lediglich auf den Veranlagungszeitraum, in dem diese stattfindet.[565] Dabei wird man es – wie dies auch bei einer Veräußerung eines MU-Anteils nach § 16 Abs. 1 S. 1 Nr. 2 EStG üblich ist – genügen lassen, wenn der berücksichtigungsfähige Verlust zu diesem Zeitpunkt **geschätzt** wird. Eine Zwischenbilanz ist bis heute noch nicht gefordert worden.[566] Nach Auffassung des BMF-Schreibens (2008), Rz. 32 kann der laufende Verlust, den die Körperschaft im Wj. des unterjährigen schädlichen Anteilseignerwechsels erlitten hat, im Zweifel auch zeitanteilig auf die Zeit vor und nach dem Wechsel aufgeteilt werden.

Verluste, die nach dem Zeitpunkt des schädlichen Anteilseignerwechsels entstanden sind, bleiben abzugsfähig.[567] Zu einem ggf. bestehenden Verlustrücktrag der Körperschaft finden sich keinerlei Erläuterungen. Nach früherer Auffassung soll ein auf die Zeit vor dem Wechsel entfallender Gewinn nicht mit einem Verlustvortrag aus früheren Wj. verrechnet

---

562 Vgl. auch *Wiese*, DStR 2007, 741, 743.
563 Vgl. Begründung des Regierungsentwurfs eines UntStRefG 2008, 129.
564 Damit verbunden ist die Frage, ob Verluste mit unterjährigen Gewinnen verrechnet werden können. Die hM (vgl. und zitiert bei *Barth*, Unternehmensteuerreform 2008, Rz. 279, hält dies für möglich (ebenso *Neyer*, BB 2007, 1415),
565 Vgl. *Busch*, Arbeitsbuch, Fachanwälte für Steuerrecht, 47.
566 M.E. wegen des Übermaßverbots auch nicht zulässig.
567 Vgl. auch *Grützner*, StuB 2007, 339, 341.

werden können (BMF-Schreiben (2008), Rz. 31). Dem steht jedoch mittlerweile das Urteil des BFH vom 30.11.2011 (BStBl II 2012, 360) entgegen, wonach ein vor der Anteilsübertragung erzielter Gewinn mit vorhandenen Verlusten verrechnet werden kann.

Darüber hinaus gilt das Verlustabzugsverbot des § 8c KStG gemäß § 8a Abs. 1 S. 3 KStG entsprechend für einen **Zinsvortrag** gem. § 4h Abs. 1 S. 2 EStG.[568] Gemäß § 4h Abs. 1 S. 1 EStG sind Zinsaufwendungen eines Betriebs i.H.d. Zinsertrags abziehbar, darüber hinaus nur bis zur Höhe von 30 % des um die Zinsaufwendungen erhöhten und nicht um die Zinserträge verminderten maßgeblichen Gewinns. Zinsaufwendungen, die nicht abgezogen werden dürfen, sind in die folgenden Wirtschaftsjahre vorzutragen (Zinsvortrag), § 4h Abs. 1 S. 2 EStG. Gem. § 8a Abs. 1 S. 1 KStG gilt dies entsprechend auch für Körperschaften, mit der Maßgabe, dass insoweit das körperschaftsteuerliche Einkommen an die Stelle des maßgeblichen Gewinns tritt. Im Fall der Erfüllung der Voraussetzungen des § 8c Abs. 1 S. 1 oder S. 2 KStG geht mithin auch ein festgestellter Zinsvortrag quotal oder vollständig unter.[569]

Durch den Verweis in § 10a S. 10 GewStG gilt § 8c KStG, wie bisher auch § 8 Abs. 4 KStG, ebenfalls für den **gewerbesteuerlichen Verlustvortrag**.

4.3.11 Die Übergangsregelung

Die Neuregelung des § 8c KStG gilt für Anteilsübertragungen nach dem 31.12.2007. § 8 Abs. 4 KStG a.F. ist neben § 8c KStG letztmals anzuwenden, wenn mehr als die Hälfte der Anteile innerhalb eines Fünf-Jahres-Zeitraumes übertragen werden, der **vor dem 01.01.2008 beginnt** und wenn dabei der Verlust der wirtschaftlichen Identität vor dem 01.01.2013 eintritt.

Entgegen seiner bisherigen Auffassung (BMF vom 16.04.1999, Rz. 33) stellt das BMF jetzt bei der Frage, ab welchem **Zeitpunkt der Verlust untergeht**, nicht mehr auf die Zuführung des schädlichen BV ab, sondern allein auf die **schädliche Anteilsübertragung** (BMF-E vom 20.02.2008, Tz. 39, übernommen im BMF-Schreiben vom 04.07.2008, a.a.O. Tz. 30).

Die Stille-Reserven-Klausel findet ab **VZ 2010** Anwendung. Zur Anwendung der erweiterten Konzernklausel ab VZ 2010 vgl. § 34 Abs. 6 S. 5 KStG.

4.3.12 Weiterentwicklung der steuerlichen Verlustverrechnung bei Körperschaften

Am 14.09.2016 hat das Bundeskabinett einen Gesetzentwurf eingebracht. Nachdem der Gesetzgeber bereits mit der Ausweitung der sog. Konzernklausel durch das StÄndG 2015 die »Verlustvernichtungsregelung« des § 8c KStG etwas entschärft hat, nahm der Gesetzgeber nun einen weiteren Anlauf zur Entschärfung der Vorschrift. Diese Entschärfung sollte nun allerdings nicht unmittelbar in § 8c KStG, sondern in einem **neuen § 8d KStG** geschehen. Hintergrund waren wohl Bedenken, dass eine Entschärfung in § 8c KStG wieder beihilferechtliche Probleme mit der EU mit sich bringen könnte.

Zielgruppe der geplanten gesetzlichen Regelung sind offensichtlich Gesellschafterwechsel bei sog. »Start-up-Unternehmen«; auch dies kann aber (ebenfalls aus beihilferechtlichen Gründen) weder aus dem Gesetzestext noch aus der Gesetzesbegründung entnommen werden. § 8d KStG sieht vor, Unternehmen, die für die Unternehmensfinanzierung auf die Neuauf-

---

568 Vgl. auch Begründung des Regierungsentwurfs eines UntStRefG 2008, 127.
569 Zur Zinsschranke vgl. Teil A, Kap. IV 2.13.

nahme oder den Wechsel von Anteilseignern angewiesen sind, die Möglichkeit einer weiteren Nutzung der nicht genutzten Verluste einzuräumen, sofern sie denselben Geschäftsbetrieb nach dem Anteilseignerwechsel fortführen.[570] Danach soll der Verlustwegfall nach § 8c KStG dann nicht eintreten, wenn die Körperschaft im Wesentlichen folgende Bedingungen erfüllt:

1. Der seit drei Jahren bestehende Geschäftsbetrieb bleibt unverändert.
2. Die Körperschaft darf sich nicht an einer Mitunternehmerschaft beteiligen.
3. Die Körperschaft darf kein Organträger sein bzw. werden.
4. In die Körperschaft dürfen keine Wirtschaftsgüter unterhalb des gemeinen Wertes eingebracht werden.

Werden diese Bedingungen nicht mehr erfüllt, entfällt der noch bestehende sog. fortführungsgebundene Verlustvortrag zum Zeitpunkt des Wegfalls der vorgenannten Bedingungen.

Hinweis: Unter Geschäftsbetrieb i.S.d. § 8d Abs. 1 S. 3 und 4 KStG werden die sich ergänzenden und fördernden Bestimmungen der Körperschaft verstanden, die einem einheitlichen Unternehmensziel dienen. Zur Beurteilung sind insb. die angebotenen Dienstleistungen oder Produkte, der Kunden- und Lieferantenstamm, die bedienten Märkte und die Qualifikation der Arbeitnehmer heranzuziehen.

4.4 Verluste im Umwandlungssteuerrecht

4.4.1 Verluste des übertragenden Rechtsträgers

Mit dem SEStEG hat der Gesetzgeber die Übertragung von Verlustvorträgen gänzlich abgeschafft (§ 4 Abs. 2 S. 2 UmwStG). Dies gilt für alle Umwandlungen, bei denen die Anmeldung zur Eintragung in das Handelsregister nach dem 12.12.2006 erfolgt ist (§ 27 Abs. 1 UmwStG).

Gem. § 12 Abs. 3 2. HS UmwStG i.V.m. § 4 Abs. 2 S. 2 UmwStG können bis zur Umwandlung bestehende verrechenbare Verluste und verbleibende Verlustvorträge des übertragenden Rechtsträgers **nicht** auf den übernehmenden Rechtsträger übertragen werden. Das gleiche gilt für Zinsvorträge nach § 4h Abs. 1 S. 5 EStG, EBITDA-Vorträge nach § 4h Abs. 1 S. 3 EStG und Gewerbesteuerverlustvorträge i.S.d. § 10a GewStG gem. § 19 Abs. 2 UmwStG. Eine Ausnahme dieses Übertragungsverbots bilden Verluste, die nach dem steuerlichen Übertragungsstichtag entstehen. Solche sind aufgrund der steuerlichen Rückwirkung bereits dem übernehmenden Rechtsträger zuzurechnen gem. § 2 Abs. 1 S. 1 UmwStG.

Selbst in einer Konzernstruktur, wenn der übernehmende Rechtsträger alle Anteile am übertragenden Rechtsträger hält, gehen diese Verlustvorträge unter, da § 4 Abs. 2 S. 2 und § 12 Abs. 3 UmwStG keine Konzernbetrachtung zulassen. Aufgrund dessen ist es nicht möglich, eine verlustreiche KapG auf eine andere KapG zu verschmelzen, ohne dass der Verlustvortrag des übertragenden Rechtsträgers untergeht. Verlustvorträge auf eine PersG verursachen systematische Probleme, weil eine PersG als solche keine Verlustvorträge nach § 10d EStG generieren kann. Vielmehr ist in einem derartigen Fall auch die anteilige Übertragung von Verlusten auf die Gesellschafter der PersG ausgeschlossen.[571] Eine Anwendung des § 8c KStG ist nicht gegeben, da alle Verlustvorträge bereits durch die Regelungen des § 4 Abs. 2 S. 2 UmwStG untergehen.

---

570 BT-Drs. 18/9986 vom 17.10.2016, 9.
571 Vgl. *Widmann/Mayer*, »Umwandlungsrecht«, § 4 UmwStG, Rz. 1059.

Über den Ansatz der WG mit dem gemeinen Wert in der Übertragungsbilanz, wodurch den verrechenbaren Verlusten ein hoher Übertragungsgewinn gegenübersteht, und einem damit geschaffenen höheren Abschreibungsvolumen können Verluste dennoch zumindest **mittelbar** auf den übernehmenden Rechtsträger **übertragen werden**.

Lediglich im Falle der **Abspaltung** i.S.d. § 123 Abs. 2 UmwG, nicht so bei der Aufspaltung i.S.d. § 123 Abs. 1 UmwG[572], ist es möglich, die oben genannten **Verluste**[573] der abspaltenden Körperschaft im Rahmen der Umwandlung zumindest anteilig **zu erhalten**.[574] Im Zuge einer Abspaltung bleibt der übertragende Rechtsträger erhalten, sodass bestehende verrechenbare, nicht ausgeglichene Verluste nur in dem Maße untergehen, als Teile der übertragenden Körperschaft auf andere Rechtsträger übergehen, gem. § 15 Abs. 3 UmwStG. Maßstab für dieses Verhältnis bildet der gemeine Wert des Vermögens, das auf eine andere Körperschaft übergeht.

Beispiel 26: Alles eine Frage der Verhältnismäßigkeit
Die Schwarz-auf-weiß GmbH hat zwei Teilbereiche: Verlag und Druckerei. Der Verlag hat einen gemeinen Wert von 300 T€ und die Druckerei einen gemeinen Wert von 150 T€. Die Druckerei wird im Rahmen einer internen Umstrukturierung auf die neu zu gründende Druckfrisch GmbH **abgespalten**. Im Zeitpunkt der Abspaltung beträgt der Verlustvortrag der Schwarz-auf-weiß GmbH 100 T€.

Lösung: Der Gesamtwert der Schwarz-auf-weiß GmbH beträgt 450 T€. 33,33 % der GmbH (150 T€ zu 450 T€) werden auf die Druckfrisch GmbH abgespalten. Im selben Verhältnis gehen die Verluste der übertragenden GmbH verloren: 33,33 % von 100 T€ = 33 333 €. Es verbleibt ein vortragsfähiger Verlust i.H.v. 66.666 € bei der Schwarz-auf-weiß GmbH.

4.4.2 Verluste des übernehmenden Rechtsträgers

Sofern der übernehmende Rechtsträger (= Körperschaft i.S.d. KStG) vortragsfähige Verluste vorzuweisen hat, ist deren Untergang (bzw. Fortführung) von der Vorschrift § 8c KStG abhängig. Nach dieser Vorschrift gehen Verluste anteilig (bzw. vollständig) unter, sofern innerhalb einer Frist von fünf Jahren mehr als 25 % (bzw. mehr als 50 %) der Anteile übertragen werden (s. Kap. 4.3). An dieser Stelle ist jedoch ausdrücklich darauf hinzuweisen, dass eine Kapitalerhöhung einer Übertragung gem. § 8c Abs. 1 S. 4 KStG gleichsteht.[575] In Umwandlungsfällen können solche Kapitalerhöhungen eine große Rolle spielen.[576] Werden

---

572 In diesem Fall sind die Vorschriften über Verschmelzungen anzuwenden. Verluste der spaltenden Körperschaft können gem. § 15 Abs. 1 S. 1 i.V.m. § 12 Abs. 3, 2. HS i.V.m. § 4 Abs. 2 S. 2 UmwStG nicht auf den übernehmenden Rechtsträger übertragen werden. Im Rahmen der Aufspaltung geht die übertragende Körperschaft unter.
573 Im Rahmen des UntStReformG 2008 wurde der Anwendungsbereich dieser Vorschrift erweitert um verrechenbare Verluste, nicht ausgeglichene negative Einkünfte und Zinsvorträge. Vorher war § 15 Abs. 3 UmwStG lediglich auf vortragsfähige Verluste anzuwenden. Später wurde auch der EBITDA-Vortrag in den Wortlaut mit aufgenommen. Gewerbesteuervorträge sind über § 19 Abs. 2 UmwStG mit einzubeziehen.
574 S. auch Band 2, Teil D, Kap. VI; hier der Verlustabzug nach § 10d EStG im Rahmen der Spaltung.
575 S. *Sistermann/Brinkmann*, DStR 2008, 897 über die Anwendung des § 8c KStG im Rahmen einer Umstrukturierung im Konzern.
576 Kapitalerhöhung im Rahmen einer Verschmelzung gem. §§ 55, 69 UmwG (über § 125 S. 1 UmwG auch für Spaltungen anzuwenden).

die Beteiligungsverhältnisse aufgrund einer derartigen Kapitalerhöhung verändert, drohen Verluste des übernehmenden Rechtsträgers unterzugehen. Die steuerliche Rückwirkung ist bei der Anwendung des § 8c KStG bedeutungslos. Es kommt lediglich auf den Übergang des wirtschaftlichen Eigentums an (BMF vom 04.07.2008, BStBl I 2008, 736, Rz. 15).

4.4.3 Verlustvortrag bei der Verschmelzung einer Gewinngesellschaft auf eine Verlustgesellschaft

Bisher sah die gesetzliche Regelung vor, dass bei der Verschmelzung einer Gewinngesellschaft auf eine Verlustgesellschaft ein steuerlicher Verlustvortrag der Verlustgesellschaft (also beim **übernehmenden** Rechtsträger) nicht unterging, so dass die Gewinne mit den Verlusten verrechnet werden konnten.

In jüngerer Zeit sind jedoch Gestaltungen bekannt geworden, die u.a. von Banken modellhaft betrieben wurden, um diese Regelung auszunutzen. Ziel dieser Gestaltungen war es, die Besteuerung von Gewinnen bei Gesellschaften mit hohen stillen Reserven durch die Verrechnung mit steuerlichen Verlusten einer anderen Gesellschaft zu vermeiden. Das Gestaltungsmodell nutzte dabei insb. auch die Möglichkeit der achtmonatigen steuerlichen Rückwirkung der Umwandlung oder Einbringung.

Um solche Gestaltungen und die damit einhergehenden Steuerausfälle zu vermeiden, hat der Gesetzgeber **§ 2 Abs. 4 S. 3 UmwStG** eingefügt. Demnach wird beim übernehmenden Rechtsträger eine Verrechnung seiner Verluste mit positiven Einkünften des übertragenden Rechtsträgers steuerlich nicht mehr zugelassen. Der übernehmende Rechtsträger hat die ihm zuzurechnenden positiven Einkünfte vollständig zu versteuern. Des Weiteren wurde **§ 2 Abs. 4 UmwStG um die Sätze 4 und 5** ergänzt. So gilt die Beschränkung der Verlustnutzung entsprechend auch bei einem Organträger, wenn der übernehmende Rechtsträger eine OrgG ist, oder bei den Gesellschaftern einer Personengesellschaft als übernehmendem Rechtsträger.

4.5 Der Verlustvortrag gemäß § 10a GewStG

Die Interessenslage ist bei der »Rettung« des gewerbesteuerlichen Verlustes anders gelagert als die Abzugsdiskussion im Körperschaft- und Umwandlungssteuerrecht. Während dort die zivilrechtliche Ausgangssituation (die beteiligten Rechtsträger sind juristische Personen) die Rspr. und die Verwaltung vor eine Bewährungsprobe stellen, bereitet bei § 10a GewStG der **Objektsteuercharakter** der GewSt große Probleme.

Vorgreiflich ist auf einige technische Besonderheiten der gewerbesteuerlichen Verlustverrechnungen hinzuweisen:

1. Der Gewerbesteuerverlust heißt **Fehlbetrag**.
2. Trotz gelegentlicher Anläufe wird ein gewerblicher Fehlbetrag nur im Wege des **Vortrages** berücksichtigt. Der BFH (vom 09.11.1990, BFH/NV 1991, 766; vom 31.07.1990, BStBl II 1990, 1083) hat den fehlenden Rücktrag wegen der Haushaltsbedenken für die Gemeinden gutgeheißen.
3. Nach § 10a GewStG kann ab dem Erhebungszeitraum 2004 nach Berücksichtigung des Sockelbetrages von 1 Mio. € (sog. »Mittelstandskomponente«) ein vorgetragener Fehlbetrag nur noch bis zu 60 % des maßgebenden Gewerbeertrages abgezogen werden.

4. Die Ermittlung des Fehlbetrages folgt der Systematik des GewStG. Nach dem bereinigten Ertragsteuerergebnis (§ 7 GewStG) sind noch Hinzurechnungen (§ 8 GewStG) und Kürzungen (§ 9 GewStG) zu berücksichtigen. Auf diese Weise kann sich bei einem Überhang an Kürzungen ein Gewerbeverlust ergeben, obwohl nach dem EStG bzw. nach dem KStG ein Gewinn erzielt wurde.
5. In verfahrensrechtlicher Hinsicht unterstrich der BFH am 22.10.2003 (BStBl II 2004, 468) die Auffassung der Verwaltung, wonach bei der Feststellung des vortragsfähigen Gewerbeverlustes gem. § 10a S. 2 GewStG in den Fällen des § 8 Abs. 4 KStG a.F. nicht nur die Höhe des jeweiligen Verlustfehlbetrages festgestellt wird. Es soll vielmehr auch die Abzugsfähigkeit des Betrages nach Maßgabe der im Feststellungszeitpunkt geltenden Rechtslage verbindlich festgestellt werden.

4.5.1 Unternehmensidentität und Unternehmeridentität

Für **KapG** belässt es das Gewerbesteuerrecht für den Vortrag des Fehlbetrages bei der Anwendung der §§ 10d EStG, § 8c KStG (§ 8 Abs. 4 KStG a.F. – rechtliche und wirtschaftliche Identität von Fehlbetragsverursacher und dem abziehenden Rechtsträger).

Für Einzelunternehmen (Objektsteuer!) wie für PersG wird aufgrund ständiger BFH-Rspr. neben der **Unternehmensidentität** auch die **Unternehmeridentität** gefordert (entscheidender Beschluss des BFH vom 03.05.1993, BStBl II 1993, 616 aufgrund des Vorlagebeschlusses des VIII. Senats vom 27.11.1991, BStBl II 1992, 563).

Dabei ist die – dem Gewerbesteuerrecht ohnehin immanente – **Unternehmensidentität** (R 10a.2 GewStR) eher eine Leerformel, die die identische Erscheinungsform des verursachenden und anrechnenden Betriebes festschreibt. Dabei sind strukturelle Änderungen (betriebswirtschaftliche Anpassungen) unschädlich: Bei der Realteilung wird für § 10a GewStG das zusätzliche Erfordernis des Teilbetriebes aufgestellt (H 10a.2 »Realteilung« GewStR).

Mit dem Zusatzkriterium der **Unternehmeridentität** wird ein persönliches Anknüpfungsmerkmal in die Objektsteuer »GewSt« transportiert. Mit der weiteren Formulierung, dass nur derjenige Gewerbetreibende den Fehlbetrag abziehen darf, der den »[...] Verlust zuvor in eigener Person **erlitten** hat [...]« (R 10a.3 Abs. 1 S. 1 GewStR), scheint der Grundsatz der subjektiven Leistungsfähigkeit auch in der GewSt einzuziehen. Gemeint ist und betroffen sind damit folgende Hauptgruppen:

a) Aus einem Einzelunternehmen wird eine PersG;
b) in einer PersG kommt es zu einem Gesellschafterwechsel;
c) Fälle der Organschaft.

Zu a): Einzelunternehmen → PersG

Im Falle des Beitritts eines Partners in ein Einzelunternehmen oder bei Einbringung eines Betriebs in eine PersG nach § 24 UmwStG kann der alte Fehlbetrag (des Einzelunternehmens) auch von dem neuen Rechtssubjekt (PersG) abgezogen werden. Der Höhe nach wird jedoch nur der Anteil, der gem. dem Gewinnverteilungsschlüssel auf das frühere Einzelunternehmen entfällt, mit dem Freibetrag verrechnet.

Zu b): Wechsel im Gesellschafterbestand einer PersG

Die hierzu ergangenen Urteile, die von der Verwaltung (R 10a.3 Abs. 3 GewStR) übernommen wurden, erlauben die folgende Kasuistik:

- Beim Ausscheiden eines G'fters (An-/Abwachsung nach § 738 BGB) entfällt der Verlustabzug nach § 10a GewStG i.H.d. Beteiligungsquote des Alt-G'fters (BFH vom 14.12.1989, BStBl II 1990, 436[577]). Ist die Höhe des Fehlbetrages in einem Verlustfeststellungsbescheid nach § 10a GewStG nicht um den dem ausgeschiedenen MU zufallenden Anteil gekürzt worden und ist der Bescheid inzwischen bestandskräftig geworden, ist dieser dennoch bindend für die zum Zeitpunkt der Feststellung verbliebenen MU in Höhe ihrer Beteiligungsquote am gekürzten Fehlbetrag (BFH vom 16.06.2011, BStBl II 2011, 903).
- Bei Eintritt eines Neu-G'fters in eine PersG bleibt es beim kompletten Verlustabzug; er wird jedoch nur von dem neuen Gewerbeertrag abgezogen, der auf die Alt-G'fter entfällt (BFH vom 03.05.1993, BStBl II 1993, 616).
- Bei einer Veräußerung des MU-Anteils an Dritte gem. § 16 Abs. 1 S. 1 Nr. 2 EStG werden die Grundsätze kombiniert.

Beispiel 27: Fehlbetrag – Quo vadis?
Gleiche Beteiligungsverhältnisse bei der A,B-OHG, die in 02 einen Fehlbetrag von 400.000 € erzielt. Ende 03 überträgt B an C; die OHG erzielt ein positives Ergebnis (+ 300.000 €). Auch in 04 erzielt die OHG einen positiven Gewerbeertrag (+ 80.000 €).

Lösung:
In 03 wird von 300 T€ Ertrag der Fehlbetrag (02) bis 0 abgezogen; zum 31.12.03 verbleibt als Vortrag:	./. 100.000 €
./. auf den ausgeschiedenen B entfallender Betrag	(50.000 €)
Gesondert festzustellender Betrag zum 31.12.03 (§ 10a S. 2 GewStG):	./. 50.000 €
In 04 wird nur der hälftige Anteil des A (./. 40.000 €) beim Verlustabzug berücksichtigt.[578] Damit beträgt der Messbetrag 04: 80.000 € ./. 40.000 € = 40.000 €.	
Gesondert festzustellender Betrag zum 31.12.04: [./. 50.000 € aus 03 ./. (./. 40.000 €)]	./. 10.000 €

Als Fazit wird festgehalten, dass dem gewerbesteuerlichen Verlustvortrag eine **steuerlich höchstpersönliche** Qualität zukommt. Im Ergebnis kann nur der frühere **Verlusterzieler** den Fehlbetrag entsprechend seiner Beteiligungsquote **bei der PersG** später abziehen. Mit dieser Aussage lassen sich sämtliche Fälle zum gewerbesteuerlichen Verlustvortrag bei Personenstandsveränderung in PersG zum richtigen Ergebnis führen.[579]

Zu c): Organschaft und Verlustvortrag
Selbst im Recht der Organschaft (OrgG sind immer KapG) lässt der BFH die »persönliche« Betrachtungsweise gelten. Nach dem Urteil des BFH vom 23.01.1992 (BStBl II 1992, 630) sind die vor der Begründung des Organschaftsverhältnisses bei der **Organgesellschaft** entstandenen Gewerbeverluste von dem getrennt ermittelten positiven Gewerbeertrag dieser

---

577 Zur Anwachsung bei doppelstöckigen PersG und der Vortragsfähigkeit des Gewerbeverlusts s. OFD Münster, DB 2008, 1242: allgemeiner Gewinnverteilungsschlüssel!
578 Er wird mit dem Vortrag verrechnet, so dass nur der Gewinnanteil des C in den Messbetrag eingeht.
579 So sind in R 10a.3 Abs. 3 GewStR noch fünf weitere Fälle aufgeführt (u.a. zur Realteilung, Nr. 7, und zur doppelstöckigen PersG, Nr. 8).

OrgG abzuziehen. Ein weitergehender Ausgleich mit dem Gewerbeertrag des Organträgers ist nicht zulässig.

Für **vororganschaftliche Verluste**, die der spätere Organträger erstmals im EZ 1999 erzielt hat, gelten folgende Neuregelungen (R 10a.4 S. 2 f. GewStR):

- Der Organträger kann einen vor der Begründung des Organschaftsverhältnisses erzielten Gewerbeverlust nicht von dem positiven Ertrag der OrgG abziehen.
- Sind beim Organträger sowohl vor als auch nach der Gründung des Organschaftsverhältnisses entstandene Gewerbeverluste vorzutragen, sind die vororganschaftlichen Verluste vorrangig abzuziehen.

Am 10.03.2010 entschied der BFH (BStBl II 2011, 181), dass selbst eine von der Gewerbesteuer befreite Gesellschaft[580] (gem. § 3 GewStG) Organträgerin einer gewerbestpfl. Gesellschaft sein kann. Der entsprechend von der OrgG zuzurechnende Gewerbeertrag wird hingegen nicht von der Befreiung erfasst.

In einem anderen Urteil des BFH vom 09.02.2011 (BFH/NV 2011 920) wurde eine gewerbesteuerliche Organschaft »über die Grenze« anerkannt. Die persönliche Gewerbesteuerpflicht der inländischen OrgG wird dabei in der Zeit, in der die Organschaft besteht, dem ausländischen Organträger zugerechnet.

Exkurs: In verfahrenstechnischer Hinsicht legt der BFH im Urteil vom 22.10.2003 (BStBl II 2004, 468) fest, dass bei der Feststellung des vortragsfähigen Gewerbeverlustes in den Fällen des § 8 Abs. 4 KStG zusätzlich die steuerliche Abzugsfähigkeit dieses Betrages nach Maßgabe der im Feststellungszeitraum geltenden Rechtslage für das spätere Abzugsjahr verbindlich geregelt wird. Hierzu (zum Verhältnis von § 10d EStG, § 8 Abs. 4 KStG und § 10a GewStG) hat die OFD Magdeburg mit Verfügung vom 19.07.2004 (DStR 2004, 1608) verfahrenstechnische Folgerungen gezogen (u.a. Vorbehaltsfestsetzung eines Feststellungsbescheides nach § 10d EStG; Hinweis auf § 175 Abs. 1 Nr. 2 AO, wenn in Sanierungsfällen der Geschäftsbetrieb nicht für fünf Jahre fortgeführt wird).

4.5.2 Gewerbeverlust bei Mantelkauf

Nach § 10a S. 9 bzw. S. 10 GewStG ist § 8c KStG auf Fehlbeträge entsprechend anzuwenden. Die Vorschrift des § 8c KStG findet erstmals für den VZ 2008 und auf Anteilsübertragungen nach dem 31.12.2007 Anwendung.

Nach der Regelung des § 8c KStG ist maßgebliches Kriterium für die Verlustabzugsbeschränkung der Anteilseignerwechsel. Dabei wirkt die Verlustabzugsbeschränkung des § 8c KStG zweistufig:

- Sie sieht einmal einen quotalen Untergang des Verlustabzugs bei Anteils- oder Stimmrechtsübertragungen von mehr als 25 % bis zu 50 % vor.
- Unabhängig davon kommt es im Falle der Übertragung von mehr als 50 % der Anteile oder Stimmrechte zum vollständigen Untergang des Verlustabzugs.

---

580 In diesem Fall handelte es sich um ein Alten- und Pflegeheim, das gemäß § 3 Nr. 20 Buchst. c GewStG von der Gewerbesteuer befreit war.

Der Abzugsbeschränkung unterliegt der Verlustvortrag, der auf den Schluss des VZ, der der ersten schädlichen Anteilsübertragung vorangeht und festgestellt wurde, ebenso wie der laufende Verlust im VZ bis zur schädlichen Anteilsübertragung.

4.5.3 Verfassungsrechtliche Bedenken (§ 10a S. 2 GewStG)

Im Beschluss vom 27.01.2006 (BFH/NV 2006, 1150) entschied der BFH, dass § 10a GewStG nicht zu einer Verletzung der Besteuerungsgleichheit (Art. 3 Abs. 1 GG) oder des objektiven Nettoprinzips führt.

Ähnlich hat das FG München kürzlich festgestellt, dass es bei der Begrenzung des Verlustabzugs nach § 10a GewStG zunächst keine verfassungsrechtlichen Bedenken gibt, da die Möglichkeit des Verlustabzugs nicht vollständig untersagt, sondern lediglich auf Folgejahre gestreckt wird. Diese Behandlung wirft jedoch dann Probleme bzw. Zweifelsfragen auf, wenn ein Betrieb, der vortragsfähige gewerbesteuerliche Fehlbeträge verzeichnet, in naher Zukunft **eingestellt** werden soll und es damit zum Verfall der nach § 10a S. 2 GewStG nicht abzugsfähigen Verluste kommt. Nach dem FG München bestehen genau dann keine Zweifel an der Verfassungsmäßigkeit dieser Vorschrift, sofern der StPfl. bewusst den Verrechnungszeitraum abgekürzt hat. Schließlich hat der BFH mit Revisions-Urteil vom 20.09.2012 (Az.: IV R 36/10, BStBl II 2013, 498) entschieden, dass die **Mindestbesteuerung nicht verfassungswidrig** ist. In Jahren mit Gewinnen über 1 Mio. € darf der darüber hinausgehende Gewinn nur bis zu 60 % um verbleibende Verlustvorträge gekürzt werden. Dadurch kommt es zur Streckung der Verlustverrechnung über einen längeren Zeitraum. Sollte in den Folgejahren bis zur Einstellung des Betriebs kein ausreichender Gewinn zur Verrechnung der gestreckten Verlustvorträge erzielt werden, bleibt es bei der endgültigen Besteuerung im Jahr der Verrechnungsbegrenzung. Dies hielt der BFH insb. auch deswegen mit dem Grundgesetz vereinbar, weil bei der GewSt ohnehin systembedingt kein umfassender Verlustausgleich möglich sei. Allerdings geht der BFH im Rahmen seines Urteils sowie in einem weiteren Urteil vom selben Tag (Az.: IV R 29/10, StBW 2012, 1170) nur deshalb von der Verfassungsmäßigkeit der Mindestbesteuerung aus, weil in besonderen Härtefällen gewerbesteuerrechtliche Billigkeitsmaßnahmen möglich sind. Diese seien aber nicht geboten, wenn der StPfl. die Besteuerung und den endgültigen Wegfall der gestreckten Verlustvorträge selbst veranlasst hat.

Eine Definitivbelastung bei der GewSt, die deshalb entsteht, weil einem beschränkten Verlustabzug keine weiteren positiven Gewerbeerträge folgen oder ein positiver Gewerbeertrag, zumeist strukturell, nur im letzten Jahr der werbenden Tätigkeit entsteht, rechtfertige allerdings keinen Steuererlass wegen sachlicher Unbilligkeit. In der ersten Fallgruppe käme dies ansonsten einem Verlustrücktrag nahe, der im System der GewSt bewusst nicht vorgesehen ist. In der zweiten Fallgruppe würde dies zu einer Ungleichbehandlung mit solchen Unternehmen führen, in denen es trotz gleichförmiger Ergebnisentwicklung zu einer Definitivbelastung kommt. Offen bleibt hingegen die Frage, ob die Mindestbesteuerung auch bei Definitivbelastungen im körperschaftsteuerlichen und einkommensteuerlichen Bereich verfassungsgemäß ist.

Mit der Verfassungsmäßigkeit der Mindestbesteuerung hat sich der BFH (Az.: IV R 43/10; BFH/NV 2013, 408) in einem weiteren Revisionsverfahren auseinandergesetzt. Dabei verweist der IV. Senat auf sein Urteil vom 20.09.2012 in der Sache IV R 36/10 (BStBl II 2013, 498), wonach die Mindestbesteuerung nach § 10a S. 1 und 2 GewStG mit der Verfassung vereinbar ist.

An dieser Stelle ist jedoch zu betonen, dass der BFH allerdings bereits in seinem Urteil vom 26.08.2010 (BStBl II 2011, 826) ernstliche Zweifel an der Verfassungsmäßigkeit der Mindestbesteuerung nach § 10a S. 2 GewStG geäußert hatte, sofern eine Streckung der Verlustvorträge in Folgejahre aus rechtlichen Gründen definitiv ausgeschlossen ist. Hierauf hatte die Finanzverwaltung mit einem BMF-Schreiben vom 19.10.2011 (BStBl I 2011, 974) reagiert: Die Finanzverwaltung gewährt die Aussetzung der Vollziehung in den Fällen[581], in denen es im Zusammenhang mit der Mindestbesteuerung und einem hinzutretenden tatsächlichen oder rechtlichen Grund zu einer definitiven Besteuerung kommt. Im Wege eines Zusatzes vom 20.06.2013 hat die OFD Frankfurt/M. (Az.: S 2745a A – 5 – St51) auf die o.g. Urteile des BFH reagiert und sich der Auffassung des BFH angeschlossen. Allerdings führt die OFD an, dass zum Urteil des BFH vom 22.08.2012 (Az.: I R 9/11, BStBl II 2013, 512), wonach die Mindestbesteuerung nach § 10d Abs. 2 EStG in ihrer Grundkonzeption nicht verfassungswidrig sei, mittlerweile unter dem Az. 2 BvR 2998/12 beim BVerfG eine Verfassungsbeschwerde anhängig ist. Des Weiteren verweist die OFD Frankfurt auf ein weiteres beim BFH anhängiges Verfahren zur Mindestbesteuerung. In dem Revisionsverfahren I R 59/12 ist die Frage zu klären, ab wann die zeitliche Streckung der Verlustnutzung, wie sie § 10d Abs. 2 EStG und § 10a GewStG im Grundsatz in verfassungsrechtlich zulässiger Weise vorsehen, zu einer endgültigen Nichtberücksichtigung von Verlustvorträgen und damit zu einer Besteuerung von per Saldo nicht erzielten Gewinnen führt. Im Rahmen dieses Verfahrens hat der BFH dem BVerfG (Az.: 2 BvL 19/14) die Frage vorgelegt, ob ein Verstoß gegen Art. 3 Abs. 1 GG vorliegt.

---

581 Diese Fälle werden auf folgende begrenzt: schädlicher Beteiligungserwerb nach § 8c KStG, Umwandlungsfälle, Liquidation einer Körperschaft, Tod des StPfl. (natürliche Person) ohne Möglichkeit der »Verlustvererbung« (s. BMF Rz. 1).

Teil C   Gewerbesteuer

Inhaltsverzeichnis Teil C

C	Gewerbesteuer	677
I	**Einführung und Berechnungsschema**	677
II	**Steuergegenstand und Steuerpflicht**	679
1	Steuergegenstand der Gewerbesteuer	679
1.1	Der Begriff des Gewerbebetriebes (unter Anknüpfung an das Einkommensteuerrecht)	679
1.2	Steuerpflicht der Personengesellschaften	681
1.3	Steuerpflicht der Kapitalgesellschaften	683
1.4	Steuerpflicht eines wirtschaftlichen Geschäftsbetriebs	684
1.5	Inländischer Gewerbebetrieb	684
2	Die sachliche Steuerpflicht im eigentlichen Sinne	684
2.1	Beginn der Gewerbesteuerpflicht	684
2.2	Ende der Gewerbesteuerpflicht	687
2.3	Steuerbefreiungen	688
3	Die persönliche Steuerpflicht (Steuerschuldner)	690
3.1	Mehrheit von Betrieben	690
3.2	Unternehmer- und Unternehmenswechsel	691
3.2.1	Der Gesellschafterwechsel	691
3.2.2	Der eigentliche Unternehmerwechsel	692
3.2.3	Die Verpachtung des Gewerbebetriebs	693
III	**Die Besteuerungsgrundlage (§§ 6 bis 9 GewStG)**	694
1	Die Ausgangsgröße: Der Gewerbeertrag (§ 7 GewStG)	694
1.1	Grundsatz	694
1.2	Besonderheiten bei Personengesellschaften	695
1.3	Besonderheiten bei Veräußerungsgewinnen	695
2	Die Hinzurechnungen des § 8 GewStG	697
2.1	Sinn und Zweck der Hinzurechnungen (und Kürzungen)	697
2.2	Hinzurechnungen nach § 8 Nr. 1 GewStG	698
2.2.1	Entgelte für Schulden (§ 8 Nr. 1 Buchst. a GewStG)	699
2.2.2	Renten und dauernde Lasten (§ 8 Nr. 1 Buchst. b GewStG)	704
2.2.3	Gewinnanteile des stillen Gesellschafters (§ 8 Nr. 1 Buchst. c GewStG)	705
2.2.4	Hinzurechnung von Miet- und Pachtzinsen (§ 8 Nr. 1 Buchst. d und e GewStG)	706
2.2.5	Die (Sonder-)Behandlung von Erbbauzinsen	709
2.2.6	Lizenzgebühren (§ 8 Nr. 1 Buchst. f GewStG)	709
2.2.7	Abgrenzung zwischen Nutzungsüberlassung und Übergang des wirtschaftlichen Eigentums	710
2.2.8	Freibetrag	710
2.3	(Teil-)Dividendenhinzurechnung (§ 8 Nr. 5 GewStG)	711

2.4	Berücksichtigung von Gewinn- und Verlustanteilen aus Mitunternehmerschaften (§ 8 Nr. 8 GewStG i.V.m. § 9 Nr. 2 GewStG; s. auch § 8 Nr. 4 GewStG)	713
2.5	Weitere Hinzurechnungstatbestände	713
2.6	Übung	714
3	Die Kürzungen des § 9 GewStG	717
3.1	Die Kürzung bei betrieblichem Grundbesitz (§ 9 Nr. 1 GewStG)	718
3.1.1	Die einfache Kürzung (§ 9 Nr. 1 S. 1 GewStG): Der Grundtatbestand der Grundbesitzkürzung	718
3.1.2	Die erweiterte Kürzung (§ 9 Nr. 1 S. 2 ff. GewStG)	719
3.2	Kürzung um Gewinnanteile an Kapitalgesellschaften (§ 9 Nr. 2a, 7 und 8 GewStG)	723
3.3	Kürzung wegen ausländischer Betriebsstätten (§ 9 Nr. 3 GewStG)	724
3.4	Kürzungen wegen Spenden (§ 9 Nr. 5 GewStG)	725
4	Berücksichtigung eines Gewerbeverlustes (§ 10a GewStG)	725
5	Steuermesszahl und Steuermessbetrag	726
IV	**Spezifika der Gewerbesteuer**	**728**
1	Besteuerung der gewerbesteuerlichen Organschaft	728
2	Festsetzung und Zerlegung des Gewerbesteuermessbetrags	730
2.1	Das geteilte Festsetzungsverfahren	730
2.2	Die Zerlegung im Einzelnen	730
3	Die Korrekturvorschrift des § 35b GewStG	733
4	Die Gewerbesteuerrückstellung als Bilanzproblem	734
4.1	Reihenfolge und Berechnung der Steuerrückstellungen bei Kapitalgesellschaften	734
4.2	Die Gewerbesteuerrückstellung bei Personengesellschaften bzw. Einzelunternehmen	736
5	Die Anrechnung der Gewerbesteuer auf die Einkommensteuer	737
5.1	Grundlagen	737
5.2	Steuerermäßigung bei Einkünften aus Mitunternehmerschaften	739
5.3	Besonderheiten bei mehreren Gewerbebetrieben/Beteiligungen an gewerblichen Personengesellschaften	741
5.4	Besonderheiten bei mehrstöckigen Personengesellschaften	741

C Gewerbesteuer

I Einführung und Berechnungsschema

Besteuerungsgegenstand der Gewerbesteuer (GewSt) ist der einzelne (stehende) Gewerbebetrieb (Steuerobjekt) mit seiner (objektiven) Ertragskraft (**Objektsteuer**). Insoweit unterscheidet sie sich in ihrer Struktur deutlich von den sog. Personensteuern (ESt/KSt), bei denen die persönlichen Verhältnisse im Rahmen der steuerlichen Leistungsfähigkeit des Gewerbetreibenden berücksichtigt werden. Die Ertragskraft soll dabei – unabhängig davon, ob das im Unternehmen eingesetzte Kapital als Eigenkapital oder als Fremdkapital zur Verfügung gestellt worden ist – objektiviert werden.

Indem die GewSt insoweit die Belastung der Sachgesamtheit Gewerbebetrieb in den Vordergrund stellt und den Steuerschuldner in den Hintergrund treten lässt, ähnelt sie der Grundsteuer. Steuersystematisch handelt es sich daher um eine sog. **Realsteuer** i.S.d. § 3 Abs. 2 AO. Die GewSt ist auch eine **direkte Steuer**, bei der Steuerschuldner und Steuerträger (-zahler) identisch sind.

Und letztlich ist sie eine **Gemeindesteuer**, da den Gemeinden einerseits nach Art. 106 Abs. 6 GG das Aufkommen der GewSt zusteht und ihnen andererseits die Ertragshoheit gem. § 1 GewStG obliegt. Beleg für die Autonomie der Gemeinden ist vor allem das der gemeindlichen Selbstverwaltungsgarantie (Art. 28 GG) entspringende Recht, eigene Hebesätze[1] für die GewSt festzulegen.[2]

Die GewSt wird wie folgt berechnet:

	Gewinn aus Gewerbebetrieb (§ 7 GewStG)
+	Hinzurechnungen (§ 8 GewStG)
./.	Kürzungen (§ 9 GewStG)
./.	(ggf. vorgetragene Gewerbeverluste, § 10a GewStG)
=	**Gewerbeertrag (gem. § 11 Abs. 1 GewStG auf volle 100 € abrunden)**
+	(ggf. Ertrag von Organgesellschaften, § 2 Abs. 2 GewStG)
./.	Freibetrag i.H.v. 24.500 € (§ 11 Abs. 1 S. 3 Nr. 1 GewStG)
=	**Maßgeblicher Gewerbeertrag**
x	Steuermesszahl 3,5 % (§ 11 Abs. 2 GewStG)
=	Steuermessbetrag (§ 14 GewStG)
	→ *Messbetragsbescheid* (durch das Betriebs-FA, vgl. § 22 Abs. 1 AO)

---

[1] Aufgrund des kommunalen Steuerwettbewerbs und des völligen Verzichts auf eine GewSt-Erhebung durch die Gemeinde Norderfriedrichskoog wurde zur Vermeidung regionaler Verwerfungen und zur Herstellung annähernd gleichwertiger Lebensverhältnisse im Bundesgebiet ein Mindesthebesatz von 200 % nach § 16 Abs. 4 S. 2 GewStG eingeführt (verfassungsgemäß: BVerfG vom 27.01.2010, BVerfGE 125, 141).

[2] Bei den Städten (> 20.000 Einwohner) markiert derzeit Oberhausen mit einem Hebesatz von 550 % die Spitze (Übersicht: www.dihk.de/hebesaetze). Spitzenreiter ist die Gemeinde Dierfeld (11 Einwohner) mit einen Hebesatz von 900 %.

	→ *ggf. Zerlegungsbescheid* (durch das Betriebs-FA, vgl. § 22 Abs. 1 AO)[3]
x	kommunaler (Mindest-)Hebesatz (§ 16 GewStG)
=	**GewSt**

→ *GewSt-Bescheid* (durch die Gemeinde)

Die GewSt war bis EZ 2007 eine **betriebliche Abzugsteuer**, womit sie als BA bei der Ermittlung des gewerblichen Gewinnes abgezogen wurde. Durch § 4 Abs. 5b EStG sind ab dem EZ 2008 der handelsrechtliche Aufwand für die GewSt und die darauf entfallenden Nebenleistungen steuerrechtlich keine BA mehr.[4] Nach Auffassung des BFH ist die Nichtabzugsfähigkeit auch verfassungsgemäß (BFH vom 10.09.2015, BStBl II 2015, 1046 und vom 16.01.2014, BStBl II 2014, 531). Erstattungszinsen zur GewSt sind jedoch bei KapG weiterhin als steuerpflichtige Einnahme zu behandeln (BFH vom 15.02.2012, BStBl II 2012, 697).

Die (allgemeine) Verwaltungsauffassung ist in den GewStR 2009 vom 28.04.2010 (BStBl I 2010, Sondernummer 1, S. 2) geregelt (Anwendung ab EZ 2009).

---

3   S. Kap. IV 1.
4   S. insb. Kap. IV 3.

II Steuergegenstand und Steuerpflicht

Dem Objektsteuercharakter folgend, steht der Gewerbebetrieb als Steuergegenstand im Mittelpunkt der gesetzlichen Regelungen (§ 2 GewStG). Erst nach der Bestimmung des Steuergegenstandes können die Folgefragen nach dem Beginn und Ende der Steuerpflicht, den Steuerbefreiungen (§ 3 GewStG) und der persönlichen Steuerschuldnerschaft (§ 5 GewStG) beantwortet werden.

1 Steuergegenstand der Gewerbesteuer

Nach der Systematik des GewStG (vgl. § 1 GewStDV) gelten als Anwendungsfälle:

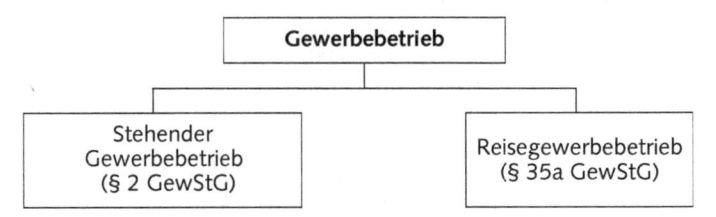

```
                    Gewerbebetrieb
                   /              \
        Stehender                  Reisegewerbebetrieb
        Gewerbebetrieb              (§ 35a GewStG)
        (§ 2 GewStG)
```

Der Haupttyp des gewerbesteuerlichen Gewerbebetriebes (**Steuergegenstand**) ist der **im Inland betriebene stehende Gewerbebetrieb**. Stehender Gewerbebetrieb ist gem. § 1 GewStDV jeder Gewerbebetrieb, der kein Reisegewerbe i.S.d. § 35a Abs. 2 GewStG ist. Die Bedeutung der GewSt-Pflicht des »fahrenden Volkes« erschöpft sich heute aber nach § 35a Abs. 3 GewStG darin, dass sich die Erhebungshoheit bei Reisegewerbetreibenden[5] in der Gemeinde befindet, in der sich der Mittelpunkt der gewerblichen Tätigkeit befindet (vgl. auch § 35 GewStDV). Wird sowohl ein stehender Gewerbebetrieb als auch ein Reisegewerbe unterhalten, gilt der Betrieb gem. § 35a Abs. 2 S. 2 GewStG in vollem Umfang als stehendes Gewerbe.

1.1 Der Begriff des Gewerbebetriebes (unter Anknüpfung an das Einkommensteuerrecht)

Nach § 2 Abs. 1 S. 2 GewSt ist unter einem Gewerbebetrieb ein gewerbliches Unternehmen i.S.d. § 15 Abs. 2 EStG zu verstehen. Nicht der GewSt unterliegen daher also insb. die Land- und Forstwirtschaft, die Ausübung eines freien Berufes und einer anderen selbständigen Tätigkeit im Sinne des § 18 EStG. Insoweit kann für die Frage nach dem Vorliegen eines

---

5 Anknüpfung an die Regelungen der §§ 55 ff. GewO.

(gewerbesteuerlichen) Gewerbebetriebes auf die Lehrveranstaltung zu § 15 Abs. 2 EStG verwiesen werden.[6] Immer wieder wird hervorgehoben, dass der Verweis in § 2 Abs. 1 S. 2 GewStG nur in materiell-rechtlicher Hinsicht gilt, ihm folglich verfahrensrechtlich keine Bindungswirkung zukäme (H 7.1 Abs. 1 GewStH Stichwort »Eigenständige Ermittlung des Gewerbeertrags«). Daran mag zwar richtig sein, dass die einkommensteuerliche Feststellung zum Gewerbebetrieb – trotz § 35b GewStG, der nur die Höhe des gewerblichen Gewinns betrifft – keine ausdrückliche Grundlagenwirkung gem. § 175 Abs. 1 S. 1 Nr. 1 AO erzeugt. Dies hängt aber allein damit zusammen, dass die entsprechende Feststellung im ESt-Bescheid (Gewerblichkeit: ja/nein) dort nur eine unselbständige Besteuerungsgrundlage bildet. Die BFH-Rspr. zu § 35b GewStG (BFH vom 23.06.2004, BStBl II 2004, 901; vom 16.12.2004, BStBl II 2005, 184) trägt dem jedoch Rechnung und kommt zum gleichen Ergebnis (s. im Einzelnen Kap. IV 2) einer Bindungswirkung des GewSt-Bescheides an einen geänderten ESt-Bescheid (H 35b.1 GewStH Stichwort »Allgemeines«).

Merke: Maßgeblich für die Anwendung des GewStG ist somit die Abgrenzung zwischen der gewerblichen Einkunftsart und den sonstigen Tätigkeiten, insb. der selbständigen Tätigkeit (§ 18 EStG).[7]

Beispiel 1: Der umtriebige Rechtsanwalt
Der Rechtsanwalt R ist in der Stadt B in folgenden Bereichen tätig:
1. Chef seiner Einzelkanzlei mit zehn angestellten Mitarbeitern (Rechtsanwaltskollegen, Betriebswirten etc.), mit denen er sämtliche Bereiche des deutschen Rechtes »abdeckt«.
2. Betreuung der großen Insolvenzen in seiner Region zusammen mit mehreren »Subunternehmern« (u.a. mit Wirtschaftsprüfern).
3. Im EZ 17 absolviert R erfolgreich die StB-Prüfung und schließt sich anderen StB an, die sich in der Rechtsform einer GmbH & Co. KG zusammengeschlossen haben.

Unterliegen die jeweiligen Tätigkeiten der GewSt?

Hinweis: In verfahrensrechtlicher Hinsicht entscheidet das Betriebs-FA unabhängig vom Wohnsitz-FA nach § 184 Abs. 1 S. 2 AO mittels eines Bescheids über den GewSt-Messbetrag über die persönliche und sachliche GewSt-Pflicht. Gem. § 16 Abs. 1 GewStG wird die GewSt sodann von der jeweils »hebeberechtigten« Gemeinde erhoben. Dieser sog. GewSt-Bescheid wird dem Unternehmer gem. §§ 122, 124 AO von der Gemeinde bekannt gegeben. Nur in den Stadtstaaten erlässt das FA sowohl den GewSt-Messbetragsbescheid als auch den GewSt-Bescheid (vgl. R 1.2 Abs. 2 GewStR).

Lösung:
- Entscheidend ist bei allen Tätigkeiten in materiell-rechtlicher Hinsicht die Abgrenzung zwischen § 15 Abs. 2 EStG und § 18 EStG.
- Gem. § 18 Abs. 1 Nr. 1 S. 3 EStG ist die Mitarbeit von fachlich vorgebildeten (qualifizierten) Angestellten unschädlich, solange R aufgrund eigener Fachkenntnisse leitend und eigenverantwortlich tätig ist. R muss demnach sowohl der konkreten Tätigkeit seinen »Stempel« aufdrücken sowie die Überwachung seiner Angestellten gewährleisten. Die »eigentliche« Rechtsanwaltstätigkeit (Punkt 1) ist daher als sog. Katalogberuf gem. § 18 Abs. 1 Nr. 1 S. 2 EStG freiberuflich. Die Überwachungsmöglichkeit ist hier gegeben.

---

6 Ausführlich Teil A, Kap. III.
7 Die Erhebung der GewSt nur von Gewerbetreibenden und nicht von Freiberuflern bzw. Land- und Forstwirten ist nicht verfassungswidrig (BVerfG vom 15.01.2008, DStRE 2008, 1003).

- Grundsätzlich fällt die Tätigkeit eines Insolvenzverwalters (Punkt 2) in den Anwendungsbereich des § 18 Abs. 1 Nr. 3 EStG. Nach der früheren Vervielfältigungstheorie war die Beschäftigung von mehr als einem qualifizierten Mitarbeiter für die Qualifizierung als selbständige Tätigkeit schädlich. Nachdem der BFH diese Rechtsprechung aber ausdrücklich aufgegeben hat, ist in diesen Fällen auch § 18 Abs. 1 Nr. 1 S. 3 EStG analog anzuwenden (BFH vom 15.12.2010, BStBl II 2011, 506). Demzufolge ist die Tätigkeit als Insolvenzverwalter hier nicht gewerbesteuerpflichtig.
- Eine Gesellschaft erzielt nur dann Einkünfte i.S.d. § 18 Abs. 1 Nr. 1 EStG, wenn sämtliche G'fter die Merkmale eines freien Berufes erfüllen (BFH vom 28.10.2008, BStBl II 2009, 642). Erfüllt auch nur einer der G'fter diese Voraussetzungen nicht, so führt dies gem. § 15 Abs. 3 Nr. 1 EStG zu gewerblichen Einkünften aller G'fter (sog. Abfärbetheorie). Der Beteiligung einer berufsfremden natürlichen Person ist die mitunternehmerische Beteiligung einer KapG gleichgestellt (BFH vom 10.10.2012, BStBl II 2013, 79). Somit ist die Freiberufler-GmbH & Co. KG gewerbesteuerpflichtig, wohingegen eine reine Freiberufler-KG im Regelfall nicht der GewSt unterliegt (beachte aber § 18 Abs. 1 Nr. 1 S. 3 EStG).

1.2 Steuerpflicht der Personengesellschaften

Bei PersG (bzw. Mitunternehmerschaften) sind diese – egal ob als gewerblich tätige PersG (§ 15 Abs. 2 EStG oder § 15 Abs. 3 Nr. 1 EStG) oder als gewerblich geprägte PersG (§ 15 Abs. 3 Nr. 2 EStG) – mit ihrer **gesamten** Tätigkeit als GewSt-Subjekte anzusehen (R 2.4 Abs. 3 S. 1 GewStR). Im GewSt-Recht sind die PersG – anders als in der ESt – Steuerrechtssubjekt[8] (§ 5 Abs. 1 S. 3 GewStG).[9] Soweit auch für den Beginn des Gewerbebetriebs einer PersG nur auf den Beginn der werbenden Tätigkeit abzustellen ist, beginnt auch die sachliche GewSt-pflicht einer gewerblich geprägten PersG erst mit der Aufnahme ihrer vermögensverwaltenden Tätigkeit. D.h. aber nicht, dass eine originär gewerbliche tätige PersG für die Zeit, in der sie ihre werbende Tätigkeit lediglich vorbereitet, als gewerblich geprägte PersG anzusehen ist (BFH vom 12.05.2016, DStR 2016, 2584, m.w.N.).

Mehrere personenidentische PersG können nicht zu einem Gewerbebetrieb zusammengefasst werden. Allerdings ist die genaue Abgrenzung bzw. Anzahl der GewSt-Subjekte nicht immer einfach zu bestimmen. Während dies bei Außengesellschaften unproblematisch ist und das GewSt-Subjekt dort mit der jeweiligen PersG (OHG/KG/GbR) übereinstimmt, können bei Innengesellschaften Probleme auftreten.

Beispiel 2: Wie viele Gesellschaften, so viele Gewerbebetriebe?
An der X-GmbH sind als atypisch stille G'fter u.a. die Eheleute Y und Z beteiligt. Die X-GmbH ist ein Medienfonds, der in verschiedenen Sparten (Heimatfilm, Sportfilm, Erotikfilm) Filmverwertungsrechte erwirbt und auswertet. Y ist mit 100 anderen G'ftern an der Sparte Heimatfilm beteiligt, während sich ihr Gatte Z mit 50 Finanziers an den Sportfilmen beteiligt. Wie viele Gewerbebetriebe liegen vor? Wem ist der/sind die GewSt-Bescheid/e bekannt zu geben?

---

8   Hinweis: Zu den Auswirkungen hinsichtlich der GewSt im internationalen Bereich, bei der Anwendung von DBA auf PersG vgl. BMF vom 26.09.2014, BStBl I 2014, 1258, Tz. 2.1.1 und 3.3.
9   Ausnahme: ARGE, s. § 2a GewStG.

Bei atypisch stillen Gesellschaften liegt zwischen dem Inhaber des Handelsgewerbes i.S.d. § 230 HGB und dem stillen G'fter eine Mitunternehmerschaft (auch ohne gemeinsames Gesamthandsvermögen) vor.[10] Bei der Beteiligung mehrerer Personen bzw. Personengruppen an einem Handelsgewerbe können sodann aber mehrere (atypisch) stille Gesellschaften vorliegen.

Nach BFH vom 08.02.1995 (BStBl II 1995, 764) führt das Vorliegen mehrerer (atypisch) stiller Gesellschaften dann zu **einem** Gewerbebetrieb i.S.d. § 2 Abs. 1 S. 2 GewStG, wenn die Tätigkeiten insgesamt als Einheit anzusehen sind. Dies ist immer dann der Fall, wenn alle (atypisch) stillen G'fter an allen Geschäften des Handelsgewerbes beteiligt sind (R 2.4 Abs. 5 GewStR). Im entgegengesetzten Fall, der unterschiedlichen und getrennten Beteiligung der jeweiligen Personengruppe an verschiedenen Geschäften des »tätigen Inhabers«, hat der BFH vom 06.12.1995 (BStBl II 1998, 685) auf das Vorliegen **mehrerer Gewerbebetriebe** erkannt.[11]

Lösung:
- Y bildet zusammen mit 100 atypisch stillen G'ftern, die sich an der Sparte Heimatfilm beteiligen, einen ersten Gewerbebetrieb i.S.d. § 2 Abs. 1 S. 2 GewStG. Z bildet zusammen mit seiner Personengruppe (50 weitere Personen), deren finanzielles Engagement dem Sportfilm gilt, einen zweiten Gewerbebetrieb. Es sind **mindestens** zwei GewSt-Bescheide zu erlassen.
- Nach BFH vom 12.11.1985 (BFH/NV 1987, 393) ist mangels vollstreckungsfähigen Gesellschaftsvermögens immer der Inhaber des Handelsgewerbes als Schuldner der GewSt anzusehen. Der X-GmbH, zu Händen des Geschäftsführers, sind daher beide GewSt-Bescheide bekannt zu geben (§ 5 Abs. 1 S. 2 GewStG).

Hinweis: Eine Ausnahme von der Steuerpflicht gilt für das sog. »Treuhandmodell«. Hierbei ist an einer KG eine Komplementärin und eine Kommanditistin beteiligt, wobei Letztere ihren Gesellschaftsanteil treuhänderisch für die Komplementärin hält, sodass materiellrechtlich die Treuhand-KG nur aus einer **Mitunternehmerin (Komplementärin)** besteht. Der BFH hat mit Urteil vom 03.02.2010 (BStBl II 2010, 751) entschieden, dass diese PersG nicht der GewSt unterliegen. Steuerschuldner ist hiernach der Treugeber als einziges Zurechnungssubjekt der gewerblichen Einkünfte.

Die OFD Rheinland (Vfg. vom 24.11.2010, Az.: G 1400 – St 157) grenzt hiervon jedoch den Fall ab, dass die Komplementär-GmbH (Treuhänderin) die Rechte aus dem Komplementäranteil treuhänderisch für den Kommanditisten (Treugeber) wahrnimmt. Hier sei ein mitunternehmerisch geführter Betrieb einer PersG anzunehmen, für den die PersG Steuerschuldner der GewSt sei.

Demgegenüber gelten nach § 2a GewStG bestimmte **Arbeitsgemeinschaften nicht als Gewerbebetrieb.**

Beispiel 3: Die ARGE »BAB-Ostsee«
Der Ausbau der Bundesautobahn Spange HH-Nord von Lübeck nach Stade wird von einer ARGE, bestehend aus dem Tiefbauunternehmen T-AG und dem Straßenbauunternehmen S-AG,

---
10 Zur (atypischen) stillen Gesellschaft s. insb. Band 2, Teil B, Kap. III 3.
11 Zu den Voraussetzungen und Rechtsfolgen umfassend: BFH vom 23.04.2009, BStBl II 2010, 40 und vom 08.12.2016, BStBl II 2017, 538.

realisiert. Beide Aktiengesellschaften erzielen hieraus einen Gewinn von je 1 Mio. €. Wer hat die ertragsteuerliche Belastung zu tragen?

Auch wenn sich Unternehmer zur gemeinsamen Realisierung eines **einzigen** (Werk-) Vertrages mit der Bildung gemeinschaftlichen Vermögens zusammenschließen (= ARGE), so bilden sie einkommensteuerlich eine Mitunternehmerschaft gem. § 15 Abs. 1 S. 1 Nr. 2 EStG (so auch BFH vom 13.10.1998, BFH/NV 1999, 463). Damit stellen sie grundsätzlich als mitunternehmerische ARGE gem. § 2 Abs. 1 S. 2 GewStG ein GewSt-Subjekt dar. Hiervon macht jedoch § 2a GewStG eine rechtskonstitutive Ausnahme. Die gewerbesteuerliche Belastung folgt insoweit dem Transparenzgedanken des § 15 Abs. 1 S. 1 Nr. 2 EStG: Die Partner der ARGE selbst sind mit ihren Gewinnen aus der ARGE gewerbesteuerpflichtig. Länger bestehende Arbeitsgemeinschaften bilden aber einen Gewerbebetrieb (BFH vom 02.12.1992, BStBl II 1993, 577).

Lösung:
- Die Gewinnanteile der S-AG und der T-AG von je 1 Mio. € sind im Rahmen ihrer gewerblichen Einkünfte gem. § 8 KStG der KSt unterworfen. Gem. § 180 Abs. 4 AO ist keine gesonderte und einheitliche Feststellung durchzuführen, da die Betriebsstätten der ARGE anteilig als Betriebsstätten der S-AG und T-AG gelten. Die Wirtschaftsgüter werden insoweit anteilig zugerechnet.
- Nach § 2a S. 2 GewStG werden die Erträge ebenfalls bei den Partnern der ARGE der GewSt unterworfen.

1.3 Steuerpflicht der Kapitalgesellschaften

Unter den Begriff des **formellen Gewerbebetriebes** subsumiert man die Regelung in § 2 Abs. 2 GewStG, wonach eine Tätigkeit in der Rechtsform einer KapG immer zur GewSt-Pflicht führt (sog. »rechtsformbezogene« GewSt-Pflicht, BFH vom 03.12.2003, BStBl II 2004, 303). Das bedeutet einerseits, dass sie ohne Rücksicht auf die Art ihrer Betätigung gewerbesteuerpflichtig sind, auch wenn sie keinen Gewerbebetrieb unterhalten, und andererseits hängt damit auch zusammen, dass Veräußerungsgewinne (vgl. hierzu auch Kap. III 1.2) i.S.d. § 16 EStG, so sie von KapG erzielt werden, der GewSt-Pflicht unterliegen. Entscheidend ist, dass nach § 2 Abs. 2 GewStG **Tätigkeiten von KapG** »stets und in vollem Umfang« als deren Gewerbebetrieb angesehen werden.

Konsequenterweise stellt daher die Regelung in § 7 S. 2 GewStG (lesen!) klar, dass nunmehr auch der »letzte Akt« (der Veräußerungs- bzw. Aufgabegewinn) im Zusammenhang mit einer MU-schaft bei juristischen Personen (insb. KapG) als Beteiligte der MU-schaft zu einer anteiligen GewSt-Pflicht führt, während der Aufgabegewinn bei natürlichen Personen als unmittelbar beteiligte MU generell nicht der GewSt unterliegt (s.a. R 7.1 Abs. 3 GewStR).[12] Die Verfassungsmäßigkeit dieser Regelung wurde durch den BFH bestätigt (BFH vom 22.07.2010, BStBl II 2011, 511).[13]

---

12 Auch die Kürzungsvorschrift nach § 9 Nr. 2a GewStG greift nicht, da sie nur für ausgeschüttete Gewinnanteile gilt.
13 Anhängige Verfassungsbeschwerde beim BVerfG: Az.: 1 BvR 1236/11.

1.4 Steuerpflicht eines wirtschaftlichen Geschäftsbetriebs

Als gewerbesteuerpflichtiger Gewerbebetrieb gilt gem. § 2 Abs. 3 GewStG auch die Tätigkeit von nichtrechtsfähigen Vereinen und sonstigen juristischen Personen des privaten Rechts – die nicht bereits in § 2 Abs. 2 S. 1 GewStG aufgeführt sind –, soweit sie einen sog. wirtschaftlichen Geschäftsbetrieb unterhalten (sog. **fiktiver Gewerbebetrieb**). Unter einem wirtschaftlichen Geschäftsbetrieb ist eine selbständige, nachhaltige und mit Einnahmeerzielungsabsicht unternommene Tätigkeit, die über den Rahmen einer bloßen Vermögensverwaltung hinausgeht, zu verstehen (vgl. § 14 AO). Eine Gewinnerzielungsabsicht sowie eine Teilnahme am allgemeinen wirtschaftlichen Verkehr sind nicht erforderlich.

Korrespondierend zur GewSt-Pflicht nach § 2 Abs. 3 GewStG umfasst daher auch die GewSt-Befreiung von gemeinnützigen Körperschaften nach § 3 Nr. 6 GewStG nicht deren wirtschaftliche Geschäftsbetriebe. Beispielhaft sei etwa auf die Vereinsgaststätte des gemeinnützigen Sportvereins hingewiesen (vgl. auch R 2.1 Abs. 5 GewStR). Die sog. Betriebe gewerblicher Art von juristischen Personen des öffentlichen Rechts unterliegen hingegen nur dann der GewSt-Pflicht, wenn sie die Voraussetzungen des § 15 Abs. 2 EStG erfüllen (R 2.1 Abs. 6 GewStR).

1.5 Inländischer Gewerbebetrieb

Nach § 2 Abs. 1 und 7 GewStG unterliegen nur inländische[14] Betriebe der GewSt (vgl. auch R 2.8 GewStR).[15] Für die Abgrenzung des von der GewSt erfassten, inländischen Gewerbebetriebes ist der Begriff der Betriebsstätte von wesentlicher Bedeutung und folgt insoweit § 12 AO (vgl. R 2.9 GewStR).[16] Inländische Betriebsstätten ausländischer Unternehmen führen nur ganz ausnahmsweise (vgl. § 2 Abs. 6 GewStG) nicht zur deutschen GewSt-Pflicht.[17]

2 Die sachliche Steuerpflicht im eigentlichen Sinne

Mit sachlicher Steuerpflicht ist – entsprechend dem Objektcharakter der GewSt – immer der Gewerbebetrieb gemeint. Persönliche Merkmale des Unternehmers spielen dabei keine Rolle (vgl. BFH vom 05.03.1998, BStBl II 1998, 745). Besonderheiten ergeben sich aber für den Beginn und das Ende der GewSt-Pflicht sowie für Steuerbefreiungen.

2.1 Beginn der Gewerbesteuerpflicht

Bei **Einzelunternehmen** und **PersG** beginnt die (sachliche) GewSt-Pflicht – abweichend vom ESt-Recht – erst mit der Aufnahme der gewerblichen, d.h. marktoffenbaren Tätigkeit (»werbender Gewerbebetrieb«). Während die ESt als Personensteuer sämtliche betriebliche

---

14 Zum genauen Inhalt vgl. R 2.8 GewStR.
15 Auch Reisegewerbe nur, soweit sie im Inland betrieben werden (§ 35a Abs. 1 GewStG).
16 S. auch Teil D, Kap. III 2.2.1.
17 Sonderregelungen für Betriebsstätten auf Schiffen sowie Binnen- und Küstenschifffahrtsbetriebe s. §§ 5, 6 GewStDV.

Vorgänge beginnend mit der ersten Vorbereitungshandlung zur Eröffnung eines Betriebs erfasst, wie z.B. das Anmieten des Geschäftslokals oder Kosten für gesellschaftsrechtliche Beratung, ist Gegenstand der GewSt nur der auf den laufenden Betrieb entfallende, durch eigene gewerbliche Leistungen entstandene Gewinn (R 2.5 Abs. 1 GewStR). Dies entspricht dem Wesen der GewSt als einer auf den tätigen Gewerbebetrieb bezogenen Objektsteuer (BFH vom 30.08.2012, BStBl II 2012, 927 m.w.N.).

Maßgebend für den Beginn des Gewerbebetriebs i.S.d. § 2 Abs. 1 GewStG ist somit der Beginn der werbenden Tätigkeit. Davon abzugrenzen sind die bloßen, gewerbesteuerrechtlich noch unbeachtlichen Vorbereitungshandlungen. Der Zeitpunkt des Beginns der werbenden Tätigkeit kann nicht generell definiert werden; er ist unter Berücksichtigung der Verkehrsauffassung nach den jeweiligen Umständen des Einzelfalls zu ermitteln und kann für die verschiedenen Betriebsarten unterschiedlich zu bestimmen sein. Der Beginn der gewerblichen Tätigkeit i.S.d. EStG und die Aufnahme der werbenden Tätigkeit werden im Regelfall identisch sein (BFH vom 14.04.2011, BStBl II 2011, 929 m.w.N.).

Auch die Tätigkeit einer nach § 15 Abs. 3 Nr. 2 EStG **gewerblich geprägten vermögensverwaltenden PersG** führt zu einem stehenden Gewerbebetrieb i.S.d. § 2 Abs. 1 S. 1 GewStG, obwohl diese Gesellschaft keine originär gewerblichen Einkünfte erzielt. Für den Beginn des Gewerbebetriebs einer solchen PersG ist grundsätzlich auf die Aufnahme der vermögensverwaltenden Tätigkeit abzustellen. Auf die Teilnahme am allgemeinen wirtschaftlichen Verkehr kommt es nicht an (BFH vom 20.11.2003, BStBl II 2004, 464). Ist eine PersG allerdings zu dem Zweck gegründet worden, eine originär gewerbliche Tätigkeit zu entfalten, und erfüllt diese Gesellschaft im Übrigen die Merkmale des § 15 Abs. 3 Nr. 2 EStG, beginnt der Gewerbebetrieb nicht allein wegen der in der Vorbereitungsphase der originär gewerblichen Tätigkeit üblicherweise anfallenden vermögensverwaltenden Tätigkeiten bereits mit deren Aufnahme (BFH vom 12.05.2016, BStBl II 2017, 489). Daher können selbst mit Einkünfteerzielungsabsicht unternommene vermögensverwaltende Tätigkeiten einer gewerblich geprägten PersG im Einzelfall noch als Vorbereitungshandlungen einer werbenden originär gewerblichen Tätigkeit zu werten sein. Überschreiten die vermögensverwaltenden Tätigkeiten allerdings das Maß dessen, was zur Aufnahme der originär gewerblichen Tätigkeit erforderlich und üblich ist, handelt es sich bei diesen Tätigkeiten nicht mehr um bloße Vorbereitungshandlungen der noch nicht aufgenommenen originär gewerblichen Tätigkeit, sondern um die Ingangsetzung eines Gewerbebetriebs, der mit der Aufnahme der Vermögensanlage beginnt (vgl. BFH vom 13.04.2017, DStR 2017, 1428).

Demgegenüber beginnt bei **KapG** die GewSt-Pflicht mit der Eintragung im HR, also in dem Zeitpunkt, zu dem die juristische Person (vgl. § 13 GmbHG) entstanden ist (R 2.5 Abs. 2 GewStR).[18] Anders als bei Einzelunternehmen und PersG können Kosten für Vorbereitungsmaßnahmen bei den KapG jedoch im Regelfall berücksichtigt werden, da bereits die Vorgesellschaft, d.h. die KapG nach Abschluss des notariellen Gesellschaftsvertrages, aber vor Eintragung, der GewSt unterliegt, vorausgesetzt, dass die Registereintragung nachfolgt und die Vorgesellschaft eine nach außen in Erscheinung getretene geschäftliche Tätigkeit aufgenommen hat. Die nach außen tätig gewordene Vorgesellschaft bildet dann mit der später eingetragenen KapG einen einheitlichen Steuergegenstand (H 2.5 Abs. 2 GewStH). Da die sachliche Steuerpflicht der KapG nach der HR-Eintragung dessen gesamte wirtschaftliche Tätigkeit umfasst, auch wenn die Voraussetzungen einer gewerblichen Tätigkeit nicht vor-

---

18 Zur Entstehung einer KapG s. Band 2, Teil C, Kap. II 2.

liegen, gilt dies mit Blick auf den einheitlichen Steuergegenstand auch für die geschäftliche Tätigkeit der Vorgesellschaft (auch wenn sich diese in einer vermögensverwaltenden Tätigkeit erschöpft). Eine die sachliche Steuerpflicht auslösende geschäftliche Tätigkeit liegt allerdings nicht schon in solchen Tätigkeiten, die von der Vorgesellschaft entfaltet werden, um die in Gang gesetzte Gründung der juristischen Person abzuschließen. Maßnahmen, die im Zusammenhang mit der Gründung der KapG stehen, sind stets als Vorbereitungshandlungen anzusehen (BFH vom 24.01.2017, DStR 2017, 1591). Die Tätigkeit der Vorgesellschaft muss daher darüber hinausgehen. Kommt es nicht zur Eintragung, so bildet die Vorgesellschaft ein eigenes GewSt-Subjekt – wenn sie nach außen in Erscheinung getreten ist.

Beispiel 4: Die Qual der (Rechtsform-)Wahl[19]
Am 25.09.10 beschlossen H und S, »Sonnenkollektoren für Zeltdächer zur Stromerzeugung« zu entwickeln, die in einem Rucksack verstaut werden können. Zum 06.03.11 gründeten sie die »SolarStrom GmbH & Co. KG«. H und S sind Kommanditisten; Komplementärin ist die am 06.03.11 errichtete »SolarStrom GmbH«. Beide Gesellschaften wurden am 27.04.11 ins HR eingetragen. Erst ab diesem Zeitpunkt bemühten sich H und S um den Abschluss von Lieferverträgen mit Outdoor- und Campingausrüstern. Der erste Vertrag wurde am 01.07.11 unterzeichnet; weitere folgten. Aufgrund des Genehmigungsverfahrens begann die Entwicklung der Sonnenkollektoren erst am 30.03.12. Der erste funktionstüchtige Sonnenkollektor wurde am 01.01.13 fertiggestellt, die Auslieferung begann Mitte Januar 13.
In den Jahren 10 bis 16 sind Verluste angefallen, erst im Jahr 17 konnte ein »kleiner« Gewinn erzielt werden.

Abwandlung: H und S gründen »nur« eine GmbH.

Ab wann liegen die Voraussetzungen für einen Beginn der GewSt-Pflicht vor? Ab wann können die entstandenen Verluste berücksichtigt werden?

Lösung für die KG: Die sachliche GewSt-Pflicht beginnt mit der ersten Teilnahme am allgemeinen wirtschaftlichen Verkehr (vgl. auch § 123 Abs. 2 HGB), hier also mit der ersten Auslieferung im Januar 13. Die Teilnahme am allgemeinen wirtschaftlichen Verkehr zeigt sich in erster Linie durch Erbringung einer Leistung nach außen. Das Anbieten genügt nur, wenn die angebotene Leistung zu diesem Zeitpunkt auch erbracht werden kann (BFH vom 17.04.1986, BStBl II 1986, 527). Der Abschluss der Lieferverträge allein reicht nicht für die Teilnahme am allgemeinen wirtschaftlichen Verkehr aus. Erst durch die Auslieferung ist dies gegeben. Im Ergebnis beginnt die GewSt-Pflicht somit erst im EZ 13, die Anlaufverluste der Jahre 10 bis 13 können nicht berücksichtigt werden.
Der Beginn der GewSt-Pflicht wird auch nicht deshalb vorverlegt, weil die Tätigkeit der Komplementär-GmbH stets als Betrieb eines Gewerbes gilt (BFH vom 29.09.2011, BFH/NV 2012, 266 m.w.N.). Dies entspricht der ständigen Rspr. des BFH, wonach bei einer PersG die sachliche GewSt-Pflicht erst beginnt, wenn alle tatbestandlichen Voraussetzungen eines Gewerbebetriebes erfüllt sind und der Gewerbebetrieb in Gang gesetzt worden ist. Dies gilt für PersG unabhängig von der Rechtsform ihrer G'fter (BFH vom 30.08.2012, BStBl II 2012, 927).

Lösung für die GmbH: Nach § 2 Abs. 2 GewStG gilt die GmbH als Gewerbebetrieb kraft Rechtsform. Sie unterliegt unabhängig von ihrer Tätigkeit immer der GewSt. Ihre GewSt-Pflicht kann

---

19 Auszug aus der StB-Prüfung 2008, verkürzte und aktualisierte Darstellung (vgl. zur gleichen Problematik bei der USt Band 3, Teil B, Kap. III 4).

schon mit dem Tätigwerden der Vorgesellschaft nach außen beginnen; sie muss sich also am allgemeinen wirtschaftlichen Verkehr beteiligen. Bei ansonsten identischen Sachverhaltsvorgaben (Tätigkeitsbeginn etc.) ist dies hier zu verneinen. Die GewSt-Pflicht beginnt daher erst mit der Eintragung der GmbH ins HR. Ab diesem Zeitpunkt können die Verluste berücksichtigt werden.

2.2 Ende der Gewerbesteuerpflicht

Parallel zum Beginn der Steuerpflicht gibt es auch für das Ende der (sachlichen) Steuerpflicht unterschiedliche Regelungen (R 2.6 GewStR).

Die GewSt-Pflicht endet bei **Einzelunternehmen**, wenn die werbende Tätigkeit eingestellt wird. Das ist bereits dann der Fall, wenn das Unternehmen im Rahmen der Liquidation zur Abwicklung übergeht und der bisherige Zweck durch den Abwicklungszweck ersetzt wird. Während also die unternehmerische Schlussphase (Liquidation, Aufgabe, Veräußerung) bei den Einzelunternehmern nicht der GewSt unterliegt (stpfl. ist nicht der »sterbende Betrieb«), erlischt die Steuerpflicht bei **KapG** erst nach Abwicklung dieser Geschäfte (R 2.6 Abs. 2 GewStR). Für diese unterschiedliche Beurteilung werden die Worte »stets und in vollem Umfang« bei § 2 Abs. 2 GewStG (KapG) verantwortlich gemacht. Der § 11 KStG (lesen!), der die Gewinnermittlung bei der Auflösung und Abwicklung einer KapG regelt, ist auch bei der GewSt zu beachten. Nach § 16 Abs. 1 GewStDV ist der Gewerbeertrag auf die Jahre des Abwicklungszeitraums zeitanteilig zu verteilen (R 7.1 Abs. 8 GewStR). Demgegenüber endet die sachliche GewSt-Pflicht bei Personenunternehmen mit der dauerhaften Einstellung der werbenden Tätigkeit. Daher kann auch eine nach ESt-Recht nicht tarifbegünstigte Abwicklung eines Gewerbebetriebs im GewSt-Recht zu nicht gewerbesteuerbaren Gewinnen führen, wenn sie auf Maßnahmen zur Vermögensverwertung nach Einstellung der werbenden Tätigkeit des Betriebs beruht.

Hinweis: Übliche vorübergehende Betriebsunterbrechungen (wie z.B. bei Saisonbetrieben) haben keine Auswirkungen auf den Fortbestand der GewSt-Pflicht, § 2 Abs. 4 GewStG.

Besonderheiten bestehen bei **PersG**: Hier wird danach unterschieden, ob an der PersG natürliche Personen oder Körperschaften beteiligt sind (§ 7 S. 2 GewStG). Soweit an der PersG eine natürliche Person unmittelbar als Mitunternehmer beteiligt ist, gelten die Regeln für das Ende der GewSt-Pflicht bei einem Einzelunternehmen. Soweit jedoch an der PersG eine juristische Person oder eine andere PersG beteiligt ist, gelten die Regeln für das Ende der GewSt-Pflicht der KapG.

Merke: Vor Beginn der werbenden Tätigkeit entstandene BA sowie nach Beendigung der werbenden Tätigkeit entstandene (nachträgliche) BE/BA können nicht berücksichtigt werden.

2.3 Steuerbefreiungen

Die Steuerbefreiungen des § 3 GewStG (lesen!) stimmen weitgehend mit denen des § 5 KStG überein.[20] Das Vorliegen der Befreiungsvoraussetzungen lässt die sachliche Steuerpflicht erlöschen (H 2.6 Abs. 1 GewStH Stichwort »Eintritt einer Gewerbesteuerbefreiung«)[21] bzw. führt umgekehrt zum Beginn der sachlichen Steuerpflicht (R 2.5 Abs. 4 GewStR).[22]

Im besonderen Fokus von Rechtsprechung und Gesetzgebung stand insb. die Steuerbefreiung nach § 3 Nr. 20 GewStG; die dort genannten Einrichtungen sind ohne weitere Voraussetzungen dann steuerbefreit, wenn diese Einrichtungen von juristischen Personen des öffentlichen Rechts betrieben werden. Werden diese Einrichtung von anderen Personen betrieben, müssen die Voraussetzungen des § 3 Nr. 20 Buchst. b bis d GewStG erfüllt sein (siehe R 3.20 GewStR und H 3.20 GewStH). Die Steuerbefreiung beschränkt sich aber auf die Erträge, die für den Betrieb der betreffenden Einrichtung erforderlich sind (BFH vom 19.03.2002, BStBl II 2002, 662).

Der erstmalig für den EZ 2015 anwendbare § 3 Nr. 20 Buchst. e GewStG erweitert die Steuerbefreiung erfreulicherweise auch auf Einrichtungen zur ambulanten und stationären Rehabilitation, wenn die Behandlungskosten in mindestens 40 % der Fälle von den gesetzlichen Trägern der Sozialversicherung überwiegend getragen worden sind und soweit die Einrichtung Leistungen im Rahmen der verordneten ambulanten oder stationären Rehabilitation i.S.d. Sozialrechts einschließlich Beihilfevorschriften erbringt.[23]

Abgrenzungsfälle		
Fallgruppe	Anmerkung/Rechtsprechung	Steuerbefreiung
Betriebsaufspaltung	Mit Urteil vom 29.03.2006 hat der BFH (BStBl II 2006, 661) in Abkehr von seiner früheren Rspr. entschieden, dass sich die Befreiung der Betriebs-KapG von der GewSt nach § 3 Nr. 20 Buchst. c GewStG auch auf das Besitzunternehmen erstreckt. Sie gilt auch im Fall eines gemeinnützigen Altersheimes gem. § 3 Nr. 6 GewStG (BFH vom 19.10.2006, DStR 2006, 2207). Nach Auffassung des FG Thüringen nimmt das Besitzunternehmen auch an der sachlichen GewSt-Befreiung der Betriebs-KapG nach § 3 Nr. 6 und	Ja, bei tätigkeitsbezogenen und rechtformneutralen Steuerbefreiungen auch für das Besitzunternehmen, wenn dieses darüber hinaus keiner eigenen begünstigten Tätigkeit nachgeht. Schließlich würde die in einem einheitlichen gewerblichen Unternehmen zusammengefasst Betätigung auch der gesamte Gewinn dieses Unternehmens von der GewSt befreit. Keine Rolle spielt, in welcher Rechtsform das Besitzunternehmen geführt wird.

---

20 S. insb. Band 2, Teil C, Kap. II 4.
21 Das Eintreten der Steuerbefreiungsvoraussetzungen führt aber nicht zum Wegfall des GewSt-Subjektes selbst, sodass persönliche verknüpfte Besteuerungsmerkmale, wie z.B. ein Verlustabzug bei erneut »auflebender« Steuerpflicht u.U. weiter genutzt werden können.
22 Eine Schluss- bzw. Anfangsbilanz ist insoweit aber nur unter den Voraussetzungen des § 13 KStG aufzustellen. Ein etwaiger Gewinn aus der Aufstellung einer Schlussbilanz unterliegt jedoch nicht der GewSt (BFH vom 06.06.2007, BStBl II 2009, 289).
23 Rehabilitationseinrichtungen konnten bis dahin nicht als Pflegeeinrichtungen eingeordnet werden, sodass sie bisher nur als (vollstationäre) Krankenhäuser in den Genuss der GewSt-Befreiung kommen konnten (BFH vom 09.09.2015, BFH/NV 2015, 1746).

Abgrenzungsfälle		
Fallgruppe	Anmerkung/Rechtsprechung	Steuerbefreiung
Betriebsaufspaltung (Forts.)	Nr. 13 GewStG teil (Urteil vom 15.06.2016, DStRE 2017, 924; Revision Az. BFH X R 42/16).	Diese weite Auslegung folge auch dem Sozialzweck der Befreiungsvorschrift (Quintessenz aus BFH vom 20.08.2015, BStBl II 2016, 408).
Verpachtung	Die für die Fälle der Betriebsaufspaltung für zulässig gehaltene Erstreckung der Steuerbefreiung ist nicht auf die bloße (gewerbliche) Verpachtung einer Immobilie an ein Alten- und Pflegeheim übertragbar (FG Münster vom 18.11.2010, EFG 2011, 722).	Nein, wenn zwischen den Vertragsbeteiligten keine Betriebsaufspaltung besteht (H 3.20 GewStH Stichwort »Merkmalserstreckung bei Betriebsaufspaltung«).
Organschaft	Die Betriebsstättenfiktion nach § 2 Abs. 2 S. 2 GewStG bewirkt im Rahmen der gewerbesteuerlichen Organschaft nur, dass die persönliche Steuerpflicht der Organgesellschaft für die Dauer der Organschaft dem Organträger zuzurechnen ist (BFH vom 04.06.2003, BStBl II 2004, 244 und vom 10.06.2010, BStBl II 2011, 181).	Die tatbestandlichen Voraussetzungen einer Gewerbesteuerbefreiung müssen von der jeweiligen Gesellschaft selbst erfüllt werden. (H 3.20 GewStH Stichwort »Organschaft«)
Gewerbliche Infektion	Mehrere Ärzte betreiben gemeinsam in der Rechtsform einer GbR eine Augenklinik und zusätzlich eine Gemeinschaftspraxis. Dies führt zur gewerblichen Infektion gem. § 15 Abs. 3 Nr. 1 EStG (BFH vom 30.08.2001, BStBl II 2002, 152).	Ja, die Gewerbesteuerfreiheit erstreckt sich im Fall der analogen Anwendung der Abfärbetheorie auch auf die Tätigkeit, die ohne die »Abfärbung« freiberuflich wäre.
Wirtschaftlicher Geschäftsbetrieb	Die Gewerbesteuerbefreiung umfasst nur Tätigkeiten, die für den begünstigten Betrieb notwendig sind. Nicht erfasst von der Steuerbefreiung werden daher Überschüsse aus Tätigkeiten, die bei einer von der Körperschaftsteuer befreiten Körperschaft als steuerpflichtige wirtschaftliche Geschäftsbetriebe zu behandeln sind (BFH vom 22.06.2011, BStBl II 2011, 862 und BFH/NV 2012, 61).	Nein

3 Die persönliche Steuerpflicht (Steuerschuldner)

Trotz des Objektcharakters der GewSt musste § 5 Abs. 1 S. 1 GewStG eine persönliche Steuerpflicht anordnen, um Tatbestände wie einen Betriebsübergang oder dgl. hinreichend zu würdigen. Persönlicher **Steuerschuldner** der GewSt **ist der Unternehmer**, d.h. derjenige, für dessen Rechnung der Gewerbebetrieb betrieben wird (§ 5 Abs. 1 S. 2 GewStG). Bei einem Einzelunternehmen ist dies die natürliche Person, für deren Rechnung das Unternehmen betrieben wird,[24] bei PersG eben diese (als selbständiges Steuersubjekt) gem. § 5 Abs. 1 S. 3 GewStG[25] und bei Gewerbebetrieben kraft Rechtsform einer KapG die juristische Person selbst.

Die **GewSt entsteht**, soweit es sich nicht um Vorauszahlungen handelt, **mit Ablauf des Erhebungszeitraumes**, für den die Festsetzung vorgenommen wird (§ 18 GewStG).

Im Rahmen der Steuerschuldnerschaft i.S.d. § 5 GewStG sind insb. Probleme bei mehreren Betrieben sowie Fragen zum Unternehmer- und Unternehmenswechsel von besonderer Bedeutung:

3.1 Mehrheit von Betrieben

Bei mehreren gewerblichen Betätigungen eines Einzelunternehmens stellt sich aber – insb. auch für die Verlustverrechnung, den Verlustvortrag und für den Freibetrag – die Frage, ob diese Gewerbebetriebe jeweils einen selbständigen Gewerbebetrieb darstellen oder einen einheitlichen Gewerbebetrieb bilden (siehe auch R 2.4 GewStR).

Einen solchen einheitlichen Gewerbebetrieb (= ein Steuergegenstand) bilden mehrere Betriebe nur dann, wenn sie unter Berücksichtigung der **Verkehrsanschauung** und nach dem Gesamtbild der Verhältnisse im Einzelfall sachlich, insb. organisatorisch, wirtschaftlich und finanziell zusammenhängen (BFH vom 18.12.1996, BStBl II 1997, 573). Maßgebliche Kriterien hierfür sind die Art der gewerblichen Betätigung, der Kunden- und Lieferantenkreis, die Geschäftsleitung, die Arbeitnehmerschaft, die Betriebsstätten die Zusammensetzung und Finanzierung des Aktivvermögens sowie die Gleichartigkeit der Betätigung. Diesen Kriterien können nach den Verhältnissen des Einzelfalles jeweils unterschiedliches Gewicht zu kommen, wobei die Annahme eines selbständigen Gewerbebetriebes letztlich eine vollkommene Selbständigkeit erfordert.

Nach der Rechtsprechung kommt dabei den Merkmalen der Gleichartigkeit der Betätigungen und der räumlichen Nähe der Betriebe die wesentliche Bedeutung zu. So bilden **gleichartige Betätigungen an einem Ort** bzw. innerhalb des Gebiets einer einzigen Gebietskörperschaft (Gemeinde) regelmäßig einen **einheitlichen Gewerbebetrieb** (BFH vom 09.08.1989, BStBl II 1989, 901; Vermutungswirkung nach R 2.4 Abs. 2 S. 1 GewStR). Aber auch bei einer organisatorischen, finanziellen und wirtschaftlichen Verflechtung von mehreren **ungleichartigen oder räumlich weit voneinander entfernten gleichartigen Betätigungen** ist ein einheitlicher Gewerbebetrieb nur anzunehmen, wenn sich die verschiedenen Betätigungen **einander ergänzen** (BFH vom 31.01.2006, BFH/NV 2006, 1152; vom 19.11.1985, BStBl II 1986, 719). Dies hat der BFH zuletzt mit Urteil vom 20.03.2013 (BFH/NV 2013, 1125) mit der Maßgabe bestätigt, dass beim Fehlen eines wirtschaftlichen Zusammenhangs ungleichartige

---

24 Dies kann im Erbfall oder bei Genehmigung des Familiengerichts auch ein Minderjähriger sein.
25 Bei reinen Innengesellschaften, wie der (atypisch) stillen Gesellschaft, ist Steuerschuldner nur der Geschäftsinhaber (R 5.1 Abs. 2 GewStR).

Betätigungen nur in besonderen Ausnahmefällen – die durch eine außergewöhnlich hohe Intensität des organisatorischen und finanziellen Zusammenhangs gekennzeichnet sein müssen – als einheitlicher Gewerbebetrieb zusammengefasst werden. Dies hat sich vorrangig an objektiven Merkmalen zu orientieren. Beispielsweise kann der Betrieb eines Einzelhandels und der einer Photovoltaikanlage in der Regel nicht als einheitlicher Gewerbebetrieb angesehen werden, da es sich um ungleichartige Betätigungen handelt, die einander in der Regel nicht fördern oder ergänzen (BFH vom 24.10.2012, BFH/NV 2013, 252). Bestehen in einem solchen Fall dennoch gewisse finanzielle oder organisatorische Zusammenhänge, werden diese weniger auf objektiven Merkmalen als auf der Identität des Unternehmers beruhen, die bei der gebotenen objektsteuerlichen Betrachtung außer Betracht bleiben muss. Das Ergebnis fällt jedoch anders aus, wenn sich beispielsweise das Betreiben einer Photovoltaikanlage und das Betreiben eines Elektroinstallationsunternehmens wechselseitig ergänzen, soweit der Unternehmer im Rahmen seines Elektrogeschäfts Photovoltaikanlagen verkaufen, installieren und warten konnte (BFH vom 15.09.2010, BFH/NV 2011, 235).

Hat ein Gewerbetreibender sodann mehrere selbständige Betriebe, ist jeder Betrieb als eigenständiger Steuergegenstand i.S.d. § 2 Abs. 1 GewStG anzusehen und für sich zu besteuern. Daher ist der betriebsbezogene Freibetrag (§ 11 Abs. 1 S. 3 Nr. 1 GewStG) auch bei jedem eigenständigen Betrieb abzuziehen. Allerdings können die Verluste unter eigenständigen Betrieben nicht verrechnet werden. Mehrere Gewerbebetriebe einer PersG oder einer KapG i.S.d. § 2 Abs. 2 GewStG bilden demgegenüber aber stets einen einheitlichen Gewerbebetrieb.

3.2 Unternehmer- und Unternehmenswechsel[26]

Wegen der persönlichen Definition der Steuerschuldnerschaft und wegen der zeitlichen Fixierung des EZ auf das Kalenderjahr (§ 14 S. 2 GewStG) treten unter zwei Gesichtspunkten Probleme auf:

- Welche Bedeutung hat ein unterjähriger G'fter-Wechsel bei PersG?
- Was geschieht bei einem unterjährigen Unternehmerwechsel beim Einzelbetrieb?

Der Bestand der KapG ist unabhängig von ihren Mitgliedern, sodass sich ein Mitgliederwechsel nicht auf die gewerbesteuerliche Steuerschuldnerschaft der KapG auswirkt.

3.2.1 Der Gesellschafterwechsel

Sowohl bei der Frage nach der sachlichen Steuerpflicht (welcher Gewerbebetrieb?) als auch nach der Steuerschuldnerschaft gibt das GewSt-Recht bei einem G'fter-Wechsel bei PersG eine klare **Objektsteuer**-Antwort. Solange die PersG gesellschaftsrechtlich als solche bestehen bleibt und solange auch nach einem Rechtsformwechsel wenigstens ein Alt-G'fter auch Partner (Inhaber) des neuen Rechtsgebildes ist, führt ein Wechsel im Bestand der G'fter **nicht zu einem Unternehmerwechsel** i.S.d. § 2 Abs. 5 GewStG. Es erfolgt keine Änderung

---

26 Die Auswirkungen von Änderungen im G'fter-Bestand oder im Fall des Unternehmenswechsels auf Verluste bei der GewSt (§ 10a GewStG) werden in Teil B, Kap. IV dargestellt.

der sachlichen Steuerpflicht »Gewerbebetrieb« (R 2.7 Abs. 2 GewStR). Im Ergebnis hat also ein partieller G'fter-Wechsel auf die persönliche Steuerpflicht der PersG keinen Einfluss.

Führt jedoch ein G'fter-Wechsel zu einer **Änderung der Rechtsform** (z.B. durch Anwachsung, indem aus einer PersG beim Ausscheiden des vorletzten G'fters ein Einzelunternehmen wird, oder z.B. beim umgekehrten Fall des § 24 UmwStG), ändert sich damit aber folgerichtig die persönliche Steuerschuldnerschaft gem. § 5 GewStG (R 5.1 Abs. 1 GewStR) – auch wenn die sachliche Steuerpflicht (des Gewerbebetriebs) unverändert bleibt.

Bei KapG berührt ein G'fter-Wechsel weder die sachliche noch die persönliche Steuerpflicht (Rechtsfolge des Trennungsprinzips bei juristischen Personen).

Beispiel 5: Häufiger Wechsel im Personenbestand einer KG
G'fter der X-KG sind seit 01.01.17 der Komplementär A und die Kommanditisten B und C. Nachdem B im Februar 17 seinen Kommanditanteil an D veräußert, fühlen sich die verbleibenden A und C von dem neuen Partner D übervorteilt und kündigen ihre G'fter-Stellung zum 30.09.17. D führt das Geschäft der KG alleine weiter. Der für den EZ 17 ermittelte einheitliche Steuermessbetrag beträgt 12.000 €.

Lösung:
- Der G'fter-Wechsel B–D im Febr. 17 ändert nichts an der Rechtsform der KG und führt demnach auch nicht zu einem Wechsel hinsichtlich der Steuerschuldnerschaft.
- Mit dem Ausscheiden der G'fter A und C zum 30.09.17 wird aus der KG im Wege der Anwachsung ein von D fortgeführtes Einzelunternehmen.[27] Gem. § 2 Abs. 5 GewStG ist gewerbesteuerlich immer noch derselbe Gewerbebetrieb gegeben (identische sachliche Steuerpflicht). Allerdings ändert sich ab 01.10.17 die persönliche Steuerschuldnerschaft, die jetzt allein auf D übergeht. Insoweit ist aber der für den gesamten Erhebungszeitraum ermittelte Steuermessbetrag nach dem Gewerbeertrag zeitanteilig dem Einzelunternehmer D und der PersG (X-KG) zuzurechnen und getrennt festzusetzen (BFH vom 17.02.1989, BStBl II 1989, 664). Dies bedeutet, dass für die X-KG ein anteiliger Steuermessbetrag von 9.000 € und für D ein solcher i.H.v. 3.000 € festgesetzt wird.[28]

3.2.2 Der eigentliche Unternehmerwechsel

Bei einer Betriebsveräußerung, d.h. der Übertragung eines Unternehmens im Ganzen auf eine andere Person, gilt der alte Gewerbebetrieb bei Übergabe gem. § 2 Abs. 5 GewStG als eingestellt; dies führt zum Erlöschen der persönlichen Steuerschuldnerschaft des Altinhabers (§ 5 Abs. 2 GewStG).[29] Mit der Übergabe beginnt die sachliche und persönliche Steuerpflicht des Erwerbers neu zu laufen (R 2.7 Abs. 1 GewStR). Der übernehmende Unternehmer

---

27 Zur Anwachsung im Allgemeinen s. Teil B, Kap. III 2.2.2.2.
28 Zur (zeitanteiligen) Aufteilung und Berücksichtigung von Freibeträgen s. R 11.1 S. 5 ff. GewStR. Derzeit ist aber umstritten, ob auch bei einem Ausscheiden des vorletzten G'fters für die unterjährig beendete PersG der Freibetrag stets zeitanteilig zu kürzen ist, oder derjenige Anteil noch zu berücksichtigen ist, der durch den Gewerbeertrag des von dem verbliebenen G'fter als Gesamtrechtsnachfolger der Gesellschaft fortgeführten Gewerbebetriebs nicht aufgezehrt wurde (FG Sachsen vom 13.01.2016, EFG 2016, 1107; Az. beim BFH IV R 8/16; entgegen FG Münster vom 23.01.2007, EFG 2008, 318).
29 Geht nur ein Teilbetrieb über, liegt kein Unternehmerwechsel i.S.d. § 2 Abs. 5 und damit keine Betriebseinstellung vor. Nach BFH vom 07.08.2008, BStBl II 2012, 145 zieht die Übertragung eines Teilbetriebs durch eine PersG den Verlust der Teil-Unternehmensidentität nach sich, wodurch auch die im Teilbetrieb angesammelten vortragsfähigen Gewerbeverluste untergehen.

kann daher den (unternehmens- und unternehmerbezogenen) Gewerbeverlust, der sich bis zum Zeitpunkt des Übergangs des Betriebs ergeben hat, nicht in Anspruch nehmen (s. § 10a S. 8 GewStG).

Beispiel 6:
A veräußert zum 21.06. seinen Einzelbetrieb an B. Was ist gewerbesteuerlich zu veranlassen?

Lösung: Vom 01.01. bis 20.06. wird die GewSt für den Gewerbebetrieb des A festgestellt, der auch insoweit Steuerschuldner ist. Mit diesem Termin gilt der Betrieb des A als eingestellt (§ 2 Abs. 5 GewStG), seine persönliche und sachliche Steuerpflicht (§ 5 Abs. 2 GewStG) erlischt in diesem Zeitpunkt.
Ab 21.06. gilt der Betrieb des B als neu gegründet, ab diesem Zeitpunkt beginnt auch dessen persönliche und sachliche Steuerpflicht zu laufen.

3.2.3 Die Verpachtung des Gewerbebetriebs

Bei der Verpachtung eines Betriebs hat der Verpächter nach § 16 Abs. 3b EStG in der ESt das Verpächterwahlrecht: Er kann die Aufgabe des Betriebs erklären (und danach Einkünfte gem. § 21 EStG erzielen) oder den Betrieb fortbestehen lassen (und somit weiterhin gewerbliche Einkünfte erzielen).[30] Dieses **Wahlrecht** besteht konsequenterweise **nicht** für die **GewSt**. Mit Beginn des Pachtvertrages erzielt nur der Pächter gewerbesteuerpflichtige Einkünfte (R 2.2 GewStR; H 2.2 GewStH Stichwort »Allgemeines«). Die (gewerbliche) Betriebsverpachtung ist aber in den Fällen als gewerbesteuerpflichtig anzusehen, in denen darüber hinaus die Voraussetzungen einer Betriebsaufspaltung (H 2.6 GewStH Stichwort »Betriebsverpachtung im Ganzen«) vorliegen oder die Betriebsverpachtung durch eine KapG (vgl. Kap. II 1.3.1) bzw. eine gewerbliche PersG i.S.d. § 15 Abs. 3 EStG erfolgt (vgl. Kap. II 1.4.2; BFH vom 14.06.2005, BStBl II 2005, 778).

---

30 S. auch Teil B, Kap. II 2.

III Die Besteuerungsgrundlage (§§ 6 bis 9 GewStG)

1 Die Ausgangsgröße: Der Gewerbeertrag (§ 7 GewStG)

Der **Gewerbeertrag** i.S.d. § 6 GewStG ist die Besteuerungsgrundlage für die GewSt. Diese Bemessungsgrundlage wird in mehreren Stufen ermittelt.

1.1 Grundsatz

Ausgangsgröße für den Gewerbeertrag ist gem. § 7 S. 1 GewStG der nach den Vorschriften des EStG oder des KStG zu ermittelnde **Gewinn aus Gewerbebetrieb**; vermehrt um Hinzurechnungen nach § 8 GewStG und vermindert um Kürzungen i.S.d. § 9 GewStG.

Diese Verweisung darf aber nicht als eine absolute rechtliche Bindung an die ESt- oder KSt-Veranlagung verstanden werden. Aufgrund der Reduzierung des GewSt-Gutes auf die werbende Tätigkeit und aufgrund des Objektsteuercharakters werden diejenigen Komponenten ausgefiltert, die mit der Ertragskraft eines werbenden Unternehmens nicht im Zusammenhang stehen. Unberücksichtigt bleiben daher (vgl. R 7.1 Abs. 3 GewStG)

- vorab entstandene BA und nachträgliche BA/BE,
- Veräußerungs- und Aufgabegewinne i.S.d. § 16 Abs. 1 und 3 EStG (s. unten),
- Einkünfte i.S.d. § 24 EStG (Entschädigungen etc.) sowie
- Verlustverrechnungsbeschränkungen der §§ 15 Abs. 4, 15a und 15b EStG.

Der GewSt unterliegen nur laufende Gewinne.

Die Gewinnermittlung zur Bestimmung des Gewerbeertrags erfolgt verfahrensmäßig selbständig (BFH vom 06.09.2000, BStBl II 2001, 106), d.h., der nach den Vorschriften des EStG/KStG ermittelte Gewinn ist für die Ermittlung des Gewerbeertrags nicht bindend i.S.d. § 182 Abs. 1 AO. Der zugrunde zu legende Gewinn aus Gewerbebetrieb ist lediglich nach den Vorschriften des EStG/KStG zu ermitteln; es hat für die Berechnung des Gewerbeertrags eine eigenständige Ermittlung des Gewinns zu erfolgen (R 7.1 Abs. 2 GewStR). Trotzdem muss die gleiche Gewinnermittlungsart wie bei der ESt oder KSt zugrunde gelegt werden (BFH vom 16.12.2009, BStBl II 2010, 799), insb. sind auch Bilanzierungs- und Bewertungswahlrecht einheitlich auszuüben (BFH vom 21.01.1992, BStBl II 1992, 958 und vom 09.08.1989, BStBl II 1990, 195). In der praktischen Durchführung der GewSt werden jedoch regelmäßig die Ergebnisse der ESt- bzw. KSt-Veranlagungen für die GewSt übernommen.

Maßgebend ist der Gewerbeertrag, der in dem EZ bezogen worden ist, für den der GewSt-Messbetrag festgesetzt wird (§ 10 Abs. 1 GewStG). Wie bei der ESt (§ 4 Abs. 2 Nr. 2 EStG) und der KSt (§ 7 Abs. 4 S. 2 KStG) gilt der Gewinn des vom Kj. abweichenden Wj. als in dem EZ bezogen, in dem das Wj. endet (§ 10 Abs. 2 GewStG).

1.2 Besonderheiten bei Personengesellschaften

Zum **Gewerbeertrag** einer PersG gehört der **steuerliche Gesamtgewinn** i.S.d. § 15 Abs. 1 S. 1 Nr. 2 EStG, d.h. das Ergebnis aus der Gesamthandsbilanz nebst den Ergebnissen aus den Ergänzungs- und Sonderbilanzen (H 7.1 Abs. 3 GewStH Stichwort »Ermittlung des Gewerbeertrages bei MU«). Damit unterliegen die handelsrechtlichen Gewinnanteile, sämtliche Vorwegvergütungen, Vergütungen für Tätigkeiten, Kapital und Überlassung anderer Wirtschaftsgüter an die G'fter sowie Einkünfte aus der Veräußerung und Entnahme des Sonderbetriebsvermögens insgesamt der GewSt (vgl. zu Veräußerungen im Sonder-BV I: BFH vom 06.11.1980, BStBl II 1981, 220 und im Sonder-BV II: BFH vom 03.04.2008, BStBl II 2008, 742).

Eine weitere **Besonderheit** gilt für **Erträge aus der Beteiligung an einer KapG**: Nach § 7 S. 4 GewStG werden bei PersG die Rechtsfolgen der §§ 3 Nr. 40, 3c EStG (steuerliche Erfassung der Dividenden nur zu 60 % (TEV) bei natürlichen Personen als an der Mitunternehmerschaft unmittelbar oder mittelbar über eine andere PersG Beteiligte) und des § 8b KStG (im Ergebnis steuerliche Erfassung nur zu 5 % bei KapG als Beteiligte) vollumfänglich in das GewSt-Recht übernommen.[31] Allerdings ist bei der Ermittlung des Gewerbeertrages einer PersG zu beachten, dass die gesondert und einheitlich festgestellten Besteuerungsgrundlagen die Einkünfte der PersG vor Anwendung der §§ 3 Nr. 40, 3c EStG und § 8b KStG enthalten. Erst bei der Steuerveranlagung der Beteiligten wird geprüft, in welchem Umfang für Einkünfte aus der PersG eine entsprechende Korrektur zu erfolgen hat. Daher sind für die Ermittlung des Gewinns i.S.d. § 7 GewStG zunächst – soweit noch nicht berücksichtigt – die Auswirkungen der §§ 3 Nr. 40, 3c EStG und § 8b KStG zu beachten.

Hinweis: Bei mehrstöckigen PersG, d.h., Gesellschafter einer PersG ist wiederum eine PersG, ist maßgebend, ob und inwieweit letztlich eine natürliche Person oder eine Körperschaft mittelbar beteiligt ist.

1.3 Besonderheiten bei Veräußerungsgewinnen

Wie bereits ausgeführt, setzt die Besteuerung nach dem GewStG das Vorhandensein eines Gewerbebetriebs voraus. Daher können Gründung und Aufgabe eines Betriebs aber nicht Gegenstand der GewSt sein. In dieser Konsequenz unterliegen daher auch die von einem Einzelunternehmer oder einer PersG erzielten Veräußerungsgewinne bzw. erlittenen Veräußerungsverluste als »letzter Akt« i.d.R. nicht der GewSt. Daher ist insb. § 16 EStG mit dem Objektsteuercharakter der GewSt nicht zu vereinbaren und bei der Ermittlung des gewerbesteuerpflichtigen Gewerbeertrags nicht anzuwenden. Insb. die Gewinne/Verluste aus der Veräußerung oder Aufgabe des ganzen Gewerbebetriebs oder eines Teilbetriebs sowie aus der Veräußerung der Beteiligung an einer MU-schaft unterliegen daher nicht der GewSt.

Demgegenüber gehören Veräußerungsgewinne/-verluste i.S.d. § 16 EStG bei einer **KapG** »stets« zum Gewerbeertrag (vgl. auch H 7.1 Abs. 4 GewStH). Daher werden bei einer **PersG** gem. **§ 7 S. 2 GewStG** auch Einkünfte aus der Veräußerung oder Aufgabe

- des Betriebs oder Teilbetriebs (§ 16 Abs. 2 S. 1 Nr. 1 EStG),
- des Anteils eines MU (§ 16 Abs. 1 S. 1 Nr. 2 EStG) und
- des Anteils eines persönlich haftenden G'fters einer KGaA (§ 16 Abs. 2 S. 1 Nr. 3 EStG)

---

31 S. hierzu Kap. III 2.6 (Übungsfall).

zum Gewerbeertrag, soweit sie nicht auf natürliche Personen als unmittelbar beteiligte MU entfallen. Danach ist der anteilige Veräußerungsgewinn der auf KapG als Beteiligte einer PersG entfallen. Soweit also eine KapG beteiligt ist, sind diese Einkünfte daher zu erfassen. Die GewSt auf diesen Veräußerungsgewinn muss aber die PersG zahlen. Diese Ungleichbehandlung verglichen mit natürlichen Personen als Beteiligten der PersG ist vom Gestaltungsspielraum des Gesetzgebers gedeckt (BFH vom 22.07.2010, BStBl II 2011, 511).[32]

In der nachfolgenden Tabelle sind examensrelevante Abgrenzungsfälle zusammengefasst:

Übersicht über die Erfassung von Veräußerungsgewinnen (VG)		
Fallgruppe der »Veräußerung«	Steuerpflicht in der GewSt	Rechtsprechung/ Verwaltungsanweisungen
Laufender Gewinn i.S.d. §§ 16 Abs. 2 S. 3 und Abs. 3 EStG und § 24 Abs. 3 S. 3 UmwStG, wenn auf der Seite des Veräußerers und des Erwerbers dieselben Personen MU sind	Ja	BFH vom 15.06.2004, BStBl II 2004, 754; H 7.1 Abs. 3 GewStH »Veräußerungs- und Aufgabegewinn«
Laufender Gewinn/Verlust i.S.d. § 16 Abs. 1 S. 2 EStG aufgrund der Veräußerung nur eines Teils eines MU-Anteils	Ja	BFH vom 14.12.2006, BStBl II 2007, 77; R 7.1 Abs. 3 S. 6 GewStR
Gewinn/Verlust aus der Veräußerung oder Aufgabe eines Anteils an einer PersG, zu deren BV im Zeitpunkt der Veräußerung Grundstücke gehören, die dem UV zuzurechnen sind	Ja, da auch der Gewinn aus Veräußerung oder Aufgabe eines gewerblichen Grundstückshandels durch Einzelunternehmer oder PersG dem laufenden Gewinn zuzuordnen ist	BFH vom 14.12.2006, BStBl II 2007, 777; BFH vom 10.05.2007, BFH/NV 2007, 2023
Zahlung eines Spitzenausgleichs bei der Realteilung des BV einer PersG nach § 16 Abs. 3 EStG	Nein	BFH vom 17.02.1994, BStBl II 1994, 809; BMF vom 20.12.2016, BStBl I 2017, 36
Veräußerung der Beteiligung an einer KapG, die nach § 16 Abs. 1 Nr. 1 EStG oder § 15 Abs. 1 S. 3 UmwStG als Veräußerung eines Teilbetriebs gilt, wenn die Beteiligung das gesamte Nennkapital umfasst	Ja, denn der Gewinn fällt in einem Gewerbebetrieb an; aber Nein, wenn die Veräußerung in engem wirtschaftlichen Zusammenhang mit der Aufgabe oder Veräußerung des Betriebs erfolgte	BFH vom 02.02.1972, BStBl II 1972, 470; FG Köln vom 19.01.2011, EFG 2011, 905; H 7.1 Abs. 3 GewStH »Gewinn aus der Veräußerung einer 100%igen Beteiligung an einer KapG«
Gewinne/Verluste aus der Veräußerung des ganzen Gewerbebetriebs oder eines Teilbetriebs, die von anderen Körperschaften als KapG erzielt werden	Nein, denn bei diesen Körperschaften gilt nicht der Grundsatz, dass alle ihre Vorgänge den gewerblichen Gewinn berühren	RFH vom 21.05.1940, RStBl 1940, 667

---

[32] Anhängige Verfassungsbeschwerde beim BVerfG: Az.: 1 BvR 1236/11.

2 Die Hinzurechnungen des § 8 GewStG

2.1 Sinn und Zweck der Hinzurechnungen (und Kürzungen)

Zur Ermittlung des Gewerbeertrags ist der Gewinn aus Gewerbebetrieb um bestimmte Hinzurechnungen zu erhöhen und um Kürzungen zu vermindern. Die meisten Hinzurechnungen nach § 8 GewStG sowie Kürzungen nach § 9 GewStG dienen im Wesentlichen dem Objektsteuercharakter der GewSt. Mit ihnen soll idealtypisch der objektivierte Gewerbeertrag (unabhängig von der Art der für die Kapitalausstattung des Betriebs zu entrichtenden Entgelte) ermittelt werden. Während mit den Hinzurechnungen weitgehend eine Gleichstellung des eigen- und fremdfinanzierten Betriebs erreicht werden soll, verhindern Kürzungen eine Doppelbelastung des Gewerbebetriebes mit Objekt- oder Realsteuern (vgl. z.B. BFH vom 04.06.2014, BStBl II 2015, 289).

Dabei sind die von den Hinzurechnungsvorschriften in § 8 GewStG ausgehenden Belastungen nach der Rspr. des BVerfG von der verfassungsrechtlichen Legitimität der GewSt erfasst und von den betroffenen Grundrechtsträgern im Grundsatz hinzunehmen (BVerfG vom 15.02.2016, BStBl II 2016, 557).

Hinzurechnungen i.S.d. § 8 GewStG sind grundsätzlich **nur dann vorzunehmen, soweit sie bei der Ermittlung des Gewinns aus Gewerbebetrieb i.S.d. § 7 GewStG zuvor gewinnmindernd abgezogen wurden**.

Einen ersten Überblick über § 8 GewStG vermittelt die nachfolgende Tabelle:

Übersicht über § 8 GewStG		
§ 8 (...) GewStG		Art der Hinzurechnung
Nr. 1	Buchst. a	Entgelte für Schulden
	Buchst. b	Renten und dauernde Lasten
	Buchst. c	Gewinnanteile des stillen G'fters
	Buchst. d	Miet- und Pachtzinsen bewegliche WG
	Buchst. e	Miet- und Pachtzinsen unbewegliche WG
	Buchst. f	Überlassung von Rechten
Nr. 4		Gewinnanteile der persönlichen haftenden G'fter einer KGaA
Nr. 5		Bestimmte dem Teileinkünfteverfahren (nachfolgend: TEV) bzw. § 8b KStG unterliegende Bezüge
Nr. 8		Verlustanteile an PersG oder vergleichbaren Gesellschaften
Nr. 9		Spenden
Nr. 10		Gewinnminderungen durch Teilwertabschreibungen und ausschüttungsbedingte Gewinnminderungen in Fällen des Schachtelprivilegs sowie abführungsbedingter Gewinnminderungen in Organschaftsfällen
Nr. 12		Ausländische Steuern

2.2 Hinzurechnungen nach § 8 Nr. 1 GewStG

Die wichtigste Hinzurechnungsvorschrift ist § 8 Nr. 1 GewStG, die die Hinzurechnung von Vergütungen für die Überlassung von Geld- und Sachkapital erfasst. Damit soll die Ertragskraft des Gewerbebetriebs unabhängig von der Art seiner Finanzierung durch Eigen- oder Fremdkapital gewerbesteuerlich erfasst werden.[33] Die Summe der in § 8 Nr. 1 GewStG bezeichneten Aufwendungen (Schuldzinsen, Renten, Mieten, Lizenzgebühren etc.) wird um einen Freibetrag von 100.000 € gekürzt und anschließend mit dem Faktor 0,25 multipliziert. Einen allgemeinen Überblick gibt das nachfolgende Schema:

Hinzurechnungen		
Entgelte für Schulden	+ 100 %	der Schuldzinsen
Renten und dauernde Lasten	+ 100 %	der Rentenzahlungen (gilt nicht für Pensionszahlungen aufgrund einer unmittelbar vom AG erteilten Versorgungszusage)
Gewinnanteile typisch stiller G'fter	+ 100 %	der Gewinnanteile
Miete/Pacht/Leasing bewegliche WG des AV	+ 20 %	der Miet-, Pacht- und Leasingraten
Miete/Pacht/Leasing unbewegliche WG des AV	+ 50 %	der Miet-, Pacht- und Leasingraten
Entgelte für die Überlassung von Rechten	+ 25 %	der Lizenzentgelte (bei befristeter Überlassung)
	./.	100.000 € (FB)
	x	25 %
	=	**Hinzurechnungsbetrag**

Zweifelsfragen zu § 8 Nr. 1 GewStG werden – neben den GewStR – in gleichlautenden Ländererlassen vom 02.07.2012 beantwortet (BStBl I 2012, 654, nachfolgend LE).

Vorab sind die folgenden allgemeinen (d.h. für alle Tatbestände des § 8 Nr. 1 GewStG geltenden) Hinweise zu beachten:

- Die Bildung einer auf einen Hinzurechnungstatbestand gerichteten Rückstellung ist dem Gewerbeertrag hinzuzurechnen. Dabei dürfen aber Erträge aus deren Auflösung nicht zu einer doppelten Besteuerung führen (**Verbot der Doppelerfassung**). Der Umfang

---

[33] Europarechtliche Bedenken gegen § 8 Nr. 1 GewStG a.F. hatte der BFH im Anschluss an das EuGH-Urteil vom 21.07.2011 (BStBl II 2012, 528) mit Urteil vom 07.12.2011 (BStBl II 2012, 507) für den Fall von Zinsen aus Darlehen der in den Niederlanden ansässigen Muttergesellschaft zum Gewinn einer deutschen KapG abgelehnt. Ferner steht für den BFH die Frage nach der Verfassungsmäßigkeit der Hinzurechnungen nach § 8 Nr. 1 GewStG außer Frage (BFH vom 16.10.2012, BStBl II 2013, 30 und BFH vom 04.06.2014, BStBl II 2015, 289; Verfassungsbeschwerden wurden bisher nicht zur Entscheidung angenommen: BVerfG vom 06.05.2013, BFH/NV 2013, 1212 und vom 26.02.2016, BB 2016, 1186). Der Vorlagebeschluss des FG Hamburg vom 29.12.2012 (EFG 2012, 960) im Normenkontrollverfahren wegen der gewerbesteuerlichen Hinzurechnungen von Zinsen und Mieten wurde vom BVerfG als unzulässig verworfen (BVerfG vom 15.02.2016, DStR 2016, 862). Überwiegend gehen die Finanzgerichte aber von der Verfassungsmäßigkeit der Hinzurechnungstatbestände aus (z.B. FG Köln vom 19.03.2015, 13 K 2768/10, Az. beim BFH I R 41/15 und FG Berlin-Brandenburg vom 30.01.2013, EFG 2013, 1062).

der in diesem Zeitpunkt durchzuführenden Minderung richtet sich nach der Höhe der tatsächlichen Hinzurechnung (R 7.1 Abs. 1 GewStR).
- Dementsprechend führt auch die Rückzahlung entsprechender Entgelte im Jahr der Rückzahlung zur Minderung des Hinzurechnungsbetrags (H 7.1 Abs. 1 GewStH Stichwort »Korrektur nach erfolgter Hinzurechnung«).
- Sondervergütungen eines MU i.S.d. § 15 Abs. 1 S. 1 Nr. 2 EStG und Gewinnanteile des atypisch stillen G'fters werden nicht hinzugerechnet (LE Rn. 2).
- Bei einer ARGE i.S.d. § 2a GewStG erfolgt die Hinzurechnung folgerichtig auf Ebene der einzelnen Partner (LE Rn. 2).
- Für die Unternehmen in einem Organkreis wird der Gewerbeertrag weiterhin jeweils gesondert ermittelt (LE Rn. 4).
- Die Hinzurechnung erfolgt unabhängig von der gewerbesteuerlichen Behandlung beim Überlasser des Betriebskapitals (LE Rn. 5).[34]

In der Praxis bedeutsam sind gemischte Verträge, die mehrere Hauptpflichten begründen und deren Leistungskomponenten aber nur teilweise unter eine der Hinzurechnungen des § 8 Nr. 1 GewStG fallen. Kann ein solcher Vertrag in seine wesentlichen Elemente zerlegt werden, erfolgt die Hinzurechnung der anteiligen von § 8 Nr. 1 GewStG erfassten Entgelte (s. H 8.1 Abs. 4 GewStH Stichwort »gemischte Verträge«). Deren Trennbarkeit wird nicht dadurch ausgeschlossen, dass die verschiedenen Leistungselemente voneinander abhängig sind und sich der Vertragszweck nur durch die Verbindung dieser Hauptleistungen erreichen lässt (BFH vom 15.06.1983, BStBl II 1984, 17). Ist aber aufgrund eines einheitlichen und unteilbaren Vertrages (z.B. Typenverschmelzungsverträge) eine Aufteilung nicht möglich, so ist die Komponente entscheidend, die dem Vertrag das Gepräge gibt. Nur wenn eine Komponente, die einen Tatbestand des § 8 Nr. 1 GewStG erfüllt, dem gesamten Vertrag ihr Gepräge gibt, unterliegt dieser Vertrag insgesamt der Hinzurechnung (LE Rn. 7).

2.2.1 Entgelte für Schulden (§ 8 Nr. 1 Buchst. a GewStG)

Nach § 8 Nr. 1 Buchst. a GewStG unterliegen grundsätzlich 25 % aller Entgelte der Hinzurechnung, die für wirtschaftlich mit dem Gewerbebetrieb zusammenhängende Schulden gezahlt werden. Entgegen der Rechtslage bis einschließlich EZ 2007 kommt es einerseits nicht mehr auf die Dauer der Schuldverhältnisse an (H 8.1 Abs. 1 GewStH Stichwort »Allgemeines«), und andererseits wird mit dem Begriff der »Entgelte« (statt zuvor Zinsen) klargestellt, dass alle möglichen Formen der Vergütung für die Nutzung von Fremdkapital, wie z.B. die Gewinnanteile bei partiarischen Darlehen, erfasst werden.

Entscheidend für die Einordnung der Entgelte/Schulden ist nach der Auffassung der Finanzverwaltung (R 8.1 Abs. 1 GewStR) nicht deren Bezeichnung, sondern der wirtschaftliche Gehalt der Leistung. Eine Hinzurechnung kommt daher für sog. negative Einlagezinsen nicht

---

34 Bis EZ 2007 galt das sog. Korrespondenzprinzip bei Miet- und Pachtzinsen, Renten und Gewinnanteilen von stillen Reserven, nach dem keine Hinzurechnung erfolgte, wenn beim Empfänger der Zahlungen diese gewerbesteuerlich berücksichtigt wurden (europarechtswidrig mangels Ausnahme von der Hinzurechnung bei grenzüberschreitender Überlassung durch EU-Ausländer, EuGH vom 26.10.1999, BStBl II 1999, 851).

in Betracht, da diese nicht für die Nutzung von Fremdkapital, sondern für die Verwahrung von Eigenkapital entrichtet werden und damit keine Entgelte für Schulden darstellen.[35]

Die in der (Klausur-)Praxis üblicherweise einzuordnenden Aufwendungen lassen sich wie folgt qualifizieren:

Abgrenzungsfälle der Fälle des § 8 Nr. 1 Buchst. a GewStG (nach R 8.1 Abs. 1 GewStR und H 8.1 Abs. 1 GewStH)[36]	
Kein Entgelt/keine Schuld nach § 8 Nr. 1 Buchst. a GewStG keine Hinzurechnung des Aufwandes	Entgelt/Schuld nach § 8 Nr. 1 Buchst. a GewStG Hinzurechnung des Aufwandes
Bereitstellungs- und Zusageprovisionen (keine Gegenleistung für die eigentliche Kapitalnutzung)	Zinsen für die eigentliche Kapitalnutzung bei festem oder variablen Zinssatz; Vergütungen für partiarische Darlehen, Genussrechte und Gewinnobligationen
Umsatzprovision der Bank, soweit diese nicht als Entgelt für die Überlassung der Bank, sondern für andere Leistungen anzusehen ist	Damnum/Disagio, soweit es sich auf den Finanzierungsanteil bezieht, enthaltene Nebenkosten (Verwaltungsgebühren, Risikoprämien, Wertermittlungskosten und vergleichbare Kosten) sind nicht hinzuzurechnen
Provisionen und Garantieentgelte der Banken, die nicht im Zusammenhang mit den in Anspruch genommenen Krediten stehen	Regelmäßig Provisionen und Garantieentgelte bei Bankkrediten
Nebenkosten, die mit den Schulden zusammenhängen (z.B. Geldbeschaffungskosten, laufende Verwaltungskosten, Depotgebühren, Währungsverluste, Bereitstellungszinsen)	Verwaltungskosten, wenn sie ihrer Höhe nach prozentual an dem Darlehensbetrag bemessen und bezogen auf die gesamte Laufzeit des Darlehens zu zahlen sind (kein Entgelt für eine Zusatzleistung)
Als HK aktivierte Bauzeitinsen; auch in den EZ, in denen sie sich über die AfA gewinnmindernd ausgewirkt haben (LE Rn. 13)	Skonti und vergleichbare Vorteile, sofern diese nicht dem üblichen Geschäftsverkehr entsprechen (LE Rn. 16)
Avalprovisionen/Avalgebühren	Regelmäßig Vorfälligkeitsentschädigungen
Abzinsungsbeträge nach § 6 Abs. 1 Nr. 3, 3a und § 6a Abs. 3 EStG (LE Rn. 12)	Zinsen für betriebliche Steuerschulden nach §§ 233 ff. AO (LE Rn. 24a)
Teilwertabschreibungen auf Forderungen (LE Rn. 18)	Zahlung von Überpreisen des Kunden an den Lieferanten, deren Gutschrift auf einem besonderen Konto mit banküblicher Verzinsung erfolgt, führt zu einer Schuld beim Lieferanten

Hinweis: Soweit Zinsaufwendungen wegen § 4 Abs. 4a EStG bei der Ermittlung des Gewinns aus Gewerbebetrieb nicht abgesetzt wurden, kommt insoweit eine Einbeziehung bei der Ermittlung der Hinzurechnung nach § 8 Nr. 1 Buchst. a GewStG nicht in Betracht.

Nachfolgend werden anhand der Rechtsprechung des BFH und der LE praxis- und klausurrelevante Fragestellungen dargestellt.

---

35 S. gleichlautende Erlasse der obersten Finanzbehörden der Länder vom 17.11.2015, BStBl I 2015, 896 (zum Betriebsausgabenabzug vgl. BMF-Schreiben vom 27.05.2015, BStBl I 2015, 473).
36 Zusätzlich mit Verweisen auf die Fundstelle im LE vom 02.07.2012.

1. »Durchlaufende Kredite«

Nach Auffassung der Finanzverwaltung liegt auch bei einem Unternehmen, das einen Kredit aufgenommen und weitergeleitet hat, ein hinzurechnungspflichtiger Tatbestand vor. Eine Saldierung von Zinsaufwendungen und Zinseinnahmen im Zusammenhang mit diesem durchgeleiteten Darlehen kommt demnach nicht in Betracht (LE Rn. 11).

Die ältere Rspr., nach der Entgelte für Schulden, die nur der vorübergehenden Verstärkung des Betriebskapitals dienten, nicht der Hinzurechnung unterlagen (BFH vom 07.07.2004, BStBl II 2005, 102 m.w.N.), ist aufgrund der Änderung des § 8 Nr. 1 GewStG nicht mehr einschlägig.[37]

Auch für den Fall, dass ein Besitzunternehmen ein Darlehen zur Modernisierung von Betriebsgebäuden aufgenommen hat und dieses Darlehen an die Betriebs-GmbH weiterreicht, sind die gewerbesteuerrechtlichen Hinzurechnungen der rechtlich selbständigen Unternehmen jeweils gesondert zu beurteilen (BFH vom 07.07.2004, BStBl II 2005, 102). Eine Saldierung dürfte hingegen im Falle eines sog. Zinsverbilligungszuschusses zur Verringerung der Zinslast in Betracht zu ziehen sein (H 8.1 Abs. 1 GewStG Stichwort »Verrechnung von Entgelten für Schulden mit erhaltenen Erstattungen«).[38]

2. Beteiligung an einer vermögensverwaltenden GbR

Ist ein gewerbliches Unternehmen an einer nicht gewerblichen Grundstücksgemeinschaft (Gesamthands- oder Bruchteilsgemeinschaft) beteiligt, gehören auch die im Rahmen der Grundstücksgemeinschaft aufgenommenen Schulden anteilig zu den Schulden des Gewerbebetriebs (H 8.1 GewStH Stichwort »Beteiligung an einer nicht gewerblichen Grundstücksgemeinschaft«).

3. Behandlung von Factoring und Forfaitierung

Gegenstand der Hinzurechnung sind gem. § 8 Nr. 1 Buchst. a S. 2 GewStG auch Diskontbeträge bei der Veräußerung (ohne Nebenkosten) von Wechsel- und anderen Geldforderungen, insb. Abschläge vom Nennwert aus dem Verkauf von aktivierten Forderungen (sog. echtes Factoring, LE Rn. 17; Gebühren beim sog. unechten Factoring[39] sind schon gem. § 8 Nr. 1 Buchst. a S. 1 GewStG als Gegenleistung für eine Kreditgewährung hinzuzurechnen).

Dies gilt gem. § 8 Nr. 1 Buchst. a S. 3 GewStG auch dann, wenn eine Forderung aus einem schwebenden Vertragsverhältnis veräußert wird (sog. Forfaitierung). Da sich schwebende Geschäfte im Regelfall (noch) nicht im Rahmen des Rechnungswesens und damit der Gewinnermittlung niederschlagen, würde eine Hinzurechnung ohne Sonderregelung überhaupt nicht in Betracht kommen, weil es insoweit an einer vorgelagerten Gewinnminderung fehlt. Sachlich betroffen von dieser Sonderregelung sind Forderungen aus schwebenden Geschäften, bei deren Veräußerung der Forderungsverkäufer im Vergleich zur Vereinnahmung der Forderung aus diesem Vertragsverhältnis einen geringeren Betrag erhält. Auch hinter dieser Regelung ist das Ziel des Gesetzgebers erkennbar, den insoweit gewährten Abschlag als »Entgelt für Schulden« gewerbesteuerlich zu erfassen, den ein Unternehmen für den Vorteil leistet, dass ihm ein Geldbetrag schon vorzeitig zur Verfügung steht.

Unter Forfaitierung versteht man den Ankauf von Forderungen unter Verzicht auf einen Rückgriff gegen den Verkäufer bei Zahlungsausfall des Schuldners (echte Forfaitierung). Bei

---

37 So auch FG Hamburg vom 15.04.2016, EFG 2016, 1460, Az. beim BFH I R 39/16.
38 S. auch Punkt 5.
39 Zur Abgrenzung s. Band 3, Kap. B III 2.2.1.4.

der unechten Forfaitierung ist dagegen ein Rückgriff möglich. Allerdings haftet der Verkäufer in beiden Fällen für den Rechtsbestand (Verität) der Forderung. Ein gewinnmindernder Zinsaufwand in Höhe der Differenz zwischen dem Nennwert der Forderung und dem Verkaufserlös liegt bilanzsteuerrechtlich nicht vor. Gleichwohl ist der Differenzbetrag bei der Ermittlung des Hinzurechnungsbetrags gem. § 8 Nr. 1a S. 3 GewStG zu erfassen. Dem Gewinn aus Gewerbebetrieb werden somit fiktive Zinsbeträge hinzugerechnet, die lediglich aufgrund einer wirtschaftlichen Betrachtungsweise »entstanden«, aber zuvor tatsächlich nicht gewinnmindernd als Zinsaufwand berücksichtigt worden sind.

Der hinzuzurechnende Aufwand ergibt sich aus der Differenz zwischen der Summe der zu erwartenden Raten bzw. des Forderungsbetrags (jeweils zum Nominalwert), die der aus dem Vertrag Verpflichtete (über die Vertragslaufzeit) zu entrichten hat, und des vom Verkäufer an den Käufer zu entrichtenden Entgelts (LE Rn. 19). Maßgebend sind die Werte, die die Vertragsparteien ursprünglich vereinbart haben, so dass Entgeltanpassungsklauseln außer Betracht gelassen werden.

Der Erlös aus der Forfaitierung ist linear verteilt über die Restlaufzeit des schwebenden Vertrages hinzuzurechnen.[40]

> **Beispiel 2 (nach LE Rn. 23):**
> Die A-GmbH überlässt der B-GmbH am 02.01.17 ein Grundstück zur Miete. Der Mietvertrag ist bis zum 31.12.26 befristet. Der jährlich auf den 01.01. im Voraus zu entrichtende Mietzins beträgt 200.000 €. Die A-GmbH verkauft sämtliche Mietzinsansprüche aus dem Vertragsverhältnis am 31.12.17 an die C-GmbH und tritt sie mit sofortiger Wirkung ab. Das Ausfallrisiko geht auf die C-GmbH über. Der Kaufpreis für die Forderung beträgt 1,5 Mio. €. Von dem Differenzbetrag zum Nennwert der Forderung (1,8 Mio. € abzgl. 1,5 Mio. € = 300.000 €) entfallen nachweislich 10 000 € auf die Gebühr für die Risikoübernahme.
>
> **Lösung:** Im Falle der Forfaitierung der künftigen Forderungen erhält die A-GmbH vom Forderungskäufer (C-GmbH) den Betrag als Forfaitierungserlös. Die A-GmbH ist jedoch weiterhin zur Nutzungsüberlassung an die B-GmbH verpflichtet, so dass der Forfaitierungserlös in einen passiven Rechnungsabgrenzungsposten einzustellen und dieser auf die Jahre 18–26 linear gewinnerhöhend aufzulösen ist. Ein gewinnmindernder Zinsaufwand i.H.d. Differenz zwischen dem Nennwert der abgetretenen Forderung und dem erzielten Verkaufserlös ist bei der A-GmbH bilanzsteuerrechtlich nicht zu erfassen. Gleichwohl ist dieser Differenzbetrag abzgl. Risikoprämie i.H.v. 290.000 € nach § 8 Nr. 1 Buchst. a S. 3 GewStG bei der Ermittlung des Hinzurechnungsbetrages zu erfassen, und zwar linear verteilt auf die Restlaufzeit des schwebenden Vertrags (hier auf die Jahre 18–26). Im Jahr 17 ist, da der Verkauf erst am 31.12.17 erfolgte, insoweit keine Hinzurechnung vorzunehmen.

Hinweis: In diesem Zusammenhang kommt der Rspr. des BFH (zum alten Recht) aktuelle Bedeutung zu. Für einen in der Praxis wichtigen Fall der **Leasing-Forfaitierung** (entgeltliche Abtretung der Ansprüche des Leasinggebers gegen den Leasingnehmer an einen Dritten) hat der BFH am 08.11.2000 (BStBl II 2001, 722) entschieden, dass es sich dabei grundsätzlich um einen Kauf handelt, der eine Behandlung als Dauerschuld ausschließt. Für den Fall allerdings, dass das sog. Bonitätsrisiko der Forderung beim Leasinggeber verbleibe (»Forfaitierung von

---

40 Zur bilanz- und gewerbesteuerrechtlichen Behandlung der Forfaitierung von Forderungen aus Leasing-Verträgen s. auch BMF vom 09.01.1996, BStBl I 1996, 9.

Restwertforderungen aus Teilamortisations-Leasingverträgen«), läge eine (Dauer-)Schuld mit der Konsequenz des § 8 Nr. 1 GewStG vor (vgl. hierzu auch den Erlass vom 27.11.2009 (BStBl I 2009, 1595).

Einen Sonderfall hatte der BFH im Rahmen von sog. Asset-Backed-Securities-Modellen (ABS) zu entscheiden. Hier hatten StPfl. versucht, die gewerbesteuerliche Hinzurechnung (für Dauerschulden bei Forderungsverkäufen) zu vermeiden. Dem ist der BFH mit Urteil vom 26.08.2010 (BFH/NV 2011, 143) entgegengetreten. Demnach verbleibt das wirtschaftliche Eigentum an einer Forderung im Rahmen eines ABS beim Forderungsverkäufer, wenn er das Bonitätsrisiko (weiterhin) trägt. Dies ist der Fall, wenn der Forderungskäufer bei der Kaufpreisbemessung einen Risikoeinbehalt vornimmt, der den erwartbaren Forderungsausfall deutlich übersteigt, aber nach Maßgabe des tatsächlichen Forderungseingangs erstattungsfähig ist. Ist das wirtschaftliche Eigentum nach dieser Maßgabe beim Forderungsverkäufer verblieben, stellen die an den Forderungskäufer geleisteten »Gebühren« Entgelte für Schulden i.S.d. § 8 Nr. 1 GewStG (a.F.) dar, wenn der Vorfinanzierungsbetrag dem Forderungsverkäufer für mindestens ein Jahr zur Verfügung steht.

4. Behandlung der Kreditinstitute und gleichgestellter Unternehmen (§ 19 GewStDV)

Kreditinstitute und diesen gleichgestellte Gewerbebetriebe, bleiben auch unter den neuen Hinzurechnungsbestimmungen **begünstigt** (§§ 35c GewStG, 19 GewStDV; sog. Bankenprivileg). Die faktische **Freistellung von der Hinzurechnung** der Finanzierungsentgelte für **Kreditinstitute** nach § 19 GewStDV ist durch das JStG 2009 auf andere Finanzdienstleister (Factoring- und Finanzleasingunternehmen) erweitert worden (§ 19 Abs. 3 GewStDV). Grundvoraussetzung für die Annahme eines »Kreditinstituts« i.S.d. § 35c Abs. 1 Nr. 2 Buchst. e GewStG ist, dass es sich um ein im Wesentlichen am Geld- und Kreditverkehr und damit an den eigentlichen Bankgeschäften ausgerichtetes Unternehmen handelt (BFH vom 06.12.2016, DB 2017, 824). Zu Anwendungsfragen vgl. auch R 8.8 und 8.9 GewStR sowie den Erlass vom 27.11.2009 (BStBl I 2009, 1595) zur Abgrenzung von Hilfs- und Nebengeschäften zu Finanzdienstleistungsgeschäften zu anderen Geschäften bei Leasing- und Factoringunternehmen.

5. »Verrechnungsmöglichkeiten«

Grundsätzlich können Zinserträge und Zinsaufwendungen für Zwecke des § 8 Nr. 1 Buchst. a GewStG nicht saldiert werden. Die Verwaltung und die Rechtsprechung lassen jedoch Ausnahmen zu:

- Eine **Verrechnung** von Entgelten für Schulden mit erhaltenen Erstattungen und Zuschüssen ist ausnahmsweise zulässig, wenn zwischen Aufwand und Zufluss ein ursächlicher Zusammenhang (für einen bestimmten Kredit) besteht (H 8.1 Abs. 1 GewStH Stichwort »Verrechnung von Entgelten für Schulden mit erhaltenen Erstattungen«).
- Eine **Saldierung** einer Schuld mit einem Guthaben bei demselben Kreditgeber kann nur im Ausnahmefall bei Einheitlichkeit, Regelmäßigkeit oder gleichbleibender Zweckbestimmung der Kreditgeschäfte, bei regelmäßiger Verrechnung der Konten oder dann in Betracht kommen, wenn der über ein Konto gewährte Kredit jeweils zur Abdeckung der aus dem anderen Konto ausgewiesenen Schuld verwendet wird.

6. Auswirkungen der Zinsschranke

Der nach **§ 4h Abs. 1 EStG** bzw. § 8a KStG nicht abziehbare Zinsaufwand hat den Gewinn aus Gewerbebetrieb nicht verringert und ist deshalb der gewerbesteuerlichen Bemessungsgrundlage nicht nach § 8 Nr. 1 Buchst. a GewStG hinzuzurechnen. Zinsaufwendungen, die den Gewinn aus Gewerbebetrieb reduziert haben, sind nach § 8 Nr. 1 Buchst. a GewStG aber auch dann hinzuzurechnen, wenn sie nicht im Erhebungszeitraum angefallen sind, sondern aus einem **Zinsvortrag** i.S.v. § 4h Abs. 1 S. 2 EStG stammen.[41]

2.2.2 Renten und dauernde Lasten (§ 8 Nr. 1 Buchst. b GewStG)

Gem. § 8 Nr. 1 Buchst. b GewStG sind ab dem EZ 2008 die Aufwendungen für betriebliche Renten und dauernde Lasten[42] – unabhängig von der gewerbesteuerlichen Behandlung beim Empfänger – dem Gewinn hinzuzurechnen. Ausgenommen bleiben (nach dem Gesetzeswortlaut) nur Pensionszahlungen, die aufgrund einer unmittelbar vom AG erteilten Versorgungszusage geleistet werden (§ 8 Nr. 1 Buchst. b S. 2 GewStG). Das Gleiche soll nach Verwaltungsauffassung auch für Aufwendungen des AG oder eines nach § 17 Abs. 1 S. 2 BetrAVG Verpflichteten für Zusagen über eine Direktversicherung, eine Pensionskasse, einen Pensionsfonds oder eine Unterstützungskasse gelten (LE Rn. 27).[43]

Beispiel 3:
Der GF G erwirbt am 01.01.16 den Gewerbebetrieb des C(hefs) gegen eine betriebliche Veräußerungsrente. Der versicherungsmathematische Barwert der Rentenverpflichtung soll aufgrund besonderer Umstände betragen:
- zum 01.01.16: 300.000 €,
- zum 31.12.16: 278.000 € und
- zum 30.12.17: 258.000 €.

Zum 31.12.17 wird die Rentenverpflichtung aufgelöst (Stand: 0 €).
Zum 01.01.17 muss G aus Krankheitsgründen den Betrieb an seinen Prokuristen P weiter veräußern, der die Rentenverpflichtung übernimmt.
Die monatlichen Rentenzahlungen i.H.v. 4.000 € haben G/P als Aufwand gebucht, während die Verminderung des Rentenbarwertes erfolgswirksam behandelt wird.
Der Grund für den späteren endgültigen Wegfall der Rentenverpflichtung an Silvester 17 war der plötzliche Tod des C aufgrund übermäßigen Alkoholgenusses.

Lösung:
1. **Hinzurechnung bei G in 16:**
   - Die Hinzurechnung kann nur in Höhe der Differenz zwischen Rentenzahlung und Barwertminderung vorgenommen werden, da sich die Rentenzahlungen auch nur in dieser Höhe bei der Gewinnermittlung nach § 7 GewStG ausgewirkt haben (BFH vom 18.01.2001, BStBl II 2001, 687). Dem Aufwand von 48.000 € (laufende Rentenzahlung) steht die ertragswirksame Auflösung der Rentenverbindlichkeit i.H.v. 22.000 € gegenüber, so dass sich ein Hinzurechnungssaldo für G in 16 gem. § 8 Nr. 1 Buchst. b GewStG von 26.000 € ergibt (vgl. R 8.1 Abs. 2 GewStR).
2. **Hinzurechnung bei P in 17:**
   - Durch den Unternehmerwechsel ist P ab 01.01.17 gem. §§ 5 Abs. 2 S. 2, 2 Abs. 5 S. 2 GewStG Schuldner der GewSt geworden.

---

[41] Soweit der Abzug betrieblicher Schuldzinsen aufgrund § 4 Abs. 4a EStG wegen sog. Überentnahmen versagt wurde, ist insoweit ebenfalls keine Hinzurechnung vorzunehmen.
[42] Zur Abgrenzung zu privaten Versorgungsrenten s. H 8.1 Abs. 2 GewStH Stichwort »Abgrenzung zu privaten Versorgungsrechten«; Erbbauzinsen gelten nicht als dauernde Lasten, s. Kap 2.2.7.
[43] Zum Begriff der Renten und dauernden Lasten s. Kap. A V 1.6.2.

- Die Differenz aus dem ordentlichen Vorgang zur Erfassung der Rentenverpflichtung beträgt in 17 nunmehr 28.000 € (48.000 € ./. 20.000 €), die grundsätzlich hinzugerechnet wird.
- Vor der Gesetzesänderung war umstritten, ob die Hinzurechnung auch dann greift, wenn die Rentenverpflichtung auf einem früheren Erwerbsvorgang beruht und ein späterer Erwerber des Betriebs die von seinem Rechtsvorgänger eingegangene Verpflichtung übernimmt (bejahend BFH vom 18.01.2001, BStBl II 2001, 687). Nach Wegfall des Tatbestandsmerkmals »die wirtschaftlich mit […] dem Erwerb des Betriebs zusammenhängen« ist diese Streitfrage aber obsolet (LE Rn. 25). Dies führt im Ergebnis bei P in 17 zur Hinzurechnung von 28 T€. Der sonstige betriebliche Ertrag, der am 31.12.17 durch den Wegfall der Rentenverbindlichkeit i.H.v. 258 T€ verbucht wird, berührt gem. R 8.1 Abs. 2 GewStR das Hinzurechnungsergebnis nicht.

Hinweis: Die Erhöhung der Rentenverpflichtung aufgrund einer sog. Wertanpassungsklausel muss ebenfalls hinzugerechnet werden, soweit sie den Gewinn gemindert hat; ausgenommen ist aber der Aufwand, der durch die Erhöhung des Passivpostens für die Verpflichtung entsteht (BFH vom 12.11.1975, BStBl II 1976, 297; H 8.1 Abs. 2 GewStH Stichwort »Wertsicherungsklausel«).

2.2.3 Gewinnanteile des stillen Gesellschafters (§ 8 Nr. 1 Buchst. c GewStG)

Die Gewinnanteile des typisch stillen G'fters werden bei der Gewinnermittlung des Inhabers des Handelsgewerbes als BA abgezogen und sodann nach § 8 Nr. 1 Buchst. c GewStG beim Gewerbeertrag wieder hinzugerechnet.

Die Hinzurechnung erfolgt unabhängig von der gewerbesteuerlichen Behandlung beim Empfänger.

Hier findet eine Gleichbehandlung zwischen dem typisch stillen G'fter und dem atypisch stillen G'fter statt, dessen Ertrag gem. § 7 GewStG bereits bei der Gewinnermittlung der Mitunternehmerschaft berücksichtigt wird und folglich nicht mehr hinzuzurechnen ist (H 8.1 Abs. 3 GewStG Stichwort »Atypisch stille Gesellschaften«).[44]

Der Begriff des stillen G'fters i.S.d. § 8 Nr. 1 Buchst. c GewStG geht insofern über den handelsrechtlichen (und den einkommensteuerrechtlichen) Begriff hinaus, als nicht die Beteiligung an einem Handelsgewerbe erforderlich ist, sondern die Beteiligung an einem Gewerbe schlechthin genügt, für die laut Vereinbarung der Vertragspartner die Vorschriften der §§ 230 ff. HGB gelten sollen (R 8.1 Abs. 3 S. 1 GewStR).

Beispiel 4: Der variable Stille
A beteiligt sich bzw. erzielt am MU-Anteil des B
- einen Verlustanteil aus seiner stillen Beteiligung
- nach Beendigung der stillen Gesellschaft eine gewinnabhängige Vergütung für das abgelaufene Geschäftsjahr.

---

[44] Folgerichtig erfolgt auf Ebene des atypisch stillen G'fters eine Hinzurechnung eines Verlustanteils nach § 8 Nr. 8 GewStG bzw. eine Kürzung eines Gewinnanteils nach § 9 Nr. 2 GewStG.

Lösung:
- Auch die Gewinnanteile des stillen G'fters eines MU (Unterbeteiligten) unterliegen der Hinzurechnung (H 8.1 Abs. 3 GewStH Stichwort »Stille Beteiligung an einem Mitunternehmeranteil«).
- Bei der Ermittlung der Summe der nach § 8 Nr. 1 GewStG hinzuzurechnenden Finanzierungsanteile ist auch ein Verlustanteil des stillen G'fters zu berücksichtigen. Wird diese Summe insgesamt negativ, ist nach dem Urteil des BFH vom 01.10.2015 (BFH/NV 2016, 145) entgegen R 8.1 Abs. 3.5.3 GewStR eine negative Hinzurechnung geboten. Der Freibetrag bleibt insoweit unberücksichtigt, sodass auch ein negativer Saldo bis zu −100.000 € in jedem Fall mit 25 % hinzuzurechnen ist (BFH vom 28.01.2016, BFH/NV 2016, 1158).
- Der Bezug nach Ende der stillen Gesellschaft ist ebenfalls Gegenstand der Hinzurechnung (H 8.1 Abs. 3 GewStH Stichwort »Gewinnabhängige Bezüge nach Beendigung des stillen Gesellschaftsverhältnisses«).

In gleicher Weise sind gem. § 8 Nr. 4 GewStG die Gewinnanteile, die an die Komplementäre einer KGaA auf ihre nicht auf das Grundkapital gemachten Einlagen oder als Vergütung (Tantiemen) für die Geschäftsführung verteilt worden sind, wieder dem Gewinn aus Gewerbebetrieb hinzuzurechnen. (R 8.2 GewStR und H 8.2 GewStH Stichwort »Allgemeines«). Eine solche Hinzurechnung unterbleibt auch dann nicht, wenn es sich um eine Sondervergütung auf schuldrechtlicher Grundlage handelt oder der Komplementär eine KapG ist, welche die ihr obliegende Geschäftsführung der KGaA nur durch ihre eigenen Organe wahrnehmen lassen kann und die sich die Aufwendungen für diese Organe von der KGaA erstatten lässt (BFH vom 06.10.2009, BFH/NV 2010, 462).

2.2.4 Hinzurechnung von Miet- und Pachtzinsen (§ 8 Nr. 1 Buchst. d und e GewStG)

Gegenstand der Hinzurechnungen nach § 8 Nr. 1 Buchst. d und e GewStG sind Miet- und Pachtzinsen im Sinne des bürgerlichen Rechts (§§ 535 ff. BGB). Dem Gewinn aus Gewerbebetrieb werden hiernach – unabhängig von der steuerlichen Behandlung beim Empfänger und ohne Beschränkung auf bestimmte WG – ein Fünftel der Miet- und Pachtzinsen (einschließlich Leasingraten) für die Benutzung von beweglichen Wirtschaftsgütern des Anlagevermögens, die im Eigentum eines anderen stehen, und die Hälfte entsprechender Zahlungen für die Benutzung von unbeweglichen Wirtschaftsgütern hinzugerechnet.

Der konkrete Vertrag (der grundsätzlich nach deutschem Recht zu beurteilen ist, BFH vom 27.11.1975, BStBl II 1976, 220) muss seinem wesentlichen Gehalt nach als **Miet- und Pachtvertrag** im Sinne des BGB einzuordnen sein (BFH vom 31.07.1985, BStBl II 1986, 304). Die Einordnung unter diese Vertragstypen ist immer dann ausgeschlossen, wenn der Vertrag wesentliche miet- oder pachtfremde Elemente enthält, die ihn einem anderen Vertragstyp zuordnen oder zu einer anderen Einordnung als Vertrag eigener Art führen (BFH vom 15.06.1983, BStBl II 1984, 17). Sind allerdings die Hauptpflichten in einem einheitlichen Vertrag trennbar und enthält ein solcher Vertrag miet- oder pachtvertragliche Hauptpflichten, kommt insoweit eine Hinzurechnung in Betracht.

Unter **Miet- und Pachtzinsen** sind nicht nur Barleistungen, sondern alle Entgelte zu verstehen, die der Mieter/Pächter für den Gebrauch oder die Nutzung des Gegenstandes an den Vermieter/Verpächter zu zahlen hat. Insb. gehören hierzu auch die Aufwendungen des Mieters/Pächters für die Instandsetzung, Instandhaltung und Versicherung des Miet- oder

Pachtgegenstandes, die er über seine gesetzliche Verpflichtung nach bürgerlichem Recht hinaus (§§ 582 ff. BGB) auf Grundlage vertraglicher Verpflichtungen übernommen hat; nicht hinzuzurechnen sind aber grundsätzlich reine Betriebskosten wie Wasser, Strom, Heizung (weitere Beispiele: LE Rn. 29–29e).

Hinweis: Bei der Hinzurechnung von 50 % der Miet- und Pachtzahlungen für unbewegliche WG und 20 % für bewegliche WG handelt es sich um die im Gesamtaufwand enthaltenen Zinsanteile. Die Zinsanteile werden im GewStG in pauschalierter Höhe festgesetzt. Bei der Pauschalierung unterstellt der Gesetzgeber, dass die in den Miet- und Pachtzinsen enthaltenen Zinsanteile vom Umfang des Wertverzehrs des überlassenen WG abhängen und über die gesamte Vertragslaufzeit konstant bleiben. Je höher der gebrauchsbedingte Wertverlust ist, desto geringer ist der im Nutzungsentgelt enthaltene Zinsanteil.

Bei der Pauschalierung der Zinsanteile unterscheidet der Gesetzgeber zwischen **unbeweglichen und beweglichen WG**. Bei den Mobilien unterstellt er, dass ihr Wertverzehr wesentlich höher ist als der eines unbeweglichen WG. Mit den in den Nutzungsentgelten enthaltenen Zinsanteilen verhält es sich umgekehrt. Bei diesen geht der Gesetzgeber davon aus, dass sie bei Mobilien deutlich niedriger sind als bei Immobilien.

Eine Hinzurechnung von Miet- und Pachtzinsen sowie Leasingraten erfolgt nur bei solchen WG, die zum Anlagevermögen des Mieters/Pächter/Leasingnehmers gehören würden, wenn dieser der wirtschaftliche Eigentümer des betreffenden WG wäre (**fiktives Anlagevermögen**). Die Frage der Eigenschaft als Anlagevermögen ist somit auf der Grundlage einer fingierten Eigentümerstellung des Mieters zu beantworten (BFH vom 04.06.2014, BStBl II 2015, 289). Es ist zu fragen, ob das betreffende WG dann, wenn es im Eigentum des StPfl. stünde, zu dessen Anlagevermögen gehören würde. Das Tatbestandsmerkmal des Anlagevermögens ist dabei nach allgemeinen ertragsteuerrechtlichen Grundsätzen zu bestimmen (BFH vom 08.12.2016, DStR 2017, 1112). Eine Zuordnung zum Anlagevermögen scheidet daher bei einer Zuordnung zum (fiktiven) Umlaufvermögen aus, d.h. wenn diese WG entweder zum Verbrauch oder zur sofortigen Veräußerung angeschafft worden wären.

Nach einer Entscheidung des FG München vom 08.06.2015 (EFG 2015, 1835) seien auch die von einer Durchführungsgesellschaft angemieteten Messehallen bzw. Ausstellungsflächen fiktives Anlagevermögen, da diese Flächen nicht zum Verbrauch oder zur Weiterveräußerung bestimmt waren. Sie würden zum ständigen Gebrauch für die Unternehmenszwecke vorgehalten. Dabei stand der Zuordnung zum Anlagevermögen nicht entgegen, dass die Mieterin diese WG nur wenige Tage im Jahr für die Dauer der jeweiligen Messe tatsächlich benutzt hätte, wenn sie in ihrem Eigentum gestanden hätte. Entscheidend sei nicht die tatsächliche Benutzung, sondern die Tatsache, dass die Gesellschaft die WG für den betrieblichen Gebrauch ständig hätte vorhalten müssen. Dem ist der BFH jedoch mit seiner Entscheidung vom 25.10.2016 (DStR 2017, 24) entgegengetreten, da die abzuleitende fiktionale Annahme von Anlagevermögen als Tatbestandsvoraussetzung den konkreten Geschäftsgegenstand des Unternehmens berücksichtigen muss und sich so weit wie möglich an den betrieblichen Verhältnissen des StPfl. orientieren muss. Die von der Durchführungsgesellschaft angemieteten Ausstellungsflächen existieren als solche jeweils nur im Zusammenhang mit einer konkreten Messe und sind daher flüchtig. Würde die Durchführungsgesellschaft die Flächen jeweils zu Eigentum erwerben, könnte ein Behalten der Flächen dem betrieblichen Gebrauch nicht auf Dauer dienlich sein. Anders ist dies aber bei einem Konzertveranstalter zu beurteilen, der verschiedene Veranstaltungsimmobilien jeweils kurzfristig angemietet hat (BFH vom

08.12.2016, a.a.O.). Solche Immobilien müsse ein Konzertveranstalter üblicherweise ständig für den Gebrauch in seinem Betrieb vorhalten, wenn er solche zu Eigentum erwerben würde. Konsequenterweise unterliegt daher auch die kurzfristige Hotelübernachtung nicht der Hinzurechnung, soweit diese nicht zur originären Tätigkeit des (anmietenden) Gewerbebetriebs gehört (LE Rn. 29b). Sie dient dem Geschäftszwecke regelmäßig nur mittelbar und ersetzt insoweit bei ihrem Nutzer kein eigenes Anlagevermögen, das dauernd dem Betrieb zu dienen bestimmt ist.[45]

Beispiel 5: Was ist das?
Der Pächter P pachtet von der Gemeinde G ein bebautes Fabrikgrundstück. P zahlt an die Gemeinde einen jährlichen Pachtzins von 250.000 €, wovon 1/5 auf mitverpachtete Betriebsvorrichtungen entfällt.

Hinweis: Die Abgrenzung von Grundbesitz und beweglichen WG des Anlagevermögens kann problematisch sein. Bei der Abgrenzung ist auf den Begriff des WG gem. § 4 EStG abzustellen (R 8.1 Abs. 4 S. 2 GewStR i.V.m. H 4.2 EStH Stichwort »Wirtschaftsgut«). Betriebsvorrichtungen, Scheinbestandteile i.S.d. § 95 Abs. 2 BGB, Schiffe und Flugzeuge sind bewegliche WG i.S.v. § 8 Nr. 1 Buchst. d GewStG (LE Rn. 31).

Lösung:
a) nach Buchst. d ist 1/5 der Miete für bewegliche WG hinzuzurechnen:
1/5 von 50.000 € =   10.000 €

b) 4/5 der Miete auf unbewegliche WG sind nach Buchst. e betroffen:
50 % von 200.000 € =   100.000 €

c) Gesamthinzurechnung: 110.000 €
davon 25 % (ohne Berücksichtigung des Freibetrags) =   27.500 €

Die Hinzurechnung der Miet- und Pachtzinsen ist nicht auf den Endmieter/-pächter beschränkt. Nach Rn. 29a der LE ist im Fall der Weitervermietung von Wirtschaftsgütern auf jeder Stufe der Überlassung eine Benutzung i.S.d. § 8 Nr. 1 Buchst. d bzw. e GewStG vorhanden. Bei diesen sog. Durchleitungsmietverhältnissen kommt eine Saldierung von Mietaufwendungen und Mieterträgen nicht in Betracht (BFH vom 04.06.2014, BStBl II 2015, 289 und vom 08.12.2016, DStR 2017, 1109). Kommt es aber zum Beispiel bei einer reinen Zwischenvermietungs-Zweckgesellschaft infolge der Hinzurechnungen zu einer hohen GewSt-Belastung, dürfte zumindest bei vollständigem Verbrauch des Vorsteuergewinns für die GewSt-Belastung ein Erlass der GewSt gem. § 227 AO wegen sachlicher Unbilligkeit in Betracht kommen.[46]

---

[45] Insoweit dürfte der BFH auch im Falle der Anmietung von Hotels bzw. Hotelzimmerkontingenten durch einen Reiseveranstalter von fiktivem Anlagevermögen ausgehen: FG Münster vom 04.02.2016, EFG 2016, 925; Revision beim BFH (Az.: I R 28/16).
[46] Der BFH ist hinsichtlich des GewSt-Erlasses restriktiv (BFH vom 04.06.2014, BStBl II 2015, 293).

2.2.5 Die (Sonder-)Behandlung von Erbbauzinsen

Erbbauzinsen sind rechtlich und wirtschaftlich ein Entgelt für die Nutzungsüberlassung eines Grundstücks (BFH vom 07.03.2007, BStBl II 2007, 654; H 8.1. Abs. 2 GewStH Stichwort »Erbbauzinsen«). Sie sind daher gewerbesteuerrechtlich wie Miet- und Pachtentgelte zu behandeln und unterliegen der Hinzurechnung nach § 8 Nr. 1 Buchst. e GewStG (LE Rn. 32). Wird aber ein Erbbaurecht an einem bebauten Grundstück bestellt, sind die Erbbauzinsen in folgende Bestandteile aufzuteilen (LE Rn. 32a): [47]

- anteiliger Erbbauzins für die Grundstücksüberlassung (Hinzurechnung nach § 8 Nr. 1 Buchst. e GewStG),
- Tilgungsanteil für die Übertragung der Bauwerke (keine Hinzurechnung),
- Zinsanteil für die Übertragung der Bauwerke (Hinzurechnung nach § 8 Nr. 1 Buchst. a GewStG), soweit nicht als Herstellungskosten aktiviert.

2.2.6 Lizenzgebühren (§ 8 Nr. 1 Buchst. f GewStG)

Bei einer zeitlich befristeten Überlassung von Rechten werden nach § 8 Nr. 1 Buchst. f GewStG 25 % der für diese Rechte entrichteten Entgelte dem Gewinn hinzugerechnet.

Hierunter sind Immaterialgüterrechte, also subjektive Rechte an unkörperlichen WG, zu verstehen, denen bereits unabhängig vom jeweiligen Überlassungsverhältnis ein eigenständiger (selbständiger) Vermögenswert beizumessen ist und an denen eine geschützte Rechtsposition besteht, die mithin eine Nutzungsbefugnis und entsprechende Abwehrrechte enthalten (BFH vom 31.01.2012, BFH/NV 2012, 996; LE Rn. 33). Diese Rechte können auch durch die öffentliche Hand überlassen werden (LE Rn. 35).

Von der Norm sind insb. umfasst:

- Konzessionen (z.B. Glücksspiellizenzen oder Verschmutzungsrechte),
- gewerbliche Schutzrechte (z.B. Patente, Markenrecht oder Urheberrechte) und
- Namensrechte.

Auch die zeitlich befristete Überlassung von Software ist erfasst, wenn die Überlassung das Recht auf Nutzung einräumt und der Überlassende eine geschützte Rechtsposition an diesem Recht hat (LE Rn. 30).[48]

Nicht erfasst werden hingegen:

- Ungeschützte Erfindungen,
- Know-how,
- Firmenwert,
- Kundenstamm,
- Entgelte für die Nutzung von Systemen zur Erfüllung der Verpflichtungen nach der Verpackungsverordnung (insb. »Grüner Punkt«; LE Rn. 34),
- (Straßen-)Maut,

---

47 Für § 8 Nr. 1 GewStG a.F. bestätigt durch BFH vom 18.03.2009, BStBl II 2010, 560.
48 Umstritten ist, ob auch Aufwendungen für EDV-Dienstleistungen – wie z.B. die bloße Nutzung eines vollelektronischen Handelssystems – erfasst werden (ablehnend FG Köln vom 16.06.2016, 13 K 1014/13; Az. beim BFH I R 55/16).

- Rundfunkbeitrag,
- Aufwendungen, die nach § 25 des Künstlersozialversicherungsgesetzes Bemessungsgrundlage für die Künstlersozialabgabe sind (§ 8 Nr. 1 Buchst. f S. 2 GewStG),
- Grundwasserentnahmeentgelte und Straßensondernutzungsgebühren (FG Berlin-Brandenburg vom 14.02.2017, 6 K 6104/15).

Hinweis: Nach § 8 Nr. 1 Buchst. f S. 1 a.E. GewStG sind aber solche Lizenzen ausgenommen, die ausschließlich zur Weiterüberlassung daraus abgeleiteter Rechte berechtigen (sog. Zwischenlizenzen). Die Voraussetzungen für das Vorliegen solcher »Vertriebslizenzen oder Durchleitungsrechte« regelt der LE in den Rn. 40–42.

Eine zeitlich befristete Überlassung liegt auch dann vor, wenn bei Abschluss des Vertrages noch ungewiss ist, ob und wann die Überlassung endet (vgl. BFH vom 07.12.1977, BStBl II 1978, 355). Eine Überlassung liegt nicht mehr vor, wenn bei wirtschaftlicher Betrachtungsweise ein Übergang des wirtschaftlichen Eigentums anzunehmen ist. Dies gilt auch für Lizenzen im Bereich von Forschung und Entwicklung. Maßgebend sind die Verhältnisse im Einzelfall (LE Rn. 37). Umgekehrt kann eine Hinzurechnung nicht allein dadurch vermieden werden, dass einzelne Rechte nur für kurze Zeit überlassen werden (LE Rn. 33).

2.2.7 Abgrenzung zwischen Nutzungsüberlassung und Übergang des wirtschaftlichen Eigentums

Eine Hinzurechnung von Mieten, Pachten oder Aufwendungen für die Überlassung von Rechten nach § 8 Nr. 1 Buchst. d bis f GewStG setzt grundsätzlich eine Überlassung zur Nutzung voraus. Daher kommt eine Hinzurechnung insoweit nicht in Betracht, soweit die Nutzungsvereinbarung als Übergang des wirtschaftlichen Eigentums an dem genutzten WG anzusehen bzw. bei Vertragsabschluss zu erwarten ist, dass sich das Recht über den Nutzungszeitraum wirtschaftlich verbraucht und danach wertlos ist. Dieser ist nach allgemeinen bilanzsteuerlichen Grundsätzen zu behandeln, und soweit für einen Kaufpreis eine Verbindlichkeit zu passivieren ist, ist nur der in der Rate enthaltene Zinsanteil nach den Grundsätzen des § 8 Nr. 1 Buchst. a GewStG hinzuzurechnen. Entsprechendes gilt hinsichtlich des Übergangs des wirtschaftlichen Eigentums in Leasingfällen entsprechend BMF vom 19.04.1971 (BStBl I 1971, 246), vom 21.03.1972 (BStBl I 1972, 188), vom 22.12.1975 (DB 1976, 172) und vom 23.12.1991 (BStBl I 1992, 13).[49]

2.2.8 Freibetrag

Die (positive) Summe der in § 8 Nr. 1 Buchst. a bis f GewStG bezeichneten Zinsen und Zinsanteile ist um einen Freibetrag i.H.v. 100.000 € zu kürzen. Diese um den Freibetrag verminderte Summe ist Ausgangsgröße für die Anwendung des Faktors von 25 %.

- Die Betragsgrenze für die Hinzurechnung von 100.000 € ist im Fall einer negativen Summe der hinzuzurechnenden Finanzierungsanteile nicht spiegelbildlich anzuwenden (BFH vom 28.01.2016, BFH/NV 2016, 1110).

---

49 Zu diesen sog. Leasingerlassen s. auch Band 2, Teil A, Kap II 1.5.

- Dieser Freibetrag ist betriebsbezogen zu gewähren, sodass bei einem Wechsel der Steuerschuldnerschaft zwischen Einzelunternehmen und PersG oder umgekehrt, der Freibetrag bei der Ermittlung des maßgeblichen Hinzurechnungsbetrages nach § 8 Nr. 1 GewStG jedem der Steuerschuldner entsprechend der Dauer seiner persönlichen Steuerpflicht zeitanteilig zu gewähren ist (vgl. R 8.1 Abs. 6 GewStR).

Enden aufgrund einer Umstellung des Wj. in einem EZ zwei Wj., ist für jedes dieser Wj. ein Gewinn zu ermitteln, der sich jeweils um Hinzurechnungen nach § 8 GewStG erhöht, dabei ist auch der volle Freibetrag für jedes Wj. zu gewähren (LE Rn. 47). Anders im Falle der Abwicklung einer KapG. In diesem Fall ist der Gewerbeertrag nach § 16 GewStDV insgesamt für den gesamten Abwicklungszeitraum zu ermitteln und sodann auf die Jahre dieses Zeitraums zu verteilen. Dies hat zur Folge, dass der Freibetrag nur einmal gewährt werden kann. Dies gilt entsprechend für alle Gewerbebetriebe, wenn über das Vermögen des Unternehmens ein Insolvenzverfahren eröffnet worden ist.

Beispiel 6:
Die in Hamburg ansässige G-GmbH erzielt in 17 einen Gewinn vor Steuern von 1 Mio. €, der bereits durch Mietzahlungen für das Betriebsgrundstück (600.000 €) und Zinsen für ein Bankdarlehen (200.000 €) gemindert ist.

Lösung:

		€
Gewinn vor Steuern		1.000.000
Hinzurechnungen		
+ Hälfte der Mietzahlungen	300.000	
+ Zinsen	200.000	
	500.000	
./. Freibetrag	./. 100.000	
davon 25 %	400.000	100.000
Bemessungsgrundlage der GewSt		1.100.000
Bemessungsgrundlage der GewSt	1.100.000	
x Messbetrag (3,5 %)	38.500	
x Hebesatz (470 %) = GewSt	180.950	./. 180.950
Gewinn nach GewSt		819.050
./. KSt (15 %) vom Gewinn vor Steuern		./. 150.000
./. SolZ (5,5 %)		./. 8.250
Gewinn nach Steuern		660.800
Steuern insgesamt		339.200

2.3 (Teil-)Dividendenhinzurechnung (§ 8 Nr. 5 GewStG)

Nach § 7 S. 1 GewStG bleiben auch Dividenden und ähnliche Bezüge aus Kapitalanteilen bei der GewSt außer Ansatz, soweit sie bei der ESt nach § 3 Nr. 40 EStG oder bei der KSt nach § 8b KStG steuerfrei gestellt sind. Die Regelung des § 8 Nr. 5 GewStG macht diese Freistellung rückgängig, indem die nach § 3 Nr. 40 EStG oder nach § 8b Abs. 1 KStG (teilweise) außer Ansatz bleibenden Dividenden oder die diesen gleichgestellten Bezügen aus

Anteilen an einer Körperschaft dem Gewerbeertrag hinzuzurechnen sind. Gleichzeitig sind die steuerfreien Einnahmen noch vor ihrer Hinzurechnung um die mit ihnen zusammenhängenden Betriebsausgaben zu kürzen. Insoweit bleiben die Abzugsverbote des § 3c Abs. 2 EStG und des § 8b Abs. 5 KStG unberücksichtigt.

Liegen aber zu Beginn des EZ die Voraussetzungen des Schachtelprivilegs nach § 9 Nr. 2a oder 7 GewStG vor (Beteiligung von mehr als 15 %), findet § 8 Nr. 5 GewStG keine Anwendung. Für zugeflossene Gewinnanteile nach dem 28.02.2013 (vgl. § 34 Abs. 7a S. 2 KStG) ist die Neuregelung des § 8b Abs. 4 KStG zu beachten. Liegt eine sog. Streubesitzbeteiligung von weniger als 10 % vor, findet § 8b Abs. 1 KStG keine Anwendung, so dass diese Bezüge voll steuerpflichtig sind und insoweit eine Hinzurechnung nach § 8 Nr. 5 GewStG nicht erfolgt.

	Überblick über die gewerbesteuerliche Behandlung von Gewinnausschüttungen inländischer Kapitalgesellschaften an ...			
	Einzelunternehmen	KapG		PersG
		Bet. > 10 %	Bet. < 10 % zum 1.1. des EZ	
1. Stufe: enthalten im Gewinn aus Gewerbebetrieb zu ... (§ 7 GewStG)	60 % § 3 Nr. 40 EStG	i.E. 5 % § 8b Abs. 1 und 5 KStG	100 % § 8b Abs. 4 KStG	Erfassung richtet sich nach der Rechtsform der Mitunternehmer (§ 7 S. 4 GewStG) ←
2. Stufe: Beteiligung zu Beginn des EZ ...				
a) mindestens 15 %	Kürzung 60 % § 9 Nr. 2a GewStG	Keine Kürzung § 9 Nr. 2a S. 4 GewStG	Keine Anwendung von § 9 Nr. 2a GewStG	Mitunternehmerbezogene Kürzung je nach Rechtsform ←
b) weniger als 15 %	Hinzurechnung 40 % § 8 Nr. 5 GewStG	Hinzurechnung 95 % § 8 Nr. 5 GewStG	Keine Hinzurechnung, da bereits voll im Gewinn enthalten	Mitunternehmerbezogene Kürzung je nach Rechtsform ←

Hinweis: Gewinnanteile aus Anteilen an einer ausländische KapG, die neben § 8b Abs. 1 KStG auch zugleich nach Maßgabe eines sog. abkommensrechtlichen Schachtelprivilegs von der Bemessungsgrundlage ausgenommen werden, sind nicht nach § 8 Nr. 5 GewStG dem Gewinn aus Gewerbebetrieb hinzuzurechnen (BFH vom 23.06.2010, BStBl II 2011, 129).

2.4 Berücksichtigung von Gewinn- und Verlustanteilen aus Mitunternehmerschaften (§ 8 Nr. 8 GewStG i.V.m. § 9 Nr. 2 GewStG; s. auch § 8 Nr. 4 GewStG[50])

Die Hinzurechnung der dem gewerbesteuerpflichtigen G'fter zugewiesenen mitunternehmerischen Verlustanteile gem. § 8 Nr. 8 GewStG dient im Zusammenspiel mit der gegenläufigen Kürzung der mitunternehmerischen Gewinnanteile gem. § 9 Nr. 2 GewStG der Vermeidung einer gewerbesteuerlichen Doppelbelastung.

Der Grund liegt in der bereits erfolgten gewerbesteuerlichen Erfassung des Gewinnes einer Mitunternehmerschaft auf der Ebene dieser PersG (OHG/KG/GbR) als selbständigem GewSt-Subjekt gem. § 7 GewStG (i.V.m. § 5 Abs. 1 S. 3 GewStG), so dass für eine weitere Berücksichtigung auf G'fter-Ebene kein Platz ist.

Beispiel 7: Die eigenständige PersG im GewSt-Recht
Zum BV eines Einzelunternehmers E gehört eine 30%ige Beteiligung an der Y-OHG. Die OHG erzielt in 16 einen Gewinn von 100 T€ und in 17 einen Verlust von 30 T€. In den Bilanzen des E sind die Ergebnisse als Beteiligungserträge erfasst.

Lösung: Bei der GewSt-Erhebung des E wird der Ertrag des Jahres 16 um 30 T€ gekürzt (§ 9 Nr. 2 GewStG) und in 17 erfolgt eine Hinzurechnung um 9 T€ (§ 8 Nr. 8 GewStG).

2.5 Weitere Hinzurechnungstatbestände

Die weiteren Hinzurechnungstatbestände verstehen sich als Korrekturtatbestände zu vorrangigen ertragsteuerlichen Wertungen und zwar:

- **§ 8 Nr. 9** GewStG bezweckt die Korrektur der unterschiedlichen Behandlung der Spenden, die bei KapG den Gewinn nach § 9 Abs. 1 Nr. 2 KStG mindern und bei der ESt (§ 10b EStG) nur als SA abziehbar sind (vgl. auch R 8.5 GewStR). Diese Spenden sind daher nach § 8 Nr. 9 GewStG hinzuzurechnen und dann nur nach Maßgabe des § 9 Nr. 5 GewStG im Rahmen der Höchstbeträge wieder zu kürzen.[51]
- **§ 8 Nr. 10** GewStG versteht sich als »Ergänzung« zum gewerbesteuerlichen Schachtelprivileg gem. § 9 Nr. 2a, Nr. 7 und 8 GewStG und korrigiert etwaige Gewinnminderungen u.a. aufgrund von ausschüttungsbedingten Teilwertabschreibungen bei Beteiligungen an KapG.[52] Nach dem BFH-Urteil vom 23.09.2008 (BStBl II 2010, 301) sind (spätere) Teilwertzuschreibungen nach einer (vorherigen) ausschüttungsbedingten TW-Abschreibung auch dann im Gewerbeertrag des späteren (Zuschreibungs-)EZ zu erfassen, wenn die TW-Abschreibung im früheren EZ nach § 8 Nr. 10a GewStG hinzugerechnet wurde. Eine umgekehrte Anwendung der Hinzurechnungsvorschrift scheidet ebenfalls aus (BFH vom 07.09.2016, BFH/NV 2017, 485). Auch die Hinzurechnung nach § 8 Nr. 5 GewStG wird nicht um Teilwertabschreibungen auf Anteile, die dem Abzugsverbot des § 8b Abs. 3 KStG unterfallen, gemindert (BFH vom 11.07.2017, I R 88/15).

---
50 Nach § 8 Nr. 4 GewStG werden Gewinnanteile und Tantiemen für pers. haftende G'fter einer KGaA dem Gewinn hinzugerechnet. Die korrespondierende Kürzungsvorschrift für die Ebene des G'fters findet sich in § 9 Nr. 2b GewStG. Sie dient der Vermeidung einer Doppelbelastung.
51 S. auch Kap. III 3.4.
52 Zur (Nicht-)Anwendung der Norm im Organkreis s. BFH vom 09.12.2002, BFH/NV 2003, 493 m.w.N.

- Hinzugerechnet wird nach § 8 Nr. 12 GewStG die bei der Einkünfteermittlung abgezogene ausländische Steuer, soweit sie auf Gewinn oder Gewinnanteile entfällt, die bei der Ermittlung des Gewerbeertrags außer Ansatz gelassen oder nach § 9 GewStG gekürzt werden. Hierdurch wird vermieden, dass sich ausländische Steuern gewinnmindernd auswirken, obwohl die dazugehörigen Einkünfte im Gewerbeertrag nicht enthalten sind.

2.6 Übung[53]

Die Hotel-GmbH & Co KG (H-KG) betreibt in Köln das Hotel »Rheinblick«. Die H-KG ist mit Wirkung ab dem 01.01.2014 durch Formwechsel der Hotel-GmbH entstanden. Die Umwandlung erfolgte gem. § 9 UmwStG zu Buchwerten. Zum 31.12.2014 waren am Vermögen sowie am Gewinn und Verlust der H-KG laut Gesellschaftsvertrag folgende G'fter beteiligt:

- die Verwaltungs-GmbH als Komplementärin mit 10 %, G'fter der Verwaltungs-GmbH sind die Ehefrauen der Kommanditisten Moritz und Müller;
- Max Moritz (geboren am 20.03.1954) als Kommanditist mit 60 %;
- Peter Müller (geboren am 05.02.1959) als Kommanditist mit 30 %.

Mit notariell beurkundetem Schenkungsvertrag vom 22.12.2014 übertrug Max Moritz seinen Kommanditanteil zur Hälfte (bezogen auf die Vermögens- sowie Gewinn- und Verlustbeteiligung) auf seinen Sohn Franz Moritz (geboren 20.03.1980). Dem Vorgang wurde bislang in der Buchführung der H-KG lediglich dadurch Rechnung getragen, dass die Hälfte des Kapitals des Max Moritz auf das Kapitalkonto des Franz Moritz umgebucht wurde.

Das Hotelgrundstück sowie das Hotelgebäude (Bauantragstellung in 1990) befanden sich bis zu der Veräußerung in 2015 an Franz Moritz im Eigentum der Colonia-Grundstücks-GmbH, die dieses Grundstück an die H-KG vermietete. Die H-KG zahlte an die Colonia-Grundstücks-GmbH eine monatliche Miete von 15.000 €. Mit notariell beurkundetem Kaufvertrag vom 29.09.2015 erwarb Franz Moritz das bebaute Grundstück (der zuletzt festgestellte Einheitswert beträgt 90.000 €) zu einem Kaufpreis von 800.000 €. Davon entfallen 100.000 € auf den Grund und Boden sowie 700.000 € auf das Gebäude. Die Eintragung des Eigentümerwechsels im Grundbuch erfolgte am 03.12.2015. Besitz, Nutzen und Lasten gingen vereinbarungsgemäß nach Zahlung des Kaufpreises am 01.11.2015 auf Franz Moritz über. Die H-KG zahlte dementsprechend die monatliche Miete in gleicher Höhe wie zuvor an die Colonia-Grundstücks-GmbH ab November 2015 auf ein privates Konto des Franz Moritz.

Franz Moritz finanzierte den Kaufpreis zum Teil mit Eigenmitteln aus einer Erbschaft und zum überwiegenden Teil mit einem Darlehen der Stadtsparkasse Köln i.H.v. 600.000 €, für das Zinsen i.H.v. 5 % jährlich zu zahlen sind. Die von Franz Moritz in 2015 für dieses Jahr von seinem privaten Konto gezahlten Zinsen betragen 5.000 €. Außerdem zahlte er im Zusammenhang mit der Darlehensgewährung Verwaltungs- und Bearbeitungskosten i.H.v. 2.000 € sowie 1.500 € für die Eintragung einer Hypothek im Grundbuch. Laufende Grundstückskosten fallen für Franz Moritz in 2015 i.H.v. 6.000 € an.

Die H-KG ist zu 12 % an der Hotelwäsche-Service-GmbH beteiligt. Aus dieser Beteiligung erhält sie in 2015 eine Gewinnausschüttung für 2015 i.H.v. 10.000 € brutto. Nach Einbe-

---

53 Auszug aus der Steuerberaterprüfung 2010, verkürzte und aktualisierte Darstellung.

halt der Kapitalertragsteuer i.H.v. 2.500 € überweist die GmbH den Betrag von 7.500 € am 09.06.2015 auf das Geschäftskonto der H-KG (Erfassung in der GuV mit 7.500 €).

Mit der Städtetouristik-GmbH hat die H-KG in 2014 einen bis zum 31.12.2016 befristeten Vertrag abgeschlossen. Danach ist die H-KG verpflichtet, der Städtetouristik-GmbH an jedem Wochenende ein bestimmtes Zimmerkontingent zur Verfügung zu stellen. Als Gegenleistung erhält die H-KG monatlich 5.000 €. Zu Beginn des Jahres 2015 plante die H-KG schrittweise die Zimmereinrichtungen zu modernisieren. Zur Finanzierung dieses Vorhabens hat sie mit der Stadtsparkasse Köln am 02.04.2015 folgende Vereinbarung getroffen: Die H-KG verkauft sämtliche Ansprüche aus dem Vertragsverhältnis mit der Städtetouristik-GmbH ab dem 01.05.2015 bis zum Ende der Laufzeit des Vertrags am 31.12.2016 an die Stadtsparkasse Köln und tritt sie mit sofortiger Wirkung ab. Das Ausfallrisiko geht auf die Stadtsparkasse Köln über. Der Kaufpreis für die Forderung beträgt 80.000 €. Von dem Differenzbetrag zum Nennwert der Forderung (100.000 €) entfallen nachweislich 4.000 € auf die Risikoübernahme. Die Stadtsparkasse Köln überweist den Betrag i.H.v. 80.000 € am 04.05.2015 auf das Geschäftskonto der H-KG.

Aufgabe:
Würdigen Sie den Fall unter den möglichen Hinzurechnungen nach § 8 GewStG. Übrige gewerbesteuerliche Tatbestände bleiben außer Ansatz.

Lösungsskizze:
Zu erfassen sind nach § 8 Nr. 1 GewStG zunächst die Entgelte für Schulden:

§ 8 Nr. 1 Buchst. a S. 1 GewStG:
Die Kontokorrentzinsen sind i.H.v. 20.000 € hinzuzurechnen. Anzusetzen sind ebenfalls die von Franz Moritz gezahlten Darlehenszinsen (5.000 €), da diese als Sonder-BA den Gewinn der H-KG gemindert haben.

Die Verwaltungs- und Bearbeitungskosten (zusammen 3.500 €) für die Eintragung der Hypothek sind keine Entgelte für Schulden und nicht hinzuzurechnen (R 8.1 Abs. 1 GewStR).

§ 8 Nr. 1 Buchst. a S. 3 GewStG:
Aus dem Forderungsverkauf an die Spk Köln ist bei der H-KG ein gewinnmindernder Zinsaufwand i.H.d. Differenz zwischen dem Nennwert der abgetretenen Forderung und dem erzielten Veräußerungserlös bilanzsteuerrechtlich nicht zu erfassen, da es sich um die Veräußerung einer Forderung aus einem schwebenden Geschäft handelt. Aufgrund der Fiktion des § 8 Nr. 1 Buchst. a S. 3 GewStG fällt jedoch der rechnerische Aufwand im Zuge der echten Forfaitierung von Ansprüchen aus schwebenden Geschäften unter die Hinzurechnung.

Anzusetzen ist die Differenz zwischen der Summe der zu erwartenden Raten, die der aus dem schwebenden Geschäft Verpflichtete (Städtetouristik-GmbH) über die Laufzeit zu zahlen hat (100.000 €), und dem vom Käufer der Ansprüche (Spk Köln) erhaltenen Erlös (LE Rn. 23). Der anzusetzende Aufwand beträgt somit 16.000 € (80.000 € + 4.000 € für die Risikoübernahme).

Der Erlös wird jedoch nicht im Zeitpunkt der Vereinnahmung in voller Höhe, sondern verteilt über die Restlaufzeit des schwebenden Vertragsverhältnisses berücksichtigt (BMF vom 09.01.1996, BStBl I 1996, 9). Entsprechend diesen Grundsätzen ist der fiktive Aufwand i.S.d. § 8 Nr. 1 Buchst. a S. 3 GewStG linear verteilt über die Restlaufzeit des schwebenden Vertrags (hier: vom 01.05.2015 bis 31.12.2016) bei der Ermittlung des Hinzurechnungsbetrages zu berücksichtigen (LE Rn. 21).

Vorliegend sind daher für 2015 (16.000 €/20 Monate x 8 Monate =) 6.400 € anzusetzen.

§ 8 Nr. 1 Buchst. d und e GewStG:
Die Mietzinsen für das Hotelgrundstück, die an die Grundstücks-GmbH gezahlt wurden, sind, gem. § 8 Nr. 1 Buchst. e GewStG mit 65 % (damaliger gesetzlich festgelegter Finanzierungsanteil) bei der Ermittlung des Hinzurechnungsbetrages anzusetzen.

50 % von 150.000 €	75.000 €

Die Mietzahlungen an Franz Moritz sind hier nicht zu berücksichtigen, da sie als Sondervergütungen i.S.v. § 15 Abs. 1 S. 1 Nr. 2 EStG den Gewinn der H-KG nicht gemindert haben (§ 8 S. 1 GewStG; LE Rn. 2).

Der Finanzierungsanteil der für den Kleinbus gezahlten Leasingraten beträgt gem. § 8 Nr. 1 Buchst. d GewStG 20 %.

20 % von 10.000 €	2.000 €

Berechnung des Hinzurechnungsbetrags nach § 8 Nr. 1 GewStG:
Die BMG für den Freibetrag nach § 8 Nr. 1 GewStG (100.000 €) ist die Summe der sich zuvor ergebenden Finanzierungsanteile. Die Summe, vermindert um den Freibetrag ist Ausgangsgröße für die Anwendung des Faktors von 25 % (LE Rn. 44).

Berechnung hier:

§ 8 Nr. 1 Buchst. (...) GewStG	
a Satz 1:	25.000 €
a Satz 3:	6.400 €
d:	2.000 €
e:	75.000 €
Summe:	130.900 €
./. FB	100.000 €
Ausgangsgröße	8.400 €
Hiervon 25 % = Hinzurechnungsbetrag	**2.100 €**

Hinzurechnung nach § 8 Nr. 5 GewStG:
Zunächst sind die Auswirkungen der Gewinnausschüttung zu ermitteln:

Die Gewinnausschüttung der Hotelwäsche-Service-GmbH führt bei der H-KG zu Einkünften aus Gewerbebetrieb. Nach § 7 Abs. 1 GewStG ist die Gewinnausschüttung i.H.v. 10.000 € als Ausgangswert zu berücksichtigen, die KapESt darf nach § 12 Nr. 3 EStG nicht abgezogen werden.

§ 7 S. 4 GewStG ordnet bei PersG als Ergänzung zu § 7 S. 1 GewStG die Anwendung von § 8b KStG und von §§ 3 Nr. 40 und 3c EStG in Abhängigkeit von der Person des MU an. D.h. soweit die Gewinnausschüttung nach dem Gewinnverteilungsschlüssel natürlichen Personen zuzurechnen ist, findet das TEV nach § 3 Nr. 40 S. 1 Buchst. d, S. 2 EStG Anwendung. Hier ist die Ausschüttung der GmbH zu 90 % natürlichen Personen zuzurechnen. Dies sind 9.000 €, die mit 60 % = 5.400 € anzusetzen sind.

Soweit die Ausschüttung auf die Komplementär-GmbH entfällt (hier 1.000 €), ist sie im Ergebnis nach § 7 S. 4 GewStG i.V.m. § 8b Abs. 1, Abs. 5 KStG zu 95 % steuerbefreit. Anzusetzen sind 5 % als nichtabzugsfähige BA = 50 €.

Da in der GuV 7.500 € angesetzt wurden, ergibt sich per Saldo eine Gewinnminderung bzw. Minderung des Gewerbeertrages i.H.v. 2.050 €.

Die Beteiligung der H-KG mit 12 % an der Hotelwäsche-Service-GmbH erreicht nicht die Mindestbeteiligungsgrenze des § 9 Nr. 2a GewStG von 15 %. Daher greift hinsichtlich der Gewinnausschüttung die Hinzurechnung nach § 8 Nr. 5 GewStG. Demnach sind die nach §§ 3 Nr. 40 EStG, 8b KStG außer Ansatz bleibenden Gewinnanteile abzgl. der nach §§ 3c Abs. 2 EStG, 8b Abs. 5 KStG nicht abgezogenen BA dem Gewinn hinzuzurechnen:

Berechnung:

nach § 3 Nr. 40 EStG nicht angesetzt	3.600 €
nach § 8b KStG nicht angesetzt	1.000 €
./. Betrag nach § 8b Abs. 5 KStG	50 €
Hinzurechnungsbetrag	4.550 €

Erfasst werden hier nur Gewinnanteile aus Anteilen an KapG, nicht Gewinne aus der Anteilsveräußerung. Demzufolge bleibt der Gewinn von PM aus der anteiligen Veräußerung der Beteiligung an der GmbH außer Ansatz.

3 Die Kürzungen des § 9 GewStG

Die Summe des Gewinns aus Gewerbebetrieb und der Hinzurechnungen i.S.d. § 8 GewStG wird nach § 9 GewStG gekürzt. Einen ersten Überblick über § 9 GewStG vermittelt die nachfolgende Tabelle:

Übersicht über § 9 GewStG		
§ 9 (...) GewStG		Art der Kürzung
Nr. 1	S. 1	Einheitswertkürzung für Grundbesitz
	S. 2 ff.	Erweiterte Kürzung für Grundstücksunternehmen
Nr. 2		Ausländische Gewinnanteile an PersG o.ä. Gesellschaften mit MU-Status des G'fters
Nr. 2a		Kürzung um Gewinnanteile von inländischen KapG
Nr. 2b		Gewinnanteile eines G'fters an einer KGaA
Nr. 3		Teil des auf ausländische Betriebsstätten entfallenden Gewerbeertrages
Nr. 5		Spenden
Nr. 7		Kürzung um Gewinnanteile von ausländischen KapG
Nr. 8		Gewinnanteile aus ausländischen Gesellschaften aufgrund von DBA

3.1 Die Kürzung bei betrieblichem Grundbesitz (§ 9 Nr. 1 GewStG)

Die Kürzungsvorschrift des § 9 Nr. 1 GewStG kennt zwei Anwendungsfälle:

- Nach § 9 Nr. 1 S. 1 GewStG erfolgt eine Kürzung um 1,2 % des EW des zum BV gehörenden und nicht von der Grundsteuer befreiten Grundbesitzes des Unternehmers (**einfache Kürzung für betrieblichen Grundbesitz**).
- Nach § 9 Nr. 1 S. 2 ff. GewStG erhalten »reine« Grundstücksunternehmen eine faktische GewSt-Befreiung (sog. **erweiterte Kürzung**).

3.1.1 Die einfache Kürzung (§ 9 Nr. 1 S. 1 GewStG): Der Grundtatbestand der Grundbesitzkürzung

Voraussetzung für die Kürzung des Gewerbeertrages ist ein **eigener** inländischer betrieblicher **Grundbesitz** des Unternehmers. Bei PersG sind folgerichtig auch Grundstücke im Sonder-BV mit einzubeziehen.

Ob und in welchem Umfang betrieblicher Grundbesitz vorhanden ist, bestimmt sich nach der Zugehörigkeit zum Betriebsvermögen entsprechend der Regelungen nach dem EStG/KStG (vgl. § 20 Abs. 1 S. 1 GewStDV i.V.m. R 4.2 Abs. 7 ff. EStR). Dabei sind die Verhältnisse zu Beginn des Kj. maßgeblich (§ 20 Abs. 1 S. 2 GewStDV). Bei anteiligem betrieblichen Grundbesitz ist nur der in der StB ausgewiesene Teil zu berücksichtigen (§ 20 Abs. 2 GewStDV). Allerdings ist die Kürzung auch für einen Grundstücksteil zu berechnen, der wegen untergeordneter Bedeutung nach § 8 EStDV nicht als Betriebsvermögen behandelt wird (R 9.1 Abs. 1 S. 4 GewStR).

Die Kürzungsvorschrift dient der Vermeidung einer doppelten Realsteuerbelastung (GewSt und GrSt), sodass die Kürzung davon abhängt, dass der Grundbesitz **nicht grundsteuerbefreit** ist. Demgegenüber steht allerdings die tatsächliche Nichterhebung der GrSt aus anderen Gründen (z.B. wegen § 227 AO) der Kürzung nicht entgegen.

Die Kürzung selbst (»**der Höhe nach**«) mit **1,2 % des maßgeblichen EW** basiert hingegen auf Ermittlungsergebnissen des Bewertungsrechtes. Maßgeblich ist gem. § 9 Nr. 1 S. 1 2. HS GewStG der EW, der auf den letzten Feststellungszeitpunkt vor dem Ende des EZ lautet. Da die EW in den **alten Bundesländern** immer noch auf den Wertverhältnissen des Jahres 1964 basieren, ist der jeweilige EW für Zwecke der gewerbesteuerlichen Kürzung grundsätzlich um 40 % zu erhöhen (§ 121a BewG).[54]

Gekürzt wird folglich um 1,2 % des mit 140 % angesetzten EW.

In den **neuen Bundesländern** sind die Einheitswerte 1935 gem. § 133 BewG mit folgenden Prozentsätzen anzusetzen:

- Mietwohngrundstücke mit 100 %,
- Geschäftsgrundstücke mit 400 %,
- gemischt genutzte Grundstücke und EFH mit 250 % sowie
- unbebaute Grundstücke mit 600 %.

---

54 Wegen der erheblichen Wertverzerrungen hat der BFH die Vorschriften über die Einheitsbewertung dem BVerfG zur Prüfung der Verfassungsmäßigkeit vorgelegt (BFH vom 22.10.2014, BStBl II 2014, 957, Az. beim BVerfG 1 BvL 11/14).

Beispiel 8: Das unterschiedlich erfasste Grundstück
Der Gewerbetreibende G erwirbt in Hamburg im November 16 ein unbebautes Grundstück (EW 100 T€), das er zu 25 % betrieblich nutzt und mit den anteiligen AK (1 Mio. €) in der StB (31.12.16) ausweist. Im Mai 17 veräußert G das ganze Areal, um ein besser gelegenes Nachbargrundstück zu erwerben. Wie sind die Auswirkungen auf die GewSt?

Vorüberlegungen:

a) Die Frage, in welchem prozentualen Umfang ein Betriebsgrundstück in die Kürzung einzubeziehen ist, richtet sich allein nach der steuerbilanziellen Behandlung des Unternehmers.[55]
b) Die Kürzung für Zwecke der GewSt erfolgt sodann nach dem EW, ggf. anteilig nach dem Ergebnis zu a).

Lösung:
Nachdem die Verhältnisse zu Beginn des EZ maßgeblich sind, kommt es in 16 zu keiner Kürzung des Gewerbeertrages (§ 20 Abs. 1 S. 1 GewStDV). Trotz der unterjährigen Veräußerung erfolgt in 17 eine Kürzung um den zum BV gehörenden Anteil von 25 % des maßgeblichen (um 40 % erhöhten) EW für das insoweit bilanzierte Grundstück (§ 20 Abs. 2 GewStDV). Die nur anteilig bilanzierte Betriebsfläche von 25 % der Gesamtfläche definiert zugleich den Anteil der BMG für die einfache Kürzung (R 9.1 Abs. 1 S. 7 ff. GewStR). Somit ist der Gewerbeertrag 17 um 1,2 % von 25 % von 140.000 € = 420 € zu kürzen.

Hinweis: Beginnt die Steuerpflicht eines Gewerbebetriebes im Laufe eines Kj., kommt für den in diesem Kj. endenden EZ noch keine Kürzung nach § 9 Nr. 1 S. 1 GewStG in Betracht (R 9.1 Abs. 1 S. 11 GewStR).

3.1.2 Die erweiterte Kürzung (§ 9 Nr. 1 S. 2 ff. GewStG)

Grundstücksunternehmen können unter den Voraussetzungen des S. 2 ff. anstelle der einfachen Kürzung nach S. 1 eine vollständige Kürzung um den Teil des Gewerbeertrags vornehmen, der auf die Verwaltung und Nutzung des eigenen Grundbesitzes entfällt.[56] Hierdurch soll eine Gleichstellung von vermögensverwaltenden Grundstücksunternehmen, deren Einkünfte lediglich kraft Rechtsform der GewSt unterliegen, mit den vermögensverwaltenden Personenunternehmen erreicht werden (dazu grundlegend BFH vom 18.04.2000, BStBl II 2001, 359). Voraussetzung für diese sog. erweiterte Kürzung ist aber, dass es sich um ein reines Grundstücksunternehmen handelt, das ausschließlich eigenen Grundbesitz verwaltet oder nutzt (sog. **Ausschließlichkeitserfordernis**). Danach geht die erweiterte Kürzung in Gänze verloren, wenn das Grundstücksunternehmen neben der begünstigten Grundstücksvermietung noch andere (schädliche) Tätigkeiten ausübt, wobei die folgenden Nebentätigkeiten unschädlich (aber selbst nicht begünstigt) sind:

- Verwaltung eigenen (Kapital-)Vermögens,
- Wohnungsbaubetreuung sowie
- Errichtung und Verkauf bestimmter EFH/ZFH sowie ETW.

---
55 Zu den verschiedenen Möglichkeiten vgl. Band 2, Teil A, Kap. III 1.
56 Der Gewinn aus der Veräußerung (eines Teils) eines MU-Anteils wird aber nicht vom Wortlaut des § 9 Nr. 1 S. 2 GewStG erfasst (BFH vom 08.12.2016, DB 2017, 406).

Der Begriff der Ausschließlichkeit ist gleichermaßen qualitativ, quantitativ wie zeitlich zu verstehen. Es ist zwar nicht erforderlich, dass die Grundstücksverwaltung während des gesamten EZ bestanden hat; solange aber das Unternehmen während des gesamten EZ tätig ist, muss dessen Haupttätigkeit durchgängig in der schlichten Verwaltung und Nutzung eigenen Grundbesitzes bestehen. Daher kann die erweiterte Kürzung insgesamt nicht gewährt werden, wenn das letzte Grundstück vor Ablauf des EZ veräußert wird (unterjährige Veräußerung), das Unternehmen aber weiterhin werbend tätig bleibt und nicht mehr ausschließlich Grundbesitz verwaltet wird (BFH vom 19.10.2010, BFH/NV 2011, 841).[57] Wird aber eine gewerblich geprägte PersG durch eine solche unterjährige Veräußerung aufgrund des sich daran anschließenden Übergangs zur bloßen Vermögensverwaltung entprägt, liegt eine Betriebsaufgabe i.S.d. § 16 Abs. 3 EStG vor, mithin ein abgekürzter EZ (FG Berlin-Brandenburg vom 14.02.2017, EFG 2017, 744).

Grundsätzlich führen weder Tätigkeiten zur Abwicklung der Grundstücksveräußerung noch Bemühungen um den Erwerb eines neuen Grundstücks zur erweiterten Kürzung (BFH vom 26.02.2014, BFH/NV 2014, 1400).

Nach bisheriger Rspr. verstößt die Beteiligung eines grundstücksverwaltenden Unternehmens an einer ebenfalls grundstücksverwaltenden, aber gewerblich geprägten PersG gegen das Ausschließlichkeitsgebot. Es fehle bereits an der Verwaltung und Nutzung **eigenen Grundbesitzes**, weil Wirtschaftsgüter, die bürgerlich-rechtlich oder wirtschaftlich Gesamthandsvermögen einer gewerblich tätigen oder ein gewerblich geprägten PersG est-rechtlich grds. zu deren BV und nicht zu dem ihrer G'fter gehören (z.B. BFH vom 19.10.2010, BStBl II 2011, 367). Auch gehört das Halten einer solchen Beteiligung nicht zum Katalog der unschädlichen Tätigkeiten und steht der erweiterten Kürzung entgegen (BFH vom 19.10.2010, a.a.O.).[58]

Die erweiterte Kürzung **setzt** einen **Antrag voraus**.[59] Ist sie nicht möglich, so bleibt es bei der »einfachen« Kürzung nach Satz 1. **Die Voraussetzungen für die erweiterte Kürzung** müssen grundsätzlich **während des gesamten EZ** (ggf. auch eines abgekürzten EZ) vorliegen.

Beispiel 9: Die Vermietung einer Spielhalle
Eine GmbH & Co. KG vermietet ein ihr gehörendes Gebäude im EG an eine GbR, die Inhaberin eines Spielcasinos (einarmige Banditen etc.) ist. Neben der Immobilienmiete (250 T€ p.a.) ist die KG zu 50 % am Erlös der GbR beteiligt. Zudem betreibt die KG auf dem Dach des Gebäudes eine Photovoltaikanlage.
Ist der Mietzins gewerbesteuerfrei, wenn die sonstige Vermietungstätigkeit der KG eindeutig den Erfordernissen des § 9 Nr. 1 S. 2 GewStG entspricht?

---

57 Bei einer Veräußerung des einzigen (letzten) Grundstücks einer grundstücksverwaltenden GmbH zum **31.12., 23:59 Uhr** hat der BFH im Urteil vom 11.08.2004 (BStBl II 2004, 1080) allerdings für dieses Jahr die erweiterte Kürzung gewährt. Im anhängigen Verfahren IV R 30/15 wird der BFH nochmals Gelegenheit bekommen, sich zu diesem Themenkomplex zu äußern.
58 Der IV. Senat das BFH ist hingegen der Auffassung, dass auch einer grundstücksverwaltenden, gewerblich geprägten PersG die erweiterte Kürzung zusteht, wenn sie Grundbesitz mittelbar über die Beteiligung an vermögensverwaltenden PersG verwaltet. In einem solchen Fall handele es sich um die Verwaltung und Nutzung von eigenem Grundbesitz, denn der Begriff »eigener Grundbesitz« bestimmt sich nicht nach zivilrechtlichen, sondern nur nach ertragsteuerrechtlichen Grundsätzen. Auf dessen Vorlagebeschluss vom 21.07.2016 (DStR 2016, 2516) hin wird nun der Große Senat des BFH zu entscheiden haben.
59 Die erweiterte Kürzung kann höchstens den Gewerbeertrag neutralisieren; wohingegen die einfache Kürzung auch zu einem vortragsfähigen Gewerbeverlust führen kann. Daher ist nicht nur in der Klausursituation das Wahlrecht jährlich zu überprüfen.

Unter folgenden Voraussetzungen liegen **schädliche Nebentätigkeiten** vor:

- Jede gewerbliche Betätigung – auch von untergeordneter Bedeutung –, die nicht zu den Ausnahmetatbeständen des § 9 Nr. 1 S. 2 GewStG (Errichtung von EFH etc.) gehört, führt zur Versagung der erweiterten Kürzung (BFH vom 17.05.2006, BStBl II 2006, 659).
- Dies gilt auch, wenn bei den aufgeführten Tätigkeiten der Vermögensverwaltung die Grenze zur Gewerblichkeit überschritten wird (H 9.2 Abs. 2 GewStH Stichwort »Gewerbliche Grundstücksverwaltung«).
- Auch die geringfügige zusätzliche Vermietung von **Betriebsvorrichtungen** (nachfolgend BVO), die sich weder auf dem vermieteten Grundstück befinden noch einen funktionalen Zusammenhang mit diesem aufweisen, stellt eine schädliche Nebentätigkeit dar (H 9.2 Abs. 2 GewStH Stichwort »Betriebsvorrichtungen«). Anderes gilt für den Fall, dass die Gegenstände nur wegen der Eigenart ihrer Nutzung durch den Mieter BVO sind (H 9.2 Abs. 2 GewStH Stichwort »Eigener Grundbesitz«) oder die Mitvermietung von BVO für die Nutzung des Grundstücks zwingend notwendig ist (BFH vom 07.04.2011, BFH/NV 2011, 1392 m.w.N.).[60] Beispielhaft zählt hierzu insb. der Betrieb notwendiger Sondereinrichtungen für die Mieter im Rahmen der allgemeinen Wohnungsbewirtschaftung, etwa das Unterhalten von zentralen Heizungsanlagen, Gartenanlagen und Ähnlichem (BFH vom 14.06.2005, BStBl II 2005, 778).

Lösung:
- Als gewerblich geprägte PersG (§ 15 Abs. 3 Nr. 2 EStG) erzielt die KG gewerbliche Einkünfte.
- Diese unterliegen auf Antrag nicht der GewSt (bzw. werden komplett gekürzt), wenn sich die Tätigkeit der KG als reine Grundstücksverwaltung qualifizieren lässt (§ 9 Nr. 1 S. 2 GewStG).
- Die Beteiligung an einer (grundstücksverwaltenden) PersG als persönlich haftende G'fterin verstößt allerdings unabhängig von dem Umfang der Beteiligung und den darauf erzielten Einkünften gegen das Ausschließlichkeitsgebot (BFH vom 17.10.2002, BStBl II 2003, 355, H 9.2 Abs. 2 GewStH Stichwort »Mitunternehmerische Beteiligung«).[61]
- Das Betreiben der Photovoltaikanlage ist ebenfalls schädlich für die erweiterte Kürzung, da dies keine unschädliche Nebentätigkeit darstellt (OFD Magdeburg vom 08.04.2011, Az.: G 1425-25-St 216; BT-Drs. 17/7055). Auch die Auslagerung der Stromerzeugung in einer Tochterkapitalgesellschaft dürfte hier nach Verwaltungsauffassung nicht weiterhelfen, da aufgrund der Überlassung der Dachfläche (wesentliche Betriebsgrundlage) eine schädliche Betriebsaufspaltung entsteht (OFD NRW vom 09.09.2013, DStR 2014, 427).

Auch im Falle der **Betriebsaufspaltung** kann das Besitzunternehmen die erweiterte Kürzung nach ständiger Rspr. nicht in Anspruch nehmen, da es sich bei der Grundstücksüberlassung von vornherein nicht mehr um eine normale Vermögensverwaltung handelt (BFH vom 29.03.1973, BStBl II 1973, 686).

---

60 Der BFH hat nun die Frage zu klären, ob eine geringfügige oder aber für eine sinnvolle Grundstücksnutzung zwingend erforderliche Mitvermietung von Betriebsvorrichtungen und Inventar für die Anwendung der Kürzungsvorschrift unschädlich ist (Az.: I R 45/15).

61 Fraglich ist, ob sich an dieser Wertung etwas ändert, wenn auch dieser PersG die erweiterte Kürzung zusteht und die Beteiligungserträge aufgrund der Kürzung nach § 9 Nr. 2 GewStG nicht im Gewerbeertrag enthalten sind (Az. beim BFH IV R 44/16). Eine Beteiligung an einer anderen KapG ist unschädlich, soweit es sich nicht um eine steuerunschädliche Verwaltung eigenen Kapitalvermögens handelt und keine Betriebsaufspaltung begründet wird.

Das Besitzunternehmen betätigt sich wegen der Möglichkeit, über den einheitlichen Betätigungswillen der G'fter Einfluss auf die BetriebsG zu nehmen, eigengewerblich und überschreitet daher den Rahmen der bloßen Vermögensverwaltung. Das Besitzunternehmen kann die erweiterte Kürzung nur im Rahmen einer kapitalistischen Betriebsaufspaltung in Anspruch nehmen, wenn die Anteile an der Betriebs-KapG nicht der Besitz-KapG als solcher, sondern deren G'fter zuzurechnen sind (BFH vom 01.08.1979, BStBl II 1980, 77). Anders verhält es sich jedoch, wenn die Besitz-KapG selbst Inhaberin der Anteil an der Betriebs-KapG ist und als solche selbst die Betriebsaufspaltung kennzeichnende Beherrschung ausübt (BFH vom 28.01.2015, BFH/NV 2015 1109). Dies gilt auch, wenn die Betriebs-KapG ihrerseits die Voraussetzungen für die erweiterte Kürzung erfüllt (BFH vom 22.06.2016, BFH/NV 2016, 1840).

Handelt es sich bei dem Grundstücksunternehmen um eine OrgG, die alle ihre Grundstücke an eine andere OrgG desselben Organkreises vermietet, ist die erweiterte Kürzung auch zu versagen (BFH vom 18.05.2011, BStBl II 2011, 887; bestätigt durch Urteil vom 30.10.2014, BFH/NV 2015, 227).

Die Bestimmungen des § 9 Nr. 1 S. 5 ff. GewStG enthalten **weitere Ausschlussgründe** für die erweiterte Kürzung. Immer dann, wenn der von der gewerblichen Grundstücksgesellschaft mit vermögensverwaltender Tätigkeit (GmbH bzw. gewerblich geprägte PersG) tatsächlich verwaltete **Grundbesitz dem Gewerbebetrieb eines G'fters »dient«**, führt dies nach S. 5 **Nr. 1** zu einem weiteren Ausschluss der erweiterten Kürzung. Es genügt, wenn der Grundbesitz den betrieblichen Zwecken des G'fters »dient« bzw. ihm »von Nutzen« ist (BFH vom 17.01.2002, BStBl II 2002, 873). Die erweiterte Kürzung soll in diesen Fällen entfallen, da bei einer Nutzung des Grundstücks im Gewerbebetrieb des G'fters ohne Zwischenschaltung eines weiteren Rechtsträgers die Grundstückserträge der GewSt unterliegen würden (BFH vom 07.04.2005, BStBl II 2005, 576). Auf den Umfang der Beteiligung an dem Grundstücksunternehmen kommt es dabei nicht an.

Bezogen auf den Rechtsträger einer (Immobilien-)PersG kommt ab dem 18.06.2008 (vgl. § 36 Abs. 6a S. 2 GewStG i.V.m. § 9 Nr. 1 S. 5 **Nr. 1a** GewStG) schließlich die Kürzung für im Gewinn (und Gewerbeertrag) enthaltene Sondervergütungen der G'fter nicht mehr in Betracht.[62] Ausgenommen hiervon sind Mieten etc. für überlassenen Grundbesitz.

Zur restriktiven Rspr. »passen« auch die Regelungen des § 9 Nr. 1 **S. 5 Nr. 2** und § 9 Nr. 1 **S. 6** GewStG. Nach S. 5 Nr. 2 wird die erweiterte Kürzung für die Fälle ausgeschlossen, in denen eine Buchwertübertragung von Grundbesitz unter grundstücksverwaltenden Gesellschaften erfolgte und dieser Grundbesitz sodann binnen drei Jahren mit Aufdeckung der stillen Reserven veräußert wurde. Hierdurch sollen Umweggestaltungen verhindert werden, die daraus resultieren, dass KapG Grundbesitz in grundstücksverwaltende PersG gem. § 6 Abs. 5 S. 2 EStG oder § 24 UmwStG zu einem unter dem Teilwert liegenden Wertansatz einbringen und den Grundbesitz sodann auf der Grundlage der erweiterten Kürzung im Ergebnis gewerbesteuerfrei veräußern.[63] Mit S. 6 ist die erweiterte Kürzung für Veräußerungs- und Aufgabegewinne einer Beteiligung an einer PersG i.S.d. § 7 S. 2 Nr. 2 und Nr. 3 GewStG ausgeschlossen worden.

---

62 Mit Wirkung für den EZ 2015 gilt dies entsprechend dem angefügten S. 2 auch für vor dem 19.08.2008 erstmals vereinbarte Vergütungen.

63 Nach der rkr. Entscheidung des FG Berlin-Brandenburg vom 14.02.2017, 6 K 6283/15 soll § 9 Nr. 1 S. 5 Nr. 2 GewStG aber bei einem identitätswahrenden Formwechsel keine Anwendung finden.

3.2 Kürzung um Gewinnanteile an Kapitalgesellschaften (§ 9 Nr. 2a, 7 und 8 GewStG)

Gem. § 9 Nr. 2a GewStG sind **betriebliche Beteiligungserträge** der G'fter einer deutschen KapG gewerbesteuerfrei, wenn die Beteiligung zu Beginn des EZ mindestens 15 % (sog. Schachtelprivileg) betragen hat. Damit wird eine gewerbesteuerliche Doppelbelastung der erwirtschafteten Gewinne (KapG) und der ausgeschütteten Dividende (G'fter) vermieden.

Unter Gewinnanteilen werden nicht nur die laufenden Dividendenzahlungen, sondern auch Ausschüttungen im Rahmen einer Liquidation der KapG (die sog. Liquidationsrate) verstanden (BFH vom 02.04.1997, BStBl II 1998, 25). Unmittelbar mit dem Beteiligungserwerb zusammenhängende Aufwendungen sind gem. § 9 Nr. 2a S. 3 GewStG abzuziehen. Der Kürzungsbetrag wird somit definiert durch den Gewinn nach Abzug der unmittelbaren Beteiligungsaufwendungen. Insoweit findet § 8 Nr. 1 Buchst. a GewStG keine Anwendung. Die nach § 8b Abs. 5 KStG nicht abziehbaren Betriebsausgaben (i.H.v. 5 % der Erträge) mindern den Kürzungsbetrag jedoch gem. § 9 Nr. 2a S. 4 EStG nicht.

Naturgemäß muss der Gewinn zuvor einer Besteuerung auf der Ebene der KapG unterlegen haben, bevor der Gewinnanteil auf G'fter-Ebene nach § 9 Nr. 2a GewStG befreit wird. Der Gewinn aus der Veräußerung einer Beteiligung an einer KapG ist kein von der KapG ausgeschütteter Gewinn i.S.v. § 9 Nr. 2a GewStG (BFH vom 07.12.1991, BStBl II 1972, 468).

Beispiel 10[64]:
In 08 gründeten A und B die A-B GmbH (im Inland). Das Stammkapital beträgt 200.000 €. A und B sind zur Hälfte beteiligt.
a) In 17 veräußerte A seine im Privatvermögen gehaltene Beteiligung an seinen Sohn C.
b) B hatte diese Anteile in seinem inländischen Einzelunternehmen (EU) als BV ausgewiesen. In 10 wurde eine steuerrechtlich anzuerkennende TW-AfA von 20.000 € vorgenommen. In 13 wurden hiervon 5.000 € wieder zugeschrieben. In 17 wurden die Anteile ins Privatvermögen überführt.
Zu prüfen sind die gewerbesteuerrechtlichen Folgen der Anteilsübertragungen.

Lösung:
a) Im Bereich der ESt erzielt A einen unter § 17 EStG zu beurteilenden Veräußerungsgewinn. Gewerbesteuerlich ist der Vorgang nicht der Besteuerung zu unterziehen (R 7.1 Abs. 3 S. 1 Nr. 2 GewStR).
b) B realisiert in der ESt eine mit dem TW zu bewertende Entnahme. Die Wertaufholung und die TW-AfA sind hierbei zu berücksichtigen. Gewerbesteuerlich ist der Sachverhalt zu erfassen, weil das EU des B ein stehender Gewerbebetrieb im Inland ist. Grundsätzlich ist hier § 9 Nr. 2a GewStG (Kürzung von Gewinnanteilen aus KapG) einschlägig. Der Gewinn aus der Veräußerung (hier Entnahme) einer Beteiligung an einer KapG ist aber kein von der KapG ausgeschütteter Gewinn. Die Entnahme ist daher bei der Berechnung des Gewerbeertrages zu berücksichtigen.

Das nationale gewerbesteuerliche **Schachtelprivileg** wird nach § 9 Nr. 7 GewStG um das **internationale Privileg** ergänzt, bei dem eine deutsche Muttergesellschaft – ebenfalls seit Beginn des EZ ununterbrochen mit mindestens 15 % – an einer ausländischen KapG beteiligt

---
64 Auszug aus der StB-Prüfung 2009, verkürzte Darstellung.

ist. Während bei EU/EWR-Tochter-KapG (Gesellschaften, die der Mutter-Tochter-Richtlinie unterliegen) bereits eine Beteiligung von mind. 10 % für das Privileg genügt, muss es sich bei den anderen ausländischen Tochter-KapG um solche handeln, die aktive Tätigkeiten i.S.d. § 8 AStG entfalten.[65] Bei passiven Gesellschaften entfällt das Privileg. Auf Antrag wird das Privileg gem. § 9 Nr. 7 S. 4 GewStG auf Enkelgesellschaften erstreckt.[66] Der BFH hat im Urteil vom 13.02.2008 (BFH/NV 2008, 1395) den Tatbestand nach § 9 Nr. 7 GewStG (Kürzung nur bei Erzielung aktiver Einkünfte i.S.d. § 8 AStG) dahingehend präzisiert, dass bei ausländischen Tochtergesellschaften, die sich mitunternehmerisch an anderen Unternehmen beteiligen, nur eine anteilige Gewinnhinzurechnung (und damit eine entsprechende gewerbesteuerliche Kürzung) erfolgt.

Überblick über § 9 Nr. 7 GewStG			
	Inland	Gemeinschaftsgebiet	Drittland
Mindestbeteiligung	15 %	10 %	15 %
Zeitliches Element	zum 01.01.	zum 01.01.	ununterbrochen seit 01.01.
Aktivitätsklausel	(–)	(–)	(+)

Nach § 9 Nr. 8 GewStG gilt die 15 %-Schwelle auch für Gewinnanteile an ausländischen Tochter-KapG in Staaten, mit denen ein DBA besteht, wenn dieses eine höhere Beteiligungsqualität festschreibt. Sieht das DBA hingegen eine niedrigere Mindestbeteiligungsgrenze vor, ist diese maßgebend.[67]

3.3 Kürzung wegen ausländischer Betriebsstätten (§ 9 Nr. 3 GewStG)

Die Kürzung gem. § 9 Nr. 3 S. 1 GewStG (Kürzung des Gewerbeertrages um den auf eine ausländische **Betriebsstätte**[68] entfallenden Gewinn) hat lediglich klarstellenden Charakter, da sich das Ergebnis der Steuerbefreiung bereits mit der fehlenden Steuerbarkeit nach § 2 Abs. 1 GewStG (inländischer Gewerbebetrieb) begründen lässt. Im Ergebnis sind daher bereits die in ausländischen Betriebsstätten erzielten Gewinne beziehungsweise solche Gewinnermittlungsvorschriften des Einkommen- oder Körperschaftsteuergesetzes, die sich ausdrücklich auf diese Gewinne beziehen, gewerbesteuerlich nicht zu berücksichtigen.[69]

---

65 Zu einem möglichen Verstoß gegen die Kapitalverkehrsfreiheit i.S.d. Art. 63 AEUV s. EuGH-Vorlage des FG Münster vom 20.09.2016, EFG 2017, 323.
66 Entsprechend § 9 Nr. 7 S. 1 2. Alt. GewStG muss eine ausländische Tochtergesellschaft ununterbrochen seit mind. 12 Monaten zu mind. 25 % an der Enkelgesellschaft beteiligt gewesen sein.
67 Beachte aber die vorrangige abkommensrechtliche »Nichthinzurechnung«, Kap 2.3.
68 Der Betriebsstättenbegriff richtet sich nach § 12 AO und nicht nach der Definition des jeweils einschlägigen DBA (BFH vom 20.07.2016 I R 50/15).
69 Dementsprechend ist die Finanzverwaltung auch dem BFH-Urteil vom 11.03.2015 (DStR 2015, 995) entgegengetreten, in dem dieser entschieden hatte, dass es sich bei dem Hinzurechnungsbetrag nach § 10 AStG um einen Teil des Gewerbeertrags eines inländischen Unternehmens handelt, der auf eine nicht im Inland belegene Betriebsstätte entfällt. Nach § 7 S. 7 GewStG sind solche Hinzurechnungsbeträge nunmehr ausdrücklich Einkünfte, die in einer inländischen Betriebsstätte anfallen. Achtung: Nach dieser Formulierung führt diese Fiktion zu einer gewerblichen Betriebsstätte, sodass der Empfänger eines Hinzurechnungsbetrages, auch wenn er selbst eigentlich nicht gewerblich tätig ist, künftig gewerbliche Einkünfte erzielt bzw. andere Einkommensquellen möglicherweise gewerblich infiziert.

Der Teil des Gewerbeertrages, der auf die ausländische Betriebsstätte entfällt, ist grundsätzlich nach der sog. direkten Methode zu ermitteln. Anderenfalls ist eine Schätzung unter ggf. analoger Anwendung des § 29 GewStG (Zerlegung) vorzunehmen (H 9.4 GewStH Stichwort »Aufteilung des Gewerbeertrags«).

Hinweis: Problematisch ist insoweit aber, dass der Unternehmer, der nur im Inland eine Betriebsstätte unterhält, mit seiner gesamten Tätigkeit der GewSt unterliegt, auch wenn diese überwiegend im Ausland ausgeübt oder verwertet wird (BFH vom 28.03.1985, BStBl II 1985, 405). Aus Wettbewerbsgründen fingiert daher **§ 9 Nr. 3 S. 2 ff.** GewStG für den **Betrieb von Handelsschiffen im internationalen Verkehr,** dass 80 % des hieraus erzielten Gewerbeertrages auf eine nicht im Inland belegen Betriebsstätte entfällt. Zum Betrieb von Handelsschiffen gehört auch ihre (Weiter-)Vercharterung, wenn die Schiffe vom (Zweit-)Vercharterer ausgerüstet worden sind, d.h. insb. gem. § 557 Abs. 1 HGB mit einer Mannschaft versehen wurden (BFH vom 22.12.2015, BFH/NV 2016, 1102).

3.4 Kürzungen wegen Spenden (§ 9 Nr. 5 GewStG)

Gem. § 9 Nr. 5 GewStG erfolgt nunmehr – nach vorheriger Hinzurechnung der Spenden bei Körperschaften (§ 9 Abs. 1 Nr. 2 KStG) gem. § 8 Nr. 9 GewStG – eine rechtsformunabhängige Kürzung der Spenden vom Gewerbeertrag. Die Vorschrift entspricht der Regelung über den Sonderausgabenabzug nach § 10b EStG.[70]

4 Berücksichtigung eines Gewerbeverlustes (§ 10a GewStG)

Der maßgebende Gewerbeertrag (erhöht um Hinzurechnungen und vermindert um Kürzungen) wird um die Fehlbeträge gekürzt, die sich bei der Ermittlung der maßgebenden Gewerbeerträge für die vorangegangenen EZ ergeben haben, soweit diese Fehlbeträge nicht schon bei der Ermittlung des Gewerbeertrags für den unmittelbar vorangegangenen EZ abgezogen und insoweit vollständig verbraucht wurde (§ 10a S. 1 GewStG).

Der Gewerbeverlust ist nach § 10a S. 1 GewStG der negative Gewerbeertrag (d.h. der Gewinn/Verlust aus Gewerbebetrieb, erhöht um Hinzurechnungen und vermindert um Kürzungen). Er unterscheidet sich vom Verlustabzug i.S.d. § 10d EStG dadurch, dass seine Höhe durch die Hinzurechnungen und Kürzungen nach §§ 8 und 9 GewStG beeinflusst wird. Daneben dürfen insb. aber die nicht zum stpfl. Gewerbeertrag gehörenden Veräußerungsgewinne den Gewerbeverlust nicht verringern. Dadurch kann sich im Ergebnis ein Gewerbeverlust ergeben, während einkommensteuerlich ein Gewinn vorliegt (und umgekehrt).

Der vortragsfähige Gewerbeverlust nach § 10a GewStG ist vom maßgebenden Gewerbeertrag, also nach Berücksichtigung der Hinzurechnungen nach § 8 GewStG und der Kürzungen nach § 9 GewStG, abzuziehen (R 10a.1 Abs. 3 S. 2 GewStR). Soweit er aber vor dem Freibetrag in Abzug zu bringen ist, kann ein Gewerbeverlust folgerichtig auch zu einem Wegfall des Freibetrags nach § 11 Abs. 1 S. 3 GewStG von 24.500 € im Abzugsjahr führen.

---

70 S. Teil A, Kap V 1.3.11.

Fehlbeträge aus früheren EZ können allerdings nur bis zu einem Sockelbetrag von 1 Mio. € uneingeschränkt mit dem positiven Gewerbeertrag verrechnet werden. Darüber hinausgehende Fehlbeträge sind gem. § 10a S. 2 GewStG lediglich bis zur Höhe von 60 % des 1 Mio. € übersteigenden Gewerbeertrags verrechenbar (sog. **Mindestbesteuerung**). Im Gegensatz zu § 10d EStG kann der Gewerbeverlust – zur Schonung des gemeindlichen Haushalts – auch **nur** im Wege des **Verlustvortrags** berücksichtigt werden (BFH vom 09.11.1990, BFH/NV 1991, 766 und vom 31.07.1990, BStBl II 1990, 1083).

Beispiel 11:
Die A & B OHG hat zum 31.12.16 einen gesondert feststellten Gewerbeverlust i.H.v. 8.000.000 €. Nun geht es wieder aufwärts und die OHG erzielt 17 einen Gewinn i.H.v. 3.000.000 €.

Lösung: Der Gewinn ist nicht um Hinzurechnungen oder Kürzungen zu korrigieren, sodass daher bis zu 1.000.000 € vom festgestellten vortragsfähigen Fehlbetrag von 16 verrechnet werden können: 3.000.000 € ./. 1.000.000 € = 2.000.000 €.
Es verbleibt ein Gewerbeertrag i.H.v. 2.000.000 €. Der verbleibende Gewerbeertrag kann nun i.H.v. 60 %, also mit einem Betrag von 1.200.000 €, mit dem festgestellten Fehlbetrag aus 16 verrechnet werden. Der noch zu verrechnende Fehlbetrag beträgt noch mehr als 1.200.000 €, sodass der ganze Betrag gemindert wird. Für 17 ergibt sich dann ein Gewerbeertrag i.H.v. 2.000.000 € ./. 1.200.000 € = 800.000 €. Der vortragsfähige Verlust beträgt nur noch 5.800.000 €, er kann in den nächsten Jahren bei positivem Ertrag verrechnet werden.

Weitere Detailfragen zu § 10a GewStG sind umfassend in Teil B, Kap. IV zusammengefasst.

5 Steuermesszahl und Steuermessbetrag

Nach Ermittlung des Gewerbeertrags aus der Ausgangsgröße nach § 7 GewStG unter Berücksichtigung der Kürzungen (§ 8 GewStG) und Hinzurechnungen (§ 9 GewStG) sowie des Verlustabzugs früherer Gewerbefehlbeträge (§ 10a GewStG) wird durch Anwendung der Steuermesszahl der GewSt-Messbetrag für den EZ[71] durch die zuständige Finanzbehörde festgesetzt (§§ 11, 14 GewStG).[72]

Gewerbeertrag x Steuermesszahl = GewSt-Messbetrag

Der Gewerbeertrag ist dabei auf volle **100 € abzurunden** (§ 11 Abs. 1 GewStG) und bei Einzelunternehmer und PersG um einen **Freibetrag i.H.v. 24.500 €** (§ 11 Abs. 1 S. 3 Nr. 1 GewStG) zu mindern. Die verbleibende Restgröße »Gewerbeertrag« wird sodann mit der **Steuermesszahl** von 3,5 % (§ 11 Abs. 2 GewStG) multipliziert. Bei sog. Hausgewerbetreibenden (s. R 11.2 GewStR) ermäßigt sich die Steuermesszahl gem. § 11 Abs. 3 GewStG auf 56 % (= 1,96 %). Auch wenn sich die GewSt-Pflicht nur auf einen sog. abgekürzten EZ erstreckt (z.B. in den Fällen der Betriebseröffnung und -einstellung im Laufe eines EZ), ist

---

71 EZ ist das Kj. oder die Dauer der GewSt-Pflicht im Kj., wenn die Steuerpflicht nicht während des ganzen Kj. bestand (§ 14 S. 2–3 GewStG und R 14.1 GewStR).
72 Festsetzungs- und Erhebungsverfahren, s. Kap. IV.

der Freibetrag i.H.v. 24.500 € für natürliche Personen und PersG stets in voller Höhe zu gewähren.

Hinweis: Der Freibetrag ist betriebsbezogen (Objektsteuercharakter!), d.h., unterhält ein Unternehmer zwei selbständige Betriebe, steht dem Unternehmer der Freibetrag auch zweimal zu.[73]

---

73 S. auch Kap. II 3.

IV Spezifika der Gewerbesteuer

1 Besteuerung der gewerbesteuerlichen Organschaft

Nach § 2 Abs. 2 S. 2 GewStG gelten KapG, die derart in ein anderes inländisches gewerbliches Unternehmen eingegliedert sind, dass die Voraussetzungen des § 14 Nr. 1–3 KStG erfüllt sind, als Betriebsstätten des anderen Unternehmens (sog. gewerbesteuerliche Organschaft). Liegen diese Voraussetzungen nicht während des ganzen Wj. der OrgG vor, treten die steuerlichen Wirkungen des § 2 Abs. 2 S. 2 GewStG aber für dieses Wj. noch nicht ein (R 2.3 Abs. 2 S. 1–2 GewStR). Demgegenüber kann für den Fall der Liquidation einer OrgG bis zum Beginn des Abwicklungszeitraums ein Rumpf-Wj. gebildet werden (R 2.3 Abs. 2 S. 2–3 GewStR). Trotz dieser Fiktion bilden die eingegliederten KapG (die OrgG) und das andere Unternehmen (der OrgT) kein einheitliches Unternehmen. Die OrgG verliert grundsätzlich nicht ihre rechtliche Selbständigkeit, ist aber gem. § 2 Abs. 2 S. 2 GewStG als Betriebsstätte des OrgT anzusehen.[74] Der Gewerbeertrag ist daher unter Berücksichtigung der Hinzurechnungen und Kürzungen der §§ 8, 9 GewStG völlig getrennt voneinander zu ermitteln und erst im Anschluss auf Ebene des OrgT zusammenzurechnen.[75] Es unterbleiben aber Hinzurechnungen nach § 8 GewStG, soweit diese zu einer doppelten steuerlichen Belastung führen würden (z.B. Zinszahlung von OrgG an OrgT; vgl. R 7.1 Abs. 5 S. 3 GewStR).[76] Aus gleichem Grund ist eine verlustbedingte TW-AfA auf die Beteiligung des OrgT an der OrgG wieder hinzuzurechnen, weil der Verlust der OrgG durch die Zusammenrechnung der Gewerbeerträge auf Ebene des OrgT auch den Gewerbeertrag des OrgT gemindert hat (BFH vom 05.11.2009, BStBl II 2010, 646). Logischerweise hat bei der Ermittlung des Gewerbeertrages der jeweiligen Gesellschaften die Gewinnabführung unberücksichtigt zu bleiben. Der auf dieser Grundlage ermittelte einheitliche GewSt-Messbetrag ist allein gegenüber dem persönlich stpfl. OrgT festzusetzen.

Die Gemeinde der OrgG erhält aber durch die Betriebsstättenfiktion einen Zerlegungsanteil von dem Steuermessbetrag des OrgT.

---

74 Zu den Voraussetzungen einer Organschaft s. Band 2, Teil C, Kap. V.
75 Bei abweichenden Wj. sind die Gewerbeerträge derjenigen Wj. zusammenzurechnen, die in demselben EZ enden (R 7.1 Abs. 5 S. 11 GewStR).
76 Demnach sind auch doppelte Entlastungen zu neutralisieren (vgl. BFH vom 30.10.2014, BFH/NV 2015, 227 zur erweiterten Kürzung des Gewinns für Grundstücksunternehmen im gewerbesteuerlichen Organkreis). Einer Korrektur bedarf es aber mangels Gefahr der Doppelberücksichtigung dann nicht, wenn die Gesellschaft, bei der der Ertrag bzw. Aufwand erfasst wurde, insoweit von der GewSt befreit ist.

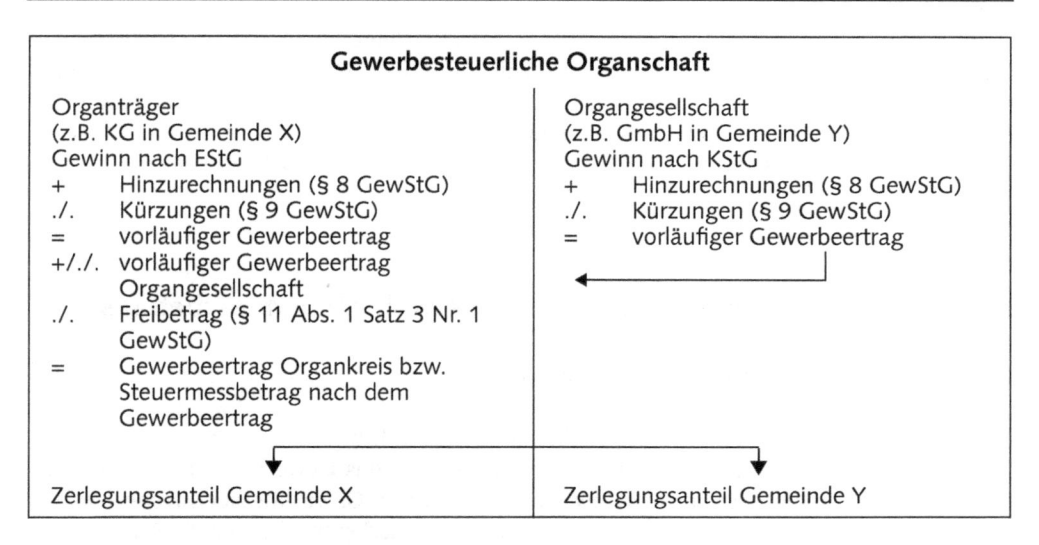

Gewerbesteuerliche Organschaft	
Organträger (z.B. KG in Gemeinde X) Gewinn nach EStG + Hinzurechnungen (§ 8 GewStG) ./. Kürzungen (§ 9 GewStG) = vorläufiger Gewerbeertrag +/./. vorläufiger Gewerbeertrag Organgesellschaft ./. Freibetrag (§ 11 Abs. 1 Satz 3 Nr. 1 GewStG) = Gewerbeertrag Organkreis bzw. Steuermessbetrag nach dem Gewerbeertrag	Organgesellschaft (z.B. GmbH in Gemeinde Y) Gewinn nach KStG + Hinzurechnungen (§ 8 GewStG) ./. Kürzungen (§ 9 GewStG) = vorläufiger Gewerbeertrag
↓	↓
Zerlegungsanteil Gemeinde X	Zerlegungsanteil Gemeinde Y

Hinweis: Erzielt die OrgG Dividendenerträge oder entsprechende Veräußerungserlöse, sind die §§ 8b Abs. 1 bis 6 KStG bei der Ermittlung des Einkommens der OrgG nicht anzuwenden, sondern erst bei der Ermittlung des Einkommens des OrgT (vgl. § 15 S. 1 Nr. 2 KStG). Infolge dieser sog. Bruttomethode ist unter Anwendung der Kürzungen nach § 9 Nr. 7, 8 oder 2a GewStG im Gewerbeertrag der OrgG eine bezogene Dividende nicht mehr enthalten, sodass es gewerbesteuerlich nicht zu einer Berücksichtigung der fiktiven nicht abziehbaren Betriebsausgaben nach § 8b Abs. 5 KStG bei der OrgT kommt (BFH vom 17.12.2014, BStBl II 2015, 1052).[77] Die Neuregelung des § 7a GewStG beabsichtigt dieses »Steuerschlupfloch« für nach dem 31.12.2016 zufließende Gewinne aus Anteilen i.S.d. § 9 Nr. 2a, 7 und 8 GewStG zu schließen. Hierzu ordnet § 7a Abs. 1 S. 1 GewStG in einem ersten Schritt an, dass eine Kürzung der von der OrgG bezogenen Dividende auf Ebene der OrgG gem. § 9 Nr. 2a, 7 und 8 GewStG unterbleibt und diese dadurch zunächst in voller Höhe im Gewerbeertrag der OrgG enthalten ist. Auf diesen Gewerbeertrag der OrgG sind sodann in einem zweiten Schritt die Regelungen des § 15 S. 1 Nr. 2 S. 2 bis 4 KStG entsprechend anzuwenden, sodass es bei der Ermittlung des Zurechnungsbetrages der OrgG zum OrgT zur Anwendung der Schachtelstrafe des § 8b Abs. 5 KStG (oder des TEV) kommt. Dies gilt auch für Dividendenbezüge, die aufgrund eines DBA befreit sind (§ 7a Abs. 3 GewStG).

Die OrgG kann gem. § 10a S. 2 GewStG den maßgebenden Gewerbeertrag nicht um solche Fehlbeträge kürzen, die sich vor dem rechtswirksamen Abschluss des Gewinnabführungsvertrages ergeben haben (sog. **vororganschaftliche Gewerbeverluste**). Sie werden während des Bestehens der Organschaft weiterhin festgestellt und vorgetragen und können nach Beendigung der Organschaft wieder genutzt werden. Im Umkehrschluss kann der OrgT im Ergebnis allerdings seine vororganschaftlichen Gewerbeverluste unter den Voraussetzungen des § 10a S. 1 und 2 GewStG u.a. mit dem positiven Gewerbeertrag der OrgG verrechnen.

Am 10.03.2010 entschied der BFH (BStBl II 2011, 181), dass eine von der GewSt befreite Gesellschaft[78] (gem. § 3 GewStG) OrgT einer gewerbesteuerpflichtigen Gesellschaft sein

---

77 Mangels Kürzungsvorschrift ist dies aber nicht auf Gewinne aus Beteiligungsveräußerungen übertragbar.
78 In diesem Fall handelte es sich um ein Alten- und Pflegeheim, das gemäß § 3 Nr. 20 Buchst. c GewStG von der GewSt befreit war.

kann. Der entsprechend von der OrgG zuzurechnende Gewerbeertrag wird aber nicht von der Befreiung erfasst. In einem anderen Urteil des BFH vom 09.02.2011 (BFH/NV 2011 920) wurde eine gewerbesteuerliche Organschaft »über die Grenze« anerkannt. Die persönliche GewSt-Pflicht der inländischen OrgG wird dabei in der Zeit, in der die Organschaft besteht, dem ausländischen Organträger zugerechnet (inländische fiktive Betriebsstätte).

2 Festsetzung und Zerlegung des Gewerbesteuermessbetrags

2.1 Das geteilte Festsetzungsverfahren

Die GewSt wird in einem zweistufigen Verfahren ermittelt und festgesetzt:
In einem ersten Schritt setzt das FA nach Ermittlung des Gewerbeertrages und durch Anwendung der Steuermesszahl den GewSt-Messbetrag fest (GewSt-Messbetragsbescheid[79]) und teilt diesen ggf. auf die beteiligten Gemeinden auf (Zerlegungsbescheid). Aus dem der einzelnen Gemeinde zugeteilten Anteil am GewSt-Messbetrag ist dann in einem zweiten Schritt nach § 16 GewStG durch Anwendung des Hebesatzes der jeweiligen Gemeinde der GewSt-Betrag zu ermitteln (GewSt-Bescheid).[80]

2.2 Die Zerlegung im Einzelnen

Nach § 4 Abs. 1 S. 1 GewStG unterliegen stehende Gewerbebetriebe in derjenigen Gemeinde der GewSt, in der eine Betriebsstätte zur Ausübung des stehenden Gewerbes unterhalten wird. Befinden sich aber Betriebsstätten in mehreren Gemeinden, ist der GewSt-Messbetrag auf alle (hebeberechtigten) Gemeinden zu zerlegen, in denen im (Laufe des) EZ Betriebsstätten unterhalten wurden (§ 28 Abs. 1 S. 2 1. Alt. GewStG).[81] Auf die Verhältnisse im EZ kommt es auch bei einem vom EZ abweichenden Wj. an. Als Zerlegungsmaßstab für die Anteile der einzelnen Gemeinden werden nach §§ 29 und 31 GewStG die **Arbeitslöhne der eigenen AN**, die während des EZ gezahlt worden sind, herangezogen. Dabei sind die AN der Betriebsstätte zuzuordnen, bei der sie beschäftigt oder der sie überwiegend betrieblich verbunden sind (BFH vom 24.05.2006, BFH/NV 2007, 270 m.w.N.). Ist der AN zugleich mehreren Betriebsstätten nicht nur unwesentlich verbunden, ist dessen Arbeitslohn aufzuteilen (BFH vom 22.07.1988, BFH/NV 1990, 56).

§ 31 GewStG enthält einen eigenständigen Begriff der Arbeitslöhne für die Zerlegung der GewSt und bestimmt sich nach wirtschaftlichen Gesichtspunkten (BFH vom 12.02.2004, BStBl II 2004, 602).

---

79 Grundlagenbescheid i.S.d. § 175 Abs. 1 S. 1 Nr. 1 AO für den Zerlegungs- und GewSt-Bescheid.
80 Grundsätzlich obliegt auch den Landesfinanzbehörden die Realsteuerverwaltung. Die Länder haben allerdings – mit Ausnahme der Stadtstaaten – von der Möglichkeit des Art. 108 Abs. 4 S. 2 GG Gebrauch gemacht und den Gemeinden die Verwaltung übertragen.
81 Dasselbe gilt auch bei Verlegung einer BS im Laufe des EZ in eine andere Gemeinde oder wenn Reisegewerbetreibende den Mittelpunkt ihrer gewerblichen Tätigkeit von einer Gemeinde in eine andere inländische Gemeinde verlegen (§ 35a Abs. 4 GewStG).

Nach § 31 Abs. 1 GewStG ist zunächst grundsätzlich auf den Begriff der Arbeitslöhne aus aktiven Dienstverhältnissen nach § 19 Abs. 1 Nr. 1 EStG[82] abzustellen, soweit diese nicht von der ESt befreit sind. Jedoch gibt es die folgenden Besonderheiten (s. § 31 Abs. 1 S. 2 bis Abs. 5 GewStG; R 31.1 GewStR):

- Zuschläge für Mehrarbeit und für Sonntags-, Feiertags- und Nachtarbeit sind unbeschadet der einkommensteuerlichen Behandlung nach § 3b EStG zu berücksichtigen;
- Vergütungen von Auszubildenden sind nicht zu berücksichtigen;
- ein Arbeitsvertrag ist aufgrund der wirtschaftlichen Betrachtungsweise zwischen Gewerbetreibenden und dem AN nicht erforderlich (BFH vom 12.02.2004, BStBl II 2004, 602);
- finden für den (teilweise) gewerbesteuerpflichtigen Unternehmer die in § 31 Abs. 3 GewStG angeführten Steuerbefreiungen Anwendung, bleiben bei der Ermittlung der Arbeitslöhne diejenigen Arbeitslöhne außer Betracht, die nicht ausschließlich oder überwiegend (> 50 %) in dem steuerpflichtigen Betrieb(steil) angefallen sind;
- gewinnabhängige einmalige Vergütungen bleiben außer Ansatz;
- ebenso sonstige Vergütungen, soweit sie bei dem einzelnen AN 50.000 € übersteigen;
- bei Unternehmen, die nicht von juristischen Person betrieben werden, sind für die im Betrieb tätigen (Mit-)Unternehmer insgesamt 25.000 € jährlich anzusetzen (auch für die geschäftsführende Komplementär-GmbH einer GmbH & Co. KG, BFH vom 12.04.2004, BStBl II 2004, 602). Die Zerlegung auf verschiedene Gemeinden ist auch dann nach diesem fiktiven (Mit-)Unternehmerlohn vorzunehmen, wenn in keiner der Betriebsstätten Arbeitslöhne an Arbeitnehmer gezahlt werden (BFH vom 05.10.2017, IV B 59/16).

Die Summe der Arbeitslöhne aller Betriebsstätten ergibt sich nach der Gesetzessystematik aus der Addition der den einzelnen zu berücksichtigenden Betriebsstätten in den jeweiligen Gemeinden zugeordneten, auf volle 1.000 € (§ 29 Abs. 3 GewStG) abgerundeten Lohnsummen.

Eine Zerlegung des GewSt-Messbetrages hat auch dann zu erfolgen, wenn sich **eine Betriebsstätte** in räumlicher, organisatorischer, technischer und wirtschaftlicher Hinsicht **über mindestens zwei Gemeinden erstreckt** und demnach das Zerlegungsmerkmal »Betriebsstätte = Gemeinde« leerläuft (sog. **mehrgemeindliche Betriebsstätte** i.S.d. § 28 Abs. 1 S. 2, 1. Alt. GewStG). In diesem Fall erfolgt gem. § 30 GewStG die **Zerlegung nach der Lage der örtlichen Verhältnisse** unter Berücksichtigung der erwachsenden Gemeindelasten.[83] Zu den Einzelfällen siehe H 30.1 GewStH Stichwort »Zu berücksichtigende Faktoren von Gemeindelasten« und zum gestuften Zerlegungsverfahren Stichwort »Hauptzerlegung und Unterzerlegung«.

Führt die Zerlegung nach den §§ 28–31 GewStG **zu einem offenbar unbilligen Ergebnis**, eröffnet § 33 Abs. 1 GewStG die Möglichkeit, einen besonderen Zerlegungsmaßstab anzuwenden, der die tatsächlichen Verhältnisse besser berücksichtigt als das Verhältnis der Arbeitslöhne (§ 29 GewStG) oder als die örtlichen Verhältnisse unter Berücksichtigung der gemeindlichen Lasten (§ 30 GewStG). Zu den Einzelheiten der Regelung vgl. R 33.1 GewStR.

Hinweis: Zu beachten ist insb. der Sonderzerlegungsmaßstab des § 29 Abs. 1 Nr. 2 GewStG. Bis zum EZ 2013 wurde der Messbetrag für Betriebe, die Anlagen zur Erzeugung von Wind-

---

82 Vgl. hierzu auch Teil A, Kap. II 1.2.4.
83 Entsprechend dem Äquivalenzgedanken der GewSt für die durch das Vorhandensein der Betriebsstätte erwachsenden Aufwendungen der Gemeinde (z.B. für die Infrastruktur).

energie betreiben, nach 3/10 entsprechend dem Verhältnis der Arbeitslöhne und zu 7/10 entsprechend dem Verhältnis ermittelt, in dem die Summe der steuerlich maßgebenden Ansätze des Sachanlagevermögens (mit Ausnahme der Betriebs- und Geschäftsausstattung, der geleisteten Anzahlungen und der im Bau befindlichen Anlagen) in allen Betriebsstätten zu dem Ansatz in den einzelnen Betriebsstätten steht.

Ab dem EZ 2014 gilt dieser Zerlegungsmaßstab nur noch für Betriebe, die ausschließlich Anlagen zur Erzeugung von Strom und anderen Energieträgern sowie Wärme aus Windenergie und solarer Strahlungsenergie betreiben (§ 36 Abs. 9d S. 1 GewStG). Die Ausdehnung auf Betriebe der solaren Strahlungsenergie wird allerdings für die EZ 2014 bis 2023 durch eine Übergangsregelung in § 29 Abs. 1 Nr. 2 Buchst. b GewStG (der neue Zerlegungsmaßstab auf Neuanlagen, Genehmigung ab 01.07.2013) beschränkt. Hierdurch können sich Gemeinden, in deren Gebiet sich Betriebe mit solaren Altanlagen befinden, ausreichend auf die geänderte Rechtslage einstellen.

Nachdem es in § 28 GewStG keinen eigenständigen **Betriebsstättenbegriff** gibt, rekurriert der BFH in ständiger Rspr. auf § 12 AO (vgl. BFH vom 13.09.2000, BStBl II 2001, 734 m.w.N.). Danach ist eine Betriebsstätte jede **feste Geschäftseinrichtung (oder Anlage), die der Tätigkeit des Unternehmens dient**. Das Unternehmen muss diese für eine gewisse Dauer zu seinen Zwecken nutzen und eine nicht nur vorübergehende Verfügungsmacht über sie haben (BFH vom 17.09.2003, BStBl II 2004, 396). Die Verfügungsmacht kann sich aus einer gesicherten Rechtsstellung (Eigentum oder Miete) oder aus anderen Umständen – die über die bloße ungesicherte Nutzungsmöglichkeit hinausgehen muss – ergeben (BFH vom 23.02.2011, BFH/NV 2011, 1354).

Fremdvermietete bzw. -verpachtete Geschäftseinrichtungen/Anlagen werden im Regelfall nicht mehr **zur Ausübung der eigenen gewerblichen Tätigkeit** unterhalten (BFH vom 10.02.1988, BStBl II 1988, 653). Insoweit ist aber für ein Unternehmen, das in einer Gemeinde (mit Geschäftsleitung) ansässig ist und in verschiedenen anderen Gemeinden vermietete Objekte (Immobilien) unterhält, die Vfg. der OFD Niedersachsen vom 25.01.2010 (Az.: G 1450 – 30 – St 252; DStR 2010, 554) zu beachten. Nach dieser wird eine Betriebsstätte am Belegenheitsort der verpachteten Immobilie angenommen, wenn

- der gewerbliche Verpächter am Belegenheitsort die Immobilie durch eigenes Personal unterhält oder
- die Unterhaltung durch Fremdpersonal vorgenommen wird, das aber vor Ort nachhaltig überwacht wird.

Sollte im Einzelfall hiernach am Belegenheitsort eine Betriebsstätte begründet werden, ist sie in die Zerlegung einzubeziehen. Maßstab für die Zerlegung ist das Verhältnis der Arbeitslöhne, die in den einzelnen Betriebsstätten (Geschäftsleitungs- und Belegenheitsbetriebsstätten) gezahlt werden.

Hinweis: Betriebsstätten im Ausland sind bei der Zerlegung nicht zu berücksichtigen (BFH vom 23.02.2011, BFH/NV 2011, 1354), der auf sie entfallende Teil des Gewerbeertrags wird bereits bei der Ermittlung der Besteuerungsgrundlagen ausgeschieden (s. § 2 Abs. 1 GewStG).

Daneben enthält § 28 Abs. 2 S. 1 Nr. 1–3 GewStG (lesen!) Sonderregelungen für bestimmte Arten von Unternehmen bzw. Anlagen, die ebenfalls die bei der Zerlegung zu berücksichtigenden Gemeinden zur Verfahrensvereinfachung einschränken.

3 Die Korrekturvorschrift des § 35b GewStG

§ 35b GewStG enthält eine **spezialgesetzliche Änderungsvorschrift** für GewSt-Bescheide (inkl. der Feststellung des vortragsfähigen Gewerbeverlustes), wenn sich der ESt- oder KSt-Bescheid ändert. § 35b GewStG kommt insb. dann zur Anwendung (s. auch R 35b.1 GewStR), wenn

1. der ESt-Bescheid, der KSt-Bescheid oder der Feststellungsbescheid aufgehoben oder geändert werden und
2. diese Aufhebung bzw. Änderung die Höhe des Gewinns aus Gewerbebetrieb berührt und
3. diese Aufhebung oder Änderung die Höhe des Gewerbeertrags beeinflusst.

Die bei der früheren (jetzt zu ändernden) Festsetzung des GewSt-Messbetrags vorgenommenen Hinzurechnungen und Kürzungen können aber nur insoweit korrigiert werden, soweit diese nach Grund und Höhe von der zur Änderung nach § 35b GewStG führenden Änderung des Gewinns aus Gewerbebetrieb unmittelbar berührt werden.

Beispiel 1:
Wurde der Gewinn aus Gewerbebetrieb erhöht, weil Zinsaufwendungen nicht mehr als BA berücksichtigt worden sind, und waren diese Zinsaufwendungen (ganz oder teilweise) als Entgelte für Schulden gem. § 8 Nr. 1 Buchst. a GewStG dem Gewinn hinzugerechnet worden, dann ist auch diese Hinzurechnung zu korrigieren. Eine fehlerhafte Korrektur anderer Hinzurechnungs- oder Kürzungstatbestände ist nur nach Maßgabe der Berichtigung materieller Rechtsfehler gem. § 177 AO (i.V.m. § 184 Abs. 1 S. 3 AO) möglich.

Mit Urteil vom 23.06.2004 (BStBl II 2004, 901) hat der BFH entschieden, dass § 35b GewStG auch dann Anwendung findet, wenn die vorausgegangene Aufhebung oder Änderung des ESt-Bescheids darauf beruht, dass die Tätigkeit des Steuerpflichtigen nicht wie bisher als gewerbliche qualifiziert, sondern einer anderen Einkunftsart zugeordnet wird. Dennoch ist der ESt-Bescheid aber immer noch kein Grundlagenbescheid für die steuerliche Einordnung der Einkünfte im GewSt-Messbetragsverfahren (BFH vom 24.04.2008, BFH/NV 2008, 1361).

Für die Änderung oder Aufhebung ist aber nicht nur die Höhe des Gewinns aus Gewerbebetriebs maßgebend, sondern auch eine Umqualifizierung eines bisher als Veräußerungsgewinns behandelten Gewinns in einen laufenden Gewinn kann zur Anwendung des § 35b GewStG führen (BFH vom 16.12.2004, BStBl II 2005, 187).

Hinweis: § 35b GewStG ermöglicht auch in Organschaftsfällen bei einer Gewinnänderung auf der Ebene der Organgesellschaft eine Änderung des bestandskräftigen GewSt-Messbetrags.

Nach § 35 Abs. 2 S. 2 ff. GewStG führt die Änderung der Besteuerungsgrundlagen des GewSt-Messbetragsbescheides von Amts wegen auch zu einer Anpassung des Verlustfeststellungsbescheides. Insoweit werden – im Gegensatz zur Änderungsmöglichkeit nach § 35b Abs. 1 GewStG – auch der geänderte Gewerbeertrag sowie ggf. geänderte Hinzurechnungen und Kürzungen und die sich daraus ergebende Veränderung der Fehlbeträge berücksichtigt.

4 Die Gewerbesteuerrückstellung als Bilanzproblem

In Klausuren und in der Praxis begegnet einem die GewSt bereits beim Erstellen der Schlussbilanz des Unternehmens, wenn es gilt, die Position »GewSt-Rückstellung« gem. § 249 Abs. 1 S. 1 HGB zu errechnen. Nach Verwaltungsauffassung ist **trotz § 4 Abs. 5b EStG** die handelsrechtlich zu bildende GewSt-Rückstellung auch in der StB anzusetzen. Dies soll auch für StPfl. gelten, für die § 5 Abs. 1 EStG keine Anwendung findet. Anzusetzen ist der volle Steuerbetrag, der sich ohne die Berücksichtigung der GewSt ergibt; die Gewinnauswirkungen sind – natürlich – außerbilanziell zu neutralisieren.

Zur Berechnung der GewSt-Rückstellung empfiehlt sich aus didaktischen Gründen – ab VZ 2008 – folgende **Formel**:

1. Gewerbeertrag (Ermittlung der BMG)

Vorläufiger Bilanzgewinn (ggf. mit Korrekturen gem. § 4 Abs. 5 EStG, § 10 KStG)
+ Hinzurechnungen
./. Kürzungen
+ Vorauszahlungen

= Gewerbeertrag
(ggf. ./. Freibetrag)

= **Gekürzter vorläufiger Gewerbeertrag (abgerundet auf volle 100 €)**

2. Berechnung der Rückstellung

Messbetrag nach Gewerbeertrag unter Berücksichtigung der Steuermesszahl
x Hebesatz (… %)
./. Vorauszahlungen

= **Rückstellung (bzw. Erstattungsanspruch[84])**

3. (ggf. Verprobung)

4.1 Reihenfolge und Berechnung der Steuerrückstellungen bei Kapitalgesellschaften

Bei der Bilanzerstellung von KapG war wegen des Abzugs der GewSt als BA zu beachten, dass zuerst die GewSt und sodann die KSt berechnet und in die Bilanz eingestellt wurden.

Beispiel 2: Steuerrückstellung
Für die Y-GmbH ist die Schlussbilanz des Jahres 17 aufgrund der vorläufigen Bilanz – ohne Steuerrückstellungen – zu erstellen:

---

84 Bilanzierung als sonstiger Vermögensgegenstand.

Aktiva		Y-GmbH 17	Passiva
Aktiva	1.920.000 €	Gezeichnetes Kapital	200.000 €
		Gewinnrücklage	480.000 €
		Jahresüberschuss	200.000 €
		Verbindlichkeiten	1.040.000 €
	1.920.000 €		1.920.000 €

Das Jahresergebniskonto der Y-GmbH weist als Gewinn einen positiven Saldo von 200.000 € aus. Als Steueraufwand sind bislang nur die Vorauszahlungen für die KSt (10.000 €), die GewSt (ebenfalls 10.000 €) und der SolZ von 550 € erfasst. Hebesatz: 470 %.

Lösung:
1. Berechnung der GewSt-Rückstellung
    a) Ermittlung der Bemessungsgrundlage
       Gem. § 7 GewStG i.V.m. § 8 Abs. 1 KStG   200.000 €
       + KSt-Vorauszahlung inkl. SolZ (§ 10 Nr. 2 KStG)   10.550 €
       Bereinigter Jahresüberschuss   210.550 €
       + GewSt-Vorauszahlung   10.000 €
       Vorläufiger Gewerbeertrag   **220.550 €**
    b) Berechnung der Rückstellung
       Messbetrag: 220.550 € x 3,5 %   7.719,25 €
       7.719 € x 470 % (Hebesatz), abgerundet   36.280 €
       ./. Vorauszahlungen   ./. 10.000 €
       GewSt-Rückstellung (aufgerundet)   **26.280 €**

2. Berechnung der KSt-Rückstellung
    a) Ermittlung der Bemessungsgrundlage
       Korrigierter Jahresüberschuss (s.o.)   210.550 €
       → ohne GewSt-Abzug ←
       d.h. zzgl. GewSt-Vorauszahlungen   + 10.000 €
       Zwischensumme: **220.550 €**
    b) KSt auf z.v.E. (15 % gem. § 23 Abs. 1 KStG)   33.082 €
    c) ./. Vorauszahlungen   ./. 10.000 €
    d) KSt-Rückstellung   23.082 €
    e) zzgl. 5,5 % SolZ = 1.819 € ./. 550 € = 1.269 €   24.351 €

3. Endgültige StB der Y-GmbH zum 31.12.17

Aktiva		Y-GmbH 17	Passiva
Diverse Aktiva	1.920.000 €	Gezeichnetes Kapital	200.000 €
		Gewinnrücklage	480.000 €
		Jahresüberschuss	**149.369 €**
		GewSt-Rückstellung	26.280 €
		KSt-Rückstellung	24.351 €
		Verbindlichkeiten	1.040.000 €
	1.920.000 €		1.920.000 €

Ergebnis: Der Vergleich der StB der Y-GmbH nach Steuerrückstellungen mit der StB vor Rückstellungen ergibt einen um 51.621 € geminderten Jahresüberschuss, der durch die notwendige Einstellung in die Rückstellungen (26.870 € für GewSt und 24.351 € für KSt) zu erklären ist.

4.2 Die Gewerbesteuerrückstellung bei Personengesellschaften bzw. Einzelunternehmen

Bei Einzelunternehmen sowie PersG ist zusätzlich der Freibetrag zu berücksichtigen.

Beispiel 3: Die Gesamt-GewSt-Belastung beim Einzelunternehmer
Die Bilanzen und die G+V des E weisen folgende Zahlen aus:
- Vorläufiger Gewinn   50.000 €
- Bereits als BA berücksichtigte Zinsen für Investitionskredit   10.000 €

Außerdem wird ein eigenbetrieblich genutzter Grundstücksanteil (70 % betriebliche Nutzung des Grundstücks mit einem anteiligen EW von 50.000 € (140 %)) mit den anteiligen AK von 420.000 € bilanziert.

E möchte wissen, mit welcher GewSt-Gesamtbelastung (Hebesatz in der Gemeinde des E: 380 %) er rechnen muss.

Lösung:

Gewinn aus Gewerbebetrieb:	50.000 €
Hinzurechnung nach § 8 Nr. 1 Buchst. a GewStG, unter Berücksichtigung des Freibetrages	0 €
Kürzung nach § 9 Nr. 1 S. 1 GewStG (1,2 % des Einheitswertes):	600 €
Maßgebender Gewerbeertrag, § 10 Abs. 1 und § 14 GewStG:	49.400 €
abzgl. Freibetrag bei Einzelunternehmern, § 11 Abs. 1 S. 3 GewStG (die Rundung auf volle 100 € ergibt hier keinen Effekt):	24.500 €
Ausgangsgröße:	24.900 €
x Steuermesszahl 3,5 %, § 11 Abs. 2 GewStG ergibt den GewSt-Messbetrag (gerundet):	872 €
x Hebesatz 380 % GewSt-Schuld (gerundet):	3.314 €

Die GewSt-Rückstellung ist mangels geleisteter Vorauszahlungen i.H.v. 3.314 € zu passivieren. Wegen **§ 4 Abs. 5b EStG** darf die GewSt den Gewinn im Ergebnis nicht mindern, sodass eine **außerbilanzielle** Hinzurechnung zu erfolgen hat.

5 Die Anrechnung der Gewerbesteuer auf die Einkommensteuer

Zur Abmilderung der durch die GewSt im internationalen Vergleich bestehende zusätzliche steuerliche Belastung gewerblicher Einkünfte kommt für Einkünfte aus Gewerbebetrieb für nach dem 31.12.2000 beginnenden Wj. die (Einkommen-) Steuerermäßigung nach § 35 EStG (= Tarifermäßigung der Einkommensteuer) in Betracht.[85]

Von der Ermäßigung nach § 35 EStG profitieren lediglich Inhaber von gewerblichen Einzelunternehmen und die der ESt unterliegenden G'fter von gewerblichen PersG mit ihren inländischen gewerblichen Einkünften. Unerheblich ist, ob diese Personen unbeschränkt oder nur beschränkt einkommensteuerpflichtig sind. KapG können diese Steuerermäßigung nicht erlangen.

Aufgrund der Nichtabziehbarkeit der GewSt als BA ab dem EZ 2008, wurde die Berechnung des Ermäßigungsbetrags modifiziert und wird nachfolgend dargestellt.

5.1 Grundlagen

Die Steuerermäßigung beläuft sich gem. § 35 Abs. 2 S. 1 Nr. 1 EStG bei Einkünften aus gewerblichen (Einzel-)Unternehmen i.S.d. § 15 Abs. 1 S. 1 Nr. 1 EStG auf das **3,8-Fache des** für den EZ **festgesetzten GewSt-Messbetrag**. Dieser Anrechnungsbetrag ist aber **begrenzt auf** den sog. **Ermäßigungshöchstbetrag** (§ 35 Abs. 1 S. 1–4 EStG) und darf die **tatsächlich zu zahlende GewSt**[86] nicht übersteigen (§ 35 Abs. 1 S. 5 EStG).

Der **Ermäßigungshöchstbetrag** beschränkt die Steuerermäßigung auf die sog. geminderte tarifliche ESt, die anteilig auf die gewerblichen Einkünfte entfällt.

Ausgangsgröße ist hierfür die geminderte tarifliche ESt nach § 35 Abs. 1 S. 4 EStG, d.h. nach Abzug von Beträgen aufgrund der Anwendung von zwischenstaatlichen Abkommen (z.B. DBA) und vermindert um die anzurechnenden ausländischen Steuern nach § 32d Abs. 6 S. 2 EStG, § 34c Abs. 1 und 6 EStG und § 12 AStG. Die Steuerermäßigungen nach § 34g EStG (für Zuwendungen an politische Parteien) und § 35a EStG (für Handwerkerdienstleistungen) werden systematisch erst nach Abzug der Steuerermäßigung nach § 35 EStG berücksichtigt.

Zur Berechnung des Ermäßigungshöchstbetrages ist sodann in einem zweiten Schritt entsprechend der nachfolgenden Formel die tarifliche ESt i.S.d. § 35 Abs. 1 S. 1 EStG nach dem Verhältnis der positiven gewerblichen Einkünfte zur Summe aller positiven Einkünfte aufzuteilen (§ 35 Abs. 1 S. 2–3 EStG; vgl. auch BMF vom 03.11.2016, BStBl I 2016, 1187, Tz. 16):

$$\frac{\text{Summe der positiven gewerblichen Einkünfte} \times \text{geminderte tarifliche Steuer (i.S.d. § 35 EStG)}}{\text{Summe aller positiven Einkünfte}}$$

---

[85] Hierdurch mindert sich zwar die Bemessungsgrundlage des Solidaritätszuschlags, nicht aber die der Kirchensteuer (vgl. § 51a Abs. 2 S. 3 EStG i.V.m. den jeweiligen Kirchensteuergesetzen).

[86] Ohne Bedeutung ist der Zeitpunkt der GewSt-Zahlung. Wird die festgesetzte GewSt von der Gemeinde oder der festgesetzte GewSt-Messbetrag vom FA nachträglich herabgesetzt (z.B. aufgrund einer Billigkeitsmaßnahme nach §§ 163, 227 AO), ist die Steuerermäßigung nach § 175 Abs. 1 S. 1 Nr. 1 AO zu korrigieren. Die Festsetzungen sind gem. § 35 Abs. 3 S. 2 EStG Grundlagenbescheide.

- Bei der Ermittlung der maßgeblichen Einkünfte ist sowohl bei der »Summe der positiven gewerblichen Einkünfte« als auch bei der »Summe aller positiven Einkünfte« ein sog. horizontaler Verlustausgleich vorzunehmen, d.h., positive und negative Einkünfte innerhalb derselben Einkunftsart sind zu saldieren (vgl. BFH vom 23.06.2015, BFH/NV 2015, 1482). Diese Regelung erweist sich als nachteilig, wenn infolge des Verlustausgleichs keine positiven Einkünften aus Gewerbebetrieb verbleiben. Nach dem Wortlaut der Vorschrift kommt ein sog. vertikaler Verlustausgleich nicht in Betracht; eine negative Summe der Einkünfte aus einer Einkunftsart darf nicht mit der positiven Summe der Einkünfte einer anderen Einkunftsart saldiert werden.
- Eine Verrechnung von positive Einkünften des einen Ehegatten mit den negativen Einkünften des anderen kommt nicht in Betracht (vgl. BFH vom 23.06.2015, BFH/NV 2015, 1482).
- In der »Summe der positiven gewerblichen Einkünfte« sind aber nur solche Einkünfte zu erfassen, die auch gewerbesteuerpflichtig sind. Andere gewerbliche Einkünfte sind lediglich in der »Summe aller positiven Einkünfte« zu berücksichtigen (so BMF vom 03.11.2016, a.a.O., Tz. 16).

Beispiel 4:

Einkünfte	des Ehemannes (EM)	der Ehefrau (EF)
Gewerbebetrieb (1), § 15 EStG	./. 100.000 €	./. 100.000 €
Gewerbebetrieb (2), § 15 EStG	120.000 €	
§ 17 EStG	30.000 €	
Grundstück (1), § 21 EStG	250.000 €	100.000 €
Grundstück (2), § 21 EStG	./. 350.000 €	./. 50.000 €

Lösung: Für EF ist kein Ermäßigungshöchstbetrag zu ermitteln, da sie keine positiven gewerblichen Einkünfte hat und eine Steuerermäßigung nicht in Betracht kommt. Der Ermäßigungshöchstbetrag für EM ermittelt sich wie folgt:

$$\frac{20.000\ \text{€ (gew. Einkünfte EM)}}{100.000\ \text{€ (§ 15 EStG EM + § 17 EStG EM + § 21 EStG EF)}} \times \text{geminderte tarifliche ESt}$$

Die gewerblichen Einkünfte umfassen die Einkünfte aus Gewerbebetrieb i.S.d. § 15 EStG, soweit sie gewerbesteuerpflichtig und nicht von der Anwendung des § 35 EStG ausgeschlossen sind.[87] Einkünfte i.S.d. §§ 16, 17 EStG gehören nicht zu den gewerblichen Einkünften i.S.d. § 35 Abs. 1 EStG, es sei denn, es handelt sich um gewerbesteuerpflichtige Veräußerungsergebnisse.

Beachte: Nicht entnommene Gewinne i.S.d. § 34a EStG sind im VZ ihrer begünstigten Besteuerung bei der Steuerermäßigung nach § 35 EStG einzubeziehen. Die Nachversteuerungsbeträge gehören hingegen nicht zu den begünstigten gewerblichen Einkünften. Die ESt auf den Nachversteuerungsbetrag gehört aber zur tariflichen ESt (so jedenfalls BMF vom 03.11.2016, BStBl I 2016, 1187, Tz. 15).

Hinweis: Wenn das Anrechnungspotenzial nicht vollständig ausgeschöpft werden kann, so wird dieses nicht auf vorherige und nachfolgende Veranlagungszeiträume übertragen

---

87 Vgl. § 18 Abs. 3 UmwStG und § 5a Abs. 5 S. 2 EStG.

(BVerfG vom 29.06.2009, 2 BvR 1540/08; BFH vom 23.04.2008, BStBl II 2009, 7). Eine vollständige Anrechnung der GewSt-Schuld auf die ESt ist nicht geboten (BFH vom 10.09.2015, BStBl II 2015, 1046).

5.2 Steuerermäßigung bei Einkünften aus Mitunternehmerschaften

Nach § 35 Abs. 1 S. 1 Nr. 2 EStG ermäßigt sich die tarifliche ESt auch, soweit sie auf im zu versteuernden Einkommen enthaltene Einkünfte aus Gewerbebetrieb als MU einer gewerbesteuerpflichtigen PersG entfällt, um das 3,8-Fache des jeweils für den dem VZ entsprechenden EZ für die MU-schaft festgesetzten und anteilig dem jeweiligen MU zuzurechnenden GewSt-Messbetrag; ebenfalls begrenzt auf den Ermäßigungshöchstbetrag und die anteilig tatsächlich zu zahlende GewSt.

Die hierfür erforderliche gesonderte und einheitliche Feststellung des auf die einzelnen MU entfallenden Anteils am GewSt-Messbetrag und der tatsächlich zu zahlenden GewSt auf Ebene der MU-schaft erfolgt nach den Regelungen in § 35 Abs. 2–4 EStG. Diese Feststellungen auf Ebene der MU-schaft sind bei der Ermittlung der Steuerermäßigung für den MU Grundlagenbescheide (§ 35 Abs. 3 S. 2 EStG). Die Bindungswirkung des Feststellungsbescheids nach § 35 Abs. 3 S. 1 EStG erstreckt sich aber nur auf die einzelnen MU (BFH vom 22.09.2011, BStBl II 2012, 183). Zuständig für die gesonderte und einheitliche Feststellung ist das Betriebs-FA der MU-schaft (§ 35 Abs. 3 S. 1 EStG i.V.m. § 18 Abs. 1 Nr. 2 AO).

Der auf die jeweiligen MU entfallende **anteilige GewSt-Messbetrag** der PersG ist gem. § 35 Abs. 2 S. 2 EStG **nach Maßgabe des allgemeinen Gewinnverteilungsschlüssels** zu ermitteln. Da hiermit die gesellschaftsrechtliche oder die hiervon abweichende gesellschaftsvertraglich vereinbarte Gewinnverteilung gemeint ist, kommt es insoweit nicht auf die ggf. abweichende Gewinnverteilung im Rahmen der gesonderten und einheitlichen Feststellung der Einkünfte aus Gewerbebetrieb an. I.d.R. stimmt der allgemeine Gewinnverteilungsschlüssel mit den Festkapitalkonten (Kapitalkonto I) überein. Dies gilt jedoch nur, insoweit diese Gewinnverteilung auch in **steuerrechtlicher** Hinsicht **anzuerkennen** ist (so BMF vom 03.11.2016, BStBl II 2016, 1187, Tz. 21). Besonderheiten ergeben sich hier insb. bei einer unzulässigen rückwirkenden Änderung der Gewinnverteilungsabrede oder bei Familien-PersG. Bei der Aufteilung nach dem allgemeinen Gewinnverteilungsschlüssel bleiben gem. § 35 Abs. 2 S. 2 EStG auch sämtliche handelsrechtliche Vorabgewinne und steuerrechtliche Sondervergütungen i.S.d. § 15 Abs. 1 S. 1 Nr. 2 EStG unberücksichtigt (BFH vom 07.04.2009, BStBl II 2010, 116).

Beispiel 5:
An der AB-OHG sind die Freunde A und B zu je 50 % als MU beteiligt. Der Gewinn der MU-schaft beträgt 400.000 €. Der Hinzurechnungsbetrag nach § 8 GewStG beträgt (u.a. wegen zwei Darlehen der G'fter A/B) insgesamt 84.500 € (BMG: nach Abzug der 100.000 € / vom Rest 1/4). Demnach beträgt der Gewerbeertrag 484.500 €. Der Hebesatz der Gemeinde beträgt 400 %. Dies führt zu einem GewSt-Messbetrag von 16.100 € (484.500 € ./. 24.500 € = 460.000 € x 3,5 %) und einer GewSt von 64.400 €.

Abwandlung: A erhält nun eine Vorabvergütung von 300.000 €.

Lösung: Der anteilige GewSt-Messbetrag beträgt nach dem allgemeinen Gewinnverteilungsschlüssel 8.050 € und führt zu einem Ermäßigungsbetrag i.S.d. § 35 Abs. 1 EStG i.H.v. 30.590 €. Erhält A nun eine Vorabvergütung von 300.000 € und wird nur der danach verbleibende Gewinn hälftig zugewiesen, werden A und B weiterhin jeweils ein anteiliger GewSt-Messbetrag i.H.v. 8.050 € und eine tatsächlich zu zahlende GewSt von anteilig 30.590 € zugerechnet. Die hierdurch entstehenden Anrechnungsüberhänge sind wegen der fehlenden Abstimmung des Anteils am GewSt-Messbetrag mit dem Anteil an den steuerlichen Einkünften hinzunehmen (BFH vom 07.04.2009, BStBl II 2010, 116).

Hinweis: Soweit das Gesetz aber ausdrücklich an den allgemeinen Gewinnverteilungsschlüssel anknüpft, hat dies zur Folge, dass **gesellschaftsvertraglichen Vereinbarungen** der G'fter, über die eine **anderweitige gewerbesteuerliche Belastung** – wie etwa die gesonderte Zuweisung der auf eine gewinnunabhängige Sondervergütung entfallende GewSt auf den jeweiligen Vergütungsempfänger – steuerlich **keine Bedeutung** beizumessen ist.

Sofern die PersG auch **gewerbesteuerpflichtige Veräußerungs- oder Aufgabeergebnisse** (nach § 7 S. 2 GewStG) erzielt hat, gehen diese in den festgesetzten GewSt-Messbetrag ein und sind daher ebenfalls nach Maßgabe des allgemeinen Gewinnverteilungsschlüssels aufzuteilen (BFH vom 14.01.2016, BFH/NV 2016, 1104). Allerdings werden nach § 7 S. 2 GewStG gewerbesteuerpflichtige Veräußerungs- oder Aufgabeergebnisse bei der Ermittlung des Ermäßigungshöchstbetrages bei der »Summe der positiven gewerblichen Einkünfte« und der »Summe aller positiven Einkünfte« nur bei dem jeweils betroffenen MU – dem diese Ergebnisse zuzurechnen sind – berücksichtigt (BMF vom 03.11.2016, BStBl I 2016, 1187, Tz. 33 mit Beispielen). Bei der Aufteilung sowohl des GewSt-Messbetrags als auch der tatsächlich zu zahlenden GewSt sind auch solche MU, für die eine Steuerermäßigung nach § 35 EStG aufgrund des persönlichen Anwendungsbereiches der Vorschrift (etwa bei KapG als Beteiligte) nicht in Betracht kommt, nicht auszuscheiden.

Beachte: Nach einem **unterjährigen G'fter-Wechsel** bzw. Ein- oder Austritt eines G'fters in/aus eine(r) PersG ist der Anteil am GewSt-Messbetrag nur für diejenigen G'fter festzustellen, die zum Zeitpunkt der Entstehung der GewSt MU der fortbestehenden PersG als Steuerschuldnerin der GewSt sind (BFH vom 14.01.2016, BFH/NV 2016, 1104). Daher erfolgt die Aufteilung des GewSt-Messbetrags ausschließlich auf die G'fter, die zum Ende des EZ noch an der PersG beteiligt sind (BMF vom 03.11.2016, a.a.O., Tz 28).[88] Den unterjährig ausgeschiedenen G'ftern ist kein anteiliger GewSt-Messbetrag bzw. tatsächlich zu zahlende GewSt zuzurechnen.

Wird ein **Einzelunternehmen unterjährig in eine PersG** (oder umgekehrt) **umgewandelt** (durch Aufnahme oder Ausscheiden von G'ftern), kommt es jedoch weiterhin zu einem **Wechsel des Steuerschuldners**[89], sodass der für den EZ ermittelte einheitliche GewSt-Messbetrag dem Einzelunternehmen und der PersG anteilig zuzurechnen und getrennt festzusetzen ist (R 11.1 S. 3 ff. GewStR). Die getrennte Festsetzung des anteiligen GewSt-Messbetrags ist dabei maßgeblich für die Anwendung des § 35 GewStG.

---

88 Bis zum VZ 2017 ist aber die bisherige Verwaltungsauffassung (BMF vom 24.02.2009, BStBl I 2009, 400, Tz. 30 = s. 15. Auflage) weiterhin anzuwenden, wenn alle zum Ende des gewerbesteuerlichen EZ noch beteiligten MU dies einheitlich beantragen (BMF vom 03.11.2016, a.a.O., Tz. 34).
89 S. auch Kap. II 3.2.

5.3 Besonderheiten bei mehreren Gewerbebetrieben/Beteiligungen an gewerblichen Personengesellschaften

In den Fällen, in denen dem StPfl. mehrere Gewerbebetriebe oder gewerbliche Einkünfte aus der Beteiligung an MU-schaften zuzurechnen sind, sind die GewSt-Messbeträge für jeden Gewerbebetrieb bzw. jede gewerbliche MU-schaft getrennt zu ermitteln, mit dem Faktor 3,8 zu vervielfältigen und auf die für den jeweiligen Gewerbebetrieb tatsächlich zu zahlende GewSt zu begrenzen (sog. **betriebsbezogene Betrachtungsweise**; vgl. BFH vom 20.03.2017, DStR 2017, 1917). Sind die so ermittelten Beträge (das sog. Anrechnungsvolumen) zusammengefasst höher als der Ermäßigungshöchstbetrag, ist Letzterer der maßgebliche Ermäßigungsbetrag.

Beispiel 6:
Einkünfte des A:
Gewerbebetrieb (1), § 15 EStG	./. 100.000 €
Gewerbebetrieb (2), § 15 EStG	120.000 €
GewSt-Messbetrag	4.200 €
GewSt	19.740 €
§ 17 EStG	30.000 €
§ 21 EStG	200.000 €
tarifliche ESt	100.000 €

Lösung:
(1) 3,8-Faches des GewSt-Messbetrags 4.200 €	15.960 €
(2) tatsächlich zu zahlende GewSt	19.740 €
(3) Ermäßigungshöchstbetrag	48.000 €

$$\frac{120.000\ € \times 100.000\ €}{250.000\ €}$$

= Steuerermäßigung   15.960 €

Hinweis: Aufgrund der betriebsbezogenen Betrachtungsweise sind auch bei negativen gewerblichen Einkünften eines Betriebs der – aufgrund von Hinzurechnungen entstehende – zugehörige GewSt-Messbetrag und die zu zahlende GewSt nicht zu berücksichtigen.

5.4 Besonderheiten bei mehrstöckigen Personengesellschaften

Bei sog. mehrstöckigen PersG wird der **bei einer Personenuntergesellschaft festgestellte**, aber insoweit bei der an ihr beteiligten Personenobergesellschaft nicht ertragsteuerlich verwertbare **GewSt-Messbetrag** an diese Personenobergesellschaft anteilig »**weitergereicht**«, um letztlich eine **Berücksichtigung bei den G'ftern der Personenobergesellschaft** zu ermöglichen. Daher bestimmt § 35 Abs. 2 S. 5 EStG, dass anteilige GewSt-Messbeträge, die aus einer Beteiligung an einer solchen Untergesellschaft stammen, in die Feststellung nach § 35 Abs. 2 S. 1 EStG der Obergesellschaft einzubeziehen sind und so lange »weitergereicht« werden, bis eine Zuordnung an »Schlussgesellschafter« als natürliche Personen erfolgen kann. Auf jeder Ebene erfolgt die Aufteilung und Zurechnung nach Maßgabe des allgemeinen Gewinnverteilungsschlüssels. Der GewSt-Messbetrag i.S.d. § 35 Abs. 2 EStG ist mithin zusammengefasst als einheitlicher Betrag festzustellen, auch wenn er sich aus verschiedenen Untergesellschaften zusammensetzt (BFH vom 28.05.2015, BStBl II 2015, 837 und vom 14.01.2016, BStBl II 2016, 875). Dieser einheitlich festgestellte Betrag ist aber wegen der betriebsbezogenen Betrachtungsweise für die Berechnung nach § 35 Abs. 1 S. 5 EStG aufzuspalten, da sich insoweit keine Unterschiede ergeben können, als die verschiedenen gewerblichen Einkunftsquellen aus Sicht des StPfl. nebeneinander oder eben in einer mehrstöckigen Struktur stehen (vgl. BFH vom 20.03.2017, DStR 2017, 1917).

Beispiel 7:
A ist zu 60 % an der B GmbH & Co. KG (B-KG) als Kommanditist beteiligt, die wiederum zu 100 % an der C GmbH & Co. KG (C-KG) beteiligt ist. Der Bescheid über die gesonderte und einheitliche Feststellung von Besteuerungsgrundlagen für die C-KG wies für die B-KG als Beteiligte u.a. einen GewSt-Messbetrag i.H.v. 100.000 € und eine tatsächlich zu zahlende GewSt i.H.v. 650.000 € aus. Der Bescheid über die gesonderte und einheitliche Feststellung von Besteuerungsgrundlagen für die B-KG wies für den Beteiligten A u.a. folgende Beträge aus:

- anteiliger GewSt-Messbetrag der Gesellschaft   200.000 €
- anteiliger GewSt-Messbetrag aus Beteiligungen an inländische PersG   60.000 €
- Summe der anteiligen GewSt-Messbeträge der MU-schaft   260.000 €
- für den Feststellungszeitraum tatsächlich anteilig zu zahlende GewSt
  der Gesellschaft   600.000 €
- anteilig zu zahlende GewSt aus Beteiligungen an anderen PersG   390.000 €
- Summe der tatsächlich anteilig zu zahlenden GewSt der MU-schaft   990.000 €

Lösung: Der aus der Beteiligung an der C-KG stammende GewSt-Messbetrag und die tatsächlich zu zahlende GewSt ist in die Feststellung nach § 35 Abs. 2 EStG bei der B-KG einzubeziehen und in der gesonderten und einheitlichen Feststellung dem G'fter A anteilig entsprechend dem allgemeinen Gewinnverteilungsschlüssel zuzurechnen (60 %). Insoweit entfaltet die gesonderte und einheitliche Feststellung nach § 35 Abs. 2 S. 1 EStG aber nur für diejenigen G'fter der PersG, auf die sich die Feststellung unmittelbar bezieht, eine Bindungswirkung. Bei mehrstöckigen PersG bindet daher der jeweilige Feststellungsbescheid auch nur auf der entsprechenden Beteiligungsstufe (BFH vom 22.09.2011, BStBl II 2012, 183). Auf der Besteuerungsebene des A ist sodann zum Zwecke der Berechnung nach § 35 Abs. 1 S. 5 EStG eine Aufspaltung erforderlich:
- Die Steuerermäßigung für seinen »durchgeleiteten« Anteil an der C-KG (60 %) beträgt 228.000 € (anteiliger GewSt-Messbetrag für A 60.000 € x Faktor 3,8). Eine Begrenzung auf die anteilig tatsächlich zu zahlenden GewSt i.H.v. 390.000 € (60 % von 650.000 €) geht ins Leere.
- Das Anrechnungsvolumen für seine unmittelbare Beteiligung an der B-KG beträgt zwar 760.000 € (200.000 € x Faktor 3,8); sie wird aber auf die anteilig tatsächlich zu zahlende GewSt i.H.v. 600.000 € beschränkt.
- Die Steuerermäßigung beträgt somit insgesamt 988.000 €, höchstens jedoch den Ermäßigungshöchstbetrag nach seinen individuellen einkommensteuerlichen Verhältnissen. Insoweit sind auch bei mehrstöckigen PersG nur die gewerblichen Einkünfte aus der B-KG (darin sind die anteiligen Ergebnisse der Untergesellschaften einkommensteuerlich enthalten) zu berücksichtigen.

Beachte: Ist die mitunternehmerische Beteiligung an der Personenobergesellschaft aber dem BV eines Einzelunternehmens zuzurechnen, ist der diesem MU zuzurechnende GewSt-Messbetrag und die darauf anteilig entfallende tatsächlich zu zahlende GewSt der MU-schaft bei der Ermittlung des GewSt-Messbetrags für das Einzelunternehmen ebenfalls einzubeziehen (§ 35 Abs. 1 S. 1 Nr. 1 a.E. EStG). Die Steuerermäßigung nach § 35 EStG bezieht sich in diesen Fällen einzig auf die gewerblichen Einkünfte aus dem Einzelunternehmen.

Hinweis: Wird zwischen zwei MU-schaften eine KapG zwischengeschaltet, ist eine »Durchleitung« der GewSt-Messbeträge zur Anrechnung bei den G'ftern der oberen MU-schaft aufgrund der Abschirmwirkung der KapG gegenüber ihren G'ftern nicht möglich (BFH vom 22.09.2011, BStBl II 2012, 14).

Teil D   Internationales Steuerrecht

Inhaltsverzeichnis Teil D

D	Internationales Steuerrecht	753
I	**Strukturierung der Fallgestaltungen im Internationalen Steuerrecht (inklusive der Grenzpendlerproblematik)**	753
1	Grenzüberschreitende Sachverhalte und Internationales Steuerrecht	753
2	Die Grenzpendlerproblematik	755
2.1	Vorgeschichte und Regelungshintergrund zu § 1 Abs. 3 EStG und zu § 1a EStG	755
2.2	Die konkrete Regelung	756
2.2.1	Fiktive unbeschränkte Steuerpflicht gemäß § 1 Abs. 3 EStG	756
2.2.2	Staatsangehörige der EU/des EWR (§ 1a EStG)	758
2.2.3	Zusammenfassung und Schema	759
II	**Die deutschen Doppelbesteuerungsabkommen (DBA)**	761
1	Historie und derzeitiger Stand	761
2	Multinationale Zusammenarbeit	761
3	Wirkungsweise der Doppelbesteuerungsabkommen	762
4	Systematik der Doppelbesteuerungsabkommen	764
4.1	Ansässigkeitsbestimmungen in den Doppelbesteuerungsabkommen	764
4.2	Besteuerungsregeln der Doppelbesteuerungsabkommen	765
4.2.1	Die Anrechnungsmethode	766
4.2.1.1	Die Anrechnungsmethode nach dem Recht der Doppelbesteuerungsabkommen	766
4.2.1.2	Die Umsetzung der Anrechnungsmethode in nationales Recht – Grundzüge	767
4.2.1.3	Zusätzlicher Anwendungsbereich	769
4.2.1.4	Problemfelder bei der Anrechnungsmethode	770
4.2.2	Die Freistellungsmethode	771
4.2.2.1	Die Freistellungsmethode nach Doppelbesteuerungsabkommen	771
4.2.2.2	Die Umsetzung der Freistellungsmethode in nationales Recht – Grundzüge	772
4.2.2.3	Der zusätzliche Anwendungsbereich	773
4.2.2.4	Kritik und offene Fragen zu § 32b EStG	774
4.2.3	Besondere Doppelbesteuerungsabkommen-Klauseln	776
4.3	Aufbau der Doppelbesteuerungsabkommen am Beispiel des OECD-Musterabkommens	778
4.4	Auslegungsregel für Doppelbesteuerungsabkommen	779
4.5	Die Antwort auf DBA-Fragen (§ 50d EStG) – Hinweis	780

III	**Auslandsbeziehungen eines Steuerinländers (Fälle der unbeschränkten Steuerpflicht)**	781
1	Einführung in die Thematik	781
2	Inländisches Unternehmen mit Outbound-Aktivitäten (Internationales Unternehmenssteuerrecht)	782
2.1	Steuerliche Folgen mit einer Kapitalgesellschaft im Ausland	782
2.1.1	Steuerliche Behandlung der ausgeschütteten Dividenden	782
2.1.2	Angemessener Liefer- und Leistungsverkehr zwischen verbundenen Unternehmen	785
2.1.2.1	Einleitende Anmerkungen zu der Verrechnungspreisproblematik	785
2.1.2.2	Dokumentationspflichten bei Verrechnungspreisen	786
2.1.2.3	Advance Pricing Agreements	790
2.2	Die Errichtung einer Betriebsstätte im Ausland	790
2.2.1	Der Betriebsstättenbegriff	791
2.2.2	Steuerliche Folgen der Betriebsstätten-Gründung	793
2.2.2.1	Errichtung einer Betriebsstätte im Ausland ohne Doppelbesteuerungsabkommen	793
2.2.2.2	Errichtung einer Betriebsstätte im Ausland mit Doppelbesteuerungsabkommen	793
2.2.3	Aufteilung des Betriebsvermögens und der Einkünfte	794
2.2.3.1	Allgemeines zur Einkunftsabgrenzung zwischen den Unternehmensteilen Stammhaus und Betriebsstätte	794
2.2.3.2	Die Zurechnung von Einkünften zu einer Betriebsstätte im Einzelnen	795
2.3	Beteiligung an einer ausländischen Personengesellschaft	800
2.3.1	Allgemeines	800
2.3.2	Die Einstufung der ausländischen Gesellschaft	801
2.3.3	Besteuerung des inländischen Gesellschafters einer ausländischen Personengesellschaft ohne Doppelbesteuerungsabkommen	801
2.3.4	Besteuerung des inländischen Gesellschafters einer ausländischen Personengesellschaft mit Doppelbesteuerungsabkommen	801
2.3.4.1	BMF vom 16.04.2010	804
2.3.4.2	BFH-Entscheidung zu grenzüberschreitenden Sondervergütungen bei Mitunternehmerschaften	806
2.3.4.3	Reaktion des Gesetzgebers	807
3	Sonstige grenzüberschreitende Aktivitäten eines Steuerinländers	809
3.1	Die Besteuerung von international tätigen Arbeitnehmern	809
3.1.1	Grundsätze	809
3.1.2	Sonderfragen	811
3.2	Die internationale Dividendenbesteuerung	811
3.2.1	Grundzüge/Vorwegunterscheidung	811
3.2.2	Einzelheiten	812

IV	**Regelungsbereiche des Außensteuergesetzes (AStG)**	814
1	Allgemeines	814
2	Gliederung des Außensteuergesetzes	814
3	Einkunftsberichtigung nach § 1 AStG	815
3.1	Voraussetzungen der Gewinnberichtigung nach § 1 AStG	816
3.1.1	Geschäftsbeziehungen (bzw. Geschäftsvorfälle)	816
3.1.2	Nahestehende Personen	816
3.1.3	Vereinbarte Bedingungen, die einem Fremdvergleich nicht standhalten	817
3.1.4	Die Funktionsverlagerung nach § 1 Abs. 3 S. 9 bis 13 AStG (Grundlagen)	819
3.1.4.1	Allgemeines	819
3.1.4.2	Begriffsdefinitionen	819
3.1.4.3	Rechtsfolgen der Funktionsverlagerung	820
3.1.4.4	Dokumentationspflichten	821
3.1.4.5	Anwendungszeitraum	821
3.2	Durchführung der Berichtigung nach § 1 AStG	821
3.2.1	Rechtsgrundlagen für die Korrektur der Verrechnungspreise	821
3.2.2	Technik der Gewinnberichtigung	822
3.3	Das Zusammentreffen von § 1 AStG und einem Doppelbesteuerungsabkommen	824
3.4	Sonderfall der Arbeitnehmerentsendung	825
3.4.1	Allgemeines	825
3.4.2	Der Inbound-Fall	825
3.4.2.1	Begriffsbestimmungen	825
3.4.2.2	Kriterien für die Einkunftsabgrenzung	826
3.4.3	Der Outbound-Fall	827
3.4.3.1	Prüfungsreihenfolge im Outbound-Fall	827
3.4.3.2	Berichtigungsvorschriften im Outbound-Fall	828
4	Die Wegzugsbesteuerung (§§ 2–6 AStG)	829
4.1	Allgemeines	829
4.2	Die Wegzugsbesteuerung nach § 2 AStG	829
4.2.1	Der Tatbestand des § 2 AStG	829
4.2.2	Bagatellgrenze und Ausnahme von der erweitert beschränkten Steuerpflicht	830
4.2.3	Rechtsfolge des § 2 AStG	831
4.2.3.1	Ermittlung der Einkünfte nach § 2 AStG	831
4.2.3.2	Konkurrenzfragen	832
4.2.4	Fallstudie zu § 2 AStG	833
4.3	Erbschaftsteuerliche Auswirkungen bei Wohnsitzwechsel in das niedrig besteuernde Ausland (Kurzdarstellung)	835
4.3.1	Tatbestand der erweitert beschränkten Erbschaftsteuerpflicht	835
4.3.2	Umfang der erweitert beschränkten Erbschaftsteuerpflicht	835
4.3.3	Doppelbesteuerungsabkommen und die erweitert beschränkte Erbschaftsteuerpflicht	835
4.4	Zwischenschaltung einer Kapitalgesellschaft (§ 5 AStG)	836
4.4.1	Allgemeines	836
4.4.2	Tatbestandsvoraussetzungen für die Zurechnung nach § 5 AStG	836

4.4.3		Folgen der Anwendung des § 5 AStG	836
4.5		Besteuerung des Vermögenszuwachses bei Wegzug	837
4.5.1		Tatbestandsvoraussetzungen des § 6 AStG	837
4.5.1.1		Persönliche Voraussetzungen	837
4.5.1.2		Sachliche Voraussetzungen	838
4.5.2		Rechtsfolgen des § 6 AStG	838
4.5.2.1		Steuerliche Folgen aus dem Verkauf der Anteile nach dem Wegzug	839
4.5.2.2		Verhinderung von Umgehungen (§ 6 Abs. 1 AStG)	840
4.5.2.3		Einführung einer Stundungsregelung der Vermögenszuwachssteuer für EU-/EWR-Staatsangehörige bei Wegzug in einen EU-/EWR-Staat und bei den Ersatztatbeständen mit EU-/EWR-Bezug	842
5		Die Hinzurechnungsbesteuerung nach dem AStG	842
5.1		Allgemeines	842
5.1.1		Ausländische Gesellschaften	843
5.1.2		Beherrschung durch inländische Gesellschafter	843
5.1.3		Einkünfte aus passivem Erwerb	843
5.1.4		Niedrige Besteuerung (§ 8 Abs. 3 AStG)	847
5.2		Rechtsfolgen der Hinzurechnungsbesteuerung	850
5.3		Gemischte Einkünfte (§ 9 AStG)	851
5.4		Schachteldividenden (§ 13 AStG)	851
5.5		Nachgeschaltete Zwischengesellschaften (§ 14 AStG)	852
5.6		Kapitalanlagegesellschaften	852
5.7		Verfahrensvorschriften (§ 18 AStG)	853
5.8		Verhältnis der §§ 7 ff. AStG zu anderen Vorschriften	853
5.9		Verhältnis der §§ 7 ff. AStG zu EU-Recht	854
V		**Besteuerung der Steuerausländer im Inland**	**855**
1		Sachlicher Umfang der beschränkten Steuerpflicht	855
1.1		Überblick	855
1.2		Konkurrenzen	855
2		Inlandseinkünfte gemäß § 49 EStG	855
2.1		Übersicht und grundlegende Verfahrensfragen	855
2.2		Der Katalog des § 49 Abs. 1 EStG	859
2.2.1		Die Hauptfälle	859
2.2.2		Existenzberechtigung von exotischen Regelungen?	861
2.2.2.1		§ 49 Abs. 1 Nr. 2 Buchst. f Doppelbuchst. bb EStG: Gewerblicher Grundstückshandel sowie Immobilieninvestitionen ausländischer Objektgesellschaften	861
2.2.2.2		§ 49 Abs. 1 Nr. 2 Buchst. f Doppelbuchst. aa EStG: Vermietung und Verpachtung von inländischem unbeweglichem Vermögen als gewerbliche Einkünfte	862
2.2.2.3		§ 49 Abs. 1 Nr. 7 EStG: Wiederkehrende Bezüge	862
2.2.2.4		§ 49 Abs. 1 Nr. 9 EStG: Sonstige Einkünfte gemäß § 22 Nr. 3 EStG	862
2.2.3		Der Tatbestand des § 49 Abs. 1 Nr. 5 EStG (Kapitalforderungen)	863
2.3		Die isolierende Betrachtungsweise des § 49 Abs. 2 EStG	866

3	Durchführung der Besteuerung sowie Verfahrensfragen	867
3.1	Charakterisierung der §§ 50 und 50a EStG	867
3.2	Die Ermittlung der Bemessungsgrundlage bei § 50 EStG (unter Einbeziehung des § 49 EStG)	867
3.2.1	Die Einkunftsarten in der beschränkten Steuerpflicht – Gesamtschau	867
3.2.2	Die Einkunftsermittlung im Einzelnen, insbesondere Geltung des objektiven Nettoprinzips sowie die Verlustberücksichtigung	868
3.2.3	Die weiteren Komponenten der Ermittlung des zu versteuernden Einkommens	870
3.2.4	Sonstiges (vertikales Steuerrecht/Tarifrecht)	870
3.3	Der Sondertatbestand des § 50a EStG – Die Neufassung des § 50a EStG (ab VZ 2009)	870
3.3.1	Anwendungsbereich: Steuerabzug bei beschränkt Steuerpflichtigen	870
3.3.2	Besonderheiten	871
4	Treaty Overriding	873
4.1	Struktur und historischer Abriss	873
4.1.1	Aufbau der Norm	873
4.1.2	Gesetzeshistorie	874
4.2	Die einzelnen Regelungsbereiche	874
4.2.1	Das zweistufige Verfahren	874
4.2.2	Die Ausnahmen: Das Freistellungs- und Kontrollmeldeverfahren	875
4.2.2.1	Das Freistellungsverfahren gemäß § 50d Abs. 2 EStG	875
4.2.2.2	Das Kontrollmeldeverfahren gemäß § 50d Abs. 5 EStG	876
4.2.2.3	§ 50d Abs. 8 EStG	876
4.2.2.4	Die Neufassung des § 50d Abs. 10 EStG	876
4.2.3	»Staatliches« Treaty Overriding contra »privates« Treaty Shopping	876
4.2.3.1	Der Grundfall	876
4.2.3.2	Kritik	878
5	Weitere Aktivitäten des Gesetzgebers	878
VI	**Exkurs: Die Bedeutung des Gemeinschaftsrechts**	880
1	Die Rechtsgrundlagen der Europäischen Gemeinschaft	880
2	Ein konkretes EU-Gebilde: Die Societas Europaea	881
3	Die Rechtsprechungspraxis des EuGH	883

D Internationales Steuerrecht

I Strukturierung der Fallgestaltungen im Internationalen Steuerrecht (inklusive der Grenzpendlerproblematik)

1 Grenzüberschreitende Sachverhalte und Internationales Steuerrecht

Das »Internationale Steuerrecht« hat zwei Gesichter. Steuerlich relevante Aktivitäten gibt es vom Inland ins Ausland (z.B. Outsourcen der Entwicklungsabteilung) ebenso wie in umgekehrter Richtung (z.B. ausländische Spezialisten werden im Inland tätig). In beiden Fällen werden die beteiligten Fisken einen Besteuerungsanspruch jeweils für sich reklamieren.

Beispiel 1: Der »Greencard-Spezialist«
In der Geschäftsleitung des inländischen Softwareherstellers S-GmbH wird überlegt, ob über das Greencard-Verfahren ausländische Spezialisten in den inländischen Betrieb integriert werden sollen oder ob die Entwicklungsabteilung in ein Land verlegt werden soll, in dem Programmierungskapazitäten ausreichend vorhanden sind. Neben allgemeinen wirtschaftlichen Überlegungen sind für die Geschäftsleitung auch mögliche steuerliche Aspekte von Interesse, und zwar auch, soweit es die Besteuerung der Ausländer im Inland betrifft.

Die meisten Steuerrechtsordnungen, einschließlich der deutschen, basieren auf einer umfassenden Steuerpflicht. Hat eine natürliche Person ihren Wohnsitz gem. § 8 AO[1] oder den gewöhnlichen Aufenthalt gem. § 9 AO[2] im **Inland** – bzw. eine Gesellschaft ihren Sitz oder den Ort der Geschäftsleitung im Inland (§§ 10 und 11 AO) –, so werden sie dort mit ihrem gesamten Welteinkommen der Besteuerung unterworfen. Dies nennt man auch Welteinkommens- oder Universalitätsprinzip (§ 1 Abs. 1 und 2 und § 2 EStG i.R.d. unbeschränkten Steuerpflicht).

Fehlen diese Voraussetzungen, greift der Fiskus dennoch zu, beschränkt sich aber auf die im Inland erwirtschafteten Erträge (sog. Quellen(staats)- oder Territorialitätsprinzip, §§ 1 Abs. 4, 49 ff. EStG i.R.d. beschränkten Steuerpflicht).

Folgt der andere beteiligte Staat denselben Prinzipien (Regelfall), empfindet der StPfl. die gesetzlichen oder verwaltungsinternen Regelungen nicht selten als ungerecht. Schlimmstenfalls führt dies jedoch zu einer doppelten steuerlichen Erfassung ein- und desselben Sachverhaltes. Zumindest die zuletzt genannte Möglichkeit sollte vermieden werden. Hier

---
1 Auch eine »bescheidene Bleibe« oder eine sog. »Stand-by-Wohnung« genügt den Ansprüchen, so BFH vom 13.11.2013, BFH/NV 2014, 1046.
2 Der zeitlich zusammenhängende Aufenthalt von mehr als 6 Monaten liegt – bei einem (polnischen) AN – auch dann vor, wenn er während des Zeitraums mehrfach aufeinanderfolgend nach Deutschland entsandt wurde und die Fortdauer intendiert ist (so BFH vom 19.06.2015, BFH/NV 2015, 1386).

zeigt sich bereits eine der bedeutendsten Aufgaben, die dem »Internationalen Steuerrecht« zu eigen sind.

Lösung: Der Softwarehersteller S-GmbH wird als unbeschränkt StPfl. nach § 1 Abs. 1 Nr. 1 KStG i.V.m. § 8 Abs. 1 und 2 KStG sowohl mit seinen im Inland erzielten Einkünften als auch mit möglichen Einkünften, die in seiner ausländischen Entwicklungsabteilung erzielt werden, der deutschen Besteuerung unterworfen (Welteinkommensprinzip). Auf denkbare Einkünfte der ausländischen Entwicklungsabteilung wird auch der ausländische Staat ein Besteuerungsrecht ausüben wollen.[3]

Dem ausländischen Greencard-Spezialisten wird es ähnlich ergehen, und zwar zunächst unabhängig davon, ob er in Deutschland der unbeschränkten Steuerpflicht gem. § 1 Abs. 1 EStG oder der beschränkten Steuerpflicht nach § 1 Abs. 4 i.V.m. § 49 ff. EStG unterliegt.

Natürlich lässt sich diese Problematik der klassischen Doppelbesteuerung im nationalen Alleingang lösen, aber nur für unbeschränkt StPfl. Sollten zusätzliche im Ausland steuerpflichtige Einkünfte anfallen, erfolgt die Berücksichtigung ausländischer Steuern meist über die sog. **Anrechnungsmethode** gem. § 34c EStG (s. Kap. II 4.2.1).

Dem gem. § 1 Abs. 4 EStG beschränkt StPfl. helfen die deutschen innerstaatlichen Regelungen bei der Vermeidung drohender Doppelbesteuerung nicht weiter. Er kann nur auf sein jeweiliges nationales Steuerrecht verwiesen werden. Schon aus dieser einführenden Betrachtung wird erkennbar, dass es sinnvoll ist, entsprechend der Systematik der deutschen Steuergesetze für die steuerliche Überprüfung zu differenzieren nach

- **Steuerinländern, die Auslandsbeziehungen** (im Beispiel 1 der Softwarehersteller S),
- **und Steuerausländern, die Inlandsbeziehungen** (der Greencard-Inhaber im Beispiel 1)

unterhalten.[4]

Die Unterscheidung in diese beiden Fallgruppen wird im Folgenden auch das Gliederungsgerüst für die Darstellung der weiteren internationalen Steuersachverhalte sein.

Darüber hinaus wird ebenfalls ersichtlich, dass nationale Regelungen zur Beseitigung der Doppelbesteuerung kaum vorhanden sind, weil steuerbegründende Normen auch im »Internationalen Steuerrecht« aus nahe liegenden Gründen (Finanzbedarf des Gemeinwesens) im Vordergrund stehen und sie zu allem oft noch kompliziert in der Anwendung sowie unzulänglich im Ergebnis sind. Notwendig ist eine gemeinsame Lösung durch die betroffenen Staaten. Die Konfliktbereinigung zwischen den beteiligten Staaten wird in den weitaus häufigsten Fällen durch den Abschluss von jeweils bilateralen Abkommen zur Vermeidung der Doppelbesteuerung vorgenommen. Politisch wünschenswert ist die Entwicklung eines supranationalen Steuerrechts, wie es in Ansätzen in der EG erst erkennbar, in Skandinavien mit multilateralen DBA bereits verwirklicht ist. Neben der Frage, in welche Richtung sich ein internationaler Steuersachverhalt entwickelt, wird demnach immer zu prüfen sein, ob er unter den Regelungsbereich von Gemeinschaftsrecht oder eines DBA fällt.

---

3   Zur Vermeidung einer Doppelbesteuerung würde die BRD diese Einkünfte von der Besteuerung freistellen.
4   Einen interessanten Grenzfall zur Unterscheidung zwischen beschränkter/unbeschränkter Steuerpflicht hat der BFH am 07.04.2004 entschieden (BFH/NV 2004, 1377): Eine in Frankreich wohnende deutsche Staatsangehörige, die in Frankreich für einen deutschen öffentlich-rechtlichen Sender arbeitet, ist mit diesen Einkünften unbeschränkt steuerpflichtig (§ 1 Abs. 2–3 EStG sowie Art. 14 Abs. 1 S. 1 DBA-Frankreich).

Da im Weiteren meist auf die Regelungen in den DBA zurückgegriffen wird, empfiehlt es sich, im Vorfeld kurz die deutsche Abkommenspraxis zu beleuchten sowie Wirkungsweise und Systematik der DBA darzustellen (s. Kap. II).

Deutlich wurde auch, dass das Internationale Steuerrecht weitgehend ohne das »Pass«-Kriterium der StPfl. mit grenzüberschreitenden Aktivitäten auskommt, demnach Fragen zur Staatsangehörigkeit grundsätzlich keine Rolle spielen.[5] Die polarisierende Eingruppierung in Steuerinländer und Steuerausländer hat in den letzten Jahren dennoch eine Einschränkung erfahren, soweit davon sog. Grenzpendler betroffen sind. Hierbei handelt es sich um Normkorrekturen auf **nationaler** Ebene, die durch die Rspr. des EuGH erforderlich wurden. Offensichtlich muss neben dem Völkerrecht und neben dem nationalen Recht auch das Gemeinschaftsrecht in dieser Frage beachtet werden.

2 Die Grenzpendlerproblematik

2.1 Vorgeschichte und Regelungshintergrund zu § 1 Abs. 3 EStG und zu § 1a EStG

Bis 1994 konnte die Frage nach der persönlichen Steuerpflicht in dem o.g. Sinne nur zweidimensional (unbeschränkte/beschränkte Steuerpflicht) beantwortet werden. Dies brachte für Personen, die in der BRD ihr hauptsächliches Einkommen erzielten und im Ausland wohnten, den gravierenden Nachteil mit sich, dass diese – beschränkt steuerpflichtigen – Einkünfte nur **objektsteuerartig**[6] erfasst wurden (§ 50 EStG). Nachdem für diese Grenzpendler[7] im Heimatland häufig keine Veranlagung mehr durchgeführt wurde, blieben persönliche Umstände in der Besteuerung vollständig unberücksichtigt. Handelte es sich dabei um EG-Bürger, lag ein Verstoß gegen die EG-Grundfreiheiten des freien Waren-, Personen-, Dienstleistungs- und Kapitalverkehrs (Art. 3 Abs. 1c EGV) nahe. Besonders massiv verletzt wurde die Arbeitnehmerfreizügigkeit innerhalb der EG (Art. 39 EGV).

Beginnend mit dem »Werner«-Fall[8] und einer ersten Reaktion des Gesetzgebers (Grenzpendlergesetz in BGBl I 1994, 1395) leitete der Fall »Schumacker« (Belgier mit Wohnsitz in Belgien und Arbeitsplatz als Heizungsbauer in Köln[9], dem ebenfalls die persönliche Entlastung in Form des subjektiven Nettoprinzips und der Tarifvergünstigung versagt blieb) eine Wende ein.

§ 50 Abs. 4a EStG wurde durch das JStG 1996 mittels § 1 Abs. 3 EStG und § 1a EStG ersetzt. Seitdem stellt das Kriterium der ausländischen Ansässigkeit gegenüber EG-Bürgern keinen Grund mehr dar, diesen den Status als »unbeschränkt steuerpflichtig« zu verweigern. Bei überwiegend im Inland erzielten Einkünften sind die EG-Bürger den Steuerinländern gleichzustellen (§ 1 Abs. 3 EStG). Der Gesetzgeber ging dabei über die Vorgaben des EuGH hinaus und gewährt allen Bürgern, die die Voraussetzung der »weitaus überwiegenden«

---

5   Ausnahme: § 1 Abs. 2 EStG und § 2 Abs. 1 AStG für deutsche Staatsangehörige sowie §§ 1a, 50 Abs. 2 S. 2 Nr. 2 EStG für Staatsangehörige eines Mitgliedsstaates der EU.
6   *Littmann/Eicher*, § 1 Rz. 92.
7   In den meisten Fällen wurde das Besteuerungsgut kraft DBA der BRD als Quellenstaat zugewiesen.
8   Deutscher Staatsbürger mit Wohnsitz in Belgien und beruflichen Einkünften in der BRD.
9   EuGH vom 14.02.1995 (Rs. C-279/93, Schumacker, Slg. 1995, I, 225).

Einkunftserzielung in der BRD (> 90 % »deutsche« Einkünfte[10]) erfüllen, auf **Antrag**[11] die (fingierte) unbeschränkte Steuerpflicht. Die Veranlagung erfolgt sodann gem. § 46 Abs. 2 Nr. 7b EStG.

Die zusätzlichen personenbezogenen Steuervergünstigungen des § 1a EStG werden nur den Angehörigen der EG-Staaten sowie denen des Europäischen Wirtschaftsraumes[12] gewährt.

2.2 Die konkrete Regelung

2.2.1 Fiktive unbeschränkte Steuerpflicht gemäß § 1 Abs. 3 EStG

Für die **Fiktion** der unbeschränkten Steuerpflicht nach § 1 Abs. 3 EStG, in die nur inländische Einkünfte einbezogen werden (kein Welteinkommensprinzip), sind alternativ erforderlich:

- Die Gesamteinkünfte unterliegen zu mind. 90 % der deutschen ESt **oder**
- die Auslandseinkünfte überschreiten nicht die Bagatellgrenze von **8.472 €** (VZ 2015) und bei Zusammenveranlagung diejenige von **16.944 €** (VZ 2015).[13]

Als weitere Voraussetzung müssen die ausländischen Einkünfte durch eine ausländische Steuerbehörde nachgewiesen werden (materielles Tatbestandsmerkmal); außerdem gelten die nach einem DBA in der BRD quellensteuerpflichtigen Einkünfte nicht als der deutschen ESt unterliegend (§ 1 Abs. 3 S. 3 EStG).

> **Beispiel 2: Der Däne in Flensburg**
> D (Däne, verheiratet, wohnhaft in Aarhus) kommt täglich seiner Funktion als GF einer bekannten »Soft-P-Firma« in Flensburg nach, deren Kommanditist er gleichzeitig ist (Einkünfte als GF: 50.000 € und Einkünfte als G'fter: 34.000 €). Gleichzeitig hält er im Privatvermögen Anteile an der Vertriebs-AG der Firma und erhält hieraus eine steuerpflichtige Dividende i.H.v. 8.400 €. D erzielt aus einer in Kopenhagen vermieteten ETW jährlich – umgerechnet – 5.000 €.

Methodisch wird in einem ersten Schritt zunächst die nach **deutschem Steuerrecht**[14] zu erfassende Summe der in- und ausländischen Einkünfte ermittelt und in einem zweiten Schritt eine Aufteilung der in der Summe enthaltenen Einkünfte nach deutschem und nach ausländischem Besteuerungsrecht vorgenommen.[15]

---

10 In den Folgeurteilen (»Wielockx«, DB 1995, 2147; »Biehl«, IStR 1995, 531 sowie »Gschwind«, IStR 1999, 597) hat der EuGH die Grenze von 90 % als gemeinschaftsrechtskonform ausgelegt.
11 Das Wahlrecht muss für alle verwirklichten Einkunftsarten einheitlich ausgeübt werden (*Korn*, § 1 Rz. 90).
12 Island, Liechtenstein, Norwegen. In der Schweiz ist dies noch nicht ratifiziert.
13 Im BFH-Urteil vom 22.10.2014 (BFH/NV 2015, 201) nochmals klargestellt, dass der Splittingtarif nicht gewährt wird, wenn der Ehegatte in einem nichteuropäischen Staat wohnt.
14 So ist z.B. ein negativer Nutzungswert einer eigengenutzten Wohnung (Niederlande) nicht einzubeziehen, da er in Deutschland nicht steuerbar ist (BFH vom 01.10.2014, BStBl II 2015, 474).
15 Vgl. *Heinicke/Schmidt*, § 1 Rz. 55 ff. (insb. Rz. 59 f. zu quellensteuerpflichtigen Einkünften).

Lösung:
1. Schritt: Die Gesamteinkünfte des D betragen:
- gem. § 15 Abs. 1 S. 1 Nr. 2 EStG (GF- **und** G'fter-Bezüge): 84.000 €
- gem. § 20 EStG (8.400 € ./. 1.602 €): 6.798 €
- gem. § 21 EStG: 5.000 €

Summe der Einkünfte des D: **95.798 €**

Die Summe der Einkünfte ist ausschließlich nach deutschem Steuerrecht zu ermitteln. Hierbei sind insb. WK-Pauschbeträge (§ 9a EStG) und andere Freibeträge (§ 19 Abs. 2, § 20 Abs. 9 EStG) zu berücksichtigen. Für den Fall, dass der StPfl. sowohl inländische als auch ausländische Einkünfte in derselben Einkunftsart realisiert, sind die Freibeträge anteilig zu berücksichtigen.

Lösung/Fortführung:
2. Schritt: Aufteilung der Einkünfte nach deutschem und ausländischem Besteuerungsrecht:
- Deutsches Besteuerungsrecht gem. § 49 Abs. 1 Nr. 2a EStG
  i.V.m. Art. 7 Abs. 1 S. 2 OECD-MA für KG-Einkünfte: 84.000 €
- gem. § 1 Abs. 3 S. 3 EStG sind die Dividenden nicht in die
  Veranlagung mit einzubeziehen, folglich ausländische Besteuerung: 6.798 €
- dänische Vermietungseinkünfte: 5.000 €

ausländische Einkünfte: **11.798 €**

Die Relation zwischen inländischen und ausländischen Einkünften beträgt demzufolge 87,68 % (deutsche Einkünfte) zu 12,32 % (ausländische Einkünfte). Danach kann D nach der Relationsrechnung keinen Antrag auf Veranlagung als unbeschränkt StPfl. stellen. Gem. § 1 Abs. 3 S. 2 i.V.m. § 1a Abs. 1 Nr. 2 S. 3 EStG ist die unschädliche Bagatellgrenze von 8.472 € (VZ 2015) bei verheirateten Staatsangehörigen der EG jedoch zu verdoppeln (16.944 €; VZ 2015). Vor dem Hintergrund dieser persönlichen Steuervergünstigung kann D erfolgreich den Antrag gem. § 1 Abs. 3 EStG stellen, da die der dänischen Besteuerung unterliegenden Einkünfte den Bagatellbetrag unterschreiten.

3. Schritt: Durchführung der fiktiven unbeschränkten StPfl. gem. § 1 Abs. 3 EStG:

S.d.E. = G.d.E.: (§ 2 Abs. 3 EStG)	84.000 €
./. SA-Pauschbetrag[16] gem. § 10c Abs. 1 EStG	./. 72 €
Einkommen = z.v.E. (§ 2 Abs. 4 und 5 EStG)	83.928 €
ESt nach Splittingtarif (§ 32a Abs. 1 und 5 EStG; Tarif 2017; gerundet)	**18.978 €**

4. Schritt: Berechnung der Steuer
Bei Anwendung des Progressionsvorbehalts gem. § 32b Abs. 1 Nr. 5, 2. Alt EStG werden die dänischen Einkünfte (11.798 €) einbezogen, so dass sich bei einem fiktiven z.v.E. (95.726 €) ein Steuersatz von 24,50 % (Tarif 2017) und damit eine Steuer von **20.562 €** (83.928 € x 24,50 %) ergibt.

Die begrenzte »Reichweite« von § 1 Abs. 3 EStG bekam hingegen ein selbständiger holländischer Zahnarzt im Urteil des BFH vom 13.08.2002 (BStBl II 2002, 869) zu spüren, als

---

16 D (Beispiel 2) tätigte auch Vorsorgeaufwendungen.

dieser – fingiert unbeschränkt steuerpflichtig nach § 1 Abs. 3 EStG – das **volle** Kindergeld (Steuervergütung gem. § 31 i.V.m. §§ 62 ff. EStG) in Deutschland beanspruchte. Nur[17], weil seine Frau nicht im Inland berufstätig war, blieb dem Ehepaar das volle Kindergeld versagt und es erhielt nur das halbe Kindergeld.

Hinweis: Mit Einfügung von § 1 Abs. 3 S. 4 EStG, der auf § 1a (vgl. § 1a Abs. 2) EStG durchschlägt, ist – in Befolgung des EuGH-Urteils in Sachen »Meindl« nunmehr ab 2008 festgelegt, dass diejenigen ausländischen Einkünfte bei der Ermittlung der maßgeblichen Einkommensgrenzen unberücksichtigt bleiben, die im Ausland nicht besteuert werden.

2.2.2 Staatsangehörige der EU/des EWR[18] (§ 1a EStG)

Unter wiederum zwei alternativen Voraussetzungen werden die familien- und personenbezogenen Vergünstigungen des § 1a EStG gewährt. Der StPfl. muss

- entweder nach § 1 Abs. 1 EStG unbeschränkt steuerpflichtig sein und die »quantitativen« Voraussetzungen des § 1 Abs. 3 S. 2–4 EStG erfüllen,
- oder er muss nach § 1 Abs. 3 EStG steuerpflichtig sein.

Wichtig ist dabei, dass sich die Steuervergünstigungen ihrerseits auf Ehegatten oder Kinder beziehen, die ihren Wohnsitz oder gewöhnlichen Aufenthalt ebenfalls in einem EG- oder EWR-Staat haben.[19] Um in den Genuss der einzelnen Steuervergünstigungen zu kommen, müssen bei den Familienmitgliedern folgende zusätzliche Voraussetzungen erfüllt sein:

1. **Unterhaltsaufwendungen gem. § 1a Abs. 1 Nr. 1 EStG:**
   - Der Empfänger muss vom Geber dauernd getrennt leben oder geschieden sein und
   - muss seinen Wohnsitz in einem EG-/EWR-Staat haben, wobei
   - der Nachweis der Unterhaltszahlungen durch eine zuständige ausländische Behörde bestätigt sein muss.

   Sind die Voraussetzungen erfüllt, kommt es zum SA-Abzug gem. § 10 Abs. 1 Nr. 1 EStG (Realsplitting) beim Geber. Gerade an dieser Thematik des grenzüberschreitenden Realsplittings entzündete sich eine europarechtliche Frage. Wird die sog. **Inländerdiskriminierung** vom Regelungsgehalt des EG-Vertrages erfasst? Im Urteilsfall des BFH vom 22.07.2003 (BStBl II 2003, 851) lag die Inländerdiskriminierung darin, dass ein deutscher Staatsangehöriger bei Unterhaltszahlungen an seine in Österreich lebende Ehefrau nicht vom Realsplitting Gebrauch machen kann, während und weil in Österreich die Zahlungen nicht der ESt bei der Ehefrau unterworfen sind. Der BFH hat die Frage dem EuGH vorgelegt. Der EuGH hat den BFH im Urteil vom 12.07.2005 (BFH/NV 2005, Beilage 4, 294) bestätigt.

1a) **Seit VZ 2008: wiederkehrende Versorgungsbezüge gem. § 1a Abs. 1 Nr. 1a EStG:**
   Die Neuregelung zum Sonderausgabenabzug der wiederkehrenden Bezüge anlässlich der vorweggenommenen Erbfolge nach § 10 Abs. 1 Nr. 1a EStG (keine Unterscheidung zwischen Renten und dauernden Lasten sowie die Konzentration auf betrieblich-

---

17 Demgegenüber spielte die gemeinschaftswidrige Entscheidung der holländischen Behörden (Versagung des Kindergeldes) keine Rolle (keine Tatbestandswirkung bei einem »ausländischen VA«).
18 EWR-Staaten sind Norwegen, Island und Liechtenstein (sog. NIL-Staaten).
19 Auf die Staatsangehörigkeit kommt es dabei nicht an.

funktionelle Übertragungseinheiten inkl. der mehrheitlichen GmbH-Beteiligung) ist auf die »europäische Personengruppe« des § 1a EStG erstreckt worden. Zur Thematik der unterschiedlichen Besteuerung der Renten in D und im Ausland (und der davon tangierten EU-Niederlassungsfreiheit) s. BFH vom 24.06.2009 (DStR 2009, 1799); n.n.v.: National-Unterschiedliche Besteuerungsregimes bei der Rentenbesteuerung schränken die Niederlassungsfreiheit nicht ein.

1b) **Ab VZ 2010:** Mit dem JStG 2010 wurde in einer neuen Nr. 1b der Sonderausgabenabzug für Versorgungsausgleichszahlungen nach § 10 Abs. 1 Nr. 1b EStG auf geschiedene, im EU-Ausland lebende Ehegatten erweitert, wenn diese einen Wohnsitz- und Besteuerungsnachweis erbringen.

2. **Ehegattenveranlagung gem. § 1a Abs. 1 Nr. 2 EStG:**
   - Der Ehegatte ist Staatsangehöriger eines EG-/EWR-Staates.
   - Beide Ehegatten haben den Wohnsitz[20] in einem EG-/EWR-Staat.

   Sodann erfolgt die Ehegattenveranlagung nach § 26 Abs. 1 S. 1 EStG.

Hinweis: Nach BFH-Urteil vom 09.10.2014 steht der Anwendung der Grenzgänger-Regelung nicht entgegen, dass der StPfl. zeitweise an seinem Wohnort innerhalb der Grenzzone in seinem Ansässigkeitsstaat arbeitet[21] (BFH/NV 2015, 167).

2.2.3 Zusammenfassung und Schema

Anschließend kann die Frage der persönlichen Steuerpflicht und damit ein Anwendungsfall zum internationalen Steuerrecht mit folgendem Schema[22] gelöst werden, das die Erörterungen zu § 1 Abs. 1 und 4 EStG ergänzt.

---

20 Gemeint ist in diesem Zusammenhang der »gemeinsame« Wohnsitz.
21 Vom BFH entschieden für einen Fall des Art. 13 Abs. 5 DBA Frankreich.
22 Ähnlicher Flussplan bei IDW, Außensteuerrecht.

Steuerpflicht

Natürliche Person[23] mit

- **Inland**
  - Wohnsitz (§ 8 AO) oder gewöhnlicher Aufenthalt (§ 9 AO)
- **Ausland**
  - Deutsche Staatsangehörigkeit im öffentlichen Dienst
  - Arbeitslohn aus einer inländischen öffentlichen Kasse
- **Keine Steuerpflicht**

Inland

Unbeschränkte Steuerpflicht (§ 1 Abs. 1 EStG)
- alle in- und ausländischen Einkünfte (Welteinkommensprinzip, § 2 Abs. 1 EStG)

Erweitert unbeschränkte Steuerpflicht gem. § 1 Abs. 2 EStG

Einkünfte:
- Inland
- Ausland

Steuerbefreiungen:
- § 3 EStG etc.
- DBA § 2 AO
- § 3 Nr. 64 EStG

anwendbar	nicht anwendbar	nicht gegeben
Befreiung	keine Befreiung	

Progressionsvorbehalt (§ 32b EStG)

Anrechnung der ausländischen Steuer gem. § 34c Abs. 1 EStG
Abzug von der Summe der Einkünfte (§ 34c Abs. 2 und 3 EStG)

Ausland

Fiktive unbeschränkte Steuerpflicht (§ 1 Abs. 3 EStG)
- Antrag
- 90 % der Einkünfte im Kj. unterliegen der deutschen ESt oder ausländische Einkünfte < 7.664 €
- Bescheinigung

nur mit Inlandseinkünften i.S.v. § 49 EStG

§ 1a EStG Staatsangehörige der EU/EWR

Beschränkte Steuerpflicht gem. § 1 Abs. 4 EStG
- Inlandseinkünfte i.S.v. § 49 EStG

Erweitert beschränkte Steuerpflicht (§ 2 AStG)
- bei Wohnsitzwechsel in niedrig besteuerte Gebiete von deutschen Staatsangehörigen innerhalb der letzten zehn Jahre mindestens fünf Jahre unbeschränkt steuerpflichtig und wesentliche wirtschaftliche Interessen im Inland

mit sämtlichen steuerpflichtigen Einkünften, die nicht ausländische Einkünfte i.S.d. § 34c Abs. 1 EStG sind

---

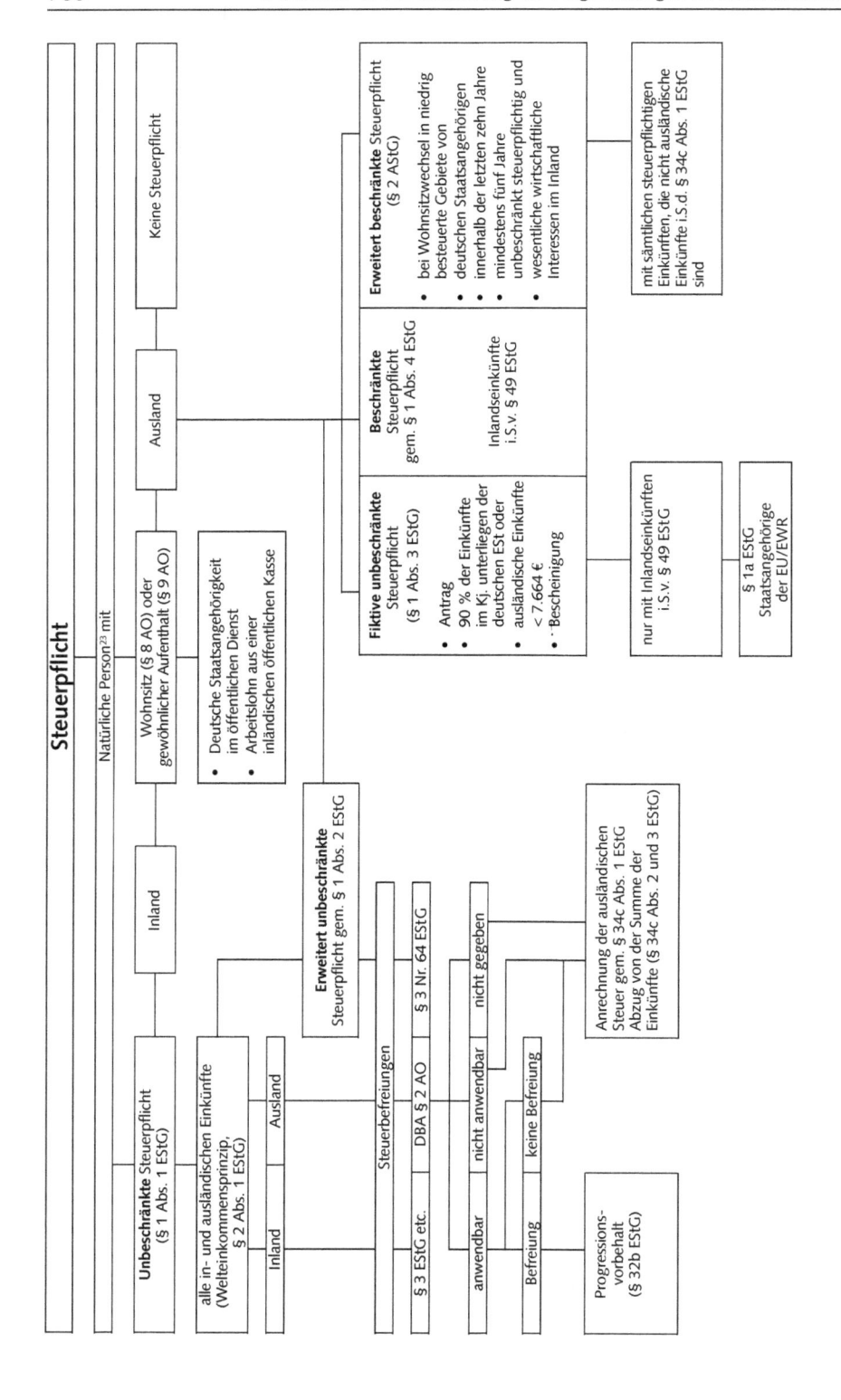

23 Anwendung für juristische Personen gem. § 2 Abs. 1 bzw. §§ 2, 8 Abs. 1 KStG.

II Die deutschen Doppelbesteuerungsabkommen (DBA)

1 Historie und derzeitiger Stand

Mit der Internationalisierung des Wirtschaftslebens Ende der 20er Jahre des letzten Jahrhunderts wurde auch in Deutschland die Notwendigkeit erkannt, Verträge zur Vermeidung der Doppelbesteuerung abzuschließen. Das erste Abkommen dieser Art wurde mit Österreich im Jahre 1922 ausgehandelt und in Kraft gesetzt.[24] Es folgten die DBA mit Italien (1925) und mit der Schweiz (1931), bevor durch den Zweiten Weltkrieg und die anschließenden Folgen eine zwangsläufige Stagnation eintrat. Erst in den 50er Jahren wurde die Abkommenspolitik wieder aufgenommen und das Abkommensnetz rasch ausgebaut. Einbezogen wurden zunächst die westeuropäischen Nachbarstaaten, die USA, später die wirtschaftlich bedeutenden Länder auf dem asiatischen und afrikanischen Kontinent sowie in Südamerika. Auch mit den Staaten des Ostblocks wurden trotz unterschiedlicher interner Finanzierungssysteme und damit Interessenlage Verträge über die Vermeidung der Doppelbesteuerung ausgehandelt. Neben dem Abschluss neuer Abkommen nahm zunehmend auch die Revision bestehender Abkommen aufgrund geänderter wirtschaftlicher oder steuerlicher Rahmenbedingungen immer größeren Raum ein.

Der aktuelle Stand der Doppelbesteuerungsabkommen wird vom BMF jährlich zu Jahresbeginn im Bundessteuerblatt veröffentlicht.[25]

Daneben gibt es zahlreiche bilaterale Abkommen zum Informationsaustausch und zur gegenseitigen Hilfe in Steuersachen.

2 Multinationale Zusammenarbeit

Bilaterale Verträge enthalten wegen ihrer ausgehandelten unterschiedlichen Regelungen die Gefahr, Einfluss auf den wirtschaftlichen Wettbewerb zu nehmen. Die so möglicherweise entstehenden Verzerrungen wurden schon frühzeitig als schädlich für eine funktionierende Weltwirtschaft erkannt. Im Wege einer internationalen Zusammenarbeit wurden bereits in den 1920er Jahren Musterlösungen für bilaterale Verträge geschaffen.[26]

---

24 Schon seit Ende des 19. Jahrhunderts wurden zur Vermeidung der Doppelbesteuerung zweiseitige Abkommen geschlossen (Übereinkunft zwischen Preußen und Sachsen über die direkten Steuern vom 16.04.1869 sowie Österreich und Ungarn über die Unternehmensbesteuerung vom 18.12.1869 und 07.01.1870).
25 Zum 01.01.2017 vgl. BMF in BStBl I 2017, 140.
26 Eine vom Völkerbund eingesetzte Kommission legte 1928 Musterlösungen für bilaterale Abkommen vor. Im Fiskalausschuss des Völkerbundes wurde auf dieser Grundlage 1943 der Mustervertrag von Mexiko und 1946 der Mustervertrag von London entwickelt; vgl. *Debatin/Wassermeyer*, DBA, Systematik Rz. 13 ff.

Erst durch die erfolgreichen Bemühungen des Steuerausschusses der OECD[27] wurden die heute noch gültigen gemeinsamen Abkommensgrundsätze formuliert und fanden ihren Abschluss im Jahre 1963 in einem »Musterabkommen zur Vermeidung der Doppelbesteuerung auf dem Gebiet der Steuern vom Einkommen und Vermögen« (OECD-MA). Dieses Abkommen wurde in den folgenden Jahren durch ergänzende Mustervorschläge mehrfach verfeinert.[28] Die internationale Abkommenspraxis hat sich stark an den gefundenen Regelungen orientiert, die deutschen DBA folgten diesem Trend.

Zwischenzeitlich ist allerdings ein Funktionswandel bei den neuen (bzw. revidierten) DBA eingetreten. Aus den Fehlern der ersten DBA wurden die Konsequenzen gezogen, so dass nunmehr nationale Steuerausfälle wegen Nicht- oder Minderversteuerung vermieden werden sollen; außerdem wird das DBA immer mehr als Instrument der Investitionshilfe (z.B. internationales Schachtelprivileg) entdeckt. Das geänderte Grundverständnis findet auch in der neuen Namensgebung seinen Niederschlag, wo es statt »Abkommen zur Vermeidung der Doppelbesteuerung« nur noch heißt: »Steuerabkommen«.

Neben dem OECD-MA sind noch die UN-MA und die USA-MA zu erwähnen; Letztere – mit der sog. »Saving clause« (Art. 1: Bei ausschließlicher Besteuerung im ausländischen Staat erfolgt wie auch ohne DBA eine Anrechnung der ausländischen Steuer) werden nur von den USA als Vertragsstaat zugrunde gelegt.

Wirtschaftlichen Entwicklungen folgend, ist auf dem Gebiet des Steuerrechts die internationale Abstimmung immer im Fluss und notwendiger denn je. Deutlich wird dies am Beispiel des sich rasant entwickelnden E-Commerce. Die damit zusammenhängende steuerliche Problematik lässt sich nur in einem breiten Konsens lösen. Ansätze hierzu sind von verschiedenen Arbeitsgruppen bereits erarbeitet und auch vorgestellt worden.[29] Es fehlen lediglich die nationalen Umsetzungen.

3 Wirkungsweise der Doppelbesteuerungsabkommen

Bei den DBA handelt es sich um völkerrechtliche Verträge zwischen zwei Staaten, in denen die nationale Besteuerungshoheit in der Sache oder in der Höhe begrenzt wird.

Beispiel 1: Steuerfreie Ferien?
Inländer A erwirbt eine Ferienwohnung in Italien und verkauft diese nach Ablauf von zwei Jahren.

Lösung: A ist als Steuerinländer gem. § 1 Abs. 1 S. 1 EStG unbeschränkt steuerpflichtig und erzielt (nach deutschem Steuerrecht) steuerpflichtige Einkünfte gem. § 2 Abs. 1 Nr. 7 EStG

---

27 OECD = Organisation for Economic Cooperation and Development.
28 Die Revision stammt aus dem Jahre 2000, brachte einschneidende Änderungen insb. für Art. 14 und 23 A OECD-MA mit sich (Art. 14 OECD-MA geht in Art. 7 OECD-MA auf; neuer Abs. 4 in Art. 23 A OECD-MA: Abs. 1 ist nicht mehr anwendbar bei Steuerbefreiung im Quellenstaat). Weitere Änderungen sind vom Steuerausschuss der OECD am 28.01.2003 beschlossen worden. Das OECD-MA 2003 ist im BStBl I 2004, 287 ff. abgedruckt.
29 Richtlinie 2002/38/EG; zur Umsatzsteuerproblematik vgl. *V. Schmidt*, Band 3, Teil B, Kap. IV. Für den Bereich der Betriebsstätten-Besteuerung hat eine AG der OECD (Working Party) im September 2000 eine Änderung des Art. 5 OECD-MA für betriebsstättenbegründende Merkmale vorgeschlagen.

i.V.m. §§ 22 Nr. 2, 23 Abs. 1 S. 1 Nr. 1 EStG. Weist das einschlägige DBA für diesen Sachverhalt das Besteuerungsrecht dem Belegenheitsstaat zu und belässt diese privaten Immobilienveräußerungen steuerfrei[30], so bleibt der Verkauf steuerfrei, wenn es im DBA insoweit keine Rückverweisungen gibt.

Vor allem schaffen DBA **keine eigenen Besteuerungstatbestände**.

Zusammengefasst lässt sich festhalten, dass bei Vorliegen eines deutschen Besteuerungstatbestandes dieser durch ein DBA aufgehoben oder eingeschränkt werden kann. Ist ein solcher Tatbestand aber nicht erfüllt, kann ein DBA ihn auch nicht begründen. Die Regelungen in den DBA beschränken sich daher im Wesentlichen auf die Zuordnung der Besteuerungsrechte und auf die Festlegung der Methode, mit der die Doppelbesteuerung vermieden werden soll.

Bei einem DBA handelt es sich um einen völkerrechtlichen Vertrag gem. Art. 59 Abs. 2 GG. Er wird von Bundestag und Bundesrat durch Zustimmungsgesetz erlassen und durch den Bundespräsidenten ratifiziert. Somit ist auch ein DBA ein Bundesgesetz. Wenn sich insoweit ein Konflikt mit nationalen Steuergesetzen ergibt, haben die DBA als lex specialis – auch nach Maßgabe des § 2 AO[31] – Vorrang vor den nationalen Regelungen.

Jedoch hat der nationale Gesetzgeber es sich nicht nehmen lassen, nationale Gesetze zu schaffen, die wiederum DBA-Regelungen vorgehen (sog. Treaty Overriding; ausführlich in Kap. V 4). Hintergrund dafür ist, die missbräuchliche Nutzung eines DBA auszuschließen.

Umgekehrt disponiert nicht nur der Gesetzgeber mit den DBA, sondern auch die StPfl. machen sich die DBA für grenzüberschreitende Gestaltungen zu eigen (»Treaty Shopping«). Dies ist immer dann der Fall, wenn im Bereich weltweit agierender Konzerne (Beispiel: mit Sitz in den USA) Tochtergesellschaften (Beispiel in Großbritannien) zwischengeschaltet werden, um sich aufgrund von DBA günstige bilaterale Regelungen (z.B. mit einem EG-Mitgliedstaat) zu erschließen, die es bei einer Direktinvestition (Beispiel: USA – sonstiger EG-Mitgliedstaat) nicht geben würde (zu der Reaktion des Gesetzgebers in § 50 Abs. 3 EStG vgl. Kap. V 4).

Sog. »weiße Einkünfte«, die infolge eines Qualifikationskonflikts weder in dem einen noch in dem anderen DBA-Staat steuerpflichtig sind, können unter den Voraussetzungen und nach Maßgabe der Neuregelung in § 50d Abs. 9 EStG (ab VZ 2007) verhindert werden.

---

30 Nach der sog. Freistellungsmethode.
31 § 2 AO kommt somit nur deklaratorische Bedeutung zu.

4 Systematik der Doppelbesteuerungsabkommen

4.1 Ansässigkeitsbestimmungen in den Doppelbesteuerungsabkommen

Eine Doppelbesteuerung ist immer dann möglich, wenn Einkunftsquelle und Einkunftssubjekt beiden Vertragsstaaten zuzuordnen sind. Ausgehend von diesem Gedanken sind in den DBA die Regelungen über den persönlichen Geltungsbereich vorangestellt. So wird ein DBA für Personen gültig, die in einem oder in beiden Vertragsstaaten ansässig sind.[32]

> **Beispiel 2: Greencard – Doppelte Ansässigkeit?**
> Der türkische Staatsangehörige A erhält im Losverfahren eine begehrte Greencard zugeteilt und wird von der S-GmbH mit Sitz in München eingestellt. In der Nähe seines AG bezieht A eine Wohnung, behält aber seinen Familienwohnsitz in Antalya bei. Insgesamt verbringt er ca. zehn Wochen im Jahr bei seiner Familie in der Türkei.

Ist eine Person in der BRD unbeschränkt steuerpflichtig, gilt sie hier auch i.S.d. DBA als ansässig. Hat sie einen Wohnsitz (§ 8 AO) oder ihren gewöhnlichen Aufenthalt (§ 9 AO) zusätzlich in dem anderen Vertragsstaat, wird diese Problematik der Doppelansässigkeit in den DBA durch eine sog »Tie-Breaker-Clause« gelöst (vgl. die Kollisionsregeln des Art. 4 Abs. 2 bzw. 3 OECD-MA). Das DBA bestimmt einen der beiden Staaten, der als Ansässigkeitsstaat i.S.d. DBA anzusehen ist. Regelmäßig wird hierbei der **Mittelpunkt der Lebensinteressen** ausschlaggebendes Kriterium sein.

> **Lösung:** A hat nach § 8 AO durch das Beziehen seiner neuen Wohnung einen Wohnsitz in Deutschland begründet und ist somit nach § 1 Abs. 1 EStG im Inland unbeschränkt steuerpflichtig. So legt z.B. Art. 4 Abs. 1 DBA-Türkei mit dem Wohnsitz die Ansässigkeit fest, die damit in Deutschland wäre.
> Nach türkischem Steuerrecht ist A mit der Beibehaltung seines Familienwohnsitzes auch in der Türkei unbeschränkt steuerpflichtig und damit nach obigem DBA-Artikel in der Türkei ansässig. Art. 4 Abs. 2 DBA-Türkei sieht folgende Lösung der **Doppelansässigkeit**sproblematik vor:
> - Als ansässig gilt A in dem Staat, zu dem er engere wirtschaftliche (hier: die BRD) und persönliche Beziehungen (hier: die Türkei) hat und damit auch den Mittelpunkt seiner Lebensinteressen. Es ist bei dieser Ausgangslage eine zusammenfassende Wertung vorzunehmen, bei der darauf abzustellen ist, welcher Vertragsstaat für die betroffene Person der bedeutungsvollere ist.[33] Der Mittelpunkt der Lebensinteressen liegt danach i.d.R. am **Familienwohnsitz**, also in der Türkei.
> - Gilt für den doppelansässigen A nach dem DBA-Türkei Deutschland nicht als Ansässigkeitsstaat, hat Deutschland für die ausländischen Einkünfte kein Besteuerungsrecht und kann sie auch nicht dem Progressionsvorbehalt unterwerfen, obwohl eine unbeschränkte Steuerpflicht besteht. Letztlich ist zu untersuchen, inwieweit das DBA Deutschland als Quellenstaat ein Besteuerungsrecht belässt.

---

[32] Vgl. Art. 1 OECD-MA: »Dieses Abkommen gilt für Personen, die in einem Vertragsstaat oder in beiden Vertragsstaaten ansässig sind.«
[33] BFH vom 23.07.1971 (BStBl II 1971, 758).

Ist oder gilt Deutschland nach den Regelungen des DBA als Ansässigkeitsstaat, besteht hier ein uneingeschränktes Besteuerungsrecht, wenn die DBA-Regelungen ein Besteuerungsrecht im Quellenstaat nicht begründen.

Lässt sich der Mittelpunkt der Lebensinteressen allerdings nicht eindeutig feststellen, muss auf den nächsten Kollisionsstufen weitergeprüft werden. Die einzelnen Prüfungsschritte werden – losgelöst vom Einzelfall BRD/Türkei – durch die folgende Abbildung verdeutlicht:

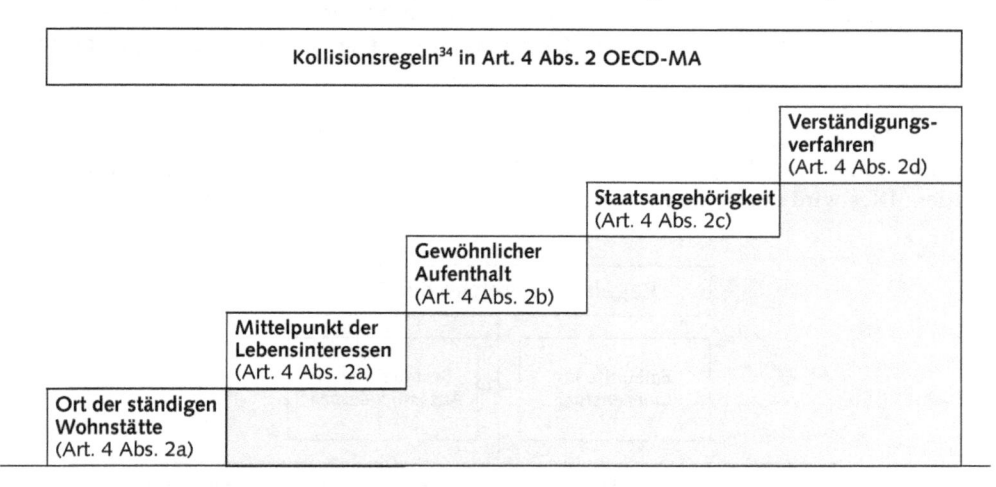

Kollisionsregeln[34] in Art. 4 Abs. 2 OECD-MA

- Ort der ständigen Wohnstätte (Art. 4 Abs. 2a)
- Mittelpunkt der Lebensinteressen (Art. 4 Abs. 2a)
- Gewöhnlicher Aufenthalt (Art. 4 Abs. 2b)
- Staatsangehörigkeit (Art. 4 Abs. 2c)
- Verständigungsverfahren (Art. 4 Abs. 2d)

Nach dem DBA wird als nächstes auf den Ort des gewöhnlichen Aufenthaltes abgestellt. Die Schwierigkeit liegt hierbei darin, dass nicht ohne weiteres auf die nationale Regelung des § 9 AO zurückgegriffen werden kann. Es ist vielmehr eine Einzelfallentscheidung im internationalen Konsens zu treffen. Findet man über den gewöhnlichen Aufenthalt keine Ansässigkeitszuordnung, ist auf die Staatsangehörigkeit abzustellen. Gibt es bei der Staatsangehörigkeit schließlich Zweifel über die Bestimmung des Ansässigkeitsstaates (z.B. die betroffene Person ist Staatsangehörige beider Vertragsstaaten), haben sich die jeweils zuständigen Behörden hierüber einvernehmlich zu verständigen.

Abschließend zu dieser Thematik sei noch darauf hingewiesen, dass eine Doppelansässigkeit von Gesellschaften nach Art. 4 Abs. 3 OECD-MA über die Bestimmung des Ortes der tatsächlichen Geschäftsleitung gelöst wird.[35]

4.2 Besteuerungsregeln der Doppelbesteuerungsabkommen

Alle DBA enthalten zwei wesentliche Regelungsbereiche, nämlich zum einen die Behandlung der Einkünfte im Quellenstaat, zum anderen deren Auswirkungen auf die Besteuerung im Ansässigkeitsstaat. Die Hauptintention liegt, wie sich schon aus der Vielzahl der Artikel ergibt, bei der **Limitierung** der Besteuerung im **Quellenstaat**.[36] So befassen sich im OECD-MA

---

34 Die Negativprüfung der unteren Stufe wird jeweils auf der nächsthöheren Stufe geprüft.
35 Zur Frage der Doppelansässigkeit von KapG vgl. *Seibold*, IStR 2/2003, 45.
36 *Debatin/Wassermeyer*, DBA I, I Rz. 42 ff. Systematik schreiben in diesem Zusammenhang von der »Umgrenzung der Besteuerung im Quellenstaat«.

von den insgesamt 30 Artikeln die Art. 6–22 OECD-MA mit dieser Thematik. Im Grundsatz sind bei der Quellenstaatbesteuerung vier Möglichkeiten denkbar:

1. Die Besteuerung an der Quelle bleibt im vollen Umfang bestehen.
2. Die Besteuerungsgrundlagen werden beschränkt.
3. Es ergeben sich Auswirkungen auf die Steuerhöhe durch Anrechnungen.
4. Eine Besteuerung an der Quelle findet nicht statt.

Findet eine unbeschränkte bzw. eine der Höhe nach begrenzte Quellenstaatbesteuerung statt, führt das jeweilige DBA aus, wie der Ansässigkeitsstaat eine mögliche Doppelbesteuerung vermeidet.

Dabei enthalten die Regelungen der DBA (Art. 6–22 OECD-MA) vollständige wie unvollständige **Verteilungsnormen**. Durch die Zielsetzung der DBA soll aber gerade eine durch unvollständige Verteilungsnormen zustande kommende Doppelbesteuerung vermieden werden. Dies wird durch die Anwendung des sog. **Methodenartikels** erreicht.

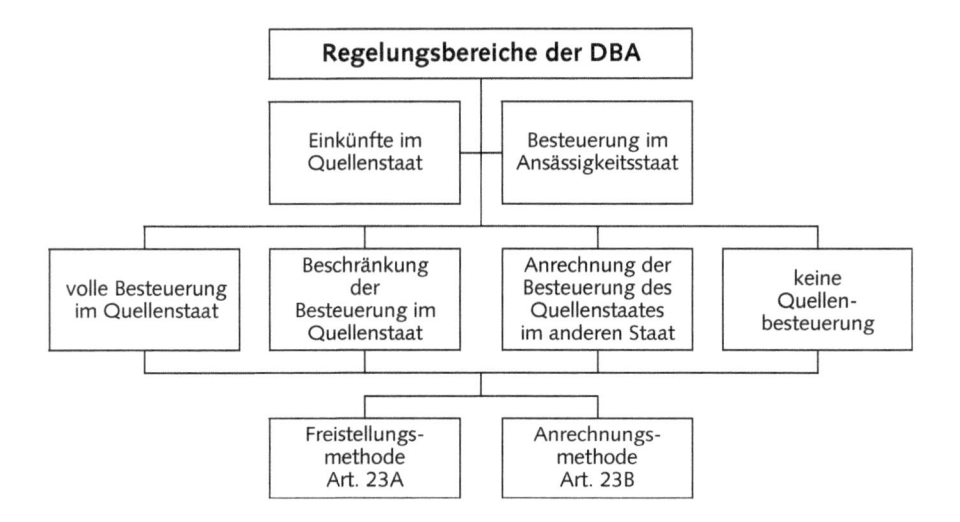

Die Methoden hierzu sind meist in einem einzigen Artikel in dem jeweiligen DBA enthalten. Im OECD-MA ist dies der Art. 23 OECD-MA, untergliedert in Art. 23 A und 23 B OECD-MA, der somit zwei Alternativmöglichkeiten anbietet.

4.2.1 Die Anrechnungsmethode

4.2.1.1 Die Anrechnungsmethode nach dem Recht der Doppelbesteuerungsabkommen

Die Doppelbesteuerung kann vermieden werden, in dem der Sachverhalt, der zu einer Besteuerung im Quellenstaat führt, auch im Ansässigkeitsstaat in die Besteuerung einbezogen wird. Dabei wird die ausländische Steuer angerechnet, § 34c Abs. 6 EStG i.V.m. § 34c Abs. 1 EStG (**Anrechnungsmethode**, Art. 23 B OECD-MA). Zu beachten ist, dass dies gem. § 34c Abs. 6 S. 2 EStG für Kapitaleinkünfte i.S.d. § 32d EStG für Veranlagungszeiträume ab 2009 nicht mehr gilt (Einführung der Abgeltungsteuer).

Die Anrechnungsmethode gilt nach den DBA meist für folgende Einkünfte:
- aus Dividenden, Zinsen und Lizenzgebühren,
- aus der Tätigkeit als Künstler oder Berufssportler,
- aus der Tätigkeit als Mitglied im Aufsichts- oder Verwaltungsrat einer ausländischen Gesellschaft,
- aus unbeweglichem Vermögen nur in Ausnahmefällen (DBA-Schweiz/DBA-Spanien).

Der grenzüberschreitende SV wird nach der Anrechnungsmethode folglich zweimal, im Quellenstaat und im Ansässigkeitsstaat, bei der Ermittlung des z.v.E., also bei den Besteuerungsgrundlagen, berücksichtigt. Lediglich bei der ESt- und KSt-Schuld wird die ausländische Steuer angerechnet.

4.2.1.2 Die Umsetzung der Anrechnungsmethode in nationales Recht – Grundzüge

§ 34c EStG ist dem gesetzestechnischen Aufbau zufolge auf natürliche Personen[37] nur anwendbar, wenn **kein DBA** besteht (§ 34c Abs. 1–3 EStG). Nach § 34c **Abs. 6** EStG ist die Anrechnungsmethode – ebenso wie die wahlweise zum Einsatz kommende Abzugsmethode nach § 34c Abs. 2 EStG – dann bei DBA-Staaten anwendbar, wenn das DBA dessen Anwendung vorsieht (s. Kap. 4.2.1.1: Art. 23 B OECD-MA). Nach dem Wortlaut von § 34c Abs. 1 EStG müssen folgende Voraussetzungen gegeben sein:

- unbeschränkte Steuerpflicht;
- ausländische Einkünfte i.S.v. § 34d EStG[38];
- die ausländischen Einkünfte sind im Quellenstaat einer der deutschen ESt entsprechenden Steuer (vgl. Anhang 12/II 2005, ESt-Handbuch) unterworfen worden;
- aufgrund der »Per-country-limitation« dürfen nur die im **jeweiligen** Vertragsstaat bezahlten Steuern – und nicht etwa »Drittstaatensteuern« – angerechnet werden;
- die ausländische Steuer muss festgesetzt und gezahlt sein und darf keinem Ermäßigungsanspruch mehr unterliegen.

Beispiel 3: Anrechnung oder Abzug nach § 34c EStG

M und F werden als kinderloses Ehepaar zusammenveranlagt. An SA sind 10.000 € für das Ehepaar angefallen.

Einkünfte des M:
- aus einem inländischen Gewerbebetrieb: 10 T€
- aus einem MFH in der Schweiz (CH-Steuer i.H.v. 1 T€): 5 T€
- aus L+F in Deutschland: 55 T€

Einkünfte der F:
- aus selbständiger Arbeit in Frankreich (F-Steuer i.H.v. 50 T€): 110 T€
- aus einem MFH in der Schweiz: ./. 2 T€

Hinweis: Für die Lösung wird hier bei einem z.v.E. von 168 T€ (178 T€ Summe der Einkünfte ./. 10 T€) von einem Steuersatz von 45 % ausgegangen.

---

[37] Für inländische KapG erfolgt die Anrechnung über § 26 KStG (s. Kap. 4.2.1.3.3).
[38] Hierbei handelt es sich um die »Umkehr«-Regelung zu § 49 EStG (inländische Einkünfte). Auf die Darstellung unter Kap. V 1 wird daher verwiesen. S. auch das Urteil des BFH vom 19.03.2002 (BFH/NV 2002, 1411), bei dem bei einem inländischen Wohnsitz des G'fters einer luxemburgischen KapG nicht vorschnell auf ausländische Einkünfte zu schließen ist, sondern eher die Annahme nahe liegt, dass die Geschäftsleitung der luxemburgischen KapG nach Deutschland verlegt wurde.

Die Anrechnung der ausländischen Steuer, die ggf. noch in Euro umgerechnet werden muss (R 34c Abs. 1 EStR), kommt nur in der Höhe in Betracht, in der deutsche ESt auf die ausländischen Einkünfte entfällt. Im wirtschaftlichen Ergebnis wird der StPfl. – durch die Höchstbetragsbegrenzung der Steueranrechnung – auf dem Steuerniveau des **höher besteuernden** Staates besteuert.

Die Berechnung des sog. Anrechnungshöchstbetrages – unter Berücksichtigung der sog. »Per-country-limitation« (§§ 68a, 68b EStDV) – erfolgt nach folgender Formel:

$$\text{Max. anrechenbare ausländische Steuer} = \textbf{deutsche ESt} \times \frac{\text{ausländische Einkünfte}}{\text{Summe der Einkünfte}}$$

Lösung I (die sog. Anrechnungsmethode): Die Anrechnung ist getrennt nach der CH-Steuer und der F-Steuer vorzunehmen.

1. Anrechenbare CH-Steuer:
Die deutsche ESt auf das z.v.E. von 168 T€ beträgt 75.600 €. Hierauf sind nach der Formel max. anzurechnen:

$$75.600 \; € \times \frac{3.000 \; € \;(\text{CH-Einkünfte})}{178.000 \; € \;(\text{Summe der Einkünfte})} = \textbf{1.274,16 €}$$

Damit ist der Anrechnungshöchstbetrag (1.274,16 €) festgelegt. Tatsächlich kann jedoch nur die »gezahlte« CH-Steuer i.H.v. 1.000 € angerechnet werden.

2. Anrechenbare F-Steuer:
Nach der »Anrechnungshöchstbetrags-Formel« können max. 61,80 % (110 T€/178 T€) von 75.600 €, somit 46.720,80 € angerechnet werden.

3. Ergebnis:
Nach der Anrechnungsmethode sind 47.720,80 € (1 T€ CH-Steuer und max. 46.720,80 € F-Steuer) der im Ausland gezahlten auf die deutsche Steuer i.H.v. 75.600 € anrechenbar.
Die von M und F zu zahlende Steuer beträgt: **27.879,20 €**.
Da für die Ermittlung des Anrechnungshöchstbetrags der ausländischen Steuer die Summe der Einkünfte zugrunde gelegt wird, mithin also Kosten der persönlichen Lebensführung (Sonderausgaben, außergewöhnliche Belastungen) nicht vollständig berücksichtigt werden, hat der EuGH entschieden, dass die Höchstbetragsrechnung nach § 34 Abs. 1 EStG gegen die Kapitalverkehrsfreiheit (Art. 63 AEUV) verstößt. Die Finanzverwaltung hat auf diese Entscheidung bis zum Ergehen einer gesetzlichen Neuregelung mit einer komplizierten Übergangsregelung reagiert (vgl. hierzu BMF vom 30.09.2013, BStBl I, 1612).

Lösung II (die sog. Abzugsmethode): Statt der Anrechnungsmethode kann auch die **Abzugsmethode** gem. § 34c Abs. 2 EStG gewählt werden.
Wegen der Limitierung der F-Steuer wählt F die Abzugsmethode nach § 34c Abs. 2 EStG, während M bei der Anrechnungsmethode bleibt. Dies führt zu folgenden Ergebnissen:

M-Einkünfte:		70.000 €
F-Einkünfte:		
110.000 € ./. 50.000 € (F-Steuer)	60.000 €	
./. V+V-Einkünfte (CH)	./. 2.000 €	58.000 €
Sonderausgaben i.H.v. 10.000 €		./. 10.000 €
zu versteuerndes Einkommen:		**118.000 €**

Bei 45 % Steuersatz fallen demnach 53.100 € ESt an. Die Anrechnungsmethode hat sich hier als deutlich günstiger erwiesen als die Abzugsmethode (»Steuerersparnis« von 25.220,80 €).

Hinweis: Durch das JStG 2009 wird bei Kapitaleinkünften ab VZ 2009 (Abgeltungsteuer!) ein eigenes Anrechnungssystem geschaffen. Unbeschränkt StPfl. können nunmehr die fiktiv zu erhebende KapESt um die Abgeltungsteuer mindern (§ 32d Abs. 5 EStG).

4.2.1.3 Zusätzlicher Anwendungsbereich

4.2.1.3.1 Abzug von Amts wegen gem. § 34c Abs. 3 EStG

In bestimmten Fällen, bei denen § 34c Abs. 1 EStG nicht greift, ist gem. § 34c Abs. 3 EStG v.A.w. ein Abzug der ausländischen Steuer vorzunehmen.

Als Hauptfall wird die sog. **Liefergewinnbesteuerung** (z.B. bei **kurzlebigen** Montagen oder Baustellen oder bei der Veräußerung von UV, vgl. § 34d Nr. 4 EStG) diskutiert, bei denen der ausländische Staat Steuern erhebt, obwohl und weil inländische Einkünfte vorliegen (vgl. BFH vom 24.03.1998, BStBl II 1998, 471). Daneben kommen in Betracht:

- Die ausländische Steuer entspricht nicht der deutschen ESt.
- Die ausländische Steuer wird nicht in dem Staat erhoben, aus dem sie stammt.

4.2.1.3.2 Die Steuerpauschalierung gem. § 34c Abs. 5 EStG

Hauptanwendungsfall für eine Regelung nach § 34 Abs. 5 EStG durch die Finanzverwaltung ist nach Aufhebung des Pauschalierungserlasses vom 10.04.1984 (BStBl I 1984, 252) mit Wirkung ab VZ 2004 (vgl. BMF vom 24.11.2003, BStBl I 2003, 747) der **Auslandstätigkeitserlass** (BMF vom 31.10.1983, BStBl I 1983, 470). Unter bestimmten Voraussetzungen (inländischer AG, Montage-Auslandstätigkeit für einen inländischen Lieferanten, Hersteller etc., die mindestens drei Monate dauert) kann danach der ausländische Arbeitslohn freigestellt werden.[39]

4.2.1.3.3 Anrechnung bei Körperschaften (§ 26 Abs. 1 KStG)

Die Konfliktlösungen des § 34c EStG (Anrechnung bzw. Abzug der ausländischen Steuer) werden in § 26 KStG auf **inländische Körperschaften** übertragen. Die bisherigen Anrechnungsmöglichkeiten des § 26 Abs. 2–5 KStG bei Dividenden von ausländischen Tochter- und Enkelgesellschaften sind durch den »neuen« § 8b KStG (Steuerfreistellung der Dividenden von anderen KapG) entfallen.

Der klassische Fall des § 26 KStG ist eine ausländische »Quellenstaatsteuer« für Betriebsstättengewinne. Je nach ausländischer Vorbelastung wird es im »Gesamtergebnis« immer zu der definitiv höheren Steuer für die inländische KapG kommen. Einen Grenzfall zur Anrechnung ausländischer Steuern gem. § 26 Abs. 6 S. 1 KStG (zur Verlustverrechnung bei Verschmelzung von KapG gem. § 12 Abs. 3 S. 2 UmwStG) hatte der BFH am 31.05.2005, BFH/NV 2005, 1495, entschieden.

---

39 Im Gegenzug muss der AG bei der Führung der Lohnkonten zusätzliche Formvorschriften beachten. S. hierzu auch BFH vom 23.11.2005, BFH/NV 2006, 298.

4.2.1.4 Problemfelder bei der Anrechnungsmethode

§ 34c EStG steht auf dem Prüfstand der Rspr. und zieht die Kritik der Lit. auf sich, die bei der vorgefundenen Gesetzeslage Abstimmungsprobleme mit anderen Vorschriften wie Art. 56ff. EGV (Kapitalverkehrsteuerfreiheit[40]), der Diskriminierung inländischer Anteilseigner von ausländischen Körperschaften[41] und insb. einen Verstoß der »Per-country-limitation« gegen Art. 3 GG[42] feststellen.

Vier rechtstechnische Aspekte sind aus der aktuellen Diskussion hervorzuheben:

1. Die Abstimmung mit § 2a EStG:

Einerseits sind nach § 34c Abs. 1 EStG **alle** ausländischen Einkünfte zu berücksichtigen, so dass die negativen ausländischen Einkünfte in die Höchstbetragsberechnung (a.a.O.) einbezogen werden (s. Beispiel 3 mit den CH-Einkünften).

Gleichwohl stellt sich die Frage, ob dies auch gilt, wenn die ausländischen Einkünfte bereits von § 2a EStG erfasst, d.h. ohnehin mit einem Ausgleichsverbot »bestraft« sind. Dies offenbart einen **Zielkonflikt**: Dürfen nicht ausgleichsfähige Auslandsverluste bei der Anrechnungsmethode Vorteile bringen? Richtig ist die Ansicht, dass die von § 34c Abs. 1 S. 2 EStG erfassten ausländischen Einkünfte **ohne** Berücksichtigung des § 2a EStG i.R.d. Höchstbetragsrechnung erfasst werden.[43]

2. Vortrag und Rücktrag des Anrechnungsguthabens:

Ähnliche Probleme treten wegen des untersagten Vortrags (kein »carry forward«) des Anrechnungsguthaben nach der Höchstbetragsberechnung (§ 34c Abs. 1 EStG) auf. Anrechnungsüberhänge entstehen, wenn ein ausländischer Steuersatz höher als der inländische Steuersatz ist. Solche Überhänge sind aber nicht vortragsfähig.[44] Trotz der Abzugsmöglichkeit gem. § 34c Abs. 2 EStG bleiben Wettbewerbsnachteile[45] bestehen, da hinsichtlich des übersteigenden Betrages die Doppelbesteuerung nicht vermieden wird.

3. Berechnung des Anrechnungshöchstbetrages:

Bei der **Berechnung** des Anrechnungshöchstbetrages (§ 34c Abs. 1 S. 2 EStG) erfolgt seit 1992[46] die Quotenbildung nach der **Summe der Einkünfte**, vgl. die Formel:

$$\frac{\text{deutsche ESt} \times \text{(Summe der) ausländischen Einkünfte}}{\text{Summe der Einkünfte}}$$

Rein mathematisch ergibt sich nun das Problem, dass durch die komplette Nichtberücksichtigung der Tatbestände des subjektiven Nettoprinzips (§ 2 Abs. 3–5 EStG) die Abzugsbeträge (SA, agB) nicht allein zu Lasten der deutschen Steuerquelle, sondern über die Verhältnisrechnung auch zu Lasten der ausländischen Steuerquelle abgewälzt werden. Ebenso führt

---

40 Problem: Bei der Anlage in deutsche KapG kann der Inländer die KapESt in voller Höhe abziehen, bei ausländischen KapG-Beteiligungen wird die ausl. KapESt nur i.R.d. Höchstbetrages berücksichtigt (hierzu *Wassermeyer*, IStR 2001, 113).
41 Ausländische KSt ist i.R.d. § 34c EStG nicht anrechenbar und zugleich inländische ESt.
42 Die Nichtberücksichtigung der »anderen« nichtbilateralen Einkünfte soll ein Verstoß gegen das Welteinkommensprinzip sein (dazu *Schaumburg*, Internat. StR, 653).
43 S. zum Ganzen *Probst* in *H/H/R*, § 34c Rz. 91.
44 S. hierzu *Korn* in *Kaminski/Strunk*, § 34c Rz. 31.
45 Andere Industriestaaten erlauben das »carry forward« und das »carry back« des Anrechnungsguthabens.
46 Bis 1991 lautete die Formel: ausländische Einkünfte/Gesamtbetrag der Einkünfte!

die Nichtberücksichtigung des § 10d EStG zu einer nicht gerechtfertigten Verkürzung bei der Steueranrechnung.[47]

Im Urteil vom 28.02.2013 (BStBl II 2015, 361) entschied der BFH, dass die Nichtberücksichtigung des subjektiven Nettoprinzips gemeinschaftsrechtswidrig ist. Dabei wird folgendes Berechnungsschema für den **Höchstbetrag** vorgeschlagen:

Der Betrag der Steuer (für die in Deutschland – einschließlich der ausländischen Einkünfte – zu versteuernden Einkünfte wird mit einem **Quotienten multipliziert**, der sich aus den ausländischen Einkünften (im Zähler) und der Summe der Einkünfte (im Nenner) ergibt, wobei der **Nenner** (Summe der Einkünfte) um **alle Komponenten des subjektiven Nettoprinzips** (personen- und familienbezogene Abzugspositionen wie Sonderausgaben und außergewöhnliche Belastungen, Altersentlastungsbetrag und Grundfreibetrag) zu vermindern ist.

Das BMF hat sich zwischenzeitlich dieser Erkenntnis angeschlossen (BMF BStBl I, 2015, 452).

4. Die Änderungen des StVergAbG (2003):
Im Wesentlichen wurde durch die Einfügung von § 34c Abs. 1 S. 4 und S. 5 EStG i.d.F. JStG 2009 sowie mit der Korrektur von § 34c Abs. 6 S. 1–3 EStG folgende Rechtslage geschaffen:

- Die ausländischen Einkünfte, die **tatsächlich**[48] **nicht besteuert** werden, sind bei der Berechnung des Höchstbetrages (dort: »ausländische Einkünfte« – s. Punkt 3) nicht zu berücksichtigen (§ 34c Abs. 1 S. 3 EStG).
- Bei der Ermittlung der ausländischen Einkünfte eines inländischen Gewerbebetriebs sind alle **wirtschaftlich** damit zusammenhängenden Erwerbsaufwendungen abzugsfähig[49] (§ 34c Abs. 1 S. 4 EStG); diese Neuregelung gilt aber nur für bestimmte ausländische Einkünfte, und zwar für:
  - § 34d Nr. 3 EStG (selbständige Arbeit im Ausland),
  - § 34d Nr. 4 EStG (Veräußerung von WG des AV),
  - § 34d Nr. 6 EStG (ausländisches Kapitalvermögen),
  - § 34d Nr. 7 EStG (ausländische Vermögensgegenstände),
  - § 34c Nr. 8c EStG (ausländischer Vergütungsverpflichteter).
- Der Anrechnungsausschluss ausländischer nicht besteuerter Einkünfte wird nach § 34c Abs. 6 EStG auf **DBA-Freistellungsfälle** erstreckt.

Hinweis: Der BFH hat mit Urteil vom 01.07.2009 (BFH/NV 2009, 1992) auch eine Anrechnung **abkommenswidrig** einbehaltener Abzugsteuern verneint.

4.2.2 Die Freistellungsmethode

4.2.2.1 Die Freistellungsmethode nach Doppelbesteuerungsabkommen

Die zweite Methode zur Vermeidung der Doppelbesteuerung ist die **Freistellungsmethode** (Art. 23A OECD-MA). Sie ist nur anzuwenden, wenn sie im DBA selbst vorgesehen ist. Die ausländischen Einkünfte werden danach im Ansässigkeitsstaat als steuerfrei behandelt, jedoch bei der Bemessung des **Steuersatzes i.R.d. Progressionsvorbehaltes** gem. § 32b Abs. 1 Nr. 3 EStG berücksichtigt.

---

47 S. hierzu *Wassermeyer/Lüdicke* in F/W/B, § 34c Rz. 104.
48 Dies gilt sowohl, wenn sie nach dem ausländischen Recht (§ 34c Abs. 1 S. 3 EStG) als auch nach einem DBA (§ 34c Abs. 6 S. 3 EStG) nicht besteuert werden können.
49 Dies ist eine Abkehr von der BFH-Rspr., die einen unmittelbaren Zusammenhang gefordert hat.

Die Freistellungsmethode greift meist bei den Einkünften

- aus Gewerbebetrieb (Unternehmensgewinne aus Betriebsstätte, häufig aber nur, wenn sie aus einer aktiven Tätigkeit stammen – sog. Aktivitätsvorbehalt),
- aus nichtselbständiger Tätigkeit,
- aus selbständiger Tätigkeit, die in einer festen Einrichtung ausgeübt wird,
- aus unbeweglichem Vermögen, wenn kein Ausnahmefall vorliegt.

Hinweis: Der BFH hat am 11.11.2009 (BFH/NV 2010, 885) für einen praxisrelevanten Fall (leitender Angestellter einer CH-KapG verrichtet tatsächlich Tätigkeiten außerhalb der Schweiz) dessen Einkünfte aus der Bemessungsgrundlage der deutschen Steuer herausgenommen (Art. 4 Abs. 3 i.V.m. Art. 24 Abs. 1 Nr. 1 S. 1d DBA-Schweiz; arg.: »überdachende Besteuerung«).

4.2.2.2 Die Umsetzung der Freistellungsmethode in nationales Recht – Grundzüge

Während sich die tarifliche ESt grundsätzlich auf das z.v.E. gem. § 32a Abs. 1–3 und 5 EStG bezieht, macht hiervon der Progressionsvorbehalt nach § 32b EStG eine Ausnahme. In steuerverfassungsrechtlicher Terminologie findet hier eine Trennung zwischen der Ebene der horizontalen Steuergerechtigkeit (Ermittlung der Besteuerungsgrundlagen) und der vertikalen Steuergerechtigkeit (Tarif) statt. Ohne dass die Besteuerungsgrundlagen tangiert sind, wird auf das **unangetastete z.v.E.** der Steuersatz angewendet, der sich unter Einbeziehung bestimmter steuerfreier Einkünfte ergibt (sog. **besonderer Steuersatz**). M.a.W. weichen bei § 32b EStG die Besteuerungsgrundlagen und die Steuersatzbemessungsgrundlage voneinander ab:

$$\text{Steuer-BMG} \neq \text{Steuersatz-BMG}$$

Neben den steuerfreien inländischen Lohn- und Ersatzleistungen nach § 32b Abs. 1 Nr. 1a–i EStG[50], auf die hier nicht näher eingegangen wird, gilt der Progressionsvorbehalt im internationalen Steuerrecht grundsätzlich in den Fällen des:

- § 32b Abs. 1 Nr. 2 EStG, wonach bei einem **Umzug im VZ** wegen § 2 Abs. 7 S. 3 EStG nur eine Veranlagung als unbeschränkt StPfl. durchgeführt wird und die zwangsläufig ausländischen (bzw. nach § 49 EStG steuerpflichtigen) Einkünfte qua Progressionsvorbehalt berücksichtigt werden, und – **vor allem** –
- § 32b Abs. 1 Nr. 3 EStG (eigentlicher Anwendungsfall bei **DBA-steuerfreien** Auslandseinkünften).

Die Wirkungsweise von § 32b EStG wird zunächst anhand eines Beispiels zu DBA-steuerfreien Einkünften aufgezeigt.

Beispiel 4: Das Steuersatzgefälle
Einzelunternehmer E erzielt im Inland mit dem Stammhaus ein z.v.E. von 50.000 €, das sich vorwiegend aus den gewerblichen Einkünften zusammensetzt. Er unterhält in einem DBA-Land eine Betriebsstätte, in der – vergleichbar Art. 7 Abs. 1 OECD-MA – befreite Einkünfte i.H.v. 20.000 € erzielt werden. In welcher Höhe hat E ESt im VZ 2009 zu zahlen?

---

50 S. aber BFH vom 25.09.2014 (BStBl II 2015, 182): Steuerfreie Leistungen, wie im Urteilsfall das Elterngeld, sind nicht um den AN-Pauschbetrag zu vermindern, wenn übersteigende WK bei § 19 EStG abgezogen wurden.

Ab dem VZ 1996 entscheidet das Zuflussprinzip des § 11 EStG bei der Berücksichtigung ausländischer Verluste. Ein **negativer Progressionsvorbehalt** kann dazu führen, dass sich – vorbehaltlich § 2a EStG[51] – ein Steuersatz von 0 % ergibt (BFH vom 25.05.1970, BStBl II 1970, 660 und BFH vom 09.08.2001, BStBl II 2001, 778[52]). Das ab 1996 geltende Verfahren wird auch die **Hinzu- bzw. Abrechnungsmethode** genannt.

Lösung:
1. Ermittlung des Steuersatzes:
- Summe der Einkünfte   70.000,00 €
- Für den Steuersatz maßgebliches Einkommen (./. 36 €[53])   69.964,00 €
- Hierauf entfällt lt. Grundtarif eine Tarifsteuer von: 21.470,88 €

Dies ergibt einen durchschnittlichen Steuersatz von   30,67 %

2. Berechnung der Steuer des E:
- Abrundung des z.v.E. von 50.000 € gem. § 32a Abs. 1 EStG auf: 49.984,00 €
- Anwendung des durchschnittlichen Steuersatzes (30,67 %):   **15.330,00 €**
  (statt 12.944 € – ohne Progressionsvorbehalt)

Bei einem echten Steuervergleich muss natürlich die im Ausland bezahlte Steuer berücksichtigt werden. Bei Auslandsengagements qua Betriebsstätte-Niederlassung in Niedrigsteuerländern lässt sich unschwer der Steuervorteil errechnen.

Die Freistellung mit Progressionsvorbehalt führt dann zu einer echten Freistellung, wenn es für das betreffende Steuersubjekt **keine Steuerprogression** gibt. Dies ist etwa bei KapG mit dem konstanten Steuersatz von 15 % der Fall.

4.2.2.3 Der zusätzliche Anwendungsbereich

Losgelöst von § 32b Abs. 1 Nr. 2 EStG, auf den in der Kritik sogleich näher eingegangen wird, wird der Progressionsvorbehalt gem. § 32b Abs. 1 Nr. 5 EStG auf die Auslandseinkünfte der Grenzpendler (§ 1 Abs. 3 EStG), der Ehegatten von EU-/EWR-Ausländern (§ 1a EStG) und der EU/EWR-Ausländer mit wesentlichen Auslandseinkünften (§ 50 Abs. 2 EStG) erstreckt (vgl. 4.2.2.4.3).

Mit Einfügung des § 32b Abs. 1a EStG hat im Jahre 1999 der Progressionsvorbehalt darüber hinaus auch die Organschaft erreicht.

Beispiel 4a: Die »progressive Organschaft«
Zur inländischen KG (Organträgerin) gehört als Organgesellschaft eine AG (Sitz im Inland), die Auslandsaktivitäten im DBA-Staate X mittels einer Betriebsstätte erzielt. Das DBA-X sieht die Steuerbefreiung der BS-Gewinne vor.

Mit der Begründung einer Organschaft (i.S.d. § 14 KStG) werden ausländische BS-Einkünfte der Organgesellschaft bei dieser steuerfrei vereinnahmt, um gleichzeitig qua Gewinnabführungsvertrag (GAV) dem Einkommen des Organträgers zugerechnet zu werden. Bis 1998 kamen

---

51 Ausländische Verluste werden nur nach Maßgabe des § 2a EStG berücksichtigt (BFH vom 17.11.1999, BStBl II 2000, 605).
52 Danach bestehen keine verfassungsrechtlichen Bedenken, dass wegen der vorrangigen Berücksichtigung des § 32b EStG auch ein z.v.E. unterhalb des Grundfreibetrages der ESt unterliegt.
53 Vgl. § 10c Abs. 1 EStG.

diese umgewandelten Einkünfte (aus DBA-steuerfreien Einkünften wurden GAV-Einkünfte) beim Organträger an, ohne dass bei diesem der Progressionsvorbehalt zum Tragen kam.[54]

Lösung: Durch die Einfügung von § 32b Abs. 1a EStG mit dem StEntlG 1999/2000/2002 wird fingiert, dass die DBA-steuerfreien Einkünfte der Organtochter (AG) unmittelbar von der Organmutter (KG) bezogen werden. Für die KG gilt danach § 32b EStG unmittelbar.

Schließlich ist auf § 32b Abs. 2 Nr. 2 EStG hinzuweisen. Bei der Berechnung des **besonderen Steuersatzes** werden seit 2001 etwaige **außerordentliche** Einkünfte der §§ 34, 34b EStG nur mit einem Fünftel berücksichtigt (Vorrang des speziellen Progressionsvorbehalts des § 34 Abs. 1 EStG).

4.2.2.4 Kritik und offene Fragen zu § 32b EStG
4.2.2.4.1 Die zeitweise unbeschränkte Steuerpflicht
Eine der offenen Fragen in Zusammenhang mit dem Progressionsvorbehalt gilt dem Sondertatbestand des § 32b Abs. 1 Nr. 2 EStG für den (nicht seltenen) Fall, dass ein Steuerbürger im VZ nur **zeitweise unbeschränkt steuerpflichtig** ist. Zur Klarstellung auf Sachverhaltsebene sei kurz ausgeführt, dass § 32b Abs. 1 Nr. 2 EStG immer bei Wegzug oder Zuzug in einem VZ greift. In diesem Fall kommt die Alternative des Progressionsvorbehalts zum Tragen, nach der die ausländischen Einkünfte i.R.d. Steuersatzes bei der deutschen Veranlagung zu berücksichtigen sind.

Zwei Grundkonstellationen für die Zeit der **fehlenden unbeschränkten Steuerpflicht** (ausländischer Wohnsitz oder Aufenthalt) sind dabei zu unterscheiden:

1. Es gibt nur ausländische Einkünfte (egal, ob aus einem DBA-Staat oder nicht).[55]
2. Neben den Auslandseinkünften gibt es noch zusätzliche Inlandseinkünfte i.S.d. §§ 1 Abs. 4, 49 EStG.[56]

Durch die ausdrückliche Einbeziehung des § 2 Abs. 7 S. 3 EStG (nur **eine** Veranlagung beim Wechsel der Steuerpflicht) ist für die Fallgruppe 2 sichergestellt, dass der Emigrant/Immigrant mit Inlandseinkünften durch die Anwendung des Progressionsvorbehalts entsprechend seiner Leistungsfähigkeit besteuert wird.

Für die Fallgruppe 1 (keine Inlandseinkünfte in der »nicht-deutschen« Zeit des VZ) gibt es – entgegen berechtigter Bedenken der Gerichte der ersten Instanz – zwei BFH-Entscheidungen jüngeren Datums, die § 32b Abs. 1 Nr. 2 EStG **wortlautgemäß** auch dann anwenden, wenn keine Inlandseinkünfte vorliegen. Dabei ist zusätzlich zu berücksichtigen, dass in beiden Fällen die unbeschränkte Steuerpflicht in Deutschland nur für einen kurzen Zeitraum bestand. Im ersten Fall (BFH vom 19.12.2001, BFH/NV 2002, 584), von dem ein

---

54 Aufgrund der BFH-Entscheidung vom 14.04.1992 (BStBl II 1992, 817) sind dem Organträger zwar die Einkünfte, aber nicht einzelne Besteuerungsgrundlagen oder Tatbestandsmerkmale zuzurechnen. Damit bleibt u.a. der Charakter »steuerfreier Einkünfte« beim Organtransfer auf der Strecke.
55 Für DBA-Einkünfte gilt ohnehin § 32b Abs. 1 Nr. 3 EStG. Zur (unschädlichen) Parallelität s. *Wassermeyer*, IStR 2002, 289.
56 Häufiger Fall: Nach Umzug in das Ausland wird eine deutsche Wohnung vermietet.

US-Amerikaner betroffen war, genügte es dem BFH noch, die verschiedenen Vorwürfe der Ungleichbehandlung[57] zu entkräften.

In der Folgeentscheidung vom 15.05.2002 (BStBl II 2002, 660) musste der BFH bei einem Niederländer (»Januar-Deutscher«; Wegzug im Februar) zusätzlich die Übereinstimmung mit EG-Recht prüfen und bejahte dies, da ein Progressionsvorteil für die Fälle der internationalen AN-Entsendung nicht entstehen dürfe. Auf den Vorwurf des Treaty Overriding (Abkommensverstoß), der § 32b Abs. 1 Nr. 2 EStG insb. von der Lit. entgegengebracht wird, ist der BFH nicht näher eingegangen. Das FG Hamburg ist mit zwei Entscheidungen vom 12.02.2003 und vom 18.02.2003 (StE 2003, 253) der Auffassung des BFH mit grammatikalischen Überlegungen (»das Gesetz erlaube eine weite Auslegung«) gefolgt. Einen Fall zur konzerninternen AN-Entsendung vor dem Hintergrund des DBA-Spanien hatte der BFH am 23.02.2005 (BStBl II 2005, 547) so entschieden, dass für den Fall, in dem ein deutscher AN in den Verwaltungsrat der spanischen Tochter – ohne gesonderte Bezahlung – entsandt wird, sein »deutscher« Arbeitslohn nicht anteilig steuerfrei ist.

Allerdings verbleibt bei der heutigen Rechtslage ein offensichtlicher Normenkonflikt: § 49 EStG erfasst bekanntlich nicht alle im Inland realisierten Einkünfte, z.B. inländische Sparbuchzinsen.[58] Nachdem diese auch keine ausländischen Einkünfte sind, nehmen diese in doppelter Hinsicht einen steuerlichen »Freiheitsstatus« ein: Sie werden weder bei der Steuer-BMG noch bei der Steuersatz-BMG berücksichtigt.

4.2.2.4.2 Progressionsvorbehalt und Grundfreibetrag
Von verfassungsrechtlicher Bedeutung ist die Frage, ob ein Einkommen unterhalb des Grundfreibetrags mit dem Progressionsvorbehalt belegt werden darf. Der BFH hat die Frage für einen Fall der Lohnersatzleistungen (§ 32b Abs. 1 EStG) am 09.08.2001 (BStBl II 2001, 778) bejaht und gelangt mit systematischen Überlegungen zu einer Steuerzahlungspflicht für ein z.v.E., das unterhalb des Existenzminimums liegt.[59] Es ist kein Grund ersichtlich, warum der BFH diese Rspr. nicht auch auf die ausländischen Einkünfte gem. § 32b Abs. 1 Nr. 2 und 3 EStG übertragen wird.

4.2.2.4.3 Erste Neuerung – ab 2008
Für gem. § 1 Abs. 3 EStG unbeschränkt StPfl. bzw. für »fingiert« unbeschränkt StPfl. (§ 1a EStG), die sich als AN gem. § 50 Abs. 2 EStG veranlagen lassen, galt bis VZ 2007 Folgendes: Gem. § 32b Abs. 1 Nr. 5 EStG wurden ausländische Einkünfte beim Progressionsvorbehalt nur dann erfasst, wenn deren Summe positiv war. Durch das EuGH-Urteil in Sachen »Lakebrink« veranlasst (EuGH vom 18.07.2007, Rs. C-182/06, HFR 2007, 1047), wird § 32b Abs. 1 Nr. 5 EStG ab 2008 (auf Antrag auch ab früheren VZ) geändert, dass bei den unbeschränkt EU-/EWR-StPfl. **auch negative ausländische Einkünfte** in den Progressionsvorbehalt einzubeziehen sind.[60]

---

57 Das FG Köln (EFG 2000, 1006) erkannte unter drei Gesichtspunkten auf einen Art.-3-GG-Verstoß:
 • Schlechterstellung der nur kurzzeitig unbeschränkt StPfl. mit den Ganzjährigen,
 • Schlechterstellung gegenüber den Personen mit Inlandseinkünften i.S.d. § 49 EStG,
 • Schlechterstellung mit den DBA-Ausländern, die nur in einem Staat ansässig sind.
58 S. hierzu Kap. V.
59 In Zahlen: Im Urteilsfall wurden Lohnersatzleistungen i.H.v. 29.203 DM erzielt; das z.v.E. betrug 9.739 DM (!), worauf der Steuersatz (bei Zusammenrechnung) angewandt wurde; Steuer: 1.882 DM (!).
60 Gleichzeitige Änderung für VZ 2008: Nach § 32b Abs. 3 EStG n.F. ist die Pflicht zur elektronischen Übermittlung von Steuerdaten durch Sozialleistungsträger neu geregelt worden (früher: § 32b Abs. 4 EStG).

4.2.2.4.4 Zweite Neuerung – ab 2009
Durch die Neuregelung in § 32b Abs. 1 S. 2 und 3 EStG im JStG 2009 werden sowohl der negative als auch der positive Progressionsvorbehalt für »**schädliche**« Einkünfte, die durch ein DBA freigestellt sind, innerhalb der EU/EWR-Staaten (mit Ausnahme von Liechtenstein) **ausgeschlossen**.

> **Beispiel 5: Vermietungsverluste aus dem Ausland**
> Der StPfl. erzielt aus einer vermieteten Ferienwohnung in Österreich (**Alternative:** in den USA) einen Verlust i.H.v. 5.000 €.
>
> **Lösung:** Für die Vermietungseinkünfte kommt nach DBA Österreich die Freistellungsmethode zur Anwendung. Nach § 32b Abs. 1 S. 2 EStG n.F. ist kein negativer Progressionsvorbehalt anzusetzen, bei in den Folgejahren evtl. erzielten Überschüssen auch kein positiver Progressionsvorbehalt.[61]
> Im **Alternativsachverhalt** gilt nach dem DBA USA (2006) für Einkünfte aus unbeweglichem Vermögen ebenfalls die Freistellungsmethode. Ein negativer Progressionsvorbehalt ist auch hier nicht zu berücksichtigen, weil das Verlustausgleichsverbot nach § 2a Abs. 1 Nr. 6a EStG n.F. auch für Zwecke des negativen Progressionsvorbehalt weiter anzuwenden ist. Wird in den Folgejahren ein Überschuss erzielt, ist mit dem positiven Progressionsvorbehalt auszugleichen.

4.2.3 Besondere Doppelbesteuerungsabkommen-Klauseln

Hinzuweisen ist in diesem Zusammenhang darauf, dass die Freistellungsmethode nicht greift, wenn das DBA eine **Rückfallklausel** enthält, die auf den zugrunde liegenden Sachverhalt anzuwenden ist. In einem ausführlichen Schreiben hat das Bundesfinanzministerium zur Anwendung von Rückfallklauseln nach den DBA Stellung bezogen (vgl. BMF vom 20.06.2013, BStBl I 2013, 980).
Der Mechanismus ist einfach:

> **Beispiel 6: Freistellung unter Vorbehalt**
> In einem DBA ist vereinbart, dass der Quellenstaat von der Steuer freistellt. Dies erfolgt allerdings nur unter dem Vorbehalt, dass die betroffenen Einkünfte im Ansässigkeitsstaat der Besteuerung unterliegen.

Mit diesen sog. **Subject-to-tax-Klauseln**[62] soll das Entstehen »weißer« Einkünfte verhindert werden, die aufgrund von Qualifikationskonflikten oder dgl. in keinem der Vertragsstaaten besteuert werden. Findet sich allerdings in einem DBA keine Rückfallklausel und kann oder darf ein Vertragsstaat nach dem Wortlaut des jeweiligen Artikels besteuern, lebt das Besteuerungsrecht des anderen Staates nicht deshalb auf, weil der erstgenannte sein Besteuerungsrecht nicht wahrnimmt (sog. Verbot der virtuellen Besteuerung). Vgl. aber ab 01.01.2007 die Neuregelung in § 50d Abs. 9 EStG.

---

61 S. hierzu auch BFH vom 25.11.2014 (BFH/NV 2015, 664): Wegen des Vorrangs von § 2a EStG (ggb. § 32b EStG) sind auch außerordentliche negative Einkünfte (aus passiven Betriebsstätten) nach dem Günstigerprinzip mit dem Gesamtbetrag der positiven Einkünfte aus passiven Betriebsstätten zu verrechnen.
62 Beispiel: Art. 23 Abs. 1 Unterabschn. 2 DBA-Schweden: (sinngemäß) »[...] Quellensteuereinkünfte in Schweden liegen dann vor, wenn sie in Schweden besteuert werden [...]«.

Nicht immer ist die Auslegung der jeweiligen DBA-Regelungen eindeutig. So hat etwa der BFH im Urteil vom 17.12.2003 (BStBl II 2004, 260) – bei Abweichung von seiner früheren Auffassung – entschieden, dass z.B. Art. 23 Abs. 3 DBA-Kanada keine Rückfallklausel in dem hier beschriebenen Sinne enthalte.

Lösung: Bei Vorliegen der Subject-to-tax-Klausel fällt das Besteuerungsrecht dann an den Quellenstaat zurück, wenn der Ansässigkeitsstaat von seiner Besteuerung keinen Gebrauch macht.

Daneben haben sich in der Abkommenspraxis folgende (wichtige) Klauseln eingebürgert:

- **Switch-over-Klausel:**
  Bei dieser Klausel findet ein Methodenwechsel statt, d.h. dass der jeweilige Staat bei Vorliegen der »Switch over clause« dann von der Freistellungsmethode zur Anrechnungsmethode wechselt (umstellt), wenn im anderen Vertragsstaat keine Besteuerung z.B. aufgrund von Qualifikationskonflikten, stattfindet.[63]

- **Remittance-base-Klausel:**
  Hier findet eine Freistellung nur dann statt, wenn die Einkünfte aus dem Quellenstaat, die dort zu einer Quellensteuer geführt haben (z.B. Dividenden), tatsächlich in den Ansässigkeitsstaat überwiesen wurden.[64]
  Das BMF hat zur Anwendung von Subject-to-tax-, Remittance-base- und Switch-over-Klauseln nach den DBA nunmehr klarstellende Regelungen erlassen (BMF vom 20.06.2013, BStBl I 2013, 980).

- **Anrechnung fiktiver Steuern:**
  Nachdem im Regelfall bei der Anrechnungsmethode die (im Zweifel niedrigeren) ausländischen Steuern auf das inländische Steuerniveau »hochgeschleust« werden, ist diese Wirkung häufig kontraproduktiv i.S.e. Investitionsförderung. Um dennoch die Investition zu fördern, findet sich in einigen Entwicklungsländer-DBA die Anrechnung einer **fiktiven** ausländischen Steuer, die sich an der Steuerbelastung des Ansässigkeitsstaates orientiert (sog. »Tax sparing credit« oder »Matching credit«).

Die BRD nimmt in der jüngeren DBA-Praxis, insb. bei den Verhandlungen mit den GUS-Nachfolgestaaten, wieder Abstand von dieser Fördermaßnahme.

---

63 Beispiel: Art. 23 Abs. 2d DBA-Kasachstan.
64 Beispiel: Art. 15 DBA-GB »[...] von einer in dem anderen Gebiet ansässigen und damit dort steuerpflichtigen Person bezogen werden [...]«.

4.3 Aufbau der Doppelbesteuerungsabkommen am Beispiel des OECD-Musterabkommens

Im Abschnitt I ist der persönliche und sachliche Geltungsbereich geregelt.
• Art. 1: persönlicher Geltungsbereich (Ansässigkeit) • Art. 2: unter das Abkommen fallende Steuern
Im Abschnitt II sind bestimmte Begriffe definiert.
• Art. 3: allgemeine Begriffe wie Person, Gesellschaft, Unternehmen etc. • Art. 4: ansässige Person • Art. 5: Betriebsstätte
Abschnitt III enthält die Besteuerung des Einkommens im Quellenstaat.
• Art. 6: Besteuerung des Einkommens aus unbeweglichem Vermögen • Art. 7: Besteuerung von Unternehmensgewinnen (inkl. selbständiger Tätigkeit) • Art. 8: Besteuerung von Gewinnen aus der Schifffahrt und der Luftfahrt • Art. 9: Besteuerung von verbundenen Unternehmen • Art. 10: Besteuerung von Dividenden • Art. 11: Besteuerung von Zinsen • Art. 12: Besteuerung von Lizenzgebühren[65] • Art. 13: Besteuerung von Gewinnen aus der Veräußerung von Vermögen • (Art. 14: Besteuerung von Einkünften aus selbständiger Tätigkeit[66]) • Art. 15: Besteuerung der unselbständigen Arbeit • Art. 16: Besteuerung von Aufsichtsrat- und Verwaltungsratsvergütungen • Art. 17: Besteuerung von Künstlern und Sportlern • Art. 18: Besteuerung von Ruhegehältern • Art. 19: Besteuerung des öffentlichen Dienstes • Art. 20: Besteuerung von Studenten • Art. 21: Besteuerung von anderen Einkünften (in den vorstehenden Art. nicht genannte)
Im Abschnitt IV ist die Vermögensbesteuerung geregelt.
• Art. 22: Besteuerung der verschiedenen Vermögensarten
Im Abschnitt V sind die verschiedenen Methoden zur Vermeidung der Doppelbesteuerung enthalten.
• Art. 23 A: Befreiungsmethode[67] • Art. 23 B: Anrechnungsmethode
Abschnitt VI enthält besondere Bestimmungen.
• Art. 24: Grundsatz der Gleichbehandlung • Art. 25: Verständigungsverfahren • Art. 26: Informationsaustausch (Auskunftsklauseln) • Art. 27: Behandlung von Diplomaten und Konsularbeamten • Art. 28: mögliche Ausdehnung des räumlichen Geltungsbereichs
Abschnitt VII enthält die Schlussbestimmungen.
• Art. 29: Inkrafttreten • Art. 30: Außerkrafttreten

---

65 Neuregelung in der Revision 2000 zur Softwareüberlassung durch Differenzierung nach Copyright und »Copyrighted article«.
66 Art. 14 OECD-MA wurde schon im Jahre 2000 gestrichen und ist in Art. 7 OECD-MA eingearbeitet worden.
67 Art. 23 A OECD-MA ist um Abs. 4 ergänzt worden: Abs. 1 ist nicht mehr anzuwenden, wenn durch die Praxis des Quellenstaates die Einkünfte steuerbefreit sind.

Einzelne DBA enthalten in sog. Protokollen erläuternde Vereinbarungen zu einzelnen Artikeln, die bei Ihrer Anwendung zu beachten sind. Abschließend sei noch darauf hingewiesen, dass es zu jedem Artikel des OECD-MA eine von Sachverständigen ausgearbeitete und von den Regierungen der Mitgliedsstaaten gebilligte Kommentierung[68] gibt. Dieser offizielle »Kommentar zum OECD-MA« kann bei der Anwendung von strittigen Regelungen in den DBA eine wertvolle Auslegungshilfe sein.

4.4 Auslegungsregel für Doppelbesteuerungsabkommen

Zu den anerkannten Auslegungsgrundsätzen innerstaatlicher Normen[69] gesellen sich bei Zweifeln über die Tragweite einer DBA-Regelung noch die speziellen völkerrechtlichen Aspekte.[70] Zu diesen zählen folgende:

- Bei Auslegungsstreitigkeiten ist das DBA grundsätzlich »aus sich selbst heraus« (autonom) auszulegen, sodann ist nach dem Grundsatz der »Entscheidungsharmonie« im Interesse des Vertragsstaates vorzugehen und – erst bei Schweigen des DBA – nach dem lex fori (Recht des Anwenderstaates) zu entscheiden.[71] Um Schwierigkeiten auf dieser Ebene vorzubeugen, empfiehlt sich häufig eine dritte Abkommenssprache.
- OECD-MA und OECD-Kommentar werden als wichtige Erkenntnisquellen für das jeweilige bilaterale DBA angesehen, sind aber bei der Revision im Jahr 2000 nicht in den Status besonderer Urkunden i.S.d. Art. 31 bzw. ergänzender Materialien i.S.d. Art. 32 WÜRV aufgenommen worden.
- Nach übereinstimmender Auffassung[72] gilt aber Folgendes:
    - Bei bilateraler Übernahme des OECD-MA ist der Kommentar anzuwenden.[73]
    - Erst bei einer Abweichung sowohl vom Wortlaut als auch nach der Auslegung im konkreten Einzelfall ist das Muster-DBA einschließlich Kommentar nicht zugrunde zu legen.
- Besondere Bedeutung kommt der »isolierenden Betrachtungsweise« zu (vgl. § 49 Abs. 2 EStG sowie unter Kap. V 2.2).

In der jüngeren wissenschaftlichen Diskussion werden die einzelnen DBA-Regelungen – ebenso wie die nationalen Regelungen – vor dem Hintergrund der Begriffe »Kapitalimportneutralität«[74] sowie »Kapitalexportneutralität«[75] ausgelegt. Damit ist die Wettbewerbsneutralität der jeweiligen Regelung angesprochen, je nachdem ob der Schutz des Steuerinländers gegenüber

---

68 Die Abkommensberechtigung von PersG findet sich seit der Revision 2000 im Kommentar wieder.
69 Auslegung von Gesetzen (in dieser Reihenfolge) nach der grammatikalischen (Wortlaut-)Methode, der systematischen Methode (Kontext der Norm), der historischen Methode (Regelungsabsicht des Gesetzgebers) und der teleologischen Auslegung (Auslegung nach Sinn und Zweck der Norm).
70 Niedergelegt im Wiener Übereinkommen über das Recht der Verträge vom 23.05.1969 (Art. 31–33 WÜRV), BGBl II 1985, 927.
71 Hierzu werden Extrempositionen von *Debatin* (»lex fori als ultima ratio«), BB 1992, 1181 und von *Vogel*, DBA-Komm., Art. 3 Abs. 2, (Abweichen vom lex fori nur bei Vorliegen wichtiger Gründe) vertreten.
72 *Vogel*, DBA-Komm., Einl. Rz. 80 und *Debatin/Wassermeyer*, DBA, Vor Art. 1, EK Rz. 51.
73 Nicht geklärt ist, ob es dabei auf den Stand des Kommentars bei Abschluss des DBA oder auf den jeweils geltenden Kommentar ankommt.
74 Capital Import Neutrality (CIN): Ausländische Kapitalanleger tragen bei deutschen Kapitalanlagen dieselbe Gesamtsteuerbelastung wie deutsche Kapitalanleger bei ihren inländischen Kapitalanlagen.
75 Capital Export Neutrality (CEN): Für den inländischen Kapitalanleger ist es – unter Steuergesichtspunkten – gleich, ob er das Kapital im Inland oder im Ausland anlegt.

einem fremdländischen Mitkonkurrenten sicherzustellen ist (CIN) oder ob der Kapitalexport des Inländers keine Steuernachteile erfährt (CEN).[76]

Nachdem unseres Wissens weder die Verwaltung noch der BFH in den Entscheidungen auf diese Begrifflichkeit zurückgreifen (Ausnahme: indirekte Prüfung anhand des EG-Vertrages), wird diese Unterscheidung hier nicht weiter verfolgt.

4.5 Die Antwort auf DBA-Fragen (§ 50d EStG) – Hinweis

Nachdem §§ 32b und 34c EStG die präzisierende Umsetzung des Methodenartikels beinhalten, will § 50d EStG das Völkerrecht in die Schranken weisen (»überspielen«), wenn das Besteuerungsrecht der BRD nach DBA zwar ausgeschlossen ist, aber dennoch das Besteuerungsgut sicherzustellen ist. Dieses Vorgehen wird auch als »Treaty Overriding« bezeichnet.

Da es sich hierbei um Maßnahmen im Bereich des Steuerabzugs beim Kapitalertrag sowie bei der Sonderquellensteuer des § 50a EStG handelt, wird aus Gründen der Sachnähe § 50d EStG dort (s. Kap. V 4), d.h. am Ende der Darstellung zum Internationalen Recht, behandelt.[77]

---

76 Vgl. z.B. *Sullivan/Wallner/Wübbelsbaum*, IStR 2003, 6.
77 Aus der aktuellen Literatur *Endres* u.a., Auswirkungen der Unternehmensteuerreform 2008, WPg 2007, 478; *Spengel/Wiegard*, Deutschland – Hochsteuerland, DB 2005, 516.

III Auslandsbeziehungen eines Steuerinländers (Fälle der unbeschränkten Steuerpflicht)

1 Einführung in die Thematik

Die Internationalisierung des Wirtschaftslebens, technische Entwicklungen, aber auch die Ausnutzung von möglichen Steuervorteilen haben in den letzten Jahren Inländer (Unternehmen und natürliche Personen) zunehmend veranlasst, Aktivitäten über die Grenze hinaus zu entfalten, ohne ihren Sitz, den Ort der Geschäftsleitung, ihren Wohnsitz bzw. gewöhnlichen Aufenthalt im Inland aufzugeben. **Im Folgenden werden von der Vielzahl der möglichen Fallgestaltungen die in der (Prüfungs-)Praxis bedeutendsten dargestellt.** Dabei sollen zunächst die steuerlichen Folgen der unternehmerischen Betätigung im Ausland untersucht werden und anschließend das privat motivierte Engagement von natürlichen Personen außerhalb von Deutschland.

Möchte sich ein inländischer Unternehmer auch über die Grenze hinweg unternehmerisch betätigen, kann er dafür grundsätzlich zwei Gestaltungsmöglichkeiten in Betracht ziehen. Direktgeschäfte bleiben außer Betracht.

Beispiel 1: Die gestaltende GmbH
Der Softwarehersteller S-GmbH hat sich entschieden, seine Forschungsabteilung ins Ausland zu verlagern und gleichzeitig eine Vertriebsschiene seiner Produkte zu installieren. S hat im Inland die Rechtsform einer KapG und will wissen, wie seine ausländischen Aktivitäten steuerlich am effektivsten gestaltet werden können.

Lösung: Die S-GmbH wird ihre ausländischen Aktivitäten in einer eigenständigen Gesellschaft als KapG (in einer Rechtsform des jeweiligen Staates) bündeln oder aber über eine unselbständige Zweigniederlassung laufen lassen, die steuerlich als Betriebsstätte des inländischen Stammhauses geführt wird.

Die Grundsätze über die Betriebsstättenbesteuerung sind im Übrigen auch anzuwenden, wenn für die ausländische Gesellschaft die Form einer PersG gewählt wird, weil nach deutschem Steuerrecht die PersG einkommensteuerlich kein eigenständiges Steuersubjekt ist. Die von ihr erzielten Gewinne sind anteilsmäßig von den G'ftern zu versteuern (Grundsatz der transparenten Besteuerung). Das bedeutet, dass das Unternehmen der PersG abkommensrechtlich als Unternehmen der G'fter, als deren Betriebsstätte behandelt wird.[78] Danach gibt es so viele Betriebsstätten im Ausland wie G'fter vorhanden sind. Wird die transparente steuerliche Behandlung der PersG vom ausländischen Sitzstaat nicht geteilt[79], kann dies zu einem Qualifikationskonflikt und schlimmstenfalls zu einer Doppelbesteuerung führen. Die steuerliche Folgen, die aus der Gründung einer PersG entstehen können, werden als Annex bei der Betriebsstättenbetrachtung abgehandelt (s. Kap. 2.2).

---

78 BFH vom 26.02.1992 (BStBl II 1992, 937).
79 Z.B. besteuern die **USA, Spanien, Ungarn, Tschechien** die PersG wie **Körperschaften**.

2 Inländisches Unternehmen mit Outbound-Aktivitäten (Internationales Unternehmenssteuerrecht)

2.1 Steuerliche Folgen mit einer Kapitalgesellschaft im Ausland

Bei Gründung einer KapG im Ausland (Tochtergesellschaft), sind für die Muttergesellschaft im Inland auch ertragsteuerliche Aspekte zu bedenken.

> **Beispiel 2: Die Mutter bekommt Töchter**
> Die S-GmbH gründet nach den ausländischen gesellschaftsrechtlichen Vorschriften eine KapG namens T und hält 100 % der Anteile an der T. Die Geschäftsleitung befindet sich im Sitzstaat der T.
>
> **Lösung:** Auf den ersten Blick ergibt sich, dass T in Deutschland weder unbeschränkt (Sitz und Ort der Geschäftsleitung im Ausland) noch beschränkt steuerpflichtig (keine inländischen Einkünfte) ist. Die Untersuchung der ertragsteuerlichen Folgen kann sich daher nur auf das beschränken, was von der Gesellschaft zurück ins Inland fließt und auf die Frage, ob die S-GmbH der T Vorteile zugewendet hat, die das steuerliche Ergebnis im Inland zu Unrecht beeinflusst haben.

2.1.1 Steuerliche Behandlung der ausgeschütteten Dividenden

Durch das StSenkG wurde die Besteuerung der Dividenden in Deutschland völlig neu geregelt. Ausschüttungen einer ausländischen Gesellschaft an eine inländische (unbeschränkt steuerpflichtige) Körperschaft werden gem. § 8b Abs. 1 KStG nicht mehr besteuert. Diese Neuregelung erfasst nach § 34 Abs. 4 KStG bereits Ausschüttungen von ausländischen Gesellschaften ab dem Jahr 2001. Eine Mindestbeteiligungsgrenze bzw. eine Mindesthaltezeit der ausländischen Anteile ist im Gesetz nicht vorgesehen. Diese Ausführungen gelten gem. § 8b Abs. 6 KStG auch für mittelbare Beteiligungen über eine MU-schaft.

In Bezug auf die **Ausschüttung von Dividenden** an einen inländischen Empfänger sind mehrere Fallkonstellationen denkbar:

Übersicht

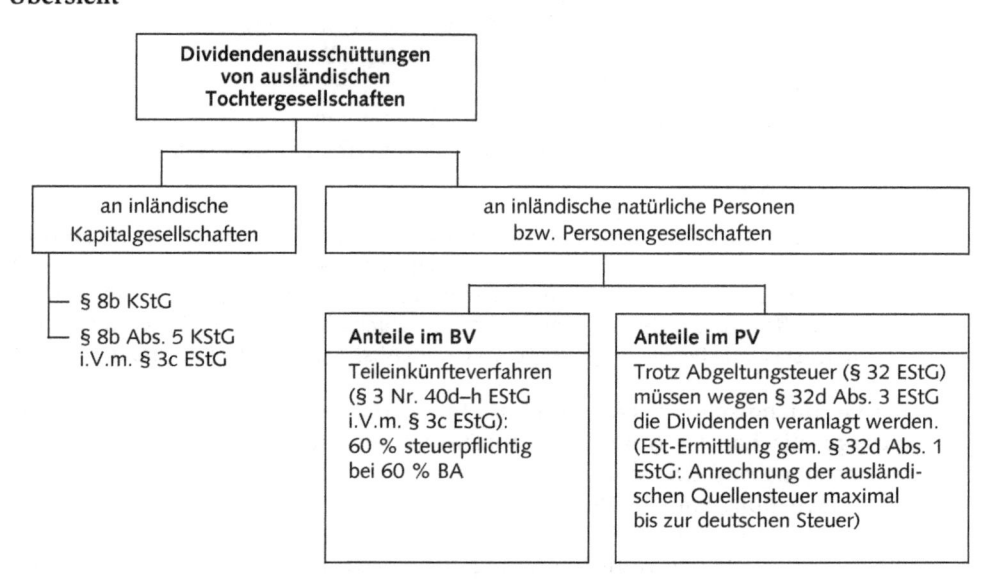

```
                Dividendenausschüttungen
                    von ausländischen
                   Tochtergesellschaften
                   /                    \
   an inländische              an inländische natürliche Personen
  Kapitalgesellschaften        bzw. Personengesellschaften
```

- § 8b KStG
- § 8b Abs. 5 KStG i.V.m. § 3c EStG

Anteile im BV	Anteile im PV
Teileinkünfteverfahren (§ 3 Nr. 40d–h EStG i.V.m. § 3c EStG): 60 % steuerpflichtig bei 60 % BA	Trotz Abgeltungsteuer (§ 32 EStG) müssen wegen § 32d Abs. 3 EStG die Dividenden veranlagt werden. (ESt-Ermittlung gem. § 32d Abs. 1 EStG: Anrechnung der ausländischen Quellensteuer maximal bis zur deutschen Steuer)

1. Alternative: inländische KapG als Muttergesellschaft (ab VZ 2009)

Beispiel 2a: Die ausschüttende Tochter
T (aus Beispiel 2) schüttet eine Dividende i.H.v. 100 T€ an die S-GmbH aus.

Lösung: Die Ausschüttungen, die die S-GmbH von der T erhält, sind nach § 8b Abs. 1 KStG im Inland steuerfrei. Eine Differenzierung, ob die T ihren Sitz in einem DBA-Land hat oder nicht, ist nach der neuen gesetzlichen Regelung nicht mehr notwendig.

Im Zusammenhang mit der Gründung einer ausländischen Tochtergesellschaft fallen i.d.R. aber auch eine Vielzahl von weiteren Kosten an, die zunächst von der Muttergesellschaft getragen werden müssen.

Beispiel 3: Töchter kosten Geld
Im Zusammenhang mit der Gründung der T entstehen der S-GmbH Aufwendungen, die zum Teil über Banken fremdfinanziert werden. Die Ausschüttungen der T belegt der Sitzstaat mit Quellensteuer.

Ausgaben im Zusammenhang mit der ausländischen Beteiligung können gem. § 8b Abs. 5 KStG nunmehr pauschal i.H.v. 5 % der Einnahmen aus den Dividenden geltend gemacht werden. Für diese Pauschalierungsregel wird der unmittelbare wirtschaftliche Zusammenhang zwischen Einnahmen und Ausgaben i.S.v. § 3c EStG unterstellt. Im Ergebnis bedeutet dies, dass immer nur 95 % der Einnahmen steuerfrei sind, unabhängig von der Höhe der tatsächlich entstandenen Aufwendungen. Durch eine langfristige Thesaurierung von Erträgen (sog. »Ballooning«) kann die Anwendung der Pauschalierungsregel bis zur Ausschüttung vermieden werden, wenn sie sich nachteilig auswirken würde.[80] Der EuGH hat allerdings

---
80 Dazu ausführlich *Maurer*, Band 2, Teil C, Kap. III 3.

am 23.02.2006 (in Sachen »Keller-Holding«) entschieden, dass die pauschale Kürzung des Betriebsausgabenabzugs um 5 % der Auslandsdividenden **bis Ende 2003** einen Verstoß gegen die Niederlassungs- und Kapitalverkehrsfreiheit darstelle (Rs. C-471/04 = BFH vom 14.07.2004, Az.: I R 17/03).

Im Ergebnis sind (gelten) daher ab 2004 – unabhängig vom tatsächlichen Anfall – immer 5 % der Dividendeneinnahmen von ausländischen Tochtergesellschaften als nicht abzugsfähige Ausgaben.

> **Lösung:** Die S-GmbH kann 95 % der Dividenden, die sie von T erhält, im Inland steuerfrei vereinnahmen. Als steuerliche Belastung bleibt die ausländische Quellensteuer bestehen. Zu beachten ist schließlich noch, dass § 8b Abs. 1 KStG wegen der Maßgeblichkeit des körperschaftsteuerlichen Einkommensbegriffes für die GewSt auch auf letztere durchschlägt. § 9 Nr. 7 und 8 GewStG kommt für freizustellende Beteiligungserträge nach § 8b Abs. 1 KStG keine Bedeutung mehr zu.

2. Alternative: inländisches Personenunternehmen (Einzelunternehmer oder PersG) als Muttergesellschaft (= G'fterin der ausländischen KapG)

Hier wäre – entsprechend der vorgegebenen Systematik – zunächst zu untersuchen, ob ein DBA zur Anwendung kommt. Die rechtliche Folge für den Inländer ist jedoch davon unabhängig, da die Vermeidung der Doppelbesteuerung mit oder ohne DBA bei Dividenden, wie bereits ausgeführt, über die Anrechnungsmethode erfolgt (vgl. Art. 10 OECD-MA i.V.m. Art. 23 A Abs. 2 OECD-MA), also letztlich über die nationale Regelung des § 34c EStG.

Die Anrechnung der ausländischen Quellensteuer ist ab **VZ 2009 neu geregelt** (§ 32d Abs. 5 EStG). Es gilt dabei folgende Differenzierung (s. auch oben die Übersicht):

1. Bei im **BV gehaltenen Beteiligungen** (= betriebliche Dividenden) gilt nunmehr das Teileinkünfteverfahren gem. § 3 Nr. 40d–h EStG (60 % steuerpflichtig) mit der korrespondierenden Regelung des § 3c EStG (BA nur zu 60 % abziehbar). Der zu 40 % steuerfreie Anteil unterliegt nicht dem Progressionsvorbehalt, wobei **§ 2 Abs. 5a EStG**[81] ggf. zu beachten ist.
2. Bei **privaten Einkünften** greift grundsätzlich die Abgeltungsteuer. Wegen § 32d Abs. 3 EStG (kein Abgeltungsteuerabzug im Ausland) müssen die Erträge in der Veranlagung erklärt werden.

Hinweis: Bei Anwendung von § 32d Abs. 1 und 3–6 EStG entfällt § 34c Abs. 1 EStG!

Exkurs: Praxishinweise zum Anrechnungsverfahren bei Dividenden nach § 34c EStG

a) Der Einbehalt von Quellensteuer und ihre Höhe ist durch Bankbelege nachzuweisen (§ 68b EStDV). Eine Zusammenfassung der ausländischen Einkünfte und der ausländischen Steuern aus mehreren Staaten ist nicht zulässig.

b) Bei der Ermittlung der Einkünfte sind die deutschen Einkunftsermittlungsvorschriften vollumfänglich anzuwenden (ggf. WK-Pauschbetrag gem. § 9a S. 1 Nr. 2 EStG, Sparerfreibetrag gem. § 20 Abs. 4 EStG etc.).

c) Bei der Ermittlung der anrechenbaren ausländischen Steuern ist **besonders zu beachten**, dass ihre Anrechnung/Abzug nur insoweit möglich ist, als sie keinem Ermäßigungsanspruch mehr unterliegen (vgl. § 34 Abs. 1 S. 1 EStG). Viele DBA begrenzen die Quellenbesteuerung für Dividenden. Eine Anrechnung/ein Abzug erfolgt **nur i.H.d. lt. DBA**

---

81 Beachte: Neufassung des § 2 Abs. 5a EStG ab VZ 2009!

vereinbarten **Quellensteuersätze**, unabhängig davon, ob der Ermäßigungsanspruch bei der ausländischen Steuerbehörde geltend gemacht wurde oder beispielsweise wegen Ablaufs einer Antragsfrist überhaupt noch angemeldet werden kann.[82]

d) Nach einigen DBA (z.B. Brasilien, Spanien, Portugal, Türkei) ist eine Anrechnung von Quellensteuern bis zu einem bestimmten Höchstbetrag i.R.d. ESt-Veranlagung möglich, selbst wenn im Ausland keine oder eine niedrigere Steuer einbehalten wurde. Allerdings ist ein Abzug dieser fiktiven Quellensteuer bei der Ermittlung der Einkünfte nach § 34c Abs. 2 EStG nicht erlaubt.[83]

e) Die »historische« Besonderheit im Verhältnis zu Frankreich (»**avoir fiscal**«) gibt es seit 2002 nicht mehr. Im Verhältnis zu Frankreich besteht hinsichtlich Dividenden von **Publikumsgesellschaften** mit großer deutscher Beteiligung ein vereinfachtes Besteuerungsverfahren (s. FinMin Brandenburg vom 22.08.2006, Az.: 35 – S 1301.FRA – 2/04).

2.1.2 Angemessener Liefer- und Leistungsverkehr zwischen verbundenen Unternehmen

Gründet eine inländische Gesellschaft eine ausländische Tochtergesellschaft, so beschränken sich die Beziehungen grundsätzlich nicht nur auf Gründungshilfe und Dividendenausschüttungen. Die Belieferung, Erbringung von Dienstleistungen und weitere Finanzierungen durch die inländische Muttergesellschaft machen einen weiteren Großteil der Beziehungen aus. Diese wechselseitigen Beziehungen müssen allerdings auch monetär, u.a. auch für steuerliche Auswirkungen, bewertet werden. Dies geschieht in der Praxis durch sog. **Verrechnungspreise**.

2.1.2.1 Einleitende Anmerkungen zu der Verrechnungspreisproblematik

Die Gestaltung von Verrechnungspreisen (Verrechnung von Waren und Leistungen) im Konzernverbund bzw. deren Überprüfung durch die beteiligten Finanzverwaltungen haben sich zu einem Kernbereich des internationalen Steuerrechts entwickelt. Speziell die hochindustrialisierten Nationen mit i.d.R. hohem Steuerniveau beobachten inzwischen kritisch die Entwicklungen der Unternehmen, welche tendenziell darauf hinauslaufen, Verluste bei ihnen zu belassen und Gewinne in Niedrigsteuerländer zu transferieren. Auch die OECD hat sich mit dieser Thematik befasst und in der OECD-Verrechnungspreisrichtlinie[84] zehn Grundregeln für die praktische Handhabung erarbeitet. Eine weitere Empfehlung ist in Art. 9 OECD-MA enthalten. In Deutschland hat das BMF bereits 1983 verbindliche Regularien erlassen, die neu überarbeitet und an die OECD-Vorstellungen angepasst wurden.[85] Trotz all dieser Hilfen bereitet die Bestimmung des korrekten Verrechnungspreises zwischen verbundenen Unternehmen in der Praxis größte Schwierigkeiten für alle Beteiligten. Verschiedene Lösungsansätze,

---

82 BFH vom 15.03.1995 (BStBl II 1995, 580).
83 Zum Nachweis über das Vorliegen der Voraussetzungen für die Anrechnung fiktiver Quellensteuern bei ausländischen Zinseinkünften vgl. BMF vom 15.05.1998 (BStBl I 1998, 554).
84 OECD Transfer Pricing Guidelines For Multinational Enterprises And Tax Administrations, Paris 1995.
85 Verwaltungsgrundsätze Verfahren in BMF vom 12.04.2005 (BStBl I 2005, 570); Einkunftsabgrenzungserlass in BMF vom 23.02.1983 (BStBl I 1983, 218). Grundsätze für die Prüfung der Einkunftsabgrenzung durch Umlageverträge zwischen international verbundenen Unternehmen (BMF vom 30.12.1999, BStBl I 1999, 1122); Tz. 7 des Erlasses vom 23.01.1983 wurde aufgehoben. Grundsätze für die Prüfung der Einkunftsabgrenzung durch zwischen international verbundenen Unternehmen in Fällen der Arbeitnehmerentsendung (BMF vom 09.11.2001, BStBl I 2001, 796). Tz. 8 und 9 des obigen BMF-Schreibens wurden durch die »Verwaltungsgrundsätze Verfahren« vom 12.04.2005 (BStBl I 2005, 570) aufgehoben.

wie beispielsweise die im Voraus vereinbarte Festlegung durch die betroffenen Fisken im Rahmen von sog. APA (Advance Pricing Agreement) oder über unilateral erteilte verbindliche Auskünfte der zuständigen FA, haben sich mittlerweile herauskristallisiert (vgl. hierzu BMF vom 05.10.2006, BStBl I 2006, 594). Erheblich verschärft aus Sicht der Unternehmen wurde die Problematik durch die Einführung von sanktionierten Dokumentationspflichten bei der Gestaltung von Verrechnungspreisen. Seit VZ 2008 hat sich das **AStG ausdrücklich** in § 1 Abs. 1 und Abs. 3 AStG der Thematik angenommen (s. dazu Kap. IV 3).

2.1.2.2 Dokumentationspflichten bei Verrechnungspreisen
2.1.2.2.1 Die Regelungen im Überblick

Hat ein StPfl. Geschäftsbeziehungen zu nahestehenden Personen über die Landesgrenze hinweg, hat er über deren Art und Umfang Aufzeichnungen zu erstellen.

Hintergrund für diese in § 90 Abs. 3 AO durch das StVergAbG vom 16.05.2003 getroffene Regelung war vor allem die Entscheidung des BFH vom 17.10.2001[86], nach der die erweiterten Mitwirkungspflichten des § 90 Abs. 2 AO bei Auslandssachverhalten keine Dokumentationspflicht auslösen. Allein auf fehlende oder nicht vorgelegte Aufzeichnungen konnte also eine Verletzung der erhöhten Mitwirkungspflichten nicht gestützt werden. Zwar kann die Finanzverwaltung, so der BFH in o.g. Entscheidung, bei Verweigerung der Mitwirkung eine vGA annehmen, für deren Höhe sie jedoch die Beweislast trägt. Da sich darüber hinaus nach dem BFH im zitierten Urteil die notwendige Schätzung am unteren Ende einer möglichen Bandbreite von angemessenen Verrechnungspreisen zu orientieren hat, sah der Gesetzgeber das Kräftegleichgewicht zu Lasten der Verwaltung bei der Überprüfung und Korrektur von Verrechnungspreisen als empfindlich gestört an und reagierte mit der gesetzlichen Verankerung von Dokumentationspflichten in § 90 Abs. 3 AO. Im »Gesetz zur Umsetzung der EU-Amtsrichtlinie und von weiteren Maßnahmen gegen Gewinnverkürzungen und -verlagerungen« (BEPS I-Umsetzungsgesetz)« wurden die Dokumentationspflichten an die Vorgaben der BEPS-Berichte der OECD/G20 angepasst. Die gesetzlichen Regelungen zu den Aufzeichnungspflichten nach § 90 Abs. 3 AO wurden modifiziert. Die Dokumentation der Verrechnungspreise und deren Gliederung in eine unternehmensbezogene Dokumentation (Local File) und eine Stammdokumentation (Master File) bildet den Schwerpunkt dieser Neuregelung. Das Gesetz datiert vom 20.12.2016 (BGBl I 2016, 3000) und ist anwendbar für Wj., die nach dem 31.12.2016 beginnen.

Einzelheiten dazu sind in einer neugefassten, am 19.07.2017 verkündeten Gewinnabgrenzungsaufzeichnungsverordnung (GAufzV; BGBl I 2017, 2367) enthalten. Schwerpunkt dieser Neuregelung ist die Nutzung von Datenbanken zur Dokumentation von Verrechnungspreisen und deren Prüfbarkeit durch die Finanzverwaltung.

Korrespondierend zu § 90 Abs. 3 AO ist die GAufzV für Wj. anwendbar, die nach dem 31.12.2016 beginnen.

Nachfolgend in der gebotenen Kürze die wesentlichen Aspekte der Dokumentationspflichten und der GAufzV:

a) Gewinnabgrenzungsaufzeichnungsverordnung (GAufzV):
Da sich vor allem hinsichtlich Art, Inhalt und Umfang der zu erstellenden Aufzeichnungen aus der gesetzlichen Regelung eine Fülle von Zweifelsfragen ergaben, machte das BMF von

---
[86] IStR 2001, 745 ff.

der in § 90 Abs. 3 S. 5 AO enthaltenen Ermächtigung Gebrauch und erließ zur Sicherstellung einer einheitlichen Rechtsanwendung bereits 2003 die sog. Gewinnabgrenzungsaufzeichnungsverordnung (GAufzV) (BGBl I 2003, 2296 und BGBl I 2017, 2367).

b) Sanktionen:
Flankiert werden die Dokumentationspflichten des § 90 Abs. 3 AO durch Sanktionsvorschriften in § 162 AO.
Verletzt ein StPfl. seine »neuen« Mitwirkungspflichten, sieht § 162 Abs. 3 AO die Möglichkeit einer Extremschätzung vor.
Bei endgültig nicht vorgelegter oder unbrauchbarer Aufzeichnung sind nach § 162 Abs. 4 AO darüber hinaus Strafzuschläge festzusetzen.

c) Zeitlicher Anwendungsbereich:
Die gesetzlichen Aufzeichnungspflichten nach § 90 Abs. 3 AO bestehen für alle Wirtschaftsjahre, die nach dem 31.12.2002 beginnen (zur Neuregelung vgl. Ausführungen im Vorspann). Die GAufzV ist erstmals mit Wirkung zum 30.06.2003 (rückwirkend) in Kraft getreten. Sanktionen nach § 162 Abs. 3 und 4 AO sind danach möglich in Wirtschaftsjahren, die nach dem 31.12.2003 beginnen.

d) Vereinbarkeit mit EU-Recht
Der BFH hat mit Urteil vom 10.04.2013 (DB 2013, 1942) entschieden, dass die Erstellung einer Verrechnungspreisdokumentation im Zusammenhang mit grenzüberschreitenden Leistungen innerhalb der EU im Einklang mit Unionsrecht steht.

2.1.2.2.2 Die Aufzeichnungsvorschriften im Einzelnen

a) Wer muss Aufzeichnungen führen?
In § 90 Abs. 3 AO und in der GAufzV ist der Kreis der aufzeichnungspflichtigen Personen bewusst weit gefasst. Darunter fallen alle Steuersubjekte (natürliche und juristische Personen, aber auch Betriebsstätten und PersG),

- die grenzüberschreitende Geschäftsbeziehungen pflegen
- und ihren Geschäftspartnern nahestehen.

Wird für den Begriff der »nahestehenden Person« schon in § 90 Abs. 3 S. 1 AO auf § 1 Abs. 2 AStG verwiesen, so kann auch das Tatbestandsmerkmal »Geschäftsbeziehungen« aus § 1 Abs. 4 AStG abgeleitet werden. Da Geschäftsbeziehungen in diesem Sinne nicht auf Gewinneinkünfte beschränkt sind, kann beispielsweise auch ein StPfl., der Einkünfte nach § 21 EStG bezieht, in den Kreis der Aufzeichnungspflichtigen einbezogen werden. Lediglich schuldrechtliche Beziehungen, die auf gesellschaftsrechtlicher Grundlage vereinbart wurden oder unentgeltliche Rechtsverhältnisse führen zu keinen Aufzeichnungspflichten nach § 90 Abs. 3 AO.

b) Was muss aufgezeichnet werden?
Aufgezeichnet werden müssen:

- Art und Inhalt der Geschäftsbeziehungen:
  Zunächst ist festzuhalten, dass der Begriff der Geschäftsbeziehungen weiter gefasst ist als der Begriff der Geschäftsvorfälle. Letztere müssen i.R.d. Buchführungspflichten (vgl. § 145 AO) so dokumentiert werden, dass sich Entstehung und Abwicklung verfolgen lassen. Der

neuen Regelung in § 90 Abs. 3 AO hätte es insoweit nicht bedurft. Zu beachten ist allerdings, dass es auch bei Geschäftsvorfällen im Falle nicht ordnungsgemäßer Buchführung zu den Sanktionen nach § 162 Abs. 3 und Abs. 4 kommen kann. Bei den Geschäftsbeziehungen i.S.d. § 90 Abs. 3 AO sind demnach allgemein alle Zustände und Vorgänge, die über den einzelnen Geschäftsvorfall hinausgehen, festzuhalten. Welche Informationen der StPfl. konkret aufzuzeichnen hat, ergibt sich § 4 Nr. 1–4 GAufzV. Darunter fallen:
- Beteiligungsverhältnisse, Geschäftsbetrieb und Organisation,
- eine Schilderung über Art und Umfang der Geschäftsbeziehungen mit nahestehenden Personen,
- Informationen über die dort ausgeübten Funktionen, übernommenen Risiken und deren Veränderungen.

In § 5 Nr. 1–5 GAufzV sind Sonderfälle aufgeführt, die, wenn sie die Geschäftsbeziehungen und die Preisfindung beeinflussen, zusätzlich zu besonderen Aufzeichnungspflichten führen.

- Alle wirtschaftlichen und rechtlichen Grundlagen für eine den Grundsatz des Fremdvergleichs beachtende Vereinbarung. Im Einzelnen sind dies:
  - der StPfl. hat nach § 2 Abs. 2 GAufzV zu begründen, warum er die gewählte Verrechnungspreismethode aufgrund der Art seiner Geschäfte und seiner sonstigen Verhältnisse für geeignet hält;
  - innerhalb der von ihm gewählten (und von der Finanzverwaltung akzeptierten) Methode hat er die errechneten Verrechnungspreise durch Vergleichsdaten zu belegen. Diese Daten kann er sich, soweit sie nicht bei ihm selbst vorhanden sind, von der nahestehenden Person oder über frei zugängliche Quellen beschaffen (§ 1 Abs. 3 GAufzV). Besonders geeignet sind Geschäfte, die der StPfl. oder die ihm nahestehende Person mit fremden Dritten abgeschlossen hat. Aussagekräftig können auch Vergleichspreise unabhängiger Unternehmen sein (§ 4 Nr. 4 Buchst. d GAufzV).

c) Wie muss aufgezeichnet werden?

- Nach § 2 Abs. 1 GAufzV sind die Aufzeichnungen schriftlich oder elektronisch zu fertigen.
- Nach § 2 Abs. 3 GAufzV sind die Aufzeichnungen geschäftsvorfallbezogen zu erstellen.
- Nach § 2 Abs. 5 GAufzV sind die Aufzeichnungen grundsätzlich in deutscher Sprache zu erstellen.
- Der Zeitpunkt der Aufzeichnungserstellung bleibt grundsätzlich dem StPfl. überlassen. Nur die sog. außergewöhnlichen Geschäftsvorfälle (vgl. § 3 Abs. 2 GAufzV) sind nach § 90 Abs. 3 AO zeitnah aufzuzeichnen. Nach § 3 Abs. 1 GAufzV ist diesem Erfordernis aus Sicht der Finanzverwaltung genüge getan, wenn sie innerhalb von sechs Monaten nach Ablauf des Wirtschaftsjahres gefertigt werden, in dem sich der Geschäftsvorfall ereignet hat.

Neben diesen Aufzeichnungsvorgaben sind sachverhaltsbezogene (z.B. betriebsinterne Verrechnungspreisrichtlinien, Gruppenbildungen) und personenbezogene (vgl. § 6 GAufzV) Erleichterungen zu beachten.

d) Wann muss vorgelegt werden?

Vorgelegt werden soll grundsätzlich nur dann, wenn eine Außenprüfung durchgeführt wird. Die Frist für die Vorlage beträgt 60 Tage, wenn sie in begründeten Fällen von der Verwaltung nicht verlängert wird (§ 90 Abs. 3 S. 8 und 10 AO).

Ab VZ 2008 ist mit § 90 Abs. 3 S. 9 AO die Frist für die Dokumentationen **außergewöhnlicher** Geschäftsvorfälle auf **30 Tage** verkürzt worden.

2.1.2.2.3 Sanktionen

Verstöße gegen die Aufzeichnungspflichten des § 90 Abs. 3 AO können zu Zuschätzungen gem. § 162 Abs. 3 AO und zu Zuschlägen gem. § 162 Abs. 4 AO führen. Verstöße liegen vor, wenn

- überhaupt keine Aufzeichnungen vorgelegt werden.
  Unproblematisch für den Eintritt der Rechtsfolgen ist der Fall, dass die Vorlage vorhandener Unterlagen verweigert wird. Ist ihm die Beschaffung von Informationen hingegen unmöglich, können sich daran nicht ohne weiteres die vorgesehenen Sanktionen anschließen. Allerdings muss der StPfl. wenigstens dokumentieren, welche Versuche er unternommen hat, um an geeignete Unterlagen zu gelangen;
- im Wesentlichen unverwertbare Unterlagen vorgelegt werden.
  Der Rechtsbegriff der Unverwertbarkeit ist auslegungsbedürftig. Aus der Gesetzesbegründung[87] ergeben sich hierfür folgende Anhaltspunkte:
  - die Aufzeichnungen sind unklar, nicht nachvollziehbar oder in wesentlichen Teilen unvollständig,
  - die Aufzeichnungen sind in sich widersprüchlich,
  - der StPfl. hat eine offensichtlich ungeeignete Verrechnungspreismethode gewählt und die Aufzeichnungen sind für eine geeignete Methode nicht verwendbar.
- die Aufzeichnungen über außergewöhnliche Geschäftsvorfälle nicht zeitnah erstellt werden.

Die Feststellungslast für das Vorliegen der genannten Verstöße trägt die Finanzverwaltung. Folgende Sanktionen sind vorgesehen:

- Zuschätzung nach § 162 Abs. 3 AO:
  Liegen Verstöße i.S.v. § 162 Abs. 3 AO vor, wird widerlegbar vermutet, dass die im Inland stpfl. Einkünfte, die den Aufzeichnungspflichten unterliegen, höher als die erklärten sind. Eine mögliche Bandbreite bei den angemessenen Verrechnungspreisen kann zu Lasten des Unternehmens ausgeschöpft werden.
- Zuschläge nach § 162 Abs. 4 AO:
  Strafzuschläge sind möglich bei Nichtvorlage von Aufzeichnungen oder bei deren Unverwertbarkeit. Die Zuschläge betragen zwischen 5 und 10 % des Mehrbetrages der Einkünfte, mindestens aber 5.000 €.
  Werden verwertbare Aufzeichnungen verspätet vorgelegt, beträgt der Zuschlag für jeden Tag der Fristüberschreitung mindestens 100 €, höchstens insgesamt 1.000.000 €.

Von den Sanktionen ist nur abzusehen, wenn die Nichterfüllung der Aufzeichnungspflichten entschuldbar ist.

Abschließend sei noch darauf hingewiesen, dass die Aufzeichnungspflichten nach § 90 Abs. 3 AO samt den sich daran anknüpfenden möglichen Sanktionen nicht nur für verbundene Unternehmen gelten, sondern auch für Geschäftsbeziehungen zu Betriebsstätten und zu PersG.

---

[87] BR-Drs. 583/03, 8.

2.1.2.3 Advance Pricing Agreements[88]

Unter einem APA versteht man eine verbindliche Verständigungsvereinbarung zwischen einem oder mehreren StPfl. und einer oder mehreren Steuerverwaltungen über die Verrechnungspreisgestaltung. Es soll bereits vor Verwirklichung von Geschäftsbeziehungen ein dem Fremdvergleich entsprechender Verrechnungspreis für einen bestimmten Zeitraum festgelegt werden.

Verfahrensmäßig stellt der StPfl. zunächst einen Antrag auf Durchführung eines APA bei der zuständigen Behörde, in Deutschland beim Bundeszentralamt für Steuern (BZSt). Das BZSt trifft mit der zuständigen Behörde des Vertragsstaates eine Vorabverständigungsvereinbarung, die dem StPfl. als Vorabzusage durch das zuständige Finanzamt bekannt gegeben wird. Möglich ist im Übrigen auch eine einseitig bindende Zusage des Finanzamts in Verrechnungspreisfragen, allerdings nur im Einvernehmen mit dem BZSt.

Zu beachten ist in jedem Fall die Gebührenregelung in § 178a AO für das Verhandeln eines APA. Die Grundgebühr beträgt 20.000 €.[89]

2.2 Die Errichtung einer Betriebsstätte im Ausland

Die Alternative zur Neugründung einer eigenen KapG für die Abwicklung des Geschäftsverkehrs über die Grenze ist, wie bereits erwähnt, die Gründung einer Betriebsstätte im Ausland. Gründe, die für die Errichtung einer Betriebsstätte sprechen, liegen meist im steuerlichen Bereich und hier vor allem in einem wirksamen Verlustmanagement. Sie können aber auch außersteuerlicher Art sein, wie beispielsweise die Möglichkeit Publizitäts- oder Mitbestimmungsregelungen zu vermeiden. Neben der Abwägung der Gründe, die für bzw. gegen die Errichtung einer Betriebsstätte sprechen, ist zunächst deren steuerliche Definition und Rechtsqualität zu klären. Der Schwerpunkt liegt danach bei der Behandlung der steuerlichen Folgen, die durch die Einschaltung einer Betriebsstätte entstehen, insb. bei den Gewinnabgrenzungsproblemen. Zu den vielgestaltigen Problembereichen, die sich ergeben können, hat die Finanzverwaltung nach längeren Geburtswehen 1999 in einem Erlass (Betriebsstätten-VerwGrS) klare und umfangreiche Positionen bezogen.[90] Mit BMF-Schreiben vom 25.08.2009 (BStBl I 2009, 888) wurden diese Grundsätze an die Regelungen des SEStEG angepasst.

In ihrem Betriebsstättenbericht vom 17.07.2008 (Authorized OECD Approach, kurz AOA) hat sich die OECD auf die Selbständigkeitsfiktion der Betriebsstätte festgelegt, mit der Folge der Anwendung des Fremdvergleichsgrundsatzes bei Transaktionen zwischen Stammhaus und Betriebsstätte. Bereits im JStG 2013 (AmtshilfeRLUmsG) und fortgeführt im JStG 2014 hat der Gesetzgeber die nationale, gesetzliche Grundlage für die Umsetzung des OECD-Berichtes geschaffen. Im neu eingefügten § 1 Abs. 5 AStG (flankiert durch den ebenfalls neu eingefügten § 1 Abs. 4 Nr. 2 AStG) sind in Wirtschaftsjahren, die nach dem 31.12.2012 beginnen, Geschäftsbeziehungen zwischen Stammhaus und Betriebsstätte nach dem Fremdvergleichs-

---

88 Vgl. im Einzelnen zu den Advance Pricing Agreements – APA – BMF vom 05.10.2006, BStBl I 2006, 594. Vgl. dazu ausführlich Haufe-Steueränderungen 2008, E 1.4. (517 ff.)
89 Die Verlängerungsgebühr beträgt 15.000 €, eine Änderungsgebühr »kostet« 10.000 €. Die genannten Gebühren reduzieren sich um die Hälfte, wenn die Geschäftsvorfälle die Beträge nach § 6 Abs. 2 S. 1 GewinnAbgrAufzVO nicht überschreiten.
90 Betriebsstätten-VerwGrS vom 24.12.1999 (BStBl I 1999, 1076).

grundsatz zu beurteilen. Dies geschieht mittels einer gesetzlichen Fiktion (vgl. Neuregelung im § 1 Abs. 4 S. 2 AStG, JStG 2014), da nach unserem Rechtsverständnis zwischen Stammhaus und Betriebsstätte keine schuldrechtlichen Beziehungen begründet werden können.

Gemäß § 1 Abs. 5 S. 3 und 4 AStG (n.F.) erfolgt die Anwendung des Fremdvergleichsgrundsatzes in zwei Schritten:

1. In einem ersten Schritt wird untersucht, welche Funktionen die Betriebsstätte im Verhältnis zum restlichen Unternehmen durch ihr Personal ausübt.
Auf dieser Basis wird bestimmt, welche Vermögenswerte, Chancen und Risiken der Betriebsstätte zuzurechnen sind und welche Eigenkapitalausstattung (Dotationskapital) hierfür angemessen ist.
2. In einem zweiten Schritt sollen auf dieser Basis die Geschäftsbeziehungen zwischen Stammhaus und Betriebsstätte festgestellt und fremdvergleichskonform bestimmt werden.

Ergeben sich durch diese Neuregelung Besteuerungskonflikte mit den Regelungen in bereits abgeschlossenen DBA, so haben diese nach § 1 Abs. 5 S. 8 AStG (n.F.) unter den dort genannten Voraussetzungen Vorrang.

Das BMF hat von der Verordnungsermächtigung in § 1 Abs. 6 AStG (n.F.) zur Regelung von Einzelheiten für die Anwendung des Fremdvergleichsgrundsatzes Gebrauch gemacht und die sog. »Betriebsstättengewinnaufteilungsverordnung (BsGaV)« am 13.10.2014 verabschiedet (BStBl I 2014, 1378). Nach § 40 BsGaV sind diese Regelungen erstmalig anwendbar für Wirtschaftsjahre, die nach dem 31.12.2014 beginnen. Unternehmen können daher die Gewinnabgrenzung für bis zum 01.01.2015 gegründete Betriebsstätten nach den bisherigen anerkannten Grundsätzen vornehmen, obwohl § 1 Abs. 5 AStG die Anwendung des Fremdvergleichsgrundsatzes bereits für Wirtschaftsjahre vorsieht, die nach den 31.12.2012 beginnen. In einem weiteren Schreiben vom 22.12.2016 (BStBl I 2017, 182) hat der BMF umfangreich Stellung zur Anwendung des Fremdvergleichgrundsatzes nach § 1 Abs. 5 AStG und der BsGaV auf die Einkünftezuordnung von ausländischer Besteuerung eines inländischen Unternehmens bzw. von inländischer Besteuerung eines ausländischen Unternehmens Stellung bezogen.

Inwieweit durch diese nationalen Regelungen die internationale Betriebsstättenbesteuerung aktuell Änderungen erfährt, bleibt vorerst abzuwarten, da bislang nur in wenigen DBA die Umsetzung der AOA erfolgt ist und der Vorrang der abkommensrechtlichen Regelungen gem. § 1 Abs. 5 S. 8 AStG unter den dort genannten Voraussetzungen bestehen bleibt.

2.2.1 Der Betriebsstättenbegriff

Definiert ist die Betriebsstätte (zum Betriebsstättenbegriff s. *Lübbehusen/Kahle* (Hrsg.), Brennpunkte der Besteuerung von Betriebsstätten, Herne 2015) sowohl im nationalen Steuerrecht (§ 12 AO) als auch in den DBA, vgl. Art. 5 OECD-MA. Wegen der vorrangigen Geltung der DBA gegenüber nationalem Recht sind die Begriffsbestimmungen des jeweiligen DBA zu beachten. Inhaltlich stimmt der abkommensrechtliche Betriebsstättenbegriff mit dem des § 12 AO allerdings weitgehend überein. National und auch international ist für die Annahme einer Betriebsstätte eine **feste Geschäftseinrichtung** Voraussetzung. Sie liegt vor, wenn sie örtlich fixiert und auf eine gewisse Dauer (länger als sechs Monate) angelegt ist.[91] Die Änderung des Kommentars zum OECD-MA 2003 bedingt eine Ausweitung

---

91 Nach BFH vom 19.05.1993 (BStBl II 1993, 655) muss sie länger als sechs Monate bestehen.

des Betriebsstättenbegriffs. War bisher eine nicht nur vorübergehende Verfügungsmacht des Unternehmers über die feste Geschäftseinrichtung erforderlich, genügt jetzt für die Annahme einer Betriebsstätte mit Einschränkungen die tatsächliche Präsenz des Unternehmers.[92] So kann beispielsweise die Überwachungstätigkeit in den Räumen des Subunternehmers und die Tätigkeit eines Malers in den Räumen des Auftraggebers eine Betriebsstätte begründen[93] (weitere Beispiele vgl. Tz. 4.2 Kommentar zum OECD-MA 2003). In vier Punkten unterscheiden sich die Definitionen dennoch:

Betriebsstätte gem. § 12 AO	Betriebsstätte gem. Art. 5 Abs. 1 OECD-MA
1. Die **feste Geschäftseinrichtung** muss der Tätigkeit des Unternehmens lediglich **dienen**.	1. Die Tätigkeit des Unternehmens muss durch die feste Geschäftseinrichtung **ausgeübt werden**.
2. **Bauausführungen und Montagen** begründen nach § 12 Nr. 8 AO nur dann eine **Betriebsstätte**, wenn sie **länger als sechs Monate** dauern.	2. Eine Bauausführung oder Montage ist nur dann eine Betriebsstätte, wenn sie die Dauer von **zwölf Monaten überschreitet**.[94]
3. Vgl. § 12 Nr. 5 und 6 AO	3. Geschäftseinrichtungen unterstützender und vorbereitender Art, wie z.B. **Warenlager oder Einkaufsstellen**, gelten wegen ihres bloßen Hilfscharakters **nicht** als Betriebsstätte (Art. 5 Abs. 4 OECD-MA).
4. § 13 AO definiert lediglich den Begriff des ständigen Vertreters.	4. Art. 5 Abs. 5 OECD-MA qualifiziert den ständigen Vertreter als Betriebsstätte.

Aus der Aufzählung dieser vier Punkte lässt sich unschwer erkennen, dass der Betriebsstättenbegriff nach den DBA enger definiert ist. Ist somit nach den DBA von einer Betriebsstätte auszugehen, liegt sie auch nach nationalen Bestimmungen der AO vor. Sowohl in den DBA als auch in § 12 AO ist die Betriebsstätte als unselbständiger Teil des Gesamtunternehmens umschrieben. Dieser Grundsatz der »Einheitlichkeit des Unternehmens« bedingt u.a., dass schuldrechtliche Verträge zwischen Stammhaus und Betriebsstätte steuerlich nicht anzuerkennen sind, und bereitet, wie noch dargestellt wird, Schwierigkeiten bei Gewinnabgrenzungsfragen.

Hinweis: In einer folgenreichen Entscheidung (BFH-Beschluss vom 08.06.2015, BFH/NV 2015, 1553) setzte sich der BFH mit einer deutschen Zweigniederlassung einer niederländischen KapG **ohne ein Verfügungsrecht über Räumlichkeiten** auseinander und bejahte das Vorliegen einer Betriebsstätte, wenn mit der Führung der Geschäfte eine deutsche Managementgesellschaft – bei **Identität der Leitungsorgane** – beauftragt wird.

---

92 Vgl. BFH vom 03.02.1993 (BStBl II 1993, 462).
93 S. aber das Urteil des BFH vom 30.06.2005, BStBl II 2006, 78, wonach der selbständige Tankstellenpächter keine Vertriebs-BS der Ölgesellschaft, stattdessen eine eigene Handels-BS als Tankstellenverwalter begründet (wichtig für die Investitionszulage).
94 Vgl. BFH vom 16.05.2001 (BStBl II 2002, 846) zum BS-Begriff im DBA-Ungarn: Es ging um drei Baustellen (Verputzarbeiten), von denen nur eine länger als zwölf Monate betrieben wurde. Für die (nur nach DBA mögliche) Zusammenfassung der drei Baustellen zu einer BS durch einen »inneren Zusammenhang«, wie er z.B. durch Folgeaufträge hergestellt werden kann, gab es im konkreten Fall keinen Anhaltspunkt.

2.2.2 Steuerliche Folgen der Betriebsstätten-Gründung

Wird eine Betriebsstätte im Ausland errichtet, ist für die weiteren steuerlichen Folgen entscheidend, ob ein DBA eingreift oder nicht. Dies gilt gleichermaßen für eine Betriebsstätte, die ein Ausländer im Inland zur Abwicklung seines Geschäftsverkehrs einschaltet.

2.2.2.1 Errichtung einer Betriebsstätte im Ausland ohne Doppelbesteuerungsabkommen

Die rechtlichen Folgen richten sich ausschließlich nach den nationalen gesetzlichen Regelungen. Errichtet eine unbeschränkt steuerpflichtige KapG eine ausländische Betriebsstätte, erzielt sie als Inländerin (dabei ist es gleichgültig, ob natürliche Person oder KapG) ausländische Einkünfte i.S.v. § 34d Nr. 2a EStG i.V.m. § 8 Abs. 1 KStG. Werden diese Einkünfte im Ausland besteuert, wird eine Doppelbesteuerung über § 34c EStG durch Anrechnung oder Abzug der ausländischen Steuern bei der Einkommensermittlung vermieden. Bei der Ermittlung des Gewerbeertrages wird der Teil, der auf die ausländische Betriebsstätte entfällt, nach § 9 Nr. 3 GewStG gekürzt. Verluste ausländischer Betriebsstätten sind unter den Voraussetzungen des § 2a Abs. 1 i.V.m. Abs. 2 EStG abzugsfähig. Der Vollständigkeit halber sei an dieser Stelle noch auf die Sonderregelungen des sog. Pauschalierungserlasses[95] hingewiesen. Danach können unter bestimmten Voraussetzungen ausländische Einkünfte aus Gewerbebtrieb auf Antrag mit nur 25 % besteuert werden.

2.2.2.2 Errichtung einer Betriebsstätte im Ausland mit Doppelbesteuerungsabkommen

Die Regelungen in den DBA sehen vor, dass die Einkünfte (das Vermögen) im Betriebsstättenstaat besteuert werden können und in dem Staat, in dem das Unternehmen seinen Sitz hat (Ansässigkeitsstaat) freizustellen sind (Art. 7 Abs. 1, 23 A Abs. 1 OECD-MA). Ist Deutschland der Ansässigkeitsstaat, werden die Einkünfte i.d.R. von den inländischen Besteuerungsgrundlagen ausgenommen. Es greift die **Freistellungsmethode**. Nach Art. 23 A Abs. 3 OECD-MA i.V.m. § 32b Abs. 1 Nr. 3 EStG erfolgt eine Berücksichtigung der freigestellten Einkünfte über den Progressionsvorbehalt.
Die Nutzung des negativen Progressionsvorbehaltes als Steuersparmodell in den sog. »Goldfinger-Fällen[96]« (vgl. hierzu DStR 2013, 1834) hat der Gesetzgeber in 2013 im AmtshilfeRLUmsG durch Schaffung des § 32b Abs. 2 Nr. 2c EStG unterbunden und durch Einfügung des § 15b Abs. 3a EStG im AIFM-StAnpG vom 18.12.2013 abgesichert.

Enthält ein DBA allerdings eine sog. **Aktivitätsklausel** (z.B. DBA-Schweiz) und wird die Betriebsstätte nicht aktiv nach dieser Regelung tätig, werden die Einkünfte im Inland nach § 34c Abs. 6 EStG unter Anrechnung bzw. Abzug der ausländischen Steuer in die Besteuerung einbezogen. Die Einschränkungen des Verlustausgleiches/Abzugs nach § 2a Abs. 1 und 2 EStG wirken sich bei nach DBA steuerbefreiten Einkünften lediglich i.R.d. Progressionsvorbehaltes aus. In seinen Urteilen vom 09.06.2010 (IStR 17/2010) und vom 05.06.2014 (DB 2014, 931) bestätigt der BFH diese Rechtslage, lässt aber einen Verlustabzug ausnahmsweise zu, sofern und soweit der StPfl. nachweist, dass die Verluste im Quellenstaat unter keinen Umständen anderweitig verwertbar sind, es sich mithin um sog. »finale Verluste« handelt. Auf einen Vorlagebeschluss des FG Köln vom 19.12.2014 (Az.: 13 K 3906/09) an den EuGH

---

95 Vgl. BMF vom 10.04.1984 (BStBl I 1984, 252) mit den Einschränkungen nach Tz. 4.2.1.3.2 oben.
96 Damit sind die Fälle gemeint, da ein deutscher Anleger eine PersG im Ausland errichtet, die Gold erwirbt und die dafür erwachsenen Aufwendungen als sofortabzugsfähig behandelt. Für den dadurch entstehenden Verlust wird der **negative Progressionsvorbehalt** in der deutschen Steuererklärung beantragt.

hat dieser am 17.12.2015 entschieden, dass Verluste aus sog. Freistellungs-BS (= BS mit ausschließlicher Besteuerung des BS-Ergebnisses im Ausland) i.d.R. EU-rechtlich nicht zum Abzug im Inland gebracht werden können. Mangels Vergleichbarkeit besteht demnach bei Freistellungs-BS keine Verpflichtung zur Berücksichtigung finaler Verluste (»Timac Agro« in BB 2016 S. 162). Hinzuweisen ist noch auf drei Besonderheiten:

1. Liegen die Voraussetzungen des § 20 Abs. 2 AStG vor, wird die Doppelbesteuerung für die Betriebsstätteneinkünfte nicht, wie im DBA regelmäßig vorgesehen, durch die Freistellungsmethode sondern durch die Anrechnungsmethode vermieden.
2. Die Rückfallklauseln, die in einigen, vor allem neueren DBA enthalten sind (z.B. DBA-USA), bewirken, dass das Besteuerungsrecht von Gewinnen, die im Betriebsstättenstaat tatsächlich nicht besteuert werden, an den Ansässigkeitsstaat zurückfällt.[97]
3. Im JStG 2008 erfolgte gem. § 52 Abs. 3 S. 3 EStG eine Aufhebung der Befristung der Hinzurechnung. Somit sind die Hinzurechnungen gem. § 2a Abs. 3 EStG a.F. **unbefristet** vorzunehmen.

2.2.3 Aufteilung des Betriebsvermögens und der Einkünfte

Beispiel 4: Die »aufwändige« Betriebsstätten-Gründung
Im Zusammenhang mit der Suche nach geeigneten Geschäftsräumen für die zu errichtende ausländische Betriebsstätte fallen Gründungskosten (z.B. für Makler, Annoncen, Reisen) an. Ein von der S-GmbH (vgl. Eingangsbeispiel zur Tochtergesellschaft) selbst entwickeltes Patent wird der Betriebsstätte zur Mitbenutzung überlassen. S beliefert die Betriebsstätte mit der im Inland produzierten Software, stellt ihr die Rechts- und Steuerabteilung für Beratungszwecke zur Verfügung und gewährt ihr zur Erfüllung ihres Geschäftszweckes ein Darlehen.

2.2.3.1 Allgemeines zur Einkunftsabgrenzung zwischen den Unternehmensteilen Stammhaus und Betriebsstätte

Die Einkunftsabgrenzungsproblematik spielt ertragsteuerlich vor allem eine Rolle bei Fallgestaltungen, die unter den Regelungsbereich eines DBA fallen, weil die ausländische Betriebsstätte von der deutschen Besteuerung freigestellt ist. Auch wenn mit dem Betriebsstättenstaat kein DBA geschlossen wurde, ist eine sachgerechte Gewinnabgrenzung für die GewSt wegen der Kürzungsvorschrift des § 9 Nr. 3 GewStG aus deutscher Sicht notwendig.

Die grenzüberschreitende Einkunftsabgrenzung zwischen Stammhaus und Betriebsstätte hat durch die Implementierung des »Authorized OECD Approach« (AOA) in § 1 Abs. 5 AStG und der hierzu erlassenen Betriebsstättengewinnaufteilungsverordnung (BsGaV) eine grundlegende Änderung erfahren.

Der **Einheitlichkeitsgrundsatz** (Stammhaus und Betriebsstätte bilden rechtlich eine Einheit) mit der These, dass ein Unternehmen an sich selbst nichts verdienen darf, wurde zugunsten des **Fremdvergleichsgrundsatzes** aufgegeben (auch »**Dealing at arm's length**«-**Prinzip** genannt). Nach dem Maßstab dieses Fremdvergleichs sind der Betriebsstätte »[...] die Gewinne zuzurechnen, die sie hätte erzielen können, wenn sie eine gleiche oder ähnliche Tätigkeit unter gleichen oder ähnlichen Bedingungen als selbständiges Unternehmen ausgeübt hätte und im Verkehr mit dem Unternehmen, dessen Betriebsstätte sie ist, völlig

---

[97] S. im Einzelnen zur »Subject to tax clause« Kap. II 4.2.3.

unabhängig gewesen wäre [...]«. **Die Leistungsverrechnung** zwischen Unternehmen, wie sie Art. 7 Abs. 2 OECD-MA fingiert, erfolgt grundsätzlich mit **Gewinnaufschlag**.
(Zu den Neuregelungen in § 1 Abs. 5 AStG ab VZ 2013 vgl. auch Kap. 2.2.)

2.2.3.2 Die Zurechnung von Einkünften zu einer Betriebsstätte im Einzelnen

Nach § 1 Abs. 1 BsGaV ist Grundlage für die Zurechnung von Einkünften zu einer Betriebsstätte zunächst die Durchführung einer Funktions- und Risikoanalyse, um festzustellen, wie die Geschäftstätigkeit der Betriebsstätte von der Geschäftstätigkeit des übrigen Unternehmens abzugrenzen ist.

Die Funktions- und Risikoanalyse bildet die Grundlage für die Zuordnung der Personalfunktion (§ 1 Abs. 2 Ziff. 1, § 2 und § 4 BsGaV), diese wiederum die Grundlage für die Zuordnung von Vermögenswerten (§ 1 Abs. 2 Ziff. 2, §§ 5, 6, 7 BsGaV). Auf der Basis der zugeordneten Vermögenswerte und der der Betriebsstätte zugeordneten Chancen und Risiken wird das Dotationskapital der Betriebsstätte bestimmt (§ 1 Abs. 2 Ziff. 3, § 10, §§ 12, 13 BsGaV). Passivposten sind der Betriebsstätte zuzuordnen, soweit die Zuordnung von Vermögenswerten, Chancen und Risiken und Dotationskapital dies erforderlich macht (§ 1 Abs. 2 Ziff. 4, § 14 BsGaV).

Die Funktions- und Risikoanalyse bildet schließlich auch die Grundlage für die Zuordnung von Geschäftsvorfällen des Unternehmens mit unabhängigen Dritten und nahestehenden Personen zu der Betriebsstätte sowie ihrer schuldrechtlichen Beziehungen zum übrigen Unternehmen (§ 1 Abs. 2 Ziff. 5, 6, § 16 BsGaV).

Für die Geschäftstätigkeit der Betriebsstätte ist eine Vergleichsanalyse durchzuführen, auf deren Basis dann für die Geschäftsbeziehungen zwischen Stammhaus und Betriebsstätte ein Verrechnungspreis bestimmt wird, der Fremdvergleichsgrundsätzen entspricht (§ 1 Abs. 1 S. 2 BsGaV).

Zur Bestimmung des Verrechnungspreises sind alle Verrechnungspreismethoden i.S.d. § 1 Abs. 3 AStG möglich (vgl. hierzu Kap. 3.1.3).

Lösung: Da die Lösung grundsätzlich davon abhängig ist, ob zwischen den beteiligten Staaten ein DBA besteht, das die Besteuerung der Betriebsstätten entsprechend dem AOA regelt (hier Alternative 2) oder für die die Besteuerung der Betriebsstätte der AOA im DBA nicht vereinbart wurde (hier Alternative 1), wird im Weiteren auch zweigleisig verfahren.

1. Gründungskosten

Alternative 1:
Für die steuerliche Behandlung der Gründungskosten einer Betriebsstätte werden nach wie vor drei Meinungen vertreten.
   a) Eine Mindermeinung[98] geht davon aus, dass Aufwendungen, die vor Bestehen der Betriebsstätte anfallen, immer Aufwendungen sind, die das Stammhaus zu tragen hat. Als Argument wird angeführt, dass abkommensrechtlich die Rechtsfolgen der DBA an das Bestehen der Betriebsstätte anknüpfen. Eine spätere Zuordnung zur entstandenen Betriebsstätte sei nicht möglich. Fraglich bei dieser Auffassung könnte sein, ob beim Stammhaus wegen des Fehlens eines Veranlassungszusammenhangs die Versagung des BA-Abzugs nach § 4 Abs. 4 EStG erfolgen muss oder dort der BA-Abzug nach § 3c EStG nicht möglich ist.

---

98 Vgl. *Ritter* in JbFSt 1976/77, 288.

b) Überwiegend wird im Schrifttum vertreten, dass Gründungskosten bis zur Entstehung der Betriebsstätte grundsätzlich vom Stammhaus (der S) zu tragen sind, mit der Entstehung dann aber zu Lasten der Betriebsstätte umgebucht werden.[99] Als Argument wird herangezogen, dass diese Gewinnkorrektur dem Fremdvergleichsgrundsatz entspricht. Im Ergebnis trägt somit der Betriebsstättenstaat den Gründungsaufwand.

c) Auch nach der Verwaltungsauffassung hat der Betriebsstättenstaat den Gründungsaufwand zu tragen.[100] Im Gegensatz zu obiger Meinung aber bereits ab dem Zeitpunkt des Entstehens des Gründungsaufwandes. Als Argument wird herangezogen, dass der Zurechnungszeitraum grundsätzlich unabhängig von der Existenz der Betriebsstätte sein muss. Ausschlaggebend für die Zuordnung von Aufwendungen ist allein der Veranlassungszusammenhang.

Folge der Verwaltungsmeinung ist, dass sich negative ausländische Einkünfte ergeben können, die im Falle des Scheiterns der geplanten Betriebsstättengründung allenfalls nach dem o.g. BFH-Urteil vom 09.06.2010 Berücksichtigung finden können. Im Unterschied dazu verbleiben nach der herrschenden Literaturmeinung die Aufwendungen beim Stammhaus.

Alternative 2:
Der AOA hat hier keinen Einfluss auf die Lösung. Nach Verwaltungsauffassung hat der Betriebsstättenstaat die Gründungskosten zu tragen.

2. Überlassung von WG (Patent) an die Betriebsstätte[101]

Alternative 1:
Zunächst ist zu unterscheiden, ob die Nutzungsüberlassung auf Dauer angelegt oder nur von vorübergehender Natur ist.
- Ist sie auf Dauer angelegt, gilt das WG als in das Betriebsstättenvermögen überführt. Dies gilt auch dann, wenn das WG, wie in diesem Fall das Patent, als ein nicht entgeltlich erworbenes immaterielles WG in der Bilanz der S nicht erfasst ist. Eine Besteuerung löst die Überführung der WG in der Betriebsstätte nach § 4 Abs. S. 3 EStG nur aus, wenn sich die Betriebsstätte in einem DBA-Land mit Freistellungsmethode befindet. Maßgeblich ist nach § 6 Abs. 1 Nr. 4 S. 1 2. HS EStG der gemeine Wert zum Zeitpunkt der Überführung.
- Werden WG sowohl vom Stammhaus als auch von der Betriebsstätte genutzt, ist für die Zuordnung der erkennbare Wille der Geschäftsleitung maßgeblich. Dieser kann beispielsweise durch den Ausweis in der Betriebsstättenbilanz zum Ausdruck kommen.[102] Zu beachten ist dabei, dass ein WG dem jeweiligen Betriebsteil nur zu 100 % zugeordnet werden kann.
- Soll der Betriebsstätte die Nutzung des Patentes nur vorübergehend gewährt werden, ist eine Zuordnung zur Betriebsstätte nicht möglich. Unabhängig davon ist der Aufwand und Ertrag dieses WG entsprechend der tatsächlichen Nutzung zwischen Stammhaus und Betriebsstätte aufzuteilen. Verrechnet werden dürfen nur die angefallenen Kosten ohne Gewinnaufschlag. Der größte Teil der Kosten ist bei der Entwicklung des Patentes entstanden, also zu Zeiten, in denen noch keine Nutzung durch die Betriebsstätte erfolgte. Weil mit diesen Aufwendungen allein das inländische Stammhaus belastet bleibt, ergibt sich eine unsachgemäße Erfolgsverteilung. Lösbar wäre dieses Problem, wenn man entweder dem Stammhaus einen angemessenen Anteil des Betriebsstättenergebnisses, das durch die Nutzungsüberlassung entstanden ist, zurechnet oder für die Nutzung eine Lizenzzahlung vereinbart. Letzteres wird

---
99 Vgl. *Debatin/Wassermeyer*, DBA-Kommentar zu Art. 7 OECD-MA, Rz. 295.
100 Vgl. Betriebsstätten-VerwGrS vom 24.12.1999 (BStBl I 1999, 1076) Tz. 2.9.1.
101 Es besteht bei EU-Nutzungsüberlassungen keine Möglichkeit der ratierlichen Steuerzahlung nach § 4g EStG.
102 Vgl. BFH vom 29.07.1992 (BStBl II 1993, 63).

grundsätzlich nicht anerkannt, da Stammhaus und Betriebsstätte aufgrund des Einheitlichkeitsgrundsatzes keine zivilrechtlich wirksamen und damit steuerlich zu berücksichtigenden Verträge abschließen können.

Alternative 2:
Maßgeblich für die Zuordnung von WG ist die einer Betriebsstätte zugeordnete Personalfunktion. Dabei wird nach der BsGaV unterschieden zwischen materiellen Wirtschaftsgütern (§ 5 BsGaV) und immateriellen WG (§ 6 BsGaV).
Bei materiellen WG erfolgt die Zuordnung zu der Betriebsstätte, für deren Personalfunktion sie genutzt werden.
Bei immateriellen WG wird nicht auf die Nutzung durch eine Personalfunktion abgestellt, sondern auf die Erstellung bzw. den Erwerb durch eine Personalfunktion.
Ein selbst geschaffenes Patent wird also dem Unternehmensteil zugeordnet, in dem die Entscheidung über die Entwicklung getroffen wurde, hier also bei der S.

3. Belieferung der Betriebsstätte

Alternative 1:
Werden im inländischen Stammhaus (S) produzierte Waren zum Weiterverkauf an die ausländische Betriebsstätte geliefert, erfolgt die Verrechnung – allgemein anerkannt – mit den am Markt üblichen Preisen[103], also mit Gewinnaufschlag und nicht zu den HK. Bei S entsteht mit der Überführung ein Gewinn, der sich aus der Differenz zwischen Fremdvergleichspreis und HK zum Überführungszeitpunkt ergibt. Voraussetzung für diesen Realisierungstatbestand ist wiederum eine DBA-Betriebsstätte. Dem Einheitlichkeitsprinzip folgend, hat zunächst der BFH[104] und später auch die Finanzverwaltung (allerdings nur im Billigkeitswege)[105] eine »aufgeschobene Besteuerung« in dem Zeitpunkt festgeschrieben, in dem die Waren von der Betriebsstätte an einen dritten Abnehmer verkauft werden. Technisch geschieht dies dadurch, dass im Zeitpunkt der Überführung ein passiver Merkposten i.H.d. realisierten Gewinnes gebildet wird, der mit Ausscheiden des WG aus der ausländischen Betriebsstätte erfolgswirksam aufgelöst wird.

Den Gegebenheiten der Praxis folgend, nach denen der Warenlieferverkehr zwischen Stammhaus und Betriebsstätte zunehmend entsprechend den Regelungen wie bei verbundenen Unternehmen durchgeführt wird, hat die Finanzverwaltung ein Wahlrecht zur sofortigen Gewinnverwirklichung eingeräumt. Bei Inanspruchnahme des Wahlrechtes wird beim Stammhaus im Zeitpunkt der Überführung eine Forderung zu Marktpreisen eingebucht, bei der Betriebsstätte ein gleich hoher Wareneinkauf auf dem Verbindlichkeitskonto erfasst. Ändert sich der Marktpreis zwischen dem Zeitpunkt der Überführung in die Betriebsstätte und dem Veräußerungszeitpunkt an deren Abnehmer, ist grundsätzlich Letzterer für die Gewinnaufteilung maßgeblich, es sei denn, die Ursache, beispielsweise für einen niedrigeren Veräußerungspreis, liegt ausschließlich in der Risikosphäre der Betriebsstätte.[106] Ist die Ware in der Betriebsstätte am Bilanzstichtag noch vorhanden, ist sie mit den AK/HK des Stammhauses zu bewerten.

---

103 Vgl. OECD-Komm., Art. 7 OECD-MA, Nr. 17.3.
104 Vgl. BFH vom 20.07.1988 (BStBl II 1989, 140).
105 Vgl. Betriebsstätten-VerwGrS vom 24.12.1999 (BStBl I 1999, 1076), Tz. 2.6.1. Tz. 2.6 wurde ab VZ 2006 durch das SEStEG in das Gesetz – § 4 Abs. 1 S. 3 EStG – aufgenommen. Die Überführung von WG wird als fingierte Entnahme behandelt, die eine Aufdeckung der stillen Reserven zur Folge hat. Unter den Voraussetzungen (EU-grenzüberschreitende Entstrickung) des § 4g EStG kann allerdings ein Ausgleichsposten gebildet werden, der ab dem Jahr der Bildung zu je einem Fünftel gewinnerhöhend aufzulösen ist.
106 Vgl. *Debatin/Wassermeyer*, DBA-Komm. zu Art. 7 OED-MA, Rz. 255.

Alternative 2:

Da die Warenlieferung zwischen voneinander unabhängigen Unternehmen grundsätzlich durch schuldrechtliche Vereinbarungen geregelt würde, ist auch für die Lieferung vom Stammhaus an die Betriebsstätte eine schuldrechtliche Beziehung anzunehmen (§ 16 Abs. 1 BsGaV). Als Folge sind gem. § 16 Abs. 2 BsGaV für diese Warenlieferungen Verrechnungspreise nach Fremdvergleichsgrundsätzen anzusetzen. Beim Stammhaus entstehen fiktive Betriebseinnahmen und bei der Betriebsstätte fiktive Betriebsausgaben. Veränderungen des Marktpreises sind allenfalls für die Bewertung der am Bilanzstichtag vorhandenen Ware in der Betriebsstätte von Bedeutung, da ihr der Warenbestand nach § 5 BsGaV zuzuordnen ist.

4. Erbringung von Beratungsleistungen für die Betriebsstätte

Alternative 1:

Aufwendungen, die durch das Erbringen von Leistungen des Stammhauses für die Betriebsstätte entstehen, sind der Betriebsstätte zuzuordnen. Fraglich ist lediglich, ob die Verrechnung mit einem Gewinnaufschlag zu erfolgen hat. Im Vordergrund steht hier nach allgemeiner Auffassung das Prinzip der Einheitlichkeit des Unternehmens. Danach kann ein Gewinnaufschlag zumindest dann nicht angesetzt werden, wenn das Erbringen der Dienstleistung Teil des allgemeinen Managements des Unternehmens ist. Typische Managementleistungen sind unter anderem Beratungen auf dem Gebiet der Buchführung, der Steuern, des Rechts sowie des Revisions- und Prüfungswesens.[107] Eine Verrechnung zu Fremdvergleichspreisen kommt demnach nur ausnahmsweise in Betracht, wenn das Erbringen dieser Dienstleistungen zur Haupttätigkeit des Stammhauses zählt.

Alternative 2:

Die Beratung in Rechts- und Steuerangelegenheiten, die das Stammhaus für die Betriebsstätte erbringt, sind Dienstleistungen, die bei voneinander unabhängigen Unternehmen durch schuldrechtliche Vereinbarungen geregelt würden. Es liegen damit anzunehmende schuldrechtliche Beziehungen i.S.v. § 16 BsGaV vor, für die Verrechnungspreise nach Fremdvergleichsgrundsätzen anzusetzen sind mit den bereits oben beschriebenen Konsequenzen.

5. Darlehensgewährung durch das Stammhaus

Alternative 1:

- **Allgemeine Überlegungen:**
  Die ausländische Betriebsstätte muss, wie jedes vergleichbare selbständige Unternehmen, zur Erfüllung ihres Geschäftszweckes über eine bestimmte Kapitalausstattung verfügen. In diesem Zusammenhang spricht man von dem notwendigen Dotationskapital der Betriebsstätte, das vom eingesetzten Fremdkapital abzugrenzen ist. Fremdmittel in diesem Sinne sind zeitlich begrenzte Darlehen, die entweder von der Betriebsstätte selbst oder vom Stammhaus für die Betriebsstätte bei fremden Dritten aufgenommen werden können. Auch Ausreichungen in Form von sog. Eigendarlehen vom Stammhaus an die Betriebsstätte sind möglich. Steuerlich wird dieses Fremdkapital bis zur Höhe des angemessenen Dotationskapitals als Eigenkapital behandelt, was für die Ermittlung des Gewinnes und des Vermögens der Betriebsstätte Bedeutung hat.

- **Ermittlung des Dotationskapitals:**
  Schwierigkeiten ergeben sich vor allem bei der Festlegung der Höhe des angemessenen Dotationskapitals. Mit der h.M. ist jedenfalls davon auszugehen, dass der Betriebsstätte i.R.d.

---

[107] Vgl. Betriebsstätten-VerwGrS vom 24.12.1999 (BStBl I 1999, 1076), Tz. 3.4.2.

Gesamtunternehmens eine Mindestausstattung gewährt werden muss.[108] Bei der Bemessung der Höhe rückt die Fiktion der Selbständigkeit und Unabhängigkeit der Betriebsstätte in den Vordergrund. Das bedeutet, dass das Dotationskapital der Betriebsstätte nach der Kapitalausstattung bestimmt werden soll, dass sie hätte, wenn sie gegenüber dem Stammhaus ein selbständiges Unternehmen wäre.[109] Hierzu ist grundsätzlich nach der direkten Methode ein äußerer Fremdvergleich mit Funktions- und Risikoanalyse anzustellen. Problematisch wird es, wenn sich in dem Wirtschaftszweig, der für den Fremdvergleich herangezogen wird, kein einheitliches Bild hinsichtlich des eingesetzten Kapitals ergibt oder wenn sich überhaupt keine Fremdvergleichskriterien finden lassen. In diesen Fällen ist ein interner Fremdvergleich durchzuführen. Dabei wird das Eigenkapital des Gesamtunternehmens im Schätzungswege entsprechend den ausgeübten Funktionen auf Stammhaus und Betriebsstätte aufgeteilt.[110] Nicht zu beanstanden ist, zumindest bei Funktionsgleichheit von Stammhaus und Betriebsstätte, die Anwendung der Kapitalspiegeltheorie, nach der die Eigenkapitalausstattung der Betriebsstätte entsprechend der Eigenkapitalquote des Stammhauses erfolgt. Hinzuweisen ist schließlich noch darauf, dass eine Überdotierung der Betriebsstätte von der Finanzverwaltung nicht anerkannt wird, wenn sie über die wirtschaftlichen Erfordernisse hinausgeht.

- **Darlehen aus Eigenmitteln des Stammhauses:**
  Erhält die Betriebsstätte ein Darlehen aus Eigenmitteln des Stammhauses (also beispielsweise aus erwirtschafteten Gewinnen oder Einlagen) könnte dies nach obigen Ausführungen nur Fremdkapital sein, soweit es über das notwendige Dotationskapital der Betriebsstätte hinaus gewährt wird. Da Betriebsstätte und Stammhaus rechtlich eine Einheit bilden, sind Darlehensverträge zwischen beiden Unternehmensteilen nicht zulässig. Jede Überlassung von Eigenmitteln des Stammhauses an die Betriebsstätte stellt steuerrechtlich Dotationskapital dar.[111]

- **Durchreichung der vom Stammhaus aufgenommenen Fremdmittel an die Betriebsstätte:**
  Grundsätzlich können auch bei dieser Gestaltung Zinsen bei der Betriebsstätte nur für den Teil anfallen, der ihr über das angemessene Dotationskapital hinaus als Betriebsschuld zurechenbar ist.[112] Die Zinszahlungen des Stammhauses sind der Betriebsstätte insoweit unproblematisch zuzuordnen, wenn die Kreditaufnahme vom Stammhaus nur für Zwecke der Betriebsstätte erfolgt. Ist die Mittelverwendung nicht eindeutig zuordenbar, muss eine sachgerechte Aufteilung der Kosten durchgeführt werden. Die Betriebsstätte leistet hier auch keine Zinszahlungen an das Stammhaus (die nach obigen Ausführungen nicht abzugsfähig wären), sondern sie übernimmt nach dem Erwirtschaftungsprinzip nur den Ausgleich der vom Stammhaus gezahlten Zinsen für Mittel, die bei ihr eingesetzt werden, vor. Diese Zinsverrechnung durch das Stammhaus erlaubt keinen Gewinnaufschlag.

- **Darlehensaufnahme der Betriebsstätte bei Dritten:**
  Es gelten sinngemäß die zuvor gemachten Ausführungen. Schon aufgrund der bestehenden Manipulationsmöglichkeit kann es keinen Unterschied machen, von welchem Betriebsstättenteil eines Unternehmens ein Darlehen bei einem Dritten aufgenommen wird. Soweit das angemessene Dotationskapital überschritten wird, liegen bei der ausländischen Betriebsstätte

---

108 Vgl. *Debatin*, DB 1989, 1693.
109 Vgl. BFH vom 01.04.1987 (BStBl II 1987, 550). Aus den Urteilsgründen der BFH-Entscheidung vom 20.03.2002 (BFH/NV 2002, 1017) lässt sich entnehmen, dass ein Unternehmen völlig frei darüber entscheiden kann, in welchem Verhältnis es eine Betriebsstätte mit Fremd- oder Eigenkapital ausstattet. Diese Entscheidung widerspricht der allg. anerkannten Betriebsstättentheorie (Selbständigkeit, Unabhängigkeit) und ihr wird von Runge (in IStR 2002, 825) daher zu Recht eine Außenseiterstellung eingeräumt.
110 Vgl. Betriebsstätten-VerwGrS vom 24.12.1999 (BStBl I 1999, 1076), Tz. 2.5.1.
111 Vgl. OECD-Komm., Art. 7 OECD-MA, Nr. 18.3.
112 Vgl. BFH vom 12.01.1994 (BFH/NV 1994, 690).

Fremdmittel vor, wenn der Kredit für ihre Zwecke aufgenommen wird. Bei nicht eindeutiger Zuordnung sind die Kosten im Schätzungswege aufzuteilen.

Alternative 2:
Die Zuordnung des Dotationskapitals einer inländischen Betriebsstätte bestimmt sich nach § 12 BsGaV, das einer ausländischen Betriebsstätte nach § 13 BsGaV.
Das Dotationskapital einer inländischen Betriebsstätte ist nach der »Kapitalaufteilungsmethode« zu ermitteln. Danach wird der inländischen Betriebsstätte zu Beginn des Wirtschaftsjahres der Anteil am Eigenkapital des Unternehmens zugeordnet, der ihrem Anteil an den Vermögenswerten sowie den Chancen und Risiken im Verhältnis zu übrigen Unternehmen entspricht.
Das Dotationskapital einer ausländischen Betriebsstätte ist nach der »Mindestkapitalausstattungsmethode« zu ermitteln. Danach wird der ausländischen Betriebsstätte Dotationskapital nur zugeordnet, soweit das Unternehmen glaubhaft macht, dass ein Dotationskapital in dieser Höhe aus betriebswirtschaftlichen Gründen erforderlich ist.
Der Grund für diese Differenzierung liegt in den steuerlichen Folgen. Ein geringes Dotationskapital bei einer inländischen Betriebsstätte führt zu einer Zuordnung von hohen Verbindlichkeiten und damit einem hohen Zinsaufwand. Ein zu hohes Dotationskapital einer ausländischen Betriebsstätte führt zu einer Zuordnung von geringen Verbindlichkeiten und in der Folge ebenfalls zu einem überhöhten Zinsaufwand im Inland.
Die übrigen Passivposten und die damit zusammenhängenden Finanzierungsaufwendungen sind nach §§ 14, 15 BsGaV der Betriebsstätte erst nach Festlegung eines angemessenen Dotationskapitals zuzuordnen. Im Rahmen des § 16 Abs. 3 BsGaV ist auch die Beschaffung von Finanzmitteln vom Stammhaus möglich.
Damit ist der Selbständigkeitsfiktion der Betriebsstätte Rechnung getragen, die im Übrigen flankiert wird durch die Verpflichtung, für jedes Wirtschaftsjahr eine Hilfs- und Nebenrechnung (Betriebsstättenbilanz) gem. § 3 BsGaV zu erstellen.

2.3 Beteiligung an einer ausländischen Personengesellschaft

2.3.1 Allgemeines

Nach deutschem Rechtsverständnis sind PersG transparente Gebilde, weil die Einkünfte der Gesellschaft den G'ftern als »Mitunternehmer« zugeordnet werden. Steuer(-zahlungs-)subjekte sind danach die G'fter. Beteiligt sich ein Inländer an einer ausländischen PersG, wird **diese Beteiligung** nach deutschem Rechtsverständnis grundsätzlich als **Unternehmen** dieser Person i.S.d. Art. 7 OECD-MA behandelt. Da die PersG im Ausland für ihre Geschäftstätigkeit i.d.R. eine feste Einrichtung unterhält, führt dies dazu, dass der Inländer als Mitunternehmer eine (anteilige) **Betriebsstätte** im Ausland begründet (BFH vom 27.02.1991, BStBl II 1991, 444).

Durch die MU-schaft wird sozusagen eine ausländische Betriebsstätte[113] vermittelt, unabhängig davon, ob der inländische G'fter im Inland ein gewerbliches Unternehmen betreibt oder nicht. Das Transparenzprinzip des deutschen Steuerrechts wird vielfach im Ausland nicht nachvollzogen. S. zum Ganzen Diskussionsentwurf des BMF vom 02.11.2013 zur DBA-Anwendung auf PersG (Az.: IV B 5 – S 1300/09/10003).

---

113 Sprachlich ist die Bezeichnung »Betriebsstätte« deshalb unschön, weil jede Betriebsstätte ansonsten ein Stammhaus voraussetzt. Die PersG ist schwerlich als »Stammhaus« vorstellbar.

2.3.2 Die Einstufung der ausländischen Gesellschaft

Beteiligt sich ein Steuerinländer an einer nach ausländischem Recht errichteten Gesellschaft im Ausland, ist zunächst abzuklären, ob sich diese Gesellschaft nach deutschem Rechtsverständnis als KapG oder als PersG darstellt.[114] Für diesen Zweck ist ein sog. Typenvergleich durchzuführen. Festzustellen ist, ob die Gesellschaft nach ihrem gesellschaftsrechtlichen Aufbau im Ausland, aber auch nach ihrer wirtschaftlichen Stellung eher einer deutschen PersG oder einer deutschen KapG entspricht. Entscheidend dabei ist das Gesamtbild der Verhältnisse.[115] Problematisch, vor allem im Hinblick auf die Besteuerung des inländischen G'fters, wird der Fall, wenn sich zwischen den beteiligten Staaten eine abweichende Qualifikation bei der zu beurteilenden Gesellschaft ergibt. Der subjektive **Qualifikationskonflikt** (PersG oder KapG) schlägt dann zwangsläufig auf die Einkünftequalifikation durch (Art. 7 OECD-MA oder Art. 10 OECD-MA). So sind z.B. die US-amerikanischen PersG wie die »General partnership« (vergleichbar der deutschen OHG) und die »Limited partnership« (vergleichbar der KG) in einige Bundesstaaten einer »Corporation«, also einer Körperschaft, angenähert. Ein erster Qualifikationskonflikt liegt bereits dann vor, wenn ein deutscher G'fter an einer US-amerikanischen »GmbH & Co. KG« (»Partnership« mit einer »Corporation« als G'fter) beteiligt ist. Nach amerikanischem Steuerrecht ist diese »Partnership« ein eigenständiges Ertragsteuersubjekt, während nach deutschem Recht das Transparenzkonzept gilt.

2.3.3 Besteuerung des inländischen Gesellschafters einer ausländischen Personengesellschaft ohne Doppelbesteuerungsabkommen

Einkünfte aus Betriebsstätten (= Beteiligung an der ausländischen PersG) in Staaten, mit denen Deutschland **kein DBA** abgeschlossen hat, unterliegen der deutschen Besteuerung. Zu den Einkünften gehören auch die Vergütungen nach § 15 Abs. 1 Nr. 2 EStG. Der Gewinnanteil ist nach inländischen Gewinnermittlungsvorschriften zu ermitteln. Sind mehrere Inländer an der ausländischen PersG beteiligt, werden die Besteuerungsgrundlagen gesondert und einheitlich festgestellt. Wird die Gesellschaft im Ausland wie eine KapG besteuert, unterliegt sie mit ihrem Gewinn der dortigen KSt. Etwaige »Gewinnausschüttungen« werden bei der inländischen Besteuerung als Privatentnahmen und nicht als Dividenden behandelt, weil im Inland von einer MU-schaft auszugehen ist.

Im Ausland festgesetzte und bezahlte Steuern sind nach Maßgabe des § 34c EStG zu berücksichtigen.

2.3.4 Besteuerung des inländischen Gesellschafters einer ausländischen Personengesellschaft mit Doppelbesteuerungsabkommen

Auch im Anwendungsbereich von DBA gilt die Beteiligung an einer ausländischen PersG als ausländische Betriebsstätte des inländischen StPfl. Grundsätzlich steht nach den von Deutschland abgeschlossenen DBA das Besteuerungsrecht für diese Einkünfte dem Be-

---

114 Vgl. insb. Tz. 1.2 des BMF-Schreibens vom 16.04.2010, BStBl I 2010, 354.
115 Kriterien sind u.a.:
- unbeschränkte Haftung mindestens eines G'fters,
- Selbstorganschaft,
- Existenz der Gesellschaft abhängig vom Mitgliederwechsel.

triebsstättenstaat zu.¹¹⁶ Die Freistellung von der deutschen Besteuerung zieht folgende Konsequenzen nach sich:

- Die von natürlichen Personen bezogenen Betriebsstätteneinkünfte sind für die Anwendung des Tarifvorbehaltes zu ermitteln.
- Die von KapG bezogenen Betriebsstätteneinkünfte sind ab 2001 (Einführung des Halbeinkünfteverfahrens) nunmehr als Abzugsposten bei der Einkommensermittlung zu berücksichtigen.

Von der Freistellung erfasst werden nur die Unternehmensgewinne i.S.d. Art. 7 OECD-MA. Dazu gehören grundsätzlich nur die von der Betriebsstätte bezogenen Einkünfte. Andere Einkünfte des G'fter aus seiner Rechtsbeziehung zu der PersG – wie z.B. Mieten aus unbeweglichem Vermögen oder Zinsen für überlassenes Kapital oder Lizenzen – sind nach dem jeweiligen DBA-Artikel zu beurteilen. Zu beachten ist in diesem Zusammenhang jedoch der sog. **Betriebsstättenvorbehalt**, der für alle genannten Einkünfte mit Ausnahme der Einkünfte für unbewegliches Vermögen greift. Damit ist der Qualifikationskonflikt vorprogrammiert, da mit der Annahme der Beteiligung als Betriebsstätte diese Einkünfte nach deutschem Verständnis (§ 15 Abs. 1 Nr. 2 EStG) Art. 7 OECD-MA unterstellt werden. Der Vertragsstaat wird bei einem anderen Konzept der Besteuerung der PersG diese zusätzlichen Vergütungen dem »einschlägigen« Artikel unterstellen.

Vor allem in romanischen Staaten (z.B. Spanien) werden PersG vielfach wie juristische Personen behandelt. In anderen Ländern (z.B. USA, Frankreich) können PersG zur KSt oder umgekehrt körperschaftsteuerpflichtige Gebilde zur unmittelbaren Besteuerung ihrer G'fter optieren (z.B. in Belgien).¹¹⁷

Ergibt der Typenvergleich eine unterschiedliche Einstufung der ausländischen Gesellschaft in Deutschland und im Ausland, entstehen dadurch, wie bereits erwähnt, Qualifikationskonflikte, die zu Doppel- oder Nichtbesteuerungen führen können. Diese Problematik lässt sich am besten an einem konkreten Beispielsfall verdeutlichen.

Beispiel 5: Die internationale MU-schaft
Der Inländer A beteiligt sich an einer spanischen PersG. Der im Jahr 01 erzielte Gewinn verbleibt in der Gesellschaft. Im Jahr 02 wird der Gewinn anteilig an den A ausgekehrt. Darüber hinaus gewährt der A der spanischen Gesellschaft ein verzinsliches Darlehen.

Lösung: Nach Art. 28 des spanischen Zivilgesetzbuches sind PersG des spanischen Rechtes juristische Personen, die auch als solche besteuert werden.¹¹⁸ Wird ein Typenvergleich nach den Kriterien des deutschen Steuerrechts durchgeführt, ist die spanische Gesellschaft als PersG einzustufen. Das DBA-Spanien knüpft an diese Qualifizierung an, mit der Folge, dass es sich bei der Gesellschaft gem. Art. 4 Abs. 1 i.V.m. Art. 3 Abs. 1 DBA-Spanien um eine in Spanien ansässige Person handelt.

---

116 Vgl. hierzu im Einzelnen BMF vom 16.04.2010, a.a.O.
   Ausnahmsweise verbleibt – i.d.R. bei passiven Betriebsstätteneinkünften z.B. Art. 24 Abs. 2 Nr. 1a DBA-Schweiz – das Besteuerungsrecht in Deutschland, mit der Folge der Anrechnung der im Betriebsstättenstaat erhobenen Steuern. Ähnliches gilt auch, wenn Rückfallklauseln der DBA greifen.
117 Eine vergleichende Gegenüberstellung ausländischer Gesellschaften ist in einer Tabelle im Anhang zu den Betriebsstätten-VerwGrS vom 24.12.1999 (BStBl I 1999, 1076) zu ersehen.
118 Vgl. BMF vom 28.05.1998 (BStBl I 1998, 557).

Die Gesellschaft gilt im Sitzstaat als unbeschränkt steuerpflichtige KapG und damit als eigenständiges Steuersubjekt. Die Gewinne dieser »KapG« stellen nach Art. 7 DBA-Spanien Unternehmensgewinne dar, die im Sitzstaat mit der dortigen KSt versteuert werden dürfen.

Auch aus Sicht des Ansässigkeitsstaates des G'fters, nach der die Gesellschaft als PersG und A als MU qualifiziert wird, der eine Betriebsstätte in Spanien unterhält, handelt es sich um Unternehmensgewinne, für die Spanien das Besteuerungsrecht beansprucht. Nach Art. 23 Abs. 1 Buchst. a DBA-Spanien sind die Anteile am Gewinn der spanischen PersG von der BMG der deutschen Steuer auszunehmen (Freistellungsmethode).

Allerdings müssen die steuerfreien Einkünfte aus der MU-schaft im Ausland nach § 180 Abs. 5 AO gesondert und ggf. einheitlich festgestellt werden, da sie bei der Besteuerung des G'fters in Deutschland über den Progressionsvorbehalt nach § 32b Abs. 1 EStG berücksichtigt werden. Unerheblich ist, ob die Gewinne dem inländischen G'fter zugeflossen sind oder nicht. Somit findet der im Jahr 01 in der Gesellschaft verbleibende Gewinn nur über den Progressionsvorbehalt Eingang in die Besteuerung des A in Deutschland.

Schüttet die spanische Gesellschaft ihren Gewinn ganz oder teilweise als »Dividende« aus, findet die Dividendenklausel des Art. 10 DBA-Spanien Anwendung.[119] Das hat zum einen die Folge, dass Spanien gem. Art. 10 Abs. 2 DBA-Spanien berechtigt ist, eine Quellensteuer von bis zu 10 % des Bruttobetrages einzubehalten. Zum anderen aber führt dies dazu, dass das Besteuerungsrecht für die Dividende der Wohnsitzstaat des Dividendenempfängers, also hier Deutschland, hat. Da Deutschland, wie oben ausgeführt, die spanische Gesellschaft wie eine PersG behandelt, wird die »Dividende« nach deutschen steuerrechtlichen Gesichtspunkten als Entnahme behandelt. Diese Entnahme darf zwar den Gewinn nicht mindern, ist aber in Ermangelung einer innerstaatlichen Regelung in Deutschland nicht zu besteuern. Eine Zuordnung zu den Kapitaleinkünften ist nicht möglich. Hinzu kommt, dass auch das DBA-Spanien in Art. 23 Abs. 1 Buchst. a DBA-Spanien diese »Dividende« abkommensrechtlich von der deutschen Besteuerung freistellt. Eine Anrechnung der in Spanien erhobenen und gezahlten Quellensteuer auf die deutsche ESt kommt schon deshalb nicht in Betracht, weil in Deutschland keine Steuer auf die Dividende erhoben wird. Die Auskehrung des Gewinns im Jahr 02 führt somit lediglich zu einer Quellensteuerbelastung in Spanien.

Vergütungen, die ein G'fter einer PersG für die Hingabe eines Darlehens an diese Gesellschaft erhält, zählen nach § 15 Abs. 1 Nr. 2 S. 1, 2. Alt. EStG zu den Einkünften aus der MU-schaft. Dieser Grundsatz gilt ebenfalls, wenn das Darlehen von einem inländischen G'fter an »seine« ausländische PersG ausgereicht wird, mit der Folge der Erfassung der Zinseinkünfte i.R.d. Unternehmensgewinne.

Sie werden allerdings nach dem Methodenartikel des anzuwendenden DBA nicht von der deutschen Steuer-BMG ausgenommen, wenn der Staat, in dem die PersG ihren Sitz hat, eine abweichende Qualifizierung vornimmt, die entsprechend dem anzuwendenden DBA dort zu einer Steuerbefreiung führt. Gehört die Forderung, für die die Zinsen gezahlt werden zum BV der ausländischen Betriebsstätte, sind die Zinsen den Unternehmensgewinnen zuzurechnen. Eine abweichende Qualifizierung erfolgt in diesem Fall nicht.

Nach der Rspr. (BFH vom 27.02.1991, BStBl II 1991, 44) gehört eine solche Forderung allerdings grundsätzlich nicht zur Betriebsstätte der ausländischen PersG, weil die Qualifikations- und Zurechnungsnorm des nationalen Rechts (Qualifikation nach § 15 EStG als Sonder-BV und damit Zurechnung zum BV der Betriebsstätte) nicht auf eine ausländische PersG übertragen werden kann. Das DBA stellt nicht auf die rechtliche, sondern auf die tatsächliche Zugehörigkeit ab. Im Beispielsfall liegt zwar eine Verbindlichkeit der ausländischen Betriebsstätte vor, nicht aber von ihr gehaltenes Aktivvermögen.

---

[119] Gelegentlich auch »Qualifikationsverkettung« genannt.

Die Zinszahlungen, die A erhält, fallen unter den Anwendungsbereich des Art. 11 Abs. 1 DBA-Spanien und sind demnach nicht den Unternehmensgewinnen des Art. 7 Abs. 1 DBA-Spanien zuzurechnen. Spanien stellt grundsätzlich von der Besteuerung frei, erhebt lediglich eine Quellensteuer, die gem. Art. 23 Abs. 1 Buchst. b DBA-Spanien auf die deutsche Steuer angerechnet wird.

Hinzuweisen ist abschließend noch darauf, dass die Qualifizierung als PersG nach deutschem Recht selbstverständlich für die Anwendung nationaler Rechtsnormen, wie insb. des AStG sowie des § 9 Nr. 7 GewStG verbindlich ist.

2.3.4.1 BMF vom 16.04.2010
Die Klärung des Qualifikationskonfliktes durch das BMF-Schreiben vom 16.04.2010 (BStBl I 2010, 354, Tz. 4.1.3.) hat folgenden Wortlaut:

»**4.1.3.1 Allgemeines**
Qualifikationskonflikte können zu einer Doppelbesteuerung (positiver Qualifikationskonflikt) oder einer Doppelfreistellung (negativer Qualifikationskonflikt) führen. Qualifikationskonflikte resultieren aus einer nicht übereinstimmenden Anwendung der Vorschriften eines DBA durch die Vertragsstaaten; dies kann unterschiedliche Ursachen haben:
In- und ausländische Finanzbehörden gehen von einer unterschiedlichen Sachverhaltsbeurteilung aus.

Beispiel:
Ein Unternehmen eines Staates übt eine Tätigkeit im anderen Staat durch eine dort gelegene Betriebsstätte aus. Der eine Staat betrachtet die Tätigkeit als Hilfstätigkeit, der andere als Haupttätigkeit (vgl. Art. 5 Abs. 4 OECD-MA).
In- und ausländische Finanzbehörden wenden unterschiedliche Abkommensbestimmungen an, weil sie die Abkommensbestimmungen selbst unterschiedlich auslegen.

Beispiel:
Eine in einem Staat ansässige Person erhält Vergütungen für CD-Aufnahmen, die während einer Konzertreise im anderen Staat entstanden sind. Der eine Staat betrachtet die Vergütungen als Lizenzgebühren i.S.d. Art. 12 OECD-MA, der andere als Einkünfte aus künstlerischer Tätigkeit i.S.d. des Art. 17 OECD-MA, die im anderen Staat ausgeübt wurde.
In- und ausländische Finanzbehörden wenden unterschiedliche Abkommensbestimmungen an, weil sie entsprechend Art. 3 Abs. 2 OECD-MA Abkommensbegriffe nach ihrem nationalen Recht auslegen.

Beispiel:
Der eine Staat behandelt Sondervergütungen, die der Gesellschafter einer Personengesellschaft von der Gesellschaft bezieht (z.B. Zinsen für ein Darlehen) als Unternehmenseinkünfte, der andere als Zinsen.
Ob ein Qualifikationskonflikt vorliegt und welche Ursache er hat, ist ggf. im Rahmen eines Verständigungsverfahrens zu klären.
Für die Beseitigung von Doppelbesteuerungen und Doppelfreistellungen, deren Ursache Qualifikationskonflikte sind, gelten die Tz. 4.1.3.2 und 4.1.3.3.

4.1.3.2 DBA mit Klauseln zum Übergang auf die Anrechnungsmethode (sog. Switch-over-Klauseln)

Die Klauseln sollen Doppelbesteuerungen, Doppelfreistellungen oder die Besteuerung zu einem durch das DBA begrenzten Steuersatz verhindern, die ihre Ursache in der Anwendung unterschiedlicher Abkommensbestimmungen haben (Tz. 4.1.3.1). Die Gründe für die Anwendung unterschiedlicher Abkommensbestimmungen sind ohne Bedeutung. Nach diesen Klauseln wird eine nach Durchführung eines Verständigungsverfahrens verbleibende Doppelbesteuerung (positiver Qualifikationskonflikt) regelmäßig durch Anrechnung der ausländischen Steuer nach § 34c Abs. 1 EStG vermieden. Besteuert der andere Vertragsstaat die Einkünfte nicht oder nur zu einem durch das DBA begrenzten Steuersatz (negativer Qualifikationskonflikt), unterbleibt die Freistellung. Eine etwaige ausländische Steuer wird entsprechend § 34c Abs. 1 oder Abs. 2 i.V.m. Abs. 6 EStG berücksichtigt.

Bezieht sich die jeweilige Klausel nur auf negative Qualifikationskonflikte (z.B. Art. 28 DBA-Österreich), dann gilt im Fall von positiven Qualifikationskonflikten Tz. 4.1.3.3 entsprechend.

4.1.3.3 DBA ohne Klauseln zum Übergang auf die Anrechnungsmethode

4.1.3.3.1 Positive Qualifikationskonflikte

In Fällen positiver Qualifikationskonflikte i.S.d. Tz. 4.1.3.1 Buchst. a und b ist zu prüfen, ob die Doppelbesteuerung unter dem Gesichtspunkt sachlicher Unbilligkeit vermieden werden kann, z.B. durch Anrechnung der ausländischen Steuer, wenn nach Durchführung eines Verständigungsverfahrens eine Doppelbesteuerung verbleibt. Zu Einzelheiten vgl. Tz. 8 des BMF-Schreibens vom 13.7.2006, BStBl 2006 I S. 461 (Merkblatt zum internationalen Verständigungs- und Schiedsverfahren).

Bei positiven Qualifikationskonflikten i.S.d. Tz. 4.1.3.1 Buchst. c ist entsprechend OECD-MK Nr. 32.3 und 32.4 zu Art. 23 nach Durchführung eines Verständigungsverfahrens der Qualifikation des Quellenstaates zu folgen (sog. Rechtsfolgenverkettung). Danach wird die Doppelbesteuerung nach der Methode vermieden, die sich dafür im Methodenartikel des jeweiligen DBA für diese Einkünfte ergibt.

Beispiel: (Qualifikationskonflikt i.S.d. Tz. 4.1.3.1 Buchst. c)
Der im Inland ansässige A ist an einer vermögensverwaltenden Personengesellschaft im Staat B beteiligt. Die Gesellschaft verwaltet eigenen Grundbesitz, der im Staat B belegen ist. Daneben erzielt sie in erheblichem Umfang Zinsen. Staat B betrachtet die Tätigkeit der Personengesellschaft als gewerblich und nimmt sowohl für die Vermietungseinkünfte als auch für die Zinsen das Besteuerungsrecht für sich aus Art. 7 OECD-MA in Anspruch, weil eine Betriebsstätte in Staat B unterhalten wird. Aus deutscher Sicht erzielt A Einkünfte aus unbeweglichem Vermögen, die Staat B nach Art. 6 OECD-MA besteuern darf und die nach dem Methodenartikel von der deutschen Besteuerung auszunehmen sind. Außerdem erzielt A Zinsen, die nach Art. 11 Abs. 1 OECD-MA nur vom Ansässigkeitsstaat besteuert werden dürfen (das DBA mit Staat B enthält keine Regelung entsprechend Art. 11 Abs. 2 OECD-MA). In Bezug auf die Zinsen kommt es somit zu einer Doppelbesteuerung, weil beide Staaten wegen der unterschiedlichen Behandlung von vermögensverwaltenden Personengesellschaften unterschiedliche Abkommensbestimmungen anwenden. Deutsch-

land als Ansässigkeitsstaat hat, ggf. im Rahmen eines Verständigungsverfahrens, die Doppelbesteuerung zu vermeiden, und zwar nach der Methode, die der Methodenartikel für Unternehmensgewinne vorsieht. Dies wird regelmäßig die Freistellungsmethode sein, soweit sie nach dem anzuwendenden DBA im Einzelfall nicht ausgeschlossen ist (z.B. aufgrund einer Aktivitätsklausel).

4.1.3.3.2 Negative Qualifikationskonflikte
Im Falle eines negativen Qualifikationskonflikts läuft die Grundfunktion der Freistellungsmethode – die Vermeidung der Doppelbesteuerung - ins Leere, so dass für den Ansässigkeitsstaat keine Verpflichtung besteht, die Einkünfte freizustellen (vgl. OECD-MK Nr. 32.6 bis 32.7 zu Art. 23).

Besteuert der andere Vertragsstaat die Einkünfte nicht oder nur zu einem durch das DBA begrenzten Steuersatz (negativer Qualifikationskonflikt), unterbleibt die Freistellung gemäß § 50d Abs. 9 S. 1 Nr. 1 EStG. Die Vorschrift ist auf alle Steuerfestsetzungen anzuwenden, die noch nicht bestandskräftig sind (§ 52 Abs. 59a EStG i.d.F. des JStG 2007). Eine etwaige ausländische Steuer wird entsprechend § 34c Abs. 1 oder Abs. 2 i.V.m. Abs. 6 EStG berücksichtigt.

Beispiel:
Die im Inland ansässigen A und B sind an einer Personengesellschaft im Staat C beteiligt. Die Personengesellschaft, die nach dem Recht des Staates C keine steuerpflichtige Person ist, betreibt einen Pkw-Handel. Auf Wunsch ihrer Kunden finanziert sie den Pkw-Kauf und erzielt hieraus Zinsen. Das DBA mit Staat C weist das Besteuerungsrecht für Zinsen ausschließlich dem Ansässigkeitsstaat zu. Es enthält darüber hinaus einen Betriebsstättenvorbehalt entsprechend Art. 11 Abs. 3 OECD-MA. Staat C qualifiziert die Zinsen nicht als gewerbliche Einkünfte, die er als Betriebsstättenstaat besteuern darf. Er wendet vielmehr den Zinsartikel an, der das ausschließliche Besteuerungsrecht dem Ansässigkeitsstaat zuweist. Nach dem DBA mit Staat C nimmt Deutschland die Einkünfte (Unternehmensgewinne), die einer Betriebsstätte im anderen Vertragsstaat zuzurechnen sind, von der Besteuerung aus. Zu den Unternehmenseinkünften gehören auch die Zinsen (vgl. Tz. 2.2.1). Da Staat C die Zinsen nicht besteuert, würde die Freistellung der Betriebsstätteneinkünfte bezüglich der Zinsen zu einer doppelten Freistellung führen. Deutschland ist daher als Ansässigkeitsstaat insoweit nicht zur Freistellung verpflichtet.«

2.3.4.2 BFH-Entscheidung zu grenzüberschreitenden Sondervergütungen bei Mitunternehmerschaften

Mit Urteil vom 17.10.2007 (BStBl II 2009, 356) hat der BFH für einen Outbound-Fall (US-Amerikaner als G'fter einer D-OHG, der Zinsen für ein überlassenes Darlehen erhielt) entschieden, dass für DBA-Fragen der »Zinsartikel« (Art. 11), und nicht die Regelung über gewerbliche Gewinne anwendbar sei (mit der Folge, dass die Zinsen nicht in Deutschland besteuert werden können). Nach Art. 11 DBA-USA **kann nur der Ansässigkeitsstaat die Zinsen versteuern**. (Siehe auch anschließendes BFH-Urteil vom 08.09.2010, BFH/NV 2011, 138: Erhält ein in den USA ansässiger G'fter einer deutschen PersG Lizenzvergütungen für von ihm der Gesellschaft eingeräumte Rechte, so dürfen diese Vergütungen nach Art. 12 Abs. 1 DBA-USA 1989 a.F. nur in den USA und nicht in Deutschland besteuert werden. Die in § 50d Abs. 10 S. 1 EStG 2002 i.d.F. des JStG 2009 angeordnete Umqualifizierung von Sondervergütungen i.S.v. § 15 Abs. 1 S. 1 Nr. 2 S. 1 2. HS EStG 1997/2002 in abkommensrechtliche Unternehmensgewinne ändert daran nichts [gegen BMF vom 16.04.2010, BStBl I 2010, 354, dort Tz. 2.2.1 und 5.1]).

2.3.4.3 Reaktion des Gesetzgebers

Mit dem neu eingefügten § 50d Abs. 10 EStG (JStG 2009) werden Sondervergütungen i.S.d. § 15 Abs. 1 Nr. 2 2. HS EStG ausdrücklich den abkommensrechtlichen **Unternehmensgewinnen** zugeordnet, sofern das Doppelbesteuerungsabkommen keine ausdrückliche Regelung bezüglich dieser Vergütungen enthält. Die Neuregelung ist auf alle **noch nicht bestandskräftigen** Fälle (auch vor 2009) anzuwenden. Nach der Begründung soll es sich nicht um ein Treaty Override handeln.

Das aktuelle BMF-Schreiben vom 16.04.2010 (BStBl I 2010, 354, Tz. 5.1) äußert sich – wie folgt – zu dieser Thematik:

»Nach § 15 Abs. 1 Satz 1 Nr. 2 Satz 1 zweiter Halbsatz und Nr. 3 zweiter Halbsatz EStG gehören Vergütungen, die ein Gesellschafter (Mitunternehmer) einer gewerblich tätigen, gewerblich geprägten oder gewerblich infizierten Personengesellschaft für seine Tätigkeit im Dienst der Gesellschaft oder für die Hingabe von Darlehen oder für die Überlassung von Wirtschaftsgütern bezogen hat, zu den Einkünften aus Gewerbebetrieb; sie sind Teil des Gewinns der Personengesellschaft. Für Deutschland als Anwenderstaat eines DBA gehören die Sondervergütungen zu den Unternehmenseinkünften (Tz. 2.2.1), und zwar unabhängig davon, ob es sich um Sondervergütungen des inländischen Gesellschafters einer ausländischen Personengesellschaft oder um Sondervergütungen des ausländischen Gesellschafters einer inländischen Personengesellschaft handelt. Eine Zuordnung zu anderen Artikeln eines DBA ist ausgeschlossen (§ 50d Abs. 10 EStG) (Eingefügt durch das JStG 2009 und anzuwenden auf alle Steuerfestsetzungen, die noch nicht bestandskräftig sind (§ 52 Abs. 59a EStG)). Dies gilt auch dann, wenn das DBA keine ausdrückliche Regelung zur Behandlung der Sondervergütungen enthält.

Überlässt der Gesellschafter einer Personengesellschaft der Gesellschaft (Betriebsstätte) materielle oder immaterielle Wirtschaftsgüter zur Nutzung (dazu gehören auch darlehensweise überlassene Gelder) gegen Entgelt, sind diese der Personengesellschaft (Betriebsstätte) zuzuordnen und nicht etwa einer Geschäftsleitungsbetriebsstätte des überlassenden Gesellschafters; denn die Personengesellschaft (Betriebsstätte) erzielt ihr Ergebnis mit diesen Wirtschaftsgütern. Zwar entstehen der Betriebsstätte für die überlassenen Wirtschaftsgüter Aufwendungen (Sondervergütungen); diese dürfen jedoch nach innerstaatlichem Recht nicht den Gewinn der Personengesellschaft (Betriebsstätte) mindern. Damit korrespondiert, dass diese Vergütungen Teil des Betriebsstättengewinns sind.

Dieses Ergebnis entspricht auch dem OECD-Partnership-Bericht. Der Bericht setzt voraus, dass die Vertragsstaaten Sondervergütungen unterschiedlich behandeln und dies aufgrund des Art. 3 Abs. 2 zur Anwendung unterschiedlicher Abkommensbestimmungen und damit zu Qualifikationskonflikten führen kann (vgl. Tz. 95 bis 123 des Berichts mit den Beispielen 13 und 15). Daraus können sich Doppelbesteuerungen und Doppelfreistellungen ergeben. Der Bericht, dessen Ergebnisse in den OECD-MK übernommen worden sind (Nr. 32.1 bis 32.7 zu Art. 23), löst die Konflikte i.S.d. Tz. 4.1.3.3. Ebenso Tz. 1.2.3 des BMF-Schreibens vom 24.12.1999, BStBl 1999 I S. 1076, unter Berücksichtigung der Änderungen durch die BMF-Schreiben vom 20.11.2000, BStBl 2000 I S. 1509 und vom 29.9.2004, BStBl 2004 I S. 917).

Ist Deutschland der Ansässigkeitsstaat, sind die Sondervergütungen deshalb grundsätzlich als Betriebsstättengewinne von der deutschen Besteuerung auszunehmen (vgl. Tz. 4.1.1).

Nach § 50d Abs. 10 Satz 2 EStG bleibt § 50d Abs. 9 Satz 1 Nr. 1 EStG unberührt.«
Für nachfolgend aufgeführte Staaten (Kasachstan, Österreich, Schweiz, Singapur und Usbekistan) ist in Tz. 5.2. des BMF-Schreibens eine Sonderregelung eingeführt worden:

»Ist Deutschland der Ansässigkeitsstaat des Gesellschafters, ist zu prüfen, ob die Vergütungen nach dem Recht des anderen Vertragsstaates (Betriebsstättenstaat) (Für die Schweiz richtet sich die Beurteilung nach dem jeweiligen kantonalen Recht.) dem Betriebsstättengewinn des Gesellschafters tatsächlich zuzurechnen sind. Sind sie nicht zuzurechnen, liegt ein negativer Qualifikationskonflikt vor (vgl. Tz. 4.1.3.3.2). Die Einkünfte sind insoweit nach § 50d Abs. 9 Satz 1 Nr. 1 EStG nicht von der deutschen Steuer freizustellen.«

Durch das JStG 2013 (AmtshilfeRLUMsG) wurde § 50d Abs. 10 EStG neu gefasst. Beabsichtigt war, »handwerkliche Fehler« des Gesetzgebers zu korrigieren und klarstellende Regelungen aufzunehmen. So wurde in § 50d Abs. 10 S. 3 EStG (n.F.) aufgenommen, dass Vergütungen (wie z.B. Tätigkeitsvergütungen, Lizenzeinnahmen oder Darlehenszinsen) des Gesellschafters ungeachtet der Vorschriften eines DBA über die Zuordnung von Vermögenswerten zu einer Betriebsstätte derjenigen Betriebsstätte zuzurechnen sind, der der Aufwand für die der Vergütung zugrunde liegende Leistung zuzuordnen ist. Damit ist beabsichtigt, diese Vergütungen im Inland steuerpflichtig zu machen, wenn sie Aufwand für eine in Deutschland belegene Betriebsstätte darstellen.

Der Gesetzgeber setzt sich über die Zuordnungsregelungen einzelner DBA hinweg, was den Vorwurf des Treaty Override gegenüber der Altfassung noch verschärfen dürfte. Andererseits soll mit der Einfügung des Satzes 5 eine Entschärfung der alten Regelung erfolgen, indem im Inbound-Fall unter bestimmten Voraussetzungen eine Anrechnungsmöglichkeit der ausländischen Steuer besteht.

§ 50d Abs. 10 EStG (n.F.) ist in allen Fällen anzuwenden, in denen die Einkommen- und Körperschaftsteuer noch nicht bestandkräftig festgesetzt worden ist (§ 52 Abs. 59a S. 10 EStG).

Ob durch diese Neufassung des § 50d Abs. 10 EStG der Streit über die zutreffende Behandlung von Sondervergütungen im Abkommensrecht beigelegt wird, darf eher bezweifelt werden.

Der BFH hat mittlerweile mit Beschluss vom 11.12.2013 (Az.: I R 4/13) dem BVerfG die Frage vorgelegt, ob § 50d Abs. 10 EStG als »Treaty-Override-Regelung« und wegen der rückwirkenden Anwendung den verfassungsrechtlichen Regelungen entspricht. Allerdings hat das BVerfG am 15.12.2015 zu § 50d Abs. 8 EStG entschieden, dass es nicht verfassungswidrig ist, wenn der deutsche Gesetzgeber Gesetze erlässt, die im Widerspruch zu einem DBA stehen, also mithin ein Treaty Override nicht zur Verfassungswidrigkeit führt (vgl. DStR 2016 S. 359). Dieses Ergebnis dürfte auch für den § 50d Abs. 10 EStG zu erwarten sein und damit auch der Einwand der Verfassungswidrigkeit steuerlicher Normen bei Treaty Override generell vom Tisch sein.

3 Sonstige grenzüberschreitende Aktivitäten eines Steuerinländers

Unter zwei Gesichtspunkten werden grenzüberschreitende Engagements im nichtunternehmerischen Bereich – unter Einbeziehung der unselbständigen Arbeit – von Steuerinländern näher beleuchtet:

- die Behandlung der AN und
- die Behandlung der Dividendenbezieher (in Abgrenzung zu den Zinseinkünften und in Abgrenzung zu den Schachteldividenden).

Die aktuelle Thematik der »industriellen AN-Entsendung« hingegen wird in Kap. IV 3.4 im Zusammenhang mit dem AStG dargestellt.

3.1 Die Besteuerung von international tätigen Arbeitnehmern

3.1.1 Grundsätze[120]

Die Besteuerung der unselbständigen Arbeit ist in Art. 15 OECD-MA geregelt. Nr. 1 ordnet die Besteuerung im Ansässigkeitsstaat des AN an, es sei denn, dass die Arbeit im anderen Staat ausgeübt wird (mit der Folge: Quellenstaatsprinzip in Form des »Arbeitsortsprinzips«).

Nach Nr. 2 wird das Besteuerungsrecht – in einer eigenartigen Regelungstechnik – jedoch an den **Ansässigkeitsstaat** zurückübertragen, wenn drei Voraussetzungen (Standard-Prüfungsstationen) **kumulativ** vorliegen:

1. Der unselbständig Tätige hält sich im anderen Staat insgesamt **nicht länger als 183 Tage** innerhalb eines Zeitraumes von zwölf Monaten auf.[121]
2. Die Vergütungen werden von einem AG bezahlt, der nicht im anderen Staat ansässig ist.
3. Die Vergütungen werden auch nicht von der ausländischen Betriebsstätte des AG getragen.

Liegt demnach nur eine der drei Voraussetzungen nicht vor, behält der Quellenstaat das Besteuerungsrecht. Eine Sonderregelung ist in Art. 15 Nr. 3 OECD-MA für den Einsatz auf Schiffen und Luftfahrzeugen vorgesehen, die vor dem Hintergrund von Art. 8 OECD-MA zu interpretieren ist. Art. 15 Nr. 3 OECD-MA begründet ein Besteuerungsrecht für den Staat, in dem sich die **Geschäftsleitung** befindet, von dem das Schiff (Flugzeug) aus im internationalen Verkehr betrieben wird.[122] Dies ist schließlich auch der Staat, in dem die Gewinne aus dem Betrieb von Seeschiffen etc., besteuert werden.

Art. 15 OECD-MA steht in einem besonderen Verhältnis zu Art. 16 OECD-MA (Aufsichtsrats- und Verwaltungsratsvergütungen) und zu Art. 17 OECD-MA (Künstler und Sportler), die als lex specialis Art. 15 OECD-MA vorgehen.

Nur dann, wenn es zu einer Besteuerung im Quellenstaat kommt, ist über den »Methoden-Artikel« das Konkurrenzverhältnis zu klären. Im Regelfall findet sodann im Ansässigkeitsstaat

---

120 Vgl. im Einzelnen BMF vom 14.09.2006, BStBl I 2006, 532 (Präzisierungen insb. zur Berechnung der 183-Tage-Regelung und zum Begriff des Arbeitslohns).
121 S. Näheres zu Grenzgängerregelung und 183-Tage-Regelung mit DBA Schweiz, Frankreich und Österreich in: SteuK 2010, 185.
122 Wegen der weiteren Voraussetzungen von Art. 15 Nr. 3 OECD-MA (»gewöhnlicher Arbeitsplatz«) trifft dies nur für das Bordpersonal zu.

eine Freistellung mit Progressionsvorbehalt (Art. 23 A OECD-MA) statt. Gelegentlich wird auch auf den Progressionsvorbehalt verzichtet.

Beispiel 6: Der international arbeitswütige Wirtschaftsprüfer
Der deutsche Wirtschaftsprüfer W mit Familienwohnsitz in Freiburg arbeitet im Auftrag seines deutschen AG seit dem 20.02.09 für ca. 15 Monate in Genf (Alternative: Marseille). Dort wohnt er in verschiedenen Hotels. Im VZ 09 fährt er an jedem zweiten Wochenende zu seiner Familie nach Freiburg. Den Weihnachtsurlaub verbringt er vom 22.12.09 bis 10.01.10 im Schwarzwald (bzw. zu Hause in Freiburg). In der Schweiz (Frankreich) bezieht er ein Monatsgehalt von 6.000 €.

Der OECD-Begriff der »unselbständigen Arbeit« ist mit dem deutschen Terminus der »nichtselbständigen Arbeit« gleichzusetzen.

Lösung:
1. Vorfragen:
- Nach dem Verständnis der §§ 8, 9 AO begründet W mit seinen Hotelübernachtungen im Ausland keinen Wohnsitz; allerdings liegt der gewöhnliche Aufenthalt des W ab 20.02.09 in der Schweiz (bzw. in Frankreich), da die kurzfristigen Unterbrechungen (Wochenendheimfahrten) und der Urlaub nicht hinderlich sind.
- Nachdem die jeweils anderen Steuerrechtsordnungen die Frage der subjektiven StPfl. identisch behandeln und den Wohnsitz in Deutschland belassen, liegt der Fall eines »Doppelansässers« vor.
- In diesem Fall richtet sich die Beantwortung nach Art. 4 Nr. 2a OECD-MA. Danach bestimmt sich die Ansässigkeit des W nach der ständigen Wohnstätte. Diese verbleibt beim Familienwohnsitz (zugleich der Mittelpunkt der Lebensinteressen).

Somit ist festzuhalten, dass für W als Ansässigkeits-(Wohnsitz-)Staat die BRD gilt und der Quellenstaat Schweiz bzw. Frankreich ist.

2. Zuordnung des Besteuerungsgutes:
- Im VZ 09 hält sich W länger als 183 Tage im Ausland auf. Damit ist das Besteuerungsrecht gem. Art. 15 Abs. 2 OECD-MA nicht auf den Ansässigkeitsstaat übergegangen; vielmehr gilt für die nichtselbständigen (bzw. unselbständigen) Einkünfte des W das Arbeitsortprinzip (Quellenstaatsprinzip). Der Lohn des VZ 09 wird im Ausland versteuert.
- Im VZ 10 sind alle drei Voraussetzungen von Art. 15 Abs. 2 OECD-MA erfüllt, so dass das Besteuerungsrecht für den Lohn des W im VZ 10 wieder auf die BRD zurückfällt.

3. Der Methodenartikel:
- Nach Art. 23 A OECD-MA wird im VZ 09 der im Ausland versteuerte Lohn mit Progressionsvorbehalt freigestellt.
- Gem. Art. 24 Abs. 1 Nr. 1d DBA-Schweiz gilt die identische Rechtsfolge (Freistellung mit Progressionsvorbehalt) auch nach dem bilateralen DBA.
- Nach Art. 13 Abs. 1–4 DBA-Frankreich dürfte hier überhaupt keine Doppelbesteuerung stattfinden, da es dort nur eine ausschließliche Quellenbesteuerung gibt. Die BRD stellt aber – anders als Frankreich – über Art. 20a DBA-Frankreich die Einkünfte letztlich unter Progressionsvorbehalt.[123]

---

[123] So auch der BFH vom 29.01.1986 (BStBl II 1986, 513), aus der Lit. *Kramer* in *Debatin/Wassermeyer*, Rz. 7 ff. zu Art. 13 DBA-Frankreich.

Zu beachten ist allerdings, dass in den Fällen ohne DBA-Rückfallklausel bei Einkünften aus nichtselbständiger Arbeit immer § 50d Abs. 8 EStG zu prüfen ist. Nähere Ausführungen hierzu enthält das BMF-Schreiben vom 12.11.2014 (BStBl I 2014, 1467).

§ 50d Abs. 8 EStG enthält keine sog. »Treaty-Override-Regelung« (vgl. Entscheidung des BVerfG in DStR 2016, 359).

3.1.2 Sonderfragen

Eine besondere Problematik besteht im Bereich der **internationalen Leiharbeitnehmer**. Dort ist die Frage, wer die Vergütung trägt, für die Zuordnung des Besteuerungsrechts von entscheidender Bedeutung. Das Entgelt des Entleihers für den Verleiher wird jedoch nicht als eine Weiterbelastung des Arbeitslohnes gesehen, sondern als eine Vergütung für die erbrachte Leistung des Verleihers. Daher wird i.d.R. der **Verleiher als AG** angesehen, auch wenn der AN den Weisungen des Entleihers zu folgen hat und in dessen Betrieb eingegliedert ist. In diesem Sinne (ausländischer AN-Verleiher gilt abkommensrechtlich als AG) hat auch der BFH am 04.09.2002, BStBl II 2003, 264, entschieden. Allerdings gibt der BFH dem ausländischen AN-Verleiher in dieser Entscheidung keinen Anspruch auf eine Freistellungsbescheinigung gem. § 39b Abs. 6 EStG.

3.2 Die internationale Dividendenbesteuerung

3.2.1 Grundzüge/Vorwegunterscheidung

Die fünf Absätze von Art. 10 OECD-MA untergliedern sich wie folgt:

1. In Abs. 1 ist das Besteuerungsrecht des Wohnsitzstaates des Empfängers geregelt.
2. Abs. 2 definiert Zulässigkeit und Höhe der Quellenbesteuerung.
3. Die DBA-authentische Definition der Dividenden findet sich in Abs. 3.
4. Abs. 4 enthält den Betriebsstätten-Vorbehalt und
5. Abs. 5 schreibt das Verbot der extraterritorialen Besteuerung fest (vgl. Ausführungen zum AStG, Kap. IV).

Daneben sind die Methodenartikel Art. 23 A und Art. 23 B OECD-MA mit auch bei Dividenden divergierenden Lösungen zu beachten.

Für den Staat der ausschüttenden Gesellschaft erfolgt i.d.R. eine differenzierte Quellensteuerbegrenzung.

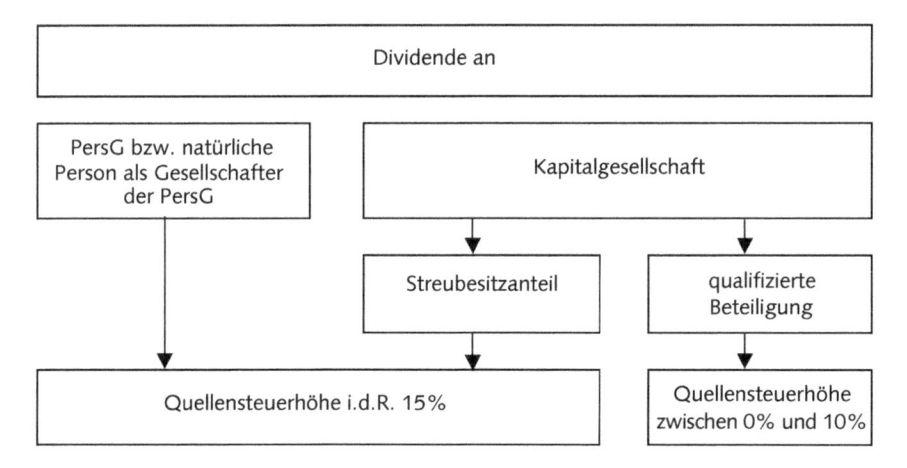

```
┌─────────────────────────────────────────────────┐
│                  Dividende an                    │
└─────────────────────────────────────────────────┘
   │                                      │
┌──────────────────┐              ┌──────────────────┐
│ PersG bzw. natürliche │         │  Kapitalgesellschaft │
│ Person als Gesellschafter │     └──────────────────┘
│     der PersG     │               │              │
└──────────────────┘         ┌──────────────┐  ┌──────────────┐
   │                         │ Streubesitzanteil │ │ qualifizierte │
   │                         │              │  │  Beteiligung  │
   │                         └──────────────┘  └──────────────┘
   │                              │                 │
┌──────────────────────────────────────┐   ┌──────────────────────┐
│     Quellensteuerhöhe i.d.R. 15%     │   │  Quellensteuerhöhe    │
│                                      │   │  zwischen 0% und 10%  │
└──────────────────────────────────────┘   └──────────────────────┘
```

- Vor dem Hintergrund der letztlich entscheidenden Bestimmungen des Verteilungsartikels greifen die meisten DBA das Differenzierungsangebot von Art. 10 Abs. 2 OECD-MA auf und kommen zu folgender Lösung:
  - Bei **Streubesitzdividenden** erfolgt eine Anrechnung der im Quellenstaat gezahlten KapESt.
  - Bei **Schachteldividenden** erfolgt die Freistellung gem. § 8b Abs. 1 S. 3 KStG ungeachtet der Regelungen in etwaigen Doppelbesteuerungsabkommen.
- Für (hier näher untersuchte) **Privatpersonen** kommt nur der **Streubesitz** in Betracht, wonach die Anteile an den KapG von natürlichen Personen oder PersG gehalten werden müssen. Immer dann, wenn deutsche KapG Anteile an ausländischen KapG halten, greift heute die Sonderregelung von § 8b KStG.

3.2.2 Einzelheiten

Streubesitzdividenden unterliegen lt. OECD-MA einem Quellensteuerabzug von 15 %.[124] Das Problem der Anrechnung der Quellensteuer im Inland liegt in dem Aufsaugen der niedrigen ausländischen KapESt. Mit der Einbeziehung der Auslandsdividende in das z.v.E. wird sie letztlich mit der Steuer des Wohnsitzstaates erfasst.

Diese – i.S.e. Investitionsanreizes – kontraproduktive Besteuerungspraxis wird durch die **Anrechnung fiktiver** (inländischer) Steuern umgangen. Dieses »tax sparing« war in der Vergangenheit in einigen DBA mit Entwicklungsländern enthalten, wird aber zwischenzeitlich kaum mehr praktiziert. Die Dividendenbesteuerung enthält darüber hinaus noch zwei weitere Besonderheiten:

- Die BMG ist grundsätzlich der »**Bruttobetrag**« der Dividende, d.h. der erhaltene Betrag ohne Kostenberücksichtigung. Unter Dividenden selbst werden alle ausgeschütteten Gewinne auf Anteile an KapG erfasst, also auch vGA.
- In Abs. 4 erfolgt eine Besteuerung nach dem Grundsatz »substance over form«. Ohne nähere Definition wird nach neuerer Abkommenspraxis der **Nutzungsberechtigte** (früher:

---

124 Dies ist in den meisten DBA der vorgesehene Quellensteuerhöchstsatz. Manche sehen 20 % (Brasilien, Türkei) oder nur 10 % (z.B. im DBA-Schweiz, solange in der BRD Vollanrechnung herrschte) vor.

der Empfänger) erfasst. Damit soll eine Missbrauchseinschränkung einhergehen. Bei Dividendenempfängen über Mittelsmänner (»Treaty Shopping«) wird die Besteuerung in der Person vorgenommen, die über die Hingabe des Kapitals sowie über die Verwendung der Nutzen entscheiden kann.

Das System der Aufteilung des Steuergutes in eine Quellensteuer und in eine Definitivsteuer im Ansässigkeitsstaat stand auch Pate bei der Besteuerung von Zinsen (Art. 11 OECD-MA) und Lizenzen (Art. 12 OECD-MA).

IV Regelungsbereiche des Außensteuergesetzes (AStG)

1 Allgemeines

Die Internationalisierung der Wirtschaft und die Tendenz, das zwischen den Staaten bestehende Steuergefälle zu nutzen (z.B. Verlagerungen in die sog. Steueroasenländer), machten es erforderlich, einseitige Regelungen zur Sicherung des nationalen Steuergutes zu schaffen. Als Grundgedanke für die Konzeption des AStG kam hinzu, dass die in verschiedenen Steuergesetzen bereits vorhandenen Bestimmungen zur Besteuerung von Geschäftsbeziehungen über die Grenze zusammengefasst, ergänzt und erweitert werden sollten. Diesen Überlegungen Rechnung tragend, wurde im September 1972 ein »Gesetz über die Besteuerung bei Auslandsbeziehungen« (kurz: »Außensteuergesetz«) erlassen. Das AStG verfolgt grundsätzlich keine Doppelbesteuerungsabsicht, sondern hat eine abschnittsgerechte Besteuerung zum Ziel, wie sie unter vollkommen unabhängigen Personen ablaufen würde.

Das UntStRfG 2008 hat einige Änderungen des AStG mit sich gebracht, wobei vor allem die Kodifizierung der Grundnorm, § 1 AStG, herausragt.

Erfasst werden neben Sachverhalten, bei denen die ausländische Besteuerungshöhe den wesentlichen Anknüpfungspunkt bildet, auch Vorgänge, bei denen die ausländische Steuerbelastung keine Rolle spielt. Neue Gestaltungen sowie sich ändernde wirtschaftliche (auch steuerliche) Gegebenheiten führten zu mehrmaligen Anpassungen und Erweiterungen dieses Gesetzes (zuletzt im JStG 2013, im sog. AmtshilfeRLUmsG), die seine praktische Handhabung weiter verkomplizierten.

2 Gliederung des Außensteuergesetzes

Das AStG versucht folgende Gestaltungsmöglichkeiten abzudecken:

- Laufende Geschäftsbeziehungen verschiedenster Art unter nahe stehenden Personen über die Grenze, sowohl vom Ausland ins Inland als auch umgekehrt (**§ 1 AStG**).
- Ein StPfl. entzieht sich durch Wegzug dem Zugriff der inländischen Steuergesetze. Steuerlich erfasst werden sollen der im Inland erwirtschaftete Vermögenszuwachs und die im Inland erwirtschafteten Einkünfte, wenn der Wechsel in ein Niedrigsteuerland erfolgt (**§§ 2–6 AStG**).
- Ein StPfl. im Inland schafft sich ein Steuerobjekt im niedrig besteuerten Ausland, zu dem er entweder keine laufenden Geschäftsbeziehungen unterhält oder aber diese Geschäftsbeziehungen nicht zu beanstanden sind (**§§ 7–14 AStG**).
- Familienstiftungen (**§ 15 AStG**).

Neben diesen vier Fallgruppen enthält das AStG Verfahrensvorschriften, Regelungen zur Lösung von Konflikten mit nationalen Gesetzen und DBA sowie zur zeitlichen Anwendung (§§ 16–22 AStG).

3 Einkunftsberichtigung nach § 1 AStG

§ 1 AStG findet Anwendung, wenn bei Geschäftsbeziehungen mit internationalen Verflechtungen eine Gewinnberichtigung vorgenommen werden muss. Häufig kommt es zur Abgrenzung zwischen § 1 AStG und den sonstigen Korrekturmechanismen (vGA und vE).

Durch das JStG 2013 (AmtshilfeRLUmsG) werden ab dem Veranlagungszeitraum 2013 auch Personengesellschaften und Mitunternehmerschaften in den Regelungsbereich des § 1 AStG einbezogen. Durch diese Neuregelung wird die bisherige Verwaltungsauffassung, dass **Personengesellschaften und Mitunternehmerschaften** »Steuerpflichtige« bzw. »Nahestehende Personen« i.S.d. AStG sein können, gesetzlich normiert. Grenzüberschreitende Geschäftsbeziehungen von Personengesellschaften und Mitunternehmerschaften werden hinsichtlich der Einkunftsabgrenzung den Geschäftsbeziehungen von Kapitalgesellschaften gleichgestellt. Die **Einkünfteabgrenzung erfolgt nunmehr einheitlich nach Fremdvergleichsgrundsätzen**.

Neu geregelt wurde auch die Tatbestandsvoraussetzung »Geschäftsbeziehung«. In § 1 Abs. 5 AStG war die Geschäftsbeziehung bisher als »schuldrechtliche Beziehung, die keine gesellschaftsvertragliche Vereinbarung ist« definiert. Der Begriff »schuldrechtliche Beziehung« wird in § 1 Abs. 4 AStG (n.F.) ersetzt durch den Begriff »**wirtschaftlicher Vorgang**«. Damit werden alle wirtschaftlichen und rechtlichen Handlungen als Geschäftsbeziehungen erfasst. Das BMF-Schreiben vom 04.06.2014 (BStBl I 2014, 834) enthält Ausführungen zur Prüfung der Voraussetzungen für die Anwendung des § 1 Abs. 4 AStG (n.F.). Die Konkretisierung der Schätzungsbefugnis ist damit gestrichen.

Sollte diese Neuregelung mit den Gewinnabgrenzungsregelungen in bereits bestehenden DBA kollidieren, wird den DBA nach § 1 Abs. 1 S. 8 AStG (n.F.) Vorrang eingeräumt.

Beispiel 1: Der Standardfall
Die inländische M-GmbH produziert Waren, die sie im Ausland zum Teil über Tochtergesellschaften oder über fremde Großhändler vertreiben lässt. In Nordfrankreich wird der Vertrieb von der 100%igen Tochtergesellschaft T übernommen; für die Region Südfrankreich bedient man sich der ortsansässigen Handelsfirma S. Die Marktbedingungen sind in den jeweiligen Vertriebszonen identisch, ebenso die von der M vorgegebenen Verkaufspreise. Zur Deckung der Vertriebskosten wurde der S ein Rabattsatz von 35 %, der T ein Rabattsatz von 40 % eingeräumt. Da die T trotzdem in Liquiditätsschwierigkeiten gerät, stundet die M zunächst zinslos die Forderungen aus den Warenlieferungen und verzichtet anschließend auf einen Teil dieser Forderungen.

3.1 Voraussetzungen der Gewinnberichtigung nach § 1 AStG

3.1.1 Geschäftsbeziehungen (bzw. Geschäftsvorfälle)

Beziehungen zwischen Nahestehenden sind stets geschäftlicher Art, wenn die zu beurteilenden Aktivitäten beim inländischen StPfl. oder bei der nahestehenden Person unter die in § 1 Abs. 5 AStG genannten Grundtätigkeiten[125] zu subsumieren sind.

Die Definition der »Geschäftsbeziehung« in § 1 Abs. 5 AStG ist ab VZ 2008 durch das Gesetz vom 14.08.2007 (BGBl I 2007, 1912) wortgleich aus § 1 Abs. 4 AStG übernommen worden.

- Geschäftsbeziehung ist jede den Einkünften zugrunde liegende **schuldrechtliche** Beziehung, die keine gesellschaftsrechtliche Vereinbarung ist[126] und
- entweder beim StPfl. oder bei der nahestehenden Person Teil einer Tätigkeit ist, auf die **§§ 13, 15, 18 oder 21 EStG** anzuwenden sind oder im Fall eines ausländischen Nahestehenden anzuwenden wären, wenn die Tätigkeit im Inland vorgenommen würde.

Der Begriff der Geschäftsbeziehung i.S.v. § 1 AStG setzt damit kein Leistungsverhältnis zwischen G'fter und Gesellschaft mehr voraus. Damit fallen zukünftig auch Kreditgarantien, Avalprovisionen, Zinsen und dgl. im Konzernbereich unter § 1 AStG (s.o. auch ab VZ 2013 mit der weiter gefassten Definition der Geschäftsbeziehung als »wirtschaftlicher Vorgang« im AmtshilfeRLUmsG).

3.1.2 Nahestehende Personen

Die Definition dieses Tatbestandsmerkmales ergibt sich aus § 1 Abs. 2 AStG.

- § 1 Abs. 2 **Nr. 1** AStG:
  Dem StPfl. ist eine selbständige Person[127] nahestehend, wenn entweder ein mittelbares oder unmittelbares Beteiligungsverhältnis von mind. einem Viertel zwischen ihnen besteht (sog. **wesentliche Beteiligung**) oder die Möglichkeit gegeben ist, gegenseitig mittelbar oder unmittelbar beherrschenden Einfluss auszuüben (sog. **Einflussmöglichkeit**). Zu beachten ist, dass diese wesentliche Beteiligung mittlerweile nicht mehr identisch ist mit derjenigen des § 17 EStG.

- § 1 Abs. 2 **Nr. 2** AStG:
  Die Nr. 1 wird erweitert, in dem eine wesentliche Beteiligung (oder beherrschende Einflussmöglichkeit) über **dritte Personen** als ausreichend angesehen wird (Beispiel: **zwei Schwestergesellschaften**, zwischen denen kein Beteiligungsverhältnis besteht, haben eine gemeinsame Muttergesellschaft).

- § 1 Abs. 2 **Nr. 3** AStG:
  Ein Nahestehen liegt vor, wenn ein StPfl. auf Geschäftsbeziehungen zu einer anderen Person Einfluss nehmen kann, ohne dass die Einflussmöglichkeit auf diesen Geschäftsbeziehungen beruht oder wenn er ein eigenes Interesse an der Erzielung der Einkünfte des anderen hat (Beispiel: eine stille Beteiligung wird zu Gunsten des Geschäftsführers der ausländischen Gesellschaft finanziert).

---

[125] Es muss sich um Tätigkeiten in Tatbestandsnähe zu §§ 13, 15, 18 oder 21 EStG handeln.
[126] Bestätigt durch BFH vom 07.07.2015, BFH/NV 2015, 1425.
[127] Deshalb ist § 1 AStG nicht auf das Verhältnis zwischen Stammhaus und Betriebsstätte anwendbar.

Abschließend zu diesem Tatbestandsmerkmal ist noch anzumerken, dass der Begriff »nahestehend« nicht mit der Definition des »beherrschenden Gesellschafters« bei der vGA (vgl. H 36 Abs. 3 KStR) identisch ist.

3.1.3 Vereinbarte Bedingungen, die einem Fremdvergleich nicht standhalten

Ab dem VZ 2008 werden die bislang in Verwaltungsanweisungen geregelten Bestimmungen zur Ermittlung der Verrechnungspreise[128] zwischen verbundenen Unternehmen auf eine gesetzliche Grundlage gestellt. In der Neufassung des § 1 Abs. 1 AStG wird der Fremdvergleichsgrundsatz definiert und ausgeführt, was für seine Anwendung zu beachten ist. Bei der Gestaltung der Verrechnungspreise (erstmalige Erwähnung des Begriffes im Gesetz) ist abzustellen auf die Verhältnisse eines freien Marktes unter Zugrundelegung der verkehrsüblichen Sorgfalt eines ordentlichen und gewissenhaften GF gegenüber Fremden. Im Ergebnis sind die Geschäftsbeziehungen zwischen Nahestehenden danach zu beurteilen, ob sich die Beteiligten wie voneinander **unabhängige Dritte** verhalten haben (Fremdvergleichsgrundsatz). Die Neuerung besteht im Wesentlichen darin, dass bei mehreren nach Standardverfahren ermittelten Werten eine normale Bandbreite gebildet werden soll und diese Bandbreite auf einen **Mittelwert (Median)** eingeengt werden soll (§ 1 Abs. 3 S. 3 AStG).

Der **Median** ist auch der Einigungs- und **Korrekturmaßstab** in den Fällen, in denen die vom Unternehmen angewandten Methoden zu Werten außerhalb der normalen Bandbreite führen.[129]

Im Gesetz ist nunmehr de lege geregelt, nach welchen Methoden der Verrechnungspreis vorrangig zu ermitteln ist, wie zu verfahren ist, wenn keine dieser Methoden greift bzw. wenn mehrere Fremdvergleichswerte möglich sind oder wenn kein Fremdvergleichswert festgestellt werden kann. Bei der Untersuchung, ob die Fremdvergleichsbedingungen erfüllt sind, ist auf jeden einzelnen Geschäftsvorfall abzustellen, da die Möglichkeit eines Vorteilsausgleiches in Betracht zu ziehen ist. Nur wenn nach Verrechnung der einzelnen Geschäfte i.R.d. Vorteilsausgleiches ein Saldo zu Lasten des inländischen StPfl. verbleibt, sind die Einkünfte zu berichtigen.

Methoden zur Ermittlung des Verrechnungspreises nach § 1 Abs. 3 AStG

1. **Preisvergleichsmethode**

    Diese Methode stellt auf die Preise ab, die fremde Dritte für gleiche Leistungen vereinbart haben. Durchgeführt wird ein tatsächlicher Fremdvergleich, entweder nach den Preisen, die ein fremder Unternehmer einem fremden Abnehmer in Rechnung stellt (sog. äußerer Preisvergleich) oder mit dem Preis, mit dem ein verbundenes Unternehmen an einen fremden Abnehmer liefert (sog. innerer Preisvergleich). Die praktische Schwierigkeit bei der Anwendung dieser Methode liegt darin Vergleichspreise zu finden, denen gleiche oder zumindest vergleichbare Leistungen zugrunde liegen.

2. **Wiederverkaufsmethode**

    Bei dieser Methode erfolgt eine Rückrechnung von dem Preis, zu dem ein nahestehendes Unternehmen an einen fremden Dritten liefert, durch Abzug einer angemessenen

---

128 VerwGrS 1983 (BStBl I 1983, 218) sowie VerwGS-Verfahren 2005 (BStBl I 2005, 570).
129 Entgegen der »Meistbegünstigungs-Rechtsprechung« des BFH (BStBl II 1995, 580).

Handelsspanne vom möglichst unbeeinflussten Wiederverkaufspreis. Zugrunde gelegt wird ein hypothetischer Vergleichspreis. Die praktische Schwierigkeit dieser Methode liegt in der Ermittlung und Bestimmung der üblichen Handelsspanne.

3. Kostenaufschlagsmethode

Bei dieser Methode werden die betriebswirtschaftlich ermittelten Kosten des liefernden oder leistenden Unternehmens um einen in dem jeweiligen Geschäftszweig üblichen Gewinnaufschlag erhöht. Sie kommt hauptsächlich dann zur Anwendung, wenn es an einer Beteiligung am allgemeinen Markt fehlt. Die praktische Schwierigkeit dieser Methode liegt zum einen in der Bestimmung des üblichen Gewinnaufschlags, wenn gleiche oder vergleichbare Geschäfte nicht zu finden sind, und zum anderen in der Definition des Kostenbegriffes.

4. Andere Methoden zur Einkunftsabgrenzung

Komponenten dieser anderen Methoden sind ertragsbezogen. Eine Aufteilung erfolgt dann beispielsweise durch einen Vergleich des Ergebnisses des zu beurteilenden Unternehmens mit einem fremden dritten Unternehmen oder durch einen konzerninternen Profitsplit aufgrund einer Funktionsanalyse. Die Anwendung dieser ertragsorientierten Methoden sind zwar weder durch die Verwaltungsgrundsätze noch durch die OECD-Richtlinie ausgeschlossen, werden aber derzeit in Deutschland nur eingeschränkt angewandt oder sind nicht zulässig, obwohl sie in der praktischen Anwendung leichter zu nachvollziehbaren Ergebnissen führen könnten.

5. Festlegung der angemessenen Methode

Die Unternehmen sind grundsätzlich in der Auswahl der Standardmethode zur Bestimmung der Verrechnungspreise frei.[130] Eine Überprüfung erfolgt seitens der Finanzverwaltung allerdings dahingehend, ob sie nach Art und Anwendung sachgerecht ist. Maßstab dabei ist der ordentliche GF, der sich an der Methode orientieren wird, die den Verhältnissen am nächsten kommt, nach der sich auf wirtschaftlich vergleichbaren Märkten Fremdpreise bilden. Der Preisvergleichsmethode wird sowohl nach den VerwGrS als auch nach der OECD-Richtlinie eine gewisse Vorrangstellung eingeräumt. Nach den praktischen Erfahrungen kommt gerade ihr keine besondere Bedeutung zu. Oft lassen die Gegebenheiten des Marktes nur die Anwendung einer bestimmten Methode zu. Als Beispiele hierfür sind anzuführen:

- Beliefert ein Produktionsunternehmen ausschließlich eigene Vertriebstöchter, wird zur Bestimmung des angemessenen Lieferpreises vorrangig die Wiederverkaufsmethode anzuwenden sein.
- Werden im Konzernverbund Halbfertigfabrikate an ein Herstellungsunternehmen auf einer nachgeordneten Stufe geliefert, wird i.d.R. nach der Kostenaufschlagsmethode verrechnet.
- Produziert eine ausländische Tochtergesellschaft ausschließlich für die Muttergesellschaft, die auch langfristig die Produktion abnimmt, so würde unter Fremden die Produktion in Lohnfertigung übertragen werden mit der Folge der Anwendung der Kostenaufschlagsmethode.

---

[130] Ist in Tz. 2.4.1 der VerwGrS, s. BMF vom 23.02.1983 (BStBl I 1983, 218) ausdrücklich festgestellt.

Festzustellen ist schließlich noch, dass sich innerhalb der verschiedenen Branchen bestimmte Präferenzen für einzelne Methoden herausgebildet haben. So bevorzugt die Pharmaindustrie die Wiederverkaufsmethode, die Chemie- und die Kraftfahrzeugzulieferindustrie die Kostenaufschlagsmethode. Abschließend lässt sich festhalten, dass sich letztendlich die Methode mit der größten betriebswirtschaftlichen Überzeugungskraft im Unternehmen durchsetzen und auch von der jeweiligen Finanzverwaltung akzeptiert werden wird.

3.1.4 Die Funktionsverlagerung nach § 1 Abs. 3 S. 9 bis 13 AStG (Grundlagen)

3.1.4.1 Allgemeines
Mit der Änderung des § 1 AStG durch das UntStRefG 2008 und der erneuten Änderung des § 1 Abs. 3 S. 9 und 10 AStG durch das Gesetz zur Umsetzung steuerlicher EU-Vorgaben vom 08.04.2010 (EU-VorgabenG) wurde rückwirkend zum 01.01.2008 erstmalig auch die steuerliche Behandlung von sog. Funktionsverlagerungen gesetzlich normiert.

Aufgrund der Ermächtigung in § 1 Abs. 3 S. 13 AStG hat das BMF zur Sicherung einer einheitlichen Rechtsanwendung Einzelheiten dieser Materie in einer Rechtsverordnung, der **Funktionsverlagerungsverordnung (FVerlV)** vom 11.08.2008 geregelt (BStBl I 2009, 34) und in einem umfangreichen **BMF-Schreiben vom 13.10.2010** (VWG Funktionsverlagerung, BStBl I 2010, 774) näher erläutert.

3.1.4.2 Begriffsdefinitionen
Die gesetzliche Definition der Funktionsverlagerung ergibt sich aus § 1 Abs. 3 S. 9 AStG i.V.m. § 1 Abs. 2 FVerlV. Sie liegt danach vor, wenn eine **Funktion** einschließlich der dazugehörigen **Chancen und Risiken** und der mit übertragenen oder überlassenen **WG** und **sonstigen Vorteile** verlagert wird.

Der zentrale Begriff »**Funktion**« wird in § 1 Abs. 1 FVerlV umschrieben (= Geschäftstätigkeit, bestehend aus einer Zusammenfassung gleichartiger betrieblicher Aufgaben, die von einer bestimmten Stelle oder Abteilung eines Unternehmens erledigt werden. Es muss kein Teilbetrieb oder Betriebsteil im steuerlichen Sinne vorliegen.).

Eine Funktionsverlagerung liegt also vor,

- wenn ein Unternehmen einem anderen nahestehenden Unternehmen WG und **sonstige Vorteile** sowie die damit verbundenen Chancen und Risiken **überträgt oder zur Nutzung überlässt**, damit das übernehmende Unternehmen eine Funktion ausüben kann,
- die bisher von dem verlagernden Unternehmen ausgeübt worden ist und
- dadurch die Ausübung der betreffenden Funktion durch das verlagernde Unternehmen eingeschränkt wird

(vgl. Rn. 19 VWG Funktionsverlagerung).

Beachte: **Keine** Funktionsverlagerung liegt vor bei:

- ausschließlicher Übertragung/Überlassung von (Einzel-)WG (vgl. § 1 Abs. 7 FVerlV, Rn. 42 ff. VWG Funktionsverlagerung),
- ausschließlicher Erbringung von Dienstleistungen (vgl. § 1 Abs. 7 FVerlV, Rn. 51 ff. VWG Funktionsverlagerung),

- Personalentsendungen im Konzern (vgl. § 1 Abs. 7 FVerlV, Rn. 54 ff. VWG Funktionsverlagerung),
- Funktionsverdoppelung (vgl. hierzu § 1 Abs. 6 FVerlV, Rn. 42 ff. VWG Funktionsverlagerung).

3.1.4.3 Rechtsfolgen der Funktionsverlagerung

Nach § 1 Abs. 1 AStG ist bei grenzüberschreitenden Geschäftsbeziehungen – zu denen auch die Funktionsverlagerungen gehören – vorbehaltlich anderer Vorschriften (vgl. 3.2.1 unten) eine Einkünftekorrektur vorzunehmen, wenn Fremdvergleichsgrundsätze nicht eingehalten werden.

Fremdübliche Verrechnungspreise werden i.d.R. auf der Grundlage einer Funktion als Ganzes (Transferpaket) bestimmt. Dieses Transferpaket (§ 1 Abs. 3 FVerlV) besteht aus der Summe der übertragenen WG und den Chancen (abzüglich der Risiken) sowie den sonstigen funktionsakzessorischen Vorteilen, ausgehend von dem **Gewinnpotenzial** (§ 1 Abs. 3 S. 6 AStG).[131] Das Gewinnpotenzial ergibt sich aus den Gewinnerwartungen, die auf der Grundlage einer Funktionsanalyse (vor/nach Übertragung) ermittelt werden (= Barwert), und einem Kapitalisierungszinssatz.[132]

Als **Untergrenze** bei einer **gewinnorientierten** Funktionsverlagerung bestimmt § 7 Abs. 1 FVerlV den Wertausgleich für das wegfallende Gewinnpotenzial einschließlich der Schließungskosten. Nach § 7 Abs. 3 FVerlV wird die Untergrenze des Einigungsbereichs bei einer **verlustträchtigen** Funktionsverlagerung durch die zu erwartenden Verluste einschließlich der Schließungskosten definiert.[133] Die **Obergrenze** des Verhandlungsrahmens (= Höchstpreis des Einigungsbereichs) wird durch das Gewinnpotenzial (inkl. der Handlungsalternativen) des **übernehmenden** Unternehmens bestimmt (§ 7 Abs. 4 FVerlV).

Nach § 2 Abs. 2 FVerlV i.V.m. § 1 Abs. 3 S. 10 AStG kann in Einzelfällen (mit Nachweispflicht) eine Einzelbewertung der sich für die Einzel-WG ergebenden Verrechnungspreise vorgenommen werden. Jedoch kann vom Grundsatz der Gesamtbewertung nach § 1 Abs. 3 S. 10 AStG nur abgesehen werden, wenn die Voraussetzungen einer Öffnungsklausel vorliegen. Zu den Öffnungsklauseln als Voraussetzung für eine Einzelbewertung wird auf Rn. 71 ff. VWG Funktionsverlagerung verwiesen. Letztlich wird diese (Einzel-)Bewertungsmethode durch eine Kontrollrechnung wieder in das Ergebnis der Gesamtbewertung eingebunden, sodass hiervon eine geringe Praktikabilität ausgeht.

§ 10 FVerlV ermöglicht bei erheblichen[134] Abweichungen der Gewinnentwicklung in der Zukunft eine angemessene[135] Preisanpassung, die auf der Grundlage eines neuen Einigungsbereichs zu ermitteln ist.

---

131 Unter Gewinnpotenzial versteht § 1 Abs. 4 FVerlV den Reingewinn (Barwert), auf den der »ordentliche Geschäftsleiter« des verlagernden Unternehmens nicht unentgeltlich verzichten würde.
132 Der Kapitalisierungszeitraum ist grundsätzlich als **unbegrenzt** zugrunde zu legen.
133 § 7 Abs. 3 FVerlO nennt sodann zwei (nicht abschließende) denkbare Ergebnisse einer verlustträchtigen Funktionsverlagerung.
134 Nach § 10 Abs. 1 FVerlO liegt eine erhebliche Abweichung vor, wenn der neu ermittelte Höchstpreis niedriger ist als der ursprüngliche Mindestpreis des verlagernden Unternehmens.
135 Die Definition einer angemessenen Preisanpassung ist § 11 FVerlV zu entnehmen.

3.1.4.4 Dokumentationspflichten

Vgl. allg. zu den Dokumentationspflichten die Ausführungen unter TZ. 2.1.2.2.1 zu Anpassungen nach dem BEPS I-Umsetzungsgesetz vom 20.12.2016.

Nach § 90 Abs. 3 AO hat der StPfl. für Sachverhalte mit Auslandsbezug über seine Geschäftsbeziehungen mit nahestehenden Personen Aufzeichnungen zu erstellen. Dokumentationen über Art und Inhalt seiner Geschäftsbeziehungen sowie über die Grundlagen seiner fremdvergleichskonformen Preisgestaltung hat er nach Aufforderung innerhalb von 60 (bzw. 30) Tagen vorzulegen.

Konkret für Funktionsverlagerungen sind aufzeichnungs- und vorlagepflichtig:

- die Unterlagen, auf deren Grundlage das Unternehmen insgesamt über die Funktionsverlagerung entschieden hat (§ 3 Abs. 2 S. 2 FVerlV),
- schriftliche Verträge, die Funktionsverlagerung betreffend (vgl. Rn. 97 und 151 VWG Funktionsverlagerung),
- Funktions- und Risikoanalyse für das verlagernde und das übernehmende Unternehmen bezogen auf die verlagerte Funktion (vgl. Rn. 83 FVerlV),
- weitere Aufzeichnungspflichten über Barwertberechnungen der Gewinnpotentiale, der Reingewinne nach Steuern, der Festlegung des Kapitalisierungszeitraumes und der Ermittlung des Kapitalisierungszinssatzes.

3.1.4.5 Anwendungszeitraum

Vorstehende Ausführungen gelten uneingeschränkt für Funktionsverlagerungen ab dem 01.01.2008 und damit für alle Funktionsverlagerungsfälle, die in einem Wirtschaftsjahr abgeschlossen werden, das Gegenstand frühestens des VZ 2008 ist.

3.2 Durchführung der Berichtigung nach § 1 AStG

3.2.1 Rechtsgrundlagen für die Korrektur der Verrechnungspreise

Postulat für jede Gewinnkorrektur zwischen verbundenen Unternehmen ist nach internationalen Grundsätzen ein Verstoß gegen den Fremdvergleich. Nach dem Wortlaut des § 1 Abs. 1 AStG ist eine Berichtigung der Einkünfte nur »unbeschadet anderer Vorschriften« vorzunehmen. Danach haben die **vGA**, die **vE**, Entnahmen und Einlagen als technische Berichtigungsmöglichkeiten **Vorrang** gegenüber einer Einkunftskorrektur nach § 1 AStG. So gesehen hat der neu gefasste S. 3 des § 1 Abs. 1 AStG nur Klarstellungsfunktion. Nur wenn die Voraussetzungen für eine der genannten Berichtigungsmöglichkeiten nach den dafür maßgebenden Grundsätzen nicht vorliegen, erfolgt ein Zuschlag zu den Einkünften (bei Bilanzierenden außerhalb der Bilanz) gestützt auf § 1 AStG.[136] So hat der BFH (Urteil vom 06.04.2005, BFH/NV 2005, 1719) wieder entschieden, dass beim Handel zwischen Schwestergesellschaften der misslungene Fremdvergleich zu einer vGA führt.

Fällt der Sachverhalt in den Regelungsbereich eines DBA, wird diskutiert, ob eine Gewinnberichtigung z.B. bereits über Art. 9 OECD-MA möglich ist, also unabhängig von einer innerstaatlichen Rechtsgrundlage des Anwenderstaates ist. Nach allgemeiner Ansicht[137] ist Art. 9 OECD-MA keine eigenständige Rechtsgrundlage für eine Berichtigung, sondern be-

---

[136] Vgl. Tz. 8.1.1 Buchst. c VerwGrS, s. BMF vom 23.02.1983 (BStBl I 1983, 218). Vgl. *Frotscher*, FR 2008, 57.

[137] Vgl. *Wassermeyer* in *Debatin/Wassermeyer*, Art. 9 B I Rz. 1 ff.

schränkt lediglich die nationalen Berichtigungsmöglichkeiten (so auch Tz. 1.2.1 VerwGrS, s. BMF vom 23.02.1983, BStBl I 1983, 218). Damit ergeben sich für die Wirkungsweise der DBA-Berichtigungsvorschriften zwei Folgen:

1. Die Berichtigungsvorschriften können international übereinstimmend angewandt werden.
2. Auf der Grundlage der Abgrenzungsklauseln können im Zweifelsfall Verständigungs- oder Konsultationsverfahren eingeleitet werden.

Da aber im Ergebnis immer eine nationale Berichtigungsvorschrift eingreifen muss, kann es für die weitere Untersuchung des Falles zunächst dahingestellt bleiben, ob ein DBA-Fall vorliegt oder nicht.

3.2.2 Technik der Gewinnberichtigung

Wie bereits oben zum Ausdruck gebracht, geben die DBA den betroffenen Staaten lediglich die Möglichkeit, eine Gewinnberichtigung bei unangemessenen Verrechnungspreisen vorzunehmen, die Rechtsgrundlage für die Korrektur der Einkünfte muss sich hingegen aus dem nationalen Steuerrecht ableiten lassen. In Deutschland übernehmen diese Funktion die verdeckte Gewinnausschüttung (vGA), die verdeckte Einlage (vE) und die Berichtigungsvorschrift des § 1 AStG.

Eine **vGA** liegt – ceteris paribus – immer dann vor, wenn eine Tochtergesellschaft der Muttergesellschaft einen Vorteil gewährt, sie also beispielsweise mit unangemessen niedrigen Preisen beliefert. Beim Umkehrfall, wenn also die Muttergesellschaft die Tochtergesellschaft mit unangemessen niedrigen Preisen beliefert, ist zunächst von einer **vE** und erst sekundär von einem Berichtigungstatbestand nach § 1 AStG auszugehen. Eine vE ist nach der Rspr. des BFH allerdings nicht bei bloßen Nutzungen und Dienstleistungen gegeben.[138]

Die Unterschiede in den Rechtsfolgen einer vE bzw. einer Korrektur nach § 1 AStG sind eklatant. Bei einer vE vollzieht sich die Gewinnerhöhung durch Erhöhung des Beteiligungsansatzes innerhalb der Bilanz. Ist eine TW-AfA auf diesen Beteiligungsansatz möglich, wird die eingetretene Gewinnerhöhung wieder rückgängig gemacht.

Liegt der Einkommensberichtigung keine Vermögensmehrung zugrunde, erfolgt die Korrektur nach § 1 AStG außerhalb der Bilanz durch Ansatz eines Merkpostens, der nicht über eine TW-AfA neutralisiert werden kann.[139] Erst wenn die Beteiligung veräußert oder die ausländische Gesellschaft liquidiert wird, wirkt sich der Merkposten als Aufwand aus.

Die Berichtigung ist in dem Jahr vorzunehmen, in dem sich die Vorteilsgewährung auf den Gewinn auswirkt, denn Zielsetzung dieser Vorschrift ist eine abschnittsgerechte, zutreffende Besteuerung. Der Berichtigungsbetrag ist derselben Einkunftsart zuzurechnen, wie die berichtigten Einkünfte. Erfolgt ein nachträglicher Ausgleich der Einkunftsminderung durch den StPfl. (Zinsen werden beispielsweise nachbelastet), ist dieser Betrag mit dem Ausgleichsposten zu verrechnen. Ansonsten würde eine Doppelerfassung eintreten. Gleiches gilt sinngemäß, wenn eine Beteiligung oder die ausländische Gesellschaft veräußert bzw. liquidiert wird. In diesem Fällen ist der Veräußerungs- oder Liquidationserlös um den Betrag zu kürzen, der außerhalb der Bilanz zugerechnet und bislang noch nicht verrechnet wurde.

---

[138] Vgl. BFH vom 26.10.1987 (BStBl II 1988, 348).
[139] Vgl. BFH vom 30.05.1990 (BStBl II 1990, 875).

Lösung (zu Beispiel 1: Der Standardfall):

- **Niedrigerer Warenrabatt:**
Die T ist im Verhältnis zu M eine nahestehende Person nach § 1 Abs. 2 Nr. 1 AStG. Durch die Belieferung mit Waren sind M und T in Geschäftsbeziehungen zueinander getreten. Die Einräumung eines Rabattsatzes von 40 % hält einem Fremdvergleich nicht stand (S wurden lediglich 35 % gewährt). Sachliche und wirtschaftliche Gründe für einen höheren Rabattsatz sind nicht erkennbar. Ebenso wenig liegen andere Positionen vor, die zu Lasten der T gehen, gleichzeitig aber von M zu tragen wären. Ein Vorteilsausgleich scheidet daher aus.
Die Voraussetzungen für eine Einkunftsberichtigung nach § 1 AStG sind erfüllt, obwohl Frankreich kein Niedrigsteuerland ist. Technisch erfolgt die Korrektur über eine vE entsprechend R 40 KStR, da der Verkauf der Waren zu einem geringeren Preis gesellschaftsrechtlich veranlasst ist. Der StB-Wert der Anteile an der T wird um den Betrag erhöht, der sich aus dem Rabattunterschied der verkauften Waren im Verhältnis zu fremden Dritten (hier: 5 %) ergibt.

- **Zinslose Stundung:**
Die zinslose Stundung der Forderungen aus den Warenlieferungen ist ausschließlich durch die gesellschaftsrechtliche Beziehung zwischen T und M begründet und hält einem Fremdvergleich nicht stand. M verzichtet auf einen Ertrag, den sie zumindest bei einer kurzfristigen Geldanlage hätte erzielen können.
Die unentgeltliche Überlassung eines Lieferantenkredits stellt kein einlagefähiges WG dar.[140] Es erfolgt eine Hinzurechnung nach § 1 AStG außerhalb der Bilanz in Höhe eines angemessenen Zinssatzes zuzüglich eines Risikozuschlages von 2 %.

- **Verzicht auf die Forderung:**
Auch hier ist der Verzicht auf die Begleichung der Warenforderung gesellschaftsrechtlich veranlasst und widerspricht einem Fremdverhalten. Ein einlagefähiges WG in Form einer Forderung liegt vor. Die Einkunftsberichtigung erfolgt durch Umbuchung der Position »Forderungen aus Warenlieferungen« auf »Beteiligungswert T« in der StB der M.
Zu beachten ist allerdings, dass bei Uneinbringlichkeit dieser Forderung, beispielsweise wegen Überschuldung der T, die Forderung bei M ertragsmindernd ausgebucht werden muss.[141]

Anzumerken bleibt schließlich noch, dass der vorliegende Sachverhalt auch ohne § 1 AStG zu lösen wäre, weil allein nach körperschaftsteuerlichen Grundsätzen (beherrschende Stellung bei einer Beteiligung von mehr als 50 %) eine verdeckte Einlage vorläge. Läge die Beteiligungsquote allerdings zwischen 25 % und 50 % müsste wiederum auf § 1 AStG zurückgegriffen werden.

---

140 Vgl. BFH vom 26.10.1987 (BStBl II 1988, 348).
141 Vgl. BFH vom 09.06.1997 (BStBl II 1998, 307).

3.3 Das Zusammentreffen von § 1 AStG und einem Doppelbesteuerungsabkommen

Nicht selten treffen eine § 1 AStG-Korrektur und ein DBA aufeinander.

Beispiel 2: Das schweizerische »Wohnhaus« einer AG
Rentner R mit Wohnsitz im Inland ist Eigentümer eines EFH in der Schweiz und hält 100 % der Anteile an einer schweizerischen AG. Die AG übt ihre Tätigkeit in dem EFH aus, das ihr für diese Zwecke unentgeltlich zur Nutzung überlassen wird.

Alternative: Das EFH wird dem GF der AG unentgeltlich zu Wohnzwecken überlassen.

Lösung (Ausgangsfall): Die AG ist eine dem R nahestehende Person gem. § 1 Abs. 2 Nr. 1 AStG. Dem Grunde nach liegt eine Vermietungstätigkeit i.S.v. § 21 EStG vor und somit Geschäftsbeziehungen § 1 Abs. 4 AStG.
§ 1 AStG erfasst die Minderung von Einkünften eines (unbeschränkt) StPfl. unabhängig davon, ob diese Einkünfte im Inland oder im Ausland erzielt werden. Die unentgeltliche Nutzungsüberlassung führt bei R zu einer Minderung der Vermietungseinkünfte.
Nach Art. 6 DBA-Schweiz hat der Belegenheitsstaat (die Schweiz) das Besteuerungsrecht für Vermietungseinkünfte. Allerdings erfolgt gem. Art. 24 Abs. 1 DBA-Schweiz keine Freistellung von der deutschen Besteuerung. Es greift vielmehr die Anrechnungsmethode. Die Vermietungseinkünfte werden im Inland unter Anrechnung der schweizerischen Steuern erfasst.
Die Vermietungs- und Verpachtungseinkünfte im Inland sind nach § 1 AStG zu berichtigen.

Anmerkung: Dem Grunde nach ändert sich an diesem Lösungsansatz nichts, wenn nach dem zugrunde liegenden DBA statt der Anrechnungsmethode die Freistellungsmethode eingreift. Nach § 32b Abs. 1 Nr. 2 EStG haben die ausländischen Einkünfte Auswirkungen auf die Höhe des Steuersatzes (Progressionsvorbehalt). Die Höhe der dem Progressionsvorbehalt unterliegenden ausländischen Einkünfte ist in diesem Fall nach deutschem Steuerrecht zu ermitteln.[142]

Lösung (Alternative): Ist die unentgeltliche Nutzungsmöglichkeit an die Zeitdauer des Anstellungsvertrages gebunden, kann unterstellt werden, dass dadurch eine verdeckte Entlohnung (eine Tantieme) gewährt werden soll. Aufgrund der Unentgeltlichkeit sind die Einkünfte aus V+V bei R, wie im Ausgangsfall, gemindert.
Der GF ist eine nahestehende Person gem. § 1 Abs. 2 Nr. 3, 3. Alt. AStG (eigenes Interesse an der Einkunftserzielung des anderen), denn die ersparten Gehaltskosten kommen letztendlich der AG zugute. Unter fremden Dritten wäre eine Unentgeltlichkeit in dieser Form nicht vereinbart worden.
Die Berichtigung der Einkünfte aus V+V im Inland nach § 1 AStG führt dazu, dass die ersparten Gehaltskosten der AG in Deutschland steuerwirksam werden.

---

142 Vgl. BFH vom 22.05.1991 (BStBl II 1992, 94).

3.4 Sonderfall der Arbeitnehmerentsendung[143]

3.4.1 Allgemeines

Die Globalisierung und die industrielle Verflechtung haben in den letzten Jahren zu einem verstärkten Austausch von Arbeitskräften innerhalb verbundener Unternehmen über die Grenze geführt. Die Gründe, weshalb ein ausländisches Unternehmen AN ins Inland bzw. vom Inland aus Mitarbeiter ins Ausland entsendet, sind vielfältig. Die hier interessierenden steuerlichen Fragen spielen sich im Wesentlichen auf zwei Ebenen ab. Zum einen sind lohn- und einkommensteuerliche Themen der AN sowie die zwischenstaatliche Verteilung des Besteuerungsrechtes für die daraus resultierenden Einkünfte aus nichtselbständiger Tätigkeit abzuarbeiten. Insoweit kann auf die Ausführungen zu Art. 15 OECD-MA (s. Kap. III 3.1) dieser Abhandlung verwiesen werden. Zum anderen ist auf die sachgerechte Verteilung des entsendungsbedingten Aufwandes zwischen den beteiligten Unternehmen zu achten. Hierzu sollen im Folgenden Lösungsansätze aufgezeigt werden.

Die Verwaltung hat in einem BMF-Schreiben vom November 2001[144] (Verwaltungsgrundsätze-Arbeitnehmerentsendung, im Weiteren abgekürzt VerwGrSA) zur ertragsteuerlichen Behandlung der mit der grenzüberschreitenden Arbeitnehmerentsendung im Unternehmensverbund einhergehenden Aufwendungen Stellung bezogen. Die Regelungen in dem BMF-Schreiben können selbstredend nur die steuerliche Behandlung des inländischen Unternehmens durch die deutsche Finanzverwaltung betreffen. Dabei ist zu beachten, dass der »Inbound-Fall« (Unternehmen im Ausland entsendet Mitarbeiter ins Inland) und der »Outbound-Fall« (Unternehmen im Inland entsendet Mitarbeiter ins Ausland) im Grundsatz nach der Verwaltungsvorschrift gleich zu behandeln sind.[145]

3.4.2 Der Inbound-Fall

Beispiel 3: Der ausländische Aufpasser
Die ausländische Konzernmutter M schickt einen Ihrer fähigsten Mitarbeiter, Herrn A, in die kriselnde deutsche Tochtergesellschaft T, um sie endlich wirtschaftlich konkurrenzfähig zu machen. Geplant ist zunächst eine Verbleibenszeit des A bei der T von zwei Jahren. Er ist lediglich der Geschäftsleitung der T unterstellt. Ein nicht unerheblicher Teil seiner Arbeitszeit entfällt auf Kontroll- und Koordinierungsaufgaben für die M. Sämtliche Aufwendungen im Zusammenhang mit dieser Personalentsendung sowie das Gehalt des A soll die T tragen.

3.4.2.1 Begriffsbestimmungen
Die Definition der nachfolgenden Schlüsselbegriffe wird vorangestellt:

- Arbeitnehmerentsendung: Eine Arbeitnehmerentsendung setzt nach Tz. 2.1 VerwGrSA voraus:
  - eine Vereinbarung zwischen dem AN und dem bisherigen AG, dem entsendenden Unternehmen,

---

[143] S. hierzu auch die PwC-Studie (2005), hrsg. zusammen mit dem Zentrum für Europäische Wirtschaftsforschung: Attraktivität Deutschlands für Expatriates.
[144] Vgl. BMF vom 02.11.2001 (BStBl I 2001, 796).
[145] S. hierzu zuletzt das BMF-Schreiben zu USA – Arbeitnehmerabfindungen für Erfindungen, BMF vom 25.06.2012 (Gz.: IV B 5 – S 1301) sowie zu Großbritannien (BMF vom 02.12.2011, Gz.: IV B 3 – S 1301).

- über eine zeitlich befristete Tätigkeit,
- bei einem verbundenen Unternehmen, dem aufnehmenden Unternehmen, und
- eine arbeitsrechtliche Vereinbarung zwischen AN und dem aufnehmenden Unternehmen.
- Liegt eine solche arbeitsrechtliche Vereinbarung nicht vor, muss das aufnehmende Unternehmen zumindest wirtschaftlich als AG fungieren.

Keine Arbeitnehmerentsendung liegt vor, wenn
- ein AN zur Erfüllung einer Dienst- oder Werkleistungsverpflichtung des entsendenden Unternehmens tätig wird und
- sein Arbeitslohn Preisbestandteil der Dienst-Werkleistung ist.

- AG ist nach Tz. 2.2 VerwGrSA, wer eine arbeitsrechtliche Vereinbarung mit dem AN schließt (= zivilrechtlicher AG), den AN in seinen Geschäftsbetrieb integriert, Weisungsbefugnis gegenüber dem AN hat und wirtschaftlich die Vergütung für die vom AN geleistete Arbeit trägt (wirtschaftlicher AG). Dauert die Zeit der Entsendung mehr als drei Monate ist regelmäßig von einer Integration in das aufnehmende Unternehmen auszugehen.

Erste Lösungshinweise: Nach dem vorliegenden Sachverhalt handelt es sich bei A um einen entsendeten AN. Er soll, wie mit der M vereinbart, zeitlich befristet die T sanieren. Die T ist zumindest wirtschaftlicher AG. Die Entsendungsdauer übersteigt drei Monate, gegenüber A besteht ein Weisungsrecht und die für seine Tätigkeit geleistete Vergütung trägt (wirtschaftlich) die T.

3.4.2.2 Kriterien für die Einkunftsabgrenzung

3.4.2.2.1 Allgemeines

Aus Tz. 3.1 VerwGrSA ergibt sich als maßgebliches Kriterium für die Zuordnung des entsendungsbedingten Aufwandes der Fremdvergleich. Danach hat den Aufwand vornehmlich das Unternehmen zu tragen, in dessen Interesse die Entsendung erfolgte. Beispielhaft werden in Tz. 3.3 VerwGrSA Indizien aufgezählt, anhand derer die Festlegung der Interessenlage der beteiligten Unternehmen erfolgen kann. Ergibt sich hierbei keine eindeutige Zuordnungsmöglichkeit, so wird unterstellt, dass entsendete AN grundsätzlich im Interesse des aufnehmenden Unternehmens tätig werden. Diese Festlegung der Verwaltung muss sowohl für den Inbound- als auch den Outbound-Fall gelten. Dennoch ergibt sich für den Fall der Personalaufnahme durch ein inländisches Unternehmen eine differenzierte Prüfungsreihenfolge.

3.4.2.2.2 Prüfungsreihenfolge im Inbound-Fall

Zunächst ist festzustellen, ob eine sog. besondere Fallgestaltung der Arbeitnehmerentsendung vorliegt. Als solche kommen nach Tz. 3.4 VerwGrSA die Expertenentsendung, die Entsendung zu Ausbildungs- und Fortbildungszwecken und die Entsendung im Rotationsverfahren in Betracht. Bei der Expertenentsendung hat grundsätzlich das aufnehmende Unternehmen den Aufwand zu tragen, in den beiden anderen Konstellationen hingegen das entsendende Unternehmen.

Liegt eine Expertenentsendung vor oder ergibt sich aufgrund der Überprüfung der Interessenlage, dass die Aufwendungen im Grundsatz dem aufnehmenden Unternehmen zuzuordnen sind, können dennoch diese Aufwendungen ganz oder teilweise durch das Gesellschaftsverhältnis begründet sein.

Zu untersuchen ist, ob der gewissenhafte und ordentliche Geschäftsleiter eines unabhängigen Unternehmens den durch die Personalentsendung bedingten Aufwand tragen würde. Dies ist anzunehmen, wenn auf dem lokalen Arbeitsmarkt keiner oder zumindest zu den vereinbarten Konditionen kein vergleichbarer, fremder AN vorhanden wäre. Die angemessene Höhe wird nach Tz. 3.2 VerwGrSA durch einen betriebsinternen oder betriebsexternen, und wenn hierfür keine Daten verfügbar sind, durch einen hypothetischen Preisvergleich ermittelt.

Ergibt sich aufgrund der aufgezeigten Prüfungsschritte, dass die Aufwendungen der Arbeitnehmerentsendung nicht sachgerecht verteilt sind, sind die (inländischen) Einkünfte nach den maßgeblichen Vorschriften zu berichtigen, wobei die Grundsätze des Vorteilsausgleichs[146] und ein eventuell zu vergütender Know-how-Transfer gegenzurechnen sein können.

Als Berichtigungsvorschrift kommt im Inbound-Fall vornehmlich § 8 Abs. 3 S. 2 KStG (vGA) zur Anwendung. Liegen deren Tatbestandmerkmale vor, wird steuerlich eine außerbilanzielle Gewinnkorrektur vorgenommen. Eine Änderung nach § 1 AStG kommt lediglich subsidiär in Betracht. Insoweit kann auf die Ausführungen zur »Durchführung der Berichtigung nach § 1 AStG in Tz. 3.2 dieser Abhandlung verwiesen werden.

Lösung: Koordinierungs- und Kontrolltätigkeiten werden im Interesse des entsendenden Unternehmens ausgeübt. Der Teil des Gesamtaufwandes (laufendes Gehalt zuzüglich sonstiger Leistungen, wie in Tz. 2.3 VerwGrSA genannt), der prozentual (evtl. geschätzt) auf diese Tätigkeiten entfällt, ist als vGA Gewinn erhöhend zu berücksichtigen. Zu beachten ist, dass die tatsächliche Übernahme des vollen Gehaltes durch das inländische Unternehmen zur vollumfänglichen – von der angenommenen vGA unberührten – Lohnsteuerpflicht im Inland führt.

3.4.3 Der Outbound-Fall

Beispiel 4: Der inländische Aufpasser
Die inländische Konzernmutter M entsendet ihren Mitarbeiter A zu der ausländischen Tochtergesellschaft T. Die Hälfte seiner Arbeitszeit benötigt A für Kontroll- und Koordinierungsarbeiten. Den Gesamtaufwand trägt die M.

3.4.3.1 Prüfungsreihenfolge im Outbound-Fall
Auch im Outbound-Fall erfolgt die Kostenzuordnung, wie oben dargestellt, nach dem Veranlassungsprinzip. Den entsendungsbedingten Aufwand hat grundsätzlich das Unternehmen zu tragen, in dessen Interesse die Arbeitnehmerentsendung ist.

Zunächst ist festzustellen, ob eine besondere Fallgestaltung i.S.d. VerwGrSA gegeben ist. Handelt es sich um eine Entsendung im Rahmen eines Rotationsverfahrens oder zu Aus- und Fortbildungszwecken, hat den Aufwand das entsendende Unternehmen zu übernehmen. Ansonsten ist nach Tz. 3.1.1 VerwGrSA davon auszugehen, dass der entsandte AN grundsätzlich im Interesse und für Rechnung des aufnehmenden Unternehmens tätig wird. Ein betriebliches Interesse beim entsendenden Unternehmen wird in den folgenden drei Beispielsfällen bejaht:

---

146 Vgl. Tz. 2.3 der VerwGrS vom 23.02.1983 (BStBl I 1983, 218).

- Dem entsandten Mitarbeiter wird ein Gehalt gezahlt, das über dem Lohnniveau im Land des aufnehmenden Unternehmens liegt.
- Der AN nimmt Planungs-, Koordinierung- oder Kontrollfunktionen für das entsendende Unternehmen wahr, die nicht gesondert abgegolten werden.
- Das entsendende Unternehmen nutzt die gesammelten Auslandserfahrungen des AN nach dessen Rückkehr.

Den Nachweis für das Vorliegen dieser Sachverhalte hat das entsendende Unternehmen zu führen.

Eine weitere Überprüfung wie im Inbound-Fall in Tz. 3.1.2 VerwGrSA vorgesehen ist, insb. also ein Abstellen auf den ordentlich und gewissenhaft handelnden Geschäftsführer des aufnehmenden Unternehmens, erfolgt nicht, da hierzu die Befugnisse der deutschen Finanzverwaltung nicht ausreichen. Zu beachten ist allerdings, dass die Grundsätze des Fremdvergleichs, die Fremdvergleichsmethoden und die Begriffsdefinitionen sowohl für den Inbound- als auch den Outbound-Fall Gültigkeit haben.

3.4.3.2 Berichtigungsvorschriften im Outbound-Fall

Ergibt sich die Notwendigkeit einer Einkunftskorrektur, ist diese entsprechend Tz. 4.1 VerwGrSA nach den allgemeinen Vorschriften vorzunehmen. Als solche kommen grundsätzlich die verdeckte Gewinnausschüttung gem. § 8 Abs. 3 S. 2 KStG, die verdeckte Einlage gem. § 8 Abs. 1 KStG sowie die subsidiäre Berichtigungsvorschrift des § 1 AStG in Betracht. Im Outbound-Fall wird freilich nur zu prüfen sein, ob eine verdeckte Einlage vorliegt oder andernfalls eine Berichtigung nach § 1 AStG durchzuführen ist. Eine vE liegt nach R 40 KStR u.a. nur vor, wenn ein einlagefähiger Vermögensvorteil zugewendet wird. Nach ständiger Rspr. des BFH kann ein Forderungsverzicht Gegenstand einer vE sein.[147] Bei Annahme einer vE erfolgt die Korrektur über die Erhöhung des Beteiligungswertes für die Tochtergesellschaft in der Bilanz der Muttergesellschaft. Eine Berichtigung nach § 1 AStG setzt u.a. voraus, dass Vereinbarungen getroffen wurden, die einem Drittvergleich nicht standhalten. In diesem Fall erfolgt die Korrektur durch eine außerbilanzielle Hinzurechnung des strittigen Betrages.

> **Lösung:** Die Hälfte der Aufwendungen trägt die M zu Recht, da A insoweit in ihrem Interesse tätig wird. Die andere Hälfte seiner Arbeitskraft stellt A der T zur Verfügung. Nach Tz. 3.1.1 VerwGrSA hat die T die auf diesen Anteil entfallenden Aufwendungen zu tragen. Beabsichtigt M, diese Schuld zu begleichen, hat sie gegenüber T eine Forderung aus dem Institut der »Geschäftsführung ohne Auftrag«. Fehlt es an dem Fremdgeschäftsführungswillen, bleibt ein Anspruch aus ungerechtfertigter Bereicherung nach § 812 Abs. 1 BGB. In beiden Fällen hat M eine werthaltige Forderung erworben. Verzichtet sie (evtl. auch durch konkludentes Verhalten) auf diese Forderung, ist eine verdeckte Einlage anzunehmen, mit der Folge der Erhöhung des Beteiligungswertes der T in der Bilanz der M. Lässt sich ein Verzicht nicht feststellen, wird die Forderung der M in der ersten noch offenen Bilanz erfolgswirksam eingebucht.
>
> Eine Korrektur nach § 1 AStG würde voraussetzen, dass zwischen der M und der T Bedingungen vereinbart worden wären (oder der M auferlegt worden wären), die einem Fremdvergleich nicht standhalten. Die M trägt die gesamten Personalkosten aufgrund eigener Entscheidung (keine Auferlegung). Nach dem Sachverhalt fehlt es auch an einer ausdrücklichen Vereinbarung über die Kostentragung, so dass hier für die Anwendung des § 1 AStG kein Raum bleibt.

---

147 Vgl. BFH vom 09.06.1997 (BStBl II 1998, 307).

4 Die Wegzugsbesteuerung (§§ 2–6 AStG)

4.1 Allgemeines

Anfang der 1970er-Jahre verlegten viele wohlhabende deutsche Staatsbürger ihren Wohnsitz in das niedrig besteuernde Ausland, um der hohen inländischen Steuerbelastung zu entgehen.[148] Ertragsteuerlich zog diese Wohnsitzverlegung ins Ausland einen Wechsel von der unbeschränkten zur beschränkten Steuerpflicht nach sich. Von der beschränkten Steuerpflicht nach § 1 Abs. 4 EStG werden aber lediglich die in § 49 EStG exakt definierten inländischen Einkünfte erfasst. Da dadurch Deutschland ein nicht unerhebliches Steuersubstrat hätte entzogen werden können, wurde im AStG durch die Einführung der sog. **erweitert beschränkten Steuerpflicht in den §§ 2–6 AStG** ein Abwehrmechanismus geschaffen. Das deutsche Besteuerungsrecht wird damit über die in § 49 EStG genannten Einkünfte auf alle nicht ausländischen Einkünfte i.S.d. § 34d EStG[149] und auf im Inland erwirtschafteten Vermögenszuwächse hinaus ausgedehnt. Ebenso werden aus dem Wegzug vermögenssteuerliche und erbschaftsteuerliche Konsequenzen gezogen, soweit diese auch ohne Wegzug eingetreten wären.

4.2 Die Wegzugsbesteuerung nach § 2 AStG

4.2.1 Der Tatbestand des § 2 AStG

Die Tatbestandsvoraussetzungen des § 2 AStG sind im Einzelnen:

- Der Wegzugsbesteuerung nach § 2 AStG unterliegen nur natürliche Personen.
- Diese natürlichen Personen müssen **deutsche Staatsbürger** i.S.d. GG sein. Unerheblich ist, ob sie gleichzeitig die Staatsbürgerschaft eines weiteren Staates innehaben.
- Sie müssen innerhalb der **letzten zehn Jahre** vor dem Wegzug insgesamt **fünf Jahre** unbeschränkt steuerpflichtig gewesen sein. War die natürliche Person innerhalb des maßgeblichen Zehn-Jahres-Zeitraums mehrere Male unbeschränkt steuerpflichtig, sind diese Zeiträume zu addieren. Allerdings sind Inlandsaufenthalte, die beispielsweise Besuchszwecken dienten und nicht länger als sechs Monate dauerten, nicht hinzuzurechnen. Ebenso wenig sind kurzfristige Unterbrechungen von Inlandsaufenthalten abzuziehen. Die Fristberechnungen erfolgen nach § 108 AO i.V.m. §§ 187 ff. BGB.
- Der Wegzug muss in einen ausländischen Staat mit **niedriger Besteuerung** erfolgen. Niedrige Besteuerung ist in § 2 Abs. 2 AStG definiert. Der ausländische Staat besteuert niedrig, wenn eine der beiden folgenden Voraussetzungen vorliegt:
  1. Die Steuer, die von einer unverheirateten Person im ausländischen Staat bei einem unterstellten Einkommen von **77.000 €** erhoben wird, ist um ein **Drittel geringer** als die deutsche ESt im vergleichbaren Fall. Für den Steuervergleich sind sog. Schattenveranlagungen durchzuführen.
  2. In dem ausländischen Staat kann dem Zuzügler eine wesentliche Vorzugsbesteuerung gewährt werden. Zu denken ist in diesem Zusammenhang an Fallgestaltungen, bei denen im Ausland völlige Steuerfreiheit eingeräumt werden kann oder Steuerver-

---

148 Daher auch die Bezeichnung als »lex horten«.
149 Vgl. Anwendungsschreiben des BMF zum AStG vom 02.12.1994 (BStBl I 1995 Sonder-Nr. 1/1995) Tz. 2.5.0.1 mit einer beispielhaften Aufzählung dieser Einkünfte.

günstigungen beispielsweise durch den Abschluss von Steuerverträgen, Erlassen und Stundungen erlangt werden können. Im Einzelfall kann die fiktive Berechnung der ausländischen Steuer Schwierigkeiten bereiten. Für den StPfl. gelten in diesem Fall die erhöhten Mitwirkungspflichten des § 90 Abs. 2 AO mit der Folge, dass sich Schwierigkeiten oder gar eine Unmöglichkeit bei der Berechnung der ausländischen Steuer zu seinem Nachteil auswirken kann.[150]

- Die natürliche Person muss **wesentliche wirtschaftliche Interessen** im Inland haben. Der Begriff »wesentliche wirtschaftliche Interessen« ist in § 2 Abs. 3 AStG abschließend definiert. Es handelt sich dabei um alternative, nicht kumulative Tatbestände.
  1. Nach § 2 Abs. 3 Nr. 1 AStG hat eine natürliche Person wesentliche wirtschaftliche Interessen im Geltungsbereich des AStG, wenn sie sich betätigt:
     a) als Unternehmer eines Gewerbebetriebes,
     b) als vollhaftender MU eines Gewerbebetriebes,
     c) als Kommanditist eines Gewerbebetriebes mit einer Einkunftsbeteiligung von mehr als 25 % oder
     d) durch Halten einer inländischen Beteiligung i.S.d. § 17 Abs. 1 S. 4 EStG.

     Bei der Überprüfung der Frage, ob einer dieser Fälle vorliegt, ist ausschließlich auf die Verhältnisse zu Beginn des VZ abzustellen. Da bei Kommanditisten die Einkunftsbeteiligung maßgeblich ist, sind neben dem Bilanzgewinn auch alle gewährten Vorwegvergütungen zu berücksichtigen.
  2. Nach § 2 Abs. 3 Nr. 2 AStG hat eine Person wesentliche wirtschaftliche Interessen im Geltungsbereich des AStG, wenn die nicht ausländischen Einkünfte dieser Person mehr als 30 % der Gesamteinkünfte betragen oder 62.000 € übersteigen. Der Begriff der ausländischen Einkünfte i.S.d. Vorschrift ergibt sich aus § 34d EStG.[151]
  3. Nach § 2 Abs. 3 Nr. 3 AStG schließlich hat eine Person wesentliche wirtschaftliche Interessen im Geltungsbereich des AStG, wenn ihr Vermögen, dessen Erträge bei unbeschränkter Steuerpflicht nicht ausländische Einkünfte wären, mehr als 30 % des Gesamtvermögens oder mehr als 154.000 € beträgt.[152]

4.2.2 Bagatellgrenze und Ausnahme von der erweitert beschränkten Steuerpflicht

Nach § 2 Abs. 1 S. 3 AStG tritt die erweitert beschränkte Steuerpflicht nur für VZ ein, in denen die beschränkt steuerpflichtigen Einkünfte insgesamt **mehr als 16.500 €** betragen. Bei diesem Betrag handelt es sich um keinen Freibetrag, sondern um eine Freigrenze. Wird die Freigrenze überschritten, tritt die erweitert beschränkte Steuerpflicht in vollem Umfang ein. Sind die beschränkt steuerpflichtigen Einkünfte hingegen niedriger, werden diese Einkünfte i.R.d. allgemeinen Steuerpflicht nach dem EStG erfasst.

Beschränkt StPfl., die die Voraussetzungen des § 1 Abs. 3 EStG erfüllen, werden auf Antrag als unbeschränkt steuerpflichtig behandelt. Selbstverständlich erfolgt für diese Fälle keine zusätzliche Veranlagung nach § 2 AStG.

---

150 Vgl. BFH vom 26.11.1986 (BStBl II 1987, 363).
151 Vgl. hierzu die von der erweitert beschränkten Steuerpflicht erfassten Einkünfte im Anwendungsschreiben zum AStG a.a.O. Tz. 2.5.02.
152 Wie bei den Einkünften geht auch dieses Vermögen über das Inlandsvermögen i.S.v. § 121 BewG hinaus. Vgl. Anwendungsschreiben des BMF zum AStG vom 02.12.1994 (BStBl I 1995 Sonder-Nr. 1/1995) Tz. 3.1.2 mit einer Zusammenstellung des sog. erweiterten Inlandsvermögens.

4.2.3 Rechtsfolge des § 2 AStG

Für den Wegzügler besteht inländische Steuerpflicht grundsätzlich für zehn weitere Jahre für alle Einkünfte, die nicht bereits durch § 49 Abs. 1 EStG erfasst werden und keine ausländischen Einkünfte nach § 34d EStG sind. Rein schematisch lassen sich die Einkünfte eines Steuerinländers skizzieren als:

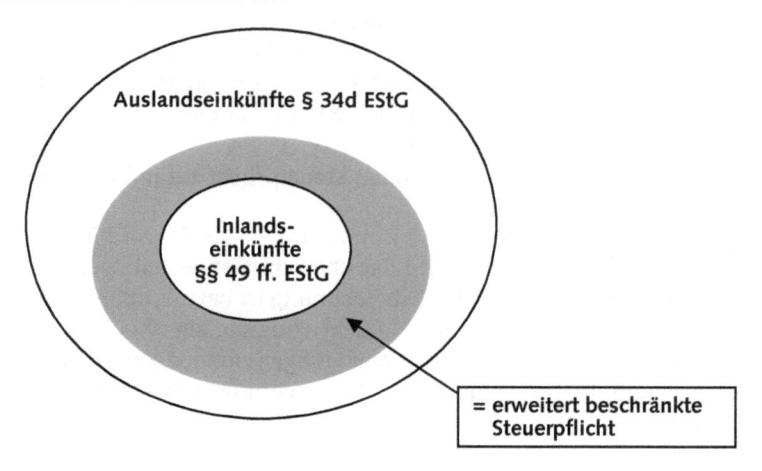

```
        Auslandseinkünfte § 34d EStG

              Inlands-
              einkünfte
              §§ 49 ff. EStG

                        = erweitert beschränkte
                          Steuerpflicht
```

Wie die Dreifach-Ellipse verdeutlicht, erlaubt § 2 AStG den Zugriff auf diejenigen Inlandseinkünfte, die dem Fiskus bei nur beschränkter Steuerpflicht vorenthalten sind. Hierzu zählen vor allem die wegen § 50 Abs. 2 EStG mit **Abgeltungswirkung** versehenen **Quellensteuereinkünfte**. Aufgrund dessen wird bei § 2 AStG auch von der **erweitert beschränkten Steuerpflicht** gesprochen. Die Voraussetzungen des § 2 AStG müssen in jedem VZ des Zehn-Jahres-Zeitraumes von neuem geprüft und ggf. bejaht werden.

4.2.3.1 Ermittlung der Einkünfte nach § 2 AStG

Die sog. erweiterten Inlandseinkünfte, die i.R.d. § 2 AStG zu erfassen sind, werden nach deutschen innerstaatlichen Vorschriften ermittelt. Bei der Berechnung der Steuerschuld kommen Freibeträge und sonstige Abzüge wie bei der beschränkten Steuerpflicht (§ 50 EStG) zur Anwendung. Die ESt wird nach der Grundtabelle ermittelt. Bei Ehegatten kommt eine Zusammenveranlagung grundsätzlich nicht in Betracht.

Bei Anwendung der Grundtabelle ist nach § 2 Abs. 5 S. 1 AStG allerdings der Steuersatz zu berücksichtigen, der sich ergäbe, wenn alle Einkünfte des StPfl. – also auch die ausländischen – in die Steuerberechnung einbezogen werden (Progressionsvorbehalt). Auch die in diesem Zusammenhang zu berücksichtigenden ausländischen Einkünfte sind nach den Grundsätzen des deutschen Steuerrechts zu ermitteln. Etwa bestehende DBA berühren diese Tarifregelung grundsätzlich nicht. Im JStG 2013 wird in § 2 Abs. 5 (n.F.) klargestellt, dass abgeltungsteuerpflichtige Kapitalerträge in Rahmen der erweitert beschränkten Steuerpflicht nicht in die Berechnung des Progressionsvorbehalts einbezogen werden.

4.2.3.2 Konkurrenzfragen

4.2.3.2.1 Verhältnis der erweitert beschränkten Steuerpflicht zur allgemeinen beschränkten Steuerpflicht

Wie oben ausgeführt, ist vom Gesetzgeber beabsichtigt, über § 2 AStG eine Erweiterung der Steuerpflicht gegenüber der allgemeinen beschränkten Steuerpflicht nach dem EStG zu erreichen. Dies schließt allerdings nicht aus, dass sich bei der erweitert beschränkten Steuerpflicht eine niedrigere Steuer ergeben kann als bei der allgemeinen beschränkten Steuerpflicht. Aus § 2 Abs. 6 AStG letzter Satzteil wird abgeleitet, dass in diesem Fall die bei der beschränkten Steuerpflicht entstehende Steuer nicht unterschritten werden darf.[153]

4.2.3.2.2 Verhältnis der erweitert beschränkten Steuerpflicht zur unbeschränkten Steuerpflicht

Weist der Wegzügler nach, dass die nach § 2 AStG anfallende Steuer höher ist, als sie bei unbeschränkter Steuerpflicht wäre, so wird der überschießende Teil nach § 2 Abs. 6 AStG nicht erhoben. Im Rahmen dieser Vergleichsberechnung ist bei der unbeschränkten Steuerpflicht das gesamte Welteinkommen unter Berücksichtigung aller bei der unbeschränkten Steuerpflicht in Betracht kommenden Steuerermäßigungen einzubeziehen. Bei ausländischen Einkünften sind deshalb die Freistellungen und Anrechnungen nach den DBA bzw. § 34c EStG zu beachten.[154]

4.2.3.2.3 Auswirkungen von Doppelbesteuerungsabkommen auf die Wegzugsbesteuerung

Da die DBA den Zweck haben, das Besteuerungsrecht für die einzelnen Einkünfte zwischen den Vertragsstaaten abzugrenzen, ist bei einem bestehenden DBA stets zu prüfen, welchem Staat das Besteuerungsrecht für die erweiterten Inlandseinkünfte zugewiesen wird. Sind sie dem Staat zugewiesen, in dem der Wegzügler seinen neuen Wohnsitz begründet hat, können diese Einkünfte in Deutschland nicht nach § 2 AStG erfasst werden, sondern allenfalls i.R.d. Progressionsvorbehaltes berücksichtigt werden. In der Praxis bedeutet dies, dass § 2 AStG in den Fällen, in denen ein **DBA** eingreift, **selten** zur Anwendung kommt, da die meisten DBA für die erweiterten Inlandseinkünfte dem Wohnsitzstaat das alleinige Besteuerungsrecht einräumen.

Exkurs: Besonderheiten beim Wegzug in die Schweiz

Begründet ein deutscher Staatsbürger seinen Wohnsitz in der Schweiz, sind die Sonderregelungen des Art. 4 Abs. 4 DBA-Schweiz zu beachten. Danach kommt § 2 AStG für das Jahr des Wegzugs und die folgenden fünf Jahre in vollem Umfang zur Anwendung. Nach Ablauf dieses Zeitraumes bleibt die erweitert beschränkte Steuerpflicht noch für den in § 2 AStG vorgesehenen Zeitraum bestehen, aber mit der Maßgabe, dass die Einschränkungen des deutschen Besteuerungsrechtes nach dem DBA-Schweiz zu berücksichtigen sind.[155] Die Abkommensbeschränkungen des deutschen Besteuerungsrechtes treten sofort ein,

---

[153] Vgl. a.a.O., Tz. 2.6.1.
[154] Vgl. a.a.O., Tz. 2.6.2.
[155] Wegen weiterer Einzelheiten vgl. Einführungsschreiben zum DBA-Schweiz vom 26.03.1975 (BStBl I 1975, 479).

- wenn der StPfl. schweizerischer Staatsangehöriger ist,
- wenn der StPfl. in der Schweiz ansässig geworden ist, um dort einem Arbeitsverhältnis i.S.d. Art. 4 Abs. 4 letzter Satz DBA-Schweiz nachzugehen oder
- wenn der StPfl. ein Grenzgänger i.S.d. Art. 15a DBA-Schweiz ist und infolge einer Heirat mit einem/einer Schweizer Staatsangehörigen in die Schweiz verzogen ist.

4.2.3.2.4 Auswirkungen des EG-Rechts auf die Wegzugsbesteuerung

Die steuerlichen Sanktionen des Wegzugs vom Inland in einen anderen Mitgliedstaat der EU über die erweitert beschränkte Steuerpflicht nach § 2 AStG könnten zu einer Einschränkung des Rechtes auf freien Aufenthalt (ehemaliger Art. 8a EGV) oder ggf. auch der Niederlassungsfreiheit (Art. 49–55 AEUV) führen. Diese Ansicht wird vielfach in der Lit. vertreten.[156] Eine Entscheidung des EuGH zu dieser Problematik ist indes noch nicht ergangen.

4.2.4 Fallstudie zu § 2 AStG

Beispiel 5: Fallstudie: Der »Münchner Monegasse«
A, ein unverheirateter deutscher Staatsangehöriger, lebt seit 20 Jahren in München. Seinen Lebensunterhalt bestreitet er aus Gewinnbeteiligungen, die er von einer gewerblich tätigen inländischen KG erhält. Die Gewinnbeteiligungen entsprechen seiner Beteiligungsquote von 30 %. Anfang 10 verlegt er seinen Wohnsitz nach Monaco. Als Angestellter einer Unternehmensberatungsfirma bezieht er dort im Jahr 10 ein Jahresgehalt von 60.000 €. Ebenfalls im Jahr 10 erhält er von der KG eine Gewinnbeteiligung von 15.000 €, im Jahr 11 von 30.000 €. Der Wert seiner KG-Beteiligung beträgt in den Jahren 10 und 11 jeweils 250.000 €. Andere Vermögenswerte besitzt A nicht.

Lösung: A war als natürliche Person vor dem Ende seiner unbeschränkten Steuerpflicht im Jahr 10 während der letzten zehn Jahre mindestens fünf Jahre unbeschränkt steuerpflichtig. A ist Deutscher i.S.d. Art. 110 Abs. 1 GG. Monaco erhebt keine ESt, ist also ein Gebiet mit niedriger Besteuerung nach § 2 Abs. 2 AStG.[157]

VZ 10:
A bezieht Einkünfte
- aus nicht selbständiger Tätigkeit in Monaco; dabei handelt es sich um ausländische Einkünfte nach § 34d Nr. 5 EStG;
- aus einer Gewinnbeteiligung einer deutschen KG. Es handelt sich um nicht ausländische Einkünfte i.S.d. § 2 Abs. 1 AStG, die allerdings unter die Bagatellgrenze von 16.500 € fallen.

Zwischenergebnis:
Im Jahr 10 wird eine Veranlagung zur erweitert beschränkten Steuerpflicht nicht durchgeführt.

Veranlagung zur normalen beschränkten Steuerpflicht:
Bei dem Gewinn aus der Beteiligung an der deutschen KG handelt es sich um inländische Einkünfte gem. § 1 Abs. 4, § 49 Abs. 1 Nr. 2 i.V.m. § 15 Abs. 1 Nr. 2 EStG. Mit diesen Einkünften unterliegt A der »normalen« beschränkten Steuerpflicht.

---

156 Vgl. *Dautzenberg*, IStR 1997, 39 ff., *Sass*, FR 1998, 7 ff.
157 Vgl. Anwendungsschreiben des BMF zum AStG vom 14.05.2004 (BStBl I 2004 Sonder-Nr. 1/2004), Anlage 1 zu Tz. 2.2.

Berechnung der Steuer für 10:

Einkünfte nach § 49 Abs. 1 Nr. 2 a) EStG:	15.000 €
zu versteuerndes Einkommen (z.v.E.):	15.000 €
Steuer nach § 32a Abs. 1 EStG (Grundtabelle)	1.407 €

Veranlagungszeitraum 11:

Grundsätzlich kann auf die obigen Ausführungen verwiesen werden. Nur betragen die Einkünfte, die A aus der Gewinnbeteiligung an der deutschen KG bezieht 30.000 €. Damit ist die Freigrenze des § 2 Abs. 1 AStG überschritten. Wesentliche wirtschaftliche Interessen im Inland liegen vor:

a) A ist als Kommanditist MU mit einer mehr als 25%igen Gewinnbeteiligung (§ 2 Abs. 3 Nr. 1 AStG).
b) A erzielt nicht ausländische Einkünfte von mehr als 30 % seiner Gesamteinkünfte (§ 2 Abs. 3 Nr. 2 AStG).
c) A hat ein Vermögen von über 154.000 €, aus dem die nicht ausländischen Erträge stammen (§ 2 Abs. 3 Nr. 3 AStG).

Zwischenergebnis:

A hat nach allen drei Ziffern des § 2 Abs. 3 AStG wesentliche wirtschaftliche Interessen im Inland und ist damit erweitert beschränkt steuerpflichtig nach § 2 AStG. Eine Beschränkung der erweitert beschränkten Steuerpflicht durch DBA erfolgt nicht, da Deutschland mit Monaco kein DBA abgeschlossen hat.

Berechnung der Steuer für 11:

Da die Steuer aufgrund der erweitert beschränkten Steuerpflicht nicht höher sein darf als sie bei unbeschränkter Steuerpflicht anfallen würde, aber auch nicht niedriger als bei normaler beschränkter Steuerpflicht, ist eine Vergleichsberechnung durchzuführen.

	Unbeschränkte Steuerpflicht	Beschränkte Steuerpflicht	Erweitert beschränkte Steuerpflicht
	in €	in €	in €
Gewinnanteil aus Gewerbebetrieb	30.000	30.000	30.000
Einkünfte aus nichtselbständiger Tätigkeit	60.000	–	–
./. WK-Pauschale	./. 920	–	–
./. SA-Pauschale	./. 1.500	–	–
z.v.E.	87.580	30.000	–
Steuer lt. Grundtabelle	**28.611**	5.625	–
[Mindeststeuer 25 % (nur bis VZ 2008)]	–	[7.500]	–
Ausländische Einkünfte ./. WK-Freibetrag	–	–	59.080
Welteinkommen	–	–	89.080
ESt nach Grundtabelle	–	–	29.241 (= 33 %)
Steuer nach § 2 Abs. 5 AStG	–	–	**9.900**

Für A wird i.R.d. erweitert beschränkten Steuerpflicht eine Steuer von **9.900 €** festgesetzt.

4.3 Erbschaftsteuerliche Auswirkungen bei Wohnsitzwechsel in das niedrig besteuernde Ausland (Kurzdarstellung[158])

4.3.1 Tatbestand der erweitert beschränkten Erbschaftsteuerpflicht

Folgende Tatbestände müssen erfüllt sein:

- Auf den Erblasser (Schenker) muss die Vorschrift des § 2 Abs. 1 AStG anwendbar sein.
- Der Erbe (Beschenkte) darf nicht Inländer sein oder als Inländer i.S.d. § 2 Abs. 1 Nr. 1 ErbStG gelten, da sonst bereits unbeschränkte Steuerpflicht eintreten würde.

4.3.2 Umfang der erweitert beschränkten Erbschaftsteuerpflicht

Neben dem Inlandsvermögen i.S.v. § 121 BewG und den Nutzungsrechten an einem solchen Vermögen sind auch die Teile des Erwerbs steuerpflichtig, deren Erträge bei unbeschränkter Einkommensteuerpflicht nicht ausländische Einkünfte nach §§ 34c, 34d EStG wären.[159]

Da § 4 AStG die beschränkte Erbschaftsteuerpflicht erweitert, sind alle Steuerbefreiungen und Freibeträge, die für sie nach dem ErbStG zum Ansatz kommen, auch bei der erweitert beschränkten Erbschaftsteuerpflicht anzusetzen.

Die erweitert beschränkte Erbschaftsteuerpflicht gilt für einen Zeitraum von zehn Jahren, beginnend mit dem Jahr in dem die unbeschränkte Erbschaftsteuerpflicht geendet hat.[160]

Weist der StPfl. nach, dass er im Ausland für die Vermögenswerte, die der erweitert beschränkten Steuerpflicht unterliegen, eine Steuer von mindestens 30 % der nach § 4 Abs. 1 AStG zusätzlich anfallenden Erbschaftsteuer zu zahlen hat, fällt nach § 4 Abs. 2 AStG keine erweitert beschränkte Erbschaftsteuer an.

4.3.3 Doppelbesteuerungsabkommen und die erweitert beschränkte Erbschaftsteuerpflicht

Schließt ein DBA die erweitert beschränkte ESt-Pflicht nach § 2 Abs. 1 AStG aus, tritt auch keine erweitert beschränkte Erbschaftsteuerpflicht ein.

Weist ein DBA, das speziell die Erbschaftsteuer (Schenkungsteuer) regelt, das Besteuerungsrecht für einen an sich unter § 4 AStG fallenden Sachverhalt ausschließlich dem Wohnsitzstaat des Erblassers (Schenkers) zu, verbleibt dieser Erwerb im Inland steuerfrei.

---

158 S. ausführlich mit Beispiel *Preißer*, Band 3, Teil C, Kap. II.
159 Vgl. Anwendungsschreiben des BMF zum AStG vom 14.05.2004 (BStBl I 2004 Sonder-Nr. 1/2004) Tz. 4.1.1, in der die Vermögenswerte aufgezählt sind, die der erweitert beschränkten Erbschaftsteuerpflicht unterliegen.
160 Nach § 2 Abs. 1 Nr. 1b ErbStG besteht ohnehin unbeschränkte Steuerpflicht für fünf Jahre nach dem Wegzug deutscher Staatsangehöriger. Vgl. hierzu auch EuGH, Urteil vom 23.02.2006, »van Hilton – van der Heijden«, Rs. C-513/03: kein Verstoß gegen Europarecht für eine inhaltsgleiche holländische Regelung.

4.4 Zwischenschaltung einer Kapitalgesellschaft (§ 5 AStG)

4.4.1 Allgemeines

Durch das Einfügen des § 5 AStG in den Vorschriftenblock der Wegzugsbesteuerung soll eine Umgehungsmöglichkeit des § 2 AStG verhindert werden. Würden erweitert beschränkt StPfl. ihre inländischen Wirtschaftsinteressen auf eine ausländische Gesellschaft verlagern, würde § 2 AStG ins Leere laufen. § 5 AStG sieht vor, dass den Personen i.S.d. § 2 AStG Einkünfte ausländischer Zwischengesellschaften unter bestimmten Voraussetzungen zuzurechnen sind. Dies gilt entsprechend für die Zurechnung von Vermögenswerten ausländischer Gesellschaften bei der Erbschaftsteuer (Schenkungsteuer).

4.4.2 Tatbestandsvoraussetzungen für die Zurechnung nach § 5 AStG

Folgende Tatbestände müssen erfüllt sein:

- Die natürliche Person, der zugerechnet wird, muss während der letzten zehn Jahre vor dem Ende ihrer unbeschränkten Steuerpflicht als deutscher Staatsbürger mindestens fünf Jahre unbeschränkt steuerpflichtig gewesen sein.
- Die Person muss jetzt in einem niedrig besteuernden Ausland oder in keinem ausländischen Gebiet ansässig sein.
- Die Person muss allein oder mit anderen unbeschränkt steuerpflichtigen Personen an einer ausländischen Zwischengesellschaft i.S.v. § 7 AStG beteiligt sein.
- Nicht erforderlich ist, dass diese Person wesentliche wirtschaftliche Inlandsinteressen hat oder ihre insgesamt beschränkt steuerpflichtigen Einkünfte mehr als 16.500 € betragen.

4.4.3 Folgen der Anwendung des § 5 AStG

Von der Zurechnung des § 5 AStG werden Einkünfte erfasst, mit denen Personen i.S.d. § 2 AStG bei unbeschränkter Steuerpflicht nach den §§ 7, 8 und 14 AStG zur Steuer herangezogen würden. Es müssen demnach Einkünfte vorliegen, die bei unbeschränkter Steuerpflicht des Beteiligten der Hinzurechnungsbesteuerung unterlägen. Auf die Ausführungen zu den §§ 8 und 14 AStG darf insoweit verwiesen werden. Die nichtausländischen Zwischeneinkünfte sind der Person i.S.v. § 2 AStG mit dem Teil zuzurechnen, der ihrer Beteiligung am Nennkapital der Zwischengesellschaft entspricht. Zu beachten ist, dass Beteiligungsquote und Zurechnungsquote nicht identisch sein müssen. Aus dem fehlenden Verweis auf die §§ 9–13 AStG in § 5 AStG ergeben sich darüber hinaus folgende Besonderheiten:

- Die Freigrenze nach § 9 AStG bei gemischten Einkünften der ausländischen Gesellschaft ist nicht zu beachten.
- Ein Steuerabzug nach § 10 Abs. 1 AStG ist nicht möglich.
- Wegen der Nichtanwendbarkeit des § 10 AStG können allerdings negative Zurechnungsbeträge zum Ansatz kommen.
- Die zuzurechnenden Einkünfte gelten bereits mit dem Ende des Wj. der ausländischen Gesellschaft als zugeflossen, da die Fiktion des Zuflusszeitpunktes in § 10 Abs. 2 AStG nicht greift.

- Ein Ausgleich mit Gewinnausschüttungen oder Veräußerungsgewinnen entfällt wegen der Nichtanwendbarkeit des § 11 AStG.
- Die Anrechnung ausländischer Steuern, wie es § 12 AStG vorsieht, ist nicht möglich.

Bei Anwendung eines DBA gelten auch i.R.d. § 5 AStG die zu § 2 AStG gemachten Ausführungen. Es ist festzustellen, welchem Staat das DBA das Besteuerungsrecht zuweist und ob das deutsche Besteuerungsrecht ggf. der Höhe nach begrenzt ist.

4.5 Besteuerung des Vermögenszuwachses bei Wegzug

Grundsätzlich gehört der Gewinn aus der Veräußerung von (wesentlichen) Beteiligungen an inländischen oder ausländischen KapG gem. § 17 EStG zu den gewerblichen Einkünften. Verzieht ein StPfl. ins Ausland und verkauft seine Anteile an einer inländischen Gesellschaft, unterliegt er mit diesen inländischen Einkünften (§ 49 Abs. 1 Nr. 2 EStG) der beschränkten Steuerpflicht, wenn Deutschland nicht in einem DBA auf das Besteuerungsrecht verzichtet hat.

Besteht demnach kein DBA mit dem Staat, in den der StPfl. verzieht bzw. ein DBA, nach dem das Besteuerungsrecht für diesen Sachverhalt in Deutschland verbleibt, ist die Realisierung des Besteuerungsanspruchs grundsätzlich schwierig, da nicht sichergestellt ist, dass die deutsche Finanzverwaltung von der Anteilsveräußerung erfährt.

Über § 6 AStG wird dieses Problem dadurch gelöst, dass die Besteuerung der in den Anteilen ruhenden stillen Reserven bereits mit dem Wegzug (Beendigung der unbeschränkten Steuerpflicht) und nicht erst mit dem Verkauf erfolgt.

Nach der Entscheidung des EuGH in der Sache »de Lasteyrie du Saillant« (DStR 2004, 551), nach der die französische Wegzugsbesteuerung in den Fällen, in denen latente Wertsteigerungen durch Wegzug besteuert werden, gegen den Grundsatz der Niederlassungsfreiheit (Art. 49 AEUV) verstößt und dem daraufhin von der EG-Kommission gegen Deutschland eingeleiteten Vertragsverletzungsverfahren wurde im SEStEG auch § 6 AStG den europarechtlichen Vorgaben angepasst.

Die Neuerungen bei den Grund- und den Auffangtatbeständen sind erstmals für den VZ 2007 anzuwenden, alle anderen Neuregelungen in § 6 Abs. 2 bis 7 AStG in den Fällen, in denen die Einkommensteuer noch nicht bestandskräftig festgesetzt ist.

4.5.1 Tatbestandsvoraussetzungen des § 6 AStG

4.5.1.1 Persönliche Voraussetzungen
Folgende Tatbestände müssen erfüllt sein:

- Dem Anwendungsbereich des § 6 AStG unterliegen nur natürliche Personen.
- Die natürliche Person muss mindestens zehn Jahre unbeschränkt steuerpflichtig gewesen sein. Hat der StPfl. mehrmals zwischen unbeschränkter und beschränkter Steuerpflicht gewechselt, sind die Zeiträume der unbeschränkten Steuerpflicht für die Erfüllung der Mindestfrist zu addieren.
- Bei unentgeltlichem Erwerb der Anteile sind für die Berechnung der Zehn-Jahres-Frist nach § 6 Abs. 2 AStG auch die Zeiten zu berücksichtigen, in denen der/die Rechtsvorgänger unbeschränkt steuerpflichtig war/waren. Dies gilt auch für eine teilweise unentgeltliche Übertragung der Anteile.

- Nicht erforderlich ist, dass dem StPfl. die Anteile während des gesamten Zehn-Jahres-Zeitraumes gehörten.
- Die natürliche Person braucht nicht die deutsche Staatsangehörigkeit zu besitzen.
- Die natürliche Person muss ihren Wohnsitz oder gewöhnlichen Aufenthalt aufgeben. Bei nur vorübergehender Abwesenheit greift § 6 Abs. 3 AStG. Hinzuweisen ist schließlich noch auf die der Aufgabe des Wohnsitzes/gewöhnlichen Aufenthaltes gleichgestellten Tatbestände in § 6 Abs. 1 AStG.

4.5.1.2 Sachliche Voraussetzungen

Es müssen, mit Ausnahme der Veräußerung, alle Voraussetzungen des § 17 EStG erfüllt sein.[161]

a) Die natürliche Person muss innerhalb der letzten fünf Jahre vor dem Wegzug am Kapital der inländischen oder ausländischen Gesellschaft unmittelbar oder mittelbar mit mindestens 1 % beteiligt gewesen sein.
b) Die Mindestbeteiligung muss nicht während des gesamten Fünf-Jahres-Zeitraumes bestanden haben.

Bei unentgeltlichem Erwerb der Kapitalanteile während des Fünf-Jahres-Zeitraumes genügt es, wenn beim Rechtsvorgänger die Mindestbeteiligung innerhalb der letzten fünf Jahre gegeben war.

Der Wegzug in ein niedrig besteuertes Ausland ist nicht notwendig.

Gestaltungshinweis: Derzeit ist str., ob diese Wegzugsbesteuerung dadurch vermieden werden kann, dass und wenn die Beteiligung von weniger als 1 % an einer inländischen wie ausländischen KapG in ein inländisches BV eingelegt wird.

4.5.2 Rechtsfolgen des § 6 AStG

Rechtsfolgen des § 6 AStG sind:

- Der nach § 6 AStG ermittelte Vermögenszuwachs unterliegt der **unbeschränkten Steuerpflicht**.[162]
- Die Freibetragsregelung des § 17 Abs. 3 EStG ist zu berücksichtigen.
- Der verbleibende steuerpflichtige Vermögenszuwachs kann nach der Neufassung von § 34 EStG **nicht mehr** mit dem ermäßigten Steuersatz nach § 34 EStG versteuert werden.
- **Ermittlung des Vermögenszuwachses**:
  a) Der Vermögenszuwachs errechnet sich, in dem vom gemeinen Wert der Anteile zum Zeitpunkt des Wegzugs die AK abgezogen werden.
  b) Gehörten dem StPfl. die Anteile bereits bei **erstmaliger** Begründung der unbeschränkten Steuerpflicht, ist statt der AK der in diesem Zeitpunkt zu ermittelnde gemeine Wert zum Abzug zu bringen. Auf diese Weise werden nur die stillen Reserven besteuert, die während der unbeschränkten Steuerpflicht (und nicht schon zuvor) gebildet wurden.

---

[161] Vgl. zu den Problembereichen des § 17 EStG insb. die Ausführungen in Teil B, Kap. II.
[162] Vgl. Anwendungsschreiben des BMF zum AStG vom 14.05.2004 (BStBl I 2004 Sonder-Nr. 1/2004) Tz. 6.1.3.1.

c) Der gemeine Wert ist nach § 9 Abs. 2, § 11 BewG zu ermitteln. Bei börsennotierten Anteilen ist deren Kurswert zum Stichtag maßgeblich. Die Werte nichtnotierter Anteile sind zunächst an Hand von Verkäufen zu ermitteln. Liegen solche nicht vor, ist vor allem unter Berücksichtigung der Ertragsaussichten zu schätzen. Anhaltspunkte für eine Schätzung kann auch eine Berechnung nach dem »Stuttgarter Verfahren«[163] liefern.
- Eine Realisierung von Verlusten über § 6 AStG ist nicht möglich.[164]

4.5.2.1 Steuerliche Folgen aus dem Verkauf der Anteile nach dem Wegzug

a) Ausgangslage:
Verkauft ein StPfl. nach seinem Wegzug ins Ausland die Anteile an seiner inländischen KapG, die bereits bei Wegzug nach § 6 AStG der Besteuerung unterworfen wurden, könnte ihm unter zwei Gesichtspunkten eine nochmalige Besteuerung drohen:
- Er unterliegt mit dem vollen Veräußerungsgewinn (einschließlich des Wertzuwachses vor dem Wegzug) der beschränkten Steuerpflicht nach § 49 Abs. 1 Nr. 2e EStG. Der »Veräußerungsgewinn« würde im Inland demnach doppelt besteuert.
- Besteht mit dem Staat, in dem der StPfl. nunmehr ansässig ist, ein DBA, nach dem der Ansässigkeitsstaat das Besteuerungsrecht für den Gewinn aus dem Anteilsverkauf hat, besteht auch in diesem Fall die Gefahr der Mehrfachbesteuerung.

b) Vermeidung der Doppelbesteuerung im Inland:
Wird eine Besteuerung nach § 6 AStG durch einen Tatbestand, der die beschränkte Steuerpflicht auslöst, eingeholt, kann die mögliche inländische Doppelbesteuerung nach § 6 Abs. 1 S. 5 AStG dadurch vermieden werden, dass der Vermögenszuwachs, der der beschränkten Steuerpflicht unterworfen wird, um den Vermögenszuwachs gekürzt wird, der der Wegzugsbesteuerung zugrunde gelegt wurde. Damit wird sichergestellt, dass lediglich der übersteigende Betrag der beschränkten Steuerpflicht unterliegt. Eine Doppelbesteuerung ist damit ausgeschlossen.
Die Kürzung nach § 6 Abs. 1 S. 5 AStG kann sogar zu einem ausgleichsfähigen Verlust führen, wenn der Vermögenszuwachs, der bei Wegzug besteuert wurde, größer ist als der tatsächlich erzielte Gewinn bei der späteren Veräußerung.[165]
Entsprechend diesen Ausführungen ist auch der Fall zu behandeln, in dem der StPfl. durch Wegzug zunächst die Besteuerung nach § 6 AStG auslöst, nach einer gewissen Zeit durch Rückzug wieder unbeschränkt steuerpflichtig wird und anschließend seine Anteile tatsächlich veräußert. Eine Kürzung unterbleibt allerdings, wenn bei der Rückkehr des StPfl. eine Berichtigung nach § 6 Abs. 3 AStG vorgenommen wurde.

c) Vermeidung der Doppelbesteuerung im DBA-Fall:
Weist ein DBA das Besteuerungsrecht für den Anteilsverkauf ausschließlich dem Ansässigkeitsstaat zu, entfällt das deutsche Besteuerungsrecht hierfür mit der Folge, dass eine Kürzung nach § 6 Abs. 1 S. 5 AStG nicht möglich ist. Macht der Ansässigkeitsstaat von seinem Besteuerungsrecht Gebrauch, ist es auch seine Sache, die dadurch eintretende doppelte Besteuerung zu verhindern. Dies kann entweder durch eine Freistellung des

---
163 S. *Preißer*, Band 3, Teil C, Kap. III 3.3.
164 Vgl. hierzu BFH vom 28.02.1990 (BStBl II 1990, 615 ff.).
165 Vgl. hierzu Anwendungsschreiben des BMF zum AStG vom 14.05.2004 (BStBl I 2004 Sonder-Nr. 1/2004) Tz. 6.1.4.2.

Veräußerungsgewinnes in der Höhe erfolgen, in der er bereits der Wegzugsbesteuerung unterworfen wurde. Es kann auch eine Anrechnung der in Deutschland bezahlten Steuer vorgenommen werden. Wird auf diese Weise die Doppelbesteuerung nicht verhindert, bleibt als ultima ratio nur die Einleitung eines Verständigungsverfahrens.

4.5.2.2 Verhinderung von Umgehungen (§ 6 Abs. 1 AStG)

Folgende ergänzende Tatbestände werden der Beendigung der unbeschränkten Steuerpflicht durch Wegzug oder Aufgabe des gewöhnlichen Aufenthaltes gleichgestellt:

- Übertragung der Anteile durch unentgeltliches Rechtsgeschäft unter Lebenden oder durch Erwerb von Todes wegen auf nicht unbeschränkt steuerpflichtige Personen, also auf natürliche oder juristische Personen (aber auch PersG), die entweder beschränkt oder gar nicht steuerpflichtig sind.
- Die Verlegung des Wohnsitzes oder gewöhnlichen Aufenthaltes in ein DBA-Land (in dem der StPfl. nach den Abkommensregelungen als ansässig gilt) unter gleichzeitiger Beibehaltung eines inländischen Wohnsitzes und damit der unbeschränkten Steuerpflicht.
- Die Einlage von im PV gehaltenen Anteilen an einer inländischen KapG in einen ausländischen Betrieb oder eine ausländische Betriebsstätte, wenn durch Bestimmungen des DBA das deutsche Besteuerungsrecht verloren geht.
- Der Tausch von Anteilen an einer inländischen KapG gegen Anteile an einer ausländischen KapG. Dadurch sollte der Möglichkeit des Ausschlusses der Besteuerung nach dem sog. Tauschgutachten des BFH[166] entgegengewirkt werden. Zu beachten ist, dass der Anteilstausch in einen Mitgliedstaat der EU unter den Voraussetzungen des UmwStG nicht zu einer Gewinnrealisierung führt.

Beispiel 6: Behandlung einer Beteiligung an einer inländischen KapG nach Wegzug ins Ausland (§ 6 AStG)

A (österreichischer Staatsangehöriger) erwarb in 01 50 % der Anteile an der B-GmbH mit Sitz in München zum Preis von 1 Mio. €. Im Jahr 03 verlegte er seinen Wohnsitz von Wien nach München. Die Anteile des A an der B-GmbH hatten zu diesem Zeitpunkt einen gemeinen Wert von 2 Mio. €. Ende des Jahres 14 verzog A wieder nach Wien. Der Wert seiner Anteile an der B-GmbH war zwischenzeitlich auf 5 Mio. € gestiegen. Im Jahre 17 schließlich veräußerte A diese Anteile für 10 Mio. €.

Lösung: A war als natürliche Person mindestens zehn Jahre unbeschränkt einkommensteuerpflichtig (03–14). Die österreichische Staatsbürgerschaft ist für die Anwendung des § 6 AStG unerheblich. Unerheblich ist auch, ob A in ein hoch- bzw. niedrigbesteuerndes Ausland oder in ein DBA- bzw. Nicht-DBA-Land verzieht. A hat in den letzten fünf Jahren vor dem Wegzug ins Ausland die in § 17 Abs. 1 EStG geforderte Beteiligungsquote erfüllt.

VZ 14:
Die persönlichen und sachlichen Tatbestandsvoraussetzungen des § 6 AStG und des § 17 EStG sind erfüllt. § 17 EStG ist im Zeitpunkt der Beendigung der unbeschränkten Steuerpflicht auch ohne Veräußerung anzuwenden. Der Vermögenszuwachs ist durch Gegenüberstellung der AK und des gemeinen Wertes zum Zeitpunkt des Wegzugs zu ermitteln. Soweit Anteile dem StPfl.

---

166 Vgl. BFH vom 16.12.1958 (BStBl III 1959, 30).

zum Zeitpunkt der Begründung der unbeschränkten Steuerpflicht bereits gehört haben, tritt an die Stelle der AK der gemeine Wert der Anteile zu diesem Zeitpunkt.

Gemeiner Wert der Anteile zum Zeitpunkt des Wegzugs	5.000.000 €
./. gemeiner Wert der Anteile zum Zeitpunkt der Begründung der unbeschränkten Steuerpflicht	./. 2.000.000 €
Vermögenszuwachs nach §§ 6 AStG, 17 EStG	**3.000.000 €**

Zu berücksichtigen ist ggf. noch der Freibetrag nach § 17 Abs. 3 EStG. Auf diese BMG ist gem. § 6 Abs. 1 S. 4 AStG der ermäßigte Steuersatz nach § 34 EStG nach heutigem Recht nicht mehr anzuwenden. Der Vermögenszuwachs ist im Zeitpunkt der Beendigung der unbeschränkten Steuerpflicht zu erfassen und unterliegt damit noch der unbeschränkten Steuerpflicht.

VZ 17:
Die Veräußerung der Anteile nach dem Wegzug führt zur beschränkten Steuerpflicht gem. § 49 Abs. 1 Nr. 2e, § 17 EStG. Grundsätzlich ist der gesamte Wertzuwachs nach § 17 EStG zu besteuern. Da bereits eine Besteuerung bei Wegzug durchgeführt wurde, würde dies zwangsläufig zu einer Doppelbesteuerung führen. Diese wird nach § 6 Abs. 1 S. 5 AStG dadurch vermieden, dass der Veräußerungsgewinn aus dem Verkauf um den bei Wegzug bereits versteuerten Vermögenszuwachs gekürzt wird.

Veräußerungserlös	10.000.000 €
./. AK	./. 1.000.000 €
Veräußerungsgewinn	9.000.000 €
./. nach § 6 AStG bereits versteuert	./. 3.000.000 €
beschränkt steuerpflichtig	**6.000.000 €**

Ist der bei Wegzug bereits versteuerte Vermögenszuwachs größer als der bei der Veräußerung erzielte Gewinn, führt die Kürzung nach § 6 Abs. 1 S. 5 AStG zu einem ausgleichsfähigen Verlust.[167]

Auswirkungen von DBA:
Grundsätzlich wird eine Besteuerung nach § 6 AStG nicht dadurch ausgeschlossen, dass der StPfl. in einen Staat verzieht, mit dem ein DBA besteht, nach dem der spätere Gewinn aus der Veräußerung der Anteile nicht in Deutschland besteuert werden darf. Aus diesem Grund scheidet auch eine Kürzung nach § 6 Abs. 1 S. 5 AStG aus. Damit obliegt die Beseitigung einer möglichen Doppelbesteuerung, die durch die Wegzugsbesteuerung ausgelöst wurde, dem Ansässigkeitsstaat. Es bestehen vier Möglichkeiten zur Vermeidung der Doppelbesteuerung.
1. Der Wohnsitzstaat knüpft bei der Ermittlung des Veräußerungsgewinnes an die Wertverhältnisse beim Wegzug an.[168]
2. Der Wohnsitzstaat lässt die Anrechnung der nach § 6 AStG erhobenen Steuer zu.[169]
3. Der Wohnsitzstaat stellt den Vermögenszuwachs, der beim Wegzug versteuert wurde, frei.
4. Als letzte Möglichkeit verbleibt die Beantragung und Durchführung eines Verständigungsverfahrens.

Lösung (des Ausgangssachverhaltes): Nach Art. 7 Nr. 1 DBA-Österreich hat Österreich das Besteuerungsrecht aus dem Verkauf der wesentlichen Beteiligung an der KapG. In § 13 Abs. 6

---
167 Vgl. R 49.1 Abs. 4 EStR.
168 So z.B. die Regelungen in den DBA mit Italien und der Schweiz.
169 So z.B. die Regelungen in den DBA mit Schweden und Kanada.

DBA-Österreich wird die Wegzugsbesteuerung im bisherigen Ansässigkeitsstaat ausdrücklich zugelassen, wenn die natürliche Person dort mindestens fünf Jahre unbeschränkt steuerpflichtig war. Bei der späteren Veräußerung wird ausdrücklich der fiktive Veräußerungserlös der Wegzugsbesteuerung als AK (entspricht dem gemeinen Wert der Anteile beim Wegzug) und nicht die historischen AK bei der Ermittlung des Veräußerungsgewinnes berücksichtigt.

4.5.2.3 Einführung einer Stundungsregelung der Vermögenszuwachssteuer für EU-/EWR-Staatsangehörige bei Wegzug in einen EU-/EWR-Staat und bei den Ersatztatbeständen mit EU-/EWR-Bezug

Folgende Punkte sind daher zu beachten:

- Kernstück der Reform der deutschen Wegzugsbesteuerung im SEStEG, um diese mit den Grundfreiheiten des EG-Rechts in Einklang zu bringen, ist die in **§ 6 Abs. 5 AStG**[170] neu enthaltene **Stundungsregelung**. Danach ist die gem. § 6 Abs. 1 AStG festgesetzte und geschuldete Steuer von Amts wegen zinslos und ohne Sicherheitsleistung bei Vorliegen der dort genannten Voraussetzungen[171] zu stunden.[172]
- Die Stundung ist zu widerrufen, wenn die Anteile durch den StPfl. (Rechtsnachfolger) veräußert werden, Anteile auf eine Person in einem Drittstaat übertragen werden, eine Entnahme oder ein vergleichbarer Vorgang verwirklicht wird oder der StPfl. (Rechtsnachfolger) in einen Drittstaat verzieht.
- Die Stundung kann bei Verletzung der Mitwirkungspflichten des § 6 Abs. 7 AStG widerrufen werden.

5 Die Hinzurechnungsbesteuerung nach dem AStG

5.1 Allgemeines

Gründet oder erwirbt ein Steuerinländer eine juristischen Person im Ausland, so schafft er dort ein eigenständiges Steuersubjekt. Die Erträge dieser Gesellschaft können sich für die inländische Besteuerung allenfalls auswirken, wenn sie über eine Ausschüttung an den Steuerinländer gelangen (oder bei Verkauf der Beteiligung!). Bei einer Thesaurierung ginge der deutsche Fiskus demnach leer aus. Genau diese Gestaltungen sollen über die Regelungen der Hinzurechnungsbesteuerung (§§ 7 ff. AStG) unter bestimmten Voraussetzungen erfasst werden. Es müssen vier Tatbestandsvoraussetzungen erfüllt sein, damit die ausländischen Einkünfte beim inländischen StPfl. angesetzt werden können:

- ausländische Gesellschaft;
- Beherrschung durch inländische G'fter;
- ausländische Gesellschaft muss Einkünfte aus passivem Erwerb erzielen;
- passive Einkünfte müssen niedrig besteuert werden.

---

170 § 6 Abs. 5 AStG mit marginalen redaktionellen Änderungen durch das JStG 2009.
171 Die tatbestandlichen Vorgaben von § 6 Abs. 1 AStG müssen gegeben sein; ebenso muss Amtshilfe zwischen Deutschland und dem Zuzugstaat bestehen.
172 Dies ist in den EU-Staaten nach den entsprechenden EG-Richtlinien anzunehmen. Bei den EWR-Staaten (Norwegen, Island und Lichtenstein) ist eine Einzelfall-(DBA-)Prüfung erforderlich.

5.1.1 Ausländische Gesellschaften

Träger der Einkünfte muss eine ausländische Gesellschaft i.S.d. § 7 AStG sein. Nach dem KStG (§§ 1 und 2 KStG) fallen darunter Körperschaften, Personenvereinigungen und Vermögensmassen. Aus der Hinzurechnungsbesteuerung scheiden demnach alle natürlichen Personen und alle Formen der MU-schaft aus. Treten Meinungsverschiedenheiten über die Qualifikation einer Gesellschaft als KapG oder PersG auf, wird darüber nach den Kriterien des deutschen Steuerrechts mittels eines Typenvergleichs entschieden.

5.1.2 Beherrschung durch inländische Gesellschafter

Beispiel 7: Beteiligungsverhältnisse
Am Nennkapital der A-AG in der Schweiz sind beteiligt:
- A mit Wohnsitz in London, aber gewöhnlichem Aufenthalt in München mit 12 %;
- C-GmbH mit Sitz und Geschäftsleitung in München mit 20 %;
- D-GmbH mit Sitz in München und Geschäftsleitung in Amsterdam mit 20 %;
- B mit Wohnsitz und gewöhnlichem Aufenthalt in der Schweiz mit 48 %.

Inländischer G'fter kann gem. § 7 Abs. 1 AStG jede unbeschränkt steuerpflichtige natürliche oder juristische Person sein. Hält eine PersG die Anteile an der ausländischen Gesellschaft, gelten deren G'fter nach § 7 Abs. 3 AStG als unmittelbar an der ausländischen Gesellschaft beteiligt.

Beherrschung ist gegeben, wenn den inländischen G'ftern mehr als die Hälfte der Anteile an der ausländischen Gesellschaft zuzurechnen sind (§ 7 Abs. 1 AStG). Die Ermittlung der Beteiligungsquote erfolgt nach § 7 Abs. 1–4 AStG.

Lösung: Die Beteiligungsquote bestimmt sich grundsätzlich nach den Anteilen am Nennkapital. Die Anteile aller inländischen G'fter sind nach § 7 Abs. 2 S. 1 AStG zusammenzurechnen.
Unbeschränkt steuerpflichtig nach § 1 EStG sind:
- A, weil er seinen gewöhnlichen Aufenthalt in München hat,
- die C-GmbH nach § 1 KStG, weil sie sowohl Sitz als auch Geschäftsleitung in München hat und
- die D-GmbH nach § 1 KStG, weil sie ihren Sitz in München hat.

Die Beteiligungsquote der inländischen G'fter beträgt zusammenaddiert 52 %, womit Beherrschung nach § 7 AStG vorliegt.
Hinzuweisen ist noch darauf, dass A und die D-GmbH unter die Regelungen des AStG fallen, obwohl sie nach den jeweiligen DBA als in England bzw. Holland ansässig gelten. Abschließend ist im Übrigen noch die Meldepflicht von Auslandsaktivitäten nach § 138 Abs. 2 AO zu beachten.

5.1.3 Einkünfte aus passivem Erwerb

§ 8 AStG regelt abschließend alle aktiven (unschädlichen) Einkünfte. Einkünfte, die nicht unter diese Vorschriften zu subsumieren sind, sind demnach solche aus passivem Erwerb. Jede wirtschaftliche Tätigkeit der ausländischen Gesellschaft muss gesondert auf die Anwendung der Katalogvorschriften des § 8 AStG hin untersucht werden. Entfaltet die ausländische Gesellschaft mehrere wirtschaftliche Tätigkeiten, kann sie, selbst wenn hierfür nur ein BV eingesetzt wird, nur aktive, aktive und passive oder nur passive Einkünfte beziehen. Hat eine ausländische KapG beispielsweise einen Produktionsbetrieb, verwaltet daneben

Wertpapiere und vermietet Grundbesitz, sind alle daraus resultierenden Einkünfte jeweils auf ihre Schädlichkeit zu untersuchen. Die Zuordnung erfolgt nach den Grundsätzen der funktionalen Betrachtungsweise. Dabei können an sich passive betriebliche Nebenerträge der aktiven Tätigkeit zugeordnet werden, wenn sie nach der Verkehrsauffassung keinen Bereich mit eigenständigem, wirtschaftlichem Schwergewicht bilden.[173] So können schädliche Einkünfte aus Geldanlagen unschädlichen gewerblichen Einkünften zugerechnet werden, wenn sie aus Finanzmitteln stammen, die für die aktive Tätigkeit notwendig sind. Allerdings sind diese unschädlichen passiven Nebenerträge vom StPfl. über § 90 Abs. 2 AO nachzuweisen. Unschädliche Zwischeneinkünfte im Einzelnen:

1. **Einkünfte aus der L + F (§ 8 Abs. 1 Nr. 1 AStG)**
2. **Einkünfte aus industrieller Tätigkeit (§ 8 Abs. 1 Nr. 2 AStG)**
3. **Einkünfte aus dem Betrieb von Kreditinstituten und Versicherungsunternehmen (§ 8 Abs. 1 Nr. 3 AStG)**, wenn diese Unternehmen einen in kaufmännischer Weise eingerichteten Geschäftsbetrieb unterhalten, also eine ausreichende personelle und sachliche Ausstattung haben. Betreiben sie allerdings ihre Geschäfte überwiegend mit unbeschränkt StPfl. (oder solchen StPfl. **nahestehenden** Personen), die nach § 7 AStG an der ausländischen Gesellschaft beteiligt sind, werden ihre daraus erzielten Einkünfte in passive umqualifiziert;
4. **Einkünfte aus dem Handel (§ 8 Abs. 1 Nr. 4 AStG)**
   Ein **schädlicher Handel** liegt vor, wenn ein inländischer G'fter (oder eine **nahestehende** Person) der ausländischen Gesellschaft die Verfügungsmacht an den gehandelten Gütern oder Waren verschafft oder die ausländische Gesellschaft einem inländischen G'fter (oder einer **nahestehenden** Person) die Verfügungsmacht an den Gütern oder Waren verschafft.[174]
5. **Einkünfte aus Dienstleistungen (§ 8 Abs. 1 Nr. 5 AStG)**
   Der Tatbestandsaufbau entspricht dem des Handels. Eine **schädliche Dienstleistung** liegt demnach vor, wenn die ausländische Gesellschaft sich zur Erbringung der Dienstleistung eines Inlandsbeteiligten bedient oder die ausländische Gesellschaft Dienstleistungen an Inlandsbeteiligte erbringt. Auch hier liegen keine passiven Einkünfte vor, wenn der StPfl. nachweist, dass die ausländische Gesellschaft für die Erbringung der Dienstleistung einen qualifizierten Geschäftsbetrieb unterhält **und** die jeweiligen Dienstleistungen ohne schädliche Mitwirkung eines Inlandsbeteiligten (**nahestehende** Person) ausgeübt werden.
6. **Einkünfte aus V + V (§ 8 Abs. 1 Nr. 6 AStG)**
   Diese Einkünfte sind **schädlich**, wenn sie aus folgenden Tatbeständen stammen:
   a) aus der Überlassung der Nutzung von Rechten, Plänen, Mustern, Verfahren, Erfahrungen und Kenntnissen, es sei denn, die ausländische Gesellschaft, verwertet eine eigene Forschungs- und Entwicklungsarbeit, die ohne schädliche Mitwirkung eines

---

[173] Vgl. Anwendungsschreiben des BMF zum AStG vom 14.05.2004 (BStBl I 2004 Sonder-Nr. 1/2004).
[174] Die Neuregelung in § 8 Abs. 1 Nr. 4 AStG erfolgte im StVergAbG vom 16.05.2003. Sie gilt nach § 21 Abs. 11 AStG erstmals für Zwischeneinkünfte, die in einem Wirtschaftsjahr der Zwischengesellschaft entstanden sind, das nach dem 31.12.2002 beginnt.

Inlandsbeteiligten (**nahestehende** Person) unternommen wurde (hierunter fallen vor allem Patentverwertungsgesellschaften o.Ä.);
b) aus der V + V von Grundstücken, es sei denn, die Einkünfte hieraus wären bei einem unmittelbaren Bezug durch den StPfl. aufgrund eines DBA steuerbefreit;
c) aus der V + V von beweglichen Sachen, es sei denn, die V + V erfolgt im Rahmen eines qualifizierten Geschäftsbetriebes (hierunter fallen vor allem Leasinggesellschaften o.Ä.).

7. **Einkünfte aus der Aufnahme und Ausleihe von Auslandskapital (§ 8 Abs. 1 Nr. 7 AStG)**
Kapitalaufnahme und Kapitalausleihe führen nur dann zu unschädlichen Einkünften, wenn es sich ausschließlich um im Ausland aufgenommenes Fremdkapital handelt und dieses einem inländischen Betrieb (Betriebsstätte) oder einer aktiv tätigen ausländischen Betriebsstätte darlehensweise zur Verfügung gestellt wird. Das Auslandskapital darf weder bei einer dem StPfl. noch der ausländischen Gesellschaft **nahestehenden** Person aufgenommen werden. Für das Vorliegen dieser Voraussetzungen obliegt dem StPfl. die objektive Beweislast.

8. **Gewinnausschüttungen von KapG (§ 8 Abs. 1 Nr. 8 AStG)**
Mit der Einführung des Halbeinkünfteverfahrens (später das Teileinkünfteverfahren), nach dem bei natürlichen Personen die hälftige (40 %) und bei Körperschaften die völlige Freistellung der Gewinnausschüttungen von KapG von der Besteuerung erfolgt, besteht keine Notwendigkeit mehr diese Gewinnausschüttungen grundsätzlich als passive Einkünfte zu behandeln und damit in die Regelungen der Hinzurechnungsbesteuerung nach §§ 7–14 AStG einzubeziehen.
Aus diesem Grunde wurde im UntStFG eine Nr. 8 in § 8 Abs. 1 AStG angefügt, nach der Gewinnausschüttungen von KapG grundsätzlich zu den Einkünften aus aktivem Erwerb zu zählen sind.
Gem. § 8 Abs. 1 Nr. 8 AStG sind nur Ausschüttungen auf Anteile an einer KapG (Dividenden) aktive Einkünfte. Alle anderen Beteiligungsertragsbefreiungen nach § 8b Abs. 1 KStG führen zu passiven Einkünften. In der Gesetzesbegründung wird allerdings klargestellt, dass verdeckte Gewinnausschüttungen begünstigte Ausschüttungen i.S.v. § 8 Abs. 1 Nr. 8 AStG sind. KapG sind alle in § 8 Abs. 1 Nr. 1 KStG genannten inländischen KapG und die ihnen entsprechenden ausländischen Rechtsgebilde.[175]

Unerheblich ist künftig

- die Dauer und die Höhe der Beteiligung an der ausschüttenden Gesellschaft,
- ob die ausschüttende Gesellschaft selbst aktive oder passive Einkünfte erzielt,
- ob die ausschüttende Gesellschaft niedrig besteuert wird oder nicht,
- ob die ausschüttende Gesellschaft in einem DBA-Staat oder Nicht-DBA-Staat ansässig ist.

Mit der Neufassung wurden alle bisherigen Regelungen aufgehoben, nach denen die Dividendenbesteuerung von der Hinzurechnungsbesteuerung auszunehmen war. Dazu zählt insb. der § 8 Abs. 2 AStG. Der bisherige § 8 Abs. 2 AStG wurde allerdings wortgleich in § 9 Nr. 7 GewStG übernommen, so dass dort alles beim Alten bleibt. Deshalb sei an dieser Stelle kurz anhand eines Beispiels der »alte« § 8 Abs. 2 AStG erläutert.

---
175 BFH vom 23.06.1992 (BStBl II 1992, 972).

Beispiel 8: Einkünfte aus Schachtelbeteiligungen (§ 8 Abs. 2 AStG)
Der Inländer A hält 100 % der Anteile an der Schweizer Holding AG. Des Weiteren ist er zu 60 % an der Schweizer Produktionsfirma B-AG beteiligt. 20 % der Anteile an der B-AG hält die Holding AG, die restlichen 20 % ein Schweizer Staatsbürger. Die B-AG schüttet eine Dividende aus.

Lösung: Die Dividende könnte zu unschädlichen Einkünften nach § 8 Abs. 2 AStG führen, wenn die Holding AG die Voraussetzungen einer Landes- bzw. einer Funktionsholding erfüllen würde. Hier könnte eine Landesholding in Betracht zu ziehen sein, da Holding AG und B-AG Sitz und Geschäftsleitung in der Schweiz haben. Die B-AG erzielt ihre Erträge aus einer aktiven Tätigkeit gem. § 8 Abs. 1 Nr. 2 AStG. Unterstellt, dass der Zwölf-Monats-Zeitraum erfüllt ist, scheitert die Annahme einer Landesholding an der Beteiligungsquote. Die Holding AG ist nicht mit mindestens 25 % an der B-AG beteiligt. Die im AStG genannte Beteiligungsquote findet keine Anwendung. Unbeachtlich ist auch, dass A mittelbar und unmittelbar 80 % der Anteile an der B-AG hält. Die der Holding AG anteilig zufließenden Dividenden sind Einkünfte aus passivem Erwerb.

9. **Einkünfte der ausländischen Gesellschaft aus Anteilsveräußerungen, Auflösungen und Kapitalherabsetzungen (§ 8 Abs. 1 Nr. 9 AStG)**
   Da mit der »Reform« der Hinzurechnungsbesteuerung, wie oben dargestellt, Gewinnausschüttungen von KapG grundsätzlich den aktiven Einkünften zugeordnet werden, mussten auch die anderen, ursprünglich über § 8 Abs. 2 AStG begünstigten Einkünfte (Gewinne und Verluste aus der Veräußerung von Beteiligungen, aus der Auflösung von Untergesellschaften sowie Bezüge aus Kapitalherabsetzungen) gleich behandelt werden. Dies ist mit Einschränkungen in § 8 Abs. 1 Nr. 9 AStG erfolgt.
   Nach dieser Neuregelung sind Einkünfte aus Anteilsveräußerungen, Auflösungen und Kapitalherabsetzungen aktiv, wenn
   - der daraus erzielte Veräußerungsgewinn nicht auf WG zurückzuführen ist, die bei der Untergesellschaft der Erzielung von Einkünften mit Kapitalanlagecharakter i.S.v. § 7 Abs. 6a AStG dienen. WG, mit deren Hilfe Einkünfte aus Kapitalanlagecharakter erzielt werden, sind i.d.R. Zahlungsmittel, Forderungen, Wertpapiere und Beteiligungen. Hinzurechnungspflichtige Einkünfte entstehen nur aus der Aufdeckung, der in diesen WG ruhenden stillen Reserven;
   - der StPfl. hierfür den Nachweis erbringen kann.

   Die Neuregelung ist nach § 21 Abs. 7 S. 4 AStG erstmals für den Veranlagungszeitraum anzuwenden, für den Zwischeneinkünfte hinzuzurechnen wären, die in einem Wirtschaftsjahr entstanden sind, das nach dem 31.12.2000 beginnt. Das bedeutet, dass Zwischeneinkünfte der ausländischen Gesellschaft aus dem Wirtschaftsjahr 2001 nach § 10 Abs. 2 AStG zu Beginn des Jahres 2002 als bezogen gelten, wenn das Wirtschaftsjahr dem Kalenderjahr entspricht.

10. **Einkünfte aus Umwandlungen**, die zu **Buchwerten** erfolgen könnten (§ 8 Abs. 1 Nr. 10 AStG).

11. **Keine Hinzurechnungsbesteuerung bei Zwischeneinkünften ohne Kapitalanlagecharakter von EU-/EWR-ansässigen Gesellschaften**
    Um der EuGH-Entscheidung in der Rs. »Cadbury Schweppes« vom 12.09.2006 Rechnung zu tragen, wurden die zunächst im BMF-Schreiben vom 08.01.2007 geregelten Voraussetzungen für eine weitere Anwendung der §§ 7 bis 14 AStG auf o.g. Gesellschaften durch das JStG 2008 in § 8 Abs. 2 AStG nahezu inhaltsgleich kodifiziert.

Folgende Voraussetzungen müssen kumulativ vorliegen, damit eine Hinzurechnungsbesteuerung nicht mehr durchgeführt wird:
- Es liegen Zwischeneinkünfte ohne Kapitalanlagecharakter vor.
- Die Zwischengesellschaft hat ihren Sitz oder ihre Geschäftsleitung in einem anderen EU-/EWR-Mitgliedstaat, der steuerliche Amtshilfe leistet (z.B. nicht Liechtenstein).
- Die Zwischengesellschaft geht einer tatsächlichen wirtschaftlichen Tätigkeit in ihrem Ansässigkeitsstaat nach. Den Nachweis hierfür hat der inländische StPfl. zu erbringen.

Von der Hinzurechnungsbesteuerung werden nur die Zwischeneinkünfte ausgenommen, die durch die tatsächliche wirtschaftliche Tätigkeit erzielt werden und auch nur dann, wenn hierbei die Fremdvergleichsgrundsätze beachtet werden.

Durch das JStG 2013 wird der Anwendungsbereich des § 8 Abs. 2 AStG erweitert auf Gesellschaften, die zwar nicht inländisch beherrscht werden, aber Zwischeneinkünfte mit Kapitalanlagecharakter erzielen und so bereits die Hinzurechnungsbesteuerung auslösen.

Die Neuregelung ist erstmals anzuwenden für hinzurechnungspflichtige Zwischeneinkünfte, die in einem Wirtschaftsjahr entstanden sind, das nach dem 31.12.2012 beginnt (§ 21 Abs. 21 S. 3 AStG n.F.).

5.1.4 Niedrige Besteuerung (§ 8 Abs. 3 AStG)

Eine niedrige Besteuerung liegt nach § 8 Abs. 3 AStG vor, wenn die Ertragsteuerbelastung der in die Belastungsberechnung einzubeziehenden Hinzurechnungseinkünfte unter 25 % liegt.

Mit dem JStG 2010 erfolgte eine (erneute) Modifikation der Belastungsrechnung. Künftig sind in die Belastungsrechnung Ansprüche einzubeziehen, die der Staat oder das Gebiet der ausländischen Gesellschaft, im Fall einer Gewinnausschüttung der ausländischen Gesellschaft, dem unbeschränkt StPfl. oder einer anderen Gesellschaft, an der der StPfl. direkt oder indirekt beteiligt ist, gewährt. Mit dieser Neuregelung soll den in den letzten Jahren entstandenen Modellen, durch die die Hinzurechnungsbesteuerung umgangen werden konnte, entgegengewirkt werden (Abschaffung des sog. Malta-Modells). Einher geht damit eine entsprechende Kürzung des Hinzurechnungsbetrages nach § 10 Abs. 1 S. 3 AStG. Die Neuregelungen gelten erstmals für nach dem 31.12.2010 beginnende Wirtschaftsjahre der Zwischengesellschaft oder der Betriebsstätte.

Abzustellen ist im Übrigen nach § 8 Abs. 3 S. 3 AStG auf die tatsächlich erhobene Steuer. Zu berücksichtigen sind alle Ertragsteuern, die zu Lasten der ausländischen Gesellschaft auf ihre passiven Einkünfte, gleichgültig in welchem Staat, erhoben werden. Außer Ansatz bleiben Steuern, die bei der ausländischen Gesellschaft für Dritte einbehalten werden, die Körperschaftsteuer, die eine der Zwischengesellschaft nachgeschaltete Untergesellschaft zu entrichten hat, und freiwillige Steuerzahlungen.[176] Die Ertragsteuerbelastung entspricht

---

176 Zum Entzug eines irischen Steuerprivilegs aufgrund Anordnung des irischen Finanzministers vgl. BFH vom 03.05.2006, Az.: I R 124/04, noch nicht im BStBl veröffentlicht.
Leitsatz 2: Die Inkaufnahme einer höheren Steuerbelastung mit ausländischer KSt durch ausländische KapG zieht auch dann keine vGA nach sich, wenn beim inländischen Anteilseigner die Hinzurechnung nach §§ 7 ff. AStG vermieden wird.

i.d.R. dem Satz der Ertragsteuer des Sitzstaates. Beträgt der zugrunde zu legende Satz 25 % oder mehr, kann dennoch eine »niedrige Besteuerung« vorliegen, weil

- die ausländische Gesellschaft besondere Ermäßigungen und Befreiungen erhalten hat,
- die ermittelten Einkünfte im Ausland mit einem Betrag in die Steuerbemessungsgrundlage einbezogen wurden, der niedriger ist, als er nach deutschem Steuerrecht anzusetzen gewesen wäre.

In diesen Fällen ist allerdings eine Belastungsberechnung durchzuführen.

a) **Regelfall ohne Belastungsberechnung:**
In der Anlage 1 zum AStG-Anwendungsschreiben zu § 8 Abs. 3 AStG sind die wichtigsten Niedrigsteuerländer aufgeführt. Befindet sich die Gesellschaft in einem dieser Länder, kann i.d.R. ohne weitere Prüfung davon ausgegangen werden, dass eine niedrige Besteuerung vorliegt. Dagegen kann i.d.R. von einer hohen Besteuerung ausgegangen werden, wenn die Gesellschaft in einem der in Anlage 2 zum AStG-Anwendungsschreiben genannten Staaten ansässig ist.

b) **Sonderfall mit Belastungsberechnung:**
Bei der Belastungsberechnung sind den passiven Einkünften eines Wj. diejenigen ausländischen Ertragsteuern gegenüberzustellen, die für dieses Wj. geschuldet werden. Dabei ist nicht auf den Prozentsatz als solchen abzustellen, sondern auf das Ergebnis der Verhältnisrechnung (bezahlte Ertragsteuern/steuerpflichtige Einkünfte).

Die Ermittlung der Einkünfte erfolgt nach deutschem Steuerrecht. Die niedrige Besteuerung i.S.v. § 8 Abs. 3 AStG ist nicht identisch mit der niedrigeren Besteuerung nach § 2 Abs. 2 AStG.

Beispiel 9: Die »belastete« Zwischengesellschaft[177]
Eine Zwischengesellschaft im Land C erzielt passive Einkünfte. In der G+V werden folgende umgerechnete Gewinne ausgewiesen:
- Jahr 01: 80.000 €,
- Jahr 02: 280.000 €,
- Jahr 03: 400.000 €.

Die Gewinnermittlung entspricht den inländischen Vorschriften. Das Land C gewährt zur Förderung von Investitionen bei der Ermittlung des Einkommens einen Freibetrag von 20 % des Gewinnes, höchstens jedoch von umgerechnet 50.000 €. Die Steuern vom Ertrag werden jeweils im folgenden Wj. bezahlt. Daneben fällt in den Jahren 02 und 03 jeweils eine Vermögensteuer von umgerechnet 1.000 € an. Der KSt-Satz in C beträgt 30 %.

Im Urteilsfall hatte der irische Finanzminister durch Einzelanordnung den Körperschaftsteuersatz auf 25 % angehoben, um die niedrige Besteuerung nach § 8 Abs. 3 AStG auszuhebeln.
S. zum Ganzen auch die »Cadbury-Schweppes«-Entscheidung des EuGH vom 12.09.2006, ABl. C 281 vom 18.11.2006, 5, wonach bei einer irischen Finanzierungsgesellschaft eines (britischen) Konzerns keine Hinzurechnungsbesteuerung erfolgen darf.
177 Niedrige Besteuerung; Belastungsberechnung gem. § 8 Abs. 3 AStG.

Lösung:

Belastungsberechnung 01:

Gewinn	80.000 €
./. Freibetrag 20 %	./. 16.000 €
Einkommen	64.000 €
KSt 30 %	19.200 €

Daraus ergibt sich eine Belastung nach § 8 Abs. 3 AStG: 19.200 €/80.000 € = **24 %**.

Belastungsberechnung 02:

Gewinn	280.000 €
./. Freibetrag (max. 50.000 €)	./. 50.000 €
Einkommen	230.000 €
KSt 30 %	69.000 €

Daraus ergibt sich eine Belastung nach § 8 Abs. 3 AStG: 69.000 €/280.000 € = **24,64 %**.

Belastungsberechnung 03:

Gewinn	400.000 €
./. Freibetrag (max. 50.000 €)	./. 50.000 €
Einkommen	350.000 €
KSt 30 %	105.000 €

Daraus ergibt sich eine Belastung nach § 8 Abs. 3 AStG: 105.000 €/400.000 € = **26,25 %**.

Ergebnis: In den Jahren 01 und 02 liegt jeweils eine niedrige Besteuerung vor. Nachrichtlich wird der Hinzurechnungsbetrag für das Jahr 01 mit 80.000 € festgestellt und fließt im Jahr 02 zu. Der Hinzurechnungsbetrag für das Jahr 02 wird mit 259.800 € festgestellt (280.000 € ./. 19.200 € (KSt 01) ./. 1.000 € (VSt)) und fließt im Jahr 03 zu. Im Jahr 03 erfolgt keine Feststellung, da keine niedrige Besteuerung gegeben ist.

Annex[178]:

Der Gesetzgeber hatte im StSenkG verschiedene Neuregelungen der Hinzurechnungsbesteuerung konzipiert. Im nachfolgenden UntStFG wurde, nicht zuletzt aufgrund der heftigen Kritik in der Literatur, in weiten Bereichen der ursprüngliche Zustand wiederhergestellt. Änderungen des StSenkG sind insoweit nie wirksam geworden.

Im Zusammenhang mit der Absenkung des KSt-Tarifs in § 23 KStG auf allgemein 15 % musste auch die »Niedrigbesteuerung« in § 8 Abs. 3 AStG neu definiert werden. Bereits im StSenkG wurde daher geregelt, dass eine niedrige Besteuerung erst vorliegt, wenn die Ertragssteuerbelastung im Ansässigkeitsstaat 25 % unterschreitet. Diese **25 %-Grenze wurde im UntStFG** beibehalten. Nach der Neuregelung sollen künftig bei der Belastungsrechnung alle Ertragsteuern berücksichtigt werden, gleichgültig in welchem Staat sie erhoben werden. Einzubeziehen können danach z.B. Quellensteuern sein, die auf Zinsen oder Lizenzgebühren entfallen oder auch Steuern auf den Gewinn einer passiven Betriebsstätte der Zwischengesellschaft in einem Drittstaat.

---

178 Zu den Änderungen des § 8 Abs. 3 AStG durch das StSenkG und das UntStFG.

Quellensteuern, die die Zwischengesellschaft auf bezogene Dividenden gezahlt hat, haben keinen Einfluss auf die Belastungsberechnung, da nach der Neuregelung in § 8 Abs. 1 Nr. 8 AStG künftig aktive Einkünfte vorliegen.

5.2 Rechtsfolgen der Hinzurechnungsbesteuerung

Die festgestellten passiven Einkünfte werden dem inländischen G'fter entsprechend seiner Hinzurechnungsquote zugerechnet (**Hinzurechnungsbetrag**).

Der inländische StPfl. wird so behandelt, als würde unmittelbar nach dem Ende des Wj. der Zwischengesellschaft eine Vollausschüttung vorgenommen (§ 10 Abs. 2 AStG). Der Hinzurechnungsbetrag führt zu Einkünften aus Kapitalvermögen oder zu Einkünften aus Gewerbebetrieb bzw. selbständiger Arbeit, wenn die Beteiligung in einem Betriebsvermögen gehalten wird.

§ 8b Abs. 1 KStG sowie § 3 Nr. 40d EStG finden keine Anwendung. Für Zwischeneinkünfte der ausländischen Gesellschaft, die nach dem 31.12.2007 entstanden sind, ist nach einer Ergänzung des § 10 Abs. 2 AStG durch das JStG 2008 auf den Hinzurechnungsbetrag der Abgeltungssteuersatz von 25 % gem. § 32d EStG nicht anwendbar.

Als Folge der Ausschüttungsfiktion sind die Steuern der ausländischen Gesellschaft, die auf diese Einkünfte bezahlt wurden, abzuziehen (§ 10 Abs. 1 AStG). Da bei negativen passiven Einkünften eine Ausschüttung nicht möglich ist, gibt es auch keinen negativen Hinzurechnungsbetrag (§ 10 Abs. 1 S. 4 AStG). Die Hinzurechnungsquote errechnet sich nach der unmittelbaren Beteiligung des einzelnen inländischen G'fters am Nennkapital der ausländischen Gesellschaft.

Bei der Ermittlung der GewSt sind die Kürzungsvorschriften § 9 Nr. 7 und 8 GewStG zu beachten.

Die Auswirkungen von DBA auf die Hinzurechnungsbesteuerung:
Durch die Aufhebung des § 10 Abs. 5 AStG im StVergAbG vom 16.05.2003 findet das internationale Schachtelprivileg und der Betriebsstättenvorbehalt nach den jeweiligen DBA ab dem Veranlagungszeitraum 2004 für die Zwischeneinkünfte ab dem Jahr 2003 keine Anwendung mehr. Der Wegfall des DBA-Schutzes führt zu einer erheblichen Verschärfung der Rechtsfolgen der Hinzurechnungsbesteuerung und zu deren Ausweitung.

Die bisherige explizite Herausnahme der Zwischeneinkünfte mit Kapitalanlagecharakter und bestimmter Konzernfinanzierungseinkünfte aus dem DBA-Schutz ist mit Streichung des § 10 Abs. 5 AStG nicht mehr notwendig. Deshalb wurden durch das StVergAbG auch die Abs. 6 und 7 des § 10 AStG aufgehoben. Die Definition der Zwischeneinkünfte mit Kapitalanlagecharakter ist inhaltsgleich in § 7 Abs. 6a AStG übernommen worden (vgl. hierzu Kap. 5.8).

Ausschüttungen von Gewinnanteilen:
Hinzurechnungsbeträge unterliegen nach der Neufassung des § 11 AStG im StVergAbG nunmehr immer endgültig der Besteuerung, weil gem. § 10 Abs. 2 S. 3 AStG auf den Hinzurechnungsbetrag § 3 Nr. 40d EStG und § 8b Abs. 1 KStG nicht anwendbar sind. Eine Kürzung um tatsächlich erfolgte Gewinnausschüttungen oder eine Erstattung im Falle eines Ausschüttungsüberschusses kommt nicht mehr in Betracht.

Bei natürlichen Personen wird die Doppelbesteuerung durch den neu eingeführten § 3 Nr. 41 EStG vermieden. Danach bleiben Gewinnausschüttungen der ausländischen Zwischengesellschaft unter bestimmten Voraussetzungen steuerfrei, wenn Hinzurechnungsbeträge aus derselben Gesellschaft der Einkommensteuer unterlegen haben. Dies gilt auch für Gewinne aus der Veräußerung von Anteilen an der Zwischengesellschaft.

Steueranrechnung nach § 12 AStG:
Dem StPfl. wird ein Wahlrecht für die steuerliche Berücksichtigung der ausländischen Ertragsteuern zugestanden. Abweichend vom Abzug bei der Ermittlung des Hinzurechnungsbetrages nach § 10 Abs. 1 AStG kann nach § 12 AStG eine Anrechnung auf die inländische Steuerschuld vorgenommen werden.

Praktische Bedeutung hat dies vor allem, weil die Steuerbelastung im Inland i.d.R. höher ist, die Anrechnung in voller Höhe möglich ist und somit günstiger als der Abzug ausländischer Steuer von den passiven Einkünften.

5.3 Gemischte Einkünfte (§ 9 AStG)

Bezieht eine ausländische Gesellschaft aktive und passive Einkünfte, sind letztere aber von untergeordneter Bedeutung, so bleiben sie unter den Voraussetzungen des § 9 AStG bei der Inlandsbesteuerung außer Ansatz. Sowohl die relative als auch die absolute Freigrenze des § 9 AStG dürfen nicht überschritten werden.

1. Relative Freigrenze:
Die Bruttoerträge aus passivem Erwerb dürfen nicht mehr als 10 % der gesamten Bruttoerträge der ausländischen Gesellschaft betragen.

2. Absolute Freigrenze:
Die absoluten Freigrenzen werden überschritten, wenn

- bei der ausländischen Gesellschaft die Hinzurechnungsbeträge für sämtliche Beteiligte 80.000 € überschreiten oder
- bei einem Inlandsbeteiligten die anzusetzenden Hinzurechnungsbeträge für alle ausländischen Gesellschaften, an denen er beteiligt ist, den Betrag von 80.000 € übersteigen.

5.4 Schachteldividenden (§ 13 AStG)

Gewinnausschüttungen von KapG gehören nunmehr nach § 8 Abs. 1 Nr. 8 AStG zu den aktiven Einkünften. Damit besteht für die teilweise Herausnahme von Schachteldividenden (Veräußerungsgewinnen) aus dem auf den unbeschränkt StPfl. entfallenden Hinzurechnungsbetrag gem. § 13 AStG kein Bedarf mehr. Die Vorschrift wurde deshalb durch das UntStFG vom 20.12.2000 für Zwischeneinkünfte, die nach dem 01.01.2001 entstanden sind, aufgehoben.

5.5 Nachgeschaltete Zwischengesellschaften (§ 14 AStG)

Die Einfügung dieser Vorschrift war notwendig, um Umgehungen des AStG durch Einschaltung von Holdinggesellschaften zu verhindern. § 7 Abs. 1 AStG ermöglicht nämlich die Hinzurechnung der Zwischeneinkünfte der ausländischen Gesellschaften zu den Einkünften des inländischen G'fters nur, wenn dieser G'fter unmittelbar an der ausländischen Gesellschaft beteiligt ist. Damit könnte die Hinzurechnungsbesteuerung einfach in der Weise umgangen werden, dass zwischen eine ausländische Gesellschaft mit schädlichen Zwischeneinkünften und dem inländischen G'fter eine weitere ausländische Gesellschaft geschaltet wird. Diese Regelungslücke soll § 14 AStG schließen. Nach der im Detail sehr komplizierten und kaum noch praktikablen Vorschrift werden Zwischeneinkünfte unter bestimmten Voraussetzungen bereits bei der vorgeschalteten ausländischen Gesellschaft erfasst und im Beteiligungsaufbau von Stufe zu Stufe hochgerechnet, bis sie bei der Gesellschaft der obersten Stufe angelangt sind. Von dort erfolgt die Hinzurechnung nach § 7 AStG beim unmittelbar beteiligten inländischen G'fter.

Durch die Einführung des Halbeinkünfteverfahrens (heutigem Teileinkünfteverfahren) erfolgte u.a. die völlige (anteilige) Freistellung von Gewinnausschüttungen zwischen KapG. Die Einfügung der Nr. 8 in § 8 Abs. 1 AStG durch das UntStFG (vgl. Tz. 5.1.3 Ziff. 8) trug dieser Neuerung im AStG Rechnung. Gleichzeitig wurde zwangsläufig § 14 Abs. 2 AStG aufgehoben, da Regelungen zur Vermeidung der Doppelbesteuerung i.R.d. übertragenden Zurechnung nicht mehr notwendig waren. Darüber hinaus wurde als Folge der Streichung des § 10 Abs. 5 AStG im StVergAbG auch § 14 Abs. 4 AStG, in dem die Anwendung der DBA-Schachtelprivilegien in den Fällen der übertragenden Zurechnung verankert war, ersatzlos aufgehoben.

5.6 Kapitalanlagegesellschaften

Durch das StÄndG 1992 sind in das AStG Regelungen eingeführt worden, durch die für Zwischeneinkünfte mit Kapitalanlagecharakter die Zugriffsbesteuerung erweitert wurde. Zwischeneinkünfte mit Kapitalanlagecharakter sind in § 7 Abs. 6a AStG definiert. Sie müssen aus Folgendem stammen:

- dem Halten,
- der Verwaltung,
- der Werterhaltung oder der Werterhöhung,
- von Zahlungsmitteln,
- Forderungen,
- Wertpapieren,
- Beteiligungen oder
- ähnlichen Vermögenswerten.

Durch die Streichung des § 10 Abs. 5 AStG im StVergAbG ergeben sich für Kapitalanlagegesellschaften bei der steuerlichen Behandlung der von ihr erzielten Zwischeneinkünfte gegenüber den »normalen« Zwischeneinkünften keine Besonderheiten mehr. Dem trägt auch die Aufhebung der Abs. 6 und 7 in § 10 AStG Rechnung.

Lediglich eine Beherrschung der ausländischen Gesellschaft durch Inländer i.S.d. § 7 Abs. 1 AStG ist nicht erforderlich.

5.7 Verfahrensvorschriften (§ 18 AStG)

Nach § 18 Abs. 1 AStG werden die Besteuerungsgrundlagen für die Hinzurechnungsbesteuerung gesondert festgestellt. Sind an einer Zwischengesellschaft mehrere unbeschränkt StPfl. beteiligt, erfolgt die gesonderte Feststellung ihnen gegenüber einheitlich. Gesondert festzustellen ist,

- ob hinzugerechnet wird,
- was hinzugerechnet wird,
- wem hinzugerechnet wird,
- wann hinzugerechnet wird.

Der Hinzurechnungsbescheid ist ein Grundlagenbescheid nach § 171 Abs. 10 AO. Erklärungspflicht: Jeder, der an der Zwischengesellschaft beteiligt ist, ist nach § 18 Abs. 3 AStG verpflichtet, eine Erklärung für die gesonderte und ggf. einheitliche Feststellung abzugeben.

5.8 Verhältnis der §§ 7 ff. AStG zu anderen Vorschriften

Scheingeschäfte (§ 41 Abs. 2 AO): Überträgt ein Inländer Einkunftsquellen auf eine ausländische Gesellschaft, kann trotz vorhandener Verträge eine steuerliche Anerkennung versagt werden, wenn es sich um Scheingeschäfte handelt. Steuerlich ist dann nach § 41 Abs. 2 AO das Rechtsgeschäft zugrunde zu legen, das durch das Scheingeschäft verdeckt wird. Eine Überprüfung erfolgt rechtssystematisch vor den §§ 7 ff. AStG.

Rechtsmissbrauch (§ 42 AO): Sowohl die Errichtung einer ausländischen Basisgesellschaft als auch die Einschaltung einer ausländischen Gesellschaft für einzelne Geschäfte kann rechtsmissbräuchlich nach § 42 AO sein. § 42 AO hat Vorrang vor den Bestimmungen des AStG. Diese immer schon vorherrschende Auffassung sieht sich durch die Neufassung des § 42 AO auch hier bestätigt.

Allerdings ist vor Anwendung des § 42 AO stets zu untersuchen, ob sich die Geschäftsleitung des Unternehmens im Inland befindet, da die unbeschränkte Steuerpflicht insoweit § 42 AO ausschließt. DBA schränken die Anwendung des § 42 AO nicht ein.

Verhältnis des AStG zu den DBA (§ 20 AStG): Durch die Vorbehaltsklausel des § 20 Abs. 1 AStG wird klargestellt, dass die DBA von der nach nationalem Recht gestalteten Rechtslage ausgehen und die Hinzurechnungsbesteuerung als eigenständigen Besteuerungsanspruch anerkennen. Hinzuweisen ist in diesem Zusammenhang noch darauf, dass die inländische Besteuerung von Einkünften mit Kapitalanlagecharakter nicht steuermindernd durch Eingliederung dieser Einkünfte in eine Betriebsstätte umgangen werden kann. Für diese Gestaltung sieht § 20 Abs. 2 AStG die Steueranrechnungsmethode vor, ungeachtet der Neuregelung in § 8 Abs. 2 AStG. Durch diese Ergänzung des § 20 Abs. 2 AStG im JStG 2008 hat der Gesetzgeber klargestellt, dass die Grundsätze der »Cadbury-Schweppes«-Entscheidung des EuGH für die Anwendung des § 20 Abs. 2 AStG keine Bedeutung haben. Mit einer durch das JStG 2010 eingeführten Rückausnahme (§ 20 Abs. 2 S. 2 AStG) soll dem tatsächlichen historischen Willen des Gesetzgebers Rechnung getragen werden, der in ausländischen Betriebsstätten ausgeführte Dienstleistungen nicht von der Freistellung durch ein DBA ausschließen wollte. Demnach soll die Freistellung soweit nicht versagt werden, wie die Einkünfte (Dienstleistungen) aus der Betriebsstätte gem. § 8 Abs. 1 Nr. 5 AStG als Zwischeneinkünfte steuerpflichtig wären. Dem reinen Wortlaut der Neufassung ist zu entnehmen, dass die Erzielung anderer Einkünfte nicht schädlich ist, jedoch ist eine entsprechende Aufteilung der Einkünfte (m.E. sowohl der BE als auch der BA) vorzunehmen.

5.9 Verhältnis der §§ 7 ff. AStG zu EU-Recht

Der EuGH hat in der britischen Rs. C-196/04 (Cadbury Schweppes) bereits am 12.09.2006 entschieden, dass es der Niederlassungsfreiheit zuwiderläuft, wenn in die Steuerbemessungsgrundlage einer in einem Mitgliedstaat ansässigen Gesellschaft die von einer in einem anderen Mitgliedstaat ansässigen, beherrschten Gesellschaft erzielten Gewinne einbezogen werden, weil diese Gewinne im erstgenannten Staat einem niedrigen Steuerniveau unterliegen.

Rein künstliche Gestaltungen, die im Ausland nur zu Steuerumgehungszwecken gegründet werden, genießen diesen Schutz – so der EuGH – nicht.

Da das britische Außensteuerrecht dem Deutschen insoweit ähnlich ist, war zu erwarten, dass der EuGH auch in deutschen Fällen seine Rechtsauffassung bestätigt. Das BMF reagierte deshalb am 08.01.2007 (BStBl I 2007, 99 f.) mit einer Verwaltungsanweisung, in der dem StPfl. die Möglichkeit eingeräumt wurde, durch Nachweis einer »wirklich wirtschaftlichen Betätigung« der Hinzurechnungsbesteuerung nach §§ 7 ff. AStG zu entgehen.

Die Möglichkeit des Gegenbeweises wurde zwischenzeitlich in § 8 Abs. 2 AStG ab 2008 gesetzlich geregelt. Allerdings hat der BFH mit Beschluss vom 10.12.2016 (Az.: I R 80/14) dem EuGH die Rechtsfrage vorgelegt, ob die Hinzurechnungsbesteuerung bei Drittstaatengesellschaften, für die die Escape-Regelung des § 8 Abs. 2 AStG nicht greift, zulässig ist. Darüber hinaus bittet der BFH in diesem Vorlagebeschluss auch um eine Erläuterung, wann von einer »wirklichen wirtschaftlichen Tätigkeit« auszugehen ist.

V Besteuerung der Steuerausländer im Inland

1 Sachlicher Umfang der beschränkten Steuerpflicht

1.1 Überblick

Sowohl für natürliche Personen (§ 1 Abs. 4 EStG) wie für juristische Personen (§ 2 KStG) setzt die beschränkte Steuerpflicht von Steuerausländern sog. Inlandseinkünfte gem. § 49 EStG (ggf. i.V.m. § 8 Abs. 1 KStG) voraus.[179] Die Steuererhebung erfolgt vielfach durch Steuerabzug an der Quelle. Dadurch und durch § 50 Abs. 1 und Abs. 2 EStG sind persönliche Verhältnisse weitgehend ausgeschlossen. In den Folgebestimmungen der §§ 50, 50a EStG ist die Durchführung der Besteuerung geregelt.

1.2 Konkurrenzen

Sind die Voraussetzungen des § 2 AStG gegeben, geht die erweiterte beschränkte Steuerpflicht vor (lex specialis; s. Kap. IV 4.2).

Selbst, wenn alle tatbestandlichen Voraussetzungen des § 49 EStG gegeben sind, kann die Besteuerung nach §§ 1 Abs. 4, 49 ff. EStG durch ein **DBA** ausgeschlossen oder beschränkt sein. Für diesen Fall wird der Besteuerungstatbestand nach § 49 EStG gegenstandslos, auch wenn der ausländische Staat von seinem Besteuerungsrecht keinen Gebrauch macht.[180] Der hierin enthaltene Grundsatz des Verbots der »virtuellen Doppelbesteuerung« – unabhängig von der tatsächlichen Erfassung der Einkünfte in irgendeinem Vertragsstaat – kann jedoch durch eine »Subject-to-tax«-Klausel vermieden werden.[181]

2 Inlandseinkünfte gemäß § 49 EStG

2.1 Übersicht und grundlegende Verfahrensfragen

Als zentrale Norm definiert § 49 Abs. 1 EStG einen abschließenden Katalog von Einkünften mit Inlandsbezug, die die Grundlage für die Besteuerung von beschränkt StPfl. bilden. Diese inländischen Einkünfte müssen nicht unbedingt die Kehrseite der ausländischen Einkünfte i.S.d. § 34d EStG sein, da in den inländischen Einkünften durchaus auch ausländische Einkünfte i.S.d. § 34 EStG enthalten sein können. Einen ersten Überblick – verbunden mit der jeweiligen verfahrensrechtlichen Folge und dem Referenzartikel des OECD-Musterabkommen (OECD-MA) – vermittelt die nachfolgende Übersicht:

---

[179] Nach *Frotscher*, § 49 Rz. 2 werden nur Einkünfte erfasst, deren Inlandsbezug eine gewisse Intensität aufweist; so auch *Kraft* in H/H/R, § 49 Rz. 103.
[180] Ausführlich *Wassermeyer* in Debatin/Wassermeyer, Art. 1 Rz. 11.
[181] S. Kap. II 4.2.3.

Teil 1: § 49 Abs. 1 Nr. 1–3 EStG

Norm	Einkunftsart	Inlandsbezug und anzuwendender Artikel nach OECD-MA	Verfahren (Besonderheiten)
§ 49 Abs. 1 ...			
... Nr. 1	Einkünfte aus **L+F** (§§ 13, 14 EStG)	»im **Inland betrieben**« Belegenheitsprinzip (§ 18 EStG) (Art. 6, 13 OECD-MA)	Veranlagung
... Nr. 2 ...	Einkünfte aus **Gewerbebetrieb** (§§ 15–17 EStG)		
... Buchst. a		**inländische Betriebsstätte** oder **ständiger Vertreter** im Inland, Betriebsstättenprinzip (Art. 7 i.V.m. Art. 5 OECD-MA)	
... Buchst. b und c		Betrieb von Seeschiffen und Luftfahrzeugen für Beförderungen zwischen inländischen und von inländischen zu ausländischen Häfen (Art. 8 OECD-MA)	
... Buchst. d		inländische Ausübung und Verwertung **künstlerischer, artistischer und sonstiger Darbietungen** (Art. 17 OECD-MA) – durch JStG 2009 erweitert auf **unterhaltende** Darbietungen –	**Steuerabzug** mit Abgeltungswirkung
... Buchst. e		Veräußerung von **Anteilen an KapG** i.S.d. § 17 EStG (Art. 13 Abs. 4 OECD-MA)	Veranlagung; Vorschrift ist subsidiär zu Nr. 2 Buchst. a und Nr. 8
... Buchst. f		Veräußerung von **unbeweglichem Vermögen, Sachinbegriffen oder Rechten** und **verbrauchende Überlassung von Rechten**[182] (Art. 13 OECD-MA) – durch das JStG 2009 werden nunmehr auch **Vermietungseinkünfte** in die **gewerblichen** Einkünfte (Nr. 2) einbezogen, soweit diese von einer Körperschaft i.S.d. § 2 Nr. 1 KStG oder eines Gewerbebetriebes i.S.d. § 15 EStG erzielt werden –	Veranlagung; »Lückenfüller« zur Erfassung stiller Reserven[183]
... Buchst. g		die aus der Verschaffung der Gelegenheit erzielt werden, einen Berufssportler als solchen vertraglich zu verpflichten; dies gilt nur, soweit die Gesamteinnahmen je verschaffter Gelegenheit 10 000 € übersteigen (eingeführt durch das JStG 2010; gesetzliche Klarstellung aufgrund eines entgegenstehenden Urteils des BFH vom	Steuerabzug

---

[182] § 49 Abs. 1 Nr. 2f EStG i.V.m. Nr. 6 ist mit Wirkung 2007 erweitert worden um die verbrauchende Überlassung von Rechten. Darunter versteht man veranstaltungsbezogene Rechte (Beispiel: Werberechte bei einer Kunstveranstaltung). Rein verwaltungsbezogene Rechte fallen allerdings nicht darunter.

[183] Um Missverständnissen vorzubeugen, wird darauf hingewiesen, dass auch § 49 Abs. 1 Nr. 2f EStG BV voraussetzt und daher nicht bei der Veräußerung von PV zum Tragen kommt.

Norm	Einkunftsart	Inlandsbezug und anzuwendender Artikel nach OECD-MA	Verfahren (Besonderheiten)
... Buchst. g (Forts.)		27.05.2009, BStBl II 2010, 120). Es soll so die bisherige Verwaltungspraxis wiederhergestellt werden. Das BMF hat einen Nichtanwendungserlass des zitierten BFH-Urteils vom 07.01.2010 mit Schreiben vom 15.07.2010 (BStBl I 2010 617) aufgehoben. Die Grundsätze der Entscheidung des BFH vom 27.05.2009 sind (bis zur gesetzlichen Neuregelung) allgemein und über den entschiedenen Einzelfall hinaus in allen offenen Fällen anzuwenden. Dies gilt auch in Fällen des sog. endgültigen Spielertransfers.	
... Nr. 3	Einkünfte aus **selbständiger Arbeit** (§ 18 EStG)	**Ausübung** oder **Verwertung im Inland** (Art. 7 OECD-MA n.F.)	**Steuerabzug** oder **Veranlagung**

Teil 2: § 49 Abs. 1 Nr. 4 und 5 EStG

Norm	Einkunftsart	Inlandsbezug und anzuwendender Artikel nach OECD-MA	Verfahren (Besonderheiten)
... Nr. 4 ...	Einkünfte aus **nichtselbständiger Arbeit** (§ 19 EStG)		Bei inländischen AG **Steuerabzug** mit Abgeltungswirkung, ansonsten **Veranlagung**
... Buchst. a		**Ausübung** oder **Verwertung im Inland** (Art. 15 OECD-MA)	
... Buchst. b		Einkünfte aus bestimmten inländischen öffentlichen Kassen (Art. 19 OECD-MA)	
... Buchst. c		Vergütungen für Geschäftsführer oder Prokuristen oder Vorstandstätigkeit bei einer Gesellschaft mit Geschäftsleitung im Inland (Art. 15 OECD-MA)	
... Buchst. d		Entschädigungszahlungen für die Auflösung eines Dienstverhältnisses (§ 24 Nr. 1 EStG), soweit die für die ausgeübte Tätigkeit bezogenen Einkünfte der inländischen Besteuerung unterlegen haben	
... Buchst. e		Einkünfte von ausländischem Bordpersonal im internationalen Luftverkehr (bei deutschem AG)	Schließen einer Besteuerungslücke ab dem VZ 2007
... Nr. 5 ...	Einkünfte aus **Kapitalvermögen** (§ 20 EStG)		
... Buchst. a	Erträge gem. § 20 Abs. 1 Nr. 1, 2, 4, 6 und 9 EStG	**inländischer Schuldner** oder bestimmte ausländische Erträge aus Tafelgeschäften (Art. 10 OECD-MA)	**Grundsätzlich Steuerabzug** mit Abgeltungswirkung unter Betriebsstättenvorbehalt
... Buchst. b	Erträge i.V.m. InvestmentStG		
... Buchst. c ...	Erträge gem. § 20 Abs. 1 Nr. 5 und 7 EStG		
... Doppelbuchst. aa		**inländische dingliche Besicherung** der Kapitalforderung (Art. 11 OECD-MA)	

Norm	Einkunftsart	Inlandsbezug und anzuwendender Artikel nach OECD-MA	Verfahren (Besonderheiten)
... Doppelbuchst. bb		Erträge aus nicht beteiligungsähnlichen Genussrechten (»nicht in § 20 Abs. 1 Nr. 1 EStG genannt«) sind; **inländischer Schuldner** (teleologische Reduktion – Art. 11 OECD-MA)	**Grundsätzlich Steuerabzug** mit Abgeltungswirkung Betriebsstättenvorbehalt
...Buchst. d		Erträge aus **Tafelgeschäften**, die durch **inländische Kredit- oder Finanzdienstleistungsinstitute** ausgezahlt werden (Art. 11 OECD-MA) – durch das JStG 2009 auf Schaltergeschäfte eingeschränkt –	

Teil 3: § 49 Abs. 1 Nr. 6–9 EStG

Norm	Einkunftsart	Inlandsbezug und anzuwendender Artikel nach OECD-MA	Verfahren (Besonderheiten)
... Nr. 6	Einkünfte aus V+V (§ 21 EStG)	**Belegenheit** im Inland, **Eintragung** in inländisches öffentliches Buch oder Register oder Verwertung in (fremder) inländischer Betriebsstätte	Grundsätzlich **Veranlagung**; **Steuerabzug** bei Überlassung bestimmter Rechte und gewerbliche Erfahrungen
... Nr. 7	Wiederkehrende Bezüge (§ 22 Nr. 1 EStG)	Regelung **lief leer**, da kein Steuerabzug erhoben wurde. Mit AltEinkG (2004) (Einbeziehung der Sozialversicherungsrenten) wird erstmalig ab 01.01.2005 die Lücke geschlossen.	
... Nr. 8	**Private** Veräußerungsgeschäfte (§ 22 Nr. 2 EStG i.V.m. § 23 EStG)	**inländische Grundstücke** oder inländische grundstücksgleiche Rechte	Veranlagung
... Nr. 8a	Abgeordnetenbezüge (§ 22 Nr. 4 EStG)	**kein** besonderer Inlandsbezug (Art. 21 OECD-MA)	Veranlagung
... Nr. 9	Sonstige Einkünfte (§ 22 Nr. 3 EStG)	**inländische Nutzung** beweglicher Sachen (Art. 12 OECD-MA)	**Steuerabzug**; »Lückenfüllende« Auffangvorschrift
... Nr. 10	§ 22 Nr. 5 S. 1 EStG	Leistungen aus Pensionsfonds, Pensionskassen und Direkt-Versicherungen während der inländischen steuerfreien Ansparphase	

2.2 Der Katalog des § 49 Abs. 1 EStG

2.2.1 Die Hauptfälle

Charakteristisch für § 49 EStG ist offensichtlich, dass auf die sieben Einkunftsarten zurückgegriffen wird, jedoch nicht auf alle Unterfälle. Soweit in den §§ 49 ff. EStG demzufolge keine besonderen Regelungen enthalten sind, sind die inländischen Einkünfte nach allgemeinen Grundsätzen zu ermitteln. Im Zusammenhang mit diesen Subsidiaritätsüberlegungen wird innerhalb des § 49 EStG wiederum der Vorrang der Gewinneinkunftsarten vor den Überschusseinkunftsarten deutlich. So wurde durch das JStG 2009 der Tatbestand des § 49 Abs. 1 Nr. 6 EStG eingeschränkt, indem Vermietungseinkünfte nur noch dann vorliegen, wenn sie nicht den Nr. 1 bis 5 zuzurechnen sind.

Besteht zwischen Deutschland und dem Wohnsitz bzw. Ansässigkeitsstaat des beschränkt StPfl. ein DBA, so ist zusätzlich zu der Frage, ob der StPfl. inländische Einkünfte erzielt, das deutsche Besteuerungsrecht an diesen zu prüfen.

§ 49 EStG ist daher enger als § 2 EStG und relativiert das strenge Einkunftsartenrecht durch eine gelegentliche phänomenologische Umschreibung der Tätigkeiten (vgl. § 49 Abs. 1 Nr. 2d EStG: »künstlerische, sportliche [...] Darbietung«).

> **Beispiel 1: Belgische Existentialisten und der Internet-Server**
> Zinedine (Zm) ist Belgier und mit Zidane (Zf), ebenfalls Belgierin, verheiratet. Sie wohnen gemeinsam in Brügge. Zm und Zf sind entgeltlich tätig gewesen:
> 1. Zm hat ein Unternehmen in Brügge, das einen Server betreibt (sog. »Internet Service Provider« = ISP) und unterhält u.a. in Aachen ein Unternehmen, das mit Web-Sites auf diesem Server den Kunden Börseninformationen anbietet und gleichzeitig die Abwicklung von Börsengeschäften ermöglicht.
> 2. Zm ist als Aufsichtsratsvorsitzender bei einer AG in Köln tätig.
> 3. Zf ist eine international anerkannte Schachspielerin und war in Düsseldorf auf einem Simultan-Schachturnier engagiert.
> 4. Zf lässt über eine Kölner Agentur in der BRD ihr Spezialwissen zur »indischen Eröffnung« im Schachspiel auf dem deutschen Markt verwerten.
> 5. Zf ist bei RTL als Talk-Show-Moderatorin angestellt, wo sie – wöchentlich – vorbereitete Quiz-Fragen zum Schachspiel beantworten lässt.

Der Fächerkanon des § 49 Abs. 1 EStG erfordert eine andere Vorgehensweise als die Grundsubsumtion nach § 2 Abs. 1 EStG. So steht weniger das Einkunftsartenrecht, sondern die genaue Typuserfassung der konkreten Tätigkeit im Vordergrund.

Lösung:
1. Bei dem Internet-Unternehmen in Aachen könnten »gewerbliche« Einkünfte nach § 49 Abs. 1 Nr. 2a EStG in Deutschland vorliegen, wenn es sich bei dem Inhaltsanbieter in Aachen um eine Betriebsstätte (BS) handelt. Eine BS liegt sowohl nach § 12 S. 1 AO wie nach Art. 5 OECD-MA dann vor, wenn eine feste Geschäftseinrichtung oder Anlage vorliegt, die der Tätigkeit des Unternehmens dient.
   Für den Bereich der Internet-Anbieter ist vorweg darauf hinzuweisen, dass automatisierte Einrichtungen wie z.B. ein Server nur dann eine BS darstellen können, wenn bei ihnen sowohl die physische Komponente (Hardware) wie die unphysische Komponente (Software) gegeben sind. Nach jüngster Ansicht der OECD können solche automatisierten Einrichtungen – auch

ohne Einsatz von Personal[184] – eine BS begründen[185], dies in Übereinstimmung mit dem sog. »Pipeline-Urteil« des BFH vom 30.10.1996 (BStBl II 1997, 12).

Nach zutreffender weiterer Differenzierung geht der OECD-Entwurf davon aus, dass eine BS dann nicht begründet werden kann, wenn der Server reine Vorbereitungs- oder Hilfstätigkeiten im Bereich des E-Commerce ausführt. Dies wäre etwa der Fall, wenn – auf einem Mirrorserver – lediglich Informationen oder eine Kommunikationsplattform vorgehalten werden. Vielmehr muss es sich um sog. **dezidierte Server** handeln, mit denen **Online-Geschäfte** durchgeführt werden können. Dies gilt,

- wenn von Computer zu Computer Musikstücke, Videos und dgl. überspielt (in der EDV-Sprache: »downgeloaded«) werden können oder
- wenn Dienstleistungen in ihren Kernfunktionen (von der Bestellung bis zur Bezahlung) erbracht werden können.

Man wird dies bei Online-Börsengeschäften – in Übereinstimmung mit dem Urteil des FG Schleswig-Holstein vom 06.09.2001 (IStR 2002, 134) – bejahen können. Eine BS in Aachen liegt damit vor.

Das eigentliche Hauptproblem liegt in der **Gewinnabgrenzung und -zuweisung**. Dazu wurde im Februar 2001 von der Business Profits-Tagung der OECD ein Bericht vorgelegt, der als Diskussionsentwurf die Anwendung des Art. 7 OECD-MA auf E-Commerce-Aktivitäten behandelt. Konform mit dem »Arm's length«-Prinzip werden verschiedene Gewinnzuordnungen vorgestellt, die dann im Betriebsstättenstaat maximiert werden können, wenn dort Personal zur Wartung oder Kundenbetreuung eingesetzt wird. Am meisten Gewinn verbleibt im Betriebsstättenstaat, wenn die Vermögensgegenstände durch Personal der BS selbständig entwickelt wurden.[186]

Wichtig ist schließlich, dass bei § 49 Abs. 1 Nr. 2 EStG auch **Veräußerungstatbestände (§§ 16 und 17 EStG)** erfasst werden.[187] Durch den Wegfall der einjährigen Spekulationsfrist bei Veräußerungen unwesentlicher Beteiligungen (geringer als 1 %) an KapG aus dem Privatvermögen, die von § 17 EStG und mangels Aufnahme des § 20 Abs. 2 EStG in den abschließenden Kanon des § 49 EStG nicht erfasst werden, sind Veräußerungen dieser unwesentlichen Beteiligungen durch beschränkt StPfl. ab dem VZ 2009 – mit Ausnahme bei sog. Tafelgeschäften (§ 49 Abs. 1 Nr. 5 Buchst. d i.V.m. § 43 Abs. 1 Nr. 9 i.V.m. § 20 Abs. 2 S. 1 Nr. 1 EStG) – nicht mehr der deutschen Besteuerung zu unterziehen. Veräußerungsgewinne, aber auch etwaige Verluste bleiben steuerlich (mit Ausnahme beim Vorliegen eines sog. Tafelgeschäftes) unberücksichtigt.

2. Die Aufsichtsratstätigkeit von Zm stellt gem. § 18 Abs. 1 Nr. 3 i.V.m. § 49 Abs. 1 Nr. 3 EStG Einkünfte aus **selbständiger Arbeit** dar, da sie im Inland ausgeübt wird.[188]

3. Gem. § 49 Abs. 1 Nr. 2d EStG gehören die im Inland ausgeübte oder verwertete **künstlerische, sportliche, artistische** oder ähnliche Darbietung zu den inländischen Einkünften

---

184 Wiedergabe des Diskussionstandes innerhalb der OECD bei *Riemenschneider*, IStR 2002, 561: So beharren Dänemark und Schweden – zumindest für Rohrleitungen (Pipelines) – auf ihrer Auffassung, dass nur mit Personal eine Betriebsstätte begründet werden kann.
185 OECD-Entwurf Tz. 42.6 (in Nr. 14 a.a.O. auf E-Commerce erstreckt) entgegen Tz. 10 S. 4 zu Art. 5 OECD-MA-Komm.
186 Vgl. Tz. 129 ff. des o.g. OECD-Entwurfs.
187 In diesem Zusammenhang ist auf § 49 Abs. 1 Nr. 2f EStG zu verweisen, wonach Veräußerungsgewinne bei gewerblichem Grundstückshandel unter Nr. 2 fallen. Kein Fall des § 49 Abs. 1 Nr. 6 EStG.
188 In diesem Zusammenhang ist darauf zu achten, dass bei Einkünften aus selbständiger Arbeit (Beispiel: StB) der sofortige Inlandsbezug allein durch die physische Anwesenheit hergestellt ist, während es bei Gewerbetreibenden (Beispiel: Unternehmensberater) einer festen Einrichtung bedarf und der Inlandsbezug dadurch häufig nicht vorliegt (kritisch dazu auch *Gosch* in *Kirchhof-kompakt* (2003), § 49 Rz. 75 m.w.N.).

aus Gewerbebetrieb, wenn sie nicht unter Nr. 3 bzw. Nr. 4 zu subsumieren sind. Immer wieder hat sich die Rspr. der FG mit »Schach« als Sport auseinandergesetzt.[189] Aufgrund der gesetzesauthentischen Aussage in § 52 Abs. 2 Nr. 21 AO wird man diese Aussage auf § 49 EStG übertragen können. Da Zf die sportliche Darbietung als Simultan-Schachspielerin im Zweifel selbständig ausübt, erzielt sie mit dem Schachspielen Einkünfte gem. **§ 49 Abs. 1 Nr. 3 EStG**.

4. Die Verwertung des – im Inland genutzten – **Know-hows** fällt unter den Auffangtatbestand von **§ 49 Abs. 1 Nr. 9 EStG**, wonach die hierfür bezogenen Vergütungen als Inlandseinkünfte gelten.

5. Mit der Anstellung bei RTL und dem Vorlesen von Quizfragen übt Zf eine nichtselbständige Tätigkeit aus, die zu beschränkt steuerpflichtigen Einkünften nach **§ 49 Abs. 1 Nr. 4 EStG** führt.[190]

2.2.2 Existenzberechtigung von exotischen Regelungen?

Vier z.T. neu gefasste Anwendungsfälle werden näher beleuchtet. Sie lassen die fiskalische Intention des Gesetzgebers nach Ausweitung der BMG deutlich erkennen.

2.2.2.1 § 49 Abs. 1 Nr. 2 Buchst. f Doppelbuchst. bb EStG: Gewerblicher Grundstückshandel sowie Immobilieninvestitionen ausländischer Objektgesellschaften

Mit § 49 Abs. 1 Nr. 2 Buchst. f EStG sollte ab den VZ 1994 eine Besteuerungslücke geschlossen werden. Die Veräußerung von inländischem unbeweglichem Vermögen, von Sachinbegriffen oder Rechten, die im Inland belegen sind, oder die verbrauchende Überlassung von Rechten sind als gewerbliche Inlandseinkünfte steuerpflichtig (Satz 1).[191] Damit sollen stille Reserven erfasst werden, die anlässlich eines **gewerblichen Grundstückshandel** anfallen. Dies gilt auch, wenn sie von ausländischen vermögensverwaltenden Körperschaften realisiert werden (Satz 2).

Die Absicht, ein vermeintliches Steuerschlupfloch durch die Fiktion eines Gewerbebetriebes bei zwischengeschalteten ausländischen KapG[192] zu schließen, offenbarte – im Umkehrschluss – neue Anwendungsprobleme. So wurde lange diskutiert, ob die Erfassung unter **Nr. 2 Buchst. f** auch als Beleg für die konkrete **Gewinnermittlung** des gewerblichen Veräußerungsgewinnes gilt, m.a.W. ob Bilanzierungsgrundsätze anzuwenden sind.[193] In Übereinstimmung mit der h.L. führt der BFH in der Entscheidung vom 05.06.2002 (BFH/NV 2002, 1383) aus, dass es sich bei den Aufgriffstatbeständen des § 49 Abs. 1 Nr. 2 Buchst. f EStG zwar um punktuelle Vorgänge handelt, gelangt aber im Ergebnis zur Anwendung der §§ 4 ff. EStG. Diese Auffassung bestätigt das BMF mit dem Schreiben vom 16.05.2011 (BStBl I 2011, 530). Eine Buchführungspflicht der ausländischen Körperschaften ergibt sich aus den

---

189 Der BFH hat sich nur in einer Entscheidung (1986) mit dem Erwerb der Zeitung »Schach-Echo« mit dem Thema auseinandergesetzt.
190 Die Neufassung des § 49 Abs. 1 Nr. 4 EStG (StÄndG 2001) hat insb. mit dem »neuen« Buchst. c zu Beginn Auslegungsprobleme bereitet. Es ist klarstellend darauf hinzuweisen, dass sich Nr. 4c nur auf Organe von KapG beziehen kann und dass nunmehr ausdrücklich der Prokurist mit aufgeführt ist (zur Bedeutung insb. für das DBA-Schweiz, s. *Schwerdtfeger*, IStR 2002, 361) sowie Urteil des BFH vom 02.04.2005, BFH/NV 2005, 1756.
191 Private Veräußerungsgewinne werden gem. § 49 Abs. 1 Nr. 8 EStG i.V.m. §§ 22 Nr. 2, 23 EStG erfasst.
192 Deutsche KapG werden nach § 8 Abs. 2 KStG ohnehin als gewerblich behandelt. Für (deutsche wie ausländische) PersG gilt § 49 Abs. 1 Nr. 8 EStG unmittelbar.
193 Vgl. *Kroppen* in *H/H/R*, § 49 Anm. 593. S. auch *Gosch* in *Kirchhof-kompakt*, § 49 Rz. 64 (§§ 5 Abs. 1 und 6 Abs. 1 EStG finden Anwendung).

§§ 140, 141 AO entsprechend, wobei selbst ausländische Rechtsnormen eine Buchführungspflicht nach § 140 AO hervorrufen können. Besteht demnach keine Buchführungspflicht, wird der Gewinn durch Einnahmenüberschussrechnung gem. § 4 Abs. 3 EStG ermittelt werden; im Übrigen gem. § 4 Abs. 1 EStG.

2.2.2.2 § 49 Abs. 1 Nr. 2 Buchst. f Doppelbuchst. aa EStG: Vermietung und Verpachtung von inländischem unbeweglichem Vermögen als gewerbliche Einkünfte

Vermietete eine vermögensverwaltende ausländische KapG inländisches unbewegliches Vermögen, wurden die Einkünfte aus der Vermietung aufgrund der isolierenden Betrachtungsweise des § 49 Abs. 2 EStG vor dem JStG 2009 zu den Einkünften aus Vermietung und Verpachtung i.S.d. § 21 Abs. 1 Nr. 1 EStG gezählt, sofern keine inländische Betriebsstätte unterhalten und kein ständiger Vertreter bestellt war. Einkünfte aus der **Veräußerung** hingegen zählten bereits zu dieser Zeit zu **gewerblichen** Einkünften. Durch das JStG 2009 wurden derartige Einkünfte in gewerbliche Einkünfte umqualifiziert aufgrund der Einführung des § 49 Abs. 1 Nr. 2 Buchst. f Doppelbuchst. aa EStG. Absicht war laut Gesetzesbegründung, eine einheitliche Einkünfteermittlung von Vermietungs- und Veräußerungseinkünften zu erreichen. Für die Buchführungspflichten und die Ermittlung des Gewinns gilt das bereits zum gewerblichen Grundstückshandel Beschriebene (BMF vom 16.05.2011, BStBl I 2011, 530).

2.2.2.3 § 49 Abs. 1 Nr. 7 EStG: Wiederkehrende Bezüge

Mit der Einführung der nachgelagerten Rentenbesteuerung durch das AltEinkG (vom 05.07.2004, BGBl I 2004, 1427) wurde auch § 49 Abs. 1 Nr. 7 EStG neu gefasst. Leibrenten und andere Leistungen unterliegen nunmehr der beschränkten Steuerpflicht.

2.2.2.4 § 49 Abs. 1 Nr. 9 EStG: Sonstige Einkünfte gemäß § 22 Nr. 3 EStG

Der lückenfüllende Charakter (»Auffangnorm«) von § 49 Abs. 1 Nr. 9 EStG erschließt sich bereits aus der Nutzungsüberlassung beweglicher Sachen im Inland, da diese nicht unter Nr. 6 (d.h. nicht unter § 21 EStG) fallen.

Für die Praxis viel wichtiger ist die konstitutive Einbeziehung der zeitlich nicht begrenzten privaten Überlassung von **Know-how**, so wie es gesetzestechnisch etwas umständlich mit Erfahrungen, Kenntnissen und Fertigkeiten umschrieben ist. Dem instruktiven Urteil des FG Ba-Wü vom 20.09.2001[194] (EFG 2002, 28) ist eine moderne und griffige Umschreibung geglückt. Danach ist Know-how definiert als »Erfahrungs-Spezialwissen, das einem Dritten, Zeit und Kosten spart und diesem die Möglichkeit zur eigenen Anwendung verschafft«. Es kann zusammengefasst vom einfachen Erfahrungswissen bis hin zur (nichtgeschützten) Erfindung reichen. Entscheidend ist hierbei die Qualität des einzelnen Know-how.

Die Überlassung von **Kundenadressen** subsumierte der BFH im Urteil vom 13.11.2002 (BFH/NV 2003, 397) nicht als steuerpflichtigen Transfer von Know-how, sondern als bloße Überlassung von Datenbeständen. Die Steuerpflicht von Know-how an sich bestätigte der BFH in einem Beschluss (BFH vom 18.03.2009, BFH/NV 2009, 1237).

Auch an dieser Stelle ist auf den Steuerabzug nach § 50a Abs. 1 Nr. 3 EStG hinzuweisen. In der Praxis weit überwiegend werden die Entgelte hierfür als »Lizenzeinnahmen« bezeichnet.

---

194 Im konkreten Fall (Nutzungsüberlassung von Kundenadressen mit Hinweis auf deren Konsumverhalten) verneinte das FG die »Know-how«-Qualität.

2.2.3 Der Tatbestand des § 49 Abs. 1 Nr. 5 EStG (Kapitalforderungen)

Zinseinkünfte aus Kapitalforderungen unterliegen abkommensrechtlich – ähnlich wie Dividenden – dem Verteilungskonzept nach Art. 11 OECD-MA, das sowohl dem Quellenstaat als auch dem Wohnsitzstaat ein Besteuerungsrecht einräumt. Das Quellensteuerrecht wird im Fall von Zinseinkünften gem. Art. 11 Abs. 2 OECD-MA auf 10 % begrenzt.[195]

Allerdings kommt der Besteuerung von Zinserträgen, die Steuerausländer aus Kapitalforderungen (z.B. aus Darlehen, Sparbucheinlagen, verzinslichen Wertpapieren) erzielen, nur eine geringe praktische Bedeutung zu. So verzichtet die BRD bereits in den meisten bilateralen DBA auf ihr Besteuerungsrecht für Zinsen i.S.d. Art. 11 OECD-MA.[196]

Darüber hinaus aber greift die nationale Norm des § 49 Abs. 1 Nr. 5 (und Nr. 7) EStG eine Besteuerung nur unter Voraussetzungen auf, die einen besonders starken Inlandsbezug haben.

Die »self restraint« der Bundesrepublik im Bereich des möglichen (und tatsächlichen) Steueraufkommens widerspricht den politischen Verlautbarungen nach einem einheitlichen und geschlossenen EG-Konzept zur Besteuerung der Kapitaleinkünfte.

Dies zeigt sich auch deutlich an der Neufassung des § 49 EStG durch das JStG 2009. Durch den Wegfall der einjährigen Spekulationsfrist bei Wertpapieren, die bei unbeschränkt StPfl. nun durch § 20 Abs. 2 EStG n.F. unabhängig von deren Haltedauer erfasst werden (sofern sie nicht den Gewinneinkunftsarten zuzurechnen sind), unterliegt bei beschränkt StPfl. nun mangels Aufnahme des § 20 Abs. 2 EStG in den Kanon der inländischen Einkünfte die Veräußerung von Wertpapieren, die nicht von anderen Tatbeständen erfasst ist, nicht mehr der deutschen Besteuerung. Dies gilt insb. für eine im Privatvermögen gehaltene Beteiligung an einer KapG, die weniger als 1 % beträgt und daher nicht von § 17 EStG erfasst wird. Bis zum VZ 2008 wurde dies über § 49 Nr. 8 Buchst. c EStG erfasst. Diese Vorschrift wurde durch das JStG 2009 korrespondierend mit dem Wegfall der einjährigen Spekulationsfrist des § 22 Nr. 2 i.V.m. § 23 Abs. 1 Nr. 2 EStG bei Wertpapieren aufgehoben.

Lediglich über den »Auffangtatbestand« des § 49 Abs. 1 Nr. 5 Buchst. d EStG können diese Wertpapiere noch besteuert werden (§§ 49 Abs. 1 Nr. 5 Buchst. d i.V.m. § 43 Abs. 1 S. 1 Nr. 9 und 10 i.V.m. § 20 Abs. 2 S. 1 Nr. 1, 2b und 7 EStG). Dies setzt allerdings voraus, dass die Wertpapiere gegen Übergabe ausgezahlt oder gutgeschrieben werden und diese vom Kreditinstitut weder verwahrt noch verwaltet werden bzw. gegen Aushändigung der Zinsscheine ausgezahlt oder gutgeschrieben werden und die Teilschuldverschreibungen nicht von dem Schuldner, dem inländischen Kreditinstitut oder dem inländischen Finanzdienstleistungsinstitut verwahrt werden (sog. Tafelgeschäfte).

---

195 Zur Erfassung von Streubesitzdividenden s. Kap. III 3.2.1.
196 Vgl. *Pöllath* in *Vogel*, Art. 11 Ü. 19 und Rz. 6, 21 und 47; ebenso *Schaumburg*, Anm. 5.245 a.E.

Beispiel 2: Der Multi-Anleger aus Friesland
Der 65-jährige A(lt) verlegt seinen Wohnsitz im VZ 10 in das spanische Sonnenparadies »Costa del Illusione«. Er besitzt allerdings noch erhebliche Kapitalanlagen in der BRD und erzielt daraus folgende Einkünfte im VZ 11:
1. Gewinnanteil i.H.v. 3.000 € als typisch stiller G'fter an einer GmbH in Aurich, der ihm ohne jeden Abzug überwiesen wurde,
2. Zinsen i.H.v. 5.000 € aus der Hypothek an einem Grundstück in Leer,
3. Zinsen i.H.v. 7.000 € aus einem Postsparbuch,
4. Zinserträge aus einem »Tafelgeschäft« i.H.v. 10.000 €.

Hat die BRD – unabhängig von dem DBA-Spanien – ein Besteuerungsrecht?

Neben den »Dividendentatbeständen« von § 49 Abs. 1 Nr. 5a EStG[197] i.V.m. § 20 Abs. 1 Nr. 1, 2 und 4 EStG müssen die eigentlichen Kapitalforderungen (Zinsen) nach § 49 Abs. 1 Nr. 5c Doppelbuchst. aa EStG im Inland **dinglich besichert** sein, um eine Steuerpflicht zu begründen. Dies bedeutet, dass zur Sicherheit des Inhabers der Darlehensforderung ein Grundpfand- oder ein Verwertungsrecht an einem Grundstück wirksam bestellt wurde.[198]

Aus kapitalmarktpolitischen Gründen unterliegen solche Kapitalforderungen allerdings nur dann der beschränkten Steuerpflicht gem. § 49 Abs. 1 Nr. 5c Doppelbuchst. cc S. 2 EStG, wenn es sich dabei **nicht** um Zinsen aus Anleihen und Forderungen handelt, die in ein **öffentliches Schuldbuch** eingetragen sind oder über die **Sammelurkunden** i.S.d. § 9a DepotG oder **Teilschuldverschreibungen** ausgestellt sind.

Ungeachtet einer dinglichen Sicherung können auch andere Bezüge i.S.d. § 20 Abs. 1 Nr. 7 EStG eine beschränkte Steuerpflicht nach § 49 Abs. 1 Nr. 5a 2. HS EStG auslösen, sofern es sich um Erträge aus Gewinnobligationen und Wandelanleihen handelt, die von einem inländischen Schuldner ausbezahlt werden.

Nach § 49 Abs. 1 Nr. 5c Doppelbuchst. bb EStG führen Kapitalforderungen aus Genussrechten zu Inlandseinkünften, während mit § 49 Abs. 1 Nr. 5 S. 2 EStG Vorteile aus Kapitalnutzungen erfasst sind.

Weiterhin regelt § 49 Abs. 1 Nr. 5 Buchst. d EStG einen Sondertatbestand für Zinserträge, die gegen Aushändigung der Zinsscheine – also im **Tafelgeschäft**[199] – mit einem inländischen Kreditinstitut erzielt werden. Wiederum eine Ausnahme hiervon wird für ausländische Kreditinstitute als Empfänger der Zinsen gemacht. Als zusätzliche Voraussetzung für das Tafelgeschäft darf die Teilschuldverschreibung, die den Zins garantiert, nicht vom Schuldner oder von dem inländischen Kreditinstitut verwahrt werden.

---

197 Auch hier ist die Neuregelung des Teileinkünfteverfahrens zu beachten: Nachdem gem. § 3 Nr. 40d EStG auch bei **beschränkt StPfl.** nur noch 60 % der Dividende steuerpflichtig ist, wirkt die einbehaltene KapESt gem. § 50 Abs. 5 S.1 EStG übermäßig definitiv. Es muss nämlich berücksichtigt werden, dass die BMG für die (20%ige) KapESt gem. §§ 43 Abs. 1 Nr. 1, 43a Abs. 1 Nr. 1 EStG die 100%ige Bruttodividende ist.
198 Vgl. *Klein* in H/H/R, § 49 Anm. 847.
199 Die komplizierte Definition der Tafelgeschäfte a.a.O. lässt andererseits den Subsumtionsschluss zu, dass es sich bei dem – nicht näher spezifizierten – Schuldner auch um einen ausländischen Schuldner handeln könnte. Nach richtigem Verständnis wird der Begriff des Schuldners auf eine »inländische Zahlstelle« reduziert.

Lösung:

1. Bei den Gewinnanteilen als stiller G'fter gem. § 230 HGB liegen inländische Einkünfte gem. § 49 Abs. 1 Nr. 5a i.V.m. § 20 Abs. 1 Nr. 4 EStG vor, da sich A an einer deutschen GmbH[200] (Inhaber des Handelsgewerbes) beteiligt, wobei diese Einkünfte gem. §§ 43 Abs. 1 Nr. 3, 43a Abs. 1 Nr. 2 EStG mit 25 % kapitalertragsteuerpflichtig sind.
   Für **kapitalertragsteuerpflichtige** Einkünfte tritt jedoch gem. § 50 Abs. 2 S. 1 EStG mit der einbehaltenen Quellensteuer eine **Abgeltungswirkung** ein. Die Einkünfte werden – vorbehaltlich S. 2 – nicht mehr veranlagt. Die Ausnahmetatbestände gem. § 50 Abs. 2 S. 2 EStG (Bezüge als BE etc.) liegen nicht vor.
   Fraglich kann allenfalls sein, ob die Abgeltungswirkung auch dann greift, wenn – wie hier – tatsächlich kein Quellenabzug vorgenommen wurde.
   Nach zutreffender Ansicht des BFH vom 18.05.1994 (BStBl II 1994, 697; dort allerdings für lohnsteuerpflichtige Einkünfte) spielt es keine Rolle, ob der Abzug tatsächlich durchgeführt wurde, da dem FA immer noch der Zugriff auf den abzugspflichtigen Haftungsschuldner (hier: die GmbH) gem. § 44 Abs. 5 EStG verbleibt. Allein entscheidend ist die »rechtliche Einbehaltungspflicht«. Damit werden die Gewinnanteile des A als stiller G'fter nicht mehr veranlagt.
2. Die hypothekarisch gesicherten Zinsen i.H.v. 5.000 € stellen nach § 49 Abs. 1 Nr. 5c Doppelbuchst. aa EStG i.V.m. § 20 Abs. 1 Nr. 5 EStG inländische Einkünfte dar, die keiner KapESt unterliegen.
3. Die Zinsen auf dem Postsparbuch stellen keine inländischen Einkünfte i.S.d. § 49 Abs. 1 Nr. 5 EStG dar. Der Gesetzgeber vertraut an dieser Stelle auf die Steuerehrlichkeit des »Weltbürgers«, der die Einnahmen in der Steuererklärung seines Landes angeben wird.
4. Die ESt auf Zinserträge im Tafelgeschäft wird nach § 43 Abs. 1 Nr. 1 bzw. Nr. 7a und 8 EStG im Weg des KapESt-Abzugs erhoben. Dabei wird aufgrund der Anonymität des Tafelgeschäfts der Kapitalabschlag stets einbehalten. Die KapESt beträgt gem. § 43a Abs. 1 Nr. 1 EStG 25 %.
   Werden Dividendenscheine eingelöst oder Erträge realisiert, die aus inländischen oder ausländischen Investmentanteilen herrühren, gilt gem. § 43 Abs. 1 Nr. 1 EStG auch eine KapESt von 25 %.
   In beiden Fällen greift die Abgeltungswirkung von § 50 Abs. 5 EStG. Die Erträge aus den Tafelgeschäften sind bereits berücksichtigt.

Ergänzend wird darauf hingewiesen, dass dem beschränkt StPfl. in DBA-Fällen die Möglichkeit bleibt, einen Antrag nach § 50d EStG beim BMF auf Erstattung des – jeweils zulässigen – KapESt-Satzes zu stellen (vgl. auch das Schreiben des BMF vom 01.10.2009, BStBl I 2009, 1172, Rz. 87). Dies ist notwendig, da der Einbehalt von KapESt durch § 50d Abs. 1 EStG unabhängig davon erfolgt, ob Deutschland das Besteuerungsrecht an diesen Kapitalerträgen zusteht. Gem. § 50d Abs. 2 EStG ist es dem Schuldner der KapESt auf Antrag (und Bewilligung durch das BZSt) in den dort genannten Fällen unter gewissen Voraussetzungen möglich, den Steuerabzug ganz oder teilweise zu unterlassen (sog. Freistellung im Steuerabzugsverfahren).

---

[200] So führt nach dem BFH-Urteil vom 25.02.2004 (BB 2004, 1210) die Beteiligung an einer GmbH und damit verbunden die »Vergütung von Körperschaftsteuer« zum Begriff der Dividende i.S.d. Art. 10 DBA-Schweiz und damit zu einem Anwendungsfall des § 49 Abs. 1 Nr. 5 EStG.

2.3 Die isolierende Betrachtungsweise des § 49 Abs. 2 EStG

Die Einkunftsqualifizierung nach § 49 Abs. 1 EStG wird wesentlich durch die isolierende Betrachtungsweise des § 49 Abs. 2 EStG beeinflusst. Nach dem sehr umstrittenen Wortlaut[201] bleiben »im Ausland gegebene Besteuerungsmerkmale außer Betracht, soweit bei ihrer Berücksichtigung inländische Einkünfte i.S.d. § 49 **Abs.** 1 EStG nicht angenommen werden können«.

Auslöser für den 1974 eingefügten Abs. 2 war die Rspr. des RFH[202] und des BFH[203], wonach ausländische KapG im Inland Zinsen vereinnahmten bzw. selbständige Einkünfte realisierten, **ohne** in Deutschland eine **Betriebsstätte** begründet zu haben. Das Problem lag nun darin, dass eine KapG nach deutschem Steuerrecht (§ 8 Abs. 2 KStG) immer gewerbliche Einkünfte erzielt und damit die Subsidiarität des § 20 Abs. 3 EStG (statt Kapitaleinkünfte: gewerbliche Einkünfte) auslöst. Andererseits sind gewerbliche Einkünfte einer ausländischen KapG wegen § 49 Abs. 1 Nr. 2a EStG nur dann steuerbar, wenn im Inland eine Betriebsstätte vorliegt.

Die Anwendungsfälle bezogen sich folglich auf **KapG ohne inländische Betriebsstätte** mit Einkünften, die nach inländischem Steuerrecht – kraft Subsidiarität – als gewerbliche Einkünfte zu qualifizieren waren (z.B. aus V + V). Das Dilemma war offensichtlich: Ohne »korrigierende« Rspr. bzw. ohne gesetzliche Lösung wären nicht alle Steuermerkmale verwirklicht, so dass keine steuerbaren Einkünfte vorlägen.

Mit der absolut h.M. wird § 49 Abs. 2 EStG (1974) nur als Bestätigung der bisherigen Rspr. interpretiert, was im Ergebnis auf eine **Aufhebung der Subsidiaritätsregeln** hinausläuft. Damit können ausländische KapG ohne inländische Betriebsstätte (fast) alle vom Katalog des § 49 EStG aufgelisteten Einkünfte erzielen. Lediglich selbständige Einkünfte gem. § 15 EStG bleiben den ausländischen KapG vorenthalten, da § 15 und 18 EStG sich gegenseitig ausschließen und nicht im Verhältnis der Subsidiarität zueinander stehen.

Die später eingefügten § 49 Abs. 1 Nr. 2d und 9 EStG bestätigen diese Auslegung des § 49 Abs. 2 EStG als »Kodifikation der Rspr.«: Danach gelten z.B. Vergütungen für überlassenes Know-how, die eine ausländische KapG ohne inländische Betriebsstätte erzielt, als sonstige, inländische Einkünfte gem. § 49 Abs. 1 Nr. 9 EStG.

Der **eindeutige** Wortlaut zur **isolierenden Betrachtungsweise** müsste demnach lauten:

»Die im EStG geltenden Subsidiaritätsregeln (§ 20 Abs. 3, § 21 Abs. 3, § 22 Nr. 1 und 3 sowie § 23 Abs. 2 EStG) finden bei Beteiligung ausländischer Steuersubjekte keine Anwendung, soweit ihre Berücksichtigung eine Besteuerung als Inlandseinkünfte nicht zuließe.«

---

201 Ganz deutlich *Kluge,* Anm. Q 15: »Der Wortlaut vermittelt nichts«. Ähnlich *Clausen* in *H/H/R*, § 49 Anm. 1220. Auch *Gosch* in *Kirchhof-kompakt*, § 49 Rz. 161 muss die Norm »wenden«, um sie zu kommentieren.
202 RFH vom 07.02.1929 (RStBl 1929, 193).
203 BFH in ständiger Rspr.; letztes Urteil vom 20.02.1974 (BStBl II 1974, 511), vor Einführung des § 49 Abs. 2 EStG.

3 Durchführung der Besteuerung sowie Verfahrensfragen

3.1 Charakterisierung der §§ 50 und 50a EStG

§ 50 EStG normiert die Voraussetzungen, unter denen konkret beschränkt StPfl. besteuert werden (s. dazu nochmals die Übersicht in Kap. 2), entweder:

- im Abzugsverfahren oder
- durch Veranlagung oder
- im Rahmen eines Erstattungsverfahrens (seit JStG 2009 als Veranlagungswahlrecht ausgestattet).

§ 50 EStG enthält im ersten Absatz materiell-rechtliche Grundsätze der Besteuerung, in den Absätzen 2 bis 4 sowie in § 50a EStG verfahrensrechtliche Sondervorschriften zur Durchführung der Besteuerung an der Quelle bzw. zur Erstattung der Quellensteuer. Beide Normenkomplexe führen dazu, dass die persönlichen Verhältnisse weitgehend unberücksichtigt bleiben. Von daher rührt auch der **objektsteuerartige** Charakter der beschränkten Steuerpflicht.

Zahlreiche Änderungen – auch aufgrund der EuGH-Rspr. – lassen die »Reparaturanfälligkeit«, insb. von § 50 EStG erkennen. Die Probleme hängen sowohl mit der Vorgabe des Grundgesetzes wie des Gemeinschaftsrechts zusammen.

Zwischenzeitlich (durch das JStG 2009) hat sich der Gesetzgeber der europarechtlichen Bedenken angenommen. Dies führt ab VZ 2009 zu entsprechenden Änderungen.

3.2 Die Ermittlung der Bemessungsgrundlage bei § 50 EStG (unter Einbeziehung des § 49 EStG)

3.2.1 Die Einkunftsarten in der beschränkten Steuerpflicht – Gesamtschau

Bei einem ersten Vergleich der **Gewinneinkünfte** – hier: derjenigen aus Gewerbebetrieb und aus selbständiger Arbeit – fällt bereits bei einem Direktvergleich von § 49 Abs. 1 Nr. 2 und 3 EStG auf, dass der Gesetzgeber unterschiedliche inlandsqualifizierende Merkmale zugrunde legt.

Während gewerbliche inländische Einkünfte eine feste örtliche Beziehung (Betriebsstätte bzw. ständiger Vertreter) voraussetzen, verzichtet § 49 Abs. 1 Nr. 3 EStG auf die gegenständliche Fixierung. Damit unterwirft § 49 Abs. 1 Nr. 3 EStG grundsätzlich jede Tätigkeit (einschließlich der Verwertung[204]) eines Selbständigen im Inland der Steuerpflicht, während diese Rechtsfolge bei einem Gewerbetreibenden nur bei einer örtlichen Radizierung gilt. Ohne auf die Hintergründe – und damit auf die Verträglichkeit mit Art. 3 GG – näher einzugehen, soll nur erwähnt sein, dass beide Gewinneinkunftsarten nach dem neuen Muster-DBA trotz unterschiedlicher Vorwegbehandlung nach § 49 EStG in völkerrechtlicher Hinsicht »über

---

[204] Der Begriff der Verwertung ist durch den BFH vom 12.11.1986 (BStBl II 1987, 379) dahingehend eingeschränkt worden, dass er nur greift, wenn gleichzeitig keine inländische Ausübung vorliegt. Die Tatbestände der Verwertung (z.B. inländischer Verkauf eines im Ausland erstellten Werkes) sind jedoch weitgehend bedeutungslos, da meistens durch die DBA ein deutscher Steueranspruch ausgeschlossen ist.

einen Kamm geschoren« werden. Art. 14 OECD-MA, der bislang den Zugriff auf selbständige Einkünfte von einer »festen inländischen Einrichtung« abhängig gemacht hat, ist in Art. 7 OECD-MA aufgegangen. Damit werden sich in Zukunft beide Gewinnermittlungsarten abkommensrechtlich im Kern[205] nicht mehr unterscheiden.

Deutlicher fallen die Unterschiede beim **Überkreuz-Vergleich** zwischen der Gewinneinkunftsart aus selbständiger Arbeit (§ 18 EStG) und der Überschusseinkunftsart aus nicht selbständiger Arbeit (§ 19 EStG) aus. Vorgreiflich der materiell-rechtlichen Unterschiede werden **erhebungstechnisch** ausländische Freiberufler veranlagt, während die inländischen Einkünfte ausländischer AN grundsätzlich dem Steuerabzug an der Quelle unterliegen (§ 50 Abs. 2 S. 1 EStG). Eine Ausnahme hiervon macht wiederum § 50 Abs. 2 S. 2 Nr. 4 Buchst. b i.V.m. § 46 Abs. 2 Nr. 8 EStG, der bei beschränkt steuerpflichtigen AN aus der EU bzw. aus dem EWR eine Antragsveranlagung zulässt (wichtig für Verlustausgleich und Steuerprogression).

3.2.2 Die Einkunftsermittlung im Einzelnen, insbesondere Geltung des objektiven Nettoprinzips sowie die Verlustberücksichtigung

Nach § 50 Abs. 1 S. 1 EStG sind BA und WK nach Maßgabe des Veranlassungsprinzips (§ 4 Abs. 4 EStG) abzugsfähig, sofern sie mit inländischen Einkünften zusammenhängen.[206] Der Bezug zu den inländischen Einkünften (nicht: zu den Einnahmen) ermöglicht auch den Abzug von nachträglichen und vorweggenommenen BA/WK.

Ab VZ 2009 sind sowohl die WK-Pauschbeträge (§ 9a EStG) als auch der Altersentlastungsbetrag (§ 24a EStG) in allen (Einkunftsarten-)Fällen anzuwenden.

Den Verstoß gegen das objektive Nettoprinzip bei beschränkter Steuerpflicht (ausschließliche Berücksichtigung des inländischen Erwerbsaufwands) nimmt der BFH in einer Entscheidung aus dem Jahre 2004 zum Anlass, die Frage dem EuGH vorzulegen und gemeinschaftsrechtskonform entscheiden zu lassen:

Im Beschluss vom 26.05.2004 (BStBl II 2004, 991) ging es um die Erstattung der Abzugsteuer für eine ausländische KapG (bei sportlicher Darbietung im Inland), die an § 50 Abs. 5 Nr. 3 S. 2 EStG a.F. zu scheitern droht, wonach die Erstattung verweigert wird (d.h. es bleibt bei der Abzugsteuer), wenn die BA weniger als die Hälfte der Einnahmen betragen. Im Hinblick auf die »Gerritse-Entscheidung« des EuGH vom 12.06.2003 (BStBl II 2003, 859) und auf das »Scorpio«-Urteil vom 03.10.2006 (IStR 2006, 743) sollen nach der Erkenntnis des BFH EU-Steuerausländer unter sonst gleichen Verhältnissen nicht höher besteuert werden als Steuerinländer.

Der Freibetrag nach § 16 Abs. 4 EStG kommt – nach wie vor (auch ab VZ 2009) – nicht zur Anwendung.

Beispiel 3: Der veranlagte ausländische AN
Die Elsässerin E arbeitet als angestellte Dolmetscherin beim deutschen Südwestfunk. E erhält dafür einen monatlichen Arbeitslohn von 3.000 €; sie wählt die ESt-Veranlagung nach § 50

---

[205] Es wird darauf hingewiesen, dass einige der in Art. 16 und 17 OECD-MA genannten Tätigkeiten (Aufsichtsrat, Sportler, Künstler) durchaus im Einzelfall in der Einkunftsart des § 18 EStG erfolgen.
[206] Dabei reichen ein rein rechtlicher, örtlicher oder zeitlicher Zusammenhang alleine nicht aus (*H/H/R*, § 50 Rz. 40).

Abs. 2 S. 2 Nr. 4 Buchst. b i.V.m. § 46 Abs. 2 Nr. 8 EStG. § 1 Abs. 3 EStG sowie § 1a EStG kommen nicht zur Anwendung.

Lösung: Aufgrund der gewählten ESt-Veranlagung werden WK nur bei einem engen wirtschaftlichen Zusammenhang mit den Inlandseinkünften als Dolmetscherin zum Abzug zugelassen. Statt eines ggf. geringeren WK-Einzelnachweises kann der veranlagte AN auch den WK-Pauschbetrag gem. § 9a S. 1 Nr. 1 EStG für die Monate der Arbeit in der BRD (1.044 € p.a.) abziehen. Zusätzlich kann E gem. § 50 Abs. 1 S. 4 EStG den SA-Pauschbetrag sowie die Vorsorgepauschale nach § 10c EStG ansetzen. Als Ausnahme vom Abzugsverbot der existentiellen Aufwendungen (s. Kap. 3.2.3) können ausländische AN den zeitanteiligen Abzug der Pauschbeträge nach § 10c Abs. 1 EStG (SA-Pauschbetrag) sowie nach § 10c Abs. 2 und 3 EStG (Vorsorgepauschale) geltend machen.

Die zugestandenen **SA-Pauschalen für EU-AN (bzw. EWR-AN)** haben ihre Berechtigung darin, dass AN-Einkünfte grundsätzlich einheitlich, d.h. nur in einem Staat, erfasst werden. Von daher sollte auch der persönliche Aufwand abzugsfähig sein, wenn die Besteuerung im Quellenstatt stattfindet.

Die Zubilligung des WK-Pauschbetrages hingegen ist nur ein vermeintliches Privileg des AN, da ihm damit der Abzug höherer WK grundsätzlich[207] versagt bleibt.

Eine Einschränkung hinsichtlich der Verlustnutzung gem. § 10d EStG und des Verlustausgleichs gem. § 2 Abs. 3 EStG besteht ab dem VZ 2009 nicht mehr. Dies gilt nur, soweit ein Steuerabzug keine abgeltende Wirkung hat gem. § 50 Abs. 2 S. 1 EStG.

Die **Aufbewahrungspflicht** für Unterlagen, die zu einem Verlustabzug (§ 10d EStG) berechtigen, ist ab VZ 2009 generell **aufgehoben** worden.

Während beim Abzug des Erwerbsaufwands die einzelnen Einkunftsarten unterschiedlich (z.B. voller Abzug der inländischen BA bei Freiberuflern und Gewerbetreibenden[208] und WK-Pauschale bei AN-Einkünften) behandelt werden, bleiben die Verluste bei Abzugseinkünften unberücksichtigt. Die Ausnahmefälle für diese Abgeltungstatbestände sind allerdings durch das JStG 2009 deutlich erweitert worden (§ 50 Abs. 2 S. 2 EStG).

Etwaige Einzelverstöße – insb. gegen das Freizügigkeitsgebot des AEUV – werden vom EuGH durch eine ganzheitliche Betrachtung (Saldierung der Vor- und Nachteile) weitgehend sanktioniert.

Als gemeinschaftswidrig wird allerdings vom BFH im Beschluss vom 26.05.2004 (BStBl II 2004, 994) das Verbot des Abzugs von Steuerberatungskosten – und damit allgemein das Verbot des individuellen Sonderausgaben-Abzugs angesehen.

Das bestehen bleibende Abzugsverbot für Sonderausgaben ist **ab VZ 2009** um die **haushaltsnahe Beschäftigung (§ 50 Abs. 2 S. 2 EStG)** erweitert worden.

---

207 Gegenmaßnahme: Rechtzeitiger Eintrag eines Freibetrags auf die Bescheinigung nach § 39d EStG.
208 Innere Berechtigung: Es erfolgt hier eine Aufteilung des Besteuerungsgutes nach Quellenstaat und Ansässigkeitsstaat!

3.2.3 Die weiteren Komponenten der Ermittlung des zu versteuernden Einkommens

§ 50 Abs. 1 S. 3 EStG schließt bei Nicht-AN gänzlich den Abzug von SA nach §§ 10 und 10a EStG aus[209]; davon sind auch die Pauschbeträge des § 10c EStG betroffen.[210] Ebenso wenig können außergewöhnliche Belastungen (§§ 33–33c EStG) abgezogen werden.

Der Freibetrag nach § 32 Abs. 6 EStG (Kinderfreibetrag) ist gem. § 50 Abs. 1 S. 3 EStG ebenfalls nicht abziehbar. Tarifvergünstigungen sind nur eingeschränkt möglich[211], weitere Tarifermäßigungen sind generell nicht zugelassen.[212]

3.2.4 Sonstiges (vertikales Steuerrecht/Tarifrecht)

Die tarifliche Steuer bemisst sich bei der Veranlagung gem. § 50 Abs. 1 S. 2 EStG nach dem Grundtarif des § 32a Abs. 1 EStG (zuzüglich »Soli« gem. § 4 SolZG). Der in § 50 Abs. 3 S. 2 EStG a.F. niedergelegte **Mindeststeuersatz von 25 %** fand bis einschließlich VZ 2008 nur bei veranlagter ESt Anwendung[213] und wurde ab VZ 2009 durch den **Tarif für Steuerinländer** ersetzt, **ohne** dass der **Grundfreibetrag** angesetzt wird (§ 50 Abs. 1 S. 2 EStG[214]). Siehe hierzu Näheres unter Kap. 3.3.2.

Sowohl das Splitting-Verfahren bei Zusammenveranlagung (§ 26 Abs. 1 S. 1 EStG) als auch der Progressionsvorbehalt nach § 32b EStG sind bei beschränkter Steuerpflicht nicht anwendbar, da beide Tarifbestimmungen die unbeschränkte Steuerpflicht voraussetzen.

3.3 Der Sondertatbestand des § 50a EStG – Die Neufassung des § 50a EStG (ab VZ 2009)[215]

3.3.1 Anwendungsbereich: Steuerabzug bei beschränkt Steuerpflichtigen

Nach § 50a Abs. 1 Nr. 1–4 EStG erfolgt eine geschlossene Aufzählung aller Abzugstatbestände (Numerus-clausus-Prinzip).

Der positive Anwendungsbereich einerseits und der (negative) Ausschlussbereich andererseits lassen sich aus einer Gesamtschau der neuen Positivliste sowie aus dem Umkehrbild der nicht erfassten Tatbestände wie folgt erfassen:

---

[209] Soweit hiervon Steuerberaterkosten betroffen sind (waren), sieht der EuGH (Urteil vom 06.07.2006, BStBl II 2007, 350) hierin einen Verstoß gegen Art. 43 EGV (Niederlassungsfreiheit). Das BMF hat sich dieser Auffassung im Schreiben vom 17.04.2007, BStBl I 2007, 451, für alle offenen Fälle angeschlossen; das Problem ist durch den Wegfall des § 10 Abs. 1 Nr. 6 EStG seit 2006 heute obsolet.
[210] Der ausländische AN hat die Möglichkeit, anstelle des ihm zustehenden SA-Pauschbetrages die tatsächlichen Aufwendungen i.S.d. § 10b EStG anzusetzen.
[211] So ist § 34 EStG nur bei Veräußerungsgewinnen nach § 16 und 18 EStG anwendbar.
[212] S. auch *Wied*, § 50 Rz. 39.
[213] Quellensteuerpflichtige Einkünfte sind durch den Abzug abgegolten.
[214] Rückausnahme (d.h. Berücksichtigung des Grundfreibetrags) bei AN-Einkünften (§ 50 Abs. 1 S. 2 2. HS EStG).
[215] Vgl. auch *Rüping*, IStR 2008, 575.

Steuerabzug	Kein Steuerabzug
Nr. 1: inländische künstlerische, sportliche, artistische und unterhaltende Darbietung inkl. akzessorischer Nebenleistungen	die Berufe des § 50a Abs. 4 Nr. 2 EStG a.F.: Schriftsteller, Journalisten, Bildberichterstatter einschl. Medienarbeit
Nr. 2: inländische Verwertung inländischer Darbietungen der Nr. 1	inländische Verwertung ausländischer Darbietungen nach Nr. 1
Nr. 3: Nutzungsüberlassungen von Rechten etc. (Lizenzvergütungen) u.a.[216]	Überlassung beweglicher Sachen sowie Veräußerungserlöse von Rechten
Nr. 4: Aufsichtsrats-, Verwaltungsratsvergütungen und vergleichbare Überwachungshonorare	s. Altfassung des § 50a Abs. 2 EStG a.F.: nur für Aufsichtsratsvergütung!

3.3.2 Besonderheiten

Findet ein Steuerabzug statt, so werden die betroffenen Einkünfte bei der Veranlagung nicht mehr berücksichtigt.

In folgenden Fällen tritt die **Abgeltungswirkung nicht** ein: Einkünfte aus inländischem Betrieb (§ 50 Abs. 2 S. 2 Nr. 1 EStG):

- nachträgliches Nichtvorliegen der Voraussetzungen der Sonderfälle der unbeschränkten Steuerpflicht nach §§ 1 Abs. 2 und 3 sowie 1a EStG,
- jahresmittiger Wechsel der persönlichen Steuerpflicht nach § 2 Abs. 7 S. 3 EStG,
- AN-Veranlagung nach Antrag (§ 50 Abs. 2 S. 2 Nr. 4b EStG),
- AN-Veranlagung nach Bescheinigung (§ 50a Abs. 2 Nr. 4a EStG),
- Beantragung der Veranlagung bei Einkünften, die dem Steuerabzug nach § 50a Abs. 1 Nr. 1, 2 und 4 EStG unterliegen.

Im Fall der **Veranlagung** bemisst sich die Einkommensteuer nach dem Grundtarif des § 32a Abs. 1 EStG. Die bis zum VZ 2008 geltende Mindestbesteuerung von 25 % wurde durch das JStG 2009 auch wegen vorheriger europarechtlicher Bedenken abgeschafft. Vorausgegangen war ein Urteil des BFH vom 19.11.2003 (BStBl II 2004, 773), der die Mindestbesteuerung für gemeinschaftsrechtswidrig erachtete, sofern diese höher war als die Besteuerung bei Anwendung des progressiven Steuersatzes auf die Nettoeinkünfte zzgl. eines Betrages i.H.d. Grundfreibetrages. In Höhe dieser Differenz wurde die Einkommensteuer nicht festgesetzt. Allerdings galten diese Grundsätze nach einem Schreiben des BMF vom 10.09.2004 (BStBl I 2004, 860) nur für StPfl., die im jeweiligen Veranlagungszeitraum zumindest zeitweise Staatsangehörige eines Mitgliedsstaates der Europäischen Union gewesen sind oder eines Staates, auf den das Abkommen über den Europäischen Wirtschaftsraum anwendbar ist, und im Hoheitsgebiet eines dieser Staaten ihren Wohnsitz oder gewöhnlichen Aufenthalt haben.

Dennoch gelten für beschränkt StPfl. im Rahmen einer Veranlagung nach wie vor diverse Sondervorschriften, die in § 50 Abs. 1 EStG geregelt sind. Zu nennen ist insb., dass

---

216 Im Zusammenhang mit der Einführung des § 49 Abs. 1 Nr. 2 Buchst. g EStG wurde auch § 50a Abs. 1 Nr. 3 EStG durch das JStG 2010 ergänzt, da Transferentschädigungen an Berufssportler nach dem Willen des Gesetzgebers ebenfalls dem Steuerabzug unterlegen sollen.

bei beschränkt StPfl. weder der Grundfreibetrag gewährt wird (§ 50 Abs. 1 S. 2 EStG, mit Ausnahme bei AN-Einkünften (Rückausnahme)) noch können beschränkt steuerpflichtige Ehegatten zusammenveranlagt werden, da dies eine unbeschränkte Steuerpflicht voraussetzt. Des Weiteren sind Betriebsausgaben und Werbungskosten nur insoweit abziehbar, als sie mit den inländischen Einkünften zusammenhängen. Auch die Möglichkeiten des Verlustabzuges und des Verlustausgleiches sind bei beschränkt StPfl. eingeschränkt.

Wie bereits erwähnt, hat der BFH entschieden, dass beschränkt steuerpflichtige EU-Bürger unter sonst gleichen Umständen nicht höher als Steuerinländer besteuert werden sollen. Besonders deutlich wird dies im Fall des Steuerabzuges mit Abgeltungswirkung, weil hier Betriebsausgaben und Werbungskosten nicht geltend gemacht werden können.

Das BMF hat hierauf mit Schreiben vom 05.04.2007 (BStBl I 2007, 449) verfügt, dass

- Betriebsausgaben eines EU-/EWR-beschränkt StPfl., die in unmittelbarem Zusammenhang mit dessen inländischen Einkünften stehen, beim Steuerabzug nach § 50a Abs. 4 EStG a.F. berücksichtigt werden, wenn sie 50 % der Einnahmen übersteigen.
- In diesem Fall beträgt der Steuerabzug 40 % des positiven Unterschiedsbetrages zwischen den Einnahmen und den unmittelbaren Erwerbsaufwendungen.

Im Schreiben des BMF vom 03.11.2003 (BStBl I 2003, 553), welches durch das zuvor zitierte Schreiben nicht aufgehoben wurde, wird zudem für Einkünfte, die dem Steuerabzug nach § 50a Abs. 4 Nr. 1 und 2 EStG a.F. (nicht aber bei Einkünften, die der Kapitalertragsteuer unterliegen, und solchen, die unter den Steuerabzug nach § 50a Abs. 4 Nr. 3 EStG a.F. fallen) unterliegen, in Reaktion auf die »Gerritse-Entscheidung« ein Antragsrecht des beschränkt StPfl. auf teilweise Erstattung der einbehaltenen Steuer begründet.[217] Demnach wird die Steuer soweit erstattet, wie sie die tarifliche Einkommensteuer eines unbeschränkt StPfl. mit Einkünften in gleicher Höhe zzgl. des Grundfreibetrages ergibt. Diese Regelung ist im Gegensatz zur vorherigen, nicht auf EU-/EWR-Bürger beschränkt und trägt dem Grundsatz Rechnung, dass EU-Bürger unter sonst gleichen Umständen nach der zitierten Rechtsprechung des EuGH nicht höher besteuert werden sollen, als unbeschränkt StPfl.

Diese einschränkende Regelung ist aber knapp zwei Monate vor dem Ergehen des BMF-Schreibens von dem EuGH (vom 15.02.2007, DB 2007, 832, Fall »Centro Equestre«) für unzulässig erklärt worden. Auch ist der Steuersatz von 40 % des Überschusses/Gewinnes nicht mit der »Gerritse-Entscheidung« des EuGH zu vereinbaren. Die EU-Kommission hat aufgrund dieser Regelungen im März 2007, gestützt auf die EuGH-Urteile »Scorpio« und »Centro Equestre«, ein Vertragsverletzungsverfahren gegen Deutschland eingeleitet (IP/07/413, Az. 1999/4852).

Durch das JStG 2009 ist § 50a EStG neu strukturiert und an die Anforderungen der EuGH-Rechtsprechung angepasst worden (Quellensteuer).

Auch nach der Neufassung des § 50 EStG können die obersten Finanzbehörden der Länder oder die von ihnen beauftragten Finanzbehörden gem. § 50 Abs. 4 EStG mit Zustimmung des BMF die ESt ganz oder teilweise erlassen oder in einem Pauschbetrag festsetzen. Voraussetzung hierfür ist, dass dies in einem besonderen öffentlichen Interesse liegt.[218]

---

217 Der Vergütungsschuldner darf aber den Steuerabzug unterlassen, wenn die Zahlungen wegen Liebhaberei nicht zu steuerpflichtigen Einkünften des ausländischen Vergütungsgläubigers führen (BFH-Beschluss vom 02.02.2010, BFH/NV 2010, 878).
218 Dieses Vorliegen öffentlichen Interesses wird durch das JStG 2010 eingeschränkt.

4 Treaty Overriding

Mit den DBA hält im internationalen Steuerrecht eine zweite Dimension Einzug. Die DBA-Regeln sorgen für Konfliktpotenzial, das mit dem Methodenartikel alleine – und der reduzierenden Auslegung zu § 2 AO – nicht aus der Welt zu schaffen ist. Im Speziellen sind es die nationalen Quellensteuern, deren Einbindung in das bipolare System der Anrechnung bzw. Freistellung Schwierigkeiten bereitet.

§ 50d EStG ist im Spannungsfeld zwischen nationalem Quellensteuerabzug, dem Erstzugriff des deutschen Fiskus auf bestimmte Einkunftsquellen und der Steuerbefreiung durch bilaterales Völkerrecht der Vertragsstaaten (DBA) angesiedelt. Es enthält dabei unilaterale Antworten, die als »Überschreiben« (d.h. Korrektur) der DBA-Regeln (sog. Treaty Overriding) bezeichnet werden. Folgende zwei Eckpfeiler erleichtern das Gesamtverständnis:

- Es wird von der Lit. grundsätzlich für zulässig erachtet, dass – trotz angeordneter Steuerfreiheit bestimmter (Kapital-)Erträge – es gegenüber beschränkt StPfl. zulässig sei, zunächst das (fiskalische) Abzugsverfahren durchzuführen.[219]
- Im Detail äußert der BFH jedoch Bedenken, ob dies für alle Steuern und gegenüber jedem Steuerbürger gelte. Während der BFH für die KapESt keine Bedenken gegen das fiskalische Prärogativ (zuerst staatliches Abzugsverfahren) äußert[220], soll dies für die LSt bei steuerfreien Abfindungen und beim Steuerabzug nach § 50a EStG[221] anders sein.

Die meisten DBA erlauben ebenfalls ein zweispuriges, abgestuftes Verfahren der hier geschilderten Art.

4.1 Struktur und historischer Abriss

4.1.1 Aufbau der Norm

Die Kernaussage des § 50d EStG besteht in der Fortgeltung des **vollen Quellensteuerabzugs** für Kapitaleinkünfte und für die Abzugsteuern nach § 50a EStG auf der **ersten Stufe**, auch wenn der Quellenabzug – nach nationalen Normen oder nach DBA – limitiert[222] oder ganz ausgeschlossen sein sollte (»in dubio pro fisco«).

Erst in einem **zweiten** Schritt erhält der ausländische Gläubiger – nach materieller und verfahrensrechtlicher Prüfung – ggf. eine **Erstattung** der zu viel einbehaltenen Quellensteuer. Dieser Grundsatz ist in § 50d Abs. 1 EStG (materiell) i.V.m. § 50d Abs. 4 EStG (Formvorschriften) festgelegt. In den Abs. 2 und 5 leg. cit. werden von dem vorgenannten Procedere zwei **Ausnahmen** gemacht:

- Bei Vorliegen einer Freistellungsbescheinigung kann der Schuldner der Kapitalerträge (Kreditinstitut, KapG, Veranstalter) von Anfang an die »richtige« Quellensteuer einbehalten (§ 50d Abs. 2 EStG).
- Nach § 50d Abs. 5 EStG kommt als zweite Ausnahme das Kontrollmeldeverfahren zur Anwendung; dieses ist ein vereinfachtes Freistellungsverfahren, das allerdings auf die Fälle des § 50a Abs. 1 Nr. 3 (Lizenzfälle etc.) EStG beschränkt ist.

---

219 Statt aller *Schmidt/Loschelder*, § 50d Rz. 4.
220 BFH vom 16.12.1987 (BStBl II 1988, 600).
221 BFH vom 27.07.1988 (BStBl II 1989, 205).
222 Aufgrund DBA oder nach § 43b EStG.

§ 50d Abs. 3 EStG ist eine Vorschrift gegen den Missbrauch von Steuerentlastungen nach § 43b EStG. Sie ist gegen die Zwischenschaltung nicht berechtigter ausländischer KapG gerichtet (sog. »Anti-treaty-shopping«[223] und »Anti-directive-shopping«[224]).

§ 50d Abs. 7 EStG ordnet für die sog. »Kassenstaatsklausel« der DBA an, dass Vergütungen aus öffentlichen Kassen (§ 49 Abs. 1 Nr. 4 EStG) im auszahlenden Staat besteuert werden.

4.1.2 Gesetzeshistorie

§ 50d EStG hat in seiner jungen Geschichte (eingeführt 1989) bereits einige Änderungen erfahren. Die (wohl) gravierendste Änderung ist ab VZ 2002 (StÄndG 2001) eingeführt worden.

Bei der Altfassung des § 50d EStG (gültig bis VZ 2001) drohte durch eine BFH-Entscheidung vom 11.10.2000 (BStBl II 2001, 291) der Leerlauf des Steuerabzugsverfahren für »ausländische« Kapitaleinkünfte und für Sonderentgelte gem. § 50a EStG.

§ 50d EStG a.F. ermöglichte ebenfalls das zweistufige Verfahren (1. Voller Einbehalt und ggf. 2. Erstattung). Die Erstattung führte mittels Freistellungsbescheid auch zu (vorteilhaften) Konsequenzen für den Vergütungsschuldner. Die erforderliche **Freistellungsbescheinigung** konnte aufgrund des o.g. BFH-Urteils noch **nach Ablauf**[225] des Festsetzungsverfahrens beantragt und **rückwirkend** ausgestellt werden. Dieser verfahrensrechtliche Hebel wurde häufig eingesetzt, um mittels Erstattungsansprüche die Haftungsschuld ins Leere laufen zu lassen. M.a.W. konnte das Erscheinen des FA (meist i.R.d. AP) abgewartet werden, um – bei Erlass eines Haftungsbescheides – noch zu reagieren.

§ 50d Abs. 1 und – v.a. Abs. 2 – EStG n.F. haben der ermöglichten Verfahrensverschleppung (besser: der Umkehr der Mitwirkungspflichten) einen Riegel vorgeschoben.

4.2 Die einzelnen Regelungsbereiche

4.2.1 Das zweistufige Verfahren

Auf der **ersten Stufe** (Einbehaltung, Abführung und Anmeldung der Abzugsteuer) sind vom Vergütungsschuldner (KapG, Kreditinstitut, Veranstalter) die §§ 43 ff., 50a EStG uneingeschränkt zu befolgen (§ 50d Abs. 1 S. 1 EStG). Bei Verletzung der o.g. Obliegenheitspflichten kommt es i.d.R. zu einem Haftungsbescheid gegen den Vergütungsschuldner gem. § 191 AO.

Auf der **zweiten** Stufe, dem Erstattungsverfahren, ist zunächst klarzustellen, dass eine etwaige Erstattung rechtlich nur dem **Vergütungs-Gläubiger**[226] (Dividendenbezieher, Sportler etc.) zusteht (§ 50d Abs. 1 S. 2 EStG)[227]:

---

223 Mit »Anti-treaty-shopping« ist der Handel mit und das Ausnützen von DBA-Vorteilen gemeint.
224 Mit »Anti-directive-shopping« ist der Handel und das Ausnützen von EG-Richtlinien (insb. der Mutter-Tochter-Richtlinie) gemeint; zur Terminologie s. auch *Blümich-Wied*, § 50d Rz. 21 und 30.
225 Der BFH hat für die Freistellungsbescheinigung die Auffassung vertreten, dass es sich hierbei um einen sonstigen VA i.S.d. §§ 130 f. AO handelt. Für diesen gelten längere Festsetzungsfristen als für den Steuerbescheid. Somit konnte nach Ablauf der Festsetzungsfrist für einen Freistellungsbescheid noch eine Freistellungsbescheinigung beantragt (und erhalten) werden, die ihrerseits den Erstattungsanspruch und damit die Aufrechnungslage nach sich zog.
226 Der V-Gläubiger kann allerdings den V-Schuldner als Empfangsadressaten bevollmächtigen. S. hierzu auch BFH vom 11.11.2014 (BFH/NV 2015, 204).
227 Die Erstattung ist die Kehrseite des ursprünglichen Steuerschuldverhältnisses.

- Sind die Voraussetzungen der §§ 43 ff., 50a EStG bzw. des DBA erfüllt, ist dennoch unklar, worauf der Anspruch zu stützen ist. Als zusätzliche Anspruchsgrundlage sollte neben den genannten Vorschriften § 37 Abs. 2 AO angegeben werden.[228]
- Die Einbehaltung und Abführung der Abzugsteuern sind nach S. 2 a.a.O. zwingende Tatbestandsvoraussetzungen.
- Es handelt sich um ein Antragsverfahren auf amtlich vorgeschriebenen Vordruck[229] (§ 50d Abs. 1 S. 3 EStG); erst dieser Antrag des Vergütungs-Gläubigers führt zu dem erforderlichen **Freistellungsbescheid**.
- Nach S. 7 der Vorschrift beträgt die (Festsetzungs-)Verjährung vier Jahre.
- Erstattungsschuldner ist das **Bundesamt für Finanzen** (BfF), dem damit die Entscheidungs- und Kontrollbefugnis über die Materie zukommt (vgl. § 5 Abs. 1 Nr. 2 FVG).
- Sinnvoll ist die Neuregelung nach § 50d Abs. 1 S. 8 EStG. Mit der Sechs-Monats-Regelung, wonach die »Erstattungsfrist« sechs Monate länger läuft als die Frist für die Steuer, sollen Zahlungen des Vergütungs-Schuldners kurz vor Ablauf der Festsetzungsfrist noch in die Erstattungslage aufgenommen werden.
- Von Bedeutung ist die Aussage in § 50d Abs. 1 S. 10 EStG, wonach sich der V-Schuldner in keinem anderen Verfahren außerhalb des Freistellungsverfahrens (§ 50d Abs. 2 EStG) auf die Freistellungsrechte des V-Gläubigers berufen kann. Diese Präklusion hat insb. Bedeutung für das Haftungsverfahren gegen den V-Schuldner.

Ein redaktioneller Fehler scheint dem Gesetzgeber unterlaufen zu sein, als er die Ausschlusswirkung in § 50d Abs. 1 S. 10 EStG lediglich auf die Einwendungen »aus dem Abkommen«, d.h. auf den Steuersatz der einzubehaltenden Quellensteuer, bezieht. Sollte sich dies nicht bestätigen (d.h. bei einer bewussten Fassung der Gesetzesversion), so müssen im Umkehrschluss dem V-Schuldner im (Haftungs-)Verfahren nach § 43b EStG die Einwendungen zugestanden werden.

Im JStG 2013 (AmtshilfeRLUmsG) wurde in § 50d Abs. 1 EStG ein neuer Satz 11 eingefügt. Danach steht bei einem Qualifikationskonflikt der Erstattungsanspruch nur der Person zu, der die Kapitalerträge oder Vergütungen nach den Steuergesetzen des anderen Vertragsstaates als Einkünfte oder Gewinne einer ansässigen Person zugerechnet werden können.

Die Neuregelung ist erstmals für Zahlungen anzuwenden, die nach dem 30.06.2013 erfolgen (§ 52 Abs. 59a S. 7 EStG).

4.2.2 Die Ausnahmen: Das Freistellungs- und Kontrollmeldeverfahren

4.2.2.1 Das Freistellungsverfahren gemäß § 50d Abs. 2 EStG

Das Freistellungsverfahren ermöglicht dem V-Schuldner die teilweise oder vollständige **Abkehr vom Quellensteuerabzug** in den Fällen des § 43b, des § 50a Abs. 4 EStG sowie des § 50d Abs. 2 S. 1 2. HS EStG (Schachteldividenden außerhalb der EU). Die Entlastung erfolgt – im Unterschied zu Abs. 1 – **im Vorwege**, ohne dass für den V-Gläubiger Liquiditäts- und Zinsverluste entstehen.

Voraussetzung ist die Freistellungsbescheinigung, so wie sie vom V-Gläubiger beantragt wurde. Zur Rechtsnatur der Bescheinigung liegt die auch hier zutreffende BFH-Entscheidung vom 11.10.2000 (BStBl II 2001, 291) bereits vor: Es handelt sich um einen sonstigen VA.

---

228 Vgl. *Schmidt/Loschelder*, § 50d Rz. 35 sowie *Klein*, IStR 2002, 158.
229 Rechtsgrundlage für den Vordruck ist § 51 Abs. 4 Nr. 1 Buchst. i EStG.

Für die Antragstellung sind wieder die Formalien einzuhalten, wie sie aus § 50d Abs. 1 EStG dem Grunde nach bekannt sind (formalisiertes Antragsverfahren beim BfF[230]). Die Entscheidung selbst kann gem. § 50d Abs. 2 S. 3 EStG unter Widerrufsvorbehalt gestellt werden oder von Auflagen und Bedingungen abhängig gemacht werden. Ein ggf. positiver Freistellungsbescheid gilt für maximal drei Jahre (§ 50d Abs. 2 S. 4 EStG).

Das Hauptproblem der (über-?) formalisierten Neuregelung liegt neben der nur begrenzten Geltungsdauer in der Koordination der Unterlagenbeschaffung für das vorherige Freistellungsverfahren. Gerade bei Dauerschuldverhältnissen (wie z.B. bei Lizenzverträgen) ergeben sich verschärfte Überwachungs- und Koordinationsprobleme. Wegen § 50d Abs. 2 S. 5 EStG (rechtzeitiges Vorliegen der Bescheinigung beim V-Schuldners) ist seit der Neuregelung eine rückwirkende Heilung nicht mehr möglich.

4.2.2.2 Das Kontrollmeldeverfahren gemäß § 50d Abs. 5 EStG

Dieses vereinfachte Verfahren gilt nur für Fälle des § 50a Abs. 1 Nr. 3 EStG sowie gem. § 50d Abs. 6 EStG für Kapitaleinkünfte nach § 43 Abs. 1 Nr. 1 EStG (Dividenden). Entscheidend dabei ist, dass das Initiativrecht hier vom V-Schuldner ausgeht. Nachteilig macht sich bemerkbar, dass das Verfahren nur bei Fällen geringer steuerlicher Bedeutung anwendbar ist.

Als Fälle geringer steuerlicher Bedeutung gelten nach dem Merkblatt zum Kontrollmeldeverfahren jährliche Einzelzahlungen bis zu 5.500 € (für eine Leistung) sowie jährliche Gesamtzahlungen bis 40.000 €.[231]

4.2.2.3 § 50d Abs. 8 EStG

Der BFH stellte im Beschluss vom 10.06.2015 (IStR 2015, 627) klar, dass es sich bei § 50d Abs. 8 EStG 2002 nicht um einen Tatbestand zur Abwehr von Abkommensmissbräuchen handele. Es sollte vielmehr die **Keinmalbesteuerung** verhindert werden (vgl. hierzu auch die Ausführungen zum Beschluss des BVerfG vom 15.12.2015 unter Kap. III 2.3.4.3).

4.2.2.4 Die Neufassung des § 50d Abs. 10 EStG

Zur Erfassung der Sondervergütungen nach § 15 Abs. 1 Nr. 2 EStG bei ausländischen G'ftern deutscher PersG als Unternehmensgewinne s. Kap. III 2.3.4.1 (BMF) sowie Kap. III 2.3.4.3.

4.2.3 »Staatliches« Treaty Overriding contra »privates« Treaty Shopping

4.2.3.1 Der Grundfall

Die Ausgangslage (Grundfall) des Treaty Shopping ist schon hinreichend charakterisiert worden.

> **Beispiel 4: Shopping im Steuerrecht**
> Die kanadische Mutter-KapG (C-AG) ist an der deutschen Tochter-KapG (D-AG) beteiligt. C-AG und D-AG unterhalten Geschäftsbeziehungen. Gewinnausschüttungen der deutschen Tochter werden nach Art. 10 Abs. 1 DBA D-Canada mit 15 % Quellensteuer belegt.

---

230 Vgl. § 50d Abs. 4 EStG zum Nachweis ausländischer Staaten über die Ansässigkeit!
Am 09.10.2002 ist ein überarbeitetes Formular zum Freistellungsverfahren (Az.: VV DEU BfF 2002-10-09) vorgestellt worden, das derzeit nur auf der Homepage des BfF »Anleitung KUSE-Verfahren« zur Verfügung steht. Die Muster der vielsprachigen Steuerbescheinigungen sind zzt. nur auf der CD-ROM W-Steuer abrufbar.
231 Vgl. Tz. II.5. des Merkblattes vom 18.12.2002, BStBl I 2002, 1386.

Nach Art. 10 Abs. 1 und 2 Buchst. a DBA Canada-NL werden Schachteldividenden von NL nach Canada nur mit 5 % Quellensteuer in NL belastet. Außerdem ist in Art. 13 DBA D-NL vorgesehen, dass Deutschland bei Dividenden von der D-AG nach NL 15 % Quellensteuer einbehalten darf; aufgrund des Art. 5 der vorrangigen Mutter-Tochter-RL sind Dividenden einer deutschen Tochter an ihre holländische Mutter (mindestens 25%ige Beteiligung) vom Steuerabzug an der Quelle befreit.

Es liegt der Gedanke nahe, zwischen die deutsche D-AG und die kanadische C-AG eine holländische NL-AG zwischenzuschalten, um auf diese Weise 10 % Quellensteuer zu sparen.

Mit der Einführung von § 50d Abs. 3 EStG im Jahre 1994 (damals Abs. 1a) sollte die missbräuchliche Inanspruchnahme von DBA-Vergünstigungen (inkl. EU-rechtlicher Privilegien) verhindert werden. Die Notwendigkeit für eine gesetzliche Antwort auf das »Directive« bzw. »Treaty Shopping« lag in der damaligen BFH-Rspr. begründet, die die Anwendung des § 42 AO von der Beteiligung von Inländern abhängig machte. Aufgrund der zwischenzeitlich geänderten BFH-Rspr. (BFH vom 29.10.1997, BStBl II 1998, 235) hat § 50d Abs. 3 EStG nur noch klarstellende oder ergänzende Funktion. Durch das JStG 2007 wurde § 50 d Abs. 3 EStG neu gefasst und noch weiter verschärft. So wurde beispielsweise die Schwelle zur benötigten – eine Steuerentlastung erreichenden – eigenen wirtschaftlichen Tätigkeit auf 10 % der Bruttoerträge festgelegt. Aufgrund einer Beanstandung durch die Europäische Kommission, die in der gesetzlichen Regelung einen Verstoß sowohl gegen die Kapitalverkehrsfreiheit als auch gegen die Mutter-Tochter-RL sah, wurde § 50 Abs. 3 EStG durch das »Gesetz zur Umsetzung der Beitreibungsrichtlinie sowie zur Änderung steuerlicher Vorschriften (BeitRLUmsG)« erneut geändert. Aufgehoben wurde die 10%-Grenze; die Feststellungslast für Entlastungsansprüche wurde auf die ausländische Gesellschaft übertragen. Abkommensrechtliche Vorteile werden nur noch gewährt, wenn für die Einschaltung der ausländischen Gesellschaft wirtschaftliche oder sonst beachtliche Gründe bestehen und sie mittels eines angemessen eingerichteten Geschäftsbetriebs am allgemeinen wirtschaftlichen Verkehr teilnimmt.[232]

Lösung: Die holländische NL-AG hat keinen Anspruch auf steuerfreien Dividendenbezug von ihrer deutschen D-AG,
- wenn sie eine ausländische Gesellschaft ist (hier: +);
- wenn ihren G'fter bei unmittelbarer Beteiligung an der D-AG keine Steuerentlastung zustünde; dies ist hier der Fall, da die C-AG als (fingiert) unmittelbar Beteiligte an der D-AG die Dividende mit einer Quellenbelastung von 15 % (und nicht steuerfrei) erhielte (hier: +);
- wenn es keine wirtschaftlich beachtlichen Gründe für die Einschaltung der NL-AG gibt (hier: keine Gründe ersichtlich[233]) und
- wenn keine eigene wirtschaftliche Tätigkeit entfaltet werden kann, weil kein angemessen eingerichteter Geschäftsbetrieb vorliegt.

Nach zwischenzeitlich gesicherter Rspr. (zuletzt BFH vom 20.03.2002, BFH/NV 2002, 1202) zu Basisgesellschaften ist die wirtschaftliche Betätigung indiziert, wenn sie über die Vermögensverwaltung hinausgeht, m.a.W. eine Teilnahme am wirtschaftlichen Verkehr vorliegt, die als eine aktive Tätigkeit i.S.d. § 8 Abs. 1 AStG zu qualifizieren ist (hier nicht ersichtlich). Der BMF

---

232 Näheres zur Anti-Treaty-Shopping-Regelung s. *Dorfmueller*, IStR 2011, 857.
233 Nach *Höppner*, IWB, Fach 3 Gruppe 3, 1153 ff. müssen zum Halten der Beteiligung hinzukommen: Aufbau eines Konzerns, Übernahme von Finanzierungsaufgaben; Wahrnehmung von Geschäftsleitungsaufgaben etc.

hat zudem die Merkmale des § 50d Abs. 3 EStG in mehreren Schreiben näher konkretisiert (s. v.a. BMF vom 03.04.2007, BStBl I 2007, 446).

Ergebnis: Nachdem alle Merkmale vorliegen, ist die NL-AG als Basisgesellschaft zu werten. Dies gilt nach o.g. BFH-Urteil auch, wenn es sich bei dem ausländischen Staat um keinen »Niedrigsteuerstaat« handelt. Das Entlastungsverfahren kommt nicht zur Anwendung.[234]

4.2.3.2 Kritik

Nachdem keine allgemeine EU-Missbrauchs-RL existiert[235], bleibt es den nationalen Regelungen vorbehalten, Vorkehrungen gegen den »Handel mit DBA« zu treffen.

Bezogen auf die Mutter-Tochter-RL (bzw. auf Art. 18, 45, 49 AEUV) müssen zunächst die Konkurrenzvoraussetzungen bekannt sein:

- So durchbricht § 42 AO die Abschirmwirkung der ausländischen KapG und rechnet die quellensteuerpflichtigen Einkünfte direkt den Anteilseignern zu.
- Bei § 50d Abs. 3 EStG werden Vergünstigungen nach § 43b EStG oder nach DBA nicht gewährt. Die ausländische Zwischengesellschaft bleibt aber Empfängerin der Dividende bzw. der Vergütungen.
- Nach Art. 267 AEUV unterliegen die Begriffe »Steuerhinterziehung« und »Missbrauch« in Art. 1 Abs. 2 Mutter-Tochter-RL der Auslegung durch den EuGH.[236]

Im Hinblick auf Art. 49, 39 und 18 AEUV (Niederlassungsfreiheit) wird behauptet, dass das EG-Recht keine besondere Qualität der ausländischen Gesellschaft erfordert – und dies auch nicht aus Art. 2 der Mutter-Tochter-RL herauszulesen ist. Im zugrunde gelegten gespaltenen Missbrauchsbegriff (§ 50d Abs. 3 EStG fordert demgegenüber ein kaufmännisches Gewerbe) sehen manche einen AEUV (ehemals EGV)-Verstoß.[237]

5 Weitere Aktivitäten des Gesetzgebers

Durch die Änderungen des § 50g EStG und des § 50h EStG wird das Zinsabkommen zwischen der EU und der Schweiz in nationales Recht umgesetzt. Diese Änderungen gelten i.V.m. § 26 Abs. 6 KStG – erstmals für Zahlungen, die nach dem 30.06.2005 erfolgen (§ 52 Abs. 59b EStG). Die Neuregelung gilt nur für Konstellationen, in denen die Regelung des EU-Zinsabkommens bei Lizenzgebühren günstiger ist als die des DBA-Schweiz.
Gedacht wird an folgende Fälle:

- Ein Unternehmen eines EU-Nachbarstaat unterhält eine Betriebsstätte in der Schweiz und ist gleichzeitig Gläubigerin für Lizenzgebühren eines deutschen Unternehmens.
- Eine schweizerische Konzern-Mutter mit Töchtern in Europa und »Lizenzzahlungen unter Geschwistern«.

---

234 Zu beachten ist aber, dass die negative Rechtsfolge nur insoweit gilt, als bei den G'ftern die Voraussetzungen vorliegen. Die komplette Versagung im vorliegenden Fall unterstellt eine 100%ige Beteiligung der C-AG an der NL-AG.
235 Hierzu *Höppner*, FS für *Rädler*, 305.
236 Vgl. *Stoschek/Peter*, IStR 2002, 656.
237 Vgl. *Thömmes*, JbFSt 98/99, 94 ff. sowie *Bauschatz*, IStR 2002, 656.

Der durch das JStG 2013 (AmtshilfeRLUmsG) neu eingefügte **§ 50i EStG** wurde durch die Neufassung im BEPS I-UmsG vom 20.12.2016 (BGBl I 2016, 3000) weitgehend entschärft. § 50i Abs. 1 EStG gilt nunmehr für die Fälle, für die die Beschränkung oder der Ausschluss des deutschen Besteuerungsrechtes vor dem 01.01.2017 eingetreten ist. Danach greifen die allgemeinen Regeln (§ 4 Abs. 1 S. 3) des EStG. In § 50i Abs. 2 EStG ist geregelt, dass bei Einbringungen nach § 20 UmwStG für WG und Anteile i.S.d. § 50i Abs. 1 EStG, die vor dem 29.06.2013 übertragen wurden, stets der gemeine Wert anzusetzen ist. Für alle anderen Umwandlungen und Einbringungen nach dem UmwStG gelten die allgemeinen Entstrickungsregelungen. Insoweit wurde auch § 6 Abs. 3 EStG an die Neuregelung in § 50i Abs. 2 EStG angepasst. Zur zeitlichen Anwendung vgl. § 52 Abs. 48 EStG (Einbringung muss nach dem 31.12.2013 erfolgt sein).

Durch das BEPS-UmsG I wurden noch weitere Änderungen (Neuregelungen) mit Bezug zum internationalen Steuerrecht in Kraft gesetzt, die der Vollständigkeit halber hier in Kürze dargestellt werden:

- **§ 50j EStG**
  Durch die Neuregelung soll die ungerechtfertigte Kapitalertragsteueranrechnung durch sog. Cum/Cum-Gestaltungen verhindert werden.
- **§ 50d Abs. 9 EStG**
  Durch die Einfügung des Wortes »soweit« an Stelle des Wortes »wenn« soll vermieden werden, dass nunmehr auch Teile von Einkünften von keinem Staat besteuert werden. Dieser Rückfall des Besteuerungsrechtes ist als Reaktion des Gesetzgebers auf die Rechtsprechung des BFH (vgl. u.a. BFH vom 20.05.2015, BStBl II 2016, 90), in der eine »Atomisierung der Einkünfte« als nicht vom Gesetz gedeckt angesehen wurde.
- **§ 50d Abs. 12 EStG**
  Mit dieser Neuregelung wird sichergestellt, dass die Besteuerung grenzüberschreitender Abfindungszahlungen ab 2017 grundsätzlich im Tätigkeitsstaat erfolgt.

VI Exkurs: Die Bedeutung des Gemeinschaftsrechts

Vorbemerkung: Wegen der immer stärkeren Bedeutung des Gemeinschaftsrechts für das Steuerrecht wird eine kurze Zusammenfassung der Rechtsquellen der EU präsentiert. Die Bedeutung der EuGH-Urteile wird indessen bei den einzelnen Komplexen abgehandelt, da sich eine einheitliche Typologie nicht bilden lässt.

1 Die Rechtsgrundlagen der Europäischen Gemeinschaft

Die Europäische Gemeinschaft ist eine Rechtsgemeinschaft mit einer eigenständigen Rechtsordnung, die autonom neben die nationalen Rechtsordnungen tritt. Als supranationales[238] Recht überlagert das Gemeinschaftsrecht nicht nur die nationalen Rechtsordnungen der Mitgliedstaaten, sondern auch das Abkommensrecht (das Recht der Doppelbesteuerungsabkommen).[239] Der Anwendungsvorrang des Gemeinschaftsrechts vor innerstaatlichem Recht ist sowohl durch den EuGH[240] wie durch das BVerfG[241] bestätigt worden.

Die fünf Organe der EG sind: das Europäische Parlament, der Rat, die Kommission, der Gerichtshof und der Rechnungshof.

Die Rechtsquellen der EG sind das primäre Gemeinschaftsrecht und das sekundäre Gemeinschaftsrecht. Das primäre Gemeinschaftsrecht umfasst insb. die Gründungsverträge der EG einschließlich späterer Ergänzungen (Vertrag von Paris sowie die Römischen Verträge). Das primäre Gemeinschaftsrecht steht an erster Stelle in der Normenhierarchie.[242] Als sekundäres Gemeinschaftsrecht sind Rechtsakte und Maßnahmen zu bezeichnen, die von einem Gemeinschaftsorgan erlassen werden.

Art. 288 AEUV (Vertrag über die Arbeitsweise der Europäischen Union, Fassung aufgrund des am 01.12.2009 in Kraft getretenen Vertrages von Lissabon, Primärrecht der EU) beschreibt diese Rechtsakte sowie ihre Wirkungen. Hierzu zählen:

- Verordnungen,
- Richtlinien,
- Entscheidungen, Beschlüsse und unbenannte Rechtshandlungen der befugten EG-Organe.

Für das Steuerrecht kommt es insb. auf den Unterschied von Verordnungen und Richtlinien an. EG-Verordnungen gelten gem. Art. 288 Abs. 2 AEUV unmittelbar und beanspruchen

---

238 Statt aller *Pieper* in *Birk*, Handbuch des Europäischen Steuer- und Abgabenrechts, § 11 Rz. 44.
239 S. *Jacobs*, Internationale Unternehmensbesteuerung, 99.
240 EuGH vom 17.12.1970, Rs. 11/70 (EuGHE 1970, 1125).
241 BVerfG vom 22.10.1986 (»Solange II«, BVerfGE 73, 339.).
242 Das primäre Gemeinschaftsrecht umfasst daneben auch den Vertrag über die Europäische Union (»Maastricht-Vertrag«) sowie die Gemeinschaftsgrundrechte.

in allen Teilen eine verbindliche Wirkung für alle Mitgliedstaaten.[243] Eine Umsetzung in nationales Recht ist nicht erforderlich.

Insoweit unterscheiden sie sich von den Richtlinien der EU, als diese – innerhalb einer angemessenen Frist – der Umsetzung durch den nationalen Gesetzgeber bedürfen. Die RL[244] ist nur hinsichtlich des zu erreichenden Zieles verbindlich; zur Berücksichtigung der Besonderheiten des nationalen Rechts bestimmen gem. Art. 288 Abs. 3 AEUV die nationalen Gesetzgeber über Form und Mittel der Umsetzung.[245]

Daneben sind noch die Satzungen zu beachten. Wird ein Bereich nicht oder nur unvollständig von einer EG-Verordnung geregelt, erlaubt diese ausdrücklich eine nähere Bestimmung durch eine Satzung, so ist diese die vorrangig zu beachtende Normebene.

Das europäische Gemeinschaftsrecht lässt sich daher anhand einer vereinfachten Normenhierarchie wie folgt darstellen:

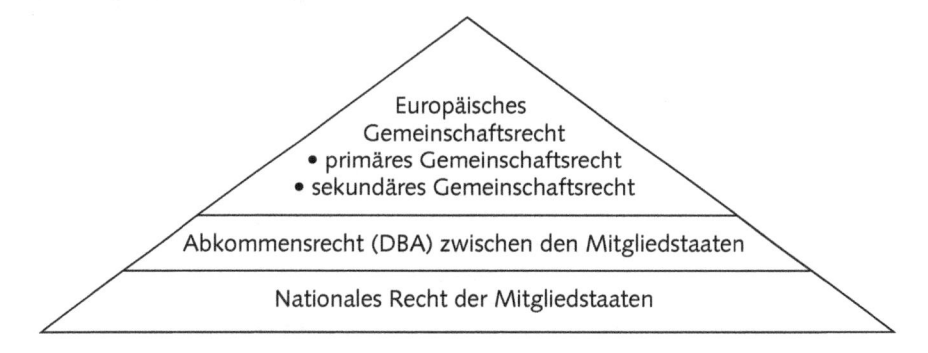

```
                    /\
                   /  \
                  / Europäisches \
                 / Gemeinschaftsrecht \
                /  • primäres Gemeinschaftsrecht  \
               /   • sekundäres Gemeinschaftsrecht \
              /_____\
             /  Abkommensrecht (DBA) zwischen den Mitgliedstaaten  \
            /_____\
           /          Nationales Recht der Mitgliedstaaten             \
          /_____\
```

2 Ein konkretes EU-Gebilde: Die Societas Europaea[246]

Als wesentlicher Impuls für die grenzüberschreitenden Unternehmensaktivitäten und insb. für Umstrukturierungen wird die mit Gesetz vom 29.12.2004 in Kraft getretene **Societas Europaea** (SE) und ihre Schwester, die SEC (Europäische Genossenschaft) empfunden.[247] Danach ist die Gründung einer SE (mit einem Mindesthaftkapital von 125.000 €) mit mindestens zwei Gründungsgesellschaften möglich, die ihren Sitz in einem EU-Mitgliedstaat haben.

Ab dem 08.10.2004 kann die Rechtsform der Europäischen Aktiengesellschaft mittels der SE-VO in den Mitgliedstaaten genutzt werden. Diese unmittelbar geltende VO bietet eine erstmalige Rechtsgrundlage für grenzüberschreitende Verschmelzungen. Die SE-VO gibt zwei Arten der Unternehmensführung vor, stellt aber die Wahl der Form der Unternehmensfortführung in den Regelungsbereich der Satzung.

---

243 *Jacobs*, a.a.O., 100 sowie *Schaumburg*, Internationales Steuerrecht, Rz. 3.30 f.
244 Vgl. z.B. zur 6. MwSt-Richtlinie und deren Umsetzung in nationales Recht *Rüth*, 2005, Hamburger Schriften zum Finanz- und Steuerrecht, Band 9.
245 Vgl. *Stadie*, in *Mössner*, Steuerrecht international tätiger Unternehmen, Rz. G 18.
246 Auf die unmittelbar geltenden Richtlinien der EU (z.B. die 6. MwSt-RL oder die Mutter-Tochter-RL) wird an den einschlägigen Stellen im Lehrbuch unmittelbar Bezug genommen.
247 S. hierzu auch *Vollgraf*, Band 2, Teil D, Kap. VIII.

Liegt ein Sachverhalt vor, der weder von der SE-VO noch von der Satzung geregelt ist, ist gem. Art. 9 Abs. 1 Buchst. c und i SE-VO auf Regelungen zurückzugreifen, die vom nationalen Gesetzgeber speziell zur SE verabschiedet worden sind. In Deutschland ist dies das Gesetz zur Einführung der Europäischen Gesellschaft (SEEG), das als Art. 1 das SE-Ausführungsgesetz (SEAG) und in Art. 2 das SE-Beteiligungsgesetz (SEBG) enthält. Das SEAG regelt die gesellschaftsrechtlichen Fragen, wohingegen das SEBG die mitbestimmungsrechtlichen Fragen beinhaltet.

Sollten auch diese Vorschriften nicht einschlägig sein, so unterliegt die SE nach der Generalverweisung des Art. 9 Abs. 1 Buchst. c Doppelbuchst. ii SE-VO denjenigen Vorgaben, die auch für nationale Aktiengesellschaften gelten.[248] Es handelt sich insoweit um eine dynamische Verweisung, die sich immer auf die jeweils aktuelle Fassung des nationalen Aktienrechts bezieht.[249]

Die Normenhierarchie für die Europäische Aktiengesellschaft lässt sich folgendermaßen darstellen:

```
                    /\
                   /  \
                  /SE-VO\
                 /--------\
                /SE-Satzung\
               /------------\
              /Nationales    \
             / Gesetz zur SE   \
            /    (SEEG)         \
           /---------------------\
          /Allgemeine Gesetze, die\
         / die Aktiengesellschaft  \
        /    betreffen (AktG)       \
       /_____\
```

Als Gründungsakte kommen in Betracht:

- die Verschmelzung zu einer SE,
- die Gründung einer Tochter-SE,
- die Gründung einer Holding-SE sowie
- die Gründung durch Formwechsel.

In Verbindung mit der neuen EU-Fusions-Richtlinie, deren Anwendungsbereich u.a. auf die SE erstreckt wird, ergeben sich steuerneutrale, grenzüberschreitende Umstrukturierungsmöglichkeiten, die bislang durch die »Inlands-«Voraussetzung des UmwG nicht möglich waren. Mit den steuerlichen Möglichkeiten gehen gesellschaftsvertragliche Fragen einher, wie z.B. eine grenzüberschreitende Sitzverlegung innerhalb der EU zu bewerten ist. Hier ist die Diskussion aber erst im Fluss.[250]

---

[248] Dies schließt nach h.M. (vgl. *Hirte*, DStR 2005, 654) auch die nationale Rspr. mit ein.
[249] So auch *Horn*, DB 2005, 147.
[250] Vgl. *Schön/Schindler*, IStR 2004, 571 sowie *Nagel*, DB 2004, 1299.

3 Die Rechtsprechungspraxis des EuGH

Bei vorsichtiger Einschätzung der Judikatur des EuGH und in methodisch nicht unproblematischer, weil vereinfachender, Darstellungsweise lassen sich »Erkenntnisparameter« ableiten, die den meisten Entscheidungen zugrunde liegen. Insoweit kann von einer gefestigten Rspr. des EuGH gesprochen werden.

Alte wie neue Gesetze unterliegen von daher folgenden gemeinschaftsrechtlichen Prüfungsstationen:

I. Prüfung der Konformität mit dem Gemeinschaftsrecht

1. **Prüfungsgegenstand:** Das nationale Recht (in seinen grenzüberschreitenden Bezügen)
2. **Prüfungsmaßstab:** EU-Recht
   a) Betroffene – relevante – Grundfreiheiten:
      - Warenverkehrsfreiheit (Art. 28–37 AEUV)
      - Niederlassungsfreiheit (Art. 49–55 AEUV)
      - Kapital- und Zahlungsverkehrsfreiheit (Art. 63–66 AEUV)
   b) Sonstiges primäres EU-Recht
3. Nach Benennung des jeweiligen einschlägigen EU-Rechts (z.B. Niederlassungsfreiheit): Definition des **Anwendungs- und Schutzbereichs** des Grundrechts
   dabei: Frage der konkreten Beeinträchtigung des Schutzbereichs anhand
   (1) Bildung eines Vergleichspaars
   (2) Feststellung der Ungleichbehandlung
   (3) Vorliegen einer Diskriminierung oder Beschränkung
4. **Rechtfertigung der Beschränkung (= Prüfung von Rechtfertigungsgründen)**[251]
   a) Im AEUV kodifizierter Rechtfertigungsgrund
   b) Zwingende Gründe des Allgemeininteresses
      aa) Wirksamkeit einer steuerlichen Kontrolle
      bb) Bekämpfung eines Missbrauchs
      cc) Kohärenzprinzip
         (1) Innerstaatliche Kohärenzebene
         (2) DBA-rechtliche Kohärenzebene
5. Allgemein-verfassungsrechtliche Überlegungen für jedes Gesetz
   a) Geeignetheit
   b) Erforderlichkeit
   c) Angemessenheit

II. Ergebnis der Prüfung

1. Das Gesetz hält den Anforderungen stand: Das Gesetz ist EU-konform.
2. Das Gesetz »fällt durch«: Das Gesetz ist gemeinschaftsrechtswidrig.

---

251 Folgende Gründe sind **nicht anerkannt**:
 • mangelnde Harmonisierung der Rechtsvorschriften,
 • allgemeine verwaltungstechnische Schwierigkeiten,
 • Billigkeitsmaßnahmen,
 • fiskalpolitische Gründe.

Stichwortregister

Abfindungen 422 f.
Abflussprinzip 52
- Ausnahme 55
Abgeltungsteuer 114, 135, 528
- Ausnahmen 133
Abgeltungswirkung 865
- Lohnsteuer 94
Abrisskosten für ein vermietetes Wohnhaus 245
Abstandszahlung 551
Abwachsung 485, 545
Abzugsmethode 768
Abzugsverbot 316
- generelles ~ 243
Advance Pricing Agreements 790
AfA-Beträge
- bei Drittaufwand 434
Ähnliche Berufe 239
Aktien 143
Aktivitätsklausel 793
Aktivitätsprüfung 616
Aktivtätigkeit
- fiktive ~ 616
Altersvorsorgebeiträge 348, 394
Altverluste 127
- Verrechnung mit ~ 127
Amtsveranlagung 94
Angehörigen-Mietverträge 460
Angehörigenvertrag 450
Angemessenheit 283, 365
Anlagevermögen
- fiktives ~ 707
Anlaufverlust 213
Anrechnungsmethode 766, 768
Ansässigkeit
- doppelte ~ 764
Anschaffungskosten 526, 534
Anteile
- an Körperschaften 648
- Begriff 647
- Erwerber 654
- Stimmrechtsübertragung 647
Anteilsbezogener Verlust 608
Anteilseignerwechsel 648
- schädlicher ~ 662
Anteilstausch
- qualifizierter ~ 540
Anteilsübertragung
- entgeltliche ~ 650

- Erbauseinandersetzung 650
- mittelbare ~ 651
- sukzessive ~ 657
- unentgeltliche ~ 650
- Verfügungsbeschränkung 650
- Vinkulierungsklausel 650
- vorweggenommene Erbfolge 650
Antragswiderruf 138
Anwachsung 485, 545
Anwartschaft 522
Arbeitgeber
- Begriff 58
Arbeitnehmer 398
- Begriff 58
- international tätige ~ 809
Arbeitnehmerentsendung 825
- Inbound-Fall 826
- Outbound-Fall 827
Arbeitnehmerpauschbetrag 25
Arbeitnehmerüberlassung 108
Arbeitsgemeinschaft 682
Arbeitslohn 62
Arbeitslohnzahlungen von Dritten 66
Arbeitsmittel 86
- Computer 87
Arbeitszimmer
- häusliches ~ 277
Architekt 238
ARGE 682
Atypisch stille Gesellschaft 682
Aufbauschema ESt-Klausur 17
Aufenthalt
- gewöhnlicher ~ (international) 31, 765
Aufgabeerklärung 503
Auflösungsklausel 581
Auflösungsverluste 533, 609
Aufrechnung
- als Zufluss 53
Aufteilungsverbot 316
Aufwand
- verlorener ~ 365
Aufwendungen 330, 351
- der Lebensführung 361
- für die erstmalige Berufsausbildung 75
- gemischte ~ 316
Aufzeichnungspflicht 248
Ausbildung
- mehraktige ~ 390
Ausbildungsbetrag 382

Ausbildungshilfe 373
Ausbildungskosten 74
Ausgaben 351, 362
Ausländische Dividenden 118
Ausländische Quellensteuern 141
Auslandsbezug
- negative Einkünfte mit ~ 611
Auslegung
- nach völkerrechtlichen Grundsätzen 779
Außenhaftung
- überschießende ~ 633
Außensteuergesetz 814
- Einkunftsberichtigung 815
Außergewöhnliche Belastung 359
- abziehbarer Betrag 373
Außergewöhnliche Geschäftsvorfälle 789
- Aufzeichnung 788
Autodidakt 239
Avoir fiscal 785

Back-to-back-Finanzierungen 134
Beamtenpension 24
Beherrschung 843
Behinderte Menschen 379
Behinderten-Pauschbetrag 379
Belastung
- außergewöhnliche ~ 359
- wirtschaftliche ~ 332 f.
- zumutbare ~ 368, 379
Belastungsprinzip 362
Beratender Betriebswirt 238
Berechnungsschema
- ESt 16
- Höchstbetrag Sonderausgaben 341
Berichtigungsvorschriften
- DBA 822
Berufsausbildung 377
- Kosten der ~ 331
Berufskleidung
- typische ~ 86, 316
Bescheinigung über die Gemeinnützigkeit
- vorläufige ~ 355
Besicherung
- dingliche ~ 864
Bestechung 289
Beteiligung
- mittelbare ~ 520
- wesentliche ~ 512
Beteiligung an PersG 581
- Klauseln 581
- Sonderrechtsnachfolge 545, 581
Beteiligungsertrag 114, 144
- betrieblicher ~ 723
Beteiligungserwerb
- schädlicher ~ 647 f.

Betrachtungsweise
- isolierende ~ 866
Betrag
- anrechnungsfreier ~ 373
Betreuungsfreibetrag 382, 392
Betrieb
- lebender ~ 501
Betriebliche Veranlassung 295
Betriebsaufgabe 466, 490
- bei selbständiger Tätigkeit 499
Betriebsausgaben 49, 243
Betriebsgrundlage
- wesentliche ~ 462, 469
Betriebsstätte 781
- ausländische ~ 790
- Begriff 791
- Errichtung 793
- gewerbesteuerliche ~ 732
Betriebsstättenverlust 615
Betriebsstättenvorbehalt 802
Betriebsunterbrechung 493
Betriebsveräußerung 466, 469
Betriebsvermögen 133
- Anteile an einer KapG 114
- Übertragung von ~ 550
Betriebsverpachtung 500
Betriebsvorrichtung 721
Beweis des ersten Anscheins 213
Bewirtungsaufwendungen 250
Bezüge
- wiederkehrende ~ 197, 482, 557
Bonusrente aus Überschussbeteiligung 201
Buchwertklausel 456
Buchwertverknüpfung 462
Bürgschaft
- Inanspruchnahme aus ~ 439
Bußgeld 284

Call-Optionen 417
Carried Interest 227, 242

Darlehen
- eigenkapitalersetzendes ~ 438
- partiarisches ~ 145
- von Angehörigen 438
Dauernde Lasten 327, 337, 550, 704
DBA (Doppelbesteuerungsabkommen) 754, 761
- OECD-Musterabkommen 762, 778
- Remittance-base-Klausel 777
- Rückfallklausel 776
- Switch-over-Klausel 777
Dealing at arm's length 794
Dienstverhältnis 61
Dividende 133, 136, 143

Dividendenbesteuerung
- internationale ~ 811
Dividendeneinkünfte 118
Dividendenkompensationszahlungen 143
Dokumentationspflichten 786
Doppelte Haushaltsführung 256, 271
Doppelwohnsitz 31
Dotationskapital 798
Dreiecksverhältnis
- ertragsteuerliches ~ 413
Drei-Objekt-Grenze 210
Drittaufwand 333, 435
- echter ~ 428, 436
- steuerlicher ~ 425
Dritte 413
Dritteinnahmen 420
Dualismus 466
- der Einkunftsarten 203
Durchgriff 225
Durchlaufspendenverfahren 354

EBITDA-Vortrag 307
- fiktiver ~ 307
EG-Bürger 755
Ehegatten 370
Ehegattenarbeitsverträge 451
Ehegattengeschäft 167
Ehegattenveranlagung
- EG/EWR-Staaten 759
Eigenbetriebliches Interesse 62
Eigenkapital 628
Eigenkapitalersetzende Maßnahme 528
Eigenkapitalersetzendes Darlehen 516
Eigenkapitalquote 309
Eigenkapitalquotenvergleich 309
Einbringungsgeborene Anteile i.S.d. § 21 UmwStG a.F. 539
Einheitsprinzip 548
Einkommensverwendung 326
Einkünfte
- aus Gewerbebetrieb 204, 466
- aus Kapitalvermögen 113
- aus nichtselbständiger Arbeit 57
- aus passivem Erwerb 843
- aus selbständiger Arbeit 234
- außerordentliche ~ 422
- aus Vermietung und Verpachtung 166
- nachträgliche ~ 420
- sonstige ~ 195
Einkünfte aus Kapitalvermögen
- Gesetzestechnik 117
Einkünfteerzielungsabsicht 175, 212
Einlage
- nachträgliche ~ 630
- offene ~ 527

- verdeckte ~ 522, 527, 822
- wertgeminderte Beteiligung 531
Einlageminderung 634
Einlagerückgewähr 633
Einnahmen 37
- negative ~ 48
- regelmäßig wiederkehrende ~ 55
- steuerfreie ~ 71
Einnahme-Überschussrechnung 52
Einzelrechtsnachfolge 543
Einzelveranlagung 18
Einzelwirtschaftsgüter
- unentgeltliche Übertragung 465
Elf-Jahres-Zeitraum 636
Elster-Lohn 96
Engagement
- wirtschaftliches ~ 648
Entfernungspauschale 87
- Berechnung der ~ 88
Entgelte für Schulden 699
Entleiherhaftung 108
Entschädigung 422
Enumerationsprinzip 330
Erbauseinandersetzung 574
Erbfallschulden 580
Erbfolge
- vorweggenommene ~ 547
Erbschaftsteuerpflicht
- erweitert beschränkte ~ 835
Erfinder 235
Ersatzbemessungsgrundlage der Einnahmen 118
Ertragsteuerrecht
- Grundprinzipien des ~ 13
Erwerbsaufwand 243, 297
Erziehungsbetrag 382
Escape-Klausel 309
Europäischer Wirtschaftsraum 756

Fahrlässigkeit 367
Fahrtenbuch
- Ordnungsmäßigkeit 43
Fahrtkosten bei Vermietungseinkünften 191
Familienheimfahrten 272
Familienleistungsausgleich 382
Familienpersonengesellschaft 453
Fehlbetrag
- Gewerbesteuer 666
Ferienwohnungen
- Vermietung von ~ 180
Finanzinnovationen 159
Finanzplankredit 529
Flugzeug
- im internationalen Verkehr 809
Fonds 417

Forderungen
- grundpfandrechtlich gesicherte ~ 151
Forfaitierung 701 f.
Fortbildungskosten 74
Fortbildungsveranstaltungen 67
Fortsetzungsklausel 581
Freiberufler 235
Freistellungsauftrag 120
Freistellungsmethode 771
Freistellungsverfahren 875
Freiwilligkeit 352
Fremdfinanzierter Wertpapiererwerb 619
Fremdkapital 628
Fremdvergleich 452, 456, 794, 817, 821
Fünfjahresfrist 518
Funktionsverlagerung 819
- Begriff 819
- gewinnorientierte ~ 820
- verlustträchtige ~ 820
Fußstapfentheorie 129

Gästehaus 254
Gebäude 168
Gebäudeteil 168
Gefährdungshaftung 357
Gegenleistung 352
Gegenwerttheorie 364
Geistliche 399
Geldgeschäfte eines Freiberuflers 296
Geldstrafe 283
Geldverluste durch Diebstahl 295
Gemeiner Wert 498
Gemeinnütziger Zweck 350
Generationennachfolgevertrag 547
Genossenschaftsanteile 515
Geprägetheorie 232
Gesamtbild 208
Gesamtrechtsnachfolge 544
Gesamtschuld 413
Geschäftsbetrieb
- wirtschaftlicher 684
Geschäftsbeziehungen 787
- Begriff 816
Geschäftsleitung
- Ort der tatsächlichen ~ 765
Geschenke
- für Geschäftsfreunde 248
Geschwisterdarlehen 459
Gesellschafter
- inländischer ~ 843
Gesellschafterwechsel 414
- Gewerbesteuer 691
Gestaltungsmissbrauch 442
Gewerbebetrieb 204
- Abgrenzung zu Land- und Forstwirtschaft 228

- Abgrenzung zur selbständigen Arbeit 231
- Begriff 679
- fiktiver 684
- formeller ~ 683
- stehender ~ 679
- werbender ~ 684
Gewerbeertrag 694
Gewerbesteuer
- Asset-Backed-Securities-Modelle 703
- Berechnung der ~ 677
- Kreditinstitute 703
- Kürzung nach § 9 GewStG 717
- Steuerbefreiungen 688
- Steuerermäßigung bei Mitunternehmerschaften 739
- Steuergegenstand 679
- Steuermessbetrag 726
- Steuermesszahl 726
Gewerbesteueranrechnung 737
Gewerbesteuerpflicht
- Ende der ~ 687
Gewerbesteuerrückstellung 734
- bei KapG 734
- bei Personenunternehmen und Einzelunternehmen 736
Gewerbeverlust
- beim Mantelkauf 669
Gewerblicher Grundstückshandel 861
Gewinn
- fiktiver ~ 634
Gewinnabgrenzungsaufzeichnungsverordnung (GAufzV) 786
Gewinnansprüche
- Abtretung von ~ 415
Gewinnanteil
- an KapG 723
Gewinnausschüttung
- inkongruente 163
- verdeckte ~ 822
Gewinneinkünfte 36
Gewinnerzielungsabsicht 212, 221
Gewinnpotenzial 820
Gewinnvorab 629
Gewöhnlicher Aufenthalt 31
Grenzpendler 35, 755
Großspenden 354
Grundbesitzkürzung 718
Grundfreibetrag 775
Grundstück 168
- unbebautes ~ 220
Grundstücksgemeinschaften 701
Grundstückshandel 209
- gewerblicher ~ 217
Grundstückstausch 538

Günstigerprüfung 340, 382, 398
Günstigerregelung 133, 135

Hafteinlage 633
Haftung
- bei Spendenbescheinigungen 355
- Lohnsteuer 106
Haftungsbescheid 106
Haftungsminderung 637
Halbdividendenzurechnung 711
Halbeinkünfteverfahren 610
- Gewerbesteuer 711
Halber Steuersatz 467
Haushalt
- Aufwendungen für ~ 315
Haushaltsersparnis 250
Heilberuf 237
Hinterbliebene 379
Hinterbliebenen-Pauschbetrag 379
Hinzurechnungsbesteuerung 842
Hobbyaufwendung 324
Holdingprivileg 616

Immobilienfonds
- geschlossener ~ 182
Individualbesteuerung
- Grundsatz der ~ 14
Ingenieur 238
Inländerdiskriminierung 758
Inlandsbegriff 33
Inlandseinkünfte 855
Internationales Steuerrecht 753
Internet-Server
- dezidierter ~ 860
Investmentanteile 417
Investmentfonds 161
Investmentsteuergesetz (InvStG)
- Reform des ~ 164
Isolierende Betrachtungsweise 779
- umgekehrte ~ 616

Jahressteuergesetz 2009 612
Journalist 238

Kapitalanlagegesellschaft 852
Kapitalerhöhung 655
- disquotale ~ 655
- mittelbare ~ 656
Kapitalertragsteuer 117, 132, 136, 865
- Anmeldung 120
- Bescheinigung 120
- kein Abzug 119
- Sonderfälle 121
- Steuerausländer 119
- Zeitpunkt 120

Kapitalertragsteuerabzug
- Korrektur 122
Kapitalertragsteuerbefreiung 122
Kapitalgesellschaft 683
- Zwischenschaltung 836
Kapitalkonto 628
- kurzfristige Erhöhung 634
- negatives ~ 476, 624, 642
- negatives ~ bei Kommanditisten 623
Kapitalmaßnahmen 130
Katalogberufe 237
Kaufoption 155
Kinder 381
- berücksichtigungsfähige ~ 384
- volljährige ~ 385
Kindererziehende 399
Kinderfreibetrag 371, 382, 391
- Übertragung 392
Kindergeld 371, 382
Kirchensteuer 132, 343
Kommanditist
- Kapitalkonto des ~ 626
- Verlustanteile des ~ 624
Konkurrenz 641
Kontrollmeldeverfahren 876
Konzernklausel 653
Korrekturvorschriften
- Gewerbesteuer 733
Kostenaufschlagsmethode 818
Künstler 213, 236
Kürzung nach § 9 GewStG 717
- erweiterte Kürzung 719
- Grundbesitzkürzung 718

Lasten
- dauernde ~ 337
Laufender Gewinn
- Abgrenzung zu Veräußerungsgewinnen 478
Lebensführungskosten
- private ~ 315
Lebensversicherung
- gebrauchte ~ 227
Lebensversicherungsverträge
- Veräußerung 151
Leerverkäufe 143
Leibrente 198, 394, 482
- als Sonderausgabe 329
Leiharbeitnehmer
- internationaler ~ 811
Leistung
- wiederkehrende ~ 197, 327, 337, 524
Leistungsfähigkeitsprinzip 14
Liebhaberei 175, 177
- einkommensteuerliche ~ 212, 236
Lizenzgebühren 709

Lizenzschranke 311
Lohnsteuer 57
– Gesamtschuldnerschaft 109
– Steuerschuldnerschaft 92
Lohnsteuerabzugsverfahren 92
Lohnsteuer-Nachschau 109
Lohnsteuerpauschalierung 99
– fehlgeschlagene ~ 100
Luxuswohnung 39

Malta-Modell
– Abschaffung des ~ 847
Mantelkauf
– Konzernklausel 653
Markteinkommensprinzip 15
Maßgeblicher Gewinn
– Begriff 306
Mieteinnahme 183
Miet- und Pachtzinsen 706
Mindestbesteuerung 599, 726
Mindestbeteiligungsquote 122
Mindeststeuersatz 870
Mischbetriebe 229
Mischnachlass 588
Missbrauchsklausel des § 16 EStG 510
Miterbengemeinschaft 570, 575, 587
– Personenbestandsveränderung 588
– Realteilung der ~ 591
– Übertragung von Anteilen 588
Mitgliedsbeitrag
– an politische Parteien 349
Mittelbare Anteilsübertragung 651
Mitunternehmeranteil
– Buchwertfortführung 464
Mitunternehmerschaft 739
– bei Familienpersonengesellschaften 456
– Vererbung 581
Modernisierungsaufwendung
– Sanierung auf Raten 175

Nachfolgeklausel
– mit Teilungsanordnung 586
– qualifizierte ~ 584
Nachhaltigkeit 208
Nachlass
– Klauseln 581
– Sonderrechtsnachfolge 581
Nachträgliche Einlagen 630
Nebentätigkeit 61
Nettoprinzip
– normspezifisches ~ 607
– objektives ~ 14, 243, 601, 868
– subjektives ~ 14, 870
Niedrigsteuerland 829, 847

Nießbrauch 440, 441
– Ablösung 445
– an PersG 447
– bei Einkünften aus V + V 442
– bei Kapitalvermögen 446
– Formen 441
Numerus-clausus-Prinzip 544
Nutzungsüberlassung
– langfristige ~ 52

Opfergrenze 374
Optionsmodell 381
Optionsprämie 155 f.
Organgesellschaft
– gebrochene Einheitstheorie 490
Organschaft 668
Outbound-Investition 782, 809

Pauschalierung der Lohnsteuer 99
Per-country-limitation 767
Person
– nahestehende ~ 654, 816
Personengesellschaft 681
– ausländische ~ 800
– gewerbliche ~ 224
– mehrstöckige ~ 741
– vermögensverwaltende ~ 224, 521
Personensteuer
– nicht berücksichtigungsfähige ~ 288
Persönlichkeitsbildung 321
Pflege-Pauschbetrag 380
Pflegeperson 379
Preisvergleichsmethode 817
Prima-facie-Beweis 213
Private Equity Fonds 226, 227
Private Kfz-Nutzung 43
Private Lebensführung 248
Privates Internetsurfen 45
Privatvermögen
– Übertragung von ~ 551
Prognoseentscheidung 213
Progressionsvorbehalt 772, 775
– negativer ~ 773
Put-Optionen 417

Quellenstaatsprinzip 753

Rabattfreibetrag 66
Rabattregelung 40
Ratenzahlung 481
Räumungsverkauf 496
Realisation 461
Realsplitting
– begrenztes ~ 334

Realteilung 587
- einer Personengesellschaft 510
- eines Mischnachlasses 596
- mit Abfindungszahlung 593, 595
- ohne Abfindungszahlung 592, 595
Rechtsanwalt 237
Rechtsmissbrauch 853
Rechtsnachfolge 542
- im Ertragsteuerrecht 542
Reisekosten 318
- des Arbeitnehmers 76
Rente 327, 337, 704
Rentensplitting 197
Reparaturaufwendung 298
Repräsentationsaufwendung 282
Riester-Rente 398
Rückfallklausel 456
Rückwirkendes Ereignis 354
Rückwirkung 226
Rürup-Rente 398

Sachbezug 40
Sachinbegriff 195
Sachleistungsverpflichtung
- betriebliche ~ 554
- private ~ 554
Sachvermächtnis 580
Sachwertabfindung 588
Saisonbetrieb 493
Sanierungsmaßnahme 497
Schachteldividende 851
Schachtelprivileg
- gewerbesteuerliches ~ 713
- internationales ~ 723
Schadensersatz
- einkommensteuerliche Behandlung von ~ 38
Schadensersatzrente 200
Schädlicher Anteilseignerwechsel 662
Schädlicher Beteiligungserwerb 647 f.
Schätzungsbescheid 107
Scheingeschäft 167, 853
Schiff
- im internationalen Verkehr 809
Schriftsteller 213
Schuldzinsen 298
- als Sonderausgabe 328
- als Werbungskosten 187
- gemischtes Kontokorrentkonto 298
- Zwei- und Mehrkontenmodell 299
Schulgeld 347
Schulungsveranstaltungen 252
Segmentierung 212
Selbständigkeit 205
Singularsukzession 543

Societas Europaea 881
Sofortversteuerung 482
Sonderausgaben 330
- Berechnungsschema 341
- Erstattung von ~ 332 f.
- persönliche Abzugsberechtigung 333
Sonderausgabenabzug 398
Sonderausgaben-Pauschbetrag 359
Sonderrechtsnachfolge 545
Sonstige Einkünfte 395 f.
Sozialversicherungsrenten 201
- als Leibrenten 394
Spaltung 524
Sparer-Pauschbetrag 125, 135, 137
Spartenaktien 163
Spenden 725
- an politische Parteien 349
Spendenbescheinigung 354
Spitzenausgleich 577
Sponsoring 352
Steueranrechnung 812
Steuerbarkeit
- Einkommensteuer 36
Steuerberater 237
Steuerberatungskosten 344
Steuerentlastungsgesetz 599
Steuerentstrickung 495
Steuergegenstand der Gewerbesteuer 679
Steuergerechtigkeit 14
Steuermessbetrag
- Zerlegung 730
Steuerpflicht
- beschränkte ~ 755, 855
- erweitert beschränkte ~ 829
- fiktive unbeschränkte ~ 756
- persönliche (Gewerbe-) ~ 690
- sachliche ~ 29
- sachliche (Gewerbe-) ~ 684
- unbeschränkte ~ 29, 755
Steuerpflichtige Kapitalerträge 118
Steuerstundungsmodelle 617
Steuerverstrickung 203
Stiefkindschaftsverhältnisse 385
Stille Gesellschaft
- atypisch ~ 640, 682
- typisch ~ 144, 705
Stille Reserven 467
- Aufdeckung 461
Stille-Reserven-Klausel 657
Stillhalterprämien 118, 155
Stimmrechtsübertragung 647
Strafverfahren
- Behandlung der Kosten 288
Streubesitzdividende 812

Stripped-Bonds 416
Stundungsregelung der Vermögenszuwachssteuer 842
Stuttgarter Verfahren 839
Substanzausbeutevertrag 167
Sukzessive Anteilsübertragung 657
Symmetriethese 617

Tafelgeschäfte 863
Tätigkeitsvergütung 629
Teilauseinandersetzung 597
Teilbetrieb
- Definition 487
- Veräußerung 486
Teilbetriebsaufgabe 499
Teileinkünfteverfahren 114, 512
Termingeschäft 118
- betriebliches ~ 620
Territorialitätsprinzip 753
Theorie der finalen Entnahme 500
Tie-Breaker-Clause 764
Tierhaltung
- gewerbliche ~ 229
Tierzucht
- gewerbliche ~ 620
Tränen-Splitting 24
Treaty Overriding 763, 873
Treaty Shopping 813, 876
Treuhandmodell 682
Typisch stille Gesellschaft 705

Überschusseinkünfte 36
Überschusserzielungsabsicht 175
Übertragung
- entgeltliche ~ von Vermögensgegenständen 549
- teilentgeltliche ~ 463
- unentgeltliche ~ 462
- unentgeltliche ~ von Vermögensgegenständen 549
- Zeitpunkt 471
Umstrukturierung
- betriebliche ~ 461
Umwandlungssteuerrecht
- Verluste 664
Umzugskosten 322
Unentgeltliche Übertragung 462
Unfall
- als Werbungskosten 89
Universalitätsprinzip 753
Universalsukzession 544
Unterhalt 272, 315, 372
- Aufwendungen für ~ 315
Unterhaltsaufwendung
- EG/EWR-Staaten 758

Unterhaltsleistung
- als Sonderausgaben 334
- inländische öffentliche ~ 371
Unterhaltsrente 328
Unterhaltsverpflichtung
- gesetzliche ~ 370
Unternehmen
- personeller Umfang 234
- sachlicher Umfang 233
Unternehmensidentität 667
Unternehmensnießbrauch 580
Unternehmenssanierung 645
Unternehmeridentität 667
Unternehmerische Beteiligungen 136
Unterricht und Erziehung
- als freiberufliche Tätigkeit 236

Venture Capital 227
Veranlassungszusammenhang 291
Veräußerung
- von Aktien 118
- von Anteilen an Investmentfonds 118
- von Anteilen an KapG 511
- von sonstigen Kapitalforderungen 118
Veräußerungsgewinn 118, 474, 480, 525, 552
- Besteuerung 156
- Sonderfälle 129
Veräußerungsverlust
- aus Aktien 127
- gewerblicher ~ 606
Verdeckte Einlage 159
Verdeckte Gewinnausschüttung 142
Verfahren
- AStG 853
- beschränkte Steuerpflicht 867
Verkaufsoption 155
Verkehrswert 498
Verlust 599
- ausgleichsfähiger ~ 631, 642
- bei §§ 22, 23 EStG 622
- des übernehmenden Rechtsträgers 665 f.
- des übertragenden Rechtsträgers 664
- verrechenbarer ~ 631, 634, 642
Verlustabzug
- quotaler ~ 659
Verlustabzugsverbot 662
- Zinsvortrag 663
Verlustausgleich 126
- horizontaler ~ 602
- vertikaler ~ 603
Verlustausgleichsverbot 662
Verlustbescheinigung 127
Verluste
- aus stillen Gesellschaften 622
Verlustgesellschaft 175

Verlustrücktrag 603, 662
Verlustuntergang
- quotaler ~ 659
- vollständiger ~ 660
- wirtschaftliches Engagement 660
Verlustverrechnung 126, 600
- ehegattenübergreifende ~ 129
- Einschränkung der ~ 611
Verlustverrechnungskreise 604
Verlustvortrag 603, 662
- fortführungsgebundener 647
- gewerbesteuerlicher ~ 663, 666
Verlustzuweisungsgesellschaft 617, 623
Vermächtnis
- Vorausvermächtnis 575
Vermächtnisnießbrauch 442, 445
Vermietungen
- des Arbeitnehmers an den Arbeitgeber 63
- gewerbliche ~ 216
Vermietung und Verpachtung 132
Vermögensumschichtung 326
Vermögensverwaltung
- fremdes Vermögen 241
- private ~ 215
Verpächterwahlrecht 501, 568, 693
Verpachtung
- eines Gewerbebetriebs 693
Verpflegungsmehraufwand 256
Verrechnung mit Altverlusten 127
Verrechnungspreis 785
- Medianbildung 817
- Überprüfung 818
Verrechnungsverbot 617, 622
Verschmelzung 524
Versicherung 365
Versicherungsvertragsrente 201
Versorgungsbezüge 110
Versorgungsleistung 337
- wiederkehrende ~ 550, 556
Versorgungsrente 327
Verteilungsnorm 766
Vertrag
- völkerrechtlicher ~ 763
Vertragsweg
- abgekürzter ~ 428, 436
Vervielfältigungstheorie 240
Verwendung
- zweckwidrige ~ 356
VIP-Logen 40, 252
Vollzug
- tatsächlicher ~ 455
Vorbehaltsnießbrauch 441, 444
Vorsorgeaufwendung 337
- Basisversorgung 337
Vorwegabzug 341

Vorweggenommene Erbfolge 650
Vorzugsbesteuerung 829

Wachstumsbeschleunigungsgesetz 307
Wegzugsbesteuerung 829
- und DBA 832
- Vermögenszuwachs 837
Weiterleitungsklausel
- bedingte ~ 456
Welteinkommensprinzip 29, 753
Werbungskosten 49, 125, 133, 136, 243
- bei V + V 184
- nachträgliche ~ 191
- Pauschalierung 51
- vergebliche ~ 193
Werbungskostenabzug 132, 135
Werkspension 24, 394
Wertpapiere 156, 159
- Veräußerungsgewinne 156
Wertpapiererwerb
- fremdfinanzierter ~ 619
Wertpapierhandel
- gewerblicher ~ 217
Wesentliche Beteiligung 579
Wesentlichkeitsgrenze 518
Wiederholungsabsicht 208
Wiederkehrende Bezüge 862
Wiederverkaufsmethode 817
Wirksamkeit
- zivilrechtliche ~ 451, 454
Wirtschaftlicher Verkehr
- Teilnahme an ~ 210
Wirtschaftliches Engagement 648
Wirtschaftsgüter
- mehrjährige Nutzung von ~ als Sonderausgabe 331
Wohnsitz 30
Wohnung
- Begriff 30

Zahlungsweg
- abgekürzter ~ 333, 427, 554
Zehn-Tages-Zeitraum 55
Zeitrente 198
Zerlegungsmaßstab 730
Zertifikate 161
Zinsaufwendungen
- Begriff 306
Zinseinkünfte
- bei beschränkter Steuerpflicht 863
Zinserträge
- Begriff 306
Zinsschranke 305
- Ausnahmen 308
Zinsvortrag 663

Zufluss 47, 52, 120, 332
Zuflussprinzip
- Ausnahme 55
- bei DBA 773
Zumutbare Belastung 368, 379
Zusammenveranlagung 21
Zu versteuerndes Einkommen
- Berechnungsschema 16
Zuwendung 289
- freigiebige ~ 347
- unbenannte ~ 431
Zuwendungsbestätigung
- unrichtige ~ 356
Zuwendungsnießbrauch 442 f.
- entgeltlicher ~ 444
- unentgeltlicher ~ 444
Zweigniederlassung 488
Zweikontenmodell 300
Zwischengesellschaft
- nachgeschaltete ~ 852

Den „Kurzvortrag" souverän meistern

Im Mündlichen ist die Zeit für die Vorbereitung auf den Vortrag knapp bemessen. Es gilt, das Thema optimal zu gliedern, Schwerpunkte zu setzen und Details auszuarbeiten. Dafür liefert der Band mit 111 Kurzvorträgen wertvolles Know-how und Fachwissen. Alle Themen sind kompakt und einprägsam aufbereitet. Mit Hinweisen zum Ablauf und zu den Besonderheiten in den einzelnen Bundesländern.

- Ausgewählte Prüfungsthemen als Kurzvorträge
- Basierend auf den Prüfungen der letzten drei Jahre in allen Bundesländern
- Rechtsstand: 30. Mai 2017

Campenhausen|Liebelt|Sommerfeld
DER MÜNDLICHE KURZVORTRAG
Prüfung 2017/2018
16., aktual. Auflage 2017.
365 S. Kart. € 44,95
ISBN 978-3-7910-4016-5

Bequem online bestellen:
www.schaeffer-poeschel.de/shop

SCHÄFFER POESCHEL

SCHÄFFER
POESCHEL

Ihr Feedback ist uns wichtig!
Bitte nehmen Sie sich eine Minute Zeit

www.schaeffer-poeschel.de/feedback-buch